# PRISMA HANDWOORDENBOEK

## NEDERLANDS
## ENGELS

In de reeks Prisma Handwoordenboeken
verschijnen:

Nederlands
Engels-Nederlands
Nederlands-Engels
Duits-Nederlands
Nederlands-Duits
Frans-Nederlands
Nederlands-Frans

# PRISMA HANDWOORDENBOEK

# Nederlands
# Engels

Prue Gargano MEd
Dr. Fokko Veldman

Prisma Woordenboeken en Taaluitgaven
Postbus 2073
3500 GB Utrecht

Omslag: K. Hoeve, Amsterdam
Typografie: Marjan Gerritse, Amsterdam
Databasetechniek: Librios Ltd., London
Zetwerk: Logic Use, Amsterdam
Druk: Bercker, Kevelaer
Eerste druk: 2005
Tweede druk: 2006
Derde druk: 2007

Bewerkt door: Prue Gargano MEd, Dr. Fokko Veldman

ISBN 978 90 274 9074 2
NUR 627
www.prisma.nl

# Voorwoord en verantwoording

Voor u ligt de eerste druk van het Prisma Handwoordenboek Nederlands-Engels. Een groter woordenboek dan het bekende pocketformaat. Voor deze uitgave is mede gebruikgemaakt van het materiaal van het Kramers Handwoordenboek Nederlands-Engels.

De reeks Prisma Handwoordenboeken is speciaal gemaakt voor mensen die de hedendaagse moderne talen in geschreven of gesproken tekst in nuance willen begrijpen en die zich actief schriftelijk in een taal willen uitdrukken, of dat nu op school of bij studie is, op het werk of thuis. U zult merken dat de vele behandelde woorden en gebruiksvoorbeelden prima aansluiten bij uw behoefte. De typografie van de boeken biedt veel gebruiksgemak door duidelijke tekens en symbolen, en een vriendelijk opmaak met blauwaccenten. De soepele integraalband zorgt voor een handzaam, goed openliggend woordenboek.

Bedoeld voor een Nederlandstalig publiek kan dit deel Nederlands-Engels vooral worden gezien als een productiewoordenboek, waaraan de gebruiker en prima hulp heeft bij het schrijven in het Engels. De intensieve bewerking en uitbreiding van het materiaal heeft een kleine twee jaar in beslag genomen. Woord voor woord is het materiaal doorlopen, herzien, en aangevuld waarbij vooral aan de volgende zaken aandacht is besteed:

- Er zijn honderden actuele trefwoorden aan het bestand toegevoegd; verouderde, onjuiste trefwoorden werden verwijderd.
- Alle betekenisprofielen zijn gemoderniseerd en aangescherpt.
- Grootste uitbreiding betreft de hoeveelheid gebruiksvoorbeelden; het hedendaagse gebruik van de Nederlandse woorden wordt in vele duidelijke voorbeelden geïllustreerd. Deze voorbeelden zijn zoveel mogelijk geplaatst onder de betreffende betekenis van het trefwoord.
- Naast de betekenis is ook de context waarbinnen een woord of voorbeeld gebruikt kan worden van groot belang; daartoe zijn er veel stijllabels gebruikt om aan te geven of een woord of voorbeeld formeel of informeel is, of ouderwets of ironisch of beledigend enz.
- ook wordt bij vertalingen aangegeven in welk deel van de wereld een woord of voorbeeld gangbaar Engels is door toevoeging van de labels Amerikaans, of Brits, of Australisch enz.
- veel aandacht is gegaan naar het gebruiksgemak: tientallen handige kaderteksten door het hele boek heen geven taaltips of behandelen een wetenswaardig taalfeit. Veel zg. valse vrienden worden verklaard.

In deze uitgave werd geen grammatica toegevoegd. Graag brengen wij twee relevante uitgaven onder uw aandacht: Prisma Basisgrammatica Engels ISBN 90-274-9704-4 en Prisma Grammatica Engels ISBN 90-274-7915-1. Meer informatie vindt u op www.prisma.nl, waar u deze uitgaven ook kunt bestellen.

Voor deze nieuwe uitgave werd een nieuw team van redacteuren en auteurs samengesteld. Moedertaalsprekers van het Nederlands hebben de hoofdrol gekregen in de keuze, beoordeling en redactie van de trefwoorden, betekenissen en voorbeeldzinnen. Deze bewerking betrof overigens ook tegelijkertijd de andere Handwoordenboeken: Nederlands-Duits en Nederlands-Frans. Vervolgens hebben de twee auteurs, een Nederlandstalige en een Engelstalige, zich op de juiste equivalentie tussen het Nederlands en het Engels gericht.

## Over de auteurs

Prue Gargano is Australische en heeft jaren in Australië en Nederland gewoond en gewerkt. Afgestudeerd in Engels en onderwijskunde, was zij lang docente Engels voor anderstaligen. Als auteur, vertaler en corrector heeft zij aan vele uitgaves gewerkt, waaronder een

schoolonderwijsmethode voor het Engels en de Prisma Engels voor zelfstudie.
Fokko Veldman heeft als Nederlandse migrantenzoon jaren in Australië gestudeerd, en heeft
terug in Nederland als gepromoveerd taalwetenschapper onderwijs gegeven en onderzoek
gedaan aan de RU Groningen in de historische taalkunde, dialectologie en letterkunde. Hij was
jaren docent Nederlands, Engels en Duits op middelbare scholen.

# Lijst van tekens en afkortingen

| | | | |
|---|---|---|---|
| ' | klemtoonteken | gen | genetica |
| ± | ongeveer hetzelfde | geogr | geografie |
| & | enzovoort; en | geol | geologie |
| / | scheidt woord(groep)en die | geringsch | geringschattend |
| | onderling verwisselbaar zijn | godsd | godsdienst |
| ~ | vervanging van het trefwoord | gramm | grammatica |
| ❷ | betekenisnummer | handel | handelsterm |
| I , II , etc. | aanduiding van woordsoort | herald | heraldiek, wapenkunde |
| ‹...› | nadere specificering van vertaling | hist | historische term |
| [...] | grammaticalia | hulpww | hulpwerkwoord |
| ✱ | begin gebruiksvoorbeeldzin | iem. | iemand |
| ▼ | begin idioomvoorbeeldzin | iems. | iemands |
| → | zie: of zie ook: | Iers | vooral in Ierland |
| aanw vnw | aanwijzend voornaamwoord | inf | informeel |
| aardr | aardrijkskunde | alg. | in het algemeen |
| achterv | achtervoegsel | iron | ironisch |
| adm | administratie | jur | juridisch |
| afk | afkorting | kaartsp | kaartspelen |
| agr | agrarische term | kww | koppelwerkwoord |
| alg. | (in het) algemeen | lidw | lidwoord |
| Am | vooral in de Verenigde Staten | Lat | Latijn |
| ambt | ambtelijk/ambtenarij | letterk | letterkunde |
| anat | anatomie | lit | literair |
| arch | archaïsch | luchtv | luchtvaart |
| archeol | archeologie | m | mannelijk |
| archit | architectuur | med | medische term |
| astrol | astrologie | meetk | meetkunde |
| astron | astronomie | meteor | meteorologie |
| Aus | vooral in Australië | microbiol | microbiologie |
| auto | automobilisme; wegverkeer | mil | militaire term |
| betr vnw | betrekkelijk voornaamwoord | muz | muziek |
| bez vnw | bezittelijk voornaamwoord | m-v | mannelijk-vrouwelijk |
| beurs | beursterm | mv | meervoud |
| bijbel | bijbelse term, uitdrukking | mv. | meervoud |
| bijw | bijwoord | nat | natuurkunde |
| bilj | biljarten | natuurk | natuurkunde |
| biochem | biochemica | N.Br | vooral in het noorden van Groot- |
| biol | biologie | | Brittannië |
| bn | bijvoeglijk naamwoord | NZ | vooral in Nieuw-Zeeland |
| boekh | boekhouden | o | onzijdig |
| bouwk | bouwkunst | onbep vnw | onbepaald voornaamwoord |
| Br | vooral in Groot-Brittannië | onderw | onderwijs |
| Can | vooral in Canada | onoverg | onovergankelijk werkwoord |
| chem | chemie, scheikunde | onr goed | onroerend goed |
| comput | computerterm | overg | overgankelijk werkwoord |
| cul | culinair | pers vnw | persoonlijk voornaamwoord |
| dial | dialect | plantk | plantkunde |
| dicht | dichterlijk | pol | politieke term |
| dierk | dierkunde | post | posterijen |
| druktechn | druktechniek | Prot | protestant |
| econ | economie | psych | psychologie |
| eff | effectenhandel | rekenk | rekenkunde |
| eig | eigenlijk, letterlijk | rel | religie |
| elektr | elektrotechniek | RK | rooms-katholiek |
| euf | eufemisme | RTV | radio, televisie |
| ev. | enkelvoud | samentr | samentrekking |
| fig | figuurlijk | sbd | somebody |
| filos | filosofie | sbd's | somebody's |
| fin | financiën | scheepv | scheepvaart, marine |
| fon | fonetiek | scheik | scheikunde |
| form | formeel | scherts | schertsend |
| fotogr | fotografie | schilderk | schilderkunst |
| Fr | Frans | Schots | vooral in Schotland |
| gedat | gedateerd | sci-fi | science-fiction |

| | |
|---|---|
| slang | zeer informeel |
| sociol | sociologie |
| sp | sport en spel |
| spoorw | spoorwegen |
| stat | statistiek |
| sth | something |
| stud | studententaal |
| taalk | taalkunde |
| tandheelk | tandheelkunde |
| techn | technische term |
| telec | telecommunicatie |
| *telw* | telwoord |
| theat | theater |
| theol | theologie |
| *tsw* | tussenwerpsel |
| t.t. | tegenwoordige tijd |
| TV | televisie |
| typ | typografie |
| *v* | vrouwelijk |
| v. | van |
| v.d. | van de |
| [v.d.] | voltooid deelwoord |
| v.e. | van een |
| verk. | verkorting |
| vero | verouderd |
| verz | verzekeringswezen |
| *vnw* | voornaamwoord |
| *voegw* | voegwoord |
| vogelk | vogelkunde |
| *voorv* | voorvoegsel |
| *voorz* | voorzetsel |
| v.t. | verleden tijd |
| vulg | vulgair |
| *wederk* | wederkerend |
| wetensch | wetenschap |
| wisk | wiskunde |
| *ww* | werkwoord |
| ZA | Zuid-Afrikaans |
| ZN | Zuid-Nederlands |
| *znw* | zelfstandig naamwoord |

**ere** *v* ⊖ **eer** — pijltjes verwijzen naar ander trefwoord

**ereambt** *o* [-en], **erebaantje** [-s] honorary post (office)

**erfgenaam** *m* [-namen] heir(ess), beneficiary, — grammaticalia staan tussen [...]
legatee, successor * *de natuurlijke* ~ the next in line
* *een rechtmatige* ~ a legitimate heir, a lawful heir
* *een wettelijk* ~ a lawful/legal/rightful heir * *een
wettig* ~ a legal heir * *zonder* ~ heirless * *de* ~ *van de
troon* the next in line to the throne

**erflater** *m* [-s] testator, deceased, Am jur decedent — onderstreepte labels geven stilistische of dialectale

**evacué** *m* [-s], **evacuee** *v* [-s] evacuee — informatie

**even** I *bn* even * ~ *of oneven* even or uneven ▼ *het is
mij om het* ~ it is all the same/all one to me ▼ *om het* — trefwoorden en eventuele varianten zijn
~ *welk* no matter what, whichever ▼ *om het* ~ *wie* — blauwgedrukt
no matter who, whoever II *bijw* ❶ *gelijk* equally * ~...
*als...* as... as... * *zij is* ~ *oud als ik* she is the same age — de meer idiomatische voorbeeldzinnen worden
as me * *overal* ~ *breed* of uniform breadth * *een* ~ — voorafgegaan door een blauw driehoekje
*groot aantal* an equal number * *zij zijn* ~ *groot* they
are equally tall; they are the same size ❷ *eventjes*
just * ~ *aangaan bij iem.* just drop in on sbd * *wacht*
~ wait a minute/bit * *haal eens* ~... just go and fetch
me... * *zet jij het vuilnis* ~ *buiten?* would you please
put the rubbish out? * ~ *voor achten* just before
eight * *als het* ~ *kan* if it's at all possible

**evengoed** *bijw* ❶ *eveneens* as well ❷ *ook, net zo goed* — duidelijke betekenisordening met cijfers in blauwe
just as well * *men zou* ~ *goed kunnen zeggen dat...* — bolletjes
you could just as well say that... ❸ *niettemin* all the
same, nevertheless * ~ *denk ik dat...* nevertheless I — tildes vervangen de vorm van het trefwoord
think that...

**eventueel** I *bn* *mogelijk* any ‹expenses›, possible — gebruiksvoorbeelden in cursief en voorafgegaan
‹defeat›, potential ‹buyer› * *eventuele onkosten* — door blauw sterretje
*worden vergoed* (any/your) expenses will be
reimbursed * *de eventuele schade wordt vergoed* the — komma's scheiden synoniemvertalingen
damage, if any, will be reimbursed * *de eventuele
mogelijkheid van herziening van dat recht* the off — blauwe Romeinse cijfers markeren het begin van een
chance of that right being revised, in the event of — nieuwe woordsoort
that right being revised II *bijw* ❶ *in voorkomend
geval* this being the case * *mocht hij* ~ *weigeren...*
should he refuse... ❷ *zo nodig* if necessary * ~ *ben ik
wel bereid om...* if necessary I am prepared to...

# A

**a** *v* ['s] a * *wie ~ zegt, moet ook b zeggen* in for a penny, in for a pound * *van ~ tot z* from A to Z, from beginning to end, ⟨read a book⟩ from cover to cover * *van ~ tot z gelogen* a lie from start to finish

**à** *voorz* at, to, per * *tien ~ vijftien* from ten to fifteen * *vijf ~ zes* some five or six * *over vier ~ vijf weken* in four or five weeks * *~ contant* cash * *vier kaartjes ~ €10* 4 tickets @ €10 each

**A4'tje** *o* [-s] A4-page, page of A4 * *één ~* a single side of A4 * *een scriptie van 20 ~s* a paper of 20 A4 pages

**aagje** *o* [-s] * *een nieuwsgierig ~* a nosy parker, Aus a stickybeak

**aai** *m* [-en] stroke, caress, pet

**aaien** *overg* [aaide, h. geaaid] stroke, caress, pet * *iem. over het hoofd ~* stroke/caress sbd's head

**aak** **I** *m & v* [aken] scheepv barge **II** *m* [aken] plantk common maple

**aal** **I** *m* [alen] vis eel * *hij is zo glad als een ~* he's as slippery as an eel **II** *v*, **aalt** mest liquid manure

**aalbes** *v* [-sen] (black/red/white) currant

**aalglad** *bn* (as) slippery as an eel

**aalmoes** *v* [-moezen] alms, charity * *(om) een ~ vragen* ask for charity, ask for alms * *iem. aalmoezen geven, iem. een ~ geven* give alms to sbd

**aalmoezenier** *m* [-s] chaplain, padre, mil army chaplain

**aalscholver** *m* [-s] vogel cormorant

**aaltje** *o* [-s] draadworm eelworm

**aambeeld**, **aanbeeld** *o* [-en] anvil, anat ook incus * *steeds op hetzelfde ~ hameren/slaan* always be harping on one/the same thing

**aambeien** *zn* [mv] haemorrhoids/Am hemorrhoids, inf piles

**aan I** *voorz* on, upon, at * *~ haar bed* at (by) her bedside * *~ boord* on board * *~ de deur* at the door * *~ de muur* on the wall * *vier ~ vier* four by four * *bumper ~ bumper* bumper to bumper * *voor 500 euro ~ kleding kopen* buy clothes for 500 euros * *rijk ~ mineralen* rich in minerals * *er is iets stuk ~ de motor* there is something wrong with the engine * *zij is ~ het koken* she's cooking * *de melk ~ de kook brengen* bring the milk to the boil * *~ wie heb je dat gegeven?* who did you give it to? * *het is ~ u* ⟨beurt⟩ it's your turn, it's for you ⟨to play⟩; ⟨taak⟩ it's up to you, it's your duty ⟨to⟩ * *~ iets toe zijn* be ready for sth * *er niet ~ willen* not want to do sth * *er iets ~ hebben* be of use to you **II** *bijw* **❶** *v. kleding* on * *hij heeft zijn jas ~* he has his coat on **❷** *v. vuur, licht & on* * *het licht is ~* the light is on **❸** *v. boot, trein & in* * *de boot is nog niet ~* the boat is not in yet **❹** *v. deur, raam & ajar* * *de deur staat ~* the door is ajar **❺** *v. bijeenkomsten* on * *de school is al ~* school has begun, school's in **❻** *v. bewind* in power * *dit kabinet blijft niet lang ~* this cabinet will not remain in office for long **❼** *v. liefde, vriendschap* on * *het is erg ~ tussen hen* they're very fond of each other, they're as thick as thieves **❽** *in combinatie met er* * *er is niets van ~* there is not a word of truth in it * *er is niets ~* ⟨gemakkelijk⟩ it's easy; ⟨saai⟩ it's very dull ▼ *dat is maar net ~!* that will only just do

**aanbakken** *onoverg* [bakte aan, is aangebakken] burn, stick to the pan

**aanbeeld** *o* [-en] → **aambeeld**

**aanbelanden** *onoverg* [belandde aan, is aanbeland] land, end up * *ergens ~* end up somewhere * *dan zijn we nu aanbeland bij het volgende hoofdstuk* now we're at the next chapter

**aanbellen** *onoverg* [belde aan, h. aangebeld] ring (the bell)

**aanbesteden** *overg* [besteedde aan, h. aanbesteed] invite tenders for, put out to contract, put out to tender * *een werk ~* put work/a job out to tender

**aanbesteding** *v* [-en] **❶** fin invitation to tender, call for tenders **❷** *opdracht* tender, contract * *bij openbare/onderhandse ~* by public/private tender * *~ bij inschrijving* tender by subscription

**aanbetalen** *overg* [betaalde aan, h. aanbetaald] pay/make a down payment/a deposit

**aanbetaling** *v* [-en] deposit, down payment, (first) instalment * *een ~ doen* make a down payment, pay a deposit

**aanbevelen I** *overg* [beval aan, h. aanbevolen] recommend, commend * *dat is wel aan te bevelen* that is to be recommended **II** *wederk* [beval aan, h. aanbevolen] * *zich ~* recommend oneself * *wij houden ons aanbevolen voor...* your ⟨custom/comments/suggestions⟩ would be greatly appreciated

**aanbevelenswaard**, **aanbevelenswaardig** *bn* recommendable, advisable

**aanbeveling** *v* [-en] recommendation * *kennis van Frans strekt tot ~* knowledge of French would be an advantage * *het verdient ~ om* it is advisable to * *op ~ van...* on the recommendation of...

**aanbevelingsbrief** *m* [-brieven] letter of recommendation, reference

**aanbevolen** *bn* recommended

**aanbidden** *overg* [aanbad, h. aanbeden of bad aan, h. aangebeden] adore, worship, venerate

**aanbidder** *m* [-s] **❶** rel worshipper **❷** admirer * *een stille ~* a secret admirer

**aanbidding** *v* [-en] adoration, worship * *in ~ naar iem. opkijken* look up to sbd in adoration

**aanbieden I** *overg* [bood aan, h. aangeboden] **❶** *geven* offer, give, tender * *zijn excuses ~* offer one's apologies * *te koop ~* put up for sale **❷** *schenken* present * *iem. een geschenk ~* present a gift to sbd **II** *wederk* [bood aan, h. aangeboden] * *zich ~* ⟨personen⟩ offer oneself, volunteer; ⟨gelegenheid⟩ offer itself, present itself * *er boden zich verschillende kandidaten aan* several candidates

presented themselves * *wij moeten afwachten tot zich een goede gelegenheid aanbiedt* we have to wait for the right moment/opportunity to present itself
**aanbieder** *m* [-s] ❶ *persoon die aanbiedt* offerer ❷ *leverancier* supplier ❸ *verkoper* seller
**aanbieding** *v* [-en] ❶ *algemeen* offer, tender ❷ *v. geschenk, wissel* presentation ❸ *reclame* bargain, special offer * *in de ~* on special offer
**aanbinden** *overg* [bond aan, h. aangebonden] tie (on), fasten on * *de schaatsen ~* put on one's skates * *de strijd ~ met iem.* enter into battle with sbd
**aanblazen** *overg* [blies aan, h. aangeblazen] ❶ *v. vuur* blow ❷ *opwekken* arouse, stir up, fan * *de hartstochten ~* arouse one's passions ❸ *v. klanken* aspirate
**aanblijven** *onoverg* [bleef aan, is aangebleven] ❶ *in betrekking* continue, remain in office, stay on ❷ *v. vuur & stay on
**aanblik** *m* sight, look, view, aspect * *bij de eerste ~* at first sight/glance * *een keurige ~ bieden* look nice/neat
**aanbod** *o* [aanbiedingen] ❶ offer * *een ~ doen* make an offer * *een ~ afslaan* reject an offer * *een ~ van gerede betaling* a cash payment offer * *jur een onherroepelijk ~* an irrevocable offer ❷ *econ* supply * *veel ~* abundant supply
**aanboren** *overg* [boorde aan, h. aangeboord] ❶ *een put* bore, sink ❷ *olie & strike ❸ *een vat* broach ❹ *fig* tap * *nieuwe informatiebronnen ~* tap new sources of information
**aanbouw** *m* ❶ *teelt* growing, cultivation ❷ *'t bouwen* building, construction * *in ~* under construction ❸ *deel v. gebouw* extension, annex(e)
**aanbouwen** *overg* [bouwde aan, h. aangebouwd] ❶ *bijbouwen* add, build on ❷ *v. schip* build ❸ *telen* grow ❹ *ontginnen* clear
**aanbouwsel** *o* [-s] extension, annex(e)
**aanbraden** *overg* [braadde aan, h. aangebraden] sear
**aanbranden** *overg en onoverg* [brandde aan, h. en is aangebrand] burn on, be burnt * *dat ruikt/smaakt aangebrand* it has a burnt smell/taste * *het vlees is aangebrand* the meat is burnt
**aanbreken I** *overg* [brak aan, h. aangebroken] *voorraden, kapitaal* break into, ⟨brood⟩ cut into, ⟨vat⟩ broach, ⟨fles⟩ open **II** *onoverg* [brak aan, is aangebroken] ❶ *v. dag* break, dawn ❷ *v. nacht* fall ❸ *v. ogenblik, tijd* come * *er breken slechte tijden aan* there are bad times coming **III** *o* * *bij het ~ van de dag* at daybreak, at dawn * *bij het ~ van de nacht* at nightfall
**aanbrengen** *overg* [bracht aan, h. aangebracht] ❶ *brengen naar* bring, carry ❷ *plaatsen, bevestigen* place, put up, fix (up), fit ❸ *maken* make ❹ *v.e. verandering* introduce ❺ *geven* yield ⟨a profit⟩, bring ⟨luck⟩, bring in ⟨capital⟩ ❻ *verklikken* denounce ⟨sbd⟩, inform on ⟨sbd⟩ ❼ *werven* introduce ⟨new members⟩, bring in, recruit

**aanbrenger** *m* [-s] ❶ *iem. die iets aanbrengt* fitter, installer ❷ *verklikker* informer
**aanbrengpremie** *v* [-s] reward
**aandacht** *v* attention * *iets onder iems. ~ brengen* bring sth to sbd's notice * *geen ~ schenken aan* pay no attention to... * *overdreven ~ aan iem. schenken* make a fuss of/over sbd * *de ~ trekken* attract/catch attention * *de ~ vestigen op* call/draw attention to..., highlight... * *zijn ~ vestigen op...* turn one's attention to... * *~ besteden aan* ⟨onderzoeken⟩ look at, examine; ⟨bezig zijn met⟩ devote one's attention to
**aandachtig I** *bn* attentive **II** *bijw* attentively * *~ luisteren* listen carefully/attentively
**aandachtsgebied** *o* [-en] field of interest
**aandachtspunt** *o* [-en] point of interest
**aandachtsstreep** *v* [-strepen] dash
**aandachtsveld** *o* [-en] area for special attention
**aandeel** *o* [-delen] ❶ share, portion, part, contribution, *Am fin* stock, share of the capital stock * *~ hebben in* have a share in, have a part in * *~ hebben aan* have a part in, contribute to * *een ~ aan toonder* a share to bearer, a bearer share * *aandelen op naam* registered shares, shares in the name of the owner, nominative shares * *een voorlopig ~* a scrip (certificate) * *een ingekocht/eigen ~* a treasury stock ❷ *toegewezen deel bij nieuwe uitgifte* allotment, allotted share ❸ *deelname in resultaat van ondernemingen* income from investments in affiliated and associated companies
**aandeelhouder** *m* [-s] shareholder, <u>Am</u> stockholder, member * *de kleine/grote ~s* the small/large shareholders
**aandeelhoudersvergadering** *v* [-en] shareholders' meeting
**aandelenbezit** *o* shareowning, shareholding, stockholding
**aandelenemissie** *v* [-s] *eff* share issue
**aandelenfonds** *o* [-en] *eff* equity fund, stock fund
**aandelenkapitaal** *o* [-talen] share capital, <u>Am</u> capital stock * *deelname in ~* equity participation * *winstdelend ~* participating share capital
**aandelenkoers** *m* [-en] share price
**aandelenmarkt** *v* [-en] stock market
**aandelenpakket** *o* [-ten] block of shares
**aandelenportefeuille** *m* [-s] *eff* stock portfolio
**aandenken** *o* [-s] ❶ memory, remembrance ❷ *voorwerp* memento, souvenir, keepsake
**aandienen** *overg* [diende aan, h. aangediend] announce * *zich laten ~* have oneself announced * *zich ~* announce oneself * *~ als* present as * *er dienen zich nieuwe mogelijkheden aan* new opportunities are presenting themselves
**aandikken I** *overg* [dikte aan, h. aangedikt] ❶ thicken ⟨a line⟩ ❷ *fig* exaggerate, blow up ⟨a story⟩, lay/pile it on thick **II** *onoverg* [dikte aan, is aangedikt] *dikker worden* put on weight
**aandoen** *overg* [deed aan, h. aangedaan] ❶ *v. kleren* put on ❷ *aansteken* turn on * *de computer ~* switch

on the computer ❸*veroorzaken* cause ‹trouble›, give ‹pain›, bring ‹shame, disgrace› ✳*dat kun je hem niet ~you* can't do that to him ❹*aanpakken* affect ‹the mind›, move ‹the heart› ✳*hij was aangedaan door zoveel hulde* he was moved by all the tribute ✳*zijn longen zijn aangedaan* his lungs are affected ❺*binnenlopen* call at ‹a port, a station &› ▼*het doet* (*ons*) *vreemd aan* it strikes us as odd ▼*aangenaam ~* please ‹the eye› ▼*onaangenaam ~offend* ‹the ear &›

**aandoening** *v* [-en] ❶*ontroering* emotion, feeling ❷med disorder, complaint, disease ✳*een lichte ~ aan/van het hart* a heart defect/heart disease

**aandoenlijk I** *bn* ❶*v. verhaal, toneel* moving, touching, pathetic ❷*v. gemoed* sensitive, impressionable **II** *bijw* movingly, touchingly, pathetically

**aandraaien** *overg* [draaide aan, h. aangedraaid] ❶*v. schroef* screw on, fasten, tighten ❷*v. licht* switch on

**aandragen** *overg* [droeg aan, h. aangedragen] bring, carry ✳*komen ~met* come up with/furnish ‹proof› ✳*voorstellen ~make* proposals

**aandrang** *m* ❶*aandrift* impulse, urge ❷*'t aandringen* pressure ✳*op ~van* at the instigation of ✳*uit eigen ~of* one's own accord ✳‹naar de wc moeten› *~hebben* need to go ❸*nadruk* urgency, insistence ✳*met ~urgently*, strongly ❹*v. bloed* congestion, rush (to the head) ❺*toeloop* crush

**aandrijfas** *v* [-sen] drive shaft

**aandrijfketting** *m & v* [-en] drive chain

**aandrijven I** *overg* [dreef aan, h. aangedreven] ❶*alg.* drive on, prompt, press, press on, urge on ❷techn drive ‹a machine, nails› **II** *onoverg* [dreef aan, is aangedreven] be washed ashore ✳*komen ~drift* to the shore

**aandrijving** *v* [-en] techn drive ✳*met elektrische ~* electrically driven

**aandringen I** *onoverg* [drong aan, h. en is aangedrongen] ❶*aanspan* urge, press ❷*aandrang uitoefenen* insist (*op* on) ✳*op iets ~press* the matter, pursue one's point **II** *o* insistence ✳*op ~van* at the insistence of

**aandrukken** *overg* [drukte aan, h. aangedrukt] press (firmly), push ✳*iem. stevig tegen zich ~hug* sbd tightly

**aanduiden** *overg* [duidde aan, h. aangeduid] ❶*wijzen* indicate, point out, show ✳*nader ~specify* ✳*terloops ~hint* at ❷*aangeven* denote, designate, describe ❸*betekenen* mean, signify, mark

**aanduiding** *v* [-en] ❶*vaag* indication ❷*aanwijzing* hint, clue ❸*benaming* designation

**aandurven** *overg* [durfde aan, h. aangedurfd] ❶*durven te doen* dare to ✳*iem. ~dare* to fight sbd, stand up to sbd ✳*een taak ~feel* up to a task ❷*riskeren* venture ✳*iets niet ~be* afraid to do sth, not feel up to sth, stop short of sth, shrink from sth

**aanduwen** *overg* [duwde aan, h. aangeduwd] push (on) ✳*een auto ~push-start* a car

**aaneen** *bijw* together ✳*dagen ~for* days on end/at a stretch ✳*zes uren ~for* six hours on end

**aaneengeschakeld** *bn* ❶*alg.* joined (up), as a series ❷taalk coordinated ❸*wisk* linked-up, connected ✳*een ~e reeks* an unbroken series

**aaneengesloten** *bn* ❶united, connected ❷*gelederen* serried ‹ranks›

**aaneengroeien** *onoverg* [groeide aaneen, is aaneengegroeid] grow together

**aaneenschakelen** *overg* [schakelde aaneen, h. aaneengeschakeld] join/link together, link up, connect

**aaneenschakelend** *bn* taalk copulative

**aaneenschakeling** *v* [-en] chain, succession, sequence ✳*een ~van leugens* a string of lies

**aaneensluiten I** *overg* [sloot aaneen, h. aaneengesloten] join together, fit together **II** *onoverg* [sloot aaneen, h. aaneengesloten] fit, join **III** *wederk* [sloot aaneen, h. aaneengesloten] ✳*zich ~close* the ranks, join forces, unite

**aanfloepen** *onoverg* [floepte aan, is aangefloept] *v. licht* flash on

**aanfluiting** *v* [-en] mockery, travesty ✳*een ~van het recht* a travesty of justice ✳*tot een ~maken* make a mockery of ✳*dat concert was een ~that* concert was a farce

**aangaan I** *onoverg* [ging aan, h. en is aangegaan] ❶*vuur & light*, catch, strike, catch fire, burn ❷*licht* come on ❸*school & begin* ❹*te keer gaan* take on, carry on ▼*dat gaat niet aan* that won't do ▼*bij iem. ~call* at sbd's house, call on sbd ▼*~op...* go up to..., make for... **II** *overg* [ging aan, is aangegaan] ❶*sluiten* ‹verdrag› enter into, conclude, ‹huwelijk› contract, ‹lening› negotiate, ‹weddenschap› lay ✳*een weddenschap ~lay* a wager ❷*betreffen* concern, regard ✳*dat gaat u niet(s) aan* that's none of your business, that's no business/concern of yours ✳*wat dat aangaat...* as to that, as for that, for that matter ✳*wat mij aangaat* as far as I am concerned, for my part, I for one, as for me ✳*wat gaat mij dat aan?* what has that got to do with me? ✳*allen die het aangaat* all concerned ✳*voor een ieder die het aangaat* to whom it may concern

**aangaande** *voorz* concerning, as regards..., as to...

**aangapen** *overg* [gaapte aan, h. aangegaapt] gape at

**aangeboren** *bn* ❶*bij geboorte aanwezig* innate, inborn, inbred ❷*erfelijk* congenital, hereditary ✳*een ~afwijking* a congenital defect

**aangebrand** *bn* ✳*hij is gauw ~he* is short-tempered

**aangedaan** *bn* ❶*ontroerd* moved, touched ❷*lichaamsdeel* affected

**aangehuwd** *bn* → **aangetrouwd**

**aangeklaagde** *m-v* [-n] ❶accused ❷*jur ook* defendant

**aangelegenheid** *v* [-heden] matter, concern, affair, business ✳*een binnenlandse ~an* internal affair

**aangenaam** *bn* agreeable, pleasant, pleasing ✳~

(*kennis te maken*)*!* pleased to meet you!, how do you do? ✳ *het is mij* ~ *te horen* I am pleased to hear ✳ *het aangename van...* the good thing about... ✳ *het nuttige met het aangename verenigen* combine business with pleasure

**aangenomen I** *bn* ❶ *kind* adoptive, adopted ❷ *naam* assumed ▼ ~ *werk* contract work **II** *voegw* supposing ✳ ~ *dat het waar is* supposing that it is true

**aangepast** *bn* adapted, adjusted ✳ *een* ~*e woning* a specially adapted house ✳ *een* ~ *programma* a specially adapted programme

**aangeschoten** *bn* ❶ *geraakt door een schot* wounded, ‹vogel› winged ✳ ~ *wild* fair game ✳ sp ~ *hands* unintentional handling ❷ *dronken* under the influence inf tipsy, vulg pissed

**aangeschreven** *bn* ✳ *goed/slecht* ~ *staan* be well/not well thought-of ✳ *goed* ~ *staan bij iem.* be in sbd's good books

**aangeslagen** *bn ontmoedigd* dismayed, discouraged, affected

**aangesloten** *bn* ✳ ~ *bij* ‹lid van› affiliated ✳ *een* ~ *bedrijf* an affiliate

**aangestoken** *bn* ❶ *v. appels* worm-eaten ❷ *v. fruit* unsound ❸ *v. tanden* carious ❹ *v. vat* broached ❺ *met ziekte* infected

**aangetekend** *bn* post registered ✳ *een* ~*e brief* a registered letter ✳ ~ *verzenden* send by registered post

**aangetrouwd, aangehuwd** *bn* related by marriage ✳ *een* ~*e tante* an aunt by marriage

**aangeven I** *overg* [gaf aan, h. aangegeven] ❶ *aanreiken* give, hand, reach, pass ‹the salt› ❷ *aanwijzen* indicate ‹the direction›, mark ‹sth on a map› ❸ *opgeven* state ‹particulars›, notify ‹a disease›, ‹v. geboorte› give notice ❹ *v. bagage* register ❺ *aan de douane* enter, declare ✳ *hebt u niets aan te geven?* anything to declare? ❻ *bij de politie* denounce, report ‹sbd to the police› ✳ *een misdrijf* ~ report a crime **II** *wederk* [gaf aan, h. aangegeven] ✳ *zich* ~ *bij de politie* give oneself up to the police

**aangever** *m* [-s] ❶ jur informant ❷ theat stooge

**aangewezen** *bn* ✳ *hij is de* ~ *man* he is the right person ✳ *het* ~ *middel* the obvious thing ✳ *de* ~ *weg* the proper way ‹to do it› ✳ *zij zijn op zichzelf* ~ they have been left to their own devices ✳ *op iem.* ~ *zijn* depend on, rely on sbd

**aangezicht** *o* [-en] face ✳ *van* ~ *tot* ~ face to face

**aangezichtspijn** *v* [-en] facial pain, med facial neuralgia

**aangezien** *voegw* seeing that, since, as, in view of the fact that

**aangifte** *v* [-n] ❶ *v. geboorte &* notification, registration ❷ *bij douane, belasting* declaration ✳ ~ *doen van* ‹geboorte› give notice of ‹a birth›, register; ‹goederen› declare, enter ‹goods›; ‹diefstal› report ‹a theft›; ‹klacht› lodge ‹a

complaint› ❸ *belastingaangifte* tax return ❹ jur charge ✳ *valse* ~ *doen* lay a false charge

**aangiftebiljet** *o* [-ten] tax return, tax form

**aangifteformulier** *o* [-en] ❶ *voor de belasting* tax form, tax return ❷ *voor de douane* declaration ❸ *bij geboorte, overlijden* registration form ❹ *voor de politie* report form

**aangrenzend** *bn* adjacent, adjoining, neighbouring ✳ *een* ~ *perceel* an adjoining property, an adjacent lot ✳ *in de* ~*e kamer* in the adjacent room ✳ *een* ~ *land* a neighbouring country

**aangrijnzen** *overg* [grijnsde aan, h. aangegrijnsd] grin at ‹sbd› ✳ *de honger grijnst hen aan* starvation is staring them in the face

**aangrijpen** *overg* [greep aan, h. aangegrepen] ❶ *beetpakken* seize, take/catch hold of, clutch at ❷ *emotioneel* move, make a deep impression on ❸ *aanvallen* attack, strike at the heart of

**aangrijpend** *bn* ❶ *ontroerend* touching, moving, pathetic ❷ *huiveringwekkend* thrilling

**aangroei** *m* ❶ *toeneming* increase, growth ❷ fin accrual, automatic increase of interest ❸ *aanslag* growth

**aanhaken** *overg* [haakte aan, h. aangehaakt] hook on, hitch on ‹to› ✳ fig ~ *bij* follow up on

**aanhalen** *overg* [haalde aan, h. aangehaald] ❶ *aantrekken* tighten ‹a knot› ❷ *citeren* quote/cite ‹sbd›, instance ‹sth› ❸ *liefkozen* fondle, caress ❹ *bij deling* bring down ‹a figure› ▼ *je weet niet wat je aanhaalt* you don't know what you're letting yourself in for

**aanhalerig, aanhalig I** *bn* over-affectionate, caressing, cuddlesome **II** *bijw* over-affectionately

**aanhalingsteken** *o* [-s] inverted comma, quotation mark, inf quote ✳ *tussen* ~*s plaatsen* put/place in inverted commas/quotation marks

**aanhang** *m* supporters, following, party, followers, adherents, disciples ✳ *... met zijn* ~ *...* with the wife and kids

**aanhangen** *overg* [hing aan, h. aangehangen] ❶ *een partij* support, belong to ❷ *een dogma* adhere to ▼ *kook de groente met* ~*d water* cook the vegetables in just the water adhering to the leaves

**aanhanger** *m* [-s] ❶ *volgeling* follower, supporter, partisan, adherent ❷ *aanhangwagen* trailer

**aanhangig** *bn* pending ✳ ~ *maken* jur lay/put/bring before the court; ‹wetsontwerp› bring in; ‹bij een instantie› take up ‹with›

**aanhangmotor** *m* [-s, -toren] outboard motor

**aanhangsel** *o* [-s, -en] ❶ *v. boek* appendix ❷ *v. document* annex ❸ *v. testament* codicil ▼ *het wormvormig* ~ anat the appendix

**aanhangwagen** *m* [-s] trailer

**aanhankelijk** *bn* affectionate, attached ✳ *een* ~ *kind* an affectionate child

**aanhankelijkheid** *v* affection, attachment ✳ ~ *betuigen* show affection

**aanharken** *overg* [harkte aan, h. aangeharkt] ❶ *met*

*een hark bewerken* rake (over) ❷ *bij elkaar harken* rake (up)

**aanhechting** *v* [-en] attachment, fastening

**aanhef** *m* ❶ *v. brief* salutation ❷ *v. rede* opening words ❸ *muz* introduction

**aanheffen** *overg* [hief aan, h. aangeheven] ❶ *psalm* intone ❷ *lied* strike up * *een lied* ~ strike up a song ❸ *kreet* raise, set up

**aanhikken** *onoverg* [hikte aan, h. aangehikt] * ~ *tegen iets* have difficulty in doing sth * *hij zat erg tegen zijn examen aan te hikken* he was dreading his exam

**aanhoren** *overg* [hoorde aan, h. aangehoord] listen to * *het is hem aan te horen* you can tell from his speech * *het is niet om aan te horen* it's unbearable to hear * *ten* ~ *van* in the hearing of

**aanhouden I** *overg* [hield aan, h. aangehouden] ❶ *blijven doorgaan met* hold, sustain, keep on ⟨servants &⟩, keep up ⟨a correspondence &⟩ ❷ *tegenhouden* stop ⟨sbd⟩, hold up ⟨a ship⟩ ❸ *arresteren* apprehend, arrest ⟨a thief⟩, ⟨v. goederen⟩ seize, detain ❹ *niet uitdoven* keep ⟨sth⟩ burning ❺ *niet behandelen* hold over, postpone, reserve, adjourn ⟨a trial⟩ **II** *onoverg* [hield aan, h. aangehouden] ❶ *voortduren* hold, last, keep up, continue ❷ *volhouden* hold on, persevere, persist, pursue one's point ❸ *bij een café & stop* * ~ *op* scheepv make for ⟨the coast⟩; head for ⟨home⟩ * *rechts* ~ keep to the right

**aanhoudend** *bn* continual, continuous, incessant, persistent * ~ *geweld* continuing violence

**aanhouder** *m* [-s] persevering person, sticker * *de* ~ *wint* slow and steady wins the race

**aanhouding** *v* [-en] ❶ *arrestatie* arrest, apprehension, detention * *een voorlopige* ~ a provisional arrest ❷ *uitstellen* adjournment, postponement

**aanjagen** *overg* [jaagde *en* joeg aan, h. aangejaagd] ❶ *aansporen* drive on, push on * *tot spoed* ~ hurry sbd up ❷ *veroorzaken* fill with * *iem. angst* ~ frighten sbd

**aanjager** *m* [-s] *techn* supercharger, booster

**aankaarten** *overg* [kaartte aan, h. aangekaart] bring up, raise, introduce * *een zaak* ~ *bij* raise a matter with

**aankakken** *onoverg* * *eindelijk komen* ~ turn/show up at last

**aankap** *m* ❶ *v. bomen* felling ❷ *v. timmerhout* timber reserve, lumber exploitation

**aankijken** *overg* [keek aan, h. aangekeken] look at * *het* ~ *niet waard* not worth looking at * *iem. niet* ~ look away from sbd, not look sbd straight in the face * *iem. nooit meer* ~ never look at sbd again * *de zaak nog eens* ~ wait and see * *iem. op iets* ~ blame sbd for sth * *met schele ogen* ~ view with jealous eyes * *iem. verwonderd* ~ give sbd a surprised look * *kijk eens aan!* look at that now!

**aanklacht** *v* [-en] accusation, charge, indictment

* *een* ~ *indienen tegen* lodge a complaint against, bring a charge against * *zijn* ~ *intrekken* drop one's charge * *een lasterlijke* ~ a defamatory accusation

**aanklagen** *overg* [klaagde aan, h. aangeklaagd] accuse, press charges against * ~ *wegens* accuse of, charge with, indict for * *iem. wegens diefstal* ~ charge sbd with theft

**aanklager** *m* [-s] ❶ *alg.* accuser ❷ *jur* plaintiff * *de openbare* ~ the public prosecutor

**aanklampen** *overg* [klampte aan, h. aangeklampt] ❶ *scheepv* board ⟨a vessel⟩ ❷ *fig* accost, buttonhole ⟨sbd⟩

**aankleden** *overg* [kleedde aan, h. aangekleed] ❶ *alg.* dress ❷ *versieren* decorate, furnish * *een kamer aardig* ~ do up a room nicely ❸ *mooier maken, bijv. een voorstel* dress up * *een verhaal* ~ dress a story up **II** *wederk* [kleedde aan, h. aangekleed] * *zich* ~ dress (oneself), get dressed

**aankleding** *v* [-en] ❶ *versiering* furnishing ❷ *v. toneel* decor, staging * *de* ~ *van een toneelstuk* the scenery of a play

**aankloppen** *onoverg* [klopte aan, h. aangeklopt] knock/rap at the door * *bij iem.* ~ *om geld/hulp* come/appeal to sbd for money/help

**aanknoeien** *onoverg* [knoeide aan, h. aangeknoeid] * *maar wat* ~ (just) fool/mess about

**aanknopen I** *overg* [knoopte aan, h. aangeknoopt] enter into, engage in * *een gesprek* ~ *met* enter/get into conversation with * *onderhandelingen* ~ enter into negotiations, open negotiations * *weer* ~ renew, resume **II** *onoverg* [knoopte aan, h. aangeknoopt] tie in with, link up with * ~ *bij het voorafgaande* go on from what was said before

**aanknopingspunt** *o* [-en] starting point, point of contact * ~ *en* connecting factors * *een* ~ *voor een gesprek* a starting point for a conversation * *een goed* ~ a good point of departure

**aankoeken** *onoverg* [koekte aan, is aangekoekt] ❶ cake, encrust ❷ *aan de pan* stick

**aankomen** *onoverg* [kwam aan, is aangekomen] ❶ *arriveren* come, arrive, come in ⟨of a train &⟩ * ~ *in Londen* arrive in London * ~ *op de plaats* arrive at/on the spot * *te laat* ~ be overdue, arrive/be late * ~ *bij iem.* call at sbd's house, call on sbd * *je moet eens* ~ just come round, just drop in ❷ *naderen* approach, come up to * *op iem.* ~ come up to a person * *ik zie* ~, *dat...* I foresee that... * *ik heb het wel zien* ~ I've seen it coming * *fig ze zien me al* ~! I couldn't possibly do that! ❸ *komen aanzetten met* come (up) with * ~ *met een voorstel* come out with a proposal, put forward a proposal * *daarmee kan je bij hem niet* ~ it's no use proposing that to him * *daarmee hoef je bij mij niet aan te komen* none of that for me/don't tell me! ❹ *afhangen van, neerkomen op* depend on * *het komt hier op geld aan* it is the money that matters * *het komt op nauwkeurigheid aan* accuracy is the thing * *op de kosten komt het niet aan* the cost is no consideration, money is no object * *het komt er niet op aan* it doesn't matter * *het zal er op ~ om...* what it will boil down to is... * *nu zal het erop ~* now for it! * *als het erop aankomt* when it comes to the crunch * *als het erop aankomt om te betalen...* when it comes to paying... * *het laten ~ op een ander* leave things to somebody else * *het er maar op laten ~* let things drift, trust to luck, leave it to chance * *het laten ~ op het laatste ogenblik* put it off to the last minute ❺ *raak zijn* hit home * *de klap kwam hard aan* it was a great blow, it packed a punch ❻ *toenemen in gewicht &* gain, put on weight ❼ *aanraken* touch, hit * *niet ~! don't touch!* * *tegen de muur ~* strike/hit the wall ▼ *er is geen ~ aan* it's/they're not to be had

**aankomend** *bn* prospective, future * *een ~ manager* a junior manager * *een ~ onderwijzer* ‹nog opgeleid wordend› a future teacher; ‹pas beginnend› a young teacher

**aankomst** *v* arrival * *bij (mijn) ~* on (my) arrival

**aankomsthal** *v* [-len] arrival hall

**aankomsttijd** *m* [-en] time of arrival, hour of arrival * *~ volgens dienstregeling* scheduled arrival time

**aankondigen** *overg* [kondigde aan, h. aangekondigd] ❶ *alg.* announce ❷ *bij wijze van reclame* advertise ❸ *per aanplakbiljet* bill ‹a play &› ❹ *officieel* notify ❺ *voorspellen* herald, foreshadow ‹a major crisis, grave developments› ❻ *bespreken* give notice of, review ‹a book›

**aankondiging** *v* [-en] ❶ announcement ❷ *officieel* notification * *een ~ van voorgenomen huwelijk* a notice of intended marriage ❸ *bericht* notice * *tot nadere ~* until further notice ❹ *advertentiereclame* advertisement ❺ *bespreking* (press) notice, review ‹of a book›

**aankoop** *m* [-kopen] purchase, acquisition * *bij ~ van een fles wijn een glas gratis* a free glass with every bottle of wine * *een dure ~* an expensive purchase

**aankoopbeleid** *o* purchasing policy

**aankoopbewijs** *o* [-wijzen] receipt

**aankooporder** *m* [-s] purchase order

**aankoopprijs** *m* [-prijzen] purchase price

**aankoopsom** *v* [-men] (purchase) price

**aankopen** *overg* [kocht aan, h. aangekocht] purchase, buy, acquire

**aankrijgen** *overg* [kreeg aan, h. aangekregen] ❶ *v. schoenen, kleren* get on, get into ❷ *v. goederen* get in ❸ *v. vuur* get to burn

**aankruisen** *overg* [kruiste aan, h. aangekruist] tick, mark, cross * *~ wat van toepassing is* tick where appropriate

**aankunnen** *overg* [kon aan, h. aangekund] ❶ *opgewassen zijn tegen* be a match for ‹sbd›, be able to cope with * *de ouders konden hun dochter niet meer aan* the parents were unable to control their daughter ❷ *berekend voor* be prepared for, be equal to * *hij kan heel wat aan* ‹v. werk› he can cope with a lot of work; ‹eten &› he can manage heaps of

food/a lot of drink ▼ *kan men op hem aan?* can he be relied on?

**aankweken** *overg* [kweekte aan, h. aangekweekt] ❶ grow, cultivate ❷ *fig* generate, foster ‹feelings of...›

**aanlandig** *bn* onshore * *een ~e wind* an onshore wind

**aanleg** *m* ❶ *constructie* construction, ‹v. weg› building, ‹v. kabel› laying, ‹v. tuin, stad &› layout, ‹v. gas, water &› installation * *de ~ van een elektriciteitscentrale* the installation of a power plant ❷ *natuurlijk talent* aptitude, talent * *~ hebben voor muziek &* have a talent for music & ❸ *vatbaarheid* tendency, predisposition * *ik heb ~ om dik te worden* I have a tendency to get fat ❹ *geneigdheid* disposition, tendency ❺ *jur* instance * *in eerste ~* at first instance

**aanleggen I** *overg* [legde aan, h. aangelegd] ❶ *aanbrengen* apply, place ❷ *tot stand brengen* ‹tuin &› lay out, ‹weg, brug &› construct, build, ‹gas, licht &› install, put in, lay on, ‹een vuur› lay ❸ *maken* make ❹ *met geweer* mil level (op at) ❺ *voorbereiden* commence, start, begin * *het/de zaak handig ~* manage things/the matter cleverly * *het verkeerd ~* set about it the wrong way * *het zó ~ dat...* manage to, contrive to... * *het zuinig ~* be economical * *het ~ met een getrouwde vrouw* start carrying on with a married woman * *hij legt het er op aan om straf te krijgen* he seems bent on getting punished **II** *onoverg* [legde aan, h. aangelegd] ❶ *stilhouden* stop at, call in at ‹a pub› ❷ *mikken* aim, take aim * *~ op* aim at, take aim at * *mil leg aan!* present!

**aanleghaven** *v* [-s] port of call

**aanlegplaats** *v* [-en] landing stage, berth

**aanlegsteiger** *m* [-s] landing stage, jetty

**aanleiding** *v* [-en] occasion, reason, cause * *~ geven tot* give rise to, lead to, give cause for, occasion * *bij de geringste ~* at/on the slightest provocation * *naar ~ van* as a result of * *naar ~ van uw schrijven* with reference to/in response to your letter * *zonder de minste ~* without any reason * *een gerede ~* a convenient opportunity

**aanlengen** *overg* [lengde aan, h. aangelengd] dilute, water down

**aanleren** *overg* [leerde aan, h. aangeleerd] ❶ *leren* learn, acquire * *een taal ~* learn a language * *een gewoonte ~* acquire a habit ❷ *onderwijzen* teach, train * *iem. iets ~* teach sbd sth

**aanleunen** *onoverg* [leunde aan, h. aangeleund] * *~ tegen/towards)* lean (against/towards) * *zich iets laten ~* take sth as one's due * *zich iets niet laten ~* not put up with sth, not swallow sth, not take sth lying down

**aanleunwoning** *v* [-en] sheltered accommodation

**aanleveren** *overg* [leverde aan, h. aangeleverd] *v. lading* deliver (for shipment)

**aanliggend** *bn* adjacent, adjoining

**aanlijnen** *overg* [lijnde aan, h. aangelijnd] *v. hond*

leash ✳ *een hond aangelijnd houden* keep a dog on a lead/leash

**aanlokkelijk** *bn* alluring, tempting, attractive ✳ *een ~ aanbod* an attractive offer

**aanlokken** *overg* [lokte aan, h. aangelokt] ❶ *verleiden* allure, entice, tempt ❷ *aantrekken* attract, draw ✳ *kopers ~* attract customers ✳ *dat lokt mij aan* that appeals to me

**aanloop** *m* ❶ run-up ✳ *een ~ nemen* take a run-up ✳ *een sprong met/zonder ~* a running/standing jump ❷ *fig* preamble, introduction, introductory remarks ✳ *in de ~ naar het EK* in the build-up to the European Championships ▼ *veel ~ hebben* have a lot of callers/visitors

**aanloopfase** *v* [-s, -n] preparatory phase, start-up phase

**aanloophaven** *v* [-s] port of call

**aanloopkosten** *zn* [mv] starting-up costs, initial expenses, running-in expenses

**aanloopmoeilijkheden** *zn* [mv] initial problems, starting-up problems, teething problems

**aanloopperiode** *v* [-s, -n], **aanlooptijd** *m* [-en] introductory period

**aanloopverlies** *o* [-liezen] *econ* initial loss, start-up loss

**aanlopen** *onoverg* [liep aan, h. en is aangelopen] ❶ *eens aankomen* call by, drop in ✳ *~ bij iem.* call in on sbd, drop in upon sbd ❷ *lopen* walk/come (towards) ✳ *~ op* walk towards ✳ *~ tegen* run up against ⟨sth⟩, run into ⟨sbd⟩ ✳ *fig ergens (toevallig) tegen ~* chance upon ⟨sth⟩ ✳ *die kat is komen ~* that cat is a stray ❸ *schuren langs* rub, drag ✳ *het wiel van mijn fiets loopt aan* my bicycle wheel is rubbing against the mudguard ▼ *dat zal nog wel even ~* ⟨duren⟩ that will take some time ▼ *hij liep blauw/rood/paars aan* he went purple in the face, his face turned purple

**aanmaak** *m* manufacture, making, production ✳ *de ~ van antistoffen in het lichaam* the production of antibodies in the body

**aanmaakblokje** *o* [-s] firelighter

**aanmaakhout** *o* kindling ✳ *~jes* kindling

**aanmaakkosten** *zn* [mv] production costs, manufacturing costs

**aanmaken** *overg* [maakte aan, h. aangemaakt] ❶ *alg.* manufacture, make, produce ❷ *v. vuur* light ❸ *v. salade* dress ❹ *v. kleuren* mix ❺ *v. account/bestand* create

**aanmanen** *overg* [maande aan, h. aangemaand] ❶ *aansporen* urge, order, exhort, call upon ❷ *tot betaling* demand ⟨payment⟩

**aanmaning** *v* [-en] ❶ *herinnering* reminder, exhortation ❷ *v. betaling* reminder, request, krachtiger note of demand, warning notice, final notice ❸ *v. getuige* urge

**aanmatigen** *wederk* [matigde aan, h. aangematigd] ✳ *zich ~* ⟨rechten⟩ arrogate, assume, ⟨oordeel⟩ presume ✳ *zich een oordeel ~* take it upon oneself to pass judgement

**aanmatigend** *bn* arrogant, presumptuous, assuming, high-handed, self-assertive, assumptive, pretentious

**aanmelden I** *overg* [meldde aan, h. aangemeld] announce, report **II** *wederk* [meldde aan, h. aangemeld] ✳ *zich ~* present oneself, apply ✳ *zich ~ voor een betrekking* apply for a position

**aanmelding** *v* [-en] ❶ *bericht* announcement, notice ❷ *voor betrekking* application ❸ *voor wedstrijd &* entry

**aanmeldingsformulier** *o* [-en] ❶ *voor deelname aan iets* registration form ❷ *voor sollicitatie* application form

**aanmeldingstermijn** *m* [-en] registration period

**aanmeren** *overg* [meerde aan, h. aangemeerd] moor, tie up

**aanmerkelijk I** *bn* considerable, substantial, appreciable **II** *bijw* considerably, substantially, quite a lot, appreciably ✳ *~ duurder* considerably more expensive

**aanmerken** *overg* [merkte aan, h. aangemerkt] ❶ *beschouwen, rekenen* consider, regard ✳ *~ als* regard as ❷ *opmerkingen maken* comment, criticize, find fault ⟨with⟩ ✳ *ik heb er niets/weinig op aan te merken* I don't find anything/much wrong with it ✳ *ik heb er veel op aan te merken* I think there's a lot wrong with it ✳ *iets aan te merken hebben op iem.* find fault with sbd

**aanmerking** *v* [-en] ❶ *opmerkzaamheid* consideration ✳ *in ~ komen* be eligible, qualify ✳ *niet in ~ komen* not be eligible, not qualify, be left out of account/consideration ✳ *hij komt niet in ~ voor die betrekking* he's not eligible for the job ✳ *in ~ nemen* take into consideration, consider (that...), take into account, make allowance for ✳ *zijn leeftijd in ~ genomen...* considering his age, in view of his age ✳ *alles in ~ genomen...* all things considered ❷ *onaangename opmerking* remark, observation ✳ *~en maken op* find fault with, criticize, pick holes in ✳ *geen ~ te maken hebben* have no fault to find (with it) ❸ *afkeuring* onderw bad mark

**aanmeten** *overg* [mat aan, h. aangemeten] take one's measurements for ✳ *zich een jas laten ~* be fitted for a coat ✳ *een aangemeten jas* a made-to-measure coat ✳ *zich een houding ~* assume an attitude

**aanmodderen** *onoverg* [modderde aan, h. aangemodderd] stumble, blunder, muddle ✳ *maar wat ~* mess about ✳ *iem. maar wat laten ~* let sbd muddle on on his/her own

**aanmoedigen** *overg* [moedigde aan, h. aangemoedigd] encourage, stimulate ✳ *de sporters werden aangemoedigd* the sportsmen were cheered on ✳ *je moet dat gedrag zeker niet ~* you certainly shouldn't encourage that kind of behaviour

**aanmoediging** *v* [-en] encouragement

**aanmoedigingspremie** *v* [-s] incentive bonus

**aa**

**aanmoedigingsprijs** *m* [-prijzen] incentive prize
**aanmonsteren I** *overg* [monsterde aan, h.
aangemonsterd] engage **II** *onoverg* [monsterde aan,
h.aangemonsterd] sign on ∗ *als matroos* ~ sign on
as a sailor
**aanmunten** *overg* [muntte aan, h. aangemunt] coin,
mint ∗ *goud* ~ coin gold
**aannaaien** *overg* [naaide aan, h. aangenaaid] sew
on
**aanname** *v* [-n, -s] *veronderstelling* assumption
**aannemelijk** *bn* ❶ *redelijk* acceptable, reasonable
∗ *een* ~ *voorstel* a reasonable proposal
❷ *geloofwaardig* plausible ∗ *een* ~ *excuus* a plausible
excuse ∗ *iets* ~ *maken* make out a reasonable case
for sth
**aannemen** *overg* [nam aan, h. aangenomen] ❶ *alg.*
take, accept, receive ∗ *boodschappen* ~ take
messages ∗ *een godsdienst* ~ embrace a religion ∗ *de
telefoon* ~ answer the telephone ∗ *als regel* ~ *om...*
make it a rule to... ∗ *als kind* ~ adopt as a child
❷ *v. goederen* take delivery of ❸ *opnemen als lid*
admit, confirm, receive ❹ *niet weigeren* accept ∗ *een
uitnodiging* ~ accept an invitation ❺ *niet verwerpen*
adopt, carry ⟨a motion⟩, pass ⟨a bill⟩ ∗ *aangenomen!*
agreed! ❻ *als waar* admit ❼ *veronderstellen* suppose,
assume ∗ *aangenomen dat...* assuming that...,
supposing it to be... ∗ *dat neem ik aan, maar...* I take
⟨your point⟩, but... ∗ *laten we* ~ *dat...* suppose that...
∗ *dat kun je van me* ~ you can take it from me ❽ *in
dienst nemen* take on, engage ❾ *v. werk* take in,
contract for ❿ *zich geven* adopt, take on, assume
∗ *een air* ~ assume an air ∗ *een andere naam* ~ take
another name ⓫ *kleur, vorm* take on ∗ *een andere
vorm* ~ take on another form ▼ ~ *om te...* undertake
to...
**aannemer** *m* [-s] contractor, building contractor,
(master) builder
**aannemersbedrijf** *o* [-drijven] firm of contractors,
contractor, building contractor
**aannemingssom** *v* [-men] sum/price contracted
for, contract sum
**aanpak** *m* ❶ *het aanpakken* tackling, proceeding
❷ *benadering* approach, method ∗ *bij de* ~ *van dit
probleem* in approaching this problem ∗ *dat vereist
een andere* ~ a different approach is required here
**aanpakken** *overg* [pakte aan, h. aangepakt]
❶ *vastpakken* take, seize, take/lay hold of ∗ *kun je
deze tas even* ~? could you take this bag? ∗ *pak aan!*
take that! ❷ *een probleem* tackle ∗ *hoe wil je dat* ~?
how are you going to set about it/to tackle it? ∗ *het
goed/verkeerd* ~ go about it the right/wrong way ∗ *je
moet (flink)* ~ you have to put your back into ⟨the
job⟩ ∗ *van* ~ *weten* be a hard worker ❸ *behandelen*
deal with, handle ∗ *iem. flink* ~ take a firm line with
sbd ∗ *iem. ruw/zacht* ~ handle sbd roughly/gently
∗ *iem. verkeerd* ~ rub sbd (up) the wrong way ❹ *v. de
gezondheid* tell on ⟨sbd⟩ ∗ *dat pakt je nogal aan* it
really tells on you/takes it out of you

**aanpalend** *bn* adjacent, adjoining, neighbouring
**aanpappen** *onoverg* [papte aan, h. aangepapt] ∗ *met
iem.* ~ strike up an acquaintance with sbd, inf chum
up with sbd
**aanpassen I** *overg* [paste aan, h. aangepast]
❶ *v. kleren* try on ❷ *in overeenstemming brengen*
adapt, adjust ∗ ~ *aan* adapt to, adjust to **II** *wederk*
[paste aan, h. aangepast] ∗ *zich* ~ *aan* adapt oneself
to, adjust oneself to
**aanpassing** *v* [-en] adaptation, adjustment ∗ ~ *aan*
adaptation to
**aanpassingsmoeilijkheden** *zn* [mv] difficulties in
adjusting (to), problems adapting
**aanpassingsvermogen** *o* adaptability
**aanplakbiljet** *o* [-ten] placard, poster, bill
**aanplakbord** *o* [-en] billboard, notice board
**aanplakken** *overg* [plakte aan, h. aangeplakt]
placard, post (up), paste (up) ∗ *verboden aan te
plakken* no billposting here
**aanplakzuil** *v* [-en] advertising pillar
**aanplant** *m* ❶ *het planten* planting ❷ *plantage*
plantation ❸ *het aangeplante* plantings ∗ *jonge* ~
young plantings
**aanplanten** *overg* [plantte aan, h. aangeplant] plant
**aanporren** *overg* [porde aan, h. aangepord] rouse,
shake up, spur on
**aanpoten** *onoverg* [pootte aan, h. aangepoot]
*voortmaken* work hard, hurry
**aanpraten** *overg* [praatte aan, h. aangepraat] ∗ *iem.
iets* ~ talk sbd into doing sth ∗ *iem. een kwaal* ~ talk
sbd into feeling sick
**aanprijzen** *overg* [prees aan, h. aangeprezen]
recommend, praise
**aanraden I** *overg* [raadde *of* ried aan, h.
aangeraden] advise, recommend, suggest ∗ *iem. iets*
~ advise sbd to do sth **II** *o* ∗ *op* ~ *van* on the advice
of, on the recommendation of
**aanrader** *m* [-s] *film, boek &* must ∗ *die film is een
absolute* ~ this film is highly recommended/is a
must to see
**aanraken** *overg* [raakte aan, h. aangeraakt] touch
∗ *raak me niet aan!* don't touch me ∗ *het precaire
onderwerp werd even aangeraakt* the delicate subject
was just touched upon
**aanraking** *v* [-en] touch, contact ∗ *in* ~ *brengen met*
bring into contact with ∗ *in* ~ *komen met* come in
touch/contact with ∗ *met de politie in* ~ *komen* get in
trouble with the police
**aanranden** *overg* [randde aan, h. aangerand] assail,
assault ∗ *een meisje* ~ assault a girl sexually ∗ ZN
*iem. in zijn eer* ~ damage sbd's honour
**aanrander** *m* [-s] assailant, assaulter
**aanranding** *v* [-en] assault, indecent assault, sexual
assault ∗ jur ~ *der eerbaarheid* indecent assault ∗ jur
~ *van goede naam* defamation ∗ *wederrechtelijke* ~
unlawful force
**aanrecht** *o & m* [-en] (kitchen) sink
**aanrechtblad** *o* [-bladen] work top

**aanrechtblok** o [-ken] kitchen unit
**aanrechtkastje** o [-s] sink cupboard
**aanreiken** overg [reikte aan, h. aangereikt] reach, hand, pass * mogelijke oplossingen voor een probleem ~ come up with possible solutions to a problem
**aanrekenen I** overg [rekende aan, h. aangerekend] verwijten blame * iem. iets~ blame sbd for sth, hold sth against sbd * dat zal hem niet al te zwaar worden aangerekend he won't be blamed much for that * dat kun je hem niet~ you can't blame him for that **II** wederk [rekende aan, h. aangerekend] * zich iets als een eer~ assume credit for...; consider it an honour
**aanrennen** onoverg run along * komen~ come running (up)
**aanrichten** overg [richtte aan, h. aangericht] **①** doen do * onheil~ do mischief **②** veroorzaken cause, bring about * verwoestingen~ wreak havoc, cause destruction **③** bereiden give * een feest~ lay on a party
**aanrijden I** overg [reed aan, h. aangereden] **①** botsen tegen collide with, crash into * iem. ~ run into sbd, collide with sbd * hij werd aangereden he was knocked down ‹by a car› *~ tegen run into **②** rijdend aanvoeren bring, supply * stenen~ truck in stones **II** onoverg [reed aan, is aangereden] * komen~ come riding/driving up * bij iem. ~ pull up at sbd's door
**aanrijding** v [-en] collision, crash
**aanroepen** overg [riep aan, h. aangeroepen] **①** toeroepen om te laten stoppen call, hail ‹sbd, a cab, a ship› **②** call upon ‹sbd for help› * God~ invoke God's name, call upon/to God **③** mil challenge ‹sbd›
**aanroeren** overg [roerde aan, h. aangeroerd] fig touch on * een onderwerp~ touch on a subject
**aanrommelen** onoverg [rommelde aan, h. aangerommeld] mess about, fiddle about * hij rommelt maar wat aan he's just messing around
**aanrukken** onoverg [rukte aan, is aangerukt] advance, march (on) *~ op march/move on/towards * laten~ ‹wijn &› order; mil move up, call in
**aanschaf** m acquisition, purchase * duur in de~ zijn be an expensive purchase
**aanschaffen I** overg [schafte aan, h. aangeschaft] purchase, procure, buy **II** wederk [schafte aan, h. aangeschaft] * zich ~ purchase, acquire, buy
**aanschafkosten** zn [mv] purchasing costs, costs of acquisition
**aanscherpen** overg [scherpte aan, h. aangescherpt] **①** scherp maken sharpen **②** fig accentuate, highlight * de probleemstelling moet worden aangescherpt the problem must be more clearly defined * het contrast werd aangescherpt the contrast was accentuated
**aanschieten** overg [schoot aan, h. aangeschoten] **①** approach, come up to * iem. ~ accost/buttonhole sbd * je kan mij altijd even ~ in de sporthal you can always come up and have a chat to me in the gym

**②** vogel hit, wound, wing **③** kleren & slip on ‹one's coat›
**aanschijn** o **①** schijn appearance, presence **②** gelaat face, countenance * in het ~ van de dood in the face of death
**aanschoppen** onoverg [schopte aan, h. aangeschopt] kick against *~ tegen eig kick against; fig go on about, storm at
**aanschouwelijk** bn clear, graphic *~ onderwijs teaching with visual aids *~ maken illustrate
**aanschouwen I** overg [aanschouwde, h. aanschouwd] behold, see * het levenslicht ~ see the light of day **II** o * ten ~ van in the sight of, in the presence of
**aanschrijven** overg [schreef aan, h. aangeschreven] order, summon, instruct * hij zal worden aangeschreven om de schutting te verwijderen he will be ordered to remove the fence * goed/slecht aangeschreven staan be in good/bad/ill repute, enjoy a good/bad reputation * ik sta goed/slecht bij hem aangeschreven I'm in his good/bad books
**aanschrijving** v [-en] order, summons, instruction(s)
**aanschroeven** overg [schroefde aan, h. aangeschroefd] **①** aanschroeven aan screw down **②** vaster schroeven screw tighter
**aanschuiven I** overg [schoof aan, h. aangeschoven] push on, shove on * een stoel ~ pull up a chair **II** onoverg [schoof aan, is aangeschoven] draw up to the table, sit down at the table
**aanslaan I** overg [sloeg aan, h. aangeslagen] **①** vaster inslaan drive home **②** muz strike ‹a note›, touch ‹a string› * fig een andere toon ~ strike another note **③** schatten estimate, rate **④** v. belasting assess * te hoog ~ ‹schatten› overestimate; ‹belasting› assess too high * te laag ~ ‹schatten› underestimate; ‹belasting› assess too low * voor 300 euro ~ assess at 300 euros ▼ een huis ~ put up a house for sale ▼ een artikel ~ ‹op een kassa› ring up an item **II** onoverg [sloeg aan, h. aangeslagen] **①** blaffen bark **②** mil salute **III** onoverg [sloeg aan, is aangeslagen] **①** v. motor techn start **②** door aanslag op ruit & fog up, mist up, steam up **③** v. ketel become furred **④** succes hebben fig catch on * de film sloeg niet aan bij het publiek the film wasn't a box office success **⑤** v. wortels strike root, take **⑥** fig take ▼ ~ tegen strike/beat/dash/flap & against
**aanslag** m [-slagen] **①** het aanslaan striking **②** misdrijf attempt, attack, assault, ‹bomb› outrage * een ~ op de gezondheid an attack on one's health **③** v. pianist touch * deze piano heeft een zware ~ this piano has a heavy touch * hij tikt met een snelheid van 100~en per minuut he types at a speed of 100 letters per minute **④** op ruit moisture **⑤** in ketel deposit, scale, fur **⑥** in belasting (notice of) assessment ▼ met het geweer in de~ with one's rifle at the ready ▼ in de~ brengen cock ‹a rifle &›
**aanslagbiljet** o [-ten] assessment notice, notice of assessment, Am tax bill

**aanslenteren** *onoverg* ∗ *komen* ~ stroll along
**aanslepen** *overg* [sleepte aan, h. aangesleept] drag in ∗ *zakken aardappelen* ~ get in sacks of potatoes ∗ *de drank was niet aan te slepen* you couldn't keep up with the drinks ∗ *die zaak blijft maar* ~ the matter is dragging along
**aanslibben** *onoverg* [slibde aan, is aangeslibd] form a deposit, silt up ∗ *aangeslibde grond* alluvial land
**aanslibbing** *v* [-en], **aanslibsel** *o* [-s] alluvial deposit, silty deposit
**aanslingeren** *overg* [slingerde aan, h. aangeslingerd] *v. auto* crank ∗ *een discussie* ~ stir up a discussion
**aansloffen** *onoverg* ∗ *komen* ~ trudge, clump
**aansluiten I** *onoverg* [sloot aan, h. aangesloten] *verbinden* join, connect ∗ ~! close up! ∗ *deze treinen sluiten op elkaar aan* these trains connect with each other **II** *overg* [sloot aan, h. aangesloten] ❶ *alg.* connect, link up ∗ *aangesloten bij een partij* affiliated with a party ❷ *telec* link up with the telephone system ∗ *een nieuwe abonnee* ~ connect a new subscriber ∗ *iem. op het telefoonnet* ~ connect sbd to the telephone system **III** *wederk* [sloot aan, h. aangesloten] ∗ *zich* ~ unite, join ∗ *zich* ~ *bij* ‹zich voegen bij› join ‹sbd›, become a member of, join ‹a party›, join ‹the strikers›; ‹toetreden tot› become affiliated to/with ‹a society›; ‹instemmen met› concur with ‹a speaker›
**aansluitend** *bn in tijd volgend op* following (on from), next (to)
**aansluiting** *v* [-en] ❶ *contact* contact, association ∗ ~ *zoeken bij...* try to join..., seek contact with... ❷ *telec* connection, junction ∗ *Ik kreeg geen* ~ *met hem* I wasn't put through to him, I didn't get him on the line ❸ *verbinding* connection ∗ ~ *hebben* ‹van treinen› connect (*op* with) ∗ *de* ~ *missen* miss the connection ▼ *in* ~ *op ons schrijven van...* referring to our letter of...
**aansluitingstreffer** *m* [-s] *sp* tying goal
**aansluitkosten** *zn* [mv] connection charges
**aansmeren** *overg* [smeerde aan, h. aangesmeerd] *een muur* parge(t), daub ∗ *iem. iets* ~ palm sth off on sbd
**aansnellen** *onoverg* run up, hurry on ∗ ~ *op* make a run for ∗ *komen* ~, *komen aangesneld* come running
**aansnijden** *overg* [sneed aan, h. aangesneden] *v. brood* cut into ▼ *een onderwerp* ~ bring up/broach a subject
**aanspannen** *overg* [spande aan, h. aangespannen] ❶ *v. trekdier* put ‹the horses› to ❷ *strakker spannen* tighten ❸ *jur* initiate, institute, instigate ∗ *een proces* ~ institute/initiate legal proceedings
**aanspelen** *overg* [speelde aan, h. aangespeeld] *sp* pass ∗ *iem.* ~ pass (the ball) to sbd
**aanspoelen I** *overg* [spoelde aan, h. aangespoeld] wash ashore, drift ashore **II** *onoverg* [spoelde aan, is aangespoeld] be washed ashore/up, wash ashore/up

**aansporen** *overg* [spoorde aan, h. aangespoord] ❶ *paard* spur (on) ❷ *persoon fig* incite, stimulate, urge on ∗ *iem. tot daden* ~ prompt sbd to action
**aansporing** *v* [-en] incitement, stimulus, incentive ∗ *op* ~ *van* at the instigation of ∗ *dat was een* ~ *om nog harder aan de slag te gaan* that was an incentive to work even harder
**aanspraak** *v* [-spraken] ❶ *sociaal contact* contacts, company ∗ *hij heeft hier weinig* ~ he has few contacts here ∗ ~ *hebben* have people to talk to ❷ *claim* claim, title ∗ ~ *hebben op* have a claim to, be entitled to, have a right to ∗ ~ *maken op* lay claim to, claim
**aansprakelijk** *bn* answerable, responsible, liable ∗ *iem.* ~ *stellen voor* hold sbd responsible for ∗ *zich* ~ *stellen voor* accept responsibility for ∗ ~ *zijn voor de vernieling* be responsible for the damage/devastation ∗ *het* ~ *vermogen* liability capital
**aansprakelijkheid** *v* [-heden] responsibility, liability ∗ ~ *tegenover derden* third-party liability ∗ *jur beperkte* ~ limited liability ∗ *jur hoofdelijke* ~ joint and several liability ∗ *wettelijke* ~ third-party liability
**aansprakelijkheidsbeding** *o* [-en] *jur* liability clause, limitation clause, exclusion clause
**aansprakelijkheidsverzekering** *v* [-en] liability insurance, third-party insurance ∗ *een wettelijke* ~ third-party insurance
**aanspreekbaar** *bn* approachable, get-at-able, communicative ∗ *gemakkelijk* ~ easily approachable ∗ *niet* ~ *zijn* not be open to conversation ∗ ~ *zijn op* be responsible for
**aanspreekpunt** *o* [-en] *contactpersoon* contact
**aanspreektitel** *m* [-s] title, term of address
**aanspreekvorm** *m* [-en] (form of) address
**aanspreken** *overg* [sprak aan, h. aangesproken] ❶ *toespreken* speak to, address ∗ *iem.* ~ *over* talk to sbd about... ∗ *iem. op iets* ~ call sbd to account ∗ *iem.* ~ *met 'Sir'* address sbd as 'Sir' ∗ *jur iem. in rechte(n)* ~ sue sbd ❷ *beginnen op te maken* draw on, break into ∗ *zijn kapitaal* ~ break into one's capital ∗ *de fles* (*geducht*) ~ have a good go at the bottle ❸ *instemming wekken* appeal to ∗ *deze schilderijen spreken mij aan/spreken mij weinig aan* these paintings appeal to me/have little appeal for me
**aanstaan** *onoverg* [stond aan, h. aangestaan] ❶ *bevallen* please ∗ *het zal hem niet* ~ he won't be pleased with it, he won't like it ❷ *v. radio &* be on ∗ *de radio aan laten staan* leave the radio on ❸ *v. deur* be ajar
**aanstaand** *bn* next, (forth)coming, approaching ∗ ~*e Kerstmis* next Christmas ∗ ~*e moeders* expectant mothers ∗ ~*e onderwijzers* prospective teachers ∗ *zijn* ~*e schoonmoeder* his future mother-in-law, his mother-in-law to be ∗ ~*e week* next week ∗ ~*e zijn* be at hand
**aanstaande** *m-v* [-n] ∗ *zijn* ~, *haar* ~ his fiancée, her

fiancé, his future wife, her future husband

**aanstalten** zn [mv] ∗ ∼ maken om get ready to, prepare to ∗ geen ∼ maken om show no sign of ⟨...ing⟩

**aanstampen** overg [stampte aan, h. aangestampt] ram (down/in), tamp

**aanstaren** overg [staarde aan, h. aangestaard] stare at, gaze at, gape at ∗ iem. met grote ogen ∼ gape at sbd

**aanstekelijk** bn infectious, contagious, catching ∗ haar lach werkt ∼ her laughter is contagious

**aansteken** overg [stak aan, h. aangestoken] ❶ v. lamp & light ❷ v. vuur kindle ❸ in brand steken set fire to ❹ openen v. vat broach, tap ❺ med infect ▼ een aangestoken appel a worm-eaten apple

**aansteker** m [-s] lighter

**aanstellen I** overg [stelde aan, h. aangesteld] appoint, employ ∗ ∼ tot appoint as, appoint to be ∗ iem. op proef ∼ employ sbd on trial/on probation **II** wederk [stelde aan, h. aangesteld] ∗ zich ∼ pose, put on airs, show off; ⟨tekeergaan⟩ carry on ∗ zich dwaas/mal ∼ make a fool of oneself, play the fool

**aansteller** m [-s] poser, show-off

**aanstellerig** bn affected

**aanstellerij** v [-en] affectation, pose

**aanstelling** v [-en] appointment ∗ een vaste ∼ krijgen obtain a permanent appointment

**aansterken** onoverg [sterkte aan, is aangesterkt] get/grow stronger, recuperate, convalesce ∗ iem. doen ∼ feed sbd up

**aanstichten** overg [stichtte aan, h. aangesticht] ❶ opstand instigate ❷ complot & hatch

**aanstichter** m [-s] instigator

**aanstichting** v [-en] instigation ∗ op ∼ van at the instigation of

**aanstippen** overg [stipte aan, h. aangestipt] ❶ met een stip merken tick/check off ⟨items &⟩ ❷ med touch, dab ⟨a sore spot⟩ ❸ noemen touch (lightly) on, indicate briefly ⟨a subject⟩

**aanstoken** overg [stookte aan, h. aangestookt] stir up, incite, instigate ∗ de twist ∼ stir up discord ∗ op ∼ van at the instigation of ∗ iem. ∼ tot vernieling incite sbd to vandalism

**aanstoker** m [-s] instigator, firebrand

**aanstonds** bijw immediately, directly, at once

**aanstoot** m offence, scandal ∗ ∼ geven give offence, create a scandal ∗ ∼ nemen aan take offence at, take exception to, resent

**aanstootgevend** bn offensive, scandalous, objectionable, shocking

**aanstormen** onoverg rush, storm ∗ komen ∼ come rushing along ∗ ∼ op storm up

**aanstoten I** overg [stootte en stiet aan, h. aangestoten] ❶ iem. nudge, jog ❷ toasten clink **II** onoverg [stootte en stiet aan, h. aangestoten] ∗ ∼ tegen bump into, strike against

**aanstrepen** overg [streepte aan, h. aangestreept] ❶ in boek mark ⟨a passage⟩ ❷ op lijst tick/check off

**aanstrijken** overg [streek aan, h. aangestreken] ❶ met verf coat, brush (over), ⟨met jodium⟩ paint ❷ v. muur plaster ❸ v. lucifer strike, light

**aanstrompelen** onoverg ∗ komen ∼ come stumbling along

**aansturen I** onoverg [stuurde aan, h. aangestuurd] head for, aim at ∗ ∼ op ⟨v. schip⟩ make for, head for; fig lead up to, aim at ⟨sth⟩ **II** onoverg [stuurde aan, h. aangestuurd] direct ∗ het proces ∼ direct the process

**aantal** o [-len] number ∗ een groot ∼ mensen is te dik a large number of people are overweight ∗ een ∼ jaren a number of years ∗ in ∼ overtreffen outnumber

**aantasten** overg [tastte aan, h. aangetast] ❶ aanvallen vero attack ❷ beschadigen fig affect, harm, damage, injure ∗ zijn vermogen ∼ eat into one's capital ∗ iem. in zijn eer ∼ injure sbd's honour/reputation ∗ in de wortel ∼ strike at the roots of ❸ aanvreten, doen vergaan corrode, tarnish, decay

**aantasting** v [-en] ❶ v. gezondheid adverse/harmful effect (on), impairment (to) ❷ v. metaal corrosion ❸ v. hout decay ❹ v.h. milieu damage (to) ❺ v. reputatie, eer slur (on)

**aantekenboekje** o [-s] notebook

**aantekenen** overg [tekende aan, h. aangetekend] ❶ note (down), write down, mark, record ∗ in de kantlijn ∼ write in the margin ∗ ik wil hierbij ∼ dat ik dit een onzinnig plan vind I'd like to put on record that I think this plan is absurd ❷ post register ∗ een brief ∼ have a letter registered ∗ aangetekend verzenden send by registered post ❸ op stadhuis give (official) notice of marriage

**aantekening** v [-en] ❶ notitie note, annotation ∗ ∼en maken take/make notes ∗ van ∼en voorzien provide with notes ▼ een goede/slechte ∼ onderw a good/bad mark ❷ het noteren entry ❸ post registration ❹ v. huwelijk registration

**aantijging** v [-en] allegation, imputation, false accusation

**aantikken I** overg [tikte aan, h. aangetikt] ❶ toetsen tick, tap ❷ bij zwemwedstrijd finish **II** onoverg [tikte aan, h. aangetikt] ❶ aankloppen tap, knock ❷ oplopen mount up, add up ∗ dat tikt lekker aan that's adding up nicely

**aantocht** m ∗ in ∼ zijn be approaching, be on the way, be in the offing; mil be advancing, be marching on

**aantonen** overg [toonde aan, h. aangetoond] ❶ bewijzen show, demonstrate, prove ❷ laten zien point out, show, indicate ▼ de ∼de wijs taalk the indicative mood

**aantoonbaar I** bn demonstrable **II** bijw demonstrably, manifestly

**aantreden** onoverg [trad aan, is aangetreden] ❶ fall in, fall into line, line up, form up ∗ de wacht laten ∼

_mil_ fall in the guard ❷ take office ＊ *sinds het ~ van het kabinet* since the cabinet took office

**aantreffen** _overg_ [trof aan, h. aangetroffen] meet (with), find, come across, come upon

**aantrekkelijk** _bn_ attractive, inviting

**aantrekken I** _overg_ [trok aan, h. aangetrokken]
❶ v. *kleding* put on ❷ *naar zich toe trekken* attract, draw ＊ *zich aangetrokken voelen tot* feel attracted to(wards), feel drawn to(wards) ❸ *werven* take on, draw, attract ＊ *personeel ~* recruit staff ❹ *vaster trekken* draw tighter, tighten ▼ _sp de sprint ~_ set up the sprint **II** _onoverg_ [trok aan, is aangetrokken] v. *prijzen handel* improve, firm up **III** _wederk_ [trok aan, h. aangetrokken] ＊ *zich iets (erg) ~* take sth (heavily) to heart ＊ *zich iems. lot ~* care about sbd's situation ＊ *hij zal er zich niets/geen lor/geen moer van ~* he won't care a bit/straw/damn, he won't give a damn ＊ *trek je er maar niets van aan!* don't let that worry you!

**aantrekking** _v_ attraction

**aantrekkingskracht** _v_ (force of) attraction ＊ *de kleine stad heeft een grote ~ op gepensioneerden* the small city exerts a great attraction on pensioners

**aanvaardbaar** _bn_ acceptable (*voor* to)

**aanvaarden** _overg_ [aanvaardde, h. aanvaard]
❶ *accepteren* accept ＊ *in dank ~* accept something with thanks ＊ *onrecht is moeilijk te ~* injustice is hard to accept ＊ *dat zul je moeten ~* you'll just have to accept that ❷ v. *erfenis & take possession of ＊ *dadelijk/leeg te ~* with immediate/vacant possession ＊ *wanneer is het (huis) te ~?* when can I have/take possession? ❸ *op zich nemen* take up/on, commence, assume ＊ *een benoeming ~* take up an appointment ＊ *zijn taak ~* commence one's duties ＊ *de verantwoordelijkheid ~* assume responsibility ❹ *beginnen* set out on ‹one's journey›

**aanvaarding** _v_ [-en] ❶ *alg.* acceptance ❷ *in ontvangst nemen* taking possession ❸ *op zich nemen* assumption, taking on ＊ *bij de ~ van mijn ambt* on my entrance into office

**aanval** _m_ [-len] ❶ *mil* attack, assault, charge ＊ *een ~ op* an attack on ＊ *in de ~ gaan* go on the offensive ＊ *ten ~* to the attack ＊ *een ~ afslaan* beat off an attack ＊ *een ~ openen* launch an attack ＊ *~ is de beste verdediging* attack is the best form of defence ❷ v. *ziekte &* attack, fit, bout ＊ *een ~ van koorts* a sudden bout of fever ＊ *een ~ van woede* a fit of anger

**aanvallen I** _overg_ [viel aan, h. aangevallen] ❶ *alg.* attack, assail, assault ❷ *een vijand* attack, charge ❸ _sp_ tackle **II** _onoverg_ [viel aan, is aangevallen] ❶ *afstormen* attack, charge ＊ *~ op* attack ❷ *maaltijd* hoe into, charge into, attack with gusto ＊ *op het eten ~* hoe into the meal

**aanvallend I** _bn_ offensive, aggressive ＊ *een ~ verbond* an offensive alliance **II** _bijw_ ＊ *~ optreden* act aggressively

**aanvaller** _m_ [-s] ❶ *alg.* attacker, assailant, aggressor

❷ _sp_ attacker, voetbal ook forward

**aanvalsgolf** _v_ [-golven] wave of attack

**aanvalsplan** _o_ [-nen] plan of attack

**aanvalswapen** _o_ [-s & -en] offensive weapon

**aanvang** _m_ beginning, start, commencement ＊ *een ~ nemen* commence, begin ＊ *een ~ maken met* commence with, make a start on sth ＊ *bij de ~* at the start/onset ＊ *leerlingen moeten aanwezig zijn voor de ~ van de les* students must be present before the lesson starts

**aanvangen I** _onoverg_ [ving aan, is aangevangen] begin, start, commence **II** _overg_ [ving aan, h. aangevangen] do ＊ *wat zullen wij ermee ~?* what to do with it?

**aanvangssalaris** _o_ [-sen] starting salary

**aanvangssnelheid** _v_ [-heden] initial velocity

**aanvangstijd** _m_ [-en] starting time ＊ *de ~ van de voorstelling is 21.00 uur* curtain (up) at 9.00 p.m., the show starts at 9 p.m.

**aanvankelijk I** _bn_ initial **II** _bijw_ in the beginning, at first, initially

**aanvaring** _v_ [-en] collision ＊ *in ~ komen met* collide with, run into, fall foul of ＊ *een ~ hebben met iem.* clash with sbd

**aanvatten** _overg_ [vatte aan, h. aangevat] catch/take/seize/lay hold of ＊ *iets (goed/verkeerd) ~* set about sth (wrongly/correctly)

**aanvechtbaar** _bn_ questionable, debatable, contestable, disputable

**aanvechten** _overg_ [vocht aan, h. aangevochten]
❶ _plechtig_ tempt ＊ *aangevochten door twijfel* attacked by doubt ❷ *betwisten* challenge, question, contest ＊ *een stelling ~* challenge a contention ＊ *een aangevochten theorie* a debated theory

**aanvegen** _overg_ [veegde aan, h. aangeveegd] sweep ‹the floor› ＊ *de vloer met iem. ~* wipe the floor with sbd, knock/hit sbd for six

**aanverwant I** _bn_ allied, related (by marriage) ＊ *alle ~e artikelen* all such articles ＊ *een ~e taal* a cognate language **II** _m-v_ [-en] in-law

**aanvinken** _overg_ [vinkte aan, h. aangevinkt] tick, check

**aanvliegen I** _overg_ [vloog aan, h. aangevlogen]
❶ *hulpgoederen &* transport by air, fly in ❷ *vliegend naderen* approach, fly towards ❸ *aanvallen* fly at, attack **II** _onoverg_ [vloog aan, is aangevlogen] *vliegend naderen* approach ＊ *komen ~* come flying along, ‹v. vliegtuig› approach ＊ *het toestel kwam ~ uit het oosten* the plane approached from the east ＊ *het vliegtuig vloog tegen berg aan* the plane crashed into the mountain ＊ *~ op* fly towards

**aanvliegroute** _v_ [-s & -n] approach route/path

**aanvlijen** _wederk_ [vlijde aan, h. aangevlijd] ＊ *zich ~ tegen* nestle against (up/to)

**aanvoegend** _bn_ taalk *de ~e wijs* the subjunctive (mood)

**aanvoelen I** _overg_ [voelde aan, h. aangevoeld] feel, appreciate ＊ *de situatie goed ~* have a good appreciation of the situation * *zij voelen elkaar goed aan* they speak the same language * *hij voelt goed aan welke baan past bij welke kandidaat* he has a good feeling/sense for the job that suits each applicant best **II** *onoverg* [voelde aan, h. aangevoeld] * *zacht* ~feel soft, be soft to the touch

**aanvoer** *m* [-en] ❶ *het aanvoeren* supply, delivery ❷ *het aangevoerde* supply, ‹import› arrival

**aanvoerder** *m* [-s] ❶ leader ❷ sp captain ❸ *v. complot* ringleader

**aanvoeren** *overg* [voerde aan, h. aangevoerd] ❶ *leiden* command, lead * *een leger* ~command an army ❷ *aanbrengen* supply, bring, convey, deliver * *voedings- en hulpmiddelen* ~supply food and resources ❸ *aanhalen* allege, put forward, advance ‹arguments›, form adduce ‹a proof›, bring forward, produce ‹reasons›, raise ‹objections to›, cite ‹a saying, a case›

**aanvoering** *v* leadership, command * *onder* ~ *van X* under the command of X

**aanvraag** *v* [-vragen] ❶ *verzoek* request, application * *de* ~*moet worden ingediend bij het hoofdkantoor* you should submit your application to the main office * *op* ~ *van* at the request of * *een* ~ *voor een vergunning* an application for a permit * *op* ~ *te vertonen* to be shown on demand ❷ *bestelling* order, demand

**aanvraagformulier** *o* [-en] application form

**aanvraagprocedure** *v* [-s] application procedure

**aanvragen** *overg* [vroeg aan, h. aangevraagd] ❶ *vragen* apply for, request * *een uitkering* ~apply for benefits * *ontslag* ~submit one's resignation * *een gesprek* ~ask for an interview * *een plaatje* ~request a record ❷ *bestellen* request, order

**aanvrager** *m* [-s] applicant

**aanvreten** *overg* [vrat aan, h. aangevreten] ❶ *alg.* erode, attack ❷ *v. metalen* corrode

**aanvullen** *overg* [vulde aan, h. aangevuld] ❶ *alg.* complete, supplement * *een verklaring* ~enlarge on/amplify a statement * *een zin* ~complete/finish a sentence * *elkaar* ~be complementary (to one another), complement each other ❷ *een tekort* fill up, supply ❸ *v. voorraad* replenish, stock up

**aanvullend** *bn* supplementary, complementary * ~ *recht* permissive law

**aanvulling** *v* [-en] ❶ *alg.* completion, supplement * *een* ~ *op het pensioen* a supplementary pension * *ter* ~ *van* as an addition, by way of supplement ❷ *v. voorraad* replenishment, replacement ❸ *v.e. verklaring* amplification

**aanvuren** *overg* [vuurde aan, h. aangevuurd] ❶ *alg.* fire, stimulate, inspire ❷ sp cheer

**aanvuring** *v* [-en] stimulation, incitement

**aanwaaien** *onoverg* [waaide *of* woei aan, is aangewaaid] * *hij is hier komen* ~*uit Amerika* he's come over from America * *kennis zal niemand* ~there is no easy road to learning

**aanwakkeren I** *overg* [wakkerde aan, h.

aangewakkerd] ❶ *ongunstig* stir up, fan ❷ *gunstig* stimulate **II** *onoverg* [wakkerde aan, is aangewakkerd] ❶ *v.* wind freshen ❷ *toenemen in kracht* increase, strengthen, grow stronger

**aanwas** *m* [-sen] ❶ *alg.* growth, increase * *de* ~*van de bevolking* population growth ❷ *v. grond* accretion

**aanwenden** *overg* [wendde aan, h. aangewend] use, employ, apply, bring to bear * *geld ten eigen bate* ~convert money to one's own use * *pogingen* ~make attempts * (*het*) ~*van winsten* allocation of profits

**aanwennen** *wederk* [wende aan, h. aangewend] * *zich* ~take to, acquire the habit of * *zich een gewoonte/iets* ~make sth a habit, get/fall into the habit of sth

**aanwensel** *o* [-s] (bad/ugly) habit, trick

**aanwezig** *bn* ❶ *v. personen* present * *de* ~*en* those present ❷ *bestaand* existing * *de* ~*e voorraad* the stock on hand, the existing stock

**aanwezigheid** *v* ❶ *v. personen* presence * *in* ~*van* in the presence of * *uw* ~*wordt op prijs gesteld* your presence would be appreciated ❷ *beschikbaarheid* existence

**aanwijsbaar** *bn* apparent, demonstrable

**aanwijsstok** *m* [-ken] pointer

**aanwijzen** *overg* [wees aan, h. aangewezen] ❶ *alg.* show, point to/out, indicate * *iem. als schuldige* ~give sbd the blame * *de tijd* ~show the time * *de temperatuur* ~register/show/indicate/mark the temperature * *de snelheid* ~register the speed ❷ *toewijzen* assign ❸ *voor bepaald doel* designate, allocate * *extra gelden voor de woningbouw* ~allocate additional funds to housing construction

**aanwijzend** *bn* * *een* ~*voornaamwoord* a demonstrative pronoun

**aanwijzing** *v* [-en] ❶ *aanduiding* indication, registration ❷ *inlichting* instruction, hint, direction * ~*en voor het gebruik* instructions for use ❸ *vooral voor de politie* clue (*omtrent* to)

**aanwinst** *v* [-en] ❶ *winst* gain ❷ *boeken &* acquisition, accession ❸ fig asset * *zij is een echte* ~*voor het team* she is a real asset to the team

**aanwippen** *onoverg* [wipte aan, is aangewipt] inf drop in ‹on sbd›, pop in

**aanwrijven** *overg* [wreef aan, h. aangewreven] * *iem. iets* ~impute sth to sbd

**aanzeggen** *overg* [zegde & zei aan, h. aangezegd] announce, notify, give notice of, declare

**aanzegging** *v* [-en] ❶ *officiële bekendmaking* announcement, notification, notice ❷ *het aanzeggen* giving notice

**aanzet** *m* [-ten] ❶ *begin* start, onset, initiative * *het incident vormde de* ~*tot ernstige rellen* the incident initiated/instigated serious riots ❷ muz embouchure

**aanzetriem** *m* [-en] (razor) strop

**aanzetten I** *overg* [zette aan, h. aangezet] ❶ *vastmaken* put on to, attach to ❷ *monteren* fit on, attach to ❸ *v. knoop* sew on ❹ *v. deur* set ajar

**aa**

❺ *vaster draaien* turn on, tighten ❻ *scherp maken* whet ‹a knife›, set, strop ‹a razor› ❼ *in werking stellen* start, put on, turn on, switch on ❽ *aansporen* urge on ❾ *ophitsen* incite ‹to revolt›, put sbd up ‹to sth› **II** *onoverg* [zette aan, is aangezet] ❶ *aankoeken* stick to the pan, stick to the bottom ❷ *v. ketel* fur **III** *onoverg* [zette aan, h. aangezet] ❶ *dik maken* make fat, be fattening ❷ *voor de sprint* sp put on a spurt **IV** *onoverg* ✳ *komen* ~ come along ✳ *komen* ~ *met* eig come and bring; fig come out with, bring forward

**aanzeulen I** *overg* [zeulde aan, h. aangezeuld] drag up **II** *onoverg* ✳ *komen* ~ come trailing up

**aanzien I** *overg* [zag aan, h. aangezien] look at, watch ✳ *het niet kunnen* ~ be unable to bear the look of it, be unable to stand it ✳ *het is niet om aan te zien* it's awful ✳ *iem. op iets* ~ suspect sbd of sth ✳ *iem./iets* ~ *voor...* take sbd/sth for... ✳ *ten onrechte* ~ *voor* mistake for ✳ *iem. niet voor vol* ~ not take sbd seriously ✳ *waar zie je mij voor aan?* what/who do you take me for?, who do you think I am? ✳ *ik zie ze er wel voor aan* I wouldn't put it past them ✳ *men kan het hem* ~ he looks it ✳ *het laat zich* ~ *dat...* there is every appearance that... ✳ *naar het zich laat* ~, *zullen wij slecht weer krijgen* to judge from appearances, we're going to have bad weather ✳ *wij zullen het nog wat* ~ we'll wait and see, we'll take no steps for the present **II** *o* ❶ *uiterlijk* look, aspect ✳ *zich het* ~ *geven van* assume an air of ✳ *dat geeft de zaak een ander* ~ that puts another complexion on the matter ❷ *achting* consideration, regard, respect, esteem ✳ *(zeer) in* ~ *zijn* be held in (great) respect, in (high) esteem ✳ *een man van* ~ a man of note/distinction ✳ *zonder* ~ *des persoons* without respect of persons ❸ *prestige* prestige, standing ✳ *het* ~ *van de sport* the sport's standing ▼ *ten* ~ *van* with respect to, with regard to ▼ *te dien* ~ as for that

**aanzienlijk I** *bn* ❶ *groot* considerable, substantial ✳ *een* ~ *bedrag* a considerable amount ❷ *voornaam* distinguished ‹people›, notable, ...of note, of good/high standing ✳ *een* ~ *man* a distinguished man **II** *bijw* versterkend considerably ✳ *dit boek is* ~ *beter dan het vorige* this book is considerably better than the last one

**aanzijn** *o* existence ✳ *het* ~ *geven* give life (to) ✳ *in het* ~ *roepen* call into being (existence)

**aanzitten** *onoverg* [zat aan, h. aangezeten] ❶ *aan tafel* sit down (at the table) ✳ *de* ~*den, de aangezetenen* the guests ❷ *aankomen* touch ✳ *overal* ~ touch everything

**aanzoek** *o* [-en] ten *huwelijk* offer (of marriage), proposal ✳ *iem. een* ~ *doen* propose to sbd ✳ *een* ~ *krijgen* receive a proposal ✳ *een* ~ *afwijzen* reject a proposal

**aanzuigend** *bn* adhering ✳ *een* ~*e werking hebben op bezoekers* attract more visitors

**aanzuiveren** *overg* [zuiverde aan, h. aangezuiverd] pay, clear off ‹a debt›, settle ‹an account›, rectify ‹a deficit›

**aanzwellen** *onoverg* [zwol aan, is aangezwollen] swell, rise, build up, snowball ✳ *de wind zwol aan tot een storm* the wind increased to a gale/reached gale force

**aanzwemmen** *onoverg* ✳ *komen* ~ come swimming along

**aanzwengelen** *overg* [zwengelde aan, h. aangezwengeld] crank up ‹the motor› ✳ *de discussie* ~ stir up the discussion

**aap** *m* [apen] ❶ monkey ❷ *zonder staart* ape ✳ *een* ~ *van een jongen* a (little) devil ✳ inf *in de* ~ *gelogeerd zijn* be in a fix, be up a tree ✳ *daar komt de* ~ *uit de mouw* there we have it ✳ *iem. voor* ~ *zetten* make a laughing stock of sbd ✳ *voor* ~ *staan* be made a fool of

**aapachtig** *bn* apish, ape-like, monkey-like

**aapmens** *m* [-en] apeman

**aar** *v* [aren] ❶ *v. koren* ear, spike ❷ *bloedvat* vero vein

**aard** *m* ❶ *gesteldheid* nature, character, disposition ✳ *het ligt niet in zijn* ~ it's not in his nature, it's not in him ✳ *uit de* ~ *der zaak* in/by/from the nature of the case/of things ✳ *...van* ~ ...by nature ✳ *hij heeft een* ~*je naar zijn vaartje* he is a chip off the old block ❷ *soort* kind, sort ✳ *van allerlei* ~ of all kinds, of every description ✳ *de omstandigheden zijn van die* ~, *dat...* the circumstances are such that... ✳ *niets van die* ~ nothing of the kind ▼ *studeren/werken/zingen dat het een* ~ *heeft* study/work/sing with a will/with a vengeance

**aardappel** *m* [-s & -en] potato ✳ *hij praat met een hete* ~ *in de keel* he talks with a plum in his mouth

**aardappelkroket** *v* [-ten] potato croquette

**aardappelmeel** *o* potato flour

**aardappelmesje** *o* [-s] potato peeler

**aardappelmoeheid** *v* potato sickness, potato root eelworm

**aardappelpuree** *v* mashed potatoes

**aardappelschil** *v* [-len] potato peel

**aardappelziekte** *v* [-n, -s] potato blight/disease/rot

**aardas** *v* axis of the earth, earth's axis

**aardbei** *v* [-en] strawberry

**aardbeientijd** *m* strawberry season

**aardbeving** *v* [-en] earthquake

**aardbodem** *m* earth ✳ *van de* ~ *verdwenen zijn* disappeared off the face of the earth

**aardbol** *m* [-len] (terrestrial) globe

**aarde** *v* ❶ astron earth ✳ *hier op* ~ here, on earth ❷ *grond* soil, earth ✳ *in goede* ~ *vallen* be well received ✳ *boven* ~ *staan* await burial ✳ *ter* ~ *bestellen* inter, commit to the earth ✳ *zich ter* ~ *werpen* prostrate oneself ❸ *teelaarde* mould ❹ elektr earth connection ✳ ~ *maken* earth

**aardedonker I** *bn* pitch dark **II** *o* pitch darkness

**aarden I** *bn* earthen ✳ *een* ~ *kruik* a stone jar ✳ *een* ~ *pijp* a clay pipe **II** *onoverg* [aardde, h. geaard] gedijen thrive, do well ✳ *ik kon er niet* ~ I didn't feel at home there ▼ ~ *naar* take after **III** *overg* [aardde, h.

geaard] elektr earth, ground *een stopcontact ~ earth a socket

**aardewerk** o earthenware, crockery, pottery *Delfts ~delfttware, Delft

**aardewerken** bn earthenware *een ~kruik an earthenware bottle

**aardewerkfabriek** v [-en] pottery

**aardgas** o natural gas

**aardgasbaten** zn [mv] natural gas revenues

**aardgasbel** v [-len] natural gas reserve/field/deposit/pocket

**aardgasleiding** v [-en] natural gas pipe

**aardgasreserve** v [-s] natural gas reserves

**aardgeest** m [-en] gnome

**aardig I** bn ❶lief, bevallig pretty, nice, kind, sweet *dat is ~van je that's nice of you *zich ~voordoen have a way with one ❷een aangename indruk makend nice, pleasant ❸grappig witty, smart ❹tamelijk groot fair, pretty *een ~sommetje a pretty penny, a tidy sum of money *een ~poosje quite a while *een ~e portie a sizeable amount ‹of money›; a large helping ‹of food› **II** bijw ❶vriendelijk nicely ❷tamelijk goed nicely, fairly *hij voetbalt wel ~he's pretty good at football ❸versterkend pretty, rather

**aardigheid** v [-heden] fun, pleasure *er is geen ~ aan it's not much fun *de ~is er af the fun has worn off *~in iets hebben take pleasure in sth *~in iets krijgen take a fancy to sth *uit ~, voor de ~for fun, for the fun of the thing ▾ ik heb een ~je voor je meegebracht ‹cadeautje› I've brought a little present for you

**aarding** v elektr earthing, Am grounding

**aardje** o → **aard** → **vaartje**

**aardkloot** m terrestrial globe

**aardkorst** v earth's crust

**aardlaag** v [-lagen] layer (of the earth)

**aardleiding** v [-en] elektr earth wire, ground wire

**aardlekschakelaar** m [-s] earth leakage circuit breaker, Am ground leakage circuit breaker

**aardnoot** v [-noten] groundnut, peanut

**aardolie** v [-oliën] petroleum

**aardoppervlak** o, **aardoppervlakte** v earth's surface, surface of the earth

**aardrijkskunde** v geography

**aards** bn earthly, terrestrial, worldly *het ~e slijk filthy lucre

**aardschok** m [-ken] earthquake, shock

**aardstralen** zn [mv] earth rays

**aardverschuiving** v [-en] landslide *een politieke ~ a political landslide

**aardwetenschappen** zn [mv] earth sciences

**aardworm** m [-en] earthworm

**aars** m [aarzen] anus

**aarsvin** v [-nen] anal fin

**aartsbisdom** o [-men] archbishopric

**aartsbisschop** m [-pen] archbishop

**aartsengel** m [-en] archangel

**aartshertog** m [-togen] archduke

**aartslui** bn bone lazy

**aartsvader** m [-s & -en] patriarch

**aartsvijand** m [-en] arch-enemy

**aarzelen** onoverg [aarzelde, h. geaarzeld] hesitate, waver *zonder ~without hesitation, readily

**aarzeling** v [-en] hesitation, wavering

**aas I** o ❶lokvoer bait ❷dood dier carrion **II** m & o [azen] kaartsp ace

**aaseter** m [-s] scavenging animal, scavenger

**aasgier** m [-en] vulture

**AAW** afk (Algemene Arbeidsongeschiktheidswet) General Disablement Act, General Invalidity Benefits Act

**abattoir** o [-s] abattoir, slaughterhouse

**abc** o ['s] ABC, alphabet

**abces** o [-sen] abscess

**ABC-wapens** zn [mv] (atoom-, bacteriologische en chemische wapens) ABC weapons

**abdicatie** v [-s] abdication

**abdiceren** onoverg [abdiceerde, h. geabdiceerd], **abdiqueren** [abdiqueerde, h. geabdiqueerd] abdicate, renounce, give up ‹the throne›

**abdij** v [-en] abbey

**abdis** v [-sen] abbess

**abdomen** o [-s] abdomen

**abeel** m [abelen] white poplar, abele

**abessijn** m [-en] kat Abyssinian cat

**Abessijns** bn Abyssinian

**abject** bn despicable, contemptible

**ablatief** m [-tieven] taalk ablative

**ABN** afk (Algemeen Beschaafd Nederlands) standard Dutch

**abnormaal** bn abnormal, deviant *abnormale toestanden abnormal situations *zij is een beetje ~ she is not quite normal

**abnormaliteit** v [-en] abnormality

**abominabel** bn horrible, abominable, scandalous *~e omstandigheden abominable circumstances

**abonnee** m-v [-s] ❶op tijdschrift & subscriber ❷op trein & season ticket holder

**abonneenummer** o [-s] telec subscriber's number

**abonneetelevisie, abonnee-tv** v pay television, pay TV

**abonnement** o [-en] ❶alg. subscription ‹to...› *zijn ~opzeggen cancel one's subscription *een ~nemen op iets subscribe to sth ❷trein & season ticket

**abonnementsgeld** o [-en] subscription rate

**abonnementskaart** v [-en] season ticket

**abonnementsprijs** m [-prijzen] subscription rate

**abonneren** wederk [abonneerde, h. geabonneerd] *zich ~op ‹een krant› subscribe to *ik ben op de Times geabonneerd I've got a subscription to the Times

**aborteren** overg [aborteerde, h. geaborteerd] abort *zich laten ~have an abortion

**abortus** m [-sen] abortion

**abortuskliniek** v [-en] abortion clinic

**abortus provocatus** *m* <u>med</u> abortion

**à bout portant** *bijw* pointblank ✳ *iem.* ~
*neerschieten* shoot sbd just like that ✳ *iem.* ~ *een
vraag stellen* ask sbd a question at point-blank

**abracadabra** *o* abracadabra ✳ *dat is* ~ *voor mij* it's
all double Dutch to me

**Abraham, Abram** *m* Abraham ✳ <u>bijbel</u> *in* ~*s schoot
in Abraham's lap* ✳ *hij weet waar* ~ *de mosterd haalt*
he's been around, he's nobody's fool, there are no
flies on him ✳ ~ *gezien hebben* be 50 years or over

**abraham** *m* [-s] *speculaaspop* large gingerbread man

**abri** *m* ['s] (bus) shelter

**abrikoos I** *v* [-kozen] *vrucht* apricot **II** *m boom*
apricot

**abrupt** *bn* abrupt, sudden ✳ *een* ~ *einde* a sudden
end ✳ *de onderhandelingen* ~ *beëindigen* break off
(the) negotiations abruptly

**ABS** *afk* (antiblokkeersysteem) anti-lock braking
system

**abscis** *v* [-sen] <u>wisk</u> abscissa

**abseilen** *o* abseil

**absence** *v* [-s] <u>med</u> absence

**absent** *bn* ❶ *afwezig* absent ❷ *verstrooid*
absent-minded

**absenteïsme** *o* absenteeism

**absentie** *v* [-s] ❶ *afwezigheid* absence,
non-attendance ❷ *verstrooidheid* absence (of mind),
absent-mindedness

**absentielijst** *v* [-en] attendance register

**absolutie** *v* absolution ✳ <u>RK</u> *de* ~ *geven* absolve ✳ *de*
~ *krijgen* receive absolution

**absolutisme** *o* absolutism

**absolutistisch** *bn* absolutist

**absoluut I** *bn* absolute ✳ ~ *gehoor* absolute pitch ✳ *de
absolute drempel* the absolute threshold ✳ *absolute
cijfers* absolute numbers **II** *bijw* absolutely, utterly
✳ ~ *niet* not at all, by no means, not by any means
✳ *dat kan ik* ~ *niet toestaan* I definitely can't allow
that ✳ ~ *niets* absolutely nothing

**absolveren** *overg* [absolveerde, h. geabsolveerd]
absolve

**absorberen** *overg* [absorbeerde, h. geabsorbeerd]
absorb

**absorptie** *v* absorption

**abstract** *bn* abstract ✳ ~*e kunst* abstract art ✳ ~
*schilderen* paint in an abstract manner, paint
abstractly

**abstractie** *v* [-s] abstraction ✳ *onder* ~ *van*
abstracting from

**abstraheren** *overg* [abstraheerde, h. geabstraheerd]
abstract (from)

**absurd** *bn* absurd, preposterous ✳ ~ *toneel* theatre of
the absurd

**absurditeit** *v* [-en] absurdity, preposterousness

**abt** *m* [-en] abbot

**abuis** *o* [abuizen] mistake, error ✳ *per* ~ by mistake,
erroneously, mistakenly ✳ ~ *hebben/zijn* be
mistaken

**abusievelijk** *bijw* mistakenly, erroneously, by
mistake

**acacia** *m* ['s] acacia

**academicus** *m* [-ci] ❶ university graduate ❷ <u>ZN</u>
academic

**academie** *v* [-s & -miën] academy, university,
college ✳ *een pedagogische* ~ a (teachers') training
college

**academisch** *bn* academic ⟨year, title, question⟩ ✳ ~
*gevormd* university educated ✳ *een* ~*e graad* a
university degree ✳ *een* ~ *ziekenhuis* a teaching
hospital ✳ *een* ~*e kwestie* an academic point

**acanthus** *m* [-sen], **akant** [-en] acanthus

**acceleratie** *v* [-s] <u>auto</u> acceleration

**accelereren** *overg* en *onoverg* [accelereerde, h. en is
geaccelereerd] accelerate

**accent** *o* [-en] ❶ *tongval* accent, stress ✳ *hij spreekt
met een Frans* ~ he speaks with a French accent
❷ *nadruk* <u>fig</u> emphasis ✳ *het* ~ *leggen op* stress,
emphasize ❸ *element* touch ✳ *lichtgroen met lila* ~*en*
pale green with touches of mauve

**accent aigu** *o* [accents aigus] acute accent, acute

**accent circonflexe** *o* [accents circonflexes]
circumflex accent, circumflex

**accent grave** *o* [accents graves] grave accent, grave

**accentloos** *bn* unaccented ✳ ~ *spreken* speak
without an accent

**accentteken** *o* [-s] accent (mark), stress mark

**accentueren** *overg* [accentueerde, h.
geaccentueerd] ❶ *accent*, stress ❷ <u>fig</u> emphasize,
accentuate ✳ *je figuur* ~ accentuate your figure

**acceptabel** *bn* acceptable

**acceptant** *m* [-en] ❶ <u>handel</u> acceptor ❷ <u>verz</u>
underwriter

**acceptatie** *v* [-s] ❶ *aanneming* reception,
acceptation ❷ *verklaring* <u>handel</u> acceptance,
acknowledgement

**accepteren** *overg* [accepteerde, h. geaccepteerd]
accept ✳ *een uitnodiging* ~ accept an invitation ✳ *niet*
~ ⟨alg.⟩ refuse (acceptance of); <u>handel</u> dishonour ⟨a
bill⟩

**acceptgiro** *m* ['s], **acceptgirokaart** *v* [-en] giro
form, payment slip

**accessoires** *zn* [mv] accessories

**accijns** *m* [-cijnzen] excise duty, excise, duty, excise
tax

**accijnsplichtig** *bn* excisable

**acclamatie** *v* acclamation ✳ *bij* ~ *aannemen* carry by
acclamation

**acclimatiseren** *onoverg* [acclimatiseerde, is
geacclimatiseerd] acclimatize ✳ *zij is hier helemaal
geacclimatiseerd* she's become completely
acclimatized here

**accolade** *v* [-s] ❶ *bij ridderslag* accolade
❷ *accoladeteken* brace, curly bracket ❸ <u>muz</u>
accolade

**accommodatie** *v* [-s] accommodation

**accordeon** *o & m* [-s] accordion

**accordeonist** *m* [-en] accordionist

**accorderen** *overg en onoverg* [accordeerde, h. geaccordeerd] agree, come to terms

**account I** *o* [-s] *belangrijke klant* account **II** *m* [-s] comput account

**accountant** *m* [-s] ❶ (chartered) accountant, auditor, Am public accountant ❷ *externe accountant, onafhankelijke accountant, registeraccountant* auditor, external auditor, independent auditor

**accountant-administratieconsulent** *m* [-en] auditor, ‹AA› accounting consultant

**accountantscontrole** *v* audit, accounting audit, auditing

**accountantskantoor** *o* [-toren] auditors office

**accountantsonderzoek** *o* [-en] audit

**accountantsrapport** *o* [-en] audit report

**accountantsverklaring** *v* [-en] ❶ *accountantsattest* auditors' report ❷ *verklaring van getrouwheid* audit certificate, auditors' certificate

**accountmanager** *m* [-s] marketing account manager

**accreditatie** *v* [-s] acknowledgement

**accrediteren** *overg* [accrediteerde, h. geaccrediteerd] ❶ *erkennen* acknowledge, recognize ❷ *krediet verlenen* accredit, give credit to ❸ *officieel afvaardigen* accredit * *goed geaccrediteerd staan* be held in high esteem * *een geaccrediteerd gezant* an accredited envoy

**accreditering** *v* [-s] *machtiging van een diplomatiek ambtenaar zijn regering in een bepaald land te vertegenwoordigen* accreditation

**accreditief** *o* [-tieven] letter of credit

**accu** *m* ['s] battery, accumulator * *de ~ is leeg* the battery has run down

**accubak** *m* [-ken] battery container, accumulator box

**accuklem** *v* [-men] battery clip

**acculader** *m* [-s] battery charger

**accumulatie** *v* [-s] accumulation

**accumulator** *m* [-s & -toren] accumulator

**accumuleren** *overg* [accumuleerde, h. geaccumuleerd] accumulate, store up

**accuraat** *bn* accurate, exact, precise

**accuratesse** *v* accuracy, precision

**accusatief** *m* [-tieven] taalk accusative

**accuzuur** *o* battery acid

**ace** *m* [-s] *tennis* ace * *een ~ slaan* score an ace

**acetaat** *o* [-taten] acetate

**aceton** *o & m* acetone

**acetyleen** *o* acetylene

**ach** *tsw* * *~!* ah!, oh! * *~ en wee roepen* weep and wail

**achilleshiel** *m* [-en] Achilles heel

**achillespees** *v* [-pezen] Achilles tendon

**acht I** *telw* eight * *met zijn ~en* eight of them * *het is bij ~en* it is on the stroke of eight **II** *v* [-en] ❶ *cijfer, figuur* eight ❷ *roeisport* eight **III** *v aandacht* attention, notice * *~ slaan op* pay attention to

* *geef...~!* mil attention! * *in ~ nemen* ‹regels› observe, comply with * *zich in ~ nemen* take care of one's health/of oneself * *neem u in ~* be careful!, mind what you do! * *zich in ~ nemen voor...* beware of..., be on one's guard against...

**achtbaan** *v* [-banen] big dipper, roller coaster, switchback

**achtbaar** *bn* respectable, honourable/Am honorable

**achtdaags** *bn* week's, eight-day

**achtduizend** *hoofdtelw* eight thousand

**achteloos** *bn* careless, negligent

**achteloosheid** *v* [-heden] carelessness, negligence

**achten I** *overg* [achtte, h. geacht] ❶ *hoogachten* esteem, respect * *ik acht mijn ouders zeer* I respect my parents very much ❷ *denken, vinden* deem, think, consider, judge, find * *het beneden zich ~ om...* think it beneath one to... * *ik acht het niet raadzaam* I don't think it advisable * *iedereen wordt geacht de wet te kennen* everyone is expected to know the law * *ik acht hem schuldig* I find him guilty ❸ *letten op* pay attention to **II** *wederk* [achtte, h. geacht] * *zich gelukkig ~* consider oneself fortunate * *ik acht mij niet aansprakelijk voor de schade* I don't regard myself as being responsible for the damage

**achtenswaard, achtenswaardig** *bn* respectable, honourable/Am honorable

**achter I** *voorz* ❶ *v. plaats* behind, at the back of * *~ de computer zitten* be in front of/at the computer * *hij zit ~ zijn bureau* he's at his desk * *~ de piano* at the piano * *de mens ~ de politicus* the human being behind the politician * *~ het stuur* behind the wheel * fig *~ iem. staan* support, stand by sbd * *meneer X zit er ~* Mister X is behind it * *ik ben er ~* ‹nu weet ik het› I've found it out; ‹nu ken ik het› I've got into it, I've got the knack of it * *er ~ komen* discover, detect, find out * *er toevallig ~ komen* stumble upon * *~ iem/iets heen zitten* keep at sbd/sth ❷ *v. tijd* after **II** *bijw* ❶ *v. plaats* behind, at the back * *de bal is ~* the ball is behind * *hij is ~* ‹plaats› he's in the backroom * *mijn moeder is ~ in de zeventig* my mother is in her late seventies * sp *ze stonden in de rust met 2-0* at half-time they were down 2-0 * *~ raken* drop/fall/get behind * *van ~* ‹attack› from behind, ‹low› at the back, ‹viewed› from the back * *van ~ inrijden op* run into the back of, crash into the rear of * *kam het haar van voor naar ~* comb the hair backwards ❷ *v. tijd* behind, slow * *mijn horloge loopt ~* my watch is slow * *hij is ~* fig ‹op school› he's behind; ‹met betalen› he is in arrear(s) * *ten ~* ‹met werk, studie› behind; ‹met betalen› in arrear(s) * *ten ~ bij zijn tijd* behind the times

**achteraan** *bijw* behind, in the rear, at the back * *hij loopt ~* he's walking in the rear, he's bringing up the rear ▼ *ergens ~ zitten* be after something

**achteraankomen** *onoverg* [kwam achteraan, is achteraangekomen] come last, lag behind, bring up the rear

**ac**

**achteraanzicht** o [-en] rear view

**achteraf** bijw ❶ verwijderd in the rear, at the back ✴ zich ~ houden keep in the background ❷ afgelegen out of the way ✴ ze wonen ~ they live in the middle of nowhere ❸ naderhand afterwards ✴ ~ bekeken looking back, in retrospect

**achterbak** m [-ken] Br boot, Am trunk

**achterbaks** I bn underhand, backstairs ✴ hij is ~ he's a sly one ✴ ~e streken underhand tricks II bijw sneakily, behind people's backs

**achterban** m ❶ supporters ✴ de ~ raadplegen check with the party rank and file, consult one's colleagues ❷ steun v.d. achterban grassroots support

**achterband** m [-en] back tyre, Am back tire

**achterbank** v [-en] back seat

**achterblijven** onoverg [bleef achter, is achtergebleven] ❶ niet meegaan stay behind, remain behind ✴ ~ bij fall/come short of ✴ achtergebleven gebieden backward areas, underdeveloped countries ✴ hij wilde niet ~ bij zijn vrienden he didn't want to be outdone by his friends ❷ bij sterfgeval be left (behind) ❸ bij wedstrijden & drop back ❹ onderw be backward, be a slow learner

**achterblijver** m [-s] ❶ alg. straggler ❷ op school slow developer, slow learner

**achterbuurt** v [-en] backstreet district, slum, ghetto

**achterdek** o [-ken] poop, afterdeck

**achterdeur** v [-en] backdoor ✴ een ~tje openhouden leave a way out

**achterdocht** v suspicion ✴ ~ hebben/koesteren have suspicions, be suspicious ✴ ~ krijgen become suspicious ✴ ~ opwekken arouse suspicion

**achterdochtig** bn suspicious

**achtereen** bijw in succession, consecutively, at a stretch ✴ viermaal ~ four times running/in succession ✴ vier uur ~ four hours at a stretch/on end ✴ maanden ~ for months at a time

**achtereenvolgend** bn successive, consecutive

**achtereenvolgens** bijw successively, in succession, in turn, consecutively

**achtereind, achtereinde** o [-einden] rear end, back part ✴ zo stom als het ~ van een varken as thick as two planks

**achteren** bijw ✴ naar ~ back, backwards ✴ van ~ from behind ✴ inf ⟨naar de wc⟩ naar ~ gaan go to the bathroom, spend a penny

**achterflap** m [-pen] back flap

**achtergesteld** bn subordinated ✴ een ~e lening a subordinated loan ✴ ~e schulden deferred liabilities

**achtergevel** m [-s] back, rear, back elevation, back facade

**achtergrond** m [-en] background ✴ op de ~ zie je het bos that's the forest you see in the background, the forest is visible in the background ✴ op de ~ raken fall/recede into the background ✴ op de ~ blijven keep/remain in the background ✴ zich op de ~ houden keep in the background ✴ de ~en van een conflict the background to the conflict ✴ op de ~

speelde een oude vete mee an old feud played a background part

**achtergrondinformatie** v background (information)

**achtergrondmuziek** v background music, muzak

**achterhaald** bn superseded, out of date ✴ een ~e techniek an outdated technique

**achterhalen** overg [achterhaalde, h. achterhaald] ❶ v. misdadiger & arrest, catch up with, run down ❷ v. voorwerpen recover, retrieve ❸ v. fouten, gegevens trace, detect

**achterhand** v [-en] ❶ handwortel carpus ❷ v. paard & hindquarters ▾ kaartsp op de ~ zitten have the last move

**achterheen** bijw ✴ ergens/iem. ~ zitten keep onto sth/sbd ✴ ergens ~ gaan follow sth up

**achterhoede** v [-n & -s] ❶ mil rear(guard) ✴ de ~ vormen bring up the rear ❷ sp defence/Am defense

**achterhoedegevecht** o [-en] rearguard action

**achterhoedespeler** m [-s] defender, back

**achterhoofd** o [-en] back of the head, anat occiput ✴ gedachten in zijn ~ thoughts at the back of his mind ✴ hij is niet op zijn ~ gevallen there are no flies on him

**achterhouden** overg [hield achter, h. achtergehouden] keep back, hold back, withhold ✴ informatie ~ withhold information

**achterhuis** o [-huizen] ❶ achterste gedeelte back part of the house ❷ gebouw back premises ▾ het Achterhuis the Anne Frank house

**achterin** bijw at the back, in the back ✴ ~ zitten sit in the back

**achteringang** m [-en] back entrance

**achterkamer** v [-s] backroom

**achterkant** m [-en] back, reverse (side), rear ✴ op de ~ van het boek on the back of the book ✴ lees ook de informatie aan de ~ please read the information on the reverse ✴ de parkeerplaatsen bevinden zich aan de ~ van het gebouw there is room for parking at the rear of the building

> **achterkant**
> wordt vertaald als reverse of back, nooit als backside. Backside betekent achterste, achterwerk.

**achterklap** m backbiting, scandal, slander(ing)

**achterkleindochter** v [-s] great-granddaughter

**achterkleinkind** o [-eren] great-grandchild ✴ de ~eren the great-grandchildren

**achterkleinzoon** m [-s & -zonen] great-grandson

**achterklep** v [-pen] ❶ v. kofferbak lid of the boot ❷ 5e deur hatchback, liftback ❸ v. vrachtauto tailboard

**achterlader** m [-s] breechloader

**achterland** o [-en] hinterland

**achterlangs** bijw along the back of

**achterlaten** overg [liet achter, h. achtergelaten] ❶ alg. leave ✴ littekens ~ leave scars ❷ bij sterven

leave behind * *hij laat een vrouw en twee kinderen*
*achter* he leaves behind a wife and two children
**achterlating** *v* * *met ~ van* leaving behind
**achterlicht** *o* [-en] rear light, <u>Am</u> taillight, ‹v. fiets›
rear lamp
**achterliggen** *onoverg* [lag achter, h. achtergelegen]
lie behind * *~ op, bij* lag behind ‹sbd›
**achterlijf** *o* [-lijven] rump, abdomen ‹of insects›
**achterlijk** *bn* ❶ *v. persoon* (mentally) retarded,
backward * *doe niet zo ~!* don't be such a moron!
❷ *ouderwets* behind the times * *een ~e jas* a
stupid/dumb coat
**achterlijn** *v* [-en] *sp* end line, goal line
**achterlopen** *onoverg* [liep achter, h. achtergelopen]
❶ *v. uurwerk* be slow * *mijn horloge loopt vijf
minuten achter* my watch is five minutes slow ❷ *fig*
lag behind, not keep up with the times * *~ op* lag
behind
**achterna** *bijw* after, behind * *~ gaan* follow, pursue
* *~ lopen/zitten* run after * *~ zetten* chase, pursue
**achternaam** *m* [-namen] surname, family name
**achternagaan** *overg* [ging achterna, is
achternagegaan] go after, follow behind * *zij gaat
haar vader achterna* she is following in her father's
footsteps
**achternalopen** *overg* [liep achterna, h. en is
achternagelopen] follow, run after * *iem. ~* run
after sbd
**achternamiddag** *m* [-dagen] spare moment * *fig
op een ~* at any odd moment
**achternarijden** *overg* [reed achterna, h. en is
achternagereden] drive after, follow
**achternazitten** *overg* [zat achterna, h.
achternagezeten] * *iem. ~* ‹achtervolgen› chase;
‹aan 't werk houden› check up on, keep an eye on
**achterneef** *m* [-neven] ❶ *jongere generatie*
great-nephew ❷ *zelfde generatie* second cousin
**achternicht** *v* [-en] ❶ *jongere generatie* great-niece
❷ *zelfde generatie* second cousin
**achterom** **I** *bijw* round the back * *~ lopen* go round
(the back) * *~ kijken* glance backwards **II** *o* rear
entry
**achteromkijken** *onoverg* [keek achterom, h.
achteromgekeken] look back
**achterop** *bijw* ❶ *aan de achterkant op iets* behind, at
the back * *~ zitten* sit on the back * *iem. ~ nemen*
give sbd a ride on the back of the bike/<u>inf</u> dink sbd
* *~ raken* ‹met werk, studie &› fall behind, get
behind; ‹met betalen› be in arrear(s) * *met de huur
~ zijn* be behind with the rent ❷ *op de achterkant* on
the back of
**achteropkomen** *overg* [kwam achterop, is
achteropgekomen] overtake ‹sbd›, catch up with
* *iem. ~* catch up with sbd
**achteropkomend** *bn* * *~ verkeer* overtaking traffic
**achterover** *bijw* backwards, on one's back
**achteroverdrukken** *overg* [drukte achterover, h.
achterovergedrukt] *stelen* <u>inf</u> pinch, lift, knock off

**achteroverleunen** *onoverg* [leunde achterover, h.
achterovergeleund] lean back
**achteroverslaan** **I** *onoverg* [sloeg achterover, is
achterovergeslagen] *vallen* fall down backwards, fall
over backwards * *(steil) ~ van verbazing* be
flabbergasted **II** *overg* [sloeg achterover, h.
achterovergeslagen] *drank* toss down
**achterovervallen** *onoverg* [viel achterover, is
achterovergevallen] fall over backwards
**achterpand** *o* [-en] back
**achterpoot** *m* [-poten] hind leg
**achterruit** *v* [-en] rear window
**achterruitverwarming** *v* rear window demister
**achterschip** *o* [-schepen] stern * *op het ~* aft, at the
stern
**achterstaan** *onoverg* [stond achter, h.
achtergestaan] ❶ be behind, be inferior to * *~ bij* be
inferior to * *bij niemand ~* be second to none ❷ *sport*
be behind, be down * *Nederland staat met 2-0 achter*
the Netherlands are behind/down 2 to nil, the
Netherlands are trailing 2 to nil
**achterstallig** *bn* outstanding, overdue * *~e betaling*
back payment * *~e huur* back rent * *~e rente* back
interest, interest arrears * *~e schuld* arrears * *~ zijn*
be in arrear(s) ‹with one's payments›, be behind
‹with the rent› * *~ onderhoud* overdue maintenance
**achterstand** *m* [-en] ❶ *het achterstallige* arrears * *~
inlopen/inhalen* make up arrears ❷ *het achterop zijn*
retardation, stagnation, deprivation, delay * *het
land heeft een economische ~* the country is
economically retarded * *de ~ in de bouw* the
stagnation in the building industry * *de ~ in het
afwikkelen van...* the delay in processing... ❸ *m.b.t.
werk* backlog * *een werk ~ inhalen* catch up on the
backlog of work ❹ *m.b.t. tijd* (time) lag * *sp een ~
hebben van 5 minuten* be lagging by 5 minutes, be
trailing by 5 minutes * *de filmploeg heeft een ~ van
twee dagen* the film crew is behind schedule by two
days
**achterstandswijk** *v* [-en] depressed/disadvantaged
district
**achterste** **I** *m-v* [-n] back * *wij liepen als ~n in de
stoet* we were at the back of the procession **II** *o* [-n]
❶ *achterstuk* back part * *het ~ voren/voor*
back-to-front ❷ *zitvlak* bottom, backside, buttocks
* *op zijn ~ krijgen* have one's bottom tanned
**achterstel** *o* [-len] rear end, underbody
**achterstellen** *overg* [stelde achter, h. achtergesteld]
❶ *minder achten* subordinate (to), put behind * *hij
wordt bij de anderen achtergesteld* he is considered
less important than the others ❷ *minder bevoordelen*
discriminate (against), neglect, slight * *het gebied is
achtergesteld bij de rest van Marokko* the area lags
behind the rest of Morocco
**achtersteven** *m* [-s] stern
**achterstevoren** *bijw* back-to-front * *fig alles ~ doen*
do everything the wrong way round
**achtertuin** *m* [-en] back garden

**ac**

**achteruit** I *bijw* ❶ *alg.* backward(s), back * ~ *daar!* stand back! ❷ scheepv astern * *volle kracht* ~ full speed astern II *m* auto reverse * *een auto in zijn* ~ *zetten* put a car into reverse

**achteruitboeren** *onoverg* [boerde achteruit, is achteruitgeboerd] go downhill

**achteruitdeinzen** *onoverg* [deinsde achteruit, is achteruitgedeinsd] start back, recoil

**achteruitgaan** *onoverg* [ging achteruit, is achteruitgegaan] ❶ *alg.* go (walk) back(wards) ❷ *aftakelen* go back, decline, worsen, go down in the world * *zijn gezondheid gaat snel achteruit* his health is failing rapidly * *onze financiën gaan achteruit* we're going backwards financially ❸ *minder worden* fall off ❹ *v. barometer* fall * fig *hard* ~ sink fast

**achter'uitgang**[1] *m* decline, decay, deterioration * *een economische* ~ an economic downturn

**'achteruitgang**[2] *m* [-en] *deur* rear exit

**achteruitkijkspiegel** *m* [-s] rear-vision mirror, rear-view mirror, driving mirror

**achteruitlopen** *onoverg* [liep achteruit, h. en is achteruitgelopen] ❶ walk backwards ❷ fig decline, deteriorate

**achteruitrijden** I *onoverg* [reed achteruit, h. en is achteruitgereden] ❶ *in trein & ride/sit with one's back to the engine/driver * *ik rijd liever niet achteruit in de trein* I prefer not to sit with my back to the engine * *met auto* back, reverse * *we reden achteruit de oprit op* we reversed into the driveway II *overg* [reed achteruit, h. achteruitgereden] drive back * *zij reed de auto een stukje achteruit* she drove the car back a little

**achteruitrijlamp** *v* [-en] auto reversing light

**achtervoegsel** *o* [-s] taalk suffix

**achtervolgen** *overg* [achtervolgde, h. achtervolgd] ❶ *achternagaan* run after, pursue, follow ❷ *vervolgen* persecute * *die kwestie blijft mij* ~ that matter is haunting me * *die gedachte/herinnering achtervolgt mij* the thought/memory haunts me * *door pech achtervolgd* dogged by ill luck, pursued by misfortune

**achtervolger** *m* [-s] ❶ persecutor ❷ sp pursuer

**achtervolging** *v* [-en] pursuit, persecution * *de* ~ *inzetten* pursue

**achtervolgingswaan** *m* persecution complex, paranoia

**achtervolgingswedstrijd** *m* [-en] pursuit race

**achterwege** *bijw* * ~ *blijven* fail to appear, not take place * ~ *laten* omit, drop * *een antwoord bleef* ~ there was no answer forthcoming

**achterwerk** *o* [-en] backside, bottom, behind

**achterwiel** *o* [-en] back/rear wheel

**achterwielaandrijving** *v* rear-wheel drive * *met* ~ (with) rear-wheel drive

**achterzak** *m* [-ken] hip pocket, back pocket

**achterzijde** *v* [-n] back, rear

**achthoek** *m* [-en] octagon

**achthoekig** *bn* octagonal

**achthonderd** *telw* eight hundred

**achting** *v* esteem, regard, respect * *de* ~ *genieten van...* be held in esteem by... * ~ *hebben voor* hold in esteem * *in iems.* ~ *dalen/stijgen* fall/rise in sbd.'s esteem * *met de meeste* ~ Yours faithfully

**achtste** I *rangtelw* eighth * *de* ~ *oktober* the eighth of October * *Hendrik de Achtste* Henry the Eighth II *o* [-n] eighth (part)

**achttal** *o* [-len] (number of) eight

**achttien** *telw* eighteen

**achttiende** I *rangtelw* eighteenth * *Lodewijk de Achttiende* Louis XVIII II *o* [-n] eighteenth (part)

**achturig** *bn* eight-hour * *een* ~*e werkdag* an eight-hour working day

**acne** *v* [-s] acne

**acoliet** *m* [-en] acolyte

**acquireren** *overg* [acquireerde, h. geacquireerd] acquire, obtain

**acquisiteur** *m* [-s] canvasser, salesman

**acquisitie** *v* [-s] acquisition, canvassing

**acquit** *o* ❶ *ontvangstbewijs* receipt ❷ bilj spot * *van* ~ *gaan* cue off

**acrobaat** *m* [-baten] acrobat

**acrobatiek** *v* acrobatics

**acrobatisch** *bn* acrobatic * ~*e toeren* acrobatic feats

**acroniem** *o* [-en] acronym

**acrostichon** *o* [-s] acrostic

**acryl** I *o* ❶ *textielvezel* acrylic (fibre) ❷ *verf* acrylic (paint) II *bn* acrylic

**act** *m* [-s] ❶ *besluit* act * jur *Act of God* Act of God ❷ *uitvoering* act * *een komische* ~ a comic act * inf *dat was een fraaie* ~ you can be proud of that

**acte de présence** *v* * ~*geven* make an appearance

**acteren** *onoverg* [acteerde, h. geacteerd] act

**acteur** *m* [-s] actor, performer

**actie** *v* [-s] ❶ action * *in* ~ *komen* mil go into action; fig act, take action * *tot* ~ *overgaan* go into action * ~ *voeren (voor)* agitate (for) * *een film met veel* ~ an action-packed film * ~ *en re*~ action and reaction * handel *zonder* ~ *of ref*~ with all faults ❷ jur lawsuit * *een* ~ *instellen tegen* institute legal proceedings against ❸ *campagne* campaign * marketing *een commerciële* ~ a commercial campaign ❹ *fondswerving* drive

**actie**

Het Engelse woord action is niet telbaar en krijgt dus nooit het lidwoord an; wanneer we een afzonderlijke actie willen aanduiden moeten we dus een woord gebruiken dat wel telbaar is: bijv. a demonstration/campaign etc.

**actiecomité** *o* [-s] campaign committee

**actief** I *bn* ❶ active, energetic * *een* ~ *mens* an energetic person * *een actieve vakantie* active holidays * *actieve kool* activated carbon * eff *actieve fondsen* active stocks * *een actieve holding* Am an operating holding company ✳ <u>marketing</u> *actieve verkoop* active selling ✳ <u>taalk</u> *een actieve zin* an active sentence ❷<u>mil</u> *with the colours* II *bijw* actively, energetically ✳ *een taal ~beheersen* have an active command of a language III *o* [activa] asset ✳ <u>handel</u> *~en passief* assets and liabilities

**actiefoto** *m* ['s] action photo(graph), action shot

**actiegroep** *v* [-en] campaign committee, campaign group

**actieplan** *o* [-nen] plan of action

**actiepunt** *o* [-en] point of action

**actieradius** *m* radius/range of action, range

**actievoerder** *m* [-s] activist, campaigner

**activa** *zn* [mv]→ **actief**

**activeren** *overg* [activeerde, h. geactiveerd] activate

**activist** *m* [-en] activist

**activiteit** *v* [-en] activity ✳ *er waren allerlei leuke ~en georganiseerd* they had organized all kinds of fun activities

**actualiseren** *overg* [actualiseerde, h. geactualiseerd] ❶ *aanpassen aan de eigen tijd* bring up to date ❷ *verwerkelijken* actualize, realize

**actualiteit** *v* [-en] ❶ *het actueel zijn* topicality ✳ *de ~ van een kwestie* the topicality of a question ❷ *actueel onderwerp* topical matter/subject, current event ✳ *~en* current affairs, news

**actualiteitenprogramma** *o* ['s] current affairs programme/<u>Am</u> program

**actuariaat** *o* [-riaten] profession of actuary

**actuarieel** *bn* actuarial

**actuaris** *m* [-sen] actuary

**actueel** *bn* ❶ *alg.* of present interest ❷ *gebeurtenis, kwestie, onderwerp* topical ✳ *een actuele kwestie* a topical subject ✳ *dat is niet meer ~* that isn't relevant anymore ❸ *krantenartikel* timely ▼ *de actuele bezetting* ‹productie› current capacity utilization ▼ *de actuele vraag* <u>marketing</u> current demand ▼ *de actuele waarde* the current/replacement value

**acupressuur** *v* acupressure

**acupunctuur** *v* acupuncture

**acuut** *bn* acute, critical ✳ *acute blindedarmontsteking* acute appendicitis ✳ *~gevaar* acute danger

**ad** *voorz* ❶ ✳ *rente ~ vier procent* an interest rate of 4 per cent, a 4 per cent interest rate ❷ *m.b.t.* with reference to ‹*kan vaak weggelaten worden*› ✳ *~3* 3, note to 3

**adagio** I *bn & bijw* adagio II *o* adagio

**adamsappel** *m* [-s] Adam's apple

**adamskostuum** *o* ✳ *in ~* in the nude

**adaptatie** *v* [-s] adaptation

**adapter** *m* [-s] adaptor, adapter

**adapteren** *overg* [adapteerde, h. geadapteerd] adapt ✳ *zich ~* adjust oneself (to)

**addendum** *o* [addenda] addendum, appendix

**adder** *v* [-s] viper, adder ✳ *een ~aan zijn borst koesteren* nourish/cherish a viper in one's bosom ✳ *er schuilt een ~tje onder het gras* there has to be a snag/catch somewhere ✳ *als door een ~gebeten* as if stung

**addergebroed** *o* generation of vipers

**additief** I *bn* additive II *o* [-tieven] additive

**additioneel** *bn* additional ✳ *additionele vraag* additional demand

**adel** *m* nobility ✳ *van ~zijn* be of noble birth, belong to the nobility

**adelaar** *m* [-s & -laren] eagle

**adelborst** *m* [-en] naval cadet, midshipman, <u>inf</u> middy

**adelbrief** *m* [-brieven] patent of nobility

**adelen** *overg* [adelde, h. geadeld] ennoble, raise to the peerage, elevate ✳ *arbeid adelt* there is nobility in labour, work elevates

**adellijk** *bn* ❶ *v.* adel noble ✳ *een ~e familie* a noble family ✳ *~e kringen* noble circles ❷ *wild* high, gamy

**adelstand** *m* nobility, peerage ✳ *in/tot de ~ verheffen* ennoble, raise to the peerage

**adem** *m* breath ✳ *de ~inhouden* hold one's breath ✳ *~scheppen* take breath ✳ *de laatste ~uitblazen* breathe one's last ✳ *buiten ~out* of breath, breathless ✳ *buiten ~raken* get out of breath ✳ *in één ~* in (one and) the same breath ✳ *naar ~ happen/snakken* gasp (for air) ✳ *op ~komen* recover one's breath ✳ *op ~laten komen* breathe ✳ *van lange ~* ‹persoon &› long-winded; ‹werk› requiring time and labour ✳ *een lange ~hebben* be long-winded ✳ *een slechte ~hebben* have bad breath

**adembenemend** I *bn* breathtaking II *bijw* breathtakingly

**ademen** *overg en onoverg* [ademde, h. geademd] breathe ✳ *piepend ~wheeze* ✳ *de plek ademt rust* the spot is pervaded with calm/breathes tranquillity

**ademhalen** *onoverg* [haalde adem, h. ademgehaald] draw breath, breathe ✳ *ruimer ~breathe* more freely/ breathe again ✳ *diep ~take* a deep breath

**ademhaling** *v* [-en] respiration, breathing ✳ *kunstmatige ~artificial* respiration

**ademhalingsoefening** *v* [-en] respiratory exercise, breathing exercise

**ademhalingsstoornis** *v* [-sen] <u>med</u> respiratory disorder

**ademloos** I *bn* breathless ✳ *een ademloze stilte* a breathless silence II *bijw* breathlessly ✳ *~luisteren* listen breathlessly

**ademnood** *m* dyspn(o)ea ✳ *in ~verkeren* be gasping for breath

**adempauze** *v* [-n, -s] breathing space, breather

**ademproef** *v* [-proeven], **ademtest** *m* [-s] breath

**ad**

test

**ademtocht** *m* breath ✳ *tot de laatste* ~ until one's dying breath/day

**adept** *m* [-en] follower

**adequaat** *bn* adequate, efficient, effective ✳ *een adequate behandeling* an effective treatment ✳ ~ *reageren* react properly

**ader** *v* [-s & -en] ❶ *in het lichaam of hout* vein ❷ *v. erts & vein*, lode, seam

**aderlaten** *overg* [V.T. ongebruikelijk, h. adergelaten] bleed

**aderlating** *v* [-en] bloodletting, bleeding

**aderverkalking** *v* arteriosclerosis

**ad fundum** *tsw* bottoms up!

**ADHD** *afk* (Attention Deficit Hyperactivity Syndrom) ADHD, attention deficit disorder

**adhesie** *v* adhesion, adherence ✳ *zijn* ~ *betuigen* express one's support ⟨for sth⟩

**adhesiebetuiging** *v* [-en] declaration of support

**ad hoc** *bn bijw* ad hoc ✳ *een commissie* ~ an ad hoc committee ✳ *een ad-hocbeslissing* an ad hoc decision

**ad-hocbeleid** *o* ad hoc policy

**ad-hocoplossing** *v* [-en] ad hoc solution

**adieu** *tsw* goodbye, farewell

**ad interim** *bn bijw* ad interim ✳ *een directeur* ~ an interim manager

**adjectief I** *o* [-tieven] adjective **II** *bn* adjectival, adjective

**adjudant** *m* [-en] ❶ mil adjudant ❷ aide-de-camp, A.D.C. ⟨to a general⟩

**adjunct** *m* [-en] assistant

**adjunct-directeur** *m* [-en] deputy director, deputy manager, assistant director, assistant manager

**administrateur** *m* [-s] ❶ *alg.* administrator, manager, trustee ❷ scheepv purser, steward ❸ *v. plantage* estate manager ❹ *boekhouder* bookkeeper, accountant

**administratie** *v* [-s] ❶ *beheer* administration, management, clerical work, accounting ✳ *de* ~ *voeren* do the administrative work ❷ *afdeling* accounts ❸ *boekhouding* records, books

**administratief** *bn* administrative ✳ ~ *werk* clerical work ✳ *een* ~ *medewerker* an administrative employee ✳ ~ *recht* administrative law

**administratiekantoor** *o* [-toren] ❶ administrative office ❷ eff trust office

**administratiekosten** *zn* [mv] administrative cost(s), administrative expenses

**administratiesysteem** *o* [-systemen] system of administration

**administreren** *overg* [administreerde, h. geadministreerd] administer, manage

**admiraal** *m* [-s & -ralen] ❶ scheepv admiral ❷ *vlinder* red admiral

**admiraalvlinder** *m* [-s] red admiral

**admiraliteit** *v* [-en] admiralty

**adolescent** *m* [-en] adolescent

**adolescentie** *v* adolescence

**adonis** *m* [-sen] Adonis, Greek god, scherts God's gift to women

**adopteren** *overg* [adopteerde, h. geadopteerd] adopt ✳ *een geadopteerd kind* an adopted child

**adoptie** *v* [-s] adoption

**adoptief** *bn* ❶ *v. ouder* adoptive ❷ *v. kind* adopted

**adoptiekind, adoptiefkind** *o* [-eren] adopted child

**adoptieouder, adoptiefouder** *m* [-s] adoptive parent

**adoptieverzoek** *o* [-en] adoption application

**adoratie** *v* [-s] adoration

**adoreren** *overg* [adoreerde, h. geadoreerd] worship, adore, venerate

**ad rem** *bn bijw* to the point ✳ *die opmerking was* ~ that remark was straight to the point ✳ *zij is zeer* ~ she is quick-witted

**adrenaline** *v* adrenalin(e), Am epinephrine

**adres** *o* [-sen] ❶ *op brief* address ✳ *dan ben je aan het verkeerde* ~ you've come to the wrong shop ✳ *per* ~ care of, c/o ✳ *aan jouw* ~ meant for you ✳ *ik weet een goed* ~ *voor lekkere kaas* I know a good cheese shop ❷ *verzoekschrift* memorial, petition ✳ *een* ~ *richten tot* address a petition to ❸ comput address ✳ *een absoluut* ~ an absolute address

**adresboek** *o* [-en] directory

**adreskaart** *v* [-en] *voor postpakket* dispatch note

**adressant** *m* [-en] petitioner, applicant

**adressenbestand** *o* [-en] ❶ directory ❷ comput address file

**adressenlijst** *v* [-en] ❶ list of addresses ❷ marketing mailing list

**adresseren** *overg* [adresseerde, h. geadresseerd] direct, address ⟨a letter⟩

**adressering** *v* [-en] *op een brief* address

**adresstrook** *v* [-stroken] address label

**adreswijziging** *v* [-en] change of address

**Adriatische Zee** *v* the Adriatic, Adriatic Sea

**ADSL** *afk* (Asymmetric Digital Subscriber Line) ADSL

**adstructie** *v* ❶ *ter toelichting* elucidation, explanation ✳ *ter* ~ *van* in elucidation/explanation of, in support of ❷ *ter staving* support, substantiation

**adstrueren** *overg* [adstrueerde, h. geadstrueerd] ❶ *toelichten* elucidate, explain ❷ *staven* support, substantiate

**adv** *afk* (arbeidsduurverkorting) ± reduction of working hours, shorter working hours

**advent** *m* Advent

**adverbium** *o* [-bia] adverb

**adverteerder** *m* [-s] advertiser

**advertentie** *v* [-s] ❶ advertisement ✳ *een* ~ *plaatsen* put an advertisement in the paper ❷ inf ad ✳ *de kleine* ~s the classified ads

**advertentieblad** *o* [-bladen] advertiser

**advertentiebudget** *o* marketing advertising budget

**advertentiecampagne** *v* [-s] advertising campaign

**advertentiekosten** *zn* [mv] advertising charges

**advertentiepagina** v ['s] page of advertisements

**adverteren** overg [adverteerde, h. geadverteerd] advertise * ~ voor een product advertise a product

**advertorial** m [-s] advertorial

**advies** o [-viezen] ❶ alg. advice, opinion * ~ vragen/geven ask for/give advice * op~ van on the advice of * jur een bindend~ binding (expert) advice, a binding third-party ruling * in~ houden reserve judgement * een commissie van~ an advisory committee * het verstrekken van~ ⟨beroepsmatig⟩ run a consultancy firm ❷ aanbeveling recommendation * ⟨m.b.t. vervolgonderwijs⟩ elke leerling krijgt een~ van de school teachers recommend a course level for each student

**adviesbureau** o [-s] consultancy

**adviescollege** o [-s] advisory board

**adviescommissie** v [-s] advisory committee

**adviesorgaan** o [-ganen], **adviesraad** m [-raden] counselling/Am counseling body, advisory body

**adviesprijs** m [-prijzen] marketing recommended retail price (RRP), recommended price (RP)

**adviseren** overg [adviseerde, h. geadviseerd] advise, recommend * een~de stem a consultative voice

**adviseur** m [-s] adviser/Am advisor, consultant * wiskundig~ actuary * een juridisch~ a legal adviser, a legal consultant

**advocaat** m [-caten] ❶ lawyer, counsel, advocate, ⟨bij hogere rechtbank⟩ solicitor, Am attorney (at law) * een junior~ a trainee advocate, an attorney-at-law * een~ van piket a duty advocate, a duty attorney-at-law * als~ toegelaten worden be admitted to the bar * een~ van kwade zaken a shyster, a pettifogger * een~ van de duivel the devil's advocate ❷ drank advocaat

**advocaat-generaal** m [advocaten-generaal] solicitor general

**advocatencollectief** o [-tieven] law centre, Am legal clinic

**advocatenkantoor** o [-toren] solicitor's office, lawyer's office, Am attorney's office, law firm

**advocatenpraktijk** v [-en] legal practice

**advocatuur** v Bar, legal profession, advocacy * sociale~ legal aid lawyers

**aerobiccen** onoverg [aerobicte, h. geaerobict] do aerobics

**aerobics** o aerobics

**aerodynamica** v aerodynamics

**aerodynamisch** bn aerodynamic

**aeroob** bn biol aerobic * aërobe bacteriën aerobic bacteria

**aerosol** o & m [-s & -solen] aerosol

**af** bijw ❶ verwijderd van off * hoeden~! take your hats off! * Jan~ exit John * ~ en aan lopen come and go, go to and fro * ~ en toe off and on, every now and then, now and again, once in a while, occasionally ❷ naar beneden down * ~! ⟨tegen hond⟩ down! ❸ uitgangspunt from * van ...~ from ...

upwards, from ... onwards * van voren~ aan beginnen start all over again ❹ beëindigd finished, completed * de verloving/het is~ the engagement is off * het werk is~ the work is finished * ⟨bij spel⟩ hij is~ he's out * terug bij~ zijn be back where one started * goed/slecht~ zijn be well/badly off * nu ben je van die ...~ now you are rid of that/those ... * ze zijn van elkaar~ they have separated * je bent nog niet van hem~ you haven't done with him yet, you haven't heard/seen the last of him yet * hij is minister~ he is out (of office), he's no longer a minister * daar wil ik~ zijn I wouldn't like to say, I'm not quite certain ▼ op uw plaatsen! klaar?~! on your marks! get set! go!; inf ready, steady, go! * links ~ to the left ▼ alle prijzen~ fabriek handel all prices ex works/mill ▼ op de minuut &~ to the minute & ▼ ik ga er meteen op~ I'll go there straight away ▼ op de man~ point-blank

**afasie** v aphasia

**afbakenen** overg [bakende af, h. afgebakend] ❶ weg & trace (out), mark out * duidelijk afgebakend clearly defined/marked * een gespreksonderwerp~ define a subject for discussion ❷ vaarwater scheepv beacon

**afbeelden** overg [beeldde af, h. afgebeeld] represent, portray, picture, depict

**afbeelding** v [-en] picture, illustration, representation, portrayal

**afbekken** overg [bekte af, h. afgebekt] snap at, bark at * iem.~ bite sbd's head off

**afbellen** overg [belde af, h. afgebeld] afbestellen cancel by telephone ▼ de hele stad~ ring round the whole city

**afbestellen** overg [bestelde af, h. afbesteld] cancel * een order~ cancel an order

**afbestelling** v [-en] cancellation

**afbetalen** overg [betaalde af, h. afbetaald] ❶ helemaal betalen pay off, pay for ❷ deels betalen pay on account * in termijnen~ pay in instalments * 25 euro~ pay 25 euros on account

**afbetaling** v [-en] payment * ~ in termijnen payment by/in instalments * £1,000 op~ £1000 on account * op~ kopen buy on the instalment plan/system, buy on the hire purchase system, inf buy on the never-never * koop op~ instalment buying, purchase on the instalment plan, purchase on deferred terms

**afbetalingsstelsel** o [-s], **afbetalingssysteem** [-stemen] hire purchase

**afbetalingstermijn** m [-en] term of repayment, instalment

**afbeulen** I overg [beulde af, h. afgebeuld] overdrive, fag out ⟨sbd⟩ * een paard~ work a horse to death II wederk [beulde af, h. afgebeuld] * zich~ slave, work one's guts out

**afbijten** overg [beet af, h. afgebeten] bite off * een verflaag~ strip paint * van zich~ stick up for oneself

**afbijtmiddel** o [-en] paint stripper, paint remover

**af**

**afbinden** *overg* [bond af, h. afgebonden] ❶*losmaken* untie, undo ❷med ligature, tie off ∗ *een slagader* ~ tie off an artery

**afbladderen** *onoverg* [bladderde af, is afgebladderd] peel off, scale

**afblaffen** *overg* [blafte af, h. afgeblaft] bark at, snap at ∗ *iem.* ~*storm* at sbd

**afblazen** *overg* [blies af, h. afgeblazen] ❶blow off, let off ∗ fig *stoom* ~let off steam ❷sp whistle off, blow the whistle ∗ *de scheidsrechter blaast de wedstrijd af* the referee blows the whistle (to end the game) ❸*geen doorgang doen vinden* call off ∗ *de demonstratie is afgeblazen* the demonstration has been cancelled

**afblijven** *onoverg* [bleef af, is afgebleven] keep/stay away, leave alone ∗ ~*van iem.* keep one's hands off sbd ∗ ~*van iets* let/leave sth alone ∗ *er niet kunnen* ~not be able to leave sth alone ∗ ~*!* hands off! ∗ *blijf van me af!* don't touch me!

**afbluffen** *overg* [blufte af, h. afgebluft] ∗ *iem.* ~ outbluff sbd

**afboeken** *overg* [boekte af, h. afgeboekt] ❶*afschrijven* write off ❷*overboeken* transfer ‹from one account to another› ❸*afsluiten* close ‹an account›

**afborstelen** *overg* [borstelde af, h. afgeborsteld] ❶*v. schoenen &* brush ∗ *iem.* ~brush sbd down ❷*stof* brush off

**afbouwen** *overg* [bouwde af, h. afgebouwd] ❶*de bouw voltooien* finish ❷*verminderen* reduce, cut down

**afbraak** *v* ❶*het afbreken* demolition ∗ *voor* ~ *verkopen* sell for its materials ∗ fig *de* ~*van het onderwijs* the degradation of education ❷*resterend materiaal* scrap, rubble ❸chem breakdown

**afbraakpand** *o* [-en] building due for demolition, condemned building

**afbraakprijs** *m* [-prijzen] knock-down price ∗ *tegen afbraakprijzen verkopen* sell at knock-down prices

**afbraakproduct** *o* [-en] waste product

**afbranden** I *overg* [brandde af, h. afgebrand] ❶*door brand vernietigen* burn down ❷*v. verf* burn off ❸fig criticize severely, berate ∗ *een minister* ~tear a minister to pieces II *onoverg* [brandde af, is afgebrand] be burnt down ∗ *dat gebouw is volledig afgebrand* the building has completely burnt down

**afbreekbaar** *bn* decomposable, degradable ∗ *biologisch* ~biodegradable

**afbreken** I *overg* [brak af, h. afgebroken] ❶*alg.* break off ❷chem degrade ❸*vernietigen* demolish ❹*vóór het einde ophouden* break off, interrupt ∗ *de onderhandelingen* ~break off negotiations ∗ *hij brak zijn zin plotseling af* he stopped in the middle of his sentence ❺*kritiek uiten* criticize, destroy, disparage ∗ ~*de kritiek* destructive criticism ∗ *hij is altijd aan het* ~he is always running down people II *onoverg* [brak af, is afgebroken] ❶*losgaan* break (off) ❷chem decompose III *o* rupture, severance ‹of diplomatic relations›

**afbreking** *v* [-en] ❶*losgaan* breaking off, rupture ❷*plotseling ophouden* interruption ❸*slopen* demolition ❹*woordafbreking* hyphenation

**afbrengen** *overg* [bracht af, h. afgebracht] get off, come off ∗ *het er goed* ~get through very well, do well ∗ *er het leven* ~get off/escape with one's life ∗ *het er slecht* ~come off badly, do badly ∗ *hij was er niet van af te brengen* we couldn't talk/reason him out of it ∗ *iem. van de goede/rechte weg* ~lead sbd astray, lead sbd away from the straight and narrow

**afbreuk** *v* ∗ ~*doen aan* harm, injure, damage ∗ *de vijand* ~*doen* harm the enemy ∗ *het doet geen* ~*aan het feit dat* nevertheless, the fact remains that

**afbrokkelen** I *onoverg* [brokkelde af, is afgebrokkeld] crumble (off/away) ∗ ~*de koersen* eroding exchange rates II *overg* [brokkelde af, h. afgebrokkeld] crumble off, break fragments off

**afbrokkeling** *v* [-en] crumbling, crumbling away ∗ *de* ~*van de maatschappij* the fragmentation of society ∗ *de* ~*van de markt* market erosion

**afdak** *o* [-daken] ❶*vrijstaand dak* shelter, canopy ❷*afhellend dak* overhang, lean-to

**afdalen** *onoverg* [daalde af, is afgedaald] descend, come/go down ∗ ~*in bijzonderheden* go/enter into detail(s)

**afdaling** *v* [-en] ❶descent ❷skiën sp downhill

**afdammen** *overg* [damde af, h. afgedamd] dam up

**afdanken** *overg* [dankte af, h. afgedankt] ❶*ontslaan* dismiss, sack, pay off, lay off, ‹v. troepen› disband ∗ *personeel* ~lay/pay off staff ❷*afwijzen* turn down ∗ *een minnaar* ~drop/ditch a lover ❸*wegdoen* discard, scrap ∗ *een auto* ~get rid of a car

**afdankertje** *o* [-s] cast-off ∗ *zij draagt de* ~*s van haar zuster* she wears her sister's cast-offs

**afdekken** *overg* [dekte af, h. afgedekt] ❶*toedekken* cover ❷*v. muur* cope

**afdeling** *v* [-en] ❶*het afdelen* division, department ❷*onderdeel* division, section, branch ❸mil detachment, party ❹*compartiment* compartment ❺*v. bestuur, winkel &* department ∗ *de speelgoed*~ the toy department ❻*in ziekenhuis* ward ∗ *de* ~ *chirurgie* the surgery ward

**afdelingschef** *m* [-s] ❶head of a department ❷*in warenhuis* shopwalker, floorwalker

**afdelingshoofd** *o* [-en] divisional head

**afdelingsvergadering** *v* [-en] departmental meeting

**afdelingsvoorzitter** *m* [-s] *m.b.t. een parlement* chairman of a standing committee

**afdichten** *overg* [dichtte af, h. afgedicht] seal

**afdichtingstape** *m* sealing tape

**afdingen** *overg* [dong af, h. afgedongen] bargain, haggle, bring down ∗ *ik wil niets* ~*op zijn verdiensten* I have no wish to detract from his merits ∗ *daar is/valt niets op af te dingen* there's no arguing with that ∗ *op die prijs valt niets af te dingen* the price is not negotiable

**af**

**afdoen** *overg* [deed af, h. afgedaan] ❶ *kledingstukken & take off ∗ een schort ∼* take off an apron ❷ *afmaken* finish, dispatch, expedite ∗ *die zaak is afgedaan* that matter is over and done with ∗ *hij heeft afgedaan* he has had his day ∗ *hij heeft bij mij afgedaan* I'm through with him ❸ *uitmaken v. kwestie & settle* ∗ *dat doet er niets aan toe of af* it doesn't alter the fact; that's neither here nor there ∗ *dit doet niets af van de waarde* this does not detract from the value ∗ *dit doet niets af aan het feit dat ...* that does not alter the fact that... ❹ *afbetalen* pay off, settle ‹a debt› ▼ *iets van de prijs ∼, er iets ∼* knock something off, take something off

**afdoend, afdoende** *bn* sufficient, conclusive ∗ *∼e maatregelen* effectual/effective measures ∗ *dat is ∼e* that settles the question ∗ *een ∼argument/bewijs* a conclusive argument/proof

**afdraaien I** *overg* [draaide af, h. afgedraaid] ❶ *uitdraaien* turn off ∗ *het gas ∼* turn off the gas ❷ *er afdraaien* twist off, unscrew ❸ *v. film* show, ‹v. muziek› play ❹ *opdreunen* reel off, rattle off, grind out ∗ *zijn les ∼* rattle off one's lesson ❺ *kopieën maken* run off **II** *onoverg* [draaide af, is afgedraaid] turn off/away ∗ *naar rechts ∼* turn off to the right

**afdragen** *overg* [droeg af, h. afgedragen] ❶ *v. kleren* wear out ❷ *afgeven v. geld* transfer, hand over

**afdrijven I** *onoverg* [dreef af, is afgedreven] ❶ *wegdrijven* float/drift down ‹the river› ∗ *met de stroom ∼* float down the stream, fig go with the stream ❷ *v. schip* drift (off), make leeway ❸ *onweer & blow over* **II** *overg* [dreef af, h. afgedreven] med expel, abort ∗ *de vrucht ∼* abort

**afdrogen** *overg* [droogde af, h. afgedroogd] ❶ *alg.* dry, wipe (off) ∗ *afwassen en ∼* wash and dry the dishes ❷ *duidelijk verslaan* sp hammer ❸ *afranselen* beat, thrash ∗ *iem. ∼* give sbd a hiding

**afdronk** *m* aftertaste ∗ *de wijn heeft een goede ∼* the wine has a good aftertaste

**afdruipen** *onoverg* [droop af, is afgedropen] ❶ *vloeistoffen* trickle/drip down, drain ∗ fig *de schijnheiligheid droop ervan af* it oozed hypocrisy ❷ *wegsluipen* slink away, slink off ‹with one's tail between one's legs› ∗ *met lege handen ∼* slink off empty-handed

**afdruiprek** *o* [-ken] drainer, plate rack

**afdruk** *m* [-ken] ❶ *indruk* imprint, print ❷ *v. boek of gravure* impression, copy ❸ *v. foto* print

**afdrukken** *overg* [drukte af, h. afgedrukt] ❶ *v. boek* print (off) ❷ *in was* impress ❸ fotogr print off ❹ sp clock ∗ *de scheidsrechter drukte 15 seconden af* the umpire clocked 15 seconds

**afdruksnelheid** *v* [-heden] comput print speed

**afduwen I** *overg* [duwde af, h. afgeduwd] push off **II** *onoverg* [duwde af, h. afgeduwd] push off, shove off

**afdwalen** *onoverg* [dwaalde af, is afgedwaald] ❶ *stray off, stray from the company* ❷ fig stray/wander from, travel from ❸ *op verkeerde wegen* go astray

**afdwingen** *overg* [dwong af, h. afgedwongen] ❶ *door dwang verwerven* extract (from), wring, wrestle, exact from, extort ❷ *inboezemen* compel, command ‹respect &›

**affabriekprijs** *m* [-prijzen] ex-factory price

**affaire** *v* [-s] ❶ *zaak* affair, business ∗ *de ∼Jansen* the Jansen case ∗ *hij heeft een ∼met haar gehad* he has had an affair with her ❷ handel business ❸ *transactie* transaction, deal

**affect** *o* [-en] psych affect

**affectie** *v* [-s] affection

**affectief** *bn* ❶ affective ∗ *een affectieve relatie* an affective relationship ∗ *een affectieve stoornis* an affective disorder ❷ *aanhankelijk* affectionate

**affiche** *o & v* [-s] ❶ poster, placard ❷ *v. theater* playbill

**afficheren** *overg* [afficheerde, h. geafficheerd] ❶ alg. post up, placard ❷ fig show off, parade ∗ *zijn verdriet ∼* put one's grief on parade

**affiniteit** *v* [-en] affinity ∗ *hij heeft geen ∼met moderne muziek* he has no feeling for modern music

**affix** *v* [-en] affix

**affluiten** *overg* [floot af, h. afgefloten] blow the whistle ∗ *de scheidsrechter floot de wedstrijd af* the umpire blew the final whistle ∗ *iem. ∼* tell sbd to stop doing sth

**affreus** *bn* horrid, horrible ∗ *affreuze toestanden* terrible conditions

**affront** *o* [-en] ZN affront

**affuit** *v & o* [-en] mil (gun) carriage, mount

**afgaan I** *onoverg* [ging af, is afgegaan] ❶ *trap, heuvel & go/walk down* ∗ *∼op iem.* walk up to sbd, make for sbd; fig rely on sbd ∗ *recht op zijn doel ∼* go straight to the point ∗ *op praatjes ∼* go by/trust what people say ∗ *het gaat hem glad/handig/gemakkelijk af* it comes very easily to him ∗ *dat gaat hem goed af* he does it well, he's successful at it ∗ *bij de rij ∼* deal with things in order ∗ *∼van* leave ‹school, sbd› ❷ *v. wekker, vuurwapen &* go off ❸ *v. getij* recede, ebb ❹ *falen* fail, flop ∗ *∼als een gieter* be a total failure/flop ❺ *voor schut staan* lose face ▼ ‹v. verf &› *er ∼* come off **II** *overg* [ging af, is afgegaan] go along the line ∗ *het lijstje ∼* go along the list

**afgaand** *bn* descending, decreasing ∗ *een ∼e maan* a waning moon ∗ *∼tij* ebb tide

**afgang** *m* [-en] defeat, failure, flop, letdown ∗ *wat een ∼!* what a letdown!

**afgebakend** *bn* well defined

**afgebroken** *bn* broken (off), broken, interrupted ∗ *een ∼partij schaken, dammen* an adjourned game

**afgedaan** *bn* settled ∗ *een afgedane zaak* a closed matter ∗ *∼hebben* be played out

**afgeladen** *bn* packed, crammed ∗ *de treinen waren ∼(vol)* the trains were packed, crowded ‹with passengers›

**afgelasten** *overg* [gelastte af, h. afgelast] cancel, ‹een staking› call off, sp postpone

**af**

**afgelasting** v [-en] cancellation

**afgeleefd** bn decrepit, worn with age * ~e gezichten worn-out faces

**afgelegen** bn distant, remote, outlying, out-of-the-way, sequestered

**afgelopen** bn past, last * het~ jaar last year * nu is het~! stop it!

**afgemat** bn worn out, exhausted

**afgemeten** bn measured, formal, stiff * op~ toon in measured tones, stiffly * met~ passen with measured steps

**afgepast** bn ❶ alg. adjusted, measured * ~ geld exact money ❷ v. stoffen ready-made, made-up ❸ stijf, deftig formal, stiff

**afgepeigerd** bn inf ready to drop, more dead than alive, exhausted, fagged out

**afgerond** bn rounded (off) * een~ geheel a self-contained unit * een~ project a finished project * een~e som a round sum

**afgescheiden** bn separate * een~ dominee a dissenting minister * ~ van apart from

**afgesloten** bn closed * een~ geheel vormen form a complete whole * ~ rijweg! no thoroughfare!

**afgestompt** bn dull, deadened, impassive

**afgetraind** bn trained * een~ lichaam a trained body

**afgetrapt** bn trodden-down, worn-out * met~e schoenen aan wearing worn-out/down-at-heel shoes

**afgevaardigde** m-v [-n] delegate, representative * het Huis van Afgevaardigden the House of Representatives ⟨in Australia, USA &⟩

**afgeven** I overg [gaf af, h. afgegeven] ❶ overhandigen hand in, deliver, leave with ⟨sbd⟩ * een boodschap~ deliver a message * de bal~ pass the ball ❷ door instantie issue ⟨a declaration, a passport⟩ ❸ van zich geven give off, give out ⟨heat &⟩, emit ⟨a smell &⟩ II onoverg [gaf af, h. afgegeven] vlekken maken stain, run ▼ ~ op iem./iets run sbd/sth down III wederk [gaf af, h. afgegeven] * zich~ met ⟨een meisje⟩ take up with/get involved with ⟨a girl⟩ * zich~ met iets meddle with sth * geef u daar niet mee af/geef u met hem niet af have nothing to do with it/him

**afgezaagd** bn fig trite, stale, hackneyed, well worn * een~e grap a stale/worn joke

**afgezant** m [-en] ❶ alg. ambassador, envoy ❷ geheim emissary

**afgezien** * ~ van apart from

**afgezonderd** bn secluded, retired, isolated * ~ van separated from * ~ wonen live in isolation

**Afghanistan** o Afghanistan

**afgieten** overg [goot af, h. afgegoten] ❶ v. kooksel pour off, strain ❷ v. gipsbeelden cast

**afgietsel** o [-s] cast

**afgifte** v delivery * bij~ on delivery * eenvoudige~ informal delivery * tegen~ van in exchange for * ~ tassen en paraplu's verplicht bags and umbrellas must be checked in

**afgod** m [-goden] idol, false god

**afgoderij** v [-en] idolatry, idol worship

**afgodsbeeld** o [-en] idol

**afgooien** overg [gooide af, h. afgegooid] ❶ naar beneden gooien throw down ❷ v. bommen drop ❸ v. kleding throw off, fling off

**afgraven** overg [groef af, h. afgegraven] dig off, level

**afgraving** v [-en] quarry

**afgrendelen** overg [grendelde af, h. afgegrendeld] mil seal off ⟨an area⟩

**afgrijselijk, afgrijslijk** bn horrible, horrid, atrocious, ghastly, ⟨moord⟩ gruesome

**afgrijzen** o horror * met~ naar iets kijken look at sth with horror * een~ hebben van be horrified by

**afgrond** m [-en] abyss, gulf, chasm * een gapende~ a yawning chasm * fig iem. in de~ storten ruin sbd

**afgunst** v envy, jealousy * ~ koesteren (jegens iem.) feel jealousy (towards sbd)

**afgunstig** bn envious (of), jealous (of)

**afhaalrestaurant** o [-s] takeaway (restaurant), Am takeout (restaurant)

**afhaken** I overg [haakte af, h. afgehaakt] ❶ alg. unhook ❷ v. wagens & uncouple ❸ haakwerk fasten off II onoverg [haakte af, h. afgehaakt] niet langer meedoen drop out, pull out * ⟨in brief⟩ ik moet nu~ I'd better stop now

**afhakken** overg [hakte af, h. afgehakt] cut off, chop off, lop off

**afhalen** overg [haalde af, h. afgehaald] ❶ naar beneden halen fetch down ❷ ophalen collect, pick up ⟨parcels⟩ * laten~ send for * niet afgehaalde bagage left luggage * wordt afgehaald to be left till called for ❸ personen call for ⟨sbd⟩ at his/her house, pick up ⟨from the station⟩ ▼ de bedden~ strip the beds ▼ bonen~ string beans

**afhameren** overg [hamerde af, h. afgehamerd] snel afhandelen rush through * iem. ~ call sbd to order

**afhandelen** overg [handelde af, h. afgehandeld] settle, conclude, deal with * deze zaak is nog niet afgehandeld this matter has not yet been settled

**afhandeling** v [-en] settlement, transaction

**afhandig** bn * iem. iets~ maken trick sbd out of sth; ⟨wegpakken⟩ grab/snatch sth from sbd

**afhangen** I onoverg [hing af, h. afgehangen] ❶ naar beneden hangen hang down ❷ afhankelijk zijn van depend * ~ van depend on, be dependent on * dat zal er van~ that depends * het hangt van het weer af it depends on the weather II overg [hing af, h. afgehangen] v. deur & hang

**afhangend** bn hanging, drooping * ~e oren drooping ears

**afhankelijk** bn dependent (van on) * hij is helemaal van haar~ he is completely dependent on her * iets van iem. ~ maken/stellen leave sth up to sbd

**afhellen** onoverg [helde af, h. afgeheld] slope down

**afhelpen** overg [hielp af, h. afgeholpen] ❶ naar beneden helpen help off, help down ⟨from a horse &⟩ ❷ bevrijden van relieve (of), rid (of) * scherts iem. van zijn geld ~ relieve sbd of his money * *iem. van de drank* ~ help sbd to stay away from alcohol, cure sbd of an alcohol addiction

**afhollen** I *onoverg* [holde af, is afgehold] rush down * *een trap* ~ charge down the stairs II *overg* [holde af, is afgehold] * *een weg* ~ charge along a road

**afhouden** I *overg* [hield af, h. afgehouden] ❶ *weghouden* keep off/from * *iem. van zijn werk* ~ keep sbd from his work * *hij kon zijn ogen niet van haar* ~ he couldn't keep his eyes off her * *van zich* ~ keep 〈one's enemies〉 at bay/at a distance ❷ *inhouden* deduct, stop, withhold ❸ sp keep 〈sbd〉 from the ball II *onoverg* [hield af, h. afgehouden] scheepv bear off, sail further * *van land* ~ stand from the shore

**afhuren** *overg* [huurde af, h. afgehuurd] hire

**afjakkeren** *overg* [jakkerde af, h. afgejakkerd] *uitputten* overdrive, fag out, wear out ▼ *werk* ~ hurry through the work ▼ *een weg* ~ tear along a road

**afkalven** *onoverg* [kalfde af, is afgekalfd] cave in, crumble away

**afkammen** *overg* [kamde af, h. afgekamd] run down, pull to pieces, 〈een boek〉 slash

**afkanten** *overg* [kantte af, h. afgekant] ❶ *alg.* cant, level, square ❷ *breiwerk* cast off

**afkappen** *overg* [kapte af, h. afgekapt] ❶ *door kappen afscheiden* cut off, chop off, lop off ❷ *beëindigen* break off, cut short

**afkatten** *overg* [katte af, h. afgekat] * *iem.* ~ snap at sbd

**afkeer** *m* aversion, dislike * *een* ~ *inboezemen* fill with an aversion * *een* ~ *hebben van* have a dislike of, feel/have an aversion to, dislike * *een* ~ *krijgen van* take a dislike to, take an aversion to

**afkeren** I *overg* [keerde af, h. afgekeerd] ❶ *afwenden* turn away 〈one's eyes〉 ❷ *afweren* avert 〈a blow〉 II *wederk* [keerde af, h. afgekeerd] * *zich* ~ turn away

**afkerig** *bn* averse * ~ *van* averse to * ~ *zijn van geweld* have an aversion to violence * ~ *worden van vergaderingen* take an aversion/a dislike to meetings

**afketsen** I *onoverg* [ketste af, is afgeketst] ❶ *v. kogels* glance off, ricochet ❷ fig fall through II *overg* [ketste af, h. afgeketst] 〈v. aanbod〉 reject, 〈v. voorstel〉 defeat

**afkeuren** *overg* [keurde af, h. afgekeurd] ❶ *zedelijk* condemn, disapprove (of), rebuke ❷ *niet aannemen* reject, turn down ❸ *buiten dienst stellen* condemn 〈a house〉, scrap 〈ships &〉 * *hij is afgekeurd* he has been declared unfit to work ❹ *v. waren* declare unfit for use

**afkeurend** I *bn* disapproving * *een* ~*e blik* a look of disapproval II *bijw* disapprovingly * *zich* ~ *uitlaten over iets* express one's disapproval of sth

**afkeurenswaardig, afkeurenswaard** *bn* objectionable, blameworthy

**afkeuring** *v* [-en] ❶ *alg.* disapproval, condemnation,

censure * *zijn* ~ *uitspreken over* express condemnation of ❷ mil rejection 〈by the Army doctor〉

**afkickcentrum** *o* [-tra, -s] drug rehabilitation centre/Am center

**afkicken** *onoverg* [kickte af, is afgekickt] slang dry out, kick the habit

**afkickverschijnselen** *zn* [mv] withdrawal symptoms 〈of addiction〉

**afkijken** *overg* [keek af, h. afgekeken] ❶ copy, imitate * *iets van iem.* ~ learn sth from sbd by watching him; onderw copy/crib sth from sbd ❷ look down * *de straat* ~ look down the street ❸ see out to the end * *een tv-programma* ~ see a television programme out

**afkleden** *overg* [kleedde af, h. afgekleed] be slimming * *dit kostuum kleedt* (*slank*) *af* this suit is slimming

**afklemmen** *overg* [klemde af, h. afgeklemd] ❶ *alg.* clamp, pinch off ❷ med strangulate ❸ techn disconnect

**afkloppen** *overg* [klopte af, h. afgeklopt] ❶ *kleren & dust* down ❷ *uit bijgeloof* touch wood

**afkluiven** *overg* [kloof af, h. afgekloven] gnaw off, tear off * *een been* ~ pick a bone

**afknappen** *onoverg* [knapte af, is afgeknapt] ❶ eig snap (off) ❷ fig have a breakdown * *ergens op* ~ get fed up with sth

**afknapper** *m* [-s] letdown, inf bummer

**afknijpen** *overg* [kneep af, h. afgeknepen] pinch/nip off ▼ *iem.* ~ put sbd through the mill

**afknippen** *overg* [knipte af, h. afgeknipt] ❶ *sigaar & clip* (off) ❷ *v. haren* cut (off), trim ❸ *draad & snip* (off)

**afkoelen** I *overg* [koelde af, h. afgekoeld] cool (down) II *onoverg* [koelde af, is afgekoeld] ❶ cool (down) * inf *ga jij eens wat* ~! you'd better cool down! ❷ *van het weer* grow cooler

**afkoeling** *v* [-en] ❶ *het koeler worden* cooling (down) ❷ *v. weer* drop in temperature

**afkoelingsperiode** *v* [-s & -n] cooling-off period

**afkoken** *overg* [kookte af, h. afgekookt] boil, boil down

**afkomen** *onoverg* [kwam af, is afgekomen] ❶ *van iets naar beneden* come down, get off ❷ *aan iets ontsnappen* get off, get out off, be finished with * *er goed/goedkoop/slecht* ~ get off well/cheaply/badly * *er* ~ *met een boete* get off/be let off with a fine * *er met ere* ~ come out of it with honour * *er met de schrik* ~ have a lucky escape ❸ *afkomen op* make for, come towards, approach * *ik zag hem op mij* ~ I saw him coming towards me, coming up to me ❹ *kwijtraken* get rid of * *ik kon niet van hem* ~ I couldn't get rid of him/shake him off * *ik kon niet van mijn waren* ~ I was left with my goods ❺ *afgeleid zijn van* be derived from * *dit woord komt van het Latijn af* this word is derived from Latin ❻ *gereed komen* be done/finished ❼ *officieel bekend worden* be published ❶ *met geld* inf cough up

**afkomst** *v* descent, origin, birth ∗ *van Turkse* ∼ Turkish by birth

**afkomstig** *bn* ∗∼ *uit/van* coming from, a native of ‹Dublin› ∗ *hij is uit A.* ∼ he is from A. ∼∗ *van* originating from ∗ *de brief blijkt van hem* ∼ *te zijn* the letter turned out to have come from him

**afkondigen** *overg* [kondigde af, h. afgekondigd] ❶ *verordening &* proclaim, form promulgate, ‹huwelijk› publish ‹the banns›, ‹staking &› declare, call ❷ RTV announce

**afkondiging** *v* [-en] proclamation, notification, form ‹regelgeving› promulgation

**afkooksel** *o* [-s] decoction

**afkoopsom** *v* [-men] ransom, compensation, redemption money, ‹verzekeringswezen› surrender value

**afkopen** *overg* [kocht af, h. afgekocht] ❶ *alg.* buy/purchase from ❷ *in verzekeringswezen* buy off, surrender, commute ❸ *loskopen* buy off, ransom, redeem

**afkoppelen** *overg* [koppelde af, h. afgekoppeld] ❶ *alg.* uncouple ‹wagons› ❷ techn disconnect, throw out of gear

**afkorten** *overg* [kortte af, h. afgekort] shorten, abbreviate

**afkorting** *v* [-en] abbreviation ∗ *...is een* ∼ *van... ...is* short for...

**afkrabben** *overg* [krabde af, h. afgekrabd] scrape (off), scratch off

**afkraken** *overg* [kraakte af, h. afgekraakt] slate, slash ∗ *iem. volkomen* ∼ run sbd into the ground

**afkrijgen** *overg* [kreeg af, h. afgekregen] ❶ *klaar krijgen* finish/get done ❷ *eraf halen* take (down), get off ∗ *ik kon hem niet van zijn plaats/stoel* ∼ I couldn't get him away from where he was standing/from his chair ∗ *ik kon er geen cent* ∼ I couldn't get one cent off ∗ *ik kon de vlek er niet* ∼ I couldn't get the stain out

**afkunnen** *overg* [kon af, h. afgekund] be able to get through, manage, cope with ∗ *meer dan hij afkan* more than he can manage/handle, more than he can cope with ∗ *het alleen niet* ∼ be unable to manage the thing/things alone; be unable to cope with so much work alone ∗ *het wel* ∼ be able to manage, to cope ▼ *je zult er niet meer* ∼ you won't be able to back out of it, they won't let you off ▼ *het zal er niet* ∼ I'm sure we/they & can't afford it ▼ *een reisje kan er niet af* I/we/they & can't afford a trip

**aflaat** *m* [-laten] RK indulgence ∗ *een volle* ∼ a plenary indulgence ∗ *een gedeeltelijke* ∼ a partial indulgence

**aflandig** *bn* v. wind off-shore ‹breeze›

**aflaten** **I** *overg* [liet af, h. afgelaten] neerlaten let down, show down **II** *onoverg* [liet af, h. afgelaten] ophouden cease, desist (from)

**aflebberen** *overg* [lebberde af, h. afgelebberd] *aflikken* lick off ∗ ‹zoenen› *elkaar* ∼ cover each

other with sloppy kisses

**afleesfout** *v* [-en] reading error

**afleggen** *overg* [legde af, h. afgelegd] ❶ *neerleggen* lay down, ‹v. kleding› take off ❷ *voorgoed wegleggen* put away, lay aside ❸ *v. afstand* cover ❹ *doen* make ‹a declaration, a statement &› ∗ *een eed* ∼ take an oath ❺ *lijk* lay out ‹a corpse› ❻ *v. plant* layer ❼ *v. student* fail ❽ *sterven* die ▼ *het* ∼ go to the wall ▼ *het* ∼ *tegen* be unable to hold one's own against, be no match for

**afleiden** *overg* [leidde af, h. afgeleid] ❶ *naar beneden* lead down ❷ *in andere richting* divert ❸ *verstrooien* distract, take ‹one's mind› off ∗ *hij is gauw afgeleid* he is easily distracted ❹ *trekken uit* derive ‹words from Latin &› ∗ *een formule* ∼ derive a formula ❺ *opmaken* deduce, infer, conclude ∗ *wat leidt u daaruit af?* what do you conclude from this?

**afleiding** *v* [-en] ❶ *v. water &* diversion ❷ *ontspanning* distraction, diversion ∗ *voor* ∼ *zorgen* provide some relaxation ∗ *hij heeft wat* ∼ *nodig* he needs to take his mind off things ❸ *v. woord* derivation ❹ taalk derivative

**afleidingsmanoeuvre** *v & o* [-s] ❶ *alg.* diversion ❷ fig red herring, smoke screen

**afleren** *overg* [leerde af, h. en is afgeleerd] ❶ *ontwennen* unlearn ∗ *ik heb het lachen afgeleerd* I've forgotten how to laugh ❷ *een ander* break/cure of ‹a habit› ∗ *ik zal het je* ∼ *om...* I'll teach you to...

**afleveren** *overg* [leverde af, h. afgeleverd] ❶ *bezorgen* deliver ∗ *we leveren de goederen rechtstreeks aan de klant af* we deliver the goods directly to the customer ❷ *produceren* produce, turn out ∗ *de machine kan 100 stuks per uur* ∼ the machine can produce 100 items per hour

**aflevering** *v* [-en] ❶ *bezorging* delivery ❷ *v. uitgave* issue, number, part, instalment ∗ *in* ∼*en laten verschijnen* publish serially, publish in instalments ❸ *v.e. tv-serie* episode, instalment

**afleveringskosten** *zn* [mv] delivery costs

**afleveringstermijn** *m* [-en] delivery date, term of delivery

**aflezen** *overg* [las af, h. afgelezen] read (out) ∗ *de namen* ∼ call the names ∗ *de temperatuur* ∼ read off the temperature

**aflikken** *overg* [likte af, h. afgelikt] lick, lick off ∗ *zijn vingers* ∼ lick one's fingers ∗ fig *een afgelikte boterham* a slut, a floozie, the town bike

**afloop** *m* [-lopen] ❶ *einde* end, conclusion ∗ *na* ∼ *van het examen* after the examination ∗ *de* ∼ *van de film* the film's conclusion ❷ *uitkomst* outcome, result ∗ *een ongeluk met dodelijke* ∼ a fatal accident ❸ *einde v. termijn* expiration ∗ *na* ∼ *van deze termijn* on expiry of this term

**aflopen** **I** *onoverg* [liep af, is afgelopen] ❶ *naar beneden* run down ❷ *afhellen* slope ❸ *ten einde lopen* run out, expire ‹of a contract› ❹ *eindigen* turn out ‹badly &›, end ∗ *het liep goed af* things turned out all right ∗ *het verhaal liep goed af* the story had a happy ending ✱ *de ruzie liep met een sisser af* the row blew over ✱ *het zal niet goed met je* ∼ you'll come to grief/to a sticky end ❻ *v. uurwerk* run down, ⟨v. wekker⟩ go off ❻ *v. schepen* be launched ✱ *laten* ∼ ⟨v. schip⟩ launch; ⟨v. alarm⟩ let ⟨the alarm⟩ run down; ⟨beëindigen⟩ terminate ⟨a contract⟩ ❼ *zich begeven naar* make (for), go (towards/up to) ✱ *op iem.* ∼ go/run up to sbd **II** *overg* [liep af, h. afgelopen] ❶ *naar beneden* run/walk/go down ❷ *stuklopen* ⟨v. schoenen⟩ wear out ⟨by walking⟩, ⟨v. hakken⟩ wear down ❸ *doorlopen* beat, scour ✱ *alle huizen* ∼ go from house to house ✱ *de stad* ∼ go through/search the whole town ❹ *school, cursus* fig finish, go through ✱ *de universiteit* ∼ go through university ❺ *plunderen* plunder ⟨a vessel⟩

**aflossen** *overg* [loste af, h. afgelost] ❶ *iem.* mil relieve ❷ *vervangen* take sbd.'s place ✱ *elkaar* ∼ take turns ❸ *afbetalen* redeem, pay off ❹ *rente en aflossing betalen* fin amortize ✱ ∼ *van hypotheek* pay off a mortgage

**aflossing** *v* [-en] ❶ *v. wacht & relief* ❷ *afbetaling* instalment ❸ *v. lening & redemption* ❹ *wat in totaal verschuldigd is* amount to be repaid

**aflossingstermijn** *m* [-en] term of redemption, instalment

**aflossingsvrij** *bn* interest-only ✱ *een* ∼*e hypotheek* an interest-only mortgage

**afluisterapparaat** *o* [-raten] listening device, detectophone, slang bug

**afluisterapparatuur** *v* monitoring equipment, inf bugging devices

**afluisteren** *overg* [luisterde af, h. afgeluisterd] ❶ *eavesdrop* ⟨on sbd⟩ ❷ *vooral v. telefoongesprekken* listen in (on), monitor ❸ *met afluisterapparatuur* tap, inf bug

**afmaken I** *overg* [maakte af, h. afgemaakt] ❶ *voltooien* finish, complete ✱ ∼ *met peper en zout* finish with salt and pepper ❷ *beëindigen, uitmaken* settle ❸ *doden* kill, finish off ✱ *de kat moest worden afgemaakt* we had to have the cat put down ✱ *de thuisploeg werd afgemaakt door de tegenstander* the home team was thrashed by the opponent ❹ *overeenstemming bereiken* agree on ⟨a price⟩ **II** *wederk* [maakte af, h. afgemaakt] ✱ *zich (met een grapje) van iets* ∼ pass off the matter (as a joke) ✱ *zich met een paar woorden van een kwestie* ∼ dismiss an issue in a few words

**afmarcheren** *onoverg* [marcheerde af, is afgemarcheerd] march off

**afmatten I** *overg* [matte af, h. afgemat] fatigue, wear out, tire out **II** *wederk* [matte af, h. afgemat] ✱ *zich* ∼ exhaust oneself

**afmattend** *bn* fatiguing, tiring, exhausting

**afmelden** *overg* [meldde af, h. afgemeld] cancel ✱ *zich* ∼ check out

**afmeren** *overg* [meerde af, h. afgemeerd] moor ⟨a ship⟩

**afmeten** *overg* [mat af, h. afgemeten] measure (off)

✱ *vijf meter* ∼ measure off five metres ✱ *dat kun je* ∼ *aan...* you can judge this by... ✱ *anderen naar zichzelf* ∼ judge others by oneself

**afmeting** *v* [-en] ❶ *'t afmeten* measurement, measuring off ❷ *lengtemaat* proportion, size, dimension

**afmonsteren I** *overg* [monsterde af, h. afgemonsterd] pay off, discharge ⟨the crew⟩ **II** *onoverg* [monsterde af, is afgemonsterd] be paid off

**afname** *v* ❶ *het afnemen* purchase ✱ *bij* ∼ *van 100 stuks* by purchase of a hundred lots ❷ *achteruitgang* decline, decrease ✱ *de* ∼ *van de bevolking* the population decrease

**afnemen I** *overg* [nam af, h. afgenomen] ❶ *verwijderen* take away, take off, remove ✱ *iem. bloed* ∼ take blood ❷ *laten afleggen* hold ✱ *een examen* ∼ hold an examination ✱ *een verhoor* ∼ hold an interrogation, interrogate ❸ *afzetten* clean, wipe (down) ❺ *kopen* handel buy ❻ *kaartspel* cut **II** *onoverg* [nam af, is afgenomen] ❶ *minder worden* decrease, decline, diminish ✱ *de dagen zijn aan het* ∼ the days are drawing in ❷ *maan waning* ✱ *de maan neemt af* the moon is waning ❸ *v. storm* abate **III** *onoverg* [nam af, h. afgenomen] ❶ *na het eten* clear away, remove the cloth ❷ *bij kaartspel* cut

**afnemer** *m* [-s] buyer, purchaser, consumer

**afnokken** *onoverg* [nokte af, is afgenokt] knock off, buzz off

**aforisme** *o* [-n] aphorism

**afpakken** *overg* [pakte af, h. afgepakt] snatch (away), take (away), grab ✱ *iem. de bal* ∼ grab/snatch the ball from sbd

**afpalen** *overg* [paalde af, h. afgepaald] ❶ *omheinen* fence off, enclose ❷ *met palen afbakenen* stake out

**afpassen** *overg* [paste af, h. afgepast] pace out, measure ✱ *geld* ∼ give the exact sum ✱ *met afgepast geld betalen* pay the exact amount

**afpeigeren I** *overg* [peigerde af, h. afgepeigerd] wear out **II** *wederk* [peigerde af, h. afgepeigerd] ✱ *zich* ∼ wear oneself out

**afperken** *overg* [perkte af, h. afgeperkt] ❶ *afbakenen* peg out, delimit, define ❷ *inperken* fence in

**afpersen** *overg* [perste af, h. afgeperst] ❶ *geld & extort* ✱ *iem. geld* ∼ extort money from sbd ❷ *chanteren* blackmail ❸ *belofte & wring, wrest* ✱ *iem. een verklaring* ∼ wring/exact a statement from sbd

**afperser** *m* [-s] extortioner, ⟨chanteur⟩ blackmailer

**afpersing** *v* [-en] ❶ extortion ❷ *chantage* blackmail

**afpijnigen I** *overg* [pijnigde af, h. afgepijnigd] torment, torture ✱ *zijn hersenen* ∼ rack one's brains **II** *wederk* [pijnigde af, h. afgepijnigd] ✱ *zich* ∼ struggle with

**afplatten** *overg* [platte af, h. afgeplat] flatten

**afpoeieren** *overg* [poeierde af, h. afgepoeierd] brush off, put off ✱ *iem.* ∼ give sbd the brush-off

＊ *afgepoeierd worden* be brushed off

**afprijzen** *overg* [prijsde af, h. afgeprijsd] mark down, reduce

**afraden** *overg* [raadde *en* ried af, h. afgeraden] advise against ＊ *iem....* ~ advise sbd against..., discourage sbd from...

**afraffelen** *overg* [raffelde af, h. afgeraffeld] dash off, rush through, rattle off

**aframmelen** *overg* [rammelde af, h. afgerammeld] ❶ *afranselen* beat up ❷ *vlug opzeggen* rattle off, dash off

**aframmeling** *v* [-en] beating, hiding

**afranselen** *overg* [ranselde af, h. afgeranseld] thrash, beat (up), flog

**afranseling** *v* [-en] beating

**afrasteren** *overg* [rasterde af, h. afgerasterd] rail off (in), fence off (in)

**afrastering** *v* [-en] railing, fence

**afreageren** *overg* [reageerde af, h. afgereageerd] ❶ work off, vent ＊ *zijn woede* ~ *op iem.* take out one's anger on sbd ❷ psych abreact

**afreizen** **I** *onoverg* [reisde af, is afgereisd] depart, set out ‹on one's journey›, leave (*naar* for) **II** *overg* [reisde af, h. afgereisd] travel about ＊ *het land* ~ tour the country

**afrekenen** **I** *overg* [rekende af, h. afgerekend] settle, square up, pay ＊ *ik heb met hem afgerekend* I've squared accounts with him; I've settled with him ＊ *iem.* ~ *op zijn behaalde resultaten* judge sbd on his results **II** *onoverg* [rekende af, h. afgerekend] pay ＊ *ik moet nog* ~ I still have to pay

**afrekening** *v* [-en] ❶ *betaling* settlement ＊ *op* ~ on settlement ＊ *de dag van* ~ fig the day of reckoning; eff accounts/settlement day ❷ *bewijs* statement (of account), account

**afremmen** **I** *overg* [remde af, h. afgeremd] ❶ slow down ❷ fig put a brake on **II** *onoverg* [remde af, h. afgeremd] ❶ slow down ❷ fig put the brake(s) on

**africhten** *overg* [richtte af, h. afgericht] ❶ *alg.* train ❷ *paard* break

**afrijden** **I** *onoverg* [reed af, is afgereden] *wegrijden* ride/drive off, ride/drive away **II** *onoverg* [reed af, h. afgereden] *rijexamen doen* take one's driving test **III** *overg* [reed af, h. afgereden] ❶ *naar beneden rijden* ride/drive down ❷ *oefenen* exercise ‹a horse› ▼ *beide benen werden hem afgereden* both his legs were cut off ‹by a train›

**Afrika** *o* Africa

**Afrikaan** *m* [-kanen] African

**Afrikaander** *m* [-s] → **Afrikaner**

**Afrikaans** **I** *bn* African **II** *o taal* Afrikaans

**Afrikaanse** *v* [-n] African ＊ *ze is een* ~ she's an African, she's from Africa

**afrikaantje** *o* [-s] African marigold, tagetes

**Afrikaner, Afrikaander** *m* [-s] ZA Afrikaner

**afrit** *m* [-ten] ❶ *weg naar omlaag* slope ❷ *van verkeersweg* exit ❸ *vertrek* start

**Afro-Aziatisch** *bn* Afro-Asian, Afro-Asiatic

**afrodisiacum** *o* [-ca] aphrodisiac

**afroep** *m* ＊ *levering op* ~ delivery at buyer's option ＊ *op* ~ *beschikbaar zijn* be available on demand

**afroepcontract** *o* [-en] stand-by contract

**afroepen** *overg* [riep af, h. afgeroepen] ❶ *alg.* call ＊ *iets over zichzelf* ~ bring sth down on oneself ❷ *namen* call out, call off

**afrokapsel** *o* [-s] Afro

**afrollen** **I** *overg* [rolde af, h. afgerold] unroll, unreel **II** *onoverg* [rolde af, is afgerold] unwind, be unrolled

**afromen** *overg* [roomde af, h. afgeroomd] cream, skim ‹milk› ＊ *de winst* ~ cream off/prune away the profits

**afronden** *overg* [rondde af, h. afgerond] round, round off ＊ ~ *op* round off to ＊ *besprekingen* ~ wind up discussions

**afronding** *v* [-en] ❶ *handeling* rounding off, completion ❷ *vorm* rounding

**afrossen** *overg* [roste af, h. afgerost] ❶ *roskammen* groom ❷ *slaan* thrash, beat (up)

**afruimen** **I** *overg* [ruimde af, h. afgeruimd] *de tafel* clear ‹the table› **II** *onoverg* [ruimde af, h. afgeruimd] clear away

**afrukken** **I** *overg* [rukte af, h. afgerukt] ❶ *lostrekken* tear away/off/down ❷ *met geweld uitdoen* snatch (away), pluck off ❸ *masturberen* vulg jerk off, wank off, jack off ＊ *zich* ~ vulg jerk off, wank off, jack off **II** *onoverg* [rukte af, is afgerukt] *v. leger* withdraw

**afschaffen** *overg* [schafte af, h. afgeschaft] ❶ *v. gebruik, gewoonte &* abolish, do away with ❷ *v. wet* repeal, rescind

**afschaffing** *v* ❶ *v. wet, slavernij &* abolition ❷ *v. auto &* giving up

**afschampen** *onoverg* [schampte af, is afgeschampt] glance off

**afschaven** **I** *overg* [schaafde af, h. afgeschaafd] shave off, plane down **II** *onoverg* [schaafde af, is afgeschaafd] be planed down

**afscheid** *o* parting, leaving, leave-taking, farewell, adieu(s) ＊ ~ *nemen* take (one's) leave, say goodbye ＊ ~ *nemen van* take leave of, say goodbye to, bid farewell to

**afscheiden** **I** *overg* [scheidde af, h. afgescheiden] ❶ *los-, vrijmaken* separate, sever, ‹v. ruimte› partition off ❷ *uitscheiden* secrete, exude **II** *wederk* [scheidde af, h. afgescheiden] ＊ *zich* ~ separate, secede, break away; chem be secreted

**afscheiding** *v* [-en] ❶ *v. lokaliteit* separation, partition ❷ *v. vocht* secretion ❸ *v. partij* secession, separation, breakaway, ‹in kerk› schism ❹ *tussenschot* fencing

**afscheidingsbeweging** *v* [-en] separatist movement, secession movement

**afscheidsbezoek** *o* [-en] farewell visit

**afscheidsdiner** *o* [-s] farewell dinner

**afscheidsfeest** *o* [-en] farewell party

**afscheidsgroet** *m* [-en] farewell, goodbye

**afscheidskus** *m* [-sen] farewell kiss
**afscheidsreceptie** *v* [-s] farewell reception
**afscheidsrede** *v* [-s] valedictory address, farewell speech
**afschepen** *overg* [scheepte af, h. afgescheept]
❶ scheepv ship, dispatch ❷ fig send sbd about his business, put sbd off ✱ *iem.* ~ fob sbd off ✱ *iem. met praatjes* ~ fob sbd off with some story or other
**afscheppen** *overg* [schepte af, h. afgeschept]
❶ *verwijderen* skim off ❷ *melk* skim
**afschermen** *overg* [schermde af, h. afgeschermd]
screen ✱ *zich* ~ *van de buitenwereld* screen oneself off from the outside world ✱ *kinderen* ~ *voor/tegen gevaarlijke indrukken* protect children from harmful influences
**afscheuren I** *overg* [scheurde af, h. afgescheurd]
tear off, tear down **II** *onoverg* [scheurde af, is afgescheurd] tear **III** *wederk* [scheurde af, h. afgescheurd] ✱ *zich* ~ *van* tear oneself away from, break away from
**afschieten I** *overg* [schoot af, h. afgeschoten]
❶ *vuurwapen* discharge, fire (off), let off ❷ *pijl* shoot, let fly ❸ *wegschieten* shoot off ❹ *raket* launch ❺ *afdelen* partition off ⟨a room⟩ ❻ *met gordijn* curtain off ❼ *met planken* board off ▼ *konijnen* ~ shoot rabbits **II** *onoverg* [schoot af, is afgeschoten] ✱ ~ *op iem.* dash towards sbd ✱ ~ *van* slip (off) from
**afschilderen** *overg* [schilderde af, h. afgeschilderd]
❶ paint, depict, portray ✱ *iets* ~ *als* depict/paint sth as ❷ *schilderwerk voltooien* finish painting
**afschilferen** *overg en onoverg* [schilferde af, h. en is afgeschilferd] scale off, peel/flake off
**afschminken I** *overg* [schminkte af, h. afgeschminkt] remove make-up **II** *wederk* [schminkte af, h. afgeschminkt] ✱ *zich* ~ take off one's make-up/one's grease paint
**afschrapen** *overg* [schraapte af, h. afgeschraapt]
scrape off, grate off
**afschrift** *o* [-en] copy, transcript ✱ *een gewaarmerkt* ~ a certified/an official copy ✱ *een* ~ *maken van* make a copy of ✱ *een* ~ *afgeven* issue a copy ✱ *een authentiek* ~ a certified copy ✱ *een eensluidend* ~ ⟨issued as⟩ a true copy of the original
**afschrijven** *overg* [schreef af, h. afgeschreven]
❶ *afboeken* debit, deduct ✱ *de huur is nog niet (van mijn rekening) afgeschreven* the rent has not yet been debited (to my account) ❷ boekh write down, depreciate ▼ *iets/iem.* ~ write sth/sbd off
**afschrijving** *v* [-en] ❶ *het overschrijven* copying ❷ handel debit ✱ *een* ~ *van de giro* a debit notice from the giro ❸ *materiële activa* boekh depreciation, write-off, writing off ✱ ~ *voor waardevermindering* depreciation, write-off ✱ ~ *als gevolg van slijtage* wear and tear depreciation ✱ *winst voor* ~ profit before depreciation ❹ *immateriële activa* amortization
**afschrijvingstermijn** *m* [-en] boekh depreciation period

**afschrikken** *overg* [schrikte af, h. afgeschrikt]
❶ *schrik aanjagen* scare ❷ *door schrik aan te jagen weerhouden* deter, put off, discourage ✱ *hij laat zich niet gauw* ~ he is not easily daunted ✱ *hij liet zich niet* ~ *door...* he was not to be put off/deterred by...
**afschrikking** *v* deterrence
**afschrikwekkend** *bn* frightening ✱ *een* ~ *voorbeeld* a deterrent
**afschroeven** *overg* [schroefde af, h. afgeschroefd]
unscrew
**afschudden** *overg* [schudde af, h. afgeschud] shake off ✱ *een achtervolger van zich* ~ shake off a pursuer
**afschuifsysteem** *o* [-temen] shifting responsibility
**afschuimen** *overg* [schuimde af, h. afgeschuimd]
❶ *schuim wegnemen* skim off ❷ *afzoeken* scour ✱ *we schuimden de markt af op zoek naar plaatselijke kaassoorten* we scoured the market looking for local cheeses
**afschuinen** *overg* [schuinde af, h. afgeschuind]
bevel, chamfer, edge
**afschuiven I** *overg* [schoof af, h. afgeschoven]
❶ *wegschuiven* push away, move away ✱ *de schuld van zich* ~ shift the blame on to sbd else ✱ *de verantwoordelijkheid op een ander* ~ shift responsibility (to another), inf pass the buck ❷ *betalen* inf fork out, cough up **II** *onoverg* [schoof af, is afgeschoven] *wegschuiven* slide off, slide away, move away
**afschuren** *overg en onoverg* [schuurde af, h. afgeschuurd] ❶ *met schuurpapier &* rub off, rub down ❷ *door de natuur* erode
**afschutten** *overg* [schutte af, h. afgeschut] ❶ *met een hek &* partition off, screen off, divide off ✱ *de achtertuin* ~ fence off the back garden ❷ *met sluizen* lock off
**afschuw** *m* disgust, horror, abhorrence ✱ *een* ~ *hebben van* have a horror of, abhor ✱ *van* ~ *vervuld (over)* appalled (at)
**afschuwelijk** *bn* horrible, shocking, awful, abominable
**afslaan I** *overg* [sloeg af, h. afgeslagen] ❶ *door slaan verwijderen* knock/beat/strike off ✱ *de vijand* ~ beat off/repel the enemy ❷ *de thermometer* shake down ❸ *de prijs* reduce, cut, knock down ❹ *weigeren* refuse, decline, reject ✱ *dat kan ik niet* ~*/dat sla ik niet af* I won't/can't say no, I can't/won't refuse that, I don't mind if I do ✱ *hij slaat niets af dan vliegen* he'll take on everything, he won't say no to anything **II** *onoverg* [sloeg af, is afgeslagen] ❶ *afbuigen* turn (off), branch off ✱ ⟨in het verkeer⟩ *links/rechts* ~ turn left/right ❷ *v. motor* cut out, stall ❸ *v. prijzen* go down **III** *onoverg* [sloeg af, h. afgeslagen] ✱ *(flink) van zich* ~ hit out
**afslachten** *overg* [slachtte af, h. afgeslacht] ❶ kill off, slaughter, massacre ❷ *door criticus* tear to shreds
**afslag** *m* [-slagen] ❶ *v. autoweg* exit ❷ *v. prijs* reduction ❸ *veiling* (sale by) Dutch auction ✱ *bij* ~ *veilen/verkopen* sell by Dutch auction ❹ *erosie*

**af**

erosion

**afslanken** *onoverg en overg* [slankte af, is en h. afgeslankt] slim down

**afsluiten I** *overg* [sloot af, h. afgesloten] ❶*op slot doen* lock ❷*door sluiten versperren* lock up, block, close ❸*insluiten* fence off ❹*v. toevoer* turn off ‹the gas›, cut off ‹the supply›, disconnect *het licht/de telefoon* ~disconnect the electricity/the telephone ❺*v. verzekering & take out *een levensverzekering ~ take out a life insurance policy ❻*tot stand brengen* conclude, effect ❼*opmaken* handel balance, close ‹the books, an account› ❽*beëindigen* close ‹a period› *een carrière ~bring a career to an end **II** *wederk* [sloot af, h. afgesloten] *zich ~seclude oneself from the world/from society *zich ~voor iets shut oneself off from sth

**afsluiting** *v* [-en] ❶*alg.* closing off ❷*v. contract* conclusion ❸*afsluitmiddel* barrier, partition, fence

**afsluitkraan** *v* [-kranen] stopcock

**afsluitprovisie** *v* [-s] commission, ‹v. makelaar› brokerage

**afsnauwen** *overg* [snauwde af, h. afgesnauwd] snarl at, snap at, snub *hij werd afgesnauwd he had his head snapped off

**afsnijden** *overg* [sneed af, h. afgesneden] ❶*(met een mes) inkorten* cut (off) *een bocht ~cut (off) a corner *snij een stukje van de stelen af cut off the ends of the stalks ❷*afbreken* interrupt, cut short *hij brak mij midden in mijn verhaal af he cut me off in the middle of my speech ❸*v. keel* slit

**afsnoepen** *overg* [snoepte af, h. afgesnoept] steal, snatch *iem. iets ~steal a march on sbd

**afspelden** *overg* [speldde af, h. afgespeld] pin

**afspelen I** *overg* [speelde af, h. afgespeeld] ❶*beëindigen* finish, play out ❷*met geluidsapparatuur* play (back) ❸*sp* pass **II** *wederk* [speelde af, h. afgespeeld] happen, occur, take place *de gebeurtenissen spelen zich af in Londen the events take place in London *het drama dat zich daar heeft afgespeeld the drama that was enacted there *de handeling speelt zich af in Frankrijk the scene is laid/set in France

**afspiegelen I** *overg* [spiegelde af, h. afgespiegeld] reflect, mirror **II** *wederk* [spiegelde af, h. afgespiegeld] *zich ~be reflected, be mirrored

**afspiegeling** *v* [-en] reflection

**afslijten** *overg & onoverg* [spleet af, h. en is afgespleten] split off

**afsplitsen I** *overg* [splitste af, h. afgesplitst] split off **II** *wederk* [splitste af, h. afgesplitst] *zich ~split off, ‹kerk› secede

**afsplitsing** *v* [-en] splitting, separation

**afspoelen I** *overg* [spoelde af, h. afgespoeld] *wassen* wash, rinse, wash away **II** *onoverg* [spoelde af, is afgespoeld] *meegevoerd worden* be washed away

**afspraak** *v* [-spraken] agreement, appointment ‹to meet›, engagement, arrangement *een ~maken om... make an arrangement to..., agree on ...ing

*zich houden aan de ~stand by the agreement, stick to one's word *tegen de ~contrary to (our) agreement *volgens ~according to (our) agreement, as agreed, ‹meet› by appointment *een ~bij de tandarts a dental appointment *jur een stilzwijgende ~an implied agreement

**afspraakje** *o* [-s] date *een ~maken (met iem.) date (sbd), make a date (with sbd)

**afspreken** *overg* [sprak af, h. afgesproken] ❶*overeenkomen* agree upon, arrange *het was afgesproken voor de gelegenheid it was got up for the occasion/preconcerted *de afgesproken plaats the place agreed upon *het was een afgesproken zaak it was arranged/was a put-up job *afgesproken! done!, that's a bargain! ❷*een tijdstip afspreken* make an appointment

**afspringen** *onoverg* [sprong af, is afgesprongen] ❶*naar beneden* leap/jump down, leap/jump off ❷*losgaan* come off, fly off ❸*onderhandelingen* break down ❹*koop* come to nothing, fall through ❺*v. dieren* jump up (at), spring (at), leap (at), pounce (on) *haar hond sprong opeens op mij af her dog suddenly leapt at me *de poes sprong op de muizen af the cat pounced on the mice

**afsprong** *m* [-en] jump, leap

**afstaan I** *overg* [stond af, h. afgestaan] *weggeven* give up, hand over, relinquish, surrender *zijn plaats aan iem. ~give up one's place to sbd *zijn rechten ~ surrender/relinquish one's rights **II** *onoverg* [stond af, h. afgestaan] * *~van stand away/back from *zijn oren staan af his ears stick/stand out *het huis staat ver van de grote weg af the house is a long way back from the main road

**afstammeling** *m* [-en] descendant *een ~in de rechte lijn a lineal descendant *een ~in de zijlinie a collateral descendant

**afstammen** *onoverg* [stamde af, is afgestamd] descend (from) * *~van ‹v. personen› be descended from, spring from; ‹v. woord› be derived from ‹Latin &›

**afstamming** *v* ❶descent, extraction, ancestry ❷taalk derivation

**afstammingsleer** *v* theory of evolution

**afstand** *m* [-en] ❶*lengte* distance *mil ~nemen take distance *~nemen van een uitspraak distance oneself from a statement *op een ~at a/some distance *hij is erg op een ~he is very stand-offish *op een ~blijven, zich op een ~houden keep at a distance; fig keep one's distance, keep aloof *iem. op een ~houden keep sbd at a distance, keep sbd at (an) arm's length *van ~tot ~at regular distances, at intervals *hij is op ~de beste schaker he is by far the best chess player ❷*'t afstaan, v. troon* abdication * *~doen van de troon renounce the throne, abdicate ❸*v. recht* relinquishment, cession *een (schriftelijke verklaring van) ~van een recht a waiver ❹*v. eigendom of recht* surrender, renunciation, cession * *~doen van ‹een recht› renounce, give up, waive, ‹macht›

abdicate, ‹eigendom› cede, part with, ‹voordeel›
forgo ∗jur ~doen van een kind consent to adoption
**afstandelijk** bn detached, distant, aloof, inf
stand-offish
**afstandelijkheid** v distantiation, detachment
**afstandsbediening** v [-en] remote control
**afstandsonderwijs** o correspondence course
**afstandsschot** o [-schoten] sp long shot
**afstapje** o [-s] step ∗denk om het ~mind the step
**afstappen** onoverg [stapte af, is afgestapt] ❶naar
beneden stappen step down, get off ‹one's bike›,
alight ‹from a bus &›, dismount ‹a horse, bike›
❷stappen naar/van go/come up to, step up/down to
∗hij kwam op me ~in de kantine he came up to to
me in the canteen ❸ophouden met change, leave,
drop ∗~van het onderwerp change/drop the subject
**afsteken** I overg [stak af, h. afgestoken] ❶met beitel
chisel off ❷met spa cut ❸doen ontbranden let off
‹fireworks› ❹uitspreken deliver ∗een speech ~
deliver/make a speech ❺afsnijden v. weg take a
shortcut ∗hij stak een heel stuk van de route af he
took a big shortcut II onoverg [stak af, is afgestoken]
❶zich duidelijk aftekenen contrast, stand out ∗gunstig
~bij contrast favourably with ∗~tegen contrast
with, stand out against, be outlined against ∗het
steekt lelijk af tegen... it stands out like a sore thumb
against... ❷scheepv push off, sail off
**afstel** o ∗van uitstel komt dikwijls ~delays are often
dangerous, ± procrastination is the thief of time
∗uitstel is geen ~all is not lost that is delayed
**afstellen** overg [stelde af, h. afgesteld] techn adjust
**afstemmen** overg [stemde af, h. afgestemd] ❶bij
stemming verwerpen reject, defeat ‹a motion› ❷radio
tune (in) ∗~op radio tune (in) to; fig tune to, attune
to ‹modern life &› ∗op elkaar ~gear to one another
**afstemming** v [-en] ❶verwerping rejection, defeat
❷radio tuning in
**afstempelen** overg [stempelde af, h. afgestempeld]
❶een stempel geven stamp ❷v. aandelen fin stamp,
write down
**afsterven** onoverg [stierf af, is afgestorven] die ∗in
oktober beginnen de planten af te sterven in October
the plants start to die back/off
**afstevenen** onoverg [stevende af, is afgestevend] ∗~
op make for, bear down upon ∗op de overwinning ~
head for victory
**afstijgen** onoverg [steeg af, is afgestegen] descend,
get off ‹one's horse›, dismount ‹from horseback›
**afstoffen** overg [stofte af, h. afgestoft] dust
**afstompen** I overg [stompte af, h. afgestompt]
❶minder scherp maken blunt ❷minder gevoelig
maken dull, desensitize II onoverg [stompte af, is
afgestompt] ❶minder scherp worden become
blunt/dull ❷minder gevoelig worden become numb,
become insensitive (to)
**afstomping** v dullness, numbness
**afstoppen** overg [stopte af, h. afgestopt] sp stop,
block

**afstotelijk** bn repulsive, repellent, repelling
**afstoten** I overg [stootte of stiet af, h. afgestoten]
❶eig push down (off), knock off (down), thrust
down ❷iem. repel ∗die kleuren stoten mij af these
colours repel me/put me off ❸zich ontdoen van
dispose of, cut ∗personeel ~discharge personnel
∗arbeidsplaatsen ~cut/reduce the number of jobs
❹bij transplantatie reject II onoverg [stootte of stiet
af, h. afgestoten] repel, be repellent
**afstotend** bn repelling, repellent, repulsive
**afstoting** v ❶repulsion ❷med rejection ‹of the
transplant› ❸handel disposal ‹of ‹shares &› ›
❹wegdoen discharge ‹of personnel›
**afstraffen** overg [strafte af, h. afgestraft] ❶bestraffen
punish, reprimand ❷fig trounce, inf give a
dressing-down ∗sp de verdedigingsfout werd direct
afgestraft the slip-up in the defence was
immediately taken advantage of
**afstraffing** v [-en] ❶punishment, correction ❷fig
trouncing, inf dressing-down
**afstralen** I onoverg [straalde af, is afgestraald]
radiate from ∗~op reflect on II overg [straalde af, h.
afgestraald] radiate ‹heat, joy &›
**afstrepen** overg [streepte af, h. afgestreept] cross off
**afstrijken** overg [streek af, h. afgestreken] v. lucifer
strike, light ▼een afgestreken theelepel a level
teaspoonful
**afstropen** overg [stroopte af, h. afgestroopt] ❶strip
(off), skin ‹an eel›, flay ‹a fox›, strip ‹a hare› ❷v. land
fig ravage, harry
**afstruinen** overg [struinde af, h. afgestruind] comb,
scour
**afstudeeropdracht** v [-en] final project
**afstudeerproject** o [-en] final project, thesis
**afstudeerrichting** v [-en] specialization, main
subject, Am major
**afstudeerscriptie** v [-s] thesis
**afstuderen** onoverg [studeerde af, h. en is
afgestudeerd] finish one's studies, graduate ∗~
aan de Vrije Universiteit graduate from the Vrije
Universiteit ∗op een bepaald onderwerp ~graduate
in a certain subject
**afstuiten** onoverg [stuitte af, is afgestuit] rebound
∗~op eig glance off, rebound from; fig be
frustrated by, be foiled by; ‹niet doorgaan wegens›
fall through because of
**afstuiven** onoverg [stoof af, is afgestoven] ❶v. zaken
fly off, blow off ❷v. personen rush/tear down, scurry
away ∗~op make a rush for/at, make a beeline for
**aftaaien** onoverg [taaide af, is afgetaaid] inf beat it,
buzz off, split
**aftakelen** I overg [takelde af, h. afgetakeld] scheepv
unrig, dismantle ‹a ship› II onoverg [takelde af, is
afgetakeld] run to seed, be on the decline ∗hij is
aan het ~he's on the decline, he's going off, he's
going downhill; ‹geestelijk› he's starting to lose his
faculties ∗hij ziet er erg afgetakeld uit he looks
rather decrepit, he looks a wreck

**aftakeling** v ❶ scheepv unrigging ❷ fig decay

**aftakken** overg [takte af, is afgetakt] branch, elektr ook tap off

**aftakking** v [-en] ❶ de tak branch, elektr ook tap ❷ het aftakken branching, elektr ook tapping

**aftands** bn ❶ long in the tooth ❷ zwak, versleten past one's prime

**aftapkraan** v [-kranen] drain cock, draw-off tap

**aftappen** overg [tapte af, h. afgetapt] ❶ alg. draw (off) ❷ v. boom tap ❸ fig tap ∗ elektrische stroom ~ tap electricity ∗ iem. bloed ~ take blood from sbd ❹ v. vijver & drain ❺ bottelen bottle

**aftasten** overg [tastte af, h. afgetast] ❶ ⟨techn⟩ scan ❷ fig feel, grope, sense ❸ peilen put out feelers, feel out

**aftekenen I** overg [tekende af, h. afgetekend] ❶ met tekens aangeven mark off ❷ voor gezien sign ❸ natekenen draw, copy **II** wederk [tekende af, h. afgetekend] ∗ zich ~ stand out, become visible ∗ zich ~ tegen stand out against, be outlined against

**aftellen** overg [telde af, h. afgeteld] ❶ tellen count (off, out) ❷ bij spelen count out ❸ bij lancering count down ❹ aftrekken deduct

**aftermarketing** v marketing after marketing

**aftersalesmailing** m [-s] after-sales mailing

**aftersalesservice** m after-sales service

**aftershave** m [-s] aftershave

**aftersun** m [-s] after sun lotion

**aftikken** overg [tikte af, h. afgetikt] ❶ sp tag out, touch ❷ muz tap one's baton

**aftiteling** v credits

**aftocht** m [-en] retreat, withdrawal ∗ de ~ dekken cover sbd's retreat ∗ fig de ~ blazen beat a retreat

**aftoppen** overg [topte af, h. afgetopt] ❶ v. bomen top ❷ salaris e.d. cap, level down

**aftrainen** onoverg [trainde af, h. afgetraind] detrain

**aftrap** m [-pen] sp kickoff ∗ de ~ verrichten kick off

**aftrappen I** overg [trapte af, h. afgetrapt] kick off ∗ iem. van school ~ kick sbd out of school **II** onoverg [trapte af, h. en is afgetrapt] bij voetbal kick off ▼ van zich ~ kick right and left

**aftreden I** onoverg [trad af, is afgetreden] functie neerleggen v. ministers & resign (one's post), retire (from office), step down **II** o ∗ zijn ~ his resignation, his retirement

**aftredend** bn retiring, outgoing

**aftrek** m ❶ vermindering deduction ∗ na/onder ~ van... after deducting ⟨expenses⟩, less ⟨10%⟩ ∗ vóór ~ van belasting before-tax ∗ met ~ van voorlopige hechtenis less remand in custody ❷ verkoop handel sale, demand ∗ goede ~ vinden find a ready market, sell well ∗ gretig ~ vinden be in great demand, sell like hot cakes ∗ ze vinden weinig ~ there is little demand for them

**aftrekbaar** bn ❶ deductible ❷ voor de belasting tax-deductible

**aftrekken I** overg [trok af, h. afgetrokken] ❶ neertrekken draw off/down, pull/tear off ∗ zijn/de

handen van iem. ~ wash one's hands of sbd ❷ v. geld deduct ❸ rekenk subtract ∗ vijf ~ van tien take five from ten ❹ v. vuurwapen fire (off) ⟨a gun⟩, pull the trigger ❺ kruiden & extract **II** onoverg [trok af, is afgetrokken] weggaan withdraw, march off, mil retreat **III** wederk [trok af, h. afgetrokken] masturberen ∗ zich ~ jack off, wank off, jerk off

**aftrekpost** m [-en] tax deduction, tax-deductible item, tax shelter

**aftreksel** o [-s] infusion, extract ∗ een slap ~ van a poor imitation of, a poor excuse/apology for

**aftroeven** overg [troefde af, h. afgetroefd] ❶ kaartsp trump ❷ fig put sbd in his place

**aftroggelen** overg [troggelde af, h. afgetroggeld] wheedle/coax out of, kid out of ∗ iem. geld ~ wheedle money out of sbd

**aftuigen** overg [tuigde af, h. afgetuigd] ❶ v. paard unharness ❷ scheepv unrig ❸ v. kerstboom undress ❹ mishandelen mug, beat (up)

**afvaardigen** overg [vaardigde af, h. afgevaardigd] ❶ als vertegenwoordiger delegate, depute ❷ naar het parlement return

**afvaardiging** v [-en] delegation, deputation

**afvaart** v [-en] sailing, departure

**afval I** m ❶ afvalligheid v. geloof apostasy ❷ in de politiek defection **II** o & m ❶ alg. waste (matter), refuse, rubbish ❷ bij het slachten offal, garbage ❸ bij het bewerken clippings, cuttings, parings ❹ v. eten leavings, scraps ❺ afgewaaide vruchten windfall

**afvalbak** m [-ken] garbage bin, rubbish bin, litterbin, dustbin

**afvalemmer** m [-s] garbage bin, rubbish bin, litterbin, dustbin

**afvallen** onoverg [viel af, is afgevallen] ❶ naar beneden fall (off), tumble down ▼ er zal voor hem wel wat ~ he's sure to get at least something out of it ❷ mager, slank worden lose weight ❸ van geloof apostatize ❹ v. zijn partij desert ∗ iem. ~ abandon sbd, let sbd down ❺ v. kerk, staat secede ❻ bij spelen & drop out ∗ er zullen veel kandidaten ~ a lot of candidates will drop out/will not make it

**afvallig** bn ❶ v. kerk apostate, lapsed ❷ ontrouw unfaithful ∗ ~ worden backslide ∗ ~ worden van desert

**afvallige** m-v [-n] ❶ v. geloof apostate ❷ v. partij renegade, deserter

**afvalproduct** o [-en] waste product

**afvalrace** m [-s] knock-out race

**afvalstoffen** zn [mv] waste, waste products ∗ radioactieve ~ radioactive waste ∗ schadelijke ~ harmful waste

**afvalstoffenheffing** v [-en] waste collection levy

**afvalverwerking** v waste disposal, treatment of waste

**afvalverwerkingsbedrijf** o [-drijven] waste processing company

**afvalwater** o ❶ waste water ❷ industrie effluent

**afvalwedstrijd** m [-en] heat, elimination race

**afvangen** *overg* [ving af, h. afgevangen] catch from, snatch from

**afvaren** I *onoverg* [voer af, is afgevaren] *wegvaren* sail, depart, start, leave II *overg* [voer af, h. afgevaren] *stroomafwaarts varen* sail down ‹the river›

**afvegen** *overg* [veegde af, h. afgeveegd] wipe (off) * *haar handen ~ aan een schort* wipe her hands on an apron

**afvinken** *overg* [vinkte af, h. afgevinkt] check off, tick off ‹items on a list›

**afvlaggen** *overg* [vlagde af, h. afgevlagd] flag down * *Schumacher werd als derde afgevlagd* Schumacher was flagged down third

**afvlakken** I *overg* [vlakte af, h. afgevlakt] flatten out II *onoverg* [vlakte af, is afgevlakt] become flat * *een ~de markt* a slowed-down market

**afvloeien** *onoverg* [vloeide af, is afgevloeid] ❶ *eig* flow down, flow off ❷ *fig* be made redundant

**afvloeiing** *v* [-en] ❶ *eig* flowing down, flowing off ❷ *fig* gradual discharge, release

**afvloeiingsregeling** *v* [-en] ❶ *individueel* redundancy pay, redundancy scheme, Am severance pay, severance scheme ❷ *collectief* social scheme, compensation plan

**afvoer** *m* ❶ *van water &* discharge, drainage ❷ *transport* transport, conveyance, removal ‹of goods› ❸ *afvoerleiding* drainpipe

**afvoerbuis** *v* [-buizen] outlet pipe, waste pipe, drainpipe

**afvoeren** *overg* [voerde af, h. afgevoerd] ❶ *afleiden* drain off ‹water› ❷ *vervoeren* transport, remove, convey ❸ *schrappen* remove, write off

**afvoerkanaal** *o* [-nalen] drainage channel, outlet channel

**afvoerpijp** *v* [-en] drainpipe

**afvragen** I *overg* [vroeg af, h. afgevraagd] ask (for), demand II *wederk* [vroeg af, h. afgevraagd] * *zich ~* ask oneself, wonder * *zij vroegen zich af of...* they wondered whether...

**afvuren** *overg* [vuurde af, h. afgevuurd] fire off, fire, discharge * *vragen ~ op iem.* fire questions at sbd

**afwachten** *overg* [wachtte af, h. afgewacht] *alg.* wait for, await, anticipate * *zijn beurt ~* wait one's turn * *de gevolgen ~* wait for/form abide the consequences * *zijn tijd ~* bide one's time * *dat moeten we nog ~* that remains to be seen * *een ~de houding aannemen* follow a wait-and-see policy, take a wait-and-see approach

**afwachting** *v* expectation * *in ~ van de dingen die komen zouden* in (eager) expectation of what was to come * *in ~ van een regeling* pending a settlement * *in ~ van uw antwoord* we look forward to receiving your reply

**afwas** *m* washing-up, dishes * *de ~ doen* do the dishes * *een berg ~* a load of washing-up

**afwasbaar** *bn* washable

**afwasbak** *m* [-ken] washing-up bowl

**afwasborstel** *m* [-s] dishwashing brush

**afwasmachine** *v* [-s] (automatic) dishwasher

**afwasmiddel** *o* [-en] detergent, washing-up liquid

**afwassen** I *overg* [waste af, h. afgewassen] ❶ *alg.* wash, wash off ❷ *de vaat* wash up, do the dishes II *onoverg* [waste af, h. afgewassen] wash up

**afwaswater** *o* dishwater

**afwateren** *onoverg* [waterde af, h. afgewaterd] drain

**afwatering** *v* [-en] drainage, drain

**afwateringskanaal** *o* [-nalen] drainage canal/channel

**afweer** *m* defence, Am defense

**afweergeschut** *o* anti-aircraft guns

**afweermechanisme** *o* [-n] defence/Am defense mechanism

**afweerstof** *v* [-fen] antibody

**afweersysteem** *o* [-temen] defence/Am defense system

**afwegen** *overg* [woog af, h. afgewogen] weigh * *200 gram suiker ~* weigh out 200 grams of sugar * *tegen elkaar ~* balance out the pros and cons

**afweken** I *overg* [weekte af, h. afgeweekt] soak off, steam off II *onoverg* [weekte af, is afgeweekt] come off

**afwenden** *overg* [wendde af, h. afgewend] ❶ *afwenden* turn away * *zich ~ van* turn away from ❷ *tegenhouden* avert * *gevaar ~* ward off danger

**afwentelen** *overg* [wentelde af, h. afgewenteld] shift, transfer * *de schuld op iem. anders ~* shift the blame on to sbd else

**afweren** *overg* [weerde af, h. afgeweerd] keep off, hold off, fend off * *gevaar ~* avert/ward off danger * *een aanval ~* fight off/repel an attack * *lastige vragen ~* evade tricky questions

**afwerken** I *overg* [werkte af, h. afgewerkt] ❶ *beëindigen, voltooien* finish, complete * *een klus ~* finish (off) a job, put the finishing touches to a job ❷ *v. naad* overcast II *wederk* [werkte af, h. afgewerkt] * *zich ~* exhaust oneself, work oneself to death

**afwerking** *v* finishing (off), finish * *de fraaie ~* the fine finish

**afwerkplek** *v* [-ken] place for legal sex work

**afwerpen** *overg* [wierp af, h. afgeworpen] ❶ *alg.* cast off, throw off, shake off, fling off, throw away, hurl away, ‹slangen› slough off * *een slang werpt zijn huid in één stuk af* snakes slough off their skins in one piece ❷ *luchtv* drop ‹bombs, arms›, throw down ‹arms›, parachute ‹a man, troops› ❸ *fig* yield * *vruchten ~* yield fruit

**afweten** *overg* [wist af, h. afgeweten] know about * *hij weet veel van voetbal af* he knows a lot about football ▼ *het laten ~* ‹niet komen› not show up; ‹het niet doen› fail/refuse to work ▼ *mijn auto liet het ~* my car wouldn't go

**afwezig** *bn* ❶ *niet aanwezig* absent, away, gone * *de ~e(n)* the absentee(s) * *hij is ~* he isn't in ❷ *fig* absent-minded *~ *voor zich uit staren* stare absently in front of one

**afwezigheid** *v* ❶absence, non-attendance * *bij ~ van* in the absence of * *in iems.* ~in absentia * jur *de ~van schuld* absence of guilt * *schitteren door* ~be conspicuous by one's absence ❷fig absent-mindedness

**afwijken** *onoverg* [week af, is afgeweken] ❶*verschillen* differ, deviate, vary, disagree (with) * *dit wijkt af van wat de minister beweert* this is at odds with what the minister claims ❷*een andere kant opgaan* ‹v. naald› deviate, ‹v. lijn› diverge, ‹v. weg› diverge, deflect ❸fig deviate * *van het rechte pad* ~wander from the straight and narrow * *van het onderwerp* ~wander/drift away from the subject

**afwijkend** *bn* ❶*alg.* deviating, divergent, aberrant * *een ~e mening* a different/dissenting opinion * *een ~e uitkomst* an erratic result ❷psych deviant ‹social behaviour›

**afwijking** *v* [-en] ❶*alg.* deviation, departure divergence * *in ~ van* contrary to ‹this rule› ❷*verschil* variation, difference, anomaly ‹in a text› ❸*geestelijk* disturbance, aberration ❹*lichamelijk* defect, handicap, abnormality

**afwijzen** *overg* [wees af, h. afgewezen] ❶*niet toelaten* refuse admittance to, turn away, not admit ❷*weigeren* reject, refuse * *sollicitanten* ~reject applicants * *afgewezen worden* ‹in examen› fail ❸*afslaan* decline * *een aanbod/voorstel* ~turn down an offer/a proposal ❹*ontkennen* disclaim ‹rumours›, deny ‹accusations› ❺jur dismiss ‹a claim› * *een ~d vonnis* a dismissal

**afwijzend** *bn bijw* * *~staan tegenover* be opposed to * *er werd ~beschikt op zijn verzoek* his request met with a refusal

**afwijzing** *v* [-en] refusal, rejection

**afwikkelen** *overg* [wikkelde af, h. afgewikkeld] ❶*loswikkelen* unroll, unwind, wind off ❷fig wind up ‹a business›, settle ‹affairs›, fulfil/Am fulfill ‹a contract› * *een kwestie vlot* ~settle a question quickly/promptly

**afwikkeling** *v* [-en] ❶*het afwinden* unrolling, unwinding ❷fig winding up, settlement, fulfilment, completion

**afwimpelen** *overg* [wimpelde af, h. afgewimpeld] not follow up, pass over, refuse * *iem.* ~find an excuse for not accepting sbd's offer/for not complying with sbd's request

**afwinden** *overg* [wond af, h. afgewonden] wind off, unwind, unreel

**afwisselen** I *overg* [wisselde af, h. afgewisseld] relieve ‹sbd›, take turns with ‹sbd›, alternate, interchange, vary * *afgewisseld door...* relieved by... * *werk* ~met ontspanning* alternate between work and pleasure * *elkaar* ~‹personen› relieve each other, take turns; ‹zaken› succeed each other, alternate * *zij wisselden elkaar af als*

*klassenvertegenwoordigers* they took turns as class captain II *onoverg* [wisselde af, is afgewisseld] ❶*elkaar* alternate ❷*verschillen* vary

**afwisselend** I *bn* ❶*ongelijk* various ❷*vol afwisseling* varied, variegated ❸*wisselend* alternate II *bijw* alternately, by turns, in turn

**afwisseling** *v* [-en] ❶*verandering* change, variation * *ter* ~, voor de ~for a change, by way of a change ❷*verscheidenheid* variety ❸*opeenvolging* alternation ‹of day and night›, succession ‹of the seasons›

**afzadelen** *overg* [zadelde af, h. afgezadeld] unsaddle

**afzagen** *overg* [zaagde af, h. afgezaagd] saw off

**afzakken** *onoverg* [zakte af, is afgezakt] ❶*v. kleren* come/slip down ❷*v. bui* blow/pass over ❸*minder worden* fall/drop back, tail away, withdraw, drop away ▼ *de koploper is wat afgezakt* the race leader has fallen back a little ▼ *de rivier* ~sail/float down the stream

**afzakkertje** *o* [-s] inf one for the road

**afzeggen** *overg* [zei of zegde af, h. afgezegd] cancel * *het (laten)* ~send an excuse * *iem.* ~put sbd off

**afzegging** *v* [-en] rejection, refusal, cancellation

**afzeiken** *overg* [zeikte af, h. afgezeikt] * *iem.* ~bully sbd, make sbd look like a fool * *zich niet laten* ~not let oneself be put down

**afzenden** *overg* [zond af, h. afgezonden] send (off), dispatch, forward, ship

**afzender** *m* [-s] sender, shipper * *~X from X

**afzet** *m* ❶handel sale * *~vinden* have a market ❷*bij sprong* sp take-off

**afzetbalk** *m* [-en] sp take-off board

**afzetgebied** *o* [-en] outlet, market, area of distribution

**afzetkanaal** *o* [-nalen] marketing distribution channel

**afzetkosten** *zn* [mv] marketing sales cost

**afzetmarkt** *v* [-en] market outlet

**afzetten** I *overg* [zette af, h. afgezet] ❶*afnemen* take off, take, remove * *ik kon het niet van mij* ~I couldn't dismiss the idea, I couldn't put it out of my head * *een stoel van de muur* ~move away a chair from the wall * *een speler van de bal* ~take possession of the ball ❷*uit vervoermiddel* put/set down, drop (off) ❸*doen bezinken* deposit ❹*v. ledematen* cut off, amputate ❺*afstoten van de kant &* push off ❻*afsluiten, stopzetten* switch off, turn off, block, close, stop ❼*afpalen* peg out, stake out, ‹in de lengte› line, ‹met touwen› rope off, ‹met omheining› fence in, fence off ❽*omboorden* set off, trim ❾*ontslaan* depose ‹a king›, dismiss ‹an official› ❿*verkopen* sell ⓫*te veel laten betalen* fleece * *iem.* ~voor vijf euro* swindle/cheat/do sbd out of five euros II *onoverg* [zette af, is afgezet] scheepv push off III *wederk* [zette af, h. afgezet] * sp *zich* ~take off (for a jump) * fig *zich* ~tegen* dissociate oneself from

**afzetter** *m* [-s] swindler, cheat

**afzetterij** *v* [-en] cheat, swindle

**afzetting** *v* [-en] **❶** *uit ambt* dismissal ‹of an official›, deposition ‹of a king› **❷** *afsluiting* cordon **❸** *bezinking* deposition **❹** *bezinksel* deposit, sediment **❺** *v. ijs, rijp* formation **❻** *med* amputation

**afzettingsgesteente** *o* [-n & -s] sedimentary rocks

**afzichtelijk** *bn* hideous, horrible, ‹armoede› abject

**afzien** **I** *overg* [zag af, h. afgezien] look down ✳ *iets aan iets* ~ tell sth by the look of it ✳ *dat kun je er ook niet aan* ~/ you can't tell by the look of it! **II** *onoverg* [zag af, h. afgezien] **❶** *lijden* suffer ✳ *heel wat moeten* ~ have to go through quite a lot **❷** (+*van*) *opgeven* relinquish, renounce, waive, forgo, give up, abandon ✳ ~ *van rechtsvervolging* decide not to prosecute ✳ *er van* ~ decide not to do it **❸** *afkijken* copy from

**afzienbaar** *bn* ✳ *in/binnen afzienbare tijd* in the near future, in/within the foreseeable future, within a short time

**afzijdig** *bn* ✳ *zich* ~ *houden* hold/keep/stand aloof ✳ *een* ~ *e houding* a distant attitude

**afzinken** *overg* [zonk af, h. afgezonken] sink down

**afzoeken** *overg* [zocht af, h. afgezocht] search, beat ✳ *alles* ~ look all over the place ✳ *de stad* ~ hunt through the town

**afzonderen** **I** *overg* [zonderde af, h. afgezonderd] **❶** *afzonderlijk plaatsen* separate (*van* from), single out **❷** *apart zetten* isolate, segregate, set apart ✳ *zieke dieren* ~ isolate sick animals **II** *wederk* [zonderde af, h. afgezonderd] ✳ *zich* ~ withdraw/retire ‹from the world› ✳ *hij kon zich nergens* ~ he couldn't find any privacy anywhere

**afzondering** *v* **❶** *het afzonderen* separation, isolation **❷** *eenzaamheid* isolation, seclusion ✳ *in* ~ in seclusion **❸** *gevangeniswezen* cell confinement ✳ *in* ~ in solitary confinement

**afzonderlijk** **I** *bn* separate, private, individual ✳ *elk deel* ~ each separate volume ✳ ~ *e gevallen* individual cases **II** *bijw* separately, individually, apart ✳ *iem.* ~ *spreken* speak to sbd privately

**afzuigen** *overg* [zoog af, h. afgezogen] suck (up), remove ‹by suction›

**afzuiginstallatie** *v* [-s] exhaust system

**afzuigkap** *v* [-pen] range hood

**afzwaaien** *onoverg* [zwaaide af, is afgezwaaid] <u>mil</u> be released, leave the service

**afzwaaier** *m* [-s] **❶** <u>mil</u> sbd leaving the service **❷** <u>sp</u> hopeless miss

**afzwakken** **I** *onoverg* [zwakte af, is afgezwakt] *afnemen* decrease, subside **II** *overg* [zwakte af, h. afgezwakt] *verzachten* tone down, weaken, qualify ‹a statement›

**afzwemmen** **I** *onoverg* [zwom af, h. afgezwommen] *voor diploma* take the final swimming test **II** *overg* [zwom af, h. *en* is afgezwommen] swim down ‹the river›

**afzweren** **I** *overg* [zwoer af, h. afgezworen] **❶** *onder ede verwerpen* forswear **❷** *verloochenen* renounce, fall away from **❸** *fig* swear off **II** *onoverg* [zwoor af en zweerde af, is afgezworen] *door verzwering* afvallen ulcerate away

**agaat** *m & o* [agaten] agate

**agenda** *v* ['s] **❶** *lijst v. te bespreken onderwerpen* agenda, order of business ✳ *op de* ~ *plaatsen* put on the agenda ✳ *een verborgen* ~ a hidden agenda **❷** *boekje* diary

**agendapunt** *o* [-en] item on the agenda

**agent** *m* [-en] **❶** *vertegenwoordiger* agent, representative **❷** *politieagent* policeman, constable, officer, <u>inf</u> cop ✳ *een* ~ *in burger* a plain-clothes policeman ✳ *een geheim* ~ a secret agent

**agent-provocateur** *m* [agents-provocateurs] agent provocateur

**agentschap** *o* [-pen] **❶** *alg.* agency **❷** *v. bank* branch (office)

**agentuur** *v* [-turen] agency

**ageren** *onoverg* [ageerde, h. geageerd] ✳ ~ *voor/tegen* campaign/agitate for/against

**agglomeraat** *o* [-raten] agglomerate

**agglomeratie** *v* [-s] agglomeration ✳ *een stedelijke* ~ an urban conglomerate

**aggregaat** **I** *o* [-gaten] **❶** *alg.* aggregate **❷** *techn* unit, aggregate **❸** *lesbevoegdheid* <u>ZN</u> teaching certificate **II** *m* [-gaten] *leraar* <u>ZN</u> teacher

**aggregatie** *v* **❶** *samenvoeging* aggregation **❷** *lesbevoegdheid* <u>ZN</u> teaching certificate

**aggregatietoestand** *m* [-en] physical condition, physical state

**agio** *o* premium, share premium, agio, <u>Am</u> additional paid-in capital ✳ ~ *doen* be at a premium

**agiostockdividend** *o* [-en] stock dividend paid out of share premium, scrip dividend paid out of share premium

**agitatie** *v* [-s] agitation, excitement

**agitator** *m* [-s & -toren] agitator

**agnost** *m* [-en], **agnosticus** [-ci] agnostic

**agogie** *v* **❶** *in vormingswerk* ± behaviour-oriented social work **❷** *in onderwijs* ± change-oriented educational theory **❸** *in organisatie* plan change

**agogisch** *bn* agogic, social science

**agrariër** *m* [-s] farmer

**agrarisch** *bn* agricultural ✳ *een* ~ *e hervorming* a land reform ✳ ~ *e producten* agricultural products, farm products ✳ *de* ~ *e sector* the agricultural sector

**agressie** *v* [-s] aggression ✳ ~ *plegen* (*jegens*) be aggressive (towards)

**agressief** *bn* aggressive ✳ *een agressieve hond* an aggressive dog ✳ *agressieve schoonmaakmiddelen* aggressive/corrosive cleaners

**agressiviteit** *v* aggressiveness, aggression

**agressor** *m* [-s] aggressor

**agricultuur** *v* agriculture

**A-griep** *v* Asian flu

**agro-industrie** *v* agricultural industry

**agrologie** *v* agrology

**agronomie** *v* agronomy

**ag**

**agronoom** *m* [-nomen] agronomist
**aha-erlebnis** *m* [-sen] 'aha' experience
**ahorn** *m* [-en, -s] maple (tree)
**a.h.w.** *afk* (als het ware) as it were
**a.i.** *afk* ❶(ad interim) ad interim ❷(alles inbegrepen) all in, inclusive
**aids** *m* (Acquired Immune Deficiency Syndrome) AIDS, Aids
**aidspatiënt** *m* [-en] Aids patient
**aidsremmer** *m* [-s] Aids inhibitor
**aidstest** *m* [-s] Aids test
**aidsvirus** *o* Aids virus, HIV virus
**aimabel** *bn* amiable, friendly
**air** *o* air, look, appearance ✳ *een ~aannemen, zich ~s geven* give oneself airs
**airbag** *m* [-s] air bag
**airbrush** *m* airbrush
**airbus** *m* [-sen] air bus
**airco** *v* air conditioning
**airconditioning** *v* air conditioning
**AIVD** *afk* (Algemene Inlichtingen- en Veiligheidsdienst) Dutch Secret Service
**ajakkes, ajasses** *tsw* ✳ ~! yuk!
**ajour** *bn* openwork
**ajuin** *m* [-en] ZN onion
**akela** *v* ['s] akela, Am den mother
**akelei, akolei** *v* [-en] columbine
**akelig** I *bn* dreary, dismal, nasty, unpleasant, horrible, awful ✳ *ik ben er nog ~van* I still feel quite upset ✳ *ik word er ~van* it makes me (feel) sick ✳ *wat een ~goedje!* what awful stuff! ✳ *dat ~e mens* that unpleasant woman ✳ *die ~e wind* that nasty wind II *bijw* versterkend awfully, terribly ✳ ~*geleerd &* awfully learned &
**Aken** *o* Aix-la-Chapelle, Aachen
**akkefietje, akkevietje** *o* [-s] ❶*vervelend werkje* (bad) job, chore ❷*kleinigheid* trifle, little job ✳ *een ~met iem. hebben* ⟨ruzie hebben⟩ have an argument with sbd
**akker** *m* [-s] field
**akkerbouw** *m* agriculture, farming
**akkerbouwbedrijf** *o* [-drijven] arable farm
**akkerland** *o* [-en] arable land
**akkevietje** *o* → **akkefietje**
**akkoord** I *o* [-en] ❶*alg.* agreement, arrangement, settlement ✳ *een ~aangaan/sluiten/treffen* come to an agreement ✳ *het op een ~je gooien* compromise, come to terms (with) ❷*muz* chord II *bn* correct, agreed ✳ ~*bevinden* find correct ✳ ~*gaan met* agree to ⟨sth⟩, agree with ⟨sbd⟩ ✳ *de rekening is* ~the bill is correct ✳ ~! agreed!
**akkoordverklaring** *v* [-en] agreement
**akoestiek** *v* acoustics
**akoestisch** *bn* acoustic(al) ✳ *een ~e gitaar* an acoustic guitar
**akoniet** I *v* [-en] plantk aconite II *o* vergif aconite
**akte** *v* [-n & -s] ❶*alg.* document ❷*jur* ⟨legal⟩ instrument, deed ✳ *een ~van beschuldiging* an

indictment ✳ *een ~van volmacht* power of attorney ✳ ~*nemen van* take note of ✳ ~*opmaken van* make a record of ✳ *waarvan ~!* objection/remark noted! ❸*v. verkoop* deed of sale, contract ✳ *een ~van overdracht/verkoop/vennootschap &* a deed of conveyance/sale/partnership & ❹*diploma, vergunning* diploma, certificate, licence/Am license ✳ *een ~van overlijden* a death certificate ✳ *een ~van bekwaamheid* a certificate of competence ❺RK ⟨van geloof, hoop &⟩ act ❻toneel act
**aktetas** *v* [-sen] briefcase
**al** I *onbep vnw* ❶*m.b.t. totale hoeveelheid* all ✳ ~*le drie* all three (of them) ✳ ~*het mogelijke* all that is possible ✳ ~*het vee* all the cattle ✳ *wij/u/zij ~len* all of us/you/them ❷*alle afzonderlijk* every ✳ ~*le dagen* every day ✳ *er is ~le reden om...* there is every reason to... II *o* ✳ *gekleed en ~* dressed as he was ✳ *met schil en ~* skin and all ✳ ~*met* ~all in all ✳ *het* ~the universe ✳ *zij is zijn* ~she is his all III *bijw* already, yet ✳ *dat is ~even moeilijk* that is just as difficult ✳ *het wordt ~groter* it is growing larger and larger ✳ ~*(wel) zes maanden geleden* as long as six months ago ✳ *dat is ~zeer ongelukkig* that is very unfortunate indeed ✳ ~*de volgende dag* the very next day ✳ ~*in de 16de eeuw* as early as/as far back as the 16th century ✳ *hoe ver ben je* ~? how far have you got (so far)? ✳ *zijn ze ~getrouwd?* are they married yet? ✳ *nu/toen* ~even now/then ✳ *geheel en* ~entirely, fully, totally ✳ ~*zingende* singing (all the while), as he sang ✳ ~*te zwaar* much too heavy ✳ *het is maar ~te waar* it's only too true ✳ *niet* ~te best none too well/good, rather bad(ly) ✳ *niet* ~te wijd not too wide ✳ *u kunt het ~dan niet geloven* whether you believe it or not ✳ *ik twijfelde of hij mij ~dan niet gehoord had* I was in doubt as to whether he had heard me or not IV *voegw* though, although, even if, even though ✳ ~*is hij nog zo rijk* however rich he may be
**à la carte** *bijw* à la carte ✳ ~*dineren* dine à la carte
**alarm** *o* ❶*noodsignaal* alarm ✳ ~*blazen* sound the/an alarm ✳ ~*slaan* give/raise the alarm ✳ *loos ~slaan* make a false alarm ✳ *een stil ~*a silent alarm ❷*opschudding* commotion, uproar, tumult
**alarmbel** *v* [-len] alarm bell
**alarmcentrale** *v* [-s] emergency centre/Am center
**alarmeren** *overg* [alarmeerde, h. gealarmeerd] alert, warn, call out
**alarmerend** *bn* alarming
**alarminstallatie** *v* [-s] alarm (device)
**alarmklok** *v* [-ken] alarm bell
**alarmnummer** *o* [-s] emergency number
**alarmpistool** *o* [-tolen] alarm gun
**alarmsignaal** *o* [-nalen] alarm (signal)
**alarmsysteem** *o* [-temen] alarm system
**alarmtoestand** *m* [-en] alert, state of emergency
**Albanees** I *m* [-nezen] Albanian II *bn* Albanian III *o* taal Albanian
**Albanese** *v* [-n] Albanian ✳ *ze is een* ~she's an

Albanian, she's from Albania
**Albanië** o Albania
**albast** o alabaster
**albasten** bn alabaster
**albatros** m [-sen] albatross
**albino** m-v ['s] albino
**album** o [-s] album
**albumine** m-v albumin
**alchemie, alchimie** v alchemy
**alchemist, alchimist** m [-en] alchemist
**alcohol** m [-holen] alcohol
**alcoholbasis** v *op ~alcohol-based
**alcoholcontrole** v [-s] alcohol testing
**alcoholgebruik** o alcohol consumption
**alcoholgehalte** o alcoholic content
**alcoholhoudend** bn alcoholic
**alcoholica** zn [mv] alcoholic drinks, spirits
**alcoholicus** m [-ci] alcoholic
**alcoholisch** bn alcoholic *~e dranken alcoholic
  beverages
**alcoholisme** o alcoholism
**alcoholist** m [-en] alcoholic
**alcoholpromillage** o blood alcohol level
**alcoholvergiftiging** v alcohol poisoning
**alcoholvrij** bn non-alcoholic
**aldaar** bijw there, at that place
**aldehyde** o [-n & -s] aldehyde
**aldoor** bijw all the time, all along
**aldus** bijw thus, so, in this way
**alert** bn alert
**alexandrijn** m [-en] alexandrine
**alexie** v alexia
**alfa** v ['s] alpha *de ~en de omega the alpha and
  omega
**alfabet** o [-ten] alphabet
**alfabetisch** I bn alphabetical *in ~e volgorde in
  alphabetical order II bijw alphabetically, in
  alphabetical order
**alfabetiseren** overg [alfabetiseerde, h.
  gealfabetiseerd] ❶alfabetisch ordenen alphabetize
  ❷leren lezen en schrijven make literate
**alfadeeltje** o [-s] alpha particle
**alfanumeriek** bn ❶alphanumerical ❷comput
  alphanumeric
**alfastraling** v alpha radiation
**alfawetenschappen** zn [mv] humanities, arts
  subjects

**alfawetenschappen**
Het verschil tussen alfa-, bèta- en
gammawetenschappen is typisch Nederlands en
het kan nodig zijn om dat in een Engelse tekst uit te
leggen.
De *alfawetenschappen* komen ongeveer overeen
met *arts subjects* of *the humanities*, de
*bètawetenschappen* ongeveer met *science
subjects* of *the sciences* en
*gammawetenschappen* ongeveer met *the social
sciences.*

**alg** v [-en] alga
**algauw** bijw soon, before long
**algebra** v algebra
**algebraïsch** bn algebraic
**algeheel** bn complete, entire, total, whole *algehele
  rouw general mourning
**algemeen** I bn ❶allen of alles omvattend universal,
  general *Algemene Maatregel van Bestuur General
  Administrative Order *een algemene overeenkomst a
  blanket agreement *algemene voorwaarden general
  conditions *met algemene stemmen unanimously
  ❷overal verspreid general, common *dat is thans erg
  ~that is very common now ❸openbaar general,
  public ❹onbepaald general, vague II bijw
  generally, universally *~in gebruik in
  general/common use III o *in het ~in general, on
  the whole *over het ~generally speaking, on the
  whole
**algemeenheid** v [-heden] universality, generality
  *vage algemeenheden commonplaces, platitudes
  *in algemeenheden spreken speak in vague terms
  *in zijn ~broadly speaking
**Algerije** o Algeria
**algoritme** v & o [-s, -n] wisk algorithm
**alhier** bijw here, of this town
**alhoewel** voegw (al)though
**alias** I bijw alias, otherwise (known) II m [-sen]
  ❶alias ❷pseudoniem comput alias
**alibi** o ['s] alibi *zijn ~bewijzen prove one's alibi
**alimentatie** v Br maintenance (allowance), financial
  provision, Am alimony
**alimentatieplicht** m & v obligation/duty to pay
  maintenance/Am alimony
**alinea** v ['s] paragraph *een nieuwe ~beginnen typ
  start a new paragraph
**alkali** o [-liën] alkali
**alkaloïde** m-v [-n] alkaloid
**alkoof** v [-koven] alcove, recess ⟨in a wall⟩
**Allah** m Allah
**allang** bijw for a long time *dat weet ik ~! I know
  that perfectly well!
**allebei** telw both (of them)
**alledaags** bn ❶dagelijks daily, everyday, form
  quotidian ❷gewoon fig common, commonplace,
  ⟨niet bijzonder mooi⟩ ordinary, plain, ⟨banaal⟩ stale,
  trivial, trite

**alledag** *bijw* everyday ∗ *ze loopt op* ~she could have her baby any time now

**allee** *v* [-leeën] avenue

**alleen** **I** *bn* alone, by oneself ∗ *iem.* ~ *spreken* speak to sbd alone/in private ∗ *de gedachte* ~*is...* the mere/bare thought is... **II** *bijw* ❶ *eenzaam* lonely ❷ *slechts* only, merely ∗ *ik dacht* ~*maar dat...* I only thought... ∗ *niet* ~*..., maar ook...* not only..., but also... ❸ *echter* only

**alleenheerschappij** *v* absolute monarchy/power/rule, autocracy

**alleenheerser** *m* [-s] absolute ruler/monarch, autocrat

**alleenrecht** *o* exclusive right(s), monopoly

**alleenspraak** *v* [-spraken] monologue, soliloquy

**alleenstaand** *bn* single, isolated, detached ∗ *een* ~ *huis* a free-standing house ∗ *een* ~*persoon* a single person ∗ *een* ~*geval* an isolated case

**alleenstaande** *m-v* [-n] single

**alleenverdiener** *m* [-s] sole wage earner

**allegaartje** *o* [-s] hotchpotch, mishmash

**allegorie** *v* [-ieën] allegory

**allegorisch** *bn* allegorical

**allegro** **I** *bn & bijw* muz allegro **II** *o* ['s] allegro

**allemaal** *telw* ❶ *allen* all, one and all, everybody ∗ *wij* ~all of us ∗ *hij houdt van ons* ~he loves us all ❷ *alles* all, the whole lot ∗ *het is* ~*waar* it is all true ∗ *je mag ze* ~*hebben* you can take the whole lot/take all of them

**allemachtig** **I** *tsw* ∗ *(wel)* ~! well, I'll be! **II** *bijw* versterkend absolutely, terribly, mighty

**alleman** *onbep vnw* everybody ∗ *Jan en* ~all and sundry, everybody

**allemansvriend** *m* [-en] ∗ *hij is een* ~he is everybody's friend

**allen** *onbep vnw* all (of them) ∗ ~*waren aanwezig* everyone was present ∗ *met z'n* ~all together ∗ *één voor* ~*, ~voor één* all for one and one for all

**allengs** *bijw* by degrees, gradually

**alleraardigst** *bn* most charming, most delightful

**allerbest** **I** *bn* very best, best of all ∗ ~*e vriend* dear(est) friend ∗ *het* ~*e* the very best thing ⟨you can do/buy/get &⟩ ∗ *op zijn* ~ ⟨hoogstens⟩ at the most **II** *bijw* best (of all)

**allereerst** **I** *bn* very first **II** *bijw* first of all

**allergeen** *o* [-genen] allergen

**allergie** *v* [-gieën] allergy

**allergietest** *m* [-s] skin test

**allergisch** *bn* allergic (*voor* to) ∗ *een* ~*e reactie* an allergic reaction

**allergoloog** *m* [-logen] allergist

**allerhande** *bn* of all sorts, all sorts/kinds of

**Allerheiligen** *m* All Saints' Day

**allerijl** *bijw* ∗ *in* ~in great haste, with great speed

**allerlaatst** **I** *bn* very last ∗ *op het* ~*e ogenblik* at the very last moment ∗ *op zijn* ~at the very latest **II** *bijw* last of all

**allerlei** **I** *bn* of all sorts, all sorts (kinds) of,

miscellaneous **II** *o* ❶ *alg.* all sorts of things ❷ *in de krant* miscellaneous

**allerliefst** **I** *bn* ❶ *heel lief* loved, very dearest ∗ *een* ~ *kind* a very dear child ❷ *aardig* charming, sweet **II** *bijw* ❶ *heel lief* most charmingly, sweetly ❷ *grootste voorkeur* more than anything ∗ *het* ~*hoor ik Mozart* I like listening to Mozart best of all

**allerminst** **I** *bn* (very) least, least possible **II** *bijw* least of all ∗ ~*hoffelijk* not in the least polite

**allernieuwst** *bn* very newest/latest

**allerwegen** *bijw* everywhere ∗ *van* ~from all sides

**Allerzielen** *m* All Souls' Day

**alles** *onbep vnw* all, everything ∗ *van* ~*en nog wat* the whole bag of tricks, all kinds of things ∗ ~*of niets* all or nothing ∗ *niets van dat* ~nothing of the sort ∗ ~*op zijn tijd* there's a time for everything ∗ *dat is ook niet* ~it's no joke; it's not what it's made out to be ∗ *geld is niet* ~money is not everything ∗ ~ *tezamen genomen* on the whole, taking it all in all ∗ *boven* ~above all ∗ ~*op* ~*zetten* go all out ∗ *van* ~all sorts of things ∗ *van* ~*en nog wat* this that and the other, one thing and another ∗ *voor* ~above all ∗ *veiligheid voor* ~*!* safety first!

**allesbehalve** *bijw* anything but, not at all, far from ∗ *hij is* ~*dom* he is anything but stupid

**alleseter** *m* [-s] omnivore

**alleskunner** *m* [-s] jack-of-all-trades

**allesoverheersend** *bn* overpowering ∗ *een* ~*e angst* an overpowering fear

**allesreiniger** *m* [-s] all-purpose cleaner

**alleszins** *bijw* in every respect, in every way, in all respects, fully

**alliage** *v & o* [-s] alloy

**alliantie** *v* [-s] alliance ∗ *de triple* ~the Triple Alliance ∗ hist *de Heilige Alliantie* the Holy Alliance

**allicht** *bijw* ❶ *waarschijnlijk* (most) probably ∗ ~*!* of course! ❷ *tenminste* at least ∗ *je kunt het* ~*proberen* no harm in trying

**alligator** *m* [-s] alligator

**all-in** *bijw* all-in

**all-inprijs** *m* [-prijzen] all-in price

**alliteratie, allitteratie** *v* [-s] alliteration

**allitereren, allittereren** *onoverg* [allit(t)eerde, h. geallit(t)eerd] alliterate ∗ ~*d* alliterative ⟨verse⟩

**allochtoon** **I** *m* [-tonen] foreigner, alien, immigrant **II** *bn* foreign

---

**allochtoon**
wordt vertaald met **foreign** of **foreigner/alien/immigrant**. Het woord allochthonous bestaat wel in het Engels, maar wordt alleen gebruikt in een geologisch verband.

---

**allooi** *o v. edel metaal* alloy ∗ fig *van het laagste* ~of the lowest kind

**allopaat** *m* [-paten] allopath

**allopathie** *v* allopathy

**allopathisch** *bn* allopathic

**allrisk** *bijw* ∗ ~ *verzekerd zijn* be comprehensively insured

**allriskverzekering** *v* [-en] comprehensive insurance

**allround** *bn* all-round

**allrounder** *m* [-s] all-rounder

**allterrainbike** *m-v* [-s] all-terrain bike

**allure** *v* [-s] air, style ∗ *een stad met Europese ~s* a city with a European elegance ∗ *met/van (grote)* ~ imposing

**alluvium** *o* Holocene

**almaar** *bijw* constantly, all the time

**almacht** *v* omnipotence

**almachtig** *bn* almighty, omnipotent, all-powerful ∗ *de Almachtige* the Almighty, the Omnipotent

**almanak** *m* [-ken] almanac

**aloë** *v* ['s] aloe ∗ ~ *vera* aloe vera

**alom** *bijw* everywhere

**alomtegenwoordig** *bn* omnipresent, ubiquitous

**alomvattend** *bn* universal, all-embracing

**aloud** *bn* ancient, antique

**alp** *m* [-en] alp

**alpaca** I *v* ['s] *dier & weefsel* alpaca II *o legering* alpaca, nickel silver III *bn* nickel silver

**Alpen** *zn* [mv] the Alps

**alpenbloem** *v* [-en] alpine flower

**alpenhoorn, alpenhoren** *m* [-s] alphorn, alpen horn

**alpenweide** *v* [-n] alpine meadow

**alpien, alpine** *bn* Alpine ⟨race⟩

**alpineskiën** *o* alpine skiing

**alpinisme** *o* alpinism, mountaineering

**alpinist** *m* [-en] mountaineer, (mountain) climber, alpinist

**alpino** *m* ['s], **alpinopet** *v* [-ten] beret

**als** *voegw* ❶ *gelijk* like, as ❷ *zoals: bij opsomming* (such) as ❸ *alsof* as, as if ∗ ~ *het ware* as it were ❹ *wanneer* when, whenever ❺ *indien* if, as long as ❻ *in de hoedanigheid* as ∗ *hij dient zijn ontslag in als directeur* he's resigning as head of the school ▼ *rijk ~ hij is kan hij dat betalen* being rich he can afford that ▼ *rijk ~ hij is zal hij dat niet kunnen betalen* however rich he may be he won't be able to pay for that

**alsdan** *bijw* then

**alsem** *m* wormwood

**alsjeblieft** *tsw* ❶ *overreikend* here you are ∗ *nou* ~ well now ❷ *verzoekend* (if you) please ∗ *laat mij* ~ *met rust* please leave me alone ❸ *toestemmend* yes, please/yes, thank you

**alsmaar** *bijw* constantly, continuously

**alsmede** *voegw* and also, as well as, and... as well, together with

**alsnog** *bijw* yet, still

**alsof** *voegw* as if, as though ∗ *hij zag er uit ~ hij ziek was* he looked as if/though he was ill ∗ *doen* ~ pretend, make believe, play-act

**alsook** *voegw* in addition, as well as

**alstublieft** *tsw* ❶ *overreikend* here you are

❷ *verzoekend* please ❸ *toestemmend* yes, please/yes, thank you

**alt** *v* [-en] ❶ *stem* alto, ⟨mannelijke ook:⟩ countertenor, ⟨vrouwelijke ook:⟩ contralto ❷ *viool* viola

**altaar** *o & m* [-taren] altar ∗ *iem. naar het ~ voeren* lead sbd to the altar

**altaarstuk** *o* [-ken] altarpiece

**alter ego** *o* alter ego

**alternatief** I *bn* alternative ∗ *een alternatieve straf* an alternative punishment II *o* [-tieven] alternative

**alterneren** *onoverg* [alterneerde, h. gealterneerd] alternate

**althans** *bijw* at least, at any rate, anyway

**altijd** *bijw* always, forever ∗ ~ *door* all the time ∗ ~ *en eeuwig* for ever (and ever) ∗ ~ *nog* always ∗ *nog* ~ still ∗ *nog ~ niet* not ...yet ∗ ~ *weer* always, time and again ∗ *voor* ~ forever

**altijddurend** *bn* everlasting

**altruïsme** *o* altruism

**altruïst** *m* [-en] altruist

**altruïstisch** I *bn* altruistic II *bijw* altruistically

**altsaxofoon** *m* [-s & -fonen] alto saxophone

**altsleutel** *m* [-s] alto clef

**altstem** *v* [-men] alto

**altviool** *v* [-violen] viola

**aluin** *m* [-en] alum

**aluinaarde** *v* alumina, alum earth

**aluminium** I *o* Am aluminum, Br aluminium II *bn* aluminium

**aluminiumfolie** *v & o* tin foil, aluminium foil

**alvast** *bijw* meanwhile, in the meantime ∗ *zo, dat is* ~ *gebeurd* well, that's that ∗ *dat is ~ verkeerd* that's wrong to begin with

**alvleesklier** *v* [-en] pancreas

**alvorens** *voegw* before, previous to

**alwaar** *bijw* where, wherever

**alweer** *bijw* again, once again ∗ *ga je nu ~ uit eten? Dat is al de derde keer deze week* are you eating out again? That's the third time this week ∗ *dat is nu ~ twee weken geleden* that's already two weeks ago

**alwetend** *bn* all-knowing, omniscient

**alwetendheid** *v* omniscience

**Alzheimer** *m* ∗ *ziekte van ~* Alzheimer's disease

**alziend** *bn* all-seeing ∗ *het ~ oog* the all-seeing Eye

**AM** *afk* (amplitudemodulatie) AM, amplitude modulation

**ama** *m-v* ['s] (alleenstaande minderjarige asielzoeker) single underage asylum seeker

**amalgaam** *o* [-gamen] amalgam

**amalgameren** *overg* [amalgameerde, h. geamalgameerd] amalgamate

**amandel** *v* [-en & -s] ❶ *boom & noot* almond ∗ *gebrande ~en* burnt almonds ❷ *klier* tonsil ∗ *med ~en knippen* have a tonsillectomy

**amandelkoek** *m* [-en] almond cake

**amandelolie** *v* almond oil

**amandelontsteking** *v* [-en] tonsillitis

**amandelspijs** v almond paste
**amanuensis** m [-sen & -enses] laboratory assistant ⟨in physics and chemistry⟩
**amarant** I v [-en] amaranth II o kleur amaranthine III bn amaranthine
**amaril** o & v emery
**amaryllis** m-v [-sen] amaryllis
**amateur** m [-s] amateur
**amateurclub** v [-s] sp amateur club
**amateurisme** o amateurism
**amateuristisch** bn amateurish
**amateurtoneel** o amateur theatre/Am theater
**amateurvoetbal** o amateur soccer
**amazone** v [-s] ❶ paardrijdster horsewoman ❷ kostuum riding habit
**amazonezit** m sidesaddle (style)
**ambacht** o [-en] trade, (handi)craft * op een ~ doen bij apprentice sbd to * timmerman van zijn ~ a carpenter by trade * twaalf ~en en dertien ongelukken ⟨he is⟩ a Jack-of-all-trades and master of none
**ambachtelijk** bn bijw according to traditional methods * een ~ beroep a craft * ~ vervaardigd handmade
**ambachtsman** m [-lieden & -lui] artisan, craftsman
**ambassade** v [-s] embassy
**ambassadeur** m [-s] ambassador
**ambassadrice** v [-s] ❶ vrouwelijke ambassadeur ambassador ❷ vrouw v.e. ambassadeur ambassador's wife
**amber** m amber
**ambiance** v ambiance
**ambiëren** overg [ambieerde, h. geambieerd] aspire to
**ambigu** bn ambiguous, equivocal
**ambiguïteit** v [-en] ambiguity
**ambitie** v [-s] ❶ eerzucht ambition ❷ ijver zeal, vigour
**ambitieus** bn ❶ eerzuchtig ambitious * een ~ plan an ambitious plan ❷ ijverig zealous, ambitious
**ambivalent** bn ambivalent
**ambivalentie** v ambivalence
**Ambon** o Amboina
**Ambonees** I m [-nezen] Amboinese II bn Amboinese
**Ambonese** v [-n] Amboinese * ze is een ~ she's an Amboinese, she's from Amboina
**ambrozijn** o ambrosia
**ambt** o [-en] ❶ alg. office, function, administrative position ❷ kerkelijk ministry
**ambtelijk** bn official * ~e stijl official jargon * ~e stukken official documents
**ambteloos** bn out of office, private * een ~ burger a private citizen
**ambtenaar** m [-s & -naren] official, civil servant, public servant * een ~ van de burgerlijke stand a civil celebrant * een rechterlijk ~ an officer of the court, a member of the judiciary * een ~ van Staat a clerk of the court

**ambtenarenapparaat** o civil service
**ambtenarenbond** m [-en] civil servants' union
**ambtenarij** v officialdom, officialism, bureaucracy, inf red tape, bumbledom
**ambtgenoot** m [-noten] colleague
**ambtsaanvaarding** v accession to office
**ambtsbelofte** v [-s, -n] affirmation of office
**ambtsbericht** o [-en] jur official notification, official expert's report
**ambtsbroeder** m [-s] colleague
**ambtsdrager** m [-s] office holder
**ambtseed** m [-eden] oath of office * op ~ under oath of office
**ambtsgebied** o [-en] district, ⟨jur⟩ jurisdiction
**ambtsgeheim** o [-en] official secret, professional secret * het ~ official secrecy
**ambtsgewaad** o [-waden] official robes
**ambtshalve** bijw officially, ex officio, of its own motion, by virtue of one's office * aanslag ~ belastingen official assessment, ex officio assessment
**ambtsketen** v [-s] chain of office
**ambtskledij** v official robes
**ambtsmisbruik** o abuse of office
**ambtsmisdrijf** o [-drijven] abuse of power, misconduct, public office offence
**ambtsperiode** v [-s & -n], **ambtstermijn** m [-en] ❶ term of office ❷ m.b.t. de ambtstermijn van de president van de Verenigde Staten administration
**ambtsuitoefening** v discharge of office
**ambtswege** * van ~ officially, ex officio
**ambtswoning** v [-en] official residence
**ambulance** v [-s, -n] ambulance
**ambulancedienst** m [-en] ambulance service
**ambulant** bn v. patiënt ambulatory ▼ ~e handel street trading
**amechtig** bn breathless, out of breath
**amen** tsw en o amen * ja en ~ zeggen op iets bow to sth
**amendement** o [-en] amendment (op to) * het recht van ~ the right of amendment * iets bij ~ bepalen lay down sth by amendment * een ~ op een wetsontwerp indienen hand in an amendment to a bill
**amenderen** overg [amendeerde, h. geamendeerd] amend
**Amerika** o America
**Amerikaan** m [-kanen] American
**Amerikaans** I bn American * valuta de ~e dollar the American dollar, the US dollar * eff een ~e optie an American option, an American-style option II o taal American English
**Amerikaanse** v [-n] American * ze is een ~ she's an American, she's from America
**A-merk** o [-en] leading brand, premium brand
**amethist** m & o [-en] amethyst
**ameublement** o [-en] suite/set of furniture

**amfetamine** *v* [-n] amphetamine
**amfibie** *m* [-bieën] amphibian
**amfibievoertuig** *o* [-en] amphibious vehicle, amphibian
**amfitheater** *o* [-s] amphitheatre
**amfoor** *m-v* [-foren] amphora
**amicaal I** *bn* friendly **II** *bijw* in a friendly way, amicably
**amice** *m* (dear) friend
**aminozuur** *o* [-zuren] amino acid
**ammonia** *m* ammonia
**ammoniak** *m* ammonia
**ammunitie** *v* ammunition
**amnesie** *v* amnesia
**amnestie** *v* [-tieën] amnesty ∗ *een (algemene)* ∼ a general pardon ∗ ∼ *verlenen (aan)* grant amnesty (to)
**amoebe** *v* [-n] amoeba
**amok** *o* amuck, amok ∗ ∼ *maken* run amuck/amok
**amokmaker** *m* [-s] troublemaker
**amoreel** *bn* amoral
**amorf** *bn* amorphous
**amortisatie** *v* [-s] ❶ eff invalidation ❷ *v. lening* amortization
**amortiseren** *overg* [amortiseerde, h. geamortiseerd] amortize, redeem, invalidate
**amoureus** *bn* amorous, amatory ∗ *een amoureuze verhouding* intimate relations
**ampel** *bn* ample
**amper** *bijw* hardly, scarcely, barely ∗ *ze kon* ∼ *lezen* she could barely read
**ampère** *m* [-s] ampere
**ampèremeter** *m* [-s] amperemeter
**ampère-uur** *o* [-uren] ampere hour
**ampersand** *m* [-s] *&-teken* ampersand
**amplitude** *v* [-s & -n] amplitude
**ampul** *v* [-len] ❶ *alg.* ampulla ❷ RK ampulla ❸ *voor injectiestof* ampoule
**amputatie** *v* [-s] amputation
**amputeren** *overg* [amputeerde, h. geamputeerd] amputate
**Amsterdam** *o* Amsterdam
**Amsterdammer** *m* [-s] citizen of Amsterdam
**Amsterdams I** *bn* Amsterdam ∗ *het* ∼ *Peil* Amsterdam ordnance zero, sea level **II** *o* Amsterdam dialect
**Amsterdamse** *v* [-n] ∗ *ze is een* ∼ she's from Amsterdam
**amulet** *v* [-ten] amulet, talisman, charm
**amusant** *bn* amusing
**amusement** *o* [-en] amusement, entertainment, pastime
**amuseren I** *overg* [amuseerde, h. geamuseerd] amuse, entertain **II** *wederk* [amuseerde, h. geamuseerd] ∗ *zich* ∼ enjoy/amuse oneself ∗ *amuseer je!* I hope you enjoy yourself!, have fun/a good time!
**amuzikaal** *bn* ❶ unmusical ❷ *zonder muzikaal*

*gehoor* tone-deaf
**anaal** *bn* anal ∗ *het* ∼ *stadium* the anal phase ∗ *anale seks* anal sex
**anabool** *bn* ∗ *anabole steroïden* anabolic steroids
**anachronisme** *o* [-n] anachronism
**anachronistisch** *bn* anachronistic
**anaeroob** *bn* anaerobic, Am anerobic ∗ *anaërobe bacteriën* anaerobic bacteria
**anagram** *o* [-men] anagram
**analfabeet** *m* [-beten] illiterate
**analfabetisme** *o* illiteracy
**analist** *m* [-en] (chemical) analyst
**analogie** *v* [-gieën] analogy ∗ *naar* ∼ *van* by analogy with
**analoog** *bn* ❶ *overeenkomstig* analogous (*aan* to) ❷ *niet digitaal* comput analogue, Am analog ∗ *een* ∼ *scherm* an analogue (Am analog) display ∗ *een* ∼ *horloge* an analogue (Am analog) watch
**analyse** *v* [-n & -s] analysis ∗ *een chemische* ∼ a chemical analysis
**analyseren** *overg* [analyseerde, h. geanalyseerd] analyse
**analyticus** *m* [-ci] analyst
**analytisch I** *bn* analytical ‹geometry &›, analytic ∗ *haar* ∼ *vermogen is sterk ontwikkeld* she is highly analytical **II** *bijw* analytically
**anamnese** *v* anamnesis
**ananas** *m & v* [-sen] pineapple
**anarchie** *v* anarchy
**anarchisme** *o* anarchism
**anarchist** *m* [-en] anarchist
**anarchistisch** *bn* ❶ pol anarchist ❷ *ordeloos* anarchic(al)
**anathema** *o* ['s] anathema
**anatomie** *v* anatomy
**anatomisch** *bn* anatomical
**anatoom** *m* [-tomen] anatomist
**anciënniteit** *v* seniority ∗ *naar* ∼ by seniority, according to seniority ∗ *in volgorde van* ∼ in order of seniority
**andante I** *bn & bijw* andante **II** *o* ['s] andante
**ander I** *bn verschillend* other, another ∗ *een* ∼*e dag* another day, some other day ∗ *een* ∼*e keer* some other time ∗ ∼*e kleren aantrekken* change one's clothes ∗ *hij was een* ∼ *mens* he was a changed man ∗ *met* ∼*e woorden* in other words **II** *telw tweede* other, next ∗ *om de* ∼*e dag* every other day ∗ *de* ∼*e week* next week **III** *onbep vnw* ‹v. personen› a different person/another person/somebody else, ‹v. zaken› a different thing/another thing/something else ∗ *een* ∼ another (person) ∗ ∼*en* others, other people ∗ *de een na de* ∼ one after the other ∗ *een en* ∼ this and that ∗ *als geen* ∼ more than anybody else ∗ *een of* ∼*e kerel* some guy or other ∗ *om de* ∼ by turns, in turn ∗ *onder* ∼ amongst other things ∗ *het ene verlies op het* ∼*e* one loss after the other, loss upon loss
**anderhalf** *telw* one and a half ∗ ∼ *maal zo lang* one

and a half times the length of..., half as long again ✳~*uur* an hour and a half ✳*anderhalve man (en een paardenkop)* a handful of people

**andermaal** *bijw* (once) again, once more, a second time ✳*eenmaal*, ◁ going, going!

**andermans** *onbep vnw* another man's, other people's ✳~*zaken* other people's business

**anders** I *bn* other, different ✳*het is niet* ~that is how it is ✳*leuk is* ~nice is not what I'd call it ✳*is er iem.* ~*aanwezig?* is there anybody/anyone else?, are there others present? ✳*er is iem.* ~*bij* there is sbd else present ✳*iets/niets* ~sth/nothing else ✳*als u niets* ~*te doen hebt* if you haven't got anything else to do/if you're not otherwise engaged ✳~*niet?* anything else?, nothing else?, is that all? ✳*wat/wie* ~*?* what/who else? ✳*dat is wat* ~that's another affair/matter ✳*ik heb wel wat* ~*te doen* I've other things to do, I've other fish to fry II *bijw* ❶*op andere tijd* at other times ✳*net als* ~just/the same as usual ❷*op andere manier* otherwise, differently, in other respects ✳*het is niet* ~it can't be helped ✳*het kan niet* ~it can't be done in any other way; there's no help for it ✳*ik kan niet* ~I have no choice ✳*ik kan niet* ~*dan erkennen dat...* I must admit that... ❸*zo niet* otherwise, or else ✳*schiet op,* ~*is de bus weg* hurry up or you'll miss the bus ▼ ⟨overigens⟩ *het is* ~ *flink koud vandaag* it's really very cold today

**andersdenkend** *bn* ❶*alg.* of another opinion ❷*in godsdienst* dissentient

**andersdenkende** *m-v* [-n] dissident, dissenter

**andersom** *bijw* the other way round ✳*het is precies* ~it is quite the reverse ✳*(iets)* ~*doen* do sth the other way round

**andersoortig** *bn* different

**anderstalig** *bn* non-native, foreign

**anderszins** *bijw* otherwise

**anderzijds** *bijw* on the other hand

**Andes** *m* ✳*de* ~the Andes

**andijvie** *v* endive

**Andorra** *o* Andorra

**Andorrees** I *m* [-rezen] Andorran II *bn* Andorran

**andragogie** *v* adult education

**andragogie** *v* ± adult education theory

**andreaskruis** *o* [-en] Saint Andrew's cross

**androgyn** I *bn* androgynous II *m* [-en] androgyne

**anekdote** *v* [-s & -n] anecdote, *inf* yarn

**anekdotisch** *bn* anecdotal

**anemie** *v* anaemia, *Am* anemia

**anemisch** *bn* anaemic, *Am* anemic

**anemoon** *v* [-monen] anemone

**anesthesie** *v* anaesthesia, *Am* anesthesia

**anesthesist** *m* [-en] anaesthetist, *Am* anesthetist

**angel** *m* [-s] ❶*v. insecten* sting ✳*de* ~*uit het conflict halen* take the sting out of the conflict ❷*visserij* (fish)hook

**Angelsaksisch** *bn & o* Anglo-Saxon ✳*de* ~*e landen* the Anglo-Saxon countries

**angelus** *o* angelus

**angelusklokje** *o* [-s] *RK* angelus bell

**angina** *v* *med* angina ✳~*pectoris* angina pectoris

**angiografie** *v* angiography

**angiogram** *o* [-men] angiogram

**anglicaans** *bn* Anglican ✳*de Anglicaanse Kerk* the Church of England, the Anglican Church

**anglicisme** *o* [-n] Anglicism

**anglist** *m* [-en] English scholar

**anglofiel** I *m* [-en] Anglophile II *bn* Anglophile

**Angola** *o* Angola

**angorakat** *v* [-ten] angora cat

**angorawol** *v* angora wool

**angst** *m* [-en] ❶*alg.* fear, terror ✳*uit* ~*voor...* for fear of ✳*in* ~*zitten* be afraid ✳*in radeloze* ~in a blind panic, *inf* in a blue funk ✳*duizend* ~*en uitstaan* be in mortal fear ✳*met* ~*en beven* with fear and trembling ❷*sterker geestelijk* anguish, agony ❸*complex* *psych* anxiety

**angstaanjagend** *bn* terrifying, fearsome

**angstgegner** *m* [-s] *sp* nemesis

**angstgevoel** *o* [-ens] feeling of fear

**angsthaas** *m* [-hazen] *inf* scaredy-cat

**angstig** *bn* ❶fearful, anxious ⟨moment⟩ ❷*alléén predicatief* afraid

**angstkreet** *m* [-kreten] cry of distress

**angstneurose** *v* [-n & -s] anxiety neurosis

**angstpsychose** *v* [-n & -s] anxiety psychosis

**angstvallig** I *bn* ❶*vreesachtig* anxious, nervous ❷*pijnlijk nauwkeurig* scrupulous, meticulous II *bijw* painstakingly, scrupulously, anxiously ✳*ze probeerde* ~*te vermijden dat ze gezien werd* she was anxious to avoid being seen

**angstwekkend** *bn* alarming, frightening

**angstzweet** *o* cold perspiration, cold sweat

**anijs** *m* anise, aniseed

**aniline** *v* aniline

**animatiefilm** *m* [-s] (animated) cartoon

**animator** *m* [-s] inspirer, driving force

**animeermeisje** *o* [-s] nightclub hostess

**animeren** *overg* [animeerde, h. geanimeerd] encourage, stimulate

**animo** *m & o* gusto, zest, spirit ✳*er was weinig* ~*voor het plan* the plan was not very well received

**animositeit** *v* [-en] animosity

**anisette** *v* anisette

**anjer** *v* [-s] carnation

**anker** *o* [-s] ❶*scheepv* anchor ✳*het* ~*laten vallen* drop anchor ✳*het* ~*lichten* weigh anchor ✳*het* ~*werpen* cast anchor ✳*voor* ~*liggen* be/lie/ride at anchor ✳*ten* ~*gaan/komen &* make anchorage, come to anchor ❷*aan muur* wall tie, cramp iron ❸*v. magneet* armature ❹*maat v. wijn* anker ❺*begin-en eindemarkering van een hypertextlink in HTML* *comput* anchor

**ankerboei** *v* [-en] anchor buoy

**ankeren** I *onoverg* [ankerde, is geankerd] *scheepv* anchor, cast/drop anchor II *overg* [ankerde, h. geankerd] ❶*scheepv* anchor ❷*van muur* cramp

**ankerplaats** v [-en] anchorage berth, anchorage place

**ankertouw** o [-en] cable

**annalen** zn [mv] annals

**annex** I bn adjoining, attached *een fabriek met ~e gebouwen* a factory and associated buildings II voegw with/and attached *een huis ~garage* a house with an adjoining garage III zn, **annexen** [mv] annexes *een akte met ~en* a document with annexes

**annexatie** v [-s] annexation

**annexeren** overg [annexeerde, h. geannexeerd] annex

**anno** bn in the year *~Domini* in the year of our Lord *~nu* in this year

**annonce** v [-s] advertisement, inf ad

**annonceren** overg [annonceerde, h. geannonceerd] ❶*bekendmaken* announce, advertise ❷*kaartsp* bid, call

**annotatie** v [-s] annotation, note

**annoteren** overg [annoteerde, h. geannoteerd] annotate, comment upon

**annuïteit** v [-en] annuity

**annuïteitenhypotheek** v [-theken] level payment mortgage

**annuleren** overg [annuleerde, h. geannuleerd] cancel, annul *een vlucht ~cancel a flight

**annulering** v [-en] cancellation, annulment

**annuleringsverzekering** v [-en] cancellation insurance

**annunciatie** v [-s] RK Annunciation

**anode** v [-n & -s] anode

**anoniem** bn anonymous, nameless, faceless *een ~e brief* an anonymous letter *een ~e gift* an anonymous gift *...die ~zal blijven* ...who shall remain nameless *de ~e massa* the faceless crowd

**anonimiteit** v anonymity

**anonymus** m [-mi] anonymous writer

**anorak** m [-s] anorak

**anorexia nervosa** v anorexia nervosa

**anorganisch** bn inorganic *~e scheikunde* inorganic chemistry

**ansicht, ansichtkaart** v [-en] picture postcard

**ansjovis** m [-sen] anchovy

**antagonisme** o antagonism

**antagonist** m [-en] antagonist, opponent

**Antarctica** o Antarctica

**antarctisch** bn Antarctic *de Antarctische Oceaan* the Antarctic Ocean

**antecedent** I o [-en] ❶*taalk* antecedent ❷*ander geval* antecedent, precedent *trace sbd's antecedents; check sbd's record(s)* II bn antecedent

**antecedentenonderzoek** o [-en] investigation, ± vetting procedures

**antedateren** overg [antedateerde, h. geantedateerd, h. geantedateerd] antedate, foredate, predate

**antenne** v [-n & -s] ❶RTV aerial, antenna *fig een ~*

*hebben voor* have a nose for ❷biol antenna

**antiaanbaklaag** v [-lagen] non-stick coating, Teflon ®

**anti-Amerikaans** bn anti-American

**antibioticum** o [-ca] antibiotic

**antiblokkeersysteem** o [-systemen] auto anti-lock braking system

**antichambreren** onoverg [antichambreerde, h. geantichambreerd] be kept waiting, inf cool one's heels *iem. laten ~keep sbd waiting

**antichrist** m [-en] Antichrist

**anticipatie** v [-s] anticipation

**anticiperen** onoverg [anticipeerde, h. geanticipeerd] anticipate *~op iets anticipate sth

**anticlimax** m [-en] anticlimax

**anticonceptie** v contraception

**anticonceptiemiddel** o [-en] contraceptive

**anticonceptiepil** v [-len] contraceptive pill

**anticyclisch** bn countercyclical *een ~ begrotingsbeleid* a countercyclical budgetary policy

**antidateren** overg [antidateerde, h. geantidateerd] → antedateren

**antidepressivum** o [-va] antidepressant

**anti-Duits** bn anti-German

**antiek** I bn ❶*verouderd* antique, old ❷*ouderwets* ancient, old-fashioned II o voorwerpen antiques III zn [mv] *de ~en* ‹Grieken, Romeinen› the classics

**antiekbeurs** v [-beurzen] antique fair

**antiekzaak** v [-zaken] antique shop

**antigeen** o [-genen] antigen

**Antigua en Barbuda** o Antigua and Barbuda

**antiheld** m [-en] antihero

**antihistaminicum** o antihistamine

**antilichaam** o [-chamen] antibody

**Antillen** zn [mv] *de ~the Antilles *de Grote/Kleine ~the Greater/Lesser Antilles

**Antilliaan** m [-ianen] Antillean

**Antilliaans** bn Antillean

**Antilliaanse** v [-n] Antillian *ze is een ~she's an Antillian, she's from the Antilles

**antilope** v [-n] antelope

**antimilitarisme** o antimilitarism

**antimoon** o antimony

**antioxidant** m [-en] antioxidant

**antipapisme** o anti-papism, anti-Catholicism

**antipapist** m [-en] anti-papist, anti-Catholic

**antipassaat** m antitrade (wind)

**antipathie** v [-thieën] antipathy, dislike

**antipode** m [-n] antipode

**antiquaar** m [-s, -quaren] second-hand bookseller, antiquarian bookseller

**antiquair** m [-s] antique dealer

**antiquariaat** o [-riaten] ❶*het vak* antiquarian bookselling ❷*de winkel* second-hand bookshop, antiquarian bookshop *een modern ~a trade in remainders

**antiquarisch** bn second-hand, antiquarian

**antiquiteit** v [-en] antique, antiquity

**an**

**antireclame** v negative publicity ∗ *het spel was∼ voor het voetbal* the match did the game of football a disservice

**antirookcampagne** v[-s] anti-smoking campaign

**antisemiet** m[-en] anti-Semite

**antisemitisch** bn anti-Semitic

**antisemitisme** o anti-Semitism

**antiseptisch** bn antiseptic

**antislip** o v. band non-skid

**antislipcursus** m[-sen] antiskid course

**antistatisch** bn antistatic

**antistof** v[-fen] med antibody

**antiterreureenheid** v[-heden] anti-terror unit

**antithese** v[-n & -s] antithesis

**antivries** o antifreeze

**antraciet I** m & o anthracite **II** bn anthracite

**antrax** m anthrax

**antropologie** v anthropology ∗ *culturele∼* cultural anthropology

**antropologisch** bn anthropological

**antropoloog** m[-logen] anthropologist

**antroposofie** v anthroposophy

**antroposofisch** bn anthroposophic

**antroposoof** m[-sofen] anthroposophist

**Antwerpen** o Antwerp

**Antwerpenaar** m[-s] inhabitant of Antwerp

**Antwerps I** bn Antwerp **II** o Antwerp dialect

**Antwerpse** v[-n] ∗ *ze is een∼* she's from Antwerp

**antwoord** o[-en] ❶ op een brief, vraag & answer, reply ∗ ∼ *geven* answer ∗ *in ∼ op* in reply/answer to ∗ *het∼ schuldig blijven* give no reply ∗ *een gevat∼* repartee, a ready answer ∗ *altijd een∼ klaar hebben* always have a ready answer ❷ *op een antwoord* rejoinder

**antwoordapparaat** o[-raten] answering machine

**antwoordcoupon** m[-s] voor porto reply coupon

**antwoorden I** overg [antwoordde, h. geantwoord] answer, reply, respond **II** onoverg [antwoordde, h. geantwoord] ❶ answer, reply ∗ ∼ *op* reply to, answer ‹a letter› ❷ *brutaal* talk back

**antwoordenvelop** v[-pen] stamped addressed envelope

**antwoordformulier** o[-en] reply form

**antwoordkaart** v[-en] reply card

**antwoordnummer** o[-s] ± freepost, Am prepaid reply

**anus** m anus

**aorta** v['s] aorta

**AOW** v (Algemene Ouderdomswet) old age pension

**apart** bn ❶ afzonderlijk apart, separate, distinct ∗ *een ∼ ras* a race apart ∗ ∼ *berekenen* charge extra for ∗ *iets∼ leggen* put sth aside ❷ buitengewoon special, exclusive ∗ *een∼e jurk* a striking dress

**apartheid** v apartheid

**apathie** v apathy

**apathisch** bn apathetic

**apegapen** o ∗ *op∼ liggen* be at one's last gasp

**apenkop** m[-pen] monkey

**apenliefde** v blind love, motherly love

**Apennijnen** zn[mv] Apennines

**apenpak** o[-ken] rig-out, inf gala uniform

**apenstaartje** o[-s] comput 'at'-sign, ‹in e-mailadressen› at

**aperitief** o & m[-tieven] aperitif

**apert** bn obvious, evident ∗ *een∼e leugen* a patent lie

**apetrots** bn proud as a peacock

**apezuur** o ∗ *zich het∼ schrikken* be frightened out of one's wits

**aphelium** o aphelion

**aplomb** o aplomb, self-possession ∗ *iets met veel∼ zeggen* say sth without hesitation/reservation

**apneu** m[-s] apnoea

**Apocalyps** v Apocalypse

**apocalyptisch** bn apocalyptic

**apocrief** bn apocryphal ∗ *de∼e boeken* the Apocrypha ∗ *een ∼ verhaal* an apocryphal story

**apologie** v[-gieën] apology

**apostel** m[-en & -s] apostle

**apostolisch** bn apostolic

**apostrof** v[-fen & -s] apostrophe

**apotheek** v[-theken] pharmacy, chemist's (shop)/Am drugstore, dispensary

**apotheker** m[-s] pharmacist, (pharmaceutical/dispensing) chemist, Am druggist

**apothekersassistent** m[-en] pharmacist's assistant

**apotheose** v[-n] apotheosis

**apparaat** o[-raten] ❶ alg. apparatus, appliance, device ∗ *huishoudelijke apparaten* household appliances ❷ fig machinery, machine ∗ *het ambtenaren∼* the administrative machinery

**apparatuur** v equipment

**appartement** o[-en] apartment

**appartementencomplex** o[-en] block of flats, Am apartment building

**'appel**[1] m[-en & -s] apple ∗ *door de zure ∼ heen bijten* make the best of a bad job ∗ *voor een ∼ en een ei* for a (mere) song ∗ *de ∼ valt niet ver van de boom* it runs in the blood, like father, like son ∗ ∼*s met peren vergelijken* compare apples and oranges ∗ *een ∼tje met iem. te schillen hebben* have a bone to pick with sbd ∗ *een ∼tje voor de dorst* a nest egg ∗ *een ∼tje voor de dorst bewaren* provide for a rainy day

**ap'pel**[2] o[-s] appeal ∗ *op het ∼ ontbreken* be absent ∗ *op het ∼ zijn* be present ∗ *jur in ∼ gaan* give notice of appeal ∗ *jur ∼ aantekenen tegen* lodge an appeal against ∗ *het hof van ∼* the Court of Appeal ∗ *op ∼ van de grensrechter* at the linesman's appeal ∗ *een ∼ doen op iem.* appeal to sbd

**appelbeignet** m[-s] apple fritter

**appelbol** m[-len] apple dumpling

**appelboom** m[-bomen] apple tree

**appelboor** v[-boren] apple corer

**appelflap** v[-pen] apple turnover

**appelflauwte** v[-n & -s] swoon, faint ∗ *een ∼ krijgen* pretend to faint

**appellant** *m* [-en] ❶ appellant ❷ *zonder procesvertegenwoordiging soms ook:* petitioner

**appelleren** *onoverg* [appelleerde, h. geappelleerd] jur appeal, lodge an appeal * ~ *aan* appeal to ⟨reason, the sentiments⟩

**appelmoes** *o & v* apple sauce

**appelrechter** *m* [-s] judge of the court of appeal

**appelsap** *o* apple juice

**appelschimmel** *m* [-s] dapple-grey (horse)

**appelsoort** *v* [-en] variety of apple

**appelstroop** *v* apple spread

**appeltaart** *v* [-en] apple tart, apple pie

**appeltermijn** *m* [-en] period for lodging/filing an appeal

**appelwangen** *zn* [mv] rosy cheeks

**appelwijn** *m* cider

**appendicitis** *v* appendicitis

**appendix** *m & o* [-dices] appendix

**appetijtelijk** *bn* appetizing * *er* ~ *uitzien* look appetizing

**applaudisseren** *onoverg* [applaudisseerde, h. geapplaudisseerd] applaud, clap, cheer

**applaus** *o* applause * *een daverend* ~ thunderous applause

**applausmeter** *m* [-s] applause meter

**applicatie** *v* [-s] application

**apporteren** *overg* [apporteerde, h. geapporteerd] fetch, retrieve

**appreciatie** *v* [-s] appreciation

**appreciëren** *overg* [apprecieerde, h. geapprecieerd] appreciate, value

**appreteren** *overg* [appreteerde, h. geappreteerd] finish

**après-ski** *m & o* après-ski

**april** *m* April * *de eerste* ~, *een* ~ the first of April * *op tien* ~ on the tenth of April * *begin/midden/eind* ~ at the beginning of/in the middle of/at the end of April * *één* ~ All Fools' Day, April Fool's Day * *één* ~! April Fool!

**aprilgrap** *v* [-pen] April Fool's trick

**a priori** *bijw* a priori

**apropos** *o* * *iem. van zijn* ~ *brengen* throw sbd off balance, disconcert sbd * *hij laat zich niet van zijn* ~ *brengen* nothing disconcerts him * *van zijn* ~ *raken* be disconcerted, become unnerved * *om op ons* ~ *terug te komen...* to return to our subject

**à propos** *tsw overigens* apropos, by the way, incidentally, talking of...

**aquaduct** *o* [-en] aqueduct

**aquajoggen** *o* aquajogging

**aqualong** *v* [-en] aqualung

**aquamarijn** I *m & o* [-en] aquamarine II *bn* aquamarine

**aquaplaning** *o* aquaplaning

**aquarel** *v* [-len] aquarelle, water colour/Am color

**aquarelleren** *onoverg en overg* [aquarelleerde, h. geaquarelleerd] paint in water colours

**aquarium** *o* [-s & -ria] aquarium

**ar** I *v* [-ren] sleigh, sledge II *bn* * *in* ~*ren moede* at one's wits' end

**ara** *m* ['s] macaw

**arabesk** *v* [-en] arabesque

**Arabië** *o* Arabia

**Arabier** *m* [-en] Arab

**Arabisch** I *bn* ❶ Arabian ⟨Desert, Sea &⟩, Arab ⟨horse, country, state, League⟩ ❷ *v. taal & getallen* Arabic II *o taal* Arabic

**Arabische** *v* [-n] Arabian * *ze is een* ~ she's an Arabian, she's from Arabia

**arak** *m* arrack, arak

**arbeid** *m* labour, work * *zware* ~ toil * *aan de* ~ *gaan* set to work * *aan de* ~ *zijn* be at work * ~ *adelt* there is nobility in labour/work elevates * *ongeschoolde* ~ unskilled labour * *na gedane* ~ *is het goed rusten* when work is over rest is sweet

**arbeiden** *onoverg* [arbeidde, h. gearbeid] labour, work * *de* ~*de klasse* the working class

**arbeider** *m* [-s] worker, working man, labourer, hand, operative, workman * *een geschoolde* ~ a skilled worker * *een ongeschoolde* ~ an unskilled worker

**arbeidersbeweging** *v* [-en] labour movement

**arbeidersbuurt** *v* [-en] working-class neighbourhood

**arbeidersgezin** *o* [-nen] working-class family

**arbeidersklasse** *v* working class(es)

**arbeiderspartij** *v* [-en] in Groot-Brittannië Labour Party

**arbeiderswijk** *v* [-en] working-class area

**arbeiderswoning** *v* [-en] working-class house

**arbeidsbemiddeling** *v* ❶ job searching ❷ personeelswerk placement

**arbeidsbesparend** *bn* labour-saving

**arbeidsbureau** *o* [-s] employment office, ⟨in Groot-Brittannië ook⟩ job centre

**arbeidsconflict** *o* [-en] labour dispute, industrial dispute, industrial conflict

**arbeidscontract** *o* [-en] work contract, employment contract, Am service contract

**arbeidsduurverkorting, arbeidstijdverkorting** *v* reduction of working hours, shorter working week

**arbeidsgeschil** *o* [-len] work dispute, job dispute

**arbeidsinspectie** *v* [-s] occupational health and safety inspection

**arbeidsintensief** *bn* labour-intensive

**arbeidskracht** *v* [-en] worker, hand * *de* ~*en* ⟨als collectief⟩ the labour force, work force * *goedkope* ~*en* cheap labour

**arbeidsmarkt** *v* labour market * *een krappe* ~ a tight labour market

**arbeidsomstandigheden** *zn* [mv] working conditions

**arbeidsongeschikt** *bn* unfit for work, (occupationally) disabled

**arbeidsongeschiktheid** *v* inability to work, disability * *blijvende* ~ permanent disability

**ar**

✳ *gedeeltelijke* ~ partial disability ✳ *volledige* ~ total disability

**arbeidsongeschiktheidsuitkering** v [-en] disability pay

**arbeidsongeschiktheidsverzekering** v [-en] disability insurance

**arbeidsongeval** o [-len] industrial accident

**arbeidsonrust** v industrial unrest, labour unrest

**arbeidsovereenkomst** v [-en] labour contract, labour agreement, employment contract ✳ *een collectieve* ~ a collective labour agreement ✳ *het onderhandelen over een collectieve* ~ collective bargaining

**arbeidsplaats** v [-en] job

**arbeidsproces** o [-sen] ❶ *arbeid als maatschappelijk proces* employment process, employment ❷ *productieproces* production process

**arbeidsproductiviteit** v productivity

**arbeidsrecht** o labour law, employment law

**arbeidsterrein** o field/sphere of activity, domain

**arbeidstherapie** v occupational therapy

**arbeidstijdverkorting** v → **arbeidsduurverkorting**

**arbeidsverleden** o employment record, employment history

**arbeidsvermogen** o working power, energy ✳ ~ *van beweging* kinetic energy ✳ ~ *van plaats* potential energy

**arbeidsvoorwaarden** zn [mv] terms of employment ✳ *secundaire* ~ fringe benefits

**arbeidzaam** bn industrious, hard-working

**arbiter** m [-s] ❶ *scheidsman* arbiter, arbitrator ❷ sp referee ❸ *bij tennis, honkbal, cricket* umpire

**arbitrage** v arbitration ✳ *een overeenkomst tot* ~ an arbitration agreement

**arbitragecommissie** v [-s] arbitration commission

**arbitrair** bn ❶ *willekeurig* arbitrary ❷ jur arbitral ✳ *een* ~*e bepaling* an arbitration clause

**arbitreren** overg en onoverg [arbitreerde, h. gearbitreerd] arbitrate

**Arbowet** m & v Br Health and Safety at Work Act, Am Labor Law

**arcade** v [-n, -s] arcade

**arcadisch** bn Arcadian

**arceren** overg [arceerde, h. gearceerd] hatch, shade

**arcering** v [-en] hatching, shading

**archaïsch** bn archaic

**archeologie** v archaeology, Am archeology

**archeologisch** bn archaeological, Am archeological

**archeoloog** m [-logen] archaeologist, Am archeologist

**archetype** o [-n] archetype

**archief** o [-chieven] ❶ *documentenverzameling* archives, records ❷ *verzameling bestanden op een computernetwerk* comput archive ❸ *kantoor* registry office ❹ handel files

**archiefkast** v [-en] filing cabinet

**archipel** m [-s] archipelago

**architect** m [-en] architect

**architectenbureau** o [-s] architectural firm, architect's firm

**architectonisch** bn architectonic, architectural

**architectuur** v architecture

**architraaf** v [-traven] architrave

**archivaris** m [-sen] archivist, keeper of the records

**archiveren** overg [archiveerde, h. gearchiveerd] record, file, file away, register

**Ardennen** zn [mv] ✳ *de* ~ the Ardennes

**arduin** o freestone, bluestone

**are** v [-n] are ‹100 vierkante meter› ✳ *honderd* ~ a hectare

**areaal** o [arealen] area

**areligieus** bn a-religious, unreligious

**arena** v ['s] ❶ *alg.* arena ✳ *de politieke* ~ *betreden* enter the political arena ❷ *bij stierengevecht* bullring ❸ *van circus* ring

**arend** m [-en] eagle

**arendsblik** m [-ken] ✳ *met* ~ eagle-eyed

**argeloos** bn ❶ *onschuldig* innocent, inoffensive, harmless ❷ *nietsvermoedend* unsuspecting

**Argentijn** m [-en] Argentine

> **Argentijn(se)**
> De bewoners van Argentinië geven er de voorkeur aan Argentine genoemd te worden
> i.p.v. Argentinian. Argentinian kan wel zonder bezwaar als bijv. naamwoord worden gebruikt.

**Argentijns** bn Argentine, Argentinian ✳ *valuta de* ~*e peso* the Argentinian peso, peso

**Argentijnse** v [-n] Argentine ✳ *ze is een* ~ she's an Argentine, she's from Argentinia

**Argentinië** o Argentina, the Argentine

**argument** o [-en] argument, plea, juridisch proof ✳ *er zijn daarvoor geen goede* ~*en* there's not much to be said for that ✳ ~*en aanvoeren voor/tegen iets* make (out) a case for/against sth ✳ *dat* ~ *gaat niet op* that argument won't stand up/won't hold

**argumentatie** v [-s] argumentation, (line of) reasoning, argument

**argumenteren** onoverg [argumenteerde, h. geargumenteerd] ❶ *met argumenten komen* argue, reason ❷ *redetwisten* dispute, argue

**argusogen** zn [mv] ✳ *met* ~ Argus-eyed

**argwaan** m suspicion, mistrust ✳ ~ *hebben* entertain/have suspicions, misdoubt ✳ ~ *krijgen* become suspicious, inf smell a rat

**argwanend** bn suspicious

**aria** v ['s] aria

**Ariër** m [-s] ❶ *Indo-Europeaan* Aryan, Indo-Iranian ❷ nazi Aryan

**Arisch** bn Aryan ✳ *het* ~*e ras* nazi the Aryan race

**aristocraat** m [-craten] aristocrat

**aristocratie** v [-tieën] aristocracy

**aristocratisch** bn aristocratic

**ark** v [-en] ark ✳ *de* ~ *van Noach* Noah's ark ✳ *de* ~ *des verbonds* the Ark of the Covenant

**arm I** *m* [-en] ❶ *ledemaat* arm ✶ ~ *in* ~ arm in arm ✶ *met de* ~*en over elkaar* with folded arms ✶ *iem. de* ~ *bieden* give/offer sbd one's arm ✶ *met een meisje aan de* ~ with a girl on his arm ✶ *ze had een kind op de* ~ she was carrying a child (in her arms) ✶ *zich in de* ~*en werpen van* throw oneself into the arms of ✶ *met open* ~*en ontvangen* receive with open arms ✶ *iem. in de* ~*en sluiten* embrace ✶ *iem. in de* ~ *nemen* consult sbd ✶ *een slag om de* ~ *houden* keep one's options open ✶ *de sterke* ~ the police ✶ *de* ~ *der wet* the strong/long arm of the law ❷ *mouw* sleeve ❸ *dier* paw ❹ *v. rivier* branch ❺ *v. lamp* bracket **II** *bn* ❶ *behoeftig* poor, poverty stricken, needy, form indigent ✶ *zo* ~ *als Job/als de mieren/als een kerkrat* as poor as Job/as a church mouse ✶ *een* ~*e* a poor person ✶ *de* ~*en* the poor ✶ *de* ~*en van geest* the poor in spirit ✶ ~ *aan* poor in/lacking ‹minerals› ❷ *meelijwekkend* unfortunate, poor

**armatuur** *v* [-turen] ❶ *draagconstructie* fitting ❷ *wapening* armature

**armband** *m* [-en] bracelet

**Armeens I** *bn* Armenian **II** *o taal* Armenian

**Armeense** *v* [-n] Armenian ✶ *ze is een* ~ she's an Armenian, she's from Armenia

**armeluiskind** *o* [-eren] a child of poor people

**Armenië** *o* Armenia

**Armeniër** *m* [-s] Armenian

**armenzorg** *v* hist poor relief

**armetierig** *bn* miserable, pathetic

**armlastig** *bn* poverty-stricken, needy

**armlengte** *v* [-n] arm's length

**armleuning** *v* [-en] arm, armrest

**armoe, armoede** *v* poverty, misery ✶ *in* ~*de leven* live in poverty ✶ ~ *lijden* suffer poverty ✶ *stille* ~*de* silent poverty ✶ *het is daar* ~ *troef* they are in desperate/dire need, inf they're as poor as church mice ✶ *tot* ~ *geraken/vervallen* be reduced to poverty ✶ *uit* ~ from poverty

**armoedegrens** *v* poverty line ✶ *onder de* ~ *leven* live below the poverty line

**armoedig** *bn* poor, needy, shabby ✶ *een* ~ *bestaan* a poverty-stricken/poor existence

**armoedigheid** *v* poverty, ‹kleren› shabbiness

**armoedzaaier** *m* [-s] down-and-outer, poor devil

**armsgat** *o* [-gaten] armhole

**armslag** *m* elbow room ✶ *financiële* ~ financial leeway

**armzalig** *bn* poor, miserable, paltry, ‹pensioen &› meagre

**aroma** *o* ['s] aroma, flavour

**aromatherapie** *v* aromatherapy

**aromatisch** *bn* aromatic ✶ ~*e verbindingen* chem aromatic compounds

**aronskelk** *m* [-en] arum (lily)

**arrangement** *o* [-en] ❶ *regeling* arrangement ❷ *toerisme* package deal ❸ muz arrangement, orchestration

**arrangeren** *overg* [arrangeerde, h. gearrangeerd] ❶ *alg.* arrange ❷ *schikkingen treffen* organize ❸ muz score, orchestrate

**arrangeur** *m* [-s] arranger

**arrenslee** *v* [-sleeën], **arrenslede** [-n] sleigh, sledge

**arrest** *o* [-en] ❶ *vasthouding* custody, arrest, detention ✶ *in* ~ under arrest ✶ *in* ~ *nemen* take into custody ✶ *onder* ~ *staan* be under arrest ✶ *in* ~ *stellen* place under arrest ❷ *rechterlijke uitspraak* decree, judgement/Am judgment ✶ *onherroepelijk* ~ final judgement, irrevocable judgement ❸ *inbeslagname* seizure

**arrestant** *m* [-en] ❶ *aangehouden persoon* prisoner, person under arrest, detainee ❷ *beslaglegger* creditor, seizor

**arrestatie** *v* [-s] arrest, apprehension

**arrestatiebevel** *o* [-velen] warrant of arrest

**arrestatieteam** *o* [-s] special squad

**arresteren** *overg* [arresteerde, h. gearresteerd] ❶ *aanhouden* arrest, take into custody, apprehend ❷ *beslag leggen* seize, attach ❸ *v. notulen* confirm

**arriveren** *onoverg* [arriveerde, is gearriveerd] arrive

**arrogant** *bn* arrogant, superior, haughty

**arrogantie** *v* arrogance

**arrondissement** *o* [-en] district ‹of a District Court›

**arrondissementsrechtbank** *v* [-en] county court, district court

**arsenaal** *o* [-nalen] arsenal ✶ *een* ~ *aan nieuwe ideeën* a repertory of new ideas

**arsenicum, arseen** *o* arsenic

**artdirector** *m* [-s] art director

**artefact** *o* [-en] artefact, Am artifact

**arteriosclerose** *v* arteriosclerosis

**articulatie** *v* [-s] articulation

**articuleren** *overg* [articuleerde, h. gearticuleerd] articulate

**artiest** *m* [-en] ❶ *alg.* artist ❷ *in circus &* artiste, performer

**artiesteningang** *v* [-en] stage door

**artiestennaam** *m* [-namen] stage name

**artikel** *o* [-en & -s] ❶ *alg.* article ❷ *wetenschappelijk ook:* paper ❸ *afdeling* section ❹ jur ‹in wet› section, article, ‹in wetsvoorstel, contract› clause, article, ‹in testament› clause, item ❺ *in woordenboek* entry ❻ *lidwoord* article ❼ handel article, commodity ✶ ~*en* goods, items ❽ *bepaald soort* line

**artikelnummer** *o* [-s] item number

**artillerie** *v* [-rieën] artillery, ordnance ✶ *de rijdende* ~ the horse artillery ✶ *de lichte/zware* ~ the light/heavy artillery

**artisjok** *v* [-ken] artichoke

**artisticiteit** *v* artistry

**artistiek** *bn* artistic ✶ *een* ~ *leider* an artistic leader

**artotheek** *m* [-theken] art lending institution

**artritis** *v* arthritis

**artrose** *v* arthrosis

**arts** *m* [-en] physician, general practitioner

**arts-assistent** *m* [-en] assistant physician

**artsenbezoeker** *m* [-s] medical representative,

drug salesman

**Aruba** *o* Aruba

**Arubaans** *bn* Aruban * valuta *de~e gulden* the Aruban guilder, the guilder

**as I** *v* [-sen] ❶ *v. voertuigen* axle * *vervoer per* ~ road and rail transport ❷ *van de aarde & fig* axis ‹mv axes› ❸ techn shaft ❹ *spil* spindle ❺ muz A flat **II** *v* ❶ *verbrandingsresten* ash, ‹v. lijken ook:› ashes * ~ *is verbrande turf* if ifs and ands were pots and pans, if wishes were horses then beggars would fly, 'if' is a big word * *in de* ~ *leggen* reduce to ashes * *uit zijn* ~ *verrijzen* rise from its ashes ❷ *van kool* embers ❸ *sintel* cinders

**a.s.** *afk* (aanstaande) next * *15 mei* ~ 15 May next

**asbak** *m* [-ken] ❶ *voor rookwaren* ashtray ❷ *vuilnisbak* ashbin

**asbest** *o* asbestos

**asblond** *bn* ash blond

**asceet** *m* [-ceten] ascetic

**ascendant** *m* [-en] astrol ascendant

**ascese** *v* ascetism

**ascetisch** *bn* ascetic

**ASCII** *m* (American Standard Code for Information Interchange) comput ASCII

**ascorbinezuur** *o* ascorbic acid

**aselect** *bn* random * *een* ~ *getal* a random number * *een ~e steekproef* a random sample

**aseptisch** *bn* aseptic

**asfalt** *o* asphalt, ‹v. wegdek ook:› blacktop

**asfalteren** *overg* [asfalteerde, h. geasfalteerd] asphalt

**asfaltweg** *m* [-wegen] asphalt/bituminous road

**asgrauw** *bn* ashen, ash-grey, ashy

**asiel** *o* [-en] asylum, home, shelter * *politiek* ~ political asylum

**asielprocedure** *v* [-s] asylum procedure

**asielrecht** *o* right of asylum

**asielverlening** *v* [-en] granting of asylum

**asielverzoek** *o* [-en] application for asylum

**asielzoeker** *m* [-s] asylum seeker

**asielzoekerscentrum** *o* [-s, -tra] asylum seekers' centre/Am center

**asjemenou** *tsw* * ~! good heavens!, oh dear!

**asociaal I** *bn* antisocial, unsocial **II** *m-v* [-cialen] asocial person

**aspect** *o* [-en] aspect

**asperge** *v* [-s] asparagus

**aspergekop** *m* [-pen], **aspergepunt** [-en] asparagus tip

**aspic** *m* [-s] aspic

**aspirant** *m* [-en] ❶ applicant, candidate ❷ sp junior

**aspiratie** *v* [-s] ❶ *het streven* aspiration, ambition * ~s *hebben* have ambitions ❷ *taalk* aspiration

**aspireren** *overg* [aspireerde, h. geaspireerd] ❶ *streven naar* aspire to, aim for ❷ *met hoorbare adem uitspreken* aspirate

**aspirientje** *o* [-s] aspirin (tablet)

**aspirine** *v* [-s] aspirin

**asregen** *m* [-s] ash rain

**assemblage** *v* [-s] (car) assembly

**assemblagebedrijf** *o* [-drijven] assembly plant

**assemblagefabriek** *v* [-en] assembly plant

**assemblee** *v* [-s] assembly ‹of the United Nations›

**assembleertaal** *v* [-talen] comput assembler language

**assembleren** *overg* [assembleerde, h. geassembleerd] assemble ‹cars›

**Assepoester** *v* Cinderella

**assertief** *bn* assertive

**assertiviteit** *v* assertiveness

**assertiviteitstraining** *v* [-en] assertiveness training

**assimilatie** *v* [-s] assimilation

**assimileren** *overg* [assimileerde, h. geassimileerd] assimilate * *zich* ~ *aan* assimilate into/to

**assisenhof** *o* [-hoven] Belg Assize Court, District Court

**Assisi** *o* Assisi

**assistent** *m* [-en] assistant

**assistent-arts** *m* [-en] assistant physician

**assistentie** *v* assistance, help * *iem.* ~ *verlenen* give assistance to sbd, lend sbd a hand

**assisteren** *overg & onoverg* [assisteerde, h. geassisteerd] assist * *iem. bij iets* ~ assist sbd in/at/with sth

**associatie** *v* [-s] association

**associatief** *bn bijw* associative * ~ *denken* think by association

**associé** *m* [-s] handel partner, associate

**associëren I** *overg* [associeerde, h. geassocieerd] associate * *ik associeer Kerstmis met sneeuw* I associate Christmas with snow **II** *wederk* [associeerde, h. geassocieerd] * handel *zich* ~ enter into association (*met* with)

**assonantie** *v* [-s] assonance

**assortiment** *o* [-en] ❶ *bijeenhorend* selection, range * *een breed* ~ *producten* a wide range of products ❷ *gevarieerd* assortment * *een* ~ *koekjes* assorted biscuits * *een vreemd* ~ *mensen* people of all types/of all shapes and sizes

**assortimentsuitbreiding** *v* [-en] *uitbreiding van de productlijn* expansion of the range

**assumptie** *v* [-s] assumption, supposition ▼ *de Assumptie* RK the Assumption

**assuradeur** *m* [-en & -s] insurer, underwriter

**assurantie** *v* [-tiën & -s] insurance, assurance

**assurantiekantoor** *o* [-en] insurance office

**Assyrië** *o* Assyria

**Assyriër** *m* [-s] Assyrian

**Assyrisch I** *bn* Assyrian **II** *o taal* Assyrian

**Assyrische** *v* [-n] Assyrian

**A-status** *m* ❶ RTV 'A' status ❷ *vluchtelingenstatus* jur refugee status

**aster** *v* [-s] aster

**asterisk** *m* [-en] asterisk

**asteroïde** *v* [-n] asteroid

**astigmatisch** *bn* astigmatic

**astma** *o* asthma
**astmaticus** *m* [-ci] asthmatic
**astmatisch** *bn* asthmatic
**astraal** *bn* astral
**astrologie** *v* astrology
**astrologisch** *bn* astrological
**astroloog** *m* [-logen] astrologer
**astronaut** *m* [-en] astronaut
**astronomie** *v* astronomy
**astronomisch** *bn* astronomical, astronomic ∗ *het~ jaar* the solar year ∗ *een~e eenheid* an astronomic unit ∗ *~e bedragen* astronomic amounts
**astronoom** *m* [-nomen] astronomer
**Asturië** *o* Asturias
**asurn** *v* [-en] cinerary urn
**aswenteling** *v* [-en] rotation, revolution
**Aswoensdag** *m* RK Ash Wednesday
**asymmetrisch** *bn* asymmetric(al), dissymmetric
**asymptoot** *m* [-toten] wisk asymptote
**asynchroon** *bn* asynchronous
**at** *m*, **at-sign** *o* [-s] comput at-sign
**atavisme** *o* [-n] atavism, reversion
**atavistisch** *bn* atavistic
**ATB** *m* ['s] (all terrain bike) ATB *v* (automatische treinbeïnvloeding) Automatic Train Control
**atelier** *o* [-s] ❶ *v. kunstenaar* atelier, studio ❷ *v. ambachtsman* workshop
**Atheens** *bn* Athenian
**Atheense** *v* [-n] Athenian ∗ *ze is een~* she's an Athenian, she's from Athens
**atheïsme** *o* atheism
**atheïst** *m* [-en] atheist
**atheïstisch** *bn* atheistic
**Athene I** *o stad* Athens **II** *v godin* Athene, Athena
**Athener** *m* [-s] Athenian
**atheneum** *o* [-s & -nea] Br ± grammar school, Am ± senior high school

**atheneum**
kan het best worden vertaald met: grammar school of senior high school, maar nooit met athenaeum.
Athenaeum is de naam van een aantal wetenschappelijke bibliotheken en studiecentra.

**atjar** *m* pickles ∗ *~ tjampoer* atjar tjampur, mixed pickled vegetables
**Atlantisch** *bn* ❶ *v.d. Atlantische Oceaan* Atlantic ∗ *het ~ pact* the North Atlantic Treaty ❷ *v. Atlantis* Atlantean
**Atlantische Oceaan** *m* Atlantic Ocean, Atlantic
**atlas I** *m* [-sen] ❶ *boek* atlas ❷ anat atlas **II** *o zijden stof* satin
**atleet** *m* [-leten] athlete
**atletiek** *v* athletics
**atletisch** *bn* athletic ∗ *een~ lichaam* an athletic body
**atmosfeer** *v* [-feren] atmosphere ∗ *een bedompte~* a

musty atmosphere
**atmosferisch** *bn* atmospheric ∗ *een~e storing* static interference, an atmospheric disturbance
**atol** *o & m* [-len] atoll
**atomair, atomisch** *bn* atomic
**atomiseren** *overg* [atomiseerde, h. geatomiseerd] atomize
**atonaal** *bn* atonal ∗ *atonale muziek* atonal music ∗ *atonale poëzie* experimental poetry
**atoom** *o* [atomen] atom
**atoombom** *v* [-men] atom bomb, atomic bomb, nuclear bomb
**atoomenergie** *v* atomic/nuclear energy
**atoomfysica** *v* nuclear physics
**atoomfysicus** *m* [-ci] nuclear physicist
**atoomgeleerde** *m-v* [-n] nuclear expert
**atoomgewicht** *o* [-en] atomic weight
**atoomkern** *v* [-en] atomic nucleus
**atoomnummer** *o* [-s] atomic number
**atoomproef** *v* [-proeven] atomic/nuclear test
**atoomtijdperk** *o* atomic/nuclear age
**atoomwapen** *o* [-s] nuclear weapon
**atrium** *o* [-s, -tria] atrium
**atrofie** *v* atrophy
**atropine** *v & o* atropine
**attaché** *m* [-s] attaché ∗ *een militair~* a military attaché
**attachékoffer** *m* [-s] attaché case, briefcase
**attachment** *m & o* [-s] e-mailbijlage comput attachment
**attaque** *m* [-s] ❶ *beroerte* stroke ❷ mil attack
**attaqueren** *overg* [attaqueerde, h. geattaqueerd] attack
**attenderen** *overg* [attendeerde, h. geattendeerd] ∗ *~ op* draw attention to
**attent** *bn* ❶ *oplettend* attentive ∗ *iem. ~ maken op iets* draw sbd.'s attention to sth ❷ *vol attenties* considerate (*voor* to/of), thoughtful (*voor* of) ∗ *hij is altijd erg~* he is always very considerate
**attentie** *v* [-s] ❶ *aandacht* attention ∗ *wij vragen uw ~ voor het volgende* we request your attention for the following ∗ *~!* look out! ∗ *ter~ van* for the attention of ❷ *blijk van vriendelijkheid* attention, courtesy, present ∗ *een lieve~* a nice present
**attest** *o* [-en] ❶ alg. certificate ∗ *op~ van de dokter* with a doctor's certificate ❷ *getuigschrift* testimonial
**attestatie** *v* [-s] certificate ∗ *een~ de vita* a life certificate, a certificate of existence ∗ *een~ de morte* a death certificate ∗ *zijn~ opvragen* Prot ask for one's certificate of membership
**attesteren** *overg* [attesteerde, h. geattesteerd] attest, certify
**attitude** *v* [-n, -s] attitude
**attractie** *v* [-s] attraction
**attractief** *bn* attractive
**attractiepark** *o* [-en] amusement park
**attractiviteit** *v* attractiveness
**attributief** *bn bijw* attributive

**at**

**attribuut** o [-buten] attribute

**atv, ATV** afk (arbeidstijdverkorting) ± shorter working hours

**atv-dag, ATV-dag** m [-dagen] * een ~ opnemen take a day off

**atypisch** bn atypical

**au** tsw * ~! ouch!, ow!

**a.u.b.** afk (alstublieft) please

**aubade** v [-s] aubade * iem. een ~ brengen sing an aubade to sbd

**au bain-marie, bain-marie** bijw in a double saucepan, in a bain-marie, Am in a double boiler

**aubergine** v [-s] aubergine, eggplant

**auctie** v [-s] auction sale

**audiëntie** v [-s] audience * ~ aanvragen bij ask for/request an audience with * ~ verlenen grant an audience * op ~ gaan bij de minister have an audience with the minister

**audioapparatuur** v audio equipment

**audiofoon** m audiophone

**audiorack** o [-s] music centre/Am center, stereo (system)

**audiovisueel** bn audio-visual * audiovisuele middelen audio-visual aids

**auditeur** m [-s] Judge Advocate General

**auditeur-militair** m [auditeurs-militair] Judge Advocate

**auditie** v [-s] audition * ~ doen do an audition

**auditief** bn auditive

**auditor** m [-tores, -toren] ❶ auditor ❷ RK auditor

**auditoraat** o [-raten] Belg Court Martial, military tribunal

**auditorium** o [-s & -ria] ❶ toehoorders audience ❷ zaal auditorium

**auerhoen** o [-ders] capercaillie

**augurk** v [-en] gherkin

**augustijn** m [-en] ❶ monnik Augustinian, Austin friar ❷ typ cicero

**augustus** m maand August * de eerste ~, een ~ the first of August * op tien ~ on the tenth of August * begin/midden/eind ~ at the beginning of/in the middle of/at the end of August

**aula** v ['s] auditorium

**au pair** I bijw au pair II v [-s] au pair

**aura** v ['s] aura

**aureool** v & o [-reolen] aureole, halo * met een ~ omgeven surrounded by a saintly halo

**ausculteren** overg [ausculteerde, h. geausculteerd] med auscultate

**auspiciën** zn [mv] * onder ~ van under the auspices of, sponsored by, under the aegis of

**ausputzer** m [-s] sp sweeper

**Australië** o Australia

**Australiër** m [-s] Australian

**Australisch** bn Australian * valuta de ~e dollar the Australian dollar, the dollar

**Australische** v [-n] Australian * ze is een ~ she's an Australian, she's from Australia

**autarkisch** bn self-sufficient

**auteur** m [-s] author

**auteursrecht** o copyright

**authenticiteit** v authenticity

**authentiek** bn authentic * een ~ verhaal an authentic story * een ~e akte an authentic certificate

**autisme** o autism

**autistisch** bn autistic

**auto** m ['s] car, motorcar

**autoaccessoires** zn [mv] car accessories

**autoband** m [-en] (automobile/car) tyre/Am tire

**autobezitter** m [-s] car owner

**autobiograaf** m [-grafen] autobiographer

**autobiografie** v [-fieën] autobiography

**autobiografisch** bn autobiographical

**autobom** v [-men] car bomb

**autobus** m & v [-sen] bus, coach

**autochtoon** I m [-tonen] native II bn native, indigenous * de autochtone bevolking van Australië Australia's indigenous population

**autocoureur** m [-s] racing car driver

**autocraat** m [-craten] autocrat

**autocratie** v [-tieën] autocracy

**autocratisch** bn autocratic

**autodidact** m [-en] self-educated/self-taught person

**autodief** m [-dieven] car thief

**autodiefstal** m [-en] car theft, vehicle theft

**autogordel** m [-s] seat belt, safety belt

**autogram** o [-men] autograph

**auto-immuunziekte** v [-n, -s] auto-immune disease

**auto-industrie** v car industry

**autokerkhof** o [-hoven] car dump

**automaat** m [-maten] ❶ machine automaton, robot ❷ apparaat waarin munten worden gegooid slot machine, dispenser, Am vending machine ❸ voor kaartjes ticket machine ❹ auto automatic (transmission)

**automatenhal** v [-len] amusement arcade

**automatiek** v [-en] automat

**automatisch** bn automatic, self-regulating * ~e handelingen mechanical/automatic gestures * bankw een ~e overschrijving a banker's order, a standing order * de ~e piloot the autopilot * een ~ vuurwapen an automatic firearm

**automatiseren** overg [automatiseerde, h. geautomatiseerd] automate, computerize

**automatisering** v automation, computerization

**automatiseringsdeskundige** m-v [-n] automation expert, computerization expert

**automatisme** o [-n] automatism

**automobiel** m [-en] motorcar, Am automobile

**automobilist** m [-en] motorist, driver
**automonteur** m [-s] motor mechanic
**autonomie** v autonomy
**autonoom** bn autonomous, ‹biol› autonomic ∗een ~gebied a self-governing territory ∗het autonome zenuwstelsel the autonomic nervous system
**auto-onderdeel** o [-delen] Am car part
**auto-ongeluk** o [-ken] car crash, road accident
**autopapieren** zn [mv] car registration papers
**autopech** m breakdown, car trouble
**autoped** m [-s] scooter
**autopsie** v [-s] autopsy
**autorace** m [-s] motor race
**autoradio** m [´s] car radio
**autorijden** onoverg [reed auto, h. autogereden] drive ‹a car›, motor
**autorijschool** v [-scholen] driving school
**autorisatie** v [-s] authorization
**autoriseren** overg [autoriseerde, h. geautoriseerd] authorize, empower
**autorit** m [-ten] drive, car trip
**autoritair** bn ❶eigenmachtig authoritative, authoritarian ∗een ~persoon an authoritarian ❷niet-democratisch authoritarian ∗het ~e gezag the authorities ∗een ~bewind an authoritarian regime
**autoriteit** v [-en] authority ∗de plaatselijke ~en the local government ∗hij is een ~op dat gebied he is an authority in that field
**autoslaaptrein** m [-en] car train, sleeper train
**autosloperij** v [-en] breaker's yard
**autosnelweg** m [-wegen] Br motorway, Am highway, interstate
**autosport** v [-en] motor sport
**autostop** m ZN hitchhiking ∗~doen hitchhike
**autotelefoon** m [-s] car phone
**autotentoonstelling** v [-en] motor show
**autotrein** m [-en] car train
**autoverhuur** m car hire ∗~zonder chauffeur self-drive (car hire)
**autoverhuurbedrijf** o [-bedrijven] car rental firm
**autoverkeer** o motor traffic
**autoverzekering** v [-en] car insurance
**autovrij** bn pedestrian ‹zone› ∗een ~e zondag a carless Sunday
**autoweg** m [-wegen] Br motorway, Am highway
**avances** zn [mv] advances, approaches, overtures ∗~maken make approaches/overtures
**avant-garde** I v avant-garde II bn avant-garde
**avant-gardistisch** bn avant-garde
**avant la lettre** bijw before the term existed
**Ave Maria** o [´s] Ave Maria
**averechts** I bn ❶purl ‹steek› ❷fig misplaced, wrong ∗een ~e uitwerking hebben have a contrary effect II bijw wrongly, the wrong way (round) ∗~ breien purl
**averij** v [-en] damage ∗~krijgen sustain/suffer damage, break down
**aversie** v aversion

**avocado** m [´s] avocado
**avond** m [-en] evening, night ∗de ~tevoren the evening/night before ∗de ~vóór de slag the eve of the battle ∗'s ~s in the evening, at night ∗bij ~in the evening, at night ∗laat op de ~late in the evening ∗tegen de ~towards evening ∗het wordt ~ night is falling ∗een bonte ~an evening of varied entertainment
**avondcursus** m [-sen] evening classes
**avonddienst** m [-en] ❶kerk evening service ❷werk evening shift ∗~hebben be on the evening shift
**avondeten** o supper, dinner
**avondgebed** o [-beden] evening prayer
**avondjurk** v [-en] evening gown
**avondkleding** v evening dress
**avondklok** v curfew ∗een ~instellen impose a curfew
**avondkrant** v [-en] evening paper
**Avondland** o Occident
**avondlucht** v ❶atmosfeer evening air ❷hemel evening sky
**avondmaal** o dinner, supper, evening meal ∗het Avondmaal the Lord's Supper, Holy Communion ∗het Laatste Avondmaal the Last Supper
**avondmens** m [-en] night person ∗er zijn ~en en ochtendmensen there are night owls and early risers
**avondopleiding** v [-en] evening course, evening classes
**avondploeg** v [-en] evening shift
**avondrood** o evening glow, sunset sky
**avondschemering** v, **avondschemer** m evening twilight
**avondschool** v [-scholen] night school, evening school, evening classes
**avondspits** m evening rush-hour
**Avondster** v evening star
**avondvierdaagse** m & v [-n] evening four-day walking tour ∗de ~lopen walk the evening four-day walking tour
**avondvoorstelling** v [-en] evening performance
**avondvullend** bn lasting the whole evening ∗een ~ programma a full evening's programme
**avondwinkel** m [-s] late-night shop
**avonturenfilm** m [-s] adventure film
**avonturenroman** m [-s] adventure story
**avonturier** m [-s] adventurer
**avontuur** o [-turen] adventure ∗op ~uit zijn be out for adventure
**avontuurlijk** I bn ❶adventurous ∗een ~leven a life of adventure ∗een ~e reis a trip full of adventure ∗een ~mens an adventurous person ❷risky ‹plan &› II bijw adventurously
**avontuurtje** o [-s] vluchtige liefdesverhouding affair, fling
**axioma** o [´s] axiom
**ayatollah** m [-s] ayatollah
**azalea** v [´s] azalea
**azen** onoverg [aasde, h. geaasd] ∗fig ~op have an

eye on

**Azerbaidzjaans I** *bn* Azerbaijani ✳ <u>valuta</u>~*e manat* Azerbaijani manat, manat **II** *o taal* Azerbaijani

**Azerbeidzjaan** *m* [-dzjanen] Azerbaijani

**Azerbeidzjan** *o* Azerbaijan

**Aziaat** *m* [Aziaten] Asian

**Aziatisch** *bn* Asian, Asiatic

**Aziatische** *v* [-n] Asian ✳ *ze is een*~ she's an Asian, she's from Asia

**Azië** *o* Asia

**azijn** *m* vinegar ✳ *men vangt meer vliegen met een lepel stroop dan met een vat*~ honey catches more flies than vinegar

**azijnzuur** *o* acetic acid

**Azteek** *m* [-teken] Aztec

**Azteeks** *bn* Aztec

**Azteken** *zn* [mv] Aztecs

**azuur** *o* azure, sky blue

# B

**b** *v* ['s] ❶ *letter* b ❷ <u>muz</u> B ✳ ~ *grote terts/majeur* B major ✳ ~ *kleine terts/mineur* B minor

**baai I** *v* [-en] *inham* bay **II** *m & o flanel* baize **III** *m tabak* finely cut pipe tobacco

**baaierd** *m* chaos, mess

**baal** *v* [balen] ❶ *geperst* bale ‹of cotton &› ❷ *gestort bag* ‹of rice &› ❸ *papiermaat* ten reams ▼ *(de) balen van iets hebben* have had enough of sth

**baaldag** *m* [-dagen] ❶ *slechte dag* off-day ❷ *vrije dag* day off, *inf* sickie ✳ *een*~ *hebben* be having an off-day; take a sickie

**baan** *v* [banen] ❶ *weg* path, way, road ✳ *zich*~ *breken* make/push/force one's way; *fig ook* gain ground ✳ *ruim*~ *maken* clear the way ✳ *het gesprek in andere banen leiden* turn the conversation into other channels/in another direction ✳ *in goede banen leiden* guide in the right direction ✳ *op de lange*~ *schuiven* put off (indefinitely), shelve, postpone ✳ *dat is nu van de*~ that ‹issue› has been shelved, that's off now ✳ *de*~ *op gaan* appear ❷ *renbaan* (race)course, (running) track ❸ *v.e. hemellichaam & orbit* ✳ *in een*~ *brengen* put into orbit, orbit ‹an artificial satellite› ✳ *in een*~ *draaien* orbit ✳ *een vlucht in een*~ an orbital flight ❹ *v. projectiel* trajectory ❺ *tennisbaan* court ❻ *v. spoorweg* track ❼ *v. autoweg, v. zwembassin & lane* ✳ *vrije*~ *maken* clear the way ✳ ~*tjes trekken* do laps ❽ *ijsbaan* (skating) rink ❾ *bij wedstrijdschaatsen* track ❿ *skibaan* run, piste ⓫ *kegelbaan* alley ⓬ *werkkring* job, post ✳ *laagbetaalde banen* low-paid jobs ✳ *een vaste*~ permanent employment, a steady job ✳ *een volledige*~ a full-time job ✳ *banen scheppen/schrappen* create/cut jobs ✳ *er een*~ *bij nemen* moonlight ✳ *zijn*~ *opzeggen* hand in one's notice, resign one's job ✳ *inf een makkelijk*~*tje* a soft job ⓭ *strook* breadth, width ‹of cloth &› ⓮ *v. vlag* stripe, bar

**baanbrekend** *bn* pioneering, ground-breaking, innovative ‹work›, epoch-making ‹discovery› ✳ ~ *werk verrichten* do pioneering work

**baanrecord** *o* [-s] track record

**baantjesjager** *m* [-s] job hunter

**baanvak** *o* [-ken] section ✳ *op het*~ *Amsterdam-Utrecht* on the Amsterdam-Utrecht section

**baanwachter** *m* [-s] railway guard, flagman

**baanwedstrijd** *m* [-en] track race

**baar I** *v* [baren] ❶ *lijkbaar* bier ❷ *draagbaar* litter, stretcher ❸ *staaf goud & bar*, ingot ❹ *golf* wave, billow ✳ *over de woelige baren* across the wild billows **II** *bn* ✳ ~ *geld* ready money

**baard** *m* [-en] ❶ *v. mens, bok & beard* ✳ *een*~ *van een week* a week-old beard ✳ *hij heeft de*~ *in de keel* his voice is breaking ✳ *zijn*~ *laten staan* grow a beard

✶ *een mop met een* ∼ an old joke ✶ *om des keizers* ∼
*spelen* play for fun ❷ v. *vis* barb, wattle ❸ v. *walvis*
whalebone, baleen ❹ v. *sleutel* bit ❺ *aan metaal* burr
**baardaap** m [-apen] inf beardie
**baardgroei** m beard growth
**baardig** bn bearded
**baarlijk** bn ✶ *de* ∼*e duivel* the devil himself ✶ ∼*e*
*nonsens* utter/rank nonsense, gibberish
**baarmoeder** v [-s] uterus, womb
**baarmoederhalskanker** m cervical cancer
**baars** m [baarzen] perch, bass
**baas** m [bazen] ❶ *chef* boss ✶ inf *de* ∼ the old man ‹at
the office &› ✶ inf *is de* ∼ *thuis?* is the boss at home?,
is your old man in? ✶ inf *hij is de* ∼ *(van het spul)* he
runs the show, what he says goes ✶ *hij is een* ∼ *in...*
he is very good at... ✶ *zijn vrouw is de* ∼ the wife
wears the pants/is the boss ✶ *de* ∼ *blijven* stay in
charge, inf remain top dog ✶ *iets de* ∼ *kunnen* be in
control of sth ✶ *iem. de* ∼ *zijn in iets* be better at sth
than sbd ✶ *de* ∼ *spelen* lord it ‹over› ✶ *om de inflatie*
*de* ∼ *te worden* to get inflation under control ✶ *de*
*socialisten zijn de* ∼ *(geworden)* the socialists are in
control, have gained control ✶ *zij werden ons de* ∼
they got the better of us ✶ *hij is mij de* ∼ he beats me
‹in...›, he is better than me ‹at...› ✶ *er is altijd* ∼ *boven*
∼ a man always finds his master ✶ *zijn eigen* ∼ *zijn*
be one's own boss/master ✶ *in de* ∼ *zijn tijd* during
the boss's time ✶ *het zo druk hebben als een klein* ∼*je*
be as busy as a bee ✶ inf *meer bazen dan*
*ondergeschikten* more chiefs than Indians ✶ ∼ *in*
*eigen buik* have the right to choose/abortion on
demand ✶ *de hond en zijn* ∼ the dog and its
master/owner ❷ *man, jongen* chap, fellow, bloke
✶ inf *een leuke* ∼ a funny chap/fellow ✶ *een oude* ∼
an elderly gentleman ✶ inf *het is een* ∼ *hoor!* what a
whopper! ❸ *ploegbaas in fabriek* foreman ❹ *als*
*aanspreekvorm* mister
**baat** v [baten] ❶ *voordeel* profit, benefit ✶ *baten en*
*lasten* ‹inkomsten en uitgaven› revenue and
expenses, income and expenditure, income and
expenses; ‹winsten en verliezen› profits and losses,
gains and losses; ‹ontvangsten en uitgaven›
receipts and expenditure ✶ *buitengewone baten en*
*lasten* extraordinary income and expenditure,
extraordinary profits and losses ✶ *een middel te* ∼
*nemen* use/employ means ✶ *de gelegenheid te* ∼
*nemen* avail oneself of, take the opportunity ✶ *ten*
*bate van* for the benefit of, in behalf of, in aid of
✶ *ten eigen bate* for one's own benefit ✶ jur *om* ∼ *for*
*value*, for a consideration ✶ *de kost gaat voor de* ∼ *uit*
nothing ventured, nothing gained ❷ *genezing* relief
✶ ∼ *vinden bij* benefit from ✶ *geen* ∼ *hebben bij* get
no benefit from
**babbel** m [-s] ❶ *persoon* chatterbox ❷ *praatje* chat
✶ *een vlotte* ∼ *hebben* have a way with words ✶ *veel*
∼*s hebben* have a big mouth
**babbelaar** m [-s] ❶ *persoon* prattler, chatterbox
❷ *snoep* boiled lolly, butterscotch

**babbelbox** m [-en] *telefoonservice* chat line
**babbelen** onoverg [babbelde, h. gebabbeld]
❶ *gezellig praten* chat ❷ *veel* chatter, gossip
**babbelkous** v [-en] chatterbox, afkeurend
windbag/gossip
**babbeltje** o [-s] chat ✶ *een* ∼ *maken (met iem.)* have a
chat (with sbd)
**Babel** o Babel
**baby** m ['s] baby ✶ *een* ∼ *krijgen* have a baby
**babyboom** m baby boom
**babyboomer** m [-s] baby boomer
**babyfoon** m [-s] baby phone, baby intercom
**Babylonisch** bn Babylonian ✶ *een* ∼*e*
*spraakverwarring* a tower of Babel ✶ *de* ∼*e*
*gevangenschap* the Babylonian captivity ✶ *de* ∼*e*
*ballingschap* the Babylonian exile
**babyshampoo** m baby shampoo
**babysit** m-v, **baby sitter** m [-s] baby sitter
**babysitten** o babysit
**babyuitzet** m & o [-ten] baby linen, layette
**babyvoeding** v baby food
**babyzalf** m & v [-zalven] baby ointment
**baccalaureaat** o ❶ *toegangsexamen voor universiteit*
baccalaureate ❷ *laagste universitaire graad*
bachelor's degree
**bacchanaal** o [-nalen] bacchanal
**bacil** m [-len] bacillus
**back** m [-s] sp back
**backgammon** o backgammon
**backhand** m [-s] sp backhand
**backslash** m [-es] *schuine streep naar achteren*
backslash
**backspace** m [-s] comput back space
**back-up** m [-s] comput backup ✶ *een* ∼ *maken* make
a backup
**bacon** o & m bacon
**bacterie** v [-riën] bacterium ‹mv bacteria›
**bacteriedodend** bn bactericidal
**bacterieel** bn bacterial ✶ *een bacteriële infectie* a
bacterial infection
**bacteriologie** v bacteriology
**bacteriologisch** bn bacteriological ✶ ∼*e*
*oorlogvoering* biological warfare
**bacterioloog** m [-logen] bacteriologist
**bad** o [baden] ❶ *badkuip* bath(tub) ✶ *een hotelkamer*
*met* ∼ a hotel room with a bath ❷ *water* bath ✶ *een* ∼
*geven* bath ‹the baby› ✶ *een* ∼ *nemen* ‹in badkuip›
have/take a bath; ‹in zee &› bathe ✶ *in* ∼ *gaan* take
a bath ❸ *zwembad* pool
**badcel** v [-len] shower cubicle/cabinet
**badderen** onoverg [badderde, h. gebadderd]
kindertaal have bathies
**baden I** onoverg [baadde, h. gebaad] bathe ✶ *in bloed*
∼ bathe in blood ✶ *het slachtoffer baadde in zijn*
*bloed* the victim was bathed in his own blood ✶ *in*
*tranen* ∼ be bathed in tears ✶ *in weelde* ∼ be rolling
in luxury **II** overg [baadde, h. gebaad] bath ‹a child›
**III** wederk [baadde, h. gebaad] ✶ *zich* ∼ bathe, take

a bath

**badgast** *m* [-en] ❶ *aan strand* visitor ❷ *in kuuroord* visitor, patient

**badge** *m* [-s] badge, tag

**badgoed** *o* swimwear, beachwear

**badhanddoek** *m* [-en] bath towel

**badhuis** *o* [-huizen], **badinrichting** *v* [-en] (public) baths

**badinerend** *bn* bantering * ~*e opmerkingen maken* make facetious remarks

**badjas** *m & v* [-sen] bathrobe

**badkamer** *v* [-s] bathroom

**badkuip** *v* [-en] bath, bathtub

**badlaken** *o* [-s] bath towel

**badmeester** *m* [-s] lifeguard, pool attendant

**badminton** *o* badminton

**badmintonnen** *onoverg* [badmintonde, h. gebadmintond] play badminton

**badmuts** *v* [-en] *hoofddeksel* bathing cap

**badpak** *o* [-ken] bathing suit, swimming suit, bathers, inf togs

**badplaats** *v* [-en] ❶ *strandoord aan zee* seaside resort ❷ *kuuroord niet aan zee* spa, health resort

**badschuim** *o* bath foam, bubble bath

**badstof** *v* towelling, terry (cloth)

**badwater** *o* bath water * *het kind met het~ weggooien* throw the baby out with the bath water

**badzout** *o* [-en] bath salts

**bagage** *v* ❶ luggage ❷ *ook:* mil & Am baggage * *geestelijke ~* intellectual substance

**bagageband** *m* [-en] carousel

**bagagedepot** *o & m* [-s] left luggage office

**bagagedrager** *m* [-s] (luggage) carrier

**bagagekluis** *v* [-kluizen] luggage locker

**bagagerek** *o* [-ken] luggage rack

**bagageruimte** *v* [-n, -s] ❶ *v. auto* boot, luggage space ❷ *v. schip, vliegtuig* hold, cargo space

**bagatel** *v & o* [-len] trifle, bagatelle

**bagatelliseren** *overg* [bagatelliseerde, h. gebagatelliseerd] make light of, minimize the importance of, play down

**bagel** *m* [-s] bagel

**bagger** *v op bodem* mud, slush, silt * ~ *schijten* vulg ⟨bang zijn⟩ shit a brick * *het was ~* ⟨rotzooi⟩ it was rubbish/vulg crap

**baggeren I** *overg* [baggerde, h. gebaggerd] dredge **II** *onoverg* [baggerde, h. en is gebaggerd] wade * *door de modder~* wade through the mud

**baggermachine** *v* [-s] dredging machine, dredge, dredger

**baggermolen** *m* [-s] dredging machine, dredge, dredger

**baggerschuit** *v* [-en] dredger, dredge

**bah** *tsw* * ~*!* yuck!, ugh! yech!

**Bahama's** *zn* [mv] * *de ~* the Bahamas

**Bahamiaan** *m* [-mianen] Bahamian

**Bahamiaans** *bn* Bahamian * *valuta de ~e dollar* the Bahamian dollar, the dollar

**Bahamiaanse** *v* [-n] Bahamian * *ze is een ~* she's a Bahamian, she's from the Bahamas

**bahco** *m* ['s], **bahcosleutel** [-s] adjustable wrench, adjustable spanner, monkey wrench, shifting spanner

**Bahrein** *o* Bahrain

**bain-marie** *o →* **au bain-marie**

**baisse** *v* econ fall * *à la ~ speculeren* sell short, bear the market * *een periode van ~* a bear run

**bajes** *v* slammer, can * *in de ~* in the nick, in the jug

**bajesklant** *m* [-en] jailbird

**bajonet** *v* [-ten] bayonet * *met gevelde ~* with fixed bayonets

**bajonetsluiting** *v* [-en] bayonet catch/joint/fitting/socket

**bak** *m* [-ken] ❶ *vergaarplaats* bin, ⟨reservoir⟩ cistern, tank, ⟨trog⟩ trough, ⟨v. baggermachine⟩ bucket * *een volle ~* a full house * *de regen komt met ~ken uit de hemel* it's raining cats and dogs ❷ *mandje* basket ❸ *kattenbak* tray ❹ *v. rijtuig* body ❺ *gevangenis* inf can, nick * *in de ~ zitten* serve time ❻ *grap* joke, inf gag ❼ *krat* ZN crate ▼ *aan de ~ komen* get a job ▼ *we moeten weer aan de ~* we have to get to work

**bakbeest** *o* [-en] colossus * *een ~ van een...* a monster of a...

**bakblik** *o* [-ken] baking tin

**bakboord** *o* port * *aan ~* port side, to port * *iem. van ~ naar stuurboord zenden* send sbd from pillar to post

**bakeliet** *o* bakelite

**bakelieten** *bn* bakelite

**baken** *o* [-s] beacon * *als ~ dienen* beacon * *de ~s verzetten* change one's policy, change one's tack * *de ~s zijn verzet* times have changed

**bakermat** *v* [-ten] cradle ⟨of democracy⟩

**bakerpraatjes** *zn* [mv] old wives' tales, idle gossip

**bakfiets** *m & v* [-en] carrier tricycle, carrier cycle

**bakje** *o* [-s] ❶ *kleine bak* small box, small tray ❷ *kopje* little cup * *inf een ~ koffie* a cup of coffee

**bakkebaard** *m* [-en] sideboards, sideburns

**bakkeleien** *onoverg* [bakkeleide, h. gebakkeleid] tussle, squabble * *aan het ~ met ...* squabble with...

**bakken I** *overg* [bakte, h. gebakken] ❶ *in oven* bake ❷ *in pan* fry * *iem. een poets ~* play sbd a trick * *er niets van ~* make a complete mess of it * *ze bruin ~* overdo, lay it on thick * *in de zon liggen ~* bake in the sun **II** *onoverg* [bakte, h. gebakken] bake ⟨bread⟩ * *aan de pan ~* stick to the pan **III** *onoverg* [bakte, is gebakken] onderw fail

**bakker** *m* [-s] baker * *een warme ~* hot bread bakery, bakehouse * *dat is voor de ~* that is settled

**bakkerij** *v* [-en] ❶ *waar men bakt* bakery, bakehouse ❷ *winkel* baker's shop

**bakkes** *o* [-en] mug, trap * *hou je ~!* shut your face/trap!

**bakkie** *o* [-s] ❶ *radiozendapparaat* CB, CB set, rig ❷ *aanhangwagen* trailer * *een ~ koffie* a cup of coffee

**bakmeel** *o* flour ✳ *zelfrijzend* ~ self-raising/Am self-rising flour

**bakplaat** *v* [-platen] baking sheet ✳ *iets op de* ~ *leggen* put sth on the baking sheet

**bakpoeder** *o & m* baking powder

**baksteen I** *m* [-stenen] brick ✳ *zinken als een* ~ sink like a stone ✳ *zakken als een* ~ fail ignominiously ‹in one's exam›, inf flunk (out) ✳ *iem. als een* ~ *laten vallen* drop sbd like a hot brick **II** *o* brick ✳ *een muur van* ~ *bouwen* build a brick wall

**bakstenen** *bn* brick

**bakvis** *v* [-sen] *meisje* teenage girl

**bakvorm** *m* [-en] baking tin

**bakzeil** *o* ✳ ~ *halen* scheepv back the sails; fig back down, climb down

**bal I** *m* [-len] ❶ *ook v. voet* ball ✳ *de* ~ *van de hand* the ball/heel of the hand ✳ *de* ~ *misslaan* miss the ball; fig be wide of the mark ✳ sp *aan de* ~ *zijn* play the ball ✳ *de* ~ *aan het rollen brengen* get/set the ball rolling ✳ *een* ~*letje opgooien (over iets)* fly a kite, throw out a feeler ✳ *wie kaatst, moet de* ~ *verwachten* he/you asked for that one ✳ fig *elkaar de* ~ *toewerpen/toespelen* scratch each other's backs ✳ inf *er geen* ~ *van weten* not know the first thing about it ✳ inf *geen* ~ *geven om* not give a damn/fig ❷ *kegelbal* bowl ❸ *teelbal* testicle, inf ball ✳ inf *de* ~*len!* cheers! ✳ *een rechtse* ~ a right-wing student/conservative **II** *o* [-s] ball ✳ *een* ~ *masqué* a masked ball

**balanceren** *overg en onoverg* [balanceerde, h. gebalanceerd] balance, poise ✳ *op de rand van de afgrond* ~ balance on the edge of disaster

**balans** *v* [-en] ❶ *evenwicht* equilibrium, balance ✳ *in* ~ *zijn* be in equilibrium ✳ *uit* ~ *raken* get out of balance ❷ *weegschaal* set of scales, balance ✳ *de* ~ *doen doorslaan* tip the balance ❸ handel balance sheet ✳ *de* ~ *afsluiten* balance the books ✳ *de* ~ *opmaken* alg. take stock, handel draw up the balance sheet, prepare the accounts; fig strike a balance ✳ *de* ~ *verkorten/verlengen* reduce/expand the balance sheet total ✳ *een geconsolideerde/tussentijdse* ~ a consolidated/an interim balance sheet ✳ *een* ~ *en winst- en verliesrekening* the financial statements ✳ *een tussentijdse* ~ *en winst- en verliesrekening* the interim accounts ❹ techn beam

**balansopruiming** *v* [-en] clearance sale

**balanswaarde** *v* [-n] book value, balance sheet value ✳ *de* ~ *begin/eind van het jaar* the opening/closing balance

**balbehandeling** *v* sp ball technique

**balbezit** *o* ✳ *in* ~ *zijn* have the ball, be in possession of the ball ✳ *op* ~ *spelen* keep possession (of the ball)

**baldadig** *bn* rowdy, boisterous

**baldadigheid** *v* [-heden] rowdiness, boisterousness ✳ *hij deed het uit louter* ~ he did it for the sheer hell of it

**baldakijn** *o & m* [-s & -en] canopy, baldachin

**balein I** *v* [-en] ❶ *v. walvis* whalebone ❷ *stang* busk, stay, spoke ✳ *de* ~*en van een paraplu* the umbrella spokes ✳ *de* ~*en van een korset* corset stays **II** *o* *stof* whalebone, baleen

**balen** *onoverg* [baalde, h. gebaald] ✳ inf ~ *van iets* be fed up with sth, be sick of sth ✳ ~ *als een stekker* be fed up to the back teeth

**Bali** *o* Bali

**balie** *v* [-s] ❶ *alg.* bar ❷ *v. kantoor* counter ✳ *achter de* ~ *staan* be behind the counter ✳ *aan de* ~ *informeren* ask at the counter ❸ *advocaten* bar ✳ *tot de* ~ *toegelaten worden* be called to the bar ❹ *balustrade in rechtbank* bench ✳ *voor de* ~ *moeten verschijnen* have to appear before the bench/in court ❺ *brugleuning* railing, parapet

**baliekluiver** *m* [-s] bludger, loafer

**Balinees I** *m* [-nezen] Balinese **II** *bn* Balinese **III** *o* *taal* Balinese

**Balinese** *v* [-n] Balinese ✳ *ze is een* ~ she's a Balinese, she's from Bali

**baljurk** *v* [-en] ball dress

**baljuw** *m* [-s] hist bailiff

**balk** *m* [-en] ❶ *alg.* beam, ‹stalen balk› girder, ‹in vloer› joist, ‹in dak› rafter ✳ *het geld over de* ~ *gooien* spend money like water ✳ *het niet over de* ~ *gooien* be a bit close-fisted ❷ *notenbalk* staff, stave, bar ❸ herald bar

**Balkan** *m* ❶ *gebergte* Balkan Mountains ❷ *schiereiland* Balkan Peninsula ✳ *op de* ~ in the Balkans

**balkaniseren I** *overg* [balkaniseerde, h. gebalkaniseerd] Balkanize **II** *onoverg* [balkaniseerde, is gebalkaniseerd] become Balkanized

**Balkanstaten** *zn* [mv] Balkan states, Balkans

**balken** *onoverg* [balkte, h. gebalkt] ❶ *v. ezels* bray ❷ fig bawl, yell

**balkenbrij** *m* ± scrapple, haggis

**balkon** *o* [-s] ❶ *aan huis* balcony ✳ *op het* ~ *zitten* sit on the balcony ❷ *v. tram* platform ❸ *in theater* balcony, dress circle

**ballade** *v* [-s & -n] ballad

**ballast** *m* ❶ ballast ✳ ~ *innemen* take on ballast ✳ ~ *overboord werpen* discharge ballast ✳ *in* ~ *varen* be in ballast ❷ fig lumber

**ballen I** *overg* [balde, h. gebald] *samenknijpen* clench ✳ *de vuist* ~ clench one's fist ✳ *met gebalde vuist* with clenched fist **II** *onoverg* [balde, h. gebald] *met een bal spelen* play ball ✳ *wij hebben vanmiddag gebald* we played ball this afternoon

**ballenjongen** *m* [-s] ball boy

**ballentent** *v* [-en] ❶ *uitgaansgelegenheid* posh joint ❷ *kermistent* coconut shy

**ballerina** *v* ['s] ballerina ✳ *een prima* ~ a prima ballerina

**ballet** *o* [-ten] ballet

**balletdanser** *m* [-s] ballet dancer

**balletdanseres** *v* [-sen] ballet dancer, ballet girl

**balletgezelschap** *o* [-pen] ballet company

ba

**ba**

**balletschoen** *m* [-en] ballet shoe
**balling** *m* [-en] exile
**ballingschap** *v* exile, banishment ∗ *in ~ leven/sterven* live/die in exile ∗ *iem. tot ~ veroordelen* sentence sbd to exile ∗ *een regering in ~* a government in exile
**ballingsoord** *o* [-en] place of exile
**ballistiek** *v* ballistics
**ballistisch** *bn* ballistic ∗ *een ~ onderzoek* a ballistic investigation ∗ *een ~ projectiel* a ballistic projectile
**ballon** *m* [-s & -nen] ❶ *luchtbal* balloon ∗ *fig een ~netje oplaten* fly a kite, throw out a feeler ❷ *v. lamp* bulb
**ballonvaarder** *m* [-s] hot air balloonist
**ballonvaart** *v* [-en] hot air balloon ride
**ballonvaren** *o* hot air ballooning
**ballotage** *v* [-s] ballot(ing), election ∗ *door de ~ komen* pass the ballot
**balloteren** *overg* [balloteerde, h. geballoteerd] ballot, hold a ballot
**ballpoint** *m* [-s] ballpoint, ball pen
**ballroomdansen** *o* ballroom dancing
**bal masqué** *o* [-s] masked ball
**balneotherapie** *v* balneotherapy, mineral salt therapy
**balorig** *bn* ❶ *onwillig* wayward, unmanageable ❷ *ontevreden* cross, sullen, petulant ∗ *ergens ~ van worden* become impatient/cross with sth
**balorigheid** *v* petulance ∗ *uit ~* from petulance
**balpen** *v* [-nen] ballpoint, ball pen
**balsamicoazijn** *m* balsamic vinegar
**balsem** *m* [-s] ointment, balm, balsam ∗ *fig ~ op de wond doen* apply balm to the wound
**balsemen** *overg* [balsemde, h. gebalsemd] embalm ∗ *fig leed ~* alleviate sorrow
**balsemien** *v* [-en] balsam
**balspel** *o* [-spelen] ball game
**balsport** *v* [-en] ball game
**Baltisch** *bn* Baltic ∗ *de ~e staten* the Baltic states ∗ *de ~e Zee* the Baltic
**balts** *m* dierk display, courtship
**baltsen** *onoverg* [baltste, h. gebaltst] display
**baltstijd** *m* mating season
**balustrade** *v* [-s & -n] ❶ *v. terras &* balustrade, railing ❷ *v. trap* banister
**balvast** *bn* sp safe catch
**balzaal** *v* [-zalen] ballroom
**balzak** *m* [-ken] scrotum
**bamboe** **I** *bn* bamboo **II** *m* [-boezen] bamboo
**bami** *m* chow mein, Chinese noodles
**bamzaaien** *onoverg* [bamzaaide, h. gebamzaaid] draw straws
**ban** *m* [-nen] ❶ *uitbanning* excommunication, ban ∗ *in de ~ doen* ⟨kerkelijk⟩ excommunicate; fig put/place under a ban, outlaw ❷ *betovering* spell, charm ∗ *in de ~ van haar schoonheid* under the spell of her beauty ∗ *de ~ breken* break the spell
**banaal** *bn* banal, trite, commonplace

**banaan** *v* [-nanen] ❶ *vrucht* banana ❷ *boom* banana ▼ *gaan met die ~!* fire away!, go ahead!
**banaliteit** *v* [-en] banality, platitude
**bananenrepubliek** *v* [-en] banana republic
**bananenschil** *v* [-len] banana skin/peel
**bancair** *bn* bank, banking ∗ *~ verkeer* banking transactions ∗ *een ~ krediet* a bank loan
**band**[1] *m* [-s] muz band, group
**band**[2] **I** *m* [-en] ❶ *verbondenheid* bond, tie ∗ *de ~ tussen ouders en kinderen* the bond between parents and children ∗ *iets aan ~en leggen* impose restraints on ∗ *uit de ~ springen* go wild ∗ *door de ~ (genomen)* generally, usually ❷ *transportband* belt ∗ *een lopende ~* a conveyor belt ∗ *aan de lopende ~* continually ❸ *v. fiets, auto etc* tyre, Am tire ∗ *een lekke ~* a flat tyre ❹ *magneetband* tape ∗ *opgenomen op de ~* recorded on tape ❺ *bilj* cushion ∗ *over de ~ spelen* bilj play via the cushion; fig work indirectly **II** *o* *textiel* band, ribbon
**bandage** *v* [-s] ❶ *zwachtel* bandage ❷ *breukband* truss
**bandageren** *overg* [bandageerde, h. gebandageerd] bandage
**bandbreedte** *v* [-n & -s] ❶ *telec* band width ❷ *schommelingsmarge* fin range, variation
**bandeloos** *bn* lawless, riotous, undisciplined
**bandenlichter** *m* [-s] tyre lever, Am tire lever
**bandenpech** *m* puncture, tyre/Am tire trouble
**bandenspanning** *v* tyre pressure, Am tire pressure
**banderol** *v* [-len] ❶ banderole ❷ *om sigaren* revenue band
**bandiet** *m* [-en] bandit, ruffian, brigand
**bandje** *o* [-s] *v. cassetterecorder* tape
**bandoneon** *m* [-s] bandoneon
**bandopname** *v* [-n & -s] tape recording
**bandplooibroek** *v* [-en] pleated trousers
**bandrecorder** *m* [-s] tape recorder
**bandstoten** *o* cushion billiards
**banen** *overg* [baande, h. gebaand] clear, prepare ∗ *een weg ~* clear/break a way ∗ *nieuwe wegen ~* break new ground ∗ *de weg ~ voor* pave the way for ∗ *zich een weg ~ door* make/force/push one's way through ∗ *zich al strijdend een weg ~* fight one's way
**banengroei** *m* growth in employment, job(s) growth
**banenmarkt** *v* [-en] job fair, jobs market
**banenplan** *o* [-nen] job scheme, employment plan
**banenpool** *m* [-s] work program(me), job pool
**bang** **I** *bn* ❶ *alg.(predicatief)* afraid ∗ *~ voor* afraid of, in fear of ⟨sbd⟩; ⟨bezorgd⟩ afraid for, fearing for ⟨one's life⟩ ∗ *daar ben ik niet ~ voor* I'm not afraid of that ∗ *~ maken* frighten, make afraid, scare ∗ *~ zijn* be afraid ∗ *~ zijn om...* be afraid to... ∗ *~ zijn dat* be afraid that, fear that ❷ *angstwekkend* fearful ∗ *een ~ avontuur* a scary adventure ❸ *schuchter* fearful, timid ∗ *zo ~ als een wezel* as timid as a hare ❹ *ongerust* anxious ∗ *wees maar niet ~!* don't be afraid!, no fear! **II** *bijw* fearfully &

**ba**

**bangelijk** *bn* timid, fearful

**bangerd** *m* [-s], **bangerik** [-riken] coward, *inf* chicken

**Bangladesh** *o* Bangladesh

**bangmakerij** *v* intimidation

**banier** *v* [-en] banner, standard

**banjeren** *onoverg* [banjerde, h. gebanjerd] ❶*zwerven* wander ∗*door de stad* ~roam/wander through the town ❷*met grote stappen lopen* march, stride

**banjo** *m* ['s] banjo

**bank** *v* [-en] ❶*zitmeubel* sofa, couch, settee ❷*van hout* bench, ⟨in de tuin⟩ seat ∗*sp op de ~zitten* sit on the bench ❸*schoolbank* desk ❹*kerkbank* pew ❺*mist-, zandbank & bank ❻*instelling* bank ∗<u>handel</u> *de centrale* ~the central bank ∗*een coöperatieve* ~a cooperative bank ∗*de Nederlandsche Bank* the Netherlands Central Bank ∗*een ~van lening* a pawnshop ∗*de ~houden* keep/hold the bank ∗*de ~ laten springen* break the bank ▼*door de* ~(*genomen*) on the average

**bankafschrift** *o* [-en] statement of account, bank statement

**bankbediende** *m-v* [-n & -s] bank clerk/employee

**bankbiljet** *o* [-ten] banknote

**bankbreuk** *v* [-en] bankruptcy ∗*bedrieglijke* ~ fraudulent/culpable bankruptcy ∗*eenvoudige* ~ simple/casual bankruptcy

**bankdirecteur** *m* [-en] bank manager

**banket** *o* [-ten] ❶*gastmaal* banquet ∗*aan een* ~ *aanzitten* be a guest at a banquet ❷*gebak* (fancy) cakes ❸*met amandelpers* almond pastry

**banketbakker** *m* [-s] confectioner, pastrycook

**banketbakkerij** *v* [-en] cake shop, patisserie

**banketletter** *v* [-s] almond pastry letter

**banketstaaf** *m* [-staven] almond pastry roll

**bankgarantie** *v* [-s] bank guarantee

**bankgeheim** *o* banking secrecy ∗*het* ~*bewaren* observe banking confidentiality

**bankier** *m* [-s] banker

**bankieren** *onoverg* [bankierde, h. gebankierd] ❶*als klant* bank ∗*elektronisch* ~electronic banking ∗~ *bij de Postbank* bank with the Post Office Bank ❷*werken bij* bank work as a banker

**bankje** *o* [-s] ❶*meubel* small bench, stool ❷*bankbiljet* *inf* banknote

**bankoverval** *m* [-len] bank raid ∗*een* ~*plegen* commit a bank robbery

**bankpas** *m* [-sen] banker's card, bank card

**bankrekening** *v* [-en] bank account ∗*een* ~*openen* open an account with a bank ∗*ik heb geld van mijn* ~*gehaald* I've withdrawn money from my account

**bankrekeningnummer** *o* [-s] bank account number

**bankroet I** *o* [-en] bankruptcy ∗*frauduleus* ~ fraudulent bankruptcy **II** *bn* ∗~*gaan* become a bankrupt, go bankrupt ∗~*zijn* be bankrupt

**bankroof** *m* [-roven] bank robbery

**banksaldo** *o* ['s & -di] bank balance

**bankschroef** *v* [-schroeven] vice

**bankstel** *o* [-len] lounge suite, three-piece suite

**bankwerker** *m* [-s] bench fitter, benchman, fitter and turner

**bankwezen** *o* banking, banking system, banking business

**bankzaken** *zn* [mv] banking business

**banneling** *m* [-en] exile

**bannen** *overg* [bande, h. gebannen] ❶*verbannen* banish, exile ∗*iem. uit het bestuur* ~exclude/expel sbd from the committee ❷*uitdrijven* exorcise ⟨evil spirits⟩

**banner** *m* [-s] *advertentietekst op website* <u>comput</u> banner

**bantamgewicht I** *o* *sp* bantam weight **II** *m* [-en] bantam

**Bantoe** *m* [-s] Bantu

**banvloek** *m* [-en] anathema, ban ∗*de* ~*uitspreken over iem.* fulminate against sbd

**baptist** *m* [-en] Baptist

**bar¹** *m* [baren] *eenheid v. luchtdruk* bar

**bar² I** *m & v* [-s] ❶*café, buffet* bar ∗*in een* ~*lunchen* have lunch in a bar ∗*aan de* ~*staan* be at the bar ❷*ballet* barre **II** *bn* ❶*v. land* barren ❷*v. 't weer* foul, severe ❸*v. kou* biting, severe ❹*grof* rough ∗*het is* ~ it's a bit thick ∗~*en boos* really terrible ∗*nu wordt het echt te* ~*!* now you're going too far! **III** *bijw* <u>versterkend</u> awfully, dreadfully, woefully ∗*een* ~ *slechte uitvoering* a woefully/awfully bad performance, a dreadful performance

**barak** *v* [-ken] ❶shed ❷*mil ook* hut, barracks

**barbaar** *m* [-baren] barbarian

**barbaars** *bn* barbarous, barbaric, barbarian

**barbaarsheid** *v* [-heden] barbarism, barbarity

**Barbados** *o* Barbados

**barbarij** *v* barbarism

**barbarisme** *o* [-n] barbarism

**barbecue** *m* [-s] barbecue ∗*op de* ~*leggen* put on the barbecue ∗*kom je op onze* ~*vanavond?* are you coming to our barbecue tonight?

**barbecueën** *onoverg* [barbecuede, h. gebarbecued] barbecue ∗*we gaan vanavond* ~we're going to have a barbecue tonight

**barbeel** *m* [-belen] *vis* barbel

**barbiepop** ® *v* [-pen] Barbie ® doll

**barbier** *m* [-s] barber

**barbituraat** *o* [-raten] barbiturate

**Barcelona** *o* Barcelona

**barcode** *m* [-s] *streepjescode* bar code

**bard** *m* [-en] bard

**baren** *overg* [baarde, h. gebaard] ❶*ter wereld brengen* give birth to, bear ∗*een kind* ~give birth to a child ❷*veroorzaken* cause, create ∗*opzien* ~create a sensation ∗*zorgen* ~cause anxiety, give trouble ∗*oefening baart kunst* practice makes perfect

**barensnood** *m* labour ∗*in* ~*verkeren* be in labour

**barensweeën** *zn* [mv] pains of childbirth, labour pains, contractions

**ba**

**baret** v [-ten] ❶ v. advocaat & cap ❷ militair beret
**Bargoens I** o ❶ (thieves') slang, argot ❷ fig jargon, gibberish, lingo, inf double Dutch II bn slangy
**bariton** m [-s] baritone
**barium** o barium
**bark** v [-en] scheepv bark, barque
**barkeeper** m [-s] barman, barkeeper
**barkruk** v [-ken] bar stool
**barman** m [-nen] barman, bartender
**barmhartig** bn merciful, charitable
**barmhartigheid** v [-heden] mercy, mercifulness, charity * uit~ out of charity * werken van~ works of mercy
**barnsteen** o & m amber
**barnstenen** bn amber
**barok** bn & v baroque
**barokstijl** m [-en] baroque style
**barometer** m [-s] barometer
**barometerstand** m [-en] barometric pressure
**baron** m [-nen, -s] baron
**barones**, **baronesse** v [-nessen] baroness
**barracuda** m ['s] vis barracuda
**barrage** v [-s] ❶ sp decider ❷ paardensport jump-off
**barrels** zn [mv] * aan~ slaan/schoppen smash to pieces
**barrevoets** bijw barefoot
**barricade** v [-n & -s] barricade * een~ opwerpen put up/raise a barricade * op de~n gaan stand on the barricades
**barricaderen** overg [barricadeerde, h. gebarricadeerd] barricade
**barrière** v [-s] barrier
**bars** bn ❶ alg. stern, grim ❷ v. uiterlijk forbidding ❸ v. stem, toon harsh, gruff, rough * met~e stem with a harsh voice * een~ antwoord a blunt/an unfriendly answer
**barst** m & v [-en] crack, burst, flaw ▼ inf dat gaat je geen~ aan that's none of your business ▼ inf het kan me geen~ schelen I don't give a damn
**barsten** onoverg [barstte, is gebarsten] ❶ burst, crack, split * barst! go to hell! * iem. laten~ leave sbd in the lurch * een~de hoofdpijn a splitting headache * ~ van het lachen/nieuwsgierigheid/woede burst with laughter/curiosity/anger * ~ van het geld be loaded with money * het barst er van de muggen the place is full of mosquitoes ❷ v. huid chap
**barstensvol** bn en bijw brimming over (with), crammed * de sloot zit~ (met) vis the ditch is full of fish
**barteren** onoverg [barterde, h. gebarterd] ruilhandel bedrijven barter
**bas I** m [-sen] zanger bass II v [-sen] ❶ contrabas double bass, contrabass ❷ basgitaar bass guitar ❸ stem bass
**basaal** bn basic, basal
**basalt** o basalt
**bascule** v [-s], **baskuul** [-kules] ❶ weegschaal balance ❷ weegplatform platform weighing machine

**base** v [-n] chem base
**baseline** v [-s] tennis base line * vanaf de~ from the base line
**baseren I** overg [baseerde, h. gebaseerd] * ~ op base (on), found (on), go (on) II wederk [baseerde, h. gebaseerd] * zich~ op base one's case on, go on * de verteller geeft ons niets om ons op te~ the storyteller gives us nothing to go on
**basgitaar** v [-taren] bass (guitar)
**basilicum** o basil
**basiliek** v [-en] basilica
**basis** v [-sen & bases] ❶ grondslag basis * op~ van on the basis of, on the principle that * de~ leggen voor lay the foundation for * sp in de~(opstelling) staan be in the starting line-up ❷ wisk, mil base ❸ legerkamp base, station
**basisaftrek** m [-en] bij belastingen tax-free allowance, basic exemption
**basisbeurs** v [-beurzen] basic grant
**basisch** bn basic * ~ zout basic salt
**basiscursus** m [-sen] elementary course
**basisinkomen** o [-s] ❶ zonder toeslagen basic income ❷ uitkering v.d. staat guaranteed minimum income
**basiskennis** v rudiments, basic knowledge
**basisloon** o [-lonen] basic wage
**basisonderwijs** o primary education, elementary education
**basisopstelling** v [-en] sp starting line-up * in de~ in the starting line-up
**basispakket** o [-ten] standard package
**basisproduct** o [-en] commodity, basic product
**basisschool** v [-scholen] Br primary school, Am elementary school * op de~ zitten be at primary school
**basisspeler** m [-s] regular player
**basisvak** o [-ken] basic subject
**basisvoorzieningen** zn [mv] basic facilities
**basisvorming** v in het onderwijs basic curriculum, secondary school curriculum
**Bask** m [-en] Basque
**Baskenland** o ❶ Basque Country ❷ in Spanje Basque Provinces
**basketbal** o basketball
**basketballen** onoverg [basketbalde, h. gebasketbald] play basketball
**Baskisch I** bn Basque II o taal Basque
**Baskische** v [-n] Basque
**bas-reliëf** o [-s] bas-relief, low relief
**bassin** o [-s] ❶ scheepv basin, reservoir ❷ zwembad pool
**bassist** m [-en] ❶ bass (singer) ❷ bespeler v. bas bass player
**bassleutel** m [-s] bass clef, F clef
**bast** m [-en] ❶ v. boom bark, rind ❷ v. peulvruchten husk, shell ▼ in z'n blote~ inf in his birthday suit, bare-chested
**basta** tsw * (daarmee)~! that's enough!
**bastaard** m [-en & -s] ❶ onecht kind illegitimate

child, <u>afkeurend</u> bastard ❷ <u>dierk</u> mongrel ❸ *kruising* hybrid, crossbreed ✳ <u>plantk</u> *tot*~ *maken* hybridize

---

**bastaard**
Hoewel bastaard en basterd allebei in oorsprong onecht kind betekenen, heeft het woord in het Engels een zeer negatieve betekenis. Het wordt volop als scheldwoord gebruikt. In een gewone context kan het beter vermeden worden en de term illegitimate enz. worden gebruikt.

---

**bastaardwoord** *o* [-en] loan word
**basterdsuiker, bastaardsuiker** *m* brown sugar ✳ *witte*~ castor sugar
**bastion** *o* [-s] bastion
**basviool** *v* [-violen] violoncello
**bat** *o* [-s] ❶ *bij cricket* bat ❷ *bij tafeltennis* paddle
**bataljon** *o* [-s] battalion
**Batavier** *m* [-en] Batavian
**batch** *m* <u>comput</u> batch
**baten** *overg* [baatte, h. gebaat] to be of use, to be of avail, avail ✳ *het mocht niet*~ it was of no avail ✳ *niet(s)*~ be of no use/avail ✳ *wat baat het?* what's the use/good? ✳ *daar ben je niet mee gebaat* that's not going to help you, you'll get no benefit from that ✳ *gebaat worden door...* profit by ✳ *baat het niet, dan schaadt het niet* it doesn't hurt to try
**batig** *bn* ✳ *een*~ *saldo* a credit balance, a surplus ✳ *een*~ *slot* a surplus
**batikken** *overg* [batikte, h. gebatikt] batik
**batist** *o* batiste, lawn, cambric
**batterij** *v* [-en] ❶ <u>mil, elektr</u> battery ❷ *grote hoeveelheid* battery, array ✳ *een*~ *flessen* a battery of bottles ✳ *op*~*en werken* run on batteries
**bauxiet** *o* bauxite
**bavarois** *v* bavarois
**baviaan** *m* [-anen] baboon
**baxter** *m* [-s] <u>ZN med</u> drip
**bazaar** *m* [-s] ❶ *oosterse marktplaats* bazaar ❷ *voor liefdadig doel* bazaar, jumble sale, trash and treasure
**Bazel** *o* Basel, Basle
**bazelen** *onoverg* [bazelde, h. gebazeld] waffle, drivel
**bazig** *bn* overbearing, domineering, <u>inf</u> bossy
**bazin** *v* [-nen] mistress
**bazooka** *m* ['s] bazooka
**bazuin** *v* [-en] ❶ <u>muz</u> trombone ✳ *de*~ *steken* blow the trumpet, sing praises ❷ <u>bijbel</u> trumpet
**b.b.h.h.** *afk* (bezigheden buitenshuis hebbende) away all day
**b.d.** *afk* (buiten dienst) retired
**beachvolleybal** *o* beach volleyball
**beademen** *overg* [beademde, h. beademd] ❶ *persoon* apply artificial respiration to, <u>med</u> insufflate ❷ *spiegel, ruit &* breathe on
**beademing** *v* [-en] ✳ *kunstmatige*~ artificial respiration ✳ *aan de*~ *liggen* be given artificial respiration
**beambte** *m-v* [-n] official, employee

**beamen** *overg* [beaamde, h. beaamd] endorse, assent to, confirm
**beangstigen** *overg* [beangstigde, h. beangstigd] alarm
**beantwoorden I** *overg* [beantwoordde, h. beantwoord] ❶ *brief, vraag &* answer, reply to ❷ *liefde &* return ❸ *groet* acknowledge **II** *onoverg* [beantwoordde, h. beantwoord] come up to, answer, fulfil/Am fulfill, meet ⟨requirements⟩ ✳ *aan de beschrijving*~ correspond to/answer (to) the description ✳ *aan het doel*~ answer/serve/fulfil the purpose ✳ *aan de vereisten*~ meet the requirements ✳ *aan de verwachtingen*~ come up to expectations ✳ *niet aan de verwachtingen*~ fall short of expectations
**beantwoording** *v* answering, replying ✳ *ter*~ *van* in answer/reply to
**beargumenteren** *overg* [beargumenteerde, h. beargumenteerd] substantiate
**bearnaisesaus** *v* Béarnaise sauce
**beat** *m* beat
**beautycase** *m* [-s] cosmetic case, vanity case
**beautyfarm** *m* [-s] beauty farm
**bebakenen** *overg* [bebakende, h. bebakend] beacon
**bebloed** *bn* blood-stained, blood-covered
**beboeten** *overg* [beboette, h. beboet] fine, impose a fine on
**bebop** *m* bebop
**bebossen** *overg* [beboste, h. bebost] forest, afforest ✳ *een bebost gebied* a forested area
**bebouwd** *bn* ❶ *met gebouwen* built on ✳ *buiten de*~*e kom* outside the built-up area ✳ *een*~ *terrein* a built-on area ❷ <u>landb</u> cultivated, farmed ✳ ~ *met graan* under corn
**bebouwen** *overg* [bebouwde, h. bebouwd] ❶ *met gebouwen* build on, develop ❷ *v. bodem* cultivate, till, farm
**bebouwing** *v* [-en] ❶ *gebouwen* buildings ✳ *vliegen boven stedelijke*~ fly over urban buildings ❷ *het bouwen* building on ✳ *de*~ *van een terrein* the development of a building site ❸ <u>landb</u> cultivation
**bechamelsaus** *v* béchamel sauce
**becijferen** *overg* [becijferde, h. becijferd] calculate, figure out
**becijfering** *v* [-en] calculation
**becommentariëren** *overg* [becommentarieerde, h. becommentarieerd] comment on
**beconcurreren** *overg* [beconcurreerde, h. beconcurreerd] compete with
**becquerel** *m* becquerel
**bed** *o* [-den] bed ✳ *in (zijn)*~ in bed ✳ *in*~ *leggen, naar*~ *brengen* put to bed ✳ *naar*~ *gaan* go to bed, <u>inf</u> hit the hay/sack ✳ *op*~ *liggen* lie on one's bed ✳ *het*~ *houden* stay in bed ✳ *met iem. naar*~ *gaan* sleep with sbd ✳ *aan zijn*~ at his bedside ✳ *op zijn*~ on/in his bed ✳ *te*~ *in*~ *zijn*~ *opmaken* make the bed ✳ *te*~ *liggen met reumatiek* be laid up/be down with rheumatism ✳ *iem. van zijn*~ *lichten*

**be**

haul sbd out of bed * *zijn ~je gespreid vinden* have got it made * *een scheiding van tafel en* ~ a legal separation * *hij staat er mee op en gaat er mee naar* ~ he gets up and goes to bed with it * *dat is ver van mijn* ~ that doesn't concern me * *een ziekenhuis met 300 ~den* a 300-bed hospital * *een* ~ *aardbeien* a bed of strawberries * *het* ~ *van de Regge* the bed of the river Regge

**bedaagd** *bn* elderly, aged

**bedaard** *bn* calm, composed, quiet * *hou je* ~ keep calm * ~ *zijn* be calm

**bedacht** *bn* * ~ *zijn op* be prepared for, think of, be mindful of * *niet* ~ *zijn op* have not bargained for, be unprepared for

**bedachtzaam I** *bn* ❶ *overleggend* thoughtful, deliberate ❷ *omzichtig* cautious **II** *bijw* thoughtfully, carefully, deliberately

**bedachtzaamheid** *v* ❶ thoughtfulness ❷ caution, deliberation

**bedankbrief** *m* [-brieven] ❶ *dankbetuiging* letter of thanks ❷ *weigering, opzegging* letter of rejection, letter of refusal

**bedanken** *overg* [bedankte, h. bedankt] ❶ *dank betuigen* thank * <u>iron</u> *je wordt bedankt!* thanks a lot! ❷ *zijn dank uitspreken* express thanks ❸ *niet aannemen* decline * ~ *voor een betrekking* decline the offer of a post/position; send in one's papers, resign * ~ *voor een uitnodiging* decline an invitation * *daar bedank ik voor* I'm afraid I have to decline ⟨the invitation⟩ ❹ *aftreden* resign ❺ *voor tijdschrift, lidmaatschap* withdraw one's subscription/membership

**bedankje** *o* [-s] ❶ *dankbetuiging* acknowledgement, (letter of) thanks * *ik heb er niet eens een* ~ *voor gehad* I didn't get so much as a 'thank-you' for it ❷ *afwijzing v. uitnodiging* refusal ❸ *opzegging als lid* resignation

**bedankt** *tsw* thanks * *hartelijk* ~*!, reuze* ~*!* thank you very much!, thanks a lot!

**bedaren** *overg* [bedaarde, h. bedaard] ❶ *kalm maken* calm, soothe, quiet, appease * *iem. tot* ~ *brengen* calm sbd down ❷ *v. pijn* assuage, allay, still **II** *onoverg* [bedaarde, is bedaard] *kalm worden* calm down, quiet down, compose oneself * *bedaar!* calm down! * *tot* ~ *komen* calm down * *de storm/het tumult is bedaard* the storm/turmoil has blown over/subsided

**bedbank** *v* [-en] sofa bed

**beddengoed** *o* bedding, bedclothes

**beddenlaken** *o* [-s] sheet

**bedding** *v* [-en] ❶ *v. rivier* bed, channel ❷ *laag* <u>geol</u> layer, stratum ❸ <u>mil</u> platform ⟨of a gun⟩, rest

**bede** *v* [-n, -s] ❶ *gebed* prayer ❷ *smeekbede* entreaty, supplication, plea

**bedeesd** *bn* diffident, timid, bashful, shy

**bedehuis** *o* [-huizen] house/place of worship

**bedekken** *overg* [bedekte, h. bedekt] cover, cover up

**bedekking** *v* [-en] cover

**bedekt** *bn* ❶ covered ⟨with straw &⟩ * *met ijs* ~ covered with ice * *de lucht is* ~ the sky is overcast ❷ *heimelijk* <u>fig</u> veiled, covert * *op* ~ *e wijze* covertly * *in* ~ *e termen* in guarded terms

**bedektzadigen** *zn* [mv] angiosperms

**bedelaar** *m* [-s] beggar

**bedelarij** *v* begging

**bedelarmband** *m* [-en] charm bracelet

**bedelbrief** *m* [-brieven] begging letter

**'bedelen**¹ *onoverg* [bedelde, h. gebedeld] beg (for) * *er om* ~ *beg* for it

**be'delen**² *overg* [bedeelde, h. bedeeld] endow * *bedeeld met* endowed with, blessed with * *goed bedeeld zijn* be well off * *de minder bedeelden* the financially weak

**bedeling** *v* [-en] ❶ *armenhulp* charity * <u>hist</u> *in de* ~ *zijn, van de* ~ *krijgen* be on the parish/on charity * *wij leven hier niet van de* ~*!* we don't live on charity! ❷ *toestand* distribution, dispensation * *in deze* ~*, onder de tegenwoordige* ~ in this dispensation, under the present dispensation

**bedelmonnik** *m* [-niken] mendicant friar

**bedelorde** *v* [-n & -s] mendicant order

**bedelstaf** *m* beggar's staff * *aan, tot de* ~ *raken, brengen* be reduced to beggary

**bedeltje** *o* [-s] *voor armband* charm

**bedelven** *overg* [bedolf, h. bedolven] ❶ bury * *zij lag bedolven onder het puin* she was buried under the rubble ❷ *veel geven* <u>fig</u> inundate, shower * *ik word bedolven onder het werk* I'm snowed under with work * *iem.* ~ *onder de complimentjes* shower sbd with compliments * *hij bedolf mij met mailtjes* he swamped me with e-mails/emails

**bedenkelijk I** *bn* ❶ *ongerustheid wekkend* worrying, serious, grave, ⟨gevaarlijk⟩ critical, risky * *dat ziet er* ~ *uit* that looks serious ❷ *twijfel wekkend* questionable * *van een* ~ *niveau* of a dubious level * *een* ~ *e overeenkomst vertonen met...* look suspiciously like... ❸ *bezorgdheid, twijfel uitdrukkend* doubtful * *een* ~ *gezicht zetten* put on a serious/doubtful face **II** *bijw* ❶ *ongerustheid wekkend* alarmingly ❷ *twijfel wekkend* suspiciously

**bedenken I** *overg* [bedacht, h. bedacht] ❶ *overwegen* consider, take into consideration, reflect ⟨that⟩, bear in mind ⟨that⟩ * *je moet wel* ~ *dat Japan een heel duur land is* you should bear in mind that Japan is a very expensive country * *als men bedenkt dat...* considering that... ❷ *uitdenken* think of, think up, devise, invent, contrive, hit on * *ik moet nog een leuk cadeau* ~ *voor hem* I'm still thinking up a nice present for him ❸ *niet vergeten* remember * *pas toen bedacht hij dat...* it was only then that he remembered that... ❹ *een geschenk geven aan* remember ⟨sbd in sth⟩ * *een vriend in zijn testament* ~ put a friend in one's will **II** *wederk* [bedacht, h. bedacht] ❶ *change one's mind*, have second thoughts, think again * *zich tweemaal* ~ *alvorens te...*

think twice before ...ing * *zonder zich te* ~ without thinking, without hesitation ❷ *te binnen schieten* occur to * *ik bedenk me dat ik nog melk moet kopen* it just occurs to me that I have to buy some milk

**bedenking** *v* [-en] ❶ *bezwaar* objection * *geen ~ hebben tegen* have no objection to... * *ik heb mijn ~en* I have my objections ❷ *twijfel* reservation ❸ *overweging, beraad* consideration * *iets in ~ houden* take sth into consideration

**bedenksel** *o* [-s] meestal geringsch fabrication * *dat is geen eigen ~* it's not something he's fabricated

**bedenktijd** *m* ❶ time for reflection * *twee minuten ~ krijgen* get two minutes to think it over * *extra ~ vragen* ask for extra time for reflection ❷ *bij onderhandeling, conflict* cooling-off period

**bederf** *o* ❶ *rotting* decay, rot, ‹m.b.t. vlees› taint * *aan ~ onderhevige goederen* perishables, perishable goods ❷ *verslechtering* deterioration, ‹zedelijk› depravity * *~ der zeden* moral depravity

**bederfelijk** *bn* perishable * *~e waar* perishable goods

**bederven I** *overg* [bedierf, h. bedorven] ❶ *verknoeien* spoil, ruin, mar * *iems. plezier ~* spoil sbd's fun * *iems. reputatie ~* ruin sbd's reputation * *hier valt niets meer aan te ~* this is fit to be thrown away ❷ *slecht maken* corrupt, deprave ❸ *vuil maken* taint ❹ *verwennen* spoil ‹a child› **II** *onoverg* [bedierf, is bedorven] ❶ *rotten* decay, rot ❷ *niet meer geschikt zijn voor consumptie* go off, go bad * *de melk is bedorven* the milk has gone off

**bedevaart** *v* [-en] pilgrimage * *op ~ gaan* go on a pilgrimage

**bedevaartganger** *m* [-s] pilgrim

**bedevaartplaats** *v* [-en] place of pilgrimage

**bedgeheim** *o* [-en] bedroom secrets

**bedgenoot** *m* [-noten] bedfellow

**bediende** *m-v* [-n & -s] ❶ *in huis* servant ❷ *kelner* waiter, waitress, attendant ❸ *in winkel* assistant ❹ *op kantoor* employee * *de jongste ~* the office junior

**bedienen I** *overg* [bediende, h. bediend] ❶ *klanten & serve*, attend to * *een klant ~* serve a customer * *iem. op zijn wenken ~* be at sbd's beck and call ❷ *aan tafel* wait on ❸ techn work, operate, control ▼ RK *een stervende ~* give the last rites to a dying man **II** *wederk* [bediende, h. bediend] * *zich ~* help oneself * *zich ~ van* ‹aan tafel› help oneself to; fig avail oneself of, use **III** *onoverg* [bediende, h. bediend] ❶ *klanten &* serve ❷ *aan tafel* wait

**bediening** *v* ❶ *in hotel &* attendance, service * *de ~ is goed/slecht* the service is good/bad ❷ techn working, operation, control ❸ RK administration of the last sacraments

**bedieningsgeld** *o* service charge

**bedieningsgemak** *o* ease of operation

**bedieningspaneel** *o* [-nelen] control panel, console

**bedijken** *overg* [bedijkte, h. bedijkt] dam up, dyke in, embank

**bedijking** *v* [-en] embankment, dykes

**bedilal** *m* [-len] *bemoeial* meddler

**bedillerig, bedilziek** *bn* censorious, meddling

**bedilzucht** *v* meddling, interfering

**beding** *o* [-en] alg. condition, proviso, stipulation, clause, term, warranty * *onder ~ dat* subject to * *onder géén ~* under no circumstances * *onder één ~* on one condition * jur *een arbitraal ~* an arbitration clause * jur *een gebruikelijk ~* a convention * jur *een ontbindend ~* an avoidance clause

**bedingen** *overg* [bedong, h. bedongen] ❶ *prijs* stipulate (that), bargain for * *een goede prijs ~* bargain for a good price ❷ *voorwaarden* obtain ❸ *overeenkomen* agree (on) * *de bedongen prijs* the agreed price

**bediscussiëren** *overg* [bediscussieerde, h. bediscussieerd] discuss

**bedisselen** *overg* [bedisselde, h. bedisseld] arrange ‹matters›, fix up

**bedlegerig** *bn* bedridden, laid up, ill in bed

**bedoeïen** *m* [-en] Bedouin

**bedoelen** *overg* [bedoelde, h. bedoeld] ❶ *een bedoeling hebben* mean, intend * *het was goed bedoeld* it was meant for the best, I/he & meant it kindly * *hij bedoelt het goed met je* he means well by you * *een goed bedoelde raad* a well-intentioned piece of advice * *ik heb er geen kwaad mee bedoeld!* no offence was meant! * *bedoeld zijn voor* be meant/intended for ❷ *willen zeggen* mean (to say) * *ik begrijp wat je bedoelt* I see your point * *wat bedoelt u daarmee?* what do you mean by it? * *ik bedoel maar...* as I said...

**bedoeling** *v* [-en] ❶ *voornemen* intention, plan, aim, jur intent * *het ligt niet in onze ~ om...* we have no intention of/to... * *met de beste ~en* with the best intentions * *met een bepaalde ~* purposively * *zonder bepaalde ~* unintentionally * *zonder kwade ~* no offence being meant, no harm being meant * *dat is niet de ~* that's not the intention, that's not what ‹I/we› meant ❷ *betekenis* meaning

**bedoening** *v* *drukte* fuss, to-do * *het was een hele ~* it was quite a to-do/job * *het was een rare ~* it was a strange affair

**bedompt** *bn* close, stuffy, musty

**bedonderd** *bn* ❶ *gek* crazy * *ben je (nou helemaal) ~?* are you crazy/nuts/out of your mind? ❷ *slecht* rotten, beastly * *ik voel me ~* I feel rotten/awful

**bedonderen** *overg* [bedonderde, h. bedonderd] *bedriegen* cheat, fool, trick

**bedorven** *bn* ❶ *niet vers, fris* bad, foul * *~ vis/vlees* fish/meat that is off, tainted fish/meat * *~ fruit* bad fruit * *~ lucht* foul air * *een ~ maag* an upset stomach ❷ *verwend* spoilt * *een ~ kind* a spoilt child

**bedotten** *overg* [bedotte, h. bedot] take in, cheat, fool

**bedplassen, bedwateren** *o* bed-wetting, med enuresis

**bedplasser** *m* [-s] bed-wetter

**be**

**bedraden** *overg* [bedraadde, h. bedraad] ❶ elektr wire ❷ plantk wire up * *takken van een boom* ~ wire up the branches of a tree

**bedrading** *v* [-en] elektr wiring

**bedrag** *o* [-dragen] amount, sum, figure * *een* ~ *ineens, een eenmalig* ~ a lump sum * *een fictief* ~ a notional amount * *een openstaand* ~ an outstanding amount * *een symbolisch* ~ a token figure * *het verschuldigd* ~ the amount due * *ten* ~*e van* to the amount of * *de* ~*en zijn exclusief btw* the prices do not include VAT

**bedragen** *overg* [bedroeg, h. bedragen] amount to * *de kosten* ~ *350 euro* the expenses amount to 350 euros

**bedreigen** *overg* [bedreigde, h. bedreigd] ❶ threaten, menace * *het conflict bedreigt de wereldvrede* the conflict is threatening world peace * *iem. met de dood* ~ threaten sbd with death * *bedreigde diersoorten* endangered species * *een* ~*de situatie* a threatening situation ❷ *intimideren* intimidate

**bedreiging** *v* [-en] ❶ threat, menace * jur ~ *met geweld* threat of violence * *een* ~ *vormen voor* pose a threat to * *onder* ~ *met een mes* under knife threat ❷ *intimidatie* intimidation, duress

**bedremmeld** *bn* confused, embarrassed

**bedreven** *bn* skilful/Am skillful, skilled, experienced, practised, expert * ~ *in* adept at, skilled at, (well) versed in

**bedrevenheid** *v* adeptness, proficiency, skill, skilfulness, expertise * *zijn* ~ *in* his proficiency in

**bedriegen** *overg* [bedroog, h. bedrogen] ❶ *misleiden* deceive, cheat, take in, impose upon * *hij heeft ons voor een grote som bedrogen* he's cheated us out of a large amount * *hij kwam bedrogen uit* his hopes were deceived, he was disappointed * *schijn bedriegt* appearances are deceptive ❷ *met geld* defraud, swindle ❸ *ontrouw zijn* be unfaithful to, deceive * *een bedrogen echtgenoot* a deceived husband/wife

**bedrieger** *m* [-s] ❶ *alg.* deceiver, impostor, cheat, fraud * *de* ~ *bedrogen* the biter bitten ❷ *oplichter* swindler ❸ *bij zakelijke transacties* fraud

**bedriegertje** *o* [-s] trick fountain ‹in a park that unexpectedly squirts water at visitors›

**bedrieglijk** *bn* ❶ *oneerlijk* deceitful ❷ *frauduleus* fraudulent ‹practices› * ~*e bankbreuk* fraudulent bankruptcy ❸ *misleidend* deceptive, false, misleading

**bedrijf** *o* [-drijven] ❶ *onderneming* business, company, enterprise, concern, undertaking, ‹chemical› works * *een eigen* ~ one's own business, a business of one's own * *een middelgroot* ~ a medium-sized business * landb *een gemengd* ~ a mixed farm * *het gas*~ the gas service ❷ *handeling* action, deed * *buiten* ~ out of order, (standing) idle * *buiten* ~ *stellen* close down * *in* ~ in (full) operation * *in* ~ *stellen* put into operation * *in* ~

*zijn* be operational * *in vol* ~ *zijn* to be working at full capacity ❸ *v. toneelstuk* act ‹of a play› * *in vijf bedrijven* in five acts * fig *tussen de bedrijven door* in the meantime, meanwhile

**bedrijfsadministratie** *v* business administration

**bedrijfsarts** *m* [-en] company doctor, company medical officer

**bedrijfsauto** *m* ['s], **bedrijfswagen** [-s] company car, commercial car

**bedrijfschap** *o* [-pen] jur trade board, industry board

**bedrijfscultuur** *v* [-turen] corporate culture, company culture

**bedrijfseconomie** *v* business economics

**bedrijfsgeheim** *o* [-en] trade secret, industrial secret

**bedrijfskapitaal** *o* operating capital, trading capital, working capital

**bedrijfsklaar** *bn* in working order

**bedrijfskleding** *v* industrial clothing

**bedrijfskosten** *zn* [mv] working expenses, running costs, operating costs * *vaste* ~ overheads, overhead costs * *overige* ~ other operating costs

**bedrijfskunde** *v* business administration

**bedrijfsleider** *m* [-s] ❶ manager ❷ *m.b.t. de bedrijfsvoering van een fabriek* plant/works manager

**bedrijfsleiding** *v* ❶ management ❷ *directie* board (of directors)

**bedrijfsleven** *o* ❶ business, business community, trade and industry, corporate sector ❷ *private sector* private enterprise

**bedrijfsongeval** *o* [-len] industrial accident

**bedrijfsorganisatie** *v* [-s] industrial organization * *een publiekrechtelijke* ~ a regulatory industrial tribunal/organization

**bedrijfsplan** *o* [-nen] business plan, industrial plan

**bedrijfsrecht** *o* business law

**bedrijfsresultaat** *o* [-taten] ❶ operating results, trading results ❷ *in de boekhouding* result from operations * *een positief/negatief* ~ an operating profit/loss, a trading profit/loss

**bedrijfsspionage** *v* industrial espionage

**bedrijfstak** *m* [-ken] (branch of) industry, industry, (line of) business, trade sector

**bedrijfsvereniging** *v* [-en] industrial insurance board

**bedrijfsvoering** *v* operational management

**bedrijfszeker** *bn* techn reliable

**bedrijven** *overg* [bedreef, h. bedreven] commit, perpetrate * *een misdaad* ~ commit a crime * *de liefde* ~ make love * taalk *de* ~*de vorm* the active voice

**bedrijvenpark** *o* [-en] business park

**bedrijvig** *bn* active, lively, busy, bustling * *een* ~*e stad* a bustling town * *een* ~ *kind* an active child

**bedrijvigheid** *v* activity * *economische* ~ economic activity * *zij was een en al* ~ she was all activity

**bedrinken** *wederk* [bedronk, h. bedronken] * *zich* ~

get drunk, _inf_ get tight/pissed

**bedroefd** _bn_ ❶ _verdrietig_ sad, dejected * ~ _zijn over_ be sad about * ~ _weinig_ precious little ❷ _van streek_ distressed, upset

**bedroeven I** _overg_ [bedroefde, h. bedroefd] give/cause pain (to), afflict, grieve, distress * _het bedroeft mij dat..._ I am grieved/distressed to learn/see that... **II** _wederk_ [bedroefde, h. bedroefd] * _zich ~_ grieve, be grieved ⟨at it/to see &⟩

**bedroevend I** _bn_ ❶ _droefheid veroorzakend_ sad, depressing, distressing ❷ _onbeduidend_ pitiful, pathetic **II** _bijw zeer_ miserably, extremely * ~ _weinig_ precious little/few

**bedrog** _o_ ❶ _alg._ deceit, deception, fraud * ~ _plegen_ cheat ❷ _optisch_ illusion * _optisch ~_ an optical illusion ❸ _civielrecht_ fraudulent misrepresentation, ⟨strafrecht⟩ fraud, obtaining by deception ❹ _fin_ fraud

**bedrogen** _bn_ * ~ _uitkomen_ be deceived

**bedruipen I** _overg_ [bedroop, h. bedropen] _vlees_ baste **II** _wederk_ [bedroop, h. bedropen] * _zich kunnen ~_ pay one's way, support oneself

**bedrukken** _overg_ [bedrukte, h. bedrukt] ❶ _typ_ print (over) ❷ _kwellen_ depress

**bedrukt** _bn_ ❶ _eig_ printed ⟨cotton &⟩ ❷ _fig_ depressed, dejected * _met een ~ gemoed_ dejected

**bedrust** _v_ confinement to bed, bed rest * _iem. ~ voorschrijven_ prescribe bed rest

**bedscène** _v_ [-s] bedroom scene

**bedstee, bedstede** _v_ [-steden] _hist_ box bed

**bedtijd** _m_ bedtime

**beducht** _bn_ * ~ _zijn voor iem._ be afraid of sbd * ~ _zijn voor_ ⟨gevaar⟩ apprehensive of; ⟨leven, veiligheid⟩ afraid for

**beduiden** _overg_ [beduidde, h. beduid] ❶ _aanduiden, betekenen_ mean, signify * _het heeft niets te ~_ it means nothing ❷ _duidelijk maken_ signal, indicate * _de gastheer beduidde ons te gaan zitten_ the host signalled to us to sit down

**beduidend I** _bn_ considerable, significant * _een ~e verbetering_ a considerable improvement **II** _bijw_ considerably, significantly * _hij doet het ~ beter dan ik_ he is considerably better than I am

**beduimeld** _bn_ ❶ _eig_ thumbed * _een ~ boek_ a well-thumbed book ❷ _vuil_ thumb-marked

**beduimelen** _overg_ [beduimelde, h. beduimeld] thumb

**beduusd** _bn_ bewildered, dazed, _inf_ flabbergasted, taken aback

**beduveld** _bn_ * _ben je ~?_ are you out of your mind?

**beduvelen** _overg_ [beduvelde, h. beduveld] fool, trick, double-cross, hoodwink

**bedwang** _o_ restraint, control * _goed in ~ hebben_ have well in hand * _in ~ houden_ hold/keep in check, keep under control * _zich in ~ houden_ control oneself

**bedwelmen** _overg_ [bedwelmde, h. bedwelmd] stun, stupefy, drug, intoxicate * ~ _de middelen_ drugs * ~

_door alcohol_ intoxicate

**bedwelming** _v_ [-en] ❶ _alg._ stupefaction, stupor ❷ _roes_ intoxication, daze

**bedwingen I** _overg_ [bedwong, h. bedwongen] ❶ _in bedwang houden_ suppress, control, subdue, hold in check * _zijn tranen ~_ keep back one's tears * _zijn toorn ~_ restrain one's anger ❷ _onder controle brengen_ suppress, conquer * _een oproer ~_ repress/put down/quell a rebellion * _een berg ~_ conquer a mountain ❸ _overwinnen sp_ beat, get the better of * _Feyenoord bedwong Ajax_ Feyenoord got the better of Ajax **II** _wederk_ [bedwong, h. bedwongen] * _zich ~_ contain oneself, restrain oneself

**bedzeiltje** _o_ [-s] rubber sheet

**beëdigd** _bn_ ❶ _v. personen_ sworn (in) * _een ~ accountant_ a chartered accountant ❷ _v. verklaring_ sworn, on oath * _een ~e verklaring_ an affidavit * _een ~e vertaling_ a certified translation

**beëdigen** _overg_ [beëdigde, h. beëdigd] ❶ _iem._ swear in, administer the oath to ⟨the witnesses⟩ * _een functionaris ~_ swear an official into office ❷ _iets_ swear, confirm on oath * _een verklaring ~_ swear a statement

**beëdiging** _v_ [-en] ❶ _v. persoon_ swearing in, administration of the oath ❷ _v. verklaring_ confirmation on oath, swearing

**beëindigen** _overg_ [beëindigde, h. beëindigd] ❶ _alg._ end, finish, conclude * _zijn loopbaan ~_ end one's career ❷ _v. contract_ terminate ❸ _v. zwangerschap_ terminate

**beëindiging** _v_ ❶ _alg._ conclusion, ending ❷ _v. contract_ termination * _jur ~ met wederzijds goedvinden_ termination by mutual consent * _jur ~ zonder opzegging en opgaaf van redenen_ termination without notice or cause

**beek** _v_ [beken] brook, stream, rivulet

**beekje** _o_ [-s] brooklet

**beeld** _o_ [-en] ❶ _standbeeld_ statue * _een ~ voor iem. oprichten_ erect a statue of sbd ❷ _afbeelding_ image, picture, portrait * _naar Gods ~_ ⟨en gelijkenis⟩ _geschapen_ created after/in the image of God ❸ _televisie &_ picture, image * _slecht ~ hebben_ have a bad picture/reception * _die ~en gaan de hele wereld over_ these pictures are seen throughout the world * _iets in ~ brengen_ show pictures of sth * _in ~ zijn_ be on the screen * _hij is in ~ voor die functie_ he is in the picture for this position ❹ _geestelijke voorstelling_ image, idea, view * _zich een ~ vormen van_ form a notion of, visualize * _een verkeerd ~ van iem. hebben_ have the wrong impression of sth * _een vertekend ~ van iets hebben_ have a distorted view of sth ❺ _zinnebeeld_ image, symbol ❻ _redefiguur_ figure (of speech), metaphor ❼ _schoonheid_ beauty, _inf_ beaut * _een ~ van een vrouw_ a picture of a woman ▼ _hij is een ~ van werklust_ he's a model of diligence

**beeldband** _m_ [-en] videotape * _op ~ vastleggen_ register on videotape

**beeldbuis** v [-buizen] cathode tube ∗ *op de* ~ *on
small screen,* inf on the box
**beelddrager** m [-s] pictorial medium
**beeldenaar** m [-s] effigy, ‹muntstuk› head
**beeldend** bn expressive, plastic ∗ *de* ~*e kunsten* the
plastic arts, the visual arts ∗ *een* ~ *kunstenaar* a
visual artist ∗ ~*e taal* expressive language ∗ *een* ~*e
beschrijving* a visual description
**beeldenstorm** m iconoclasm
**beeldenstormer** m [-s] iconoclast
**beeldhouwen** overg [beeldhouwde, h.
gebeeldhouwd] sculpture, sculpt
**beeldhouwer** m [-s] sculptor
**beeldhouwkunst** v sculpture
**beeldhouwwerk** o [-en] sculpture
**beeldig** bn charming, lovely, gorgeous
**beeldje** o [-s] image, figurine, statuette
**beeldkwaliteit** v picture quality
**beeldmerk** o [-en] logo
**beeldplaat** v [-platen] video disc ∗ *op* ~ *vastleggen*
register on video disc
**beeldscherm** o [-en] screen
**beeldschoon** bn stunningly beautiful, gorgeous
**beeldspraak** v figurative language, metaphor,
imagery
**beeldtelefoon** m [-s] videophone
**beeldverhaal** o [-halen] comic strip
**beeldvorming** v representation, image ∗ *de* ~ *van
gehandicapten* the way we see the disabled
**beeltenis** v [-sen] image, portrait, likeness
**Beëlzebub** m Beelzebub
**been** I o [benen] ❶*ledemaat* leg ∗ *benen maken, de
benen nemen* take to one's heels ∗ *vlug (wel) ter* ~
*zijn* be a good walker ∗ *slecht ter* ~*zijn* have trouble
walking ∗ *op de* ~ *blijven, zich op de* ~ *houden* keep
(on) one's feet ∗ *op de* ~ *brengen* raise ‹an army›
∗ *iem. op de* ~ *helpen* set/put sbd on his legs ∗ *op de*
~*houden* keep going ∗ *op de* ~ *zijn* eig be on one's
feet; ‹op zijn› be stirring, be out of bed;
‹rondlopen› be about, be on the move; ‹na ziekte›
be on one's legs, be up and about again ∗ *de benen
strekken* stretch one's legs ∗ *op zijn laatste benen
lopen* be on one's last legs ∗ *het* ~ *stijf houden* stand
firm, dig one's toes in, dig in one's heels ∗ *met één* ~
*in het graf staan* have one foot in the grave ∗ *met het
verkeerde* ~*uit bed stappen* get out on the wrong side
of the bed ∗ *op één* ~ *kan men niet lopen* two make a
pair ∗ *zich de benen uit het lijf lopen* run one's legs
off ∗ *op zijn achterste benen staan* be up in arms ∗ *op
eigen benen staan* stand on one's own feet/legs ∗ *met
beide benen op de grond blijven staan* remain
level-headed ∗ *geen* ~*om op te staan* not have a leg
to stand on ∗ *iem. tegen het zere* ~*schoppen* touch
sbd on a sore spot ∗ *het zijn sterke benen die de
weelde kunnen dragen* set a beggar on horseback
and he'll ride to the devil ∗*wisk* side, leg II o
[benen, beenderen] ❶*deel v. geraamte* bone
❷*stofnaam* bone ∗ *er geen* ~ *in zien om…* make no

bones about …ing, make nothing of …ing
**beenbeschermer** m [-s] leg guard, pad
**beenbreuk** v [-en] fracture of the leg, bone fracture
**beendergestel** o skeleton, bones
**beendermeel** o bone meal
**beenhouwer** m [-s] ZN butcher
**beenhouwerij** v [-en] ❶*winkel* ZN butcher's shop
❷*bedrijf* butcher's trade
**beenmerg** o bone marrow
**beenmergtransplantatie** v [-s] ❶*het transplanteren*
bone marrow transplantation ❷*het
getransplanteerde* bone marrow transplant
**beenruimte** v legroom ∗ *een auto met voldoende* ~a
car with sufficient legroom
**beentje** o [-s] ❶*botje* (small) bone ❷*klein been*
(small) leg ∗ *iem.* ~*lichten* trip sbd up ∗ *zijn beste* ~
*voorzetten* put one's best foot forward
**beenvlies** o [-vliezen] periosteum
**beenwarmer** m [-s] leg warmer
**beer** m [beren] ❶*roofdier* bear, ‹vrouwelijk› she-bear
∗ *een ongelikte* ~a clodhopper ∗ *zo sterk als een* ~as
strong as a horse ∗ fig *de* ~ *is los* the fat is in the fire
∗ fig *een* ~ *van een vent* a giant of a fellow ∗ *beren op
de weg zien* see ghosts ∗ *de huid van de* ~ *verkopen
voor men hem geschoten heeft* count one's chickens
before they are hatched ∗ astron *de Grote Beer* the
Great Bear, Ursa Major ∗ astron *de Kleine Beer* the
Little Bear, Ursa Minor ❷*mannetjesvarken* boar
❸*schoor, stut* buttress
**beerput** m [-ten] cesspool, cesspit ∗ fig *ze hebben een*
~*geopend* they've opened a can of worms
**beërven** overg [beërfde, h. beërfd] inherit
**beest** o [-en] ❶*dier alg.* animal ∗ fig *'t is bij de* ~*en af*
it's beastly ❷*wild dier* beast ❸*ruw persoon* beast,
brute ∗ *een* ~ *van een kerel* a brute (of a man) ∗ *de* ~
*uithangen* behave like an animal ∗ *als een* ~ *te keer
gaan* carry on like a beast
**beestachtig** I bn bestial, brutal, brutish ∗ *op* ~*e
wijze vermoorden* murder in a bestial manner II bijw
❶terribly, awfully, dreadfully ∗ ~ *tekeer gaan* go
mad ❷*versterkend* horribly, terribly, outrageously
‹drunk, dull, wet› ∗ *een* ~*duur jasje* an outrageously
expensive jacket
**beesten** onoverg [beestte, h. gebeest] party
**beestenboel, beestenbende** m inf pigsty
**beestenweer** o beastly weather
**beet** m [beten] ❶*handeling* bite, sting ∗ *een dodelijke*
~*van een slang* a deadly snakebite ❷*hapje* bite,
morsel
**beethebben** overg [had beet, h. beetgehad] ❶*vast
hebben* have a hold of ∗ *het flink* ~ ‹verliefdheid,
verkoudheid› have caught it ❷*foppen* fig fool, trick,
cheat ❸*bij het vissen* have a bite
**beetje** I o [-s] *hoeveelheid* (little) bit, little ∗ *alle* ~*s
helpen* every little helps ∗ ~ *bij* ~, *stukje bij* ~ bit by
bit, little by little ∗ *lekkere* ~*s* titbits ∗ iron *ik ga me
daar een* ~*dansen!* do you think I'm going to dance
just to please you? II bn little ∗ *het* ~*geld dat ik heb*

the little money I have; what money I have ✱*een ~ musicus* anyone who knows the slightest thing about music

**beetkrijgen** *overg* [kreeg beet, h. beetgekregen] catch hold of

**beetnemen** *overg* [nam beet, h. beetgenomen] ❶*beetpakken* take hold of ❷*foppen* pull sbd.'s leg, make a fool of, take in, inf take for a ride ✱*inf je hebt je laten ~*you've let yourself be taken in ✱*inf Jan is lelijk beetgenomen* John's been had, John's been taken for a ride

**beetpakken** *overg* [pakte beet, h. beetgepakt] seize, take (get) hold of, grip, grasp

**beetwortel** *m* [-s & -en] sugar beet, fodder beet

**bef** *v* [-fen] bands

**befaamd** *bn* noted, famous, renowned

**beffen** *overg* [befte, h. gebeft] eat sbd, Am go down on sbd, eat pussy

**begaafd** *bn* gifted, talented ✱*een ~schrijver* a talented writer ✱*~met* endowed with

**begaafdheid** *v* [-heden] gift, talent ✱*dat getuigt van een enorme ~*that shows a great talent

**begaan** I *overg* [beging, h. begaan] ❶*lopen over* walk (on), tread ✱*de begane grond* the ground floor, the ground level Am the first floor ❷*bedrijven* commit, make, perpetrate ✱*een fout ~*commit an error, make a mistake ✱*een misdaad ~*commit/perpetrate a crime ✱*sp een overtreding ~*commit a foul II *onoverg* [beging, h. begaan] ✱*laat hem maar ~*leave him alone! leave him be! III *bn* trodden ⟨path⟩, beaten ⟨track⟩ ▼*~zijn met* feel sorry for, pity ▼*zij is erg ~met haar medemens* she's very concerned about those around her

**begaanbaar** *bn* passable, negotiable, practicable

**begeerlijk** *bn* desirable

**begeerte** *v* [-n] ❶*alg.* desire ❷*seksueel* lust ✱*de ~ naar kennis* the desire for knowledge

**begeleiden** *overg* [begeleidde, h. begeleid] ❶*vergezellen* accompany, ⟨v. hooggeplaatst persoon &⟩ attend ✱*een ~d schrijven* a covering letter, an accompanying letter ✱*~de omstandigheden* attendant/surrounding circumstances ❷*mil* escort ❸*scheepv* convoy ❹*muz* accompany, play the accompaniment ✱*muz zichzelf ~op de gitaar* accompany oneself on the guitar ❺*met raad* counsel ✱*~van een scriptie* supervise a thesis

**begeleider** *m* [-s] ❶*vergezeller* companion, attendant ❷*muz* accompanist ❸*gids* guide ❹*studiebegeleider* supervisor/coach

**begeleiding** *v* [-en] ❶*muz* accompaniment ✱*muz met ~van...* to the accompaniment of... ❷*het vergezellen* accompaniment, escort ✱*hij arriveerde onder ~van de politie* he arrived under police escort ❸*raad* counselling, Am counseling ❹*ondersteuning* coaching, guidance, supervision, support ✱*ter ~in* support

**begenadigd** *bn* inspired, talented, gifted

**begenadigen** *overg* [begenadigde, h. begenadigd] ❶*gratie verlenen* pardon, reprieve ❷*zegenen* bless ✱*zij is begenadigd met drie lieftallige dochters* she is blessed with three lovely daughters

**begeren** *overg* [begeerde, h. begeerd] desire, wish, want, covet

**begerenswaard, begerenswaardig** *bn* desirable, eligible

**begerig** *bn* ❶*alg.* eager, desirous, covetous ✱*~naar* eager for ✱*~om te...* eager to... ✱*~e blikken werpen op* cast covetous eyes on ❷*inhalig* greedy

**begeven** I *overg* [begaf, h. begeven] break down, fail, collapse ✱*zijn krachten ~hem* he is losing his strength ✱*zijn benen begaven hem* his legs gave way ✱*zijn moed begaf hem* his heart sank ✱*mijn computer heeft het ~*my computer has given up the ghost ✱*de ketting kan het ~*the chain may break II *wederk* [begaf, h. begeven] ✱*zich ~* ⟨gaan naar⟩ proceed, make one's way to ✱*zich ~in gevaar* expose oneself to danger ✱*zich op weg ~*set off for ✱*zich ~naar* go to, set out/start for ✱*ik zou mij daar niet in ~*I wouldn't get involved in that sort of thing ⟨if I were you⟩ ✱*zich ter ruste ~*go to bed

**begieten** *overg* [begoot, h. begoten] water

**begiftigen** *overg* [begiftigde, h. begiftigd] endow with, present with ✱*iem. ~met...* endow sbd with..., confer... on sbd ✱*begiftigd zijn met talent* be talented, endowed with talent/(many) talents

**begijn** *v* [-en] hist beguine

**begijnhof** *o* [-hoven] beguinage

**begin** *o* start, beginning, commencement, outset, opening, inception ✱*een ~maken* make a beginning/start ✱*een ~maken met* begin, start ⟨work &⟩ ✱*een ~van brand* an outbreak of fire ✱*het ~van het einde* the beginning of the end ✱*alle ~is moeilijk* all beginnings are difficult ✱*een goed ~is het halve werk* well begun is half done ✱*een verkeerd ~*a bad/false start ✱*bij het ~~nen* begin at the beginning/start ✱*aan/in het ~*at/in the beginning, at first ✱*bijbel in den ~ne* in the beginning ✱*aan het ~van volgend jaar* early next year ✱*al in het ~at* the (very) outset, from the outset ✱*(in het) ~(van) januari* at the beginning of January, early in January ✱*van het ~af aan* from the first, from the beginning ✱*van het ~tot het eind* from beginning to end, from start to finish, throughout ✱*hij is ~vijftig* he is in his early fifties ✱*jur een ~van bewijs* prima facie evidence

**beginkapitaal** I *o geldbedrag* starting capital II *v* [-talen] *hoofdletter* initial capital (letter)

**beginletter** *v* [-s] initial letter

**beginneling** *m* [-en] beginner, novice

**beginnen** I *overg* [begon, is begonnen] begin, commence, start ✱*een bedrijf ~start* a business ✱*voor zichzelf/een eigen bedrijf ~start* one's own business, set up/start for oneself ✱*wat moet ik ~?* what to do? ✱*wat ben ik begonnen!* what have I let myself in for! ✱*om te ~...* to begin with..., to start with..., for a start... ✱*aan/met iets ~begin* (on/with)

be

sth∗ *daar begin ik niet aan* I don't go in for that sort of thing∗~ *met te zeggen dat...* begin by saying that...∗ *er is niets met hem te~* he is quite unmanageable∗ *je moet niet met hem~* don't get entangled with him∗ *er is niets mee te~* it won't do, it's hopeless; I can make nothing of it∗ *er is geen~ aan* why even start?∗ *men moet iets hebben om te~* to start upon∗~ *(te praten) over* begin/start on, broach ⟨a subject⟩∗ *van voren af aan~* begin ⟨all⟩ over again, start afresh∗ *met Frans~* take up French ∗~ *te drinken* ⟨eenmalig⟩ begin to drink, begin drinking; ⟨als gewoonte⟩ take to drinking/drink ∗ *begin maar!* go ahead!∗ *zij zijn begonnen!* they started it!**II** *onoverg* [begon, is begonnen] ❶ *alg.* begin, start∗ *de wedstrijd begint om 14.00 uur* the match begins at 2 p.m.∗ *die straat begint hier* the road starts here∗ *het begint te waaien* it's starting to blow∗ *het begint er op te lijken* it's beginning to look like it∗ *hij begon in te zien dat hij fout zat* he began to recognize that he was wrong ❷ *intreden* set in ❸ *opkomen* come on
**beginner** *m* [-s] beginner, novice
**beginnersfout** *v* [-en] beginner's error∗ *een~ maken* make a beginner's error
**beginperiode** *v* [-s] ❶ initial period∗ *in de~* initially ❷ *m.b.t. het opstarten van een bedrijf* start-up phase
**beginpunt** *o* [-en] starting point, point of departure
**beginrijm** *o* [-en] alliteration
**beginsel** *o* [-en & -s] principle∗ *de (eerste)~en van wetenschap* the elements/rudiments/ABC of science ∗ *in~* in principle∗ *uit~* on principle∗ *zonder~en* without principles∗ *het~ huldigen dat...* hold the principle that...
**beginselloos** *bn* ❶ without principle(s) ❷ geringsch unprincipled
**beginselvast** *bn* firm in his/her & principles, consistent
**beginselverklaring** *v* [-en] ❶ statement/declaration of principles∗ *een~ ondertekenen* sign a statement of principles ❷ pol manifesto
**beginsignaal** *o* [-nalen] ❶ starting signal ❷ sp starting shot
**beginsnelheid** *v* [-heden] initial velocity
**beglazing** *v* glazing∗ *dubbele~* double glazing
**begluren** *overg* [begluurde, h. begluurd] ❶ spy on, peep at ❷ *v. meisje* ogle
**begonia** *v* ['s] begonia
**begoochelen** *overg* [begoochelde, h. begoocheld] beguile, delude
**begoocheling** *v* [-en] spell, delusion, illusion
**begraafplaats** *v* [-en] cemetery, churchyard, graveyard, burial ground
**begrafenis** *v* [-sen] ❶ funeral, burial, interment∗ *bij de~ van mijn oma* at my grandmother's funeral ∗ *een kerkelijke~* a Christian burial ❷ *lijkstoet* funeral∗ *er kwam een~ voorbij* a funeral cortège passed by

**begrafeniskosten** *zn* [mv] funeral expenses
**begrafenisondernemer** *m* [-s] undertaker, mortician
**begrafenisonderneming** *v* [-en] undertaker's business
**begrafenisstoet** *m* [-en] funeral procession, funeral cortège
**begraven** *overg* [begroef, h. begraven] bury, plechtig inter∗ *iem. levend~* bury sbd alive∗ *onder het werk~ zijn* be buried in one's work, be overloaded with work∗ fig *de strijdbijl~* bury the hatchet∗ *laten we die kwestie maar~* let's drop the matter
**begrensd** *bn* limited∗ *zijn mogelijkheden zijn~* his possibilities are limited∗ *een~ gebied* a limited area
**begrenzen** *overg* [begrensde, h. begrensd] ❶ *de grens vormen van* bound, border∗ *begrensd worden door* be bounded by ❷ *beperken* limit
**begrenzing** *v* [-en] ❶ *grens* boundary ❷ *beperking* limitation
**begrijpelijk** *bn* understandable, comprehensible, intelligible∗ *in~e taal* in understandable language ∗ *iets~ maken* make sth clear∗ *om~e redenen* for obvious reasons
**begrijpelijkerwijs, begrijpelijkerwijze** *bijw* understandably, for obvious reasons
**begrijpen** *overg* [begreep, h. begrepen] understand, comprehend, grasp∗ *verkeerd~* misunderstand ∗ *ergens niets van~* not understand it at all∗ *we~ uit jouw woorden dat...* we gather from your words that...∗ *dat laat zich~* that's pretty obvious∗ inf *dat kun je~!* not likely!∗ *begrepen?* understood? ∗ *niemand begrijpt me!* nobody understands me! ∗ *het niet op iem. begrepen hebben* ⟨niet goed gezind zijn⟩ have no friendly feelings towards sbd∗ *het op iem. begrepen hebben* ⟨het gemunt hebben op iem.⟩ get at, pick on sbd
**begrijpend** *bn* understanding∗ *een~e vader* an understanding father∗~ *knikken* nod understandingly
**begrip** *o* ❶ *bevatting* understanding, comprehension, conception∗ *dat gaat mijn~ te boven* it's beyond my comprehension, it's beyond me∗ *traag/snel van~ zijn* be slow/quick on the uptake ❷ *wil te begrijpen* understanding∗~ *vragen voor* ask sympathy for ∗ *geen enkel~ kunnen opbrengen voor* find sth hard to accept∗~ *hebben voor* appreciate, sympathize with, be understanding of∗ *vol~* very understanding ❸ *idee* [-pen] idea, notion, conception∗ *zich een~ van iets vormen* form an idea/a notion of sth∗ *volgens mijn~pen* according to my notions of...∗ *geen (flauw)~ van iets hebben* not have the faintest idea of sth∗ *Cruijff is hier een~* Cruijff is a legend here ❹ *samenvatting* [-pen] synopsis∗ *een kort~* a summary
**begripsbepaling** *v* [-en] definition
**begripsverwarring** *v* [-en] confusion of ideas
**begroeid** *bn* overgrown, grown over (with), covered

(with)✻ *de oever is~ met...* the bank is covered with...

**begroeiing** *v* [-en] overgrowth

**begroeten** *overg* [begroette, h. begroet] salute, greet✻ *iem. aan de deur~* greet sbd at the door ✻ *gaan~* (go and) pay one's respects to...✻ *met applaus~* hail with applause ✻ *het voorstel werd met instemming begroet* the proposal was greeted with approval

**begroeting** *v* [-en] salutation, greeting

**begroten** *overg* [begrootte, h. begroot] cost, estimate (*op* at)✻ *de kosten~ op 1000 euro* estimate the costs at 1,000 euros

**begroting** *v* [-en] ❶ *v. werk* estimate ✻ *een~ indienen* submit an estimate ✻ *een~ maken van de uitgaven* draw up an estimate of the expenses ❷ *v. staat &amp; budget* ✻ *op de~ zetten* put on the budget ✻ *dat staat op de~* that is on the budget ✻ *een gat in de~* a budget shortfall ✻ *een (niet-)sluitende~* a (non-)balanced budget ❸ *v. land-, zee- en luchtmacht* the Army/Navy/Air estimates ❹ *het begroten* costing

**begrotingsjaar** *o* [-jaren] budget(ary) year, fiscal year, financial year ✻ *in het lopende~* in the current financial year

**begrotingstekort** *o* [-en] budget deficit, budgetary deficit

**begunstigde** *m-v* [-n] ❶ beneficiary ❷ *van cheque* payee

**begunstigen** *overg* [begunstigde, h. begunstigd] ❶ *bevoordelen* favour ✻ *iem. met iets~* favour sbd with sth ❷ *steunen, beschermen* countenance, support, promote ✻ *een zaak~* promote a matter

**begunstiger** *m* [-s] ❶ *alg.* patron ❷ handel client

**beha** *m* ['s] bra

**behaaglijk** *bn* ❶ pleasant, comfortable ❷ inf snug, cosy

**behaagziek** *bn* coquettish

**behaagzucht** *v* coquetry

**behaard** *bn* hairy, hirsute ✻ *zwaar~* very hairy

**behagen I** *overg* [behaagde, h. behaagd] please ✻ *het heeft Hare Majesteit behaagd om...* it has pleased her Her Majesty to...✻ *het behaagt mij...* it pleases me to... **II** *o* pleasure ✻ *~ scheppen in* find pleasure in, take delight/pleasure in

**behalen** *overg* [behaalde, h. behaald] obtain, gain, win ✻ *eer~ aan* gain credit by ✻ *zijn diploma/resultaten~* obtain one's certificate/achieve results ✻ *de overwinning~* gain victory ✻ *winst~* secure a profit ✻ sp *voldoende punten~* score enough points

**behalve** *voegw* ❶ *uitgezonderd* except, but, save, apart from ✻ *ik kom,~ als het regent* I'll come unless it rains ✻ *allen,~ mijn broer* everyone but my brother ❷ *naast* besides, in addition to ✻ *~ een hond had hij nog drie katten* besides a dog he had three cats

**behandelen** *overg* [behandelde, h. behandeld] ❶ *omgaan met* deal with, handle, treat ✻ *een*

*zaak/onderwerp/vraag~* deal with a case/subject/question ✻ *een kwestie uitvoerig~* deal with a matter/question at length ✻ *een instrument~* handle/manipulate an instrument ✻ *leer met vet~* treat leather with dubbin ❷ *omgaan met iem.* treat, deal with ✻ *iem. als gelijke~* treat sbd as an equal ✻ *iem. goed/slecht~* treat sbd well/badly ✻ *iem. als een kind~* treat sbd as a child ✻ *iem./iets ruw~* handle sbd/sth roughly, knock sbd/sth about ❸ *verzorgen* med attend to, treat ✻ *een patiënt~* treat a patient ✻ *een gekneusde enkel~* treat a sprained ankle ✻ *zich laten~ door een arts* receive medical treatment ❹ jur hear ⟨civil cases⟩, try ⟨criminal cases⟩ ❺ *uiteenzetten* address

**behandeling** *v* [-en] ❶ *verzorging* treatment ✻ *hij is onder~* he is under medical treatment ✻ *zich onder ~ stellen van een arts* call in a doctor ✻ *tien~en bij de fysiotherapeut* ten physiotherapy treatments ✻ *de medische~ was goed* medical treatment was good ❷ *het omgaan met iets* handling, use ✻ *de verkeerde~* the wrong treatment, malpractice ✻ *de Wet Gelijke Behandeling* the Equal Treatment Act ❸ jur discussion ⟨of a bill⟩, hearing ⟨of a civil case⟩, trial ⟨of a criminal case⟩ ✻ *de zaak is in~* the matter is being dealt with/is under discussion ✻ *wanneer zal de zaak in~ komen* when will the matter come up for discussion/be dealt with? ✻ *in~ nemen* consider ✻ *een~ ter zitting* a trial in court ✻ *een openbare~* a public hearing, a public trial ✻ *een versnelde~* an expedited trial

**behandelkamer** *v* [-s] treatment room, surgery

**behandelmethode** *v* [-s &amp; -n] method of treatment

**behang** *o* wallpaper ✻ *muzikaal~* muzak, wallpaper music ✻ *iem. achter het~ (kunnen) plakken* cheerfully murder sbd ✻ *door het~ gaan* be driven up the wall

**behangen** *overg* [behing, h. behangen] ❶ *muren bekleden* paper ❷ *hangen aan* hang ✻ *zij is~ met sieraden* she is covered with jewels from head to foot

**behanger** *m* [-s] ❶ *alg.* paperhanger ❷ *behanger en stoffeerder* upholsterer

**behappen** *onoverg* ✻ *iets niet kunnen~* not be able to deal with sth

**beharing** *v* growth of hair

**behartigen** *overg* [behartigde, h. behartigd] *zorgen voor* look after, promote ✻ *iems. belangen~* look after someone's interests ✻ *wie behartigt die zaak?* who is handling this matter?

**behartiging** *v* promotion, management

**behaviorisme** *o* behaviourism

**beheer** *o* ❶ management, control, supervision, administration ✻ *in eigen~* under direct management, under one's own management, internally ✻ *iets in eigen~ uitgeven* publish sth privately ✻ *financieel~* financial management, treasury ✻ *onder zijn~* ⟨v. bedrijf &amp;⟩ under his management; ⟨v.e. land⟩ during his administration ✻ *onder~ staan van* be under the control of ✻ jur

be

*onder* ~*van een curator* in receivership ❷*bestuurlijke macht* administrative control

**beheerder** *m* [-s] *alg.* manager, director, administrator ✱*een* ~*van een failliete boedel* a trustee

**beheersbaar** *bn* manageable, controllable ✱*een* ~ *probleem* a manageable problem

**beheersbaarheid** *v* manageability

**beheersen I** *overg* [beheerste, h. beheerst] ❶*gevoelens & command*, master ❷*personen & zaken* control, dominate ❸*land, volk* rule, govern ✱*de kunst van het zwijgen* ~have mastered the art of silence ✱*een onderwerp* ~have mastery of a subject ✱*een taal/de situatie* ~be master of a language/of the situation ✱*zijn driften* ~control one's anger ✱*zijn stem* ~control one's voice ✱*de regering moet de uitgaven zien te* ~the government has to control its expenses ✱*een land/volk* ~govern a country/people ✱*sp de thuisploeg beheerst de wedstrijd* the home team dominates the match **II** *wederk* [beheerste, h. beheerst] ✱*zich* ~control oneself ✱*zich niet kunnen* ~not be able to control oneself

**beheersing** *v* command, control, domination, check ✱~*van een taal* command of a language ✱~*van de uitgaven* control of the expenses

**beheerst** *bn* ❶*kalm* self-controlled, composed, restrained ✱*een* ~*persoon* a self-controlled person ❷*gematigd* controlled ✱*een* ~*e groei* moderate growth

**beheksen** *overg* [behekste, h. behekst] bewitch

**behelpen** *wederk* [behielp, h. beholpen] ✱*zich* ~ make shift, make do, manage to get on ✱*het blijft* ~ we'll just have to do the best we can

**behelzen** *overg* [behelsde, h. behelsd] contain ✱~*de dat...* to the effect that...

**behendig I** *bn* clever, dexterous, deft, adroit **II** *bijw* cleverly, dexterously &

**behendigheid** *v* [-heden] dexterity, skill, adroitness

**behendigheidsspel** *o* [-spelen] game of skill

**behept** *bn* ✱~*met* cursed with, troubled with, afflicted with

**beheren** *overg* [beheerde, h. beheerd] manage, control ⟨affairs⟩, superintend, administer, conduct ⟨a business⟩ ✱*een* ~*d vennoot* a managing/acting partner ✱*een vermogen* ~administer a fortune ✱*een stuk land* ~administer an estate ✱*de kantine* ~run the canteen

**behoeden** *overg* [behoedde, h. behoed] protect, guard, preserve (*voor* from) ✱*iem. voor de ondergang* ~keep sbd from ruin ✱*God behoede je!* may God protect you!

**behoedzaam** *bn* prudent, cautious, wary ✱~*te werk gaan* proceed carefully

**behoefte** *v* [-n, -s] want, need ✱*de* ~*aan geld/rust* the need for money/quiet ✱~*hebben aan* stand in need of, be in want of, want ✱*de dagelijkse* ~*n* essentials, everyday items ✱*zijn* ~*doen* relieve oneself, answer nature's call ✱*in een* ~*voorzien* meet a need ✱*er is* ~*aan medicijnen* there is a need for medicines ✱*de* ~*voelen om* feel the need to

**behoeftig** *bn* needy, indigent, destitute ✱*in* ~*e omstandigheden* in need, in needy circumstances

**behoeve** ✱*ten* ~*van* for the benefit of, on behalf of, in aid of, for the purpose of

**behoeven** *overg* [behoefde, h. behoefd] want, need, require ✱*het behoeft geen betoog* it goes without saying ✱*rust* ~*d* in need of rest

**behoorlijk I** *bn* ❶*zoals het hoort* decent, proper, fit ❷*redelijk* considerable, fair, reasonable ✱~*e kennis van...* fair knowledge of ... ❸*voldoende* adequate, sufficient **II** *bijw* ❶properly, decently ✱*zich* ~ *gedragen* behave decently ❷*versterkend* pretty, rather, quite ✱*het is* ~*koud vandaag* it's pretty cold today ✱~*veel verdienen* earn quite a lot of money

**behoren I** *onoverg* [behoorde, h. behoord] ❶*deel zijn van* belong to, be part of ✱~*tot de besten* be among the best ✱*bij elkaar* ~belong together ✱~*tot die mensen die...* be one of those people who... ✱~*bij* go with ❷*toebehoren* belong to ✱*dat boek behoort mij* (*toe*) that book belongs to me ✱*de Balearen* ~(*aan*) *Spanje* the Balearic Islands are part of Spain ❸*betamen* be fit/proper ✱*je behoort/behoorde te gehoorzamen* you ought to/should obey ❹*moeten* should, be supposed to ✱*dat behoor je te weten* you should know that, you're supposed to know that **II** *o* ✱*naar* ~as it should be, duly, properly, fittingly

**behoud** *o* ❶*blijven houden* preservation, conservation, maintenance ✱*met* ~*van zijn salaris* on full pay, ⟨holidays⟩ with pay ❷*redding* salvation, saving ✱*het* ~*van de natuur* nature conservation ✱*het* ~*van mensenlevens* the saving of lives ✱*regelmatig onderhoud betekent het* ~*van uw auto* regular servicing will ensure that your car has a long life

**behouden I** *overg* [behield, h. behouden] keep, retain, preserve ✱*Tiger Woods behield de leiding* Tiger Woods maintained the lead ✱*hij wist zijn invloed te* ~he was able to retain his influence ✱*goede spelers kunnen* ~be able to keep good players **II** *bn* safe, safe and sound ✱*een* ~*vaart* a safe journey **III** *bijw* safely, safe and sound ✱~ *aankomen* arrive safely

**behoudend** *bn* conservative ✱*mijn ouders zijn nogal* ~*in hun opvattingen* my parents are rather conservative in their views

**behoudens** *voorz* ❶*behalve* except for, save, barring ✱~*enkele kleine veranderingen* except for a few small alterations ❷*onder voorbehoud van* subject to ✱~*nadere goedkeuring van...* subject to the approval of... ✱~*onvoorziene omstandigheden* if no unforeseen circumstances arise ✱~*zijn recht om...* without prejudice to his right to... ✱~*vergissingen en weglatingen* subject to errors and omissions

**behoudzucht** *v* conservatism

**behuild** *bn* tear-stained ✱*met een* ~*gezicht* with a

face wet with tears ✶~e ogen tear-stained eyes

**behuisd** bn ✶klein ~zijn live in a small house ✶ruim ~zijn have plenty of room

**behuizing** v [-en] ❶huisvesting housing ❷huis house, dwelling

**behulp** o ✶met ~van with the help/assistance of ‹friends›, with the aid of, by means of

**behulpzaam** bn helpful, obliging, cooperative ✶iem. ~zijn (bij ...) help/assist sbd (in ...) ✶een behulpzame vrouw a helpful woman

**beiaard** m [-s & -en] chimes, carillon

**beiaardier** m [-s] carillon player

**beide** telw both ✶in ~gevallen in either case ✶de ~ broers the two brothers ✶van ~zijden from both sides ✶een van ~(n) one of the two, either ✶geen van ~(n) neither ✶wij/jullie ~n both of us/you ✶met ons ~n we two, the two of us ✶met ons ~n kunnen wij dat wel between us we can do it ✶wie van ~n which of the two ✶ons ~r vriend our mutual friend

**beiden** overg en onoverg [beidde, h. gebeid] vero bide, wait for

**beiderlei** bn both, either ✶van ~kunne of both sexes, of either sex ✶op ~wijze both ways, either way

**Beier** m [-en] Bavarian

**Beieren** o Bavaria

**beieren** onoverg (en overg) [beierde, h. gebeierd] chime/ring (the bells)

**Beiers** bn Bavarian

**Beierse** v [-n] Bavarian ✶ze is een ~she's a Bavarian, she's from Bavaria

**beige** bn beige

**beignet** m [-s] fritter

**beijveren** wederk [beijverde, h. beijverd] ✶zich ~ voor... do one's utmost to..., try one's hardest to...

**beijzeld** bn ice-covered ✶~e wegen icy roads

**beïnvloeden** overg [beïnvloedde, h. beïnvloed] influence, affect ✶iem. ~influence sbd ✶dat beïnvloedt mijn beslissing that will affect my decision ✶het nieuws beïnvloedt de beurskoers the news is having an effect on the stock market quotations

**beitel** m [-s] chisel

**beitelen** overg [beitelde, h. gebeiteld] chisel ‹a block of marble› ✶zijn naam in een steen ~chisel one's name in a stone ▾gebeiteld zitten inf be in the bag

**beits** m & o [-en] stain    •

**beitsen** overg [beitste, h. gebeitst] stain

**bejaard** bn aged, elderly

**bejaarde** m-v senior citizen, elderly lady/gentleman ✶de ~n old people, the aged, senior citizens

**bejaardentehuis, bejaardenhuis** o [-huizen] old people's home, home for the elderly

**bejaardenverzorger** v [-s] care worker for the elderly

**bejaardenwoning** v [-en] old people's flat

**bejaardenzorg** v care of the elderly

**bejegenen** overg [bejegende, h. bejegend] treat ✶iem. vijandig/vriendelijk ~treat sbd in a hostile/friendly fashion

**bejegening** v [-en] treatment

**bejubelen** overg [bejubelde, h. bejubeld] cheer, applaud ✶de overwinning werd bejubeld the victory was celebrated ✶een beroemdheid ~cheer a celebrity

**bek** m [-ken] ❶techn mouth ❷snavel beak, bill ❸muil snout, muzzle ❹v. mens mouth, inf trap, gob, ‹gezicht› face, mug ✶zij heeft een leuk ~je she has a pretty face ✶inf hou je ~! shut up! ✶een grote ~hebben be rude, be impudent ✶gekke ~ken trekken make silly faces ✶breek me de ~niet open don't let me get started on that ✶op zijn ~gaan take a nosedive, come a cropper ❺van tang bit ❻van bankschroef jaws

**bekaaid** bn ✶er ~afkomen come off badly, fare badly

**bekabelen** overg [bekabelde, h. bekabeld] van kabels voorzien lay a cable in

**bekabeling** v de kabels cables, cable work

**bekaf** bn done in, dead tired

**bekakt** bn haughty, stuck-up, posh, la-di-da ✶~ praten talk posh, talk la-di-da

**bekeerling** m [-en] convert, proselyte

**bekend** bn ❶alg. known ✶~zijn be known ✶als ~ veronderstellen take for granted ✶voor zover mij ~as far as I know, for all I know, to (the best of) my knowledge ✶~worden ‹v. personen› become known/famous, ‹v. geheim› become known, get about/abroad ✶~zijn om be known for ✶het is algemeen ~it is common knowledge ✶de naam is algemeen ~the name is a household word ✶er zijn gevallen ~van... there are cases on record of... ✶~ zijn/staan als... be known as... ❷welbekend well known, noted, famous ‹auteur &›, versterkend notorious ‹misdadiger› ✶het is ~it is a well-known fact ✶~staan als de bonte hond have a bad reputation ❸niet vreemd familiar ✶een ~gezicht a familiar face ✶zij kwam mij ~voor she looked familiar to me ✶ik ben hier (goed) ~I know the place (well), I know these parts ✶~(zijn) in Amsterdam know one's way round Amsterdam ✶ik ben hier niet ~I'm a stranger here/to the place ✶~met acquainted with, familiar with ✶iem. met iets ~ maken acquaint/familiarize sbd with sth ✶met iem. ~raken become/get acquainted with sbd

**bekende** m-v [-n] acquaintance ✶hij is een goede ~ van de politie he's well known to the police

**bekendheid** v acquaintance, familiarity ✶grote ~ genieten be widely known ✶~met ... experience with... ✶~geven aan make public

**bekendmaken** overg [maakte bekend, h. bekendgemaakt] ❶wereldkundig maken announce, make known, publish ✶de koningin maakte de verloving bekend the queen announced the engagement ✶iem. met de computer ~familiarize sbd with the computer ✶iem. bij het grote publiek ~ make sbd known to the general public ❷onthullen reveal, disclose * *de kok maakte het geheim van zijn saus bekend* the cook revealed the secret of his sauce

**bekendmaking** *v* [-en] ❶ *aankondiging* announcement, notice ⟨in de krant⟩ ❷ *publicatie* publication ❸ *officieel* proclamation

**bekendstaan** *onoverg* [stond bekend, h. bekendgestaan] * ~ *als* be known as...

**bekennen I** *overg* [bekende, h. bekend] ❶ *toegeven* confess, own, admit * *de moord* ~ confess to the murder * *zijn schuld* ~ admit one's guilt * *zijn ongelijk* ~ admit one is wrong ❷ *zien* see, detect * *er was niemand te* ~ there wasn't a soul to be seen * *hij was nergens te* ~ there was no sign of him anywhere * *er was geen huis te* ~ there was no sign of a house, there was not a house to be seen ❸ kaartsp follow suit * *kleur* ~ follow suit; fig take sides **II** *onoverg* [bekende, h. bekend] jur plead guilty

**bekentenis** *v* [-sen] confession, admission * *een volledige* ~ *afleggen* make a full confession * *iem. een* ~ *doen* admit/confess sth to sbd

**beker** *m* [-s] ❶ *drinkgerei* beaker, goblet ❷ *als prijs* cup, beaker, trophy ❸ *drinkbeker* mug ❹ *v. dobbelstenen* dice beaker ❺ *ijs* tub

**be'keren** [1] **I** *overg* [bekeerde, h. bekeerd] ❶ *tot andere mening brengen* convert, reform ❷ *tot een andere godsdienst brengen* convert **II** *wederk* [bekeerde, h. bekeerd] * *zich* ~ ⟨tot een godsdienst⟩ be converted, convert; ⟨v. zondaar⟩ reform, repent

**'bekeren** [2] *onoverg* [bekerde, h. gebekerd] sp play in a cup

**bekerfinale** *v* [-s] cup final * *mijn club stond in de* ~ my club was in the cup final

**bekering** *v* [-en] ❶ *tot een geloof* conversion * ~ *tot het christendom* conversion to Christianity ❷ *v. zondaar* reform

**bekerwedstrijd** *m* [-en] sp cup match, cup tie

**bekerwinnaar** *m* [-s] cup winner

**bekeuren** *overg* [bekeurde, h. bekeurd] book, fine * *iem.* ~ *voor te hard rijden* fine sbd for speeding

**bekeuring** *v* [-en] ticket * *een* ~ *wegens rijden zonder licht* a ticket for driving without lights

**bekijken** *overg* [bekeek, h. bekeken] ❶ *kijken naar* look at, view * *een wedstrijd* ~ look at/view a match ❷ *onderzoeken* look at, examine * *je moet je been laten* ~ *door een dokter* a doctor should look at your leg ❸ *overdenken* look at, consider, view * *de zaak van alle kanten* ~ look at the matter from every angle * *zo heb ik het nog niet bekeken* I hadn't thought of it that way * *achteraf bekeken* in hindsight, in retrospect * *alles wel bekeken* ... all things considered... * *het was snel bekeken* it only took a minute * *dat heb je goed bekeken!* well done! * *bekijk het maar!* suit yourself!

**bekijks** *o* * *veel* ~ *hebben* attract a lot of attention

**bekisting** *v* [-en] *v. beton* shuttering, formwork

**bekken** *o* [-s] ❶ *bassin* bowl, basin ❷ anat pelvis ❸ muz cymbal ❹ *v. rivier* (catchment) basin

**bekkenist** *m* [-en], **bekkenslager** [-s] muz cymbalist

**beklaagde** *m-v* [-n] (the) accused

**beklaagdenbank** *v* [-en] dock * *in het* ~ *je zitten* sit in the dock

**bekladden** *overg* [bekladde, h. beklad] ❶ alg. blot, daub * *een muur* ~ plaster a wall ❷ fig slander ⟨a person⟩ * *iems. goede naam* ~ drag sbd's name through the mud, blacken sbd's name

**beklag** *o* complaint * *zijn* ~ *doen over ... bij* complain of ... to ... * *zijn* ~ *indienen (bij)* lodge a complaint (with) * *reden van* ~ cause for complaint

**beklagen I** *overg* [beklaagde, h. beklaagd] ❶ *iets* lament, bemoan ❷ *iem.* pity **II** *wederk* [beklaagde, h. beklaagd] * *zich* ~ complain * *zich* ~ *over... bij...* complain of... to...

**beklagenswaard**, **beklagenswaardig** *bn* pitiable, lamentable * *zij is* ~ she is much to be pitied

**bekleden** *overg* [bekleedde, h. bekleed] ❶ *bedekken* cover, ⟨met verf⟩ coat * *de trap* ~ carpet the stairs * *de wanden van een schip* ~ metal a ship's sides ❷ *vervullen* hold, occupy * *een hoge positie* ~ *bij de VN* hold a high position with the UN * *het voorzitterschap* ~ *van* chair over, be chairman/chairperson of

**bekleding** *v* [-en] ❶ *bekleedsel* coating, covering &, upholstery * *de* ~ *van de auto is helemaal versleten* the upholstery in the car is completely worn out ❷ *het bekleden* coating, covering, lining, upholstery

**beklemd** *bn* benauwd oppressed, heavy * *met een* ~ *gemoed* with a heavy heart * med *een* ~*e breuk* a strangulated hernia

**beklemmen** *overg* [beklemde, h. beklemd] ❶ jam, wedge * *tussen de deuren beklemd zitten* get stuck between the doors ❷ fig oppress * *een* ~*d gevoel* an oppressive feeling

**beklemming** *v* [-en] ❶ *angst* oppression ❷ med strangulation ❸ *op de borst* constriction

**beklemtonen** *overg* [beklemtoonde, h. beklemtoond] stress, fig emphasize * *de beklemtoonde lettergreep* the stressed syllable * *de waarde van dit werk* ~ emphasize/highlight the value of this work

**beklijven** *onoverg* [beklijfde, h. en is beklijfd] sink in, take root * *deze beelden* ~ these images leave a lasting impression * *dat zal niet lang* ~ that won't sink in

**beklimmen** *overg* [beklom, h. beklommen] climb, mount, ascend, scale * *een berg* ~ climb a mountain

**beklimming** *v* [-en] climbing, ascent * *de* ~ *van de Tourmalet* wielrennen the climbing of the Tourmalet

**beklinken** *overg* [beklonk, h. beklonken] fig settle ⟨an affair⟩, clinch ⟨a deal⟩ * *de zaak was spoedig beklonken* the matter was soon settled

**bekloppen** *overg* [beklopte, h. beklopt] ❶ alg. tap ❷ med percuss, sound

**beknellen** *overg* [beknelde, h. bekneld] ❶ pinch * *bekneld raken* get jammed, get wedged * *een* *beknelde zenuw* a clamped nerve ❷ <u>fig</u> oppress, depress

**beknibbelen** *overg* [beknibbelde, h. beknibbeld] cut back, pinch, skimp, stint ✳ *op het eten*~ cut back/stint/skimp on food ✳ *op de uitgaven*~ cut back on expenses

**beknopt I** *bn* concise, brief, succinct ✳ *een*~ *overzicht* a brief outline ✳ *een*~*e bijzin* a reduced clause **II** *bijw* concisely, succinctly, in brief ✳ *iets*~ *uitdrukken* express sth succinctly

**beknotten** *overg* [beknotte, h. beknot] curtail ✳ *iem. in zijn vrijheid*~ restrict sbd's freedom

**bekocht** *bn* cheated, taken in ✳ *ik voelde mij*~ I felt taken in ✳ *hij is er aan*~ he's paid too dearly for it ✳ *u bent er niet aan*~ you've got your money's worth

**bekoelen** *overg en onoverg* [bekoelde, h. en is bekoeld] cool (off) ✳ *hij bekoelde zijn woede op het meubilair* he vented his fury on the furniture ✳ *de betrekkingen zijn bekoeld* relations have deteriorated ✳ *onze vriendschap is bekoeld* our friendship has cooled

**bekogelen** *overg* [bekogelde, h. bekogeld] pelt, bombard ✳ *iem. met eieren*~ pelt sbd with eggs

**bekokstoven** *overg* [bekokstoofde, h. bekokstoofd] plot, cook up, scheme

**bekomen I** *overg* [bekwam, h. bekomen] *krijgen* get, receive, obtain ✳ *dat is daar te*~ you can get it over there **II** *onoverg* [bekwam, is bekomen] ❶ *v. spijzen* agree with, suit ✳ *dat zal je slecht*~ you'll be sorry for it ✳ *wel bekome 't u!* enjoy your meal! ❷ *herstellen* recover, get over ✳ *van de schrik*~ recover from the shock

**bekommerd** *bn* concerned, anxious

**bekommeren I** *overg* [bekommerde, h. bekommerd] worry **II** *wederk* [bekommerde, h. bekommerd] ✳ *zich*~ *om/over* worry about, trouble oneself about, be anxious about ✳ *zonder zich te*~ *om* heedless of, regardless of

**bekomst** *v* ✳ *zijn*~ *hebben* ‹v. eten› have had enough ✳ <u>fig inf</u> *zijn*~ *hebben (van)* be fed up with

**bekonkelen** *overg* [bekonkelde, h. bekonkeld] plot, cook up, scheme

**bekoorlijk** *bn* charming, attractive

**bekoorlijkheid** *v* [-heden] charm, loveliness

**bekopen** *overg* [bekocht, h. bekocht] ✳ *hij moest het met de dood*~ he had to pay for it with his life ✳ *zich aan iets*~ pay too much for sth

**bekoren** *overg* [bekoorde, h. bekoord] charm, attract, appeal to ✳ *dat kan mij niet*~ that doesn't appeal to me ✳ *zijn nieuwste boek kan me niet*~ his latest book doesn't appeal to me

**bekoring** *v* [-en] charm, appeal, temptation ✳ *hij stond bloot aan allerlei*~*en* he was exposed to all kinds of temptations ✳ <u>RK</u> *onder de*~ *komen van* fall under the spell of ✳ <u>RK</u> *leid ons niet in*~ lead us not into temptation

**bekorten** *overg* [bekortte, h. bekort] ❶ *een afstand* shorten, cut short ✳ *de machine bekortte het werk*

*aanzienlijk* the machine reduced the work time considerably ❷ *een boek* abridge ❸ *een rede* cut short a speech ✳ *zich*~ cut oneself short

**bekorting** *v* [-en] shortening, abridgement ✳ *ter*~ *van de werktijd* by way of reduction of working hours

**bekostigen** *overg* [bekostigde, h. bekostigd] bear the cost of, pay the expenses of, fund, endow ✳ *dat kan ik niet*~ I can't afford that

**bekostiging** *v* funding

**bekrachtigen** *overg* [bekrachtigde, h. bekrachtigd] ❶ *bevestigen* confirm ✳ *een verklaring*~ confirm a statement ✳ *een vonnis*~ uphold a sentence ❷ *ratificeren* ratify ✳ *een verdrag*~ ratify a treaty ❸ *van kracht maken* confirm, pass ✳ *een wet*~ pass a law ✳ *een benoeming*~ confirm an appointment

**bekrachtiging** *v* [-en] ❶ *bevestiging* upholding, confirmation ❷ *het ratificeren* ratification ❸ *door koning(in)* (royal) assent

**bekrassen** *overg* [bekraste, h. bekrast] scratch (all) over, scrawl (all) over

**bekritiseren** *overg* [bekritiseerde, h. bekritiseerd] criticize, censure ✳ *de minister werd zwaar bekritiseerd* the minister was criticized sharply

**bekrompen** *bn* ❶ *kortzichtig* narrow-minded, narrow ✳ *een*~ *man* a narrow man ✳ ~ *van geest* narrow-minded ❷ *beginselen* hidebound ❸ *krap* confined ❹ *armoedig* straitened, reduced ✳ *hij leeft in*~ *omstandigheden* he lives in straitened circumstances

**bekrompenheid** *v* narrow-mindedness

**bekronen** *overg* [bekroonde, h. bekroond] ❶ *met prijs* award a (the) prize to ✳ *een bekroond boek* a prize-winning book ❷ *mooi beëindigen* crown ✳ *die benoeming bekroont haar loopbaan* it is an appointment that crowns her career

**bekroning** *v* [-en] ❶ *succesvolle afsluiting* pinnacle, crowning, acme ✳ *dat is de*~ *van een loopbaan* it represents the pinnacle of such a career ❷ *toekenning van een prijs* award, prize

**bekruipen** *overg* [bekroop, h. bekropen] come over ✳ *de lust bekroop hem om...* a desire to... came over him

**bekvechten** *onoverg* [geen V.T., h. gebekvecht] wrangle, squabble, argue ✳ *de zusjes*~ *over alles* the sisters squabble about anything

**bekwaam** *bn* capable, able, competent ✳ *zij is een*~ *vertaalster* she is a competent translator ✳ ~ *voor zijn taak* skilled at his work ✳ *met bekwame spoed* with all possible speed

**bekwaamheid** *v* [-heden] ❶ capability, ability, capacity, aptitude, skill, proficiency ✳ *kunnen communiceren is een*~ *van hoog niveau* the ability to communicate is quite a skill ❷ <u>jur</u> competence, authority

**bekwamen** *wederk* [bekwaamde, h. bekwaamd] qualify, study, train ✳ *zij bekwaamt zich in de kunst van het schilderen* she is learning how to paint ✳ *zich*

**be**

~*voor een examen* study/train for an examination

**bel** v [-len] ❶ v. *metaal* bell ✳ *de* ~*gaat* there goes the bell ✳ *de* ~*voor de laatste ronde* the bell for the final lap ✳ fig *er ging een* ~*letje rinkelen* bells were ringing, the penny dropped ✳ *aan de* ~*trekken* ring the bell; fig sound the alarm ✳ ~*letje trekken* ring the bell and run away ✳ *iem. een* ~*letje geven* ⟨opbellen⟩ call sbd ❷ *luchtblaasje* bubble ✳ ~*len blazen* blow bubbles ❸ *gasbel* bubble ❹ *glas* balloon ✳ *een* ~*whisky* a balloon of whiskey

**belabberd** bn bijw unpleasant, miserable, wretched, inf rotten ✳ *ik voel me* ~ I feel rotten ✳ *het is een* ~*e zaak* it's a miserable matter

**belachelijk I** bn ridiculous, ludicrous, laughable ✳ ~ *maken* ridicule ✳ *zich* ~*maken* make oneself ridiculous, make a fool of oneself **II** bijw ridiculously

**beladen I** overg [belaadde, h. beladen] load, burden ✳ *een vrachtwagen* ~*met* a truck loaded with ✳ *met schuld* ~ guilt-ridden **II** bn *emoties oproepend* emotionally charged ✳ *het is een* ~*wedstrijd* it is an emotionally charged match ✳ *een* ~*term* a loaded term

**belagen** overg [belaagde, h. belaagd] besiege, beset, waylay ✳ *belaagd worden door...* be cornered by

**belager** m [-s] enemy, attacker

**belanden** onoverg [belandde, is beland] land ✳ *hij belandde in de sloot* he landed up in the ditch ✳ *ik heb geen idee waar we zullen* ~ I have no idea where we will end up ✳ *doen* ~ land

**belang** o [-en] ❶ *voordeel* interest ✳ ~*hebben bij* have an interest in, be interested in ✳ *er* ~*bij hebben om...* find it in one's interest to... ✳ *ik doe het in uw* ~ I'm doing it with your own interests in mind ✳ *in het* ~ *van het onderzoek ...* for the sake of the research ✳ *het is in ons aller* ~ it is to the interest of all of us ✳ *iems.* ~*en behartigen* look after sbd's interests ✳ fin *een* ~ *hebben in* have a stake in ✳ ~*stellen in* take an interest in, be interested in, interest oneself in ✳ ~ *gaan stellen in* become interested in ✳ fin *een aanmerkelijk* ~ a substantial interest/participation/shareholding ✳ *gedeelde* ~*en* shared interests ✳ fin *een gezamenlijk* ~ a joint interest ✳ *het algemeen* ~ the public interest ✳ *een tegengesteld* ~ an opposing interest ✳ jur *tegenstrijdige* ~*en* conflicting interests ✳ *een verzekerbaar* ~ an insurable interest ✳ *een verzekerd* ~ an insured interest ✳ *een wederzijds* ~ a mutual interest ❷ *belangrijkheid* importance ✳ *het is van* ~ it is important, it is of importance ✳ *van groot* ~ very important ✳ *van het hoogste* ~ of the utmost/of vital importance ✳ *van geen* ~ of no importance ✳ *van weinig* ~ of little consequence/importance ✳ *het was er een drukte van* ~ there was a huge crowd

**belangeloos** bn disinterested, unselfish ✳ *zij zette zich* ~ *in voor deze zaak* she dedicated herself unselfishly to this cause

**belangenbehartiging** v fin

representation/representing of interests

**belangenconflict** o [-en] clash of interests, conflicting interests, conflict of interest(s)

**belangenorganisatie** v [-s] interest group, lobby

**belangenverstrengeling** v conflict of interest(s)

**belanghebbend** bn jur interested ✳ taalk *het* ~ *voorwerp* the indirect object

**belanghebbende** m-v [-n] ❶ *alg.* party concerned, interested party ✳ jur *een derde* ~ a third party whose interests are affected, an interested third party ✳ *hij is een* ~ *in dit conflict* he is an interested party in this conflict ❷ *in een onderneming* stakeholder

**belangrijk I** bn ❶ important, significant ✳ *een* ~*man* a man of importance ✳ ⟨voor een onderneming⟩ *de* ~*ste markt* the core market ❷ *hoeveelheid* considerable ❸ *verschil* marked **II** bijw versterkend considerably ⟨better &⟩

**belangstellen** onoverg [stelde belang, h. belanggesteld] ✳ ~*in* be interested in

**belangstellend I** bn interested ✳ *een* ~*toehoorder* an interested listener **II** bijw with interest ✳ ~ *informeren naar* enquire with interest about

**belangstellenden** zn [mv] those interested ✳ *er waren veel* ~ there were a lot of interested parties

**belangstelling** v interest ⟨voor in⟩ ✳ ~*tonen* take an interest in, show an interest in ✳ *bewijzen/blijken van* ~ expressions/signs of sympathy/interest/concern ✳ *iems.* ~*wekken voor* interest sbd in ✳ *in de* ~*staan* attract a lot of interest, be the focus of attention ✳ *met* ~ with interest ✳ *zij heeft over* ~*niet te klagen* she can't complain about lack of interest ✳ *uit* ~ *voor* out of interest in ✳ *wegens gebrek aan* ~ due to a lack of interest

**belangwekkend** bn interesting

**belast** bn responsible for, charged with ✳ ~*en beladen* heavily laden, loaded down ✳ *erfelijk* ~*zijn* have a hereditary defect ✳ *een erfelijk* ~*persoon* a victim of heredity ✳ ~*met* charged with, responsible for, charged with responsibility for, entrusted with ✳ *fiscaal* ~ taxable ✳ *een* ~*e term* a loaded term

**belastbaar** bn ❶ *inkomen, vermogen &* dutiable, taxable, assessable, rat(e)able ✳ ~*inkomen* taxable income ✳ *een belastbare som* a taxable amount, a net taxable income ❷ *te beladen* capable of carrying a load ✳ *deze brug is* ~*tot 5000 kilo* this bridge has a maximum load of 5,000 kilos

**belasten I** overg [belastte, h. belast] ❶ *taak opleggen* burden, charge ✳ *iem. met de verkoop* ~ put sbd in charge of sales ✳ *belast zijn met* (*de zorg voor*) be in charge of ✳ *iem. met iets* ~ charge sbd with sth ❷ *beladen* load ✳ *die auto is te zwaar belast* that car is too heavily loaded ❸ *belasting opleggen* tax, rate, impose a tax on ❹ handel debit, charge **II** wederk [belastte, h. belast] ✳ *zich* ~*met* undertake to, take upon oneself to

**belasteren** overg [belasterde, h. belasterd] slander, malign, defame

**belasting** v [-en] ❶ *verplichte bijdrage* taxation * *directe* ~ direct taxation * *indirecte* ~ indirect taxation * *progressieve* ~ progressive taxation, income-related tax * *in de* ~ *vallen* be liable to taxation ❷ *rijksbelasting* tax(es) * ~ *heffen* raise tax(es) * ~ *heffen op/over* levy a tax/taxes on * ~ *innen* collect taxes * ~ *over de toegevoegde waarde* (*btw*) value-added tax, turnover tax, sales tax (VAT) * *gemeentelijke* ~ rates * *voor* ~ *en* before tax * ~ *op bijzondere baten* tax on exceptional gains, inf windfall tax * *effectieve* ~ effective tax rate ❸ *op benzine* duty ❹ *de dienst, fiscus* inland revenue ❺ *het belasten* load, stress ❻ techn weight, load * *met volle* ~ when fully loaded * *dat werk is een zware* ~ *voor hem* that work is a heavy load for him

**belastingaangifte** v [-n] tax declaration, (tax) return * ~ *doen* file a tax return

**belastingaanslag** m [-slagen] *biljet & bedrag* tax assessment

**belastingadviseur** m [-s] fiscal adviser, tax consultant, tax adviser

**belastingaftrek** m tax deduction, tax relief * ~ *van hypotheekrente* mortgage interest relief

**belastingbetaler** m [-s] taxpayer, ratepayer

**belastingbiljet** o [-ten] tax declaration form, tax return

**belastingconsulent** m [-en] tax consultant

**belastingdienst** m [-en] ❶ tax department, tax authorities ❷ Br Inland Revenue, Am Internal Revenue Service (afk.: IRS)

**belastingdruk** m tax burden, burden of taxation

**belastingfraude** v tax fraud * ~ *plegen* commit tax fraud

**belastinggeld** o [-en] tax revenue, taxes

**belastingheffing** v taxation, levying of taxes

**belastinginspecteur** m [-s] tax inspector

**belastingkantoor** o [-toren] tax collection office

**belastingontduiking** v tax evasion, tax-dodging

**belastingontheffing** v tax relief, tax exemption

**belastingparadijs** o [-dijzen] tax haven

**belastingplichtig** bn liable to pay tax, taxable

**belastingplichtige** m-v [-n] taxpayer, ratepayer

**belastingschuld** v [-en] tax liability, tax arrears * boekh *een latente* ~ contingent tax liabilities, deferred tax liabilities

**belastingstelsel** o [-s] system of taxation, tax system, fiscal system

**belastingteruggaaf, belastingteruggave** v tax rebate

**belastingtruc** m [-s] tax dodge, tax evasion scheme

**belastingverhoging** v [-en] tax increase, tax hike

**belastingverlaging** v [-en] tax reduction, tax cut

**belastingvoordeel** o [-delen] fiscal advantage, tax benefit

**belastingvrij** bn tax-free, duty-free * ~ *e artikelen* duty-free goods * *de* ~ *e voet/som* the personal (tax) allowance, the tax(-free) allowance, the tax threshold * *een* ~ *e winkel* a duty-free shop, a

tax-free shop * *de* ~ *e winst* the tax-free profit, tax-exempt profit

**belastingwet** v [-ten] tax law

**belatafeld** bijw * *ben je* ~! you must be out of your mind!

**belazerd** bn ❶ *gek* crazy, out of one's mind * *ben je* ~? are you crazy? ❷ *belabberd* awful, rotten, inf lousy * *ik voel me* ~ I feel awful

**belazeren** overg [belazerde, h. belazerd] cheat, swindle, defraud * *hij belazert je waar je bijstaat* he has no compunction about ripping you off * *zij heeft haar man belazerd met een ander* she cheated on her husband * *de kluit* ~ take sbd for a ride

**belboei** v [-en] bell buoy

**belcanto** o bel canto

**beledigen** overg [beledigde, h. beledigd] insult, affront, offend, hurt ‹one's feelings›, ‹grof› outrage * *ik voel me diep beledigd* I feel deeply offended

**belediging** v [-en] ❶ *v. iem.* insult, affront, defamation * ~ *v.e. ambtenaar in functie* insulting behaviour towards a public servant in the execution of his duty * *hij is een* ~ *voor de politiek* he is an affront to politics * jur *eenvoudige* ~ common insult * jur *opzettelijke* ~ intentional insult ❷ *v. gevoelens* offence, outrage

**beleefd** I bn polite, civil, courteous * *een* ~ *antwoord* a polite answer * *een* ~ *meisje* a well-mannered girl II bijw politely & * *wij verzoeken u* ~ we kindly request you * ~ *maar dringend* urgently

**beleefdheid** v [-heden] politeness, civility, courteousness, courtesy * *de burgerlijke* ~ common courtesy * *beleefdheden* civilities/compliments * *dat laat ik aan uw* ~ *over* I leave it to your discretion

**beleefdheidsbezoek** o [-en] courtesy visit

**beleg** o ❶ mil siege * *de staat van* ~ *afkondigen* declare martial law * *het* ~ *opbreken* raise the siege * *het* ~ *slaan voor* lay siege to ❷ *op brood* filling * *een boterham met* ~ a sandwich with filling

**belegen** bn matured * ~ *wijn/sigaren* matured wine/cigars * ~ *kaas* ripe/matured cheese * ~ *brood* stale bread

**belegeraar** m [-s] besieger

**belegeren** overg [belegerde, h. belegerd] besiege * *een belegerde stad* a city under siege

**belegering** v [-en] siege

**beleggen** overg [belegde, h. belegd] ❶ *bedekken* cover, fill * *brood* ~ *met ham* make a ham sandwich * *belegde broodjes* filled rolls ❷ *geld* invest * *in aandelen* ~ invest in stocks and shares ❸ *bijeenroepen* convene, call * *een vergadering* ~ call a meeting

**belegger** m [-s] handel investor * *een institutionele* ~ an institutional investor * *een particuliere* ~ a private investor

**belegging** v [-en] handel investment * *een* ~ *in aandelen* an equity investment * *een* ~ *in onroerend goed* a property investment * *een* ~ *op lange termijn* a long-term investment

**be**

**beleggingsfonds** o [-en] ❶ *maatschappij* investment fund, managed fund, Am mutual fund ＊ *dit~ investeert in Azië* this investment fund invests in Asia ＊ *een gemeenschappelijk~* a joint investment fund ＊ *een open-eind~* Am a mutual fund, Br a unit trust ❷ *in risicovolle ondernemingen* venture fund ❸ *solide aandeel* ± gilt-edged securities

**beleggingsklimaat** o investment climate ＊ *een onzeker/gunstig~* an uncertain/favourable investment climate

**beleggingsmaatschappij** v [-en] investment company ＊ Am *een~ met vast kapitaal* a closed-end fund

**beleggingsobject** o [-en] investment

**beleggingspand** o [-en] investment property

**beleggingsportefeuille** m [-s] investment portfolio ＊ *beheersing van~* portfolio management

**beleid** o ❶ *wijze van bestuur* policy ＊ *~ opstellen* establish a policy ＊ pol *een binnenlands/buitenlands ~* a domestic/foreign policy ＊ *een~ uitzetten* formulate a policy ❷ *voorzichtigheid* discretion, tact, prudence ＊ *met~ te werk gaan* proceed tactfully/sensibly/prudently

**beleidsfout** v [-en] policy error

**beleidslijn** v [-en] line of policy

**beleidsmaker** m [-s] policymaker

**beleidsnota** v ['s] policy document, policy paper ＊ *een~ schrijven* write/compile a policy document

**beleidsplan** o [-nen] policy plan

**belemmeren** overg [belemmerde, h. belemmerd] hamper, hinder, impede, obstruct, block ＊ *de voortgang~* impede progress ＊ *iem. ~ in zijn ontwikkeling* obstruct sbd's development ＊ *in de groei belemmerd* stunted in ‹its› growth ＊ *het verkeer ~* block the traffic ＊ *de doorgang~* obstruct the passage

**belemmering** v [-en] ❶ *middel* hindrance, impediment, obstruction ＊ *een wettelijke~ voor* a legal bar/impediment to ＊ *een~ van het verkeer* a traffic obstruction ❷ *handeling* impeding, interference, obstruction ＊ *zijn gedrag vormt een~ voor onze vriendschap* his behaviour is impeding our friendship

**belendend** bn adjacent, adjoining, neighbouring ＊ *het~ perceel* the adjoining property

**belenen** overg [beleende, h. beleend] ❶ *bij de lommerd* pawn ＊ *sieraden~* pawn jewels ❷ *v. effecten* borrow money on ‹securities›

**belerend** bn pedantic, didactic ＊ *iem. ~ toespreken* give sbd a sermon

**belet** o ＊ *~ geven aan bezoekers* refuse to see visitors ＊ *~ hebben* be engaged ＊ *hij heeft~* he is unable to receive you ＊ *~ krijgen* be refused an appointment ＊ *~ vragen* ask for an appointment

**bel-etage** v [-s] first floor

**beletsel** o [-s & -en] hindrance, obstacle, impediment ＊ *laat dat geen~ vormen* don't let that stand in the way

**beletselteken** o [-s] *interpunctie* (...) dot dot dot

**beletten** overg [belette, h. belet] ❶ prevent, block, impede ＊ *de voortgang~* impede progress ＊ *iem. de toegang~* refuse sbd access ❷ *gevolgd door: te +* *infinitief* hinder (prevent) from, preclude from ＊ *zij belette mij te vertrekken* she prevented me from leaving

**beleven** overg [beleefde, h. beleefd] ❶ *alg.* live to see ＊ *dat zal hij niet meer~* he won't live to see this ＊ *zijn tachtigste verjaardag nog~* live to be eighty ❷ *meemaken* go through ＊ *zware tijden ~* live in troubled times ＊ *zij beleefde tal van avonturen* she had many adventures ＊ *er valt hier niets te~* there's nothing doing here/nothing going on here ＊ *plezier aan iets~* get enjoyment out of sth ＊ *het boek beleefde zijn derde druk* the book went through its third edition

**belevenis** v [-sen] experience ＊ *een vakantie vol~sen* a lively holiday

**beleving** v perception

**belevingswereld** ＊ *in mijn~* in my experience/perception ＊ *de~ van een kind* the world of a child ＊ *het moet aansluiten bij de~ van de leerlingen* it should be geared to the students' own experiences of the world around them

**belezen** bn well read

**belezenheid** v (range of) reading ＊ *zijn grote~* his extensive/wide reading

**Belg** m [-en] Belgian

**belgicisme** o [-n] Belgicism

**België** o Belgium

**Belgisch** bn Belgian

**Belgische** v [-n] Belgian ＊ *ze is een~* she's a Belgian, she's from Belgium

**belhamel** m [-s] *deugniet* rascal

**belichamen** overg [belichaamde, h. belichaamd] embody, personify ＊ *hij belichaamt het poldermodel* he is the personification of/personifies the polder model

**belichaming** v [-en] embodiment, personification ＊ *hij is de~ van het kwaad* he is the personification of evil

**belichten** overg [belichtte, h. belicht] ❶ *licht doen vallen op* illuminate, light (up) ❷ fotogr expose ＊ *een foto te lang/kort~* overexpose/underexpose a photo ❸ *nader toelichten* shed light on, elucidate ＊ *een probleem van verschillende kanten~* discuss various aspects of a problem

**belichting** v [-en] ❶ *uiteenzetting* elucidation, clarification ❷ *het belichten* lighting ❸ fotogr exposure

**belichtingstijd** m [-en] fotogr exposure time

**believen** I overg [beliefde, h. beliefd] ❶ *lusten* like ＊ *ik belief geen bananen* I don't like bananas ❷ *plezier doen* please ＊ form *het belieft mij op vakantie te gaan* I like to go on holiday ＊ *als het u belieft* if you please ＊ ‹bij niet verstaan› *wat belieft u?* (I beg your) pardon? II o ＊ *naar~* at pleasure, at will, at one's

be

**belijden** *overg* [beleed, h. beleden] ❶ *schuld* confess, admit * *iets met de mond* ~ pay lip service to * *zijn zonden* ~ confess one's sins ❷ *godsdienst* profess * *een* ~*d lid* a practising member

**belijdenis** *v* [-sen] ❶ confession ‹of faith› * ~ *van zonden* confession of sins ❷ *godsdienst* profession, creed, denomination ❸ *aanneming tot lidmaat* confirmation * *zijn* ~ *doen* be confirmed

**Belize** *o* Belize

**bellen** *onoverg en overg* [belde, h. gebeld] ring ‹the bell› * *er wordt gebeld* that's the door * ~ *voor de laatste ronde* ring the bell for the final lap * *ik zal je* ~ I'll give you a ring * ~ *op kosten van degene die gebeld wordt* reverse the charges, <u>Am</u> call collect

**bellenblazen** *o* blow bubbles

**bellettrie** *v* belles lettres

**belminuut** *v* [-minuten] <u>telec</u> call minute

**belofte** *v* [-n of -s] ❶ *alg.* promise, commitment * *zijn* ~ *breken* break one's promise * *zijn* ~ *houden* keep one's promise * *een* ~ *waarmaken* fulfil a promise * ~ *maakt schuld* a promise is a promise * *die zwemster is een* ~ *voor de toekomst* she is a promising swimmer, she shows future promise ❷ <u>plechtig</u> pledge, undertaking ❸ *in plaats van de eed* <u>jur</u> (solemn) affirmation

**beloken** *bn* * ~ *Pasen* Low Sunday

**belonen** *overg* [beloonde, h. beloond] reward, pay, remunerate * *iem.* ~ *voor zijn inzet* reward sbd for his efforts * *zij werd beloond met promotie* she was rewarded with a promotion

**beloning** *v* [-en] reward, recompense, remuneration * *ter* ~ *van* as a reward for, in reward of, in return for * *een* ~ *uitloven* offer a reward * ~ *in natura* payment in kind * *gelijke* ~ equal pay

**beloop** *o* course, way * *het* ~ *van de ziekte* the course of the disease * *het* ~ *van de lijn* the course of the line * *alles op zijn* ~ *laten* let things take their course, let things drift ▼ *ten belope van* amounting to

**belopen** *overg* [beliep, h. belopen] ❶ *bedragen* amount to ‹of a sum› * *het tekort beloopt in de miljoenen* the deficit amounts to millions ❷ *te voet afleggen* walk * *die afstand is in een uur te* ~ you can walk this distance in one hour * <u>sp</u> *hij kan het niet* ~ he can't keep pace * <u>sp</u> *die bal is niet te* ~ you won't be able to catch that ball

**beloven** *overg* [beloofde, h. beloofd] ❶ *alg.* promise * *iem. gouden bergen* ~ promise sbd the moon * *de oogst belooft veel* the crops are very promising * *het belooft mooi weer te worden* the weather is expected to be fine * *dat belooft wat!* that looks promising! * *dat beloof ik je* it's a promise * *het Beloofde Land* the Promised Land ❷ <u>plechtig</u> vow

**belroos** *v* <u>med</u> erysipelas

**beltegoed** *o* call(ing) credit * *mijn* ~ *is op* my call credit has run out

**beltoon** *m* [-tonen] <u>telec</u> ring tone

**beluisteren** *overg* [beluisterde, h. beluisterd] ❶ *luisteren naar* overhear, listen to * *een gesprek* ~ overhear a conversation * *opnamen* ~ listen to recordings ❷ *luisterend waarnemen* catch, hear * *beluister ik enige onzekerheid in jouw woorden?* did I detect some doubt in your words? ❸ *afluisteren* listen in to ‹a broadcast› ❹ <u>med</u> auscultate * *de borst* ~ auscultate the chest

**belust** *bn* * ~ *zijn op* be eager for, be keen on * ~ *op sensatie* sensation-loving

**bemachtigen** *overg* [bemachtigde, h. bemachtigd] get hold of, secure, seize, take possession of, capture * *ik kon nog net een zitplaats* ~ I just managed to get hold of a seat

**bemalen** *overg* [bemaalde, bemaald] drain * *polders* ~ drain polders

**bemannen** *overg* [bemande, h. bemand] <u>scheepv</u> man ‹a ship› * *de sloep was bemand met 10 matrozen* the sloop was manned by 10 sailors * *de bemande ruimtevaart* manned space travel

**bemanning** *v* [-en] crew

**bemanningslid** *o* [-leden] crew member

**bemerken** *overg* [bemerkte, h. bemerkt] perceive, notice, observe

**bemesten** *overg* [bemestte, h. bemest] ❶ *alg.* manure, dress with manure ❷ *door bevloeiing* warp ❸ *met kunstmest* fertilize

**bemesting** *v* [-en] ❶ *alg.* manuring, dressing ❷ *met kunstmest* fertilization

**bemeten** *bn* -sized * *een ruim* ~ *woning* a spacious house

**bemiddelaar** *m* [-s] mediator, intermediary * *een* ~ *in geschillen* an arbitrator

**bemiddeld** *bn* well-to-do, affluent, well-off

**bemiddelen** *overg* [bemiddelde, h. bemiddeld] mediate ‹a peace› * ~ *in een geschil* mediate in a dispute * ~ *tussen partijen* mediate between parties * ~*d optreden* act as a mediator, mediate

**bemiddeling** *v* mediation * *door* ~ *van* through the agency/intermediary/medium of...

**bemiddelingsbureau** *o* [-s] ❶ *voor relaties* dating service ❷ *voor arbeid* employment agency, job exchange

**bemiddelingspoging** *v* [-en] mediatory effort

**bemiddelingsvoorstel** *o* [-len] compromise proposal

**bemind** *bn* beloved * ~*e gelovigen* dearly beloved * *zich* ~ *maken bij* make oneself loved bij, popular with, endear oneself to

**beminde** *m-v* [-n] loved one, beloved, lover, sweetheart

**beminnelijk** *bn* ❶ *passief* lovable ❷ *actief* engaging

**beminnen** *overg* [beminde, h. bemind] be fond of, love, cherish * *iem. innig/vurig* ~ love sbd very dearly/passionately

**bemoederen** *overg* [bemoederde, h. bemoederd] mother

**bemoedigen** *overg* [bemoedigde, h. bemoedigd]

**be**

encourage, cheer up ✳ *iem. een ~d knikje geven* give an encouraging nod to sbd

**bemoeial** *m* [-s &-len] busybody, meddler

**bemoeien** *wederk* [bemoeide, h. bemoeid] ✳ *zich ~ met* meddle in, interfere in ✳ *zich met zijn eigen zaken ~* mind one's own business ✳ *hij bemoeit zich niet met anderen* he keeps to himself ✳ *niet mee ~!* let well alone! ✳ *je moet je niet zo met alles ~* you shouldn't stick your nose into everything

**bemoeienis** *v* [-sen], **bemoeiing** [-en] interference, meddling ✳ *ik heb er geen ~ mee* I have nothing to do with it ✳ *door zijn ~* through his efforts ✳ *dat hoort niet tot zijn ~* he is not responsible for that

**bemoeilijken** *overg* [bemoeilijkte, h. bemoeilijkt] hamper, hinder, thwart ✳ *dat bemoeilijkt de situatie* that makes things more difficult

**bemoeiziek** *bn* meddlesome, interfering

**bemoeizucht** *v* meddlesomeness, interference

**bemost** *bn* mossy, moss-grown

**ben** *v* [-nen] wicker basket ✳ *een ~ vis* a creel of fish

**benadelen** *overg* [benadeelde, h. benadeeld] put to/at a disadvantage, handicap, prejudice ✳ *hij voelt zich benadeeld door de jury* he feels prejudiced by the jury ✳ *de benadeelde* the injured party

**benaderen** *overg* [benaderde, h. benaderd] ❶ *iem., een vraagstuk* approach, tackle ✳ *iem. voor een functie ~* approach sbd for a job ✳ *moeilijk te ~* unapproachable ✳ *hoe zou je die kwestie ~?* how would you tackle this issue? ❷ *nabijkomen* approximate ✳ *zij benaderde het wereldrecord tot op één seconde* she approximated to the world record by one second ✳ *de waarde van het getal pi ~* calculate the value of the number pi ❸ *schatten* estimate

**benadering** *v* [-en] ❶ approach ✳ *een andere ~ van de probleemstelling* a different approach to the issue ❷ *v. getallen & approximation* ✳ *bij ~* approximately

**benadrukken** *overg* [benadrukte, h. benadrukt] stress, emphasize, underline, highlight ✳ *het belang van iets ~* emphasize the importance of sth

**benaming** *v* [-en] name, appellation ✳ *Afrikaanse smaragd is een verkeerde ~ voor groene fluorspar* African emerald is a misnomer for green fluorspar

**benard** *bn* critical, awkward, dire ✳ *in ~e omstandigheden* in dire circumstances, in distress ✳ *in deze ~e tijden* in these hard/trying times ✳ *in een ~e situatie verkeren* be in a dire situation

**benauwd** *bn* ❶ *op de borst* short of breath, tight in the chest ✳ *het ~ hebben* be short of breath, have a tight feeling in one's chest ✳ *het Spaans ~ krijgen* be scared to death ❷ *drukkend, muf* stifling, sultry, oppressive ✳ *een ~e atmosfeer* a stifling atmosphere ❸ *bang* afraid, anxious ✳ *hij kreeg het ~* he started to become afraid ✳ *~e uren* anxious hours ✳ *wees maar niet ~!* don't be afraid! ✳ *vertrek* close, stuffy ✳ *een ~ kamertje* a poky little room ❹ *nauw* tight ✳ *het is hier erg ~* it's very close in here; we're cramped for room

**benauwdheid** *v* [-heden] ❶ *ademgebrek* shortness of

breath, tightness in the chest ✳ *ik heb last van ~* I suffer from shortness of breath ❷ *vrees* bijbel anxiety, fear

**benauwen** *overg* [benauwde, h. benauwd] oppress ✳ *het benauwt mij daarheen te moeten gaan* having to go there is weighing heavily on my mind

**benauwend** *bn* ❶ oppressive ❷ upsetting

**benchmarking** *m* management benchmarking

**bende** *v* [-n & -s] ❶ *grote hoeveelheid* mass ✳ *een hele ~ papieren* a heap of papers ❷ *rotzooi* mess ✳ *wat een ~!* ⟨v. toestand⟩ what a mess!; ⟨v. personen⟩ what a (disorderly) mob! ❸ *groep* gang, crew, mob, troop ✳ *een hele ~ fouten* a lot of mistakes ✳ *een ~ rebellen* a band of rebels ✳ *een ~ kinderen* a troop of children ✳ *een ~ criminelen* a gang of ruffians/criminals

**bendeleider** *m* [-s] gang leader

**bendeoorlog** *m* [-logen] gang war, gang warfare

**beneden I** *voorz* below, beneath, under ✳ *dat is ~ mijn waardigheid* it's beneath me ✳ *hij staat ~ mij* he's under me, he's my inferior ✳ *inkomens ~ 2000 euro* incomes less than 2,000 euros ✳ *ver ~... blijven* fall greatly short of ... ✳ *~ verwachting* not up to expectations, below expectations ✳ *dat is ~ alle peil* this is disgraceful by any standard ✳ *dit is ~ alle kritiek* this isn't even worth a comment, this isn't worth my breath **II** *bijw* ❶ downstairs, down ✳ *naar ~* downstairs, downward(s), down on to the ground ✳ *wij wonen ~* we live on the ground floor ❷ below, at the bottom of the page ✳ *~ (aan de bladzijde)* at the foot/bottom of the page, below ✳ *zie ~* see below ✳ *vijfde regel van ~* the fifth line from the bottom ✳ *fig iets naar ~ halen* run sth down ✳ *hier ~ (op aarde)* here below (on earth)

**benedenbuur** *m* [-buren] downstairs neighbour

**benedenhuis** *o* [-huizen] ground-floor flat, Am first-floor apartment ✳ *in een ~ wonen* live in a ground-floor flat

**benedenloop** *m* [-lopen] lower reaches

**Beneden-Rijn** *m* Lower Rhine

**benedenverdieping** *v* [-en] ground floor

**benedenwoning** *v* [-en] ground-floor flat, Am first-floor apartment

**benedictijn** *m* [-en] Benedictine (monk)

**benedictine** *v* Benedictine

**benefiet** *o* benefit

**benefietconcert** *o* [-en] benefit concert

**benefietvoorstelling** *v* [-en] benefit performance, benefit night

**benefietwedstrijd** *m* [-en] benefit match

**Benelux** *m* Benelux

**benemen** *overg* [benam, h. benomen] take away ✳ *iem. de adem ~* take sbd's breath away ✳ *het uitzicht ~* obstruct the view ✳ *zich het leven ~* take one's life ✳ *de moed ~* dishearten ✳ *iem. de lust ~ om...* spoil sbd.'s pleasure in...

**benen I** *bn* bone ✳ *een ~ brievenopener* a bone letter opener **II** *onoverg* [beende, h. gebeend] leg it

∗*huiswaarts* ∼stride home

**benenwagen** *m* ∗scherts *met de* ∼*gaan* travel by shank's pony

**benepen** *bn* ❶*kleingeestig* petty, small-minded ∗*uit een* ∼*milieu* from a narrow-minded environment ❷*angstig* timid, anxious ∗*met een* ∼*stemmetje* in a timid voice ∗*een* ∼*gezicht* a pinched ⟨face⟩ ∗*met een* ∼*hart* with a faint heart ❸*nauw* narrow

**beneveld** *bn* halfdronken muzzy, fuddled

**benevelen** *overg* [benevelde, h. beneveld] ❶*door mist, damp* befog, cover in mist ❷*door drank* bemuse, fuddle

**benevens** *voorz* (together) with, besides, in addition to ∗ ∼*onze kinderen, was er niemand* apart from our children there was nobody there

**Bengaal** *m* [-galen], **Bengali** ['s], **Bengalees** [-lezen] Bengali

**Bengaals** I *bn* Bengali ∗ ∼*vuur* Bengal fire ∗*een* ∼*e tijger* a Bengal tiger II *o*, **Bengali** *taal* Bengali

**Bengalen** *o* Bengal ∗*de Golf van* ∼the Bay of Bengal

**bengel** *m* [-s] ❶*deugniet* little rascal, inf pickle ❷*klok bell* ❸*klepel* clapper

**bengelen** *onoverg* [bengelde, h. gebengeld] ❶*klok* ring ❷*bungelen* dangle, swing

**benieuwd** *bn* curious ∗ ∼*zijn* be curious to know ∗*zeer* ∼*zijn* be anxious to know ∗ ∼*zijn naar* be curious about

**benieuwen** *overg* [benieuwde, h. benieuwd] ∗*het zal mij* ∼*of hij komt* I wonder if he'll come

**benig** *bn* bony

**benijden** *overg* [benijdde, h. benijd] envy, be envious of ∗*ik benijd jou om jouw mooie ogen* I envy you your beautiful eyes ∗*benijd worden* be envied ∗*beter benijd dan beklaagd* better to be envied than pitied

**benijdenswaard, benijdenswaardig** *bn* enviable

**Benin** *o* Benin

**benjamin** *m* Benjamin, baby ∗*hij is de* ∼*van de familie* he is the baby of the family

**benodigd** *bn* required, necessary, wanted

**benodigdheden** *zn* [mv] needs, necessities, requisites, requirements

**benoemen** *overg* [benoemde, h. benoemd] ❶*tot ambt* appoint, nominate ∗*iem.* ∼*tot...* appoint sbd (to be)... ❷*naam geven* name ∗*ik kan dat gevoel niet* ∼I can't find words to describe this feeling ∗*een benoemd getal* a concrete number

**benoeming** *v* [-en] appointment, nomination ∗*zijn* ∼*tot...* his appointment to be (a)..., as (a)...

**benoorden** *voorz* (to the) north of

**bent** *v* set, clique, party

**benul** *o* notion ∗*ik heb er geen flauw* ∼*van* I don't have the foggiest/slightest idea

**benutten** *overg* [benutte, h. benut] utilize, make use of, avail oneself of ∗*ten volle* ∼make the most of sth ∗*zijn kans* ∼make the most of one's opportunity ∗sp *een strafschop* ∼score from a penalty ∗*ik heb die tijd benut om het huis te schilderen* I used the time to paint the house

**B en W** *afk* (Burgemeester en Wethouders) Mayor and Aldermen, city/town council

**benzeen** *o* benzene

**benzine** *v* petrol, Am gasoline ∗*loodvrije* ∼in Groot-Brittannië unleaded petrol, in de VS unleaded gas ∗*deze motor loopt op* ∼this engine runs on petrol ∗*normale* ∼in Groot-Brittannië two-star petrol, in de VS regular gas

---

**benzine**
is petrol (gas in Amerika) en niet benzine of benzene. Benzine is wasbenzine en benzene is benzeen.

---

**benzineblik** *o* [-ken] petrol can

**benzinemeter** *m* [-s] petrol gauge

**benzinemotor** *m* [-s & -toren] petrol engine

**benzinepomp** *v* [-en] petrol pump

**benzinestation** *o* [-s] filling station, petrol station, Am gas station

**benzinetank** *m* [-s] fuel tank ∗*een lege* ∼an empty fuel tank

**benzineverbruik** *o* Br petrol consumption, fuel consumption, Am gas consumption, gas mileage

**beo** *m* ['s] myna(h)

**beoefenaar** *m* [-s & -naren] practitioner, student ∗*een* ∼*van de wetenschap* a scientist ∗*een* ∼*van een sport* a sportsman

**beoefenen** *overg* [beoefende, h. beoefend] practice, follow, study ∗*een sport* ∼be a sportsman ∗*de deugd* ∼cultivate virtue ∗*vreemde talen/muziek* ∼ study/read foreign languages/music ∗*een wetenschap* ∼study science

**beoefening** *v* study, practice, cultivation ∗*de* ∼*van de wetenschap* the study of science

**beogen** *overg* [beoogde, h. beoogd] have in view, aim at, intend ∗*zij was mijn beoogd opvolger* she was my intended successor ∗*wat beoog je daarmee?* what do you have in mind with that? ∗*een bepaald doel* ∼have a particular object in view ∗*het had niet de beoogde uitwerking* it failed to work

**beoordelaar** *m* [-s] critic, reviewer

**beoordelen** *overg* [beoordeelde, h. beoordeeld] ❶*oordeel vormen* judge of ⟨sth⟩, judge ⟨sbd⟩, assess ∗*iem.* ∼*op zijn uiterlijk* judge sbd on his appearance ∗*iem.* ∼*naar bepaalde maatstaven* judge sbd by certain standards ∗*een subsidieaanvraag* ∼assess an application for subsidy ∗sp *de doelman beoordeelde de voorzet verkeerd* the keeper misjudged the cross ❷*recenseren* review, criticize ∗*een boek (als) slecht* ∼ criticize a book

**beoordeling** *v* [-en] ❶*alg.* judgement/Am judgment, assessment, evaluation ∗*ter* ∼*van* at the discretion of ∗*zij kreeg een matige* ∼*van de jury* the jury gave her a moderate rating ❷*v. boek &* criticism, review ❸*v. schoolwerk* mark

**beoordelingsfout** *v* [-en] misjudgement, mistake

be

**be**

\* *een~ maken* make an error of judgement

**beoordelingsgesprek** *o* [-ken] *bij werk* assessment interview

**bepaald I** *bn* ❶ *vastgesteld* fixed ❷ *duidelijk omlijnd* definite ⟨object⟩, positive ⟨answer⟩, distinct ⟨inclination⟩ \* *een~ persoon* a certain person \* *voor een~e tijd/periode* for a fixed term/fixed period/definite period \* *met een~ doel* for a particular/set purpose \* *niets~s* nothing definite \* *het bij de wet~e* the provisions laid down/enacted by law ❸ *sommige* certain, particular \* *in~e streken* in certain/some regions \* *in~e gevallen* in certain/particular/specific cases \* *~e strips vind ik leuk* I like some comic strips ❹ *vaststaand* stated, specified, appointed \* *voor dat werk staat een~ aantal uren* a specified number of hours has been allotted to this work \* *op een vooraf~ tijdstip* at a predetermined time \* *daarvoor betaal je een~ bedrag* you pay a fixed amount for it ❺ *taalk* definite \* *het~ lidwoord* the definite article **II** *bijw beslist, stellig* positively, quite, decidedly \* *het is~ onwaar* that is absolutely untrue \* *u moet~ gaan* you should go by all means, you should make a point of going \* *als je nu~ gaan wilt, dan...* if you're set on going/determined to go, then... \* *hij moet daar~ iets mee op het oog hebben* I am sure he must have a definite object in view \* <u>iron</u> *hij is nu niet~ slim* he isn't exactly clever

**bepaaldelijk** *bijw* particularly, specifically

**bepakken** *overg* [bepakte, h. bepakt] pack

**bepakking** *v* [-en] pack \* <u>mil</u> *met volle~* in full marching kit

**bepakt** *bn* \* *~ en bezakt* (all) packed up and ready (to go)

**bepalen I** *overg* [bepaalde, h. bepaald] ❶ *vaststellen* fix ⟨a time, price⟩, appoint ⟨an hour for...⟩, stipulate ⟨a condition⟩ \* *nader te~* to be fixed/determined later on \* *tenzij anders bepaald* unless otherwise stipulated ❷ *bij besluit* provide, lay down, decree, enact ❸ *in testament* direct ❹ *door onderzoek* ascertain, determine ⟨the weight &⟩ ❺ *omschrijven* define ⟨an idea⟩ ❻ *uitmaken* decide, determine ⟨the success⟩ ❼ *taalk* modify, qualify **II** *wederk* [bepaalde, h. bepaald] \* *zich~ tot, bij* restrict oneself to, confine oneself to

**bepalend** *bn* defining, determining \* *de uitslag is~ voor mijn loopbaan* the result is crucial for/to my career

**bepaling** *v* [-en] ❶ *in contract* stipulation, condition, clause, term ❷ *v. uur &* fixing ❸ *v. begrip* definition ❹ *in wet &* provision, regulation \* *een aanvullende~* an additional provision \* *algemene~en* general provisions \* *bijzondere~en* special provisions \* *dwingende~en* strictly binding statutory provisions \* *een wettelijke~* a legal provision, a statutory provision ❺ *voorwaarde* a statutory condition ❻ *door onderzoek* determination ❼ <u>taalk</u> adjunct

**beperken I** *overg* [beperkte, h. beperkt] ❶ *alg.* limit, restrict, confine \* *~de maatregelen* restrictive measures \* *een speler met beperkte mogelijkheden* a player with limited possibilities \* *iem in zijn doen en laten~* limit sbd in his doings \* *iets tot een minimum ~* restrict sth to a minimum ❷ *verminderen* cut down, curtail, reduce, decrease \* *de brand~* localize the fire \* *de invoer~* reduce imports \* *de uitgaven~* cut down expenditure \* *de service~* cut the service \* *haar privileges~* reduce her privileges **II** *wederk* [beperkte, h. beperkt] \* *zich~* limit, restrict \* *zich ~ tot* limit/restrict oneself to

**beperkend** *bn* restrictive, limiting \* *met~e bepalingen* with restrictions

**beperking** *v* [-en] ❶ *grens* limitation, restriction, restraint \* *een vrouw met~en* a woman with limitations \* *een~ opleggen aan het aantal...* impose a restriction on the number... ❷ *inkrimping* reduction, cutback \* *een~ van de productie* a reduction in production, a cutback in production

**beperkt** *bn* ❶ *klein* limited \* *met~e middelen* with limited means \* *een~e oplage* a limited edition \* *~ tot* limited to, restricted to \* *de handel was~* business was slow \* *~ van geest* with limited understanding ❷ *verminderd* confined \* *in een~e ruimte* in a confined space ❸ *geen volle vrijheid hebben* restricted, limited \* *~e aansprakelijkheid* limited liability

**beperktheid** *v* [-heden] limitation, restriction

**beplakken** *overg* [beplakte, h. beplakt] cover/plaster with \* *de muur~ met posters* plaster the wall with posters

**beplanten** *overg* [beplantte, h. beplant] ❶ plant, sow \* *de tuin~ met struiken* plant the garden with shrubs ❷ *met bos* afforest

**beplanting** *v* [-en] ❶ *het beplanten* planting ❷ *gewassen* plants, crops ❸ *plantage* plantation ❹ *met bos* afforestation

**bepleisteren** *overg* [bepleisterde, h. bepleisterd] plaster (over), render

**bepleistering** *v* [-en] plastering, rendering

**bepleiten** *overg* [bepleitte, h. bepleit] plead, advocate, argue \* *zijn onschuld~* plead one's innocence \* *veranderingen~* advocate changes

**bepraten** *overg* [bepraatte, h. bepraat] ❶ *bespreken* talk about, discuss ❷ *overhalen* talk ... around, persuade \* *iem.~ om* talk sbd into ...ing \* *zich laten ~* allow oneself to be persuaded/to be talked into ...ing

**beproefd** *bn* (tried) and tested, trusty, approved \* *volgens de~e methode* according to an approved method \* *een~ medicijn* a reliable medicine \* *~e trouw* proven loyalty \* *een zwaar~e vrouw* a sorely tried woman

**beproeven** *overg* [beproefde, h. beproefd] ❶ *proberen* try, attempt, endeavour \* *zijn geluk~* try one's luck ❷ *op de proef stellen* try, test \* *zwaar beproefd worden* be sorely tried

**beproeving** v [-en] ❶ tegenspoed, ramp trial, ordeal, affliction ❷ proef testing

**beraad** o deliberation, consideration ∗ iets in~ houden think it over, consider it ∗ in~ nemen consider ∗ na rijp~ after careful consideration ∗ jur ⟨bij nalatenschap⟩ recht van~ the right to accept or forgo an inheritance

**beraadslagen** onoverg [beraadslaagde, h. beraadslaagd] deliberate, confer, discuss ∗ ~ met iem. over iets confer with/consult sbd about sth ∗ ~ over deliberate on, discuss

**beraadslaging** v [-en] discussion, deliberation, consultation

**beraden I** wederk [beried of beraadde, h. beraden] ∗ zich~ think ⟨sth⟩ over, consider ⟨sth⟩ ∗ zich~ op/over de situatie/zijn toekomst think about the situation/one's future **II** bn weloverwogen well advised, deliberate, sensible

**beramen** overg [beraamde, h. beraamd] ❶ bedenken devise, plot, plan ∗ een overval~ plot an attack ∗ zij beraamde de dood van haar man she planned the death of her husband ❷ schatten estimate, calculate ∗ de kosten op 50 pond~ estimate the cost at fifty pounds

**beraming** v [-en] ❶ v. plan devising, planning ❷ raming estimate

**Berber I** m [-s] Berber **II** o taal Berber

**berber** m [-s] kleed berber

**berberis** v [-sen] barberry

**berde** o ∗ te~ brengen put forward, mention, raise

**berechten** overg [berechtte, h. berecht] ❶ jur try ∗ iem. ~ voor zijn misdaden try sbd for his crimes ❷ in civiele zaken jur adjudicate ❸ v. sacramenten ZN administer ⟨the last sacraments⟩

**berechting** v [-en] ❶ het rechtspreken trial ∗ de~ van de oorlogsmisdadiger the trial/court-martial of the war criminal ❷ uitspraak adjudication

**beredderen** overg [beredderde, h. beredderd] arrange, put in order

**bereden** bn ∗ de~ politie the mounted police

**beredeneerd** bn reasoned, well expressed, well thought-out ∗ een~ overzicht a well thought-out summary

**beredeneren** overg [beredeneerde, h. beredeneerd] reason (out), discuss, argue ∗ een antwoord~ give ⟨one's⟩ reasons for an answer

**beregoed** bn bijw fantastic, brilliant

**bereid** bn ready, prepared, willing ∗ zich~ verklaren express one's willingness ∗ graag~ zijn te be pleased to ∗ ~ tot onderhandelen prepared to negotiate ∗ tot vrede~ ready for peace

**bereiden** overg [bereidde, h. bereid] ❶ alg. prepare ❷ v. eten prepare, cook ∗ voor iem. de weg~ pave the way for sbd ∗ iem. een feest~ hold a party for sbd ❸ v. leer dress

**bereidheid** v readiness, willingness ∗ de~ hebben om express one's willingness to ∗ de~ tot overleg the readiness to talk

**bereiding** v [-en] ❶ v. eten & preparation ∗ de~ van levensmiddelen the preparation of food ❷ v. product manufacture, production ∗ de~ van staal the manufacture of steel

**bereidingswijze** v [-n] ❶ v. eten method of preparation ❷ fabricage manufacturing process

**bereidverklaring** v [-en] declaration of willingness/intent

**bereidwillig** bn willing, obliging

**bereidwilligheid** v willingness

**bereik** o ❶ reach, range ∗ binnen ieders~ within everybody's reach ∗ buiten mijn~ out of/beyond my reach ∗ sp buiten~ van het peloton blijven keep ahead of the peloton ∗ mijn mobieltje heeft hier geen ~ my mobile phone is out of reach here ∗ deze zender heeft een~ van 10 km this transmitter has a range of 10 km ❷ dekking marketing reach, coverage

**bereikbaar** bn attainable, within (easy) reach, accessible ∗ ~ met de trein accessible by train ∗ de binnenstad is moeilijk~ the town centre is difficult to reach ∗ telec ze is~ op she can be reached at ∗ met zo'n salaris wordt een buitenhuis voor mij~ a country cottage would be within my reach with such a salary

**bereikbaarheid** v ❶ toegankelijkheid accessibility ❷ betaalbaarheid affordability

**bereiken** overg [bereikte, h. bereikt] ❶ op beoogde plaats komen reach, attain, achieve ∗ het dorp is nauwelijks te~ the village is barely reachable ∗ het nieuws had hem nog niet bereikt the news had not yet reached him ❷ in verbinding komen reach, contact, get through to ∗ waar bent u te~? where can you be contacted/reached? ∗ de grote massa~ reach the masses ❸ behalen reach, attain, achieve ∗ overeenstemming~ reach agreement ∗ sp de finale ~ get into the finals, reach the finals ∗ fig we~ er niets mee it won't get us anywhere, it will get us nowhere ∗ het tegendeel~ van wat men wil achieve the opposite of what man wants ∗ een doel~ attain a goal ∗ een hoge leeftijd~ live to/reach a great age

**bereisd** bn widely-travelled

**bereizen** overg [bereisde, h. bereisd] travel across, visit, tour

**berekend** bn ∗ ~ op calculated for, designed for, suitable for, meant for ∗ ~ voor zijn taak equal to/up to his task

**berekenen** overg [berekende, h. berekend] ❶ uitrekenen calculate, compute ∗ de afstand~ calculate the distance ❷ in rekening brengen charge ∗ te veel~ overcharge

**berekenend** bn scheming, calculating ⟨person⟩

**berekening** v [-en] ❶ uitrekenen calculation, computation ∗ volgens mijn~ according to my calculations ∗ een ruwe~ a rough estimate ❷ uitdenken calculation, evaluation ∗ een koele~ a cool calculation ∗ uit~ handelen be cool and calculating

**be**

**berenjacht** v bear hunt
**berenklauw** m & v [-en] ❶plantk hogweed ❷dierk bear's claw
**berenkuil** m [-en] bear pit
**berenmuts** v [-en] bearskin (cap)
**beresterk** bn as strong as a lion
**berg** m [-en] ❶verhoging v.h. aardoppervlak mountain, mount, ⟨heuvel⟩ hill ∗ een ~beklimmen climb a mountain ∗ wielrennen een ~ van de eerste categorie a climb of the first category ∗ iem. gouden ~en beloven promise sbd mountains of gold, promise sbd the moon ∗ over ~en dal up hill and down dale ∗ de ~ heeft een muis gebaard big plans come to nothing ∗ als een ~ tegen iets opzien not look forward to sth one little bit ∗ als de ~ niet tot Mohammed komt, zal Mohammed tot de ~ gaan if the mountain will not come to Mohammed, Mohammed will go to the mountain ∗ de haren rijzen mij te ~e it makes my hair stand on end ❷in eigennamen Mount ⟨Everest⟩ ❸stapel, hoeveelheid mount, pile, load ∗ er ligt een hele ~ bladeren op de stoep there is a heap of leaves on the pavement ∗ ~en (werk) verzetten get through piles of work
**bergachtig** bn mountainous, hilly
**bergaf, bergafwaarts** bijw downhill, down the slope ∗ ik fietste ~ I cycled downhill ∗ fig het gaat ~ met mijn gezondheid my health's going downhill
**bergbeklimmen** ww & o mountain climbing, mountaineering
**bergbeklimmer** m [-s] mountain climber, mountaineer
**bergbewoner** m [-s] mountain dweller
**bergdorp** o [-en] mountain village
**bergen I** overg [borg, h. geborgen] ❶opslaan store ❷bevatten hold, contain, accommodate ∗ de parkeergarage kan 2000 auto's ~ the car park can hold 2000 cars ❸scheepv salvage ∗ het wrak werd geborgen the wreck was salvaged ❹ruimtecapsule recover **II** wederk [borg, h. geborgen] ∗ zich ~ get out of the way ∗ berg je! hide yourself! get away! ∗ niet weten zich te ~ van schaamte not to know where to hide **III** o ❶alg. storing ❷scheepv salvage, recovery
**bergengte** v [-n & -s] defile, narrow passage
**berger** m [-s] scheepv salvager
**bergetappe** v [-s & -n] wielrennen mountainous stage
**berggeit** m [-en] ❶dierk chamois ❷fig mountain goat
**berggids** m [-en] mountain guide
**berghelling** v [-en] mountain slope
**berghok** o [-ken] shed
**berghut** v [-ten] climber's hut, mountain hut, Alpine hut
**berging** v ❶ter opberging storeroom, shed ❷bergruimte storage ∗ iets in de ~ zetten put sth in storage ❸scheepv salvage ∗ de ~ van de Koersk the salvage of the Koersk ❹v. ruimtecapsule recovery

**bergingsoperatie** v [-s] salvage operation
**bergingswerk** o salvage work
**bergkam** m [-men] mountain ridge
**bergkast** v [-en] storage cupboard
**bergketen** v [-s] chain/range of mountains, mountain range/chain
**bergklimaat** o mountain climate
**bergkloof** v [-kloven] gorge, ravine, gully
**bergkristal** o [-len] rock crystal
**bergloon** o [-lonen] scheepv salvage (money)
**berglucht** v mountain air
**bergmassief** o [-sieven] mountain massif
**bergmeubel** o [-s & -en] storage cabinet
**bergop, bergopwaarts** bijw uphill ∗ we gingen de hele dag ~ we went uphill the whole day ∗ fig het gaat ~ met mijn prestaties my results are getting better
**bergpas** m [-sen] mountain pass
**bergplaats** v [-en] depository, shed, storage
**Bergrede** v bijbel Sermon on the Mount
**bergrug** m [-gen] mountain ridge
**bergruimte** v [-s & -n] storage room, storage space
**bergschoen** m [-en] mountaineering boot, climbing boot
**bergsport** v mountaineering
**bergstok** m [-ken] alpenstock
**bergtop** m [-pen] mountaintop, peak, pinnacle, summit
**bergweide** v [-n & -s] mountain meadow
**beriberi** m-v med beriberi
**bericht** o [-en] ❶nieuws news, tidings ∗ dat zijn gunstige ~en this is good news ∗ geen ~, goed ~ no news is good news ∗ van iem. ~ krijgen receive/get news from sbd, hear from sbd ❷kennisgeving message, notice, communication, report ∗ een ~ van ontvangst an acknowledgement of receipt ∗ een ~ van verzending a notice of dispatch ∗ ~ sturen send word ∗ tot nader ~ until further notice ❸in krant report, notice
**berichten** overg [berichtte, h. bericht] let ⟨us⟩ know, send word ⟨whether...⟩, inform ⟨of your arrival⟩, report ∗ iem. iets ~ inform sbd of sth ∗ handel de ontvangst ~ acknowledge receipt
**berichtgeving** v [-en] coverage, reporting ∗ de ~ over de ramp was summier the coverage of the disaster was brief
**berijden** overg [bereed, h. bereden] ❶rijden op ride ∗ een paard/fiets ~ ride a horse/bicycle ❷rijden over ride on, drive on ∗ met de auto de snelweg ~ drive on the motorway ∗ te paard de heide ~ ride horseback across the heath
**berijder** m [-s] ❶van paard horseman ❷van fiets, motor rider
**berijmen** overg [berijmde, h. berijmd] rhyme, put into verse ∗ bijbel berijmde psalmen rhymed version of the psalms
**berijpt** bn frosted, rimed, covered with hoarfrost
**berispen** overg [berispte, h. berispt] reprimand,

censure, reprove, rebuke, admonish, rate
**berisping** *v* [-en] reprimand, reproof, rebuke ∗ *iem.*
*een ~ geven wegens wangedrag* reprimand sbd for
misbehaviour
**berk** *m* [-en], **berkenboom** [-bomen] birch, birch
tree
**berkenhout** *o* birch wood
**berkenhouten** *bn* birch wood
**Berlijn** *o* Berlin
**Berlijner** *m* [-s] Berliner
**Berlijns I** *bn* Berlin ∗ *de val van de ~e Muur* the fall
of the Berlin wall ∗ *~ blauw* Prussian blue **II** *o* dialect
Berlin
**berm** *m* [-en] ❶ shoulder, (grass) verge ⟨of a road⟩
∗ *een zachte ~* a soft shoulder ∗ *in de ~ plassen* pee
on the side of the road ❷ *verhoogd* bank
**bermlamp** *v* [-en] spotlight
**bermtoerisme** *o* roadside picnicking
**Bermuda** *o*, **Bermuda-eilanden** *zn* [mv] Bermuda,
the Bermudas
**bermuda** *m* ['s], **bermudashort** [-s] Bermudas,
Bermuda shorts
**Bermudaans** *bn* Bermudan ∗ valuta *de ~e dollar* the
Bermudan dollar, the dollar
**Bern** *o* Berne
**Berner** *bn* Oberland Bernese ∗ *de ~ Conventie* the
Berne Convention
**beroemd** *bn* famous, renowned, celebrated ∗ inf *~*
*maken* put on the map ∗ *Nederland is ~ om zijn kaas*
the Netherlands are famous for their cheese
**beroemdheid** *v* ❶ *roem* fame, renown ❷ *persoon*
[-heden] ∗ *een ~* a celebrity
**beroemen** *wederk* [beroemde, h. beroemd] ∗ *zich ~*
boast, brag ∗ *zich ~ op* boast about, pride oneself
on, glory in
**beroep** *o* [-en] ❶ *vak* profession, trade, business,
occupation, ⟨predikant⟩ call ∗ *hij is tandarts van ~*
he is a dentist by profession, by trade ∗ *een vrij ~*
⟨arts, advocaat &⟩ a profession ∗ *zonder ~* (of) no
occupation ∗ *ik heb van mijn hobby mijn ~ gemaakt*
I've made a trade of my hobby ❷ *verzoek* appeal
∗ *een ~ doen op* appeal to ⟨sbd for sth⟩, call on ⟨sbd's
help⟩ ❸ jur appeal ∗ *het ~ diende voor de rechtbank*
*van Assen* the appeal was made at the court of Assen
∗ *hoger ~* appeal ∗ *in* ⟨hoger⟩ *~ gaan* appeal to a
higher court, appeal against a decision ∗ *~*
*aantekenen/instellen* (tegen) appeal, lodge/file an
appeal (against) ∗ *~ in cassatie* appeal in cassation,
appeal to the Supreme Court
**beroepen I** *overg* [beriep, h. beroepen] *v.* geestelijke
call ⟨a clergyman⟩ **II** *wederk* [beriep, h. beroepen]
∗ *zich ~ op* refer to ⟨your evidence⟩, plead
⟨ignorance⟩, invoke ⟨Article 34⟩
**beroepengids** *m* [-en], **beroepenlijst** *v* [-en]
professional directory
**beroeps** *bn* professional ∗ *hij is ~* ⟨soldaat⟩ he is a
regular
**beroepsbevolking** *v* working population, labour

force
**beroepsdeformatie** *v* [-s] occupational disability
∗ *hij heeft een ernstige ~* he has been completely
conditioned by his job
**beroepsgeheim** *o* [-en] professional secret ∗ *het ~*
professional secrecy ⟨in journalism &⟩ ∗ *zich aan het*
*~ houden* maintain confidentiality, maintain
professional secrecy ∗ *zich beroepen op het ~* appeal
to professional secrecy, invoke confidentiality
**beroepsgroep** *m* [-en] professional group
**beroepshalve** *bijw* by virtue of one's profession,
professionally
**beroepshof** *o* [-hoven] Belg Court of Appeal
**beroepskeuze** *v* choice of a profession/career
∗ *voorlichting bij ~* vocational guidance ∗ *een*
*bureau voor ~* a careers office
**beroepskleding** *v* uniform
**beroepsleger** *o* [-s] regular/professional army
**beroepsmatig** *bn* professionally
**beroepsmilitair** *m* [-en] regular (soldier),
professional soldier
**beroepsonderwijs** *o* vocational training ∗ *hoger ~*
higher technical education ∗ *lager ~* technical
training ∗ *middelbaar ~* technical and vocational
training for 16-18-year-olds
**beroepsopleiding** *v* [-en] vocational training
**beroepsprocedure** *v* [-s] jur appellate procedure
**beroepsrisico** *o* ['s] occupational hazard,
occupational risk
**beroepsschool** *v* [-scholen] Belg technical school
**beroepstermijn** *m* [-en] jur period of appeal
**beroepsvoetbal** *o* professional football
**beroepsziekte** *v* [-n & -s] occupational disease,
occupational illness
**beroerd I** *bn* ellendig unpleasant, miserable,
wretched, inf rotten, lousy ∗ *een ~e geschiedenis* an
unpleasant affair ∗ inf *die ~e vent!* that bastard! ∗ *ik*
*speelde een ~e wedstrijd* I played a terrible match ∗ *zij*
*is nooit te ~ om te helpen* she's always willing to help
∗ *hij is te ~ om een vinger uit te steken* he is too damn
lazy to lift a finger ∗ *hij is de ~ste niet* he isn't a bad
bloke ∗ *ik voel me ~* I feel ill/terrible **II** *bijw*
versterkend wretchedly, terribly ∗ *~ koud* terribly
cold
**beroeren** *overg* [beroerde, h. beroerd] ❶ *aanraken*
touch, brush ∗ *ze beroerde mijn arm* she touched my
arm ❷ *emotioneren* stir, disturb, perturb ∗ *het besluit*
*beroerde de bevolking* the decision caused agitation
among the population ∗ *haar uitspraak beroert de*
*gemoederen* her statement is stirring up feelings
**beroering** *v* [-en] ❶ *onrust* trouble, commotion,
turmoil ∗ fig *de gemoederen in ~ brengen* stir up
feelings ∗ *~ wekken* create a commotion ∗ *er is grote*
*~ ontstaan over zijn uitlatingen* his statements have
stirred up great unrest ❷ *beweging* disturbance
∗ *water in ~ brengen* agitate water ❸ *aanraking*
touch
**beroerte** *v* [-n & -s] stroke, fit, seizure ∗ *een* ⟨aanval

*van)*~ *krijgen, door een*~ *getroffen worden* have/suffer a stroke

**beroet** *bn* sooty

**berokkenen** *overg* [berokkende, h. berokkend] cause ✳ *leed*~ *aan* bring misery upon ✳ *schade*~ *aan* do damage to

**berooid** *bn* penniless, down and out, destitute ✳ *in* ~*e toestand* in a down-and-out situation

**berouw** *o* remorse, contrition, compunction ✳~ *hebben van/over* feel sorry/remorse/compunction for, repent ✳~ *komt na de zonde* repentance always comes too late ✳ RK *akte van*~ Act of Contrition

**berouwen** *overg* [berouwde, h. berouwd] repent (of), regret ✳ *die keus zal je niet*~ you won't regret this choice ✳ *het zal u*~ you'll regret it; ⟨als dreigement⟩ I'll make you regret it, you'll be sorry you did it ✳ *die dag zal u*~ you'll rue the day

**berouwvol** *bn* repentant, contrite, penitent ✳ *een*~ *zondaar* a repentant sinner

**beroven** *overg* [beroofde, h. beroofd] ❶ *bestelen* rob ✳ *een reiziger*~ rob a traveller ❷ *ontdoen van* deprive of, strip ✳ *iem. van het leven*~ take a person's life ✳ *zich van het leven*~ take one's own life ✳ *van het verstand beroofd* out of one's mind

**beroving** *v* [-en] robbery

**berrie** *v* [-s] ❶ *handkar* (hand)barrow ❷ *voor zieke* stretcher

**berucht** *bn* infamous, notorious, disreputable, of ill repute ✳~ *om/wegens* notorious/infamous for ✳ *een* ~*e dief* a notorious thief ✳ *een* ~*e buurt* an area of ill repute, an infamous neighbourhood

**berusten** *onoverg* [berustte, h. berust] ❶ *gebaseerd zijn* be based/founded on, rest on ✳~ *op* be based/founded on, rest on, ⟨gevolg zijn van⟩ be due to ✳ *de theorie berust op nieuwe feiten* the theory is based on new facts ✳ *het berust op een misverstand* it is due to a misunderstanding ❷ *zich schikken* resign oneself to, acquiesce in ✳~ *in de situatie* resign oneself to the situation ✳~ *in het vonnis* acquiesce in the sentence ✳ *in zijn lot*~ resign oneself to one's fate ❸ *bewaard worden* rest at/with ✳~ *bij* rest with, be in the keeping of, be deposited with, be lodged in, be vested in ✳ *de macht berust bij hem* the power rests with him ✳ *de akte berust bij de notaris* the document is held by the notary

**berusting** *v* ❶ *gelatenheid* resignation, acquiescence, submission ✳~ *in Gods wil* resignation to God's will ✳ *een sfeer van*~ an atmosphere of resignation ❷ *bewaring* possession ✳ *onder*~ *van* in the hands of ✳ *de stukken zijn onder zijn*~ the documents are in his hands/custody

**bes** I *m-v* ❶ muz B flat ❷ *vrucht alg.* [-sen] berry ✳ *een blauwe*~ a bilberry/blueberry ❸ *aalbes* [-sen] currant ✳ *een zwarte*~ a black currant ✳ *een rode*~ a red currant II *v* [-sen] *oude vrouw* old woman

**beschaafd** *bn* ❶ *niet barbaars* civilized ✳ *de* ~*e wereld* the civilized world ❷ *uiterlijk* well bred, polished, refined, polite ✳ ~*e vormen* refined manners

❸ *ontwikkeld* cultured, cultivated, educated ✳ *een*~ *man* an educated man ✳ *het algemeen*~ *Nederlands* Standard Dutch

**beschaamd** I *bn* ❶ *vol schaamte* ashamed, shamefaced, abashed ✳~ *zijn over* be ashamed of ✳ *iem.* ~ *maken* make sbd feel ashamed ✳ *iem.* ~ *doen staan* make sbd feel ashamed, put sbd to shame ✳ *wij werden in onze verwachtingen niet*~ our hopes/expectations were not in vain ❷ *schuchter* ZN bashful II *bijw* ❶ *vol schaamte* shamefacedly ❷ *schuchter* ZN bashfully

**beschadigen** *overg* [beschadigde, h. beschadigd] damage ✳ *zijn gezag was beschadigd* his authority was damaged

**beschadiging** *v* [-en] ❶ *handeling* damage, injury ❷ *schade* damage

**beschamen** *overg* [beschaamde, h. beschaamd] ❶ *beschaamd maken* (put to) shame, ⟨teleurstellen⟩ disappoint, betray ✳ *ik werd in mijn verwachtingen beschaamd* my expectations were betrayed ❷ *v. vertrouwen* betray ✳ *iems. vertrouwen*~ betray sbd's confidence

**beschamend** *bn* humiliating, shameful

**beschaven** *overg* [beschaafde, h. beschaafd] refine, polish, civilize

**beschaving** *v* [-en] ❶ *maatschappij* civilization ✳ *de westerse*~ Western civilization ✳ *op een hoge trap van*~ *staan* have a high degree of civilization ❷ *welgemanierdheid* culture, refinement ✳ *een vrouw van*~ a sophisticated woman ✳ *iem. wat*~ *bijbrengen* teach sbd some manners

**bescheid** *o* [-en] ❶ *antwoord* answer ✳ *iem.* ~ *geven* give sbd an answer ❷ *bewijsstuk* record, document ✳ *de (officiële)*~*en* the (official) papers/documents

**bescheiden** *bn* ❶ *weinig eisend* unpretending, unassuming, unobtrusive ✳ *een* ~ *kind* an unassuming child ✳ *naar mijn*~ *mening* in my humble opinion ❷ *gering* modest, moderate ✳ *van een*~ *omvang* of a moderate size ✳ *een*~ *inkomen* a modest income ✳ *een*~ *applaus* faint applause

**bescheidenheid** *v* modesty ✳ *in alle*~ with all due respect ✳~ *siert de mens* modesty is a virtue

**beschermeling** *m* [-en] protégé

**beschermen** I *overg* [beschermde, h. beschermd] ❶ *behoeden* protect, screen, shelter ✳ *beschermd tegen de wind* sheltered/screened from the wind ✳~ *voor/tegen* protect from/against ✳ *zij is zeer beschermd opgevoed* she has had a very sheltered/protected upbringing ✳ *de handel*~ protect the trade ✳ *een beschermde diersoort* a protected species ✳ *een beschermde status* a protected status ❷ *begunstigen* promote, further II *wederk* [beschermde, h. beschermd] ✳ *zich*~ *(tegen)* protect oneself (against)

**beschermend** *bn* protective ✳ *met een*~ *laagje* with a protective layer ✳~*e rechten* protective duties ✳ *een* ~*e bril* ⟨tegen scherp licht⟩ protective glasses

**beschermengel** *m* [-en] guardian angel

**beschermer** *m* [-s] protector
**beschermheer** *m* [-heren] patron
**beschermheilige** *m-v* [-n] patron(ess), patron saint
**bescherming** *v* [-en] ❶ *beschutting* protection ✳ ~ *zoeken tegen de regen* seek shelter from the rain ✳ *iem. in* ~ *nemen* take sbd under one's protection ✳ *iem./iets in* ~ *nemen tegen* shield sbd/sth from ✳ *iem. tegen zichzelf in* ~ *nemen* protect sbd against himself ✳ *onder* ~ *van de nacht* under cover of night/darkness ✳ *iem. onder* ~ *afvoeren* escort sbd off ✳ *Bescherming Bevolking* ± Civil Defence ❷ *begunstiging* patronage ✳ *deze organisatie staat onder* ~ *van de koningin* this organization is under the patronage of the queen ❸ *materiaal* protection ✳ sp *hij speelde zonder* ~ he played without any protection
**beschermingsfactor** *m* protection factor ✳ *een zonnebrandcrème met* ~ *20* a protection factor 20 sun cream
**beschermingsmaatregel** *v* [-en] protective measure
**beschermvrouw, beschermvrouwe** *v* [-vrouwen] patroness
**bescheuren** *wederk* [bescheurde, h. bescheurd] ✳ inf *zich* ~ *(van het lachen)* split one's sides laughing, laugh fit to burst
**beschieten** *overg* [beschoot, h. beschoten] ❶ mil fire at (upon), ⟨vooral met granaten⟩ shell ✳ *beschoten worden* be fired at ❷ *bekleden* line, wainscot ⟨a wall⟩
**beschieting** *v* [-en] ❶ firing, ⟨vooral met granaten⟩ shelling ❷ *met hout* wainscoting ❸ *met schotten* panelling
**beschijnen** *overg* [bescheen, h. beschenen] shine on, light up
**beschikbaar** *bn* available, at sbd.'s disposal ✳ *niet* ~ unavailable ✳ *geld* ~ *stellen voor* make money available for ✳ *zich* ~ *stellen* make oneself available
**beschikbaarheid** *v* availability
**beschikken** I *overg* [beschikte, h. beschikt] ❶ *beslissen* decide ✳ *de rechter beschikte anders* the judge decided otherwise ✳ *gunstig/afwijzend* ~ *op een verzoek* grant/deny a request ✳ *bij uiterste wil* ~ state in one's last will ❷ *regelen* arrange, see to ✳ *de mens wikt, God beschikt* man proposes, God disposes II *onoverg* [beschikte, h. beschikt] *gebruik kunnen maken* have the disposal of, have at one's disposal ✳ *hij beschikt over voldoende geld* he has sufficient means ✳ ~ *over iems. tijd* have sbd's time at one's disposal ✳ ~ *over de meerderheid/50 zetels in het parlement* command a majority/50 seats in Parliament ✳ *u kunt over mij* ~ I'm at your disposal
**beschikking** *v* [-en] ❶ disposal ✳ *de* ~ *hebben over...* have the disposal of..., have at one's disposal ✳ *het staat tot uw* ~ it's at your disposal ✳ *ter* ~ *stellen van* place/put at the disposal of ✳ *ter* ~ *zijn* be available ✳ *ter* ~ *van justitie blijven/houden* remain at the disposal of the judicial authorities ✳ jur *ter* ~ *van de regering* under a restriction order ❷ *ministerieel*

order ✳ *bij ministeriële* ~ by ministerial order, by administrative decision/regulation/decree ✳ *bij rechterlijke/gerechtelijke* ~ by judicial order ❸ *bestuursrecht* administrative decision, ⟨civielrecht⟩ interlocutory judgement/order/court order, ⟨strafrecht⟩ judgement out of court, ⟨EG⟩ decision, ⟨Hoge Raad⟩ ruling ✳ *bij* ~ *van de president* by order of the president ✳ *een* ~ *inkomstenbelasting* an income tax notification ✳ jur *een begunstigende/belastende* ~ a favourable/an unfavourable decision
**beschilderen** *overg* [beschilderde, h. beschilderd] paint, paint over ✳ *met de hand beschilderd* hand-painted
**beschildering** *v* [-en] painting
**beschimmeld** *bn* mouldy
**beschimmelen** *onoverg* [beschimmelde, is beschimmeld] get/grow mouldy
**beschimpen** *overg* [beschimpte, h. beschimpt] taunt, jeer (at)
**beschoeien** *overg* [beschoeide, h. beschoeid] face, timber ✳ *de oever was beschoeid met hout* the river bank was sheet piled with wooden planks
**beschoeiing** *v* [-en] timbering, sheet piling
**beschonken** *bn* drunk, intoxicated, tipsy ✳ *in* ~ *toestand* under the influence of alcohol
**beschoren** *bn* ✳ *een kort/lang leven* ~ *zijn* be granted a short/long life ✳ *hem was hetzelfde lot* ~ the same fate had befallen him
**beschot** *o* [-ten] ❶ *bekleedsel* wainscoting ❷ *afscheiding* partition ✳ *een houten* ~ panelling ❸ *opbrengst* yield, crop ✳ *een goed* ~ *opleveren* yield a good crop
**beschouwelijk** *bn* contemplative
**beschouwen** *overg* [beschouwde, h. beschouwd] look at, view, contemplate, consider, regard, envisage ✳ ~ *als* consider, regard as, look upon as, hold (to be) ✳ *(alles) wel beschouwd* after all, all things considered ✳ *op zichzelf beschouwd* in itself ✳ *oppervlakkig beschouwd* on the face of it ✳ *als niet verzonden* ~ disregard ⟨a letter⟩ ✳ *iem. als een vriend* ~ regard sbd as a friend ✳ *ik beschouw het als mijn taak om...* I consider it my task to...
**beschouwend** *bn* contemplative, reflective
**beschouwing** *v* [-en] ❶ *als handeling* contemplation ✳ *bij nadere* ~ on closer examination ❷ *bespiegeling* speculation, contemplation ❸ *beoordeling, bespreking* consideration, view, opinion ✳ *buiten* ~ *laten* leave out of consideration, leave out of account/out of the question, not take into consideration, ignore ✳ pol *de algemene* ~*en* general debate
**beschrijven** *overg* [beschreef, h. beschreven] ❶ *omschrijven* describe ✳ *de dader* ~ describe the offender ✳ *een reis* ~ give an account of a trip ✳ *een* ~*de grammatica* a descriptive grammar ✳ *zijn gevoelens* ~ describe one's feelings ✳ *het is niet te* ~ it defies description, it's indescribable ❷ *schrijven op*

write on ∗ *het schoolbord* ~ write on the blackboard ❸ *trekken* draw, trace ∗ *een baan om de aarde* ~ make an orbit around the earth ∗ *een cirkel* ~ trace/draw a circle ∗ ~*de meetkunde* descriptive geometry

**beschrijving** v [-en] ❶ *omschrijving* description, depiction, sketch ∗ *een* ~ *geven van iets* give a description of sth ∗ *dat gaat alle* ~ *te boven, dat tart elke* ~ it defies all description, it's indescribable ❷ *opsomming* specification, inventory, account

**beschroomd I** *bn* timid, bashful, diffident, shy **II** *bijw* timidly

**beschuit** v [-en] cracker toast ∗ *een* ~*je met muisjes* a cracker toast with aniseed sprinkles ∗ *een* ~*je met iem. willen eten* want to get to know sbd better

**beschuldigde** *m-v* [-n] accused, defendant

**beschuldigen** *overg* [beschuldigde, h. beschuldigd] accuse (of), charge (with), blame (for) ∗ *hij wordt altijd van alles beschuldigd* he's always blamed for everything ∗ *iem. van nalatigheid* ~ accuse sbd of negligence ∗ *iem. vals* ~ accuse sbd falsely

**beschuldiging** v [-en] ❶ *alg.* accusation, imputation ∗ *een valse* ~ *van diefstal* a false accusation of theft ❷ *voor de rechtbank* charge, indictment ∗ *iem. in staat van* ~ *stellen* indict sbd ∗ *een* ~ *inbrengen tegen iem.* bring a charge against sbd ∗ *een* ~ *richten tot* level charges at ∗ *onder* ~ *van* on a charge of

**beschut** *bn* sheltered ∗ ~ *tegen de regen* sheltered from the rain ∗ ~ *wonen* sheltered housing ∗ *een* ~*te werkplaats* a sheltered workshop

**beschutten** *overg* [beschutte, h. beschut] shelter, screen, shield, protect ∗ *zich* ~ *tegen de wind* shelter oneself from the wind ∗ *iem.* ~ *voor gevaar* protect sbd against danger ∗ ~ *voor/tegen* shelter from, protect from/against

**beschutting** v [-en] shelter, protection ∗ ~ *geven* offer shelter ∗ ~ *zoeken* seek shelter ∗ *onder* ~ *van een eiland* under the lee of an island

**besef** o ❶ *benul* sense, understanding, idea ∗ *geen flauw* ~ *hebben van* not have the faintest idea of ∗ *geen* ~ *van tijd* no sense of time ❷ *inzicht* realization ∗ *tot het* ~ *komen dat* come to realize that ∗ *in het* ~ *dat...* realizing that...

**beseffen** *overg* [besefte, h. beseft] realize, be aware, be conscious (of) ∗ *wij* ~ *heel goed dat...* we fully appreciate that... ∗ *iets niet* ~ not be aware of sth

**beslaan I** *overg* [besloeg, h. beslagen] ❶ *innemen* take up, occupy, fill ∗ *veel plaats* ~ take up much room ∗ *die zin beslaat een hele bladzijde* this sentence fills a whole page ❷ *met metaal* mount, clasp ❸ *paard* shoe ⟨a horse⟩ ∗ *goed beslagen ten ijs komen* be well prepared ❹ *deeg* beat up ❺ *vat techn* hoop ❻ *deur* stud **II** *onoverg* [besloeg, is beslagen] *mistig worden* fog over, steam up ∗ *een beslagen ruit* a fogged-up window ∗ *een beslagen tong* a coated tongue

**beslag** o [-slagen] ❶ *v. deeg* batter, ⟨voor brouwsel⟩ mash ∗ ~ *voor pannenkoeken* batter for pancakes

❷ claim, <u>ook jur</u> attachment, seizure, embargo ∗ ~ *leggen op* impound, confiscate, seize, <u>scheepv</u> put an embargo on ∗ ~ *leggen op iem./iems. tijd* ⟨v. personen⟩ trespass on sbd/sbd's time; ⟨v. zaken⟩ engross sbd, take up all sbd's time ∗ *veel tijd/ruimte in* ~ *nemen* take up much time/room ∗ *iems. aandacht in* ~ *nemen* engage sbd's attention ∗ *goederen in* ~ *nemen* seize goods ∗ *de zaak heeft haar* ~ the matter is settled ∗ *zijn* ~ *krijgen* be settled ∗ ~ *op loon* garnishment of wages ∗ *jur conservatoir* ~ seizure before judgement, protective provisional seizure, garnishment ∗ *door* ~*innen* collect under a writ of attachment ❸ *als versiering* techn mounting, ⟨aan deur⟩ ironwork, studs, ⟨iron/brass⟩ fittings, ⟨aan heipaal⟩ binding, ⟨aan ton⟩ hoops, bands, ⟨aan stok⟩ tip, ferrule, ⟨v. paard⟩ ⟨horse⟩shoes, ⟨op tong⟩ fur

**beslaglegging** v [-en] attachment, seizure

**beslapen** *overg* [besliep, h. beslapen] ∗ *dit bed is al* ~ this bed has been slept in

**beslechten** *overg* [beslechtte, h. beslecht] ❶ settle, decide ∗ *de strijd in zijn voordeel* ~ settle the quarrel to one's advantage ∗ *het pleit* ~ settle the dispute ❷ *vlak maken* techn level, flatten

**beslissen I** *overg* [besliste, h. beslist] ❶ *besluiten* decide ∗ *u moet* ~ *wat u met het geld gaat doen* what you do with the money is up to you ❷ *uitkomst bepalen* decide, rule ∗ ~ *over de toekomst* decide the future ∗ ~ *ten gunste van* decide for (in favour of) ∗ ~ *ten nadele van* decide against ∗ *dat doelpunt besliste de wedstrijd* that goal decided the match **II** *onoverg* [besliste, h. beslist] decide ∗ *zij kon maar niet* ~ she just couldn't make up her mind

**beslissend** *bn* decisive, final, conclusive, determinant, critical, casting ∗ *het* ~*e doelpunt* the deciding goal ∗ *de* ~*e factoren* the determinant factors ∗ *op het* ~*e ogenblik* at the critical moment ∗ *de* ~*e stem* the casting vote ∗ *die ontmoeting was* ~ *voor zijn carrière* that meeting determined his career

**beslisser** *m* [-s] ∗ *voor snelle* ~*s* for people who can decide quickly

**beslissing** v [-en] decision, jur ruling ∗ *een foutieve* ~ a wrong decision ∗ *een* ~ *nemen over deze zaak* make a decision in this matter ∗ *een voorlopige* ~ a preliminary decision ∗ *jur een onherroepelijke* ~ an irrevocable decision ∗ *hij blijft bij zijn* ~ he's sticking/keeping to his decision ∗ *hij staat voor een moeilijke* ~ he is faced with a difficult decision

**beslissingsbevoegd** *bn* have the power to make decisions

**beslissingsbevoegdheid** v power of decision, authority (to make decisions), decision-making powers

**beslissingswedstrijd** *m* [-en] decider, play-off

**beslist I** *bn* ❶ *onomstotelijk* definite ❷ *v. personen* decisive, resolute, firm ❸ *v. zaken* decided ∗ *het is een* ~*e zaak* it is a decided matter **II** *bijw* certainly, definitely * *hij heeft~ gelijk* he is definitely right * *~ weigeren* refuse adamantly

**beslommeringen** *zn* [mv] worries * *zakelijke~* commercial worries * *huiselijke~* domestic worries * *de dagelijkse~* the day-to-day worries

**besloten** *bn* ❶ *gesloten* closed, private * *in~ kring* in a private circle * *het is een~ avond* it is a private evening * *een~ vennootschap* in Groot-Brittannië a private company, a limited company (afk.: Ltd.) Am a close corporation, a closed corporation * *een~ jacht* a private shooting party * *een~ terrein* a private property * *de~ tijd* the closed season * *een ~ vergadering* a private meeting * *~ water* private waters * *een~ uiterste wil* a sealed will ❷ *vast van plan* resolved, determined * *~ zijn* be resolved/determined to

**beslotenheid** *v* privacy, isolation, seclusion * *in alle ~ in* secrecy * *in de~ van* in the seclusion of

**besluipen** *overg* [besloop, h. beslopen] ❶ *op jacht* stalk ❷ creep/steal up on ⟨sbd⟩ ❸ fig come/creep over ⟨sbd⟩

**besluit** *o* [-en] ❶ *bij zichzelf* resolve, resolution, determination, decision * *een kloek~ nemen* make a bold decision * *hij kan nooit tot een~ komen* he can never make up his mind * *het~ nemen om...* take the decision to... ❷ *v. vergadering &* resolution * *een ~ nemen* ⟨in vergadering⟩ pass/adopt a resolution; ⟨v. persoon⟩ make a decision, make up one's mind * *een~ buiten vergadering* a unanimous consent resolution ❸ *v. overheid* decree, order * *een Koninklijk Besluit* an Order in Council, a Royal Decree * *een~ tot benoeming van een curator* a receiving order ❹ *gevolgtrekking* conclusion ❺ *einde* conclusion, close * *tot~* in conclusion, to conclude * *tot een~ komen* come to a conclusion/decision

**besluiteloos** *bn* indecisive, irresolute

**besluiteloosheid** *v* irresolution, indecision

**besluiten I** *overg* [besloot, h. besloten] ❶ *eindigen* end, conclude ⟨a speech⟩ * *~ met het volkslied* round off with the national anthem ❷ *gevolgtrekking maken* conclude, infer ⟨*uit* from⟩ * *uit zijn woorden~* conclude from his words ❸ *een besluit nemen* decide, resolve, determine * *dat heeft me doen~ te gaan* that has made me decide to go ❹ *omvatten* comprise, include * *alles is daarin besloten* everything is included therein **II** *onoverg* [besloot, h. besloten] decide * *ergens toe~* make up one's mind * *hij kan maar tot niets~* he can't decide on anything

**besluitvaardig** *bn* resolute, decisive

**besluitvaardigheid** *v* decision-making capability, decisiveness

**besluitvorming** *v* decision-making

**besmeren** *overg* [besmeerde, h. besmeerd] ❶ *bestrijken* spread, ⟨met boter⟩ butter, ⟨met verf⟩ daub ❷ *vuil maken* smear

**besmet** *bn* ❶ *met ziektekiemen* contaminated, infected ❷ *bevuild* polluted, contaminated * *een~*

*woord* a tainted word ❸ *bij werkstaking* tainted ⟨goederen⟩ * *~ werk* ⟨bij staking⟩ blacked work ▼ *een ~te lading* ⟨smokkelwaar⟩ black cargo

**besmettelijk** *bn* ❶ med infectious, contagious ❷ *van kleding* easily soiled * *wit is erg~* white gets dirty very easily

**besmetten** *overg* [besmette, h. besmet] ❶ *van ziekte* contaminate, infect ❷ *bevuilen* pollute ❸ *vlekken maken* taint, soil

**besmetting** *v* [-en] ❶ *ziekte* infection, contagion ❷ *bevuiling* contamination, pollution

**besmettingsgevaar** *o* risk of infection

**besmettingshaard** *m* [-en] source of the infection

**besmeuren** *overg* [besmeurde, h. besmeurd] soil, stain, besmear, smirch

**besmuikt** *bn* sniggering * *~ lachen* snigger

**besneden** *bn* ❶ *bewerkt, gevormd* carved, chiselled * *fraai~ houtwerk* finely carved woodwork * *een fijn ~ gezicht* a finely chiselled face ❷ *de besnijdenis ondergaan hebben* circumcised

**besneeuwd** *bn* covered with snow, snow-covered, snowy * *een~e helling* a snow-covered slope

**besnijden** *overg* [besneed, h. besneden] ❶ *v. d. voorhuid* circumcise ❷ *andere betekenissen* cut, carve

**besnijdenis** *v* [-sen] circumcision

**besnoeien** *overg* [besnoeide, h. besnoeid] ❶ *v. bomen* prune, lop ❷ *inkorten* cut (back,down), trim, curtail * *de uitgaven~* cut expenses * *iem in zijn vrijheid~* curtail sbd's freedom * *een boek~* cut a book

**besnuffelen** *overg* [besnuffelde, h. besnuffeld] ❶ smell at, sniff at ❷ *doorsnuffelen* nose through

**besodemieterd** *bijw* * inf *ben je~?* have you gone mad?

**besodemieteren** *overg* [besodemieterde, h. besodemieterd] bugger about, Am screw ⟨sbd⟩ * *de verkoper besodemieterde de klant* the salesman swindled the customer * *hij heeft zijn vrouw besodemieterd* he's cheated on his wife

**besognes** *zn* [mv] affairs * *huishoudelijke~* domestic activities

**bespannen** *overg* [bespande, h. bespannen] ❶ *rijtuig* harness * *met paarden~* horse-drawn * *met vier paarden~ wagen* coach-and-four, four-in-hand ❷ *besnaren* string * *een viool~* string a violin * *een tennisracket~* string a tennis racket

**bespanning** *v* [-en] ❶ *alg.* covering * *met een zachte ~ spelen* tennis play with soft stringing ❷ *v. rijtuig* harnessing, ⟨met trekdieren⟩ team ❸ *de trekdieren zelf* team

**besparen** *overg* [bespaarde, h. bespaard] save, spare * *iem. iets~* spare sbd sth * *dat leed werd haar bespaard* she was spared that grief * *zich de moeite~* save/spare oneself the trouble/effort * *~ op de salariskosten* save on salaries * *tijd~* save time

**besparing** *v* [-en] saving, economy * *ter~ van kosten* to save expenses * *de~en op de gezondheidszorg* the savings on health care

**bespatten** *overg* [bespatte, h. bespat] splash,

be

splatter

**bespelen** *overg* [bespeelde, h. bespeeld] ❶ play, play on ‹an instrument, a billiards table &›, play in ‹a theatre› ∗ *het orgel* ~ play the organ ∗ *de stadsschouwburg* ~ play the theatre ∗ *hij bespeelt het publiek* he plays to the gallery ❷ *beïnvloeden* manipulate, play on ∗ *zij laat zich door de media* ~ she is being manipulated by the media

**bespeuren** *overg* [bespeurde, h. bespeurd] perceive, sense ∗ *een neiging* ~ feel a craving ∗ *onraad* ~ sense danger ∗ *er is niets meer van te* ~ nothing can be found of it anymore

**bespieden** *overg* [bespiedde, h. bespied] spy on, watch

**bespiegelen** *overg* [bespiegelde, h. bespiegeld] reflect on, contemplate

**bespiegelend** *bn* ∗ *een* ~ *leven* a contemplative life ∗ ~ *e wijsbegeerte* speculative philosophy

**bespiegeling** *v* [-en] reflection, contemplation ∗ ~ *en houden over* speculate on

**bespioneren** *overg* [bespioneerde, h. bespioneerd] spy on

**bespoedigen** *overg* [bespoedigde, h. bespoedigd] *een beweging* accelerate, ‹een proces &› hasten, speed up, expedite

**bespottelijk I** *bn* ridiculous, ludicrous ∗ *een* ~ *voorstel* an absurd proposal ∗ *een* ~ *e scène* a ridiculous scene ∗ ~ *maken* ridicule, deride, hold up to ridicule ∗ *zich* ~ *gedragen* make a fool of oneself, lay oneself open to ridicule **II** *bijw* ridiculously

**bespotten** *overg* [bespotte, h. bespot] mock, deride, ridicule

**bespreekbaar** *bn* ❶ debatable, open to discussion ∗ *in ons land is dit onderwerp* ~ where we come from, this subject is open to discussion ∗ *een taboe* ~ *maken* make a taboo the subject of discussion ❷ *bij onderhandelingen* negotiable ∗ *de salariseisen zijn* ~ the salary demands are negotiable

**bespreken** *overg* [besprak, h. besproken] ❶ *praten over* talk about, discuss ∗ *deze zaak moeten we* ~ we must discuss this matter ∗ *iets onder vier ogen* ~ discuss sth in private ❷ *beoordelen* review ∗ *een boek* ~ review a book ❸ *reserveren* book, reserve ∗ *een kamer* ~ book a room ∗ *plaatsen/kaartjes* ~ reserve seats/tickets

**bespreking** *v* [-en] ❶ *het bespreken* discussion ❷ *vergadering* talks, conference, meeting ∗ *een* ~ *hebben* have a meeting ∗ *in* ~ *zijn* be in a conference ❸ *recensie* review, inf write-up ❹ *het reserveren* reservation, booking

**besprenkelen** *overg* [besprenkelde, h. besprenkeld] sprinkle, dash ∗ ~ *met water* sprinkle with water

**bespringen** *overg* [besprong, h. besprongen] ❶ *onverwacht aanvallen* leap on, spring on, pounce on ∗ *de leeuw bespringt de impala* the lion pounces on the impala ∗ *de doelpuntenmaker werd besprongen door medespelers* the scorer was jumped on by teammates ❷ *dekken* cover, mount ∗ *de hengst* 

*besprong de merrie* the stud covered the mare

**besproeien** *overg* [besproeide, h. besproeid] ❶ *alg.* sprinkle ❷ *planten* water ❸ *land* irrigate

**besproeiing** *v* ❶ *tuin, straten* sprinkling ❷ *velden* irrigation

**bespuiten** *overg* [bespoot, h. bespoten] ❶ *alg.* water, spray on ❷ *planten* spray ‹with›

**bespuwen** *overg* [bespuwde, h. bespuwd] spit at

**bessenjenever** *m* blackcurrant gin

**bessensap** *o* currant juice

**bessenstruik** *m* [-en] currant bush

**best I** *bn* ❶ *overtreffende trap van 'goed'* best ∗ *dat is het* ~ *e boek dat ik ooit gelezen heb* this is the best book I've ever read ∗ *dat kan de* ~ *e gebeuren* it can happen to the best of us ∗ *dat de* ~ *e mag winnen!* may the best win ∗ *de eerste de* ~ *e* anyone, anything, any ∗ *zij kan zingen als de* ~ *e* she's an excellent singer ∗ *het* ~ *e zal zijn...* the best thing (plan) would be... ∗ *het* ~ *e ermee!* all the best, good luck (to you)! ∗ *het* ~ *e met je verkoudheid* I hope your cold will soon be better ∗ *er het* ~ *e van hopen* hope for the best ∗ *er het* ~ *e van maken* make the best of it ∗ *iem. het* ~ *e wensen* wish sbd all the best ❷ *heel goed* very good ∗ *mij* ~ *!* OK with me! ∗ *hij is niet al te* ~ he is none too well ∗ ~ *e jongen* (my) dear boy ∗ *dat zijn* ~ *e mensen* they are decent people ∗ ~ *e aardappelen* prime potatoes ∗ *dan ben je een* ~ *e!* there's a good boy/a dear ❸ *aanhef* dear ∗ *beste Mary* dear Mary **II** *bijw* ❶ *overtreffende trap van goed* (very) well, (the) best ∗ *hij schrijft het* ~ he writes the best ❷ *tamelijk* quite ∗ *het is* ~ *mogelijk* it's quite possible ∗ *het was* ~ *leuk* it was really nice ∗ *ik zou* ~ *met hem willen ruilen* I wouldn't mind swapping with him ❸ *waarschijnlijk* highly ∗ *het is* ~ *mogelijk* it's highly possible **III** *o* best ∗ *zijn* ~ *doen* do one's best ∗ *zijn uiterste* ~ *doen* do one's utmost ∗ *beter zijn* ~ *doen* try harder ∗ *de schrijver op zijn* ~ the writer at his best ∗ *vijftig op zijn* ~ fifty at the utmost/at most/at best ∗ *Sjefke zal iets ten* ~ *e geven* Sjefke is going to oblige the company ∗ *alles zal ten* ~ *e keren* everything will turn out for the best

**bestaan I** *onoverg* [bestond, h. bestaan] ❶ *zijn* be, exist ∗ *spoken* ~ *niet* ghosts don't exist ∗ *hoe bestaat 't?* how is it possible? ❷ *blijven bestaan* subsist ❸ *leven* live ∗ ~ *van* live on ∗ ~ *voor* live for ▼ ~ *in* consist in/of ▼ ~ *uit* consist of, be composed of ▼ *hij heeft het* ~ *om...* he had the nerve to... **II** *o* ❶ *het zijn* being, existence ∗ *het* ~ *van God* the existence of God ∗ *het aards* ~ the earthly existence ∗ *het vijftigjarig* ~ *herdenken van* commemorate the fiftieth anniversary of ❷ *onderhoud* living, livelihood, subsistence ∗ *een aangenaam* ~ a pleasant life ∗ *een behoorlijk* ~ a decent living ∗ *middelen van* ~ *vinden* find a livelihood ∗ *de strijd om het* ~ the struggle for life ∗ *hij heeft een goed* ~ he earns a decent wage

**bestaansminimum** *o* subsistence level ∗ *onder/boven het* ~ below/above subsistence level

**bestaansrecht** *o* right to exist ✳ *dit bedrijf heeft geen* ~ this company has no right to exist/is not viable
**bestaansreden** *v* [-en] reason for existence
**bestand** I *o* [-en] ❶ *wapenstilstand* truce, armistice ✳ *een* ~ *sluiten* agree to a truce ❷ computt file ❸ *voorraad* pool, reservoir ❹ *inventaris* stock II *bn* ✳ ~ *zijn tegen* be able to resist, (be able to) withstand ✳ ~ *tegen het weer* weatherproof ✳ *tegen de druk* ~ *zijn* stand up to the pressure
**bestanddeel** *o* [-delen] element, component, (constituent) part, ‹ingrediënt› ingredient
**bestandsbeheer** *o* comput file management
**bestandslijn** *v* [-en] demarcation line
**bestandsnaam** *v* [-namen] comput file name
**besteden** *overg* [besteedde, h. besteed] spend, devote, pay ✳ *aandacht* ~ *aan* pay attention to ✳ *geld* ~ *aan* spend money on ✳ *tijd* ~ *aan* spend time on ✳ *het is aan hem besteed* he can appreciate that ✳ *het is aan hem niet besteed* it ‹the joke, advice &› is wasted/lost on him ✳ *goed/nuttig* ~ make good use of ✳ *slecht* ~ make bad use of
**besteding** *v* [-en] expenditure, spending ✳ *consumptieve* ~*en* consumer expenditure/spending
**bestedingspatroon** *o* [-tronen] pattern of spending
**besteedbaar** *bn* ✳ ~ *inkomen* disposable income, income after tax
**bestek** *o* [-ken] ❶ *eetgerei* cutlery, ‹in restaurant, voor één persoon› cover ❷ *bij aanneming* bouwk specification(s) ❸ *plan* scheme, plan ❹ *begrensde ruimte* scope, compass ✳ *binnen het* ~ *van dit werk* within the scope of this work ✳ *veel in een klein* ~ much in a small compass ✳ *in kort* ~ in brief, in a nutshell ❺ *gegist bestek* scheepv (dead) reckoning ✳ scheepv *het* ~ *opmaken* determine the ship's position
**bestekbak** *m* [-ken] cutlery tray, cutlery drawer, Am silverware tray
**bestel** *o* ❶ *ordening* order (of things) ✳ *binnen het nieuwe/oude/huidige* ~ within the new/old/present order (of things) ✳ *het (heersende)* ~ the establishment ✳ *het maatschappelijk* ~ the social order ❷ *organisatie* v. omroep & system, set-up
**bestelbon** *m* [-nen] order form
**besteldienst** *m* [-en] parcel delivery (service)
**bestelen** *overg* [bestal, h. bestolen] rob ✳ *toeristen* ~ rob tourists
**bestelformulier** *o* [-en] order form
**bestelkaart** *v* [-en] order form ✳ *een* ~ *voor boeken* a book order
**bestellen** *overg* [bestelde, h. besteld] ❶ *v. waren* order ‹goods from› ✳ *een rondje* ~ order a round of drinks ✳ *bij wie bestelt u uw boeken?* who do you order your books from? ❷ *v. mensen* send for ‹sbd› ✳ *de loodgieter* ~ send for the plumber ❸ *bezorgen* deliver ✳ *brieven* ~ deliver letters ▼ *iem. ter aarde* ~ commit sbd to the earth
**besteller** *m* [-s] ❶ post postman, parcels delivery

man ❷ *v. waren* deliveryman ✳ *iedere tiende* ~ *krijgt een boek* every tenth customer will receive a book
**bestelling** *v* [-en] ❶ post delivery ❷ *v. goederen* order ✳ handel ~*en* aannemen/doen/uitvoeren receive/place/fill orders ✳ ~*en doen/plaatsen bij* place orders with ✳ *een definitieve* ~ a firm order ✳ *ze zijn in* ~ they are on order ✳ *op/volgens* ~ (made) to order ❸ *het bestelde* order ✳ *de* ~ *aan huis afleveren* deliver the ordered goods to the door
**bestelwagen** *m* [-s], **bestelauto** [ˈs] delivery van
**bestemmen** *overg* [bestemde, h. bestemd] ❶ *voorbestemmen* destine ✳ *geld voor iets* ~ earmark money for sth ❷ *bedoelen* intend, mean ✳ *deze informatie is bestemd voor scholieren* this information is intended for students/this information applies to students ✳ *die opmerking is voor jou bestemd* that remark was meant for you
**bestemming** *v* [-en] ❶ *v. reis* destination ✳ *met onbekende* ~ *vertrekken* go without leaving an address ✳ *met* ~ (bound/headed) for ‹Marseille› ✳ *de plaats van* ~ the destination ✳ *op de plaats van* ~ *arriveren* arrive at one's destination ✳ *het geld krijgt een goede* ~ the money will be put to good use ❷ *bedoeling* intention, purpose ❸ *levenslot* lot, destiny
**bestemmingsplan** *o* [-nen] development plan, zoning plan/scheme
**bestemmingsverkeer** *o* local traffic ✳ *verboden toegang,* ~ *uitgezonderd* for local traffic only
**bestempelen** *overg* [bestempelde, h. bestempeld] ❶ *met stempel* stamp ❷ *noemen* label, call, brand ✳ *hij werd bestempeld als dom* he was labelled stupid
**bestendig** I *bn* ❶ *alg.* continual, constant, steady ✳ ~ *weer* stable/settled weather ❷ *v. vrede, vriendschap &* lasting, enduring ❸ *v. materialen* durable, permanent ❹ *v. bestuurslichamen* ZN permanent II *bijw* continually, constantly
**bestendigen** *overg* [bestendigde, h. bestendigd] continue, make permanent
**bestens** *bijw* eff at best
**bestensorder** *v* [-s] eff order at best (price), market order
**besterven** I *overg* [bestierf, is bestorven] ontsteld raken de ✳ *hij zal het nog* ~ it will be the death of him ✳ *zij bestierf het bijna van het lachen/van schrik* she nearly died laughing/of fright ✳ *ik besterf het van de kou* I'm dying of cold II *onoverg* [bestierf, is bestorven] ❶ *v. woorden* die ✳ *het woord bestierf op zijn lippen* the word died on his lips ✳ *dat ligt hem in de mond bestorven* it is constantly on his lips ❷ *v. vlees* hang ✳ *vlees laten* ~ hang meat
**bestiaal** *bn* bestial
**bestialiteit** *v* ❶ *dierlijkheid* bestiality [-en] ❷ *seksuele handeling* bestiality
**bestiarium** *o* [-ria & -s] bestiary
**bestieren** *overg* [bestierde, h. bestierd] rule, govern ✳ *een bedrijf* ~ run a company
**bestijgen** *overg* [besteeg, h. bestegen] ❶ *berg*

climb/ascend ❷ *paard* mount, get on to ❸ *troon* ascend

**bestoken** *overg* [bestookte, h. bestookt] ❶ *beschieten* bombard, shell ∗ *een stad~* bomb a city ∗ *met projectielen~* bombard with missiles ❷ *lastig vallen* harass, bombard ∗ *~ met vragen* bombard with questions

**bestormen** *overg* [bestormde, h. bestormd] ❶ eig storm, assault ∗ *de bank werd bestormd* there was a run/rush on the bank ∗ *hij werd bestormd door fans* he was stormed by fans ∗ *de hitlijsten~* storm the hit lists ❷ *met vragen* fig assail, bombard ❸ *met verzoeken* fig storm, besiege

**bestorming** *v* [-en] ❶ *stormaanval* storming, assault ∗ *de~ van de Bastille* the attack on the Bastille ❷ *het bestormd worden* rush, run

**bestraffen** *overg* [bestrafte, h. bestraft] ❶ *alg.* punish ∗ *het~ van misdadigers* the punishment of criminals ❷ *berispen* reprove, rebuke, reprimand ∗ *~d* reproachful/reproving ⟨look⟩

**bestraffing** *v* [-en] punishment ∗ *ter~ van* as a punishment for

**bestralen** *overg* [bestraalde, h. bestraald] ❶ *alg.* shine on, form irradiate ❷ med radiate ∗ *hij wordt twee keer per week bestraald* he has radiation treatment twice a week

**bestraling** *v* [-en] ❶ *alg.* irradiation ❷ med radiation treatment

**bestraten** *overg* [bestraatte, h. bestraat] pave ∗ *~ met klinkers* pave with bricks

**bestrating** *v* [-en] ❶ *de handeling, de stenen* paving ❷ *de stenen* pavement

**bestrijden** *overg* [bestreed, h. bestreden] ❶ *iem.* fight (against), combat, contend with ∗ *elkaar~* be at one another's throats ∗ *de vijand met zijn eigen wapens~* give the enemy a taste of his own medicine ❷ *iets* fight (against), combat, control ∗ *de misdaad met harde hand~* take a hard line against crime ∗ *vooroordelen~* break down/combat prejudices ∗ *een ziekte~* fight a disease ∗ *insecten~* control insect pests ❸ *betwisten* dispute, challenge, contest ⟨a point⟩, oppose ∗ *iems. woorden~* challenge sbd's words ∗ *een argument~* challenge an argument ∗ *iets niet~* not dispute something ∗ *een testament~* challenge a will ❹ *betalen* defray ⟨the expenses⟩, meet ⟨the costs⟩ ∗ *de kosten~* meet/cover the costs

**bestrijder** *m* [-s] fighter, adversary, opponent ∗ *een ~ van het onrecht* a fighter against injustice

**bestrijding** *v* ❶ *strijd* fight, combat, control ∗ *~ van insecten* pest control ∗ *~ van schoolverzuim* tackling school absenteeism ❷ *betwisting* disputing, challenging ❸ *betaling* covering ∗ *ter~ van de kosten* to meet the costs, for the defrayment of expenses

**bestrijdingsmiddel** *o* [-en] ❶ *in land- en tuinbouw* herbicide ❷ *v. insecten* pesticide ❸ *v. schimmels* fungicide

**bestrijken** *overg* [bestreek, h. bestreken] ❶ *strijken op* spread (over), ⟨met verf⟩ coat ∗ *het behang~ met het plaksel* brush the paste onto the wallpaper ❷ mil cover, command, sweep ∗ *een groot terrein~* cover a wide field ∗ sp *het gehele speelveld~* cover the whole field ∗ fig *zijn heerschappij bestreek zestig jaar* his rule lasted sixty years

**bestrooien** *overg* [bestrooide, h. bestrooid] strew, sprinkle, ⟨met poeder⟩ powder, dust ∗ *met zand~* ⟨v. wegen⟩ sand

**bestseller** *m* [-s] best seller

**bestsellerlijst** *v* best seller list

**bestuderen** *overg* [bestudeerde, h. bestudeerd] ❶ *aandachtig bekijken* study ∗ *grondig~* study thoroughly ❷ *onderzoek verrichten naar* explore, research, investigate

**bestudering** *v* study ∗ *een werkgroep ter~ van overgewicht* a study group for research into obesity/for obesity research

**bestuiven** *overg* [bestoof, h. bestoven] ❶ *met meel/stof* dust ❷ plantk pollinate

**besturen** *overg* [bestuurde, h. bestuurd] ❶ *regeren* govern, rule, lead ∗ *de partij wordt bestuurd door drie mensen* the party is led by three people ❷ *zaken* manage ❸ *een bedrijf* conduct, run, manage ❹ *huishouding* run ❺ *schip* navigate, steer ❻ *auto* drive ❼ *vliegtuig* navigate, fly ❽ *project* lead ▼ techn *draadloos bestuurd* wireless-controlled, radio-controlled

**besturing** *v* [-en] ❶ *voertuig* steering, drive ∗ *auto linkse/rechtse~* left-hand/right-hand drive ∗ *dubbele ~* dual control ❷ lucht navigation ∗ *de automatische~* the automatic pilot ❸ techn control ∗ *draadloze~* wireless control

**besturingsprogramma** *o* [-'s] control program

**besturingssysteem** *o* [-temen] comput operating system

**bestuur** *o* [-sturen] ❶ *landsbestuur* government, rule, administration ∗ *het land kwam onder Duits~* the country came under German rule ❷ *v.instelling of bedrijf* administration, management, direction, control, management board ∗ jur *behoorlijk~* proper administration ∗ jur *beginsel van behoorlijk~* principle of sound administration ∗ jur *onbehoorlijk ~* mismanagement ❸ *bestuurslichaam* board, governing body, committee, executive ∗ *het plaatselijk~* ⟨concreet⟩ the local authorities; ⟨abstract⟩ local government ∗ *het dagelijks~* the executive committee

**bestuurder** *m* [-s] ❶ *v. land, bedrijf &* governor, (managing) director, administrator ❷ *vervoermiddel* driver ❸ lucht pilot

**bestuurlijk** *bn* administrative, governmental ∗ *het~ apparaat* the administrative machinery, the administrative system ∗ *het~ gezag* the administrative/government authority, ± the authorities ∗ *een~e organisatie* an administrative organisation, an administrative body

**bestuursambtenaar** m [-s & -naren] government official, civil servant

**bestuursapparaat** o administrative machinery, machinery of government

**bestuurscollege** o [-s] executive committee, governing body, directorate

**bestuurskamer** v [-s] boardroom * in de ~ bijeenkomen assemble in the boardroom

**bestuurskunde** v onderw public administration

**bestuurslid** o [-leden] member of the board, committee member

**bestuursrecht** o jur administrative law

**bestuursvergadering** v [-en] committee meeting, meeting of the board, board meeting

**bestwil** o * voor uw eigen ~ for your own good * een leugentje om ~ a white lie

**bèta** v ['s] ❶ Griekse letter beta ❷ school science, the sciences * veel jongens kiezen ~ boys often choose the sciences ❸ leerling science student

**betaalautomaat** m [-maten] afk. point-of-sale terminal (afk.: POST, POS terminal), point-of-pay terminal (afk.: POP terminal), ticket machine * geld in de ~ werpen put money into a ticket machine

**betaalbaar** bn ❶ niet duur affordable * die kleding is goed ~ everybody can afford these clothes ❷ uit te betalen payable * ~ stellen make payable, domicile * ~ aan toonder payable to bearer

**betaald** bn paid (for) * het iem. ~ zetten pay sbd out, get even with sbd, take it out of sbd * met ~ antwoord reply paid ⟨telegram⟩ * het ~ voetbal professional football * ~ parkeren paid parking

**betaalkaart** v [-en] girocheque, Am girocheck

**betaalmiddel** o [-en] currency, means of payment * een wettig ~ legal tender, legal currency

**betaalpas** m [-sen] bank card, cheque/Am check card, cash card

**betaaltelevisie** v pay TV

**bètablokker** m [-s] med beta-blocker

**betalen** overg [betaalde, h. betaald] pay (for) * zij kunnen het (best) ~ they can afford it * wie zal dat ~? who's going to pay that? * zich goed laten ~ charge heavily * contant ~ pay in cash * achteraf ~ pay in arrear * iets duur ~ pay dearly for sth * ~ met ondankbaarheid/goud pay with ingratitude/pay in gold * het is met geen geld te ~ it is priceless * die auto's zijn niet te ~ those cars are prohibitively expensive * ze ~ slecht ⟨niet op tijd⟩ they don't pay on time; ⟨niet genoeg⟩ they underpay ⟨their employees &⟩

**betaler** m [-s] payer

**betaling** v [-en] payment * tegen ~ van... on payment of * ter ~ van in payment of * ~ bij levering cash on delivery, C.O.D * ~ blijkens rekening form payment for account rendered * ~ in natura payment in kind * ~ ineens a lump sum payment * achterstallige ~en (payments in) arrears/overdue payments * blanco ~ clean payment * contante ~ cash payment * gespreide ~ payment in instalments,

staggered payment * ~ in termijnen payment in instalments * jur onverschuldigde ~ undue payment * uitgestelde ~ deferred payment * uitstel van ~ postponement of payment

**betalingsachterstand** m [-en] payment arrears

**betalingsbalans** v [-en] balance of payments

**betalingsregeling** v [-en] arrangement * een ~ treffen come to an insolvency arrangement

**betalingstermijn** m [-en] ❶ termijn term (of payment/for the payment of...) ❷ bedrag instalment

**betalingsverkeer** o payment transactions, money transfers, flow of payments, financial traffic

**betamelijk** bn decent, becoming, proper, befitting * jur maatschappelijk ~ relating to proper social conduct

**betamen** onoverg [betaamde, h. betaamd] become, befit * het betaamt u niet... it is not for you to... * zoals het betaamt as is befitting

**betasten** overg [betastte, h. betast] ❶ handle, feel, finger * inf een vrouw onzedelijk ~ feel up a woman ❷ med palpate

**betasting** v [-en] ❶ het betasten fingering, feeling ❷ med palpation

**bètastralen** zn [mv] beta rays

**bètawetenschappen** zn [mv] sciences, science subjects

**bête** bn dom, onnozel stupid, inane

**betegelen** overg [betegelde, h. betegeld] tile

**betekenen** overg [betekende, h. betekend] ❶ willen zeggen mean, signify, stand for * de naam komt uit het Latijn en betekent 'voedsel' the name comes from Latin and means 'nourishment' * het woord voor vrouw betekent in Koeweit ook lafaard in Kuwait, 'woman' is a synonym for 'coward' * 3 is een yang nummer en betekent levendigheid 3 is a yang number and it stands for liveliness * dit signaal betekent 'vertrekken' this signal means 'departure' * eerlijkheid? hij weet niet eens wat het woord betekent honesty? he doesn't even know the meaning of the word * wat heeft dat te ~? afkeurend what's the meaning of this? * wat moet al die herrie ~? what's all that noise about? * muziek betekent alles voor hem music means everything to him * mensen die veel voor de maatschappij ~ people who play a significant role in society * het heeft niet veel *te* ~ it's nothing much * *het heeft niets te* ~ it doesn't matter/ it's of no importance ❷ *met zich meebrengen* involve, entail * *een file betekent een fikse vertraging* traffic jams mean long delays * *wat betekent de fusie voor ons?* where does the merger leave us? ❸ *voorspellen* signify, portend, spell * *dat betekent niet veel goeds* that portends little good ❹ jur serve on sbd * *iem. een dagvaarding* ~ serve a writ on sbd

**betekenis** *v* [-sen] ❶ *inhoud, bedoeling* meaning, sense, signification ❷ *belang* significance, importance, consequence * *het is van* ~ it's significant/it's important * *van enige* ~ of some significance/consequence * *van doorslaggevende* ~ of decisive importance * *het is van geen* ~ it's of no importance/consequence * *zonder* ~ meaningless * *hij heeft de* ~ *van mijn woorden waarschijnlijk niet begrepen* he must have misinterpreted my words * *mannen van* ~ men of note * *een schrijver van* ~ a distinguished writer * *een stad van* ~ a major town * *nieuws van enige* ~ *ontbrak* there was no news to speak of

**betekenisleer** *v* semantics, semasiology
**betekenisverandering** *v* [-en] change of meaning, semantic change
**betekenisvol** *bn* meaningful
**beter** I *bn* ❶ *vergrotende trap van 'goed'* better * *hij is* ~ *dan zijn broer* he is better/a better man than his brother * *de* ~*e kringen* the upper class * *het* ~ *hebben* be better off * *het kan nog* ~ there's room for improvement * *zij hopen het* ~ *te krijgen* they're hoping for a better life * *de volgende keer* ~ better luck next time * *dat maakt de zaak niet* ~ that doesn't improve/help matters * *de zaken gaan* ~ business is looking up * *ik ben er niets* ~ *van geworden* I didn't get anything out of it/I haven't gained anything from it * *ergens* ~ *van worden* benefit from sth * *de* ~*e boekhandel* the better class of bookshop ❷ *hersteld* better * *de patiënt is* ~ the patient has improved/is well again/has recovered * ~ *worden* be on the mend * ~ *worden na een ziekte* convalesce after an illness * *aan de* ~*e*/~*ende hand zijn* be getting better II *bijw* * *des te* ~! so much the better! * *hij deed* ~ *te zwijgen* he had better be silent * ~ *weten* know better than that * *ik weet niet* ~ *dan dat...* for all I know... * *iets altijd* ~ *willen weten* always know sth best * *je had* ~ *moeten weten* you should have known better III *o* * *als u niets* ~*s te doen hebt* if you haven't got anything better to do * *bij gebrek aan* ~ for want of anything better

**beteren** I *onoverg* [beterde, is gebeterd] get better, mend, improve, recover II *overg* [beterde, h. gebeterd] * *zijn leven* ~ mend one's ways * *God betere het!* it's worse than bad! * *zich* ~ mend one's ways
**beterschap** *v* improvement, recovery * ~! get well soon! * ~ *beloven* promise to mend one's ways
**beteugelen** *overg* [beteugelde, h. beteugeld] control, curb, check, keep in check, restrain

**beteuterd** *bn* taken aback, perplexed, puzzled * ~ *kijken* look dismayed
**betichten** *overg* [betichtte, h. beticht] * *iem.* ~ *van* accuse sbd of, charge sbd with
**betijen** *onoverg* * *iets laten* ~ let sth settle itself, let sth sink in * *iem. laten* ~ leave sbd alone, leave sbd be
**betimmeren** *overg* [betimmerde, h. betimmerd] board, panel
**betimmering** *v* [-en] woodwork ‹of a room›
**betitelen** *overg* [betitelde, h. betiteld] ❶ *noemen* call, label * *de situatie als gevaarlijk* ~ describe the situation as dangerous ❷ *een titel geven* entitle, style
**betoeterd** *bn* * *ben je (een haartje)* ~? have you gone out of your mind?
**betogen** I *overg* [betoogde, h. betoogd] *trachten te bewijzen* argue, contend * ~ *dat de aarde plat is* argue that the earth is flat II *onoverg* [betoogde, h. betoogd] *demonstreren* make a ‹public› demonstration, demonstrate * ~ *tegen het kabinetsbeleid* march against cabinet policy
**betoger** *m* [-s] demonstrator
**betoging** *v* [-en] ‹public› demonstration * *een* ~ *houden voor/tegen de doodstraf* stage a demonstration for/against the death penalty
**beton** *o* concrete * *gewapend* ~ reinforced concrete, ferroconcrete * ~ *storten* pour concrete
**betonen** I *overg* [betoonde, h. betoond] show, display, manifest * *dankbaarheid* ~ express gratitude II *wederk* [betoonde, h. betoond] * *zich* ~ show oneself, prove oneself
**betonijzer** *o* reinforcing steel
**betonmolen** *m* [-s] concrete mixer
**betonnen** I *bn* concrete II *overg* [betonde, h. betond] *bakens plaatsen* buoy
**betonrot** *m* concrete decay
**betonvlechter** *m* [-s] steel bender, bar bender
**betonwerker** *m* [-s] concrete worker, concreter
**betoog** *o* [-togen] ❶ *argumentatie* argument * *dat behoeft geen* ~ it is obvious, that goes without saying ❷ *toespraak* speech * *een lang* ~ *houden* hold a long speech * *een* ~ *houden over* talk about/afkeurend speechify about
**betoogtrant** *m* line of argument, argumentation
**betoveren** *overg* [betoverde, h. betoverd] ❶ *eig* bewitch, cast a spell on * *een betoverde prinses* a bewitched princess ❷ *fig* fascinate, charm, enchant * *zij kon het publiek* ~ she could fascinate the audience
**betoverend** *bn* bewitching, enchanting, fascinating, charming * *in een* ~*e omgeving* in magical surroundings
**betovergrootmoeder** *v* [-s] great-great-grandmother
**betovergrootvader** *m* [-s] great-great-grandfather
**betovering** *v* [-en] ❶ *beheksing* bewitchment, spell, enchantment ❷ *fascinatie* fascination, charm
**betraand** *bn* tearful, wet with tears * *met een* ~

*gezicht* with a tear-stained face

**betrachten** *overg* [betrachtte, h. betracht] practise, exercise ✱ *zijn plicht~* do/observe one's duty ✱ *enige zuinigheid~* be more careful with money ✱ *voorzichtigheid~* be careful

**betrappen** *overg* [betrapte, h.betrapt] catch, detect ✱ *iem. op diefstal~* catch sbd (in the act of) stealing ✱ *iem. op een fout~* catch sbd out ✱ *op heterdaad~* take in the (very) act, catch redhanded ✱ *iem. op een leugen~* see a lie for what it is

**betreden** *overg* [betrad, h. betreden] ❶ *stappen op* tread ✱ *binnengaan* enter, set foot in/on ✱ *een kamer ~* enter a room ✱ *sp het speelveld~* go on to the field ✱ *verboden te~* no entry ✱ *de kansel~* mount the pulpit

**betreffen** *overg* [betrof, h. betroffen] ❶ *betrekking hebben op* concern, relate to, regard, touch, affect ✱ *waar het zijn eer betreft* where his honour is concerned ✱ *wat uitgaan & betreft* in the way of entertainment & ✱ *het betrof een valse melding* it was a false alarm ✱ *de ~de speler werd geschorst* the player in question was suspended ❷ *aangaan* concern, regard ✱ *voor zover het... betreft* so far as... is/are concerned ✱ *wat mij betreft* as for me, I for one, personally ✱ *wat dat betreft* as to that

**betreffende** *voorz* concerning, regarding, with respect/regard to, relative to ✱ *~ deze zaak* with regard to this matter

**betrekkelijk I** *bn* ❶ *relatief* comparative, relative ✱ *alles is~* all things are relative ✱ *zij is~ jong* she is relatively young ✱ *in ~e armoede leven* live in relative poverty ❷ taalk relative ✱ *het~ voornaamwoord* the relative pronoun **II** *bijw* relatively, comparatively

**betrekkelijkheid** *v* relativity ✱ *de~ van iets inzien* see the relativity of sth

**betrekken I** *overg* [betrok, h. betrokken] ❶ *deelachtig maken* involve, include ✱ *iem. in iets~* involve/implicate sbd in sth, draw sbd into sth ✱ *er waren drie auto's bij het ongeluk betrokken* three cars were involved in the accident ✱ *alles op zichzelf~* relate everything to oneself ❷ *gaan wonen in* move into, occupy ✱ *zijn nieuwe woning ~* move into his new house ✱ *de wacht~* mount guard ❸ *laten komen* obtain, get, buy ✱ *ik betrek mijn goederen bij dit bedrijf* I get my goods from this company **II** *onoverg* [betrok, is betrokken] become overcast, cloud over ✱ *zijn gezicht betrok* his face clouded over

**betrekking** *v* [-en] ❶ *verhouding* relation, relationship ❷ *verband* connection ✱ *diplomatieke ~en* diplomatic relations ✱ *internationale ~en* international relations ✱ *met~ tot* with regard/respect to, in/with reference to ✱ *~ hebben op* pertain to ✱ *~ hebbend op* pertinent to ✱ *dat heeft daar geen ~ op* that has no bearing on it ✱ *het vraagteken heeft~ op...* the question mark refers to... ✱ *in ~ staan met* have relations with ✱ *in goede~ staan met* be on good terms with ✱ ZN *het Ministerie*

*van Buitenlandse Betrekkingen* Br the Ministry of Foreign Affairs, Am the State Department ❸ *baan* post, position, place, job, situation, appointment ✱ *een volledige~* a fulltime job ✱ *in~* in employment ✱ *zonder~* out of employment, unemployed

**betreuren** *overg* [betreurde, h. betreurd] ❶ *spijt hebben* regret, be sorry for ✱ *ik betreur mijn uitspraken* I regret what I said ✱ *wij~ haar vertrek* we're sorry she's leaving ✱ *er waren drie doden te~* three lives were lost ❷ *treuren om* mourn for/over, be sorry for, lament ✱ *de betreurde J.F. Kennedy* the late lamented J.F. Kennedy

**betreurenswaard, betreurenswaardig** *bn* regrettable, sad, deplorable, lamentable

**betrokken** *bn* ❶ *deelachtig* concerned ✱ *de~ persoon* the person concerned ✱ *de~ autoriteiten* the proper authorities ✱ *financieel~ zijn bij* have a financial interest in ✱ *bij/in iets~ zijn* be concerned in/with, be a party to, be mixed up with/in, be involved in ✱ *bij iets~ raken* get involved in sth ❷ *lucht* cloudy, overcast ✱ *het ziet er~ uit* it looks cloudy ❸ *gezicht* clouded, gloomy, sad ✱ *met een~ gezicht* with a gloomy face

**betrokkene** *m-v* [-n] ❶ *persoon* person concerned ✱ *de daarbij~n* those concerned/involved ❷ *bij cheque* drawee

**betrokkenheid** *v* involvement, concern ✱ *maatschappelijke~* social involvement ✱ *alle~ bij de aanslag ontkennen* all those involved in the attack plead not guilty

**betrouwbaar** *bn* reliable, trustworthy, dependable ✱ *uit betrouwbare bron* on good authority

**betrouwbaarheid** *v* reliability, dependability, trustworthiness ✱ *politieke~* political reliability

**betten** *overg* [bette, h. gebet] bathe, dab

**betuigen** *overg* [betuigde, h. betuigd] ❶ *alg.* express, declare ✱ *spijt~* express one's regret ✱ *zijn deelneming~* express one's condolences/sympathy ✱ *dank~* express one's thanks ✱ *instemming~ met iems. woorden* express one's approval of sbd's words ❷ *onschuld* protest, proclaim ❸ *vriendschap* profess

**betuiging** *v* [-en] ❶ *alg.* expression, declaration ✱ *een ~ van medeleven* an expression of sympathy ❷ *onschuld* protestation ❸ *vriendschap* profession

**betuttelen** *overg* [betuttelde, h. betutteld] patronize

**betweter** *m* [-s] wiseguy, inf smart arse, smart alec(k), afkeurend nitpicker, back-seat driver

**betweterig** *bn* smart-alecky, afkeurend nitpicking

**betweterij** *v* [-en] pedantry

**betwijfelen** *overg* [betwijfelde, h. betwijfeld] doubt, question ✱ *dat waag ik te~* I'm doubtful about it

**betwistbaar** *bn* disputable, contestable, debatable, questionable ✱ *een ~ punt* a matter of dispute, a moot point ✱ *een betwistbare aanspraak* a questionable claim

**betwisten** *overg* [betwistte, h. betwist] ❶ *iem. iets* dispute, contest, challenge ✱ *sp een betwiste*

**be**

strafschop a disputed penalty * *zij betwistten ons de overwinning* they contested our victory ❷ *ontzeggen* deny ❸ *deelnemen aan* ZN contest 〈game〉

**beu** *bn* * *ik ben die muziek* ~ I'm tired/sick of that music

**beug** *v* [-en] longline 〈for fishing〉

**beugel** *m* [-s] ❶ *voor tanden, aan been* braces ❷ *stroomafnemer op tram &* (contact) bow ❸ *v. fles, handtas &* clasp ❹ *voor leidingen* clip, clamp ❺ *aan muren* bracket ❻ *stijgbeugel* stirrup ❼ *v. geweer* (trigger) guard ▼ *dat kan niet door de* ~ 〈kan er niet mee door〉 that won't do; 〈is ongeoorloofd〉 this won't be allowed

**beugel-bh** *m* ['s] underwire bra

**beugelfles** *v* [-sen] swing-top bottle

**beugelsluiting** *v* [-en] swing stopper

**beuk** *m* [-en] ❶ *boom* beech * *de rode* ~ the red beech ❷ *deel kerk* nave, 〈zijbeuk〉 aisle ❸ *stomp* wham, whang, clout * *iem. een* ~ *verkopen* give sbd a whang * *de* ~ *erin!* go for it, _versterkend_ give them hell

**beuken I** *bn* beech **II** *overg* [beukte, h. gebeukt] batter, beat * *iem. in elkaar* ~ beat sbd up

**beukenhout** *o* beech wood, beech

**beukennoot** *v* [-noten] beech nut

**beul** *m* [-en] ❶ *scherprechter* hangman, executioner ❷ *fig* brute, bully, torturer * *hij is een* ~ *voor zijn mensen* he is a slave driver with his staff

**beulen** *onoverg* [beulde, h. gebeuld] work oneself to death

**beulswerk** *o* _fig_ labour, toil, grind * *(het)* ~ *verrichten* do the hard work

**beunhaas** *m* [-hazen] ❶ *prutser* bungler ❷ *zwartwerker* moonlighter

**beunhazen** *onoverg* [beunhaasde, h. gebeunhaasd] ❶ *prutsen* dabble (in) ❷ *zwartwerken* moonlight

**beunhazerij** *v* [-en] ❶ *gepruts* dabbling, bungling ❷ *zwart werk* moonlighting

**beuren** *overg* [beurde, h. gebeurd] ❶ *ontvangen* receive ❷ *optillen* lift (up)

**beurs I** *v* [beurzen] ❶ *portemonnee* purse * *in zijn* ~ *tasten* loosen one's purse strings * *elkaar met gesloten beurzen betalen* settle on mutual terms ❷ _handel_ stock exchange, Bourse 〈on the Continent〉 * *aan de* ~ *genoteerd* listed on the stock market * *naar de* ~ *gaan* float the company on the stock market * *op de* ~/*ter beurze* on the stock exchange ❸ *tentoonstelling* fair, exhibition, show * *op een* ~ *staan* have a stand at a fair ❹ *studiebeurs* scholarship, bursary, grant * *hij studeert van een* ~ he holds a scholarship * *een aanvullende* ~ a supplementary grant **II** *bn* overripe, bruised * *de appel was* ~ the apple was bruised * *ik ben helemaal* ~ *geslagen* I've been beaten black and blue

**beursberichten** *zn* [mv] stock market news, stock market report

**beursfraude** *v* stock market fraud

**beursgang** *m* _eff_ initial public offering, (stock

market) flotation/launch

**beursgenoteerd** *bn* _eff_ listed, quoted on the stock exchange

**beursindex** *m* [indices & -en] stock market price index, share (price) index

**beursklimaat** *o* financial climate

**beurskoers** *v* [-en] quotation, share price

**beurskrach** *m* [-s] (stock market) crash

**beursmakelaar** *m* [-s] _eff_ stockbroker

**beursnotering** *v* [-en] (stock market) quotation, share price

**beursstudent** *m* [-en] scholar, student on a grant

**beurswaarde** *v* market value * ~*n* stocks and shares

**beurt** *v* [-en] ❶ *alg.* turn * *aan de* ~ *komen* come in for one's turn * *wie is aan de* ~? whose turn is it?, next please! * *om de* ~, *om* ~*en* in turn, alternately * *ieder op zijn* ~ everyone in turn * *vóór zijn* ~ out of his turn * *te* ~ *vallen* fall to the share of, fall to * *iem. een* ~ *geven* 〈op school〉 give sbd a turn (to speak); Br hear sbd's work * *een goede* ~ *maken* make a good impression, score ❷ *v. auto* service * *een grote* ~ a major service, an overhaul * *een kleine* ~ a minor service * *een kamer een* ~ *geven* turn out/do a room ❸ *neukbeurt* vulg lay * *iem. een* ~ *geven* lay sbd

**beurtelings** *bijw* by turns, in turn, alternately

**beurtschipper** *m* [-s] captain of a ship with a regular service

**beurtvaart** *v* [-en] regular barge service, regular line

**beurtzang** *m* [-en] alternate singing, antiphon(y)

**beuzelpraat** *m* nonsense, twaddle, idle talk

**bevaarbaar** *bn* navigable

**bevaarbaarheid** *v* navigableness, navigability

**bevallen** *onoverg* [beviel, is bevallen] ❶ *aanstaan* please, suit * *het zal u wel* ~ I'm sure you will be pleased with it, you'll like it * *hoe is het u* ~? how did you like it? * *dat (zaakje) bevalt mij niet* I don't like it ❷ *v.e. kind* give birth to * *zij moet* ~ she is going to have a baby * *zij is* ~ *van een zoon* she has given birth to a son * *aan het* ~ *zijn* be in labour * *in het ziekenhuis/thuis* ~ give birth in hospital/at home

**bevallig** *bn* graceful

**bevalligheid** *v* [-heden] grace, gracefulness, charm

**bevalling** *v* [-en] birth, delivery * *een pijnloze* ~ painless childbirth * *het was een zware* ~ it was a difficult delivery/birth; _fig_ it was a tough job

**bevangen I** *overg* [beving, h. bevangen] seize, overcome * *hij werd* ~ *door de kou* the cold seized him * *door slaap* ~ overcome with/by sleep * *door vrees* ~ paralysed with fear **II** *bn* tight, constricted

**bevaren I** *overg* [bevoer, h. bevaren] navigate, sail 〈the seas〉 **II** *bn* * *een* ~ *matroos* an able/experienced sailor

**bevattelijk I** *bn* ❶ *vlug v. begrip* bright, intelligent, teachable * *een* ~ *kind* an intelligent child ❷ *begrijpelijk* intelligible, comprehensible, coherent, lucid ✳ *een~ betoog* a lucid/coherent argument ✳ *een ~ antwoord* an intelligible/a comprehensible answer **II** *bijw* intelligibly, coherently, lucidly

**bevatten** *overg* [bevatte, h. bevat] ❶ *inhouden* contain, comprise ✳ *deze wijn bevat 12% alcohol* this wine has/contains 12% alcohol ❷ *begrijpen* comprehend, grasp ✳ *zij kon de dood van haar vriend nauwelijks~* she could hardly grasp the fact that her friend had died

**bevattingsvermogen** *o* comprehension, (mental) grasp

**bevechten** *overg* [bevocht, h. bevochten] ❶ *vechten tegen* fight (against), combat ❷ *vechten om* fight for ✳ *de zege~* gain the victory, carry the day

**beveiligen** *overg* [beveiligde, h. beveiligd] secure, protect, safeguard ✳ *beveiligd tegen een aanval* secure from/against attack ✳ *beveiligd tegen de regen* sheltered from the rain ✳ *tegen inbraak~* secure/safeguard against burglary

**beveiliging** *v* [-en] protection, safeguarding, security ✳ *de~ liet te wensen over* the security left much to be desired

**beveiligingsbeambte** *m-v* [-n] security guard

**beveiligingsdienst** *m* [-en] security service

**beveiligingssysteem** *o* [-temen] security system

**bevel** *o* [-velen] ❶ *opdracht* order, command ✳ *een~ geven* give an order ✳ *een ~ tot aanhouding* a warrant (of arrest) ✳ *een ~ tot bewaring* an order for remand in custody ✳ *een ~ tot huiszoeking* a search warrant ✳ ‹strafrecht› *een ~ tot verschijning* a summons to appear, an order to attend in person ✳ *~ geven om...* give orders to... order sbd to... ✳ *op~* ‹cry, laugh› to order; ‹op hoog bevel› by order ✳ *een ambtelijk~* official order(s), an administrative order ✳ *een rechterlijk~ tot betaling* a judicial order for payment ❷ *gezag* command ✳ *het~ voeren over* be in command/control of, command ✳ *onder iems. ~ staan* be under sbd's command ✳ *op~ van* at/by the command of, by order of ✳ *het militair~* the military command

**bevelen I** *overg* [beval, h. bevolen] ❶ *opdracht geven* order, command, charge ✳ *een ~de toon* a commanding tone ❷ *toevertrouwen* commend, entrust ✳ *zijn ziel aan God~* commend one's spirit to God **II** *onoverg* [beval, h. bevolen] give orders

**bevelhebber** *m* [-s] commander

**bevelschrift** *o* [-en] injunction, warrant, writ ✳ *een ~ tot betaling* a pay warrant

**bevelvoerder** *m* [-s] commander

**bevelvoerend** *bn* commanding, in command

**beven** *onoverg* [beefde, h. gebeefd] ❶ *rillen* shake, tremble, shiver, ‹v. stem› quiver, quaver ✳ *~ als een rietje* tremble like a leaf ✳ *de grond beeft* the ground is shaking ✳ *met ~de stem* in a quivering voice ❷ *van angst* tremble, quake ✳ *hij beefde van angst* he trembled with fear

**bever I** *m* [-s] *dier* beaver **II** *o stof* beaver

**beverburcht** *m-v* [-en] beaver's lodge

**beverig** *bn* trembling, shaky

**bevestigen** *overg* [bevestigde, h. bevestigd] ❶ *vastmaken* fix, fasten, attach ✳ *iets~ aan de muur* attach sth to the wall ❷ *van macht, positie* consolidate ❸ *verzekeren* affirm, confirm ✳ *ik werd bevestigd in mijn opvatting dat...* this confirmed my opinion that... ✳ *iets onder ede~* confirm sth under oath ❹ *bewijs leveren* corroborate, bear out ❺ *bekrachtigen* uphold, confirm ❻ *van lidmaten* confirm ❼ *als predikant* induct

**bevestigend I** *bn* affirmative ✳ *een ~ antwoord* an affirmative answer **II** *bijw* affirmatively, in the affirmative ✳ *~ antwoorden* answer affirmatively/in the affirmative

**bevestiging** *v* [-en] ❶ *vastmaking* fastening, fixing, attachment ❷ *bekrachtiging* affirmation, confirmation, endorsement ✳ *een ~ van reservering* a confirmation of reservation ❸ *van macht, positie* consolidation ❹ *van lidmaten* confirmation ❺ *van predikant* induction

**bevestigingsstrip** *m* [-s & -pen] fastening strip

**bevind** *o* ✳ *naar ~ (van zaken)* according to circumstances

**bevinden** *overg* [bevond, h. bevonden] find ✳ *iets goed~* approve of sth ✳ *iem. schuldig ~* find sbd guilty ✳ *alles in orde~* find everything satisfactory **II** *wederk* [bevond, h. bevonden] ✳ *zich ~* ‹dingen› be (located/situated); ‹personen› be, find oneself ✳ *zich wel ~ bij tropische weersomstandigheden* feel at home in tropical weather conditions ✳ *zich ergens~* find oneself somewhere ✳ *zich in gevaar~* be in danger

**bevinding** *v* [-en] finding, result ✳ *~en uitwisselen* compare notes ✳ *een rapport van ~en* a report on factual findings

**beving** *v* [-en] ❶ *v. personen* trembling, shiver ❷ *v. aarde* tremor

**bevlekken** *overg* [bevlekte, h. bevlekt] stain, spot, soil ✳ *bevlekt met modder* mudstained ✳ *iems. reputatie~* smear sbd's reputation

**bevlieging** *v* [-en] caprice, whim, impulse ✳ *in een ~* on a whim, on impulse ✳ *een ~ van schoonmaakwoede* a cleaning fit/frenzy

**bevloeien** *overg* [bevloeide, h. bevloeid] irrigate

**bevlogen** *bn* inspired, enthusiastic

**bevochtigen** *overg* [bevochtigde, h. bevochtigd] moisten, wet

**bevochtiging** *v* [-en] moistening, wetting

**bevoegd** *bn* ❶ *gerechtigd* qualified, authorized, <u>jur</u> competent/proper ✳ *de ~e instanties* the competent authorities, the proper authorities ✳ *~ om...* qualified to... authorized to... having the power to... ✳ *van ~e zijde* from an authoritative source, on good authority ✳ *wettelijk~ tot* legally entitled/authorized to ❷ *bekwaam* qualified, licensed

**bevoegdheid** *v* [-heden] ❶ *bekwaamheid* competence, competency ❷ *macht, autoriteit* power,

**be**

authority * *wetgevende* ~ legislative power
❸ *machtiging* qualification, licence/<u>Am</u> license,
authorization * *met de* ~ *om...* qualified to, with
power to ❹ *van rechter* jurisdiction
* *publiekrechtelijke* ~ power under public law
* *rechterlijke* ~ jurisdiction

**bevoelen** *overg* [bevoelde, h. bevoeld] feel, finger,
handle

**bevolken** *overg* [bevolkte, h. bevolkt] people,
populate * *een school* ~ attract students * *een
dichtbevolkt land* a densely populated country

**bevolking** *v* [-en] population

**bevolkingscijfer** *o* [-s] population figure

**bevolkingsdichtheid** *v* population density * *een
hoge/lage* ~ a high/low population density

**bevolkingsexplosie** *v* [-s] population explosion

**bevolkingsgroei** *m* increase in population,
population growth

**bevolkingsgroep** *v* [-en] section of the
population/community

**bevolkingsonderzoek** *o* [-en] <u>med</u> screening

**bevolkingsoverschot** *o* surplus population

**bevolkingspiramide** *v* [-s & -n] population pyramid

**bevolkingsregister** *o* [-s] population register,
register * *iem. in het* ~ *inschrijven* enter sbd in the
register of births, deaths and marriages

**bevolkingstoename** *v* population growth

**bevolkingsvraagstuk** *o* [-ken] population issue

**bevoogden** *overg* [bevoogdde, h. bevoogd] <u>fig</u>
patronize

**bevoogding** *v* paternalism

**bevoordelen** *overg* [bevoordeelde, h. bevoordeeld]
favour, benefit * *het belastingstelsel bevoordeelt de
rijken* the taxation system benefits the rich

**bevooroordeeld** *bn* prejudiced, bias(s)ed

**bevoorraden** *overg* [bevoorraadde, h. bevoorraad]
supply, provision

**bevoorrading** *v* [-en] supply, provisioning

**bevoorradingsschip** *o* [-schepen] ❶ <u>scheepv</u> supply
ship ❷ *oliewinning* offshore drilling rig supply vessel

**bevoorrecht** *bn* privileged * *een* ~ *mens* a
privileged/favoured person * *een* ~*e positie innemen*
occupy a privileged position * *een* ~*e vordering* a
privileged claim

**bevoorrechten** *overg* [bevoorrechtte, h.
bevoorrecht] privilege, favour

**bevorderen** *overg* [bevorderde, h. bevorderd]
❶ *begunstigen* further, advance ❷ *promoveren*
promote, move up * ~ *tot majoor* promote to (the
rank of) major * *een leerling* ~ *naar de volgende klas*
move a pupil up to a higher class ❸ *helpen* aid,
boost, stimulate, encourage * *de bloedsomloop* ~
stimulate the blood circulation

**bevordering** *v* [-en] ❶ *alg.* advancement,
promotion, furtherance ❷ *voetbaldivisie* <u>ZN</u>
promotion

**bevorderlijk** *bn* * ~ *voor* conducive to, beneficial to,
good for * *dat is niet* ~ *voor de gezondheid* it's not

beneficial to one's health

**bevrachten** *overg* [bevrachtte, h. bevracht] ❶ *alg.*
freight, load ❷ <u>scheepv</u> ship, charter

**bevrachter** *m* [-s] <u>transport</u> charterer

**bevrachting** *v* ❶ *het beladen* loading ❷ *overeenkomst
tot huur van (deel van) een schip* <u>transport</u> chartering

**bevragen** *overg* [bevroeg of bevraagde, h. bevraagd]
* *te* ~ *bij...* (for particulars) apply to..., information
to be had at ...'s, inquire at...'s * *hier te* ~ inquire
within

**bevredigen I** *overg* [bevredigde, h. bevredigd] *alg.*
satisfy, ‹wens› gratify, ‹honger› assuage * *het
bevredigt (je) niet* it gives (you) no satisfaction * *haar
nieuwsgierigheid* ~ satisfy/gratify her curiosity
**II** *wederk* [bevredigde, h. bevredigd] * *zich* ~
‹masturberen› masturbate

**bevredigend** *bn* satisfactory, satisfying

**bevrediging** *v* [-en] satisfaction, gratification,
fulfilment * ~ *vinden in...* find satisfaction in...

**bevreemden** *overg* [bevreemdde, h. bevreemd]
surprise * *het bevreemdt mij, dat hij het niet deed* I'm
surprised he didn't do it * *het bevreemdde mij* I
wondered/was surprised at it

**bevreemding** *v* surprise

**bevreesd** *bn* afraid * ~ *voor* ‹bang›
afraid/apprehensive of; ‹bezorgd› apprehensive for

**bevriend** *bn* friendly * *een* ~ *land* a friendly country
* ~ *met* on friendly terms with, a friend of * ~
*worden met* become friends/friendly with * *van* ~*e
zijde* from friends * <u>wisk</u> ~*e getallen* amicable
numbers

**bevriezen I** *onoverg* [bevroor, is bevroren] ❶ *water &*
freeze (over/up) * *laten* ~ ‹v. vlees &› freeze * <u>fig</u> *ik
bevries* I'm freezing * *zijn tenen zijn bevroren* his toes
are frostbitten ❷ *doodvriezen* freeze to death * <u>fig</u> *je
bevriest hier* you could freeze to death here **II** *overg*
[bevroor, h. bevroren] freeze * <u>bankw</u> *tegoeden* ~
freeze assets, block balances * *de lonen* ~ freeze
wages

**bevriezing** *v* ❶ *kou* freezing (over, up) ❷ *v. prijzen &*
freeze

**bevrijden** *overg* [bevrijdde, h. bevrijd] ❶ *alg.* free, set
free, rescue * *iem. uit de lift* ~ rescue sbd from the
elevator * *bevrijd worden van geluidsoverlast* be rid
of the noise nuisance ❷ *v. gevangenen* release, set
free ❸ *v. onderdrukte bevolkingsgroep* emancipate,
liberate

**bevrijder** *m* [-s] deliverer, liberator, rescuer

**bevrijding** *v* [-en] deliverance, liberation, rescue,
release, emancipation * *het voelde als een* ~ it felt
like a relief * *sinds de Bevrijding* since the Liberation

**bevrijdingsbeweging** *v* [-en] liberation movement

**Bevrijdingsdag** *m* liberation day

**bevrijdingsleger** *o* [-s] liberation army

**bevroeden** *overg* [bevroedde, h. bevroed]
❶ *vermoeden* suspect, surmise * *niet kunnen* ~ not
count on ❷ *begrijpen* realize, understand

**bevroren** *bn* ❶ *v. vlees, kredieten &* frozen ❷ *v. voeten,*

*terrein & frostbitten* ❸ *v. ruiten* frosted
**bevruchten** *overg* [bevruchtte, h. bevrucht] ❶ *alg.* impregnate ❷ <u>plantk</u> fertilize
**bevruchting** *v* [-en] ❶ impregnation * *kunstmatige ~* artificial insemination ❷ <u>plantk</u> fertilization
**bevuilen** *overg* [bevuilde, h. bevuild] dirty, soil, foul, defile, pollute * *zich ~* soil one's pants
**bewaarder** *m* [-s] ❶ *alg.* keeper, guardian ❷ *v. gevangenis* warden, prison officer ❸ *v. woning* caretaker
**bewaargeving** *v* deposit, ± bailment * *open ~* holding under management and supervision
**bewaarheid** *bn* * *~ worden* come true
**bewaarloon** *o* storage charges, custody charges
**bewaarplaats** *v* [-en] depository, repository, storehouse, ⟨voor fietsen⟩ shelter
**bewaken** *overg* [bewaakte, h. bewaakt] (keep) watch over, guard * *laten ~* set a watch on * *een bewaakte fietsenstalling* a guarded bicycle shed * *een bewaakte overgang* <u>spoorw</u> a protected level crossing
**bewaker** *m* [-s] ❶ *alg.* keeper, guard ❷ *in museum* custodian ❸ *v. auto* ⟨car⟩ attendant
**bewaking** *v* guard, watch(ing), custody * *onder ~ staan* be kept under guard * *onder ~ van* in the charge of
**bewakingsdienst** *m* [-en] security service
**bewandelen** *overg* [bewandelde, h. bewandeld] walk, tread (on) * *de veilige weg ~* keep on the safe side * *de (gulden) middenweg ~* steer the middle course * *de officiële weg ~* take the official line * *de juiste weg ~* keep to the right track
**bewapenen** *overg* [bewapende, h. bewapend] arm * *zich ~* arm
**bewapening** *v* ❶ *het van wapens voorzien* armament, arming ❷ *wapens* arms, weapons * *beperking van de ~* arms limitation
**bewapeningsindustrie** *v* [-trieën] arms industry
**bewapeningswedloop** *m* arms race
**bewaren** *overg* [bewaarde, h. bewaard] ❶ *opbergen* keep, store, save ❷ *in stand houden* keep, maintain, keep up * *een geheim ~* keep a secret * *het evenwicht ~* maintain one's balance * *de lieve vrede ~* maintain the peace * *het stilzwijgen ~* preserve silence ❸ *conserveren* preserve ❹ *behoeden* save (from), guard (from/against) * *God/de hemel bewaar me!* God/heaven forbid!
**bewaring** *v* ❶ *opbergen* keeping, storage, custody * *in ~ geven* deposit ⟨luggage, money &⟩ * *iem. iets in ~ geven* entrust sbd with sth * *in ~ hebben* have in one's keeping, hold in trust ❷ *opsluiting* custody, detention * *jur verzekerde ~* remand in custody * *iem. in verzekerde ~ nemen* take sbd into custody * *een huis van ~* a detention centre, a house of detention
**beweegbaar** *bn* movable
**beweeglijk** *bn* ❶ *beweegbaar* movable, mobile ❷ *veel bewegend* lively, active, agile * *een ~ kind* an active child * *sp die speler is heel ~* that player is very

*mobile* * *een ~e geest* a nimble mind * *een ~ gemoed* a soft heart
**beweeglijkheid** *v* ❶ *beweegbaar* mobility ❷ *levendig* liveliness, agility
**beweegreden** *v* [-en] motive, grounds
**bewegen I** *onoverg* [bewoog, h. bewogen] move, stir * *hij beweegt nog* he's still moving * *niet genoeg ~* not get enough exercise **II** *overg* [bewoog, h. bewogen] ❶ *eig* move, stir ❷ *ontroeren* move, stir, affect * *tot tranen toe bewogen zijn* be moved to tears ❸ *overhalen* move, induce ⟨sbd to do sth⟩ * *iem. ~ tot het nemen van een besluit* induce sbd to make a decision **III** *wederk* [bewoog, h. bewogen] * *zich ~* move, stir, budge * *zich in de hoogste kringen ~* move in the best society/circles * *hij weet zich niet te ~* he doesn't know how to behave, he has no manners
**beweging** *v* [-en] ❶ *het bewegen v. iets* motion, inf move * *in ~ brengen* set (put) in motion, set going, techn start, fig stir ⟨people⟩ * *in ~ houden* keep going * *in ~ komen* begin to move, start * *in ~ krijgen* set/get going * *er is geen ~ in te krijgen* it won't move * *in ~ zijn* be moving, be in motion, ⟨v. iem⟩ . be on the move, ⟨v. een stad⟩ be in a commotion * *uit eigen ~* of one's own accord ❷ movement, stir(ring) * *een politieke ~* a political movement ❸ *het bewegen met iets* motion, movement, gesture * *een ~ met de hand* a gesture ❹ *drukte* commotion, agitation, stir, bustle * *(veel) ~ maken* create a commotion, make a stir ❺ *lichaamsbeweging* exercise * *je moet meer ~ nemen* you should get more exercise
**bewegingloos** *bn* motionless
**bewegingsapparaat** *o* locomotor apparatus
**bewegingsvrijheid** *v* freedom of movement, elbowroom * *iem. in zijn ~ beperken* restrict sbd's freedom of movement
**bewegwijzeren** *overg* [bewegwijzerde, h. bewegwijzerd] signpost
**bewegwijzering** *v* signposting
**bewenen** *overg* [beweende, h. beweend] weep for, weep, deplore, lament, bewail, mourn, mourn for
**beweren** *overg* [beweerde, h. beweerd] ❶ *alg.* assert, contend, maintain, claim * *er wordt beweerd dat* it is said that, it is alleged that * *naar men beweert* by all accounts * *hij beweert niets van die inbraak af te weten* he claims that he doesn't know anything about that burglary * *hij heeft niet veel te ~* he doesn't have much to say for himself ❷ *wat onbewezen is* allege, claim * *zij beweert dat er leven is op Mars* she claims that there is life on Mars ❸ *meestal ten onrechte* pretend
**bewering** *v* [-en] ❶ assertion, statement, contention * *een ~ doen* make a statement * *een valse ~* a false/an untrue statement ❷ *onbewezen* claim, allegation
**bewerkelijk** *bn* laborious, elaborate, time-consuming

**be**

**bewerken** *overg* [bewerkte, h. bewerkt] ❶ *vormgeven* work, dress, fashion, shape, craft \* *prachtig bewerkte meubels* beautifully crafted furniture \* ~ *tot* work up into ❷ *verwerken* process ❸ *ploegen & till*, work ⟨the land⟩ ❹ *omwerken* edit, rewrite, adapt ⟨a novel⟩, ⟨muziek⟩ arrange \* *6de druk bewerkt door...* 6th edition edited/revised by... ❺ *tot stand brengen* effect, bring about \* *de benoeming van X.* ~ bring about X's appointment ❻ *iem.* manipulate, influence, tamper with/prime ⟨the witnesses⟩ ▼ *met de vuisten* ~ pummel sbd

**bewerker** *m* [-s] ❶ *veroorzaker* cause, worker ❷ *v. iets bestaands* compiler ⟨of a book⟩, adapter ⟨of a novel⟩, editor ⟨of the revised edition⟩

**bewerking** *v* [-en] ❶ *handeling* treatment, cultivation ⟨of land⟩, editing ⟨of a book⟩, manufacturing/manufacture ⟨of goods⟩, processing ⟨of food⟩ \* *in* ~ in preparation ❷ *resultaat* revision ⟨of a book⟩, version/adaptation/dramatization ⟨for stage⟩, arrangement ⟨for orchestra⟩ \* *een film* ~ an adaptation for the screen \* *ze speelden een* ~ *voor cello en fagot* they played an arrangement for cello and bassoon ❸ *het beïnvloeden* manipulation ❹ wisk operation

**bewerkstelligen** *overg* [bewerkstelligde, h. bewerkstelligd] bring about, effect

**bewieroken** *overg* [bewierookte, h. bewierookt] incense \* *iem.* ~ shower praise on sbd, extol sbd

**bewijs** *o* [-wijzen] ❶ *alg.* proof, evidence, demonstration \* jur *indirect* ~ circumstantial evidence \* ~ *achterhouden* withhold evidence \* *een* ~ *overleggen* submit evidence, produce evidence \* *als* ~ *aanvoeren* put forward in evidence \* *als* ~ *toelaten* admit in evidence \* *belastende bewijzen* incriminating evidence \* *bij/wegens gebrek aan* ~ for lack of evidence \* *concreet* ~ material evidence \* jur *direct* ~ direct evidence \* *doorslaggevend* ~ conclusive evidence \* *ondersteunend* ~ circumstantial evidence \* *onrechtmatig (verkregen)* ~ unlawfully/illegally obtained evidence, inadmissible evidence \* *onweerlegbaar* ~ irrefutable evidence \* *rechtsgeldig* ~ legally valid evidence \* *schriftelijk* ~ documentary evidence \* *aandragen van* ~ produce evidence \* *met bewijzen staven* substantiate ⟨a statement⟩ ❷ *bewijsgrond* argument ❸ *bewijsstuk* voucher \* *een* ~ *van ontvangst* a receipt ❹ *getuigschrift* certificate \* *een* ~ *van goed gedrag* a certificate of good character/conduct \* *een* ~ *van herkomst/oorsprong* a certificate of origin \* *een* ~ *van lidmaatschap* a certificate of membership ❺ *blijk* mark

**bewijsexemplaar** *o* [-plaren] ❶ *v. boek* free copy, voucher copy ❷ *v. krant* reference copy

**bewijsgrond** *m* [-en] argument

**bewijskracht** *v* evidential force/value, conclusiveness, probative value \* ~ *hebben* have evidential value

**bewijslast** *m* burden/onus of proof \* *omgekeerde* ~ reversed burden of proof \* *omkering van* ~ reversal of burden of proof

**bewijsmateriaal** *o* evidence \* ~ *verzamelen* collect evidence

**bewijsplaats** *v* [-en] reference, authority

**bewijsstuk** *o* [-ken] ❶ *alg.* evidence, proof ❷ jur exhibit ❸ *van eigendom* title deed

**bewijsvoering** *v* [-en] argumentation

**bewijzen** *overg* [bewees, h. bewezen] ❶ *aantonen* prove, demonstrate, establish \* *zijn onschuld* ~ prove one's innocence \* *een hypothese* ~ prove a hypothesis \* *overtuigend bewezen* conclusively proven \* *zich willen* ~ want to prove oneself ❷ *betonen* show, confer, render \* *iem. een gunst* ~ confer a favour on sbd \* *voor bewezen diensten* for services rendered \* *iem. de laatste eer* ~ render the last honours to sbd \* *iem. zijn liefde* ~ show sbd one's love

**bewind** *o* ❶ *uitoefenen van de macht*, regering administration, government, rule \* *aan het* ~ *komen* ⟨v. een koning⟩ accede to the throne, ⟨v. een minister⟩ come into power \* *aan het* ~ *zijn* be in power \* *het* ~ *voeren* hold the reins of government \* *het* ~ *voeren over* rule (over) \* *onder het* ~ *van Augustus* under the reign of August ❷ jur supervision of property \* *een* ~ *instellen* place property under supervision \* *een testamentair* ~ supervision of property instituted by will

**bewindsman** *m* [-lieden] minister, member of the government

**bewindsvrouw, bewindsvrouwe** *v* [-vrouwen] member of the government, minister

**bewindvoerder** *m* [-s] receiver, trustee, supervisor, administrator \* jur *een* ~ *bij afwezigheid* a supervisor (of absentee's property) \* *een* ~ *bij surseance* a receiver, a supervisor, an administrator, a moratorium trustee \* *een gerechtelijk* ~ a receiver appointed by the court

**bewogen** *bn* ❶ *ontroerd* moved, affected, stirred, touched \* *diep* ~ *zijn* be deeply moved ❷ *emotioneel* moving, stirring ❸ *met veel voorvallen* eventful, stirring, busy \* *een* ~ *leven leiden* lead an eventful life \* *een* ~ *avond* an eventful evening \* *een* ~ *debat* a heated debate \* ~ *tijden* stirring times

**bewolking** *v* cloud(s)

**bewolkt** *bn* clouded, cloudy, overcast \* *licht* ~ dull \* *half* ~ partly cloudy \* *zwaar* ~ with heavy clouds

**bewonderaar** *m* [-s] admirer, fan

**bewonderen** *overg* [bewonderde, h. bewonderd] admire, look up to \* *iem.* ~ *om zijn lef* admire sbd for his nerve \* *een schilderij* ~ admire a painting \* *hij bewonderde mijn auto* he looked admiringly at my car

**bewonderenswaard, bewonderenswaardig** *bn* admirable

**bewondering** *v* admiration \* ~ *hebben voor iets* have admiration for sth

**bewonen** *overg* [bewoonde, h. bewoond] ❶ *land*

inhabit ❷ *woning* occupy, live in, dwell in, reside in

**bewoner** *m* [-s] ❶ *v. stad, land* inhabitant ❷ *v. woning* tenant, inmate, occupant, occupier ❸ *permanente bewoner v. huis, stad &* resident

**bewoning** *v* occupation, residence ∗ *ongeschikt voor* ~ unfit for (human) habitation

**bewoonbaar** *bn* (in)habitable ∗ *een huis ~ maken* make a house liveable

**bewoordingen** *zn* [mv] wording, terms ∗ *in algemene ~* in general terms ∗ *in krachtige ~ gesteld* strongly worded ∗ *in deze ~en* in these terms

**bewust** *bn* ❶ *besef hebbend* conscious, aware ∗ *ik was het mij niet ~* I didn't realize it, I was unaware of it ∗ *hij was het zich ten volle ~* he was fully aware of it ∗ *zij werd het zich ~* she became conscious of it ∗ *hij was zich van geen kwaad ~* he was not conscious of having done anything wrong ❷ *weloverwogen* conscious, deliberate ∗ *een ~e daad* a deliberate action ∗ *~ of on~* wittingly or unwittingly ❸ *bedoeld* in question, concerned ∗ *de ~e persoon is hier niet geweest* the person concerned/in question hasn't been here

**bewusteloos** *bn* unconscious ∗ *~ raken, zijn* pass out ∗ *~ slaan* knock senseless

**bewusteloosheid** *v* unconsciousness

**bewustmaking** *v* alerting

**bewustwording** *v* ❶ awakening, awareness, self-awareness ∗ *een belangrijke rol bij de ~ van de vrouw* an important role in developing self-awareness among women ❷ *v. persoonlijke, politieke en sociale kwesties* consciousness-raising

**bewustzijn** *o* ❶ *bij kennis* consciousness, awareness ∗ *het ~ verliezen* lose consciousness ∗ *bij zijn volle ~* fully conscious ∗ *buiten ~* unconscious ∗ *weer tot ~ komen* recover/regain consciousness ❷ *besef van zaken* consciousness ∗ *het nationale ~* national consciousness/awareness ∗ *in het volle ~ van zijn onschuld* fully conscious of his innocence

**bewustzijnsverruimend** *bn* psychedelic, consciousness-expanding, mind-expanding, inf mind-blowing

**bezaaien** *overg* [bezaaide, h. bezaaid] sow, seed ∗ *~ met* sow/seed with, fig strew with ∗ *de weg lag bezaaid met kranten* the road was littered with newspapers

**bezadigd** *bn* sedate, steady, dispassionate ∗ *een ~e oude dame* a sedate old lady

**bezatten** *wederk* [bezatte, h. bezat] ∗ *zich ~* get plastered/drunk

**bezegelen** *overg* [bezegelde, h. bezegeld] fig seal, clinch ∗ *een afspraak ~ met een handdruk* shake hands on a deal, clinch a deal with a handshake ∗ *mijn lot was bezegeld* my fate was sealed ∗ *die overwinning bezegelde een mooie loopbaan* that victory sealed a successful career

**bezegeling** *v* [-en] fig confirmation

**bezeilen** *overg* [bezeilde, h. bezeild] sail ∗ *er is geen land met hem te ~* he is quite unmanageable

**bezem** *m* [-s] broom ∗ *nieuwe ~s vegen schoon* new brooms sweep clean ∗ *ergens de ~ doorhalen* make a clean sweep of sth

**bezemsteel** *m* [-stelen] broomstick ∗ *een ~ ingeslikt hebben* be like a stick

**bezemwagen** *m* [-s] sp support vehicle, inf sag wagon

**bezeren I** *overg* [bezeerde, h. bezeerd] hurt, injure **II** *wederk* [bezeerde, h. bezeerd] ∗ *zich ~* hurt oneself

**bezet** *bn* ❶ *niet vrij* taken, occupied ∗ *het toilet is ~* the toilet is occupied ∗ *alles ~!* full up! ∗ *is deze plaats ~?* is this seat taken? ∗ *al mijn uren zijn ~* all my hours are taken up ∗ *de rollen waren goed ~* the cast was an excellent one ∗ *de zaal was goed ~* there was a large audience ∗ *een sterk ~ toernooi* a well-attended tournament ❷ *bezig* engaged, occupied, busy ∗ *ik ben zó ~ dat...* I'm so busy that... ❸ *ingenomen* occupied ∗ *een ~ gebied* occupied territory ❹ *versierd* set ∗ *~ met juwelen* set with jewels

**bezeten** *bn* ❶ *in de macht van boze geest* possessed ∗ *van de duivel ~ zijn* be possessed by the devil ❷ *verrukt van* obsessed ∗ *~ van* obsessed by ∗ *zij is ~ van muziek* she's mad about music

**bezetene** *m-v* [-n] one possessed ∗ *als een ~* like one possessed ∗ *als een ~ tekeergaan* run amok

**bezetenheid** *v* ❶ *duivels* possession ❷ *bezieling* obsession

**bezetten** *overg* [bezette, h. bezet] ❶ *gaan zitten op* take (up), occupy ∗ *een rij stoelen ~* take up a row of seats ❷ *innemen* occupy ∗ *een stad, gebouw ~* occupy a town, building ∗ *de tweede plaats ~* take second place ❸ *bij wedstrijd* sp man ❹ *bekleden* fill ❺ *voorzien van mensen* cast ∗ *de rollen ~* cast the roles ❻ *versieren* set ∗ *~ met diamanten* set with diamonds

**bezetter** *m* [-s] ❶ mil the occupying forces ❷ *v. gebouw, bedrijf &* occupier

**bezetting** *v* [-en] ❶ *het bezet zijn, bezetten* occupation ❷ *v. gebouw* sit-in ❸ *v. toneelstuk* cast ❹ *v. orkest* strength

**bezettingsgraad** *m* ❶ *v. kantoorgebouw &* occupancy ❷ *v.e. vliegtuig* seat occupancy

**bezettoon** *m* telec engaged signal

**bezichtigen** *overg* [bezichtigde, h. bezichtigd] ❶ *v. kerk, kasteel, stad* visit, see ∗ *een tentoonstelling ~* visit an exhibition ∗ *Parijs ~* go sightseeing in Paris ❷ *v. huis* view, inspect ∗ *te ~* on view, on show, on display ∗ *v. fabriek* inspect

**bezichtiging** *v* [-en] view(ing), inspection ∗ *ter ~ stellen* put on view ∗ *een ~ van een woning* a house viewing/inspection

**bezield** *bn* ❶ *vol vuur* animated, inspired ∗ *~ zingen* sing animatedly ❷ *met een ziel* alive ∗ *~ met* alive with

**bezielen** *overg* [bezielde, h. bezield] ❶ *leven geven* animate ❷ *inspireren* inspire, activate ∗ *wat bezielt je* *toch?* what has come over you?

**bezieling** *v geestdrift* animation, inspiration ∗ *hij speelt zonder~* he plays without inspiration

**bezien** *overg* [bezag, h. bezien] ❶ *bekijken* look at, view ❷ *overwegen* consider, see ∗ *het staat te~* it remains to be seen

**bezienswaardig** *bn* worth seeing

**bezienswaardigheid** *v* [-heden] sight, place of interest ∗ *de bezienswaardigheden van een stad* the city sights

**bezig** *bn* busy, at work, occupied, engaged, preoccupied ∗ *aan iets~ zijn* have sth in hand, be working on sth ∗ *hij is er druk aan~* he is hard at it, he's working hard on it ∗ *~ zijn met...* be busy ...ing, be busy at (on), be working on ∗ *zij is nog steeds~ met de dood van haar vader* she's still preoccupied with her father's death ∗ *hij is altijd~* he is always busy ∗ *is hij weer~?* is he at it again?

**bezigen** *overg* [bezigde, h. gebezigd] use, employ ∗ *grove taal~* use coarse language ∗ *alle middelen~* employ all means

**bezigheid** *v* [-heden] occupation, work ∗ *lezen is een leuke~* reading is a pleasant activity ∗ *bezigheden* pursuits ∗ *huishoudelijke bezigheden* household duties/chores ∗ *bezigheden buitenshuis hebbende* away all day

**bezigheidstherapie** *v* occupational therapy

**bezighouden I** *overg* [hield bezig, h. beziggehouden] occupy, engage, keep busy ∗ *iem. ~* keep sbd busy ∗ *het gezelschap (aangenaam)~* entertain the company ∗ *de kinderen nuttig~* keep the children usefully occupied ∗ *deze gedachte houdt mij voortdurend bezig* this thought haunts me **II** *wederk* [hield bezig, h. beziggehouden] ∗ *zich~* occupy oneself ∗ *zich met iets~* occupy/busy oneself with sth, engage in sth

**bezijden I** *voorz* beside ∗ *het is~ de waarheid* it is far from the truth **II** *bijw* ∗ *iem. van~ aankijken* look at sbd from the side

**bezingen** *overg* [bezong, h. bezongen] sing (of)

**bezinken** *onoverg* [bezonk, is bezonken] ❶ *eig* settle (down), precipitate ❷ *fig* sink in ∗ *iets laten~* let sth sink in

**bezinking** *v* [-en] sedimentation ∗ *~ in het bloed* erythrocyte sedimentation ∗ *~ van slib* sludge deposit

**bezinksel** *o* [-s] ❶ deposit, residue ❷ *med* sedimentation ❸ *gesteente* sediment ❹ *droesem* dregs, lees ∗ *wijn met veel~* wine with a lot of lees

**bezinnen I** *overg* [bezon, h. bezonnen] reflect ∗ *bezint eer ge begint* look before you leap **II** *wederk* [bezon, h. bezonnen] ∗ *zich~* ‹nadenken› contemplate, reflect; ‹v. gedachte veranderen› change one's mind ∗ *zich lang~* think long ∗ *zich~ op de toekomst* reflect on the future ∗ *zich~ op maatregelen* consider measures

**bezinning** *v* ❶ *besef* sense(s), consciousness ∗ *weer tot ~ komen* come to one's senses again ∗ *iem. tot~*

*brengen* bring sbd to his senses ∗ *zijn~ verliezen* lose one's senses ❷ *overdenking* reflection, contemplation ∗ *een moment van~* a moment of reflection

**bezit** *o* ❶ *alg.* possession ∗ *in~ hebben* have in one's possession ∗ *in~ nemen* come into possession ∗ *~ nemen van* take possession of ∗ *in het~ zijn van* be in possession of, be possessed of ∗ *wij zijn in het~ van uw brief* we have your letter ∗ *dit woordenboek is een mooi~* this dictionary is nice to own ∗ *in het volle~ van zijn geestesvermogens* in full possession of his mental faculties ∗ *sp in~ van de bal* in possession of the ball ∗ *jur middellijk~* mediate possession ❷ *eigendom* property, ownership ∗ *gemeenschappelijk/collectief~* common/collective property/ownership ∗ *gezamenlijk~* joint ownership, co-ownership ∗ *openbaar/particulier~* public/private property/ownership ∗ *persoonlijk~*, *privé~* personal property ❸ *tegenover schulden* assets ❹ fig asset ❺ handel holdings

**bezitneming** *v* seizure, occupation

**bezittelijk** *bn* ∗ *een~ voornaamwoord* a possessive pronoun

**bezitten** *overg* [bezat, h. bezeten] ❶ *alg.* possess, own, have ∗ *de~de klassen* the propertied classes ∗ *helemaal niets~* own nothing at all ∗ *ze bezit veel humor* she has a lot of humour ❷ handel hold ‹securities›

**bezitter** *m* [-s] ❶ *alg.* possessor, owner, proprietor ❷ handel holder ‹of securities›

**bezitterig** *bn* possessive

**bezitting** *v* [-en] possession, property ∗ *~en* property, possessions, resources, ‹op grote schaal› assets ∗ *persoonlijke~en* personal belongings, form personal effects ∗ *waardevolle~en* valuables

**bezocht** *bn* ❶ *bezoek hebbend* (much) frequented, attended, visited ∗ *goed/druk~* busy, well attended ∗ *door spoken~* haunted ❷ *beproefd* afflicted, visited ∗ *hij wordt~ met familietragedies* he has been afflicted by tragedies in the family

**bezoedelen** *overg* [bezoedelde, h. bezoedeld] soil, tarnish, contaminate, stain ∗ *iems. goede naam~* tarnish sbd's reputation

**bezoek** *o* [-en] ❶ *bezoek(je)* visit, call ∗ *een~ afleggen/brengen* make a call, pay a visit ∗ *een~ beantwoorden* return a call ∗ *ik was daar op~* I was visiting there ❷ *mensen* visitor(s), guests, company ∗ *er is~, we hebben~* we have visitors ∗ *wij ontvangen vandaag geen~* we're not at home today ∗ *het~ vertrekt* the visitor(s) is/are leaving ❸ *aanwezig zijn* attendance

**bezoeken** *overg* [bezocht, h. bezocht] ❶ visit, (go/come to) see, call on/at ❷ *kerk, theater &* attend, frequent ∗ *dat land wordt bezocht met aardbevingen* that country is afflicted by earthquakes

**bezoeker** *m* [-s] ❶ visitor, guest ❷ *theater &* frequenter, goer

**bezoeking** *v* [-en] visitation, affliction, trial

**be**

**bezoekrecht** *o* visiting rights
**bezoekregeling** *v* [-en] visiting arrangements
**bezoekuur** *o* [-uren], **bezoektijd** *m* [-en] visiting hour
**bezoldigen** *overg* [bezoldigde, h. bezoldigd] pay, salary
**bezoldiging** *v* [-en] pay, salary * *de* ~ *vaststellen* set pay levels, <u>form</u> determine the level of remuneration * *een* ~ *toekennen* <u>form</u> offer a remuneration
**bezondigen** *wederk* [bezondigde, h. bezondigd] sin, be guilty of * *zich* ~ *aan alcohol* indulge in alcohol
**bezonken** *bn* <u>fig</u> well considered, mature * *een* ~ *oordeel* a mature judgement
**bezonnen** *bn* level-headed, sober-minded, sensible, steady
**bezopen** *bn* ❶ *dronken* <u>inf</u> sloshed, dead drunk ❷ *dwaas* cracked, crazy, idiotic * *ben je nou helemaal* ~? have you gone completely out of your mind? * *een* ~ *idee* a stupid idea * *dat maakt een* ~ *indruk* it makes a ludicrous impression
**bezorgd** *bn* anxious, worried * ~ *voor* anxious/uneasy/concerned about, apprehensive about/for * *zich* ~ *maken over* worry about * ~ *zijn over de toekomst* be worried about one's future * *wees maar niet* ~ don't worry
**bezorgdheid** *v* [-heden] anxiety, concern, apprehension, worry
**bezorgdienst** *m* [-en] delivery service
**bezorgen** *overg* [bezorgde, h. bezorgd] ❶ *brengen* deliver * *we kunnen het u laten* ~ you can have it delivered to your house * *de krant* ~ deliver the paper * *aan huis* ~ send to sbd's home ❷ *verschaffen* procure, get, find, provide (with) * *iem. een baan* ~ get sbd a job * *dat bezorgt haar voldoende inkomsten* it provides her with an adequate income * *dat bezorgt hem een slechte reputatie* it's earning him a bad reputation * <u>sp</u> *zijn doelpunt bezorgde ons de zege* his goal gave us the match * *iem. nieuwe vrienden* ~ find new friends for sbd ❸ *veroorzaken* give, cause * *problemen* ~ cause trouble * *vreugde* ~ give pleasure
**bezorger** *m* [-s] ❶ *alg.* delivery man ❷ *v. brieven* bearer ❸ *v. levensmiddelen* roundsman
**bezorging** *v* [-en] <u>post</u> delivery * ~ *aan huis* home delivery
**bezuiden** *voorz* (to) south of * ~ *de rivieren* south of the rivers * ~ *de evenaar* to the south of the equator
**bezuinigen** *onoverg* [bezuinigde, h. bezuinigd] economize, save, reduce, cut down * ~ *op* economize on, cut back on * ~ *op de uitgaven* reduce one's expenses, cut down expenses, reduce expenditure * *duizenden euro's* ~ reduce by thousands of euros
**bezuiniging** *v* [-en] ❶ *handeling* economy, cut, cutback * ~*en doorvoeren* cut costs, push through spending cuts ❷ *bedrag* saving * *het wegdoen van de*

*auto was een enorme* ~ selling the car saved a lot of money
**bezuinigingsmaatregel** *m* [-en] ❶ spending cut ❷ *op macro-economisch niveau* austerity measure, economic measure
**bezuren** *overg* [bezuurde, h. bezuurd] pay for * *iets moeten* ~ regret sth, suffer/pay for sth * *iets met de dood* ~ pay for sth with one's life
**bezwaar** *o* [-zwaren] ❶ *bedenking* objection, scruple * *bezwaren maken tegen* raise objections, object to, make difficulties, have scruples about doing * *een* ~ *indienen tegen* file/lodge an objection against * *dat is geen* ~ that's no problem * *heeft u er* ~ *tegen... do you mind...* * *ernstige bezwaren* grave objections * *niet het minste* ~ *hebben tegen* not have the slightest objection to ❷ *nadeel* drawback * *de geluidsoverlast vormt een ernstig* ~ *tegen deze locatie* the noise factor is a serious drawback to this location * *de bezwaren van de ouderdom* the drawbacks of old age
**bezwaard** *bn* burdened, conscience-stricken, troubled * ~ *met een hypotheek* encumbered (with a mortgage), mortgaged * <u>fig</u> *voelt u zich* ~? is there anything on your mind? * *zich* ~ *voelen over* have scruples about * *met* ~ *gemoed* with a heavy heart
**bezwaarlijk I** *bn* difficult, troublesome **II** *bijw* with difficulty * *ik kan het* ~ *geloven* I can scarcely believe it * *dat zal* ~ *gaan* that will hardly be possible * *zo'n lange reistijd vind ik* ~ the long travelling time is tedious * *kan ik blijven slapen of is dat* ~? would it be inconvenient if I stayed overnight?
**bezwaarschrift** *o* [-en] ❶ *alg.* (notice of) objection, petition * *een* ~ *indienen* lodge a notice of objection * *een* ~ *tegen dagvaarding* an objection to the indictment ❷ *tegen belasting* appeal
**bezwangerd** *bn* * *met geuren* ~ *laden*/heavy with odours
**bezwaren** *overg* [bezwaarde, h. bezwaard] ❶ *belasten* burden, encumber, weight * *met hypotheek* ~ mortgage ❷ *de druk voelen* burden, weigh/lie heavy on * *dat bezwaart zijn geweten* it's troubling his conscience
**bezwarend** *bn* burdensome, onerous, aggravating, damaging ‹facts›, incriminating ‹evidence› * <u>jur</u> *onredelijk* ~ unreasonably burdensome, unreasonably onerous * ~*e omstandigheden* aggravating circumstances
**bezweet** *bn* perspiring, sweaty * *met een* ~ *voorhoofd* with a sweaty forehead
**bezweren** *overg* [bezwoer, h. bezworen] ❶ *met eed* swear (to), make an oath * *ik bezweer je dat ik de waarheid vertel* I swear to you that I'm telling the truth ❷ *smeken* implore, adjure ‹sbd not to...› * *ik bezwoer haar daar niet heen te gaan* I implored her not to go ❸ *bannen* exorcise, conjure, lay * *geesten* ~ exorcise/lay spirits ❹ *in zijn macht brengen* charm * *slangen* ~ charm snakes ❺ *afwenden* avert, ward

off, allay ⟨a fear⟩ ∗ *een gevaar* ~ *ward off/avert a danger*

**bezwering** v [-en] ❶ v. *eed* swearing ❷ *formule* invocation ❸ v. *geesten* exorcism

**bezwijken** onoverg [bezweek, is bezweken] ❶ *toegeven* succumb, yield ❷ *kapotgaan* give way, break down, collapse ∗ *aan zijn verwondingen* ~ succumb to one's wounds ∗ ~ *onder de last* collapse under the load ∗ ~ *voor de verleiding* yield to the temptation

**bezwijmen** onoverg [bezwijmde, is bezwijmd] faint (away), swoon

**B-film** m [-s] B-film, Am B-movie

**b.g.g.** afk (bij geen gehoor) if there is no answer

**bh** m ['s] bra

**Bhutan** o Bhutan

**bi** bn (biseksueel) bisexual

**biais** o bias binding

**biatleet** m [-leten] skisport biathlete

**biatlon** m [-s] skisport biathlon

**bibberatie** v [-s] the shivers

**bibberen** onoverg [bibberde, h. gebibberd] shiver, tremble, shake ∗ ~*d wakker worden* wake up trembling ∗ ~ *van de kou* shiver with cold ∗ ~ *van angst* tremble/quiver with fear

**bibliofiel I** m [-en] bibliophile **II** bn bibliophile, bibliophilic

**bibliograaf** m [-grafen] bibliographer

**bibliografie** v [-fieën] bibliography

**bibliografisch** bn bibliographical

**bibliothecair** bn librarian

**bibliothecaresse** v [-n & -s] librarian

**bibliothecaris** m [-sen] librarian

**bibliotheek** v [-theken] library

**bicarbonaat** o [-naten] bicarbonate

**biceps** m [-en] biceps

**bidbankje** o [-s] prayer desk/stool

**bidden I** onoverg [bad, h. gebeden] ❶ pray ⟨to God⟩, say one's prayers ∗ ~ *om* pray for ∗ ~ *en smeken* beg and plead (implore) ❷ *vóór het eten* ask a blessing ❸ *voor/na het eten* say grace ❹ v. *roofvogels* hover **II** overg [bad, h. gebeden] ❶ pray ❷ beg, entreat, implore ⟨sbd to...⟩ ∗ *ik bad hem voorzichtig te zijn* I begged him to be careful

**bidet** o & m [-s] bidet

**bidon** m [-s] water bottle

**bidprentje** o [-s] ❶ *bij overlijden* mortuary card ❷ *van heilige* devotional picture

**bidsprinkhaan** m [-hanen] praying mantis

**biecht** v [-en] confession ∗ *iem. de* ~ *afnemen* RK ⟨boeteling⟩ confess sbd; fig cross-examine sbd ∗ *de* ~ *horen* hear confession ∗ *te* ~ *gaan* go to confession ∗ *bij de duivel te* ~ *gaan* consort with the devil

**biechten** overg [biechtte, h. gebiecht] confess ∗ *gaan* ~ go to confession

**biechtgeheim** o [-en] secret of the confessional

**biechtstoel** m [-en] confessional (box) ∗ *in de* ~ *zitten* be in the confessional

**biechtvader** m [-s] confessor

**bieden I** overg [bood, h. geboden] ❶ *aanbieden* offer, present ∗ *500 euro* ~ *op* offer 500 euros for ∗ *veel/niets te* ~ *hebben* have a lot/nothing to offer ∗ *iem. de helpende hand* ~ lend sbd a helping hand ∗ *verzet* ~ put up resistance ∗ *de mogelijkheid* ~ offer the possibility ❷ *bij verkoping & kaartspelen* bid **II** onoverg [bood, h. geboden] bid, make bids ∗ ~ *op* make a bid for ∗ *meer* ~ *dan een ander* outbid sbd

**bieder** m [-s] bidder ∗ *de hoogste* ~ the highest bidder

**biedermeier** o Biedermeier

**biedkoers** m [-en] ❶ eff bid price ❷ bankw buying price

**biedprijs** m [-prijzen] offered price

**biefstuk** m [-ken] (rump) steak

**biels** m [bielzen], **biel** [-s] (railway) sleeper

**biënnale** v [-s] biennale

**bier** o [-en] beer, ale ∗ *donker/licht* ~ dark/light ale ∗ *zwaar* ~ strong beer ∗ *een* ~*tje drinken* have a beer

**bierblikje** o [-s] beer can

**bierbrouwer** m [-s] beer brewer

**bierbrouwerij** v [-en] brewery

**bierbuik** m [-en] beer belly

**bierfles** v [-sen] beer bottle

**bierglas** o [-glazen] beer glass

**bierkaai** v ∗ *het is vechten tegen de* ~ it's a losing battle

**bierpomp** v [-en] beer pump

**bierviltje** o [-s] beer mat

**bies** v [biezen] ❶ alg. border, edging ❷ *plant* rush ❸ *smalle strook* piping ⟨on trousers &⟩ ∗ *blauwe kousen met witte* ~ blue stockings with white piping ▼ *zijn biezen pakken* clear out

**bieslook** o chives

**biest** v beestings

**biet** v [-en] beet ∗ *gekookte* ~*jes* cooked beets, Br cooked beetroot ∗ *rode* ~*jes* beetroot ∗ *een hoofd als een* ~ a face as red as a beetroot ∗ inf *mij een* ~! so what!, what do I care! ∗ *geen* ~! I don't give a damn!

**bietsen** overg [bietste, h. gebietst] inf scrounge, cadge, Am bum ∗ *hij loopt altijd (om) geld te* ~ he is always scrounging money ∗ *kan ik een sigaret* ~? can I scrounge a cigarette?

**bietser** m [-s] scrounger, cadger

**biezen** bn rush, rush-bottomed ⟨chair⟩ ∗ *een* ~ *mat* a rush mat

**bifocaal** bn bifocal ∗ *bril met bifocale glazen* bifocals

**big** v [-gen] ❶ *varkentje* young pig, piglet, piggy ❷ mil idiot, ass

**bigamie** v bigamy ∗ *in* ~ *levend* bigamous

**bigamist** m [-en] bigamist

**big bang** m big bang

**biggelen** onoverg [biggelde, h. gebiggeld] trickle ∗ *tranen biggelden haar over de wangen* tears trickled down her cheeks

**biggen** onoverg [bigde, h. gebigd] farrow, cast ⟨pigs⟩

**bij I** v [-en] bee **II** voorz ❶ *in de omstandigheid van* at,

with, on ✳~ *zijn aankomst* on/at his arrival ✳~
*avond* in the evening ✳~ *brand* in case of fire ✳~
*zijn dood* at/on his death ✳~ *een glas bier* over a
glass of beer ✳~ *het lezen* when reading ✳~ *goed
weer* if the weather is fine ✳~ *zijn leven* during his
life ✳~ *het vallen van de avond* at nightfall ✳~ *deze
woorden* at these words ✳~ *avond* in the evening
❷ *in de kring van, onder* with, in ✳~ *de
artillerie/marine* in the artillery/navy ✳~ *de oude
Grieken* with the ancient Greeks ✳ *zijn broer was* ~
*hem* his brother was with him ✳ *dat is reeds vermeld*
~ *Europa/*~ *Fichte* already mentioned under
Europe/in Fichte ✳ *hij is (iets)* ~ *de spoorwegen* he's
(something) with the railways ✳~ *ons* with us; in
this country ❸ *per, maal* by ✳~ *het dozijn* by the
dozen ✳~ *honderden* by/in hundreds, ⟨they came⟩ in
their hundreds ✳ *zes* ~ *zes meter* six by six metres
❹ *ondanks* with ✳~ *al zijn geleerdheid...* with all his
learning ❺ *vergeleken met* compared to ✳~ *die
sportman valt hij in het niet* he pales into
insignificance when compared to this sportsman
❻ *met* with ✳ *ik heb het niet* ~ *me* I haven't got it
with me ✳ *er werd geen geld* ~ *hem gevonden* no
money was found on him; no money was found in
his house ❼ *in de buurt van* next to, near, by ✳ *er
stond een kruisje* ~ *zijn naam* there was a cross
against his name ✳~ *het venster* near/by the
window ✳ *het is* ~ *vijven* it's going on for five, it's
almost five o'clock ✳~ *de zestig* close on/to sixty ✳~
*Waterloo* near Waterloo ✳ *de slag* ~ *Waterloo* the
battle of Waterloo ❽ *in de ogen van* with, by ✳~
*hem kan ik niks goed doen* I can't do anything right
with him ❾ *door, wegens* by ✳~ *toeval* by
chance/accident, accidentally ❿ *ze nam hem*
~ *de hand* she took him by the hand **III** *bijw* ✳ *hij is
goed* ~ he has (all) his wits about him, *inf* he is all
there ✳ *hij begint weer* ~ *te komen* he's starting to
regain consciousness ✳ *ik ben niet* ~ I've got behind
✳ *ik ben nog niet* ~ I haven't caught up yet ✳ *het boek
is* ~ the book is up to date ✳ *er* ~ *zijn* be there ✳ *... is
er niet* ~ *...* is absent

**bijbaantje** *o* [-s] sideline ✳ *een* ~ *hebben* moonlight
✳ *als* ~ as a second job
**bijbal** *m* [-len] anat epididymis
**bijbedoeling** *v* [-en] hidden motive, double
meaning ✳ *zonder* ~ without any ulterior motive
**bijbehorend** *bn* accessory, accompanying ✳ *met*
~*(e)...* with matching ...
**Bijbel** *m* [-s] Bible ✳ fig *de* ~ *van de architecten* the
architect's bible
**Bijbelboek** *o* [-en] book of the Bible
**Bijbelcitaat** *o* [-citaten] Bible quotation
**Bijbelkring** *m* [-en] Bible group
**Bijbelplaats** *v* [-en] scriptural passage
**Bijbels** *bn* biblical, scriptural ✳ ~*e geschiedenis*
biblical history
**Bijbelspreuk** *v* [-en] biblical proverb
**Bijbeltekst** *m* [-en] scriptural passage

**Bijbelvast** *bn* well read in the Scriptures/Bible ✳ *hij
is behoorlijk* ~ he knows his Bible
**Bijbelvertaling** *v* [-en] translation of the Bible ✳ *de
Engelse* ~ the English version of the Bible, ⟨van
1661⟩ the Authorized Version, ⟨van 1884⟩ the
Revised Version, ⟨van 1970⟩ the New English Bible
**bijbenen** *overg* [beende bij, h. bijgebeend] ❶ *iem.*
keep pace/step with ⟨sbd⟩ ✳ *iem. niet kunnen* ~ not
be able to keep up with sbd ❷ *iets* keep up with
⟨sth⟩, keep abreast with ⟨sth⟩ ✳ *ik kan het niet* ~ I
can't keep up with it ✳ *de vraag naar iets niet kunnen*
~ not be able to keep up with the demand
**bijbetalen** *overg* [betaalde bij, h. bijbetaald] make
an additional payment, pay extra
**bijbetaling** *v* [-en] additional/extra payment ✳ *tegen*
~ *van...* at an additional charge of...
**bijbetekenis** *v* [-sen] secondary meaning,
connotation
**bijblijven** *onoverg* [bleef bij, is bijgebleven] ❶ *in het
geheugen* remain, stick in one's memory ✳ *het is mij
altijd bijgebleven* it has stuck in my mind ❷ *bij
wedstrijd, tocht* keep pace ✳ *ik kan niet* ~ I can't keep
up (with you) ❸ *met zijn tijd* keep up to date
❹ *aandacht* keep up ✳ *je moet er wel* ~*!* keep your
mind on it!
**bijbrengen** *overg* [bracht bij, h. bijgebracht] ❶ *iem.
iets* impart to, instil into sbd.'s mind, teach ❷ *tot
bewustzijn brengen* bring round, bring to, restore to
consciousness ❸ *iets* bring forward, produce
**bijdehand** *bn* smart, quick-witted, bright ✳ *een* ~
*type* a bright person
**bijdehandje** *o* [-s] bright child, smart child
**bijdraaien** *onoverg* [draaide bij, is bijgedraaid]
❶ *scheepv* heave to, bring to ❷ fig come round
**bijdrage** *v* [-n & -s] ❶ contribution ✳ *een* ~ *leveren tot*
make a contribution to(wards) ✳ *een* ~ *aan de winst*
a profit contribution ✳ verz & med *een eigen* ~ the
patient's contribution ❷ *opstel* contribution ✳ *een* ~
*in de krant* a contribution to the paper
**bijdragen** *overg* [droeg bij, h. bijgedragen]
contribute ✳ *zijn deel/het zijne* ~ play/contribute
one's part ✳ *een steentje* ~ do one's share ✳ *aan/tot
iems. dood* ~ contribute to sbd's death ✳~ *aan de
feestvreugde* contribute/add to the fun
**bijeen** *bijw* together
**bijeenblijven** *onoverg* [bleef bijeen, is
bijeengebleven] stay together ✳ sp *het peloton is
bijeengebleven* the pack has stayed together
**bijeenbrengen** *overg* [bracht bijeen, h.
bijeengebracht] ❶ *mensen* bring together ✳ *we
moeten hen weer* ~ we must bring them together
again ❷ *geld* collect, raise ✳ *hij kon het geld niet* ~ he
couldn't raise the money
**bijeendrijven** *overg* [dreef bijeen, h.
bijeengedreven] drive/herd together, round up
**bijeenhouden** *overg* [hield bijeen, h.
bijeengehouden] keep together
**bijeenkomen** *onoverg* [kwam bijeen, is

**bijeengekomen** ] ❶ *v. personen* meet, assemble, get together ❷ *v. kleuren* go together, match

**bijeenkomst** *v* [-en] meeting, gathering, assembly

**bijeenrapen** *overg* [raapte bijeen, h. bijeengeraapt] collect, pick up * *het afval*~ collect the waste * *een bijeengeraapt zootje* a scratch lot * *al zijn moed*~ summon up one's courage

**bijeenroepen** *overg* [riep bijeen, h. bijeengeroepen] call together, call, convene, convoke, summon

**bijeenschrapen** *overg* [schraapte bijeen, h. bijeengeschraapt] scrape together, scratch up ⟨a living &⟩

**bijeenzijn I** *onoverg* [was bijeen, is bijeengeweest] be together **II** *o* gathering

**bijeenzoeken** *overg* [zocht bijeen, h. bijeengezocht] get together, gather, collect

**bijenhouder** *m* [-s] beekeeper, beemaster, apiarist

**bijenkast** *v* [-en] beehive

**bijenkoningin** *v* [-nen] queen bee

**bijenkorf** *m* [-korven] beehive

**bijensteek** *m* [-steken] bee sting

**bijenteelt** *v* apiculture, bee culture

**bijenvolk** *o* [-en] hive

**bijfiguur** *v* [-guren] ❶ *op afbeelding* secondary figure ❷ *in boek, film* minor character

**bijgaand** *bn* enclosed, attached * ~ *schrijven* the accompanying letter * ~ *stuur ik u...* I send you herewith... * *het* ~*e* the enclosure

**bijgebouw** *o* [-en] outbuilding, outhouse, annex(e)

**bijgedachte** *v* [-n] ❶ *eig* association ❷ *verborgen bedoeling* ulterior motive

**bijgeloof** *o* superstition

**bijgelovig** *bn* superstitious

**bijgeluid** *o* [-en] accompanying noise, background noise

**bijgenaamd** *bn* nicknamed, surnamed

**bijgerecht** *o* [-en] side dish

**bijgesloten** *bn* enclosed * *in de* ~ *brochure* in the brochure enclosed * ~ *vindt u...* please find enclosed...

**bijgeval I** *bijw* by any chance, perhaps * *als je* ~... if you happen/chance to... **II** *voegw* if * ~ *dit weer gebeurt* if this happens again

**bijgevoegd** *bn* enclosed

**bijgevolg** *bijw* as a consequence, consequently

**bijholte** *v* [-s & -n] anat paranasal sinus

**bijholteontsteking** *v* [-en] sinusitis

**bijhouden** *overg* [hield bij, h. bijgehouden] ❶ *iem., iets* keep up with, keep pace with ⟨sbd, sth⟩ * *ik kan je niet* ~ I can't keep up with you * *er is geen* ~ *aan* it's impossible to cope with/to keep up with ❷ *zijn glas &* hold out * *houd je bord eens bij* hold out your plate ❸ *de boeken* handel keep up to date ❹ *dagboek &* keep * *een dagboek* ~ keep a diary ❺ *zijn talen &* keep up ❻ *oppassen* ZN babysit, look after

**bijkans** *bijw* almost, nearly

**bijkantoor** *o* [-toren] ❶ *alg.* branch office ❷ *post* suboffice

**bijkeuken** *v* [-s] scullery, laundry

**bijknippen** *overg* [knipte bij, h. bijgeknipt] trim

**bijkomen** *onoverg* [kwam bij, is bijgekomen] ❶ *toegevoegd worden* be added * *er is 100 euro bijgekomen* another 100 euros have been added * *dat moest er nog* ~! that would be the last straw! ❷ *na bewusteloosheid* come to (oneself again), come round * *niet meer* ~ *van het lachen* be helpless with laughter ❸ *zich herstellen* recover, improve, revive * *de handel komt weer bij* business is recovering ❹ *op adem komen* (re)gain (one's) breath, get one's breath back * *ik moet eerst even* ~ I have to get my breath back first

**bijkomend** *bn* additional, form accessory * ~*e* (on)*kosten* additional (extra) expenses * ~*e omstandigheden* incidental circumstances * *een* ~ *voordeel* an additional benefit

**bijkomstig** *bn* ❶ of minor importance, secondary, incidental ❷ form accessory

**bijkomstigheid** *v* [-heden] extra, inessential, thing of secondary/minor importance * *een leuke* ~ a nice coincidence

**bijl** *v* [-en] axe, ⟨klein⟩ hatchet * inf *voor de* ~ *gaan* be for it, give in * fig *er met de botte* ~ *(op) in hakken* lay into sth * *het* ~*tje erbij neerleggen* give up, throw it in, inf chuck it in * *ik heb/hij heeft vaker met dat* ~*tje gehakt* I'm/he's an old hand at it, afkeurend he's an old stager

**bijlage** *v* [-n] ❶ *bij boeken* appendix ❷ *bij verslagen, wetsontwerpen &* annexe ❸ *bij tijdschriften & supplement* ❹ *bij brieven* enclosure

**bijleggen** *overg* [legde bij, h. bijgelegd] ❶ *leggen bij* add, contribute, make up ⟨the amount⟩ * *ik moet er nog (geld)* ~ I'm losing money on it ❷ *beslechten* make up, settle, accommodate, arrange, compose * *een geschil* ~ settle a dispute, reconcile * *het weer* ~ make up again ❸ *schip* touch at, berth

**bijleren** *overg* [leerde bij, h. bijgeleerd] pick up/learn sth new * *hij heeft niets bijgeleerd* he's learned nothing new

**bijles** *v* [-sen] extra lesson, coaching * ~ *nemen/hebben* take/have some extra lessons/get some coaching * ~ *geven* coach, give some coaching/tutoring

**bijlichten** *overg* [lichtte bij, h. bijgelicht] light * *iem.* ~ give sbd some light

**bijltjesdag** *m* day of reckoning

**bijmaan** *v* [-manen] mock moon, moon dog

**bijna** *bijw* almost, nearly, next to, all but * ~ *niet* hardly, scarcely * ~ *niets/niemand/nooit* hardly anything/anybody/ever * *we zijn er* ~ we're almost there * *ik was* ~ *gevallen* I had nearly fallen down * *er gaat* ~ *geen week voorbij of...* hardly a week goes by that... * *al* ~ *tien jaar komt hij hier* he's been coming here for almost ten years

**bijnaam** *m* [-namen] ❶ nickname * *iem. de* ~ *geven van...* nickname sbd.. ❷ *toegevoegde naam* epithet

**bijna-doodervaring** *v* [-en] near-death experience

**bijnier** v [-en] adrenal gland
**bijnierschors** v adrenal cortex
**bijou** o [-s] bijou
**bijouterie** v [-ën] ❶ sieraad jewellery/Am jewelry, bijouterie ❷ winkel jeweller's shop
**bijpassen** overg [paste bij, h. bijgepast] bijbetalen make up/pay the difference
**bijpassend** bn matching, ...to match, ...to go with it/them ✳ een jurk met~e schoenen a dress and shoes to match
**bijpraten I** onoverg [praatte bij, h. bijgepraat] ✳ we moeten nodig weer eens~ we need to catch up (on all the news) sometime, we should have a good long talk soon **II** overg [praatte bij, h. bijgepraat] ✳ iem. over een zaak~ fill sbd in on a matter ✳ we hebben heel wat bij te praten we have a lot to tell each other
**bijproduct** o [-en] by-product, spin-off
**bijrijder** m [-s] driver's mate, co-driver
**bijrol** v [-len] secondary part, supporting role
**bijschaven** overg [schaafde bij, h. bijgeschaafd] fig polish, refine
**bijschenken** overg [schonk bij, h. geschonken] fill up
**bijscholen** overg [schoolde bij, h. bijgeschoold] retrain ✳ zich~ take a training course, ⟨herhalingscursus⟩ take a refresher course
**bijscholing** v ❶ (extra) training, in-service training, staff training ❷ herhalingscursus refresher course ❸ omscholing retraining
**bijscholingscursus** m [-sen] hertraining ± refresher course
**bijschrift** o [-en] caption, legend, margin note
**bijschrijven** overg [schreef bij, h. bijgeschreven] ❶ noteren add, include ✳ er wat~ add something ⟨in writing⟩ ❷ boeken handel write up, book ❸ geld credit ✳ ~ op rekening credit/book to an account ✳ ~ van rente credit interest (to an account)
**bijschrijving** v [-en] handel credit statement, credit entry
**bijslaap I** m cohabitation, intercourse **II** m-v [-slapen] bedfellow, lover
**bijslag** m [-en] extra allowance
**bijsluiter** m [-s] instructions for use
**bijsmaak** m [-smaken] ❶ eig taste, flavour ✳ die cola heeft een vieze~ this coke has a nasty taste to it ❷ fig smack, flavour ✳ een overwinning met een~ a sour victory
**bijspijkeren** overg [spijkerde bij, h. bijgespijkerd] ✳ zijn Engels~ brush up on one's English ✳ een leerling~ bring a pupil up to standard
**bijspringen** overg [sprong bij, h. en is bijgesprongen] ✳ iem. financieel~ support sbd financially ✳ iem. ~ stand by sbd, help sbd out ✳ hij kwam in de keuken~ he came to help out in the kitchen
**bijstaan** overg [stond bij, h. bijgestaan] ❶ helpen assist, help, aid ✳ iem. met raad en daad~ advise and assist sbd ✳ God sta mij bij! God help me! ❷ zich herinneren recollect ✳ het staat mij bij dat hij

vandaag komt I have a vague feeling that he's coming today ✳ er staat me iets van bij I dimly recollect
**bijstand** m ❶ hulp assistance, help, aid, support ✳ iem. ~ verlenen help sbd/give sbd some assistance ✳ juridische~, rechtskundige~ legal assistance, legal counsel, in Groot-Brittannië legal aid ❷ uitkering social security ✳ van de~ leven live on social security, live on the dole Am live on welfare ✳ in de ~ zitten be on social security, be on the dole Am be on welfare, on supplementary benefits ✳ de sociale~ social security, welfare
**bijstandsfraude** v social security/welfare fraud
**bijstandsmoeder** v [-s] mother on social security, Am welfare mother
**bijstandsuitkering** v [-en] social security benefit (payment), Am welfare (payment)
**Bijstandswet** v Br Social Security Act, Am welfare regulations
**bijstandtrekker** m [-s] person on social security
**bijstellen** overg [stelde bij, h. bijgesteld] (re-)adjust ✳ de remmen~ adjust the brakes ✳ zijn verwachtingen voor de toekomst~ re-adjust his expectations for the future ✳ de tactiek/het beleid~ revise tactics/a policy
**bijstelling** v [-en] ❶ aanpassing adjustment ✳ ~ van de plannen adjustment of the plans ❷ taalk apposition
**bijster I** bn ✳ het spoor~ zijn lose one's way, ⟨m.b.t. honden⟩ lose the scent **II** bijw versterkend very, too ✳ hij is niet~ knap he's not the brightest, he's not particularly clever ✳ het is~ koud it's extremely cold
**bijsturen** overg [stuurde bij, h. bijgestuurd] ❶ koers van schip & correct ❷ plannen & adjust ✳ je moet hem geregeld~ he needs to be constantly corrected
**bijt** v [-en] hole (made in the ice) ✳ een vreemde eend in de~ the odd one out
**bijtanken** onoverg [tankte bij, h. bijgetankt] refuel ✳ tijdens de vakantie heb ik kunnen~ during the holidays I could recharge my battery
**bijtekenen** onoverg [tekende bij, h. bijgetekend] ❶ dienstverband verlengen renew/extend a contract ✳ de trainer heeft voor twee jaar bijgetekend the trainer has signed for two more years ❷ mil re-enlist
**bijten I** overg [beet, h. gebeten] bite ✳ onze ideeën~ elkaar niet our ideas are not contradictory **II** onoverg [beet, h. gebeten] ❶ de tanden zetten in bite ✳ hij wou niet~ ⟨reageren⟩ he didn't bite ✳ zich op de nagels/lippen~ bite one's nails/lips ✳ in het stof/zand ~ bite the dust; ⟨ruiter⟩ be thrown, be unhorsed ✳ van zich af~ show some fight, not take it lying down ❷ scherp zijn be corrosive ✳ dit zuur bijt op de huid this acid bites into the skin
**bijtend** bn ❶ v. zuur & biting, caustic, corrosive ✳ een ~ middel a caustic substance ✳ een~ zuur a mordant acid ❷ vorst nipping ⟨cold⟩ ❸ fig biting, caustic, cutting, pungent, poignant ✳ ~e spot sarcasm

**bi**

**bijtijds** *bijw* early, in time * *iem.* ~ *waarschuwen* warn sbd in advance
**bijtmiddel** *o* [-en] mordant, caustic
**bijtrekken I** *overg* [trok bij, h. bijgetrokken] **①** *dichterbij trekken* draw near, pull up/closer **②** *ruimte toevoegen* join, add * sp *drie minuten* ~ add three minutes **II** *onoverg* [trok bij, is bijgetrokken] ⟨v. kleur⟩ *het zal wel* ~ it will blend in nicely * ⟨humeur⟩ *hij zal wel* ~ he'll come round all right
**bijtring** *m* [-en] teething ring
**bijvak** *o* [-ken] extra/additional subject
**bijval** *m* approval, approbation, applause * *stormachtige* ~*oogsten* be received with a storm of applause * ~ *vinden* ⟨voorstel⟩ meet with approval, ⟨toneelstuk &⟩ gain applause
**bijvallen** *overg* [viel bij, is bijgevallen] * *iem.* ~ concur in sbd's opinions/ideas &, agree with sbd
**bijverdienen** *overg* [verdiende bij, h. bijverdiend] earn some additional income
**bijverdienste** *v* [-n] extra earnings, additional/secondary/supplementary income * ~*n* belastingen additional income
**bijverschijnsel** *o* [-en] side effect
**bijverzekeren** *overg* [verzekerde bij, h. bijverzekerd] insure additionally * *zich* ~ *voor fysiotherapie* take out an additional physiotherapy cover
**bijvoeding** *v* supplementary feeding
**bijvoegen** *overg* [voegde bij, h. bijgevoegd] add, join, subjoin, annex
**bijvoeglijk I** *bn* adjectival * *een* ~ *naamwoord* an adjective **II** *bijw* attributively
**bijvoegsel** *o* [-s] addition, supplement, appendix
**bijvoorbeeld** *bijw* for instance, for example
**bijvullen** *overg* [vulde bij, h. bijgevuld] replenish, fill up
**bijwerken** *overg* [werkte bij, h. bijgewerkt] **①** *opknappen* touch up * *een schilderij* ~ touch up a picture **②** *aanvullen, aanpassen* post up, bring up to date ⟨a book⟩ * handel *de boeken* ~ post up the books * *bijgewerkt tot 2002* brought up to 2002 **③** *een leerling* coach **④** *achterstand* catch up * *zijn Engels* ~ brush up (on) one's English
**bijwerking** *v* [-en] med side effect(s)
**bijwonen** *overg* [woonde bij, h. bijgewoond] attend, be present at * *de lessen/colleges* ~*van* attend the lessons/lectures of * *de mis* ~ hear/attend mass * *de bezoekers woonden een spectaculaire show bij* the guests witnessed a spectacular show
**bijwoord** *o* [-en] taalk adverb * *een* ~ *van plaats* an adverb of place * *een* ~ *van tijd* an adverb of time
**bijwoordelijk** *bn* adverbial * *een* ~*e bepaling* an adverbial adjunct
**bijzaak** *v* [-zaken] side issue, matter of minor/secondary importance/consideration * *dat is maar* ~ that is irrelevant * *geld is* ~ money is no object * *hoofdzaken en bijzaken onderscheiden* distinguish the essentials from the inessentials
**bijzettafeltje** *o* [-s] occasional table, side table

**bijzetten** *overg* [zette bij, h. bijgezet] **①** *alg.* add * *er nog een bord* ~ add an extra plate * wielrennen *een tandje* ~ set an extra cog * *kracht* ~ *aan* emphasize, add/lend force to, press ⟨a demand⟩ * *iets luister* ~ add lustre to sth **②** *begraven* inter, bury **③** scheepv set ⟨a sail⟩ * *alle zeilen* ~ employ full sail; fig pull out all the stops
**bijzetting** *v* [-en] *v. dode* interment
**bijziend** *bn* near-sighted, myopic
**bijziendheid** *v* near-sightedness, myopia
**bijzijn** *o* presence * *in het* ~ *van* in the presence of * *in mijn* ~ in my presence
**bijzin** *m* [-nen] taalk subordinate clause * *een betrekkelijke* ~ a relative clause * *een bijvoeglijke* ~ an attributive clause * *een bijwoordelijke* ~ an adverbial clause
**bijzit** *v* [-ten] vero concubine
**bijzitter** *m* [-s] **①** onderw second examiner **②** jur assessor
**bijzonder I** *bn* **①** *niet algemeen* particular, special * *in het* ~ in particular, especially * *het* ~ *onderwijs* private education * *iets* ~*s* something special * *niet veel* ~*s*, *niets* ~*s* nothing special **②** *raar* peculiar, strange * *zij heeft een* ~ *gezicht* she has an unusual face * *een* ~ *geval* a rare/strange case **II** *bijw* versterkend particularly, very, exceptionally, specially * *een* ~ *hoge berg* a very high mountain * *dit komt* ~ *slecht uit* this isn't very convenient
**bijzonderheid** *v* [-heden] **①** detail, particular * *nadere bijzonderheden volgen* more details follow * *in bijzonderheden treden* go into detail **②** *ongewoonheid* peculiarity * *zijn* ~ *is dat hij zo mooi kan schrijven* what sets him apart is that he writes so well **③** *bezienswaardigheid* curiosity * *deze streek kent veel bijzonderheden* this area has many unusual sights
**bikini** *m* ['s] bikini
**bikkel** *m* [-s] **①** knucklebone **②** *beentje uit schapenpoot* hucklebone, knucklebone * *zo hard als een* ~ rock hard * fig *hij is een echte* ~ he's as hard as nails
**bikkelen** *onoverg* [bikkelde, h. gebikkeld] **①** play knucklebones **②** *hard werken* slave away **③** *ruw spelen* sp play flat out * *de middenvelder liep lekker te* ~ the midfield player was playing flat out
**bikkelhard** *bn* **①** *erg hard* rock-hard **②** *hardvochtig* very hard * *onze directeur is* ~ our manager is as hard as nails
**bikken** *overg* [bikte, h. gebikt] **①** *steen* chip **②** *ketels* scale **③** *eten* inf eat * *niets te* ~ *hebben* have nothing to eat
**bil** *v* [-len] **①** *v. mens* buttock * *iem. op/voor zijn* ~*len geven* smack sbd's bottom * *met de* ~*len bloot moeten* have to come clean * *wie zijn* ~*len brandt, moet op de blaren zitten* as you sow, so shall you reap * inf *van* ~ *gaan* have it off together **②** *v. rund* rump
**bilateraal** *bn* bilateral * *een bilaterale overeenkomst* a bilateral agreement

**biljard** *telw & o* [-en] *Br* thousand billion, *Am* quadrillion * *de VS hebben ~en uitgegeven aan defensie* the US have spent quadrillions on defense

**biljart** *o* ❶ *het spel* billiards * *Amerikaans ~* pool * *~ spelen* play billiards * *een partij ~* a game of billiards ❷ *de tafel* [-en & -s] billiard table

**biljartbal** *m* [-len] billiard ball * *zo kaal als een ~* as bald as a coot

**biljarten** *onoverg* [biljartte, h. gebiljart] play billiards

**biljarter** *m* [-s] billiards player

**biljartkeu** *v* [-en & -s] billiard cue

**biljartlaken** *o* baize, billiard cloth

**biljet** *o* [-ten] ❶ *kaart* ticket ❷ *bankbiljet* (bank) note * *een ~ van honderd euro* a 100 euro note ❸ *aanplakbiljet* poster ❹ *strooibiljet* handbill

**biljoen** *telw & o* [-en] *miljoen x miljoen* trillion

**billboard** *o* [-s] billboard

**billenkoek** *m* * *~ krijgen/geven* get/give a smacking

**billijk** *bn* ❶ *redelijk* fair, just, reasonable * *het is niet meer dan ~* it's only fair * *een ~e wens* a reasonable desire ❷ *goedkoop* moderate * *~e prijzen* moderate/reasonable prices

**billijken** *overg* [billijkte, h. gebillijkt] approve of

**bilnaad** *m* [-naden] perineum

**bilspleet** *m* [-spleten] perineum

**bilzekruid** *o* henbane

**binair** *bn* binary * *een ~ cijfer* a binary digit * *het ~ stelsel* the binary number system * *comput een ~ bestand* a binary file * *~e wapens* binary arms

**binden I** *overg* [bond, h. gebonden] ❶ *beperken* bind, tie * *wij achten ons niet aan dit akkoord gebonden* we don't feel bound by this agreement * *proberen klanten aan zich te ~* create customer loyalty * *koolmonoxide bindt zuurstof* carbon monoxide forms a compound with oxygen * *de kinderen ~ mij aan huis* I'm tied down to my home by the children * *iem. iets op het hart ~* enjoin sbd to do sth ❷ *vastmaken* fasten, tie (up), ⟨knopen⟩ knot * *~ aan* tie to sth ❸ *v. soep, saus & thicken ❹ *bezems* make ⟨brooms⟩ **II** *wederk* [bond, h. gebonden] * *zich ~* bind oneself, commit oneself * *ik wil me nog niet ~* I don't want to commit myself yet

**bindend** *bn* binding ⟨on both parties⟩ * *~e afspraken maken* make binding agreements

**binding** *v* [-en] ❶ *chem* bond ❷ *band* tie, bond * *zij heeft een sterke ~ met haar vader* she has a strong bond with her father ❸ *skisport* binding * *mijn ~en schoten los* my bindings came loose

**bindmiddel** *o* [-en] ❶ *alg.* binder, binding agent ❷ *fig* link

**bindvlies** *o* [-vliezen] conjunctiva

**bindweefsel** *o* [-s] connective tissue

**bindwerk** *o* *v. boekbinder* binding

**bingo I** *o* *spel* bingo **II** *tsw uitroep* bingo!

**bingoavond** *m* [-en] bingo night

**bink** *m* [-en] *inf* chap, hunk * *een stoere ~* a macho (man)

**binnen I** *voorz* ❶ *erin* within, inside * *~ het bereik van de camera's* within reach of the cameras * *~ de landsgrenzen* within the borders * *~ handbereik* within reach ❷ *minder dan* within * *~ enige dagen* in a few days * *~ veertien dagen* within a fortnight * *ik ben ~ 20 minuten terug* I'll be back in 20 minutes * *ik kan dat ~ een uur repareren* I can fix that in less than an hour **II** *bijw* inside, indoors * *~ spelen* play indoors * *~!* come in! * *wie is er ~?* who is inside? * *~ zonder kloppen* walk straight in * *dat is alvast ~!* at least we've got that! * *hij is ~* eig he is indoors; *fig* he's got it made * *naar ~ gaan/walk in* * *naar ~ gekeerd* turned in * *naar ~ zenden* send in * *het wilde me niet te ~ schieten* I couldn't remember it/think of it * *van ~* ⟨aan de binnenkant⟩ (on the) inside; ⟨van binnen uit⟩ from within * *van ~ en van buiten* inside and out * *niets ~ kunnen houden* be unable to keep one's food down

**binnenbaan** *v* [-banen] ❶ *baan bij het midden* inside lane ❷ *overdekt* indoor track

**binnenbad** *o* [-baden] indoor swimming pool

**binnenband** *m* [-en] (inner) tube

**binnenblijven** *onoverg* [bleef binnen, is binnengebleven] remain/keep indoors, stay in

**binnenbocht** *v* [-en] inside bend

**binnenbrand** *m* [-en] indoor fire * *fig een ~je blussen* put out a small fire

**binnenbrengen** *overg* [bracht binnen, h. binnengebracht] ❶ *alg.* bring in, take in ❷ *scheepv* bring ⟨a ship⟩ into port

**binnendienst** *m* inside staff * *medewerker verkoop ~* inside sales staff

**binnendoor** *bijw* * *~ gaan* take a short cut; go through the house

**binnendringen I** *overg* [drong binnen, is binnengedrongen] penetrate, invade * *een huis ~* break into a house **II** *onoverg* [drong binnen, is binnengedrongen] force one's way into

**binnendruppelen** *onoverg* [druppelde binnen, is binnengedruppeld] *fig* trickle in * *de gasten kwamen ~* the guests came trickling in

**binnengaan** *onoverg* [ging binnen, is binnengegaan] enter

**binnengaats** *bijw* *scheepv* in port

**binnengrens** *v* [-grenzen] internal border

**binnenhalen** *overg* [haalde binnen, h. binnengehaald] bring in, gather in, fetch in * *de oogst ~* bring in the harvest * *een order ~* win/land an order * *iem. als de verlosser ~* hail sbd as the saviour

**binnenhaven** *v* [-s] ❶ *haven* inner harbour ❷ *havenstad* inland port

**binnenhouden** *overg* [hield binnen, h. binnengehouden] ❶ keep in * *sp hij kon de bal niet ~* he couldn't keep the ball in, he couldn't stop the ball from going out ❷ *voedsel* retain * *zijn eten ~* retain one's food

**binnenhuisarchitect** *m* [-en] interior decorator

**bi**

**binnenin** *bijw* on the inner side, inside
**binnenkant** *m* [-en] inside * *aan de* ~ on the inside
**binnenkomen** *onoverg* [kwam binnen, is binnengekomen] ❶ *ruimte* come/get in/into, enter * *de stad* ~ come into town ❷ *personen, trein, geld &* come in * *de bestelling kwam binnen* the order came in * *mijn salaris is binnengekomen* my salary has come in * *laat haar* ~ show/ask her in ❸ scheepv come into port
**binnenkomer** *m* [-s] entrant * *dat was een goede* ~ that was a good entry
**binnenkomst** *v* [-en] entrance, entry, coming in
**binnenkort** *bijw* before long, shortly, soon * *zeer* ~ very soon
**binnenkrijgen** *overg* [kreeg binnen, h. binnengekregen] ❶ *voedsel* get down * *zij krijgt onvoldoende vitaminen binnen* she's not getting enough vitamins ❷ *geld* get, receive ▼ *water* ~ ‹v. schip› ship/make water
**binnenland** *o* [-en] ❶ *eigen land* home * *in binnen-en buitenland* at home and abroad ❷ *ver van kust* inland, interior * *in de* ~*en van Afrika* in the inland parts of Africa
**binnenlands** *bn* home, inland, domestic, native, internal * *een* ~ *belastingplichtige* a resident taxpayer * *een* ~ *product* agr a homegrown product * *de* ~*e markt* the domestic market, the home market * ~*e vlucht* a domestic flight * ~*e zaken* home/internal affairs
**binnenlaten** *overg* [liet binnen, h. binnengelaten] let in, show in, admit
**binnenloodsen** *overg* [loodste binnen, h. binnengeloodst] ❶ *een schip* pilot into port ❷ fig sneak into * *zij loodste haar vriend het stadion binnen* she sneaked her friend into the stadium
**binnenlopen** *onoverg* [liep binnen, is binnengelopen] ❶ *alg.* run in, walk in * *zij kwam ongevraagd* ~ she walked in uninvited * *even* ~ drop in for a minute * *een* ~*e vlucht* a domestic flight * *rijk worden* cash in * *dankzij die uitvinding is hij helemaal binnengelopen* he struck it rich with that invention ❸ scheepv put into port
**binnenmuur** *m* [-muren] inner wall
**binnenoor** *o* [-oren] anat inner ear
**binnenplaats** *v* [-en] ❶ *v. huis* inner court(yard), inner yard ❷ *v. gevangenis* courtyard ‹of a prison›
**binnenpraten** *overg* [praatte binnen, h. binnengepraat] *v. vliegtuig* talk down
**binnenpretje** *o* [-s] private joke * *een* ~ *hebben* be secretly amused, laugh inwardly
**binnenrijden** *onoverg* [reed binnen, is binnengereden] ❶ *v. ruiter* ride in ❷ *v. auto* drive in ❸ *v. trein* draw in, pull in
**binnenrijm** *o* [-en] letterk internal rhyme
**binnenroepen** *overg* [riep binnen, h. binnengeroepen] call in
**binnenscheepvaart** *v* inland navigation
**binnenschipper** *m* [-s] bargeman, barge master

**binnenshuis** *bijw* indoors, inside, within doors
**binnenskamers** *bijw* ❶ eig in the room ❷ fig in private, privately * *conflicten* ~ *houden* keep conflicts private
**binnensluipen** *onoverg* [sloop binnen, is binnengeslopen] steal into * *een huis* ~ sneak into a house * *een virus dat de computer binnensluipt* a virus that can creep into the computer
**binnensmokkelen** *overg* [smokkelde binnen, h. binnengesmokkeld] smuggle (in) * *wapens de gevangenis* ~ smuggle arms into the prison
**binnensmonds** *bijw* under one's breath * ~ *spreken* speak indistinctly, mumble
**binnenspiegel** *m* [-s] rear view mirror
**binnensport** *v* [-en] indoor sport
**binnenstad** *v* [-steden] town/city centre, Am town/city center * *in de* ~ downtown
**binnenste** I *o* inside * *het* ~ *der aarde* the bowels of the earth * *in zijn* ~ in his heart of hearts, deep down II *bn* inmost * *de* ~ *spieren* the interior muscles
**binnenstebuiten** *bijw* inside out * *haar trui* ~ *dragen* wear her sweater the wrong side out * *iets* ~ *keren* turn sth inside out
**binnenstormen** *onoverg* [stormde binnen, is binnengestormd] storm into, rush in (to a house)
**binnenstromen** *onoverg* [stroomde binnen, is binnengestroomd] ❶ *v. vloeistof* stream/flow/pour in(to) ❷ fig stream/flock/flow/pour in(to) * *het geld stroomde binnen* the money poured in * *de aanmeldingen blijven* ~ applications keep flowing in
**binnenvaart** *v* inland navigation
**binnenvallen** *onoverg* [viel binnen, is binnengevallen] ❶ scheepv put into port ❷ *een land* invade ❸ *bij een vriend* drop in
**binnenvetter** *m* [-s] introvert * *zij is een* ~ she keeps her feelings bottled up, she's inclined to mull over things
**binnenwaaien** *onoverg* [woei *of* waaide binnen, is binnengewaaid] blow in * *ergens komen* ~ turn up out of the blue
**binnenwaarts** I *bn* inward II *bijw* inward(s)
**binnenwater** *o* [-en] inland waterway * *de* ~*en* the inland waterways, the internal waters
**binnenweg** *m* [-wegen] ❶ by-road ❷ *korter* short cut, by-road ❸ *v.h. verkeer* secondary road
**binnenwerk** *o* ❶ *alg.* inside work ❷ *aanwezig in een gebouw* interior work * *ik schilder eerst het* ~ I'll paint the inside parts first ❸ *van horloge, klok* works ❹ *v. piano* interior ❺ *v. schoenen, kleding* interior
**binnenwippen** *onoverg* [wipte binnen, is binnengewipt] drop in, inf blow in * *bij iem.* ~ drop in on sbd
**binnenzak** *m* [-ken] inside pocket
**binnenzee** *v* [-zeeën] inland sea
**binnenzijde** *v* [-n] inside, inner side
**bint** *o* [-en] tie beam, joist
**bintje** *o* [-s] early summer potato

**bioafval** o biological waste
**biobak** m [-ken] compost bin
**biochemie** v biochemistry
**biodiversiteit** v biodiversity
**biodynamisch** bn biodynamic
**bio-energie** v bioenergy
**biofysica** v biophysics
**biogas** o [-sen] biogas
**biograaf** m [-grafen] biographer
**biografie** v [-fieën] biography
**biografisch** bn biographical
**bio-industrie** v factory farming
**biologeren** overg [biologeerde, h. gebiologeerd] mesmerize, fascinate
**biologie** v biology, natural history
**biologisch** bn biological * ~afbreekbaar biodegradable * ~afval organic waste * ~e oorlogsvoering biologic warfare
**biologisch-dynamisch** bn biodynamic
**bioloog** m [-logen] biologist
**biomassa** v biomass
**biopsie** v [-sieën & -s] biopsy
**bioritme** o [-n & -s] biorhythm
**bioscoop** m [-scopen] cinema, Am movie theater * naar de ~gaan go to the cinema/pictures; Am go to the movies
**biosfeer** v biosphere
**biotechnologie** v biotechnology
**biotoop** m [-topen] biotope
**bips** v [-en] inf bottom, buttocks, behind * een pak op je ~krijgen have your bottom warmed
**Birma** o Burma
**bis I** bijw nog eens encore **II** m [-sen] tweede exemplaar bis **III** v [-sen] muz B sharp
**bisamrat** v [-ten] muskrat, musquash
**biscuit** o en m [-s] stofnaam en koekje biscuit
**bisdom** o [-men] diocese, bishopric
**biseksualiteit** v bisexuality
**biseksueel** bn bisexual
**Biskaje** o * de Golf van ~the Bay of Biscay
**bismut** o bismuth
**bisschop** m [-pen] bishop
**bisschoppelijk** bn episcopal
**bisschopswijn** m bishop
**bissectrice** v [-s] wisk bisector, bisecting line
**bistro** m ['s] bistro
**bit I** m [-s] comput bit **II** o [-ten] v. paard bit
**bits** bn snappish, snappy, acrimonious, short, sharp
**bitter I** bn ❶van smaak bitter, acid * zo ~als gal as bitter as gall * ~e chocola plain chocolate * ~in de mond, maakt het hart gezond bitter pills may have blessed effects ❷hard, smartelijk fig bitter, severe * ~e kou bitter/severe cold * ~e humor bitter humour * ~e tranen schreien cry bitter tears * een ~e pil a bitter pill * in ~e armoe leven live in severe poverty * tot het ~e eind to the bitter end **II** bijw extremely, terribly * zij hebben het ~arm they're extremely poor * het is ~koud it's dreadfully cold

* ~weinig next to nothing **III** o & m [-s] drank bitters * een glaasje ~a (glass of) gin and bitters
**bitterbal** m [-len] cocktail meatball
**bittergarnituur** o [-turen] appetizers
**bitterheid** v [-heden] ❶smaak bitterness ❷fig bitterness, acerbity, acrimony
**bitterkoekje** o [-s] macaroon
**bitterzoet I** o plantk bittersweet **II** bn bittersweet
**bitumen** o [bitumina] bitumen
**bivak** o [-ken] bivouac * fig ergens zijn ~opslaan pitch one's tent somewhere
**bivakkeren** onoverg [bivakkeerde, h. gebivakkeerd] bivouac * hij heeft een tijd bij zijn zuster gebivakkeerd his sister put him up for a while
**bivakmuts** v [-en] balaclava
**bizar I** bn bizarre, grotesque, weird * een ~einde a bizarre end **II** bijw in a bizarre way, grotesquely
**bizon** m [-s] bison, buffalo
**B-kant** m [-en] B side
**blaadje** o [-s] ❶plantk small leaf * er hangen nu ~s aan de bomen the trees are coming into leaf ❷papier sheet ⟨of paper⟩ * iets op een ~schrijven write sth on a sheet of paper * ik kan het u op een ~geven dat... I can assure you that ❸tijdschrift (news) paper, ⟨klein⟩ newsletter, inf rag * het ~van de wijkvereniging the community association's newsletter * bij iem. in een goed/slecht ~staan be in sbd.'s good/bad books ❹dienblad tray
**blaag** m-v [blagen] naughty boy or girl, brat
**blaam** v ❶afkeuring blame, censure * hem treft geen ~he isn't to blame ❷smet blemish, slur * een ~ werpen op put/cast a slur on * zich van alle ~ zuiveren exonerate oneself
**blaar** v [blaren] ❶zwelling blister ❷bles blaze, white spot
**blaarkop** m [-pen] cow with a blaze face
**blaas** v [blazen] ❶anat bladder ❷in glas, metaal bubble
**blaasbalg** m [-en] bellows * een ~a pair of bellows
**blaasinstrument** o [-en] wind instrument * een houten/koperen ~a woodwind/brass instrument
**blaasje** o [-s] ❶met vocht gevuld vesicle, follicle * ~s in de mond mouth ulcers ❷luchtbel bubble
**blaasjeskruid** o bladderwort
**blaaskaak** m [-kaken] gasbag, bighead
**blaaskapel** v [-len] brass band
**blaasmuziek** v music for wind instruments
**blaasontsteking** v [-en] bladder infection, med cystitis
**blaaspijp** v [-en] ❶alg. blowpipe ❷voor alcoholtest breathalyser
**blaasproef** v [-proeven] breath test
**blabla** m onzin blah, blah-blah-blah
**black-out** m [-s] blackout
**blad** o [van planten: bladeren, bladen, anders: bladen] ❶v. boom, boek leaf * omdraaien als een ~ aan een boom turn like a leaf on a tree ❷v. papier, metaal sheet * van het ~spelen sight read * geen ~

*voor de mond nemen* not mince one's words, not mince matters ∗ *zij is een onbeschreven*~ she's young and innocent ❸ *v. gras, zaag* blade ❹ *v. tafel* top, ‹uittrek-/inlegblad› leaf ❺ *dienblad* tray ❻ *uitgave* (news)paper, magazine, journal ❼ *dienblad* tray

**bladderen** *onoverg* [bladderde, h. gebladderd] blister, bubble

**bladerdak** *o* foliage

**bladerdeeg** *o* puff pastry

**bladeren** *onoverg* [bladerde, h. gebladerd] thumb, leaf ∗ *in een boek*~ thumb through a book

**bladgoud** *o* gold leaf

**bladgroen** *o* leaf green, chlorophyll

**bladgroente** *v* [-n & -s] greens, leafy/green vegetables

**bladluis** *v* [-luizen] plant louse, greenfly, aphid, aphis

**bladmuziek** *v* sheet music

**bladspiegel** *m* [-s] drukw type page

**bladvulling** *v* [-en] fill-up, filler

**bladwijzer** *m* [-s] ❶ *inhoudsopgave* table of contents ❷ *boekenlegger* bookmark(er) ❸ *in browser* comput bookmark, favourite/Am favorite

**bladzij, bladzijde** *v* [-zijden, -zijdes & -zijs] page

**blaffen** *onoverg* [blafte, h. geblaft] bark (*tegen* at)

**blaffer** *m* [-s] ❶ *vuurwapen* inf revolver, gun ❷ *hond* barker

**blaken** *onoverg* [blaakte, h. geblaakt] burn (with) ∗ ~ *van gezondheid* be in radiant health, glow with health ∗ ~ *van vaderlandsliefde* burn with patriotism

**blakend** *bn* ❶ *alg.* burning, ardent ∗ *in*~*e gezondheid* blooming with health ∗ *in*~*e welstand* in the pink of health ❷ *zon* blazing, scorching ∗ *in de* ~*e zon* in the blazing sun

**blaker** *m* [-s] flat candlestick

**blakeren** *overg* [blakerde, h. geblakerd] burn, scorch ∗ *door de zon geblakerd* sun-baked ∗ *zwartgeblakerde muren* blackened walls

**blamage** *v* [-s] disgrace (*voor* to)

**blameren I** *overg* [blameerde, h. geblameerd] blame, discredit ∗ *iem.*~ bring shame on sbd ∗ *een* ~*de nederlaag* a shameful defeat **II** *wederk* [blameerde, h. geblameerd] ∗ *zich*~ disgrace oneself, discredit oneself, lose face

**blancheren** *overg* [blancheerde, h. geblancheerd] blanch

**blanco** *bn* blank ∗ *een*~ *cheque/wissel* a blank cheque/bill ∗ ~ *stemmen* abstain (from voting) ∗ *tien* ~ *stemmen* ten abstentions ∗ ~ *volmacht* blank power of attorney ∗ *een*~ *strafblad hebben* have a clean record ∗ *ergens*~ *tegenover staan* have an open mind about sth ∗ *in*~ *kopen* buy short

**blank** *bn* ❶ *wit* white, fair ∗ *een*~*e huid* a fair skin ∗ *een*~ *geweten* an unspotted/a clear conscience ❷ *onbedekt* naked ‹sword› ∗ ~ *schuren* sand clean ∗ ~ *hout* uncovered wood ❸ *onder water* flooded ∗ *de weiden staan*~ the meadows are flooded ▼ *de score*

*is dubbel*~ sp the score is nil-all

**blanke** *m-v* [-n] white man/woman ∗ *de*~*n* the whites, the white people

**blankvoorn** *m* [-s] roach

**blasé** *bn* blasé, nonchalant

**blasfemie** *v* [-femieën] blasphemy

**blaten** *onoverg* [blaatte, h. geblaat] bleat

**blauw I** *bn* blue ∗ *een*~*e druif* a black grape ∗ *een*~*e maandag* a very short time ∗ *iem. een*~ *oog slaan* give sbd a black eye ∗ *een*~*e plek* a bruise ∗ *een*~*e zone* a restricted parking zone ∗ *de*~*e knoop* the wagon ∗ ~ *bloed* blue blood **II** *o* blue ∗ *Berlijns*~ Prussian blue ∗ *Delfts*~ delft blue ∗ *er loopt veel*~ *op straat* ‹politie› there are a lot of cops on the street

**blauwachtig** *bn* bluish

**blauwbaard, Blauwbaard** *m* [-s] Bluebeard

**blauwbekken** *onoverg* [blauwbekte, h. geblauwbekt] ∗ *staan*~ stand in the cold

**blauwdruk** *m* [-ken] blueprint ∗ *in*~ *uitgeven* publish in blueprint ∗ *een*~ *van/voor een nieuw belastingstelsel* a blueprint of/for a new tax system

**blauweregen** *m* [-s] plantk wisteria, wistaria

**blauwhelm** *m* [-en] mil blue helmet

**blauwkous** *v* [-en] bluestocking

**blauwsel** *o* blue ∗ *door het*~ *halen* blue

**blauwtje** *o* [-s] ∗ *een*~ *lopen* turned down/rejected

**blauwzuur** *o* Prussic acid

**blazen I** *onoverg* [blies, h. geblazen] ❶ *alg.* blow ∗ *beter hard ge*~ *dan de mond gebrand* better be safe than sorry ❷ *v. dieren* blow, snort, ‹v. kat› spit, hiss ∗ ~ *op* blow, sound **II** *overg* [blies, h. geblazen] ❶ *alg.* blow ∗ *bellen*~ blow bubbles ❷ *op instrument* blow, play ▼ *het is oppassen geblazen* we need to watch out

**blazer**[1] *m* [-s] *jasje* blazer

**blazer**[2] *m* [-s] muz player of a wind instrument

**blazoen** *o* [-en] herald blazon, coat of arms ∗ *een smet op ons*~ a blot on our escutcheon

**bleekgezicht** *o* [-en] paleface

**bleekheid** *v* paleness, pallor

**bleekjes** *bn* palish

**bleekmiddel** *o* [-en] bleaching agent

**bleekneus** *m* [-neuzen] pale person

**bleekscheet** *m* [-scheten] ❶ *bleek persoon* paleface ❷ *scheldnaam v. blanke* whitey, honky

**bleekselderij** *m* celery

**bleekwater** *o* liquid bleach

**bleekzucht** *v* med chlorosis, green sickness

**blei** *v* [-en] vis white bream

**bleken I** *overg* [bleekte, h. gebleekt] bleek maken bleach, blanch **II** *onoverg* [bleekte, is gebleekt] bleek worden bleach

**blèren** *onoverg* [blèrde, h. geblèrd] ❶ *van personen* bawl, squall ❷ *van schapen* bleat

**bles I** *v* [-sen] vlek blaze **II** *m* [-sen] paard horse with a blaze

**blesseren** *overg* [blesseerde, h. geblesseerd] injure, wound, hurt ∗ *zich*~ get hurt/injured

**blessure** *v* [-n & -s] injury ∗ *een*~ *aan de enkel* an injury to the ankle * *een ~ oplopen* receive an injury

**blessuretijd** *m* sp stoppage time, injury time * *in ~ spelen* play in injury time

**bleu** *bn* timid, shy, bashful

**blij** *bn* glad, pleased, happy * *hij is er ~ mee* he is delighted/happy with it * *ik ben er ~ om/over* I'm glad of it * *~ toe!* thank heavens! * *iem. ~ maken* please sbd, make sbd happy * *~ verrast* pleasantly surprised * *een ~gezicht* a happy face * *de ~de Boodschap* the Glad Tidings

**blijdschap** *v* gladness, joy, cheerfulness * *met ~ geven wij kennis van...* we are happy to announce... * *de ~ over...* the joy at...

**blijf-van-mijn-lijfhuis** *o* [-huizen] shelter for abused/battered women, women's refuge centre/Am center

**blijheid** *v* gladness, happiness, joy

**blijk** *o* [-en] ❶ *teken* token, mark, proof, sign * *als ~ van dank* as a token of gratitude * *een ~ van vertrouwen* a token of confidence ❷ *bewijs* proof, evidence * *~ geven van* give evidence/proof of, show

**blijkbaar I** *bn* evident, obvious **II** *bijw* apparently, evidently, obviously, clearly * *het is ~ te laat* it is obviously too late * *je hebt ~ niet je best gedaan* you apparently & didn't do your best/you can't have done your best

**blijken** *onoverg* [bleek, is gebleken] be evident, appear, be obvious, prove, turn out * *het blijkt nu* it is now evident * *uit alles blijkt dat...* everything goes to show that... * *hij bleek de dief te zijn* he turned out/proved to be the thief * *het is nodig gebleken te...* it has been found necessary to... * *het zal wel ~uit de stukken* it will appear/be apparent/be evident from the documents * *het moet nog ~* it remains to be seen it is to be proved * *doen ~ van* give proof of * *niet de minste aandoening laten ~* not betray/show the least emotion * *je moet niets laten ~* you shouldn't let on

**blijkens** *voorz* as appears from, according to

**blijmoedig** *bn* cheerful, happy, merry

**blijspel** *o* [-spelen] comedy

**blijven** *onoverg* [bleef, is gebleven] ❶ *niet weg- of doorgaan* remain, stay * *~ eten* stay for dinner * *hij blijft bij ons* he's going to stay with us * *waar blijft hij toch?* where could he be? * *waar is het/hij gebleven?* what's happened to it/him? * *waar zijn we gebleven?* where did we leave off/stop?, where were we? * *waar was ik gebleven?* where had I got to? * *waar blijft het eten toch?* where *is* dinner? * *blijf je het hele concert uit?* are you going to sit the whole concert out? ❷ *in een toestand* remain * *alles blijft bij het oude* everything has remained/stayed as it was * *waar blijft de tijd!* how time flies! ❸ *overblijven* remain, be left ❹ *doodblijven* die, be killed, perish * *hij bleef er haast in* ⟨bijna dood⟩ he almost died; ⟨hard lachen⟩ he almost died laughing ❺ *doorgaan met* continue to..., keep ...ing * *~ regenen*

continue/keep (on) raining * *~ leven* live (on) * *goed ~* keep ⟨of food⟩ * *maar daar bleef het niet bij* but that was not all * *ik blijf bij wat ik gezegd heb* I stick to what I have said * *hij blijft er bij, dat...* he persists in saying that... * *het blijft er dus bij dat...* so it is settled that... * *daarbij bleef het* there the matter rested, that was that * *dat blijft onder ons* this is strictly between ourselves/us * *blijf van mij/ervan af!* hands off! * *daarmee moet je mij van het lijf ~!* none of that for me!

**blijvend** *bn* lasting, permanent, enduring * *~e herinneringen* lasting memories * *~ letsel overhouden aan een ongeval* suffer permanent injuries as a result of an accident

**blijvertje** *o* [-s] stayer * *dat is geen ~* that child is not likely to survive; inf it's a goner

**blik I** *m* [-ken] ❶ *oogopslag, het kijken* glance, look * fig *zijn brede ~* his broad view * *een ~ slaan/werpen op* cast a glance at * *begerige ~ken werpen/laten vallen op* cast covetous eyes on * *een ~ werpen op* take a glance at * *iem. geen ~ waardig keuren* not deign to glance/look at sbd * (*met*) *de ~ op oneindig* unperturbed, not to be sidetracked * *zijn ~ verruimen* widen one's outlook * *bij de eerste ~* at the first glance * *met één ~ overzien* take it in at a (single) glance ❷ *uitdrukking* look, expression * *zijn heldere ~* ⟨uitdrukking⟩ his bright look; ⟨visie⟩ his keen insight * *een ~ van verstandhouding* a knowing look **II** *o* ❶ *metaal* tin, tin plate, white iron * *van ~ gemaakt* tin ❷ *verpakking* [-ken] tin, can * *een ~ benzine* a can of petrol * *een ~ kattenvoer* a tin of cat food ❸ *conserven* [-ken] tin, can * *kreeft in ~* tinned/canned lobster ❹ *veegblik* [-ken] dustpan * *stoffer en ~* brush and dustpan

**blikgroenten** *zn* [mv] tinned/canned vegetables

**blikje** *o* [-s] tin, can * *een ~ bier* a can of beer

**blikken I** *bn* tin * *de ~ bruiloft* the iron wedding anniversary **II** *onoverg* [blikte, h. geblikt] look, glance * *zonder ~ of blozen* without a blush

**blikkeren** *onoverg* [blikkerde, h. geblikkerd] gleam, flash

**blikopener** *m* [-s] tin opener, can opener

**blikschaar** *v* [-scharen] tin snips

**blikschade** *v* damage to the bodywork * *er was alleen maar ~* the car was only slightly dented

**bliksem** *m* [-s] lightning * *door de ~ getroffen* struck by lightening * *als door de ~ getroffen* thunderstruck * inf *wat ~!* what the hell! * *als de (gesmeerde) ~* (as) quick as lightning, like blazes * *naar de ~ gaan* go to the dogs, go to pot * *loop naar de ~!* go to blazes! * *hete ~* stewed apples with potatoes and meat served hot * *arme ~* poor devil * *het kan me geen ~ schelen* I don't give a damn

**bliksemactie** *v* [-s] lightning action

**bliksemafleider** *m* [-s] lightning conductor

**bliksembezoek** *o* [-en] flying visit * *een ~ brengen aan het buurland* make a flying visit to the neighbouring country

**bl**

**bliksemcarrière** v [-s] rapid rise, lightning career
**bliksemen** onoverg [bliksemde, h. gebliksemd]
❶ ✳ het bliksemt there is lightning ❷ v. de ogen &
flash ✳ ~de ogen flashing eyes
**bliksemflits** m [-en] flash/streak of lightning
**bliksemsinslag** m [-slagen] stroke of lightning
**bliksems** I tsw dash it! II bn ✳ die~e kerel that
confounded/damned fellow III bijw versterkend
deucedly, damned
**bliksemschicht** m [-en] thunderbolt, flash of
lightning
**bliksemsnel** bn ❶ quick as lightning, with lightning
speed, lightning ✳ een ~le aanval a lightning attack
❷ inf like greased lightning
**bliksemstart** m lightening start ✳ een ~
maken/hebben make/have a lightening start
**bliksemstraal** m [-stralen] flash of lightning ✳ als
een ~ uit heldere hemel like a bolt from the blue
**blikvanger** m [-s] eye-catcher
**blikveld** o field of vision ✳ zijn ~ verruimen broaden
one's horizon ✳ buiten/uit het ~ raken disappear
from view
**blikvoer** o canned food, tinned food
**blind** I bn ❶ niet kunnende zien blind ✳ ~ als een mol
as blind as a bat ✳ ~ aan één oog blind in one eye ✳ ~
voor het feit dat... blind to the fact that... ✳ ~ schaken
play blindfold chess ✳ zich ~ staren op concentrate
too much on sth ✳ zij is ziende ~ there's none so
blind as those who will not see ❷ onvoorwaardelijk
blind, unquestioning ✳ ~e gehoorzaamheid blind
obedience ✳ ~ geloof/vertrouwen blind/implicit faith
✳ in den ~e in the dark ❸ niet te zien blind, blank
✳ een ~e klip a sunken rock ✳ een ~e vlek a blind spot
✳ een ~e passagier a stowaway ❹ dichtgemetseld
blind ✳ een ~e deur a blind/dead door ✳ een ~e muur
a blank wall ❺ doodlopend blind ✳ een ~e steeg a
blind alley ▼ een ~e kaart a skeleton map, a blank
map II o [-en] vensterluik shutter, blind
**blind date** m [-s] blind date
**blinddoek** m [-en] blindfold, bandage ✳ een ~ voor
hebben be hoodwinked/blindfolded
**blinddoeken** overg [blinddoekte, h. geblinddoekt]
blindfold
**blinde** m-v [-n] ❶ persoon blind man, blind woman
✳ de ~n the blind ✳ in het land der ~n is éénoog
koning in the country of the blind, the one-eyed
man is king ❷ kaartsp dummy ✳ met de ~ spelen
play dummy ▼ in den ~ at random, blindly
**blindedarm** m [-en] appendix
**blindedarmontsteking** v [-en] appendicitis
**blindelings** bijw blindly, blindly ✳ iem. ~ volgen
follow sbd blindly ✳ ~ gehoorzamen obey
blindly/implicitly
**blindemannetje** o [-s] blindman's buff ✳ ~ spelen
play blindman's buff
**blindengeleidehond** m [-en] guide dog/seeing-eye
dog
**blindenschrift** o Braille

**blindenstok** m [-ken] white stick
**blinderen** overg [blindeerde, h. geblindeerd]
❶ kogelvrij maken armour ✳ geblindeerde auto's
armoured cars ❷ aan het gezicht onttrekken face,
clad ✳ de ramen ~ shutter the windows
**blindganger** m [-s] mil dud
**blindheid** v blindness ✳ met ~ geslagen struck blind;
fig blinded
**blind typen** onoverg [typte blind, h. blind getypt]
touch type
**blindvaren** onoverg [voer blind, h. blindgevaren] ✳ ~
op iets/iem. trust sth/sbd blindly
**bling bling** m & bn opzichtige kledingstijl bling-bling
**blinken** onoverg [blonk, h. geblonken] shine, glitter,
glare
**blisterverpakking** v [-en] blister, blister pack
**blits** I bn trendy, hip ✳ zij ziet er ~ uit she looks
trendy II m ✳ de ~ maken steal the show
**blitskikker** m [-s] trendy
**blocnote** m [-s] block, (writing) pad
**bloed** o blood ✳ badend in het ~ swimming in one's
own blood ✳ ~ vergieten shed blood ✳ kwaad ~
zetten stir strong feelings, stir up bad blood ✳ zijn ~
kookt his blood is boiling ✳ ~ ruiken smell/taste
blood ✳ ~ willen zien want to see blood ✳ in koelen
~e in cold blood, cold-blooded ✳ nieuw ~ ⟨in een
vereniging &⟩ fresh blood ✳ het zit in het ~ it runs in
the blood/family ✳ het ~ kruipt waar het niet gaan
kan blood is thicker than water ✳ iem. het ~ onder de
nagels vandaan halen get under sbd's skin ✳ iem. ~
wel kunnen drinken be out for sbd's blood ✳ blauw ~
blue blood ✳ van koninklijken ~e of royal blood
**bloedarmoede** v anaemia, Am anemia
**bloedbaan** v [-banen] bloodstream
**bloedbad** o [-baden] bloodbath, carnage, massacre,
slaughter ✳ een ~ aanrichten onder... slaughter...,
massacre...
**bloedbank** v [-en] blood bank
**bloedbeeld** o [-en] med blood picture
**bloedbezinking** v [-en] med sedimentation rate
**bloedblaar** v [-blaren] blood blister
**bloedcel** v [-len] blood cell, corpuscle ✳ een witte ~ a
white corpuscle ✳ een rode ~ a red corpuscle
**bloeddonor** m [-s] blood donor
**bloeddoorlopen** bn bloodshot ✳ met ~ ogen with
bloodshot eyes
**bloeddoping** m sp blood doping
**bloeddorstig** bn bloodthirsty
**bloeddruk** m blood pressure ✳ hoge/lage ~ high/low
blood pressure ✳ iems. ~ meten take sbd's blood
pressure
**bloeddrukmeter** m [-s] blood pressure gauge, med
sphygmomanometer
**bloeddrukverlagend** bn hypotensive
**bloedeigen** bn very own ✳ het is mijn ~ kind it is my
own flesh and blood
**bloedeloos** bn ❶ zonder bloed bloodless ❷ slap
lifeless, burned out ✳ de wedstrijd eindigde in een

*bloedeloze 0-0* the match resulted in a weak 0-0
**bloeden** *onoverg* [bloedde, h. gebloed] ❶ *bloed laten vloeien* bleed * *uit zijn neus~* bleed from the nose; have a blood nose, *Am* have a nosebleed * *tot~s toe* until it bleeds * *dood~* bleed to death * *~ als een rund* bleed like a pig * *met~d hart* with a bleeding heart ❷ *boeten* pay * *hij zal ervoor moeten~* they'll make him pay/bleed for it
**bloederig** *bn* bloody
**bloederziekte** *v* haemophilia, *Am* hemophilia
**bloedgang** *m* * *met een ~ voorbijrijden* pass at a breakneck speed
**bloedgeld** *o* ❶ *geld voor een misdaad* blood money ❷ *karig loon* starvation wages
**bloedgroep** *v* [-en] blood group, blood type
**bloedheet** *bn* sizzling hot, boiling hot
**bloedhekel** *m* * *een ~ hebben aan iem./iets* absolutely hate sbd/sth
**bloedhond** *m* [-en] ❶ bloodhound ❷ fig bloodhound, brute
**bloedig** *bn* ❶ *met bloed* bloody, sanguinary * *een ~e strijd* a bloody battle ❷ *ingespannen* bitter, very hard * *ergens ~ op studeren* study hard for sth
**bloeding** *v* [-en] bleeding, haemorrhage/*Am* hemorrhage
**bloedje** *o* [-s] * *~s van kinderen* poor little kids
**bloedkoraal** *o & v* [-ralen] red coral
**bloedlichaampje** *o* [-s] blood corpuscle * *een rood ~* a red corpuscle * *een wit~* a white corpuscle
**bloedlink** *bn* ❶ *gevaarlijk* incredibly dangerous ❷ *woedend* hopping mad * *zij was~ op mij* she was furious at me
**bloedmooi** *bn* gorgeous, stunning
**bloedneus** *m* [-neuzen] bloody nose * *iem. een ~ slaan* give sbd a bloody nose
**bloedonderzoek** *o* [-en] med blood test
**bloedplaatje** *o* [-s] blood platelet, thrombocyte
**bloedplasma** *o* (blood) plasma
**bloedproef** *v* [-proeven] blood test
**bloedprop** *v* [-pen] blood clot, thrombus
**bloedrood** *bn* blood red, scarlet
**bloedschande** *v* incest * *~ plegen* commit incest
**bloedserieus** *bn* dead serious
**bloedserum** *o* blood serum
**bloedsinaasappel** *m* [-s & -en] blood orange
**bloedsomloop** *m* circulation of the blood, blood circulation * *de kleine~* the lesser circulation * *de grote~* the greater circulation
**bloedspiegel** *m* med blood levels, level of sth in the blood
**bloedstelpend** *bn* styptic * *een ~ middel* a styptic
**bloedstollend** *bn* blood-curdling, horrifying * *een ~e wedstrijd* a hair-raising match
**bloedstolling** *v* [-en] coagulation of the blood
**bloedstolsel** *o* [-s] blood clot
**bloedsuiker** *m* blood sugar
**bloedtransfusie** *v* [-s] blood transfusion
**bloeduitstorting** *v* [-en] contusion

**bloedvat** *o* [-vaten] blood vessel
**bloedvergieten** *o* bloodshed
**bloedvergiftiging** *v* blood poisoning, sepsis
**bloedverlies** *o* loss of blood
**bloedverwant** *m* [-en] (blood) relation, relative, kinsman, kinswoman * *naaste ~en* close relatives, next of kin
**bloedverwantschap** *v* [-pen] blood relationship, consanguinity
**bloedvlek** *v* [-ken] bloodstain
**bloedworst** *v* [-en] black pudding, blood sausage
**bloedwraak** *v* vendetta
**bloedzuiger** *m* [-s] leech, bloodsucker
**bloedzuiverend** *bn* blood-cleansing
**bloei** *m* ❶ bloom, flower, flowering * *in ~ staan* be in blossom * *in volle ~* in full blossom/bloom ❷ fig prosperity, bloom * *in de ~ van zijn leven* in the prime of life * *fig tot ~ komen* thrive, blossom
**bloeien** *onoverg* [bloeide, h. gebloeid] ❶ *eig* bloom, blossom, flower ❷ *fig* flourish, prosper, thrive * *een ~de zaak* a flourishing business
**bloeimaand** *v* May
**bloeiperiode** *v* [-s & -n] ❶ *v. planten* flowering season ❷ fig bloom, hey-day
**bloeitijd** *m* [-en] ❶ *eig* flowering time ❷ fig flourishing period, hey-day * *de ~ van de barok* the golden age of the baroque
**bloeiwijze** *v* [-n] inflorescence
**bloem** *v* [-en] ❶ plantk flower * *geen ~en* ⟨in overlijdensadvertentie⟩ no flowers * *~en op de ruiten* frost flowers on the windows * *de ~ der natie* the flower of the nation ❷ *v. meel* flour
**bloembak** *m* [-ken] flower box
**bloembed** *o* [-den] flowerbed
**bloembol** *m* [-len] (flower) bulb
**bloembollenteelt** *v* bulb growing
**bloembollenveld** *o* [-en] bulb field
**bloemencorso** *m & o* [-'s] floral procession, flower pageant, flower parade
**bloemenstalletje** *o* [-s] flower stall
**bloementeelt** *v* floriculture
**bloemenvaas** *v* [-vazen] (flower) vase
**bloemenwinkel** *m* [-s] flower shop, florist's shop
**bloemetje** *o* [-s] ❶ *kleine bloem* little flower * *de ~s buiten zetten* go/be on the spree, *inf* paint the town red, make whoopee * *iem. in de ~s zetten* make sbd the centre of attention * *de ~s en de bijtjes* the birds and the bees ❷ *bos bloemen* flowers * *een ~ voor iem. meenemen* bring sbd flowers
**bloemig** *bn* ❶ *v. weide &* flowery ❷ *v. aardappelen* mealy, mushy
**bloemist** *m* [-en] florist, floriculturist
**bloemisterij** *v* [-en] ❶ *winkel* florist's business/shop ❷ *kwekerij* florist's garden
**bloemknop** *m* [-pen] bud
**bloemkool** *v* [-kolen] cauliflower
**bloemkweker** *m* [-s] flower-grower, florist
**bloemkwekerij** *v* ❶ *het kweken* [-en] flower-growing

industry, floriculture ❷ *het bedrijf* florist's business, nursery

**bloemlezing** *v* [-en] anthology

**bloemperk** *o* [-en] flowerbed

**bloempot** *m* [-ten] flowerpot

**bloemrijk** *bn* ❶ *eig* flowery, full of flowers ❷ *fig* florid ✳ ~ *taalgebruik* flowery language

**bloemschikken** *o* arrange flowers

**bloemstuk** *o* [-ken] ❶ *v. bloemist* bouquet ❷ *schilderij* floral still life

**bloes** *v* [bloezen]→ **blouse**

**bloesem** *m* [-s] blossom, bloom, flower

**blok** *o* [-ken] ❶ *huizen* block ✳ *een* ~ *huizen* a row of houses ✳ *zij loopt een* ~*je om* she goes for a walk around the block ✳ *een* ~ *zetten* volleybal form a wall ❷ *hout* log, billet, chump ✳ *als een* ~ *in slaap vallen* fall asleep like a log ❸ *bouwsteen* brick ✳ *met* ~*ken spelen* play with building blocks ❹ *van lood* pig, ingot ❺ *van partijen, landen* bloc ✳ *een* ~ *vormen* (*tegen*) form a bloc (against) ✳ *als één* ~ *achter iem. staan* support sbd wholeheartedly ❻ *straftuig* the stocks ▾ *dat is een* ~ *aan zijn been* it's a millstone around his neck ▾ *iem. voor het* ~ *zetten* leave sbd no choice, put a person on the spot **II** *m* [-ken] *studieperiode* ZN unit

**blokfluit** *v* [-en] recorder

**blokhut** *v* [-ten] log cabin

**blokkade** *v* [-s] blockade ✳ *de* ~ *doorbreken* run the blockade ✳ *een* ~ *opheffen* lift a blockade ✳ *een* ~ *opwerpen* blockade

**blokken I** *onoverg* [blokte, h. geblokt] *studeren* (*op*) inf cram, swot (at) ✳ *ik ben voor mijn examen aan het* ~ I'm cramming for my exam **II** *overg* [blokte, h. geblokt] *tegenhouden* block ✳ sp *de bal* ~ block the ball

**blokkendoos** *v* [-dozen] box of bricks

**blokkeren** *overg* [blokkeerde, h. geblokkeerd] ❶ *afsluiten* blockade, block ✳ *een haven* ~ close a port off ✳ *een kust* ~ block a coast ✳ *een weg* ~ block a road ✳ *het verkeer* ~ block the traffic ✳ *zij blokkeerde helemaal* she had a mental block ✳ *een tegenstander* ~ block an opponent ✳ *het stuur blokkeert* the wheel is locked ❷ handel freeze, block ✳ *een cheque* ~ stop payment of a cheque ✳ *een rekening* ~ block an account, freeze an account ✳ *gelden* ~ freeze funds ✳ *tegoeden* ~ block balances, freeze balances

**blokletter** *v* [-s] block letter ✳ *in* ~*s schrijven* print

**blokschrift** *o* block writing, print

**blokuur** *o* [-uren] onderw double lesson

**blokvorming** *v* forming of a bloc

**blom** *v* [-men] lovely girl ✳ *fig een jonge* ~ a young (and pretty) girl

**blond** *bn* blonde, blond, fair, golden

**blonderen** *overg* [blondeerde, h. geblondeerd] bleach, peroxide ✳ *hij is geblondeerd* he bleaches his hair

**blondine** *v* [-s], **blondje** *o* [-s] blonde, fair-haired girl

✳ *een dom blondje* a dumb blonde

**bloot I** *bn* ❶ *ongekleed* naked, bare, nude ✳ *open en* ~ openly ✳ *onder de blote hemel* in the open ✳ *op het blote lijf dragen* wear next (to) the skin ❷ *onbedekt latend* bare, open ✳ *een blote jurk* a revealing dress ❸ *alleen maar* bald, mere ✳ *de blote feiten* the bald facts ✳ *een* ~ *toeval* a complete accident ✳ jur *blote eigendom* bare ownership ✳ *met het blote oog* with the naked eye ✳ *uit het blote hoofd vertellen* recount from memory ✳ *met blote handen* with one's bare hands **II** *bijw* barely, merely

**blootblad** *o* [-en] nude magazine

**blootgeven** *wederk* [gaf bloot, h. blootgegeven] ✳ *zich* ~ ⟨als teken van zwakte⟩ give oneself away, commit oneself; ⟨aan gevaar⟩ expose oneself ✳ *zich niet* ~ be noncommittal

**blootje** *o* ✳ *in zijn/haar* ~ in the nude, in his/her birthday suit, inf in the nuddy

**blootleggen** *overg* [legde bloot, h. blootgelegd] ❶ *bedekking wegnemen* lay bare, expose, uncover ✳ *de fundamenten* ~ expose the foundations ❷ fig lay open, uncover, reveal ✳ *zijn ziel voor iem.* ~ bare one's soul to sbd ✳ *de problemen werden blootgelegd* the problems were uncovered

**blootliggen** *onoverg* [lag bloot, h. blootgelegen] lie bare, lie open

**blootshoofds** *bijw* bareheaded

**blootstaan** *onoverg* [stond bloot, h. blootgestaan] ✳ ~ *aan* be exposed to

**blootstellen I** *overg* [stelde bloot, h. blootgesteld] expose ✳ *iets* ~ *aan het zonlicht* expose sth to the sunlight **II** *wederk* [stelde bloot, h. blootgesteld] ✳ *zich* ~ *aan het weer* expose oneself to the weather ✳ *zich* ~ *aan kritiek* lay oneself open to criticism

**blootsvoets** *bijw* barefoot

**blos** *m* ❶ *gezonde kleur* bloom ❷ *v. verlegenheid, schaamte* blush ❸ *v. opwinding* flush ✳ *er kwam een* ~ *op haar wangen* her cheeks flushed

**blotebillengezicht** *o* [-en] inf moonface

**blouse** *v* [-s], **bloes** [-zen] blouse, shirt

**blowen** *onoverg* [blowde, h. geblowd] smoke dope

**blozen** *onoverg* [bloosde, h. gebloosd] blush, flush ✳ *zij bloosde tot achter haar oren* she blushed to the roots of her hair ✳ *iem. doen* ~ cause sbd to blush, make sbd blush ✳ ~ *om/over iets* blush at sth ✳ ~ *van gezondheid* bloom with health

**blubber** *m* ❶ *modder* mud, slush ✳ *zich de* ~ *werken* work oneself to death ❷ *walvisspek* blubber

**blues** *m* blues

**bluf** *m* bluff(ing), brag(ging), boast(ing), inf swank ✳ *dat is pure* ~ that is all talk ▾ cul *Haagse* ~ redcurrant whip

**bluffen** *onoverg* [blufte, h. gebluft] ❶ inf bluff, brag, boast, talk big ✳ ~ *op* boast of ❷ kaartsp bluff

**bluffer** *m* [-s] bluffer, boaster

**blufferig** *bn* bluffing, bragging, boasting

**blufpoker** *o* kaartsp brag/bluff poker ✳ fig ~ *spelen* play high

**blunder** m [-s] blunder, howler, faux pas ✶ *een~ maken* make a blunder/faux pas
**blunderen** onoverg [blunderde, h. geblunderd] blunder, make a faux pas
**blusapparaat** o [-raten] fire extinguisher
**blusboot** m [-boten] fire-fighting vessel, fire float
**blussen** overg [bluste, h. geblust] ❶ *vuur doven* extinguish, put out ❷ v. *kalk* slack, slake ⟨lime⟩
**blusvliegtuig** o [-en] fire plane
**blut** bn ❶ *platzak* broke, on the rocks ❷ *na spel* cleaned out ✶ inf *iem. ~ maken* clean sbd out
**B-merk** o [-en] inferior brand, grade-B product
**bnp** o (bruto nationaal product) G.N.P., Gross National Product
**boa** m ['s] *slang, bont* boa ✶ *een ~ constrictor* a boa constrictor
**board** o *bouwplaat* hardboard, fibreboard
**bob** m [-s] ❶ *slee* bobsleigh ❷ *haarstijl* bob ❸ *nuchtere bestuurder* Sober Bob ✶ *wie is de bob vanavond?* who's not drinking this evening?
**bobbel** m [-s] ❶ *alg.* bubble, bump, hump ✶ *een weg vol~s* a bumpy road ❷ *gezwel* lump ✶ *een rare~ op mijn arm* an unusual lump on my arm
**bobbelen** onoverg [bobbelde, h. gebobbeld] bubble
**bobbelig** bn lumpy, bumpy
**bobo** m ['s] inf big shot
**bobslee** v [-sleeën] bobsled, bobsleigh ✶ *een tweepersoons~* a two-man bob ✶ *een vierpersoons~* a four-man bob
**bobsleebaan** v [-banen] bobsleigh run
**bobsleeën** onoverg [bobsleede, h. gebobsleed] bob, bobsleigh
**bochel** m [-s] ❶ *bult* hump, hunch ❷ *persoon* humpback, hunchback
**bocht I** v [-en] ❶ *kromming* bend, curve ✶ *een scherpe ~ maken* take a sharp bend ✶ *zich in allerlei~en wringen* tie oneself in knots ✶ fig *kort door de~* impetuous, without thinking about it ✶ fig *Truus in de~!* Truus at it again! ✶ *voor iem. in de~ springen* take sbd.'s part ❷ *baai* bight, bay ✶ *de Duitse Bocht* ⟨bij Helgoland⟩ the Helgoland Bay **II** o & m ❶ *drank* rotgut ❷ *rommel alg.* trash, rubbish
**bochtig** bn winding, tortuous, sinuous
**bockbier** o bock(beer)
**bod** o ❶ handel offer ❷ *op verkoping* bid ✶ *een ~ doen (op)* make a bid (for) ✶ *een hoger ~ doen dan* outbid ⟨sbd⟩ ✶ jur *een openbaar~* a public bid ✶ *aan ~ komen* get a chance ✶ *aan ~ zijn* be given a chance
**bode** m [-n & -s] ❶ *boodschapper* messenger ❷ *vrachtrijder* carrier ❸ jur usher
**bodega** m ['s] bodega
**bodem** m [-s] ❶ *gebied, grond* ground, soil, territory ✶ *op vaderlandse~* on native soil ✶ *op vreemde~* on foreign soil ✶ *van eigen ~* agr homegrown ✶ *vaste~ onder de voeten hebben* be on firm ground ❷ *onderkant* bottom ✶ *op de~ van de zee* at the bottom of the sea ✶ *de~ van een vat* the bottom of a barrel ✶ *een koffer met een dubbele~* a suitcase with

a double bottom ✶ *een verhaal met een dubbele~* a story with a hidden meaning ✶ *tot (op) de~ leegdrinken* drain to the dregs ✶ *tot op de~ uitzoeken* examine down to the last detail ✶ *tot op de~ gaan* go all out ✶ fig *alle hoop, verwachtingen de~ inslaan* shatter hopes, dash expectations ❸ *boot* bottom, ship, vessel
**bodemerosie** v soil erosion
**bodemgesteldheid** v composition of the soil, soil conditions
**bodemkunde** v soil science, pedology
**bodemloos** bn bottomless ✶ *het is een bodemloze put* it's like pouring money down a drain
**bodemmonster** o [-s] soil sample ✶ *een ~ nemen* take a soil sample
**bodemonderzoek** o soil research
**bodemprijs** m [-prijzen] minimum price ✶ *tegen bodemprijzen verkopen* sell at rock-bottom prices
**bodemprocedure** v [-s] jur (full-length) civil proceedings on the merits, main proceedings, principal case
**bodemsanering** v [-en] soil decontamination, soil cleaning, soil sanitation
**bodemschatten** zn [mv] mineral resources
**bodemverontreiniging** v soil pollution
**bodybuilden** onoverg [bodybuildde, h. gebodybuild] bodybuilding
**bodybuilder** m [-s] bodybuilder
**bodybuilding** v bodybuilding
**bodyguard** m [-s] bodyguard
**bodylotion** v [-s] body lotion
**bodypaint** m [-s] body paint
**bodypainter** m [-s] body painter
**bodystocking** m [-s] body stocking
**bodysuit** m [-s] bodysuit
**bodywarmer** m [-s] bodywarmer
**boe** tsw ❶ *uitroep* boo! ✶ *~ roepen* boo, hoot ✶ *geen ~ of ba zeggen* not open one's mouth, not say a word ✶ *zij durft geen ~ of ba te zeggen* she couldn't say boo to a goose ❷ *geluid van koe* moo
**Boedapest** o Budapest
**Boeddha** m ❶ Buddha ❷ *beeldje* ['s] Buddha
**Boeddhabeeld** o [-en] Buddha
**boeddhisme** o Buddhism
**boeddhist** m [-en] Buddhist
**boeddhistisch** bn Buddhist, Buddhistic ✶ *een ~e monnik* a Buddhist monk
**boedel** m [-s] ❶ *inboedel* property, goods and chattels ✶ *zijn gehele ~ wordt verkocht* his whole property is being sold ✶ *de~ beschrijven* draw up/make an inventory ✶ *een failliete ~* a bankrupt estate ✶ *een insolvente ~* an insolvent estate ❷ *erfenis* estate ✶ *de ~ aanvaarden* take possession of the estate
**boedelbak** ® m [-ken] minitrailer
**boedelbeschrijving** v [-en] inventory ✶ *(onder het) voorrecht van ~* (subject to) benefit of inventory
**boedelscheiding** v [-en] ❶ *bij erfenis* division/partition of an estate (by the heirs) ❷ *bij*

*scheiding* division of jointly owned property

**boef** *m* [boeven] scoundrel, rascal, inf crook

**boefje** *o* [-s] scherts scamp, rascal, urchin

**boeg** *m* [-en] scheepv bow(s), prow * fig *de* ~ *wenden* start on another tack * *het over een andere* ~ *gooien* change one's tack, try another tack * *veel werk voor de* ~ *hebben* have to deal with a lot of work * *wat wij nog voor de* ~ *hebben* what lies ahead of us, what is ahead * *een schot voor de* ~ a warning shot

**boegbeeld** *o* [-en] ❶ figurehead ❷ fig standard bearer * *zij is het* ~ *van de partij* she epitomizes the party

**boegeroep** *o* booing

**boegseren** *overg* [boegseerde, h. geboegseerd] tow ⟨a boat⟩

**boegspriet** *m* [-en] bowsprit

**boei** *v* [-en] ❶ keten aan voeten shackle, fetter, iron * *in* ~*en* in irons, in chains * *iem. in de* ~*en sluiten* put sbd in irons ❷ *keten aan handen* handcuff * *iem. de* ~*en aandoen* handcuff sbd ❸ scheepv buoy * *een* ~ *ronden* ⟨bij zeilen &⟩ round a buoy * *met een kop als een* ~ as red as a beetroot

**boeien** *overg* [boeide, h. geboeid] ❶ *met ketens* put in irons, handcuff, chain * *een boef geboeid afvoeren* cart a criminal off in handcuffs ❷ *interesseren* captivate, enthral(l), fascinate, grip ⟨the audience⟩, arrest ⟨the attention⟩ * *dat boeit me niets* it doesn't interest me * *de wedstrijd kon me niet* ~ the match didn't grab my attention * *geboeid zijn door iets* be fascinated by sth

**boeiend** *bn* captivating, enthralling, fascinating, arresting, absorbing * *een* ~ *schouwspel* a fascinating spectacle

**boeienkoning** *m* [-en] escapologist, escape artist

**boeier** *m* [-s] scheepv small yacht, boyer

**boek** *o* [-en] book * *altijd met de neus in de* ~*en zitten* always have one's nose in a book * *als* ~ *uitgeven/verschijnen* publish/appear as a book/in book form * *dat is voor mij een gesloten* ~ it's a sealed book to me * *zij is voor mij een open* ~ to me she's an open book * *te* ~ *staan als...* be reputed to be..., pass for... * *te* ~ *stellen* set down, record * *ik zal een* ~*je over u opendoen* I'll let people know the sort of person you are * *buiten zijn* ~*je gaan* go too far, go beyond one's powers, exceed one's orders * *bij iem. in een goed* ~*je staan* be in sbd.'s good books * *volgens het* ~*je* by the book

**boekanier** *m* [-s] buccaneer

**Boekarest** *o* Bucharest

**boekband** *m* [-en] binding

**boekbespreking** *v* [-en] (book) review, criticism

**boekbinden** *o* bookbinding, bookbinder's trade

**boekbinder** *m* [-s] bookbinder

**boekbinderij** *v* ❶ *bezigheid* bookbinding ❷ *zaak* [-en] bookbinder's, bookbindery

**boekdeel** *o* [-delen] volume * *dat spreekt boekdelen* that speaks volumes

**boekdrukkunst** *v* (art of) printing, typography

**boeken** *overg* [boekte, h. geboekt] ❶ *inschrijven* book, enter, record * *een bedrag* ~ enter an amount * *rente* ~ add interest * *uitgaven* ~ book expenses * *een post* ~ make an entry * *in iems. credit/debet* ~ place ⟨a sum⟩ to sbd.'s credit/debit * *op een nieuwe rekening* ~ carry to new account ❷ *bespreken* book * *een reis* ~ book a trip * *een tafel* ~ book a table ❸ *behalen* achieve, reach * *succes* ~ be successful * *een zege* ~ achieve victory * *vooruitgang* ~ make progress

**boekenbeurs** *v* [-beurzen] book fair

**boekenbon** *m* [-nen] book token

**boekenclub** *v* [-s] book club

**boekenkast** *v* [-en] bookcase * *in de* ~ *staan* be in the bookcase

**boekenlegger** *m* [-s] bookmark(er)

**boekenlijst** *v* [-en] list of books, reading list * *die dichtbundel staat op mijn* ~ that collection of poems is on my reading list

**boekenplank** *v* [-en] bookshelf

**boekenstalletje** *o* [-s] bookstall

**boekensteun** *m* [-en] bookend

**boekentaal** *v* bookish language

**boekentas** *v* [-sen] briefcase, school bag, satchel

**Boekenweek** *v* [-weken] book week

**boekenwijsheid** *v* book learning

**boekenworm, boekenwurm** *m* [-en] bookworm

**boeket** *o & m* [-ten] ❶ *bloemen* bouquet, nosegay * *een* ~ *tulpen* a bouquet of tulips ❷ *v. wijn* nose, bouquet

**boekhandel** *m* ❶ *handel in boeken* bookselling, book trade ❷ *winkel* [-s] bookseller's shop, bookshop * *een tweedehands* ~ a second-hand bookshop

**boekhandelaar** *m* [-s & -laren] bookseller

**boekhouden I** *onoverg* [hield boek, h. boekgehouden] keep the books (accounts) **II** *o* bookkeeping * *dubbel/enkel* ~ double-entry/single-entry bookkeeping

**boekhouder** *m* [-s] bookkeeper

**boekhouding** *v* [-en] ❶ *alg.* bookkeeping, accounting * *de* ~ *voeren* keep the books * *dubbele/enkele* ~ double-entry/single-entry bookkeeping ❷ *afdeling* accounts/accounting department * *op de* ~ *werken* work in the accounts department

**boekhoudkundig** *bn* accounting, bookkeeping * *een* ~ *schandaal* an accounting scandal

**boeking** *v* [-en] ❶ *bij het boekhouden* entry ❷ *reservering* booking, reservation ▼ *een* ~ *krijgen* sp be booked

**boekjaar** *o* [-jaren] financial year, fiscal year * *afsluitdatum van het* ~ accounting reference date * *een vennootschappelijk* ~ an accounting reference period * *het lopende* ~ the current financial year * *een gebroken* ~ a split year, a financial year that does not coincide with the calender year

**boekmaag** *v* [-magen] dierk third stomach, omasum

**boekomslag** m & o [-slagen] dust jacket
**boekstaven** overg [boekstaafde, h. geboekstaafd] set down, record, chronicle
**boekverkoper** m [-s] bookseller
**boekvorm** m ✴ in ~in book form
**boekwaarde** v boekh book value, balance sheet value ✴ de ~ verhogen Am write up
**boekweit** v buckwheat
**boekwerk** o [-en] book, work, volume
**boekwinkel** m [-s] bookshop, bookstore
**boekwinst** v [-en] boekh book profit, profit on paper
**boel** m ❶ grote hoeveelheid a lot, lots ✴ een ~ geld a lot/lots of money ❷ dingen things, matters, afkeurend mess ✴ de hele ~ the whole lot, the whole thing, inf the whole show ✴ inf een (hele) ~ beter/meer a jolly sight better/more ✴ de ~ de ~ laten leave things as they are ✴ een dolle ~ a mad situation ✴ het was een dooie/saaie ~ it was a dull affair ✴ een mooie ~! a pretty kettle of fish, a nice mess ✴ het is een vuile ~ it's a mess ✴ het is foute ~ things are going wrong ✴ de ~ laten waaien let things run ✴ de ~ in het honderd/in de war sturen make a mess of things ✴ de ~ erbij neergooien throw it in, inf chuck it
**boeltje** o [-s] inf traps, stuff ✴ zijn ~ pakken pack up one's traps/stuff
**boem** tsw bang, boom
**boeman** m [-nen] ogre, bogeyman
**boemel** m ❶ ✴ aan de ~ on a spree ❷ trein [-s] slow train
**boemelen** onoverg [boemelde, h. geboemeld] ❶ fuiven go on a spree, go out boozing ❷ langzaam reizen take the slow train ❸ niets uitvoeren fool around, hang around
**boemeltrein** m [-en], **boemeltje** o [-s] slow train
**boemerang** m [-s] boomerang
**boenen** overg [boende, h. geboend] ❶ ‹schrobben› scrub ❷ ‹in de was zetten› polish
**boenwas** m & o beeswax
**boer** m [-en] ❶ landbouwer farmer ✴ lachen als een ~ met kiespijn laugh on the wrong side of one's face ✴ wat de ~ niet kent, dat eet hij niet some people don't trust anything they don't know ✴ de ~ opgaan go on the road ▾ de Boeren the Boers ❷ keuterboer peasant ❸ buitenman country dweller, geringsch provincial, country bumpkin ❹ lomperd boor, yokel ❺ kaartsp knave, jack ❻ oprisping belch, burp ✴ inf een ~ laten belch, burp
**boerderij** v [-en] ❶ bedrijf farm ✴ op een ~ werken work on a farm ❷ woning farmhouse ✴ in een oude ~ wonen live in an old farmhouse
**boeren** onoverg [boerde, h. geboerd] ❶ boer zijn farm, be a farmer, run a farm ✴ goed ~ be a good farmer ✴ hij heeft goed geboerd he's managed his affairs well ❷ oprispen belch, burp
**boerenbedrijf** o [-drijven] ❶ boerderij farm ❷ beroep farming, agriculture

**boerenbedrog** o humbug, bunk, rubbish
**boerenbont** o stof gingham
**boerenbruiloft** v [-en] country wedding
**boerendochter** v [-s] farmer's daughter
**boerenfluitjes** zn → janboerenfluitjes
**boerenjongen** m [-s] country boy ✴ ‹drank› ~s brandied raisins
**boerenkiel** m [-en] blue cotton jacket
**boerenkinkel** m [-s] boor, country bumpkin, lout
**boerenknecht** m [-en & -s] farm hand
**boerenkool** v [-kolen] (curly) kale
**boerenlul** m [-len] idiot, bonehead, dirty bastard
**boerenmeisje** o [-s] country girl ✴ ‹drank› ~s brandied apricots
**Boerenoorlog** m [-logen] hist Boer War
**boerenpummel** m [-s] bumpkin, yokel
**boerenslimheid** v foxiness, craftiness
**boerenverstand** o common sense ✴ dat had ik met mijn ~ ook kunnen ontdekken I could have used my common sense and worked it out
**boerenzoon** m [-s & -zonen] farmer's son
**boerenzwaluw** v [-en] swallow
**boerin** v [-nen] ❶ plattelandsvrouw countrywoman ❷ vrouw van boer farmer's wife
**boerka** m ['s] burqa
**boers** bn ❶ als een boer rustic ❷ grof lumpish, coarse
**boertig** bn vero jocular
**boete** v [-s & -n] ❶ straf penalty, ‹geldstraf› fine ✴ ~ betalen pay a fine ✴ 50 pond ~ krijgen be fined 50 pounds ✴ ~ opleggen impose a fine ✴ op ~ van under/on penalty of ✴ een administratieve ~ an administrative penalty ❷ boetedoening penance ✴ ~ doen do penance
**boetebeding** o [-en] penalty clause
**boeteclausule** v [-s] penalty clause
**boetedoening** v [-en] penance, expiation
**boetekleed** o penitential robe, hair shirt ✴ het ~ aantrekken put on the hair shirt ✴ het ~ aan hebben stand in a white sheet
**boeteling** m [-en] penitent
**boeten** overg [boette, h. geboet] ❶ boete doen suffer for, atone ‹an offence›, expiate ‹sin› ✴ iets ~ met zijn leven pay for sth with one's life ✴ ~ voor een misdaad expiate/atone for an offence ✴ hij zal ervoor ~ he'll pay/suffer for it ❷ herstellen (van visnetten) mend
**boeterente** v penalty interest
**boetiek** v [-s] boutique
**boetseerklei** v modelling clay
**boetseren** overg [boetseerde, h. geboetseerd] model
**boetvaardig** bn contrite, penitent, repentant
**boevenbende** m & v [-n] pack of thieves
**boevenstreek** m & v [-streken] nasty trick
**boeventronie** v [-s] villain's face
**boevenwagen** m [-s] police van, inf Black Maria, Am paddy wagon
**boezem** m [-s] ❶ borst bosom, breast ❷ ruimte bij borst bosom, heart ✴ de hand in eigen ~ steken search one's own heart ❸ v.h. hart auricle ❹ baai bay

**bo**

❺ *v. polder* reservoir
**boezemfibrilleren** *o* <u>med</u> atrial fibrillation
**boezemvriend** *m* [-en] bosom friend
**bof** *m* ❶ *ziekte* mumps ✱ *de~ hebben* have the mumps ❷ *geluk* stroke of luck, <u>inf</u> fluke ✱ *~ hebben* be lucky
**boffen** *onoverg* [bofte, h. geboft] be lucky, be in luck ✱ *daar bof je bij!* lucky for you! ✱ *wij~ met ons huis* we've been lucky with our house
**boffer** *m* [-s], **bofkont** [-en] <u>inf</u> lucky dog
**bogen** *onoverg* [boogde, h. geboogd] ✱ *~ op* boast, pride oneself on
**Boheems** *bn* Bohemian
**Bohemen** *o* Bohemia
**bohemien** *m* [-s] Bohemian
**boiler** *m* [-s] water heater
**bok** *m* [-ken] ❶ *mannetjesgeit* male goat, billy goat ✱ *een oude~ lust nog wel een groen blaadje* there is life in the old dog yet ✱ *als een~ op de haverkist* as keen as mustard ✱ *de~ken van de schapen scheiden* separate the sheep from the goats ❷ *v. ree & buck,* ⟨*v. hert, eland*⟩ *stag* ❸ *hijstoestel* derrick ✱ *een drijvende~* a floating sheerlegs crane ❹ *voor gymnastiek* vaulting horse ✱ *~ staan* make a back ❺ *v. rijtuig* box ✱ *op de~ zitten* sit on the box ❻ *v. timmerman* ⟨sawyer's⟩ jack ❼ *fout* blunder, bloomer, howler ✱ <u>inf</u> *een~ schieten* make a blunder
**bokaal** *m* [-kalen] ❶ *drinkbeker* goblet, beaker ❷ *prijs* cup
**bokken** *onoverg* [bokte, h. gebokt] ❶ *v. paard* buck, buckjump ❷ <u>fig</u> be sulky, sulk
**bokkenpoot** *m* [-poten] ❶ *kwast* tarbrush ❷ *koekje* chocolate and hazelnut finger-shaped biscuit
**bokkenpruik** *v* ✱ *de~ op hebben* be in a bad mood
**bokkensprong** *m* [-en] caper ✱ *~en maken* cut capers
**bokkig** *bn* surly, sullen
**bokking** *m* [-en] ❶ *vers* bloater ❷ *gerookt* red herring
**boksbal** *m* [-len] punchball
**boksbeugel** *m* [-s] knuckleduster, <u>Am</u> brass knuckles
**boksen** *onoverg* [bokste, h. gebokst] *vechten* box ✱ <u>fig</u> *iets voor elkaar~* manage sth
**bokser** *m* [-s] <u>sp</u> boxer, prizefighter
**bokshandschoen** *m & v* [-en] boxing glove
**bokspringen** *o* ❶ *gymnastiekoefening* vaulting ❷ *kinderspel* leapfrog
**bokswedstrijd** *m* [-en] boxing match, prize fight
**boktor** *m-v* [-ren] longhorn beetle
**bol I** *m* [-len] ❶ *rond voorwerp* ball ❷ *v. een lamp* a globe/bulb ✱ *zij keek in haar kristallen~* she looked into her crystal ball ❸ *hoofd* head ✱ *een knappe~* a clever fellow, <u>inf</u> a dab (*in* at) ✱ *het is hem in de~ geslagen* he's gone off his head ✱ *het hoog in de~ hebben* be too big for one's boots ✱ *een aai over zijn ~ geven* stroke his head ✱ *uit zijn~ gaan* go out of one's mind ❹ *wisk* sphere ❺ *broodje* round loaf

❻ *bloembol* (flower) bulb ❼ *hemellichaam* celestial body ❽ *v. hoed* crown ❾ *kopje zonder oor* <u>ZN</u> bowl
**II** *bn* ❶ *dik* round ✱ *een~ gezicht* a round face ✱ *~le wangen* chubby cheeks ❷ *met ronding* convex ✱ *~le* (*brillen*)*glazen* convex glasses ❸ *opgezwollen* swollen, bulging ✱ *~le zeilen* bulging sails ✱ *~ staan* belly, bulge ❹ *vol* full ✱ *de kranten stonden~ van het schandaal* the newspapers were full of the scandal
**bolderkar** *v* [-ren], **bolderwagen** *m* [-s] cart
**boldriehoek** *m* [-en] spherical triangle
**boleet** *m* [-leten] boletus
**bo'lero**[1] *m* ['s] *dans* bolero
**'bolero**[2] *m* ['s] *jasje* bolero
**bolgewas** *o* [-sen] bulbous plant
**bolhoed** *m* [-en] bowler (hat)
**bolide** *v* ❶ *raceauto* [-s] racing car ❷ *meteoor* [-n] bolide
**Bolivia** *o* Bolivia
**bolknak** *m* [-s & -ken] big cigar
**bolleboos** *m* [-bozen] clever person ✱ *hij is een~ in wiskunde* he's a maths wizard
**bollen** *onoverg* [bolde, h. gebold] bulge, puff up, swell (fill) out
**bollenkweker** *m* [-s] bulb grower
**bollenstreek** *v* bulb-growing area
**bollenteelt** *v* bulb-growing
**bollenveld** *o* [-en] bulb field
**bolletje** *o* [-s] ❶ *kleine bol* (little) ball ❷ *kadetje* bread roll
**bolletjesslikker** *m* [-s] drug swallower
**bolletjestrui** *v* [-en] <u>wielrennen</u> spotted jersey
**bolrond** *bn* convex, spherical
**bolsjewiek** *m* [-en] Bolshevik, Bolshevist
**bolsjewisme** *o* Bolshevism
**bolsjewistisch** *bn* Bolshevik, Bolshevist
**bolster** *m* [-s] <u>plantk</u> shell, husk, hull ✱ *ruwe~, blanke pit* rough diamond
**bolus** *m* [-sen] ❶ *gebak* treacle cake ❷ *uitwerpsel* turd ❸ *klei, aarde* bole ❹ *pil* bolus
**bolvormig** *bn* spherical, globular, bulb-shaped, bulbous
**bolwassing** *v* [-en] <u>ZN</u> thrashing, dressing down ✱ *iem. een~ geven* thrash sbd
**bolwerk** *o* [-en] ❶ *eig* rampart, bastion ❷ <u>fig</u> bulwark, stronghold ✱ *een~ van de vrijheid* a stronghold of freedom
**bolwerken** *overg* [bolwerkte, h. gebolwerkt] ✱ *het~* manage, pull off, bring off ✱ *hij kon het niet~* he couldn't take any more
**bom** *m-v* [-men] ❶ *explosief* bomb ✱ *de~ is gebarsten* the fat is in the fire, the balloon has gone up, the storm has broken ✱ *een zure~* a pickled gherkin ❷ *grote hoeveelheid* load, pile ✱ *hij heeft een~ duiten* he has lots of money ❸ *type schuit* flatboat
**bomaanslag** *m* [-slagen] bomb attack
**bomalarm** *o* bomb alarm, bomb alert
**bombardement** *o* [-en] ❶ *alg.* bombardment ❷ *met granaten* shelling

**bombarderen** *overg* [bombardeerde, h. gebombardeerd] ❶ *beschieten* bombard ✶ *iem. met vragen*~ bombard sbd with questions ✶ *een kern met neutronen*~ bombard a nucleus with neutrons ❷ *vooral* luchtv bomb ✶ *een stad*~ bomb a city ❸ *vooral met granaten* shell ▼ *iem.*~ *tot voorzitter* inf make sbd a chairman on the spur of the moment

**bombardon** *m* [-s] bombardon

**bombarie** *v* fuss, tumult ✶ ~ *maken over iets* make a fuss about sth

**bombast** *m* high sounding language

**bombastisch** *bn* bombastic, pompous

**bomberjack** *o* [-s] bomber jacket

**bombrief** *m* [-brieven] letter bomb

**bomen I** *overg* [boomde, h. geboomd] *boot* punt, pole ‹a boat› **II** *onoverg* [boomde, h. geboomd] *praten* yarn, spin a yarn, have an endless discussion

**bomexplosie** *v* [-s] bomb explosion

**bomijs** *o* cat ice

**bommelding** *v* [-en] bomb alert, bomb scare

**bommen** *onoverg* [bomde, h. gebomd] ✶ inf *het kan mij niet*~ ! I don't care a rap!, (a) fat lot I care!, I don't give a damn! ✶ inf *wat kan mij het*~ ! I couldn't care less!

**bommentapijt** *o* [-en] carpet of bombs ✶ *een*~ *leggen* carpetbomb

**bommenwerper** *m* [-s] bomber

**bommetje** *o* [-s] cannonball ✶ *een*~ *maken* jump in with a big splash

**bommoeder** *v* [-s] (bewust ongehuwde moeder) unmarried mother by choice

**bomvol** *bn* crammed, chock-a-block, chock-full

**bomvrij** *bn* bombproof, shellproof

**bon** *m* [-s, -nen] ❶ *alg.* ticket, ‹betalingsbewijs› bill, receipt ✶ *een*~ *uitschrijven* make out a bill; ‹bekeuring› write out a ticket ✶ *iem. op de*~ *slingeren* give sbd a ticket ❷ *cadeaubon* voucher, ‹voor boek› token ❸ *waardebon* coupon ✶ *op de*~ rationed

**bonafide** *bn* in good faith, bona fide

**Bonaire** *o* Bonaire

**bonboekje** *o* [-s] ❶ *alg.* book of vouchers/coupons ❷ *v. distributie* ration book

**bonbon** *m* [-s] ❶ *praline* bonbon, chocolate, candy ✶ *een doos*~ *s* a box of chocolates ✶ *gevulde*~ *s* chocolate creams ❷ *snoepje* sweet

**bonbonnière** *v* [-s] bonbon dish, bonbonnière

**bond** *m* [-en] alliance, association, league, ‹ook vakvereniging› union/confederation

**bondage** *v* bondage

**bondgenoot** *m* [-noten] ally, confederate ✶ *in iem. een*~ *vinden* find an ally in sbd

**bondgenootschap** *o* [-pen] alliance, confederacy ✶ *tussen verschillende groepen een*~ *sluiten* conclude an alliance between several groups

**bondig** *bn* succinct, concise ✶ *kort en*~ to the point, concise

**bondscoach** *m* [-es] national coach

**bondsdag** *m* [-dagen] *congres* federal diet ✶ *de Bondsdag* ‹Duits parlement› the Bundestag

**bondskanselier** *m* [-s] Federal Chancellor

**bondspresident** *m* [-en] President

**bondsraad** *m* [-raden] Bundesrat

**bondsrepubliek** *v* [-en] Federal Republic ✶ *de Bondsrepubliek Duitsland* the Federal Republic of Germany

**bondsstaat** *m* [-staten] federal state

**bonenkruid** *o* savory

**bonenstaak** *m* [-staken] ❶ *stok* beanpole ❷ *persoon* beanpole, broomstick

**bongo** *m* ['s] bongo (drum)

**bonificatie** *v* [-s] ❶ *vergoeding* indemnification ❷ sp time bonus

**bonis** ✶ *hij is een man in*~ he is well off, he is a wealthy man

**bonje** *v* inf row, ructions ✶ *zij hebben*~ *met elkaar* they're rowing with each other

**bonk** *m* [-en] ❶ *groot stuk* lump, chunk ✶ *hij is één*~ *zenuwen* he's a bundle of nerves ✶ *een*~ *ellende* sheer misery ❷ *kerel* lump, lout ✶ *een*~ *van een kerel* a hulking lump of a fellow

**bonken** *onoverg* [bonkte, h. gebonkt] bash, bang, thump, hammer ✶ *op de deur*~ thump (on) the door ✶ *met een*~ *d hart* with a heart pounding

**bonkig** *bn* bony, scrawny

**bon mot** *o* [-s] bon mot

**bonnefooi** *v* ✶ *op de*~ on the off-chance, on spec, hit or miss

**bons I** *m* [bonzen] *plof* thump, bump, thud ✶ *met een*~ *neerkomen* come down with a bang ✶ *de*~ *geven* give the sack/boot/push, jilt ✶ *de*~ *krijgen* get the sack/boot/push, be jilted **II** *tsw* bang ✶ ~, *daar lag ze* she fell bang onto the ground

**bonsai** *m* ❶ *kunst* bonsai ❷ *boom* [-s] bonsai

**bont I** *o* ❶ *pels* fur ❷ *katoen* cotton print **II** *bn* ❶ *veelkleurig* many coloured, varicoloured, varied, variegated ‹flowers› ✶ *een*~ *hemd* a coloured shirt ✶ *een*~ *schort* a print apron ✶ *de*~ *e was* the coloured laundry ✶ *en blauw slaan* beat black and blue ❷ geringsch gaudy, garish ❸ *v. dier* spotted, piebald, pied ❹ *gemengd* colourful, motley ‹crowd› ✶ *in*~ *e rij* in motley rows ✶ *een*~ *leven* a colourful life ✶ *het te*~ *maken* go too far

**bonten** *bn* fur, furry, furred

**bontjas** *m & v* [-sen], **bontmantel** *m* [-s] fur coat

**bontje** *o* [-s] fur collar

**bontmuts** *v* [-en] fur cap

**bontwerker** *m* [-s] furrier

**bonus** *m* [-sen] bonus, premium

**bonusaandeel** *o* [-delen] handel bonus share

**bonus-malusregeling** *v* verz no-claims bonus system

**bon vivant** *m* [-s] bon vivant, jovial fellow

**bonze** *m* [-n] ❶ *boeddhistische priester* bonze ❷ *invloedrijk persoon* boss

**bonzen** *onoverg* [bonsde, h. gebonsd] throb, thump,

**bo**

bang *∗ ∼ op de deur* bang on the door *∗ tegen iem.*
*(aan)∼* bump (up) against sbd *∗ met∼d hart* with a
pounding heart
**boobytrap** *m* [-s] booby trap
**boodschap** *v* [-pen] ❶ *bericht* message *∗ een ∼*
*aannemen* take a message *∗ een ∼ achterlaten (bij)*
leave word (with) *∗ de∼ brengen dat...* bring word
that... *∗ stuur hem maar even een ∼* just send him
word/a message *∗ daar heb ik geen ∼ aan* that's
nothing to do with me *∗ de blijde∼* the Gospel *∗ een*
*blijde∼* good news ❷ *opdracht* errand *∗ iem. een ∼*
*laten doen* send sbd on an errand *∗ je kunt hem wel*
*om een ∼ sturen* you can leave things to him ❸ *een*
*inkoop doen* purchase *∗∼pen doen* ⟨voor zichzelf⟩ go
shopping, be shopping; ⟨voor anderen⟩ run errands
⟨for others⟩ ▼ *een grote/kleine ∼* inf number two/one
**boodschappen** *overg* [boodschapte, h.
geboodschapt] bring word, announce
**boodschappenjongen** *m* [-s] errand-boy *∗ ik ben je*
*∼ niet!* you can't order me around!
**boodschappenkarretje** *o* [-s] shopping cart
**boodschappenlijstje** *o* [-s] shopping list
**boodschappenmandje** *o* [-s] shopping basket
**boodschappentas** *v* [-sen] shopping bag
**boodschapper** *m* [-s] messenger
**boog** *m* [bogen] ❶ *schietwapen* bow *∗ pijl en boog*
bow and arrow *∗ de∼ spannen* draw the bow *∗ de∼*
*kan niet altijd gespannen zijn* you can't keep the
pressure up all the time ❷ *v. gewelf* arch ❸ *v. brug*
span ❹ *v. cirkel* arc ❺ *bocht* curve *∗ we gingen met*
*een grote∼ om Parijs heen* we gave Paris a wide
berth, we went out of our way to avoid Paris ❻ muz
tie
**boogbal** *m* [-len] sp lob
**boogbrug** *v* [-gen] arch(ed) bridge
**booggewelf** *o* [-welven] arched vault
**boogiewoogie** *m* [-s] boogie-woogie
**booglamp** *v* [-en] arc lamp/light
**boograam** *o* [-ramen] arched window
**Boogschutter** *m* astron the Archer, Sagittarius,
astrol Sagittarius
**boogschutter** *m* [-s] archer, bowman
**boogvenster** *o* [-s] arched window
**bookmaker** *m* [-s] bookmaker, inf bookie
**bookmark** *m* [-s] comput bookmark
**boom I** *m* [bomen] ❶ *gewas* tree *∗ door de bomen het*
*bos niet zien* not see the wood for the trees *∗ hoge*
*bomen vangen veel wind* the man at the top cops the
lot *∗ de bomen groeien niet tot in de hemel* you can't
always get what you want *∗* inf *zij kan de∼ in!* she
can get lost! *∗* bijbel *de∼ der kennis (van goed en*
*kwaad)* the Tree of Knowledge (of good and evil)
*∗ een ∼ van een kerel* a strapping fellow *∗* fig *een ∼*
*opzetten* have a chat, inf spin a yarn *∗* sp *∼pje*
*(ver)wisselen* puss in the corner ❷ *ter afsluiting* bar
⟨of a door⟩, barrier ❸ *spoorboom* barrier, gate
❹ scheepv punting pole ❺ techn beam ❻ *v. wagen*
shaft, pole **II** *m in zaken* boom

**boomchirurg** *m* [-en] tree surgeon
**boomdiagram** *o* [-men] taalk, comput tree, tree
diagram
**boomgaard, bogaard** *m* [-en] orchard
**boomgrens** *v* tree line, timberline
**boomklever** *m* [-s] *vogel* nuthatch
**boomkruiper** *m* [-s] *vogel* treecreeper
**boomkweker** *m* [-s] tree nurseryman
**boomkwekerij** *v* ❶ *als handeling* cultivation of trees
❷ *kweekplaats* [-en] nursery
**boomlang** *bn* strapping, very big
**boomrijk** *bn* woody, wooded
**boomschors** *v* [-en] bark
**boomsoort** *v* [-en] tree species
**boomstam** *m* [-men] (tree) trunk
**boomstronk** *m* [-en] tree stump
**boon** *v* [bonen] bean *∗ bruine bonen* kidney beans
*∗ witte bonen* haricot beans *∗ een blauwe∼* a bullet
*∗ ik ben een ∼ als het niet waar is* I'll be damned/I'm
a Dutchman if it isn't true *∗ in de bonen zijn* be at
sea *∗ een heilig ∼tje* a goody-goody *∗∼tje komt om*
*z'n loontje* his chickens have come home to roost
*∗ zijn eigen ∼tjes doppen* manage one's own affairs
**boor I** *v* [boren] ❶ *elektrisch* drill *∗ een pneumatische*
*∼* a pneumatic drill ❷ *handboor* brace and bit
❸ *voor kaas* taster ❹ *voor appel* corer **II** *o* borium
boron
**boord** *o & m* [-en] ❶ *kraag* collar *∗ een dubbele∼* a
double collar *∗ een omgeslagen ∼* a turndown collar
*∗ een staande/stijve∼* a stand-up/stiff collar *∗ een*
*slappe/losse∼* a soft/loose collar *∗* fig *witte ∼en*
white-collar workers ❷ *v. schip, vliegtuig* board *∗ aan*
*∼ van het schip* on board the ship *∗ aan ∼ brengen*
put on board *∗ aan ∼ gaan* go on board *∗ te Genua*
*aan ∼ gaan* embark at Genoa *∗ aan ∼ hebben* have
on board, carry *∗ aan ∼ nemen* take on board *∗ man*
*over ∼!* man overboard! *∗ er is nog geen man over ∼*
it's not the end of the world *∗ over ∼ gooien/werpen*
throw overboard, jettison *∗ principes over ∼ gooien*
fling principles to the winds *∗ over ∼ slaan* be swept
overboard *∗ van ∼ gaan* go ashore, disembark
❸ *bovenkant* brim *∗ het kopje zat tot de ∼ toe vol* the
cup was brimful ❹ *bosrand* edge ❺ *tapijtrand* border
❻ *oever* edge, bank
**boordband** *o* trimming, edging
**boordcomputer** *m* [-s] (on)board computer
**boordenknoopje** *o* [-s] collar stud
**boordevol** *bn* full, filled to the brim, brimful, inf
chock-a-block *∗ fruit zit ∼ vitamines* fruit is full of
vitamins
**boordschutter** *m* [-s] luchtv gunner
**boordsel** *o* [-s] edging, border, trimming
**boordwerktuigkundige** *m* [-n] flight engineer
**booreiland** *o* [-en] drilling platform, drilling rig
**boorgat** *o* [-gaten] borehole
**boorkop** *m* [-pen] drill head
**boormachine** *v* [-s] electric drill, drilling machine
**boorplatform** *o* [-s] drilling platform/rig

**bo**

**boortol** *m* [-len] electric hand drill
**boortoren** *m* [-s] drilling tower, derrick
**boorzalf** *v* boracic ointment
**boorzuur** *o* bor(ac)ic acid
**boos** *bn* ❶ *kwaad* angry, cross, furious ∗ *zo~ als wat* as cross as two sticks ∗ *~ worden, zich~ maken* become angry, lose one's temper (*op* with) ∗ *~ zijn om/over* be angry at ∗ *~ zijn op* be angry/cross with ∗ *iem. ~ maken* make sbd angry, anger sbd ❷ *slecht* bad ∗ *een boze droom* a bad dream ∗ *~ weer* bad weather ∗ *het was bar en~* it was really terrible ❸ *kwaadaardig* malicious, bad, evil, wicked ∗ *er gaat een boze invloed van hem uit* he exerts a bad influence ∗ *het boze oog* the evil eye ∗ *boze geesten* evil spirits ∗ *boze tongen beweren dat...* evil tongues allege that...
**boosaardig** *bn* malicious, malignant ∗ *een~ mens* a malicious person ∗ *een~ gezwel* a malignant tumour
**boosdoener** *m* [-s] culprit
**boosheid** *v* ❶ *woede* anger ❷ *slechtheid* [-heden] wickedness
**booswicht** *m* [-en] wretch, villain
**boot** *m & v* [boten] boat, steamer, vessel ∗ fig *de~ afhouden* play for time ∗ fig *de~ missen* miss the bus ∗ fig *laat je niet in de~ nemen* don't let yourself be fooled ∗ fig *buiten de~ vallen* opt out ∗ fig *toen was de~ aan* then the fat was in the fire ∗ fig *de~ in gaan* be in for it
**booten** *overg* [bootte, h. geboot] comput boot
**boothals** *m* [-halzen] boat neck
**boothuis, botenhuis** *o* [-huizen] boathouse
**bootreis** *v* [-reizen] voyage, boat trip
**bootschoen** *m* [-en] boating shoe
**bootshaak** *m* [-haken] boathook
**bootsman** *m* [-lui & -lieden] boatswain
**boottocht** *m* [-en] boat excursion, boat trip
**boottrein** *m* [-en] boat train
**bootvluchteling** *m* [-en] ∗ *de~en* the boat people
**bootwerker** *m* [-s] docker, dock worker
**borax** *m* borax
**bord** *o* [-en] ❶ *eetgerei* plate ∗ *op je~ krijgen* eig get a meal on your plate; fig get on to you ❷ *diep* soup plate ❸ *plat* dinner plate ❹ *houten* trencher ❺ *schoolbord* blackboard ∗ *iem. voor het~ halen* ask sbd to the front of the class ∗ *aanplakbord, dambord & board* ∗ *iem. van het~ spelen* play sbd off the board ❼ *verkeer en uithangbord* sign ∗ *de~jes zijn verhangen* the tables are turned ▼ *hij heeft een~ voor zijn kop* he is thick-skinned
**bordeaux I** *m* [-s] ❶ *wijn* Bordeaux (wine) ❷ *rode* vero claret **II** *o kleur* burgundy **III** *bn* burgundy, claret-coloured
**bordeauxrood** *bn* burgundy
**bordeel** *o* [-delen] brothel
**bordenwasser** *m* [-s] dishwasher
**border** *m* [-s] plantk border
**borderel** *o* [-len] list, docket, statement,

specification
**bordes** *o* [-sen] (flight of) steps
**bordpapier** *o* cardboard, pasteboard
**bordspel** *o* [-spelen] board game
**borduren** *overg* [borduurde, h. geborduurd] embroider
**borduurraam** *o* [-ramen] embroidery frame
**borduursel** *o* [-s], **borduurwerk** [-en] embroidery
**boreling** *m* [-en] baby, neonate
**boren** *overg* [boorde, h. geboord] bore, drill, pierce, sink ∗ *een gat~* pierce a hole ∗ *een put~* sink a well ∗ *naar olie~* drill for oil ∗ *een schip in de grond~* sink a ship ∗ fig *iem./een plan de grond in~* ruin sbd/torpedo a plan
**borg** *m* [-en] ❶ *persoon* surety, guarantee, guarantor ∗ *~ staan voor, zich~ stellen voor* stand surety (jur go bail) for ‹a friend›; answer for, warrant, guarantee, give security ❷ *onderpand* security, guaranty, collateral ∗ *iets als~ geven* give sth as a security ❸ *v. gevangene* bail
**borgen** *overg* [borgde, h. geborgd] ❶ *lenen* lend ❷ *vastmaken* secure, lock
**borgpen** *v* [-nen] locking pin
**borgsom** *v* [-men] deposit, caution money, security
**borgstelling** *v* [-en] suretyship ∗ *tegen~* on security
**borgtocht** *m* [-en] ❶ jur bail, suretyship ∗ *op~ vrijlaten* release on bail ∗ *~ stellen* provide security ❷ handel security, surety ∗ *persoonlijk/ zakelijke~* personal/collateral security
**boring** *v* [-en] ❶ *alg.* boring ∗ *~-en* borings, drilling operations ❷ *v. cilinder* bore
**borium** *o* boron
**borrel** *m* [-s] ❶ *glas sterke drank* dram, nip, peg, inf snorter, snifter ∗ fig *dat scheelt een slok op een~* that makes a world of difference ❷ *bijeenkomst* drink, gathering ∗ *een~ geven* organize a gathering ∗ *een aangeklede~* drinks with snacks
**borrelen** *onoverg* [borrelde, h. geborreld] ❶ *bellen maken* bubble, burble ❷ *drinken* have drinks
**borrelglas** *o* [-glazen] shot glass
**borrelhapje** *o* [-s] snack, appetizer
**borrelpraat** *m* twaddle, blather
**borreltafel** *v* [-s] table with drinks and snacks ∗ *aan de~* at the drinks table
**borreluur** *o* [-uren] cocktail hour
**borsalino** *m* ['s] trilby
**borst I** *v* [-en] ❶ *vrouwenborst & v. dieren* breast ∗ *een kind de~ geven* breastfeed/nurse a baby ∗ *het kind is aan de~* the child is breastfeeding ‹baby› ❷ *borstkas* chest ∗ *een hoge~ opzetten* give oneself airs ∗ *zich op de~ slaan/kloppen* congratulate oneself ∗ *maak je ~ maar nat* prepare yourself for the worst ∗ *het stuit mij tegen de~* it goes against the grain with me ∗ *uit volle~* at the top of one's voice, lustily ∗ *het op de~ hebben* be chesty ❸ form bosom ❹ *v. kleding* front, breast **II** *m* [-en] *jongeman* lad ∗ *brave~* good fellow ∗ *een stevige~* a strapping lad
**borstamputatie** *v* [-s] mastectomy

**bo**

**borstbeeld** o [-en] bust
**borstbeen** o [-deren] breastbone, sternum
**borstcrawl** m front crawl, freestyle
**borstel** m [-s] ❶ *voor kleren, haren &* brush ❷ *voor dieren* bristle
**borstelen** *overg* [borstelde, h. geborsteld] brush ∗ *het haar~* brush one's hair ∗ *een hond~* brush down a dog
**borstelig** bn ❶ *v. beharing* bristly, stubby ❷ *ruig* bristly, brushy ∗ *~e wenkbrauwen* bushy eyebrows
**borstholte** v [-n & -s] chest cavity, thoracic cavity
**borstkanker** m breast cancer
**borstkas** v [-sen] chest, <u>anat</u> thorax
**borstomvang** m size of the chest
**borstonderzoek** o [-en] ❶ *van de longen* chest examination ❷ *van de borsten* breast examination
**borstplaat** v *lekkernij* fondant
**borstprothese** v [-s & -n] breast prosthesis
**borstslag** m breast stroke
**borststuk** o [-ken] ❶ *vlees* breast, brisket ❷ *v. kleding* front ❸ *v. insect* thorax, trunk
**borstvin** v [-nen] pectoral fin
**borstvlies** o [-vliezen] pleura
**borstvliesontsteking** v [-en] pleurisy
**borstvoeding** v ❶ *de voeding* breastfeeding ∗ *het kind krijgt~* the child is breastfed ∗ *~ geven* breastfeed ❷ *de moedermelk* mother's milk
**borstwering** v [-en] parapet, rampart
**borstzak** m [-ken] breast pocket
**bos I** m [-sen] *bundel* bundle/bunch, tuft ⟨of grass, hair⟩ ∗ *een~je bloemen* a bunch of flowers ∗ fig *bij ~jes* by the dozen **II** o [-sen] *woud* wood, ⟨uitgestrekt⟩ forest ∗ *iem. het~ insturen* lead sbd up the garden path
**bosachtig** bn wooded
**bosbeheer** o forest management, forestry
**bosbes** v [-sen] bilberry, whortleberry, blueberry
**bosbouw** m forestry
**bosbrand** m [-en] forest fire, bushfire
**bosje** o [-s] ❶ *struikgewas* bushes, shrubbery, thickets ❷ *klein bos* grove, thicket ∗ *in de~s* in the thickets
**Bosjesman** m [-nen] Bushman, San
**bosloop** m [-lopen] cross-country
**bosneger** m [-s] Maroon
**Bosnië** o Bosnia ∗ *~-Herzegovina* Bosnia-Hercegovina
**Bosniër** m [-s] Bosnian
**bosnimf** v [-en] wood nymph
**Bosnisch** bn Bosnian ∗ <u>valuta</u> *de~e dinar* the Bosnian dinar, the B.H. dinar, the dinar
**Bosnische** v [-n] Bosnian ∗ *ze is een~* she's a Bosnian, she's from Bosnia
**bospad** o [-paden] forest path
**bospeen** v [-penen] Dutch carrot
**bosrand** m [-en] edge of the wood
**bosrijk** bn woody, wooded
**bosschage** o [-s] grove, spinney
**bosuil** m [-en] tawny owl

**bosviooltje** o [-s] wood violet
**bosvruchten** zn [mv] forest fruit
**boswachter** m [-s] forester, forest ranger
**bot I** o [-ten] *been* bone ∗ *tot op het~ verkleumd zijn* chilled to the bone ∗ *iets tot op het~ uitzoeken* get to the bottom of sth **II** bn ❶ *niet scherp* blunt, dull ❷ *traag van begrip* fig dull, obtuse, stupid ∗ *hoe haal je het in je~te kop?* where did you get such a stupid idea? ❸ *onbeleefd, onbehouwen* blunt, curt, flat ⟨refusal⟩ ∗ *een~te opmerking* a blunt remark **III** m [-ten] *vis* flounder ▼ fig *~ vangen* draw a blank, be turned down **IV** v [-ten] <u>plantk</u> bud
**botanicus** m [-ci] botanist
**botanie** v botany
**botanisch** bn botanical ∗ *een~e tuin* a botanical garden
**botaniseren** *onoverg* [botaniseerde, h. gebotaniseerd] botanize
**botbreuk** v [-en] fracture (of a bone)
**botenbouwer** m [-s] boat builder
**boter** v [-s] eig butter ∗ *~ bij de vis* cash down ∗ *hij heeft~ op zijn hoofd* listen to who's talking; his hands aren't clean either ∗ *met zijn neus in de~ vallen* come at the right moment ∗ *het is~ aan de galg gesmeerd* it's a wasted effort ∗ *zo geil als~* randy/horny as hell
**boterberg** m butter mountain
**boterbloem** v [-en] buttercup
**boterbriefje** o [-s] marriage certificate ∗ *zijn~ gaan halen* tie the knot
**boteren** *onoverg* [boterde, h. geboterd] work, come off ∗ *het wil niet~* it's not working ∗ *het botert niet tussen ons* we don't hit it off together
**boterham** m & v [-men] slice of, piece of bread and butter ∗ *een~ met beleg* a sandwich with filling ∗ *een dubbele~* a sandwich ∗ *een goede~ verdienen* make a decent living ∗ *er geen~ minder om eten* not care about sth ∗ fig *iets op zijn~ krijgen* get sth on one's plate; get the blame for sth ∗ fig *een afgelikte~* a slut, a floozie, the town baby
**boterkoek** m [-en] butter biscuit
**boterletter** v [-s] almond pastry in the form of a letter
**botervloot** v [-vloten] butter dish
**boterzacht** bn as soft as butter
**botheid** v ❶ *stompheid* bluntness, dullness ❷ *grofheid* bluntness, abruptness
**botje** o [-s] ∗ *~ bij~ leggen* pool one's money, club together
**botkanker** m bone cancer
**botontkalking** v osteoporosis
**botsautootje** o [-s] dodgem car, dodgem ∗ *in de~s gaan* go on the dodgem cars
**botsen** *onoverg* [botste, h. en is gebotst] collide, run into ∗ *~ tegen* ⟨v. voertuigen⟩ collide with, crash into, smash into; ⟨anders⟩ bump against, hit against, dash against ∗ *op elkaar~* ⟨ongeluk⟩ crash/smash into each other; ⟨v. meningen⟩

conflict, clash * *die twee culturen* ~ the two cultures conflict/clash with each other

**botsing** *v* [-en] ❶ *eig* collision, crash * *met de auto een* ~ *veroorzaken* cause a car crash * *in* ~ *komen met een bus* collide with a bus ❷ *fig* clash * *in* ~ *komen met iem.* clash with sbd

**botsproef** *v* [-proeven] crash test

**Botswana** *o* Botswana

**bottelen** *overg* [bottelde, h. gebotteld] bottle

**bottelier** *m* [-s] ❶ *keldermeester* cellarman, cellarmaster ❷ *scheepv* provisioner

**bottenkraker** *m* [-s] chiropractor, osteopath

**botter** *m* [-s] fishing boat

**botterik** *m* [-riken] ❶ *stommeling* dimwit ❷ *ongemanierd persoon* lout, boor

**bottleneck** *m* [-s] ❶ *hals v. fles* bottleneck ❷ *knelpunt fig* bottleneck, obstruction, impediment, hold up * *tekort aan personeel is de* ~ *voor verdere ontwikkeling* the main impediment to further development is the shortage of staff ❸ *bij gitaar* bottleneck

**bottom-up I** *bn* bottom-up * *een* ~ *benadering* a bottom-up approach **II** *bijw* * *iets* ~ *aanpakken* take a bottom-up approach to sth

**botulisme** *o* botulism

**botvieren** *overg* [vierde bot, h. botgevierd] * *zijn hartstochten/lusten* ~ give free rein to one's passions

**botweg** *bijw* bluntly * ~ *weigeren* refuse point-blank/flatly

**boud** *bn* bold * *een* ~*e bewering* an impudent/bold assertion

**boudoir** *o* [-s] boudoir

**bougie** *v* [-s] spark plug, sparking plug

**bougiekabel** *m* [-s] plug wire

**bougiesleutel** *m* [-s] spark plug spanner

**bouillabaisse** *v* ❶ *vissoep* bouillabaisse ❷ *ratjetoe fig* hotchpotch

**bouillon** *m* ❶ *soep* broth, beef tea, clear soup ❷ *als basis voor een gerecht* stock

**bouillonblokje** *o* [-s] stock cube, beef cube

**boulevard** *m* [-s] boulevard

**boulevardblad** *o* [-bladen] tabloid

**boulevardpers** *v* yellow press, gutter press

**boulimie** *v* bulimia (nervosa)

**bourgeois** *m & bn* bourgeois, middle-class

**bourgeoisie** *v* bourgeoisie, middle class(es)

**bourgogne** *m* [-s] *wijn* burgundy

**Bourgondië** *o* Burgundy

**Bourgondiër** *m* [-s] ❶ *iem. uit Bourgondië* Burgundian ❷ *levensgenieter* bon vivant, gourmet, exuberant person * *hij leeft als een echte* ~ he is a real bon vivant

---

**Bourgondiër**

Alleen iemand uit Bourgondië is a Burgundian. Een liefhebber van het goede leven is a bon vivant of a gourmet.

---

**Bourgondisch I** *bn* ❶ *uit Bourgondië* Burgundian ❷ *genietend v.h. leven* exuberant, hearty * *een* ~*e levensstijl* an exuberant lifestyle **II** *bijw* exuberantly, heartily

**bout** *m* [-en] ❶ *metalen staaf* bolt * *met een* ~ *bevestigen* fasten with a bolt ❷ *stuk vlees* leg, quarter, ⟨v. gevogelte⟩ drumstick ❸ *strijkijzer* iron ❹ *scheet* fart * *een* ~ *laten* let off a fart ▼ *je kunt me de* ~ *hachelen inf* go climb a tree, *vulg* you can go and get stuffed

**boutade** *v* [-s] witticism, sally

**bouvier** *m* [-s] bouvier

**bouw** *m* ❶ *het bouwen* building, construction, erection * *er kan met de* ~ *begonnen worden* building can start * *de* ~ *van de flat duurde twee maanden* building the apartment block took two months ❷ *bouwindustrie* building trade, construction industry * *in de* ~ *werken* work in the construction industry/building trade ❸ *v. gewassen* cultivation, culture * *de* ~ *van aardappelen* potato growing ❹ *opbouw* structure, frame, ⟨v. mensen, dieren⟩ build * *krachtig van* ~ of powerful build * *zij heeft een goede* ~ *om te turnen* she has a good build for gymnastics

**bouwafval** *o* rubble

**bouwbedrijf** *o* [-drijven] ❶ *onderneming* construction firm ❷ *werkzaamheden* building trade, construction industry

**bouwdoos** *v* [-dozen] box of building blocks

**bouwen I** *overg* [bouwde, h. gebouwd] ❶ *alg.* build, construct, erect * *een huis* ~ build a house * *een fabriek/vliegtuig* ~ construct a factory/an aircraft * *een feestje* ~ throw a party ❷ *telen* cultivate, grow **II** *onoverg* [bouwde, h. gebouwd] [depend/rely on] * *fig op iem./iets* ~ rely on sbd/sth

**bouwer** *m* [-s] builder, constructor

**bouwfonds** *o* [-en] building fund

**bouwfout** *v* [-en] structural defect, structural flaw

**bouwgrond** *m* [-en] ❶ *bouwterrein* building lot, building land ❷ *v. landbouw* farmland

**bouwheer** *m* [-heren] client, principal

**bouwjaar** *o* [-jaren] ❶ *v. gebouw* date of construction ❷ *v. auto, machine &* date/year of manufacture * *een auto van* ~ *2002* a 2002 model car

**bouwkeet** *v* [-keten] site hut, portable office

**bouwkosten** *zn* [mv] building costs

**bouwkunde** *v* architecture

**bouwkundig** *bn* architectural, structural * *een* ~ *ingenieur* a structural/civil engineer

**bouwkundige** *m-v* [-n] architect, structural/construction engineer

**bouwkunst** *v* architecture

**bouwland** *o* arable land, farmland

**bouwmateriaal** *o* [-rialen] building material(s)

**bouwnijverheid** *v* building trade, construction industry

**bouwpakket** *o* [-ten] building set, do-it-yourself kit

**bouwplaat** *v* [-platen] cut-out

**bouwplaats** v [-en] building site, construction site

**bouwplan** o [-nen] **❶** voor gebouw building plan **❷** voor stadswijk enz. development plan

**bouwput** m [-ten] building excavation

**bouwrijp** bn ready for building✶ ~ maken prepare for building✶ het~ maken van de grond making the site ready for building

**bouwsel** o [-s] structure

**bouwsteen** m [-stenen] building stone✶ fig bouwstenen voor een essay materials for an essay

**bouwstijl** m [-en] architecture, architectural style

**bouwstoffen** zn [mv] materials✶ de~ van het lichaam the body's building blocks✶ fig de~ van een boek the raw materials for a novel/book

**bouwstop** m building freeze

**bouwtekening** v [-en] (floor) plan, drawing, blue print

**bouwterrein** o [-en] building site, building land

**bouwvak** o [-ken] **❶** vakantie set holiday period for the building trade✶ tijdens de~ during the construction industry holiday **❷** (hand)werk building trade

**bouwvakker** m [-s] construction worker

**bouwval** m [-len] ruin, rubble, wreck

**bouwvallig** bn crumbling, tumbled down, dilapidated, ramshackle✶ dit huis is~ this house has fallen into ruin

**bouwvergunning** v [-en] building permit, building licence/Am license

**bouwvoorschriften** zn [mv] building regulations

**bouwwerf** v [-werven] ZN building site

**bouwwerk** o [-en] building, structure, construction

**boven I** voorz **❶** hoger dan above, over✶ ~ het lawaai (uit) above the tumult/noise✶ het gaat/stijgt~ het menselijke uit it transcends the human✶ fig hij staat ~ ons he is our boss✶ onze club staat~ Sparta our club ranks higher than Sparta✶ ~ de deur stond... above the door were the words... **❷** aardrijkskundig: ⟨ten noorden van⟩ north of, ⟨stroomopwaarts⟩ upstream from✶ Luik ligt~ Maastricht Liège is upstream from/of Maastricht **❸** voorbij over, upwards of, beyond✶ hij is~ de veertig he's over forty✶ dit is~ alle/iedere twijfel verheven this is beyond all doubt **II** bijw **❶** alg. above, up✶ deze kant ~ this side up✶ als~ as above✶ naar~ up, upwards ✶ naar~ kijken look up(wards)✶ te~ gaan be above ⟨one's strength⟩, surpass ⟨everything⟩, exceed ⟨the amount⟩✶ te~ komen overcome, surmount ⟨difficulties⟩✶ wij zijn het nu te~ we've got over it now✶ de zevende regel van~ the seventh line from the top✶ spits van~ pointed at the top✶ van~ naar beneden from the top downward✶ van~ tot beneden from top to bottom **❷** hogere verdieping upstairs✶ hij is~ he is upstairs✶ naar~ brengen take up ⟨luggage⟩; ⟨van onder de grond⟩ bring up✶ naar~ gaan go upstairs✶ van~ from upstairs; ⟨uit hemel⟩ from above, from on high

**bovenaan I** bijw at the upper end, at the top✶ ~ op de lijst staan be at the top/head of the list, head the list✶ mijn club staat~ my club is at the top **II** voorz at the top✶ ~ de bladzijde at the top of the page✶ ~ de trap at the top of the stairs

**bovenaanzicht** o view from above

**bovenaards** bn **❶** eig surface, overground **❷** hemels superterrestrial, supernatural✶ ~e fenomenen supernatural phenomena **❸** fig heavenly✶ ~e muziek heavenly music

**bovenaf** bijw ✶ van~ from above, from the top

**bovenal** bijw above all (things), especially

**bovenarm** m [-en] upper arm

**bovenbeen** o [-benen] upper (part of the) leg, thigh

**bovenbouw** m **❶** v. bouwwerk superstructure **❷** v. school last two or three years of secondary school **❸** in het marxisme superstructure

**bovenbuur** m [-buren] upstairs neighbour

**bovendek** o [-ken] upper deck

**bovendien** bijw besides, moreover

**bovendrijven** onoverg [dreef boven, h. en is bovengedreven] **❶** eig float **❷** fig prevail, predominate✶ kwaliteit komt altijd~ quality always comes to the surface

**bovengemiddeld** bn above average

**bovengenoemd** bn above-mentioned

**bovengrens** v [-grenzen] upper limit

**bovengronds** bn above-ground, overground, overhead✶ een~e trein an overground train✶ elektr ~e bekabeling overhead cables✶ ~e mijnbouw opencast mining

**bovenhands I** bn overarm **II** bijw overarm✶ sp~ serveren serve overarm

**bovenhoek** m [-en] top corner✶ sp in de linker~/rechter~ schieten shoot in the top left-hand/right-hand corner

**bovenhuis** o [-huizen] upstairs flat

**bovenin I** bijw at the top **II** voorz at the top

**bovenkaak** v [-kaken] upper jaw

**bovenkamer** v [-s] **❶** upper room, upstairs room **❷** hoofd head✶ inf het scheelt hem in zijn~ he's funny in the head

**bovenkant** m [-en] top, upper side

**bovenkleding** v outer clothes, outer garments, outerwear

**bovenkomen** onoverg [kwam boven, is bovengekomen] **❶** uit water come up, come to the surface✶ fig het oude verdriet kwam weer boven the old sorrow resurfaced **❷** hogere etage come upstairs ✶ laat hem~ show him up(stairs)

**bovenlaag** v [-lagen] upper/top layer

**bovenlader** m [-s] toploader

**bovenleiding** v [-en] v. trein, tram overhead wire

**bovenlichaam** o [-lichamen], **bovenlijf** [-lijven] chest, upper part of the body

**bovenlicht** o [-en] **❶** raampje transom window, fanlight **❷** lichtval top light

**bovenlip** v [-pen] upper lip

**bovenloop** m [-lopen] upper course

**bovenmatig I** *bn* extreme, excessive✶ ∼ *drankgebruik* excessive alcohol consumption‖ *bijw* extremely, exceedingly✶ ∼ *presteren* overachieve

**bovenmenselijk** *bn* superhuman✶ *een*∼ *e prestatie* a superhuman achievement✶∼ *e wezens* aliens

**bovenmodaal** *bn* above-average

**bovennatuurlijk** *bn* supernatural✶ ∼ *e krachten* supernatural powers

**bovenop** *bijw* on (the) top, on top of✶ *een patiënt er* (*weer*)∼ *helpen* pull/bring a patient round, get a patient on his legs again✶ *een zakenman er weer*∼ *helpen* put a business man on his feet again✶ *er weer* ∼ *komen* pull through, pull round✶ *er*∼ *zijn* be a made man✶ *ergens*∼ *zitten* be right on the ball✶ *het vakantiegeld komt*∼ *het salaris* there is additional holiday pay✶ *het er dik*∼ *leggen* lay it on thick

**bovenst** *bn* uppermost, upper, topmost, top✶ *op de* ∼ *e verdieping* on the top floor✶ *je bent een*∼ *e beste* you're a trump/gem✶ *fig van de*∼ *e plank* first class

**bovenstaand** *bn* above(-mentioned)✶ *uit het*∼ *e blijkt* as the above shows/demonstrates/makes clear

**bovenstuk** *o* [-ken] upper part, top✶ *het*∼ *je van een bikini* the top of a bikini

**boventallig** *bn* ❶ *te veel* surplus, excess, supernumerary, redundant✶∼ *e werknemers ontslaan* lay off surplus staff ❷ *extra* non-budgetary ✶∼ *e uren uitbetalen* pay additional hours

**boventand** *m* [-en] top tooth

**boventoon** *m* [-tonen] overtone✶ *fig de*∼ *voeren* (pre)dominate

**bovenuit** *bijw* above✶ *men hoorde zijn stem er*∼ his voice could be heard above the noise/tumult & ✶ *ergens* (*met kop en schouders*)∼ *steken* eig stand out (head and shoulders) above sth; *fig* outshine everything/everyone

**bovenverdieping** *v* [-en] upper storey, upper floor, top floor

**bovenvermeld** *bn* above(-mentioned), aforementioned

**bovenwoning** *v* [-en] upstairs flat

**bovenzij** ,**bovenzijde** *v* [-zijden] top, upper side

**bovenzinnelijk** *bn* transcendental, supersensory

**bowl** *m* [-s] ❶ *kom* bowl ❷ *drank* (claret &) cup, punch

**bowlen** *onoverg* [bowlde, h. gebowld] ❶ *bowling spelen* bowl ❷ *cricket* bowl

**bowling I** *o* bowling‖ *m* [-s] *bowlingcentrum* bowling alley

**bowlingbaan** *v* [-banen] *baan en gebouw* bowling alley

**box** *m* [-en] ❶ *v. kind* playpen ❷ *in stal* box ❸ *in garage* lock-up ❹ *berghok* box room ❺ *post* (post office) box ❻ *luidspreker* loudspeaker, speaker ❼ *schouwburgloge* box, loge

**boxcalf** *o* box calf

**boxer** *m* [-s] *hond* boxer

**boxershort** *m* [-s] boxer shorts

**boxspring** *m* [-s] box spring

**boycot** *m* [-s] boycott✶ *een*∼ *van de Olympische Spelen* a boycott of the Olympic Games

**boycotten** *overg* [boycotte, h. geboycot] boycott

**boze** *m* sinful person, evil person✶ *de Boze* the Evil One✶ *het is uit den*∼ ⟨zondig⟩ it is wrong; ⟨ontoelaatbaar⟩ it is completely unacceptable

**braadpan** *v* [-nen] Dutch oven, high-sided heavy frying pan

**braadslede** *v* [-n & -s],**braadslee** [-sleeën] roaster, roasting tin

**braadspit** *o* [-ten] spit

**braadworst** *v* [-en] frying sausage

**braaf** *bn alg.* good, honest, *geringsch* goody-goody ✶ *mijn ouders waren brave lieden* my parents were honest/respectable people✶ *een*∼ *kind* a good child ✶ ⟨tegen hond⟩∼ ! good dog!✶ *een brave Hendrik* a paragon of virtue✶ *iron* ⟨suf⟩ *een brave burgerman* a good soul

**braafheid** *v* honesty

**braak I** *bn* fallow✶∼ *liggen* lie fallow‖ *v* [braken] *inbraak* breaking, burglary✶ *diefstal met*∼ breaking and entering

**braakbal** *m* [-len] *v. uil &* pellet

**braakland** *o* fallow land, waste land

**braakliggend** *bn* ✶∼ *gebied/terrein* eig wasteland; *fig* undeveloped territory✶∼ *e grond* fallow ground

**braakmiddel** *o* [-en] emetic

**braaksel** *o* vomit

**braam** *v* [bramen] ❶ *vrucht* blackberry ❷ *struik* blackberry bush ❸ *oneffen rand* wire/jagged edge, burr ⟨of a knife⟩✶ *ik heb een*∼ *aan mijn schaats* there's a jagged edge on my skate‖ *m* [bramen] *vis* pomfret

**Brabander** *m* [-s] Brabanter

**Brabant** *o* Brabant

**Brabants** *bn* Brabant

**brabbelen** *overg en onoverg* [brabbelde, h. gebrabbeld] jabber, babble, talk baby-talk✶ *de baby begint te*∼ the baby is starting to make a few words ✶ *de dronkaard brabbelde alles door elkaar* the drunk was muttering incoherently

**brabbeltaal** *v* ❶ *v. kinderen* baby-talk ❷ *v. volwassenen* gibberish

**braden I** *overg* [braadde, h. gebraden] ❶ *aan spit* roast, grill ❷ *in pan* fry ❸ *boven vuur, op rooster* grill, Am broil ❹ *in oven* bake‖ *onoverg* [braadde, h. gebraden] roast &✶∼ *in de zon* roast oneself in the sun

**braderie** *v* [-rieën] fair

**brahmaan** *m* [-manen] Brahman, Brahmin

**braille** ,**brailleschrift** *o* Braille✶ *in*∼ in Braille

**braindrain** *m* brain drain

**brainstormen** *onoverg* [brainstormde, h. gebrainstormd] do some brainstorming✶∼ *over onze toekomst* do some brainstorming about our future

**brainwave** *m* [-s] brain wave✶ *een*∼ *hebben* have a brain wave

**br**

**brak I** *bn ziltig* brackish * ~ *water* brackish water
  * *zich* ~ *voelen na een avond stappen* feel lousy after
  a night on the town **II** *m* [-ken] *hond* beagle
**braken** *overg* [braakte, h. gebraakt] ❶ *overgeven*
  vomit, be sick, <u>inf</u> throw up * *bloed* ~ vomit blood
  ❷ *v. vlammen* bring up, belch forth ❸ *vlas* brake
**brallen** *onoverg* [bralde, h. gebrald] brag, boast
  * ~ *de studenten* bragging/boastful students
**brancard** *m* [-s] stretcher * *op een* ~ on a stretcher
**branche** *v* [-s] *bedrijfstak* branch, line of business,
  trade * *een verwante* ~ a related business, a related
  industry
**brancheorganisatie** *v* [-s] trade organisation
**brand** *m* [-en] ❶ *vuur* fire, ⟨grote brand⟩
  conflagration * ~! fire! * *een uitslaande* ~ a blaze, a
  conflagration * *de* ~ *blussen* extinguish the fire * *het
  sein* ~ *meester geven* signal that the fire is under
  control * *er is* ~ there's a fire * ~ *stichten* light a fire
  deliberately, commit arson * *de* ~ *is opzettelijk
  aangestoken* the fire was deliberately started/was
  started on purpose * *in* ~ *steken* set on fire, set fire
  to, ignite * *zich in* ~ *steken* set oneself on fire,
  immolate oneself * *in* ~ *raken* catch/take fire, ignite
  * *in* ~ *staan* be on fire, be burning * <u>fig</u> *iem. uit de* ~
  *helpen* help sbd out of a scrape/predicament * *uit de*
  ~ *zijn* <u>fig</u> come in from the cold ❷ *uitslag*
  inflammation, eruption ❸ *in het koren* smut, blight
**brandalarm** *o* fire alarm, fire call * *als het* ~ *afgaat*
  if the fire alarm goes off
**brandbaar** *bn* combustible, (in)flammable
**brandblaar** *v* [-blaren] burn blister
**brandblusser** *m* [-s], **brandblusapparaat** *o* [-raten]
  fire extinguisher
**brandbom** *v* [-men] incendiary bomb, incendiary,
  fire bomb
**brandbrief** *m* [-brieven] <u>fig</u> urgent letter
**branddeur** *v* [-en] emergency door, fire door
**branden I** *onoverg* [brandde, h. gebrand] burn, be
  on fire * *het huis brandde tot de grond toe af* the
  house burnt to the ground * *de lamp brandt* the
  light is on * ~ *als een lier* burn like a torch * *het
  geheim brandt hem op de tong* he's burning to tell us
  the secret * *zijn naam brandde haar op de lippen* his
  name was trembling on her lips * ~ *van liefde* burn
  with love * ~ *van ongeduld* burn with impatience
  * ~ *van verlangen (om) ...* be burning/dying to... * *een
  ~ de kwestie* a burning issue * *de sambal brandt op
  haar tong* the sambal is burning her tongue * *zij
  was niet naar het museum te* ~ there was no way of
  getting her to the museum **II** *overg* [brandde, h.
  gebrand] burn * *zijn vingers* ~ burn one's fingers
  * <u>fig</u> *daar brand ik mijn vingers niet aan* I'm not
  going to burn my fingers on that * *een cd* ~ burn a
  CD * *hout, steenkolen* ~ burn wood, charcoal * *koffie*
  ~ roast coffee * *aan hete vloeistof* ~ scald with hot
  liquid * *sterke drank* ~ distil spirits * <u>med</u> *een wond*
  ~ cauterize a wound * *glas* ~ stain glass **III** *wederk*
  [brandde, h. gebrand] * *zich* ~ burn oneself * *zich*

*aan het vuur* ~ burn oneself on the fire * *ik heb mij
aan de soep gebrand* I scalded myself with the soup
**brander** *m* [-s] ❶ *apparaat* burner ❷ *stoker* distiller
  ⟨of spirits⟩ ❸ *schip* fire ship
**branderig** *bn* ❶ *v. gevoel* irritant * *ik heb een* ~ *gevoel
  in mijn ogen* my eyes are burning/smarting/stinging
  ❷ *aangebrand* burning * *een* ~ *e lucht/smaak* a burnt
  smell/taste
**brandewijn** *m* [-en] brandy
**brandgang** *m* [-en] ❶ *in gebouw* narrow passage ❷ *in
  bos* fire lane
**brandgevaar** *o* fire hazard, fire risk
**brandgevaarlijk** *bn* flammable, inflammable

> **brandgevaarlijk**
> Materialen kunnen zowel **flammable** als
> **inflammable** zijn. Dit is alleen een schijnbare
> tegenstelling: bij beide woorden kunnen ze
> (ont)vlammen.

**brandglas** *o* [-glazen] lens ⟨for igniting grass/paper
  &⟩
**brandhaard** *m* [-en] seat/source of the fire * <u>fig</u> *de
  Balkan is een* ~ *van geweld* the Balkans is a hotbed of
  violence
**brandhout** *o* firewood * ⟨heel slecht⟩ *het was* ~ it
  was junk
**brandijzer** *o* [-s] ❶ *voor wond* cauterizing iron ❷ *voor
  brandmerk* branding iron
**branding** *v* breakers, surf
**brandkast** *v* [-en] safe, strong box
**brandkraan** *m* [-kranen] fire hydrant, fireplug * *de
  ~ opendraaien* turn on the fire hydrant
**brandladder** *v* [-s] fire ladder, escape ladder
**brandlucht** *v* smell of burning
**brandmelder** *m* [-s] fire alarm
**brandmerk** *o* [-en] ❶ *eig* brandmark ❷ <u>fig</u> brand,
  mark, stigma * *die periode draagt het* ~ *van
  godsdiensttwisten* this period bears the stigma of
  religious disputes/is marked by religious disputes
**brandmerken** *overg* [brandmerkte, h.
  gebrandmerkt] ❶ *eig* brand * *een koe* ~ brand a
  cow ❷ <u>fig</u> brand, label, stigmatize * *activisten* ~ *als
  criminelen* brand activists as criminals
**brandmuur** *m* [-muren] fireproof wall
**brandnetel** *v* [-s] stinging nettle * ~ *s kunnen
  prikken* nettles can sting
**brandplek** *v* [-ken] burn
**brandpreventie** *v* fire prevention
**brandpunt** *o* [-en] ❶ *van stralen* focus ❷ *middelpunt*
  <u>fig</u> focus, centre/<u>Am</u> center * *in het* ~ *van de
  belangstelling staan* be the centre of
  interest/attention
**brandpuntsafstand** *m* [-en] focal distance
**brandschade** *v* damage (caused) by fire, fire loss
**brandschilderen** *overg* [brandschilderde, h.
  gebrandschilderd] ❶ *v. glas & stain * *een
  gebrandschilderd raam* a stained-glass window ❷ *met*

*email* enamel

**brandschoon** *bn* ❶ *geheel schoon* spotless, inf spic-and-span ❷ *onschuldig* innocent ❸ *nuchter* sober

**brandslang** *v* [-en] fire hose, hose pipe

**brandspuit** *v* [-en] fire engine∗ *een drijvende~* a firefloat

**brandstapel** *m* [-s] ❶ *v. doodstraf* stake∗ *op de~* at the stake∗ *iem. tot de~ veroordelen* condemn sbd to the stake ❷ *v. lijken* funeral pile

**brandstichter** *m* [-s] arsonist

**brandstichting** *v* [-en] arson

**brandstof** *v* [-fen] fuel∗ *fossiele~fen* fossil fuels

**brandstofverbruik** *o* fuel consumption

**brandtrap** *m* [-pen] fire escape

**brandveilig** *bn* fireproof

**brandverzekering** *v* [-en] fire insurance∗ *een~ afsluiten* take out fire insurance

**brandvrij** *bn* fireproof

**brandweer** *v* fire brigade, fire department∗ *de~ is uitgerukt* the fire brigade has turned out

**brandweerauto** *m* ['s] fire engine

**brandweerman** *m* [-nen & -lieden] fireman

**brandwerend** *bn* fire resistant

**brandwond** *v* [-en] ❶ *door vuur* burn∗ *derdegraads ~en* third-degree burns ❷ *door hete vloeistof* scald

**brandwondencentrum** *o* [-centra] burns unit

**brandzalf** *v* [-zalven] ointment for burns

**branie I** *m* ❶ *durf* daring, pluck∗ *een man met~* a daring man ❷ *opschepperij* swagger, inf showing off ∗*~ schoppen* swagger about, show off II *m* [-s] ❶ *durfal* daredevil ❷ *opschepper* show off∗ *de~ uithangen* swagger about

**branieschopper** *m* [-s] show-off, hotshot

**brasem** *m* [-s] bream

**braspartij** *v* [-en] orgy, binge

**brassen I** *onoverg* [braste, h. gebrast] *eten & drinken* feast, binge II *overg* [braste, h. gebrast] scheepv brace

**brasser** *m* [-s] feaster, guzzler

**bravo I** *tsw* ❶ *tegen toneelspeler &* bravo!, well done! ❷ *tegen redenaar* hear, hear! II *o* bravo∗ *~ roepen* shout bravo

**bravoure** *v* bravado∗ *een vrouw met~* a dashing woman∗ *met veel~ ergens aan beginnen* get off to a dash with sth

**Braziliaan** *m* [-lianen] Brazilian

**Braziliaans** *bn* Brazilian∗ *~e koffie* Brazilian coffee

**Braziliaanse** *v* [-n] Brazilian∗ *ze is een~* she's a Brazilian, she's from Brazil

**Brazilië** *o* Brazil

**break-evenpunt** *o* break-even point

**breakpoint** *o* [-s] tennis break point

**breed I** *bn* broad, wide∗ *een meter~* one metre wide∗ *een~ bed* a broad/wide bed∗ *hij is~ in de schouders* he has broad shoulders∗ *~ in de heupen* broad-hipped∗ *een brede glimlach* a broad smile ∗ *een brede belangstelling* a wide interest∗ *brede*

*kennis* broad knowledge∗ *~ van opvatting* broad-minded∗*~ van opzet* large-scaled II *bijw* widely∗ *een~ opgezet plan* a broadly based plan ∗ *iets~ zien* take a wide view∗ *het niet~ hebben* be in straitened circumstances, not be well off∗ *iets~ uitmeten* enlarge on sth, make much of sth∗ *sp de bal~ spelen* play the ball wide∗ *wie het~ heeft, laat het~ hangen* he who has plenty of butter can lay it on thick∗ *hij was al lang en~ thuis, toen...* he had been home for ages, when...

**breedbeeld** *o* widescreen∗ *in~ uitzenden* broadcast in widescreen

**breedbeeldtelevisie** *v* [-s] widescreen television

**breedgeschouderd** *bn* broad-shouldered

**breedsprakig** *bn* verbose, wordy, long-winded, form prolix

**breedsprakigheid** *v* verbosity, form prolixity

**breedte** *v* [-n & -s] ❶ *alg.* breadth, width∗ *in de~* widthwise/widthways, in breadth, breadthwise/breadthways, broadwise∗ *sp de bal in de~ spelen* play the ball across∗ *fig het moet uit de lengte of uit de~ komen* it has to come from somewhere∗ *iets in de~ opmeten* measure something widthways/in the width ❷ *v. stof* width ❸ *geol* latitude

**breedtecirkel** *m* [-s] parallel of latitude

**breedtegraad** *m* [-graden] degree of latitude

**breedtepass** *m* [-es] lateral pass

**breedtesport** *v* popular sport

**breeduit** *bijw* spread out∗*~ gaan zitten* spread oneself∗ *~ lachen* laugh out loud∗ *iets~ vertellen* tell sth at length

**breedvoerig I** *bn discussie* ample, ⟨verslag⟩ circumstantial∗*~ verslag doen* report in detail II *bijw* amply, at length, in detail

**breekbaar** *bn* ❶ *alg.* breakable, fragile, brittle∗ *een ~ glas* a breakable/fragile glass ❷ *v. personen* frail ∗ *een~ mannetje* a frail man ❸ *v. stralen* refrangible

**breekijzer** *o* [-s] crowbar, crow, jemmy

**breekpunt** *o* [-en] ❶ *eig* breaking point ❷ *fig* breaking point∗ *dat was het~ in de onderhandelingen* that was the point at which the negotiations broke down ❸ tennis break point

**breeuwen** *overg* [breeuwde, h. gebreeuwd] caulk/Am calk

**breien** *overg* [breide, h. gebreid] *handwerk* knit∗ *een gebreid vest* a knitted cardigan∗ *fig alles aan elkaar ~ patch* everything together∗ *fig iets recht~* put sth right∗ *fig een einde aan iets~* put an end to sth

**brein** *o hersenen* brain, mind∗ *een elektronisch~* an electronic brain∗ *fig zij is het~ achter deze actie* she's the mastermind behind this move

**breinaald** *v* [-en], **breipen** [-nen] knitting needle

**breipatroon** *o* [-tronen] knitting pattern

**breipen** *v* [-nen] →**breinaald**

**breiwerk** *o* [-en] knitting

**brekebeen** *m-v* [-benen] dead loss, dunce, duffer

**breken I** *overg* [brak, h. gebroken] ❶ *alg.* break∗ *zijn* br

*woord* ~break one's word \* *het verzet* ~break down the resistance \* *een pauze breekt de lange werkdag* a break breaks up a long working day \* *zijn been* ~ fracture/break one's leg \* *het licht* ~refract the light ❷ *stukbreken* smash ‖ *onoverg* [brak, is gebroken] break \* ~*door* break through \* *de zon brak door de wolken* the sun broke through the clouds \* *met iem.* ~break (up) with sbd \* *met een gewoonte* ~break oneself of a habit; break with an established practice \* *uit de gevangenis* ~break out of prison

**breker** *m* [-s] *golf* breaker

**breking** *v* [-en] ❶ *alg.* breaking ❷ *v. licht* refraction

**brekingshoek** *m* [-en] angle of refraction

**brem** *m* *struik* broom

**brengen** *overg* [bracht, h. gebracht] ❶ *naar de spreker toe* bring \* *wat brengt u hier?* what brings you here? ❷ *van de spreker af* take \* *iem. naar school* ~take sbd to school ❸ *v. goederen* carry, convey ❹ *naar huis brengen* see ‹sbd home› ❺ *in een bep. toestand* bring, put \* *naar voren* ~put forward, mention \* *iem. aan het twijfelen* ~make sbd doubt sth \* *iem. op iets* ~ get sbd on the subject, lead sbd up to it \* *iem. op een idee* ~suggest an idea to sbd \* *het gesprek* ~*op* lead the conversation to the subject of \* *het getal* ~*op* raise the number to \* *te berde* ~put forward, mention \* *zich iets te binnen* ~call sth to mind, recall sth \* *dit brengt ons niets verder* this is getting us nowhere \* *iem. er toe* ~*te...* bring/persuade/get sbd to... \* *hij was er niet toe te* ~he couldn't be made to do it \* *wat brengt hem ertoe te...* what makes him... \* *tot een goed einde* ~bring sth to a good end \* *iem. tot wanhoop* ~drive sbd to despair \* *naar bed* ~put to bed \* *iets onder woorden* ~put sth into words \* *iets met iets anders in overeenstemming* ~bring sth in line with sth else \* *iets aan de man* ~sell sth \* *het ver* ~go far ‹in the world›, make one's way \* *het tot generaal* ~rise to be a general \* *het tot niets* ~come to nothing

**brenger** *m* [-s] bearer \* ~*dezes* the bearer

**bres** *v* [-sen] breach \* *een* ~*slaan/schieten in...* make a hole in... \* *in de* ~*springen voor, op de* ~*staan voor* step into the breach for

**Bretagne** *o* Brittany

**bretels** *zn* [mv] braces, suspenders \* ~*dragen* wear braces

**Breton** *m* [-s] Breton

**Bretons** I *bn* Breton ‖ *o taal* Breton

**Bretonse** *v* [-n] Breton \* *ze is een* ~she's a Breton, she's from Brittany

**breuk** *v* [-en] ❶ *scheur* split, crack \* *een* ~*in een glas* a crack in a glass \* ~*in de aardkorst* a fault in the earth's crust ❷ *het verbreken* breach, break, rift, split \* *fig een* ~*lijmen* heal a breach \* *een* ~*met een traditie* a break with a tradition \* *een* ~*met het verleden* a break with the past \* *een* ~*tussen vrienden* a split between friends \* *het kwam tot een* ~it came to a split ❸ *fractuur* fracture ❹ *v. ader of*

*orgaan* rupture ❺ *v. ingewanden* hernia \* *zich een* ~ *lachen* split one's sides laughing ❻ *wisk* fraction \* *een gewone* ~a vulgar fraction \* *een repeterende* ~ a repeater, a repeating fraction \* *een decimale/tiendelige* ~a decimal fraction ❼ *handel* breakage

**breuklijn** *v* [-en] line of fracture, break

**breukvlak** *o* [-ken] ❶ *in aardlaag* fault (plane) ❷ *in gesteente* plane of fracture ❸ *fig* rift \* *op het* ~*van twee tijdperken* at the point of transition between two eras

**brevet** *o* [-ten] licence/Am license, certificate \* ~ *van onvermogen* incompetence

**brevier** *o* [-en] RK breviary \* *zijn* ~*bidden/lezen* recite one's breviary

**bridge** *o* bridge

**bridgedrive** *m* [-s] bridge drive

**bridgen** *onoverg* [bridgede, h. gebridged] play bridge

**brie** *m* Brie

**brief** *m* [brieven] letter, *form* epistle \* *per* ~by letter \* *een aangetekende* ~a registered letter \* *een ingezonden* ~a letter to the editor \* *inf een* ~*op poten* a snorter \* *bijbel de brieven van Paulus* the epistles of St Paul \* *een* ~*naalden* a packet of needles

**briefen** *overg* [briefte, h. gebrieft] brief \* *iem.* ~*over een reis* brief sbd about a trip

**briefgeheim** *o* privacy/secrecy of correspondence, confidentiality of the mail

**briefhoofd** *o* [-en] letterhead

**briefing** *m* [-s] briefing, brief

**briefje** *o* [-s] note \* *een* ~*van de dokter* a note from the doctor \* *dat geef ik u op een* ~you can take it from me \* *mil een* ~*van ontslag* a discharge note \* ‹bankbiljet› *een* ~*van tien* a ten-euro note

**briefkaart** *v* [-en] postcard \* *een* ~*met betaald antwoord* a reply postcard

**briefopener** *m* [-s] paperknife

**briefpapier** *o* writing paper, notepaper

**briefvorm** *m* letter form \* *een roman in* ~an epistolary novel

**briefwisseling** *v* [-en] correspondence \* *een* ~ *voeren* carry on/keep up a correspondence

**bries** *v* breeze \* *een* ~*je* a light breeze \* *een stevige* ~ a stiff breeze

**briesen** *onoverg* [brieste, h. gebriest] ❶ *v. paard* snort ❷ *v. wild dier* roar \* *fig* ~*van woede* roar with anger

**brievenbus** *v* [-sen] ❶ *aan huis, postkantoor* letterbox, mailbox ❷ *op straat* postbox, mailbox

**brievenbusfirma** *v* ['s] letterbox company, paper company, buffer company, front company, shell company, brass plate company

**brievenhoofd** *o* [-en] letterhead

**brievenweger** *m* [-s] letter balance

**brigade** *v* [-s & -n] ❶ *mil* brigade ❷ *groep* squad, team \* *een vliegende* ~a flying squad

**brigadier** *m* [-s] police sergeant \*

**brij** *m* [-en] ❶ *voedsel* porridge, pap ❷ *v. sneeuw, modder* slush ❸ *v. papier & pulp*

**brik** *v* [-ken] ❶ *scheepv* brig ❷ *rijtuig* break ∗ *een ouwe* ~ an old bus

**briket** *v* [-ten] briquette

**bril** *m* [-len] ❶ *voor beter zicht* (pair of) spectacles, glasses ∗ *een* ~ *dragen* wear glasses ∗ *alles door een gekleurde* ~ *zien* have a coloured view of everything ∗ *alles door een roze* ~ *bekijken* look at/view things through rose-coloured spectacles ∗ *een meisje met een* ~ *op* a girl wearing glasses ❷ *tegen stof, scherp licht & goggles ❸ v. wc* seat, toilet seat

**brildrager** *m* [-s] person wearing glasses

**briljant I** *m* [-en] brilliant **II** *bn* brilliant ∗ *een* ~*e overwinning* a brilliant victory

**briljanten** *bn* diamond ∗ *de* ~ *bruiloft* the diamond wedding anniversary

**brillantine** *v* brilliantine

**brillenkoker** *m* [-s] spectacle case

**brilmontuur** *o* [-turen] spectacle frames

**brilslang** *v* [-en] cobra

**brink** *m* [-en] village green

**brisant** *bn* highly explosive

**brisantbom** *v* [-men] high-explosive bomb

**Brit** *m* [-ten] Brit, <u>geringsch</u> Britisher ∗ *de* ~*ten* the British

**Brits** *bn* British ∗ <u>valuta</u> *het* ~*e pond* the British pound, the pound sterling

**brits** *v* [-en] bed of planks

**Britse** *v* [-n] Brit ∗ *ze is een* ~ she's British, she's a Brit, she's from Britain

**broccoli** *m* broccoli

**broche** *v* [-s] brooch

**brochure** *v* [-s] pamphlet, brochure

**broddelwerk** *o* ❶ *knoeien* bungling ❷ *resultaat v. knoeien* bungled work, botch job

**brodeloos** *bn* penniless ∗ *iem.* ~ *maken* leave sbd without means of support

**broeden** *onoverg* [broedde, h. gebroed] brood, sit ∗ *op eieren zitten* ~ sit on eggs ∗ *op iets zitten* ~ brood on, hatch ⟨a plot⟩ ∗ *op wraak zitten* ~ plot revenge

**broeder** *m* [-s & <u>plechtig</u> -en] ❶ *familielid* brother ∗ <u>bijbel</u> *ben ik mijn* ~*s hoeder?* am I my brother's keeper? ❷ *kameraad* brother ❸ *verpleger* male nurse ❹ *kloosterling* brother, friar ∗ *de zwakke* ~*s* the weaker brethren

**broederdienst** *m* <u>mil</u> brotherly service ∗ *vrijstelling wegens* ~ exemption from military service owing to being the second one in the family to have been called up

**broederliefde** *v* fraternal/brotherly love

**broederlijk** *bn* brotherly, fraternal

**broedermoord** *m* [-en] fratricide

**broederschap** *v* [-pen] ❶ *eigenschap* fraternity, brotherhood ∗ <u>RK</u> ~ *sluiten met* fraternize with ∗ ~ *drinken* break the ice over a drink ∗ *vrijheid, gelijkheid en* ~ liberty, equality, fraternity

❷ *vereniging* brotherhood, confraternity ∗ *een* ~ *van notarissen* a fraternity of solicitors

**broedertwist** *m* [-en] fratricidal struggle

**broedervolk** *o* [-en & -eren] sister nation

**broedgebied** *o* [-en] breeding ground

**broedkolonie** *v* [-s & -niën] nesting ground

**broedmachine** *v* [-s] incubator

**broedplaats** *v* [-en] breeding place

**broeds** *bn* wanting to brood, broody ∗ *een* ~*e kip* a broody hen

**broedseizoen** *o* [-en] breeding season

**broedsel** *o* [-s] ❶ *alg.* brood, hatch ❷ *v. vis* fry

**broedtijd** *m* [-en] breeding season

**broeibak** *m* [-ken] hotbed

**broeien** *onoverg* [broeide, h. gebroeid] ❶ *v. hooi* steam, heat ❷ *v. d. lucht* be sultry ∗ *er broeit een onweer* a thunderstorm is brewing ∗ <u>fig</u> *er broeit iets* there's something brewing

**broeierig** *bn* sultry, sweltering ∗ ~ *weer* sultry weather

**broeikas** *v* [-sen] hothouse, greenhouse

**broeikaseffect** *o* greenhouse effect

**broeinest** *o* [-en] hotbed ∗ *een* ~ *van verzet* a hotbed of resistance

**broek I** *v* [-en] ❶ *kledingstuk* (pair of) trousers, <u>Am</u> pants ∗ *een korte* ~ short trousers ∗ *een lange* ~ long trousers ∗ <u>fig</u> *een grote* ~ *aantrekken* be insolent ∗ *een strakke* ~ *aan hebben* wear tight trousers ∗ <u>fig</u> *de vrouw heeft de* ~ *aan* the wife wears the pants ∗ <u>fig</u> *iem. achter de* ~ *zitten* keep sbd up to scratch ∗ *een proces aan zijn* ~ *krijgen* be taken to court ∗ <u>inf</u> *daar zakt mijn* ~ *van af* that's beyond me ∗ *het in zijn* ~ *doen* wet/soil one's pants; ⟨van angst⟩ wet oneself ∗ *het zal ze dun door de* ~ *lopen* they'll be scared out of their pants/<u>vulg</u> scared shitless ∗ *een pak voor de* ~ *a beating* ∗ *een kind voor/op de* ~ *geven* spank a child ∗ *voor/op de* ~ *krijgen* be spanked ❷ *paardentuig* breech ❸ *scheepv* breeches buoy **II** *o drassig land* marsh, swamp

**broekje** *o* [-s] ❶ *onderbroek* underpants ❷ *slipje* panties ❸ *korte broek* shorts, short pants, <u>vero</u> breeches ❹ *jongetje* kid, youngster

**broekpak** *o* [-ken] trouser suit

**broekriem** *m* [-en] belt ∗ *ook fig de* ~ *aanhalen* tighten one's belt

**broekrok** *m* [-ken] culottes, divided skirt

**broekspijp** *v* [-en] trouser leg

**broekzak** *m* [-ken] trouser pocket ∗ *iets/iem. kennen als zijn* ~ know sth/sbd inside out

**broer** *m* [-s] brother ∗ *zij leven als* ~ *en zus* they live together like brother and sister

**broertje** *o* [-s] little brother, baby brother ∗ *ik heb er een* ~ *aan dood* I hate/detest it ∗ *het is* ~ *en zusje* it's six of one and half a dozen of the other

**brok** *m & v & o* [-ken] piece, bit, morsel, lump, fragment ∗ *een* ~ *chocola* a piece of chocolate ∗ <u>fig</u> ~*ken maken* blunder ∗ *hij voelde een* ~ *in de keel* he felt a lump in his throat ∗ *aan stukken en* ~*ken in* bits and pieces✳ *bij stukken en~ken* in bits and pieces✳ *iem. met de~ken laten zitten* leave the mess to sbd else✳ *een~ informatie* a bit of information ✳ *één~ energie* a bundle of energy

**brokaat** *o* brocade

**brokkelen** *overg en onoverg* [brokkelde, h. en is gebrokkeld] crumble

**brokkelig** *bn* crumbly, friable, brittle

**brokkenpiloot** *m* [-loten] accident-prone person ✳ *hij is een~* he's accident-prone

**brokstuk** *o* [-ken] fragment, piece, scrap

**brombeer** *m* [-beren] grumbler

**bromelia** *v* ['s] bromeliad

**bromfiets** *m & v* [-en] scooter, moped, <u>Am</u> motorbike

**bromfietser** *m* [-s] moped rider, <u>Am</u> motorbike rider

**bromium** *o* bromine

**brommen** *onoverg* [bromde, h. gebromd] ❶ *v. insecten* drone, hum, buzz ❷ *v. personen* growl, grumble, mutter✳ *mijn vader loopt altijd te~* my father is always grumbling✳ *wat ik je brom!* I'm telling you! ❸ *in gevangenis* do time✳ *een maand~* do a month's time ❹ *bromfiets rijden* ride a moped

**brommer** *m* [-s]❶ *persoon* grumbler ❷ *bromfiets* scooter, moped, <u>Am</u> motorbike❸ *bromvlieg* bluebottle

**brompot** *m* [-ten] grumbler

**bromtol** *m* [-len] humming top

**bromvlieg** *v* [-en] bluebottle, blowfly

**bron** *v* [-nen] source, spring, well, fountainhead, fountain, <u>fig</u> origin✳ *de~ van de Rijn* the source of the Rhine✳ *een hete~* a hot spring✳ *iets uit goede (betrouwbare)~ vernemen* have sth from a reliable source/on good authority✳ *zijn~nen beschermen* protect one's sources✳ *de~ van alle ellende* the source of all the trouble✳ *een~ van bestaan* a means of living, a livelihood✳ *een~ van inkomsten* a source of income/revenue✳ *internet is een~ van informatie* the Internet is a storehouse of information

**bronchiën** *zn* [mv] bronchi, *ev*: bronchea

**bronchitis** *v* bronchitis

**bronchoscopie** *v* [-pieën] bronchoscopy

**bronnenlijst** *v* [-en] list of sources

**bronnenonderzoek** *o* study of the primary sources

**brons** *o* bronze✳ *in~ gieten* cast in bronze✳ *sp zij heeft~ gewonnen* she has won a bronze medal

**bronst** *v* ❶ *v. mannetjesdier* rut✳ *in de~ zijn* be rutting ❷ *v. vrouwtjesdier* heat

**bronstig** *bn* ❶ *v. mannetjesdier* ruttish ❷ *v. vrouwtjesdier* in heat

**bronstijd** *m* tijdperk Bronze Age

**bronsttijd** *m* paartijd rutting/mating season

**brontaal** *v* [-talen] source language

**bronvermelding** *v* [-en] acknowledgement of sources, credit(s)✳ *met~* with acknowledgements ✳ *iets zonder~ publiceren* publish sth without

crediting the source

**bronwater** *o* [-s & -en]❶ *uit bron* spring water ❷ *mineraalwater* mineral water

**brood** *o* [broden] bread✳ *een~* a loaf (of bread) ✳ *ons dagelijks~* our daily bread✳ *wit~* white bread ✳ *bruin~* brown bread✳ *zelfgebakken~* home-made bread✳ *oudbakken~* stale bread✳ *vers~* fresh bread✳ *zijn~ verdienen met* earn a living by✳ *wiens ~ men eet, diens woord men spreekt* he who pays the piper calls the tune✳ *iem. het~ uit de mond stoten* take the bread out of sbd.'s mouth✳ *er moet~ op de plank komen* we have to be able to make ends meet ✳ *geen droog~ verdienen* not earn a penny✳ *ergens geen~ in zien* not see the use of sth✳ *daar lusten de honden geen~ van* that's below all standards✳ *ik krijg het steeds op mijn~* I get it thrown in my face all the time

**broodbeleg** *o* sandwich fillings and spreads

**broodheer** *m* [-heren] employer, boss

**broodje** *o* [-s] roll, bun✳ *een~ ham* a ham roll✳ *een ~ gezond* a salad roll✳ ⟨ongeloofwaardig verhaal⟩ *een~ aap (verhaal)* an urban myth, a tall story✳ *als warme~s over de toonbank gaan* sell like hot cakes ✳ *zoete~s bakken* eat humble pie

**broodjeszaak** *v* [-zaken] sandwich bar

**broodkorst** *v* [-en] bread crust, crust of bread

**broodkruimel** *m* [-s] breadcrumb

**broodmaaltijd** *m* [-en] cold meal, lunch

**broodmager** *bn* as thin/skinny as a rake

**broodmes** *o* [-sen] breadknife

**broodnijd** *m* professional jealousy

**broodnodig** *bn* highly necessary, much-needed

**broodnuchter** *bn* ❶ *zonder alcohol* stone sober ❷ *kalm* level-headed, down-to-earth

**broodplank** *v* [-en] breadboard

**broodroof** *m* deprivation of income✳ *~ plegen aan iem.* take the bread out of someone's mouth

**broodrooster** *m & o* [-s] toaster

**broodschrijver** *m* [-s] hack (writer)

**broodtrommel** *v* [-s] breadbin

**broodwinning** *v* [-en] (means of) living, livelihood

**broom** *o* ❶ *element* bromine ❷ *geneesmiddel* bromide

**broos** *bn* frail, brittle, fragile✳ *een broze gezondheid* delicate health

**bros** *bn* crisp, brittle

**brouwen** *overg* [brouwde, h. gebrouwen]❶ *bier* brew ❷ <u>fig</u> brew, concoct, plot✳ *ik ben benieuwd wat hij van dat verslag ge~ heeft* I wonder what he has made of this report‖ *onoverg* [brouwde, h. gebrouwd] *de r diep in de keel uitspreken* speak with a burr

**brouwer** *m* [-s] *v. bier* brewer

**brouwerij** *v* [-en] brewery✳ *leven in de~ brengen* get things going, shake things up

**brouwsel** *o* [-s] ❶ *bier* brewage ❷ *mengsel* brew, concoction

**browsen** *onoverg* [browste, h. gebrowst] <u>comput</u> browse✳ *op internet~* browse through the Internet

**browser** *m* [-s] comput browser, web browser, http browser

**brug** *v* [-gen] ❶ *over water, in gebit, v. bril & bridge* ∗ *een ~ slaan over de rivier* bridge the river ∗ *een ~ slaan tussen twee partijen* build a bridge between two parties ∗ *een hangende ~* a suspension bridge ∗ *een vaste ~* a fixed bridge ∗ *over de ~ fietsen* cycle across the bridge ∗ fig *dat is een ~ te ver* that's going too far ∗ ⟨dokken⟩ *over de ~ komen* pay up, inf stump/cough up ∗ inf *flink over de ~ komen* come down handsomely ∗ *een ~getje maken naar het volgende onderwerp* make a transition to the next subject ∗ scheepv *op de ~ staan* be on the bridge ❷ *lichaamshouding* sp *bridge* ❸ *turnen* (parallel) bars ∗ *in de ~ staan* be in the bars ❹ *snipperdag* ZN day off to make a long weekend ∗ *de ~ maken* take/get a day off to make a long weekend

**brugbalans** *v* [-en] platform balance

**bruggeld** *o* [-en] (bridge) toll

**bruggenhoofd** *o* [-en] ❶ *deel v. brug* abutment ❷ mil bridgehead

**brugklas** *v* [-sen] first year of secondary education ∗ *in de ~ zitten* be in first year ⟨of secondary school⟩

**brugleuning** *v* [-en] ❶ *alg.* railing ❷ *v. steen* parapet

**Brugman** *m* ∗ *kunnen praten als ~* have the gift of the gab

**brugpensioen** *o* [-en] Belg early (reduced) retirement benefit

**brugpieper** *m-v* [-s] first-former ⟨in secondary school⟩

**brugwachter** *m* [-s] bridgeman

**brui** *m* ∗ *ik geef er de ~ aan* I'm chucking it in

**bruid** *v* [-en] bride ∗ *de aanstaande ~* the bride-to-be

**bruidegom** *m* [-s] bridegroom

**bruidsboeket** *o & m* [-ten] bridal bouquet

**bruidsdagen** *zn* [mv] pre-wedding period

**bruidsjapon** *m* [-nen], **bruidjurk** *v* [-en] wedding dress, bridal gown

**bruidsjonker** *m* [-s] page

**bruidsmeisje** *o* [-s] bridesmaid

**bruidspaar** *o* [-paren] ❶ *tijdens huwelijk* bride and bridegroom ❷ *pasgehuwden* newly-married couple

**bruidsschat** *m* [-ten] dowry

**bruidssluier** *m* [-s] ❶ *kleding* bridal veil ❷ *tuinplant* plantk baby's breath ❸ *klimplant* plantk Russian vine

**bruidssuiker** *m* [-s] sugar(ed) almond

**bruidstaart** *v* [-en] wedding cake

**bruikbaar** *bn* ❶ *geschikt voor gebruik* serviceable, usable, useful ∗ sp *een bruikbare speler* a useful player ❷ *goed functionerend* workable ∗ *een ~ compromis* a workable compromise

**bruikbaarheid** *v* serviceability, usefulness, utility, workability

**bruikleen** *o & m* (free) loan ∗ *in ~* on loan ∗ *in ~ geven* lend

**bruiloft** *v* [-en] wedding, wedding party, plechtig nuptials ∗ *~ vieren* celebrate a wedding ∗ *~ houden* celebrate one's wedding; have/attend a wedding party ∗ *de gouden ~* the golden wedding anniversary ∗ *de koperen ~* the wedding anniversary after 12 1/2 years of marriage ∗ *de zilveren ~* the silver wedding anniversary

**bruiloftsfeest** *o* [-en] wedding reception

**bruiloftsmaal** *o* [-malen] wedding banquet

**Bruin** *zn* ∗ *dat kan ~ niet trekken* that's too expensive for me ∗ *~ de Beer* Bruin

**bruin I** *bn* ❶ *alg.* brown ∗ *een ~e beuk* a copper beech ∗ *~e suiker* brown sugar ∗ *iets ~ bakken/braden* brown sth ∗ *ze ~ bakken* overdo it ∗ *een ~ café* an old-fashioned pub ∗ *het ~e leven* the good life ❷ *door de zon* tanned ⟨by the sun⟩ ∗ *~ worden* get a tan, tan ❸ *v. paard* bay **II** *o* ❶ *de kleur* brown ❷ *brood* brown (bread)

**bruinachtig** *bn* brownish

**bruinbrood** *o* brown bread

**bruinen I** *overg* [bruinde, h. gebruind] ❶ *aanbraden* brown ❷ *kleuren door de zon* tan, bronze **II** *onoverg* [bruinde, is gebruind] turn brown, tan, bronze

**bruineren** *overg* [bruineerde, h. gebruineerd] brown

**bruinhemd** *m* [-en] *lid van SA, nazi* brownshirt

**bruinkool** *v* [-kolen] brown coal, lignite

**bruinvis** *m* [-sen] porpoise

**bruisen** *onoverg* [bruiste, h. gebruist] ❶ *v. drank* effervesce, fizz ❷ *v. zee* foam ❸ fig bubble ∗ *~ van energie* bubble with energy

**bruisend** *bn* sparkling, dazzling ∗ *Londen is een ~e stad* London is a city sparkling with life ∗ *~ van energie* brimming with energy

**bruistablet** *v & o* [-ten] effervescent tablet

**brulaap** *m* [-apen] ❶ *dier* howling monkey ❷ fig bawler ∗ *lelijke ~!* bigmouth!

**brulboei** *v* [-en] whistling buoy

**brullen** *onoverg* [brulde, h. gebruld] roar ∗ *~ van het lachen* roar with laughter ∗ *de kleuter brulde de hele nacht* the toddler screamed the whole night

**brunch** *m* [-es] brunch

**Brunei** *o* Brunei

**brunette** *v* [-s & -n] brunette

**Brussel** *o* Brussels

**Brusselaar** *m* [-s] inhabitant of Brussels

**Brussels** *bn* Brussels ∗ *~ kant* Brussels lace ∗ *~ lof* chicory, Belgian endive, witloof

**Brusselse** *v* [-n] ∗ *ze is een ~* she's from Brussels

**brutaal I** *bn* ❶ *zich aan niets storend* bold, shameless ∗ *zo ~ als de beul* as bold as brass ∗ *een ~ mens heeft de halve wereld* fortune favours the bold ❷ *al te vrijmoedig* insolent, forward, impudent, impertinent, inf pert, saucy, brash, cheeky ∗ *~ zijn tegen iem.* be cheeky/saucy to sbd, give sbd lip/cheek/sauce ∗ *een brutale mond hebben* be cheeky ∗ *een brutale vlegel* a brazen/cheeky/insolent brat ∗ *zij heeft een paar brutale ogen* she has an imprudent stare ∗ *~ misbruik* ruthless abuse **II** *bijw* boldly, insolently, cheekily, brazenly ∗ *het ~*

*volhouden* brazen it out

**brutaal**
is bold, shameless, insolent enz. en niet brutal.
Brutal betekent beestachtig, wreed,
meedogenloos.

**brutaaltje** *o* [-s] cheeky monkey, ‹meisje ook› hussy
**brutaalweg** *bijw* coolly, cheekily
**brutaliteit** *v* [-en] ❶ *vrijpostigheid* forwardness, boldness, cheek * *hij had de~ om...* he had the cheek to... ❷ *uiting* impudence, impertinence, insolence, cheek
**bruto** *bn* gross * *ik verdien 2500 euro~* I earn 2,500 euros gross * *het~ nationaal product* the gross national product * *het~ binnenlands product* the gross domestic product * *~ voor netto* gross for net
**brutogewicht** *o* gross weight
**bruto-inkomen** *o* [-s] gross income
**brutoloon** *o* [-lonen] gross wage
**brutosalaris** *o* [-sen] gross salary, gross wage
**bruusk** *bn* brusque, abrupt, blunt, off-hand * *een~ einde maken aan* put an abrupt end to * *een~ optreden* brusque conduct
**bruuskeren** *overg* [bruuskeerde, h. gebruuskeerd] brush off, snub
**bruut I** *bn* brutal, brute * *een brute kerel* a brutal fellow * *~ geweld/brute kracht* brute force **II** *m* [bruten] brute
**bruutheid** *v* [-heden] brutality, bruteness
**BSE** *afk* (boviene spongiforme encefalopathie) BSE
**btw** *afk* (belasting over de toegevoegde waarde) VAT, value-added tax, Am turnover tax, sales tax * *bedragen zijn exclusief~* prices do not include VAT * *exclusief/inclusief~* excluding/including VAT * *het bedrijf is~-plichtig* the company is liable to VAT
**bubbelbad** *o* [-baden] ❶ jacuzzi, whirlpool bath ❷ ‹schuim› bubble bath
**bubbelen** *onoverg* [bubbelde, h. gebubbeld] bubble
**buddy** *m* ['s] ❶ *vriend* buddy ❷ *v. aidspatiënt* buddy
**buddyseat** *m* [-s] buddy seat
**budget** *o* [-s & -ten] budget * *het~ overschrijden* exceed the budget
**budgetbewaking** *v* budgetary control
**budgettair** *bn* budgetary
**budgetteren** *onoverg* [budgetteerde, h. gebudgetteerd] budget * *de lunch heb ik gebudgetteerd op 50 euro* for budgetary purposes, I've estimated lunch at 50 euros
**budgettering** *v* budgeting
**buffel** *m* [-s] ❶ *dier* buffalo ❷ *lomperd* boor
**buffelen** *onoverg* [buffelde, h. gebuffeld] ❶ *schrokken* gobble, wolf down ❷ *hard werken* struggle * *sp hij liep de hele wedstrijd te~* he was straining himself the whole match
**buffer** *m* [-s] buffer * *een financiële~ opbouwen* build up a financial buffer zone
**buffergeheugen** *o* comput buffer

**bufferstaat** *m* [-staten] buffer state
**buffervoorraad** *m* [-raden] buffer stock, safety stock
**bufferzone** *v* [-s] buffer zone
**buffet** *o* [-ten] ❶ *maaltijd* buffet * *een koud~* a cold buffet * *een lopend~* a buffet ❷ *tapkast* refreshment bar, buffet * *aan het~ staan* be at the bar ❸ *meubel* sideboard, buffet
**bug** *m* [-s] comput bug
**buggy** *m* ['s] ❶ *wandelwagen* buggy ❷ *auto* buggy
**bühne** *v* stage * *op de~ staan* be on stage
**bui** *v* [-en] ❶ *neerslag* shower, ‹wind met regen of sneeuw› squall * *maartse~en* April showers * *de~ al zien hangen* see the storm coming ❷ *aanval* fit ❸ *gril* freak, whim ❹ *stemming* mood, temper * *in een goede~ zijn* be in a good mood * *in een boze/kwade~ zijn* be in a (bad) temper, be out of humour * *in een royale~ zijn* be in a generous mood * *fig bij~en* by fits and starts
**buidel** *m* [-s] ❶ *beurs* purse, sack * *(diep) in de~ tasten* reach into one's pocket ❷ *dierk* pouch
**buideldier** *o* [-en] marsupial (animal)
**buidelrat** *v* [-ten] (o)possum
**buigbaar** *bn* pliable, flexible, pliant
**buigen I** *onoverg* [boog, h. en is gebogen] ❶ *een buiging maken* bow, bend * *hij boog en vertrok* he made his bow and left * *~ als een knipmes* make a deep bow * *~ voor* bow to, bow before ‹sbd› ❷ *een kromming maken* curve, bend * *~ of barsten* bend or break * *de weg buigt hier naar rechts* the road curves to the right here **II** *overg* [boog, h. gebogen] bend, ‹het hoofd› bow **III** *wederk* [boog, h. gebogen] * *zich~* ‹v. persoon› bend (down), bow (down), stoop; ‹v. lijn› curve; ‹v. weg &› deflect, make a bend, trend * *fig zich over een probleem~* concentrate on/deal with a problem
**buiging** *v* [-en] ❶ *met lichaam* bow * *een diepe~ maken* make a deep bow ❷ *v. vrouwen* curtsy ❸ *bocht* bend, curve * *een~ in de weg* a curve/bend in the road ❹ *taalk* declension ❺ *nat* diffraction
**buigingsuitgang** *m* [-en] inflectional/inflexional ending
**buigzaam** *bn* ❶ *lenig* flexible, supple, pliant ❷ *fig* flexible, adaptable
**buigzaamheid** *v* ❶ *lenigheid* flexibility, suppleness, pliability ❷ *fig* flexibility, adaptability
**buiig** *bn* ❶ *van weer* showery, gusty, squally * *~ weer* showery weather ❷ *van humeur* temperamental, volatile
**buik** *m* [-en] *v. mens, dier, ding* belly, abdomen, stomach, geringsch paunch, gut, inf tummy * *op je ~ liggen* lie on your stomach * *ik heb pijn in mijn~* my stomach hurts * *zijn~ vol/rond eten* eat one's fill * *fig ik heb er mijn~ van vol* I'm fed up with it * *zijn ~ vasthouden van het lachen* hold one's sides with laughter * *twee/vier handen op één~* hand in glove * *dat kun je op je~ schrijven* forget it
**buikdansen** *o* belly dance

**buikdanseres** v [-sen] belly dancer
**buikgriep** v intestinal flu, gastroenteritis, <u>inf</u> stomach trouble
**buikholte** v [-n & -s] abdominal cavity
**buikje** o [-s] ❶ *fles* flagon ❷ *v. mens* <u>inf</u> tummy ❸ *dik pot* belly, paunch * *een~ krijgen* develop a paunch ❹ <u>scherts</u> corporation
**buikkramp** v [-en] stomach cramp, the gripes, <u>inf</u> collywobbles
**buiklanding** v [-en] belly landing
**buikloop** m diarrhoea, <u>inf</u> the trots
**buikpijn** v [-en] stomach ache, <u>inf</u> tummy ache
**buikriem** m [-s] girth, belly-band * *de~ aanhalen* tighten the belt
**buikspieroefening** v [-en] stomach exercise *~*en doen* do stomach exercises
**buikspreken** o ventriloquism
**buikspreker** m [-s] ventriloquist
**buikvlies** o [-vliezen] peritoneum
**buikvliesontsteking** v [-en] peritonitis
**buikwand** m [-en] abdominal wall
**buil** v [-en] ❶ *zwelling* swelling, lump, bump * *daar kun je je geen~ aan vallen* you can't go wrong on that ❷ *buidel* bag, sack
**builenpest** v bubonic plague
**builtje** o [-s] *zakje* sachet, ⟨tea⟩ bag * *een~ kruiden* a bouquet garni
**buis** I v [buizen] ❶ tube <u>ook elektr</u>, pipe, conduit, duct * *stalen buizen* steel tubes * *een loden~* a lead pipe ❷ *tv* the box, the telly * *een avondje voor de~* a night watching telly II o [buizen] *kledingstuk* jacket
**buiswater** o spray, bow wave
**buit** m booty, spoils, prize, plunder, loot * *iets~ maken* capture sth * *een grote~ binnenhalen* reap a rich reward
**buitelen** onoverg [buitelde, h. en is gebuiteld] tumble
**buiteling** v [-en] tumble * *een~ maken* take a tumble
**buiten** I bijw outside, out, outdoors *~ *spelen* play outside * *hij is~* he's outside; he's in the country * *hij woont~* he lives in the country * *naar~! (go) outside!* *naar~ gaan* go outside, leave the house; go into the country * *naar~ opengaan* open outwards * *zijn voeten naar~ zetten* turn out one's toes * *te~ gaan* exceed * *zich te~ gaan aan* indulge too freely in, partake too freely of * *van~* ⟨aan de buitenkant⟩ on the outside; ⟨vanaf de buitenkant⟩ from the outside * *een meisje van~* a girl from the country, a country girl * *van~ gesloten* locked on the outside * *van~ kennen/leren* know/learn (off) by heart * *van~ en van binnen* outside and in II voorz ❶ *aan de buitenkant van* outside, out of *~ *iets blijven, zich er~ houden* keep out of sth * *iem. er~ laten* leave sbd out of sth * *ergens~ staan* be (entirely) out of sth * *hij was~ zichzelf (van woede)* he was beside himself (with anger) ❷ *zonder* out of, without, except (for) * *hij kon niet~ haar* he

couldn't do without her *~ *zijn salaris* except for/besides his salary *~ *mij was er niemand* there was no one except/but me * *dat is~ mij om gegaan* I have nothing to do with it * *het werd~ mij om gedaan* it was done without my knowledge/ behind my back ❸ *te ver voor* beyond *~ *mijn bereik* beyond my reach *~ *verwachting* beyond all expectations III o [-s] country house, country seat IV m *platteland* <u>ZN</u> country * *op de~ wonen* live in the country V *tsw* <u>ZN</u> outside *~! (go) outside!
**buitenaards** bn extraterrestrial * *een~ wezen* an extraterrestrial, an alien
**buitenbaan** v [-banen] <u>sp</u> outside lane
**buitenbaarmoederlijk** bn * *een~e zwangerschap* an ectopic pregnancy
**buitenbad** o [-baden] open-air pool, outdoor pool
**buitenband** m [-en] *v. fiets, auto* tyre, <u>Am</u> tire
**buitenbeentje** o [-s] outsider, maverick
**buitenbocht** v [-en] outside curve
**buitenboordmotor** m [-s & -toren] outboard motor
**buitendeur** v [-en] outside door, front door
**buitendienst** m fieldwork * *in de~ werken* work outside/outside the office/in the field
**buitendijks** bn outside the dyke(s)
**buitenechtelijk** bn ❶ *relatie* extramarital * *een~e relatie* an extramarital relation/affair ❷ *kind* illegitimate, born out of wedlock * *een~ kind* an illegitimate child, <u>form</u> a child born out of wedlock
**buitengaats** bijw offshore
**buitengebeuren** o outside events
**buitengemeen** I bn extraordinary, uncommon, exceptional II bijw <u>versterkend</u> extraordinarily, uncommonly, exceptionally
**buitengewoon** I bn extraordinary, exceptional * *zij heeft buitengewone gaven* she has exceptional talents * *een buitengewone prestatie* an extraordinary achievement * *het~ onderwijs* special education * *een~ gezant* an envoy extraordinary * *een~ hoogleraar* an extraordinary professor * <u>econ</u> *buitengewone lasten* exceptional expenditure * *buitengewone uitgaven* extras *~ *verlof* special leave * *niets~s* nothing out of the common II bijw <u>versterkend</u> extraordinarily, uncommonly *~ *duur* extremely expensive * *zij zingt~* she sings exceptionally well * *zij is~ aardig* she is very nice
**buitengrens** m [-grenzen] external border
**buitenhuis** o [-huizen] countryhouse, cottage
**buitenissig** bn unusual, strange, eccentric
**buitenkansje** o [-s] (stroke of) good luck, windfall
**buitenkant** m [-en] outside, exterior * *aan de~* on the outside
**buitenkerkelijk** bn non-church, non-denominational * *ik ben~* I'm not a church-goer, I'm not a member of any church
**buitenlamp** v [-en] outside lamp
**buitenland** o foreign country/countries * *in het~* abroad * *naar het~* abroad * *uit het~* from abroad
**buitenlander** m [-s] foreigner

**bu**

**buitenlands** bn ❶ *alg.* foreign ∗ *een ~e reis* a trip abroad ∗ *~e handel* foreign trade ∗ *het Ministerie van Buitenlandse Zaken* the Ministry of Foreign Affairs ∗ *een ~ bedrijf* a foreign/offshore company ∗ *een ~ beleggingsfonds* an offshore fund ∗ *een ~ betalingsplichtige* a non-resident taxpayer ∗ *een ~e vestiging* a foreign/overseas branch ∗ *van ~ fabricaat* foreign-made ❷ *uitheems* exotic ⟨fruit⟩

**buitenleven** o country life

**buitenlucht** v ❶ *open lucht* open air ∗ *een concert in de ~* an open-air concert ❷ *geen stadslucht* country air

**buitenlui** zn [mv] country people ∗ *burgers en ~* city and country people

**buitenmens** m-v [-en] outdoors person

**buitenmodel** bn non-regulation, non-standard

**buitenmuur** m [-muren] outer wall

**buitenom** bijw around ∗ *ga maar ~* go round the back/outside ∗ *iem. ~ passeren* pass sbd on the outside

**buitenparlementair** bn bijw extraparliamentary ∗ *de ~e oppositie* the extraparliamentary opposition

**buitenplaats** v [-en] ❶ *landgoed* country estate ❷ *afgelegen plek* remote spot ∗ *noem maar een ~* just to mention any old place

**buitenpost** m [-en] ❶ *mil* outpost ❷ *niet-militair* outstation

**buitenshuis** bijw out of doors, outdoors, outside ∗ *~ eten* eat/dine out

**buitensluiten** overg [sloot buiten, h. buitengesloten] ❶ *deur dichtdoen* shut out, lock out ∗ *zij had zichzelf buitengesloten* she had locked herself out ❷ *niet laten meedoen* leave out, exclude ∗ *iem. ~* exclude sbd

**buiten'spel**[1] o & bijw sp offside ∗ *~ staan* sp be offside; fig be shunted off ∗ *iem. ~ zetten* sp ⟨door blessure &⟩ sideline sbd; fig put sbd out of action

**'buitenspel**[2] o [-spelen] outside/outdoor game

**buitenspeler** m [-s] sp left/right wing

**buitenspelval** m sp offside trap ∗ *de ~ openzetten* open up the offside trap ∗ *in de ~ trappen* run into the offside trap

**buitenspiegel** m [-s] auto outside mirror

**buitensporig** I bn extravagant, excessive, exorbitant ∗ *een ~e prijs berekenen* charge an excessively high price II bijw extravagantly, excessively, to excess ∗ *ze had ~ veel schoenen* she had an exorbitant number of shoes

**buitensport** v [-en] outdoor sports

**buitenstaander** m [-s] outsider

**buitenste** bn outside, outer(most), exterior

**buitenverblijf** o [-blijven] ❶ *huis* countryhouse, countryseat ❷ *in dierentuin* open-air enclosure

**buitenwaarts** I bn outward II bijw outward(s)

**buitenwacht** v outside world ∗ *ik heb het van de ~* I have it from an outsider

**buitenwereld** v outer/outside/external world

**buitenwijk** v [-en] suburb ∗ *de ~en* the suburbs, the outskirts

**buitenzij, buitenzijde** v [-zijden] outside, exterior

**buitmaken** overg [maakte buit, h. buitgemaakt] seize, take, capture

**buizenpost** v pneumatic dispatch

**buizenstelsel** o [-s] pipe system

**buizerd** m [-s] buzzard

**bukken** I onoverg [bukte, h. gebukt] stoop, duck ∗ *~ om iets op te rapen* bend forward to pick up sth ∗ *~ om een klap te ontwijken* duck to avoid a blow ∗ *~ voor* bow to (before), submit to ∗ *het land gaat gebukt onder een enorme staatsschuld* the country is weighed down by an enormous national debt ∗ *zij ging gebukt onder de gebeurtenissen* she was burdened by the events ∗ *onder een last gebukt gaan* carry a burden II wederk [bukte, h. gebukt] ∗ *zich ~* stoop, lean down

**buks** I v [-en] *wapen* rifle II m [-en] *boom* box (tree)

**bul** I m [-len] *stier* bull II v [-len] ❶ *onderw* degree certificate ❷ *v. paus* bull ∗ *de Gouden Bul* the Golden Bull

**bulderen** onoverg [bulderde, h. gebulderd] ❶ *v. geschut* boom, thunder ❷ *v. storm, persoon* bluster, roar ∗ *~d gelach* uproarious laughter ❸ *v. persoon* bellow ∗ *de baas buldert tegen zijn personeel* the boss bellows at his staff

**buldog** m [-gen] bulldog

**Bulgaar** m [-garen] Bulgarian

**Bulgaars** I bn Bulgarian ∗ *~e yoghurt* Bulgarian yogurt II o *taal* Bulgarian

**Bulgaarse** v [-n] Bulgarian ∗ *ze is een ~* she's a Bulgarian, she's from Bulgaria

**Bulgarije** o Bulgaria

**bulk** m ❶ *scheepv* bulk ∗ *in ~* in bulk ❷ *fig* bulk ∗ *de ~ van het werk is gedaan* most of the work is finished

**bulkcarrier** m [-s] bulk carrier

**bulken** onoverg [bulkte, h. gebulkt] ❶ *schreeuwen* low, bellow, roar ❷ *v. dier* low ▼ *~ van het geld* roll in money

**bulkgoederen** zn [mv] bulk goods

**bulldozer** m [-s] bulldozer

**bullebak** m [-ken] bully, browbeater, bugbear, ogre

**bullenbijter** m [-s] ❶ *hond* bulldog ❷ *bullebak* bully

**bullenpees** v [-pezen] policeman's rod, whip

**bulletin** o [-s] ❶ *nieuwsbericht* bulletin, report ∗ *het ~ van acht uur* the eight o'clock news bulletin ❷ *over ziekte* medical report ❸ *mededeling* bulletin, announcement

**bult** m [-en] ❶ *bochel* hunch, hump ∗ *zich een ~ lachen* be in fits of laughter ❷ *v. kameel* hump ❸ *heuvel* bulge, bump ∗ *er zitten ~en in het wegdek* the road surface is bumpy ❹ *zwelling* boss, lump ∗ *eigen schuld, dikke ~* it's your own fault

**bultenaar** m [-s] hunchback, humpback

**bultig** bn ❶ *v. mens* hunchbacked, humpbacked ❷ *v. ding* lumpy, bulging

**bumper** m [-s] auto bumper ∗ *~ aan ~* bumper to bumper

**bumperkleven** *o* tailgate
**bumperklever** *m* [-s] tailgater
**bun** *v* [-nen] *viskorf* creel, corf
**bundel** *m* [-s] ❶*alg.* bundle ❷*v. pijlen, papier* sheaf ✳ *een ~gedichten* a volume of verse ❸*v. licht* beam
**bundelen** *overg* [bundelde, h. gebundeld] ❶*in een bundel uitgeven* compile, collect ✳ *artikelen (in een boek) ~*publish articles in one volume ❷*tot samenwerking brengen* fig join, combine ✳ *de krachten ~*join forces
**bunder** *o* [-s] hectare
**bungalow** *m* [-s] bungalow
**bungalowpark** *o* [-en] holiday park, Am vacation land
**bungalowtent** *v* [-en] family tent, frame tent
**bungeejumpen** *o* bungee jump
**bungelen** *onoverg* [bungelde, h. gebungeld] dangle, hang ✳ *aan een draadje ~*hang by a thread ✳ *achteraan ~*tag along
**bunker** *m* [-s] ❶mil bunker, blockhouse ❷golf bunker
**bunkeren** *onoverg* [bunkerde, h. gebunkerd] ❶scheepv bunker, refuel ❷*veel eten* stuff oneself
**bunsenbrander** *m* [-s] Bunsen burner
**bunzing** *m* [-s & -en] polecat
**bups** *m* ✳ *de hele ~*the whole caboodle, the whole lot
**burcht** *m & v* [-en] ❶*slot* castle, fortress ❷*beverburcht* lodge ❸*dassenburcht* sett ❹*bolwerk* fig stronghold
**bureau** *o* [-s] ❶*meubel* desk, bureau ✳ *ik zit achter mijn ~*I'm sitting at my desk ❷*lokaal* bureau, office, station ✳ *het ~van politie* the police station ✳ *een dief naar het ~brengen* run a thief in ❸*bedrijf* agency ✳ *een ~inhuren* hire an agency ✳ *Bureau Krediet Registratie* Credit Registration Office ✳ *het ~voorlichting* the information desk/office ✳ *het ~werving en selectie* the recruitment and selection agency ✳ *het Benelux Bureau voor Tekeningen en Modellen* the Benelux Drawings and Designs Office ✳ *Bureau voor de Industriële Eigendom* (Netherlands) Patent Office ✳ *Bureau voor Muziekauteursrecht* Bureau of Musical Copyright, Copyright Office for Musical Compositions ✳ *een ~voor rechtshulp* a legal aid bureau, a legal aid/advice centre
**bureaublad** *o* [-bladen] ❶eig top ❷comput desktop
**bureaucraat** *m* [-craten] bureaucrat
**bureaucratie** *v* bureaucracy, inf red tape
**bureaucratisch** *bn* bureaucratic
**bureaulamp** *v* [-en] desk lamp
**bureauredacteur** *m* [-s & -en] copy editor
**bureaustoel** *m* [-en] desk chair
**bureel** *o* [-relen] office ✳ *op de burelen van de krant* at the editorial office ✳ *ten burele van* at the office of
**burengerucht** *o* disturbance ✳ *~maken* cause too much noise, make a disturbance
**burenhulp** *v* neighbourly help
**burenruzie** *v* [-s] quarrel between neighbours, neighbourhood quarrel

**burgemeester** *m* [-s] ❶mayor ✳ *(het college van) ~en wethouders* the municipal/city council, mayor and aldermen, the municipal executive ❷*in Schotland* provost
**burger** *m* [-s] ❶*inwoner* citizen ✳ *dat geeft de ~moed* that is encouraging ✳ *een brave ~worden* settle down ❷*tegenover edelman* commoner ❸*niet militair* civilian ✳ *in ~*in plain clothes, inf in civvies ✳ *een agent in ~*a plain-clothes policeman ❹*hamburger* burger
**burgerbevolking** *v* civilian population
**burgerij** *v* [-en] ❶*gezamenlijke inwoners* citizens, citizenry ❷*als stand* middle classes, commoners ✳ *de kleine ~*the lower middle classes
**burgerkleding** *v* plain/civilian clothes ✳ *in ~*in plain clothes, inf in civvies
**burgerlijk** *bn* ❶*m.b.t. ambteloze burgers* civil, civilian, ⟨m.b.t. de gemeenschap⟩ civic ✳ ZN *een ~e ingenieur* a civil engineer ✳ ZN *Burgerlijke Bescherming* civil protection ✳ *~e ongehoorzaamheid* civil disobedience ✳ *de ~e beleefdheid* common civility ✳ *zijn ~e staat* one's marital status ✳ *de Burgerlijke Stand* Registry of Births, Deaths and Marriages ✳ *het Burgerlijk Wetboek* civil law ❷*v. de burgerstand* middle-class ❸*niet fijn of voornaam* middle-class, bourgeois, conventional ✳ *doe niet zo ~!* don't be so conventional!
**burgerlijkheid** *v* bourgeois mentality
**burgerluchtvaart** *v* civil aviation
**burgerman** *m* [-lieden & -lui] middle-class man, bourgeois
**burgeroorlog** *m* [-logen] civil war
**burgerplicht** *m & v* [-en] civic duty
**burgerrecht** *o* [-en] civil rights ✳ *zijn ~verliezen* lose one's civil rights ✳ *dat woord heeft ~verkregen* the word has been adopted into the language
**burgervader** *m* [-s] mayor
**burgerwacht** *v* [-en] ❶*tegen criminaliteit* neighbourhood watch ❷*korps v. gewapende burgers* militia
**burgerzaken** *zn* [mv] civic affairs, ⟨afdeling⟩ Civic Affairs Department
**burgerzin** *m* sense of public responsibility
**Burkina Fasso** *o* Burkina Faso
**burlesk** *bn* burlesque, farcical
**burn-out** *m* [-s] burn-out
**Burundi** *o* Burundi
**bus I** *v* [-sen] ❶*voor groenten & tin, can* ✳ *in de ~blazen* dip deep in one's purse ✳ *dat klopt/sluit als een ~*it's perfectly logical ✳ *als winnaar uit de ~komen* turn out to be the winner ❷*voor geld, brieven* (money)box, (letter)box ✳ *een brief op de ~doen* post a letter ❸*voor collecte* poor box, collecting box ❹techn bush, box ❺*insteekcontact* comput bus **II** *m & v* [-sen] ❶*autobus* bus ✳ *de ~missen* eig miss the bus; fig miss an opportunity ❷*touringcar* coach ❸*wielrennen* cycle bus
**busbaan** *v* [-banen] bus lane

**buschauffeur** *m* [-s] bus driver
**busdienst** *m* [-en] bus service
**bushalte** *v* [-n & -s] bus stop
**businessclass** *m* business class∗ *in de∼ zitten* be in business class∗ *∼ vliegen* fly business class
**buskruit** *o* gunpowder∗ *hij heeft het∼ niet uitgevonden* he's no great light
**buslichting** *v* [-en] collection
**busstation** *o* [-s] bus station
**buste** *v* [-n & -s]❶ *borstbeeld & boezem* bust ❷ *v. vrouw* bosom
**bustehouder** *m* [-s] bra, brassiere
**busverbinding** *v* [-en] bus connection
**butaan** *o* butane
**butagas** *o* butane, Calor gas∗ *op∼ koken* cook with butane
**butler** *m* [-s] butler
**buts** *v* [-en] dent
**button** *m* [-s] button, badge
**buur** *m* [buren] neighbour∗ *de buren* the next-door neighbours∗ *beter een goede∼ dan een verre vriend* a good neighbour is worth more than a far friend
**buurjongen** *m* [-s] boy next door
**buurland** *o* [-en] neighbouring country
**buurman** *m* [-nen, -lieden & -lui] neighbour∗ *al te goed is∼s gek* he that makes himself a sheep shall be eaten by the wolf

> **buurman**
> Het woord **neighbour** wordt in het Engels niet als aanspreekvorm gebruikt. Bij het aanspreken van de buurman wordt de naam gebruikt: **Bill** of **Mr Smith**.

**buurmeisje** *o* [-s] girl next door
**buurpraatje** *o* [-s] chat with the neighbours, gossip
**buurt** *v* [-en]❶ *alg.* neighbourhood, district ❷ *nabijheid* neighbourhood, vicinity∗ *het is in de∼* it's quite near∗ *een winkelier in de∼* a neighbouring shopkeeper∗ *hier in de∼* hereabout(s), near here∗ *(ver) uit de∼* far off, a long way off∗ *blijf uit zijn∼* don't go near him ❸ *wijk* quarter, district, suburb∗ *in een dure∼ wonen* live in an expensive district ❹ *inwoners* neighbourhood ∗ *de hele∼ kwam in opstand* the whole neighbourhood revolted
**buurtbewoner** *m* [-s] local resident
**buurtcafé** *o* [-s] local pub
**buurten** *onoverg* [buurtte, h. gebuurt] pay a visit to a neighbour
**buurtfeest** *o* [-en] local party
**buurthuis** *o* [-huizen] community centre/Am center
**buurtpreventie** *v* neighbourhood watch
**buurtwinkel** *m* [-s] local shop
**buurvrouw** *v* [-en] neighbour, woman next door
**buut** *o* home∗ *∼ vrij!* ⟨bij verstoppertje⟩ home!
**buzzer** *m* [-s] pager
**BV**, **bv** *afk en v* ['s] (besloten vennootschap) Br Ltd., Limited, Am Inc., Incorporated
**bv.** *afk* (bij voorbeeld) eg/e.g. (*exempli gratia*)
**B-weg** *m* [-wegen] B-road
**bypass** *m* [-es] bypass
**byte** *m* [-s] comput byte
**Byzantijn** *m* [-en] Byzantine
**Byzantijns** *bn* Byzantine
**Byzantium** *o* Byzantium

# C

**C** *afk* (Celsius) C, Celsius, Centigrade

**c** *v* ['s] c

**ca.** *afk* (circa) approx.

**cabaret** *o* [-s] cabaret

**cabaretier** *m* [-s] cabaret performer

**cabine** *v* [-s] ❶ *alg.* cabin ❷ *v. vrachtauto* cab
❸ *v. bioscoop* projection room ❹ *luistercabine* booth
❺ *v. kabelbaan* cable car

**cabinepersoneel** *o* <u>transport</u> cabin crew, cabin
staff

**cabriolet** *m* [-ten] ❶ *auto* convertible ❷ *rijtuig*
cabriolet

**cacao** *m* cocoa

**cacaoboon** *v* [-bonen] cocoa bean

**cacaoboter** *v* cocoa butter

**cacaopoeder** *o & m* cocoa powder

**cachet** *o* [-ten] ❶ *zegel* seal, signet ❷ *persoonlijk
kenteken* cachet, stamp ‹of distinction›, hallmark
\* *een zeker~ hebben* bear a distinctive stamp \* *~
aan iets geven* lend style to sth

**cachot** *o* [-ten] cell, lockup, <u>slang</u> clink \* *vier dagen
~* four days in the lockup

**cactus** *m* [-sen] cactus

**CAD** *afk* ❶ (Computer-Aided Design) <u>comput</u> CAD
❷ (Consultatiebureau voor Alcohol en Drugs) clinic
for alcohol and drug abuse

**cadans** *v* [-en] cadence

**caddie** *m* [-s] *bij het golfen* caddie, caddy

**cadeau** *o* [-s] present, gift \* *iem. iets~ geven* give sbd
sth as a present, make sbd a present of sth \* *iets~
krijgen* get sth as a present \* *ik zou het niet~ willen
hebben* I wouldn't have it even if you gave it to me
\* *dat kun je van mij~ krijgen!* you can have/keep it!
\* *de overwinning ~ krijgen* be handed the victory on
a plate

**cadeaubon** *m* [-nen, -s] gift token, gift voucher

**cadeauverpakking** *v* packing \* *in ~* gift-wrapped

**cadens** *v* [-en] <u>muz</u> cadenza

**cadet** *m* [-ten] cadet

**cadmium** *o* ❶ <u>chem</u> cadmium ❷ *cadmiumgeel*
cadmium yellow

**café I** *o* [-s] ❶ *zonder vergunning* cafe/café, coffee
shop ❷ *met vergunning* pub, bar \* *een bruin~* an
old-fahioned pub **II** *m* \* *~ glacé* iced coffee \* *~
complet* café complet, coffee with a roll

**café chantant** *o* [-s] cabaret

**caféhouder** *m* [-s] ❶ cafe proprietor
❷ cafe/coffeeshop owner, ‹met vergunning› ±
publican, proprietor

**cafeïne** *v* caffeine

**cafeïnevrij** *bn* decaffeinated, decaf

**café-restaurant** *o* [-s] restaurant

**cafetaria** *v* ['s] snack bar

---

**cafetaria**
is een snack bar en geen **cafeteria**. Een **cafeteria** is
een zelfbedieningsrestaurant of een kantine.

**cahier** *o* [-s] exercise book

**Caïro** *o* Cairo

**caissière** *v* [-s] ❶ cashier ❷ box-office girl

**caisson** *m* [-s] caisson

**caissonziekte** *v* decompression sickness, the bends

**cake** *m* [-s] plain cake

**calamiteit** *v* [-en] calamity, disaster

**calcium** *o* calcium

**calculatie** *v* [-s] ❶ *alg.* calculation, estimation,
computation \* *een verkeerde~* a wrong/mistaken
calculation ❷ *v. bouwwerk* costing ❸ <u>handel</u> cost
accounting

**calculator** *m* [-s en -toren] ❶ *persoon* calculator
❷ *apparaat* calculator, calculating machine

**calculeren** *overg* [calculeerde, h. gecalculeerd] ❶ *alg.*
calculate, estimate, compute \* *de~de burger* the
calculating person, the self-interested citizen
❷ <u>handel</u> cost \* *de kosten~* cost ‹sth› out

**caleidoscoop** *m* [-scopen] kaleidoscope

**caleidoscopisch** *bn* kaleidoscopic

**Californië** *o* California

**callgirl** *v* [-s] call girl

**calloptie** *v* [-s] call option

**calorie** *v* [-rieën] calorie

**caloriearm** *bn* low-calorie

**calorierijk** *bn* high-calorie

**calqueren** *overg* [calqueerde, h. gecalqueerd] trace,
calk

**calvarieberg** *m* Mount Calvarie

**calvinisme** *o* Calvinism

**calvinist** *m* [-en] Calvinist

**calvinistisch** *bn* Calvinistic

**Cambodja** *o* Cambodia

**cambrium** *o* Cambrian

**camcorder** *m* [-s] camcorder

**camee** *v* [-meeën] cameo

**camelia** *v* ['s] camellia

**camembert** *m* Camembert

**camera** *v* ['s] camera \* *een ~ obscura* a camera
obscura \* *een digitale ~* a digital camera \* *een
verborgen ~* a hidden camera

**cameraman** *m* [-nen, -lieden] cameraman

**cameraploeg** *v* [-en] camera crew

**camion** *m* [-s] lorry, truck

**camouflage** *v* camouflage

**camouflagekleding** *v* camouflage battledress

**camouflagekleur** *v* [-en] camouflage colour/<u>Am</u>
color

**camoufleren** *overg* [camoufleerde, h.
gecamoufleerd] camouflage

**campagne** *v* [-s] ❶ *publieke actie* campaign \* *~
voeren (voor/tegen)* campaign (for/against) ❷ <u>mil</u>
campaign \* *een plan de~* a plan of battle ❸ *in
suikerfabriek & working season* ❹ *grootscheepse actie*

‹export› drive

**campagneleider** *m* [-s] campaign manager

**camper** *m* [-s] camper, camper van

**camping** *m* [-s] ❶ camping/camp site, Am campground ❷ *met faciliteiten voor caravans* caravan park, Am trailer park ❸ *voor tenten* camping ground

**campingwinkel** *m* [-s] camping shop

**campus** *m* [-sen] campus

**Canada** *o* Canada

**Canadees I** *m* [-dezen] Canadian **II** *bn* Canadian ✳ *een Canadese kano* a Canadian canoe ✳ valuta *de Canadese dollar* the Canadian dollar, the dollar

**Canadese** *v* [-n] Canadian ✳ *ze is een* ~ she's a Canadian, she's from Canada

**canaille I** *o gespuis* rabble, mob, riff-raff, low life **II** *m en v* [-s] ❶ *man* bastard ❷ *vrouw* bitch

**canapé** *m* [-s] ❶ *zitbank* sofa, settee, Am davenport ❷ *hapje* canapé

**canard** *m* [-s] canard, (newspaper) hoax

**Canarische Eilanden** *zn* [mv] Canary Islands, Canaries

**cancelen** *overg* [cancelde, h. gecanceld] cancel

**cannabis** *v* cannabis, hemp

**canneleren** *overg* [canneleerde, h. gecanneleerd] channel

**canon** *m* [-s] ❶ *lied* round, canon ❷ *lijst erkende boeken* canon ❸ *dogma* canon

**canoniek** *bn* canonical ✳ ~ *recht* canon law ✳ ~*e boeken* canonical books

**canoniseren** *overg* [canoniseerde, h. gecanoniseerd] canonize

**cantate** *v* [-n & -s] cantata

**cantharel** *m* [-len] chanterelle

**cantorij** *v* [-en] church choir

**canule** *v* [-s] cannula

**canvas** *o* canvas

**canyoning** *o* canyoning

**cao** *afk en v* ['s] (collectieve arbeidsovereenkomst) collective labour agreement

**cao-onderhandelingen** *zn* [mv] collective bargaining

**capabel** *bn* ❶ *bekwaam* capable, able, competent ❷ *in staat* capable (of), able (to) ✳ *ze is niet* ~ *om te rijden* she's in no state to drive ❸ *bevoegd* qualified ✳ *ik ben meer dan* ~ *om die klus te doen* I'm more than qualified to do the job

**capaciteit** *v* [-en] ❶ *vermogen* capacity, power ✳ *onbenutte* ~ idle capacity ✳ *op volle* ~ at full capacity ✳ *een motor met kleine* ~ a low-powered engine ❷ *bekwaamheid* capability, capacity, ability ✳ *de* ~*en voor iets hebben* have the capabilities to do sth

**cape** *v* [-s] ❶ *kort* cape ❷ *lang* cloak

**capillair I** *bn* capillary **II** *o* [-en] capillary

**capitonneren** *overg* [capitonneerde, h. gecapitonneerd] pad, stuff

**Capitool** *o* Capitol

**capitulatie** *v* [-s] capitulation, surrender (*voor* to)

**capituleren** *onoverg* [capituleerde, h. gecapituleerd] capitulate, surrender (*voor* to)

**cappuccino** *m* ['s] cappuccino

**capriool** *v* [capriolen] caper, capriole ✳ *ze is weer met haar capriolen bezig* she's up to her antics again ✳ *capriolen maken/uithalen* cut capers

**capsule** *v* [-s] ❶ capsule ❷ *v. fles* bottle top

**captain** *m* [-s] sp captain ▼ *een* ~ *of industry* a captain of industry

**capuchon** *m* [-s] hood

**cara** *zn* [mv] (chronische aspecifieke respiratoire aandoeningen) CORD ‹chronic obstructive respiratory disorder› ✳ *een patiënt met cara* a patient with CORD

**carambole I** *o het spel* bilj cannon **II** *m* [-s] cannon

**caramboleren** *onoverg* [caramboleerde, h. gecaramboleerd] ❶ bilj cannon ‹against, with› ❷ *botsen* collide

**caravan** *m* [-s] caravan

**carbidlamp** *v* [-en] carbide/acetylene lamp

**carbol** *o & m* carbolic acid

**carburateur** *m* [-s], **carburator** [-s & -toren] carburettor/carburetter, Am carburetor

**carcinoom** *o* [-nomen] carcinoma

**cardanas** *v* [-sen] propeller shaft

**cardankoppeling** *v* [-en] universal joint, cardan

**cardiogram** *o* [-men] cardiogram

**cardiologie** *v* cardiology

**cardioloog** *m* [-logen] cardiologist

**cardiovasculair** *bn* cardiovascular ✳ med ~*e ziekte* cardiovascular disease

**cargadoor** *m* [-s] ship broker

**cargo** *m* ['s] cargo

**Cariben** *zn* [mv] Caribbean

**Caribisch** *bn* Caribbean ✳ *het* ~ *gebied* the Caribbean

**cariës** *v* caries

**carillon** *o & m* [-s] carillon, chimes

**carnaval** *o* [-s] carnival

**carnavalesk** *bn* carnivalesque

**carnavalsoptocht** *m* [-en] carnival procession

**carnet** *o* [-s] notebook

**carnivoor** *m* [-voren] carnivore

**carpaccio** *m* carpaccio

**carpoolen** *onoverg* [carpoolde, h. gecarpoold] carpool

**carport** *m* [-s] carport

**carré** *o & m* [-s] square

**carrière** *v* [-s] career ✳ ~ *maken* make a career for oneself

**carrièrejager** *m* [-s] careerist

**carrièreplanning** *m* career planning

**carrosserie** *v* [-rieën] bodywork, body

**carrousel** *m & o* [-s] merry-go-round

**carte blanche** *v* ✳ *iem.* ~ *geven* give sbd carte blanche

**carter** *o* [-s] techn crankcase

**cartograaf** *m* [-grafen] cartographer
**cartografie** *v* cartography
**cartoon** *m* [-s] cartoon
**cartoonist** *m* [-s] cartoonist
**cartotheek** *v* [-theken] filing system, index card system, card index
**cartridge** *m & v* [-s] comput cartridge
**cascade** *v* [-s, -n] cascade
**casco** *o* ['s] ❶ *schip* vessel ❷ *romp v. voertuigen, gebouwen &* hull, body
**cascoverzekering** *v* [-en] ❶ scheepv hull insurance ❷ *v. auto* fully comprehensive insurance, insurance on bodywork
**cash** *o & bijw* cash * ~ *betalen* pay in cash
**cash-and-carrybedrijf** *o* [-drijven] cash-and-carry
**cashcow** *v* marketing cash cow
**cashewnoot** *m* [-noten] cashew nut
**cashflow** *m* netto-cashflow boekh cash flow, flow of funds
**casino** *o* ['s] ❶ casino ❷ *brood* white tin loaf
**cassatie** *v* [-s] cassation, appeal * ~ *aantekenen* give notice of appeal * *in~ gaan* appeal to the court of cassation * *een middel van~* a proposed ground for cassation
**casselerrib** *v* cured side of pork
**cassette** *v* [-n & -s] ❶ *geldkist* moneybox ❷ *geluidsbandje* cassette ❸ *v. juwelen* casket ❹ *v. bestek* canteen ❺ *v.e. boek* box ❻ fotogr cassette, cartridge
**cassettebandje** *o* [-s] cassette (tape)
**cassettedeck** *o* [-s] cassette deck
**cassetterecorder** *m* [-s] cassette recorder
**cassis** *v* ❶ *vruchtensap* cassis (juice), blackcurrant juice ❷ *met prik* blackcurrant lemonade
**cast** *m* [-s] *film, toneel, opera* cast
**castagnetten** *zn* [mv] castanets
**castraat** *m* [-traten] castrato
**castratie** *v* [-s] castration * *chemische~* chemical castration
**castreren** *overg* [castreerde, h. gecastreerd] castrate, emasculate, ⟨v. paarden⟩ geld
**casus** *m* [-sen of *mv* idem] ❶ case * *een~ belli* a casus belli ❷ taalk case
**catacombe** *v* [-n] catacomb * ⟨v. stadion⟩ *de~n* the catacombs
**Cataan** *m* [-lanen] Catalan
**Catalaans I** *bn* Catalan, Catalonian **II** *o taal* Catalan
**Catalaanse** *v* [-n] Catalan * *ze is een~* she's a Catalan, she's from Catalonia
**catalogiseren** *overg* [catalogiseerde, h. gecatalogiseerd] catalogue, Am catalog
**catalogus** *m* [-logi & -logussen] catalogue, Am catalog * *een systematische~* a subject catalogue
**catalogusprijs** *m* [-prijzen] list(ed) price
**catalpa** *v* ['s] catalpa
**catamaran** *m* [-s] catamaran
**cataract** *v* [-en] cataract
**catastrofaal** *bn* catastrophic, disastrous

**catastrofe** *v* [-n & -s] catastrophe, disaster
**catcher** *m* [-s] ❶ *worstelaar* pro-wrestler ❷ honkbal catcher
**catechisant** *m* [-en] catechumen, person seeking confirmation
**catechisatie** *v* [-s] confirmation class(es)
**catechiseren** *overg* [catechiseerde, h. gecatechiseerd] catechize
**catechismus** *m* [-sen] catechism
**categoraal** *bn* categorial * *een categorale vakbond* a non-affiliated union
**categoriaal** *bn* categorial * *een categoriale school* a non-affiliated school
**categorie** *v* [-rieën] category
**categorisch** *bn* categorical * *de~e imperatief* fil the categorial imperative
**categoriseren** *overg* [categoriseerde, h. gecategoriseerd] categorize
**cateren** *onoverg* [caterde, h. gecaterd] cater (for), do the catering
**catering** *v* catering * *de~ voor onze receptie werd verzorgd door X* X did the catering for our reception
**cateringbedrijf** *o* [-drijven] catering company, caterer
**catharsis** *v* catharsis
**catwalk** *m* [-s] catwalk
**causaal** *bn* causal * *een~ verband* a causal connection
**causaliteit** *v* causality
**causeur** *m* [-s] conversationalist, talker
**cautie** *v* [-s] jur security, recognizance, bail
**cavalerie** *v* cavalry, horse
**cavalerist** *m* [-en] cavalryman, trooper
**cavia** *v* ['s] guinea pig
**cayennepeper** *m* cayenne pepper
**cc, CC** *afk* e-mailkopie aan derde (carbon copy) carbon copy, CC
**cd** *m* ['s] *compact disc* CD * *een~ branden* burn a CD
**cd-bon** *m* [-nen, -s] CD voucher, CD token
**cd-brander** *m* [-s] comput CD burner
**cd-i** *m* ['s] *interactieve compact disk* CD-I, compact disc/disk interactive
**cd-rom** *m* ['s] *compact disc read only memory* CD-ROM
**cd-romspeler** *m* [-s] CD-ROM drive
**cd-speler** *m* [-s] CD player
**cd-wisselaar** *m* [-s] CD changer
**ceder** *m* [-s] cedar * *de~ van de Libanon* the cedar of Lebanon
**cederhout** *o* cedar (wood)
**cedille** *v* [-s] cedilla
**ceel** *v & o* [celen], **cedel** [-s] ❶ *lijst* list ❷ handel (dock) warrant, Am warehouse receipt
**ceintuur** *v* [-s & -turen] belt, waistband
**cel** *v* [-len] cell * *een natte~* a wet area * *een communistische~* a communist cell * *in een~ opsluiten* lock up in a cell
**celdeling** *v* [-en] cell division

ce

**celebreren** *overg* [celebreerde, h. gecelebreerd]
celebrate

**celgenoot** *m* [-noten] cell mate

**celibaat** *o* celibacy * *een verplicht ~* mandatory
celibacy

**celibatair** *m* [-s] celibate, ‹vrijgezel› bachelor

**celkern** *v* [-en] nucleus

**cellist** *m* [-en] cellist

**cello** *m* ['s] cello

**cellofaan I** *o* cellophane **II** *bn* cellophane

**cellulair** *bn* cellular * *~e opsluiting* solitary
confinement * *~e pathologie* cellular pathology

**cellulitis** *v* cellulite

**celluloid I** *o* celluloid **II** *bn* celluloid

**cellulose** *v* cellulose

**Celsius** *m* Celsius * *20° ~* 20 degrees centigrade, 20
degrees Celsius

**celstof** *v* cellulose

**celstraf** *v* solitary confinement

**celvorming** *v* cellulation

**celweefsel** *o* cellular tissue

**cement** *o & m* ❶ cement, mortar ❷ fig cement

**cementen I** *bn* cement **II** *overg* [cementte, h.
gecement], **cementeren** [cementeerde, h.
gecementeerd] cement

**cementmolen** *m* [-s] cement mixer

**censor** *m* [-s & -soren] ❶ censor ❷ reviewer/critic ‹of
plays›

**censureren** *overg* [censureerde, h. gecensureerd]
censor ‹letters›, black out ‹news &›

**censuur** *v* ❶ *toezicht op publicaties* censorship * *aan
de ~ onderwerpen* censor ❷ *veroordeling* censure
* *onder ~ staan* be censured * *onder ~ stellen* impose
a censure on

**cent** *m* [-en, -s] cent * inf *~en money* * *~en hebben*
have plenty of money * *ik heb geen (rooie) ~* I
haven't got a penny * *het is geen ~ waard* it's not
worth a red cent * *het kan me geen ~ schelen* I
couldn't care less, I don't give a damn * *tot de laatste
~* to the last penny * *op de ~en zijn* be careful with
one's money * *niet op de ~en kijken* spare no
expense * *hij deugt voor geen ~* he's no good * *geen
~je pijn van iets hebben* have no problem at all with
sth * *ik vertrouw het voor geen ~* I don't trust it at all

**centaur, kentaur** *m* [-en] centaur

**centenaar** *m* [-s] hundredweight

**centenbak** *m* [-ken] ❶ hat, begging bowl
❷ *uitstekende onderlip* scherts Neanderthal jaw

**center** *m* [-s] sp centre, Am center

**centercourt** *o* [-s] centre/Am center court

**centeren** *overg* [centerde, h. gecenterd] sp centre,
Am center

**centiare** *v* [-n & -s] square metre/Am meter

**centiliter** *m* [-s] centilitre

**centimeter** *m* [-s] ❶ *maat* centimetre ❷ *meetlint* tape
measure

**centraal** *bn* central * *het ~ station* the central station
* *de centrale bank* the national bank, the central

bank, the reserve bank * *centrale besturing* central
control * *met centrale verwarming* centrally heated
* *~ staan bij* be central to, be at the centre/heart of
* *deze kwestie staat ~ bij het conflict* the conflict
centres on this issue

**Centraal-Afrikaanse Republiek** *v* Central African
Republic

**centraalstation** *o* [-s] central station

**centrale** *v* [-s] ❶ elektr power plant, power station,
powerhouse ❷ telec exchange ❸ handel head office
❹ *vakbonden* federation

**centralisatie** *v* centralization

**centraliseren** *overg* [centraliseerde, h.
gecentraliseerd] centralize

**centralistisch** *bn* centralist, centralistic

**centreren** *overg* [centreerde, h. gecentreerd] centre

**centrifugaal** *bn* centrifugal * *centrifugale kracht*
centrifugal force

**centrifugaalpomp** *v* [-en] techn centrifugal pump

**centrifuge** *v* [-s] ❶ *alg.* centrifuge ❷ *v. wasautomaat*
spin-drier/spin-dryer

**centrifugeren** *overg* [centrifugeerde, h.
gecentrifugeerd] ❶ *v.d. was* spin-dry ❷ *stoffen
scheiden d.m.v. centrifugeren* centrifuge

**centripetaal** *bn* centripetal * *centripetale kracht*
centripetal force

**centrum** *o* [-s & -tra] centre * *in het ~ van de
belangstelling staan* be the centre of interest

**centrumspits** *v* [-en] sp centre forward

**ceramiek, keramiek** *v* ceramics

**cerebraal** *bn* cerebral

**ceremonie** *v* [-s & -niën] ceremony

**ceremonieel I** *bn* ceremonial * *een ceremoniële
ontvangst* a ceremonial reception **II** *o* [-niëlen] * *het
~* the ceremonial * *ze hechten aan ~* they stand on
ceremony, they make a fuss of it

**ceremoniemeester** *m* [-s] master of ceremonies,
MC

**cerise** *bn & o* cerise, cherry red

**certificaat** *o* [-caten] certificate * *een ~ aan toonder*
a certificate to bearer * *een ~ van aandeel* a share
certificate, a warrant * *een ~ van herkomst/origine* a
certificate of origin * *een ~ van echtheid* a certificate
of authenticity * comput *een digitaal ~* ‹bij
netwerken› a digital certificate

**certificaathouder** *m* [-s] ❶ certificate holder ❷ eff
holder of a depositary receipt

**certificeren** *overg* [certificeerde, h. gecertificeerd]
certify

**certificering** *v* certification

**cervelaatworst** *v* [-en] smoked and dried sausage

**cerviduct** *o* [-en] wildlife passage

**cessie** *v* [-s] assignment * jur *een akte van ~* a deed
of transfer, a deed of assignment * jur *een ~ ter
incasso* an assignment for debt collection purposes

**cesuur** *v* [-suren] caesura

**cf.** *afk* (confer) cf., cf

**cfk's** *zn* [mv]

(chloorfluorkoolwaterstofverbindingen) CFCs, chlorofluorocarbons

**chador** _m_ [-s] chador

**chagrijn** _o_ ❶chagrin, vexation ❷_persoon_ [-en] ∗_gaat dat (stuk) ~ook mee naar de film?_ is that miserable sod/that sourpuss coming to the film too?

**chagrijnig** _bn_ grouchy, bad-tempered

**chalet** _m & o_ [-s] chalet

**chamois** _o & bn_ chamois

**champagne** _m_ [-s] champagne, _inf_ fizz, bubbly

**champagneglas** _o_ [-glazen] champagne glass

**champagnekoeler** _m_ [-s] champagne cooler

**champignon** _m_ [-s] ⟨edible⟩ mushroom

**champignonsoep** _v_ mushroom soup

**chanson** _o_ [-s] song ∗_een ~de geste_ a chanson de geste

**chansonnier** _m_ [-s] cabaret singer

**chantage** _v_ blackmail ∗_~plegen jegens iem._ blackmail sbd

**chanteren** _overg_ [chanteerde, h. gechanteerd] blackmail ∗_iem. ~_blackmail sbd

**chanteur** _m_ [-s] ❶_afperser_ blackmailer ❷_muz_ singer, vocalist

**chaoot** _m_ [chaoten] scatterbrain, muddlehead

**chaos** _m_ chaos ∗_orde scheppen in de ~_sort out the chaos

**chaotisch** _bn_ chaotic

**chaperon** _m_ [-s] chaperon(e)

**chaperonneren** _overg_ [chaperonneerde, h. gechaperonneerd] chaperon(e)

**chapiter** _o_ [-s] ❶_hoofdstuk_ chapter ❷_gespreksonderwerp_ subject ∗_nu wij toch aan dat ~ bezig zijn_ as we're now on the subject ∗_om op ons ~ terug te komen_ to return to our subject ∗_dat is een heel ander ~_(but) that's quite something else

**charge** _v_ [-s] charge ∗_een getuige à ~_a witness for the prosecution

**chargeren** I _onoverg_ [chargeerde, h. gechargeerd] _mil_ charge II _overg_ [chargeerde, h. gechargeerd] _overdrijven_ exaggerate, overact, overdo

**charisma** _o_ ['s] charisma

**charismatisch** _bn_ charismatic

**charitas** _v_ charity

**charitatief** _bn_ charitable ∗_een charitatieve instelling_ a charitable institution

**charlatan** _m_ [-s] charlatan, quack

**charmant** _bn_ charming

**charme** _m_ [-s] charm, attraction ∗_zij gooide al haar ~s in de strijd_ she threw all her charms into the fray ∗_de ~van het leven in de stad_ the attractions of city life

**charmeren** _overg_ [charmeerde, h. gecharmeerd] charm ∗_zij was wel van hem gecharmeerd_ she was quite charmed by him

**charmeur** _m_ [-s] charmer

**chartaal** _bn_ cash ∗_~geld_ notes and coins, circulating currency

**charter** _o_ [-s] ❶_oorkonde_ charter ❷_vliegtuig_

chartered plane ❸_vlucht_ charter flight

**charteren** _overg_ [charterde, h. gecharterd] charter ∗_iem. ~_enlist sbd

**chartermaatschappij** _v_ [-en] charter company

**charterovereenkomst** _v_ [-en] transport charter party

**chartervliegtuig** _o_ [-en] charter plane

**chartervlucht** _v_ [-en] charter flight

**chassis** _o v. auto_ chassis

**chatbox** _m_ [-en] comput chat box

**chateaubriand** _m_ [-s] Chateaubriand

**chatroom** _m_ [-s] comput chat room

**chatten** _onoverg_ [chatte, h. gechat] _gesprek op internet_ comput chat

**chaufferen** _onoverg_ [chauffeerde, h. gechauffeerd] drive ⟨a car⟩

**chauffeur** _m_ [-s] ❶_in dienst bij iem._ chauffeur ❷_bestuurder_ driver

**chauvinisme** _o_ chauvinism

**chauvinist** _m_ [-en] chauvinist

**chauvinistisch** _bn_ chauvinistic

**checken** _overg_ [checkte, h. gecheckt] check, examine, verify

**checklist** _m_ [-s] checklist ∗_een ~ doornemen/afwerken_ go through a checklist

**check-up** _m_ [-s] check-up

**cheetah** _m_ [-s] cheetah

**chef** _m_ [-s] ❶_alg._ chief, head ∗_de ~van het protocol_ the head of protocol ∗_een ~d'oeuvre_ a masterpiece ❷_v. afdeling_ manager ∗_de ~de bureau_ the office manager ∗_de ~de cuisine/~kok_ the chef de cuisine ∗_een ~de clinique_ a senior consultant ∗_de ~de mission_ the head of the delegation ∗_de ~d'équipe_ the team manager ∗_een ~met lijnverantwoordelijkheid_ management a line manager ❸_patroon_ employer ❹_directeur_ manager, _inf_ boss

**chef-kok** _m_ [-s] chef

**chef-staf** _m_ [-s of chefs van staven] Chief of Staff

**chemicaliën** _zn_ [mv] chemicals

**chemicus** _m_ [-ci] chemist

**chemie** _v_ chemistry ∗_anorganische ~_inorganic chemistry ∗_organische ~_organic chemistry ∗_het was een goede film dankzij de ~tussen de hoofdrolspelers_ it was the chemistry between the leading actors that made it such a good film

**chemisch** _bn_ chemical ∗_~reinigen_ dry-clean ∗_het ~ reinigen_ dry-cleaning ∗_een ~e wasserij_ a dry-cleaning works ∗_een ~proces_ a chemical process ∗_~e oorlogsvoering_ chemical warfare

**chemobak** _m_ [-ken] chemical waste bin

**chemokar** _v_ [-ren] chemical waste collector

**chemotherapie** _v_ chemotherapy

**cheque** _m_ [-s] cheque, _Am_ check ∗_een ~aan order_ an order cheque ∗_een ~aan toonder_ a cheque to bearer ∗_een blanco ~_a blank cheque ∗_een geblokkeerde ~_a stopped cheque ∗_een gedekte ~_a covered cheque ∗_een ongedekte ~_a bad/_inf_

**ch**

dud/bounced cheque∗ *een gekruiste*~ a crossed cheque∗ *betalen met een*~ pay by cheque

**chequeboek** *o* [-en] chequebook

**cherubijn** *m* [-en],**cherub** [-s] cherub

**chic I** *m* chic, smartness, style**II** *bn* smart, stylish, fashionable ‹hotel›∗ *een chique vent* a man of fashion**III** *bijw* smartly &

**chicane** *v* [-s] chicane(ry)∗ ~*s maken* quibble

**chicaneren** *onoverg* [chicaneerde, h. gechicaneerd] quibble

**chicaneur** *m* [-s] quibbler

**chihuahua** *m* ['s] chihuahua

**Chileen** *m* [-lenen] Chilean

**Chileens** *bn* Chilean∗ *valuta de*~ *e peso* the Chilean peso, the peso

**Chileense** *v* [-n] Chilean∗ *ze is een*~ she's a Chilean, she's from Chile

**Chili** *o* Chile

**chilipeper** *m* chilli, hot pepper

**chimpansee** *m* [-s] chimpanzee

**China** *o* China

**Chinees I** *m* [-nezen] Chinese∗ *de Chinezen* the Chinese∗ *eten halen bij de chinees* get some Chinese take-away∗ *inf een rare*~ a strange bird**II** *bn* Chinese, China∗ *de Chinese Muur* the Great Wall of China∗ *de Chinese Zee* the (South) China Sea ∗ *Chinese inkt* Indian ink**III** *o taal* Chinese

**Chinese** *v* [-n] Chinese∗ *ze is een*~ she's a Chinese, she's from China

**chinezen** *onoverg* [chineesde, h. gechineesd]❶ *in een Chinees restaurant eten* eat out at a Chinese restaurant❷ *heroïne snuiven* chase the dragon

**chip** *m* [-s] comput chip

**chipkaart** *v* [-en] cash card, chip card, smart card

**chipknip** *m* [-s] smart card, chip card∗ *betalen met de*~ pay by chip card

**chipolatapudding** *m* ± bavarois

**chippen I** *overg* [chipte, h. gechipt] *een chip aanbrengen in vogels &* chip**II** *onoverg* [chipte, h. gechipt] *betalen* use one's chip card

**chips** *zn* [mv] *snack* Br (potato) crisps, Am (potato) chips

**chiropracticus** *m* [-ci],**chiropractor** [-s] chiropractor

**chirurg** *m* [-en] surgeon

**chirurgie** *v* surgery

**chirurgisch** *bn* surgical∗ ~ *staal* surgical steel

**chlamydia** *zn* [mv] chlamydia

**chloor** *m & o*❶ chlorine❷ *bleekwater* bleach

**chloorwaterstof** *v* hydrochloric acid

**chloreren** *overg* [chloreerde, h. gechloreerd] chlorinate

**chloride** *o* [-n] chloride

**chloroform** *m* chloroform

**chlorofyl** *o* chlorophyll

**chocola** ,**chocolade** *m* chocolate∗ *een reep*~ a bar of chocolate∗ *een glas*~ a glass of cocoa∗ *ik kan er geen*~ *van maken* I can't make head or tail of it

**chocolaatje** *o* [-s] chocolate, inf choc, choccy

**chocoladebonbon** *m* [-s] chocolate

**chocoladeletter** *v* [-s] chocolate letter

**chocolademelk** *v* chocolate, Am chocolate milk ∗ *warme*~ hot chocolate

**chocoladereep** *m* [-repen] bar of chocolate

**chocoladevla** *v* chocolate pudding

**chocolaterie** *v* [-rieën] chocolate shop

**chocopasta** ,**chocoladepasta** *m & o* ['s] chocolate spread

**choke** *m* [-s] auto choke

**choken** *onoverg* [chookte, h. gechookt] (pull out the) choke

**cholera** *v* cholera

**cholesterol** *m* cholesterol

**cholesterolgehalte** *o* cholesterol level

**choqueren** *overg* [choqueerde, h. gechoqueerd] shock, offend∗ *hij was gechoqueerd* he was shocked

**choquerend** *bn* shocking

**choreograaf** *m* [-grafen] choreographer

**choreografie** *v* [-fieën] choreography

**chorizo** *m* ['s] chorizo

**christelijk** *bn* Christian

**christen** *m* [-en] Christian

**christendemocraat** *m* [-craten] Christian Democrat

**christendemocratisch** *bn* Christian Democratic

**christendom** *o* Christianity

**christenmens** *m* [-en] Christian∗ *geen*~ nobody

**Christus** *m* Christ∗ *in 200 na*~ in 200 AD∗ *in 200 voor*~ in 200 BC

**Christusbeeld** *o* [-en] figure of Christ

**chromatisch** *bn* chromatic∗ *een*~*e aberratie* a chromatic aberration

**chromosoom** *o* [-somen] chromosome

**chroniqueur** *m* [-s] chronicler

**chronisch** *bn* chronic∗ *een*~*e verkoudheid* a chronic cold∗ ~ *ziek* chronically ill∗ *een*~ *zieke* a chronically ill person∗ *dit bedrijf lijdt*~ *verlies* this company is incurring recurrent losses

**chronologie** *v* [-gieën] chronology

**chronologisch** *bn* chronological∗ *in*~*e volgorde* in chronological order

**chronometer** *m* [-s] chronometer

**chroom** *o* chromium

**chroomleer** *o* chrome leather

**chrysant** *v* [-en],**chrysanthemum** [-s] chrysanthemum

**ciabatta** *m* ['s] ciabatta

**cichorei** *m & v* chicory

**cider** *m* cider

**cijfer** *o* [-s]❶ *alg.* figure, digit∗ *Arabische (Romeinse)* ~*s* Arabic (Roman) numerals∗ *in de dubbele*~*s* in double figures∗ *in de rode*~*s zitten/staan* be in the red∗ *in de rode*~*s terechtkomen* get into the red∗ *uit de rode*~*s komen* get out of the red∗ *in ronde*~*s* in round figures∗ *de tussentijdse*~*s* the interim figures ∗ *de voorlopige*~*s* the preliminary figures❷ cipher ‹in cryptography›❸ onderw mark, Am grade∗ *goede*

~s *halen* get good marks

**cijferaar** m [-s] ❶ *berekenend persoon* calculating person, opportunist ❷ *rekenaar, berekenaar* calculator

**cijfercode** v [-s] numeric code

**cijferlijst** v [-en] onderw list of marks, report

**cijfermateriaal** o figures

**cijfermatig** bn in figures, statistical

**cijferslot** o [-sloten] combination lock

**cijns** m [cijnzen] levy, tax

**cilinder** m [-s] cylinder * *een zes*~ auto a six-cylinder car

**cilinderinhoud** m cylinder capacity, cubic capacity

**cilinderkop** m [-pen] cylinder head

**cilinderslot** o [-sloten] cylinder lock

**cimbaal** v [-balen] cymbal

**cimbalist** m [-en] cymbalist

**cineast** m [-en] film maker

**cinema, kinema** m ['s] cinema, pictures

**cinemascope** m cinemascope * *in* ~wide-screen

**cipier** m [-s] warder, jailer

**cipres** m [-sen] cypress

**circa** bijw approximately, about, some ‹5 millions›, *circa* * *er waren* ~2000 *toeschouwers* there were some 2000 spectators

**circa**

kan in het Engels ook als circa worden vertaald. Het komt alleen voor in geschreven teksten, gewoonlijk voor een jaartal en behoort cursief te zijn (omdat het als een vreemd woord wordt beschouwd).

**circuit** o [-s] circuit * *het crimineel* ~ the criminal underworld * *een gesloten tv-*~closed-circuit television * *het informele* ~ the informal channels

**circulaire** v [-s] circular letter, circular

**circulatie** v circulation * *in* ~*brengen* put into circulation * *uit de* ~*nemen* take out of/withdraw from circulation

**circulatiesysteem** o [-temen] circulatory system

**circuleren** onoverg [circuleerde, h. gecirculeerd] circulate * *laten* ~circulate, send round ‹lists &›

**circus** o & m [-sen] circus

**circusnummer** o [-s] circus act

**circustent** v [-en] circus tent

**cirkel** m [-s] circle, ring * *een* ~ *van vuur* a ring of fire * *een halve* ~a semicircle * *de omgeschreven* ~ *trekken van een vierkant* circumscribe a square * *een aan-/in-/omgeschreven* ~an escribed/inscribed/circumscribed circle * *een vicieuze* ~a vicious circle

**cirkelen** onoverg [cirkelde, h. gecirkeld] circle * ~ *om de aarde* circle the earth

**cirkelredenering** v [-en] circular reasoning

**cirkelvormig** bn circular

**cirkelzaag** v [-zagen] circular saw

**cirrose** v cirrhosis

**cis** v [-sen] muz C sharp

**ciseleren** overg [ciseleerde, h. geciseleerd] chase

**cisterciënzer** m [-s] Cistercian

**citaat** o [-taten] ❶ *letterlijke weergave* quotation, quote * *einde* ~close quotes ❷ *aanhaling* citation

**citadel** v [-len & -s] citadel

**citer** v [-s] zither

**citeren** overg [citeerde, h. geciteerd] ❶ *letterlijk weergeven* quote * ~ *uit de Bijbel* quote from the Bible ❷ *aanhalen* cite * *een krantenartikel* ~cite a newspaper article ❸ *dagvaarden* cite, summon

**citroen** m & v [-en] ❶ lemon ❷ *sterke drank* lemon gin

**citroengeel** bn lemon yellow

**citroenlimonade** v lemonade

**citroenmelisse** v lemon balm

**citroensap** o lemon juice

**citroenschijfje** o [-s] slice of lemon

**citroenschil** v [-len] lemon peel

**citroenvlinder** m [-s] brimstone butterfly

**citroenzuur** o citric acid

**citruspers** v [-en] lemon squeezer

**citrusvrucht** v [-en] citrus fruit

**cityhopper** m [-s] air shuttle

**citymarketing** v city marketing

**civetkat** v [-ten] civet, civet cat

**civiel** bn ❶ *burgerlijk* civil * *een* ~*proces* civil proceedings * jur *de* ~e *staat* the civil state * *de* ~e *dienst* the civil service * *een* ~e *lijst* a civil record * *in* ~ in civilian clothes, inf in civvies ❷ *billijk* moderate, reasonable * *een* ~e *prijs* a reasonable price * *iem.* ~ *behandelen* give sbd fair treatment

**civiel ingenieur** m [-s] civil engineer

**civielrechtelijk** bn civil, of civil law * *een* ~e *procedure beginnen* bring a civil action against ‹sbd›

**civilisatie** v [-s] civilization

**civiliseren** overg [civiliseerde, h. geciviliseerd] civilize

**claim** m [-s] *vordering, eis* claim * *een* ~ *leggen op* make demands on * *een* ~*indienen* file a claim * *een* ~*afwijzen* reject a claim

**claimemissie** v [-s] rights issue

**claimen** overg [claimde, h. geclaimd] ❶ *eisen* claim * *een vergoeding* ~claim damages * *aandacht* ~demand attention * ~d *gedrag* demanding behaviour ❷ *beweren* assert

**clair-obscur** o chiaroscuro

**clan** m [-s] clan, family * *Schotse* ~s Scottish clans

**clandestien** bn clandestine, secret, illicit, illegal * *een* ~e *zender* a pirate transmitter * ~e *handel* the black market

**claque** v [-s] claque

**classicisme** o classicism

**classicistisch** bn classical

**classicus** m [-ci] classicist

**classificatie** v [-s] classification

**classificeren** overg [classificeerde, h. geclassificeerd] classify, class

cl

**claus** *v* [-en & clauzen]❶ *achtereen gesproken passage v. acteur* speech, passage❷ *laatste woord van voorganger,waarop andere acteur invalt* cue

**claustrofobie** *v* claustrophobia

**clausule** *v* [-s] clause, proviso, stipulation★ *jur een derogatoire~* a derogatory clause★ *een~ opnemen* build in/include a clause

**claves** *zn* [mv] muz clef

**claxon** *m* [-s] horn, hooter

**claxonneren** *onoverg* [claxonneerde, h. geclaxonneerd] sound the/one's horn, honk, hoot

**clean** *bn*❶ *schoon* clean❷ *zonder emoties* straight, clinical, unemotional❸ *vrij van drugs* clean

**clearing** *m* bankw clearance

**clematis** *v* [-sen] clematis

**clement** *bn* lenient, clement★ *een~ oordeel* a lenient/mild judgement

**clementie** *v* clemency, leniency

**clerus** *m* clergy

**cliché** *o* [-s]❶ *drukplaat* plate, block❷ *v. foto* negative❸ fig cliché, worn-out phrase, ready-made answer

**clichématig** *bn* clichéd, trite, hackneyed, commonplace★ *een~ geschreven verhaal* a cliché-ridden story

**clickfonds** *o* [-en] eff click fund

**cliënt** *m* [-en]❶ client❷ *klant* customer

**clientèle** ,**cliënteel** *v* clientele, customers, clients

**climax** *m* [-en] climax

**clinch** *m* [-es] sp clinch★ fig *met iem. in de~ liggen* be at loggerheads/on bad terms with sbd★ fig *met iem. in de~ gaan* lock horns with sbd

**cliniclown** *m* [-s] clown doctor

**clip** *m* [-s]❶ *klem* ⟨klein⟩ paper clip, ⟨groot⟩ bulldog clip, fastener❷ *muziekfilmpje* (video)clip❸ *oorbel* clip-on earring

**clitoris** *v* [-sen] clitoris

**clivia** *v* ['s] clivia

**clochard** *m* [-s] tramp

**closet** *o* [-s] toilet, lavatory, inf loo

**closetpapier** *o* toilet paper

**closetrol** *v* [-len] toilet roll

**close-up** *m* [-s] close-up★ *in~* in close-up

**clou** *m* point, essence, punchline

**clown** *m* [-s] clown, funny man, buffoon★ *de~ uithangen* play the clown, clown around

**clownesk** *bn* clownish

**club I** *v* [-s]❶ *vereniging* club, association❷ *groep vrienden* group, gang❸ *golfstick* golf club**II** *m* [-s] *clubfauteuil* club chair

**clubgenoot** *m* [-noten] fellow club member

**clubhuis** *o* [-huizen]❶ *clubgebouw* clubhouse ❷ *jeugdcentrum* community centre

**clubkaart** *m* [-en] sp membership card

**clubverband** *o* ★ *in~* as a club, with the whole club

**cluster** *m* [-s]❶ cluster★ *een~ van bloemen/atomen/sterren &* a cluster of fowers/atoms/stars &❷ *samenwerkende inrichtingen of personen* group, department❸ *bijeenliggende gebouwen &* complex

**cluster**
Wanneer met cluster in het Nederlands een verzameling samenwerkende inrichtingen of personen wordt bedoeld, kan het niet worden vertaald met cluster , maar moet group, department o.i.d. worden gebruikt.

**clusterbom** *m* [-men] cluster bomb

**clusteren** *overg* [clusterde, h. geclusterd] classify, group

**cm** *afk* (centimeter) cm, centimetre

**coach** *m* [-es]❶ coach❷ *personenauto* two-door sedan

**coachen** *overg* [coachte, h. gecoacht] coach, tutor, train

**coalitie** *v* [-s] coalition

**coalitieafspraak** *v* [-spraken] coalition agreement

**coalitiepartner** *m* [-s] coalition partner

**coalitieregering** *v* [-en] coalition government

**coassistent** *m* [-en] Am intern, Br house officer, houseman

**coassistentschap** *o* [-pen] Br housemanship, Am internship

**coaster** *m* [-s] coaster

**coaten** *overg* [coatte, h. gecoat] coat

**coating** *m* [-s] coating

**coaxkabel** *m* [-s] RTV, comput coaxial cable

**cobra** *v* ['s] cobra

**cocaïne** *v* cocaine

**cockerspaniël** *m* [-s] cocker spaniel, cocker

**cockpit** *m* [-s] cockpit

**cocktail** *m* [-s] cocktail

**cocktailbar** *m & v* [-s] cocktail lounge

**cocktailparty** *v* ['s] cocktail party

**cocon** *m* [-s] cocoon

**cocoonen** *onoverg* [cocoonde, h. gecocoond] chill out, cocoon

**cocooning** *m* cocooning

**code** *m* [-s]❶ code★ *in~* coded❷ *afspraak, conventie* code, regulations★ *uw kleding is niet conform de binnen dit bedrijf geldende~* your clothes are not in keeping with this company's established norms ❸ *wetboek* code★ *de~ civil* the civil code★ *de~ pénal* the penal code

**codeïne** *o* codeine

**codenaam** *m* [-namen] code name

**coderen** *overg* [codeerde, h. gecodeerd]❶ code ❷ *reclame* encode

**codering** *v* [-en] (en)coding, code

**codewoord** *o* [-en] codeword

**codex** *m* [codices] codex

**codicil** *o* [-len] codicil

**codificatie** *v* [-s] codification

**codificeren** *overg* [codificeerde, h. gecodificeerd] codify

**co-educatie** *v* coeducation
**coëfficiënt** *m* [-en] coefficient
**co-existentie** *v* coexistence∗ *vreedzame~* peaceful coexistence
**co-existeren** *onoverg* [coëxisteerde, h. gecoëxisteerd] coexist
**coffeeshop** *m* [-s] ❶ *verkoopt koffie & cafe*, coffee bar, Am coffee shop ❷ *verkoopt softdrugs* coffee shop
**cognac** *m* cognac, brandy
**cognitie** *v* ❶ psych cognition ❷ jur cognizance
**cognitief** *bn* cognitive
**cognossement** *o* [-en] bill of lading, B/L∗ *een~ op naam* a straight bill of lading
**coherent** *bn* ❶ *samenhangend* coherent ❷ *logisch samenhangend* consistent
**coherentie** *v* [-s] ❶ *samenhang* coherence ❷ *logische samenhang* consistency
**cohesie** *v* cohesion
**coiffure** *v* [-s] coiffure, hair style, hairdo
**coïtus** *m* coitus, coition∗ *~ interruptus* coitus interruptus
**cokes** *v* coke
**col** *m* [-s] ❶ *bergpas* col ❷ *rolkraag* polo neck
**cola** *m* ['s] cola, inf coke
**cola-tic** *m* [-s] gin and coke
**colbert** *o & m* [-s] ❶ *jasje* jacket ❷ *kostuum* suit jacket
**colibacterie** *m* [-riën] coli bacillus
**collaborateur** *m* [-s] collaborator
**collaboratie** *v* collaboration
**collaboreren** *onoverg* [collaboreerde, h. gecollaboreerd] ❶ *samenwerken met de vijand* collaborate∗ *met de vijand~* collaborate with the enemy ❷ *samenwerken* vero collaborate, work as a team, work together
**collage** *v* [-s] collage
**collateraal** *bn* collateral∗ *collaterale erfgenamen* collateral heirs
**collectant** *m* [-en] collector
**collect call** *m* [-s] collect call
**collecte** *v* [-s & -n] collection, inf whip-around∗ *een ~ houden* make/take a collection, inf do a whip-around
**collectebus** *v* [-sen] collection box
**collecteren I** *overg* [collecteerde, h. gecollecteerd] collect **II** *onoverg* [collecteerde, h. gecollecteerd] make a collection∗ *langs de huizen~* do a house-to-house collection
**collecteschaal** *v* [-schalen] collection plate
**collectie** *v* [-s] collection
**collectief I** *bn* collective∗ *een collectieve arbeidsovereenkomst* a collective (wage) agreement ∗ *de collectieve sector* the public sector∗ *collectieve voorzieningen* public services∗ *collectieve lasten* social charges **II** *o* [-tieven] ❶ *groep* collective, cooperative ❷ taalk collective (noun)
**collega** *m* ['s] colleague, co-worker
**college** *o* [-s] ❶ *bestuurslichaam* college, board∗ *het ~ van kardinalen* the college of cardinals∗ jur *het~ van advies* the advisory committee∗ jur *het College van Beroep voor het Bedrijfsleven* the Administrative Tribunal for Trade and Industry, the Regulatory Industrial Organization Appeals Court∗ *het~ van bestuur* the governing body, ⟨op universiteit⟩ the executive board∗ *het~ van burgemeester en wethouders/het~ van B en W* the municipal/city council∗ *een~ van toezicht* a supervisory board∗ jur *een vast~ van advies* a standing advisory committee ❷ onderw lecture∗ *~ geven* give a lecture/course of lectures, lecture ⟨over on⟩∗ *~ lopen/volgen* attend lectures
**collegebank** *v* [-en] lecture seat∗ *terug naar de~en* back to university
**collegedictaat** *o* [-taten] onderw lecture notes
**collegegeld** *o* [-en] onderw tuition fees, tuition
**collegekaart** *v* [-en] student card
**collegezaal** *v* [-zalen] lecture room, lecture hall
**collegiaal** *bn & bijw* comradely∗ *van de medewerker wordt verwacht dat hij zich flexibel en~ opstelt* the employee must be flexible and have a team mentality∗ *dat is niet erg~ van je* that's not very comradely, that's a bit unsporting∗ *ze gaan~ met elkaar om* they get on amicably
**collegialiteit** *v* collegiality, team spirit
**colli** *o* ['s] package, bale, bag, barrel
**collie** *m* [-s] collie
**collier** *o* [-s] necklace
**collo** *o* [colli] package
**collocatie** *v* [-s] collocation
**colloquium** *o* [-quia] colloquium∗ *een~ doctum* a special university entrance exam ⟨for students who do not have the required entrance standard⟩
**colofon** *o & m* [-s] colophon
**Colombia** *o* Colombia
**Colombiaan** *m* [-bianen] Colombian
**Colombiaans** *bn* Colombian∗ valuta *de~e peso* the Colombian peso, the peso
**Colombiaanse** *v* [-n] Colombian∗ *ze is een~* she's a Colombian, she's from Colombia
**colonne** *v* [-s] column∗ *een auto~* a column of cars ∗ *de vijfde~* the fifth column∗ *een lid van de vijfde~* a fifth columnist
**coloradokever** *m* [-s] Colorado beetle
**coloratuur** *v* [-turen] coloratura
**coloriet** *o* coloration, colouring
**colportage** *v* ❶ *werving* canvassing ❷ *verkoop* selling door-to-door, hawking, peddling
**colporteren** *overg* [colporteerde, h. gecolporteerd] ❶ *werven* canvass ❷ *verkopen* sell door-to-door ❸ *praatjes uitstrooien* peddle, spread
**colporteur** *m* [-s] ❶ *werver* canvasser ❷ *verkoper* (door-to-door) salesman, hawker, pedlar/peddler
**coltrui** *v* [-en] polo neck sweater, rollneck sweater
**columbarium** *o* [-s & -ria] columbarium
**column** *m* [-s] column
**columnist** *m* [-en] columnist
**coma** *o* ['s] med coma∗ *in~ liggen* be in a coma∗ *in*

**co**

~ *raken* lapse into a coma
**comateus** *bn* comatose
**combi** *m* ['s] estate car, station wagen
**combikaart** *v* [-en] combined ticket
**combiketel** *m* [-s] combination boiler
**combinatie** *v* [-s] ❶ *alg.* combination ❷ handel
combine, syndicate ❸ auto lorry with trailer
❹ *kleding* two-piece/three-piece
**combinatieslot** *o* [-sloten] combination lock
**combinatietang** *v* [-en] combination pliers
**combine** *v* [-s] ❶ landb combine ❷ sp combination,
combine
**combineren I** *overg* [combineerde, h.
gecombineerd] ❶ *samenvoegen* combine
❷ *associëren* associate **II** *onoverg* [combineerde, is
gecombineerd] go together, match * *de kleuren
waarin ze de kamer heeft geschilderd* ~ *niet* the
colours she's painted the room clash/don't
match/don't go together
**combo** *m & o* ['s] combo
**comeback** *m* [-s] comeback * *een* ~ *maken* make a
comeback
**comedy** *m* ['s] comedy
**comestibles** *zn* [mv] delicacies
**comfort** *o* comfort, convenience
**comfortabel I** *bn* ❶ *van huizen* comfortable,
supplied with all conveniences, with every comfort
❷ *ruim* comfortable * *een* ~*e meerderheid* a
comfortable majority **II** *bijw* conveniently,
comfortably
**comité** *o* [-s] committee * *een uitvoerend* ~ an
executive committee * *een petit* ~ a select
committee
**commandant** *m* [-en] ❶ mil commandant,
commander, officer in command ❷ scheepv captain
**commanderen** *overg* [commandeerde, h.
gecommandeerd] ❶ *het bevel voeren* order,
command, be in command of * *de* ~*d officier* the
commanding officer ❷ *bevelen* order people about
* *hij commandeert iedereen maar* he orders people
about * *zij laten zich niet* ~ they won't be dictated
to/ordered about * *commandeer je hondje en blaf
zelf!* don't order me around/about!
**commandeur** *m* [-s] ❶ *v. ridderorde* commander
❷ scheepv Commodore
**commanditair** *bn* * *een* ~ *vennoot* a
sleeping/silent/dormant/limited partner * *een (open)*
~*e vennootschap* an (open) limited partnership * ~
*kapitaal* a limited partner's capital contribution
**commando I** *o* ['s] ❶ *bevel, gezag* (word of)
command, order * *het* ~ *voeren over* be in command
of * *het* ~ *overgeven* hand over the command * *het*
~ *overnemen* take over command * *iets op* ~ *doen*
do sth to order ❷ comput command ❸ *speciale
militaire groep* commando **II** *m* ['s] *lid van
commando* commando
**commandobrug** *v* [-gen] scheepv (navigating)
bridge

**commando-eenheid** *v* [-heden] commando unit
**commandopost** *m* [-en] command post
**commandotroepen** *zn* [mv] commando troops
**commentaar** *m & o* [-taren] ❶ *verklaring*
commentary, comment(s), remark(s) * ~ *overbodig*
comment is needless, enough said * ~ *leveren op*
comment on * *zich van* ~ *onthouden* give no
comment * *hij heeft overal* ~ *op* he has something to
say about everything * *een begeleidend* ~ a running
commentary ❷ *kritiek* criticism * *zijn opmerkingen
hebben een hoop* ~ *uitgelokt* his comments have
attracted a lot of criticism
**commentaarstem** *v* [-men] voice-over
**commentariëren** *overg* [commentarieerde, h.
gecommentarieerd] commentate on
**commentator** *m* [-s & -toren] commentator
**commercial** *m* [-s] commercial
**commercialiseren** *overg* [commercialiseerde, h.
gecommercialiseerd] commercialize * *de
olympische spelen worden steeds meer
gecommercialiseerd* the Olympic Games are
increasingly becoming commercialized
**commercie** *v* commerce, business, trade * *de* ~ the
business world
**commercieel** *bn* commercial * *de* ~ *directeur* the
marketing director * *een commerciële organisatie* a
profit-orientated organisation * *een commerciële
omroep* a commercial channel * *op niet-commerciële
basis* on a non-profit basis
**commies** *m* [-miezen] ❶ *alg.* (departmental)
assistant ❷ *v. douane* customs officer
**commissariaat** *o* [-aten] ❶ *alg.* commissionership
❷ *politiebureau* police station * *het* ~ *voor de media*
the media board, the broadcasting commission
**commissaris** *m* [-sen] ❶ *alg.* commissioner * *de Hoge
Commissaris* the High Commissioner * *de* ~ *van de
Koningin* the Royal Commissioner, the Queen's
commissioner ❷ *v. onderneming* supervisory
director, commissioner * *een externe* ~ an outside
director ❸ *v. orde* steward ❹ *v. politie*
superintendent of police, chief constable
**commissie** *v* [-s] ❶ *opdracht* commission, order * *in*
~ *een opdracht uitvoeren* carry out an order on
commission * *als ik lieg, lieg ik in* ~ I am telling the
truth as I've been told it ❷ handel commission * *in*
~ ⟨sell⟩ on commission; ⟨send⟩ on consignment
❸ *groep* committee, board * *een* ~ *van advies* an
advisory committee * *een* ~ *van toezicht* a
supervisory/watchdog committee, ⟨school⟩ a visiting
committee * *een* ~ *van aandeelhouders* a committee
of shareholders * *een* ~ *van onderzoek* a fact-finding
commission/committee * *een* ~ *benoemen* appoint a
committee
**commissiebasis** *v* * handel *werken op* ~ work on a
commission basis
**commissiehandel** *m* commission business
**commissielid** *o* [-leden] committee member
**commissionair** *m* [-s] ❶ commission agent, broker

**CO**

❷ *commissionairsbedrijf, commissiehuis* commission broker <u>Am</u> commission business, commission agency ✳ *een~ in effecten* a stockbroker, a brokerage firm, a brokerage house, a stockbroking firm

**committeren I** *overg* [committeerde, h. gecommitteerd] commission **II** *wederk* [committeerde, h. gecommitteerd] ✳ *zich aan iets~* commit oneself to sth ✳ *ik voel mij niet gecommitteerd aan die toezeggingen* I don't feel bound by these promises

**commode** *v* [-s] chest of drawers

**commodityagreement** *m* <u>handel</u> commodity agreement

**commotie** *v* [-s] commotion, fuss ✳ *~ veroorzaken* cause/make a commotion, kick up a fuss

**communautair** *bn* communal, ‹EU› Community

**commune** *v* [-s] commune

**communicant** *m* [-en] <u>RK</u> communicant

**communicatie** *v* [-s] communication

**communicatiebedrijf** *o* [-drijven] communication company

**communicatief** *bn* communicative ✳ *communicatieve vaardigheden* communication skills

**communicatiemiddel** *o* [-en] means of communication

**communicatiesatelliet** *m* [-en] communications satellite

**communicatiestoornis** *v* [-sen] communication breakdown

**communicatiewetenschap** *v* [-pen] communication studies

**communiceren I** *overg* [communiceerde, h. gecommuniceerd] communicate **II** *onoverg* [communiceerde, h. gecommuniceerd] ❶ *mededelen* communicate ✳ *~ met iem.* communicate with sbd ✳ *~de vaten* communicating vessels ❷ <u>RK</u> receive communion

**communie** *v* [-s & -niën] communion ✳ *de eerste~* first Communion ✳ <u>RK</u> *zijn~ doen* receive Holy Communion for the first time ✳ <u>RK</u> *de~ ontvangen* take Holy Communion ✳ <u>RK</u> *te~ gaan* go to Communion

**communiqué** *o* [-s] communiqué

**communisme** *o* communism

**communist** *m* [-en] communist

**communistisch** *bn* communist ‹party, system› ✳ *de ~e partij* the Communist Party

**Comoren** *zn* [mv] Comoro Islands, Comoros

**compact** *bn* compact, dense

**compact disc** *m* [-s] compact disc

**compactdiscspeler** *m* [-s] compact disc player

**compagnie** *v* [-s & -nieën] <u>mil, handel</u> company ✳ *de Oost-Indische Compagnie* the Dutch East India Company

**compagnon** *m* [-s] partner

**comparatief I** *bn* comparative **II** *m* [-tieven] <u>taalk</u> comparative

**comparitie** *v* [-s & -tiën] ❶ meeting, assembly ❷ *verschijnen in de rechtzaal of voor een notaris* <u>jur</u> appearance in person

**compartiment** *o* [-en] compartment

**compatibel** *bn combineerbaarheid* <u>ook comput</u> compatible

**compatibiliteit** *v* compatibility ✳ <u>comput</u> *achterwaartse~* backward compatibility ✳ <u>comput</u> *voorwaartse~* forward compatibility

**compendium** *o* [-s & -dia] compendium

**compensatie** *v* [-s] compensation ✳ *ter~* by way of compensation ✳ *ter~ van* in settlement of ✳ <u>boekh</u> *achterwaartse/voorwaartse~* carry back/forward

**compensatieregeling** *v* [-en] compensation arrangement

**compensatoir** *bn* compensatory ✳ *~e rente* compensatory interest ✳ *~ gedrag* compensatory behaviour

**compenseren** *overg* [compenseerde, h. gecompenseerd] compensate, counterbalance, make up for ✳ *de schade~* compensate for the damage ✳ *iem. ~ voor inkomensderving* compensate sbd for loss of income

**competent** *bn* competent, able, qualified

**competentie** *v* [-s] ❶ competence ✳ *het behoort niet tot mijn~* it's out of my domain ❷ <u>jur</u> jurisdiction, competency ✳ *een zaak die binnen de~ van de rechtbank valt* a matter that belongs to the jurisdiction of the court

**competentievraag** *v* issue of competence

**competitie** *v* [-s] ❶ *mededinging* competition ❷ <u>sp</u> league

**competitief** *bn* competitive

**competitiewedstrijd** *m* [-en] league game, league match

**compilatie** *v* [-s] <u>ook comput</u> compilation

**compiler** *m* [-s] <u>comput</u> compiler

**compileren** *overg* [compileerde, h. gecompileerd] <u>ook comput</u> compile

**compleet I** *bn* complete **II** *bijw* completely, utterly ✳ *zij was de afspraak~ vergeten* she completely forgot the appointment

**complement** *o* [-en] complement

**complementair** *bn* complementary ✳ *~e goederen* complementary goods ✳ *~e kleuren* complementary colours

**completeren** *overg* [completeerde, h. gecompleteerd] complete

**completering** *v* completion

**complex I** *bn* complex, complicated, intricate ✳ *euthanasie is een ~e kwestie* euthanasia is a complex issue **II** *o* [en] complex ✳ *hij kreeg er een~ van* he got a complex about it

**complexiteit** *v* complexity

**complicatie** *v* [-s] complication

**compliceren** *overg* [compliceerde, h. gecompliceerd] complicate ✳ *laten we de zaken niet*

~ let's not complicate matters

**compliment** o [-en] compliment, regard, respect✳ *de ~en aan allemaal* best regards to all✳ *de~en van mij en zeg dat...* give him/them & my compliments/respects/regards and say that... ✳ *zonder~* without (standing on) ceremony✳ *zonder veel/verdere~en* without further ado✳ *de~en doen/maken* give/make/pay/send one's compliments ✳ *iem. een~ maken over iets* compliment sbd on sth ✳ *hij houdt van~en maken* he's given to paying compliments✳ *naar een~je vissen* fish for a compliment

**complimenteren** *overg* [complimenteerde, h. gecomplimenteerd]✳ *iem.~* compliment sbd ‹on sth›

**complimenteus** *bn* complimentary

**complot** o [-ten] plot, intrigue, conspiracy✳ *een~ smeden* plot, hatch a plot, conspire

**complottheorie** v [-rieën] conspiracy theory

**component** m [-en] component

**componentenlijm** m two component epoxy adhesive

**componeren** *overg* [componeerde, h. gecomponeerd] compose

**componist** m [-en] composer

**composiet I** v [-en] composite **II** *bn* composite

**compositie** v [-s] composition

**compositiefoto** v ['s] identikit (picture), composition photo

**compost** o & m compost

**composteren** *overg en onoverg* [composteerde, h. gecomposteerd] compost

**compote** m & v [-s] compote, stewed fruit

**compressie** v [-s] compression

**compressor** m [-s & -soren] techn compressor

**comprimeren** *overg* [comprimeerde, h. gecomprimeerd] ❶ *samenpersen* compress, condense ❷ *bedwingen* repress, restrain ❸ comput compress, zip

**compromis** o [-sen] ❶ compromise, deed of compromise✳ *een~ sluiten* compromise, reach a compromise ❷ *bij arbitrage* arbitration agreement

**compromitteren I** *overg* [compromitteerde, h. gecompromitteerd] compromise **II** *wederk* [compromitteerde, h. gecompromitteerd]✳ *zich~* compromise oneself

**compromitterend** *bn* compromising

**comptabiliteit** v ❶ *rekenplichtigheid* accountability ❷ *kantoor* accountancy, audit office

**computer** m [-s] computer

**computeranimatie** v [-s] computer animation

**computerbestand** o [-en] computer file

**computerbranche** v computer industry

**computeren** *onoverg* [computerde, h. gecomputerd] work at/on the computer, play computer games

**computergestuurd** *bn* computer-controlled

**computerkraker** m [-s] hacker

**computernetwerk** o [-en] computer network

**computerprogramma** o ['s] computer program

**computerspel** o [-spellen, -spelen] computer game

**computerstoring** v [-en] computer crash

**computertaal** v [-talen] computer language, programming language

**computervirus** o [-sen] computer virus

**concaaf** *bn* concave✳ *een concave lens* a concave lens

**concentraat** o [-traten] concentrate

**concentratie** v [-s] concentration

**concentratiekamp** o [-en] concentration camp

**concentratievermogen** o power(s) of concentration

**concentreren I** *overg* [concentreerde, h. geconcentreerd] ❶ *alg.* concentrate ❷ *de aandacht & focus* **II** *wederk* [concentreerde, h. geconcentreerd] ✳ *zich~* concentrate✳ *zich op een probleem~* concentrate on a problem

**concentrisch** *bn* concentric✳ *~e cirkels* concentric circles

**concept** o [-en] ❶ *voorlopig ontwerp* (rough) draft, outline ❷ *begrip in de filosofie* concept

---

**concept**

is draft, (rough) outline en wordt niet vertaald als concept behalve in een filosofische context. Concept betekent idee, denkbeeld.

---

**conceptbegroting** v [-en] draft budget

**conceptbrief** m [-brieven] draft letter

**conceptie** v [-s] conception

**conceptovereenkomst** v [-en] draft agreement

**conceptueel** *bn* conceptual

**concern** o [-s] concern, group of companies, group of affiliated corporations

**concert** o [-en] ❶ *alg.* concert✳ *een~ geven* give a concert ❷ *solo* recital ❸ *muziekstuk* concerto

**concertbezoek** o [-en] concert visit

**concerteren** *onoverg* [concerteerde, h. geconcerteerd] ❶ *een concert geven* perform/give/do a concert ❷ *als solist* give a recital

**concertganger** m [-s] concertgoer

**concertgebouw** o [-en] concert hall

**concertmeester** m [-s] leader, concertmaster

**concertvleugel** m [-s] concert grand

**concertzaal** v [-zalen] concert hall

**concessie** v [-s] ❶ *het toegeven* concession✳ *~s doen* make concessions ❷ *vergunning* licence/Am license, franchise✳ *een~ aanvragen* apply for a licence✳ *~ verlenen* grant a concession/licence

**concessiehouder** m [-s], **concessionaris** [-sen] concessionaire, franchise holder, grantee

**conciërge** m-v [-s] ❶ *flatgebouwen &* caretaker, doorkeeper, doorman, porter, Am janitor ❷ *school* (school) caretaker

**concilie** o [-s & -liën] council ‹of prelates›✳ *het nationaal~* the national council

**concipiëren** *overg en onoverg* [concipieerde, h.

**geconcipieerd** ] conceive, draft ‹a plan›
**conclaaf** *o* [-claven], **conclave** [-s] conclave * *in* ~ *gaan* go into conclave
**concluderen** I *overg* [concludeerde, h. geconcludeerd] conclude, deduce * *wij* ~ *uit dit onderzoek dat...* from the research we can conclude that... II *onoverg* [concludeerde, h. geconcludeerd] apply for, move that/for * *tot vrijspraak* ~ apply for discharge
**conclusie** *v* [-s] ❶ conclusion * ~*s trekken* draw conclusions * *tot een* ~ *komen* reach a conclusion ❷ *jur* pleading * *de* ~ *nemen* deliver the statement * *de* ~ *van antwoord* the statement of defence/Am defense * *de* ~ *van eis* the statement/particulars of claim, Am the complaint * *de* ~ *van repliek* the reply
**concordaat** *o* [-daten] concordat
**concours** *o & m* [-en] competition * *een* ~ *hippique* a horse show
**concreet** *bn* ❶ *niet abstract* concrete, tangible * *concrete poëzie* concrete poetry ❷ *specifiek* concrete, definite, specific * *een* ~ *geval* a specific case
**concretiseren** I *overg* [concretiseerde, h. geconcretiseerd] concretize, make concrete ‹plans› II *wederk* [concretiseerde, h. geconcretiseerd] * *zich* ~ be specific about
**concubinaat** *o* concubinage, common-law marriage
**concubine** *v* [-s] concubine
**concurrent** *m* [-en] ❶ *rivaal* competitor, rival ❷ *schuldeiser* creditor
**concurrentie** *v* competition, rivalry * *hevige* ~ fierce competition * *moordende* ~ cut-throat competition * *oneerlijke* ~ unfair competition * *sterke* ~ stiff competition * *volkomen* ~ perfect competition * *vrije* ~ free competition
**concurrentieanalyse** *v* [-s] marketing competitive analysis
**concurrentiebeding** *o* restraint of trade clause, non-competition clause, anti-competition clause
**concurrentiepositie** *v* * *de* ~ *versterken* ‹van een bedrijf› make more competitive
**concurrentieslag** *v* commercial battle * *de* ~ *winnen* win the competition
**concurrentiestrijd** *m* competition, competitive struggle
**concurrentievervalsing** *v* unfair competition
**concurreren** *onoverg* [concurreerde, h. geconcurreerd] compete ‹with...› * *kunnen* ~ *met* be able to compete with
**concurrerend** *bn* ❶ *mededingend* competing, rival ‹firms› ❷ *zodat geconcurreerd kan worden* competitive ‹price›
**condens** *m* condensation
**condensatie** *v* condensation
**condensator** *m* [-s & -toren] condenser
**condenseren** *overg en onoverg* [condenseerde, h. en is gecondenseerd] condense * *gecondenseerde melk*

evaporated milk, ‹met suiker› condensed milk
**condensvorming** *v* condensation formation
**conditie** *v* ❶ *toestand* condition, form, shape * *in goede* ~ ‹v. huis &› in good repair; ‹v. persoon› in good form; ‹v. paard &› in good condition ❷ *voorwaarde* [-s & -tiën] condition, proviso, terms * *onze* ~*s zijn...* our terms are...
**conditietraining** *v* fitness training
**conditioneel** I *bn* ❶ *voorwaardelijk* conditional ❷ *de lichamelijke conditie betreffend* physical II *bijw* ❶ conditionally ❷ physically
**conditioneren** *overg* [conditioneerde, h. geconditioneerd] ❶ *voorwaarden stellen* stipulate ❷ *psych* condition
**condoleance, condoleantie** *v* [-s] condolence, sympathy
**condoleanceregister, condoleantieregister** *o* [-s] condolences book
**condoleren** *overg* [condoleerde, h. gecondoleerd] express one's sympathy * *iem.* ~ offer sbd one's condolences/sympathy * *ik condoleer u van harte* please accept my heartfelt sympathy
**condoom** *o* [-s] condom, inf rubber
**condor** *m* [-s] condor
**conducteur** *m* [-s] ❶ *v. trein* Br guard, Am conductor ❷ *v. bus, tram* conductor, ticket collector
**conductrice** *v* [-s] conductress, ticket collector, Br inf ‹v. bus› clippie
**conduitestaat** *m* [-staten] personal record
**confectie** *v* ❶ *kleding* ready-made clothes ❷ *het maken* manufacture of ready-made clothes
**confectiekleding** *v* ready-made clothes, ready-to-wear clothes, off-the-peg clothes
**confectiepak** *o* [-ken] ready-made suit
**confederatie** *v* [-s] confederation, confederacy
**conference** *v* [-s] sketch, act
**conferencier** *m* [-s] ❶ entertainer ❷ *komiek* comedian
**conferentie** *v* [-s] conference, discussion * *in* ~ *zijn* be in conference
**conferentieoord** *o* [-en] conference venue
**conferentietafel** *v* [-s] conference table
**confereren** *onoverg* [confereerde, h. geconfereerd] consult, confer * ~ *over* confer about
**confessie** *v* [-s] ❶ *bekentenis* confession ❷ *geloofsbelijdenis* confession (of faith) * *de Augsburgse* ~ the Augsburg Confession
**confessioneel** *bn* confessional, denominational * *een confessionele partij* a religious party
**confetti** *m* confetti
**confidentieel** *bn* confidential
**configuratie** *v* [-s] configuration
**confiscatie** *v* [-s] confiscation, seizure
**confisqueren** *overg* [confisqueerde, h. geconfisqueerd] confiscate, seize
**confituren** *zn* [mv] conserves
**conflict** *o* [-en] conflict * *in* ~ *komen met...* come into conflict with, conflict/clash with

CO

**CO**

**conflictbeheersing** v conflict management
**conflicteren** onoverg [conflicteerde, h.
geconflicteerd] ∗~ met conflict with
**conflictmodel** o [-len] strategy of confrontation
**conflictsituatie** v [-s] conflict situation
**conflictstof** v grounds of the conflict
**conform I** voorz in accordance with∗ jur~ de eis in
accordance with the demands∗ ~ de voorschriften
in accordance with the regulationsII bn correct
∗ voor kopie~ a certified true copy
**conformeren I** overg [conformeerde, h.
geconformeerd] conform (to), comply (with)∗ een
wetsontwerp~ aan de bestaande wetgeving adapt a
bill to the existing legislationII wederk
[conformeerde, h. geconformeerd] ∗ zich~ aan
conform to
**conformisme** o conformism
**conformist** m [-en] conformist
**conformistisch** bn conformist
**confrater** m [-s] colleague
**confrontatie** v [-s] confrontation
**confronteren** overg [confronteerde, h.
geconfronteerd] confront (with), face (with)
∗ geconfronteerd met de werkelijkheid brought
face-to-face with reality
**confuus** bn confused, embarrassed, ashamed
**congé** o & m [-s] dismissal∗ inf iem. zijn~ geven give
sbd the sack, dismiss sbd∗ inf hij kreeg zijn~ he got
the sack, he was dismissed
**congenitaal** bn congenital
**congestie** v [-s] congestion
**conglomeraat** o [-raten] conglomerate,
conglomeration
**Congo-Brazzaville** o Republic of Congo, onofficieel
Congo Brazzaville
**Congo-Kinshasa** o Democratic Republic of the
Congo, onofficieel Congo Kinshasa
**Congolees I** m [-lezen] Congolese∗ de Congolezen
the CongoleseII bn Congolese
**Congolese** v [-n] Congolese∗ ze is een~ she's a
Congolese, she's from Congo
**congregatie** v [-s & -tiën]❶ (klooster)orde
congregation, order❷ katholieke vereniging van
leken congregation, sodality
**congres** o [-sen] congress
**congresgebouw** o [-en] conference hall
**congruent** bn congruent, corresponding
**congruentie** v [-s]❶ overeenstemming
correspondence❷ wisk congruence
**conifeer** m [-feren] conifer
**conisch** bn conical
**conjugatie** v [-s] conjugation
**conjunctie** v [-s] conjunction
**conjunctief** m [-tieven] subjunctive
**conjunctuur** v [-turen]❶ handel
economic/trade/business conditions❷ state of the
market, state of trade (and industry)❸ periode trade
cycle, business cycle∗ een dalende~ a downward

economic trend∗ een neergaande~ a recession∗ een
opgaande~ an economic recovery
**conjunctuurschommelingen** zn [mv] cyclical
fluctuations, economic fluctuations
**connaisseur** m [-s] connoisseur
**connectie** v [-s] connection∗ goede~ s hebben have
the right connections
**connotatie** v [-s] connotation
**connector** m [-s & -toren] onderw deputy principal
**consacreren** overg [consacreerde, h.
geconsacreerd],**consecreren** [consecreerde, h.
geconsacreerd] RK consecrate
**consciëntieus** bn conscientious∗ een consciëntieuze
student a conscientious student
**consecratie** v [-s] RK consecration
**consecutief** bn consecutive∗ een consecutieve zin a
consecutive clause
**consensus** m consensus
**consequent I** bn❶ in overeenstemming met het
voorafgaande consistent∗ ~ zijn be consistent
❷ logisch voortvloeiend uit logicalII bijw
consistently, scrupulously∗ de eisen moeten~
worden toegepast the demands should be
consistently applied∗ de Europese afspraken moeten
~ worden nageleefd the European arrangements
should be scrupulously adhered to/should be
adhered to at all times

---

**consequent**
isconsistent ofconsistently en nietconsequent of
consequently .Consequent ,consequently
betekentdaaruit voortvloeiend ,daaropvolgend .

---

**consequentie** v [-s]❶ handelen consistency❷ gevolg
consequence∗ je moet de~ s van je daden accepteren
you must accept the consequences of your actions
**conservatief I** bn conservative∗ een~ politicus a
conservative politicianII m [-tieven] conservative,
Br pol Tory
**conservatisme** o❶ conservatism❷ Br pol Toryism
**conservator** m [-s & -toren] curator ‹of a museum›,
custodian ‹of the records &›
**conservatorium** o [-s & -ria] school of music,
conservatoire, conservatory, conservatorium
**conserven** zn [mv] preserved foods
**conservenblik** o [-ken] can
**conserveren** overg [conserveerde, h. geconserveerd]
preserve, keep∗ goed geconserveerd ‹v. oudere
personen› well preserved
**conservering** v preservation
**conserveringsmiddel** o [-en] preservative
**consideratie** v [-s] consideration∗ veel~ met iem.
hebben make allowances for sbd∗ iem. met~
behandelen treat sbd with consideration∗ iets in~
nemen take sth into account
**consignatie** v [-s] consignment, ‹van gelden›
consignation∗ in~ zenden send on consignment,
consign

**consigne** *o* [-s] ❶ *opdracht* orders, instructions
❷ *wachtwoord* password
**consigneren** *overg* [consigneerde, h. geconsigneerd]
❶ handel consign ⟨goods⟩ ❷ mil confine ⟨troops⟩ to
barracks
**consistent** *bn* consistent
**consistentie** *v* consistency
**consistorie** *o* [-s] consistory
**consistoriekamer** *v* [-s] vestry, consistory
**console** *v* [-s] ❶ bouwk console ❷ *tafeltje* console
table ❸ comput console
**consolidatie** *v* ❶ consolidation ❷ bankw & fin
funding ❸ boekh consolidation
**consolideren** *overg* [consolideerde, h.
geconsolideerd] consolidate
**consonant** *v* [-en] consonant
**consorten, konsoorten** *zn* [mv] associates,
confederates ∗ *X en∼* X and company, inf X and his
pals
**consortium** *o* [-s] consortium, syndicate, ring
**con'stant**[1] *bn* constant, steady ∗ *∼e kosten* fixed
costs ∗ *de∼e waarde* the present value ∗ *het weer
bleef∼* the weather remained calm
**'constant**[2] *bijw* constantly ∗ *ze zeurde∼ om een ijsje*
she kept pestering for an ice cream ∗ *ze houden me
∼ in de gaten* they're keeping a constant eye on me
**constante** *v* [-n] constant
**constateren** *overg* [constateerde, h. geconstateerd]
❶ *alg.* state, ascertain, establish ⟨a fact⟩ ❷ med
diagnose ∗ *er werd geconstateerd dat ze besmet was
met malaria* she was found to be/diagnosed as being
infected with malaria
**constatering** *v* [-en] observation, discovery,
conclusion, detection ∗ *tot de∼ komen dat* come to
the conclusion that
**constellatie** *v* [-s] ❶ *sterrenbeeld* constellation
❷ *situatie* situation, inf line-up
**consternatie** *v* [-s] consternation, dismay, panic
**constipatie** *v* [-s] constipation
**constituent** *m* [-en] constituent
**constitueren** *overg* [constitueerde, h.
geconstitueerd] constitute
**constitutie** *v* [-s] constitution
**constitutioneel** *bn* constitutional ∗ *een
constitutionele monarchie* a constitutional monarchy
**constructeur** *m* [-s] designer, design engineer
**constructie** *v* [-s] ❶ *gebouw* construction, structure
❷ *het bouwen* construction
**constructief** *bn* constructive
**constructiefout** *v* [-en] design error, ⟨in bouwwerk⟩
construction defect
**construeren** *overg* [construeerde, h. geconstrueerd]
construct
**consul** *m* [-s] consul
**consulaat** *o* [-laten] consulate
**consulaat-generaal** *o* [consulaten-generaal]
consulate general
**consulair** *bn* consular ∗ *de∼e dienst* the consular

service ∗ *een∼ agent* a consular agent
**consulent** *m* [-en] adviser
**consul-generaal** *m* [consuls-generaal] consul
general
**consult** *o* [-en] consultation ∗ *∼ houden* hold
consultations
**consultancy** *v* consultancy
**consultatie** *v* [-s] consultation
**consultatiebureau** *o* [-s] health centre/Am center,
⟨voor zuigelingen⟩ infant welfare centre/Am center
**consulteren** *overg* [consulteerde, h. geconsulteerd]
consult ⟨a doctor⟩, seek professional advice ∗ *een∼d
geneesheer* a consulting physician
**consument** *m* [-en] consumer
**consumentenbond** *m* [-en] consumers'
association, consumers' union
**consumentengedrag** *o* marketing consumer
behaviour
**consumentenvertrouwen** *o* consumer confidence
**consumeren** *overg* [consumeerde, h.
geconsumeerd] consume
**consumptie** *v* [-s] ❶ *verbruik* consumption ❷ *eet-,
drinkwaren* food and drinks ∗ *ik kreeg twee∼s
aangeboden* I was offered two drinks
**consumptieartikel** *o* [-en] consumable
**consumptiebon** *m* [-nen] food/drink voucher
**consumptief** *bn* consumptive ∗ *consumptieve
bestedingen* consumer expenditure ∗ *consumptieve
vraag* consumer demand ∗ *∼ krediet* consumer
credit
**consumptiegoederen** *zn* [mv] consumer goods
∗ *niet-duurzame∼* non durables ∗ *duurzame∼*
durables
**consumptiemaatschappij** *v* consumer society
**contact** *o* [-en] ❶ *verbinding* contact, touch ∗ *∼
hebben met* be in contact with, be in touch with ∗ *∼
opnemen/maken met* make contact with, contact
⟨sbd⟩ ∗ *in∼ brengen met* bring into contact with ∗ *in
∼ staan met* be in contact with ∗ *∼ maken* elektr
make contact ❷ *persoon* contact, contact person,
connection ∗ *∼en leggen* make contacts ❸ auto
contact, switch, ignition
**contactadres** *o* [-sen] contact address
**contactadvertentie** *v* [-s] personal ad
**contactdoos** *v* [-dozen] socket, plug, outlet
**contactdraad** *m* [-draden] contact wire
**contacteren** *overg* [contacteerde, h. gecontacteerd]
contact, get in touch with
**contactgestoord** *bn* socially handicapped
**contactlens** *v* [-lenzen] contact lens
**contactpersoon** *m* [-sonen] contact
**contactsleutel** *m* [-s] ignition key
**contactueel** *bn* contactual ∗ *goede contactuele
eigenschappen hebben* have good communication
skills
**container** *m* [-s] container
**containerhaven** *v* [-s] container port
**containerschip** *o* [-schepen] container ship

**CO**

**containervervoer** *o* transport container transport
**contaminatie** *v* [-s] **❶**vervuiling contamination
**❷**taalk contamination
**contant I** *bn* cash *∗à ∼*for cash *∗een ∼e betaling* a
cash payment *∗een ∼dividend* a cash dividend *∗∼
geld* ready money *∗valuta een ∼e markt* a spot
currency market, a cash market *∗de ∼e waarde* the
present value, the cash value **II** *bijw ∗∼betalen* pay
in cash, pay cash in hand
**contanten** *zn* [mv] cash, ready money, cash in hand
**contemplatief I** *bn* contemplative, meditative *∗de
contemplatieve orden* the contemplative orders **II** *m*
[-tieven] contemplative
**contemporain I** *bn* contemporary **II** *m* [-s]
contemporary
**'content**[1] *m* [-s] *inhoud* comput content
**con'tent**[2] *bn* content, happy, satisfied
**context** *m* [-en] context
**continent** *o* [-en] continent
**continentaal** *bn* continental *∗een ∼plat* a
continental shelf
**contingent** *o* [-en] **❶**mil contingent **❷**handel quota
**continu** *bn* continuous *∗een ∼e variabele* a
continuous variable *∗een ∼e stroom van geruchten* a
continuous stream of rumours
**continuarbeid** *m* shift work
**continubedrijf** *o* [-drijven] continuous industry,
continuous operation, continuous working plant
**continudienst** *m* continuous shift
**continueren** *overg en onoverg* [continueerde, h.
gecontinueerd] continue *∗jur een zaak ∼*adjourn a
case
**continuïteit** *v* **❶**samenhang continuity **❷**voortduring
continuation
**continuproces** *o* continuous process
**conto** *o* ['s & -ti] bankw account *∗fig iets op iems. ∼
schrijven* hold sbd responsible for sth
**contour** *m* [-en] contour, outline
**contra I** *bijw & voorz* contra, versus, against **II** *o* ['s]
*∗het pro en het ∼*the pros and cons
**contrabas** *v* [-sen] double bass
**contrabeweging** *v* [-en] contra movement
**contraceptie** *v* contraception
**contract** *o* [-en] contract, agreement *∗een ∼voor
onbepaalde tijd arbeid* a fixed-term contract, an
open-ended contract *∗een vast* a permanent
contract *∗volgens ∼*according to contract *∗een
voorlopig ∼*a temporary contract *∗een ∼tekenen*
sign an agreement/a contract
**contractant** *m* [-en] contracting party, contractor
**contractbreuk** *v* [-en] breach of contract *∗∼plegen*
commit a breach of contract
**contractduur** *m* term of agreement
**contracteren** *overg* [contracteerde, h.
gecontracteerd] contract (for)
**contractie** *v* [-s] contraction
**contractspeler** *m* [-s] contract player
**contractueel I** *bn* contractual **II** *bijw* contractual,

by/under contract *∗contractuele rechten* contractual
rights/rights under contract *∗contractuele
verplichtingen* contractual obligations *∗∼vastleggen*
lay down in a contract *∗∼verbonden zijn* be bound
by contract
**contradictie** *v* [-s] contradiction
**contradictio in terminis** *v* contradiction in terms
**contradictoir** *bn* contradictory, adversarial *∗een ∼
vonnis* a judgement in a defended case
**contra-expertise** *v* [-s & -n] jur countercheck,
second opinion, ⟨bij verzekeringen⟩ re-appraisal
**contragewicht** *o* [-en] counterpoise, counterweight
**contra-indicatie** *v* [-s] med contraindication
**contramine** *v ∗handel in de ∼zijn* speculate for a
fall *∗hij is altijd in de ∼*he's a born pessimist
**contraproductief** *bn* counterproductive *∗dat werkt
∼*this is counterproductive
**contrapunt** *o* [-en] muz counterpoint
**contraspionage** *v* counterespionage
**contrast** *o* [-en] contrast *∗in ∼met* in contrast to
*∗een ∼vormen met* contrast with *∗in schril ∼met* in
sharp contrast to *∗een schilderij met veel ∼en* a
painting with many contrasts
**contrasteren** *onoverg* [contrasteerde, h.
gecontrasteerd] contrast *∗∼met* contrast with
*∗de kleuren* contrasting colours
**contrastmiddel** *o* [-en] contrast medium
**contrastregelaar** *m* [-s] contrast control
**contrastvloeistof** *v* [-fen] contrast fluid
**contrastwerking** *v* [-en] contrast effect
**contreien** *zn* [mv] regions, parts *∗in deze ∼*in these
parts
**contribuant** *m* [-en] subscribing member,
contributor
**contributie** *v* [-s] subscription, membership fee
**controle** *v* [-s] **❶**alg. check(ing), supervision, control
*∗∼uitoefenen op de...* check the... *∗iets onder ∼
hebben* be in command of something *∗een
tussentijdse ∼*an interim audit *∗een verplichte ∼*a
statutory audit **❷**medische controle checkup,
monitoring *∗hij moet naar het ziekenhuis voor ∼*he
has to go to the hospital for a checkup
**controleadres** *o* [-sen] reclame control address
**controleerbaar** *bn* checkable, verifiable *∗een
controleerbare vastlegging van transacties/boekingen*
an audit trail, traceable history of
transactions/bookings *∗de inhoud is niet ∼*the
contents cannot be verified/checked
**controlegroep** *v* [-en] control group
**controlekamer** *v* [-s] control room
**controlelampje** *o* [-s] warning light
**controlepost** *m* [-en] checkpoint
**controleren** *overg* [controleerde, h. gecontroleerd]
**❶**nagaan check, examine, verify, control **❷**toetsen
test **❸**toezicht houden op supervise, monitor *∗een
∼d geneesheer* a medical officer *∗het proces ∼*
monitor the process
**controlestrookje** *o* [-s] van cheques, tegoedbonnen

*enz.* counterfoil

**controleur** *m* [-s] ❶ *ambtenaar* inspector, controller, checker ❷ *kaartjes* ticket inspector ❸ *boekhouden* auditor

**controverse** *v* [-n & -s] controversy

**controversieel** *bn* controversial

**convenant** *o* [-en] covenant, contract, agreement

**conventie** *v* [-s] ❶ convention * *de ~ van de Democratische Partij* the Democratic Party convention * *de ~s overtreden* go against the accepted norm ❷ *jur* principal action, proceedings on the plaintiff's claim

**conventioneel** *bn* conventional, traditional * *conventionele wapens* conventional weapons

**convergent** *bn* convergent

**convergentie** *v het samenkomen* convergence * comput *digitale ~* digital convergence

**convergeren** *onoverg* [convergeerde, h. geconvergeerd] converge

**conversatie** *v* [-s] conversation, talk * *een levendige ~ met iem. hebben* have a lively talk with sbd

**conversatieles** *v* [-sen] conversation lesson

**converseren** *onoverg* [converseerde, h. geconverseerd] converse * *hij kan goed ~* he's a good conversationalist

**conversie** *v* [-s] conversion * *~ van rente* ‹omzetten van rente in een ander percentage› an interest rate swap

**converteerbaar** *bn* convertible * *een converteerbare lening* a convertible loan * *converteerbare obligaties* convertible bonds

**converteren** *overg* [converteerde, h. geconverteerd] convert ‹into›

**convertibel** *bn handel* convertible

**convertibiliteit** *v* convertibility

**convex** *bn* convex * *~-concaaf* convexo-concave

**convocaat** *o* [-caten] convocation

**convocatie** *v* [-s] ❶ *bijeenroeping* convocation ❷ *bericht* notice (of a meeting), invitation (to a meeting)

---

**convocatie**

wordt in formeel Nederlands gebruikt als een uitnodiging voor een vergadering en kan het best worden vertaald als **notice (of a meeting)** of **invitation (to a meeting)**. In het Engels is **convocation** de uitnodiging voor een grote formele vergadering zoals een synode, maar vooral zo'n vergadering zelf.

---

**convoceren** *overg* [convoceerde, h. geconvoceerd] convene, convoke

**coöperatie** *v* [-s] ❶ *samenwerking* collaboration ❷ *coöperatieve vereniging* cooperative, cooperative association

---

**coöperatie**

Woorden als coöperatie, coördineren enz. mogen zowel met als zonder streepje worden geschreven in het Engels: cooperation, coordinate naast co-operation en co-ordinate. Er lijkt een voorkeur te bestaan voor de vormen zonder streepje, maar welke vorm je ook kiest, wees er wel consequent in.

---

**coöperatief** *bn* cooperative/co-operative * *zich ~ opstellen* be cooperative * *een coöperatieve groothandelsvereniging* a wholesale cooperative * *een coöperatieve zuivelfabriek* a cooperative dairy factory

**coöptatie** *v* [-s] co-optation

**coöpteren** *overg* [coöpteerde, h. gecoöpteerd] co-opt * *zich ~* co-opt oneself

**coördinaat** *m* [-naten] coordinate, co-ordinate

**coördinatenstelsel** *o* [-s] coordinate/co-ordinate system

**coördinatie** *v* [-s] coordination, co-ordination

**coördinator** *m* [-s, -toren] coordinator, co-ordinator

**coördineren** *overg* [coördineerde, h. gecoördineerd] coordinate, co-ordinate

**co-ouder** *m* [-s] co-parent

**copieus** I *bn* copious, plentiful * *een copieuze lunch* a lavish lunch II *bijw* * *~ dineren* dine lavishly

**copiloot** *m* [-loten] co-pilot

**coproductie** *v* [-s] co-production

**copulatie** *v* [-s] copulation, ‹v. dieren› mating

**copuleren** *onoverg* [copuleerde, h. gecopuleerd] copulate, ‹v. dieren› mate

**copyright** *o* [-s] copyright

**copywriter** *m* [-s] *tekstschrijver, reclametekstschrijver* copywriter, advertising copywriter

**cordon bleu** *m* [-s] ❶ *vleesgerecht* escalope with ham and cheese, Am veal cordon bleu ❷ *bekwame kok* cordon bleu chef

**corduroy** I *o* corduroy, cord II *bn* corduroy, cord * *een ~ broek* corduroy pants, corduroys, cords

**coreferent** *m* [-en] co-reporter, co-reviewer

**cornedbeef** *m* corned beef

**corner** *m* [-s] *sp & handel* corner

**cornervlag** *v* [-gen] corner flag

**cornflakes** *zn* [mv] cornflakes

**corona** *v* ['s, -nae] corona, aureole

**coronair** *bn* coronary ‹thrombosis &› * *~e vaten* coronary vessels

**corporatie** *v* [-s] corporate body, corporation

**corporatief** *bn* corporative * *de corporatieve staat* the corporate state

**corps** I *o* [mv idem] corps, body * *het ~ diplomatique* the Diplomatic Corps, the Diplomatic Body II *o* [corpora] *studentencorps* student union

**corpulent** *bn* corpulent, stout

**corpulentie** *v* corpulence, stoutness

**corpus** *o* [-sen] body * *jur het ~ delicti* the corpus delicti

**correct** I *bn* ❶ *feitelijk* correct, right, exact ❷ *maatschappelijk* correct, right, proper II *bijw*

**co**

correctly, properly * zich ~ gedragen behave properly/correctly * ~ handelen act correctly, do the correct/right thing

**correctheid** v correctness

**correctie** v [-s] correction

**correctief** o [-tieven] corrective * een ~ referendum a corrective referendum * med een correctieve behandeling corrective treatment

**correctiefactor** m [-toren] correction factor

**correctielak** m & o correction fluid

**correctieteken** o [-s] correction mark

**correctievloeistof** v correction fluid

**correctiewerk** o correction

**corrector** m [-s & -toren] proofreader, corrector

**correlatie** v [-s] correlation, interdependence

**correlatiecoëfficiënt** m [-en] correlation coefficient

**correleren** overg en onoverg [correleerde, h. en is gecorreleerd] correlate

**correspondent** m [-en] correspondent * onze ~ in Brussel our Brussels correspondent

**correspondentie** v [-s] correspondence

**correspondentieadres** o [-sen] postal address, mailing address

**correspondentievriend** m [-en] pen friend, pen pal

**corresponderen** onoverg [correspondeerde, h. gecorrespondeerd] correspond * ~ met ⟨schrijven⟩ write to, correspond with; ⟨overeenstemmen⟩ correspond to/with * een ~de trein a connecting train

**corridor** m [-s] corridor

**corrigeren** overg [corrigeerde, h. gecorrigeerd] ❶ verbeteren correct ❷ nakijken mark, ⟨v. drukproeven⟩ read * een drukproef ~ proofread

**corroderen** onoverg [corrodeerde, h. gecorrodeerd] corrode

**corrosie** v [-s] corrosion

**corrumperen** overg [corrumpeerde, h. gecorrumpeerd] corrupt

**corrupt** bn corrupt

**corruptie** v [-s] corruption

**corsage** v & o [-s] corsage

**Corsica** o Corsica

**Corsicaan** m [-canen] Corsican

**Corsicaans I** bn Corsican **II** o taal Corsican

**Corsicaanse** v [-n] Corsican * ze is een ~ she's a Corsican, she's from Corsica

**corso** m & o ['s] parade, procession

**cortex** m cortex

**corticosteroïden** zn [mv] corticosteroids

**corvee** v [-s] ❶ mil fatigue duty ❷ huishoudklussen (household) chores * het is een ~ it's quite a job * ~ hebben do the chores

**coryfee** m & v [-feeën] star, celebrity * een literaire ~ a literary lion

**coschap** o [-pen] internship * ~pen lopen do one's internship

**cosinus** m [-sen] cosine

**cosmetica** zn [mv] cosmetics

**cosmetisch** bn cosmetic

**Costa Rica** o Costa Rica

**cotangens** v [-en, -genten] cotangent

**coterie** v [-s & -rieën] coterie, clique, (exclusive) set

**couchette** v [-s] berth, ⟨in trein⟩ couchette

**coulant** bn ❶ mild accommodating ❷ v. voorwaarden reasonable, fair ❸ v. betaling prompt ❹ v. houding generous

**couleur locale** v local colour/Am color

**coulisse** v [-n & -s] side wing, coulisse * achter de ~n behind the scenes, in the wings

**counselen** overg [counselde, h. gecounseld] psych counsel

**counter** m [-s] ❶ sp counter, counterattack * op de ~ spelen try to score through counterattacks ❷ balie counter

**counteren** onoverg [counterde, h. gecounterd] sp counter, counterattack

**country-and-western** m, **country, countrymuziek** v country and western

**coup** m [-s] staatsgreep coup * een ~ d'état a coup d'état * een ~ plegen stage a coup

**coupe** v [-s] ❶ v. kleding cut ❷ v. haar style * haar met een ~ soleil highlights in ⟨one's⟩ hair ❸ glas cup, bowl

**coupé** m [-s] ❶ v. trein compartment ❷ rijtuig coupé

**couperen** overg [coupeerde, h. gecoupeerd] ❶ kaartsp cut ❷ film, toneelstuk & make cuts ❸ wijn dilute ❹ v. staart dock * een gecoupeerde staart a bobtail

**couperose** v acne rosacea

**coupeur** m [-s], **coupeuse** v [-s] cutter

**couplet** o [-ten] ❶ stanza ❷ tweeregelig couplet

**coupon** m [-s] ❶ eff coupon ❷ lap stof remnant ⟨of dress material⟩, cutting ❸ toegangsbewijs ticket ❹ tegoedbon voucher

**couponboekje** o [-s] book of coupons, book of tickets

**coupure** v [-s] ❶ weglating cut, deletion ❷ waarde v.e. bankbiljet denomination * in ~s van £50 en £10 in denominations of £50 and £10

**courant I** bn current, marketable * ~e artikelen stock items * een ~ fonds a listed security, a quoted security * ~e maten standard sizes * ~e schulden current debts **II** v [-en] krant newspaper

**coureur** m [-s] ❶ met auto racing driver, racing motorist ❷ met motor racing motorcyclist ❸ met fiets racing cyclist, racer

**courgette** v [-s] courgette, Am zucchini

**courtage** v [-s] provisie, makelaarsloon commission, brokerage, ⟨onroerend goed⟩ Br estate agent's fee, Am real estate agent's fee

**courtisane** v [-s] courtesan

**couscous** m couscous

**couturier** m [-s] couturier, fashion designer

**couvert I** o [-en] envelop cover, envelope * onder ~

under cover **II** *o* [-s] ❶*eetgerei* cover ❷*bestek* cutlery

**couveuse** *v* [-s] ❶*v. baby's* incubator, <u>Aus/NZ</u> humidicrib ❷*v. dieren* incubator, hatchery

**couveusekind** *o* [-eren] premature baby

**cover** *m* [-s] ❶*boekomslag* cover, (dust) jacket ❷*v.e. lied* cover, cover version, remake

**coveren** *overg* [coverde, h. gecoverd] ❶*v.e. lied* cover, make a cover version ❷*v. autoband* retread ❸*verslag uitbrengen* cover

**cowboy** *m* [-s] cowboy

**cowboyfilm** *m* [-s] cowboy film, western

**cowboypak** *o* [-ken] cowboy suit

**c.q.** *afk* (casu quo) as the case may be, and/or ✳ *naar het oordeel van de voorzitter*, ∼ *de plaatsvervangende voorzitter* in the opinion of the chair, or if absent, the deputy chair

**crack** *m* [-s] ❶*uitblinker* ace, crack ❷*drug* crack

**cracker** *m* [-s] cracker

**cranberry** *m* ['s] cranberry

**crank** *m* [-s] crank

**crapaud** *m* [-s] tub chair

**craquelé** *o* crackleware

**crash** *m* [-es] crash

**crashen** *onoverg* [crashte, is gecrasht] crash

**crawl** *m* crawl

**crawlen** *onoverg* [crawlde, h. gecrawld] crawl, swim the crawl

**creatie** *v* [-s] creation

**creatief** *bn* creative, imaginative, original ✳ ∼ *boekhouden* creative accounting

**creativiteit** *v* creativeness

**creatuur** *o* [-turen] creature

**crèche** *v* [-s] crèche, day nursery, day care centre

**'credit**[1] *o tegoed* credit ✳ *dat komt in zijn* ∼ it will be credited to him

**'credit**[2] *m & o* [-s] credit ✳ *de* ∼*s krijgen voor een behaald succes* get the credit for an achievement

**creditcard** *m* [-s] credit card

**crediteren** *overg* [crediteerde, h. gecrediteerd] credit, give credit ✳ *iem.* ∼ *voor* place ⟨a sum⟩ to sbd's credit, credit sbd with ⟨a sum⟩

**crediteur** *m* [-s & -en] creditor ✳ <u>boekh</u> ∼*en* accounts payable ✳ *een bevoorrechte* ∼ a preferential creditor

**creditnota** *v* ['s] credit note/slip

**creditpost** *m* [-en] <u>fin</u> credit entry

**creditrente** *v* interest on credit

**creditzijde** *v* [-n] credit side, creditor side

**credo** *o* [-'s] ❶*v. de mis* credo ❷*v. de apostelen, politiek* creed, conviction ✳ *iems. politieke* ∼ sbd's political creed/convictions

**creëren** *overg* [creëerde, h. gecreëerd] create

**crematie** *v* [-s] cremation

**crematorium** *o* [-s & -ria] crematorium, crematory

**crème I** *v* [-s] cream ✳ ∼ *de la* ∼ the crème de la crème **II** *bn* cream, cream-coloured

**cremeren** *overg* [cremeerde, h. gecremeerd] cremate

**creool** *m* [-olen] Creole

**creools I** *bn* creole **II** *o taal* Creole

**creoolse** *v* [-n] Creole

**creosoot** *m & o* creosote

**crêpe** *m* [-s] ❶*weefsel* crêpe, crepe, crape ❷*flensje* crêpe

**crepeergeval** *o* [-len] desperate case

**crêpepapier** *o* crepe paper

**creperen** *onoverg* [crepeerde, is gecrepeerd] die, perish ✳ *ze crepeert van de pijn* the pain is killing her

**crescendo I** *bijw* crescendo **II** *o* ['s] crescendo

**crew** *m* [-s] crew

**cricket** *o* cricket

**cricketen** *onoverg* [crickette, h. gecricket] play cricket

**crime** *m* disaster, horror, nuisance, curse ✳ *die nieuwe rotondes zijn een* ∼ those new roundabouts are a disaster ✳ *een* ∼ *passionnel* a crime passionnel, a crime of passion

**criminaliseren** *overg* [criminaliseerde, h. gecriminaliseerd] make a criminal act, criminalize

**criminaliteit** *v* ❶*het misdadige* criminality ❷*de misdaad collectief* crime ✳ *de georganiseerde* ∼ organised crime ✳ *de kleine* ∼ petty crime ✳ *het toenemen van de* ∼ the increase in crime

**criminaliteitspreventie** *v* crime prevention

**crimineel I** *bn* [-nelen] criminal ✳ *criminele jeugd* criminal youngsters ✳ *de criminele rechtbank* the criminal court **II** *bijw* horribly, terribly, awfully, wickedly ⟨cold⟩ ✳ ∼ *vervelend* horribly boring ✳ ∼! great! **III** *m* [-nelen] criminal

**criminologie** *v* criminology

**criminoloog** *m* [-logen] criminologist

**crisis** *v* [crises, crisissen] ❶*alg.* crisis, critical stage ✳ *tot een* ∼ *komen* come to a crisis/a head ✳ *een ministeriële* ∼ a cabinet crisis ❷*vooral economisch* depression, slump ❸*noodtoestand v.d. landbouw &* emergency

**crisiscentrum** *o* [-s &-tra] crisis centre

**crisissituatie** *v* [-s] crisis situation

**crisisteam** *o* [-s] crisis team

**crisistijd** *m* [-en] time of crisis ✳ *de* ∼ the depression

**criterium** *o* ❶*maatstaf* [-ria] criterion, test ❷[-ria & -s] <u>sp</u> criterium

**criticaster** *m* [-s] hair-splitter, nitpicker

**criticus** *m* [-ci] critic
**croissant** *m* [-s] croissant
**croque-monsieur** *m* [-s] ZN toasted ham and cheese sandwich
**croquet** *o* sp croquet
**cross** *m* [-es] sp cross-country
**crosscountry** *m* ['s] ❶ *atletiek* cross-country run ❷ *paardensport* cross-country riding
**crossen** *onoverg* [crosste, h. gecrosst] ❶ sp do cross-country ❷ *wild rijden* tear about, race about
**crossfiets** *m & v* [-en] ❶ *voor kinderen* BMX bike ❷ *voor veldrijden* cross-country bike/bicycle
**crossmotor** *m* [-toren & -s] cross-country motorcycle, Am trailbike
**croupier** *m* [-s] croupier
**cru I** *bn* crude, blunt * *in* ~*e bewoordingen* in blunt words **II** *m* ['s] vintage, wine, cru
**cruciaal** *bn* crucial, vital * *van* ~ *belang* of vital importance
**crucifix** *o* [-en] crucifix
**cruise** *m* [-s] cruise
**cruisen** *onoverg* [cruisede, h. en is gecruised] go on a cruise
**cruiseschip** *o* [-schepen] cruise ship
**crux** *v* [cruces] crux * *daar zit hem de* ~ that is the crux of the matter
**crypte** *v* [-n], **crypt** [-en] crypt, vault
**cryptisch** *bn* cryptic * *een* ~*e omschrijving* a cryptic description
**cryptogram** *o* [-men] ❶ *puzzel* cryptic crossword ❷ *gecodeerde tekst* cryptogram
**c-sleutel** *m* [-s] C clef
**Cuba** *o* Cuba
**culinair** *bn* culinary
**culminatie** *v* [-s] culmination
**culminatiepunt** *o* [-en] culminating point
**culmineren** *onoverg* [culmineerde, h. geculmineerd] culminate
**cultfiguur** *o & v* [-guren] cult figure
**cultfilm** *m* [-s] cult film
**cultiveren** *overg* [cultiveerde, h. gecultiveerd] cultivate * *een bepaalde levenshouding* ~ cultivate a certain attitude to life
**cultureel** *bn* cultural * *culturele antropologie* cultural anthropology * ⟨instelling⟩ *een* ~ *centrum* an arts centre * *culturele vorming* cultural education
**cultus** *m* [culten] cult
**cultuur** *v* [-turen] ❶ *beschaving* culture ❷ *teelt* culture, cultivation * *land in* ~ *brengen* bring land under cultivation ❸ *kweek* culture
**cultuurbarbaar** *m* [-baren] Philistine
**cultuurbezit** *o* cultural heritage
**cultuurdrager** *m* [-s] vehicle of culture
**cultuurgeschiedenis** *v* cultural history
**cultuurgewas** *o* [-sen] culture, cultivated crop
**cultuurgoed** *o* [-eren] cultural heritage
**cultuurhistoricus** *m* [-ci] cultural historian
**cultuurhistorisch** *bn* cultural-historical

**cultuurlandschap** *o* [-pen] man-made landscape
**cultuurpessimist** *m* [-en] cultural pessimist
**cultuurschok** *m* [-ken] culture shock
**cum laude** *bijw* with credit/distinction, Am cum laude * ~ *afstuderen* graduate with credit/distinction
**cum suis** *bijw* and others, and partners
**cumulatief** *bn* cumulative * ~ *bereik* reclame cumulative reach, audience accumulation, cumulative audience
**cumuleren** *overg* [cumuleerde, h. gecumuleerd] accumulate
**cumuluswolk** *v* [-en] cumulus (cloud)
**cup** *m* [-s] cup
**cupfinale** *v* [-s] cup final
**Cupido** *m* Cupid
**cupidootje** *o* [-s] *beeldje* Cupid
**cupwedstrijd** *m* [-en] cup tie
**Curaçao** *o* Curaçao
**Curaçaoër, Curaçaoënaar** *m* [-s] inhabitant of Curaçao
**Curaçaos** *bn* Curaçao
**Curaçaose** *v* [-n] * *ze is een* ~ she's from Curaçao
**curandus** *m* [-di] jur ward of the court, person under legal restraint, person placed under curatorship/person placed in ward
**curatele** *v* guardianship, curatorship, legal restraint * *onder* ~ under curatorship * *onder* ~ *staan* be under guardianship, ⟨bij faillissement⟩ be in receivership * *iem. onder* ~ *stellen* make sbd a ward of court, appoint a guardian for sbd, deprive sbd of the management of his/her affairs
**curator** *m* [-s & -toren] ❶ *voogd* guardian ❷ *v. museum & curator*, keeper ❸ *v. school* governor ❹ jur trustee, (official) receiver ⟨in bankruptcy⟩, ⟨bij bedrijven⟩ liquidator
**curettage** *v* med curettage
**curetteren** *overg* [curetteerde, h. gecuretteerd] curette
**'curie**[1] *v* RK ⟨Roman⟩ Curia
**cu'rie**[2] *v* [mv idem] *stralingseenheid* curie
**curieus** *bn* curious, strange, odd, queer
**curiositeit** *v* [-en] curiosity * *een verzamelaar van* ~*en* a collector of curiosa
**curling** *o* curling
**curriculum vitae** *o* [curricula vitae] curriculum vitae, CV, Am résumé
**curry** *m* curry (sauce)
**cursief I** *bn* in italics, italicized **II** *bijw* in italics **III** *o* [-sieven] italic type, italics
**cursiefje** *o* [-s] (regular) column
**cursist** *m* [-en] student, participant ⟨in a course⟩
**cursiveren** *overg* [cursiveerde, h. gecursiveerd] italicize, print in italics * *wij* ~ the italics are ours, our italics
**cursor** *m* [-s] comput cursor
**cursus** *m* [-sen] ❶ course * *een* ~ *voor gevorderden* an advanced course * *een* ~ *volgen* take a course * *een*

*schriftelijke* ~ a correspondence course ❷ ⟨evening⟩ classes
**cursusgeld** *o* [-en] course fee(s)
**curve** *v* [-n] curve
**custard** *m* custard
**cutter** *m* [-s] ❶ *v. baggermachine* slicer, cutter ❷ *v. film* cutter
**cv** *afk* (curriculum vitae) CV, curriculum vitae, *Am* résumé
**cv-ketel** *m* [-s] central heating boiler
**cyaankali** *m & o* cyanide, potassium cyanide
**cyanide** *o* cyanide
**cybercafé** *o* [-s] cybercafe, Internet cafe
**cybernetica** *v* cybernetics
**cyberspace** *m* comput cyberspace
**cyclaam** *v* [-clamen], **cyclamen** [-s] cyclamen
**Cycladen** *zn* [mv] ∗ *de* ~ the Cyclades
**cyclisch** *bn* cyclic(al)
**cycloon** *m* [-clonen] cyclone
**cycloop** *m* [-clopen] Cyclops
**cyclus** *m* [-sen & cycli] cycle ∗ *de menstruele* ~ the menstrual cycle
**cynicus** *m* [-ci] cynic
**cynisch** *bn* cynical ∗ *een* ~*e opmerking* a cynical remark ∗ ~ *reageren* react cynically
**cynisme** *o* cynicism
**cypers** *bn* ∗ *een* ~*e kat* a tabby cat
**Cyprioot** *m* [-oten] Cypriot
**Cypriotisch** *bn* Cypriot ∗ valuta *het* ~*e pond* the Cypriot pound
**Cypriotische** *v* [-n] Cypriot ∗ *ze is een* ~ she's a Cypriot, she's from Cyprus
**Cyprus** *o* Cyprus
**cyrillisch** *bn* Cyrillic ∗ ~ *schrift* Cyrillic script
**cyste** *v* [-n] cyst

# D

**d** *v* ['s] ❶ *letter* d, D ❷ muz D
**daad** *v* [daden] ❶ *handeling* deed, act, action ∗ jur *een rechtmatige* ~ a lawful act ∗ jur *een onrechtmatige* ~ an unlawful act, a wrongful act ∗ *een man van de* ~ a man of action ∗ *de* ~ *bij het woord voegen* suit the action to the word ∗ *een* ~ *stellen* act out of conviction ∗ *geen woorden maar daden* it's time for action, actions speak louder than words ∗ *een goede* ~ *verrichten* do a good deed ❷ *prestatie* feat, achievement ∗ *de daden van onze voorouders* our ancestors' achievements
**daadkracht** *v* decisiveness, energy
**daadkrachtig** *bn* decisive ∗ *een* ~ *optreden* a decisive measure
**daadwerkelijk** *bn* ❶ *werkelijk, metterdaad* actual ❷ *krachtig* active ⟨support &⟩
**daags I** *bn* daily ∗ *mijn* ~*e jas* my everyday/weekday coat **II** *bijw* a day, per day ∗ ~ *daarna* the next day ∗ ~ *tevoren* the day before, the previous day ∗ *driemaal* ~ three times a day
**daalder** *m* [-s] ∗ *de eerste klap is een* ~ *waard* getting started is half the battle ∗ *op de markt is je gulden een* ~ *waard* your money goes further at the market
**daar I** *bijw* there, ⟨ginds⟩ over/right/just there ∗ ~! here you are! ∗ *hier en* ~ here and there ∗ ~ *is hij* there he is ∗ ~ *ga je!* here you go!; cheers! ∗ *ik ben wel aan gewend* I'm used to it ∗ *wat vertelt/zegt u me* ~? what are you telling me?, you don't say!, really? ∗ *het zijn aardige liedjes,* ~ *niet van, maar...* the songs are nice enough, but.../admittedly, the songs are nice, but... ∗ *dat is nog tot* ~ *aan toe, maar...* that's one thing, but.../that's not so bad, but... ∗ *wie zingt* ~? who's that singing? **II** *voegw* ⟨in vóórzin⟩ as, since, ⟨in nazin⟩ because, since ∗ ~ *je mijn vriend bent en* (~) *ik het beloofd heb* as you're my friend and (because/since) I promised ∗ ~ *hij niet zwemmen kon* as he couldn't swim
**daaraan** *bijw* on it/them &, to it/them & ∗ ~ *heb ik het te danken* I owe it to that ∗ *wat heeft men* ~? what use is that? ∗ *hoe komt u* ~? how did you get hold of that?
**daarachter** *bijw* behind it/that &, at the back of it/that &, beyond it/that &
**daarbij** *bijw* ❶ *in de buurt* near it/that & ❷ *bovendien* over and above this, besides, moreover, in addition, at that ∗ ~ *komt dat* another thing is that, besides, what is more ▼ *zij hebben* ~ *het leven verloren* they lost their lives as a result ▼ *hoe kom je* ~? why on earth do you think that? ▼ ~ *zal het blijven* we'll keep it like that
**daarbinnen** *bijw* within, in there, in it/that &
**daarbuiten** *bijw* outside (of it/that &) ∗ *laat mij* ~ leave me out of it
**daardoor** *bijw* ❶ *plaatselijk* through it/that &

❷*oorzakelijk* consequently, as a result, therefore, by that, by doing so, by these means, that's why/what ✳*~heb ik vergeten dat...* that's what made me forget that...

**daarenboven** *bijw* moreover, besides

**daarentegen** *bijw* on the other hand, on the contrary ✳*hij is donker, zijn broer ~is erg blond* he is dark, whereas/but his brother is very blond; he is dark, his brother, on the other hand, is very blond

**daargelaten** *bn* leaving aside ✳*dat ~apart from that* ✳*nog ~dat* let alone that, not to mention that ✳*uitzonderingen ~on the whole, with the odd exception*

**daarginds** *bijw* over there

**daarheen** *bijw* (over) there, in that direction

**daarin** *bijw* ❶*plaats* in there ✳*leg het boek ~put the book in there* ❷*in genoemde* in it/this/that & ✳*~vergist u zich* you're mistaken there

**daarlangs** *bijw* along that road/path/line & ✳*ik kom dagelijks ~I come past/along there every day*

**daarmee** *bijw* with that, by that ✳*wat wil je ~zeggen?* what do you mean by that?

**daarna** *bijw* after that, afterwards, from then on, in the second place ✳*we gaan eerst winkelen en ~gaan we iets eten* first we'll go shopping and after that we'll have something to eat ✳*in de jaren ~* ⟨toekomst⟩ in the years from then on, in the following years; ⟨verleden⟩ in the years after that, in the following years

**daarnaast** *bijw* beside it/that &, at the side of it/that &, next to it/that &, alongside it/that & ✳*de kamer ~the room next door*

**daarnet** *bijw* just now ✳*~was hij er nog* he was here only a minute ago

**daarom** *bijw* ❶*v. plaats* around it/that & ❷*v. reden* consequently, therefore, for that reason, because ✳*~ga ik er niet heen* that's why I'm not going ✳*'waarom?' vroeg hij,'nou, ~', antwoordde ze* 'why?' he asked, 'well, because I say so', she answered ✳*~niet!* that's why not!, just because! ✳*ik ben ziek en kan ~niet komen* I'm sick and therefore can't come

**daaromheen** *bijw* around (it), about it/that &

**daaromtrent** *bijw* ❶*daarover* about that, concerning that ✳*~mededelingen doen* make announcements about that ❷*ongeveer* thereabouts ✳*1000 euro of ~1,000 euros or thereabouts, roughly/approximately 1,000 euros*

**daaronder** *bijw* ❶*lager* under it/that &, underneath ✳*iedereen van 20 jaar en ~everybody 20 years old and younger* ❷*daartussen* among them ✳*de kosten ~begrepen* including the costs ✳*wat versta je ~?* what do you mean by that?

**daarop** *bijw* ❶*daarboven* on it/that &, on top of it/that & ✳*een kast met ~een vaas* a cupboard with a vase on it/with a vase on top ❷*daarna* after this, form thereupon ✳*...en ~verliet hij de zaal* ...and then he left the room ✳*kort ~shortly afterwards*

**daaropvolgend** *bn* following, next ✳*de maandag ~* the following Monday

**daarover** *bijw* ❶*naar andere zijde* over it/that &, across it/that & ❷*betreffende dat* about that, on that subject ✳*ik had al zoveel schulden en ~moest ik nog rente betalen* I had so many debts already, and I had to pay interest on top of that ✳*hoe denk jij ~?* what do you think about that? ✳*genoeg ~enough of that, enough said*

**daaroverheen** *bijw* over it ✳*ik heb ~gelezen* I must have overlooked it ✳*een broek met ~een rok* a pair of trousers with a skirt over it

**daarstraks** *bijw* just now, just then ✳*~was hij er nog* he was here only a minute ago

**daartegen** *bijw* against it/that & ✳*een lantaarnpaal met ~twee gestalde fietsen* a lamppost with two bicycles parked against it ✳*de partijleden waren daar fel tegen* the members of the party objected strongly to that/were strongly opposed to that

**daartegenover** *bijw* opposite ✳*de winkel is ~the shop is opposite it* ✳*~staat dat...* but then (again)..., on the other hand..., however...

**daartoe** *bijw* for it, for that purpose, to that end ✳*de gelegenheid ~heeft zich niet voorgedaan* the opportunity to do that has not presented itself ✳*vul ~onderstaand formulier in* you must fill in the form below ✳*~is het gekomen* that's what it's come to

**daartussen** *bijw* between (them), among them ✳*en niets ~and nothing in between*

**daaruit** *bijw* out (of it), from that/this ✳*wat kun je ~concluderen?* what can you conclude/deduce from that?

**daarvan** *bijw* ❶*behorende tot* of that ❷*daarvandaan* from that ✳*wat zeg je ~?* what do you think of it? ✳*~komt niets, daar komt niets van* it won't work ✳*niets ~!* ⟨tegensprekend⟩ nothing of the sort!; ⟨weigerend⟩ nothing going/doing!

**daarvandaan** *bijw* away from there ✳*dat is maar 10 minuten ~it's only 10 minutes from there*

**daarvoor** *bijw* ❶*om die reden* for that, for it, for that purpose, that's why ✳*~komt hij* that's why he has come ✳*uit vrees ~for fear of it* ❷*v. tijd* before (that), previously ✳*het jaar ~the previous year* ❸*v. plaats* in front of it/them ✳*~staat een straatlantaarn* there is a street lamp in front of it

**daarzo** *bijw* there, over there

**daas** **I** *v* ⟨dazen⟩ ❶*steekvlieg* horsefly ❷*persoon* nitwit, fool **II** *bn* ❶*versuft, gek* dazed, mad ✳*ik word ~van dat gezeur* all that whining is driving me crazy ❷*onnozel* foolish ⟨plans⟩

**dactylus** *m* ⟨-tyli & -tylen⟩ dactyl

**dadel** **I** *v* ⟨-s⟩ *boom* date palm **II** *v* ⟨-s⟩ *vrucht* date

**dadelijk** **I** *bn* immediate, direct **II** *bijw* ❶*meteen* immediately, at once, right away, instantly ❷*straks* presently, in a minute/moment ✳*ik kom zo ~I'll be there in a minute*

**dadelpalm** *m* ⟨-en⟩ date palm

**dadendrang** *m* drive, dynamism

**dader** *m* ⟨-s⟩ offender, wrongdoer, form perpetrator,

‹minder ernstig› culprit ✳ *de~ ligt op het kerkhof* there is no trace of the culprit

**dag I** *tsw* ❶ *bij begroeting* hello!, hi! ❷ *bij afscheid* goodbye!, bye bye! ✳ *zeg maar~ met je handje* you can wave goodbye to that **II** *m* [dagen] ❶ *geen nacht* day ✳ *bij~* by day ✳ *het wordt~* day is breaking ✳ *~ en nacht* night and day, day and night, round the clock ✳ *een verschil van~ en nacht* a world of difference ✳ *het is kort~* time is short ✳ *het is morgen vroeg~* we have to get up early tomorrow ✳ *de (ge)hele~* all day (long) ✳ *later op de~* later in the day(time) ✳ *midden op de~* in the middle of the day; in broad daylight ❷ *dag v.d.week, datum* day, date ✳ *welke~ is het vandaag?* what day of the week is it today?; what's the date today? ✳ *jur op de dienende~* on the date set for the hearing/trial ✳ *de ~ daarna* the following day ✳ *de~ tevoren* the day before, the previous day ✳ *de~ des Heren* ‹zondag› the Lord's Day ✳ *de jongste~* the Day of Judgement ✳ *de~ van morgen* tomorrow ✳ *dezer~en* the other day, lately ✳ *één dezer~en* one of these days, some day soon ✳ *ik heb mijn~ niet* it's just one of those days, it's not my day today ✳ *veertien~en* a fortnight, two weeks ✳ *~ aan~* day by day, day after day ✳ *bij de~ leven* live for the day ✳ *(in) de laatste ~en* during the last few days, lately, of late ✳ *~ in~ uit* day in day out ✳ *om de andere~* every other day ✳ *op de~ (af)* to the (very) day ✳ *op een (goeie)~, op zekere~* one (fine) day ✳ *tot op deze~* to this (very) day ✳ *van~ tot~* from day to day, day by day ✳ *van de ene op de andere~* from one day to the next ❸ *dageraad* day, daybreak, dawn ✳ *voor~ en dauw opstaan* get up at dawn/before daybreak ❹ *daglicht* day, light, daylight ✳ *het aan de~ brengen* bring it to light ✳ *aan de~ komen* come to light ✳ *aan de~ leggen* display, show ✳ *iets voor de~ halen* produce sth, take it out, bring it out ✳ *voor de~ komen* ‹v. personen› appear, show oneself, turn up; ‹v. zaken› become apparent, show ✳ *voor de~ ermee!* out with it! ✳ *hij kwam er niet mee voor de~* ‹het beloofde› he didn't produce it; ‹zijn idee, gedachte› he didn't come out with it, he didn't put it forward ❺ *tijdperk (vaak mv)* day, age ✳ *de oude~* old age ✳ *betere~en gekend hebben* have seen better days ✳ *in vroeger~en* in former days, formerly ✳ *op zijn oude~* in his old age ✳ *heden ten~* nowadays ✳ *... van de~* current ‹affairs, politics›

**dagafschrift** *o* [-en] statement of daily transactions
**dagbehandeling** *v* outpatient treatment
**dagblad** *o* [-bladen] (daily) newspaper, daily paper, daily
**dagbladpers** *v* daily press
**dagboek** *o* [-en] ❶ *v. dagelijkse belevenissen* diary ❷ handel day book
**dagdeel** *o* [-delen] *halve werkdag* half working day, shift
**dagdienst** *m* [-en] ❶ *dienst overdag* daywork ❷ *bij ploegendienst* day shift ❸ *in dienstregeling* day service

**dagdromen** *onoverg* [dagdroomde, h. gedagdroomd] daydream
**dagelijks I** *bn* ❶ *alg.* daily, everyday ‹clothes, life› ✳ *het~ leven* everyday life ✳ *de~e dingen* ordinary/afkeurend trivial matters ✳ *het~ bestuur* ‹v. gemeente› the shire/municipal council; ‹v. onderneming› the executive board, the management board, management; ‹v. vereniging› the executive (committee) ✳ bijbel *geef ons heden ons ~ brood* give us today our daily bread ❷ astron diurnal **II** *bijw* every day, daily ✳ *hij gaat~ naar school* he goes to school every day
**dagen I** *overg* [daagde, h. gedaagd] summon, summons **II** *onoverg* dawn ✳ *het daagt* day is dawning ✳ *het begint me te~* it's starting to dawn on me
**dagenlang I** *bn* lasting for days **II** *bijw* for days on end ✳ *~ zwoegen* slave away for days on end
**dageraad** *m* daybreak, dawn
**daggelder** *m* [-s] day labourer
**dagindeling** *v* [-en] timetable, schedule, plan for the day
**dagje** *o* [-s] day ✳ *het er een~ van nemen* make a day of it ✳ *een~ uitgaan* have a day out ✳ *een~ ouder worden* be getting on, not be getting any younger
**dagjesmensen** *zn* [mv] day trippers
**dagkaart** *v* [-en] day ticket
**daglicht** *o* daylight ✳ *dat kan het~ niet verdragen* it can't bear the light of day ✳ *iem. in een kwaad~ stellen* show sbd up in a bad light ✳ *bij~* by daylight
**dagloner** *m* [-s] day labourer
**dagloon** *o* [-lonen] day's wage(s), daily wage(s), daily earnings ✳ *op~* paid by the day
**dagmars** *m & v* [-en] day's march
**dagmenu** *o* ['s] day's menu, specials of the day
**dagomzet** *m* [-ten] daily turnover, eff daily trading volume
**dagopbrengst** *v* [-en] day's proceeds
**dagorder** *v & o* [-s] ❶ mil order of the day ❷ handel overnight order
**dagpauwoog** *m* [-ogen] peacock butterfly
**dagploeg** *v* [-en] day shift
**dagprijs** *m* [-prijzen] current price
**dagretour** *o* [-s] day return ticket
**dagschotel** *m & v* [-s] dish of the day
**dagtaak** *v* [-taken] day's work ✳ *een volledige~ aan iets hebben* have a full-time job doing sth
**dagtekening** *v* [-en] date
**dagtocht** *m* [-en], **dagtochtje** *o* [-s] day trip, day out
**dagvaarden** *overg* [dagvaardde, h. gedagvaard] cite, ‹van gedaagde› summon, ‹van getuige› subpoena
**dagvaarding** *v* [-en] *van procespartij* (writ of) summons, ‹van verdachte› notice of summons (and accusation), ‹van getuige burgerlijk proces› subpoena, writ, ‹van getuige strafproces› witness summons
**dagwaarde** *v* current value, market value

**dagwerk** o daily work *dan had ik wel ~there would never be an end to it

**dahlia** v ['s] dahlia

**dak** o [daken] roof *een ~boven zijn hoofd hebben have a roof over one's head *onder ~brengen give sbd shelter *onder één ~wonen met live under the same roof with *ik kon nergens onder ~komen nobody could take me in/could put me up *fig onder ~zijn be provided for *fig iem. op zijn ~ komen take sbd to task *dat krijg ik op mijn ~they'll lay it at my door, they'll blame it on me *iem. iets op zijn ~schuiven shove the blame/sth on sbd, saddle sbd with sth *dat kwam me koud op mijn ~ vallen that caught me by surprise *over de ~en klauteren scramble over the rooftops *uit zijn ~ gaan ⟨van woede⟩ go out of one's mind, inf freak out; ⟨van vreugde⟩ be enthusiastic *van de ~en schreeuwen proclaim from the house tops *hij kan het ~op! he can forget it!

**dakdekker** m [-s] roofer, ⟨met riet⟩ thatcher, ⟨met pannen⟩ tiler

**dakgoot** v [-goten] gutter

**dakje** o [-s] ❶rooflet *dat gaat van een leien ~it's going smoothly/swimmingly, inf it's a piece of cake ❷leesteken circumflex

**dakkapel** v [-len] dormer window

**daklijst** v [-en] ridge piece

**dakloos** bn homeless, roofless

**dakloze** m-v [-n] homeless person *de ~n the homeless

**daklozenkrant** v [-en] newspaper sold by the homeless

**dakpan** v [-nen] (roofing) tile

**dakraam** o [-ramen] attic window, skylight

**dakterras** o [-sen] roof garden, terrace

**daktuin** m [-en] roof garden

**dakvenster** o [-s] dormer window

**dal** o [dalen] valley, plechtig vale *hij zit in een ~ he's a bit depressed, inf he's down in the dumps

**dalen** onoverg [daalde, is gedaald] ❶naar beneden gaan sink, drop, ⟨v. vliegtuig⟩ descend, land *de stem laten ~drop/lower one's voice ❷verminderen go down, fall, decline *de barometer daalt the barometer is falling *de prijzen/koersen) ~prices are dropping/falling *een ~de lijn vertonen show a downward tendency

**daling** v [-en] ❶het omlaag gaan descent ❷het aan de grond komen landing ❸van cijfers, aantallen & fall, drop, decline *een plotselinge ~vertonen ⟨v. prijzen⟩ plummet *de ~van het geboortecijfer the fall in the birth rate, the decline of the birth rate

**dalmatiër, dalmatiner** m [-s] hond Dalmatian

**daltononderwijs** o Dalton (plan) education

**daluren** zn [mv] off-peak (hours)

**dalurenkaart** v [-en] off-peak railcard

**dam** I m [-men] ❶waterkering dam, barrage *een ~ opwerpen tegen cast/throw up a dam against, dam up; fig stem ⟨the progress of evil⟩ *het hek is van de ~things are getting out of hand ❷in rivier weir II v [-men] sp king *~halen crown a (draughts)man, go to king *~spelen play draughts

**damast** o [-en] damask

**dambord** o [-en] draughtboard

**dame** v [-s] ❶alg. lady *ze gedroeg zich niet als een ~ she didn't behave like a lady *~s! ladies! *~s en heren ladies and gentlemen ❷bij dansen & partner ❸schaken, kaartspel queen *een ~halen queen a pawn

**damesblad** o [-bladen] women's magazine

**damesdubbel, damesdubbelspel** o sp women's doubles

**damesenkel, damesenkelspel** o sp women's singles

**damesfiets** m & v [-en] women's/girl's bicycle/bike

**dameskapper** m [-s] ladies' hairdresser

**dameskleding** v ladies' wear

**damesmode** v ladies' fashion, ladies' wear

**damestoilet** o [-ten] ladies', ladies' lavatory, ladies room, Am restroom

**damesverband** o sanitary towel, sanitary napkin

**dameszadel** o & m [-s] ❶v. paard side-saddle ❷v. fiets ladies' saddle

**damhert** o [-en] fallow deer

**dammen** onoverg [damde, h. gedamd] play draughts, Am play checkers

**dammer** m [-s] draughts player

**damp** m [-en] ❶waterdamp vapour, steam ❷nevel mist ❸rook smoke, ⟨gas⟩ fumes

**dampen** onoverg [dampte, h. gedampt] ❶stoom produceren steam ❷rook produceren smoke *(zitten) ~sit and smoke, puff away

**dampkring** m [-en] atmosphere

**damschijf** v [-schijven] draughtsman

**damspel** o [-en & -len] ❶het spel draughts, game of draughts ❷bord en schijven draughts set

**damsteen** m [-stenen] draughtsman

**dan** I bijw then *zeg het, ~ben je een beste vent say it, there's/that's a good boy *ik had ~toch maar gelijk so I was right after all *ga ~toch do go *en ik ~? and what about me? *wat is er ~? what's the matter? *wat zeur je ~? why all the fuss? *wat ~ nog? so what? *ga ~maar! you just go! *als je wilt, ~kun je gaan you can go if you want to *maar hij heeft ~ook... after all he has... *nu eens hier, ~weer daar now here, now there *nu en ~now and then II voegw than *groter ~bigger than *ja ~nee yes or no *het is anders ~je denkt it's not what you think

**dancing** m [-s] dance hall

**dandy** m ['s] dandy

**danig** I bn versterkend very great, huge *ik heb een ~ honger I feel awfully hungry II bijw enorm very much, greatly, badly, violently, greatly *iem. ~ afranselen give sbd a good beating *iem. ~ uitlachen jeer at sbd

**dank** m thanks, gratitude *geen ~! don't mention it!

\* *zijn hartelijke* ~*betuigen* express one's heartfelt thanks \* *ik ben u veel* ~*verschuldigd* I owe you many thanks \* *iets niet in* ~*afnemen* not thank sbd for sth \* *iets in* ~*aanvaarden* accept sth with thanks/gratitude \* *ik heb er geen* ~*van gehad* much thanks I have got for it! \*~*weten* thank \* *God zij* ~ thank God \* *duizendmaal* ~*thanks a million* \* *in* ~ *aangenomen* gratefully accepted, received with thanks \* *in* ~ *terug* returned with thanks

**dankbaar** *bn* thankful, grateful \* *iem.* ~*zijn* be grateful to sbd \* *een dankbare taak* a thankful task

**dankbaarheid** *v* thankfulness, gratitude \* *uit* ~*in* gratitude (for)

**dankbetuiging** *v* [-en] expression of thanks, letter of thanks, word of gratitude \* *onder* ~*with thanks*

**danken** I *overg* [dankte, h. gedankt] thank \* *te* ~ *hebben* owe, be indebted for ‹to sbd› \* *hij heeft het aan zichzelf te* ~*he* has himself to thank for it \* *waaraan hebben wij dat genoegen te* ~*?* to what do we owe this pleasure? \* *dank u* ‹bij weigering› no, thank you; ‹bij aanneming› thank you \* *dank u zeer* thank you very much, thanks awfully \* *niet te* ~*!* don't mention it! \* *God zij op zijn blote knieën* ~*thank* God on bended knees II *onoverg* [dankte, h. gedankt] ❶ *alg.* give thanks \* *daar dank ik voor* thank you very much \* *ik zou je* ~*!* not likely!, thanks for nothing! \* *iron dank je feestelijk!* thanks a lot! ❷ *bidden* say grace \* *laat ons* ~*let* us say grace

**dankgebed** *o* [-beden] ❶ prayer of thanksgiving ❷ *voor en na het eten* grace

**dankwoord** *o* [-en] word (vote) of thanks \* *een* ~ *uitspreken* say a word of thanks, offer a vote of thanks

**dankzeggen** *onoverg* [zei *of* zegde dank, h. dankgezegd] give thanks, thank ‹sbd›

**dankzegging** *v* [-en] ❶ *dankwoord* word of thanks, expression of gratitude ❷ *gebed* thanksgiving

**dankzij** *voorz* thanks to \* ~*zijn hulp* thanks to his help

**dans** *m* [-en] dance \* *de* ~*ontspringen* have a narrow escape, get off scot free \* *hij zal de* ~*niet ontspringen* he won't get off scot free/form come away unscathed \* *iem. ten* ~*vragen* ask sbd for a dance \* *mag ik deze* ~*van u?* may I have this dance?

**dansavond** *m* [-en] dance evening

**dansen** *onoverg* [danste, h. gedanst] dance \* ~*van vreugde* jump for joy \* *gaan* ~*go* dancing \* *de letters* ~*voor mijn ogen* the letters are dancing before my eyes

**danser** *m* [-s] ❶ *alg.* dancer ❷ *danspartner* partner

**dansgelegenheid** *v* [-heden] dance hall

**dansje** *o* [-s] dance, inf hop \* *een* ~*maken* do a dance, slang shake a leg

**dansleraar** *m* [-s & -raren] dancing teacher

**dansles** *v* [-sen] ❶ dancing lesson ❷ *algemeen* dancing classes

**dansmarieke** *o* [-s] majorette

**dansmuziek** *v* dance music

**danspas** *m* [-sen] dance step, step

**dansschool** *v* [-scholen] dancing school

**dansvloer** *m* dance floor

**danszaal** *v* [-zalen] ballroom, dancing room, dance hall

**dapper** I *bn* brave, valiant, gallant, courageous \* *een* ~*ventje* a plucky little fellow II *bijw* bravely & \* ~ *meedoen* join heartily in the game \* ~*op los zingen* sing away \* *zich* ~*houden* be brave, inf keep one's pecker up

**dapperheid** *v* bravery, valour, courage

**dar** *m* [-ren] drone

**darkroom** *m* [-s] dark room

**darm** *m* [-en] intestine, gut \* ~*en* intestines, bowels \* *de dikke/dunne* ~*the* large/small intestine \* *de nuchtere* ~*the* jejunum \* *de twaalfvingerige* ~*the* duodenum

**darmflora** *v* intestinal flora

**darmkanaal** *o* [-nalen] intestinal tube

**darmklachten** *zn* [mv] intestinal complaints

**darmperforatie** *v* [-s] intestinal perforation

**dartel** *bn* frisky, frolicsome, playful, skittish, sportive \* ~*e veulens* frolicsome foals

**dartelen** *onoverg* [dartelde, h. gedarteld] frisk, frolic, gambol

**darts** *o* darts

**darwinisme** *o* Darwinism

**darwinist** *m* [-en] Darwinist

**darwinistisch** *bn* Darwinian, Darwinist

**das** I *m* [-sen] *dier* badger II *v* [-sen] ❶ *stropdas* (neck)tie ❷ *tegen kou* scarf ❸ *dik* muffler ▼ fig *iem. de* ~*omdoen* be sbd's undoing, inf do for sbd ▼ *dat deed me de* ~*om* that finished me off

**dashboard** *o* [-s, -en] dashboard

**dashboardkastje** *o* [-s] glove compartment, glove box

**dashond** *m* [-en] dachshund

**dassenburcht** *m* [-en] (badger's) sett

**dasspeld** *v* [-en] tie pin, scarf pin

**dat** I *aanw vnw* ‹enkelvoud› that, ‹meervoud› those \* ~*alles* all that \* ~*moest je doen* that's what you ought to do \* ~*zijn mijn vrienden* those are my friends \* *het is nog niet je* ~*it's* not quite what it ought to be \* *wat zijn* ~*?* what are those? \* *wie zijn* ~*?* who are they? \* ~*zijn...* those are..., they are... \* *ben jij* ~*?* is that you? \* *wat zou* ~*?* what of it? \* *wat moet* ~*?* what's all that? \* *en* ~*is* ~*so* much for that, and that's it \* ~*is het nu juist* that's just it \* *hoe weet je* ~*?* how do you know? II *betr vnw* that, which \* *het meisje* ~*ik zag* the girl (that) I saw \* *het verhaal,* ~*gekozen werd omdat...* the story, which was chosen because... III *voegw* that \* *en regenen* ~ *het deed!* how it rained! \* *ik wou* ~*je kwam* I wished you were coming \* *zonder* ~*ik het wist* without my knowing it \* *is er een bakker* ~*u weet?* do you know of any bakery around? \* *niet* ~*ik (het) weet* not that I know of \* *je liegt* ~*je barst* you're lying through your teeth

**data** zn [mv] ❶ v. *datum* dates ❷ *gegevens* data

> **data**
> De betekenis gegevens is in het Engels ook data, wat zowel als enkelvoud als meervoud wordt beschouwd: the data is en the data are zijn allebei correct.

**databank** v [-en], **database** m [-s] computt data bank, data base * *een relationele* ~ a relational data base
**datacommunicatie** v computt data communication
**datatransmissie** v [-s] data transmission, data exchange, data communication
**datatypist** m [-en] data processor
**dateren** overg en onoverg [dateerde, h. en is gedateerd] date (uit from) * *een brief* ~ date a letter * *het schilderij is moeilijk te* ~ it is hard to put a date to the painting * *het schilderij dateert uit de zestiende eeuw* the painting dates back to the sixteenth century * *die popopera is nogal gedateerd* that rock opera is rather dated
**datering** v [-en] ❶ *dagtekening* date ❷ *ouderdomsbepaling* dating
**datgene** bepalingaankondigend vnw what * ~ *wat* that which * ~ *wat ze zegt is waar* what she says is true
**datief** I m [-tieven] taalk dative II bn * jur *een datieve voogd* a dative guardian, a court-appointed guardian
**dato** bijw * *de* ~... dated... * *a* ~ at date * *twee maanden na* ~ two months after date
**datrecorder** m [-s] (Digital Audio Taperecorder) DAT recorder, Digital Audio Tape Recorder
**datum** m [-s, data] date * *de* ~ *van aankoop* the date of purchase * *de* ~ *van afgifte* the date of issue * *naar* ~ *van binnenkomst* in date rotation * *van een* ~ *voorzien* date * *een* ~ *prikken* fix a date
**datumgrens** v dateline, calendar line
**datzelfde** aanw vnw the same * *in* ~ *jaar...* in the same year...
**dauw** m dew
**dauwdruppel** m [-s] dewdrop
**dauwtrappen** o take a dawn stroll/bike ride
**dauwworm** m med milk scab, infantile eczema
**daveren** onoverg [daverde, h. gedaverd] thunder, resound, shake * *de zaal daverde van de toejuichingen* the house rang/resounded with cheers * ~ *van angst* tremble with fear
**daverend** bn ❶ *dreunend* resounding, thunderous * *een* ~*e knal* an enormous bang ❷ *geweldig* tremendous, resounding * *een* ~ *succes* a resounding success * sp *een* ~*e overwinning* a resounding victory
**davidster** v [-ren] Star of David
**davit** m [-s] transport davit
**dazen** onoverg [daasde, h. gedaasd] inf waffle, talk rot, talk through one's hat

**d.d.** afk ❶ (de dato) dd. ❷ (dienstdoend) on duty
**DDR** v (hist Deutsche Demokratische Republik) German Democratic Republic, GDR
**de** bep lidw the * *het is dé oplossing* that is the perfect solution
**deadline** m [-s] deadline * *een* ~ *halen* meet a deadline
**deal** m [-s] deal * *een* ~ *sluiten* close a deal
**dealen** overg [dealde, h. gedeald] deal in, push * *cocaïne* ~ deal in cocaine, push cocaine
**dealer** m [-s] ❶ alg. dealer ❷ *van drugs* dealer, pusher
**debacle** v & o [-s] disaster, failure, inf flop
**debat** o [-ten] debate, discussion * *een publiek* ~ a public debate
**debater** m [-s] debater
**debatteren** onoverg [debatteerde, h. gedebatteerd] debate, discuss * ~ *over* debate, discuss
**debet** I o debit, debt * ~ *en credit* debit and credit II bn * ~ *staan* be overdrawn, be in so.'s debt * *u bent mij nog* ~ you still owe me something * *ook hij is er* ~ *aan* he too is guilty of it
**debetnota** v [-'s] debit note, debit slip
**debetrente** v debit interest
**debetzijde** v [-n] debit side, debtor side
**debiel** I bn mentally deficient/defective, inf idiot * *wat een* ~*e schoenen zijn dat!* what stupid shoes these are! II m-v [-en] ❶ mental deficient/defective person ❷ *als scheldwoord* imbecile, moron, idiot * inf *die* ~ *heeft mijn fiets gesloopt!* that imbecile has demolished my bicycle
**debitant** m [-en] debitant
**debiteren** overg [debiteerde, h. gedebiteerd] ❶ handel charge, debit ⟨sbd with an amount⟩ * *iem.* ~ *voor 100 pond* debit 100 pounds to sbd's account ❷ *verkopen* (sell) retail ❸ *vertellen* dish up * *een aardigheid* ~ crack a joke
**debiteur** m [-s & -en] debtor * boekh ~*en* accounts receivable, receivables * jur *een hoofdelijk* ~ a solidary debtor, a co-obligor
**debiteurenbeheer** o boekh credit management, credit control
**deblokkeren** overg [deblokkeerde, h. gedeblokkeerd] unblock, unfreeze
**debriefing** m [-s] debriefing
**debuggen** [debugde, h. gedebugd] overg bugs uit *programma's verwijderen* computt debug
**debutant** m [-en] debutant, beginner
**debuteren** onoverg [debuteerde, h. gedebuteerd] make one's debut
**debuut** o [-buten] debut, first appearance ⟨of an actor &⟩ * *zijn* ~ *maken* make one's debut
**debuutroman** m debut novel
**decaan** m [-canen] ❶ *faculteitsvoorzitter* dean ❷ *studentenadviseur* student counsellor/Am counselor
**decadent** I bn decadent II m [-en] decadent
**decadentie** v decadence
**decagram** o [-men] decagram

**decaliter** *m* [-s] decalitre
**decameter** *m* [-s] decametre
**decanaat** *o* [-naten] deanship, deanery
**decanteren** *overg* [decanteerde, h. gedecanteerd]
decant
**decatlon** *m & o* [-s] *sp* decathlon
**december** *m* December ✶ *de eerste* ~, *een* ~ the first
of December ✶ *op tien* ~ on the tenth of December
✶ *begin/midden/eind* ~ at the beginning of/in the
middle of/at the end of December
**decennium** *o* [decenniën & decennia] decennium,
decade
**decent I** *bn* decent, proper ✶ *een* ~ *bloesje* a decent
blouse **II** *bijw* decently, properly ✶ *zich* ~ *kleden*
dress decently
**decentralisatie** *v* [-s] decentralization, devolution
**decentraliseren** *overg* [decentraliseerde, h.
gedecentraliseerd] decentralize
**deceptie** *v* [-s] disappointment

> **deceptie**
> is disappointment en niet deception. Deception
> betekent bedrog, misleiding.

**decharge** *v* discharge ✶ ~ *verlenen* discharge ✶ *een
getuige à* ~ a witness for the defence
**dechargeren** *overg* [dechargeerde, h.
gedechargeerd] discharge, give ‹sbd› a release, give
formal approval of the actions of ‹sbd› ✶ *de
penningmeester* ~ discharge the treasurer
**decibel** *m* [-s, -len] decibel
**decigram** *o* [-men] decigram
**deciliter** *m* [-s] decilitre
**decimaal I** *bn* decimal ✶ *een decimale breuk* a
decimal fraction ✶ *het decimale stelsel* the decimal
system ✶ *een decimale classificatie* a decimal
classification **II** *v* [-malen] decimal place ✶ *tot in vijf
decimalen* to five decimal places
**decimeren** *overg* [decimeerde, h. gedecimeerd]
decimate
**decimeter** *m* [-s] decimetre
**declamatie** *v* [-s] declamation, recitation
**declameren** *overg en onoverg* [declameerde, h.
gedeclameerd] declaim, recite
**declarabel** *bn* declarable ✶ ~ *uren* declarable hours
**declarant** *m* [-en] declarant, claimant
**declaratie** *v* [-s] ❶ *onkostennota* expense account,
statement of expenses ❷ *rekening* account, bill
❸ *v. douane* declaration, customs entry
**declaratieformulier** *o* [-en] statement of expenses
**declareren** *overg* [declareerde, h. gedeclareerd]
❶ *onkostennota indienen* charge, claim expenses
❷ *aangeven bij de douane* declare
**declasseren** *overg* [declasseerde, h. gedeclasseerd]
overtroeven outclass
**declinatie** *v* [-s] ❶ *v. ster, kompas* declination ❷ taalk
declension
**declineren** *overg en onoverg* [declineerde, h.

gedeclineerd] ❶ *afwijzen* decline ❷ *verbuigen* taalk
decline
**decoder** *m* [-s] *telec, comput* decoder ✶ *dat
sportkanaal zit achter de* ~ that sports channel is
encoded
**decoderen** *overg* [decodeerde, h. gedecodeerd]
❶ decode, decipher, decrypt ❷ *reclame* decoding
**decolleté** *o* [-s] low neckline, decolletage, cleavage
✶ *een jurk met een* ~ a low-necked dress
**decompressie** *v* [-s] decompression
**deconfiture** *v* [-s] *jur* failure, collapse ✶ *de in* ~
*geraakte maatschappij* the insolvent company
**decor** *o* [-s] scenery, scene, ‹film› set ✶ *de
vredesonderhandelingen vonden plaats tegen een* ~
*van verwoeste gebouwen* the peace negotiations took
place against a background of devastated buildings
**decoratie** *v* [-s] ❶ *versiering* decoration, ornament
❷ *ordeteken* decoration
**decoratief I** *bn* decorative, ornamental **II** *o*
scenery, settings
**decoreren** *overg* [decoreerde, h. gedecoreerd]
❶ *versieren* decorate, ornament ✶ *een interieur* ~
decorate an interior ❷ *ridderen* decorate ✶ *hij werd
gedecoreerd* he was decorated
**decorontwerper** *m* [-s] scene (set) designer, stage
decorator
**decorstuk** *o* [-ken] piece of scenery
**decorum** *o* decorum ✶ *het* ~ decorum, the
proprieties, the decencies ✶ *het* ~ *bewaren* keep up
appearances, maintain decorum
**decoupeerzaag** *v* [-zagen] jigsaw
**decreet** *o* [-creten] decree
**decreteren** *overg* [decreteerde, h. gedecreteerd]
decree, ordain
**decriminaliseren** *overg* [decriminaliseerde, h.
gedecriminaliseerd] decriminalize ✶ *sommigen
vinden dat de productie van softdrugs moet worden
gedecriminaliseerd* some people think that the
production of softdrugs should be decriminalized
**dedain** *m & o* contempt, disdain ✶ *met* ~ *over iets
spreken* speak about something with contempt
**de dato** *bijw* dated... ✶ *uw schrijven* ~ *24 augustus
2003* your letter dated 24 August 2003
**deduceren** *overg* [deduceerde, h. gededuceerd]
deduce, infer
**deductie** *v* [-s] deduction
**deductief** *bn* deductive
**deeg** *o* ❶ *alg.* dough ❷ *v. gebak* paste
**deegroller** *m* [-s] rolling pin
**deegwaren** *zn* [mv] pasta
**deejay** *m* [-s] (diskjockey) deejay
**deel I** *o* [delen] ❶ *gedeelte alg.* part, portion, share
✶ *de edele delen* the vital parts ✶ *ik heb er geen* ~ *aan*
I'm no party to it ✶ *ik heb er geen* ~ *in* I have no
share in it ✶ *zijn* ~ *krijgen* come into one's own,
come in for one's share ‹of problems &› ✶ ~ *van*... —
*uitmaken van*... form part of..., be a member of...
✶ *iem. ten* ~ *vallen* fall to sbd.'s lot/share ✶ *ten dele*,

**de**

*voor een* ~ partly ✳ *voor het grootste* ~ for the most part ❷ *v.e. boek* volume ✳ *een roman in twee delen* a novel in two volumes ❸ *v.e. symfonie* movement **II** *v* [delen] ❶ *plank* board ❷ *van grenen- of vurenhout* deal ❸ *dorsvloer* threshing floor

**deelachtig** *bn* ✳ *iem. iets* ~ *maken* impart sth to sbd ✳ *iem.* ~ *maken aan iets* let sbd participate in sth ✳ *iets* ~ *worden* obtain sth; ⟨geluk &⟩ be blessed with sth

**deelbaar** *bn* divisible ⟨number⟩, separable, partible ✳ *56 is* ~ *door 7* 56 is divisible by 7

**deelbetaling** *v* [-en] instalment

**deelcertificaat** *o* [-caten] credit

**deelgemeente** *v* [-s, -n] borough, suburb

**deelgenoot** *m* [-noten] ❶ sharer (in), partner ✳ *iem.* ~ *maken van een geheim* disclose/confide a secret to sbd ❷ <u>handel</u> partner

**deellijn** *v* [-en] dividing line, <u>wisk</u> bisector

**deelname** *v* participation

**deelnemen** *onoverg* [nam deel, h. deelgenomen] ✳ ~ *aan* participate in, take part in, join in ⟨the conversation &⟩ ✳ ~ *in* participate in, share in, sympathize with ⟨sbd.'s feelings⟩

**deelnemer** *m* [-s] ❶ participant, participator, partner ❷ *aan wedstrijd* competitor, entrant, contestant

**deelnemersveld** *o* entry, number of entrants

**deelneming** *v* ❶ *medegevoel* sympathy, compassion, commiseration, concern, pity ✳ *iem. zijn* ~ *betuigen* extend one's sympathy to sbd ❷ *bij meedoen* participation (*aan in*) ❸ *bij sportevenement &* entry ✳ *bij voldoende* ~ if there are enough entries/entrants ❹ [-en] <u>handel</u> participation, participating interest, holding

**deelorder** *m* [-s] part order

**deels** *bijw* ✳ ~..., ~... partly..., partly... ✳ ~ *door*..., ~ *door*... what with... and... ✳ ~ *gelijk hebben* be partly right

**deelstaat** *m* [-staten] federal state

**deelstreep** *v* [-strepen] ❶ <u>rekenk</u> horizontal line ❷ *op graadmeters* graduation

**deeltal** *o* [-len] dividend

**deelteken** *o* [-s] ❶ <u>taalk</u> diaeresis ❷ <u>wisk</u> division sign/mark

**deeltijd** *m* part-time ✳ *in* ~ *werken* work part-time

**deeltijdbaan** *v* [-banen] part-time job

**deeltijdwerker** *m* [-s] part-timer

**deeltje** *o* [-s] particle

**deeltjesversneller** *m* [-s] particle accelerator

**deelverzameling** *v* [-en] <u>wisk</u> subset

**deelwoord** *o* [-en] <u>taalk</u> participle ✳ *een tegenwoordig/voltooid* ~ a present/past participle

**deemoed** *m* humility, meekness

**deemoedig** *bn* humble, meek, submissive

**Deen** *m* [Denen] Dane

**Deens I** *bn* Danish ✳ <u>valuta</u> *de* ~*e kroon* the Danish crown/krone **II** *o taal* Danish

**Deense** *v* [-n] Dane ✳ *ze is een* ~ she's a Dane, she's

from Denmark

**deerlijk I** *bn* sad, pitiable, pitiful, miserable **II** *bijw* grievously, pitifully & ✳ ~ *gewond* badly wounded ✳ *zich* ~ *vergissen* be greatly/profoundly mistaken

**deernis** *v* pity, commiseration, compassion ✳ ~ *hebben met* take/have pity on, pity

**deerniswekkend** *bn* pitiful, miserable

**de facto** *bijw* de facto

**defaitisme** *o* defeatism

**defaitist** *m* [-en] defeatist

**defaitistisch** *bn* defeatist

**defect I** *bn* defective, faulty, machine out of order ✳ *er is iets* ~ there's something wrong ⟨with the engine⟩ ✳ ~ *raken* get out of order, break down, go wrong ✳ ~*e goederen* faulty/damaged/imperfect goods **II** *o* [-en] ❶ defect, deficiency ❷ <u>techn</u> trouble, failure

**defensie** *v* defence, <u>Am</u> defense ✳ *het Ministerie van Defensie* the Ministry of Defence/Defense

**defensief I** *bn* defensive ✳ *een* ~ *verbond* a defensive treaty **II** *bijw* defensively ✳ ~ *optreden* act on the defensive **III** *o* defensive ✳ *iem. in het* ~ *dringen* force sbd onto the defensive

**deficit** *o* [-s] deficit, shortfall

**defilé** *o* [-s] *voorbijmarcheren* march-past ✳ *een* ~ *afnemen* take the salute

**defileren** *onoverg* [defileerde, h. gedefileerd] ✳ ~ (*voor*) march past

**definieerbaar** *bn* definable

**definiëren** *overg* [definieerde, h. gedefinieerd] define

**definitie** *v* [-s] definition ✳ *per* ~ by definition

**definitief I** *bn alg.* definitive, final, definite, permanent ✳ *een definitieve regeling treffen* make a permanent arrangement **II** *bijw* definitively, finally, definitely ✳ ~ *benoemd worden* be permanently appointed

**deflatie** *v* deflation

**deformeren** *overg* [deformeerde, h. gedeformeerd] deform

**deftig I** *bn* ❶ dignified, stately, distinguished ✳ *een* ~*e dame* a genteel lady ❷ *overdreven deftig* <u>inf</u> posh, la-di-da **II** *bijw* decently, properly & ✳ ~ *doen* assume a solemn and pompous air ✳ ~ *spreken* talk with an upper-class accent, <u>inf</u> talk posh

**degelijk I** *bn* ❶ *v. personen* reliable, respectable ❷ *v. zaken* substantial ⟨food⟩, solid ⟨grounds⟩, thorough ⟨work &⟩, sound ⟨education⟩, sterling ⟨qualities⟩, reputable ⟨firm⟩ ✳ *een* ~*e auto* a sturdy/reliable car **II** *bijw* reliably & ✳ *ik heb het wel* ~ *gezien* I did see it ✳ *het is wel* ~ *waar* it is really true

**degen** *m* [-s] sword ✳ *de* ~*s kruisen* cross swords

**degene** *bepalingaankondigend vnw* [-n] he, she, the one ✳ ~ *die* he who, she who, the one who ✳ ~*n die* those who

**degeneratie** *v* degeneracy, degeneration

**degenereren** *onoverg* [degenereerde, is

gedegenereerd] degenerate, degrade * *gedegenereerde cellen* degenerated cells

**degenslikker** *m* [-s] sword swallower

**degradant** *m* [-en] *sp* relegator

**degradatie** *v* [-s] ❶ *alg.* degradation, demotion ❷ *mil* relegation to the ranks ❸ scheepv disrating ❹ *sp* relegation

**degradatiewedstrijd** *m* [-en] relegation match

**degraderen** *overg en onoverg* [degradeerde, h. en is gedegradeerd] ❶ degrade, demote, reduce to a lower rank ❷ mil reduce to the ranks ❸ scheepv disrate ❹ sp relegate

**dehydratie** *v* [-s] dehydration

**deinen** *onoverg* [deinde, h. gedeind] heave, roll

**deining** *v* [-en] ❶ *v. water* swell, heave ❷ fig excitement, commotion * *~ veroorzaken* cause a stir

**déjà vu** *o* ['s] déjà vu

**dek** *o* [-ken] ❶ *bedekking* cover, covering ❷ *op bed* bedclothes ❸ *v. paard* horsecloth ❹ scheepv deck * *aan ~* on deck

**dekbed** *o* [-den] ❶ continental quilt, duvet, Aus doona ❷ *donzen* eiderdown

**dekbedovertrek** *o & m* [-ken] quilt cover, duvet cover, Aus doona cover

**dekblad** *o* [-bladen] *van sigaar* wrapper

**deken I** *m* [-s] ❶ *kerkelijk* dean ❷ *van het Corps Diplomatique* doyen **II** *v* [-s] *op bed* blanket * *inf onder de~s kruipen* turn in * *een elektrische~* an electric blanket

**dekhengst** *m* [-en] ❶ *paard* stud horse, stallion, sire ❷ *persoon* inf stud

**dekken I** *overg* [dekte, h. gedekt] ❶ *bedekken* cover * *gedekt zijn* verz be secured against loss; ⟨personen⟩ be covered * *de verf dekt goed* the paint coats well ❷ *met pannen* tile, ⟨met lei⟩ slate, ⟨met riet⟩ thatch ❸ *beschermen* screen, shield ❹ *bevruchten* service ❺ sp mark ⟨an opponent⟩ **II** *wederk* [dekte, h. gedekt] * *zich~* ⟨bedekken⟩ cover oneself; verz secure oneself against loss(es); ⟨beschermen⟩ shield oneself, screen oneself ⟨behind others⟩ **III** *onoverg* [dekte, h. gedekt] lay the cloth, set the table * *~ voor 20 personen* set the table for twenty * *een gedekte tafel* a laid table, a set table

**dekking** *v* [-en] ❶ eig & mil cover * *mil ~ zoeken* seek/take cover ⟨*voor* from) ❷ fig cloak, shield, guard ❸ *door verzekering* cover ❹ *tegen prijsrisico* hedge, hedging * *een aanvullende~* additional security ❺ sp marking

**dekkingspercentage** *o* [-s] percentage of cover

**deklaag** *v* [-lagen] top/surface layer, protective coating

**dekmantel** *m* [-s] cloak, fig veil, cover * *onder de~ van...* under the cloak/cover of...

**dekolonisatie** *v* decolonization

**dekoloniseren** *overg* [dekoloniseerde, h. gedekoloniseerd] decolonize

**dekschuit** *v* [-en] flat boat

**deksel** *o* [-s] cover, lid * *het~ op zijn neus krijgen* get the door slammed in one's face * *op ieder potje past een~* every Jack will find his Jill

**deksels I** *tsw* *~!* what the devil! **II** *bn* dratted, damned, confounded * *een~e meid* a dratted girl **III** *bijw* damn, darn * *het was~ druk* it was as busy as anything

**dekzeil** *o* [-en] tarpaulin, canvas

**del** *v* [-len] ❶ *dal* hollow, dip ❷ *slons* slut, slattern ❸ *slet* slut, tramp

**delegatie** *v* [-s] delegation

**delegeren** *overg* [delegeerde, h. gedelegeerd] delegate * *het~ van verantwoordelijkheden* delegation of responsibilities

**delen I** *overg* [deelde, h. gedeeld] ❶ *verdelen* divide * *twaalf gedeeld door drie is vier* twelve divided by three is four ❷ *deelnemen* share ❸ *in delen opsplitsen* split * *het verschil~* split the difference **II** *onoverg* [deelde, h. gedeeld] divide * *~ in* participate in, share in, share ⟨sbd's. feelings⟩ * *~ in iems. droefheid* sympathize with sbd * *~ met* share with * *samen~* go halves, go fifty-fifty

**deler** *m* [-s] ❶ *persoon* divider ❷ *getal* divisor * *(grootste) gemene~* (greatest) common factor/denominator

**deleteknop** *m* [-pen] delete button

**deleten** *overg* [deletete, h. gedeletet] delete

**delfstof** *v* [-fen] mineral

**delfts** *o aardewerk* delftware, delft

**delgen** *overg* [delgde, h. gedelgd] pay off, amortize, discharge, redeem ⟨a loan⟩ * *schuld~* settle debts

**delibereren** *onoverg* [delibereerde, h. gedelibereerd] deliberate

**delicaat I** *bn* delicate, ticklish * *een delicate gezondheid* delicate health * *een delicate kwestie* a delicate question **II** *bijw* delicately, considerately

**delicatesse** *v* [-n] ❶ *lekkernij* delicacy ❷ *tederheid* delicacy, consideration

**delicatessenwinkel** *m* [-s], **delicatessenzaak** *v* [-zaken] delicatessen

**delict** *o* [-en] ❶ *strafbaar feit* offence, Am offense * *een culpoos~* a culpable offence * *een economisch ~* an economic offence * *een eenvoudig~* a non-aggravated offence ❷ *civiel* unlawful act

**deling** *v* [-en] ❶ *partition* ⟨of real property⟩ ❷ wisk division

**delinquent I** *m* [-en] delinquent, offender * *een politiek~* a political offender **II** *bn* delinquent

**delirium** *o* delirium, delirium tremens * *inf~ hebben* see snakes, have the horrors

**delta** *v* ['s] delta

**deltavliegen** *o* hang gliding

**deltavliegtuig** *o* [-en] hang glider

**delven** *overg* [delfde, dolf, h. gedolven] dig * *een graf ~* dig a grave * *kolen~* mine coal

**demagnetiseren** *overg* [demagnetiseerde, h. gedemagnetiseerd] ❶ demagnetize ❷ elektr, comput degauss

**demagogie** *v* demagogy

de

**demagogisch** *bn* demagogic
**demagoog** *m* [-gogen] demagogue
**demarcatielijn** *v* [-en] line of demarcation, demarcation line, dividing line
**demarche** *v* [-s] démarche, diplomatic step *∗~s doen* take diplomatic steps
**demarketing** *v* demarketing
**demarrage** *v* [-s] **❶** *het demarreren* breaking away **❷** *uitlooppoging* breakaway *∗een mislukte ~an* unsuccessful break/breakaway
**demarreren** *onoverg* [demarreerde, h. & is gedemarreerd] break away
**demasqué** *o* [-s] unmasking
**dement** *bn* demented
**dementeren I** *onoverg* [dementeerde, is gedementeerd] *kinds worden* grow demented **II** *overg* [dementeerde, h. gedementeerd] *ontkennen* deny ⟨a fact⟩, disavow, disclaim
**dementie** *v* dementia
**demi-finale** *v* [-s] *sp* semi-final
**demilitariseren** *overg* [demilitariseerde, h. gedemilitariseerd] demilitarize
**demissionair** *bn* outgoing *∗~zijn* be under resignation *∗een ~kabinet* an outgoing cabinet *∗het kabinet is ~the* government has resigned
**demo** *m* ['s], **demobandje** *o* [-s] *ook comput* demo, demo tape
**demobilisatie** *v* demobilization
**demobiliseren** *overg* [demobiliseerde, h. gedemobiliseerd] demobilize
**democraat** *m* [-craten] democrat
**democratie** *v* [-tieën] democracy
**democratisch** *bn* democratic *∗een ~e partij* a democratic party *∗een ~genomen besluit* a democratically taken decision
**democratiseren** *overg* [democratiseerde, h. gedemocratiseerd] democratize
**democratisering** *v* democratization
**demografie** *v* demography
**demografisch** *bn* demographic
**demon** *m* [-monen, -s] demon, devil *∗bezeten door ~en* possessed by evil spirits
**demonisch I** *bn* demoniac(al) **II** *bijw* demoniacally
**demoniseren** *overg* [demoniseerde, h. gedemoniseerd] demonize
**demonstrant** *m* [-en] demonstrator
**demonstratie** *v* [-s] **❶** *het tonen* demonstration, showing, display **❷** *betoging* demonstration, (protest) march *∗een ~houden* organize a demonstration
**demonstratief** *bn* demonstrative, ostentatious ⟨behaviour &⟩ *∗zij verlieten ~de zaal* they left the hall as a sign of protest *∗~optreden* act demonstratively
**demonstratiemodel** *o* [-len] demonstration model
**demonstratievlucht** *v* [-en] demonstration flight
**demonstreren I** *overg* [demonstreerde, h. gedemonstreerd] *tonen* demonstrate, show, display

**II** *onoverg* [demonstreerde, h. gedemonstreerd] *betogen* demonstrate, march
**demontabel** *bn* sectional, detachable
**demontage** *v* dismantling, disassembling
**demonteerbaar** *bn* sectional, detachable
**demonteren** *overg* [demonteerde, h. gedemonteerd] **❶** *alg.* dismount, disassemble **❷** *techn* dismantle *∗een machine ~*dismantle a machine *∗explosieven ~*defuse explosives
**demoralisatie** *v* demoralization
**demoraliseren** *overg* [demoraliseerde, h. gedemoraliseerd] demoralize
**demotiveren** *overg* [demotiveerde, h. gedemotiveerd] demotivate, discourage
**dempen** *overg* [dempte, h. gedempt] **❶** *een kanaal & fill up/in* **❷** *een opstand* quell, crush, stamp out **❸** *geluid* muffle, deaden **❹** *licht* subdue **❺** *muz* mute/damp, soft-pedal ⟨a piano⟩
**demper** *m* [-s] **❶** *techn* damper **❷** *muz* mute **❸** *v. uitlaat* muffler, silencer **❹** *v. pistool* silencer
**den** *m* [-nen] fir, pine tree *∗een grove ~*a pine *∗zo slank als een ~*as slim as a willow
**denappel** *m* [-s] pine cone
**denatureren** *overg* [denatureerde, h. gedenatureerd] denature *∗gedenatureerde alcohol* methylated spirit
**denderen** *onoverg* [denderde, h. gedenderd] rumble *∗de trein denderde langs* the train thundered past
**denderend** *bn bijw* tremendous, raging, thunderous ⟨applause⟩ *∗ik vond die film niet zo ~*I didn't think that film was so marvellous
**Denemarken** *o* Denmark
**Den Haag** *o* The Hague
**denier** *m* [-s] denier *∗een panty van 20 ~* twenty-denier tights
**denigrerend** *bn* denigratory, degrading *∗~over iets spreken* speak belittlingly about sth
**denim** *o* denim
**denkbaar** *bn* imaginable, conceivable, thinkable *∗alle denkbare moeite* all possible trouble *∗op de gruwelijkst denkbare wijze* in the most horrible way one can imagine
**denkbeeld** *o* [-en] **❶** *idee* idea, notion *∗zich een ~ vormen van* form an idea of **❷** *mening* view
**denkbeeldig** *bn* imaginary *∗het is niet ~dat...* it is quite possible that...
**denkelijk I** *bn* probable, likely **II** *bijw* probably *∗hij zal ~niet komen* he isn't likely to come
**denken I** *overg* [dacht, h. gedacht] think *∗...denk ik ...I* think, I suppose *∗...zou ik ~*I should think *∗...dacht ik bij mijzelf* I thought to myself *∗ik denk het wel* I think so, I should imagine so *∗ik denk het niet, ik denk van niet* I think not, I don't suppose so *∗wat denk je wel?* who do you think you are? *∗kun je net ~!* what an idea!, not likely! *∗dat kun je ~!*, *inf dat had je gedacht!* fancy me doing that!, *inf* not me! *∗ik denk er heen te gaan* I'm thinking of going

(there) *ik denk er het mijne van* I have my own
ideas about it *het laat zich* ~*it may be imagined*
**II** onoverg [dacht, h. gedacht] * ~*aan iets* think of
sth *daar is geen* ~*aan* it's out of the question, inf
forget it *ik moet er niet aan* ~I can't bear to think
of it, it doesn't bear thinking of *denk eraan dat...*
mind you..., be sure to..., remember to... *denk eens
aan!* imagine, just think of it, fancy that! *ik denk er
niet aan!* I'll do nothing of the kind!, absolutely not!,
I wouldn't dream of it! *ik denk er niet aan om...* I
have no intention of ...ing, I don't intend to... *ik
dacht er niet aan dat...* I didn't realize that... *nu ik
eraan denk* now I come to think of it *doen* ~*aan*
make sbd think of, remind ⟨them⟩ of *zonder er bij
te* ~without thinking, thoughtlessly *om iets* ~
think of/remember sth *denk er om!* just you watch
your step! *denk om het afstapje!* mind the step!
*over iets* ~think about/of sth *ik denk er niet over* I
wouldn't even dream of it *hoe denk je erover?* how
about it? *zo denk ik erover* that's how I think about
it *ik denk van wel* I think so, I should imagine so
*ik zal er eens over* ~I'll see about it *ik denk er nu
anders over* I feel differently now, I take a different
view now *daar kun je verschillend over* ~that's a
matter of opinion *stof tot* ~*geven* give food for
thought *dat geeft te* ~it makes you think/wonder
**III** o *het* ~thought, thinking
**denker** m [-s] thinker
**denkfout** v [-en] fallacy, logical error, error of
reasoning
**denkpatroon** o [-tronen] pattern of thought, way of
thinking
**denkproces** o [-sen] mental process, thought
process
**denksport** v [-en] ❶*het oplossen van puzzels &*
puzzles, brain teasers, mind games ❷*schaken,
dammen &* mind sports
**denktank** m [-s] think tank
**denktrant** m way of thinking
**denkvermogen** o [-s] faculty of thought,
intellectual capacity
**denkwereld** v [-en] mental world, way of thinking
**denkwerk** o brainwork, thinking
**denkwijze** v [-wijzen] mode of thought
**dennenappel, denappel** m [-s] pine cone
**dennenboom** m [-bomen] pine tree, fir
**dennenhout** o pinewood, pine
**dennennaald** v [-en] pine needle
**dentaal I** bn dental *taalk een dentale klank* a
dental sound **II** m [-talen] taalk dental
**deodorant** m [-s, -en] deodorant
**departement** o [-en] department, (government)
office, ministry
**departementaal** bn departmental
**dependance** v [-s] ❶*op hetzelfde terrein* annex(e),
outbuilding ❷*buitenlocatie* branch, outstation
**depersonalisatie** v [-s] depersonalization
**deplorabel** bn deplorable, pitiable *in* ~*e staat* in

an abominable state
**deponeren** overg [deponeerde, h. gedeponeerd]
❶*neerleggen* place, put down ⟨sth⟩ ❷*in bewaring
geven* deposit ⟨money⟩ ❸*plaatsen* file, lodge, deposit
❹*handelsmerk* register *een wettig gedeponeerd
handelsmerk* a registered trademark
**deportatie** v [-s] deportation, transportation
**deporteren** overg [deporteerde, h. gedeporteerd]
deport, transport
**deposito** o ['s] deposit *in* ~on deposit
**depositorekening** v [-en] deposit account
**depot** o & m [-s] ❶mil depot ❷handel depot *in* ~
*geven* deposit (with)
**depothouder** m [-s] depositary, handel (sole) agent
**deppen** overg [depte, h. gedept] dab
**depreciatie** v [-s] depreciation
**depreciëren** overg en onoverg [deprecieerde, h. en is
gedeprecieerd] *in waarde (laten) dalen* depreciate
**depressie** v [-s] depression
**depressief** bn depressive, depressed *een
depressieve bui* a sombre mood
**depri** bn down, depressed *ik voel me een beetje* ~I
feel a bit down
**deprimeren** overg [deprimeerde, h. gedeprimeerd]
depress, deject
**deputatie** v [-s] deputation *Belg de Bestendige
Deputatie* the provincial council
**der** lidw of the, of *de Commissaris* ~*Koningin* the
Royal Commissioner
**derailleren** onoverg [derailleerde, is gederailleerd]
go/run off the rails
**derailleur** m [-s] derailleur gears
**derby** m ['s] local derby
**derde I** rangtelw third *de* ~*man* the third person;
sp the third player *de* ~*wereld* the Third World
*het Derde Rijk* the Third Reich *ten* ~thirdly **II** m-v
[-n] ❶third person, third party *aansprakelijkheid
jegens* ~*n* third party risks ❷sp third player **III** o [-n]
third (part)
**derdegraads** bn *een* ~*verhoor* a third degree
interrogation *een* ~*leraar* ⟨in Nederland⟩ a
secondary school teacher trained at a teacher's
college
**derdegraadsverbranding** v [-en] third-degree
burn
**derdemachtsvergelijking** v [-en] cubic equation
**derdemachtswortel** m [-s] cube root
**derderangs** bn third-rate
**derdewereldland** o [-en] Third World country
**dereguleren** overg [dereguleerde, h. gereguleerd]
deregulate
**deregulering** v deregulation
**deren** overg [deerde, h. gedeerd] harm, hurt *wat
deert het ons?* what do we care? *het deerde hem
niet, dat...* it was nothing to him that... *niets kan
hem* ~nothing can bother him
**dergelijk** aanw vnw such, suchlike, like, similar *en
* ~*e* and the like *iets* ~*s* something like it, some

such thing, ⟨say⟩ something to that effect/in that strain

**derhalve** *bijw* therefore, consequently, so

**derivaat** *o* [-vaten] *ook eff* derivative, derivative security

**dermate** *bijw* in such a manner, to such a degree ＊ *hij was~ verliefd dat hij twee keer per dag langs haar huis liep* he was so much in love that he walked past her house twice a day

**dermatologie** *v* dermatology

**dermatologisch** *bn* dermatological ＊ *~ getest* dermatologically tested

**dermatoloog** *m* [-logen] dermatologist

**derrie** *v* muck

**derrière** *v* [-s] behind, bottom

**dertien** *hoofdtelw* thirteen ＊ *~ in een dozijn* a dime a dozen

**dertiende I** *rangtelw* thirteenth ＊ *een~ maand* ⟨m.b.t. salariëring⟩ an annual bonus **II** *o* [-n] thirteenth (part)

**dertig** *hoofdtelw* thirty ＊ *boven de~ zijn* be in one's thirties

**dertiger** *m* [-s] person in his/her thirties

**dertigste I** *rangtelw* thirtieth **II** *o* [-n] thirtieth (part)

**derven** *overg* [derfde, h. gederfd] be (go) without, be deprived of, forgo ⟨wages⟩ ＊ *inkomsten~* lose income

**derving** *v* privation, lack, loss ＊ *~ van inkomsten* loss of income

**des I** *lidw* of the, of it, of that **II** *bijw* ＊ *~ avonds* in the evening ＊ *~ te beter* all the better, so much the better ＊ *hoe meer...,~ te meer...* the more..., the more... **III** *v* [-sen] *muz* D flat

**desalniettemin** *bijw* nevertheless, for all that

**desastreus** *bn* disastrous ＊ *met desastreuze gevolgen* with disastrous consequences

**desavoueren** *overg* [desavoueerde, h. gedesavoueerd] repudiate, disavow ＊ *iem. ~* deny

**desbetreffend** *bn* relating to, concerning, relevant

**descendant** *m* [-en] *astrol* descendant

**descriptief** *bn* descriptive ＊ *een descriptieve methode* a descriptive method

**desem** *m* [-s] sourdough

**deserteren** *onoverg* [deserteerde, is gedeserteerd] desert

**deserteur** *m* [-s] deserter

**desertie** *v* [-s] desertion

**desgevraagd** *bijw* ＊ *~ verklaarde de president...* on being asked the president declared...

**desgewenst** *bijw* if required, if desired ＊ *u kunt~ gebruik maken van onze sauna* you can use our sauna should you so desire

**design** *o* [-s] design ＊ *een tv met een strak~* a sleekly designed TV

**desillusie** *v* [-s] disillusionment, disenchantment

**desinfecteermiddel** *o* [-en] disinfectant

**desinfecteren** *overg* [desinfecteerde, h. gedesinfecteerd] disinfect

**desinformatie** *v* disinformation

**desintegratie** *v* disintegration

**desintegreren** *onoverg* [desintegreerde, is gedesintegreerd] disintegrate

**desinteresse** *v* lack of interest ＊ *blijk geven van~* show little interest

**desinvestering** *v* [-en] disinvestment, ⟨meervoud⟩ disposals

**desktop** *m* [-s] desktop

**desktoppublishing** *o* comput desktop publishing

**deskundig** *bn* expert, professional ＊ *~ advies* expert advice

**deskundige** *m-v* [-n] expert

**deskundigheid** *v* know-how, expertise

**deskundoloog** *m* [-logen] self-styled expert

**desnoods** *bijw* if need be, *inf* at a pinch ＊ *~ vertrekken we een dag eerder* if necessary we'll leave one day earlier

**desolaat** *bn* ❶ *troosteloos* desolate, dismal, bleak ❷ *verlaten* desolate, forsaken, deserted ＊ *een desolate landstreek* a desolate region ❸ *bedroefd* disconsolate, despondent, dejected ＊ *hij zat~ in een hoekje* he was sitting despondently in a corner ❹ *verwaarloosd* dilapidated, abandoned ＊ *jur een desolate boedel* an abandoned estate

**desondanks** *bijw* nevertheless, for all that ＊ *het regende hevig, maar~ gingen we op weg* it was pouring down, but we went out regardless

**desoriëntatie** *v* disorientation

**despoot** *m* [-poten] despot

**dessert** *o* [-en] dessert ＊ *bij het~* at dessert

**dessertlepel** *m* [-s] dessertspoon

**dessertwijn** *m* [-en] dessert wine

**dessin** *o* [-s] design, pattern

**destabiliseren I** *overg* [destabiliseerde, h. gedestabiliseerd] destabilize **II** *onoverg* [destabiliseerde, is gedestabiliseerd] destabilize

**destijds** *bijw* at the (that) time

**destructie** *v* destruction

**destructief** *bn* destructive

**detachement** *o* [-en] detachment, draft, crew

**detacheren** *overg* [detacheerde, h. gedetacheerd] detach, detail, draft (off)

**detachering** *v* posting, secondment

**detail** *o* [-s] detail ＊ handel *~* (by) retail ＊ *in ~s* in detail ＊ *in ~s treden* enter/go into detail(s)

**detailfoto** *v* ['s] close-up

**detailhandel** *m* ❶ *kleinhandel* retail trade ❷ *winkel* retail business

**detailleren** *overg* [detailleerde, h. gedetailleerd] detail, particularize, specify ＊ *een gedetailleerde plattegrond* a detailed map

**detaillist** *m* [-en] retailer, retail dealer

**detecteren** *overg* [detecteerde, h. gedetecteerd] detect

**detectie** *v* detection

**detectiepoortje** *o* [-s] security gate

**detective** *m* [-s] detective ＊ *een particulier~* a

private detective, inf a private eye * *hij leest alleen maar ~s* he only reads crime novels

**detectiveroman** *m* [-s] detective novel * *~s* crime novels, detective fiction

**detector** *m* [-s, -toren] detector

**detentie** *v* ❶ *hechtenis* detention, arrest, imprisonment ❷ *burgerlijk recht* safe keeping, bailment, holdership ❸ *het houden* custody

**determinant** *m* [-en] determinant, decisive element

**determineren** *overg* [determineerde, h. gedetermineerd] determine

**determinisme** *o* determinism

**detineren** *overg* [detineerde, h. gedetineerd] detain * *gedetineerd zijn* be remanded, be on remand, be a prisoner, be in prison

**detonatie** *v* [-s] ❶ muz false note ❷ *ontploffing* detonation, explosion

**detoneren** *onoverg* [detoneerde, h. gedetoneerd] ❶ *v. geluid* be out of tune ❷ fig strike a false note ❸ *ontploffen* detonate, explode

**deuce** *o* tennis deuce

**deugd** *v* [-en] ❶ *eigenschap* virtue, merit ❷ *het zedelijk zijn* virtue, chastity ▼ *lieve ~!* good gracious! ▼ *dat doet me ~* I'm pleased to hear it

**deugdelijk I** *bn* sound, valid, reliable **II** *bijw* well, thoroughly

**deugdzaam** *bn* virtuous * *een ~ meisje* a virtuous girl * *~ leven* lead a virtuous life

**deugen** *onoverg* [deugde, h. gedeugd] be good, be fit * *niet ~* be good for nothing, be no good, not be worth one's salt * *dit deugt niet* this isn't any good, this won't do * *je werk deugt niet* your work is bad * *als onderwijzer deugt hij niet* as a teacher he's inadequate, inf he's no good as a teacher * *hij deugt niet voor onderwijzer* he'll never make a good teacher, he'll never do for/as a teacher

**deugniet** *m* [-en] good-for-nothing, ne'er-do-well, rogue, rascal

**deuk** *v* [-en] dent * *zijn zelfvertrouwen heeft een flinke ~ opgelopen* his self-confidence has taken quite a beating * inf *in een ~ gaan/liggen* be in stitches, split one's sides

**deuken** *overg* [deukte, h. gedeukt] dent, damage

**deun** *m* [-en] ❶ tune, song, chant ❷ *wijsje* air * *een ~tje huilen* have a little cry

**deur** *v* [-en] door * inf *dat doet de ~ dicht* that puts the lid on it, that settles it * *bij iem. de ~ platlopen* be either coming or going * *ik ga/kom de ~ niet uit* I never go out * *iem. de ~ uitzetten*, ZN *aan de ~ zetten* turn sbd out * *iem. de ~ wijzen* show sbd the door * *een open ~ intrappen* force an open door * *aan de ~* at the door * *aan de ~ wordt niet gekocht* no salesmen * *achter gesloten ~en* behind closed doors * *een stok achter de deur nodig hebben* need an incentive * *bij de ~* near/at the door * *buiten de ~* out of doors * *buiten de ~ eten* eat out * *in de ~* in his door, in the doorway * *met open ~en* with open doors * jur *een behandeling met gesloten ~en* a trial

in camera, a trial in chambers * *met de ~en gooien* slam the doors * *met de ~ in huis vallen* go straight to the point * *het gevaar staat voor de ~* the danger is imminent * *de winter staat voor de ~* winter is at hand * *voor een gesloten ~ staan* find the door locked * *dat is niet naast de ~* it isn't on the doorstep * *hij is net de ~ uit* he just went out * *niet samen door een ~ kunnen* have a quarrel

**deurbel** *v* [-len] doorbell

**deurbeveiliging** *v* door protection

**deurdranger** *m* [-s] door spring

**deurklink** *v* [-en] door latch

**deurknop** *m* [-pen] doorhandle, doorknob

**deurkruk** *v* [-ken] doorhandle

**deurmat** *v* [-ten] doormat

**deuropening** *v* [-en] doorway

**deurpost, deurstijl** *m* [-en] doorpost, doorjamb

**deurwaarder** *m* [-s] bailiff, Am process server, ⟨tijdens zitting⟩ usher

**deuvel** *m* [-s] dowel pin

**deux-pièces** *v* two-piece

**devaluatie** *v* [-s] devaluation, depreciation ⟨of the currency⟩

**devalueren I** *overg* [devalueren, h. gedevalueerd] devalue **II** *onoverg* [devalueerde, is gedevalueerd] devalue, become devalued

**deviatie** *v* [-s] deviation

**deviëren** *overg en onoverg* [devieerde, h. en is gedevieerd] deviate

**devies** *o* [-viezen] *spreuk* device, motto * handel *deviezen* (foreign) exchange, (foreign) currency

**deviezenhandel** *m* foreign exchange dealings, foreign currency dealings

**deviezenreserve** *v* [-s] foreign exchange reserves

**deviezensmokkel** *m* currency smuggling

**devoot** *bn* devout, pious

**devotie** *v* [-s] devotion, piety

**dextrose** *m & v* dextrose

**deze** *aanw vnw enkelvoud* this, ⟨meervoud⟩ these * *~ en gene* this one and the other * *~ of gene* somebody or other, this or that man * *de 10de ~r* the 10th instant * *een ~r dagen* one of these days * *schrijver ~s* the present writer * *bij ~n* herewith, hereby * *in ~n* in this matter * *na/voor ~n* after/before this (date)

**dezelfde** *aanw vnw* the same * *precies ~* the very same * *~ persoon* the same person * *dat is ~ van zo-even* that is the same as the one just now

**dia** *m* ['s] slide, transparency

**diabetes** *m* diabetes

**diabeticus** *m* [-ci] diabetic

**diabolisch** *bn* diabolic(al) * *~ lachen* laugh devilishly

**diabolo** *m* ['s] diabolo

**diaconaat** *o* diaconate

**diacones** *v* [-sen] deaconess

**diaconie** *v* [-nieën] social welfare work

**diadeem** *m & o* [-demen] diadem

**diafragma** *o* ['s] ❶ *anat* diaphragm ❷ *fotogr* diaphragm, aperture * *een klein/groot* ~ a small/large aperture

**diagnose** *v* [-n & -s] diagnosis * *de* ~ *stellen* diagnose

**diagnosticeren** *overg* [diagnosticeerde, h. gediagnosticeerd] diagnose

**diagonaal** I *v* [-nalen] diagonal (line) II *bn* diagonal

**diagram** *o* [-men] diagram

**diaken** *m* [-en & -s] deacon

**diakritisch** *bn* diacritic * ~ *teken* diacritical mark, diacritical sign

**dialect** *o* [-en] dialect

**dialectiek** *v* dialectic(s)

**dialectisch** *bn* ❶ *v. dialect* dialectal ‹word› ❷ *v. dialectiek* dialectical * ~ *materialisme* dialectical materialism

**dialectologie** *v* dialectology

**dialectoloog** *m* [-logen] dialectologist

**dialoog** *m* [-logen] dialogue, *Am* dialog

**dialyse** *v* dialysis

**diamant** *m & o* [-en] diamond * *een geslepen* ~ a cut diamond * *een ongeslepen* ~ a rough diamond

**diamantair** *m* [-s] diamond dealer, jeweller

**diamanten** *bn* diamond * *de* ~ *bruiloft* the diamond wedding anniversary

**diamantslijper** *m* [-s] diamond polisher, diamond cutter

**diamantslijperij** *v* [-en] diamond-polishing factory

**diameter** *m* [-s] diameter * *een cirkel met een* ~ *van 20 cm* a circle with a 20 cm diameter

**diametraal** *bn* diametrical * *zij staan* ~ *tegenover elkaar* they are diametrically opposed to each other

**diapositief** *o* [-tieven] slide, transparency

**diaprojector** *m* [-s, -toren] slide projector

**diaraampje** *o* [-s] slide frame

**diarree** *v* diarrhoea, *inf* the trots

**diastole** *m & v* [-n] diastole

**dicht** I *bn* ❶ *gesloten* closed, shut * *de deur was* ~ the door was closed/shut * *de gordijnen waren* ~ the curtains were drawn * *mijn neus zit* ~ my nose is clogged up ❷ *opeen* dense, thick ‹clouds, fog, forest &› ❸ *zwijgzaam* close * *hij is zo* ~ *als een pot* he is very tight-lipped ❹ *niet lek* tight II *bijw* ❶ *dicht opeen* closely, tightly, densely ❷ *op geringe afstand* close, near * *we zijn* ~ *bij onze bestemming* we're close to our destination/near our destination III *o* [-en] poetry * ~ *en on*~ poetry and prose

**dichtbegroeid** *bn* thick, dense, overgrown

**dichtbevolkt** *bn* densely populated

**dichtbij** *bn bijw* close by, near by, near * *van* ~ *at close quarters* * ~ *e geluiden* nearby sounds

**dichtbinden** *overg* [bond dicht, h. dichtgebonden] tie up

**dichtblijven** *onoverg* [bleef dicht, is dichtgebleven] keep shut

**dichtbundel** *m* [-s] volume of verse, collection of poems

**dichtdoen** *overg* [deed dicht, h. dichtgedaan] shut, close

**dichtdraaien** *overg* [draaide dicht, h. dichtgedraaid] turn off

**dichtdrukken** *overg* [drukte dicht, h. dichtgedrukt] press shut, push shut

**dichten** I *overg en onoverg* [dichtte, h. gedicht] *verzen* make verses, write poetry II *overg en onoverg* [dichtte, h. en is gedicht] *dichtmaken* stop (up), close ‹a dyke›

**dichter** *m* [-s] poet

**dichterbij** *bijw* closer, nearer

**dichterlijk** *bn* poetic(al) * ~ *e vrijheid* poetic licence

**dichtgaan** *onoverg* [ging dicht, is dichtgegaan] ❶ *v. deur &* shut, close ❷ *v. wond* heal, close up

**dichtgooien** *overg* [gooide dicht, h. dichtgegooid] ❶ *deur &* slam, bang ❷ *dempen* fill up, fill in

**dichtgroeien** *onoverg* [groeide dicht, is dichtgegroeid] ❶ *wond* heal ❷ *bosschage* grow thick ❸ *verstoppen* clog up ❹ *dik worden* scherts swell up

**dichtheid** *v* density

**dichthouden** *overg* [hield dicht, h. dichtgehouden] ❶ *alg.* keep closed (shut) ❷ *v. neus* hold ❸ *v. oor* stop

**dichtklappen** I *overg* [klapte dicht, h. dichtgeklapt] *dichtslaan* snap ‹a book› shut, slam ‹a door› II *onoverg* [klapte dicht, is dichtgeklapt] ❶ *dichtgaan* shut to, snap to ❷ *v. personen* clam up

**dichtknijpen** *overg* [kneep dicht, h. dichtgeknepen] ❶ *vingers* clench ❷ *handen* squeeze * *de handen mogen* ~ *count oneself lucky* ❸ *ogen* shut tightly * *half dichtgeknepen ogen* half-closed eyes, slightly narrowed eyes * *een oogje* ~ turn a blind eye to sth ▼ *iem. de keel* ~ strangle a person ▼ *met dichtgeknepen keel* ‹v. ontroering› with a lump in one's throat

**dichtknopen** *overg* [knoopte dicht, h. dichtgeknoopt] button up

**dichtkunst** *v* (art of) poetry, poetic art

**dichtmaken** *overg* [maakte dicht, h. dichtgemaakt] ❶ *een gat* close, stop ❷ *een deur &* shut ❸ *rits &* do up, fasten

**dichtmetselen** *overg* [metselde dicht, h. dichtgemetseld] brick up, wall up

**dichtnaaien** *overg* [naaide dicht, h. dichtgenaaid] sew up

**dichtplakken** *overg* [plakte dicht, h. dichtgeplakt] seal (up)

**dichtregel** *m* [-s & -en] (line of) verse

**dichtritsen** *overg* [ritste dicht, h. dichtgeritst] zip up

**dichtschroeien** *overg* [schroeide dicht, h. dichtgeschroeid] ❶ *alg.* sear up ❷ *v. wond* cauterize

**dichtschuiven** *overg* [schoof dicht, h. dichtgeschoven] shut, push to, draw ‹the curtains›

**dichtslaan** I *overg* [sloeg dicht, h. dichtgeslagen] slam, bang * *de deur* ~ slam the door II *onoverg* [sloeg dicht, is dichtgeslagen] ❶ slam shut, bang shut ❷ *van personen* clam up

**dichtslibben** *onoverg* [slibde dicht, is dichtgeslibd] silt up, become silted up

**dichtsmijten** *overg* [smeet dicht, h. dichtgesmeten] slam shut

**dichtspijkeren** *overg* [spijkerde dicht, h. dichtgespijkerd] ❶ *alg.* nail up/down ❷ *een venster* board up

**dichtstbijzijnd** *bn* nearest * *ik ga altijd naar de ~e supermarkt* I always go to the nearest supermarket

**dichtstoppen** *overg* [stopte dicht, h. dichtgestopt] fill (up), stop, plug (up)

**dichttimmeren** *overg* [timmerde dicht, h. dichtgetimmerd] board up, nail up * fig *de kist ~* let the matter rest

**dichttrekken I** *overg* [trok dicht, h. dichtgetrokken] pull ‹the door› to, draw ‹the curtains› **II** *onoverg* [trok dicht, is dichtgetrokken] *lucht* cloud over, ‹mist› grow foggy

**dichtvallen** *onoverg* [viel dicht, is dichtgevallen] ❶ *deur* click shut ❷ *ogen* close * *zijn ogen vielen dicht van vermoeidheid* his eyes closed with fatigue

**dichtvorm** *m* [-en] poetic form * *in ~* in verse

**dichtvriezen** *onoverg* [vroor dicht, is dichtgevroren] freeze over/up * *dichtgevroren zijn* be frozen over

**dichtwerk** *o* [-en] poetical work, poem

**dichtzitten** *onoverg* [zat dicht, h. dichtgezeten] ❶ *afgesloten zijn* be closed, be blocked * *mijn neus zit dicht* my nose is stuffed up ❷ *ontoegankelijk zijn door sneeuw* be snowbound, ‹door mist› be fogbound, ‹door ijs› be frozen over

**dictaat** *o* [-taten] ❶ *het dicteren* dictation ❷ *het gedicteerde* notes

**dictafoon** *m* [-s] Dictaphone

**dictator** *m* [-s] dictator

**dictatoriaal** *bn* dictatorial

**dictatuur** *v* [-turen] dictatorship

**dictee** *o* [-s] dictation

**dicteerapparaat** *o* [-raten], **dicteermachine** *v* [-s] dictating machine

**dicteersnelheid** *v* dictation speed * *op ~* at dictation speed

**dicteren** *overg* [dicteerde, h. gedicteerd] dictate * *de gedicteerde vrede* the dictated peace, the peace dictate

**dictie** *v* diction, utterance

**dictionaire** *v* [-s] dictionary

**didacticus** *m* [-ci] educationalist, vaak afkeurend of scherts pedagogue

**didactiek** *v* pedagogy, educational theory

**didactisch** *bn* didactic

**die I** *aanw vnw enkelvoud* that, ‹meervoud› those * *~ met de groene jas* the one in the green coat * *Meneer ~ en ~* (Mr) So-and-so * *in ~ en ~ plaats* in such and such a place * *~ is goed, zeg!* I like that! **II** *betr vnw* which, who, that * *de stoel ~ daar stond* the chair which/that was there * *mensen ~ niet willen schaken kunnen kaarten* people who don't want to play chess can play cards * *de kinderen ~ ik les heb gegeven* the children I've taught

**dieet** *o* [diëten] diet, regimen * *op ~ zijn* be on a

diet * *iem. op (streng) ~ stellen* put sbd on a diet

**dieetvoeding** *v* special dietary food

**dief** *m* [dieven] ❶ *iem. die steelt* thief * *houd(t) de ~!* stop thief! * *wie eens steelt is altijd een ~* once a thief, always a thief * *met dieven moet men dieven vangen* set a thief to catch a thief * *als een ~ in de nacht* as/like a thief in the night * *hij is een ~ van zijn eigen portemonnee* he is robbing his own purse ❷ *scheut* sucker, shoot

**diefjesmaat** *m* * *dief en ~* two of a kind * *het is dief en ~* they are as thick as thieves

**diefstal** *m* [-len] theft, robbery, jur larceny * *~ in vereniging* theft in association with one or more persons * *~ met bedreiging of geweld* robbery * *~ met braak* burglary * *gekwalificeerde ~* aggravated theft

**diegene** *bepalingaankondigend vnw* he, she * *~ die* he/she who * *~n die* those who

**diehard** *m* [-s] die-hard

**dienaangaande** *bijw* with respect to that, on that subject, as to that, in respect thereof * *heeft iem. nog vragen ~?* are there any questions on the subject?

**dienaar** *m* [-s & -naren] servant * *uw onderdanige ~* your obedient servant * *een ~ van de wetenschap* a servant of science

**dienblad** *o* [-en] (dinner) tray

**diender** *m* [-s] policeman * *een dooie ~* a dull fellow

**dienen I** *overg* [diende, h. gediend] serve * *dat kan u niet ~* that won't help you * *waarmee kan ik u ~?* ‹bij dienstaanbieding› what can I do for you?; ‹in winkel› can I help you? * *van zo iets ben ik niet gediend* I won't tolerate anything like that * *om u te ~* at your service; right you are! **II** *onoverg* [diende, h. gediend] ❶ *alg.* serve * *deze dient om u aan te kondigen, dat...* this is to let you know that... * *~ als verontschuldiging* serve as an excuse * *~ bij de artillerie* serve in the artillery * *nergens toe ~, tot niets ~* serve no purpose, be no good * *waartoe zou het ~?* what's the good? * *waartoe dient dit knopje?* what's this switch for? what does this switch do? * *~ tot bewijs* serve as proof * *iem. van advies ~* advise sbd * *iem. van antwoord ~* answer sbd ❷ *werkzaam zijn bij* be in service ‹of› * *gaan ~ bij rijke mensen* go into domestic service with rich people ❸ *bedienen* serve * *aan tafel ~* wait at table, serve a meal * *het dient te gebeuren* it ought to/must be done ▼ *die zaak dient vandaag voor de rechter* the case comes up in court today

**dienovereenkomstig** *bijw* accordingly

**dienst** *m* [-en] ❶ *het dienen, dienstbaar zijn* service, employ * *in ~ gaan* go into service; mil enter the service * *in ~ hebben* employ ‹600 men and women› * *in ~ komen* enter upon one's duties, take up office; mil enter the service ‹the army› * *in ~ nemen* take sbd into one's service (employ), take on, engage ‹a servant &› * *in ~ stellen van* place ‹television› at the service of ‹propaganda› * *zich in ~ stellen van* commit oneself to * *in mijn ~* in my employ ✳ *zonder* ~out of employment ✳ *vaste* ~ permanent employment ✳ mil ~*nemen* enlist ✳ mil *onder* ~*gaan* enlist ✳ mil *onder* ~*zijn* be in the army ❷*gebruik* use, service, disposal ✳ *ten* ~*e van* for the use of... ✳ *tot uw* ~! ⟨na: thank you⟩ not at all, don't mention it! ✳ *het is tot uw* ~it is at your service/disposal ❸*werkzaamheden* service, duty ✳~*doen* perform the duties of one's office, ⟨v. politie &⟩ be on duty ✳ *die jas kan nog* ~*doen* that coat may still come in handy ✳~*doen als...* serve as, serve for, do duty as... ✳~*hebben* ⟨in functie zijn⟩ be on duty; ⟨bij rechtbank⟩ be in attendance ✳ *geen* ~*hebben* ⟨vrij zijn⟩ be off duty; ⟨geen werk hebben⟩ be out of employment ⟨of servants⟩ ❹*dienstverband* service ✳ *de* ~*opzeggen* give warning, give notice ✳ *in* ~ *treden, in* ~*komen, in* ~*zijn* ⟨dienstverband aangaan⟩ be employed (by), be in service, be serving; ⟨beginnen met dienst⟩ be on duty; mil be in the army ❺*functie* service ✳ fig *de* ~*uitmaken* run the show ✳ *de* ~*weigeren* ⟨v. zaak⟩ refuse to act; ⟨v. persoon⟩ refuse to obey ✳ *buiten* ~ ⟨v. persoon⟩ off duty; ⟨met pensioen⟩ retired ⟨colonel &⟩; ⟨v. schip &⟩ taken out of the service; ⟨als opschrift⟩ out of service/order, do not use! ✳ *buiten* ~*stellen* lay up, scrap ⟨a ship &⟩ ✳ *in* ~*stellen* ⟨v. zaken⟩ put ⟨a steamer⟩ on the service ❻*behulpzame daad* (good) service ✳ *iem. een* ~*bewijzen* do/render sbd a service, do sbd a good deed ✳ *goede* ~*en bewijzen* do good service ✳ *u hebt mij een slechte* ~*bewezen* you've done me a disservice/a bad turn ✳ *het zal u van* ~*zijn* it will come in handy ✳ *waarmee kan ik u van* ~*zijn?* what can I do for you? ✳ *de ene* ~*is de andere waard* one good turn deserves another ❼*instantie* service, department ✳ *de justitiële* ~the Criminal Justice Service ✳ *de sociale* ~the municipal social security department, Am the welfare department ❽*lijndienst* service ✳ *deze busmaatschappij onderhoudt een* ~*tussen Ommen en Dedemsvaart* this bus company operates a service between Ommen and Dedemsvaart ✳ boekh *opgedragen* ~*en* mandatory services ❾*godsdienstoefening* service ✳ ⟨v. dominee⟩ *de* ~*doen* officiate ✳ *na de* ~after (divine) service ✳ RK *tot de (heilige)* ~*toegelaten* admitted to holy orders

**dienstauto** *m* ⟨'s⟩ company car
**dienstbaar** *bn* ❶*bruikbaar* useful, serviceable ✳ *een* ~*geschenk* a useful present ❷*bevorderlijk voor* instrumental (in), subservient (to) ❸*dienend in* service ✳ *de universiteit is er niet voor zich, maar is* ~ the university is at the service of others rather than itself ✳ ⟨*een volk*⟩ ~*maken* subjugate (a people) ✳ ~*maken aan* make subservient to
**dienstbetrekking** *v* [-en] service, employment
**dienstbevel** *o* [-en] order
**dienstbode** *v* [-n & -s] (domestic) servant, maid servant
**dienstdoend** *bn* ❶*in waiting* ⟨at court⟩ ❷mil on duty ❸*waarnemend* acting ✳ *de* ~*e arts* the doctor in

attendance ✳ *de* ~*e beambte* the official in charge
**dienstencentrum** *o* [-s, -tra] social service centre
**dienstensector** *m* service industry
**dienster** *v* [-s] waitress
**dienstig** *bn* serviceable, useful ✳~*voor* of service for, beneficial to
**dienstijver** *m* (professional) zeal
**dienstjaar** *o* [-jaren] ❶*financieel* financial year, fiscal year ❷*v. ambtenaar* year of service ✳ *dienstjaren* years of service, years in office ✳ *dienstjaren voor pensioenberekening* pensionable service years
**dienstklopper** *m* [-s] stickler for rules, martinet
**dienstmededeling** *v* [-en] staff announcement
**dienstmeisje** *o* [-s] maidservant, housemaid
**dienstplicht** *m & v* compulsory military service ✳ *algemene* ~general conscription ✳ *vervangende* ~ alternative national service
**dienstplichtig** *bn* liable to military service ✳ *de* ~*e leeftijd* military age
**dienstplichtige** *m* [-n] conscript
**dienstregeling** *v* [-en] timetable, luchtv & Am schedule
**dienstreis** *v* [-reizen] official journey, business trip
**diensttijd** *m* ❶term of office ❷mil period of service
**dienstverband** *o* engagement, employment ✳ *in* ~ employed ✳ *een* ~*aangaan* accept employment
**dienstverlenend** *bn* ✳~*e bedrijven* service industries ✳ *de* ~*sector* the service sector
**dienstverlener** *m* [-s] service provider
**dienstverlening** *v* [-en] ❶service ❷strafrecht community service ✳ jur *zakelijke* ~commercial services
**dienstweigeraar** *m* [-s] met gewetensbezwaren conscientious objector
**dienstweigering** *v* refusal to do military service
**dienstwoning** *v* [-en] official residence
**dientengevolge** *bijw* in consequence, hence, as a result
**diep** I *bn* deep, profound ✳ *in* ~*e gedachten* deep in thought II *bijw* deep, deeply, profoundly ✳~*gevallen* fallen low ✳~*in de dertig* well on in the thirties ✳~*in de nacht* very late in the night ✳ *tot* ~ *in de nacht* deep/far into the night ✳~*in de schulden* deeply in debt ✳ *in het* ~*st van zijn hart* in the depths of his heart, in his heart of hearts III *o* [-en] canal, deep, channel ✳ plechtig *het grondeloze* ~the unfathomed deep
**diepbedroefd** *bn* deeply afflicted, heartbroken
**diepdruk** *m* ❶photo gravure, engraving ❷[-ken] engravings
**diepgaand** *bn* profound, searching, in-depth ✳ *een* ~*onderzoek* a searching investigation ✳ *een* ~*e discussie* an in-depth discussion
**diepgang** *m* ❶scheepv draught, Am draft ✳ *een* ~ *hebben van drie meter* draw three meters ❷fig depth
**diepgeworteld** *bn* ingrained, entrenched, deep-seated ✳ *een* ~*e haat* deep-seated hatred
**dieplader** *m* [-s] low-loader

**diepliggend** bn sunken, deep-set, fig deep-down *~e ogen deep-set eyes

**dieplood** o [-loden] sounding lead, plumb line

**diepte** v [-n & -s] ❶alg. depth *op een ~van at a depth of ❷zee deep *naar de ~gaan go to the bottom ❸op land hollow, trough *een dorp dat ligt in de ~van een dal a village that lies in the hollow of a valley ❹fig depth(s), profoundness, profundity *de ~doorgronden plumb the depths *~van inzicht profundity/profoundness of insight

**dieptebom** v [-men] depth charge

**diepte-interview** o [-s] in-depth interview

**diepte-investering** v [-en] capital-intensive investment

**dieptepass** m [-es] sp long ball, long pass

**dieptepsychologie** v depth psychology

**dieptepunt** o [-en] low point, the depth(s) *... heeft het ~bereikt ... is at its lowest ebb

**dieptriest** bn bijw very distressing/depressing

**diepvries** m ❶het diepvriezen deep freeze ❷installatie deep freeze, freezer ❸producten deep-frozen vegetables/fish &

**diepvriesgroente** v [-n & -s] deep-frozen vegetables

**diepvriesmaaltijd** m [-en] freezer meal, Am TV dinner

**diepvriesproduct** o [-en] deep-frozen product

**diepvriesvak** o [-ken] deep-freeze section/compartment

**diepvriezen** o freeze

**diepvriezer** m [-s] freezer

**diepzee** v [-zeeën] deep sea

**diepzeeduiken** o deep-sea diving

**diepzeeduiker** m [-s] deep-sea diver

**diepzeeonderzoek** o deep-sea research

**diepzinnig** bn deep, discerning, profound, afkeurend abstruse

**dier** o [-en] animal, creature, beast *een politiek ~a political animal *lekker/lief ~! hi sexy!

**dierbaar** bn dear, beloved, much-loved *dierbare herinneringen cherished memories *mijn ~ste wens my dearest wish

**dierenarts** m [-en] veterinary surgeon, inf vet

**dierenasiel** o [-s & -en] animal shelter, animal home

**dierenbescherming** v ❶het beschermen protection of animals ❷vereniging humane society *de Dierenbescherming the Society for the Prevention of Cruelty to Animals

**dierenbeul** m [-en] sbd who is cruel to animals, animal tormentor

**dierendag** m (world) animal day

**dierenmishandeling** v cruelty to animals

**dierenriem** m astron zodiac

**dierenrijk** o animal kingdom

**dierentemmer** m [-s] tamer (of wild animals), animal trainer

**dierentuin** m [-en] zoo, form zoological garden(s)

**dierenvriend** m [-en] animal lover

**dierenwereld** v animal world, fauna

**dierenwinkel** m [-s] pet shop

**diergeneeskunde** v veterinary medicine

**dierkunde** v zoology

**dierkundig** bn zoological

**dierlijk** bn ❶van dieren animal *~e vetten animal fats *het ~e in de mens the animal in man ❷fig bestial ‹instincts›, brutal, brutish ‹lusts›

**dierproef** v [-proeven] test/experiment on an animal *dierproeven verbieden ban animal testing

**diersoort** v [-en] species of animals, animal species

**diervriendelijk** bn pro-animal

**dies¹** m (dies natalis) onderw ± foundation day, ‹Oxford University› commemoration day

**dies²** bijw wherefore, consequently *en wat ~meer zij and so on, and so forth

**diesel** m [-s] diesel

**dieselmotor** m [-s & -toren] diesel engine

**dieselolie** v diesel oil

**dieseltrein** m [-en] diesel train

**diëtetiek** v dietetics

**diëtist** m [-en] dietitian/dietician

**diets** bn Middle Dutch *iem. iets ~maken make sbd believe sth

**dievegge** v [-n] (female) thief

**dievenklauw** m & v [-en] ± security lock

**dievenpoortje** o [-s] security label detector

**dieventaal** v ❶underworld jargon ❷vaktaal jargon

**differentiaal** v [-tialen] wisk differential

**differentiaalrekening** v wisk differential calculus

**differentiatie** v [-s] differentiation

**differentieel** I bn differential *~loon differential wages *differentiële rechten differential duties *een ~voordeel marketing a differential advantage II o [-tiëlen] techn differential

**differentiëren** I onoverg [differentieerde, h. gedifferentieerd] ❶wisk differentiate ❷onderscheid aanbrengen distinguish (between), differentiate (between) II wederk [differentieerde, h. gedifferentieerd] *zich ~differentiate, specialize

**diffusie** v diffusion

**diffuus** bn diffuse *~licht diffuse/scattered light *een ~betoog a vague/rambling argument

**difterie, difteritis** v diphtheria

**diftong** v [-en] diphthong

**diftongering** v [-en] diphthongization

**digestie** v digestion

**digestief** I bn digestive II o [-tieven] digestive

**diggel** m [-en, -s] potsherd *inf aan ~en gooien smash to smithereens

**digibeet** m [-beten] computer illiterate

**digitaal** bn ❶computer digital *een ~scherm a digital display/screen ❷v. vingers en tenen digital *een ~onderzoek a digital examination

**digitaliseren** overg [digitaliseerde, h. gedigitaliseerd] comput digitalize, digitize

**dignitaris** m [-sen] dignitary

**dij** v [-en] thigh

**dijbeen** o [-benen] ❶thigh ❷[-deren, -benen]

di

thighbone, anat femur

**dijenkletser** m [-s] thigh-slapper, side-splitter

**dijk** m [-en] dyke, dike, bank, dam ✱ een~ van een salaris a massive/huge/substantial salary ✱ iem. aan de~ zetten get rid of sbd ✱ aan de~ staan be out of action

**dijkbreuk** v [-en], **dijkdoorbraak** [-braken] bursting of a dyke, breach in a dyke

**dijkgraaf** m [-graven] chairman of the drainage board, chairman of the water control authority

**dijklichaam** o [-lichamen] body of a dyke

**dijkwezen** o construction and maintenance of dykes

**dik I** bn ❶ niet dun (v. voorwerpen) thick ✱ een~ke boomstam a thick tree trunk ❷ v. grote omvang big, bulky ✱ ~ke stenen big stones ❸ gezet burly, stout, fat, plump ✱ Karel de Dikke Charles the Fat ✱ de~ke dame the fat lady ✱~ worden grow fat, put on flesh, fill out ✱ ~ke wangen plump cheeks ✱ maak je niet~ don't get excited, inf keep your shirt on ❹ ruim, volop thick, ample, good ✱ een~ke honderd euro upwards of a hundred euros ✱ een~ uur a good hour ✱ ~ke vrienden great/close/fast/firm friends ✱ inf ze zijn~ke vrienden they are great/very close friends ❺ weinig vloeibaar thick ✱ ~ke melk curdled milk ❻ opgezwollen swollen ✱ een~ke wang a swollen cheek II bijw thickly ✱ inf het er~ opleggen lay it on thick, pile it on ✱ dat ligt er~ op that's quite obvious ✱ ~ doen swagger, boast ✱ er~ inzitten 〈veel geld hebben〉 have plenty of money; 〈waarschijnlijk zijn〉 be more than likely III o ❶ thick (part) ✱ door~ en dun met iem. meegaan go through thick and thin with sbd ❷ v. koffie grounds

**dikdoenerij** v pretentiousness, boasting, bragging

**dikhuidig** bn thick-skinned ✱~e dieren/~en thick-skinned quadrupeds, pachyderms

**dikkerd** m [-s] inf roly-poly, fatty

**dikkop** m [-pen] ❶ persoon person with a large head ❷ fig pigheaded person

**dikkopje** o [-s] ❶ kikkervisje tadpole ❷ vlinder skipper

**dikte** v [-n & -s] ❶ het dik zijn fatness, largeness ❷ dichtheid thickness, density, consistency, 〈van metalen, glas〉 gauge ❸ omvang girth ❹ med swelling, lump

**dikwijls** bijw often, frequently ✱ hoe~ heb ik het u niet gezegd! how often have I told you this!

**dikzak** m [-ken] big fellow, inf fatty

**dildo** m ['s] dildo

**dilemma** o ['s] dilemma ✱ iem. voor een~ plaatsen confront sbd with a dilemma

**dilettant** m [-en] dilettante, amateur

**dilettantisme** o dilettantism, amateurishness

**diligence** v [-s] stagecoach

**dille** v [-n] dill

**diluviaal** bn diluvial

**diluvium** o Diluvium

**dimensie** v [-s] dimension

**diminutief** o [-tieven] diminutive

**dimlicht** o [-en] dipped headlights ✱ met~ rijden drive with dipped headlights/on low beam

**dimmen** overg [dimde, h. gedimd] dip 〈the headlights〉 ▼ even~! cool it!

**dimmer** m [-s] dimmer switch

**diner** o [-s] dinner, dinner party

**dineren** onoverg [dineerde, h. gedineerd] dine

**ding** o [-en] ❶ concreet thing, object, gadget, contraption ✱ de~en bij hun naam noemen call a spade a spade ❷ abstract thing, matter ✱ een~ is zeker one thing is certain/for sure ✱ het is een heel~ it's not an easy thing ✱ doe je~ do your thing ❸ jonge vrouw thing, chick, cutie ✱ een aardig~ a bright young thing 〈of a girl〉 ✱ een jong~ van 16 jaar a young girl/a chick of 16 ✱ zij is een lekker~ she's a real cutie

**dingen** onoverg [dong, h. gedongen] compete (for), bargain, haggle ✱~ naar compete for, try to obtain 〈a post &〉 ✱ naar de hand van een meisje~ court a girl

**dinges** m-v ✱ mijnheer~ Mr what's-his-name ✱ hoe heet zo'n~ ook weer? what-d'you-call-it?

**dinosaurus** m [-sen], **dinosauriër** [-s] dinosaur

**dinsdag** m [-dagen] Tuesday

**dinsdags I** bn Tuesday II bijw on Tuesdays

**diocees**, **diocese** o [-cesen] diocese

**diocesaan** bn & m [-sanen] diocesan

**dionysisch** bn Dionysian

**dioxine** o dioxin

**dioxinegehalte** o [-n] dioxin content

**dip** m [-s] dip ✱ in een~ zitten be going through a bad patch ✱ een~ in de koersontwikkeling a dip in the price trends

**diploma** o ['s] certificate, diploma ✱ een~ halen graduate, qualify

**diplomaat** m [-maten] diplomat

**diplomatenkoffertje** o [-s] attaché case, document case

**diplomatie** v diplomacy

**diplomatiek I** bn diplomatic ✱ langs~e weg through diplomatic channels ✱~e onschendbaarheid diplomatic immunity II v diplomatics

**dippen** overg [dipte, h. gedipt] dip

**dipsaus** v [-en, -sauzen] dip

**direct I** bn direct, straight ✱~e contante betaling spot cash ✱~e kostprijsberekening direct costing, variable costing, marginal costing, Am proportional costing ✱~e levering spot delivery ✱ taalk~e rede direct speech II bijw ❶ rechtstreeks direct ❷ onmiddellijk directly, promptly, at once, straightaway ✱ handel~ opvraagbaar at call, repayable on demand ✱ ik kom~ I'll be there in a moment/straightaway ✱ per~ immediately ▼ hij houdt niet~ van jazz he doesn't exactly like jazz

**direct advertising** m marketing direct advertising

**directeur** m [-en & -s] ❶ van groot bedrijf (managing) director, Am president, 〈van klein bedrijf〉 manager ✱ de algemeen~ the general director/manager, the (general) managing director *de plaatsvervangend ~the acting director *de adjunct-~ Br the assistant manager, Am the deputy director/manager * ‹v.e. grote organisatie› de president-~the chairman/president of the board *de waarnemend ~the acting director/manager ❷v. theater manager ❸v. gevangenis governor ❹v. ziekenhuis superintendent *de geneesheer-~the medical superintendent ❺post postmaster ❻v. school principal, headmaster ❼muz (musical) conductor, choirmaster

**directeur-generaal** m [directeurs-generaal & directeuren-generaal] director-general *de ~der Posterijen the Postmaster General

**directheid** v directness

**directie** v [-s] ❶board, management, board of managing directors ❷muz conductorship

---

**directie**

kan onder meer worden vertaald met management. Management is echter een woord dat nooit een lidwoord krijgt.
De directie heeft een loonsverhoging aangekondigd – Management has announced a pay rise.

---

**directielid** o [-leden] senior executive, member of the board (of directors)

**directiesecretaresse** v [-n, -s] executive secretary

**direct mail** m marketing direct mail

**direct marketing** v direct marketing

**directoraat** o [-raten] directorate

**directory** m ['s] comput directory

**directrice** v [-s] ❶alg. directress ❷v.e. hotel manageress ❸v.e. school principal, headmistress ❹v.e. ziekenhuis superintendent, matron

**dirigeerstok** m [-ken] baton

**dirigent** m [-en] ❶v. orkest (musical) conductor ❷v. koor choirmaster

**dirigeren** overg [dirigeerde, h. gedirigeerd] ❶v. orkest conduct ❷v. troepen direct

**dirigisme** o dirigism(e)

**dis¹** v [-sen] muz D sharp

**dis²** m [-sen] maaltijd plechtig table, board *aan de ~ zitten sit down at the table

**discipel** m [-en & -s] disciple

**disciplinair** bn disciplinary *een ~onderzoek a disciplinary inquiry *een ~e straf disciplinary punishment

**discipline** v [-s] discipline *een ijzeren ~a tight rein, iron discipline

**discman**® m [-s] Discman

**disco** I m ['s] discotheek disco, discotheque II m muziek disco, disco music

**discografie** v [-fieën] discography

**disconteren** overg [disconteerde, h. gedisconteerd] ook bankw discount

**disconto** o ['s] ❶(rate of) discount, (bank) rate,

discount rate ❷wisseldisconto discount on a bill of exchange

**discotheek** v [-theken] ❶dansgelegenheid discotheque, disco ❷platenverzameling record library

**discountzaak** v [-zaken] discount shop

**discreet** bn ❶niet opvallend modest, unobtrusive ❷behoedzaam considerate ❸met discretie discreet, tactful

**discrepantie** v [-s] discrepancy, difference

**discretie** v ❶bescheidenheid modesty, considerateness ❷geheimhouding secrecy ❸goedvinden discretion

**discriminatie** v [-s] discrimination *positieve ~ positive discrimination

**discrimineren** overg [discrimineerde, h. gediscrimineerd] discriminate against

---

**discrimineren**

Het is altijd discriminate against somebody, nooit *discriminate somebody.

---

**discus** m [-sen] discus, disc

**discussie** v [-s] discussion, debate, argument *in ~ brengen, ter ~stellen bring up for discussion, bring/call in(to) question, challenge *in ~treden enter into a discussion

**discussieleider** m [-s] (panel) chairman, discussion leader

**discussiepunt** o [-en] issue, subject of discussion

**discussiëren** onoverg [discussieerde, h. gediscussieerd] discuss, debate, argue *over iets ~ discuss sth

**discussiestuk** o [-ken] discussion paper

**discuswerpen** o discus throwing

**discuswerper** m [-s] discus thrower

**discutabel** bn arguable, debatable, disputable

**discuteren** onoverg [discuteerde, h. gediscuteerd] discuss, argue *met iem. ~argue with sbd *over iets ~discuss, talk over

**disgenoot** m [-noten] table companion, fellow-guest *de disgenoten the guests

**disharmonie** v disharmony, discord

**diskdrive** m [-s] comput disc/disk drive

---

**diskdrive**

Moet je in het Engels disk schrijven of disc? Algemeen gesproken is de spelling disc Brits en de spelling disk Amerikaans maar er is erg veel overlapping. Bij termen die te maken hebben met de computer wordt vrijwel altijd disk geschreven.

---

**diskette** v [-s] comput diskette, floppy disc/disk, floppy

**diskjockey** m [-s] disc jockey

**diskrediet** o discredit *in ~brengen bring into discredit, bring/throw discredit on, discredit *in ~ raken fall into discredit, become discredited

**di**

**diskwalificatie** *v* [-s] disqualification
**diskwalificeren** *overg* [diskwalificeerde, h.
gediskwalificeerd] disqualify
**dispensatie** *v* [-s] dispensation (*van* from) * ~
*verlenen* grant dispensation
**dispenser** *m* [-s] dispenser
**dispersie** *v* dispersion
**display** *m* [-s] display
**disputeren** *onoverg* [disputeerde, h. gedisputeerd]
dispute, debate
**dispuut** *o* [-puten] ❶ *twistgesprek* dispute, debate,
argument ❷ *club* debating society
**dissel** *m* [-s] ❶ *v. wagen* pole ❷ *bijl* adze
**disselboom** *m* [-bomen] pole
**dissertatie** *v* [-s] (doctoral) dissertation,
doctoral/PhD thesis

**dissertatie**
In Amerika spreekt men gewoonlijk van
dissertation of PhD thesis, in Groot-Brittannië
gewoonlijk van doctoral thesis of PhD thesis. Een
dissertation is in Groot-Brittannië ook het woord
voor de afstudeerscriptie of master's thesis. Om
verwarring te voorkomen is het raadzaam om
doctoral thesis of PhD thesis te gebruiken.

**dissident** *m* [-en] dissident
**dissimilatie** *v* [-s] taalk dissimilation
**dissociatie** *v* dissociation
**dissonant I** *m* [-en] discord, dissonance * *dat was de
enige* ~ that was the only discordant note **II** *bn*
dissonant
**distantie** *v* [-s] ❶ *eig* distance ❷ *fig* reserve, distance,
distantiation * ~ *bewaren* keep/stand/hold aloof
from
**distantiëren** *wederk* [distantieerde, h.
gedistantieerd] * *zich* ~ *van* distance/distantiate
oneself from, move away from, dissociate oneself
from
**distel** *m & v* [-s] thistle
**distelvink** *m & v* [-en] goldfinch
**distillaat, destillaat** *o* [-laten] distillate
**distillateur, destillateur** *m* [-s] distiller
**distillatie, destillatie** *v* [-s] distillation
**distilleerderij, destilleerderij** *v* [-en] distillery
**distilleerkolf, destilleerkolf** *v* [-kolven] distilling
flask
**distilleertoestel, destilleertoestel** *o* [-len]
distilling apparatus, still
**distilleren** *overg* [distilleerde, h. gedistilleerd],
**destilleren** [destilleerde, h. gedestilleerd] distil
**distinctie** *v* [-s] refinement, style, distinction
**distinctief I** *bn* distinctive, characteristic **II** *o*
[-tieven] (distinctive) badge, distinction
**distribueren** *overg* [distribueerde, h. gedistribueerd]
❶ *alg.* distribute ❷ *in tijden van schaarste* ration
**distributeur** *m* [-s] distributor
**distributie** *v* [-s] ❶ *alg.* distribution ❷ *in tijden van*
*schaarste* rationing
**distributieapparaat** *o* distribution system
**distributiebedrijf** *o* [-drijven] distribution company
**distributiecentrum** *o* [-s &-tra] distribution centre
**distributiekanaal** *o* [-nalen] marketing distribution
channel * *een grijs* ~ marketing an unauthorized
marketing channel
**district** *o* [-en] district
**districtenstelsel** *o* [-s] constituency voting system
**districtsbestuur** *o* [-sturen] district committee
**districtspostkantoor** *o* [-toren] district post office
**dit** *aanw vnw enkelvoud* this, ‹meervoud› these * ~
*alles* all this * ~ *zijn mijn kleren* these are my clothes
**ditje** *o* [-s] * ~*s en datjes* odds and ends, bits and
pieces, trifles, knick-knacks * *wij praatten over* ~*s en*
*datjes* we talked about this and that, we made small
talk
**ditmaal** *bijw* this time, for once
**dito I** *bijw bn* ditto, do **II** *o* [’s] ditto
**diureticum** *o* [-tica] med diuretic
**diuretisch** *bn* med diuretic
**diva** *v* [’s] diva, prima donna
**divan** *m* [-s] couch, divan
**divergent** *bn* divergent
**divergentie** *v* divergence
**divergeren** *onoverg* [divergeerde, h. en is
gedivergeerd] diverge * *een* ~*de lens* a divergent
lens * wisk *een* ~*de reeks* a divergent series
**divers** *bn* various, diverse
**diversen** *zn* [mv] sundries, miscellaneous
(articles/items/news &)
**diversificatie** *v* diversification
**diversifiëren** *overg* [diversifieerde, h.
gediversifieerd] diversify
**diversiteit** *v* diversity
**dividend** *o* [-en] dividend * *een* ~ *in aandelen* a stock
dividend * *een gewoon* ~ an ordinary dividend * *een*
~ *in contanten* a cash dividend * *het* ~ *per aandeel*
the dividend per share * *het* ~ *rendement* the
dividend yield * *een achterstallig* ~ dividends in
arrears * *cum* ~ cum dividend
**dividendbelasting** *v* dividend (coupon) tax, tax on
dividends
**dividenduitkering** *v* [-en] ❶ dividend payment,
dividend distribution, dividend payout ❷ *in de vorm*
*van aandelen* scrip dividend
**divisie** *v* [-s] division
**dixieland** *v* dixieland
**dj** *m* [’s] DJ
**Djibouti** *o* Djibouti
**dl** *afk* (deciliter) dl
**dm** *afk* (decimeter) dm
**d.m.v.** *afk* (door middel van) by means of, through
**DNA** *o* DNA (deoxyribonucleic acid)
**DNA-onderzoek** *o* [-en] DNA testing, DNA
profiling/fingerprinting
**DNA-profiel** *o* [-en] DNA profile
**do** *v* [’s] muz do

**dobbelbeker** *m* [-s] dice cup, dice shaker
**dobbelen** *onoverg* [dobbelde, h. gedobbbeld] dice, play dice, gamble
**dobbelsteen** *m* [-stenen] **①** sp dice * (*met*) *een ~/dobbelstenen gooien* throw the dice **②** *in vorm van kubus* cube ‹of bread &› * *in ~tjes gesneden spek* diced bacon

**dobbelsteen**
Het woord voor dobbelsteen, dice, is in feite het meervoud van het woord die dat ook dobbelsteen betekent, maar alleen nog in vaste uitdrukkingen als *the die is cast – de teerling is geworpen* voorkomt.

**dobber** *m* [-s] float ▾ *een harde ~ hebben om...* be hard put to it to ‹do sth›
**dobberen** *onoverg* [dobberde, h. gedobberd] bob (up and down), float
**dobermannpincher** *m* [-s] Dobermann (pinscher)
**docent** *m* [-en] teacher * *een ~ aan de universiteit* a university lecturer
**docentenkamer** *v* [-s] common room, staff room
**docentenkorps** *o* [-en] teaching staff
**doceren** *overg* [doceerde, h. gedoceerd] teach
**doch** *voegw* but, yet, still
**dochter** *v* [-s] daughter
**dochteronderneming** *v* [-en] subsidiary company
**dociel** *bn* docile, submissive
**doctor** *m* [-s & -toren] doctor * *een ~ in de medicijnen/in de letteren* a Doctor of Medicine/of Arts
**doctoraal I** *bn* postgraduate **II** *o* [-ralen] final examination for a degree
**doctoraat** *o* [-raten] doctorate, doctor's degree
**doctorandus** *m* [-di & -dussen] university graduate
**doctrine** *v* [-s] doctrine, tenet
**docudrama** *o* ['s] docudrama
**document** *o* [-en] document
**documentaire** *m* [-s] documentary (film), actuality film
**documentalist** *m* [-en] documentalist
**documentatie** *v* documentation
**documenteren** *overg* [documenteerde, h. gedocumenteerd] document
**dode** *m-v* [-n] dead man, dead woman * *de ~* the dead man/woman, the deceased * *de ~n* the dead * *één ~* one dead, one killed * *het aantal ~n* the number of lives lost ‹in an accident›, the casualties * *over de ~n niets dan goeds* never speak ill of the dead * bijbel *laat de ~n de ~n begraven* let the dead bury the dead
**dodecaëder** *m* [-s] dodecahedron
**dodelijk I** *bn* **①** *de dood veroorzakend* deadly, mortal, lethal * *een ~e klap* a mortal blow * *een ~ gif* a lethal/deadly poison **②** *met de dood gepaard gaand* fatal * *een ~ ongeluk* a fatal accident **③** *hevig, tot de dood toe* deadly * *een ~e haat* a deadly hatred **④** *als*

*van de dood* deadly * *een ~e stilte* a deadly silence **II** *bijw* **①** mortally, fatally **②** *hevig, tot de dood toe* deadly * *zich ~ vervelen* be bored stiff * *~ vermoeid* dead tired
**dodemansknop** *m* [-pen] dead man's handle/pedal
**doden** *overg* [doodde, h. gedood] kill, slay, murder * *de tijd ~* kill time
**dodencel** *v* [-len] condemned cell, death cell
**dodendans** *m* [-en] dance of death, danse macabre
**dodenherdenking** *v* [-en] Br Remembrance Day, Am Memorial Day
**dodenlijst** *v* [-en] **①** *bij ramp &* list of the dead **②** *lijst met te vermoorden personen* hit list
**dodenmasker** *o* [-s] death mask
**dodenmis** *v* [-sen] RK requiem mass
**dodenrijk** *o* realm of the dead, underworld
**dodenrit** *m* [-ten] break-neck drive, suicidal drive
**dodental** *o* death toll, number of deaths/casualties
**dodenwake** *v* vigil, wake
**Dode Zee** *v* Dead Sea
**doedelzak** *m* [-ken] bagpipes
**doe-het-zelfzaak** *v* [-zaken] DIY shop, do-it-yourself shop
**doe-het-zelven** *o* do it yourself, DIY
**doe-het-zelver** *m* [-s] do-it-yourselfer, hobbyist
**doei** *tsw* bye, cheerio, cheers
**doek I** *m* [-en] **①** *stuk stof* cloth **②** *omslagdoek* shawl * *hij had zijn arm in een ~* he carried his arm in a sling * *uit de ~en doen* disclose **II** *o & m* **①** *geweven stof* cloth, fabric **②** scheepv sail **III** *o* **①** *v. schilder* canvas, ‹schilderij› painting **②** *v. theater* curtain * *het ~ is gevallen voor de heer X* the curtain has fallen for Mr. X **③** *v. bioscoop* screen * *het witte ~* the silver screen
**doekje** *o* [-s] (piece of) cloth, rag * *een ~ voor het bloeden* a palliative * *er geen ~s om winden* not beat about the bush * *een open ~ krijgen* have a curtain call
**doel** *o* [-en] **①** *alg.* target, mark **②** sp goal * *op ~ staan* be in goal **③** fig mark, aim, goal, purpose, object, design * *een goed/waardig ~* a good/worthy cause/intention, a charity * *het ~ heiligt de middelen* the end justifies the means * *recht op zijn ~ afgaan* go/come straight to the point * *zijn ~ bereiken* gain/attain/secure/achieve one's objective * *zijn ~ missen* miss one's mark * *een ~ nastreven* pursue an object/end * *zijn ~ treffen* hit the mark * *het ~ voorbijschieten* overshoot the mark * *met het ~ om...* for the purpose of ...ing, with a view to..., with intent to... ‹steal› * *ten ~ hebben* be intended to... * *zich ten ~ stellen* make it one's object to... * *dat was genoeg voor mijn ~* that was enough for my purpose **④** *v. reis* destination
**doelbewust** *bn* purposeful, determined
**doeleinde** *o* [-n] end, purpose * *voor meer/velerlei/alle ~n bruikbaar* multi-purpose, all-purpose
**doelen** *onoverg* [doelde, h. gedoeld] * *~ op* drive at,

do

get at, aim at, allude to, mean ✶ *dat doelt op mij* that's directed at me ✶ *waar doelt hij op?* what's he driving at/getting at?, what does he mean?

**doelgebied** *o* [-en] *sp* goal area

**doelgemiddelde** *o* [-n & -s] *sp* goal average

**doelgericht** *bn* ❶ *alg.* purposeful ❷ *m.b.t. maatregel* specific ❸ *m.b.t. campagne* targeted, selective ❹ *m.b.t. hulp* well directed

**doelgroep** *v* [-en] target group

**doellijn** *v* [-en] *sp* goal line

**doelloos I** *bn* aimless, meaningless, pointless **II** *bijw* aimlessly, meaninglessly, pointlessly ✶ *~ ronddwalen* wander aimlessly

**doelman** *m* [-nen] goalkeeper

**doelmatig** *bn* appropriate (to the purpose), suitable, efficient

**doelmatigheid** *v* suitability, efficiency

**doelmond** *m* [-en] *sp* goal mouth

**doelpaal** *m* [-palen] *sp* goal post

**doelpunt** *o* [-en] *sp* goal ✶ *een ~ maken* score (a goal) ✶ *een eigen ~* an own goal ✶ *het winnende ~* the winning goal

**doelrijp** *bn* ✶ *een ~e kans* a sure goal

**doelsaldo** *o* ['s, -di] goal difference

**doelschop** *m* [-pen], **doeltrap** [-pen] goal kick

**doelstelling** *v* [-en] aim, objective

**doeltreffend** *bn* efficient, effective

**doelverdediger** *m* [-s] goalkeeper

**doelwit** *o* [-ten] ❶ *alg.* target, mark ❷ *fig* target, aim, butt, object, subject ✶ *hij is het ~ van hun spot* he is the object of their ridicule/the butt of all their jokes ✶ *het bedrijf is ~ van een onderzoek* the business is the subject of investigation

**doem** *m* doom, curse ✶ *er rust een ~ op* there's a curse on it

**Doema** *m* Duma

**doemdenken** *o* defeatism, doomsaying

**doemdenker** *m* [-s] defeatist, doomsayer, doomster

**doemen** *overg* [doemde, h. gedoemd] condemn, doom ✶ *tot mislukking gedoemd* doomed to failure

**doemscenario** *o* ['s] worst-case scenario

**doen I** *overg* [deed, h. gedaan] ❶ *in het alg.* do, work ✶ *het ~* ⟨v. machine⟩ work, go ✶ *die vaas doet het* that vase produces the right effect ✶ *dat doet het hem* that's what does it, it works ✶ *hij kan het* (*goed*) *~* he can (well) afford it, he is comfortably off ✶ *daar kan hij het mee ~* that's telling him ✶ *hij doet het er om* he does it on purpose ✶ *het is hem er om te ~ aan te tonen, dat...* he is concerned to show that... ✶ *het is hem alleen om het geld te ~* it is only money that he's after, he's only in it for the money ✶ *daarom is het niet te ~* that's not the point ✶ *het zijne ~* play one's part ✶ *iets ~* do something ✶ *ik zal zien of ik er iets aan kan ~* I'll see about it, I'll see if I can do anything about it ✶ *ik kan er niets aan ~* ⟨geen invloed⟩ I can do nothing about it; ⟨geen schuld⟩ I can't help it ✶ *er is niets aan te ~* it can't be helped ✶ *je moet hem niets ~, hoor!* mind you don't

hurt/touch him! ✶ *zij hebben veel te ~* ⟨alg.⟩ they have a lot of work to do; ⟨veel klandizie⟩ they're doing a roaring business ✶ *wat doet hij?* what does he do?, what's his business/trade/profession/job? ✶ *wij hebben wel wat beters te ~* we have better things to do ✶ *ik heb het weer gedaan* I always get the blame ❷ *vóór infinitief* make ✶ *iem. ~ huilen* make sbd cry ❸ *steken, wegbergen* put ✶ *zout op het eten ~* put salt on the food ✶ *de appels in een zak ~* put the apples in a bag ❹ *opknappen* do, clean ✶ *zijn haar ~* do/comb one's hair ✶ *de badkamer ~ clean* the bathroom ❺ *opbrengen, kosten* be worth, cost, fetch ✶ *aardbeien ~ momenteel een euro per kilo* strawberries are fetching a euro per kilo at the moment ✶ *wat doet dat huis?* what will that house fetch/cost?; what's the rent on the house? ❻ *veroorzaken, berokkenen* do, cause ✶ *iem. kwaad ~* do sbd harm ✶ *iem. pijn ~* cause sbd pain ❼ *uitspreken* make ⟨a promise, vow⟩, take ⟨an oath⟩ ❽ *ter herhaling van het ww* do (of onvertaald) ✶ *hij zal je net zo bedriegen als hij het mij heeft gedaan* he'll cheat you, as he has (done) me ✶ *haal jij het of zal ik het doen?* will you get it or shall I? ✶ *drinken doet hij niet* he doesn't drink ▼ *het doet er niet(s) toe* it doesn't matter, that's neither here nor there, no matter ▼ *wat doet het er toe?* what does it matter? **II** *onoverg* [deed, h. gedaan] do ✶ *wat is hier te ~?* what's doing here?, what's up?, what's going on here? ✶ *~ alsof...* pretend to, make as if, make belief to ✶ *je doet maar!* (do) as you please, please yourself ✶ *je moet maar doen alsof je thuis bent* make yourself at home ✶ *hij doet maar zo* he's only pretending/shamming ✶ *daaraan heeft hij verkeerd/wijs gedaan* he was wrong/wise to... ✶ *~ onverschillig* feign indifference ✶ *~ vreemd ~* act/behave strangely ✶ *doe wel en zie niet om* do well and shame the devil ✶ *doe zoals ik* do as I do ✶ *zij ~ niet aan postzegels verzamelen* they don't go in for collecting stamps ✶ *zij doet niet meer aan...* she has given up... ✶ *zij ~ in wijnen* they deal in wines ✶ *daar kun je jaren mee ~* that will last you for years ✶ *wij hadden met hem te ~* we pitied him, we were/felt sorry for him ✶ *pas op, als je met hem te ~ hebt* be careful when dealing with him ✶ *als je..., dan krijg je met mij te ~* if you..., you'll have me to deal with/answer to ✶ *met een euro kun je niet veel ~* a euro won't go far ✶ *hoelang doe je over dat werk?* how long does it take you to do that? ✶ *daar is heel wat over te ~ geweest* there has been a lot of talk about it, it has made a great stir **III** *o* doing(s) ✶ *hij weet ons ~ en laten* he knows all our comings and goings ✶ *het is geen ~* it can't be done ✶ *in betere ~* in better circumstances, better situated, better off ✶ *in goede(n) ~ zijn* be well-to-do, well off, in easy circumstances ✶ *hij is niet in zijn gewone ~* he isn't his usual self ✶ *uit zijn gewone ~* out of one's beat, upset ✶ *niets van ~ hebben* have nothing to do with ✶ ⟨*dat is al heel goed*⟩ *voor zijn ~* for him (that's

pretty good)
**doende** *bn* doing ∗ ~ *zijn met ...be busy ...ing* ∗ *al* ~ *leert men* practice makes perfect
**doener** *m* [-s] doer, go-getter
**doenlijk** *bn* practicable, feasible, do-able ∗ *dat is niet ~* it's impracticable
**doetje** *o* [-s] inf silly, softy
**doevakantie** *v* [-s] action holiday
**doezelaar** *m* [-s] *tekeninstrument* stump
**doezelen** **I** *onoverg* [doezelde, h. gedoezeld] doze, be drowsy **II** *overg* [doezelde, h. gedoezeld] *bij tekenen* stump
**doezelig** *bn* dozy, drowsy
**dof** **I** *m* [-fen] *stoot* thud, thump **II** *bn* ❶ *alg.* dull ❷ *v. licht* dim ❸ *v. geluid* muffled ❹ *v. glans* dull, lacklustre, lustreless
**doffer** *m* [-s] cock-pigeon
**dofheid** *v* dullness, dimness, lack of lustre
**doft** *v* [-en] thwart, (rower's) bench
**dog** *m* [-gen] ❶ *hond* mastiff ∗ *een Deense* ~ a Great Dane ❷ [-s] marketing dog
**doge** *m* [-n & -s] doge
**dogma** *o* ['s & -ta] dogma
**dogmaticus** *m* [-tici] dogmatist, doctrinarian
**dogmatisch** *bn* dogmatic
**dojo** *m* ['s] dojo
**dok** *o* [-ken] dock ∗ *een drijvend* ~ a floating dock
**doka** *v* ['s] (donkere kamer) darkroom
**dokken** **I** *overg* [dokte, h. gedokt] scheepv dock, put into dock **II** *onoverg* [dokte, h. gedokt] ❶ scheepv dock, go into dock ❷ *betalen* inf fork out, cough up
**dokter** *m* [-s & doktoren] doctor, physician ∗ *hij is onder~s handen* he is undergoing medical treatment
**dokteren** *onoverg* [dokterde, h. gedokterd] ❶ *v. dokter* practise ❷ *v. patiënt* be having medical treatment ▾ ~ *aan* tinker with
**doktersadvies** *o* [-viezen] ∗ *op~* on doctor's/medical advice
**doktersassistente** *v* [-s, -n] receptionist
**doktersroman** *m* [-s] doctor novel
**doktersverklaring** *v* [-en] medical certificate, doctor's certificate
**dokwerker** *m* [-s] dockworker, docker ∗ *eten als een ~* eat like a horse
**dol** **I** *bn* ❶ *krankzinnig* crazy, mad ∗ *iem. ~ maken* drive sbd mad/wild ∗ ~ *worden* run mad ∗ *het is om ~ van te worden* it's enough to drive you mad, it's maddening/infuriating ❷ *onbezonnen, onbesuisd* mad, crazy, wild ∗ *is het niet ~?* isn't it ridiculous? ∗ ~*le pret* hilarious fun ∗ *hij is ~ op haar* he is wild/crazy about her ∗ *hij is ~ op erwtensoep* he is very fond of/inf crazy about pea soup ∗ *door het ~le heen zijn* be mad/frantic with joy, be wild ∗ *een ~le boel* a mad affair ❸ *v. honden & rabid* ∗ *een ~le hond* a rabid dog ❹ *versleten* worn, stripped ∗ *een ~le schroef* a slipping screw ▾ *een Dolle Mina* a militant feminist **II** *m* [-len] scheepv thole, rowlock

**dolblij** *bn* mad with joy, overjoyed
**dolboord** *o* [-en] gunwale
**doldraaien** *onoverg* [draaide dol, is dolgedraaid] strip, slip ∗ *die schroef is dolgedraaid* the screw is slipping ∗ *hij is dolgedraaid* ‹m.b.t. personen› he's been driven over the edge, he's gone around the bend
**doldriest** *bn* reckless
**dolen** *onoverg* [doolde, h. gedoold] ❶ *zwerven* wander (about), roam, rove, ramble ❷ fig err, go astray
**dolfijn** *m* [-en] dolphin
**dolfinarium** *m* [-s, -ria] dolphinarium
**dolgelukkig** *bn* deliriously happy
**dolgraag** *bijw* ∗ *ik zou het ~ willen* I'd love to ∗ ~*!* with the greatest pleasure!, very much!
**dolk** *m* [-en] dagger, stiletto
**dolkstoot** *m* [-stoten] stab ∗ *een ~ in de rug* a stab in the back
**dollar** *m* [-s] dollar
**dollarkoers** *m* [-en] dollar (exchange) rate
**dollarteken** *o* [-s] dollar sign ∗ *met ~s in zijn ogen* with dollar signs dancing in front of his eyes
**dollekoeienziekte** *v* ZN mad cow disease
**dolleman** *m* [-nen] madman, idiot
**dollemansrit** *m* [-ten] crazy ride
**dollen** **I** *onoverg* [dolde, h. gedold] lark about, horse around, frolic **II** *overg* [dolde, h. gedold] ∗ *(met) iem. ~* lark about with sbd ∗ sp *de tegenstander ~* play with/tease the opponent
**dom** **I** *bn* ❶ *niet slim* stupid, dumb ∗ *een ~me streek* a stupid/silly/foolish thing ∗ *hij is zo ~ nog niet (als hij er uitziet)* he's not such a fool as he looks ∗ *hij houdt zich van de ~me* he feigns ignorance ∗ *het geluk is met de ~men* fortune favours fools ∗ *zo ~ als (het achterend van) een varken* as thick as a brick ❷ *puur* sheer, pure ∗ *door ~ geluk* by sheer luck **II** *bijw* stupidly **III** *m* ❶ *kerk* cathedral (church) ❷ *titel* Dom
**domein** *o* [-en] domain, crown land ∗ *publiek ~* public property
**domeinnaam** *m* [-namen] comput domain, domain name
**domesticeren** *overg* [domesticeerde, h. gedomesticeerd] domesticate
**domheid** *v* [-heden] stupidity, foolishness ∗ *domheden* stupid/silly/foolish things
**domicilie** *o* [-s & -liën] domicile, jur ‹legal› (place of) residence ∗ ~ *kiezen* be domiciled
**dominant** **I** *bn* dominant **II** *v* [-en] dominant
**dominee** *m* [-s] ❶ *alg.* clergyman ❷ *protestant, niet-anglicaans* minister ❸ *anglicaans* vicar, rector ❹ *luthers* pastor ∗ ~ *W. Brown* the Reverend W. Brown ∗ ~ *Niemöller* Pastor Niemöller ∗ *er gaat een ~ voorbij* there is a lull in the conversation ❺ geringsch parson
**domineren** *overg & onoverg* [domineerde, h. gedomineerd] ❶ *overheersen* dominate (over), lord it over, command ❷ *spel* play dominoes

do

**Dominica** *o* Dominica
**dominicaan** *m* [-canen] *monnik* Dominican
**Dominicaanse Republiek** *v* * *de* ~ the Dominican Republic
**domino** *o* ['s] *sp* dominoes * ~*spelen* play dominoes
**domino-effect** *o* knock-on effect, domino effect
**dominosteen** *m* [-stenen] domino
**domkerk** *v* [-en] cathedral (church)
**domkop** *m* [-pen] blockhead, duffer, dolt, nitwit
**dommekracht** *v* [-en] ❶ techn jack ❷ fig hulk * *hij is een* ~ he's all brawn and no brains
**dommelen** *onoverg* [dommelde, h. gedommeld] doze, drowse
**dommerik** *m* [-riken], **domoor** *m-v* [-oren] idiot, fool, nitwit
**dompelaar** *m* [-s] ❶ vogelk diver ❷ techn plunger ❸ elektr immersion heater
**dompelen** I *overg* [dompelde, h. gedompeld] plunge, dip, duck, immerse * *in rouw* ~ plunge into mourning II *wederk* [dompelde, h. gedompeld] * *zich* ~ *in* plunge into
**domper** *m* [-s] extinguisher, damper * *een* ~*zetten op* dampen, cast a damp over, pour/throw cold water on * *dat was een flinke* ~ that was a real damper
**dompig** *bn* close, stuffy
**dompteur** *m* [-s] (animal) trainer, (animal) tamer
**domtoren** *m* [-s] cathedral tower
**domweg** *bijw* ❶ *onnadenkend* stupidly, without thinking ❷ *eenvoudigweg* just, simply
**donateur** *m* [-s] donor
**donatie** *v* [-s] donation, gift
**Donau** *m* Danube
**donder** *m* [-s] ❶ thunder * *als door de* ~*getroffen* thunderstruck ❷ *v. persoon* devil * *arme* ~ *poor* devil ❸ *lichaam* body, carcass * *een mes in zijn* ~*a* knife in his carcass * *iem. op zijn* ~ *geven* tell sbd off, give sbd a right dressing down ❹ *krachtwoord* damn, hell * *het kan me geen* ~*schelen* I don't care a damn * *daar kun je* ~ *op zeggen* you bet, you can bet your life on it * *voor de* ~ bloody well, damn it
**donderbui** *v* [-en] thunderstorm
**donderdag** *m* [-dagen] Thursday * *Witte Donderdag* Maundy Thursday
**donderdags** I *bn* Thursday II *bijw* on Thursdays
**donderen** I *onoverg* [donderde, h. gedonderd] thunder * *hij keek of hij het in Keulen hoorde* ~ he looked completely dumbfounded * *dat dondert niet* that doesn't matter II *onoverg* [donderde, is gedonderd] *vallen* tumble * *van de trap af* ~ tumble down the stairs III *overg* [donderde, h. gedonderd] *gooien* throw, fling, inf chuck
**donderjagen** *onoverg* [donderjaagde, h. gedonderjaagd] raise hell, muck about
**donderpreek** *v* [-preken], **donderspeech** *m* [-es, -en] ❶ fire-and-brimstone sermon ❷ niet rel harangue * *een* ~*houden* harangue
**donders** I *bn* damned, bloody II *bijw* versterkend

bloody * ~*blij/groot* bloody happy/great * *dat weet je* ~*goed* you know that damn well III *tsw* damn it!
**donderslag** *m* [-slagen] thunderclap, peal of thunder * *een* ~ *bij heldere hemel* a bolt from the blue
**dondersteen** *m* [-stenen] little rascal
**donderstraal** *m & v* [-stralen] ❶ *bij onweer* streak of lightning ❷ *scheldwoord* rogue, rascal, scoundrel
**donderstralen** *o* be a pain in the neck
**donderwolk** *v* [-en] thundercloud
**doneren** *overg* [doneerde, h. gedoneerd] donate
**dong** *m* [-s] *munteenheid Vietnam* Dong
**dongle** *m* comput dongle
**donjon** *m* [-s] hist donjon, keep
**donjuan** *m* Don Juan, lady killer
**donker** I *bn* ❶ *m.b.t. kleur* dark * ~*e kleuren* dark colours ❷ *m.b.t. licht* dim, dusky ❸ *m.b.t. stemming* gloomy, sombre, dismal ❹ *m.b.t. stem* deep-pitched ❺ *m.b.t. seizoen, tijdperk* dark, black * *de* ~*e dagen voor kerst* the dark days before Christmas * *een* ~*e periode in de geschiedenis* a black period in history * *het wordt steeds eerder* ~ the days are growing shorter ▼ fotogr *een* ~ *kamer* a darkroom II *bijw* blackly, gloomily * *hij keek* ~ he looked gloomy * *hij ziet alles* ~ *in* he takes a gloomy view of things III *o* * *het* ~ the dark * *bij* ~ at dark * *in het* ~ in the dark * fig *in het* ~ *tasten* be in the dark ‹about› * *na/vóór* ~ after/before dark * *voor het* ~ *thuis zijn* be home before dark
**donkerblauw** *bn* dark blue, deep blue
**donkerblond** *bn* dark blonde
**donkerrood** *bn* dark red, deep red
**donor** *m* [-s] donor
**donorcodicil** *o* [-len] donor card
**donorhart** *o* [-en] donor heart
**Don Quichot** *m* Don Quichot
**dons** *o* ❶ *veren* down ❷ *beharing* down, fuzz
**donsachtig** *bn* downy, fluffy
**donut** *m* [-s] doughnut
**donzen** *bn* down * *een* ~*dekbed* a down-filled quilt * *een* ~*deken* a duvet, a continental quilt, Aus a doona
**donzig** *bn* downy, fluffy
**dood** I *bn* dead * *zo* ~ *als een pier* as dead as a doornail * ~*kapitaal* dead money * *een dode taal* an extinct language * *ze lieten hem voor* ~*liggen* they left him for dead * *zich* ~*drinken* drink oneself to death * *zich* ~*houden* sham dead * *iem.* ~*verklaren* send sbd to Coventry * *op een* ~*punt zitten* ‹in een impasse zitten› come to a deadlock, reach a deadlock, be deadlocked * *over het dode punt heen helpen* remove the deadlock * *op een* ~*spoor zitten* be at a dead end * *een dooie boel* a dull affair II *m & v* death * ~*en verderf* death and destruction * *het is de* ~ *in de pot* it's as quiet as the grave * *de een zijn* ~ *is de ander zijn brood* one man's meat is another man's poison * *duizend doden sterven* die a thousand deaths * *een gewelddadige* ~*a* violent death * *jur* ~

*door schuld* death as a result of negligence or carelessness, ± involuntary manslaughter ✳*een natuurlijke* ~*sterven* die a natural death ✳*de* ~ *vinden* meet one's death ✳*de* ~*in de golven vinden* find a watery grave ✳*hij is er (zo bang) als de* ~*voor* he is scared stiff of it ✳*de* ~*nabij* at death's door ✳*hij heeft het gehaald bij de* ~*af* he has been at death's door ✳*na de* ~*after death* ✳*om de (dooie)* ~ *niet!* not for anything!, not on your life!, by no means, not at all ✳*dat zou ik om de* ~*niet willen* not for the life of me ✳*hij is ten dode opgeschreven* he is doomed (to death) ✳*ter* ~*brengen* put to death ✳*ter* ~*veroordelen* condemn to death ✳*tot in de* ~ *getrouw* faithful unto death ✳*uit de* ~*opstaan* rise from the dead

**doodarm** *bn* very poor, as poor as Job, as poor as a church mouse

**doodbloeden** *onoverg* [bloedde dood, is doodgebloed] ❶*eig* bleed to death ❷*fig* fizzle/peter out, die down ✳*dat zaakje zal wel* ~*that* business is likely to blow over

**dooddoener** *m* [-s] clincher, silencer

**dooddrukken** *overg* [drukte dood, h. doodgedrukt] press/squeeze to death

**doodeenvoudig I** *bn* very easy, quite simple **II** *bijw* (quite) simply

**doodeng** *bn* creepy, scary

**doodergeren** *wederk* [ergerde dood, h. doodgeërgerd] ✳*zich* ~*(aan)* become exasperated (with)

**doodgaan** *onoverg* [ging dood, is doodgegaan] die ✳*daar zul je niet van* ~*it* won't kill you ✳*iron ik ga liever gewoon dood* I'd rather die in my bed

**doodgeboren** *bn* ❶*eig* stillborn ❷*fig* foredoomed to failure ✳*het boek was een* ~*kindje* the book was stillborn from the start

**doodgemoedereerd** *bn* quite cool/calm

**doodgewoon I** *bn* quite common, quite ordinary, common-or-garden **II** *bijw* quite simply

**doodgoed** *bn* extremely kind-hearted, good to a fault

**doodgooien** *overg* [gooide dood, h. doodgegooid] ❶*eig* stone to death ❷*overladen* bombard, swamp ✳*iem.* ~*met geleerde woorden* swamp sbd with big words

**doodgraver** *m* [-s] ❶*beroep* gravedigger ❷*insect* sexton beetle

**doodkalm** *bn* quite calm, perfectly cool

**doodlachen** *wederk* [lachte dood, h. doodgelachen] ✳*zich* ~*nearly* die laughing, split one's sides with laugher ✳*ik lach me dood!* that's a scream!, that's absolutely killing! ✳*'t is om je dood te lachen* it's too funny for words

**doodleuk** *bijw* without turning a hair/batting an eye, as cool as as you please

**doodlopen I** *onoverg* [liep dood, is doodgelopen] come to a dead end ✳*een* ~*de straat* a dead end street, a cul-de-sac, a blind alley ✳ ‹opschrift› ~*de*

*weg* no through road ✳*het offensief liep dood* the offensive came to nothing **II** *wederk* [liep dood, h. doodgelopen] ✳*zich* ~*tire* oneself out with walking, walk oneself to death; *fig* run around in circles

**doodmaken** *overg* [maakte dood, h. doodgemaakt] ❶*doden* kill ❷voetbal trap, kill

**doodmoe** *bn* dead tired, dead-beat, tired to death

**doodongelukkig** *bn* utterly miserable

**doodop** *bn* worn out, utterly tired, inf dead-beat

**doodrijden I** *overg* [reed dood, h. doodgereden] ❶*met voertuig* run over ❷*v. paard* ride to death **II** *wederk* [reed dood, h. doodgereden] ✳*zich* ~*get* oneself killed in a crash

**doods** *bn* deathly, deathlike, dead ✳*een* ~*e stilte* a deadly silence

**doodsakte** *v* [-n & -s] death certificate

**doodsangst** *m* [-en] ❶*dodelijke angst* mortal fear, terror, agony ✳*in* ~*zitten* be terrified ❷*angst voor de dood* fear of death

**doodsbang** *bn* terrified, mortally afraid, inf dead scared/scared stiff (*voor* of)

**doodsbed** *o* [-den] deathbed

**doodsbenauwd** *bn* terrified ✳~*zijn voor iets* be terrified of sth

**doodsbleek** *bn* deathly pale, as white as a sheet

**doodschamen** *wederk* [schaamde dood, h. doodgeschaamd] ✳*zich* ~*die* of shame

**doodschieten** *overg* [schoot dood, h. doodgeschoten] shoot (dead)

**doodschrikken** *wederk* [schrok dood, is doodgeschrokken] ✳*zich* ~*scare* oneself to death, give oneself a fright

**doodseskader** *o* [-s] death squad

**doodsgevaar** *o* [-varen] deadly peril, danger of death, deadly danger

**doodshoofd** *o* [-en] death's-head, skull

**doodskist, doodkist** *v* [-en] coffin

**doodskleed** *o* [-kleden] ❶*lijkwade* shroud, winding sheet ❷*over doodkist* pall

**doodsklok** *v* [-ken] death bell, funeral bell, knell

**doodslaan** *overg* [sloeg dood, h. doodgeslagen] ❶*eig* kill, slay, beat to death ✳*al sla je me dood, ik weet het niet* for the life of me, I just don't know ❷*fig* silence ‹sbd in a discussion›

**doodslag** *m* [-slagen] homicide, manslaughter

**doodsmak** *m* [-ken] fatal crash (fall) ✳*een* ~*maken* come a cropper

**doodsoorzaak** *v* [-zaken] cause of death

**doodsstrijd** *m* death agony, throes of death

**doodsteek** *m* [-steken] death blow, finishing stroke, stab to the heart ✳*dat gaf hem de* ~*that* finished him off

**doodsteken** *overg* [stak dood, h. doodgestoken] stab (to death)

**doodstil** *bn* ❶*stock-still*, still as death, deathly quiet ✳*hij stond* ~*he* stood still as a statue ❷*zwijgend* dead silent

**do**

**doodstraf** v [-fen] capital punishment, death penalty∗ de~ krijgen be sentenced to death∗ op moord staat de~ murder is punishable by death

**doodsverachting** v contempt for death∗ met~ with total contempt

**doodsvijand** m [-en] mortal enemy

**doodtij** o ❶ slack water ❷ neap (tide)

**doodtrappen** overg [trapte dood, h. doodgetrapt] kick to death, trample to death

**doodvallen** onoverg [viel dood, is doodgevallen] fall/drop dead∗ ik mag~ als... strike me dead if... ∗ van mij mag je~ you can drop dead as far as I'm concerned∗ ~ op een cent be tight-fisted

**doodvonnis** o [-sen] sentence of death, death sentence∗ het~ uitspreken over pass sentence of death on∗ zijn eigen~ tekenen sign one's own death warrant

**doodvriezen** onoverg [vroor dood, is doodgevroren] freeze to death, be frozen to death

**doodwerken** wederk [werkte dood, h. doodgewerkt] ∗ zich~ work oneself to death∗ iem. zich laten~ slave sbd to death

**doodziek** bn mortally ill∗ fig~ van iets worden get sick and tired of sth

**doodzonde I** v [-n] RK mortal sin **II** bn ∗ het is~ it's a great pity, it's a terrible shame

**doodzwijgen** overg [zweeg dood, h. doodgezwegen] not talk about, hush up, keep quiet (about)

**doof** bn deaf∗ zo~ als een kwartel as deaf as a post ∗ Oost-Indisch~ zijn sham deafness∗ ~ aan één oor deaf on/in one ear∗ aan dat oor was hij~ he was deaf on that side∗ ~ voor deaf to∗ ~ blijven voor... turn a deaf ear to...

**doofheid** v deafness

**doofpot** m [-ten] extinguisher, cover-up∗ iets in de ~ stoppen hush/cover sth up, sweep sth under the carpet, whitewash sth

**doofstom** bn profoundly deaf, vero deaf-mute, deaf and dumb

---

**doofstom**

Aangezien de oudere aanduidingen **deaf-mute** en **deaf and dumb** een negatieve bijklank hebben gekregen en als beledigend worden beschouwd, is de politiek correcte uitdrukking **profoundly deaf** gecreëerd.

---

**doofstomme** m-v [-n] profoundly deaf, vero deaf-mute

**dooi** m ❶ thaw∗ de~ valt in it's starting to thaw, the thaw is setting in ❷ fig thaw

**dooien** onoverg [dooide, h. gedooid] thaw∗ het dooit it is thawing∗ het begint te~ it's starting to thaw, the thaw is setting in

**dooier** m [-s] yolk

**doolhof** m [-hoven] labyrinth, maze

**doop** m baptism, christening∗ de~ ontvangen be baptized, be christened∗ het kind ten~ houden (laten dopen) have the child baptised; (aan het doopvont) hold the child while it is being baptised ∗ de~ van een schip the inauguration of a ship

**doopakte** v [-n & -s] certificate of baptism

**doopceel** v & o [-celen] certificate of baptism∗ iems. ~ lichten lay bare sbd.'s past

**doopfeest** o [-en] christening feast

**doopjurk** v [-en] christening dress

**doopnaam** m [-namen] Christian name

**doopplechtigheid** v [-heden] ❶ christelijk christening ceremony ❷ v. schip & naming ceremony

**doopsel** o [-s] baptism

**doopsgezind** bn Mennonite, Baptist

**doopsgezinde** m-v [-n] Mennonite

**doopvont** v [-en] (baptismal) font

**door I** voorz ❶ doorheen through∗ ~ iem. heen kijken look through sbd ❷ binnen een bepaalde ruimte through∗ ik rende~ de gang I ran along the corridor∗ ik liep~ de kamer I walked across the room∗ ~ de stad through the town∗ ~ heel Europa throughout Europe, all over Europe ❸ v. tijd through, throughout, over∗ ~ de jaren heen throughout/over the years∗ ~ de eeuwen heen throughout the ages∗ ~ de week during the week, on weekdays ❹ vermenging through, in(to), to ∗ knoflook~ het eten doen add some garlic to the food∗ meng de kruiden~ het vlees mix the spices into the meat ❺ vanwege due to, on account of∗ ~ zijn ondeskundigheid due to his incompetence∗ rijk worden~ hard werk become rich by hard work ❻ handelende persoon in passieve zinnen by∗ geveld~ de griep struck down by the flu∗ ~ mij geschreven written by me **II** bijw ❶ doorheen gaande through ∗ ik kom dat boek maar niet~ I just can't get through that book ❷ aan het eind gekomen through, out, over∗ ik ben het boek~ I've got through the book∗ ze zijn er~ they have got through∗ de overeenkomst is er~ the deal has come off ❸ v. tijd through, throughout, during∗ de dag/het jaar~ throughout the day/year∗ al maar~ all the time, on and on∗ iems. hele leven~ all through a person's life, all his/her life ▼ ~ en~ eerlijk thoroughly/completely honest ▼ iets~ en~ kennen know a thing thoroughly/through and through ▼ ~ en~ koud chilled to the marrow/bone ▼ ~ en~ nat wet/soaked through, wet to the skin

**dooraderd** bn veined

**doorbakken** bn ❶ v. vlees well done ❷ v. brood well baked∗ niet~ half-baked (bread)

**doorbelasten** overg [belastte door, h. doorbelast] charge on

**doorbellen** overg [belde door, h. doorgebeld] phone through

**doorberekenen** overg [berekende door, h. doorberekend] pass on, charge on∗ de verhoging~ in de prijzen pass on the increase to the customer

**doorbetalen** overg [betaalde door, h. doorbetaald]

continue to pay∗ *zijn loon wordt doorbetaald* his wages are being paid

**doorbijten I** *overg* [beet door, h. doorgebeten] bite through∗ *die hond bijt niet door* the dog doesn't bite hard **II** *onoverg* [beet door, h. doorgebeten] fig keep trying∗ *even~, we zijn er bijna* just grin and bear it: we're almost there

**doorbijter** *m* [-s]∗ *hij is een~* he is a stayer, he doesn't give up

**doorbladeren** *overg* [bladerde door, h. doorgebladerd *of* doorbladerde, h. doorbladerd] turn over the leaves of ‹a book›, leaf/browse (through) ‹a book›

**doorbloed** *bn v. vlees* rare, underdone

**doorbloeding** *v* [-en] circulation, supply of blood

**doorborduren** *onoverg* [borduurde door, h. doorgeborduurd] ∗ *op een onderwerp~* elaborate/embroider on a subject

**doorboren** *overg* [doorboorde, h. doorboord] ❶ *met iets puntigs* pierce, perforate ❷ *met een steekwapen* transfix, run through, stab ❸ *met een speer* impale ❹ *met kogels* riddle ❺ *met zijn blikken* transfix sbd ∗ *een~de blik* a piercing look

**doorbraak** *v* [-braken] ❶ *v. dijk* bursting ❷ *in dijk* breach ❸ mil, fig breakthrough∗ *een~ van aansprakelijkheid* lifting/piercing the corporate veil

**doorbranden I** *onoverg* [brandde door, is doorgebrand] ❶ *blijven branden* burn on, burn away ❷ *stuk branden* burn through∗ *de lamp is doorgebrand* the bulb has burnt out∗ *de zekering is doorgebrand* the fuse has blown **II** *overg* [brandde door, h. doorgebrand] burn through

**'doorbreken¹ I** *overg* [brak door, h. doorgebroken] *alg.* break ‹a piece of bread &› **II** *onoverg* [brak door, is doorgebroken] ❶ *v. dijk, abces* burst ❷ mil, fig break through∗ *de zon breekt door* the sun is breaking through ❸ *v. tanden* come through

**door'breken²** *overg* [doorbrak, h. doorbroken] ❶ break through∗ *de stilte~* break the silence ❷ *v. blokkade* run

**doorbrengen** *overg* [bracht door, h. doorgebracht] ❶ *zijn dagen* pass ❷ *dagen, geld* spend ❸ *een fortuin* go through

**doorbuigen I** *overg* [boog door, h. doorgebogen] bend **II** *onoverg* [boog door, is doorgebogen] bend, give way, sag∗ *~ onder het gewicht* sag under the weight

**doordacht** *bn* well considered, well thought-out

**doordat** *voegw* because, on account of∗ *~ hij niet...* by (his) not having...

**'doordenken¹** *onoverg* [dacht door, h. doorgedacht] *verder denken, scherp, helder denken* think things out, reflect, consider

**door'denken²** *overg* [doordacht, h. doordacht] *diep overdenken* think through ‹an idea›, consider

**doordenkertje** *o* [-s]∗ *dat is een~* that's a very cryptic/deep remark, inf that's a deep one

**doordeweeks** *bn* weekday∗ *een~e dag* a weekday

∗ *mijn~e kleren* my weekday clothes

**doordouwen I** *overg* [douwde door, h. doorgedouwd] push through **II** *onoverg* [douwde door, h. doorgedouwd] ❶ *doorzetten* keep trying ❷ *verkeer* insist on right of way

**doordouwer** *m* [-s] persevering person, inf stayer, trier

**doordraaien I** *overg* [draaide door, h. doorgedraaid] ❶ *verder draaien* keep turning ❷ *van groente &* withdraw (from the market) **II** *onoverg* [draaide door, is doorgedraaid] ❶ *doorgaan met draaien* continue turning ❷ *v. schroef* slip ▼ *hij is doorgedraaid* he is worn out

**doordrammen** *onoverg* [dramde door, h. doorgedramd] go on ‹about sth›, nag ‹at sbd about sth›

**doordraven** *onoverg* [draafde door, h. en is doorgedraafd] ❶ eig trot on ❷ fig rattle on∗ *je bent aan het~* you're off again

**doordrenken** *overg* [doordrenkte, h. doordrenkt] soak, saturate

**doordrenkt** *bn* drenched (with), permeated (with)

**doordrijven** *overg* [dreef door, h. doorgedreven] force through ‹measures›∗ *zijn wil/zin~* carry one's point, have one's own way

**'doordringen¹** *onoverg* [drong door, h. en is doorgedrongen] penetrate ‹into sth›∗ *het dringt niet tot hem door* he doesn't realize it, he's not taking it in, it doesn't register with him

**door'dringen²** *overg* [doordrong, h. doordrongen] pierce, penetrate, pervade∗ *hij is doordrongen van de noodzaak ervan* he is convinced of the necessity of it

**doordringend** *bn* ❶ *geur* penetrating, pungent ❷ *blik* searching, piercing, penetrating ❸ *geluid* strident, penetrating, carrying, piercing ❹ *kou* penetrating, piercing ❺ *licht* permeating

**doordrukken I** *overg* [drukte door, h. doorgedrukt] ❶ *door iets heen duwen* press through ❷ *doorzetten* push through ‹a plan› **II** *onoverg* [drukte door, h. doorgedrukt] ❶ *doorgaan met duwen* continue pressing ❷ *meer drukwerk maken* go on printing

**doordrukstrip** *m* [-s, -pen] strip

**dooreen** *bijw* in confusion, in a jumble∗ *~ genomen* on an average

**dooreten** *onoverg* [at door, h. doorgegeten] go on eating, continue eating∗ *even~!* eat up now!

**doorgaan I** *onoverg* [ging door, is doorgegaan] ❶ *verder gaan* go/walk on∗ *ga (nu) door!* keep on going!∗ *~ met iets* go on with sth, continue sth, keep going sth∗ *op/over iets~* pursue the subject ∗ *~ in de muziek* go on with music ❷ *voortgang hebben* come off, take place∗ *de koop gaat niet door* the deal is off∗ *de wedstrijd gaat toch door* the match will take place after all ❸ *v.e. abces* break ▼ *~ voor* be considered, be thought (to be), pass for ▼ *zij wilden hem laten~ voor de prins* they wanted to pass him off as the prince **II** *overg* [ging door, is

**do**

doorgegaan] ❶ *trekken door* go through, pass through ∗ *een poort* ~ pass through a gateway ❷ *doorkijken* go through ⟨accounts⟩

**doorgaand** *bn* ∗ ~*e reizigers* through passengers ∗ *een* ~*e trein* a through/non-stop train ∗ *het* ~ *verkeer* through traffic

**doorgaans** *bijw* generally, usually, normally, as a rule

**doorgang** *m* [-en] passage, way through, thoroughfare ∗ *geen* ~ no thoroughfare ∗ *... zal geen* ~ *hebben* ...will not take place

**doorgangshuis** *o* [-huizen] temporary refuge, temporary shelter

**doorgangskamp** *o* [-en] transit camp

**doorgeefluik** *o* [-en] service hatch

**doorgelegen** *bn* ∗ *een* ~ *plek* a bedsore

**doorgestoken** *bn* pierced ▼ *dat is (een)* ~ *kaart* it's a put-up job, it's been arranged behind our backs

**doorgeven** *overg* [gaf door, h. doorgegeven] pass, pass ⟨it⟩ on, hand round, hand on

**doorgewinterd** *bn* seasoned ⟨soldier &⟩, hard-core ⟨politician⟩

**doorgroefd** *bn* lined, weatherbeaten, rugged ⟨face⟩

**doorgroeien I** *onoverg* [groeide door, is doorgegroeid] continue growing **II** *overg & onoverg* [doorgroeide, h. en is doorgroeid] grow, spread

**doorgroeimogelijkheid** *v* [-heden] career opportunity

**doorgronden** *overg* [doorgrondde, h. doorgrond] fathom ⟨a mystery⟩, get to the bottom of ⟨sth⟩, look into ⟨the future⟩, see through ⟨sbd⟩

**doorhakken** *overg* [hakte door, h. doorgehakt] *met bijl &* cut (through), cleave, split ∗ *de knoop* ~ cut the knot

**doorhalen** *overg* [haalde door, h. doorgehaald] ❶ *doortrekken* pull through ⟨a cord⟩ ❷ *doorstrepen* strike (cross) out, delete ⟨a word⟩ ∗ ~ *wat niet van toepassing is* delete where not applicable ▼ *een nacht* ~ stay up all night

**doorhaling** *v* [-en] deletion, cancellation

**doorhebben** *overg* [had door, h. doorgehad] see through ⟨sbd, sth⟩, get wise ⟨to sth⟩, realize ⟨sth⟩ ∗ *ik heb hem door* I've got him taped, I've figured him out, I've tumbled to him ∗ *ik heb het door* ⟨begrijpen⟩ I understand it, inf I get it; ⟨erachter komen⟩ inf I'm onto it, I've tumbled to it

**doorheen** *bijw* through ∗ *er* ~ *zijn* be through ∗ *ik ging er* ~ I went through ⟨the ice⟩ ∗ *zich ergens* ~ *slaan* get through sth one way or other ∗ *ik zit er* ~ I'm at the end of my tether

**doorjagen I** *overg* [jaagde *of* joeg door, h. doorgejaagd] ∗ *er* ~ run through ⟨a fortune &⟩ ∗ *een wetsvoorstel er* ~ rush a bill through **II** *onoverg* [jaagde *of* joeg door, h. doorgejaagd] hurry on, race ahead

**doorkiesnummer** *o* [-s] direct-dialling number

**doorkijk** *m* [-en] ❶ vista, view ❷ *opening* spyhole

**doorkijkblouse** *v* [-s], **doorkijkbloes** [-bloezen]

see-through/transparent blouse

**doorkijken** *overg* [keek door, h. doorgekeken] look over, look/go through ⟨a list⟩, glance through ⟨the newspapers⟩, throw an eye over ⟨a report⟩

**doorklieven** *overg* [doorkliefde, h. doorkliefd] cleave

**doorkneed** *bn* ∗ ~ *in* versed in, well read in, steeped in, seasoned in

**doorknippen** *overg* [knipte door, h. doorgeknipt] cut through

**doorkomen I** *onoverg* [kwam door, is doorgekomen] ❶ *door iets heen komen* get through, come through ∗ *er was geen* ~ *aan* you couldn't get through ⟨the crowd⟩ ∗ *hij zal er wel* ~ he is sure to pass ⟨his exam⟩ ∗ *zijn tandjes zullen gauw* ~ he'll be cutting his teeth soon ❷ *waarneembaar worden* come through, break through ∗ *de zon zal gauw* ~ the sun will soon break through ∗ *die radiozender komt niet goed door* the radio reception isn't good **II** *overg* [kwam door, is doorgekomen] pass, get through ∗ *de tijd* ~ pass the time ∗ *moeilijkheden* ~ tide/get through difficulties

**doorkrijgen** *overg* [kreeg door, h. doorgekregen] get through ∗ *iem./iets* ~ see through sbd/sth

**'doorkruisen**[1] *overg* [kruiste door, h. doorgekruist] cross out

**door'kruisen**[2] *overg* [doorkruiste, h. doorkruist] ❶ *rondreizen door* cross, traverse, scour, roam ❷ *doorsnijden* intersect ❸ fig thwart ∗ *een plan* ~ thwart a plan

**doorlaatpost** *m* [-en] checkpoint

**doorladen** *overg* [laadde door, h. doorgeladen] ∗ *een doorgeladen pistool* a cocked pistol

**doorlaten** *overg* [liet door, h. doorgelaten] let ⟨sbd/sth⟩ through, pass ⟨a candidate⟩, transmit ⟨the light⟩ ∗ *deze stof laat geen water door* this material is waterproof

**doorleefd** *bn* wrinkled, aged ∗ *een* ~ *gezicht* a face marked by age ∗ *een* ~*e vertolking van een lied* an emotional interpretation/performance of a song

**doorlekken** *onoverg* [lekte door, h. en is doorgelekt] leak through

**doorleren** *onoverg* [leerde door, h. doorgeleerd] keep studying, keep on at school

**doorleven** *overg* [doorleefde, h. doorleefd] live through, go/pass through ⟨moments of..., danger &⟩

**'doorlezen**[1] **I** *overg* [las door, h. doorgelezen] ❶ *tot einde toe* read to the end ❷ *lezend doornemen* peruse **II** *onoverg* [las door, h. doorgelezen] *verder* read on, go on reading

**door'lezen**[2] *overg* [doorlas, h. doorlezen] *lezende kennis nemen van* study

**doorlichten** *overg* [lichtte door, h. doorgelicht] ❶ med X-ray ❷ fig investigate, screen

**doorliggen** *onoverg* [lag door, is doorgelegen] get bedsores, become bedsore

**'doorlopen**[1] **I** *onoverg* [liep door, is doorgelopen] ❶ alg. go/walk on ❷ *verder lopen* keep going/walking ∗ ~ *(mensen)!* pass along!, move on!

✷ inf *loop door!* get along (with you)! ✷ *loop wat door!* hurry up a bit! ❸ v. *kleuren* run **II** *overg* [liep door, h. doorgelopen] ❶ *door iets lopen* go/walk through ‹a wood› ❷ *vluchtig doornemen* go through ‹a piece of music, accounts›, run over ‹the contents› ❸ *kapot lopen* wear out ‹one's shoes› by walking ✷ *doorgelopen voeten* sore feet

**door'lopen**[2] *overg* [doorliep, h. doorlopen] ❶ *lopend gaan door* walk through ❷ *volgen* pass through ‹a school›

**'doorlopend**[1] *bn* continuous, non-stop ‹performance› ✷ *een ~ krediet* standing credit ✷ *een ~e controle* a perpetual audit ✷ *een ~e order* a standing order ✷ *~ genummerd* consecutively numbered ✷ *een ~e verzekering* an automatically renewed insurance

**door'lopend**[2] *bijw* continuously, constantly ✷ *hij is ~ ziek* he is constantly ill

**doorloper** *m* [-s] ❶ *schaats* safety speed skate ✷ *een Friese ~* a Frisian skate ❷ *puzzel* Mephisto crossword

**doorluchtig** *bn* illustrious, (most) serene

**doormaken** *overg* [maakte door, h. doorgemaakt] go/pass through ‹a crisis &› ✷ *een ontwikkeling ~* undergo a development ✷ *wat ik doorgemaakt heb* what I've lived through/experienced

**doormidden** *bijw* in half, in two ✷ *iets ~ breken* break sth in two ✷ *iets ~ scheuren* tear sth apart

**doorn** *m* [-en & -s], **doren** [-s] thorn, prickle, spine ✷ *dat is mij een ~ in het oog* ‹vervelend› it's a thorn in my side/flesh; ‹lelijk om te zien› it's an eyesore ✷ *een ~ in het vlees* a thorn in the flesh

**doornat** *bn* wet through, wet to the skin, soaked, drenched

**doornemen** *overg* [nam door, h. doorgenomen] go through, go over ‹a paper, book &›

**doornenkroon** *v* [-kronen] crown of thorns

**doornig** *bn* thorny

**Doornik** *o* Tournai

**Doornroosje** *o* Sleeping Beauty

**doornstruik** *m* [-en] thorn bush

**doornummeren** *overg* [nummerde door, h. doorgenummerd] number consecutively

**doorploegen** *overg* [doorploegde, h. doorploegd] plough, Am plow ✷ *de zee ~* plough the ocean

**doorploeteren** *onoverg* [ploeterde door, h. doorgeploeterd] plough/Am plow on, plod on

**doorpraten I** *onoverg* [praatte door, h. doorgepraat] go on talking, talk on **II** *overg* [praatte door, h. doorgepraat] talk over, talk through ✷ *een zaak ~* talk a matter over

**doorprikken** *overg* [prikte door, h. doorgeprikt] ❶ *met een prik doen barsten* prick, pierce ✷ *fig iem. ~* see through sbd ❷ *ontzenuwen* burst

**doorregen** *bn* streaked, streaky ✷ *~ spek* streaky bacon ✷ *~ vlees* meat marbled with fat

**doorreis** *v* continue/journey through ✷ *op ~ zijn* be passing through ✷ *op mijn ~ door Woodstock* as I was passing through Woodstock

**'doorreizen**[1] *onoverg* [reisde door, h. en is doorgereisd] continue travelling/Am traveling ✷ *vandaag reist ze door naar Parijs* she goes on to Paris today

**door'reizen**[2] *overg* [doorreisde, h. doorreisd] travel through ✷ *heel Amerika ~* travel all through America

**doorrijden** *onoverg* [reed door, h. en is doorgereden] ❶ *verder rijden* ride/drive on ✷ *~ na ongeval* failure to stop after a car accident, hit and run ❷ *door iets heen rijden* ride/drive through ❸ *sneller rijden* ride/drive faster

**doorrijhoogte** *v* headroom, clearance

**doorrookt** *bn* smoked

**doorschakelen** *onoverg* [schakelde door, h. doorgeschakeld] ❶ ✷ *~ naar* ‹telefoon› put through to, connect to ❷ *auto* change gear ❸ ‹tv› switch over to

**doorschemeren** *onoverg* [schemerde door, h. en is doorgeschemerd] shine/show through ✷ *laten ~* hint, drop a hint, give to understand

**'doorscheuren**[1] *overg & onoverg* [scheurde door, h. doorgescheurd] tear (in half)

**door'scheuren**[2] *overg* [doorscheurde, h. doorscheurd] tear up

**'doorschieten**[1] **I** *onoverg* [schoot door, h. doorgeschoten] *doorgaan met schieten* keep shooting, fire on **II** *onoverg* [schoot door, is doorgeschoten] ❶ *verder schieten* shoot through, overshoot ❷ *verder gaan dan verwacht* overshoot ✷ *vroeger was zij heel saai, maar nu is ze naar de andere kant doorgeschoten* she used to be very boring, but now she's gone to the other extreme ❸ *v. plant* go to seed ❹ *v. bal* shoot

**door'schieten**[2] *overg* [doorschoot, h. doorschoten] ❶ *met kogels* riddle ❷ *v. boek* interleave

**doorschijnen** *onoverg* [scheen door, h. doorgeschenen] shine/show through

**doorschijnend** *bn* ❶ translucent, transparent ❷ *v. kleding* see-through

**doorschuiven I** *overg* [schoof door, h. doorgeschoven] pass on ✷ *iets ~ naar een ander* saddle sbd up with sth **II** *onoverg* [schoof door, is doorgeschoven] move up, advance

**doorseinen** *overg* [seinde door, h. doorgeseind] send/transmit ‹een bericht›

**doorsijpelen** *onoverg* [sijpelde door, is doorgesijpeld], **doorzijpelen** [zijpelde door, is doorgezijpeld] ❶ seep through, filter through ❷ *fig* leak out

**doorslaan I** *onoverg* [sloeg door, is doorgeslagen] ❶ *eig* go on beating/hitting ❷ *v. balans* dip, turn ✷ *de balans doen ~* turn the scales ❸ *v. machine* brace ❹ *v. zekering* blow (out) ❺ *fig* go on and on ‹talking› ✷ *wat ben je aan het ~!* you're talking a lot of nonsense! ❻ *v. medeplichtige* talk, inf squeal/blow the gaff ❼ *v. vochtige muur* sweat ❽ *van inkt op papier* blot **II** *overg* [sloeg door, h. doorgeslagen]

do

❶ *in twee stukken slaan* sever ⟨sth⟩ with a blow
❷ *techn* punch ⟨a metal plate⟩ ❸ elektr blow ⟨a fuse⟩
**III** *wederk* [sloeg door, h. doorgeslagen] * *zich er~*
pull through, get through
**doorslaand** *bn* *~ bewijs* conclusive proof * *een~*
*succes* a resounding success
**doorslag** *m* [-slagen] ❶ *bij 't wegen* dip/turn of the
scale * *dat gaf de~* that's what turned the scales,
that's what settled the matter, that did it ❷ *drevel*
punch ❸ *kopie* carbon copy, inf flimsy
**doorslaggevend** *bn* decisive, deciding * *dat*
*ogenblik is voor zijn leven~ geweest* that moment
was crucial for his life
**doorslagpapier** *o* copy(ing) paper
**doorslikken** *overg* [slikte door, h. doorgeslikt]
swallow (down)
**doorsluizen** *overg* [sluisde door, h. doorgesluisd]
channel, funnel, divert
**doorsmeren** *overg* [smeerde door, h. doorgesmeerd]
auto grease, lubricate
**doorsnede, doorsnee** *v* [-sneden] ❶ *tekening*
section, profile * *een dwarse~* a transverse section
* *een~ overlangs* a longitudinal section ❷ *middellijn*
diameter ❸ *gemiddeld* average, mean * *in~*
⟨gemiddeld⟩ on an/the average
**doorsneeprijs** *m* [-prijzen] average price
**'doorsnijden**[1] *overg* [sneed door, h. doorgesneden]
cut (through)
**door'snijden**[2] *overg* [doorsneed, h. doorsneden]
cut, traverse, intersect, cross * *elkaar~* intersect
**door'snuffelen**[1] *overg* [doorsnuffelde, h.
doorsnuffeld] nose through, rummage through
**'doorsnuffelen**[2] *overg* [snuffelde door, h.
doorgesnuffeld] hunt through, rummage through
**doorspekken** *overg* [doorspekte, h. doorspekt]
❶ lard ❷ fig interlard, punctuate, sprinkle (with)
**doorspelen I** *onoverg* [speelde door, h.
doorgespeeld] play on **II** *overg* [speelde door, h.
doorgespeeld] ❶ muz play over ❷ *de bal doorgeven*
sp pass ❸ fig pass on * *informatie aan iem.~* pass on
information to sbd
**doorspoelen** *overg* [spoelde door, h. doorgespoeld]
❶ *reinigen* rinse (through) ❷ *v. afvoerpijp &* flush
(out) ❸ fig wash down ⟨one's food⟩ ❹ *v. geluidsband*
*&* wind on
**doorspreken I** *onoverg* [sprak door, h.
doorgesproken] speak on, go on speaking **II** *overg*
[sprak door, h. doorgesproken] discuss
**doorstaan** *overg* [doorstond, h. doorstaan] stand
⟨the wear and tear⟩, resist ⟨a siege, hardships⟩, go
through ⟨many trials⟩, endure ⟨pain⟩ * *de (vuur)proef*
*~* stand the test * *de toets der kritiek~* stand the test
of criticism * *de vergelijking~* bear/sustain
comparison * *de storm~* weather the storm
**doorstart** *m* restart, new start
**'doorsteken**[1] *overg* [stak door, h. doorgestoken]
pierce ⟨the dykes⟩, prick ⟨a bubble⟩ **II** *onoverg* [stak
door, is doorgestoken] *kortere weg nemen* take a

short cut, cut through
**door'steken**[2] *overg* [doorstak, h. doorstoken] run
through, stab, pierce
**doorstoten I** *overg* [stootte *en* stiet door, h.
doorgestoten] thrust/push through **II** *onoverg*
[stootte *en* stiet door, h. doorgestoten] bilj play a
follow shot
**doorstrepen** *overg* [streepte door, h. doorgestreept]
cross out, delete
**doorstromen** *onoverg* [stroomde door, is
doorgestroomd] ❶ *verder stromen* flow, run, stream
(on, through) ❷ *m.b.t. huisvesting* move to a larger
house ❸ *m.b.t. opleiding* move (on), go (on)
**doorstroming** *v* ❶ flow, circulation ⟨of the blood⟩
❷ onderw moving up/on
**doorstuderen I** *onoverg* [studeerde door, h.
doorgestudeerd] continue one's studies **II** *overg*
[studeerde door, h. doorgestudeerd] study
**doortastend I** *bn* ❶ energetic, vigorous * *een~ man*
a man of action ❷ *m.b.t. maatregelen enz.* thorough
**II** *bijw* energetically, vigorously
**doortimmerd** *bn* well built, solid * *een goed~*
*betoog* a soundly constructed argument
**doortocht** *m* [-en] crossing, passage through, march
through * *op~* passing through * *zich een~ banen*
force one's way through * *iem. de~ beletten* block
the way through
**doortrapt** *bn* sly, cunning, tricky * *een~e schurk* a
thorough scoundrel
**'doortrekken**[1] **I** *overg* [trok door, h. doorgetrokken]
❶ *v. draad &* pull through ⟨a thread in sewing⟩
❷ *verlengen* continue ⟨a line⟩, extend ⟨a railway⟩ ▼ *de*
*wc~* flush the toilet **II** *onoverg* [trok door, is
doorgetrokken] *doorreizen* go through, march
through ⟨the country, the streets⟩
**door'trekken**[2] *overg* [doortrok, h. doortrokken]
*geheel doordringen in* permeate, soak
**doortrokken** *bn* permeated ⟨with a smell⟩, imbued
⟨with a doctrine⟩, steeped ⟨in prejudice⟩, soaked
⟨in/with a liquid⟩ * *~ van* riddled with, permeated
by
**doorvaart** *v* [-en] passage * jur *het recht van*
*onschuldige~* the right of innocent passage
**doorvaarthoogte** *v* [-n & -s] clearance, headroom
**doorvaren I** *onoverg* [voer door, h. en is
doorgevaren] ❶ *doorgaan met varen* sail on ❷ *varen*
*door kanaal, onder brug &* pass **II** *overg* [doorvoer, h.
doorvaren] pass through * *een rilling doorvoer zijn*
*leden* a shiver ran down his limbs
**doorverbinden** *overg* [verbond door, h.
doorverbonden] telec connect, put ⟨me⟩ through
⟨met to⟩ * *wilt u mij~ met X?* could you put me
through to X? * *ik verbind u door* I'm putting you
through
**doorverkopen** *overg* [verkocht door, h.
doorverkocht] resell
**doorvertellen** *overg* [vertelde door, h. doorverteld]
pass on

**doorverwijzen** *overg* [verwees door, h. doorverwezen] refer ∗ ~ *naar* refer to ‹a medical specialist, an authority &›
**doorvoed** *bn* well fed
**doorvoer** *m* [-en] transit
**doorvoeren** *overg* [voerde door, h. doorgevoerd] ❶ *handel* forward goods in transit ❷ *toepassen* carry through, follow out ‹a principle›, bring into force
**doorvoerhandel** *m* transit trade
**doorvoerhaven** *v* [-s] transit port
**doorvoerrechten** *zn* [mv] transit duties
**doorvragen I** *onoverg* [vroeg door, h. doorgevraagd] *doorgaan met vragen* go on asking **II** *overg* [vroeg door, h. doorgevraagd] ask questions about
**doorwaadbaar** *bn* fordable, wad(e)able ∗ *een doorwaadbare plaats* a ford
**doorweekt** *bn helemaal nat* soaked, sodden, soggy, wet through
'**doorwerken**[1] **I** *onoverg* [werkte door, h. doorgewerkt] ❶ *doorgaan* work on, keep working ❷ *voortgang maken* make headway **II** *overg* [werkte door, h. doorgewerkt] *een boek enz.* work through
**door'werken**[2] *overg* [doorwerkte, h. doorwerkt] work with ∗ *met goud* ~ work with gold ▼ *een doorwerkte studie* an elaborate study
**doorweven** *overg* [doorweefde, h. doorweven] interweave ‹with...›
'**doorworstelen**[1] *onoverg* [worstelde door, h. doorgeworsteld] keep on wrestling
**door'worstelen**[2] *overg* [doorworstelde, h. doorworsteld] struggle through, plough/*Am* plow through
**doorwrocht** *bn* elaborate, well thought-out
**doorzagen I** *overg* [zaagde door, h. doorgezaagd] saw through ∗ *iem.* ~ pester sbd with questions; *inf* bore sbd stiff **II** *onoverg* [zaagde door, h. doorgezaagd] saw on, go on sawing
**doorzakken** *onoverg* [zakte door, is doorgezakt] ❶ *eig* sag ∗ *een doorgezakte voet* a fallen arch ❷ *veel drinken* go on a spree
**doorzetten I** *overg* [zette door, h. doorgezet] carry/see ‹sth› through, see ‹sth› out, go/press on with ‹sth› **II** *onoverg* [zette door, h. doorgezet] persevere, carry on, *inf* hang in ∗ *even* ~! keep on going!; *inf* hang in there!
**doorzetter** *m* [-s] go-getter
**doorzettingsvermogen** *o* perseverance
**doorzeven** *overg* [doorzeefde, h. doorzeefd] riddle ‹with bullets›
**doorzichtig** *bn* transparent ∗ *een* ~ *plan* a transparent plan
'**doorzien**[1] *overg* [zag door, h. doorgezien] glance through, look through
**door'zien**[2] *overg* [doorzag, h. doorzien] see through ∗ *iem.* ~ read sbd like a book
**doorzoeken** *overg* [doorzocht, h. doorzocht] search, go through ‹a man's pockets›, ransack ‹a house›, rummage ‹a desk›

**doorzonwoning** *v* [-en] house with a through lounge
**doos** *v* [dozen] ❶ box, case ∗ *de zwarte* ~ the black box ∗ ‹gevangenis› *inf in de* ~ in the slammer ∗ *uit de oude* ~ old-fashioned, afkeurend antiquated ❷ *wc inf* lav, loo ❸ *vrouwelijk geslachtsdeel inf* box, pussy ❹ *meisje, vrouw inf* broad, doll
**doosje** *o* [-s] box, carton
**dop** *m* [-pen] ❶ *v. ei, noten* shell ❷ *v. zaden* husk ❸ *v. erwten* pod ❹ *v. e. eikel* cup ∗ *een advocaat in de* ~ a budding lawyer ∗ *hij is pas uit de* ~ he's still wet behind the ears ❺ *v. pen, tube &* top, cap ∗ *een hoge* ~ a top hat ▼ *goed uit zijn ~pen kijken* have all one's eyes about one ▼ *kijk uit je ~pen* look where you're going
**dopamine** *v* [-n] dopamine
**dope** *m* [-s] ❶ *drugs inf* dope ❷ *sp* dope
**dopen** *overg* [doopte, h. gedoopt] ❶ baptize, christen, name ∗ *zij werd Charlotte gedoopt* she was christened Charlotte ❷ *dompelen* sop ‹in the tea›, dip ‹in the ink› ❸ *stimulerend middel toedienen sp* drug, dope
**doperwt** *v* [-en] green pea
**dophei, dopheide** *v* heath, bell heather
**doping** *v* ❶ *de toediening* doping ❷ *de middelen* drug(s)
**dopingcontrole** *v* [-s] dope test
**doppen** *overg* [dopte, h. gedopt] ❶ *eieren, erwten &* shell ❷ *graan* husk ❸ *stempelen* ZN be on the dole
**dopplereffect** *o* Doppler effect
**dopsleutel** *m* [-s] socket wrench, box wrench
**dor** *bn* barren, arid, dry ∗ *~re bladeren* withered leaves ∗ *een ~re feitenkennis* dry factual knowledge
**dorheid** *v* barrenness, aridity, dryness
**Dorisch** *bn* Dorian, vooral bouwk Doric ∗ *een ~e zuil* a Doric column
**dorp** *o* [-en] village
**dorpel** *m* [-s] threshold
**dorpeling** *m* [-en] villager
**dorps** *bn* countrified, rustic, rural ∗ *~e zeden* village morality
**dorpsbewoner** *m* [-s] villager
**dorpsgek** *m* [-ken] village idiot
**dorpsgenoot** *m* [-genoten] fellow villager
**dorpshuis** *o* [-huizen] community centre
**dorpskern** *v* [-en] village centre
**dorsen** *overg* [dorste, h. gedorst] thresh
**dorsmachine** *v* [-s] threshing machine
**dorst** *m* thirst ∗ ~ *hebben/krijgen* be/get thirsty ∗ *de* ~ *naar roem* the thirst for glory/fame
**dorsten** *onoverg* [dorstte, h. gedorst] ❶ *eig* be thirsty ❷ *fig* thirst/hunger (*naar* for/after)
**dorstig** *bn* thirsty
**dorsvlegel** *m* [-s] flail
**dorsvloer** *m* [-en] threshing floor
**doseren** *overg* [doseerde, h. gedoseerd] dose
**dosering** *v* [-en] dose, dosage
**dosis** *v* [-sen, doses] dose, measure ∗ *een te grote* ~

**do**

**do**

an overdose * *een te kleine~* an underdose * *een flinke~ zelfvertrouwen* a large dose of self-confidence

**dossier** *o* [-s] dossier, file, record

**dot** *m & v* [-ten] ❶ *v. haar, wol &* knot, tuft ❷ *v. gras* tuft ❸ *schat* darling * *een ~ van een kind/hoed* a dream of a child/hat * *wat een ~!* what a sweetie! ❹ *grote hoeveelheid* pile * *een ~ geld* a bundle

**dotcom** *m* comput dotcom, dot.com

**dotterbloem** *v* [-en] marsh marigold

**dotteren** *overg* [dotterde, h. gedotterd] med perform a balloon angioplasty on * *gedotterd worden* have percutaneous angioplasty

**douane** I *v* [-n] ❶ *dienst* customs * *de~* (the) customs * *door de~ gaan* go through customs ❷ *kantoor* customs house II *m* [-n & -s] beambte customs officer

**douanebeambte** *m-v* [-n] customs officer, customs house officer

**douanecontrole** *v* [-s] customs inspection

**douaneformaliteit** *v* [-en] customs formality

**douanekantoor** *o* [-toren] customs house, customs office

**douaneverklaring** *v* [-en] customs declaration, bill of entry

**douanier** *m* [-s] customs officer

**doublé** I *o* gold plate II *bn* * *een ~ ketting* a gold-plated necklace

**doubleren** I *overg* [doubleerde, h. gedoubleerd] ❶ *verdubbelen* double ❷ *een rol* double ❸ *een klas* repeat II *onoverg* [doubleerde, h. gedoubleerd] kaartsp double

**doublure** *v* [-s] ❶ *tweemaal voorkomen* duplication ❷ toneel understudy

**douceur** *v* [-s], **douceurtje** *o* [-s] tip, gratuity

**douche** *v* [-s] shower * *een ~ nemen* take a shower * fig *een koude ~* a cold shower

**douchecabine** *v* [-s], **douchecel** [-len] shower cabinet

**douchegordijn** *o* [-en] shower curtain

**douchekop** *m* [-pen] shower head

**douchen** *onoverg* [douchte, h. gedoucht] take a shower, shower

**douchestang** *v* [-en] shower bar

**douw** *m* [-en] *duw* push, shove * fig *een ~ krijgen* take a rap

**douwen** *overg* [douwde, h. gedouwd] *duwen* inf push, shove

**dove** *m-v* [-n] deaf person

**doveman** *m* deaf man * *aan ~s deur kloppen* fall on deaf ears

**dovemansoren** *zn* [mv] * *dat is niet aan ~ gezegd* it didn't fall on deaf ears * *voor ~ spreken* not get any hearing

**doven** I *overg* [doofde, h. gedoofd] extinguish, put out II *onoverg* [doofde, is gedoofd] *uitgaan* die down

**dovenetel** *v* [-s] dead nettle

**dovig** *bn* somewhat deaf, a bit deaf

**down** *bn* ❶ *neerslachtig* down, out of spirits * *~ zijn*

be down, feel down ❷ comput down ❸ kaartsp down * *twee slagen ~ gaan* be down (by) two

**downgrading** *m* marketing downgrading

**downloaden** *overg* [downloadde, h. gedownload] comput download

**dozijn** *o* [-en] dozen * *per~* ⟨sell them⟩ by the dozen, ⟨pack them⟩ in dozens * *drie/vier & ~* three/four & dozen * *een paar~* a couple of dozen

**draad** I *m* [draden] ❶ *v. katoen, schroef &* ook fig thread * *een ~ in een naald steken* thread a needle * *de (rode) ~ die er doorheen loopt* the main thread of the story * *de~ kwijt zijn* have lost the thread ⟨of one's argument &⟩ * *er zit een ~ je los bij hem* he has a screw loose * *geen droge ~ aan het lijf hebben* not have a dry thread/stitch on one * *de~ weer opvatten* take up the thread ⟨of one's narrative⟩ * *iedere dag een ~je, is een hemdsmouw in het jaar* many a stitch in time * *aan een zijden ~(je) hangen* hang by a thread * *kralen aan een ~ rijgen* thread beads * *met/op de~* with the grain * *tegen de~* against the grain * *versleten tot op de~* threadbare * *voor de~ komen* speak up ❷ *v. plant of wortel* fibre, filament ❸ *v. peulen* string ❹ *v. hout* grain ❺ *v. metaal* wire ❻ *v. gloeilamp* filament II *o & m* ❶ *stofnaam* thread ❷ *v. katoen* thread ❸ *v. metaal* wire

**draadglas** *o* wire(d) glass

**draadloos** *bn* wireless * *een draadloze telefoon* a mobile phone

**draadnagel** *m* [-s] wire nail

**draadtang** *v* [-en] pliers, nippers

**draagbaar** I *bn* ❶ bearable ❷ *v. lasten* portable * *een draagbare radio/tv* a portable radio/TV * *een draagbare telefoon* a mobile phone ❸ *v. kleren* wearable II *v* [-baren] litter, stretcher

**draagbalk** *m* [-en] supporting beam, girder

**draagconstructie** *v* [-s] supporting structure

**draagkarton** *o* [-s] cardboard carrier

**draagkracht** *v* ❶ *alg.* ability to bear ❷ *financieel* capacity to pay, financial strength * *financiële ~* financial capacity * *belasting naar ~* income-related tax ❸ *v. schip &* carrying capacity ❹ *reikwijdte* range

**draagkrachtig** *bn* well-to-do, prosperous * *de minst ~en* the financially weak

**draaglijk** I *bn* ❶ *te verdragen* tolerable, endurable, bearable * *de pijn was niet meer ~* the pain was unbearable ❷ *niet hinderlijk* passable, average, middling II *bijw* tolerably

**draagmoeder** *v* [-s] surrogate mother

**draagmuur** *m* [-muren] supporting wall

**draagraket** *v* [-ten] carrier rocket, booster rocket

**draagstoel** *m* [-en] sedan (chair)

**draagtas** *v* [-sen] carrier bag

**draagtijd** *m* gestation (period)

**draagvermogen** *o* bearing power, carrying capacity

**draagvlak** *o* [-ken] luchtv plane, bearing surface, aerofoil/Am airfoil * ⟨voor beleid, plannen &⟩ *een breed ~* a broad foundation/basis, broad-based support

**draagvleugelboot** *m & v* [-boten] hydrofoil

**draagwijdte** *v* ❶ mil range ❷ *fig* bearing, scope, full significance ‹of one's words›

**draai** *m* [-en] ❶ *alg.* turn, bend, twist ∗ *hij nam zijn~ te kort* he took too short a bend ∗ *hij gaf er een~ aan* he gave it a twist ∗ *fig zijn~ gevonden hebben* have found one's feet ❷ *v. weg* turning, winding ❸ *v. touw* twist ▼ *een~* (*om de oren*) a box on the ear

**draaibaar** *bn* revolving ∗ *een draaibare (bureau)stoel* a swivel chair

**draaibank** *v* [-en] lathe

**draaiboek** *o* [-en] scrip, scenario, play book ∗ *het~ van een feest* the party plan

**draaicirkel** *m* [-s] turning circle

**draaideur** *v* [-en] revolving door

**draaien I** *onoverg* [draaide, h. en is gedraaid] ❶ *een ronddraaiende beweging maken* turn, revolve, rotate ∗ *alles draait om dat feit* everything turns/hinges/pivots on that fact ❷ *snel* spin, whirl, ‹in een spiraal› twist, gyrate ❸ *wenden, een bocht maken* turn, swerve, veer ∗ *de wind is naar het oosten gedraaid* the wind has turned/veered toward the east ∗ *rondjes~* go/drive around in circles ❹ *in allerlei richtingen bewegen* wriggle, fidget ∗ *zitten te ~* fidget/wriggle ‹on a chair› ∗ *het/alles draait mij, mijn hoofd draait* my head's swimming ∗ *met de kont ~* wriggle one's bottom ∗ *om de zaak heen~* beat about the bush ∗ *om de hete brij heen~* be evasive, prevaricate ❺ *functioneren, werken, lopen* run, go ∗ *de fabriek draait (volop/op volle toeren)* the factory is working (to capacity)/ is running (at full capacity)/is in full swing ∗ *fig blijven~* keep going ▼ *in deze bioscoop draait de film* this cinema is showing the film **II** *overg* [draaide, h. gedraaid] ❶ *ronddraaiende beweging laten maken* turn ∗ *iets op slot~* lock sth (up) ∗ *het gas hoger~* turn up the gas ❷ *om spoel* wind ❸ *een andere richting geven* twist, turn ∗ *de auto de snelweg op~* turn the car onto the highway ∗ *hij weet alles te~ dat...* he gives things such a twist that... ❹ *draaiend bewerken* turn ∗ *een schaakstuk~* turn a chess piece ❺ *draaiend vervaardigen* roll ∗ *een sjekkie~* roll a cigarette ▼ *een film~* ‹vertonen› show a film; ‹opnemen› shoot a film ▼ telec *een nummer~* dial (a number) ▼ (*grammofoon*)*platen~* play records ▼ comput *een programma~* run a program **III** *wederk* [draaide, h. gedraaid] ∗ *zich~* turn ‹to the right, left›

**draaierig** *bn* giddy, dizzy

**draaihek** *o* [-ken] turnstile

**draaiing** *v* [-en] turn(ing), rotation

**draaikolk** *m & v* [-en] whirlpool, eddy, vortex

**draaikont** *m* [-en] ❶ *beweeglijk persoon* fidget ❷ *huichelachtig persoon* timeserver, prevaricator, twister

**draaimolen** *m* [-s] merry-go-round, whirligig, roundabout

**draaiorgel** *o* [-s] barrel organ, street organ

**draaipunt** *o* [-en] turning point, centre of rotation, form fulcrum

**draaischijf** *v* [-schijven] ❶ *v. pottenbakker* potter's wheel ❷ *v. spoorwagon, v. grammofoon* turntable ❸ telec dial

**draaitafel** *v* [-s] *v. pick-up* turntable

**draaitol** *m* [-len] ❶ eig spinning top ❷ fig weathercock

**draak** *m* [draken] ❶ *mythologie* dragon ∗ *de~ steken met* poke fun at ‹sbd›, make fun of ‹the regulations› ❷ *film &* melodrama

**drab** *v & o* dregs, lees, sediment

**dracht** *v* [-en] ❶ *last* charge, load ❷ *zwangerschap* gestation, pregnancy ❸ *klederdracht* dress, costume, garb ❹ *draagwijdte* range

**drachtig** *bn* bearing, with young, in pup

**draconisch** *bn* draconian ∗ *~e maatregelen* draconian measures

**draf** *m* ❶ *gang* trot ∗ *in volle~* at full trot ∗ *op een~* at a trot ❷ *veevoeder* draff, hogwash

**drafsport** *v* trotting

**dragee** *v* [-s] ❶ *snoepje* dragée ❷ *pil* coated medicinal tablet

**dragen I** *overg* [droeg, h. gedragen] ❶ *torsen* carry, bear ∗ *ze droeg een kind in haar armen* she carried a child in her arms ∗ *de gevolgen van iets~* bear the consequences of sth ∗ *een zware last~* bear a heavy burden ❷ *ondersteunen* support, bear, carry ∗ *de muren~ het dak* the walls support/carry the roof ❸ *aan-, ophebben* wear, have (on) ∗ *deze zomer wordt veel wit ge~* a lot of white is being worn this summer, white is in fashion this summer ∗ *hij droeg een groene regenjas* he was wearing a green raincoat ∗ *ik draag al tien jaar een baard* I've had a beard for the last ten years ❹ *bij zich hebben* carry ∗ *hij draagt altijd een pistool* he always carries a gun ❺ *voortbrengen* bear, yield ∗ *die appelboom draagt veel vrucht* that appletree bears/yields a lot of fruit ∗ *rente~* carry/bear interest ❻ *zwanger zijn* carry, be pregnant ∗ *ze draagt zijn kind* she's carrying his child, she's pregnant with his child ❼ *verduren, uitstaan* bear, endure ∗ *veel leed te~ hebben* suffer a lot of grief ❽ *hebben, koesteren* bear ∗ *zorg~ voor* look after, take care of ∗ *haat~ jegens iem.* bear/nurture a hatred toward sbd ❾ *op zich nemen* ∗ *de kosten~* bear the costs **II** *onoverg* [droeg, h. gedragen] ❶ *steun geven* bear, carry, support ∗ *het ijs draagt nog niet* the ice won't bear your weight yet ❷ *zwanger zijn* carry, be pregnant ∗ *een muis draagt maar drie weken* the gestation period of a mouse is only three weeks ❸ *bereik hebben* carry ∗ *zijn stem draagt ver* his voice carries a long way ❹ *afscheiden* discharge

**drager** *m* [-s] ❶ *persoon* bearer, carrier, porter ∗ jur *een~ van rechten en plichten* a bearer of rights and duties ❷ *m.b.t. een voorwerp* wearer

**dragline** *m* [-s] dragline

**dragon** *m* ❶ *kruid* tarragon ❷ *kwast* [-s] tassel

**dragonder** *m* [-s] dragoon ∗ *een* ~ *(van een wijf)* a virago
**drain** *m* [-s] drain
**drainage** *v* drainage
**draineren** *overg* [draineerde, h. gedraineerd] drain
**dralen** *onoverg* [draalde, h. gedraald] linger, tarry, dawdle ∗ *zonder* ~ without (further) delay, without hesitation
**drama** *o* ['s] ❶ *toneelstuk* drama ❷ *ramp* tragedy, disaster
**dramatiek** *v* drama
**dramatisch** *bn* dramatic
**dramatiseren** *overg* [dramatiseerde, h. gedramatiseerd] dramatize, emotionalize
**dramaturg** *m* [-en] dramatist, dramaturg(e)
**dramaturgie** *v* dramaturgy
**drammen** *onoverg* [dramde, h. gedramd] go on ‹about sth›, nag ‹at sbd about sth› ∗ *zit niet zo te* ~*!* do stop nagging!
**drammerig** *bn* tiresome
**drang** *m* ❶ *alg.* pressure, urgency, impulse ∗ *onder de* ~ *der omstandigheden* under the pressure of circumstances ❷ *v. impuls, instinct* urge, ‹sterker› drive
**dranger** *m* [-s] door-closer
**dranghek** *o* [-ken] crush barrier
**drank** *m* [-en] ❶ drink, beverage ∗ *sterke* ~ strong drink, spirits, liquor ∗ *aan de* ~ *zijn* be given to drink, be addicted to liquor ❷ *medicijn* medicine, mixture, draught/Am draft, ‹love/magic› potion
**drankbestrijding** *v* temperance movement
**drankenautomaat** *m* [-maten] drinks/beverage machine
**drankje** *o* [-s] ❶ *geneesmiddel* medicine, mixture ❷ *glaasje drinken* drink
**drankmisbruik** *o* excessive drinking, alcohol abuse
**drankorgel** *o* [-s] *inf* sponge, soaker, boozer
**drankprobleem** *o* alcohol problem
**drankverbod** *o* prohibition
**drankvergunning** *v* [-en] liquor licence/Am license
**drankzucht** *v* alcoholism
**draperen** *overg* [drapeerde, h. gedrapeerd] drape
**draperie** *v* [-rieën] drapery, curtain
**drassig** *bn* marshy, swampy, soggy
**drassigheid** *v* marshiness
**drastisch** *bn* drastic, radical ∗ ~*e maatregelen* drastic measures
**draven** *onoverg* [draafde, h. en is gedraafd] trot
**draver** *m* [-s] trotter
**draverij** *v* [-en] *sp* trotting race
**dreadlocks** *zn* [mv] dreadlocks
**dreef** *v* [dreven] ❶ *laan* alley, lane ❷ *veld* field, region ▼ *iem. op* ~ *helpen* help sbd on ▼ *op* ~ *komen* get into one's swing, get into one's stride ▼ *op* ~ *zijn* be in excellent form
**dreg** *v* [-gen] drag, grapnel
**dreggen** *onoverg* [dregde, h. gedregd] drag *(naar* for)

**dreigbrief** *m* [-brieven] threatening/menacing letter
**dreigement** *o* [-en] threat, menace
**dreigen I** *overg* [dreigde, h. gedreigd] threaten, menace ∗ *iem. met ontslag* ~ threaten to fire sbd ∗ *het gebouw dreigt in te storten* the building is threatening to/is about to collapse ∗ *hij dreigde in het water te vallen* he was in danger of falling into the water **II** *onoverg* [dreigde, h. gedreigd] threaten ∗ *hij begon te* ~ he started threatening ∗ *het dreigt te regenen* it looks like rain ∗ *er dreigt onweer* a storm is threatening/brewing, it looks like thunder ∗ *er* ~ *moeilijkheden* there's trouble brewing ∗ *met strenge maatregelen* ~ threaten to take severe measures
**dreigend I** *bn* ❶ *vol dreiging* threatening, menacing ∗ ~*e wolken* lowering clouds ❷ *naderend* imminent, impending ‹perils› ∗ *de* ~*e hongersnood/staking &* the threatening/impending famine/strike & ❸ *ugly* ‹situation› **II** *bijw* threateningly, menacingly
**dreiging** *v* [-en] threat, menace ∗ *van het kleine waakhondje ging geen* ~ *uit* the little watchdog didn't pose a threat
**dreinen** *onoverg* [dreinde, h. gedreind] whine, whimper, snivel
**drek** *m* ❶ *vuil* dirt, muck ❷ *uitwerpselen* dung, excrement, droppings
**drempel** *m* [-s] threshold, doorstep ∗ *fig op de* ~ *van* on the threshold of
**drempelvrees** *v* initial hesitation, *inf* stage fright
**drempelwaarde** *v* [-n] threshold value
**drenkeling** *m* [-en] ❶ *verdrinkend* drowning person ❷ *reeds verdronken* drowned person
**drenken** *overg* [drenkte, h. gedrenkt] ❶ *doen drinken* water ❷ *bevochtigen* drench ‹the earth› ∗ ~ *in* steep/soak in
**drenkplaats** *v* [-en] watering place
**drentelen** *onoverg* [drentelde, h. en is gedrenteld] saunter ∗ *heen en weer* ~ pace up and down
**Drenthe** *o* Drenthe
**drenzen** *onoverg* [drensde, h. gedrensd] whine, whimper, snivel
**dressboy** *m* [-s] clothes stand, dummy
**dresseren** *overg* [dresseerde, h. gedresseerd] ❶ *v. paard* break (in), train ❷ *v. honden* train ∗ *gedresseerde olifanten* performing elephants ❸ *v. personen* drill, train
**dressing** *m* [-s] dressing
**dressman** *m* [-men, -mannen] male model
**dressoir** *o & m* [-s] sideboard
**dressuur** *v* ❶ *sp* dressage ❷ *v. honden* training ❸ *v. paarden* training, breaking in
**dreumes** *m* [-mesen] mite, toddler
**dreun** *m* [-en] ❶ *v. geluid* drone, rumble, roar(ing), boom ∗ *op een* ~ in a drone ∗ *met een grote* ~ *viel de doos op de grond* the box fell onto the ground with a loud thump/crash ❷ *bij opzeggen* sing-song, chant ❸ *opstopper inf* biff, pound, sock ∗ *iem. een* ~ *verkopen* punch sbd, *inf* sock sbd
**dreunen** *onoverg* [dreunde, h. gedreund] drone,

rumble, roar, boom∗ *(doen)*~ rock, shake ‹the house›

**drevel** *m* [-s] punch, drift pin

**dribbel** *v* [-s] sp dribble

**dribbelaar** *m* [-s] sp dribbler

**dribbelen** *onoverg* [dribbelde, h. en is gedribbeld] ❶ *met kleine snelle pasjes lopen* scurry, scuttle ❷ *v. kind* totter, toddle ❸ sp dribble

**drie** *hoofdtelw* three∗ *wij∼ën* the three of us∗ *het is bij∼ën* it's going on for three, it's almost three o'clock∗ *in∼ën delen* divide into three parts∗ *alle goede dingen bestaan uit∼ën* third time lucky

**driebaansweg** *m* [-wegen] three-lane road

**driedaags** *bn* three-day, three days'...

**driedelig** *bn* ❶ *v. boek* three-volume ❷ *v. kledingstuk* three-piece

**driedeling** *v* [-en] tripartition, division into three parts

**driedimensionaal** *bn* three-dimensional

**driedubbel** *bn* treble, triple, threefold

**drie-eenheid** *v* triad, trinity∗ rel *de Heilige Drie-eenheid* the Holy Trinity

**drieërlei** *bn* of three sorts

**driehoek** *m* [-en] ❶ wisk triangle ❷ *tekengereedschap* set square

**driehoekig** *bn* triangular, three-cornered

**driehoeksmeting** *v* ❶ alg. trigonometry ❷ *v. terrein* triangulation

**driehoeksruil** *m* [-en] triangular exchange ‹of houses &›

**driehoeksverhouding** *v* [-en] triangular relationship, eternal triangle

**driehonderd** *hoofdtelw* three hundred

**driejaarlijks** *bn* triennial, three-yearly

**driekamerflat** *m* [-s] three-room flat

**drieklank** *m* [-en] ❶ muz triad ❷ taalk thriphthong

**driekleur** *v* [-en] tricolour∗ *de Nederlandse∼* the Dutch flag

**Driekoningen** *m* Epiphany

**driekoningenfeest** *o* feast of the Epiphany

**driekwart** *o & bn* three quarter(s)∗ *een∼ jas* a three-quarter coat∗ *∼ jaar* three quarters of a year

**driekwartsmaat** *v* [-maten] three-four time

**drieledig** *bn* threefold, three-part

**drieletterwoord** *o* [-en] *vies woord* four-letter word

**drieling** *m* [-en] triplets

**drieluik** *o* [-en] triptych

**driemaal** *bijw* three times

**driemaandelijks** *bn* quarterly, three-monthly∗ *een ∼e betaling* quarterly payments∗ *een∼ tijdschrift* a quarterly

**driemanschap** *o* [-pen] triumvirate, trio

**driemaster** *m* [-s] three-master

**driemijlszone** *v* three-mile zone

**driepoot** *m* [-poten] tripod

**driepuntsgordel** *m* [-s] three-point seatbelt

**driespan** *o* [-nen] team of three (horses/oxen)

**driesprong** *m* [-en] three-forked road

**driest** *bn* audacious, reckless, bold

**driestemmig** *bn* for three voices, three-part

**drietal** *o* [-len] (number of) three, trio∗ *een∼ opmaken* make a short list∗ *op het∼ staan* be on the short list

**drietand** *m* [-en] trident

**drietonner** *m* [-s] three-tonner

**drietrapsraket** *v* [-ten] three-stage rocket

**drievoud** *o* [-en] treble∗ *in∼* in triplicate

**drievoudig I** *bn* triple, threefold **II** *bijw* three times∗ *je krijgt het∼ terug* you'll get it back multiplied by three, you'll get back three times more than you put in

**Drievuldigheid** *v* (Holy) Trinity

**driewegstekker** *m* [-s] three-way plug

**driewieler** *m* [-s] tricycle

**driezitsbank** *v* [-en] three-seat sofa

**drift** *v* [-en] ❶ *woede* anger, rage, ‹hartstocht› passion∗ *in∼ geraken* lose one's temper∗ *in∼* in a fit of passion, in a rage ❷ psych impulse, urge ❸ *kudde, v. ossen* herd, drove, ‹v. schapen› flock ❹ scheepv drift ‹of a ship›∗ scheepv *op∼* adrift

**driftbui** *v* [-en] fit of anger

**driftig I** *bn* ❶ *opvliegend* passionate, quick-tempered, fiery, hasty ❷ *woedend* angry∗ *∼ worden, zich∼ maken* fly into a passion, lose one's temper ❸ scheepv adrift **II** *bijw* ❶ *opvliegend* passionately ❷ *woedend* angrily

**driftkikker** *m* [-s], **driftkop** [-pen] hothead, spitfire, tartar

**drijfgas** *o* [-sen] propellant

**drijfhout** *o* driftwood

**drijfjacht** *v* [-en] drive, battue

**drijfkracht** *v* ❶ techn motive power, driving power ❷ fig driving force, moving power∗ *de voornaamste ∼* the prime mover

**drijfnat** *bn* soaking wet, sopping wet

**drijfnet** *o* [-ten] driftnet

**drijfriem** *m* [-en] driving belt

**drijfveer** *v* [-veren] ❶ veer mainspring ❷ fig motive, incentive, mainspring∗ *wat was zijn∼ tot die daad?* what was the motive behind his act?

**drijfzand** *o* quicksand(s)

**drijven I** *onoverg* [dreef, h. en is gedreven] ❶ *niet zinken* float, swim ‹on the surface›∗ *het vlot bleef∼* the raft remained afloat∗ *de onderneming drijft op hem* the business rests on his shoulders ❷ *i.d. lucht zweven* drift, float∗ *de luchtballon is naar het westen gedreven* the balloon drifted westward ❸ *nat zijn* be soaking wet∗ *ze dreef van de regen* she was dripping with rain **II** *overg* [dreef, h. gedreven] ❶ *uitoefenen* run, manage∗ *een zaak∼* run a business ❷ *voor zich uit jagen* drive, herd, push∗ *koeien∼* herd/drive cows∗ *iets te ver∼* carry sth too far∗ *iem. in het nauw∼* press/drive sbd hard ❸ *aanzetten tot* push, drive, prompt, impel∗ *het tot het uiterste∼* push things to an extreme∗ *iem. tot het uiterste∼* drive sbd to extremities/to extremes∗ *iem. tot waanzin∼*

drive sbd to insanity * *wat heeft je tot dit besluit gedreven?* what prompted you to make this decision? * *door afgunst gedreven* impelled by jealousy * *uit elkaar ~force* apart ❹*in beweging brengen* drive, propel * *door stoom gedreven* driven by steam * *de prijzen naar boven/beneden ~force* prices up/down ❺*met kracht door iets heen doen dringen* drive * *een spijker in het hout ~*drive a nail into the wood ❻*(edel)metaal bewerken* techn chase ‹gold, silver› * *gedreven zilver* driven/embossed silver

**drijver** *m* [-s] ❶*bij jacht* beater ❷*v. vee* driver, drover ❸*fanaticus* zealot, fanatic ❹techn, luchtv float

**dril** I *m* [-len] *boor* drill II *v vleesnat* jelly III *o weefsel* drill

**drilboor** *v* [-boren] drill

**drillen** *overg* [drilde, h. gedrild] ❶*boren* drill ❷mil drill ❸onderw cram, drill

**dringen** I *onoverg* [drong, h. en is gedrongen] ❶*een weg banen* push, shove * *sta niet zo te ~!* don't push! * *~door* force/push/shove/elbow one's way through ‹the crowd› * *~in* penetrate into * *naar voren ~* force one's way forward/to the front ❷*druk uitoefenen* press * *de tijd dringt* time is pressing II *overg* [drong, h. gedrongen] ❶*onder druk van plaats doen veranderen* push, force * *ze drongen hem de straat op* they hustled him out into the street ❷*druk uitoefenen* press, prompt, urge, compel * *wanneer het hart (u) tot spreken dringt* when your heart urges/prompts you to speak * *wij voelen ons gedrongen te...* we feel compelled to...

**dringend** I *bn* urgent, pressing * *een ~beroep doen op* make an urgent appeal to II *bijw* ❶*met spoed* urgently, immediately * *hij wou mij ~spreken* he wanted to see me urgently ❷*met aandrang* insistently, earnestly * *~verzoeken* urgently request

**drinkbaar** *bn* drinkable

**drinkbeker** *m* [-s] drinking cup, goblet

**drinkebroer** *m* [-s] tippler, boozer, booze artist, vulg piss artist

**drinken** I *overg* [dronk, h. gedronken] drink * *een glas wijn met iem. ~*have a glass of wine with sbd II *onoverg* [dronk, h. gedronken] drink, ‹met kleine slokjes› sip * *op iems. gezondheid ~*drink (to) sbd's health * *veel/zwaar ~*drink heavily III *o* ❶*handeling* drinking ❷*drank* beverage, drink(s)

**drinker** *m* [-s] (great) drinker, tippler

**drinkgelag** *o* [-lagen] binge, drinking bout, carousal

**drinkgeld** *o* [-en] *fooi* ZN gratuity, tip

**drinklied** *o* [-eren] drinking song

**drinkplaats** *v* [-en] watering place

**drinkwater** *o* drinking water

**drinkwatervoorziening** *v* water supply

**drinkyoghurt** *m* [-s] drinking yogurt

**drive** *m* ❶*tennis* drive ❷*bridge* drive ❸*motivatie* drive

**drive-inwoning** *v* [-en] drive-in home, home with a built-in garage

**droef** *bn* sad, sorrowful, melancholy * *~te moede* cast down

**droefenis** *v* sadness, sorrow, grief

**droefgeestig** *bn* sad, gloomy, melancholy

**droefheid** *v* sadness, sorrow, grief

**droesem** *m* [-s] dregs, lees

**droevig** I *bn* ❶*bedroefd* sad, miserable ❷*deprimerend* sad, saddening, sorry ‹sight› * *een ~einde* a sad ending II *bijw* ❶*bedroefd* sadly ❷*deprimerend* depressingly

**drogen** I *overg* [droogde, h. gedroogd] dry, wipe II *onoverg* [droogde, is gedroogd] dry * *laten ~* leave (sth) to dry * *te ~hangen* hang out to dry

**droger** *m* [-s] *v. wasgoed, haar &* drier/dryer

**drogeren** *overg* [drogeerde, h. gedrogeerd] dope, drug

**drogist** *m* [-en] (non-dispensing) chemist, Am druggist

**drogisterij** *v* [-en] chemist's (shop), Am drugstore

**drogreden** *v* [-en] fallacy, sophism

**drol** *m* [-len] turd * *een ~van een vent* a real turd

**drom** *m* [-men] crowd, throng * *in dichte ~men* in droves

**dromedaris** *m* [-sen] dromedary

**dromen** *onoverg en overg* [droomde, h. gedroomd] dream * *~van* dream of/about * *dat had ik nooit kunnen ~*I would never have imagined this

**dromenland** *o* dreamland, never-never land * *in ~ zijn* be in the land of Nod

**dromer** *m* [-s] dreamer

**dromerig** *bn* dreamy

**drommel** *m* [-s] devil, dickens * *een arme ~*a poor devil * *wat ~!* what the dickens! * *om de ~niet!* not on your life! * *hij is om de ~niet dom* he's by no means stupid

**drommels** I *bn* darned, confounded * *die ~e jongen* that blasted fellow II *bijw* versterkend devilish * *~ goed weten* know jolly well III *tsw* what the dickens/devil/hell!

**drommen** *onoverg* [dromde, h. en is gedromd] throng, swarm, crowd ‹around sbd›

**dronk** *m* [-en] draught/Am draft, drink ‹of water &› * *een ~instellen* propose a toast * *een kwade/vrolijke ~hebben* be a mean/happy drunk

**dronkaard** *m* [-s] drunkard, inf soak, sponge

**dronken** *bn* ❶*predicatief* drunk, tight * *~van vreugde* drunk with joy * *~voeren* ply with liquor ❷*attributief* drunken, tipsy, cock-eyed

**dronkenlap** *m* [-pen] drunkard, inf boozer

**dronkenmanspraat** *m* drunken talk

**dronkenschap** *v* drunkenness

**droog** I *bn* ❶*alg.* dry * *het zal wel ~blijven* the fine (dry) weather will continue * *hij is nog niet ~achter de oren* he's still wet behind the ears * *het droge* dry land ❷*(uit)gedroogd* dry, parched ‹lips›, dried out * *geen ~brood verdienen* not earn enough to make a living ❸*dor* arid * *een droge woestijn* an arid desert ❹*niet zoet* dry ‹wine› ❺*geen melk gevend* dry ❻*fig* dry ✳ *droge humor* wry/dry humour ✳ *een droge lezing* a dry lecture ▼ *een droge hoest* a dry cough **II** *bijw* drily, dryly

**droogautomaat** *m* [-maten] drying machine, drier/dryer

**droogbloeier** *m* [-s] meadow saffron

**droogbloemen** *zn* [mv] everlastings, dried flowers

**droogdoek** *m* [-en] tea towel

**droogdok** *o* [-ken] dry dock, graving dock

**droogje** *o* ✳ *op een ~zitten* have nothing to drink

**droogjes** *bijw* dryly

**droogkap** *v* [-pen] electric hairdryer

**droogkloot** *m* [-kloten] bloody bore

**droogkoken** *onoverg* [kookte droog, is drooggekookt] boil dry

**droogkomiek I** *m* [-en] man of dry humour, dry comic **II** *bn* full of quiet fun/dry humour **III** *bijw* with dry humour, drily, dryly

**droogkuis** *m* ZN dry cleaner's

**droogleggen** *overg* [legde droog, h. drooggelegd] ❶ eig drain ‹a marsh›, reclaim ‹a lake› ❷ *alcoholvrij maken* prohibit the sale of alcohol

**drooglegging** *v* [-en] ❶ eig draining, reclaiming ‹of a lake› ❷ *het alcoholvrij maken* prohibiting the sale of alcohol

**drooglijn** *v* [-en] clothes line

**droogmachine** *v* [-s] drier/dryer, drying machine

**droogmaken** *overg* [maakte droog, h. drooggemaakt] ❶ *afdrogen* dry (off) ❷ *droogleggen* reclaim

**droogmolen** *m* [-s] collapsible clothes line

**droogpruim** *v* [-en] bloody bore

**droogrek** *o* [-ken] drying rack, clothes horse

**droogstaan** *onoverg* [stond droog, h. drooggestaan] ❶ *v. planten* be dry ❷ *v. rivieren &* be dry, have run (gone) dry ❸ *v. alcoholisten* be on the wagon, be dry ❹ *bij ontwenningskuur* dry out ❺ *v. koeien* be dry, have gone dry

**droogstoppel** *m* [-s] dry old stick, dry-as-dust

**droogte** *v* [-n, -s] ❶ *droogheid* dryness, drought ❷ *ondiepte* shoal, sandbank

**droogtrommel** *v* [-s] tumble drier/dryer

**droogvallen** *onoverg* [viel droog, is drooggevallen] fall dry, be uncovered

**droogzolder** *m* [-s] drying loft

**droogzwemmen** *o* practise swimming on land

**droom** *m* [dromen] dream ✳ *dromen zijn bedrog* dreams are lies ✳ *iem. uit de ~helpen* set sbd straight ✳ *een natte ~* a wet dream

**droombeeld** *o* [-en] vision, fantasy

**droomreis** *v* [-reizen] trip of one's dreams

**droomuitlegging** *v* [-en] dream interpretation, dream reading

**droomwereld** *v* [-en] dream world

**drop I** *m* [-pen] ❶ *druppel* drop ❷ *het druppelen* drip(ping) ‹of water from the roof› **II** *v & o lekkernij* liquorice/licorice ✳ *Engelse ~* liquorice all-sorts

**dropje** *o* [-s] piece of liquorice

**drop-out** *m* [-s] dropout

**droppen I** *onoverg* [dropte, h. gedropt] → **druppen** **II** *overg* [dropte, h. gedropt] drop off ✳ *kun je mij even bij het station ~?* could you drop me off at the station? ✳ *je kunt je bagage hier wel even ~* you can drop your luggage here for a while

**dropping** *m* [-s] drop

> **dropping**
> wordt vertaald met drop en niet met dropping. Droppings zijn keutels.

**dropshot** *o* [-s] sp drop shot

**dropwater** *o* liquorice water

**drs.** *afk voor de naam* (doctorandus) drs, ‹achter de naam› MA, MSc

**drug** *m* [-s] drug, narcotic ✳ *soft ~s* soft drugs ✳ *hard ~s* hard drugs ✳ *~s gebruiken* be on drugs, Am inf do drugs

**drugsbaron** *m* [-nen] drug baron

**drugsbeleid** *o* drug policy

**drugsdealer** *m* [-s] drug dealer

**drugsgebruik** *o* use of drugs, drug abuse

**drugsgebruiker** *m* [-s] drug user

**drugshandel** *m* drug traffic(king), dealing

**drugshandelaar** *m* [-s & -laren] drug trafficker

**drugskartel** *o* [-s] drug cartel

**drugskoerier** *m* [-s] drug runner

**drugsverslaafde** *m-v* [-n] drug addict, junkie

**druïde** *m* [-n] Druid

**druif** *v* [druiven] grape ✳ *de druiven zijn zuur* the grapes are sour ▼ *een rare ~* a weirdo

**druifluis** *v* [-luizen] vine pest, phylloxera

**druilen** *onoverg* [druilde, h. gedruild] mope, pout ✳ *'t druilt* it looks like rain

**druilerig** *bn* ❶ *v. persoon* mopish, listless ❷ *v. weer* drizzling, dull, cloudy

**druiloor** *m-v* [-oren] mope, moper

**druipen** *onoverg* [droop, h. en is gedropen] drip ✳ *~ van het bloed* drip with blood

**druiper** *m* [-s] med gonorrhoea, slang clap

**druipnat** *bn* dripping wet

**druipneus** *m* [-neuzen] ❶ *neus* runny nose ❷ *persoon* sbd with a runny nose

**druipsteen** *m & o* [-stenen] ‹hangende› stalactite, ‹staande› stalagmite

**druipsteengrot** *v* [-ten] stalactite cave

**druivenoogst** *m* [-en] grape harvest, vintage

**druivenpers** *v* [-en] winepress

**druivenplukker** *m* [-s] grape picker, vintager

**druivensap** *o* grape juice

**druivensuiker** *m* grape sugar, glucose, dextrose

**druiventros** *m* [-sen] bunch of grapes

**druk I** *m* [-ken] ❶ alg. pressure ✳ *~uitoefenen op* exert pressure on, bring pressure to bear on ‹sbd› ✳ *onder ~staan* be under pressure ✳ *iem. onder ~ zetten* put pressure on sbd ✳ *de ~is van de ketel* the pressure is off ✳ *een gebied van hoge/lage ~* a

**dr**

high/low pressure area ✶ *een~ op de knop* a push on the button, a flick of the switch ❷ *handdruk* squeeze, shake ❸ *v. belasting* fig burden ❹ *het boekdrukken* print(ing), ‹klein› print, type ✶ *in~ verschijnen* appear in print ❺ *oplage* impression, edition ✶ *de vijfde~* the fifth edition **II** *bn* ❶ *bedrijvig, met veel verkeer* busy, crowded, bustling, lively ✶ *het is mij hier te~* it's too busy for me here ✶ *~ verkeer* heavy traffic ‹on the road› ❷ *veel werk met zich meebrengend* busy ✶ *een~ke zaak* a well-patronized business ✶ *de~ke uren* the busy hours, the rush hours ✶ *een~ke handel* a brisk trade ❸ *v. personen* busy, bustling, fussy ✶ *hij maakt zich niet~* he takes things easy ✶ *~, ~, ~!* as busy as a bee! ✶ *het~ hebben* be (very) busy ✶ *het ontzettend~ hebben* be rushed ✶ *ze hebben het niet~ in die winkel* there's not much doing in that shop ✶ *zich~ maken* get excited, worry, bother, fuss ‹om/over about› ❹ *levendig* lively, noisy ✶ *een~ gesprek* a lively conversation ❺ *intensief* frequent ✶ *een~ gebruik maken van...* make frequent use of... ❻ *v. versiering* loud ✶ *een~ behang* loud wallpaper **III** *bijw* busily ✶ *een~ bezochte vergadering* a well-attended meeting ✶ *een~ bezochte winkel* a well-patronized shop ✶ *hij is~ bezig* he's up and about ✶ *zij hadden het~ over hem* he was the topic of their conversation

**drukfout** *v* [-en] misprint, printing error, typographical error

**drukinkt** *m* printer's/printing ink

**drukken I** *overg* [drukte, h. gedrukt] ❶ *alg.* press, push ✶ *iem. aan zijn borst/het hart~* press sbd to one's breast/heart ✶ *iem. in zijn armen~* clasp sbd in one's arms ✶ *iem. iets op het hart~* impress sth upon sbd ✶ *iem. de hand~* shake hands with sbd ✶ *een plan erdoor~* push a plan through ❷ *bezwaren* weigh (heavily) on, oppress sbd ✶ *het geheim drukt hem* the secret is weighing heavily on him ❸ *laag houden, doen dalen* depress ‹prices, the market› ✶ *de prijzen~* keep the prices down ❹ *afdrukken, bedrukken* print ❺ *poepen* inf do a number two **II** *onoverg* [drukte, h. gedrukt] ❶ *eig* press ✶ *op de knop~* press/push the button ❷ fig weigh (heavily) upon **III** *wederk* [drukte, h. gedrukt] ✶ *zich~ voor iets* avoid doing sth, shirk ‹one's duties›

**drukkend** *bn* ❶ *bezwarend* burdensome, oppressive ‹load› ❷ *benauwd* heavy ‹air›, oppressive ‹heat›, close, stifling ‹atmosphere›, sultry ‹weather› ✶ *het is ~ heet* it's oppressively hot, it's sweltering

**drukker** *m* [-s] printer

**drukkerij** *v* [-en] printing office, printing business

**drukknoop** *m* [-knopen] press stud

**drukknop** *m* [-pen] push button

**drukkunst** *v* (art of) printing, typography

**drukletter** *v* [-s] ❶ *alg.* type ❷ *tegenover schrijfletter* printed letter

**drukmiddel** *o* [-len] lever

**drukpers** *v* [-en] printing press, press

**drukproef** *v* [-proeven] proof ‹for correction› ✶ *een vuile~* a galley proof, a foul proof

**drukte** *v* ❶ *veel werk* pressure, busyness ✶ *seizoens~* seasonal pressure ✶ *door de~ zijn we er niet aan toegekomen* we were so busy that we didn't get around to it ❷ *leven, bedrijvigheid* stir, (hustle and) bustle ✶ *er was een~ van je welste op straat* it was enormously busy in the street ❸ *ophef* fuss ✶ inf *kouwe~* swank, la-di-da ✶ *veel~ over iets maken* make a noise/a great fuss about sth ✶ *wat een~ om niets!* what a fuss about nothing!

**druktemaker** *m* [-s] inf fusspot, show-off

**druktoets** *m* [-en] push key, push button

**drukverband** *o* [-en] pressure bandage/dressing

**drukwerk** *o* [-en] printed matter ✶ post *een~* a printed paper ✶ *als~ verzenden* send as printed matter

**drum** *m* [-s] ❶ muz drum ✶ *~s* drums ❷ *vat* drum

**drumband** *m* [-s] drum band

**drummen** *onoverg* [drumde, h. gedrumd] muz drum

**drummer** *m* [-s] drummer

**drumstel** *o* [-len] drums, set of drums

**drumstick** *m* [-s] drumstick

**drup** *m* [-pen] *druppel* drop, drip

**druppel** *m* [-s] drop, ‹uit kraan &› drip, ‹transpiratie &› bead ✶ *het is een~ op een gloeiende plaat* it's a drop in the ocean ✶ *de~ die de emmer doet overlopen* the drop that makes the cup run over, the straw that broke the camel's back ✶ *op elkaar lijken als twee~s water* be as like as two peas in a pod ✶ *tot de laatste ~ uitdrinken* drain to the last drop ✶ *het zweet stond in~s op zijn voorhoofd* his forehead was covered with beads of perspiration

**druppelen I** *onoverg* [druppelde, h. en is gedruppeld] drip ✶ *het druppelt* it's drizzling **II** *overg* [druppelde, h. gedruppeld] drip, dribble

**druppelflesje** *o* eye dropper

**druppelsgewijs, druppelsgewijze** *bijw* in drops, drop by drop

**druppen** *onoverg* [drupte, h. en is gedrupt], **droppen** [dropte, h. en is gedropt] drip

**ds.** *afk* (Dominus) Rev. ✶ *~ W. Brown* the Reverend W. Brown, the Rev. W. Brown

**dtp** *afk* ❶ (desktoppublishing) comput DTP, desktop publishing ❷ (difterie, tetanus, polio) med DTP

**D-trein** *m* [-en] ± inter-city express ‹with a surcharge›

**dualisme** *o* dualism

**dualistisch** *bn* dualistic

**dubbel I** *bn* double, two-fold, dual, duplicate ✶ *een ~e bodem* a false bottom; fig a hidden meaning ✶ *de ~e hoeveelheid* double the quantity ✶ *een ~e naam* a double-barrelled name, a hyphenated name ✶ *zijn ~e natuur* his dual nature ✶ *een~e punt* a colon ✶ *een ~e schroef* a twin-screw ✶ *~e exemplaren* duplicates, duplicate copies **II** *bijw* double, twice ✶ *~ en dwars verdiend* more than deserved ✶ *~ zo groot/lang & als* twice the size/length & of **\*** ~ *liggen van het lachen* double up with laughter **III** o [-s] sp double **\*** *gemengd* ~ mixed doubles **IV** m [-en] **\*** *een* ~*e* ‹tweede exemplaar› a duplicate; ‹dominosteen› a double

**dubbelalbum** o [-s] double album

**dubbel-cd** m [’s] double CD

**dubbeldekker** m [-s] ❶ luchtv biplane ❷ *bus, trein* double-decker

**dubbeldeks** bn double-decked **\*** ~*trein* double-deck train

**dubbelen** overg en onoverg [dubbelde, h. gedubbeld] ❶ bridge double ❷ sp play doubles

**dubbelganger** m [-s] double

**dubbelhartig** bn double-faced, double hearted

**dubbelklikken** onoverg [dubbelklikte, h. gedubbelklikt] *met de muis* comput double-click

**dubbelleven** o **\*** *een* ~ *leiden* lead a double life

**dubbelloops** bn double-barrelled

**dubbelloopsgeweer** o [-weren] double-barrelled gun

**dubbelop** bn double **\*** *wat zij doen is* ~ what they’re doing is superfluous

**dubbelparkeren** onoverg en overg [parkeerde dubbel, h. dubbelgeparkeerd] double-park

**dubbelrol** v [-len] toneel double role **\*** *een* ~*spelen* double (as), play a double role

**dubbelslaan I** overg [sloeg dubbel, h. dubbelgeslagen] fold in two **II** onoverg [sloeg dubbel, is dubbelgeslagen] double up

**dubbelspel** o [-spelen] sp double ‹at tennis› **\*** *dames/heren*~ ladies’/men’s doubles **\*** *gemengd* ~ mixed doubles

**dubbelspion** m [-nen] double agent

**dubbelspoor** o [-sporen] double track

**dubbeltje** o [-s] ten-cent piece **\*** *het is een* ~ *op zijn kant* it will be touch and go **\*** *ieder* ~ *tweemaal omkeren* look twice at one’s money **\*** *voor een* ~ *op de eerste rij willen zitten* want sth for nothing **\*** *zo plat als een* ~ as flat as a pancake **\*** *wie voor een* ~ *geboren is wordt nooit een kwartje* born poor, remain poor

**dubbelvouwen** overg [vouwde dubbel, h. dubbelgevouwen] fold in two, double up ‹with laughter›

**dubbelzien** o see double, suffer from diplopia

**dubbelzijdig** bn double-sided, two-sided **\*** ~ *plakband* double coated tape

**dubbelzinnig** bn ambiguous, equivocal **\*** *een* ~ *antwoord* an ambiguous/evasive answer **\*** *een* ~ *lied* a song with a double meaning **\*** *een* ~*e houding* an ambiguous attitude

**dubbelzinnigheid** v [-heden] ambiguity, double entendre

**dubben I** onoverg [dubde, h. gedubd] be in two minds, waver **II** overg [dubde, h. gedubd] copy, dub

**dubieus** bn dubious, doubtful **\*** *een dubieuze debiteur* a doubtful debtor **\*** *een* ~ *geval* a doubtful

case **\*** *de onderzoeksresultaten zijn* ~ the research conclusions are questionable

**dubio \*** *hij stond in* ~ he was in two minds, he was undecided

**Dublin** o Dublin

**Dublinner** m [-s] Dubliner

**Dublins** bn Dublin

**Dublinse** v [-n] **\*** *ze is een* ~ she’s from Dublin

**dubloen** m [-en] doubloon

**duchten** overg [duchtte, h. geducht] fear, dread, apprehend **\*** *niets te* ~ *hebben* have nothing to fear

**duchtig I** bn fearful, strong **\*** *een* ~ *standje* a stern rebuke **II** bijw versterkend fearfully, terribly **\*** *ze gingen* ~ *te keer* they really went at it

**duel** o [-s & -len] duel, single combat

**duelleren** onoverg [duelleerde, h. geduelleerd] fight a duel, duel **\*** *op de degen* ~ duel with swords

**duet** o [-ten] duet

**duf** bn ❶ *bedompt* musty, stuffy, fusty ❷ *saai* stuffy, fusty ❸ *slaperig, suf* dopey, drowsy, sleepy

**duffel I** o *stof* duffel, pilot cloth **II** m [-s] *duffelse jas* duffel coat

**dufheid** v ❶ *benauwdheid* stuffiness ❷ fig stuffiness, staleness ❸ *domheid* dullness, dim-wittedness

**dug-out** m [-s] sp dugout

**duidelijk I** bn ❶ *helder* clear ‹sign, description›, plain ‹language›, obvious ‹mistake›, distinct ‹preference›, explicit ‹arrangement› **\*** *iets* ~ *maken* clarify sth **\*** *het is* ~ *dat* it is obvious/evident/self-evident that ❷ *in het oog lopend* marked, distinct ‹improvement, influence, preference› **II** bijw clearly, plainly, obviously & **\*** *het is me niet helemaal* ~ *wat hij bedoelt* it is not quite clear to me what he means **\*** *iem.* ~ *zeggen waar ’t op staat* not mince one’s words

**duidelijkheid** v clearness, clarity **\*** *in termen die aan* ~ *niets te wensen overlaten* in no uncertain terms

**duidelijkheidshalve** bijw for the sake of clarity

**duiden I** onoverg [duidde, h. geduid] **\*** ~ *op iets* point to sth **II** overg [duidde, h. geduid] interpret **\*** *ten kwade* ~ take amiss

**duif** v [duiven] pigeon, dove **\*** *de gebraden duiven vliegen een mens niet in de mond* don’t think the plums will drop into your mouth while you sit still **\*** *onder iems. duiven schieten* poach on sbd’s domain **\*** fig *duiven en haviken* doves and hawks

**duig** v [-en] stave **\*** *in* ~*en vallen* fall through, collapse, miscarry ‹of plans &›

**duik** m [-en] dive **\*** *een* ~ *nemen* take a dip

**duikboot** m & v [-boten] submarine, ‹German› U-boat

**duikbril** m [-len] diving goggles

**duikelaar** m [-s] **\*** inf *een slome* ~ a slowpoke, a drip

**duikelen** onoverg [duikelde, h. en is geduikeld] ❶ eig tumble, fall head over heels ❷ fig fall flat ❸ *v. koersen* plunge downward

**duikeling** v [-en] ❶ *in de lucht* somersault ❷ *val* tumble **\*** *een* ~ *maken* tumble

**duiken** *onoverg* [dook, h. en is gedoken] dive, plunge, dip ✻ *in elkaar gedoken* huddled (up), hunched (up), crouched (down) ✻ *in zijn stoel gedoken* hunched up in his chair ✻ *in een onderwerp* ~ go into a subject ✻ *onder de tafel* ~ duck under the table

**duiker** *m* [-s] ❶ *iem. die duikt & vogel* diver ❷ *techn* culvert

**duikerklok** *v* [-ken] diving bell

**duikerpak** *o* [-ken] diving suit, wet suit

**duikersziekte** *v* decompression sickness, caisson disease

**duikplank** *v* [-en] diving board

**duiksport** *v* diving

**duikuitrusting** *v* [-en] diving equipment

**duikvlucht** *v* [-en] dive ✻ *in* ~ in a nosedive

**duim** *m* [-en] ❶ *lichaamsdeel* thumb ✻ *ik heb hem onder de* ~ I've got him under my thumb ✻ *op zijn* ~*pje kennen* know off by heart ✻ *uit zijn* ~ *zuigen* make up ✻ *~en* (*zitten te*) *draaien* twiddle one's thumbs ❷ *maat* inch ❸ *techn* hook

**duimbreed** *o* ✻ *geen* ~ not an inch

**duimbreedte** *v* [-s &-n] inch width

**duimdik** *bn* an inch thick

**duimen** *onoverg* [duimde, h. geduimd] *duimzuigen* suck one's thumb ▾ *ik zal voor je* ~ I'll keep my fingers crossed (for you)

**duimendik** *bijw* ✻ *het ligt er* ~ *bovenop* (it's) as plain as the nose on your face

**duimendraaien** *o* twiddle/twirl one's thumbs

**duimschroef** *v* [-schroeven] thumbscrew ✻ (*iem.*) *de duimschroeven aanzetten* put the (thumb)screws on (sbd)

**duimstok** *m* [-ken] (folding) rule

**duimzuigen** *o* thumb sucking

**duin** *v & o* [-en] (sand) dune ✻ *het* ~ the dunes

**duindoorn, duindoren** *m* [-s] sea buckthorn

**duingezicht** *o* [-en] dune landscape painting

**Duinkerken** *o* Dunkirk

**Duinkerker I** *bn* Dunkirk **II** *m* [-s] Dunkirk

**duinlandschap** *o* [-pen] dune landscape, dune area

**duinpan** *v* [-nen] dip/hollow in the dunes

**duister I** *bn* ❶ *onduidelijk* obscure, dim, uncertain ⟨future⟩ ❷ *donker* dark, gloomy ❸ *geheimzinnig* mysterious ❹ *louche* shady, dubious ✻ *~e bedoelingen* dubious intentions **II** *o het* ~ the dark ✻ *iem. in het* ~ *laten* keep/leave sbd in the dark ✻ *in het* ~ *tasten* be/grope in the dark

**duisternis** *v* [-sen] darkness, dark

**duit** *m & v* [-en] *geld* penny, cent ✻ *een aardige/flinke* ~ a pretty penny ✻ *hij heeft geen (rooie)* ~ he doesn't have a bean ✻ *een hele/slordige* ~ *kosten* cost a pretty penny ✻ *ook een* ~ *in het zakje doen* have one's say ✻ *~en hebben* have plenty of money ✻ *op de* ~*en zijn* be close-fisted

**duitendief** *m* [-dieven] moneygrubber

**Duits I** *bn* ❶ German ✻ *valuta de* ~*e mark* the German mark ❷ *hist* Teutonic ⟨Order of Knights⟩ **II** *o taal* German

**Duitse** *v* [-n] German ✻ *ze is een* ~ she's a German, she's from Germany

**Duitser** *m* [-s] German

**Duitsgezind** *bn* pro-German

**Duitsland** *o* Germany ✻ *de Bondsrepubliek* ~ the Federal Republic of Germany

**Duitstalig** *bn* German-speaking

**duivel** *m* [-en & -s] devil, demon, fiend ✻ *een arme* ~ a poor devil ✻ *wat* ~ *is dat nou?* what on earth do we have here? ✻ *de* ~ *hale me, als...* the devil take me if... ✻ *het is of de* ~ *er mee speelt* the devil is in it ✻ *inf loop naar de* ~! go to hell! ✻ *iem. naar de* ~ *wensen* wish sbd to the devil ✻ *als je van de* ~ *spreekt, trap je op zijn staart* talk of the devil and he is sure to appear ✻ *des* ~*s zijn* be furious → **duvel**

**duivelin** *v* [-nen] she-devil

**duivels I** *bn* ❶ (*als*) *van de duivel* devilish, diabolic(al), demonic ✻ *die* ~*e kerel* that confounded fellow ✻ *het is een* ~ *werk* it's a devil of a job ❷ *woedend* furious ✻ *iem.* ~ *maken* infuriate sbd ✻ *het is om* ~ *van te worden* it would try the patience of a saint ✻ *het is een* ~*e kerel* he's a devil of a fellow **II** *bijw* ❶ diabolically ❷ versterkend devilish **III** *tsw* the deuce, the devil!

**duivelskunstenaar** *m* [-s] magician, sorcerer, wizard

**duivenmelker** *m* [-s] pigeon fancier

**duivensport** *v* pigeon racing

**duiventil** *v* [-len] pigeon house, dovecot(e)

**duizelen** *onoverg* [duizelde, h. geduizeld] grow dizzy/giddy ✻ *ik duizel* I feel dizzy/giddy ✻ *het* (*hoofd*) *duizelt mij* my head's swimming/whirling/reeling

**duizelig** *bn* dizzy, giddy ✻ *ik word* ~ I'm getting dizzy ✻ *ik word er* ~ *van* it makes me feel dizzy

**duizeligheid** *v* dizziness, giddiness ✻ *een aanval van* ~ a giddy attack, an attack of giddiness

**duizeling** *v* [-en] fit of giddiness/dizziness, dizzy spell, ⟨door hoogte⟩ vertigo ✻ *een* ~ *overviel hem* he was overwhelmed by dizziness

**duizelingwekkend** *bn* dizzy, giddy, vertiginous ✻ *fig een* ~ *bedrag* a staggering amount

**duizend** *hoofdtelw* [-en] a (one) thousand ✻ *iem. uit* ~*en* one in a thousand ✻ *~en-een dingen* a thousand and one things ✻ *~ doden sterven* die a thousand deaths, be scared to death

**duizendblad** *o* milfoil, yarrow

**duizendjarig** *bn* thousand year old, millennial ✻ *het* ~ *rijk* the thousand-year reign

**duizendkoppig** *bn* huge ✻ *een* ~*e menigte* a crowd of thousands

**duizendkunstenaar** *m* [-s] magician, sorcerer

**duizendpoot** *m* [-poten] ❶ *dier* centipede, millipede ❷ *iem. die alles kan* jack-of-all-trades

**duizendschoon** *v* [-schonen] plantk sweet William

**duizendste I** *rangtelw* thousandth **II** *o* [-n] thousandth (part)

**duizendtal** *o* [-len] thousand

**duizendvoudig I** *bn* thousandfold **II** *bijw* thousand times ∗ *je krijgt het ∼ terug* you'll get it back multiplied by a thousand, you'll get back a thousand times more than you put in

**dukaat** *m* [-katen] ducat

**dukdalf** *m* [-dalven] dolphin, mooring post

**dulden** *overg* [duldde, h. geduld] ❶ *verdragen* bear, suffer, endure ⟨pain⟩ ❷ *toelaten* stand, tolerate ⟨practices, actions⟩ ∗ *iem./iets niet ∼* not tolerate sbd/sth ∗ *zij ∼ hem daar, hij wordt geduld, méér niet* he is there on sufferance

**dumdumkogel** *m* [-s] dumdum bullet

**dummy** *m* ['s] ❶ *model* dummy ❷ *kaartsp* dummy ❸ *pop* dummy ❹ *stroman* figurehead

**dump** *m* [-s] dump

**dumpen I** *overg* [dumpte, h.gedumpt] *lozen* dump **II** *onoverg* [dumpte, h.gedumpt] *tegen lage prijs verkopen* dump

**dumping** *v* dumping

**dumpprijs** *m* [-prijzen] knockdown price

**dun I** *bn* ❶ *niet dik* thin, slender ⟨tree, waist⟩ ∗ *∼ maken/worden* make/become thinner ∗ *de ∼ne darm* the small intestine ∗ *∼ haar* sparse/thin/fine hair ❷ *v. vloeistof* washy, thin, runny ∗ *fig het liep me ∼ door de broek* I was scared out of my pants ❸ *ijl* rare ⟨air⟩ **II** *bijw* thinly, sparsely ∗ *∼ gezaaid* thinly sown

**dunbevolkt** *bn* thinly populated

**dundoek** *o* [-en] bunting, flag

**dundrukpapier** *o* Bible paper, India paper

**dunk I** *m* opinion ∗ *een grote/hoge ∼ hebben van* have a high opinion of, think much/highly of ∗ *geen hoge ∼ hebben van iem.* have a poor opinion of sbd **II** *m* [-s] *basketbal* dunk shot

**dunken I** *onoverg* [dunkt *of* docht, h. gedunkt *of* gedocht] be of the opinion ∗ *mij dunkt* I think, it seems to me, I should say so **II** *overg* [dunkte, h. gedunkt] *basketbal* dunk

**dunnetjes I** *bijw* thinly ∗ *de verf ∼ aanbrengen* apply the paint lightly ▼ *iets ∼ overdoen* run over it again **II** *bn* ∗ *het is ∼* it isn't up to much

**dunschiller** *m* [-s] parer, peeler

**duo I** *o* ['s] ❶ *tweetal* pair, couple ❷ *in cabaret, revue & duo* ❸ *muz* duet **II** *m* ['s] *v. motorfiets* pillion ∗ *∼ rijden* ride pillion

**duobaan** *v* [-banen] shared job ∗ *een ∼ hebben* job-share

**duopassagier, duorijder** *m* [-s] pillion rider

**dupe** *m-v* [-s] dupe, victim ∗ *ik ben er de ∼ van* I'm the dupe

**duperen** *overg* [dupeerde, h. gedupeerd] fail, disappoint, let down

**duplicaat** *o* [-caten] duplicate

**dupliceren I** *onoverg* [dupliceerde, h. gedupliceerd] *op repliek antwoorden* rejoin **II** *overg* [dupliceerde, h. gedupliceerd] *een duplicaat maken* duplicate

**duplo** *bijw* ∗ *in ∼* in duplicate ∗ *in ∼ opmaken* draw up in duplicate, duplicate

**duren** *onoverg* [duurde, h. geduurd] last, take, go on ∗ *het duurde uren voor hij...* it was hours before he... ∗ *dit kan wel eindeloos ∼* this can go on/continue/take for ever ∗ *duurt het lang?* will it take/be long? ∗ *het duurde lang voordat hij kwam* he was (pretty) long in coming ∗ *het zal lang ∼ eer/voor...* it will be long before... ∗ *het duurt mij te lang* this is taking too long for me ∗ *zo lang als het duurde* while/as long as it lasted ∗ *de vergadering duurt tot vijf uur* the meeting will go on until five o'clock

**durf** *m* daring, *inf* pluck ∗ *∼ hebben* show nerve

**durfal** *m* [-len] daredevil

**durfkapitaal** *o* venture capital

**durven** *overg* [durfde *of* dorst, h. gedurfd] dare ∗ *dat zou ik niet ∼ beweren* I wouldn't dare say such a thing ∗ *jij durft!* you have a nerve! ∗ *mens, durf te leven!* get a life! ∗ *dat durf jij niet* you wouldn't dare to do that

**dus I** *bijw* thus, in such a way ∗ *het ∼ geformuleerde voorstel* the proposal that was formulated in these terms **II** *voegw* consequently, so, therefore, then ∗ *we zien ∼, dat...* so as we see, .../we see then that... ∗ *ik heb het beloofd, ∼ ik zal het doen* I'll stick to my promise

**dusdanig I** *bn* such **II** *bijw* ❶ *op zo'n manier* in such a way/manner, so ❷ *in zo'n mate* to such an extent, so much ∗ *het was ∼ koud, dat we maar thuis bleven* it was so cold that we stayed at home

**duster** *m* [-s] housecoat, duster

**dusver, dusverre** *bijw* ∗ *tot ∼* so far, up to the present, up to this time, up to now, until now, to date

**dutje** *o* [-s] ∗ *een ∼ doen* have a nap

**dutten** *onoverg* [dutte, h. gedut] doze, snooze, take a nap ∗ *zitten ∼* doze

**duur I** *m* ❶ *alg.* duration, length ∗ *op den ∼* in the long run, in the end ∗ *van korte ∼* of short duration, short-lived ∗ *van lange ∼* of long standing, of long duration, long-lived ∗ *het was niet van lange ∼* it was short-lived ∗ *voor de ∼ van* for the duration of ❷ *levensduur v. apparaat & life* **II** *bn* dear, expensive, costly ∗ *hoe ∼ is dat?* how much is it?, what's the price? ∗ *een dure eed zweren* swear a solemn oath ∗ *het is mijn dure plicht* it is my bounden duty ∗ *dure woorden gebruiken* use big words **III** *bijw* dearly, expensively ∗ *het zal u ∼ te staan komen* you'll pay dearly for this ∗ *∼ verkopen handel* sell dear; *fig* sell ⟨one's life⟩ dearly ∗ *∼ doen* show off

**duurkoop** *bn* dear, expensive ∗ *goedkoop is ∼* quality pays

**duurloop** *m* [-lopen] endurance race

**duursport** *v* [-en] endurance sport

**duurte** *v* expensiveness, costliness ∗ *de ∼ van* the high cost of

**duurzaam** *bn* ❶ *alg.* durable ∗ *duurzame consumptiegoederen (gebruiksgoederen)* durable consumer goods, consumer durables ∗ *duurzame*

**du**

*productiegoederen* durable production goods \* *een ~ productiemiddel* a capital good, a capital asset, a fixed asset \* *duurzame kleuren* colour-fast/permanent colours \* *een ~gebouw* a permanent building \*~*bouwen* sustainable building, sustainable construction \*~*gescheiden* permanently separated ❷*vrede, vriendschap & lasting* \* *duurzame herinneringen* long-lasting memories ❸*stoffen* hard-wearing, that wear well

**duurzaamheid** *v* durability, permanence, ⟨v. milieu⟩ sustainability

**duvel** *m* [-s] → **duivel** \* *of de ~ermee speelt* (you would think) the devil had had a hand in it \* *te stom om voor de ~ te dansen* too stupid for words \* *iem. op zijn ~ geven* give sbd a good hiding \* *een ~tje uit een doosje* a jack-in-the-box

**duvelstoejager** *m* [-s] handyman

**duw** *m* [-en] push, thrust, shove \* *iem. een ~geven* push/shove/nudge sbd \*~*tje* nudge, shove, prod \* *een ~tje in de rug* a boost, a leg-up

**duwbak** *m* [-ken] tug-pushed dumb barge

**duwboot** *m-v* [-boten] push tug

**duwen** *overg en onoverg* [duwde, h. geduwd] push, shove, ⟨in een bepaalde richting⟩ thrust, ⟨in een voertuig, gebouw⟩ hustle \* *elkaar ~* push one another \* *iem. opzij ~* elbow/shove sbd aside \* *de mensen opzij ~* brush/shove the people aside \* *zijn handen in zijn zakken ~* thrust one's hands into one's pockets \* *iem. van de trap ~* kick sbd downstairs \* *iem. in een auto ~* hustle sbd into a car

**duwvaart** *v* push-towing

**dvd** *afk* (digital versatile disc) DVD

**dvd-speler** *m* [-s] DVD player

**dwaalleer** *v* [-leren] false doctrine, heresy

**dwaallicht** *o* [-en] ❶will-o'-the-wisp ❷fig false guide

**dwaalspoor** *o* [-sporen] wrong track \* *iem. op een ~ brengen* lead sbd astray \* *op een ~geraken* go astray

**dwaas I** *bn* foolish, silly, stupid \*~*genoeg heb ik...* I was fool enough to... \* *een ~plan* a crazy plan \* *de Dwaze Moeders* the mothers of the Plaza de Mayo \* *dwaze dromen/hoop* idle dreams/hope **II** *bijw* foolishly, stupidly, in a silly way **III** *m* [dwazen] fool

**dwaasheid** *v* [-heden] folly, foolishness

**dwalen** *onoverg* [dwaalde, h. gedwaald] ❶*zwerven* roam, wander ❷*zich vergissen* err \*~*is menselijk* to err is human

**dwaling** *v* [-en] error, mistake \* *een rechterlijke ~*a miscarriage of justice

**dwang** *m* ❶*machtsuitoefening* coercion, force, duress \* *onder ~ legde zij een bekentenis af* she confessed under duress \* *onder de ~ van de omstandigheden* owing to circumstances ❷*druk* pressure \*~ *uitoefenen op iem.* pressurize sbd, put pressure on sbd ❸*pathologisch verschijnsel* compulsion \* *de ~ om teveel te eten* the compulsion to overeat

**dwangarbeid** *m* hard labour

**dwangbevel** *o* [-velen] ❶warrant, writ ❷*voor het*

*niet betalen van belastingen* distress warrant, enforcement order

**dwangbuis** *o* [-buizen] *ook* fig straitjacket

**dwangmaatregel** *m* [-en] coercive measure

**dwangmatig** *bn* compulsive

**dwangmiddel** *o* [-en] coercive measure, means of coercion

**dwangnagel** *m* [-s] hangnail

**dwangneurose** *v* [-n & -s] obsessive-compulsive neurosis

**dwangsom** *v* [-men] penal sum, (pecuniary) penalty

**dwangverpleging** *v* compulsory treatment \* *hij werd veroordeeld tot tbs met ~* he was sentenced to detention with compulsory psychiatric treatment

**dwangvoorstelling** *v* [-en] obsession, fixed idea

**dwarrelen** *onoverg* [dwarrelde, h. en is gedwarreld] whirl \* *de sneeuw dwarrelde naar beneden* the snow was whirling down

**dwarrelwind** *m* [-en] whirlwind

**dwars I** *bn* ❶transverse, diagonal, cross(-wise) \* *een ~e doorsnede* a transverse/cross/cross-wise section ❷*tegen de draad in* fig cross-grained, wrong-headed, contrary \* *een ~karakter* an contrary character **II** *bijw* straight, right \* *zij liep ~door het veld* she walked straight across the field \* *hij woont ~ tegenover mij* he lives diagonally opposite me \*~ *door de ruit gaan* go right through the window \*~ *over de weg liggen* lie across the road \*~*oversteken* cross ⟨the street⟩ \* *iem. de voet ~zetten, iem. ~zitten* cross/thwart sbd, *inf* put sbd's nose out of joint \* *dat zit hem ~*that's annoying/worrying him

**dwarsbalk** *m* [-en] crossbeam

**dwarsbeuk** *m* [-en] transept

**dwarsbomen** *overg* [dwarsboomde, h. gedwarsboomd] cross, thwart \* *iem. ~*cross sbd (in) \* *een plan ~*foil/frustrate a plan

**dwarsdoorsnede, dwarsdoorsnee** *v* [-sneden] cross section, transverse section

**dwarsfluit** *v* [-en] flute

**dwarskijker** *m* [-s] spy, snooper

**dwarskop** *m* [-pen] \* *hij is een ~*he's stubborn, he's pig-headed, he's always against everything

**dwarslaesie** *v* spinal cord lesion

**dwarslat** *v* [-ten] ❶techn cross-lath ❷sp crossbar

**dwarsliggen** *onoverg* [lag dwars, h. dwarsgelegen] be obstructive, be a troublemaker

**dwarsligger** *m* [-s] ❶*onder rails* sleeper ❷fig anti, troublemaker

**dwarsligging** *v* [-en] transverse presentation

**dwarsscheeps** *bn* abeam \* *een schip ~rammen* ram a ship across the beam

**dwarsschip** *o* [-schepen] *v. kerk* bouwk transept

**dwarsstraat** *v* [-straten] side-street \* *ik noem maar een ~*just to give an example

**dwarsverband** *o* [-en], **dwarsverbinding** *v* [-en] ❶bracket frame, cross-bracing ❷fig connection

**dwarszitten** *overg* [zat dwars, h. dwarsgezeten] ❶*hinderen, ergeren* bother, annoy \* *wat zit je dwars?*

what's bothering you?, _inf_ what's eating you?
❷ _tegenwerken_ thwart, cross, frustrate
**dweepziek** _bn_ ❶ fanatical, ‹overdreven› gushing, gushy ❷ _verzot_ infatuated
**dweepzucht** _v_ fanaticism
**dweil** _m_ [-en] ❶ _schoonmaakdoek_ floor cloth, mop ∗ _eruit zien als een_ ~ look like a mop ❷ _vrouw inf_ slut
**dweilen** _overg_ [dweilde, h. gedweild] ❶ _v. vloeren_ mop, wash ∗ _het is_ ~ _met de kraan open_ it is a waste of time ❷ _boemelen_ knock about, hang about
**dwepen** _onoverg_ [dweepte, h, gedweept] be fanatical ∗ ~ _met_ be enthusiastic about ‹poetry›, _inf_ enthuse over ‹music›, gush about ‹professor X›, be a devotee of ‹Jimi Hendrix›, rave about ‹a girl›
**dwerg** _m_ [-en] ❶ _in fabel_ dwarf, gnome, elf ❷ _klein mens_ dwarf, midget
**dwergstaat** _m_ [-staten] dwarf state
**dwergvolk** _o_ [-en] dwarf people, pygmies
**dwergwerpen** _o_ dwarf throwing, dwarf tossing
**dwingeland** _m_ [-en] tyrant
**dwingelandij** _v_ tyranny
**dwingen I** _overg_ [dwong, h. gedwongen] compel, force, coerce ∗ _hij laat zich niet_ ~ he won't let himself be coerced; dat laat zich niet ~; you can't force it ∗ _honkbal, softbal een gedwongen loop_ a forced run **II** _onoverg_ [dwong, h. gedwongen] whine for, be tyrannically insistent ∗ _dat kind kan zo_ ~ the child always wants to have his/her own way ∗ _om iets_ ~ be insistent on getting sth
**dwingend I** _bn_ compelling, compulsory, imperative, coercive, mandatory ‹measures› ∗ _op_ ~ _e toon_ in an imperative/a commanding tone ∗ ~ _e redenen_ compelling reasons **II** _bijw_ authoritatively
**d.w.z.** _afk_ (dat wil zeggen) i.e., that is (to say), namely
**dynamica** _v_ dynamics
**dynamiek** _v_ dynamics
**dynamiet** _o_ dynamite
**dynamisch** _bn_ dynamic ∗ ~ _e elektriciteit_ dynamic electricity ∗ _muz_ ~ _e tekens_ dynamic marks ∗ _taalk een_ ~ _accent_ a dynamic accent ∗ _een_ ~ _bedrijf_ a dynamic company
**dynamo** _m_ ['s] dynamo, generator
**dynastie** _v_ [-tieën] dynasty
**dysenterie** _v_ dysentery
**dyslectisch** _bn_ dyslexic
**dyslexie** _v_ dyslexia
**dystrofie** _v_ _med_ dystrophy

# E

**e** _v_ ['s] ❶ _letter_ e ❷ _muz_ E major/minor
**e.a.** _afk_ (en andere(n)) and others, and other things, _form_ et al.
**eau de cologne** _v_ eau de Cologne
**eb** _v_ ebb, ebb tide ∗ ~ _en vloed_ ebb tide and flood tide, ebb and flow ∗ _het is_ ~ the tide is out
**ebbenhout** _o_ ebony
**ebbenhouten** _bn_ ebony
**eboniet** _o_ ebonite, vulcanite
**ecg** _o_ ['s] (elektrocardiogram) ECG, electrocardiogram
**echec** _o_ [-s] rebuff, failure, fiasco _inf_ flop ∗ ~ _lijden_ ‹v. persoon› meet with a rebuff; ‹v. regering &› be defeated; ‹v. onderneming› fail, _inf_ flop
**echelon** _m_ [-s] ❶ _mil_ echelon ∗ _in_ ~ _s_ in echelons ❷ _niveau_ level
**echo** _m_ ['s] echo, reverberation
**echoën** _onoverg en overg_ [echode, h. geëchood] (re-)echo, reverberate
**echografie** _v_ [-fieën] ultrasound scan
**echolood** _o_ echo sounder, depth sounder
**echoput** _m_ [-ten] echoing well
**echoscopie** _v_ [-pieën] ultrasound scan
**echt I** _bn_ ❶ _onvervalst_ authentic ‹letters›, real ‹butter &›, genuine ‹leather,works of art &›, true(-born) ‹Briton›, out-and-out ‹boys› ∗ _een_ ~ _e vriend_ a genuine/real friend ∗ _dat is nou eens_ ~ _een man!_ now that's what I call a real man! ❷ _wettig_ legitimate ❸ _inf_ regular ∗ _hij is een_ ~ _duiveltje_ he's a regular little devil **II** _bijw_ versterkend really ∗ _hij was_ ~ _kwaad_ he was really angry ∗ _het is_ ~ _waar_ it's absolutely true ∗ _dat is_ ~ _iets voor hem_ that's typical of him ∗ _een_ ~ _gouden horloge_ a watch made of real gold **III** _m_ huwelijk marriage, matrimony, wedlock ∗ _in de_ ~ _treden_ marry ∗ _in de_ ~ _verbinden_ join/unite in matrimony, marry **IV** _o_ reality ∗ _het is leuk om de koningin in het_ ~ _te zien_ it's nice to see the queen in the flesh
**echtbreuk** _v_ adultery
**echtelieden** _zn_ [mv] married couple
**echtelijk** _bn_ ❶ _rechten_ conjugal ❷ _staat_ married ❸ _geluk_ matrimonial, marital ‹bliss›
**echter** _bijw_ however, nevertheless, but, yet
**echtgenoot** _m_ [-noten] husband, spouse ∗ _jur de langstlevende_ ~ the surviving spouse
**echtgenote** _v_ [-n] wife, spouse
**echtheid** _v_ ❶ _niet vervalst zijn_ authenticity ❷ _waarheid_ genuineness ❸ _wettigheid_ legitimacy
**echtpaar** _o_ [-paren] married couple
**echtscheiding** _v_ [-en] divorce ∗ ~ _aanvragen_ start divorce proceedings, file for divorce
**eclatant** _bn_ striking, brilliant, sensational ‹success›
**eclecticus** _m_ [-ci] eclectic
**eclectisch** _bn_ eclectic

**ec**

**eclips** *v* [-en] eclipse
**ecologie** *v* ecology
**ecologisch** *bn* ecological * ~ *verantwoord* environmentally friendly, eco-friendly
**e-commerce** *m* (electronic commerce) comput e-commerce
**econometrie** *v* econometrics
**economie** *v* [-mieën] ❶ *toestand* economy * *een geleide*~ a planned economy * *de nieuwe*~ the new economy * *een vrije*~ a free-market economy ❷ *wetenschap* economics
**economisch** *bn* ❶ *staathuishoudkundig* economic * *een*~*e bestelhoeveelheid* an economic order quantity * *een*~*e eenheid* an economic unit *~*e groei* economic growth *~*e indicatoren* economic indicators * *de*~*e levensduur* the useful economic life *~*e veroudering* obsolescence, ⟨m.b.t. een woning⟩ depreciation * *Centraal Economisch Plan* ⟨CEP⟩ Central Economic Plan ❷ *zuinig* economical, frugal
**economyclass** *m* economy class
**econoom** *m* [-nomen] economist
**ecosysteem** *o* [-temen] ecosystem
**ecotaks** *m & v* ecotax, environmental tax
**ecru** *bn* ecru
**ecstasy** *m* ecstasy
**Ecuador** *o* Ecuador
**eczeem** *o* [-zemen] eczema
**e.d.** *afk* (en dergelijke) and the like, and suchlike
**edammer** *m* [-s], **Edammerkaas** [-kazen] Edam (cheese) * *een*~ an Edam cheese
**ede** *m* → **eed**
**edel I** *bn* ❶ *van adel* aristocratic ❷ *hoogstaand* noble, fine ❸ *edelmoedig* noble, magnanimous ❹ *v. steen & precious* ⟨stones⟩ ❺ *v. gas* inert gas ❻ *onmisbaar* vital ⟨parts, organs⟩ * *de*~*e delen* the private parts **II** *bijw* nobly
**edelachtbaar** *bn* honourable/Am honorable, worshipful * *Edelachtbare* Your Honour, Your Worship
**edelen** *zn* [mv] the nobility, the aristocracy
**edelgas** *o* [-sen] rare gas
**edelhert** *o* [-en] red deer
**edelman** *m* [-lieden] nobleman, noble
**edelmetaal** *o* [-talen] precious metal
**edelmoedig** *bn* generous, noble(-minded)
**edelmoedigheid** *v* generosity, magnanimity
**edelsmid** *m* [-smeden] goldsmith, silversmith, one who works with precious metals
**edelsteen** *m* [-stenen] precious stone, jewel
**edelweiss** *o* edelweiss
**edict** *o* [-en] edict, decree
**editen** *overg en onoverg* [editte, h. geëdit] edit
**editie** *v* [-s] edition, issue
**editor** *m* [-s] *tekstverwerker* comput editor
**educatie** *v* education
**educatief** *bn* educational
**eed, ede** *m* [eden] oath, vow * *een plechtige*~ a

solemn vow * *de*~ *afnemen* administer the oath to, swear in ⟨a public servant⟩ * *een*~ *doen*/*afleggen* take/swear an oath, be sworn in * *een valse*~ *doen* make a false oath * *een*~ *doen om...* swear ⟨never⟩ to... * *onder ede verklaard* declared on oath * *hij staat onder ede* he is under oath
**eedaflegging** *v* [-en] taking an/the oath
**eeg** *o* ['s] (elektro-encefalogram) EEG, electroencephalogram
**eega** *m-v* ['s & eegaas] spouse
**eekhoorn, eekhoren** *m* [-s] squirrel
**eekhoorntjesbrood** *o* cep, boletus
**eelt** *o* callus, callosity * ~ *op zijn ziel hebben* be hardened, thickskinned
**eeltknobbel** *m* [-s] callus
**een¹ I** *hoofdtelw* one * *op*~ *mei* on the first of May * *het was*~ *en al modder* it was all mud/mud all over * ~ *en al oor* all ears * ~ *en ander* the things mentioned, one thing and another * *het*~ *en ander* a few things, a thing or two, one thing and another * *de ene na de ander* one thing after another * *de echtgenote van ene Jansen* the wife of a certain Jansen * *de*/*het*~ *of andere* one or other, some * *het* ~ *of ander* all ears; ⟨als zn⟩ something or other * *de*~ *of andere dag* some day, one day * *het*~ *of het ander* either one thing or another * *noch het*~ *noch het ander* neither one thing nor the other * *in* ~ *of andere vorm* in one shape or another * *die ene dag* ⟨only⟩ that one day, that day of all others * ~-*twee-drie* in two shakes * *op*~ *na* all except one, the last but one * *ze zijn van*~ *grootte*/*leeftijd* they are both of the same size/age * ~ *voor*~ one by one, one at a time * ~ *zijn met* be at one with **II** *m* [enen] cijfer one
**een²** *lidw* a, an * ~ *vijftig* some fifty * ~ *week of drie* about three weeks * ~ *ieder* everyone, everybody * *wat*~ *mooie schilderijen!* such beautiful paintings! * *wat*~ *lelijke huizen!* what ugly houses!

**een**

Het lidwoord een is in het Engels a of an; als het direct daarop volgende woord wordt uitgesproken als beginnend met een klinker wordt het an, anders a. Het is dus an apple, maar a university omdat dat wordt uitgesproken als beginnend met een j. Bij woorden die met een h of u beginnen is het oppassen geblazen: a house, a hat, a hedge, a uterus, maar: an hour, an heir, an ulcer.

**eenakter** *m* [-s] one-act play, one-acter
**eenarmig** *bn* one-armed * *een*~*e bandiet* a one-armed bandit
**eencellig** *bn* single celled, unicellular * ~*e diertjes* protozoa, single-celled organisms
**eend** *v* [-en] ❶ *dier* duck * *gebraden* ~ roast duck * *een vreemde*~ *in de bijt* the odd man out ❷ *domoor* goose, ass ▼ *een* (*lelijke*)~ auto a (Citroën ®) deux chevaux

**eendagsvlieg** *v* [-en] ephemeron, mayfly, inf fly-by-night

**eendelig** *bn* ❶ *v. kledingstuk* one-piece ‹swimsuit› ❷ *v. boekwerk* one/single volume

**eendenkooi** *v* [-en] duck decoy

**eendenkroos** *o* duckweed

**eender I** *bn* equal, the same * *het is mij ~* it's all the same to me **II** *bijw* equally * *~ gekleed* dressed alike

**eendracht** *v* unity, harmony, concord * *~ maakt macht* unity/union is strength

**eendrachtig I** *bn* united, harmonious * *een ~e poging* a concerted attempt **II** *bijw* united, as one man, in unity, in concert, harmoniously * *~ handelen/ werken* act in unity/work together as a team

**eenduidig** *bn* unambiguous

**eeneiig** *bn* ❶ uniovular, monozygotic ❷ *v. tweelingen* identical * *een ~e tweeling* identical twins

**eenentwintigen** *onoverg* [eenentwintigde, h. geëenentwintigd] play blackjack/pontoon

**eengezinswoning** *v* [-en] single-family house, one-family house

**eenheid** *v* [-heden] ❶ *maat* unit * *de meter is de ~ van lengte* the metre is the unit of length ❷ *onderdeel* unit, entity ❸ *één geheel* unit * *een economische ~* an economic unit ❹ *als eigenschap* unity, oneness, uniformity ‹of purpose› * *~ van taal* uniformity of language * *een hechte ~ vormen* form a tight-knit unit

**eenheidsprijs** *m* [-prijzen] ❶ *per eenheid* unit price, price per unit ❷ *gelijke prijs* uniform price, single price

**eenheidsworst** *v* (boring) sameness/uniformity * *die spelletjesprogramma's op de tv zijn toch allemaal ~* those TV game shows are all the same

**eenhoevig** *bn* single-hoofed

**eenhoevigen** *zn* [mv] single-hoofed

**eenhoofdig** *bn* monocratic, single-headed * *een ~e regering* a monocracy

**eenhoorn, eenhoren** *m* [-s] unicorn

**eenieder** *onbep vnw* everyone, everybody

**eenjarig** *bn* ❶ *één jaar oud* of one year, one-year-old ❷ plantk annual ❸ dierk yearling

**eenkamerflat** *m* [-s], **eenkamerwoning** *v* [-en] studio flat, one-roomed flat

**eenkennig** *bn* shy, timid

**eenling** *m* [-en] ❶ *eenzelvige* loner, lone wolf ❷ *enkeling* individual

**eenmaal** *bijw* ❶ *een keer* once * *~, andermaal, verkocht!* going, going, gone! * *~ is g~* once is not enough ❷ *eens, een dag* one day ❸ *onveranderlijk* just, simply * *zo ben ik nu ~* that's just the way I am

**eenmalig** *bn* once-only, single * *een ~e gebeurtenis* a one-time event * *voor ~ gebruik* use only once, disposable

**eenmanszaak** *v* [-zaken] sole proprietor(ship), one-man business, sole trader

**eenmotorig** *bn* single-engined

**eenoudergezin** *o* [-nen] single-parent family

**eenpansmaaltijd** *m* [-en] one-pot meal

**eenparig I** *bn* ❶ *eenstemmig* unanimous ❷ *gelijkmatig* uniform * *een ~e beweging* a steady motion **II** *bijw* ❶ *eenstemmig* unanimously, with one accord ❷ *gelijkmatig* uniformly * *een ~ versnelde beweging* steady acceleration

**eenpersoons** *bn* ❶ for one person, one-man ‹show &› ❷ *v. kamer, bed &* single ❸ *auto, vliegtuig* single-seater

**eenpersoonsbed** *o* [-den] single bed

**eenpersoonshuishouden** *o* [-s] single household

**eenpersoonskamer** *v* [-s] single room

**eenrichtingsverkeer** *o* one-way traffic * *een straat voor ~* a one-way street

**eens I** *bijw* ❶ *éénmaal* once * *~ en voor al(tijd)* once and for all * *~ zoveel* as much/many again * *nog ~* again ❷ *in verleden* once * *de ~ beroemde schoonheid* the once famous beauty ❸ *in sprookjes* once upon a time ❹ *in de toekomst* one day * *~ zal het gebeuren* one day it will happen ❺ *eens even* just ‹go, fetch, tell me &› * *hoor ~* (just) listen ▼ *hij bedankte niet ~* he didn't so much as thank us, he didn't even thank us ▼ *dat is nog ~ zingen* that's what I call singing **II** *bn* * *het ~ worden* come to an agreement, an understanding ‹about the price &› * *het ~ zijn (met)* agree (with) * *het ~ zijn (over)* agree (on) * *wij zijn het ~ (met elkaar)* we're in agreement, we agree * *die twee zijn het ~* ‹eenmalig› there's an understanding between them; ‹gewoonlijk› they're hand in glove * *het niet ~ zijn (met)* disagree (with) * *het niet ~ zijn (over)* disagree (about/on) * *ik ben het met mijzelf niet ~* I'm in two minds about it * *daar zijn we het niet over ~* we don't see eye to eye on that point

**eensgezind I** *bn* unanimous, of one mind, at one, in harmony **II** *bijw* unanimously, ‹act› in harmony, in concert * *~ handelen* act as one

**eensgezindheid** *v* unanimousness, unanimity, union, harmony

**eensklaps** *bijw* all at once, suddenly, all of a sudden

**eenslachtig** *bn* monosexual, unisexual

**eensluidend** *bn* of the same tenor * *een ~ afschrift, een ~e kopie* a true copy * *~e verklaringen* identical statements

**eenstemmig I** *bn* ❶ muz for one voice * *~e liederen* unison songs ❷ fig unanimous **II** *bijw* with one voice, unanimously

**eenstemmigheid** *v* unanimity, harmony

**eentalig** *bn* monolingual

**eentje** *o* one * *inf je bent me er ~!* you're a nice one you are! * inf *er ~ pakken* have one * *in/op mijn ~* by myself

**eentonig I** *bn* ❶ monotonous ‹song› ❷ fig humdrum, dull ‹life &› **II** *bijw* monotonously

**eentonigheid** *v* ❶ eig monotony ❷ fig sameness

**een-tweetje** *o* [-s] sp one-two

**eenverdiener** *m* [-s] sole wage earner

**eenvormig** *bn* uniform

**eenvoud** *m* simplicity, plainness, homeliness * *in alle* ~ without ceremony, in all simplicity

**eenvoudig I** *bn* ❶ *zonder overdaad* simple, plain, homely * *een* ~ *maal* a simple meal * *een* ~ *man* a simple/unpretentious man ❷ *niet ingewikkeld* simple, uncomplicated * *kinderlijk* ~ as simple as can be **II** *bijw* simply, plainly, just * *ik vind het* ~ *een schande* I think it's a downright shame

**eenvoudigweg** *bijw* simply, just

**eenwording** *v* unification, integration * *de Europese* ~ European unification/integration

**eenzaam I** *bn* ❶ *zonder gezelschap* solitary, lonely, lone, lonesome, desolate * *een eenzame* alg. a solitary person; ⟨vindt het niet leuk⟩ a lonely person; ⟨vindt het best⟩ a loner * *het is hier zo* ~ this place is so lonely ❷ *afgelegen* isolated, lonely, afkeurend desolate **II** *bijw* solitarily * ~ *leven* lead a solitary/secluded life, live in solitude

**eenzaamheid** *v* solitariness, loneliness, solitude * *in de* ~ in loneliness, alone

**eenzelvig I** *bn* solitary, keeping to oneself, self-contained **II** *bijw* * ~ *leven* lead a solitary/secluded life

**eenzijdig** *bn* ❶ one-sided, unilateral * ~*e ontwapening* unilateral disarmament ❷ *partijdig* one-sided, partial, biased * *een* ~ *oordeel* a prejudiced/biased judgement

**eer, ere I** *v* ❶ honour/Am honor, credit * *jur* ~ *en goede naam* honour and reputation * *de* ~ *aandoen om...* do sbd the honour of... * *op een manier die hun weinig* ~ *aandeed* in a way that did them no credit * *een maaltijd* ~ *aandoen* do justice to a meal * *iem.* ~ *bewijzen* do honour to sbd * *iem. de laatste* ~ *bewijzen* pay sbd one's last respects * *ik heb de* ~ *u te berichten...* I have the honour to inform you... * *je hebt er alle* ~ *van* you can be proud of what you've done * *de* ~ *aan zichzelf houden* save one's honour, put a good face on the matter * ~ *inleggen met iets* gain credit by sth * *iem. in zijn* ~ *aantasten* hurt sbd's pride * *dat kwam/was zijn* ~ *te na* that hurt his pride * *er een* ~ *in stellen te...* make it a point of honour to..., be proud to... * *ere wie ere toekomt* (give) credit where credit is due * *ere zij God!* glory to God! * *dat bent u aan uw* ~ *verplicht* you are honour-bound to... * *in (alle)* ~ *en deugd* in (all) honour and decency * *in ere houden* honour * *iems. aandenken in ere houden* honour sbd's memory * *met ere* with honour, with credit, honourably, creditably * *met militaire* ~ *begraven* bury with military honours * *naar* ~ *en geweten* to the best of one's ability * *te zijner ere* in/to his honour * *ter ere van de dag* in honour of the day * *ter ere Gods* to the glory of God * *tot zijn* ~ *zij het gezegd* it must be said to his credit * *zich iets tot een* ~ *rekenen* consider sth an honour * *het zal u tot* ~ *strekken* it will do you credit ❷ *kuisheid* honour, virtue * *ze heeft haar* ~ *verloren* she has lost her virtue/honour **II** *voegw* before, sooner, rather * ~

*dat* before * *hoe* ~ *hoe beter* the sooner the better

**eerbaar** *bn* ❶ honourable/Am honorable * *eerbare bedoelingen* honourable intentions ❷ *kuis* honourable/Am honorable, virtuous, modest

**eerbetoon** *o*, **eerbetuiging** *v* [-en], **eerbewijs** *o* [-wijzen] (mark of) honour/Am honor * *militaire eerbewijzen* military honours

**eerbied** *m* ❶ *alg.* respect, esteem, regard * ~ *hebben voor* have respect for * *iem. zijn* ~ *betuigen* show sbd one's respect * *uit* ~ *voor* out of respect for ❷ *diepe eerbied* reverence, veneration, worship

**eerbiedig** *bn* respectful, deferential, reverent

**eerbiedigen** *overg* [eerbiedigde, h. geëerbiedigd] respect * *iem. de wet doen* ~ make sbd obey the law

**eerbiediging** *v* respect, observance

**eerbiedwaardig** *bn* ❶ respectable, venerable ❷ *door ouderdom* time-honoured

**eerdaags** *bijw* one of these days, in a few days

**eerder** *bijw* ❶ *vroeger* in the past, before * *nooit* ~ never before ❷ *gauwer* sooner, earlier * *hoe* ~ *hoe liever* the sooner the better ❸ *liever* rather * ~ *te veel dan te weinig* rather too much than too little ❹ *waarschijnlijker* more probably, more likely * *hij is* ~ *geneigd om...* he is more likely to..., he would probably tend to(wards)...

**eergevoel** *o* sense of honour/Am honor

**eergisteren** *bijw* the day before yesterday

**eerherstel** *o* rehabilitation

**eerlijk I** *bn* ❶ *betrouwbaar, oprecht* honest, sincere * *een* ~ *zakenman* an honest businessman * ~ *duurt het langst* honesty is the best policy ❷ *zoals het hoort* fair, honest * ~ *is* ~ fair is fair ❸ *eerbaar* honourable, Am honorable * *met* ~*e bedoelingen* with honourable intentions **II** *bijw* honestly, fair(ly) * ~ *delen!* fair shares! * ~ *gezegd...* to be honest/honestly... * ~ *spelen* play fair * ~ *zijn brood verdienen* make an honest living * ~ *of on* ~ by fair means or foul * ~ *waar!* it's the honest truth!, honestly!

**eerlijkheid** *v* honesty, fairness, sincerity, ⟨openheid⟩ frankness/candour

**eerlijkheidshalve** *bijw* in fairness

**eerloos** *bn* infamous

**eerst I** *bn & rangtelw* first * *zijn* ~*e reden om mee te gaan* his chief/prime reason for going along * *de* ~*e minister* the prime minister * *de* ~*e inwoners van Australië* the earliest inhabitants of Australia * *de* ~*e de beste* (just) anyone * *hij is niet de* ~*e de beste* he's not just anybody, he's not just any old person * *bij de* ~*e de beste gelegenheid* at the very first opportunity * *in de* ~*e zes maanden niet* not for the first/next six months * *in/op de* ~*e plaats* firstly and foremost, first of all * *niet in de* ~*e plaats omdat...* not least because... * *in de* ~*e tijd was er eten genoeg* initially, there was plenty of food * *in de* ~*e tijd van het onderzoek* in the early stages of the research * *op de* ~*e pagina van de krant* on the front page of the newspaper * *op de* ~*e bladzijde van het boek* on the first page of the book * *informatie uit de~e hand* firsthand information * *hij is de~e van zijn klas* he is at the top of his class * *de~e van de maand* the first of the month * *voor de~e en laatste maal* once and for all * *de~e steen leggen* lay the first/foundation stone * *het~e dat ik hoor* the first thing I hear * *de ~e..., de laatste...* the former..., the latter... **II** *bijw* ❶ *vóór het andere* first, at first * *voor het~* for the first time * *doe dat het~* do that first * *hij kwam het ~* he was the first to come, he was first * *wie het~ komt, het~ maalt* first come first served * *als ik maar ~ eens weg ben, dan...* as soon as I've gone, then... * *ten~e* first, in the first place, to begin with, firstly * *ten~e..., ten tweede...* in the first place..., in the second place ❷ *vroeger* then, before * *beter dan~* better than before * *~ was hij zenuwachtig* at first he was nervous ❸ *pas* only, just * *~ gisteren is hij gekomen* he came only yesterday * *~ gisteren heb ik hem gezien* I hadn't set eyes on him until yesterday * *~ in de laatste tijd* but (only) recently * *~ morgen* not before tomorrow * *~ nu/nu~* only now

**eerstegraads** *bn* * *een~ verbranding* a first-degree burn * *een~ leraar* a teacher qualified to teach upper secondary school levels * wisk *een~ vergelijking* a linear equation

**eerstehulppost** *m* [-en] first-aid station

**eerstejaars** *m-v* first-year student

**eersteklas** *bn* first-class * *een~ leugenaar* a first-class liar/cheat * *een~ bediening* first-class service, excellent service * *een~ patiënt* a private patient

**eersteklascoupé** *m* [-s] first-class carriage/compartment

**eerstelijnsondersteuning** *v* comput first tier support, tier 1 support, first level support

**eersteling** *m* [-en] ❶ *kind* first-born ❷ *dier* firstling ❸ fig first-fruits * *het is een~* it is the first book/picture &

**eersterangs** *bn* first-rate, first-class

**eerstgeboorterecht** *o* birthright, (right of) primogeniture

**eerstgeboren** *bn* first-born

**eerstgeborene** *m-v* [-n] first-born

**eerstkomend, eerstvolgend** *bn* next, following

**eertijds** *bijw* formerly, in former times, in the past

**eervol I** *bn* ❶ *eer brengend* honourable/Am honorable, creditable, glorious * *een~le staat van dienst* a creditable/an honourable record ❷ *met behoud van eer* honourable/Am honorable, with honour/Am honor, without loss of face * *een~ ontslag* an honourable discharge * *een~ verlies lijden* lose with honour **II** *bijw* honourably/Am honorably, creditably

**eerwaard** *bn* reverend * *uw~e* Your Reverence

**eerzaam** *bn* respectable

**eerzucht** *v* ambition

**eerzuchtig** *bn* ambitious * *~ zijn* aim high, be ambitious

**eetbaar** *bn* edible, fit to eat, eatable

**eetcafé** *o* [-s] cafe bar, cafe, Am diner

**eetgelegenheid** *v* [-heden] place to eat, restaurant, cafe

**eetgerei** *o* cutlery

**eetgewoonte** *v* [-n, -s] eating habit

**eethoek** *m* [-en] dinette, dining recess

**eethuis** *o* [-huizen] eating house

**eetkamer** *v* [-s] dining-room

**eetlepel** *m* [-s] tablespoon * *twee~s suiker* two tablespoonfuls of sugar

**eetlust** *m* appetite * *dat heeft mij~ gegeven* that's given me an appetite * *de~ benemen* take away/spoil the appetite

**eetstokje** *o* [-s] chopstick

**eetstoornis** *v* [-sen] eating disorder

**eettent** *v* [-en] snack bar, cafe, inf caff

**eetwaar** *v* [-waren] eatables, foodstuff, victuals * *fijne eetwaren* delicatessen

**eetzaal** *v* [-zalen] dining room/hall

**eeuw** *v* [-en] ❶ *100 jaar* century * *de twintigste~* the twentieth century ❷ *lange tijd* age * *de gouden~* the golden age * *in geen~en* not for centuries, not for ages

**eeuwenlang I** *bn* age-long **II** *bijw* for centuries/ages

**eeuwenoud** *bn* centuries old ‹trees›, age-old ‹customs›

**eeuwfeest** *o* [-en] centenary

**eeuwig I** *bn* eternal, everlasting, perpetual * *ten~en dage, voor~* for ever **II** *bijw* ❶ for ever ❷ versterkend eternally * *het is~ jammer* it's a crying shame

**eeuwigdurend** *bn* perpetual, everlasting, endless

**eeuwigheid** *v* [-heden] eternity * *ik heb een~ gewacht* I've been waiting for ages * *nooit in der~* never * *ik heb je in geen~ gezien* I haven't seen you for ages/inf for yonks * *tot in~* for all eternity * *van ~ tot amen* for ever and ever amen

**eeuwigheidswaarde** *v* lasting value

**eeuwwisseling** *v* [-en] turn of the century * *bij de~* at the turn of the century

**effect** *o* [-en] ❶ *uitwerking* effect(s), result, outcome, consequence * techn *het nuttig~* efficiency * *het~ van cafeïne* the effects of caffeine * *een goed gesprek heeft altijd~* a good talk always works * *~ hebben/sorteren* be effective, have/produce an effect ❷ *draaiing* sp spin, twist, slice, bilj ook side * *een bal ~ geven* sp put spin on a ball, bilj put side on a ball ❸ *fonds* stock * *~en* stocks (and shares), securities * *zeer betrouwbare en winstgevende~en* blue chip investments * *op de parallelmarkt genoteerde~en* over-the-counter securities, OTC securities

**effectbal** *m* [-len] ❶ *voetbal* banana shot, swerve kick, swerver ❷ *cricket, tennis* spinner * *een~ geven* play the ball with spin ❸ *biljarten* side

**effectbejag** *o* aiming for effect, play to the gallery

**effectenbeurs** *v* [-beurzen] stock exchange

**effectenhandel** *m* stock-jobbing, stockbroking, stockbrokerage

ef

**effectenhandelaar** m [-s] ❶stockbroker ❷*die geen lid is van de beurs* outside dealer

**effectenmakelaar** m [-s] ❶stockbroker, broker ❷*die geen lid is van de beurs* outside broker ❸*firma* brokerage firm, brokerage house, stockbroking firm

**effectenmarkt** v [-en] stock market

**effectief I** bn ❶*werkelijk, reëel* actual, real ∗ *de effectieve kosten* the actual cost(s) ∗ *de effectieve vraag* effective/aggregate/market demand ∗ *in effectieve dienst* on active service ▼ ZN *een effectieve straf* an unconditional sentence ▼ ZN *een ~ kandidaat* a proposed candidate ❷*doeltreffend* effective, form efficacious **II** o ❶mil active service ❷*personeelsbestand* ZN manpower **III** m [-tieven] *kamerlid* ZN Member of Parliament ▼ ZN sp *de effectieven* the selection, the selected players

**effectiviteit** v effectiveness

**effectueren** overg [effectueerde, h. geëffectueerd] implement, execute

**effen** bn ❶*v. oppervlak* smooth, even, level ❷*v. stof* plain, unpatterned ∗ *een ~stof* plain material ❸*v. gezicht* unruffled, expressionless ∗ *een ~gezicht* a straight face ❹*v. stem* flat, monotonous

**effenen** overg [effende, h. geëffend] ❶*eig* smooth (down/over/out), make level/even ❷*fig* smooth ❸handel even

**efficiënt** bn ❶*v. personen* efficient ❷*v. zaken* efficient, form efficacious ‹measures›

**efficiëntie** v efficiency

**eg, egge** v [eggen] harrow

**egaal** bn ❶*v. voorkomen* uniform, unicoloured, plain ∗ *een ~blauwe lucht* a clear blue sky ❷*v. oppervlak* smooth, even

**egalisatiefonds** o [-en] equalization fund

**egaliseren** overg [egaliseerde, h. geëgaliseerd] ❶*effen, vlak maken* level, make even ❷*gelijk maken* equalize

**egards** zn [mv] respect, consideration, regard, attention ∗ *iem. zonder veel ~behandelen* treat sbd with little respect/consideration

**Egeïsche Zee** v Aegean Sea

**egel** m [-s] hedgehog

**egelstelling** v [-en] mil all-round defence/Am defense position

**eggen** overg en onoverg [egde, h. geëgd] harrow

**ego** o [′s] ego

**egocentrisch** bn self-centred, self-absorbed, egocentric

**egoïsme** o egoism, selfishness

**egoïst** m [-en] egoist, selfish person

**egoïstisch** bn selfish, egoistic(al)

**egotrip** m [-s] ego trip

**egotrippen** o ego tripping

**egotripper** m [-s] ego tripper

**Egypte** o Egypt

**Egyptenaar** m [-s & -naren] Egyptian

**Egyptisch** bn Egyptian ∗ *een ~e duisternis* a complete darkness ∗ *het ~e pond* valuta the Egyptian pound, the pound

**Egyptische** v [-n] Egyptian ∗ *ze is een ~* she's an Egyptian, she's from Egypt

**egyptologie** v Egyptology

**EHBO** v (Eerste Hulp bij Ongelukken) first-aid (association) ∗ *een ~afdeling* a casualty department ‹in a hospital› ∗ *een ~post* a first-aid station/post

**EHBO-doos** v first-aid box

**ei I** o [-eren] egg ∗ *een gebakken ~* a fried egg ∗ *een zacht/hard gekookt ~* a soft-/hard-boiled egg ∗ *dat is een (zacht) ~tje* that's a cinch/a piece of cake ∗ *een ~ van een vent* a softy, a soft touch ∗ *het is het ~ van Columbus* it's just what we've all been waiting for ∗ *het ~ wil wijzer zijn dan de hen!* teach your grandmother to suck eggs! ∗ *een half ~ is beter dan een lege dop* half a loaf is better than no bread ∗ *zij kozen ~eren voor hun geld* they settled for less than they wanted ∗ *dat is het hele ~eren eten* that's all there is to it ∗ fig *op ~eren lopen* walk on eggs ∗ *zijn ~ niet kwijt kunnen* not have a chance to speak, not get a word in edgeways **II** tsw ∗ *~!* ah!, indeed!

**eicel** v [-len] egg, ovum

**eidereend** v [-en], **eidergans** [-ganzen] eider (duck)

**eierdooier** m [-s] (egg) yolk

**eierdop** m [-pen] eggshell

**eierdopje** o [-s] egg cup

**eierkoek** m [-en] sponge cake

**eierschaal** v [-schalen] eggshell

**eiersnijder** m [-s] egg slicer

**eierstok** m [-ken] ovary

**eierwekker** m [-s] egg timer

**Eiffeltoren** m Eiffel Tower

**eigeel I** o [-gelen] egg yolk **II** bn buttercup yellow

**eigen** bn ❶*in iems. bezit* own, of one's own, private, personal ∗ *hij is een ~broer van...* he is a real brother to... ∗ *hij heeft een ~huis* he has a house of his own ∗ *in zijn ~huis* in his own house ∗ *zijn vrouws ~ naam* his wife's maiden name ∗ *het ~vermogen* private capital; ‹v. handelsonderneming› equity capital, Am stockholders' equity ❷*kenmerkend* characteristic, typical, proper(to), peculiar (to) ∗ *dat is de mens ~* that is a characteristic of all human beings ∗ *dat is haar ~* that's typical of her, inf that's her all over/her to a T ∗ *met de hem ~beleefdheid* with his characteristic courtesy ∗ *~zijn aan* be typical of ❸*intiem* friendly, familiar, intimate ∗ *ik ben hier al ~* I'm quite at home here ∗ *hij was zeer ~ met ons* he was just like one of the family ∗ *zich ~ maken* make something one's own ‹skill›, master ‹a technique, a language›, acquire ‹all the knowledge needed› ❹*v.e. gebied* own, native, domestic ∗ *zijn ~ taal* his own/native language

**eigenaar** m [-s & -naren] owner, proprietor, proprietary ∗ *de rechtmatige/wettige ~* the rightful/lawful owner ∗ *van ~verwisselen* change hands

**eigenaardig** bn ❶*merkwaardig* curious, strange, singular ❷*bijzonder* peculiar, odd

**eigenaardigheid** v [-heden] peculiarity

**eigenares** v [-sen], **eigenaresse** [-ses] proprietress, female owner

**eigenbaat** v self-interest, self-seeking

**eigenbelang** o self-interest, personal interest

**eigendom** m & o [-men] ❶*bezit* property *∗in ~ hebben* be in possession of, own ❷*jur* ownership, title *∗een bewijs van ~*a title (deed), proof of ownership *∗horizontaal ~*horizontal ownership

**eigendomsbewijs** o [-wijzen] title deed, proof of ownership, ⟨v. auto⟩ registration papers

**eigendomsrecht** o ❶ownership ❷*jur* proprietary/proprietory rights, title

**eigendunk** m conceit, self-importance, arrogance

**eigengebakken** bn home-made, home-baked

**eigengemaakt** bn home-made

**eigengereid** bn opinionated, self-willed, stubborn

**eigenhandig** bn & bijw ❶*gedaan* with one's own hands, by hand *∗~verwijderen* remove personally ❷*geschreven* in one's own hand *∗~geschreven brieven aan...* letters in ⟨his⟩ own handwriting to... *∗een door de koningin ~geschreven brief* a personally written letter from the queen *∗een ~ geschreven testament* a will written by one's own hand

**eigenheimer** m [-s] ❶*aardappel* named variety of potato ❷*eigenzinnig persoon* stubborn/obstinate person

**eigenliefde** v self-love

**eigenlijk** I bn real, actual, true, proper *∗in ~e betekenis* the true/proper meaning II bijw properly speaking, really, actually *∗wat betekent dit ~?* just what does this mean? *∗wat is hij nu ~?* what is he exactly? *∗wat wil je nu ~?* what are you actually getting at? *∗wie is die vent ~?* who is this fellow, anyway? *∗~niet* not exactly *∗kunnen we dat ~wel tolereren?* can we really/actually tolerate this? *∗daar komt zij ~voor* that's what she's really come for

**eigenmachtig** I bn ❶*op eigen gezag* high-handed, self-willed, self-opiniated ❷*ongeautoriseerd* without authority *∗een ~optreden* ⟨arrogant⟩ a high-handed action; ⟨ongeautoriseerd⟩ an unauthorised action II bijw arbitrarily, self-willed, self-opiniated

**eigennaam** m [-namen] proper noun, proper name

**eigenrichting** v taking the law into one's own hands

**eigenschap** v [-pen] ❶*v. zaken* quality, property ❷*v. personen* quality, skill *∗een goede ~*a good quality, a virtue *∗een karakteristieke ~*a characteristic *∗een waardevolle ~*an asset

**eigentijds** bn contemporary

**eigenwaan** m conceitedness, self-satisfaction

**eigenwaarde** v *∗een gevoel van ~*a sense of one's own worth, self-esteem

**eigenwijs** bn pigheaded, opinionated *∗~zijn* always thinking one knows best, be cocksure

**eigenzinnig** bn self-willed, stubborn, wayward, wilful

**eigenzinnigheid** v wilfulness, obstinacy, inf pigheadedness

**eik** m [-en] oak

**eikel** m [-s] ❶*v. boom* acorn ❷*v.d. penis* glans ❸*onnozel persoon* oaf, vulg dickhead

**eiken** bn oak, oaken

**eikenblad** o [-bladeren, -bladen & -blaren] oak leaf

**eikenboom** m [-bomen] oak tree

**eikenhout** o oak, oak wood

**eikenhouten** bn oak, oaken

**eiland** o [-en] island, isle *∗het ~Wight* the Isle of Wight

**eilandbewoner** m [-s] islander

**eilandengroep** v [-en] group of islands, archipelago

**eileider** m [-s] Fallopian tube

**eind, einde, end** o [einden] ❶*slot, afloop* end, finish, close *∗zijn einde voelen naderen* feel one's end drawing near *∗er komt geen ~aan* there's just no end to it *∗komt er dan geen ~aan?* will we ever see/hear the last of it? *∗er moet een ~aan komen* it must stop *∗hij kwam treurig aan zijn ~*he came to a sad end *∗aan alles komt een ~*all (good) things must come to an end *∗een ~maken aan iets* put an end/stop to sth *∗tot het ~(toe)* till the end *∗tot een goed einde brengen* bring the matter to a favourable ending, bring ⟨things⟩ to a happy conclusion *∗zonder ~*without end, endless(ly) *∗~goed al goed* all's well that ends well ❷*uitslag, resultaat* upshot, conclusion, result *∗het ~van het liedje is...* the upshot is...., the end result is... ❸*laatste gedeelte* close, ending, termination *∗in/op het ~*at last, eventually, in the end *∗het loopt op een ~*things are coming to an end/are drawing to a close *∗het loopt op zijn ~*met hem his end is drawing near *∗tegen het ~*towards the end *∗ten einde brengen* bring to an end/a conclusion *∗ten einde lopen* come to an end, draw to an end/to a close, ⟨v. contract⟩ expire *∗ten einde raad zijn* be at one's wits'/wit's end *∗het ~zal de last dragen* the sting is in the tail ❹*doel, oogmerk* end, purpose *∗te dien einde* to that end, with that end in view, for that purpose ❺*verste punt, uiteinde* end, extremity *∗aan het andere ~van de wereld* at the back of beyond, in the middle of nowhere *∗van alle einden van de wereld* from all corners of the world *∗aan het kortste/langste ~trekken* come off worst/best, get the worst/best of it *∗iets bij het rechte ~hebben* have understood sth correctly *∗het bij het verkeerde ~hebben* be mistaken, be wrong, inf have got hold of the wrong end of the stick ❻*lengte, afstand* distance, way *∗~(weegs)* part of the way *∗het is een heel ~*it is a good distance (off)/a long way *∗maar een klein ~*only a short distance *∗een heel ~komen* come a long way, be nearly there *∗een ~in de 40* well past forty, well over forty years of age *∗een ~over zessen* well over six ⟨o'clock⟩ ❼*overgebleven stuk, eindje* end, piece *∗een ~hout* a piece of wood *∗een ~worst* a piece/bit of sausage

ei

**ei**

▼ *het was het einde!* it was marvellous, super, great!, cool▼ *ze stelen, daar is het~ van weg* they steal so much you just wouldn't believe it

**eindafrekening** *v* [-en] final settlement

**eindbedrag** *o* [-dragen] total, sum total

**eindbestemming** *v* [-en] final destination, ultimate destination

**eindcijfer** *o* [-s] ❶ final figure ❷ onderw final mark ❸ *totaal* grand total

**einddiploma** *o* ['s] (school) leaving certificate, Br ± General Certificate of Education, G.C.E

**einde** *o* [-n] → **eind**

**eindejaarsuitkering** *v* [-en] end of year's dividend, Christmas bonus

**eindelijk** *bijw* finally, at last, ultimately, in the end, at length

**eindeloos I** *bn* ❶ *zonder einde* endless, infinite, interminable ❷ *geweldig* marvellous, super, gorgeous, terrific, cool**II** *bijw* infinitely, without end∗ *~ lang wachten* wait interminably

**einder** *m* [-s] horizon

**eindexamen** *o* [-s] (school) leaving examination, Am final examination, finals∗ *~ doen* take one's final examinations

**eindfase** *v* [-n & -s] ❶ final stage ❷ marketing end/decline/decay stage

**eindig** *bn* finite

**eindigen I** *onoverg* [eindigde, is geëindigd] end, finish, terminate, conclude∗ *~ in* end in∗ *de wedstrijd eindigde in gelijkspel* the match ended in a draw∗ *~ op een k* end in a k∗ sp *hij eindigde als laatste* he came in last, he finished last**II** *overg* [eindigde, h. geëindigd] end, finish, conclude, terminate∗ *zijn toespraak~ met te zeggen* end one's speech by saying that...

**eindje** *o* [-s] ❶ *afstand* distance∗ *een klein~* a short distance, a short way∗ *een~ verder* a little (way) further∗ *ga je een~ mee?* like to come part of the way with me? ❷ *stukje* end, bit, piece∗ *een~ sigaar* a cigar end, a cigar stub, a cigar butt∗ *de~s aan elkaar knopen* make (both) ends meet

**eindklassement** *o* [-en] final classification

**eindlijst** *v* [-en] final list

**eindoordeel** *o* [-delen] ❶ final judgement/Am judgment ❷ *van commissie* conclusion(s)

**eindproduct** *o* [-en] finished product, end product

**eindpunt** *o* [-en] ❶ terminal point, end ❷ v. spoorweg & terminus

**eindrangschikking** *v* [-en] overall standings

**eindredacteur** *m* [-en & -s] ± editor-in-chief, senior editor

**eindredactie** *v* [-s] ❶ v. tekst final editing ❷ afdeling editorial department

**eindrijm** *o* [-en] final rhyme

**eindronde** *v* [-n & -s] last round, final round∗ *zich voor de~ kwalificeren* qualify for the final round/the finals

**eindsignaal** *o* [-nalen] final whistle∗ *het~ geven*

blow the final whistle

**eindspel** *o* [-spelen] schaken end game

**eindsprint**, **eindspurt** *m* [-en & -s] final sprint

**eindstadium** *o* [-dia] final stage

**eindstand** *m* [-en] final score

**eindstation** *o* [-s] terminal station, terminus

**eindstreep** *v* [-strepen] finish(ing) line, finish∗ fig *de~ halen* reach the finish

**eindstrijd** *m* sp finals, final fight, final struggle, final contest

**eindtijd** *m* [-en] finishing time, final result

**einduitslag** *m* [-slagen] (end/final) result

**eindverantwoordelijkheid** *v* final responsibility

**eis** *m* [-en] ❶ *wat verlangt wordt* demand, requirement∗ *de gestelde~en* the requirements∗ *de ~en voor het toelatingsexamen* the requirements of the entrance examination∗ *hogere~en stellen* make higher demands on∗ *aan de gestelde~en voldoen* meet the requirements∗ *naar de~* as required, properly∗ jur *de~ is vier jaar gevangenisstraf* the demand is four years imprisonment ❷ *rechtsvordering* claim∗ *een~ indienen* lodge/submit a claim∗ *iems.~ afwijzen* find against sbd∗ *een~ instellen* institute proceedings ❸ *vonnis* judgement, Am judgment∗ *iem. de~ toewijzen* give judgement in sbd's favour

**eisen** *overg* [eiste, h. geëist] demand, require, claim ∗ *te veel~ van* ask/demand too much from∗ *zij eist te veel van zichzelf* she expects too much of herself ∗ *twintig doden/slachtoffers~* claim twenty casualties

**eisenpakket** *o* [-ten] list of demands

**eiser** *m* [-s], **eiseres** *v* [-sen] ❶ demander, claimer ❷ jur Br claimant, Am plaintiff, prosecutor, prosecutrix∗ *de~ in cassatie* the appellant in cassation proceedings, the cassation appellant

**eisprong** *m* ovulation

**eivol** *bn* crammed, chock-full

**eivormig** *bn* oval-shaped, egg-shaped

**eiwit** *o* [-ten] ❶ v. ei white of egg, albumen ❷ chem protein

**eiwithoudend** *bn* albuminous

**ejaculatie** *m* [-s] ejaculation

**ejaculeren** *onoverg* [ejaculeerde, h. geëjaculeerd] ejaculate

**EK** *o & m* (Europese Kampioenschappen) EC, European Championships

**ekster** *v* [-s] magpie

**eksteroog** *o* [-ogen] corn

**el** *v* [-len] ❶ *oude lengtemaat van 69 cm* ell∗ *een Engelse~* a yard ❷ bijbel cubit

**elan** *o* elan, verve, panache

**eland** *m* [-en] elk, moose

**elandtest** *m* [-s] swerve test ‹to check stability of vehicle›

**elasticiteit** *v* elasticity, springiness

**elastiek** *o* [-en] ❶ *materiaal* elastic ❷ *band* elastic/rubber band

**elastieken** *bn* elastic
**elastiekje** *o* [-s] rubber band, elastic band
**elastisch** *bn* elastic, springy
**elders** *bijw* elsewhere ✳ *naar* ~ (*vertrekken*) (move) somewhere else ✳ *overal* ~ everywhere/anywhere else
**eldorado** *o* ['s] El Dorado
**electoraal** *bn* electoral
**electoraat** *o* [-raten] electorate
**elegant** *bn* elegant, stylish
**elegantie** *v* elegance
**elegie** *v* [-gieën] elegy
**elektra** *o* ➊ *elektriciteit* inf electricity ➋ *artikelen* electric appliances
**elektricien** *m* [-s] electrician
**elektriciteit** *v* electricity
**elektriciteitsbedrijf** *o* [-drijven] electricity company
**elektriciteitscentrale** *v* [-s] power station
**elektriciteitsmast** *m* [-en] pylon
**elektriciteitsnet** *o* [-ten] electricity grid
**elektriciteitsvoorziening** *v* [-en] electricity supply
**elektrisch** *bn* electric
**elektrocardiogram** *o* [-men] electrocardiogram
**elektrocuteren** *overg* [elektrocuteerde, h. geëlektrocuteerd] electrocute
**elektrocutie** *v* electrocution
**elektrode** *v* [-n & -s] electrode
**elektro-encefalogram** *o* [-men] electroencephalogram
**elektrolyse** *v* electrolysis
**elektromagneet** *m* [-neten] electromagnet
**elektromagnetisch** *bn* electromagnetic
**elektromonteur** *m* [-s] electrician
**elektromotor** *m* [-s & -toren] electric motor, electromotor
**elektron** *o* [-tronen] electron
**elektronica** *v* electronics
**elektronisch** *bn* electronic ✳ *een* ~ *boek* an electronic book ✳ *de* ~*e snelweg* the electronic highway
**elektroshock** *m* [-s] med electroshock (therapy), electric shock
**elektrotechnicus** *m* [-ci] electrical engineer
**elektrotechniek** *v* electrical engineering
**element** *o* [-en] ➊ *waar men zich thuisvoelt* element ✳ *in zijn* ~ *zijn* be in one's element ✳ ⟨*weersomstandigheden*⟩ *de* ~*en* the elements ➋ *bestanddeel* element, component ➌ elektr cell
**elementair** *bn* elementary
**elf I** *v* [elfen] *natuurgeest* elf **II** *hoofdtelw* [elven] eleven ✳ sp *de* ~ *van Oranje* the Dutch (football) team
**elfde I** *rangtelw* eleventh ✳ *de* ~ *mei* May the 11th **II** *o* [-n] eleventh (part)
**elfendertigst** *rangtelw* ✳ *op zijn* ~ at a snail's pace
**elft** *m* [-en] shad
**elftal** *o* [-len] ➊ (number of) eleven ➋ sp eleven,

team, side ✳ *het nationaal* ~ the national football team
**eliminatie** *v* [-s] elimination
**elimineren** *overg* [elimineerde, h. geëlimineerd] eliminate
**elitair** *bn* ➊ *snobistisch* elitist ➋ *van de elite* elite
**elite** *v* [-s] élite, pick, flower (of society)
**elixer, elixir** *o* [-s] elixir
**elk** *onbep vnw* ➊ *m.b.t. twee of meer* each ➋ *m.b.t. meer dan twee* every ✳ ~ *mens* everybody, everyone ➌ *welke dan ook* any ✳ *hij kan* ~*e seconde bellen* he could ring any minute now
**elkaar, mekaar** *wederk vnw* each other, one another ✳ *achter* ~ one after another, in succession ✳ *uren achter* ~ for hours (together), for hours on end ✳ *achter* ~ *lopen* file, walk in single/Indian file ✳ ⟨v. geld⟩ *bij* ~ *is het...* together it makes/comes to... ✳ *bij* ~ *pakken/rapen &* gather up ✳ ⟨niet geordend⟩ *door* ~ mixed up, jumbled up ✳ *door* ~ *gebruikt kunnen worden* be interchangeable ✳ *door* ~ *halen* ⟨met elkaar verwarren⟩ mix up, confuse ✳ *door* ~ *raken* get/become mixed up ✳ *door* ~ *roeren* mix ✳ *door* ~ (*genomen*) on an/the average ✳ *door* ~ *liggen* lie in a heap/mixed up ✳ *iem. in* ~ *slaan* beat sbd up ✳ *in* ~ *vallen/storten* collapse, fall to pieces ✳ *in* ~ *zakken* collapse, sag ✳ *in* ~ *zetten* put together, techn assemble ✳ *goed in* ~ *zitten* be well made/well planned/well organized/well set-up ✳ *met* ~ together ✳ *na* ~ the one after the other, after each other ✳ *naast* ~ side by side, four, five, six abreast ✳ *onder* ~ together, amongst themselves ✳ *op* ~ one on top of the other, on top of each other ✳ *met de benen over* ~ (with) legs crossed ✳ *uit* ~ *houden* tell apart ✳ *uit* ~ *vallen* fall to pieces ✳ *van* ~ *gaan* separate; fig drift apart ✳ *voor* ~ *willen ze het niet weten* they (are)..., but they won't show it ✳ *het is voor* ~ it's settled ✳ *iets voor* ~ *krijgen* manage sth
**ellebogenwerk** *o* pushiness, ruthlessness
**elleboog** *m* [-bogen] elbow ✳ *het/ze achter de* ~/*ellebogen hebben* be a slyboots ✳ *de ellebogen vrij hebben* have enough elbow room ✳ *zijn trui is door aan de ellebogen* his jumper has worn through at the elbows
**ellende** *v* misery, miseries, wretchedness
**ellendeling** *m* [-en] wretch, scoundrel
**ellendig I** *bn* miserable, wretched, awful ✳ *zich* ~ *voelen* feel low, feel miserable ✳ *een* ~*e twintig euro* twenty measly euros **II** *bijw* awfully, miserably ✳ *het heeft* ~ *lang geduurd* it went on for an awfully long time
**ellenlang** *bn* ➊ *eig* many yards long ➋ fig drawn-out, long-winded
**ellepijp** *v* [-en] ulna
**ellips** *v* [-en] ➊ ellipse, oval ➋ taalk ellipsis
**elliptisch** *bn* elliptic(al)
**elmsvuur** *o* Saint Elmo's Fire
**elpee** *m* [-s] LP (long-playing record)
**els I** *m* [elzen] plantk alder **II** *v* [elzen] *priem* awl,

bradawl

**El Salvador** *o* (El) Salvador

**Elzas** *m* Alsace

**email** *o* enamel

**e-mail** *m* [-s] e-mail/email

**e-mailadres** *o* [-sen] e-mail address

**e-mailbericht** *o* [-en] e-mail message

**e-mailen** *overg en onoverg* [e-mailde, h. geë-maild] e-mail/email

**emailleren** *overg* [emailleerde, h. geëmailleerd] enamel

**emancipatie** *v* [-s] emancipation, liberation

**emancipatiebeweging** *v* [-en] emancipation movement, liberation movement

**emanciperen** *overg* [emancipeerde, h. geëmancipeerd] emancipate, liberate

**emballage** *v* packing

**emballeren** *overg* [emballeerde, h. geëmballeerd] pack (up)

**embargo** *o* ❶ *handel* embargo, ban ❷ *beslaglegging op schepen* embargo ❸ *publicatieverbod* embargo ✳ *een~ opheffen* lift an embargo/a ban ✳ *een~ opleggen* impose an embargo/a ban ✳ *onder~ leggen* place under embargo, embargo

**embleem** *o* [-blemen] emblem

**embolie** *v* embolism

**embouchure** *v* [-s] ❶ *blaastechniek* embouchure ❷ *mondstuk* mouthpiece

**embryo** *o* ['s] embryo

**embryonaal** *bn* embryonic

**emeritaat** *o* superannuation ✳ *met~ gaan* retire

**emeritus I** *bn* emeritus, former, retired ✳ *een~ hoogleraar* an emeritus professor **II** *m* [-ti] emeritus

**emfatisch** *bn* emphatic

**emfyseem** *o* emphysema

**emigrant** *m* [-en] emigrant

**emigratie** *v* [-s] emigration

**emigreren** *onoverg* [emigreerde, is geëmigreerd] emigrate

**eminent** *bn* eminent

**eminentie** *v* [-s] eminence

**emir** *m* [-s] emir

**emiraat** *o* [-raten] emirate

**emissie** *v* [-s] ❶ *v. aandelen* issue ‹of shares› ✳ *een onderhandse/openbare~* a private/public issue ❷ *uitstoot* nat emission

**emissiekoers** *m* [-en] issue price

**emitteren** *overg* [emitteerde, h. geëmitteerd] issue

**Emmaüsgangers** *zn* [mv] men of Emmaus

**emmentaler** *m soort kaas* Emmental

**emmer** *m* [-s] bucket, pail ✳ *bij~s vol* buckets full ✳ *het geld komt er met~s (vol) binnen* the money's rolling/pouring in

**emmeren** *onoverg* [emmerde, h. geëmmerd] inf yack/yak on

**emoe** *m* [-s] emu

**emolumenten** *zn* [mv] emoluments, fringe benefits

**emoticon** *o* [-s] emoticon

**emotie** *v* [-s] emotion, feeling, ‹opwinding› excitement ✳ *de~s liepen hoog op* feelings were running high ✳ *zij werd door haar~s overmand* her emotions/feelings got the better of her

**emotionaliteit** *v* sensitivity

**emotioneel I** *bn* emotional, sensitive **II** *bijw* emotionally ✳ *een~ geladen sfeer* an emotionally charged atmosphere

**emotioneren** *overg* [emotioneerde, h. geëmotioneerd] move, provoke strong feeling

**empathie** *v* empathy

**empathisch I** *bn* empath(et)ic, able to empathize **II** *bijw* empath(et)ically

**empirestijl** *m* Empire style

**empirisch** *bn* empirical

**empirisme** *o* empiricism

**empirist** *m* [-en] empiricist

**emplacement** *o* [-en] *spoorwegen* railway yard

**emplooi** *o* ❶ *werkkring* employ, employment ✳ *~ vinden* find employment ❷ *gebruik* employment, use ❸ *theat* part, role

**employé** *m* [-s], **employee** *v* [-s] employee

**EMU** *v* (Europese Monetaire Unie) EMU, European Monetary Union

**emulgator** *m* [-s] emulsifier

**emulgeren** *overg* [emulgeerde, h. geëmulgeerd] emulsify

**emulsie** *v* [-s] emulsion

**en** *voegw* and ✳ *en..., en...* both... and... ✳ *...~ zo* and such, and the like, and all that ✳ *~ nu is het genoeg!* now that's enough! ✳ *twee~ twee is vier* two plus two makes four ✳ *hij moest afwassen~ dat wou hij niet* he had to do the dishes but he didn't want to ✳ *nou~?* so what?

**en bloc** *bijw* ❶ *met zijn allen tegelijk* en bloc, in a body ❷ *in zijn geheel* lock, stock and barrel, in its/their entirety

**encadreren** *overg* [encadreerde, h. geëncadreerd] ❶ *omlijsten* frame ❷ *insluiten* close in ❸ *mil* set in ranks ‹a battalion›, enroll ‹recruits›

**encanailleren** *wederk* [encanailleerde, h. geëncanailleerd] ✳ *zich~* keep low company

**enclave** *v* [-s] enclave

**encycliek** *v* [-en] encyclical (letter)

**encyclopedie** *v* [-dieën] encyclop(a)edia

**encyclopedisch** *bn* encyclop(a)edic

**end** *o* [-en] →**eind**

**endeldarm** *m* [-en] rectum

**endemie** *v* [-mieën] endemic

**endemisch** *bn* endemic

**en détail** *bijw* retail ✳ *verkoop~* sale at the retail price

**endocrien** *bn* endocrine

**endocrinologie** *v* endocrinology

**endocrinoloog** *m* [-logen] endocrinologist

**endogeen** *bn* endogenous, endogenetic

**endorfine** *v* endorphin

**endossement** *o* [-en] endorsement, <u>Am</u>

indorsement ✱ *een* ~ *in blanco* a blank endorsement, an endorsement in blank
**endosseren** *overg* [endosseerde, h. geëndosseerd] endorse
**enenmale** *bijw* ✱ *ten* ~ entirely, wholly, utterly, totally, completely
**energetica** *v* in wetenschap energetics
**energetisch** *bn* energetic
**energie** *v* [-gieën] ❶ *lichamelijke en geestelijke kracht* energy ✱ *zij loopt over van* ~ she's bursting with energy ❷ *uit kolen, water &* energy, power
**energiebedrijf** *o* [-drijven] electricity company, power company
**energiebesparend** *bn* energy-saving, low-energy
**energiebesparing** *v* energy saving
**energiebron** *v* [-nen] source of power, power source
**energiecentrale** *v* [-s] power station, power plant, power house
**energiek** *bn* energetic
**energieverbruik** *o* energy consumption, energy use, power consumption
**enerverend** *bn* exciting
**enerzijds** *bijw* on the one side
**en face** *bijw* ❶ *v. voren gezien* full face ✱ *een portret* ~ a full face portrait ❷ *tegenover* facing, directly opposite
**enfant terrible** *o* enfant terrible
**enfin** *tsw* in short... ✱ ~! well, ... ✱ *maar* ~ anyhow, anyway, but there
**eng** *bn* ❶ *griezelig* creepy, eerie, weird, uncanny ✱ *ik word er helemaal* ~ *van* it gives me the creeps/horrors ❷ *nauw* narrow ✱ *in* ~*ere zin* in a restricted sense, more specifically ❸ *strak* tight
**engagement** *o* ❶ *verbintenis* commitment, agreement ❷ *sociaal, politiek* commitment ❸ *verloving* engagement, betrothal
**engageren I** *overg* [engageerde, h. geëngageerd] *in dienst nemen* engage **II** *wederk* [engageerde, h. geëngageerd] ✱ *zich* ~ ⟨zich verloven⟩ become engaged; ⟨een verbintenis aangaan⟩ take on; ⟨sociaal, politiek⟩ contract, take on
**engel** *m* [-en] angel ✱ *mijn reddende* ~ my guardian angel
**engelachtig** *bn* angelic
**Engeland** *o* England
**engelbewaarder** *m* [-s] guardian angel
**engelenbak** *m* [-ken] gallery
**engelengeduld** *o* angelic patience
**engelenhaar** *o voor de kerstboom* angel hair
**Engels I** *bn* English, ⟨in samenst.⟩ Anglo ⟨Dutch trade⟩ ✱ *de* ~*e Kerk* the Anglican Church, the Church of England ✱ *een* ~*e sleutel* a monkey wrench, an adjustable spanner ✱ *de* ~*e ziekte* rachitis, rickets ✱ ~ *zout* Epsom salt(s) **II** *o* English ✱ *algemeen beschaafd* ~ ⟨in Groot-Brittannië⟩ ± Received Pronunciation, Standard English; ⟨in de VS⟩ ± Standard American
**Engelse** *v* [-n] Englishwoman ✱ *zij is een* ~ she's an Englishwoman, she's from England, she's English

**Engelsgezind** *bn* Anglophile
**Engelsman** *m* [Engelsen] Englishman ✱ *de Engelsen* the English
**Engelstalig** *bn* ❶ *Engels sprekend* English-speaking ⟨countries, South Africans⟩ ❷ *in het Engels* English-language ⟨churches, press⟩
**engeltje** *o* [-s] (little) angel, cherub ✱ *het is alsof er een* ~ *op je tong piest* it's divine
**engerd** *m* [-s] horrible fellow, inf creep
**en gros** *bijw* handel wholesale ✱ ~ *verkopen* sell in bulk
**en-groshandel** *m* [-s] ❶ *koop en verkoop* wholesale, buying and selling ❷ *zaak* wholesale shop/business
**engte** *v* [-n & -s] ❶ *alg.* narrow passage ❷ *zee-engte* strait ❸ *bergpas* defile ❹ *'t eng zijn* narrowness
**enig I** *bn* ❶ *waarvan één* only, sole ⟨heir⟩, single ⟨instance⟩, unique ✱ *een* ~ *kind* an only child ✱ *het is* ~ *in zijn soort* (of its kind) it is unique ✱ *de* ~*e die...* the one man who..., the only one to... ✱ *het* ~*e dat hij zei* the only thing he said ❷ *kostelijk* great, fantastic, unique, inf cool ✱ *een* ~*e vent* a great guy, inf a cool guy ✱ *dat vaasje is* ~*!* what a fantastic vase! ✱ *dat/die is* ~ that's a good one ✱ *het was* ~*!* it was just fantastic! **II** *onbep vnw* ❶ *in bevestigende zinnen* some ✱ ~*e bladzijden* a few pages ✱ ~*en van hun* some of them ❷ *in ontkenningen of vragen* any ✱ *heb je* ~ *idee...* have you any idea? ✱ *zonder* ~*e reden* without any reason at all **III** *bijw* simply ✱ ~ *en alleen omdat...* purely and simply because
**enigerlei** *bn* any, of some sort
**enigermate** *bijw* in a measure, in some degree, to some extent
**eniggeboren** *bn* only-begotten
**enigma** *v* [-ta, 's] enigma
**enigszins** *bijw* somewhat, a little, slightly, rather ✱ *als u ook maar* ~ *moe bent* if you are at all tired ✱ *indien* ~ *mogelijk* if at all possible ✱ *zo gauw ik maar* ~ *kan* as soon as I possibly can ✱ *alle* ~ *belangrijke mensen* anybody of any importance
**enjambement** *o* enjambement
**enkel I** *m* [-s] *lichaamsdeel* ankle ✱ *tot aan de* ~*s* up to the ankles, ankle-deep; ⟨van rok e.d.⟩ ankle-length **II** *bn slechts één* single ✱ *een kaartje* ~*e reis* a single (ticket), Am a one-way ticket **III** *onbep vnw* ❶ *nu en dan voorkomend* occasional ✱ *een* ~*e keer* once in a while, occasionally ✱ *een* ~*e vergissing* an occasional mistake ✱ *een* ~ *woord* just a word, a word or two ❷ *met ontkenning* (not) a single ✱ *geen* ~*e kans* not a single chance, no chance at all ✱ *geen* ~ *gevaar* not the slightest danger ✱ *op geen* ~*e manier* in no way ❸ *enige met mv.* a few ✱ *in* ~*e dagen* in a few days ✱ ~*e boeken* (uren &) a few books (hours &) **IV** *bijw* only, merely, just ✱ *dat is* ~ *verbeelding* that's just imagination
**enkelband** *m* [-en] anat ankle ligament
**enkeling** *m* [-en] individual
**enkelspel** *o* [-spelen] sp single ✱ *dames/heren* ~ ladies'/men's singles

**en**

**enkelspoor** *o* [-sporen] single track
**enkeltje** *o* [-s] *enkele reis* single (ticket), Am one-way ticket
**enkelvoud** *o* [-en] singular (number) * *in het* ~ in the singular
**enkelvoudig** *bn* ❶ *alg.* singular * *jur een* ~*e kamer* a single chamber/a judge ❷ *taalk* simple
**en masse** *bijw* en masse * *ze gingen* ~ *naar het strand* they went ~/in their masses to the beach
**enorm I** *bn* enormous, huge, immense, tremendous **II** *bijw* in zeer hevige mate extremely * *we hebben* ~ *genoten* we enjoyed ourselves enormously
**enormiteit** *v* [-en] ❶ *'t enorm-zijn, enorm ding* enormity, enormousness ❷ *blunder* huge blunder * ~*en debiteren* put one's foot in one's mouth * ~*en verkondigen* make shocking remarks, say the most awful things
**en passant** *bijw* by the way, in passing
**en petit comité** *bijw* en petit comité
**en plein public** *bijw* in public, publicly
**en profil** *bijw* in profile
**enquête** *v* [-s] ❶ *ondervraging van groot aantal personen* poll, survey * *onder automobilisten een* ~ *houden naar alcoholgebruik* survey the alcohol consumption of drivers ❷ *door het parlement* inquiry, investigation * *een parlementaire* ~ a parliamentary inquiry * *het recht van* ~ the right of inquiry ❸ *gerechtelijk onderzoek* judicial examination, ⟨getuigenverhoor in burgerlijke zaken⟩ examination/hearing of witnesses, ⟨onderzoek naar beleid van NV⟩ inquiry (into the affairs of a company)
**enquêtecommissie** *v* [-s] *van het parlement* investigative committee, fact-finding committee, parliamentary committee of inquiry
**enquêteren** *onoverg* [enquêteerde, h. geënquêteerd] *een groot aantal mensen ondervragen* poll, survey
**enquêteur** *m* [-s], **enquêtrice** *v* [-s] pollster
**ensceneren** *overg* [ensceneerde, h. geënsceneerd] stage
**enscenering** *v* [-en] ❶ *abstract* staging ❷ *concreet* setting
**ensemble** *o* [-s] ❶ *toneel/muziek gezelschap* ensemble, company ❷ *kostuum* ensemble, outfit
**ent** *v* [-en] graft (on/into)
**entameren** *overg* [entameerde, h. geëntameerd] ❶ *aansnijden* broach ⟨a subject⟩ ❷ *beginnen* start on, begin, address oneself to ⟨a task⟩
**enten** *overg* [entte, h. geënt] graft * *fig geënt op* based upon, derived from
**enteren** *overg* [enterde, h. geënterd] board
**enterhaak** *m* [-haken] grappling iron/hook
**entertainen** *overg* [entertainde, h. geëntertaind] entertain
**entertainer** *m* [-s] entertainer
**entertainment** *o* entertainment
**entertoets** *m* [-en] *op toetsenbord* enter key, return key
**enthousiasme** *o* enthusiasm, warmth
**enthousiasmeren** *overg* [enthousiasmeerde, h. geënthousiasmeerd] enthuse, make enthusiastic
**enthousiast I** *bn* enthusiastic **II** *m* [-en] enthusiast
**enthousiasteling** *m* [-en] enthusiast, fanatic, buff
**entiteit** *v* [-en] entity
**entomologie** *v* entomology
**entourage** *v* [-s] entourage, surroundings, environment
**entr'acte** *v* [-s & -n] entr'acte, interval, interlude
**entrecote** *v* [-s] entrecôte, Am prime rib
**entree** *v* [-s] ❶ *ingang* entrance, (entrance) hall ❷ *binnentreden* entrance, ⟨ceremonial⟩ entry * *zijn* ~ *maken* make one's entrance, come in ❸ *toelating* entrance, admittance, admission * *vrij* ~ admission free ❹ *toelatingsprijs* entrance fee ⟨to a club⟩, admission ⟨to a theatre⟩, sp gate money ⟨received at football match⟩ * ~ *betalen* pay for admission ❺ *schotel* entrée
**entreegeld** *o* [-en], **entreeprijs** *m* [-prijzen] ❶ *te betalen* admission charge/fee ❷ *ontvangen* (box office) takings, ⟨van stadion⟩ gate money
**entrepot** *o* [-s] bonded warehouse, customs warehouse * *een fictief* ~ an unbonded warehouse * *in* ~ *opslaan* bond ⟨goods⟩, place goods in bond * *jur opgeslagen in* ~ in bond
**entropie** *v* entropy
**entstof** *v* [-fen] vaccine, serum
**envelop, enveloppe** *v* [-loppen] envelope
**enzovoort, enzovoorts** *bijw* etcetera, and so on, and so forth
**enzym** *o* [-en] enzyme
**eon** *m* [-en] ❶ *geol* eon ❷ *eeuwigheid* eon
**epaulet** *v* [-ten] mil epaulet(te)
**epicentrum** *o* [-tra & -trums] epicentre
**epicurist** *m* [-en] epicure, epicurean
**epidemie** *v* [-mieën] epidemic
**epidemisch** *bn* epidemic * *overgewicht neemt* ~*e vormen aan* obesity is assuming epidemic proportions
**epiek** *v* epic poetry
**epifyse** *v* [-n, -s] epiphysis
**epigoon** *m* [-gonen] epigone
**epigram** *o* [-men] epigram
**epilepsie** *v* epilepsy
**epilepticus** *m* [-ci] epileptic
**epileptisch** *bn* epileptic
**epileren** *overg* [epileerde, h. geëpileerd] depilate
**epiloog** *m* [-logen] epilogue
**episch** *bn* epic
**episcopaal I** *bn* episcopal * *de Episcopale Kerk* the Church of England, ⟨in Schotland en de VS⟩ the Anglican Church **II** *m* [-palen] episcopalian, ⟨lid v. kerk⟩ Episcopalian
**episcopaat** *o* episcopacy
**episode** *v* [-n & -s] episode * *een korte* ~ a short period

**epistel** *o & m* [-s] epistle, missive
**epitaaf** *m* [-tafen] epitaph
**epitheel** *o* epithelium
**epo** *v* EPO (erythropoietin)
**eponiem** *o* [-en] eponym
**epos** *o* [epen & epossen] epic, epic poem, epos
**equator** *m* equator
**equatoriaal** *bn* equatorial
**Equatoriaal-Guinee** *o* Equatorial Guinea
**equipage** *v* [-s] ❶ *rijtuig* carriage ❷ *scheepv* crew
**equipe** *v* [-s] *sp* team, side
**equivalent** *o* [-en] equivalent
**er** *bijw & vnw* there * ~ *staan veel bomen* there are a lot of trees * ~ *wordt geklopt* there's someone at the door * *ik ben* ~ *nog niet geweest* I haven't been there yet * *we zijn* ~ ‹aankomen› here we are; ‹succes hebben› we've made it * ~ *komt niemand* nobody is coming * ~ *gebeurt nooit iets* nothing ever happens * *wat is* ~? what's the matter?, what is it? * *is* ~ *iets?* what's wrong?, is anything the matter? * ~ *zijn* ~ *die nooit...* there are people who never... * *hoeveel heb je* ~ how many have you got? * *ik heb* ~ *nog twee* I still have two left * *ik ken* ~ *zo'n stuk of tien* I know about ten of them
**eraan** *bijw vastzittend aan* on (it), attached (to it) * *een kapstok met jassen* ~ a rack with coats (hanging) on it ▼ *ik kom* ~ I'm coming, I'm on my way ▼ *hoe kom je* ~? how did you get (hold of) that? ▼ *wat heb je* ~? what good will it do you? ▼ ‹gaat sterven› *hij gaat* ~ he's had it, his time/number is up ▼ *het record gaat* ~ the record is about to be broken ▼ *hij moest* ~ *geloven* he was in for it
**erachter** *bijw* behind (it/them) * ~ *komen* ‹ontdekken› find out; ‹beseffen› realize * ~ *zijn* have got it
**eraf** *bijw* off * ~ *halen* take it off * *de knoop is* ~ the button is missing * *de aardigheid is* ~ it's no fun anymore * *het nieuwe is* ~ it's old hat
**erbarmelijk** *bn* pitiful, miserable, wretched
**erbarmen** **I** *o* compassion, pity, mercy * ~ *hebben (met)* have pity on, sympathize with **II** *wederk* [erbarmde, h. erbarmd] * *zich* ~ *over* have pity/mercy on, be sympathetic to
**erbij** *bijw behorend bij* with (it), included (with it) * *een encyclopedie met een atlas* ~ an encyclopedia that includes an atlas * *hoort dat* ~? is that part of it?, does that belong to it? ▼ ‹aanwezig› *zij is* ~ she's present, she's there ▼ ‹zonder aandacht› *hij is er niet bij* he's not listening ‹to what I'm saying›, he is not paying attention ‹to his work› ▼ ‹betrapt› *je bent* ~! now you're in for it!, now you're going to get it!, now I've got you! ▼ *zonder mij was je* ~ *geweest* without me you'd have been a goner ▼ *hij kan er niet bij* ‹niet kunnen pakken› he can't reach it; ‹niet begrijpen› he doesn't get it ▼ *ik blijf* ~ *dat...* I (still) maintain that... ▼ *hoe kom je* ~? how on earth did you come up with that?
**erboven** *bijw boven het genoemde* above, over (it)

* *een winkel met een woning* ~ a shop with living quarters upstairs * *die kritiek hindert hem niet, hij staat* ~ the criticism doesn't bother him, he's above all that * *haar naam staat* ~ her name is at the top
**erbovenop** *bijw* on top * ~ *zijn* be on top
**erdoor** *bijw door het genoemde heen* through (it) * *hij zette zijn bril op en bekeek ons* ~ he put on his glasses and looked at us * ‹geslaagd› *zij is* ~ she's passed, she's made it * *de wet is* ~ the law has been passed/has made it ‹through Parliament›
**erdoorheen** *bijw* through * *zich* ~ *slaan* get through sth * *iem.* ~ *slepen* pull sbd through
**ere** *v* → **eer**
**ereambt** *o* [-en], **erebaantje** [-s] honorary post (office)
**erebegraafplaats** *v* [-en] memorial cemetery
**ereburger** *m* [-s] *in Engeland* freeman ‹of the city›, ‹elders› honorary citizen
**erecode** *m* [-s] code of honour/Am honor
**erectie** *v* [-s] erection
**eredienst** *m* [-en] service * *de* ~ *bijwonen* attend services
**eredivisie** *v* [-s] *sp* first division
**eredoctoraat** *o* [-raten] honorary degree, honorary doctorate
**eregast** *m* [-en] guest of honour/Am honor
**erehaag** *v* [-hagen] arch of honour/Am honor, arch of swords
**erelid** *o* [-leden] honorary member
**eremetaal** *o* medal of honour/Am honor
**eren** *overg* [eerde, h. geëerd] honour/Am honor, revere, do credit to, commemorate ‹the dead›
**ereplaats** *v* [-en] place of honour/Am honor
**erepodium** *o* [-s & -dia] victory platform, podium
**ereprijs** *m* [-prijzen] ❶ *onderscheiding* prize ❷ *plantk* speedwell, veronica
**ereronde** *v* [-n & -s] *sp* lap of honour/Am honor
**ereschuld** *v* [-en] debt of honour/Am honor
**eretitel** *m* [-s] title of honour/Am honor, honorary title
**eretribune** *v* [-s] seats for honoured guests, VIP places
**erevoorzitter** *m* [-s] honorary president
**erewacht** *v* [-en] guard of honour/Am honor
**erewoord** *o* [-en] word of honour/Am honor * *op mijn* ~ upon my word, on my word of honour
**erf** *o* [erven] ❶ *grond* grounds, premises ❷ *v. boerderij* (farm)yard
**erfdeel** *o* [-delen] portion, heritage * *zijn* ~ *krijgen* come into one's inheritance * *het cultureel* ~ *van de Maori's* the Maori cultural heritage
**erfelijk** *bn* ❶ *v. goederen* hereditary ❷ *biol* hereditary, inherited * ~e *eigenschappen* inherited characteristics/properties * ~ *belast zijn* have ‹a disease› run in the family, be a victim of an inherited condition, carry a certain gene * *een* ~e *ziekte* a hereditary illness, an illness running in the family ❸ *med* congenital

**er**

**erfelijkheid** *v* heredity
**erfelijkheidsleer** *v* genetics
**erfenis** *v* [-sen] inheritance, heritage, legacy ⟨of the past, of the war⟩, estate * *een ~ krijgen* be left an inheritance/a legacy
**erfgenaam** *m* [-namen] heir(ess), beneficiary, legatee, successor * *de natuurlijke ~* the next in line * *een rechtmatige ~* a legitimate heir, a lawful heir * *een wettelijk ~* a lawful/legal/rightful heir * *een wettig ~* a legal heir * *zonder ~* heirless * *de ~ van de troon* the next in line to the throne
**erfgoed** *o* [-eren] ❶ inheritance, estate, legacy, bequest * *zijn vaderlijk ~* one's patrimony ❷ *v. natie* heritage * *het vaderlijk ~* our national heritage
**erflater** *m* [-s] testator, deceased, *Am jur* decedent
**erfopvolging** *v* [-en] succession * *jur ~ bij versterf* intestate succession, intestacy
**erfpacht** *v* [-en] ❶ *de verbintenis* long-term lease * *in ~* on long(-term) lease, leasehold * *jur eeuwigdurende ~* a perpetual leasehold ❷ *het geld* ground rent
**erfrecht** *o* ❶ *wetsbepalingen* law of inheritance/succession ❷ *het recht om te erven* right of inheritance/succession
**erfstuk** *o* [-ken] (family) heirloom
**erfzonde** *v* rel original sin, fig family trait, family weakness
**erg I** *bn* bad * *vind je het ~ als ik niet kom?* do you mind if I don't come? * *ik vind het helemaal niet ~* it doesn't matter at all, I don't mind at all * *zo ~ is het niet* it's not as bad as all that * *wat ~ voor je!* I'm really sorry for you! * *in het ~ste geval* if the worst comes to the worst * *op het ~ste voorbereid* prepared for the worst **II** *bijw* ❶ *badly* * *vind je het ~ als...?* do you mind if...? ❷ versterkend badly, very, very much, sorely ⟨needed⟩, severely ⟨felt⟩ * *ik heb het ~ nodig* I need it very badly * *hij is er ~ op gesteld* he's very fond of it * *het te ~ maken* make things worse * *ik heb ~ gelachen* I really had to laugh * *lekker! niet ~* tasty? not much/very **III** *o* * *voor ik er ~ in had* before I was aware of it, before I knew where I was * *hij had er geen ~ in* he wasn't aware of any harm * *hij deed het zonder ~* he did it quite unintentionally
**ergens** *bijw* ❶ *plaats* somewhere, anyway * *zo ~* if anywhere ❷ *in enig opzicht* somehow, in any way * *~ vind ik* I think somehow * *~ herinnert het aan...* it's somehow reminiscent of...
**erger I** *bn* worse * *al ~ worse and worse * *~ worden* get worse * *om ~ te voorkomen* to prevent anything worse from happening * *wat ~ is* what's worse **II** *bijw* * *~ nog* even worse * *des te ~* worse than that
**ergeren I** *overg* [ergerde, h. geërgerd] ❶ *irriteren* annoy, irritate, inf peeve * *het ergert mij* it annoys/bothers me * *anderen ~* make a nuisance of oneself ❷ *aanstoot geven* scandalize, bijbel offend **II** *wederk* [ergerde, h. geërgerd] * *zich ~* be/become

annoyed ⟨about sth⟩ ., take offence ⟨at sth⟩, be indignant ⟨with sbd⟩ * *zich ~ over/aan iets* be annoyed at/about sth * *ik erger mij aan haar* she annoys me * *dat is om je dood te ~* it's enough to drive you mad
**ergerlijk** *bn* ❶ *irritant* annoying, irritating, inf aggravating ❷ *aanstootgevend* offensive, shocking, scandalous
**ergernis** *v* [-sen] ❶ *irritatie* annoyance, nuisance, irritation, inf aggravation * *tot mijn grote ~* to my great annoyance * *hij is een ~* he's a nuisance ❷ *sterker* anger ❸ *aanstoot* offence, scandal
**ergonomie** *v* ergonomics
**ergonomisch** *bn* ergonomic
**ergotherapeut** *m* [-en] occupational therapist
**ergotherapie** *v* occupational therapy
**erheen** *bijw* there, to it * *~ brengen* bring it there * *~ gaan* go there * *op de weg ~* on the way there
**erin** *bijw* in het genoemde in, into (it) * *een doos met een taart ~* a box with a cake inside/in it * *staat het ~?* is it inside? * *het zit ~ dat hij...* he'll probably... * ⟨van het lachen⟩ *~ blijven* die laughing * *~ lopen* ⟨gefopt worden⟩ walk right into it, fall for it * *iem. ~ laten lopen* set sbd up * *iem. ~ luizen* take sbd for a ride
**Eritrea** *o* Eritrea
**erkend** *bn* recognized, acknowledged * *wettelijk ~* recognized by law * *een ~ tegenstander* an acknowledged opponent * *een ~e handelaar* a recognized dealer * *een ~e instelling* an approved institution
**erkennen** *overg* [erkende, h. erkend] ❶ *jur* acknowledge ⟨to be...⟩, recognize ⟨a government⟩ * *een kind ~* recognize a child, acknowledge (paternity of) a child ❷ *toegeven* admit, own, confess, avow
**erkenning** *v* [-en] ❶ *waardering* acknowledg(e)ment, recognition ❷ *inzicht* recognition ❸ *bekentenis* admission
**erkentelijk** *bn* thankful, grateful
**erkentelijkheid** *v* thankfulness, gratitude * *uit ~ voor* out of gratitude for
**erker** *m* [-s] ❶ *vierkant* bay window ❷ *rond* bow window ❸ *aan bovenverdieping* attic window, top floor window
**erlangs** *bijw* past (it), alongside
**ermee** *bijw* met het genoemde with (it) * *hij heeft een potlood gekocht en tekent ~* he bought a pencil and is using it to draw/and is drawing with it * *dat kan ~ door* that will do, that will be fine * *mij kan het niet schelen, je hebt vooral jezelf ~* I don't care, you're the one that will suffer the consequences
**erna** *bijw* na het genoemde after (it), afterwards * *de week ~* the week after, the following week
**ernaar** *bijw* naar het genoemde to, towards, at (it) * *duizenden mensen keken ~* thousands of people looked at it ▼ ⟨uitdagen⟩ *het ~ maken* ask for it
**ernaartoe** *bijw* towards, to

**ernaast** *bijw naast het genoemde* beside, next to, adjoining (it) ✳ *een hoekhuis met een garage* ~ a corner house with an adjoining garage ✳ ⟨abuis zijn⟩ ~ *zitten* be wrong, be wide of the mark
**ernst** *m* earnestness, earnest, seriousness, gravity ✳ *zijn* ~ *bewaren* stay serious ✳ *is het u* ~? are you serious? ✳ *het wordt nu* ~ things are getting serious now ✳ *in* ~ in earnest, earnestly, seriously ✳ *in alle/volle* ~ absolutely seriously ✳ *de* ~ *van de toestand* the seriousness of the situation
**ernstig** I *bn* ❶ *vol ernst* earnest ⟨wish, word⟩, serious ⟨look⟩ ✳ *een* ~ *gezicht* a serious face ✳ *een* ~ *persoon* a serious-minded person ✳ *een* ~*e blik* a pensive/solemn look ✳ *een* ~ *kind* a solemn child ✳ *een* ~ *woord* a serious word ❷ *erg, zwaar* grave ⟨concern, symptom⟩, serious ⟨matter, rival, wound &⟩ ✳ *een* ~*e fout* a grave fault ✳ *een* ~ *ongeluk* a serious accident II *bijw* ❶ *vol ernst* earnestly & ✳ *iets* ~ *opvatten* take sth seriously ❷ *in hoge mate* badly ✳ ~ *gewond/ziek* badly wounded/seriously ill ✳ ~ *in gevaar brengen* put in serious jeopardy
**eroderen** I *overg* [erodeerde, h. geërodeerd] erode II *onoverg* [erodeerde, is geërodeerd] erode
**erogeen** *bn* erogenous, ero(to)genic
**erom** *bijw* ❶ *eromheen* around (it) ✳ *een tuin met een muur* ~ a garden with a wall around it, a garden enclosed/surrounded by a wall ❷ *om, vanwege het genoemde* because of, about ✳ ~ *lachen* laugh about it ✳ ~ *vragen* ask for it ✳ *het* ~ *doen* do it on purpose ✳ *het hangt* ~ that depends, it could go either way ✳ *het gaat* ~ *dat...* the point is that...
**eromheen** *bijw* around it ✳ ~ *draaien* beat about the bush, not come straight to the point
**eronder** *bijw onder het genoemde* under, underneath (it) ✳ *de man zat op een bank en zijn hond lag* ~ the man sat on a bench and his dog lay under(neath) it ✳ *iem.* ~ *houden* keep sbd down ✳ *iem.* ~ *krijgen* beat sbd ✳ ~ *lijden* suffer from it
**eronderdoor** *bijw* go under ✳ ~ *lopen* walk underneath ✳ <u>fig</u> ~ *gaan* go to pieces; ⟨failliet gaan⟩ go bust
**erop** *bijw op het genoemde* on (it) ✳ *ijs met vruchtjes* ~ ice cream topped with fruit ✳ *haar naam staat* ~ *it* has her name on it ✳ *met alles* ~ *en eraan* with the works, with all the trimmings ✳ *het is* ~ *of eronder* it's either sink or swim ▼ ~ *slaan* ⟨op iets slaan⟩ hit it; ⟨vechten⟩ hit out, use fisticuffs ▼ ~ *staan dat...* insist that... ▼ *de week* ~ the next/following week ▼ *de vakantie zit* ~ the holidays are over
**eropaan** *bijw* to, towards ✳ ~ *komen* come to the crunch ✳ ~ *dringen* insist (up)on it
**eropaf** *bijw* to it, after it ✳ ~ *gaan* go after it
**eropna** *bijw* hold ✳ *iets* ~ *houden* keep/have something ✳ *hij houdt er vreemde ideeën op na* he has some strange ideas
**eropuit** *bijw* out to ✳ ~ *gaan* go after sth ✳ ~ *zijn* be after sth ✳ *een dagje* ~ *gaan* go out for the day
**erosie** *v* erosion

**erotiek** *v* eroticism
**erotisch** *bn* erotic
**erotiseren** *overg* [erotiseerde, h. geërotiseerd] eroticize ✳ *macht erotiseert* power is sexy
**erover** *bijw* over, across (it) ✳ *een bed met een sprei* ~ a bed with a bedspread on it ✳ *zij spraken* ~ they talked about it ✳ *wij zijn het* ~ *eens* we agree on that
**eroverheen** *bijw* over it ✳ ~ *zijn* be over it, recovered
**erratum** *o* [-ta] erratum, misprint, printer's error
**ertegen** *bijw* against it ✳ ~ *zijn* be against it ✳ ~ *kunnen* feel up to it, be able to cope with it/to stand it ✳ *ik kan er niet meer tegen* I can't take it any more
**ertegenin** *bijw* against it/ them ✳ ~ *gaan* go against sth
**ertegenop** *bijw* up it ▼ ~ *kunnen* cope with it ▼ ~ *zien* not look forward to sth, be anxious about sth
**ertegenover** *bijw* opposite, opposing
**ertoe** *bijw tot het genoemde* to (it) ✳ *ook deze planten behoren* ~ *these plants belong to it too* ✳ ~ *komen om...* get round to... ✳ *iem.* ~ *brengen om...* get/persuade sbd to... ✳ *wat doet het* ~? what does it matter?
**erts** *o* [-en] ore
**ertussen** *bijw tussen het genoemde* (in) between (it) ✳ *twee sneeën brood met een plak kaas* ~ a cheese sandwich ▼ *iem.* ~ *nemen* pull sbd.'s leg
**ertussendoor** *bijw* in between
**ertussenuit** *bijw* out of it ✳ ~ *gaan*, ~ *trekken* slip off for a while
**erudiet** I *bn* erudite II *m-v* [-en] erudite
**eruditie** *v* erudition
**eruit** *bijw uit het genoemde* from, out (of it) ✳ *het blik viel om en de olie stroomde* ~ the tin fell over and the oil poured out (of it) ✳ *vooruit*, ~! okay, get going! ✳ ⟨oplossen⟩ ~ *komen* work it out ✳ *het was moeilijk, maar ik ben* ~ it was hard, but I got it in the end ✳ ⟨uitgeschakeld zijn⟩ ~ *liggen* be eliminated ✳ ⟨ontslagen worden⟩ ~ *vliegen* get the sack, be out on one's ear ✳ *zijn kosten* ~ *halen* recover the expenses
**eruitzien** *onoverg* [zag eruit, h. eruitgezien] look like ✳ *er goed/slecht uitzien* look good/bad ✳ ~ *als een prinses* look like a princess ✳ *wat ziet het huis eruit!* what a mess this house is in! ✳ *het ziet er goed/slecht voor je uit* things are looking up/bad for you
**eruptie** *v* [-s] eruption
**ervan** *bijw* of it/them, from it/them ✳ *wat hebben we* ~ *geleerd?* what has it taught us?, what have we learnt from it? ✳ *Parijs beschuldigt Londen* ~ *de regels te overtreden* Paris accuses London of not observing the rules ✳ *wat denk je* ~ *en wat verwacht je* ~? what do you think of it and what do you expect from it? ✳ *ICT en de mogelijkheden* ~ *voor het hoger onderwijs* ICT and its possibilities in higher education ✳ *het hele dorp gonst* ~ the whole village is buzzing with it ✳ *hoeveel heb je* ~ *nodig?* ⟨meervoud⟩ how many of them do you need?; ⟨enkelvoud⟩ how much of it do you need? ✳ *het dubbele* ~ twice as much/many ✳ *ik*

er

ben~ *overtuigd* I'm convinced of it✳ *het is best lekker als je~ houdt* it tastes quite nice if you like that sort of thing

**ervandaan** *bijw* from it, away✳~ *zijn* away from there (here)✳~ *blijven* stay away

**ervandoor** *bijw* ✳~ *gaan* bolt, take to one's heels, run away✳ *de paarden gingen~* the horses ran away/bolted✳ *ik ga~* I'm off✳ *ik moet~* I must be off

**ervanlangs** *bijw* ✳ *iem.~ geven* give sbd what for

**ervantussen** *bijw* be off✳~ *gaan* go off

**ervaren I** *overg* [ervaarde *of* ervoer, h. ervaren] ❶ *ondervinden* experience✳ *zij heeft het als pijnlijk~* she found it a painful experience ❷ *gewaarworden* perceive ❸ *vernemen* learn**II** *bn* experienced, expert, skilled, practised ‹in...›✳ *een~ chauffeur* an experienced chauffeur

**ervaring** *v* [-en] experience✳~ *opdoen* gain experience✳ *opgedane~* previous experience✳ *door ~ leren* learn by experience✳ *uit eigen~* from one's own experience✳ *een~ rijker* an experience gained ✳ *de~ leert dat...* experience teaches us that...

**ervaringsdeskundige** *m-v* [-n] experience expert

**erven I** *overg* [erfde, h. geërfd] inherit**II** *onoverg* [erfde, h. geërfd] come into money**III** *zn* [mv] heirs✳ *de~ Holley* the Holley heirs

**ervoor** *bijw* ❶ *zich bevindend voor het genoemde* in front (of it)✳ *een kasteel met een vijver~* a castle fronted by a pond ❷ *voorafgaande aan het genoemde* before (it)✳ *dat was jaren~* that was years before ❸ *ten behoeve van* for it✳ *wat krijg ik~?* what can I get for it?, how much is it worth?✳ ‹stemde in› *iedereen was~* everyone was in favour of it, they were all for it✳~ *zorgen dat...* make sure that..., see to it that...

**erwt** *v* [-en] pea✳ *grauwe~en* yellow/split peas ✳ *groene~en* garden/green peas

**erwtensoep** *v* (thick) pea soup

**es I** *v* [-sen] muz E flat**II** *m* [-sen] ❶ *boom* ash ❷ *akkerland* arable land, former common land

**escalatie** *v* escalation

**escaleren** *overg en onoverg* [escaleerde, h. en is geëscaleerd] escalate

**escapade** *v* [-s] escapade, adventurous prank

**escapetoets** *m* [-en] comput escape key

**escapisme** *o* escapism

**escargots** *zn* [mv] cul escargots, snails

**escort** *m-v* [-s] escort

**escortboy** *m* [-s] male escort

**escortbureau** *o* [-s] escort bureau

**escorte** *o* [-s] escort

**escorteren** *overg* [escorteerde, h. geëscorteerd] escort

**escortgirl** *v* [-s] female escort

**esculaap** *m* [-lapen] *symbool* Aesculapian staff, staff of Aesculapius

**esdoorn**, **esdoren** *m* [-s] maple (tree)

**eskader** *o* [-s] squadron

**eskadron** *o* [-s] squadron

**eskimo** *m* ['s] Eskimo

**esoterisch** *bn* esoteric

**esp** *m* [-en] aspen

**Esperanto** *o* Esperanto

**esplanade** *v* [-s] esplanade

**espresso** *m* ['s] *koffie* espresso, expresso

**espressoapparaat** *o* [-raten] espresso machine

**esprit** *m* spirit, mentality✳~ *de corps* team spirit, corporate spirit

**essay** *o* [-s] essay

**essayeren** *overg* [essayeerde, h. geëssayeerd] assay

**essayist** *m* [-en] essayist

**essence** *v* [-s & -n] essence

**essenhout** *o* ash (wood)✳ *van~* (made from) ash

**essentie** *v* substance, essence

**essentieel** *bn* essential✳ *het essentiële* what is essential, the quintessence, the gist ‹of the matter›

**Est** *m* [-en], **Estlander** [-s] Estonian

**establishment** *m & o* establishment

**estafette** *v* [-n & -s], **estafetteloop** *m* [-lopen] *wedstrijd* relay race

**estafetteploeg** *v* [-en] relay team

**estheet** *m* [-theten] aesthete, Am esthete

**esthetica**, **esthetiek** *v* aesthetics, Am esthetics

**estheticus** *m* [-ci] aesthetician, Am esthetician

**esthetisch** *bn* aesthetic, Am esthetic

**Estisch**, **Ests**, **Estlands I** *bn* Estonian**II** *o taal* Estonian

**Estische**, **Estlandse** *v* [-n] Estonian✳ *ze is een~* she's an Estonian, she's from Estonia

**Estland** *o* Estonia

**etablissement** *o* [-en] establishment

**etage** *v* [-s] floor, stor(e)y✳ *de eerste~* the first floor, Am the second floor✳ *de bovenste~* the top floor ✳ *de onderste~* the ground floor

---

**etage**

Er is verschil in het benoemen van de verdiepingen tussen Brits en Amerikaans Engels:

de benedenverdieping is **the ground floor** (Brits) of **the first floor** (Amerikaans);

de eerste etage is **the first floor** (Brits) of the **second floor** (Amerikaans).

Australisch Engels volgt het Britse gebruik.

---

**etagère** *v* [-s] whatnot, bracket

**etagewoning** *v* [-en] flat

**etalage** *v* [-s]❶ *het raam, de ruimte* shop window, show window✳~*s kijken* window-shop ❷ *het uitgestalde* display

**etalagepop** *v* [-pen] (window) dummy

**etalageruit** *v* [-en] shop window

**etaleren** *overg* [etaleerde, h. geëtaleerd] display, show off

**etaleur** *m* [-s] window dresser

**etappe** *v* [-n en -s] ❶ *traject tussen twee punten* stage, leg✳ *in (korte)~s* by (easy) stages✳ *in twee~s* in two

stages ❷ sp stage ❸ mil supply depot
**etappezege** v [-s] stage, victory lap
**etc., etcetera** bijw etc., &, and so on
**eten I** overg [at, h. gegeten] eat * ik heb vandaag nog
niets gegeten I haven't eaten today * wat ~ we
vandaag? what's for dinner today? * zich ziek ~ be a
glutton **II** onoverg [at, h. gegeten] ❶ eat ❷ een
maaltijd gebruiken have dinner, dine * eet smakelijk
enjoy your meal * lekker gegeten? (did you) enjoy
your meal? * blijven ~ stay for dinner * je moet
komen ~ you must come and eat, you must have
dinner with us * kom je bij ons ~? would you like to
have dinner with us? * bij iem. ~ have dinner at
sbd's place * iem. uit ~ nemen take sbd out to dinner
**III** o ❶ voedsel food * hij laat er ~ en drinken voor
staan it's meat and drink to him ❷ maaltijd dinner
* warm ~ a hot meal, dinner * het ~ staat op tafel
dinner is on the table/is served/is ready
* voor/onder/na het ~ before/during/after dinner
* zonder ~ naar bed gaan go to bed without supper
* het ~ maken cook dinner * iem. te ~ vragen invite
sbd to dinner
**etenslucht** v [-en] smell of food, smell of cooking
**etensresten** zn [mv] leftovers
**etenstijd** m [-en] dinnertime, mealtime
**etenswaar** v [-waren] food, provisions
**etentje** o [-s] dinner, small dinner party
**eter** m [-s] ❶ die eet eater * hij is een flinke ~ he has a
big appetite ❷ die komt eten diner * we hebben tien
~s vandaag there'll be ten for dinner today
**eterniet** o asbestos cement * van ~ eternite
**ethaan** o ethane
**ethanol** o ethanol
**ether** m [-s] ❶ vloeistof & lucht ether ❷ RTV air
* door/in/uit de ~ over/on/off the air
**etherisch** bn ethereal
**etherreclame** v radio/television commercials
**ethica, ethiek** v ethics
**ethicus** m [-ci] ethicist
**Ethiopië** o Ethiopia
**Ethiopiër** m [-s] Ethiopian
**Ethiopisch** bn Ethiopian
**Ethiopische** v [-n] Ethiopian * ze is een ~ she's an
Ethiopian, she's from Ethiopia
**ethisch** bn ethical
**ethologie** v ethology
**ethyl** o ethyl
**etiket** o [-ten] label * iem. een ~ opplakken stick a
label on sbd
**etiketteren** overg [etiketteerde, h. geëtiketteerd]
label
**etiquette** v etiquette * volgens de ~ according to
etiquette
**etmaal** o [-malen] 24-hour period
**etniciteit** v ethnicity
**etnisch I** bn ethnic * ~e minderheden ethnic
minorities **II** bijw ethnically
**etnografie** v ethnography

**etnologie** v ethnology
**ets** v [-en] etching
**etsen** overg [etste, h. geëtst] etch
**ettelijke** telw a number of, innumerable * ~ malen
many times
**etter I** m pus pus, matter, purulent discharge **II** m
[-s], **etterbak** [-ken] vervelend persoon inf nuisance,
rotter, pain in the neck/arse/Am ass
**etterbuil** v [-en] ❶ abscess ❷ vervelend persoon inf
creep, nuisance
**etteren** onoverg [etterde, h. geëtterd] ❶ etter
afscheiden fester, suppurate, ulcerate, run
❷ vervelend doen inf be a pain in the neck ❸ vergeefs
zwoegen inf slave
**etude** v [-s] muz study, etude
**etui** o [-s] case, etui
**etymologie** v [-gieën] etymology
**etymologisch** bn etymological
**EU** v (Europese Unie) EU, European Union
**eucalyptus** m [-sen] eucalyptus, eucalypt
**eucharistie** v RK Eucharist
**eucharistieviering** v [-en] celebration of the
Eucharist
**eufemisme** o [-n] euphemism
**eufemistisch** bn euphemistic
**euforie** v euphoria
**euforisch** bn euphoric
**eugenese, eugenetica** v eugenics
**EU-ingezetene** m-v [-n] EU inhabitant
**eunuch** m [-en] eunuch
**Euratom** v (Europese Gemeenschap voor
Atoomenergie) Euratom
**Eurazië** o Eurasia
**euro** m [-'s] valuta euro, European euro
**eurocent** m [-en] valuta eurocent
**euroland** o [-en] ❶ met euro euro country ❷ eurozone
Euroland
**euromarkt** v Common Market
**Europa** o Europe
**Europacup** m [-s] sp European Cup
**Europarlement** o European Parliament
**Europarlementariër** m [-s] member of the
European Parliament, Euro MP
**Europeaan** m [-peanen] European
**Europees** bn European * de ~ commissaris the
European Commissioner * het ~ Hof van Justitie the
European Court of Justice * (de) ~ kampioen the
European Champion * het ~ landbouwbeleid the
CAP/Common Agricultural Policy * het ~
merkenbureau the European Trade Mark Office * de
Europese Centrale Bank the European Central Bank
* de Europese Commissie the European Commission
* het Europese Gerechtshof the European Court of
Justice * eff een Europese optie a European option, a
European-style option * de Europese Raad the
European Council * de Europese Rekenkamer the
European Court of Auditors * de Europese Unie the
European Union

**eu**

**Europese** *v* [-n] European

**eustachiusbuis** *v* [-buizen] Eustachian tube

**euthanasie** *v* euthanasia, mercy killing

**euvel I** *o* [-en &-s] ❶ fault ✳ *aan hetzelfde~ mank gaan* suffer from the same defect ❷ evil **II** *bn* ✳*~e moed* insolence **III** *bijw* ✳*~ duiden* take amiss, take in bad part ✳ *duid het mij niet~* don't blame me

**evacuatie** *v* [-s] evacuation

**evacué** *m* [-s], **evacuee** *v* [-s] evacuee

**evacueren** *overg* [evacueerde, h. geëvacueerd] ❶ *ontruimen* evacuate ⟨a place⟩ ❷ *wegzenden* invalid home, send home ⟨wounded soldiers⟩

**evaluatie** *v* [-s] evaluation

**evalueren** *overg* [evalueerde, h. geëvalueerd] evaluate

**evangelie** *o* [-liën & -s] gospel ✳ *het~ van Johannes* the Gospel according to St John

**evangelisatie** *v* evangelization, mission work

**evangelisch** *bn* evangelical

**evangeliseren** *overg* [evangeliseerde, h. geëvangeliseerd] evangelize

**evangelist** *m* [-en] evangelist

**even I** *bn* even ✳*~ of oneven* even or uneven ▼ *het is mij om het~* it is all the same/all one to me ▼ *om het ~ welk* no matter what, whichever ▼ *om het~ wie* no matter who, whoever **II** *bijw* ❶ *gelijk* equally ✳*~... als... as... as...* ✳ *zij is~ oud als ik* she is the same age as me ✳ *overal~ breed* of uniform breadth ✳ *een ~ groot aantal* an equal number ✳ *zij zijn~ groot* they are equally tall; they are the same size ❷ *eventjes* just ✳*~ aangaan bij iem.* just drop in on sbd ✳ *wacht~* wait a minute/bit ✳ *haal eens~...* just go and fetch me... ✳ *zet jij het vuilnis~ buiten?* would you please put the rubbish out? ✳*~ voor achten* just before eight ✳ *als het~ kan* if it's at all possible

**evenaar** *m* [-s] ❶ *equator* equator ❷ *v. weegschaal* index, tongue

**evenals** *voegw* (just) as, (just) like

**evenaren** *overg* [evenaarde, h. geëvenaard] equal, match, be a match for, come up to ✳ *iem. in iets~* be a match for sbd

**evenbeeld** *o* [-en] image, likeness

**eveneens** *bijw* also, likewise, as well

**evenement** *o* [-en] event

**evengoed** *bijw* ❶ *eveneens* as well ❷ *ook, net zo goed* just as well ✳ *men zou~ goed kunnen zeggen dat...* you could just as well say that... ❸ *niettemin* all the same, nevertheless ✳*~ denk ik dat...* nevertheless I think that...

**evenknie** *v* [-knieën] equal ✳ *iems.~ zijn* be someone's equal

**evenmin** *bijw* no more ✳*~ te vertrouwen als...* no more to be trusted than... ✳ *en zijn broer~* nor his brother

**evenredig** *bn* proportional, in proportion to ✳ ⟨met/in dezelfde verhouding⟩ *~ aan* proportionate to ✳ *omgekeerd/recht~ met* inversely/directly

proportional to ✳*~e vertegenwoordiging* proportional representation

**evenredigheid** *v* [-heden] proportion

**eventjes** *bijw* just, only just, (just) a minute ✳ *wacht ~* hang on for a moment ✳ iron *het kostte maar~ €25.000* it cost a mere €25,000

**eventualiteit** *v* [-en] contingency, possibility ✳ *op alle~en voorbereid zijn* be prepared for every eventuality

**eventueel I** *bn mogelijk* any ⟨expenses⟩, possible ⟨defeat⟩, potential ⟨buyer⟩ ✳ *eventuele onkosten worden vergoed* (any/your) expenses will be reimbursed ✳ *de eventuele schade wordt vergoed* the damage, if any, will be reimbursed ✳ *de eventuele mogelijkheid van herziening van dat recht* the off chance of that right being revised, in the event of that right being revised **II** *bijw* ❶ *in voorkomend geval* this being the case ✳ *mocht hij~ weigeren...* should he refuse... ❷ *zo nodig* if necessary ✳*~ ben ik wel bereid om...* if necessary I am prepared to...

> **eventueel**
> wordt niet vertaald als *eventual* of *eventually*. Eventual, eventually betekent *uiteindelijk*, *tenslotte*.

**evenveel** *onbep telw* as much, as many ✳*~ als* just as many as

**evenwel** *bijw* nevertheless, however, yet, still

**evenwicht** *o* balance, equilibrium, (equi)poise ✳ *het staatkundig~* the balance of power ✳ *een wankel~* an uneasy balance ✳ *het~ bewaren* keep one's balance ✳ *het~ herstellen* redress/restore the balance ✳ *het~ verliezen* lose one's balance ✳ *het~ verstoren* upset the balance ✳ *in~* in equilibrium, evenly balanced ✳ *in~ brengen* bring into equilibrium/balance ✳ *in~ houden* keep in equilibrium/balance ✳ *uit zijn~* off-balance

**evenwichtig** *bn* ❶ well balanced ❷ fig level-headed

**evenwichtigheid** *v* ❶ balance, equilibrium ❷ *v. karakter* composure, balance

**evenwichtsbalk** *m* [-en] balance beam

**evenwichtsleer** *v* statics

**evenwichtsorgaan** *o* [-ganen] organ of balance

**evenwichtsstoornis** *v* [-sen] vertigo, disturbance of equilibrium, equilibrium disturbance

**evenwijdig** *bn* parallel ✳ *een~e lijn* a parallel (line) ✳*~ lopen* run parallel

**evenzeer** *bijw* ❶ *in even hoge mate* as much, as greatly ❷ *eveneens* likewise, also

**evenzo** *bijw* likewise ✳*~ groot als...* (just) as large as... ✳ *zijn broer~* his brother as well, his brother too

**evergreen** *m* [-s] ❶ *plant* evergreen ❷ *lied* evergreen

**everzwijn** *o* [-en] wild boar

**evident** *bn* obvious, evident, plain, clear

**evidentie** *v* [-s] obviousness, clarity

**evocatie** *v* [-s] evocation

**evolueren** *onoverg* [evolueerde, is geëvolueerd]

evolve

**evolutie** *v* [-s] evolution

**evolutieleer**, **evolutietheorie** *v* theory of evolution

**ex I** *voorz* ex ✳ ‹bij aandelenkoers› ~ *alle rechten* ex all ✳ ~ *bonus/dividend* ex bonus/dividend ✳ ~ *claim* ex rights, ex new, ex claim **II** *m-v* [-en] ex

**ex-** *voorv* ex, late, past, sometime ‹president &›

**exact** *bn* nauwkeurig precise, exact ✳ *de~e wetenschappen* the exact sciences

**ex aequo** *bijw* equal, joint ✳ ~ *op de derde plaats eindigen* finish joint third

**exaltatie** *v* [-s] exaltation

**examen** *o* [-s & -mina] exam, examination ✳ *een mondeling/schriftelijk ~* an oral/a written exam ✳ ~ *afleggen* sit for an exam ✳ ~ *afnemen* examine ✳ *ik ga ~ doen* I'm going to sit/do an exam ✳ *voor zijn ~ slagen/zakken* pass/fail (one's exam)

**examenvak** *o* [-ken] examination subject

**examenvrees** *v* exam nerves, exam jitters

**examinator** *m* [-s & -toren] examiner

**examineren** *overg en onoverg* [examineerde, h. geëxamineerd] examine (*in* on)

**Exc.** *afk* (Excellentie) Excellency

**excellent** *bn* excellent

**excellentie** *v* [-s] excellency ✳ *ja, Excellentie* yes, Your Excellency

**excelleren** *onoverg* [excelleerde, h. geëxcelleerd] excel (in/at)

**excentriciteit** *v* [-en] eccentricity, oddity

**excentriek I** *bn* eccentric(al) **II** *o* [-en] techn eccentric

**excentriekeling** *m* [-en] eccentric, inf freak

**excentrisch** *bn* eccentric

**exceptie** *v* [-s] ❶ exception ❷ jur objection, exception, preliminary objection, bar

**exceptioneel** *bn* exceptional, unusual

**exces** *o* [-sen] excess, ‹v. uitgaven› extravagance

**excessief** *bn* excessive, extravagant, exorbitant ‹price›

**exclusief I** *bn* exclusive ✳ *een ~ gesprek* an exclusive interview ✳ *sieraden van een ~ design* exclusively designed jewellery ✳ *de exclusieve rechten* the sole rights **II** *bijw* niet inbegrepen exclusive of..., excluding..., ...not included, extra ✳ *bedragen zijn ~ btw* prices do not include VAT

**exclusiviteit** *v* exclusiveness, exclusivity

**excommunicatie** *v* [-s] excommunication

**excommuniceren** *overg* [excommuniceerde, h. geëxcommuniceerd] excommunicate

**excrement** *o* [-en] excrement

**excursie** *v* [-s] excursion

**excuseren I** *overg* [excuseerde, h. geëxcuseerd] excuse **II** *wederk* [excuseerde, h. geëxcuseerd] ✳ *zich ~* ‹verontschuldigingen maken› excuse oneself, make one's excuses, apologize; ‹afwezigheidsbericht sturen› send an excuse

**excuus** *o* [-cuses] excuse, apology ✳ *excuses aanbieden* apologize, offer one's excuses ✳ *hij*

*maakte zijn ~* he apologized ✳ *ik vraag u ~* I beg your pardon, please forgive me ✳ *dat is geen ~* that's no excuse ✳ *een slap ~* a feeble excuse

**executeren** *overg* [executeerde, h. geëxecuteerd] ❶ terechtstellen execute ❷ uitvoeren enforce, carry out, to out into effect, foreclose ❸ (doen) verkopen sell sbd.'s goods under execution ❹ *v. hypotheek* foreclose

**executeur** *m* [-s] executor

**executeur-testamentair** *m* [executeurs-testamentair] executor

**executie** *v* [-s] ❶ strafvoltrekking execution ❷ inbeslagneming execution, ‹van hypotheek› foreclosure ✳ *bij ~ laten verkopen* sell under execution ✳ ~ *van vonnis* execution, enforcement ✳ *parate ~* foreclosure without recourse to the courts, ± summary execution ✳ *een uitstel van ~* ‹ook v. doodstraf› a stay of execution

**executieve** *v* [-n] deelregering ZN Executive Council

**executiewaarde** *v* ‹onr. goed› value under liquidation

**exegeet** *m* [-geten] exegete

**exegese** *v* [-n] exegesis

**exemplaar** *o* [-plaren] ❶ specimen, example ✳ *'t is me een ~!* he's a fine one ❷ afdruk copy ‹of a book &›

**exemplarisch** *bn* exemplary, illustrative, representative

**exerceren** *onoverg en overg* [exerceerde, h. geëxerceerd] drill, exercise ✳ *aan het ~* at drill

**exercitie** *v* [-s] drill

**exercitieterrein** *o* [-en] parade ground

**exhaleren** *overg en onoverg* [exhaleerde, h. geëxhaleerd] exhale, breathe out

**exhibitionisme** *o* exhibitionism

**exhibitionist** *m* [-en] exhibitionist

**exhibitionistisch** *bn* exhibitionist

**existentialisme** *o* existentialism

**existentialist** *m* [-en] existentialist

**existentialistisch** *bn* existentialist

**existentie** *v* existence

**existentieel** *bn* existential

**ex libris** *o* [-sen] ex-libris, bookplate

**exodus** *m* exodus

**exogeen** *bn* exogenous

**exoot** *m* [exoten] plant of dier exotic

**exorbitant** *bn* exorbitant ‹price›, excessive ‹costs›

**exorcisme** *o* exorcism

**exorcist** *m* [-en] exorcist

**exotisch** *bn* exotic

**expanderen** *onoverg* [expandeerde, h.en is geëxpandeerd] expand

**expansie** *v* expansion

**expansiedrang** *m* urge for expansion, expansionism, imperialism

**expansiepolitiek** *v* policy of expansion, expansionist policy

**expansievat** *o* [-vaten] expansion tank

**expatriate** *m-v* [-s] in het buitenland wonende

**ex**

expatriate, inf expat

**expatriëren** overg en onoverg [expatrieerde, h. en is geëxpatrieerd] expatriate, deport

**expediëren** overg [expedieerde, h. geëxpedieerd] forward, send, dispatch, ship

**expediteur** m [-s & -en] forwarder, forwarding/shipping agent, haulage/transport contractor

**expeditie** v [-s] ❶ verzending forwarding, dispatch, shipping ❷ tocht expedition

**expeditiekosten** zn [mv] forwarding charges

**experiment** o [-en] experiment * een ~ uitvoeren conduct an experiment

**experimenteel** bn experimental

**experimenteren** onoverg [experimenteerde, h. geëxperimenteerd] experiment

**expert** m [-s] ❶ deskundige expert ❷ verzekeringsdeskundige appraiser, assessor, surveyor

**expertise** v [-s & -n] ❶ onderzoek appraisement, survey * een ~ houden make an (expert) assessment ❷ rapport certificate of survey ❸ deskundigheid expertise

**expertsysteem** o [-temen] comput expert system

**expiratiedatum** m [-s & -data] afloopdatum expiry date, Am date of expiry/expiration, expiration date

**expireren** I overg [expireerde, h. geëxpireerd] uitademen breathe out II onoverg [expireerde, is geëxpireerd] ❶ sterven expire, die ❷ aflopen finish

**explicatie** v [-s] explanation

**expliciet** bn explicit

**expliciteren** overg [expliciteerde, h. geëxpliciteerd] state explicitly

**exploderen** onoverg [explodeerde, is geëxplodeerd] explode

**exploitabel** bn exploitable

**exploitant** m [-en] operator, ‹vergunninghouder› licensee, ‹eigenaar› owner, proprietor

**exploitatie** v [-s] exploitation, working, operation, management, development * in ~ brengen put into operation * in ~ hebben operate * in ~ zijn be operating, be working, be in working order

**exploitatiekosten** zn [mv] working expenses, operating costs, running costs

**exploiteren** overg [exploiteerde, h. geëxploiteerd] ❶ exploit, work, run, operate * een mijn ~ work a mine * een hotel ~ run a hotel ❷ fig trade on ‹sbd's credulity or goodwill› * iem. ~ exploit sbd, use sbd

**exploot** o [-ploten] writ * iem. een ~ betekenen serve a writ upon sbd

**exploratie** v [-s] ❶ exploration ❷ mijnbouw prospecting

**exploreren** overg [exploreerde, h. geëxploreerd] ❶ explore ❷ mijnbouw explore, prospect

**explosie** v [-s] explosion

**explosief** I bn explosive * explosieve stoffen explosives * explosieve groei explosive growth II o [-sieven] explosives III m [-sieven] taalk plosive

**explosiegevaar** o risk of explosion

**explosiemotor** m [-toren] internal combustion engine

**exponent** m [-en] exponent

**exponentieel** I bn exponential * exponentiële groei exponential growth II bijw exponentially * ~ groeien grow exponentially

**export** m ❶ het exporteren exportation, export(ing) ❷ exportproduct export (product)

**exportartikel** o [-en & -s] export article

**exporteren** overg [exporteerde, h. geëxporteerd] export

**exporteur** m [-s] exporter

**exportoverschot** o [-ten] export surplus

**exportpapieren** zn [mv] export papers, documents

**exportvergunning** v [-en] export permit, export licence/Am license

**exposant** m [-en] exhibitor

**exposé** o [-s] account * een ~ geven give a talk

**exposeren** overg [exposeerde, h. geëxposeerd] exhibit, show

**expositie** v [-s] ❶ tentoonstelling exhibition, exposition, show ❷ muz & letterk exposition

**expositieruimte** v [-n, -s] exhibition space

**exposure** m [-s] exposure

**expres** I bijw ❶ met opzet on purpose, deliberately, intentionally * ik deed het niet ~ I didn't mean to do it, I didn't do it on purpose ❷ met het doel expressly, for the purpose of II m [-sen] trein express

**expresbrief** m [-brieven] express letter

**expresse** I m [-n] bode courier * per ~ versturen send by express delivery/mail II v [-n] brief express-delivery letter

**expressepost** v express mail, express post

**expressezending** v [-en] express post

**expressie** v [-s] expression

**expressief** bn expressive

**expressionisme** o expressionism

**expressionist** m [-en] expressionist

**expressionistisch** bn expressionist ‹painter, painting›, expressionistic

**expressiviteit** v expressiveness, expressivity

**exprestrein** m [-en] express (train)

**exquis** bn exquisite

**extase** v ecstasy, rapture * in ~ enraptured, ecstatic * in ~ raken go into raptures ‹over sth› * in ~ zijn be ecstatic

**extatisch** bn ecstatic

**extensie** v [-s] extension

**extensief** bn ❶ extensive ❷ jur liberal

**extenso** zn → in extenso

**exterieur** o exterior

**extern** I bn ❶ niet inwonend non-resident * ~e leerlingen day pupils ❷ het uitwendige betreffend, van buiten komend external, outside * een ~e commissaris an outside director * comput een ~ geheugen an external memory II zn [mv] * de ~en the day pupils

**extra** I *bn* extra, special, additional *iets ~'s* sth
**extra** II *bijw* extra, more *dat kost een euro ~that*
will cost one euro extra *~zijn best doen* do one's
very best III *o* ['s] extra *~'s* extras
**extraatje** *o* [-s] ❶extra ❷*meevaller* a bonus
**extract** *o* [-en] ❶extract ❷*uittreksel* extract, excerpt
**extraheren** *overg* [extraheerde, h. geëxtraheerd]
extract
**extramuraal** *bn* extramural
**extraneus** *m* [-nei] external student
**extraordinair** *bn* extraordinary
**extrapolatie** *v* [-s] extrapolation, projection
**extrapoleren** *overg* [extrapoleerde, h.
geëxtrapoleerd] extrapolate
**extraterritoriaal** *bn* exterritorial, extraterritorial
**extravagant** *bn* extravagant ‹behaviour›, exorbitant
‹prices›
**extravert** I *bn* extrovert II *m* [-en] extrovert
**extreem** I *bn* extreme II *o* [-tremen] extreme
**extreemlinks** *bn* pol ultra left-wing, far left
**extreemrechts** *bn* pol ultra right-wing, far right
**extremisme** *o* extremism
**extremist** *m* [-en] extremist
**extremistisch** *bn* extremist
**extremiteit** *v* [-en] extremity
**exuberant** *bn* exuberant
**eyeliner** *m* [-s] eyeliner
**ezel** *m* [-s] ❶*dier* ass, donkey *een ~stoot zich geen*
*tweemaal aan dezelfde steen* once bitten twice shy
❷*dom mens* ass ❸*v.e. schilder* easel
**ezelsbrug** *v* [-gen], **ezelsbruggetje** *o* [-s] memory
aid, mnemonic
**ezelsoor** *o* [-oren] ❶*v. ezel* ass's ear ❷*in boek* dog
ear *een boek met ezelsoren* a dog-eared book
**e-zine** *o* [-s] *elektronisch tijdschrift* e-zine

# F

**f** *v* ['s] ❶*letter* f ❷*muz* f, F
**fa** *v* ['s] muz fa(h), f
**fa.** *afk* (firma) Messrs *Fa. Sotheby's* Messrs Sotheby's
**faalangst** *m* fear of failure
**faam** *v* ❶*roem* fame ❷*reputatie* reputation
**fabel** *v* [-en & -s], **fabeltje** *o* [-s] ❶*dierenverhaal* fable
❷*verzinsel* myth, fabrication, fiction
**fabelachtig** *bn* fabulous
**fabricaat** *o* [-katen] make *van buitenlands ~*
foreign made *van Nederlands ~*Dutch made,
made in the Netherlands *een auto van Frans ~*a
French car, a French-made car
**fabricage, fabricatie** *v* manufacture
**fabriceren** *overg* [fabriceerde, h. gefabriceerd] ❶*in*
*een fabriek* manufacture, produce ❷*maken, in*
*elkaar zetten* make, construct ❸*verzinnen* fabricate,
invent
**fabriek** *v* [-en] factory, works, mill, plant
**fabrieken** *overg* [fabriekte, h. gefabriekt] knock
together, run up
**fabrieksarbeider** *m* [-s] (factory) hand, factory
worker
**fabrieksfout** *v* [-en] manufacturing fault
**fabrieksgeheim** *o* [-en] trade secret
**fabriekshal** *v* [-len] ❶factory (building) ❷*werkplaats*
shop floor
**fabrieksmerk** *o* [-en] trade mark
**fabriekspoort** *v* [-en] factory gate
**fabrieksprijs** *m* [-prijzen] factory price, cost price
**fabrieksschoorsteen** *m* [-stenen] factory chimney
**fabrieksterrein** *o* [-en] factory site
**fabriekswerk** *o* machine-made article(s)
**fabrikant** *m* [-en] ❶*producent* manufacturer
❷*fabriekseigenaar* factory owner, mill owner
**fabuleus** *bn* fabulous
**façade** *v* [-s & -n] facade, front *achter een ~van*
*zelfverzekerdheid* behind the self-confidence
**facelift** *m* [-s] facelift
**facet** *o* [-ten] ❶*geslepen vlak* facet ❷*aspect* facet,
aspect
**facetoog** *o* [-ogen] compound eye
**facie** *o & v* [-s] face, inf mug
**facilitair** *bn* *een ~bedrijf* a technical service
company *~beheer/management* technical/systems
support management
**faciliteit** *v* [-ten] facility *voorzien van tal van ~en*
equipped with all facilities
**faciliteitengemeente** *v* [-n & -s] Belg Belgian
municipality offering special facilities for linguistic
minorities
**facsimile** *o* ['s] facsimile
**factie** *v* [-s & -tiën] faction
**factor** I *m* [-toren] ook wisk factor *erfelijke ~en*
hereditary factors II *m* [-s] handel agent,

fa

representative

**factoranalyse** *v* factor analysis

**factorij** *v* [-en] hist factory, trading post

**factoring** *m* *uitbesteden van het incasseren van vorderingen* factoring

**factotum** *o & m* [-s] factotum

**factureren** *overg* [factureerde, h. gefactureerd] invoice, bill

**facturering** *v* billing, invoicing ✳ ~ *naar gelang voortgang werk* progress-related billing/invoicing

**factuur** *v* [-turen] handel invoice, bill ✳ *een~ uitschrijven* make out an invoice ✳ *een inkomende/uitgaande~* an incoming/outgoing invoice ✳ *een openstaande/uitstaande~* an outstanding invoice ▾ ZN *zijn facturen presenteren* present the bill

**factuurdatum** *m* [-s &-data] date of invoice

**factuurnummer** *o* [-s] invoice number

**facultair** *bn* relating to a faculty ✳ ~*e dienstverlening* technical service provision

**facultatief** *bn* optional, elective

**faculteit** *v* [-en] faculty ✳ *de~ der letteren* the Faculty of Arts ✳ *de medische~* the Faculty of Medicine ✳ *de juridische~* the Faculty of Law/Law Faculty

**fading** *m* RTV fading

**fagot** *m* [-ten] bassoon

**Fahrenheit** *m* Fahrenheit

**failliet I** *bn* bankrupt, ‹rechtspersonen› Br insolvent ✳ *de~e boedel/massa* the bankrupt's estate ✳ ~ *gaan* go/become bankrupt, go out of business, inf go bust ✳ *iem.~ verklaren* declare sbd bankrupt **II** *m* [-en] bankrupt **III** *o* failure, collapse, bankruptcy

**faillietverklaring** *v* [-en] declaration of bankruptcy, ‹rechtspersonen› Br insolvency order

**faillissement** *o* [-en] bankruptcy, failure, ‹van bedrijven› Br (compulsory) liquidation/winding up ✳ *zijn~ aanvragen* file a petition for bankruptcy ✳ *het ~ beëindigen* terminate the bankruptcy proceedings ✳ *in staat van~ verkeren* be bankrupt, be in a state of bankruptcy ✳ *uitspreken van~* declare bankrupt

**faillissementsaanvraag, faillissementsaanvrage** *v* [-vragen] bankruptcy petition ✳ *een~ indienen* institute bankruptcy proceedings ✳ *een eigen~* a voluntary bankruptcy petition

**faillissementswet** *v* [-ten] Bankruptcy Act

**fair** *bn* fair

**fait accompli** *o* [faits accomplis] fait accompli

**faken** *overg* [fakete, h. gefaket] fake

**fakir** *m* [-s] fakir

**fakkel** *v* [-s] torch

**fakkeldrager** *m* [-s] torchbearer

**fakkelloop** *m* [-lopen] torch race

**fakkeloptocht, fakkeltocht** *m* [-en] torchlight procession

**falafel** *m* [-s] falafel

**falanx** *v* [-en] phalanx

**falen** *onoverg* [faalde, h. gefaald] ❶ *tekortschieten* fail, make a mistake/an error of judgement/Am

judgment, err ❷ *mislukken* fail, miscarry

**falie** *v* [-s] ✳ *iem. op zijn~ geven* give sbd a good hiding ✳ *op zijn~ krijgen* get a good hiding

**faliekant** *bijw* utterly, completely ✳ ~ *verkeerd* completely/all wrong ✳ ~ *tegen iets zijn* be absolutely/completely against sth

**fallisch** *bn* phallic

**fall-out** *m* fallout

**fallus** *m* [-sen] phallus

**fallussymbool** *o* [-bolen] phallic symbol

**falset** *m & o* [-ten] falsetto

**falsetstem** *v* [-men] falsetto (voice)

**falsificatie** *v* [-s] ❶ *vervalsing* forgery ❷ *ontkrachting* refutation

**falsificeren** *overg* [falsificeerde, h. gefalsificeerd], **falsifiëren** [falsifieerde, h. gefalsifieerd] ❶ *vervalsen* forge ❷ *in de wetenschap* falsify

**fameus I** *bn* famous, much talked-of ✳ *het is~!* it's remarkable! ✳ *een~ restaurant* a well-known/famous restaurant ✳ *een~ fortuin* a huge fortune **II** *bijw* splendidly, gloriously

**familiaal** *bn* of the family

**familiair** *bn* familiar, informal ✳ ~ *met iem. zijn* be on familiar terms with sbd ✳ *al te~ met iem. omgaan* be too familiar/overly intimate with sbd

**familie** *v* [-s] family, relations, relatives ✳ *de Koninklijke~* the royal family ✳ *de~ Schippers* the Schippers family ✳ *zijn~* his relations/family ✳ *ik ben ~ van hem* I'm related to him ✳ *van goede~* of good family, well connected ✳ ~ *en vrienden* family and friends ✳ *het zit in de~* it's in the family ✳ *dat komt in de beste~s voor* that happens in the best of families

**familieaangelegenheid** *v* [-heden] family affair, domestic matter

**familieband** *m* [-en] family tie

**familiebedrijf** *o* [-drijven] family business, family firm

**familieberichten** *zn* [mv] births, marriages and deaths ‹column›

**familiebezit** *o* family property, estate

**familiebezoek** *o* [-en] visit to relatives, visit from relatives

**familiegraf** *o* [-graven] family vault, family grave

**familiekring** *m* [-en] family circle, domestic circle

**familiekwaal** *v* [-kwalen] family complaint, hereditary disease

**familieleven** *o* family life

**familielid** *o* [-leden] member of the family, relation, relative ✳ *familieleden* family members, inf folks

**familienaam** *m* [-namen] surname, family name

**familieomstandigheden** *zn* [mv] family circumstances, domestic affairs

**familieportret** *o* [-ten] family portrait

**familiereünie** *v* [-s] family reunion

**familiestuk** *o* [-ken] ❶ *voorwerp* heirloom ❷ *schilderij* family portrait

**familietrek** *m* [-ken] family trait

**familietwist** *m* [-en] family quarrel
**familiewapen** *o* [-s] <u>herald</u> family arms
**familieziek** *bn* clannish, excessively fond of one's family
**fan I** *m* [-s] *ventilator* fan, ventilator **II** *m-v* [-s] *liefhebber, bewonderaar* fan✱ *een film~* a film fan, a film lover
**fanaat** *m* [-naten],**fanaticus** [-ci] fanatic, ‹m.b.t. religie, politiek› zealot
**fanatiek** *bn* fanatical, ‹m.b.t. religie, politiek› zealous
**fanatiekeling** *m* [-en] fanatic
**fanatisme** *o* fanaticism
**fanclub** *v* [-s] fan club
**fancy fair** *m* [-s] bazaar, fête, jumble sale, trash and treasure
**fanfare** *v* [-n & -s] ❶ *muziekstuk* fanfare ❷ *korps* brass band
**fanmail** *m* fan mail
**fantaseren I** *overg* [fantaseerde, h. gefantaseerd] ❶ invent, dream up ❷ <u>muz</u> improvise **II** *onoverg* [fantaseerde, h. gefantaseerd] ❶ imagine things, fantasize (about) ❷ <u>muz</u> improvise
**fantasie** *v* [-sieën] ❶ *voorstellingsvermogen* fantasy, imagination✱ *in mijn~* in my imagination ❷ *voorstelling* fantasy, fanciful idea, <u>afkeurend</u> fabrication✱ *de cijfers zijn louter~* the figures are pure fiction/have been completely invented
**fantasieloos** *bn* unimaginative
**fantasievol** *bn* imaginative
**fantast** *m* [-en] dreamer, visionary, <u>afkeurend</u> storyteller
**fantastisch I** *bn* ❶ *ingebeeld* imagined ❷ *met sterke verbeeldingskracht* fanciful ‹project, writer›, visionary ❸ *zeer goed* great, wonderful, terrific, fantastic✱ *dat is~!* that's fantastic! **II** *bijw* <u>versterkend</u> great✱ *~ (goed/mooi)* marvellous, wonderful, terrific, great
**fantoom** *o* [-tomen] phantom
**fantoompijn** *v* [-en] phantom-limb pain
**farao** *m* ['s] Pharaoh
**farce** *v* [-n & -s] ❶ *schijnvertoning* farce, mockery ❷ *vulling in spijzen* stuffing
**farceren** *overg* [farceerde, h. gefarceerd] stuff
**farizeeër** *m* [-s] ❶ Pharisee ❷ <u>fig ook</u> hypocrite
**farizees,farizeïsch** *bn* Pharisaic
**farmaceut** *m* [-en] (pharmaceutical) chemist
**farmaceutica** *zn* [mv] pharmacy
**farmaceutisch** *bn* pharmaceutical
**farmacie** *v* pharmacy
**farmacologie** *v* pharmacology
**fascinatie** *v* fascination
**fascineren** *overg* [fascineerde, h. gefascineerd] fascinate, intrigue
**fascinerend** *bn* ❶ fascinating ❷ <u>fig</u> fascinating, magnetic, intriguing, engrossing
**fascisme** *o* fascism
**fascist** *m* [-en] fascist

**fascistisch** *bn* fascist
**fascistoïde** *bn* fascistic
**fase** *v* [-s & -n] phase, stage, period
**faseren** *overg* [faseerde, h. gefaseerd] ❶ phase ❷ *v. vakanties* stagger
**fastfood** *m* fast food
**fastfoodrestaurant** *o* [-s] fast food restaurant
**fat** *m* [-ten] dandy, fop, <u>inf</u> swell
**fataal** *bn* fatal
**fatalisme** *o* fatalism
**fatalist** *m* [-en] fatalist
**fatalistisch** *bn* fatalistic
**fataliteit** *v* [-en] fatality
**fata morgana** *v* ['s] mirage, <u>alleen dicht</u> Fata Morgana

**fatsoen** *o* ❶ *beleefdheid* decorum, decency, (good) manners✱ *zijn~ houden* behave (decently)✱ *zijn~ ophouden* keep up appearances✱ *met (goed)~* decently✱ *erg op zijn~ zijn* be a stickler for good manners✱ *uit~* for form's sake✱ *voor zijn~* for the sake of decency, to keep up appearances ❷ *naam* respectability
**fatsoeneren** *overg* [fatsoeneerde, h. gefatsoeneerd] fashion, shape, (re)model
**fatsoenlijk I** *bn* ❶ *behoorlijk* decent, fair✱ *een~ salaris* a decent salary ❷ *net* decent, respectable✱ *de ~e armen* the deserving poor✱ *~e armoede* shabby gentility ❸ *v. buurt* reputable **II** *bijw* ❶ *op de juiste manier* properly✱ *hij kan niet eens~ een hamer vasthouden* he's got two left hands, he doesn't even know how to hold a hammer properly ❷ *net* respectably, decently✱ *zich~ gedragen* behave (oneself)
**fatsoenlijkheid** *v* respectability, decency
**fatsoenshalve** *bijw* for decency's sake
**fatsoensrakker** *m* [-s] stickler for proprieties
**fatterig** *bn* foppish, dandified
**fatum** *o* [-ta] fate
**fatwa** *m* ['s] fatwa
**faun** *m* [-en] faun
**fauna** *v* fauna
**fauteuil** *m* [-s] ❶ *stoel* armchair, easy chair ❷ *rang in theater* seat in the stalls
**favoriet I** *bn* favourite **II** *m* [-en] favourite, <u>Am</u> favorite✱ *hij is~* he is the favourite
**fax** *m* [-en] *apparaat, verzonden bericht* fax
**faxen** *overg* [faxte, h. gefaxt] fax
**faxnummer** *o* [-s] fax number
**faxpapier** *o* fax paper
**faxrol** *v* [-len] fax roll
**fazant** *m* [-en] pheasant
**februari** *m* February✱ *in~* in February✱ *op tien~*

on the tenth of February *begin/midden/eind ~at the beginning of/in the middle of/at the end of February

**fecaliën, feces** zn [mv] faeces, Am feces

**federaal** bn federal

**federalisme** o federalism

**federalist** m [-en] federalist

**federatie** v [-s] federation

**federatief** bn federative

**fee** v [feeën] fairy

**feedback** m feedback

**feeëriek** bn fairy-like

**feeks** v [-en] shrew, vixen

**feeling** v feeling * ~hebben voor have a feeling for

**feest** o [-en] **①** festiviteit feast, festival, festivity, fête **②** feestje, fuif party *een ~geven give/throw a party **③** genot feast *een waar ~a treat

**feestavond** m [-en] social evening, form gala night

**feestcommissie** v [-s] entertainment committee

**feestdag** m [-dagen] **①** feast day, festive day, (bank) holiday *op zon- en ~en on Sundays and public holidays **②** kerkelijk holy day

**feestelijk** I bn festive *alles zag er ~uit everything looked very festive II bijw *iron dank je ~! thanks a bundle!

**feesten** onoverg [feestte, h. gefeest] celebrate, have a party, inf party

**feestganger** m [-s] partygoer

**feestgedruis** o revelry, party hubbub

**feestje** o [-s] party

**feestmaal** o [-malen], **feestmaaltijd** m [-en] **①** form banquet **②** kerstdiner & dinner

**feestneus** m [-neuzen] **①** neus false nose **②** persoon reveller, buffoon

**feestnummer** o [-s] **①** tijdschrift & anniversary number, special issue **②** persoon reveller, avid partygoer

**feeststemming** v festive mood

**feestterrein** o [-en] festive grounds

**feestvarken** o [-s] **①** toast of the party **②** verjaardag birthday boy/girl

**feestverlichting** v fairy lights, illuminations, festive lighting

**feestversiering** v [-en] (party) decorations

**feestvieren** onoverg [vierde feest, h. feestgevierd] celebrate, have a party, inf party

**feestviering** v [-en] celebrations

**feestvreugde** v gaiety, fun

**feestzaal** v [-zalen] banqueting hall, reception/party hall

**feilbaar** bn fallible, liable to error

**feilen** onoverg [feilde, h. gefeild] err, make a mistake

**feilloos** I bn unerring ⟨ability⟩, infallible ⟨memory⟩, faultless/flawless ⟨technique⟩ II bijw instinctively, unerringly *iets ~aanvoelen feel sth instinctively

**feit** o [-en] fact, (gebeurtenis) circumstance/event *in ~e in fact *het is/blijft een ~dat it is/remains a fact that *achter de ~en aanlopen be behind the times

*jur een voldongen ~an accomplished fact *een strafbaar ~a punishable offence

**feitelijk** I bn actual, real *de ~e macht the real power *de ~e gegevens the factual data II bijw **①** in werkelijkheid actually, as a matter of fact, in point of fact, in fact **②** in wezen virtually, de facto

**feitenkennis** v factual knowledge

**feitenmateriaal** o body of facts, factual material, factual evidence

**fel** I bn fierce * ~e kleuren bright colours *de ~e koude the bitter/freezing cold *het ~e licht the glaring light *een ~e pijn intense pain *een ~ protest a vehement protest *een ~temperament a fiery temperament *in de ~e zon in the burning/blazing sun *zij zijn er ~op they are very keen on it/adamant about it *hij is er ~tegen he is dead set against it II bijw fiercely, brightly

**felbegeerd** bn badly wanted, much desired

**felgekleurd** bn brightly coloured, afkeurend gaudy, garish, loud

**felgroen** bn bright green

**felheid** v fierceness

**felicitatie** v [-s] congratulations

**feliciteren** I overg [feliciteerde, h. gefeliciteerd] congratulate (on) *iem. ~met zijn verjaardag wish sbd a happy birthday II onoverg [feliciteerde, h. gefeliciteerd] offer one's congratulations

---

**feliciteren**
Als je iemand feliciteert met zijn verjaardag zeg je happy birthday of many happy returns, bij andere gelegenheden zeg je congratulations.

---

**felrood** bn bright red, pillar-box red

**femelaar** m [-s], **femelaarster** v [-s] canting/sanctimonious hypocrite

**femelen** onoverg [femelde, h. gefemeld] cant

**feminisme** o feminism

**feministe** v [-n], **feminist** m [-en] feminist

**feministisch** bn bijw feminist(ic) *de ~e beweging the feminist movement, Women's Lib(eration)

**femme fatale** v [femmes fatales] femme fatale

**feniks** m [-en] phoenix

**fenol** o phenol

**fenomeen** o [-menen] phenomenon

**fenomenaal** bn phenomenal, exceptional

**feodaal** bn feudal

**feodalisme** o feudalism, feudal system

**ferm** I bn **①** firm, sound *een ~e knaap a smart/strapping boy *een ~e klap a sound/hard smack, a smart blow **②** v. karakter energetic, spirited, resolute II bijw resolutely * ~optreden act resolutely/firmly

**fermentatie** v fermentation

**fermenteren** onoverg [fermenteerde, h. gefermenteerd] ferment

**feromoon** o [-monen] pheromone

**fervent** bn fervent, passionate

**fes** v muz flat
**festijn** o [-en] feast, banquet, gala
**festival** o [-s] (musical) festival
**festiviteit** v [-en] festivity *~en* festivities
**festoen** o & m [-en] ❶*guirlande* festoon
❷*geborduurde rand* scallop
**feston** o & m [-s] ❶*ornament* festoon ❷*geborduurde
rand* scallop
**festonneren** overg [festonneerde, h. gefestonneerd]
scallop ‹handkerchiefs &›, buttonhole ‹lace›
**feta** m feta (cheese)
**fêteren** overg [fêteerde, h. gefêteerd] fête, celebrate
**fetisj** m [-en] fetish
**fetisjisme** o fetishism
**fetisjist** m [-en] fetishist
**feuilletee, feuilleteedeeg** o puff/flaky pastry
**feuilleton** o & m [-s] serial, soap
**feut** m-v [-en] fresher, freshman
**fez** m [-zen] fez
**fiasco** o ['s] fiasco, flop *een ~worden* (zijn) be a
failure, fall flat, be a fiasco
**fiat** o fiat, authorization, sanction, approval *
‹goedkeuren› *zijn ~verlenen* approve, sanction
**fiatteren** overg [fiatteerde, h. gefiatteerd] ❶*alg.* give
one's fiat to, authorize, inf OK ❷*drukwerk* pass for
press
**fiber** o & m fibre
**fiberglas** o fibreglass
**fibrilleren** onoverg [fibrilleerde, h. gefibrilleerd]
*samentrekken* fibrillate
**fiche** o & v [-s] ❶*penning* counter, chip marker
❷*v. kaartsysteem* index card, filing card
**fictie** v [-s] fiction
**fictief** bn ❶fictitious, imaginary *een fictieve naam*
a fictitious/assumed name *een ~persoon* a
fictitious person *jur fictieve regels* artificial rules
❷*geld, belastingen* notional, fictitious *een ~bedrag*
an imaginary amount *een ~inkomen* a notional
income
**ficus** m [-sen] ❶*het plantengeslacht* ficus ❷*de
sierplant* rubber plant
**fideel** bn ❶*hartelijk* jolly, jovial ❷*aardig* decent *dat
vind ik heel ~van je* that's very decent/generous of
you
**fiduciair** bn fiduciary *jur ~eigendom* fiduciary
ownership *fin ~geld* fiduciary money, trust
money *fin een ~e lening* an unsecured loan
**fiducie** v confidence, trust *niet veel ~hebben in* not
have much faith in
**fielt** m [-en] rogue, rascal, scoundrel
**fieltenstreek** m & v [-streken] underhand trick
**fielterig** bn despicable
**fier** bn proud *een ~e houding* a haughty bearing
**fiets** m & v [-en] bicycle, cycle, inf bike *op de ~on*
the bike *wat heb ik nou aan mijn ~hangen?* what's
all this? what's going on?
**fietsband** m [-en] bicycle tyre/Am tire, bike tyre/Am
tire

**fietsbel** v [-len] bicycle bell
**fietsclub** v [-s] cycling club
**fietsen** onoverg [fietste, h. en is gefietst] cycle, inf
bike *wat gaan ~go* for a bike ride * ‹afstand›
*twee uur ~two* hours away by bike *die weg fietst
makkelijk* it's an easy road to cycle on *fig ergens
tussendoor ~nip* through/in between *inf ga ~I* on
your bike! *hoe heeft hij dat voor elkaar gefietst?*
how (on earth) did he wangle that?
**fietsendief** m [-dieven] bicycle thief
**fietsenhok** o [-ken] bicycle shed
**fietsenmaker** m [-s] (bi)cycle repair man, bicycle
shop
**fietsenrek, fietsrek** o [-ken] ❶bicycle stand ❷*gebit
met gaten* gappy teeth
**fietsenstalling** v [-en] bicycle garage
**fietser** m [-s] cyclist
**fietsketting** m & v [-en] bicycle chain
**fietslamp** v [-en] bicycle lamp
**fietspad** o [-paden] cycling track, cycle track, Am
bikeway
**fietspomp** v [-en] bicycle pump
**fietssleuteltje** o [-s] bicycle key
**fietstas** v [-sen] bicycle bag
**fietstocht** m [-en] cycling tour, bicycle ride
**fietsvakantie** v [-s] cycling holiday
**fiftyfifty** bijw fifty-fifty *~doen* go fifty-fifty *de
kansen liggen ~the* chances are even
**figurant** m [-en] extra, nonentity
**figurantenrol** m [-len] a walk-on part, a
non-speaking part
**figuratief** bn figurative
**figureren** onoverg [figureerde, h. gefigureerd]
❶figure, act ❷*toneel, film* walk on, have a walk-on
part, be an extra
**figuur** v & o [-guren] ❶*alg.* figure *een goed ~
hebben* have a lovely figure/body *een droevig/goed
~slaan/maken* cut/make a poor/good figure *zijn
~redden* save one's face *een leidend ~a* leader, an
important person *sp verplichte figuren* compulsory
figures ❷*verhelderende afbeelding* diagram
❸*personage* character ‹in drama, in history›
**figuurlijk** bn figuratively
**figuurzaag** v [-zagen] fretsaw
**figuurzagen** I ww do fretwork II o fretwork
**Fiji** o ❶*land* Fiji ❷*taal* Fijian
**fijn** I bn ❶*scherp* fine *~goud* fine gold *een ~e
kam* a fine tooth(ed) comb ❷*scherpzinnig* astute,
discerning ❸*v. kwaliteit* choice ‹food, wines›,
exquisite ‹taste› ❹*v. onderscheiding* nice
‹difference›, delicate ‹sense of smell›, subtle
‹distinction›, shrewd ‹remarks› ❺*v. lichaamsdelen*
delicate ❻*prettig* nice, fine, lovely, great, cool *(dat
is) ~I* good!, inf great! cool! *een ~e vent* a
fine/great chap *iets ~vinden* like sth, appreciate
sth *ik vond het ~je te zien* it was good to see you
❼*beschaafd* smart ‹people›, Am inf swell
‹neighbourhood, clothes› *~e manieren* good

manners ❶ *orthodox* strict **II** *o* * *het ~e van de zaak* the ins and outs of the matter **III** *bijw* finely

**fijnbesnaard** *bn* finely strung, delicate, refined

**fijngebouwd** *bn* slender, small-boned, ⟨v. vrouwen⟩ petite

**fijngevoelig** *bn* delicate, sensitive

**fijnhakken** *overg* [hakte fijn, h. fijngehakt] cut/chop small, mince

**fijnkauwen** *overg* [kauwde fijn, h. fijngekauwd] chew up small

**fijnknijpen** *overg* [kneep fijn, h. fijngeknepen] squeeze

**fijnkorrelig** *bn* fine-grained

**fijnmaken** *overg* [maakte fijn, h. fijngemaakt] pulverize, crush

**fijnmalen** *overg* [maalde fijn, h. fijngemalen] grind (down), mince

**fijnproever** *m* [-s] ❶ *v. voedsel* gourmet, epicure, inf foodie ❷ fig connoisseur

**fijnschrijver** *m* [-s] fineliner

**fijnstampen** *overg* [stampte fijn, h. fijngestampt] crush, pound, pulverize, ⟨aardappels⟩ mash

**fijntjes I** *bijw* knowingly, smartly, cleverly, shrewdly, afkeurend slyly * *~ lachen* smile knowingly * *iets ~ opmerken* make a knowing comment * *erg ~ gekruid* delicately spiced/flavoured **II** *bn* slight, delicate, dainty

**fijnwasmiddel** *o* [-en] mild detergent

**fijnzinnig** *bn* discerning, discriminating, subtle

**fijt** *v & o* whitlow

**fik** *m* [-ken] *brand* blaze, fire * *in de ~ staan/steken* be/set ablaze * *~kie stoken* set on fire

**fikken I** *zn* [mv] inf paws, mitts * *blijf eraf met je ~!* keep your mitts/paws off! **II** *onoverg* [fikte, h. gefikt] branden burn

**fiks I** *bn* good, sound * *een ~e klap* a smart/hard blow * *een ~ verlies* a hefty loss **II** *bijw* well, soundly, thoroughly

**fiksen** *overg* [fikste, h. gefikst] *in orde brengen* fix (up)

**filantroop** *m* [-tropen] philanthropist

**filantropie** *v* philanthropy

**filantropisch** *bn* philanthropic

**filatelie** *v* philately

**filatelist** *m* [-en] philatelist

**filatelistisch** *bn* philatelic

**file**[1] *m* [-s] comput file

**file**[2] *v* [-s] row, file, line, queue, traffic jam * *in de ~ staan* be in a traffic jam

**filenieuws** *o* traffic nieuws

**fileparkeren** *o* parallel parking

**fileren** *overg* [fileerde, h. gefileerd] fillet

**filerijden** *o* drive in line

**filet** *m & o* [-s] fillet ⟨of fish, beef &⟩, undercut ⟨of beef⟩

**filevorming** *v* [-en] traffic congestion, build-up of traffic, traffic jam

**filharmonisch** *bn* philharmonic

**filiaal** *o* [-ialen] ❶ branch office, branch

❷ *v. grootwinkelbedrijf* chain store

**filiaalchef** *m* [-s] branch manager

**filiaalhouder** *m* [-s] branch manager

**filigraan**, **filigrein** *o* filigree

**filippica** *v* ['s] philippic

**Filippijn** *m* [-en] Philippine, Filipino

**Filippijnen** *zn* [mv] Philippines

**Filippijns** *bn* Philippine * *de ~e peso* valuta the Philippine peso, the peso

**Filippijnse** *v* [-n] Filipino * *ze is een ~* she's a Filipino, she's from the Philippines

**Filistijn** *m* [-en] Philistine * ⟨kapot⟩ *naar de ~en* go bust, broke

**film** *m* [-s] ❶ *rolprent* film, (motion) picture, Am movie * *bij de ~ zijn* be in the film business/Am movie business * *naar de ~ gaan* go to the cinema, Am go to the movies ❷ *rolletje* film ❸ *vlies* film

**filmacademie** *v* [-s] film academy

**filmacteur** *m* [-s] film actor, Am movie actor

**filmcamera** *v* ['s] ❶ *professioneel* film camera, Am movie camera ❷ *voor smalfilm* cinecamera

**filmen** *overg* [filmde, h. gefilmd] film, inf shoot

**filmer** *m* [-s] film maker

**filmfestival** *o* [-s] film festival

**filmhuis** *o* [-huizen] film house, club cinema

**filmindustrie** *v* film industry, Am motion picture industry

**filmkeuring** *v* [-en] ❶ *de praktijk* film censorship ❷ *de commissie* board of film censors, viewing board

**filmmaker** *m* [-s] film maker

**filmmuziek** *v* soundtrack, score

**filmopname** *v* [-n] shoot, take, shot

**filmploeg** *v* [-en] film crew

**filmregisseur** *m* [-s] (film) director

**filmrol** *v* [-len] ❶ *v. acteur* part, role ❷ *opgerolde film* reel of film

**filmster** *v* [-ren] film star, Am movie star

**filmstudio** *m* ['s] film studio, Am motion picture studio

**filologie** *v* philology

**filologisch** *bn* philological

**filoloog** *m* [-logen] philologist

**filosoferen** *onoverg* [filosofeerde, h. gefilosofeerd] philosophize

**filosofie** *v* [-fieën] philosophy

**filosofisch** *bn* philosophical

**filosoof** *m* [-sofen] philosopher

**filter** *m & o* [-s] ❶ filter, percolator ❷ *v. foto* filter

**filteren** *onoverg en overg* [filterde, h. gefilterd] ❶ filter ❷ *v. koffie* percolate, filter

**filterkoffie** *m* percolated coffee, filter coffee

**filtersigaret** *v* [-ten] filter tip cigarette

**filterzakje** *o* [-s] filter bag, coffee filter

**filtraat** *o* [-traten] filtrate

**filtratie** *v* [-s] filtration

**filtreerpapier** *o* filter paper

**filtreren** *overg* [filtreerde, h. gefiltreerd] ❶ filter ❷ *v. koffie* percolate, filter

**Fin** *m* [-nen] Finn

**finaal I** *bn* ❶ *uiteindelijk* final ❷ *totaal* complete, total ✳ *de finale uitverkoop* the closing-down sale **II** *bijw* completely, quite ✳ ~ *uitgeput* completely exhausted, washed out

**finale** *v* [-s] ❶ <u>muz</u> finale ❷ <u>sp</u> final ✳ *de halve* ~ the semi-final ✳ *in de* ~ *komen* reach the finals

**finaleplaats** *v* [-en] place in the finals

**finalist** *m* [-en] finalist

**financieel I** *bn* financial ✳ *het financiële hart van Londen* The City ✳ *een financiële instelling* a financial institution ✳ *een financiële vergoeding* financial restitution/compensation **II** *bijw* financially ✳ *iem.* ~ *steunen* support sbd financially

**financieel-economisch** *bn* economic

**financiën** *zn* [mv] ❶ *geld* finances ✳ *het staat er slecht voor met zijn* ~ his finances are in a bad state ❷ *financiewezen* finance ✳ *de afdeling* ~ the finance department ✳ *de openbare* ~ public finances

**financier** *m* [-s] financier

**financieren** *overg* [financierde, h. gefinancierd] finance

**financiering** *v* financing, funding ✳ *de* ~ *rondkrijgen* arrange the financing

**financieringsplan** *o* [-nen] financial plan/scheme

**financieringstekort** *o* [-en] (budget) deficit, financing deficit

**fineer** *o* veneer

**fineliner** *m* [-s] fineliner

**fineren** *overg* [fineerde, h. gefineerd] ❶ *v. goud* refine ❷ *v. hout* veneer

**finesse** *v* [-s] finesse, nicety ✳ *de* ~*s* the fine details, the ins and outs, the niceties ✳ *tot in de* ~*s* down to the minutest detail

**fingeren** *overg* [fingeerde, h. gefingeerd] feign, simulate ✳ *een gefingeerde naam* a fictitious/assumed name

**fingerspitzengefühl** *o* ± intuition, sixth sense

**finish** *m* finish ✳ *als eerste over de* ~ *gaan* be the first past the winning post

**finishen** *onoverg* [finishte, h. gefinisht] finish

**finishfoto** *m* ['s] photo finish

**finishing touch** *m* finishing touch

**Finland** *o* Finland

**Fins I** *bn* Finnish **II** *o taal* Finnish

**Finse** *v* [-n] Finn ✳ *ze is een* ~ she's a Finn, she's from Finland

**FIOD** *afk* (Fiscale Inlichtingen en Opsporingsdienst) Fiscal Intelligence and Investigation Service

**firewall** *m* [-s] *netwerkbeveiliging* firewall

**firma** *v* ['s] ❶ *met hoofdelijke aansprakelijkheid* firm ❷ *bedrijf alg.* firm, house, company ✳ *de* ~ *Johnson* the firm of Johnson

**firmament** *o* firmament, sky

**firmant** *m* [-en] partner

**fis** *v* [-sen] <u>muz</u> F sharp

**fiscaal** *bn* fiscal ✳ ~ *aftrekbaar* tax-deductible ✳ *een* ~ *jurist* a tax lawyer ✳ *het* ~ *recht* tax law, revenue law

✳ *een* ~ *toelaatbare afschrijving* a depreciation allowance

**fiscalist** *m* [-en] tax consultant

**fiscus** *m* ❶ Treasury, Exchequer, <u>Br</u> Inland Revenue, <u>Am</u> Inland Revenue Service, IRS ❷ *belastingdienst* tax authorities, tax department

**fistel** *v* [-s] fistula

**fit** *bn* fit ✳ ~ *blijven* keep fit ✳ *niet helemaal* ~ *zijn* be a bit out of condition

**fitness** *m* fitness, health ✳ *aan* ~ *doen* do physical training, go to a fitness centre

**fitnesscentrum** *o* [-s] fitness club, health club

**fitting** *m* [-s &-en] ❶ socket ❷ *v. lamp zelf* screw(cap)/bayonet fitting

**fixatie** *v* [-s] fixation

**fixatief** *o* [-tieven] fixative

**fixeerbad** *o* [-baden] fixing bath

**fixeermiddel** *o* [-en] fixer

**fixeren** *overg* [fixeerde, h. gefixeerd] ❶ *vastleggen, -zetten* fix, affix ❷ *gefascineerd zijn* fixate ✳ *zich* ~ *op iets* be stuck on sth, be fascinated by sth ❸ *strak aankijken* fix, stare at ✳ *iem.* ~ fix sbd with one's eyes, stare hard at sbd

**fjord** *m* [-en] fiord, fjord

**flacon** *m* [-s] ❶ *sierlijke fles* flask ❷ *klein flesje* scent bottle

**fladderen** *onoverg* [fladderde, h. en is gefladderd] ❶ *v. vleermuizen* flit ❷ *v. vogels* flap about ❸ *v. vlinders & flitter*, flutter

**flageolet** *m* [-ten] flageolet

**flagrant** *bn* flagrant, glaring ✳ *in* ~*e strijd/tegenspraak met* in glaring contradiction with ✳ *een* ~*e leugen* a blatant lie

**flair** *m* flair

**flakkeren** *onoverg* [flakkerde, h. geflakkerd] flicker, waver

**flamberen** *overg* [flambeerde, h. geflambeerd] flambé

**flambouw** *v* [-en] torch

**flamboyant** *bn* flamboyant

**flamenco** *m* flamenco

**flamingant** *m* [-en] Flemish movement supporter, Flemish militant

**flamingo** *m* ['s] flamingo

**flanel** *o* [-len] ❶ *stof* flannel ❷ *ondergoed* flannel shirt

**flanellen** *bn* flannel

**flaneren** *onoverg* [flaneerde, h. geflaneerd] stroll, saunter, parade

**flank** *v* [-en] flank, side ✳ *in de* ~ *(aan)vallen* attack the enemy's flank

**flankaanval** *m* [-len] flank attack

**flankeren** *overg* [flankeerde, h. geflankeerd] flank

**flansen** *overg* [flanste, h. geflanst] concoct ‹a story›, whip/scramble up ‹a meal›, tear off ‹a letter› ✳ *in elkaar* ~ throw/knock together

**flap I** *m* [-pen] ❶ *v. boekomslag* flap ❷ *bankbiljet* (bank) note, <u>Am</u> bill ❸ *aan een stuk textiel* flap **II** *tsw klanknabootsing* clap, thud

**fl**

**flapdrol** *m* [-len] drip, idiot *Am* jerk, geek

**flapoor** I *o* [-oren] *bij mens & dier* flap ear *∗met flaporen* flap-eared II *m* [-oren] *persoon* flap-ear

**flap-over** *m* [-s] flip chart

**flappen** *onoverg* [flapte, h. geflapt] *∗alles eruit ∼* blurt it all out

**flappentap** *m* [-pen] *inf* cash dispenser, ATM, automatic teller machine

**flaptekst** *m* [-en] blurb

**flapuit** *m* [-en] blab(ber)

**flard** *v* [-en] shred, tatter, rag *∗aan ∼en* ⟨be⟩ in tatters, in rags, ⟨tear⟩ to pieces *∗een paar ∼en van een gesprek opvangen* catch a few snatches of a conversation

**flashback** *m* [-s] flashback

**flashcard** *m* [-s] *geheugenkaart* comput flash card, flash memory

**flat** *m* [-s] *①woning* flat *Am* apartment *②gebouw* block of flats, *Am* apartment building

**flater** *m* [-s] blunder, *inf* howler *∗een ∼slaan* make a blunder

**flatgebouw** *o* [-en] block of flats, *Am* apartment building

**flatteren** *overg* [flatteerde, h. geflatteerd] flatter *∗de balans ∼* cook the books, doctor the accounts *∗het flatteert u niet* it doesn't flatter you, it doesn't suit you

**flatteus** *bn* flattering, becoming

**flauw** I *bn* *①zwak* weak, faint, feeble *∗∼van de honger* weak from hunger *②smakeloos* bland ⟨food⟩, insipid ⟨writing style⟩ *③vaag* vague ⟨notion⟩, dim ⟨recollection, light⟩, faint ⟨memory⟩ *∗hij heeft er geen ∼begrip van* he hasn't got the faintest idea *∗ik had er een ∼vermoeden van* I had an inkling *④niet grappig* silly ⟨behaviour⟩, insipid ⟨joke⟩ *∗dat is ∼van je* (how) silly! *∗∼geklets* idle talk, idle gossip *⑤niet sterk ingebogen* gentle, slight *∗een ∼e helling* a gentle slope, an undulation *⑥onsportief* unsporting *⑦handel* flat, dull, bearish II *bijw* faintly, dimly

**flauwekul** *m* rubbish, fiddlesticks, stuff and nonsense, *inf* bullshit

**flauwerd** *m* [-s], **flauwerik** [-riken] *①kinderachtig persoon* silly, stupid *②bangerd* chicken, wimp

**flauwiteit** *v* [-en] silly remark, poor joke, inanity

**flauwte** *v* [-n & -s] *①faint*, fainting fit *②windstilte* calm

**flauwtjes** *bijw* faintly, weakly

**flauwvallen** *onoverg* [viel flauw, is flauwgevallen] pass out, faint

**flebitis** *v* med phlebitis

**flebologie** *v* phlebology

**fleece** I *m & o* *stof* fleece II *m* [-s] *trui* fleece

**flegma** *o* *①*phlegm *②kalmte* composure

**flegmaticus** *m* [-ci] phlegmatic

**flegmatiek flegmatisch** *bn* phlegmatic, afkeurend stolid

**flemen** *onoverg* [fleemde, h. gefleemd] coax, cajole, persuade

**flensje** *o* [-s] thin pancake

**fles** *v* [-sen] *①bottle ∗het kindje de ∼geven* give the baby a bottle *∗op de ∼gaan* go broke, go bust, go to pot *∗op de ∼zijn* be bankrupt *∗(veel) van de ∼ houden* be on the bottle *②in laboratorium* flask

**flesopener** *m* [-s] bottle opener

**flessen** *overg* [fleste, h. geflest] swindle, cheat, *inf* diddle

**flessenbier** *o* bottled beer

**flessenhals** *m* [-halzen] bottleneck

**flessenmelk** *v* milk in bottles, bottled milk

**flessenpost** *v* message in a bottle

**flessenrek** *o* [-ken] bottle rack

**flessentrekker** *m* [-s] swindler

**flessentrekkerij** *v* [-en] swindle, swindling

**flesvoeding** *v* bottle food *∗een baby ∼geven* bottle-feed a baby

**flets** *bn* pale, faded, washed out *∗∼e kleuren* faded colours *∗er ∼uitzien* look pale

**fleur** *m & v* bloom, flower, prime *∗de ∼is van de zaak af* it's lost its glow

**fleurig** *bn vrolijk* bright, gay, colourful

**Flevoland** *o* Flevoland

**flexibel** *bn* flexible *∗∼e werkuren* flexible work times, flexitime *∗een ∼e woning* ⟨woning die eenvoudig aan te passen is⟩ a house with non-loading-bearing walls

**flexibiliteit** *v* flexibility

**flexie** *v* [-s] inflection/inflexion

**flexwerk** *o* flexitime, flexible working times

**flexwerker** *m* [-s] flexiworker, flexitime worker

**flierefluiten** *o* loafing

**flierefluiter** *m* [-s] *①losbol* happy-go-lucky type *②nietsnut* loafer, good-for-nothing

**flik** *m* [-ken], **flikje** *o* [-s] *①chocolaatje* chocolate drop *②politieagent* inf cop

**flikflooien** *overg en onoverg* [flikflooide, h. geflikflooid] cajole, wheedle, fawn on ⟨sbd⟩

**flikken** *overg* [flikte, h. geflikt] *①oplappen* patch, cobble ⟨shoes⟩ *②doen* inf bring/pull off *∗het 'm ∼* pull sth off *∗iem. iets ∼* pull one on sbd

**flikker** *m* [-s] *①homo* gay, beledigend poof, poofter, fag, faggot *∗hij is een ∼* he's gay *②gemeen iem.* bastard *③zier* damn *∗het kan me geen ∼schelen* I don't give a damn *∗hij weet er geen ∼van* he doesn't know a damn thing (about it) ▾ ⟨pak slaag⟩ *iem. op zijn ∼slaan* beat sbd up ▾ ⟨een uitbrander⟩ *iem. op zijn ∼geven* tell sbd off, give sbd what-for

**flikkeren** I *onoverg* [flikkerde, h. geflikkerd] *v. licht* flicker, glitter, twinkle II *overg* [flikkerde, h. geflikkerd] *smijten* inf throw, fling, hurl III *onoverg* [flikkerde, is geflikkerd] *vallen* inf fall, tumble, drop

**flikkering** *v* [-en] flicker(ing), glittering, twinkling

**flikkerlicht** *o* [-en] *①regelmatig* flashing/blinking light *②onregelmatig* flickering light *③zwak* glimmer, twinkle

**flink** I *bn* *①behoorlijk, aanzienlijk* big, strong, considerable ⟨time⟩, substantial ⟨contribution⟩, sizeable ‹desk, amount of money› *een ~boekdeel a big thick book *een ~glas a big/large glass *een ~ stuk a generous piece ❷energiek, stevig fine ‹lass, woman›, sturdy, robust, strapping, hardy ‹fellows› *hij is nog ~he's still going strong ❸moedig brave, strong *wees nou een ~e jongen! be a brave chap! *zich ~houden put on a brave front II*bijw soundly, vigorously, thoroughly *iem. ~ aframmelen give sbd a good hiding *~eten eat heartily/well *hij kan ~lopen he's a good walker *~ optreden deal firmly (with), take a firm line *het regent ~it's raining hard *zij zongen er ~op los they sang lustily *ik heb hem ~de waarheid gezegd I gave him a piece of my mind

**flinterdun**bn wafer-thin

**flip-over**m [-s] flip chart

**flippen**onoverg [flipte, is geflipt] lose one's temper, slang freak out ▼ ‹teleurgesteld zijn› ~op feel let down, be disappointed

**flipperen**onoverg [flipperde, h. geflipperd] play pinball

**flipperkast**v [-en] pinball machine

**flirt** I*m-v* [-en] persoon flirt II*m* [-s] handeling flirtation

**flirten**onoverg [flirtte, h. geflirt] flirt

**flits**m [-en] flash *in een ~in a flash, in a split second *~en van de verkiezingen & bits and pieces of the election &, highlights of the election &

**flitsen** I onoverg [flitste, h. en is geflitst] flash *het flitste door mijn hoofd dat... it flashed through my mind that... II overg [flitste, h. geflitst] flash

**flitsend**bn ❶modieus stylish *een ~pak aan hebben have a snappy/trendy suit on ❷wervelend brilliant *een ~e show geven give a dazzling show

**flitser**m [-s] ❶fotogr flash ❷streaker streaker

**flitslamp**v [-en] flash lamp, ‹klein› flash bulb

**flitslicht**o flashlight

**flitspaal**m [-palen] speed camera ‹mounted at the side of the road›

**flitstrein**m [-en] TGV, high speed train

**flodder**v [-s] ❶jurk & baggy/floppy clothes ❷vrouw dowdy, slattern, frump ❸patroon dummy, blank *losse ~s blank cartridges

**flodderen**onoverg [flodderde, h. geflodderd] ❶slobberen hang loosely, flop ❷slordig werken work carelessly, do sloppy work

**flodderig**bn ❶v. kleding dowdy, frumpish, baggy ❷slordig slipshod, messy

**flodderkous**v [-en] frump

**floep**tsw ❶pop! ❷in water plop!

**floepen**onoverg [floepte, h. en is gefloept] pop (out) *eruit ~pop out *die opmerking floepte eruit the remark just slipped out

**floers**o [-en] (black) crape, fig veil, shroud

**flonkeren**onoverg [flonkerde, h. geflonkerd] sparkle, twinkle, glitter

**flonkering**v [-en] sparkling, twinkling, glittering

**floorshow**v [-s] floor show

**flop**m [-s] flop, fiasco

**floppen**onoverg [flopte, is geflopt] flop *de musical is vreselijk geflopt the musical was a complete flop/a fiasco

**floppy**m ['s], **floppydisk**[-s] comput floppy disc/disk, floppy, diskette

**floppydrive**m [-s] floppy disc/disk drive

**flora**v ['s] ❶bloemenrijk flora ❷boek flora

**floreren**onoverg [floreerde, h. gefloreerd] flourish, prosper, thrive

**floret**v & o [-ten] ❶degen foil ❷afvalzijde floss silk

**floretzijde**v floss silk

**florijn**m [-en] florin, guilder

**florissant**bn flourishing, prospering, thriving

**flosdraad**m floss

**flossen**onoverg [floste, h. geflost] floss (one's teeth)

**fluctuatie**v [-s] fluctuation

**fluctueren**onoverg [fluctueerde, h. gefluctueerd] fluctuate

**fluïdum**o ❶gas, vloeistof fluid ❷uitstraling fluid ❸spiritistisch aura ❹vloeibare make-up foundation (cream)

**fluim**v [-en] phlegm, slang gob

**fluimen**onoverg [fluimde, h. gefluimd] expectorate, bring up phlegm

**fluistercampagne**v [-s] whispering campaign

**fluisteren**overg en onoverg [fluisterde, h. gefluisterd] whisper *iem. iets in het oor ~whisper sth in sbd's ear *er wordt gefluisterd dat... it is rumoured that..

**fluistergewelf**o [-welven] whispering gallery

**fluistertoon**m whisper

**fluit**v [-en] ❶muz flute *op de ~spelen play the flute *het kan me geen ~schelen I don't give a damn *hij heeft geen ~uitgevoerd he hasn't done a thing ❷voor signalen whistle ❸glas flute

**fluitconcert**o [-en] concerto for flute, flute concerto * ‹uitjouwen› een ~geven boo, hiss

**fluiten** I onoverg [floot, h. gefloten] ❶whistle *de kogels floten om zijn oren the bullets whistled past his ears *voor buitenspel ~whistle for offside *je kan er naar ~you can whistle for it ❷muz play the flute ❸v. vogels warble, sing ‹of birds› ❹uitfluiten hiss ‹in theatre &› II overg [floot, h. gefloten] ❶melodie whistle ‹a tune› *zijn hond ~whistle for one's dog ❷sp whistle, blow the whistle *een wedstrijd ~referee a match

**fluitenkruid**o cow parsley

**fluitist**m [-en] flute player, flautist, flutist

**fluitje**o [-s] whistle *dat is een ~van een cent there's nothing to it, it's a piece of cake

**fluitketel**m [-s] whistling kettle

**fluitsignaal**o [-nalen] whistle *sp het laatste ~the final whistle

**fluitspeler**m [-s] flute player, flautist, flutist

**fluittoon**m [-tonen] whistle, radio whine, interference

**fluor**o fluorine

**fluorescentie**v [-s] fluorescence

**fl**

**fl**

**fluoresceren** *onoverg* [fluoresceerde, h. gefluoresceerd] fluoresce, be fluorescent
**fluorescerend** *bn* fluorescent
**fluoride** *o* [-n] fluoride
**fluortablet** *v & o* [-ten] fluoride tablet
**flut** *v* ∗ *ik vind het∼* I think it's rubbish
**flutboek** *o* [-en] terrible book, bad book
**flûte** *v* [-s] champagne glass/flute
**fluweel** *o* [-welen] velvet ∗ *fig op∼ zitten* sit pretty
**fluweelzacht** *bn* soft as velvet
**fluwelen** *bn* velvet ∗ *met∼ handschoenen* with kid gloves
**fluwelig** *bn* velvety, velvet-like
**flux de bouche** *m* flow of words, gift of the gab
**flyer** *m* [-s] flyer
**FM** *afk* (frequentiemodulatie) FM, frequency modulation
**fnuikend** *bn* destructive
**fobie** *v* [-bieën] phobia
**focaal** *bn* focal
**focus** *m* [-sen] focus, focal point
**focussen** *onoverg* [focuste, h. gefocust] focus, bring into focus ∗ *fotogr & fig∼ op* focus on
**foedraal** *o* [-dralen] case, ‹zwaard› sheath, ‹revolver› holster, ‹overtrek› cover
**foefje** *o* [-s] excuse, pretext ∗ *de∼s kennen* know all the tricks
**foei** *tsw* ∗ *∼!* shame on you!, for shame!, naughty boy/girl!
**foeilelijk** *bn* hideous, ugly
**foelie** *v* [-s] ❶ *specerij* mace ❷ *folie* (tin) foil
**foerageren** *onoverg* [foerageerde, h. gefoerageerd] forage
**foeteren** *onoverg* [foeterde, h. gefoeterd] storm and swear, grumble (*over/tegen* at)
**foetsie** *bijw* gone, vanished into thin air
**foetus** *m & o* [-sen] f(o)etus
**foeyonghai** *m* shrimp foo yong omelette
**föhn** *m* [-s] ❶ *haardroger* hairdryer ❷ *wind* föhn
**föhnen** *overg* [föhnde, h. geföhnd] blow-dry
**fok I** *v* [-ken] ❶ *scheepv* foresail ❷ *bril inf* specs II *m* breeding, raising
**fokken I** *overg* [fokte, h. gefokt] breed, rear ∗ *een snorretje/buikje∼* cultivate a moustache/tummy II *onoverg* breed
**fokkenmaat** *m* [-maten, -s] foremastman
**fokkenmast** *m* [-en] foremast
**fokker** *m* [-s] (cattle) breeder, stock breeder
**fokkerij** *v* ❶ *fokken* (cattle) breeding, stock breeding ❷ *bedrijf* [-en] (stock) farm, breeder's
**fokstier** *m* [-en] stud bull
**fokvee** *o* breeding cattle
**folder** *m* [-s] leaflet, flyer, brochure, comput folder
**foliant** *m* [-en] folio (volume)
**folie** *v* foil ∗ *plastic∼* plastic foil
**folio** *o* ['s] folio ∗ *een boek in∼* folio size book
**folioformaat** *o* folio size
**foliumzuur** *o* folic acid

**folk** *m*, **folkmuziek** *v* folk, folk music
**folklore** *v* folklore
**folkloristisch** *bn* folkloristic
**follikel** *m* [-s] follicle
**follow-up** *m* ❶ *voortzetting* follow-up, continuance ❷ *opvolger* follow-up, sequel
**folteraar** *m* [-s] torturer, fig tormentor
**folteren** *overg* [folterde, h. gefolterd] torture, fig torment
**foltering** *v* [-en] torture fig torment, agony
**folterkamer** *v* [-s] torture chamber
**folterwerktuig** *v* [-en] torture rack, instrument of torture
**fond** *o & m* ❶ background, fig bottom ∗ *au∼* basically ‹he is right› ❷ *bouillon* concentrated stock
**fondant** *m & o* [-s] ❶ *suikergoed* fondant ❷ *emaille* transparent enamel, flux
**fonds** *o* [-en] ❶ *kapitaal voor bep. doel* fund, funds ∗ *een∼ voor gemene rekening* a joint account fund ❷ *geldhandel* cover, collateral ❸ *effect* stock, share, security ∗ *zijn∼en zijn gestegen* his shares have risen ❹ *v. uitgever* (publisher's) list
**fondsenwerving** *v* fundraising
**fondslijst** *v* [-en] ❶ *boeken* publisher's list, catalogue/Am catalog ❷ *effecten* fund, share, holding
**fondspatiënt** *m* [-en] NHS/Medicare patient
**fondue** *v* [-s] fondue
**fonduen** *onoverg* [fonduede, h. gefondued] have a fondue
**fonduepan** *v* [-nen] fondue pan
**fonduestel** *o* [-len] fondue set
**fonduevork** *v* [-nen] fondue fork
**foneem** *o* [-nemen] phoneme
**fonetiek** *v* phonetics
**fonetisch** *bn* phonetic ∗ *het∼ schrift* phonetic script
**fonkelen** *onoverg* [fonkelde, h. gefonkeld] ❶ sparkle, scintillate, glitter, twinkle ❷ *v. dranken* effervesce
**fonkeling** *v* [-en] sparkling, scintillation, glittering, gleaming
**fonkelnieuw** *bn* brand-new
**fonologie** *v* phonology
**fonologisch** *bn* phonological
**fonotheek** *v* [-theken] record library
**font** *o* [-s] font
**fontanel** *v* [-len] fontanelle
**fontein** *v* [-en] fountain, spray ∗ *een∼ van vuur* a jet of flame/fire
**fonteintje** *o* [-s] small washbasin
**foodprocessor** *m* [-s] food processor
**fooi** *v* [-en] ❶ *drinkgeld* tip, gratuity ∗ *iem. een (pond)∼ geven* tip sbd (a pound) ❷ *klein bedrag* pittance
**fooienpot** *m* [-ten] container for tips
**foolproof** *bn* foolproof, infallible
**foor** *v* [foren] *kermis* ZN funfair
**foppen** *overg* [fopte, h. gefopt] fool, cheat, hoax, hoodwink ∗ *gefopt!* tricked you!
**fopspeen** *v* [-spenen] dummy, comforter, Am

pacifier

**forceren I** *overg* [forceerde, h. geforceerd] force ∗ *een deur~* force a door (open)∗ *zijn stem~* strain one's voice∗ *maatregelen~* enforce measures **II** *wederk* [forceerde, h. geforceerd] ∗ *zich~* force oneself, strain oneself, overtax/overwork oneself

**forehand** *m* [-s] forehand

**forel** *v* [-len] trout

**forens** *m* [-en & -renzen] commuter

**forensenplaats** *v* [-en] dormitory/commuter suburb

**forensentrein** *m* [-en] suburban train, Am commuter train

**forensisch** *bn* forensic∗ *~e geneeskunde* forensic medicine∗ *~ onderzoek* a forensic test/examination, forensic research

**forenzen** *onoverg* [forensde, h. geforensd] commute

**forfait** *o* [-s] **❶** econ agreed, fixed amount **❷** sp forfeit

**forfaitair** *bn* fixed∗ *een~e aftrekpost* a fixed deduction, a standard deduction∗ *jur een~ bedrag* a lump sum

**forma** *v* ∗ *pro~* for form's sake∗ *in optima~* in great form

**formaat** *o* [-maten] format, size∗ *van (groot)~* ⟨v. personen⟩ large, fig of calibre; ⟨v. problemen &⟩ of great magnitude, major∗ *een denker van Europees ~* a thinker of European stature

**formaliseren** *overg* [formaliseerde, h. geformaliseerd] formalize, standardize

**formalisme** *o* formalism

**formaliteit** *v* [-en] formality, matter of form/routine ∗ *het is slechts een~* it's purely/just a formality

**formateur** *m* [-s] pol formateur

**formatie** *v* [-s] **❶** *vorming* formation, composition **❷** *getalsterkte, bezetting* formation **❸** mil formation, establishment, unit∗ mil *boven de~* supernumerary ∗ luchtv *in~ vliegen* fly in formation **❹** *muziekgroep* band, group **❺** geol formation

**formatteren** *overg* [formatteerde, h. geformatteerd] comput format

**formeel I** *bn* formal, ceremonial∗ *~ taalgebruik* formal language∗ *~ recht* procedural, adjective law **II** *bijw* formally

**formeren** *overg* [formeerde, h. geformeerd] form ∗ *het kabinet~* form a cabinet

**formica** [®] *o* Formica

**formidabel** *bn* formidable, mighty∗ *een~e hoeveelheid* an impressive amount

**formule** *v* [-s] formula∗ sp*~ 1* Formula 1

**formuleren** *overg* [formuleerde, h. geformuleerd] formulate ⟨a wish⟩, put into words, phrase∗ *anders ~* reword/rephrase

**formulering** *v* [-en] formulation, wording

**formulier** *o* [-en] **❶** *om in te vullen* form∗ *een~ invullen* fill in a form **❷** *voorgeschreven bewoording* formulary

**fornuis** *o* [-nuizen] kitchen range, cooker∗ *een*

*elektrisch~* an electric stove/cooker

**fors** *bn* **❶** *krachtig* strong, vigorous∗ *~e bewoordingen* strong/vigorous terms∗ *er staat een ~e wind* there is a strong wind∗ *met~e stem* in a loud voice **❷** *groot* large, big, sturdy∗ *een~ bedrag* a large/substantial amount∗ *een~e koersstijging* a big increase in price∗ *hij is een~e kerel* he's a sturdy fellow∗ *~e maatregelen* radical/sweeping measures ∗ *~e verliezen* heavy losses

**forsgebouwd** *bn* strongly built, sturdy

**forsythia** *v* ['s] forsythia

**fort**[1] *o & m* sterke kant *v.e. persoon* forte, strong point

**fort**[2] *o* [-en] mil fort

**fortificatie** *v* [-s] fortification

**fortuin I** *o* [-en] **❶** *vermogen* fortune∗ *~ maken* make one's fortune **❷** *geluk* fortune, luck∗ *zijn~ zoeken* seek one's fortune **II** *v het lot* fortune, chance, destiny

**fortuinlijk** *bn* lucky∗ *~ zijn* be lucky, fortunate

**fortuinzoeker** *m* [-s] fortune-seeker, adventurer

**forum** *o* [fora, -s] **❶** forum **❷** *als groep deskundigen* panel, jur forum/designated court **❸** *als discussie* teach-in

> **forum**
> is in het Engels ook **forum**, maar het meervoud is **forums**.

**forumdiscussie** *v* [-s] forum, panel discussion

**fosfaat** *o* [-faten] phosphate

**fosfaatvrij** *bn* free of phosphates, non-phosphate

**fosfor** *m & o* phosphorus

**fosforesceren** *onoverg* [fosforesceerde, h. gefosforesceerd] phosphoresce

**fosforescerend** *bn* phosphorescent

**fosforhoudend** *bn* containing phosphates

**fosforzuur** *o* phosphoric acid

**fossiel I** *bn* fossil **II** *o* [-en] fossil

**foto** *v* ['s] **❶** photograph, photo **❷** *in krant &* picture ∗ *een~ maken* take a picture, take a photograph

**fotoalbum** *o* [-s] photograph album, photo album

**fotoboek** *o* [-en] photo album

**fotocamera** *v* ['s] photo camera

**foto-elektrisch** *bn* ∗ *een~e cel* a photocell, a photoelectric cell

**fotofinish** *m* sp photo finish

**fotogeniek** *bn* photogenic

**fotograaf** *m* [-grafen] photographer

**fotograferen** *overg en onoverg* [fotografeerde, h. gefotografeerd] photograph∗ *zich laten~* have one's photo/picture taken

**fotografie** *v* **❶** *de kunst* photography∗ *digitale~* digital photography **❷** *beeld* [-fieën] photo(graph)

**fotografisch** *bn* photographic

**fotohandelaar** *m* [-s & -laren] photographic dealer/supplier

**fotojournalist** *m* [-en] photojournalist

**fotokopie** *v* [-pieën] photocopy

**fotokopieerapparaat**o [-raten] photocopying machine, photocopier

**fotokopiëren**overg [fotokopieerde, h. gefotokopieerd] photostat, photocopy

**fotomodel**o [-len] (photographic) model, cover girl

**fotomontage**v [-s] ❶*de handeling* photo composing ❷*het resultaat* composite picture

**foton**o [-tonen] photon

**fotoreportage**v [-s] photographic report, series of photographs

**fotorolletje**o [-s] (roll of) film

**fotosynthese**v photosynthesis

**fototoestel**o [-len] camera

**fotozaak**v [-zaken] photo(graphic) shop, camera shop

**fouilleren**overg [fouilleerde, h. gefouilleerd] search, body-search, frisk, ⟨in het lichaam⟩ intimate search

**foulard** I o *stof* foulard II m [-s] *doek* woollen/silk scarf

**fourneren**overg [fourneerde, h. gefourneerd] furnish

**fournituren**zn [mv] haberdashery

**fout** I v [-en] ❶*fault*, mistake, error, blunder ✳*een ~ maken, in de fout gaan* make a mistake/blunder/error, blunder, inf slip up ✳*een administratieve ~an* administrative error ✳*een menselijke ~a* human error ✳*inf je hoeft me niet steeds op mijn ~en te wijzen* you don't have to keep on rubbing my nose in it ❷*mankement* fault, flaw, defect ❸*sp* foul, fault ✳*tennis een dubbele fout* a double fault II bn ❶*niet juist* wrong, incorrect, erroneous ✳*hij gaf een ~antwoord* he gave the wrong answer ❷*m.b.t. oorlogscollaboratie* on the wrong side ✳*hij was ~in de oorlog* he was a collaborator during the war, he was a Nazi sympathizer

**foutief**bn wrong ✳*een ~vonnis* the wrong verdict

**foutloos**bn faultless, perfect, impeccable

**foutmelding**v [-en] comput error message

**foutparkeerder**m [-s] illegally parked motorist

**foutparkeren**o park illegally

**foxterriër**m [-s] fox terrier

**foxtrot**m [-s] foxtrot

**foyer**m [-s] foyer, lobby

**fraai**bn beautiful, handsome, pretty, nice, fine ✳*een ~e hand schrijven* have nice handwriting ✳*iron dat is ~!* what a pretty mess/pickle!

**fractal**m [-s] wisk fractal

**fractie**v [-s] ❶*gedeelte* fraction ✳*(in) een ~van een seconde* (in) a split second ✳*een ~meer/hoger* a fraction higher ❷*pol* (political) group, wing, party

**fractieleider, fractievoorzitter**m [-s] ± leader of a parliamentary party, ⟨in Engeland⟩ ± whip

**fractioneel**bn fractional

**fractuur**v [-turen] med fracture

**fragiel**bn fragile

**fragment**o [-en] fragment

**fragmentarisch** I bn fragmentary, sketchy, inf scrappy ⟨knowledge⟩ II bijw fragmentarily, sketchily, inf scrappily

**fragmentatiebom**v [-men] fragmentation bomb

**fragmenteren** I overg [fragmenteerde, h. gefragmenteerd] disintegrate II onoverg [fragmenteerde, is gefragmenteerd] disintegrate

**framboos**v [-bozen] raspberry

**frame**o [-s] frame

**Française**v [-s] Frenchwoman ✳*ze is een ~* she's a Frenchwoman, she's from France, she's French

**franchise**v [-s] ❶*handel* franchise ✳*de verkrijger van de ~* the franchisee ✳*de verlener van de ~* the franchisor ❷*belastingen* tax free allowance ❸*marketing* exemption, franchise

**franchisegever**m [-s] franchisor

**franchisenemer**m [-s] franchisee

**franchising**m marketing franchising, management contracting

**franciscaan**m [-canen] Franciscan

**franciscaner** I m [-s] Franciscan friar II bn Franciscan

**franco**bijw post post-free, post-paid, postage paid, prepaid ✳*handel & transport ~huis/thuis* free domicile, delivered duty paid, DDP ✳ ⟨verzendkosten voor rekening verzender⟩ *~vracht* carriage/freight paid ✳ ⟨verzendkosten voor rekening ontvanger⟩ *niet ~carriage/freight* forward, ⟨poststukken⟩ postage extra

**francofiel** I bn Francophile II m [-en] Francophile, lover of France

**francofoob** I bn francophobic II m [-foben] Francophobe

**francofoon**bn French-speaking

**franje**v [-s] fringe, fig frills ✳ ⟨gewoon, gespeend van luxe⟩ *zonder ~* stripped of all frills, inf no-frills

**frank** I bn frank, candid ✳ *~en vrij* frank and free II m [-en] *munteenheid* franc

**frankeerkosten**zn [mv] ❶*v. brief* postage ❷*v. goederen* carriage

**frankeermachine**v [-s] franking machine

**frankeren**overg [frankeerde, h. gefrankeerd] ❶*porto betalen* prepay ❷*postzegels opplakken* stamp ✳ *~als brief* stamp as letter ✳ *~als drukwerk* stamp as printed matter ✳*gefrankeerd* post-paid ✳*een gefrankeerde envelop* a stamped envelope ✳*onvoldoende gefrankeerd* (having) insufficient postage, understamped, underfranked ❸*met machine* frank, Am meter

**frankering**v [-en] prepayment, postage ✳ *~bij abonnement* postage paid ✳*onvoldoende ~* insufficient postage

**Frankrijk**o France

**Frans** I bn French ✳*hist valuta de ~e frank* the French franc, the franc II o *taal* French ✳*daar is geen woord ~bij* that's plain speaking III m ✳*een vrolijke ~* a jolly fellow

**Franse**v [-n] Frenchwoman ✳*ze is een ~* she's a

Frenchwoman, she's from France, she's French

**Fransgezind***bn* Francophile

**Fransman***m* [Fransen] Frenchman *de Fransen* the French

**Franstalig***bn* French-speaking

**frappant***bn* striking *het* ~*e* the striking/remarkable thing ‹about it›

**frapperen***overg* [frappeerde, h. gefrappeerd] ❶*treffen* strike ❷*koud maken* ice

**frase***v* [-n & -s] phrase *holle* ~*n* idle talk, hollow/bombastic phrases, hot air

**fraseren***overg* [fraseerde, h. gefraseerd] phrase

**frater***m* [-s] (Christian) brother, friar

**fratsen***zn* [mv] tomfoolery, caprices, whims, pranks *rare* ~*uithalen* play pranks, do strange things

**fraude***v* [-s] fraud * ~*plegen* commit fraud

**fraudebestendig***bn* protected against fraud, fraud-proof

**fraudegevoelig***bn* susceptible to fraud

**frauderen***onoverg* [fraudeerde, h. gefraudeerd] commit fraud

**fraudeteam***o* [-s] fraud squad

**fraudeur***m* [-s] cheat, swindler, fraud

**frauduleus***bn* fraudulent *frauduleuze handelingen verrichten* act fraudulently *een* ~*bankroet* a bankrupt fraud

**freak***m-v* [-s] ❶*fanaat* freak, buff, nut, fan *een jazz* ~*a* jazz fanatic, a jazz fan *een voetbal* ~*a* football freak, a football fan ❷*onconventioneel persoon* drop-out

**freelance***bn* freelance

**freelancen***onoverg* [freelancete, h. gefreelancet] work freelance, freelance

**freelancer***m* [-s] freelance, freelancer

**frees***v* [frezen] techn (milling) cutter

**freesbank***v* milling machine, miller

**freewheelen***onoverg* [freewheelde, h. gefreewheeld] freewheel, coast, fig take things easy, coast along

**fregat***o* [-ten], **fregatschip***i*[-schepen] frigate

**frêle***bn* delicate, frail

**frequent***bn* frequent

**frequenteren***overg* [frequenteerde, h. gefrequenteerd] frequent

**frequentie***v* [-s] frequency, incidence

**fresco***o* ['s] fresco, mural *al* ~*schilderen* paint in fresco, fresco *al* ~*dineren* eat outdoors

**fresia***v* ['s] freesia

**fret***o* [-ten] dierk ferret **II***m* [-ten] ❶*fretboortje* techn gimlet ❷*v. gitaar* fret

**freudiaans***bn* Freudian *een* ~*e vergissing/verspreking* a Freudian slip

**freule***v* [-s] gentlewoman, lady * ~*X* lady X

**frezen***overg* [freesde, h. gefreesd] techn mill

**fricandeau***m* [-s] fricandeau

**fricassee***v* [-s] ❶*ragout* ZN ragout ❷*ragoutvlees* ZN ragout meat

**frictie***v* [-s] friction

**friemelen***onoverg* [friemelde, h. gefriemeld] fiddle *aan iets* ~fiddle with sth

**Fries** l*m* [Friezen] Frisian ll*bn* Frisian lll*o taal* Frisian

**fries***v & o* [friezen] ❶*bovenlijst* frieze ❷*versierde rand* frieze

**Friesland***o* Friesland

**friet***v* [-en], **frites***zn* [mv] French fries, (potato) chips, French fried potatoes

**frietsaus***v* sauce for chips, (type of) mayonnaise

**Friezin***v* [-nen] Frisian (woman)

**frigide***bn* frigid, sexually unresponsive

**frigo***m* ['s] ❶*ijskast* ZN fridge, refrigerator ❷*koelhuis* ZN cold store

**frik***m* [-ken] inf schoolmaster

**frikadel**, **frikandel***v* [-len] type of sausage

**fris** l*bn* ❶*schoon* fresh, clean * ~*se lucht* fresh air ❷*fit, gezond* fresh, fit *zo* ~*als een hoentje* as fit as a fiddle ❸*onbevangen* unaffected *een* ~*meisje* an unaffected girl *fig hij is niet* ~there's something fishy about him ❹*vernieuwd* fresh, new, renewed *een* ~*se aanpak* a fresh/new approach *met* ~*se moed* with renewed courage ❺*koud* cool, chilly *het is* ~*it* is chilly ❻*verfrissend* refreshing *een* ~*se douche* a refreshing shower ll*bijw* freshly, fresh lll*m* koolzuurhoudende frisdrank soft drink, Am pop

**frisbeeën***onoverg* [frisbeede, h. gefrisbeed] frisbee ®

**frisbee®** *m* [-s] frisbee

**frisdrank***m* [-en] soft drink

**friseren***overg* [friseerde, h. gefriseerd] crisp, curl, frizz

**frisheid***v* ❶*freshness* ❷*koelte* coolness, chilliness

**frisjes***bn* a bit chilly/nippy

**frites***zn* [mv] → friet

**friteuse***v* [-s] (deep) fryer

**frituren***overg* [frituurde, h. gefrituurd] deep-fry

**frituur***v* [-turen] ❶*gebakken spijs* fry ❷*bakje* chip basket ❸*snackbar* ZN chippy, fish and chip stall/stand

**frituurpan***v* [-nen] deep fryer, deep-frying pan

**frituurvet***o* deep-frying fat *in* ~*bakken* deep-fry

**frivoliteit***v* [-en] frivolity

**frivool***bn* frivolous

**fröbelen***onoverg* [fröbelde, h. gefröbeld] play about/around, potter about/around

**frommelen** l*overg* [frommelde h. gefrommeld] rumple, crumple (up) *iets in elkaar* ~crumple sth up *iets weg* ~stash sth away ll*onoverg* fumble

**frons***v* [-en & fronzen] frown, wrinkle

**fronsen***overg* [fronste, h. gefronst] frown *het voorhoofd/de wenkbrauwen* ~frown, knit one's brows

**front***o* [-en] ❶*voorkant* front, bouw facade *met het* ~*naar...* fronting... ❷*m.b.t. het weer* front *een naderend* ~an approaching front ❸*mil* front *mil aan het* ~at the front *ook fig op alle* ~*en* on all fronts *ook fig een gesloten* ~*vormen* close ranks

**frontaal** *bn bijw* frontal✶ *een frontale aanval* a frontal attack✶ *een frontale botsing* a head-on collision✶~ *tegen elkaar botsen* collide head-on

**frontje** *o* [-s] *halfhemd* front, inf dick(e)y

**frontlijn** *v* [-en], **frontlinie** [-s] front line

**fronton** *o* [-s] pediment

**frontsoldaat** *m* [-daten] soldier at the front

**frotté** *o* sponge cloth

**fruit** *o* fruit

**fruitautomaat** *m* [-maten] fruit/slot machine, inf one-armed bandit

**fruitboom** *m* [-bomen] fruit tree

**fruiten** *overg* [fruitte, h. gefruit] fry, sauté✶ *gefruite uitjes* fried onions

**fruitig** *bn* fruity ⟨wine⟩

**fruitmand** *v* [-en] fruit basket

**fruitmes** *o* [-sen] fruit knife

**fruitsalade** *v* [-s] fruit salad

**fruitschaal** *v* [-schalen] fruit dish

**frunniken** *onoverg* [frunnikte, h. gefrunnikt] fiddle ✶ *aan zijn dasje*~ tug at one's tie

**frustratie** *v* [-s] frustration

**frustreren** *overg* [frustreerde, h. gefrustreerd] frustrate

**frustrerend** *bn* frustrating

**frutselen** *onoverg* [frutselde, h. gefrutseld] fiddle, tinker

**f-sleutel** *m* [-s] muz bass clef, F clef

**fuchsia** *v* ['s] fuchsia

**fuga** *v* ['s] fugue

**fuif** *v* [fuiven] celebration, party, spree, inf beano/bash✶ *een*~ *geven* throw a party

**fuifnummer** *o* [-s] inf party animal

**fuik** *v* [-en] trap✶ *in de*~ *lopen* walk/fall into the trap

**fuiven I** *onoverg* [fuifde, h. gefuifd] feestvieren celebrate, inf party (on)✶ inf *we hebben tot diep in de nacht doorgefuifd* we partied (on) into the wee hours **II** *overg* [fuifde, h. gefuifd] *feestelijk onthalen* feast (*op* with), treat (*op* to)✶ *iem./zichzelf op iets*~ treat sbd/oneself to sth

**full colour I** *bn* full colour/Am color **II** *m* full colour/Am color

**fulltime** *bn & bijw* full-time✶~ *werken* work full-time, have a full-time job

**fulmineren** *onoverg* [fulmineerde, h. gefulmineerd] fulminate (against), lash out (at)

**functie** *v* [-s] ❶ *taak* position, post, job✶ *een*~ *bekleden* hold a position✶ *zijn*~ *neerleggen* resign from office✶ *in*~ *treden* commence one's duties, take up one's position✶ *in*~ *zijn* be in office✶ *in zijn* ~ *van* in his capacity as✶ *uit een*~ *ontheffen* remove from office ❷ *werking* wisk function

**functiebeschrijving** *v* [-en] job description

**functietoets** *m* [-en] comput function key

**functionaris** *m* [-sen] official, office holder, officer

**functioneel** *bn* functional✶ *functionele kosten* functional cost(s)✶ *functionele organisatie* management ⟨functionele structuur⟩ functional organization, functional structuring✶ *een functionele werkhouding* an efficient working position

**functioneren** *onoverg* [functioneerde, h. gefunctioneerd] function, operate, perform✶ *slecht* ~ function/operate badly; ⟨v. mensen⟩ perform poorly

**functioneringsgesprek** *o* [-ken] (job) performance review

**fundament** *o* [-en] foundation(s), fig fundamentals

**fundamentalisme** *o* fundamentalism

**fundamentalist** *m* [-en] fundamentalist

**fundamentalistisch** *bn* fundamentalist

**fundamenteel I** *bn* fundamental, basic✶ *een fundamentele analyse* a thorough/a deep-reaching analysis✶ eff *fundamentele analyse* fundamental analysis✶ *fundamentele grondslagen* basic standards ✶ *van*~ *belang* of vital/crucial importance **II** *bijw* fundamentally✶ *ze verschillen*~ *van elkaar* they are fundamentally different, inf they're worlds apart

**funderen** *overg* [fundeerde, h. gefundeerd] ❶ found, fig base, ground ❷ handel fund

**fundering** *v* [-en] ❶ foundation(s), fig basis ❷ *het funderen* founding ❸ handel funding

**funest** *bn* fatal, disastrous

**fungeren** *onoverg* [fungeerde, h. gefungeerd] act (as), officiate✶~ *als* act as, function as, perform the duties of

**funk** *m* muz funk, funky music

**furie** *v* [-s & -riën] ❶ *wraakgodin* Fury ❷ *vrouw* shrew, vixen, bitch ❸ *razernij* fury, be raving (mad)✶ *de Spaanse Furie* the Spanish fury

**furieus** *bn* furious, enraged, livid, inf hopping mad

**furore** *v* ✶~ *maken* create a furore

**fuseren** *overg en onoverg* [fuseerde, h. en is gefuseerd] ❶ handel merge (with), amalgamate (with), fuse (with) ❷ nat amalgamate, fuse

**fusie** *v* [-s] ❶ handel merger, amalgamation✶ *een*~ *aangaan* (*met*) merge (with), amalgamate (with) ✶ *een juridische*~ a statutory merger ❷ nat fusion, amalgamation

**fusilleren** *overg* [fusilleerde, h. gefusilleerd] execute by firing squad

**fust** *o* [-en] ❶ *vat* cask, barrel✶ *wijn op*~ wine in a cask/barrel ❷ *verpakking* wood, cask✶ *leeg*~ empty boxes, dummies

**fut** *m & v* energy inf zip/spunk✶ *de*~ *is eruit* the energy has run out✶ *geen*~ *meer hebben* have lost one's drive

**futiel** *bn* futile, insignificant

**futiliteit** *v* [-en] futility

**futloos** *bn* spiritless, droopy✶~ *haar* limp hair✶ *zich* ~ *voelen* feel washed out, lack energy

**futurisme** *o* futurism

**futuristisch** *bn* futurist

**futurologie** *v* futurology

**fuut** *m* [futen] grebe

**fysica** *v* physics, natural science

**fysicus** *m* [-ci] physicist
**fysiek I** *bn* physical ∗ <u>handel</u>~*e goederen* physical
commodities, actuals **II** *o* physique, physical
structure
**fysiologie** *v* physiology
**fysiologisch** *bn* physiological
**fysioloog** *m* [-logen] physiologist
**fysionomie** *v* [-mieën] physiognomy
**fysiotherapeut** *m* [-en], **fysiotherapeute** *v* [-n]
physiotherapist
**fysiotherapie** *v* physiotherapy
**fysisch** *bn* physical ∗ ~*e geografie* physical
geography
**fyto-oestrogenen** *zn* [mv] phyto-oestrogen

# G

**G** *afk* (giga) <u>comput</u> G, giga
**g I** *v* ['s] ❶ *letter* g, G ❷ <u>muz</u> G **II** *afk* (gram) gram,
gramme
**gaaf** *bn* ❶ *ongeschonden* sound, whole, entire ∗ *een* ~
*gebit* a perfect set of teeth ❷ *rein, zuiver* pure,
perfect, flawless ‹technique, work of art &› ❸ *mooi,*
*goed* <u>inf</u> great, fantastic ∗ *een gave film* a fantastic
film ∗ *wat*~*!* terrific! fantastic! great! cool!
**gaafheid** *v* ❶ *ongeschondenheid* soundness,
wholeness ❷ *zuiverheid* purity, perfection,
flawlessness
**gaai** *m* [-en] jay
**gaan I** *onoverg* [ging, is gegaan] ❶ *zich voortbewegen*
go ∗ *achter iem. aan*~ ‹achtervolgen› go after sbd;
‹volgen› go behind sbd ∗ *achter het huis om*~ go
round the back ∗ *door het bos*~ go through the
woods/forest ∗ *door een deur*~ go through a door
∗ *langs de muur*~ go along the wall ∗ *met de boot*~
take the boat, go by boat ∗ *ik ga niet hoger dan tien*
*euro* I won't go higher than ten euros ∗ *uit/van*
*elkaar*~ separate ∗ *uit het geheugen*~ slip one's
memory ∗ *ga niet van uw plaats* don't leave your
seat ❷ *zich begeven (naar)* go ∗ *naar Amerika*~ go to
America ∗ *je moet maar eens naar de dokter*~ you
should go to a doctor, you should see a doctor ∗ *ik*
*ga naar de dokter* I'm going to the doctor ∗ *waar*
*gaat dat naar toe?* where do you think you're going?
∗ *via Londen*~ go via London ❸ *beginnen te, op het*
*punt staan te* ∗ ~ *baden* go swimming ∗ ~ *bedelen* go
and beg, go out begging ∗ ~ *eten* be about to eat ∗ ~
*halen* go and fetch ∗ ~ *huilen* start to cry ∗ ~ *liggen*
go and lie down ∗ ~ *slapen* go to bed/to sleep ∗ ~
*staan* stand up ∗ *ze wilde net*~ *zingen, toen...* she was
just about to sing, when... ∗ ~ *zitten* sit down ∗ *het*
*gaat regenen* it's going to rain ∗ *aan het tekenen*~
start drawing ❹ *vertrekken* go, go away ∗ *nu ga ik*
now I'm off ∗ *ga je al?* are you going already? ∗ *de*
*trein gaat pas over vijf minuten* the train isn't going
for another five minutes ∗ *er gaat vanmiddag een*
*bus* there's a bus this afternoon ∗ *u kunt*~ you may
go (now) ∗ *ik zie hem liever*~ *dan komen* I'd rather
not see him ∗ <u>fig</u> *zich laten*~ let oneself go ❺ *zich in*
*een toestand bevinden* be, go ∗ *hoe gaat het?* how are
you? how are things going? ∗ *het gaat* not too bad
∗ *hoe gaat het met Jan?* how's John? ∗ *het gaat*
*mis/niet goed* thing's aren't going well ∗ *het ga je*
*goed!* good luck! ∗ *het gaat goed met hem* he's fine,
he's well, things are going well for him ∗ *het gaat*
*slecht in de handel* business is slow/bad ∗ *het gaat*
*slecht met hem* he's deteriorating ∗ *het gaat mij*
*uitstekend* I'm fine, I'm very well indeed ∗ *het gaat*
*altijd zo* it's always the same ∗ *het gaat met hem net*
*zo* it's just the same with him ∗ *het is mij ook zo*
*gegaan* the same happened to me ∗ *zo gaat het (in de*

ga

*wereld*) that's life ∗*het gaat nogal* things aren't too bad ∗*het zal wel* ~things will work out ∗*gaat het goed*? is everything all right/okay? ❻*mogelijk/toegestaan/correct/gangbaar zijn* be customary, be done, be possible, be allowed ∗*dàt gaat anders* that's not the way to do it ∗*nee, dàt gaat niet* no, that's not possible ∗*dat gaat zo maar niet* that's not the way to do it ∗*boven alles* ~come first, come above all else ∗*niets gaat boven...* nothing beats... ∗*voor alles* ~go before everything else ❼*te doen zijn (om/over)* be about ∗*het gaat om 100 euro* it's one hundred euros ∗*het gaat om zijn leven* his life is at stake ∗*daar gaat het niet om* that's not the point ∗*het boek gaat over* the book is about ❽*beheren* be in charge ∗*daar ga ik niet over* that's not my territory/my business ❾*mikken (op)* go (for) ∗*hij gaat voor goud* he's going for gold ∗*ik ga ervoor!* I'm all for it! ❿*functioneren* ∗*de bel (de klok) gaat niet* the bell is broken, the clock has stopped ∗*de bel gaat* there's the bell ∗*ik hoor de bel* ~I hear the bell ∗*de telefoon gaat* there's the telephone, the telephone's ringing ▼*zij* ~*met elkaar* they're seeing each other, going out together ▼*daar ga je!* cheers!, vulg *je gaat eraan!* you're in for it! ▼*er gaat twee liter in die fles* that's a two litre bottle **ll**overg go ∗*zijn (eigen) gang* ~go one's own way, please oneself ∗*zijns weegs* ~go his own way **lll**o going ∗*het* ~*valt mij zwaar* ⟨vertrekken⟩ I don't want to go/leave; ⟨lopen⟩ I find it difficult to walk

**gaande**bn going ∗*de* ~*en komende man* comers and goers ∗ ~*houden* keep going ∗*de belangstelling* ~*houden* keep the interest from flagging ∗*het gesprek* ~*houden* keep the conversation going ∗ ~*maken* stir, arouse, move ⟨sbd.'s pity⟩, provoke ⟨sbd.'s anger⟩ ∗*wat is er* ~? what's going on?, what's the matter?

**gaandeweg**bijw gradually, by degrees, little by little, inf bit by bit

**gaap**m [gapen] yawn

**gaar**bn done, cooked ∗*goed* ~well done ∗*juist* ~done to a turn ∗*niet* ~underdone ∗*te* ~overdone, well done, overcooked ▼*een halve gare* a halfwit, an idiot ▼*ik ben helemaal* ~I'm pooped/done in

**gaarkeuken**v [-s] soup kitchen

**gaarne**bijw willingly, readily, gladly, with pleasure ∗ ~*doen* do gladly/willingly ∗*iets* ~*erkennen* admit sth frankly, readily own up to sth

**gaas**o ❶*verband &* gauze ❷*kippengaas* wire netting

**gaasje**o [-s] wound dressing

**gaatje**o [-s] (small) hole ∗*is er misschien morgen een* ~? could you fit me in tomorrow?

**gabber**m [-s] ❶*man, jongen* bloke, Am guy ❷*maatje* pal, mate ❸*uit gabberhousecultuur* mate, guy, geezer

**gabberhouse**m Dutch house music

**Gabon**o Gabon

**gadeslaan**overg [sloeg gade, h. gadegeslagen] observe, watch

**gadget**o [-s] gadget

**gading**v liking ∗*alles is van zijn* ~he likes everything, everything is to his liking ∗*het is niet van mijn* ~it's not what I fancy ∗*iets naar zijn* ~*vinden* find something to one's taste/liking

**gaffel**v [-s] ❶*hooivork* pitchfork, fork ❷*scheepv* gaff

**gaffelzeil**o [-en] trysail

**gage**v [-s] wage(s), pay, salary

**gajes**o rabble, riff-raff

**GAK**o (Gemeenschappelijk Administratiekantoor) Industrial Insurance Administration

**gal** **l**v gall, bile ∗*zijn* ~*spuwen* vent one's spleen ⟨on sbd⟩ ∗*de* ~*loopt hem over* he's furious ∗*iems.* ~*doen overlopen* infuriate sbd **ll**v [-len] *gezwel* gallstone

**gala**o ❶*feest* gala ❷*kleding* Sunday best, full dress ∗*in* ~in full dress, in state

**gala-avond**m [-en] gala night

**galactose**v galactose

**galakostuum**o [-s] formal dress

**galant**bn chivalrous, courteous, gallant

**galanterie**v [-rieën] gallantry ▼ ~*ën* fancy goods

**galappel**m [-s] oak apple

**galapremière**v [-s] gala premiere

**galavoorstelling**v [-en] gala performance

**galblaas**v [-blazen] gall bladder

**galbulten**m [-en] hives, med urticaria

**galei**v [-en] galley

**galerie**v [-s & -rieën] (picture) gallery

**galeriehouder**m [-s] gallery owner

**galerij**v [-en] ❶*tentoonstelling &* gallery ❷*v. flat &* walkway ❸*veranda* veranda(h) ❹*in theater* gods ❺*winkelgalerij* (shopping) arcade, (shopping) mall

**galerijflat**m [-s] gallery flats, Am gallery apartments

**galg**v [-en] gallows ∗*op moord staat de* ~murder carries a death sentence ∗*tot de* ~*veroordelen* sentence to death by hanging ∗*voor* ~*en rad/voor de* ~*opgroeien* be heading straight for the gallows

**galgenhumor**m black humour, gallows humour

**galgenmaal**o [-malen] last meal

**galjoen**o [-en & -s] galleon

**gallicisme**o [-n] Gallicism

**Gallië**o Gaul

**Galliër**m [-s] Gaul

**Gallisch**bn Gallic

**gallisch**bn ∗*ik werd er* ~*van* I got totally fed up with it

**Gallische**v [-n] Gaul

**galm**m [-en] ❶*sound, resonation, reverberation, echo,* ⟨van klokken⟩ pealing ❷*v. stem* boom, bellow

**galmen** **l**overg [galmde, h. gegalmd] *luid klinken* sound, resound, ⟨v. klokken⟩ peal **ll**overg [galmde, h. gegalmd] *schreeuwen* bellow, call out in a booming voice

**galon**o & m [-nen & -s] (gold or silver) lace, braid, piping

**galop**m [-s] ❶*v. paard* gallop ∗*een korte* ~a canter ∗*in* ~at a gallop ∗*in volle* ~(at) full gallop ∗*in* ~

*overgaan* break into a gallop ❷*dans* galop

**galopperen** *onoverg* [galoppeerde, h. en is gegaloppeerd] ❶*v. paard* gallop ❷*v. danser* galop

**galsteen** *m* [-stenen] gallstone

**galvanisatie** *v* galvanization

**galvaniseren** *overg* [galvaniseerde, h. gegalvaniseerd] galvanize

**galzuur** *o* bile

**gamba** *m* ['s] ❶*garnaal* king prawn ❷*viool* gamba

**Gambia** *o* Gambia

**game** *m* [-s] game

**gamel** *v* [-len] mess tin

**gamma** I *v* ['s] *letter* gamma II *v & o* ['s] ❶*muz* gamut, scale ❷*geordende reeks* gamut, spectrum ∗*het hele ~van misdaden* the whole gamut of crime

**gammastraling** *v* gamma radiation

**gammawetenschappen** *zn* [mv] social sciences

---

### gammawetenschappen

Het verschil tussen alfa-, bèta- en gammawetenschappen is typisch Nederlands en het kan nodig zijn om dat in een Engelse tekst uit te leggen.

De alfawetenschappen komen ongeveer overeen met arts subjects of the humanities de bètawetenschappen ongeveer met science subjects of the sciences en gammawetenschappen ongeveer met the social sciences

---

**gammel** *bn* ❶*vervallen, wrak* ramshackle, decrepit ❷*versleten, afgeleefd* worn out ❸*slap, lusteloos* inf seedy

**gang** I *m* [-en] ❶*manier van lopen* gait, walk, ⟨v. hardloper, paard⟩ pace ❷*te werk gaan, handeling* way ∗*hij gaat zijn eigen ~* he goes his own way ∗*laat hem zijn ~maar gaan* let him have his way, leave him alone ∗*ga uw/je ~↲* after you!; ⟨toe maar!⟩ go ahead!, go on!, carry on! ∗*alles gaat weer zijn gewone ~* things are as usual ∗*ik zal u die ~sparen* I'll spare you the trip/walk ❸*vaart* speed, rate ∗*sp ~maken* spurt ∗*er zit ~in (de handeling)* it's all systems go ❹*voortgang, loop* progress, course, march, run ∗*de ~van zaken* the state of things ∗*de gewone/normale ~van zaken* the usual procedures, the usual course of events ∗*voor de goede ~van zaken* for smooth running/operation ∗*de verdere ~ van zaken* further developments ❺*beweging* go, motion ∗*iems. ~en nagaan* watch sbd, have sbd shadowed ∗*aan de ~blijven* go on, continue ⟨working &⟩ ∗*aan de ~brengen/helpen/maken* set going, start ∗*aan de ~gaan* get going, set to work ∗*aan de ~zijn* ⟨v. persoon⟩ be at work; ⟨v. voorstelling &⟩ have started, be in progress ∗*wat is er aan de ~↲* what's going on? ∗*hij is weer aan de ~* he's at it again ∗*in volle ~zijn* be in full swing ∗*op ~brengen* get going, start ∗*op ~houden* keep going ∗*op ~komen* get going ∗*op ~krijgen* get

*going* ❺*v. maaltijd* course ❼*corridor* passage, corridor, hallway ❽*smalle doorgang* passageway, alleyway II *m* [-s] *bende* gang

**gangbaar** *bn* ❶*v. geld* valid ∗*gangbare munt* legal tender ∗*gangbare tarieven* market/current/commercial rates ❷*v. artikelen* popular, in demand ❸*v. woorden, uitdrukkingen* current, in common use ❹*v. opvattingen* current, prevailing ∗*niet meer ~* out of date ❺*v. methoden* accepted, standard, common ∗*een gangbare maat* a normal size

**gangboord** *o & m* [-en] gangway

**gangenstelsel** *o* [-s] network of tunnels, underground passages

**gangetje** *o* [-s] ❶*snelheid* speed ∗*'t gaat zo z'n ~* we're chugging along, we can't complain ❷*nauwe doorgang* small passage, alleyway

**gangkast** *v* [-en] hall cupboard

**gangmaker** *m* [-s] ❶*haas sp* pacemaker ❷*sfeermaker* the life and soul of the place/party

**gangpad** *o* [-paden] *in kerk, vliegtuig* aisle

**gangreen** *o* gangrene, necrosis

**gangster** *m* [-s] gangster

**gans** I *v* [ganzen] goose ∗*sprookjes van Moeder de Gans* Mother Goose tales ∗*fig een domme ~* a fool II *bn* vooral ZN whole, all ∗*~Londen brandde af* the whole of London was burnt down ∗*het ~e land* the entire country III *bijw* wholly, entirely ∗*~niet* not at all

**ganzenbord** *o* [-en] Game of Goose

**ganzenlever** *v* [-s] goose liver

**ganzenmars** *m* [-en] single file ∗*in ~lopen* march in single file

**ganzenpas** *m* goosestep

**ganzenveer** *v* [-veren] goose quill

**ganzerik** *m* [-riken] ❶*vogel* goose, gander ❷*plant* cinquefoil

**gapen** *onoverg* [gaapte, h. gegaapt] yawn ∗*staan te ~(naar iets)* gape/gawk (at sth) ∗*een ~de wond* a gaping wound ∗*een ~de afgrond* a yawning abyss/precipice ∗*een ~de muil* a wide-open beak/mouth, wide-open jaws ∗*~van de slaap/van verveling* yawn with tiredness/with boredom

**gaping** *v* [-en] gap, hiatus

**gappen** *overg* [gapte, h. gegapt] inf pinch, nick, nab, swipe

**garage** *v* [-s] garage

**garagehouder** *m* [-s] garage keeper, garage proprietor

**garanderen** *overg* [garandeerde, h. gegarandeerd] warrant, guarantee

**garant** *m* [-en] ❶*guarantor* ❷*iem. die zich borg stelt* surety ∗*~staan voor, zich ~stellen voor* guarantee, warrant, vouch for, stand guarantor

**garantie** *v* [-s] guarantee, warrant, security, warranty ∗*~geven* guarantee, provide a guarantee ∗*de ~is verlopen* the guarantee has expired ∗*ergens ~op krijgen* obtain a guarantee for something ∗*een*

ga

*levenslange*~ a lifetime guarantee ✳ *een schriftelijke* ~ a warranty, a written guarantee ✳ *onder (de)*~ *vallen* be under warranty, be covered by (the) guarantee

**garantiebewijs** *o* [-wijzen] warranty (card)

**garantietermijn** *m* [-en] term/period of guarantee, warranty period

**garde I** *v* [-s] *wacht* guard ✳ *de koninklijke*~ the Royal Guard ✳ *de oude*~ the old guard **II** *v*, **gard** [garden] ❶ *klopper* whisk ❷ *roede* rod, birch

**garderobe** *v* [-s] ❶ *voorraad kleding* wardrobe ❷ *opbergplaats voor jassen* cloakroom

**garderobejuffrouw** *v* [-en] cloakroom attendant

**gareel** *o* [-relen] harness, (horse)collar ✳ *in het*~ in harness ✳ *in het*~ *brengen* bring into line

**garen I** *o* [-s] thread, yarn ✳~ *en band* haberdashery ✳ *wollen*~ worsted **II** *bn* thread

**garnaal** *m* [-nalen] shrimp ✳ *een geheugen als een*~ a memory like a sieve

**garnalencocktail** *m* [-s] shrimp cocktail

**garneersel** *o* [-s] trimming

**garneren** *overg* [garneerde, h. gegarneerd] ❶ *v. kledingstukken* trim ❷ *v. schotel* garnish

**garnering** *v* [-en] ❶ *v. kleding* trimming ❷ *v. voedsel* garnish

**garnituur** *o* [-turen] ❶ garnish ‹on a plate›, trimming ‹on a gown› ❷ *stel* ensemble, ‹set of jewels, of mantelpiece ornaments›

**garnizoen** *o* [-en] garrison ✳~ *leggen in een plaats* garrison a town ✳ *hij lag te G. in*~ he was stationed at G.

**garnizoensplaats** *v* [-en] garrison town

**gas** *o* [-sen] gas ✳ *het*~ *aansteken/uitdraaien* light/turn off the gas ✳ *het*~ *opnemen* read the meter ✳~ *geven* accelerate, inf step on the gas ✳ *vol* ~ *geven* inf floor it ✳~ *terugnemen* throttle back; fig cool it ✳ *op*~ *koken* cook with gas ✳ *op*~ *rijden* run on LPG ✳ *iets op het*~ *zetten* put sth on (the burner)

**gasaansteker** *m* [-s] gas lighter

**gasbedrijf** *o* [-drijven] gas company, gas board

**gasbel** *v* [-len] gas bubble

**gasbrander** *m* [-s] gas burner, gas jet

**gasbuis** *v* [-buizen] gas pipe

**gasexplosie** *v* [-s] gas explosion

**gasfabriek** *v* [-en] gasworks

**gasfitter** *m* [-s] gas fitter

**gasfles** *v* [-sen] gas cylinder, gas canister

**gasfornuis** *o* [-nuizen] gas cooker/stove

**gaskachel** *v* [-s] gas heater

**gaskamer** *v* [-s] ❶ gas chamber ❷ *voor dieren* lethal chamber

**gaskraan** *v* [-kranen] gas tap

**gasleiding** *v* [-en] ❶ *op straat* gas main ❷ *in huis* gas pipes

**gaslek** *o* [-ken] gas leak, gas leakage

**gaslucht** *v* smell of gas

**gasmasker** *o* [-s] gas mask

**gasmeter** *m* [-s] gas meter

**gasmotor** *m* [-s & -toren] gas engine, gas motor

**gasoven** *m* [-s] ❶ *in huishouding* gas stove ❷ techn gas furnace

**gaspedaal** *o & m* [-dalen] accelerator (pedal) ✳ *het*~ *indrukken* step on the accelerator

**gaspeldoorn, gaspeldoren** *m* [-s] furze, gorse

**gaspit** *v* [-ten] gas burner, gas jet

**gasrekening** *v* [-en] gas bill

**gasslang** *v* [-en] gas hose

**gasstel** *o* [-len] gas cooker, gas stove, gas ring

**gast** *m* [-en] ❶ guest, visitor ✳ *bij iem. te* ~ *zijn* be sbd.'s guest ✳ *wij hebben*~*en* we have visitors ❷ *kerel* mate ✳ *een stevige*~ a sturdy fellow ✳ *een rare*~ a strange one

**gastank** *m* [-s] gas tank

**gastarbeider** *m* [-s] foreign/immigrant/migratory worker

**gastcollege** *o* [-s] guest lecture

**gastdirigent** *m* [-en] guest conductor

**gastdocent** *m* [-en] visiting lecturer

**gastenboek** *o* [-en] visitors' book

**gastenverblijf** *o* [-blijven] ❶ *apart v.h. pand* guesthouse ❷ *binnen het pand* guestroom(s)

**gastgezin** *o* [-nen] host family

**gastheer** *m* [-heren] host ✳ *voor*~ *spelen* play the host

**gasthuis** *o* [-huizen] hospital, hospice

**gastland** *o* [-en] host country

**gastmaal** *o* [-malen] feast, banquet

**gastoestel** *o* [-len] gas stove

**gastoevoer** *m* gas supply

**gastoptreden** *o* [-s] guest appearance

**gastouder** *m* [-s] foster parent

**gastrol** *v* [-len] guest appearance, star part

**gastronomie** *v* gastronomy

**gastronomisch** *bn* gastronomic

**gastspreker** *m* [-s] guest speaker

**gastvrij** *bn* hospitable ✳ *heel*~ *zijn* be very hospitable

**gastvrijheid** *v* hospitality ✳~ *verlenen aan* give hospitality to

**gastvrouw** *v* [-en] hostess

**gasvlam** *v* [-men] gas flame

**gasvormig** *bn* gasiform, gaseous

**gat I** *o* [gaten] ❶ *opening* hole, opening, gap ✳ *een* ~ *in de belastingwetgeving* a tax loophole ✳ *een* ~ *in de markt* a gap in the market ✳ *een* ~ *in de dag slapen* sleep all the morning ✳ *een* ~ *in de lucht springen* jump for joy ✳ *een* ~ *stoppen* fill a gap ✳ *het ene* ~ *met het andere stoppen* rob Peter to pay Paul ✳ *zich een* ~ *in het hoofd vallen* break one's head ✳ *niet voor één* ~ *te vangen zijn* not to be taken in, not to be taken for a fool ✳ *ergens geen* ~ *in zien* not see a way out of sth, not see one's way to ‹do sth› ❷ *holte* cavity ✳ fig *iets in de*~*en hebben* have got wind of sth, inf have twigged sth ✳ fig *iem. in de*~*en hebben*, *iem. in de*~*en houden* keep one's eye on sbd, keep tabs on sbd ✳ fig *in de*~*en krijgen* get wind of ‹sth›,

spot ‹sbd/sth› ❸ *zeegat* outlet ❹ *gehucht* hole ‹of a place› **II** *o* [gatten] *achterwerk* bottom, vulg arse/Am ass ∗ ‹mislukt zijn› *op zijn ~ liggen* be a failure
**gatenkaas** *m* [-kazen] cheese with holes ∗ *de verdediging was een ~* the defence was riddled with holes
**gatenplant** *v* [-en] monstera, Swiss cheese plant
**gatverdarrie, getverderrie** *tsw* ❶ *basterdvloek* darn! ❷ *m.b.t. iets smerigs* yuck!, yech!, ugh!
**gauw I** *bn* ❶ *v. beweging* quick, swift, ‹te snel› hasty ❷ *v. verstand* quick ∗ *iem. te ~ af zijn* be too quick for sbd **II** *bijw* ❶ *snel* quickly, inf quick ∗ *~ wat!* quickly! hurry up! ❷ *spoedig* in a hurry ∗ *dat zal hij niet zo ~ weer doen* he won't do that again in a hurry ❸ *binnenkort* soon ∗ *ik kom ~* I'll come as soon as I can ∗ *zo ~ hij mij zag* as soon as he saw me
**gauwigheid, gauwte** *v* hurry, haste ∗ *in de ~ ben ik het vergeten* in my haste I forgot it ∗ *het was in de ~ overgeschreven* it was copied ‹› in a hurry
**gave** *v* [-n] gift ∗ *de ~ van het woord* a way with words
**gay I** *bn* gay, homosexual **II** *m* [-s] homosexual
**gaybar** *m & v* [-s] gay bar
**gazel, gazelle** *v* [-zellen] gazelle
**gazet** *m* [-ten] *krant* ZN newspaper
**gazeuse** *v* fizzy soft drink
**gazon** *o* [-s] lawn, green
**ge** *pers vnw* ❶ *vero &* ZN you ❷ *plechtig* ye ❸ *alléén ev.* thou
**geaard** *bn* ❶ *van aard* disposed ∗ *hij is anders ~* he is otherwise inclined; euf his sexual preferences are different ❷ *elektr* earthed ∗ *een ~ stopcontact* an earthed power point
**geaardheid** *v* [-heden] disposition, inclination, nature ∗ *zijn (seksuele) ~* one's sexual preferences
**geabonneerd** *bn* ∗ *~ zijn op* have a subscription to ∗ *ik ben op de Times ~* I take/read the Times
**geaccidenteerd** *bn* ∗ *~ terrein* hilly/undulating ground
**geacht** *bn* respected, esteemed ∗ *Geachte heer* Dear Sir ∗ *de ~e afgevaardigde* the honourable member ∗ *hij wordt algemeen ~* he is held in general esteem
**geadresseerde** *m-v* [-n] ❶ *v. brief &* addressee ❷ *v. goederen* consignee
**geaffecteerd** *bn & bijw* affected ∗ *~ spreken* speak with a plum in one's mouth, inf talk posh
**geaggregeerd** *bn* ❶ *v. ambtenaar* official ❷ *v. leraar* ZN qualified (in teaching)
**geagiteerd** *bn* agitated ‹movements›, nervous ‹trading on the stock market›
**geallieerden** *zn* [mv] Allied Powers
**geamuseerd** *bn bijw* amused ∗ *~ toekijken* look on with amusement
**geanimeerd** *bn* animated ∗ *een ~ gesprek* an animated/a lively discussion
**gearmd** *bn* arm in arm
**geautoriseerd** *bn* authorized ∗ *een ~e uitgave* an authorized edition

**geavanceerd** *bn* advanced, progressive ∗ *de meest ~e technologie* state-of-the-art technology ∗ *de meest ~e versie* the latest version
**gebaand** *bn* beaten ∗ *~e wegen bewandelen/gaan* follow the beaten track
**gebaar** *o* [-baren] gesture, gesticulation, motion, sign ∗ *gebaren maken* gesticulate, make gestures ∗ *een mooi ~* a nice gesture ∗ *met een breed ~* with a broad gesture ∗ *het gaat om het ~* it's the thought that counts
**gebabbel** *o* ❶ *gepraat* chatter, babble, chit-chat ❷ *roddel* tittle-tattle, gossip
**gebak** *o* pastries, cake(s), confectionery
**gebakje** *o* [-s] (fancy) cake, tart(let)
**gebakken** *bn* ‹in oven› baked, ‹in pan› fried ∗ *~ aardappeltjes* fried potatoes ∗ inf *~ zitten* be in clover, be sitting pretty
**gebakschoteltje** *o* [-s] tea/side plate
**gebakstel** *o* [-len] set of cake plates
**gebaren** *onoverg* [gebaarde, h. gebaard] gesticulate, motion
**gebarenspel** *o* ❶ *alg.* gesticulation, gestures ❷ *kunstvorm* pantomime, dumbshow
**gebarentaal** *v* ❶ *alg.* sign language ❷ *v. doven en slechthorenden* deaf and dumb language, sign language ❸ *als kunstvorm* mime
**gebarsten** *bn* cracked
**gebed** *o* [-beden] prayer ∗ *het ~ des Heren* the Lord's Prayer ∗ *een ~ doen* say a prayer, pray ∗ fig *een ~ zonder end* a never-ending story
**gebedenboek** *o* [-en] prayer book
**gebedsgenezer** *m* [-s] faith healer
**gebeente** *o* [-n] bones
**gebeiteld** *bn* ∗ *~ zitten* be sitting pretty, have it made
**gebekt** *bn* ∗ *goed ~ zijn* have the gift of the gab
**gebelgd** *bn* offended ‹over at›
**gebergte** *o* [-n & -s] (chain of) mountains
**gebeten** *bn* ∗ *~ zijn op iem.* have/bear a grudge against sbd
**gebeuren I** *onoverg* [gebeurde, is gebeurd] ❶ *voorvallen* happen, chance, occur, come about, come to pass ∗ *er ~ rare dingen* strange things happen ∗ *wanneer zal het ~?* when is it going to happen/take place? ∗ *wat er ook ~ moge* whatever happens ∗ *het moest wel ~* it was bound to happen ∗ *voor ik wist wat er gebeurde* before I knew where I was ∗ *wat gebeurd is, is gebeurd* what's done is done, you can't turn the clock back ❷ *gedaan worden* happen, be done ∗ *het is zó gebeurd!* it'll only take a second! ∗ *dat gebeurt niet!* you'll do nothing of the kind! ∗ *wat er gebeurde, is onbekend* the outcome is unknown ❸ *overkomen* happen (to) ∗ *het is me gebeurd, dat...* what once happened (to me) is that... ∗ *dat zal me niet weer ~* that's not going to happen to me again ∗ *het zal je ~!* fancy that happening! **II** *o* event ∗ *het hele ~* all that happened, the whole thing

ge

**gebeurtenis** v [-sen] event, occurrence *een blijde ~* a happy event *een eenmalige ~* a unique occurrence *een toevallige ~* a contingency

**gebied** o [-en] ❶territory, dominion, area, ⟨mining⟩ district, ⟨arctic⟩ region, <u>jur</u> jurisdiction *het bezette ~* the occupied area ❷fig field, area, domain, sphere, department, province, range *op het ~ van de kunst* in the field/realm(s) of art *op medisch ~* in the field of medicine *dat behoort niet tot mijn ~* that's not within my province, <u>inf</u> that's not my department *op dat ~ is hij sterk* he's strong in that area

**gebieden** I overg [gebood, h. geboden] command, order, bid *het fatsoen gebiedt ons te erkennen dat...* decency compels us to admit that... II onoverg [gebood, h. geboden] command, order *~over* command

**gebiedend** I bn ❶bevelend imperious, imperative *op ~e toon* in an imperious tone *taalk de ~e wijs* the imperative (mood) ❷noodzakelijk imperative ⟨necessity⟩ II bijw imperiously, imperatively

**gebiedsdeel** o [-delen] territory *overzeese gebiedsdelen* overseas territories

**gebint**, **gebinte** o [-binten] crossbeams

**gebiologeerd** bn mesmerized

**gebit** o [-ten] ❶echt (set of) teeth ❷vals (set of) false teeth, denture(s)

**gebitsbeschermer** m [-s] gum shield

**gebitsverzorging** v dental care

**geblaat** o bleating

**gebladerte** o foliage, leaves

**geblaf** o bark(ing)

**geblèr** o ❶herrie racket ❷gehuil, geschreeuw crying

**geblesseerd** bn sp injured

**geblindeerd** bn ❶kogel-, bomvrij bulletproof ⟨vest⟩ *~e auto's* armoured cars ❷lichtdicht darkened *een ~raam* a shuttered window

**gebloemd** bn floral, with a floral pattern

**geblokt** bn chequered

**gebocheld** bn hunchbacked, humpbacked

**gebochelde** m-v [-n] hunchback, humpback

**gebod** o [-boden] ❶bevel command, order *een gerechtelijk ~* an injunction *de (tien) ~en* the (Ten) Commandments *de ~en onderhouden* live by/according to the commandments ❷huwelijksafkondiging the banns, marriage announcement *onder de ~en staan* ± be about to be married

**geboden** bn required, necessary, called for *voorzichtigheid is ~* care is required

**gebodsbord** o [-en] mandatory sign

**geboefte** o riff-raff, rabble, scum (of the earth), <u>Br</u> lowlife

**gebogen** I bn bent, curved *een ~lijn* a curved line II bijw bent over *~lopen* walk with a stoop

**gebonden** bn ❶niet vrij tied ⟨hands &⟩, fig committed *je bent zo ~* it's such a tie *aan huis ~* tied to the home *niet ~* uncommitted, non-aligned

⟨nations⟩ *~stijl* poetry, verse ❷v. boek bound ❸v. soep & thick

**geboomte** o [-n] trees

**geboorte** v [-n & -s] birth *bij de ~* at birth *na de ~* post-natal *een Fransman van ~* a Frenchman by birth, ⟨he is⟩ French-born *een Groninger van ~* a native of Groningen *van hoge/lage ~* of high/low birth

**geboorteaangifte** v [-n] registration of birth

**geboorteakte** v [-n & -s], **geboortebewijs** o [-wijzen] birth certificate

**geboorteperking** v birth control

**geboortecijfer** o [-s] birth rate

**geboortedag** m [-dagen] birthday, day of birth

**geboortedatum** m [-s & -data] date of birth

**geboortegolf** v [-golven] baby boom

**geboortegrond** m native soil

**geboortejaar** o [-jaren] year of birth

**geboortekaartje** o [-s] birth announcement card

**geboorteoverschot** o [-ten] excess of births

**geboorteplaats** v [-en] birthplace, place of birth

**geboorteregeling** v birth control

**geboorteregister** o [-s] register of births

**geboren** bn born *~worden* be born *hij is een ~ Fransman* he is a Frenchman by birth *hij is een ~ Groninger* he is a native of Groningen *Mevrouw Artunay, ~Schippers* Mrs. Artunay, née Schippers, maiden name Schippers *~en getogen* born and bred *een ~dichter* a born poet *een ~leugenaar* an inveterate liar, a dyed-in-the-wool liar

**geborgen** bn secure, safe

**geborgenheid** v security, safety

**gebouw** o [-en] ❶bouwwerk building, structure, premises *de in het ~gevestigde diensten* the facilities within the premises *boekh ~en en terreinen* buildings and land ❷het bouwen building, construction

**gebraad** o roast, roast meat

**gebrabbel** o ❶gewauwel gibberish, jabber ❷v. kind prattle

**gebral** o brag, wind, gas

**gebrand** bn burnt & ▼ *~zijn op* be keen/<u>inf</u> hot on ⟨sth⟩, be dying ⟨to know...⟩

**gebrek** o [-breken] ❶tekort want, lack, shortage (aan of) *~hebben/lijden* be in need *~hebben aan* be in need of, be short of, lack *aan niets ~hebben* want for nothing, lack nothing *~aan eerbied* disrespect *~aan organisatie hebben* be lacking in organization *er is ~aan steenkool* there is a shortage of coal *geen ~aan klachten* no lack of complaints *bij ~aan...* for want of..., in default of... *bij ~aan iets beters* for lack of anything better *bij ~daaraan* failing that, in the absence of such *in ~e blijven te...* fail to... *in ~e blijven te betalen* default *uit ~aan* for want of *wegens ~aan bewijs* for want of proof ❷armoede want ❸fout defect, fault, shortcoming *een verborgen ~* a hidden defect *zichtbare en verborgen ~en* obvious and

hidden faults/defects ❹*lichaamsgebrek* infirmity
**gebrekkig** I *bn* ❶*v. zaken* defective ‹machines›, faulty ‹English›, invalid ‹argument› ❷*v. personen* invalid ‹by injury›, infirm ‹through age› II *bijw* *zich ~uitdrukken* express oneself poorly, ‹in het Engels› murder the King's English
**gebrild** *bn* spectacled
**gebroeders** *zn* [mv] brothers *de ~Warner* the Warner brothers; ‹firmanaam› Warner Brothers, Warner Bros
**gebroken** *bn* broken, fractured, incomplete *een ~ getal* a fractional number, a fraction *een ~ maand/week* a short month/week *een ~rib* a broken/fractured rib *in ~Engels* in broken English *~zijn, zich ~voelen* feel broken *een ~man* a broken man *~wit* off-white
**gebronsd** *bn* bronzed
**gebrouilleerd** *bn* on bad terms, not on speaking terms *hij is onlangs ~geraakt met mijn moeder* he recently fell out with my mother
**gebruik** *o* [-en] ❶*alg.* use *~maken van* use, make use of ‹sth›, avail oneself of ‹an offer, opportunity› *een goed ~maken van* make good use of ‹sth›, put to good use, turn to good account *veel/druk ~ maken van* use freely, make good use of *buiten ~* out of use, no longer in use *in ~(hebben)* (have) in use *in ~nemen/stellen* put into use *ten ~e van* for the use of *het ~van geweld* jur the use of violence, ‹door staten› the use of force *voor dagelijks ~* for everyday use, for daily wear *klaar voor ~* ready for use ❷*toepassing* employment ‹of special means› ❸*consumptie* consumption *het ~van alcohol* the use of alcohol, alcohol consumption ❹*gewoonte* custom, usage, habit, practice, convention *de ~en* the customs *naar aloud ~* according to time-honoured custom
**gebruikelijk** *bn* usual, customary, conventional *~ zijn* be the custom *zoals ~* as is usual/customary
**gebruiken** I *overg* [gebruikte, h. gebruikt] ❶*gebruik maken van* use, make use of, employ ‹means› *hij kan (van) alles ~* he finds a use for everything *ik kan het/hem niet ~* I have no use for it/him *dit kan ik best ~* this will come in handy *Gods naam ijdel ~* take God's name in vain *dit weer kunnen wij niet ~* we could do without this weather *zich laten ~* let oneself be used *zich gebruikt voelen* feel used *een gebruikte auto* a second-hand car ❷*nuttigen* partake of, take *drugs ~* take/use drugs *wat wilt u ~?* what will you have?, what's yours? *wilt u iets ~?* would you like a bite to eat? would you like something to eat/drink? ❸*verbruiken* consume II *onoverg* [gebruikte, h. gebruikt] *m.b.t. drugs* take drugs, be on drugs
**gebruiker** *m* [-s] ❶user ❷*v. drugs* drug taker/user/addict
**gebruikersnaam** *m* [-namen] comput user name
**gebruikersvriendelijk gebruiksvriendelijk** *bn* user-friendly

**gebruikmaking** *v* make use of *met ~van* using, by means of, utilizing
**gebruiksaanwijzing** *v* [-en] directions for use, ‹boekje› users' manual *iron iem. met ~* sbd you must be careful of/watch your step with
**gebruiksgoederen** *zn* [mv] utility goods *duurzame ~* durable consumer goods, consumer durables
**gebruiksklaar** *bn* ready (for use)
**gebruiksvoorwerp** *o* [-en] article/thing of use, useful object, ‹gereedschap› implement/ tool, ‹in keuken› utensil, ‹toestel› appliance *~en* utilities
**gebruind** *bn* browned, sunburnt, tanned
**gebrul** *o* roaring
**gebundeld** *bn* combined, bundled, tied together *~e columns* collected (newspaper) articles
**gecertificeerd** *bn* certified
**gecharmeerd** *bn* *~zijn van* be taken with, charmed with
**gechoqueerd** *bn* shocked
**geciviliseerd** *bn* civilized
**gecoiffeerd** *bn* *door, met iets ~zijn* tickled/flattered by sth
**gecommitteerde** *m* [-n] ❶delegate ❷*bij examen* external examiner
**gecompliceerd** *bn* complicated ‹affair›, complex ‹character, problem, situation &› *een ~e breuk* a compound fracture
**geconcentreerd** *bn & bijw* concentrated *~e vloeistof* concentrated liquids *~lezen* read with (great) concentration
**geconditioneerd** *bn* conditioned
**gedaagde** *m-v* [-n] defendant
**gedaan** *bn* finished, done, over *~geven* dismiss, fire *inf ~krijgen* get the sack *ik kan niets van hem ~krijgen* I can't get him to do anything *iets ~ krijgen* bring sth off *het is niets ~* it's no good *ik kan alles van hem ~krijgen* he'll do anything for me *het is met hem ~* it's all over/all up with him, he's finished, inf he's had it *gedane zaken nemen geen keer* it's no use crying over spilt milk, what's done is done
**gedaante** *v* [-n & -s] shape, form, figure *in de ~ van...* in the shape/guise of... *zich in zijn ware ~ vertonen* show one's true colours *van ~veranderen* undergo a metamorphosis *van ~verwisselen* change one's appearance; ‹v. insekten› metamorphose
**gedaanteverandering gedaanteverwisseling** *v* [-en] metamorphosis, transformation
**gedachte** *v* [-n] ❶thought, idea, reflection, notion *~n zijn (tol)vrij* no harm in thinking about it *de ~ daaraan* the thought of it *de ~alleen al* just the mere thought *de ~dat ik zo iets zou kunnen doen* the idea of my doing such a thing *zijn ~n erbij houden* keep one's mind on what one is doing, concentrate *zijn ~n er niet bij hebben* be absent-minded, be wool-gathering *zijn ~n erover laten gaan* give some thought to the matter *waar

*zijn uw~n?* what are you thinking of?✻ *bij de~ aan* at the thought of✻ *in~n* in thought, in spirit✻ *ik zal het in~ houden* I'll keep it in mind, I'll remember that✻ *in~n verzonken* lost in thought✻ *in ~n zijn* be (deep) in thought✻ *op de~ komen* hit on the idea✻ *hoe is hij op die~ gekomen?* what made him think of that?✻ *hij kwam tot betere~n* he thought the better of it✻ *dat moet je je maar uit je ~n zetten* you'll have to put it out of your mind✻ *van ~ veranderen* change one's mind, think the better of it✻ *van~ zijn om...* be thinking of ..., be intending to...❷ *mening* opinion, view✻ *iem. op andere~n brengen* try to change someone's mind✻ *tot andere ~n komen* change one's mind, come to see something differently✻ *van~n wisselen* exchange views✻ *van~ zijn dat* be of the opinion that✻ *ik heb mijn eigen~n daarover* I have my own thoughts on the subject

**gedachtegang** *m* [-en] train/line of thought

**gedachtegoed** *o* ideas✻ *om het~ van X levend te houden...* in order to keep X's intellectual legacy alive...

**gedachtekronkel** *m* [-s] twisted thought

**gedachteloos** *bn* thoughtless

**gedachtenis** *v* [-sen]❶ *herinnering* memory, remembrance✻ *ter~ van* in memory of❷ *voorwerp ter herinnering* memento, souvenir, keepsake

**gedachtesprong** *m* [-en] mental leap/jump, mental switch

**gedachtestreep** *v* [-strepen] dash

**gedachtewereld** *v* way of thinking, realm of thought

**gedachtewisseling** *v* [-en] exchange of views

**gedachtig** *bn* mindful (of)✻ *~ aan* mindful of✻ *wees mijner~* remember me ⟨in your prayers⟩

**gedag** *tsw* ✻ *~ zeggen* say hello

**gedateerd** *bn* ❶ *gedagtekend* dated ❷ *verouderd* outdated, archaic

**gedecideerd** **I** *bn* decisive, resolute **II** *bijw* decisively, resolutely✻ *~ optreden* behave resolutely/firmly

**gedeelte** *o* [-n & -s]❶ part, section, piece✻ *voor een groot~* largely, for a large part✻ *voor het grootste~* for the most/greater/better part❷ *afbetalingstermijn* instalment✻ *bij~n* in instalments

**gedeeltelijk** **I** *bn* partial✻ *een~e betaling* a part payment✻ *een~e oplossing* a partial solution **II** *bijw* partly, in part

**gedegen** *bn* ❶ *zuiver* native ❷ *grondig* thorough ❸ *degelijk* sound, solid ❹ *wetenschappelijk verantwoord* scientifically sound, reliable

**gedegenereerd** *bn* degenerate✻ *een~e* a degenerate

**gedeisd** *bn* ✻ *zich~ houden* inf lie doggo

**gedekt** *bn* ❶ *m.b.t. cheques* covered ❷ *m.b.t. verzekering* insured ❸ *m.b.t. kleuren* subdued, sober ❹ *m.b.t. kapsel* ± short back and sides ▼ *zich~ houden,* lie low, keep a low profile ▼ *houd u~!* be careful!

**gedelegeerd** *bn* delegated✻ *de~ commissaris* the delegated official

**gedelegeerde** *m-v* [-n] delegate

**gedemilitariseerd** *bn* demilitarized

**gedempt** *bn* ❶ *v. geluid, licht, kleur* subdued, faint ✻ *op~e toon* in a subdued/faint voice✻ *met~e stem* in a hushed/muffled voice, in a whisper ❷ *v. kanaal* filled in

**gedenkboek** *o* [-en] memorial book✻ *~en* annals, records

**gedenkdag** *m* [-dagen] anniversary

**gedenken** *overg* [gedacht, h. gedacht] remember ⟨in one's prayers⟩, commemorate

**gedenksteen** *m* [-stenen] memorial tablet/stone

**gedenkteken** *o* [-s & -en] monument, memorial

**gedenkwaardig** *bn* memorable

**gedeprimeerd** *bn* depressed

**gedeputeerde** *m-v* [-n]❶ deputy, delegate ❷ *lid v. Gedeputeerde Staten* member of the Provincial Executive

**gedesillusioneerd** *bn* disillusioned

**gedesoriënteerd** *bn* disoriented, disorientated

**gedestilleerd , gedistilleerd I** *bn* distilled✻ *~e dranken* spirits, liquor **II** *o* spirits, liquor

**gedetailleerd I** *bn* detailed **II** *bijw* in detail

**gedetineerde** *m-v* [-n] inmate, prisoner, detainee

**gedicht** *o* [-en] poem

**gedichtenbundel** *m* [-s] volume of verse/poems

**gedienstig** *bn* ❶ obliging ❷ *overdreven* obsequious

**gedierte** *o* [-n & -s]❶ *dieren* animals, beasts ❷ *ongedierte* vermin ❸ *dier* animal

**gedijen** *onoverg* [gedijde, h. en is gedijd] thrive, prosper, flourish✻ *gestolen goed gedijt niet* cheats never prosper

**geding** *o* [-en]❶ *jur* lawsuit, action, cause, case✻ *een kort~* summary/interim/preliminary (court) proceedings ❷ *fig* controversy✻ *in het~ brengen* bring into discussion✻ *in het~ komen* come into play✻ *in het~ zijn* be at issue, be in question, be at stake

**gediplomeerd** *bn* qualified, certified, registered ⟨nurse⟩

**gedisciplineerd** *bn* disciplined

**gedistingeerd** *bn* ❶ *voornaam* distinguished ❷ *verfijnd* refined

**gedoe** *o* doings, fuss, carryings-on, inf brouhaha ✻ *het hele~(tje)* the whole affair, the whole business ✻ *kinderachtig~* childish nonsense✻ *het was een heel ~ om...* it took a lot of fuss and bother to...

**gedoemd** *bn* doomed✻ *tot mislukken~* doomed to fail

**gedogen** *overg* [gedoogde, h. gedoogd] tolerate, turn a blind eye to, put up with✻ *softdrugs~* allow/tolerate soft drugs, turn a blind eye to the use of soft drugs✻ *een regering~* put up with a government

**gedonder** *o* ❶ thunder, rumble ❷ *narigheid* trouble,

bother, hassle★ *daar heb je het~ al!* that means trouble!

**gedonderjaag** *o* trouble, messing about, hassle

**gedoodverfd** *bn* red-hot favourite/Am favorite, odds-on favourite/Am favorite ★ *de~e winnaar* the one tipped to win

**gedoogbeleid** *o* policy of acquiescence, policy of tolerance, policy of turning a blind eye, 'blind-eye' policy

**gedoogzone** *v* [-s] area where the authorities condone some illegal activities ⟨such as prostitution and drug abuse⟩

**gedrag** *o* [-dragingen] conduct, behaviour, bearing ★ *fatsoenlijk/schaamteloos~* proper/shameless behaviour ★ *wegens goed~* for good behaviour

**gedragen I** *wederk* [gedroeg, h. gedragen] behave ★ *zich~* behave/conduct oneself ★ *zich netjes~* behave (oneself) II *bn* ❶ *plechtig* lofty, exalted, stately, elevated ⟨tone⟩, solemn ⟨voice⟩ ❷ *v. kleren* worn

**gedragsgestoord** *bn* maladjusted

**gedragsleer** *v* behavioural studies

**gedragslijn** *v* line of conduct, line of action, course, policy

**gedragspatroon** *o* [-tronen] behavioural pattern, pattern of behaviour, pattern of conduct

**gedragsregel** *m* [-s] rule of conduct/behaviour, ethical rule

**gedragsstoornis** *v* [-sen] behavioural disturbance

**gedragswetenschappen** *zn* [mv] behavioural sciences

**gedrang** *o* crowd, throng, crush ★ *in het~ komen* eig be crushed, squashed; fig suffer, be neglected

**gedreun** *o* droning ⟨voice⟩, din ⟨of the machinery⟩, roar/thunder ⟨of cannons⟩, the waves

**gedreven** *bn bezield* passionate, possessed, driven, afkeurend fanatical ★ *een~ politicus* a politician in heart and soul, a dedicated politician ★ *een~ componist* a composer who lives for his/her music

**gedrieën** *telw* three of us/them &

**gedrocht** *o* [-en] monster, freak

**gedrongen** *bn* ❶ *v. gestalte* thick-set ❷ *v. stijl* compact, terse

**gedrukt** *bn* ❶ *v. boeken &* printed ❷ *depressief* depressed, dejected, in low spirits ❸ handel depressed, weak ⟨of the market⟩

**geducht I** *bn* ❶ formidable, redoubtable, feared ★ *~ tegenstander* a formidable adversary ❷ *versterkend* tremendous, huge II *bijw* fearfully, tremendously ★ *~ veel* much/many, a huge/a tremendous amount

**geduld** *o* patience, forbearance ★ *~ hebben/oefenen* have/exercise patience, be patient ★ *iems.~ op de proef stellen* try/test sbd.'s patience ★ *wij verloren ons ~* we lost all patience ★ *mijn~ is op, mijn~ is ten einde* my patience is at an end ★ *met~* with patience, patiently

**geduldig I** *bn* patient II *bijw* patiently

**geduldwerk** *o* patient work, work/task requiring

great patience

**gedupeerde** *m-v* [-n] victim, dupe

**gedurende** *voorz* during, for, pending, over ★ *~ twee dagen* for two days (at a stretch) ★ *~ de laatste vijf jaar* over the last five years ★ *~ het onderzoek* pending the inquiry

**gedurfd** *bn* daring

**gedurig** *bn* continual, incessant

**geduvel** *o* bother, trouble, hassle

**gedwee** *bn* meek, docile, submissive

**gedwongen I** *bn* ❶ *onnatuurlijk* constrained, forced ❷ *verplicht* compulsory, enforced ★ *een~ ontslag* a statutory dismissal II *bijw* forced, in a forced manner ★ *hij deed het~* he did it under duress/he was forced to do it ★ *~ lachen* laugh in a forced manner

**geef** *m* ★ *te~* for nothing ★ *het is te~!* it's dirt cheap!, they're giving it away!

**geëigend** *bn* ❶ *middelen* appropriate ❷ *persoon* right

**geel I** *bn* yellow ★ *sp een gele kaart* a yellow card II *o* [gelen] yellow ★ *het~ van een ei* the yolk of an egg ★ *sp~ krijgen* be shown the yellow card

**geelgors** *v* [-en] *vogel* yellowhammer, yellow bunting

**geelkoper** *o* brass

**geelzucht** *v* jaundice, med icterus

**geëmancipeerd** *bn* emancipated, liberated

**geëmotioneerd** *bn* moved, affected

**geen** *telw & vnw* no, none, not any, not one ★ *~ van allen* none of them ★ *~ ander (kan dat)* nobody else, no other person (can do that) ★ *~ cent* not a (red) cent, not a (single) penny ★ *~ één* not (a single) one ★ *hij kent~ Engels* he doesn't know any English, he can't speak English ★ *~ enkel geval* not a single case ★ *~ geld meer* no money left ★ *~ geld en ook~ baan* no money and no job either ★ *hij heet~ Jan* he isn't called Jan ★ *dat is ~ spelen* that's not playing the game ★ *dat is~ vechten* that's no fighting, that's not what you call fighting ★ *dit is~ doen* this is impossible ★ *dat zijn~ manieren* that's no way to behave ★ *is het~ schande?* isn't it a scandal? ★ *~ van hen* none/neither of them

**geeneens** *bijw* not even, not so much as

**geëngageerd** *bn* ❶ *verloofd* engaged ❷ *betrokken* committed ★ *politiek~* politically committed

**geenszins** *bijw* not at all, by no means

**geep** *v* [gepen] *vis* garfish

**geërgerd** *bn* annoyed, upset

**geest I** *m* [-en] ❶ *alg.* spirit, mind, intellect ★ bijbel *de ~ is gewillig, maar het vlees is zwak* the spirit is willing, but the flesh is weak ★ *in de~ (was ik bij u)* (I was with you) in spirit ★ *de~ geven* expire, breathe one's last, give up the ghost ★ *de~ krijgen* be inspired, be in the mood ★ *er heerste een prettige~* there was a pleasant atmosphere ★ *een~ van verzoening* a spirit of reconciliation ★ *in die~ is het boek geschreven* the book is written in that vein ★ *in die~ handelen* act along these lines ★ *hij maakte nog* *een paar opmerkingen in deze* ~he made a few more remarks in that vein/spirit ∗*naar de* ~*zowel als naar de letter* in (the) spirit as well as in (the) letter ∗*voor de* ~*brengen/roepen/halen* call to mind, recall, remember ∗*zich weer voor de* ~*halen* recapture, remember, recall ∗*het staat mij nog voor de* ~I remember it as if it were yesterday ∗*de* ~*des tijds* the spirit of the age/times ∗*de Griekse* ~the Greek genius ∗*de Heilige Geest* the Holy Ghost ∗*een grote* ~a great mind ∗*hoe groter* ~, *hoe groter beest* the more brains the less common sense ❷*geestigheid* wit ❸*onlichamelijk wezen* spirit, ghost, spectre, phantom, apparition ∗*boze* ~*en* evil spirits ∗*er uitzien als een* ~look like a ghost ∗*zijn boze* ~his evil spirit, genius ∗*zijn goede* ~his good spirit/genius, his guardian angel ❹*vluchtige stof* ammonia ∗*vliegende* ~ammonia ∗~*van wijn* spirits ∗~*van zout* spirits of salt **II** *m zandgrond* fertile sandy soil ⟨in coastal areas⟩

**geestdodend** *bn* dull, monotonous

**geestdrift** *v* enthusiasm ∗*in* ~*brengen* rouse to enthusiasm, enrapture ∗*in* ~*geraken* become enthusiastic

**geestdriftig** *bn* enthusiastic

**geestelijk I** *bn* ❶*niet stoffelijk* spiritual ∗~*e zaken* spiritual matters ❷*van het verstand* intellectual, mental ∗*de* ~*e gezondheid* mental health ∗~*e vermogens* mental capacity ❸*kerkelijk* sacred ⟨songs⟩, religious, clerical, ecclesiastical ⟨duties⟩ ∗~*e liederen* hymns, religious songs, spirituals ∗*een* ~*e orde* a religious order **II** *bijw* mentally ∗~*gestoord* mentally disturbed

**geestelijke** *m* [-n] ❶clergyman, divine ∗~*n en leken* clerics and laymen ❷RK priest

**geestelijkheid** *v* clergy, ministry

**geestesgesteldheid** *v* [-heden], **geestestoestand** *m* [-en] mental condition, state of mind, mentality

**geesteskind** *o* [-eren] brainchild

**geestesoog** *o* mind's eye

**geesteswetenschappen** *zn* [mv] humanities

**geestesziek** *bn* mentally ill ∗*een* ~*e* a mentally ill person

**geestgrond** *m* [-en] fertile sandy soil ⟨in the coastal area⟩

**geestig** *bn* witty, smart, ⟨vol humor⟩ humorous, amusing ∗*een* ~*e opmerking* a humorous/witty remark ∗*een* ~*spreker* a witty/amusing speaker

**geestigheid** *v* [-heden] ❶*eigenschap* humour, wit, wittiness ❷*grapje* witticism, quip ∗*geestigheden* witticisms, quips

**geestkracht** *v* energy, strength of mind, intellectual rigour

**geestrijk** *bn* containing alcohol ▼~*e dranken* spirits, liquor, strong drink

**geestverheffend** *bn* elevating, uplifting

**geestverruimend** *bn* mind-expanding, hallucinogenic, mind-altering ∗~*e middelen* mind-altering/hallucinogenic drugs

**geestverschijning** *v* [-en] apparition, phantom

**geestverwant I** *m-v* [-en] ❶kindred spirit ❷⟨pol⟩ supporter **II** *bn* congenial

**geestverwantschap** *v* congeniality of mind

**geeuw** *m* [-en] yawn

**geeuwen** *onoverg* [geeuwde, h. gegeeuwd] yawn

**geeuwhonger** *m* sudden hunger

**geëvacueerde** *m-v* [-n] evacuee

**geëxalteerd** *bn* ❶*opgewonden* overexcited ❷*overdreven* exaggerated

**gefingeerd** *bn* fictitious, feigned ∗*een* ~*e factuur* a spurious invoice ∗*een* ~*e naam* a fictitious name

**gefixeerd** *bn* fixed ∗*hij is* ~*op haar* he's hypnotised by her/fixated on her

**geflatteerd** *bn* flattering ∗*een* ~*e overwinning* a flattering victory, a victory that gives more credit than due ∗*een* ~*e balans* figures that look more promising than they are; afkeurend doctored figures ∗*een* ~*portret* a flattering portrait

**geflikflooi** *o* fawning, fondling, petting

**gefluister** *o* whisper(ing), whispers

**geforceerd** *bn* forced ∗*een* ~*e glimlach* a forced smile

**gefortuneerd** *bn* rich, wealthy ∗*de* ~*en* the rich

**gefrustreerd** *bn* frustrated

**gefundeerd** *bn* well founded ∗*een slecht* ~*e theorie* an ill-founded theory

**gegadigde** *m-v* [-n] ❶*voor koop* interested party, intending purchaser, prospective buyer ❷*voor aanbesteding* prospective/would-be contractor ❸*voor vacature* applicant, candidate

**gegalonneerd** *bn* ❶*versierd met galon* decorated with braid ❷*gekleed in galon* in uniform (with braid)

**gegarandeerd** *bn & bijw* ❶*gewaarborgd* guaranteed ❷*stellig* definitely, absolutely ∗*hij komt* ~*te laat* he'll no doubt be late

**gegeven I** *o* [-s] ❶*feit* data, fact ∗~*s* data, details, particulars ∗*digitale* ~*s* digital data ∗*een vaststaand* ~a known fact ❷*idee, onderwerp* fundamental idea, subject ⟨of a play &⟩ ∗*het* ~*van het verhaal* the point of the story **II** *bn* given ∗*op een* ~*ogenblik* at a certain moment ∗*in de* ~*omstandigheden* in the circumstances, as things are

**gegevensbank** *v* [-en] database

**gegijzelde** *m-v* [-n] hostage

**gegil** *o* screams, yells

**gegoed** *bn* well-to-do, well off, in easy circumstances ∗*de meer* ~*en* those better off

**gegoten** *bn ijzer & cast ⟨steel, iron⟩ ∗*het zit als* ~it fits like a glove

**gegrinnik** *o* snigger, chortle

**gegroefd** *bn* grooved ⟨beams⟩, fluted ⟨columns⟩, furrowed ⟨face⟩

**gegrond** *bn* well founded, valid, legitimate ∗*dit zijn* ~*e redenen om dankbaar te zijn* these are good reasons to be grateful ∗jur ~*verklaard* founded ⟨in law⟩, valid ∗*een* ~*verwijt* a valid/just reproach

**gehaaid** *bn* sharp, knowing, wily
**gehaast** *bn* hurried * *~zijn* be in a hurry
**gehaat** *bn* hated, hateful, odious * *zich bij iedereen ~ maken* make oneself universally hated
**gehakketak** *o* wrangling, bickering(s), squabble(s)
**gehakt** *o* minced meat * *een bal(letje)* ~a meatball
**gehaktbal** *m* [-len] meatball
**gehaktmolen** *m* [-s] mincer
**gehalte** *o* [-n & -s] ❶content * *het ~aan vet* the fat content ❷v. *metalen* grade, calibre, standard, quality * *van degelijk* ~of (sterling) quality * *van gering* ~ ⟨erts⟩ low-grade ⟨ore⟩; fig of a low standard ❸v. *alcohol* percentage ⟨proof spirit⟩
**gehandicapt** *bn* ❶handicapped, disabled * *geestelijk* ~intellectually handicapped * *lichamelijk* ~ physically disabled ❷onthand lost * *hij voelt zich ~ zonder haar* he feels lost without her
**gehandicapte** *m-v* [-n] handicapped person * *een geestelijk* ~an intellectually handicapped person * *een lichamelijk* ~a physically handicapped person, a disabled person * *de ~n* the handicapped, the disabled
**gehandicaptenzorg** *v* care of the disabled
**gehannes** *o* ❶gezeur, gedoe bother ❷geknoei bungling, mess-up
**gehard** *bn* ❶v. *lichaam* hardened, hardy * *~tegen...* be hardened against... ❷techn tempered
**geharrewar** *o* bickering(s), squabble(s)
**gehavend** *bn* battered, dilapidated, damaged * *wat zie je er ~uit!* you look a sorry sight! you look the worse for wear!
**gehecht** *bn* attached * *~aan* attached to
**geheel** *I bn* whole, entire, complete * *~Engeland* the whole of England, all England * *gehele getallen* whole numbers * *de gehele mens* the whole person * *de gehele stad* the entire town * *een ~overzicht* a complete overview *II bijw* wholly, entirely, completely, all ⟨alone, ears &⟩ * *~(en al)* completely, quite * *~of gedeeltelijk* in whole or in part * *~onmogelijk* completely impossible *III o* [-helen] whole * *een ~uitmaken/vormen* constitute a whole * *in het ~...* in all... * *in het ~niet* not at all * *in het ~ niets* nothing at all, nothing whatsoever * *in zijn ~* ⟨the Church &⟩ in its entirety; ⟨swallow it⟩ whole; ⟨look on things⟩ as a whole * *over het ~* (genomen) on the whole * *het ~van maatregelen* the body of measures * *het ~van deze indrukken* the sum total of these impressions * *het ~van natuurlijke elementen geeft de stad...* taken as a whole, the city's natural elements lend it... * *het ~van de poster mag niet groter zijn dan...* the poster's overall size may not exceed...
**geheelonthouder** *m* [-s] teetotaller, total abstainer * *~zijn* be teetotal, be a teetotaller/total abstainer, inf be on the wagon
**geheelonthouding** *v* total abstinence, teetotalism
**geheid** *bn & bijw* zeker certain, sure * *dat is een ~e strafschop* that's a sure penalty * *we gaan ~winnen*

it's a dead cert that we'll win
**geheim** *I bn* ❶verborgen gehouden secret, hidden, concealed * *een ~e deur* a secret/hidden/concealed door * *het moet ~blijven* it must remain private/(a) secret * *je moet het ~houden (voor hen)* you must keep it (a) secret (from them) * *voor mij is hier niets ~* nothing here holds any secrets for me ❷v. *stemming &* secret, private ❸occult occult ❹staatsgeheim classified * *~e informatie* classified information ❺illegaal clandestine ⟨trade⟩ ❻in het geheim werkzaam secret, hidden, undercover * *een ~agent* an undercover/a secret agent * *~e krachten* hidden forces *II o* [-en] secret, mystery * *een publiek ~* an open secret, a public secret * *een ~bewaren* keep a secret * *in het ~* in secret, secretly, in secrecy * *ik maak daar geen ~van* I'm not making a secret of it, I'll be quite open about it
**geheimhouden** *overg* [hield geheim, h. geheimgehouden] keep secret
**geheimhouding** *v* secrecy, confidentiality * *jur ~betrachten* observe confidentiality * *onder ~in* secret
**geheimhoudingsplicht** *m & v* duty of confidentiality
**geheimschrift** *o* [-en] secret code, cipher
**geheimtaal** *v* [-talen] secret language, code (language)
**geheimzinnig** *bn* mysterious * *hij is er erg ~mee* he's very mysterious about it * *iets ~s* something mysterious/secret
**geheimzinnigheid** *v* [-heden] mysteriousness, mystery
**gehemelte** *o* [-n & -s] palate * *het zachte ~* the soft palate, the velum
**geheugen** *o* [-s] ❶memory * *een goed ~* a good/retentive memory * *een slecht ~* a poor memory * *als mijn ~me niet bedriegt* if my memory serves me right * *iets in het ~houden* keep/bear sth in mind, remember sth * *iem. iets in het ~prenten* imprint sth on sbd's memory * *iems. ~opfrissen* refresh sbd's memory * *vers in het ~liggen* be fresh in one's memory ❷comput memory, storage
**geheugensteuntje** *o* [-s] mnemonic, reminder, clue * *een ~geven* prompt
**geheugenverlies** *o* loss of memory, amnesia
**gehoor** *o* ❶zintuig (sense of) hearing * *een goed muzikaal ~hebben* have a good ear for music * *geen muzikaal ~hebben* have no ear for music * *muz op het ~spelen* play by ear * *ten gehore brengen* play, sing * *~geven aan de roepstem van...* obey the call of... * *~geven aan een verzoek* comply with a request * *bij geen ~* if there's no answer * *ik klopte, maar ik kreeg geen ~* I knocked, but there was no answer ❷toehoorders audience * *ik was onder zijn ~* I was among his listeners ❸audiëntie audience * *~krijgen* get/obtain a hearing * *~verlenen* listen to, lend an ear ❹geluid sound
**gehoorapparaat** *o* [-raten] hearing aid

**gehoorbeentje** o [-s] ossicle
**gehoorbeschadiging** v [-en] damage to the hearing
**gehoorgestoord** bn hard of hearing
**gehoororgaan** o [-ganen] ear, auditory organ
**gehoorsafstand** m * binnen~ within hearing, within earshot, within call
**gehoorzaal** v [-zalen] auditorium, ‹in universiteit› lecture theatre/Am theater, ‹rechtbank› courtroom
**gehoorzaam** bn obedient
**gehoorzaamheid** v obedience * tot~ dwingen enforce obedience
**gehoorzamen** onoverg [gehoorzaamde, h. gehoorzaamd] ❶ obey *~ aan obey, be obedient to *~d aan in obedience to... * niet~ disobey ❷ mil obey orders
**gehorig** bn noisy, not soundproof
**gehouden** bn * zich~ achten om... feel obliged/bound to... * boekh in de onderneming~ retained within the company
**gehucht** o [-en] hamlet
**gehuil** o ❶ v. honden, wind & howling * het~ van de wind the howling/wailing of the wind ❷ v. kinderen crying
**gehuisvest** bn lodged, housed
**gehumeurd** bn * goed~ good-tempered * slecht~ ill tempered, bad-tempered
**gehuwd** bn married *~en married people/couples * wettig~ zijn lawfully married/wedded
**geigerteller** m [-s] Geiger counter
**geijkt** bn customary, usual, accepted *~e termen current/standing expressions
**geil** bn ❶ v. personen randy, horny *~ worden be turned on, aroused ❷ v. foto's & lewd, sexy
**geilen** onoverg [geilde, h. gegeild] *~ op iem./iets lust after sbd/sth, inf have the hots for sbd/sth
**geïllustreerd** bn illustrated, pictorial
**gein** m ❶ grappigheid, plezier fun * voor de~ for a joke, for fun ❷ grap joke
**geïndustrialiseerd** bn industrialized
**geinig** bn funny, cute
**geinponem** m [-s] fun guy
**geïnteresseerd** I bn interested * in iets~ interested in sth * de~en the interested parties, those concerned II bijw with interest
**geïnterneerde** m-v [-n] inmate, internee * de~n those in prison, the inmates, the detainees
**geintje** o [-s] joke, lark, prank *~s maken lark about, have fun
**geiser** m [-s] ❶ spuitende bron geyser, hot spring ❷ warmwatertoestel boiler, hot water service
**geisha** v ['s] geisha
**geit** v [-en] ❶ soortnaam goat ❷ vrouwelijk dier nanny goat * jonge~ kid ▼ vooruit met de~! off you go!, go for it!
**geitenkaas** v goat's cheese
**geitenmelk** v goat's milk
**gejaag** o ❶ hunting ❷ fig driving, hurrying

**gejaagd** bn hurried, agitated, nervous
**gejammer** o lamenting, lamentation(s)
**gejank** o yelping, whining/whine, whimper
**gejengel** o whining, whine
**gejuich** o cheering
**gek I** bn ❶ krankzinnig mad, crazy, inf cracked, loony, loopy, nuts * te~ om los te lopen too ridiculous for words * die gedachte maakt je~ the thought is enough to drive you mad * je wordt er~ van it's maddening *~ worden go mad *~ worden op... become crazy/mad about... * zich~ zoeken search till one is half crazy * hij is~ met dat kind he is mad about that child * hij is~ op zeldzame postzegels he is crazy about rare stamps *~ van woede mad with rage * het is van de~ke it's too crazy for words ❷ onwijs mad, foolish ‹pranks›, nonsensical, silly ‹remarks› *~ staan kijken look foolish, inf sit up ‹at being told that...› * te~! whoopee!, terrific!, great!, marvellous!, cool! * een te ~ke film a great film * een~ figuur slaan look stupid/silly ❸ vreemd odd, funny, peculiar, curious * dat is~ that is funny/peculiar * zo iets~s such a funny thing *~ genoeg vond hij het niet erg oddly enough he didn't mind * dat ziet er~ uit that looks strange/weird * het~ke (van het geval) is the funny part of it is, the odd thing is * het is nog zo~ niet there's something in that ❹ bespottelijk funny, queer II bijw ❶ krankzinnig like a madman ❷ vreemd foolishly, oddly, funnily *~ doen act idiotically, oddly, crazily * do maar gewoon, dan doe je al~ genoeg just be your normal crazy self * je kunt het zo ~ niet bedenken of zij heeft het wel you name it, she's got it ▼ niet~ duur not too expensive ▼ het maakt niet zo~ veel uit it won't make all that much difference III m [-ken] ❶ krankzinnige madman, lunatic * hij is een halve~ he's half-crazy, he's a bit bonkers * ik heb als een~ moeten vliegen/lopen I had to run like mad ❷ dwaas fool * hij is een grote~ he is a downright fool * een ouwe~ an old fool * de~ steken met iets make sport of sth, poke fun at sth * iem. voor de~ houden, de~ steken met iem. make a fool of sbd, make fun of sbd, pull sbd's leg, fool sbd * voor~ spelen play the fool * iem. voor~ laten staan make sbd look a fool/look foolish * als een~ staan kijken look foolish * de~ken krijgen de kaart fortune favours fools * één~ kan meer vragen dan tien wijzen kunnen beantwoorden one fool can ask more than ten wise men can answer * al te goed is buurmans~ people take advantage of those who are too nice ❸ schoorsteenkap cowl, chimney cap
**gekanker** o whingeing, grousing, grumbling
**gekant** bn *~ tegen set against, opposed to, hostile to
**gekarteld** bn ❶ v. messen & serrated ❷ v. munten milled ❸ plantk crenate, crenulate
**gekef** o yapping
**gekerm** o groaning, groans, moans
**gekheid** v [-heden] folly, foolishness, (tom)foolery,

madness ∗ ~! fiddlesticks! ∗ *het is geen* ~ I'm not joking, it's no joke ∗ *uit* ~ for a joke, for fun ∗ *alle* ~ *op een stokje* joking apart ∗ *zonder* ~ seriously, no kidding ∗ ~ *maken* joke ∗ *je moet hier geen* ~ *uithalen!* no tomfoolery here! ∗ *hij verstaat geen* ~ he can't take a joke

**gekibbel** *o* bickering(s), squabble(s)

**gekijf** *o* quarrelling, wrangling, dispute

**gekkekoeienziekte** *v* mad cow disease, BSE (bovine spongiform encephalopathy), Creutzfeldt-Jacob disease

**gekkengetal** *o* number eleven

**gekkenhuis** *o* [-huizen] madhouse ∗ *fig het is hier een (compleet)* ~*!* it's a (complete) madhouse here!

**gekkenwerk** *o* (sheer) madness

**gekkigheid** *v* foolishness, madness ∗ *de kinderen wisten van* ~ *niet wat ze moesten doen* ⟨uitgelaten⟩ the children were so excited they didn't know what to do; ⟨verveeld⟩ the children were at a loose end/were bored

**geklaag** *o* ❶ complaining, moaning ❷ *gejammer* lamentation

**gekleed** *bn* dressed, formal dress ∗ *een geklede jas* a frock coat ∗ *dat staat (niet)* ~ it's (not) dressy enough

**geklets** *o* ❶ *zweep* crack ❷ *gebabbel* chatter, babble, *inf* hot air, claptrap

**gekleurd** *bn* coloured ∗ ~ *glas* stained glass ∗ ~*e platen* colour plates ∗ *de* ~*e bevolking* non-whites, coloured people ∗ *politiek* ~ politically biased ▼ *fig er* ~ *op staan* look a fool

**geknetter** *o* crackling, rattle

**geknipt** *bn* ∗ ~ *voor* cut out for ⟨a teacher⟩, to the manner born for ⟨the job⟩

**geknoei** *o* ❶ *gepruts* bungling, *inf* balls-up ❷ *oneerlijkheid* tampering with, rigging

**gekonkel** *o* intriguing, plotting, scheming, *inf* jiggery-pokery

**gekostumeerd** *bn* fancy dress ∗ *een* ~ *bal* a fancy-dress ball

**gekrakeel** *o* quarrelling, wrangling

**gekreun** *o* groaning, moaning, groans, moans

**gekrijs** *o* screeching

**gekruid** *bn* spicy ∗ *sterk* ~ highly spiced ∗ *een* ~*e stijl* a racy style

**gekscheren** *onoverg* [gekscheerde, h. gegekscheerd] jest, joke, banter ∗ ~ *met* poke fun at ∗ *hij laat niet met zich* ~ he's not to be trifled with ∗ *zonder* ~ joking apart ∗ ~*d* jokingly, in jest

**gekte** *v* insanity, lunacy, madness

**gekuch** *o* coughing

**gekuist** *bn* sober, pure ∗ ~*e taal* censored language ∗ *een* ~*e versie* an expurgated edition

**gekunsteld** *bn* artificial, mannered, affected, unnatural

**gekwalificeerd** *bn* qualified

**gekwebbel** *o* chattering, chatter

**gel** *m* gel

**gelaagd** *bn* stratified

**gelaarsd** *bn* booted ∗ *de Gelaarsde Kat* Puss in Boots

**gelaat** *o* [-laten] face, *dicht* countenance

**gelaatskleur** *v* complexion

**gelaatstrek** *m* [-ken] facial features ∗ *zachte/scherpe* ~*ken* soft/sharp features

**gelaatsuitdrukking** *v* [-en] facial expression

**gelach** *o* laughter, laughing, mirth

**geladen** *bn* ❶ *vuurwapen* charged, loaded ❷ *accu* charged ❸ *sfeer fig* tense

**gelag** *o* [-lagen] ∗ *het* ~ *betalen* pay for the drinks; *fig inf* carry the can ∗ *het is een hard* ~ *(voor hem)* it's a hard break (for him)

**gelagkamer** *v* [-s] bar

**gelang** *zn* ∗ *naar* ~ *van* in proportion to, according to ∗ *naar* ~ *(van) de omstandigheden* according to the circumstances, as circumstances require

**gelardeerd** *bn* larded ∗ *fig* ~ *met* larded with

**gelasten** *overg* [gelastte, h. gelast] order, charge, instruct

**gelaten** *bn* resigned

**gelatenheid** *v* resignation

**gelatine** *v* gelatin(e)

**gelauwerd** *bn* crowned with laurel

**gelazer** *o* load of trouble ∗ *daar heb je het* ~ *al* now we're in a fine mess ∗ *daar krijg je* ~ *mee* that will land you in trouble

**geld** *o* [-en] money ∗ *gepast* ~ the exact sum/money ∗ *met gepast* ~ *betalen* no change given, ⟨in bus, tram⟩ exact fare ∗ *het grote* ~ the big money, megabucks ∗ *vreemd/buitenlands* ~ foreign currency ∗ *digitaal* ~ digital cash ∗ *gereed* ~ ready money, cash ∗ ~ *in omloop* money in circulation ∗ ~ *en goed* money and property ∗ *kinderen half* ~ children half price ∗ *klein* ~ change ∗ *slecht* ~ bad money ∗ *vals* ~ counterfeit money ∗ *dat is geen* ~ that's not expensive ∗ *weggegooid* ~ money down the drain, wasted money ∗ *de nodige* ~*en* the necessary money ∗ *alles draait om het* ~ money makes the world go round ∗ *er is geen* ~ *onder de mensen* people are poor ∗ *goed* ~ *naar kwaad* ~ *gooien* throw good money after bad ∗ *zijn* ~ *in het water gooien/smijten* throw away one's money, throw one's money down the drain ∗ *het* ~ *groeit mij niet op de rug* I'm not made of money, money doesn't grow on trees ∗ *niet op* ~ *kijken* not have to watch the pennies ∗ ~ *hebben* have some money, have private means ∗ ~ *hebben als water* have money coming out one's ears ∗ *dat zal* ~ *kosten* that'll cost a pretty penny ∗ ~ *slaan* coin money ∗ ~ *slaan uit* make money/capital out of... ∗ ~ *speelt geen rol* money is no object ∗ ~ *stinkt niet* there's nothing wrong with money ∗ ~ *stukslaan* throw money about ∗ *heb je al* ~ *terug?* have you got your change? ∗ ~*en toestaan voor...* allow money for... ∗ ~ *verdienen als water* make pots/oodles of money ∗ ~ *verkwisten* squander money ∗ ~ *zwemmen in het* ~ be rolling in money ∗ *duizend euro aan* ~ a thousand euros in cash ∗ *een meisje met* ~ a girl with money, a rich girl ∗ *het is*

**ge**

*met geen ~ te betalen* it's priceless ✶ *zijn ... te ~e maken* convert one's ... into cash ✶ *iem. ~ uit de zak kloppen* make money out of sbd ✶ *van zijn ~ leven* live on one's capital/private means ✶ *voor geen ~ van de wereld* not for all the world ✶ *voor ~ of goede woorden* for love or money ✶ *voor hetzelfde ~* by the same token ✶ *geen ~ geen Zwitsers* nothing for nothing ✶ *~ moet rollen* money should circulate ✶ *~ verzoet de arbeid* money makes labour sweet

**geldautomaat** *m* [-maten] cash dispenser, cashpoint, automated teller machine, ATM

**geldbelegging** *v* [-en] investment

**geldboete** *v* [-n & -s] fine

**geldelijk I** *bn* financial, monetary ✶ *een ~e bijdrage* a gift of money **II** *bijw* financially ✶ *iem. ~ steunen* support sbd financially

**gelden I** *onoverg* [gold, h. gegolden] ❶ *kosten* cost, be worth ❷ *v. kracht zijn* be in force, obtain, hold (good) ✶ *dat geldt niet* that doesn't count ✶ *dat geldt (voor) ons allen* that goes for all of us, that concerns all of us ✶ *de meeste stemmen ~* the most votes have it ✶ *(zulke redenen) ~ hier niet* (such reasons) do not apply in this case ✶ *(zulke redenen) ~ bij mij niet* (such reasons) carry no weight with me ✶ *(die wetten) ~ hier niet* (these rules/laws) do not hold here/cannot be applied here ✶ *zijn invloed doen/laten ~* make one's influence felt ✶ *zich doen ~* ⟨v. personen⟩ assert oneself; ⟨v. zaken⟩ assert itself, make itself felt ✶ *dat laat ik ~* I'll grant/admit that ✶ *~ als, ~ voor* be considered (to be) ❸ *betrekking hebben op* concern, apply to, refer to ✶ *deze regeling geldt niet voor personen die...* this rule does not apply to those who... **II** *overg* [gold, h. gegolden] concern ✶ *mijn eerste gedachte gold hem* my first thought was of him ✶ *wie geldt het hier?* who is this about? to whom are you referring? ✶ *wanneer het u zelf geldt* when you yourself are concerned

**geldend** *bn* ❶ valid, applicable ❷ *jur* prevailing, current ✶ *de ~e prijs* the price referred to, the current price ✶ *de tot nu toe/ter zake ~e bepalingen* the current conditions

**Gelderland** *o* Gelderland

**geldgebrek** *o* lack of money ✶ *~ hebben* be short of money, be hard-pressed for cash

**geldhandel** *m* currency dealing, banking

**geldig** *bn* valid ✶ *een ~ doelpunt* a good goal ✶ *~ voor de wet* valid in law ✶ *~ voor een maand na de dag van afgifte* valid for one month from the day of issue

**geldigheid** *v* validity

**geldigheidsduur** *m* period of validity, duration

**geldingsdrang** *m* assertiveness, drive, ambition

**geldkistje** *o* [-s] cash box

**geldkoers** *m* [-en] exchange rate

**geldkraan** *v* ✶ *de ~ dichtdraaien* stop the flow of money, cut off the funds

**geldla** *v* ['s & -laas], **geldlade** [-n] cash drawer, till

**geldloper** *m* [-s] runner

**geldmarkt** *v* [-en] money market

**geldmiddelen** *zn* [mv] financial resources, means, finances, *inf* the wherewithal

**geldnood** *m* shortage of money ✶ *in ~ zitten* be short of money

**geldomloop** *m* circulation of money

**geldontwaarding** *v* inflation, currency depreciation

**geldopname** *v* [-s] *v. eigen rekening* withdrawal

**geldschieter** *m* [-s] moneylender

**geldsom** *v* [-men] sum of money

**geldstroom** *m* [-stromen] flow of money

**geldstuk** *o* [-ken] coin

**geldverkeer** *o* financial transactions/dealings

**geldverspilling** *v* [-en] waste of money

**geldwezen** *o* finance, financial economy

**geldwolf** *m* [-wolven] money-grubber

**geldzaak** *v* [-zaken] money affair, money matter

**geldzorgen** *zn* [mv] financial troubles/worries

**geldzucht** *v* avarice, love of money

**geleden** *bn* ago ✶ *het is lang ~ dat...* it has been a long time since... ✶ *hoe lang is het ~?* how long ago is it? ✶ *drie dagen ~* three days ago ✶ *niet lang ~* not long ago ✶ *kort/pas ~* recently, the other day

**geleding** *v* [-en] ❶ *beweegbare verbinding* articulation, joint ❷ *onderdeel* section ❸ *v. kust* indentation

**geleed** *bn* jointed, articulated ✶ *een ~ voertuig* an articulated lorry

**geleedpotig** *bn* ✶ *~e dieren* arthropods

**geleerd** *bn* learned, scholarly ✶ *dat is mij te ~* that's beyond me

**geleerde** *m-v* [-n] ❶ academic, scholar ❷ *bètawetenschapper* scientist

**geleerdheid** *v* [-heden] learning, erudition, scholarship

**gelegen** *bn* ❶ *liggend* lying, situated ✶ *het is er zó mee ~* that is how matters stand ❷ *passend* convenient ✶ *als het u ~ komt* if it's convenient to you ✶ *net ~* at an opportune moment, just in time ✶ *het komt mij niet ~* it doesn't suit me right now ❸ *van belang* important ✶ *daar is veel aan ~* it's very important, it matters a lot ✶ *daar is niets aan ~* it's of no consequence, it doesn't matter ✶ *ik laat mij veel aan hem ~ liggen* he means a lot to me

**gelegenheid** *v* [-heden] opportunity, occasion ✶ *er was ~ om te dansen* there was a place to dance ✶ *de ~ aangrijpen om...* seize the opportunity to... (for..., of ...ing) ✶ *iem. (de) ~ geven om...* give sbd an opportunity to... (for ...ing) ✶ *~ geven* procure, pander ✶ *jur ~ verschaffen* provide opportunity ✶ *de ~ hebben om...* have an opportunity to... (of ...ing) ✶ *(de) ~ krijgen* get/find/be given an opportunity (to, for) ✶ *wanneer hij er de ~ toe zag* when he saw his opportunity ✶ *een ~ voorbij laten gaan* miss an opportunity ✶ *als de ~ zich aanbiedt* when the opportunity presents itself, when occasion arises ✶ *bij ~* ⟨af en toe⟩ on occasion, occasionally; ⟨op een gunstig moment⟩ at the first opportunity ✶ *bij een* *andere~* on some other occasion✶ *bij deze~* on this occasion✶ *bij de een of andere~* as the opportunity occurs/arises✶ *bij de eerste~* at the first opportunity ✶ *bij elke/iedere~* on every occasion, on all occasions ✶ *bij feestelijke gelegenheden* on festive occasions✶ *bij voorkomende~* when the opportunity/occasion arises✶ *bij~ van zijn huwelijk* on the occasion of his marriage✶ *iem. in de~ stellen om...* give sbd an opportunity to..., put sbd in a position to...✶ *in de~ zijn om...* be in a position to..., have the opportunity to...✶ *op eigen~* on one's own✶ *ter~ van* on the occasion of✶ *de~ maakt de dief* opportunity makes the thief

**gelegenheidsdrinker** *m* [-s] social drinker, occasional drinker

**gelegenheidskleding** *v* full dress, formal dress

**gelei** *m & v* [-en] ❶ *voor vlees &* jelly✶ *paling in~* jellied eel(s) ❷ *v. vruchten* jelly, preserve(s)

**geleid** *bn* guided✶ *een~ e democratie* a controlled democracy✶ *een~ e economie* a planned economy ✶ ZN~ *bezoek* visiting hours

**geleide** *o* ❶ guidance, care, protection✶ *mag ik u mijn~ aanbieden?* may I accompany you/see you home?✶ *ten~ for* protection/guidance ❷ *mil* escort ✶ *onder~ van* escorted by ❸ scheepv convoy

**geleidehond** *m* [-en] guide dog (for the blind)

**geleidelijk I** *bn* gradual III *bijw* gradually, by degrees, little by little✶ *heel~* very gradually, little by little

**geleidelijkheid** *v* gradualness

**geleiden** *overg* [geleidde, h. geleid] ❶ lead, conduct, accompany✶ *iem. aan de hand~* lead sbd by the hand✶ *een dame naar tafel~* show a lady to the table ❷ *v. warmte, elektriciteit* conduct, transmit

**geleider** *m* [-s] ❶ *gids* guide, conductor ❷ *warmte, elektr.* conductor

**geleiding** *v* [-en] ❶ *abstract* leading, conducting ❷ *v. warmte &* conductivity ❸ *concreet* conduit, pipe ❹ elektr wire, wiring

**geletterd** *bn* lettered, learned, literary✶ *een~ e* a man/woman of letters✶ *de~ en* the literati, the learned, the literary

**geleuter** *o* drivel, twaddle, waffle, inf rot, vulg bullshit

**gelid** *o* [-lederen] ❶ med joint (in the body) ❷ mil rank, file✶ mil *dubbele/enkele gelederen* double/single files✶ *de gelederen sluiten* close ranks ✶ *de gelederen der liberalen* the liberal ranks✶ *in~ opstellen* align✶ *zich in~ opstellen* draw up✶ *in de voorste gelederen* in the front ranks✶ *uit het~ treden* leave the ranks, mil fall out

**gelieerd** *bn* affiliated to, related to✶ (affiliatie) *een ~ e onderneming* an affiliated company, a related company✶ ~ *aan* related to

**geliefd** *bn* ❶ *bemind* loved, beloved, dear ❷ *populair* loved, looked up to, adored, idolised✶ ~ *bij* popular with, a favourite with

**geliefde** *m-v* [-n] ❶ beloved, darling ❷ *m.b.t. vrouw*

lady-love, sweetheart ❸ *m.b.t. man* lover✶ *de~ n* the lovers

**geliefkoosd** *bn* favourite/Am favorite, cherished

**gelieven I** *overg* [geliefde, h. geliefd] please✶ *gelieve mij te zenden* please send me✶ *als het hem gelieft te komen* should he elect to come II *zn* [mv] lovers

**gelig** *bn* yellowish

**gelijk I** *bn* ❶ *hetzelfde* identical✶ ~ *en~ vormig* congruent✶ *dat is mij~* it is all the same to me✶ *ze zijn~ in grootte/jaren* they are the same size/age✶ ~ *van hoogte* of the same height✶ *wij zijn~* we're even/quits✶ *40~!* forty all!, (bij tennis) deuce!✶ ~ *e hoeveelheden* equal/even quantities✶ *twee en drie is ~ aan vijf* two plus three equals/makes five ❷ *gelijkwaardig* equivalent ❸ *effen* even, level, smooth II *bijw* ❶ *evenmatig* equally ❷ *eender* alike, similarly ❸ *in gelijke porties* equally, evenly ❹ *tegelijkertijd* at the same time✶ *een stuk~ op rijden* ride up together ❺ *meteen* now, at once, immediately✶ *ik kom~ bij u* I'll be there in a moment✶ *ik moet~ weer weg* I have to leave now ✶ *hij ging~ weg* he left immediately ▼ *mijn horloge loopt~* my watch is right III *o* right✶ *iem. ~ geven* (toegeven) grant that sbd is right; (eens zijn) agree with sbd✶ ~ *hebben* be right, be correct✶ *ik moest toegeven dat hij~ had* I had to admit that he was in the right✶ ~ *heb je!* quite right too!, right you are! ✶ *hij heeft groot~ dat hij het niet doet* he's quite right not to do it✶ *altijd zijn~ willen halen* not be prepared to compromise✶ *hij wil altijd~ hebben* he always knows better, he's a know-all✶ ~ *krijgen* be put in the right✶ *iem. in het~ stellen* declare sbd right, say that sbd is right✶ *de uitkomst heeft hem in het~ gesteld* the results have proved him right/have justified what he said/did

**gelijkbenig** *bn* isosceles (triangle)

**gelijke** *m-v* [-n] equal✶ *hij heeft zijns~ niet* there's no one like him, he has no equal✶ *met iem. omgaan als zijn~* treat sbd as an equal

**gelijkelijk** *bijw* equally

**gelijken I** *overg* [geleek, h. geleken] be like, resemble, look like II *onoverg* [geleek, h. geleken] ✶ ~ *op* be like, look like

**gelijkenis** *v* [-sen] ❶ *overeenkomst* resemblance, similarity, likeness✶ *zijn~ met* his resemblance/similarity to ❷ *zinnebeeldig verhaal* parable

**gelijkgerechtigd** *bn* having equal rights, equal

**gelijkgesteld** *bn* equal (to), on a par (with)

**gelijkgestemd** *bn* like-minded

**gelijkheid** *v* ❶ equality✶ wisk~ *en gelijkvormigheid* congruence✶ *vrijheid,~ en broederschap* liberty, equality and fraternity ❷ *gelijkwaardigheid* parity ❸ *overeenkomst* similarity, likeness ❹ *effenheid* evenness, smoothness

**gelijklopen** *onoverg* [liep gelijk, h. gelijkgelopen] ❶ look alike ❷ *v. klok* be right✶ *mijn horloge loopt gelijk* my watch is right, my watch keeps good time

ge

**gelijkluidend** bn ❶ muz consonant ❷ v. woorden homophonous ❸ identiek identical ‹clauses›, verbatim ‹report›, duplicate ‹certificate›, true * een ~ antwoord an identically worded answer * een ~ afschrift a true copy

**gelijkmaken I** overg [maakte gelijk, h. gelijkgemaakt] ❶ v. hoeveelheden equalize ❷ v. oppervlaktes level, raze * ‹geheel verwoesten› met de grond ~ raze to the ground **II** onoverg [maakte gelijk, h. gelijkgemaakt] sp equalize

**gelijkmaker** m [-s] sp equalizer

**gelijkmatig I** bn equal, equable, even ‹temper &›, uniform ‹size, acceleration› * een ~ karakter a stable character **II** bijw * ~ verdelen share equally

**gelijkmoedig I** bn even-tempered, placid **II** bijw with equanimity

**gelijknamig** bn ❶ of the same name, homonymous ❷ rekenk having the same denomination * ~ maken reduce to a common denominator ❸ elektr similar

**gelijkschakelen** overg [schakelde gelijk, h. gelijkgeschakeld] ❶ op gelijk niveau brengen harmonize * lonen ~ bring salaries up to the same level ❷ op een lijn brengen bring into line * vakbonden ~ bring the unions into line, force the unions to conform ❸ elektr connect to the same circuit

**gelijkschakeling** v ❶ het op gelijk niveau brengen bringing to the same level ❷ het op een lijn brengen bringing into line

**gelijksoortig** bn similar, alike, analogous (to)

**gelijkspel** o [gelijke spelen] tie, tied game, draw * een 1-1 ~ a 1-1 draw

**gelijkspelen** onoverg [speelde gelijk, h. gelijkgespeeld] sp draw (a game)

**gelijkstaan** onoverg [stond gelijk, h. gelijkgestaan] be equal, be on a level * de teams staan gelijk the teams are equal * ~ met ‹nagenoeg hetzelfde zijn› be equal to, be equivalent to; ‹op hetzelfde neerkomen› be tantamount to, amount to,; ‹op hetzelfde niveau staan› be on a level footing/on a par with

**gelijkstellen** overg [stelde gelijk, h. gelijkgesteld] equate, compare, put on a level footing/on a par (met with)

**gelijkstroom** m direct current

**gelijktijdig I** bn simultaneous, synchronous **II** bijw at the same time * ~ met at the same time as..

**gelijktrekken** overg [trok gelijk, h. gelijkgetrokken] straighten (out), level * normen/tarieven & ~ equalise norms/tariffs &

**gelijkvloers** bn op de begane grond on the ground floor, at street level * een ~e kruising a level crossing, a road junction

**gelijkvormig** bn of the same form/shape, identical * ~e driehoeken similar triangles

**gelijkwaardig** bn equal (to), equivalent (to) * twee ~e teams two teams of similar strength * twee ~e kandidaten two evenly matched candidates

**gelijkwaardigheid** v equivalence, equality, parity

**gelijkzetten** overg [zette gelijk, h. gelijkgezet] * de klok ~ set the clock (right) * ~ met set by * ze zetten hun horloges met elkaar gelijk they synchronized their watches

**gelijkzijdig** bn equilateral

**gelijnd, gelinieerd** bn ruled

**gelimiteerd** bn limited

**geloei** o ❶ lowing, bellowing, roaring, roar ❷ v. sirenes wail

**gelofte** v [-n] ❶ eed vow ‹of chastity/obedience/poverty› * RK de ~ afleggen take the vow * een ~ doen make a vow ❷ toezegging promise

**geloof** o [-loven] ❶ kerkelijk faith, creed, belief * ~ aan/in God belief in God * de twaalf artikelen des ~s the Apostles' Creed * het ~ verzet bergen faith can move mountains * van zijn ~ afvallen give up one's faith, lose one's faith ❷ niet kerkelijk credit, credence, trust * ~ hechten aan give credence to, give credit to, believe * een blind ~ hebben in have implicit faith in * het verdient geen ~ it deserves no credit * ~ vinden be credited * op goed ~ on trust * ~ in/aan spoken a belief in ghosts

**geloofsartikel** o [-en & -s] article of faith

**geloofsbelijdenis** v [-sen] confession of faith, profession of faith, creed * de apostolische ~ the Apostles' Creed * zijn politieke ~ one's political creed

**geloofsbrieven** zn [mv] credentials, ‹v. gezant› letters of credence

**geloofsleer** v dogma, doctrine (of faith)

**geloofsovertuiging** v [-en] religious persuasion/conviction

**geloofsvrijheid** v religious liberty

**geloofwaardig** bn ❶ v. zaak credible, plausible, convincing ❷ v. persoon trustworthy, reliable

**geloofwaardigheid** v v. zaken credibility, plausibility, ‹v. personen ook› trustworthiness * aan ~ inboeten lose credibility

**geloven** onoverg en overg [geloofde, h. geloofd] ❶ believe * (het is) niet te ~! (it's) incredible! * je kunt me ~ of niet believe it or not * geloof dat maar! you can take it from me! * iem. op zijn woord ~ take sbd at his word, take sbd's word for it * ~ aan spoken believe in ghosts * ~ in God believe in God * niet ~ aan not believe in * mijn jas moest er aan ~ my coat had to go * hij moest eraan ~ his number was up ❷ menen believe, think, be of opinion * ik geloof van wel I think so, I believe so * ze ~ het wel they're not fussed * dat geloof ik! I should think so!, I dare say! * je kunt niet ~ hoe... you can't imagine how...

**gelovig** bn ❶ in God gelovend believing, faithful ❷ kerks religious ❸ vroom pious

**gelovige** m-v [-n] believer * de ~n the faithful/believers

**geluid** o [-en] sound, noise * ~ geven make a

sound/noise ∗ *sneller dan het ∼* faster than sound

**geluiddempend** *bn* sound-deadening, muffling

**geluiddemper** *m* [-s] ❶ silencer ‹of engine, firearm›, muffler ‹engine› ❷ <u>muz</u> mute ‹violin, trumpet›, muffler ‹piano›

**geluiddicht** *bn* soundproof

**geluidloos** *bn* soundless

**geluidsapparatuur** *v* sound equipment

**geluidsband** *m* [-en] recording tape, audio tape ∗ *een digitale ∼* a digital audio tape, a DAT

**geluidsbarrière** *v* sound barrier, sonic barrier ∗ *de ∼ doorbreken* break the sound barrier

**geluidseffect** *o* [-en] sound effect

**geluidsfilm** *m* [-s] talking picture, talkie

**geluidsgolf** *v* [-golven] sound wave

**geluidshinder** *m* noise pollution

**geluidsinstallatie** *v* [-s] sound equipment

**geluidskaart** *v* [-en] <u>comput</u> sound card, sound board

**geluidsoverlast** *m* noise pollution

**geluidssnelheid** *v* sonic speed, speed of sound

**geluidstechnicus** *m* [-ci] sound engineer, sound mixer

**geluidswagen** *m* [-s] sound truck/van

**geluidswal** *m* [-len] noise barrier

**geluimd** *bn* in the mood ‹for...›, in the humour ‹to...› ∗ *goed/slecht ∼* in a good/bad temper

**geluk** *o* ❶ *als gevoel* happiness, joy, bliss ∗ *huiselijk ∼* domestic bliss ∗ <u>iron</u> *dat ontbrak nog maar aan mijn ∼* that would be all I'd need ∗ *∼ ermee!* good luck (with it)! ∗ *zij kon haar ∼ niet op* she was beside herself with joy, she couldn't get over it ❷ *zegen* blessing ∗ *een ∼ bij een on∼* a blessing in disguise ❸ *gunstig toeval* fortune, (good) luck, chance ∗ *als je ∼ hebt...* with some luck... ∗ *wat een ∼!* that's lucky! ∗ *stom ∼* sheer luck ∗ *dat is nu nog eens een ∼* that's lucky! ∗ *het ∼ dient u* you always seem to be lucky/in luck ∗ *meer ∼ dan wijsheid* more luck than judgement/sense ∗ *zijn ∼ beproeven* try one's luck ∗ *∼ hebben* be fortunate, be in luck ∗ *het ∼ hebben om...* have the good fortune to..., be lucky enough to... ∗ *hij mag nog van ∼ spreken* he can thank his lucky stars, he can consider himself lucky ∗ *bij ∼* by chance ∗ *op goed ∼* at random, haphazard, on the off-chance, <u>inf</u> on spec, hit or miss ❹ *succes* success

**gelukje** *o* [-s] piece/stroke of good fortune, windfall

**gelukken** *onoverg* [gelukte, is gelukt] succeed ∗ *alles gelukt hem* he is successful in everything ∗ *als het gelukt* if it succeeds ∗ *het gelukte hem...* he succeeded in ...ing ∗ *het gelukte hem niet...* he failed to...

**gelukkig I** *bn* ❶ *v. gevoel* happy ∗ *een ∼e gedachte* a happy thought ∗ *een ∼ huwelijk* a happy marriage ∗ *∼ Nieuwjaar!* happy New Year! ❷ *v. kans* lucky, fortunate ∗ *een ∼e dag* a happy/lucky/fortunate day ∗ *∼ in het spel, on∼ in de liefde* lucky at cards, unlucky in love ∗ *wie is de ∼e?* who is the lucky one? ❸ *goed gekozen & happy*, <u>dicht</u> felicitous ∗ *dat was een ∼e keuze* that was a happy/good choice, that was well chosen **II** *bijw* happily ∗ *∼!* thank goodness!, thank heavens! ∗ *∼, dat...* fortunately, luckily

**geluksdag** *m* [-dagen] ❶ *dag waarop men gelukkig wordt* happy day, red-letter day ❷ *dag waarop men geluk in het spel & denkt te hebben* lucky day ∗ *het is vandaag jouw ∼* it's your (lucky) day today

**geluksgetal** *o* [-len] lucky number

**geluksgevoel** *o* [-s] feeling of happiness, happy feeling

**gelukstelegram** *o* [-men] congratulatory telegram

**gelukstreffer** *m* [-s] fluke, <u>sp</u> lucky goal

**geluksvogel** *m* [-s] lucky thing, lucky one

**gelukwens** *m* [-en] congratulations, best wishes ∗ *veel ∼en met je verjaardag* many happy returns on your birthday

**gelukwensen** *overg* [wenste geluk, h. gelukgewenst] ❶ *feliciteren* congratulate ‹*met* on› ❷ *geluk toewensen* wish ‹sbd› good luck

**gelukzalig** *bn* blessed, blissful ∗ *de ∼en* the blessed

**gelukzaligheid** *v* [-heden] blessedness, bliss, felicity, beatitude

**gelukzoeker** *m* [-s] adventurer, fortune hunter

**gelul** *o* rot, rubbish, drivel, nonsense, <u>vulg</u> bullshit

**gemaakt** *bn gekunsteld* affected, artificial, sham

**gemaal I** *o* [-malen] *in polder* ‹machine› pumping engine, ‹gebouw› pumping station **II** *m* [-s & -malen] *echtgenoot* spouse, <u>form</u> consort **III** *o gezanik* blah blah

**gemachtigd** *bn* authorized, authoritative

**gemachtigde** *m-v* [-n] proxy, deputy, authorized representative

**gemak** *o* [-ken] ❶ *gemakkelijkheid* ease, facility ∗ *met ∼* easily ∗ *∼ dient de mens* why make things difficult for yourself? ❷ *rustigheid* ease ∗ *hou je ∼!* keep quiet! ∗ *zijn ∼ (ervan) nemen* take things easy ∗ *op zijn ∼* at his ease ∗ *niet op zijn ∼* ill at ease ∗ *hij had het op zijn ∼ kunnen doen* he could have done it easily/at his leisure ∗ *doe het op uw ∼* take it easy, take your time ∗ *zit je daar op je ∼?* are you quite comfortable/<u>inf</u> comfy there? ∗ *iem. op zijn ∼ stellen* put sbd at ease ∗ *op zijn ∼ winnen* have a walkover, win easily ❸ *gerief* comfort, convenience ∗ *een huis met vele ∼ken* a house with many mod cons ∗ *van zijn ∼ houden* like one's (creature) comforts ∗ *van alle moderne ∼ken voorzien* with all modern conveniences/<u>inf</u> mod cons ∗ *voor het ∼* for convenience('s sake) ❹ *toilet* toilet, lavatory, ‹buiten› privy

**gemakkelijk, makkelijk I** *bn* ❶ *niet moeilijk* easy ∗ *zo ∼ als wat* as easy as anything ∗ *een ∼ spreker* a good/clear speaker ∗ *zij hebben het niet ∼* they're not having an easy time of it ∗ *hij is wat ∼* he likes to take things easy ∗ *hij is niet ∼, hoor!* he isn't an easy person to deal with! ❷ *gerieflijk* easy, comfortable, commodious ∗ *een ∼e stoel* an easy chair ∗ *het zich ∼ maken* make oneself comfortable; take things easy **II** *bijw* ❶ *niet moeilijk* easily, at one's ease, with ease

*~ *te bereiken vanuit...* within easy reach of...* *dat kunt u~ zeggen* that's easily said, inf that's easy for you to say* *iets~ opnemen* take sth lightly ❷ *geriefelijk* conveniently ‹arranged›, comfortably ‹settled›* *zit je daar~?* are you quite comfortable/inf comfy there?* *die stoel zit~* it's a comfortable chair

**gemakshalve** *bijw* for convenience('s sake)

**gemakzucht** *v* indolence, laziness

**gemakzuchtig** *bn* easy-going

**gemalin** *v* [-nen] spouse, lady, form consort

**gemarineerd** *bn* marinated

**gemarmerd** *bn* marbled

ge

**gemaskerd** *bn* masked* *een~ bal* a masked ball, a fancy-dress ball

**gematigd** *bn* ❶ moderate ‹claims›* *de~en* the moderates ❷ *m.b.t. woorden* measured ❸ *m.b.t. klimaat* temperate ‹zones›

**gematteerd** *bn* matt, frosted (glass)

**gemauw** *o* mewing

**gember** *m* ginger

**gemeen I** *bn* ❶ *slecht in zijn soort* bad, inferior, vile * *een gemene jaap* an ugly gash*~ *weer* bad weather ❷ *vals* mean, base* *die gemene jongens* those mean/bad boys* *een gemene streek* a dirty trick* *een gemene vent* a mean fellow ❸ *zedenkwetsend, vuil* obscene, foul, filthy, smutty * *gemene taal* foul language, foul talk ❹ *algemeen* common, public* ZN~ *recht* public law* *de gemene zaak* the public cause ❺ *gemeenschappelijk* common, joint* *iets~ hebben met* have sth in common with* *iets~ maken* make sth common property ❻ *gewoon* common, ordinary ❼ *ordinair* common, vulgar, low **II** *bijw* ❶ basely, meanly & ❷ versterkend beastly ‹cold &› **III** *o gepeupel* rabble, mob

**gemeend** *bn* serious, sincere

**gemeengoed** *o* common property* *deze uitdrukking is~ geworden* this expression has come into common usage

**gemeenplaats** *v* [-en] cliché, commonplace, platitude, ready-made answer/opinion

**gemeenschap** *v* [-pen] ❶ *maatschappij* community * *op kosten van de~ leven* live at the public expense ❷ *groep* community, fellowship* *de Europese Gemeenschap* the European Community* *de~ der heiligen* the communion of saints ❸ *geslachtsgemeenschap* intercourse * *vleselijke/geslachtelijke~ met iem. hebben* have sexual intercourse with sbd ❹ *het gezamenlijk hebben* community*~ *van goederen* community of property

**gemeenschappelijk I** *bn* ❶ *met elkaar gemeenschappelijk hebben* common, communal* *een ~e markt* a common market ❷ *gezamenlijk* joint, common* *voor~e kosten/rekening* on the joint account **II** *bijw* in common, jointly*~ *optreden* act together, act in concert

**gemeenschapsgeld** *o* [-en] public funds, public money

**gemeenschapsgevoel** *o* sense of community

**gemeenschapshuis** *o* [-huizen] community centre

**gemeenschapszin** *m* sense of community/solidarity

**gemeente** *v* [-n & -s] ❶ *burgerlijke* municipality, municipal authorities ❷ *kerkelijke* parish ❸ *kerkgangers* congregation

**gemeenteambtenaar** *m* [-s & -naren] municipal official

**gemeentearchief** *o* [-chieven] municipal archives

**gemeentebedrijf** *o* [-drijven] public works, municipal works

**gemeentebelasting** *v* [-en] municipal tax, council tax

**gemeentebestuur** *o* [-sturen] local/district council, local authority

**gemeentehuis** *o* [-huizen] town hall, shire hall

**gemeentelijk** *bn* municipal

**gemeenteraad** *m* [-raden] town/municipal/parish council

**gemeenteraadslid** *o* [-leden] town/local councillor

**gemeentereiniging** *v* municipal health department, sanitation department

**gemeentesecretaris** *m* [-sen] town clerk

**gemeenteverordening** *v* [-en] municipal bye-law/bylaw

**gemeentewerken** *zn* [mv] municipal works

**gemeenzaam** *bn* familiar*~ *met* familiar with

**gemêleerd** *bn* mixed, blended* *het was een~ gezelschap* it was a mixed company

**gemelijk** *bn* peevish, sullen, fretful, morose

**gemenebest** *o* [-en] commonwealth* *het Britse Gemenebest* the British Commonwealth of Nations * *het Gemenebest van Onafhankelijke Staten* the Commonwealth of Independent States (CIS)

**gemenerik** *m* [-riken] unpleasant character, inf nasty piece of work

**gemengd** *bn* ❶ *gevarieerd* miscellaneous*~*e berichten/nieuws* miscellaneous news ❷ *door elkaar* mixed ‹number, company, marriage›* *een~ bedrijf* a mixed farm* *voor~ koor* for mixed voices* *met ~e gevoelens* with mixed feelings*~ *krediet* mixed credit* *een~e holding* a mixed holding company * *een~e levensverzekering* endowment insurance ❸ *gesorteerd* assorted ‹biscuits›

**gemeubileerd** *bn* furnished* *gedeeltelijk~* partly furnished* *op een~e kamer wonen* live in a furnished room

**gemiddeld I** *bn* average, mean* *de~e leeftijd* the average age* *een~e dag* an average day **II** *bijw* on an average, on the average

**gemiddelde** *o* [-n & -s] average* *boven/onder het~* above/below average

**gemis** *o* want, lack* *een~ vergoeden* make up for a deficiency* *het~ aan...* the lack of...

**gemoed** *o* [-eren] mind, heart* *in~e* in (all)

conscience * *zijn~ luchten* vent one's feelings, pour out one's heart * *zijn~ schoot vol* he was deeply moved * *de~eren waren verhit* feelings were running high

**gemoedelijk** *bn* ❶ agreeable, pleasant * *een~e sfeer* an agreeable/a pleasant/cosy atmosphere ❷ *v. mensen* agreeable, pleasant, amiable, good-natured, easy-going

**gemoedelijkheid** *v* kind-heartedness, good nature

**gemoedsaandoening,gemoedsbeweging** *v* [-en] emotion

**gemoedsgesteldheid** *v* frame of mind, temper, disposition

**gemoedsleven** *o* inner life

**gemoedsrust** *v* peace/tranquillity of mind, serenity, inner calm

**gemoedsstemming** *v* [-en] mood

**gemoedstoestand** *m* [-en] state of mind, temper

**gemoeid** *bn* * *... is er mee~* ...is at stake, ...is involved * *daar is veel ... mee~* it takes a lot of... * *de politie werd in de zaak~* the police were asked to intervene

**gemompel** *o* mumbling, muttering, murmur

**gemopper,gemor** *o* murmuring, grumbling, inf grousing

**gemotiveerd** *bn* ❶ *enthousiast* motivated ❷ *beargumenteerd* well founded, reasoned

**gemotoriseerd** *bn* motorized

**gems** *v* [gemzen] chamois

**gemunt** *bn* coined ▾ *op wie heb je het~?* who are you aiming at?, who is it meant for? ▾ *hij heeft het op haar geld~* he's after her money, he has designs on her money ▾ *hij heeft het altijd al op mij~* he always picks on me

**gemutst** *bn* * *goed/slecht~* in a good/bad temper

**gen** *o* [genen] gene

**genaaid** *bn* * *zich~ voelen* feel duped/swindled

**genaamd** *bn* named, called * *een man,~ Mulder* a man called Mulder

**genade** *v* ⟨v. God⟩ grace, ⟨v. mensen⟩ mercy, jur pardon * *goeie/grote~!* good gracious!, bless my soul! * *Uwe Genade* Your Grace * *door Gods~* by the grace of God * *~ voor recht laten gelden* temper justice with mercy * *weer in~ aangenomen worden* be restored to grace/ favour * *(geen)~ vinden in de ogen van...* find (no) favour in the eyes of... * *aan de ~ van... overgeleverd zijn* be at the mercy of..., scherts be left to the tender mercies of * *zich op~ of on~ overgeven* surrender unconditionally * *om~ bidden/smeken* pray/cry for mercy * *van andermans ~ afhangen* be dependent on the mercy/charity of others * *zonder~* without mercy * *iem.~ schenken* pardon sbd

**genadebrood** *o* * *hij eet het~* he lives on handouts/charity

**genadeloos** *bn* merciless, ruthless

**genadeslag** *m* [-slagen] coup de grâce, death blow, mortal blow * *iem. de~ geven* finish sbd off, give sbd the coup de grâce

**genadig** I *bn* ❶ *vergevingsgezind* merciful * *God zij ons~* God have mercy upon us * *wees hem~* be merciful/kind to him * *een~ vorst* a merciful king ❷ *neerbuigend vriendelijk* gracious, patronizing * *een ~ knikje* a gracious/condescending nod II *bijw* ❶ *vergevingsgezind* mercifully * *er~ afkomen* get off lightly ❷ *vriendelijk* graciously ❸ *neerbuigend vriendelijk* patronizingly, condescendingly

**gênant** *bn* embarrassing, awkward

**gendarme** *m* [-n & -s] gendarme

**gendarmerie** *v* gendarmerie

**gene** *aanw vnw* that, the other * *aan~ zijde van de rivier* on the other side of the river * *deze en/of~* this (one) and/or that

**gêne** *v* embarrassment

**genealogie** *v* [-gieën] genealogy

**genealogisch** *bn* genealogical

**geneesheer** *m* [-heren] physician, doctor

**geneesheer-directeur** *m* [-heren-directeuren & -heren-directeurs] medical superintendent

**geneeskrachtig** *bn* medicinal, healing * *~e bronnen* medicinal springs * *~ kruiden* medicinal herbs

**geneeskunde** *v* medicine, medical science * *de interne~* internal medicine * *de reguliere~* conventional/regular medicine

**geneeskundig** *bn* medical * *de (gemeentelijke)~e dienst* the municipal/public health department * *een arts van de (gemeentelijke)~e dienst* a (municipal/public) health officer

**geneeskundige** *m* [-n] doctor, physician

**geneeskunst** *v* medicine, medical science

**geneesmiddel** *o* [-en] remedy, medicine

**geneesmiddelenindustrie** *v* pharmaceutical industry

**geneeswijze** *v* [-n] form of treatment, therapy * *alternatieve~n* alternative therapies

**genegen** *bn* inclined, disposed (to...) * *~ tot* be inclined to * *iem.~ zijn* be favourably disposed/feel sympathetic towards sbd

**genegenheid** *v* [-heden] affection, inclination

**geneigd** *bn* * *~ om te (tot)...* inclined, disposed, apt to..., geringsch prone to... * *men is~ te geloven...* one is inclined to believe

**geneigdheid** *v* [-heden] inclination, proneness, propensity

**generaal** I *m* [-s] mil general II *bn* general * muz *de generale bas* the thorough bass, the basso continuo * *een~ pardon* a general pardon * *de generale repetitie* ⟨v. concert⟩ the final rehearsal; ⟨v. toneelstuk⟩ the dress rehearsal

**generalisatie** *v* [-s] generalization, sweeping statement

**generaliseren** *onoverg en overg* [generaliseerde, h. gegeneraliseerd] generalize

**generatie** *v* [-s] generation * *de ziekte kan een~ overslaan* the disease can skip a generation

ge

**generatieconflict** *o* generation clash
**generatiekloof** *v* generation gap
**generator** *m* [-s & -toren] generator
**generen** *wederk* [geneerde, h. gegeneerd] * *zich~*
feel embarrassed * *geneer je maar niet!* don't be shy,
don't stand on ceremony * *geneer u maar niet voor
mij* don't mind me * *zij geneerden zich het aan te
nemen* they were apologetic about accepting it * *zij
~ zich zo iets te doen* they would be be ashamed of
doing a thing like that
**genereren** *overg* [genereerde, h. gegenereerd]
generate
**genereus** *bn* generous
**generiek I** *bn* generic * marketing *een~ merk* a
generic brand **II** *m* [-en] ZN & film credit titles,
(end) credits
**generlei** *bn* no ... whatever * *op~ wijze* in no way
**generositeit** *v* generosity
**genetica** *v* genetics
**genetisch** *bn* genetic
**geneugte** *v* [-n] pleasure, delight * *vleselijke~n*
carnal pleasures
**Genève** *o* Geneva
**genezen I** *overg* [genas, h. genezen] cure, heal,
restore to health * *iem.~ van...* cure sbd of...
**II** *onoverg* [genas, is genezen] ❶ *v. persoon* recover
* *hij is~ van zijn goklust* he has been cured of his
gambling ❷ *v. wond* heal * *de wond geneest al* the
wound is healing
**genezing** *v* [-en] cure, recovery, healing
**geniaal I** *bn* ❶ *zeer begaafd* of genius * *een~ mens* a
genius * *iets~s* a touch of genius ❷ *genialiteit
tonend* brilliant ⟨idea, general⟩ * *een~ plan* a
brilliant plan **II** *bijw* with genius, brilliantly
**genialiteit** *v* genius
**genie** *o* [-nieën] genius * *een~* a genius, a brilliant
man * *een miskend~* an unrecognized genius **II** *v*
* mil *de~* the (Royal) Engineers
**geniep** *o* * *in het~* in secret, secretly, on the sly,
stealthily
**geniepig I** *bn* sly, secretive, ⟨gemeen⟩ sneaking
**II** *bijw* on the sly, secretly, sneakily
**genies** *o* sneezing fit
**genieten I** *overg* [genoot, h. genoten] ❶ *genot hebben*
enjoy * *hij is niet te~* he is unbearable * *een goede
gezondheid.~* be healthy, enjoy good health * *iems.
vertrouwen~* have someone's trust, be trusted
❷ *ontvangen* receive * *een goede opvoeding genoten
hebben* have received a good education * *een salaris
~* be in receipt of/receive a salary ❸ *nuttigen* enjoy
* *het middagmaal~* have lunch **II** *onoverg* [genoot,
h. genoten] enjoy oneself, have fun, have a good
time * *wij hebben genoten!* we thoroughly enjoyed
it, we loved it! * *~ van het leven* enjoy life
**genitaliën** *zn* [mv] genitals, inf (privy/private) parts
**genitief** *m* [-tieven] taalk genitive
**genocide** *v* genocide
**genodigde** *m-v* [-n] (invited) guest

**genoeg** *bijw & telw* enough, sufficient(ly) * *~ hebben
van iem.* have had enough of sbd * *~ hebben van
alles* have enough of everything * *ergens schoon~
van hebben* be fed up with sth * *nooit~ krijgen van
iets* never have/get enough of sth * *ik kreeg er gauw
~ van* I'd soon had enough * *meer dan~* more than
enough * *~ voor allemaal* enough to go around * *~
zijn* suffice, be sufficient * *zo is het~* that's enough,
that will do * *vreemd~, hij...* oddly enough, he...
* *het moet u~ zijn...* you'll have to be satisfied with...
* *men kan niet voorzichtig~ zijn* you can't be too
careful * *~ hebben aan zichzelf* be self-sufficient
**genoegdoening** *v* satisfaction, reparation, jur
redress, restitution, compensation * *~ van iem. eisen*
demand satisfaction
**genoegen** *o* [-s] pleasure, delight, satisfaction * *de
~s van het (land)leven* the delights of (country) life
* *u zult er~ van beleven* you'll enjoy it * *dat zal hem
~ doen* he'll be pleased * *dat doet mij~* I'm very
glad to hear it * *wil je me het~ doen bij mij te eten?*
will you do me the pleasure/favour of having dinner
with me? * *wij hebben het~ u mede te delen* we have
pleasure in informing you... * *met wie heb ik het~
(te spreken)?* to whom do I have the pleasure of
speaking? * *~ nemen met* be satisfied with, be
content with, put up with * *daarmee neem ik geen~*
I won't put up with that * *~ scheppen in/ (zijn)~
vinden in* take pleasure in * *met~* with pleasure
* *met alle~* I'd be delighted! * *was het naar~?* was
it to your satisfaction? * *neem er van naar~* take as
much/many as you like * *ik kon niets naar zijn~
doen* I couldn't do anything to please/satisfy him
* *als het niet naar~ is* if you're not satisfied with it
* *ten~ van...* to the satisfaction of... * *adieu, tot~!*
goodbye, and I hope we meet again! * *tot mijn~* to
my satisfaction * *hij reist voor zijn~* he travels for
his own pleasure
**genoeglijk I** *bn* pleasant, agreeable, enjoyable,
contented **II** *bijw* pleasantly, contentedly &
**genoegzaam** *bn* sufficient
**genoemd** *bn* mentioned, named, called * *(de)~e
personen* the persons mentioned, (the) said persons
**genomen** *bn* * *zich~ voelen* feel taken in, used
**genomineerde** *m-v* [-n] nominee
**genoom** *o* [genomen] biol genome
**genoopt** *bn* * *zich~ zien* be obliged ⟨to...⟩
**genoot** *m* [-noten] fellow, companion
**genootschap** *o* [-pen] ⟨learned⟩ society
**genot** *o* [genietingen] ❶ *het genieten* enjoyment,
benefit, advantage * *in het~ van* in possession of
❷ *plezier* joy, pleasure, enjoyment * *onder het~
van...* while enjoying... * *~ verschaffen* afford
pleasure * *er een~ in vinden om* find pleasure in
**genotmiddel** *o* [-en] stimulant
**genotype** *o* [-n] genotype
**genotzucht** *v* pleasure seeking, love of pleasure
**genotzuchtig** *bn* pleasure seeking, hedonistic * *~
~e* a pleasure-seeking person, afkeurend a

self-indulgent person

**genre** *o* [-s] genre, style
**genrestuk** *o* [-ken] genre painting
**gentechnologie** *v* gene technology
**gentherapie** *v* gene therapy
**gentiaan** *v* [-tianen] gentian
**genuanceerd** *bn* ❶ *subtiel* subtle ‹distinction, wine› ❷ *evenwichtig* balanced ‹view› * ~*e woorden* thoughtful words ❸ *onderscheidend* differentiated ‹approach› ❹ *geschakeerd* variegated ‹colours›
**genus** *o* [genera] biol & taalk gender
**geodesie** *v* geodesy
**geoefend** *bn* practised, trained, expert * *een*~*e arbeider* a trained worker * *een*~ *gebruiker* an expert user
**geofysica** *v* geophysics
**geofysisch** *bn* geophysical
**geograaf** *m* [-grafen] geographer
**geografie** *v* geography
**geografisch** *bn* geographical
**geolied** *bn* ❶ eig oiled ❷ *m.b.t. machines* lubricated ❸ fig well oiled
**geologie** *v* geology
**geologisch** *bn* geological
**geoloog** *m* [-logen] geologist
**geometrie** *v* geometry
**geometrisch** *bn* geometric
**geoorloofd** *bn* lawful, allowed, permitted, admissible, allowable
**geopend** *bn* open * ~ *voor het publiek* open to the public
**Georgië** *o* Georgia
**Georgiër** *m* [-s] Georgian
**Georgisch I** *bn* Georgian **II** *o taal* Georgian
**Georgische** *v* [-n] Georgian * *ze is een*~ she's a Georgian, she's from Georgia
**geoutilleerd** *bn* equipped, turned out * *goed*~ fully equipped
**geouwehoer** *o* inf crap, bullshit, rubbish
**gepaard** *bn* ❶ *in paren verdeeld* in pairs, in couples, coupled ❷ *vergezeld* coupled (with), accompanied (by), form attendant (on) * *de uitgaven die daarmee*~ *gaan* the costs involved, form the attendant costs
**gepakt** *bn* * ~ *en gezakt* all ready to depart
**gepantserd** *bn* armoured, armour-plated armour-clad * *een*~*e vuist* a mailed fist * ~ *tegen* proof against
**geparfumeerd** *bn* perfumed
**gepassioneerd** *bn* passionate
**gepast** *bn* fit, fitting, befitting, proper, suitable, becoming * ~*e kleding* suitable clothes * *met*~*e trots* justly proud ▼ ~ *geld* the exact sum (of money) ▼ *met*~ *geld betalen* no change given, ‹in bus, tram› exact fare
**gepatenteerd** *bn* ❶ *met patent* patent ▼ fig *een*~ *leugenaar* a patent liar ❷ *geoctrooieerd* patented, proprietary, proprietory
**gepeins** *o* musing, meditation(s), pondering * *in diep*

~ *verzonken* absorbed/lost in thought
**gepensioneerd** *bn* retired
**gepensioneerde** *m-v* [-n] pensioner
**gepeperd** *bn* ❶ *met veel peper* peppered, peppery ❷ *pikant* fig highly seasoned ‹stories›, spicy * *een*~*e mop* a spicy story ❸ *duur* exorbitant ‹bills›, stiff ‹prices›
**gepeupel** *o* mob, populace, rabble, riff-raff
**gepikeerd I** *bn* piqued (over at) * *hij is*~ he's in a huff * *gauw*~ touchy **II** *bijw* touchily
**geplaatst** *bn* ❶ *gepast* appropriate * *een*~*e opmerking* an appropriate remark ❷ handel placed ❸ *gekwalificeerd* qualified * *de*~*e teams* the qualifying teams * tennis *een*~*e speler* a seeded player
**geploeter** *o* ❶ *gezwoeg* drudgery ❷ *in 't water* splashing
**gepocheerd** *bn* poached * ~*e eieren* poached eggs
**gepokt** *bn* * ~ *en gemazeld zijn* know the tricks of the trade
**geporteerd** *bn* * ~ *zijn voor* favour, have a liking for
**geposeerd** *bn* staid, steady
**geprefabriceerd** *bn* prefabricated * *een*~ *onderdeel* a prefabricated section
**gepriegel** *o* fiddly work, finicking/finicky work, meticulous work
**geprikkeld** *bn* irritated, huffish * *...zei hij*~ ...he said irritably * ~ *reageren* react irritably
**geprivatiseerd** *bn* privatised * *een*~ *bedrijf* a privatised company
**geprononceerd** *bn* pronounced
**geproportioneerd** *bn* ‹well/ill› proportioned
**gepruts** *o* pottering, tinkering
**geraakt** *bn* ❶ eig hit, touched ❷ fig piqued, offended
**geraamte** *o* [-n & -s] ❶ *beendergestel, ook van plantaardig lichaam* skeleton ❷ *frame* frame, framework, ‹v. schip› carcass, ‹v. huis› shell
**geraas** *o* noise, din, hubbub, roar
**geradbraakt** *bn* * *zich*~ *voelen* feel exhausted inf feel knocked up, feel used up, feel pooped * *ik voel me*~ I'm deadbeat
**geraden** *bn* advisable, form expedient * *het*~ *achten* think it advisable * *het is je*~ you'd better (do it)
**gerafeld** *bn* frayed
**geraffineerd** *bn* ❶ refined ‹sugar, taste› * ~*e olie* refined oil ❷ *sluw* cunning, crafty * *een*~*e schelm* a thorough rogue
**geraken** *onoverg* [geraakte, is geraakt] get, come to, arrive, attain * *in gesprek*~ get into conversation * *in iems. gunst*~ win sbd.'s favour * *in verval*~ fall into decay * *onder dieven*~ fall among thieves * *te water*~ fall into the water * *tot zijn doel*~ attain one's end
**geranium** *v* [-s] geranium * *achter de*~*s zitten* retire and do nothing
**gerant** *m* [-s & -en] manager
**geratel** *o* rattling

**gerbera** *v* ['s] gerbera
**gerecht I** *o* [-en] ❶ *deel van maaltijd* course, dish ❷ jur court (of justice), tribunal, court of law ✳ *voor het~ dagen* summon to court ✳ *voor het~ moeten verschijnen* have to appear in court **II** *bn rechtvaardig* just ‹punishment›, righteous ‹indignation› ✳ *zijn~e straf ontvangen* get one's deserved/proper punishment
**gerechtelijk I** *bn* judicial, legal ✳ *~e geneeskunde* forensic medicine ✳ *de~e macht* the judicial system **II** *bijw* judicially, legally ✳ *iem.~ vervolgen* start proceedings against sbd, bring an action against sbd
**gerechtigd** *bn* authorized, qualified, entitled ✳ *tot iets ten volle~ zijn* be empowered
**gerechtigheid** *v* [-heden] justice ✳ *eindelijk~!* justice at last! ✳ *iem.~ laten wedervaren* do justice to sbd
**gerechtsgebouw** *o* [-en] court house
**gerechtshof** *o* [-hoven] ❶ court (of justice), court of appeal, Am court of appeals ✳ *het Bijzonder Gerechtshof* the Special Criminal Court ✳ *het Internationaal Gerechtshof* the International Court of Justice ❷ *gebouw* court(house)
**gerechtvaardigd** *bn* justified, legitimate, rightful ✳ *~e eisen* legitimate/rightful claims
**gereed** *bn* ❶ *klaar voor iets* ready ✳ *~ geld* ready money, cash ✳ *~ voor het gebruik* ready for use, ready to use ❷ *af* finished ‹product› ✳ *~ product en handelsvoorraden* finished product and stock for resale ❸ *contant* cash ✳ *tegen gerede betaling* cash payment ▼ *gerede aftrek vinden* find a good market, sell well
**gereedheid** *v* readiness ✳ *in~ brengen* get ready, prepare
**gereedhouden** *overg* [hield gereed, h. gereedgehouden] hold ready, have ready, hold in readiness ✳ *zich~* stand by ‹to assist›
**gereedkomen** *onoverg* [kwam gereed, is gereedgekomen] be finished/ready
**gereedmaken** *overg* [maakte gereed, h. gereedgemaakt] make/get ready, prepare
**gereedschap** *o* [-pen] tools, instruments, implements, ‹keuken› utensils ✳ *een stuk~* a tool, a piece of equipment
**gereedschapskist** *v* [-en] tool box, tool chest, kit
**gereedstaan** *onoverg* [stond gereed, h. gereedgestaan] be/stand ready
**gereformeerd** *bn* Dutch Reformed, Calvinist
**gereformeerde** *m-v* [-n] a member of the Dutch Reformed Church
**geregeld I** *bn* regular, orderly, fixed ✳ *een~e veldslag* a pitched battle ✳ *een~ leven* an orderly life, a well-organized life **II** *bijw* regularly ✳ *hij komt hier~* he comes here regularly
**gerei** *o* things, tackle, gear
**geremd** *bn* psych inhibited
**gerenommeerd** *bn* famous, renowned ✳ *een~*

*bedrijf* a renowned business/firm
**gerepatrieerde** *m-v* [-n] repatriate
**gereserveerd** *bn* ❶ *geboekt* reserved, booked ✳ *deze tafels zijn~* these tables have been reserved/booked ❷ *terughoudend* reserved, distant ✳ *een~e houding aannemen* keep one's distance, stand aloof ✳ *de vakbeweging is zeer~* the unions are abstaining from comment/are not committing themselves ❸ *boekhouden* transferred to reserves
**geriater** *m* [-s] geriatrician
**geriatrie** *v* geriatrics
**geriatrisch** *bn* geriatric
**geribbeld** *bn materiaal* corrugated
**gericht I** *o* ✳ bijbel *het jongste/laatste~* the Last Judgement **II** *bn* directed/aimed at ✳ *~ schieten op iem.* aim at sbd ✳ *hij is socialistisch~* he has socialist leanings
**gerief** *o* convenience, comfort ✳ *veel~ bieden* offer many comforts ✳ *ten gerieve van...* for the convenience of... ✳ *aan zijn~ komen* get sexual satisfaction
**geriefelijk, gerieflijk** *bn* convenient, comfortable
**gerieven** *overg* [geriefde, h. geriefd] assist, accommodate, oblige ‹persons› ✳ *kan ik u ergens mee ~?* can I help you? ✳ *om het publiek te~* to accommodate the public
**gering** *bn* small, scanty, slight, trifling, inconsiderable, low ✳ *van niet~e bekwaamheid* of no mean ability ✳ *een~ dunk hebben van* have a poor opinion of ✳ *een~e kans* a slender chance, a slim chance ✳ *met~ succes* with scant/little success
**geringschattend I** *bn* disparaging, derogatory, slighting ✳ *een~ oordeel* a disparaging opinion **II** *bijw* disparagingly, slightingly ✳ *~ praten over iets* talk disparagingly/slightingly about sth
**gerinkel** *o* jingling
**geritsel** *o* rustling, rustle
**Germaan** *m* [-manen] Teuton, German
**Germaans** *bn* Teutonic, Germanic ✳ *~e talen* Germanic languages
**germanisme** *o* [-n] Germanism
**germanist** *m* [-en] Germanist
**germanistiek** *v* Germanics
**gerochel** *o* death rattle
**geroddel** *o* talk, gossip
**geroerd** *bn* touched, moved ✳ *ze was~ door zijn toespraak* she was moved/touched by his speech
**geroezemoes** *o* bustle, buzz(ing), hubbub
**gerommel** *o* rumbling ‹of a cart, of thunder›
**geronk** *o* ❶ *gesnurk* snoring ❷ *v. motor* snorting ❸ *v. vliegtuig* drone
**geronnen** *bn* ❶ *melk* curdled ❷ *bloed* clotted
**gerontologie** *v* gerontology
**gerontoloog** *m* [-logen] gerontologist
**gerookt** *bn* smoked ✳ *~e paling* smoked eel ✳ *~ vlees* smoked meat
**geroutineerd** *bn* (thoroughly) experienced, expert, practised

**gerst** *v* barley

**gerstekorrel** *m* [-s] ❶ barley corn ❷ *aan ooglid* sty ❸ *weefsel* huckaback

**gerstenat** *o* beer

**gerucht** *o* [-en] ❶ *praatje, roddel* rumour, report, whisper, gossip∗ *er gaat een~ dat...* it is rumoured that...∗ *het/een~ verspreiden (dat ...)* spread a rumour/gossip∗ *bij~e* ⟨know⟩ by/from hearsay∗ *in een kwaad~ staan* be of bad repute ❷ *geluid* noise ∗ *~ maken* make a noise∗ *hij is voor geen klein~(je) vervaard* he is not easily frightened/scared

**geruchtenmachine** *v* gossip factory, grapevine

**geruchtmakend** *bn* sensational∗ *een~e zaak* a notorious case

**geruggensteund ,gerugsteund** *bn* backed (up), supported (by)

**geruim** *bn* ∗ *~e tijd* a/some considerable time

**geruïneerd** *bn* ruined

**geruis** *o* ❶ *(bij)geluid* noise ❷ *v. kleding, gebladerte* rustling, rustle ❸ *v. beekje &* murmur ❹ *v. waterval &* rushing

**geruisloos I** *bn* noiseless, silent, quiet**II** *bijw* noiselessly, silently, quietly∗ *die fiets loopt~* the bike makes no noise at all∗ *de ambtenaar is~ van zijn post verwijderd* the civil servant was quietly removed from his post

**geruit** *bn* checked, chequered∗ *een~e broek* checked trousers; ⟨Schotse ruit⟩ tartan trousers

**gerust I** *bn* quiet, easy∗ *u kunt er~ op zijn dat...* you may rest assured that...∗ *wees daar maar~ op* put your mind at rest on that point/about that∗ *ik ben er niet~ op* I feel uneasy about it, I have some misgivings about it**II** *bijw* quietly∗ *ik durf~ beweren, dat...* I venture to say that...∗ *u kunt er~ heengaan* feel free to go there∗ *zij kunnen~ wegblijven* they can feel free to stay away∗ *wij kunnen dat~ zeggen* we can safely say that

**geruststellen** *overg* [stelde gerust, h. gerustgesteld] set ⟨sbd's mind⟩ at rest/ease, reassure ⟨sbd⟩

**geruststellend** *bn* reassuring∗ *dat is een~e gedachte* that's a reassuring thought

**geruststelling** *v* [-en] reassurance∗ *dat is een hele~* that puts my mind at rest

**geschapen** *bn* ❶ *geschikt* born∗ *ergens voor~ zijn* be born for sth ❷ *gebouwd* endowed∗ *groot/zwaar~* be well endowed

**gescheiden** *bn* ❶ *niet meer getrouwd* separated, divorced∗ *duurzaam~* permanently separated∗ *~ van tafel en bed* (legally) separated∗ *wettig~ zijn* legally separated, divorced ❷ *verdeeld* separated, divided, apart

**geschenk** *o* [-en] present, gift∗ *iets ten~e geven* make a present of sth, present ⟨sbd⟩ with sth∗ *een~ uit de hemel* a gift from heaven

**geschieden** *onoverg* [geschiedde, is geschied] happen, come to pass, occur, chance, befall, take place∗ *Uw wil geschiede* Thy will be done∗ *zo geschiedde* and it came to pass∗ *wat gij niet wilt dat*

*u geschiedt, doe dat ook een ander niet* do as you would be done by

**geschiedenis** *v* [-sen] ❶ *historie* history∗ *de algemene ~* general history∗ *de vaderlandse~* Dutch history ∗ *dat zal spoedig tot de~ behoren* that will soon be a thing of the past∗ *~ schrijven* write history ❷ *verhaal* story, business∗ *de hele~* the whole affair∗ *een mooie~!* a nice business! a pretty kettle of fish!∗ *het is weer de oude~* it's the old story all over again∗ *een rare~* a strange story∗ *het is een saaie/taaie~* it's a dull affair/a tedious business

**geschiedkundig** *bn* historical

**geschiedschrijver** *m* [-s] historical writer, historian, *form* historiographer

**geschiedschrijving** *v* writing of history, historiography

**geschiedvervalsing** *v* [-en] falsification of history, ⟨minder sterk⟩ historical misrepresentation

**geschift** *bn* *niet wijs* dotty, crazy, out of his/her mind

**geschikt** *bn* ❶ *bekwaam* fit, able, capable, efficient ∗ *een~e kandidaat* a suitable candidate ❷ *bruikbaar* practical ⟨solution⟩ ❸ *gepast* suitable, suited, expedient, appropriate, proper∗ *~ zijn* suitable for ∗ *dat is er niet~ voor* that's no good, that's not suitable▼ *inf een~e vent* a decent chap

**geschiktheid** *v* ❶ *toepasselijkheid* fitness, suitability, appropriateness ❷ *bekwaamheid* aptitude, capability ❸ *kwalificatie* eligibility

**geschil** *o* [-len] difference, dispute, quarrel, disagreement∗ *een arbeidsrechtelijk~* a conflict under labour law∗ *een prejudicieel~* a preliminary dispute ∗ *~len van bestuur* administrative disputes

**geschillencommissie** *v* [-s] conciliation board, disputes committee

**geschilpunt** *o* [-en] point/matter at issue, point of difference, point in dispute

**geschokt** *bn* shocked, upset

**geschoold** *bn* trained, skilled∗ *~e arbeiders* skilled labourers

**geschoren** *bn* *opgelicht* fleeced∗ *ik voelde me flink~ door die reparateur* I was fleeced by that repair man

**geschreeuw** *o* cry, cries, shrieks, shouts∗ *veel~ en weinig wol* much ado about nothing

**geschrift** *o* [-en] ❶ *geschrevene* writing∗ *in~e* in writing ❷ *geschreven stuk* document, letter, paper

**geschubd** *bn* scaled, scaly

**geschut** *o* artillery, guns, ordnance∗ *grof~* heavy artillery, heavy guns∗ *licht~* light artillery∗ *een stuk~* a piece of artillery, a gun∗ *het zware~* the heavy guns

**gesel** *m* [-en & -s] scourge, lash ⟨of satire⟩, whip∗ *de ~ Gods* the scourge of God

**geselen** *overg* [geselde, h. gegeseld] lash, scourge, flagellate, whip, flog∗ *fig de stortregen geselde het huis* the rain lashed the house

**geseling** *v* [-en] lashing, scourging, flagellation, whipping, flogging

**gesetteld** *bn* settled

**ge**

**gesis** *o* hissing

**gesitueerd** *bn* situated * *beter* ~ well/better off * *de beter* ~*en* the better off, the middle classes * *de minder* ~*en* the less well-to-do

**gesjeesd** *bn* * *een* ~*e student* a down-and-out/failed student

**geslaagd** *bn* successful * *een* ~*e poging* a successful attempt

**geslacht** *o* [-en] ❶ gender, sex * *het andere* ~ the opposite sex * *het schone* ~ the fair sex * *het sterke* ~ the strong sex * *het zwakke* ~ the weaker sex ❷ *familie* race, family ⟨of men⟩, lineage * *het menselijk* ~ the human race, mankind ❸ *soort* genus ⟨of animals, plants⟩ ❹ *generatie* generation ❺ taalk ⟨masculine, feminine, neuter⟩ gender ❻ *geslachtsorganen* genitals

**geslachtelijk** *bn* sexual * ~*e gemeenschap* sexual intercourse/relations

**geslachtloos** *bn* ❶ sexless, asexual ❷ plantk agamic, agamous

**geslachtsdaad** *v* sexual act, coitus

**geslachtsdeel** *o* [-delen] genitals * *de geslachtsdelen* the genitals

**geslachtsdrift** *v* sexual urge, desire, sex instinct, libido

**geslachtsgemeenschap** *v* intercourse, coition, coitus, sex, intimacy, lovemaking * ~ *hebben met* have intercourse with, have sex with, euf go to bed with

**geslachtshormoon** *o* [-monen] sex hormone

**geslachtskenmerk** *o* [-en] sexual characteristic * *secundaire* ~*en* secondary sexual characteristics

**geslachtsorgaan** *o* [-ganen] sexual organ

**geslachtsrijp** *bn* sexually mature

**geslachtsverandering** *v* [-en] sex change

**geslachtsverkeer** *o* sexual intercourse

**geslachtsziekte** *v* [-n & -s] venereal disease

**geslagen** *bn* beaten * ~ *goud* beaten gold

**geslepen I** *bn* ❶ *v. gereedschap* sharp, whetted ⟨knives⟩ ❷ *v. glas* cut ⟨glass⟩ ❸ fig cunning, sly **II** *bijw* cunningly, slyly

**geslijm** *o* crawling

**gesloten** *bn* ❶ *dicht* shut, closed, sealed * *een* ~ *circuit* a closed circuit * *de* ~ *jachttijd* the closed season ❷ *op slot* locked ❸ mil serried ⟨ranks⟩, close ⟨formation⟩ ❹ *v. personen* uncommunicative, closed, reticent * *een* ~ *karakter* an introvert character

**gesluierd** *bn* veiled ⟨woman⟩, fig foggy

**gesmeerd** *bijw* * *het loopt* ~ it's going smoothly

**gesneden** *bn* ❶ cut ❷ *v. brood* sliced ❸ *gecastreerd* gelded

**gesnik** *o* sobbing, sobs

**gesnurk** *o* snoring

**gesodemieter** *o* ❶ *drukte, lawaai* racket ❷ *last, moeilijkheden* messing about

**gesoigneerd** *bn* dressed (up), well groomed

**gesorteerd** *bn* ❶ *van diverse soorten* assorted ❷ *uitgezocht* sorted ❸ *bevoorraad* stocked * *goed* ~ a good selection, well stocked

**gesp** *m & v* [-en] buckle, clasp * *met* ~*en* with clasps

**gespannen** *bn* ❶ *v.e. boog* bent ❷ *v.e. touw &* taut, tight * ~ *spieren* tensed muscles ❸ *nerveus* nervous, edgy ❹ *v. verhoudingen, omstandigheden &* strained ⟨relations⟩, tense ⟨situation &⟩ * *op* ~ *voet staan met* ⟨personen⟩ not get along with; ⟨zaken⟩ be contradictory to

**gespeend** *bn* * ~ *van* deprived of, devoid of, without

**gespen** *overg* [gespte, h. gegespt] buckle

**gespierd** *bn* muscular, sinewy, brawny, fig vigorous, forceful * ~*e taal* strong/forceful/vigorous language

**gespikkeld** *bn* spotted, speckled

**gespitst** *bn* keen, pointed * *met* ~*e oren* with pricked-up ears * ~ *zijn op* be keen on, be eager to

**gespleten** *bn* split, cleft * *een* ~ *verhemelte* a cleft palate * ~ *persoonlijkheid* a split personality

**gesprek** *o* [-ken] ❶ conversation, talk, fig dialogue/Am dialog, ⟨overleg⟩ discussion, consultation * *in* ~ *zijn/raken* have a conversation with, talk to * *een* ~ *aanknopen* start a conversation * *een* ~ *voeren* hold/have a conversation, have a talk * *een* ~ *eindigen* wind up a conversation/discussion * *het* ~ *van de dag* the talk of the town ❷ telec call * *in* ~ engaged, Am number busy

**gespreksgroep** *v* [-en] discussion group

**gesprekskosten** *zn* [mv] telec call charges

**gespreksleider** *m* [-s] chairman

**gespreksonderwerp** *o* [-en] topic of conversation

**gesprekspartner** *m* [-s] ❶ *gesprek* discussion partner ❷ *bij onderhandelingen* negotiating partner

**gespreksstof** *v* topic of conversation

**gespuis** *o* rabble, riff-raff, scum, Br lowlife

**gestaag, gestadig I** *bn* steady, continual, constant **II** *bijw* steadily, constantly

**gestaffeld** *bn* phased

**gestalte** *v* [-n & -s] figure, shape, stature * *aan iets* ~ *geven* give shape to sth * ~ *krijgen* take shape

**gestamp** *o* ❶ stamping ❷ *v. schip* pitching ⟨of a steamer⟩

**gestand** *m & o* * *zijn woord* ~ *doen* keep one's word

**geste** *v* [-n & -s] gesture

**gesteente** *o* [-n & -s] stone, rock * *vast* ~ solid rock

**gestel** *o* [-len] system, constitution

**gesteld I** *bn* * *de* ~*e machten/overheid* the constituted authorities, scherts the powers that be * *het is er zó mee* ~ that's how the matter stands * ~ *zijn op* stand on ⟨getting things done &⟩, be a stickler for ⟨ceremony⟩ * ~ *zijn op iem./iets* be fond of sbd/sth * *daar ben ik niet op* ~ I'm not keen on that **II** *voegw* * ~ *dat het zo is* supposing it to be the case

**gesteldheid** *v* state, condition, nature ⟨of the soil &⟩ * *zijn lichamelijke* ~ one's state of health, one's constitution * taalk *een bepaling van* ~ a complement, a predicative adjunct

**gestemd** *bn* muz tuned, fig disposed * *ik ben er niet*

*toe* – I'm not in the mood for it * *gunstig ~ zijn jegens* be favourably disposed toward

**gesternte** *o* [-n] star, constellation, stars * *onder een gelukkig ~ geboren* born under a lucky star * *dat heeft zij aan haar goed ~ te danken* she can thank her lucky stars for that

**gesticht** *o* [-en] *voor krankzinnigen* mental institution, mental home

**gesticuleren** *onoverg* [gesticuleerde, h. gegesticuleerd] gesticulate, motion

**gestoffeerd** *bn* semi-furnished ‹rooms›

**gestommel** *o* clatter(ing)

**gestoofd** *bn* v. *etenswaren* stewed

**gestoord** *bn* disturbed * *geestelijk ~* mentally ill, mentally handicapped * *een geestelijk ~e* a mentally ill person

**gestotter** *o* stuttering, stammering

**gestreept** *bn* striped

**gestrekt** *bn* (out)stretched, stretched out * *in ~e draf* (at) full gallop * *een ~e hoek* a 180° angle

**gestress** *o* stress

**gestrest** *bn* stressed

**gestroomlijnd** *bn* streamlined

**gestudeerd** *bn* * *een ~ iem.* ‹op de universiteit gezeten› an educated person; ‹afgestudeerd› a (university) graduate

**getailleerd** *bn* well cut, waisted * *een ~ jasje* a tailored coat

**getal** *o* [-len] number * *in groten ~e* in (great) numbers * *ten ~e van* to the number of..., ...in number * *~len kraken* crunch numbers

**getalenteerd** *bn* talented

**getalm** *o* lingering, loitering, dawdling

**getalsmatig** *bn* numerically

**getalsterkte** *v* numerical strength, strength of numbers

**getand** *bn* ❶ toothed * *een ~e snavel* a toothed beak * *~e postzegels* perforated stamps ❷ plantk dentate ❸ techn toothed, cogged

**getapt** *bn* ❶ v. *bier* drawn ❷ v. *melk* skimmed ❸ fig popular * *een ~e jongen* a popular boy

**geteisem** *o* riff-raff, scum, lowlife

**getekend** *bn* ❶ m.b.t. *mensen* drawn, marked * *fijn ~e wenkbrauwen* finely drawn eyebrows * *een ~ gezicht* a lined face ❷ m.b.t. *dieren* marked * *een fraai ~e tijger* an attractively marked tiger ❸ *ondertekend* signed

**geteut** *o* dawdling, loitering

**getij, getijde** *o* [-den] ❶ *eb en vloed* tide ‹high or low› * *het ~ keert* the tide is turning * *dood ~* neap tide * *als het ~ verloopt, verzet men de bakens* trim your sails to the wind ❷ *jaargetijde* seasons ▼ RK *de getijden* the hours

**getijdenboek** *o* [-en] RK breviary

**getijdenwerking** *v* the movement of the tides

**getijhaven** *v* [-s] tidal harbour

**getikt** *bn* ❶ inf touched, nuts, daft, weird, loopy, cracked ❷ *op schrijfmachine* typed

**getint** *bn* tinted * *~ papier* tinted paper * *groen ~* tinged with green * *met een ~e huidskleur* coloured

**getiteld** *bn* ❶ v. *personen* titled ❷ v. *boeken & entitled

**getogen** *bn* * *geboren en ~* born and bred

**getraind** *bn* trained * *hij is goed ~* he is well trained

**getralied** *bn* grated, latticed, barred * *een ~ hek* a railing, railings

**getrapt** *bn* two-tier, multi-tier, tiered, stepped, multi-stepped * *~e verkiezingen* stepped elections, two-/three-/multi-tiered elections

**getreiter** *o* teasing, nagging

**getroffen** *bn* ❶ *geraakt* hit, struck * fig *onaangenaam ~* unpleasantly surprised * fig *~ door de griep* struck down by flu ❷ *ontroerd* moved (by), touched (by) ❸ *aangetast* afflicted, stricken * *het ~ gebied* the afflicted/stricken area

**getrokken** *bn* ❶ *tevoorschijn gehaald* drawn * *een ~ pistool* a drawn gun ❷ *door trekken gevormd* rifled * *een ~ loop* a rifled barrel

**getroosten** *wederk* [getroostte, h. getroost] undergo, suffer * *zich ~* bear patiently, put up with * *zich een grote inspanning ~* make a great effort * *zich de moeite ~ om...* put oneself/go to the trouble of ...ing * *zich veel moeite ~* take great pains, go to great lengths

**getrouw** *bn* true to * *zijn woord ~ zijn* be true to his word, keep his promise * *zijn ~en* his trusty followers, his henchmen * *een ~e vertaling* an accurate/faithful translation

**getrouwd** *bn* married * inf *zo zijn we niet ~* that's not the way we do it

**getrouwe** *m-v* [-n] faithful

**getto** *o* ['s] ❶ ghetto ❷ *jodenwijk* hist ghetto

**gettoblaster** *m* [-s] ghetto blaster

**gettovorming** *v* ghetto forming

**getuige** **I** *m-v* [-n] ❶ witness * *een anonieme ~* an anonymous witness * *een stille ~* a silent witness * jur *iem. tot ~ roepen* call sbd as a witness * *~ zijn van* be a witness to, witness * jur *een ~ à charge/decharge* a witness for the prosecution/defence ❷ *bij duel* second **II** *o* [-n] reference * *ik zal u goede ~n geven* I'll give you a good (character) reference * *schriftelijke ~* written references **III** *voorz blijkens* witness * *de storm is hevig geweest, ~ de verwoesting* the storm was heavy, as the damage shows

**getuige-deskundige** *m-v* [-n] expert witness

**getuigen** **I** *overg* [getuigde, h. getuigd] testify to, bear witness ‹that...› **II** *onoverg* [getuigde, h. getuigd] appear as a witness, give evidence * *~ van* attest to..., bear witness to... * *dat getuigt van zijn...* that testifies to his..., that bears testimony to his... * *~ voor* testify in favour of * *dat getuigt voor hem* that speaks in his favour

**getuigenbank** *v* [-en] witness box

**getuigenis** *o & v* [-sen] evidence, testimony * *~ afleggen van* bear witness to, give evidence of * *~ van de waarheid afleggen* bear witness to the truth

ge

**∗** *valse~* false witness

**getuigenverhoor** *o* [-horen] examination/hearing of the witnesses**∗** *een voorlopig~* a provisional examination of witnesses, a preliminary hearing of witnesses

**getuigenverklaring** *v* [-en] testimony, evidence, deposition

**getuigschrift** *o* [-en]❶ *diploma* certificate, testimonial, attestation❷ *referentie* (character) reference

**getver**,**gedverderrie**,**gadver**,**gadverdamme** *tsw* ❶ *basterdvloek* goddammit, hell❷ *m.b.t. iets smerigs* yuck, yech, ugh

**getverderrie** *tsw* →**gatverdarrie**

**getweeën** *telw* two (of), with the two of them/us &

**geul** *v* [-en]❶ *vaargeul* channel❷ *goot, greppel* ditch, gully, watercourse❸ *groef* groove

**geur** *m* [-en] smell, odour, fragrance, flavour, aroma, perfume, scent**∗** *in~en en kleuren* in detail, with all the gory details

**geuren** *onoverg* [geurde, h. gegeurd]❶ smell (of) ❷ flaunt, show off**∗** ~ *met* show off ‹one's learning›, sport/*inf* flash ‹a gold watch›

**geurig** *bn* sweet-smelling, fragrant, aromatic

**geurstof** *v* [-fen] aroma

**geurtje** *o* [-s] smell, odour**∗** *er zit een~ aan* it smells

**geurvreter** *m* [-s] odour-eater

**geus I** *m* [geuzen] hist Beggar, Protestant**II** *v* [geuzen]❶ scheepv jack❷ *staaf ijzer* pig

**geuzennaam** *m* [-namen] ± honorary nickname

**gevaar** *o* [-varen] danger, peril, risk**∗** *er is geen~ bij* there's no danger**∗** ~ *lopen om...* run the risk of ... **∗** *buiten~* out of danger**∗** *in~ brengen* endanger, imperil; ‹v. reputatie› compromise, jeopardize**∗** *in ~ verkeren* be in danger/peril**∗** *op het~ af u te beledigen* at the risk of offending you**∗** *hij is een~ op de weg* he's a dangerous driver**∗** ~ *voor brand* fire hazard**∗** *een~ voor de maatschappij* a public menace**∗** *een~ voor de vrede* a threat to peace **∗** *daar is geen~ voor* no danger/fear of that**∗** *zonder ~* without danger, without (any) risk

**gevaarlijk** *bn* dangerous, perilous, risky, hazardous **∗** *het~e eraan* the danger of it**∗** *een~e stof* a hazardous substance**∗** *een~e zone* a danger zone/area**∗** *een~ spel* a dangerous game

**gevaarte** *o* [-n & -s] colossus, monster, leviathan

**geval** *o* [-len]❶ *case***∗** *het~ zijn* be the case**∗** *een lastig~* an awkward case**∗** *bij~* by any chance, possibly**∗** *dat is met hem ook het~* that's the same with him, he's in the same position**∗** *in~ van* in case of ‹fire›, in the event of ‹war›, in an ‹emergency›**∗** *in negen van de tien~len* in nine cases out of ten**∗** *in elk~* in any case, at all events, at any rate, anyhow**∗** *in het ergste~* if the worst comes to the worst**∗** *in het gunstigste~* at best**∗** *in geen~* definitely not, inf no way**∗** *in uw~ zou ik...* in your case I would...**∗** *in het~ van voldoende aanmeldingen* if there are sufficient enrolments**∗** *van*

~ *tot~* individually, from case to case**∗** *voor het~ dat wij te laat komen* if we're late, Am in case we're late**∗** *neem een paraplu mee voor het~ dat het regent* take an umbrella in case it rains**∗** *wat wou nu het~* it turned out that..., it happened that...❷ scherts affair**∗** *een gek~* a queer business/situation, a strange affair

**gevallen I** *onoverg* [geviel, is gevallen] plechtig happen**∗** *zich laten~* put up with**II** *bn* fallen**∗** *een ~ vrouw* a fallen woman

**gevang** *o* capture**∗** *in het~ zitten* be in prison, be caught

**gevangen** *bn* captive**∗** ~ *zitten* be imprisoned, be in prison**∗** ~ *zetten* put in prison

**gevangenbewaarder** *m* [-s] warder, jailer, prison officer

**gevangene** *m-v* [-n] prisoner, captive, inmate, detainee

**gevangenhouden** *overg* [hield gevangen, h. gevangengehouden] detain, keep in prison/custody

**gevangenis** *v* [-sen]❶ *gebouw* prison, jail, gaol, inf nick, quod**∗** *de~ ingaan* be sent to prison❷ *straf* imprisonment, gaol

**gevangenisstraf** *v* [-fen] (punishment by) imprisonment**∗** *tot~ veroordelen* sentence to prison **∗** ~ *in afzondering* solitary confinement**∗** *levenslange ~* life imprisonment

**gevangeniswezen** *o* prison system, penal system

**gevangenkamp**,**gevangenenkamp** *o* [-en] prison camp, prisoners' camp

**gevangennemen** *overg* [nam gevangen, h. gevangengenomen]❶ jur arrest, apprehend, capture❷ mil take prisoner, take captive

**gevangenneming** *v* [-en] arrest ‹ordered by the District Court›, apprehension, capture**∗** jur~ *vorderen* order an arrest

**gevangenschap** *v* ❶ ‹vooral› mil captivity❷ *als straf* imprisonment

**gevangenzetten** *overg* [zette gevangen, h. gevangengezet] put in prison, imprison

**gevangenzitten** *onoverg* [zat gevangen, h. gevangengezeten] be in prison/jail

**gevarendriehoek** *m* [-en] auto (red) warning triangle

**gevarentoeslag** *m* [-slagen] danger money

**gevarenzone** *v* [-n & -s] danger zone/area

**gevarieerd** *bn* varied

**gevat** *bn* ❶ *v. persoon* quick-witted, sharp ❷ *v. antwoord &* witty ‹answer›, clever, smart ‹retort› **∗** *een~ antwoord* a ready answer

**gevecht** *o* [-en]❶ mil fight, combat, battle, action, engagement**∗** *buiten~ stellen* put out of action, disable**∗** *de~en duren nog voort* the fighting is still going on❷ *lijf aan lijf* fight**∗** ~ *op leven en dood* a fight to the death

**gevechtshandeling** *v* [-en] action, hostilities

**gevechtsklaar** *bn* ready for combat, clear for action

**gevechtslinie** *v* [-s] line of battle

**gevechtsvliegtuig** *o* [-en] fighter plane
**gevederd** *bn* feathered * *onze ~e vrienden* our feathered friends
**geveinsd** *bn* feigned, simulated, hypocritical
**gevel** *m* [-s] front, facade
**gevelsteen** *m* [-stenen] ❶ *gedenksteen* memorial stone, plaque ❷ *baksteen* facing brick
**geveltoerist** *m* [-en] cat burglar
**geven I** *overg* [gaf, h. gegeven] ❶ *schenken* give * *iem. iets (als) cadeau ~* make sbd a present of sth, present sbd with sth * *ik gaf hem veertig jaar* I took him to be forty, I put him down at forty * *geef mij maar Amsterdam!* Amsterdam for me! ❷ *aanreiken* hand, give * *mag ik u wat kip~?* may I help you to some chicken? * *geef mij nog maar een biertje* I'd like another beer ❸ *opleveren* yield, produce, give out ‹heat› * *het geeft 50%* it yields 50 per cent. * *rente/interest~* bear interest * *dat zal wel niets~* it won't help * *het geeft je wat of je al...* it's no use telling him * *welk stuk wordt er ge~?* what's on (tonight)?, what piece are they doing? * *wat geeft het?* what does that matter? what of it? who cares? ❹ *toekennen* give, grant * *er een andere uitleg aan~* put a different construction on it * *God geve dat het niet gebeurt* God grant that it won't happen ❺ *kaartsp* deal ‹the cards› ▼ *het roken er aan~* give up smoking **II** *wederk* [gaf, h. gegeven] * *zich~ zoals men is* show one's true colours/character * *zich gevangen~* give oneself up, surrender **III** *onoverg* [gaf, h. gegeven] ❶ *alg.* give * *~ en nemen* give and take * *geef hem ervan langs!* let him have it! * *te denken~* provide food for thought * *niets~ om* not care for * *veel~ om* care a lot for * *weinig~ om* ‹geen waarde hechten aan› care little for ‹nice clothes›; ‹zich niet bekommeren om› not mind ‹the privations›, make little of ‹the pain› ❷ *kaartsp* deal * *u moet~* (it's) your deal * *er is verkeerd ge~* there was a misdeal
**gever** *m* [-s] ❶ giver, donor ❷ *kaartsp* dealer
**gevestigd** *bn* fixed ‹opinion› * *~e belangen* vested interests * *een ~e reputatie* an established reputation, a reputation of long-standing
**gevierd** *bn* famous * *een ~e acteur* a famous/celebrated actor
**gevlamd** *bn* flamed ‹tulips›, watered ‹silk›, burled ‹wood›
**gevlekt** *bn* spotted, stained * *een ~ paard* a piebald (horse)
**gevleugeld** *bn* winged * *~e woorden* aphorisms
**gevlij** *o* * *bij iem. in het ~ zien te komen* try to ingratiate oneself with sbd, *inf* make/suck up to sbd
**gevloek** *o* cursing, swearing
**gevoeg** *o* * *zijn ~ doen* relieve oneself
**gevoeglijk** *bn* decently * *wij kunnen nu ~...* we may as well...
**gevoel** *o* [-ens] ❶ *gewaarwording, intuïtie* feeling, sense * *het ~ hebben dat...* have the feeling that... * *hij kent het ~ van...* he knows what it's like to be...

* *met~* with expression/feeling * *naar mijn ~ as I see it* * *op iems. ~ werken* play on someone's feelings * *een ~ voor humor* a sense of humour ❷ *als zintuig* feel(ing), touch, sensation * *een stekend ~* a stinging sensation * *ik heb geen ~ meer in mijn linker arm* my left arm's gone numb * *het ~ alsof...* the sensation of being... * *op het~* by touch, by feel(ing) * *het stof is ruw voor het~* the material has a coarse feel to it
**gevoelens I** *o* [-s] ❶ *gewaarwording* feeling * *edele ~s* noble sentiments * *persoonlijke ~s* personal feelings ❷ *mening* opinion * *naar mijn ~* in my opinion * *wij verschillen van ~* we're of a different opinion ‹about this›, we differ, we don't agree **II** *overg* [gevoelde, h. gevoeld] feel * *berouw~* feel sorry * *zich onwel ~* feel ill
**gevoelig I** *bn* ❶ *kwetsbaar, lichtgevoelig* sensitive * *een ~ kind* a sensitive/impressionable child * *een ~e man* a sensitive man * *een ~e periode* a sensitive time, a difficult period * *~ op het punt van eer* sensitive about anything to do with honour * *~ van aard* sensitive by nature * *zij is ~ voor die argumenten* she's open to these arguments * *hij is ~ voor de kritiek van anderen* ‹accepterend› he takes others' criticism to heart; ‹lichtgeraakt› he's touchy about receiving criticism ❷ *vatbaar* sensitive * *~ voor stof* sensitive to dust; ‹ook v. mensen› allergic to dust * *zij is ~ voor hooikoorts* she is susceptible to (getting) hay fever ❸ *pijnlijk* tender * *een ~e plek* a tender spot; *fig* a sore point ❹ *hard* stiff ‹blow›, severe ‹cold &› * *een ~e nederlaag* a resounding defeat ❺ *v. instrumenten* sensitive, delicate * *~ maken* sensitize ‹a plate &› **II** *bijw* sensitively
**gevoeligheid** *v* [-heden] ❶ *pijnlijkheid* tenderness ❷ *vatbaarheid voor indrukken &* sensitivity, susceptibility * *zijn ~ kwetsen* wound/offend sbd
**gevoelloos** *bn* ❶ *zonder emoties* unfeeling, insensitive * *~ zijn voor* be unfeeling towards ❷ *niet gevoeld kunnen worden* numb ‹foot, arm› * *~ maken* anaesthetize
**gevoelloosheid** *v* ❶ *harteloosheid* unfeelingness, insensitivity ❷ *verdoofdheid* numbness
**gevoelskwestie** *v* [-s] sensitive matter
**gevoelsleven** *o* emotional life, inner life
**gevoelsmatig I** *bn* instinctive, intuitive **II** *bijw* instinctively, intuitively
**gevoelsmens** *m* [-en] emotional person, afkeurend sentimentalist
**gevoelstemperatuur** *v* (wind)chill factor
**gevoelswaarde** *v* emotional value
**gevoelvol I** *bn* feeling, sensitive **II** *bijw* with feeling, sensitively * *~ zingen* sing with great feeling/emotion
**gevogelte** *o* birds, fowl(s), poultry
**gevolg** *o* [-en] ❶ *personen* followers, suite, train, retinue * *de koning en zijn ~* the king and his court/retinue ❷ *uit oorzaak* consequence, result, effect * *geen nadelige ~en ondervinden van* be none

the worse for ✻ *de~en zijn voor hem* he has to accept the consequences ✻ *met goed~* with success, successfully ✻ *ten~e hebben* cause ‹sbd.'s death &›, result in ‹a big profit›, bring on ‹a heart attack› ✻ *ten ~e van* as a consequence of, as a result of, owing to ✻ *zonder~* without success, unsuccessful(ly) ✻ *in~e van* in consequence of ❸ *uitvoering* as a result of ✻ ~ *geven aan een opdracht* carry out an order ✻ ~ *geven aan een verzoek* grant a request ✻ ~ *geven aan een wens* comply with a wish, carry out/fulfil a wish

**gevolgtrekking** v [-en] conclusion, deduction, inference ✻ *een~ maken (uit)* draw a conclusion (from)

**gevolmachtigd** bn authorized ✻ pol *een~ minister* a minister plenipotentiary

**gevolmachtigde** m-v [-n] ❶ *politiek* plenipotentiary ❷ handel authorized representative/person, agent, proxy ❸ *rechtelijk* a person with power of attorney ✻ jur *een bijzonder~* a special agent

**gevorderd** bn advanced, late ✻ *op~e leeftijd* at an advanced age ✻ *op een~ uur* at a late hour ✻ *een cursus Engels voor~en* an advanced English course ✻ *in een ver~ stadium* at an advanced stage ‹of the disease›

**gevreesd** bn dreaded, feared ✻ *een~e ziekte* a dreaded disease

**gevuld** bn ❶ *met vulling* filled, stuffed ✻ *een~e koek* an almond paste biscuit ✻ *een goed~e beurs* a well-lined purse ❷ *mollig* plump

**gewaad** o [-waden] garment, dress, garb, attire

**gewaagd** bn ❶ *riskant* hazardous, risky ❷ *m.b.t. grap* risqué ▾ *zij zijn aan elkaar~* they are well matched, well suited

**gewaarworden** overg [werd gewaar, is gewaargeworden] ❶ *merken* become aware of, perceive, notice ❷ *te weten komen* find out, discover

**gewaarwording** v [-en] ❶ *aandoening* sensation ❷ *vermogen* perception

**gewag** o ✻ ~ *maken van* refer to, mention

**gewagen** onoverg [gewaagde, h. gewaagd] ✻ ~ *van* mention, make mention of

**gewapend** bn armed ✻ ~ *beton* reinforced concrete ✻ ~ *glas* wired/bullet-proof glass ✻ *met het~ oog* using glasses/binoculars & ✻ *een~e overval* an armed robbery ✻ *~e vrede* armed peace ✻ ~ *zijn tegen* be prepared/armed against

**gewas** o [-sen] ❶ *gekweekte planten* crop(s), harvest ❷ *plant alg.* plant(s) ❸ *plantengroei* growth, vegetation

**gewatteerd** bn quilted, wadded ‹quilt›, padded ✻ *een ~e jas* a padded jacket, a coat with a quilted lining

**geweer** o [-weren] gun, rifle ✻ *in het~ komen* mil turn out, stand to; fig be up in arms (*tegen* against) ✻ *in het~!* stand to! attention! ✻ *het~ presenteren* present arms

**geweerloop** m [-lopen] barrel (of a gun)

**geweerschot** o [-schoten] gunshot, rifleshot

**geweervuur** o rifle fire, musketry, fusillade

**gewei I** o [-en] *horens* horns, antlers ‹of a deer› **II** o,

**geweide** ❶ *ingewanden* bowels, entrails ❷ *uitwerpselen* droppings

**geweld** o ❶ *kracht* force, violence ✻ *fysiek~* physical violence ✻ *grof~* brute force ✻ *zinloos~* pointless violence ✻ *iem.~ aandoen* be violent to sbd ✻ *de waarheid~ aandoen* strain/stretch the truth ✻ *zichzelf ~ aandoen* ‹zich beheersen› keep oneself in check; ‹tegen zijn eigen opvattingen ingaan› go against one's principles ✻ *zich~ aandoen om (niet) te...* make an effort (not) to... ✻ ~ *gebruiken* use force/violence ✻ *met~* by force/violence ✻ *hij is met~ om het leven gebracht* he met a violent death ✻ *hij wou er met alle ~ heen* he wanted to go come what may/at any cost ✻ *hij wou met alle~ voor ons betalen* he insisted on paying for us ❷ *lawaai* noise ✻ *met veel~ stortte de waterval zich naar beneden* the waterfall crashed down with considerable force

**geweldaad** v [-daden] act of violence ✻ *tot gewelddaden overgaan* resort to violence

**gewelddadig** bn violent, forcible ✻ *een~e dood* a violent death

**gewelddadigheid** v [-heden] violence

**geweldenaar** m [-s & -naren] ❶ *tiranniek heerser* tyrant ❷ *sterk persoon* superman ❸ *zeer kundig persoon* whiz, crack

**geweldig I** bn ❶ *hevig* violent ❷ *machtig* powerful, mighty, enormous ❸ versterkend terrible ✻ *ze zijn ~!* they're wonderful/marvellous/ terrific/ fabulous/ super/cool! **II** bijw versterkend dreadfully, terribly, awfully & **III** tsw ✻ *~!* fantastic!

**geweldloos** bn non-violent ✻ *een geweldloze demonstratie* a peaceful demonstration ✻ ~ *verzet* non-violent resistance

**geweldpleging** v [-en] violence, act of violence, jur assault and battery ✻ *openlijke~* (an act of) violence in a public place

**geweldsspiraal, geweldspiraal** v spiral of violence

**gewelf** o [-welven] vault, arched roof, dome, archway ✻ *een onderaards~* an underground vault

**gewelfd** bn vaulted, arched, domed

**gewend** bn accustomed ✻ ~ *aan* accustomed to, used to ✻ ~ *zijn om...* be in the habit of ...ing ✻ *ben je hier al~?* do you feel at home yet? ✻ *zij is niet veel~* she's not used to luxury ✻ *dat ben ik niet~* I'm not used to that

**gewennen** onoverg [gewende, is gewend] get used to, become accustomed to, settle down

**gewenning** v habituation

**gewenst** bn ❶ *wat men zich wenst* wished (for), desired ❷ *wenselijk* desirable

**gewerveld** bn vertebrate ✻ *~e dieren* vertebrates

**gewest** o [-en] region, district, territory ✻ *de betere ~en* the hereafter

**gewestelijk** bn regional, provincial ✻ *een~e uitdrukking* a regional/local/dialect expression

**geweten** o [-s] conscience ✻ *een kwaad~* a guilty conscience ✻ *een zuiver~* a clear conscience ✻ *een*

ge

*rekbaar/ruim~ hebben* be economical with the truth
∗ *door zijn~ gekweld* conscience-stricken∗ *iets met zijn~ overeenbrengen* become reconciled to sth∗ *iets op zijn~ hebben* have something on one's conscience∗ *heel wat op zijn~ hebben* have a lot to answer for∗ *zonder~* without a conscience∗ *naar eer en~* in all good conscience

**gewetenloos I** *bn* unscrupulous, unprincipled
**II** *bijw* unscrupulously

**gewetensbezwaar** *o* [-zwaren] ❶ *scrupule* scruple ∗ *ze tonen geen enkel~ bij...* they have no scruples about... ❷ *bezwaar op principiële gronden* conscientious objection

**gewetensbezwaarde** *m-v* [-n] conscientious objector

**gewetensconflict** *o* [-en] moral conflict

**gewetensnood** *m* moral quandary, moral dilemma

**gewetensonderzoek** *o* RK examination of conscience

**gewetensvol** *bn* conscientious, scrupulous, ⟨m.b.t. werk⟩ painstaking

**gewetensvraag** *v* [-vragen] matter of conscience

**gewetenswroeging** *v* [-en] pangs of conscience, compunction(s), qualms∗ *gekweld door~* conscience-stricken

**gewetenszaak** *v* [-zaken] matter of conscience ∗ *van iets een~ maken* make sth a matter of conscience/a moral issue

**gewettigd** *bn* justified, legitimate

**gewezen** *bn* late, former, ex∗ *mijn~ echtgenoot* my ex-husband, inf my ex∗ *de~ burgemeester* the former mayor

**gewicht** *o* [-en] ❶ weight∗ *dood/eigen~* dead weight ∗ *soortelijk~* specific gravity∗ *~ in de schaal leggen* carry weight∗ *zijn~ in de schaal werpen* exert one's influence on sth∗ *bij het~ verkopen* sell by weight ∗ *dat is zijn~ in goud waard* it's worth its weight in gold ❷ fig importance∗ *een man van~* a man of consequence, an important man∗ *een zaak van groot~* a matter of great importance, a very important matter∗ *van het grootste~* all-important ∗ *(geen)~ hechten aan* attach (no) importance to

**gewichtheffen** *o* weightlifting

**gewichtheffer** *m* [-s] weightlifter

**gewichtig** *bn* important, weighty, momentous∗ *~ doen* act important∗ *~ doend* pompous, self-important

**gewichtigdoenerij** *v* pomposity, pompousness, self-importance

**gewichtloosheid** *v* weightlessness

**gewichtsklasse** *v* [-n] sp classification by weight

**gewichtsverlies** *o* weight loss

**gewiekst** *bn* knowing, sharp, smart, shrewd∗ *een ~e jurist* a shrewd jurist

**gewijd** *bn* consecrated ⟨Host⟩, sacred ⟨music &⟩∗ *een ~e handeling* a consecrated act, a holy act∗ *~e muziek* sacred music∗ *~e geschiedenis* sacred history ∗ *~e aarde* consecrated ground

**gewild** *bn* ❶ populair in demand, in favour, much sought after, popular ❷ *gekunsteld* studied, affected, would-be

**gewillig** *bn* willing

**gewin** *o* gain, profit∗ *vuil~* filthy lucre

**gewis** *bn* certain, sure

**gewoel** *o* stir, bustle, turmoil

**gewogen** *bn* weighted∗ *het~ gemiddelde* the weighted average

**gewond** *bn* wounded, injured

**gewonde** *m-v* [-n] wounded person, injured person ∗ *de~n* the wounded, the injured

**gewonnen** *bn* ∗ *zo~ zo geronnen* easy come, easy go ∗ *het~ geven* give it up, give up the point∗ *zich~ geven* yield the point ⟨in an argument⟩, admit defeat, throw in the towel

**gewoon I** *bn* ❶ *gewend* accustomed, used to, customary, usual, wonted∗ *~ raken aan* grow accustomed/used to∗ *~ zijn aan* be accustomed/used to...∗ *~ zijn om...* be in the habit of ...ing∗ *hij was~ om...* he used to...❷ *niet buitengewoon* common ⟨cold, illness⟩, ordinary ⟨people, shares, members⟩, plain ⟨food, tastes⟩, regular ⟨grind of coffee⟩∗ *het is heel~* it's nothing out of the ordinary∗ *de gewone man* the man in the street**II** *bijw* ❶ *algemeen* commonly∗ *~ bekend als* commonly known as ❷ *gewoonweg* simply, just∗ *het was~ verrukkelijk* it was simply delicious∗ *het is~ niet waar* it's just not true∗ *dat is~ idioot!* that's simply idiotic! ❸ *zoals gebruikelijk* ⟨everything is going on⟩ as usual∗ *doe maar~* ⟨dan doe je al gek genoeg⟩ be your normal (stupid) self, act normally (that's bad enough)

**gewoonheid** *v* commonness

**gewoonlijk** *bijw* usually, as a rule, normally, mostly, generally, ordinarily∗ *zoals~* as usual∗ *later dan~* later than usual

**gewoonte** *v* [-n & -s] ❶ *gebruik* custom, practice, convention∗ *het is niet de~ te...* it is not customary to...∗ *zoals de~ is, als naar~, volgens~* according to custom, as usual, as the convention goes∗ *de zeden en~n van de Romeinen* the customs and traditions of the Romans ❷ *aanwensel* habit, practice∗ *ouder~* as usual, from habit∗ *dat is een~ van hem* that's a habit of his∗ *een~ aannemen* ⟨ontwikkelen⟩ develop a habit; ⟨overnemen⟩ copy a habit∗ *een~ afleggen* get out of a habit∗ *tegen zijn ~* contrary to his wont∗ *tot een~ vervallen* fall into a habit∗ *alleen uit~* from (sheer force of) habit∗ *~ is een tweede natuur* custom is second nature∗ *de macht der~* force of habit∗ *de~ hebben* have a habit of... ❸ *aangewende handelwijze* practice

**gewoontedier** *o* [-en] creature of habit∗ *de mens is een~* man is a creature of habit

**gewoontedrinker** *m* [-s] habitual drinker

**gewoontegetrouw** *bijw* as usual, according to custom

**gewoonterecht** *o* common law, customary law,

custom

**gewoontjes** *bijw* middling, indifferent, nothing special

**gewoonweg** *bijw* simply, just ∗ *~ onmogelijk* simply impossible

**geworden** *onoverg* [gewerd, is geworden] plechtig come to hand ∗ *het is mij ~* it has come to hand, to my notice ∗ *ik zal het u doen/laten ~* I'll let you have it

**geworteld** *bn* rooted ∗ *diep ~e haat* deep-seated hatred

**gewricht** *o* [-en] joint, articulation

**gewrichtsontsteking** *v* [-en] arthritis

**gewrocht** *o* [-en] work, masterpiece, creation

**gewrongen** *bn* distorted, forced, contrived, twisted ∗ *een ~ stijl* a contrived style ∗ *zij lag in een ~ houding* she lay in a distorted/twisted position ∗ *een ~ sfeer* a forced atmosphere

**gezag** *o* authority ∗ *het bevoegd ~* the relevant/jur the competent authorities ∗ *het ouderlijk ~* parental authority ∗ *met ~ spreken* speak authoritatively ∗ *~ hebben over/het ~ voeren over* command, have authority over ∗ *op eigen ~* on one's own authority ∗ *op ~ van* on the authority of ∗ *het ~ van de wet* the force of the law

**gezagdrager** *m* [-s] authority

**gezaghebbend** *bn* authoritative ∗ *een ~e biografie* an authoritative biography ∗ *een ~ persoon* ‹gezag hebbend› an authority, an expert; ‹gezag uitoefenend› a person in authority

**gezaghebber** *m* [-s] person in charge, person in authority, authority

**gezagsgetrouw** *bn* law-abiding

**gezagsorgaan** *o* [-ganen] authority

**gezagsverhoudingen** *zn* [mv] power structure

**gezagvoerder** *m* [-s] ❶ person in charge ❷ scheepv master, captain ❸ luchtv chief pilot, captain

**gezamenlijk** **I** *bn* ❶ *gemeenschappelijk* joint ‹owners, account›, collective ‹interests› ∗ *met ~e krachten* with a joint effort ❷ *totaal* aggregate, total ‹amount› ∗ *de ~e kosten/omzet* the total cost/turnover ❸ *compleet* complete ‹works of Shakespeare &› **II** *bijw* jointly, together

**gezang** *o* [-en] ❶ *het zingen* singing ❷ *v. vogels* warbling ❸ *het te zingen of gezongen lied* song ❹ *kerkgezang* hymn

**gezanik** *o* bother, botheration ∗ *daar heb je 't ~!* what a fuss!

**gezant** *m* [-en] ambassador, envoy ∗ *de pauselijke ~* the (papal) nuncio ∗ *een buitengewoon ~* a special envoy

**gezantschap** *o* [-pen] embassy, legation

**gezapig** *bn* indolent, easy-going, languid

**gezegde** *o* [-n & -s] ❶ *zegswijze* saying, expression, phrase, dictum ❷ *opmerking* statement ❸ taalk predicate

**gezegend** *bn* blessed ∗ *~ met* happy in the possession of... ∗ *in ~e omstandigheden* in happy

circumstances ∗ *een ~ end* a blessed end

**gezeglijk** *bn* obedient, docile, amenable ∗ *een ~e jongen* an obedient boy

**gezel** *m* [-len] ❶ *metgezel* mate, companion, fellow ❷ *handwerksman* workman, hist journeyman

**gezellig** *bn* ❶ *v. persoon* companionable, sociable, convivial ∗ *hij is een ~e vent* he's good company ❷ *v. vertrek & snug, cosy ∗ *een ~ avond* a pleasant/enjoyable evening ∗ *een ~e bijeenkomst* a social meeting ∗ *een ~e boel* a pleasant affair ∗ *een ~e sfeer* a convivial atmosphere ❸ *aardig* nice

**gezelligheid** *v* ❶ *prettig gezelschap* companionableness, sociability, conviviality ∗ *voor de ~* for fun ∗ *zij houdt van ~* she likes good company ❷ *genoeglijke atmosfeer* snugness, cosiness

**gezelligheidsdier** *o* [-en] social creature, chummy/sociable person

**gezelligheidsvereniging** *v* [-en] social club, students' society

**gezellin** *v* [-nen] companion, mate

**gezelschap** *o* [-pen] company, society ∗ *het koninklijk ~* the royal party ∗ *een besloten ~* a private party, a club ∗ *het hele ~* the whole company ∗ *iem. ~ houden* keep sbd company ∗ *in ~ van* in (the) company of, in company with, accompanied by ∗ *in goed ~* in good company ∗ *wil jij van het ~ zijn?* do you want to be included in the party? ∗ *hij is zijn ~ waard* he's good company

**gezelschapsspel** *o* [-spelen] party game

**gezet** *bn* ❶ *dik* thickset, stout, stocky, corpulent ❷ *bepaald* set, fixed ∗ *op ~te tijden* at regular intervals, at set times

**gezeten** *bn* ❶ *zittend* sitting ∗ *op de troon ~* sitting on the throne ❷ *een vaste woonplaats hebbend* settled ∗ *de ~ bevolking* the country's inhabitants ❸ *gegoed* solid, prosperous ∗ *een ~ burger* a solid citizen

**gezeur** *o* ❶ *gezanik* moaning (and groaning), drivel, twaddle ∗ *hou eens op met dat ~!* stop moaning (and groaning)! ❷ *vervelend gedoe* bother

**gezicht** *o* [-en] ❶ *zintuig* (eye)sight ∗ *scherp van ~* sharp eyed ❷ *aangezicht* face, slang mug ∗ *~en trekken tegen* pull/make faces at ∗ *een vrolijk/treurig ~ zetten* put on a cheerful/sad face ∗ *dat geeft scheve ~en* that will be frowned upon ∗ *zijn ~ redden* save one's face ∗ *zijn ~ verliezen* ‹gezichtsvermogen› lose one's sight; ‹aanzien› lose face ∗ *iem. in het ~ uitlachen* laugh in sbd's face ∗ *iem. (recht) in zijn ~ zeggen* tell sbd (straight) to his face ∗ *iem. op zijn ~ geven* tan sbd's hide ∗ *(ergens) even je ~ laten zien* show your face, put in an appearance ❸ *uitdrukking* looks, countenance ❹ *het geziene* view, sight ∗ *bij (op) het ~ van...* at the sight of ∗ *op het eerste ~* at first sight, at the first sight of ∗ *zo op het eerste ~ is het...* on the face of it, it is... ∗ *in het ~ van de kust* in sight of the coast ∗ *in het ~ komen* come into sight ∗ *in het ~ krijgen* catch sight of, sight ∗ *uit het ~ verdwijnen* disappear, vanish (from sight) ∗ *uit het ~ verliezen* lose sight of ∗ *uit het ~ zijn* be out of sight

✳ *iem. van* ~ *kennen* know sbd by sight ✳ *dat is geen* ~*! that's hideous!*
**gezichtsbedrog** o optical illusion
**gezichtsbruiner** m [-s] suntan lotion
**gezichtshoek** m [-en] optic/visual angle
**gezichtspunt** o [-en] *mening* point of view, viewpoint
**gezichtsuitdrukking** v [-en] (facial) expression
**gezichtsveld** o [-en] field of vision
**gezichtsverlies** o ❶ v. *gezichtsvermogen* loss of (eye)sight ❷ v. *aanzien* loss of face ✳ ~ *lijden* suffer loss of face
**gezichtsvermogen** o visual faculty, visual power ✳ *zijn* ~ his eyesight
**gezien I** bn esteemed, respected ✳ *hij is daar niet* ~ he isn't liked/popular there ✳ *een graag* ~*e gast* a very welcome guest **II** voorz given, with regard to ✳ ~ *de risico's* in view of the risks
**gezin** o [-nen] family, household ✳ *een groot* ~ a large family ✳ *een* ~ *bestaande uit drie personen* a family of three ✳ *een* ~ *stichten* start a family
**gezind** bn inclined, disposed, ...-minded ✳ *ik ben daartoe niet* ~ I'm not inclined to do that ✳ *iem. goed/slecht* ~ *zijn* be kindly/unkindly disposed towards sbd
**gezindheid** v [-heden] ❶ *neiging* inclination, disposition ❷ *overtuiging* persuasion
**gezindte** v [-n] *persuasion*, sect ✳ *van een andere* ~ *zijn* belong to another faith/another religion
**gezinsauto** m family car
**gezinsfles** v [-sen] jumbo bottle, king-size(d) bottle
**gezinshereniging** v family reunion
**gezinshoofd** o [-en] head of the family
**gezinshulp** v ❶ *hulpverlening* home help ❷ *persoon* [-en] home help
**gezinsleven** o family life
**gezinslid** o [-leden] member of the family, family member
**gezinsplanning** v family planning
**gezinsuitbreiding** v ✳ *een* ~ *verwachten* expect an addition to the family
**gezinsverpakking** v [-en] family pack, economy pack
**gezinsverpleging** v home nursing
**gezinsverzorgster** v [-s] trained mother's help
**gezinszorg** v home help
**gezocht** bn ❶ *gewild* in demand, in request, sought after ‹goods› ❷ *niet natuurlijk* studied, affected, contrived, fabricated ❸ *vergezocht* far-fetched ✳ ~*e argumenten* far-fetched arguments
**gezoem** o buzz(ing), hum(ming)
**gezond I** bn ❶ *niet ziek* healthy ‹life, man &› ✳ ~ *en wel* fit and well/safe and sound ✳ *zo* ~ *als een vis* as fit as a fiddle ✳ ~ *naar lichaam en geest* sound in body and mind ✳ ~ *van lijf en leden* sound in life and limb ✳ *iem.* ~ *bidden* heal sbd by prayer ✳ ~ *blijven* keep fit ✳ ~ *maken* restore to health, cure ✳ *weer* ~ *worden* recover (one's health) ❷ *gezondheid*

*bevorderend* wholesome ‹food› ✳ *een broodje* ~ a salad roll ❸ *alléén predicatief* ‹a man› in good health ❹ *helder* sound ‹body, mind, policy &› ✳ *zijn* ~ *verstand* one's common sense ❺ fig sane ‹judgement, views› **II** bijw ❶ *niet ziekmakend* healthily ❷ *helder* soundly
**gezondheid** v ❶ *lichamelijk welzijn* health ✳ ~ *is de grootste schat* health is worth more than wealth ✳ *op iems.* ~ *drinken* drink sbd.'s health ✳ *op uw* ~*!* your health! ✳ *voor zijn* ~ for one's health ✳ *een goede/zwakke* ~ *hebben* be in good/poor health ❷ *heilzaamheid* healthiness, fig soundness
**gezondheidscentrum** o [-s, -tra] health centre
**gezondheidsredenen** zn [mv] health reasons ✳ *om* ~ for reasons of health
**gezondheidstoestand** m (state of) health ✳ *de* ~ *van de astronauten is uitstekend* the astronauts are in excellent health
**gezondheidszorg** v healthcare, health care ✳ *in de* ~ *werken* be a healthcare worker
**gezusters** zn [mv] sisters ✳ *de* ~ *Akgün* the Akgün sisters
**gezwel** o [-len] swelling, growth, tumour
**gezwets** o ❶ *geklets* drivel ❷ *grootspraak* bragging, inf hot air
**gezwind** bn swift, quick, rapid ✳ *met* ~*e pas* at/on the double
**gezwollen** bn ❶ v. *lichaamsdelen* swollen ❷ v. *stijl* inflated, high-flown
**gezworen** bn sworn ‹friends, enemies› ✳ *mijn* ~ *vijand* my sworn enemy ✳ *het zijn* ~ *vrienden* they are friends for life
**gezworene** m-v [-n] juror, juryman, jurywoman ✳ *de* ~*n* the jury
**gft** afk en o (groente-, fruit en tuinafval) organic waste
**gft-afval** o (groente-, fruit- en tuinafval) organic waste
**gft-bak** m [-ken] (groente, fruit en tuinafvalbak) organic waste container
**g.g.d.** afk (grootste gemene deler) h.c.d. highest common denominator
**Ghana** o Ghana
**ghostwriter** m [-s] ghostwriter
**gids** m [-en] ❶ *guide*, mentor ❷ *boek* guide, guidebook, handbook ✳ *een gids voor Londen* a guide to London ❸ *lid v. scouting* Girl Guide
**gidsen** overg [gidste, h. gegidst] guide, direct, lead, act as leader
**gidsland** o [-en] model (country)
**giebelen** onoverg [giebelde, h. gegiebeld] giggle
**giechelen** onoverg [giechelde, h. gegicheld] giggle, titter
**giek** m [-en] ❶ *roeiboot* gig ❷ *spier, boom* boom, jib
**gier I** m [-en] *vogel* vulture **II** v *mest* liquid manure
**gieren** onoverg [gierde, h. gegierd] ❶ *gillen* scream ✳ ~ *van het lachen* scream/shriek with laughter ✳ *het was om te* ~ it was hilariously funny ✳ *hij gierde door*

**gi**

*de bocht* his tires screeched through the corner ❷ *v. wind* howl ❸ <u>scheepv</u> jaw, sheer ❹ *mesten* spread liquid manure

**gierig I** *bn* miserly, niggardly, stingy, avaricious, tight-fisted✶~ *als de pest* as stingy as hell **II** *bijw* stingily, avariciously

**gierigaard** *m* [-s] miser, niggard, skinflint

**gierigheid** *v* avarice, miserliness, stinginess

**gierput** *m* [-ten] slurry pit

**gierst** *v* millet

**giertank** *m* [-s] liquid manure tank, slurry tank

**gierzwaluw** *v* [-en] swift

**gieten I** *overg* [goot, h. gegoten] ❶ *uitgieten* pour ‹water› ❷ *in vorm* found ‹guns›, cast ‹metals &›, mould ‹candles &›✶ *in een andere vorm*~ cast in another mould✶ *ijzer*~ cast iron **II** *onoverg* [goot, h. gegoten] ✶ (*het regent dat*) *het giet* it's pouring, it's raining cats and dogs

**gieter** *m* [-s] ❶ *sproeivat* watering can ❷ *metaalbewerker* founder, caster ▼ *afgaan als een*~ look a proper Charlie

**gieterij** *v* [-en] foundry

**gietijzer** *o* cast iron

**gietijzeren** *bn* cast iron

**gietstaal** *o* cast steel

**gietvorm** *m* [-en] casting mould

**gif** *o* [-fen], **gift** [-en] ❶ poison ❷ *v. dier* venom ❸ *v. ziekte* virus

**gifbeker** *m* [-s] poisoned cup✶ *de*~ *drinken/ledigen* drink from the poisoned chalice

**gifbelt** *m & v* [-en] toxic waste dump

**gifgas** *o* [-sen] poison gas

**gifgroen** *bn & o* fluorescent green

**gifgrond** *m* [-en] polluted land/ground

**gifkikker** *m* [-s] ❶ <u>biol</u> poisonous frog ❷ <u>inf</u> nasty bastard

**gifklier** *v* [-en] poison/venom gland

**gifmenger** *m* [-s] poisoner

**gifslang** *v* [-en] poisonous snake

**gifstof** *v* [-fen] poison

**gift I** *v* [-en] *geschenk* gift, present, ‹v. donateur› donation, contribution✶ *een*~ *van hand tot hand* an informal gift **II** *o* [-en] →**gif**

**giftig** *bn* ❶ poisonous, <u>ook fig</u> venomous ‹person›✶ ~ *worden* become furious ❷ <u>fig</u> *hatelijk* virulent✶ ~*e opmerkingen* nasty remarks

**gifwolk** *v* [-en] toxic cloud

**gigabyte** *m* [-s] <u>comput</u> gigabyte, G, GB ‹1.073.741.824 bytes›

**gigant** *m* [-en] giant

**gigantisch** *bn* giant, gigantic

**gigolo** *m* ['s] gigolo, <u>inf</u> lounge lizard

**gij** *pers vnw* ❶ *alleen enkelvoud* <u>vero</u> thou ❷ *alleen meervoud* <u>vero</u> ye

**gijpen** *onoverg* [gijpte, h. gegijpt] <u>scheepv</u> gybe, jibe

**gijzelaar** *m* [-s] ❶ *gegijzelde* hostage ❷ *wegens schuld* prisoner

**gijzelen** *overg* [gijzelde, h. gegijzeld] ❶ *in gijzeling nemen* take hostage, ‹voor geld› kidnap, ‹kapen› hijack ❷ *wegens schuld* <u>jur</u> imprison for debt

**gijzeling** *v* [-en] ❶ *het gijzelen* taking hostage, ‹voor losgeld› kidnapping, ‹kapen› hijack(ing) ❷ *wegens schuld* <u>jur</u> imprisonment for debt, ‹lijfsdwang› civil imprisonment

**gijzelnemer** *m* [-s] ❶ *kidnapper* kidnapper ❷ *kaper* hijacker

**gil** *m* [-len] yell, shriek, scream✶ *een*~ *geven/laten/slaken* give a yell

**gild** *o* [-en], **gilde** *o & v* [-n] <u>hist</u> guild

**gilet** *o* [-s] waistcoat

**gillen** *onoverg* [gilde, h. gegild] yell, shriek, scream ✶ <u>inf</u> *het was om te*~ it was a scream, it was terribly funny

**giller** *m* [-s] <u>inf</u> scream, howler✶ *wat een*~! what a hoot/scream!

**ginds I** *bn* yonder, <u>plechtig</u> yon✶ ~*e boom* yonder tree✶ *aan*~*e kant* over yonder, on the other side, over the way, over there **II** *bijw* over there

**ginnegappen** *onoverg* [ginnegapte, h. geginnegapt] giggle, snigger

**ginseng** *m* ginseng

**gips** *o* [-en] ❶ *mengsel* plaster (of Paris)✶ *in het*~ *liggen* lie in plaster✶ *met een arm in het*~ with an arm in plaster ❷ *mineraal* gypsum

**gipsen I** *bn* plaster✶ *een*~ *beeld* a plaster figure **II** *overg* [gipste, h. gegipst] plaster

**gipskruid** *o* gypsophila

**gipsplaat** *v* [-platen] plasterboard

**gipsverband** *o* [-en] plaster cast

**gipsvlucht** *v* [-en] <u>scherts</u> special flight from a winter sport region ‹to bring home skiers in plaster›

**giraal** *bn* by giro, by funds transfer, cashless, giro-based, by book entry✶ ~ *geld* deposit money, money in account, <u>Am</u> demand deposits✶ ~ *betalingsverkeer* cashless payments, funds transfers ✶ ~ *effectenverkeer* book-entry securities transactions ✶ *een girale overboeking* a funds transfer, a book entry transfer

**giraf**, **giraffe** *v* [-raffen & -raffes] giraffe

**gireren** *overg* [gireerde, h. gegireerd] pay/transfer funds by giro✶ *een bedrag*~ pay an amount by giro

**giro** *m* ['s] giro✶ *per*~ by giro

**girokaart** *v* [-en] giro transfer slip

**giromaat** *m* [-maten] cashpoint, cash dispenser

**giromaatpas** *m* [-sen] ATM card

**gironummer** *o* [-s] (giro)account number✶ *een storting op*~ 800800 a deposit onto (giro) account number 800800

**giropas** *m* [-sen] giro card

**girorekening** *v* [-en] giro account

**giroverkeer** *o* giro transfer/transactions

**gis** [1] *v* [-sen] <u>muz</u> G sharp

**gis** [2] **I** *v* guess, conjecture✶ *op de*~ at random **II** *bn* slim smart, sharp, clever

**gissen I** *overg* [giste, h. gegist] guess, conjecture, surmise **II** *onoverg* [giste, h. gegist] guess✶ ~ *naar* *iets* guess at sth

**gissing** *v* [-en] guess, conjecture, estimation ∗ *het is maar een*~ it's mere guesswork ∗ *naar*~ at a rough guess/estimate

**gist** *m* yeast

**gisten** *onoverg* [gistte, h. gegist] ferment, work ∗ *fig het had al lang gegist* it had been brewing for a long time

**gisteravond** *bijw* yesterday evening, last night

**gisteren** *bijw* yesterday ∗ *de Times van*~ yesterday's (issue of the) Times ∗ *gister(en)avond* last night, yesterday evening ∗ *hij is niet van*~ he wasn't born yesterday, there are no flies on him, he knows a thing or two

**gistermiddag** *bijw* yesterday afternoon

**gistermorgen** *bijw* yesterday morning

**gisternacht** *bijw* last night

**gisting** *v* [-en] ❶ *fermentatie* fermentation ❷ *fig* ferment, agitation, excitement ∗ *in*~ *verkeren* be in a ferment

**gistingsproces** *o* [-sen] process of fermentation

**giswerk** *o* guesswork, speculation

**git** *o & v* [-ten] *stofnaam, kraal* jet

**gitaar** *v* [-taren] guitar

**gitarist** *m* [-en] guitarist

**gitzwart** *bn* jet-black

**glaasje** *o* [-s] ❶ (small) glass ∗ *hij heeft te diep in het*~ *gekeken* he's had a drop too much ∗ *een*~ *nemen* have a glass ❷ *v. microscoop* slide

**glaceren** *overg* [glaceerde, h. geglaceerd] ❶ *v. tegels* glaze ❷ *v. gebak & ice,* frost

**glad I** *bn* ❶ *glibberig* slippery ⟨roads, ground⟩ ∗ *de wegen zijn plaatselijk*~ there is some local ice on the roads ∗ *zo*~ *als een aal* as slippery as an eel ❷ *egaal, effen* smooth ⟨surface, chin, skin, style, verse &⟩, sleek ⟨hair⟩ ∗ *een*~*de ring* a plain ring ❸ *fig* cunning, slick, glib ⟨tongue⟩, smooth ⟨operator⟩ ∗ *een* ~*de vogel* a slippery customer ∗ *inf dat is nogal*~ that's pretty obvious **II** *bijw* ❶ *vlug* smoothly ∗ ~ *lopen* run smoothly ❷ *geheel* totally, completely ∗ *je hebt het*~ *mis* you're quite mistaken ∗ *dat zal je niet* ~ *zitten* you're not going to get away with that ∗ *ik ben het*~ *vergeten* I clean forgot it ∗ *dat was*~ *verkeerd* that was quite wrong

**gladgeschoren** *bn* clean-shaven

**gladharig** *bn* sleek-haired, smooth-haired

**gladheid** *v* smoothness, slipperiness

**gladiator** *m* [-s & -toren] gladiator

**gladiool** *v* [-diolen] gladiolus ∗ *sp het is de dood of de gladiolen* it's all or nothing

**gladjanus** *m* [-sen] sly dog, slyboots

**gladjes** *bn* rather slippery ∗ *de wegen zijn*~ the roads are rather slippery ∗ *het verloopt*~ things are going quite smoothly

**gladstrijken** *overg* [streek glad, h. gladgestreken] iron out, smooth (out) ∗ *fig plooien*~ iron out the wrinkles

**gladweg** *bijw* totally, completely, *inf* clean ∗ ~

*vergeten* totally/clean forget ∗ ~ *weigeren* flatly refuse

**glamour** *m* glamour

**glans** *m* [glansen & glanzen] ❶ *weerschijn* shine ⟨of boots⟩, gloss ⟨of hair⟩, lustre, gleam ∗ ~ *verlenen aan* lend lustre to ∗ *er was een*~ *in zijn ogen* there was a gleam in his eyes ❷ *pracht* glory, splendour, brilliancy, glamour ∗ *hij is met*~ *geslaagd* he has passed with flying colours ❸ *poetsmiddel* polish ❹ *v. penis* glans

**glansmiddel** *o* [-en] polish

**glanspapier** *o* glazed/coated paper

**glansperiode** *v* [-n & -s] heyday, golden age

**glansrijk I** *bn* splendid, glorious, radiant, brilliant **II** *bijw* gloriously, brilliantly ∗ *het*~ *afleggen* fail hopelessly ∗ *de vergelijking*~ *doorstaan* compare very favourably (with)

**glansrol** *v* [-len] ∗ *een*~ *vervullen* play a star role

**glanzen I** *onoverg* [glansde, h. geglansd] gleam, shine **II** *overg* [glansde, h. geglansd] *doen glimmen* ⟨stof⟩ gloss, ⟨papier⟩ glaze, ⟨staal &⟩ burnish, ⟨marmer, rijst⟩ polish, ⟨metaal⟩ brighten

**glas** *o* [glazen] glass ∗ *het*~ *heffen* raise one's glass ∗ *zijn eigen glazen ingooien* cut one's own throat ∗ *onder*~ *kweken* grow under glass ∗ *achter*~ behind glass ∗ ~ *in lood* leaded windows ▾ scheepv *zes glazen* six bells

**glasbak** *m* [-ken] bottle bank

**glasblazen I** *onoverg* blow glass **II** *o* glass-blowing

**glasblazer** *m* [-s] glass-blower

**glasblazerij** *v* [-en] glass works

**glascontainer** *m* [-s] bottle bank

**glasfiber** *o & m* ❶ *materiaal* fibreglass ❷ *vezel* glass fibre

**glasgerinkel** *o* tinkling of glass

**glasgordijn** *o & v* [-en] *vitrage* net curtain(s)

**glashandel** *m* glass trade

**glashard** *bn* hard as nails ∗ *hij weigerde*~ he refused flatly/bluntly ∗ *iets*~ *ontkennen* refuse point blank/flatly

**glashelder** *bn* clear as glass, *fig* crystal-clear

**glas-in-loodraam** *o* [-ramen] ❶ leaded window, leaded light ❷ *gebrandschilderd* stained glass window

**glasnost** *m* glasnost

**glasplaat** *v* [-platen] sheet of glass, ⟨bewerkt⟩ glassplate

**glasschade** *v* broken windows/glass

**glasscherf** *v* [-scherven] piece of broken glass

**glasservies** *o* [-serviezen] set of glasses

**glassnijder** *m* [-s] glass cutter

**glastuinbouw** *m* cultivation under glass

**glasverzekering** *v* [-en] plate glass insurance

**glasvezel** *v* [-s] ❶ *materiaal* fibreglass ❷ *vezel* glass fibre

**glaswerk** *o* [-en] ❶ *glazen spullen* glassware ❷ *ruiten & glazing

**glaswol** *v* (fibre)glass wool

**glazen** *bn* (of) glass, glassy ∗ *een* ~ *deur* a glass door, a glazed door ∗ *een* ~ *oog* a glass eye ∗ *een* ~ *plafond* ook fig a glass ceiling ∗ *wie een* ~ *huis bewoont moet geen stenen gooien* people who live in glass houses shouldn't throw stones

**glazenier** *m* [-s] stained glass artist

**glazenwasser** *m* [-s] ❶ *beroep* window cleaner ❷ *insect* dragonfly

**glazig** *bn* ❶ *glasachtig* glassy ∗ *iem.* ~ *aanstaren* look glassy-eyed at sbd ❷ *v. aardappels* waxy

**glazuren** *overg* [glazuurde, h. geglazuurd] glaze

**glazuur, glazuursel** *o* ❶ *v. aardewerk* glaze ❷ *v. tanden* enamel ❸ *op gebak* icing, frosting

**gletsjer** *m* [-s] glacier

**gletsjerdal** *o* [-dalen] glaciated valley

**gleuf** *v* [gleuven] ❶ groove, slot, slit, trench, ditch, fissure ‹rock› ❷ *vagina* vulg slit, cunt

**glibberen** *onoverg* [glibberde, is geglibberd] slither, slip

**glibberig** *bn* slithery, slippery

**glijbaan** *v* [-banen] slide

**glijden** *onoverg* [gleed, h. en is gegleden] ❶ *op een oppervlak* glide, slide ∗ *een* ~ *de loonschaal* a sliding pay scale ∗ ~ *de werktijden* flexible working hours ∗ *een muntstuk in iems. hand laten* ~ slip a coin into sbd.'s hand ∗ *zijn vingers over de stof laten* ~ run one's fingers over the material ∗ fig *over iets heen* ~ briefly touch on sth ❷ *naar beneden* slide ∗ *zich laten* ~ slip ‹off one's horse›, slide ‹down the banisters› ❸ *uitglijden* slip ∗ *door de vingers* ~ slip through one's fingers

**glijmiddel** *o* [-en] lubricant

**glijvlucht** *v* [-en] glide

**glimlach** *m* [-en] smile

**glimlachen** *onoverg* [glimlachte, h. geglimlacht] smile ∗ ~ *over/tegen* smile at

**glimmen** *onoverg* [glom, h. geglommen] shine, glimmer, gleam, glow ∗ *haar neus glimt* her nose is shiny ∗ ~ *van trots* glow with pride

**glimp** *m* [-en] glimpse ∗ *een* ~ *van iets opvangen* catch a glimpse of sth

**glimworm** *m* [-en] glow-worm, firefly

**glinsteren** *onoverg* [glinsterde, h. geglinsterd] glitter, sparkle, shimmer, glint

**glinstering** *v* [-en] glittering, sparkling, sparkle, shimmering, shimmer, glint

**glippen** *onoverg* [glipte, is geglipt] slip ∗ *er door* ~ slip through ∗ *door de vingers* ~ slip through the fingers ∗ *iets niet laten* ~ prevent sth from sliding/slipping; fig hold on to sth

**glitter** *m* [-s] glitter ∗ *een wereld vol* ~ *en glamour* a world full of glitter and glamour

**globaal I** *bn* rough, approximate ∗ *een globale beschrijving* an outline, a broad discription ∗ *een globale schatting* a rough guess **II** *bijw* roughly ∗ ~ *gesproken* roughly speaking ∗ ~ *gezien* seen in global terms

**globaliseren** *overg* [globaliseerde, h. geglobaliseerd] globalize

**globalisering** *v* globalization

**globe** *v* [-s & -n] globe

**globetrotter** *m* [-s] globetrotter

**gloed** *m* ❶ blaze, glow ❷ fig ardour, fervour, verve ∗ *in* ~ *geraken* warm ‹to one's subject› ∗ *met* ~ *iets verdedigen* defend sth with fervour

**gloednieuw** *bn* brand new

**gloedvol** *bn* glowing ∗ *een* ~ *le speech* a fervent/impassioned speech

**gloeidraad** *m* [-draden] elektr filament

**gloeien I** *onoverg* [gloeide, h. gegloeid] ❶ *door verhitting stralen* glow, burn, ‹zonder vlam› smoulder ❷ *v. wangen & burn,* glow ∗ ~ *van* be aglow/glow with, burn with, be aflame with **II** *overg* [gloeide, h. gegloeid] bring to red/white heat

**gloeiend I** *bn* ❶ *alg.* glowing ∗ ~ *e kolen* hot/live coals ❷ *v. ijzer* red-hot ❸ *v. wangen* burning, glowing ❹ fig ardent **II** *bijw* ∗ ~ *heet* burning hot, baking hot; ‹v. metalen› red-hot; ‹v. water› scalding hot ∗ *er* ~ *bij zijn* be in for it, be caught red-handed

**gloeilamp** *v* [-en] lightbulb

**glooien** *onoverg* [glooide, h. geglooid] slope ∗ *een* ~ *de oever* a sloping bank ∗ ~ *d terrein* undulating ground

**glooiing** *v* [-en] slope, slant, inclination

**gloren** *onoverg* [gloorde, h. gegloord] ❶ *schijnsel geven* glimmer ❷ *licht worden* dawn ∗ *bij het* ~ *van de dag* at the dawning of the day, at daybreak

**glorie** *v* ❶ *pracht* glory, lustre, splendour ∗ *in volle* ~ in all its glory/splendour ∗ *vergane* ~ past glory ❷ *aureool* [-s & -riën] RK halo

**glorierijk** *bn* glorious

**glorietijd** *m* [-en] heyday

**glorieus** *bn* glorious ∗ *een glorieuze overwinning* a glorious win/victory

**glossarium** *o* [-ria] glossary

**glossy I** *bn* glossy **II** *m* ['s] glossy

**glucose** *v* glucose

**glühwein** *m* Glühwein, mulled wine

**gluiper, gluiperd** *m* [-s] sneak, shifty character

**gluiperig** *bn* sneaking

**glunderen** *onoverg* [glunderde, h. geglunderd] beam (with geniality)

**gluren** *onoverg* [gluurde, h. gegluurd] peep, afkeurend leer

**gluten** *o* gluten

**gluurder** *m* [-s] peeping Tom, voyeur

**glycerine** *v* glycerine

**gniffelen** *onoverg* [gniffelde, h. gegniffeld] chuckle

**gnoe** *m* [-s] gnu, wildebeest

**gnoom** *m* [gnomen] gnome, goblin

**gnuiven** *onoverg* [gnuifde, h. gegnuifd] chuckle

**goal** *m* [-s] goal ∗ *een* ~ *maken* score a goal

**goalgetter** *m* [-s] sp top scorer

**gobelin** *o & m* [-s] gobelin, Gobelin tapestry

**God** *m* God ∗ *in* ~ *geloven* believe in God ∗ ~

*almachtig* almighty God∗~ *almachtig!* God/Christ almighty!∗~ *bewaar me* God save us!∗~ *weet waar* Heaven/Goodness/God knows where∗ *om~s wil* for God's sake∗ *zo~ wil* God willing∗~ *zij met ons!* God be with us∗~ *zij gedankt,~dank* thank God ∗ *leven als~ in Frankrijk* live the life of Riley, vulg live like pigs in shit∗ *van~ verlaten* Godforsaken ∗ *hij stoort zich aan~ noch gebod* he doesn't care for anything or anybody∗ *ieder voor zich en~ voor ons allen* every man for himself and the devil take the hindmost∗ *ben je nu helemaal van~ los?* have you gone mad?

**god** *m* [goden] god∗ *grote~en!* good God, good heavens∗ *de mindere~en* the lesser gods

**goddank** *tsw* thank God!

**goddelijk** *bn* divine ‹providence, beauty›, heavenly ∗ *een~e maaltijd* a fantastic/divine meal

**goddeloos I** *bn* godless, impious, ungodly, wicked, unholy∗ *een~ kabaal* an unholy racket∗ *een~ leven* a wicked life **II** *bijw* ❶ godlessly, impiously ❷ afkeurend dreadfully

**goddeloosheid** *v* [-heden] godlessness, ungodliness, impiety, wickedness

**godendom** *o* pantheon, all the gods

**godendrank** *m* nectar

**godenspijs** *v* ambrosia

**godgans, godganselijk** *bn* ∗ *de~e dag* the whole blessed day

**godgeklaagd** *bn* ∗ *het is~* it's a crying shame

**godgeleerde** *m-v* [-n] theologian

**godgeleerdheid** *v* theology

**godheid** *v* [-heden] ❶ *goddelijkheid* divinity ‹of Christ›, godhead ❷ *god* deity, god

**godin** *v* [-nen] goddess

**godsdienst** *m* [-en] ❶ *religie* religion ❷ *godsverering* divine worship

**godsdienstig I** *bn* ❶ *v. mensen* religious, devout ❷ *v. zaken* religious, devotional ‹literature› **II** *bijw* religiously

**godsdienstoefening** *v* [-en] church service, divine service

**godsdienstonderwijs** *o* religious teaching

**godsdienstoorlog** *m* [-logen] religious war

**godsdienstvrijheid** *v* religious liberty, freedom of religion

**godsdienstwaanzin** *m* religious mania

**godsgericht** *o* [-en] judgement/Am judgment of God, divine judgement/Am judgment

**godsgeschenk** *o* [-en] ❶ *eig* gift of God ❷ *kostbaar bezit* godsend

**godsgruwelijk** *bn* inf God-awful ∗ *zij hebben een~e hekel aan elkaar* they can't stand each other, inf they hate each other's guts

**godshuis** *o* [-huizen] house of God, place of worship, church

**godslasteraar** *m* [-s] blasphemer

**godslastering** *v* [-en] blasphemy

**godslasterlijk** *bn* blasphemous, profane

**godsnaam** *zn* ∗ *in~ ga weg!* for Heaven's sake go! ∗ *ga in~* go in the name of God∗ *in~ dan maar* all right! ‹I'll go›∗ *waar heb je het in~ over?* what on earth are you talking about?

**godsonmogelijk** *bn* absolutely impossible

**godsvrucht** *v* piety, devotion

**godswonder** *o* miracle∗ *het is een~ dat hij het heeft overleefd* it's a miracle he survived

**godverdomme** *tsw* goddamn it, goddamn(ed), goddam, damn

**godvergeten I** *bn* ❶ *eenzaam* godforsaken ‹place› ❷ *m.b.t. persoon* wicked **II** *bijw* damned∗ *je weet~ goed dat...* you know damned well that...

**godverlaten** *bn* ❶ *rampzalig* disastrous ❷ *verachtelijk* despised ❸ *heel eenzaam* very lonely∗ *een~ eiland* a godforsaken island

**godvrezend** *bn* God-fearing, pious

**godvruchtig** *bn* devout, pious

**godzalig** *bn* godly

**godzijdank** *tsw* thank God

**goed I** *bn* ❶ *optimaal, uitstekend* good, right, sound ∗ *een~ jaar voor fruit* a good year for fruit∗ *~ koopmansgebruik* sound/good commercial practice ∗ *van~e komaf* from a good family∗ *die is~!* that's a good one!∗ *mij~!* fine with me!∗ *net~!* serve him (you, them &) right!∗ *nou,~!* well, all right!∗ *~ zo!* well done!∗ *(alles)~ en wel* that's all very well, (all) well and good ‹but...›∗ *het is maar~ dat...* it's a good thing that..., it's just as well that...∗ *dat is maar ~ ook!* and a (very) good thing (it is), too!∗ inf *dat zit wel~* don't worry about that∗ *het zou~ zijn als ...* it would be good if ... ❷ *behoorlijk, ruim* good∗ *een ~ eind* a good distance∗ *een~ jaar geleden* at least a year ago, just over a year ago∗ *een~ uur* a full/a good hour∗ *hij is een~e veertiger* he's well into his forties ❸ *bekwaam* good∗ *een~ rekenaar* a good head for figures∗ *hij is~ in talen* he is good at languages, inf he's got a feel for languages ❹ *deugdelijk, geschikt* good∗ *~ voor tien euro* good for ten euros∗ *hij is er~ voor* he can afford ‹that sum›∗ *hij is nergens~ voor* he's a good-for-nothing, he's no good∗ *het is ergens (nergens)~ voor* it serves some (no) purpose∗ *daar ben ik te~ voor* I'm above that ❺ *niet verkeerd* right, correct ❻ *goedhartig, vriendelijk* good, kind∗ *~ volk* honest people∗ *hij is ~ voor zijn medemens* he's kind to his fellow man ∗ *al te~ is buurmans gek* that's going too far!∗ *hij was zo~ niet of hij moest...* he had to... whether he liked it or not∗ *wees zo~ mij te laten weten...* be so kind as to/be good enough to let me know...∗ *zou u zo~ willen zijn mij het zout aan te reiken?* would you mind passing me the salt?∗ *hij is weer~ op haar* he's friends with her again∗ *het weer~ maken/weer ~ worden* make it up ❼ *gezond* well∗ *hij is niet~* ‹ziek› he's not well; ‹geestesgestoord› he's not in his right mind∗ *ben je niet~?* aren't you feeling well? ▾ RK *de Goede Week* Holy Week **II** *bijw* well ∗ *als ik het~ heb* if I'm not mistaken∗ *wij zijn~ en* *wel aangekomen* we've arrived safe and sound ∗ *zo ~ en zo kwaad als hij kon* as best he might, somehow or other ∗ *het is ~ te zien* it's easily seen ∗ *men kan net zo ~...* you might just as well... ∗ *hij doet/maakt het ~* he's doing well ∗ *hij kan ~ leren* he's a good learner, he's very clever ∗ *hij kan ~ rekenen* he's good at maths ∗ *hij kan ~ schaatsen* he's a good skater ∗ *het smaakt ~* it tastes good ∗ *hij is zo ~ als dood* he's as good as dead ∗ *zo ~ als niemand* next to nobody ∗ *zo ~ als niets* next to nothing ∗ *het is zo ~ als onmogelijk* it's well-nigh impossible ∗ *zo ~ als zeker* all but certain, almost certain **III** *o het goede* good ∗ *de strijd tussen ~ en kwaad* the struggle between good and evil ∗ *meer ~ dan kwaad* more good than harm ∗ *ik kan geen ~ bij hem doen* I can do no good in his eyes ∗ *ik wens u alles ~s* I wish you well, I wish you all the best ∗ *niets dan ~s* nothing but good ∗ *zij deden zich te ~ aan mijn wijn* they were hoeing into my wine ∗ *nog iets te ~ hebben (van)* have something in store → **tegoed** ∗ *ik heb nog geld te ~* ⟨sta niet rood⟩ I'm in credit; ⟨iem. moet mij betalen⟩ I'm still owed money ∗ *ik heb nog geld van hem te ~* he owes me money ∗ *ten ~e beïnvloed* influenced to the good ∗ *een verandering ten ~e* a change for the better ∗ *u moet het mij ten ~e houden als...* I offer my apologies if... ∗ *dat zal u ten ~e komen* it will be to your advantage **IV** *o* [-eren] **❶** *koopwaar* wares, goods ∗ *jur ~eren en diensten* goods and services ∗ *gestolen ~ gedijt niet* cheats/thieves never prosper ∗ *aardse ~eren* worldly goods ∗ *het hoogste ~* the highest good ∗ *het kleine ~* the small fry ∗ *dat zoete ~* that sweet stuff **❷** *bezitting* goods, property, possession ∗ *lijf en ~* life and property ∗ *onroerend ~* real estate ∗ *roerend ~* personal property, movables ∗ *vaste ~eren* real estate, property → **goederen** **❸** *landgoed* estate **❹** *gerei* things **❺** *reisgoed* luggage **❻** *kledingstukken* clothes, things ∗ *mijn goeie ~* my Sunday best ∗ *schoon ~* a change of clothes, clean things ∗ *vuil ~* dirty clothes/linen **❼** *stoffen* stuff, material ⟨for dresses⟩

---

**goed**

Wanneer het Engelse *well* wordt verbonden met een voltooid deelwoord (om op die manier een bijv. naamwoord te vormen) staat er een streepje tussen als het voor het zelfst. naamwoord staat. Maar als het op een vorm van het koppelwerkw. *zijn/worden* enz. volgt, niet.
Een *goedbetaalde baan* wordt a well-paid job maar die baan is goedbetaald wordt that job is well paid. In het Nederlands is er in dit laatste geval ook de neiging *goed* en het volt. deelwoord los te schrijven.

---

**goedaardig I** *bn* **❶** *v. mensen* good-natured **❷** *v. ziekten* benign ⟨tumour⟩, mild ⟨form of measles⟩ **II** *bijw* good-naturedly

**goedbedoeld** *bn* well meaning, well meant ∗ *een ~ advies* well-meant advice
**goedbetaald** *bn* well paid ∗ *een ~e baan* a well-paid job
**goeddeels** *bijw* for the greater part
**goeddoen** *onoverg* [deed goed, h. goedgedaan] do good ∗ *dat zal je ~* that will do you (a world of) good
**goeddunken I** *onoverg* [docht goed, h. goedgedocht] think fit **II** *o* discretion ∗ *naar ~* as you think fit, at your discretion ∗ *handel naar ~* use your own discretion
**goedemiddag** *tsw* good afternoon
**goedemorgen** *tsw* good morning
**goedenacht** *tsw* good night
**goedenavond** *tsw* **❶** *bij komst* good evening **❷** *bij vertrek* good night
**goedendag** *tsw* **❶** *bij komst* good day, hello **❷** *bij afscheid* goodbye, bye(-bye) ∗ *~ zeggen* ⟨in het voorbijgaan⟩ say hello, give ⟨sbd⟩ the time of day; ⟨bij vertrek⟩ say goodbye, bid farewell
**goederen** *zn* [mv] **❶** *bezittingen* property, items of property, goods ∗ *lichamelijke ~* corporeal/tangible property ∗ *~ en diensten* goods and services **❷** *artikelen, handelswaar* goods, commodities, merchandise goods ∗ *~ die in een partij worden verkocht* a job lot → **goed**
**goederentrein** *m* [-en] freight train, goods train
**goederenverkeer** *o* goods traffic
**goederenwagen** *m* [-s] goods van/wagon, <u>Am</u> freight car ⟨of a train⟩, truck
**goederenwagon** *m* [-s] goods van/wagon <u>Am</u> freight car
**goedertieren** *bn* merciful, benevolent, kind-hearted
**goedgebekt** *bn* smooth talking, having the gift of the gab
**goedgebouwd** *bn* well built
**goedgeefs** *bn* liberal, generous
**goedgeefsheid** *v* liberality, generosity
**goedgehumeurd, goedgemutst, goedgeluimd** *bn* good-humoured, good-tempered
**goedgelovig** *bn* credulous
**goedgevuld** *bn* **❶** full ⟨house, figure⟩ **❷** *v. portemonnee* well lined
**goedgezind** *bn* friendly ∗ *iem. ~ zijn* be friendly to sbd ∗ *de ~e burgers* well-meaning people
**goedgunstig** *bn* well disposed, favourable/<u>Am</u> favorable, sympathetic ∗ *de ~e lezer* the sympathetic reader
**goedhartig I** *bn* good-natured, good-tempered, kind-hearted **II** *bijw* good-naturedly, kind-heartedly
**goedheid** *v* goodness, kindness ∗ *grote ~!* good heavens!, good gracious! ∗ *wilt u de ~ hebben...* would you have the kindness to..., would you be so kind as to...
**goedhouden I** *overg* [hield goed, h. goedgehouden] keep **II** *wederk* [hield goed, h. goedgehouden] ∗ *zich ~* put a brave face on it ∗ *houd je goed!* chin up!,

keep your pecker up!

**goedig** bn good-natured

**goedje** o ∗ dat ∼ that (sort of) stuff

**goedkeuren** overg [keurde goed, h. goedgekeurd]
❶ instemmen met approve (of) ⟨a measure⟩ ❷ toelaten
pass ⟨a person, play, film⟩ ❸ mil pass sbd fit (for
service)

**goedkeurend I** bn approving **II** bijw approvingly
∗ ∼ knikken ⟨toestemmend⟩ nod one's assent;
⟨instemmend⟩ nod approvingly

**goedkeuring** v [-en] approval, assent, <u>form</u>
approbation ∗ koninklijke ∼ royal assent
∗ schriftelijke ∼ approval in writing ∗ stilzwijgende ∼
tacit approval ∗ ∼ aanvragen apply for/seek
authorization ⟨to conduct activities⟩ ∗ zijn ∼ hechten
aan approve of ∗ zijn ∼ onthouden (aan) not approve
(of) ∗ onder nadere ∼ van subject to the approval of
∗ ter ∼ voorleggen submit for approval

**goedkoop** bn cheap, inexpensive, low budget ∗ ∼ is
duurkoop false economy ∗ een ∼ argument a cheap
argument

**goedlachs** bn fond of laughter, easily amused ∗ zij
is erg ∼ she's always cheery

**goedlopend** bn m.b.t. zakelijke aangelegenheden
successful

**goedmaken** overg [maakte goed, h. goedgemaakt]
❶ verbeteren put right, repair ⟨a mistake⟩
❷ aanvullen, inhalen, herstellen make good, make up
for ⟨a loss⟩ ∗ het weer ∼ make (it) up again

**goedmakertje** o [-s] sth to make amends

**goedmoedig I** bn good-natured, good-tempered
**II** bijw good-naturedly

**goedpraten** overg [praatte goed, h. goedgepraat]
∗ iets ∼ explain sth away, gloss over sth, whitewash
sth

**goedschiks** bijw with good grace, willingly ∗ ∼ of
kwaadschiks like it or not, by fair means or foul

**goedvinden I** overg [vond goed, h. goedgevonden]
think fit, approve of ∗ hij zal het wel ∼ he won't
mind **II** o approval ∗ met ∼ van... with the consent
of... ∗ met onderling ∼ by mutual consent
∗ doe/handel naar eigen ∼ use your own discretion
∗ naar eigen ∼ handelen act on one's own discretion

**goedwillig** bn willing

**goedzak** m [-ken] kindly soul, <u>inf</u> softy

**goegemeente** v ∗ de ∼ the general public, the
public at large

**goeierd** m [-s] goedig mens dear/kind soul, good
fellow, <u>inf</u> softy, <u>afkeurend</u> simpleton/<u>inf</u> juggins

**goeroe** m [-s] guru

**goesting** v [-en] ZN desire, appetite

**gok** m ❶ gissing gamble ∗ een ∼ a bet, <u>inf</u> a flutter
∗ doe eens een ∼ have a guess ∗ iets op de ∼ doen do
sth on the off chance ∗ een ∼je wagen place a bet
❷ neus conk, hooter

**gokautomaat** o [-maten] fruit machine, one-armed
bandit, <u>Am</u> slot machine

**gokkast** v [-en] one-armed bandit

**gokken** onoverg [gokte, h. gegokt] gamble ∗ ∼ op
gamble, wager

**gokker** m [-s] gambler

**goklust** m compulsive gambling

**gokspel** o [-spelen] gambling, game of chance

**goktent** v [-en] gambling house

**gokverslaafde** m-v [-n] compulsive gambler

**gokverslaving** v compulsive gambling

**golf¹** o sp golf ∗ ∼ spelen play golf

**golf²** v [golven] ❶ wave, billow ∗ de korte ∼ short
wave ∗ de lange ∼ long wave ∗ ⟨in het verkeer⟩ een
groene ∼ phased traffic lights ∗ een ∼ van geweld a
wave of violence ∗ een ∼ bloed a stream of blood
❷ baai bay, gulf

**golfbaan** v [-banen] golf course, golf links

**golfbreker** m [-s] breakwater, pier, bulwark

**golfclub** v [-s] stok & vereniging golf club

**golfen** onoverg [golfte, h. gegolft] play golf, golf

**golfer** m [-s] sp golfer

**golfkarton** o corrugated cardboard

**golflengte** v [-n & -s] wavelength ∗ <u>fig</u> op dezelfde ∼
zitten be on the same wavelength

**golfplaat** v [-platen] corrugated iron

**golfslag** m surge, swell

**golfslagbad** o [-en] wave pool

**Golfstaat** m [-staten] Gulf state

**golven** overg en onoverg [golfde, h. gegolfd] ❶ als
golven bewegen wave, undulate ❷ stromen in golven
stream, flow, gush

**gom** m & o [-men] ❶ kleefstof gum ∗ Arabische ∼ gum
Arabic ❷ stuk vlakgom rubber

**gombal** m [-len] gum, gumdrop

**gommen** overg [gomde, h. gegomd] ❶ met gom
bedekken gum ❷ met vlakgom uitvegen rub out

**gondel** v [-s] gondola

**gondelier** m [-s] gondolier

**gong** m [-s] gong

**gongslag** m [-slagen] beat/sound of the gong

**goniometrie** v goniometry

**gonorroe** v gonorrh(o)ea, <u>inf</u> clap

**gonzen** onoverg [gonsde, h. gegonsd] buzz, hum,
drone, whirr ∗ het gonst van de geruchten the
place/air is buzzing with rumours

**goochelaar** m [-s] juggler, conjurer, illusionist

**goochelen** onoverg [goochelde, h. gegoocheld]
❶ goocheltrucs doen conjure, perform conjuring
tricks ❷ manipuleren juggle ∗ ∼ met cijfers juggle
the figures

**goocheltruc** m [-s] conjurer's trick, magic trick

**goochem** bn inf knowing, smart, shrewd, all there

**goochemerd** m [-s] slyboots, <u>iron</u> clever Dick

**goodwill** m <u>boekh</u> goodwill ∗ ∼ kweken cultivate
some goodwill

**gooi** m [-en] cast, throw ∗ een ∼ naar iets doen
⟨gissen⟩ have a shot at sth, have a stab at sth;
⟨pogen te behalen⟩ make a bid for sth ∗ ik doe maar
een ∼ I'll make a guess

**gooien I** overg [gooide, h. gegooid] throw, toss, ⟨met

go

geweld› fling/hurl∗ *door elkaar*~ jumble up∗ *iets
in het vuur*~ toss sth into the fire∗ *met iets naar iem.*
~ throw sth at sbd∗ *stenen naar iem.*~ pelt sbd
with stones, stone sbd∗ *iets naar iem.*~ toss/throw
sth to sbd∗ *op papier*~ dash off ‹an article &›∗ *de
schuld op iem.*~ lay the blame on sbd∗ *het op iets
anders*~ turn the conversation to something else
∗ *iem. eruit*~ throw sbd out; ‹ontslaan› give sbd the
boot‖ *onoverg* [gooide, h. gegooid] throw∗ *jij moet*
~ it's your turn to throw∗ *gooi jij ook eens* you have
a throw too∗ *met de deur*~ slam the door

**gooi-en-smijtfilm** *m* [-s] slapstick (film)
**gooi-en-smijtwerk** *o* slapstick
**goor** *bn* ❶ *smerig* dingy, grimy, grubby ❷ *onsmakelijk*
nasty∗ *een*~ *boek* an obscene book∗ *een gore mop* a
dirty joke
**goot** *v* [goten] gutter, gully, drain∗ *in de*~ *liggen* lie
in the gutter∗ *iem. uit de*~ *halen* pull sbd out of the
gutter, get sbd out of trouble
**gootsteen** *m* [-stenen] kitchen sink
**gootsteenkastje** *o* [-s] cupboard under the sink
**gordel** *m* [-s] ❶ *ceintuur, riem* belt, girdle∗ *een stoot
onder de*~ *toebrengen* hit below the belt ❷ *gebied*
zone
**gordeldier** *o* [-en] armadillo
**gordelroos** *v* med shingles
**gordiaans** *bn* ∗ *de*~*e knoop* the Gordian knot∗ *de*
~*e knoop doorhakken* cut the Gordian knot
**gordijn** *o & v* [-en] ❶ curtain ‹of window, in theatre›
∗ *de*~*en dichttrekken* close the curtains∗ *de*~*en
openschuiven* open the curtains, draw back the
curtains∗ *het ijzeren*~ the iron curtain ❷ *rolgordijn*
blind
**gordijnrail** *v* [-s] curtain rail
**gordijnroe** *v* [-s],**gordijnroede** [-n] curtain rod
**gorgelen** *onoverg* [gorgelde, h. gegorgeld] gargle
**gorgonzola** *m* gorgonzola
**gorilla** *m* ['s] gorilla
**gors** Ⅰ *v & o* [gorzen] *aangeslibd land* mudflat‖ *v*
[gorzen] *vogel* bunting
**gort** *m* ❶ *grutten, gebroken gerst* groats, grits
❷ *geslepen gerst* pearl barley∗ *iem. kennen van haver
tot*~ know sbd through and through∗ *iets van
haver tot*~ *vertellen* tell sth in great detail∗ *aan*~
*rijden* run ‹the car› into the ground
**gortdroog** *bn* dry as dust, fig extremely dry∗ *zijn
humor is*~ he has an extremely dry sense of humour
**gortig** *bn* ∗ *het al te*~ *maken* go too far
**gospel** *m* [-s] gospel
**gospelmuziek** *v* gospel music
**gospelsong** *m* [-s] gospel song
**Goten** *zn* [mv] hist Goths
**gotiek** Ⅰ *bn* gothic‖ *v* Gothic (style)
**Gotisch** *o* Gothic
**gotisch** *bn* Gothic∗ *een*~*e letter* a Gothic letter,
Gothic script
**gotspe** *v* brutaliteit cheek, nerve
**gouache** *v* [-s] gouache

**goud** *o* gold∗ *het is*~ *waard* it's worth its weight in
gold∗ *het is niet alles*~ *wat er blinkt* all that glitters
is not gold∗ (*met*)~ *op snee* gilt edged∗ sp *het*~
*behalen* win gold, win a gold medal∗ *voor geen*~
not for anything, not for the world
**goudader** *v* [-s] vein of gold
**goudblond** *bn* golden-haired, very fair
**goudbrokaat** *o* gold brocade
**goudbruin** *bn* golden brown
**gouddraad** *o & m* [-draden] ❶ *v. metaal* gold wire
❷ *gesponnen* gold thread
**goudeerlijk** *bn* as honest as the day is long
**gouden** *bn* gold, golden∗ *een*~ *bril* gold-rimmed
spectacles∗ *een*~ *handdruk* a golden handshake
∗ *een*~ *bruiloft* a golden wedding anniversary∗ *een*
~ *greep* a lucky choice∗ *de kip met de*~ *eieren
slachten* kill the goose that lays the golden eggs
∗ *met een*~ *randje* with a gold edge/frame
**goudenregen** *m* [-s] *plant* laburnum
**goudfazant** *m* [-en] *vogel* golden pheasant
**goudgeel** *bn* gold-colored, golden
**goudhaantje** *o* [-s] *vogel* goldcrest
**goudkleurig** *bn* golden, gold-coloured
**goudklomp** *m* [-en] nugget of gold
**goudkoorts** *v* gold fever
**goudmijn** *v* [-en] goldmine∗ fig *het is een*~ it's a
money-maker/money-spinner/gold mine
**goudprijs** *m* [-prijzen] price of gold
**goudrenet** *v* [-ten] *appel* golden reinette
**Gouds** *bn* (from) Gouda∗ ~*e kaas* Gouda cheese∗ *een*
~*e pijp* a long clay pipe
**goudsbloem** *v* [-en] marigold
**goudschaal** *v* [-schalen] gold balance, gold scales,
techn assay balance∗ *zijn woorden op een*~ *wegen*
weigh one's every word
**goudsmid** *m* [-smeden] goldsmith
**goudstaaf** *v* [-staven] gold bar, ingot
**goudstuk** *o* [-ken] gold coin
**goudvink** *m & v* [-en] *vogel* bullfinch
**goudvis** *m* [-sen] goldfish
**goudvoorraad** *m* [-raden] gold stock(s)
**goudwinning** *v* gold mining
**goudzoeker** *m* [-s] gold digger
**goulash** *m* goulash
**gourmetstel** *o* [-len] gourmet/raclette set
**gourmetten** *onoverg* [gourmette, h. gegourmet]
grill at the table, have a table grill
**gouvernante** *v* [-s] governess
**gouvernement** *o* [-en] government
**gouverneur** *m* [-s] ❶ pol governor ❷ *onderwijzer*
tutor
**gouverneur-generaal** *m* [gouverneurs-generaal]
governor-general
**gozer** *m* [-s] chap, fellow, inf bloke/guy
**gps** afk (Global Positioning System) GPS
**graad** *m* [graden] ❶ *eenheid v.e. schaalverdeling*
degree∗ *14 graden vorst* 14 degrees of frost∗ *bij nul
graden* at zero degrees, at freezing point∗ *hij heeft*

*39 graden koorts* he's got a temperature of 39 (degrees), he's got a 39 degree fever * *in graden verdelen* graduate * *op 52 graden noorderbreedte en 16 graden westerlengte* at latitude 52° north and longitude 16° west ❷ *rang* rank, grade, degree * ZN & *mil in*~ *stijgen* promote (to the rank of) * *nog een* ~*je erger* even worse * *een*~ *halen* take one's ⟨university⟩ degree * *een gespecialiseerde*~ an honour's degree ❸ *van bloedverwantschap* degree * *je bent familie van me in de vijfde*~ you're related to me five times removed

**graadmeter** *m* [-s] ❶ gauge, ❷ *fig* criterion, standard

**graaf** *m* [graven] ❶ *in Engeland* earl ❷ *op het Continent* count

**graafmachine** *v* [-s] excavator

**graafschap** *o* [-pen] ❶ *gebied* county, shire ❷ *waardigheid* earldom

**graag I** *bn* eager ⟨eater⟩, avid ⟨eater, reader, chess player⟩ **II** *bijw* gladly, readily, willingly, with pleasure * *hij doet het*~ he likes to do it * *ik zou niet* ~ *met hem willen ruilen* I wouldn't like/care to be in his shoes * ⟨*wil je nog wat ...?*⟩ *heel*~! ⟨would you like some more ...?⟩ yes, please! * ~ *of niet* take it or leave it! * ~ *gedaan!* with pleasure!, my pleasure! * *iem.* ~ *mogen* like sbd very much

**graagte** *v* eagerness, appetite * *met*~ with pleasure

**graaien I** *overg* [graaide, h. gegraaid] *weggraaien, bijeengraaien* grab **II** *onoverg* grabbelen rummage (about/around) ⟨in⟩, grope (around) ⟨for⟩

**graal** *m* (Holy) Grail

**graan** *o* [granen] corn, grain * *granen* cereals

**graangewassen** *zn* [mv] cereals

**graanjenever** *m* [-s] Dutch gin

**graanoogst** *m* [-en] ❶ *gewas* grain/cereal crop ❷ *het binnenhalen* grain harvest

**graanschuur** *v* [-schuren] granary

**graansilo** *m* ['s] grain warehouse, silo

**graantje** *o* [-s] * *een*~ *meepikken* get one's share, *inf* get a piece of the pie

**graat** *v* [graten] fish bone, bone * *niet zuiver op de*~ unreliable; ⟨in de politiek⟩ unorthodox * *van de*~ *vallen* be faint (with hunger)

**grabbel** *m* * *zijn eer te*~ *gooien* throw away one's honour * *fig zijn geld te*~ *gooien* waste one's money, squander one's money

**grabbelen** *onoverg* [grabbelde, h. gegrabbeld] scramble ⟨for a thing⟩, rummage ⟨in...⟩ * ~ *in een lade* rummage in a drawer * ~ *naar iets* scramble for sth

**grabbelton** *v* [-nen] lucky dip

**gracht** *v* [-en] ❶ *in een stad* canal * *ik woon op een*~ I live on a canal ❷ *rond een stad* moat

**grachtenhuis** *o* [-huizen] house on a canal

**grachtenpand** *o* [-en] house/property on a canal

**gracieus** *bn* graceful

**gradatie** *v* [-s] gradation

**gradenboog** *m* [-bogen] protractor, graduated arc

**gradueel** *bn* of/in degree * *een*~ *verschil* ⟨m.b.t. de mate⟩ a matter of degree; ⟨geleidelijk⟩ a gradual difference

**graf** *o* [graven] grave, <u>dicht</u> tomb, sepulchre * *het Heilige Graf* the Holy Sepulchre * *zwijgen als het*~ be as still as the grave * *zijn eigen*~ *graven* dig one's own grave * *een*~ *in de golven vinden* find a watery grave, <u>inf</u> go to Davy Jones's locker * *hij sprak aan het*~ he spoke at the graveside * *dat zal hem in het* ~ *brengen* that will be the death of him * *het geheim met zich meenemen in het*~ carry the secret to the grave * *hij zou zich in zijn* ~ *omkeren* he would turn (over) in his grave * *ten grave dalen* sink into the grave * *iem. ten grave dragen* carry sbd to his grave * *dit zal hem ten grave slepen* it will follow him to his grave * *tot aan het*~ till death

**grafdicht** *o* [-en] elegy

**graffiti** *m* graffiti

**graffitispuiter** *m* [-s] graffiti artist

**grafheuvel** *m* [-s] ❶ burial mound, grave mound ❷ *archeol* barrow, tumulus

**graficus** *m* [-ci] graphic artist

**grafiek** *v* [-en] ❶ *kunst* graphic arts, graphics ❷ *voortbrengselen daarvan* drawings ❸ *voorstelling* graph, diagram

**grafiet** *o* graphite

**grafisch** *bn* graphic * *de*~*e kunst* the graphic arts, graphics * ⟨in de statistiek⟩ *een*~*e voorstelling* a graph, a diagram

**grafkelder** *m* [-s] (family) vault

**grafkist** *v* [-en] coffin

**graflegging** *v* [-en] interment, sepulture * *de*~ *van Christus* the Entombment of Christ

**grafmonument** *o* [-en] mortuary monument

**grafologie** *v* graphology

**grafrede** *v* [-s] funeral oration

**grafschender, grafschenner** *m* [-s] desecrator of a grave/of graves

**grafschennis** *v* desecration of graves/a grave

**grafschrift** *o* [-en] epitaph

**grafsteen** *m* [-stenen] gravestone, tombstone

**grafstem** *v* [-men] sepulchral voice

**graftombe** *v* [-s & -n] tomb

**grafzerk** *v* [-en] tombstone, gravestone

**gram I** *o* [-men] *gewicht* gramme * *vier*~ four grammes **II** *m* * *zijn*~ *halen* obtain satisfaction/compensation, get one's own back

**grammatica** *v* ['s] grammar

**grammaticaal** *bn* grammatical * ~ *schrijven* write in a grammatically correct manner

**grammofoon** *m* [-s & -fonen] gramophone, record player

**grammofoonplaat** *v* [-platen] (gramophone) record, disc/<u>Am</u> disk

**gramschap** *v* anger, wrath

**granaat I** *m* [-naten] ❶ *boom, appel* pomegranate ❷ *de steen* garnet **II** *o stofnaam* garnet **III** *v* [-naten] <u>mil</u> shell, (hand) grenade

**gr**

**granaatappel** *m* [-s] pomegranate
**granaatscherf** *v* [-scherven] piece of shrapnel
**grandeur** *v* grandeur
**grandioos** *bn* monumental, mighty✶ *een grandioze fout* a mighty mistake✶ *een grandioze mislukking* a monumental failure✶ *een~ uitje* a fantastic trip ✶ *een grandioze kans* a first-rate chance/opportunity
**grand seigneur** *m* [grands seigneurs] fine gentleman, inf swell✶ *de~ uithangen* play the grand gentleman
**graniet** *o* granite
**granieten** *bn* granite
**grap** *v* [-pen] joke, jest, gag✶ *een dure~* an expensive business✶ *een mooie~!* a nice affair!✶ *dat zou me een~ zijn!* wouldn't that be fun!✶*~pen maken* joke, lark around✶*~pen uithalen* play pranks✶ *je moet hier geen~pen uithalen* don't mess about here✶ *hij maakte er een~(je) van* he laughed it off, he made a joke of it✶ *voor de~* in/for fun, by way of a joke✶ *geen~pen!* no tricks!✶ *hij houdt van een~* he likes a joke✶ *iets als een~ opvatten* take sth as a joke✶ *er zich met een~ van afmaken* try to laugh it off
**grapefruit** *m* [-s] grapefruit
**grapjas** *m* [-sen],**grappenmaker** [-s] comedian, wag, joker
**grapje** *o* [-s] joke✶ *het was maar een~* it was only (meant) as a joke
**grappig I** *bn* **❶** *amusant* funny, amusing, comic(al) ✶ *het was een~ gezicht* it was a funny sight✶ *het~e is* the funny thing is✶ *het~ste was* the funniest part of it was, the best joke of all was **❷** *met opzet* humorous✶ *een~e opmerking* an amusing remark, a humorous remark **❸** *leuk uitziend* cute✶ *een~ hoedje* a cute little hat**II** *bijw* comically, humorously
**gras** *o* [-sen] grass✶ plantk *Engels~* thrift, sea pink ✶ *hij laat er geen~ over groeien* he doesn't let the grass grow under his feet✶ *iem. het~ voor de voeten wegmaaien* cut the ground from under sbd.'s feet ✶ *verboden op het~ te lopen* keep off the grass
**grasduinen** *onoverg* [grasduinde, h. gegrasduind] ✶ *ergens in~* browse in/among sth
**grasgroen** *bn* **❶** *kleur* as green as grass, grass-green **❷** *onervaren* green
**graskaas** *m* [-kazen] spring cheese
**grasklokje** *o* [-s] *plant* harebell
**grasland** *o* [-en] grassland
**grasmaaien** *o* mowing the lawn/grass
**grasmaaier** *m* [-s]**❶** *persoon* mower **❷** *machine* lawnmower
**grasmaaimachine** *v* [-s] lawnmower, grass cutter
**grasmaand** *v* April
**grasmat** *v* [-ten] turf
**grasperk** *o* [-en] lawn, patch of grass
**graspol** *m* [-len] clump of grass, tussock
**graspriet** *m* [-en] blade of grass
**grasveld** *o* [-en] lawn, field of grass

**grasvlakte** *v* [-n & -s] grassy plain, prairie
**graszaad** *o* grass seed
**graszode** *v* [-n] (turf) sod
**gratie** *v* [-tiën] **❶** *genade* pardon, grace✶ *bij de~ Gods* by the grace of God✶ *~ verlenen aan iem.* grant sbd (a) pardon✶ *een verzoek om~* an appeal for mercy/for a pardon✶ *weer in de~ komen* be restored to favour✶ *in de~ trachten te komen bij* ingratiate oneself with✶ *bij iem. in de~ zijn* be in favour with sbd, be in sbd's good books✶ *bij iem. uit de~ raken* lose favour with sbd, fall from grace✶ *uit de~ zijn bij iem.* be out of favour with sbd, no longer be in sbd's good books **❷** *v. doodstraf* reprieve **❸** *bevalligheid* grace✶ *de drie Gratiën* the three Graces
**gratieverzoek** *o* [-en] plea for pardon, clemency
**gratificatie** *v* [-s & -tiën] bonus, gratuity
**gratineren** *overg* [gratineerde, h. gegratineerd] *cul* bake au gratin, bake with a topping of cheese and breadcrumbs
**gratis I** *bn* free (of charge), gratis✶ *handel een~ monster* a free sample✶ *~ admissie* free entrance **II** *bijw* gratis, free (of charge)
**gratuit** *bn* gratuitous, uncalled for ⟨remark⟩✶ *een~e bewering* a gratuitous remark, an uncalled-for remark
**grauw I** *bn* **❶** *grijs* grey **❷** *kleurloos* ashen, drab **❸** *v. lucht* leaden **❹** *groezelig* grubby**II** *o gepeupel* rabble, mob**III** *m* [-en] *snauw* growl, snarl✶ *met een ~ en een snauw* a snap and a snarl
**grauwen** *onoverg* [grauwde, h. gegrauwd]**❶** *snauwen* snarl✶ *~ en snauwen* growl and grumble, snap and snarl **❷** *van het daglicht* grow dull/grey
**grauwsluier** *m* [-s]**❶** *grijze waas* grey haze **❷** *onduidelijkheid* mist
**graveerder** *m* [-s] engraver
**graveerkunst** *v* art of engraving
**graveernaald** *v* [-en],**graveerstaal** *o* ,**graveerstift** *v* [-en] engraving needle, burin
**graveerwerk** *o* engraving
**gravel** *o* gravel✶ *op~ spelen* play on clay/gravel, play on a hard court
**graven** *overg en onoverg* [groef, h. gegraven]**❶** dig ⟨a hole, pit, well &⟩, ⟨grootschalig⟩ excavate, ⟨v. een put, mijn⟩ sink✶ *diep in het geheugen~* delve deep into memory **❷** *v. dieren* burrow ⟨a hole⟩
**graveren** *overg* [graveerde, h. gegraveerd] engrave ✶ *in koper~* engrave in copper
**graveur** *m* [-s] engraver
**gravin** *v* [-nen] countess
**gravure** *v* [-n & -s] engraving, plate
**grazen** *onoverg* [graasde, h. gegraasd] graze, pasture, feed✶ *het vee laten~* let the cattle graze ✶ *iem. te~ nemen* ⟨in de maling nemen⟩ take sbd in; ⟨in elkaar slaan⟩ beat sbd up
**grazig** *bn* grassy✶ *bijbel~e weiden* green pastures
**greep I** *m* [grepen] *het grijpen* grip, grasp, clutch ✶ *een gelukkige~* a lucky hit/chance✶ *hier en daar*

*een*~ *doen in...* dip into the subject here and there
✳ *een*~ *doen naar* ‹reiken› reach for; ‹vastgrijpen›
clutch at; fig make a bid for ‹power› ✳ *hij kon er geen*
~ *op krijgen* he couldn't get a grip on it ✳ *God*
*zegene de*~ here goes nothing‖ v [grepen]
❶ *handvol* handful ‹of salt &› ❷ *handvat*
‹v. vuurwapen› grip, ‹v. gereedschap› handle, ‹v.e.
zwaard› hilt, ‹v.e. dolk› haft ❸ *mestvork* (dung) fork
**gregoriaans** *bn (& o)* Gregorian ✳ *de*~*e kalender* the
Gregorian calendar ✳~ *gezang* Gregorian chant
**grein** *o* [-en] *gewicht, bijv. in diamanthandel* grain
**greintje** *o* [-s] grain ✳ *geen*~ *angst kennen* know no
fear ✳ *geen*~ *bewijs* not a shred of evidence ✳ *geen*~
*ijdelheid* not an ounce of vanity ✳ *geen*~ *leven/hoop*
not a spark of life/hope ✳ *geen*~ *twijfel* not a
particle of doubt ✳ *geen* ~ *verschil* not a speck of
difference ✳ *geen*~ *waarheid* not a
grain/skerrick/shred/atom of truth
**Grenada** *o* Grenada
**grenadier** *m* [-s] grenadier
**grenadine** *v* grenadine
**grendel** *m* [-s] bolt ✳ *de*~ *op de deur doen/schuiven*
put the bolt on the door, bolt the door
**grendelen** *overg* [grendelde, h. gegrendeld] bolt
**grenen I** *bn* deal, pine‖ *o* ✳ *Amerikaans*~ pitch
pine ✳ *Europees*~ pine wood, deal ✳ *Frans*~
maritime pine
**grenenhout** *o* pine, Am deal
**grens** *v* [grenzen] ❶ *beperking* limit, ‹mv› bounds
✳ *alles heeft zijn grenzen* everything has its limits
✳ *zijn goedheid kent geen grenzen* his goodness
knows no bounds ✳ *geen grenzen kennen* know no
limits/bounds ✳ *de*~ *trekken* draw the line ✳ *grenzen*
*verleggen* push back the frontiers ‹of science›, break
new ground; ‹hoger mikken› aim even higher, do
even better ✳ *er zijn grenzen aan wat hij kan doen*
there are limits/there is a limit to what he can do
✳ *binnen zekere grenzen* within certain limits
✳ *binnen de grenzen blijven van...* keep within the
bounds/limits of..., limits of... ✳ *de grenzen te buiten*
*gaan* go beyond all bounds, exceed all limits ✳ fig
*op de*~ *van* on the verge of ❷ *politieke scheidslijn*
border ✳ *over de*~ *zetten* deport ✳ *de*~ *tussen*
*Frankrijk en Spanje* the French-Spanish border ✳ *een*
*Europa zonder grenzen* a barrier-free Europe ✳ *het*
*wegvallen van grenzen* the erosion of (internal)
borders ❸ *natuurlijke scheidslijn* border, frontier
**grensbewaking** *v* border patrol
**grensconflict** *o* [-en] border conflict
**grensdocument** *o* [-en] travel/customs document
**grensgebied** *o* [-en] ❶ border/frontier area,
borderland ❷ fig borderland, twilight zone, grey
area
**grensgemeente** *v* [-n, -s] border community
**grensgeschil** *o* [-len] frontier/border dispute
**grensgeval** *o* [-len] borderline case
**grenskantoor** *o* [-toren] frontier customs house
**grenslijn** *v* [-en] border line, boundary, fig

demarcation line
**grensovergang** *m* [-en] border crossing
**grensoverschrijdend** *bn* international ✳~
*handelsverkeer* international trade
**grenspaal** *m* [-palen] boundary post, landmark
**grenspost** *m* [-en] border crossing (point)
**grensrechter** *m* [-s] sp linesman
**grensstreek** *v* [-streken] border region
**grensverkeer** *o* frontier/border traffic
**grensverleggend** *bn* innovative, ground-breaking,
state-of-the-art ✳ ~ *onderzoek* ground-breaking
research, state-of-the-art research, research at the
frontiers of knowledge/science
**grenswacht I** *v* [-en] *post* frontier outpost‖ *m* [-en]
*persoon* frontier guard
**grenswachter** *m* [-s] border guard, customs officer
**grenswisselkantoor** *o* [-toren] exchange office
**grenzeloos I** *bn* boundless, unlimited ✳ *een*~ *gebied*
a vast area‖ *bijw* unbounded ✳ *zich*~ *ergeren* be
extremely annoyed
**grenzen** *onoverg* [grensde, h. gegrensd] ✳~ *aan*
border on, about on, be adjacent to; fig border on,
verge on ✳ *zijn verdriet grenst aan wanhoop* his
misery/grief is verging on despair ✳ *dit land grenst*
*ten noorden aan...* the country is bounded to the
north by...
**greppel** *v* [-s] trench, ditch
**gretig I** *bn* avid, eager, afkeurend greedy ✳ ~ *aftrek*
*vinden bij toeristen* be snapped up by tourists‖ *bijw*
avidly, eagerly, afkeurend greedily ✳~ *op een*
*aanbod ingaan* eagerly accept an offer, accept an
offer with alacrity ✳~ *een biertje achteroverslaan*
knock back/gulp down/sink a beer ✳~ *gebruik*
*maken van* make avid use of
**gretigheid** *v* eagerness, alacrity, afkeurend
greediness
**gribus** *m* [-sen] ❶ *krot* slum, hovel, inf dump
❷ *krottenwijk* slum, slum area
**grief** *v* [grieven] ❶ *reden tot klagen* grievance ✳ *een*~
*hebben* nurse a grievance ❷ *krenking* wrong
**Griek** *m* [-en] Greek
**Griekenland** *o* Greece
**Grieks I** *bn* ❶ *echt Grieks* Greek ❷ *naar Grieks model*
Grecian‖ *o taal* Greek ✳ *een kenner van het*~ a
Greek scholar
**Griekse** *v* [-n] Greek ✳ *ze is een*~ she's a Greek, she's
from Greece
**griend** *v* [-en] low-lying willow ground
**grienen** *onoverg* [griende, h. gegriend] cry, snivel,
blubber, whimper
**griep** *v* influenza, flu ✳~ *hebben* have the flu ✳ *de*~
*verspreidde zich door de hele wereld in 1918* influenza
swept the world in 1918
**grieperig** *bn* suffering from flu ✳ *ik voel me een beetje*
~ I've got a touch of the flu, inf I'm a bit fluey
**gries** *o* grit, gravel
**griesmeel** *o* semolina
**griet I** *v* [-en] ❶ *meisje* chick, bird, gal, piece ❷ *vis*

brill II *m* [-en] *vogel* godwit

**grieven** *overg* [griefde, h. gegriefd] hurt, offend ✳ *het grieft mij zeer* it offends me deeply

**griezel** *m* [-s] ❶ *eng persoon* creep, weirdo ❷ *rilling* shudder, shiver

**griezelen** *onoverg* [griezelde, h. gegriezeld] shiver, shudder ✳ ∼ *bij de gedachte* shudder at the thought ✳ *ik griezel ervan* it gives me the creeps

**griezelfilm** *m* [-s] horror film

**griezelig** *bn* gruesome, creepy, weird

**griezelverhaal** *o* [-halen] horror story

**grif** *bijw, bn* readily, promptly ✳ ∼ *toegeven* readily admit ✳ ∼ *verkopen* sell fast, sell like hot cakes

**griffen** *overg* [grifte, h. gegrift] engrave, inscribe ✳ *dat staat in mijn geheugen gegrift* it's engraved in my memory

**griffie** *v* [-s] court registry, ⟨in Tweede Kamer⟩ clerk's department ✳ ⟨ter inzage⟩ *ter*∼ *deponeren* shelve ⟨a proposal &⟩

**griffier** *m* [-s] clerk of the court, registrar ✳ *jur de plaatsvervangend*∼ the deputy clerk

**griffioen , griffoen** *m* [-en] griffin

**grijns** *v* [grijnzen], **grijnslach** *m* [-en] smirk, grimace

**grijnzen** *onoverg* [grijnsde, h. gegrijnsd] smirk, grimace

**grijparm** *m* [-en] ❶ techn grip arm, transfer arm ❷ dierk tentacle

**grijpen** I *overg* [greep, h. gegrepen] ❶ *beetpakken* catch, seize, lay/take hold of, grasp, grip ✳ *je hebt ze maar voor het*∼ they are there for the asking ✳ *ze zijn niet voor het*∼ they don't grow on trees ✳ *voor het*∼ *liggen* be/lie ready to hand, be readily available; ⟨oplossing⟩ be obvious ✳ *de macht*∼ seize power ✳ *door iets gegrepen zijn* be gripped/fascinated by sth ❷ *naar zich toe* grasp, grab, snatch ❸ *in zijn klauw* clutch ❹ *meesleuren* drag (along) II *onoverg* [greep, h. gegrepen] ✳ *in elkaar*∼ engage, interlock ✳ ∼ *naar iets* grab/snatch/grasp at sth ✳ *naar de fles*∼ turn to the bottle ✳ *naar de wapens*∼ reach for weapons, take up arms ✳ fig *om zich heen*∼ spread

**grijper** *m* [-s] techn grab

**grijpgraag** *bn* ✳ *grijpgrage vingers* itchy fingers

**grijpstuiver** *m* [-s] trifle

**grijs** I *bn* ❶ grey, Am gray ✳ *de grijze markt* the grey market ✳ *grijze muizen* grey mice ❷ *met grijs haar* grey, grey-haired ✳ ∼ *worden* be going grey ❸ *zeer oud* ancient ✳ ∼ *verleden* in the distant past II *bijw* ✳ *een plaat*∼ *draaien* play a record ad nauseam

**grijsaard** *m* [-s] grey-haired man, old man

**grijsblauw** *bn* blue-grey ✳ ∼ *e ogen* grey-blue eyes

**grijsrijden** *o* fare dodging

**grijsrijder** *m* [-s] fare dodger

**grijzen** *onoverg* [grijsde, is gegrijsd] grow/become/go/turn grey, grey

**grijzend** *bn* going grey

**gril** *v* [-len] whim, fancy ✳ ∼ *len hebben* have whims ✳ *nukken en*∼*len* fads and fancies ✳ *aan haar*∼*len*

*toegeven* pander to her whims

**grill** *m* [-s] grill ✳ *van de*∼ barbecued

**grillbakoven** *m* [-s] grill, oven with grill

**grillen** I *overg* [grilde, h. gegrild] *roosteren* grill II *onoverg* [grilde, h. gegrild] *rillen* shiver

**grillig** *bn* ❶ *wispelturig* capricious, ⟨ook v. weer⟩ changeable, unpredictable, inf grumpy, crotchety ❷ *niet regelmatig v. vorm* fantastic, unpredictable ✳ *de rotsen hebben door erosie*∼*e vormen gekregen* the rocks have eroded into unpredictable shapes ❸ *v. markten* volatile

**grilligheid** *v* [-heden] ❶ *veranderlijkheid* capriciousness, changeability, unpredictability ❷ *onregelmatigheid* unpredictability

**grimas** *v* [-sen] grimace ✳ ∼*sen maken* grimace, make wry faces, pull faces

**grime** *v* [-s] make-up ⟨of actors⟩

**grimeren** *overg* [grimeerde, h. gegrimeerd] make up ✳ *zich*∼ make up

**grimeur** *m* [-s] make-up artist

**grimmig** I *bn* ❶ *boosaardig* grim, truculent ❷ *woedend* furious, irate II *bijw* grimly, furiously &

**grind** *o* gravel

**grindweg** *m* [-wegen] gravel road, gravelled road

**grinniken** *onoverg* [grinnikte, h. gegrinnikt] chuckle, chortle, snigger

**grip** *m* grip ✳ ∼ *op iem. hebben* have a grip on sbd

**grissen** *overg* [griste, h. gegrist] grab, snatch

**grizzlybeer** *m* [-beren] grizzly (bear)

**groef , groeve** *v* [groeven] ❶ groove, channel, flue ✳ ⟨hout⟩ *met messing en*∼ tongue and groove ❷ *rimpel* line, furrow

**groei** *m* growth, expansion, development ✳ *economische*∼ economic growth ✳ *in de*∼ *zijn* be growing (up) ✳ *op de*∼ *gemaakt* allowing for growth

**groeicijfer** *o* [-s] growth rate, growth figure

**groeien** *onoverg* [groeide, is gegroeid] grow ✳ *zijn haar laten*∼ grow one's hair ✳ *iem. boven het hoofd* ∼ outgrow sbd; fig get beyond sbd's control ✳ ∼ *als kool* shoot up ✳ ⟨zich gaandeweg bekwamen⟩ *ergens in*∼ grow into ✳ *uit zijn kracht*∼ outgrow one's strength ✳ *uit zijn kleren*∼ grow too big for one's clothes, outgrow one's clothes ✳ *er zal een dichter uit hem*∼ he has the makings of a poet, he'll become a poet

**groeihormoon** *o* [-monen] growth hormone

**groeikern** *v* [-en] ❶ centre/Am center of growth ❷ *m.b.t. stad* centre/Am center of urban growth/development

**groeimarkt** *v* [-en] growth market, expanding market

**groeiproces** *o* [-sen] growth process

**groeisector** *m* [-s, -toren] growth sector

**groeistoornis** *v* [-en] growth disorder

**groeistuip** *v* [-en] ✳ *ook fig* ∼*en* growing pains

**groeizaam** *bn* favourable/Am favorable to vegetation ✳ ∼ *weer* growing weather

**groen** I *bn* ❶ green, dicht verdant ✳ *het werd hem* ∼

*en geel voor de ogen* his head began to swim✲ *het licht op~ zetten voor* give the green light/the go-ahead to ‹a plan &›✲ *een~e hand/~e vingers hebben* have green vingers✲*~e energie* green power ✲ *een~e kaart* an international motor insurance card✲*~e zeep* soft soap✲ *een~e zone* a green belt✲ ‹verkeer› *een~e golf* phased traffic lights✲ *zo~ als gras* green ❷ *milieubeschermend* green✲ pol *de~e partij, de~en* the Green Party, the Greens‖ *o* ❶ *kleur* green✲ *in het~ gekleed* dressed in green ❷ *levend* greenery, ‹v. bomen› foliage <u>dicht</u> verdure ✲ *openbaar~* public (open) spaces‖‖ *m-v* [-en] ❶ *nieuweling* greenhorn, novice ❷ *op universiteit* first year student, <u>Am</u> freshman, fresher

**groenstrook** *v* [-stroken] ❶ *groengordel* green belt ❷ *middenberm* grass strip, centre strip ‹of grass›

**groente** *v* [-n & -s] vegetable, ‹mv› greens✲ *eet je~ op* eat your vegetables

**groenteboer** *m* [-en], **groenteman** [-nen] greengrocer

**groenteschotel** *m & v* [-s] vegetable dish

**groentesoep** *v* [-en] vegetable soup

**groenteteelt** *v* vegetable growing

**groentetuin** *m* [-en] kitchen garden, vegetable garden

**groentewinkel** *m* [-s], **groentezaak** *v* [-zaken] greengrocer's (shop)

**groentijd** *m* novitiate/noviciate

**groentje** *o* [-s] ❶ greenhorn, novice ❷ mil new recruit, rookie ❸ *student* first year (student), <u>Am</u> freshman, fresher

**groenvoer** *o* green fodder

**groenvoorziening** *v* [-en] ❶ *openbaar groen* urban green space(s), parks and public space, green amenities ❷ *planning* urban open-space planning, urban green-space planning

**groep** *v* [-en] ❶ *verzameling* group, ‹v. sterren, huizen &› cluster, ‹v. bomen›, ‹planten› clump, ‹v. kinderen, rekruten› batch, ‹v. manschappen› body, ‹v. rovers› band, ‹v. dieven› gang, ‹v. toeristen› party, ‹v. wolven› pack✲ *iets in de~ gooien* introduce a topic (in a meeting/into the discussion group)✲ *een vergeten~* a forgotten group ❷ *v. basisschool* class, grade

**groeperen I** *overg* [groepeerde, h. gegroepeerd] group‖ *wederk* [groepeerde, h. gegroepeerd] ❶ *groepen vormen*✲ *zich~* form into groups, come together ❷ *z. verzamelen rondom* cluster (around)

**groepering** *v* [-en] grouping, classification, pol faction

**groepsbelang** *o* [-en] in the interest(s) of the group

**groepsfoto** *v* ['s] group photo

**groepsgeest** *m* team spirit

**groepsgesprek** *o* [-ken] ❶ group conversation ❷ *via telefoon* conference call

**groepsportret** *o* [-ten] group portrait/photo

**groepspraktijk** *v* [-en] group practice✲ *hij maakt deel uit van een~* he is part of a group practice

**groepsreis** *v* [-reizen] group travel

**groepsseks** *m* ❶ group sex ❷ *partnerruil* wife-swapping

**groepstaal** *v* [-talen] ❶ jargon, lingo ❷ <u>taalk</u> sociolect

**groepsverband** *o* ✲ *in~* in groups/teams✲ *werken in~* work as a team

**groet** *m* [-en] greeting, salutation, salute✲ *de~en aan allemaal!* all the best! give everyone my regards! remember me to everyone!✲ *de~en thuis* remember me to the family✲ *hij laat de~en doen* he asks to be remembered, he says hello✲ *met vriendelijke~en* with kind(est) regards✲ *dat doe ik niet, de~en!* forget it/not on your life!

**groeten I** *overg* [groette, h. gegroet] greet, salute ✲ *groet hem van mij* give him my regards, say hello to him for me‖ *onoverg* [groette, h. gegroet] salute, say hello

**groeve** *v* [-n]→**groef**

**groeven** *overg* [groefde, h. gegroefd] groove

**groezelig** *bn* dingy, grubby, dirty

**grof I** *bn* ❶ *niet fijn* coarse ‹bread, cloth, hair, salt, features &›, rough ‹work› ❷ *niet bewerkt* crude ‹ore›, unrefined ‹sugar› ❸ *niet glad* coarse ‹hands›, rough ‹towels› ❹ *laag* deep ‹voice› ❺ *ernstig* gross ‹injustice, insult, ignorance›, big ‹lies &›, glaring ‹omission, contrast, error› ❻ *onbeschaafd* coarse ‹language›, rude, abusive ‹words, terms›, crude ‹style›✲ *dadelijk~ worden* suddenly become rude/abusive✲ *een grove kerel* a rude/coarse chap ❼ *v. kam* wide-tooth(ed) ❽ *v. schatting* rough ‹estimate›‖ *bijw* coarsely &✲ *~ liegen* lie barefacedly✲*~ spelen* ‹bij gokken› play for high stakes; sp play rough✲*~ geld verdienen* make big money✲*~ (geld) verteren* spend money like water

**grofgebouwd** *bn* large-limbed, big-boned

**grofheid** *v* [-heden] coarseness, rudeness, grossness

**grofkorrelig** *bn* coarse-grained

**grofvuil** *o* bulky/hard rubbish✲ *iets bij het~ zetten* put sth out for the kerbside bulky/hard rubbish collection

**grofweg** *bijw bij benadering* roughly, about, approximately

**grog** *m* toddy

**groggy** *bn* groggy

**grogstem** *v* [-men] husky voice

**grol** *v* [-len] broad joke✲*~len* buffoonery✲ *grappen en~len* jokes and pranks

**grommen** *onoverg* [gromde, h. gegromd] ❶ *v. hond & growl, snarl (tegen at) ❷ *mopperen* grumble, mutter

**grond** *m* [-en] ❶ *aarde* ground, earth, soil✲ *vaste~* firm ground✲ *de begane~* the ground floor✲ *vaste*

~ *onder de voeten hebben* be on firm ground ∗ ~ *hebben/krijgen/voelen/vinden* feel/touch ground ∗ ~ *verliezen* lose ground ∗ *ik voelde geen* ~ I was out of my depth ∗ *aan de* ~ *raken/zitten* scheepv run/be aground; fig be down and out ∗ *als aan de* ~ *genageld* nailed down ∗ *aan de* ~ *geraakt* down and out ∗ *boven de* ~ above ground ∗ *door de* ~ *zinken* sink into the ground ∗ *onder de* ~ under the ground, underground ∗ *iets op de* ~ *gooien* throw sth down ∗ *op de* ~ *vallen* fall to the ground ∗ *tegen de* ~ *gooien* throw/dash to the ground ∗ *iets uit de* ~ *stampen* see something off ∗ *een dichter van de koude* ~ a would-be poet ∗ *groenten van de koude* ~ vegetables grown outdoors ∗ *van de* ~ *komen* get off the ground ∗ *iets van de* ~ *krijgen* get sth up and running ∗ *te* ~*e gaan* go to rack and ruin, be ruined, come to nothing ∗ *te* ~*e richten* ruin, wreck ∗ *iem. de* ~ *in boren* pull sbd to pieces, put sbd down ❷ *land* land ∗ *eigen* ~ freehold land ∗ *onbebouwde* ~ a site ∗ *een perceel* ~ a piece of land; ‹kleiner› a plot of land ∗ *het huis staat op 2 hectare* ~ the house is situated on 2 hectares of land/of grounds ∗ *de waarde van de* ~ the land value ❸ *onderste* ground, ook fig bottom ∗ *uit de* ~ *van zijn hart* from the bottom of his heart ❹ *grondslag* ground, foundation, substratum ‹of truth› ∗ *de* ~ *leggen tot...* lay the foundation(s) of... ∗ *van alle* ~ *ontbloot* without any foundation ∗ *iets in de* ~ *kennen* know sth thoroughly/through and through ∗ *in de* ~ *is hij eerlijk* he's an honest fellow at heart ∗ *in de* ~ *hebt u gelijk* basically you're right ❺ *reden* grounds ∗ *op* ~ *van...* on the grounds of..., on the strength of... ∗ *op* ~ *van het feit dat...* on the grounds that... ∗ *op goede* ~ on good grounds ∗ jur *aandragen van* ~*en* produce arguments

**grondbedrijf** *o* [-drijven] ❶ development company ❷ *gemeentelijk bedrijf dat grond verhandelt* development authority ∗ *het gemeentelijk* ~ the municipal land department

**grondbeginsel** *o* [-en & -s] fundamental/basic/root principle ∗ *de* ~*en* the elements/rudiments/fundamentals/basics

**grondbegrip** *o* [-pen] fundamental/basic idea

**grondbelasting** *v* [-en] land tax

**grondbetekenis** *v* [-sen] original/primary/main meaning

**grondbezit** *o* ❶ landed property ❷ land ownership, ownership of land

**grondeigenaar** *m* [-s & -naren] landowner, landlord

**grondel** *m* [-s], **grondeling** [-en] vis gudgeon

**gronden** overg [grondde, h. gegrond] ❶ *bij schilderwerk* prime ‹the surface, wood, canvas›, gesso ‹the canvas› ❷ fig ground, found, base ‹one's belief on› ∗ *gegrond zijn op* based (up)on ∗ *gegronde hoop* hope based on...

**grondgebied** *o* [-en] territory, jur territorial jurisdiction ∗ *een afgegrensd* ~ a fixed territory ∗ *op vreemd* ~ on foreign territory/soil ∗ *op Nederlands* ~

on Dutch ground/territory/soil

**grondgedachte** *v* [-n] basic idea, underlying idea, leading thought

**grondgetal** *o* [-len] wisk base

**grondhouding** *v* fundamental attitude

**grondig I** *bn* ❶ *degelijk* thorough ‹cleaning, overhaul›, profound ‹study› ∗ *een* ~*e hekel hebben aan* have a profound hatred of ∗ *een* ~*e kennis* a thorough knowledge ❷ *m.b.t. smaak* earthy **II** *bijw* thoroughly ∗ *iets* ~ *doen* do something thoroughly, inf go the whole hog

**grondlaag** *v* [-lagen] ❶ *onderste laag* bottom layer ❷ *verf* priming coat

**grondlegger** *m* [-s] founder, father, founding father

**grondlegging** *v* [-en] foundation

**grondoffensief** *o* ground offensive

**grondoorzaak** *v* [-zaken] original/basic/root cause

**grondoppervlak** *o* floor space

**grondpersoneel** *o* ground staff

**grondrecht** *o* [-en] basic human right ∗ *sociale* ~*en* fundamental social rights

**grondregel** *m* [-en, -s] fundamental rule, principle, maxim

**grondslag** *m* [-slagen] foundation(s), basis ∗ *de* ~*en van de maatschappij* the grassroots of society ∗ *ten* ~ *liggen aan* underlie ∗ *de* ~*en van het staatsbestel* the principles on which the State is founded

**grondsoort** *v* [-en] type of soil

**grondstewardess** *v* [-en] ground hostess, ground stewardess

**grondstof** *v* [-fen] raw material, primary product ∗ *de* ~*fen voor jam* the basic ingredients for jam ∗ *de* ~*fen voor een matrasovertrek* the basic materials for a mattress cover

**grondstrijdkrachten** *zn* [mv] ground forces

**grondtoon** *m* [-tonen] keynote

**grondtroepen** *zn* [mv] ground forces

**grondverf** *v* [-verven] undercoat, primer ∗ *in de* ~ *zetten* undercoat

**grondvesten I** *zn* [mv] foundations ∗ *op zijn* ~ *schudden* shake to its very foundations **II** overg [grondvestte, h. gegrondvest] found, lay the foundations of ∗ *in/op iets gegrondvest zijn* be based on sth

**grondvlak** *o* [-ken] base ‹of cube›

**grondvorm** *m* [-en] primitive form

**grondwater** *o* ground water

**grondwaterpeil** *o* water table

**grondwerk** *o* [-en] groundwork

**grondwerker** *m* [-s] excavation/construction labourer

**grondwet** *v* [-ten] constitution

**grondwetsherziening** *v* [-en] revision of the constitution

**grondwettelijk, grondwettig** *bn* constitutional

**grondwoord** *o* [-en] taalk primary word, primitive form of a word

**grondzeil** *o* [-en] ground sheet

**Groningen** *o* Groningen
**groot I** *bn* ❶ *omvang* large, big ∗ *een grote hoeveelheid geld* a large quantity of money ∗ *dit is een grote kans voor hem* this is his big chance ∗ *er is een grote kans dat* there's a good chance that... ∗ *de ~ste onzin* utter/absolute nonsense ∗ *de grote massa* the masses ∗ scheepv *de grote mast* the mainmast ∗ *grote rokken* voluminous/wide skirts ∗ *de grote vakantie* the long holiday, the summer holiday ∗ *de grote weg* the main road, the highway ∗ *~ wild* big game ∗ inf *hoe ~ is de schade?* what's the damage? ∗ *Literatuur met een grote L* Literature with a capital L ∗ *tot mijn grote verbazing/spijt* much to my surprise/regret ∗ *hij is er een ~ voorstander van* he's all in favour of it ∗ *zo ~ mogelijk* as big as possible ❷ *uitgestrekt* great, large, vast ∗ *één grote toendra* one vast stretch of tundra ❸ *v. gestalte* tall ❹ *niet meer klein* grown up ∗ *kindertaal ~ groeien* grow up ∗ *~ worden* ⟨volwassen worden⟩ grow up; ⟨lang worden⟩ grow tall ∗ *wat ben je ~ geworden!* how you've grown! ∗ *zij heeft al grote kinderen* her children have already grown up ∗ *het is iets voor de grote mensen* it's only for grown-ups/adults ❺ *belangrijk* great ⟨men, composers, powers⟩ ❻ *groots* grand ⟨entrance, dinner⟩ ❼ *ingrijpend* major ⟨crisis, change⟩ ❽ *qua afmeting* in size ∗ *tweemaal zo ~ als* twice the size of, twice as big as ∗ *6 hectare ~* 6 hectares in area ❾ muz major ∗ *in C ~* in (the key of) C major ▾ *een grote eter* a big eater **II** *bijw* large ∗ *~ gelijk!* quite right! ∗ *je hebt ~ gelijk* you're perfectly right ∗ *~ leven* live in grand style **III** *o* something/somebody great ∗ *de groten* the great ones (of the earth) ∗ *in het ~* ⟨groots⟩ in grand style; ⟨op grote schaal⟩ on a large scale, in a large way; handel wholesale ∗ *het moederschap is iets ~s* motherhood is a great thing ∗ *voor ~ en klein* for young and old
**grootaandeelhouder** *m* [-s] major/principal/large/controlling shareholder
**grootbeeld** *o* large screen
**grootbeeld-tv** *v* [ 's] large screen television
**grootboek** *o* [-en] handel ledger ∗ *het ~ der nationale schuld* the national debt register
**grootboekrekening** *v* [-en] ledger account
**grootbrengen** *overg* [ bracht groot, h. grootgebracht] bring up, rear
**Groot-Brittannië** *o* Great Britain
**grootdoenerij** *v* swagger
**grootgrondbezit** *o* large(-scale) land ownership
**grootgrondbezitter** *m* [-s] big landowner
**groothandel** *m* [-s] ❶ *handelsvorm* wholesale trade ❷ *zaak* wholesale business, wholesaler's
**groothandelaar** *m* [-s, -laren] wholesale merchant/dealer/trader, wholesaler
**groothandelsprijs** *m* [-prijzen] wholesale price
**grootheid** *v* [-heden] ❶ wisk & nat quantity, variable ∗ *algebraïsche grootheden* algebraic variables ❷ *het groot zijn* grandeur, magnitude, quantity ∗ *~ van*

*ziel* magnanimity ❸ *belangrijk iemand* celebrity ∗ *een onbekende ~* an unknown quantity
**grootheidswaan, grootheidswaanzin** *m* megalomania ∗ *een lijder aan ~* a megalomaniac, a person who has delusions of grandeur
**groothertog** *m* [-togen] grand duke
**groothertogdom** *o* [-men] grand duchy ⟨of Luxembourg⟩
**groothoeklens** *v* [-lenzen] wide-angle lens
**groothouden** *wederk* [ hield groot, h. grootgehouden] ∗ *zich ~* bear up (bravely), keep a stiff upper lip
**grootindustrieel** *m* [-triëlen] captain of industry
**grootje** *o* [-s] granny ∗ *je ~!* not a bit! ∗ *loop naar je ~* get stuffed! ∗ *maak dat je ~ wijs!* pull the other one! ∗ ⟨kapot⟩ *dat is naar z'n ~* you can kiss goodbye to that
**grootkapitaal** *o* high finance ∗ *het ~* the big capitalists
**grootmacht** *v* [-en] superpower
**grootmeester** *m* [-s] grandmaster
**grootmoeder** *v* [-s] grandmother
**grootmoedig** *bn* magnanimous, generous
**grootouders** *zn* [mv] grandparents
**groots** *bn* ❶ *grandioos* grand, noble, majestic, ambitious, afkeurend grandiose ∗ *hij heeft ~e plannen* he has grand/grandiose/ambitious plans ❷ *trots* proud, haughty
**grootschalig** *bn* large-scale ⟨plans, projects⟩ ∗ *een ~ experiment* an experiment on a large scale ∗ *iets ~ organiseren* organize sth on a large scale
**grootscheeps I** *bn* ❶ grand, large-scale ∗ *~e acties* large-scale campaigns ❷ *ambitieus* ambitious **II** *bijw* in grand style, on a large scale
**grootspraak** *v* boast(ing), brag(ging), big words ∗ *zonder ~* without boasting
**grootsteeds** *bn* ∗ *~e manieren* city manners
**grootte** *v* [-n & -s] size, extent, magnitude, amount ∗ *in deze ~* in/of this size ∗ *in de orde van ~* ⟨v. aantallen⟩ in the region of, to the order of; ⟨v. geld⟩ inf to the tune of ∗ *op ware ~* full-size(d) ∗ *ter ~ van* ⟨afmeting⟩ the size of; ⟨hoeveelheid (geld)⟩ amounting to, to the amount of ∗ *van dezelfde ~ zijn* be the same size (as) ∗ *een ster van de eerste ~* a star of the first magnitude
**grootvader** *m* [-s] grandfather
**grootverbruik** *o* large-scale/wholesale consumption
**grootverbruiker** *m* [-s] large-scale user, bulk consumer
**grootwinkelbedrijf** *o* [-drijven] ❶ *collectief* multi-store chain ❷ *één winkel daarvan* chain store
**grootzeil** *o* [-en] scheepv mainsail
**gros** *o* [-sen] ❶ *12 dozijn* gross ❷ *merendeel* gross, mass, main body ∗ *het ~* the majority ∗ *het ~ van de studenten* the majority of the students ❸ mil main body
**grossier** *m* [-s] wholesale dealer, wholesaler
**grossieren** *onoverg* [ grossierde, h. gegrossierd] ❶ sell

wholesale❷ fig collect∗ *zij grossiert in prijzen* she collects prizes by the dozens∗ *zij grossiert in stevige uitspraken* she always totes out firm opinions∗ *hij grossiert in commissariaten* he's virtually a professional board member

**grot** *v* [-ten] grotto, cave

**grotemensenwerk** *o* work that is unsuitable for children

**grotendeels** *bijw* for the greater part, for the most part, largely

**Grote Oceaan** *m* →**Stille Oceaan**

**grotesk** *bn* grotesque

**grotschildering** *v* [-en] cave painting

**groupie** *v* [-s] groupie

**gruis** *o*❶ *kolengruis* coal dust❷ *steengruis* grit

**grut** *o*❶ ∗ *het kleine~* the small fry❷ *gemalen graan* coarsely milled grain, groats, Am grits ⟨corn⟩ ❸ *waardeloze dingen* rubbish

**grutto** *m* [-'s] *vogel* godwit

**gruwel** *m* [-en]❶ *afkeer* abomination∗ *de taal van de kranten is mij een~* I detest/loathe/abhor the language in newspapers, the language in newspapers is my pet hate❷ *daad* atrocity❸ *pap* gruel

**gruweldaad** *v* [-daden] atrocity

**gruwelen** *onoverg* [gruwelde, h. gegruweld] have an abhorrence of∗ *ik gruwel ervan* I have a horror of it, I can't stand it

**gruwelijk I** *bn* abominable, horrible, atrocious **II** *bijw* abominably, horribly, atrociously, versterkend awfully∗ *zich~ vervelen* be bored to death∗ *het is~ heet* it's unbearably hot

**gruwelkamer** *v* [-s] chamber of horrors

**gruwen** *onoverg* [gruwde, h. gegruwd] shudder∗ *~ bij de gedachte* shudder at the thought∗ *~ van* abhor

**gruzelementen** *zn* [mv] smithereens∗ *aan~* to smithereens, in fragments, to pieces

**g-sleutel** *m* [-s] muz treble clef, G clef

**GSM** ® *afk* (Global System for Mobile Telecommunication) GSM, Global System for Mobile Telecommunication

**gsm** ® *m* [-'s] *telefoon* GSM, mobile (phone)

**g-snaar** *v* [-snaren] muz G string

**Guatemala** *o* Guatemala

**guerrilla** *m* [-'s] *guerrillastrijder* guerrilla

**guerrillabeweging** *v* [-en] guerrilla movement

**guerrillaoorlog** *m* [-logen] guerrilla warfare

**guerrillastrijder** ,**guerrillero** *m* [-s] guerrilla (fighter)

**guillotine** *v* [-s] guillotine

**Guinee** *o* Guinea

**Guinee-Bissau** *o* Guinea-Bissau

**Guinees** *bn* Guinean

**guirlande** *v* [-s] garland, festoon, wreath, ⟨paper⟩ chain

**guit** *m* [-en] rogue

**guitig** *bn* roguish, mischievous∗ *een~ e glimlach* an arch smile

**gul I** *bn*❶ *vrijgevig* generous, cordial∗ *een~ le lach* a warm/hearty laugh∗ *een~ onthaal* a cordial reception❷ *openhartig* frank, open∗ *~ le uitspraken* frank comments**II** *bijw*❶ *vrijgevig* generously, cordially❷ *openhartig* frankly, openly

**gulden I** *m* [-s] *munt* guilder, florin∗ *100~* one/a hundred guilders**II** *bn* gouden golden∗ *een~ tijd* a fantastic/fabulous time∗ ⟨kunst⟩ *de~ snede* the golden section

**guldenteken** *o* [-s] guilder sign

**gulheid** *v* [-heden]❶ *vrijgevigheid* generosity, cordiality❷ *openhartigheid* frankness, openness

**gulp** *v* [-en]❶ *golf* gush ⟨of blood⟩❷ *in broek* fly

**gulzig** *bn* gluttonous, greedy∗ *met een~ e blik naar iets kijken* look greedily at sth

**gulzigaard** *m* [-s] glutton

**gulzigheid** *v* gluttony, greediness, greed

**gum** *m & o* rubber

**gummen** *overg* [gumde, h. gegumd] rub out

**gummetje** *o* [-s] rubber

**gummi** *l o & m* (India) rubber, natural rubber**II** *bn* rubber

**gummiknuppel** *m* [-s],**gummistok** [-ken] truncheon, baton

**gunnen** *overg* [gunde, h. gegund]❶ *toewijzen* inf grant∗ *zich geen tijd~* not allow oneself time∗ *iem. een paar woorden~* grant/spare sbd a few words ❷ *toestaan, niet benijden* not begrudge∗ *het is je gegund* you're welcome to it

**gunning** *v* [-en] allotment, assignment∗ *de~ van een contract* the awarding of a contract

**gunst I** *v* [-en]❶ *favour*∗ *iem. een~ bewijzen* do sbd a favour, oblige sbd∗ *in de~ komen bij iem.* get into favour with sbd, inf get on the right side of sbd ∗ *weer bij iem. in de~ komen* get back into sbd's good books∗ *in de~ trachten te komen bij iem.* ingratiate oneself with sbd∗ *in de~ staan bij iem.* be in favour with sbd, be in sbd's good books∗ *ten~ e van...* ⟨ten voordele van⟩ in favour of...; ⟨te crediteren aan⟩ in behalf of...∗ *uit de~ geraken bij* fall out of favour with∗ *uit de~ zijn* be out of favour ❷ *handel* favour, patronage, custom, goodwill**II** *tsw* ∗ *~ !* goodness gracious!

**gunsteling** *m* [-en] favourite, Am favorite

**gunstig I** *bn* favourable/Am favorable, propitious, auspicious∗ *het geluk was ons~* fortune/fate favoured us∗ *op het~ ste moment* at the most auspicious moment/the best time∗ *~ voor* favourable to**II** *bijw* favourably, favorably∗ *~ bekend* enjoying a good reputation∗ *~ over iem. denken* think favourably of sbd∗ *iem.~ gezind zijn* be well disposed toward sbd

**guppy** *m* [-'s] guppy

**guts** *v* [-en]❶ *stroom* splash❷ *beitel* gouge

**gutsen I** *overg* [gutste, h. gegutst] gouge**II** *onoverg* [gutste, h. en is gegutst] *stromen* gush, spout ⟨of blood⟩, pour, stream, run ⟨of sweat⟩∗ *het zweet*

gr

*gutste langs mijn gezicht* sweat streamed down my face

**guur** *bn* bleak, raw, inclement ✻ ~ *weer* bleak weather

**Guyana** *o* Guyana

**gym I** *v gymnastiek* gym, PE, PT **II** *o gymnasium* ± Br grammar school, ± Am high school

**gymmen** *onoverg* [gymde, h. gegymd] have gym, have physical education (PE), ⟨vooral⟩ Br have physical training (PT)

**gymnasiaal** *bn* grammar school ✻ *het ~ onderwijs* ± Br grammar school education, ± Am high school education

**gymnasiast** *m* [-en] ± Br grammar school pupil, ± Am high school pupil

**gymnasium** *o* [-s & -sia] Br ± grammar school, Am ± senior high school

> **gymnasium**
> kan het best worden vertaald met grammar school of senior high school, maar nooit met gymnasium, wat fitnesscentrum, gymnastiekzaal betekent.

**gymnast** *m* [-en] gymnast

**gymnastiek** *v* gym, gymnastics, physical education, PE, ⟨vooral⟩ Br physical training, PT ✻ *ritmische ~* callisthenics

**gymnastisch** *bn* gymnastic

**gympen, gympjes, gympies** *zn* [mv] sneakers, gym shoes

**gymschoen** *m* [-en] sneaker, gym shoe

**gymzaal** *v* [-zalen] gym, gymnasium

**gynaecologie** *v* gynaecology, Am gynecology

**gynaecoloog** *m* [-logen] gynaecologist, Am gynecologist

# H

**h** *v* ['s] h, aitch ✻ *de ~ niet uitspreken* drop one's aitches

**haag** *v* [hagen] *heg* hedge, hedgerow ✻ *een ~ (van) politieagenten* a line of policemen

**haagbeuk** *m* [-en] *boom* hornbeam

**haai** *m* [-en] ❶ *vis* shark ✻ *fig naar de ~en gaan* go down the drain, go west ✻ *hij is voor de ~en* he's going to the dogs ✻ *fig er zijn ~en op de kust* there's danger ahead ❷ *persoon* shark, wolf

**haaibaai** *v* [-en] shrew, fishwife

**haaienvinnensoep** *v* shark fin soup

**haak** *m* [haken] ❶ *alg.* hook ✻ ⟨sluiting van jurk &⟩ *haken en ogen* hooks and eyes ✻ *er zitten veel haken en ogen aan deze kwestie* this problem is rather tricky ✻ *schoon aan de ~* dressed/net weight; *scherts* in the nuddy ✻ *(niet) in de ~* (not) right/correct ❷ *vishaak* fish hook ✻ *een rijke man aan de ~ slaan* hook/catch a rich man ❸ *v. (ouderwetse) telefoon* cradle ✻ *de hoorn weer op de ~ leggen* put down the receiver, ring off, hang up ✻ *de hoorn van de ~ nemen* lift the receiver ❹ *winkelhaak* techn square ❺ *om kleren op te hangen* peg ❻ *in de drukkerij:* () bracket, parenthesis ✻ *tussen (twee) ~jes* between brackets, ook *fig* in parentheses ✻ *tussen (twee) ~jes, heb je ook...?* by the way, do you have any...?

**haaknaald** *v* [-en], **haakpen** [-nen] crochet hook

**haakneus** *v* [-neuzen] hooked nose

**haaks** *bn* square, at right angles to ✻ *niet ~* out of square/true ✻ *fig ~ op iets staan* be in contradiction with sth, be at odds with ✻ *hou je ~!* keep your chin up!

**haakwerk** *o* [-en] crochet work, crocheting

**haal** *m* [halen] ❶ *v.d. pen* stroke ✻ *met één ~ van de pen* with one stroke of the pen ✻ *een ~ door de cijfers* a slash through the figures ❷ *aan touw* pull, tug, heave ❸ *aan sigaret* drag ❹ *klap* clout ⟨round the ear⟩ ▼ *aan de ~ gaan* take to one's heels, run away

**haalbaar** *bn* practicable, realizable, feasible ✻ *dat is geen haalbare kaart* that's not realistic

**haalbaarheid** *v* feasibility

**haalbaarheidsonderzoek** *o* [-en] feasibility study

**haan** *m* [hanen] cock, rooster ✻ *daar zal geen ~ naar kraaien* nobody will be the wiser ✻ *zijn ~ kraait daar koning* he has it all his own way ✻ *de rode ~ laten kraaien* set the house on fire ✻ *de ~ overhalen* cock a gun ✻ *de gebraden ~ uithangen* paint the town red

**haantje** *o* [-s] ❶ *kleine haan* young cock, cockerel ✻ *een half ~* half a chicken ❷ *macho* macho, tough guy ✻ *hij is ~ de voorste* he's the cock of the walk

**haar I** *bez vnw* her **II** *pers vnw* her ✻ *het is van ~* it's hers ✻ *ik zal het ~ zeggen* I'll tell her **III** *o & v* [haren] *v. hoofd & hair* ✻ *hij is geen ~ beter* he's just as bad ✻ *geen ~ op mijn hoofd die er aan denkt* I wouldn't dream of doing such a thing ✻ *ik ben me daar een*

**ha**

~*tje betoeterd!* I'm not crazy/mad! ✳ ~ *op de tanden hebben* be a tough customer, have a sharp tongue ✳ *het scheelde maar een ~/geen ~* it was a near thing/miss, it was touch and go ✳ *iem. geen ~ krenken* not touch/harm a hair of sbd's head ✳ *ergens grijze haren van krijgen* worry about sth, lose sleep over sth ✳ *met huid en ~ verslinden* swallow completely ✳ *zijn haren rezen hem te berge* his hair stood on end ✳ *zijn wilde haren verliezen* settle down ✳ *elkaar in het ~/de haren vliegen* go for one another, come to blows ✳ *elkaar altijd in het ~ zitten* quarrel constantly, always be at loggerheads ✳ *dat is er met de haren bijgesleept* that's far-fetched/irrelevant ✳ *op een ~ na* by a hair's breadth ✳ *alles op haren en snaren zetten* leave no stone unturned ✳ *iem. tegen het ~ instrijken* rub sbd up the wrong way, irritate sbd ✳ iron *als je ~ maar goed zit* it doesn't matter where you finish as long as you look good

**haarband** *m* [-en] hair ribbon, hairband

**haarborstel** *m* [-s] hairbrush

**haarbreed** *o* hair's breadth ✳ *geen ~ wijken* not move/budge an inch

**haard** *m* [-en] ❶ *open haard* hearth, fireside, fireplace ✳ *eigen ~ is goud waard* there's no place like home ✳ *aan de huiselijke ~, bij de ~* by/at the fireside ✳ *van huis en ~ verdreven* driven from house and home ❷ *kachel* (slow-combustion) stove ❸ *industrieel* furnace ❹ fig focus, seat ‹of the fire›, centre ‹of infection› ✳ *een ~ van verzet* a hotbed of resistance

**haardos** *m* (head of) hair

**haardracht** *v* [-en] coiffure, hairdo

**haardroger** *m* [-s] hair drier

**haardvuur** *o* (open) fire

**haarfijn I** *bn* ❶ *zeer fijn* as fine as a hair ❷ fig minute ‹difference›, subtle ‹distinction› **II** *bijw* minutely, in detail ✳ *iets ~ vertellen* explain sth in detail

**haargroei** *m* hair growth

**haargroeimiddel** *o* [-en] hair restorer

**haarinplant** *m* hair transplant

**haarkloverij** *v* [-en] nitpicking, splitting hairs

**haarlak** *m & o* [-ken] hair spray

**haarlok** *v* [-ken] lock of hair

**haarnetje** *o* [-s] hairnet

**haarscherp** *bn* very sharp, razor-sharp ‹image, mind›, very fine ‹distinction›, exact ‹result›

**haarscheurtje** *o* [-s] hairline crack

**haarspeld** *v* [-en] hairpin, hair slide, hair grip, bobby pin

**haarspeldbocht** *v* [-en] hairpin bend

**haarspray** *m* [-s] hair spray

**haarstukje** *o* [-s] hairpiece, toupée

**haaruitval** *m* loss of hair, med alopecia

**haarvat** *o* [-vaten] capillary vessel

**haarversteviger** *m* [-s] setting lotion

**haarverzorging** *v* hair care

**haarvlecht** *v* [-en] plait, braid

**haarzakje** *o* [-s] hair follicle

**haas** *m* [hazen] ❶ *knaagdier* hare ✳ *als een ~ wegrennen* run like the wind ✳ *mijn naam is ~* search me, I know nothing about it ✳ *het ~je zijn* be for it, have had it ❷ *stuk vlees* tenderloin, fillet ‹of beef &› ❸ *bij hardlopen* pacemaker ❹ *lafaard* coward

**haasbiefstuk** *m* [-ken] fillet steak

**haasje-over** *o* leapfrog ✳ ~ *spelen* play leapfrog

**haaskarbonade** *v* [-s] loin chop

**haast I** *v* haste, speed, hurry ✳ *er is ~ bij* it's urgent ✳ *er is geen ~ bij* there's no hurry ✳ ~ *hebben* be in a hurry ✳ ~ *maken* make haste, be quick ✳ *in ~* in a hurry ✳ *waarom zo'n ~?* what's the hurry? **II** *bijw* bijna almost ✳ *kom je ~?* are you coming (soon/yet)? ✳ *ik was ~ gevallen* I almost/nearly fell ✳ ~ *nooit* hardly ever

**haasten I** *overg* [haastte, h. gehaast] hurry ✳ *iem. ~* hurry sbd (up) **II** *wederk* [haastte, h. gehaast] ✳ *zich ~* hurry ✳ *haast je langzaam!* make haste slowly! ✳ *haast je (wat)!* hurry up! ✳ *haast je rep je...* in a hurry; post-haste, Am slang lickety-split

**haastig I** *bn* hasty, hurried ✳ *~e spoed is zelden goed* more haste, less speed **II** *bijw* hastily, in haste, in a hurry, hurriedly

**haastklus** *m* [-sen] rush job

**haastwerk** *o* rush job, rush order

**haat** *m* hatred (*tegen* of), hate ✳ *blinde ~* blind hatred ✳ *iem. ~ toedragen* hate sbd ✳ *het is ~ en nijd tussen die twee* those two are always fighting; inf they can't stand/hate each other's guts

**haatdragend** *bn* resentful, rancorous ✳ ~ *zijn* hold a grudge, be resentful/rancorous ✳ *een ~ iemand* a spiteful person

**haat-liefdeverhouding** *v* [-en] love-hate relationship

**habbekrats** *m* [-en] ✳ *voor een ~* for a (mere) song/trifle

**habijt** *o* [-en] habit

**habitat** *m & v* habitat

**hachee** *m & o* beef stew

**hachelen** *overg* [hachelde, h. gehacheld] ✳ *je kunt me de bout ~* go climb a tree, vulg you can get stuffed

**hachelijk** *bn* precarious, dicey, tricky ✳ *een ~e situatie* a precarious/dicey/tricky situation, a predicament

**hachje** *o* [-s] ✳ *bang voor zijn ~ anxious to save one's skin ✳ *zijn ~ er bij inschieten* not be able to save one's skin

**hacken** *onoverg* [hackte, h. gehackt] *kraken* comput hack

**hacker** *m* [-s] *computerkraker* hacker

**hagedis** *v* [-sen] lizard

**hagel** *m* ❶ *neerslag* hail ❷ *munitie* (lead/ball) shot ✳ *een ~ van kogels* a shower of bullets

**hagelbui** *v* [-en] shower of hail, hailstorm ✳ *een ~ van stenen* a shower of stones

**hagelen** *onoverg* [hagelde, h. gehageld] hail ✳ *het hagelde kogels* it was raining bullets

**hagelkorrel** *m* [-s] ❶ *neerslag* hailstone ❷ *munitie*

grain of shot ❸ *zweertje aan oog* sty
**hagelslag** *m* ❶ *broodbeleg* (chocolate) sprinkles
❷ *v. neerslag* hail
**hagelsteen** *m* [-stenen] hailstone
**hagelstorm** *m* [-en] hailstorm
**hagelwit** *bn* white as snow
**haiku** *m* ['s] haiku
**Haïti** *o* Haiti
**hak I** *v* [-ken] ❶ *v. schoen* heel * *schoenen met
hoge/lage/platte~ken* high-/flat-heeled shoes * *met de
~ken over de sloot* by the skin of one's teeth
❷ *tuingereedschap* hoe, ⟨houweel⟩ mattock **II** *m*
[-ken] *uitgehakt stuk* chunk * *iem. een ~ zetten* play
sbd a nasty trick * *op de ~ nemen* make fun of ▼ *van
de ~ op de tak springen* jump/skip from one subject
to another
**hakbijl** *v* [-en] hatchet, ⟨v. slager⟩ chopper, cleaver
**hakblok** *o* [-ken] chopping block, chopping board
**hakbord** *o* [-en] chopping board
**haken I** *overg* [haakte, h. gehaakt] ❶ *vasthaken* hook,
hitch ⟨to..., on to...⟩ ❷ *handwerken* crochet ❸ *ten val
brengen* trip (sbd) up * *iem. pootje ~* trip sbd up
**II** *onoverg* [haakte, h. gehaakt] ❶ * *zij bleef met haar
jurk aan/achter een spijker ~* she caught her dress on
a nail * *in een struik blijven ~* get caught in a bush
▼ *~ naar* hanker after, long for, yearn for (after)
❷ *handwerken* crochet
**hakenkruis** *o* [-en] swastika
**hakhout** *o* copse, coppice
**hakkelaar** *m* [-s] stammerer, stutterer
**hakkelen** *onoverg* [hakkelde, h. gehakkeld]
stammer, stutter
**hakken** *overg en onoverg* [hakte, h. gehakt] cut,
chop, ⟨grof⟩ hack, hew, ⟨fijn⟩ mince * *op iem. zitten
~* nag at sbd * *dat hakt erin* that costs a packet,
that's terribly expensive
**hakkenbar** *m & v* [-s] heel bar
**hakmes** *o* [-sen] chopping knife, cleaver, ⟨groot⟩
machete
**hal** *v* [-len] ❶ *ingang* hall(way), ⟨v. hotel⟩ lobby,
⟨v. theater⟩ foyer ❷ *markthal* (covered) market
❸ *sporthal* sports hall
**halen I** *overg* [haalde, h. gehaald] ❶ *ergens vandaan
halen, ophalen* fetch, get, collect * *iem. er bij~* drag
sbd in * *iem. van de trein ~* pick up sbd from the
station * *worden jullie ⟨straks⟩ gehaald?* is anybody
coming for you? * *zijn portemonnee tevoorschijn ~*
pull out one's purse/wallet * *waar haalt hij het
vandaan?* where does he get it/these ideas from?
* *iem. naar beneden ~* bring sbd down * *een huis
tegen de grond ~* pull down a house ❷ *laten komen*
fetch, call in, send for * *een dokter ~* send for/call in
a doctor ❸ *behalen* * *een akte ~* get/obtain a
certificate/diploma * *daar is niets te ~* there's
nothing to be got there ❹ *doel bereiken* reach, catch
* *hij zal de dag niet meer ~* he won't last the night
* *hij zal het wel ~* he's sure to pull through * *hij
haalde het nog net* he just made it * *de post ~*

⟨ophalen⟩ fetch the mail; ⟨op tijd zijn⟩ be in time
for the post * *het zal nog geen 10 dollar ~* it won't
even fetch 10 dollars * *de honderd ~* live to be a
hundred * *de trein ~* catch the train * *dat haalt niets
uit* that's no good ❺ *trekken* draw, pull * *het
wetsvoorstel erdoor ~* carry the bill * *de dokter kan
hem er niet door ~* the doctor can't save him * *een
kam door het haar ~* run a comb through one's hair
* *een streep door een naam ~* put a line/slash
through a name **II** *onoverg* [haalde, h. gehaald]
❶ *scheepv* pull ❷ *theat* draw (raise) the curtain ▼ *inf
dat haalt niet bij...* it's not a patch on..., it can't
touch...
**half I** *bn* half * *een halve cirkel* a semicircle * *~ één*
half past twelve * *~ Engeland* half of England * *~
geld* half the money, half price * *een ~ dozijn* half a
dozen * *een ~ jaar* half a year, six months * *~ maart*
mid March * *tot ~ maart* until the middle of March
* *muz een halve toon* a semitone * *een ~ uur* half an
hour * *de halve wereld* half the world * *het slaat ~*
the clock is striking the half hour * *met een ~ oor
luisteren* half listen, listen with half an ear * *~ werk*
poor work * *een ~ mens zijn* feel rotten **II** *bijw* half
* *~ te geef* half for nothing * *iets maar ~ verstaan*
only half understand sth * *~ af* half finished * *dat is
mij maar ~ naar de zin* it's not altogether to my
liking **III** *o* half * *twee en een ~* two and a half * *twee
halven* two halves * *ten halve iets doen* do a thing by
halves * *beter ten halve gekeerd dan ten hele
gedwaald* he who stops halfway is only half in error
**halfautomatisch** *bn* semi-automatic
**halfbakken** *bn* half-baked
**halfbloed I** *m-v* [-en & -s] ❶ *dier* cross-breed ❷ *mens
beledigend* half-breed, half-caste, half-blood **II** *bn*
cross-bred
**halfbroer** *m* [-s] half-brother
**halfdonker** *o* semi-darkness
**halfdood** *bn* half-dead
**halfduister I** *bn* semi-dark **II** *o* semi-darkness,
twilight
**halfedelsteen** *m* [-stenen] semi-precious stone
**half-en-half** *bijw* * *ik denk er ~ over om...* I have half
a mind to...
**halffabricaat** *o* [-katen] semi-manufactured article
**halfgaar** *bn* ❶ half-done, half-baked ❷ *fig* half-baked,
*inf* dotty
**halfgeleider** *m* [-s] semi-conductor
**halfgod** *m* [-goden] demigod
**halfhartig** *bn* half-hearted
**halfjaar** *o* [-jaren] six months, half a year
**halfjaarcijfers** *zn* [mv] interim figures
**halfjaarlijks I** *bn* half yearly * *~e controle* a
half-yearly/six-monthly check up **II** *bijw* every six
months
**halfje** *o* [-s] *half glas* half a glass ▼ *een ~ wit* a half
white, a white loaf
**halfleeg** *bn* half empty
**half-om-half** *o & m gehakt* mixed beef and pork

mince, Am mixed beef and pork hamburger meat
**halfpension** o half board
**halfpipe** m [-s] half pipe
**halfrond I** o [-en] hemisphere * het
noordelijk/zuidelijk ~ the Northern/Southern
hemisphere **II** bn semicircular
**halfslachtig** bn ❶ biol amphibious ❷ fig
half-hearted
**halfstok** bijw at half mast * met de vlaggen ~ with
the flags at half mast
**halftint** v [-en] halftone
**halfuur** o [-uren] half (an) hour * over een ~ in half
an hour, in half an hour's time
**halfvol** bn half full *~le melk low-fat milk,
semi-skimmed milk, reduced cream milk
**halfwas I** m [-sen] ❶ leerling vakman apprentice,
trainee ❷ puber adolescent, juvenile **II** bn ❶ leerling
apprentice ❷ onvolwassen juvenile
**halfweg** bijw halfway
**halfzacht** bn ❶ v. ei medium-boiled ❷ fig half-baked,
dotty
**halfzus** v [-sen], **halfzuster** [-s] half-sister
**halfzwaargewicht I** m [-en] persoon light
heavyweight **II** o gewicht light heavyweight
**halleluja** o [-'s] hallelujah
**hallo** tsw hello, hallo, hullo
**hallucinatie** v [-s] hallucination
**hallucineren** onoverg [hallucineerde, h.
gehallucineerd] hallucinate
**hallucinogeen I** bn hallucinogenic **II** o [-genen]
hallucinogen
**halm** m [-en] stalk, ‹grass› blade
**halo** m ['s] halo
**halo-effect** o halo effect
**halogeen** o [-genen] halogen
**halogeenlamp** v [-en] halogen lamp
**hals** m [halzen] ❶ v. het lichaam/v. een voorwerp neck
* zijn/de ~ breken break one's neck * dat zal hem de
~ breken it will be his undoing * iem. om de ~ vallen
fling/throw one's arms around somebody's neck
* zich iets op de ~ halen ‹straf &› bring sth on
oneself, incur sth; ‹verkoudheid &› catch sth * een
lage ~ a low neckline, a décolleté ❷ v. zeil tack
❸ sukkel simpleton * een onnozele ~ a silly fool
**halsband** m [-en] collar
**halsbrekend** bn breakneck *~e toeren uithalen
carry out daredevil feats
**halsdoek** m [-en] kerchief, small scarf
**halsketting** m & v [-en] chain around the neck,
necklace
**halsmisdaad** v [-daden] capital crime
**halsoverkop** bijw head over heels, headlong *~
verliefd worden fall head over heels in love * hij viel
~ uit de boom he fell headlong out of the tree * hij
ging ~ naar huis he dropped everything and rushed
home * zij werd ~ naar het ziekenhuis gebracht she
was rushed to hospital
**halsreikend** bn *~ uitzien naar eagerly look

forward to *~ uitzien naar de zomer long for the
summer
**halsslagader** v [-en & -s] carotid (artery)
**halssnoer** o [-en] necklace
**halsstarrig I** bn headstrong, stubborn, obstinate
**II** bijw stubbornly, obstinately
**halsstarrigheid** v stubbornness, obstinacy
**halster** m [-s] halter
**halswervel** m [-s] cervical vertebra
**halszaak** v [-zaken] * laten we er geen ~ van maken
let's not make a song and dance about it
**halt I** v halt *~ houden make a halt, halt, stop * mil
~ laten houden halt ‹the soldiers›, call a halt ‹to the
march› **II** o * fig een ~ toeroepen aan call a halt to,
check, stop **III** tsw *~! halt!, stop!
**halte** v [-n, -s] ❶ v. trein station ❷ v. tram, bus stop
**halter** m [-s] ❶ kort dumbbell ❷ lang barbell
**halvarine** v low fat margarine
**halvegare** m [-n] halfwit, idiot, fool
**halvemaan** v [-manen] half-moon, crescent
**halveren** overg [halveerde, h. gehalveerd] halve
**halvering** v [-en] halving
**halveringstijd** m [-en] half-life (period)
**halverwege** bijw halfway *~ de trap halfway down
the stairs
**halvezool** v [-zolen] inf halfwit, cretin
**ham** v [-men] ham
**Hamburg** o Hamburg
**Hamburger** m [-s] Hamburger
**hamburger** m [-s] broodje hamburger, beefburger
**Hamburgs** bn of/from Hamburg
**Hamburgse** v [-n] * ze is een ~ she's from Hamburg
**hamer** m [-s] hammer, ‹van hout ook› mallet * onder
de ~ brengen put sth up for auction * onder de ~
komen come under the hammer, be sold by auction
* tussen ~ en aambeeld between the devil and the
deep (blue) sea *~ en sikkel hammer and sickle *
‹v. sporters› de man met de ~ slaat toe (sudden)
exhaustion has set in
**hameren** onoverg en overg [hamerde, h. gehamerd]
❶ hammer * fig op iets blijven ~ keep harping on a
matter * iets erin ~ hammer sth in ❷ afhameren
gavel, call for order
**hamerhaai** m [-en] hammerhead shark
**hamerslag I** m [-slagen] blow (stroke) of a hammer,
hammer stroke, hammer blow **II** o ijzerschilfers in
smederij hammer scale, scale
**hamerstuk** o [-ken] makkelijk te nemen besluit
formality
**hamlap** m [-pen] pork steak
**hamster** v [-s] hamster
**hamsteraar** m [-s] (food) hoarder
**hamsteren** onoverg en overg [hamsterde, h.
gehamsterd] hoard (food)
**hamstring** m & v [-s] hamstring
**hamstringblessure** v [-n, -s] injury to the hamstring
**hamvraag** v [-vragen] * dat is de ~ that's the crux of
it, that's the crucial question

**hand** *v* [-en] hand *✶zijn ~en staan verkeerd* he's very unhandy, he's all thumbs *✶de vlakke ~* the flat of the hand *✶iem. de ~drukken/geven/schudden* shake hands with sbd *✶iem. de ~op iets geven* shake hands on/over sth *✶de ~hebben in iets* have a hand in sth *✶~en vol geld hebben* have heaps (lots) of money *✶de ~en vol hebben* have one's hands full, have one's work cut out *✶de vrije ~hebben* have carte blanche, have a free hand *✶de ~houden aan* enforce ⟨a regulation &⟩ *✶iem. de ~boven het hoofd houden* protect sbd *✶de ~en ineenslaan* join hands; *fig* join forces *✶de ~en ineenslaan van verbazing* throw up one's hands in wonder *✶iem. de vrije ~laten* leave/give/allow sbd a free hand *✶de laatste ~ leggen aan het werk* put the finishing touches to the work *✶de ~leggen op* lay hands on *✶de ~lenen tot iets* lend oneself to sth, be a party to sth *✶de ~ lichten met veiligheidsvoorschriften/regels &* not stick to safety regulations/the rules & *✶daar draai ik mijn ~niet voor om* I'm quite capable of doing that *✶~en omhoog!* hands up!, stick them up! *✶de ~opheffen tegen iem.* lift/raise one's hand against sbd *✶de ~ ophouden* hold out one's hand; ⟨bedelen⟩ beg *✶de ~aan zichzelf slaan* commit suicide *✶de ~en uit de mouwen steken* put one's shoulder to the wheel, buckle to *✶geen ~uitsteken om...* not lift/raise/stir a finger to... *✶de ~vragen van een meisje* ask a girl's hand in marriage *✶geen ~voor ogen kunnen zien* not be able to see one's hand in front of one's face *✶aan de ~van deze gegevens* on the basis of this data *✶aan de ~van voorbeelden* from examples *✶~aan ~* hand in hand *✶iem. iets aan de ~doen* procure/find/get sth for sbd; ⟨suggereren⟩ suggest sth to sbd *✶aan de beterende ~zijn* be getting better, be on the mend *✶wat is er aan de ~?* what's up? *✶er is iets aan de ~* there's something going on *✶er is niets aan de ~* there's nothing the matter *✶aan ~en en voeten binden* bind hand and foot *✶iets achter de ~hebben* have sth up one's sleeve *✶iets (altijd) bij de ~hebben* (always) have sth ready/handy/at hand *✶al vroeg bij de ~zijn* up early *✶met de degen in de ~* sword in hand *✶de situatie in de ~hebben* have the situation under control, have the situation in hand *✶wij hebben dat niet in de ~* these things are beyond/are out of our control *✶~in ~* hand in hand *✶in ~en komen/vallen van...* fall into the hands of... *✶iets in ~en krijgen* get hold of sth *✶in andere ~en overgaan* change hands *✶iem. iets in ~en spelen* smuggle sth into sbd's hands *✶hij heeft zich iets in de ~laten stoppen* he's been taken in *✶in ~en van de politie vallen* fall into the hands of the police *✶iem. in de ~werken* play into sbd's hands *✶iets in de ~ werken* encourage/promote sth *✶in ~en zijn van* be in the hands of *✶met de ~gemaakt* handmade, made by hand *✶met de ~en in het haar zitten* be at one's wits' end *✶met de ~en in de schoot zitten* sit with folded hands; *fig* be idle, do nothing *✶met de ~op het hart* hand on heart; *fig* in all conscience

*✶met beide ~en aangrijpen* jump at ⟨a proposal⟩, seize ⟨the opportunity⟩ with both hands *✶met lege ~en* empty handed *✶(met) de ~over het hart strijken* be lenient *✶met ~en tand* tooth and nail *✶met de ~ geschilderd* painted by hand, handpainted *✶met losse ~en fietsen* cycle with no hands/without holding on *✶iem. naar zijn ~zetten* manage sbd (at will), get sbd to do what one wants *✶niets om ~en hebben* have nothing to do *✶onder de ~* meanwhile *✶iets onder ~en hebben* be at work on sth *✶iem. onder ~en nemen* take sbd to task *✶* ⟨opknappen⟩ *iets onder ~en nemen* take sth in hand, clean sth, overhaul sth *✶fig iem. op ~en dragen* worship/idolize sbd *✶het publiek op zijn ~hebben* have the audience eating out of one's hand *✶op iems. ~zijn* be on sbd's side, side with sbd *✶op ~en zijn* be near at hand, be drawing near *✶op ~en en voeten* on all fours *✶~over ~hand over hand *✶~over ~toenemen* spread, become rampant *✶een voorwerp ter ~nemen* take an object in one's hands *✶een werk ter ~nemen* undertake a job, take a job in hand *✶iem. iets ter ~ stellen* hand sth to sbd *✶uit de eerste ~* (at) first hand, *inf* straight from the horse's mouth *✶uit de vrije ~* by hand *✶iets uit ~en geven* give sth away, give sth to sbd else *✶uit de ~lopen* get out of hand *✶uit de ~ verkopen* sell by private contract *✶van hoger ~ → **hogerhand*** *✶iets van de ~doen* dispose of sth, part with sth, sell sth *✶goed van de ~gaan* sell well *✶van de ~wijzen* refuse ⟨a request⟩, decline ⟨an offer⟩, reject ⟨a proposal⟩ *✶van ~tot ~* from hand to hand *✶van de ~in de tand* from hand to mouth *✶voor de ~liggen* be obvious *✶het zijn twee ~en op één buik* they're hand in glove *✶als de ene ~de andere wast, worden ze beide schoon* you scratch my back and I'll scratch yours *✶veel ~en maken licht werk* many hands make light work

**handappel** *m* [-en & -s] eating apple

**handarbeider** *m* [-s] manual worker

**handbagage** *v* hand luggage

**handbal** *l o & m* [-len] handball *ll o* sp handball

**handballen** *onoverg* [handbalde, h. gehandbald] play handball

**handballer** *m* [-s] handball player

**handbediening** *v* manual control

**handbereik** *o* *✶binnen ~* within reach

**handbeweging** *v* [-en] hand movement

**handboei** *v* [-en] *meestal mv* handcuff

**handboek** *o* [-en] manual, handbook, ⟨naslagwerk⟩ reference work

**handboog** *m* [-bogen] longbow

**handboor** *v* [-boren] hand drill, ⟨klein⟩ gimlet, auger

**handbreed** *o*, **handbreedte** *v* [-n & -s] hand's breadth *✶geen ~wijken* not budge an inch

**handcrème** *v* [-s] hand cream

**handdoek** *m* [-en] towel *✶een ~op rol* a roller towel *✶de ~in de ring gooien* give up, throw in the towel

**handdruk** *m* [-ken] hand pressure, handshake *✶een*

~ *wisselen* shake hands ∗ *een gouden*~ a golden handshake

**handel** *m* ❶ *handelsverkeer* trade, business, commerce ∗~ *drijven* do business, trade (*met* with) ∗ *in de*~ *brengen* put on the market ∗ *niet in de*~ ⟨mag niet verkocht worden⟩ not for sale; ⟨niet te krijgen⟩ not to be had; ⟨v. pamfletten &⟩ privately printed ∗ *uit de*~ *nemen* withdraw from the market ∗ *geef maar hier die hele*~ just give me the whole lot ∗~ *en wandel* conduct, way of living, way of life ❷ *v. verboden zaken* traffic ∗ *illegale*~ illicit trading, trafficking ∗ ~ *in verdovende middelen* trading in drugs, drug dealing ❸ *zaak* business ∗ *in de*~ *gaan|zijn* go into/be in business

**handelaar** *m* [-s & -laren] ❶ merchant, dealer, trader ∗ *een*~ *in koffie|papier &* a trader in coffee/paper & ❷ *in verboden goederen* trafficker

**handelbaar** *bn* ❶ *volgzaam* tractable, manageable, docile ❷ *hanteerbaar* handy, easy to handle ❸ *verwerkbaar* flexible, pliant, manageable

**handelen** *onoverg* [handelde, h. gehandeld] ❶ *doen* act ∗ ~ *naar (een beginsel)* act on (a principle) ∗ *hoe nu te*~? what do we do now? ∗ *over een onderwerp*~ deal with/treat a subject ❷ *handel drijven* trade, deal ∗ ~ *in hout* deal/trade in timber ∗ *eff*~ *met voorkennis* insider trading, insider dealing

**handeling** *v* [-en] ❶ *alg.* action, act ∗ *de Handelingen der Apostelen* the Acts of the Apostles ∗ *de*~*en van dit genootschap* the proceedings/transactions of this society ∗ *de Handelingen der Staten-Generaal* the official parliamentary records ∗ *de Handelingen van het Britse Parlement* Hansard ∗ jur *een rechtmatige*~ a lawful act ❷ *v. toneelstuk* action

**handelingsbekwaam** *bn* jur (legally) competent

**handelingsonbekwaam** *bn* jur not legally competent

**handelsakkoord** *o* [-en] trade agreement

**handelsartikel** *o* [-en & -s] commodity, piece of merchandise

**handelsbalans** *v* [-en] balance of trade, trade balance ∗ *een tekort op de*~ a trade gap/deficit ∗ *een actieve|passieve*~ a favourable/unfavourable balance of trade

**handelsbank** *v* [-en] merchant bank

**handelsbetrekkingen** *zn* [mv] commercial relations

**handelsboycot** *m* [-s] trade boycott

**handelscentrum** *o* [-s & tra] trade centre/Am center

**handelsembargo** *o* ['s] trade embargo ∗ *een*~ *instellen tegen...* impose a trade embargo on...

**handelsfirma** *v* ['s] business/commercial firm

**handelsgeest** *m* commercial spirit

**handelshuis** *o* [-huizen] trading company/firm/house

**handelskantoor** *o* [-toren] business office

**handelskennis** *v* commercial practice

**handelsklimaat** *o* business climate

**handelskrediet** *o* [-en] trade credit

**handelsmaatschappij, handelmaatschappij** *v* [-en] trading/commercial company

**handelsmerk** *o* [-en] trade mark

**handelsmissie** *v* [-s] trade mission/delegation

**handelsnaam** *m* [-namen] trade name

**handelsnatie** *v* [-s] trading nation

**handelsonderneming** *v* [-en] commercial/business enterprise

**handelsoorlog** *m* [-logen] ❶ *tussen landen* trade war ❷ *prijzenoorlog* price war

**handelsovereenkomst** *v* [-en] commercial/trade agreement

**handelsplaats** *v* [-en] place of business

**handelsrecht** *o* commercial/merchant law

**handelsregister** *o* [-s] commercial/trade register

**handelsreiziger** *m* [-s] travelling/Am traveling salesman, commercial traveller/Am traveler

**handelsverdrag** *o* [-dragen] commercial/trade treaty

**handelsverkeer** *o* ❶ business dealings ❷ *in het groot* commerce, trade

**handelsvloot** *v* [-vloten] merchant fleet

**handelsvoorraad** *m* [-raden] trading stock, stock-in-trade

**handelswaar** *v* [-waren] commercial articles/goods, merchandise

**handelswaarde** *v* market/commercial value

**handeltje** *o* [-s] ❶ *het handelen* deal, job ❷ *handelswaar* lot

**handelwijze** *v* [-wijzen] method, approach

**handenarbeid** *m* ❶ *v. arbeider* manual labour ❷ *op school* manual training, hand(i)craft

**handenbinder** *m* [-s] ∗ *een baby is een*~ a baby ties you down

**hand-en-spandiensten** *zn* [mv] ∗~ *verlenen aan|verrichten voor de vijand* aid and abet the enemy

**handenwringend** *bn* wringing one's hands

**handgebaar** *o* [-baren] gesture, motion of the hand

**handgeklap** *o* applause, clapping

**handgeld** *o* [-en] earnest money

**handgemaakt** *bn* handmade

**handgemeen** **I** *bn* ∗~ *worden* come to blows **II** *o* hand-to-hand fight

**handgeschilderd** *bn* handpainted ∗ *een*~*e vaas* a handpainted vase

**handgeschreven** *bn* handwritten ∗ *een*~ *brief* a handwritten letter

**handgranaat** *v* [-naten] (hand) grenade

**handgreep** *m* [-grepen] ❶ *greep* grasp, grip ❷ *handvat* handle ❸ *handigheid* knack ❹ *truc* trick

**handhaven** **I** *overg* [handhaafde, h. gehandhaafd] maintain, preserve ⟨the peace⟩, uphold ⟨the law⟩ ∗ *de orde*~ keep/enforce order **II** *wederk* [handhaafde, h. gehandhaafd] ∗ *zich*~ hold one's own, one's ground

**handhaving** *v* maintenance ∗~ *van de openbare orde* keeping/preserving the public order

ha

**handicap** *m* [-s] handicap✱ *mensen met een*∼ the disabled

**handicaprace** *m* [-s] handicap race

**handig I** *bn* ❶ *behendig* handy, clever, skilful/Am skillful✱ *hij is*∼ *in huis* he comes in handy around the house ❷ *bruikbaar* practical, useful✱ *een*∼ *toestel* a useful tool✱∼ *in gebruik* easy to use ❸ *slim* slick**II** *bijw* cleverly, skilfully, adroitly

**handigheid** *v* [-heden] handiness, skill, adroitness ✱ *een*∼*je* a trick of the trade

**handje** *o* [-s] (little) hand✱ *ergens een*∼ *van hebben* have a way with...✱∼ *helpen* lend a (helping) hand✱∼ *contantje* cash in hand✱ *schoon in het*∼ cash on the nail✱ *losse*∼*s hebben* be free with one's hands

**handjeklap** *o* ✱ ⟨samenspannen⟩∼ *spelen met* be in league with, be hand in glove with

**handjevol** *o* handful, fistful✱ *slechts een*∼ *mensen was gekomen* only a handful of people came

**handkar** *v* [-ren] barrow, handcart, pushcart

**handkus** *m* [-sen] ❶ kiss on the hand ❷ *kushand* hand-blown kiss

**handlanger** *m* [-s] helper, afkeurend accomplice

**handleiding** *v* [-en] manual, guide

**handlezen** *o* palmistry

**handlezer** *m* [-s] palmist

**handlijn** *v* [-en] line in the hand

**handlijnkunde** *v* palmistry

**handlingkosten** *zn* [mv] handling costs

**handmatig I** *bn* manual, by hand✱∼*e invoer* input by hand, manual input**II** *bijw* manually, by hand

**handomdraai** *m* ✱ *in een*∼ in a twinkling, in a trice, in no time

**handoplegging** *v* [-en] laying on of hands

**handopsteken** *o* ✱ *bij/door*∼ by (a) show of hands

**handpalm** *m* [-en] palm of the hand

**handreiking** *v* [-en] a helping hand, assistance

**handrem** *v* [-men] handbrake✱ *op de*∼ *zetten* put on the handbrake

**hands** *bn* sp hands✱ *aangeschoten*∼ unintentional hands✱∼ *maken* handle the ball✱∼*! hands!*▼∼ *up!* hands up!

**handschoen** *m & v* [-en]❶ glove✱ *zijn*∼*en aantrekken* pull on one's gloves✱ *iem. met fluwelen* ∼*en aanpakken* handle sbd with kid gloves ❷ hist gauntlet✱ *de*∼ *opnemen* take up the gauntlet✱ *iem. de*∼ *toewerpen* throw down the gauntlet✱ *met de*∼ *trouwen* marry by proxy

**handschoenenkastje** , **handschoenenvakje** *o* [-s] glove compartment/box

**handschrift** *o* [-en]❶ *wijze van schrijven* handwriting ❷ *handgeschreven tekst* manuscript

**handsfree** *bn & bijw* handsfree, without hands✱∼ *bellen* phone handsfree

**handsinaasappel** *m* [-s, -en] (eating) orange

**handslag** *m* [-slagen] slap (with the hand)✱ *iets op/met/onder*∼ *beloven* shake hands on sth✱ *verkoop bij*∼ shake/slap hands to close a deal

**handspiegel** *m* [-s] hand mirror

**handstand** *m* [-en] handstand

**handtas** *v* [-sen] handbag

**handtastelijk** *bn* ✱∼ *worden* ⟨beginnen te vechten⟩ become aggressive, violent; ⟨betasten⟩ paw ⟨a girl⟩

**handtastelijkheden** *zn* [mv]❶ *fysieke gewelddadigheden* physical violence✱ *het kwam tot* ∼ a fight broke out, it came to blows ❷ *bij een vrouw* pawing

**handtekening** *v* [-en] signature✱ *een digitale*∼ a digital signature

**handtekeningenactie** *v* [-s] petition

**handvaardigheid** *v* dexterity, manual skill

**handvat** *o* [-vatten] handle

**handvest** *o* [-en] charter

**handvol** *v* handful✱ inf *een*∼ *geld* a lot of money

**handvuurwapens** *zn* [mv] small arms

**handwas** *m* hand wash, washing by hand

**handwerk** *o* [-en]❶ *beroep* trade, craft ❷ *m.b.t. product* handmade ⟨product⟩✱ *is dit*∼*?* is this made by hand? ❸ *met de hand maken* handiwork ❹ *borduur-, haak-, breiwerk &* fancy work, needlework

**handwerken** *onoverg* [handwerkte, h, gehandwerkt] do needlework/embroidery

**handwerksman** *m* [-lieden & -lui] artisan

**handwoordenboek** *o* [-en] concise dictionary

**handzaag** *v* [-zagen] handsaw

**handzaam** *bn* ❶ *handelbaar* tractable, manageable ❷ *gemakkelijk te hanteren* handy

**hanenbalk** *m* [-en] tie beam, collar beam✱ *onder de* ∼*en* in the garret

**hanengevecht** *o* [-en] cock fight

**hanenkam** *m* [-men]❶ *kam v.e. haan* cock's comb ❷ *kapsel* Mohawk (haircut), Mohican (haircut) ❸ *zwam* chanterelle

**hanenpoot** *m* [-poten] scrawl, scribble

**hang** *m* [-en] bent (for), leaning (towards)✱ *een*∼ *naar het verleden* nostalgia (for the past)✱ *een*∼ *naar liefde* a craving for love

**hangar** , **hangaar** *m* [-s] hangar

**hangborst** *v* [-en] drooping/sagging breast

**hangbrug** *v* [-gen] suspension bridge

**hangbuikzwijn** *o* [-en] pot-bellied pig

**hangen I** *onoverg* [hing, h. gehangen]❶ *alg.* hang ✱ *aan een spijker*∼ hang from a nail✱ *aan een touw* ∼ hang by a rope ❷ *doodstraf* be hanged✱ *ik mag*∼ *als...* I'll be hanged if..., I'll be damned if...✱ *ik zou nog liever*∼ I'll be hanged first✱ *het was tussen*∼ *en wurgen* it was a tight squeeze ❸ *slap hangen* hang, droop, sag✱ *het hoofd laten*∼ hang one's head✱ *de lip laten*∼ pout ❹ *vastzitten* hang, stick, be stuck ✱ *aan iems. lippen*∼ hang on sbd.'s lips✱ *aan iem.*∼ stick to sbd✱ *hij is daar blijven*∼ he stayed hanging around there; fig he's remained stuck in the same grove✱ *blijven*∼ *aan* be caught in ⟨a branch &⟩✱ ⟨aan telefoon⟩ *blijf even*∼ hold the line, wait a moment✱ *hij is eraan blijven*∼ he ended up being stuck with it *er zal weinig van blijven* ~very little of it will stick in the memory *dat verhaal hangt van leugens/als droog zand aan elkaar* that story is a pack of lies/is pure fabrication ❺*onbeslist zijn* hang, be up in the air *die kwestie hangt nog* the issue is still up in the air ❻*verlangen* hang, long *~naar* long for ❼*nietsdoen* hang (around/about/out) *sta daar niet te* ~stop hanging about/around *hij hangt iedere avond in de kroeg* he hangs out at the pub every evening **II** *overg* [hing, h. gehangen] hang *een schilderij aan de muur* ~hang a painting on the wall

**hangend I** *bn* ❶*niet staand* hanging, drooping *~e borsten* drooping/sagging breasts *voetbal een* ~e *spits* a midfield striker ❷*nog gaande, niet beslist* pending *de zaak is nog* ~e the business is still pending **II** *voorz* *~e het onderzoek* pending the inquiry

**hang-en-sluitwerk** *o* locks and hinges

**hanger** *m* [-s] ❶*klerenhanger* (coat) hanger ❷*oorsieraad* drop earring ❸*halssieraad* pendant, pendent

**hangerig** *bn* listless, languid

**hangglider** *m* [-s] hang-glider

**hangijzer** *o* [-s] pot hanger *een heet* ~a controversial affair, inf a hot potato

**hangjongere** *m-v* [-n] kid that hangs around

**hangkast** *v* [-en] wardrobe

**hangklok** *v* [-ken] hanging clock

**hangmap** *v* [-pen] suspended filing folder

**hangmat** *v* [-ten] hammock

**hangplant** *v* [-en] hanging plant

**hangplek** *v* [-ken] spot for hanging around *dit was jarenlang de* ~*van junks* drug addicts hung around/out here for years

**hangslot** *o* [-sloten] padlock

**hangsnor** *v* [-ren] drooping moustache(s)

**hangtiet** *v* [-en] droopy/saggy tit

**hangwang** *v* [-en] *meestal mv* baggy cheek

**hanig** *bn* macho *~gedrag* macho behaviour

**hannesen** *onoverg* [hanneste, h. gehannest] muck/mess around *zit niet zo te* ~*!* stop mucking/messing around! *hij zat te* ~*met zijn stropdas* he was messing around with his tie

**hansop** *m* [-pen] rompers

**hansworst** *m* [-en] buffoon

**hanteerbaar** *bn* easy to handle, manageable

**hanteren** *overg* [hanteerde, h. gehanteerd] ❶*gebruiken* operate, employ, ‹gereedschap› handle, dicht ‹wapen, potlood, naald &› wield, ply ❷*beheersen* manage *conflicten kunnen* ~able to deal with conflicts

**Hanze** *v* Hanse, Hanseatic League

**Hanzestad** *v* [-steden] Hanseatic town

**hap** *m* [-pen] ❶*het happen* bite *~!* open up! ❷*mondvol* bite, morsel, bit *in één* ~in one bite/mouthful *geen* ~*naar binnen kunnen krijgen* not able to eat, have no appetite *een warme* ~a

warm snack *de hele* ~all of them *weg met die* ~*!* away with them!

**haperen** *onoverg* [haperde, h. gehaperd] ❶*bij het spreken* ‹v. stem› falter, waver, ‹v. gesprek› flag *zonder* ~unfalteringly, without a hitch ❷*v. machine* not work/function properly *hapert er iets aan?* anything wrong/the matter? *de motor hapert* the engine's playing up

**hapering** *v* [-en] ❶*storing* hitch ❷*bij het spreken* hesitation

**hapje** *o* [-s] bite, mouthful, snack *een* ~*en een drankje* a snack and a drink *een smakelijk* ~a tasty morsel

**hapjespan** *v* [-nen] frying pan, sauté pan

**hapklaar** *bn* ready-to-eat *ook fig hapklare brokken* bite-sized chunks, easy to digest chunks

**happen** *onoverg* [hapte, h. gehapt] snap (at), bite (at), ‹m.b.t. vissen› take the bait *~in* bite into *~naar lucht* gasp for air *toen wij hem geld aanboden, hapte hij direct* as soon as we offered him money he took the line

**happening** *v* [-s] happening

**happig** *bn* *(niet erg)* ~*op iets zijn* (not) be keen on sth

**happy end** *o* [-s] happy end(ing)

**happy hour** *o* [-s] happy hour

**hapsnap** *bijw* random, uncoordinated, inf bitty

**haptonomie** *v* haptonomy

**haptonoom** *m* [-nomen] haptonomist

**harakiri** *o* *~plegen* commit hara-kiri

**hard I** *bn* ❶*niet zacht* hard *~e eieren* hard-boiled eggs *een* ~e *munt* hard currency *comput de* ~e *schijf* the hard disc/disk *zo* ~*als staal* as hard as steel ❷*moeilijk* hard ‹times› ❸*onbetwistbaar* hard ‹figures›, firm ‹evidence› ❹*streng* hard ‹action›, firm ‹approach›, harsh ‹judgement›, tough ‹measures› ❺*hevig, krachtig* hard ‹wind›, tough ‹fight›, heavy ‹rain›, stiff ‹competition, opposition› ❻*luid* loud ‹music, voices› ❼*schel* loud ‹colours› ❽*met hoog kalkgehalte* hard ‹water› **II** *bijw* ❶*niet zacht* hard *~aankomen* pack a punch *het gaat* ~*tegen* ~it is a fight to the finish, the gloves are off *zo* ~*zij konden* as hard/loud/fast & as they could, their hardest/loudest/fastest & ❷*luid* loudly *~lachen* laugh loudly/heartily *om het* ~*st roepen/schreeuwen &* shout/scream & at the top of one's voice ❸*snel* fast, quickly *~naar huis rennen* rush home, run home quickly ❹*moeilijk* hard *het* ~*hebben* have a hard time of it ❺*dringend* sorely, badly *... is* ~*nodig* ...is sorely needed

**hardboard** *o* hardboard

**harddisk** *m* [-s] comput hard disc/disk

**harddrug** *m* [-s] hard drug

**harden** *overg* [hardde, h. gehard] harden, temper ‹steel› *zich* ~*tegen* harden oneself against *iets niet kunnen* ~not be able to bear/stand sth, inf not be able to take/stick sth *het is niet te* ~it's unbearable

**hardgekookt** *bn* hard-boiled \* *een ~ ei* a hard-boiled egg
**hardhandig** *bn* hard-handed, rough, heavy-handed
**hardheid** *v* [-heden] ❶ *v. materialen* hardness, toughness ❷ *v. mensen* toughness, harshness, severity
**hardhorend, hardhorig** *bn* hard of hearing
**hardhout** *o* hardwood
**hardhouten** *bn* hardwood
**hardleers** *bn* ❶ *moeilijk lerend* unteachable, <u>inf</u> dense ❷ *eigenwijs* headstrong, obstinate
**hardliner** *m* [-s] hardliner
**hardloopwedstrijd** *m* [-en] (running) race
**hardlopen** *onoverg* [liep hard, h. hardgelopen] run, race
**hardloper** *m* [-s] *iem. die rent* runner, <u>sp</u> racer, jogger \* *~s zijn doodlopers* more haste less speed
**hardmaken** *overg* [maakte hard, h. hardgemaakt] *bewijzen* prove \* *hij kan die bewering niet ~* he can't prove/substantiate the claim
**hardmetalen** *bn* hard metal
**hardnekkig** *bn* ❶ *v. persoon* obstinate, stubborn ❷ *v. geruchten, pogingen, ziekte &* persistent ❸ *v. tegenstand* stubborn, stiff
**hardop** *bijw* aloud \* *~ denken* think aloud
**hardrijden** *o* racing \* *~ op de schaats* speed skating
**hardrijder** *m* [-s] racer \* *een ~ op de schaats* a speed skater
**hardrock** *m* hard rock
**hardvochtig** *bn* hard-hearted, callous \* *een ~e beslissing* a hard-hearted decision \* *een ~ persoon* a callous person
**hardware** *m* hardware
**harem** *m* [-s] harem
**harig** *bn* hairy
**haring** *m* [-en] ❶ *vis* herring \* *een zure/zoute ~* a pickled/salted herring \* *als ~en in een ton* packed like sardines (in a tin) \* *~ of kuit van iets willen hebben* want to know what's what ❷ *v. tent* tent peg
**haring kaken** *o* curing of herrings
**haringvangst** *v* [-en] ❶ *haringvisserij* herring fishery ❷ *vangst in één keer* herring catch
**haringvisser** *m* [-s] herring fisherman
**haringvisserij** *v* herring fishery
**hark** *v* [-en] ❶ *gereedschap* rake ❷ *stijf persoon* stick, gawky person
**harken** *overg en onoverg* [harkte, h. geharkt] rake
**harkerig** **I** *bn* stiff, wooden **II** *bijw* stiffly, woodenly
**harlekijn** *m* [-s] ❶ *toneelfiguur* harlequin ❷ *clown* buffoon, clown
**harmonica** *v* ['s] accordion
**harmonicawand** *m* [-en] folding partition
**harmonie** *v* [-nieën] ❶ harmony \* *in ~ met elkaar leven* live in harmony together ❷ *harmonieorkest* [-s] woodwind and brass band
**harmoniemodel** *o* [-len] conflict-avoidance strategy
**harmonieorkest** *o* [-en] woodwind and brass band
**harmoniëren** *onoverg* [harmonieerde, h. geharmonieerd] harmonize (*met* with)
**harmonieus** *bn* ❶ *welluidend* harmonious ❷ *evenmatig* harmonic
**harmonisatie** *v* [-s] harmonization
**harmonisch** *bn* in harmony \* <u>wisk</u> *een ~e reeks* harmonic progression
**harmoniseren** *overg* [harmoniseerde, h. geharmoniseerd] harmonize
**harmonisering** *v* [-en] harmonization
**harmonium** *o* [-s] harmonium
**harnas** *o* [-sen] armour \* *iem. (tegen zich) in het ~ jagen* put sbd's back up \* *mensen tegen elkaar in het ~ jagen* set people up against one another \* *in het ~ sterven* die in harness \* *voor iets/iem. het ~ aantrekken* stand firm in support of sth/sbd
**harp** *v* [-en] <u>muz</u> harp \* *op de ~ spelen* play the harp
**harpist, harpenist** *m* [-en] harpist
**harpoen** *m* [-en] harpoon
**harpoeneren** *overg* [harpoeneerde, h. geharpoeneerd] harpoon
**hars** *o & m* [-en] ❶ *v. boom* resin ❷ *voor strijkstok* rosin
**harsen** *overg* [harste, h. geharst] depilate (with wax)
**hart** *o* [-en] ❶ *orgaan* heart \* *hij draagt het ~ op de juiste plaats* his heart is in the right place \* *het ~ op de tong hebben* wear one's heart on one's sleeve \* *ik hou mijn ~ vast* I have my misgivings, I fear the worst \* *het ~ klopte mij in de keel* my heart was in my mouth \* *iem. aan het ~ drukken* clasp sbd to one's heart/bosom \* *hij heeft het aan zijn ~* he has a weak heart, he has heart trouble \* *dat is mij na aan het ~ gebakken* I hold it dear \* *dat ligt mij na aan het ~* it's very near to my heart \* *hij is een... in ~ en nieren* he is a... through and through \* *met ~ en ziel* in heart and soul \* *het wordt mij wee om het ~* I'm sick at heart \* *iem. iets op het ~ binden/drukken* urge sbd to ‹do sth› \* *iets op het ~ hebben* have sth on one's mind \* *zeggen wat men op het ~ heeft* speak freely, speak one's mind \* *hij kon het niet over zijn ~ verkrijgen om...* he didn't have the heart to... \* *uw welzijn gaat mij ter ~e* I have your welfare at heart \* *iets ter ~e nemen* take sth to heart \* *dat is mij uit het ~ gegrepen* this is something after my own heart \* *uit de grond/het diepst van zijn ~* from the bottom of his heart \* *van ~e, hoor!* congratulations! \* *van ganser ~e* ‹love sbd› with all one's heart, ‹thank sbd› wholeheartedly/ from one's heart \* *waar het ~ vol van is, loopt de mond van over* out of the abundance of the heart, the mouth speaketh \* *dat is een pak van mijn ~* that's a relief \* *alles wat zijn ~je begeert* everything he's ever wanted ❷ *gemoed, binnenste* heart \* *een goed ~ hebben* be kind-hearted \* *een ~ van steen* a heart of stone \* *zijn ~ luchten* give vent to one's feelings, speak one's mind \* *zijn ~ uitstorten* show one's feelings \* *zijn ~ ophalen aan* eat/read & one's fill of \* *dat zal hem aan het ~ gaan* he'll be touched by that \* *in zijn ~ gaf hij mij gelijk* in his heart of hearts he knew I was right \* *in zijn ~*

*is hij...* at heart he is... ❸ *moed* heart, courage ∗ *het ~ hebben om...* have the heart to..., have the conscience to... ∗ *niet het ~ hebben om* not have the heart/courage to, not dare to ∗ *als je het ~ hebt!* if you dare! ∗ *heb het ~ niet* don't you dare, don't you have the cheek ∗ *iem. een ~ onder de riem steken* give encouragement to sbd ∗ *het ~ zonk hem in de schoenen* his heart sank (into his boots) ❹ *gezindheid* heart ∗ *geen ~ hebben voor zijn werk* not have one's heart in one's work ∗ *iem. een goed ~ toedragen* be well disposed toward sbd ∗ *hij is een man naar mijn ~* he's a man after my own heart ❺ *kern, midden* heart, middle, core ∗ *het Groene Hart* The Green Heart ∗ *~je winter* in the middle of winter ❻ *vorm* heart ∗ *~en is troef* hearts are trumps

**hartaandoening** *v* [-en] heart condition/disease

**hartaanval** *m* [-len] heart attack

**hartafwijking** *v* [-en] heart condition

**hartbewaking** *v ziekenhuisafdeling* coronary care unit ∗ *aan de ~ liggen* be in intensive care

**hartboezem** *m* [-s] auricle (of the heart)

**hartbrekend** *bn* heartbreaking, heartrending

**hartchirurg** *m* [-en] cardiac/heart surgeon

**hartchirurgie** *v* cardiac/heart surgery

**hartelijk** *bn* hearty, cordial, warm ∗ *de ~e groeten van allen* kindest regards from all ∗ *een ~e ontvangst* a warm welcome ∗ *~dank* thank you very much/so much ∗ *~lachen* laugh heartily ∗ *~gefeliciteerd* many happy returns, congratulations

**hartelijkheid** *v* heartiness, cordiality, warmth, open-heartedness

**harteloos** *bn* heartless

**harten** *v* [idem of -s] kaartsp hearts

**hartenaas** *m & o* [-azen] ace of hearts

**hartenboer** *m* [-en] jack of hearts

**hartenbreker** *m* [-s] heartbreaker

**hartendief** *m* [-dieven] darling, sweetheart, heartthrob

**hartenheer** *m* [-heren] king of hearts

**hartenjagen** *o kaartspel* hearts, rickety Kate

**hartenkreet** *m* [-kreten] heartfelt cry

**hartenlust** *m* ∗ *naar ~* to one's heart's content

**hart- en vaatziekten** *zn* [mv] cardiovascular diseases

**hartenvrouw** *v* [-en] queen of hearts

**hartenwens** *m* [-en] heart's desire

**hartgrondig I** *bn* whole-hearted, heartfelt ∗ *een ~e afkeer van/hekel aan iem. hebben* have a heartfelt/an intense hatred for sbd **II** *bijw* whole-heartedly ∗ *~ vloeken* swear whole-heartedly

**hartig** *bn* ❶ *zout* salt ❷ *stevig* hearty ‹meal› ∗ *een ~ woordje met iem. spreken* have a heart-to-heart (talk) with sbd

**hartinfarct** *o* [-en] heart attack, coronary thrombosis, *inf* coronary

**hartkamer** *v* [-s] ventricle (of the heart)

**hartklachten** *zn* [mv] heart complaint

**hartklep** *v* [-pen] ❶ *anat* cardiac valve ❷ *techn* suction valve

**hartklopping** *v* [-en] *meestal mv* palpitation (of the heart), heart palpitation, *med* tachycardia

**hartkwaal** *v* [-kwalen] heart condition, *inf* heart trouble

**hart-longmachine** *v* [-s] heart-lung machine

**hartmassage** *v* [-s] heart massage

**hartoperatie** *v* [-s] heart/cardiac surgery ∗ *een open ~* open heart surgery

**hartpatiënt** *m* [-en] cardiac/heart patient ∗ *~ zijn* have a heart condition

**hartritme** *o* [-s] heartbeat

**hartritmestoornis** *v* [-se] irregular heartbeat, *med* cardiac arrhythmia

**hartroerend I** *bn* heartbreaking, moving, pathetic ‹sight› ∗ *een ~e film* a moving film **II** *bijw* heartbreakingly, pathetically

**hartruis** *m* cardiac/heart murmur

**hartsgeheim** *o* [-en] *meestal mv* intimate secret

**hartslag** *m* [-slagen] heartbeat

**hartspecialist** *m* [-en] cardiologist, heart specialist

**hartspier** *v* [-en] heart muscle

**hartsterking** *v* [-en] *borrel* pick-me-up

**hartstikke** *bijw* awfully ∗ *~ dood/doof* stone dead/deaf ∗ *~ gek* stark staring mad ∗ *hij was ~ gek om de toren te beklimmen* he was crazy to climb that tower ∗ *~ goed!* super! ∗ *zij kon ~ goed zingen* she was a marvellous singer ∗ *~ leuk!* great! fantastic!

**hartstilstand** *m* [-en] cardiac arrest ∗ *een acute ~* an acute cardiac arrest

**hartstocht** *m* [-en] passion

**hartstochtelijk I** *bn* passionate **II** *bijw* passionately ∗ *~ verlangen naar iets/iem.* long passionately for sth/sbd

**hartstoornis** *v* [-sen] cardiac/heart disorder

**hartstreek** *v* cardiac region

**hartsvriend** *m* [-en], **hartsvriendin** *v* [-nen] bosom friend, best friend

**harttransplantatie** *v* [-s] heart transplant

**hartverheffend** *bn* uplifting

**hartverlamming** *v* [-en] heart failure ∗ *hij is aan een ~ overleden* he died of heart failure, he died of a heart attack

**hartveroverend** *bn* enchanting, ravishing

**hartverscheurend** *bn* heartrending, heartbreaking ∗ *~e kreten* heartrending cries ∗ *een ~ verhaal* a heartbreaking story

**hartversterkertje** *o* [-s] *borrel* pick-me-up

**hartverwarmend** *bn* heartwarming

**hartvormig** *bn* heart-shaped

**hartzakje** *o* [-s] pericardium

**hartzeer** *o* heartache, heartbreak, grief

**hartziekte** *v* [-n &-s] heart disease

**hasj, hasjiesj** *m* hash, hashish

**hasjhond** *m* [-en] sniffer dog

**haspel** *m* [-s, -en] reel

**haspelen I** *overg* [haspelde, h. gehaspeld] ❶ *afwinden* reel, wind ❷ *verwarren* jumble, mix up ∗ *door elkaar*

~mix up, confuse **II** *onoverg* [haspelde, h.
gehaspeld] *knoeien* bungle, blunder
**hatchback** *m* [-s] auto hatchback
**hateenheid** *v* [-heden] ± single unit
**hatelijk I** *bn* spiteful, nasty, snide * *een* ~*e*
*opmerking* a spiteful/snide remark * ~*e blikken*
nasty looks **II** *bijw* spitefully
**hatelijkheid** *v* [-heden] spite, malice * *een* ~a gibe,
a nasty/spiteful/malicious comment
**haten** *overg* [haatte, h. gehaat] hate * *bij/door het*
*volk gehaat* hated by the people
**hatsjoe, hatsjie** *tsw* a(t)choo, atishoo
**hattrick** *m* [-s] sp hat trick
**hausse** *v* [-s] upsurge, rise, ‹sterk, snel› boom, bull
trend/movement * *à la* ~*speculeren* speculate for a
rise, bull
**hautain I** *bn* haughty **II** *bijw* haughtily * *zich* ~
*gedragen* behave haughtily
**haute couture** *v* haute couture
**haute cuisine** *v* haute cuisine
**havanna I** *v* ['s] *sigaar* Havana **II** *o kleur* havana **III** *bn*
*v. kleur* havana-coloured
**havannasigaar** *v* [-garen] Havana
**have** *v* property, goods, stock * ~*en goed* goods and
chattels * *levende* ~livestock, cattle * *tilbare* ~
movables, personal property
**haveloos** *bn* shabby, scruffy, ‹v. dingen› dilapidated
* *er* ~*uitzien* look very shabby/scruffy * *een haveloze*
*buitenwijk* a slum area
**haven** *v* [-s] ❶harbour, dock(s), ‹grote haven ook›
port * *de Rotterdamse* ~the Port of Rotterdam
❷*havenstad* port * *een* ~*aandoen* put in at a port
❸*toevluchtsoord* haven * *in behouden* ~in safe
harbour * *fig stranden in het zicht van de* ~fail at
the last minute
**havenarbeider** *m* [-s] docker, dock worker,
stevedore
**havenautoriteiten** *zn* [mv] harbour authorities,
port authority
**havenbestuur** *o* harbour management
**havengeld** *o* [-en] harbour/dock dues
**havenhoofd** *o* [-en] jetty, pier
**havenkantoor** *o* [-toren] harbour office
**havenmeester** *m* [-s] harbour master
**havenstad** *v* [-steden] seaport town, port town, port
**havenstaking** *v* [-en] dock strike
**havenwerken** *zn* [mv] harbour works
**haver** *v* oats * *paarden die de* ~*verdienen, krijgen ze*
*niet* we often fail to get what we deserve
**haverklap** *m* * *om de* ~at every moment, on the
slightest provocation
**havermout** *m* ❶*korrels* rolled oats ❷*als pap*
(oatmeal) porridge
**havik** *m* [-viken] ❶*vogel* hawk, goshawk ❷pol hawk
**havikskruid** *o* hawkweed
**haviksneus** *m* [-neuzen] hawk nose, aquiline nose
* *een man met een* ~a hawk-nosed man
**haviksogen** *zn* [mv] * *een man met* ~a hawk-eyed

man
**havo** *o* (hoger algemeen voortgezet onderwijs)
senior general secondary education *m* ['s] ± senior
general secondary school * *Martijn zit op de* ~
Martijn is studying for his senior secondary school
diploma
**hazelaar** *m* [-s &-laren] hazel
**hazelnoot** *v* [-noten] hazelnut, filbert, cob
**hazenbout** *m* [-en] haunch/leg of hare
**hazenleger** *o* [-s] form, hare's lair
**hazenlip** *v* [-pen] cleft lip, harelip
**hazenpad** *o* * *het* ~*kiezen* take to one's heels
**hazenpeper** *m* jugged hare
**hazenrug** *m* [-gen] rack of hare
**hazenslaap** *m* catnap * *een* ~*je doen* take a catnap
**hazewind, hazewindhond** *m* [-en] greyhound
**hbo** *o* (hoger beroepsonderwijs) higher professional
education *m & v* (hogere beroepsopleiding) school
for higher professional education
**hdtv** *m* (high definition television) high definition
television
**hè** *tsw* ❶*uitroep van verbazing* oh!, ‹prettig› ah! * ~~,
*dat zit erop* phew, I'm glad that's over with ❷*om*
*bevestiging te krijgen* right? isn't it? * ~*ja/nee* that's
right * *mooi,* ~? lovely, isn't it? * *leuk huis,* ~? nice
house, isn't it?
**hé** *tsw* ❶*uitroep om aandacht te trekken* hey! ❷*uitroep*
*van verbazing, ergernis* oh, really!
**headbangen** *onoverg* [headbangde, h.
geheadbangd] headbang
**headhunter** *m* [-s] headhunter
**heao** *o* (hoger economisch en administratief
onderwijs) business administration and economics
**hebbeding** *o* [-en] must-have, object of desire * *een*
*lange halsketting is het* ~*van dit seizoen* a long
necklace is this season's must-have
**hebbelijkheid** *v* [-heden] (bad) habit, trick
* *hebbelijkheden* idiosyncrasies
**hebben I** *overg* [had, h. gehad] ❶*bezitten, beschikken*
*over* have * *ze heeft een zoon* she has a son * *hij heeft*
*zijn boeken/paraplu niet bij zich* he doesn't have his
books/umbrella with him * *heb je een papiertje voor*
*me?* have you got a piece of paper for me?
❷*kenmerken/eigenschappen/vermogens bezitten* be
like * *hij heeft wel iets van zijn vader* he looks/is
rather like his father * *hij heeft niets van zijn vader*
he looks/is nothing like his father * *het heeft er wel*
*iets van* it looks a bit like it ❸*m.b.t. negatieve of*
*positieve aandoeningen* have, be (in) * *het koud* ~be
cold * *het in de buik/in de ingewanden* ~suffer from
intestinal troubles * *hij zal iets aan zijn voet* ~he's
probably got something the matter with his foot
❹*in de omstandigheid verkeren, ervaren* have,
experience * *wij* ~*nu aardrijkskunde* we've got
geography now * *het gemakkelijk* ~have an easy
time of it * *het goed* ~be well off, be in easy
circumstances * *het hard* ~have a hard time of it
* *het rustig* ~be quiet ❺*door iets bezwaard worden*

**he**

have ✱ *heeft u er iets tegen?* have you any objections? ✱ *hij heeft iets tegen mij* he's got something against me, he doesn't like me ✱ *als zij er niets tegen heeft* if she has no objection, if she doesn't mind ✱ *ik heb niets tegen hem* I have nothing against him ✱ *wat heb je toch?* what's the matter with you? what's wrong with you? ✱ *wat heeft hij toch?* what's come over him? what's the matter with him? ❻ *krijgen, deelachtig worden* have, get ✱ *wat zullen we nu ~?* what's up now? ✱ *je moet wat ~* ⟨krijgen als beloning⟩ you deserve something for that; ⟨mankeren⟩ there must be something the matter with you ✱ *ik moet nog geld van hem ~* he still owes me money ✱ *ik wil/moet mijn geld ~* I want my money ❼ *verdragen, toestaan* have, want ✱ *ik kan je hier niet ~* I don't want you here ✱ *iets niet kunnen ~* not be able to stand/bear sth ✱ *ik wil het niet ~* I won't have/allow it ❽ *(niet) willen* have, want ✱ *daar moet ik niets van ~* I don't hold with that, I'm not having that ✱ *hij moest niets ~ van...* he didn't take kindly to..., he didn't hold with..., he didn't like..., he wasn't having any (of it) ✱ *wie moet je ~?* who do you want? ❾ *beleven, (er) zijn* have, be ✱ *daar heb je hem weer!* there he is again! ✱ *daar heb je bijvoorbeeld X* take X, for example ✱ *daar heb je het nou!* there you are! that's just it! ✱ *hier heb je het* here you are ✱ *dat ~ we weer gehad* that's that ❿ *gevat houden, te pakken hebben* have ✱ *daar heb ik je!* I had you there! ✱ *hij zong van heb ik jou daar* he sang lustily ✱ *een klap van heb ik jou daar* an enormous blow ✱ *ik heb het* I've got it ✱ *hoe heb ik het nou?* well, fancy that! ✱ *hij weet niet hoe hij het heeft* he doesn't know whether he's coming or going ⓫ *spreken (over)* ✱ *het over iem./iets ~* be talking about sbd/sth ✱ *het tegen iem. ~* be talking to sbd ⓬ *van nut zijn* be of use ✱ *je hebt er niet veel aan* it is/they are not much use to you ✱ *daar hebt u niets aan* it's not much use to you, it will not profit you ✱ *wat heb je eraan?* what is the use/the good of it? ✱ *daar heb ik niets aan* that's of no use to me ✱ *ik weet niet wat ik aan hem heb* I can't make him out, I don't understand him **II** *onoverg* [had, h. gehad] have ✱ *~ is ~ maar krijgen is de kunst* possession is nine tenths of the law **III** *hulpww* [had, h. gehad] have **IV** *o* ✱ *zijn hele ~en houden* all his worldly goods

**hebberd** *m* [-s] money grubber
**hebberig** *bn* greedy
**Hebreeuws I** *bn* Hebrew **II** *o taal* Hebrew
**hebzucht** *v* greed, avarice
**hebzuchtig** *bn* greedy, grasping, avaricious
**hecht I** *o* [-en] *heft* handle **II** *bn* solid, firm, strong ✱ *een ~e vriendschap* a close friendship ✱ *~ gebouwd* solidly built **III** *bijw* solidly, firmly, strongly ✱ *een ~ doortimmerd verhaal* a tightly constructed story
**hechtdraad** *m* [-draden] suture
**hechten I** *overg* [hechtte, h. gehecht] ❶ *vastmaken* attach, fasten, affix ❷ *vastnaaien* stitch up, suture ⟨a

wound⟩ ❸ *fig* attach ⟨importance, a meaning to...⟩ **II** *onoverg* [hechtte, h. gehecht] ✱ *deze verf hecht goed* this paint takes well ✱ *~ aan iets* believe in sth ✱ *aan iem. gehecht zijn* be attached/devoted to sbd ✱ *erg ~ aan de vormen* be a stickler for good manners ✱ *ZN* ⟨verbonden⟩ *gehecht aan die school* employed by that school **III** *wederk* [hechtte, h. gehecht] ✱ *zich ~ aan iem./iets* become/get attached to sbd/sth

**hechtenis** *v* custody, detention ✱ *in ~ nemen* take into custody, arrest, apprehend ✱ *in ~ zijn* be under arrest ✱ *uit de ~ ontslaan* free from custody ✱ *jur voorlopige ~* pre-trial detention, remand in custody ✱ *met aftrek van voorlopige ~* less remand time
**hechtheid** *v* ❶ *stevigheid* solidity, firmness, strength ❷ *samenhang* cohesion
**hechting** *v* [-en] suture, stitch ✱ *~en verwijderen* remove the stitches
**hechtpleister** *v* [-s] sticking/adhesive plaster
**hectare** *v* [-n & -s] hectare ✱ *10 ~* 10 hectares
**hectiek** *v* hectic state
**hectisch** *bn* hectic ✱ *het was weer ~ op het werk vandaag* as usual it was hectic at work today
**hectogram** *o* [-men] hectogramme
**hectoliter** *m* [-s] hectolitre
**hectometer** *m* [-s] hectometre
**heden I** *bijw* today, this day, at present ✱ *~!* dear me! ✱ *~ over acht dagen* tomorrow week ✱ *~ over veertien dagen* in a fortnight ✱ *ten dage* nowadays ✱ *tot op ~* to date, to this day **II** *o* ✱ *het ~* the present
**hedenavond** *bijw* this evening, tonight
**hedendaags I** *bn* modern, present day, contemporary ✱ *~e kunst* contemporary art, modern art ✱ *~e vrouwen* women of today, modern women ✱ *~ taalgebruik* current language usage **II** *bijw* nowadays
**hedenmiddag** *bijw* this afternoon
**hedenmorgen** *bijw* this morning
**hedennacht** *bijw* tonight
**hedenochtend** *bijw* this morning
**hedonisme** *o* hedonism
**hedonist** *m* [-en] hedonist
**hedonistisch** *bn* hedonistic
**heek** *m* [heken] *vis* hake
**heel I** *bn* ❶ *volledig* whole, entire ✱ *de hele dag* all day, the whole day ✱ *een ~ getal* a whole number ✱ *de klok sloeg het hele uur* the clock struck the hour ✱ *langs de hele oever* all along the bank ✱ *hij blijft soms hele weken weg* sometimes he is away for weeks on end ❷ *gaaf* unbroken, intact ✱ *er bleef geen ruit ~* not a window was left unbroken/remained intact ✱ *het glas was gelukkig nog ~ na de val* luckily, the glass was unbroken after the fall ✱ *hij liet geen stuk ~ van het meubilair* he smashed all the furniture ✱ *hij liet geen stukje ~ van het betoog* he tore the argument to shreds ❸ *belangrijk, groot* quite a ✱ *dat is een ~ besluit* that is quite a decision ✱ *hij is een hele heer/held &* he is

quite a gentleman/hero & *het kost hele sommen* it costs large sums/lots of money, it's very expensive *inf een ~spektakel* a regular row *een hele tijd a* good while, a long time II *bijw* ❶*volledig* wholly, entirely, totally, completely *...die ~en al afbreken met de traditie* ...that wholly/totally/completely break with tradition ❷*zeer* very, quite *~ goed/mooi &* very good/fine & *~iets anders* quite a different thing *~in de verte* way in the distance *~wat* ⟨kwaliteit⟩ quite something; ⟨kwantiteit⟩ quite a lot, quite a few

**heelal**o universe

**heelhuids***bijw* unscathed, unharmed *er ~ afkomen* escape unscathed, come out without a scratch

**heelmeester***m* [-s] surgeon *zachte ~s maken stinkende wonden* soft hands make stinking wounds, ± spare the rod and spoil the child

**heemkunde***v* local history and geography, local lore

**heemraadschap**o [-pen] ❶*ambt* member of a dyke board ❷*college* water control corporation, dyke board

**heen***bijw* away, gone *~en terug* there and back *~en weer* to and fro *~en-weergeloop* coming and going *~en-weergepraat* crosstalk *waar moet dit boek/schilderij ~?* where does this book/painting go? *fig waar moet dat ~?* what are things coming to? where will it all end? *waar ik ~wilde* where I wanted to go to; ⟨tijdens gesprek⟩ what I was driving at *ik begrijp niet waar je ~wilt* I don't understand what you're getting at *ver ~zijn* be far away * ⟨v. zwangere vrouwen⟩ al vijf maanden ~ zijn* be five months gone *door een bos ~fietsen* cycle through a wood

**heen-en-weer**o *het ~krijgen* get the creeps *krijg het ~!* sod off!

**heengaan** I *onoverg* [ging heen, is heengegaan] ❶*weggaan* go away, leave, go *daar gaan weken mee heen* it will take weeks (to do it), it will be weeks before... ❷*sterven* pass away II o ❶*vertrek* departure ❷*dood* passing away

**heenkomen**o *een goed ~zoeken* get out of harm's way

**heenlopen***onoverg* [liep heen, is heengelopen] run away *ergens over ~make* light of sth *inf loop heen!* get along with you!

**heenreis***v* [-reizen] outward journey, scheepv voyage out, outward passage *op de ~on* the way there

**heenwedstrijd***m* [-en] ZN away game, away match

**heenweg***m* way there *op de ~on* the way/journey there

**heenzenden***overg* [zond heen, h. heengezonden] jur release, dismiss, transfer to custody of another authority

**Heer***m* Lord *bijbel de Heer der Heerscharen* the Lord God of Hosts

**heer***m* [heren] ❶*man (van beschaving)* gentleman *een ~in het verkeer* a gentleman driver ❷*van adel* lord *nieuwe heren, nieuwe wetten* new lords, new laws *langs 's heren wegen lopen* walk on God's path ❸*voor eigennaam* Mr *de ~Vermeer* Mr Vermeer *handel de heren Kolff & Co.* Messrs. Kolff & Co. ❹*bij dans* partner ❺*meester, gebieder* master *de ~des huizes* the master of the house *~en meester zijn* be lord and master *de grote ~uithangen* put on airs *met grote heren is het kwaad kersen eten* he who sups with the devil needs a long spoon *zo ~zo knecht* like master, like man *niemand kan twee heren dienen* nobody can serve two masters *inf mijn ouwe ~my* old man ❻*kaartsp* king

**heerlijk** I *bn* ❶*prachtig* glorious, splendid, lovely ❷*lekker* delicious, delightful, divine ❸*v. geur* delightful, divine II *bijw* gloriously, deliciously &

**heerlijkheid***v* [-heden] ❶*pracht* splendour, magnificence, grandeur *al die heerlijkheden* all those good things ❷*eigendom* hist manor, seigniory

**heerschap**o [-pen] gent *een vreemd ~a* strange chap

**heerschappij***v* dominion, rule, mastery *elkaar de ~betwisten* contend/struggle for mastery *~voeren* rule, lord it

**heersen***onoverg* [heerste, h. geheerst] ❶*regeren* rule, reign *~over* rule (over) ❷*v. ziekte* prevail, be prevalent *er heerst griep* there's a lot of flu around

**heersend***bn* ruling, prevalent, prevailing *de ~e godsdienst* the prevailing religion *de ~e smaak* the current taste/fashion *een ~e ziekte* a prevalent disease

**heerser***m* [-s] ruler

**heerszuchtig***bn* domineering

**heertje**o [-s] ❶*dandy* ❷*iron* fellow, chap *het ~ zijn* be the perfect gentleman

**hees***bn* hoarse *zich ~schreeuwen* scream oneself hoarse *~worden* become hoarse

**heesheid***v* hoarseness

**heester***m* [-s] shrub

**heet** I *bn* ❶*erg warm* hot *het ~hebben* be hot *het is ~it* is hot *~van de naald* piping hot, straight from the horse's mouth ❷*hevig* heated *in het ~st van de strijd* in the thick of the fight ❸*gekruid* hot, spicy *een ~gerecht* a hot/spicy dish ❹*hitsig* horny *inf een hete vrouw* hot stuff *v. luchtstreek* torrid II *bijw* *het zal er ~toegaan* it will be tough going

**heetgebakerd***bn* *~zijn* be hot-tempered/quick-tempered

**heethoofd***m-v* [-en] hothead *Griekse ~en* hotheaded Greeks

**hefboom***m* [-bomen] ❶*lever* ❷*fig* leverage

**hefboomwerking***v* Br (capital) gearing, Am leverage (effect)

**hefbrug***v* [-gen] ❶*brug* lift bridge ❷*in garage* (hydraulic) ramp

**heffen***overg* [hief, h. geheven] ❶*omhoog brengen* raise, lift *het glas ~raise* one's glass *de armen ten* *hemel*~ throw up one's arms ❷ *opleggen* levy ✷ *belastingen*~ levy/impose taxes

**heffing** v [-en] ❶ *vordering* levy, duty, charge ✷ *een*~ *ineens* a lump-sum levy ✷ *een*~ *van het vermogen* a capital levy ❷ *het heffen* raising

**hefschroefvliegtuig** o [-en] helicopter

**heft** o [-en] haft, handle ✷ *het*~ *in handen hebben* be at the helm, be in command

**heftig I** bn violent ⟨attack, thunderstorm⟩, fierce ⟨battle⟩, furious ⟨words⟩ ✷ *een*~ *debat* a heated debate ✷~*e koorts* a high temperature ✷~*e pijn* severe pain ✷~*e gebaren* furious gestures ✷~! heavy!, cool! **II** bijw violently & ✷~ *te keer gaan tegen iem./iets* tear into sbd/sth ✷~ *spreken* speak vehemently

**heftigheid** v vehemence, violence

**heftruck** m [-s] fork-lift truck

**hefvermogen** o lifting capacity, lifting power

**heg** v [-gen] hedge ✷~ *noch steg weten* not know one's way at all

**hegemonie** v hegemony

**heggenschaar, hegschaar** v [-scharen] hedge shears/clippers

**hei I** v [-en] *heitoestel* rammer, pile-driver **II** v → **heide**

**heibel** m argument, row, racket ✷ *met hem heb ik altijd*~ I always get into a fight/an argument with him

**heiblok** o [-ken] ram

**heide, hei** v [heiden] ❶ *veld* heath, moor ❷ *plant* heather, heath

**heidebloem** v [-en] heather

**heidegrond** m heath, moor, moorland

**heiden** m [-en] ❶ *veelgodendienaar* heathen, pagan ❷ *tegenover jood* gentile ✷ *aan de*~*en overgeleverd zijn* be abandoned to sbd's tender mercies

**heidendom** o heathenism, paganism

**heidens** bn ❶ *niet christelijk* heathen, pagan ✷ *een*~ *leven* a heathen life ❷ *slecht* infernal, abominable ✷ *een*~ *lawaai* an unholy racket ✷ *een*~ *karwei* a devil of a job

**heideveld** o [-en] heath, moor

**heien** overg [heide, h. geheid] ram/drive (in) ⟨a pile⟩ ✷ *het zit er geheid in* it's definite

**heiig** bn hazy

**heikel** bn tricky ✷ *een*~*e kwestie* a tricky business ✷ *een*~ *punt* a difficult question

**heikneuter** m [-s] yokel, bumpkin, clodhopper

**heil** o ❶ *welzijn* welfare, good ✷ *veel*~ *en zegen!* a happy New Year! ❷ *godsdienstig* salvation, spiritual welfare ✷~ *u!* hail to thee! ❸ *behoud, redding* safety, salvation ✷ *ergens geen*~ *in zien* expect no good from, not believe in... ✷ *zijn*~ *zoeken bij* seek the support of ✷ *zijn*~ *zoeken in* resort to, seek salvation in ✷ *zijn*~ *zoeken in de vlucht* seek safety in flight

**Heiland** m Saviour, Redeemer

**heilbot** m [-ten] *vis* halibut

**heildronk** m [-en] toast, health ✷ *een*~ *instellen* propose a toast

**heilig I** bn ❶ *gewijd aan God, geheiligd* holy ✷ *de Heilige Elisabeth* St/Saint Elizabeth ✷ *het Heilige Land* the Holy Land ✷ *de Heilige Schrift* the Holy Bible, the Holy Scripture ✷ *de Heilige Stad* the Holy City ✷ *de Heilige Vader* the Holy Father ✷ *een*~*e oorlog* a holy war ✷ *hij is nog*~ *vergeleken bij...* he is a paragon/saint compared to ... ✷~ *verklaren* canonize ❷ *eerbied of verering verdienend* sacred ✷ *tegen*~*e huisjes aanschoppen* attack sacred cows, break taboos ✷ ⟨de auto⟩ *de*~*e koe* the almighty car ✷ *het*~*e moeten* a case of must ✷ *niets is hem*~ nothing is sacred to him ✷ *is er dan niets*~*?* is nothing sacred? ✷ *haar wens is*~ her wish is sacred ❸ *oprecht* honest, sincere ✷ *in de*~*e overtuiging dat...* honestly convinced that... ✷ *het is mij*~*e ernst* I'm in earnest ✷ *het*~*e vuur ontbreekt* the zest/zeal is missing **II** bijw sacred ✷~ *verzekeren* solemnly assure ✷ *zich*~ *voornemen om...* make a firm resolution to...

**heiligbeen** o [-deren, -benen] sacrum

**heiligdom** o [-men] ❶ *plaats* sanctuary, sanctum ❷ *voorwerp* relic

**heilige** m-v [-n] saint ✷ *Heiligen der Laatste Dagen* ⟨the Church of Jesus Christ of⟩ Latter-day Saints ✷ *het* ~ *der Heiligen* the Holy of Holies

**heiligen** overg [heiligde, h. geheiligd] ❶ *wijden* sanctify ⟨a place⟩, hallow ⟨God's name⟩, consecrate ⟨the host⟩ ✷ *geheiligd zij Uw naam* hallowed be Thy name ❷ *in ere houden* keep holy ✷ *de zondag*~ observe the Lord's day

**heiligenbeeld** o [-en] statue of a saint, holy image

**heiligenleven** o [-s] the life of a saint

**heiligschennis** v [-sen] sacrilege

**heiligverklaring** v [-en] canonization

**heilloos** bn ❶ *noodlottig* fatal, disastrous ✷ *een*~ *plan* a disastrous plan ❷ *verdorven* sinful, wicked

**heilsoldaat** m [-daten] Salvationist

**heilstaat** m [-staten] ideal state, Utopia

**heilzaam** bn beneficial, salutary, wholesome ✷ *een heilzame werking* a beneficial effect ✷ *een heilzame les* a salutary lesson

**heimachine** v [-s] pile-driver, monkey engine

**heimelijk I** bn secret, clandestine ✷ *een* ~ *verlangen* a secret wish **II** bijw in secret, secretly

**heimwee** o homesickness, nostalgia ✷~ *hebben* be homesick (*naar* for)

**heinde** bijw ✷~ *en ver* far and near, far and wide

**heipaal** m [-palen] pile

**heisa** m ✷ *wat een* ~ what a lot of fuss

**heitje** o [-s] *kwartje* quarter ✷ *een* ~ *voor een karweitje* a bob-a-job

**hek** o [-ken] ❶ *omheining* fence, barrier, ⟨v. latten⟩ paling, ⟨v. ijzer⟩ railing(s) ✷ *de*~*ken zijn verhangen* the situation has changed ✷ *het* ~ *is van de dam* things are getting out of hand ❷ *toegangshek* gate ❸ *in kerk* screen ❹ *scheepv* stern

**hekel** m [-s] ❶ *vlaskam* hackle ✷ *iets over de* ~ *halen* criticize/satirize/lampoon sth ❷ *afkeer* dislike ✷ *ik* *heb een~ aan...* I dislike/hate... ✳ *een~ krijgen aan...* take a dislike to...

**hekeldicht** *o* [-en] satire

**hekelen** *overg* [hekelde, h. gehekeld] ❶ *vlas kammen* hackle ❷ *afkeuren* criticize, denounce ❸ *bespotten* satirize, lampoon

**hekkensluiter** *m* [-s] ✳ *zij zijn de~s* they are the last, they're bringing up the rear

**heks** *v* [-en] ❶ witch ❷ fig vixen, shrew

**heksen** *onoverg* [hekste, h. gehekst] use witchcraft, practise sorcery ✳ *ik kan niet~* I'm no wizard, I can't do the impossible

**heksendans** *m* [-en] witches' dance

**heksenjacht** *v* [-en] witch-hunt(ing)

**heksenketel** *m* [-s] ❶ witches' cauldron ❷ fig chaos, pandemonium

**heksenkring** *m* [-en] plantk fairy ring

**heksentoer** *m* [-en], **heksenwerk** *o* ✳ *het was een~* it was a devil of a job ✳ *dat is zo'n~ niet* there's nothing to it, that's not difficult

**hekserij** *v* [-en] sorcery, witchcraft

**hekwerk** *o* [-en] railing(s), trelliswork

**hel I** *v* hell ✳ *loop naar de~!* go to hell! ✳ *de~ is losgebroken* all hell has broken loose ✳ *ter~le varen* go to hell ✳ *haar leven is een~* her life is a hell ✳ *stinken als de~* smell dreadful ✳ *een~ op aarde* a hell on earth ✳ *iems. leven tot een~ maken* make someone's life hell ✳ *tot de~ veroordeeld zijn* be condemned to death **II** *bn* bright, glaring, blazing, shrill ✳ *~le kleuren* bright colours, afkeurend glaring/shrill colours ✳ *een~ licht* a bright light ✳ *een ~le stem* a shrill voice

**hela** *tsw* ✳ *~!* hallo!

**helaas I** *tsw* alas! **II** *bijw* unfortunately

**held** *m* [-en] hero ✳ *een~ zijn in* be brilliant at ✳ *geen ~ zijn* be no hero ✳ *de~ van de dag* the hero of the day

**heldendaad** *v* [-daden] heroic deed/exploit

**heldendicht** *o* [-en] heroic poem, epic

**heldendood** *m & v* heroic death ✳ *de~ sterven* die heroically, die a hero's death

**heldenmoed** *m* heroism ✳ *met~* heroically

**heldenrol** *v* [-len] hero's role/part ✳ *de~ spelen* play a heroic role

**heldenverering** *v* hero worship

**helder** *bn* ❶ *v. licht, water, lucht* clear ❷ *v. kleur, hemel, ogen* bright ✳ *~ rood* bright red ✳ *een~e blik* a clear view ❸ *v. klank* clear, sonorous ❹ *v. gedachten* lucid, clear ✳ *een~ ogenblik* a lucid moment, a moment of lucidity ✳ *een~e uiteenzetting* a lucid exposition ✳ *~ van geest* clear-headed ❺ *schoon* clean

**helderblauw** *bn* clear blue ✳ *een~e lucht* a clear blue sky

**helderheid** *v* ❶ clearness &, clarity, lucidity ❷ *netheid* cleanness

**helderziend** *bn* clairvoyant

**helderziende** *m-v* [-n] clairvoyant

**helderziendheid** *v* clairvoyance

**heldhaftig I** *bn* heroic **II** *bijw* heroically

**heldhaftigheid** *v* heroism

**heldin** *v* [-nen] heroine

**heleboel** *m* ✳ *een~* many, a lot, lots ✳ *een~ boeken* many books, a lot of books ✳ *dat is een~* that's an awful lot ✳ *ik heb een~ te doen* I've got a lot to do

**helemaal** *bijw* wholly, totally, entirely ✳ *~ niet* not at all ✳ *niet~* not quite, not altogether ✳ *~ niets* nothing at all ✳ *dat is het~!* that's it!, absolutely! ✳ *ben je nou~ (belazerd)?* are you completely mad? ✳ *~ achterin* right at the back ✳ *~ in het begin* right at the start, at the very beginning ✳ *~ in het zwart* completely in black ✳ *~ in het zuiden* way down south ✳ *~ tot het eind* to the very end ✳ *~ uit Australië* all the way from Australia ✳ *kom je~ van Stadskanaal?* have you come all the way from Stadskanaal?

**helen I** *overg en onoverg* [heelde, h. en is geheeld] *v. wonden* heal **II** *overg* [heelde, h. geheeld] *v. gestolen goederen* receive

**heler** *m* [-s] receiver ✳ *de~ is net zo goed/erg als de steler* the receiver is as bad as the thief

**helft** *v* [-en] half ✳ *zijn betere~* his better half ✳ *de~ van tien is vijf* half of ten is five ✳ *voor de~ van het geld* for half the money ✳ *de~ ervan is rot* half of it is rotten, half of them are rotten ✳ *ik verstond niet de~ van wat hij zei* I didn't hear half of what he said ✳ *meer dan de~* more than half (of them) ✳ *de~ minder* less by half ✳ *de tweede~ van de wedstrijd* the second half of the match ✳ *maar tot op de~* only half

**heli** *m* ['s] helicopter

**helihaven** *v* [-s] heliport

**helikopter** *m* [-s] helicopter, inf chopper

**heling** *v* ❶ *genezing* healing ❷ *v. gestolen goederen* receiving stolen goods, handling stolen property

**heliport** *m* [-s] heliport

**helium** *o* helium

**hellebaard** *v* [-en] hist halberd

**Helleens** *bn* Hellenic

**hellen** *onoverg* [helde, h. geheld] incline, slant, slope, shelve ✳ *achterover~* lean (over) backwards ✳ *~ naar links* incline & to the left

**hellend** *bn* slanting, sloping, inclined ✳ fig *je bevindt je op een~ vlak* you're on slippery grounds

**hellenisme** *o* Hellenism

**helleveeg** *v* [-vegen] hellcat, shrew

**hellevuur** *o* hellfire

**helling** *v* [-en] ❶ alg. incline, slope, ⟨v. spoor⟩ gradient ✳ *een steile~* a steep hill ❷ scheepv slipway, slips ✳ scheepv *op de~* in dock ✳ *iets op de~ nemen* overhaul sth ✳ *dit project staat op de~* this project is at risk

**hellingproef** *v* [-proeven] hill start

**hellingsgraad** *m* gradient ✳ *een~ van 25%* a gradient of 25%

**hellingshoek** *m* [-en] angle of inclination, gradient,

pitch

**hellingspercentage**o gradient percentage

**helm I**m [-en] ❶*hoofdbescherming* helmet, ‹v. bouwvakker› hard hat *bij geboorte* caul *met de ~geboren* born with a caul **II** v *gras* marram

**helmgras**o marram

**helmstok**m [-ken] tiller, helm

**help**tsw *~ ! help! *lieve ~*good gracious

**helpdesk**m [-s] helpdesk

**helpen I**overg [hielp, h. geholpen] ❶*hulp verlenen* help, aid, assist *zo waarlijk helpe mij God almachtig!* so help me God! *help me onthouden dat...* remind me that... *iem.. aan iets ~*provide sbd with sth *kunt u me aan een vuurtje ~?* could you oblige me with a light? ❷*beteren* help *hij kan het niet ~*it's not his fault *er is geen ~aan* it can't be helped ❸*assisteren* help *iem. bij/met zijn sommen ~*help sbd to do his sums *iem. in zijn jas ~*help sbd on with his coat *iem. met geld ~*help sbd out with some money *iem. uit zijn bed ~*help sbd out of bed ❹*baten* be of use *dat zal u niets ~*you'll get nothing out of it *wat zal het ~?* what good will it do? *het helpt al* it's doing some good already *alle beetjes ~*every little helps *de medicijnen ~niet* the medicines aren't working *het helpt tegen de hoofdpijn* it's good for a headache ❺*bedienen* serve ‹customers›, attend to ‹a baby› *wordt u al geholpen?* are you being served? *waarmee kan ik u ~?* what can I do for you? how can I help you? ▼*de kat laten ~* ‹laten steriliseren, castreren› have the cat neutered **II** wederk [hielp, h. geholpen] *zich ~* help oneself

**helper**m [-s] helper, assistant

**helpfunctie**v [-s] comput help function/program

**helpscherm**o [-en] help screen

**hels I**bn hellish, infernal, devilish *iem. ~maken* drive sbd wild/mad *hij was ~he* was furious/in a foul mood *een ~lawaai* an infernal noise/din *een ~e machine* an infernal machine *~e pijn* excruciating pain *~e steen* silver nitrate **II** bijw versterkend maddeningly, infernally, devilishly

**hem**pers vnw him *het is van ~*it's his *dat is het ~* that's it *daar zit het ~in* that's just it *tikkie, jij bent ~*you're it

**hematocrietwaarde**v [ med haematocrit/Am hematocrit

**hemd**o [-en] ❶*ondergoed* Br vest, Am undershirt, T-shirt *hij heeft geen ~aan zijn lijf* he doesn't have a shirt to his back *iem. het ~van het lijf vragen* pester sbd with questions, give sbd the third degree *het ~is nader dan de rok* charity begins at home *fig in zijn ~staan* cut a sorry figure *fig iem. in zijn ~laten staan* make sbd look foolish *tot op het ~toe nat* soaked to the skin *fig iem. tot op het ~ uitkleden* strip sbd naked ❷*overhemd* shirt

**hemdsboord**o & m [-en] shirt collar

**hemdsmouw**v [-en] shirtsleeve *in zijn ~en* in his shirtsleeves *elke dag een draadje is een ~in het jaar* little and often make much

**hemel**m [-en] ❶*rel* heaven *goeie/lieve ~!* good heavens! *de ~beware ons!* God forbid! *de ~geve dat hij...!* would to God he...! *~en aarde bewegen* move heaven and earth *de ~mag weten* heaven knows, goodness knows *in de ~*in heaven *in de ~komen* go to heaven *in de zevende ~zijn* be in seventh heaven *iem. de ~in prijzen* praise sbd to the skies *tussen ~en aarde* between heaven and earth, ‹hang› in mid-air ❷*uitspansel* sky, firmament, heaven(s) *als de ~valt hebben we allemaal een blauwe hoed* if the sky falls we shall catch larks, if wishes were horses beggars would ride *de sterren aan de ~*the stars in the sky *de sterren van de ~ spelen* play brilliantly *onder de blote ~slapen* sleep under the stars ❸*dak* [-s] canopy, ‹boven troon ook› baldachin

**hemelbed**o [-den] four-poster (bed)

**hemelbestormer**m [-s] iem. met wilde, revolutionaire ideeën revolutionary, idealist

**hemelgewelf**o vault of heaven, firmament

**hemelhoog I**bn sky-high, reaching/towering to the skies **II** bijw sky-high, to the skies *iem. ~verheffen* praise sbd to the skies

**hemellichaam**o [-chamen] heavenly/celestial body

**hemelpoort**v [-en] gate of Heaven

**hemelrijk**o kingdom of Heaven

**hemels I**bn ❶*v. de hemel* celestial, heavenly *de ~e Vader* the heavenly Father * ‹China› *het Hemelse Rijk* the Celestial Empire *een ~e gave* a gift from heaven ❷*lekker, mooi* divine **II** bijw lekker, mooi divinely ‹beautiful &›

**hemelsblauw**bn sky-blue, azure

**hemelsbreed I**bn groot vast, enormous *een ~ verschil* a world of difference *er is een ~verschil tussen hen* they are poles apart **II** bijw ❶*veel* *~ verschillen* be poles apart ❷*in een rechte lijn* as the crow flies *~100 km* 100 km as the crow flies

**hemelsnaam**m *in ('s) ~for* Heaven's sake *hoe heb je dat in ('s) ~kunnen doen?* how on earth could you have done that?

**hemeltergend**bn outrageous, appalling

**Hemelvaart**v Ascension (of Christ)

**Hemelvaartsdag**m Ascension Day

**hemisfeer**v [-sferen] hemisphere

**hemofilie**v haemophilia, Am hemophilia

**hemoglobine**v haemoglobin, Am hemoglobin

**hemostase**v haemostasis, Am hemostasis

**hen I**pers vnw them *voor ~die vertrokken* for those who left *ik zie ~I* see them **II** v [-nen] kip hen

**hendel**o & m [-s] techn handle, lever

**Hendrik**m [-driken] Henry *een brave ~a* goody goody, a paragon of virtue

**hengel**m [-s] ❶*v. vissers* fishing rod ❷*v. microfoon* boom

**hengelaar**m [-s] angler

**hengelen**onoverg [hengelde, h. gehengeld] angle, fish *naar een complimentje ~be* angling/fishing for a compliment

**hengelsport**v angling

**hengsel**o [-s] **❶**v. emmer & handle **❷**scharnier v. deur hinge

**hengst**m [-en] **❶**paard stallion, stud ⟨horse⟩ **❷**klap thump, punch *iem. een ~op zijn gezicht geven* punch sbd in the face

**hengsten**onoverg [hengstte, h. gehengst] **❶**hard slaan punch, thump **❷**blokken swot, cram

**hengstenbal**o [-s] stag party

**hengstig**bn v. paard on heat, in season

**henna**v henna

**hennep**m hemp

**hens**zn [mv] *scheep*v *alle ~aan dek* all hands on deck *in de ~vliegen* catch fire

**hepatitis**v hepatitis

**her**bijw * *~en der* here and there, hither and thither *van eeuwen ~of old*, age-old *jaren ~from years back

**herademen**onoverg [herademde, h. herademd] breathe again

**heraldiek I**v heraldry **II**bn heraldic * *~e kleuren* heraldic colours

**heraldisch**bn heraldic

**heraut**m [-en] herald

**herbarium**o [-s & -ria] herbarium

**herbebossen**overg [herbeboste, h. herbebost] re(af)forest

**herbebossing**v [-en] re(af)forestation

**herbegraven**overg [herbegroef, h. herbegraven] rebury

**herbeleggen**overg [herbelegde, h. herbelegd] reinvest

**herbenoemen**overg [herbenoemde, h. herbenoemd] reappoint

**herbenoeming**v [-en] reappointment

**herberekenen**overg [herberekende, h. herberekend] recalculate

**herberg**v [-en] **❶**overnachtingsplaats inn **❷**kroeg public house, tavern, inf pub

**herbergen**overg [herbergde, h. geherbergd] **❶**accommodate, lodge **❷**bevatten hold, contain

**herbergier**m [-s] innkeeper, landlord

**herbesteding**v new invitation for tenders

**herbewapenen**overg en wederk [herbewapende, h. herbewapend] *(zich) ~rearm

**herbewapening**v rearmament *morele ~moral rearmament

**herbezinnen**wederk [herbezon, h. herbezonnen] *zich ~over iets reconsider sth

**herbivoor**m [-voren] herbivore

**herboren**bn born again, reborn, regenerated *zich als ~voelen feel reborn

**herbouw**m rebuilding

**herbouwen**overg [herbouwde, h. herbouwd] rebuild

**herdenken**overg [herdacht, h. herdacht] **❶**terugdenken aan recall to mind, remember

**❷**d.m.v. een plechtigheid commemorate

**herdenking**v [-en] commemoration *ter ~van in commemoration of

**herdenkingsdag**m [-dagen] commemoration day, ⟨dodenherdenking⟩ remembrance day

**herdenkingsdienst**m [-en] commemorative service

**herdenkingsfeest**o [-en] commemoration, remembrance, memorial

**herdenkingszegel**m [-s] commemorative stamp

**herder**m [-s] **❶**shepherd, ⟨v. varkens⟩ swineherd *een Duitse ~a German shepherd, an Alsatian **❷**geestelijke shepherd, pastor *de Goede Herder the Good Shepherd

**herderlijk**bn pastoral *het ~ambt the pastorate/pastorship *een ~schrijven a pastoral (letter)

**herdersdicht**o [-en] pastoral (poem)

**herdersfluit**v [-en] shepherd's pipe

**herdershond**m [-en] **❶**alg. sheepdog **❷**ras shepherd *een Duitse ~a German shepherd, an Alsatian

**herdersmat**o mat in vier zetten schaken scholar's mate

**herderstasje**o [-s] plant shepherd's purse

**herdruk**m [-ken] reprint, new edition *het boek is in ~the book is being reprinted

**herdrukken**overg [herdrukte, h. herdrukt] reprint

**hereditair**bn hereditary

**heremiet**m [-en] hermit

**heremietkreeft**m & v [-en] hermit crab

**herenakkoord**o [-en] gentlemen's agreement

**herenboer**m [-en] gentleman farmer

**herendubbel herendubbelspel**o sp men's doubles

**herenenkel herenenkelspel**o sp men's singles

**herenfiets**m & v [-en] men's bicycle

**herenhuis**o [-huizen] **❶**groot woonhuis in stad mansion **❷**buiten manor house **❸**makelaarsterm residence

**herenigen**overg [herenigde, h. herenigd] reunite

**hereniging**v [-en] **❶**reunion **❷**pol ⟨German⟩ reunification

**herenkapper**m [-s] gentlemen's/gent's hairdresser

**herenkleding**v men's wear

**herenmode**v [-s] men's fashion *een winkel in ~s a men's wear shop

**herentoilet**o [-ten] men's toilet/lavatory, inf the gents, Am men's room

**herexamen**o [-s] re-examination

**herformuleren**overg [herformuleerde, h. herformuleerd] rephrase

**herfst**m autumn, Am fall *de ~des levens the autumn of life *in de ~in the autumn

**herfstachtig**bn autumnal

**herfstblad**o [-bladeren, -bladen, -blaren] autumn leaf

**herfstdag**m [-dagen] autumn day, day in autumn

**herfstkleur** *v* [-en] autumn colour/Am color
**herfstmaand** *v* [-en] *maand in herfst* autumn
month ❶ *in 't bijz.* September
**herfststorm** *m* [-en] autumn storm
**herfsttint** *v* [-en] autumn colour/Am color
**herfstvakantie** *v* [-s] autumn holidays
**herfstweer** *o* autumn weather
**hergebruik** *o* ❶ *het opnieuw gebruiken* reuse
❷ *recycling* recycling
**hergebruiken** *overg* [hergebruikte, h. hergebruikt]
❶ *opnieuw gebruiken* reuse ❷ *recyclen* recycle
**hergroeperen** *overg* [hergroepeerde, h.
gehergroepeerd] regroup * *zich~* regroup
**herhaald** *bn* repeated * ~*e malen* repeatedly, again
and again
**herhaaldelijk** *bijw* repeatedly, again and again
**herhaaltoets** *m* [-en] repeat examination, resit
**herhalen I** *overg* [herhaalde, h. herhaald]
❶ *overnieuw doen* repeat, say (over) again, reiterate
* *kunt u die zin nog eens~?* could you repeat that
sentence once more? * *die televisieserie wordt
herhaald* the television series will be repeated ❷ *kort
recapitulate* **II** *wederk* [herhaalde, h. herhaald]
* *zich~* repeat oneself/itself * *de geschiedenis
herhaalt zich* history repeats itself
**herhaling** *v* [-en] repetition, recurrence, ‹school›
revision, mil retraining exercise * *bij~* again and
again, repeatedly * *in~en vervallen* repeat oneself
* *niet voor~ vatbaar* not to be repeated * *in de~* in
the (action) replay, in the repeat
**herhalingsaankoop** *m* [-kopen] handel repeat
purchase
**herhalingsoefening** *v* [-en] revision exercise * mil
~*en* retraining exercise
**herhalingsrecept** *o* [-en] repeat prescription
**herhalingsteken** *o* [-s] repeat
**herindelen** *overg* [herindeelde, h. heringedeeld]
reclassify
**herindeling** *v* [-en] reclassification
**herinneren I** *overg* [herinnerde, h.
herinnerd] * *dat herinnert mij aan vroeger* that
reminds me of the past * *hij herinnerde mij aan mijn
belofte* he reminded me that I had made a promise
**II** *wederk* [herinnerde, h. herinnerd] recall,
remember * *zich~* remember, (re)call to mind,
recollect, recall * *nu herinner ik het me weer* it's all
coming back to me now * *voor zover ik mij herinner*
to the best of my recollection, as far as I can
remember
**herinnering** *v* [-en] ❶ *geheugen* memory * *iem. iets in
~ brengen* remind sbd of sth * *iets in~ roepen*
remember sth ❷ *het herinnerde* memory,
remembrance, recollection, reminiscence * *ter~
aan* in memory/remembrance of ❸ *aandenken*
souvenir, memento, keepsake ❹ *geheugenopfrissing*
reminder
**herintreden** *onoverg* [trad herin, is heringetreden]
re-enter the work force, return to work * ~*de*

*vrouwen* women re-entering the work force
**herintreder** *m* [-s] returnee
**herintreding** *v in de arbeidsmarkt*
re-entry/reintegration into the work force
**herinvoeren** *overg* [herinvoerde, h. heringevoerd]
reintroduce
**herinvoering** *v* reintroduction
**herkansing** *v* [-en] ❶ *school* re-examination ❷ sp
supplementary heat
**herkauwen I** *onoverg* [herkauwde, h. herkauwd]
*v. dieren* ruminate, chew the cud **II** *overg*
[herkauwde, h. herkauwd] repeat (the same thing),
keep on about * *hij herkauwt alle politiek correcte
dogma's* he repeats all the politically correct slogans
**herkauwer** *m* [-s] ruminant
**herkenbaar** *bn* recognizable, knowable (*aan* by)
**herkennen** *overg* [herkende, h. herkend] recognize
(*aan* by), identify * *ik herkende hem aan zijn stem* I
identified/recognised him by his voice * *jezelf~ in
iets/iem.* recognise yourself in sth/sbd
**herkenning** *v* [-en] recognition
**herkenningsmelodie** *v* [-dieën] RTV (signature)
tune
**herkenningsteken** *o* [-s]
❶ distinguishing/identifying mark ❷ luchtv
marking
**herkeuren** *overg* [herkeurde, h. herkeurd] examine
again, re-examine, reinspect
**herkeuring** *v* [-en] re-examination, reinspection
**herkiesbaar** *bn* eligible for re-election * *zich (niet)~
stellen* (not) seek re-election
**herkiezen** *overg* [herkoos, h. herkozen] re-elect * *niet
~* not re-elect
**herkomst** *v* [-en] origin * *het land van~* the country
of origin
**herleidbaar** *bn* reducible (to), convertible (to)
* *culturele factoren zijn niet~ tot psychologische
factoren* cultural factors cannot be reduced to
psychological factors * *de botanische naam is~ tot
het Griekse woord...* the botanical name can be
traced back to the Greek word... * *de resultaten zijn
niet~ tot personen* individuals cannot be identified
on the basis of the findings
**herleiden** *overg* [herleidde, h. herleid] reduce,
convert * ~ *tot* convert (in)to
**herleven** *onoverg* [herleefde, is herleefd] revive,
return to life, live again * *doen~* revive, bring to
life again, resurrect ‹the past›
**herleving** *v* revival, resurgence
**hermafrodiet** *m-v* [-en] hermaphrodite
**hermelijn I** *m* [-en] *dier* ‹wit› ermine, ‹bruin› stoat
**II** *o bont* ermine
**hermetisch** *bn* hermetic * ~ *gesloten* hermetically
sealed
**hernemen** *overg* [hernam, h. hernomen] ❶ *heroveren*
mil retake, recapture ‹a fortress› ❷ *hervatten*
resume, reply ❸ *weer beginnen* mil take up ‹the
offensive› again

**hernia** *v* ['s] ❶ *v. tussenwervelschijf* slipped disc/Am disk ❷ *anders* hernia

**hernieuwd** *bn* renewed ✳ ~*e kennismaking* renewed acquaintance

**hernieuwen** *overg* [hernieuwde, h. hernieuwd] renew

**heroïek** **I** *bn* heroic **II** *v* heroism

**heroïne** *v* heroin

**heroïnehandel** *m* heroin trade

**heroïnehoer** *v* [-en] heroin prostitute

**heroïsch** *bn* heroic

**herontdekken** *overg* [herontdekte, h. herontdekt] rediscover

**heropenen** *overg* [heropende, h. heropend] reopen

**heropening** *v* [-en] ❶ reopening ❷ *hervatting* ZN resumption

**heropleving** *v* revival

**heropvoeding** *v* re-education

**heroriëntatie** *v* [-s], **heroriëntering** [-en] reorientation

**heroriënteren** **I** *wederk* [heroriënteerde, h. heroriënteerd] ✳ *zich* ~ reorient/reorientate oneself ✳ *ik moest mij opnieuw* ~ I had to again reorient/reorientate myself **II** *overg* [heroriënteerde, h. heroriënteerd] reorient/reorientate ✳ *een opleiding om mensen te* ~ *naar nieuwe banen* a course aimed at reorienting/reorientating people towards new jobs

**heroveren** *overg* [heroverde, h. heroverd] reconquer, recapture, ‹stad› retake, recover ‹from the enemy›

**herovering** *v* [-en] recapture

**heroverwegen** *overg* [heroverwoog, h. heroverwogen] reconsider, rethink

**herpes** *m* herpes

**herplaatsen** *overg* [herplaatste, h. herplaatst] ❶ *alg.* replace ❷ *v. advertentie &* reinsert ❸ *m.b.t. arbeidsplaats* reinstate, reappoint

**herplaatsing** *v* [-en] ❶ *alg.* replacement ❷ *v. advertentie &* reinsertion ❸ *m.b.t. arbeidsplaats* reinstatement, reappointment

**herrie** *v* ❶ *lawaai* noise, din, uproar, inf racket/hullabaloo ❷ *ruzie* row ✳ ~ *hebben* have a row/an argument ✳ ~ *krijgen* get into a row ✳ ~ *maken/schoppen* kick up a row

**herrieschopper** *m* [-s] trouble maker, hooligan

**herrijzen** *onoverg* [herrees, is herrezen] rise again ✳ *uit de dood/het graf* ~ rise from the dead/the grave

**herrijzenis** *v* resurrection

**herroepen** *overg* [herriep, h. herroepen] revoke ‹a law›, repeal ‹the regulations›, rescind ‹a contract›, retract ‹a promise, one's words›, recall ‹a product›, reverse ‹a decision› ✳ *hij moest zijn woorden* ~ he was forced to recant (his words)

**herscheppen** *overg* [herschiep, h. herschapen] ❶ *veranderen* transform, convert ❷ *verjongen* rejuvenate

**herschikken** *overg* [herschikte, h. herschikt] rearrange ‹the furniture›, redeploy ‹the troops›, reshuffle ‹the cabinet›

**herscholen** *overg* [herschoolde, h. herschoold] retrain ✳ *zich laten* ~ undergo retraining

**herscholing** *v* retraining

**herschrijven** *overg* [herschreef, h. herschreven] rewrite

**hersenbeschadiging** *v* [-en] brain damage

**hersenbloeding** *v* [-en] brain haemorrhage/Am hemorrhage, med cerebral haemorrhage/Am hemorrhage

**hersencel** *v* [-len] brain cell

**hersendood** **I** *bn* brain dead **II** *m & v* cerebral/brain death

**hersenen** *zn* [mv] brain ✳ *de grote* ~ the cerebrum ✳ *de kleine* ~ the cerebellum

**hersengymnastiek** *v* ❶ *training* mental training ❷ *spel* quiz, puzzles, brain teasers

**hersenhelft** *v* [-en] brain hemisphere ✳ *linker/rechter* ~ left/right hemisphere, left/right half of one's brain

**hersenkronkel** *m* [-s] fig brainstorm, strange idea

**hersenletsel** *o* [-s] brain damage

**hersenloos** *bn* brainless

**hersenpan** *v* [-nen] brainpan, cranium

**hersens** *zn* [mv] brains ✳ *een prima stel* ~ a first-rate brain ✳ *z'n* ~ *pijnigen* rack one's brains ✳ *iem. de* ~ *inslaan* knock/bash sbd.'s brains out ✳ *hoe haalt hij het in zijn* ~? how does he get it into his head? ✳ *dat zal hij wel uit zijn* ~ *laten* he'll think twice before doing that ✳ *zijn* ~ *gebruiken* use one's brains

**hersenschim** *v* [-men] chimera, fantasy, illusion

**hersenschudding** *v* [-en] concussion ✳ *hij heeft een lichte* ~ he's got a touch of concussion, he's a bit concussed

**hersenspinsel** *o* [-s] chimera, figment of the/one's imagination

**hersenspoelen** *overg en onoverg* [hersenspoelde, h. gehersenspoeld] brainwash

**hersenspoeling** *v* [-en] brainwashing

**hersenstam** *m* brain stem

**hersentumor** *m* [-s &-moren] brain tumour

**hersenvlies** *o* [-vliezen] cerebral membrane

**hersenvliesontsteking** *v* [-en] meningitis

**hersenweefsel** *o* [-s] brain tissue

**herstel** *o* ❶ *v. gezondheid, economie &* recovery ❷ *v. vorige toestand* restoration, re-establishment ‹of the monarchy› ❸ *vergoeding v. leed* redress ❹ *v. beurs, economie* rally ❺ *v. ambtenaar &* reinstatement ❻ *reparatie* repair, reparation

**herstelbetaling** *v* [-en] *na oorlog* reparation, compensation

**herstellen** **I** *overg* [herstelde, h. hersteld] ❶ *in de vorige toestand terugbrengen* restore ‹order, confidence›, re-establish ‹authority›, reinstate ‹an official› ✳ *iem. in zijn ambt* ~ reinstate sbd in his position ✳ *iem. in zijn eer* ~ rehabilitate sbd ✳ *een gebruik in ere* ~ revive a custom ❷ *verhelpen*, *goedmaken* remedy ‹an evil›, correct ‹mistakes›, redress ‹grievances›, retrieve ‹a loss, an error &›, set ‹sth› right ∗ *een onrecht* ~*make good the damage* ❸*repareren* repair, mend ‹shoes &› II *onoverg* [herstelde, is hersteld] recover ‹from an illness› ∗*mil herstel!* as you were! III *wederk* [herstelde, h. hersteld] ∗*zich* ~recover oneself, pull oneself together, recover (from), ‹v. beurs, zaken› rally/recover

**herstellingsoord** *o* [-en] ❶*plaats, streek* health resort ❷*inrichting* sanatorium ❸*tehuis voor herstellenden* convalescent home

**herstelperiode** *v* [-s, -n] period of recovery

**herstelwerk, herstellingswerk** *o* repairs, ‹restauratie› restoration

**herstelwerkzaamheden** *zn* [mv] repairs, repair work, ‹restauratie› restoration

**herstructureren** *overg* [herstructureerde, h. geherstructureerd] restructure

**herstructurering** *v* [-en] restructuring

**hert** *o* [-en] deer ∗*een mannetjes*~a stag ∗ ‹insect› *het vliegend* ~the stag beetle

**hertelling** *v* [-en] *v. stemmen* recount

**hertenbout** *m* [-en] haunch/leg of venison

**hertenkamp** *m* [-en] deer park

**hertog** *m* [-togen] duke

**hertogdom** *o* [-men] duchy

**hertogelijk** *bn* ducal ∗~*e waardigheid* ducal dignity

**hertogin** *v* [-nen] duchess

**hertrouwen** *onoverg* [hertrouwde, is hertrouwd] remarry, marry again

**hertshoorn, hertshoren** I *o & m stofnaam* staghorn II *m* [-s] *plant* staghorn (fern)

**hertz** *m* [idem] hertz

**heruitgave** *v* [-n] reissue, republication

**hervatten** *overg* [hervatte, h. hervat] resume ‹the discussion›, continue ‹the conversation›, return to ‹work›, reopen ‹negotiations›

**hervatting** *v* [-en] resumption

**herverdelen** *overg* [herverdeelde, h. herverdeeld] redistribute ∗*rijkdom* ~redistribute wealth

**herverdeling** *v* [-en] redistribution ‹of wealth›, reorganization ‹of work›, reshuffling ‹of the cabinet members›

**herverkaveling** *v* [-en] reallocation of land

**herverkiezing** *v* [-en] re-election

**herverzekeren** *overg* [herverzekerde, h. herverzekerd] reinsure

**hervinden** *overg* [hervond, h. hervonden] recover, regain, find again ∗*zijn zelfvertrouwen* ~regain one's self-confidence

**hervormd** *bn* reformed ∗*de* ~*e kerk* the Reformed Church

**hervormde** *m-v* [-n] Reformed, Protestant

**hervormen** *overg* [hervormde, h. hervormd] reform

**hervormer** *m* [-s] reformer

**Hervorming** *v v.d. kerk* Reformation

**hervorming** *v* [-en] reform, reformation ∗*financiële*

~financial reform ∗*politieke* ~*en* political reforms

**hervormingsgezind** *bn* reform-minded, reformist

**hervormingsplan** *o* [-nen] plan for reform

**herwaarderen** *overg* [herwaardeerde, h. herwaardeerd *of* geherwaardeerd] ❶*v. valuta* revalue ❷*opnieuw beoordelen* reassess

**herwinnen** *overg* [herwon, h. herwonnen] regain ‹confidence, trust›, win back ‹votes›, recover ‹a loss›, retrieve ‹lost ground›

**herzien** *overg* [herzag, h. herzien] revise ‹a treaty, a book›, reconsider ‹a policy›, review ‹the findings› ∗*een* ~*e druk* a revised edition

**herziening** *v* [-en] revision ‹of a treaty, book›, reconsideration ‹of a policy›, review ‹of the findings, the sentence› ∗*een* ~*van de grondwet* an amendment to the constitution

**hes** *m* [-sen] blouse, smock

**hesp** *v* [-en] ZN hock, ham

**het** I *lidw* the ∗*drie euro* ~*pond* three euros a pound ∗*drie euro* ~*stuk* three euros each ∗*hét onderwerp van de dag* the talk of the day ∗*ik was er* ~*eerst* I got here/was here first II *pers vnw* it ∗*ik kan* ~*niet vinden* I can't find it ∗*inf* ~*doen* (met) doing it (with), going all the way (with) ∗*dat is je van hét* that's just terrific/the best III *onbep vnw* ∗~*regent* it's raining

**heteluchtoven** *m* [-s] fan oven

**heteluchtverwarming** *v* hot-air heating system

**heten** I *overg* [heette, h. geheten] name, call ▾*iem. welkom* ~bid sbd welcome II *onoverg* [heette, h. geheten] ❶*genaamd zijn* be called, be named ∗*hoe heet dat?* what is it called? ∗*hoe heet hij?* what is his name? ∗*vraag hem hoe hij heet* ask him his name ∗*zo waar ik ... heet* as sure as my name is ... ∗*hij heet Jan naar zijn vader* he's called John after his father ❷*beweerd worden* reputed, said ∗*het heet dat hij...* it is reported/said that he... ∗*zoals het heet* as the saying goes ∗*een beetje druk hier? wat heet!* a bit busy here? that's putting it mildly!

**heterdaad** *bijw* ∗*iem. op* ~*betrappen* catch sbd in the act, catch sbd red-handed

**hetero** *bn & o* ['s] heterosexual

**heterofiel** I *bn* heterosexual II *m-v* [-en] heterosexual

**heterogeen** I *bn* heterogeneous ∗*econ een* ~ *oligopolie* a heterogeneous oligopoly ∗*een* ~*publiek* a motley crowd ∗*een heterogene auto* a hybrid car II *bijw* ∗*het* ~*groeperen van leerlingen* dividing students into mixed-ability groups

**heteroseksueel** I *bn* heterosexual II *m-v* [-elen] heterosexual

**hetgeen, hetgene** *betr vnw* that which, what, which

**hetze** *v* [-s] witch hunt, smear campaign ∗*een* ~ *voeren tegen iem.* start a witch hunt/smear campaign against sbd

**hetzelfde** *aanw vnw* the same ∗*het is mij allemaal* ~ it's all the same to me ∗*het komt op* ~*neer* it amounts to the same thing ∗~*ding* the same thing

**✳** *dat is ∼ van zo-even* that's the same as the one before **✳** *van ∼!* the same to you!

**hetzij** *voegw* either ... or **✳** *∼ vandaag, ∼morgen* maybe today, maybe tomorrow, either today or tomorrow

**heug** *m* **✳** *tegen ∼en meug* reluctantly, against one's wish

**heugen** *onoverg* [heugde, h. geheugd] **✳** *het heugt mij* I remember **✳** *dat zal u ∼* you won't forget that in a hurry

**heuglijk** *bn* ❶ *gedenkwaardig* memorable ❷ *verheugend* joyful, glad, happy

**heulen** *onoverg* [heulde, h. geheuld] collaborate, collude **✳** *∼met de vijand* collaborate/collude with the enemy, be in league/in collusion with the enemy

**heup** *v* [-en] hip **✳** *hij heeft 't op zijn ∼en* he's in one of his tempers

**heupbroek** *v* [-en] hipsters

**heupdysplasie** *v afwijking bij honden* canine hip dysplasia

**heupfles** *v* [-sen] hip flask

**heupgewricht** *o* [-en] hip joint

**heupgordel** *m* [-s] ❶ *veiligheidsgordel* lap/hip belt ❷ *riem/gordel die om de heup wordt gedragen* hip belt

**heuptasje** *o* [-s] bum bag

**heupwiegen** *onoverg* [heupwiegde, h. geheupwiegd] swing/sway/roll/wiggle one's hips

**heupzwaai** *m* [-en] hip throw

**heus I** *bn* ❶ *beleefd* courteous, polite ❷ *echt* real, true **II** *bijw* ❶ *hoffelijk* courteously, politely ❷ *werkelijk* really, truly **✳** *heus?* really?, have you though? **✳** ..., *maar niet ∼!* ..., (but) not really! **✳** *hij bijt ∼ niet* he really won't bite

**heuvel** *m* [-s, -en] hill **✳** *de ∼ af/op* down/up the hill, downhill/uphill

**heuvelachtig** *bn* hilly

**heuvelland** *o* hilly country

**heuvellandschap** *o* [-pen] hilly landscape

**hevel** *m* [-s] siphon/syphon

**hevig I** *bn* ❶ *intens* intense ⟨heat, pain⟩, severe ⟨pain, doubts⟩ ❷ *fel, heftig* violent ⟨storm⟩, heavy ⟨fighting, rainfall⟩, vehement ⟨tone, words⟩ **✳** *hij heeft ∼e koorts* he has a high temperature **II** *bijw* ❶ *violently* & ❷ *versterkend* greatly **✳** *∼bloeden* bleed badly **✳** *∼ verontwaardigd* extremely insulted

**hevigheid** *v* vehemence, violence, intensity, severity

**hexaëder** *m* [-s] hexahedron, cube

**hexagram** *o* [-men] hexagram

**hiaat** *m & o* [hiaten] hiatus, gap

**hibiscus** *m plant* hibiscus

**hiel** *m* [-en] heel **✳** *iem. op de ∼en zitten* be close upon sbd.'s heels **✳** *nauwelijks heb ik de ∼en gelicht, of...* no sooner had I turned my back than... **✳** *zijn ∼en laten zien* go, leave

**hielenlikker** *m* [-s] toady, bootlicker

**hielprik** *m* [-ken] heel prick

**hier** *bijw* here **✳** ⟨tegen hond⟩ *∼!* here! **✳** *∼en daar* here and there **✳** *∼en daar over spreken* talk about this and that **✳** *∼te lande* in this country **✳** *∼ter stede* in this town **✳** *∼ben ik* here I am **✳** *∼is het journaal* this is the news **✳** ⟨overhandigend⟩ *∼is de krant* here's the newspaper **✳** *het zit me tot ∼!* I've had it up to here! I'm fed up with it! **✳** *van ∼tot ginder* from here to there **✳** *van ∼tot Tokio* from here to Timbuktu **✳ inf** *wel ∼en daar!* the deuce!, by Jove!

**hieraan** *bijw* to this, at/on/by/from this **✳** *∼kun je zien wat het kost* this shows you what it cost

**hierachter** *bijw* ❶ *plaats* behind (this) ❷ *verwijzing in boeken &* hereafter, hereinafter

**hiërarchie** *v* [-chieën] hierarchy

**hiërarchisch** *bn* hierarchical **✳** *een ∼e organisatiestructuur* a hierarchical organisational structure **✳** *langs de ∼e weg* via the appropriate channels

**hierbij** *bijw* ❶ hereby, herewith ⟨I declare⟩ **✳** *∼deel ik u mede* I hereby inform you **✳** *∼komt nog...* also **✳** *wij zullen het ∼laten* we'll leave it at this ❷ *ingesloten* herewith, enclosed

**hierbinnen** *bijw* in here, within, within this place/room

**hierboven** *bijw* up here, above **✳** *zoals ∼genoemd* as mentioned above, in the aforesaid (passage)

**hierbuiten** *bijw* outside (this)

**hierdoor** *bijw* ❶ *als gevolg hiervan* because of this ❷ *door dit te doen* by doing so

**hierheen** *bijw* here, this way **✳** *kom je straks ∼?* are you coming here/this way later?

**hierin** *bijw* in here, in this, <u>form</u> herein

**hierlangs** *bijw* this way, past here

**hiermee** *bijw* ❶ with this **✳** *wat moet ik ∼?* what am I to do with this? ❷ *in een brief* herewith

**hierna** *bijw* after this, hereafter **✳** *∼te noemen* hereafter called

**hiernaar** *bijw* after this, from this

**hiernaast** *bijw* next door **✳** *∼woont een aardig stel* there's a nice couple living next door

**hiernamaals I** *bijw* hereafter **✳** *het leven ∼* the life after death **II** *o* **✳** *het ∼* the hereafter

**hiëroglief** *v* [-en], **hiëroglyfe** [-n] hieroglyphics

**hierom** *bijw* ❶ *om het genoemde heen* round this ❷ *reden* for this reason **✳** *...en wel ∼* and for this reason

**hieromheen** *bijw* round this

**hieromtrent** *bijw* ❶ *omgeving* hereabout(s) ❷ *betreffende dit* about this, on this matter **✳** *∼doe ik geen mededelingen* I have no comment on this matter

**hieronder** *bijw* ❶ *onder het genoemde* underneath, below **✳** *zoals ∼genoemd* as stated below; ⟨onder aan de bladzij⟩ as stated in the footnote ❷ *tussen het genoemde* among these **✳** *∼bevinden zich drie kinderen* among these were three children **▼** *∼ verstaat men* by this is meant

**hierop** *bijw* ❶ *v. plaats* on this **✳** *∼stond een toren* there was a tower on top of it ❷ *v. tijd* after that, in reply to that * ~ *zei hij dat hij wegging* in reply to that he said he was leaving

**hierover** *bijw* ❶ *plaats* opposite, over the way * *hij woont* ~ he lives opposite ❷ *betreffende* on (about) this subject, about this * ~ *is weinig bekend* not much is known about this

**hiertegen** *bijw* against this * *slechts enkelen stemden* ~ only a few voted against this

**hiertegenover** *bijw* ❶ *v. plaats* opposite * ~ *komt een garage* they're going to build a garage across the road/street ❷ *v. zaak* against this * ~ *staat dat...* on the other hand...

**hiertoe** *bijw* ❶ *v. tijd* so far * *tot* ~ thus far, so far ❷ *v. doel* for this purpose * ~ *werd besloten omdat...* this was decided because... * ~ *gaat u als volgt te werk* continue as follows

**hiertussen** *bijw* between these * ~ *ligt een dal* a valley lies (in) between

**hieruit** *bijw* from this, hence * ~ *ontstaat dan iets nieuws* something new will come out of this

**hiervan** *bijw* of this/that, about this, hereof * *wat denk jij* ~? what do you think of this?

**hiervandaan** *bijw* from here * *dat is ver* ~ it's a long way from here

**hiervoor** *bijw* ❶ *voor dit doel* for this, in exchange, in return (for this) * ~ *bestemd* reserved for, intended for ❷ *tijd* before this * ~ *was hij ziek* he was ill before this * ~ *genoemd* mentioned before ❸ *plaats* in front of this

**hifi** *bn* hi-fi, high fidelity

**hifiapparatuur** *v* hi-fi equipment, hi-fi

**hifi-installatie** *v* [-s] hi-fi set

**hifiset** *m* [-s] hi-fi

**high** *bn* high, stoned, ‹niet door drugs› ecstatic

**hightech** *bn* high-tech, hi-tech

**hij** *pers vnw* he * ~ *die...* he who * ~ *die dat gelooft* he who believes that... * *is het een* ~ *of een zij?* is it a he or a she?

**hijgen** *onoverg* [hijgde, h. gehijgd] pant, gasp (for breath) * *fig* ~ *naar* pant/yearn for

**hijger** *m* [-s] heavy breather * *door een* ~ *worden opgebeld* receive an obscene phone call

**hijs** *m* hoisting, hoist * *een hele* ~ quite a job

**hijsblok** *o* [-ken] pulley block

**hijsen** *overg* [hees, h. gehesen] hoist, pull up, run up * *de vlag* ~ run up/hoist the flag ▼ *inf* ‹drinken› *bier* ~ booze

**hijskraan** *v* [-kranen] crane

**hik** *m* [-ken] hiccup, hiccough * *de* ~ *hebben* have the hiccups

**hikken** *onoverg* [hikte, h. gehikt] hiccup * *tegen iets aan* ~ not look forward to sth

**hilarisch** *bn* hilarious

**hilariteit** *v* hilarity

**Himalaya** *m* the Himalayas

**hinde** *v* [-n] hind, doe

**hinder** *m* nuisance, hindrance, impediment, obstacle * *ik heb er geen* ~ *van* it's not bothering me

* *kinderen zijn* ~en children impede your movements

**hinderen** **I** *overg* [hinderde, h. gehinderd] hinder, impede, obstruct * *het hindert mij bij mijn werk* it's hindering my work * *mijn zicht werd gehinderd door de bomen* the trees obstructed my vision * *niet dat het mij hindert dat...* not that I'm bothered that/by... **II** *onoverg* [hinderde, h. gehinderd] hinder, be in the way * *dat hindert niet* that's not a problem

**hinderlaag** *v* [-lagen] ambush * *een* ~ *leggen* lay an ambush * *in* ~ *liggen* lie in ambush * *in een* ~ *lokken* ambush * *in een* ~ *vallen* be ambushed

**hinderlijk** *bn* ❶ *personen* annoying, troublesome ❷ *zaken* inconvenient

**hindernis** *v* [-sen] hindrance, obstacle, impediment * *een wedren met* ~sen an obstacle race * *een* ~ *nemen* negotiate an obstacle

**hindernisbaan** *v* [-banen] obstacle course, steeplechase, assault course

**hindernisloop** *m* [-lopen] steeplechase

**hinderpaal** *m* [-palen] obstacle, impediment, hindrance * *iem. hinderpalen in de weg leggen* put/throw obstacles in sbd's way * *alle hinderpalen uit de weg ruimen* remove all obstacles

**Hinderwet** *v* nuisance act

**Hindoe** *m* [-s] Hindu

**hindoeïsme** *o* Hinduism

**Hindoestaan, Hindostaan** *m* [-stanen] Hindustani

**Hindoestaans, Hindostaans** **I** *bn* Hindustani **II** *o taal* Hindustani

**Hindoestaanse** *v* [-n] Hindustani

**hinkelen** *onoverg* [hinkelde, h. gehinkeld] hop, ‹op hinkelbaan› play hopscotch

**hinken** *onoverg* [hinkte, h. gehinkt] ❶ *kreupel lopen* limp, walk with a limp * *op twee gedachten* ~ be in two minds about sth ❷ hop, ‹op hinkelbaan› play hopscotch

**hink-stap-springen** *o* *sp* triple jump

**hink-stap-sprong** *m* triple jump

**hinniken** *onoverg* [hinnikte, h. gehinnikt] ❶ *v. paard* neigh, whinny ❷ *lachen* bray, cackle

**hint** *m* [-s] hint, tip, pointer

**hip** *bn* hip, trendy ‹clothes›, swinging ‹town›

**hiphop** *m* hip-hop

**hippie** *m-v* [-s] hippy/hippie

**hippisch** *bn* equestrian

**hippodroom** *m & o* [-dromen] hippodrome

**historicus** *m* [-ci] historian

**historie** *v* [-s & -riën] history, story * *natuurlijke* ~ natural history

**historieschilder** *m* [-s] historical painter

**historiestuk** *o* [-ken] historical piece/painting

**historisch** **I** *bn* ❶ *geschiedkundig* historical ‹novel &› ❷ *van historische betekenis* historic ‹building, event &› * *het is* ~*!* it actually happened, it's a fact of history **II** *bijw* historically

**hit** **I** *m* [-s] ❶ *succesvolle plaat* hit (record) * *een* ~ *scoren* score a hit * *die film is een* ~ the film is a hit/a

box office success ❷*op zoekmachine* comput hit ‖ *m*
[-ten] *pony* (Shetland) pony, cob
**hitlijst** *v* [-en], **hitparade** [-s] hit parade, charts
**hitsig** *bn* hot-blooded
**hitte** *v* heat ✳*in de ~van het gevecht* in the heat of
the struggle
**hittebestendig** *bn* heat-resistant ✳*~e verf*
heat-resistant paint
**hittegolf** *v* [-golven] heat wave
**hitteschild** *o* [-en] heat shield
**hiv** *afk* (human immunodeficiency virus) HIV
**hiv-virus** *o* [-sen] HIV virus
**ho** *tsw* ❶*bij inschenken* when! ✳*~maar!* stop!, that's
enough! ❷*tegen paard* whoa! ✳*~nou!* hold your
horses! ❸*als terechtwijzing* come on!
**hobbel** *m* [-s] knob, bump ✳*een lastige ~nemen* get
around a tricky obstacle
**hobbelen** *onoverg* [hobbelde, h. gehobbeld] ❶*op en
neer* jolt, bump, lurch ‹along the road› ❷*heen en
weer* rock (to and fro) ❸*op hobbelpaard* ride on a
rocking horse
**hobbelig** *bn* rugged, uneven, bumpy
**hobbelpaard** *o* [-en] rocking horse
**hobby** *m* ['s] hobby
**hobbyist** *m* [-en] ❶*beoefenaar v.e. hobby* hobbyist
❷*geringsch* amateur, dilettante
**hobo** *m* ['s] oboe
**hoboïst** *m* [-en] oboist, oboe player
**hockey** *o* hockey
**hockeyen** *onoverg* [hockeyde, h. gehockeyd] play
hockey
**hockeyer** *m* [-s] hockey player
**hockeystick** *m* [-s] hockey stick
**hocus pocus** *m & o* hocus-pocus, mumbo-jumbo ✳*~
pilatus pas!* abracadabra! open sesame!
**hoe I** *bijw voegw* how ✳*~dan ook* anyhow, anyway,
in spite of everything ✳*~langer ~erger* worse and
worse ✳*~meer...,* ~*minder...* the more..., the less...
✳*~rijk hij ook is* however rich he may be ✳*~het ook
zij* however that may be ✳*zij weet ~de mannen zijn*
she knows what men are like ✳*ik zou graag weten ~
of wat* I'd like to know where I stand ✳*het ~en
wat/waarom weet hij niet* he doesn't know the ins
and outs of the case ‖ *vragend vnw* what ✳*~zo?*
what do you mean? ✳*~ver is het nog?* how much
further is it? ✳*~ is uw naam?* what's your name? ✳*~
noemen we een...?* what do we call a...?
**hoed** *m* [-en] hat ✳*een hoge ~a* top hat, a topper
✳*zijn ~opzetten* put on his hat ✳*de ~afnemen voor
iem.* take off/raise one's hat to sbd ✳*daar neem ik
mijn/de ~voor af* I take off my hat to that ✳*met de ~
in de hand komt men door het ganse land* good
manners get results ✳*van de ~en de rand weten*
know what's what ✳*onder één ~je spelen met* be in
league with, work together with ✳*inf hij is onder een
~je te vangen* he can easily be subdued ✳*zich een
~je schrikken* be frightened to death
**hoedanig** *vragend vnw* how, what

**hoedanigheid** *v* [-heden] quality, capacity ✳*in zijn
~van...* in his capacity as... ✳*aannemen van een valse
~* assume a false identity
**hoede** *v* guard, care, protection ✳*onder zijn ~
nemen* take under one's protection, take charge of
✳*op zijn ~zijn* be on one's guard (*voor* against)
**hoeden I** *overg* [hoedde, h. gehoed] *v. vee* take care
of, tend, keep watch over, look after ‖ *wederk*
[hoedde, h. gehoed] ✳*zich ~voor* beware of, guard
against
**hoedenmaker** *m* [-s] hatter
**hoedenplank** *v* [-en] *in auto* rear shelf
**hoeder** *m* [-s] ❶keeper, ‹v. vee› herdsman, ‹meest in
samenst.› ‹swine› herd ❷*fig* guardian, keeper
✳*bijbel mijns broeders ~* my brother's keeper
**hoef** *m* [hoeven] hoof
**hoefdier** *o* [-en] hoofed animal, ungulate
**hoefgetrappel** *o* clatter of hoofs
**hoefijzer** *o* [-s] (horse)shoe
**hoefsmid** *m* [-smeden] blacksmith, farrier
**hoegenaamd** *bijw* absolutely, completely, at all ✳*~
niets* absolutely nothing, nothing whatever, nothing
at all ✳*het heeft ~geen moeite gekost* it was no
trouble at all
**hoek** *m* [-en] ❶*besloten door twee lijnen of vlakken*
angle ✳*rechte/scherpe/stompe ~a* right angle, an
acute/obtuse angle ✳*zijn dode ~* one's blind spot
✳*onder een ~van 40 graden* at an angle of 40°
❷*besloten door twee muren* corner ✳*iem. in een ~
drijven* corner sbd ✳*een jongen in de ~zetten* put a
boy in the corner ✳*in alle ~en en gaten* in every
nook and cranny ✳*hij kan zo aardig uit de ~komen*
he's very witty ✳*inf hij kwam flink uit de ~* he came
out with some firm criticism ✳*inf iem. alle ~en van
de kamer laten zien* knock the living daylights out of
sbd ✳*inf in de ~zitten waar de klappen vallen* be in
the wrong place at the wrong time ❸*v. straat, oog,
mond & corner* ✳*om de ~* round the corner ✳*ga de
~om* go round the corner ✳*het ~je om gaan* kick
the bucket ✳*op de ~* at/on the corner ❹*v. kompas*
quarter, point of the compass ✳*uit welke ~waait de
wind?* which way is the wind blowing? ❺*streek*
corner ❻*beschut plekje* nook ❼boksen hook ✳*een
rechtse ~plaatsen* use a right hook ❽*vishaak* hook,
fish hook
**hoekhuis** *o* [-huizen] corner house
**hoekig** *bn* ❶angular ❷*fig* rugged
**hoekkast** *v* [-en] corner cupboard
**hoekman** *m* [-nen, -lieden] eff Am market/stock
specialist, (stock) jobber
**hoekpunt** *o* [-en] angular point
**hoekschop** *m* [-pen] corner
**hoeksteen** *m* [-stenen] cornerstone ✳*het gezin als ~
van de samenleving* the family as the cornerstone of
society
**hoektand** *m* [-en] canine (tooth), eyetooth
**hoekwoning** *v* [-en] corner house, house on the
corner

**ho**

**hoelang** *bijw* how long ★ *tot~* till, until when
**hoen** *o* [-deren & -ders] chicken, hen, fowl, <u>Aus</u> chook ★ *zo fris als een ~tje* as fresh as a daisy
**hoenderhok** *o* [-ken] henhouse, chicken coop
**hoepel** *m* [-s] hoop
**hoepelen** *onoverg* [hoepelde, h. gehoepeld] play with a hoop, trundle a hoop
**hoepelrok** *m* [-ken] hoop skirt, crinoline
**hoer** *v* [-en] whore, harlot, prostitute ★ *de~ spelen* act like a whore
**hoera I** *tsw* hurrah, hurray ★ *driemaal ~ voor...* three cheers for... **II** *o* ['s] cheers ★ *een driewerf ~* three cheers
**hoerastemming** *v* jubilant mood, on top of the world, over the moon
**hoerenbuurt** *v* [-en] red-light district
**hoerenjong** *o* [-en] ❶ bastard, son of a bitch ❷ <u>druktechn</u> widow
**hoerenkast** *v* [-en] brothel
**hoerenloper** *m* [-s] whore hopper, john
**hoerenmadam** *v* [-men] madam, female brothel keeper
**hoereren** *onoverg* [hoereerde, h. gehoereerd] whore
**hoerig** *bn* whorish, slutty, sluttish
**hoes** *v* [hoezen] ❶ cover, dust sheet ❷ *v. grammofoonplaat* sleeve
**hoeslaken** *o* [-s] fitted sheet
**hoest** *m* cough ★ *een hardnekkige ~* a persistent cough
**hoestbonbon** *m* [-s] cough drop/sweet/lolly
**hoestbui** *v* [-en] fit of coughing
**hoestdrankje** *o* [-s] cough mixture/medicine
**hoesten** *onoverg* [hoestte, h. gehoest] cough
**hoestpastille** *v* [-s] cough lozenge
**hoestsiroop** *v* [-siropen] cough syrup
**hoeve** *v* [-n, -s] farm, farmstead, homestead
**hoeveel** *vragend telw* ❶ *voor enkelvoud* how much ‹money› ❷ *voor meervoud* how many ‹books› ★ *met (zijn) hoevelen zijn wij?* how many of us are there?
**hoeveelheid** *v* [-heden] quantity, amount
**hoeveelste** *vragend telw* ★ *de ~ keer?* how many times ‹have I told you› ? ★ *de ~ van de maand hebben wij?* what day of the month is it? ★ *de ~ bent u?* what's your number?
**hoeven** *overg en onoverg* [hoefde, h. gehoeven] need (to) ★ *dat hoeft niet* that's not necessary, you don't have to do that ★ *dat had je niet ~ doen* you didn't have to do that, there was no need for you to do that; ‹na ontvangst v.e. cadeau› you shouldn't have! ★ *van mij hoeft skiën niet meer/ik hoef niet meer zo nodig te skiën* I'm no longer interested in skiing ★ *spruitjes hoef ik niet* I don't like sprouts
**hoever, hoeverre** *bijw* ★ *(tot) ~* how far? ★ *in ~(re)* how far, to what extent
**hoewel I** *voegw* although, though **II** *tsw* ★ *ik zal het nooit meer doen...~?* I'll never do it again...or might I?
**hoezeer I** *voegw* how badly **II** *bijw* however much

★ *je begrijpt ~ dit me heeft getroffen* you'll understand how much this has hurt me
**hoezo** *tsw* what do you mean? ★ *~ slecht weer?* what do you mean, bad weather? ★ *~ oranje licht?* what yellow light?
**hof I** *o* [hoven] *rechtbank en v. vorst* court ★ *aan het ~* at court ★ *het Europees Hof van Justitie* the European Court of Justice ★ *het Europees Hof voor de Rechten van de Mens* the European Court of Human Rights ★ *het Hof van Justitie van de Europese Gemeenschappen* the Court of Justice of the European Communities ★ *het Internationaal Hof van Justitie* the International Court of Justice ★ *het ~ van arbitrage/cassatie* the court of arbitration/cassation ★ *iem. het ~ maken* court sbd **II** *m* [hoven] *tuin* garden ★ *de Hof van Eden* the Garden of Eden
**hofdame** *v* [-s] lady-in-waiting, ‹ongehuwd› maid of honour/<u>Am</u> honor
**hoffelijk** *bn* courteous ★ *een ~e buiging* a courteous bow
**hoffelijkheid** *v* [-heden] courteousness, courtesy
**hofhouding** *v* [-en] court, household
**hofje** *o* [-s] ❶ *v. bejaarden* almshouse ❷ *binnenplaats* court
**hofkapel** *v* [-len] ❶ *kerkje* court chapel ❷ <u>muz</u> royal court band
**hofkring** *m* [-en] ★ *in ~en* in court circles
**hofleverancier** *m* [-s] purveyor to His/Her Majesty, by appointment to His/Her Majesty
**hofmeester** *m* [-s] steward
**hofnar** *m* [-ren] court jester/fool
**hogedrukgebied** *o* [-en] high-pressure area, high, anticyclone
**hogedrukpan** *v* [-nen] pressure cooker
**hogedrukreiniger** *m* [-s] high-pressure water jet
**hogedrukspuit** *v* [-en] high-pressure spray
**hogelijk** *bijw* → **hooglijk**
**hogepriester** *m* [-s] high priest
**hogerhand** *v* ★ *van ~* from above, ‹a revelation› from on high, ‹an order› from the powers that be/the government, ‹hear› on high authority
**Hogerhuis** *o* Upper House, House of Lords
**hogerop** *bijw* higher ★ *~ willen* have higher aspirations, be ambitious ★ ‹bij hogere instantie› *het ~ zoeken* take it higher up, take it to a higher authority
**hogeschool** *v* [-scholen] college, university ★ *aan de ~* in college ★ *op de ~* at college ★ *een technische ~* a technical college, a polytechnic
**hogesnelheidslijn** *v* [-en] *snelle treinverbinding* high-speed rail link
**hogesnelheidstrein** *m* [-en] high-speed train
**hoi** *tsw* ❶ *groet* hi, hello ❷ *juichkreet* whoopee
**hok** *o* [-ken] ❶ *dierenverblijfplaats* ‹v. honden› kennel, ‹v. varkens› sty, ‹v. schapen, pluimvee› pen, house, ‹v. leeuwen› den, cage, ‹v. konijnen› hutch, ‹v. kippen› coop ★ *in je ~!* in your kennel!; ‹tegen iem.› pipe down! ❷ *bergruimte* shed ❸ *kamertje voor*

*hobby* & den ✳*een* ~*(van een kamer)* a poky little room, inf a hole ❹*v. garven, schoven* shock

**hokje** o [-s] ❶*bergruimte voor papieren &* compartment, ‹in een bureau› pigeonhole ❷*kleedhokje, slaapkamertje* cubicle ❸*vierkant vakje* square ❹*op invulbiljet* box

**hokjesgeest** m parochialism

**hokken** onoverg [hokte, h. gehokt] ❶*ongehuwd samenwonen* shack up ❷*blijven waar men is* stay put ✳*bij elkaar* ~huddle together ✳*zij* ~*altijd thuis* they're stay-at-homes ❸*even stil vallen* come to a standstill ✳*er hokt iets* there's a hitch somewhere ✳*het gesprek hokte* the conversation ground to a halt

**hol** I *bn* ❶hollow ‹stalks, cheeks, phrases, tones›, empty ‹vessels phrases›, sunken ‹road›, rough ‹sea›, cavernous ‹eyes› ✳*in het* ~*st van de nacht* in the dead of night ❷*v. lens* concave ‹lenses› II *bijw* hollow ✳~*klinken* sound hollow III *o* [holen] ❶*grot* cave, cavern ❷*v. dieren* hole, den, lair ✳*zich in het* ~ *van de leeuw wagen* brave the lion's den ❸*plaats van duistere praktijken* den ❹*achterste* inf arse, Am ass ✳*iem. een schop onder zijn* ~*geven* kick sbd in the arse/up the backside ✳*het kan me geen* ~*schelen* I couldn't care less, vulg I don't give a shit IV *m* ✳*op* ~*slaan* ‹raken› bolt, runaway ‹horse› ✳*iem. het hoofd op* ~*brengen* turn sbd's head ✳*zijn verbeelding is op* ~*geslagen* his imagination is running wild ✳*op een* ~*letje* in a great hurry

**holbewoner** m [-s] cave dweller, troglodyte

**holding** v [-s], **holding company** [´s] holding company

**Holland** o ❶*Nederland* the Netherlands ✳*dat is* ~*op zijn smalst* that's a narrow-minded/petty attitude ✳~ *is in last* things aren't going well ❷*onofficieel* Holland ❸*provincies* Holland

**Hollander** m [-s] ❶*Nederlander* Dutchman ✳*de vliegende* ~the Flying Dutchman ✳*de* ~*s* the Dutch ❷*uit provincies* Hollander

**Hollands** I *bn* Dutch II *o* *taal* Dutch

**Hollandse** v [-n] Dutchwoman ✳*ze is een* ~she's a Dutchwoman, she's from Holland, she's Dutch

**hollen** onoverg [holde, h. en is gehold] run ✳*het is altijd* ~*of stilstaan met hem* it's all or nothing with him ✳*een* ~*d paard* a runaway horse ✳*zijn gezondheid holt achteruit* his health is deteriorating fast

**holocaust** m [-en] ❶*volkerenmoord* holocaust ❷*m.b.t. de joden tijdens de Tweede Wereldoorlog* Holocaust

**hologig** bn hollow-eyed

**holografisch** bn holographic

**hologram** o [-men] hologram

**holrond** bn concave

**holst** o → **hol**

**holster** m [-s] holster

**holte** v [-n & -s] hollow, cavity, ‹v. oog› heup socket, ‹v. maag› pit

**hom** v [-men] *v. vis* milt, soft roe

**homecomputer** m [-s] personal computer

**homeopaat** m [-paten] hom(o)eopath

**homeopathie** v hom(o)eopathy

**homeopathisch** bn hom(o)eopathic ✳*een* ~*middel* a homeopathic medicine

**homepage** m [-s] comput home page, homepage

**homerisch** bn Homeric ✳*een* ~*e strijd* a heroic struggle ✳~*gelach* Homeric laughter

**homerun** m [-s] honkbal home run

**hometrainer** m [-s] home trainer, exercise bicycle

**hommage** v [-s] homage, tribute ✳*een* ~*aan iem. brengen* pay a tribute to sbd

**hommel** v [-s] ❶*grote brombij* bumblebee ❷*dar* drone

**hommeles** mv ✳*het is* ~*tussen hen* they are at odds, inf they're having a row ✳~*hebben* have a row/an argument

**homo** m [´s] homosexual, gay, beledigend queer, queen, poof

**homobar** m-v [-s] gay bar

**homofiel** bn & m-v [-en] homosexual, gay

**homofilie** v homosexuality

**homofobie** v homophobia

**homofoob** bn homophobic ✳*homofobe teksten* homophobic texts

**homogeen** bn homogeneous, uniform ✳*de autochtone Nederlanders vormen geen homogene groepering* the native Dutch population is not homogenous in character

**homogeniteit** v homogeneity

**homohaat** m homophobia

**homohuwelijk** o [-en] homosexual/gay marriage

**homoniem** I *bn* homonymous II *o* [-en] homonym

**homonymie** v homonymy

**homoscene** v gay scene

**homoseksualiteit** v homosexuality

**homoseksueel** bn & m-v [-elen] homosexual, gay

**homp** v [-en] lump, chunk, ‹v. brood› hunk ✳*een* ~ *kaas* a lump/chunk of cheese

**hond** m [-en] ❶dog ✳*een jonge* ~a puppy/pup ✳*een vliegende* ~a flying fox ✳*bekend staan als de bonte* ~ have a bad reputation ✳*de gebeten* ~*zijn* (always) get the blame ✳*de* ~*uitlaten* take the dog for a walk ✳*jij stomme* ~! you idiot! ✳*blaffende* ~*en bijten niet* his bark is worse than his bite ✳*men moet geen slapende* ~*en wakker maken* let sleeping dogs lie ✳*de* ~*in de pot vinden* go without one's dinner ✳*wie een* ~*wil slaan, kan licht een stok vinden* it is easy to find a stick to beat a dog ✳*veel* ~*en der hazen dood* nobody can hold out against superior numbers ✳*daar lusten de* ~*en geen brood van* that's not fit for a dog ✳*als twee* ~*en vechten om een been, loopt een derde er ras mee heen* if you make trouble with somebody, both will lose out ✳*commandeer je* ~*je) en blaf zelf* I'm not your slave ✳*zo ziek als een* ~*as* sick as a dog ❷*jachthond* hound

**hondenasiel** o [-en, -s] home for dogs, dogs' home

ho

**hondenbaan** v [-banen] lousy/rotten job
**hondenbelasting** v dog tax, dog licence/<u>Am</u> license fee
**hondenbrokken** zn [mv] dry dog food, dog biscuits
**hondenhok** o [-ken] kennel
**hondenleven** o dog's life★ een~ leiden lead a dog's life
**hondenpenning** m [-en] dog licence tag, <u>Am</u> dog license tag
**hondenpoep** m dog droppings, <u>inf</u> dogshit, <u>Am</u> doggy-doo★ in de~ trappen tread in the dogshit
**hondentrimmer** m [-s] canine beautician
**hondenvoer** o dog food
**hondenweer** o foul weather
**honderd** I telw a (one) hundred★ dat heb ik je al~ keer gezegd I've told you that a hundred times★ vijf ten~ five per cent‖ o [-en]★ ~en mensen hundreds of people★ bij~en by the hundred★ alles is in het~ everything is at sixes and sevens★ alles loopt in het~ everything is going wrong★ de boel in het~ laten lopen let everything get out of control
**honderdduizend** telw a/one hundred thousand ★ ~en hundreds of thousands★ de~ winnen win the lottery
**honderdduizendste** rangtelw the hundred thousandth★ voor de~ keer! for the hundredth time!
**honderdjarig** I bn hundred-year-old, centenary, centennial★ het~ bestaan van... the centenary of... ★ de Honderdjarige Oorlog the Hundred Year's War ‖ m-v ★ een~e a centenarian
**honderdje** o [-s] hundred euro note
**honderdste** I rangtelw hundredth‖ o [-n] hundredth (part), per cent
**honderdtal** o [-len] (a/one) hundred
**honderduit** bijw ★ ~ praten talk nineteen to the dozen
**honderdvoudig** I bn hundredfold‖ bijw hundred times★ je krijgt het~ terug you'll get it back multiplied by a hundred, you'll get back a hundred times more than you put in
**honds** I bn scandalous, despicable‖ bijw scandalously, despicably★ iem.~ behandelen treat sbd like a dog
**hondsberoerd** bn sick as a dog★ ik voel me~ I feel sick as a dog
**hondsbrutaal** bn as bold as brass, insolent, cheeky
**hondsdagen** zn [mv] dog days
**hondsdolheid** v ❶ bij dieren rabies ❷ bij mensen hydrophobia
**hondsdraf** v ground ivy
**hondsmoe** bn dog-tired, dead tired, tired to death
**Honduras** o Honduras
**honen** overg [hoonde, h. gehoond] taunt, insult, jeer (at)
**honend** I bn scornful, derisive‖ bijw scornfully, derisively★ ~ lachen jeer, laugh scornfully
**Hongaar** m [-garen] Hungarian

**Hongaars** I bn Hungarian‖ o taal Hungarian
**Hongaarse** v [-n] Hungarian★ ze is een~ she's a Hungarian, she's from Hungary
**Hongarije** o Hungary
**honger** m hunger★ ~ hebben be hungry★ ik heb~ als een paard I could eat a horse★ ~ krijgen get hungry★ ~ lijden starve, go hungry★ van~ sterven die of hunger★ ~ maakt rauwe bonen zoet hunger is the best sauce★ ~ naar roem hebben be hungry for fame
**hongerdood** m & v starvation, death from starvation★ de~ sterven starve to death
**hongeren** onoverg [hongerde, h. gehongerd] starve ★ ~ naar roem crave fame
**hongergevoel** o feeling of hunger
**hongerig** bn hungry, ‹sterker› famished, ‹minder› peckish
**hongerklop** m in wielerwedstrijd sudden exhaustion due to hunger
**hongerlijder** m [-s] hungry person
**hongerloon** o [-lonen] starvation wages, pittance
**hongeroedeem** o hunger oedema, <u>Am</u> hunger edema
**hongersnood** m [-noden] famine
**hongerstaking** v [-en] hunger strike★ in~ gaan go on hunger strike
**Hongkong** o Hong Kong
**honing** m honey★ iem.~ om de mond smeren butter sbd up
**honingraat** v [-raten] honeycomb
**honingzoet** bn ❶ zeer zoet as sweet as honey, honey-sweet ❷ fig honeyed, mellifluous
**honk** o [-en] ❶ thuis home★ bij~ blijven stay near, stay at home; fig keep to the point★ van~ gaan leave home★ van~ zijn be absent, be away from home ❷ sp base
**honkbal** o baseball
**honkbalknuppel** m [-s] baseball bat
**honkballen** onoverg [honkbalde, h. gehonkbald] play baseball
**honkballer** m [-s] baseball player
**honkslag** m [-slagen] (one-)base hit
**honkvast** bn stay-at-home, home loving★ hij is erg~ he is a stay-at-home/a home lover
**honnepon** v & m [-nen] sweetie, sweetheart, honeybun
**honneurs** zn [mv] ❶ honours★ de~ waarnemen do the honours ❷ kaartsp honour/<u>Am</u> honor cards
**honorair** bn honorary★ een~ lid an honorary member
**honorarium** o [-s & -ria] fee, honorarium, remuneration
**honoreren** overg [honoreerde, h. gehonoreerd] ❶ betalen pay, remunerate ❷ geldig verklaren honour/<u>Am</u> honor★ een verzoek~ honour a request ★ niet~ dishonour ‹a bill›, refuse to honour ❸ belonen award ‹a high mark›, reward ‹with a good mark›

**honorering** *v* ❶ *honorarium* remuneration, fee ❷ *betaling* payment ❸ *compensatie* compensation ❹ *erkenning* acceptance ❺ *betaling van een wissel of een cheque* honouring

**hoofd** *o* [-en] ❶ *lichaamsdeel* head, inf nut ⋆ *een~ groter* taller by a head ⋆ *zijn~ is er mee gemoeid* it may cost him his head ⋆ *het~ bieden aan* stand up to ‹sbd›, brave, face ‹dangers &›, meet ‹a difficulty›, cope with, deal with ‹a situation›, bear up against ‹misfortunes› ⋆ *ergens een hard~ in hebben* have great doubts about sth ⋆ *het~ boven water houden* keep one's head above water ⋆ *het~ hoog houden* carry/hold one's head high ⋆ *het~ in de schoot leggen* give in, resign oneself to ⋆ *het~ opsteken* raise its head/their heads ⋆ *de~en bij elkaar steken* put their heads together ⋆ fig *zijn~ stoten* meet with a rebuff ⋆ *het~ in de nek werpen* throw back one's head ⋆ *het~ buigen* bow one's head ⋆ *wat ons boven het~ hangt* what is hanging over our heads, what's waiting for us ⋆ *het werk groeit mij boven het ~* the work is getting too complicated ⋆ *zich een gat in het~ vallen* break one's head open ⋆ *met opgeheven~* with head held high ⋆ *met het~ tegen de muur lopen* bang one's head against a (brick) wall ⋆ *iem. iets naar het/zijn~ gooien* throw sth at sbd's head; fig fling sth in sbd's teeth ⋆ *iem. beledigingen naar het~ slingeren* hurl insults at sbd ⋆ *naar het~ stijgen* go to one's head ⋆ *z'n~ om de deur steken* pop one's head in (the door) ⋆ *het zal op uw~ neerkomen* it'll be on your head ⋆ *iets over het~ zien* overlook sth ⋆ *van het~ tot de voeten* from head to foot, from top to toe, all over ⋆ *van het~ tot de voeten gewapend* armed to the teeth ⋆ *iem. van~ tot voeten opnemen* look sbd up and down ⋆ *iem. voor het~ stoten* offend sbd ⋆ *ik had me wel voor het~ kunnen slaan* I could have kicked myself ⋆ *mil~ links/rechts!* eyes left/right! ❷ *als zetel van verstand* head, brains, inf loaf ⋆ *zich het~ breken over* rack one's brains over/about sth ⋆ *een goed~ hebben voor wiskunde* have a good head for maths ⋆ *het~ vol hebben van...* have one's head full of... ⋆ *mijn~ loopt om* my head is in a whirl ⋆ *het~ verliezen* lose one's head ⋆ *het~ niet verliezen* keep one's head ⋆ *je moet je~ erbij houden* you have to keep your wits about you ⋆ *veel aan het~ hebben* have a lot of things on one's mind ⋆ *niet goed bij het/zijn~ zijn* not be in one's right mind ⋆ *dat is mij door het~ geschoten* it's slipped my memory, it's completely gone out of my head ⋆ *iets in zijn~ halen* get/take sth into one's head ⋆ *iets in zijn~ hebben* have an idea ⋆ *hoe kon hij het in zijn~ krijgen/halen?* how could he even think it? ⋆ *zich iets in het~ zetten* get sth into one's head ⋆ *iets uit zijn~ kennen/leren/opzeggen* know/learn/recite sth by heart ⋆ *berekeningen uit het ~ maken* make calculations in one's head ⋆ *uit het~ spelen* play from memory ❸ *individu* head ⋆ *drie euro per~* three euros per head ⋆ *per~ van de bevolking* per capita, per head of the population ⋆ *~*

*voor~* individually ⋆ *zoveel~en, zoveel zinnen* (so) many men, (so) many minds ⋆ *de~en tellen* count the numbers ❹ *chef* chief, chef, leader ⋆ *het~ van een school* the principal/headmaster/headmistress/head of a school ❺ *bovenste/eerste stuk/plaats* head, heading, ‹kop v. artikel› headline(s) ⋆ *het~ van de brief* the letter heading ⋆ *aan het~ van de tafel* at the head of the table ⋆ *aan het~ staan van* be at the head of, be in charge of ‹a prison &› ▼ *uit~e van* on account of, owing to ▼ *uit dien~e* on that account, for that reason

**hoofdagent** *m* [-en] ❶ *v. politie* ± police sergeant ❷ *vertegenwoordiger* general/main/principal agent, distributor

**hoofdakte** *v* [-n & -s] headmaster's certificate

**hoofdambtenaar** *m* [-naren & -s] senior official/officer

**hoofdartikel** *o* [-en & -s] ❶ leading article, leader, editorial ❷ handel main line

**hoofdbestanddeel** *o* [-delen] main constituent

**hoofdbestuur** *o* [-besturen] ❶ *v. vereniging* managing/executive/general committee ❷ *v. bedrijf* governing/central board of directors

**hoofdbewoner** *m* [-s] main/principal occupant, jur main/principal tenant

**hoofdbreken** *o* mental hassle, worry ⋆ *dat heeft heel wat~s gekost* that took a lot of mental hassle, I had to rack my brains over that

**hoofdbureau** *o* [-s] head office ⋆ *het~ van politie* the police headquarters

**hoofdcommissaris** *m* [-sen] (chief) commissioner (of police)

**hoofdconducteur** *m* [-s] (head) guard

**hoofddeksel** *o* [-s] headgear

**hoofddocent** *m* [-en] head teacher

**hoofddoek** *m* [-en] (head)scarf

**hoofddoel** *o* main object, principal aim

**hoofdeind, hoofdeinde** *o* [-einden] *v. bed* head

**hoofdelijk** *bn* per capita ⋆ *~e stemming* voting by roll call ⋆ jur *~ aansprakelijk* jointly and severally liable

**hoofdfiguur** *v* [-guren] ❶ *v.e. beweging of tijdperk* principal/leading figure ❷ *in boek, film* main character

**hoofdfilm** *m* [-s] feature/main film

**hoofdgebouw** *o* [-en] main building

**hoofdgerecht** *o* [-en] main course

**hoofdhaar** *o* [-haren] hair of the head

**hoofdhuid** *v* scalp

**hoofdhuurder** *m* [-s] main/principal tenant

**hoofdingang** *m* [-en] main entrance

**hoofdinspecteur** *m* [-s] chief inspector ⋆ *de~ van politie* the chief inspector of police

**hoofdje** *o* [-s] ❶ *klein hoofd* small head ❷ *bloemhoofdje* flower head ❸ *opschrift* heading, caption

**hoofdkantoor** *o* [-toren] head office, headquarters

**hoofdknik** m [-ken] nod of the head
**hoofdkraan** v [-kranen] mains (tap) * de ~ dichtdraaien turn off at the mains
**hoofdkussen** o [-s] pillow
**hoofdkwartier** o [-en] mil headquarters * het grote ~general headquarters, G.H.Q

> **hoofdkwartier**
> Headquarters is altijd meervoud, • headquarter in het enkelvoud bestaat niet.

**hoofdleiding** v [-en] ❶bestuur general management ❷v. gas, water & mains
**hoofdletter** v [-s] capital (letter) * in ~s in capitals * met ~A with a capital A * iets met een ~schrijven write sth with a capital letter
**hoofdlettergevoelig** bn comput case sensitive
**hoofdlijn** v [-en] ❶main line * de ~en aangeven outline the main features/themes ❷v. spoorweg main/trunk line
**hoofdluis** v [-luizen] head louse * haar kind heeft ~ her child has headlice/has nits
**hoofdmaaltijd** m [-en] main meal
**hoofdmacht** v main body/force
**hoofdmoot** v [-moten] principal part
**hoofdmotief** o [-tieven] ❶main/principal/leading motive ❷letterk & muz principal motive, leitmotif
**hoofdofficier** m [-en] field officer * de ~ van justitie the chief public prosecutor
**hoofdonderwijzer** m [-s] headteacher
**hoofddoorzaak** v [-zaken] main cause
**hoofdpersoon** m [-sonen] principal person, central figure * de hoofdpersonen van de roman the principal characters in the novel
**hoofdpijn** v [-en] headache * ~ hebben/krijgen have/get a headache
**hoofdprijs** m [-prijzen] first prize
**hoofdprogramma** o ['s] main programme/Am program
**hoofdredacteur** m [-en & -s] chief editor, editor-in-chief
**hoofdrekenen** o mental arithmetic
**hoofdrol** v [-len] principal part/role, leading part/role * de ~spelen play the lead; fig play first fiddle
**hoofdrolspeler** m [-s] main/leading actor/actress, ⟨v. mannen⟩ male lead/leading man, ⟨v. vrouwen⟩ female lead/leading lady
**hoofdschakelaar** m [-s] main switch
**hoofdschotel** m & v [-s] ❶gerecht main dish ❷fig principal feature, main item, pièce de résistance
**hoofdschudden** o shaking/shake of the head
**hoofdschuddend** bijw ❶meewarig pityingly ❷afkeurend disapprovingly * ~toekijken look on disapprovingly
**hoofdschuldige** m-v [-n] main/chief offender, main/chief culprit
**hoofdsom** v [-men] ❶het totaal sum total ❷het

kapitaal principal
**hoofdsponsor** m [-s] main sponsor
**hoofdstad** v [-steden] ❶v. land capital (city) ❷v. provincie, graafschap provincial capital
**hoofdstedelijk** bn metropolitan
**hoofdstel** o [-len] bridle
**hoofdsteun** m [-en] headrest
**hoofdstraat** v [-straten] main street/thoroughfare
**hoofdstuk** o [-ken] chapter * ~één Chapter One * in ~zes in chapter six
**hoofdtelefoon** m [-s] headphone(s)
**hoofdtelwoord** o [-en] cardinal number
**hoofdvak** o [-ken] main subject, Am major * hij heeft biologie als ~his main subject is biology
**hoofdverpleegkundige** m-v [-n] head/charge/senior nurse
**hoofdverpleegster** v [-s] head/charge nurse, sister in charge
**hoofdvesting** v headquarters
**hoofdwas** m main wash cycle
**hoofdweg** m [-wegen] main road
**hoofdwond** v [-en] head wound
**hoofdzaak** v [-zaken] main point/concern * wat zijn de hoofdzaken? what are the essentials? * in ~on the whole, basically
**hoofdzakelijk** bijw principally, chiefly, mainly
**hoofdzin** m [-nen] taalk principal sentence
**hoofdzuster** v [-s] head nurse, charge nurse/sister
**hoofs** bn courtly * ~e poëzie courtly poetry
**hoog** I bn ❶groot van onder naar boven high, tall * hoge bomen tall trees * een ~gebouw a high/tall building ❷groot ten opzichte van een bep. norm high * hoge druk high pressure * onder hoge druk at high pressure * muz een hoge C a top/high C * een ~ stemmetje a high-pitched voice * het hoge noorden the far North * de prijzen staan ~prices are high ❸ver boven de grond high * ~en droog high and dry ❹hoog in rang high(-ranking), senior * een hoge positie in het bedrijfsleven a high position in commerce * een hoge officier a senior officer * het is ~tijd it is high time ❺verheven lofty ❻zelfst. gebruikt high (one) * inf een hoge a bigwig, a big shot, a V.I.P.; mil a brass hat * ⟨duikplank⟩ de hoge the high board * God in den hoge God on high * uit den hoge from on high II bijw high, ⟨vooral abstract⟩ highly * iem. ~aanslaan look up to sbd * iets ~ opnemen make a big thing of sth, take sth badly * het zit hem ~it's rankling him, he's agitated by it * dat gaat mij te ~that's beyond me, that's above my comprehension * de sneeuw ligt ~there's a deep layer of snow * hij woont twee ~he lives two floors up * iem. ~hebben zitten look up to sbd, value sbd * iets bij ~en laag beweren swear sth black and blue
**hoogachten** overg [achtte hoog, h. hooggeacht] (hold in high) esteem, respect * ~d yours sincerely, yours faithfully, yours truly
**hoogachting** v esteem, respect, regard * met (de meeste) ~yours faithfully, yours sincerely, yours

truly

**hoogbegaafd** *bn* highly gifted

**hoogbejaard** *bn* very old

**hoogblond** *bn* golden, very fair

**hoogbouw** *m* high-rise flats/(office) blocks, multistorey building(s)

**hoogconjunctuur** *v* (economic) boom

**hoogdravend I** *bn* high-flown, *afkeurend* pompous, *inf* highfalutin(g) * ~*e taal* high-flown/pompous language **II** *bijw* pompously

**hoogdrempelig** *bn* high-threshold * ~*e instanties* high-threshold institutions

**hoogfrequent** *bn* high-frequency

**hooggeacht** *bn* (highly) esteemed * *Hooggeachte heer* Dear Sir

**hooggebergte** *o* [-n & -s] high mountains

**hooggeëerd** *bn* highly honoured * ~ *publiek!* Ladies and Gentlemen!

**hooggeleerd** *bn* very learned * ~*e heren* learned gentlemen

**hooggelegen** *bn* high * *een ~ dorp* a village high up in the mountains

**hooggeplaatst** *bn* highly placed

**hooggerechtshof** *o* Supreme Court

**hooggespannen** *bn* optimistic, excited * ~ *verwachtingen* high hopes

**hoogglanslak** *m* [-ken] (high) gloss paint

**hooghartig** *bn* proud, haughty * *op zijn ~e manier* in his haughty manner * *zich ~ gedragen* conduct oneself in a haughty manner

**hoogheemraadschap** *o* [-pen] drainage board, water district board/authority/corporation

**hoogheid** *v* ❶ height, grandeur ❷[-heden] * *Zijne/Hare Koninklijke Hoogheid* His/Her Royal Highness

**hooghouden** *overg* [hield hoog, h. hooggehouden] ❶ *in ere houden* uphold, maintain ❷ *in de hoogte houden* hold high, hold (up) in the air

**hoogland** *o* [-en] highland(s) * *de Schotse Hooglanden* the Scottish Highlands

**hoogleraar** *m* [-s & -raren] (university) professor * *een buitengewoon ~* an associate professor * *een gewoon ~* a professor * *een bijzonder ~* a professor occupying an endowed chair

**Hooglied** *o* * bijbel *het ~* the Song of Songs/Solomon, the Canticles

**hooglijk, hogelijk** *bijw* highly * *zijn hulp werd ~ gewaardeerd* his help was highly valued

**hooglopend** *bn* violent * *een ~e ruzie* a violent quarrel

**hoogmis** *v* [-sen] high mass

**hoogmoed** *m* pride, haughtiness * ~ *komt voor de val* pride comes before a fall

**hoogmoedig** *bn* proud, *afkeurend* haughty, arrogant

**hoogmoedswaan, hoogmoedswaanzin** *m* megalomania, delusions of grandeur

**hoognodig I** *bn* very necessary, urgently needed,

much-needed * *alleen het ~e meenemen* only take what is strictly necessary **II** *bijw* urgently * *hij moest ~* (naar de WC) he had to go to the toilet in a hurry * *het moet ~ gebeuren* it's urgent

**hoogoplopend** *bn* violent * *een ~ conflict* a violent conflict

**hoogoven** *m* [-s] blast furnace

**hoogrendementsketel** *m* [-s] high efficiency boiler

**hoogrood** *bn* ❶ bright red ❷ *blozend* flushed

**hoogschatten** *overg* [schatte hoog, h. hooggeschat] esteem highly

**hoogseizoen** *o* [-en] high season, peak season * *in het ~* in/during the peak season

**hoogslaper** *m* [-s] bunk bed

**hoogspanning** *v* high tension

**hoogspanningskabel** *m* [-s] high-tension cable

**hoogspanningsmast** *m* [-en] pylon

**hoogspanningsnet** *o* [-ten] high-tension network, national grid

**hoogspringen** *o* sp high jump

**hoogst I** *bn* highest, supreme, top * *het ~e genot* supreme enjoyment * *op het ~ niveau* at the highest level, top-level * *in de ~e versnelling* in top gear **II** *bijw* highly, very, greatly, extremely **III** *o* * *op zijn/het ~ zijn* be at its height * *op zijn/het ~ at* (the) most * *ze was ten ~e verbaasd* she was highly/greatly/extremely surprised * *een boete van ten ~e 100 euro* a fine of 100 euros at the most; form a fine not exceeding 100 euros

**hoogstaand** *bn* ❶ *m.b.t. mensen* high-minded, high-principled ❷ *m.b.t. zaken* first-class/rate, top-quality * *een lange traditie van van ~ onderwijs* a long tradition of first-class education

**hoogstandje** *o* [-s] tour de force

**hoogsteigen** *bn* * *in ~ persoon* personally, in person

**hoogstens** *bijw* at (the) most, at the utmost, at the outside, at best

**hoogstpersoonlijk** *bn* in person, personally

**hoogstwaarschijnlijk I** *bn* most probable/likely **II** *bijw* most probably, in all probability

**hoogte** *v* [-n & -s] ❶ *m.b.t. verticale afmeting* height * *de ~ ingaan* rise, go up, *sterker* skyrocket * *daar kan ik geen ~ van krijgen* it's above my comprehension, *inf* it beats me * *ik kan geen ~ van haar krijgen* I don't understand her, *inf* I can't make her out * *op de ~ blijven* keep oneself informed, *inf* stay in touch, keep oneself posted * *iem. op de ~ brengen (van)* bring sbd up-to-date (with), fill sbd in (on) * *iem. op de ~ houden* keep sbd informed * *iem. op de ~ stellen (van)* inform sbd (of) * *zich op de ~ stellen van iets* acquaint oneself with sth, *inf* find out what's going on with sth * *op de ~ van zijn tijd zijn* be well abreast of the times * *goed op de ~ zijn* be well informed ❷ *m.b.t. niveau* height, level * *op dezelfde ~ als...* on a level/par with * *tot op zekere ~* to a certain level/extent ❸ *m.b.t. afstand* height * *ter ~ van Utrecht* near Utrecht * *scheepv ter ~ van*

*Gibraltar* off Gibraltar ❹ *m.b.t. hoogte boven de grond* altitude * *luchtv* ~ *verliezen* lose altitude * *op geringe/grote* ~ fly at low/high altitude ❺ *verhevenheid* height, elevation, eminence * *iem. uit de* ~ *behandelen* treat sbd loftily, in an off-hand manner, in a superior way * *uit de* ~ *zijn* be uppish, <u>inf</u> be stuck-up * *uit de* ~ *neerzien op* look down upon ❻ <u>handel</u> level ❼ <u>muz</u> pitch

**hoogtelijn** *v* [-en] ❶ <u>wisk</u> perpendicular ❷ <u>aardr</u> contour line

**hoogtepunt** *o* [-en] ❶ culminating point ❷ <u>fig</u> height, peak, pinnacle, zenith * *een* ~ *in de letterkunde* a literary milestone * *op het* ~ *van zijn carrière* at the height of his career * *over zijn* ~ *heen* over the hill * *een* ~ *van het reis* a highlight of the trip

**hoogteroer** *o* [-en] <u>luchtv</u> elevator

**hoogteverschil** *o* [-len] difference in height/altitude

**hoogtevrees** *v* acrophobia, fear of heights, vertigo * ~ *hebben* be afraid of heights

**hoogtezon** *v* [-nen] ❶ artificial sun(light) ❷ *apparaat* sunlamp

**hoogtij** *o* * ~ *vieren* reign supreme, run riot, be rampant

**hoogtijdag** *m* [-dagen] ❶ *feestdag* feast, feast day ❷ *religieuze feestdag* holy day

**hooguit** *bijw* at the most * ~ *twee weken* two weeks at the most/maximum, no more than two weeks

**hoogveen** *o* ❶ high moor peat ❷ *gebied* peat moor, moorland

**hoogverheven** *bn* lofty, exalted, sublime

**hoogverraad** *o* high treason

**hoogvlakte** *v* [-n & -s] plateau, tableland

**hoogvlieger** *m* [-s] <u>fig</u> whiz kid, high-flyer * *hij is geen* ~ he won't set the world on fire, he's no genius

**hoogwaardig** *bn* ❶ *van hoge waarde* high-grade, high-quality * ~ *erts* high-grade ore * ~*e technologie* high-quality technology ❷ *m.b.t. persoon* venerable, eminent * *Zijne Hoogwaardige Excellentie* His Excellency

**hoogwaardigheidsbekleder** *m* [-s] dignitary

**hoogwater** *o* high tide * *bij* ~ at high tide, when the tide is in

**hoogwaterlijn** *v* [-en] high-water mark, high-tide mark

**hoogwerker** *m* [-s] tower waggon/<u>Am</u> wagon, hydraulic arm

**hoogzwanger** *bn* heavily/very pregnant, nearly at term, in the last stages of pregnancy

**hooi** *o* hay * *te veel* ~ *op zijn vork nemen* bite off more than one can chew * *te* ~ *en te gras* haphazardly, in fits and starts

**hooiberg** *m* [-en] haystack * *een speld/naald in een* ~ *zoeken* look for a needle in a haystack

**hooien** *onoverg* [hooide, h. gehooid] make hay

**hooikoorts** *v* hay fever

**hooimaand** *v* July

**hooischuur** *v* haybarn * *hij heeft een mond als een* ~ he has a big mouth

**hooitijd** *m* [-en] haymaking

**hooivork** *v* [-en] hayfork

**hooiwagen** *m* [-s] ❶ *kar* hay cart ❷ *spin* daddy-long-legs

**hooizolder** *m* [-s] hayloft

**hooligan** *m* [-s] hooligan

**hoon** *m* scorn, derision

**hoongelach** *o* scornful laughter, jeers, jeering

**hoop I** *m* [hopen] ❶ *stapel* heap, pile * *bij hopen* in heaps * *alles op één* ~ *gooien* lump everything together * *een* ~*je ellende* a heap of misery * *grote hoeveelheid* heap, ⟨v. mensen⟩ crowd, <u>inf</u> bunch * *een* ~ *leugens* a pack of lies * *geld bij hopen* heaps/loads of money * *de grote* ~ the multitude, the masses * *te* ~ *lopen* crowd together * *te* ~ *lopen tegen iets* (join in) protest against sth ❷ *uitwerpselen* stools, <u>vulg</u> turd, shit * *een* ~ *doen* do one's business **II** *v verwachting* hope, hopes * *weinig* ~ *geven* hold out little hope * *ijdele* ~ vain hope * ~ *hebben op* have hopes of, hope for * *de* ~ *opgeven* give up (hope) * *mijn laatste/enige* ~ my last/only hope * *er is weinig* ~ *op* there is little hope of this * *in de* ~ *dat* in the hope that, hoping that * *tussen* ~ *en vrees* between hope and fear * ~ *doet leven* where there's life there's hope * *op* ~ *van zegen* hoping for the best; <u>inf</u> here goes!

**hoopgevend** *bn* promising, hopeful * *de eerste resultaten zijn* ~ the first results are hopeful/promising

**hoopvol** *bn* hopeful, optimistic * *we zijn* ~ *gestemd* we are hopeful

**hoor I** *tsw* * *goed* ~*!* good!, great! * *ik? nee* ~*!* me? no way! * *niet vergeten,* ~*!* don't forget now! * *ja* ~, *ik kom* OK, I'm coming * ⟨onvertaald⟩ *je kunt beter een trui aan doen,* ~ you'd better put on a jumper **II** *o* * *jur* ~ *en wederhoor* the right to hear and be heard

**hoorapparaat** *o* [-raten] hearing aid

**hoorbaar** *bn* audible * *de muziek was nauwelijks* ~ you could hardly hear the music, the music was very soft

**hoorcollege** *o* [-s] lecture

**hoorn I** *m* [-s, -en], **horen** [-s] ❶ *v. dier* horn ❷ *iets hoornvormigs* horn * *de* ~ *des overvloeds* the horn of plenty * *Kaap Hoorn* Cape Horn * *de Hoorn van Afrika* the Horn of Africa ❸ <u>telec</u> receiver * *de* ~ *op de haak gooien* slam down the receiver ❹ <u>muz</u> horn * *de Engelse* ~ the English horn **II** *o stofnaam* horn

**hoornblazer** *m* [-s] horn player, <u>mil</u> bugler

**hoorndol, hoorendol** *bn* crazy, nuts * *ik word* ~ *van dat lawaai* that noise is driving me crazy/nuts

**hoornen** *bn* horn * *een bril met een* ~ *montuur* horn-rimmed spectacles

**hoorngeschal** *o* sound of horns/trumpets

**hoornvlies** *o* [-vliezen] cornea

**hoornvliestransplantatie** *v* [-s] corneal graft(ing)

**hoorspel** *o* [-spelen] radio play

**hoorzitting** *v* [-en] (public) hearing
**hoos** *v* [hozen] whirlwind ❋ *een water*~ a waterspout
**hoosbui** *v* [-en] downpour, heavy shower
**hooswater** *o* bail water
**hop I** *m* [-pen] *vogel* hoopoe **II** *v*, **hoppe** *plant* hop, hops **III** *tsw* ❋ *~!* gee-up
**hopelijk** *bijw* hopefully ❋ *~ tot ziens* I hope we meet again ❋ *~ niet!* I hope not!
**hopeloos I** *bn* hopeless, desperate ❋ *een ~ geval* a hopeless case; ‹bijv. een bijna bankroete firma› inf a basket case **II** *bijw* hopelessly, desperately
**hopen I** *overg en onoverg* [hoopte, h. gehoopt] *verwachten* hope (for) ❋ *het beste* ~ hope for the best ❋ *~ op* hope for ❋ *dat is niet te* ~ let's hope not ❋ *tegen beter weten in blijven* ~ hope against hope **II** *overg* [hoopte, h. gehoopt] *ophopen* mount up
**hopman** *m* [-s & -lieden] ❶ hist captain ❷ *scouting* scoutmaster
**hor** *v* [-ren] flyscreen, insect screen
**horde** *v* [-n & -s] ❶ *vlechtwerk* wattle, hurdle sp hurdle ❋ *de 200 meter ~n voor vrouwen* the women's 200-metre hurdles ❷ *troep* horde, troop, band ❋ *een ~ mensen* masses of people ❋ *~n vijanden* hordes of enemies ❋ *in ~n neerstrijken* come down/descend in hordes
**hordeloper** *m* [-s] hurdler
**horeca** *m* hotel and catering (industry) ❋ *hij werkt in de ~* he's in the catering industry
**horecavergunning** *v* [-en] catering licence/Am license
**horen I** *m* [-s] → **hoorn II** *overg* [hoorde, h. gehoord] ❶ *met gehoor waarnemen* hear ❋ *ze deed of ze het niet hoorde* she pretended not to hear ❋ *gaan ~ wat er is* go and find out what's up ❋ *een geluid laten ~* utter/produce a sound ❋ *het is niet te ~* it's not audible ❋ *het is wel te ~ dat je uit Australië komt* you can hear that you're Australian ❋ *laat je moeder het maar niet ~!* don't let your mother hear that! ❋ *zij kon aan zijn stem ~ dat...* she could tell by his voice that... ❋ *bij het ~ van zijn stem* at the sound of his voice ❷ *vernemen* hear, learn ❋ *ik heb niets meer van hem gehoord* I haven't heard anything from him, I've had no news from him ❋ *laat eens iets van je ~* keep in touch ❋ *ik heb haar naam ~ noemen* I've heard her name mentioned ❋ *ik heb het ~ zeggen* I've heard it said ❋ *ik heb het van ~ zeggen* I have it on hearsay ❋ *zo mag ik het ~* that's what I like to hear ❋ *hij moet altijd ~ dat hij lui is* he's always being told he's lazy ❋ *zij wil geen kwaad van hem ~* she won't hear an ill word spoken against him ❋ *u hoort nog van ons* you'll be hearing from us; ‹dreigend› you haven't heard the last of this ❋ *dat hoor ik voor het eerst* that's the first I've heard of it ❸ *luisteren naar* hear, listen to ❋ *hoor wie het zegt!* look who's talking! ❋ *de getuigen worden gehoord* the witnesses will be heard ❋ *moeten* should ❋ *dat hoor je te weten* you ought to/should know that **III** *onoverg* [hoorde, h. gehoord] ❶ *geluiden (kunnen) waarnemen* hear

❋ *hij hoort slecht* he's hard of hearing ❋ *~ de doof zijn* pretend not to hear, sham deafness ❋ *het was een leven dat ~ en zien je verging* the noise was deafening ❋ *~ en zien verging ons* we were bewildered ❷ *luisteren* hear, listen ❋ *hoor eens, wat...?* look, what...? ❋ *hoor eens, dat gaat niet!* look here, that won't do! ❋ *~ naar advies* listen to advice ❋ *hij wil er niet van ~* he won't hear of it ❸ *gehoorzamen* hear, listen ❋ *wie niet ~ wil, moet voelen* those who won't listen must feel ❹ *toebehoren* (aan) belong to ❋ *dat hoort (aan) mij* that belongs to me ❋ *het bestek hoort in de la* the cutlery goes in the drawer ❋ *hij hoort niet bij de slimsten* he's not one of the brightest ❺ *passen, betamen* be proper, be right ❋ *zo hoort het* that's only how it should be
**horige** *m-v* [-n] hist serf, villain
**horizon** *m* [-nen], **horizont** [-en] horizon, skyline ❋ *aan/onder de ~* on/below the horizon ❋ *zijn ~ verbreden* broaden one's horizons
**horizontaal I** *bn* ❶ horizontal ❋ *horizontale eigendom* horizontal ownership ❋ *het horizontale beroep* prostitution ❷ *bij kruiswoordraadsel* across **II** *bijw* horizontally ❋ *de griep grijpt in en 5000 man gaan ~* there's a flu epidemic and 5000 people are laid low
**hork** *m* [-en] boor, lout, oaf
**horloge** *o* [-s] watch ❋ *drie uur op mijn ~* three o'clock by my watch ❋ *op je ~ kijken* look at your watch
**horlogebandje** *o* [-s] watch strap
**horlogemaker** *m* [-s] watchmaker
**hormonaal** *bn* hormonal ❋ *hormonale therapie* hormone therapy
**hormoon** *o* [-monen] hormone
**hormoonpreparaat** *o* [-raten] hormone preparation
**horoscoop** *m* [-scopen] horoscope ❋ *iems. ~ trekken* cast someone's horoscope
**horrorfilm** *m* [-s] horror film
**hors d'oeuvre** *m & o* [-s] hors d'oeuvres
**hort** *m* [-en] jerk, jolt ❋ inf *de ~ op gaan* go out on the town ❋ *met ~en en stoten* in fits and starts, jerkily
**horten** *onoverg* [hortte, h. gehort] jolt, be jerky
**hortensia** *v* ['s] *plant* hydrangea
**hortus** *m* [-sen] botanical garden ❋ *de ~ botanicus* the botanical gardens
**horzel** *v* [-s] ❶ *grote steekvlieg* horsefly, gadfly ❷ *grote wesp* hornet
**hospes** *m* [-sen & -pites] ❶ landlord ❷ biol host
**hospik** *m* [-ken] mil medical orderly, Am medic
**hospita** *v* ['s] landlady
**hospitaal** *o* [-talen] hospital
**hospitant** *m* [-en] teacher trainee
**hospiteren** *onoverg* [hospiteerde, h. gehospiteerd] onderw do one's teaching practice
**hossen** *onoverg* [hoste, h. gehost] jig, leap about
**hostess** *v* [-es] hostess
**hostie** *v* [-s & -tiën] the consecrated wafer, the

**ho**

Eucharist

**hot** I *bijw* ∗∼ *en haar* right and left ∗∼ *en haar door elkaar* higgledy-piggledy ∗ *van* ∼ *naar her gaan* from pillar to post, back and forth II *bn* ∗∼ *money* hot money ∗∼ *news* hot news, news hot from the press

**hotel** *o* [-s] hotel

**hotelaccommodatie** *v* hotel accommodation

**hoteldebotel** *bn* ❶ *stapel gek* round the bend, ⟨van streek⟩ in a state ❷ *weg van* crazy

**hotelhouder, hotelier** *m* [-s] hotelier, hotelkeeper

**hotelkamer** *v* [-s] hotel room

**hotelketen** *v* [-s] hotel chain

**hotelschool** *v* [-scholen] catering and hotel management school

**hotemetoot** *m* [-toten] bigwig

**hotline** *m* [-s] hotline

**hotpants** *zn* [mv] hot pants

**houdbaar** *bn* ❶ *verdedigbaar* tenable ∗ *zijn argumenten bleken niet* ∼ his arguments proved to be invalid ❷ *v. etenswaren* fresh (until) ∗ *boter die (niet)* ∼ *is* butter that will (not) keep ∗ *ten minste* ∼ *tot 4 juni* sell-by/use-by date the 4th of June

**houdbaarheid** *v* ❶ *verdedigbaarheid* tenability ❷ *v. eetwaren* shelf/storage life

**houdbaarheidsdatum** *m* use-by date, best-before date, expiry date

**houden** I *overg* [hield, h. gehouden] ❶ *vasthouden, tegenhouden* hold, restrain ∗ *hij was niet te* ∼ ⟨weerhouden⟩ he couldn't be restrained; ⟨afremmen⟩ there was no stopping him ∗ *houd de dief!* stop thief! ∗ *er was geen* ∼ *aan* it couldn't be stopped ❷ *inhouden* hold, contain ∗ *die emmer houdt 30 liter* that bucket will hold 30 litres ❸ *er op nahouden* keep, maintain ∗ *kippen* ∼ keep/rear chickens ∗ *er rare ideeën op na* ∼ have some strange ideas ∗ *ik kan u niet in dienst* ∼ I can't keep you on ❹ *behouden, niet terug-/opgeven* keep, maintain ∗ *het aan zich* ∼ keep it to oneself ∗ *een stuk/brief & onder zich* ∼ keep a document/letter & back ∗ *iets voor zich* ∼ ⟨geld &⟩ keep sth for oneself; ⟨geheimen &⟩ keep sth to oneself ∗ *hij kan niets vóór zich* ∼ he can't keep a secret, inf he can't keep his mouth shut ∗ *links/rechts* ∼! keep (to the) left/right! ❺ *vieren* keep, observe, celebrate ∗ *een feestje* ∼ have/hold/organize a party ❻ *nakomen* keep ∗ *zijn woord/belofte* ∼ keep one's word/promise ❼ *uitspreken* make, deliver, give ∗ *een toespraak* ∼ give/deliver a speech ❽ *beschouwen (als)* take (for), consider, regard (to be/as) ∗ *ik houd hem voor een vriend* I consider him (to be) a friend ∗ *ik hield hem voor een Amerikaan* I (mis)took him for an American ∗ *ik houd het voor onvermijdelijk* I regard it as inevitable ∗ *ik houd het voor een slecht teken* I consider it a bad sign ∗ *ik houd het ervoor dat...* I take it that... ∗ *waar houdt u mij voor?* what do you take me for? ▼ *het met een andere vrouw* ∼ carry on with another woman ▼ *wij moeten het aan de gang* ∼

we must keep the thing going ▼ *je moet ze bij elkaar* ∼ you should keep them together ▼ *hen er buiten* ∼ keep them out of it ▼ *ik kan ze maar niet uit elkaar* ∼ I can't tell them apart, I can't tell which is which ▼ *u moet die jongens van elkaar* ∼ keep those boys apart II *onoverg* [hield, h. gehouden] ❶ *niet loslaten/begeven* hold, keep ∗ *de lijm houdt niet* the glue won't stick ∗ *het ijs houdt nog niet* the ice is still too soft to walk on ∗ *het zal erom* ∼ *of...* it will be touch and go whether... ❷ + *van* love, ⟨minder sterk⟩ be fond of, like ∗ *hij houdt niet van zijn vrouw* he doesn't love his wife ∗ *zij* ∼ *van hun leraar Engels* they like/are fond of their English teacher ∗ *ik hou veel van Mozart* I'm crazy about Mozart ∗ *zij is voor hem gaan* ∼ she fell in love with him ∗ *hij houdt meer van wandelen dan van tennissen* he prefers walking to playing tennis III *wederk* [hield, h. gehouden] ∗ *zich* ∼ *alsof...* make as if..., pretend to... ∗ *zich doof* ∼ pretend not to hear, sham deafness ∗ *zich goed* ∼ ⟨v. personen⟩ put a brave face on; ⟨v. zaken⟩ keep; ⟨v. kleren⟩ wear well; ⟨v. weer⟩ hold ∗ *zich goed* ∼ *voor zijn leeftijd* carry one's age well ∗ *hij kon zich niet meer goed* ∼ he couldn't help laughing/crying ∗ *hou je goed!* ⟨blijf gezond⟩ keep well!; ⟨geef niet op⟩ never say die! ∗ *zich ver* ∼ *van* hold aloof from ∗ *zich ziek* ∼ pretend to be ill ∗ *zich* ∼ *aan* stick to ⟨the facts⟩, abide by ⟨a decision⟩, keep ⟨a strict diet, one's promise⟩ ∗ *zich aan zijn woord* ∼ keep one's promise ∗ *ik weet nu waar ik mij aan te* ∼ *heb* I now know where I stand ∗ *zich* ∼ *voor* consider oneself

**houder** *m* [-s] ❶ *die iets in beheer heeft* holder, keeper, ⟨v. paspoort &⟩ bearer ❷ *eigenaar* owner, proprietor ❸ *om iets in te bewaren* holder, container

**houdgreep** *m* [-grepen] hold ∗ fig *iem. in de* ∼ *houden* have sbd in a hold

**houding** *v* [-en] ❶ *lichaamshouding* posture, position, pose ∗ *naast een goede fysieke* ∼ *is ook een goede mentale* ∼ *nodig* correct posture should be accompanied by the right mental attitude ❷ *manier van doen* attitude, manner ∗ *een (gemaakte)* ∼ *aannemen* strike an attitude ∗ *een dreigende/gereserveerde* ∼ *aannemen* assume a threatening/guarded manner ❸ *gespeeld gedrag* pose, air ∗ *zich een* ∼ *geven* assume an air ∗ *om zich een* ∼ *te geven* in order to save one's face, conceal one's embarrassment ❹ mil (stand at) attention ∗ *de* ∼ *aannemen* stand to attention ∗ *in de* ∼ *staan* stand at attention

**houdstermaatschappij** *v* [-en] holding company

**house** *m*, **housemuziek** *v* house (music)

**housen** *onoverg* [houste, h. gehoust] go to a rave/house party

**houseparty** *v* ['s] rave, house party

**housewarmingsparty** *m* ['s] housewarming party

**hout** *o* wood ∗ muz *het* ∼ the woodwinds ∗ *ze heeft een bos* ∼ *voor de deur* she's got big boobs ∗ *een stuk* ∼ a piece of wood ∗ *de Haarlemmer Hout* Haarlem

Wood ✲ *vloeibaar* ~ plastic wood ✲ *een vloer van* ~ a wooden/timber floor ✲ *alle* ~ *is geen timmerhout* every reed will not make a pipe ✲ *dat snijdt geen* ~ that cuts no ice, that carries no weight ✲ *hij is uit hetzelfde* ~ *gesneden* he is cast in the same mould ✲ *hij is uit het goede* ~ *gesneden* he's made of the right stuff ✲ *van dik* ~ *zaagt men planken* ⟨weinig subtiel⟩ it's not very subtle; ⟨overdreven⟩ that's laying it on thick ✲ *ik snap er geen* ~ *van* I don't understand any of it

**houtbewerking** *v* woodworking

**houtduif** *v* [-duiven] wood pigeon

**houten** *bn* wooden ✲ *een* ~ *been* a wooden leg ✲ *een* ~ *blaasinstrument* a woodwind instrument ✲ *een* ~ *klaas* a dry stick ✲ *een* ~ *kont van het zitten* a sore behind/inf bum from sitting

**houterig I** *bn* wooden **II** *bijw* woodenly

**houtgravure** *v* [-n & -s] wood engraving

**houthakken** *o* tree felling, ⟨voor de kachel⟩ wood chopping

**houthakker** *m* [-s] wood cutter

**houthandel** *m* timber trade

**houtindustrie** *v* timber industry

**houtje** *o* [-s] bit of wood ✲ *op (zijn) eigen* ~ off one's own bat ✲ *we moesten op een* ~ *bijten* we had nothing/little to eat

**houtje-touwtjejas** *m & v* [-sen] duffle/duffel coat

**houtlijm** *m* wood glue

**houtpulp** *v* wood pulp

**houtrot** *o* wood rot

**houtskool** *v* [-kolen] charcoal

**houtskooltekening** *v* [-en] charcoal drawing

**houtsnede, houtsnee** *v* [-sneden] woodcut

**houtsnijder** *m* [-s] ❶ *v. houtsneden* woodcutter ❷ *v. houten voorwerpen* woodcarver

**houtsnijkunst** *v* ❶ *m.b.t. houtsneden* woodcutting ❷ *m.b.t. houten voorwerpen* woodcarving

**houtsnijwerk** *o* woodcarving

**houtsnip** *v* [-pen] *vogel* woodcock

**houtsoort** *v* [-en] type/variety of wood

**houtvester** *m* [-s] forester

**houtvesterij** *v* [-en] forestry

**houtvezel** *v* [-s] wood fibre

**houtvrij** *bn* free from wood pulp ✲ ~ *papier* woodfree paper

**houtwerk** *o* woodwork

**houtwol** *v* wood wool

**houtworm** *m* [-en] woodworm ✲ *door de* ~ *aangetast* eaten by woodworm

**houtzagerij** *v* [-en] sawmill

**houvast** *o* hold, grip ✲ *dat geeft ons enig* ~ that's something to go by/to go on ✲ *zijn* ~ *verliezen* loose one's footing

**houw I** *m* [-en] cut, gash **II** *m & v* [-en] *houweel* pickaxe

**houwdegen** *m* [-s] ❶ *wapen* broadsword ❷ *vechtjas* warhorse

**houweel** *o* [-welen] pickaxe, mattock

**houwen** *onoverg en overg* [hieuw, h. gehouwen] hew, hack, cut, slash ✲ *er op in* ~ strike out left and right

**houwitser** *m* [-s] howitzer

**hovaardig** *bn* proud, haughty

**hoveling** *m* [-en] courtier

**hovenier** *m* [-s] gardener

**hozen** *onoverg en overg* [hoosde, h. gehoosd] bail/bale (out) ✲ *het hoost* it's pouring

**hr-ketel** *m* [-s] (hoogrendementsketel) high efficiency boiler

**hts** *v* (Hogere Technische School) ± secondary technical school

**hufter** *m* [-s] lout, vulg arsehole

**hugenoot** *m* [-noten] Huguenot

**huichelaar** *m* [-s] hypocrite

**huichelachtig** *bn* hypocritical

**huichelarij** *v* [-en] hypocrisy

**huichelen I** *overg* [huichelde, h. gehuicheld] feign, pretend **II** *onoverg* [huichelde, h. gehuicheld] act the hypocrite

**huid** *v* [-en] ❶ *vel* skin ✲ *een dikke* ~ *hebben* be thick-skinned ✲ *iem. de* ~ *vol schelden* shower abuse on sbd, curse sbd, call sbd everything under the sun ✲ *zijn* ~ *wagen* risk one's life ✲ *met* ~ *en haar verslinden* swallow whole ✲ *iem. op zijn* ~ *geven/komen* tan a person's hide ❷ *afgestroopt vel* hide ✲ *men moet niet de* ~ *verkopen voordat men de beer geschoten heeft* don't count your chickens before they are hatched ✲ *zijn* ~ *duur verkopen* go to the bitter end/the extreme ❸ *vacht* pelt, ⟨v. schaap⟩ (sheep)skin, fleece

**huidaandoening** *v* [-en] skin disease

**huidarts** *m* [-en] dermatologist

**huidcrème** *v* [-s] skin cream

**huidig** *bn* present, current, modern, present-day ✲ *de* ~ *e stand van zaken* the present state of affairs ✲ *ten* ~ *en dage* nowadays ✲ *tot op de* ~ *e dag* to this day

**huidkanker** *m* skin cancer

**huidskleur, huidkleur** *v* [-en] skin colour/Am color

**huidtransplantatie** *v* [-s] ❶ *het transplanteren* skin grafting/transplantation ❷ *het getransplanteerde* skin graft/transplant

**huiduitslag** *m* rash

**huidverzorging** *v* skin care

**huidziekte** *v* [-n & -s] skin disease

**huif** *v* [huiven] ❶ *hoofddeksel* coif ❷ *v. wagen* hood, awning

**huifkar** *v* [-ren] covered wagon

**huig** *v* [-en] uvula

**huilbui** *v* [-en] crying/sobbing fit

**huilebalk** *m* [-en] cry-baby, sissy

**huilen I** *onoverg* [huilde, h. gehuild] ❶ *v. mens* cry, weep ✲ *het is om te* ~ it's enough to make you weep ✲ *het* ~ *stond hem nader dan het lachen* he was on the verge of tears ❷ *v. dier* howl, whine ✲ ~ *met de wolven in het bos* run with the hare and hunt with the hounds ❸ *v. wind* howl ✲ *de wind huilt om het* *huis* the wind is howling round the house **II** *overg* [huilde, h. gehuild] \* *tranen met tuiten* ~ cry bitterly

**huilerig** *bn* tearful

**huis** *o* [huizen] ❶ *woonhuis, gebouw* house, home \* *het* ~ *des Heren* the House of God \* *de heer des huizes* the man of the house \* ~ *aan* ~ from door to door, house to house \* *ik kom veel bij hen aan* ~ I see a good deal of them \* *bezigheden in* ~ activities in the home \* *er is geen brood in* ~ we've run out of bread \* *veel kwaliteiten in* ~ *hebben* have many good qualities \* *uit* ~ *zetten* turn out of/evict from the house \* *te mijnen huize* at my house \* *ten huize van...* at the house of... \* *van* ~ *komen* come from one's house \* *nog verder van* ~ even worse off \* *van* ~ *tot* ~ from house to house \* *van* ~ *en hof verdreven* driven out of house and home \* *als hij kwaad wordt, is het* ~ *te klein* you'd better watch out when he gets mad \* *men kan huizen op hem bouwen* you can always depend on him \* *zo vast als een* ~ as certain as can be \* *er is geen* ~ *met hem te houden* he is impossible ❷ *tehuis* home \* *(dicht) bij* ~ near home ~ \* *het ouderlijk* ~ the parental home \* *wij gaan naar* ~ we're going home \* *naar* ~ *sturen* send home, mil demobilise ‹troops›, dissolve ‹Parliament› \* *niet om over naar* ~ *te schrijven* nothing to write home about \* *hij is van* ~ he is away from home \* *van* ~ *gaan* leave home \* *van* ~ *uit is hij...* he was originally a... ❸ *geslacht, familie* house, family \* *het Koninklijk* ~ the Royal family \* *het* ~ *van Oranje* the House of Orange \* *hij is van goeden huize* he comes from a good family

**huis-, tuin- en keuken-** *in samenstellingen* common or garden variety \* *een* ~*oplossing* a garden-variety solution

**huis-aan-huisblad** *o* [-bladen] free local paper

**huisadres** *o* [-sen] home address

**huisapotheek** *v* [-theken] (family) medicine chest

**huisarrest** *o* house arrest \* ~ *hebben* mil be confined to quarters; jur be under house arrest; ‹v. kinderen› be grounded

**huisarts** *m* [-en] family doctor, general practitioner, G.P.

**huisbaas** *m* [-bazen] landlord

**huisbezoek** *o* [-en] ❶ *v. arts* home visit ❷ *v. geestelijke* parochial visit \* *op* ~ *gaan* visit, go/be visiting

**huisdeur** *v* [-en] front door

**huisdier** *o* [-en] pet

**huiseigenaar** *m* [-s & -ren] ❶ house owner ❷ *huisbaas* landlord

**huiselijk I** *bn* ❶ *m.b.t. huishouden* domestic, household, home \* ~*e aangelegenheden* family/domestic affairs \* *de* ~*e kring* the family (environment) \* *een* ~ *man* a man of domestic habits, a home-loving man \* ~*e plichten* household duties \* *het* ~ *leven* home/family life ❷ *gezellig* homelike, homely **II** *bijw* in a homely manner, informally

**huiselijkheid** *v* domesticity, inf hominess

**huisgenoot** *m* [-noten] housemate, family member \* *zijn huisgenoten* ones' housemates, one's whole family

**huisgezin** *o* [-nen] family household

**huishoudbeurs** *v* [-beurzen] ideal home exhibition, home fair

**huishoudboekje** *o* [-s] housekeeping book

**huishoudelijk** *bn* domestic, household \* *zaken van* ~*e aard* domestic affairs \* *voor* ~ *gebruik* for domestic use \* ~*e artikelen* household wares/items/utensils \* ~*e uitgaven* household expenses \* *een* ~*e vergadering* a private meeting \* *het* ~ *reglement* the rules and regulations \* *hij is niet* ~ *aangelegd* he's not domesticated

**huishouden I** *onoverg* [hield huis, h. huisgehouden] keep house \* *vreselijk* ~ *(onder)* play havoc (with/among) **II** *o* [-s] ❶ *gezin* household, establishment, family \* *een* ~ *van Jan Steen* a house where everything is at sixes and sevens ❷ *huishoudelijk werk* housework \* *het* ~ *doen* do the housework

**huishoudgeld** *o* housekeeping money

**huishouding** *v* ❶ *huishoudelijk werk* housework \* *hulp in de* ~ home help, help in the home ❷ *gezin* household, family ❸ *organisatie* internal affairs

**huishoudkunde** *v* domestic economy

**huishoudschool** *v* [-scholen] hist domestic science school, school of domestic economy

**huishoudster** *v* [-s] housekeeper

**huishoudtrapje** *o* [-s] kitchen steps

**huisje** *o* [-s] ❶ *klein huis* small house, cottage \* *een heilig* ~ a sacred cow \* *heilige* ~*s omverschoppen* break taboos \* *ieder* ~ *heeft zijn kruisje* every man has his cross to bear ❷ *v. slak* shell

**huisjesmelker** *m* [-s] Br rack-renter, Am slumlord

**huiskamer** *v* [-s] living room

**huisknecht** *m* [-en & -s] manservant

**huisman** *m* [-nen] house husband

**huismeester** *m* [-s] caretaker

**huismerk** *o* [-en] own label, own/generic brand

**huismiddel** *o* [-en], **huismiddeltje** [-s] home remedy

**huismijt** *v* [-en] (house) dust mite

**huismoeder** *v* [-s] mother of a/the family, housewife

**huismus** *v* [-sen] ❶ *vogel* (house) sparrow ❷ fig stay-at-home

**huisnijverheid** *v* Br cottage industry, Am home industry

**huisnummer** *o* [-s] house number

**huisraad** *o* (household) furniture, household goods

**huisschilder** *m* [-s] house painter

**huissleutel** *m* [-s] latchkey, house key

**huisstijl** *m* [-en] house style

**huistelefoon** *m* [-s, -fonen] house telephone

**huisvader** *m* [-s] father of a/the family \* *een brave* ~ a family man \* *met de zorg van een goed* ~ with due/proper care

**huisvesten** overg [huisvestte, h. gehuisvest] house, accommodate, find accommodation (for) ∗ goed gehuisvest zijn be well housed

**huisvesting** v ❶ het huisvesten housing ❷ onderdak accommodation ∗ ∼ verlenen offer accommodation

**huisvlijt** v ❶ nijverheid home industry ❷ uit liefhebberij home handicrafts

**huisvredebreuk** v illegal/unlawful entry, trespass

**huisvriend** m [-en] family friend

**huisvrouw** v [-en] housewife

**huisvuil** o household refuse

**huiswaarts** bijw homeward(s) ∗ ∼ gaan go home

**huiswerk** o ❶ werk in huis housework ❷ onderw homework

**huiswijn** m [-en] house wine

**huiszoeking** v [-en] house search, search of the premises ∗ er werd ∼ gedaan the house was searched ∗ een bevel tot ∼ a search warrant

**huiszwaluw** v [-en] house martin

**huiveren** onoverg [huiverde, h. gehuiverd] ❶ van kou shiver ∗ ∼ van de kou shiver with cold ❷ van angst shudder, tremble ∗ ∼ van angst tremble with fear ∗ ik huiverde bij de gedachte I shuddered at the thought ∗ hij huiverde er voor he shrank from it

**huiverig** bn ❶ bibberend van kou shivery ❷ aarzelend hesitant, wary ∗ ∼ om zo iets te doen hesitant about doing such a thing ∗ ∼ zijn voor be hesitant/wary of

**huivering** v [-en] ❶ v. kou & shiver(s), shudder ∗ een ∼ voer mij door de leden a shudder went through me ❷ aarzeling hesitation

**huiveringwekkend** bn horrible, terrible, hair-raising ∗ ∼ gekrijs a terrifying/horrifying noise

**huizen** onoverg [huisde, h. gehuisd] be present, ‹wonen› live ∗ er ∼ 80 mensen in het pand 80 people live in the building ∗ er ∼ veel vogels in het dak there are a lot of birds in the roof

**huizenbestand** o property

**huizenblok** o [-ken] residential block

**huizenbouw** m housing construction, house building

**huizenhoog I** bn mountainous ‹seas› ∗ huizenhoge schulden debts a mile high **II** bijw ∗ ∼ springen van vreugde jump for joy ∗ ∼ uitsteken boven rise head and shoulders above

**huizenmarkt** v housing/house market

**hulde** v homage, tribute ∗ iem. ∼ brengen pay homage/tribute to sbd ∗ ∼! bravo!

**huldebetoon** o homage

**huldeblijk** o [-en] tribute, testimonial

**huldigen** overg [huldigde, h. gehuldigd] ❶ eer bewijzen do/pay homage to ∗ iem. ∼ honour sbd, pay tribute to sbd ❷ v. mening & hold, believe in ∗ een mening ∼ hold an opinion

**huldiging** v [-en] homage

**hullen I** overg [hulde, h. gehuld] ❶ envelop, wrap (up) ∗ in duisternis ∼ cloak in darkness ∗ in nevelen gehuld shrouded in mist ❷ fig shroud ‹in mystery›

**II** wederk [hulde, h. gehuld] ∗ zich ∼ wrap oneself (up) ‹in a cloak›

**hulp** v [-en] ❶ help, assistance, aid ∗ eerste ∼ bij ongelukken first aid ∗ ∼ en bijstand aid and assistance ∗ iem. te ∼ komen come/go to sbd's aid, come to the rescue of sbd, help sbd ∗ ∼ verlenen give help to, assist ∗ iem. te ∼ roepen call on sbd's help ∗ te ∼ snellen hasten/run to the rescue ∗ zonder ∼ without anyone's help/assistance, unaided, unassisted ❷ helper helper, assistant ∗ een ∼ in de huishouding a home help

**hulpactie** v [-s] relief action/measures

**hulpbehoevend** bn requiring help, ‹ziek› invalid, ‹oud› infirm, ‹arm› needy

**hulpbron** v [-nen] resource

**hulpdienst** m [-en] auxiliary/emergency services ∗ de telefonische ∼ the helpline

**hulpeloos** bn helpless

**hulpgeroep** o cry for help

**hulpkracht** v & m [-en] ❶ tijdelijk additional/temporary worker, inf temp ❷ hulp alg. help(er), assistant

**hulplijn** v [-en] ❶ helpdesk helpline, helpdesk ❷ telefonische hulpdienst emergency services ❸ meetkunde auxiliary line ❹ muz ledger line

**hulpmiddel** o [-en] ❶ gereedschap aid, help, means, tool ∗ fotografische ∼en photographic aids ❷ hulpbron means, resource ∗ rijk aan ∼en resourceful ∗ de ∼en ontbreken we don't have the means/resources

**hulporganisatie** v [-s] relief organization

**hulpstuk** o [-ken] accessory, ‹v. stofzuiger &› attachment, ‹v. buizen› fitting

**hulptroepen** zn [mv] auxiliaries, auxiliary troops, reinforcements

**hulpvaardig** bn willing to help, helpful

**hulpvaardigheid** v willingness to help

**hulpverlener** m [-s] social worker, ‹bij rampen &› relief worker

**hulpverlening** v ❶ het helpen assistance ❷ zorginstelling relief work

**hulpwerkwoord** o [-en] auxiliary (verb)

**huls** v [hulzen] ❶ plantk pod, husk, shell ❷ patroonhuls cartridge, cartridge case, shell ❸ omhulsel cover, wrapping ❹ van fles & case, sleeve

**hulst** m [-en] holly

**hum I** o humour, temper, mood ∗ uit zijn ∼ out of sorts **II** tsw ∗ ∼! well, well!

**humaan I** bn humane ∗ een ∼ bestaan a humane existence **II** bijw humanely

**humaniora** zn [mv] humanities ∗ Belg oude ∼ curriculum including classical languages ∗ Belg moderne ∼ curriculum including modern languages

**humanisme** o humanism

**humanist** m [-en] humanist

**humanistiek** v humanistic

**humanistisch** bn humanistic

**humanitair** bn humanitarian ∗ ∼e hulp

humanitarian help
**humbug** *m* humbug
**humeur** *o* [-en] humour, mood, temper * *in zijn* ~ in a good mood * *niet in zijn* ~ in a bad mood * *iem. uit zijn* ~ *brengen* put sbd into a bad mood
**humeurig** *bn* moody
**hummel** *m* [-s] tiny tot, mite, toddler, nipper
**humor** *m* humour * *gevoel/zin voor* ~ *hebben* have a sense of humour
**humorist** *m* [-en] humorist
**humoristisch** *bn* humorous, funny
**humus** *m* humus
**humuslaag** *v* [-lagen] layer of humus
**hun** I *pers vnw* them II *bez vnw* their * *het* ~*ne, de* ~*nen* theirs * ~ *huis* their house
**hunebed** *o* [-den] megalithic tomb, ± dolmen, cromlech
**hunkeren** *onoverg* [hunkerde, h. gehunkerd] hanker * ~ *naar* yearn/long for * *ik hunker er naar hem te zien* I'm longing/dying to see him
**hunkering** *v* [-en] longing, yearning
**hup** *tsw aanmoedigingskreet* come on * ~ *Holland!* come on Holland!
**huppelen** *onoverg* [huppelde, h. en is gehuppeld] hop, skip
**huren** *overg* [huurde, h. gehuurd] ❶*huis & hire, rent ❷*personeel* hire, engage ❸scheepv charter
**hurken** I *zn* [mv] * *op zijn* ~ squatting II *onoverg* [hurkte, h. gehurkt] squat
**hurktoilet** *o* [-ten] Turkish loo, squat loo
**hurkzit** *m* squat, crouch
**husky** *m* ['s] husky
**husselen** *overg* [husselde, h. gehusseld] shake up, shuffle * *door elkaar* ~ mix things up
**hut** *v* [-ten] ❶*eenvoudige woning* cottage, hut, ‹krot› hovel ❷*op schip* cabin ▼ *met* ~*je en mutje* with bag and baggage ▼ *het hele* ~*je mutje* the whole kit and caboodle ▼ ~*je mutje zitten* sit close together
**hutkoffer** *m* [-s] cabin trunk
**hutspot** *m* ❶*allegaartje* hotchpotch ❷*stamppot* mashed potato and vegetable dish
**huur** *v* [huren] ❶*het huren* hire, rent * *in* ~ on hire * *auto's te* ~ cars for hire * *huis te* ~ house to let * *te* ~ *of te koop* for rent or sale ❷*huurprijs* rent, rental * *een hoge/lage* ~ a high/low rent * *een half jaar* ~ *schuldig zijn* owe six month's rent * *vrij van* ~ rent-free ❸*huurtijd* lease * ~ *van bedrijfsruimte* a commercial lease * ~ *van woonruimte* a residential lease
**huurachterstand** *m* [-en] rent(al) arrears * *hij heeft een* ~ *van 1000 euro* he has rental arrears of 1000 euros, he's behind in his rent by 1000 euros
**huurauto** *m* ['s] hire(d) car, rented car
**huurbescherming** *v* rent(al) protection/security, security of tenure
**huurcommissie** *v* [-s] rent tribunal
**huurcontract** *o* [-en] tenancy/lease/rental agreement

**huurder** *m* [-s] ❶hirer ❷*v. huis* tenant, lessee
**huurflat** *m* [-s] rented flat
**huurhuis** *o* [-huizen] ❶*gehuurd huis* rented/hired house ❷*te huren* house to let
**huurkoop** *m* hire purchase * *in* ~ on hire purchase
**huurleger** *o* [-s] mercenary army
**huurling** *m* [-en] hireling, ‹huursoldaat› mercenary
**huurmoordenaar** *m* [-s] hired assassin, inf hitman
**huurovereenkomst** *v* [-en] ❶*onroerend goed* tenancy/rental agreement ❷*roerend goed* rental agreement
**huurprijs** *m* [-prijzen] rent(al) * *de* ~ *van dit house is 1000 euro* this house has/carries a rent of 1000 euros, this house costs 1000 euros to rent
**huurschuld** *v* [-en] rent(al) arrears
**huursubsidie** *v & o* [-s] rent(al) subsidy
**huurverhoging** *v* [-en] rent(al) increase
**huurwaardeforfait** *o* [-s] assessable/notional rental value
**huurwoning** *v* [-en] rented house/home * ~*en* rented housing
**huwbaar** *bn* marriageable * *van huwbare leeftijd* of marriageable age
**huwelijk** *o* [-en] ❶*het getrouwd zijn* marriage, matrimony ❷*echtvereniging* marriage * *een* ~ *aangaan* marry * *een goed* ~ *doen* marry well * *een rijk* ~ *doen* marry into a fortune, marry money * *een wettig* ~ a lawful marriage * *een* ~ *met de handschoen* a proxy marriage, a marriage by proxy * *in het* ~ *treden* marry * *iem. ten* ~ *vragen* ask for sbd's hand in marriage, propose to sbd, inf pop the question ❸*feest, ritueel* wedding * *een burgerlijk* ~ a civil wedding, a wedding at the registrar's office * *een dubbel* ~ a double wedding * *een kerkelijk* ~ a church wedding
**huwelijks** *bn* marital * *de* ~*e staat* marriage * ~*e voorwaarden* the separation of (matrimonial/marital) property regime
**huwelijksaankondiging** *v* [-en] ❶*ondertrouw* wedding announcement, banns ❷*uitnodiging* wedding invitation
**huwelijksaanzoek** *o* [-en] proposal, offer (of marriage) * *iem. een* ~ *doen* propose to sbd
**huwelijksadvertentie** *v* [-s] lonely hearts advertisement
**huwelijksband** *m* [-en] bond of marriage
**huwelijksbemiddeling** *v* [-en] matchmaking
**huwelijksbootje** *o* * *in het* ~ *stappen* marry, inf tie the knot
**huwelijksbureau** *o* [-s] marriage bureau/agency
**huwelijksfeest** *o* [-en] wedding reception
**huwelijksgeschenk** *o* [-en] wedding present
**huwelijksinzegening** *v* [-en] marriage/wedding ceremony
**huwelijksnacht** *m* [-en] wedding night
**huwelijksreis** *v* [-reizen] honeymoon * *op* ~ *gaan* go on a honeymoon
**huwelijksvoltrekking** *v* [-en] wedding ceremony

**huwelijksvoorwaarden** *zn* [mv] separation of (matrimonial/marital) property regime ∗*het echtpaar is op ~getrouwd* the couple married under the separation of property regime

**huwen** *overg en onoverg* [huwde, h. en is gehuwd] marry, wed ∗*~met* marry ∗*gehuwd met een Duitser* married to a German

**huzaar** *m* [-zaren] hussar

**huzarensalade** *v* Russian salad

**huzarenstukje** *o* [-s] daring exploit/feat

**hyacint** I *v* [-en] *plant* hyacinth II *m* [-en] *halfedelsteen* jacinth

**hybride** I *m-v* [-n] hybrid, cross II *bn* hybrid, cross

**hydrateren** *overg* [hydrateerde, h. gehydrateerd] hydrate

**hydraulica** *v* hydraulics

**hydraulisch** *bn* hydraulic ∗*~e remmen* hydraulic brakes

**hydrocultuur** *v* hydroculture, hydroponics

**hydrodynamica** *v* hydrodynamics

**hydrologie** *v* hydrology

**hydroloog** *m* [-logen] hydrologist

**hyena** *v* ['s] hyena

**hygiëne** *v* hygiene ∗*intieme ~*personal hygiene

**hygiënisch** I *bn* hygienic ∗*de ~e voorschriften* the sanitary regulations II *bijw* hygienically

**hygrometer** *m* [-s] hygrometer

**hymne** *v* [-n] hymn

**hype** *m* hype

**hyperbool** *v* [-bolen] ❶hyperbole ❷*wisk* hyperbola

**hypercorrectie** *v* [-s] hypercorrect

**hyperlink** *m* [-s] *verwijzing* comput hyperlink

**hypermarkt** *v* [-en] hypermarket

**hypermodern** *bn* ultramodern

**hypernerveus** *bn* extremely tense, jittery

**hypertensie** *v* high blood pressure, med hypertension

**hyperventilatie** *v* hyperventilation

**hyperventileren** *onoverg* [hyperventileerde, h. gehyperventileerd] hyperventilate

**hypnose** *v* hypnosis ∗*iem. onder ~brengen* put sbd under hypnosis

**hypnotiseren** *overg* [hypnotiseerde, h. gehypnotiseerd] hypnotize, mesmerize ∗*zij was gehypnotiseerd door zijn woorden* his words mesmerized her, his words had a hypnotic effect on her

**hypnotiseur** *m* [-s] hypnotist

**hypochonder** I *bn* hypochondriac II *m* [-s] hypochondriac

**hypocriet** I *m* [-en] hypocrite II *bn* hypocritical

**hypocrisie** *v* hypocrisy

**hypofyse** *v* [-n, -s] pituitary gland

**hypothecair** *bn* ∗*~e schuld* mortgage debt

**hypotheek** *v* [-theken] mortgage ∗*een ~nemen op...* take out a mortgage on... ∗*een loonvaste ~a* salary-related mortgage ∗*met ~bezwaard* mortgaged ∗*een ~met variabele rente* a variable-/adjustable-rate mortgage ∗*een ~met vaste rente* a fixed-interest mortgage ∗*vrij van ~* unencumbered, free from mortgage

**hypotheekakte** *v* [-n & -s] mortgage deed

**hypotheekbank** *v* [-en] mortgage bank, Br building society

**hypotheeklasten** *zn* [mv] mortgage repayments

**hypotheekrente** *v* [-s, -n] mortgage loan interest

**hypotheekrenteaftrek** *m* tax rebate on mortgage interest

**hypothese** *v* [-n & -s] hypothesis ∗*een ~toetsen* test a hypothesis

**hypothetisch** *bn* hypothetical

**hystericus** *m* [-ci], **hysterica** *v* [-cae] hysteric

**hysterie** *v* hysteria

**hysterisch** *bn* hysterical ∗*een ~e aanval krijgen* go into (fits of) hysterics; inf lose it

**hy**

**I**

**i** v ['s] i
**Iberisch** bn Iberian * *het~e Schiereiland* the Iberian Peninsula
**ibis** m [-sen] ibis * *de heilige~* the sacred ibis
**iconografie** v [-fieën] iconography
**icoon, icon** v [iconen] ❶ *kerkelijk kunstwerk* icon, ikon ❷ *pictogram* comput icon
**ICT** afk (informatie- en communicatietechnologie) ICT, information communication technology
**ideaal I** o [idealen] ideal **II** bn ideal
**ideaalbeeld** o [-en] idealized image
**idealiseren** overg [idealiseerde, h. geïdealiseerd] idealize
**idealisme** o idealism
**idealist** m [-en] idealist
**idealistisch** bn idealistic * *zij heeft een vrij~e levensopvatting* she has a fairly idealistic outlook on life
**idealiter** bijw ideally
**idee** o & v [ideeën] ❶ *denkbeeld* idea * *het~!* the very idea! * *geen gek~* not a bad idea ❷ *mening* idea, view, opinion * *precies mijn~!* exactly what I thought! my idea exactly! * *naar mijn~* in my view/opinion ❸ *inval* idea * *ik heb zo'n~ dat...* I have an idea that... * *op het~ komen om...* get it into one's head to..., hit upon the idea of... ❹ *ontwerp* idea * *haar~ën zijn creatief maar niet altijd uitvoerbaar* her ideas are creative but not always practical ❺ *besef* idea, notion, conception * *je hebt er geen~ van* you have no idea * *er niet het minste/flauwste~ van hebben* not have the least/slightest idea * *ik heb géén~!* search me! I've got no idea!, I just don't know!
**ideeël** bn ❶ *denkbeeldig* imaginary, imagined ❷ *idealistisch* idealistic ❸ *niet-commercieel* non-commercial * *ideële reclame* non-commercial advertising
**ideeënbus** v [-sen] suggestion box
**idee-fixe** o & v [-n] idée fixe, obsession
**idem** bijw the same, ditto * *~ dito* same here, that makes two of us

> **idem**
> is in het Engels ditto of the same. Het woord idem komt in het Engels wel voor, maar alleen in geschreven wetenschappelijke teksten, waar het wordt gebruikt om te verwijzen naar een boek, hoofdstuk of artikel dat al eerder is genoemd, en dan nog hoofdzakelijk in voetnoten.

**identiek** bn identical
**identificatie** v [-s] identification
**identificatieplicht** m & v requirement to carry identification, duty of identification

**identificeren I** overg [identificeerde, h. geïdentificeerd] identify **II** wederk [identificeerde, h. geïdentificeerd] * *zich~* prove one's identity * *zich~ met* identify (oneself) with
**identiteit** v identity
**identiteitsbewijs** o [-wijzen], **identiteitskaart** v [-en] identity card, ID card
**identiteitscrisis** v [-sissen, -ses] identity crisis
**identiteitsplaatje** o [-s] identity disc/disk
**ideogram** o [-men] ideogram, ideograph
**ideologie** v [-gieën] ideology
**ideologisch** bn ideological
**ideoloog** m [-logen] ideologue, ideologist
**idiomatisch** bn idiomatic
**idioom** o [idiomen] idiom
**idioot I** m [idioten] ❶ *bespottelijk persoon* idiot, fool, nitwit ❷ *zwakzinnig persoon* vero idiot ❸ *fanaat* freak, nut * *een auto~* a car freak **II** bn idiotic, foolish * *een~ gezicht* a ridiculous sight **III** bijw idiotically, stupidly * *gedraag je niet zo~!* stop behaving so stupidly! stop being so stupid! * *wie heeft zijn auto zo~ neergezet?* who on earth parked that car like that? * *hij rijdt zo~ hard* he drives like a madman
**idiosyncratisch** bn idiosyncratic
**idioterie** v [-rieën] idiocy
**idolaat** bn * *~ van* infatuated with, smitten by
**idool** o [idolen] idol
**idylle** v [-n & -s] idyl(l)
**idyllisch** bn idyllic
**iebel** bn edgy * *ik word een beetje~ van al die goeie adviezen* all that good advice sets your nerves on edge
**ieder** onbep vnw ❶ *afzonderlijk, een of meer* each * *~ kind krijgt een boek* each child will receive a book ❷ *tezamen, meer dan twee* every * *~e avond huiswerk hebben* have homework every evening ❸ *elke willekeurige* any * *~e idioot kan het* any idiot can do it ❹ *iedereen* everyone, everybody, each (one) * *tot ~s verbazing* to everyone's/everybody's surprise * *~ van ons* each of us, every one of us * *~ voor zich* every man for himself, everyone/everybody for himself ❺ *wie ook maar* everyone, everybody, anyone, anybody * *~ kan zich dat veroorloven* everyone/everybody/anyone/anybody can afford that
**iedereen** onbep vnw ❶ *allemaal* everybody, everyone * *~ kent~* everyone/everybody knows everyone/everybody ❷ *wie dan ook* anyone, anybody * *jij bent niet~* you're not just anyone
**iel** bn ❶ v. *mensen* thin, puny * *een~ mannetje* a scrawny little man ❷ v. *zaken* thin, ‹v. lucht ook:› rarefied * *een~ stemmetje* a thin voice
**iemand** onbep vnw ❶ *deze of gene* someone, somebody * *~ die uitblinkt* someone/somebody who stands out * *~ van school* someone/somebody from school * *~ anders* someone/somebody else ❷ *in vragende en ontkennende zinnen* anyone, anybody

**∗** *is er~ die...?* is there anyone/anybody who...? ∗ *zo ~ heb ik nog nooit meegemaakt* I've never met anyone/anybody like that before ❸ *persoonlijkheid* someone, somebody, person ∗ *een bijzonder~* someone/somebody special ∗ *een aardig~* a nice person ∗ *een zeker~* a certain someone/somebody/person ∗ *hij is~* he's really someone/somebody
**iep** *m* [-en] elm, elm tree
**Ieper** *o* Ypres
**iepziekte** *v* (Dutch) elm disease
**Ier** *m* [-en] Irishman ∗ *de~en* the Irish
**Ierland** *o* Ireland
**Iers I** *bn* Irish ∗ *de~e Zee* the Irish Sea **II** *o taal* Irish
**Ierse** *v* [-n] Irishwoman ∗ *ze is een~* she's an Irishwoman, she's from Ireland, she's Irish
**iets I** *onbep vnw* ❶ something ∗ *~ dergelijks* something of the sort, something like that ∗ *~ lekkers* something nice/tasty ∗ *als er~ is dat zij haat is het naar de tandarts gaan* if there's one thing she hates it's going to the dentist ∗ *daar zit~ in* there's something in that ∗ *zij hebben~ met elkaar* there's something going on between them ∗ *zij hebben~ met elkaar gemeen* they have something in common ∗ *echt~ voor haar!* how typical of her!, she would! ∗ *die jurk is net~ voor jou!* that dress is just right for you!, it's your kind of dress ∗ *die baan is net~ voor hem* that job is right up his alley ∗ *er is nog~* (there's) one more thing ❷ *in vragende en ontkennende zinnen* anything ∗ *is er~?* (is) anything wrong?, (is) anything the matter? ∗ *zo~ heb ik nog nooit gezien* I've never seen anything like it **II** *bijw* somewhat, a little ∗ *zij heeft~ van Madonna* she looks a little/a bit like Madonna ∗ *haar stem heeft~ weg van Piaf* there's something in her voice that reminds you of Piaf, there's a touch of Piaf in her voice ∗ *dit boek is~ dikker dan het andere* this book is a little thicker than that one
**ietsje** *o* ∗ *een~* a little, a fraction, a tad, a wee bit ∗ *met een~...* with something of..., with a touch of...
**ietwat** *bijw* somewhat
**iglo** *m* ['s] igloo
**i-grec** *v* [-s] ‹the letter› y
**ijdel** *bn* ❶ *zelfingenomen* vain, conceited ∗ *een~e trut* a conceited cow ❷ *vals* idle, vain ∗ *~e hoop* idle hope
**ijdelheid** *v* [-heden] vanity, conceit, pride ∗ bijbel *~ der ijdelheden* vanity of vanities
**ijdeltuit** *v* [-en] vain person
**ijken** *overg* [ijkte, h. geijkt] ❶ *instrumenten* calibrate ❷ *van ijkteken voorzien* verify and stamp
**ijking** *v* [-en] calibration
**ijkpunt** *o* [-en] benchmark
**ijkwezen** *o* (office of) weights and measures
**ijl I** *v* ∗ *in aller~* in great haste **II** *bn* ❶ *iel* thin, rarefied ∗ *~e lucht* rarefied air ∗ *de~e ruimte* (empty) space ❷ *duizelig* lightheaded
**ijlbode** *m* [-n & -s] courier, express messenger

**ijlen I** *onoverg* [ijlde, is geijld] *haasten* hasten, hurry (on), speed **II** *onoverg* [ijlde, h. geijld] *wartaal spreken* rave, wander, be delirious ∗ *de patiënt ijlt* the patient is delirious
**ijlings** *bijw* hastily, in great haste, post-haste
**ijltempo** *o* ['s] top speed ∗ *in~* at top speed
**ijs** *o* ❶ *bevroren water* ice ∗ *~ en weder dienende* weather permitting ∗ *het~ breken* break the ice ∗ *zich op glad~ wagen* tread on dangerous ground, skate over thin ice ∗ *(goed) beslagen ten~ komen* be fully prepared (for ...) ∗ *niet over één nacht~ gaan* take no risks ❷ *om te eten* ice cream ∗ *Italiaans~* Italian ice cream
**ijsafzetting** *v* [-en] icing up/over ∗ *~ op de vleugels van een vliegtuig* ice accretion on the wings of a plane
**ijsbaan** *v* [-banen] skating rink, ice rink, skating track
**ijsbeer** *m* [-beren] polar bear
**ijsberen** *onoverg* [ijsbeerde, h. geijsbeerd] walk/pace up and down
**ijsberg** *m* [-en] iceberg
**ijsbergsla** *v* iceberg lettuce
**ijsbloemen** *zn* [mv] frostwork
**ijsblokje** *o* [-s] ice cube
**ijsbreker** *m* [-s] ice-breaker
**ijscoman** *m* [-nen] ice cream man
**ijscoupe** *v* [-s] coupe
**ijselijk** *bn* horrible, shocking, terrible, dreadful ∗ *zij gaf een~e gil* she let out a bloodcurdling scream
**ijsemmer** *m* [-s] ice bucket
**ijsgang** *m* ❶ *drijfijs* floating ice, ice drift ❷ *ijzel* ZN ‹in de lucht› freezing rain, ‹op wegen› black ice
**ijsheiligen** *zn* [mv] ❶ Ice/Frost Saints ∗ *na de~ zou het niet meer moeten vriezen* after 11-13 May there shouldn't be any more frosts ❷ fig late in the spring
**ijshockey** *o* sp ice hockey
**ijshockeyen** *onoverg* [ijshockeyde, h. geijshockeyd] play ice hockey
**ijshockeyer** *m* [-s] ice hockey player
**ijsje** *o* [-s] ice cream, ‹waterijs› ice lolly
**ijskap** *v* [-pen] ice sheet/cap
**ijskar** *v* [-ren] ice cream cart
**ijskast** *v* [-en] refrigerator, Am icebox, inf fridge ∗ *in de~ zetten/leggen* put in the fridge; fig put in cold storage
**ijsklomp** *m* [-en] lump of ice
**ijsklontje** *o* [-s] ice cube, lump of ice
**ijskoud I** *bn* cold as ice, icy cold, icy, frigid ∗ *ik werd er~ van* a chill came over me ∗ *een~ blik* an icy look, a stony stare ∗ *het liet hem~* he was completely unmoved by it **II** *bijw gewoonweg* quite coolly, as cool as a cucumber ∗ *zij deed~ de deur dicht* she closed the door without batting an eyelid
**ijskristal** *o* [-len] ice crystal
**IJsland** *o* Iceland
**IJslander** *m* [-s] Icelander
**IJslands I** *bn* Icelandic ∗ valuta *de~e kroon* the

ij

Icelandic crown/krona ∗~*mos* Iceland moss/lichen

**IIo** *taal* Icelandic ∗*Oud* ~Old Norse, Old Icelandic

**IJslandse** v [-n] Icelander ∗*ze is een* ~she's an Icelander, she's from Iceland

**ijslolly** m [ 's] ice(d) lolly, icy pole

**ijsmachine** v [-s] ❶ice machine ❷*voor het maken van consumptieijs* ice cream machine/maker

**ijsmuts** v [-en] woolly hat/cap, beanie

**ijspegel** m [-s] icicle

**ijspret** v ice sports, fun on the ice

**ijssalon** m [-s] ice cream parlour, Am soda fountain

**ijsschots** v [-en] (ice) floe

**IJsselmeer** o IJsselmeer

**ijstaart** v [-en] ice cream cake

**ijsthee** m ice tea, iced tea

**ijstijd** m [-en] ice age, glacial age ∗*uit de* ~from the ice age

**ijsvogel** m [-s] kingfisher

**ijsvorming** v ice formation

**ijsvrij** I bn ice free II o ∗~*hebben* have a day off from school to go skating

**ijswater** o iced water, ice water

**ijszak** m [-ken] ice pack

**IJszee** v [-zeeën] frozen sea/ocean ∗*de Noordelijke* ~ the Arctic Ocean ∗*de Zuidelijke* ~the Antarctic/Southern Ocean

**ijszeilen** o ice-boating

**ijver** m ❶*toewijding* diligence ❷*passie* zeal, ardour

**ijveraar** m [-s & -raren] zealot ∗*een* ~*voor het geloof* a religious zealot

**ijveren** onoverg [ijverde, h. geijverd] devote oneself (to sth) ∗~*tegen* fight against, take action against ∗~*voor* work hard for

**ijverig** bn ❶*toegewijd* diligent, industrious, assiduous ∗*hij was* ~*bezig aan zijn werk* he was intent upon his work ❷*geestdriftig* zealous, fervent

**ijzel** m (in de lucht) freezing rain, (op wegen) black ice

**ijzelen** onoverg [ijzelde, h. geijzeld] ∗*het ijzelt* (in de lucht) freezing rain is falling; (op de weg) there is black ice

**ijzen** onoverg [ijsde, h. geijsd] shudder ∗*ik ijsde ervan* I shuddered at the thought

**ijzer I** o iron ∗*oud* ~scrap iron ∗*hij is een man van* ~*en staal* he's as tough as nails ∗*het is lood om oud* ~it's six of one and half a dozen of the other ∗*men kan geen* ~*met handen breken* you can't do the impossible ∗*men moet het* ~*smeden als het heet is* strike while the iron is hot, make hay while the sun shines **II** o [-s] iron ∗*twee* ~*s in het vuur hebben* have two irons in the fire

**ijzerdraad** o & m [-draden] wire

**ijzeren** bn iron ∗*het IJzeren Gordijn* the Iron Curtain ∗*een* ~*gestel* a strong/iron constitution

**ijzererts** o [-en] iron ore

**ijzergieterij** v [-en] iron foundry, ironworks

**ijzerhandel** m [-s] iron trade, ironmongery

**ijzerhoudend** bn ❶ferruginous (limestone) ❷*vooral* v. *metalen* ferrous

**ijzersterk** bn strong as iron, iron ∗*een* ~*gestel* a strong constitution ∗*een* ~*geheugen* an infallible memory

**ijzertijd** m iron age

**ijzervijlsel** o iron filings

**ijzervreter** m [-s] warhorse, inf tough cookie

**ijzerwaren** zn [mv] hardware, ironmongery

**ijzerzaag** v [-zagen] hacksaw

**ijzig** bn icy

**ijzingwekkend** bn gruesome, horrifying ∗*zij gaf een* ~*e gil* she let out a bloodcurdling scream

**ik I** pers vnw I ∗~*ben het* it's me ∗*wie,* ~? who, me? ∗~*voor mij* I for one ∗*zij is ouder dan* ~she is older than I am **II** o self, ego ∗*het* ~the ego ∗*zijn eigen* ~ his own self ∗*mijn tweede* ~my other self ∗*mijn betere* ~my better self

**ik-figuur** v [-guren] first-person narrator (in a novel &)

**illegaal I** bn illegal, unlawful, underground, clandestine **II** m [-galen] illegal immigrant, Am illegal alien

**illegaliteit** v [-en] ❶*verzet* resistance movement ❷*onwettigheid* illegality ∗*ze verdwijnen in de* ~they go underground

**illuminatie** v [-s] illumination

**illusie** v [-s] illusion ∗*iem. de* ~/*zijn* ~s *benemen* disillusion sbd, rob sbd of his illusions ∗*zich geen* ~s *maken over* be under no illusions about, have no illusions about

**illusionist** m [-en] illusionist, conjurer

**illusoir** bn illusory ∗*iets* ~*maken* make something illusory

**illuster** bn illustrious ∗*ik bevind mij in* ~*gezelschap* I'm in illustrious company

**illustratie** v [-s] illustration

**illustratief** bn ∗~*voor* illustrative of

**illustrator** m [-s] illustrator

**illustreren** overg [illustreerde, h. geïllustreerd] illustrate

**image** o [-s] image

**imaginair** bn imaginary ∗*een* ~*e grootheid* an imaginary quantity

**imago** o [ 's] ❶*beeld in de publieke opinie* image ❷v. *insect* imago

**imam** m [-s] imam

**imbeciel I** bn imbecile **II** m-v [-en] imbecile

**imitatie** v [-s] imitation, (alleen m.b.t. personen) impersonation, impression ∗*hij deed een* ~*van de minister-president* he did an impersonation/impression of the prime minister ∗*dat is geen echt bont, maar* ~that's only imitation fur

**imitatieleer** o imitation leather

**imitator** m [-s] imitator

**imiteren** overg [imiteerde, h. geïmiteerd] imitate, (alleen m.b.t.personen) impersonate

**imker** m [-s] beekeeper, apiarist

**immanent** *bn* immanent ✳ *~e gerechtigheid* inherent justice

**immaterieel** *bn* ❶immaterial, insubstantial ❷*boekh* intangible ✳ *immateriële activa* intangible assets ✳ *jur immateriële schade* non-pecuniary damages, pain and suffering ✳ *jur een immateriële schadevergoeding* damages for pain and suffering ✳ *immateriële waarde* ⟨onstoffelijke waarde⟩ intangible value, ⟨sentimentele waarde⟩ sentimental value ✳ *jur immateriële zaken* ⟨items of⟩ intangible property, intangibles

**immatriculatie** *v* ZN registration, enrolment/Am enrollment

**immatriculeren** *overg* [immatriculeerde, h. geïmmatriculeerd] ZN register

**immens** *bn* immense, huge

**immer** *bijw* ever

**immers** I *bijw* toch after all ✳ *ik heb het ~gezien* after all, I did see it; Br *inf* I saw it, didn't I? ✳ *hij is ~ thuis?* he's in, isn't he? ✳ *dat kon ik ~niet weten* how was I to know that? II *voegw namelijk* for, since, after all ✳ *dit moet grondig worden onderzocht, ~de democratie staat hier op het spel* ⟨met komma⟩ this must be thoroughly investigated, since democracy itself is at stake here; ⟨met dubbele punt⟩ this must be thoroughly investigated: after all, democracy itself is at stake here

**immigrant** *m* [-en] immigrant

**immigratie** *v* [-s] immigration

**immigratiebeleid** *o* immigration policy

**immigreren** *onoverg* [immigreerde, is geïmmigreerd] immigrate

**immobiel** *bn* immobile

**immoreel** *bn* ❶*onzedelijk* immoral ❷*zonder zedelijkheidsgevoel* amoral

**immuniseren** *overg* [immuniseerde, h. geïmmuniseerd] immunize

**immuniteit** *v* [-en] immunity

**immuun** *bn* immune ✳ *iem. ~maken voor/tegen iets* make sbd immune from/to sth

**impact** *m* impact

**impasse** *v* [-n & -s] deadlock ✳ *in een ~in* a deadlock ✳ *uit de ~geraken* break the deadlock

**impera'tief¹** *bn* imperative ✳ *een ~mandaat* an imperative mandate

**'imperatief²** *m* [-tieven] ❶imperative ✳ *taalk de ~* the imperative (mood) ❷*middel om iem. te dwingen* incentive

**imperiaal** *o & v* [-alen] roof rack

**imperialisme** *o* imperialism

**imperialist** *m* [-en] imperialist

**imperialistisch** *bn* imperialist

**imperium** *o* [-s & -ria] empire

**impertinent** *bn* impertinent, rude

**implantaat** *o* [-taten] *med & tandheelk* implant

**implantatie** *v* [-s] ❶*het implanteren* implantation ❷*het geïmplanteerde* implant

**implanteren** *overg* [implanteerde, h. geïmplanteerd] implant

**implementatie** *v* [-s] implementation

**implementeren** *overg* [implementeerde, h. geïmplementeerd] implement

**implicatie** *v* [-s] implication ✳ *bij ~* by implication

**impliceren** *overg* [impliceerde, h. geïmpliceerd] imply

**impliciet** I *bn* implicit, implied II *bijw* implicitly

**imploderen** *onoverg* [implodeerde, is geïmplodeerd] implode

**implosie** *v* [-s] implosion

**imponeren** *overg* [imponeerde, h. geïmponeerd] ❶*indruk maken* impress ❷*intimideren* overawe ✳ *laat je niet ~door wat de deskundigen zeggen* don't be overawed by what the experts say

**impopulair** *bn* unpopular

**import** *m* [-en] ❶*het importeren* importation, import(ing) ❷*importproduct* import (product) ❸*geen oorspronkelijke bevolking* afkeurend foreign elements, foreigners

**importantie** *v* importance

**importeren** *overg* [importeerde, h. geïmporteerd] import

**importeur** *m* [-s] importer

**imposant** *bn* imposing, impressive

**impotent** *bn* impotent

**impotentie** *v* impotence

**impregneren** *overg* [impregneerde, h. geïmpregneerd] impregnate

**impresariaat** *o* [-riaten] *kantoor* agency, office

**impresario** *m* ['s] impresario

**impressie** *v* [-s] impression

**impressionisme** *o* Impressionism

**impressionist** *m* [-en] impressionist

**impressionistisch** *bn* impressionist ⟨painter, painting⟩, impressionistic ✳ *~e kunst* impressionist art

**imprimé** *o* [-s] *textiel* printed fabric

**improductief** *bn* unproductive

**improvisatie** *v* [-s] improvisation

**improvisator** *m* [-s & -toren] improviser

**improviseren** *overg en onoverg* [improviseerde, h. geïmproviseerd] improvise, ⟨ook v. een toespraak &⟩ extemporize ✳ *een geïmproviseerde hengel* an improvised/makeshift fishing rod

**impuls** *m* [-en] ❶*stimulans* stimulus ✳ *de regering wil een ~geven aan...* the government wants to encourage/stimulate... ❷*opwelling* impulse ✳ *ze handelde in een ~* she acted on impulse ❸*elektr* pulse

**impulsaankoop** *m* [-kopen] buy on impulse ✳ *het doen van impulsaankopen* impulse buying

**impulsief** *bn* impulsive, on impulse ✳ *een impulsieve koper* an impulse buyer ✳ *het was een impulsieve beslissing* it was a spur-of-the-moment decision, it was an on-the-spot decision

**impulsiviteit** *v* impulsiveness

**in** I *voorz* ❶*m.b.t. plaats* in, at, to, on ✳ *een huis ~*

Arnhem a house in Arnhem * niet ~ het hele land
nowhere in the country * ~ heel het land
throughout the (entire) country * welkom ~
Amsterdam welcome to Amsterdam * hij is nooit ~
Amsterdam geweest he's never been to Amsterdam
* twee plaatsen ~ een vliegtuig reserveren reserve two
seats on a plane ❷ m.b.t. richting into * zij stapte ~
de bus she got on the bus * zij is de stad ~ she's gone
into the city/to the city * ~ de hoogte kijken look up
❸ m.b.t. de tijd in, at * ~ 1998 in 1998 * ~ het
weekend at the weekend, Am on the weekend * ~
het begin at the beginning * tot diep ~ de nacht until
deep into the night * ~ geen drie weken not for three
weeks ❹ m.b.t. hoeveelheid, omvang, maat, graad &
in, at, to * hij is ~ de veertig he's in his forties * zes
meter ~ omtrek 6 metres in circumference * er zijn
60 minuten ~ een uur there are 60 minutes in/to an
hour * ~ drieën snijden cut into three * er zijn er ~ de
veertig there are forty odd * ~ hoge mate to a
considerable degree * ~ een snel tempo at a fast rate
❺ m.b.t situatie, omstandigheid in * zij was ~ het
zwart (gekleed) she was (dressed) in black, she wore
black * ~ een goede bui zijn be in a good mood * dat
wil er bij mij niet ~ that won't wash with me * goed
~ talen good at languages * hij is doctor ~ de
medicijnen he's a doctor of medicine * ~ de
commissie zitting hebben be on the committee * ~
tranen uitbarsten burst into tears II bijw * ⟨in de
mode⟩ ~ zijn be in, be trendy * voor iets ~ zijn all for
it * sp de bal is ~ the ball is in III voorv ❶ very
❷ intensive(ly), deep(ly) * intriest & very sad(ly) &
**in abstracto** bijw in the abstract
**inachtneming** v regard * met ~ van de
omstandigheden considering the circumstances,
with the circumstances in mind * met ~ van de
regels in compliance with the rules
**inactief** bn inactive
**inademen** overg [ademde in, h. ingeademd]
breathe (in), inhale
**inademing** v [-en] breathing (in), inhalation, intake
of breath
**inadequaat** bn inadequate
**inauguratie** v [-s] inauguration
**inaugureel** bn inaugural * een inaugurele rede an
inaugural speech/address
**inaugureren** overg [inaugureerde, h.
geïnaugureerd] inaugurate
**inbaar** bn collectable * inbare vorderingen
collectable debts
**inbedden** overg [bedde in, h. ingebed] bed, embed,
imbed
**inbedrijfstelling** v commencement of operations
**inbeelden** wederk [beeldde in, h. ingebeeld] * zich
~ imagine, fancy * zich heel wat ~ rather fancy
oneself * wat beeldt zij zich wel in? who does she
think she is? * dat beeldt hij zich maar in he's just
imagining it
**inbeelding** v [-en] ❶ fantasie imagination

❷ verwaandheid conceit
**inbegrepen** bn included * alles ~ all in, everything
included * niet ~ exclusive of...
**inbegrip** o * met ~ van including, inclusive of
⟨charges⟩, ⟨charges⟩ included
**inbeschuldigingstelling** v [-en] * Belg de Kamer van
~ the public prosecutor
**inbeslagneming** v [-en] seizure, confiscation,
⟨vooral v. dieren⟩ impoundment
**inbewaringstelling** v remand in custody ⟨by order
of the judge⟩
**inbezitneming** v [-en] taking possession ⟨of⟩
**inbinden** I overg [bond in, h. ingebonden] bind
⟨books⟩ * laten ~ have ⟨books⟩ bound * ingebonden
boeken bound books, hardbacks II onoverg & overg
[bond in, h. ingebonden] beteugelen exercise some
restraint, cool one's heels, inf pipe down * de
regering bindt in the government pipes down * zijn
driften ~ restrain oneself
**inblazen** overg [blies in, h. ingeblazen] blow into,
breath into, inject ⟨air, water⟩ * iets nieuw leven ~
breathe new life into sth, reanimate sth
**inblikken** I overg [blikte in, h. ingeblikt] tin, can
* ingeblikt fruit tinned/Am canned fruit * ingeblikte
muziek/ingeblikt gelach canned music/laughter
II onoverg [blikte in, h. ingeblikt] look into * ze
blikte in de mooiste ogen die ze ooit had gezien she
looked into the most beautiful eyes she had ever
seen
**inboedel** m [-s] house contents, household effects
**inboedelverzekering** v fire and theft insurance,
household contents insurance
**inboeken** overg [boekte in, h. ingeboekt] book,
enter
**inboeten** overg [boette in, h. ingeboet] lose * veel
aan invloed ~ lose a lot of influence * er het leven bij
~ pay for it with one's life
**inboezemen** overg [boezemde in, h. ingeboezemd]
inspire with ⟨courage⟩, strike ⟨terror⟩ into, instil
⟨respect, awe⟩ into * iem. vertrouwen ~ inspire trust
in sbd * iem. angst ~ frighten sbd, make sbd
frightened
**inboorling** m [-en] native, aborigine * de Australische
~en the Aboriginals, the Aborigines
**inborst** v character, nature, disposition
**inbouwen** overg [bouwde in, h. ingebouwd] build
in, let into, fit
**inbouwkeuken** v [-s] built-in kitchen
**inbraak** v [-braken] housebreaking, burglary
**inbraakbeveiliging** v burglar alarm, security
system
**inbraakpreventie** v burglary prevention
**inbranden** I overg [brandde in, h. ingebrand]
brand, burn (in) II onoverg [brandde in, is
ingebrand] burn unevenly
**inbreken** onoverg [brak in, h. ingebroken] break
into a house, commit burglary * er is bij ons
ingebroken our house has been broken into

**inbreker** *m* [-s] burglar, housebreaker

**inbreng** *m* ❶ *ingebracht kapitaal* deposit, capital brought in, assets brought in ‹to the enterprise›, contribution ∗ jur *een ~ in natura* a non-monetary contribution, a contribution in kind ❷ *in een huwelijk* dowry ❸ *bijdrage* contribution ∗ *zijn ~ in het gesprek* his contribution to the conversation

**inbrengen** *overg* [bracht in, h. ingebracht] ❶ *naar binnen brengen* bring in, gather in ‹the crops› ❷ *geld* bring in ‹capital› ❸ *aanvoeren* bring (forward) ❹ *voorstellen* contribute ∗ *hij heeft niets in te brengen* he has no say in the matter ∗ *hij heeft nooit iets in te brengen* he never contributes anything ∗ *daar kan ik niets tegen ~* ‹bezwaar› I can offer no objection; ‹argument› it leaves me without a reply ❺ med introduce, inject, insert

**inbreuk** *v* [-en] violation, contravention, breach, infringement ∗ *~ maken op* violate/infringe/contravene ‹the law, sbd's rights›, encroach upon ‹sbd's rights› ∗ jur *een ~ op de openbare orde* a breach of the public order/of the peace ∗ jur *een ~ op de privésfeer* an invasion of ‹sbd's› privacy

**inburgeren** *overg en onoverg* [burgerde in, h. en is ingeburgerd] ∗ *hij is hier helemaal ingeburgerd* he is completely integrated, he feels quite at home here ∗ *die woorden hebben zich ingeburgerd* these words have found their way into the language ∗ *zich ~* naturalise, settle into the new environment

**inburgering** *v* settling down, becoming a member of the community

**inburgeringscursus** *m* [-sen] integration course ‹for foreigners›

**Inca** *m* ['s] Inca

**incalculeren** *overg* [calculeerde in, h. ingecalculeerd] allow for ∗ *tegenstand ~* reckon with opposition

**incapabel** *bn* incompetent, incapable

**incarnatie** *v* [-s] incarnation

**incasseren** *overg* [incasseerde, h. geïncasseerd] ❶ *geld & * cash ‹a bill›, collect ‹debts› ❷ fig take ‹a blow, a hiding› ∗ *een nederlaag ~* overcome a disaster, deal with a problem

**incasseringsvermogen** *o* resilience, stamina ∗ *een groot ~ hebben* be resilient to ∗ *een bokser met een groot ~* a boxer who can take a lot

**incasso** *o* ['s] collection ‹of bills, debts &›

**incassobureau** *o* [-s] debt collection agency

**incassokosten** *zn* [mv] debt collection charges

**in casu** *bijw* in this case, in this matter

**incest** *m* incest

**incestueus** *bn* incestuous

**incheckbalie** *v* [-s] check-in counter/desk

**inchecken** *overg* [checkte in, h. ingecheckt] check in

**incident** *o* [-en] incident ∗ *zonder ~ verlopen* pass without incident

**incidenteel** *bn* incidental ∗ *incidentele factoren* non-recurring/one-off factors ∗ *incidentele*

*problemen* problems of a passing nature ∗ *incidentele voorzieningen* special-purpose provisions

**incisie** *v* [-s] incision

**inciviek** **I** *bn* ZN politically unreliable **II** *m-v* [-en] ZN unpatriotic person

**incivisme** *o* ZN lacking civic spirit

**incluis** *bijw* included

**inclusief** *bijw* inclusive of..., including... ∗ *~ rechten* duty paid ∗ *vijf euro ~ btw* five euros including VAT ∗ *de prijs is niet ~ btw* the price does not include VAT

**incognito** **I** *bijw* incognito **II** *o* incognito ∗ *zijn ~ bewaren* remain incognito, keep one's identity secret

**incoherent** *bn* incoherent

**incompatibel** *bn* incompatible

**incompatibiliteit** *v* incompatibility

**incompetent** *bn* incompetent

**incompetentie** *v* incompetence

**incompleet** *bn* incomplete

**in concreto** *bijw* in this particular case

**incongruent** *bn* incongruent

**inconsequent** *bn* inconsistent

**inconsistent** *bn* inconsistent

**inconsistentie** *v* inconsistency

**incontinent** *bn* incontinent

**incontinentie** *v* incontinence

**incorporeren** *overg* [incorporeerde, h. geïncorporeerd] incorporate

**incorrect** *bn* incorrect

**incourant** *bn* ❶ *slecht verkoopbaar* unsal(e)able, unmarketable ‹articles› ∗ *~e goederen* slow-moving goods ❷ eff unlisted, over-the-counter (OTC), unquoted ‹securities› ❸ *verouderd* obsolete ∗ *een ~e voorraad* dead/obsolete stock

**incubatietijd** *m* incubation period, latent period

**indachtig** *bn* mindful (of) ∗ *wees mij ~* remember me, bear me in mind

**indalen** *onoverg* [daalde in, is ingedaald] med engage

**indammen** *overg* [damde in, h. ingedamd] ❶ *indijken* embank, dam (up) ❷ fig (keep under) control, contain ∗ *zijn enthousiasme ~* stem one's enthusiasm

**indekken** *wederk* [dekte in, h. ingedekt] ∗ *zich ~ tegen* safeguard against; eff & econ hedge against

**indelen** *overg* [deelde in, h. ingedeeld] ❶ *ordenen* divide ∗ *zijn tijd beter ~* make better use of one's time ❷ *in klassen* divide (up), class(ify), group ❸ *in graden* graduate ❹ *categoriseren* categorize ❺ *v. ruimte* lay out, divide up ∗ *de stad werd ingedeeld in woonwijken* the city was divided up into residential areas ❻ *onderbrengen bij* assign (to), place (in) ∗ *iem. in een groep ~* assign sbd to a group ❼ mil incorporate (*bij* in/with)

**indeling** *v* [-en] ❶ *groepering* division, classification, grouping, categorization ❷ *schaalverdeling* graduation ❸ *v. ruimte* layout, use of space ❹ mil incorporation

**indenken** *wederk* [dacht in, h. ingedacht] imagine ∗*zich ergens* ~put oneself in/into ‹sbd's position› ∗*zich iets* ~imagine sth, understand sth ∗*denk je dat eens in!* just imagine that!

**inderdaad** *bijw* indeed, ‹werkelijk› really ∗*...*, *en* ~,... ..., and sure enough,...

**inderhaast** *bijw* in a hurry, hurriedly

**indertijd** *bijw* at the time

**indeuken** *overg* [deukte in, h. ingedeukt] dent

**index** *m* [-en & -dices] ❶*inhoudsopgave* index, table of contents ❷*zwarte lijst* RK index ∗*op de* ~*plaatsen* place on the index ❸*econ* index, barometer, indicator ∗*de economische* ~the economic barometer ∗*een* ~*van de economische groei* an economic indicator ∗*de Dow Jones* ~the Dow Jones industrial average

**indexatie** *v* indexation, indexing

**indexcijfer** *o* [-s] index figure

**indexeren** *overg* [indexeerde, h. geïndexeerd] index

**indexering** *v* indexation

**India** *o* India

**indiaan** *m* [-dianen] (American) Indian, Native American

**indiaans** *bn* (American) Indian

**Indiaas** *bn* Indian ∗valuta *de Indiase roepia* the Indian rupee, the rupee

**indianenverhaal** *o* [-halen] *onwaarschijnlijk verhaal* tall story

**Indiase** *v* [-n] Indian ∗*ze is een* ~she's an Indian, she's from India

**indicatie** *v* [-s] indication ∗*een globale* ~a rough/broad indication ∗*op medische* ~on medical grounds ∗*ter* ~as a guide/indication

**'indicatief** *m* [-tieven] *taalk* indicative

**indica'tief²** *bn* indicative ∗*een* ~*tarief* a rate for information purposes

**indicator** *m* [-s &-toren] ❶indicator ❷*econ* indicator, index, barometer

**indiceren** *overg* [indiceerde, h. geïndiceerd] ❶*wijzen op* indicate ∗*geïndiceerd zijn voor een operatie* have an indication for an operation ∗*de behandeling is niet medisch geïndiceerd* there is no medical necessity for the treatment ❷*bannen* RK index, place on the index, add to the index

**indien** *voegw* if, in case

**indienen** *overg* [diende in, h. ingediend] submit, present ∗*een aanvraag* ~submit a petition/request ∗*een klacht/claim* ~lodge/file a complaint/claim ∗*een motie* ~table a motion ∗*zijn ontslag* ~tender one's resignation ∗*een verzoekschrift* ~file a petition ∗*een wetsontwerp* ~present/introduce a bill to parliament

**indiensttreding** *v* commencement of employment ∗*~1 juli* duties (to) commence on/start on July 1

**Indiër** *m* [-s] *bewoner v. India* Indian

**indigestie** *v* indigestion

**indigo** I *m* indigo II *o* indigo blue III *bn* indigo blue

∗*een* ~*blouse* an indigo blue blouse

**indigoblauw** I *bn* indigo blue II *o* indigo blue

**indijken** *overg* [dijkte in, h. ingedijkt] embank, dyke, dyke/dam in ∗*de rivier werd ingedijkt* the river was embanked/dyked (in), the river was enclosed within dykes

**indijking** *v* [-en] dyking, embankment

**indikken** *overg en onoverg* [dikte in, h.en is ingedikt] thicken, concentrate

**indirect** I *bn* indirect ∗~*e belasting* indirect taxation ∗taalk ~*e rede* indirect speech ∗~*e verlichting* indirect/concealed lighting, uplighters ∗*in een* ~*e manier* in a roundabout way II *bijw* indirectly

**Indisch** *bn m.b.t. India* Indian

**Indische Oceaan** *m* Indian Ocean

**indiscreet** *bn* indiscreet

**indiscretie** *v* [-s] indiscretion

**individu** *o* [-en, 's] individual ∗*een verdacht* ~a shady character

**individualiseren** *overg* [individualiseerde, h. geïndividualiseerd] individualize

**individualisering** *v* individualization

**individualisme** *o* individualism

**individualist** *m* [-en] individualist

**individualistisch** *bn* individualistic

**individualiteit** *v* individuality

**individueel** *bn* individual ∗*een* ~*geval* an individual case ∗∗~*onderwijs* individual/one-to-one teaching, coaching

**indoctrinatie** *v* indoctrination

**indoctrineren** *overg* [indoctrineerde, h. geïndoctrineerd] indoctrinate

**Indo-europeaan** *m* [-peanen] ❶*Indogermaan* Indo-European ❷*v. gemengde afstamming* Eurasian

**Indo-europees** *bn* ❶*Indogermaans* Indo-European ❷*v. gemengde afstamming* Eurasian

**Indogermaan** *m* [-manen] Indo-European, Indo-Germanic

**Indogermaans** *bn & o* Indo-European, Indo-Germanic ∗*de* ~*e talen* the Indo-European languages

**indolent** *bn* indolent

**indolentie** *v* indolence

**indommelen** *onoverg* [dommelde in, is ingedommeld] doze off, drop off (to sleep)

**Indonesië** *o* Indonesia

**Indonesiër** *m* [-s] Indonesian

**Indonesisch** *bn* Indonesian ∗valuta *de* ~*e roepia* the Indonesian rupiah, the rupiah

**Indonesische** *v* [-n] Indonesian ∗*ze is een* ~she's an Indonesian, she's from Indonesia

**indoor** *voorv* sp indoor

**indoorwedstrijd** *m* [-en] indoor match/competition

**indraaien** *overg* [draaide in, h. ingedraaid] screw in ▾*zich ergens* ~worm oneself into a post ▾*de bak* ~ be put in the nick/in prison

**indrijven** I *overg* [dreef in, h. ingedreven] drive in(to) II *onoverg* [dreef in, is ingedreven] float into

**indringen I**overg [drong in, h. ingedrongen] intrude ∗*zich* ~intrude ∗*zich* ~*bij iem.* intrude on sbd **II**onoverg [drong in, is ingedrongen] ❶*binnendringen* penetrate, enter by force ❷*v. vloeistoffen* soak (into) ❸*in andermans zaken* pry (into)

**indringend**bn ❶*diepgaand* penetrating ⟨report, gaze⟩ ❷*nadrukkelijk* emphatic

**indringer**m [-s] intruder

**indrinken**overg [dronk in, h. ingedronken] drink (in), imbibe, ⟨v. woorden⟩ lap up ∗*zich moed* ~*have a drink* to steady the nerves

**indruisen**onoverg [druiste in, h. en is ingedruist] ∗ ~*tegen de regels/wetten* contravene the rules/laws ∗ ~*tegen de gewoonten* run contrary to custom ∗ ~*tegen alle afspraken* run counter to all the arrangements ∗ ~*tegen zijn belangen* interfere with one's interests ∗ ~*tegen een eerdere uitspraak* conflict with/clash with a previous statement ∗ ~*tegen de waarheid* be at variance with the truth

**indruk**m [-ken] ❶impression ∗ ~*maken* make an impression ∗*de* ~*maken van...* give the impression of... ∗*onder de* ~*komen* be impressed (van by, with) ∗*hij was nog onder de* ~*he was still impressed* ∗*ik heb slechts een* ~*van wat hij bedoelt* I only have an inkling of what he means ❷*spoor* imprint

**indrukken**overg [drukte in, h. ingedrukt] ❶*door drukken kapot doen gaan* push in ∗*het kwaad de kop* ~*root out evil* ❷*naar binnen drukken* push in, press ∗*de knop* ~press the button ∗*het gaspedaal* ~step on the accelerator/Am gas ❸*een afdruk aanbrengen in* impress, imprint ⟨a seal &⟩

**indrukwekkend**bn impressive, imposing

**in dubio**bijw ∗ ~*staan* be in doubt

**induceren**overg [induceerde, h. geïnduceerd] induce

**inductie**v [-s] induction

**inductiemotor**m [-en, -s] induction motor

**inductiestroom**m [-stromen] induced current

**inductor**m [-toren] inductor

**induiken**overg [dook in, is ingedoken] ❶dive into ∗*de koffer* ~*met iem.* jump into bed with sbd ❷*fig* plunge/dive into, become engrossed in ∗*de literatuur over het onderwerp* ~delve into the literature on the subject

**industrialisatie**v industrialization

**industrialiseren**overg [industrialiseerde, h. geïndustrialiseerd] industrialize

**industrialisering**v industrialization

**industrie**v [-trieën] industry

**industrieel I**bn industrial ∗*een industriële onwikkelingszone* an enterprise zone ∗*de industriële revolutie* the industrial revolution **II**m [-triëlen] industrialist

**industriegebied**o [-en] industrial area/zone

**industriestad**v [-steden] industrial town

**industrieterrein**o [-en] industrial site, industrial estate

**indutten**onoverg [dutte in, is ingedut] doze off, nod off

**induwen**overg [duwde in, h. ingeduwd] push in, push into, shove in

**ineen**bijw together

**ineengedoken**bn huddled up, hunched, crouched

**ineenkrimpen**onoverg [kromp ineen, is ineengekrompen] flinch ⟨at the sight, at her touch⟩, cringe ⟨with fear⟩, ⟨v. gezicht⟩ tighten ∗*mijn hart kromp ineen* my heart sank ∗*de klap deed hem* ~*van de pijn* the blow made him double up in pain

**ineens**bijw ❶*tegelijk* all at once ∗ ~*te betalen* payable in one sum ∗*aflossing* ~payment in one lump sum ❷*plotseling* all at once, suddenly ∗*dat kan ik niet* ~*veranderen* I can't just change it overnight/at the drop of a hat

**ineenschrompelen**onoverg [schrompelde ineen, is ineengeschrompeld] wither, curl up, shrivel up ∗*de markt is ineengeschrompeld* the market has dwindled ∗*onze winsten zijn ineengeschrompeld* our profits have shrunk/dwindled

**ineenschuiven I**overg [schoof ineen, h. ineengeschoven] telescope, slide into **II**onoverg [schoof ineen, is ineengeschoven] slide

**ineenslaan**overg [sloeg ineen, h. ineengeslagen] bring together ∗*de handen* ~throw up one's hands; fig join hands/forces

**ineenstorten**onoverg [stortte ineen, is ineengestort] collapse

**ineenstorting**v [-en] collapse, crash

**ineenzakken**onoverg [zakte ineen, is ineengezakt] collapse

**ineffectief**bn ineffective

**inefficiënt**bn inefficient

**inenten**overg [entte in, h. ingeënt] vaccinate, inoculate ∗ ~*tegen pokken* vaccinate against smallpox

**inenting**v [-en] vaccination, inoculation ∗*een* ~*tegen griep* a vaccination against influenza, inf a flu jab

**inentingsbewijs**o [-wijzen] vaccination certificate

**inert**bn inert

**inertie**v inertia

**in extenso**bijw in its entirety, in full, at (great) length ∗*iets* ~*weergeven* give a full account of sth

**in extremis, in extremis momentis**bijw ❶*tot het uiterste* in great difficulty ❷*op het sterfbed* at the point of death ❸*op het nippertje* ZN at the last moment

**infaam**bn infamous

**infanterie**v infantry, foot

**infanterist**m [-en] infantryman

**infantiel**bn infantile

**infarct**o [-en] (cardiac) infarct, heart attack

**infecteren**overg [infecteerde, h. geïnfecteerd] infect

**infectie**v [-s] infection

**infectiehaard**m [-en] source of infection

**in**

**in**

**infectieziekte** *v* [-n & -s] infectious disease
**infectueus** *bn* infectious
**inferieur I** *bn* ❶ *ondergeschikt* inferior, subordinate
✳~ *zijn aan* be inferior to ❷ *slecht* inferior,
low-grade **II** *m* [-en] inferior, subordinate
**inferno** *o* ['s] inferno
**infiltrant** *m* [-en] infiltrator
**infiltratie** *v* [-s] infiltration
**infiltreren** *onoverg* [infiltreerde, is geïnfiltreerd]
infiltrate
**infinitesimaalrekening** *v* wisk (infinitesimal)
calculus
**infinitief** *m* [-tieven] infinitive
**inflatie** *v* [-s] inflation ✳ *de~ bestrijden*
combat/fight/counteract inflation
**inflatiecorrectie** *v* correction for inflation
**inflexibel** *bn* inflexible
**influenza** *v* influenza, inf ' flu
**influisteren** *overg* [fluisterde in, h. ingefluisterd]
❶ *toefluisteren* whisper ⟨in sbd.'s ear⟩ ✳ *zijn geweten
fluisterde hem in dat het verkeerd was* his conscience
was telling him it was wrong ❷ *suggereren* suggest
**info** *v* info
**informant** *m* [-en] informant
**informateur** *m* [-s] pol informateur
**informatica** *v* computer science, information
science, informatics
**informaticus** *m* [-ci] computer scientist
**informatie** *v* [-s] information ✳ ~ *geven* (*over*) give
information (about/on) ✳ ~ *inwinnen* make
inquiries ✳ *de verkeerde~* the wrong information,
false information
**informatiebalie** *v* [-s] information desk
**informatiedrager** *m* [-s] data carrier
**informatief** *bn* informative
**informatiestroom** *m* [-stromen] information flow
**informatietechnologie** *v* information technology
**informatisering** *v* computerization
**informeel** *bn* informal, unofficial
**informeren I** *onoverg* [informeerde, h.
geïnformeerd] inquire/enquire, make
inquiries/enquiries, ask ✳ ~ *bij iem.* ask sbd **II** *overg*
[informeerde, h. geïnformeerd] ✳ *iem.~ over iets*
inform sbd about sth ✳ ZN ...*maar zich nog niet
geïnformeerd hebben over de grondwet* ...but have not
yet sought information about the constitution

---

**informeren**

Inquire en enquire komen naast elkaar voor, maar
hoewel er oorspronkelijk wel verschil in betekenis
bestond tussen de twee, is dat nu niet meer zo.
Amerikanen hebben een voorkeur voor **inquire** en
Britten voor **enquire**. Dit geldt ook voor andere
woorden die met het voorvoegsel **en-/in-** beginnen.

---

**infrarood** *bn* infrared
**infrastructuur** *v* infrastructure
**infuus** *o* [-fuzen] med drip

**ingaan** *onoverg en overg* [ging in, is ingegaan]
❶ *binnengaan* enter, go/walk into ✳ *de eeuwigheid~*
pass into eternity ✳ *zijn zeventigste jaar~* enter one's
seventieth year ✳ *de geschiedenis~* go down in
history ✳ *de wijde wereld~* go out into the (big) wide
world ✳ *dat zal er wel~* it's sure to go down well
✳ ~*de rechten* import duties ❷ *van kracht worden*
begin, date from, take effect from, run from ✳ *die
regel gaat 1 september in* this rule (law) is effective as
from 1 September ✳ *haar verlof gaat volgende week
in* her leave starts next week ❸ *reageren op* take up
✳ *kunt u hierop~?* could you take up the matter?,
could you react to this? ✳ *er niet op~* take no notice
of it, make no comment, let it pass, ignore it
✳ (*dieper*)~ *op iets* go deeper into the subject ✳ *nader
~ op* go further into the matter ✳ *op een aanbod~*
take up an offer ✳ *op een offerte~* take up an offer
✳ *op een verzoek~* comply with/grant a request ✳ ~
*tegen* ⟨indruisen⟩ go against; ⟨zich verzetten⟩
oppose, counteract, go against
**ingaande** *voorz met ingang van* dating from, as from,
as of, starting on ✳ *deze prijs geldt~ 10 juli* this price
is effective as of July 10
**ingang** *m* [-en] ❶ *toegang* entrance, way in, entry ✳ *de
~ voor leveranciers* the tradesman's entrance ✳ ZN ~
*vrij* admission free ✳ ZN *verboden~* no admission
❷ *acceptatie* reception ✳ ~ *vinden* get a good
reception, find acceptance, inf go down well ⟨with
the public⟩ ❸ *aanvang* commencement ✳ *met~ van
6 september* (as) from September 6
**ingangsdatum** *m* [-s &-data] date of
commencement, commencement date, effective
date
**ingebakken** *bn* ingrained ✳ *een~ gewoonte* a
custom, a tradition; ⟨m.b.t. individuen⟩ a habit
**ingebeeld** *bn* ❶ *niet werkelijk* imaginary ✳ *een~e
ziekte* an imaginary illness ❷ *verwaand* conceited,
pretentious, presumptuous
**ingebouwd** *bn* built-in, fitted, installed, mounted
✳ *een~e schakelaar* a built-in switch
**ingebruikneming** *v* ❶ *v. huis &* occupation
❷ *v. nieuwe producten* introduction ✳ *na~ van de
machine* after the machine is put into operation,
after ⟨you⟩ start to use the machine
**ingeburgerd** *bn* ❶ *v. personen* naturalized
❷ *v. woorden, gebruiken* established
**ingekleurd** *bn* coloured (in)
**ingelegd** *bn* ❶ *met hout, metaal &* inlaid ⟨floors,
table⟩ ✳ *een~e vloer* a parquet floor ❷ *ingemaakt*
preserved ✳ ~*e groente* pickled vegetables, bottled
vegetables
**ingemaakt** *bn* preserved, potted ⟨foods, vegetables⟩,
⟨in zuur⟩ pickled ⟨meat, fish &⟩
**ingenaaid** *bn v. boeken* paperbound, soft-cover
**ingenieur** *m* [-s] engineer ✳ *een bouwkundig/civiel~*
a construction/civil engineer ✳ *een elektrotechnisch
~* an electrical engineer
**ingenieus** *bn* ingenious ✳ *een~ idee* an ingenious

idea∗ *een ingenieuze kerel* a clever guy∗ *een~ toestel* an ingenious appliance

**ingenomen** *bn* taken∗~ *met iets zijn* be taken with sth∗ *ik ben er erg mee~* I'm extremely pleased with it∗ *hij is zeer met zichzelf~* he rather fancies himself ∗~ *tegen* biased against

**ingeschreven** *bn* inscribed∗~ *veelhoeken* inscribed polygons∗ *een~ cirkel* an inscribed circle∗~ *leerlingen* enrolled pupils∗ *een~e* an entrant∗ *een ~ merk* a registered trademark

**ingesleten** *bn* damaged∗~ *patronen* ingrained patterns

**ingesloten** *bn* ❶ *bijgaand* enclosed∗ *het~ stuk* the enclosed∗~ *zend ik u...* I send you herewith ❷ *ingebouwd* enclosed∗ *een~ gebied* an enclosed area∗ *door land~* landlocked

**ingespannen** I *bn* ❶ *met inspanning* strenuous ‹work› ❷ *geconcentreerd* intensive ‹research›, hard ‹thinking› ❸ *aandachtig* intent ‹gaze› II *bijw* ❶ *met inspanning* strenuously ❷ *diep* intensively ❸ *aandachtig* intently

**ingesprektoon** *m* Br engaged signal Am busy signal∗ *ik krijg steeds de~* I keep on getting the engaged tone/signal

**ingetogen** *bn* modest∗ *een~ stemming* a subdued mood

**ingeval** *voegw* in case∗~ *hem iets overkomt* in the event of something happening to him, Am in case something happens to him

**ingevallen** *bn* ❶ *v. wangen* hollow ❷ *v. ogen* sunken

**ingeven** *overg* [gaf in, h. ingegeven] ❶ *toedienen* administer ‹medicine› ❷ *in de geest brengen* prompt, suggest ‹a thought, a word›, inspire with ‹an idea, hope &›, dictate∗ *ingegeven door angst* dictated by fear

**ingeving** *v* [-en] inspiration, intuition∗ *een plotselinge~* a brainwave∗ *als bij~* as if by inspiration∗ *naar de~ van het ogenblik handelen* act on the spur of the moment

**ingevoerd** *bn* ∗ *goed~ zijn* be well informed about∗ *zij is goed~ in de informatica* she knows a great deal about computer science

**ingevolge** *voorz* in pursuance of, pursuant to, in compliance with, in obedience to∗~ *uw opdracht* in compliance with your instructions

**ingevroren** *bn* frozen, ice-bound, frost-bound∗~ *groenten* frozen vegetables

**ingewanden** *zn* [mv] internal organs, intestines, ‹v. dieren› entrails

**ingewijde** *m-v* [-n] insider, initiate

**ingewikkeld** *bn* intricate, complicated, complex ∗ *een~ proces* a complex/complicated process∗ *het is een~ verhaal* there are wheels within wheels, it's complicated∗ *een~e zinsbouw* a complicated sentence∗ *een~e manier van doen* a roundabout way of doing things

**ingeworteld** *bn* deep-rooted∗ *een~ idee* a deep-rooted/ingrained idea

**ingezetene** *m-v* [-n] inhabitant, resident

**ingezonden** *bn* sent in∗ *een~ mededeling* an advertisement∗ *een~ stuk* a letter to the editor

**ingooi** *m* [-en] sp throw in

**ingooien** *overg* [gooide in, h. ingegooid] ∗ *de ruiten ~* smash the windows∗ *zijn eigen glazen~* defeat one's own ends

**ingraven** I *overg* [groef in, h. ingegraven] bury II *wederk* [groef in, h. ingegraven] ∗ *zich~* mil dig (oneself) in; ‹v. konijnen &› burrow

**ingraveren** *overg* [graveerde in, h. ingegraveerd] engrave

**ingrediënt** *o* [-en] ingredient

**ingreep** *m* [-grepen] intervention, med operation, surgery∗ *ik kreeg een~ tijdens mijn rijexamen* the examiner took over the controls during my driving test

**ingrijpen** *onoverg* [greep in, h. ingegrepen] ❶ *v. raderen* mesh, grip ❷ *optreden* intervene∗ *de politie moest~ bij die demonstratie* the police had to intervene during that demonstration ❸ *z. bemoeien met* interfere∗ *die maatregelen grijpen in in de persoonlijke levenssfeer* the regulations encroach upon/interfere with/make inroads into personal privacy

**ingrijpend** *bn* radical, far-reaching∗ *diep~e wijzigingen* radical changes∗~e *maatregelen* drastic/sweeping measures

**inhaalmanoeuvre** *v* [-s] ❶ passing/overtaking manoeuvre, Am passing/overtaking maneuver ❷ fig attempt to make up lost ground∗ *een~ om de achterstand in de bouw van volkswoningen in te lopen* an attempt to overcome the stagnation in public housing construction

**inhaalrace** *m* ❶ sp race to catch up ❷ fig attempt to make up lost ground

**inhaalslag** *m* attempt to make up lost ground

**inhaalstrook** *v* [-stroken] overtaking lane

**inhaalverbod** *o* [-boden] ❶ prohibition on overtaking ❷ *op bord* no overtaking/passing

**inhaalwedstrijd** *m* [-en] rearranged sporting fixture

**inhaken** *onoverg en overg* [haakte in, h. ingehaakt] link ‹arms›∗~ *op* go on from what was said before, follow up/take up a point

**inhakken** *overg* [hakte in, h. ingehakt] cut/hew into ∗ *de deur~* break down the door∗ *op de vijand~* pitch into the enemy∗ *dat zal er~* it will run into a lot of money, it will make a hole in ‹your/my &› pocket

**inhalatie** *v* [-s] inhalation

**inhalen** *overg* [haalde in, h. ingehaald] ❶ *naar binnen trekken* draw/take in ‹the sails›, haul in ‹a rope› ❷ *verwelkomen* welcome, receive ❸ *achterhalen* catch up with ❹ *voorbijgaan* overtake, pass∗~ *verboden* no overtaking ❺ *weer goed maken* make up (for)∗ *de achterstand~* make up the arrears, make up the leeway∗ *een proefwerk~* resit

**in**

an exam ✳*achterstallig werk* ~make up the backlog (of work)

**inhaleren***overg* [inhaleerde, h. geïnhaleerd] inhale

**inhalig***bn* greedy, grasping, covetous

**inham***m* [-men] bay, inlet, cove

**inhebben***overg* [had in, h. ingehad] hold, contain, *scheepv* carry

**inhechtenisneming***v* [-en] arrest ✳*een bevel tot* ~ een arrest warrant

**inheems***bn* ❶native, indigenous ✳ *~e dieren* indigenous animals ✳*een ~e gewoonte* a native custom ✳*een ~e ziekte* an endemic disease ❷*v.* (*landbouw*)*producten* home-made, ⟨gewas⟩ home-grown products

**inherent***bn* inherent ✳ *~zijn aan* inherent to

**inhoud***m* [-en] ❶*v. boek, brief & contents* ✳*een korte* ~an abstract, a summary ✳*een brief van de volgende* ~a letter to the following effect, a letter which says the following ❷*grootte* content, capacity ❸*volume* content, volume ❹*betekenis* meaning ✳ *~aan iets geven* put a meaning to sth

**inhoudelijk** I*bn* relating to the content ✳*een* ~ *onderscheid* a distinction in kind ✳*een ~e opmerking* a comment on the content ⟨of the matter⟩ ✳*een* ~ *verschil* a difference in substance II*bijw* in terms of content, in relation to content, as such ✳*...of het project,* ~*gezien, afgerond beschouwd kan worden* ...whether the project as such can be regarded as finished

**inhouden** I*overg* [hield in, h. ingehouden] ❶*bevatten* contain, hold ❷*behelzen* involve, mean ✳*dit houdt niet in, dat...* this does not imply that... ✳*wat houdt dat eigenlijk in?* what does that mean exactly? ❸*tegenhouden* hold in, rein in ⟨a horse⟩ ❹*bedwingen, beheersen* check, restrain, keep back ⟨one's anger, tears⟩, hold ⟨one's breath⟩, retain ⟨food⟩ ✳*de pas* ~check one's step, keep in step ❺*ingetrokken houden* hold in ❻*niet uitbetalen* deduct ⟨a month's salary⟩, stop ⟨one's allowance/pocket money⟩ II*wederk* [hield in, h. ingehouden] ✳*zich* ~contain/restrain oneself

**inhouding***v* [-en] ❶*het niet uitbetalen* withholding ❷*ingehouden bedrag* deduction

**inhoudsmaat***v* [-maten] measure of capacity, cubic measure

**inhoudsopgave, inhoudsopgaaf***v* [-gaven] table of contents, list of contents

**inhuldigen***overg* [huldigde in, h. ingehuldigd] inaugurate ⟨the centre, the festival⟩, install ⟨the mayor⟩, unveil ⟨the statue⟩, consecrate ⟨the church⟩

**inhuldiging***v* [-en] inauguration, installation

**inhumaan***bn* inhumane ✳*inhumane straffen* inhumane punishment

**inhuren***overg* [huurde in, h. ingehuurd] *v. personeel* engage, employ, hire ✳ *~van tijdelijk personeel* take on/employ temporary staff ✳*daar ben ik niet voor ingehuurd!* that's not what I'm paid for!

**initiaal***v* [-tialen] initial

**initiatie***v* [-s] initiation

**initiatief***o* [-tieven] initiative ✳*het particulier* ~ private enterprise ✳*geen ~hebben* be lacking initiative ✳*het ~nemen* take the initiative/lead ✳*het ~nemen tot* take the first steps towards ✳*op ~van* at/on the initiative of ✳*op eigen ~handelen* act on one's own initiative/of one's own accord ✳*het recht van* ~the right to initiate sth ✳*een ~van de Wereldbank* a World Bank initiative

**initiatiefnemer***m* [-s] initiator

**initiatierite***v* [-n] initiation rite

**initieel***bn* initial ✳*initiële vraag* initial demand ✳*initiële kosten* initial costs

**initiëren***overg* [initieerde, h. geïnitieerd] initiate

**injagen***overg* [jaagde *of* joeg in, h. ingejaagd] drive in(to) ✳*iem. de dood* ~send sbd to his death

**injecteren***overg* [injecteerde, h. geïnjecteerd] inject

**injectie***v* [-s] injection

**injectiemotor***m* [-s & -toren] (fuel) injection engine

**injectienaald***v* [-en] hypodermic needle

**injectiespuitje***o* [-s] hypodermic syringe

**inkapselen***overg* [kapselde in, h. ingekapseld] encase, encapsulate ✳*zich* ~wrap oneself up ✳*de beweging heeft zich laten ~door...* the movement has limited its options by...

**inkeer***m* repentance ✳*tot ~komen* repent

**inkeping***v* [-en] indentation, notch, nick

**inkijk***m* ❶*bij huizen* view (of the inside) ✳*gordijnen tegen* ~curtains to prevent people from looking in ❷*bij vrouwen- en meisjeskleding* cleavage ✳ *~hebben* be able to see all the way to Brighton ✳*je hebt ~!* ⟨heren⟩ your fly's undone!; ⟨dames⟩ your underwear is showing

**inkijken** I*onoverg* [keek in, h. ingekeken] *naar binnen kijken* look in ⟨the window⟩ II*overg* [keek in, h. ingekeken] *vluchtig bekijken* glance over ⟨a letter⟩, skim/browse through ⟨a book⟩

**inkjetprinter***m* [-s] comput inkjet printer

**inklappen** I*overg* [klapte in, h. ingeklapt] fold up II*onoverg* [klapte in, is ingeklapt] *geestelijk instorten* collapse, break down

**inklaren***overg* [klaarde in, h. ingeklaard] clear ✳*ingeklaarde goederen* cleared goods

**inklaring***v* [-en] clearance

**inkleden***overg* [kleedde in, h. ingekleed] *vorm geven* frame, express ✳*een verzoek op een bepaalde manier ~frame/put a request in a certain way

**inkleuren***overg* [kleurde in, h. ingekleurd] colour/*Am* color in

**inklinken***onoverg* [klonk in, is ingeklonken] settle, bed down, ⟨vast worden⟩ set

**inklokken***onoverg* [klokte in, h. ingeklokt] clock in/on

**inkoken***overg en onoverg* [kookte in, h. en is ingekookt] boil down, *cul* reduce

**inkom***m* ZN entry

**inkomen** I*onoverg* [kwam in, is ingekomen] enter, come in ✳ *~de rechten* import duties ✳*daar kan ik* ~

I can appreciate/understand that *daar komt niets
van in* that's altogether out of the question **II** o [-s]
income *gezamenlijke* ~joint income *het
nationaal* ~the national income *netto* ~net
income *onzuiver/bruto* ~gross income * ~*per
hoofd van de bevolking* per capita income * ~*uit
arbeid* income from employment, earned income
**inkomensafhankelijk**bn income related *een ~e
premie* an income-related/income-linked premium
**inkomenspolitiek**v income policy
**inkomsten**zn [mv] income, ⟨uit bezit,
investeringen &⟩ revenue * ~*uit arbeid* income
from employment, earned income * ~*uit vermogen*
unearned income, income from capital/investments
**inkomstenbelasting**v [-en] income tax
**inkomstenbron**v [-nen] source of income
**inkomstenderving**v loss of income
**inkoop**m [-kopen] purchase *inkopen doen* ⟨iets
kopen⟩ make some purchases; ⟨winkelen⟩ go
shopping
**inkoopprijs inkoopsprijs**m [-prijzen] cost price,
purchase price
**inkopen I**overg [kocht in, h. ingekocht] buy,
purchase **II**wederk [kocht in, h. ingekocht] *zich ~
(in een zaak)* buy oneself into a business
**inkoper**m [-s] purchaser, handel buyer ⟨for a
business house⟩
**inkoppen**overg [kopte in, h. ingekopt] head in,
head into the goal
**inkorten I**overg [kortte in, h. ingekort] **①**korter
maken shorten ⟨the trousers⟩, take up ⟨a skirt⟩, cut
back ⟨the branches⟩ **②**verminderen reduce, curtail
**II**onoverg [kortte in, is ingekort] shorten
**inkrimpen I**onoverg [kromp in, is ingekrompen]
**①**kleiner worden reduce *het personeelsbestand was
ingekrompen tot...* personnel numbers had
dwindled/shrunk to... **②**v. stof shrink **II**overg
[kromp in, h. ingekrompen] verminderen
v. personeel, productie & reduce, cut back
**inkrimping**v [-en] **①**het kleiner worden shrinking
**②**vermindering reduction, curtailment, cutback,
⟨v. aantallen⟩ dwindling, ⟨v. personeel⟩
retrenchment, ⟨v. bedrijfsactiviteiten⟩ scaling down,
trimming down, rationalizing
**inkt**m [-en] ink *Oost-Indische* ~ ZN Chinese ~
Indian ink *met rode* ~with/in red ink
**inktpatroon**v [-tronen] (ink) cartridge
**inktpot**m [-ten] inkpot, inkwell
**inktvis**m [-sen] octopus, ⟨pijlinktvis⟩ squid
**inktvlek**v [-ken] blot of ink, ink stain
**inktzwart**bn inky/pitch black * ~e nacht pitch black
night
**inkuilen**overg [kuilde in, h. ingekuild] ensile,
ensilage, ⟨v. aardappelen⟩ clamp *gemaaid gras* ~
make silage
**inkwartieren**overg [kwartierde in, h. ingekwartierd]
billet, quarter *ingekwartierd zijn* be billeted
**inkwartiering**v [-en] billeting, quartering *wij

hebben* ~we have soldiers billeted with us
**inl.**afk **①**(inleiding) introduction, inf intro
**②**(inlichtingen) information, instructions
**inlaat**m [-laten] inlet
**inlaatklep**v [-pen] inlet valve
**inladen**overg [laadde in, h. ingeladen] load (up)
**inlander**m [-s] native
**inlands**bn **①**m.b.t. eigen land domestic, internal * ~e
aangelegenheden domestic matters * ~e tarwe
domestic wheat **②**m.b.t. (landbouw)producten
⟨gewas⟩ home-grown, ⟨vee⟩ home-bred **③**v. stammen
native, indigenous
**inlandse**v [-n] native woman
**inlas**m [-sen] insert
**inlassen**overg [laste in, h. ingelast] insert *een bus
~put on an extra bus
**inlaten I**overg [liet in, h. ingelaten] **①**binnenlaten let
in, admit **②**v. water let in **II**wederk [liet in, h.
ingelaten] *zich ~met iem.* associate with sbd,
have dealings with sbd *ik wil er mij niet mee* ~I'll
have nothing to do with it *u hoeft u niet met mijn
zaken in te laten* you don't have to concern yourself
with my affairs
**inleg**m **①**aan geld entrance/entry money **②**bij spel,
wedstrijd stake(s) **③**in spaarbank deposit
**④**v. kledingstuk tuck
**inlegгеld**o [-en] deposit, ⟨bij spel⟩ stake
**inleggen**overg [legde in, h. ingelegd] **①**lay in, put in
**②**bij spaarbank deposit **③**bij kaartspel & stake
**④**v. fruit & preserve **⑤**v. vlees, vis pickle **⑥**met hout,
zilver & inlay **⑦**v. kleding take in
**inlegkruisje**o [-s] panty liner
**inlegvel**o [-len] inset, insert, supplementary sheet
**inlegzool**v [-zolen] insole
**inleiden**overg [leidde in, h. ingeleid] **①**binnenleiden
introduce, usher in *hij leidde ons de kamer in* he
ushered us into the room *deze ontdekking leidde
een nieuw tijdperk in* this discovery ushered in a new
era **②**openen open, initiate *een onderwerp* ~
introduce a new subject *een bevalling* ~induce
labour
**inleidend**bn introductory, opening, preliminary
*een ~praatje* an introductory speech, opening
words
**inleiding**v [-en] **①**opmerkingen vooraf introduction
**②**lezing introductory lecture **③**voorwoord
preamble, exordium
**inleven**wederk [leefde in, h. ingeleefd] *zich in iem.
~put oneself in sbd's shoes, imagine oneself in sbd
else's situation
**inleveren**overg [leverde in, h. ingeleverd] **①**opgeven
give up, surrender *de bal* ~give up the ball
*iedereen moet* ~vanwege de bezuinigingen with
these cutbacks everybody has to make sacrifices
**②**indienen send in, give in, hand in *een aanvraag
~submit an application
**inlevering**v giving in, handing in, submission
**inlevingsvermogen**o empathy

in

**inlezen I** *overg* [las in, h. ingelezen] comput read in **II** *wederk* [las in, h. ingelezen] * *zich~* read up (on), study, acquaint oneself (with)

**inlichten** *overg* [lichtte in, h. ingelicht] inform* *~ over/omtrent* give information about* *als ik goed ingelicht ben* if I've been informed correctly* *dat heb ik uit zeer goed ingelichte bronnen vernomen* I'm reliably informed

**inlichting** *v* [-en] information* *~en geven* give information* *~en inwinnen* gather information, make inquiries* *~en krijgen* get/obtain information

---

**inlichting**

is in het Nederlands doorgaans meervoud: inlichtingen, maar het Engelse information is altijd enkelvoud: *informations bestaat niet.

---

**inlichtingendienst** *m* [-en] intelligence service

**inlijsten** *overg* [lijstte in, h. ingelijst] frame

**inlijven** *overg* [lijfde in, h. ingelijfd] ❶ *m.b.t. personen* incorporate (*bij* in/with), ‹v. rekruten› draft ❷ *m.b.t. grondgebied* annex (*bij* to)

**inlikken** *wederk* [likte in, h. ingelikt] * *zich~ bij iem.* suck up to sbd

**inloggen** *onoverg* [logde in, h. ingelogd] comput log on

**inlopen I** *onoverg* [liep in, is ingelopen] ❶ *ingaan* enter, walk into ‹a house›, turn into ‹a street›, drop in ‹on sbd›* *hij zal er niet~* he won't fall for it* *iem. erin laten lopen* fool sbd, take sbd in* *hij wilde me erin laten lopen* he wanted to catch me out ❷ *inhalen, winnen* gain (*op* on)**II** *overg* [liep in, h. ingelopen]❶ *inhalen* * *de achterstand~* make up arrears; sp gain on one's competitors ❷ *warmlopen* warm up* *twee reserves waren zich aan het~* two substitute players were warming up ❸ *door lopen comfortabel maken* * *schoenen~* wear in shoes ❹ *naar binnen brengen* track in ‹dirt›

**inlossen** *overg* [loste in, h. ingelost] *schuld* redeem, repay, pay off* *zijn belofte~* keep one's word/promise

**inloten** *onoverg* [lootte in, is ingeloot] *op universiteit* draw a place

**inluiden** *overg* [luidde in, h. ingeluid] ring in, fig herald/usher in ‹a new era›

**inluizen I** *onoverg* [luisde in, is ingeluisd] * *erin luizen* walk into a trap, be caught out, be the dupe **II** *overg* [luisde in, h. ingeluisd] * *iem. ergens~* double-cross sbd, betray sbd

**inmaak** *m* preservation* *onze~* our preserves

**inmaakgroente** *v* preserved/bottled vegetables

**inmaakpartij** *v* [-en] sp walkover, cinch

**inmaken** *overg* [maakte in, h. ingemaakt] ❶ preserve ‹fruit›, pickle ‹meat, fish &› ❷ sp overwhelm* *~ met 10-2* overwhelm by 10 goals to 2

**in memoriam** *voorafgaande aan een naam* in memoriam *o* [-s] *artikel ter nagedachtenis* obituary

**inmengen I** *overg* [mengde in, h. ingemengd]

interfere with**II** *wederk* [mengde in, h. ingemengd] * *zich ergens~* interfere in, meddle with, get mixed up in sth

**inmenging** *v* [-en] meddling, interference, intervention

**inmetselen** *overg* [metselde in, h. ingemetseld] wall up, brick in

**inmiddels** *bijw* in the meantime, meanwhile

**innaaien** *overg* [naaide in, h. ingenaaid] sew, stitch

**inname** *v* ❶ taking, capture ‹of a town› ❷ *inzameling* collection

**in natura** *bijw* in kind* *betaling~* pay in kind

**innemen** *overg* [nam in, h. ingenomen] ❶ *naar binnen halen* take in* *brandstof/benzine~* fill up with fuel/petrol* *kolen~* take in coal* *water~* take in water ❷ *aan boord* ship ‹the oars› ❸ *nemen, gebruiken* take ❹ *beslaan* take (up), occupy* *een plaats~* take up a place* *een standpunt~* take a point of view, have a point of view ❺ *veroveren* mil take, capture ❻ *vertrouwen & winnen* captivate, charm* *de mensen tegen zich~* antagonize people * *de mensen voor zich~* win people's favour ❼ *opzamelen* collect ❽ *innaaien* take in

**innemend** *bn* winning, engaging, endearing* *een ~e glimlach* a captivating smile* *~ zijn* have a way with one

**innen** *overg* [inde, h. geïnd] ❶ collect* *te~ wissels* bills receivable ❷ *v. cheque* cash

**innerlijk I** *bn* ❶ *inwendig* inner, inward, internal* *het ~ leven* the inner life* *~ en uiterlijk* inside and on the surface* *een~e overtuiging* a deep belief ❷ *wezenlijk* intrinsic* *zijn~e waarde* one's intrinsic worth**II** *bijw* inwardly, internally**III** *o* inner life, inner self, heart, mind

**innig I** *bn* ❶ *oprecht* heartfelt ‹thanks, words› ❷ *intens* close ‹cooperation, friendship›, profound ‹conviction, hope›, ‹hartelijk› tender ‹love› ❸ *vurig* ardent, fervent ‹admiration, prayer›**II** *bijw* ❶ *intens* closely ‹connected› ❷ *hartelijk* tenderly, dearly ❸ *vurig* fervently

**inning I** *v* [-en] ❶ collection ❷ *v. cheque* cashing**II** *m* [-s] ❶ honkbal inning ❷ cricket innings

**innovatie** *v* [-s] innovation

**innovatief** *bn* innovative* *innovatieve bedrijven* innovative companies

**innoveren** *overg* [innoveerde, h. geïnnoveerd] innovate* *dit tijdschrift durft te~* this journal dares to be innovative

**inofficieel** *bn* unofficial

**in optima forma** *bijw* in prime/perfect condition, in the proper form/manner

**inpakken I** *overg* [pakte in, h. ingepakt] ❶ pack, wrap up, parcel up* *zal ik het voor u~?* shall I wrap it up for you? ❷ *warm aankleden* wrap up* *goed~* wrap up warmly/well ❸ *verslaan* trounce, inf walk all over ❹ *inpalmen* win over* *hij heeft zich goed laten~* he let himself be taken in completely/inf be taken for a ride**II** *onoverg* [pakte in, h. ingepakt] pack in ∗ ~ *en wegwezen!* pack up and go! ∗ *hij kan wel* ~ he can clear out/hop it

**inpakker** *m* [-s] packer

**inpakpapier** *o* gift wrap, wrapping paper

**inpalmen** *overg* [palmde in, h. ingepalmd] ❶ *v. touw* haul in ❷ *voor zich winnen* win over, ‹bedriegen› take in ∗ *iem.* ~ get round sbd ∗ *zich laten* ~ let oneself be taken in/inf be taken for a ride

**inpandig** *bn v. vertrek* built-in ∗ *een* ~*e garage* a built-in garage

**inparkeren** *onoverg* [parkeerde in, h. ingeparkeerd] park

**inpassen** *overg* [paste in, h. ingepast] fit in

**inpeperen** *overg* [peperde in, h. ingepeperd] ∗ *ik zal het hem* ~ I'll take it out of him, I'll get some of my own back

**inperken** *overg* [perkte in, h. ingeperkt] ❶ *omheinen* fence in ❷ *beperken* restrict, curtail

**in petto** *bijw* in reserve, in store, inf up one's sleeve ∗ ~ in store, in the offing ∗ *iets* ~ *hebben* have sth up one's sleeve

**inpikken** *overg* [pikte in, h. ingepikt] ❶ *zich meester maken van* swipe, pinch ∗ *de beste plaatsen* ~ snap up/grab the best places ❷ *klaarspelen* fix, wangle ∗ *dat heb je handig ingepikt* you wangled that pretty well

**inplakken** *overg* [plakte in, h. ingeplakt] paste/stick in ∗ *foto's* ~ stick photos in an album

**inplannen** *overg* [plande in, h. ingepland] plan in, schedule ∗ *een afspraak* ~ make an appointment

**inplanten** *overg* [plantte in, h. ingeplant] implant, fig inculcate

**inpolderen** *overg* [polderde in, h. ingepolderd] reclaim

**inpoldering** *v* [-en] reclamation

**inpompen** *overg* [pompte in, h. ingepompt] pump into ∗ *de sterke werkwoorden er* ~ cram in the strong verbs

**inpraten** *overg* [praatte in, h. ingepraat] talk ‹sbd› into ‹sth› ∗ *op iem.* ~ work on sbd ∗ *iem. iets* ~ talk sbd into sth

**inprenten** I *overg* [prentte in, h. ingeprent] imprint, impress, stamp, form inculcate ∗ *ik heb hem goed ingeprent dat dit verboden is* I've drummed it into him that this is forbidden II *onoverg* [prentte in, h. ingeprent] ∗ *voor deze leerlingen is* ~ *van groot belang* for these pupils, getting the material firmly into their heads is vitally important

**inproppen** *overg* [propte in, h. ingepropt] cram in(to)

**input** *m* input

**inquisiteur** *m* [-s] inquisitor

**inquisitie** *v* inquisition

**inreisvisum** *o* [-sa & -s] entry visa

**inrekenen** *overg* [rekende in, h. ingerekend] run in ‹a criminal›

**inrichten** I *overg* [richtte in, h. ingericht] ❶ *regelen* arrange ∗ *op iets ingericht zijn* be equipped for sth

❷ *meubileren* fit up, furnish ∗ *ingericht als studeerkamer* fitted up as a study ∗ *een goed ingericht huis* a well-appointed home ∗ *bent u al ingericht?* are you settled in yet? ❸ *organiseren* ZN organize, arrange II *wederk* [richtte in, h. ingericht] ∗ *zich* ~ furnish one's house, set up house

**inrichting** *v* [-en] ❶ *ordening* design, arrangement, layout ∗ *boekh de* ~ *van de boeken* the setting up/drawing up of the books ∗ *de* ~ *van het bedrijfsproces* the operational set-up ∗ *de* ~ *van terreinen* site planning ❷ *meubilering* furnishing, fitting up, ‹meubels› fittings ∗ *meubilair en* ~ fittings and fixtures ❸ *stichting, instelling* establishment, institution, institute ∗ *een penitentiaire* ~ a penal institution ❹ techn apparatus, appliance, device ❺ *organisatie* ZN organization

**inrijden** I *overg* [reed in, h. ingereden] ❶ *binnenrijden* ride into, ‹v. auto &› drive into ❷ *geschikt maken voor gebruik* run in ‹a car›, break in ‹a horse, skates› II *onoverg* [reed in, is ingereden] ride into, drive into ‹a town› ∗ *een straat* ~ enter a street ∗ ~ *op* run into, crash into ‹another train &› ∗ *op elkaar* ~ collide

**inrit** *m* [-ten] way in, entrance ∗ *verboden* ~ no entry

**inroepen** *overg* [riep in, h. ingeroepen] call in ‹an expert›, enlist ‹sbd's help›, invoke ‹the law›

**inroesten** *onoverg* [roestte in, is ingeroest] rust ∗ *een ingeroeste angst* voor an inherent fear of ∗ *een ingeroest vooroordeel tegen* an ingrained/deep-seated prejudice against

**inrollen** I *onoverg* [rolde in, is ingerold] *rollend binnenkomen* roll into ∗ *ergens* ~ come into something II *overg* [rolde in, h. ingerold] ❶ *naar binnen rollen* roll in(to) ❷ *tot rol vormen* roll up, wrap up

**inroosteren** *overg* [roosterde in, h. ingeroosterd] timetable, plan, schedule

**inruil** *m* [-] *het inwisselen* exchange ❷ *van gebruikt voor nieuw* trade-in

**inruilactie** *v* [-s] trade-in offer

**inruilen** *overg* [ruilde in, h. ingeruild] ❶ *inwisselen* exchange (for) ❷ *gebruikte goederen voor nieuwe* trade in ‹one's car›

**inruilpremie** *v* [-s] trade-in bonus

**inruilwaarde** *v* trade-in value

**inruimen** *overg* [ruimde in, h. ingeruimd] clear (out) ∗ *plaats* ~ ‹voor› make room (for)

**inrukken** *onoverg* [rukte in, is ingerukt] ❶ mil march into ‹a town›, ‹naar kwartier› march back to barracks ∗ mil *laten* ~ dismiss ∗ mil *ingerukt mars!* dismiss! ∗ *ingerukt!* clear out!, hop it!, beat it! ❷ *v. brandweer &* withdraw

**inschakelen** *overg* [schakelde in, h. ingeschakeld] ❶ techn throw into gear ❷ elektr switch on, ‹door stekker› plug in ❸ *inzetten* bring in ‹workers›, call in ‹a detective›, involve ‹in the negotiations›

**inschalen** *overg* [schaalde in, h. ingeschaald] rank

in

(according to scale), put on a scale *iem. te laag ~ put sbd too low on the (salary) scale

**inschaling**v ranking

**inschatten**overg [schatte in, h. ingeschat] assess, estimate *iem./iets verkeerd ~misjudge sbd/sth

**inschatting**v [-en] assessment

**inschattingsfout**v [-en] miscalculation, wrong estimate

**inschenken**overg [schonk in, h. ingeschonken] pour (out) ‹tea &›, fill ‹a glass› *zal ik de thee ~? scherts shall I be mother? *schenk eens in! pour another, have another

**inschepen** I overg [scheepte in, h. ingescheept] embark II wederk [scheepte in, h. ingescheept] *zich ~embark, go on board

**inscheuren** I overg [scheurde in, h. ingescheurd] tear II onoverg [scheurde in, is ingescheurd] tear, med rupture

**inschieten** I overg [schoot in, h. ingeschoten] ❶binnenschoppen kick in(to) ‹the goal› *de bal ~ kick the ball in ❷kapotschieten smash ‹a window› II onoverg [schoot in, is ingeschoten] ❶vlug naar binnen gaan dash into ‹a house› ❷kwijtraken lose *er geld bij ~lose money over it *er het leven bij ~ lose one's life in the affair ▾dat is er bij ingeschoten there was no time left for it

**inschikkelijk**bn obliging, compliant, accommodating

**inschikkelijkheid**v complaisance, compliance, willingness to please

**inschikken**onoverg [schikte in, h. en is ingeschikt] ❶move up closer ❷toegeven admit

**inschrijfformulier**o [-en] registration form, onderw enrolment/Am enrollment form

**inschrijfgeld**o [-en] registration fee, onderw enrolment/Am enrollment fee

**inschrijven** I overg [schreef in, h. ingeschreven] ❶m.b.t. personen register, enrol(l), sign up *zich laten ~enrol(l) (oneself) ❷m.b.t. zaken register, record II onoverg [schreef in, h. ingeschreven] bid (for), submit a bid (for), tender (for), apply (for), subscribe (to) *~op aandelen apply/subscribe for shares *~op een lening subscribe to a loan *voor de bouw van een nieuwe school ~tender for a new school

**inschrijving**v [-en] ❶registratie op een lijst enrolment/Am enrollment, registration, ‹voor tentoonstelling &› entry ❷intekening voor iets subscription, ‹op aandelen› application, ‹bij aanbesteding› (public) tender *de ~openen call for bids/tenders *bij ~by tender

**inschrijvingsbewijs**o [-wijzen] certificate of registration

**inschuiven** I overg [schoof in, h. ingeschoven] push/shove in, push/move up, push/move along, push/move closer together II onoverg [schoof in, is ingeschoven] ❶inschikken move closer together ❷schuivend naar binnen gaan slide in

**inscriptie**v [-s] inscription

**insect**o [-en] insect

**insectenbeet**m [-beten] insect bite

**insectendodend**bn insecticidal *een ~middel a pesticide/an insecticide

**insecteneter**m [-s] insectivore

**insectenpoeder, insectenpoeier**o & m [-s] insect powder

**insecticide**o [-n] insecticide, pesticide

**inseinen**overg [seinde in, h. ingeseind] tip off

**inseminatie**v *kunstmatige ~artificial insemination

**insemineren**overg [insemineerde, h. geïnsemineerd] (artificially) inseminate

**ins en outs**zn [mv] ins and outs *alle ~van internet all the ins and outs of the Internet

**insgelijks**bijw tsw likewise, in the same manner *~√ (the) same to you! you too!

**insider**m [-s] insider

**insigne**o [-s] badge, insignia ‹of office›

**insinuatie**v [-s] insinuation, innuendo

**insinueren**overg [insinueerde, h. geïnsinueerd] insinuate

**inslaan** I overg [sloeg in, h. ingeslagen] ❶indrijven drive in ‹a nail, a pole› *een vat de bodem ~stave in a cask ❷stukslaan beat in, dash in, smash ‹the windows› *iem. de hersens ~knock sbd.'s brains out ❸opdoen lay in (up) ‹provisions› *bier ~stock up with/on beer II onoverg [sloeg in, is ingeslagen] ❶nemen take, turn into ‹a road› *een andere koers ~ go in another direction *een straat ~turn into a street ❷v. bliksem, projectiel strike ❸indruk maken go/hit/strike home, go down well

**inslag**m [-slagen] ❶v. weefsel woof *fig dat is hier schering en ~this is customary, this is the usual thing/practice ❷zoom seam, hem ❸v. projectiel impact ❹tendens tendency, strain, streak, ‹v. informatie› slant, bias

**inslapen**onoverg [sliep in, is ingeslapen] fall asleep, fig pass away

**inslikken**overg [slikte in, h. ingeslikt] swallow *zijn woorden ~eat his words

**insluimeren**onoverg [sluimerde in, is ingesluimerd] fall into a slumber, doze off

**insluipen**onoverg [sloop in, is ingeslopen] ❶indringen steal in, sneak in ❷fig slip in, creep in *er zijn enkele fouten ingeslopen several errors have slipped in

**insluiper**m [-s] intruder

**insluiten**overg [sloot in, h. ingesloten] ❶opsluiten lock in, lock up ‹in a prison› *de dief liet zich ~the thief let himself be locked in ❷bijvoegen enclose ‹a letter› *ingesloten factuur invoice enclosed ❸omheinen hem in, surround, enclose ❹omsingelen surround, enclose ‹a town› ❺bevatten include, involve, comprise, embrace *dit sluit niet in, dat... this does not imply that...

**insmeren**overg [smeerde in, h. ingesmeerd] grease,

smear, oil *met crème* ~rub cream onto/into

**insnijden** *overg* [sneed in, h. ingesneden] cut into, carve into ‹the bark›, incise ‹a wound›, lance ‹a boil›

**insnijding** *v* [-en] **①** *door mes &* incision, cut **②** *niet door mes &* indentation ‹of the coastline, of a leaf›

**insnoeren** *overg* [snoerde in, h. ingesnoerd] constrict, make tighter

**insolvent** *bn* insolvent *een ~e boedel* insolvent property

**insolventie** *v* insolvency

**insolventieverklaring** *v* [-en] declaration of insolvency

**inspannen** **I** *overg* [spande in, h. ingespannen] **①** *voor de wagen* harness (to) **②** *volledig gebruiken* use, exert, strain ‹every nerve› *alle krachten ~* use/exert all one's strength **II** *wederk* [spande in, h. ingespannen] *zich ~* exert oneself, do one's utmost ‹to achieve sth› *zich voor iets ~* make an effort for sth

**inspannend** *bn* strenuous *~werk* strenuous work

**inspanning** *v* [-en] exertion, effort *met ~van alle krachten* using every effort

**in spe** *bn* future, prospective, to be *een schrijver ~* an aspiring writer

**inspecteren** *overg* [inspecteerde, h. geïnspecteerd] inspect

**inspecteur** *m* [-s] inspector *een ~der douane* a customs inspector *een ~van politie* a police inspector

**inspecteur-generaal** *m* [inspecteurs-generaal] inspector general

**inspectie** *v* [-s] **①** inspection *op ~* on inspection *~ houden* review **②** *inspecteurs* inspectorate

**inspelen** **I** *overg* [speelde in, h. ingespeeld] practice, warm up, play in ‹an instrument› **II** *onoverg* [speelde in, h. ingespeeld] **①** *sp* warm up **②** *anticiperen* anticipate *~op wat er gaat gebeuren* anticipate what will happen **③** *reageren op* play in on, capitalize on, take advantage of **III** *wederk* [speelde in, h. ingespeeld] *zich ~* warm up *op elkaar ingespeeld raken* get used to each other's ways

**inspiratie** *v* [-s] inspiration

**inspirator** *m* [-s] inspirer

**inspireren** *overg* [inspireerde, h. geïnspireerd] inspire *niet geïnspireerd (zijn)* lacking inspiration

**inspraak** *v* participation, say *(geen) ~hebben (bij)* (not) have a say (in)

**inspraakprocedure** *v* [-s] public inquiry (procedure)

**inspreken** *overg* [sprak in, h. ingesproken] **①** *inboezemen* talk ‹sth› into ‹sbd› *moed ~* inspire with courage, hearten **②** *op band & vastleggen* record *iets op een antwoordapparaat ~* leave a message on the answering machine

**inspringen** *onoverg* [sprong in, is ingesprongen] **①** *v. tekst* be indented *doen ~* indent ‹a line› **②** *v. huis &* be set back/stand back from ‹the street, road› **③** *invallen* stand in *voor iem. ~* take sbd's

place **④** *reageren op* seize (up)on ‹an opportunity›, break into ‹a new market›

**inspuiten** *overg* [spoot in, h. ingespoten] inject

**instaan** *onoverg* [stond in, h. ingestaan] *~voor de echtheid* guarantee the authenticity *~voor de gevolgen* answer for the consequences *~voor de waarheid* vouch for the truth *voor iem. ~* answer for sbd *ik kan niet (meer) voor mezelf ~* I might not be able to keep my temper

**instabiel** *bn* unstable

**instabiliteit** *v* instability

**installateur** *m* [-s] installer, fitter, elektr electrician

**installatie** *v* [-s] **①** *in ambt* ‹v. een functionaris› installation, ‹v. een gebouw, een gouverneur› inauguration **②** *techn* ‹groot› installation, plant, ‹kleiner› equipment, machinery, fittings

**installatiekosten** *zn* [mv] cost of installation, installation costs

**installeren** *overg* [installeerde, h. geïnstalleerd] **①** *in ambt &* install, instate ‹an official›, inaugurate ‹a new building› **②** *v. apparaten &* install **③** *v. meubels &* furnish, fit out *zich ergens ~* install oneself

**instampen** *overg* [stampte in, h. ingestampt] ram in *het iem. ~* hammer/drum it into sbd.'s head

**instandhouding** *v* maintenance, preservation, upkeep *~van de soort* preservation of the species

**instantie** *v* [-s] **①** *jur* instance *fig in eerste ~* initially *fig in laatste ~* as a last resort; ‹uiteindelijk› ultimately, in the final analysis **②** *overheidsorgaan* authority, agency *een ambtelijke ~* an official body, an authority *de bevoegde ~s* the authorities responsible, form the competent authorities *zelfregulerende ~s* self-regulating authorities

**instappen** *onoverg* [stapte in, is ingestapt] enter ‹the building›, step into ‹the tram›, get in(to) ‹the car, the train›, board ‹the plane› *~! (take your) seats, please!*

**insteek** *m* [-steken] **①** *benadering, aanpak* approach *een andere ~* another approach **②** *uitgangspunt* starting point

**insteekhaven** *v* [-s] *kleine haven* small harbour, dock, mooring

**insteken** *overg* [stak in, h. ingestoken] put in, insert *een draad ~* thread a needle

**instelbaar** *bn* adjustable *~hoogte ~van 60-80 cm* an adjustable height of 60-80 centimetres

**instellen** *overg* [stelde in, h. ingesteld] **①** *oprichten* set up ‹a board›, establish ‹a passenger service› **②** *doen plaats hebben* institute ‹an inquiry, proceedings &› **③** *v. machine, instrument &* adjust ‹instruments›, focus ‹a microscope &›, tune ‹a radio›

**instelling** *v* [-en] **①** *organisatie* institution, agency *een aangewezen ~* an approved institution **②** *mentaliteit* attitude *dat is de juiste ~voor dit werk* that's the right attitude for this work *een positieve ~* a positive attitude

**instemmen** *onoverg* [stemde in, h. ingestemd] *~ met* agree with ‹an opinion›, approve of, endorse ‹a

**in**

plan⟩

**instemmend I** *bn* assenting, approving * ~ *gebrom*
approving noises **II** *bijw* approvingly * ~ *knikken*
nod approvingly

**instemming** *v* approval * *met* ~ *van* with the
approval of

**instigatie** *v* instigation * *op* ~ *van* at the instigation
of

**instigeren** *overg* [instigeerde, h. geïnstigeerd]
instigate

**instinct** *o* [-en] instinct

**instinctief, instinctmatig I** *bn* instinctive **II** *bijw*
instinctively, by instinct

**instinken** *onoverg* [stonk in, is ingestonken] * *inf er*
~ get caught, fall into a trap, be the dupe * *iem.*
*ergens laten* ~ deceive sbd, double-cross sbd, dupe
sbd

**instinker** *m* [-s] tricky question

**institutionaliseren** *overg* [institutionaliseerde, h.
geïnstitutionaliseerd] institutionalize

**institutioneel** *bn* institutional * *een institutionele*
*belegger* a corporate investor

**instituut** *o* [-tuten] ❶ *instelling* institute, institution
❷ *kostschool* boarding school

**instoppen I** *overg* [stopte in, h. ingestopt]
❶ *toedekken* tuck in ⟨a child in bed⟩ * *de kinderen er*
*eerst* ~ pack the children off to bed first * *warm* ~
wrap up warmly ❷ *induwen* put in, ⟨volproppen⟩
cram in, stuff in * *ergens een munt* ~ insert a coin
into sth **II** *wederk* [stopte in, h. ingestopt] * *zich* ~
tuck oneself up

**instorten** *onoverg* [stortte in, is ingestort] ❶ collapse,
fall down, fall in * *de aandelenmarkt is ingestort* the
stock market has collapsed * *mijn hele wereld stortte*
*in* my whole world collapsed * *op* ~ *staan*
⟨lichamelijk⟩ be on the point of collapse;
⟨geestelijk⟩ be on the verge of a nervous breakdown
❷ *med* relapse

**instorting** *v* [-en] ❶ collapse, *fig* downfall ❷ *med*
relapse ❸ *handel* slump

**instromen** *onoverg* [stroomde in, is ingestroomd]
flow in, stream in, pour in (into)

**instroom** *m* influx, *onderw* intake

**instructeur** *m* [-s] instructor, *mil* drill sergeant

**instructie** *v* [-s] ❶ *onderwijs* instruction ❷ *aanwijzing,*
*voorschrift* briefing * *iem.* ~*s geven* brief sbd ❸ *jur*
preliminary inquiry into the case * *de rechter van* ~
the investigating judge

**instructief** *bn* instructive

**instrueren** *overg* [instrueerde, h. geïnstrueerd]
❶ *onderwijzen* instruct ❷ *instructies geven* brief ⟨an
employee, a pilot⟩ ❸ *jur* prepare ⟨a case⟩

**instrument** *o* [-en] instrument

**instrumentaal** *bn* instrumental * *instrumentale*
*muziek* instrumental music

**instrumentalist** *m* [-en] instrumentalist

**instrumentarium** *o* [-s & -ria] (set of) instruments

**instrumentenpaneel** *o* [-nelen] instrument panel

**instrumentmaker** *m* [-s] instrument maker

**instuderen** *overg* [studeerde in, h. ingestudeerd]
❶ *muziekstuk* practise ❷ *rol* study ❸ *toneelstuk &*
rehearse * *ze zijn het stuk aan het* ~ the play is in
rehearsal

**instuif** *m* [-stuiven] ❶ *feest* open-house party,
get-together ❷ *informele ontvangst* informal
reception

**insturen** *overg* [stuurde in, h. ingestuurd] ❶ *inzenden*
send in(to) * *iem. de stad* ~ send sbd into town * *de*
*oplossing van een prijsvraag* ~ send in the solution to
a quiz ❷ *naar binnen sturen* steer in(to) * *de haven* ~
sail into the harbour

**insubordinatie** *v* (act of) insubordination

**insuline** *v* insulin

**insult** *o* [-en] ❶ *belediging* insult ❷ *med* attack, fit

**intact** *bn* intact, unimpaired

**intakegesprek** *o* [-ken] (preliminary) interview

**intapen** *overg* [tapete in, h. ingetapet] tape

**inteelt** *v* inbreeding

**integendeel** *bijw* on the contrary

**integer** *bn* upright, honest

**integraal I** *bn* integral * *de integrale kostprijs* the
absorption cost * *integrale kostprijsberekening*
absorption costing, full costing **II** *bijw* in its entirety
* *een boek* ~ *uitgeven* published an unabridged
edition of a book **III** *v* [-gralen] *wisk* integral

**integraalhelm** *m* [-en] regulation helmet, crash
helmet

**integraalrekening** *v* *wisk* integral calculus

**integratie** *v* integration

**integreren** *overg en onoverg* [integreerde, h. en is
geïntegreerd] integrate

**integriteit** *v* integrity

**intekenen** *overg en onoverg* [tekende in, h.
ingetekend] subscribe * ~ *voor 500 euro* subscribe
500 euros (*op* to)

**intekenlijst** *v* [-en] subscription list

**intekenprijs** *m* [-prijzen] subscription price

**intellect** *o* intellect

**intellectueel I** *bn* intellectual * ~ *eigendom*
intellectual property **II** *m* [-tuelen] intellectual

**intelligent** *bn* intelligent

**intelligentie** *v* [-s] intelligence * *kunstmatige* ~
artificial intelligence * *sociale* ~ social insight
* *emotionele* ~ emotional intelligence

**intelligentiequotiënt** *o* [-en] intelligence quotient,
I.Q.

**intelligentietest** *m* [-s] intelligence test

**intelligentsia** *v* intelligentsia

**intendant** *m* [-en] *theat* manager, steward, *mil*
supply officer

**intens I** *bn* intense **II** *bijw* immensely * ~ *genieten*
enjoy immensely

**intensief** *bn* intensive * *intensieve cultuur* intensive
cultivation

**intensiteit** *v* intensity

**intensive care** *v* intensive care (unit)

**intensiveren** *overg* [intensiveerde, h.
geïntensiveerd] intensify
**intensivering** *v* intensification
**intentie** *v* [-s] intention
**intentieverklaring** *v* [-en] declaration of intent
**intentioneel** *bn* intentionally, expressly
**interactie** *v* [-s] interaction, interplay
**interactief** *bn* interactive
**interbancair** *bn* interbank
**intercedent** *m* [-en] interagent, intermediary
**intercity** *m* ['s] intercity train
**intercom** *m* [-s] intercom
**intercontinentaal** *bn* intercontinental ✳ *een
intercontinentale vlucht* an intercontinental flight
**intercultureel** *bn* intercultural, cross-cultural ✳ ~
*onderwijs* intercultural education
**interdependentie** *v onderlinge afhankelijkheid*
interdependency
**interdisciplinair** *bn* interdisciplinary ✳ ~ *onderzoek*
interdisciplinary research
**interen** **I** *onoverg* [teerde in, is ingeteerd] eat into
one's capital/savings **II** *overg* [teerde in, h.
ingeteerd] ✳ *1000 euro* ~eat into one's savings to
the sum of 1,000 euros
**interessant** *bn* interesting ✳ *het* ~e the interesting
part ✳ *iets* ~s something interesting ✳ *veel* ~s much
of interest ✳ *het is niet* ~ *voor mij* there's little in it
for me
**interesse** *v* [-s] interest ✳ *wij zijn vol* ~we're highly
interested
**interesseren** **I** *overg* [interesseerde, h.
geïnteresseerd] interest ✳ *het enige dat hem
interesseert is geld* money is all that interests him
**II** *wederk* [interesseerde, h. geïnteresseerd] ✳ *zich* ~
*voor iem.* take an interest in sbd ✳ *zich voor iets* ~
take an interest in sth, be interested in sth, be
curious about sth
**interest** *m* [-en] interest ✳ *met* ~ *terugbetalen* return
with interest ✳ ~ *op* ~ *op* at compound interest ✳ *op* ~
*plaatsen* put out at interest ✳ *tegen* ~ at interest
**interface** *m* [-s] comput interface
**interferentie** *v* [-s] interference
**interfereren** *onoverg* [interfereerde, h.
geïnterfereerd] interfere
**interieur** *o* [-s] interior
**interieurverzorgster** *v* [-s] home help
**interim** **I** *o* temporary ✳ *ad* ~interim **II** *m* [-s]
*vervanging* ZN substitution **III** *m-v* [-s] *invaller* ZN
substitute
**interim-bestuur** *o* [-sturen] interim government
**interim-manager** *m* [-s] acting manager
**interkerkelijk** *bn* interdenominational
**interland** *m* [-s], **interlandwedstrijd** [-en]
international contest (match)
**interlinie** *v* [-s] **❶** *ruimte tussen regels* spacing
**❷** *metalen plaatje* drukw lead
**interlokaal** **I** *bn* ✳ telec *een* ~*gesprek* a
trunk/long-distance call **II** *bijw* ✳ telec ~*bellen* ring

long-distance, make a long-distance call
**intermediair** *bn & m & o* [-s] intermediary
**intermenselijk** *bn* interpersonal ✳ ~*contact*
interpersonal contact
**intermezzo** *o* ['s & -mezzi] intermezzo
**intermitterend** *bn* intermittent ✳ ~*e koorts*
intermittent fever
**intern** *bn* **❶** internal ✳ ⟨boekhouden⟩ *een* ~*e controle*
an internal audit ✳ *het* ~*e geheugen* the internal
memory, the internal storage **❷** *inwonend* resident
✳ *een* ~*e leerling* a boarder ✳ *een* ~*e onderwijzer* a
resident teacher ✳ *een* ~*e patiënt* an in-patient ✳ ~
*zijn* live in
**internaat** *o* [-naten] boarding school
**internationaal** *bn* international ✳ *internationale
betrekkingen* international contacts
**international** *m* [-s] sp international
**internationalisatie** *v* [-s] internationalization
**internationaliseren** *overg* [internationaliseerde, h.
geïnternationaliseerd] internationalize
**internationalisering** *v* [-en] internationalization
**interneren** *overg* [interneerde, h. geïnterneerd]
intern
**internering** *v* [-en] internment
**interneringskamp** *o* [-en] internment camp
**internet, Internet** *o* Internet
**internetcafé** *o* [-s] Internet cafe
**internetgebruiker** *m* [-s] user, Internet user
**internetprovider** *m* [-s] Internet provider
**internetten** *onoverg* [internette, h. geïnternet]
Internet, surf the net
**internist** *m* [-en] specialist in internal medicine, Am
internist
**interpellatie** *v* [-s] interpellation, Br question
**interpelleren** *overg* [interpelleerde, h.
geïnterpelleerd] interpellate, Br ask a question
**interpolatie** *v* [-s] interpolation
**interpoleren** *overg* [interpoleerde, h.
geïnterpoleerd] interpolate
**interpretabel** *bn* interpretable
**interpretatie** *v* [-s] interpretation
**interpreteren** *overg* [interpreteerde, h.
geïnterpreteerd] interpret
**interpunctie** *v* punctuation
**interrumperen** *overg* [interrumpeerde, h.
geïnterrumpeerd] interrupt
**interruptie** *v* [-s] interruption
**interval** *o* [-len] ook muz interval
**intervaltraining** *v* [-en] interval training
**interveniëren** *onoverg* [intervenieerde, h.
geïntervenieerd] intervene
**interventie** *v* [-s] intervention
**interventiemacht** *v* [-en] power of intervention
**interventietroepen** *zn* [mv] intervention troops
**interview** *o* [-s] interview
**interviewen** *overg* [interviewde, h. geïnterviewd]
interview
**interviewer** *m* [-s] interviewer

**in**

**intiem I** *bn* ❶intimate ∗ *~e bijzonderheden* intimate details ∗ *een ~e vriend* a close friend ∗ *zij zijn zeer ~ (met elkaar)* they are on very intimate terms ❷*gezellig* cosy ∗ *een ~café* a cosy cafe **II** *bijw* intimately

**intifada** *m* ['s] intifada

**intikken** *overg* [tikte in, h. ingetikt] ❶*v. ruiten &* smash, break ❷*intypen* type in, ⟨op kassa⟩ ring up

**intimidatie** *v* [-s] intimidation

**intimideren** *overg* [intimideerde, h. geïntimideerd] intimidate, browbeat ∗ *zich niet laten ~door* refuse to be intimidated by

**intimiteit** *v* [-en] ❶*intieme handeling* intimacy ∗ *ongewenste ~en* sexual harassment ❷*mv: vertrouwelijke mededelingen* ∗*~en* intimacies ❸*knusse sfeer* cosiness

**intocht** *m* [-en] entry

**intoetsen** *overg* [toetste in, h. ingetoetst] key in, enter

**intolerant** *bn* intolerant (*tegenover* of)

**intolerantie** *v* intolerance

**intomen** *overg* [toomde in, h. ingetoomd] ❶curb, rein in, check, restrain ❷*v. personen, emoties* check, restrain

**intonatie** *v* [-s] intonation

**intoxicatie** *v* [-s] ❶intoxication ❷*vergiftiging* poisoning

**intramuraal** *bn* intramural ∗ *intramurale gezondheidszorg* ± hospital care

**intranet** *o* [-ten] *comput* intranet

**intransitief I** *bn* taalk intransitive **II** *o* [-tieven] taalk intransitive

**intrappen I** *overg* [trapte in, h. ingetrapt] ❶*trappend kapotmaken* kick in, kick down, kick open ∗ *een open deur ~* force an open door; fig state the obvious ❷*instampen* tread in **II** *onoverg* [trapte in, is ingetrapt] ∗ fig *ergens ~* fall for a trick, walk into a trap

**intraveneus** *bn* intravenous

**intrede** *v* ❶*binnenkomst* entrance, entry ❷*introductie* appearance, advent ∗ *zijn ~doen* ⟨zijn debuut maken⟩ make one's debut/entrance; ⟨v. jaargetijde, dooi⟩ set in; ⟨v. nieuwe ontwikkeling⟩ make its appearance ∗ *voordat de telefoon zijn ~deed* before the advent of the telephone

**intreden** *onoverg* [trad in, is ingetreden] ❶*binnentreden* enter ❷*v. dooi, jaargetijde* set in ❸*m.b.t. toestanden* set in, occur, take place ∗ *de dood is onmiddellijk ingetreden* death was instantaneous ∗ *er trad geen verbetering in* there was no improvement

**intrek** *m* ∗ *zijn ~nemen* move into ⟨a hotel, an office⟩

**intrekken I** *overg* [trok in, h. ingetrokken] ❶*terugtrekken* draw in, retract ⟨claws, horns &⟩ ❷fig withdraw ⟨a grant, money, notes⟩, revoke ⟨a decree⟩, cancel ⟨a permission⟩, go back on ⟨a

promise⟩, cancel ⟨leave, an appointment⟩, take back ⟨one's words⟩ ❸*v. vocht* soak up, absorb ❹mil withdraw **II** *onoverg* [trok in, is ingetrokken] ❶*in huis* move in ❷*in stad* march into ❸*opgezogen worden* be absorbed, soak in

**intrigant** *m* [-en] intriguer, schemer, plotter

**intrige** *v* [-s] ❶*gekonkel* intrigue ❷*v. roman &* plot

**intrigeren** *onoverg* [intrigeerde, h. geïntrigeerd] ❶*samenzweren* intrigue, plot, scheme ❷*boeien* intrigue, fascinate ∗ *het land intrigeert me* the country intrigues/fascinates me

**intrigerend** *bn* intriguing, fascinating

**intrinsiek** *bn* intrinsic ∗ *de ~e waarde* boekh the book value; ⟨v. geld⟩ the intrinsic value; ⟨v. effecten⟩ the asset value

**intro** *m* ['s] intro

**introducé** *m* [-s] guest

**introduceren** *overg* [introduceerde, h. geïntroduceerd] introduce

**introductie** *v* [-s] introduction

**introductiedag** *m* [-dagen] open/orientation day

**introductieprijs** *m* [-prijzen] introductory price

**introeven** *overg* [troefde in, h. ingetroefd] trump (in)

**introspectie** *v* [-s] introspection

**introvert** *bn* introvert

**intubatie** *v* [-s] intubation

**intuïtie** *v* [-s] intuition

**intuïtief** *bn* intuitive

**intussen** *bijw* ❶*inmiddels* meanwhile, in the meantime ❷*toch* yet

**intypen** *overg* [typte in, h. ingetypt] type in, enter

**inundatie** *v* [-s] ❶*overstroming* inundation, flooding ❷*land onder water* flooded area ❸*water* floodwater

**inval** *m* [-len] ❶*het binnenvallen* invasion ⟨of a country⟩, raid ⟨on a cafe⟩ ∗ *een ~doen in* invade ⟨a country⟩, raid ⟨a cafe⟩ ▾ *het is daar de zoete ~* they keep open house there ❷*ingeving* (bright) idea ∗ *een dwaze ~* a crazy idea ∗ *een geestige ~* a brainwave ∗ *ik kreeg de ~* it occurred to me ❸*v. vorst, dooi* setting in

**invalide I** *bn* invalid, disabled **II** *m-v* [-n] invalid, disabled person

**invalidensport** *v* [-en] handicapped sports, paralympics

**invalidenwagen** *m* [-s] wheelchair, invalid vehicle

**invaliditeit** *v* disablement, disability ∗ *blijvende/gedeeltelijke/tijdelijke/volledige ~* permanent/partial/temporary/total disability

**invalkracht** *v* [-en] replacement, fill-in, temp

**invallen** *onoverg* [viel in, is ingevallen] ❶*instorten* collapse, tumble down, fall in ❷*binnenvallen* invade ∗ *~in een land* invade a country ❸*vervangen* deputize, fill in for ∗ *~voor een collega* fill in for a colleague ❹*in de rede vallen* cut in, interrupt ❺*te binnen schieten* occur to ∗ *het viel mij in* it occurred to me, the thought flashed into my mind ∗ *het wou mij niet ~* I couldn't quite remember it ❻*v. licht* fall

in

∗~*de lichtstralen* incident rays ❼*v. nacht* fall ∗*bij
~de duisternis* at dusk, at the onset of night ❽*v. vorst
& set in* ❾*v. muziek* join in ❿*v. wangen* fall in
**invaller**m [-s] ❶*vervanger* replacement, temp, fill-in
sp reserve, stand-in ❷*in een land* invader
**invalshoek**m [-en] ❶angle of incidence ❷*fig*
approach, point of view ∗*beide methoden hebben
een brede* ~both methods are characterized by
broadness of scope
**invalsweg**m [-wegen] access road, approach road
**invasie**v [-s] invasion
**inventaris**m [-sen] inventory ∗*de* ~*opmaken* draw
up an inventory, take stock
**inventarisatie**v [-s] stocktaking, inventory
**inventariseren**overg [inventariseerde, h.
geïnventariseerd] draw up an inventory of, take
stock of
**inventief**bn inventive, ingenious
**inventiviteit**v inventiveness
**invers**bn inverted, opposite
**inversie**v [-s] inversion
**investeerder**m [-s] investor
**investeren**overg [investeerde, h. geïnvesteerd]
invest
**investering**v [-en] investment ∗boekh ~*en* capital
expenditure
**investeringsaftrek**m tax deduction for capital
expenditure
**investeringsbank**v [-en] Br merchant bank, Am
investment bank
**invetten**overg [vette in, h. ingevet] grease, oil
**invitatie**v [-s] invitation
**inviteren**overg [inviteerde, h. geïnviteerd] invite ⟨to
dinner &⟩
**in-vitrofertilisatie**v in vitro fertilization
**invlechten**overg [vlocht in, h. ingevlochten] ❶plait
in, intertwine, entwine ❷*fig* put in, insert
**invloed**m [-en] influence, affect ∗*zijn* ~*bij* one's
influence with ∗*zijn* ~*aanwenden bij* use one's
influence with ∗~*hebben op* exert an influence
on/over, affect ∗~*uitoefenen* exert (an) influence,
affect ∗*onder de* ~*staan van* be influenced by, be
affected by ∗*onder de* ~*van alcohol* under the
influence of alcohol
**invloedrijk**bn influential
**invloedssfeer**v [-sferen] sphere of influence ∗*de
politieke* ~the sphere of political influence
**invoegen** I overg [voegde in, h. ingevoegd] ❶put in,
insert ❷*m.b.t. metselwerk* point (up) II onoverg
[voegde in, h. ingevoegd] *bij autorijden* merge (in)
**invoegstrook**v [-stroken] acceleration lane
**invoelen**overg [voelde in, h. ingevoeld] feel
**invoer**m [-en] ❶*het invoeren* import, importation
❷*de goederen* imports ∗*de* ~*verlagen en de uitvoer
verhogen* reduce imports and increase exports
❸*comput* input
**invoerbelasting**v [-en] import duty
**invoerbepaling**v [-en] handel import regulation

**invoerbeperking**v [-en] import restriction, import
curb
**invoeren**overg [voerde in, h. ingevoerd] ❶handel
import ❷*ingang doen vinden* introduce ❸comput
enter ∗*gegevens* ~input/enter data ⟨into the
computer⟩
**invoerheffing**v [-en] levy on imports, customs duty,
import duty
**invoering**v introduction
**invoerrecht**o [-en] import duty, customs duty ∗*vrij
van* ~*en* free of customs duty, duty-free
∗*Invoerrechten en Accijnzen* Customs and Excise
Duties
**invoerverbod**o [-boden] import prohibition,
import embargo, import ban
**invorderen**overg [vorderde in, h. ingevorderd]
demand payment (of), recover, collect ⟨money⟩
**invreten**overg en onoverg [vrat in, h. en is
ingevreten] ❶eat into, corrode ∗~*d* corrosive ❷*fig*
gnaw at
**invriezen** I onoverg [vroor in, is ingevroren] *in ijs
vastraken* be frozen in II overg [vroor in, h.
ingevroren] *v. voedsel* quick-freeze, deep-freeze
**invrijheidstelling**v release ∗~*gelasten van...* order
the release of... ∗*een onmiddellijke* ~an immediate
release ∗*een vervroegde* ~an early release, a
remission ∗*een voorwaardelijke* ~a release on bail,
a conditional release
**invullen**overg [vulde in, h. ingevuld] ❶fill in, fill up
⟨an empty space⟩ ∗*een formulier* ~complete a form,
fill in a form, Am fill out a form ❷*fig* give shape to,
flesh out ❸*voegen* point (up)
**invulling**v [-en] ❶*het invullen* filling in, completion,
filling up ❷*interpretatie* interpretation
**invuloefening**v [-en] cloze test
**inwaarts** I bn inward II bijw inward(s)
**inweken**overg [weekte in, h. ingeweekt] soak
**inwendig** I bn internal, inner ∗*voor* ~*gebruik* to be
taken internally ∗*de* ~*e mens* the inner man II bijw
inwardly, internally ∗*zij lachte* ~she laughed
inwardly/to herself III o ∗*het* ~*e* the interior
(part/parts), the inside
**inwerken** I onoverg [werkte in, h. ingewerkt] ∗~*op*
act on, affect, influence ∗~*op het metaal* corrode
the metal ∗*op elkaar* ~interact ∗*op zich laten* ~
absorb II overg [werkte in, h. ingewerkt]
❶*v. personen* train, settle in ∗*iem.* ~show sbd the
ropes ∗*een goed ingewerkt vertegenwoordiger* a
well-trained representative ∗*hij is nog niet helemaal
ingewerkt* he hasn't quite settled in yet ❷*aanbrengen
in* fit in(to), piece in(to) ❸*indrijven* drive in III *wederk*
[werkte in, h. ingewerkt] ∗*zich ergens* ~work one's
way into sth, read up on sth
**inwerkingtreding**v coming into force, taking
effect, commencement
**inwerkperiode**v [-s, -n], **inwerktijd**m training
period, trial period, settling-in period
**inwijden**overg [wijdde in, h. ingewijd] ❶*v. kerk*

**consecrate ❷** *v. gebouw* inaugurate ✴ *een nieuw huis* ~ give a house-warming ❸ *bekend maken met* initiate ✴ *iem. in de geheimen* ~ initiate sbd in(to) the secrets, let sbd in on the secrets ❹ *voor het eerst gebruiken* inf break in

**inwijding** *v* [-en] ❶ *v. kerk* consecration ❷ *v. andere gebouwen* inauguration ❸ *v. persoon* initiation, inauguration

**inwilligen** *overg* [willigde in, h. ingewilligd] grant, comply with, consent to ✴ *een verzoek* ~ grant a request

**inwilliging** *v* [-en] granting

**inwinnen** *overg* [won in, h. ingewonnen] ✴ *inlichtingen* ~ (omtrent) gather information, make inquiries (about), apply for information, inquire (*bij* of) ✴ *iems. raad* ~ ask someone's advice

**inwisselbaar** *bn* exchangeable (for), convertible (into)

**inwisselen** *overg* [wisselde in, h. ingewisseld] change, convert (foreign currency), cash in (a cheque) ✴ ~ *voor* exchange for

**inwonen** *onoverg* [woonde in, h. ingewoond] ❶ live in ✴ ~ *bij* live with ❷ *van kinderen* live at home

**inwonend** *bn* resident ✴ *de* ~ *arts* the house physician, the resident physician ✴ *een* ~ *onderwijzer* a resident master ✴ ~ *e kinderen* children living at home

**inwoner** *m* [-s] inhabitant, resident

**inwoneraantal**, **inwonersaantal**, **inwonertal** *o* [-len] population

**inwoning** *v* ❶ lodging ✴ *plaats van* ~ place of residence ✴ *kost en* ~ board and lodging ❷ *door woningtekort* sharing of a house

**inworp** *m* [-en] sp throw-in

**inwrijven** *overg* [wreef in, h. ingewreven] rub in(to), rub ✴ *ik zal hem dat eens flink* ~ *!* I'll drum/din that into him ✴ *zij wreef in haar ogen* she rubbed her eyes

**inzaaien** *overg* [zaaide in, h. ingezaaid] sow ✴ *een gazon* ~ seed a lawn

**inzage** *v* inspection ✴ ~ *nemen van* inspect, examine (reports &) ✴ *ter* ~ on approval (of books &), open to inspection (of letters) ✴ *ter* ~ *leggen* file for inspection

**inzake** *voorz* in the matter of, on the subject of, concerning, with regard to, re (your letter) ✴ *uw brief* ~ ... your latter concerning...

**inzakken** *onoverg* [zakte in, is ingezakt] ❶ sink down, sag, collapse ❷ *m.b.t. personen* relapse

**inzamelen** *overg* [zamelde in, h. ingezameld] collect, gather ✴ *geld* ~ *voor een goed doel* raise money for charity

**inzameling** *v* [-en] collection, gathering ✴ *een* ~ *houden* hold a collection; (op kantoor &) pass the hat around

**inzamelingsactie**, **inzamelactie** *v* [-s] ❶ *v. geld* fund-raising drive/campaign ❷ *v. oude kleren &* collection

**inzegenen** *overg* [zegende in, h. ingezegend] bless, consecrate

**inzegening** *v* [-en] blessing, consecration ✴ *een kerkelijke* ~ *van een huwelijk* a church blessing after a civil marriage ceremony

**inzenden** *overg* [zond in, h. ingezonden] ❶ send in(to) ❷ *indienen, insturen* send in, submit, contribute ✴ *de wereld* ~ send sbd out into the world ✴ *naar een tentoonstelling* ~ submit for exhibition

**inzender** *m* [-s] ❶ *zender* sender ❷ *naar krant, tijdschrift* contributor, writer (of a letter to the editor) ❸ *naar tentoonstelling* exhibitor

**inzending** *v* [-en] ❶ *het inzenden* submission, contribution ❷ *het ingezondene* entry, contribution, (op een tentoonstelling) exhibit

**inzepen** *overg* [zeepte in, h. ingezeept] soap (down/up), (bij het scheren) lather, (met sneeuw) rub in

**inzet** *m* [-ten] ❶ *bij gokspel* stake(s) ❷ *bij veiling* opening bid ❸ *muz* entry ❹ *v. troepen & employment* ❺ *toewijding* devotion, effort(s), dedication ✴ *zijn tomeloze* ~ his untiring efforts, his devotion/dedication (to the cause) ❻ *kleine tekening in grotere* insert ❼ *schot* sp shot, (kopbal) header

**inzetbaar** *bn* available, usable

**inzetstuk** *o* [-ken] techn insert

**inzetten I** *overg* [zette in, h. ingezet] ❶ *aanbrengen* set in (the sleeves of a dress), put in (window panes &), insert (a piston &) ❷ *v. edelsteen* set ❸ *bij spel* stake ❹ *bij verkoping* start the bidding (at) ❺ *muz* start, strike up ❻ *mil* launch (an attack), employ (troops) ❼ *te werk* employ (workmen) ❽ *gebruiken voor* devote (one's energies/life/oneself to one's country &) **II** *onoverg* [zette in, h. ingezet] ❶ *muz* begin to play/sing &, strike up ❷ *bij gokspel* put down one's stake(s), stake one's money, stake (heavily) ❸ *beginnen* set in ✴ *de zomer zet goed in* summer is setting in well **III** *wederk* [zette in, h. ingezet] ✴ *zich* ~ *voor* dedicate/devote oneself to (an ideal), do one's best (to get a good result)

**inzicht** *o* [-en] ❶ *begrip* insight ✴ *geen* ~ *hebben in* lack insight into ❷ *mening* view, opinion, judgement/Am judgment ✴ *naar mijn* ~ in my view/opinion, as I see it ✴ *naar zijn* ~ (en) *handelen* act at one's own discretion ▾ *tot* ~ *komen* see the light

**inzichtelijk** *bn* providing/allowing/requiring insight (into)

**inzien I** *overg* [zag in, h. ingezien] ❶ *doorlezen* look into, glance over (a newspaper, a letter), skim (a book) ❷ *begrijpen* see, recognize, realize (the danger, one's error) ❸ *houden voor* ✴ *het ernstig/optimistisch* ~ take a serious/an optimistic view of things **II** *o* ✴ *bij nader* ~ on reflection, on second thoughts, on further consideration ✴ *mijns* ~ *s* in my opinion/view, to my way of thinking

**inzinken** *onoverg* [zonk in, is ingezonken] sink

(down), fig decline

**inzinking** v [-en] ❶ het zinken sinking, decline, ‹in water› submersion ❷ instorting psych breakdown ❸ med relapse ❹ in landschap depression, dip

**inzitten** onoverg [zat in, h. ingezeten] * ergens over~ be worried about sth, bother about sth * ermee~ be affected by * daar zit wat in there's something in that

**inzittende** m-v [-n] occupant, passenger

**inzoet** bn intensely sweet

**inzoomen** onoverg [zoomde in, h. ingezoomd] zoom in (op on)

**inzwachtelen** overg [zwachtelde in, h. ingezwachteld] swathe, bandage

**ion** o [ionen] ion

**ionisatie** v ionization

**ioniseren** overg [ioniseerde, h. geïoniseerd] ionize

**ionosfeer** v ionosphere

**i.p.v.** afk (in plaats van) instead of

**IQ** o (intelligentiequotiënt) IQ, intelligence quotient

**IQ-test** m [-s] intelligentietest intelligence test

**Iraaks** bn Iraqi

**Iraakse** v [-n] Iraqi * ze is een~ she's an Iraqi, she's from Iraq

**Iraans** bn Iranian * valuta de~e riyal the Iranian rial, the rial/riyal

**Iraanse** v [-n] Iranian * ze is een~ she's an Iranian, she's from Iran

**Irak** o Iraq

**Irakees I** m [-kezen] Iraqi **II** bn Iraqi * valuta de Irakese dinar the Iraqi dinar, the dinar

**Irakese** v [-n] Iraqi * ze is een~ she's an Iraqi, she's from Iraq

**Iran** o Iran

**Iraniër** m [-s] Iranian

**iris** v [-sen] iris

**iriscopie** v iridology

**ironie** v irony * de~ van het lot the irony of fate

**ironisch** bn ironic, wry * een~e opmerking an ironic/wry remark

**ironiseren I** overg [ironiseerde, h. geïroniseerd] mock, ridicule **II** onoverg [ironiseerde, h. geïroniseerd] satirize * hij ironiseert over gemeenplaatsen van het 'goede leven' he satirizes platitudes about 'the good life'

**irrationeel** bn irrational * een~ getal an irrational number

**irreëel** bn unreal

**irrelevant** bn irrelevant, not to the point

**irrigatie** v [-s] ❶ v. gewas irrigation ❷ med ‹v. wond› irrigation, ‹v. schede› douche, ‹v. dikke darm› enema

**irrigatiewerken** zn [mv] irrigation works

**irrigator** m [-s & -toren] irrigator, douche, syringe

**irrigeren** overg [irrigeerde, h. geïrrigeerd] ook med irrigate

**irritant** bn irritating, annoying

**irritatie** v [-s] irritation

**irriteren** overg [irriteerde, h. geïrriteerd] ❶ irritate * dat zalfje irriteert de huid that cream irritates the skin ❷ ergeren annoy, irritate * dat geluid begint me te~ that noise is starting to irritate/annoy me

**ISBN** afk (internationaal standaardboeknummer) ISBN (International Standard Book Number)

**ischias** v sciatica

**ISDN** afk (Integrated Services Digital Network) comput ISDN, Integrated Services Digital Network

**isgelijkteken** o [-s] equals sign

**islam** m Islam

**islamiet** m [-en] Muslim, Moslem

**islamisering** v Islamization

**islamitisch** bn Islamic

**i.s.m.** afk (in samenwerking met) in collaboration with, with the help of

**isobaar I** bn isobar **II** m [-baren] isobar

**isolatie** v [-s] ❶ afzondering isolation ❷ elektr insulation

**isolatieband** o insulating tape

**isolatiemateriaal** o [-rialen] insulating material, insulant, ‹om leidingen› lagging

**isolator** m [-s & -toren] insulator

**isoleercel** v [-len] isolation cell

**isolement** o isolation

**isoleren** overg [isoleerde, h. geïsoleerd] ❶ afzonderen isolate, ‹door douane &› quarantine, ‹door sneeuw &› cut off ❷ elektr insulate

**isotoon** bn isotonic * een isotone drank an isotonic drink

**isotoop** m [-topen] isotope

**Israël** o Israel * de Staat~ the State of Israel

**Israëli** m ['s], **Israëliër** [-s] Israeli

**Israëliet** m [-en] Israelite

**Israëlisch** bn Israeli

**Israëlische** v [-n] Israeli * ze is een~ she's an Israeli, she's from Israel

**Israëlitisch** bn Israelite

**Israëlitische** v [-n] Israelite

**issue** o [-s] issue

**Italiaan** m [-lianen] Italian

**Italiaans I** bn Italian **II** o taal Italian

**Italiaanse** v [-n] Italian * ze is een~ she's an Italian, she's from Italy

**Italië** o Italy

**IT-branche** v IT sector

**item I** bijw item **II** o [-s] item * een hot~ a burning issue, inf a hot item

**i.v.m.** afk (in verband met) in connection with

**ivoor** m & o Ivory

**Ivoorkust** v Ivory Coast

**ivoren** bn ivory * een~ toren an ivory tower

**Ivriet** o (modern) Hebrew

iv

# J

‹geboortefeest› birthday

**jaargang** *m* [-en] ❶(annual) volume ❷*m.b.t. wijn* vintage

**jaargeld** *o* [-en] ❶*pensioen* pension ❷*lijfrente* annuity

**jaargenoot** *m* [-noten] ❶*leeftijdgenoot* contemporary ❷*medestudent* fellow student, ‹v. middelbare/lagere school› classmate

**jaargetijde** *o* [-n] season

**jaarkaart** *v* [-en] annual season ticket

**jaarlijks I** *bn* yearly, annual *∗de ∼e afschrijving* the annual depreciation **II** *bijw* yearly, annually, every year

**jaarmarkt** *v* [-en] (annual) fair

**jaaropgaaf** *v* [-gaven] annual statement

**jaaroverzicht** *o* [-en] annual report, annual survey, yearly review

**jaarring** *m* [-en] annual (growth) ring, tree ring

**jaarsalaris** *o* [-sen] annual salary

**jaarstukken** *zn* [mv] annual report and accounts, annual financial statements

**jaartal** *o* [-len] year, date

**jaartelling** *v* [-en] era *∗de christelijke/joodse ∼*the Christian/Jewish era

**jaarvergadering** *v* [-en] annual meeting

**jaarverslag** *o* [-slagen] annual report

**jaarwisseling** *v* [-en] turn of the year *∗bij de ∼*at the turn of the year

**jacht I** *o* [-en] *schip* yacht **II** *v* [-en] ❶*het jagen* hunting, shooting *∗op ∼gaan go (out) shooting* ‹rabbits› /hunting ‹game› ❷*jachtpartij* hunt, shoot ❸*het nastreven* hunt, pursuit *∗∼maken op effect* strive for effect *∗op ∼zijn naar roem* be in pursuit of fame ❹*achtervolging* chase, hunt (down) *∗∼maken op olifanten* hunt elephants *∗∼maken op een oorlogsmisdadiger* hunt down a war criminal

**jachtgebied** *o* [-en] hunting grounds

**jachtgeweer** *o* [-weren] (sporting) gun

**jachthaven** *v* [-s] marina

**jachthond** *m* [-en] sporting dog, hound

**jachthoorn, jachthoren** *m* [-s] hunting horn

**jachtig** *bn* hurried, hasty, hectic *∗een ∼bestaan* a hectic life

**jachtluipaard** *m & o* [-en] cheetah

**jachtopziener** *m* [-s] gamekeeper

**jachtpartij** *v* [-en] ❶hunting party, hunt ❷*op klein wild* shooting party, shoot

**jachtschotel** *m & v* [-s] ± shepherd's pie

**jachtseizoen** *o* [-en] hunting/shooting season

**jachtterrein** *o* [-en] hunting grounds

**jachtverbod** *o* hunting/shooting prohibition

**jachtvergunning** *v* [-en] game licence/Am license

**jachtvliegtuig** *o* [-en] fighter plane

**jack** *m & o* [-s] *sportief jasje* jacket

**jacket** *o* [-s] ❶*v. boek* dust jacket ❷*in gebit* crown

**jackpot** *m* [-s, -ten] jackpot

**jacquet** *o & v* [-s & -ten] morning coat, tailcoat, ‹voor vrouwen› jacket

---

**j** *v* ['s] j

**ja I** *tsw* ❶*bevestiging* yes *∗oh ∼?* really?; ‹iron› you don't say! *∗scheepv & iron ∼kapitein!* aye aye captain! *∗∼knikken* nod yes *∗∼zeggen* say yes ‹to life› *∗met ∼beantwoorden* answer in the affirmative *∗op alles ∼en amen zeggen* agree with everything *∗is hij uit?, ik meen (van) ∼*has he gone out? I think he has *∗hij zei van ∼*he said yes, he agreed ❷*versterkend* indeed *∗juist, ∼precisely* *∗ik weet wie hij is, ∼*yes, I do know who he is *∗ik moest naar huis, ∼nog erger, werken* I had to go home, and what's more/worse, get to work ❸*berusting uitdrukken* oh, well *∗maar ∼, wat wil je?* but oh well, there it is ❹*verontwaardiging uitdrukken* well *∗nou ∼!* well, I never! *∗ga een eind fietsen, ∼!* get lost, why don't you?! ❺*als aanknopingspunt* oh, yes *∗∼nu je het zegt...* by the way, now that you've mentioned it... **II** *o* ['s] ❶yes *∗nee heb je, ∼kun je krijgen* asking might get you what you want ❷*bij het stemmen* aye

**jaagpad** *o* [-paden] towpath, towing path

**jaap** *m* [japen] cut, gash, slash

**jaar** *o* [jaren] year *∗het ∼onzes Heren* the year of our Lord, the year of grace *∗de jaren tachtig, negentig & the eighties, the nineties & *∗nog vele jaren!* many happy returns of the day! *∗de jaren nog niet hebben om...* not be old enough to... *∗een- of tweemaal per ∼* once or twice a year *∗het hele ∼door* all the year round, throughout the year *∗de laatste jaren* of late, in recent years *∗in het ∼nul* in the year dot *∗van het ∼nul* from the year dot *∗in het begin van het ∼* at the beginning of the year *∗∼in ∼uit* year in year out *∗met de jaren* with the years *∗na ∼en dag* after many years, many years later *∗sinds ∼en dag* for years and years *∗om het andere ∼*every other year *∗∼op ∼*year by year *∗op jaren komen* be getting on in years *∗op jaren zijn* be well on in years *∗over een ∼*in a year's time *∗vandaag over een ∼*a year from today, this time next year *∗per ∼*per annum *∗eens per ∼*once a year *∗van ∼tot ∼*from one year to another *∗de jaren des onderscheids* the age of discretion *∗haar jonge jaren* her youth *∗een student van het tweede ∼*a second year student *∗studenten van mijn ∼*students from my year

**jaarabonnement** *o* [-en] annual subscription

**jaarbeurs** *v* [-beurzen] ❶(trade) fair ❷*gebouw* exhibition centre/Am center

**jaarboek** *o* [-en] yearbook, annual, almanac *∗* ‹annalen› *∼en* annals

**jaarcijfer** *o* [-s] yearly returns/figures *∗de ∼s* the annual returns

**jaarclub** *v* [-s] (university) fraternity, (university) sorority

**jaarcontract** *o* [-en] annual contract

**jaarfeest** *o* [-en] annual celebration, anniversary,

**jacuzzi** ® *m* [ʼs] jacuzzi

**jade** *o & m* jade

**jagen I** *overg* [joeg *of* jaagde, h. gejaagd] ❶*op wild* hunt ‹wild animals, game›, shoot ‹hares, game›, stalk ‹deer &› ❷*fig* drive, hurry * *de vijanden uit het land* ~drive the enemy out of the country * *iets erdoor* ~rush sth through * *iem. op kosten* ~put sbd to great expense * *zich een kogel door het hoofd* ~ put a bullet through one's head **II** *onoverg* [joeg *of* jaagde, h. gejaagd] ❶*op wild &* hunt, shoot * ~*op hazen* hunt the hare ❷*nastreven* race, rush, tear * ~ *naar eer* be highly ambitious * *op effect* ~strive for effect ❸*m.b.t. pols* race

**jager** *m* [-s] ❶*op wild &* hunter, sportsman ❷*mil* rifleman ❸*luchtv* fighter

**jagerslatijn** *o* tall story/stories

**jaguar** *m* [-s] jaguar

**jakhals** *m* [-halzen] jackal

**jakkeren** *onoverg en overg* [jakkerde, h. gejakkerd] tear (along), race, drive furiously

**jakkes** *tsw* * ~! ugh!, yuck!

**jaknikker** *m* [-s] ❶*jabroer* inf yes-man ❷*pomp* nodding donkey

**jakobsschelp** *v* [-en] scallop

**jaloers** *bn* jealous, envious (*op of*) * *iem.* ~*maken* make sbd jealous, inf put sbd's nose out of joint

**jaloezie** *v* ❶*jaloersheid* jealousy ❷*zonnewering* [-zieën] Venetian blind, (sun)blind

**jam** *m & v* [-s] jam * *een boterham met* ~a jam sandwich

**Jamaica** *o* Jamaica

**jambe** *v* [-n] iambus, iamb

**jamboree** *m* [-s] jamboree

**jammen** *onoverg* [jamde, h. gejamd] jam

**jammer** *o & m* misery * *het is* ~it's a pity * *het is eeuwig* ~it's an awful shame * *ik vind het* ~*dat...* it's a shame that... * ~*genoeg is hij niet in staat...* unfortunately he isn't able to... * *hij kon er niet zijn,* ~*genoeg* he couldn't be present, more's the pity * *hoe* ~*!, wat* ~*!* what a pity!, what a shame! * ~*, maar helaas!* it's a pity, but that's the way it is!

**jammeren** *onoverg* [jammerde, h. gejammerd] lament, moan

**jammerklacht** *v* [-en] lamentation

**jammerlijk I** *bn* miserable, pitiful, wretched * *een* ~ *gebrek aan charisma* a woeful lack of charisma **II** *bijw* miserably, woefully * ~*mislukken* fail miserably/woefully

**jampot** *m* [-ten] jam jar/pot

**jamsessie** *v* [-s] jam session, jam

**Jan** *m* [-nen] John * ‹clownesk figuur› *een* ~*Klaassen* a buffoon, clown * ~*Klaassen en Katrijn* Punch and Judy * ~*Modaal* the average wage earner * ~*, Piet en Klaas* Tom, Dick, and Harry * ~*Rap en zijn maat* the riff-raff * ~*en alleman* everyone and his dog * *ik sta hier voor* ~*lul/voor* ~*met de korte achternaam* I look a fool * ~*met de pet* the man in the street, Joe Bloggs * *boven* ~*zijn* have turned the corner, be on top of things again

**janboel** *m* shambles, mess * *wat een* ~! what a shambles/mess!

**janboerenfluitjes, boerenfluitjes** *zn* [mv] * *op zijn* ~in a slapdash way

**janken** *onoverg* [jankte, h. gejankt] ❶*v. dieren* yelp, whine ❷*v. personen* cry, howl, inf blubber * *ik kon wel* ~I was almost in tears

**jansalie** *m* [-s] stick-in-the-mud

**jantje-van-leiden** *o* [-s] * *zich met een* ~*van iets afmaken* ‹iets luchthartig afdoen› talk one's way out of sth; ‹slordig werk leveren› do sth in a slapdash manner

**januari** *m* January * *de eerste* ~*, een* ~the first of January * *op tien* ~on the tenth of January * *begin/midden/eind* ~at the beginning of/in the middle of/at the end of January

**jan-van-gent** *m* [-s] *vogel* gannet

**Japan** *o* Japan

**Japanner** *m* [-s] ❶Japanese, beledigend Jap ❷*Japanse auto* Japanese car

**Japans I** *bn* Japanese * *valuta de* ~*e yen* the Japanese yen, the yen * *de* ~*e Zee* the Sea of Japan **II** *o taal* Japanese

**Japanse** *v* [-n] Japanese * *ze is een* ~she's a Japanese, she's from Japan

**japon** *m* [-nen] dress, gown

**jappenkamp** *o* [-en] Japanese (POW) camp

**jarenlang I** *bn* of years, of many years' standing **II** *bijw* for years

**jargon** *o* [-s] jargon, ‹wartaal› gibberish, ‹v. bureaucraten› officialese

**jarig** *bn* * *zij is vandaag* ~it's her birthday today * *een zes*~*e merrie* a six-year-old mare * *...dan ben je nog niet* ~*...* you'll be sorry

**jarige** *m-v* [-n] * *de* ~the birthday girl/boy

**jarretelgordel** *m* [-s] suspender belt

**jarretelle, jarretel** *v* [-s] suspender

**jas** *m & v* [-sen] ❶*overjas* coat * ‹v. arts› *een witte* ~a doctor's coat ❷*jasje* jacket * *een geklede* ~a dressy jacket

**jasbeschermer** *m* [-s] dress guard

**jasmijn** *v* [-en] *struik* jasmine

**jaspis** *m & o* [-sen] jasper

**jassen I** *overg* [jaste, h. gejast] peel * *piepers* ~peel some spuds; ‹vooral als straf› do some potato-bashing **II** *onoverg* [jaste, h. gejast] kaartsp play a game of cards

**jasses** *tsw* * ~! ugh!, yuck!

**jaszak** *m* [-ken] coat pocket

**jat** *v* [-ten] paw * *je moet er met je* ~*ten van afblijven!* keep your mits/paws off!, don't touch!

**jatten** *overg* [jatte, h. gejat] swipe, pinch, nick

**jawel** *bijw* yes, indeed * *en* ~*, het klopte* and sure enough, it was right * iron *maar* ~*hoor...* and/but sure enough...

**jawoord** *o* consent * *elkaar het* ~*geven* say 'I do' to each other

**ja**

**jazz** *m* jazz
**jazzballet** *o* jazz ballet
**jazzband** *m* [-s] jazz band
**jazzclub** *v* [-s] jazz club
**jazzfestival** *o* [-s] jazz festival
**jazzmuziek** *v* jazz music
**je** I *pers vnw* you ∗ *dat is ∼ van hèt* that's absolutely it, it's the thing II *bez vnw* your ∗ *daar is ∼ boek* there's your book ∗ *dat is ∼ ware!* that's the stuff! III *onbep vnw* you ∗ *zoiets doe ∼ gewoon niet* you just don't do that sort of thing
**jeans** *m* ❶ *spijkerbroek* jeans ❷ *stof* denim ∗ *van ∼ stof* made of denim ∗ *een tas van ∼ stof* a denim bag
**jee** *tsw* ∗ *∼!* oh dear!
**jeep** *m* [-s] jeep
**jegens** *voorz* towards, to ∗ *mijn plicht ∼ hem* my duty towards him ∗ *eerlijk zijn ∼ iem.* be honest with sbd
**Jehova** *m* Jehovah ∗ *∼'s getuigen* Jehovah's Witnesses
**jekker** *m* [-s] jacket
**Jemen** *o* (the) Yemen
**jenever** *m* Dutch gin ∗ *jonge ∼* 'young' gin ∗ *oude ∼* mature(d) gin
**jeneverbes** *v* [-sen] juniper berry
**jeneverstokerij** *v* [-en] gin distillery
**jengelen** *onoverg* [jengelde, h. gejengeld] whine, whinge ∗ *op zijn gitaar ∼* twang away on one's guitar
**jennen** *overg* [jende, h. gejend] needle, tease, badger
**jeremiëren** *onoverg* [jeremieerde, h. gejeremieerd] lament
**jerrycan** *m* [-s] jerrycan
**Jeruzalem** *o* Jerusalem
**jet** *m* [-s] jet plane
**jetlag** *m* [-s] jet lag
**jetset** *m* jet set
**jetski** ® *m* ['s] jet ski
**jetstream** *m* [-s] jet stream
**jeu de boules** *o* jeu de boules, boules
**jeugd** *v* youth ∗ *zijn tweede ∼* one's second childhood ∗ *van zijn vroegste/prilste ∼ af* from his early youth ∗ *in mijn ∼* in my youth ∗ *de ∼ van tegenwoordig* young people nowadays
**jeugdcriminaliteit** *v* juvenile delinquency
**jeugdherberg** *v* [-en] youth hostel
**jeugdherinnering** *v* [-en] childhood memory
**jeugdhonk** *o* [-en] youth centre/Am center, youth club
**jeugdig** *bn* youthful ∗ *∼e personen* youths, young people ∗ *er ∼ uitzien* look young for one's age
**jeugdjournaal** *o* [-nalen, -naals] kids' television news
**jeugdleider** *m* [-s] youth leader, leader of a youth group
**jeugdliefde** *v* [-s] young/adolescent love ∗ *een ∼ van mij* one of my old loves
**jeugdloon** *o* [-lonen] juvenile wage ∗ *het minimum*

*∼ the juvenile wage
**jeugdpuistjes** *zn* [mv] acne, pimples
**jeugdsentiment** *o* [-en] youthful nostalgia
**jeugdvriend** *m* [-en] childhood friend, old friend
**jeugdwerkloosheid** *v* youth unemployment
**jeugdzonde** *v* [-n] youthful transgression
**jeuk** *m* itching, itch, med pruritus ∗ *ik heb ∼* I'm itchy
**jeuken** *onoverg* [jeukte, h. gejeukt] itch ∗ *mijn handen ∼ om...* I'm just itching to...
**jeukpoeder** *o & m* itching powder
**jewelste** *bn* → welste
**jezelf** *wederk vnw* yourself
**jezuïet** *m* [-en] Jesuit
**Jezus** *m* Jesus ∗ *∼ Christus* Jesus Christ ∗ *jezus mina!* my God! ∗ *jezus, wat een bende!* good heavens, what a mess!, vulg Jesus, what a mess!
**jicht** *v* gout
**Jiddisch** I *bn* Yiddish II *o taal* Yiddish
**jihad** *m* jihad, holy war
**jij** *pers vnw* you
**jijen** *overg* [jijde, h. gejijd] ∗ *∼ en jouwen* behave/speak familiarly
**jijzelf** *pers vnw* → zelf
**jingle** *m* [-s] *reclamedeuntje* jingle
**jiujitsu** *o* ju-jitsu, Am jiujitsu
**jive** *m* jive
**jiven** *onoverg* [jivede, h. gejived] jive
**jl.** *afk* (jongstleden) last ∗ *maandag ∼* last Monday
**Job** *m* Job ∗ *zo arm als ∼* as poor as a church mouse ∗ *de jarige ∼* the birthday boy/girl
**job** *m* [-s] job, appointment ∗ *een fulltime ∼* a full-time job
**jobhoppen** *o* job hopping
**jobhopper** *m* [-s] job hopper
**jobstijding** *v* [-en] (piece of) bad news
**jobstudent** *m* [-en] ZN working student
**joch, jochie** *o* [jochies] boy, kid, sonny ∗ *hij is nog maar een ∼* he's only a kid ∗ *kijk, ∼ie...* look, sonny...
**jockey** *m* [-s] jockey
**jodelen** *onoverg* [jodelde, h. gejodeld] yodel
**Jodendom** *o* ❶ *de leer* Judaism ❷ *de joden* Jews
**Jodenhaat** *m* anti-Semitism
**jodenkoek** *m* [-en] ± sand cake
**Jodenster** *v* [-ren] Star of David
**jodenstreek** *m & v* [-streken] beledigend dirty trick
**Jodenvervolging** *v* [-en] persecution of the Jews, hist pogrom
**jodin** *v* [-nen] Jewess
**jodium** *o* iodine
**jodiumtinctuur** *v* tincture of iodine
**Joegoslaaf** *m* [-slaven] Yugoslav
**Joegoslavië** *o* Yugoslavia
**Joegoslavisch** *bn* Yugoslav, Yugoslavian ∗ valuta *de ∼e dinar* the Yugoslavian dinar, the dinar
**Joegoslavische** *v* [-n] Yugoslav, Yugoslavian ∗ *ze is een ∼* she's a Yugoslav, she's from Yugoslavia
**joekel** *m* [-s] whopper ∗ *een ∼ van een fout/vis* a

whopper of a mistake/fish

**joelen** *onoverg* [joelde, h. gejoeld] shout, cheer

**jofel** *bn* inf great, super

**joggen** *onoverg* [jogde, h. gejogd] jog

**jogger** *m* [-s] jogger

**joggingpak** *o* [-ken] track suit

**joint** *m* [-s] joint * *een ~je bouwen* make/roll a joint

**joint venture** *m* [-s] joint venture

**jojo** *m* ['s] yo-yo, yoyo

**jojoën** *onoverg* [jojode, h. gejojood] play yo-yo/yo-yoes/yoyo

**joker** *m* [-s] kaartsp joker * *voor ~ staan* look like an idiot/a fool * *iem. voor ~ zetten* make sbd look a fool

**jokeren** *onoverg* [jokerde, h. gejokerd] kaartsp play for jokers

**jokkebrok** *m-v* [-ken] fibber, storyteller

**jokken** *onoverg* [jokte, h. gejokt] fib, tell fibs, tell stories * *dat jok je* you're fibbing

**jol** *v* [-len] scheepv yawl, ⟨kleinere⟩ dinghy

**jolig** *bn* jolly * *een ~e stemming* a jolly/merry mood

**jonassen** *overg* [jonaste, h. gejonast] toss ⟨a person⟩ in the air

**jong I** *bn* ❶m.b.t. leeftijd young * *zich ~ voelen* feel young * *op een ~e leeftijd* at an early age * *~ geleerd is oud gedaan* what you learn early you never forget ❷*niet ervaren* junior * *de ~ste vennoot* the junior partner ❸*recent* recent * *van ~e datum* of recent date * *de ~ste gebeurtenissen* recent events * *de ~ste berichten* the latest news * *de ~ste oorlog* the last war ❹*vers* young, new, immature * *~e bladeren* new leaves * *~e kaas* young/immature cheese **II** *bijw* youthfully, in a youthful way * *zich ~ kleden* dress youthfully **III** *o* ❶*pasgeboren* young one, ⟨v. beren, wolven &⟩ cub, ⟨v. hond⟩ pup(py) * *de ~en* the young ones, the young of... * *~en krijgen/werpen* have a litter ❷*jongen, meisje* child

**jonge I** *tsw* gee, gosh, (oh) boy * *~, ~!* boy oh boy! **II** *m jenever* Dutch gin

**jongedame** *v* [-s] young lady

**jongeheer** *m* [-heren] ❶*jong persoon* young gentleman ❷*penis* John Thomas, willy, willie

**jongeling** *m* [-en] young man, youth, lad

**jongelui** *zn* [mv] ❶*jonge mensen* young people ❷*jong paar* young couple

**jongeman** *m* [-nen] young man

**jongen I** *m* [-s] ❶*mannelijk kind* boy * *zij is een echte ~* she's a real tomboy ❷*jongere* lads, guys, kids, chaps * *~s, doe wat rustiger aan* calm down, guys/kids ❸*volwassen man* boy, lad * *onze ~s in Irak* our boys in Iraq * inf *een zware ~* a tough (guy) ❹*vriend* boyfriend **II** *onoverg* [jongde, h. gejongd] give birth, have young, ⟨v. kat⟩ litter, kitten, ⟨v. hond⟩ pup, whelp, ⟨v. geit⟩ kid, ⟨v. koe⟩ calve, ⟨v. paard⟩ foal, ⟨v. schaap⟩ lamb, ⟨v. hert⟩ fawn, ⟨v. leeuw⟩ whelp, ⟨v. varken⟩ pig

**jongensachtig** *bn* boyish

**jongensboek** *o* [-en] boy's book

**jongensdroom** *m* [-dromen] young man's dream

**jongensgek** *v* [-ken] flirt, boy crazy/mad girl

**jongensjaren** *zn* [mv] (years of) boyhood

**jongere** *m-v* [-n] * *de ~n* young people, the young, the younger generation * *de werkende ~n* the working youth * *een oudere ~* an ageing hippy

**jongerejaars** *m-v* onderw first or second year student, freshman, fresher

**jongerencentrum** *o* [-tra, -s] youth centre/Am center

**jongetje** *o* [-s] little boy * *het slimste ~ van de klas* the cleverest boy in the class

**jonggehuwden** *zn* [mv] * *de ~* the newly married couple, inf the newly-weds

**jonggestorven** *bn* untimely deceased * *een ~ filmster* a movie star who died young

**jongleren** *onoverg* [jongleerde, h. gejongleerd] juggle

**jongleur** *m* [-s] juggler

**jongmens** *o* [jongelieden, jongelui] young person

**jongs** *bijw* * *van ~ af* from one's childhood * *ik ken hem van ~ af* I've known him since he was knee high to a grasshopper

**jongstleden** *bn* last * *de 12de maart ~* on March 12th last * ⟨van deze maand⟩ *de 12de ~* the 12th of this month * *~ maandag* last Monday, Monday last

**jonk** *m* [-en] scheepv junk

**jonkheer** *m* [-heren] ❶± esquire ❷*predicaat* Honourable/Am Honorable, Sir

**jonkie** *o* [-s] dier young/little one

**jonkvrouw** *v* [-en] ❶*jongedame* vero maid ❷*predicaat* Honourable/Am Honorable, Lady

**jood I** *m* [joden] Jew * bijbel *de Wandelende Jood* the wandering Jew **II** *o jodium* iodine

**joods** *bn* Jewish ⟨life &⟩, Judaic ⟨law⟩

**Joost** *m* * *~ mag het weten* goodness knows

**Jordanië** *o* Jordan

**jota** *v* ['s] iota * *geen ~ geven* not give a fig/a hoot/a damn

**jou** *pers vnw* you * *is het van ~?* is it yours? * *van heb ik ~ daar* immense, enormous

**joule** *m* [-s] joule

**journaal** *o* [-nalen] ❶*dagboek* ook handel journal ❷scheepv logbook ❸RTV news, newscast ❹*bioscoop* newsreel

**journalist** *m* [-en] journalist

**journalistiek I** *v* journalism **II** *bn* journalistic

**jouw** *bez vnw* your * *mijn huis en het ~e* your house and mine

**jouwen** *onoverg* [jouwde, h. gejouwd] hoot, boo

**joviaal** *bn* friendly * *een joviale kerel* a friendly fellow

**jovialiteit** *v* bonhomie

**joyriden** *o* joyriding

**joyriding** *v* joyriding

**joystick** *m* [-s] joystick

**jr.** *afk* (junior) junior

**jubelen** *onoverg* [jubelde, h. gejubeld] be jubilant * *~ van vreugde* shout for joy

**ju**

**jubeljaar** o [-jaren] jubilee year
**jubelstemming** v jubilant mood
**jubilaris** m [-sen] ❶ *bij jubileum* person of honour/Am honor ❷ *feestvarken* party boy/girl
**jubileren** onoverg [jubileerde, h. gejubileerd] celebrate one's jubilee/anniversary
**jubileum** o [-s & -ea] jubilee ✶ *zijn 50-jarig ~* ⟨v. vorsten, instellingen &⟩ one's 50th jubilee; ⟨algemeen⟩ one's 50th anniversary
**judaskus** m [-sen] Judas kiss
**judaspenning** m [-en] *plant* honesty
**judassen** overg [judaste, h. gejudast] taunt
**judo** o judo
**judoën** onoverg [judode, h. gejudood] practise judo
**judoka** m-v ['s] judoka
**juf** v [-fen & -s] ❶ *onderwijzeres* teacher ❷ *als aanspreekvorm* Teacher, Miss ❸ *juffertje* right little miss
**juffer** v [-s] ❶ *juffrouw* young lady, miss ❷ *insect* dragonfly
**juffertje** o [-s] ❶ missy ❷ *insect* dragonfly
**juffertje-in-'t-groen** o [juffertjes-] *plant* love-in-a-mist
**juffrouw** v [-en] ❶ *onderwijzeres* teacher ❷ *kinderjuffrouw* nurse, nanny ❸ *ongetrouwde vrouw* miss ❹ *als aanspreektitel* Miss, Madam ❺ scherts lady
**Jugendstil** m art nouveau, Jugendstil
**juichen** onoverg [juichte, h. gejuicht] shout, cheer ✶ *~ over* cheer about/at ✶ *de ~de menigte* the cheering crowd
**juist I** bn exact, correct, right, proper, precise ✶ *de ~e man op de ~e plaats* the right man in the right place ✶ *het ~e midden* the happy medium ✶ *het ~e woord* the right word ✶ *dat is ~* that is correct **II** bijw just, exactly, precisely ✶ *~, dat is het* precisely ✶ *zeer ~!* quite right too!; ⟨in vergaderingen &⟩ hear! hear! ✶ *zeer ~ gezegd* precisely, that's putting it exactly ✶ *~ wat ik hebben moet* the very thing I wanted ✶ *~ daarom* for that very reason ✶ *waarom ~ hij?* why he of all people? ✶ *waarom ~ hier?* why here of all places? ✶ *ik wou ~...* I was just going to... ✶ *~ op dat moment...* at that very moment...
**juistheid** v correctness, ⟨nauwkeurigheid⟩ precision, ⟨waarheid⟩ truth, ⟨gepastheid⟩ appropriateness
**juk** o [-ken] ❶ *v. trekdieren* yoke ✶ *het ~ afschudden/afwerpen* shake/throw off the yoke ✶ *onder het ~ brengen* bring under the yoke ❷ *v. balans* beam
**jukbeen** o [-deren, -benen] cheekbone
**jukebox** m [-en] jukebox
**juli** m July ✶ *de eerste ~, een ~* the first of July ✶ *op tien ~* on the tenth of July ✶ *begin/midden/eind ~* at the beginning of/in the middle of/at the end of July
**jullie I** pers vnw you, inf you lot/guys ✶ inf *~ gaan naar huis* you lot/guys are going home **II** bez vnw your ✶ *is het van ~?* is it yours?
**jumbojet** m [-s] jumbo jet
**jumper** m [-s] jumper, pullover, jersey

**jungle** v [-s] jungle
**juni** m June ✶ *de eerste ~, een ~* the first of June ✶ *op tien ~* on the tenth of June ✶ *begin/midden/eind ~* at the beginning of/in the middle of/at the end of June
**junior I** m [-nioren & -niores] junior ✶ sp *de ~en* the juniors, the junior team **II** bn junior ✶ *P. ~* P. the younger; ⟨als titel⟩ P. Jnr
**junk I** m heroïne junk, smack **II** m-v, **junkie** [-s] *verslaafde* junkie
**junkfood** o junk food, fast food
**junkmail** m junk mail
**junta** v ['s] junta
**Jupiter** m astron & astrol Jupiter ✶ *bij ~!* by Jove!
**jureren** onoverg [jureerde, h. gejureerd] adjudicate
**juridisch** bn legal ⟨adviser, aid, aspect, grounds⟩ ✶ *~e bijstand* legal aid
**jurisdictie** v [-s & -tiën] jurisdiction, form ⟨rechtsmacht⟩ competence ✶ *dat valt buiten mijn ~* that's not within my power, that's outside my jurisdiction
**jurisprudentie** v jurisprudence, case law, judge-made law ✶ *de Nederlandse ~* the Dutch law reports
**jurist** m [-en] ❶ *rechtsgeleerde* jurist, barrister, lawyer ❷ *rechtenstudent* law student
**jurk** v [-en] frock, dress, ⟨vooral avondjurk⟩ gown
**jury** v ['s] jury ✶ jur *de voorzitter van de ~* the foreman (of the jury) ▾ Belg *de centrale ~* the examination/examining board
**jurylid** o [-leden] ❶ *bij wedstrijden &* member of the jury, judge ❷ jur member of the jury, juror, juryman, jurywoman
**juryrapport** o [-en] jury/judge's report
**juryrechtspraak** v trial by jury
**jus** m gravy
**juskom** v [-men] gravy boat
**juslepel** m [-s] gravy spoon
**justificeren** overg [justificeerde, h. gejustificeerd] justify
**justitie** v ❶ justice ✶ *de ~ zit achter hem aan* the police are after him, the law is after him ✶ *de minister van ~* the Minister of Justice ❷ ⟨rechterlijke macht⟩ judiciary
**justitieapparaat** o criminal justice system
**justitieel** bn judicial, legal ✶ *een justitiële inrichting* a judicial court, a court of law
**Jut** m [-ten] ✶ *de kop van ~* the try-your-strength machine ✶ *~ en Jul* an odd couple
**jute I** v jute **II** bn jute
**jutezak** m [-ken] hessian bag
**Jutland** o Jutland
**jutter** m [-s] beachcomber
**juweel** o [-welen] jewel, gem ✶ *een ~ van bouwkunst* an architectural gem ✶ *een ~ van een vrouw* a gem of a woman
**juwelen** bn jewelled ✶ *een ~ dasspeld* a jewelled tie pin
**juwelenkistje** o [-s] jewel box, jewel case

**juwelier** *m* [-s] jeweller

# K

**k** *v* ['s] k ✳ *Kunst met een grote K* Art with a capital A
**ka I** *v* [kaden] *kade* quay, wharf **II** *v* ['s] *vogel* jackdaw
**III** *v* ['s] *vrouw* dragon, witch
**kaaiman** *m* [-s & -nen] caiman, alligator
**kaak** *v* [kaken] ❶ anat jaw, jaw bone ❷ *v. vis* gill
❸ *v. insect* mandible ❹ *schandpaal* hist pillory ✳ *aan de~ stellen* expose, show up, put to the test ❺ *wang* ZN cheek ✳ *met beschaamde kaken* shamefaced
**kaakbeen** *o* [-deren, -benen] jaw bone, mandible
**kaakchirurg** *m* [-en] dental surgeon
**kaakholte** *v* [-s, -n] maxillary sinus
**kaakholteontsteking** *v* [-en] (maxillary) sinusitis
**kaakje** *o* [-s] *koekje* biscuit
**kaakslag** *m* [-slagen] ❶ *met vlakke hand* slap in the face ❷ *met vuist* punch in the face
**kaakstoot** *m* [-stoten] punch on/to the jaw
**kaal I** *bn* ❶ *v. mens* bald ✳ *zo ~ als een biljartbal* as bald as a coot ✳ *er ~ afkomen* come away with a flea in one's ear, fare badly ❷ *v. vogel* unfledged ❸ *v. boom* leafless, bare ❹ *v. velden, hei* barren ❺ *v. kleren* threadbare, worn, shabby ❻ *v. muren* bare ▼ *de kale huur* the basic rent **II** *bijw* ✳ *~ vreten* strip bare; fig eat out of house and home
**kaalgeschoren** *bn* shorn
**kaalheid** *v* ❶ *v. hoofd* baldness ❷ *v. muur &* bareness ❸ *v. land* barrenness ❹ *v. jas* threadbareness, shabbiness ❺ *armoede* poverty
**kaalknippen** *overg* [knipte kaal, h. kaalgeknipt] cut all one's hair off, shave one's head
**kaalkop** *m* [-pen] baldy
**kaalscheren** *overg* [schoor kaal, h. kaalgeschoren] ❶ shave one's head ❷ *v. schapen* shear
**kaalslag** *m* ❶ *v. bos* clear cutting, deforestation ❷ *v. woningen* demolition
**kaan** *v* [kanen], **kaantje** *o* [-s] ❶ *vet* dripping ❷ *spek* crackling
**kaap** *v* [kapen] cape, headland, promontory ✳ *de Kaap de Goede Hoop* the Cape of Good Hope
**Kaapstad** *v* Cape Town
**kaapvaart** *v* privateering
**Kaapverdië** *o* Cape Verde
**Kaapverdische Eilanden** *zn* [mv] Cape Verde Islands
**kaarden** *overg* [kaardde, h. gekaard] *v. wol* card
**kaars** *v* [-en] ❶ candle ✳ *een eindje ~* a candle stub ❷ *dunne kaars* taper ❸ *bloeiwijze v. kastanje* candle ✳ ⟨uitgebloeide paardebloem⟩ *een ~je* a blowball, dandelion fluff
**kaarsensnuiter** *m* [-s] candle snuffer
**kaarslicht** *o* candlelight ✳ *bij ~* by candlelight
**kaarsrecht** *bn* straight as an arrow ✳ *~ zitten* sit bolt upright
**kaarsvet** *o* ❶ *afdruipend vet* candle grease ❷ *grondstof* tallow

ka

**kaart** v [-en] ❶ *speelkaart* (playing) card * *dat is doorgestoken* ~ that's a put-up job/a trumped-up charge * *goede* ~*en hebben* have a good hand * *alle* ~*en op tafel leggen/gooien* put/throw all one's cards on the table * *het is een (geen) haalbare* ~ it's (not) on the cards * *alle* ~*en in handen hebben* hold all the cards * *open* ~ *spelen* lay one's cards on the table, be frank * *iem. in de* ~ *kijken* look at sbd.'s cards * *zich in de* ~ *laten kijken* show one's hand * *iem. in de* ~ *spelen* play into sbd.'s hands, play sbd.'s game * *alles op één* ~ *zetten* stake one's all on one/on a single throw, put all one's eggs in one basket * *de* ~*en zijn geschud* the cards have been shuffled, fig ook the die is cast, the future is clear, decisions have been taken * *iem. de* ~ *leggen* tell sbd.'s fortune from the cards ❷ *sport* card * *sp een gele* ~ *krijgen* be shown the yellow card, be booked * *sp een rode* ~ *krijgen* be shown the red card, be sent off (the field) ❸ *kaart met gegevens* card * ‹autoverzekering› *de groene* ~ the green card, the international motor insurance card ❹ *landkaart* map, ‹zee-, weerkaart› chart * *de* ~ *van het land kennen* know the lie of the land * *in* ~ *brengen* map ‹a region›, chart ‹a coast› * *van de* ~ *zijn* be all at sea; ‹van streek› be upset ❺ *ansichtkaart* card, postcard ❻ *toegangskaart* ticket ❼ *spijskaart* menu
**kaartclub** v [-s] card(-playing) club
**kaarten** onoverg [kaartte, h. gekaart] play cards * *een potje* ~ have/play a quick game of cards
**kaartenbak** m [-ken] card index (system)
**kaartenhuis** o [-huizen] house of cards * *als een* ~ *in elkaar vallen* come down like a house of cards
**kaartenmaker** m [-s] cartographer, map maker
**kaartje** o [-s] ❶ *visitekaartje* (business) card * *zijn* ~ *afgeven* leave one's card ❷ *trein & ticket* v *een* ~ *leggen* have a game of cards
**kaartjesautomaat** m [-maten] ticket machine
**kaartlezen** o map reading
**kaartlezer** m [-s] ❶ *machine* card reader, scanner ❷ *persoon* map reader
**kaartspel** o [-len & -spelen] ❶ *het spelen* card playing, cards ❷ *partij* game of cards ❸ *soort spel* card game ❹ *pak kaarten* pack/deck of cards
**kaartspelen** onoverg [speelde kaart, h. kaartgespeeld] play cards
**kaartspeler** m [-s] card player
**kaartsysteem** o [-temen] card index (system)
**kaartverkoop** m sale of tickets, ticket sales * ~ *van 8 tot 10* the box office is open from 8 till 10
**kaas** m [kazen] cheese * *jonge/belegen/oude* ~ new/matured/fully mature cheese * *Edammer/Goudse/Hollandse* ~ Edam/Gouda/Dutch cheese * *zich de* ~ *niet van het brood laten eten* stand up for oneself, fight back * *hij heeft er geen* ~ *van gegeten* he doesn't understand anything about it, he doesn't know the first thing about it
**kaasblokje** o [-s] cube/square of cheese
**kaasboer** m [-en] ❶ *vervaardiger* cheese maker

❷ *verkoper* Br cheesemonger
**kaasbroodje** o [-s] cheese roll
**kaasburger** m [-s] cheeseburger
**kaasfondue** v [-s] (cheese) fondue
**kaasfonduen** onoverg [kaasfonduede, h. gekaasfondued] have a cheese fondue
**kaaskop** m [-pen] *scheldwoord voor Nederlander* Dutchie
**kaasmarkt** v [-en] cheese market
**kaasplankje, kaasplateau** o [-s] cheeseboard
**kaasschaaf** v [-schaven] cheese slicer
**kaassoufflé** m [-s] ❶ cheese soufflé ❷ *snack* deep-fried cheese
**kaasstolp** v [-en] cheese cover
**kaaswinkel** m [-s] cheese shop
**kaatsen** onoverg [kaatste, h. gekaatst] ❶ *Friese sport* sp play 'kaats' * *wie kaatst, moet/kan de bal verwachten* if you can't take it you shouldn't deal it out ❷ *stuiten* bounce * *tegen de muur* ~ bounce against/off the wall
**kabaal** o noise, racket, row * ~ *maken/schoppen* kick up a row * *een hels* ~ *maken* make one hell of a noise, make an infernal racket
**kabbelen** onoverg [kabbelde, h. gekabbeld] ripple, babble, murmur, ‹v. golfjes› lap * ~*d water* rippling/murmuring water
**kabel** m [-s] cable * *een* ~ *leggen* lay a cable
**kabelaansluiting** v cable connection
**kabelabonnement** o subscription to cable television
**kabelbaan** v [-banen] cableway, funicular railway
**kabelexploitant** m [-en] cable company
**kabeljauw** m [-en] *vis* cod
**kabelkrant** v [-en] cable TV information service
**kabelnet** o [-ten] cable network
**kabelslot** o [-en] cable lock
**kabeltelevisie** v cable television
**kabeltouw** o [-en] cable
**kabeltrui** v [-en] cable stitch sweater
**kabinet** o [-ten] ❶ *regering* government, cabinet * *het* ~ *der koningin* the Queen's Cabinet * *het* ~ *Kok* the Kok cabinet/government * *in het* ~ *zitten* be in the government/cabinet ❷ *meubel* cabinet ❸ *kamertje* closet ❹ *kunstverzameling* picture gallery, museum ❺ *toilet* ZN toilet, WC, lavatory
**kabinetsberaad** o cabinet meeting
**kabinetsbesluit** o [-en] cabinet decision
**kabinetschef** m [-s] Belg secretary general of a ministry
**kabinetscrisis** v [-sen & -crises] cabinet crisis
**kabinetsformateur** m [-s] formateur
**kabinetsformatie** v [-s] formation of a cabinet, cabinet formation
**kabinetskwestie** v [-s] vote of confidence * *de* ~ *stellen* ask for a vote of confidence
**kabinetszitting** v [-en] cabinet meeting
**kabouter** m [-s] ❶ *aardmannetje* elf, gnome, dwarf * *dat hebben de* ~*tjes gedaan* the fairies did it

❷ *scouting* Brownie

**kachel** I *v* [-s] stove, ‹elektrisch, gas› heater, ‹haard› fire * *een elektrisch ~tje* an electric fire/heater * *de ~ met iem. aanmaken* make a fool of sbd II *bn dronken inf* drunk * *~ zijn* be loaded/tight

**kachelpijp** *v* [-en] ❶ stovepipe ❷ *hoed* inf stovepipe hat

**kadaster** *o* [-s] Br land registry, Aus & Can land titles office, Am bureau of records

**kadastraal** *bn* cadastral * *het ~ nummer* the land registry/cadastral number * *een kadastrale meting* a land registry/cadastral survey * *~ ingeschreven* recorded in the land registry

**kadastreren** *overg* [kadastreerde, h. gekadastreerd] survey * *gekadastreerd zijn* be registered

**kadaver** *o* [-s] ❶ *kreng* (dead) body, carrion ❷ corpse, med cadaver

**kadaverdiscipline** *v* iron/rigid discipline

**kade** *v* [-n & -s] ❶ *in haven* quay, wharf ❷ *dijk* embankment

**kadegeld** *o* [-en] quayage, wharfage

**kader** *o* [-s] ❶ mil officers and NCOs ❷ *lijst, omlijsting* framework * *een vast~* a fixed framework * *binnen het~ van* within the framework/scope of * *in het~ van* as part of, in connection with, under (the terms of), within the framework/scope of * *niet in het~ passen* do not fit within/into the framework ❸ *in kranten & box* ❹ *bestuurders v.e. organisatie* executives, executive staff ❺ bilj baulk lines

**kaderfunctie** *v* [-s] executive position

**kadetje** *o* [-s] *broodje* bread roll

**kadreren** I *overg* [kadreerde, h. gekadreerd] *in een omlijsting plaatsen* frame II *onoverg* [kadreerde, h. gekadreerd] ❶ fotogr set the sights ❷ *in het vizier brengen* adjust, focus on

**kaduuk** *bn* used up, decrepit, broken, ‹v. tv &› on the blink

**kaf** *o* chaff * *het ~ van het koren scheiden* separate the wheat from the chaff * *er zit veel ~ onder het koren* there's a lot of chaff among the wheat/a lot of dead wood

**kaffer** *m* [-s] *scheldwoord* boor, lout

**kafkaësk, kafkaiaans** *bn* Kafkaesque

**kaft** *o & v* [-en] wrapper, cover, jacket * *een boek met een hard/slap~* a book with a hard/limp cover

**kaftan** *m* [-s] caftan

**kaften** *overg* [kaftte, h. gekaft] cover ‹a book›

**kaftpapier** *o* wrapping-paper

**kajak** *m* [-s & -ken] kayak

**kajakken** *onoverg* [kajakte, h. en is gekajakt] go kayaking

**kajotter** *m* [-s] Belg member of a club for young working Catholics

**kajuit** *v* [-en] cabin

**kak** *m poep* muck, shit, crap * ‹bluf› *kale/kouwe~* hot air, swank

**kakelbont** *bn* garish, gaudy, flashy

**kakelen** *onoverg* [kakelde, h. gekakeld] ❶ *van kippen*

cackle ❷ *babbelen* gabble, chatter

**kakelvers** *bn* ❶ farm fresh ❷ fig brand new

**kaken** *overg* [kaakte, h. gekaakt] gut

**kakenestje** *o* [-s] ZN last-born, baby of the nest

**kaketoe** *m* [-s] cockatoo

**kaki** I *o kleur* khaki II *m* [’s] *vrucht, boom* kaki, Japanese persimmon

**kakikleurig** *bn* khaki-coloured

**kakken** *onoverg* [kakte, h. gekakt] shit, crap * *iem. te ~ zetten* ridicule sbd, make a fool of sbd

**kakker** *m* [-s] ❶ *verwaand persoon* pompous/stuck-up person ❷ *bekrompen persoon* narrow-minded person

**kakkerlak** *m* [-ken] cockroach

**kakmadam** *v* [-men] la-di-da/snooty/stuck-up type

**kakofonie** *v* [-nieën] cacophony

**kalander** I *m* [-s] *insect* weevil II *v* [-s] *mangel* techn calender

**kalend** *bn* balding

**kalender** *m* [-s] calendar

**kalenderjaar** *o* [-jaren] calendar year

**kalf** *o* [kalveren] ❶ *dier* calf * *als het ~ verdronken is, dempt men de put* lock the stable door after the horse has bolted * *het gouden ~ aanbidden* worship the golden calf * *het gemeste ~ slachten* kill the fatted calf ❷ *onnozel persoon* sucker * *een ~ van een jongen* a bit of a sucker ❸ *bovendrempel* lintel, transom ❹ *dwarshout* crossbeam

**kalfsgehakt** *o* minced veal

**kalfskotelet** *v* [-ten] veal cutlet

**kalfslapje** *o* [-s] veal steak

**kalfsleer, kalfsleder** *o* calf, calfskin, calf leather * *in kalfsleren band* bound in calf

**kalfsmedaillon** *o* [-s] medallion of veal

**kalfsoester** *v* [-s] escalope of veal, veal escalope

**kalfsvlees** *o* veal

**kaliber** *o* [-s] calibre, ‹diameter ook› bore * *een ... van groot/klein~* a large-/small-calibre ... * *mensen van dat~* people of that calibre

**kalief** *m* [-en] caliph

**kalium** *o* potassium

**kalk** *m* ❶ lime * *gebluste ~* slaked lime * *ongebluste ~* quicklime ❷ *metselkalk* mortar ❸ *pleisterkalk* plaster ❹ scheik calcium ❺ *gesteente* limestone

**kalkaanslag** *m* scale

**kalkafzetting** *v* [-en] ❶ *het afzetten* calcification ❷ *het afgezette* lime deposit

**kalken** *overg* [kalkte, h. gekalkt] ❶ *met kalk bestrijken* lime ‹skins &›, roughcast, plaster ‹a wall› ❷ *schrijven* scrawl, ‹op muur› chalk

**kalkhoudend** *bn* calcareous, calciferous * *~e grond* limy/calcareous soil

**kalkoen** *m* [-en] *vogel* turkey

**kalkoven** *m* [-s] lime kiln

**kalkrijk** *bn* rich in lime

**kalksteen** I *o & m* limestone II *m* [-stenen] limestone

**kalligraferen** *overg* [kalligrafeerde, h. gekalligrafeerd] calligraph * *een gekalligrafeerd*

*getuigschrift* a calligraphic reference
**kalligrafie** *v* calligraphy
**kalm** *bn* calm, quiet, composed, peaceful, untroubled * ~ *(aan)!* easy!, steady! * *blijf* ~ take it easy, stay calm * *doe (het)* ~ *aan* go easy, take it easy, inf cool it * ~ *en bedaard* cool and collected
**kalmeren I** *overg* [kalmeerde, h. gekalmeerd] calm, soothe, appease, tranquillize * *een* ~*d middel* a sedative, a tranquillizer **II** *onoverg* [kalmeerde, is gekalmeerd] calm down
**kalmeringsmiddel** *o* [-en] sedative, tranquillizer
**kalmoes** *m waterplant* sweet flag, calamus
**kalmpjes** *bijw* calmly * ~ *aan!* easy!, steady!, easy does it!
**kalmte** *v* ❶ *bedaardheid* calm, calmness, composure * *zijn* ~ *bewaren* keep one's composure/head/self-control * *iem. tot* ~ *brengen* calm sbd down ❷ *rust* quiet, quietness, repose
**kalven** *onoverg* [kalfde, h. gekalfd] ❶ *m.b.t. koeien* calve ❷ *m.b.t. grond, ijs* calve, break off
**kalveren** *onoverg* [kalverde, h. gekalverd] calve
**kalverliefde** *v* [-s] calf/puppy love
**kam** *m* [-men] ❶ *voor 't haar* comb * *een fijne/grove* ~ a fine-tooth(ed)/large-tooth(ed) comb * *een* ~ *door het haar halen* run a comb through one's hair * *over één* ~ *scheren* lump together, generalize ❷ *v. haan, helm, berg* crest ❸ *v. viool* bridge ❹ techn cam, cog ❺ *v. bananen* hand
**kameel** *m* [-melen] camel
**kameelhaar** *o* camel('s) hair
**kameleon** *o & m* [-s] chameleon
**kameleontisch** *bn* chameleon-like, chameleonic
**kamer** *v* [-s] ❶ *vertrek* room, chamber * *gemeubileerde* ~*s* furnished rooms * *de* ~ *doen* clean the room * ~*s te huur hebben* have rooms to let * *hij woont op* ~*s* he lives in rooms/lodgings * *hij is niet op zijn* ~ he isn't in his room * fotogr *een donkere* ~ a dark room ❷ *v. vuurwapen* chamber ❸ *van het hart* ventricle ❹ *college, instituut* chamber, ⟨bij Hoge Raad⟩ division, ⟨bij andere rechtscolleges⟩ section, panel, court * *de Eerste Kamer* the Upper House, the Senate; ⟨in Groot-Brittannië⟩ the Upper House, the House of Lords * *de Tweede Kamer* the Lower House, the House of Representatives; ⟨in Groot-Brittannië⟩ the Lower House, the House of Commons * ⟨in België⟩ *de Kamer van Volksvertegenwoordigers* the Chamber of Deputies * *de* ~ *bijeenroepen* convoke the House * *de* ~ *ontbinden/openen* dissolve/open the House * jur *een meervoudige* ~ a three-judge section * *de Kamer van Koophandel (en Fabrieken)* the Chamber of Commerce (and Industry) * jur *de penitentiaire* ~ the Prisons Division
**kameraad** *m* [-raden] ❶ comrade, mate, fellow, companion, inf chum, pal * *gezworen kameraden zijn* be sworn friends ❷ *v. communisten* comrade
**kameraadschap** *v* companionship, fellowship, comradeship
**kameraadschappelijk I** *bn* friendly, inf chummy

**II** *bijw* in a friendly manner
**kamerbewoner** *m* [-s] lodger
**kamerbreed** *bn* wall-to-wall * ~ *tapijt* wall-to-wall carpet(ing), fitted carpet * *de motie werd* ~ *aangenomen* the motion was carried by an overwhelming majority
**kamercommissie** *v* [-s] parliamentary committee
**kamerdebat** *o* [-ten] parliamentary debate
**kamerdeur** *v* [-en] door (of the room)
**kamerfractie** *v* [-s] parliamentary party * *de* ~ *van de Labourpartij* the parliamentary Labour party
**kamergeleerde** *m-v* [-n] armchair scholar
**kamergenoot** *m* [-noten] roommate
**kamerheer** *m* [-heren] chamberlain, gentleman in waiting
**kamerjas** *m & v* [-sen] dressing gown
**kamerlid** *o* [-leden] Member of Parliament
**kamermeisje** *o* [-s] chambermaid
**kamermuziek** *v* chamber music
**Kameroen** *o* Cameroon
**kamerorkest** *o* [-en] chamber orchestra
**kamerplant** *v* [-en] indoor plant
**kamerscherm** *o* [-en] folding screen
**kamertemperatuur** *v* room temperature * *op* ~ *brengen* bring to room temperature
**kamerverhuur** *m* rooms to let/accommodation
**Kamerverkiezingen** *v* [-en] parliamentary elections
**kamerzetel** *m* [-s] seat (in Parliament) * *de partij heeft vijf* ~*s* the party has five seats in Parliament
**kamerzitting** *v* [-en] session of Parliament
**kamfer** *m* camphor
**kamgaren** *bn & o* [-s] worsted
**kamikaze** *m* [-s] kamikaze
**kamikazeactie** *v* [-s] kamikaze action/attack
**kamikazepiloot** *m* [-loten] kamikaze/suicide pilot
**kamille** *v* [-n, -s] c(h)amomile
**kamillethee** *m* c(h)amomile tea
**kammen** *overg* [kamde, h. gekamd] comb * *zich* ~ comb one's hair * *wol* ~ comb/card wool
**kamp I** *o* [-en] *groep tenten* camp * *op* ~ *gaan* go on a camping trip/holiday, go camping * *het* ~ *opslaan* pitch camp/the tents * fig *iem. uit het andere* ~ sbd from a different camp/of a different persuasion **II** *m* [-en] *strijd* combat, fight, struggle
**kampbeul** *m* [-en] concentration camp torturer
**kampcommandant** *m* [-en] camp commander
**kampeerauto** *m* ['s], **kampeerbus** *m & v* [-sen] camper (van)
**kampeerboerderij** *v* [-en] farmyard campsite
**kampeerder** *m* [-s] camper
**kampeerterrein** *o* [-en] camping site, camp site, Am campground
**kampement** *o* [-en] encampment, camp
**kampen** *onoverg* [kampte, h. gekampt] fight, combat, struggle, contend, wrestle * *te* ~ *hebben met* have to contend with
**kamperen** *onoverg* [kampeerde, h. gekampeerd]

camp, camp out, go camping
**kamperfoelie** v [-s] honeysuckle * wilde ~ common honeysuckle, Br woodbine
**kampioen** m [-en] champion
**kampioenschap** o [-pen] championship
**kampvechter** m [-s] fighter, wrestler, champion
**kampvuur** o [-vuren] campfire
**kampwinkel** m [-s] camp(ing) shop
**kan** v [-nen] ❶ vaatwerk jug, can, mug, tankard * het is in ~nen en kruiken the matter/everything is fixed (up)/settled * het onderste uit de ~ willen hebben want to have one's cake and eat it ❷ inhoudsmaat litre
**Kanaal** o * het ~ the Channel
**kanaal** o [-nalen] ❶ gegraven waterweg canal ❷ vaargeul & channel ❸ fig & TV channel
**Kanaaleilanden** zn [mv] Channel Islands
**Kanaaltunnel** m Channel tunnel, inf Chunnel
**kanalisatie** v [-s] canalization
**kanaliseren** overg [kanaliseerde, h. gekanaliseerd] canalize
**kanarie** m [-s] canary
**kanariegeel** bn canary yellow
**kanariepiet** m [-en] canary
**kanariezaad** o [-zaden] canary seed
**kandeel** v ± alcoholic eggnog
**kandelaar** m [-s & -laren] candlestick
**kandidaat** m [-daten] candidate, ⟨voorgedragen⟩ nominee, ⟨sollicitant⟩ applicant * iem. ~ stellen nominate sbd, put sbd forward * zich ~ stellen become a candidate, run for, stand for; ⟨voor een zetel⟩ contest a seat in Parliament * ~ in de letteren/rechten ± Bachelor of Arts/Laws
**kandidaat-notaris** m [-sen] junior notary/solicitor, assistant notary/solicitor
**kandidaats** o ± pass/ordinary degree
**kandidaatsexamen** o [-s] ± examination for a Bachelor's degree
**kandidaatstelling** v [-en] nomination
**kandidatenlijst** v [-en] list of candidates, pol party list
**kandidatuur** v [-turen] candidature, candidacy, nomination * ZN zijn ~ stellen become a candidate
**kandideren** I overg [kandideerde, h. gekandideerd] nominate II onoverg [kandideerde, h. gekandideerd] be a candidate, run/stand for
**kandij** v candy sugar
**kandijkoek** m [-en] candy sugar cake
**kandijsuiker** m candy sugar
**kaneel** m & o cinnamon
**kaneelpijp** v [-en] cinnamon stick
**kaneelstok** m [-ken] cinnamon stick
**kangoeroe** m [-s] kangaroo
**kanis** m [-sen] hoofd nut, pate, noddle * hou je ~ hold your trap * iem. op z'n ~ geven tan sbd.'s hide
**kanjer** m [-s] ❶ iets groots in zijn soort whopper * een ~ van een vis an enormous/whopping fish ❷ uitblinker inf wizard, crack, star ❸ mooie

man/vrouw beauty
**kanker** m ❶ med cancer ❷ plantk & dierk canker ❸ voortwoekerend kwaad fig cancer, canker
**kankeraar** m [-s] inf grouser, grumbler
**kankerbestrijding** v fight against cancer
**kankeren** onoverg [kankerde, h. gekankerd] mopperen grouse, grumble, inf bellyache
**kankergezwel** o [-len] cancerous tumour/growth
**kankerlijder** m [-s] cancer patient
**kankeronderzoek** o cancer research
**kankerpatiënt** m [-en] cancer patient
**kankerverwekkend** bn carcinogenic
**kannibaal** m [-balen] cannibal
**kannibalisme** o cannibalism
**kano** m ['s] ❶ canoe ❷ gebak almond boat
**kanoën** onoverg [kanode, h. gekanood] canoe
**kanon** o [-nen] gun, cannon * je kunt er een ~ afschieten there's hardly anybody there * met een ~ op een mug schieten take a sledgehammer to break a nut
**kanongebulder** o roar/booming of guns
**kanonnade** v [-s] cannonade
**kanonneerboot** m & v [-boten] gunboat
**kanonnenvlees, kanonnenvoer** o cannon fodder
**kanonnier** m [-s] gunner
**kanonschot** o [-schoten] cannonshot
**kanonskogel** m [-s] cannonball
**kanonvuur** o gunfire, cannonade
**kanosport** v canoeing
**kanovaarder** m [-s] canoeist
**kanovaren** o canoe, go canoeing
**kans** v [-en] chance, opportunity, possibility * iem. een ~ geven give sbd a chance * ~ hebben om... have a chance of ...ing * hij heeft goede ~en he stands a good chance * weinig ~ hebben om... stand little chance of ...ing * geen schijn van ~ not a ghost of a chance * ~ van slagen chance to succeed/of succeeding/of success * de ~ krijgen om iets te doen get a chance/an opportunity to do sth * de ~ lopen om... run the risk of ...ing * ~ maken op stand a chance of ...ing * een ~ missen lose/miss an opportunity * een gemiste ~ a missed chance * de ~ is verkeken there's no chance anymore * de ~ schoon zien om... see one's chance/opportunity to... * de ~ waarnemen seize the opportunity * de ~ wagen take one's chance * als hij ~ ziet om if he manages to, if he sees his way clear to * ik zie er geen ~ toe I don't see any chance of doing it, I won't be able to manage it * er is alle ~ dat... there is every chance/it is very likely that... * daar is geen ~ op there is no chance of it * de ~ keerde my/his & luck was turning * de ~en staan gelijk the odds are even
**kansarm** bn underprivileged
**kansberekening** v [-en] ❶ calculation of probability ❷ als wetenschap probability theory
**kansel** m [-s] ❶ pulpit * van de ~ from the pulpit ❷ v. jager hunter's stand
**kanselarij** v [-en] chancellery

**kanselier** *m* [-s & -en] chancellor
**kanshebber** *m* [-s] likely candidate, likely winner
★ *tot de~s behoren* be one of the likely candidates, be one of the favourites
**kansloos** *bn* prospectless★ *hij is~* he doesn't stand a chance
**kansrekening** *v* [-en] ❶ calculation of probability ❷ *wisk* probability theory
**kansrijk** *bn* ❶ likely, favourable/*Am* favorable ❷ *maatschappelijk bevoorrecht* privileged
**kansspel** *o* [-spelen] game of chance
**kant I** *m* [-en] ❶ *zijde* side★ *aan de~!* (get) out of the way!, step aside!★ *aan de~ van de weg* at the side of the road, by the roadside★ *aan de veilige~* on the safe side★ *dat is wat aan de lage/hoge~* that's a bit on the low/high side★ *het mes snijdt aan/van twee ~en* the knife cuts both ways★ *aan de~ zetten* ⟨wegdoen⟩ cast aside, throw over; ⟨v. auto⟩ pull over★ *langs de~ blijven staan* stay on the sidelines ★ *een vaatje op zijn~ zetten* tilt a cask, put a cask on its side★ *het is een dubbeltje op zijn~* it's touch and go★ *iets (niet) over zijn~ laten gaan* (not) let something pass, (not) take something lying down ★ *veel over zijn~ laten gaan* not be so very particular (about ...)★ *van vaders~* on the paternal/one's father's side★ *van de~ van* on the part of★ *iem. van ~ maken* kill sbd, put sbd out of the way, do sbd in ★ *zich van~ maken* make/do away with oneself, commit suicide★ *dat is weer aan~* that job is done ★ *de kamer aan~ maken* straighten up the room ★ *zijn zaken aan~ doen* retire from business ❷ *oever* bank★ *dat raakt~ noch wal* that is neither here nor there ❸ *rand* edge ⟨of the water, of a forest⟩ ❹ *v. afgrond* brink ❺ *witte rand v. bladzij* margin ❻ *richting* side, direction, way★ *die~ moet het uit met...* that's the course we ought to take★ *een andere ~ uitkijken* look the other way★ *naar alle~en* in every direction★ *het gaat de goeie~ op* things are improving/going well★ *van alle~en* on every side, from every quarter★ *de zaak van alle/verschillende ~en bekijken* look at the question from all sides/from different angles★ *van die~ bekeken...* looked at from that point of view, viewed from that angle★ *van welke~ komt de wind?* from which side does the wind blow? ❼ *fig* aspect ⟨of life, of the matter, of the same idea⟩★ *aan de andere~ moeten wij niet vergeten dat...* but then/but on the other hand we shouldn't forget that... **II** *m stofnaam* lace
**kanteel** *m* [-telen] *gewoonlijk mv* battlement, crenellation
**kantelen I** *overg* [kantelde, h. gekanteld] ❶ *wentelen* turn over, overturn ❷ *op z'n kant zetten* tilt★ *niet~!* this side up!**II** *onoverg* [kantelde, is gekanteld] ❶ topple over, overturn, turn over ❷ *scheepv* capsize
**kantelraam** *o* [-ramen] cantilever/swing window
**kanten I** *overg* [kantte, h. gekant] square★ *zich~ tegen* oppose**II** *bn* lace

**kant-en-klaar** *bn* ❶ off-the-shelf, ready-made★ *een kant-en-klare oplossing* a cut-and-dried solution ❷ *m.b.t. voedsel* ready-to-eat, ready-made, instant, ⟨bakklaar⟩ oven-ready ❸ *m.b.t. contracten, systemen & turnkey*
**kant-en-klaarmaaltijd** *m* [-en] convenience food, ready-made/instant meal
**kantig** *bn* angular
**kantine** *v* [-s] canteen
**kantje** *o* [-s] ❶ *rand* edge, verge★ *het was op het~ af, het was~ boord* it was a near/close thing, it was touch and go★ *op het~ af geslaagd* got through by the skin of his teeth★ *er de~s van af lopen* cut corners ❷ *bladzijde* page★ *een brief van zes~s* a six-page letter ❸ *haring* pickled herring
**kantklossen** *o* lace making with a bobbin
**kantlijn** *v* [-en] ❶ *op papier* margin, marginal line ★ *in de~ trekken* rule a margin★ *in de~* in the margin ❷ *v.een kubus &* edge
**kanton** *o* [-s] canton
**kantongerecht** *o* [-en] magistrate's court, district court
**kantonrechter** *m* [-s] ❶ *persoon* judge of the district court ❷ *instelling* district court
**kantoor** *o* [-toren] office★ *het~ van afzending/ontvangst* the forwarding/receiving office ★ *op een~* in an office★ *op~* at the office★ *naar~ gaan* go to the office★ *ten kantore van...* at the office of...
**kantoorartikel** *o* [-en] office requisite
**kantoorbaan** *v* [-banen] office job
**kantoorbediende** *m-v* [-n & -s] (office) clerk
**kantoorbehoeften** *zn* [mv] stationery, office supplies/requisites
**kantoorboekhandel** *m* [-s] stationer's (shop)
**kantoorgebouw** *o* [-en] office building
**kantoormeubelen** *zn* [mv], **kantoormeubilair** *o* office furniture
**kantoorpand** *o* [-en] office premises/building
**kantoortijd** *m* [-en] office hours, ⟨voor bezoekers⟩ business hours
**kantoortuin** *m* [-en] open-plan office
**kantooruren** *zn* [mv], **kantoortijd** *m* [-en] office hours★ *buiten/tijdens~* outside/during office hours
**kanttekening** *v* [-en] marginal note
**kantwerk** *o* [-en] lacework
**kanunnik** *m* [-niken] canon
**kap I** *v* [-pen] ❶ *hoofdbedekking* ⟨v. vrouwen (ook v. klederdracht)⟩ cap, ⟨v. cape, monnikspij⟩ hood ❷ *v. voertuig* hood ❸ *v. schoorsteen* cowl ❹ *v. molen* cap ❺ *v. lamp* shade ❻ *haardroger* hood ❼ *v. laars* top ❽ *v. huis* roof, roofing★ *twee onder één~* semi-detached houses ❾ *v. muur* coping ❿ *techn* cap, cover, ⟨v. auto⟩ bonnet, ⟨v. vliegtuig⟩ cowl(ing) **II** *m* [-pen] *het kappen* cutting
**kapel** *v* [-len] ❶ *v.kerk* chapel ❷ *muz* band ❸ *vlinder* butterfly
**kapelaan** *m* [-s] chaplain, *RK* curate, assistant priest

**kapelmeester** *m* [-s] conductor, <u>mil</u> (military) bandmaster

**kapen** *overg* [kaapte h. gekaapt] ❶ hijack ❷ *wegnemen* <u>inf</u> pinch, nick

**kaper** *m* [-s] ❶ hijacker ❷ <u>scheepv</u> raider, <u>hist</u> privateer ✳ *er zijn~s op de kust* ⟨er is onraad⟩ the coast is not clear; ⟨er is competitie⟩ there are rivals in the field

**kaperij** *v* hijacking, piracy

**kaping** *v* [-en] hijacking

**kapitaal** *I o* [-talen] ❶ <u>econ</u> capital ✳ *~ en interest* principal and interest ✳ *dood~* dead/idle capital ✳ *geplaatst~* issued/subscribed capital ✳ *gestort~* <u>Br</u> paid-up capital, <u>Am</u> paid-in capital ✳ *maatschappelijk ~* authorized/nominal/registered (share) capital ✳ *zijn~ aanspreken* draw on one's capital ✳ *~ aantrekken* raise capital ✳ *~ opvragen* call up capital, make a call on capital ✳ *~ plaatsen* issue capital ❷ *veel geld* fortune **II** *v* [-talen] *v. hoofdletter* capital **III** *bn* ❶ capital ✳ *een~ misdrijf* a capital crime ✳ *een kapitale fout* a major mistake ✳ *een~ huis* a luxurious house ❷ *voortreffelijk* fantastic, excellent

**kapitaalbelasting** *v* ❶ *bij nalatenschap* capital transfer tax ❷ *bedrijf* capital duty

**kapitaalgoederen** *zn* [mv] capital goods/assets

**kapitaalkrachtig** *bn* financially strong/powerful, ⟨v. persoon⟩ wealthy

**kapitaalmarkt** *v* capital market

**kapitaalvlucht** *v* flight of capital

**kapitaalvorming** *v* capital formation/accumulation

**kapitalisatie** *v* [-s] capitalization, capital structure

**kapitalisatiebon** *m* [-s] <u>ZN</u> premium bond, debenture (bond)

**kapitaliseren** *overg* [kapitaliseerde, h. gekapitaliseerd] capitalize

**kapitalisme** *o* capitalism

**kapitalist** *m* [-en] capitalist

**kapitalistisch I** *bn* capitalist ⟨country, society⟩, capitalistic ⟨production⟩ **II** *bijw* capitalistically

**kapiteel** *o* [-telen] capital

**kapitein** *m* [-s] <u>mil & scheepv</u> captain, ⟨v. klein schip⟩ skipper ✳ *~-luitenant-ter-zee* (naval) commander ✳ *~-vlieger* flight-lieutenant ✳ *er kunnen geen twee~s op een schip* you can't have two captains on one ship

**kapitein-ter-zee** *m* [kapiteins-ter-zee] (naval) captain

**kapittel** *o* [-s] chapter

**kapittelen** *overg* [kapittelde, h. gekapitteld] ✳ *iem. ~* lecture sbd, read sbd a lecture

**kapittelkerk** *v* [-en] collegiate church

**kapje** *o* [-s] ❶ *mutsje* cap ❷ *leesteken* circumflex ❸ *v.e. brood* heel, crust

**kaplaars** *v* [-laarzen] top boot, jackboot

**kapmes** *o* [-sen] chopper, cleaver

**kapok** *m* kapok

**kaposisarcoom** *o* [-comen] Kaposi's sarcoma

**kapot** *bn v. gereedschap &* broken, out of order, gone

to pieces, ⟨v. jas &⟩ in holes ✳ *iets~ krijgen* break sth ✳ *zich~ lachen* die laughing ✳ *zich~ vervelen* be bored stiff/to tears ✳ *ik ben~* ⟨geruïneerd⟩ I'm done for; ⟨zeer moe⟩ I'm done in ✳ *ik ben er~ van* it's shattered me, I'm completely cut up about it ✳ *ik ben er niet~ van* it doesn't do much to me

**kapotgaan** *onoverg* [ging kapot, is kapotgegaan] break down, go to pieces

**kapotgooien** *overg* [gooide kapot, h. kapotgegooid] smash

**kapotje** *o* [-s] condoom rubber, <u>Am</u> safe, <u>Br</u> sheath

**kapotmaken** *overg* [maakte kapot, h. kapotgemaakt] ❶ destroy, ruin, wreck ❷ *doodmaken* do ⟨sbd⟩ in

**kapotslaan** *overg* [sloeg kapot, h. kapotgeslagen] smash, break up

**kapotvallen** *onoverg* [viel kapot, is kapotgevallen] break, fall to pieces, smash

**kapotwerken** *wederk* [werkte kapot, h. kapotgewerkt] ✳ *zich~* work oneself to death

**kappen I** *overg* [kapte, h. gekapt] ❶ *hakken* chop ❷ *bomen* cut (down), fell ❸ *v. haar* dress ✳ *zich~* do one's hair **II** *onoverg* [kapte, is gekapt] ⟨ophouden⟩ <u>inf</u> quit, knock off ✳ *ik kap er mee* I'm knocking off/quitting/calling it a day

**kapper** *m* [-s] hairdresser, hair stylist, ⟨voor heren⟩ barber

**kapperszaak** *v* [-zaken] barbershop, hairdresser's

**kappertjes, kappers** *zn* [mv] capers

**kapsalon** *m & o* [-s] hairdresser's salon

**kapseizen** *onoverg* [kapseisde, is gekapseisd] capsize

**kapsel** *o* [-s] haircut, hairdo, hairstyle

**kapsones** *zn* [mv] ✳ *~ hebben* be full of oneself ✳ *~ maken* make a scene

**kapspiegel** *m* [-s] dressing table mirror

**kapster** *v* [-s] (lady) hairdresser

**kapstok** *m* [-ken] ⟨aan muur⟩ coat rack, ⟨in gang⟩ hatstand, coatstand, ⟨één haak⟩ peg ✳ *iets als~ gebruiken* use sth as a stepping stone

**kaptafel** *v* [-s] dressing table

**kapucijn** *m* [-en] Capuchin

**kapucijner I** *m* [-s] *erwt* marrowfat (pea) **II** *bn* ✳ *een ~ monnik* a Capuchin (monk)

**kapverbod** *o* [-boden] tree-felling ban

**kar** *v* [-ren] ❶ cart ✳ *iem. voor zijn~retje spannen* get sbd to do one's dirty work, use sbd as a tool/doormat ❷ *fiets* <u>inf</u> bike ❸ *auto* <u>inf</u> car

**karaat** *o* [-s & -raten] carat ✳ *18-~s goud* 18-carat gold

**karabijn** *v* [-en] carbine

**karaf** *v* [-fen] ❶ *voor water* carafe ❷ *voor wijn* decanter, carafe

**karakter** *o* [-s] ❶ *letterteken* character, symbol ❷ *aard* character, nature ✳ *een goed~ hebben* have a good character ✳ *vast van~* of (a) steady character ✳ *van een tijdelijk~* temporary ❸ *toneelpersonage* character

**karaktereigenschap** *v* [-pen] character trait

**karakteriseren** *overg* [karakteriseerde, h.

gekarakteriseerd] characterize
**karakteristiek I** *bn* characteristic * *de ~e geur van bitter amandelen* the distinctive smell of bitter almonds * *dat is ~ voor haar* that's typical of her **II** *bijw* characteristically **III** *v* [-en] characterization
**karakterloos** *bn* characterless
**karakterrol** *m* [-len] character part
**karakterschets** *v* [-en] character sketch
**karakterstudie** *v* [-s] character study
**karaktertekening** *v* [-en] character sketch
**karaktertrek** *m* [-ken] trait, characteristic, feature
**karaktervast** *bn* consistent in character
**karaktervorming** *v* character building
**karamel** *v* [-s & -len] caramel
**karameliseren** *overg* [karameliseerde, h. gekarameliseerd] *v. suiker* caramelize
**karaoke** *m* karaoke
**karaokebar** *m & v* [-s] karaoke bar
**karate** *o* karate
**karateka** *m-v* ['s] karateka, karate player
**karavaan** *v* [-vanen] caravan
**karbonade** *v* [-s & -n] chop, cutlet
**karbonkel** *m & o* [-s] *steen en puist* carbuncle
**kardinaal I** *bn* cardinal, chief * *het kardinale punt* the cardinal/crucial point, the crux of the matter * *de kardinale fout* the crucial error **II** *m* [-nalen] cardinal
**karekiet, karkiet** *m* [-en] *vogel* reed warbler
**karig I** *bn* scanty, frugal, sparing ‹use› * *een ~ maal* a frugal meal * *~ met woorden* sparing with words * *(niet) ~ zijn met* (not) be frugal/sparing with **II** *bijw* scantily, frugally, sparingly, with a sparing hand
**karigheid** *v* **❶** scantiness, sparseness **❷** *zuinigheid* frugality, afkeurend stinginess
**karikaturaal** *bn* caricatural
**karikaturist** *m* [-en] caricaturist
**karikatuur** *v* [-turen] caricature
**karkas** *o & v* [-sen] carcass, ‹v. gebouw ook› skeleton
**karma** *o* karma
**karmeliet** *m* [-en] Carmelite
**karmijn** *o* carmine
**karnemelk** *v* buttermilk
**karnen** *overg* [karnde, h. gekarnd] churn
**karos** *v* [-sen] coach, state carriage
**karper** *m* [-s] carp
**karpet** *o* [-ten] carpet, rug
**karren I** *onoverg* [karde, h. en is gekard] **❶** *fietsen* bike, cycle **❷** *rijden* drive, ride **II** *overg* [karde, h. gekard] cart
**karrenvracht** *v* [-en] cartload
**'kartel**[1] *m* [-s] *inkerving* serration, notch, crenation
**kar'tel**[2] *o* [-s] **❶** *handel* cartel, syndicate, trust, *inf* ring * *een ~ vormen* form a cartel **❷** *v. politieke partijen* ZN coalition
**kartelen** *overg* [kartelde, h. gekarteld] **❶** *notch* **❷** *munten* mill * *een gekartelde rand* a serrated edge; ‹v. munten› a milled edge
**kartelmes** *o* [-sen] serrated knife

**kartelrand** *m* [-en] zigzag edge, ‹v. messen› serrated edge, ‹van munten› milled edge * *met ~ with* a zigzag & edge
**kartelrecht** *o* anti-trust law
**kartelschaar** *v* [-scharen] pinking shears
**kartelvorming** *v* cartelization
**karting** *o* go-karting
**karton** *o* [-s] cardboard, pasteboard * *een ~ a* cardboard box, a carton
**kartonnage** *v* **❶** cardboard production **❷** *inbinden van boeken* board binding
**kartonnen** *bn* cardboard * *een ~ doos* a cardboard box * *een ~ kaft* a hardback cover
**karwats** *v* [-en] riding whip/crop
**karwei** *v & o* [-en] job, task, chore * *op ~ gaan/zijn* go/be out on a job * *het is een heel ~* it's quite a job/task/chore
**karweitje** *o* [-s] job, chore, task * *(allerlei) ~s* odd jobs * *een heitje voor een ~* a bob-a-job
**karwij** *v* caraway
**kas** *v* [-sen] **❶** *ter invatting v. horloge* case **❷** *v. tand, oog* socket * *zijn ogen puilden bijna uit de ~sen* his eyes almost popped out of their sockets **❸** *tuinbouw & hothouse*, greenhouse, glasshouse **❹** *geldkistje* cash box **❺** *geldmiddelen* cash, funds * *kleine ~* petty cash * *'s lands ~* the exchequer, the treasury * *de openbare ~* the public funds * *de ~ houden* manage the funds * *de ~ opmaken* make up the cash, keep the accounts * *goed bij ~ zijn* be in cash/funds, have plenty of money * *slecht bij ~ zijn* be short of cash/funds * *geld in ~* cash in hand **❻** *kassa* cash desk * *een greep in de ~ doen* raid the till **❼** *betaalkantoor* pay office
**kasbloem** *v* [-en] hothouse flower
**kasboek** *o* [-en] cash book
**kascheque** *m* [-s] giro cheque, Am giro check
**kascommissie** *v* [-s] audit committee
**kascontrole** *v* [-s] *door accountant* cash audit
**kasgeld** *o* [-en] cash (in hand)
**kaskraker** *m* [-s] winner, hit
**kasoverschot** *o* [-ten] cash surplus
**Kaspisch** *bn* Caspian * *de ~e Zee* the Caspian Sea
**kasplant** *v* [-en] hothouse plant * *fig een ~je* a hothouse flower
**kasreserve** *v* [-s] cash reserve
**kassa** *v* ['s] **❶** *geldkas* cash **❷** *v. betaling* cash desk, (pay-)desk **❸** *v. supermarkt* checkout **❹** *v. bioscoop & box* office **❺** *telmachine* cash register, till * *per ~ net* cash * *~!* jackpot!, bingo!
**kassabon** *m* [-s & -nen] receipt, docket
**kassaldo** *o* ['s &-di] cash balance
**kassarol** *v* [-len] till roll
**kassei** *m & v* [-en] **❶** *steen* ZN cobblestone **❷** *weg* cobbled road
**kassier** *m* [-s] **❶** *kasbeheerder* cashier, ‹v. bank ook› teller **❷** *v. grote betalingen* banker
**kasstroom** *m* [-stromen] cash flow, ‹uit de bedrijfsuitoefening› operating cash flow

**kasstuk** *o* [-ken] ❶ <u>toneel</u> box office success ❷ <u>boekh</u> voucher

**kassucces** *o* [-sen] box office success

**kast** *v* [-en] ❶ *meubel* ‹keukenkast› cupboard, ‹kledingkast› wardrobe, ‹boekenkast› bookcase, ‹porseleinkast› cabinet ✳ <u>inf</u> *iem. op de ~ jagen* rile/bait/tease sbd ✳ *op de ~ zitten* be in a huff, be angry ✳ *alles uit de ~ halen* pull out all the stops ✳ ‹v. homoseksuelen› *uit de ~ komen* come out of the closet ✳ *van het ~je naar de muur sturen* send from pillar to post ❷ *groot gebouw* barn, barracks, ‹lelijk› monstrosity ✳ *een ~ van een huis* a barn of a house ❸ *kamer* inf diggings, digs ❹ *gevangenis* inf nick, can, clink ✳ <u>inf</u> *iem. in de ~ zetten* put sbd in the nick & ❺ *v. horloge & case*

**kastanje** *v & m* [-s] chestnut ✳ *de wilde ~* the horse chestnut ✳ *de tamme ~* the sweet chestnut ✳ *voor iem. de ~s uit het vuur halen* do sbd else's dirty work

**kastanjeboom** *m* [-bomen] chestnut tree

**kastanjebruin** *bn* chestnut, auburn ✳ *~ haar* chestnut/auburn hair

**kaste** *v* [-n] caste

**kasteel** *o* [-telen] ❶ castle, <u>mil</u> citadel ❷ *schaken* castle, rook

**kastekort** *o* [-en] cash deficit

**kastelein** *m* [-s] innkeeper, landlord, publican

**kastenstelsel** *o* [-s] caste system

**kastijden** *overg* [kastijdde, h. gekastijd] chastise, castigate, punish

**kastijding** *v* [-en] chastisement, castigation

**kastje** *o* [-s] ❶ ‹kleine kast› (small) cupboard, ‹sierlijk› cabinet, ‹v. leerling, in kleedkamer &› locker ✳ *van het ~ naar de muur gestuurd worden* be sent/driven from pillar to post ❷ *tv* scherts box

**kat** *v* [-ten] ❶ *dier* cat ✳ *de ~ de bel aanbinden* bell the cat ✳ *als een ~ in een vreemd pakhuis* like a fish out of water ✳ *een ~ in de zak kopen* buy a pig in a poke ✳ *als een ~ om de hete brij heendraaien* beat about the bush ✳ *de ~ op het spek binden* set the fox to watch the geese, trust the cat to keep the cream ✳ *de ~ uit de boom kijken* see which way the cat jumps, sit on the fence ✳ *de ~ in het donker knijpen* do things on the sly, be a slyboots/sneak ✳ *als de ~ van huis is, dansen de muizen op tafel* when the cat's away the mice will play ✳ *zij leven als ~ en hond* they live like cat and dog ✳ *een ~ in het nauw maakt rare sprongen* ± a drowning man will clutch at a straw, desperate needs lead to desperate deeds ✳ *maak dat de ~ wijs* tell that to the marines ✳ *het spel van ~ en muis spelen* play cat and mouse ✳ *~ in 't bakkie* child's play, a cinch ✳ *eruitzien als een verzopen ~* look like a drowned rat ❷ *mv: de katachtigen* cats, felines ❸ *vinnige vrouw* cat ✳ *zij is een ~* she's a cat ❹ *snauw* snarl ✳ *iem. een ~ geven* bite sbd's head off ❺ *wapen* <u>hist</u> cat

**katachtig** *bn* ❶ catlike ❷ *tot de katachtigen behorend* feline

**katafalk** *v* [-en] catafalque

**katalysator** *m* [-s & -toren] ❶ <u>scheik</u> catalyst ❷ *in auto* (catalytic) converter

**katalyseren** *overg* [katalyseerde, h. gekatalyseerd] catalyse

**katapult** *m* [-en] catapult

**katenspek** *o* ± smoked bacon

**kater** *m* [-s] ❶ *mannetjeskat* tomcat ❷ *teleurstelling* disillusionment ❸ *na drankgebruik* hangover ✳ *een ~ hebben* have a hangover, be hung over

**katern** *v & o* [-en] ❶ *papier* quire ❷ <u>ambt</u> section, signature

**katheder** *m* [-s] lectern

**kathedraal** I *v* [-dralen] cathedral II *bn* ✳ *een kathedrale kerk* a cathedral church

**katheter** *m* [-s] catheter

**kathode** *v* [-n & -s] cathode

**katholicisme** *o* (Roman) Catholicism

**katholiek** I *bn* ❶ (Roman) Catholic ❷ *deugdelijk* <u>ZN</u> right, proper ✳ *dat is niet ~* that's not right II *m* [-en] (Roman) Catholic

**katje** *o* [-s] ❶ *poesje* kitten ✳ *bij nacht zijn alle ~s grauw* all cats are grey at night/in the dark ❷ *bloeiwijze* catkin ❸ *vrouwspersoon* cat ✳ *zij is geen ~ om zonder handschoenen aan te pakken* she's not to be trifled with

**katoen** *o & m* cotton ✳ *'m van ~ geven* give it all one has got ✳ *geef hun van ~* let them have it

**katoenen** *bn* cotton ✳ *~ stoffen* cotton fabrics, cottons

**katrol** *v* [-len] pulley

**kattebelletje** *o* [-s] (hasty) scribble, memo

**Kattegat** *o* Kattegat

**katten** *overg* [katte, h. gekat] ❶ *van scheepvaart* cat ❷ *snauwen* snarl (at) ✳ *gaan we ~?* are we going to be bitchy?

**kattenbak** *v* [-ken] ❶ *voor behoefte v. kat* cat's box ❷ *aan rijtuig* dickey (seat)

**kattenbakvulling** *v* cat litter

**kattenbelletje** *o* [-s] *belletje* cat bell

**kattengejank** *o* caterwauling, miaowing/meowing

**kattengespin** *o* cat's purr ✳ *het eerste gewin is ~* first winnings don't count

**kattenkop** *m* [-pen] ❶ *kop v.e. kat* cat's head ❷ <u>fig</u> cat, bitch

**kattenkwaad** *o* naughty/monkey tricks, mischief ✳ *~ uithalen* be naughty, get into mischief

**kattenluik** *o* [-en] cat flap/door

**kattenoog** *o* [-ogen] ❶ *oog van een kat* cat's eye ❷ *reflector* cat's eye, reflector ❸ *steen* cat's eye

**kattenpis** *m* inf cat piss ✳ ‹m.b.t. een geldbedrag› *dat is geen ~* that's not to be sneezed at

**kattenstaart** *m* [-en] ❶ *staart v. kat* cat's tail ❷ *plant* purple loosestrife

**katterig** *bn* ❶ *licht ziek* inf under the weather ❷ *na dronkenschap* inf have a hangover

**kattig** *bn* catty, cattish

**katvis** *m* [-vissen] catfish, fry

**katzwijm** *m* ✳ *in ~ liggen* have fainted ✳ *in ~ vallen* faint, swoon

**Kaukasus** m Caucasus

**kauw** v [-en] *vogel* jackdaw

**kauwen** *overg* [kauwde, h. gekauwd] chew ∗ ~ *op* chew on

**kauwgom** m & o chewing gum

**kauwgombal** m [-len] chewing gum ball

**kavel** m [-s & -en] *perceel* lot, parcel

**kavelen** *overg* [kavelde, h. gekaveld] lot (out), subdivide, divide into lots

**kaviaar** m caviar(e)

**Kazachstan, Kazakstan** o Kazakhstan

**kazerne** v [-s & -n] barrack(s) ∗ *in ~s onderbrengen* put into barracks

**kazuifel** m [-s] chasuble

**KB** *afk* ❶ (Koninklijk Besluit) Royal Decree ❷ (Koninklijke Bibliotheek) Royal Library ❸ **Kb, kb** (kilobyte) comput KB, kilobyte

**kebab** m kebab

**keel** I v [kelen] throat ∗ *een zere ~* a sore throat ∗ *een schorre ~* a husky voice ∗ *een droge ~ hebben* have a dry throat ∗ *de ~ smeren* wet one's whistle ∗ *een ~ opzetten* cry out, yell, scream at the top of one's voice ∗ *iem. de ~ afsnijden* cut sbd's throat ∗ *iem. de ~ dichtknijpen* choke/throttle/strangle sbd ∗ *iem. naar de ~ vliegen* go for sbd's throat ∗ *iem. bij de ~ grijpen* seize sbd by the throat ∗ *hij heeft de baard in de ~* his voice is breaking ∗ fig *dat grijpt mij naar de ~* it gives me a lump in the throat ∗ fig *iem. het mes op de ~ zetten* put a pistol to sbd's head ∗ *het hart klopte hem in de ~* his heart was in his throat ∗ *angst snoerde hem de ~ dicht* he was choked with fear ∗ *het woord bleef mij in de ~ steken* the word stuck in my throat ∗ inf *het hangt mij de ~ uit* I'm fed up (to the back teeth) with it II o herald gules

**keel-, neus- en oorarts** m [-en] ear, nose and throat specialist

**keelamandel** v [-en] tonsil

**keelgat** o [-gaten] gullet ∗ *het kwam in het verkeerde ~* it went down the wrong way ∗ fig *dat schoot hem in het verkeerde ~* that didn't go down very well with him

**keelholte** v [-n & -s] pharynx

**keelkanker** m cancer of the throat

**keelklank** m [-en] guttural (sound)

**keelontsteking** v [-en] inflammation of the throat, laryngitis

**keelpijn** v sore throat ∗ *~ hebben* have a sore throat

**keepen** *onoverg* [keepte, h. gekeept] keep goal

**keeper** m [-s] goalkeeper

**keer** m [keren] ❶ *wending* turn ∗ *de ziekte heeft een goede/gunstige ~ genomen* the illness has taken a favourable turn ∗ *gedane zaken nemen geen ~* what's done can't be undone ❷ *maal* time ∗ *(voor) deze ~* this time ∗ *twee ~* twice ∗ *de twee keren dat hij...* the two occasions that he... ∗ *een ~ of drie* two or three times ∗ *drie ~* three times ∗ *een enkele ~* once in a while, occasionally ∗ *de eerste ~* the first time ∗ *de*

**ka**

*laatste ~* (the) last time ∗ *de volgende ~* next time ∗ *in één ~* ⟨algemeen⟩ at one time, at one go; ⟨doodslaan⟩ at a blow; ⟨leegdrinken⟩ at a draught ∗ *in/binnen de kortste keren* in no time at all, without further delay, before you can say Jack Robinson ∗ *op een ~* one day/evening & ∗ *~ op ~* time after time, time and again ∗ *voor deze ene ~* for this once ∗ *negen van de tien ~* nine times out of ten ▼ *te ~ gaan* go on (at), take on, raise the roof, storm

**keerkring** m [-en] tropic ∗ *tussen de ~en* in the tropics

**keerpunt** o [-en] turning point ∗ *een ~ in de geschiedenis* a turning point/watershed in history ∗ fig *het ~ in zijn carrière* the turning point in his career

**keerzij, keerzijde** v [-zijden] ❶ *achterzijde* reverse (side), back ∗ *aan de ~* on the back ∗ fig *de ~ van de medaille* the other side of the coin/picture ❷ fig seamy side

**keeshond** m [-en] Pomeranian (dog), keeshond

**keet** v [keten] ❶ ⟨rommel⟩ mess, ⟨herrie⟩ row, racket ∗ inf *~ maken* make a mess; ⟨v. herrie⟩ kick up a row/racket ❷ *loods* shed

**keffen** *onoverg* [kefte, h. gekeft] yap

**keffer** m [-s], **keffertje** o [-s] yapper

**kegel** m [-s] ❶ wisk cone ∗ *een afgeknotte ~* a truncated cone ❷ *bij kegelspel* pin, ⟨bij bowling⟩ tenpin, ⟨bij kegelen⟩ skittle, ninepin ❸ *ijskegel* icicle ❹ *van drank* ∗ *hij kwam met een ~ op zijn werk* he got to work reeking of alcohol

**kegelbaan** v [-banen] skittle/bowling alley

**kegelen** *onoverg* [kegelde, h. gekegeld] play skittles/ninepins

**kegelsnede** v [-n] conic section

**kei** m [-en] ❶ *rotsblok* boulder ❷ *ter bestrating* paving stone, ⟨rond⟩ cobblestone ∗ fig *op de ~en staan* be out on one's ear ∗ fig *iem. op de ~en zetten* give sbd the boot ❸ *bolleboos* fig wizard, dab hand, crack

**keihard** I bn ❶ rock-hard, as hard as rock/stone ❷ fig tough ∗ *~e maatregelen nemen* take tough/rigorous measures ∗ *een ~ schot* a fierce shot ∗ *een ~e vrouw* a tough woman II bijw ❶ firmly ∗ *zich ~ opstellen* take a tough stance ❷ *m.b.t. geluid* loudly ∗ *de radio stond ~ aan* the radio was on full blast ∗ *~ schreeuwen* shout at the top of one's voice

**keilbout** m [-en] bolt plug

**keileem** o boulder clay

**keilen** *overg* [keilde, h. gekeild] fling, pitch ∗ *steentjes over het water ~* make ducks and drakes

**keizer** m [-s] emperor ∗ bijbel *geef de ~, wat des ~s is* render unto Caesar the things which are Caesar's ∗ *waar niets is, verliest de ~ zijn recht* you can't get blood out of a stone ∗ *de nieuwe kleren van de ~* the emperor's new clothes

**keizerin** v [-nen] empress

**keizerlijk** bn imperial

**keizerrijk** o [-en] empire

**keizersnede, keizersnee** v [-sneden] Caesarean/Am

Cesarean section

**kelder** *m* [-s] ❶ *souterrain* cellar ❷ *kluis* vault ▼ *naar de~ gaan scheepv* go to the bottom; *fig* go to the dogs

**kelderen I** *overg* [kelderde, h. gekelderd] *zinken* send to the bottom, sink **II** *onoverg* [kelderde, is gekelderd] *v. aandelen* slump, plummet

**keldergat** *o* [-gaten] air/vent hole

**keldermeester** *m* [-s] butler, ‹v. klooster› cellarer, ‹v. wijnmakerij› cellar master, winemaker

**keldertrap** *m* [-pen] cellar stairs

**kelderverdieping** *v* [-en] basement

**kelen** *overg* [keelde, h. gekeeld] ❶ *keel doorsnijden* cut the throat of ❷ *wurgen* strangle

**kelim I** *m* [-s] *tapijt* kilim **II** *o stof* kilim

**kelk** *m* [-en] ❶ *glas* cup, chalice ❷ *plantk* calyx

**kelkblad** *o* [-bladen] sepal

**kelner** *m* [-s] waiter ∗ *de eerste~* the head waiter

**Kelt** *m* [-en] Celt

**Keltisch I** *bn* Celtic **II** *o taal* Celtic

**Keltische** *v* [-n] Celt

**kelvin** *m* [-s] Kelvin

**kemphaan** *m* [-hanen] ❶ *vogel* ruff, ‹vrouwtje› reeve ❷ *vechtersbaas fig* fighting cock ∗ *ze stonden als kemphanen tegenover elkaar* they were poised for the fight

**kenau** *v* [-s] battleaxe

**kenbaar** *bn* knowable ∗ *iets~ maken* make sth known ∗ *ze zijn~ aan...* they can be identified/recognized by...

**kengetal** *o* [-len] telec dialling/area code

**Kenia** *o* Kenya

**kenmerk** *o* [-en] ❶ *kenteken* distinguishing/identifying mark ∗ ‹boven zakenbrief› *ons~* our ref ❷ *karakteristiek* characteristic feature

**kenmerken** *overg* [kenmerkte, h. gekenmerkt] characterize, mark ∗ *zich~ door* be characterized by

**kenmerkend** *bn* characteristic ∗ *~ zijn voor* be characteristic of

**kennel** *m* [-s] kennel

**kennelijk I** *bn* obvious, evident, apparent ∗ *in~e staat (van dronkenschap)* under the influence of drink **II** *bijw* clearly, obviously

**kennen** *overg* [kende, h. gekend] ❶ know, be acquainted with ∗ *dat~ we* we know about that; *iron* we've heard that one before ∗ *de feiten~* know the facts ∗ *betere dagen gekend hebben* have seen beter days ∗ *zijn pappenheimers~* know who you are dealing with ∗ *een taal~* be familiar with/know/speak a language ∗ *hij kent geen vrees* he knows no fear ∗ *ken u zelven* know thyself ∗ *zich doen~ als...* show oneself a... ∗ *zich laten~* show oneself in one's true colours ∗ *iem. leren~* get acquainted with sbd, come/learn to know sbd ∗ *iem. niet in iets~* act without sbd's knowledge, not consult sbd about sth ∗ *geen ... van ...~* not know ... from ... ❷ *herkennen* recognize, know ∗ *de wet kent*

dat begrip niet the law does not make that distinction ∗ *inf zij wilden hem niet~* they cut him dead ∗ *ik ken hem aan zijn stem/manieren* I recognize his voice/mannerisms ∗ *ze uit elkaar~* know/tell them apart ▼ *iem. te~ geven dat...* give sbd to understand that..., hint/intimate to sbd that...

**kenner** *m* [-s] ❶ connoisseur, (good) judge (*van* of) ❷ *deskundige* authority (on), expert (on) ∗ *een~ van het Latijn* a Latin scholar

**kennersblik** *m* [-ken], **kennersoog** *o* eye of a connoisseur/an expert ∗ *met~* with an expert's/connoisseur's eye

**kennis I** *v* ❶ *het weten, wetenschap* knowledge, ‹vooral praktisch› know-how, ‹informatie› information ∗ *~ is macht* knowledge is power ∗ *~ dragen van* have knowledge of ∗ (geen) *~ hebben van* have (no) knowledge of ∗ *dat is buiten mijn~ gebeurd* that happened without my knowledge ∗ *met ~ van zaken* with expertise, expertly ∗ *ter~ komen van* come to the knowledge/attention of ∗ *iets ter (algemene)~ brengen* give (public) notice of sth ∗ *oppervlakkige~ van* a superficial knowledge of, ‹v. een taal› a smattering of ∗ *~ geven van* give notice of, announce ∗ *zonder (vooraf)~ te geven* without giving (prior) notice ❷ *bekendheid met* acquaintance ∗ *~ hebben aan iem.* be acquainted with sbd, know sbd ∗ *~ maken met iem.* make sbd's acquaintance ∗ *~ maken met iets* become acquainted with sth, get to know about sth ∗ *met elkaar in~ brengen* introduce to each other ∗ *iem. in ~ stellen van* acquaint sbd with, inform sbd of ∗ *~ nemen van* take note of, acquaint oneself with ∗ *~ geven van* announce, give notice of ❸ *bewustzijn* consciousness ∗ *bij~ zijn* be conscious ∗ *weer bij~ komen* regain consciousness ∗ *buiten~ zijn* be unconscious, have lost consciousness **II** *m-v* [-sen] *persoon* acquaintance ∗ *een (goede)~ van mij* a (good) acquaintance of mine ∗ *wij zijn onder~sen* we're among friends

**kennisgeving** *v* [-en] notice, notification, announcement ∗ *iets voor~ aannemen* ‹een document› lay sth on the table; ‹alg.› take note of sth ∗ *enige en algemene~* in place of cards

**kennisleer** *v* epistemology

**kennismaken** *onoverg* [maakte kennis, h. kennisgemaakt] ∗ *met iem. ~* become acquainted with sbd, meet sbd ∗ *aangenaam kennis te maken* pleased to meet you ∗ *hebben jullie al kennisgemaakt?* do you two know each other?

**kennismaking** *v* [-en] ❶ acquaintance ∗ *bij de eerste ~* on first acquaintance ∗ *op onze~!* to our better acquaintance! ❷ *het bekend-worden van iets* introduction (to) ∗ *handel ter~* introductory offer

**kennisneming** *v* examination, inspection

**kennisoverdracht** *v* transfer of knowledge

**kennissenkring** *m* [-en] (circle of) acquaintances

**kennissysteem** *o* [-temen] knowledge system

**kenschetsen** *overg* [kenschetste, h. gekenschetst]

characterize * *dat kenschetst hem* that is typical/characteristic of him

**kenteken** *o* [-s & -en] ❶ *merkteken* distinguishing mark * *bijzondere* ~*en* distinguishing marks ❷ *v. auto* registration/number plate, Am license plate

**kentekenbewijs** *o* [-wijzen] registration certificate

**kentekenplaat** *v* [-platen] registration/number plate, Am license plate * *een auto met* ~ *1500 RG 33* a car with number plate 1500 RG 33 * *auto's met Engelse kentekenplaten* cars with English number plates

**kenteren** *overg en onoverg* [kenterde, h. en is gekenterd] turn * *het getij kentert* the tide is turning

**kentering** *v* [-en] ❶ *van getij, weer, moesson &* change, turn ❷ fig turn, turning * *een* ~ *in de cultuur* a cultural sea change * *een* ~ *in de publieke opinie* a change in the tide of public opinion

**keper** *m* [-s] ❶ *weefsel* twill * *op de* ~ *beschouwen* examine carefully * *op de* ~ *beschouwd* on close inspection ❷ herald chevron ❸ *dakrib* ZN beam

**kepie** *m* [-s] kepi

**keppeltje** *o* [-s] yarmulke

**keramiek, ceramiek** *v* ceramics

**keramisch, ceramisch** *bn* ceramic * *een* ~*e kookplaat* a ceramic hob

**keramist** *m* [-en] ceramic artist

**kerel** *m* [-s] fellow, chap, inf guy, bloke * *een eerlijke* ~ an honest fellow & * *een rare* ~ a strange fellow &

**kereltje** *o* [-s] little chap/fellow, inf little guy/bloke

**keren** I *overg* [keerde, h. gekeerd] ❶ *omkeren* turn * *hooi* ~ toss/ted hay, turn over hay * *zich* ~ turn (around) * *zich tegen iedereen* ~ turn against everybody * *zich ten goede/kwade* ~ turn out well/badly, take a turn for the better/worse * *zich tot God* ~ turn to God ❷ kaartsp turn over ⟨a card⟩ ❸ *tegenhouden* stem, stop, check, arrest * *het kwaad is niet meer te* ~ the evil cannot be averted II *onoverg* [keerde, is gekeerd] turn (around) * *in zichzelf* ~ retire within oneself * *in zichzelf gekeerd* retiring * *beter ten halve gekeerd dan ten hele gedwaald* he who stops halfway is only half in error * *per* ~*de post* by return post

**kerf** *v* [kerven] notch, nick

**kerfstok** *m* [-ken] tally * *hij heeft veel op zijn* ~ he has a bad record * *niets op zijn* ~ *hebben* have a clean slate

**kerk** *v* [-en] ❶ *kerkgebouw* church, ⟨kleiner⟩ chapel * *in de* ~ at/in church, in the church * *de* ~ *in het midden laten* pursue a give-and-take policy * scherts *ben je in de* ~ *geboren?!* were you born in a barn? * fig *voor het zingen de* ~ *uit gaan* pull out in time, leave before the gospel ❷ *kerkdienst* church, church service * *hoe laat begint de* ~*?* what time does the service begin? * *na* ~ after church * *naar de* ~ *gaan* ⟨als gelovige⟩ go to church; ⟨als toerist⟩ visit the church ❸ *kerkgenootschap* church, denomination * *bij welke* ~ *hoor je?* what's your

religion/denomination?, what church do you go to?

**kerkbank** *v* [-en] pew

**kerkboek** *o* [-en] ❶ *v. gebeden &* prayer book ❷ *register* church/parish register

**kerkdienst** *m* [-en] divine service, church service, religious service

**kerkdorp** *o* [-en] parish

**kerkelijk** I *bn* ❶ church, religious, ecclesiastical * *een* ~*e begrafenis* a religious burial * *een* ~*feest* a church festival * ~*e goederen* church property * *een* ~ *huwelijk* a church/religious wedding * *het* ~ *jaar* the Christian year * ~*recht* ecclesiastical law * hist *de Kerkelijke Staat* the Papal States ❷ *lid van een kerk* churchgoing * *hij is niet* ~ he's not a churchgoer II *bijw* religiously * *een huwelijk* ~ *inzegenen* have a marriage blessed in church

**kerkenraad** *m* [-raden] ❶ church council ❷ *vergadering* church council meeting

**kerker** *m* [-s] dungeon

**kerkganger** *m* [-s] churchgoer

**kerkgenootschap** *o* [-pen] denomination

**kerkhof** *o* [-hoven] ❶ *bij kerk* churchyard, graveyard * *op het* ~ dead and buried ❷ *begraafplaats alg.* cemetery, graveyard * *de dader ligt op het* ~ nobody knows where the culprit is

**kerkklok** *v* [-ken] ❶ *uurwerk* church clock ❷ *bel* church bell

**kerkkoor** *o* [-koren] (church) choir

**kerkmuziek** *v* church music

**kerkorgel** *o* [-s] church organ

**kerkplein** *o* [-en] village square

**kerkprovincie** *v* [-s & -ciën] archdiocese

**kerks** *bn* churchgoing * *hij is* ~ he is a regular churchgoer

**kerktoren** *m* [-s] church tower, ⟨spits⟩ (church) steeple

**kerkuil** *m* [-en] barn owl

**kerkvader** *m* [-s] Father of the Church, church father

**kerkvolk** *o* churchgoers, congregation

**kerkvoogd** *m* [-en] RK prelate, Prot church warden

**kerkvorst** *m* [-en] prelate

**kermen** I *onoverg* [kermde, h. gekermd] moan, groan II *onoverg* [kermde, h. gekermd] whine

**kermis** *v* [-sen] (fun) fair, ⟨terrein⟩ fair ground * *het is niet alle dagen* ~ Christmas comes but once a year * *het is* ~ *in de hel* there's a sunshower * *hij kwam van een koude* ~ *thuis* he was brought back to earth rudely

**kermisattractie** *v* [-s] fairground attraction

**kermisvolk** *o* ❶ show people ❷ ⟨bezoekers⟩ fairground visitors/crowd

**kern** *v* [-en] ❶ *binnenste* core, ⟨v. noot⟩ pit kernel, ⟨v. perzik, kers &⟩ stone, ⟨v. boom⟩ heart, ⟨v. stengel⟩ pith ❷ fig substance, heart, core, kernel, pith * *een* ~ *van waarheid* an element/grain of truth * *tot de* ~ *van de zaak doordringen* get to the heart/core of the matter ❸ *v. plaats* centre, Am center ❹ nat & biol

nucleus
**kernachtig** *bn* pithy, terse
**kernactiviteit** *v* [-en] core activity
**kernafval** *o* nuclear waste
**kernbewapening** *v* nuclear armament
**kernbom** *v* [-men] nuclear/atom/atomic bomb
**kerncentrale** *v* [-s] nuclear/atomic power station
**kernenergie** *v* nuclear energy/power, atomic energy/power
**kernfusie** *v* nuclear fusion
**kernfysica** *v* nuclear/atomic physics
**kernfysicus** *m* [-ci] nuclear/atomic physicist
**kerngezond** *bn* ❶ *v. personen* in perfect health ❷ *v. zaken* thoroughly sound
**kernhout** *o* heartwood
**kernkop** *m* [-pen] nuclear/atomic warhead
**kernlading** *v* [-en] nuclear charge
**kernmacht** *v* [-en] nuclear/atomic power
**kernmarkten** *zn* [mv] core markets/business
**kernmogendheid** *v* [-heden] nuclear power
**kernoorlog** *m* [-logen] nuclear war
**kernploeg** *v* [-en] *sp* national selection/squad
**kernproef** *v* [-proeven] nuclear/atomic test
**kernpunt** *o* [-en] central/crucial point, crux
**kernraket** *v* [-ten] nuclear missile
**kernramp** *v* [-en] nuclear disaster
**kernreactor** *m* [-s & -toren] nuclear reactor
**kernsplitsing** *v* nuclear fission
**kernstopverdrag** *o* [-dragen] ❶ *m.b.t. kernwapenbezit* nonproliferation treaty ❷ *m.b.t. kernproeven* test ban treaty
**kernvrucht** *v* [-en] pome
**kernwapen** *o* [-s] nuclear weapon
**kerosine** *v* kerosene/kerosine, paraffin oil
**kerrie** *m* curry, ⟨poeder⟩ curry powder
**kerriepoeder** *o en m* curry powder
**kers** I *m & v* [-en] *vrucht* cherry ∗ *~en op brandewijn* brandied cherries ∗ *met grote heren is het slecht ~en eten* he who sups with the devil should have a long spoon II *m* [-en] *boom* cherry tree III *m & v* *plant* cress ∗ *Oost-Indische* ~nasturtium
**kersenbonbon** *m* [-s] cherry liqueur chocolate
**kersenboom** *m* [-bomen] cherry tree
**kersenboomgaard** *m* [-en] cherry orchard
**kersenhout** *o* cherry wood
**kersenjam** *m & v* cherry jam
**kersenpit** *v* [-ten] ❶cherry stone ❷*hoofd* inf nut
**kerst** *v* Christmas ∗ *wat doe je met de ~?* what are you doing for Christmas? ∗ *met de ~op vakantie gaan* go on holidays during/over the Christmas period
**kerstavond** *m* [-en] ❶*24 dec.* Christmas Eve ❷*25 dec.* evening of Christmas Day
**kerstbal** *m* [-len] *versiering* Christmas tree bauble/decoration
**kerstboodschap** *v* Christmas message
**kerstboom** *m* [-bomen] Christmas tree
**kerstbrood** *o* [-broden] Christmas loaf/stollen

**kerstdag** *m* [-dagen] Christmas Day ∗ *eerste ~* Christmas Day ∗ *tweede ~*Boxing Day ∗ *tijdens de ~en* at/during Christmas ∗ *prettige ~en!* Merry Christmas!
**kerstdiner** *o* [-s] Christmas dinner
**kerstdrukte** *v* Christmas rush
**kerstenen** *overg* [kerstende, h. gekerstend] christianize
**kerstening** *v* christianization
**kerstfeest** *o* [-en] Christmas
**kerstgratificatie** *v* [-s] Christmas bonus
**kerstkaart** *v* [-en] Christmas card
**kerstkind** *o* [-eren] ❶*baby geboren op 25 dec.* Christmas baby ❷*kindeke Jezus*, **Kerstkind** Christ child, infant/baby Jesus
**kerstkrans** *m* [-en] *gebak* almond pastry ring
**kerstkransje** *o* [-s] Christmas biscuit
**kerstlied** *o* [-eren] Christmas carol
**Kerstman** *m* [-nen] ∗ *de ~*Father Christmas, Santa Claus
**kerstmarkt** *v* [-en] Christmas market
**Kerstmis** *m* Christmas ∗ *met ~*at Christmas ∗ *een ~ zonder sneeuw* Christmas without snow ∗ *een ~met sneeuw* a white Christmas
**kerstmis** *m & v* [-sen] *mis* Midnight Mass
**kerstnacht** *m* [-en] Christmas night
**kerstpakket** *o* [-ten] Christmas hamper/box
**kerstroos** *v* [-rozen] *plant* Christmas rose, hellebore
**kerststal** *m* [-len] crib
**kerstster** *v* [-ren] ❶*versiering* Christmas star ❷*plant* Christmas flower, poinsettia
**kerststol** *m* [-len] Christmas stollen
**kerststukje** *o* [-s] ❶Christmas bouquet ❷*kerstspel* Nativity play
**kersttijd** *m* Christmas time, Yule(tide)
**kerstvakantie** *v* [-s] Christmas holidays
**kerstverhaal** *o* [-halen] *kerstevangelie* Christmas story
**kersvers** *bn* new, fresh ∗ *~van school* straight/fresh from school ∗ *~e eieren* new-laid eggs
**kervel** *m* chervil
**kerven** *overg en onoverg* [kerfde/korf, h. en is gekerfd/gekorven] carve (out), cut (out), notch, gouge (out)
**ketchup** *m* ketchup, Am ook catsup
**ketel** *m* [-s] ❶*water-, theeketel* kettle ❷*grote ijzeren kookpot* cauldron ❸techn boiler, ⟨in distilleerderij⟩ still
**keteldal** *o* [-dalen] ❶basin, bowl ❷*door gletsjer* cirque
**ketelmuziek** *v* tin-kettling
**keten** I *v* [-s & -en] ❶*ketting* chain ❷*boei* [ ⟨altijd in mv⟩ ook fig chains, fetters] ∗ *in de ~en slaan* chain up, put into chains ❸*aaneenschakeling* chain, sequence, series II *onoverg* [keette, h. gekeet] inf fool about, monkey about
**ketenen** *overg* [ketende, h. geketend] chain, shackle
**ketjap** *m* soy sauce

**ketsen I** *onoverg* [ketste, h. en is geketst] ❶ *afstuiten* glance off, ricochet (off) ❷ *v. vuurwapen* misfire ❸ *biljarten* miscue ❹ *neuken* screw **II** *overg* [ketste, h. en is geketst] *afketsen* turn down, defeat ∗ *een voorstel~* turn down/reject a suggestion

**ketter** *m* [-s] heretic ∗ *roken als een~* smoke like a chimney ∗ *hij zuipt als een~* he drinks like a fish ∗ *hij vloekt als een~* he swears like a trooper

**ketteren** *onoverg* [ketterde, h. geketterd] swear, rage

**ketterij** *v* [-en] heresy

**ketters** *bn* heretical

**ketting** *m & v* [-en] ❶ *v. schakels* chain ∗ *een schip aan de~ leggen* hold a ship under arrest ❷ *halsketting* necklace ❸ *weven* warp

**kettingbeding** *o* perpetual clause

**kettingbom** *v* [-men] chain bomb

**kettingbotsing** *v* [-en] multiple collision, pile-up

**kettingbrief** *m* [-brieven] chain letter

**kettingkast** *v* [-en] chain guard

**kettingpapier** *o* fanfold paper

**kettingreactie** *v* [-s] chain reaction

**kettingroker** *m* [-s] chain smoker

**kettingslot** *o* [-sloten] chain lock

**kettingzaag** *v* [-zagen] chain saw

**keu** *v* [-s] (billiard) cue

**keuken** *v* [-s] ❶ *vertrek* kitchen ∗ *een moderne~* a kitchen with all mod cons ∗ *dit plan komt uit de~ van* this plan was engineered by ❷ *spijsbereiding* cooking ∗ *de Franse~* French cuisine ∗ *de fijne~* haute cuisine ∗ *de koude~* cold dishes ∗ *een koude~* a cold buffet

**keuken**

Kitchen is de plaats waar het eten wordt bereid; om een nationale keuken aan te duiden worden cooking of cuisine gebruikt.

**keukenblok** *o* [-ken] kitchen unit

**keukendeur** *v* [-en] kitchen door

**keukengeheim** *o* [-en] chef's secret

**keukengerei** *o* kitchen utensils, kitchenware

**keukenkast** *v* [-en] kitchen cupboard

**keukenkastje** *o* [-s] kitchen cupboard

**keukenmachine** *v* [-s] food processor, mixer

**keukenmeid** *v* [-en] kitchen maid, ‹die ook kookt› cook ∗ *een gillende~* a squib, a firecracker

**keukenpapier** *o* kitchen paper

**keukenprinses** *v* [-sen] queen of the kitchen

**keukenrol** *v* [-len] kitchen roll

**keukentafel** *v* [-s] kitchen table

**keukenzout** *o* cooking salt

**Keulen** *o* Cologne ∗ *~ en Aken zijn niet op één dag gebouwd* Rome wasn't built in a day ∗ *zij keek alsof ze het in~ hoorde donderen* she looked astonished/flabbergasted

**Keuls** *bn* Cologne ∗ *~ aardewerk* stoneware ∗ *een~e pot* a stoneware pot

**ke**

**keur** *v* [-en] ❶ *keus* choice, selection ∗ *een~ van spijzen* a choice selection of food ∗ *de~ der natie* the cream of the nation ❷ *merk* hallmark ❸ *verordening* by-law, statute ▼ *te kust en te~* any amount of, galore

**keuren** *overg* [keurde, h. gekeurd] ❶ *medisch* examine ❷ *v. goud, zilver* assay ❸ *door keuringsdienst* inspect ❹ *proeven* taste ▼ *hij keurde mij geen blik waardig* he didn't deign to look at me, he ignored me

**keurig I** *bn* ❶ nice, neat, trim, tidy ∗ *een~ handschrift* neat handwriting ❷ *voortreffelijk* fine, choice **II** *bijw* nicely & ∗ *het past u~* it fits you well ∗ *~ gekleed* impeccably dressed ∗ *~ getrouwd* respectably married

**keuring** *v* [-en] ❶ *het keuren* testing, ‹medisch› (medical) examination, ‹door keuringsdienst› inspection, ‹v. goud &› assaying ∗ *~ van vlees* meat inspection ❷ *onderzoek* test, examination, inspection, ‹v. goud &› assay ∗ *een medische~* a medical (examination) ∗ *zich aan een~ onderwerpen* go for a test/an examination

**keuringsdienst** *m* [-en] ∗ *de~ van waren* the food inspection department

**keurkorps** *o* [-en] (body of) picked men, crack troops

**keurmeester** *m* [-s] ❶ *v. etenswaren &* inspector, sampler ❷ *bij wijnproeverij &* judge ❸ *v. goud &* assayer, assay master

**keurmerk** *o* [-en] hallmark

**keurslijf** *o* [-lijven] straitjacket ∗ fig *in een~ zitten* have one's hands tied ∗ *in het~ van de bepalingen wringen* be tied up in the red tape of regulations

**keurstempel** *m & o* [-s], **keurteken** *o* [-s] hallmark, stamp

**keurtroepen** *zn* [mv] picked men, crack troops

**keurvorst** *m* [-en] Elector

**keus**, **keuze** *v* [-en & -es] ❶ *het kiezen* choice, selection ∗ *een~ doen/maken* make a choice ∗ *bij~* by selection ∗ *naar~* as desired, optional ∗ *een leervak naar~* an optional subject ∗ *naar/ter~ van...* at the option of... ∗ *uit vrije~* from choice ∗ *een goede~* a good choice ∗ *een ongelukkige~* an unfortunate/a bad choice ❷ *keuzemogelijkheid* choice, option, alternative ∗ *u hebt de~* the choice is yours ∗ *als mij de~ gelaten wordt* if it's up to me ∗ *iem. de~ laten tussen... en...* give sbd the choice of ... or... ∗ *iem. voor de keuze stellen* give sbd the choice ❸ *assortiment* choice, assortment, range, selection ∗ *een ruime~* a large assortment/range/selection, a wide choice

**keutel** *m* [-s] turd, ‹mv› droppings, ‹klein› pellets

**keuterboer** *m* [-en] smallhold farmer

**keuvelen** *onoverg* [keuvelde, h. gekeuveld] chat

**keuze** *v* [-n] →**keus**

**keuzecommissie** *v* [-s] selection committee

**keuzemenu** *o* [-'s] ❶ comput pick list, menu ❷ cul à la carte menu

**keuzemogelijkheid** v [-heden] option
**keuzepakket** o [-ten] ❶ options ❷ onderw choice of subjects/electives
**keuzevak** o [-vakken] optional subject, elective
**kever** m [-s] ❶ tor beetle ❷ auto Beetle
**keyboard** o [-s] keyboard instrument
**kg** afk (kilogram) kilogram
**kibbelen** onoverg [kibbelde, h. gekibbeld] bicker, squabble* ~ over iets bicker/squabble about something
**kibbeling** v vis nuggets of fried fish
**kibboets** m [-s] kibbutz
**kick** m [-s]* een~ van iets krijgen get a kick out of sth * iets voor de~ doen do sth just for kicks
**kickboksen I** onoverg [kickbokste, h. gekickbokst] kick-boxing**II** o kick-boxing
**kicken** onoverg [kickte, h. gekickt] *~ op iets get a kick out of sth
**kidnappen** overg [kidnapte, h. gekidnapt] kidnap
**kidnapper** m [-s] kidnapper
**kidnapping** v [-s] kidnapping
**kiekeboe** tsw peekaboo*~ spelen play peekaboo
**kieken I** o [-s] kuiken ZN chicken**II** overg [kiekte, h. gekiekt] take a snapshot of, snap
**kiekendief** m [-dieven] vogel harrier
**kiekje** o [-s] snapshot, inf snap
**kiel I** m [-en] kledingstuk jacket**II** v [-en] keel* de~ leggen lay down the keel
**kielekiele ,kielekiele I** tsw *~! tickle-tickle!**II** bijw * het was~ it was touch and go
**kielhalen** overg [kielhaalde, h. gekielhaald] als straf keelhaul
**kielzog** o wake* in iems.~ varen follow in sbd.'s wake
**kiem** v [-en] ❶ germ, fig seed, bud* in de~ smoren nip in the bud* de~en van het terrorisme the seeds of terrorism ❷ nat & scheik nucleus
**kiemcel** v [-len] germ cell
**kiemen** onoverg [kiemde, is gekiemd] germinate
**kien I** bn pienter sharp, smart*~ op keen on**II** tsw * kien! ± bingo!
**kienen** onoverg [kiende, h. gekiend] play lotto/bingo
**kiepauto** m ['s] tipper (truck), tip truck
**kiepen I** overg [kiepte, h. gekiept] ❶ doen omkantelen tip over ❷ neergooien dump**II** onoverg [kiepte, is gekiept] omkantelen topple, tumble
**kieperen I** overg [kieperde, h. gekieperd] dump, inf chuck**II** onoverg [kieperde, is gekieperd] tumble, topple
**kier** m & v [-en] chink, crack* op een~ zetten/zijn leave/be ajar
**kierewiet** bn mad, inf crackers
**kies I** v [kiezen] molar, back tooth* dat gaat nog niet eens in mijn holle~ I shan't get fat on that**II** bn ❶ v. zaak delicate* een~ geval a delicate case* een ~e smaak refined taste* op~e wijze discerningly ❷ persoon considerate, decent**III** bijw ❶ discreet with delicacy, considerately ❷ kieskeurig fastidiously

**IV** o stofnaam pyrites
**kiescollege** o [-s] electoral college
**kiesdeler** m [-s] quota
**kiesdistrict** o [-en] constituency, electoral district
**kiesdrempel** m electoral threshold
**kiesgerechtigd** bn entitled to vote* de~e leeftijd the voting age
**kieskeurig** bn fastidious, choosy, particular, fussy * hij is een~e eter he's a fastidious/fussy eater
**kieskeurigheid** v fastidiousness
**kieskring** m [-en] electoral district, constituency
**kieslijst** v [-en] list of candidates
**kiesman** m [-nen] electoral college vote
**kiespijn** v toothache*~ hebben have a toothache * iem. kunnen missen als~ need sbd like a hole in the head* lachen als een boer met~ smile sourly
**kiesraad** m [-raden] electoral council
**kiesrecht** o franchise, suffrage* het algemeen~ universal suffrage* het actief~ the right to vote * het passief~ the right to be elected
**kiesschijf** v [-schijven] dial
**kiesstelsel** o [-s] electoral/voting system
**kiestoon** m [-tonen] dialling tone
**kieswet** v [-ten] electoral/franchise law
**kietelen** overg & onoverg [kietelde, h. gekieteld] tickle* niet tegen~ kunnen be ticklish* dat kietelt! that tickles!* als je jezelf niet kietelt, dan lach je nooit don't expect other people to cheer you up
**kieuw** v [-en] gill
**kievit** m [-en], **kievit** [-viten] vogel lapwing, peewit
**kiezel I** o & m stofnaam gravel**II** m [-s] steentje pebble
**kiezelsteen** m [-stenen] pebble
**kiezelstrand** o [-en] pebble/shingle beach
**kiezen I** overg [koos, h. gekozen] ❶ selecteren choose, select, ⟨v. woorden ook⟩ pick ❷ in verkiezing elect * kies Jansen! vote for Jansen!* een kandidaat~ adopt a candidate, choose* hij is gekozen tot lid van... he has been elected a member of...**II** onoverg [koos, h. gekozen] ❶ een keuze maken choose* je moet~ of delen you can't have it both ways* daar kies ik niet voor I don't agree with that ❷ bij verkiezingen vote
**kiezer** m [-s] kiesgerechtigde voter, elector* naar de ~s gaan go to the electorate/the voters* een jonge~ a young voter* een zwevende~ a floating/undecided voter
**kiezersbedrog** o electoral deception
**kiezerslijst** v [-en] list/register of voters, poll
**kiften** onoverg [kiftte, h. gekift] quarrel, squabble, inf row
**kijf** m & v * buiten~ beyond dispute/question, indisputably
**kijk** m ❶ het bekijken, bekeken worden view, viewing * hij loopt er mee te~ he's vaunting/parading it * iem. te~ zetten expose sbd* het is te~ it's on show/on view ❷ beschouwing view, outlook* mijn~ op het leven my outlook on life* zijn~ op de zaak his view of the matter* ik heb daar een andere~ op I

ki

take a different view of the matter ∗*hij heeft een goede ~op die dingen* he's a good judge of such things ∗*geen ~op iets hebben* be no judge of sth ▼*tot ~!* see you (again)!, *inf* so long!

**kijkcijfers** *zn* [mv] (viewing) ratings

**kijkdag** *m* [-dagen] viewing day ∗*~twee dagen vóór de verkoop* on view two days prior to sale

**kijkdichtheid** *v* TV viewing figures

**kijkdoos** *v* [-dozen] peep box

**kijken** I *overg* [keek, h. gekeken] ❶*met de ogen waarnemen* look, have a look, see ∗*kijk eens aan!* look at that now! well I'll be! ∗*laat eens ~* let me see ∗*wij zullen eens gaan ~* we'll go and have a look ∗*ga eens ~of...* just go and see if... ∗*ik zal eens komen ~* I'll come and have a look ∗*staan ~* stand and look ∗*daar sta ik van te ~* that's a surprise to me ∗*~naar iets* look at sth, watch sth ∗*laat naar je ~!* be your age!, don't be silly/ridiculous! ∗*kijk naar je eigen!* look at you!, look who's talking! ∗*~op zijn horloge* look at one's watch ∗*zij ~niet op een paar euro* they're not particular about a few euros ∗*kijk uit!* look out!, watch it! ∗*kijk uit je ogen!* watch where you're going! ∗*staan te ~van niets* not be surprised by anything ∗*~staat vrij* there's no crime in looking ❷*gluurend* peep ∗*~bij de buren* have peep/a stickybeak at the neighbours ❸*te voorschijn komen* appear ∗*hij komt pas ~* he's still wet behind the ears ∗*er komt heel wat bij ~* there's more to it than you would think ∗*alles wat daarbij komt ~* all that is involved II *overg* [keek, h. gekeken] look at, watch ∗*etalages ~* go window-shopping ∗*televisie ~* watch television

**kijken**

Naar iets kijken is look at of watch, maar voor een film of tv gebruiken we alleen watch.

**kijker** *m* [-s] ❶*persoon* looker-on, spectator ❷TV television viewer ❸*kijkglas* spyglass, telescope, ‹toneelkijker› opera glasses, ‹verrekijker› binoculars, fieldglasses ❹*oog* eyes ∗*een paar heldere ~s* a pair of bright eyes/inf of peepers ∗*iem. in de ~ hebben* see through sbd ∗*in de ~lopen* attract attention

**kijkgat** *o* [-gaten] peephole, spyhole

**kijkgedrag** *o* viewing habits

**kijkgeld** *o* television licence/Am license fee ∗*het kijk- en luistergeld* the radio and television licence fee

**kijkgenot** *o* viewing pleasure

**kijkje** *o* [-s] look, glimpse, view ∗*een ~gaan nemen* go and have a look, *inf* have a dekko

**kijkoperatie** *v* [-s] keyhole operation/surgery

**kijkspel** *o* [-spelen, -spellen] ❶*op kermis* show, spectacle ❷*spektakelstuk* showpiece, spectacle

**kijven** *onoverg* [keef, h. gekeven] quarrel (with), scold ∗*~op* scold at

**kik** *m* [-ken] ∗*hij gaf geen ~* he didn't give/make a sound

**kikken** *onoverg* [kikte, h. gekikt] ∗*je hoeft maar te ~* you only have to say the word ∗*je mag er niet van ~* you mustn't breathe a word of it to anyone

**kikker** *m* [-s] *dier* frog

**kikkerbilletjes** *zn* [mv] frog's legs

**kikkerdril** *o* frogspawn, frog's eggs

**kikkeren** *onoverg* [kikkerde, h. gekikkerd] hop around like a rabbit

**kikkervisje** *o* [-s] tadpole

**kikvors** *m* [-en] frog

**kikvorsman** *m* [-nen] frogman

**kil** I *v* [-len] channel II *bn* *ook fig* chilly, cold, cool

**kilheid** *v* chilliness, coolness, coldness

**killersinstinct** *o* killer instinct

**killersmentaliteit** *v* killer instinct

**kilo** *o* ['s], **kilogram** [-men] kilogram, kilogramme ∗*100 ~* 100 kilos

**kilobyte** *m* [-s] comput kilobyte, KB

**kilocalorie** *v* [-rieën] kilocalorie

**kilogram** *o* [-men] kilogram, kilogramme

**kilohertz** *m* kilohertz

**kilojoule** *m* [-s] kilojoule

**kilometer** *m* [-s] kilometre ∗*~ lang* stretching for kilometres ∗*120 ~per uur rijden* drive at 120 kilometres an hour

**kilometerheffing** *v* [-en] kilometre charge

**kilometerpaal** *m* [-palen] kilometre marker/stone

**kilometerteller** *m* [-s] odometer, Br mil(e)ometer

**kilometervergoeding** *v* kilometre/mileage allowance

**kilometervreter** *m* [-s] speed merchant, road maniac

**kilowatt** *m* [-s] kilowatt

**kilowattuur** *o* [-uren] kilowatt hour

**kilt** *m* [-s] *Schotse rok* kilt

**kilte** *v* chill, chilliness

**kim** *v* [-men] horizon, skyline ∗*de zon neigt ter ~me* the sun is sinking

**kimono** *m* ['s] kimono

**kin** *v* [-nen] chin

**kind** *o* [-eren] child, form infant, inf kid, little one, ‹klein› baby ∗*~eren* children ∗*een natuurlijk/onwettig/buitenechtelijk ~* an illegitimate child ∗*een ongeboren ~* an unborn child ∗*een wettig ~* a legitimate child ∗*~noch kraai hebben* be alone in the world ∗*een ~krijgen/verwachten* have/expect a child ∗*ik krijg er een ~van* it's driving me mad ∗*~eren en gekken zeggen de waarheid* out of the mouths of babes and fools ∗*een ~kan de was doen* it's child's play ∗*daar ben ik maar een ~bij* I'm not in the same league, I'm nowhere when it comes to that ∗*je hebt geen ~aan hem/haar* he/she is no trouble at all ∗*hij is zo onschuldig als een pasgeboren ~* he is as innocent as a newborn baby ∗*ik ben geen ~meer* I'm not a child (any longer) ∗*ik ben er als ~ aan huis* I'm almost one of the family ∗*hij is een ~ des doods* he's a dead man ∗*hij werd het ~van de*

*rekening* he was the victim \**hij is een* ~*van zijn tijd* he's a child of his time \**van* ~*af aan* from an early age \**het* ~*bij zijn naam noemen* call a spade a spade
**kinderachtig I** *bn* ❶*flauw* childish \**wat ben jij* ~*!* you're being childish! \**dat is bepaald geen* ~*bedrag* that's certainly not to be sneezed at ❷*kinderlijk* childlike **II** *bijw* childishly
**kinderarbeid** *m* child labour
**kinderarts** *m* [-en] paediatrician, *Am* pediatrician
**kinderbescherming** *v* child protection/welfare
**kinderbijbel** *m* [-s] children's Bible
**kinderbijslag** *m* family allowance, child allowance/benefit
**kinderboek** *o* [-en] children's book
**kinderboerderij** *v* [-en] children's farm
**kinderdagverblijf** *o* [-blijven] day care centre/*Am* center, crèche
**kinderhand** *v* [-en] child's hand \**een* ~*is gauw gevuld* children are easily pleased
**kinderjaren** *zn* [mv] childhood (years), infancy
**kinderkaart** *v* [-en] children's ticket
**kinderkamer** *v* [-s] nursery
**kinderkleding** *v* children's wear
**kinderkoor** *o* [-koren] children's choir
**kinderlijk** *bn* *als een kind* childlike, afkeurend childish \**op* ~*e leeftijd* as a child
**kinderlokker** *m* [-s] child molester
**kinderloos** *bn* childless \**zij zijn* ~*they are* childless, they have no children
**kindermaat** *v* [-maten] children's size
**kindermeisje** *o* [-s] nanny, nurse
**kindermenu** *o* ['s] children's menu
**kindermishandeling** *v* child abuse
**kinderopvang** *m* nursery, day care
**kinderpartij** *v* [-en], **kinderpartijtje** *o* [-s] children's party
**kinderporno** *v* child pornography
**kinderpostzegel** *m* [-s] postage stamp sold to benefit children
**kinderrechter** *m* [-s] juvenile court magistrate
**kinderschoen** *m* [-en] child's shoe \**de* ~*en ontwassen zijn* be past a certain age \**nog in de* ~*en staan* still be in its infancy
**kinderslot** *o* [-sloten] childproof lock
**kinderspel** *o* [-spelen] ❶*fig* child's play \**het is maar* ~*voor haar* it's child's play to her, she could do it standing on her head \**het is geen* ~*it's not exactly* easy ❷*spelen van kinderen* children's games
**kinderstem** *v* [-men] child's voice \**~men** children's voices
**kindersterfte** *v* infant mortality
**kinderstoel** *m* [-en] highchair
**kindertaal** *v* child's language
**kindertehuis** *o* [-huizen] children's home
**kindertelefoon** *m* ❶*voor hulpverlening* children's helpline ❷*speelgoedtelefoon* [-s] toy telephone
**kindertijd** *m* childhood

**kinderverlamming** *v* infantile paralysis, poliomyelitis, polio
**kindervoeding** *v* baby food
**kindervriend** *m* [-en] children's friend, lover of children
**kinderwagen** *m* [-s] pram
**kinderwens** *m* desire to have children
**kinderwerk** *o* ❶child's work, children's work \**dat is geen* ~*that's no work for a child* ❷*fluitje van een cent* child's play
**kinderziekenhuis** *o* [-huizen] children's hospital
**kinderziekte** *v* [-n & -s] ❶children's disease ❷*fig* growing pains, teething troubles
**kinderzitje** *o* [-s] baby/child's seat
**kinderzorg** *v* child welfare
**kinds** *bn* senile, in one's second childhood \**~worden/zijn* become/be senile
**kindsbeen** *o* \**van* ~*af* from childhood on
**kindsdeel** *o* [-delen], **kindsgedeelte** [-n & -s] child's/statutory portion
**kindsheid** *v* ❶*dementie* senility, second childhood ❷*jeugd* childhood, infancy
**kinesie** *v* ZN physiotherapy
**kinesist** *m* [-en] ZN physiotherapist
**kinesitherapeut** *m* [-en] ZN physiotherapist
**kinesitherapie** *v* ZN physiotherapy
**kinetica** *v* kinetics
**kinetisch** *bn* kinetic
**kinine** *v* quinine
**kink** *v* [-en] hitch, kink \**fig* *er is een* ~*in de kabel* there's a hitch somewhere
**kinkhoest** *m* whooping cough
**kinnebak** *v* [-ken] jaw bone, anat mandible
**kiosk** *v* [-en] kiosk
**kip** *v* [-pen] ❶*hoen* hen, fowl, chicken \**~pen houden* raise poultry/chickens \**als een* ~*zonder kop praten* talk through one's hat, talk nonsense \**er is geen* ~*te zien* there was nobody around \**de* ~*met de gouden eieren slachten* kill the goose that lays the golden eggs \**er als de* ~*pen bij zijn* be there like lightning \**met de* ~*pen op stok gaan* go to bed with the sun \**~ik heb je!* got you! ❷*als gerecht* chicken
**kipfilet** *m & o* [-s] chicken breast
**kiplekker** *bn* as fit as a fiddle
**kippenborst** *v* [-en] ❶chicken breast ❷*v. mens* pigeon breast \**met een* ~*pigeon-breasted*
**kippenbouillon** *m* chicken stock/broth
**kippenbout** *m* [-en], **kippenboutje** *o* [-s] chicken leg, drumstick
**kippeneindje, kippenendje** *o* [-s] just a little way, not far
**kippenfokkerij** *v* ❶*het fokken* chicken/poultry farming ❷*bedrijf* [-en] chicken/poultry farm
**kippengaas** *o* wire netting, chicken wire
**kippenhok** *o* [-ken] henhouse, chicken coop \**fig* *ze wonen in* ~*they live in a poky little house*
**kippenlever** *v* [-s] chicken liver
**kippenpoot** *m* [-poten] chicken leg

ki

kippenren *v* [-nen] chicken run
kippensoep *v* chicken soup
kippenvel *o* fig goose flesh, goose pimples✶ ⟨v. kou⟩ ~ *krijgen* get goose pimples✶ *ik krijg er~ van* it makes my flesh creep, it gives me the creeps✶ *iem.* ~ *bezorgen* give sbd the creeps
kippenvlees *o* ~ chicken
kippig *bn* short-sighted, nearsighted
Kirgizië, Kirgizistan, Kirgizstan *o* Kirghizistan, Kyrgyzstan
Kiribati *o* Kiribati
kir ® *m drankje* Kir
kirren *onoverg* [kirde, h. gekird] coo, ⟨v. baby ook⟩ gurgle
kissebissen *onoverg* [kissebiste, h. gekissebist] *ruziën* squabble
kist *v* [-en]❶ *case, chest, box,* ⟨v. groente, fruit⟩ crate ❷ *doodkist* coffin❸ *v. vliegtuig* inf bus, crate
kisten I *overg* [kistte, h. gekist] *v. lijk* lay in a coffin ✶ *laat je niet~* don't let them walk over you II *onoverg* [kistte, h. gekist] *een kisting maken* put in a form
kistje *o* [-s]❶ *houten doosje* box❷ *stugge schoen* inf clodhopper
kistkalf *o* [-kalveren] boxed calf
kit I *v* [-ten]❶ *kolenemmer* scuttle❷ *kroeg, nachtclub* joint II *v & o*❶ *lijm* glue, cement❷ *dichtmiddel* sealant, sealer
kitchenette *v* [-s] kitchenette
kits I *v* [-en] scheepv ketch II *bn* OK, all right✶ inf *alles~?* everything OK?
kitsch *m* kitsch
kitscherig *bn* kitschy
kittelaar *m* [-s] clitoris
kitten I *o* [-s] kitten II *overg* [kitte, h. gekit]❶ *lijmen* glue, cement❷ *dichten* seal
kittig *bn* spirited, inf spunky
kiwi *m* ['s]❶ *vogel* kiwi❷ *vrucht* kiwi fruit, Chinese gooseberry
klaagdicht *o* [-en] lament(ation)
klaaglied *o* [-eren] lament, lamentation❶ *de~eren van Jeremia* the Lamentations of Jeremiah
klaaglijk *bn* plaintive, mournful, piteous
klaagzang *v* [-en] lament(ation)
klaar I *bn*✶ *helder* clear✶ *klare jenever* clear gin✶ *dat is zo~ als een klontje* it's as clear as daylight ❷ *duidelijk* evident, obvious❸ *gereed* ready✶~ *om op te stijgen* ready for take-off✶~ *om te schieten* ready to shoot✶~ *voor vertrek* ready to go✶~? *af!* ready, steady, go!❹ *voltooid* finished, done✶~! ready!, done!✶~ *is Kees!* that's that!✶ *en~ is Kees!* and Bob's your uncle!✶ ⟨af⟩ *het is gauw~* it'll be ready soon✶ *ik ben~ met ontbijten/met eten* I've finished (my) breakfast, I've finished eating✶ *van zessen~* know how to go about things II *bijw* clearly ✶~ *wakker* wide awake

---

klaar
De betekenissen gereed (ready) en af, voltooid (finished) moeten goed uit elkaar worden gehouden.

klaarblijkelijk I *bn* clear, evident, obvious II *bijw* clearly &✶~ *had hij niet...* he clearly hadn't...
klaarhebben *overg* [had klaar, h. klaargehad] have (got) ready✶ *altijd een antwoord~* be always ready with an answer
klaarheid *v*❶ clearness, clarity✶ *tot~ brengen* clear up, shed light on❷ *v. inzicht* clarity, lucidity
klaarhouden *overg* [hield klaar, h. klaargehouden] keep ready✶ *zich~* be ready
klaarkomen *onoverg* [kwam klaar, is klaargekomen] ❶ *gereed* finish, get ready, be done✶ *met iets~* finish something✶ *met iem.~* settle matters with sbd ❷ *orgasme* reach a climax, come
klaarkrijgen *overg* [kreeg klaar, h. klaargekregen] complete, finish, get done✶ *dat krijgt hij niet klaar* he'll never get that finished✶ *hoe heb je dat klaargekregen?* how did you wangle that?
klaarleggen *overg* [legde klaar, h. klaargelegd] lay out, prepare
klaarlicht *bn*✶ *op~e dag* in broad daylight
klaarliggen *onoverg* [lag klaar, h. klaargelegen] be ready✶ *dat ligt voor u klaar* it's ready for you
klaarmaken I *overg* [maakte klaar, h. klaargemaakt] get ready, prepare✶ *een drankje~* mix a drink✶ *het eten~* make/cook dinner✶ *iem.~ voor een examen* prepare sbd for an examination✶ *een medicijn/recept* ~ make up a prescription II *wederk* [maakte klaar, h. klaargemaakt] ✶ *zich~* get ready, prepare oneself
klaar-over *m* [-s] Br school crossing patrol, Am crossing guard, Br inf lollipop lady/man
klaarspelen *overg* [speelde klaar, h. klaargespeeld] manage✶ *het~* manage (it), cope, pull it off
klaarstaan *onoverg* [stond klaar, h. klaargestaan] be ready✶ *altijd voor iem.~* ⟨behulpzaam⟩ always be ready to help sbd; ⟨onderdanig⟩ be at sbd's beck and call✶ *er staan drie medewerkers klaar om u te helpen* there are three staff members waiting/ready to help you
klaarstomen *overg* [stoomde klaar, h. klaargestoomd] put the final touches (to), ⟨v. personen⟩ prepare (for), ⟨voor examen⟩ give last-minute tutoring (for)
klaarwakker *bn*❶ wide awake❷ fig on the alert
klaarzetten *overg* [zette klaar, h. klaargezet] ❶ *v. maaltijd* put on the table❷ *v. eetgerei &* put out, set out
Klaas *m* [Klazen] Nicholas✶~ *Vaak* the sandman ✶ *een houten klaas* a dry stick✶ *elke Jan, Piet en~* every Tom, Dick and Harry
klacht *v* [-en]❶ *bezwaar, protest* complaint ❷ *klaagzang* lament❸ *lichamelijk* physical complaints✶ *wat zijn uw~en?* what are your

ki

symptoms? ❹ *jur* charge, complaint ✱ *een~ tegen iem. indienen* lodge a complaint against sbd ❺ *bij Europees Hof* application

**klachtenboek** *o* [-en] book of complaints

**klachtencommissie** *v* [-s] complaint committee

**klachtenlijn** *v* [-en] complaints (service)

**klad I** *v* [-den] ❶ *vlek* blot, stain, blotch ❷ *bederf* ✱ *de ~ erin brengen* spoil the trade ✱ *de~ komt erin* the bottom is going to fall out of the market ❸ *belastering* slur, stain **II** *o ontwerp* rough draft/copy ✱ *in het~ schrijven* write a rough draft

**kladblaadje** *o* [-s] piece of scrap paper

**kladblok** *o* [-ken] scribbling pad

**kladden I** *overg* [kladde, h. geklad] ❶ *slordig schilderen & splodge, daub* ❷ *slordig schrijven* scribble, scrawl **II** *onoverg* [kladde, h. geklad] ❶ *vlekken doen ontstaan* make a mess ❷ *neiging tot vlekken hebben* blot **III** *zn* [mv] ✱ *iem. bij de~ pakken* catch hold of sbd

**kladderen** *onoverg* [kladderde, h. gekladderd] ❶ *met inkt* blot ❷ *met verf* splodge, daub

**kladje** *o* [-s] rough draft/copy

**kladpapier** *o* [-en] scrap paper

**kladversie** *v* rough copy/version

**klagen I** *onoverg* [klaagde, h. geklaagd] complain, ⟨jammerend⟩ lament ✱ *~ bij* complain to ✱ *~ over* complain about ✱ *hij mag niet~/hij heeft geen~* he has no cause for complaint **II** *overg* [klaagde, h. geklaagd] ✱ *iem. zijn nood~* tell sbd one's troubles ✱ *steen en been~* complain bitterly

**klager** *m* [-s] ❶ complainer ❷ *jur* complainant, plaintiff, applicant

**klagerig** *bn* complaining ✱ *op~e toon* in a plaintive tone (of voice)

**klakkeloos I** *bn* ❶ *zonder na te denken* unthinking, rash, ⟨niet kritisch⟩ indiscriminate ❷ *onverwachts* sudden, unexpected **II** *bijw* ❶ *zonder na te denken* unthinkingly, rashly, indiscriminately ✱ *iets~ overnemen* take over/adopt/copy indiscriminately ❷ *onverwachts* suddenly, all of a sudden, unexpectedly

**klakken** *onoverg* [klakte, h. geklakt] clack, click ✱ *met de tong~* click one's tongue

**klam** *bn* clammy, damp, moist ✱ *~ zweet* cold sweat

**klamboe** *m* [-s] mosquito net

**klamp** *m & v* [-en] *houten lat* batten, brace, ⟨op boot/schip⟩ cleat

**klampen** *overg* [klampte, h. geklampt] clasp, cling

**klandizie** *v* clientele, custom ✱ *~ verliezen* lose customers

**klank** *m* [-en] sound, ring ✱ *zijn naam heeft een goede ~* he has a good reputation ✱ *(dat zijn maar) ijdele/holle~en* (those are just) idle words

**klankbeeld** *o* [-en] radio report

**klankbodem** *m* [-s] soundboard, sounding board ✱ *ergens een goede~ vinden* strike a responsive chord

**klankbord** *o* [-en] ❶ soundboard, sounding board ✱ *een~ voor iem. zijn* be a sounding board for sbd

❷ *v. luidspreker* baffle board

**klankkast** *v* [-en] sound box, ⟨v. stemvork⟩ resonance box

**klankkleur** *v* [-en] timbre

**klanknabootsing** *v* [-en] onomatopoeia

**klant** *m* [-en] ❶ *v. zaak, instelling* customer, client ✱ *een vaste/trouwe~* a regular (customer) ✱ *een toevallige~* a casual customer ✱ *een veeleisende~* a demanding customer ✱ *het werven van~en* canvass for customers ❷ *v. hotel, restaurant* guest ❸ *v. reclamebureau* account ❹ *kerel* customer, chap, character ✱ *een vrolijke~* a jolly customer

**klantenbestand** *o* [-en] file of customers/clients ✱ *een elektronisch~* a customer database

**klantenbinding** *v* customer relations ✱ *aan~ doen* work at customer relations

**klantenkaart** *v* [-en] customer/loyalty card

**klantenkring** *m* [-en] clientele, (regular) customers

**klantenlijst** *v* [-en] list of clients

**klantenservice** *m* customer service, after-sales service

**klantentrouw** *v* customer loyalty

**klantenwerver** *m* [-s] canvasser

**klantenwerving** *v* canvassing for clients/customers

**klantgericht** *bn* customer-driven, customer-oriented, customer-friendly

**klantnummer** *o* [-s] customer account number

**klantvriendelijk** *bn* customer-friendly

**klap** *m* [-pen] ❶ *geluid* crash, bang ❷ *slag* blow, ⟨met open hand⟩ slap, smack ✱ *iem. een~ geven* hit sbd ✱ *iem. een~ in het gezicht geven* give sbd a slap/smack in the face ✱ *alsof ik een~ in mijn gezicht kreeg* as though I'd been hit between the eyes ✱ *~pen krijgen* have one's ears boxed, have one's face slapped; *fig* be hard hit, suffer heavy losses ✱ *geen~ uitvoeren* not lift a finger ✱ *de eerste~ is een daalder waard* the first blow is half the battle ✱ *als~ op de vuurpijl* to crown it all, to top it all

**klapband** *m* [-en] blowout, flat (tyre/Am tire)

**klapdeur** *v* [-en] swing/swinging door

**klaphek** *o* [-ken] swing gate

**klaplong** *v* [-en] collapsed lung, *med* pneumothorax

**klaplopen** *o* sponge (bij on), cadge ⟨off sbd⟩, scrounge

**klaploper** *m* [-s] sponger, cadger, scrounger

**klappen** *onoverg* [klapte, h. en is geklapt] ❶ *met de handen* clap ✱ *in de handen~* clap one's hands ✱ *(in de handen)~ voor* applaud ❷ *met een zweep & crack, click ✱ *met de zweep~* crack the whip ✱ *het~ van de zweep kennen* know the ropes ✱ *zijn hakken tegen elkaar~* click one's heels ❸ *uit elkaar* burst, bang, explode ❹ *in elkaar* collapse ❺ *babbelen* chatter, babble ✱ *uit de school~* tell tales

**klapper** *m* [-s] ❶ *vuurwerk* squib ❷ *register* index, file ❸ *ringband* file, folder ❹ *groot succes* winner, hit, topper ✱ *een flinke~ maken met een product* have a winning product, have a winner ❺ *kokosnoot* coconut ❻ *kokospalm* coconut tree

**kl**

**klapperboom** *m* [-bomen] coconut tree

**klapperen** *onoverg* [klapperde, h. geklapperd] bang, rattle, ⟨v. tanden &⟩ chatter, rattle, ⟨v. zeilen &⟩ flap ▼ *met zijn oren staan te* ~be flabbergasted

**klapperpistool** *o* [-tolen] cap pistol

**klappertanden** *onoverg* [klappertandde, h. geklappertand] ∗ *hij klappertandt* his teeth are chattering ∗ *van de kou* shiver with cold

**klappertje** *o* [-s] cap

**klaproos** *v* [-rozen] poppy

**klapschaats** *v* [-en] clap skate

**klapsigaar** *v* [-garen] trick cigar

**klapstoel** *m* [-en] folding chair/seat

**klapstuk** *o* [-ken] ❶*vlees* rib of beef ❷*fig* highlight, pièce de résistance

**klaptafel** *v* [-s] folding table, drop-leaf table

**klapwieken** *onoverg* [klapwiekte, h. geklapwiekt] flutter/flap ⟨its/their⟩ wings

**klapzoen** *m* [-en] smacker

**klare** *m* ∗ *een* ~a glass of Dutch gin/jenever

**klaren** I *overg* [klaarde, h. geklaard] *helder maken* clear, clarify, fine ⟨liquids⟩ ∗ *fig hij zal het wel* ~he'll manage II *onoverg* [klaarde, is geklaard] clear (up) ∗ *het begint te* ~it's starting to clear up

**klarinet** *v* [-ten] clarinet

**klarinettist** *m* [-en] clarinet(t)ist

**klaroen** *v* [-en] clarion

**klas** *v* [-sen] → **klasse**

**klasgenoot** *m* [-noten] classmate

**klaslokaal** *o* [-kalen] classroom

**klasse, klas** *v* [-n] ❶*sociaal & v. dieren, artikelen* class ∗ *de werkende* ~the working classes ∗ *een* ~*apart* in a class of ⟨its/his &⟩ own ∗ *eerste klas spullen* first class things ∗ ⟨ *(trein) een kaartje tweede klas* a second-class ticket ❷*onderw* class, ⟨op middelbare school⟩ form, ⟨op basisschool⟩ standard, *Am* grade ∗ *alle* ~*n aflopen* do all one's classes ∗ *in de klas* in class ❸*lokaal* classroom

**klasseloos** *bn* classless ∗ *de klasseloze maatschappij* the classless society

**klassement** *o* [-en] *sp* list of rankings, league table ∗ *het algemeen* ~the overall list/rankings

**klassenavond** *m* [-en] class party/social

**klassenjustitie** *v* class justice

**klassenleraar** *m* [-raren] form/class teacher

**klassenstrijd** *m* class war/struggle

**klassenverschil** *o* [-len] class difference

**klassenvertegenwoordiger** *m* [-s] class representative

**klasseren** *overg* [klasseerde, h. geklasseerd] ❶*ordenen* classify ❷*zich kwalificeren* qualify ∗ *zich* ~qualify for

**klassering** *v* [-en] classification, placing

**klassiek** I *bn* classical ∗ *~e muziek* classical music ∗ econ *de ~e school* the standard school ∗ *een* ~ *voorbeeld* a classic example II *bijw* classically

**klassieken** *zn* [mv] ∗ *de* ~the classics

**klassieker** *m* [-s] ❶*boek, lied* classic ❷*sport* classic

**klassikaal** I *bn* class, group ∗ *~onderwijs* traditional teaching, (front of the) class teaching II *bijw* in class

**klateren** *onoverg* [klaterde, h. geklaterd] *v. water* splash

**klatergoud** *o* tinsel, Dutch gold

**klauteren** *onoverg* [klauterde, h. en is geklauterd] clamber, scramble

**klauw** *m & v* [-en] ❶*v. roofdier, vogel, mens* claw ❷*v. roofvogel* talon ❸*fig* paw, claws, ⟨mv⟩ clutches ∗ *uit de ~en lopen* get out of control/hand ∗ *~en met geld* bags of money ❹*scheepv* ⟨v. anker⟩ fluke, clutch

**klauwen** *overg & onoverg* [klauwde, h. geklauwd] claw

**klauwhamer** *m* [-s] claw hammer

**klavecimbel** *o & m* [-s] harpsichord

**klaver** *v* [-s] clover

**klaveraas, klaverenaas** *m en o* [-azen] ace of clubs

**klaverblad** *o* [-bladen & -bladeren] ❶*v. plant* cloverleaf, four-leaf clover ❷*v. verkeer* cloverleaf

**klaverboer, klaverenboer** *m* [-en] jack of clubs

**klaveren** *zn* [mv] kaartsp clubs

**klaverheer, klaverenheer** *m* [-heren] king of clubs

**klaverjassen** *onoverg* [klaverjaste, h. geklaverjast] play clabber(jass)

**klavertjevier** *o* [klavertjesvier], **klavervier** *v* [-en] *plant* four-leaf clover

**klavervier** *v* [-en] kaartsp four of clubs → **klavertjevier**

**klavervrouw, klaverenvrouw** *v* [-en] queen of clubs

**klavier** *o* [-en] ❶*toetsenbord* keyboard ❷*piano* piano ❸*hand* inf paw, claw ∗ *blijf er met je ~en van af* keep your paws/claws off it

**kledderen** *onoverg* [kledderde, h. gekledderd] slop, spatter, splash, mess

**kleddernat** *bn* soaking wet

**kleden** I *overg* [kleedde, h. gekleed] dress, clothe ∗ *goed gekleed* well dressed ∗ *in het grijs gekleed* dressed in grey ∗ *op zijn zondags gekleed* in his Sunday best ∗ *er op gekleed zijn* dressed to suit the occasion ∗ *zich* ~dress ∗ *zich warm* ~dress warmly II *onoverg* [kleedde, h. gekleed] dress ∗ *dat kleedt haar niet goed* it doesn't suit her

**klederdracht** *v* [-en] national/traditional costume

**kledij** *v* clothes, clothing, form attire

**kleding** *v* clothes, dress, form attire

**kledingkast** *v* [-en] wardrobe

**kledingstuk** *o* [-ken] article of clothing, garment

**kledingzaak** *v* [-zaken] dress shop/store

**kleed** *o* ❶*vloerkleed* [kleden] carpet, rug ❷*tafelkleed* [kleden] tablecloth ❸*kledingstuk* [kleden, kleren] garment, ZN dress

**kleedgeld** *o* dress/clothing allowance

**kleedhokje** *o* [-s] dressing cubicle

**kleedje** *o* [-s] ❶*op de vloer* rug ❷*op tafel* small tablecloth ❸*jurkje* ZN child's dress

**kleedkamer** *v* [-s] changing room

**Kleef** *o* Cleve ∗ inf *hij is van* ~*/kleef* he's a miser

kl

**kleefband** o adhesive tape
**kleefkruid** o cleavers, goose grass
**kleefmiddel** o [-en] glue, adhesive
**kleefpleister** v [-s] (sticking) plaster
**kleerborstel** m [-s] clothes brush
**kleerhanger, klerenhanger** m [-s] (coat/clothes) hanger
**kleerkast, klerenkast** v [-en] ❶ kast wardrobe ❷ gespierd persoon brawny guy
**kleermaker** m [-s] tailor
**kleermakerszit** m ✳ in ~cross-legged
**kleerscheuren** zn [mv] ✳ er zonder ~afkomen ⟨zonder nadeel⟩ come off unscathed; ⟨zonder straf⟩ get off scot-free
**klef** bn ❶ sticky, gooey, ⟨v. brood⟩ doughy, ⟨v. handen⟩ clammy, sticky ❷ aanhalig clinging
**klei** v clay ✳ (zo) uit de ~getrokken zijn be a yokel
**kleiachtig** bn clayey, clayish
**kleiduif** v [-duiven] clay pigeon
**kleiduivenschieten** o skeet, clay-pigeon shooting
**kleien** onoverg [kleide, h. gekleid] do ⟨some⟩ clay modelling, ⟨m.b.t.kinderen⟩ play with clay
**kleigrond** m [-en] clay soil/ground
**kleilaag** v [-lagen] clay layer
**klein** I bn ❶ van klein formaat little, small ✳ de ~e the little one, the baby ✳ de Kleine Antillen the Lesser Antilles ✳ een ~ beetje a little bit ✳ de ~ste bijzonderheden the minutest details ✳ een ~e boer a small farmer ✳ ~e stappen short/little steps; ⟨v. proces⟩ step-by-step ✳ ~e uitgaven petty expenses/expenditure ✳ een ~ uur less than/nearly an hour ✳ ~maar dapper small but tough ✳ ~maar fijn good things come in small packages ✳ zich ~ voelen feel small ❷ v. gestalte, afstand short, small ❸ van minder belang minor ❹ gering aantal slight, small **II** o small ✳ ~en groot big and small ✳ in het ~ beginnen start in a small way/on a small scale ✳ handel in het ~verkopen sell by retail ✳ de wereld in het ~the world in a nutshell/in miniature ✳ wie het ~e niet eert, is het grote niet weerd take care of the pennies and the pounds will take care of themselves **III** bijw small
**kleinbedrijf** o small-scale business ✳ het midden- en ~small and medium-sized businesses
**kleinbeeldcamera** v [-'s] 35 mm camera
**kleinbeeldfilm** m [-s] 35 mm film
**kleinbehuisd** bn cramped for space
**kleinburgerlijk** bn narrow-minded, parochial, suburban
**kleindochter** v [-s] granddaughter
**Klein Duimpje** o [-s] Tom Thumb
**kleineren** overg [kleineerde, h. gekleineerd] belittle, disparage, put down
**kleingeestig** bn small-minded, narrow-minded, petty
**kleingeestigheid** v narrow-mindedness, small-mindedness, pettiness
**kleingeld** o (small) change

**kleinhandel** m retail trade
**kleinheid** v smallness, littleness
**kleinigheid** v [-heden] little thing, trifle ✳ een ~(je), alstublieft can you spare me a bit of cash? ✳ dat is geen ~it's no small matter ✳ een ~je meebrengen bring a little something
**kleinkind** o [-eren] grandchild
**kleinkrijgen** overg [kreeg klein, h. kleingekregen] ✳ iem. ~subdue/tame sbd, break sbd's spirit ✳ hij is niet klein te krijgen he is not to be intimidated
**kleinkunst** v cabaret
**kleinkunstenaar** m [-s] cabaret artist
**kleinmaken** I overg [maakte klein, h. kleingemaakt] ❶ fijnmaken cut small/up ✳ een bankbiljet ~change a banknote ❷ mens put ⟨sbd⟩ down **II** wederk [maakte klein, h. kleingemaakt] ❶ nederig zijn humble oneself ❷ niet opvallen make oneself small
**kleinood** o [-noden, -nodiën] jewel, gem
**kleinschalig** bn small-scale
**kleinslaan** overg [sloeg klein, h. kleingeslagen] smash up, smash to smithereens
**kleinsteeds** bn provincial, suburban ✳ een ~e geest a small-minded person
**kleintje** o [-s] little one, baby ✳ een ~pils a small beer ✳ fig op de ~s passen watch one's pennies ✳ vele ~s maken een grote look after your pennies and the pounds will look after themselves ✳ voor geen ~ vervaard not be easily frightened/scared
**kleintjes** I bn ✳ zich ~voelen feel small **II** bijw ✳ ~ doen act humbly
**kleinvee** o small stock
**kleinverbruik** o small-scale/private consumption
**kleinverbruiker** m [-s] small-scale/private consumer
**kleinzerig** bn squeamish about pain, easily hurt
**kleinzielig** bn small-minded, petty
**kleinzoon** m [-s, -zonen] grandson
**kleitablet** v & o [-ten] clay tablet
**klem** I v [-men] ❶ vaste greep grip ❷ val catch, (man)trap, fig predicament ✳ in de ~zitten be in a predicament/fix ❸ techn bench clamp, clip ❹ elektr terminal ❺ nadruk stress, accent, emphasis ✳ met ~ spreken speak emphatically ✳ met ~van redenen with forceful arguments ❻ ziekte lockjaw **II** bn jammed ✳ ~lopen/raken/zijn/zitten jam, get jammed ✳ ~zetten jam
**klembord** o [-en] ook comput clipboard
**klemmen** I overg [klemde, h. geklemd] ❶ tussen iets catch, jam ❷ vastklemmen clasp ❸ v. tanden clench ❹ v. lippen tighten **II** onoverg [klemde, h. geklemd] ❶ overtuigen be conclusive/convincing/persuasive ✳ het argument klemt temeer daar... the argument is all the more persuasive since... ❷ vastzitten stick, jam
**klemtoon** m [-tonen] stress, accent, emphasis ✳ de ~ leggen op lay stress on, emphasize ✳ een lettergreep met ~a stressed syllable
**klemvast** bn ✳ sp de bal ~hebben have the ball safely in one's hands

**kl**

**klep** *v* [-pen] ❶ *luik* flap, ‹v. veerboot› ramp ❷ *v. vizier* visor ❸ *v. pet* peak ❹ *v. kachelpijp* damper ❺ *v. blaasinstrument* valve, key ❻ *mond* trap ∗ *hou je ~ dicht!* shut your trap! ❼ *techn* valve

**klepel** *m* [-s] clapper, tongue ∗ *hij heeft de klok horen luiden, maar hij weet niet waar de~ hangt* he's heard something about it but he hasn't got the picture

**kleppen** *onoverg* [klepte, h. geklept] ❶ *klepperen* clack, clap ❷ *v. klok* toll, peal ❸ *kletsen* chatter

**klepper** *m* [-s] ❶ *dier* steed ❷ *nachtwacht* hist watchman ❸ *ratel* rattle ▼ muz~s castanets

**klepperen** *onoverg* [klepperde, h. geklepperd] rattle, clatter, ‹v. vleugels› clap

**kleptomaan** *m* [-manen] kleptomaniac

**kleptomanie** *v* kleptomania

**klere, kolere** *v* ∗ *krijg de~* drop dead ∗ *~(film/-wijf/-werk)* fucking/bloody (film/woman/work)

**klerelijer** *m* [-s] inf rotter, bastard, son of a bitch

**kleren** *zn* [mv] clothes ∗ *iem. in de~ steken* clothe sbd ∗ *in zijn~ schieten* throw on one's clothes ∗ *met ~ en al* with clothes and all ∗ *de~ maken de man* clothes make the man ∗ *het raakt mijn koude~ niet* it leaves me completely cold ∗ *het gaat je niet in je koude~ zitten* a thing like that really gets to you

**klerenhanger** *m* [-s] → **kleerhanger**

**klerenkast** *v* [-en] → **kleerkast**

**klerk** *m* [-en] clerk

**klets I** *v* [-en] ❶ *slag* smack, slap ❷ *water* splash ❸ inf rubbish ∗ *dat is maar~* that's nonsense II *bijw* slap bang III *m* [-en] *kletsmajoor* gossip, chatterer

**kletsen I** *overg* [kletste, h. gekletst] *smijten* splash II *onoverg* [kletste, h. gekletst] ❶ *babbelen* chatter ∗ *we hebben gezellig zitten~* we've had a good chat ∗ *iem. de oren van het hoofd~* talk the hind leg off a donkey ❷ *onzin vertellen* talk nonsense, talk rubbish ∗ *je kletst uit je nek* you're talking through your hat/out of the back of your neck ❸ *roddelen* gossip ∗ *er wordt flink over dat stel gekletst* there's a lot of gossiping going on about that couple ❹ *een kletsend geluid maken* splash ∗ *de regen kletste tegen het raam* the rain pattered against the window

**kletskoek** *m* nonsense, rubbish

**kletskous** *v* [-en] chatterbox, gossip

**kletsmajoor, kletsmeier** *m* [-s] gossip

**kletsnat** *bn* soaking wet, wet through

**kletspraat** *m* twaddle, ‹roddel› gossip, nonsense, ‹onzin› rubbish ∗ *~jes* gossip ∗ *dat is maar~* that's just idle gossip ∗ *~ verkopen* talk nonsense/rubbish, inf talk a lot of crap

**kletteren** *onoverg* [kletterde, h. gekletterd] ❶ clatter, patter, ‹v. hagel› rattle ∗ *de regen kletterde tegen de ruiten* the rain pattered against the windows ❷ *wapens* clash ❸ *vallen* crash ∗ *het bord kletterde op de grond* the plate crashed to the floor ❹ *bergbeklimmen* mountaineer

**kleumen** *onoverg* [kleumde, h. gekleumd] be half frozen, freeze

**kleur** *v* [-en] ❶ *tint* colour/Am color, hue ∗ *met/in levendige/donkere~en afschilderen* paint in bright/dark colours ∗ *de vogels zijn schitterend van~* the birds are truly beautiful in colour ❷ *overtuiging* colour, Am color ∗ *politici van allerlei~* politicians of all colours ❸ *v. gezicht* complexion ∗ *een frisse~ hebben* have a fresh complexion ∗ *een hoogrode~ hebben* have a high complexion ∗ *een~ krijgen* colour, blush ∗ *van~ verschieten* change colour ❹ kaartsp suit ∗ *~ bekennen* kaartsp follow suit; fig show one's colours, take a stand

**kleurbad** *o* [-baden] ❶ *verfbad* dye bath ❷ fotogr toning bath

**kleurboek** *o* [-en] painting/colouring book

**kleurdoos** *v* [-dozen] paint box, colour/Am color box

**kleurecht** *bn* colourfast, colourproof

**kleuren I** *overg* [kleurde, h. gekleurd] ❶ *een kleur geven* colour/Am color, dye ❷ *foto* tone II *onoverg* [kleurde, h. gekleurd] ❶ *blozen* colour/Am color, blush ❷ *v. dingen* colour, Am color ∗ *de bladeren~* the leaves are colouring ∗ *die stropdas kleurt niet bij je overhemd* that tie doesn't match your shirt

**kleurenblind** *bn* colour-blind, Am color-blind

**kleurendruk** *m* colour/Am color printing ∗ *in~* in colour

**kleurenfilm** *m* [-s] colour/Am color film, ‹bioscoop› film in colour/Am color

**kleurenfoto** *v* [-'s] colour/Am color photograph

**kleurenprinter** *m* [-s] colour/Am color printer

**kleurenspectrum** *o* [-s & -tra] colour/Am color spectrum

**kleurenspel** *o* play of colours

**kleurentelevisie** *v* [-s] colour/Am color television

**kleurfilter** *m & o* [-s] colour/Am color filter

**kleurig** *bn* colourful

**kleuring** *v* [-en] colouring

**kleurkrijt** *o* coloured chalk

**kleurling** *m* [-en] coloured person

**kleurloos** *bn* ❶ colourless, pale ❷ fig drab, colourless

**kleurplaat** *v* [-platen] colouring picture

**kleurpotlood** *o* [-loden] coloured pencil

**kleurrijk** *bn* brightly coloured, colourful

**kleurschakering** *v* [-en] ❶ *nuance* shade, hue, tinge ❷ *overgang* colour/Am color gradation

**kleurshampoo** *m* colour/Am color rinse shampoo

**kleurspoeling** *v* [-en] (colour/Am color) rinse

**kleurstof** *v* [-fen] colouring matter/agent, pigment ∗ *~fen* dyes

**kleurtje** *o* [-s] ❶ colour/Am color, tint, ‹v. koorts &› flush, ‹v. verlegenheid› blush ∗ *de kamer een~ geven* paint the room ❷ *mv: potloden &* coloured pencils, ‹krijtjes› crayons

**kleuter** *m* [-s] toddler inf kid, kiddy/kiddie

**kleuterdagverblijf** *o* [-blijven] day care centre/center, creche, day nursery

**kleuterklas** *v* [-sen] kindergarten

**kleuterleidster** v [-s] kindergarten teacher
**kleuterschool** v [-scholen] kindergarten
**kleutertijd** m infancy
**kleven** onoverg [kleefde, h. gekleefd] ❶ stick, adhere, cling * ~ *aan* stick & to ❷ fig stick * *daar kleeft geen schande aan* there's no disgrace in that
**kleverig** bn ❶ sticky, gluey ❷ fig sticky
**kliederboel** m mess
**kliederen** onoverg [kliederde, h. gekliederd] mess about, make a mess
**kliek** v [-en] *groep* clique
**kliekje** o [-s] *voedsel* scraps, leftovers
**klier** v [-en] ❶ anat gland ❷ *vervelende vent* inf a pain in the neck/vulg arse
**klieren** onoverg [klierde, h. geklierd] inf be a pest, be a pain in the neck/vulg arse
**klieven** overg [kliefde, h. gekliefd] cleave * *de golven* ~ cleave the waves
**klif** o [-fen] cliff
**klik I** m [-ken] click **II** m [-s] taalk click
**klikken** onoverg [klikte, h. geklikt] ❶ *verraden* tell (tales) * *over iem.* ~ tell on sbd, sneak ❷ *klikkend geluid geven* click ❸ comput click (on/off) * *klik op 'opslaan'* click on 'save' ▼ fig *het klikte meteen tussen hen* they hit it off right from the start, it clicked between them right from the start
**klikspaan** v [-spanen] telltale, sneak
**klim** m climb * *een hele* ~ quite a climb
**klimaat** o [-maten] climate * *een mild* ~ a gentle climate * *het geestelijk* ~ the spiritual climate
**klimaatbeheersing** v air conditioning
**klimaatkamer** v [-s] environmental test chamber
**klimaatregeling** v air conditioning
**klimaatverandering** v [-en] climate change
**klimatologie** v climatology
**klimatologisch** bn climatic, climatological
**klimbonen** zn [mv] runner beans
**klimijzer** o [-s] climbing support
**klimmen** onoverg [klom, h. en is geklommen] ❶ climb, dicht ascend, mount * *in een boom* ~ climb (up) a tree * *klim maar op de bank/op mijn knie* come and sit on the sofa/on my knee ❷ *toenemen* advance * *bij het* ~ *der jaren* with advancing years
**klimmer** m [-s] ❶ climber ❷ *klimplant* climber, creeper
**klimop** m & o ivy
**klimpaal** m [-palen] climbing pole
**klimpartij** v [-en] climb
**klimplant** v [-en] climbing plant, climber, creeper
**klimrek** o [-ken] ❶ *op speelplaats* climbing frame ❷ *in gymzaal* wall bars
**klimroos** v [-rozen] rambler, climbing rose
**kling** v [-en] blade * *over de* ~ *jagen* put to the sword
**klingelen** onoverg [klingelde, h. geklingeld] jingle, tinkle
**kliniek** v [-en] clinic
**klinisch** bn clinical
**klink** v [-en] *v. deur* doorhandle, latch * *op de* ~ on

the latch * *de deur op de* ~ *doen* latch the door * *de deur van de* ~ *doen* unlatch the door
**klinken I** onoverg [klonk, h. geklonken] ❶ *geluid geven* sound, ring * *een* ~*de overwinning* a resounding victory * *dat klinkt verdacht* that sounds suspicious/inf fishy * *bekend in de oren* ~ sound familiar * *een diner dat klonk als een klok* a first-rate dinner * *een stem die klonk als een klok* a voice as clear as a bell ❷ met glazen clink/touch glasses, drink a toast * *met elkaar* ~ drink a toast **II** overg [klonk, h. geklonken] techn rivet, clinch
**klinker** m [-s] ❶ *letter* vowel ❷ *steen* clinker, brick ❸ techn riveter
**klinkerweg** m [-wegen] brick-paved road
**klinkklaar** bn * *dat is klinkklare nonsens* it is sheer/blatant/pure nonsense
**klinknagel** m [-s] rivet
**klip I** v [-pen] rock, reef, cliff * *een blinde* ~ a sunken rock * *tussen de* ~*pen door zeilen* steer clear of the rocks * *op de* ~*pen gelopen* ook fig on the rocks * *tegen de* ~*pen op liegen* lie outrageously **II** bn * ~ *en klaar* crystal-clear
**klipper** m [-s] scheepv clipper
**klis** v [-sen], **klit** [-ten] ❶ *plant* bur(r) * *als een* ~ *aan iem. hangen* stick to sbd like a leech ❷ *warrige knoop* tangle * *mijn haar zit helemaal in de klit* my hair is all tangled
**klitten** onoverg [klitte, h. geklit] become entangled * *aan elkaar* ~ stick/hang together like a leech
**klittenband** o Velcro ®
**klodder** m [-s] ❶ *v. verf* daub, splodge ❷ *v. bloed* clot, blob ❸ *v. slagroom &* dollop
**klodderen** overg [klodderde, h. geklodderd] ❶ *schilderen* splodge, daub ❷ *knoeien* make a mess
**kloek I** v [-en], **klok** [-ken] mother hen **II** bn ❶ *fors, groot* robust, stout, big * *twee* ~*e delen* two substantial volumes ❷ *dapper* bold, brave * *een* ~ *besluit* a brave decision **III** bijw ❶ *fors* stoutly ❷ *dapper* boldly, bravely
**kloffie** o [-s] togs, gear * *in zijn dagelijkse* ~ in his working togs/gear
**klojo** m ['s] Br berk, twit, wally, Am jerk
**klok I** v [-ken] ❶ *uurwerk* clock * *een staande* ~ a grandfather clock * *hij kan* ~ *kijken* he can tell the time * *met de* ~ *mee* clockwise * *op de* ~ *af* to the minute, at exactly... * *de* ~ *rond slapen* sleep round the clock * *de* ~ *rond werken* work round the clock * *tegen de* ~ *in* anti-clockwise * *een man van de* ~ a punctual man * *het* ~*je van gehoorzaamheid* time to go to bed * *zoals het* ~*je thuis tikt, tikt het nergens* there's no place like home ❷ *torenbel* bell * *hij hangt alles aan de grote* ~ he tells everyone about everything * *een diner dat/een stem die klonk als een* ~ a perfect meal/voice * *het is betalen wat de* ~ *slaat* pay(ing) is the order of the day ❸ *glazen stolp* bell jar/glass **II** m [-ken] *slok* sip
**klokgelui** o pealing/chiming/ringing of bells
**klokhuis** o [-huizen] *v. appel, peer* core

**kl**

**klokje** *o* [-s], **klokjesbloem** *v* [-en] *plant* harebell, bluebell

**klokken I** *onoverg* [klokte, h. geklokt] ❶ *hoorbaar slikken* gurgle ❷ *v. hen* cluck ❸ *v. kalkoen* gobble ❹ *v. fles* gurgle ❺ *v. rok* flare ✶ *een ~de rok* a flared skirt ❻ *met prikklok* clock in/on/out **‖** *overg* [klokte, h. geklokt] *tijd opnemen* time

**klokkengieter** *m* [-s] bell-founder

**klokkengieterij** *v* ❶ *werkplaats* [-en] bell foundry ❷ *het gieten* bell-founding

**klokkenluider** *m* [-s] ❶ bell-ringer ❷ *iem. die misstanden openbaar maakt* whistle-blower

**klokkenmaker** *m* [-s] clockmaker

**klokkenspel** *o* [-len] ❶ *beiaard* carillon, chimes ❷ *slaginstrument* glockenspiel ❸ *mannelijk geslachtsdeel* scherts sexual apparatus

**klokkenstoel** *m* [-en] belfry

**klokkentoren** *m* [-s] bell tower, steeple, belfry

**klokradio** *m* ['s] clock radio

**klokslag** *m* [-slagen] stroke of the clock ✶ *~ vier uur* on the stroke of four, at four o'clock sharp

**klomp** *m* [-en] ❶ *brok* lump ✶ *een ~ goud* a nugget of gold ❷ *schoeisel* clog, wooden shoe ✶ *op ~en* in clogs ✶ *nou breekt mijn ~!* that's the limit!, that takes the cake!, that does it! ✶ *iets met de ~en aanvoelen* feel something instinctively

**klompendans** *m* [-en] wooden shoe/clog dance

**klompenmaker** *m* [-s] clog maker

**klompvoet** *m* [-en] clubfoot, med talipes

**klonen** *overg* [kloonde, h. gekloond] clone

**klont** *m & v* [-en] lump, ⟨v. aarde⟩ clod ✶ *er zitten ~en in de pap* the porridge is lumpy

**klonter** *m* [-s] lump, ⟨v. bloed⟩ clot

**klonteren** *onoverg* [klonterde, is geklonterd] lump, become lumpy, ⟨v. bloed⟩ clot, ⟨v. melk⟩ curdle

**klonterig** *bn* lumpy, ⟨v. melk⟩ curdled, ⟨v. bloed⟩ clotted

**klontje** *o* [-s] lump ⟨of sugar⟩, dab, pat ⟨of butter⟩ ✶ *zo klaar als een ~* as plain as day

**kloof** *v* [kloven] ❶ *barst* split, crack ✶ *kloven in de handen* chapped hands ❷ *van de aarde* gorge, ravine, chasm, ⟨klein⟩ gap, cleft, fissure ❸ fig gap, gulf ✶ *de ~ dichten/overbruggen* bridge the gap/gulf ✶ *de ~ verbreden* widen the gap/gulf

**klooien** *onoverg* [klooide, h. geklooid] ❶ *prutsen* bungle, botch, screw/muck up ❷ *vervelend doen* mess/muck about ❸ *donderjagen* monkey/mess/muck about ✶ *met iets zitten ~* monkey/mess/muck about with sth

**kloon** *m* [klonen] clone

**klooster** *o* [-s] cloister, ⟨v. mannen⟩ monastery, ⟨v. vrouwen⟩ convent ✶ *in het ~ gaan* go into a monastery/convent

**kloostergang** *m* [-en] cloister

**kloostergemeenschap** *v* [-pen] monastic/convent community

**kloosterleven** *o* ❶ *voor mannen* monastic life ❷ *voor vrouwen* convent life

**kloosterling** *m* [-en] monk ✶ *~en* ⟨mannen⟩ monks, ⟨vrouwen⟩ nuns

**kloosterorde** *v* [-n & -s] monastic/convent order

**kloot** *m* [kloten] ❶ *bol* ball ❷ *testikel* testicle, inf ball ✶ *naar de kloten zijn* be screwed up ✶ *dat is kloten* it isn't worth shit

**klootjesvolk** *o* ✶ *het ~* the hoi polloi

**klootzak** *m* [-ken] ❶ *balzak* scrotum ❷ scheldwoord bastard, son of a bitch, arsehole

**klop** *m* [-pen] knock, tap, rap ✶ *de ~ op de deur* the knock at the door ✶ *iem. ~ geven* lick sbd ✶ *~ krijgen* get licked

**klopboor** *v* [-boren] hammer drill

**klopgeest** *m* [-en] poltergeist

**klopjacht** *v* [-en] ❶ *drijfjacht* drive ❷ *van mensen* round-up

**kloppartij** *v* [-en] scuffle, tussle

**kloppen I** *onoverg* [klopte, h. geklopt] ❶ *slaan*, *tikken* knock, rap, tap ✶ *er wordt geklopt* someone's at the door ✶ *binnen zonder ~* come straight in ❷ *v. hart* beat, throb ✶ *met ~d hart* with one's heart in one's throat ❸ *v. motor* knock ❹ *in orde zijn* correspond, agree ✶ *een ~d bewijs* resounding proof ✶ *(het) klopt* (it's) right ✶ *dat klopt als een bus* that's absolutely correct ✶ *dat klopt niet met* that doesn't tally/square with ✶ *daar klopt iets niet* something's not right ✶ *de cijfers ~ niet* the figures don't balance/agree ✶ *de boel ~d maken* square things **‖** *overg* [klopte, h. geklopt] beat, knock, ⟨zacht⟩ tap, ⟨v. eieren⟩ beat, whisk, ⟨v. stenen⟩ break ✶ *iem. ~ beat sbd, inf lick sbd ✶ iem. op de schouder ~* tap sbd on the shoulder/back ✶ *geld ~ uit...* make money out of... ✶ *iem. iets uit de zak ~* do sbd out of sth

**klopper** *m* [-s] ❶ *op deur* (door)knocker ❷ *mattenklopper* (carpet)beater ❸ *v. room & whisk ❹ persoon* knocker, ⟨tegen raam⟩ (window) tapper

**klos** *m & v* [-sen] ❶ *garen & bobbin, spool, reel ❷ blok* block ❸ elektr coil ❹ bilj kiss ✶ *hij is de ~* he's the sucker

**klossen I** *overg* [kloste, h. geklost] *op klossen winden* wind **‖** *onoverg* [kloste, h. en is geklost] ❶ *onbehouwen lopen* clump, stump ❷ bilj kiss

**klote** *bn* bloody awful

**kloten** *onoverg* [klootte, h. gekloot] *knoeien* mess/muck about ✶ *zit niet te ~!* stop messing/mucking about!

**kloterig** *bn* rotten, lousy

**klotsen** *onoverg* [klotste, h. geklotst] ❶ slosh, splash ✶ *~de golven* splashing waves ❷ bilj kiss

**kloven** *overg* [kloofde, h. gekloofd] *splijten* split ✶ *diamanten ~* cut diamonds

**klucht** *v* [-en] farce

**kluchtig** *bn* farcical

**kluif** *v* [kluiven] ❶ *bot* knucklebone ❷ *als gerecht* knuckle ✶ fig *een hele ~* quite a job

**kluis** *v* [kluizen] ❶ *v. bank ~* safe, strongroom, vault, safe deposit box ❷ *v. kluizenaar* cell

**kluisteren** *overg* [kluisterde, h. gekluisterd] fetter,

kl

**shackle** ∗fig *aan het bed gekluisterd* confined to one's bed, bedridden ∗fig *aan haar stoel gekluisterd* glued to her chair

**kluit** *m & v* [-en] ❶*klomp* clod, lump ∗*hij is flink uit de ~en gewassen* he's a strapping lad ❷*menigte* bunch ∗*de hele ~* the whole lot ∗*de ~belazeren* take everybody for a ride

**kluitje** *o* [-s] (small) clod, lump ∗*iem. met een ~in het riet sturen* send sbd off none the wiser ∗*op een ~ staan* crowd together

**kluiven** *overg en onoverg* [kloof, h. gekloven] pick, gnaw, nibble ∗*iets om aan te ~* something to gnaw; fig a tough proposition ∗*op de nagels ~* bite one's nails

**kluizenaar** *m* [-s & -naren] hermit, recluse

**kluizenaarsleven** *o* hermit's life ∗*een ~leiden* live the life of a hermit

**klunen** *onoverg* [kluunde, h. gekluund] walk with one's skates on

**klungel** *m-v* [-s] bungler, clumsy clod

**klungelen** *onoverg* [klungelde, h. geklungeld] ❶*knoeien* bungle, botch up ❷*tijd verbeuzelen* dawdle

**klungelig** *bn* bungling, clumsy

**kluns** *m* [klunzen] bungler, botcher

**klunzen** *onoverg* [klunsde, h. geklunsd] ❶*knoeien* bungle, blunder ❷*tijd verbeuzelen* dawdle

**klunzig** *bn* bungling

**klus** *m* [-sen] job ∗*een hele ~* quite a job

**klusje** *o* [-s] little job ∗*~s doen/opknappen* do odd jobs

**klusjesman** *m* [-nen] odd-job man, handyman

**klussen** *onoverg* [kluste, h. geklust] ❶do odd jobs ❷*zwart werken* moonlight

**kluts** *v* ∗*de ~kwijt zijn* be confused ∗*de ~kwijt raken* lose one's bearings

**klutsen** *overg* [klutste, h. geklutst] beat up ∗*eieren ~* beat/whisk eggs

**kluut** *m* [kluten] *vogel* avocet

**kluwen** *m en o* [-s] ball ∗*een ~mensen* a jumble of people ∗*in/als een ~* in a jumble

**klysma** *o* ['s] enema

**km** *afk* (kilometer) kilometre

**km/u** *afk* (kilometer per uur) km/h

**knaagdier** *o* [-en] rodent

**knaak** *v* [knaken] *rijksdaalder* hist inf two-and-a-half guilder piece/coin

**knaap** *m* [knapen] ❶*jongen* boy, lad, youngster ❷*joekel* whopper ∗*een ~van een vis* a huge fish, a whopper of a fish

**knaapje** *o* [-s] ❶*jongetje* little boy ❷*kleerhanger* clothes hanger

**knabbelen** *overg & onoverg* [knabbelde, h. geknabbeld] nibble ∗*~op/aan* nibble/munch on

**knäckebröd** *o* Swedish crispbread, knäckebröd

**knagen** *onoverg* [knaagde, h. geknaagd] gnaw ∗*een ~d geweten* a troubled conscience ∗*~aan* gnaw/nibble at

**knak** *m* [-ken] ❶crack, snap ❷fig blow, injury, damage ∗*de handel een ~geven* cripple trade ∗*zijn gezondheid heeft een ~gekregen* his health has taken a blow

**knakken** I *onoverg* [knakte, is geknakt] ❶*v. bloemen & break, snap* ❷*v. vingers & crack* II *overg* [knakte, h. geknakt] ❶*afbreken* break ❷fig injure, impair, shake ∗*zijn gezondheid is geknakt* his health has suffered a setback ∗*door het leven geknakt worden* be broken

**knakker** *m* [-s] inf character ∗*een rare ~* a queer/an odd character

**knakworst** *v* [-en] frankfurter (sausage)

**knal** *m* [-len] ❶*hard geluid* crack, bang, ⟨v. explosie⟩ detonation, ⟨v. donder⟩ clap, ⟨v. kurk⟩ pop, ⟨v. vuurwapen⟩ report, crack ❷*harde klap* whack ∗*iem. een ~voor zijn kop geven* whack sbd in the face

**knalfuif** *v* [-fuiven] wild party

**knalgeel** *bn* bright yellow

**knalkurk** *v* [-en] popping cork

**knallen** I *onoverg* [knalde, h. geknald] ❶*v. vuurwapen* crack, bang ❷*v. zweep* crack ❸*v. kurk* pop II *onoverg* [knalde, is geknald] *hard ergens tegenaan komen* smash/crash/bang (into) ∗*tegen een boom ~* smash & into a tree III *overg* [knalde, h. geknald] *hard schieten, gooien* thump, shoot ∗*de bal in het doel ~* torpedo the ball into the goal

**knaller** *m* [-s] inf riot

**knalpijp** *v* [-en] exhaust pipe

**knalpot** *m* [-ten] silencer, muffler

**knalrood** *bn* bright/vivid red ∗*~worden* go bright red

**knap** I *bn* ❶*m.b.t. uiterlijk* pretty, handsome, good-looking, smart ∗*er ~uitzien* ⟨v. man⟩ be handsome/good-looking; ⟨v. vrouw⟩ be/look pretty ∗*een ~meisje* a pretty girl, a good looker ∗*een ~pe vent* a handsome fellow, a good looker ❷*m.b.t. capaciteiten* clever, able, capable ∗*een ~pe kop* a brain ∗*een ~vakman* a clever/handy/skilful workman/craftsman ∗*hij is ~in het Engels* he's good at English ❸*netjes* neat ∗*de kamer ziet er weer ~uit* the room looks tidy again II *bijw* ❶cleverly, ably ∗*~ bedacht/gedaan* well thought-out/well done ❷*netjes* neatly, smartly ❸*versterkend* pretty ∗*~ donker/duur* pretty dark/expensive III *m* [-pen] crack, snap

**knappen** I *onoverg* [knapte, h. geknapt] ❶*breken* crack ❷*knapperen* crackle II *onoverg* [knapte, is geknapt] break, snap ∗*het touw zal ~* the rope will break/snap ∗*op ~staan* be about to burst III *overg* [knapte, h. geknapt] ❶*dooddrukken* squash ∗*een luis ~* squash a louse ❷*nuttigen* crack ∗*een flesje ~* crack open a bottle ▼*een uiltje ~* have a snooze, take forty winks

**knapperd** *m* [-s] ❶*slim* whizz kid, bright spark ❷*mooi* beauty

**knapperen** *onoverg* [knapperde, h. geknapperd]

kn

crackle

**knapperig** *bn* crisp, crunchy, ‹v. brood› crusty

**knapzak** *m* [-ken] knapsack

**knar** *m* [-ren]* *inf een ouwe~* ‹oud persoon› an old fogey; ‹gierigaard› an old skinflint* *inf een krasse ~* a strong old geezer

**knarsen** *onoverg* [knarste, h. geknarst] crunch, ‹v. deur› creak, squeak* *met de tanden~* grind one's teeth

**knarsetanden** *onoverg* [knarsetandde, h. geknarsetand] grind/gnash one's teeth

**knauw** *m* [-en]❶ *beet* bite ❷ *fig* blow* *iem. een~ geven* deal sbd a blow

**knecht** *m* [-en & -s] servant, ‹op boerderij› farmhand, ‹wielrenner› helper

**knechten** *overg* [knechtte, h. geknecht] enslave, subjugate

**kneden** *overg* [kneedde, h. gekneed]❶ *v. deeg* knead ❷ *v. klei* ‹vormen› mould, model, ‹door pottenbakker› wedge ❸ *door masseur* massage ❹ *fig* mould

**kneedbaar** *bn* ❶ workable ❷ *fig* pliable

**kneedbom** *v* [-men] plastic bomb

**kneep** *v* [knepen]❶ *het knijpen* pinch, squeeze ❷ *afdruk van knijpen* pinch mark ❸ *fig* knack* *daar zit 'm de~* there's the rub* *de knepen van het vak kennen* know the ropes, know the tricks of the trade

**knekelhuis** *o* [-huizen] ossuary

**knel** **I** *v* fix, jam* *in de~ zitten* be stuck; *fig* be in a fix/in hot water **II** *bn* *~ raken* get jammed/stuck* *~ zitten* be stuck

**knellen** **I** *overg* [knelde, h. gekneld] squeeze, press **II** *onoverg* [knelde, h. gekneld]❶ pinch* *kleding die niet knelt* clothes that don't pinch ❷ *fig* pinch

**knelpunt** *o* [-en] *fig* bottleneck

**knerpen** *onoverg* [knerpte, h. geknerpt] crunch, ‹geluid› grate

**knetter** *bn* *inf* crackers, nuts

**knetteren** *onoverg* [knetterde, h. geknetterd] crackle, ‹motor, vlam› splutter* *een~de vloek* a resounding oath/curse

**knettergek** *bn* bonkers, crackers, raving mad

**kneu** *v* [-en] *vogel* linnet

**kneusje** *o* [-s]❶ *persoon* failure ❷ *auto* reject ❸ *vrucht* bruised fruit ❹ *ei* cracked egg

**kneuterig** *bn* snug, cosy

**kneuzen** **I** *overg* [kneusde, h. gekneusd] ❶ *v. lichaamsdelen* bruise, *med* contuse ❷ *v. fruit* bruise ❸ *fijn maken* crack, crush **II** *wederk* [kneusde, h. gekneusd] get/be bruised

**kneuzing** *v* [-en] *v. lichaamsdelen* bruise, *med* contusion* *een inwendige~* internal bruising

**knevel** *m* [-s]❶ *v. man* moustache ❷ *stokje* clamp, brace

**knevelen** *overg* [knevelde, h. gekneveld]❶ *binden* pinion, tie down ❷ *geld afpersen* extort ❸ *de vrijheid beperken* gag, muzzle

**knibbelen** *onoverg* [knibbelde, h. geknibbeld]

*afdingen* haggle* *~ op de uitgaven* skimp on expenses

**knickerbocker** *m* [-s] knickerbockers

**knie** *v* [knieën]❶ *lichaamsdeel* knee* *de~(ën) buigen* bend/bow the knee(s)* *er zitten altijd~ën in zijn broek* his trousers always bag at the knees* *fig door de~ën gaan* give in, ‹zich onderwerpen› buckle under *(voor to)*  * *met knikkende~ën* with shaking/trembling knees* *iets onder de~ hebben* have mastered sth, *inf* have got the hang of sth* *op de~ën brengen* bring to one's knees* *op de~ën vallen* fall to one's knees* *God op zijn blote~ën danken* thank God on bended knees* *voor iem. op de ~ën vallen* go down on one's knees to sbd* *iem. over de~ leggen* put sbd across one's knee* *tot aan de~ën in het water* knee-deep in the water ❷ *kromming* bend, knee, elbow

**knieband** *m* [-en]❶ *anat* hamstring ❷ *ter bescherming* knee protector

**kniebeschermer** *m* [-s] knee pad

**knieblessure** *v* [-n & -s] knee injury

**kniebroek** *v* [-en] knickerbockers, plus fours

**kniebuiging** *v* [-en]❶ curts(e)y ❷ *in kerk* genuflexion ❸ *bij gymnastiek* knee bend

**kniegewricht** *o* [-en] knee joint

**knieholte** *v* [-n & -s] hollow of the knee

**kniekous** *v* [-en] knee sock

**knielen** *onoverg* [knielde, h. en is gekniled] kneel, ‹in kerk ook› genuflect* *geknield* kneeling, on one's knees* *fig~ voor* kneel before

**knieschijf** *v* [-schijven] kneecap, ‹anat› patella

**kniesoor** *m-v* [-oren] grumbler, moaner* *wie daar op let is een~* that's a minor detail

**kniestuk** *o* [-ken]❶ *steunbalk* kneepiece ❷ *stuk v. kleding & knee pad ❸ *portret* knee-length portrait

**knietje** *o* [-s]* *iem. een~ geven* knee sbd, give sbd a knee

**knieval** *m* [-len] * *een~ doen voor iem.* fall to one's knees before sbd

**kniezen** *onoverg* [kniesde, h. gekniesd] moan/grumble/grouch (about)

**kniezer** *m* [-s] moaner, grumbler, grouch

**knijpen** **I** *overg* [kneep, h. geknepen]❶ pinch* *hij kneep het kindje in de wang* he pinched the child's cheek* *hij kneep mij in mijn neus* he tweaked my nose ❷ *door knijpen verplaatsen* squeeze* *water uit de spons~* squeeze water out of the sponge ▼ *'m knijpen* have the wind up **II** *onoverg* [kneep, h. geknepen] pinch* *~ in/op de begroting* cut back ▼ *er tussenuit~* ‹stilletjes weggaan› slip off; ‹sterven› kick the bucket

**knijper** *m* [-s]❶ *klemmetje* clip ❷ *wasknijper* clothes peg ❸ *v. kreeft* pincer ❹ *vrek* miser, skinflint

**knijpfles** *v* [-sen] squeeze bottle

**knijptang** *v* [-en] pincers

**knik** *m* [-ken]❶ *knak* crack, ‹in metaal› dent, ‹in slang &› kink ❷ *met 't hoofd* nod ❸ *kromming* bend, twist

**knikkebollen** *onoverg* [knikkebolde, h. geknikkebold] nod, doze

**knikken I** *onoverg* [knikte, h. geknikt] ❶ *met hoofd* nod ✻ *hij knikte van ja* he nodded in agreement ❷ *doorbuigen* bend, buckle ✻ *met~de knieën* with shaking knees ❸ *breken* crack, bend **II** *overg* [knikte, h. geknikt] bend, twist

**knikker** *m* [-s] ❶ marble ✻ *het gaat om het spel, niet om de~s* winning is not what it's about ✻ *er is wat aan de~* there's something the matter ❷ *hoofd* inf nut ✻ *een kale~* a bald pate

**knikkeren I** *onoverg* [knikkerde, h. geknikkerd] play marbles **II** *overg* [knikkerde, h. geknikkerd] ✻ *iem. eruit~* throw/inf chuck sbd out

**knip I** *v* [-pen] ❶ *val* trap ❷ *grendel* catch ✻ *de~ op de deur doen* put the catch on the door ❸ *sluiting* snap ❹ *portemonnee* purse ✻ *de hand op de~ houden* keep one's hand on the purse strings **II** *m* [-pen] ❶ *met schaar* cut, snip ❷ *met vingers* snap ✻ *hij is geen~ voor de neus waard* he isn't worth a snap of the fingers/a straw

**knipkaart** *v* [-en] season ticket

**knipmes** *o* [-sen] clasp knife, jack-knife ✻ *buigen als een~* bow and scrape

**knipogen** *onoverg* [knipoogde, h. geknipoogd] wink, blink ✻ *~ tegen/naar* wink at

**knipoog** *m* [-ogen] wink ✻ *iem. een~(je) geven* wink at sbd ✻ fig *met een~ naar* a humorous reference to

**knippen** *overg* [knipte, h. geknipt] ❶ *(uit)knippen* cut out ✻ *in de film is geknipt* the film has been cut ✻ *geknipt zijn voor de baan* be cut out for the job ❷ *afknippen* cut ✻ *het haar kort laten~* have one's hair cut short ✻ *zich laten~* have one's hair cut ✻ *zijn baard~* trim one's beard ✻ *de nagels~* cut/clip one's nails ❸ *doorboren* punch ✻ *kaartjes~* punch/clip tickets ❹ *vangen* inf pinch, nab **II** *onoverg* [knipte, h. geknipt] ✻ *met de ogen~* blink ✻ *met de vingers~* snap one's fingers

**knipperen** *onoverg* [knipperde, h. geknipperd] ❶ *v. ogen* blink, ⟨donkend⟩ flutter ✻ *hij knipperde met zijn ogen* he blinked ❷ *v. licht* flash

**knipperlicht** *o* [-en] ❶ flashing light, winker ❷ *op motorvoertuigen* indicator

**knipsel** *o* [-s] cutting(s), clipping(s)

**knipseldienst** *m* [-en] ❶ cutting/clipping department ❷ *bij een krant* inf morgue

**knipselkrant** *m* [-en] collection of newspaper cuttings

**kniptang** *v* [-en] ❶ *voor kaartjes* punch ❷ *voor ijzerdraad* wire cutters

**knisperen** *onoverg* [knisperde, h. geknisperd] crackle, ⟨v. papier⟩ rustle ✻ *een~d haardvuur* a crackling fire

**kno-arts** *m* ❶ (keel, -neus- en oorarts) [-en] ❷ ENT specialist, ear, nose and throat specialist

**knobbel** *m* [-s] ❶ *aanleg* knack, talent, gift ✻ *een~ voor talen/wiskunde hebben* have real knack for languages/mathematics ❷ *verdikking* knob, knot,

lump ❸ med tubercle, nodule

**knobbelzwaan** *m* [-zwanen] mute swan

**knock-out** *bn & m* [-s] knock-out ✻ *iem. ~ slaan* knock sbd out

**knoedel** *m* [-s] ❶ *meelbal* dumpling ❷ *kluwen* ball, hank ❸ *haar* bun

**knoei** *m* muddle, mess ✻ *we zitten in de~* we are in a mess/inf in the soup

**knoeiboel** *m* ❶ *vuile boel* mess ❷ *slecht werk* botched-up job ❸ *bedrog* swindle

**knoeien** *onoverg* [knoeide, h. geknoeid] ❶ *morsen* (make a) mess ✻ *met as~* spill ashes all over the place ✻ *met de boter~* mess about with the butter ❷ *slordig werken, prutsen* bungle, make a mess of ❸ *oneerlijk handelen* tamper (with), swindle, cheat ✻ *er is in de zaak geknoeid* there's been some funny business ✻ *in de boeken~* tamper with/fiddle/doctor the books ✻ *met zijn belastingaangifte~* fiddle one's taxes

**knoeier** *m* [-s] ❶ *prutser* bungler ❷ *sloddervos* sloppy person ❸ *oplichter* swindler, cheat

**knoeipot** *m* [-ten] messy person

**knoeiwerk** *o* sloppy/shoddy work, botched-up work

**knoert** *m* [-en] ❶ *iets groots* inf whopper ✻ *een~ van een ...* a whopping big ... ❷ *hard schot & hard kick/blow &*

**knoest** *m* [-en] knot, gnarl

**knoet** *m* [-en] ❶ *zweep* cat-o'-nine-tails ✻ *onder de~ zitten* be under someone's thumb ❷ *haarwrong* bun, knot

**knoflook** *o & m* garlic

**knoflookpers** *v* [-en] garlic press

**knoflooksaus** *v* [-en of -zen] garlic sauce

**knokkel** *m* [-s] knuckle

**knokken** *onoverg* [knokte, h. geknokt] *vechten* fight ✻ fig *hij heeft er hard voor moeten~* he's had to battle for it

**knokpartij** *v* [-en] fight, scuffle

**knokploeg** *v* [-en] ❶ *groep v. vechtersbazen* gang of thugs, henchmen ❷ *in 2e Wereldoorlog* resistance commando (group)

**knol** *m* [-len] ❶ *aan wortel* tuber ❷ *raap* turnip ✻ *iem. ~len voor citroenen verkopen* pull the wool over sbd's eyes ❸ *paard* nag

**knolgewas** *o* [-sen] tuberous plant

**knollentuin** *m* [-en] vegetable garden ✻ *hij is in zijn ~* he's in his element

**knolraap** *v* [-rapen] turnip

**knolselderij, knolselderie** *m* celeriac

**knoop** *m* [knopen] ❶ *aan kleding* button, stud ✻ *een ~ aan een blouse zetten* sew on a button on to a blouse ❷ *in touw & knot* ✻ *een platte~* a reef knot ✻ *de (gordiaanse)~ doorhakken* cut the (Gordian) knot ✻ *een~ leggen* tie a knot ✻ *een~ losmaken* untie/undo a knot ✻ fig *in de~ raken met iets* become entangled in sth ✻ *uit de~ halen* unravel ❸ *plant* node

**knooppunt** *o* [-en] junction, intersection

**knoopsgat** *o* [-gaten] buttonhole ✳ *een anjer in het ~* a carnation in one's buttonhole
**knoopsluiting** *v* [-en] button fastening
**knop** *m* [-pen] ❶ *v. deur, stok &* knob, handle ❷ *schakelaar* switch, button ❸ *v. degen, zadel* pommel ❹ plantk bud ✳ *~pen krijgen* be in bud ✳ *in de ~* in bud ▼ *naar de ~pen gaan* go down the drain ▼ *naar de ~pen helpen* mess up, ruin
**knopen** *overg* [knoopte, h. geknoopt] ❶ *een knoop leggen* knot, tie ✳ *netten ~* make nets ✳ *de eindjes aan elkaar ~* make ends meet ❷ *met een knoopsluiting vastmaken* button (up)
**knorren** *onoverg* [knorde, h. geknord] ❶ *v. varken &* grunt, snort ✳ *mijn maag knort* my stomach's rumbling ❷ fig grumble, growl ✳ *~ op* grumble at ✳ *~ krijgen* be scolded
**knorrepot** *m* [-ten] grumbler, grump, grouch
**knot** *v* [-ten] ❶ *haar, kluwen* knot ❷ *wol* ball
**knots** I *v* [-en] club, bludgeon ▼ *een ~ van een...* a huge/gigantic ... II *bn* inf mad, crazy ✳ *~(gek) zijn* be nuts, be crackers
**knotten** *overg* [knotte, h. geknot] ❶ *boom* head, top ❷ *wilg* poll(ard) ❸ *kegel* truncate ✳ *een geknotte kegel* a truncated cone ❹ fig curtail, clip
**knotwilg** *m* [-en] pollard willow
**knowhow** *m* know-how
**knudde** *bn* ✳ inf *het is ~* it's a flop/washout
**knuffel** *m* [-s] ❶ *liefkozing* hug, cuddle ✳ *iem. een ~ geven* give sbd a hug ❷ *speelgoedbeest* cuddly toy
**knuffelbeest, knuffeldier** *o* [-en] cuddly toy
**knuffelen** *overg* [knuffelde, h. geknuffeld] cuddle, snuggle
**knuist** *m & v* [-en] fist ✳ *blijf eraf met je ~en!* paws off!
**knul** *m* [-len] ❶ *fellow,* chap, bloke ✳ *een goeie ~* a good guy ❷ *domoor* a silly guy/inf buggar
**knullig** *bn* clumsy, awkward
**knuppel** *m* [-s] ❶ *dikke stok* cudgel, club, ⟨v. politie⟩ truncheon ✳ *een ~ in het hoenderhok gooien* put the cat among the pigeons ❷ *stuurknuppel* joy stick ❸ *lomperd* lout
**knuppelen** *overg* [knuppelde, h. geknuppeld] cudgel, club
**knus** I *bn* snug, cosy II *bijw* cosily, snugly
**knutselaar** *m* [-s] handyman, do-it-yourselfer
**knutselen** *overg en onoverg* [knutselde, h. geknutseld] ❶ *in elkaar zetten* knock/throw together ✳ *iets in elkaar ~* knock/throw sth together ❷ *uit liefhebberij maken* potter, tinker ✳ *ik knutsel graag* I like to do things with my hands ✳ *hij knutselt graag aan zijn auto* he likes to tinker with his car
**knutselwerk** *o* ❶ *handicrafts* ✳ *leuke ideetjes voor ~* fun things to make in your spare time ❷ *werk* odd jobs
**koala** *m* ['s], **koalabeer** [-beren] koala
**kobalt** I *o* cobalt II *bn* cobalt (blue)
**kobaltblauw** *o & bn* cobalt blue
**koddig** I *bn* droll, odd, comical II *bijw* oddly, comically

**koe** *v* [koeien] cow ✳ *een heilige ~* a sacred cow ✳ *oude ~ien uit de sloot halen* reopen old wounds, rake up the past ✳ *geen oude ~ien uit de sloot halen* let bygones be bygones ✳ *men noemt geen ~ bont of er is een vlekje aan* there's no smoke without fire ✳ *de ~ bij de horens vatten* take the bull by the horns ✳ *je kunt nooit weten hoe een ~ een haas vangt* you never know your luck/know what might happen ▼ *~ien van fouten* whopping great mistakes
**koebel** *v* [-len] cowbell
**koedoe** *m* [-s] kudu
**koehandel** *m* horse trading
**koeienletter** *v* [-s] ✳ *met ~s* in giant letters
**koeienvlaai** *v* [-en] cowpat
**koeioneren** *overg* [koeioneerde, h. gekoeioneerd] bully, browbeat
**koek** *m* [-en] ❶ *lekkernij* cake ✳ *peper~* gingerbread ✳ *dat is andere ~!* that's a different kettle of fish! ✳ *dat is gesneden ~* that's child's play ✳ *dat is oude ~* that's an old one, that's old hat ✳ *de ~ is op* the party is over ✳ *ze zijn ~ en ei* they're hand and glove ✳ *het gaat erin als ~* they're lapping it up ✳ *iets voor zoete ~ slikken* swallow sth whole, fall for sth ❷ *massa* cake, crust
**koekeloeren** *onoverg* [koekeloerde, h. gekoekeloerd] peer, peek ✳ *zitten ~* sit around twiddling one's thumbs/daydreaming
**koekenbakker** *m* [-s] ❶ *banketbakker* pastrycook ❷ *prutser* bungler
**koekenpan** *v* [-nen] frying pan
**koek-en-zopie** *o* [-s] refreshments stall
**koekje** *o* [-s] Br (sweet) biscuit, Am cookie ✳ *een ~ van eigen deeg* a taste of his own medicine
**koekoek** *m* [-en] ❶ *vogel* cuckoo ✳ *het is altijd ~ één zang met hem* it's always the same old story ✳ *dat haal je de ~!* I bet!, not on your life!, no way! ❷ *venster* skylight, dormer window
**koekoeksjong** *o* [-en] ❶ *young* cuckoo ❷ *persoon of zaak* usurper ✳ *dit project dreigt een ~ te worden* this project is threatening to usurp all our energy/finances/time
**koekoeksklok** *v* [-ken] cuckoo clock
**koektrommel, koekjestrommel** *v* [-s] biscuit tin
**koel** I *bn* cool, chilly ✳ *~ bewaren* store in a cool place ✳ *een koele ontvangst* a chilly reception ✳ *in ~en bloede* in cold blood, cold-bloodedly ✳ *het hoofd ~ houden* keep a cool head II *bijw* coolly
**koelbloedig** I *bn* ❶ cool-headed, level-headed ❷ ⟨onverschillig⟩ cold, cold-hearted II *bijw* cool-headedly, cold-heartedly &
**koelbloedigheid** *v* ❶ cool-headedness, level-headedness ❷ *onverschilligheid* coldness, cold-heartedness
**koelbox** *m* [-en] cool box, cooler, Aus esky ®
**koelcel** *v* [-len] cold store
**koelelement** *o* [-en] ❶ refrigerating element ❷ *in koelbox* freezer pack

**koelen I** *overg* [koelde, h. gekoeld] cool * *zijn woede* ~ vent one's fury/anger **II** *onoverg* [koelde, is gekoeld] cool (down)
**koeler** *m* [-s] ❶ cooler ❷ *ijsemmer* ice bucket
**koelhuis** *o* [-huizen] cold store
**koelie** *m* [-s] coolie
**koeling** *v* ❶ *het koelen* cooling, refrigeration ❷ *koelcel* cold store ❸ *v. motor* cooling system
**koelinstallatie** *v* [-s] refrigerating system/plant
**koelkast** *v* [-en] refrigerator, fridge
**koelmiddel** *o* [-en] coolant
**koelruimte** *v* [-n & -s] cold store
**koelschip** *o* [-schepen] refrigerated ship
**koelsysteem** *o* [-stemen] cooling system
**koeltas** *v* [-sen] thermos/cool bag
**koelte** *v* ❶ cool(ness), ⟨te koud⟩ chill(iness) ❷ *onbewogenheid* coolness
**koeltjes** *bijw* coolly, ⟨sterker⟩ coldly
**koelvitrine** *v* [-s] refrigerated display
**koelvloeistof** *v* [-fen] coolant
**koelwagen** *m* [-s] refrigerator truck
**koelwater** *o* cooling water
**koemelk** *v* cow's milk
**koemest** *m* cow manure/dung
**koepel** *m* [-s] ❶ *v. gebouw* dome ❷ *tuinhuisje* summer house ❸ *voor geschut* turret ❹ *v. organisatie* umbrella
**koepelgewelf** *o* [-welven] domed vault, dome
**koepelkerk** *v* [-en] domed church
**koepelorganisatie** *v* [-s] umbrella organization
**koepeltent** *v* [-en] dome tent
**koepokken** *zn* [mv] cowpox
**koeren** *onoverg* [koerde, h. gekoerd] coo
**koerier** *m* [-s] courier
**koeriersdienst** *m* [-en] courier/messenger service
**koers** *m* [-en] ❶ course, fig ook line/course of action * ~ *zetten naar* steer a course for, head for * ook fig ~ *houden* stay on course * ook fig *uit de* ~ be off course * ook fig *uit de* ~ *raken* be driven off course * ook fig *van* ~ *veranderen* change course/tack ❷ *handel* quotation, price, rate * *de* ~ *van de dag* the current price, the day's rate ❸ sp race
**koerscorrectie** *v* [-s] price correction/adjustment
**koersdaling** *v* [-en] ❶ *m.b.t. effecten* drop/fall in prices ❷ *m.b.t. de effectenbeurs als geheel* stock market fall ❸ *m.b.t. valuta* fall in the exchange rate
**koersen** *onoverg* [koerste, h. gekoerst] ❶ set course for * ~ *naar* set course for... ❷ sp race
**koersherstel** *o* (price) recovery/rally
**koersindex** *m* [-en, -dices] share price index, stock exchange index
**koersschommeling** *v* [-en] price fluctuation/movement/variation
**koersstijging** *v* [-en] price increase/rise/upsurge, exchange rate increase
**koersval** *m* fall/drop in price, slump in share prices
**koers-winstverhouding** *v* [-en] price-gains ratio
**koeskoes** *m* couscous

**koest** *bn* quiet * ~! down, dog! * *zich* ~ *houden* keep quiet, keep a low profile
**koesteren I** *overg* [koesterde, h. gekoesterd] ❶ *verwarmen* warm, nourish * *het zonlicht koestert mij* the sun warms me ❷ *verzorgen* take care of, cherish ❸ *voelen* nurse, cherish * *de hoop/wens* ~ harbour a wish/thought * *haat* ~ *tegen* hate, harbour feelings of hate against * *het plan* ~ cherish the plan * *gevoelens* ~ entertain feelings **II** *wederk* [koesterde, h. gekoesterd] bask * *zich in de zon* ~ bask in the sun
**koet** *m* [-en] *vogel* coot
**koeterwaals** *o* gibberish, inf double Dutch
**koets** *v* [-en] coach, carriage * ~ *en paard* horse and carriage
**koetshuis** *o* [-huizen] coach house
**koetsier** *m* [-s] driver, coachman
**koevoet** *m* [-en] crowbar
**Koeweit** *o* Kuwait
**koffer** *m* [-s] ❶ *voor bagage* (suit)case, bag * *zijn* ~s *pakken* pack one's bags ❷ *voor waardevolle zaken* box ❸ *bed* inf sack * *de* ~ *in duiken* have a roll in the sack * *met iem. de* ~ *in duiken* go to bed with sbd
**kofferbak** *m* [-ken] Br boot, Am trunk
**kofferlabel** *m* [-s] luggage label/tag
**kofferrek** *o* [-ken] luggage rack
**kofferruimte** *v* [-n & -s] Br boot, Am trunk
**koffie** *m* coffee * *zwarte* ~ black coffee * ~ *verkeerd* cafe latte * ~ *met melk* coffee with milk, white coffee * ~ *drinken* have a cup of coffee * ~ *zetten* make coffee * *op de* ~ *komen* come over for coffee; fig get one's just deserts * fig *dat is geen zuivere* ~ there's something fishy about it, it looks suspicious * fig *dat is andere* ~! that's another story
**koffieautomaat** *m* [-maten] coffee machine
**koffieboon** *v* [-bonen] coffee bean
**koffiebrander** *m* [-s] coffee roaster
**koffieconcert** *o* [-en] coffee concert
**koffiedik** *o* coffee grounds * *zo helder als* ~ as clear as mud * ~ *kijken* read tea leaves
**koffiedrinken** *onoverg* [dronk koffie, h. koffiegedronken] have a cup of coffee
**koffiefilter** *m & o* [-s] coffee filter
**koffiehuis** *o* [-huizen] coffee house
**koffiejuffrouw** *v* [-en] tea lady
**koffiekamer** *v* [-s] refreshment room, ⟨in theater⟩ foyer
**koffiekan** *v* [-nen] coffee pot
**koffiekopje** *o* [-s] coffee cup
**koffieleut** *m* [-en] coffee freak
**koffielikeur** *m* [-en] coffee liqueur
**koffiemelk** *v* ± evaporated milk
**koffiemolen** *m* [-s] coffee mill/grinder
**koffiepauze** *v* [-n & -s] coffee break
**koffieplantage** *v* [-s] coffee plantation
**koffiepot** *m* [-ten] coffee pot
**koffieshop** *m* [-s] ❶ coffee shop ❷ *drugscafé* soft drug cafe, coffee shop

**ko**

**koffietafel** v [-s] ❶ tafel coffee table ❷ maaltijd lunch

**koffiezetapparaat** o [-raten] coffee machine

**kogel** m [-s] ❶ v. vuurwapen bullet ✳ de~ krijgen be shot ✳ zich een ~ door het hoofd jagen blow one's brains out ✳ door een verdwaalde~ worden geraakt be hit by a stray bullet ✳ de~ is door de kerk the die is cast ✳ tot de~ veroordelen sentence to be shot ❷ v. kanon ball ❸ v. kogelstoten sp shot, ball ❹ hard schot sp rocket ❺ in lager techn ball bearing

**kogelbiefstuk** m [-ken] fillet of beef

**kogelgat** o [-gaten] bullet hole

**kogellager** o [-s] ball bearing

**kogelregen** m shower/hail of bullets

**kogelslingeren** o sp hammer throw

**kogelstoten** o sp shot put

**kogelstoter** m [-s] shot putter

**kogelvrij** bn bulletproof

**kohier** o [-en] assessment list/register

**kok I** m [-s] ❶ cook ✳ de chef-kok the chef ✳ het zijn niet allen~s die lange messen dragen don't judge a book by its cover ✳ veel ~s bederven de brij too many cooks spoil the broth ❷ die maaltijden bezorgt caterer **II** m [-ken] bacterie coccus

**kokarde** v [-s] cockade

**koken I** onoverg [kookte, h. gekookt] ❶ boil, ⟨v. zee⟩ churn ✳ zijn bloed begon te~ his blood began to boil ✳~ van woede boil/seethe with rage ❷ maaltijd bereiden cook ✳ hij kan goed~ he is an excellent cook ✳ wie kookt voor u? who does your cooking? **II** overg [kookte, h. gekookt] v. spijzen cook, ⟨v. vloeistof⟩ boil ✳ gekookte aardappels boiled potatoes

**kokendheet** bn boiling hot

**koker** m [-s] ❶ om iets in op te bergen case ❷ v. pijlen quiver ❸ buis tube, cylinder ✳ fig uit wiens~ komt dat? who thought that up? ❹ kookapparaat cooker, kettle

**koket** bn coquettish

**koketteren** onoverg [koketteerde, h. gekoketteerd] flirt ✳~ met iets parade sth, show sth off

**kokhalzen** onoverg [kokhalsde, h. gekokhalsd] retch

**kokkerellen** onoverg [kokkerelde, h. gekokkereld] cook special things

**kokkin** v [-nen] cook

**kokmeeuw** v [-en] vogel black-headed gull

**kokos** o coconut

**kokosbrood** o sliced coconut loaf

**kokosmakroon, kokosmakron** m [-s & -kronen] coconut macaroon

**kokosmat** v [-ten] coconut mat(ting)

**kokosmelk** v coconut milk

**kokosnoot** v [-noten] coconut

**kokosolie** v coconut oil

**koksmaat** m [-s], **koksmaatje** o [-s] galley boy

**koksmes** o [-sen] cook's knife

**koksmuts** v [-en] chef's hat

**kolchoz** m [-chozen] kolkhoz, collective farm

**kolder I** m ❶ paardenziekte (blind) staggers ✳ hij heeft

de~ in z'n kop he's gone crazy ❷ onzin nonsense, rubbish **II** m [-s] harnas hist jerkin

**kolderiek** bn crazy

**kolen** zn [mv] coal ✳ ik zat op hete~ I was on tenterhooks ✳ bijbel vurige~ op iemands hoofd stapelen heap coals of fire on someone's head

**kolenbrander** m [-s] charcoal burner

**kolendamp** m carbon monoxide

**kolenhok** o [-ken] coal shed/hole

**kolenkit** v [-ten] coal scuttle/box

**kolenmijn** v [-en] coal mine/pit, ⟨bedrijf⟩ colliery

**kolere** v ✳~ zeg! Jesus! ✳ krijg allemaal de~! drop dead! vulg get stuffed!

**kolf** v [kolven] ❶ v. geweer butt ❷ distilleerkolf flask, retort ❸ v. maïs cob

**kolfje** o [-s] ✳ dat is een~ naar zijn hand that's right up his alley

**kolibrie** m [-s] hummingbird

**koliek** o & v [-en] colic

**kolk** m & v [-en] ❶ ronddraaiend eddy, whirlpool ❷ stil pool, ⟨put⟩ well, ⟨v. sluis⟩ chamber

**kolken** onoverg [kolkte, h. gekolkt] eddy, whirl, swirl ✳~d water swirling/seething water ✳ een ~de menigte a seething crowd

**kolom** v [-men] column

**kolombreedte** v [-n, -s] column width

**kolonel** m [-s] colonel

**koloniaal** bn colonial

**kolonialisme** o colonialism

**kolonie** v [-s & -niën] colony ✳ een ~ mieren a colony of ants ✳ een (vakantie)~ voor kinderen a holiday camp for children ✳ een ~ vestigen establish a community

**kolonisatie** v [-s] colonization, settlement

**kolonisator** m [-s & -toren] colonizer

**koloniseren** overg & onoverg [koloniseerde, h. gekoloniseerd] colonize, settle

**kolonist** m [-en] colonist, settler

**kolos** m [-sen] colossus, giant

**kolossaal I** bn colossal, huge, tremendous, immense **II** bijw colossally &

**kolven** overg en onoverg [kolfde, h. gekolfd] m.e. borstkolf express milk ▼ fig niet onvoordelig~ do pretty well for oneself

**kom** v [-men] ❶ vaatwerk basin, bowl ❷ v. gewricht socket ✳ zijn arm is uit de~ geschoten his arm has been dislocated ▼ de~ van de gemeente the town centre ▼ de bebouwde~ the built-up area

**komaan** tsw ✳~! come on!

**komaf** m descent, origin ✳ van adellijke~ zijn be one of the nobility ✳ van goede~ zijn be one of the upper crust ✳ van lage~ zijn have come from humble origins

**kombuis** v [-buizen] caboose, galley

**komediant** m [-en] comedian ✳ fig hij is een echte~ he's always putting on an act

**komedie** v [-s] ❶ blijspel comedy ✳ het is allemaal maar~ it's all an act ✳ ⟨doen alsof⟩~ spelen put on an act ❷ *gebouw* theatre, *Am* theater

**komeet** v [-meten] comet

**komen I** *tsw* ✳ *kom, kom!* come now! ✳ *och kom!* ⟨bij twijfel⟩ why, indeed!; ⟨bij verbazing⟩ you don't say so! **II** *onoverg* [kwam, is gekomen] ❶ *in de richting v.d. spreker gaan* come ✳ *het was er een ~ en gaan* people were coming and going ✳ *ik zal hem/het laten ~* I'll send for him/it ✳ *hij is ~ lopen* he came on foot, he walked ✳ *kom ze halen* come and pick them up/get them ✳ *u moet eens ~ kijken* you must come and have a look ✳ *hij komt om iets* he's come for something or other ❷ *naar een bep. punt gaan* come, go ✳ *ik kom al!* (I'm) coming! ✳ *hij zal er wel ~* he's sure to make it/to get there ✳ *wij kunnen niet ~* we can't make it ✳ *daar mag je niet ~* you're not allowed there ✳ *hoe kom ik daar?* how do I get there? ✳ *zo kom je er niet* this isn't the right way; fig this will get you nowhere ✳ *er kwam maar geen geld* there was still no money, no money was forthcoming ✳ *wie ('t) eerst komt ('t) eerst maalt* first come, first served ✳ *ik kom u vertellen dat...* I've come to tell you that... ✳ *ergens mee aan de deur ~* sell sth from door to door ✳ *kom er niet aan!* don't touch it! ✳ *ik kom er niet aan toe vandaag* I won't get around to (doing) it today ✳ *achter iets ~* find out sth ✳ *zal je bij me ~?* will you come to me? ✳ *ik kom dadelijk bij je* I'll join you directly ✳ *wij ~ niet meer bij hen* we don't see them anymore ✳ *hoe kom je erbij?* how do you reach that conclusion? ✳ *ergens bij kunnen ~* be able to get at/reach sth ✳ *bij elkaar ~* come together, meet ✳ *daarbij komt het dat...* added to this they... ✳ *dat moest er nog bij ~!* that would be the last straw! ✳ *er door ~* get through ✳ *ik kon niet in mijn jas ~* I couldn't get into my coat ✳ *in de kamer ~* come into/enter the room ✳ *er een beetje in ~* catch on, get one's hand in ✳ *ergens in kunnen ~* understand/appreciate sth ✳ *hij kwam naar mij toe* he came up to me ✳ *ik kon niet op mijn fiets/paard ~* I couldn't get on to my bicycle/horse ✳ *ik kan er niet op ~* I can't remember/recall it ✳ *ik kon er niet toe ~* I couldn't bring myself to do it ✳ *hoe bent u daartoe ge~?* how did you come to do it? ✳ *~ tot iemands middel/schouder* come up to sbd's waist/shoulder ✳ *tot iem. ~* come to sbd ❸ *het resultaat zijn* come ✳ *er moge van ~ wat wil* come what may ✳ *hoe komt het dat...?* how is it that...? ✳ *hij wist niet hoe het ge~ was* he didn't know how it had happened ✳ *is het zo ver ge~ dat...?* has it come to this that...? ✳ *op hoeveel komt dat?* what does it come to? ✳ *hoe duur komt u dat te staan?* what will it cost you? ✳ *op hoeveel komt dat beeldje?* how much is that statue? ✳ *het komt op 10 euro per persoon* it works out at/comes to 10 euros per person ✳ *tot zichzelf ~* come to one's senses ✳ *tot een regeling ~* come to/arrive at/reach a settlement ✳ *daar ~ problemen van* that'll cause problems ✳ *dat komt van het vele lezen* that comes of reading so much ✳ *van lezen/werken & zal vandaag niets ~* there'll be no reading/working & today ✳ *wat zal ervan ~?* where will it end? ✳ *als er ooit iets van komt* if it ever comes to anything ✳ *er zal niets van ~* nothing will come of it ✳ *dat komt ervan* that comes of being..., that's what comes from ...ing ❹ *staan te gebeuren* come, will be ✳ *er komt regen* we are going to have rain ✳ *wij moeten maar afwachten wat er ~ zal/gaat* we have to await (further) developments ✳ *wat niet is kan nog ~* who knows what might (still) happen ✳ *de dingen die ~ gaan* the things that await us ✳ *daar komt niets van in* that's out of the question, inf nothing doing ❺ *toevallig gebeuren* come (to) ✳ *~ te spreken over* get talking about ✳ *als ik zou ~ te overlijden* if I should (come to) die ✳ *hij kwam naast me te zitten* he happened to sit next to me ❻ *krijgen* (+ *aan*) come by, get ✳ *hoe zal ik aan het geld ~?* how am I to get/raise the money? ✳ *eerlijk aan iets ~* come by sth honestly ✳ *hoe kom je daaraan?* ⟨in het bezit komen van iets⟩ how have you come by it? how did you get it?; ⟨achter iets komen⟩ how did you find out? ❼ *vanuit een bep. richting gaan* come (from/out of) ✳ *zij ~ uit een dorp* they're from a village ✳ *die woorden ~ uit het Grieks* the words are derived from Greek ✳ ⟨v. homoseksueel⟩ *uit de kast ~* come out of the closet ✳ fig *ik kom er niet uit* I can't make it out ✳ fig *kun jij eruit ~?* what do you make of it? ✳ *waar kom jij vandaan?* ⟨land & van herkomst⟩ where do you come from? where are you from?; ⟨waar ben je geweest?⟩ where have you been?

**komend** *bn* coming ✳ *het ~e jaar* the coming year ✳ *in de ~e jaren* in the coming years, in the years to come ✳ *de ~e en gaande man* the people coming and going

**komfoor** o [-foren] ❶ *met gloeiende (houts)kolen* brazier ❷ *kampeerkooktoestel* (camping) stove

**komiek I** *bn* comical, funny, droll **II** *bijw* comically **III** *m* [-en] comedian, clown, joker

**komijn** *m* cum(m)in

**komijnekaas** *m* [-kazen] cum(m)in cheese

**komisch** *bn* comic, comical ✳ *een ~e film/opera* a comic film/opera ✳ *het ~e is dat...* the funny part of the matter is that...

**komkommer** v [-s] cucumber

**komkommersalade, komkommersla** v cucumber salad

**komkommertijd** *m* slack/silly season

**komma** v & o ['s] comma ✳ *nul ~ vijf* zero point five

**kommaneuker** *m* [-s] hairsplitter, nitpicker

**kommer** *m* ❶ *bezorgdheid* solicitude ❷ *ellende* sorrow, misery ✳ *~ en gebrek* distress and poverty ✳ *~ en kwel* sorrow and misery ✳ *het is niets dan ~ en kwel* it's a hard life

**kommetje** o [-s] (small) cup, bowl

**Komoren** *zn* [mv] ✳ *de ~* the Comoro Islands

**kompaan** *m* [-panen] crony, mate

**kompas** o [-sen] compass ✳ *op iemands ~ varen* follow someone's lead

**kompasnaald** v [-en] compass needle

**ko**

**kompasrichting** *v* point of the compass
**kompasroos** *v* [-rozen] compass rose
**kompres** *o* [-sen] compress
**komst** *v* coming, arrival * *op~ zijn* be imminent, be in the making, be on the way * *de~ van de Messias* the advent of the Messiah
**komvormig** *bn* bowl-shaped, basin-shaped
**kond** *bn* *~ doen* make known, notify
**konfijten** *overg* [konfijtte, h. gekonfijt] candy
**kongsi** *v* [´s], **kongsie** [-s] ❶ *handel* combine, ring, trust ❷ *kliek* clique
**konijn** *o* [-en] rabbit, inf bunny * *een tamme~* a bred/domesticated rabbit
**konijnenhok** *o* [-ken] rabbit hutch
**konijnenhol** *o* [-holen] rabbit hole/burrow
**koning** *m* [-en] ‹ook v. schaakspel› king * *de~ der dieren* the king of beasts * bijbel *de drie~en* the Three Kings, the Three Wise Men * *hij is de~ te rijk* he's happy as a king/as Larry * *de klant is ~* the customer is always right
**koningin** *v* [-en] ❶ *vorstin* queen * *rechtdoende in naam der~* in the name of the Queen ❷ *v. bijen* queen ❸ *v. schaakspel* queen
**koningin-moeder** *v* [-s] Queen Mother
**Koninginnedag** *m* [-dagen] Queen's Birthday
**koninginnenpage** *m* [-s] swallowtail (butterfly)
**koningsblauw** *bn & o* royal blue
**koningschap** *o* ❶ *waardigheid* kingship ❷ *regeringsvorm* monarchy
**koningsdrama** *o* [´s] historical play
**koningsgezind** *bn* royalist, monarchist
**koningshuis** *o* [-huizen] royal house/family
**koningskind** *o* [-eren] royal child/offspring
**koningsmaal** *o* royal feast
**koningsvaren** *v* [-s] royal fern
**koningswater** *o* aqua regia
**koninklijk** **I** *bn* royal, regal, kingly * *van ~e afkomst* of royal descent * *Koninklijke Hoogheid* your Royal Highness * *bij Koninklijk Besluit* by Royal Decree **II** *bijw* royally, regally, splendidly
**koninkrijk** *o* [-en] kingdom * *het Verenigd Koninkrijk* the United Kingdom * *het ~ Denemarken* the Kingdom of Denmark * *het Koninkrijk der Nederlanden* the Kingdom of the Netherlands * *het ~ der hemelen* the Kingdom of Heaven * *het ~ Gods* the Kingdom of God
**konisch** *bn* conical, cone-shaped
**konkelen** *onoverg* [konkelde, h. gekonkeld] ❶ *samenspannen* plot, intrigue, scheme ❷ *roddelen* gossip
**konkelfoezen** *onoverg* [konkelfoesde, h. gekonkelfoesd] intrigue, conspire, scheme
**kont** *v* [-en] rear, bottom, inf bum, vulg arse/Am ass * *in zijn/haar blote~* in his/her birthday suit * *een schop onder/voor zijn~* a kick in the arse * *je kan hier je~ niet keren* you can't swing a cat in here * *de ~ tegen de krib gooien* dig one's heels in
**konterfeitsel** *o* [-s] portrait, likeness

**kontje** *o* [-s] ❶ *lichaamsdeel* bottom, inf bum * *een lekker~* a cute little bum * fig *iem. een ~ geven* give sbd a leg up ❷ *v. brood* crust, heel
**kontlikker** *m* [-s] inf suck-up, vulg arse licker
**kontzak** *m* [-ken] back pocket
**konvooi** *o* [-en] convoy * *onder~ varen* sail in convoy
**kooi** *v* [-en] ❶ *voor beesten* cage ❷ scheepv berth, bunk * *naar~ gaan* turn in
**kooiconstructie** *v* [-s] cage
**kooien** *overg* [kooide, h. gekooid] cage, ‹kippen &› coop up * *schapen~* fold/pen sheep
**kooiker** *m* [-s] decoy man
**kook** *v* boil * *aan de~ brengen* bring to the boil * *aan de~ zijn* be on the boil * *van de~ zijn* be off the boil; fig be very upset
**kookboek** *o* [-en] cookbook, cookery book
**kookcursus** *m* [-sen] cookery course
**kookgerei** *o* cooking utensils
**kookkunst** *v* cookery, art of cooking, culinary art
**kookplaat** *v* [-platen] ❶ *los* hot plate ❷ *v. fornuis* electric hob
**kookpunt** *o* [-en] boiling point
**kooktoestel** *o* [-len] cooker, stove
**kookwas** *m* ❶ *wasprogramma* 'whites' setting ❷ *wasgoed* laundry that needs boiling
**kookwasmiddel** *o* [-len] whites detergent
**kookwekker** *m* [-s] kitchen timer, ‹voor eieren› egg timer
**kool** *v* [kolen] ❶ *steenkool* coal ❷ *houtskool* charcoal ❸ *koolstof* carbon ❹ *groente* cabbage * *rode~* red cabbage * *witte~* white cabbage * *de~ en de geit sparen* run with the hare and hunt with the hounds * *het sop is de~ niet waard* the game isn't worth the candle * *iem. een ~ stoven* play a trick on sbd * *groeien als ~* shoot up * *het is allemaal ~* it's all rubbish → **kolen**
**kooldioxide** *o* carbon dioxide
**koolhydraat** *o* [-draten] carbohydrate
**koolmees** *v* [-mezen] *vogel* great tit
**koolmonoxide** *o* carbon monoxide
**koolmonoxidevergiftiging** *v* carbon monoxide poisoning
**koolraap** *v* [-rapen] ❶ *bovengronds* kohlrabi ❷ *ondergronds* swede, Am rutabaga
**koolsla** *v* coleslaw
**koolstof** *v* carbon
**koolstofverbinding** *v* [-en] carbon compound
**koolvis** *m* [-sen] coley, saithe
**koolwaterstof** *v* [-fen] hydrocarbon
**koolwitje** *o* [-s] cabbage/garden white (butterfly)
**koolzaad** *o* rape, rapeseed
**koolzuur** *o* ❶ *zuurverbinding* carbonic acid ❷ *gas* carbon dioxide
**koolzuurhoudend** *bn* carbonated * *~ water* carbonated water
**koon** *v* [konen] cheek
**koop** *m* [kopen] purchase, sale, buy * *handel ~ met*

ko

**inruil** part exchange * *een ~ sluiten* conclude a sale, strike a bargain * *op de ~ toe* into the bargain * *te ~* for sale, on sale * *te ~ aanbieden* put up/offer for sale * *te ~ gevraagd* wanted * *te ~ lopen met iets* flaunt/parade sth * *te ~ lopen met zijn geleerdheid* show off/air one's learning * *met zijn gevoelens te ~ lopen* wear one's heart on one's sleeve * *weten wat er in de wereld te ~ is* know what is going on in the world

**koopakte** v [-n & -s] deed of sale/purchase

**koopavond** m [-en] late night shopping, late opening

**koopcontract** o [-en] contract/bill of sale * *een voorlopig ~* a preliminary/conditional purchase contract/agreement

**koopgedrag** o purchasing behaviour

**koophandel** m trade, commerce

**koophuis** o [-zen] ❶ *te koop* house for sale ❷ *eigen huis* own home, owner-occupied house

**koopje** o [-s] ❶ (real) bargain/buy * *dat is een ~* that's a (real) bargain/buy * *op een ~* on the cheap ❷ iron trick * *iem. een ~ leveren* play a trick on sbd

**koopjesjager** m [-s] bargain hunter

**koopkracht** v ❶ *v. persoon* purchasing/buying power ❷ *v.h. publiek* spending power

**koopkrachtig** bn * *klanten die (minder) ~ zijn* customers with (less) spending power

**kooplust** m customer buying propensity, consumer interest * *...kon met moeite mijn ~ bedwingen* ...could hardly contain my urge to buy

**kooplustig** bn fond of buying, eager to buy, acquisitive * *het publiek was niet erg ~* the public was not very interested in buying

**koopman** m [-lieden & -lui] merchant, dealer, ⟨op straat⟩ (street) hawker

**koopmansbeurs** v [-beurzen] commodity exchange

**koopmanschap** v trade, business

**koopmonster** o [-s] sample

**kooporder** m-v [-s] purchase order

**koopovereenkomst** v [-en] contract of sale, purchase agreement

**koopsom** v [-men] purchase price

**koopsompolis** v [-sen] single premium insurance (policy)

**koopvaarder** m [-s] merchant/trading vessel

**koopvaardij** v merchant navy

**koopvaardijschip** o [-schepen] merchantman, trading ship

**koopwaar** v [-waren] merchandise, commodities, wares

**koopwoede** v spending/buying mania * *vrouwen lijden meer aan ~ dan mannen* women suffer more from compulsive buying than men

**koopwoning** v [-en] own house, owner-occupied property

**koopziek** bn eager to buy * *~ zijn* be a compulsive buyer

**koopzondag** m [-en] shopping Sunday

**koor** o [koren] ❶ *zangers* choir ❷ *tegenover solo* chorus * *in ~* in chorus ❸ *plaats* choir, chancel

**koord** o & v [-en] cord, string, rope * *de ~en van de beurs in handen hebben* hold the purse strings * *op het slappe ~ dansen* show one's paces

**koorddansen** o walk a tightrope

**koorddanser** m [-s] tightrope walker

**koorde** v [-n] wisk chord

**koorhek** o [-ken] choir/rood screen

**koorknaap** m [-knapen] ❶ *in kerkkoor* choirboy ❷ *misdienaar* altar boy

**koormuziek** v choral music

**koorts** v [-en] fever * *de gele ~* yellow fever * *de koude ~* a shivering fever * *een hoge ~* a high temperature * *~ hebben* have a fever * *~ krijgen* get a fever * *met ~ in bed liggen* be in bed with a fever/temperature * *rillen van de ~* shake/shiver with fever

**koortsaanval** m [-len] attack of fever

**koortsachtig I** bn feverish **II** bijw feverishly * *~ zoeken naar* search feverishly for

**koortsdroom** m [-dromen] delirium * *koortsdromen hebben* be delirious

**koortsig** bn feverish

**koortslip** v [-pen] cold sore

**koortsstuip** v [-en] convulsion

**koortsthermometer** m [-s] clinical thermometer

**koortsuitslag** m fever rash

**koortsvrij** bn free of/without fever * *zij is sinds gisteren ~* her temperature got back to normal yesterday

**koortswerend** bn antipyretic

**koorzang** m [-en] choral singing

**koosjer** bn kosher * *fig niet ~* not kosher

**koosnaam** m [-namen] pet name

**kootje** o [-s] *v. vinger* phalanx ⟨mv phalanges⟩, finger bone

**kop** m [-pen] ❶ *hoofd van dier of mens* head * *inf (hou je) ~ dicht!* shut up! * *een ~ krijgen* be as red as beetroot * *iets de ~ indrukken* nip sth in the bud, stamp out, quash ⟨a rebellion, a rumour⟩, scotch ⟨a rumour⟩ * *met ~ en schouders boven de anderen uitsteken* stand out head and shoulders above the rest * *de ~ opsteken* crop up * *~ op!* cheer up! * *iem. op zijn ~ geven* give sbd what for * *op zijn ~ krijgen* get a good telling off * *al ging hij op zijn ~ staan* no matter what he does * *iem. op z'n ~ zitten* bully sbd * *hij laat zich niet op zijn ~ zitten* he doesn't let himself be pushed around * *de ~ van jut* the try-your-strength machine * *zonder ~ of staart* without either head or tail, without beginning or end ❷ *afbeelding v.e. hoofd* head * ⟨op postzegel⟩ *de ~ van de koningin* the queen's head * *~ of munt* heads or tails ❸ *hoofd als zetel v. verstand* head, brain * *een goede ~ hebben* have a good head ⟨for names &⟩ * *inf met een bezopen ~* dead drunk * *iets in zijn ~ hebben* have sth in one's head/in mind ❹ *manschap* head, soul, hand * *~pen tellen* count heads * *een schip met 100 ~pen* a ship with a hundred souls/hands ❺ *voorste/bovenste gedeelte* head, ⟨v. pijp⟩ bowl, ⟨v. golf⟩ crest, ⟨v. racket⟩ warhead * *een theelepel suiker met een ~* a heaped teaspoon of sugar * *de wereld staat op zijn ~* the world is topsy-turvy * *iets op de ~ tikken* manage to get sth, pick sth up; inf nab sth * *de dingen op hun ~ zetten* put things on their head * inf *over de ~ gaan* go broke * *over de ~ schieten/slaan* overturn, somersault * sp *de ~ nemen* take the lead * sp *aan de ~/op ~ liggen* lead ❻ *in krant* heading, headline ❼ *om uit te drinken* cup * *een ~ koffie* a cup of coffee ▼ *op de ~ af* exactly

**kopbal** m [-len] sp header
**kopduel** o [-s] voetbal heading duel
**kopen** I overg [kocht, h. gekocht] buy, purchase * fig *duur gekochte vrijheid* freedom paid for dearly * fig *wat koop ik er voor?* what good will it do me? II onoverg [kocht, h. gekocht] buy * *wij ~ niet bij hen* we don't deal with them, we never shop there
**Kopenhagen** o Copenhagen
**koper** I m [-s] buyer, purchaser II o copper * *geel ~* brass * *rood ~* copper * muz *het ~* the brass
**koperblazer** m [-s] brass player
**koperdraad** o & m [-draden] copper/brass wire
**koperen** I bn copper, brass * *een ~ blaasinstrument* a brass instrument * *de ~ ploert* the tropical sun * *de ~ bruiloft* 12 1/2 years wedding anniversary * bijbel *de ~ slang* the snake of brass II overg [koperde, h. gekoperd] copper

**koperen**
Een koperen bruiloft is in Engelstalige landen een volkomen onbekend begrip.

**kopergravure** v [-s & -n] copperplate
**kopergroen** I o verdigris II bn verdigris
**koperhoudend** bn copper-bearing, cupriferous, cuprous
**koperkleurig** bn copper-coloured, brass-coloured
**kopermijn** v [-en] copper mine
**koperpoets** m & o copper polish, brass polish
**koperslager** m [-s] coppersmith, brazier
**koperwerk** o copperware, brassware
**kopgroep** v [-en] sp leading group
**kopie** v [-pieën] ❶ copy, duplicate * *voor ~ conform* a true copy ❷ v. kunst replica, reproduction
**kopieerapparaat** o [-raten], **kopieermachine** v [-s] photocopier, copying machine, copier
**kopieerpapier** o copying paper
**kopiëren** overg [kopieerde, h. gekopieerd] (photo)copy
**kopij** v [-en] copy * *er zit ~ in* there's good copy in this
**kopje** o [-s] ❶ *hoofdje* head * *wat een lief ~!* what a sweet face! * ⟨v. kat⟩ *~s geven* nuzzle up against * *~ duikelen* somersault * *iem. een ~ kleiner maken* chop sbd's head off ❷ *voor thee &* cup * *een ~ thee* a cup

of tea ❸ *in krant* heading ❹ *heuvel* ZA top, hillock
**kopje-onder** bijw * *~ gaan* get a ducking
**koplamp** v [-en] headlamp, headlight
**koploper** m [-s] sp leader * *~ zijn* take the lead, be in the lead
**kopman** m [-nen] sp leader
**koppakking** v [-en] cylinder head gasket
**koppel** I o [-s] stel couple * *een ~ patrijzen* a brace of partridges * ZN ⟨enige, enkele⟩ *een ~* some, a few II m & v [-s] ❶ *voor hond* leash ❷ *voor zwaard* belt
**koppelaar** m [-s] ❶ *huwelijk* matchmaker ❷ *prostitutie* pimp
**koppelbaas** m [-bazen] (illegal) labour subcontractor
**koppelen** overg [koppelde, h. gekoppeld] ❶ *aan elkaar maken* couple (to/with) ❷ v. ruimtevaartuig dock ❸ v. honden & leash ❹ v. woorden & join ❺ v. mensen pair, match ❻ *verbinden met* link, relate
**koppeling** v [-en] ❶ *het verbinden* coupling, linking * *de ~ van lonen en prijzen* the linking of wages and prices ❷ *verbindingsstuk* coupling, link ❸ *in auto* clutch * *de ~ op laten komen* engage the clutch * *de ~ intrappen* let out the clutch ❹ *ruimtevaart* docking
**koppelingspedaal** o & m [-dalen] clutch (pedal)
**koppelingsplaat** v [-platen] clutch plate
**koppelteken** o [-s] hyphen
**koppeltjeduikelen** onoverg [duikelde koppeltje, h. koppeltjegeduikeld], **kopjeduikelen** [duikelde kopje, h. kopjegeduikeld] somersault
**koppelverkoop** m conditional sale
**koppelwerkwoord** o [-en] copula, linking verb
**koppen** overg [kopte, h. gekopt] ❶ v. kop ontdoen top, poll ❷ sp head * *een bal ~* head a ball ❸ v. kranten head
**koppensnellen** o ❶ *bij primitieve volken* headhunt ❷ *krantenkoppen lezen* scherts skim the headlines
**koppensneller** m [-s] ❶ *moordenaar* headhunter ❷ *iem. die krantenkoppen leest* scherts superficial reader ❸ *iem. die topfunctionarissen overneemt* headhunter
**koppiekoppie** tsw good thinking!, clever!
**koppig** I bn ❶ *eigenzinnig* headstrong, stubborn, obstinate ⟨people⟩ * *~ zijn/doen* be obstinate * *zo ~ als een ezel* as stubborn as a mule ❷ *zwaar* heady * *~e wijn* heady wine II bijw obstinately
**koppigheid** v ❶ *eigenzinnigheid* obstinacy, stubbornness ❷ v. drank headiness
**koppijn** v headache
**koppositie** v [-s] sp lead
**kopregel** m [-s] drukw running headline/title
**koprol** v [-len] somersault
**kopschuw** bn shy * *iem. ~ maken* frighten sbd off * *~ worden* become shy
**kopspijker** m [-s] ❶ *kleine spijker* tack, clout ❷ *grote spijker* hobnail
**kop-staartbotsing** v [-en] rear-end collision
**kopstation** o [-s] terminus, terminal

**kopstem** v [-men] falsetto voice
**kopstoot** m [-stoten] ❶ *kopbal* sp header ❷ bilj massé (shot) ❸ *drankje* beer with whisky/gin
**kopstuk** o [-ken] head, inf bigwig ∗ *de ~ken van de partij* the party leadership
**kopt** m [-en] Copt
**koptelefoon** m [-s] headphone(s), headset
**koptisch I** bn Coptic **II** o taal Coptic
**kopzorg** v [-en] worry, concern ∗ *zich ~en maken (over)* worry (about), be concerned (about)
**koraal I** o [-ralen] muz chorale **II** o de stof coral
**koraalbank** v [-en] coral reef
**koraaldier** o [-en], **koraaldiertje** [-s] coral polyp
**koraalmuziek** v choral music
**koraalrif** o [-fen] coral reef
**koraalrood** bn coral
**koralen** bn coral, ‹koraalachtig› coralline
**koran** m Koran
**kordaat I** bn determined, resolute, firm ∗ *een ~ besluit* a firm decision **II** bijw firmly, resolutely, with determination
**kordon** o [-s] cordon
**koren** o corn, grain ∗ *het is ~ op zijn molen* it's grist to his mill ∗ *het kaf van het ~ scheiden* separate the wheat from the chaff, separate the men from the boys
**korenaar** v [-aren] ear of corn
**korenblauw** bn cornflower blue
**korenbloem** v [-en] cornflower
**korenmaat** v [-maten] corn measure ∗ *men moet zijn licht niet onder de ~ zetten* you shouldn't hide your light under a bushel
**korenmolen** m [-s] flour mill
**korenschoof** v [-schoven] sheaf of corn
**korenschuur** v [-schuren] granary ∗ *de ~ van Europa* the granary of Europe
**korenwolf** m [-wolven] European hamster
**korf** m [korven] basket, ‹voor bijen› hive
**korfbal** o korfball
**korfballen** overg [korfbalde, h. gekorfbald] play korfball
**korfballer** m [-s] korfball player
**korhoen** o [-ders] black grouse ∗ *~ders* grouse
**koriander** m coriander
**kornet I** m [-ten, -s] mil cornet, ensign **II** v [-ten] muz cornet
**kornoelje** v [-s] *plant* cornel, ‹rode› dogwood, ‹gele› cornelian cherry
**kornuit** m [-en] companion, mate
**korporaal** m [-s] corporal
**korps** o [-en] ❶ *legereenheid* (army) corps ∗ *het ~ mariniers* the Royal Marines ❷ *lettergrootte* drukw typeface
**korpscommandant** m [-en] corps commander
**korpsgeest** m esprit de corps
**korrel** m [-s] ❶ v. *graan of zaad* grain, kernel ❷ *vizierkorrel* bead ∗ *iem. op de ~ nemen* aim at sbd; fig snipe at sbd

**korrelig** bn granular
**korreltje** o [-s] grain, granule ∗ fig *iets met een ~ zout nemen* take sth with a grain/pinch of salt
**korsakovsyndroom** o Korsakoff's syndrome
**korset** o [-ten] corset
**korst** v [-en] ❶ v. *brood* crust ❷ v. *kaas* rind ❸ *op wond* scab
**korstmos** o [-sen] lichen
**kort I** bn ❶ m.b.t. *tijd* short, brief ∗ *na ~ere of langere tijd* sooner or later ∗ *~ van memorie zijn* have a short memory ❷ *bondig* brief, short ∗ *een ~ en bondig antwoord* a brief and to the point answer ∗ *~ en goed* short but sweet ∗ *in ~ bestek* briefly, in a few words ∗ *het was ~ maar krachtig* it was short and snappy ∗ *~ van stof zijn* be brief, be shortspoken ❸ m.b.t. *lengte* ∗ *~ en dik* squat **II** bijw ❶ m.b.t. *tijd* briefly, shortly ∗ *het is ~ dag* time is getting short ∗ *sinds ~* lately, recently ∗ *~ daarna/daarop* shortly after ∗ *~ geleden* recently, a short time ago ∗ *~ op/na elkaar* one after the other ❷ *bondig* shortly, briefly ∗ *om ~ te gaan* to cut a long story short, to put it briefly ∗ *maak het ~* be brief, make it snappy ∗ *ik zal ~ zijn* I'll be brief ❸ *niet genoeg* short ∗ *geld te ~ komen* run short of money ∗ *ik kom een paar euro te ~* I'm a few euros short ∗ *er niet bij te ~ komen* profit by sth, get something out of it ∗ *er is 20 euro te ~* we're short by twenty euros ∗ *te ~ doen* feel cheated ∗ *zich te ~ doen* deprive oneself of sth ❹ m.b.t. *lengte* short ∗ iem. *~ houden* keep sbd on a tight rein; ‹m.b.t. geld› keep sbd short/on short allowance ∗ *alles ~ en klein slaan* smash everything to pieces **III** o ∗ *in het ~* briefly ∗ *tot voor ~* until recently
**kortaangebonden** bn ❶ *kortaf* short ❷ *opvliegend* curt, snappy, short-tempered
**kortademig** bn short of breath, ook fig short-winded
**kortademigheid** v shortness of breath, ook fig short-windedness
**kortaf I** bn curt, offhand, abrupt ∗ *hij was erg ~ tegen me* he was very curt to me **II** bijw curtly ∗ *~ spreken* speak curtly ∗ *~ weigeren* refuse out of hand
**kortebaanwedstrijd** m [-en] sprint race
**kortegolfontvanger** m [-s] short wave receiver
**korten I** overg [kortte, h. gekort] ❶ *korter maken* shorten, cut (back) ∗ *vleugels ~* clip wings ❷ *aftrekken* deduct, cut ∗ *zij werden gekort op hun loon* their pay was cut ∗ *dat zal worden gekort op je loon* that will be deducted from your wages ❸ *doorbrengen* pass, shorten ∗ *de tijd ~* while away the time, beguile the time **II** onverg [kortte, is gekort] shorten ∗ *de dagen ~* the days are growing shorter
**kortetermijngeheugen** o short-term memory
**kortetermijnplanning** v short-term planning
**kortetermijnpolitiek** v short-term politics
**kortgeknipt** bn close-cut, ‹v. haren› close-cropped
**kortharig** bn short-haired

ko

**korting** *v* [-en] ❶ *handel* discount, deduction * *iem. 10% ~ geven (op)* give sbd 10% off (on), give sbd 10% discount (on) * *een ~ voor contante betaling* a cash discount * *een ~ voor schadevrij rijden* a no-claim bonus * *een ~ voor snelle betaling* a discount for prompt payment ❷ *bezuiniging* cut * *een ~ op uitkeringen* a cut in social security benefits * *een ~ op lonen en salarissen* a cutback in wages and salaries

**kortingkaart, kortingskaart** *v* [-en] discount card * *een ~ voor openbaar vervoer* a reduced-fare card/pass

**kortingsbon** *m* [-nen] discount note

**kortlopend** *bn* short-term * *een ~ krediet* short-term credit

**kortom** *bijw* in short, in a word, in brief * *~, ik wil niet* in a word, no

**kortparkeerder** *m* [-s] short-term parker

**Kortrijk** *o* Courtrai

**kortsluiten** *overg* [sloot kort, h. kortgesloten] elektr & fig short-circuit * *iets ~ met iem.* consult sbd about sth

**kortsluiting** *v* ❶ elektr short circuit, short ❷ *misverstand* fig communication breakdown

**kortstondig** *bn* short-lived, brief

**kortweg** *bijw* ❶ *in het kort* briefly, shortly ❷ *eenvoudig* simply ❸ *bruusk* flatly

**kortwieken** *overg* [kortwiekte, h. gekortwiekt] clip the wings of * fig *iem. ~* clip sbd's wings

**kortzichtig** *bn* short-sighted * *~e besluiten* short-sighted decisions

**kortzichtigheid** *v* short-sightedness

**korven** *overg* [korfde, h. gekorfd] hive * *bijen ~* hive bees

**korvet** *v* [-ten] corvette

**korzelig I** *bn* grumpy, irritable **II** *bijw* grumpily, irritably

**kosmisch** *bn* cosmic * *~e stralen* cosmic rays

**kosmografie** *v* cosmography

**kosmologie** *v* cosmology

**kosmonaut** *m* [-en] cosmonaut

**kosmopoliet** *m* [-en] cosmopolitan

**kosmopolitisch** *bn* cosmopolitan

**kosmos** *m* cosmos

**kost** *m* ❶ *voedsel* food, fare * *degelijke ~* substantial fare * *dat is oude ~* that's old hat * *slappe ~* slops * *zware ~* heavy food; fig heavy stuff * *geen ~ voor kinderen* no food for children; fig *geen ~* no milk for babes * *zijn ogen de ~ geven* use his eyes ❷ *levensonderhoud* living, livelihood * *de ~ verdienen* earn one's living * *aan de ~ komen* earn/make a living * *wat doet hij voor de ~?* what does he do for a living? * *zijn ~je is gekocht* he is provided for ❸ *voorziening van spijs en drank* board * *~ en inwoning* board and lodging, bed and board * *iem. de ~ geven* feed sbd * *iem. in de ~ nemen* take sbd in as a boarder * *in de ~ zijn bij* be boarding with ❹ *prijs* cost, expense * *ten ~e van anderen* at the expense/cost of others → **kosten**

**kostbaar** *bn* ❶ *duur* expensive, costly, dear ❷ *v. veel waarde* precious ⟨gems⟩, valuable ⟨furniture, time⟩ * *tijd is ~* time is precious ❸ *weelderig* rich, sumptuous ⟨banquets⟩

**kostbaarheid** *v* [-heden] ❶ *hoedanigheid* expensiveness, costliness, sumptuousness ❷ *voorwerp* precious object * *kostbaarheden* valuables

**kostelijk I** *bn* ❶ *heerlijk* exquisite, delicious ⟨food⟩ * *een ~e maaltijd* a delicious meal ❷ *uitstekend* splendid, glorious * *die is ~!* that is a great one!, that's rich! **II** *bijw* splendidly * *wij hebben ons ~ vermaakt* we had a wonderful time

**kosteloos I** *bn* free **II** *bijw* free of charge, gratis, for free

**kosten I** *overg* [kostte, h. gekost] cost * *wat kost het?* how much is it?, what do you charge for it? * *koste wat het kost* whatever the cost * *het kan hem zijn baan ~* it could cost him his job * *het zal mij twee dagen ~* it will take me two days * *al kost het mij het leven* even if it costs me my life * *het kostte vijf personen het leven* it cost the lives of five persons * *het zal u veel moeite ~* it will give you a lot of trouble **II** *zn* [mv] ❶ expense(s), cost(s) * *~ besparen (op)* save on costs * *~ koper (k.k.)* buyer's costs, costs payable by purchaser * *~ maken* incur expenses/costs * *~ noch moeite sparen* spare neither effort nor expense * *~ per eenheid product* unit costs * *aanzienlijke ~ meebrengen* involve considerable expense * *bijkomende/extra ~* additional charges/expenses * *constante ~* fixed costs * *doorberekende ~* on-charged expenses * *doorlopende ~* recurrent costs * *eenmalige ~* one-off costs * *extra ~* additional costs * *indirecte ~* indirect costs * *variabele ~* variable costs * *vaste ~* fixed costs, overheads * *op eigen ~* at his/her own expense * *op ~ van A leven* live off A * *op mijn ~* at my (own) expense * *iem. op (hoge) ~ jagen* put sbd to (great) expense * *uit de ~ komen* break even * *uit zijn ~ groeien* outgrow oneself * *de ~ van levensonderhoud* the cost of living ❷ jur costs

**kosten-batenanalyse** *v* [-s] cost-benefit analysis

**kostenbeheersing** *v* cost control

**kostenbesparend** *bn* money-saving, cost-effective, economy ⟨measures⟩

**kostenbesparing** *v* [-en] economising measures, cost savings

**kostendekkend** *bn* cost effective

**kostenplaatje** *o* [-s] outline of the costs

**kostenstijging** *v* [-en] cost increase

**kostenverdeling** *v* [-en] division of costs, distribution of expenses

**kostenverhoging** *v* [-en] increase in costs

**kostenverlaging** *v* [-en] cost reduction

**koster** *m* [-s] sexton, verger

**kostganger** *m* [-s] boarder * *Onze Lieve Heer heeft rare ~s* it takes all kinds to make a world

**kostgeld** *o* [-en] board and lodging

**ko**

**kosthuis** o [-huizen] boarding house
**kostje** o [-s] → **kost**
**kostprijs** m [-prijzen] cost, cost price, prime cost *tegen ~* at cost price
**kostschool** v [-scholen] boarding school *op ~doen* send to boarding school *op ~zijn* attend a boarding school
**kostuum** o [-s] ❶ suit ❷ *voor gekostumeerd bal* costume
**kostuumfilm** m [-s] costume piece
**kostuumontwerper** m [-s] costume designer
**kostwinner** m [-s] breadwinner
**kostwinning** v [-en] livelihood, living
**kot** o [-ten, koten] ❶ *huis* hovel, shack ❷ *hok* ⟨v. hond⟩ kennel, ⟨v. schaap⟩ pen, ⟨v. varken⟩ sty ❸ *gevangenis* nick, clink ❹ *studentenkamer* ZN digs, student's apartment
**kotelet** v [-ten] cutlet, chop
**koter** m [-s] inf kid
**kots** m vomit, inf sick
**kotsen** onoverg [kotste, h. gekotst] throw up, inf puke *het is om (van) te ~* it makes you puke *ik kots van ...* I'm sick to death of..., ... makes me want to puke
**kotsmisselijk** bn sick as a dog, sick to death *ik ben er ~van* I'm sick to death of it
**kotter** m [-s] cutter
**kou, koude** v cold, chill *geen ~(tje) aan de lucht* nothing to worry about *iem. in de ~laten staan* leave sbd out in the cold *een ~in het hoofd* a head cold *~vatten* catch a cold
**koud** I bn ❶ *v. temperatuur* cold, chilly *~e drukte* fuss about nothing *het ~hebben* be/feel cold *het ~krijgen* get cold *ik werd er ~van* it made my blood run cold *inf iem. ~maken* knock sbd off, Am waste sbd ❷ *harteloos* cold *het laat mij ~* it leaves me cold *op ~e toon iets zeggen* say sth in a chilly tone II bijw ❶ coldly ❷ nauwelijks hardly, scarcely *~had hij dat gezegd of...* he had hardly said it when...
**koudbloedig** I bn ook fig cold-blooded II bijw ook fig cold-bloodedly
**koudegolf** v [-golven] cold wave/spell/snap
**koudmakend** bn cooling, freezing
**koudvuur** o gangrene
**koudwatervrees** v fig cold feet
**koufront** o [-en] cold front
**koukleum** m-v [-en] cold frog
**koukleumen** onoverg be chilly, be cold all over *hij stond te ~* he was shivering
**kous** v [-en] ❶ stocking *op zijn ~en* in one's stockinged feet *daarmee is de ~af* that settles it *de ~op de kop krijgen* be given the brush-off, get turned down ❷ *v. lamp* wick
**kousenband** m [-en] ❶ *band* garter *de Orde van de Kouseband* the Order of the Garter ❷ *boon* yardlong/asparagus/snake bean
**kousenvoeten** zn [mv] *op ~* in one's stockinged feet

**kouten** onoverg [koutte, h. gekout] dicht talk, chat
**kouvatten** onoverg [vatte kou, h. kougevat] catch cold
**kouwelijk** bn chilly
**kozak** m [-ken] Cossack
**kozen** overg [koosde, h. gekoosd] minnekozen caress
**kozijn** o [-en] window/door frame
**kraag** m [kragen] collar, ⟨schuim⟩ head *een geplooide ~* a ruff *iem bij/in de ~pakken* grab sbd by the collar, collar sbd *een stuk in de ~hebben* be tipsy
**kraai** v [-en] ❶ *vogel* crow *de bonte ~* the hooded crow *de zwarte ~* the carrion crow *kind nog ~ hebben* have not a soul in the world ❷ *doodbidder* scherts undertaker's man
**kraaien** onoverg [kraaide, h. gekraaid] crow *het kind kraaide van vreugde* the baby crowed with joy
**kraaienmars** m *de ~blazen* go west, kick the bucket
**kraaiennest** o [-en] eig & scheepv crow's nest
**kraaienpootjes** zn [mv] rimpels crow's feet
**kraak** m [kraken] ❶ *geluid* crack, cracking ❷ *inbraak* break-in, Am heist *een ~zetten* do a job ▼ *er zit ~ noch smaak aan* it has no taste at all
**kraakactie** v [-s] squat
**kraakbeen** o gristle, cartilage
**kraakbeweging** v squatters' movement
**kraakhelder** bn spotless, spick and span
**kraakpand** o [-en] squat
**kraakstem** v [-men] grating/croaky voice
**kraal** v [kralen] ❶ *bolletje* bead *een glazen ~* a glass bead ❷ *v. vee* corral, cattle pen
**kraaloog** o & m [-ogen] ❶ *bolrond oog* beady eye *~jes* beady eyes ❷ *persoon* beady-eyed person
**kraam** v & o [kramen] booth, stall, stand *de hele ~* the whole lot *dat komt niet in zijn ~te pas* it doesn't suit his purpose ▼ *in de ~komen* give birth
**kraamafdeling** v [-en] maternity ward
**kraambed** o [-den] childbed *in het ~liggen* be confined, lie in
**kraambezoek** o [-en] maternity visit *op ~gaan* visit the new mother and her baby
**kraamhulp** v [-en] maternity help
**kraamkamer** v [-s] delivery room
**kraamkliniek** v [-en] birth/maternity clinic
**kraamverzorgster** v [-s] maternity nurse
**kraamvisite** v [-s] maternity visit
**kraamvrouw** v [-en] mother of a newly-born child, new mother
**kraamzorg** v maternity care
**kraan** I v [kranen] ❶ *hijswerktuig* crane, derrick ❷ *v. vat &* tap, cock, Am faucet ❸ *v. gas &* tap, faucet II m [kranen] ❶ *vogel* crane ❷ *uitblinker* crack *hij is een ~in...* he is a dab hand at.... *een ~van een vent* a great fellow
**kraandrijver** m [-s] crane driver
**kraanleertje** o [-s] (tap) washer

**kr**

**kraanmachinist** *m* [-en] crane driver
**kraanvogel** *m* [-s] common crane
**kraanwagen** *m* [-s] tow truck
**kraanwater** *o* tap water
**krab** *v* [-ben] ❶ *schram* scratch ❷ *dier* crab
**krabbel** *v* [-s] ❶ *krab* scratch (mark) ❷ *met pen* scrawl, scribble ❸ *v. kunstenaar* thumbnail sketch ❹ *tijdens nadenken, luisteren &* doodle
**krabbelen I** *onoverg* [krabbelde, h. gekrabbeld] ❶ *krabben* scratch ❷ *schrijven* scrawl, scribble ❸ *tijdens nadenken, luisteren &* doodle ❹ *schaatsenrijden* skate badly ▼ *overeind~* scramble to one's feet **II** *overg* [krabbelde, h. gekrabbeld] *schrijven* scrawl, scribble
**krabbelschrift** *o* scrawly (hand)writing
**krabbeltje** *o* [-s] scribbled note
**krabben** *overg & onoverg* [krabde, h. gekrabd] scratch ✳ *iem. in zijn gezicht~* scratch sbd.'s face ✳ *zich~* have a scratch ✳ *ruiten~* scrape the windows
**krabber** *m* [-s] scratcher, scraper
**krabbetje** *o* [-s] spare rib
**krabcocktail** *m* [-s] crab cocktail
**krabpaal** *m* [-palen] scratching post
**krach** *m* [-s] crash
**kracht** *v* [-en] ❶ *sterkte, vermogen* energy, power, strength, force, vigour ✳ *de drijvende~* (*achter iets*) the moving force (behind sth) ✳ *zijn~en beproeven* (*op ...*) try one's hand (at ...) ✳ *~ bijzetten aan...* show strength ✳ *~ van wet hebben* have the force of law ✳ *zijn~en herkrijgen/herstellen* regain one's strength ✳ *al zijn~en inspannen* exert one's utmost strength ✳ *zijn~en meten met iem.* pit one's strength/oneself against sbd ✳ *haar~en nemen met de dag af* she's fading by the day ✳ *zijn~en wijden aan* devote one's energy to ✳ *aan het eind van zijn~en* at the end of one's strength, totally exhausted ✳ *in de~ van hun leven* in their prime, in their prime of life ✳ *met alle ~* with might and main ✳ *met halve~* halfheartedly; scheepv half speed ✳ *met zijn laatste ~en* with one final effort ✳ *met terugwerkende~* with retrospective effect ✳ *met vereende~en* with united efforts ✳ *met volle~* (*vooruit!*) full speed (ahead!) ✳ *op eigen~en* on one's own ✳ (*weer*) *op~en komen* regain one's strength, recuperate ✳ *uit~ van* in/by virtue of ✳ *uit zijn~en gegroeid zijn* have outgrown oneself ✳ *van~* in force ✳ *van~ worden* come into force ❷ *werkkracht* employee, worker ✳ *een ervaren~* an experienced worker ✳ *een vaste~* a member of staff ❸ natuurk & techn force, power
**krachtbron** *v* [-nen] source of power
**krachtcentrale** *v* [-s] power station
**krachtdadig I** *bn* ❶ *energiek* strong, vigorous, energetic ❷ *doeltreffend* effective, potent **II** *bijw* strongly &
**krachteloos** *bn* weak, powerless ✳ *een krachteloze bepaling* an invalid regulation ✳ *~ maken* ‹v. lichaam› paralyse; ‹v. wet &› invalidate, annul,

make null and void
**krachtens** *voorz* pursuant to, in pursuance of, by virtue of
**krachtig I** *bn* ❶ *lichaam* strong, robust ❷ *middelen &* strong, powerful, forceful, potent ❸ *maatregelen &* strong, energetic, vigorous ❹ *taal, stijl* strong, powerful, forcible ❺ *voedsel* nourishing **II** *bijw* strongly, energetically & ✳ *~ optreden* act strongly/vigorously, take strong/vigorous action
**krachtlijn** *v* [-en] line of force
**krachtmens** *m* [-en] strong man
**krachtmeting** *v* [-en] trial of strength, inf showdown
**krachtpatser** *m* [-s] muscleman, bruiser
**krachtproef** *v* [-proeven] test of strength
**krachtsinspanning** *v* [-en] exertion, effort
**krachtsport** *v* [-en] strength sports
**krachtstroom** *m* high-voltage current
**krachtsverhouding** *v* [-en] balance of power ✳ *de onderlinge~en* the mutual power relations
**krachtsverschil** *o* [-len] difference in strength
**krachtterm** *m* [-en] expletive, swearword ✳ *~en* strong language
**krachttoer** *m* [-en] feat of strength, tour de force
**krachttraining** *v* power training
**krachtveld** *o* [-en] field of force
**krachtvoer** *o* concentrated feed
**krak I** *m* [-ken] crack, snap **II** *tsw* ✳ *~!* crack! ✳ *~ zei het ijs* the ice cracked
**krakelen** *onoverg* [krakeelde, h. gekrakeeld] quarrel, wrangle, squabble
**krakeling** *m* [-en] pretzel
**kraken I** *onoverg* [kraakte, h. gekraakt] *geluid maken* crack, creak, squeak ✳ *~d ijs* creaking ice ✳ *~de laarzen* squeaky boots ✳ *met~de stem* with a grating voice ✳ *het vriest dat het kraakt* it's bitterly cold **II** *overg* [kraakte, h. gekraakt] ❶ *stukmaken* crack ❷ *v. huizen &* squat (in) ✳ *een brandkast~* break into a safe ❸ *afkraken* pan, slate ❹ *door bottenkraker* manipulate ❺ comput hack ❻ chem break down
**kraker** *m* [-s] ❶ *v. huizen* squatter ❷ *inbreker* burglar ❸ *bottenkraker* chiropractor ❹ *populair lied* smash hit ❺ comput hacker
**krakersbeweging** *v* squatters' movement
**krakkemikkig** *bn* ramshackle, rickety
**kralensnoer** *o* [-en] string of beads
**kram** *v* [-men] ❶ metal staple ❷ *sluiting van boek* clasp ❸ med suture clip ✳ *een~metje* a clip
**kramp** *v* [-en] cramp, spasm ✳ *~ krijgen* get cramps/a cramp
**krampachtig I** *bn* ❶ frenetic ❷ *geforceerd* forced ✳ *een~e glimlach* a forced smile **II** *bijw* frenetically ✳ *zich~ vasthouden aan iets* cling to sth for dear life
**kranig I** *bn* brave, plucky ✳ *een~e kerel* a plucky fellow ✳ *een~ soldaat* a brave soldier ✳ *een~ stukje werk* a nice bit of work **II** *bijw* in dashing/gallant style ✳ *~ voor de dag komen* make a good show of oneself ✳ *zij hebben zich~ gehouden* they put up a

plucky fight

**krankjorum** *bn* inf crackers, nuts

**krankzinnig I** *bn* insane, mad, crazy **II** *bijw* exorbitantly, <u>inf</u> insanely

**krankzinnige** *m-v* [-n] lunatic, madman, madwoman, <u>inf</u> nutcase

**krankzinnigengesticht** *o* [-en] mental hospital, <u>hist</u> lunatic asylum

**krankzinnigheid** *v* insanity, lunacy, madness, craziness

**krans** *m* [-en] ❶ *v. bloemen &* wreath, garland, crown ❷ *vriendenkring* club, circle

**kransje** *o* [-s] ❶ *v. personen* club, circle ❷ *koekje* biscuit

**kransslagader** *v* [-s & -en] coronary artery

**krant** *v* [-en] (news)paper

**krantenartikel** *o* [-en] newspaper article

**krantenbak** *m* [-ken] magazine rack

**krantenbericht** *o* [-en] newspaper report

**krantenjongen** *m* [-s] (news)paper boy

**krantenknipsel** *o* [-s] press/newspaper cutting

**krantenkop** *m* [-pen] (newspaper) headline

**krantenwijk** *v* [-en] <u>Br</u> (news)paper round, <u>Am</u> newspaper route * *een~ hebben* have a (news)paper round/route * *een~ lopen* do a paper round/route

**krap I** *bn* ❶ tight, narrow * *die broek is nogal~* these trousers are a bit on the tight side ❷ *gering* scarce * *het geld is~* money is scarce/is in short supply **II** *bijw* tightly, narrowly * *zij hebben het maar~* they're hard up * *iem.~ houden* keep sbd short * *~ meten* give short measure * *wij zitten hier~* we're cramped for space * *het is~ aan* it's barely enough * *~ bij de wind* close to the wind * *~ bij kas zitten* be strapped for cash * *~ in de tijd zitten* be pushed for time **III** *v* [-pen] ❶ *meekrap* madder ❷ *boekslot* clasp

**krapjes** *bijw* hard up * *het zal~ worden* it will be a tight squeeze

**kras I** *bn* ❶ *v. persoon* strong, vigorous * *hij is nog~ voor zijn leeftijd* he is still hale and hearty for his age ❷ *v. zaken* inf stiff, steep * *~se maatregelen* steep measures * *dat is (wat al te)~* that's a bit stiff/steep/thick **II** *bijw* strongly, vigorously * *dat is nogal~ gesproken* that's rather strongly worded **III** *v* [-sen] scratch

**kraslot** *o* [-loten] scratch card

**krassen I** *overg* [kraste, h. gekrast] scratch * *zijn naam in een tafel~* scratch one's name in a table **II** *onoverg* [kraste, h. gekrast] ❶ *geluid v. scherp voorwerp* scrape ❷ *keelgeluid* ‹v. uil, mens› screech, ‹v. kraai/raaf› croak, caw ❸ *krassen maken* scrape, scratch

**krasvrij** *bn* scratchless

**krat** *o* [-ten] ❶ *kist* crate ❷ *v. wagen* tailboard

**krater** *m* [-s] crater

**kratermeer** *o* [-meren] crater lake

**krediet** *o* [-en] credit * *een blanco~* blank/open credit, unsecured credit * *bevroren~* frozen assets * *consumptief~* consumer credit * *doorlopend~* continuous/standing credit * *kort(lopend)~* short-term credit * *lang(lopend)~* long-term credit * *~ aanvragen* apply for credit * *~ geven/verlenen* extend credit * *hij heeft zijn~ verspeeld* he has lost all credit * *kopen op~* buy on credit

**kredietaanvraag** *v* [-vragen] credit application

**kredietbak** *v* [-en] finance company

**kredietbrief** *m* [-brieven] letter of credit, credit arrangement letter, facility letter

**kredietgarantie** *v* [-s] credit guarantee

**kredietinstelling** *v* [-en] credit institution

**kredietlimiet** *v* [-en] overdraft/credit limit, maximum credit, <u>Am</u> credit line

**kredieturen** *zn* [mv] <u>ZN</u> study leave

**kredietvereniging** *v* [-en] credit union

**kredietverlening** *v*, **kredietverstrekking** [-en] granting/extension of credit

**kredietwaardig** *bn* solvent, creditworthy, financially sound

**kredietwaardigheid** *v* solvency, creditworthiness, financial soundness

**kredietwezen** *o* credit system

**Kreeft** *m & v* astron & astrol Cancer

**kreeft** *m & v* [-en] ❶ *rivier* crayfish, crawfish ❷ *zee* lobster

**kreeftengang** *m* * *hij gaat de~* he's going downhill

**Kreeftskeerkring** *m* tropic of Cancer

**kreek** *v* [kreken] ❶ *inham* cove ❷ *riviertje* creek, stream

**kreet** *m* [kreten] ❶ *schreeuw* cry, shout, shriek * *een~ van ontzetting slaken* give a cry of horror * *kreten uitstoten* shout ❷ *motto* catchword, slogan * *een loze ~* an empty slogan

**kregel**, **kregelig I** *bn* peevish, touchy * *~ maken* irritate, get on your nerves * *~ over/van iets zijn* be peevish about sth **II** *bijw* peevishly

**krekel** *m* [-s] (house) cricket

**kreng** *o* [-en] ❶ *kadaver* carrion, carcass ❷ *mens* beast, bastard, brute, rotter, ‹vrouw› bitch * *een oud ~* an old crock * *een vals~* a bitch ❸ *ding* dratted thing * *dat~ van een ding* that dratted thing/that bastard of a thing

**krenken** *overg* [krenkte, h. gekrenkt] hurt, offend, injure * *geen haar op uw hoofd zal gekrenkt worden* not a hair of your head shall be touched * *iems. gevoelens~* wound sbd's feelings * *iems. goede naam ~* injure sbd's reputation * *zijn geestvermogens zijn gekrenkt* he's not in his right mind * *op gekrenkte toon* in a hurt/offended/injured tone

**krenking** *v* [-en] offence, injury, <u>fig</u> affront

**krent** *v* [-en] ❶ *gedroogde druif* (dried) currant ❷ *gierigaard* skinflint, miser ❸ *achterste* inf backside, butt * *op zijn (luie)~ zitten* sit on his butt

**krentenbaard** *m* impetigo

**krentenbol** *m* [-len] currant bun

**krentenbrood** *o* [-broden] currant bread * *een~* a currant loaf * *ouwejongens~* jobs for the boys, old boy's network, nepotism

**kr**

**krentenkakker** *m* [-s] *inf* tightwad, skinflint, niggard

**krentenmik** *v* currant loaf

**krenterig** *bn* stingy, tightfisted

**krenterigheid** *v* stinginess

**Kreta** *o* Crete

**Kretenzer** *m* [-s] Cretan

**Kretenzisch** *bn* Cretan

**Kretenzische** *v* [-n] cretan *ze is een ~* she's a Cretan, she's from Crete

**kretologie** *v* sloganizing

**kreuk** *v* [-en], **kreukel** [-s] crease

**kreukelen** *overg en onoverg* [kreukelde, h. en is gekreukeld] → **kreuken**

**kreukelig** *bn* ❶ *met kreukels* creased, crumpled ❷ *snel kreukend* easily creased

**kreukelzone** *v* [-s] crumple zone

**kreuken, kreukelen** *overg en onoverg* [kreukte, h. en is gekreukt] crease, rumple, crumple

**kreukvrij** *bn* crease-resistant, creaseproof

**kreunen** *onoverg* [kreunde, h. gekreund] moan, groan

**kreupel** *bn* lame *een ~e* a lame person, a cripple *~e kansen* poor chances *~e verzen* doggerel *~ lopen* walk with a limp, limp

**kreupelhout** *o* undergrowth, scrub

**krib, kribbe** *v* [kribben] ❶ *voederbak* manger, crib ❷ *bed* cot, crib ❸ *dam* groyne

**kribbig** I *bn* peevish, crabby, testy II *bijw* peevishly, crabbily, testily

**kriebel** *m* [-s] itch, tickle *ik krijg er de ~s van* it gets on my nerves

**kriebelen** I *onoverg* [kriebelde, h. gekriebeld] ❶ *jeuken* itch, tickle ❷ *schrijven* scribble II *overg* [kriebelde, h. gekriebeld] *kietelen* tickle

**kriebelhoest** *m* tickling cough

**kriebelig** *bn* ❶ *kriebelend* ticklish ❷ *geprikkeld* irritated, nettled *je wordt er ~van* it's irritating ❸ *v. schrift* crabbed

**kriebelschrift** *o* crabbed/cramped writing

**kriegel, kriegelig** *bn* touchy

**kriek** *v* [-en] ❶ *kers* (black) cherry *fig zich een ~ lachen* laugh one's head off, roar with laughter ❷ *bier* cherry beer

**krieken** I *onoverg* [kriekte, h. gekriekt] ❶ *v. dag* dawn ❷ *piepen* chirp II *o* ❶ *v. dag* dawn *bij het ~van de dag* at daybreak ❷ *piepen* chirp(ping)

**kriel** *m-v* [-en] midget, ⟨kind⟩ nipper → **krielkip**

**krielaardappel** *m* [-s, -en], **krieltje** *o* [-s] small new potato

**krielkip** *v* [-pen], **kriel** [-en] bantam hen

**krieltje** *o* [-s] → **krielaardappel**

**krijgen** *overg* [kreeg, h. gekregen] ❶ *ontvangen* get, receive *aandacht ~* receive attention *kinderen ~* have children *een prijs ~* get a prize *hoeveel krijgt u van me?* how much do I owe you?, how much is it? *het zijne ~* come by one's own *de bomen ~ blaadjes* the trees are sending out leaves *hij begint een baard te ~* he's starting to get a beard *er genoeg van ~* have (had) enough of it ❷ *verwerven* get, obtain, acquire *een reputatie ~* acquire a reputation *~ze elkaar?* do they get married (in the end)? *is dat boek nog te ~?* is that book still available? *niet meer te ~* not to be had any more *het uit hem ~* get, draw it out of him ❸ *achterhalen* catch, get *een dief ~* catch a thief *ik zal je ~!* I'll make you pay for it! ❹ *oplopen* catch *er iets van ~* get on your wick *het koud/warm ~* begin to feel cold/hot *hij heeft de mazelen gekregen* he's caught the measles ❺ *voor elkaar brengen* get (to) *iets gedaan ~* get sth done *ik kan het niet dicht/open ~* I can't shut/open it *het te horen/zien ~* get to hear of it/get to see it *ik zal trachten hem te spreken te ~* I'll try to see him *ik kan hem er niet toe ~* I can't get him to do it/make him do it

**krijger** *m* [-s] warrior

**krijgertje** *o* ❶ *spel* catchy, tag, tig *~spelen* play catchy & ❷ *iets wat je gekregen hebt* [-s] cast-off, hand-me-down

**krijgsdienst** *m* military service

**krijgsgevangene** *m-v* [-n] prisoner of war

**krijgsgevangenschap** *v* captivity *in ~geraken* be taken prisoner

**krijgshaftig** *bn* martial, warlike

**krijgsheer** *m* [-heren] warlord

**Krijgshof** *o* Belg military high court

**krijgslist** *v* [-en] stratagem, ruse

**krijgsmacht** *v* [-en] armed forces

**krijgsraad** *m* [-raden] ❶ *rechtbank* court martial *iem. voor de ~brengen* court-martial sbd ❷ *vergadering* council of war *~houden* hold a council of war

**krijgstocht** *m* [-en] military expedition

**krijgstucht** *v* military discipline

**krijgsvolk** *o* military personnel, soldiers

**krijgszuchtig** *bn* belligerent

**krijsen** *onoverg & overg* [krijste of krees, h. gekrijst of gekresen] scream, shriek, screech

**krijt** *o* ❶ *delfstof* chalk ❷ *om te schrijven* chalk, ⟨kleurstift⟩ crayon *in het ~staan bij iem.* owe sbd sth *met dubbel ~schrijven* charge double ▼ *geol het Krijt* the Cretaceous period

**krijten** I *onoverg* [kreet, h. gekreten] cry, wail, ⟨uit angst⟩ yell II *overg* [krijtte, h. gekrijt] *met krijt insmeren* chalk *de keu ~* chalk the cue

**krijtje** *o* [-s] piece of chalk

**krijttrots** *v* [-en] chalk cliff, white cliff

**krijtstreep** *v* [-strepen] chalk line *een ~pak* a pinstripe suit

**krijttekening** *v* [-en] chalk/pastel drawing

**krijtwit** I *bn* chalk-white II *o* powdered chalk, whiting

**krik** *m* [-ken] jack

**krill** *o* krill

**krimi** *m* ['s] ❶ *film* detective (film) ❷ *boek* detective (story), *inf* whodunnit

**krimp** m ❶ 't krimpen shrinkage ❷ gebrek pinch ✳ geen ~ hebben not feel the pinch ✳ geen ~ geven not give way

**krimpen** I onoverg [kromp, is gekrompen] ❶ ineenkrimpen shrink ✳ ~ van de pijn wince with pain ❷ v. wind back (around) II overg [kromp, h. gekrompen] shrink

**krimpfolie** v cling film

**krimpvrij** bn shrink-proof, shrink-resistant

**kring** m [-en] ❶ cirkel circle, ring ✳ in een ~ ronddraaien go round in circles ✳ in een ~ zitten sit in a circle ✳ blauwe ~en onder de ogen dark rings under the eyes ✳ ~en op tafel rings on the table ❷ om zon, maan orbit ❸ groep circle ✳ in alle ~en in all walks of life ✳ in besloten ~ in private ✳ in brede ~en beschouwd widely regarded ✳ in de hogere ~en high society ✳ in huiselijke ~ in domestic/family circles ✳ in intieme ~ in intimate circles ✳ in sommige ~en in some quarters

**kringelen** onoverg [kringelde, h. gekringeld] spiral, curl, wind

**kringgesprek** o [-ken] group discussion

**kringloop** m ❶ circuit, circular course ❷ fig circle, cycle ‹of life and death› ❸ v. oud papier & recycling

**kringlooppapier** o recycled paper

**kringloopwinkel** m [-s] recycling shop

**kringspier** v [-en] orbicular muscle

**krioelen** onoverg [krioelde, h. gekrioeld] swarm ✳ ~ van crawl/swarm/bristle/teem with

**kris** v [-sen] kris

**kriskras** bijw criss-cross

**kristal** o [-len] crystal

**kristalhelder** bn crystal clear

**kristallen, kristallijn, kristallijnen** bn crystal(line)

**kristallisatie** v [-s] crystallization

**kristallisatiepunt** o crystallization point

**kristalliseren** overg & onoverg [kristalliseerde, h. en is gekristalliseerd] crystallize ✳ zich ~ crystallize (out)

**kristalsuiker** m granulated sugar ✳ fijne ~ castor sugar

**kristalsuiker**
Gewone kristalsuiker is granulated sugar. Castor sugar ligt qua fijnheid ergens tussen fijne kristalsuiker en basterdsuiker in en poedersuiker is icing sugar of powdered sugar.

**kritiek** I bn critical ✳ een ~ ogenblik a critical/crucial moment ✳ een ~ punt bereiken come to the crux of the matter II v [-en] ❶ beoordeling criticism (op of) ✳ ~ hebben op be critical of ✳ ~ uitoefenen (op) pass criticism (on), criticize ✳ geen ~ verdragen unable to stand criticism ✳ beneden ~ beneath contempt ❷ recensie critique, (critical) review ✳ een ~ van een boek a book review

**kritiekloos** I bn uncritical, unquestioning II bijw uncritically, unquestioningly ✳ een mening ~

overnemen accept an opinion without question

**kritiekpunt** o [-en] point of criticism

**kritisch** I bn ❶ analytisch critical, discerning ✳ de ~e leeftijd the age of discernment ✳ een ~e kijk op a critical/discerning look at ❷ afbrekend critical, fault-finding, inf nit-picking ❸ nat critical ✳ de ~ temperatuur the critical temperature II bijw critically ✳ ~ staan tegenover be critical of

**kritiseren** overg [kritiseerde, h. gekritiseerd] ❶ ongunstig criticize, censure ❷ recenseren review

**Kroaat** m [-aten] Croat, Croatian

**Kroatië** o Croatia

**Kroatisch** bn & o Croat, Croatian

**Kroatische** v [-n] Croat, Croatian ✳ ze is een ~ she's a Croat, she's from Croatia

**krocht** v [-en] spelonk cave, cavern

**kroeg** v [-en] bar, Br pub ✳ de ~en aflopen go on a pub crawl

**kroegbaas** m [-bazen], **kroeghouder** [-s] publican

**kroegentocht** m [-en] pub crawl

**kroegloper** m [-s] pub crawler

**kroegtijger** m [-s] barfly

**kroelen** onoverg [kroelde, h. gekroeld] cuddle

**kroep** m croup

**kroepoek** m prawn/shrimp crackers

**kroes** I m [kroezen] ❶ drinkbeker mug ❷ smeltkroes crucible II bn frizzled, frizzy, fuzzy, woolly

**kroeshaar** o frizzy hair

**kroeskop** m [-pen] curly top/head, fuzzy/frizzly head

**krokant** bn crisp, crunchy, ‹met een korst› crusty

**kroket** v [-ten] snack croquette

**krokodil** m & v [-len] crocodile

**krokodillenleer** o crocodile leather ✳ een tas van ~ a crocodile skin bag

**krokodillentranen** zn [mv] crocodile tears

**krokus** m [-sen] crocus

**krokusvakantie** v [-s] ± Br spring half-term, ± Am semester break

**krols** on heat

**krom** bn ❶ gebogen bent, crooked, curved ✳ een ~me lijn a curved line, a curve ✳ een ~ schot a banana shot ✳ ~me benen bandy/bow legs ✳ een ~me neus a hooked nose ✳ een ~me rug a crooked/arched back ✳ ~ van de reumatiek crippled with rheumatism ✳ zich ~ lachen double up with laughter ❷ incorrect incorrect, broken ✳ ~ praten speak in broken language

**kromliggen** onoverg [lag krom, h. kromgelegen] scrimp and save, fig tighten one's belt

**kromlopen** onoverg [liep krom, h. kromgelopen] ❶ v. persoon stoop ❷ v. weg & curve, bend

**kromme** v [-n] wisk curve

**krommen** overg [kromde, h. gekromd] bow, bend, curve ✳ zich ~ bend

**kromming** v [-en] bend, curve

**kromtrekken** onoverg [trok krom, is kromgetrokken] warp

**kromzwaard** *o* [-en] sabre, ⟨Oosters⟩ scimitar
**kronen** *overg* [kroonde, h. gekroond] crown ∗ *iem. tot koning* ∼ crown sbd king
**kroniek** *v* [-en] ❶ *geschiedschrijving* chronicle ∗ ∼*en* annals, chronicles ∗ bijbel *de Kronieken* the Chronicles ❷ *in krant* column
**kroniekschrijver** *m* [-s] ❶ *geschiedschrijver* chronicler ❷ *v.e. krant* reporter
**kroning** *v* [-en] crowning, coronation
**kronkel** *m* [-s] ❶ twist, coil ❷ fig twist ∗ *een rare* ∼ *in zijn hersens hebben* be funny in the head
**kronkelen** *overg* [kronkelde, h. gekronkeld] wind, twist ∗ *een* ∼*de rivier* a meandering river ∗ *zich in allerlei bochten* ∼ tie oneself in knots
**kronkelig** *bn* winding, sinuous, twisting
**kronkeling** *v* [-en] ❶ twist, coil ❷ *handeling* twisting, winding, ⟨v. slang &⟩ wriggling, squirming
**kronkelpad** *o* [-paden], **kronkelweg** *m* [-wegen] ❶ twisting/winding path ❷ fig devious/circuitous way
**kroon** *v* [kronen] ❶ *hoofddeksel* crown ∗ *de* ∼ *neerleggen* abdicate ∗ fig *iem. de* ∼ *van het hoofd nemen* rob sbd of his pride ∗ fig *iem. de* ∼ *opzetten* award sbd an accolade ∗ *de* ∼ *op het werk zetten* set the seal on one's work ∗ *dat spant de* ∼ that beats everything/the lot ∗ *iem. naar de* ∼ *steken* vie with/rival sbd ❷ *v. boom* top, crown ❸ *munt* crown ❹ *licht* chandelier, lustre ❺ plantk corolla ❻ *v. tand* crown ❼ *bloemenkrans* ZN garland, wreath
**kroondomein** *o* [-en] crown property
**kroongetuige** *m-v* [-n] crown witness
**kroonjaar** *o* [-jaren] jubilee year
**kroonjuwelen** *zn* [mv] crown jewels
**kroonkolonie** *v* [-s & -niën] Crown colony
**kroonkurk** *v* [-en] crown cap
**kroonlid** *o* [-leden] Crown appointee, Crown-appointed member
**kroonlijst** *v* [-en] cornice
**kroonluchter** *m* [-s] chandelier
**kroonpretendent** *m* [-en] pretender to the throne
**kroonprins** *m* [-en] crown prince, heir apparent
**kroonprinses** *v* [-sen] crown princess
**kroonsteentje** *o* [-s] connector
**kroos** *o* duckweed
**kroost** *o* offspring
**krop** *m* [-pen] ❶ *v. sla &* head ❷ *v. vogel* crop, gizzard, maw ❸ *gezwel* goitre, struma
**kropsla** *v* cabbage lettuce
**krot** *o* [-ten] hovel, slum ∗ *wat een* ∼! what a hole!
**krottenwijk** *v* [-en] slum(s), slum district
**kruid** *o* [-en] herb ∗ ⟨tuin∼en⟩∼*en* herbs ∗ *geneeskrachtige*∼*en* medicinal herbs ∗ *daar is geen* ∼ *tegen gewassen* there's no cure for that
**kruiden** *overg* [kruidde, h. gekruid] season, spice ∗ *sterk gekruid* highly seasoned, spicy
**kruidenazijn** *m* aromatic/herb vinegar
**kruidenbitter** *m & o* bitters
**kruidenboter** *v* herb butter

**kruidenbuiltje** *o* [-s] bouquet garni
**kruidendokter** *m* [-s] herb doctor
**kruidenier** *m* [-s] ❶ grocer ❷ *kleingeestig persoon* narrow-minded/provincial person
**kruideniersgeest** *m* petit bourgeois mentality, narrow-mindedness ∗ *hij heeft een* ∼ he is small-minded/narrow-minded, he has a provincial mentality
**kruidenierswaren** *zn* [mv] groceries
**kruidenierswinkel** *m* [-s], **kruidenierszaak** *v* [-zaken] grocery (shop), grocer's (shop)
**kruidenrek** *o* [-ken] spice rack
**kruidenthee** *m* herb(al) tea
**kruidentuin** *m* [-en] herb garden
**kruidig** *bn* spicy
**kruidje-roer-mij-niet** *o* [kruidjes-, -nieten] ❶ *plant* touch-me-not ❷ fig touchy person
**kruidkoek** *m* [-en] gingerbread
**kruidnagel** *m* [-s] clove
**kruien I** *overg* [kruide, h. gekruid] ❶ *verplaatsen* wheel ❷ *m. kruiwagen* take in a wheelbarrow **II** *onoverg* [kruide, h. gekruid] *v. ijs* drift ∗ *de rivier kruit* the river is full of drift ice
**kruier** *m* [-s] porter
**kruik** *v* [-en] stone bottle, jar, pitcher ∗ *een warme* ∼ a hot-water bottle/bag ∗ *de* ∼ *gaat zo lang te water tot zij barst* things are bound to go wrong eventually
**kruim** *v & o* [-en] ❶ *v. brood* crumb ❷ *tabakoverblijfsel* shreds ❸ *het fijnste* ZN cream, best ❹ *verstand* ZN pick of the bunch
**kruimel** *m* [-s] crumb ∗ *geen* ∼ *verstand* not a scrap of common sense
**kruimeldief** *m* [-dieven] ❶ *dief* petty thief ❷ *stofzuiger* dustbuster
**kruimeldiefstal** *m* [-len] petty theft, pilfering
**kruimelen I** *overg* [kruimelde, h. gekruimeld] crumble **II** *onoverg* [kruimelde, is gekruimeld] crumble, make crumbs
**kruimelvlaai** *v* [-en] crumble
**kruimelwerk** *o* odd jobs
**kruimen I** *overg* [kruimde, h. gekruimd] turn floury **II** *onoverg* [kruimde, is gekruimd] turn floury
**kruimig, kruimelig** *bn* floury, mealy ∗ ∼*e aardappelen* floury potatoes
**kruin** *v* [-en] *v. berg, hoofd &* crown, top, ⟨v. golf⟩ crest
**kruipen** *onoverg* [kroop, h. en is gekropen] ❶ crawl, creep ∗ *op handen en voeten* ∼ crawl on hands and knees ❷ plantk creep, trail ❸ fig cringe, crawl, grovel ∗ *voor iem* ∼ grovel to sbd
**kruiper** *m* [-s] ❶ crawler, creeper ❷ *vleier* toady
**kruiperig** *bn* cringing, slimy, grovelling, servile
**kruipolie** *v* loosening/penetrating oil
**kruipruimte** *v* [-n, -s] crawl space
**kruis** *o* [-en & kruizen] ❶ *de vorm* cross ∗ *het Rode Kruis* the Red Cross ∗ *een* ∼ *slaan* make the sign of the cross, cross oneself ∗ *aan het* ∼ *nagelen* nail to the cross ∗ *iem. het heilige* ∼ *nageven* be glad to see the back of sbd ∗ ∼ *of munt* heads or tails

**❷** *lichaamsdeel* crotch, groin **❸** *v. broek* seat, crotch, crutch **❹** *v. anker* <u>scheepv</u> crown **❺** <u>muz</u> sharp ✳ *~en en mollen* sharps and flats **❻** *leed* cross ✳ *ieder huis(je) heeft zijn~(je)* every house has its cross (to bear)

**kruisafneming** *v* [-en] deposition/descent from the Cross

**kruisband** *m* [-en] <u>anat</u> cruciate ligament

**kruisbeeld** *o* [-en] crucifix

**kruisbes** *v* [-sen] gooseberry

**kruisbestuiving** *v* cross-fertilization, cross-pollination

**kruisbeuk** *m* [-en] transept

**kruisboog** *m* [-bogen] crossbow

**kruiselings** *bijw* crosswise, crossways ✳ *met de benen ~ over elkaar zitten* sit with one's legs crossed, sit with crossed legs

**kruisen I** *overg* [kruiste, h. gekruist] **❶** *kruiselings plaatsen* cross ✳ *de armen~* cross the arms **❷** *v. dieren en planten* cross(breed) ✳ *een gekruist ras* a crossbreed **❸** *elkaar snijden* cross, intersect ✳ *elkaar ~* cross, cross each other ✳ *wisk ~de lijnen* intersecting lines **❹** *een kruis slaan* cross ✳ *zich~* make the sign of the cross **❺** *kruisigen* crucify **II** *onoverg* [kruiste, h. gekruist] <u>scheepv</u> cruise

**kruiser** *m* [-s] cruiser

**kruisfinale** *v* [-s] semi-final round

**kruisgang** *m* [-en] **❶** *v. Jezus* Way of the Cross, Stations of the Cross **❷** <u>bouwk</u> cloister

**kruisgewelf** *o* [-welven] cross vault

**kruishout** *o* [-en] <u>ook rel</u> cross ✳ *aan het~* on the cross

**kruisigen** *overg* [kruisigde, h. gekruisigd] crucify

**kruisiging** *v* [-en] crucifixion

**kruising** *v* [-en] **❶** *het kruisen* crossbreeding **❷** *v. rassen* crossbreed, hybrid ✳ *een~ tussen... en...* a cross between... and... **❸** *v. wegen* crossing, junction, intersection

**kruisje** *o* [-s] **❶** cross, ⟨in plaats van handtekening⟩ mark ✳ *naast het~ tekenen* sign next to the X **❷** *kruisteken* sign of the cross

**kruiskerk** *v* [-en] cruciform church

**kruiskopschroef** *v* [-schroeven] Phillips-head screw

**kruiskopschroevendraaier** *m* [-s] Phillips(-head) screwdriver

**kruispunt** *o* [-en] **❶** *v. lijnen* crossing **❷** *v. wegen* crossing, cross-roads, (point of) intersection, ⟨vooral v. spoorwegen⟩ junction

**kruisraket** *v* [-ten] cruise missile

**kruissleutel** *m* [-s] four-way wrench

**kruissnelheid** *v* [-heden] cruising speed

**kruisspin** *v* [-nen] garden/cross/diadem spider

**kruissteek** *m* [-steken] cross stitch

**kruisteken** *o* [-s] sign of the cross

**kruistocht** *m* [-en] <u>hist & fig</u> crusade

**kruisvaarder** *m* [-s] <u>ook fig</u> crusader

**kruisvereniging** *v* [-en] home nursing service

**kruisverhoor** *o* [-horen] cross-examination ✳ *iem. aan een~ onderwerpen* cross-examine sbd, <u>inf</u> give

sbd the third degree

**kruisweg** *m* [-wegen] **❶** *dwarsweg* crossroads, intersection **❷** <u>RK</u> Way of the Cross ✳ *de~ bidden* do the Stations of the Cross

**kruiswoordpuzzel** *m* [-s], **kruiswoordraadsel** *o* [-s] crossword (puzzle)

**kruit** *o* powder, gunpowder ✳ *met los~ schieten* fire buckshot ✳ <u>fig</u> *hij heeft al zijn~ verschoten* he's used up all his ammunition, he's exhausted

**kruitdamp** *m* [-en] gunsmoke

**kruitvat** *o* [-vaten] <u>ook fig</u> powder keg ✳ *de lont in het ~ steken* light the fuse of the powder keg

**kruiwagen** *m* [-s] **❶** wheelbarrow **❷** <u>fig</u> connections, influence ✳ *hij heeft goede~s* he has powerful friends/has a lot of influence

**kruizemunt** *v* spearmint

**kruk** *v* [-ken] **❶** *steun* crutch ✳ *op~ken* on crutches **❷** *v. deur* handle **❸** *stoeltje* stool **❹** <u>techn</u> crank, handle **❺** *stuntel* bungler, duffer

**krukas** *v* [-sen] crankshaft

**krukkig I** *bn* clumsy, poor **II** *bijw* clumsily, poorly

**krul** *v* [-len] **❶** *v. haar* curl ✳ *er zit geen~ in mijn haar* my hair is as straight as a die ✳ *de~ is er uit* it's out of curl ✳ *~len zetten* put in curls **❷** *v. hout* shavings **❸** *versiering* scroll **❹** *bij het schrijven &* flourish

**krulandijvie** *v* curly endive/chicory

**krulhaar** *o* curly hair

**krulijzer** *o* [-s] curling iron

**krullen** *overg & onoverg* [krulde, h. gekruld] curl

**krullenbol** *m* [-len], **krullenkop** [-pen] curly head

**krulsla** *v* curly/frisée lettuce

**krulspeld** *v* [-en] curling pin, (hair) curler ✳ *~en inzetten* put one's hair in curlers

**krulstaart** *m* [-en] curly tail

**krultang** *v* [-en] curling tongs/iron

**krypton** *o* krypton

**kubiek** *bn* cubic ✳ *de~e inhoud* the cubic content ✳ *een~e meter* a cubic metre

**kubisme** *o* cubism

**kubus** *m* [-sen] cube

**kuch I** *m* [-en] cough **II** *o en m brood* ration bread

**kuchen** *onoverg* [kuchte, h. gekucht] cough

**kudde** *v* [-n & -s] herd, ⟨v. schapen⟩ flock ✳ *een~ gelovigen* a flock of believers

**kuddedier** *o* [-en] <u>ook fig</u> herd animal

**kuddegeest** *m* herd instinct/mentality

**kuieren** *onoverg* [kuierde, h. en is gekuierd] (go for a) stroll/walk

**kuif** *v* [kuiven] **❶** *v. vogels* tuft, crest **❷** *v. mensen* forelock, quiff

**kuiken** *o* [-s] <u>ook fig</u> chicken

**kuil** *m* [-en] pit, hole, ⟨in weg⟩ pothole, ⟨voor aardappels &⟩ clamp, ⟨voor groenvoer⟩ silo ✳ *wie een ~ graaft voor een ander valt er zelf in* you can fall into your own trap if you don't watch out

**kuilen** *overg* [kuilde, h. gekuild] (put into a) pit, ⟨v. groenvoer⟩ ensile, ensilage

**kuilgras** *o* silage

ku

**kuiltje** *o* [-s] ❶ *kleine kuil* (little) hole ❷ *in kin, wangen* dimple ✳ *met ~s in de wangen* with dimpled cheeks

**kuip** *v* [-en] tub, vat

**kuiperij** *v* [-en] scheming, plotting, intriguing

**kuipstoel** *m* [-en] bucket seat

**kuis** *bn* chaste, pure ✳ *zijn taal is niet altijd even kuis* he doesn't always watch his language

**kuisen** *overg* [kuiste, h. gekuist] ❶ expurgate, censor ❷ *afkeurend* bowdlerize ❸ *schoonmaken* ZN clean

**kuisheid** *v* chastity, purity

**kuisheidsgordel** *m* [-s] chastity belt

**kuisvrouw** *v* [-en] ZN cleaning woman/lady

**kuit** *v* [-en] ❶ *v. been* calf ❷ *v. vis* roe, spawn

**kuitbeen** *o* [-benen, -deren] fibula

**kuitschieten** *onoverg* [schoot kuit, h. kuitgeschoten] spawn

**kuitspier** *v* [-en] calf muscle

**kukeleku** *tsw* cock-a-doodle-doo

**kukelen** *onoverg* [kukelde, is gekukeld] *vallen* inf tumble, roll

**kul** *m* rubbish, nonsense ✳ *flauwe ~* rubbish/nonsense, inf crap

**kummel** *m* ❶ *komijn* cum(m)in ❷ *karwijzaad* caraway ❸ *likeur* kummel

**kumquat** *m* [-s] kumquat, cumquat

**kunde** *v* knowledge, learning

**kundig** *bn* able, capable, skilful/Am skillful ✳ *ter zake ~ zijn* be an expert (on something)

**kundigheid** *v* [-heden] skill, knowledge, expertise

**kunne** *v* [-n] sex ✳ *van beiderlei ~* of both sexes, of either sex

**kunnen I** *overg & onoverg* [kon, h. gekund] ❶ *de bekwaamheid hebben* be able, can, ⟨verl. tijd⟩ could ✳ *hij kan tekenen* he can draw ✳ *hij kan niet begrijpen hoe...* he fails to understand/he can't understand how... ✳ *hij kan het weten* he ought to/should know ✳ *tot hij niet meer kon* until he was exhausted ✳ *hij kan er niet buiten* he can't do without it ✳ *hij kan daar niet tegen* ⟨geestelijk⟩ he can't stand ⟨being laughed at⟩; ⟨lichamelijk⟩ ⟨that food⟩ doesn't agree with him ✳ fig *hij kon niet meer terug* he couldn't back out ❷ *de mogelijkheid hebben* may, be possible, can, could ✳ *het kan (niet)* it can/can't be done ✳ *dat kan niet* that's impossible ✳ *hij kan het gedaan hebben* he may/could have done it ✳ *hij kan het niet gedaan hebben* he can't have done it ✳ *hoe kan ik dat weten?* how could/should I know? ✳ *zo kon hij uren zitten* he would sit like that for hours ✳ *ik kan er niet bij* I can't reach it; fig I don't understand, that's beyond me ✳ *het kan er mee door* it will do, it's passable ✳ *je kan me wat* I don't care, see if I care **II** *hulpww* [kon, h. gekund] *mogen* can, may, be allowed to ✳ *je kunt gaan* you may/can go ✳ *hij kan doodvallen!* he can drop dead for all I care! ✳ *dat had je me wel eens ~ vertellen* you might have told me **III** *o* capacity, ability

**kunst** *v* [-en] ❶ *discipline* art ✳ *de beeldende ~en* the visual arts ✳ *de schone ~en* fine arts ✳ *toegepaste ~*

arts and crafts ✳ *de vrije ~en* the liberal arts ✳ *de zwarte ~* necromancy, black magic ✳ *de ~ om de ~* art for art's sake ❷ *bekwaamheid* art, skill ✳ *zijn ~en vertonen* show what one can do ✳ *hij verstaat de ~ om...* he knows how to.. ✳ *dat is geen ~* that's not difficult ✳ *dat is nu juist de ~* that's the trick ✳ *volgens de regelen der ~* skilfully ✳ *uit de ~* amazing ❸ *kunststukje* trick ✳ *~en maken* perform feats/tricks ✳ *je moet hier geen ~en uithalen!* none of your tricks here! ✳ *geen ~en alsjeblieft!* none of your games!

**kunstacademie** *v* [-s] art academy, academy of art

**kunstarm** *m* [-en] artificial arm

**kunstbeen** *o* [-benen] artificial leg

**kunstbloem** *v* [-en] artificial flower

**kunstcollectie** *v* [-s] art collection

**kunstenaar** *m* [-s] artist

**kunstenaarschap** *o* artistry, artistic skill

**kunstenares** *v* [-sen] artist

**kunst- en vliegwerk** *o* ✳ *met ~* by pulling out all stops, by using all of one's ingenuity

**kunstgebit** *o* [-ten] false teeth, dentures

**kunstgeschiedenis** *v* history of art, art history

**kunstgras** *o* artificial grass/turf

**kunstgreep** *m* [-grepen] trick ✳ *listige kunstgrepen* cunning manoeuvres ✳ *hij liet geen ~ ongebruikt* he used all the tricks at his disposal

**kunsthandel** *m* [-s] ❶ *het handelen* art dealing ❷ *zaak* art shop

**kunsthart** *o* [-en] artificial heart

**kunsthistoricus** *m* [-ci] art historian

**kunsthistorisch** *bn* ✳ *een ~ werk* a work on art history ✳ *~e studies over Da Vinci* studies on the art and times of Da Vinci

**kunstig I** *bn* ingenious, skilful/Am skillful **II** *bijw* ingeniously, skilfully

**kunstijs** *o* artificial ice

**kunstijsbaan** *v* [-banen] ice rink

**kunstje** *o* [-s] trick, knack, inf dodge ✳ *~s met de kaart* card tricks ✳ *dat is een koud/klein ~* it's child's play

**kunstkenner** *m* [-s] art connoisseur/expert

**kunstleer** *o* imitation leather, leatherette

**kunstlicht** *o* artificial light

**kunstliefhebber** *m* [-s] art lover

**kunstmaan** *v* [-manen] (artificial) satellite

**kunstmatig I** *bn* artificial ✳ *~e voeding* artificial/force feeding **II** *bijw* artificially ✳ *hij wordt ~ gevoed* he is being fed through a tube; ⟨tegen zijn zin⟩ he is being force-fed

**kunstmest** *m* (artificial/chemical) fertilizer

**kunstminnend, kunstlievend** *bn* art-loving

**kunstnier** *v* [-en] artificial kidney, kidney machine

**kunstnijverheid** *v* industrial art, arts and crafts

**kunstpenis** *m* [-sen] dildo

**kunstrijden** *o* ✳ *~ op de schaats* figure skating

**kunstrijder** *m* [-s] ❶ *te paard* equestrian, circus rider ❷ *op schaatsen* figure skater

**kunstschaats** *v* [-en] figure-skate

**kunstschaatsen** *o* figure skating
**kunstschat** *m* [-ten] art treasure
**kunstschilder** *m* [-s] painter, artist
**kunstsneeuw** *v* artificial snow
**kunststof** *v* [-fen] synthetic (material), plastic
**kunststuk** *o* [-ken] masterpiece, feat, accomplishment
**kunsttand** *m* [-en] artificial/false tooth
**kunstuitleen** *m* art library
**kunstveiling** *v* [-en] art auction
**kunstverzameling** *v* [-en] art collection
**kunstvezel** *v* [-s] synthetic/man-made fibre
**kunstvoorwerp** *o* [-en] work of art
**kunstvorm** *m* [-en] art form
**kunstwereld** *v* art world
**kunstwerk** *o* [-en] ❶ *v. artiest* work of art ❷bouwk construction work
**kunstzij, kunstzijde** *v* artificial silk, rayon
**kunstzinnig** *bn* artistic
**kunstzinnigheid** *v* artistry
**kunstzwemmen** *o* synchronized swimming, water ballet
**kür** *v* [-en] figure skating to music
**kuras** *o* [-sen] cuirass
**kuren** *onoverg* [kuurde, h. gekuurd] take a cure
**kurk** I *o & m* stof cork ∗ *zo droog als* ∼as dry as a bone II *v* [-en] *voorwerp* cork ∗ *de* ∼*waarop de zaak drijft* the mainstay of the business ∗ *wat onder de* ∼ *hebben* have plenty of liquid refreshments
**kurkdroog** *bn* bone-dry, as dry as a bone
**kurkeik** *m* [-en] cork oak
**kurken** I *bn* cork II *overg* [kurkte, h. gekurkt] cork
**kurkentrekker** *m* [-s] ❶*werktuig* corkscrew ❷*krul* corkscrew curl
**kurkvloer** *m* [-en] cork floor
**kursaal** *o & m* [-salen] ZN pavilion
**kus** *m* [-sen] kiss
**kushandje** *o* [-s] ∗ *iem. een* ∼*geven* blow kisses to sbd
**kussen** I *overg* [kuste, h. gekust] kiss ∗ *iem. op de wang* ∼kiss someone's cheek ∗ *elkaar* ∼kiss one another II *o* [-s] cushion ∗ fig *op het* ∼*zitten* be in office
**kussengevecht** *o* [-en] pillow fight
**kussensloop** *v & o* [-slopen] pillowcase, pillowslip
**kust** *v* [-en] ❶coast, shore ∗ *is de* ∼*vrij?* is the coast clear? ∗ *een eiland voor de* ∼an off-shore island ❷*als vakantiebestemming* seaside ∗ *een plaatsje aan de* ∼a seaside town ▼ *te* ∼*en te keur* any amount of, galore
**kustbewoner** *m* [-s] coastal inhabitant
**kustgebied** *o* [-en] coastal region
**kustlijn** *v* [-en] coastline
**kustplaats** *v* [-en] coastal/seaside town
**kuststreek** *v* [-streken] coastal region
**kustvaarder** *m* [-s] coaster
**kustvaart** *v* coastal trade
**kustwacht** *v* coastguard
**kustwateren** *zn* [mv] coastal waters
**kut** I *v* [-ten] cunt, pussy ∗ *dat is* ∼*met peren* that's

bullshit/rubbish ∗ *dat slaat/rijmt als* ∼*op zn dirk* that's got fuck all to do with it II *bn* rubbishy, crappy III *tsw* ∗∼! fuck!, fucking hell!
**kuub** *m* cubic metre/Am meter ∗ *drie* ∼*zand* three cubic metres of sand
**kuur** *v* [kuren] ❶*gril* whim, freak, caprice ∗ *zij heeft/vertoont de laatste tijd vreemde kuren* she's been moody lately ∗ *en nu geen kuren meer!* stop playing games! ❷med cure ∗ *een* ∼*doen/volgen* take a cure, take a course of medical treatment, ⟨dieet⟩ go on a diet
**kuuroord** *o* [-en] health resort, spa
**kwaad** I *bn* ❶*slecht, ongunstig* bad, ill, wrong ∗ *een kwade hond* a vicious dog ∗ *dat is lang niet* ∼that's not bad at all/inf that's not half bad ∗ *het te* ∼ *krijgen* be on the point of breaking down ∗ *het te* ∼ *krijgen met...* get into trouble with... ∗ *hij is de* ∼*ste niet* he's not so bad/not such a bad fellow ∗ *op een kwade dag* one unfortunate day ∗ *zij ziet er niet* ∼*uit* she's not bad to look at ❷*boos* angry ∗ *iem.* ∼*maken* make sbd angry, provoke sbd ∗ *zich* ∼*maken,* ∼ *worden* become/get angry ∗ ∼*zijn op iem.* be angry with sbd II *bijw* ❶*slecht, ongunstig* badly ∗ *het niet* ∼ *hebben* not be badly off ❷*boos* angrily III *o* [kwaden] ❶*wat slecht is* wrong, evil ∗ *een noodzakelijk* ∼a necessary evil ∗ ∼*brouwen* brew mischief ∗ ∼*doen* do wrong ∗ *iem. ten kwade beïnvloeden* have a bad/evil influence on sbd ∗ *het* ∼ *was al geschied* the damage was already done ∗ *van* ∼*tot erger vervallen* go from bad to worse ∗ *van twee kwaden het minste kiezen* choose the lesser of two evils ❷*nadeel, letsel* harm, damage, injury ∗ *niemand zal u* ∼*doen* nobody will harm you ∗ *het heeft zijn goede naam veel* ∼*gedaan* it has done a great deal of harm to his reputation ∗ *dat kan geen* ∼there's no harm in that ∗ *hij kan bij haar geen* ∼ *doen* he can do no wrong in her eyes ∗ *ergens geen* ∼ *in zien* see no harm in sth
**kwaadaardig** *bn* ❶*boosaardig* ill-natured, malicious ❷*gevaarlijk* malignant, pernicious ∗ *een* ∼*gezwel* a malignant tumour ∗ *een* ∼*e ziekte* a virulent disease
**kwaadheid** *v* anger, rage
**kwaadschiks** *bijw* unwillingly
**kwaadspreken** *onoverg* [sprak kwaad, h. kwaadgesproken] speak ill, spread scandal, gossip ∗ ∼*van* speak ill of, slander
**kwaadsprekerij** *v* [-en] backbiting, slander, scandal-mongering
**kwaadwillig** *bn* malicious, malevolent, evil-minded
**kwaal** *v* [kwalen] complaint, disease ∗ ∼*tjes* aches and pains
**kwab** *v* [-ben] ❶*week vlees* roll of fat, flab ❷*v. hersenen, longen* lobe
**kwadraat** *o* [-draten] square, quadrate ∗ *in het* ∼ *verheffen* raise to the square ∗ *drie (in het)* ∼*is negen* three squared is nine ∗ *een ezel in het* ∼a total idiot
**kwadraatsvergelijking** *v* [-en] quadratic equation
**kwadrant** *o* [-en] quadrant

kw

**kwadrateren** *overg* [kwadrateerde, h. gekwadrateerd] square

**kwadratuur** *v* quadrature ∗ *de~ van de cirkel* the square of the circle

**kwajongen** *m* [-s] naughty boy

**kwajongensstreek** *m & v* [-streken] monkey trick, prank, practical joke ∗ *een~ uithalen* play a prank

**kwak I** *tsw* ❶ flop! ❷ *v. eend en kikker* quack, ‹kikker ook› croak **II** *m* [-ken] ❶ *geluid* thud, thump ❷ *hoeveelheid* dab ❸ *klodder* blob, dollop

**kwaken** *onoverg* [kwaakte, h. gekwaakt] ❶ *v. eend, kikker* quack ❷ *v. kikker* croak ❸ *druk praten* chatter

**kwakkelen** *onoverg* [kwakkelde, h. gekwakkeld] ❶ *sukkelen* be ailing ∗ *de economie kwakkelt door* the economy continues to give cause for concern ∗ *hij kwakkelt met zijn gezondheid* his health has been giving cause for concern ❷ *v. winter* linger, drag ∗ *het weer kwakkelt nog* there hasn't been an upturn in the weather yet

**kwakkelweer** *o* changeable weather

**kwakken I** *overg* [kwakte, h. gekwakt] dump ∗ *de deur dicht~* slam the door ∗ *verf op het doek~* splodge paint onto the canvas **II** *onoverg* [kwakte, is gekwakt] bump, crash

**kwakzalver** *m* [-s] ❶ *onbevoegde/slechte dokter* quack (doctor) ❷ *oplichter* charlatan

**kwakzalverij** *v* ❶ *gedokter* quackery ❷ *oplichterij* charlatanism

**kwal** *v* [-len] jellyfish ∗ *een~ van een vent* a toad/jerk of a fellow

**kwalificatie** *v* [-s] ❶ *karakterisering* designation, characterization ❷ *vereiste eigenschap* qualification(s), capacity

**kwalificatieduel** *o* [-s] qualifying duel

**kwalificatietoernooi** *o* [-en] qualifying tournament

**kwalificeren** *overg* [kwalificeerde, h. gekwalificeerd] ❶ *kenschetsen* designate, characterize ❷ *bevoegd/geschikt zijn* qualify ∗ *om te~ als ..., moet aan deze voorwaarden worden voldaan* in order to qualify as ..., the following criteria must be met ❸ *(zich) plaatsen* sp qualify ∗ *zich~ voor de finale* qualify for the finals

**kwalijk I** *bn* bad, nasty, ill ‹effects›, evil ‹consequences›, ugly ‹business› **II** *bijw* ❶ *slecht* ill, badly ∗ *~ behandeld* treated badly ∗ *iets~ nemen* take sth amiss, take sth in bad part, resent sth ∗ *neem me niet~!* (I) beg (your) pardon!, excuse me!, sorry! ∗ *neem het hem niet~* don't hold it against him ∗ *ik kan het hem niet~ nemen* I can't blame him ∗ *~ riekend* evil-smelling ∗ *het is hem~ vergaan* he has fared badly ❷ *met moeite* hardly, scarcely ∗ *dat zou ik u~ kunnen zeggen* I could hardly tell you

**kwalitatief I** *bn* qualitative **II** *bijw* qualitatively ∗ *~ was er niet veel op aan te merken* there was little wrong with the quality

**kwaliteit** *v* [-en] ❶ quality, capacity ∗ *in zijn~ van...* in his capacity of... ❷ *handel* quality, grade

**kwaliteitsbewaking** *v* quality control

**kwaliteitscontrole** *v* [-s] quality check/control

**kwaliteitseis** *m* [-en] quality requirement

**kwaliteitsmerk** *o* [-en] quality brand

**kwaliteitsniveau** *o* [-s] level of quality

**kwaliteitsproduct** *o* [-en] quality product

**kwaliteitsverschil** *o* [-len] difference in quality

**kwallenbeet** *m* [-beten] jellyfish sting

**kwantificeren** *overg* [kwantificeerde, h. gekwantificeerd] quantify

**kwantitatief I** *bn* quantitative **II** *bijw* quantitatively

**kwantiteit** *v* [-en] quantity

**kwantum** *o* [-s, -ta] quantum

**kwantumfysica** *v* quantum physics

**kwantumkorting** *v* [-en] quantity rebate

**kwantummechanica** *v* quantum mechanics

**kwantumtheorie** *v* [-rieën] quantum theory

**kwark** *m* cottage cheese

**kwart** *o* [-en] quarter ∗ *~ over vier* a quarter past four ∗ *~ voor vier* a quarter to four ∗ *een~ eeuw* a quarter of a century ∗ *een~ liter* a quarter of a litre **II** *v* [-en] ❶ *noot* muz crotchet ❷ *interval* muz fourth

**kwartaal** *o* [-talen] quarter (of a year), three months ∗ *per~* quarterly

**kwartaalcijfers** *zn* [mv] quarterly figures

**kwartaaloverzicht** *o* [-en] quarterly report

**kwartel** *m & v* [-s] quail ∗ *zo doof als een~* as deaf as a post

**kwartet** *o* [-ten] quartet(te)

**kwartetspel** *o* [-len] happy families

**kwartetten** *onoverg* [kwartette, h. gekwartet] play happy families

**kwartfinale** *v* [-s] quarterfinal

**kwartier** *o* [-en] ❶ *15 minuten, stadswijk, maanfase* quarter ∗ *drie~* three quarters (of an hour) ∗ *om het ~ every* quarter of an hour ❷ *verblijf* quarters ∗ *in~ liggen* be quartered/billeted ∗ *geen~ geven* give no quarter

**kwartiermaker** *m* [-s] quartermaster

**kwartiermeester** *m* [-s] mil & scheepv quartermaster ∗ *de~-generaal* the quartermaster general

**kwartierstaat** *m* [-staten] genealogical table

**kwartje** *o* [-s] muntstuk 25 cent piece, Am quarter

**kwarto** *o* [-'s] quarto ∗ *in~* in quarto

**kwarts** *o* quartz

**kwartshorloge** *o* [-s] quartz watch

**kwartslag** *m* [-slagen] quarter turn

**kwast I** *m* [-en] ❶ *gereedschap* brush ❷ *als versiering* tassel ❸ *knoest* knot ❹ *persoon* fool ∗ *een verwaande ~* a smart alec(k) **II** *m limonade* lemon squash

**kwebbel** *m-v* [s] ❶ *persoon* chatterbox ❷ *mond* face, trap ∗ *hou nou eens je~!* cut the cackle!, shut your face!

**kwebbelen** *onoverg* [kwebbelde, h. gekwebbeld] chatter

**kweek I** *m* [kweken] ❶ *wat gekweekt is* culture ∗ *van eigen~* home-grown ❷ *handeling* cultivation **II** *v*

[kweken] *gras* couch (grass)
**kweekbak** *m* [-ken] seed tray
**kweekbed** *o* [-den] seed bed
**kweekreactor** *m* [-s & -toren] breeder reactor
**kweekschool** *v* [-scholen] ❶ *pedagogische academie* (teacher) training college ❷ *fig* breeding ground
**kweekvijver** *m* [-s] ❶ *voor vis* fish breeding pond ❷ *fig* breeding ground
**kweken** *overg* [kweekte, h. gekweekt] ❶ grow, cultivate, ‹v. dieren› raise * *groenten~* grow vegetables * *gekweekte champignons* cultivated mushrooms ❷ *fig* foster, breed * *verzet~* breed opposition * *gekweekte rente* accrued interest ❸ *v. kinderen* ZN raise
**kweker** *m* [-s] grower, market gardener
**kwekerij** *v* ❶ *bedrijf* [-en] nursery ❷ *handeling* cultivation
**kwekken** *onoverg* [kwekte, h gekwekt] ❶ *kwebbelen* chatter, cackle ❷ *v. eenden* quack ❸ *v. kikkers* croak, quack
**kwelder** *v* [-s] salt marsh
**kwelen** *overg* [kweelde, h. gekweeld] ❶ *v. vogels* warble, carol ❷ *v. mensen* warble, croon
**kwelgeest** *m* [-en] pest, pain in the neck
**kwellen I** *overg* [kwelde, h. gekweld] ❶ *folteren* torment, torture, agonize * *zich~* torment oneself ❷ *lastig vallen* pester, harass **II** *onoverg* [kwelde, h. en is gekweld] *v. water* seep
**kwelling** *v* [-en] torture, torment, agony
**kwelwater** *o* seepage (water)
**kwestie** *v* [-s] ❶ question, matter * *dat is een andere ~* that's another question/matter * *geen~ van!* that's out of the question! * *buiten de~* outside the question * *buiten~* beyond/without question/a doubt * *een~ van smaak* a matter of taste * *een~ van tijd* a matter/question of time * *de zaak in~* the matter in question, the point at issue ❷ *ruzie* argument * *zij hebben~* they're quarrelling
**kwestieus** *bn* doubtful, questionable
**kwetsbaar** *bn* vulnerable
**kwetsbaarheid** *v* vulnerability
**kwetsen** *overg* [kwetste, h. gekwetst] ❶ injure, wound, hurt ❷ *fig* offend, hurt
**kwetsuur** *v* [-suren] injury, wound, hurt
**kwetteren** *onoverg* [kwetterde, h. gekwetterd] ❶ *v. vogel* twitter ❷ *v. mens* chatter
**kwezel** *v* [-s] ❶ *overdreven vroom persoon* sanctimonious bigot ❷ *sukkel* goody-goody
**kwezelen** *onoverg* [kwezelde, h. gekwezeld] ❶ *overdreven vroom zijn* act sanctimoniously, ‹praten› speak sanctimoniously ❷ *beuzelen* muck around ❸ *onzin kletsen* waffle on
**kWh** *afk* (kilowattuur) kilowatt hour
**kwibus** *m* [-sen] *inf* joker, weirdo * *een rare~* a weird chap
**kwiek** *bn* alert, spry
**kwijl** *v & o* slaver, slobber
**kwijlen** *onoverg* [kwijlde, h. gekwijld] slaver, slobber

* *om van te~* to drool over
**kwijnen** *onoverg* [kwijnde, h. gekwijnd] ❶ *v. planten* wilt, droop ❷ *v. personen* languish (away), pine (away) ❸ *fig* flag, languish * *de handel kwijnt* trade is languishing
**kwijnend** *bn* ❶ *v. planten* drooping ❷ *zwak* weak, languishing, lingering * *een~ bestaan leiden* linger on, languish ❸ *smachtend* begging * *~e blikken* lingering looks
**kwijt** *bn* lost * *ik ben het~* ‹verloren hebben› I've lost it; ‹vrij zijn van› I've got rid of it; ‹vergeten› it slips my memory * *hij is zijn verstand~* he's off his head, he's lost his marbles * *die zijn we lekker~!* good riddance to him!
**kwijten** *overg* [kweet, h. gekweten] acquit * *zich~ van* acquit oneself of ‹an obligation, a duty, a task›, discharge ‹a responsibility, a debt›
**kwijting** *v* [-en] ❶ *jur* acquittal, discharge * *jur een finale~* a full acquittal/discharge ❷ *v. betaling* payment
**kwijtraken** *overg* [raakte kwijt, is kwijtgeraakt] ❶ *verliezen* lose ❷ *verlost raken van* get rid of ❸ *verkopen* dispose of, sell
**kwijtschelden** *overg* [schold kwijt, h. kwijtgescholden] ❶ *v. schulden* cancel * *een schuld~* write off/cancel a debt * *iem. het bedrag~* let sbd off from paying the amount ❷ *v. schuld* let off, exonerate * *voor ditmaal zal ik het u~* I'll let you off/exonerate you just this once ❸ *v. zonden* pardon, forgive ❹ *v. plicht* excuse (from)
**kwijtschelding** *v* ❶ *v. straf* pardon, amnesty * *een algemene~ van straf* a general pardon ❷ *v. schulden* debt relief ❸ *v. zonden* absolution
**kwik** *o* element mercury, quicksilver
**Kwik, Kwek en Kwak** *zn* [mv] Huey, Dewey and Louie
**kwikstaart** *m* [-en] wagtail
**kwikthermometer** *m* [-s] mercury thermometer
**kwikzilver** *o* mercury, quicksilver
**kwikzilverachtig** *bn* mercurial
**kwinkeleren** *onoverg* [kwinkeleerde, h. gekwinkeleerd] warble, carol
**kwinkslag** *m* [-slagen] witticism, joke
**kwint** *v* [-en] *muz* fifth
**kwintessens** *v* quintessence
**kwintet** *o* [-ten] quintet(te)
**kwispelen** *onoverg* [kwispelde, h. gekwispeld], **kwispelstaarten** [kwispelstaartte, h. gekwispelstaart] wag
**kwistig** *bn* lavish, liberal * *~ zijn met geld* be extravagant * *~ zijn met lof over* be lavish in one's praise of * *met~e hand* generously, lavishly
**kwitantie** *v* [-s] receipt
**kynologie** *v* dog-breeding, cynology
**kynologisch** *bn* dog-breeding
**kynoloog** *m* [-en] dog breeder

# L

**l** *v* [ˈs] 1 → **liter**

**la** I *v* [ˈs] muz la II *v* [ˈs & laas] drawer

**laadbak** *m* [-ken] loading platform

**laadboom** *m* [-bomen] cargo boom, derrick

**laadbord** *o* [-en] pallet

**laadbrief** *m* [-brieven] bill of lading

**laadbrug** *v* [-gen] loading bridge

**laadcapaciteit** *v* carrying capacity

**laadkist** *v* [-en] (freight) container

**laadklep** *v* [-pen] ❶ *v. vrachtauto* tailboard ❷ *v. schip* loading ramp

**laadruim** *o* [-en], **laadruimte** *v* [-n &-s] cargo hold, luchtv ook freight compartment

**laadvermogen** *o* carrying capacity

**laag** I *bn* ❶ *niet hoog* low, ‹m.b.t. stand› lowly ∗ *lage druk* low pressure ∗ *op een lage toon* in a low tone ❷ *gemeen* mean, low ∗ *een lage streek* a mean trick II *bijw* low ∗ ~ *vliegen* fly low ∗ ~ *betalen* pay poorly ∗ *de vlam* ~ *draaien* turn the flame down III *v* [lagen] ❶ *dikte* layer, ‹dun› film, bed ‹of stones, rocks›, geol stratum ‹of sedimentary rock›, course ‹of bricks›, coat ‹of paint›, coating ‹of protective wax›, sheet ‹of ice› ∗ *alle lagen van de bevolking* all sections of the population, all walks of life ∗ *alle lagen van de samenleving* all layers/strata of society ❷ *v. kanonnen* broadside ∗ *de vijand de volle* ~ *geven* give the enemy a broadside ∗ *iem. de volle* ~ *geven* give sbd the full blast

**laag-bij-de-gronds** *bn* trite, commonplace ∗ ~ *e opmerkingen* trite/commonplace remarks

**laagbouw** *m* low-rise building

**laagconjunctuur** *v* (economic) recession/depression/slump

**laagfrequent** *bn* low-frequency

**laaggelegen** *bn* low-lying

**laaggeprijsd** *bn* low-priced, cheap

**laaggeschoold** *bn* unskilled

**laaghangend** *bn* low, low-hanging

**laaghartig** *bn* low, mean, base

**laaghartigheid** *v* [-heden] meanness, baseness

**laagheid** *v* [-heden] ❶ *lowness* ❷ *gemeenheid* baseness, meanness ∗ *laagheden* acts of meanness

**laagje** *o* [-s] thin layer ∗ *smeer er een* ~ *boter op* spread some butter thinly on it

**laagland** *o* [-en] lowland(s)

**laaglandbaan** *v* sp skating rink/cycling track at sea level

**laagseizoen** *o* low season

**laagspanning** *v* low tension/voltage

**laagspannings-** *voorv* low-voltage, low-tension

**laagstbetaalden** *zn* [mv] the lowest-paid

**laagte** *v* [-n &-s] ❶ *lowness* ❷ *plaats* depression, ‹tussen heuvels› hollow ∗ *in de* ~ down below

**laagtij** *o* low/ebb tide

**laagveen** *o* ❶ (low) fen, marsh, (peat) bog ❷ *gebied* fens, marshland, (peat) bogs

**laagvlakte** *v* [-n &-s] lowland plain, lowlands

**laagvorming** *v* stratification

**laagwater** *o* low tide ∗ *bij* ~ at low tide, when the tide is out

**laagwaterlijn** *v* [-en] low-water mark

**laaien** *onoverg* [laaide, h. gelaaid] blaze, flare

**laaiend** *bn* ∗ ~ *(van woede) zijn* be furious, livid ∗ ~ *enthousiast zijn* be wildly enthusiastic ∗ ~ *e ruzie hebben* have a flaming row

**laakbaar** *bn* reprehensible

**laan** *v* [lanen] avenue ∗ *de* ~ *uitgaan* be fired/sacked, get the sack ∗ *iem. de* ~ *uitsturen* send sbd packing, fire sbd

**laars** *v* [laarzen] boot ∗ *(regen)laarzen* wellington boots, wellingtons, inf wellies ∗ *het aan zijn* ~ *lappen* ignore sth

**laarzenknecht** *m* [-en &-s] bootjack, shoehorn

**laat** I *bn* late ∗ *op de late avond* late in the evening II *bijw* late, at a late hour ∗ *hoe* ~? what time? ∗ *hoe* ~ *is het?* what's the time?, what time is it? ∗ fig *is het zo* ~? so that's your little game! ∗ fig *is het weer zo* ~? here we go again! ∗ *hoe* ~ *heb je het?* what time do you make it? ∗ ~ *opstaan* rise late ∗ *het wordt* ~ it's getting late ∗ *te* ~ *komen* be late ∗ *de trein is een uur te* ~ the train is an hour late/overdue ∗ *vroeg of* ~ sooner or later ∗ ~ *op de dag* late in the day ∗ *van vroeg tot* ~ from early in the morning till late at night ∗ *tot* ~ *in de nacht* till late in the night ∗ *beter* ~ *dan nooit* better late than never

**laatbloeiend** *bn* late-flowering

**laatbloeier** *m* [-s] ❶ *plant* late-bloomer ❷ *persoon* late-developer

**laatdunkend** *bn* arrogant, condescending ∗ *zich* ~ *uiten over iem./iets* be condescending about sbd/sth

**laatdunkendheid** *v* condescension, arrogance

**laatje** *o* [-s] (little) drawer ∗ *aan het* ~ *zitten* hold the purse strings ∗ *dat brengt geld in het* ~ it brings in a bit of cash

**laatkoers** *m* [-en] selling price/rate, offered price, asked price

**laatkomer** *m* [-s] latecomer

**laatst** I *bn* ❶ last, final ∗ *het* ~ *e artikel* the last article ‹in this review›; ‹laatstgenoemde› the last-named/last-mentioned article ‹is sold out› ∗ *de* ~ *e dagen* the last few days ∗ *de* ~ *e drie weken* the last three weeks ∗ *de* ~ *e (paar) maanden* the last few months ∗ bijbel *de* ~ *en zullen de eersten zijn* the last shall be first ❷ *jongst* latest, (most) recent ∗ *zijn* ~ *e artikel* ‹jongste› his latest article; ‹allerlaatste› his last article ∗ *het* ~ *e nieuws* the latest news ∗ *de* ~ *e tijd* of late, recently ∗ *in de* ~ *e jaren* in recent years ❸ *van twee* latter ∗ *de* ~ *e* the last-named, the latter, the last ∗ *dit* ~ *e* the last/latter ‹is always a matter of difficulty› II *bijw* onlangs recently, lately, the other day ∗ ~ *op een middag* the other afternoon ∗ *op zijn* ~ at the latest ∗ *op het* ~ *waren ze ervan overtuigd*

*dat...* they ended up being convinced that/of...
∗ *ten/als* ~*e* lastly, last ∗ *tot het* ~to/till the last, to/till the end ∗ *voor het* ~for the last time

**laatstelijk** *bijw* lastly, finally ∗ ~*gewijzigd op...* most recently altered on...

**laatstgeboren** *bn* last-born, youngest

**laatstgeborene** *m-v* [-n] last born, youngest

**laatstgenoemd** *bn* ❶ *van meer dan twee* last mentioned, last named ❷ *van twee* latter

**laatstgenoemde** *m-v* [-en] ❶ *bij opsomming van twee* the latter ❷ *bij opsomming van meer* the last mentioned

**laatstleden** *bn* last

**lab** *o* [-s] lab

**labbekak** *m* [-ken] chicken, coward

**labberdoedas** *m* [-sen] clip over the ears

**label** I *m* [-s] *etiket* sticker, tag II *o* [-s] *v. grammofoonplaat* label

**labelen** *overg* [labelde, h. gelabeld] label

**labeur** *o & m* ❶ *zwaar werk* ZN labour, chore ❷ *landbouw* ZN farming

**labiaal** I *bn* labial ∗ *een labiale klank* a labial II *m* [-bialen] labial

**labiel** *bn* unstable, ⟨v. personen⟩ mentally unstable

**labiliteit** *v* instability, ⟨v. personen⟩ mental instability

**labo** *o* ['s] ZN lab(oratory)

**laborant** *m* [-en] laboratory assistant/technician

**laboratorium** *o* [-s & -ria] laboratory ∗ *een gerechtelijk* ~a forensic laboratory

**laboratoriumonderzoek** *o* laboratory research

**laboratoriumproef** *v* [-proeven] laboratory test

**laboreren** *onoverg* [laboreerde, h. gelaboreerd] labour ∗ *aan iets* ~suffer from sth

**labrador** *m* [-s] Labrador

**labyrint** *o* [-en] labyrinth, maze

**lach** *m* laugh, laughter ∗ *in de* ~*schieten* burst into laughter ∗ *de slappe* ~*hebben* have the giggles

**lachbui** *v* [-en] fit of laughter

**lachebek** *m* [-ken] giggly person ∗ *zij is een* ~*(je)* she's a giggler

**lachen** *onoverg* [lachte, h. gelachen] laugh, ⟨glimlachen⟩ smile ∗ *laat me niet* ~*!* don't make me laugh! ∗ *zich een aap &* ~split one's sides, laugh one's head off ∗ *zich dood/ziek* ~laugh one's head off, die laughing ∗ *het is om je dood/ziek te* ~it's enough to make you die laughing ∗ *ik zie niet in wat er te* ~*valt* I don't see what's so funny ∗ *er valt niets te* ~it's no laughing matter ∗ *in zichzelf* ~laugh to oneself ∗ ~*om iets* laugh at/over sth ∗ *het is niet om te* ~it's no laughing matter ∗ *ik moet om je* ~you make me laugh ∗ *ik moet erom* ~it makes me laugh ∗ *tegen iem.* ~smile at sbd ∗ *ik kon niet spreken van het* ~I could hardly speak with laughter ∗ *hij lacht als een boer die kiespijn heeft* he laughed uncomfortably ∗ *wie het laatst lacht, lacht het best* he laughs best who laughs last

**lachend** I *bn* laughing, ⟨glimlachend⟩ smiling II *bijw*
laughing(ly), with a laugh

**lacher** *m* [-s] laugher ∗ *de* ~*s op zijn hand hebben/krijgen* have/get them all laughing

**lacherig** *bn* giggly

**lachertje** *o* [-s] ❶ *grap* joke, lark, laugh ❷ *iets gemakkelijks* cinch

**lachfilm** *m* [-s] comedy

**lachgas** *o* laughing gas

**lachje** *o* [-s] little laugh

**lachkramp** *v* [-en] spasm of laughter

**lachlust** *m* inclination to laugh ∗ *de* ~*opwekken* get sbd laughing

**lachsalvo** *o* ['s] burst of laughter

**lachspiegel** *m* [-s] distorting mirror

**lachspieren** *zn* [mv] ∗ *op de* ~*werken* provoke hilarity

**lachstuip** *v* [-en] fit of laughter

**lachsucces** *o* [-sen] comic success

**lachwekkend** *bn* ludicrous, ridiculous, laughable

**laconiek** I *bn* laconic II *bijw* laconically

**lactometer** *m* [-s] lactometer

**lactose** *v* lactose

**lactovegetariër** *m* [-s] lacto-vegetarian

**lacune** *v* [-s] gap

**ladder** *v* [-s] ❶ *trap* ladder ∗ *de maatschappelijke* ~ the social ladder ❷ *in kous* ladder, run

**la**

**ladderen** *onoverg* [ladderde, h. geladderd] ladder, run

**laddervrij** *bn* run-resist

**ladderwagen** *m* [-s] ladder truck

**ladderzat** *bn* blind drunk

**lade** *v* [-n] ❶ *drawer*, ⟨geld⟩ till ∗ *de* ~*lichten* thieve, steal ❷ *v. geweer* stock

**ladekast** *v* [-en] chest of drawers

**ladelichter** *m* [-s] petty thief

**laden** I *overg* [laadde, h. geladen] ❶ *wagen, schip* load ∗ *de verantwoording op zich* ~take on the responsibility ❷ *vuurwapen* load, charge ∗ *met scherp* ~load, charge ❸ *elektr* charge II *onoverg* [laadde, h. geladen] load, take in cargo ∗ ~*en lossen* loading and unloading

**lader** *m* [-s] loader

**lading** *v* [-en] ❶ *vracht* cargo, load ∗ ~*innemen* take in cargo, load ∗ *het schip is in* ~the ship is being loaded ∗ *een hele* ~a whole load ∗ *een* ~*toeristen* a truckload of tourists ❷ *mil & elektr* charge

**ladinglijst** *v* [-en] cargo/freight list, manifest

**ladingsbrief** *m* [-brieven] ❶ *bij vervoer over land* waybill ❷ *bij vervoer over zee* (ship's) manifest

**ladykiller** *m* [-s] lady killer

**ladyshave** ® *m* [-s] ladyshave

**laederen** *overg* [laedeerde, h. gelaedeerd] injure

**laesie** *v* [-s] lesion

**laf** I *bn* ❶ *lafhartig* cowardly, *inf* chicken ❷ *flauw, smakeloos* insipid, tasteless, saltless ❸ *loom* vooral ZN insipid II *bijw* ❶ *lafhartig* in a cowardly manner, faint-heartedly ❷ *flauw* insipidly

**lafaard** *m* [-s] coward, *inf* chicken

**lafbek** *m* [-ken] coward, chicken
**lafenis** *v* [-sen] ❶ *drank* refreshment ❷ *verkwikking* comfort, relief
**lafhartig** *bn* cowardly
**lafheid** *v* ❶ *lafhartigheid* cowardice ❷ *flauwheid, v. smaak* insipidity
**lagedrukgebied** *o* [-en] low pressure area
**lagelonenland** *o* [-en] low-wage country
**lager I** *bn* lower, inferior * *een~e ambtenaar* a minor official **II** *o* [-s] ❶ techn bearing(s) ❷ **lagerbier** lager (beer)
**lagerbier** *o* lager beer
**Lagerhuis** *o* Lower House, ‹in GB, Canada› House of Commons, ‹in VS, Australië, Nieuw Zeeland› House of Representatives
**lagerwal** *m* lee shore * fig *aan~ raken* come down in the world
**lagune** *v* [-n & -s] lagoon
**lak** *o & m* [-ken] ❶ *vernis* lacquer, varnish, ‹verf› enamel ❷ *gelakte voorwerpen* lacquer ware ❸ *zegellak* sealing wax ▼ *ik heb er~ aan* see if I care, fat lot I care ▼ *ik heb~ aan hem* I can't stand him
**lakei** *m* [-en] footman, lackey, geringsch flunk(e)y
**laken I** *o* [-s] ❶ *stof* cloth * *dan krijg je van hetzelfde~ een pak* you'll get your own medicine back ❷ *v. bed* sheet * *hij deelt de~s uit* he runs the show ❸ *doodskleed* shroud **II** *overg* [laakte, h. gelaakt] condemn, censure
**lakenhal** *v* [-hallen] clothmakers' hall
**lakens** *bn* cloth
**lakjas** *v* [-sen] patent leather jacket/coat
**lakken** *overg* [lakte, h. gelakt] ❶ *in de lak zetten* lacquer, varnish, enamel ❷ *met zegellak* seal
**laklaag** *v* [-lagen] layer of lacquer/varnish/enamel
**lakleer** *o* patent leather
**lakmoes** *o* litmus
**lakmoespapier** *o* litmus paper
**lakmoesproef** *v* litmus test
**laks** *bn* lax, slack
**lakschoen** *m* [-en] patent leather shoe
**laksheid** *v* laxity, slackness
**lakverf** *v* [-verven] enamel paint
**lakvernis** *o & m* [-sen] lacquer
**lakwerk** *o* ❶ *het lakken* lacquering ❷ *gelakte voorwerpen* lacquer ware ❸ *v. auto &* paintwork
**lakzegel** *o* [-s] (wax) seal
**lallen** *onoverg* [lalde, h. gelald] jabber, babble, slur one's words
**lam I** *bn* ❶ *verlamd* paralysed * *een~me* a paralysed person * *zich~ schrikken* be frightened/startled to death * *iem.~ slaan* beat sbd to a pulp ❷ *slap* weak, numb * *zich~ voelen* feel miserable ❸ *vervelend* tiresome, provoking * *wat is dat~/een~me boel!* how provoking! * *wat een~me vent!* what a tedious fellow! ❹ *dronken* blind drunk **II** *o* [-meren] lamb * *het Lam Gods* the Lamb of God
**lama** *m* [‘s] ❶ *dier* llama ❷ *priester* lama
**lambrisering** *v* [-en] wainscot(ing), panelling, dado

**lamel** *v* [-len] ❶ *strook* strip, ‹v. een zonwering› slat ❷ biol lamella
**lamelvloer** *m* [-en] tongue-and-groove parquet
**lamentabel** *bn* pitiful, wretched
**lamenteren** *onoverg* [lamenteerde, h. gelamenteerd] lament
**lamgelegd** *bn* paralysed * *door staking~* strike-bound
**lamheid** *v* paralysis * *met~ geslagen* paralysed
**laminaat** *o* [-naten] laminate
**lamineren** *onoverg en overg* [lamineerde, h. gelamineerd] laminate
**lamleggen** *overg* [legde lam, h. lamgelegd] paralyse * *het treinverkeer~* bring the train system to a standstill
**lamlendig** *bn* miserable
**lamlendigheid** *v* wretchedness
**lamme** *m-v* [-n] paralysed person * fig *de~ leidt de blinde* it's the blind leading the blind
**lammeling** *m* [-en] ❶ *akelig persoon* blighter, rotter ❷ *lui persoon* dead loss
**lammenadig** *bn* ❶ *futloos* weak, limp, spineless ❷ *niet wel* seedy ❸ *beroerd* wretched * *~ weer* wretched weather
**lammeren** *onoverg* [lammerde, h. gelammerd] lamb
**lammergier** *m* [-en] *vogel* lammergeyer/lammergeier, bearded vulture
**lammetje** *o* [-s] little lamb, lambkin
**lamoen** *o* [-en] (pair of) shafts
**lamp** *v* [-en] lamp * *een gloei~* an electric bulb * *een staande~* a standard/upright lamp * fig *er ging een ~je bij mij branden* that rang a bell * fig *tegen de~ lopen* get caught, get into trouble
**lampenglas** *o* [-glazen] lamp chimney
**lampenkap** *v* [-pen] lampshade
**lampenpit** *v* [-ten] wick
**lampetkan** *v* [-nen] ewer, jug, waterjug
**lampetkom** *v* [-men] washbasin
**lampfitting** *m* [-en &-s], **lamphouder** [-s] light fitting
**lampion** *m* [-s] Chinese lantern
**lamplicht** *o* lamplight
**lamprei I** *v* [-en] *vis* lamprey **II** *o* [-en] *konijn* young rabbit
**lampzwart** *o* lampblack
**lamsbout** *m* [-en] leg of lamb
**lamskotelet** *v* [-ten] lamb cutlet
**lamslaan** *overg* [sloeg lam, h. lamgeslagen] paralyse * *iem.~* beat sbd to a pulp * *de handel~* cripple the trade
**lamstraal** *m* [-stralen] rotter, bastard
**lamsvlees** *o* lamb
**lamswol** *o* lambswool
**lamzak** *m* [-ken] blighter, rotter, bastard
**lanceerbasis** *v* [-bases & -sissen] launching site
**lanceerbuis** *v* [-buizen] launching tube
**lanceerinrichting** *v* [-en] launcher
**lanceerplatform** *o* [-en & -s] launch(ing) pad

la

**lanceren** *overg* [lanceerde, h. gelanceerd] launch ‹a missile, a torpedo, a new enterprise› * *een gerucht~* spread a rumour * *een mode~* start a fashion
**lancering** *v* [-en] launching
**lancet** *o* [-ten] lancet
**lancetvormig** *bn* lanceolate
**land** *o* [-en] ❶ *droge deel v. aarde* land * fig *het~ hebben* ‹boos zijn› be annoyed, angry, cross; ‹landerig zijn› have a fit of the blues * fig *het~ hebben aan iem./iets* hate sbd/sth * fig *het~ krijgen (aan iem./iets)* get annoyed (at sbd/sth) * *aan~ gaan/komen* go/come ashore, land * *iem. aan~ zetten* put sbd ashore * *naar het~ zwemmen* swim to the shore * fig *ik heb er het~ over* ‹boos zijn› I'm very annoyed about it; ‹niet kunnen verkroppen› I can't stomach it * *over~* by land * *te~ en te water* on land and sea * *onze strijdkrachten te~ en ter zee* our land and naval forces * *de strijdkrachten te~, ter zee en in de lucht* the armed forces on land, at sea and in the air ❷ *(landbouw)grond* land * *een stukje~* a piece of land * *de boer is naar het~* the farmer is out on the land/in the fields * *de koeien lopen in het ~* the cows are in the fields/the meadow(s)/the paddock ❸ *platteland* country * *op het~ wonen* live in the country * *een meisje van het~* a country girl ❹ *staat* country, nation * *de Lage Landen* the Low Countries * *~ en volk* land and people * *de zomer is in het~* summer has come * *in het~ der dromen* in dreamland * *nog in het~ der levenden zijn* still be in the land of the living * *in het~ der blinden is eenoog koning* in the land of the blind the one-eyed man is king, ± you're better off with few skills than with none * *hier te~e* in these parts, hereabouts * *zijn~ van bestemming* one's destination * *zijn~ van oorsprong* one's country of origin * bijbel *het~ van belofte* the Promised Land
**landaanwinning** *v* [-en] land reclamation
**landaard** *m* national character
**landadel** *m* landed nobility
**landarbeider** *m* [-s] farm labourer/worker, agricultural labourer/worker
**landauer** *m* [-s] landau
**landbezit** *o* ❶ *het land* property, estate ❷ *het bezitten* landownership
**landbouw** *m* agriculture
**landbouwbedrijf** *o* [-drijven] ❶ farm ❷ *de landbouw* agriculture
**landbouwbeleid** *o* agricultural policy
**landbouwconsulent** *m* [-en] agricultural consultant
**landbouwcoöperatie** *v* [-s] agricultural cooperative
**landbouwer** *m* [-s] farmer
**landbouwgereedschappen** *zn* [mv] agricultural/farming equipment
**landbouwgewas** *o* [-sen] agricultural crop
**landbouwgronden** *zn* [mv] agricultural/farm(ing) land

**landbouwhogeschool** *v* [-scholen] agricultural college/university
**landbouwingenieur** *m* [-s] agricultural engineer
**landbouwkrediet** *o* [-en] agricultural credit
**landbouwkunde** *v* agricultural science, agronomy
**landbouwkundig** *bn* agricultural
**landbouwkundige** *m* [-n] agriculturist
**landbouwmachine** *v* [-s] agricultural machine * *~s* farming/agricultural machinery/machines
**landbouwonderneming** *v* [-en] agricultural enterprise
**landbouwonderwijs** *o* agricultural education/training
**landbouwoverschot** *o* [-ten] agricultural surplus
**landbouwpolitiek** *v* agricultural politics, ‹van de EU› Common Agricultural Policy, CAP
**landbouwprijzen** *zn* [mv] agricultural prices
**landbouwproduct** *o* [-en] agricultural product
**landbouwproefstation** *o* [-s] agricultural research station
**Landbouwschap** *o* [-pen] agricultural board
**landbouwschool** *v* [-scholen] agricultural college
**landbouwtentoonstelling** *v* [-en] agricultural show
**landbouwuniversiteit** *v* [-en] agricultural university
**landbouwwerktuig** *o* [-en] agricultural/farming equipment
**landdag** *m* [-dagen] convention, congress * fig *een Poolse~* bedlam
**landdier** *o* [-en] land animal
**landeigenaar** *m* [-s & -naren] landowner, landed proprietor
**landelijk** *bn* ❶ *v.h. platteland* rural, country * *~e meubels* rustic furniture ❷ *v.h. gehele land* national, nationwide
**landelijkheid** *v* rurality, rusticity
**landen I** *overg* [landde, h. gelandd] land, disembark **II** *onoverg* [landde, is geland] land * *~ op de maan* land on the moon * *~ op Frankfurt* land at Frankfurt
**landengte** *v* [-n & -s] isthmus
**landenklassement** *o* sp international ranking list
**land- en volkenkunde** *v* geography and ethnology
**landenwedstrijd** *m* [-en] international match
**land- en zeemacht** *v* army and navy
**landerig** *bn* ❶ *lusteloos* blue, down in the dumps ❷ *in een slechte bui* in a bad mood, annoyed
**landerigheid** *v* boredom
**landerijen** *zn* [mv] rural property/estates
**landgenoot** *m* [-noten], **landgenote** *v* [-n] compatriot, (fellow) countryman, ‹vrouw› (fellow) countrywoman
**landgoed** *o* [-eren] country/rural estate
**landheer** *m* [-heren] ❶ *v.e. landgoed* lord of the manor ❷ *grondeigenaar* landowner
**landhervorming** *v* [-en] land reform
**landhoofd** *o* [-en] land abutment, ‹pier› (abutment) pier

la

**landhuis** o [-huizen] country house
**landhuishoudkunde** v rural economy
**landhuur** v [-huren] land rent
**landing** v [-en] ❶ luchtv landing, descent, ‹in zee v. ruimtevaartuig› splashdown ∗ *een zachte ~ maken* make a soft landing ❷ scheepv disembarkation ❸ v. troepen & landing
**landingsbaan** v [-banen] runway ∗ *doorschieten op de ~* overshoot the runway
**landingsgestel** o [-len] landing gear
**landingslicht** o [-en] ❶ v. vliegtuig landing light ❷ v. landingsbaan approach/runway lights
**landingsplaats** v [-en] landing field/site
**landingsrechten** zn [mv] landing rights
**landingsstrip** m [-s], **landingsstrook** [-stroken] landing strip, airstrip
**landingsterrein** o [-en] landing field
**landingstroepen** zn [mv] landing forces
**landingsvaartuig** o [-en] landing craft
**landinwaarts** bijw inland
**landjonker** m [-s] country gentleman, GB ook squire
**landjuweel** o [-welen] ❶ hist drama festival ❷ toneelwedstrijd Belg acting competition
**landkaart** v [-en] map
**landklimaat** o continental climate
**landleger** o [-s] land forces
**landleven** o country life
**landlieden** zn [mv] countryfolk
**landloper** m [-s] vagrant, tramp
**landloperij** v vagrancy
**landmacht** v land forces, army
**landman** m [-lieden] ❶ plattelandsbewoner countryman ❷ landbouwer farmer
**landmeten** o land surveying
**landmeter** m [-s] surveyor
**landmijn** v [-en] landmine
**landnummer** o [-s] international (dialling) code
**landontginning** v land reclamation
**landoorlog** m [-logen] land war
**landouw** v [-en] field, pasture, meadow
**landpaal** m [-palen] boundary marker ∗ *binnen/buiten de landpalen* within/outside the borders
**landrat** m [-ten] ❶ field rat ❷ landrot landlubber
**landrot, landrat** v [-ten] landlubber
**landsadvocaat** m [-caten] government attorney, state advocate
**landsbelang** o national interest
**landsbond** m [-en] ZN national association
**landschap** o [-pen] landscape
**landschappelijk** bn of the landscape ∗ *het ~e karakter van het gebied* the rural nature of the area ∗ *~e elementen* landscape elements ∗ *~e ingrepen* changes to the landscape
**landschapsarchitect** m [-en] landscape architect
**landschapsarchitectuur** v landscape architecture
**landschapschilder** m [-s] landscape painter/artist
**landschapschilderkunst** v landscape painting

**landschapspark** o [-en] national park
**landscheiding** v [-en] boundary
**landschildpad** v [-den] land tortoise
**landsdienaar** m [-s & -naren] public servant
**landsgrens, landgrens** v [-grenzen] border, frontier
**landsheer** m [-heren] sovereign lord, monarch
**landskampioen** m [-en] sp national champion
**landsman** m [-lieden] (fellow) countryman ∗ *wat voor (een) ~ is hij?* what nationality is he?
**landsregering** v [-en] national/central government
**landstaal** v [-talen] vernacular, national language
**landstitel** m [-s] sp national title
**landstorm** m home reserves, militia, inf dad's army
**landstreek** v [-streken] region, district
**landsverdediging** v national defence/Am defense ∗ *de ~* the land defences/defenses ∗ Belg *het ministerie van ~* the Ministry of Defence/Defense
**landtong** v [-en] peninsular
**landverhuizer** m [-s] emigrant
**landverhuizing** v [-en] emigration
**landverraad** o high treason
**landverrader** m [-s] traitor ‹to one's country›
**landvolk** o country people
**landvoogd** m [-en] hist governor, viceroy
**landwaarts** bijw landward(s) ∗ *meer ~* more towards the land
**landweer** v ❶ dijk dyke ❷ mil territorial army, reserve
**landweg** m [-wegen] ❶ op platteland country road, ‹klein› country lane ❷ over land en niet over zee overland route
**landwijn** m [-en] local wine
**landwind** m [-en] land wind/breeze, offshore wind/breeze
**landwinning** v [-en] land reclamation
**landzij, landzijde** v landside
**lang I** bn ❶ in de lengte long ∗ *de tafel is drie meter ~* the table is three metres long/in length ∗ *een krokodil van drie meter ~* a three-metre long crocodile ∗ *het is zo ~als het breed is* it's as broad as it's long; fig it's six of one and half a dozen of the other ∗ *~e tenen hebben* be oversensitive ❷ v. gestalte tall ∗ *hij is twee meter ~* he is two metres tall, he is two metres in height ∗ *~en slank* tall and slim ∗ *een ~gezicht (trekken)* (pull) a long face ∗ *~als hij was viel hij* he fell flat on his face ❸ v. tijd long ∗ *een ~e periode* a long period ∗ *de ~e rente* the long-term interest rate ∗ *~vreemd vermogen* long-term loan capital **II** bijw ❶ long ∗ *heel het jaar/de winter & ~* throughout the year/winter &, all the year/winter & long ∗ *twee jaar ~* for two years, two years long ∗ *zijn leven ~* all his life ∗ *sinds ~* for a long time ∗ *ben je hier al ~?* have you been here long? ∗ *hij is al ~ weg* he's been gone a long time ∗ *wat ben je ~ weggebleven!* what a time you've been! ∗ *hoe ~ moet ik wachten?* how long do I have to wait? ∗ *waarom heb je in zo ~niet geschreven?* why haven't you written for such a long time? ∗ *ik heb hem in ~niet*

*gezien* I haven't seen him for a long time ✳ *al ~en breed thuis zijn* have been home for a long time ✳ *ik heb het hem ~en breed verteld* I've told him everything at great length ✳ *hij is nogal ~ van stof* he's rather long-winded ❷ *bij lange na (niet)* far from, not nearly ✳ *ik ben er nog ~niet* I'm not nearly there ✳ *zij is ~niet zo groot als ik* she's not nearly as tall as I am, inf she's nowhere near as tall as me ✳ *het huis is ~ niet klaar* the house is far from finished ✳ *dat is ~ niet slecht* it's not bad at all, inf it's not half bad ✳ *~ niet sterk genoeg* not strong enough by a long way/shot ✳ *~ niet zo oud (als je zegt)* nothing like so old ✳ *bij ~ niet zo ...* not nearly so, not by a long way

**langdradig** *bn* long-winded, wordy
**langdradigheid** *v* long-windedness, wordiness
**langdurig** *bn* ❶ *lang durend* lengthy, long, ⟨langer dan verwacht/gehoopt⟩ protracted, ⟨langer dan normaal⟩ prolonged ✳ *een ~e geboorte* a protracted birth ✳ *een ~e ziekte* a lengthy/long illness ❷ *al lang geduurd hebbend* long-lasting, long-standing, long-term, long-established, of long standing ✳ *een ~e huwelijk* a long-lasting marriage ✳ *~e rechten* long-established rights ✳ *een ~e vriendschap* a long-standing friendship, a friendship of long standing ✳ *~e werkeloosheid* long-term unemployment
**langdurigheid** *v* long duration, lengthiness
**langeafstandsbommenwerper** *m* [-s] long-range bomber
**langeafstandsloper** *m* [-s] long-distance runner
**langeafstandsrace** *m* [-s] long-distance race
**langeafstandsraket** *v* [-ten] long-range missile
**langeafstandsvlucht** *v* [-en] long-distance flight, transport long-haul flight
**langebaanwedstrijd** *m* [-en] long-distance skating race
**langer I** *bn* longer ✳ *~worden* ⟨v. mensen⟩ get taller; ⟨v. dagen⟩ get longer ✳ *de lijst ~ maken* increase the list **II** *bijw* increasingly ✳ *honderd jaar en ~* more than a hundred years ✳ *ik blijf geen dag ~* I'm not staying one day longer ✳ *dit kan zo niet ~* things can't go on like this ✳ *hoe ~ hoe beter* the longer the better; ⟨steeds beter⟩ better and better, increasingly better ✳ *hoe ~ hoe meer* more and more, increasingly more
**langetermijnbelegging** *v* [-en] long-term investment
**langetermijnbeleid** *o* long-term policy
**langetermijneffect** *o* [-en] long-term effect
**langetermijngeheugen** *o* long-term memory
**langetermijnplanning** *v* long-term planning, long-range planning
**langgekoesterd** *bn* long-cherished
**langgerekt** *bn* ❶ *v. vorm* long-drawn-out, elongated ❷ *v. tijd* protracted ✳ *~e onderhandelingen* protracted/lengthy negotiations
**langharig** *bn* long-haired

**langjarig** *bn* of many years standing ✳ bankw *een ~e lening* a long-standing loan
**langlauf** *m*, **langlaufen** *o* cross-country skiing, langlauf
**langlopend** *bn* long-term ✳ *~krediet* long-term credit ✳ *een ~e obligatie* a long-term bond
**langoest** *m* [-en] langouste, lobster
**langoustine** *v* [-s] langoustine, ⟨mv culinair⟩ scampi
**langparkeerder** *m* [-s] long-term parker
**langpootmug** *v* [-gen] crane fly, daddy longlegs
**langs I** *voorz* ❶ *bezijden* by, along ✳ *de bomen, die ~ de weg staan* the trees by/along the road ✳ *~ de rivier lopen* walk along the river ❷ *via* by, by way of ✳ *~ welke weg bent u gekomen?* which way did you come? ❸ *voorbij* past ✳ *~ het huis* past the house ✳ *~ het postkantoor* past the post office **II** *bijw* by ✳ *hij komt wel eens ~* he drops in every now and then ✳ *hij ging ~* he went past, he passed ✳ *iem. er van ~geven* let sbd have it, give sbd what for ✳ *er van ~ krijgen* get what for
**langsdoorsnede** *v* [-n] longitudinal section
**langsgaan** *onoverg* [ging langs, is langsgegaan] ❶ *voorbij gaan* pass (by) ❷ *op bezoek gaan* call in, drop in ⟨on sbd, at sbd's house⟩ ✳ *op zondag ga ik langs bij mijn ouders* on Sundays I call in on my parents
**langskomen** *onoverg* [kwam langs, is langsgekomen] ❶ *voorbij komen* pass by ❷ *op bezoek komen* drop in/by, come round/over
**langslaper** *m* [-s] late riser
**langslopen** *onoverg* [liep langs, is langsgelopen] walk past/by
**langspeelplaat** *v* [-platen] long-playing record, long-player, LP
**langsrijden** *onoverg* [reed langs, is langsgereden] drive by/past
**langsscheeps** *bn* fore and aft, alongship
**langst I** *bn* longest **II** *bijw* longest ✳ *op zijn ~* at the most
**langstlevend** *bn* surviving
**langstlevende** *m-v* [-n] survivor
**langszij** *bijw* alongside ✳ *~komen* come alongside
**languit** *bijw* (at) full length
**langverwacht, langverbeid** *bn* long-expected, long-awaited
**langwerpig** *bn* long, elongated ✳ *~rond* oval
**langwerpigheid** *v* elongated form
**langzaam I** *bn* slow, tardy, sluggish ✳ *~ van begrip* slow to comprehend/understand **II** *bijw* slowly ✳ *een ~werkend vergif* a slow poison ✳ *~aan!* easy!, steady on! ✳ *~ aan dan breekt het lijntje niet* easy does it ✳ *~ maar zeker* slowly but surely
**langzaamaanactie** *v* [-s] go-slow, work-to-rule
**langzaamheid** *v* slowness ✳ *~ van begrip* mental slowness
**langzamerhand** *bijw* gradually, by degrees, little by little
**lankmoedig** *bn* long-suffering, patient

la

**lankmoedigheid** v long-suffering, patience

**lans** v [-en] lance ∗ met gevelde~ with lance couched ∗ een~ breken voor ⟨iem.⟩ stand up for; ⟨iets⟩ break a lance for

**lansier** m [-s] ❶ hist lancer ❷ tanksoldaat ZN soldier in a tank battalion

**lantaarn**, **lantaren** v [-s] ❶ niet elektrisch lantern ❷ elektrisch lamp ∗ je moet het met een~tje zoeken it doesn't grow on trees

**lantaarnopsteker** m [-s] lamplighter

**lantaarnpaal** m [-palen] lamppost

**lanterfanten** onoverg [lanterfantte, h. gelanterfant] lounge (about), loaf (about)

**lanterfanter** m [-s] idler, loafer

**lanterfanterij** v loitering

**Laos** o Laos

**lap** m [-pen] ❶ stuk stof piece, ⟨vod⟩ rag ∗ dat werkt op hem als een rode~ op een stier it's like a red rag to a bull for him ∗ de~pen hangen erbij it's in rags and tatters ∗ een gezicht van oude~pen a sour face ❷ om te verstellen patch ∗ er een~ op zetten put a patch on it, patch it ❸ om te wrijven cloth ∗ een leren~ a shammy (leather) ❹ overgebleven stuk goed remnant ❺ v. grond patch ❻ v. vlees ⟨dun⟩ slice, ⟨dik⟩ steak ❼ baanronde sp lap

**laparoscoop** m [-scopen] laparoscope

**lapel** m [-len] lapel

**lapidair** bn lapidary

**lapje** o [-s] patch ∗ ~s vlees ⟨dun⟩ slices of meat; ⟨dik⟩ steaks ∗ een~ grond a piece of land ∗ iem. voor het~ houden pull sbd.'s leg

**lapjeskat** v [-ten] tortoiseshell cat

**lapmiddel** o [-en] stopgap measure, makeshift measure

**lappen I** overg [lapte, h. gelapt] ❶ herstellen patch, mend, repair ∗ schoenen~ mend/repair shoes ❷ schoonmaken wash ∗ ramen~ clean the windows ❸ sp lap ❹ klaarspelen manage, pull off ∗ hij zal het hem wel~ he'll do/manage it ▼ wie heeft mij dat gelapt? who played that trick on me? ▼ dat lap ik aan mijn laars! fat lot I care! ▼ een waarschuwing aan zijn laars~ ignore a warning ▼ iem. er bij~ blow the whistle on sbd ▼ alles er door~ run through ⟨a fortune &⟩ II onoverg [lapte, h. gelapt] geld bijeenbrengen inf pass the hat ∗ jij moet ook~ voor zijn cadeau you ought to put in a contribution for his present too

**lappendeken** v [-s] ❶ patchwork quilt ❷ fig hotchpotch

**lappenmand** v [-en] rag basket ∗ in de~ zijn be laid up, be on the sick list

**laptop** m [-s] notebook, laptop

**lapwerk** o ❶ patchwork ❷ fig makeshift solution/measure, stopgap solution/measure

**lapzwans** m [-en] drip

**laqué** bn lacquered

**lardeerpriem** m [-en] larding pin

**lardeerspek** o lardon

**larderen** overg [lardeerde, h. gelardeerd] lard

**larf** v [-ven]→**larve**

**larie**, **lariekoek** v (stuff and) nonsense, rubbish ∗ ~! rubbish!

**lariks** m [-en] larch

**larmoyant** bn tearful, dicht lachrymose

**larve**, **larf** v [-larven] larva ∗ ~n larvae, grubs

**laryngitis** v laryngitis

**laryngoscopie** v laryngoscopy

**larynx** m [-en] larynx

**las** v [-sen] weld, joint, seam

**lasagne** v lasagne

**lasapparaat** o [-raten] welder, welding apparatus

**lasbrander** m [-s] welding torch

**lasbril** m [-len] welding goggles

**laser** m [-s] laser

**laserdisk** m [-s] laser disc/disk

**laserpen** v [-nen] laser pointer

**laserprinter** m [-s] laser printer

**laserstraal** m & v [-stralen] laser beam

**lasplaat** v [-platen] welding plate

**lassen** overg & onoverg [laste, h. gelast] ❶ invoegen splice, insert ❷ verbinden weld

**lasser** m [-s] welder

**lasso** m ['s] lasso

**last** m ❶ beschuldiging charge ∗ ten~e komen van be chargeable to ∗ iem. iets ten~e leggen charge sbd with sth ∗ zich van een~ kwijten acquit oneself of a charge ❷ lading load, scheepv cargo ∗ hij bezweek onder de~ he collapsed under the load ❸ geld debit ∗ zakelijke~en en belastingen property charges and taxes ∗ op zware~en zitten be heavily in debt ∗ baten en~en assets and liabilities ∗ tot/ten~e van at the expense of ❹ overlast trouble, nuisance, inconvenience ∗ ~ hebben van muggen have a problem with mosquitoes, be bothered by mosquitoes ∗ ~ hebben van maagklachten/hoofdpijn & suffer from stomach complaints/headaches & ∗ ~ hebben van aanvallen van duizeligheid be subject to fits of dizziness ∗ ~ veroorzaken cause/give trouble ∗ iem. tot~ zijn ⟨lastig vallen⟩ be a nuisance to sbd; ⟨bron v. zorg zijn⟩ be a burden on sbd ❺ bevel order, command ∗ op~ van... by order of...

**lastbrief** m [-brieven] mandate

**lastdier** o [-en] beast of burden, pack animal

**lastdrager** m [-s] porter, carrier

**lastendruk** m ❶ m.b.t. vaste lasten burden of regular expenses ❷ m.b.t. belasting tax burden

**lastenkohier** o [-en] ZN quantity survey

**lastenverlichting** v ❶ reduction in the financial burden ❷ via belastingen tax relief, tax cut

**lastenverzwaring** v ❶ increase in the financial burden ❷ via belastingen tax increase/hike

**laster** m slander, (criminal) defamation, ⟨geschreven⟩ libel

**lasteraar** m [-s & -raren] slanderer, ⟨geschreven⟩ libeller

**lastercampagne** v [-s] smear campaign

**lasteren** overg [lasterde, h. gelasterd] slander, calumniate, defame * God ~ blaspheme

**lastering** v [-en] slander, blasphemy

**lasterlijk I** bn ❶ beledigend slanderous, defamatory, ‹geschreven› libellous, defamatory ❷ godslasterlijk blasphemous **II** bijw ❶ slanderously ❷ blasphemously

**lasterpraat** m, **lasterpraatje** o [-s] slanderous/defamatory talk

**lastertaal** v slanderous/defamatory language

**lastertong** v [-en] slander

**lastgever** m [-s] principal

**lastgeving** v [-en] ❶ opdracht order, instruction(s) ❷ jur mandate, agency ❸ op schrift mandate

**lasthebber** m [-s] (authorized) agent, jur mandatory

**lastig I** bn ❶ moeilijk difficult, hard * een ~ geval a difficult case ❷ hinderlijk annoying * wat zijn jullie vandaag weer ~! what nuisances you are today! * de kinderen zijn helemaal niet ~ the children are no trouble at all * een ~e vent a troublesome/difficult customer * iem. ~ vallen trouble/bother sbd; ‹op straat &› harass sbd * het spijt mij dat ik u ~ moet vallen I'm sorry to trouble you ❸ moeilijk te regeren troublesome, unruly ❹ veeleisend exacting, hard to please ❺ ongemakkelijk inconvenient **II** bijw with difficulty * dat zal ~ gaan that will hard to do

**lastigheid** v problem, difficulty, inconvenience

**lastigvallen** overg [viel lastig, h. lastiggevallen] bother, ‹sterker› harass * een dame ~ harass a lady * val me daarmee niet lastig don't bother/trouble me with that

**last minute** bn * een ~ boeking a last-minute booking

**lastpak** o [-ken], **lastpost** m [-en] pest, nuisance * die ~ken van jongens those nuisances of boys * dat kind is een echt ~ op school that child is a real handful at school

**lat** v [-ten] ❶ stuk hout slat * de lange ~ten skis * mager als een ~ thin as a rake ❷ v. jaloezie slat ❸ m.b.t. sport ‹v. doel› crossbar, ‹springlat› bar * onder de ~ staan be in goal

**latafel** v [-s] chest of drawers

**laten I** overg [liet, h. gelaten] ❶ laten in zekere toestand leave * laat (me) los! let (me) go! * wij zullen het hier bij ~ we'll leave it at that * hij zal het er niet bij ~ he is not going to let the matter rest * wij zullen dat ~ voor wat het is we'll let it rest, we'll forget about it ❷ wegstoppen put * ik weet niet waar hij al dat eten/het laat I don't know where he puts all that food/it ❸ toestaan allow, let, permit * het laat zich niet beschrijven it defies/beggars description * het laat zich denken it may be imagined * het laat zich verklaren it can be explained * als je mij maar tijd wilt ~ if only you'd allow me time ❹ gelasten have, get * iets ~ bouwen have/get sth built * wij zullen het ~ doen we'll get someone to do it ❺ nalaten stop, form refrain from * laat dat! stop doing that! * je had het maar moeten ~ you

shouldn't have done it * hij kan het niet ~ he can't help doing it * het drinken/roken ~ leave off/give up drinking/smoking ❻ (achter)laten, afstaan leave * laat het maar hier leave it here * ver achter zich ~ leave far behind, outdistance * waar heb ik mijn boek ge~? where did I put my book? * waar heb je het geld ge~? what have you done with the money? * ik kan het u niet voor minder ~ I can't let you have it for less ❼ toegang geven tot show (into), let (into) * hij liet haar de kamer binnen he showed her into the room ❽ voortbrengen let (out) * tranen ~ shed tears **II** hulpww let * ~ we gaan! let's go! * laat ik u niet storen don't let me disturb you

**latent I** bn latent **II** bijw latently

**later I** bn later, subsequent, ‹toekomstige› future * op een ~e leeftijd later in life **II** bijw later (on), afterwards

**lateraal** bn lateral

**latertje** o * dat wordt een ~ we'll be late finishing

**latex** o & m latex

**lathyrus** m [-sen] plant sweet pea

**Latijn** o Latin * aan het eind van z'n ~ zijn be at the end of one's tether

**Latijns** bn Latin

**Latijns-Amerika** o Latin America

**latina** v ['s] Latina

**latinist** m [-en] Latin scholar

**latino** m ['s] Latino

**latrelatie** v [-s] LAT relationship, 'living apart together' relationship

**latrine** v [-s] latrine

**latwerk** o [-en] lathwork, lathing, ‹als steun voor planten› trellis, lattice

**laureaat** m [-reaten] ❶ laureate, poet laureate ❷ geslaagde ZN successful candidate ❸ winnaar ZN winner, champion

**laurier** m [-en] ❶ boom laurel (tree), bay (tree) ❷ blad bay leaves

**laurierblad** o [-blaren &-bladeren] bay leaf

**laurierboom** m [-bomen] laurel (tree), bay (tree)

**laurierkers** m [-en] cherry laurel

**lauriertak** m [-ken] laurel branch

**lauw I** bn ❶ lukewarm, tepid ❷ fig halfhearted **II** bijw fig halfheartedly

**lauwer** m [-en] laurel * ~en behalen win prizes * op zijn ~en rusten rest on one's laurels

**lauweren** overg [lauwerde, h. gelauwerd] ❶ crown with laurels ❷ prijzen eulogize

**lauwerkrans** m [-en] laurel wreath

**lauwheid, lauwte** v ❶ tepidness ❷ fig halfheartedness

**lauwwarm** bn lukewarm

**lava** v lava

**lavastroom** m [-stromen] stream of lava

**laveloos** bn blind drunk, sloshed

**lavement** o [-en] enema

**laven** overg [laafde, h. gelaafd] refresh * zich ~ refresh oneself * zich ~ aan kennis lap up

**la**

knowledge
**lavendel** v lavender
**lavendelolie** v lavender oil
**laveren** onoverg [laveerde, h. gelaveerd] ❶ scheepv tack, navigate ❷ fig manoeuvre/Am maneuver ❸ v. beschonkenen stagger
**laving** v [-en] refreshment
**lawaai** o noise, din, uproar ∗ een heidens/hels~ an infernal noise ∗~ schoppen make a racket
**lawaaibestrijding** v noise abatement
**lawaaierig, lawaaiig** bn noisy
**lawaaimaker, lawaaischopper** m [-s] noisemaker
**lawine** v [-s] avalanche
**lawinegevaar** o danger of avalanche(s)
**lawntennis** o lawn tennis
**laxeermiddel** o [-en] laxative
**laxeren** onoverg [laxeerde, h. gelaxeerd] purge
**lay-out** m [-s] layout
**lazaret** o [-ten] military hospital
**lazarus** bn ∗ inf~ zijn be drunk, inf be sloshed ∗ inf zich het~ schrikken be frightened out of one's wits, inf be scared witless ∗ inf zich het~ werken work oneself to death, inf work one's butt off
**lazer** m ∗ iem. op z'n~ geven beat the hell out of sbd; ⟨uitbrander⟩ bawl sbd out
**lazeren** I overg [lazerde, h. gelazerd] fling, hurl, inf chuck ∗ iem. er uit~ chuck sbd out II onoverg [lazerde, is gelazerd] tumble down ∗ van de trap~ fall arse over elbow down the stairs
**lazerij** v ∗ iem. op z'n~ geven beat the hell out of sbd; ⟨uitbrander⟩ bawl sbd out
**lazuur** o lapis lazuli
**lbo** afk (lager beroepsonderwijs) lower secondary vocational education
**lcd** o ['s] (liquid crystal display) LCD, liquid crystal display
**lcd-scherm** o [-en] LCD screen
**leadzanger** m [-s] lead singer
**leao** afk (lager economisch en administratief onderwijs) lower secondary economic and administrative education
**leaseauto** m ['s] leased car
**leasebak** m [-ken] inf (flashy) leased car
**leasen** overg [leasde en leaste, h.geleasd en geleast] lease
**leaseovereenkomst** v [-en] lease contract
**leasetermijn** m [-en] lease payment term
**leasing** v leasing
**leb, lebbe** v [lebben] rennet
**lebberen** overg [lebberde, h. gelebberd] lap (up), sip ⟨tea⟩
**lebmaag** v [-magen] fourth/true stomach
**lector** m [-toren & -s] reader, lecturer
**lectoraat** o [-raten] readership, lectorate
**lectuur** v ❶ het lezen reading ❷ leesstof reading matter
**ledematen** zn [mv] limbs, extremities
**ledenadministratie** v membership records

**ledenbestand** o membership file
**ledenlijst** v [-en] membership list/register
**ledenpop** v [-pen] ❶ dummy ❷ fig puppet
**ledenstop** m halt on recruitment of new members
**ledental** o [-len] membership
**ledenvergadering** v [-en] general meeting
**ledenwerving** v recruitment of new members
**leder** o leather
**lederen** bn leather
**lederwaren** zn [mv] leather goods
**ledig** bn → **leeg**
**ledigen** overg [ledigde, h. geledigd] empty
**lediggang** m idleness
**ledigheid** v ❶ het leeg zijn emptiness ❷ lediggang, nietsdoen idleness ∗~ is des duivels oorkussen the devil finds work for idle hands
**ledikant** o [-en] bedstead
**leed** I o ❶ lichamelijk harm, injury ∗ iem.~ doen harm sbd ❷ v. de ziel grief, sorrow ∗ in lief en~ for better and for worse ∗ het doet mij~ I am sorry to/I am afraid that ∗ iem. zijn~ klagen let one's grievances be known II bn sorry, sorrowful ∗ met lede ogen with regret, with sorrow
**leedvermaak** o malicious delight/pleasure ∗ het risico van~ nemen we op de koop toe we'll have to live with the risk of being laughed at/of people gloating if things go wrong ∗~ over... malicious pleasure in...
**leedwezen** o regret ∗ met~ with regret, regretfully ∗ tot mijn~ kan ik niet... I regret that I am unable to..., I am sorry to say that I cannot... ∗ zijn~ betuigen show one's sympathy, express one's regret
**leefbaar** bn liveable
**leefbaarheid** v liveability
**leefgemeenschap** v [-pen] community, ⟨commune⟩ commune
**leefklimaat** o social climate
**leefmilieu** o [-s] environment
**leefnet** o [-ten] live net, keepnet
**leefomgeving** v [-en] surroundings ∗ een natuurlijke ~ a natural environment
**leefomstandigheden** zn [mv] social/living conditions
**leefpatroon** o [-patronen] way of life, lifestyle
**leefregel** m [-s] mode/way of life
**leefruimte** v living space
**leefstijl** m [-en] lifestyle
**leeftijd** m [-en] age ∗ ZN de eerste/tweede/derde~ youth/middle age/the third age ∗ de wettelijk voorgeschreven~ Br the legal age, Am the lawful age ∗ op die~ at that age ∗ op hoge~ at an advanced age ∗ op late(re)~ late(r) in life ∗ op~ komen get on in years ∗ op~ zijn be well on in years ∗ een jongen van mijn~ a boy my age ∗ zij zijn van dezelfde~ they are of the same age ∗ een man van middelbare ~ a middle-aged man ∗ zij ziet er jong uit voor haar ~ she looks young for her years
**leeftijdgenoot** m [-noten] contemporary

la

**leeftijdsdiscriminatie** v age discrimination
**leeftijdsgrens** v [-grenzen] age limit
**leeftijdsgroep** v [-en] age group
**leeftijdsklasse** v [-n] age group
**leeftijdsopbouw** m age structure
**leeftijdstoeslag** m [-slagen] m.b.t. arbeidsvoorwaarden age bonus
**leeftijdsverschil** o [-len] age difference, difference in age
**leeftocht** m provisions
**leefwijze** v way of life/living, lifestyle
**leeg, ledig** bn ❶niets inhoudend empty, vacant ✳een lege accu/band a flat battery/tyre ✳een lege bladzijde a blank sheet of paper ✳een ~plekje an empty space ❷nietsdoend idle ❸betekenisloos empty, hollow ✳lege woorden empty/hollow words ❹afgemat exhausted
**leegdrinken** overg [dronk leeg, h. leeggedronken] empty, finish ⟨one's glass⟩ ✳in één keer ~drain, empty in a single gulp
**leegeten** overg [at leeg, h. leeggegeten] finish ✳zijn bord ~empty one's plate
**leegganger** m [-s] ZN idler, loafer
**leeggewicht** o empty weight
**leeggieten** overg [goot leeg, h. leeggegoten] empty/pour out
**leeggooien** overg [gooide leeg, h. leeggegooid] empty out, discharge
**leeghalen** overg [haalde leeg, h. leeggehaald] ❶clear out, empty ❷plunderen ransack, strip
**leegheid** v ❶emptiness ❷nietsdoen idleness
**leeghoofd** o & m-v [-en] birdbrain, nitwit
**leegloop** m exodus ✳een intellectuele ~veroorzaken cause a brain drain ✳de ~van het platteland zet zich door the exodus from the countryside is continuing
**leeglopen** I onoverg [liep leeg, is leeggelopen] ❶de inhoud verliezen empty, become empty, ⟨v. luchtband⟩ go flat, ⟨v. accu⟩ run down, go dead ✳laten ~ ⟨vat &⟩ empty; ⟨luchtband &⟩ deflate, let the air out of; ⟨vijver &⟩ drain ❷diarree hebben have the trots II onoverg [liep leeg, h. leeggelopen] lanterfanten idle (about), loaf (about)
**leegloper** m [-s] idler, loafer
**leegmaken** overg [maakte leeg, h. leeggemaakt] empty, finish ⟨the bottle⟩, clear ⟨the room⟩, turn out ⟨one's pockets⟩
**leegpompen** overg [pompte leeg, h. leeggepompt] pump (out/dry) ✳haar maag moest leeggepompt worden her stomach had to be pumped
**leegroven** overg [roofde leeg, h. leeggeroofd] rob, plunder, ransack
**leegscheppen** overg [schepte leeg, h. leeggeschept] empty, bail out ⟨a boat⟩
**leegstaan** onoverg [stond leeg, h. leeggestaan] be empty, be vacant, be uninhabited, be unoccupied
**leegstaand** bn vacant
**leegstand** m vacancy, lack of occupancy ✳oplossingen voor ~en verwaarlozing solutions for

the problem of unoccupied and neglected houses
**leegstromen** onoverg [stroomde leeg, h. leeggestroomd] drain
**leegte** v [-n] ❶emptiness ❷fig void ✳een gapende ~ a great emptiness/void
**leegverkoop** m clearance sale
**leek** m [leken] layman ✳⟨lekenstand⟩ de leken the laity ✳een volslagen ~a complete layman
**leem** o & m loam, clay, mud ✳een dorp met huizen van ~a village of mud/adobe/pisé houses; ⟨v. leemblokken⟩ a village of mudbrick houses
**leemachtig** bn loamy
**leemgroeve** v [-n] loam pit
**leemgrond** m [-en] loamy soil
**leemkuil** m [-en], **leemput** v [-ten] loam pit
**leemte** v [-n & -s] gap, blank
**leen** o [lenen] ❶hist fief, feudal estate ✳in ~hebben hold in feud ❷voor tijdelijk gebruik loan ✳te ~for loan ✳mag ik dat van u te ~hebben? may I borrow this (from you)? ✳iem. iets te ~geven lend sbd sth ✳iets te ~vragen ask for the loan of/a lend of sth
**leenbank** v [-en] ❶lending society, ⟨voor studenten &⟩ loan office ❷lommerd pawnshop
**leengeld** o [-en] loan charge, lending fee
**leengoed** o [-eren] hist feudal estate
**leenheer** m [-heren] hist feudal lord, liege (lord)
**leenman** m [-nen] hist vassal
**leenrecht** o hist feudal right ❷door bibliotheken & lending rights/fee
**leenroerig** bn feudal
**leenstelsel** o feudal system
**leentjebuur** m ✳~spelen scrounge, borrow left and right
**leenwoord** o [-en] loan word
**leep** I bn sly, shrewd, cunning II bijw slyly, shrewdly, cunningly
**leepheid** v slyness, cunning
**leer** I o ❶stofnaam leather ✳~om ~tit for tat ✳van andermans ~is het goed riemen snijden it's easy to spend somebody else's money ❷voetbal football ▼van ~trekken ⟨degen trekken⟩ draw one's sword; ⟨tekeergaan⟩ go at it/them II v [leren] ❶leerstelsel doctrine, teachings ❷theorie theory, principles ❸leertijd apprenticeship ✳bij iem. in de ~zijn serve one's apprenticeship with sbd ❹ladder ladder
**leerboek** o [-en] textbook
**leercontract** o [-en] ZN apprenticeship
**leerdicht** o [-en] didactic poem
**leergang** m [-en] ❶course (of instruction) ❷methode method, methodology
**leergeld** o apprenticeship fees ✳fig ~betalen learn one's lesson, learn by experience
**leergezag** o RK doctrinal authority (of the Church)
**leergierig** bn eager to learn, inquiring
**leergierigheid** v eagerness to learn, inquisitiveness
**leerjaar** o [-jaren] ❶schooljaar school year ❷waarin men vak leert apprenticeship
**leerjongen** m [-s] apprentice

**le**

**le**

**leerkracht** v [-en] teacher, instructor
**leerling** m [-en] ❶ op school student, pupil ❷ in 't ambacht apprentice ❸ volgeling v.e. leer follower, disciple
**leerlingenraad** m [-raden] student body
**leerlingstelsel** o apprentice system
**leerling-verpleegster** v [-s] student nurse
**leerling-verpleger** m [-s] student (male) nurse
**leerling-vlieger** m [-s] apprentice pilot
**leerlooien** o tanning
**leerlooier** m [-s] tanner
**leerlooierij** v [-en] tannery
**leermeester** m [-s] teacher, tutor ✳ een harde~ a hard taskmaster
**leermeisje** o [-s] (female) apprentice
**leermethode** v [-n &-s] teaching method
**leermiddel** o [-en] educational tools, teaching aids
**leermoment** o [-en] (educational) insight
**leernicht** m [-en] leather gay
**leeropdracht** v [-en] area of professional expertise
**leerplan** o [-nen] curriculum, syllabus
**leerplicht** m & v compulsory education
**leerplichtig** bn of school age ✳ de~e leeftijd school age
**leerproces** o [-sen] learning process
**leerrede** v [-nen &-s] sermon
**leerrijk** bn instructive, informative
**leerschool** v [-scholen] school ✳ een harde~ doorlopen learn the hard way
**leerstellig** bn ❶ dogmatisch dogmatic ❷ volgens een doctrine doctrinaire
**leerstelling** v [-en] tenet, dogma, doctrine
**leerstoel** m [-en] chair ✳ een~ bekleden hold a chair
**leerstof** v subject matter, material
**leerstuk** o [-ken] dogma, tenet, doctrine
**leertijd** m ❶ op school, v. cursussen & period of training ❷ v. leerjongen (term of) apprenticeship
**leertje** o [-s] washer
**leervak** o [-ken] subject
**leervergunning** v [-en] ZN provisional licence/Am license
**leerwaren** zn [mv] leather goods
**leerwerk** o leatherwork, leather goods
**leerzaam I** bn ❶ v. personen able to learn ❷ v. zaken instructive **II** bijw instructively
**leerzaamheid** v ❶ v. personen ability to learn ❷ v. zaken instructiveness
**leesapparaat** o [-raten] reader ✳ een optisch~ an optical scanner/reader
**leesbaar** bn ❶ v. handschrift legible ❷ v. roman readable
**leesbaarheid** v ❶ v. handschrift legibility ❷ v. boek & readability
**leesbeurt** v [-en] ❶ op school turn to read ❷ lezing lecture, talk
**leesbibliotheek** v [-theken] lending library
**leesblind** bn dyslexic, dyslectic
**leesblindheid** v word blindness, dyslexia

**leesboek** o [-en] ❶ reader ❷ voor ontspanning light reading
**leesbril** m [-len] reading glasses
**leesgezelschap** o [-pen] reading circle
**leeskop** m [-pen] reading head
**leeskring** m [-en] reading circle/club
**leeslamp** v [-en] reading lamp
**leesles** v [-sen] reading lesson
**leeslint** o [-en] reading ribbon, bookmark(er)
**leesmap** v [-pen] portfolio of magazines
**leesmoeder** v [-s] parent helper
**leesoefening** v [-en] reading exercise
**leesonderwijs** o reading lessons
**leespen** v [-nen] barcode reader
**leesplank** v [-en] primer
**leesplezier** o reading pleasure
**leesportefeuille** m [-s] portfolio of magazines
**leesstof** v reading matter
**leest** v [-en] ❶ m.b.t. schoenen shoe tree, ‹v. schoenmaker› last ✳ we zullen dat op een andere~ moeten schoeien we'll have to take a different line/approach ✳ op dezelfde~ schoeien follow the same pattern ✳ op socialistische~ geschoeid organized according to socialist lines ❷ middel waist ❸ gestalte figure
**leestafel** v [-s] reading table
**leesteken** o [-s] punctuation mark ✳ ~s aanbrengen punctuate
**leesvaardigheid** v reading ability/proficiency
**leesvoer** o pulp literature
**leeswijzer** m [-s] bookmark(er)
**leeswoede** v mania/passion for reading
**leeszaal** v [-zalen] reading room ✳ een openbare~ a public library
**Leeuw** m astron & astrol Leo
**leeuw** m [-en] lion ✳ iem. voor de~en gooien throw sbd to the wolves
**leeuwenaandeel** o lion's share
**leeuwenbek** m [-ken] plant snapdragon
**leeuwendeel** o lion's share
**leeuwenjacht** v lion safari/hunt
**leeuwenklauw** m [-en] ❶ klauw v. leeuw lion's paw ❷ plant lady's mantle
**leeuwenkuil** m [-en] lion's den
**leeuwenmanen** zn [mv] lion's mane
**leeuwenmoed** m courage of a lion ✳ met~ bezield lionhearted
**leeuwentemmer** m [-s] lion tamer
**leeuwerik** m [-en] vogel lark
**leeuwin** v [-nen] lioness
**leeuwtje** o [-s] ❶ kleine leeuw lion cub ❷ hondenras Maltese terrier
**leewater** o water on the knee, med synovitis
**lef** o & m ❶ moed nerve, courage, inf guts ✳ het~ hebben iets te doen have the nerve & to do sth ✳ als je het~ hebt if you dare ✳ waar haal je het~ vandaan? how dare you? ❷ branie swagger
**lefdoekje** o [-s] breast pocket handkerchief

**lefgozer, lefschopper** *m* [-s] hotshot, show-off

**leg** *m* egg laying * *aan de~ zijn* be laying * *van de~ zijn* have stopped laying

**legaal** *bn* legal

**legaat I** *o* [-gaten] *erfenis* legacy, bequest **II** *m* [-gaten] *van paus* legate

**legalisatie** *v* [-s] **❶** *jur* legalization, attestation, ‹v. handtekeningen› authentication * *de~ van drugs* legalization of drugs **❷** *comput* authentication

**legaliseren** *overg* [legaliseerde, h. gelegaliseerd] authenticate ‹signatures›, legalize ‹drugs›

**legataris** *m* [-sen] legatee

**legateren** *overg* [legateerde, h. gelegateerd] bequeath

**legatie** *v* [-s] legation, diplomatic mission

**legbatterij** *v* [-en] battery

**legen** *overg* [leegde, h. geleegd] empty

**legenda** *v* ['s] legend, key

**legendarisch** *bn* legendary, fabled

**legende** *v* [-n & -s] **❶** *heiligenleven* legend **❷** *volksoverlevering* myth, legend * *een levende~* a living legend * *volgens de~* according to legend, legend has it ‹that›

**leger** *o* [-s] **❶** *krijgsmacht* army * *het Leger des Heils* the Salvation Army **❷** *grote menigte* host **❸** *v. dieren* lair, ‹v. hazen› form, ‹v. das› sett, ‹v. vos› den

**legeraanvoerder** *m* [-s] commander-in-chief

**legerafdeling** *v* [-en] army unit

**legerbasis** *v* [-bases] army base

**legerbericht** *o* [-en] army bulletin

**legercommandant** *m* [-en] commander-in-chief

**legereenheid** *v* [-heden] army unit

**'legeren**[1] *overg en onoverg* [legerde, h. en is gelegerd] **❶** *het kamp laten opslaan* encamp **❷** *inkwartieren* billet, quarter

**le'geren**[2] *overg* [legeerde, h. gelegeerd] **❶** *metaal* alloy ‹metals› **❷** *legateren* bequeath

**legergroen** *bn* olive green

**legerhoofd** *o* [-en] commander-in-chief

**'legering**[1] *v* [-en] *mil* encampment

**le'gering**[2] *v* [-en] *metaal* alloy

**legerkamp** *o* [-en] army camp

**legerkorps** *o* [-en] army corps

**legerleider** *m* [-s] army commander

**legerleiding** *v* (army) command

**legermacht** *v* [-en] army, armed forces

**legerplaats** *v* [-en] camp

**legerpredikant** *m* [-en] army chaplain, padre

**legerschaar** *v* [-scharen] host, army

**legerstede** *v* [-n] couch, bed

**legertent** *v* [-en] army tent

**legertop** *m* army command

**legertrein** *m* [-en] army train

**leges** *zn* [mv] legal dues/fees

**leggen** *overg* [legde of h. gelegd] **❶** *neerleggen* lay (down), ‹m.b.t. boksen &› floor * *daarvoor is hij niet in de wieg gelegd* that's not what he was destined for **❷** *aanbrengen, maken* make, build, ‹v. vloer, kabel &› lay * *de grondslag voor iets~* lay the basis/foundations of/for sth **❸** *plaatsen* put * *geld opzij~* put some money aside * *gewicht in de schaal ~* carry weight **❹** *v. ei* lay * *eieren~* lay eggs

**legger** *m* [-s] **❶** *persoon* layer **❷** *register* register, file **❸** *balk* joist

**legging** *m* [-s] *mv* leggings

**leghen** *v* [-nen] layer

**legio** *bn* countless, innumerable, endless * *de mogelijkheden zijn~* there are countless & possibilities, the possibilities are endless &/legion

**legioen** *o* [-en] legion

**legionair** *m* [-s] legionnaire, legionary

**legionairsziekte** *v* legionnaire's disease

**legionella** *v* legionnare's disease

**legislatuur** *v* legislature

**legitiem** *bn* legitimate, lawful

**legitimatie** *v* [-s] **❶** *identiteitsbewijs* identification, proof of identity **❷** *wettiging* legitimization

**legitimatiebewijs** *o* [-wijzen] identity card/papers

**legitimatieplicht** *m & v* [-en] obligation/duty to provide identification/to prove one's identity

**legitimeren** *wederk* [legitimeerde, h. gelegitimeerd] * *zich~* prove one's identity

**legkast** *v* [-en] cupboard with shelves

**legkip** *v* [-pen] layer

**lego** ® *o* Lego

**legpenning** *m* [-en] (commemorative) medal

**legpuzzel** *m* [-s] jigsaw puzzle

**legsel** *o* [-s] eggs

**leguaan** *m* [-guanen] *dier* iguana

**lei I** *v & o* [-en] slate * *met een schone~ beginnen* start with a clean slate/sheet **II** *v* [-en] *laan* ZN avenue

**leiband** *m* [-en] *mv* leading strings * *aan de~ lopen* be on the leash, be tied to one's mother's apron strings

**leiboom** *m* [-bomen] espalier

**leidekker** *m* [-s] slater

**Leiden** *o* Leiden, Leyden * *toen was~ in last* then things were in a pretty pickle

**leiden I** *overg* [leidde, h. geleid] **❶** *(mee)voeren* lead * *iem. bij/aan de hand~* lead sbd by the hand * *leid ons niet in verzoeking/RK in bekoring* lead us not into temptation **❷** *in een bep. richting* leiden lead, bring, conduct, guide, steer, train ‹a plant› * *ze leidde het gesprek in een bepaalde richting* she led/guided/channelled the conversation in a certain direction * *hij leidde ons naar onze tafel* he brought/led/conducted us to our table * *hij leidde mij naar het balkon* he steered me towards the balcony **❸** *v. weg* lead * *mijn weg leidt mij voorwaarts* my path leads me forwards **❹** *besturen* manage, direct ‹a rehearsal &›, conduct ‹a debate› **❺** *sp* lead, be in the lead **❻** *v. leven* lead * *een gelukkig leven~* lead/have a happy life **II** *onoverg* [leidde, h. geleid] * *de discussie leidde tot niets* the discussion led nowhere/came to nothing * *boze*

**le**

woorden ~tot meer boze woorden angry words end in more angry words

**leidend** bn ❶leading ❷als richtlijn guiding ❸besturend executive

**leider** m [-s] ❶leader ❷bestuurder director, manager ❸gids ‹spiritual› guide

**leiderschap** o leadership

**leiderschapsstijl** m [-en] leadership style

**leiderspositie** v [-s] lead, leading position

**leiderstrui** v leader's jersey * de gele ~the yellow jersey

**leiding** v [-en] ❶bestuur & leadership, guidance, direction * jur feitelijke ~de facto control * ~geven manage, run * ~geven aan lead * de ~(op zich) nemen take the lead * ik vertrouw hem aan uw ~toe I entrust him to your guidance * onder ~van under the leadership of, led by, headed by, ‹v. orkest› conducted by, under the direction of * de ~van het onderzoek is in handen van X X is leading the investigation/is in charge of the investigation ❷sp lead ❸buis & conduit, pipe * elektrische ~electric wiring

**leidinggevend** bn executive, managerial * ~e capaciteiten executive/managerial ability * ~ personeel management/executive staff * een ~e positie bekleden hold an executive/managerial position

**leidinggevende** m-v [-n] executive, manager * wie is uw ~? who is in charge?

**leidingnet** o [-ten] ‹gas, water, elektriciteit› mains (system), ‹telefoon› network, ‹buizen› piping (system), ‹bedrading› wiring

**leidingwater** o tap/mains water

**leidmotief, leitmotiv** o [-tieven] leitmotiv/leitmotif, main theme

**leidraad** m [-draden] ❶richtsnoer guide, guideline ❷boek guide, manual

**Leids** bn Leiden/Leyden * ~e kaas cumin cheese

**leidsel, leisel** o [-s] rein

**leidsman** m [-lieden] ❶die leiding geeft leader, guide ❷gids guide

**leidster** I v [-s] leidsvrouw leader, guide II v [-sterren], **leidstar** [-starren] ❶guiding star ❷fig guiding star, dicht lodestar

**leidsvrouw** v [-en] ❶die leiding geeft leader ❷gids guide

**leien** bn slate * dat gaat van een ~dakje it's going smoothly/on wheels/without a hitch

**leigroef, leigroeve** v [-groeven] slate quarry

**leikleurig** bn slate-coloured

**leisteen** o & m slate

**leitmotiv** o → **leidmotief**

**lek** I o [-ken] ❶leak, leakage * een ~krijgen spring a leak * een ~stoppen stop a leak ❷fig leak, leakage * er is een ~binnen de beveiliging there's a security leak ❸v. band puncture II bn leaky * een ~ke band a flat tyre, a flat, a puncture * het schip is ~the ship's making/taking water * het is zo ~als een mandje it's

leaking like a sieve III m Albanese munteenheid lek, Albanian lek

**lekenapostolaat** o lay apostolate

**lekenbroeder** m [-s] lay brother

**lekendom** o laity

**lekenspel** o [-spelen] mystery/miracle play

**lekenzuster** v [-s] lay sister

**lekkage** v [-s] leakage, leak

**lekken** I onoverg [lekte, h. gelekt] ❶lek zijn leak, be leaking, have a leak ❷druipen leak, drip * een ~de kraan a dripping tap * het lekt naar binnen it's leaking in ❸likken lick * ~de vlammen tongues of flame II overg [lekte, h. gelekt] leak * hij heeft deze informatie gelekt he's leaked the information

**lekker** I bn ❶v. smaak good, tasty, nice, ‹sterker› delicious * ik vind het niet ~I don't like it * ~is maar een vinger lang what is sweet cannot last long ❷v. geur nice, lovely * wat ruikt dat ~! that smells nice/lovely! ❸aangenaam nice, pleasant * ~weer nice weather * ik voel me niet ~I don't feel very well * iron ~(, dat je nu ook eens straf hebt)! serves you right! * iron het is wat ~s! a fine state of affairs! ❹belust excited * iem. ~maken make sbd.'s mouth water II bijw very (well/much) * ~niets doen have a good old rest * dat heb je nou eens ~mis you've got that completely wrong * heb je ~gegeten? did you enjoy your meal? * het loopt ~it's going smoothly * ik loop niet ~in die sandalen those sandals aren't comfortable * slaap ~sleep well/tight * ~uithuilen have a good cry * ~uitslapen have a nice sleep in * het is hier ~warm it's nice and warm here * het zit hem niet ~he's uneasy about it * ik doe het ~toch! I'll do it anyway!

**lekkerbek** m [-ken] gourmet

**lekkerbekje** o [-s] fried fillet of haddock

**lekkernij** v [-en] yummy thing, treat

**lekkers** o sweet(s), snack, * ik wil wat ~I feel like something yummy

**lekkertje** o [-s] ❶persoon darling, dear, sweetie ❷snoepje sweet, sweetie

**lel** v [-len] ❶v. oor lobe ❷v. vogels wattle, gill ❸huig uvula ❹klap swipe, clout ❺kanjer whopper

**lelie** v [-s & -liën] lily

**lelieblank** bn lily-white

**lelietje-van-dalen** o [lelietjes-] lily of the valley

**lelijk** I bn ❶onaantrekkelijk ugly * een ~meisje a plain/ugly girl * ~als de nacht as ugly as sin * een ~ gezicht trekken pull an ugly face * dat staat u ~it doesn't look good on you ❷slecht, vervelend bad, nasty * een ~e geur a bad/nasty/unpleasant smell * een ~e gewoonte a nasty/unpleasant habit * ~weer nasty weather * dat is ~, ik heb mijn sleutel verloren that's awkward, I've lost my key ❸gemeen bad, mean * ~e woorden zeggen use bad language * ~ dingen zeggen say mean/nasty things ❹erg cijfers bad/poor marks II bijw ❶niet mooi not nicely * hij schrijft ~he doesn't write nicely/well ❷erg badly * dat ziet er ~uit that looks

bad *~ vallen* have a bad fall * *je hebt je ~ vergist* you've made a bad mistake
**lelijkerd** *m* [-s] ❶ *die lelijk is* ugly person ❷ *gemenerik* rascal, ugly customer
**lelijkheid** *v* ugliness, plainness
**lellebel** *v* [-len] slut
**lemen I** *bn* loam * *een ~ hut* a mud hut * *een ~ vloer* an earthen floor * *~ voeten* feet of clay **II** *overg* [leemde, h. geleemd] cover/coat with loam/clay/mud
**lemma** *o* [-ta & 's] ❶ *ingang* main word, headword ❷ *artikel* entry
**lemmet** *o* [-en] blade
**lemming** *m* [-en, -s] lemming
**lende** *v* [-n & -nen] loin
**lendenbiefstuk** *o* [-ken] sirloin, fillet steak
**lendendoek** *m* [-en] loincloth
**lendenpijn** *v* [-en] lumbar pain, lumbago
**lendenstreek** *v* lumbar area, small of the back
**lendenstuk** *o* [-ken] sirloin steak, baron of beef
**lendenwervel** *m* [-s] lumbar vertebra
**lenen** *overg* [leende, h. geleend] ❶ *aan iem.* lend (to), loan ‹sth› * *zich ~ tot...* lend oneself/itself to... * *het theater heeft ons de projector geleend* the theatre lent/loaned us the projector ❷ *van iem.* borrow (from)

---

**lenen**
Aan iemand iets lenen is lend of loan; van iemand iets lenen is borrow.

---

**lener** *m* [-s] ❶ *aan iem.* lender ❷ *van iem.* borrower
**leng I** *m* [-en] *vis* ling **II** *o* scheepv sling
**lengen I** *overg* [lengde, h. gelengd] lengthen **II** *onoverg* [lengde, is gelengd] become longer, lengthen, ‹v. de dagen› draw out
**lengte** *v* [-s & -n] ❶ *v. tijd* length * *tot in ~ van dagen* for many years to come ❷ *lengterichting* length * *drie meter in de ~* three metres in length * *in de ~ doorzagen* saw lengthwise/lengthways ❸ *afstand* length, distance * *over een ~ van 30 kilometer* for a distance of 30 kilometres ❹ *v. persoon* height * *zij viel op door haar ~* her height made her conspicuous * *in zijn volle ~* to one's full height ❺ geogr longitude
**lengteas** *v* longitudinal axis
**lengtecirkel** *m* [-s] meridian
**lengtedal** *o* [-dalen] longitudinal valley
**lengtedoorsnede** *v* [-n] lengthwise/longitudinal section
**lengte-eenheid** *v* [-heden] unit of length
**lengtegraad** *m* [-graden] degree of longitude
**lengtemaat** *v* [-maten] linear measurement
**lengterichting** *v* longitudinal/linear direction
**lenig I** *bn* ❶ *soepel bewegend* lithe, agile, supple ❷ *buigzaam* pliant, pliable **II** *bijw* lithely, agilely
**lenigen** *overg* [lenigde, h. gelenigd] alleviate, relieve
**lenigheid** *v* ❶ litheness, lithesomeness, suppleness

❷ *buigzaamheid* pliancy
**leniging** *v* alleviation, relief
**lening** *v* [-en] loan * *een onaflosbare ~* a perpetual loan * *een ~ sluiten* take out a loan * *een ~ uitschrijven* issue a loan * *een ~ verstrekken* grant/provide a loan
**lens I** *v* [lenzen] *v. oog, camera, contactlens* lens **II** *bn* *leeg* empty * *de pomp is ~* the pump has gone dry ▼ *iem. ~ slaan/trappen* knock sbd senseless
**lenskap** *v* [-pen] lens cap
**lensopening** *v* [-en] aperture, diaphragm
**lensvormig** *bn* lens-shaped, lenticular
**lente** *v* [-s] spring * *in de ~* in (the) spring/springtime * *de ~ in het hoofd hebben* have spring on one's mind
**lenteachtig** *bn* springlike
**lenteavond** *m* [-en] spring evening, an evening in spring
**lentebloem** *v* [-en] spring flower
**lentebode** *m* [-n & -s] harbinger of spring
**lentedag** *m* [-dagen] spring day, day in spring
**lentefeest** *o* [-en] spring festival
**lentelied** *o* [-eren] spring song
**lentelucht** *v* spring air
**lentemaand** *v* [-en] ❶ month of spring * *de ~en* the spring months ❷ *maart* March
**lentepunt** *o* spring equinox
**lentetijd** *m* springtime
**lente-uitje** *o* [-s] spring onion
**lenteweer** *o* spring weather
**lentezon** *v* spring sun
**lenzen I** *overg* [lensde, h. gelensd] scheepv. empty the bilges **II** *onoverg* [lensde, h. en is gelensd] zeilen scud, run before the storm
**lenzenvloeistof** *v* contact lens fluid
**lepel** *m* [-s] spoon * *een volle ~* a spoonful
**lepelaar** *m* [-s & -laren] *vogel* spoonbill
**lepelblad** *o* [-bladen] ❶ bowl of a spoon ❷ *plant* scurvy grass
**lepelen I** *overg* [lepelde, h. gelepeld] spoon, ladle * sp *de bal ~* scoop/chip the ball **II** *onoverg* [lepelde, h. gelepeld] spoon (up), ladle (up)
**leperd** *m* [-s] slick/sly operator
**lepra** *v* leprosy
**lepralijder** *m* [-s], **lepreus**, **leproos** [-preuzen, -prozen] leper
**leraar** *m* [-s & -raren] ❶ teacher * *een ~ in natuur- en scheikunde* a science teacher ❷ *geestelijke* minister
**leraarsambt** *o* teaching profession
**leraarschap** *o* teaching profession
**leraarskamer** *v* [-s] teachers' room, staffroom
**lerarenkorps** *o* [-en] teaching staff
**lerarenopleiding** *v* secondary teacher training (course)
**lerares** *v* [-sen] (female) teacher * *een ~ in natuur- en scheikunde* a science teacher
**leren I** *overg* [leerde, h. geleerd] ❶ *aanleren* learn * *~ lezen* learn to read * *iets uit het hoofd ~* memorize

**le**

sth, learn sth by heart ∗ *iem.* ~ *kennen* get to know sbd ∗ *jong geleerd, oud gedaan* what you learn when you're young you never forget ❷ *onderwijzen* teach ∗ *iem.* ~ *lezen* teach sbd to read ∗ *wacht, ik zal je* ~*!* I'll teach you! II *onoverg* [leerde, h. geleerd] ❶ learn ∗ *hij leert niet makkelijk* he doesn't learn/catch on very quickly ∗ *door ervaring* ~ learn by experience ❷ *studeren* learn, study ∗ *hij leert voor advocaat* he's studying to be a lawyer III *bn v. leer* leather

**lering** *v* [-en] ❶ instruction ∗ *ergens* ~ *uit trekken* learn from sth ❷ *leerstuk* dogma, doctrine, teachings

**les** *v* [-sen] lesson ∗ ~ *geven* teach ∗ ~ *hebben* have lessons ∗ *de onderwijzer heeft* ~ the teacher is in class/is giving lessons ∗ *we hebben vandaag geen* ~ there are no classes today ∗ *iem. de* ~ *lezen* read the riot act to sbd ∗ ~ *nemen bij...* take lessons from... ∗ ~ *in muziek* music lessons ∗ *onder de* ~ during lessons/class ∗ *op Engelse* ~ *gaan* take English classes ∗ *een* ~ *uit iets trekken* learn a lesson from sth

**lesauto** *m* ['s] driver education car

**lesbevoegdheid** *v* [-heden] teaching qualification(s), Am teaching credential(s)

**lesbienne** *v* [-s] lesbian

**lesbisch** *bn* lesbian ∗ *zij is* ~ she's a lesbian

**lesbo** *v* ['s] afkeurend dyke, dike

**lesgeld** *o* [-en] tuition fee(s)

**lesgeven** *onoverg* [gaf les, h. lesgegeven] teach ∗ *zij kan goed* ~ she's a good teacher

**lesje** *o* [-s] lesson ∗ *iem. een* ~ *geven* teach sbd a lesson

**leslokaal** *o* [-kalen] classroom, schoolroom

**lesmateriaal** *o* teaching material

**Lesotho** *o* Lesotho

**lespakket** *o* [-ten] teaching package

**lesrooster** *m & o* [-s] school timetable

**lessee** *m* [-s] *degene die iets least* lessee

**lessen** I *overg* [leste, h. gelest] quench, ‹ook v. kalk› slake ∗ *zijn haat/jaloezie/verlangens &* ~ satisfy/assuage one's hatred/jealousy/longings & II *onoverg* [leste, h. gelest] *(privé)lessen geven/nemen* take lessons

**lessenaar** *m,* **lezenaar** [-s] ❶ *schrijftafel* (reading/writing) desk ❷ *bij een lezing &* lectern ❸ *op bureau* stand ❹ *voor bladmuziek* music stand

**lessing** *v v. dorst* quenching

**lest** *bn* last ∗ ~ *best* the last is the best ∗ *ten langen* ~*e* at long last

**lestoestel** *o* [-len] luchtv trainer, instruction machine

**lesuur** *o* [-uren] lesson ∗ *per* ~ *betalen* pay by the lesson

**lesvliegtuig** *o* [-en] training plane

**leswagen** *m* [-s] driver education car

**Let** *m* [-ten], **Letlander** [-s] Latvian

**letaal** *bn* lethal

**lethargie** *v* lethargy

**lethargisch** *bn* lethargic

**Letland** *o* Latvia

**Lets, Letlands** I *bn* Latvian II *o taal* Latvian

**Letse** *v* [-n] Latvian ∗ *ze is een* ~ she's a Latvian, she's from Latvia

**letsel** *o* [-s] injury ∗ ~ *hebben* be injured/hurt ∗ *ernstig* ~ *oplopen bij een ongeluk* suffer severe injury in an accident ∗ *zonder* ~ without injury

**letselschade** *v* verz physical/bodily injury

**letten** I *onoverg* [lette, h. gelet] mind, pay attention to ∗ ~ *op* attend to ‹the children›, mind ‹one's language›, pay attention ‹to sbd's words›, take notice ‹of what sbd is saying›, watch ‹one's weight, the time›, mark ‹my words› ∗ *let niet op mij* don't pay any attention to me ∗ *er is geen mens die erop let* nobody will notice ∗ *op de kosten zal niet gelet worden* the cost is no consideration ∗ *gelet op...* in view of... ∗ *let wel!* mark you! II *overg* [lette, h. gelet] prevent, stop ∗ *wat let me of ik...* what's to stop/prevent me from...

**letter** *v* [-s] ❶ *letterteken* letter, ‹mv: ook› lettering ∗ *een kleine* ~ a lower-case/small letter ∗ *met grote* ~*s* in big/capital/upper-case letters, in capitals ❷ *letterlijke tekst* letter ∗ *de* ~ *van de wet* the letter of the law ∗ *naar de* ~ *opvatten* take literally ❸ *lettergrootte* type, typeface, font

**letterbak** *m* [-ken] type case

**letterdief** *m* [-dieven] plagiarist

**letterdieverij** *v* [-en] plagiarism ∗ ~ *plegen* plagiarize

**letteren** I *zn* [mv] *letterkunde* literature ∗ *de schone* ~ belles lettres ∗ *de faculteit der* ~ the Faculty of Arts ∗ ~ *studeren* be an arts student II *overg* [letterde, h. geletterd] *van letters voorzien* letter, mark

**lettergieten** *o* type founding

**lettergieter** *m* [-s] type founder

**lettergieterij** *v* [-en] type foundry

**lettergreep** *v* [-grepen] syllable

**lettergrootte** *v* ❶ druktechn character size ❷ comput font size

**letterkast** *v* [-en] type case

**letterknecht** *m* [-en] literalist

**letterkorps** *o* [-en] type size

**letterkunde** *v* literature

**letterkundig** *bn* literary

**letterkundige** *m-v* [-n] ❶ *kenner* man/woman of letters, literary man/woman ❷ *schrijver* writer

**letterlijk** I *bn* literal ∗ *zijn* ~*e woorden* his very words II *bijw* literally, to the letter ∗ *iets* ~ *opvatten* take something literally ∗ *iets* ~ *uitvoeren* carry sth out to the letter

**letterraadsel** *o* [-s] word puzzle

**letterschrift** *o* alphabetical writing

**letterslot** *o* [-sloten] letter lock

**lettersoort** *v* [-en] typeface, type, font

**lettertang** *v* [-en] letter punch

**letterteken** *o* [-s] character

**lettertje** *o* [-s] ❶ small letter ∗ *de kleine* ~*s* the small print ❷ *briefje* note, line

**lettertoets** *m* [-en] *op toetsenbord* character key
**lettertype** *o* [-n & -s] typeface, type, font
**lettervorm** *m* [-en] form of the letter
**letterwiel** *o* [-en] daisywheel
**letterwoord** *o* [-en] acronym
**letterzetten** *o* typeset
**letterzetter** *m* [-s] ❶ *typograaf* compositor,
typesetter, typographer ❷ *kever* bark beetle
**letterzetterij** *v* [-en] composing/case room
**letterzifter** *m* [-s] quibbler, nitpicker
**letterzifterij** *v* quibbling, nitpicking
**leugen** *v* [-s] lie, falsehood ✳ *een grote/grove ~* a big
lie ✳ *~s verkopen* tell lies ✳ *de wereld hangt van ~s (en
bedrog) aan elkaar* the world is just a pack of lies ✳ *al
is de ~ nog zo snel, de waarheid achterhaalt haar wel*
liars will always be found out
**leugenaar** *m* [-s], **leugenaarster** *v* [-s] liar
**leugenachtig** *bn* ❶ *alg.* lying, mendacious,
untruthful ❷ *v. persoon* lying, false ❸ *v. geruchten &*
false, untrue
**leugenachtigheid** *v* ❶ *v. karakter* mendacity,
untruthfulness, falseness ❷ *onwaarheid* falsehood,
untruth
**leugencampagne** *v* [-s] smear campaign
**leugendetector** *m* [-s & -toren] lie detector
**leugentaal** *v* lying, lies
**leugentje** *o* [-s] fib ✳ *een ~ om bestwil* a white lie
**leuk** I *bn* ❶ *grappig* amusing, funny ⟨story, joke⟩, arch
⟨way of telling sth⟩ ✳ *de ~ste thuis* the family
joker/clown ✳ *die is ~, zeg!* that's a good one! ✳ *~ is
anders* it's not my idea of fun ✳ *je denkt zeker dat je ~
bent* I suppose you think you're funny ✳ *ik zie niet
wat er ~ aan is* I can't seen what's so amusing about
it ❷ *aardig, prettig* jolly, pleasant ✳ *wat ~!* what fun!,
great! ✳ *wij gaan er iets ~s van maken* we'll make
something of it ✳ *dat staat je echt ~* that really looks
nice on you, that really suits you ✳ *hij vindt het werk
niet ~* he doesn't like/enjoy the work much ✳ *dat zal
~ zijn* that'll be great fun ✳ *dit is niet ~ meer* this is
getting beyond a joke ✳ *het ~ste is dat...* the nicest
part is.... II *bijw* ❶ *op een leuke manier* nicely ✳ *dat
heb je ~ gedaan!* nicely done! ✳ tegen kind *heb je ~
gespeeld?* did you have a nice play? ❷ *doodleuk*
without turning a hair/batting an eye ✳ *zo ~ als wat,
zei hij... without turning a hair, he said...
**leukemie** *v* leukaemia, Am leukemia
**leukerd** *m* [-s] funny chap
**leukheid** *v* fun
**leukoplast** *m & o* sticking plaster
**leukweg** *bijw* without batting an eye/turning a hair,
as cool as you please
**leunen** *onoverg* [leunde, h. geleund] lean ✳ *~ op*
lean on ✳ *~ tegen* lean against
**leuning** *v* [-en] ❶ *v. stoel* back ❷ *v. trap* banisters,
handrail ❸ *v. brug* parapet ❹ *reling* rail
**leunstoel** *m* [-en] armchair
**leurder** *m* [-s] hawker, pedlar
**leuren** *onoverg* [leurde, h. geleurd] hawk, peddle ✳ *~*

*met* hawk, peddle
**leus**, **leuze** *v* [leuzen] slogan, catchword ✳ *voor de ~*
for form's sake
**leut** *v* ❶ *plezier* fun ✳ *voor de ~* for fun ❷ *koffie* coffee
**leuteraar** *m* [-s] ❶ *kletser* twaddler, driveller ❷ *talmer*
dawdler
**leuteren** *onoverg* [leuterde, h. geleuterd] ❶ *kletsen*
drivel (on) ❷ *talmen* dawdle
**leuterkous** *v* [-en] driveller, twaddler
**leuterpraat** *m* drivel, prattle
**leutig** *bn* jolly, funny
**Leuven** *o* Louvain
**Leuvens** *bn* Louvain
**Levant** *m* Levant
**Levantijn** *m* [-en] Levantine
**Levantijns** *bn* Levantine
**leven** I *o* [-s] ❶ *voortbestaan* life ✳ *geen ~ hebben* lead
a wretched life ✳ *het ~ erbij inschieten, het ~ laten*
lose one's life ✳ *het ~ schenken aan* give birth to ✳ *bij
~ en welzijn* if all is well ✳ *in ~ blijven* stay alive ✳ *in
~ houden* keep alive ✳ *in het ~ roepen* bring/call into
being/existence, create ✳ *nog in ~ zijn* be still alive
✳ *naar het ~ getekend* drawn from life ✳ *iem. naar het
~ staan* be after sbd's blood ✳ *om het ~ brengen* kill
✳ *om het ~ komen* lose one's life, perish ✳ *een strijd
op ~ en dood* a fight to the death, a life-and-death
struggle ✳ *zijn ~ op het spel zetten* take one's life in
one's hands ✳ *weer tot ~ brengen* resuscitate ✳ *uit het
~ gegrepen* taken from life ✳ *zijn ~ geven voor zijn
land* lay down/sacrifice one's life for one's country
✳ *zolang er ~ is, is er hoop* while there is life there is
hope ❷ *manier van leven* life ✳ *zijn ~ beteren* mend
one's ways ❸ *levensgeschiedenis* life, life history ✳ *zij
schrijft een boek over het ~ van Stalin* she's writing a
life history of Stalin ❹ *levensduur* life, lifetime ✳ *zijn
~ lang* all his life ✳ *wel al mijn ~!* well, I never! ✳ *bij
zijn ~* during his life, in his lifetime, in life ✳ *in ~
(notaris te...)* in/during his lifetime ✳ *het gaat een hele
~ mee* it will last you a lifetime ✳ *van mijn ~ (heb ik
zoiets niet gezien)* never in all my life (have I seen
something like that) ✳ *nooit van mijn ~!* never! ✳ *wel
heb je van je ~!* well, I never!, really?! ✳ *de
kans/schrik & van mijn ~* the opportunity/shock & of
my life ✳ *voor het ~ benoemd/gekozen* appointed for
life ✳ *voor het ~ getekend* marked for life
❺ *levendigheid, lawaai &* life, liveliness ✳ *iets nieuw ~
inblazen* put new life into sth ✳ *~ maken* make a
noise ✳ ⟨v. beeld, muziek &⟩ *~ geven aan iets* put
some life into sth ✳ ⟨in hevige mate⟩ *bij het ~*
intensely, with a will ✳ *er zit geen ~ in* there's no life
in it ✳ *~ in de brouwerij brengen* liven things up ✳ *er
komt ~ in de brouwerij* things are beginning to liven
up ✳ *daar had je het lieve ~ aan de gang* then there
was the devil to pay ❻ *het levende vlees* the quick
II *onoverg* [leefde, h. geleefd] ❶ *in leven zijn* live, be
alive ✳ *blijven ~* stay alive ✳ *leve de vakantie!* three
cheers for the holidays!, hurrah for the holidays!
✳ *leve de koning!* long live the King! ✳ *~ en laten ~*

live and let live ✳ *mens, durft te~!* dare to be alive! say yes to life! ✳ *wie dan leeft wie dan zorgt* sufficient unto the day is the evil thereof ❷ *v. zaken: bestaan* live ✳ *wat er binnen de school/organisatie & leeft* what's going on within the school/organisation & ✳ *weten wat er onder de mensen leeft* know what people are really concerned about ❸ *in zijn onderhoud voorzien* live on ✳ *goed kunnen~* be comfortably off ✳ *van brood alleen kan men niet~* man cannot live by bread alone ✳ *van gras~* live on nothing ✳ *daar kan ik niet van~* I can't get by on that ❶ *leven op een bep. manier* live ✳ *~ in angst/hoop & live* in fear/hope & ✳ *ze~ langs elkaar heen* they don't have much to say to each other ✳ *erop los~* lead a wild life ✳ *met haar valt niet te~* you just can't live with her ✳ *naar iets toe~* look forward to sth ✳ *alleen voor (de) muziek ~* live only for music

**levend** *bn* ❶ living ✳ *~e muziek* live music ✳ *de ~e wereld* the living world ✳ *~e talen* modern languages ❷ *alleen predicatief* alive ✳ *iem. ~ verbranden* burn sbd alive ✳ *~ maken/worden* bring/come alive/to life

**levendbarend** *bn* viviparous

**levende** *m-v* [-n] living person ✳ *de ~n en de doden* the living and the dead; bijbel the quick and the dead

**levendig I** *bn* lively ‹city, approach›, animated ‹discussion›, vivid ‹description, imagination›, vivacious ‹person›, keen ‹interest›, active ‹market›, brisk ‹demand›, expressive ‹eyes› **II** *bijw* in a lively manner ✳ *ik kan me~ voorstellen* I can well imagine

**levendigheid** *v* liveliness, ‹v. personen› vivacity, ‹v. beschrijvingen› vividness, ‹v. taal, stad &› vitality

**levenhypotheek** *v* mortgage life insurance, endowment mortgage

**levenloos** *bn* lifeless

**levenloosheid** *v* lifelessness

**levenmaker** *m* [-s] rowdy person

**levensadem** *m* breath of life

**levensader** *v* lifeblood, life line

**levensavond** *m* evening of life

**levensbedreigend** *bn* life-threatening

**levensbeginsel** *o* [-en & -s] principle of life

**levensbehoefte** *v* [-en] necessity of life ✳ *~n* essentials, necessities of life

**levensbehoud** *o* preservation of life

**levensbelang** *o* vital importance ✳ *het is van~* it is of vital importance

**levensbeschouwelijk** *bn* philosophical, ideological

**levensbeschouwing** *v* [-en] philosophy of life

**levensbeschrijving** *v* [-en] biography, ‹zelfgeschreven› autobiography, ‹bij dood› obituary, ‹bij sollicitatie› curriculum vitae

**levensboom** *m* [-bomen] tree of life

**levensbron** *v* [-nen] source of life, life spring

**levenscyclus** *m* [-cli] life cycle

**levensdagen** *zn* [mv] life ✳ *al zijn~* his whole life ✳ *wel heb ik van mijn~!* well, I never!, did you ever!,

by Jove!

**levensdoel** *o* goal/aim in life

**levensdrang** *m* will to live, vital urge

**levensduur** *m* ❶ *duur van het leven* lifespan, life expectancy ✳ *de gemiddelde/vermoedelijke/te verwachten ~* the average life expectancy ❷ *gebruiksduur* life, lifespan

**levensduurte** *v* ZN cost of living

**levensecht I** *bn* lifelike, true to life **II** *bijw* in a lifelike way, true to life ✳ *~ getekend* drawn true to life

**levenseinde** *o* end of life

**levenselixer** *o* [-s] elixir of life

**levenservaring** *v* [-en] experience of life

**levensfase** *v* [-s, -n] stage of life

**levensgeesten** *zn* [mv] ✳ *de ~ weer opwekken bij iem.* resuscitate sbd ✳ *de ~ waren geweken* life was extinct/had ebbed away

**levensgeluk** *o* happiness

**levensgenieter** *m* [-s] bon vivant

**levensgeschiedenis** *v* [-sen] life history

**levensgevaar** *o* risk of losing one's life ✳ *hij verkeert in ~* his life is at risk ✳ *buiten ~* out of danger ✳ *met ~* at the risk of one's life

**levensgevaarlijk** *bn* life-threatening, perilous, highly dangerous

**levensgewoonte** *v* [-n & -s] habit, custom

**levensgezel** *m* [-len], **levensgezellin** *v* [-nen] partner in life, life partner

**levensgroot** *bn* life-size(d), as large as life ✳ *meer dan ~* larger than life-size ✳ *levensgrote problemen* huge/enormous problems

**levenshouding** *v* [-en] attitude to life

**levensjaar** *o* [-jaren] year of life

**levenskans** *v* [-en] chance of survival

**levenskracht** *v* [-en] vitality

**levenskrachtig** *bn* vitaal full of life, vital

**levenskunst** *v* savoir-vivre, art of living

**levenskunstenaar** *m* [-s] master in the art of living

**levenskwestie** *v* [-s] vital question, question of life and death

**levenslang I** *bn* life, lifelong ✳ *tot ~e gevangenschap veroordeeld worden* be sentenced to life imprisonment **II** *o levenslange gevangenisstraf* life sentence

**levenslicht** *o* light of life ✳ *het ~ aanschouwen* see the light of day

**levenslied** *o* [-eren] ± sentimental song

**levenslijn** *v* [-en] life line

**levensloop** *m* course of life, career, ‹curriculum vitae› curriculum vitae

**levenslust** *m* zest for living

**levenslustig** *bn* cheerful, lively, high-spirited

**levensmiddelen** *zn* [mv] provisions, foodstuffs, food(s)

**levensmiddelenbedrijf** *o* [-drijven] ❶ *winkel* grocer's shop, supermarket ❷ *branche* food sector

**levensmiddelenindustrie** *v* food industry

**levensmiddelenvoorraad** *m* [-raden] food supplies
**levensmiddelenzaak** *v* [-zaken] grocer's shop, supermarket
**levensmoe** *bn* weary/tired of life
**levensmoeheid** *v* weariness of life
**levensomstandigheden** *zn* [mv] circumstances of life, living conditions
**levensonderhoud** *o* livelihood ∗ *de kosten van ∼* the cost of living ∗ *bijdragen in de kosten van ∼ van het kind* contribute to the child's maintenance ∗ *in zijn eigen ∼ kunnen voorzien* be able to support oneself
**levensopvatting** *v* [-en] philosophy of life
**levensovertuiging** *v* [-en] convictions about life
**levenspad** *o* [-paden] path of life
**levenspeil** *o* standard of living
**levensruimte** *v* living space
**levenssfeer** *v* privacy, private life ∗ *ter bescherming van de persoonlijke ∼* to safeguard privacy
**levensstandaard** *m* standard of life, standard of living, living standard
**levensstijl** *m* [-en] lifestyle
**levenstaak** *v* [-taken] lifework, task in life
**levensteken** *o* [-s & -en] sign of life ∗ *∼en vertonen* show signs of life
**levensvatbaar** *bn* viable
**levensvatbaarheid** *v* viability
**levensverhaal** *o* [-halen] life story, story of (one's) life
**levensverwachting** *v* life expectancy
**levensverzekering** *v* [-en] life assurance/insurance ∗ *een ∼ sluiten* take out a life insurance, insure one's life
**levensverzekeringsmaatschappij** *v* [-en] life insurance/assurance company
**levensvoorwaarde** *v* [-n] ❶ living condition ❷ *fig* vital condition ∗ *mooie kleren zijn voor haar een ∼* she needs nice clothes to be really happy
**levensvorm** *m* [-en] form of life
**levensvraag** *v* [-vragen] question of life and death
**levensvreugde** *v* joy of life, zest for living
**levenswandel** *m* life
**levensweg** *m* path of life
**levenswerk** *o* life work, life's work
**levenswijs** *bn* wise
**levenswijsheid** *v* [-heden] (worldly) wisdom
**levenswijze** *v* [-n] way of life
**leventje** *o* life ∗ *dat was me een ∼!* what a great life we had!; iron what a life!
**levenwekkend** *bn* life-giving, revitalizing
**lever** *v* [-s] liver
**leveraandoening** *v* [-en] liver disorder
**leverancier** *m* [-s] ❶ handel supplier ∗ *de ingang voor de ∼s* the tradesmen's entrance ∗ *zijn vaste ∼* one's regular supplier ❷ *v. voedsel* caterer
**leverantie** *v* [-s] supply(ing)
**leverbaar** *bn* ❶ *af te leveren* ready for delivery ❷ *te*

*verschaffen* available ∗ *beperkt ∼* in limited supply ∗ *uit voorraad ∼* available from stock
**levercirrose** *v* cirrhosis of the liver
**leveren** *overg* [leverde, h. geleverd] ❶ *afleveren* supply ❷ *verschaffen* furnish, provide, ‹tegen betaling› deliver, supply ∗ *het bewijs ∼ dat...* furnish/provide/produce evidence to show that... ∗ *wij ∼ maaltijden voor de intercontinentale vluchten* we cater for the intercontinental flights ∗ *(aan) iem. brandstof ∼* supply sbd with fuel ❸ *produceren* produce ∗ *stof ∼ voor discussion* provide matter for discussion ∗ *slecht/goed werk ∼* turn out poor/good work ∗ *een artikel ∼* contribute an article ❹ *doen* do ∗ *hij heeft prachtig werk geleverd* he has done wonderful work ∗ *er zijn hevige gevechten geleverd* there was heavy fighting, heavy fighting took place ❺ *voor elkaar krijgen* fix, do, bring/pull off ∗ *hij zal het hem wel ∼* he's sure to bring/pull it off ❻ *aandoen* do (to) ∗ *wie heeft me dat geleverd?* who pulled that on me?
**levering** *v* [-en] ❶ *aflevering* delivery ❷ *verschaffing* supply
**leveringscontract** *o* [-en] delivery contract
**leveringstermijn** *m* [-en] time of delivery, delivery period
**leveringstijd** *m* [-en] delivery period/time, lead time
**leveringsvoorwaarde** *v* [-n] term(s) of delivery
**leverkleur** *v* liver colour/Am color
**leverkleurig** *bn* liver coloured
**leverkruid** *o* common agrimony, liverwort
**leverkwaal** *v* [-kwalen] liver complaint/disorder
**leverpastei** *v* [-en] liver paste
**levertijd** *m* [-en] delivery time
**levertraan** *m* cod-liver oil
**leverworst** *v* [-en] liver sausage
**leverziekte** *v* [-n & -s] liver disease
**leviet** *m* [-en] Levite ∗ *iem. de ∼en lezen* read sbd the riot act
**lexicograaf** *m* [-grafen] lexicographer
**lexicografie** *v* lexicography
**lexicografisch** *bn* lexicographical
**lexicologie** *v* lexicology
**lexicon** *o* [-s] lexicon
**lezen I** *overg* [las, h. gelezen] ❶ *v. een boek &* read ∗ *iets vluchtig ∼* skim through sth ∗ *zijn handschrift is haast niet te ∼* his handwriting is almost impossible to read ❷ *aflezen (van)* read ∗ *het stond op zijn gezicht te ∼* it was written on his face ❸ *opmaken (uit)* make of ∗ *wat kunnen wij hier uit ∼?* what are we to make of this? ∗ *daarover staat niets in het brief te ∼* there's nothing to that effect in the letter, the letter says nothing about that ❹ *opdragen* say ∗ *de mis ∼* say mass **II** *onoverg* [las, h. gelezen] read ∗ *het boek leest lekker weg* the book reads easily/makes easy reading
**lezenaar** *m* [-s] → **lessenaar**
**lezend** *bn* reading ∗ *het ∼ publiek* the reading public

le

**lezenswaard, lezenswaardig** *bn* readable, worth reading

**lezer** *m* [-s] *v. tekst* reader ✳ *het aantal ∼s is scherp gedaald* readership has decreased sharply

**lezerskring** *m* [-en] readership

**lezerspubliek** *o van een krant, tijdschrift &* readership, readers, reading public

**lezing** *v* [-en] ❶ *het lezen* reading ❷ *voordracht* lecture ✳ *een ∼ houden over* give a lecture on, lecture on ❸ *interpretatie* version, reading ❹ *v. barometer* reading

**lhno** *afk* (lager huishouds- en nijverheidsonderwijs) domestic science education

**liaan, liane** *v* [lianen] liana, liane

**liaison** *v* [-s] liaison

**liaspen** *v* [-en] paper spike

**Libanon** *m* the Lebanon

**libel** *v* [-len] dragonfly

**liberaal** I *bn* liberal II *m* [-ralen] liberal

**liberaal-democraat** *m* [-craten] liberal democrat

**liberalisatie** *v* liberalization

**liberaliseren** *overg* [liberaliseerde, h. geliberaliseerd] liberalize

**liberalisering** *v* liberalization

**liberalisme** *o* liberalism

**Liberia** *o* Liberia

**libero** *m* [-'s] *sp* libero, free back

**libertijn** *m* [-en] ❶ freethinker ❷ *losbol* libertine

**libido** *m* libido

**Libië** *o* Libya

**libretto** *o* ['s] libretto

**licentiaat** I *o* ❶ *bevoegdheid* ZN licentiate, licence/Am license ❷ *graad* ZN ± preliminary Master's qualification II *m* [-tiaten] *persoon* ZN ± preliminary Master (of Arts, Philosophy, Science &)

**licentie** *v* [-s] licence, Am license ✳ *in ∼ vervaardigd* manufactured under licence

**licentiegever** *m* [-s] licenser

**licentiehouder** *m* [-s] licensee

**lichaam** *o* [-chamen] body ✳ *naar ∼ en ziel* in body and mind ✳ *een wetgevend ∼* a legislative body ✳ *een openbaar ∼* a public body/authority

**lichaamsarbeid** *m* physical labour

**lichaamsbeweging** *v* [-en] physical exercise ✳ *aan ∼ doen* do physical exercise

**lichaamsbouw** *m* build, stature

**lichaamsdeel** *o* [-delen] part of the body

**lichaamsgebrek** *o* [-breken] physical defect

**lichaamsgestel** *o* constitution

**lichaamsgesteldheid** *v* physical condition

**lichaamsgeur** *m* [-en] body odour

**lichaamsgewicht** *o* body weight

**lichaamsholte** *v* [-n] body cavity

**lichaamshouding** *v* [-en] posture

**lichaamskracht** *v* [-en] physical strength

**lichaamsoefening** *v* [-en] physical exercise

**lichaamstaal** *v* body language

**lichaamstemperatuur** *v* [-turen] body temperature

**lichaamsverzorging** *v* personal hygiene

**lichaamswarmte** *v* body heat

**lichamelijk** I *bn* ❶ *m.b.t. het lichaam* corporal ‹punishment›, bodily ‹harm &›, physical ‹education, work› ✳ *zijn ∼e gesteldheid* one's physical constitution ✳ *∼e opvoeding* physical training ❷ *stoffelijk* material, physical II *bijw* materially, physically

**licht** I *o* [-en] ❶ light ✳ *groot ∼* high/full beam ✳ *∼ en schaduw* light and shade ✳ *er ging mij een ∼ op* it dawned on me; ‹bij het horen v. iets› it rang a bell ✳ *∼ geven* give off light ✳ *het groene ∼ krijgen* get the green light/the go-ahead ✳ *iem. het ∼ in de ogen niet gunnen* not give sbd the time of day ✳ *kun je wat ∼ maken?* could you turn/switch on the light? ✳ *het ∼ opsteken* light the lamp ✳ fig *bij iem. zijn ∼ opsteken* go to sbd for information ✳ *het ∼ staat op rood/groen* the light's red/green ✳ *het ∼ schuwen* shun/avoid the light ✳ *het ∼ viel uit* the lights went off/out ✳ *∼ werpen op iets* throw/shed light (up)on sth ✳ bijbel *zijn ∼ onder de korenmaat zetten* hide one's light under a bushel ✳ *het ∼ zien* see the light ✳ *iets aan het ∼ brengen* bring sth to light, reveal sth ✳ *aan het ∼ komen* be brought to/come to light, come out ✳ *eindelijk komt er ∼ in de zaak* we're finally starting to see the light at the end of the tunnel ✳ *een boek in het ∼ geven* publish a book ✳ *zichzelf in het ∼ staan* stand in one's own light ✳ *iets in een gunstig/ongunstig ∼ stellen* place/put sth in a favourable/unfavourable light ✳ *iets in een helder ∼ stellen* throw light upon sth ✳ *iets in een heel ander ∼ zien* see sth in a totally different light ✳ *iets tegen het ∼ houden* hold sth (up) to the light ✳ *tussen ∼ en donker* in the twilight ✳ *ga eens uit mijn/het ∼* could you move out of my/the light? ❷ *intelligent persoon* genius, light ✳ *hij is geen ∼* he's no great genius/light ✳ *je bent me ook een ∼!* what a shining light you are! II *bn* ❶ *niet donker* light ‹materials›, light-coloured ‹dresses›, bright ‹day›, fair ‹hair› ✳ *het wordt al ∼* it's getting light ❷ *niet zwaar* light ‹work›, mild ‹heart attack›, slight ‹stroke›, minor ‹injury, damage› ✳ *een ∼e verkoudheid* a touch of the flu ✳ *∼ in het hoofd* light-headed ❸ *gering* slight ‹tendency› ❹ *makkelijk* light, easy ‹reading matter› ❺ *v. zeden* easy ✳ *een vrouw van ∼e zeden* a woman of easy virtue III *bijw* ❶ *niet zwaar, gering* lightly, slightly ✳ *∼ gewond* slightly wounded ✳ *het ∼ opnemen* make light of it, take it lightly ❷ *makkelijk* easily ✳ *∼ verteerbaar* easily digested ✳ *men vergeet ∼ dat...* one is apt to forget that... ✳ *het wordt ∼ een gewoonte* it tends to become a habit ❸ *zeer* highly ✳ *∼ ontvlambaar* highly inflammable

**lichtbak** *m* [-ken] ❶ light box/frame ❷ *als reclame* illuminated sign

**lichtbaken** *o* [-s] beacon

**lichtbeeld** *o* [-en] slide, transparency

**lichtblauw** *bn* light/pale blue

**lichtblond** *bn* blond, fair

**lichtboei** v [-en] light buoy
**lichtboog** m [-bogen] electric arc
**lichtbreking** v refraction of light
**lichtbron** v [-nen] light source, source of light
**lichtbruin** bn light brown
**lichtbundel** m [-s] beam of light
**lichtdruk** m [-ken] phototype
**lichtdrukpapier** o photo-sensitive paper
**lichtecht** bn colourfast
**lichteenheid** v unit of light
**lichteffect** o [-en] lighting effect
**lichtekooi** v [-en] prostitute
**lichtelijk** bijw ❶ gemakkelijk easily ❷ enigszins slightly, somewhat, a bit ∗ ~ verbaasd zijn be mildly surprised
**lichten** I overg [lichtte, h. gelicht] ❶ optillen lift, raise, ⟨v. anker⟩ weigh, ⟨v. gezonken schip⟩ raise ❷ eruit halen remove ∗ iets uit zijn verband ~ take sth out of its context ❸ leegmaken empty ∗ het brievenbus ~ empty/clear the mailbox II onoverg [lichtte, h. gelicht] ❶ licht geven light (up) ∗ het ~ van de zee the phosphorescence of the sea ❷ licht worden grow light ❸ weerlichten lighten
**lichtend** bn ❶ shining ∗ een ~ voorbeeld a shining example ❷ v. zee phosphorescent
**lichter** m [-s] scheepv lighter
**lichterlaaie** bijw ∗ in ~ staan be ablaze
**lichtfilter** m & o [-s] light filter
**lichtflits** m [-en] ❶ bliksem flash (of lightning) ❷ v. fototoestel flash
**lichtgas** o coal gas
**lichtgebouwd** bn slightly built
**lichtgeel** bn light yellow, pale yellow
**lichtgelovig** bn gullible
**lichtgelovigheid** v credulity, gullibility
**lichtgeraakt** bn touchy, quick to take offence
**lichtgeraaktheid** v touchiness
**lichtgevend** bn luminous
**lichtgevoelig** bn light sensitive
**lichtgewapend** bn lightly armed
**lichtgewicht** I o sp lightweight II m [-en] sp lightweight
**lichtgrijs** bn light grey
**lichtgroen** bn light green
**lichthartig** bn light-hearted
**lichtheid** v ❶ lightness ❷ gemak easiness
**lichting** v [-en] ❶ v. brievenbus collection ❷ schip unloading ❸ het omhoog brengen lifting, raising ❹ v. troepen draft ∗ de ~ 1973 the class of 1973 ∗ een nieuwe ~ vrijwilligers/studenten & a new batch of volunteers/students &
**lichtinstallatie** v [-s] lighting installation
**lichtinval** m incidence of light
**lichtjaar** o [-jaren] light year
**lichtjes** bijw lightly ∗ het ~ opnemen treat sth lightly
**lichtkabel** m [-s] main, light cable
**lichtkegel** m [-s] conical beam of light
**lichtknop** m [-en] light switch

**lichtkogel** m [-s] signal flare
**lichtkoker** m [-s] light shaft
**lichtkrans** m [-en] halo, ⟨v. zon⟩ corona, ⟨v. ster⟩ aureole
**lichtkrant** v [-en] neon news
**lichtkroon** v [-kronen] chandelier
**lichtleiding** v [-en] ❶ buiten lighting mains ❷ binnen electric wiring
**lichtmast** m [-en] light(ing) mast, ⟨op straat⟩ street pole/lamp
**lichtmatroos** m [-trozen] ordinary seaman
**lichtmeter** m [-s] ❶ van camera light meter ❷ tech photometer
**Lichtmis** m ∗ (Maria-)~ Candlemas
**lichtmis** m [-sen] losbol libertine
**lichtnet** o [-ten] (electric) mains
**lichtprikkel** m [-s] light stimulus
**lichtpunt** o [-en] ❶ point of light, fig bright spot ❷ aansluiting op lichtnet connection
**lichtreclame** v [-s] illuminated advertising sign(s)
**lichtrood** bn light red
**lichtschakelaar** m [-s] light switch
**lichtschip** o [-schepen] lightship
**lichtschuw** bn ❶ wary of the light ∗ ~ gespuis shady characters ❷ med photophobic
**lichtschuwheid** v photophobia
**lichtsein** o [-en] light signal
**lichtshow** m [-s] light show
**lichtsignaal** o [-nalen] light signal, flash
**lichtsnelheid** v speed of light
**lichtstad** v [-steden] city of light
**lichtsterkte** v luminosity, intensity of light
**lichtstraal** m & v [-stralen] ❶ ray of light, ⟨breder⟩ beam of light ❷ fig beam of sunshine
**lichtstreep** v [-strepen] streak of light
**lichtvaardig** I bn rash, thoughtless ∗ een ~ besluit a rash decision II bijw rashly, thoughtlessly
**lichtvaardigheid** v [-heden] rashness, thoughtlessness
**lichtval** m incidence of light
**lichtverschijnsel** o [-en] apparition of light
**lichtvoetig** bn ❶ light-footed ❷ fig flowing, graceful
**lichtwedstrijd** m [-en] floodlight match
**lichtzijde** v [-n] ❶ light side ❷ fig bright/sunny side
**lichtzinnig** bn ❶ frivolous ❷ losbandig loose
**lichtzinnigheid** v [-heden] frivolity
**lid** o [leden] ❶ v. lichaam limb ∗ het mannelijk ~ the male member, the penis ∗ een ziekte onder de leden hebben have a disease ∗ over al zijn leden beven tremble in every limb ❷ gewricht joint ∗ zijn arm is uit het ~ his arm is dislocated/out of joint ∗ een arm weer in het ~ zetten put back a dislocated arm ❸ v. vergelijking term ❹ v. vereniging member ∗ zich melden als ~ apply for membership ∗ hij bedankte als ~ he resigned his membership ∗ ~ worden van join ⟨a club &⟩, become a member of ⟨a club &⟩ ❺ v. familie degree, generation ∗ tot in het vierde ~ to the fourth generation ❻ v. artikel in wet of

**li**

*contract* paragraph, sub-section ❼ *deksel, ooglid* lid

**lidboekje** o [-s] ZN membership card

**lidcactus** m [-sen] crab cactus

**lidmaat** m-v & o [-maten] member

**lidmaatschap** o membership * *voor het ~ bedanken* resign one's membership

**lidmaatschapskaart** v [-en] membership card

**lidstaat** m [-staten] member state

**lidwoord** o [-en] article

**Liechtenstein** o Liechtenstein

**Liechtensteiner** m [-s] Liechtensteiner

**Liechtensteins** bn Liechtenstein

**Liechtensteinse** v [-n] Liechtensteiner * *ze is een ~* she's a Liechtensteiner, she's from Liechtenstein

**lied** o [-eren] ❶ song ❷ *kerkgezang* church hymn ❸ hist lay

**liedboek** o [-en] songbook, ⟨v. kerk⟩ hymnal

**lieden** zn [mv] people, folk

**liederboek** o [-en] songbook

**liederlijk I** bn *zedeloos* debauched, lecherous * *een ~e man* a debauched man, a lecher * *~e taal uitslaan* use vulgar language **II** bijw * *zich ~ gedragen* behave abominably * *zich ~ vervelen* be bored to death

**liederlijkheid** v [-heden] debauchery, lechery

**liedje** o [-s] song * *het is altijd hetzelfde (oude) ~* it's always the same (old) song * *wij kennen dat ~* we've heard that before * fig *een ander ~ zingen* change one's tune * *het eind van het ~* the end of the matter, the upshot * *het ~ van verlangen zingen* play for time

**liedjeszanger** m [-s] ❶ ballad singer ❷ *straatzanger* street singer

**lief I** bn ❶ *vriendelijk* nice, sweet * *een ~ kind* a sweet child * *dat is erg ~ van hem* that's very nice/sweet of him ❷ *bemind* dear, beloved * *mijn lieve ouders* my dear/beloved parents * *met behulp van je lieve ouders* with the aid of your fond/loving parents ❸ *leuk* dear, sweet * *een ~ hoedje* a dear/sweet little hat ❹ *wenselijk* fond * *meer dan me ~ is* more than I care for ❺ *dierbaar* dear, treasured * *hij heeft er een ~ ding voor over om te...* he'd give his right arm to... * *iets voor ~ nemen* take sth for granted * *toen had je het lieve leven gaande* then there was the devil to pay **II** bijw ❶ sweetly, nicely * *~ doen* be sweet ❷ *graag* * *ik wou net zo ~...* I would just as soon... **III** o [lieven] *geliefde* love, sweetheart ▼ *in ~ en leed* for better or for worse ▼ *~ en leed met iem. delen* share life's joys and sorrows with sbd

**liefdadig I** bn charitable **II** bijw charitably

**liefdadigheid** v charity

**liefdadigheidsinstelling** v [-en] charity, charitable institution

**liefdadigheidsvoorstelling** v [-en] charity performance

**liefde** v [-s & -n] love * *christelijke ~* Christian love * *kinderlijke ~* childish love * *de ~ voor de kunst* love of art * *de ~ tot God* love of God * *de ~ bedrijven*

make love * *uit ~* out of/for love * *een huwelijk uit ~* a love match * *uit ~ trouwen* marry for love * *oude ~ roest niet* old love never dies

**liefdeblijk** o [-en] token of love

**liefdedienst** m [-en] act of charity/kindness

**liefdegave** v [-n] charity

**liefdeloos I** bn loveless **II** bijw uncharitably, unkindly

**liefdeloosheid** v lovelessness

**liefderijk I** bn loving, affectionate **II** bijw lovingly

**liefdesbaby** m ['s] love child

**liefdesband** m [-en] love

**liefdesbetuiging** v [-en] expression of love

**liefdesbrief** m [-brieven] love letter

**liefdesdaad** v [-daden] act of love

**liefdesdrank** m [-en] love potion

**liefdesgeschiedenis** v [-sen] ❶ *verhaal* love story ❷ *affaire* love affair

**liefdesleven** o love life

**liefdeslied** o [-liederen] love song

**liefdesscène** v [-s] love scene

**liefdesverdriet** o pangs of love * *~ hebben* be disappointed in love

**liefdesverhouding** v [-en] love affair

**liefdesverklaring** v [-en] declaration of love

**liefdevol I** bn loving, ⟨minder sterk⟩ affectionate * *een ~le omgeving* a loving/caring environment **II** bijw lovingly, affectionately

**liefdewerk** o [-en] ❶ charity, charitable work ❷ fig labour of love * *koken is ~* cooking is a labour of love * *het is ~ oud papier* it's for love only

**liefdezuster** v [-s] ❶ RK Sister of Charity ❷ *prostituee* prostitute

**liefdoenerij** v lovey-doviness * *de New Age-tendens tot alomvattende ~* the New Age tendency towards universal sweetness and light

**liefelijk, lieflijk I** bn sweet, charming **II** bijw sweetly, charmingly

**liefelijkheid** v [-heden] sweetness, charm * iron *elkaar allerlei liefelijkheden naar het hoofd slingeren* fling abuse at each other

**liefhebben** overg [had lief, h. liefgehad] love, cherish

**liefhebbend** bn loving, affectionate * *uw ~e Sylvie* your loving Sylvie/affectionately, Sylvie

**liefhebber** m [-s] ❶ *iem. die ergens van houdt* lover, fan * *hij is een ~ van wandelen* he's fond of walking * *hij is een groot ~ van wijn* he's a real wine lover/wine buff * *hij is daar geen ~ van* he doesn't like it ❷ *gegadigde* interested party * *er zijn veel ~s* it's in keen demand * *er zijn geen ~s voor* there is little interest in it * *zijn er nog ~s voor een potje schaak?* anyone interested in a game of chess? ❸ *amateur* ZN dabbler * *een ~ bij wielrennen* an amateur cyclist

**liefhebberen** onoverg [liefhebberde, h. geliefhebberd] dabble * *~ in het occulte* dabble in the occult

**liefhebberij** v ❶*aardigheid* pleasure ✳ ~*in iets hebben* love doing sth ✳ *uit* ~*for pleasure* ❷*bezigheid* [-en] hobby, pastime ✳ *eten is zijn grootste* ~ eating is his favourite pastime

**liefheid** v [-heden] ❶*beminnelijkheid* amiability, sweetness ❷*vriendelijkheid* kindness

**liefje** o [-s] sweetheart, darling

**liefjes** *bijw* sweetly, nicely, iron unctuously

**liefkozen** *overg* [liefkoosde, h. geliefkoosd] caress

**liefkozing** v [-en] caress

**liefkrijgen** *overg* [kreeg lief, h. liefgekregen] get/grow to like, grow fond of

**liefs** *tsw bij afsluiting van een brief* love ✳ (*met*) *veel* ~ with much love, all my love

**liefst** I *bn* dearest, favourite/Am favorite II *bijw* ❶*bij voorkeur* rather ✳ ~*niet* rather not ✳ *wat voor temperatuur heb je het* ~? what temperature do you prefer? ✳ *heb je het* ~ *puur of melkchocolade?* which chocolate do you prefer: dark or milk? ✳ ~*die soort* preferably that sort, that sort for preference ❷*nota bene* no less/fewer than ✳ *het tekort was* (*maar*) ~ *500.000 euro* the shortage was no less than 500,000 euros ✳ *ik moet morgen maar om* ~*5 uur opstaan!* I have to get up at 5 tomorrow morning, would you believe!

**liefste** m & v [-n] sweetheart, darling

**lieftallig** I *bn* sweet, pretty II *bijw* sweetly

**lieftalligheid** v [-heden] sweetness

**liegbeest** o [-en] fibber, storyteller

**liegen** I *onoverg* [loog, h. gelogen] lie, tell a lie ✳ *lieg er nu maar niet om* don't lie about it ✳ *de brief liegt er niet om* the letter is very explicit ✳ *de cijfers* ~*er niet om* the figures speak for themselves ✳ *hij liegt alsof het gedrukt staat* he's a terrible liar ✳ *als ik lieg dan lieg ik in commissie* I can't vouch for the accuracy of it II *overg* [loog, h. gelogen] lie, cheat ✳ *dat lieg je, je liegt het* that's a lie ✳ *het verhaal is volkomen gelogen* it's a completely fabricated/made-up story

**lier** v [-en] ❶muz lyre ❷*orgeltje* hist hurdy-gurdy ❸scheepv winch ▼ *branden als een* ~burn like a torch

**lierdicht** o [-en] lyric poem

**liëren** *onoverg* [lieerde, h. gelieerd] associate, ally

**lies** v [liezen] groin

**liesbreuk** v [-en] rupture, hernia

**lieslaars** v [-laarzen] thigh boot, wader

**lieveheersbeestje** o [-s] ladybird

**lieveling** m [-en] ❶darling, sweetheart ✳ *mijn* ~my darling/sweetheart ❷*favoriet* favourite, Am favorite ✳ ~(*etje*) *van de leraar* teacher's pet

**lievelingsdichter** m [-s] favourite/Am favorite poet

**lievelingseten** o favourite/Am favorite food

**lievelingsgerecht** o [-en] favourite/Am favorite dish

**lievelingskleur** v [-en] favourite colour, Am favorite color

**lievemoederen** *onoverg* ✳ *daar helpt geen* ~*aan* there's nothing that can be done about it

**liever** I *bn* dearer, sweeter II *bijw* rather ✳ *ik heb dit*

*huis* ~I like this house better, I prefer this house ✳ ~ *hij zie haar liever dan me* ✳ *ik zie haar* ~*gaan dan komen* I'd be glad to see the back of her ✳ *hij zou* ~*sterven dan...* he would rather die than... ✳ *niets* ~ *verlangen/wensen/willen dan...* want nothing more/better than... ✳ *hoe langer je blijft, hoe* ~I'd like you to stay as long as you can ✳ *ik zou* ~*geen ruzie met ze willen maken* I don't want to get into an argument with them ✳ *ik zou er* ~*niet heengaan* I'd prefer not to go ✳ *je moest maar* ~*naar bed gaan* you'd better go to bed ✳ *je moest daar* ~*niet heengaan* you'd better not go ✳ ...*als je dat* ~*hebt* if you'd rather have... ✳ ~*niet* preferably not

**lieverd** m [-s] darling, sweetheart, love

**lieverdje** o [-s] *deugniet* nice one ✳ *je bent me een* ~! you're a nice one!

**lieverkoekjes** zn [mv] ✳ ~*worden niet gebakken* if you don't like it you can lump it

**lieverlede** *bijw* ✳ *van* ~gradually, by degrees, little by little

**lievevrouwebedstro** o *plant* sweet woodruff

**lievig** *bn* insincere

**lifestyle** m & v [-s] lifestyle

**liflafje** o [-s] ❶junk food ❷*delicatesse* titbit, Am tidbit

**lift** m [-en] ❶*in gebouw* lift, Am elevator ❷*opwaartse druk* lucht upward pressure ❸*per auto* lift ✳ *een* ~ *geven/krijgen* give/get a lift ✳ *een* ~*vragen* thumb a lift

**liftbediende** m-v [-n] liftboy

**liftboy** m [-s] liftboy

**liften** *onoverg* [liftte, h. en is gelift] hitchhike ✳ ~*met vrachtauto's* lorry-hop ✳ *al* ~*d* hitchhiking

**lifter** m [-s] hitchhiker

**liftjongen** m [-s] liftboy

**liftkoker** m [-s] lift shaft

**liftkooi** v [-en] lift cage

**liftschacht** v [-en] lift shaft

**liga** v ['s] league

**ligatuur** v [-turen] ligature

**ligbad** o [-baden] bath

**ligbank** v [-en] couch

**ligdag** m [-dagen] scheepv lay day

**ligfiets** m & v [-en] recumbent bicycle

**liggeld** o [-en] scheepv harbour dues/charges

**liggen** *onoverg* [lag, h. gelegen] ❶*languit/in bed liggen* lie, be laid up ✳ *in bed blijven* ~remain/stay in bed ✳ *hij zal enige dagen moeten blijven* ~he'll be laid up for a couple of days ✳ *morgen blijf ik wat langer* ~I'll sleep in tomorrow ✳ *gaan* ~ ‹om even te rusten› have a lie down; ‹wegens ziekte› take to one's bed ✳ *ga daar* ~lie down over there ✳ *hij ligt al 8 dagen met die ziekte* he has been sick in bed for over a week ✳ *in zijn bed* ~lie/be in bed ✳ *hij lag op bed* he was in bed ✳ *hij lag op sterven* he was dying ❷*zijn, zich bevinden* be, lie, be situated ✳ *er ligt een meter sneeuw* there is a meter of snow ✳ *de lonen* ~ *lager* wages are lower ✳ (*die stad*) *ligt aan een rivier* (that city) is situated on a river ✳ *de problemen* ~

*achter ons* the problems are behind us ✻ *de fout ligt bij de regering* it's the fault of the government ✻ *A ligt in B* A is in B ✻ *ze~ in scheiding* they are in the process of getting a divorce ✻ *de prijzen~ onder het gemiddelde* the prices are below average ✻ *het huis ligt op een heuvel* the house is situated on a hill ✻ *het huis ligt op het oosten* the house faces east ✻ *de spullen lagen voor het grijpen* the things were there for the taking ❶ *onaangeroerd zijn* lie ✻ *die klus is blijven~* that job still has to be done ✻ *ik heb het geld ~* I have the money ready ✻ *iets nog hebben~* have sth in store/on hand ✻ *laat dat~!* leave it there/alone! ✻ *hij heeft het lelijk laten~* he has made a mess of it ✻ *iem. links laten~* ignore sbd ❹ *passen, schikken* suit ✻ *dat werk ligt me niet* the job doesn't suit me ✻ *het ligt niet in zijn aard* it's not in his nature ❺ *(liggend) iets doen* be ...ing ✻ *altijd~ te zeuren* always be complaining ✻ *lig niet zo te zeuren!* stop complaining! ✻ *~ te slapen* lie sleeping, be asleep ❻ + *aan: afhangen van, te wijten zijn aan* depend on ✻ *dat ligt geheel aan u* that depends entirely on you ✻ *als het aan mij lag* if I had any say in the matter ✻ *aan mij zal het niet~* it won't be my fault ✻ *waar ligt het aan?* what could the cause be? ✻ *is het hier zo warm, of ligt het aan mij?* is it warm in here, or is it just me? ❼ *v. wind* die down, abate, drop, subside ✻ *de wind is gaan~* the wind has abated/died down & ❽ *v. militairen* be stationed ▼ *de wagen ligt goed op de weg* the car holds the road well

**liggend** *bn* ❶ *horizontaal* lying, recumbent ⟨position⟩ ❷ *gelegen zijn* lying, situated ✻ *diep~e ogen* deeply set eyes, deep-set eyes

**ligger** *m* [-s] ❶ *balk* girder, joist ❷ *v. rails* sleeper ❸ *dwarsligger* obstructionist ❹ *register* register, record

**ligging** *v* [-en] ❶ *situatie, location, position* ✻ *de geografische~* the geographical situation ❷ *v. kind bij baring* presentation

**light** *bn* light

**lightproduct** *o* [-en] low-calorie product

**ligkuur** *v* [-kuren] rest cure

**ligplaats** *v* [-en] berth, moorings

**ligstoel** *m* [-en] reclining chair, chaise longue

**liguster** *m* [-s] privet

**ligweide** *v* [-n] sunbathing area

**lij** *v* lee(side) ✻ *aan~* on the lee side ✻ *in~ liggen* lie to leeward/out of the wind; fig be on the sidelines

**lijdelijk** *bn* passive ✻ *~ verzet* passive resistance

**lijdelijkheid** *v* passiveness, passivity

**lijden I** *overg* [leed, h. geleden] ❶ *gebukt gaan onder* suffer, undergo, endure ✻ *armoe~* live in poverty ✻ *dorst~* be thirsty ✻ *pijn~* be in pain ✻ *verlies~* sustain loss ❷ *graag mogen* suffer, stand ✻ *ik mag~ dat hij...* I wish that he..., I hope he... ✻ *iem. mogen~* like sbd ❸ *verdragen* allow, permit ✻ *geen uitstel~* brook no delay **II** *onoverg* [leed, h. geleden] suffer ✻ *nu kan het wel~* we can afford it now ✻ *~ aan hoofdpijn* suffer from headache(s) ✻ *~ aan*

*grootheidswaanzin* suffer from delusions of grandeur ✻ *~ onder iets* be badly affected/hit by ✻ *zij ~ er het meest onder* they are the worst affected/hit ✻ *te~ hebben van* suffer from **III** *o* suffering ✻ *het~ van Christus* the Passion of Christ ✻ *iem. uit zijn~ verlossen* release sbd from his suffering ✻ *de hond uit zijn~ verlossen* put the dog out of its misery

**lijdend** *bn* ❶ suffering ✻ *de~e partij* the suffering party, the loser ✻ *de~e partij zijn* be the loser ❷ taalk passive ✻ *het~ voorwerp* the direct object ✻ *de~e vorm van het werkwoord* the passive voice of the verb

**lijdensbeker** *m* cup of sorrow

**lijdensgeschiedenis** *v* [-sen] *v. Jezus* Passion ✻ fig *het is een hele~* it's one long tale of misery/woe

**lijdenskelk** *m* cup of sorrow

**lijdenspreek** *v* [-preken] Passion sermon

**lijdensweek** *v* [-weken] Holy Week

**lijdensweg** *m* [-wegen] ❶ *v. Christus* Way of the Cross ❷ fig path of sorrow ✻ *de tweede helft werd een ~* the second half was sheer hell

**lijder** *m* [-s] sufferer, patient

**lijdzaam** *bn* patient, resigned

**lijdzaamheid** *v* patience, resignation

**lijf** *o* [lijven] ❶ *body* ✻ *het aan den lijve ondervinden (voelen)* experience sth personally ✻ *in levenden lijve* in person ✻ *hier is hij in levenden lijve* here he is as large as life ✻ *niet veel om het~ hebben* be no great matter, amount to very little ✻ *iem. de schrik/stuipen op het~ jagen* give sbd the fright of their lives ✻ *iem. op het~ vallen* take sbd unawares ✻ *iem. ergens mee op het~ vallen* spring sth on sbd ✻ *over zijn hele~ beven* shake in every limb ✻ *iem. te~ gaan* go at/for sbd, attack sbd ✻ *iem. tegen het~ lopen* run/bump into sbd ✻ *iem... van het~ houden* keep... at arm's length ❷ *v. japon* bodice

**lijfarts** *m* [-en] personal physician

**lijfblad** *o* [-bladen] favourite/Am favorite paper

**lijfeigene** *m-v* [-n] serf, slave

**lijfeigenschap** *v* bondage, serfdom

**lijfelijk I** *bn* physical, bodily **II** *bijw* physically, in person ✻ *~ aanwezig* present in person

**lijfgarde** *v* [-s] bodyguard

**lijfgoed** *o* [-eren] underwear

**lijfje** *o* [-s] bodice, vest

**lijfknecht** *m* [-en & -s] valet, manservant

**lijflied** *o* [-eren] favourite/Am favorite song

**lijflucht** *v* body odour

**lijfrente** *v* [-n & -s] annuity

**lijfrenteverzekering** *v* [-en] annuity insurance

**lijfsbehoud** *o* preservation of life ✻ *uit~* to save one's life

**lijfsdwang** *m* physical force

**lijfsgevaar** *o* [-varen] danger of life

**lijfspreuk** *v* [-en] motto, maxim

**lijfstraf** *v* [-fen] corporal punishment

**lijftocht** *m* provisions

**lijfwacht I** *v* [-en] *verzamelnaam* bodyguard **II** *m*

[-en] *persoon* bodyguard

**lijk** *o* [-en] ❶ corpse, (dead) body ∗ *als een levend~* as a walking corpse ∗ *over~en gaan* show no mercy ∗ *over mijn~!* over my dead body! ❷ *anat* cadaver, ‹v. dier› carcass ❸ scheepv leech

**lijkauto** *m* ['s] hearse

**lijkbaar** *v* [-baren] bier

**lijkbezorger** *m* [-s] undertaker

**lijkbleek** *bn* deathly pale

**lijkdienst** *m* [-en] funeral/burial service

**lijkdrager** *m* [-s] bearer

**lijken** *onoverg* [leek, h. geleken] ❶ *overeenkomen* be/look like, resemble ∗ *zij~ op elkaar* they look like/resemble each other ∗ *zij~ (niet) veel op elkaar* they are (not) very alike ∗ *zij~ op elkaar als twee druppels water* they're the spitting image of each other ∗ *dat portret lijkt goed/niet* the portrait is a good/poor likeness ∗ *het lijkt naar niets, het lijkt nergens naar* it looks like nothing on earth ∗ *dat begint er op te~* that's more like it ❷ *schijnen* seem, appear ∗ *het lijkt alsof...* it looks as if... ∗ *het lijkt wel dat zij...* it would appear that they... ∗ *het lijkt mij raadzaam* it seems advisable to me ∗ *hij lijkt wel gek* he must be mad ∗ *ik lijk wel doof vandaag* I seem to be deaf today ∗ *ofschoon het heel wat leek* though it made a great show ∗ *zij zijn niet wat zij~* they're not what they appear (to be) ∗ *het is niet zo makkelijk als het lijkt* it's not so easy as it seems ∗ *dat lijkt maar zo* it only seems so ∗ *het lijkt er niet naar dat ze...* there's no sign of their ...ing ❸ *aanstaan* sound, seem ∗ *dat zou mij wel van~* I'd like that

**lijkenhuis** *o* [-huizen] mortuary

**lijkenpikker** *m* [-s] fig vulture

**lijkkist** *v* [-en] coffin

**lijkkleed** *o* ❶ *over de kist* [-kleden] pall ❷ *kledingstuk* [-klederen] shroud

**lijkkleur** *v* deathly pallor

**lijkkleurig** *bn* pale as death, deathly pale

**lijkkoets** *v* [-en] hearse

**lijkopening** *v* [-en] autopsy

**lijkoven** *m* [-s] cremator

**lijkplechtigheid** *v* [-heden] funeral ceremony

**lijkrede** *v* [-s & -nen] funeral oration

**lijkroof** *m* body snatching

**lijkschennis** *v* desecration of the dead

**lijkschouwer** *m* [-s] pathologist ∗ *de gerechtelijke~* the coroner

**lijkschouwing** *v* [-en] post-mortem (examination), autopsy

**lijkstoet** *m* [-en] funeral procession/cortège

**lijkverbranding** *v* [-en] cremation

**lijkwa**, **lijkwade** *v* [-waden] shroud

**lijkwagen** *m* [-s] hearse

**lijkwit** *bn* deathly white

**lijkzak** *m* [-ken] body bag

**lijkzang** *m* [-en] funeral song, dirge

**lijm** *m* glue

**lijmen** *overg* [lijmde, h. gelijmd] ❶ glue, patch (up)

❷ *ompraten* talk around ∗ *iem.~* rope sbd in ∗ *zich laten~* let oneself be talked around

**lijmerig** *bn* ❶ *kleverig* sticky, gluey ❷ *v.spreken* drawling ∗ *~ spreken* speak with a drawl, drawl

**lijmklem** *v* [-men] clamp

**lijmkwast** *m* [-en] glue brush

**lijmpot** *m* [-ten] glue pot

**lijmsnuiver** *m* [-s] glue sniffer

**lijmtang** *v* [-en] clamp

**lijn** *v* [-en] ❶ *linie* line, rank ∗ *één~ trekken* take an undivided approach ∗ *op één~ met* on a par with ∗ *op één~ staan* be on a level ∗ *op één~ stellen met* bring/put on a level with ∗ *over de hele~ eig* all along the line; fig all-round, overall ❷ *streep* line ∗ *de bal was een hele meter over de~* the ball had crossed the line by one whole metre ❸ *rimpel* line, crease ∗ *~en in de wangen* creases in the cheeks ∗ *een gezicht vol~en* a very lined/wrinkled face ❹ *omtrek, kader* outline, contour ∗ *iets in grote~en aangeven* give/sketch a broad outline of sth ∗ *iets in grote~en begrijpen* understand the broad outlines of sth, get the gist of sth ∗ *de grote~en uit het oog verliezen* get bogged down in details ∗ fig *er zit geen ~ in* it's disorganised/a jumble ❺ *koers* fig line, course ∗ *de harde~ volgen* take the hard line, adopt a tough approach ∗ *dat ligt niet in mijn~* that's not up my street ❻ *buslijn & line* ∗ *met~ 3 gaan* take the number 3 bus/tram line ∗ ‹telefoon› *aan de~ blijven* hold on, hold the line ❼ *slanke lijn* line, figure ∗ *aan de (slanke)~ doen* slim, diet ∗ *om de~ denken* watch one's line/figure ❽ *koord* cord, rope, ‹voor hond› leash, lead ∗ *honden aan de~* dogs on the leash ❾ *genealogische lijn* lineage

**lijnbaan** *v* [-banen] rope walk

**lijnboot** *m & v* [-boten] liner

**lijncliché** *o* [-s] line engraving

**lijndienst** *m* [-en] regular/scheduled service

**lijndienstvlucht** *v* [-en] transport scheduled flight

**lijnen I** *overg* [lijnde, h. gelijnd] *liniëren* rule ∗ *gelijnd papier* lined paper **II** *onoverg* [lijnde, h. gelijnd] *aan de lijn doen* slim, diet

**lijnfunctie** *v* [-s] line position

**lijnkoek** *m* [-en] linseed cake

**lijnmanager** *m* [-s] line manager

**lijnolie** *v* [-liën] linseed oil

**lijnrecht I** *bn* straight ∗ *in~e tegenspraak met* in flat contradiction with **II** *bijw* straight, directly ∗ *~ staan tegenover* be diametrically opposed to

**lijnrechter** *m* [-s] sp linesman

**lijnschip** *o* [-schepen] *schip dat een lijndienst onderhoudt* liner

**lijntekenen** *o* geometrical drawing

**lijntje** *o* [-s] ❶ line ∗ *ze heeft hem aan het~* she's got him on a string ∗ *iem. aan het~ houden* keep sbd dangling ∗ *met een zacht/zoet~* with soothing words ∗ *zachtjes aan, dan breekt het~ niet* just take things easy ❷ *cocaïne* line

**lijntoestel** *o* [-len] airliner, scheduled plane

**lijntrekken** *onoverg* [trok lijn, h. lijngetrokken] lie down on the job
**lijntrekker** *m* [-s] shirker, slacker, malinger
**lijnvaart** *v* liner trade/traffic
**lijnverbinding** *v* [-en] connection
**lijnvliegtuig** *o* [-en] airliner, scheduled plane
**lijnvlucht** *v* [-en] scheduled flight
**lijnwerker** *m* [-s] lineman
**lijnzaad** *o* linseed
**lijp** *bn* ❶ daft, silly ❷ *gevaarlijk* risky, tricky
**lijs** *m-v* [lijzen] ❶ *sloom mens* dawdler, slowcoach ❷ *vrouwenfiguur* ✳ *een lange* ~a bean pole
**lijst** *v* [-en] ❶ *om een schilderij* frame ✳ *iets in een* ~ *zetten* frame sth ❷ *uitspringende rand* cornice, moulding ❸ *register* list, record, register ✳ *op de* ~ *zetten* put on the list ✳ *op de zwarte* ~ *plaatsen* blacklist
**lijstaanvoerder** *m* [-s] ❶ *bij verkiezing* party leader ❷ sp competition leader
**lijstduwer** *m* [-s] *op laatste plaats* person at the end of the list
**lijsten** *overg* [lijstte, h. gelijst] frame
**lijstenmaker** *m* [-s] frame maker
**lijster** *v* [-s] thrush ✳ *de grote* ~the mistle thrush ✳ *de zwarte* ~the blackbird
**lijsterbes** *v* [-sen] ❶ *vrucht* mountain ash berry, rowanberry ❷ *boom* mountain ash, rowan tree
**lijststem** *v* [-men] vote for a ticket
**lijsttrekker** *m* [-s] ± party leader
**lijstverbinding** *v* [-en] electoral alliance
**lijstwerk** *o* ❶ framework ❷ *als sier* moulding
**lijvig** *bn* ❶ *v. persoon* corpulent ❷ *v. boek &* voluminous, bulky, thick
**lijvigheid** *v* ❶ *v. persoon* corpulence ❷ *v. boek &* volume, bulkiness
**lijwaarts** *bijw* leeward
**lijzig** *bn* ❶ slow ❷ *zeurderig* whining ✳ ~ *spreken* speak in a whining voice
**lijzij, lijzijde** *v* de kant van een schip die uit de wind ligt lee side
**lik I** *m* [-ken] ❶ *met tong* lick ❷ *oorveeg* box on the ears ✳ ~ *op stuk geven* give tit for tat ❸ *kleine hoeveelheid* lick ❹ *zoen* smack, kiss **II** *v* [-ken] *gevangenis* nick
**likdoorn, likdoren** *m* [-s] corn
**likdoornpleister** *v* [-s] corn plaster
**likeur** *v* [-en] liqueur
**likeurglaasje** *o* [-s] liqueur glass
**likeurstel** *o* [-len] liqueur set
**likeurstoker** *m* [-s] liqueur distiller
**likeurtje** *o* [-s] glass of liqueur
**likkebaarden** *onoverg* [likkebaardde, h. gelikkebaard] lick/smack one's lips/chops ✳ ~ *naar* lick one's lips for
**likken** *onoverg en overg* [likte, h. gelikt] ❶ *met tong* lick ❷ *vleien* suck up, toady ✳ *naar boven* ~ *(en naar beneden trappen)* suck up (and kick the others down) ❸ *polijsten* polish

**likker** *m* [-s] *vleier* toady
**likmevestje** *o* ✳ *van* ~crappy
**lik-op-stukbeleid** *o* tit for tat policy
**lil** *o & m* jelly, gelatin(e)
**lila** *o & bn* lilac
**lillen** *onoverg* [lilde, h. gelild] quiver, tremble
**lilliputachtig** *bn* Lilliputian
**lilliputter** *m* [-s] Lilliputian
**Limburg** *o* Limburg
**limerick** *m* [-s] limerick
**limiet** *v* [-en] ❶ limit ✳ *een* ~ *stellen aan* set a limit to ❷ *op veiling* reserve (price)
**limietorder** *m* [-s] limited order
**limietprijs** *m* [-prijzen] reserve price
**limiteren** *overg* [limiteerde, h. gelimiteerd] ❶ limit ❷ *op veiling* put a reserve price on
**limoen** *m* [-en] lime
**limonade** *v* [-s] lemonade
**limonadesiroop** *v* lemon syrup
**limousine** *v* [-s] limousine
**linde** *v* [-n] lime (tree), linden
**lindebloesem** *m* [-s] lime blossom
**lindeboom** *m* [-bomen] lime tree, linden
**lindehout** *o* limewood
**lindelaan** *v* [-lanen] lime tree lined avenue
**lineair** *bn* linear ✳ <u>boekh</u> ~e *afschrijving* straight line depreciation
**linea recta** *bijw* straight
**lingerie** *v* [-s &-rieën] lingerie, underwear
**lingeriezaak** *v* [-zaken] lingerie shop
**linguïst** *m* [-en] linguist
**linguïstiek** *v* linguistics
**linguïstisch** *bn* linguistic
**liniaal** *v & o* [-nialen] ruler
**linie** *v* [-s] ❶ <u>mil</u> line, rank ✳ *over de hele* ~on all points, all along the line ✳ *over de hele* ~ *zegevieren* celebrate across the board ✳ *de* ~ *passeren* cross the line ❷ sp line ❸ *verdedigingslinie* line of defensive works, defence/Am defense line ❹ *evenaar* equator
**liniëren** *overg* [linieerde, h. gelinieerd] rule ✳ *gelinieerd papier* lined paper
**linieschip** *o* [-schepen] ship of the line
**linietroepen** *zn* [mv] troops of the line
**link I** *bn* ❶ *slim* sly, artful, sharp ❷ *gevaarlijk* risky, dangerous ✳ ~ *e soep* a risky business **II** *m* [-s] *verbinding* link ✳ *een* ~ *leggen tussen..* make a connection between...
**linker** *bn* ❶ *van lichaamsdelen* left ❷ *van zaken* left-hand ❸ <u>herald</u> sinister
**linkerarm** *m* [-en] left arm
**linkerbeen** *o* [-benen] left leg
**linkerd** *m* [-s] crafty devil
**linkerhand** *v* [-en] left hand ✳ *hij heeft twee* ~en he's all fingers and thumbs
**linkerkant** *m* [-en] left(-hand) side ✳ *aan de* ~on the left-hand side, <u>Br</u> on the near side ✳ *naar de* ~to the left
**linkeroever** *m* [-s] left bank

**linkerrijstrook** *v* [-stroken] left lane
**linkervleugel** *m* [-s] left wing
**linkervoet** *m* [-en] left foot
**linkerzij, linkerzijde** *v* [-zijden] ❶ left(-hand) side ❷ pol left wing * *de ~* the left * *een vertegenwoordiger van de ~* a left-wing representative
**linkmichel, linkmiegel** *m* [-s] wheeler-dealer
**links I** *bn* ❶ *tegenover rechts* left ❷ pol, left, left-wing * *~ georiënteerd* leftist, left-wing * *een ~e regering* a left-wing government ❸ *linkshandig* left-handed ❹ *onhandig* ham-fisted, awkward, clumsy **II** *bijw* ❶ *aan/naar de linkerkant* (to/on/at the) left * *de eerste straat ~* the first street to/on the left * *~ afslaan* turn (to the) left * *~ houden* keep to the left * *iets ~ laten liggen* ignore sth, pass sth by * *iem. ~ laten liggen* give sbd the cold shoulder, ignore sbd * *naar ~* to the left ❷ *met de linker hand* with the left hand * *~ schrijven* write with one's left hand ❸ *onhandig* awkwardly, clumsily
**linksachter, linksback** *m* [-s] sp left back
**linksaf** *bijw* to the left * *~ buigen* veer to the left * *~ slaan* turn left
**linksbenig** *bn* sp left legged
**linksbinnen** *m* [-s] sp inside left
**linksbuiten** *m* [-s] sp outside left, left winger
**linksdragend** *bn* dressing to the left
**links-extremistisch** *bn* extreme left
**linkshandig** *bn* left-handed
**linksheid** *v* ❶ *links zijn* left-handedness ❷ *onhandigheid* awkwardness, clumsiness
**linkslopend** *bn* v. schroef anti-clockwise
**linksom** *bijw* left * mil *~... keert!* left... turn!
**linnen** *o & bn* linen, ⟨v. boeken⟩ cloth * *in ~ gebonden* bound in cloth
**linnendroger** *m* [-s] ZN tumble dryer
**linnengoed** *o* linen
**linnenjuffrouw** *v* [-en] linen maid, laundry woman
**linnenkamer** *v* [-s] linen room
**linnenkast** *v* [-en] linen cupboard
**linoleum** *o & m* linoleum, inf lino
**linoleumsnede** *v* [-n] linocut
**linolzuur** *o* linoleic acid
**lint** *o* [-en] ribbon, tape * *het ~ van de typemachine* the typewriter ribbon * *door het ~ gaan* fly off the handle, blow one's top
**lintbebouwing** *v* ribbon development
**lintdorp** *o* [-en] village with ribbon development
**lintje** *o* [-s] ❶ *klein lint* ribbon ❷ *onderscheiding* decoration * *een ~ krijgen* be decorated, get a decoration
**lintjesregen** *m* ± Queen's birthday honours
**lintmeter** *m* [-s] ZN measuring tape
**lintworm** *m* [-en] tapeworm
**lintzaag** *v* [-zagen] bandsaw
**Linux** *zn besturingssysteem* Linux
**linze** *v* [-n] lentil
**linzensoep** *v* lentil soup

**lip** *v* [-pen] lip, ⟨v. schoen⟩ tongue * *aan iems. ~pen hangen* hang on sbd's lips * *zich op de ~pen bijten* bite one's lips * *het lag mij op de ~pen* I had it on the tip of my tongue * *over iems. ~pen komen* pass sbd.'s lips
**lipbloemigen** *zn* [mv] labiates
**lipide** *o* [-n, -s] lipid
**lipje** *o* [-s] *om een blik & te openen* tab
**lipklank** *m* [-en] labial sound
**liplezen** *o* lip reading
**liposuctie** *v* [-s] liposuction
**lippencrème** *v* lip cream
**lippendienst** *m* [-en] lip service * *~ bewijzen aan* pay lip service to
**lippenpotlood** *o* [-loden] lip pencil
**lippenstift** *v* [-en], **lipstick** *m* [-s] lipstick
**lipssleutel** *m* [-s] yale key
**lipsslot** *o* [-sloten] yale lock
**lipsynchroon** *bn* synchronized, dubbed
**liquidatie** *v* [-s] ❶ *v. ondernemingen* liquidation, winding-up * *in ~ gaan* go into liquidation, ⟨vrijwillig⟩ go into voluntary liquidation * *gedwongen ~* compulsory liquidation ❷ *op de beurs* settlement ❸ *v. personen* elimination, liquidation
**liquidatieakkoord** *o* [-en] winding-up agreement
**liquidatie-uitverkoop** *m* closing-down sale
**liquide** *bn* liquid * *~ activa/middelen* liquid assets
**liquideren** *overg* [liquideerde, h. geliquideerd] ❶ *v. ondernemingen* liquidate, wind up ❷ *v. personen* eliminate, liquidate
**liquiditeit** *v* liquidity
**liquiditeitsproblemen** *zn* [mv] liquidity problems, cash-flow problems
**lire** *v* [-s] lira
**lis I** *m & o* [-sen] *plant* iris, flag **II** *v* [-sen] *lus* loop
**lisdodde** *v* [-n] *plant* reed mace, cat's tail, bulrush
**lispelen I** *onoverg* [lispelde, h. gelispeld] lisp **II** *overg* [lispelde, h. gelispeld] *fluisteren* whisper
**Lissabon** *o* Lisbon
**list** *v* [-en] ❶ *listigheid* craft, cunning, deception ❷ *daad* trick, ruse * *~ en bedrog* double-crossing, double-dealing * *~en en lagen* cunning/crafty schemes, crafty practices
**listig** *bn* cunning, crafty, afkeurend sly
**listigheid** *v* [-heden] craft, cunning, subtlety
**listing** *m & v* listing
**Lita** *v* * *een lieve ~* an agony aunt
**litanie** *v* [-nieën] litany
**liter** *m* [-s] litre
**literair** *bn* literary
**literair-historicus** *m* [-rici] literary historian
**literair-historisch** *bn* of literary history, on the history of literature
**literator** *m* [-toren] literary man/woman, man/woman of letters
**literatuur** *v* literature
**literatuurgeschiedenis** *v* [-sen] history of literature
**literatuurlijst** *v* [-en] ❶ *studiebronnen* reference list

❷ *te lezen literatuur* reading list
**literatuuropgave**, **literatuuropgaaf** *v* [-gaven] references, bibliography, list of works cited
**literatuurprijs** *m* [-prijzen] literary prize
**literatuurwetenschap** *v* study of literature
**literfles** *v* [-sen] litre bottle
**literprijs** *m* price per litre
**lithium** *o* lithium
**litho** *m* ['s] lithograph
**lithograaf** *m* [-grafen] lithographer
**lithograferen** *overg* [lithografeerde, h. gelithografeerd] lithograph
**lithografie** *v* ❶ *kunst* lithography ❷ *plaat* [-fieën] lithograph
**Litouwen** *o* Lithuania
**Litouwer** *m* [-s] Lithuanian
**Litouws** I *bn* Lithuanian II *o taal* Lithuanian
**Litouwse** *v* [-n] Lithuanian ✶ *ze is een* ~ she's a Lithuanian, she's from Lithuania
**lits-jumeaux** *o* [-s] twin beds
**litteken** *o* [-s &-en] scar
**littekenweefsel** *o* scar tissue
**liturgie** *v* [-gieën] liturgy
**liturgisch** *bn* liturgical
**live** *bn* live
**livemuziek** *v* live music
**liveoptreden** *o* [-s] live performance
**live-uitzending** *v* [-en] live broadcast
**living** *m & v* [-s] living room
**livrei** *v* [-en] livery
**ll.** *afk* (laatstleden) last
**LO** *afk* ❶ (lager onderwijs) primary education ❷ (lichamelijke opvoeding) physical education
**lob** I *v* [-ben] ❶ *kwab* lobe ❷ plantk lobe II *m* [-s] sp lobe
**lobbes** *m* [-en] good-natured ✶ *een goeie* ~ a good-natured fellow ✶ *een* ~ *van een hond* a big teddy bear of a dog
**lobby** *v* ['s] ❶ *wachtruimte in hotel* lobby, lounge, ⟨in theater⟩ foyer ❷ *pressiegroep* lobby ❸ *gesprekken ter beïnvloeding* lobbying
**lobbyen** *onoverg* [lobbyde, h. gelobbyd] lobby ✶ ~ *voor/tegen* lobby for/against
**lobbyist** *m* [-en] lobbyist
**lobelia** *v* ['s] *plant* lobelia
**lobotomie** *v* lobotomy
**locatie** *v* [-s] ❶ *plaatsbepaling* location ❷ *voor filmopnames* location
**loco** *bijw* handel (on the) spot ✶ ~ *Amsterdam* ex warehouse Amsterdam ✶ ~ *station* free station
**locoaffaire** *v* [-s] spot transaction
**locoburgemeester** *m* [-s] deputy mayor
**locohandel** *m* spot market, spot trading
**locomotief** *v* [-tieven] engine, locomotive
**locopreparaat** *o* [-raten] generic drug
**lodderig** *bn* drowsy, sleepy
**loden** I *bn* ❶ *v. metaal* lead, leaden, fig heavy ✶ *met* ~ *schoenen* with lead in ⟨one's⟩ shoes, reluctantly

❷ *stof* loden II *m & o stofnaam* loden III *overg* [loodde, h. gelood] ❶ *in lood vatten* lead ❷ *in de bouwkunde* plumb ❸ *scheepv* sound IV *onoverg* [loodde, h. gelood] scheepv take soundings
**Lodewijk** *m* Louis ✶ ~ *de Heilige* Saint Louis
**loeder** *o & m* [-s] ❶ *man* bastard ❷ *vrouw* bitch
**loef** *v* windward/weather side ✶ scheepv *de* ~ *afsteken* get to windward ✶ *iem. de* ~ *afsteken* steal a march on sbd
**loefwaarts** *bijw* to windward
**loefzij**, **loefzijde** *v* de kant van een schip waar de wind op staat windward/weather side
**loeien** *onoverg* [loeide, h. geloeid] ⟨v. wind⟩ howl, whine ⟨v. golven,vlammen⟩ roar, ⟨v. sirene⟩ wail, ⟨v. koe⟩ low, moo, bellow ✶ *de motor laten* ~ race the engine
**loeier** *m* [-s] inf sp whopper
**loeihard** *bn* ❶ fast as lightening ✶ *een* ~*e service* a power serve ❷ *geluid* deafening ✶ ~*e muziek* deafening music
**loempia** *v* ['s] spring roll
**loens** *bn* squinting, cross-eyed ✶ ~ *kijken* squint
**loensen** *onoverg* [loenste, h. geloenst] squint
**loep** *v* [-en] magnifying glass, magnifier, lens ✶ fig *iets onder de* ~ *nemen* put sth under the microscope, have a closer look at sth
**loepzuiver** *bn* flawless
**loer** *v* ✶ *op de* ~ *liggen* lie in wait, lie on the look-out, lurk ✶ *iem. een* ~ *draaien* play a dirty trick on sbd
**loerder** *m* [-s] peeping Tom
**loeren** *onoverg* [loerde, h. geloerd] leer, ⟨met moeite⟩ peer, ⟨bespieden⟩ spy ✶ ~ *op iem.* lie in wait for sbd ✶ *op een gelegenheid* ~ watch for an opportunity
**loeven** *onoverg* [loefde, h. en is geloefd] luff, tack
**loever**, **loevert** *bijw* ✶ *te* ~ to windward
**lof** I *m* praise ✶ *God* ~*!* praise be to God!, thank God! ✶ *zijn eigen* ~ *verkondigen* blow one's own trumpet ✶ *de* ~ *verkondigen/zingen van* sing the praises of ✶ *boven alle* ~ *verheven* beyond all praise ✶ *zij spraken met veel* ~ *over hem* they spoke highly of him, they commended him highly ✶ *met* ~ *slagen* pass with distinction II *o* [loven] rel benediction III *o* ✶ *Brussels* ~ chicory
**lofdicht** *o* [-en] panegyric, ode, hymn
**loffelijk** *bn* ❶ *eervol* honourable, Am honorable ❷ *prijzenswaardig* laudable, commendable, praiseworthy
**loflied** *o* [-eren] hymn/song of praise
**Lofoten** *zn* [mv] the Lofoten Islands
**lofprijzing** *v* [-en] eulogy, praise
**lofrede** *v* [-s] eulogy ✶ *een* ~ *houden op iem.* eulogize sbd
**lofspraak** *v* words of praise
**loftrompet** *v* ✶ *de* ~ *steken over* sing someone's praises
**loftuiting** *v* [-en] praise, commendation
**lofwaardig** *bn* praiseworthy

**lofzang** m [-en] hymn/song of praise, panegyric

**log I** bn unwieldy, cumbersome, ‹zwaar› heavy, ponderous, ‹traag› sluggish, lumbering ✳ een ~ mens a heavy person ✳ met ~ge tred lopen lumber along **II** bijw heavily **III** v [-gen] scheepv log

**logaritme** v [-n] logarithm

**logaritmetafel** v [-s] logarithm tables

**logboek** o [-en] logbook

**loge** v [-s] ❶ in theater box ❷ v. vrijmetselaars lodge ✳ in de ~ in the Masonic lodge ❸ v. portier porter's lodge

**logé** m [-s], **logee** v [-s] guest, visitor ✳ een betalend ~ a paying guest

**logeerbed** o [-den] spare bed

**logeerkamer** v [-s] spare (bed)room, guest room

**logement** o [-en] boarding house, lodging house

**logementhouder** m [-s] lodging keeper, innkeeper

**logen** overg [loogde, h. geloogd] steep/soak in lye

**logenstraffen** overg [logenstrafte, h. gelogenstraft] ❶ v. zaken give the lie to, belie ❷ v. veronderstelling falsify ❸ v. personen give the lie to, justify

**logeren I** onoverg [logeerde, h. gelogeerd] stay, stop ✳ ik logeer bij mijn oom I'm staying at my uncle's/with my uncle ✳ u kunt bij ons ~ you can stay with us ✳ ik ben daar te ~ I'm on a visit there ✳ we hebben mensen te ~ we have visitors/guests staying with us ✳ ze gaan ~ in de Zon they're going to put up at the Sun hotel **II** overg [logeerde, h. gelogeerd] put sbd up

**loggen** onoverg [logde, h. gelogd] sail by the log

**logger** m [-s] lugger

**loggia** v [-s] loggia

**logheid** v unwieldiness

**logica** v logic

**logies** o ❶ lodging, accommodation ✳ ~ en/met ontbijt bed and breakfast ❷ mil quarters

**login** m & v comput login, logon

**logisch I** bn logical ✳ dat is nogal ~ that goes without saying, that's only logical **II** bijw logically

**logischerwijs**, **logischerwijze** bijw logically

**logistiek I** bn logistic **II** v logistics

**logo** m [’s] logo

**logopedie** v speech therapy

**logopedist** m [-en] speech therapist

**loipe** o [-s] ski run, piste

**lok** v [-ken] lock (of hair), curl ✳ ~ken tresses, locks

**lokaal I** bn local ✳ een ~ gesprek a local call **II** - locally ✳ de neerslag kan ~ erg groot zijn the precipitation can be very heavy in some places **III** o [-kalen] ❶ van school classroom ❷ gebouw centre/Am center, headquarters

**lokaaltje** o [-s], **lokaaltrein** m [-en] local (train), Am shuttle train

**lokaalvredebreuk** v breach of the peace

**lokaas** o [-azen] bait, lure

**lokalisatie** v [-s] localization

**lokaliseren** overg [lokaliseerde, h. gelokaliseerd] localize

**lokaliteit** v [-en] ❶ plaats alg. premises ❷ vertrek, zaal room, hall ❸ woonplaats ZN residence, domicile

**lokartikel** o [-en] loss-leader, special offer

**lokduif** v [-duiven] decoy pigeon

**lokeend** v [-en] decoy (duck)

**loket** o [-ten] ❶ station ticket/booking office (window) ❷ v. vrijmetselaars box office (window) ❸ postkantoor & counter ✳ aan het ~ at the counter, ‹sell› over the counter ❹ v. kast pigeonhole ❺ v. safe (safe deposit) box

**loketbeambte** m-v [-n] ❶ op station ticket clerk ❷ op postkantoor counter clerk

**loketbediende** m-v [-n &-s] ticket clerk

**lokettist** m [-en] booking/ticket clerk

**lokfluitje** o [-s] bird/birder/lure whistle

**lokken** overg [lokte, h. gelokt] lure, entice ✳ klanten ~ tout for customers ✳ iem. in een hinderlaag ~ lure sbd into a trap

**lokkertje** o [-s] bait, carrot, marketing loss leader, special offer

**lokmiddel** o [-en] bait, lure, fig enticement, inducement

**lokroep** m [-en] ❶ lure call ❷ fig lure ✳ de ~ van de grote stad the lure of the big city

**lokspijs** v [-spijzen] bait, lure

**lokstem** v [-men] siren call

**lokvogel** m [-s] decoy (bird)

**lokzet** m [-ten] sp decoy move

**lol** v fun ✳ ~ maken have fun ✳ voor de ~ for the hell of it, for a laugh ✳ doe me een ~! do me a favour!, knock it off! ✳ voor mij is de ~ eraf I'm not interested anymore

**lolbroek** m [-en] clown, joker

**lolletje** o [-s] bit of fun ✳ een ~ maken have a bit fun, have a bit of a laugh ✳ het was geen ~ it wasn't exactly a laugh

**lollig I** bn jolly, funny ✳ de ~ste thuis the family joker/clown ✳ het was zo ~! it was such fun! ✳ het is niks ~ it's not a bit amusing **II** bijw funny

**lolly** m [’s] lollipop, lolly

**lombok** m red pepper

**lommer** o ❶ schaduw shade ❷ gebladerte foliage

**lommerd** m [-s] pawnbroker's shop, pawnshop ✳ in de ~ in pawn ✳ naar de ~ brengen take to the pawnbroker's

**lommerdbriefje** o [-s] pawn ticket

**lommerrijk** bn shady, shadowy

**lomp I** bn ❶ van vorm ungainly ❷ onhandig clumsy, awkward ❸ grof hulking ❹ vlegelachtig rude, unmannerly, uncivil, loutish **II** bijw ❶ onhandig clumsily, awkwardly ❷ vlegelachtig rudely, in an unmannerly/uncivil way, loutishly **III** v [-en] rag, tatter

**lompenhandel** m old clothes business

**lompenkoopman** m [-lieden & -lui] rag-and-bone man, ragman

**lomperd** m [-s], **lomperik** [-iken] boor, lout, boorish person

**lo**

**lompheid** *v* [-heden] ❶ *v. vorm* ungainliness
❷ *onhandigheid* clumsiness, awkwardness
❸ *onbeleefdheid* rudeness
**lomschool** *v* [-scholen] remedial/special school
**Londen** *o* London
**Londenaar** *m* [-s, -naren] Londoner
**Londens** *bn* London
**lonen** *overg* [loonde, h. geloond] be worth * *het loont de moeite (niet)* it's (not) worthwhile/(not) worth one's while
**lonend** *bn* profitable, rewarding, ⟨vooral financieel⟩ remunerative
**long** *v* [-en] lung * *een ijzeren ∼* an iron lung
**longaandoening** *v* [-en] lung/med pulmonary condition
**longarts** *m* [-en] lung specialist
**longblaasje** *o* [-s] alveolus
**longcapaciteit** *v* lung capacity
**longchirurgie** *v* lung surgery
**longdrink** *m* [-s] long drink
**longembolie** *v* pulmonary embolism
**longemfyseem** *o* (pulmonary) emphysema
**longkanker** *m* lung cancer
**longkruid** *o* lungwort
**longkwaal** *v* [-kwalen] disease of the lungs
**longkwab** *v* [-ben] lobe of the lung
**longoedeem** *o* pulmonary oedema
**longontsteking** *v* [-en] pneumonia
**longslagader** *v* [-s & -en] pulmonary artery
**longspecialist** *m* [-en] lung specialist
**longtering** *v* pulmonary consumption
**longziekte** *v* [-n & -s] pulmonary disease
**lonk** *m* [-en] ogle * *iem. ∼jes toewerpen* ogle sbd, make eyes at sbd
**lonken** *onoverg* [lonkte, h. gelonkt] ogle * *naar iem. ∼* make eyes at sbd, give sbd the glad eye * *∼ naar iets beters* have one's eye on something better
**lont** *v* [-en] (slow) match, fuse * *∼ ruiken* smell a rat * *de ∼ in het kruit steken* set fire to the powder; fig blow the whole thing up
**loochenen** *overg* [loochende, h. geloochend] deny, disclaim, ⟨niet erkennen⟩ disown
**loochening** *v* [-en] denial, negation
**lood** *o* [loden] ❶ *metaal* lead * *glas in∼, in ∼ gevatte ruitjes* leaded windows * *met ∼ in de schoenen* with lead in one's shoes, reluctantly * *het is ∼ om oud ijzer* it's six of one and half a dozen of the other, it's much of a muchness ❷ *dieplood* (sounding) lead ❸ *schietlood* plumb line * *in het ∼* plumb, upright * *uit het ∼* off balance * *hij was uit het ∼ geslagen* he was thrown off balance
**looderts** *o* [-en] lead ore
**loodgieter** *m* [-s] plumber
**loodgietersbedrijf** *o* [-drijven] plumbing business
**loodgrijs** *bn* leaden grey
**loodhoudend** *bn* plumbiferous * *∼e benzine* in Groot-Brittannië leaded petrol, in de VS leaded gas
**loodje** *o* [-s] ❶ *stukje lood* piece of lead * *hij moest het*

*∼ leggen* he came off badly, he got the short end of the stick; ⟨doodgaan⟩ he kicked the bucket * *de laatste ∼s wegen het zwaarst* it's the last straw that breaks the camel's back * *de laatste ∼s* the last miles ❷ *ter verzegeling* lead seal
**loodkleur** *v* lead colour/Am color, leaden hue
**loodkleurig** *bn* lead-coloured, leaden
**loodlijn** *v* [-en] ❶ *wisk* perpendicular (line) * *een ∼ oprichten/neerlaten* set up/drop a perpendicular ❷ *scheepv* plumb/lead line
**loodmijn** *v* [-en] lead mine
**loodrecht** *bn* perpendicular * *∼ staan op* be at right angles to; fig be contradictory to
**loods** I *v* [-en] shed, luchtv hangar II *m* [-en] scheepv pilot
**loodsboot** *m & v* [-boten] pilot boat
**loodsdienst** *m* pilot service, pilotage
**loodsen** *overg* [loodste, h. geloodst] pilot, steer * *iem. naar binnen ∼* pilot/guide sbd in
**loodsgeld** *o* [-en] pilotage (dues)
**loodsmannetje** *o* [-s] *vis* pilot fish
**loodswezen** *o* pilotage
**loodvergiftiging** *v* lead poisoning
**loodvrij** *bn* lead-free * *∼e benzine* in Groot-Brittannië unleaded petrol, in de VS unleaded gas
**loodwit** *o* white lead
**loodzwaar** *bn* very heavy * *een loodzware lucht* leaden skies * *dat ding is ∼* that thing must weigh a ton
**loof** *o* ❶ *gebladerte* foliage, leaves ❷ *v. wortels* tops
**loofboom** *m* [-bomen] broad-leaved tree
**loofbos** *o* [-sen] broad-leaved forest
**loofhout** *o* hardwood
**loofhut** *v* [-ten] ❶ bower, arbour ❷ m.b.t. de Israëlieten tabernacle
**Loofhuttenfeest** *o* [-en] Feast of Tabernacles, Sukkoth
**loofrijk** *bn* leafy
**loofwerk** *o* bouwk foliage
**loog** *v & o* [logen] lye, caustic
**loogkuip** *v* [-en] alkaline/caustic bath
**loogwater** *o* lye
**looien** *overg* [looide, h. gelooid] tan
**looier** *m* [-s] tanner
**looierij** *v* ❶ *bedrijf* [-en] tannery ❷ *het looien* tanner's trade
**looikuip** *v* [-en] tanning vat
**looistof** *v* [-fen] tannin
**looizuur** *o* tannic acid
**look** *o & m* onion family, allium * *∼-zonder-∼* Jack-by-the-hedge
**lookalike** *m* [-s] look-alike
**loom** *bn* ❶ *langzaam* slow, heavy * *met lome schreden* dragging one's feet ❷ *lusteloos* listless
**loomheid** *v* ❶ *traagheid* slowness, heaviness ❷ *lusteloosheid* listlessness
**loon** *o* [lonen] ❶ *salaris* wages, pay, salary * *∼ in*

*natura* payment in kind ∗*met behoud van* ~with full pay ∗~*naar werk* payments by results ∗*hij kreeg* ~*naar werken* he got what he deserved ❷*beloning* reward ∗*hij heeft zijn verdiende* ~it serves him right
**loonactie** v [-s] campaign for higher wages
**loonadministratie** v wages administration/records
**loonakkoord** o [-en] wage accord/agreement
**loonarbeid** m salaried work
**loonbedrijf** o [-drijven] contracting firm
**loonbelasting** v [-en] tax on wages, income tax
**loonbelastingverklaring** v [-en] income tax form
**loonbeleid** o wages policy
**loonbeslag** o salary debit authorization
**loonbriefje** o [-s] pay slip
**loonconflict** o [-en] wage dispute
**loonderving** v loss of wages
**loondienst** m [-en] paid employment ∗*in* ~*treden bij* enter employment with ∗*in* ~*zijn bij X* be employed by X, be on X's payroll ∗*personen in* ~ employed persons ∗*werk in* ~*verrichten* work for wages
**looneis** m [-en] wage/pay claim
**loon- en prijsbeleid** o price/wage policy
**loongeschil** o [-len] wage dispute
**loongrens** v [-grenzen] income threshold/limit/ceiling
**loongroep** v [-en] wage/pay group
**loonheffing** v [-en] payroll tax
**loonkosten** zn [mv] labour/wage costs
**loonlijst** v [-en] payroll ∗*op de* ~*staan* be on the payroll
**loonmaatregel** m [-en] government wage control measure
**loonmatiging** v [-en] wage restraint
**loonovereenkomst** v [-en] wages agreement
**loonpauze** v [-s] wage freeze
**loonpeil** o wage level
**loonplafond** o wage ceiling
**loonpolitiek** v wages/income policy
**loonronde** v [-n] pay round
**loonschaal** v wage scale ∗*een glijdende* ~a sliding wage scale
**loonslaaf** m [-slaven] wage slave
**loonspecificatie** v [-s] pay slip
**loonstaat** m [-staten] payroll (records)
**loonstandaard** m rate of pay, wage rate
**loonstijging** v [-en] wage/pay increase
**loonstop** m [-s] wage/pay freeze ∗*een* ~*afkondigen* freeze wages ∗*een* ~*opheffen* lift/end the wage freeze
**loonstrookje** o [-s] pay slip
**loonsverhoging** v [-en] wage/pay increase
**loonsverlaging** v [-en] reduction in wages, wage cut
**loontrekker** m [-s] wage earner
**loonwet** v law regulating wages, wage legislation
**loonzakje** o [-s] pay packet
**loop** m [lopen] ❶*'t lopen* run ∗*op de* ~*gaan* run

away, ⟨ook v. paard⟩ bolt ∗*op de* ~*zijn* be on the run ❷*gang* v. persoon walk, gait ∗*ik herken hem aan zijn* ~I recognize his walk ❸ v. zaken course ∗'s werelds ~the way of the world ∗*het recht moet zijn* ~*hebben* the law must take its course ∗*de vrije* ~ *laten* let ⟨sth⟩ take its (own) course; ⟨v. verbeelding &⟩ give free course/rein to; ⟨v. tranen⟩ not hold back ∗*een andere* ~*nemen* take a different course ∗*iets in zijn* ~*stuiten* check the course of sth ∗*in de* ~*van de dag* in the course of the day, during the day ∗*in de* ~*der jaren* over the years ∗*in de* ~*der tijden* in the course of time ❹*richting* direction ∗*uit de* ~*liggen* be off the beaten track, be out of the way ❺ v. rivier course ❻ v. geweer barrel
**loopafstand** m [-en] ∗*op* ~within walking distance
**loopbaan** v [-banen] ❶ v. persoon career ❷ v. planeet orbit
**loopbaanonderbreking** v [-en] career break
**loopbaanplanning** v career planning
**loopbrug** v [-gen] ❶ v. voetgangers footbridge ❷*loopplank* gangway
**loopgips** o walking cast
**loopgraaf** v [-graven] trench
**loopgravenoorlog** m [-logen] trench warfare
**loopgravenstelsel** o [-s] entrenchment
**looping** m [-s] loop ∗*een* ~*maken* make/describe a loop
**loopje** o [-s] ❶*kleine/korte loop* trot ∗*op een* ~at a trot ❷*wandelingetje* short walk ❸*aanloop* run up ❹muz run ❺*kunstgreep* trick ∗*een* ~*met iem. nemen* pull sbd.'s leg
**loopjongen** m [-s] errand/messenger boy
**loopkat** v [-ten] trolley
**loopkraan** v [-kranen] travelling/Am traveling crane, transporter
**looplamp** v [-en] inspection lamp
**looplijn** v [-en] bij paardendressuur running line
**loopneus** m [-neuzen] runny/running nose
**loopnummer** o [-s] sp running event
**looppas** m run, jog ∗*in* ~on the double
**loopplank** v [-en] ❶gangway ❷*over kuil, natte grond &* footplank, duckboard ❸*bij kegelen* alley
**looprek** o [-ken] walking frame, walker
**loops** bn in heat/season
**looptijd** m [-en] ❶*overeengekomen periode* duration, term ❷m.b.t. een wissel, lening (period to) maturity, term ❸*geldigheidsduur* (length/term of) validity ∗~ *tot* valid until
**looptraining** v [-en] running training
**loopvlak** o [-ken] tread
**loopvogel** m [-s] flightless bird
**loos** bn ❶*leeg* empty ∗*een loze noot* an empty nut ❷*listig* cunning, crafty, wily ∗*een loze streek* a cunning trick ❸*onecht* dummy, false, fake ∗*een loze deur* a dummy door ∗~*alarm* false alarm ∗*loze woorden* empty words
**loot** v [loten] ❶plantk shoot ∗*loten schieten* grow shoots ❷fig scion, offspring

**lopen** *onoverg* [liep, h. en is gelopen] ❶ *gaan* walk, go ✱ *deze schoenen~ lekker* these shoes are comfortable ✱ *zich moe~* tire oneself out with walking ✱ *zullen we een eindje gaan~?* shall we go for a walk? ✱ *zullen we~?* shall we go by/on foot? ✱ *het is een uur~* it's an hour's walk ✱ *we zullen hem maar laten~* we'll have to let him go ✱ *zijn vingers over de toetsen laten~* run one's fingers over the keys ✱ *ergens tegen aan~* come across sth ✱ *onder het ~ while walking* ✱ *op handen en voeten~* walk/go on all fours ✱ *hij laat niet over zich heen~* he doesn't let people walk all over him ❷ *hardlopen* run ✱ *loop heen!* get along with you!, go on! ✱ *~ als een kievit* run like a hare/like mad ✱ *het op een~ zetten* take to one's heels ❸ *verlopen* go by ✱ *het liep anders* things turned out differently ✱ *alles loopt verkeerd* everything's going wrong ❹ *v. zaken: in working zijn, zich voortbewegen* go ✱ *de trein loopt vandaag niet* there's no train today ✱ *mijn horloge loopt goed* my watch keeps good time ✱ *dit artikel loopt goed/slecht* this article sells well/doesn't sell well ✱ *dit schip loopt 20 knopen* this ship makes 20 knots ✱ *deze zin loopt niet* this sentence doesn't go smoothly ✱ *op een mijn~* hit a mine ✱ *de ketting loopt over een katrol* the chain passes over a pulley ✱ *die zaken~ over de boekhouder* these things are handled by the bookkeeper ❺ *stromen, vloeien* run ✱ *men liet het metaal in een vorm~* the metal was directed into a mould ✱ *hij laat alles maar~* ‹incontinentie› he lets everything go; ‹nalatigheid› he lets things slide/drift ✱ *de kleuren~ door elkaar* the colours all run together ✱ *de tranen liepen haar over de wangen* tears were streaming down her face ❻ *zich uitstrekken* run ✱ *het loopt naar/tegen twaalven* it's getting on for twelve o'clock ✱ *hij loopt naar de vijftig* he's getting on for fifty ✱ *de gracht loopt om de stad* the canal runs/goes round the town ✱ *de weg loopt over Breda* the road goes via Breda ✱ *het loopt in de duizenden* it runs into thousands ✱ *het loopt in de papieren* it's very costly ❼ *blootgesteld zijn aan* run, stand ✱ *je loopt het gevaar dat...* you run the risk of ...ing ✱ *je loopt meer kans om te...* you stand more chance of ...ing ✱ *je loopt meer risico om te...* you run a greater risk of ...ing ❽ *(lopend) iets doen* be ...ing ✱ *zij~ te bedelen* they go about begging

**lopend** *bn* ❶ *te voet gaand, rennend* running, walking ✱ *een~ patiënt* an ambulant patient ❷ *in beweging zijnd* running, moving ✱ *een~e band* an assembly line ✱ *een~ buffet* a stand-up buffet ✱ *~ commentaar* a running commentary ✱ *zich als een~ vuurtje verspreiden* spread like wildfire ❸ *aan de gang zijnd* current ✱ *de zevende van de~e maand* the seventh of this month ✱ *het~e jaar* the current year ✱ ‹rekening courant› *de~e rekening* the current account ✱ ‹onbetaalde rekening› *een~e rekening* an outstanding account ✱ *de~e rekening van de betalingsbalans* the current balance of the balance of payments ✱ *~e schulden* outstanding debts ✱ *de~e*

*zaken* current business/affairs, the business of the day ✱ *rekeningen~e* over de laatste drie jaar bills covering the last three years ❹ *vloeiend* running ✱ *een~e neus* a running/runny nose ✱ *~e ogen* streaming eyes ✱ *~ schrift* running writing, cursive ✱ *~ water* running water

**loper** *m* [-s] ❶ *persoon* runner, ‹krantenbezorger› newspaper deliverer, ‹v. bank &› messenger, courier ❷ *schaakspel* bishop ❸ *sleutel* master/pass/skeleton key ❹ *tapijt* carpet ✱ *de rode~ voor iem. uitleggen* roll out the red carpet for sbd, give sbd the red carpet treatment ❺ *tafelkleedje* runner

**lor** *o & v* [-ren] ❶ *vod* rag ✱ *geen~* not a bit/straw) ❷ *fig* piece of trash/rubbish ✱ *een~ van een roman* a trashy novel ✱ *een~ van een vent* a good-for-nothing ✱ *het is een~* it's a dud, it's mere trash

**lorgnet** *v & o* [-ten] pince-nez, lorgnette

**lorre** *m* [-s] pretty Polly

**lorrie** *v* [-s] ❶ lorry, trolley, truck ❷ *kiepkarretje* tipper, tip truck, dumper

**lorrig** *bn* trashy, rubbishy

**lorum** *zn* ✱ *inf in de~* ‹verward› confused; ‹dronken› sloshed, plastered; ‹in moeilijke omstandigheden› in a tight spot

**los I** *bn* ❶ *niet vast* loose ✱ *een~se voering* a detachable lining ✱ *met~se handen rijden* ride with no hands ✱ *je veter is~* your shoelace has come undone/is untied ✱ *zij stelen alles wat~ en vast zit* they steal whatever they can lay their hands on ❷ *leeg* empty, ‹v. koopman› sold out ❸ *afzonderlijk, apart, niet verpakt* loose ✱ *~ geld* loose change ✱ *~se koffie* ± freshly-ground coffee ✱ *~se auto-onderdelen* spare parts ✱ *~se bloemen* cut flowers ✱ ‹van een tijdschrift›*~se nummers* single issues ❹ *niet samenhangend* disconnected ✱ *~se aantekeningen* loose notes ✱ *~se gedachten* disjointed/stray thoughts ❺ *niet stijf* easy, informal, relaxed ✱ *een ~se houding* an easy/a relaxed attitude ✱ *een~se stijl* an easy/a fluent style ❻ *lichtzinnig* loose ✱ *~se zeden* loose morals ❼ *niet gebonden* free ✱ *een~ werkman* a casual labourer ‖ *bijw* ❶ loosely ✱ *~! let go!* ✱ *op iem.~ gaan* go at sbd ✱ *erop~ leven* live it up ✱ *erop ~ slaan* hit out, pitch into ‹sbd› ❷ *op zichzelf staand* independent, separate ✱ *~ van de vraag of...* apart/aside from the issue of whether... ‖ **III** *m* [-sen] *dier* lynx

**losbandig** *bn* lawless ‹approach to life›, riotous ‹student life›, fast ‹sex, lifestyle›, dissipated ‹fellow, life›, loose ‹woman›, wild ‹youths›

**losbandigheid** *v* [-heden] lawlessness, wildness, ‹v. zeden› looseness, dissipation

**losbarsten** *onoverg* [barstte los, is losgebarsten] ❶ break out, burst, explode, ‹v. bui, storm› blow up ✱ *in een luid gelach~* burst out laughing ❷ *v. emoties* flare up, explode, erupt, burst out

**losbarsting** *v* [-en] outburst, explosion

**losbladig** *bn* loose-leaf

**losbol** *m* [-len] reveller ✱ *zij is echt een~* she lives fast and loose, she leads a debauched life

**losbranden I** *onoverg* [brandde los, is losgebrand] **❶** *afgeschoten worden* blaze/fire away⁕ *het geschut brandde los* the artillery blazed away **❷** *beginnen* burst into⁕ *er brandde een felle discussie los* a heated discussion arose**II** *overg* [brandde los, h. losgebrand] *afschieten* burn off

**losbreken I** *onoverg* [brak los, is losgebroken] **❶** *los raken* break loose/away **❷** *uit de gevangenis* break out/free, escape **❸** *van bui, storm* break loose**II** *overg* [brak los, h. losgebroken] break off, tear off, separate

**losdag** *m* [-dagen] scheepv day of discharge

**losdraaien** *overg* [draaide los, h. losgedraaid] unscrew, loosen

**loser** *m* [-s] loser

**losgaan** *onoverg* [ging los, is losgegaan] ⟨v. schroef &⟩ come/work loose, ⟨v. bladen &⟩ become unstuck/detached, ⟨v. haar &⟩ become untied/undone⁕ *op iem.~* let fly at sbd⁕ *ergens op ~ go for it*

**losgeld** *o* [-en] **❶** *bij ontvoering & ransom⁕ *een~ van 3.000.000 euro eisen* demand a ransom of 3,000,000 euros **❷** handel landing charges

**losgeslagen** *bn* adrift

**losgespen** *overg* [gespte los, h. losgegespt] unbuckle, unclasp

**losgooien** *overg* [gooide los, h. losgegooid] loosen, scheepv cast off

**loshaken** *overg* [haakte los, h. losgehaakt] unhook, unhitch, ⟨ook v. aanhanger⟩ uncouple

**loshangen** *onoverg* [hing los, h. losgehangen] hang loose/down/free⁕ *die knoop hangt los* the button is loose⁕ *haar haar hangt los* her hair is down/loose

**loshangend** *bn* fly-away, loose⁕ *met~ haar* with ⟨her⟩ hair loose

**losheid** *v* [-heden] **❶** looseness, ease **❷** *loszinnigheid* looseness, laxity

**losjes** *bijw* **❶** loosely **❷** *vluchtig* lightly, light-heartedly, casually, afkeurend superficially ⁕ *het~ opnemen* take matters lightly

**losknopen** *overg* [knoopte los, h. losgenknoopt] **❶** *v. jas &* unbutton **❷** *v. touw* untie

**loskomen** *onoverg* [kwam los, is losgekomen] **❶** *losgaan* get/come loose **❷** fig unbend, relax, open up **❸** *in beweging komen* get going, start to move **❹** luchtv get off the ground **❺** *beschikbaar worden* become available **❻** *uit de gevangenis komen* be released

**loskopen** *overg* [kocht los, h. losgekocht] buy off/out, ransom

**loskoppelen** *overg* [koppelde los, h. losgekoppeld] disconnect, detach, uncouple

**loskrijgen** *overg* [kreeg los, h. losgekregen] **❶** *los, vrij krijgen* get loose/released/free, ⟨ook v. knoop⟩ get undone **❷** *bemachtigen* secure, extract⁕ *geld zien los te krijgen* manage to secure/extract/raise some money

**loslaten I** *overg* [liet los, h. losgelaten] **❶** release, set free, let go, ⟨v. honden⟩ unleash⁕ *hij liet mijn hand los* he let go of my hand⁕ *een geheim~* give away/reveal/leak a secret⁕ *hij laat niets los over zijn werk* he doesn't reveal anything about his work, he keep his lips sealed about his work⁕ *de gedachte laat mij niet meer los* the thought keeps haunting me **❷** *laten vallen* let go of, drop, abandon**II** *onoverg* [liet los, h. losgelaten] **❶** let go⁕ *laat los!* let go!⁕ *hij laat niet los* he's holding on like grim death/like a leech **❷** *v. verf &* come/peel off

**loslating** *v* release

**loslippig** *bn* loose-lipped

**loslippigheid** *v* indiscretion

**loslopen I** *onoverg* [liep los, h. losgelopen] walk about freely, ⟨v. misdadiger⟩ be at large⁕ *~de honden/koeien &* stray dogs/cows⁕ *een~d jongmens* an unattached young man**II** *onoverg* [liep los, is losgelopen] be all right⁕ *dat zal wel~* it'll be all right⁕ *dat is te gek om los te lopen* it's too crazy/mad for words

**losmaken** *overg* [maakte los, h. losgemaakt] **❶** *vrijmaken, openmaken* release/set free, ⟨v. knoop⟩ untie/undo, ⟨v. kleren⟩ unfasten/loosen, ⟨v. steen &⟩ dislodge⁕ *dat maakte de tongen los* that loosened their tongues⁕ *zich~* disengage/free oneself⁕ *zich ~ van iets* dissociate oneself from sth, break away from sth **❷** *weten te krijgen* get hold of/obtain/extract ⟨money⟩ **❸** *minder vast doen zijn* loosen (up) ⟨the soil⟩ **❹** *oproepen* stir up ⟨interest⟩

**lospeuteren** *overg* [peuterde los, h. losgepeuterd] **❶** *proberen te krijgen* extract⁕ *informatie/geld~* extract information/money **❷** *losmaken* prise off/away

**losplaats** *v* [-en] unloading bay, scheepv unloading quay

**losprijs** *m* [-prijzen] ransom

**losraken** *onoverg* [raakte los, is losgeraakt] **❶** *losgaan* come loose/off/away, become detached, ⟨v. stenen &⟩ be dislodged **❷** *vrijgelaten worden* be released, be set free **❸** *ontsnappen* break free, get out

**losrukken** *overg* [rukte los, h. losgerukt] tear loose ⁕ *zich~ van* tear oneself away from

**löss** *v* loess

**losscheuren I** *overg* [scheurde los, h. losgescheurd] tear loose/away⁕ *zich~ (van)* tear oneself away (from), break away (from)**II** *onoverg* [scheurde los, is losgescheurd] be torn loose, ⟨v. bladzij⟩ be torn out

**losschieten** *onoverg* [schoot los, is losgeschoten] slip (off/out), come off, become detached

**losschroeven** *overg* [schroefde los, h. losgeschroefd] screw off, unscrew

**lossen I** *overg* [loste, h. gelost] **❶** *v. goederen* unload, empty **❷** *v. vuurwapen* discharge, shoot, fire **❸** *aflossen* discharge, repay **❹** *loslaten* release, set free, let out/go**II** *onoverg* [loste, h. gelost] sp be dropped, fall behind

**lossing** *v* [-en] *v. goederen* unloading

lo

**losslaan** I onoverg [sloeg los, is losgeslagen] ❶scheepv break away, be turned adrift ❷met een klap opengaan fly/burst open ❸uit de band springen go wild II overg [sloeg los, h. losgeslagen] knock open/loose

**losspringen** onoverg [sprong los, is losgesprongen] spring open/loose

**losstaand** bn detached/freestanding ⟨house &⟩, isolated ⟨fact⟩

**losstormen** onoverg [stormde los, is losgestormd] *~op charge/fly at

**lostijd** m [-en] unloading/discharging time

**lostornen** overg [tornde los, h. losgetornd] unpick, pick to pieces

**lostrekken** I overg [trok los, h. losgetrokken] ❶pull/tear loose ❷openen pull open II onoverg [trok los, is losgetrokken] oprukken advance, move up

**los-vast** bn informal, casual *~e verkering an on and off/a casual relationship

**losweg** bijw casually, off-hand(edly)

**losweken** I overg [weekte los, h. losgeweekt] soak off *zich ~van detach oneself from, break away from II onoverg [weekte los, is losgeweekt] become unstuck

**loswerken** I overg [werkte los, h. losgewerkt] ❶met moeite losmaken extricate, work loose ❷met moeite vrij maken extricate, free *zich ~disengage oneself II onoverg [werkte los, is losgewerkt] come loose

**loszinnig** bn frivolous

**loszitten** onoverg [zat los, h. losgezeten] be loose, ⟨v. knoop⟩ be coming off *zijn handen zitten los he's free with his hands

**lot** o [loten] ❶loterijbriefje (lottery) ticket *fig een ~ uit de loterij a gem ❷levenslot fate, destiny, lot *het ~was haar gunstig fortune smiled on her *iem. aan zijn ~overlaten leave sbd to fend for himself, leave sbd to his own devices

**loteling** m [-en] conscript

**loten** I onoverg [lootte, h. geloot] draw lots *er om ~ draw lots II overg [lootte, h. geloot] draw

**loterij** v [-en] lottery

**loterijbriefje** o [-s] lottery ticket

**lotgenoot** m [-noten] companion, partner

**lotgeval** o [-len] adventure, ⟨mv⟩ ups and downs, fortunes

**loting** v [-en] drawing of lots *bij ~by drawing lots *via ~toegelaten worden selection by lot

**lotion** v [-s] lotion

**lotje** o *van ~getikt barmy, crazy, off his rocker

**lotnummer** o [-s] lot number

**lotsbestemming** v [-en] fate, destiny

**lotsverbetering** v improvement in one's lot

**lotsverbondenheid** v solidarity

**lotto** m ['s] lotto, lottery

**lottoformulier** o [-en] lottery form

**lottotrekking** v [-en] lottery draw

**lotus** m [-sen] lotus

**lotusbloem** v [-en] lotus flower

**lotushouding** v lotus position

**louche** bn shady, suspicious

**lounge** m [-s] foyer *de vip-~the VIP lounge

**louter** I bn ❶zuiver pure ⟨gold⟩ ❷alleen maar mere ⟨thought⟩, sheer ⟨nonsense⟩ *~leugens nothing but lies II bijw purely, merely, only *~bij toeval by sheer chance, purely by accident

**louteren** overg [louterde, h. gelouterd] purify, refine

**loutering** v [-en] catharsis

**louwmaand** v January

**lovegame** m [-s] love game

**loven** overg [loofde, h. geloofd] praise, commend, glorify ⟨God⟩ ▼~en bieden haggle, bargain

**lovend** bn very approving *een ~e recensie a very favourable review *~e woorden words of praise

**lover** o [-s] foliage

**loverboy** m [-s] young male pimp

**lovertje** o [-s] spangle, sequin

**low budget** m en bn [-s] low-budget

**lowbudgetfilm** m [-s] low-budget film

**loyaal** bn loyal, faithful

**loyalist** m [-en] loyalist

**loyaliteit** v loyalty

**loyaliteitsverklaring** v [-en] declaration of loyalty

**lozen** overg [loosde, h. geloosd] ❶doen wegvloeien drain, empty ❷wegwerken get rid of, dump ❸verwijderen discharge, drain off

**lozing** v [-en] drainage, discharge *illegale ~illegal dumping

**lp** v ['s] LP

**LPG** o (liquefied petroleum gas) LPG, LP gas

**L.S.** afk (Lectori Salutem) dear Sir or Madam, to whom it may concern

---

**L.S.**
De uitdrukking **Lectori Salutem** wordt in het Engels nooit gebruikt. Een rondschrijven kan als aanhef hebben **To whom it may concern** en een brief aan onbekenden kan worden begonnen met **Dear Sir or Madam**.

---

**lsd** o LSD, inf acid

**lts** v (lagere technische school) junior technical school

**lubben** overg [lubde, h. gelubd] ❶castreren geld, castrate ❷v. vis clean, gut ❸strikken inveigle, wheedle

**Lucas** m Luke

**lucht** v [-en] ❶gas air *gebakken ~rubbish, twaddle *~geven aan iets give vent to sth *in de ~in the air *dat hangt nog in de ~it's still up in the air *in de ~ vliegen explode, be blown up *in de ~springen jump (for joy) * ⟨v. radiostation⟩ in de ~zijn be on the air *het zit in de ~it's in the air *in de ~zitten kijken stare into space *in de open ~in the open (air) *hij is ~voor mij he means nothing to me ❷atmosfeer atmosphere ❸hemel sky *dat is uit de ~ gegrepen it's totally unfounded *uit de ~komen

*vallen* appear out of the blue ❶*reuk* smell, scent ✳*de* ~*krijgen van iets* get wind of sth
**luchtaanval** *m* [-len] air raid
**luchtafweer** *m* anti-aircraft defences
**luchtafweergeschut** *o* anti-aircraft guns
**luchtafweerraket** *v* [-ten] anti-aircraft missile
**luchtalarm** *o* air raid warning, alert
**luchtballon** *m* [-s, -nen] balloon
**luchtband** *m* [-en] pneumatic tyre, Am pneumatic tire
**luchtbasis** *v* [-sen & -bases] air base
**luchtbed** *o* [-den] air bed/mattress
**luchtbel** *v* [-len] air bubble
**luchtbescherming** *v* air raid precautions/defence
**luchtbevochtiger** *m* [-s] humidifier
**luchtbombardement** *o* [-en] aerial bombardment
**luchtbrug** *v* [-gen] ❶*voetbrug* overhead/elevated bridge ❷*verbinding met vliegtuigen* airlift
**luchtbuis** *v* [-buizen] ❶*buis voor luchttoevoer* air pipe ❷*luchtpijp* anat trachea
**luchtbuks** *v* [-en] air rifle/gun
**luchtbus** *m & v* [-sen] air bus
**luchtcargo** *m* air cargo
**luchtcirculatie** *v* air circulation
**luchtcorridor** *m* [-s] air corridor
**luchtdicht** I *bn* airtight II *bijw* hermetically
**luchtdoelgeschut** *o* anti-aircraft artillery
**luchtdoelraket** *v* [-ten] anti-aircraft missile
**luchtdoop** *m* maiden flight ✳*ik onderging de* ~I made my maiden flight
**luchtdruk** *m* ❶*v. atmosfeer* atmospheric pressure ❷*v. explosie* air pressure, blast
**luchten** *overg* [luchtte, h. gelucht] ❶air, ventilate ✳*de kamers* ~air the rooms ❷*fig* vent, air, give vent to ✳*zijn gemoed/hart* ~air/vent one's feelings, give vent to one's feelings ✳*zijn geleerdheid* ~air one's learning ▼*ik kan hem niet* ~*of zien* I hate the very sight of him, <u>inf</u> I can't stand his guts
**luchter** *m* [-s] ❶*lichtkroon* chandelier ❷*kandelaar* candelabrum, candelabra

---

**luchter**
De correcte vertaling in het Engels is candelabrum met als meervoud candelabra. Tegenwoordig wordt echter meestal candelabra gebruikt met als meervoud candelabras.

---

**luchtfilter** *m & o* [-s] air filter
**luchtfoto** *v* ['s] air/aerial photograph, air/aerial view
**luchtgat** *o* [-gaten] air hole
**luchtgekoeld** *bn* air-cooled
**luchtgesteldheid** *v* ❶atmospheric condition(s) ❷*klimaat* climate
**luchtgevaar** *o* danger from the air
**luchtgevecht** *o* [-en] dogfight
**luchthartig** I *bn* light-hearted II *bijw* light-heartedly ✳~*over iets heenstappen* dismiss sth lightly/airily

**luchthartigheid** *v* light-heartedness
**luchthaven** *v* [-s] airport
**luchthavenbelasting** *v* [-en] airport tax
**luchtig** I *bn* ❶*licht, fris* airy ❷*v. kleding* light, cool, thin ❸*v. brood &* light ❹*niet ernstig* airy, light-hearted, casual ✳*een* ~*e opmerking* a casual remark ✳*iets op een* ~*toon zeggen* say sth casually II *bijw* airily, lightly ✳*iets* ~*opvatten* treat sth lightly, make light of sth ✳~*doen over iets* treat sth lightly
**luchtigheid** *v* airiness, lightness, ‹v. personen› light-heartedness
**luchtje** *o* [-s] ❶*lucht* fresh air ✳*een* ~*(gaan) scheppen* get a bit/breath of fresh air ❷*geur* smell, odour ✳*er zit een* ~*aan* it smells; fig there's sth fishy about it
**luchtkartering** *v* air/aerial survey
**luchtkasteel** *o* [-telen] castle in the air, daydream ✳*luchtkastelen bouwen* build castles in the air
**luchtklep** *v* [-pen] air valve
**luchtkoeling** *v* air cooling ✳*een motor met* ~an air-cooled engine
**luchtkoker** *m* [-s] air/ventilation shaft
**luchtkussen** *o* [-s] air cushion, ‹in leidingen› airlock
**luchtkussenboot** *m & v* [-boten],
**luchtkussenvoertuig** *o* [-en] hovercraft
**luchtkuur** *v* [-kuren] fresh-air treatment
**luchtlaag** *v* [-lagen] layer of air
**luchtlanding** *v* [-en] airborne landing
**luchtlandingsoperatie** *v* [-s] airborne operation
**luchtlandingstroepen** *zn* [mv] airborne troops
**luchtledig** *bn* void of air ✳*een* ~*e ruimte* a vacuum ✳~*maken* create a vacuum
**luchtledige** *o* vacuum ✳*in het* ~in a vacuum ✳*in het* ~*praten/kletsen* be talking in a vacuum/to a non-existent audience
**luchtlijn** *v* [-en] airline
**luchtmacht** *v* [-en] air force
**luchtmachtbasis** *v* [-bases & -sen] air force base
**luchtmobiel** *bn* airborne ✳*de* ~*e brigade* the airborne brigade
**luchtnet** *o* [-ten] air network
**luchtoffensief** *o* [-sieven] air offensive
**luchtoorlog** *m* [-logen] war in the air, air war
**luchtopname** *v* [-n & -s] ❶*luchtfoto* aerial photograph ❷*het opnemen v. lucht* air intake
**luchtpijp** *v* [-en] windpipe, anat trachea
**luchtpiraat** *m* [-raten] air pirate, skyjacker
**luchtpiraterij** *v* air piracy, skyjacking
**luchtpomp** *v* [-en] air pump
**luchtpost** *v* airmail ✳*per* ~by airmail
**luchtpostblad** *o* [-bladen] airmail letter, aerogramme/Am aerogram
**luchtramp** *v* [-en] air disaster
**luchtrecht** *o* ❶aviation law ❷*porto* airmail postage
**luchtreclame** *v* airial/sky advertising
**luchtreis** *v* [-reizen] voyage by air, air voyage/trip
**luchtreiziger** *m* [-s] air traveller, Am air traveler
**luchtrooster** *m & o* [-s] air grate, wall ventilator

**lu**

**luchtruim** o ❶ *dampkring* atmosphere ❷ *machtsgebied* airspace* *het Nederlandse~ schenden* violate Dutch airspace
**luchtschip** o [-schepen] airship
**luchtschommel** m & v [-s] swingboat
**luchtschroef** v [-schroeven] (aircraft) propeller, Br airscrew
**luchtslag** m [-slagen] air battle
**luchtsluis** v [-sluizen] airlock
**luchtspiegeling** v [-en] mirage, alleen dicht Fata Morgana
**luchtstoringen** zn [mv] atmospherics
**luchtstreek** v [-streken] climate, zone
**luchtstrijdkrachten** zn [mv] air force
**luchtstroom** m [-stromen] air current
**luchttaxi** m ['s] air taxi
**luchttoevoer** m air supply
**luchttransport** o air transport
**luchttrilling** v [-en] air vibration, vibration of air
**luchtvaart** v aviation, flying
**luchtvaartmaatschappij** v [-en] airline (company), aviation company
**luchtvaartschool** v [-scholen] flying school
**luchtvaartuig** o [-en] aircraft
**luchtverbinding** v [-en] air link
**luchtverdediging** v air defence/Am defense
**luchtverfrisser** m [-s] air freshener
**luchtverkeer** o aerial/air traffic
**luchtverkeersleider** m [-s] air traffic controller
**luchtverkeersleiding** v air traffic control, ATC
**luchtverkenning** v air/aerial reconnaissance
**luchtverontreiniging** v air pollution
**luchtverschijnsel** o [-en & -s] atmospheric phenomenon
**luchtverversing** v ventilation
**luchtvervoer** o air transport, transport by air
**luchtvervuiling** v air pollution
**luchtvloot** v [-vloten] air fleet
**luchtvochtigheid** v atmospheric humidity
**luchtvochtigheidsmeter** m [-s] hygrometer
**luchtvracht** v air freight/cargo
**luchtwaardig** bn airworthy
**luchtwapen** o air force
**luchtweerstand** m air resistance
**luchtweg** m [-wegen] luchtv air route, airway
**luchtwegen** zn [mv] anat bronchial tubes
**luchtweginfectie** v [-s] bronchial infection
**luchtwortel** m [-s] aerial root
**luchtzak** m [-ken] air pocket
**luchtziek** bn airsick
**luchtziekte** v airsickness
**lucide** bn lucid
**lucifer** m [-s] match
**luciferdoosje** , **lucifersdoosje** o [-s] matchbox
**lucifersboekje** o [-s] book of matches
**lucifershoutje** o [-s] matchstick
**lucratief** bn lucrative
**lucullisch** bn lavish, luxurious

**ludiek** bn playful, frivolous* *~e acties* light-hearted protests
**lues** v syphilis
**luguber** bn sinister, lurid, lugubrious, gruesome
**lui I** bn lazy, idle* *een~e stoel* an easy chair* *een~ oog* a lazy eye* *liever~ dan moe zijn* be bone idle **II** *bijw* lazily **III** zn [mv], **luiden** people, folks* *de oude~* the old folks* *de kleine~(den)* the ordinary people* *gaan jullie mee,~tjes?* are you coming, guys?
**luiaard** m [-s] ❶ *lui mens* lazybones ❷ *dier* sloth
**luid I** bn loud **II** *bijw* loud* *~ spreken* talk loudly * *iem/iets~ toejuichen* applaud sbd/sth loudly/roundly
**luiden I** onoverg [luidde, h. geluid] ❶ *v. klokken* sound* *de klokken~* the bells are sounding/ringing ❷ *v. inhoud* read* *hoe luidt de brief?* what's the gist of the letter?* *het antwoord luidt niet gunstig* the reply isn't very positive* *zoals de uitdrukking luidt* as the saying goes **II** overg [luidde, h. geluid] ring, sound, toll
**luidens** voorz according to* *~ het bevel* according to instructions
**luidkeels** bijw at the top of one's voice, loudly* *~ lachen* laugh at the top of one's voice
**luidop** bijw ZN out loud, aloud
**luidruchtig I** bn loud, noisy, boisterous **II** bijw loudly, noisily, boisterously
**luidruchtigheid** v loudness, noisiness, boisterousness
**luidspreker** m [-s] loudspeaker
**luier** v [-s] nappy, Am diaper* *ook fig nog in de~s zitten* still be in nappies
**luieren** onoverg [luierde, h. geluierd] be idle, idle/laze (around)
**luiermand** v [-en] ❶ *mand* nappy basket ❷ *babykleren* layette, baby clothes
**luifel** v [-s] ❶ *afdak* (glass) porch ❷ *zonnescherm* awning
**luiheid** v laziness, idleness
**Luik** o Liège
**luik** o [-en] ❶ *aan raam* shutter ❷ *in vloer* trapdoor, scheepv hatch ❸ *v. schilderij* panel ❹ *deel v. formulier* ZN section ❺ ZN pol part of a (political) programme
**luilak** m [-ken] lazybones
**luilakken** onoverg [luilakte, h. geluilakt] idle/laze (around)
**luilekkerland** o land of plenty* *een~ voor criminelen* a paradise for criminals
**luim** v [-en] ❶ *gemoedsgesteldheid* humour, mood* *in een goede~ zijn* be in a good temper/humour ❷ *gril* whim, caprice
**luimig** bn ❶ *grillig* capricious ❷ *grappig* facetious
**luipaard** m [-en] leopard
**luis** v [luizen] louse
**luister** m lustre, splendour* *met veel~* with splendour* *~ bijzetten* add lustre to
**luisteraar** m [-s] listener

**luisterbijdrage** v [-n] radio licence/<u>Am</u> license fee
**luisterboek** o [-en] listening book, spoken book
**luisterdichtheid** v listening figures/ratings
**luisteren** onoverg [luisterde, h. geluisterd] ❶ listen
  ✳ heimelijk~ eavesdrop ✳ naar de radio~ listen to
  the radio ✳ naar iem.~ listen to sbd ✳~de naar de
  naam Fox answering to the name of Fox ✳ wie
  luistert aan de wand, hoort zijn eigen schand
  eavesdroppers hear no good of themselves
  ❷ gehoorzamen listen, follow ✳ naar zijn raad~
  listen to his advice ✳ naar rede~ listen to reason
  ✳ scheepv naar het roer~ respond to the helm ▼ dat
  luistert nauw that requires precision
**luister- en kijkgeld** o [-en] radio and television
  licence/<u>Am</u> license fee
**luisterlied** o [-eren] contemporary ballad
**luisterpost** m [-en] listening post
**luisterrijk I** bn ❶ splendid, magnificent, glorious
  ❷ roemrijk glorious, illustrious II bijw splendidly, in
  style, with pomp and circumstance ✳~ eten dine in
  style ✳~ onthaald received with pomp and
  circumstance
**luisterspel** o [-spelen] radio play
**luistertoets** m [-en] aural comprehension test
**luistervaardigheid** v [-heden] listening skills
**luistervergunning** v [-en] radio licence/<u>Am</u> license
**luistervink** m & v [-en] eavesdropper
**luit** v [-en] lute
**luitenant** m [-s] lieutenant ✳ de dienstdoend~ the
  lieutenant on duty ✳ eerste/tweede~ first/second
  lieutenant
**luitenant-generaal** m [-s] lieutenant-general
**luitenant-kolonel** m [-s] lieutenant-colonel, <u>luchtv</u>
  wing commander
**luitenant-ter-zee** m [luitenants-] lieutenant ✳~
  eerste klasse first-class lieutenant, lieutenant
  commander ✳~ tweede klasse sublieutenant
**luitspeler** m [-s] lute player
**luiwagen** m [-s] hard broom
**luiwammes** m [-en] lazybones
**luizen** overg [luisde h. geluisd] zoeken naar
  hoofdluizen delouse ▼ erin~ fall into the trap ▼ iem.
  erin laten~ play a trick on sbd
**luizenbaan** v [-banen] cushy job
**luizenei** o [-eren] nit
**luizenkam** m [-men] fine-toothed comb, nit comb
**luizenleven** o easy life ✳ een~ hebben have a cushy
  life, lead the life of Riley
**luizenstreek** m & v [-streken] lousy trick
**luizig** bn ❶ vol luizen full of lice, lousy ❷ armetierig
  pathetic ✳ een~ bos bloemen a pathetic little bunch
  of flowers ❸ inf great, fantastic
**lukken** onoverg [lukte, is gelukt] succeed, be
  successful, manage ✳ het lukt niet it's not working
  ✳ dat lukt je nooit you'll never manage that, you'll
  never bring/pull that off ✳ het is mij gelukt I
  managed it ✳ ...is goed gelukt ...turned out well, ..was
  very successful ✳ dat zal wel~ it'll be okay/all right

**lukraak I** bn haphazard, random, wild ✳~
  antwoorden haphazard/hit-and-miss answers II bijw
  haphazardly, randomly, at random ✳~ geplaatste
  tafels tables placed haphazardly/at random
**lul** m [-len] ❶ penis prick, dick, cock ✳ een stijve~
  hebben/krijgen have/get an erection/inf a hard-on
  ❷ scheldwoord prick, ass(hole) ✳ een ouwe~ an old
  geezer ✳ de~ zijn cop it ✳ voor~ staan look a real
  idiot
**lulkoek** m bullshit
**lullen** onoverg [lulde, h. geluld] bullshit ✳ er wordt
  hier te veel geluld there's too much crapping
  on/bullshitting going on here ✳ zit niet zo slap te~!
  stop crapping on!
**lullepot** m [-ten] old fool, idiot, nutcase
**lullig** bn & bijw pathetic, lousy, rotten ✳ doe niet zo~
  don't be so pathetic, don't be such a prick/jerk ✳ zich
  ~ voelen feel rotten ✳ ik vind het~ van haar dat ze...
  it really pisses me off that she... ✳ wat~ dat je niet
  geslaagd bent what a lousy/rotten bit of luck that you
  failed
**lulverhaal** o [-verhalen] cock and bull story, (piece
  of) bullshit/crap
**lumineus** bn brilliant, bright ✳ een~ idee krijgen
  have a brilliant idea/a brain wave
**lummel** m [-s] oaf, lout ✳ een~ van een jongen an oaf
  of a lad ✳ een~ van een balk a whacking great beam
**lummelachtig** bn oafish, loutish
**lummelen** onoverg [lummelde, h. gelummeld] hang
  around, fool about
**lummelig** bn oafish, loutish
**lunapark** o [-en] amusement park
**lunch** m [-en & -es] lunch(eon)
**lunchconcert** o [-en] lunch concert
**lunchen** onoverg [lunchte, h. geluncht] lunch, have
  lunch
**lunchpakket** o [-ten] packed lunch
**lunchpauze** v [-s] lunch break
**lunchroom** m [-s] tea room, tea shop
**luns** v [lunzen] linchpin
**lupine** v [-n] plant lupin, Am ook lupine
**lupus** m lupus
**luren** zn [mv] ✳ iem. in de~ leggen take sbd in, take
  sbd for a ride ✳ nog in de~ liggen be wet behind the
  ears
**lurken** onoverg [lurkte, h. gelurkt] suck, ‹drinken›
  slurp, ‹v. buizen› gurgle ✳~ aan zijn pijp suck on his
  pipe
**lurven** zn [mv] ✳ iem. bij zijn~ pakken get sbd by the
  short hairs
**lus** v [-sen] ❶ v. touw noose ❷ v. schoen tag ❸ in tram
  strap ❹ als ornament loop
**lust** m [-en] ❶ zin desire ✳ niet de tijd of de~ hebben
  om te... have neither the time or the energy to... ✳ ik
  heb er geen~ in I don't feel like it ✳ iem. de~ doen
  vergaan take the wind out of someone's sails ✳ de~
  tot lachen zal je straks wel vergaan you'll soon be
  laughing on the other side of your face ❷ genot

delight ∗ *een* ~ *voor het oog* a feast for the eye ∗ *het is mijn* ~*en mijn leven* it's my greatest delight ∗...*dat het een* (*lieve*) ~ *is* ...with a will ∗ *een mens zijn* ~ *is een mens zijn leven* a life without pleasure is no life at all ❸ *verlangen* desire, passion, ⟨vleselijk⟩ lust ∗ *vleselijke* ~*en* desires of the flesh, carnal desires ∗ *zijn* ~*en botvieren* give one's desires/passions free rein

**lusteloos** I *bn* ❶ listless, apathetic ❷ ⟨handel⟩ flat
‖ *bijw* listlessly, apathetically

**lusteloosheid** *v* listlessness, apathy

**lusten** *overg en onoverg* [lustte, h. gelust] like, be fond of ∗ *ze* ~ *hem niet* they can't bear him ∗ *hij zal ervan* ~ he's going to pay for this ∗ *ik lust hem rauw!* just let me get my hands on him! ∗ *ik lust wel een kopje koffie* I could do with a coffee ∗ *eten zoveel men lust* eat as much as you like ∗ *fig zo lust ik er nog wel eentje!* pull the other one!

**luster** *m* [-s] chandelier

**lustgevoel** *o* [-ens] sense of pleasure, pleasurable feeling

**lusthof** *m* [-hoven] ❶ pleasure garden/ground ❷ *fig* (garden of) Eden, paradise

**lustig** I *bn vrolijk* merry, cheerful ‖ *bijw* ❶ merrily, cheerfully ❷ *versterkend* lustily ∗ *hij speelt/feest er* ~ *op los* he's having a great time/having the time of his life

**lustmoord** *m* [-en] sex murder

**lustmoordenaar** *m* [-s] sex murderer

**lustobject** *o* [-en] sex object

**lustoord** *o* [-en] delightful/idyllic spot

**lustre** I *o* lustre ‖ *bn* lustre

**lustrum** *o* [-tra] fifth anniversary

**lustrum**
Een lustrum is in Engelstalige landen een onbekend begrip. Men gebruikt daar een aanduiding als fifth/tenth/fifteenth anniversary.

**lustrumjaar** *o* [-jaren] fifth (tenth, fifteenth &) anniversary

**lutheraan** *m* [-ranen] Lutheran

**lutheraans** *bn* Lutheran

**luthers** *bn* Lutheran ∗ *de Lutherse Kerk* the Lutheran church

**luttel** *bn* ❶ *bij enkelvoud* small, little ∗ *voor het* ~ *bedrag van...* for the mere sum of..., for a mere... ❷ *bij meervoud* few ∗ ~*e dagen* a few days

**luw** *bn* ❶ *windvrij* sheltered, protected ❷ *warm* mild

**luwen** *onoverg* [luwde, is geluwd] ❶ *v. wind &* abate, die down, subside ❷ *v. drukte &* calm/quieten down, cool (down) ∗ *toen de opwinding was geluwd* when the excitement had blown over, when everyone had calmed down ∗ *haar enthousiasme is geluwd* her enthusiasm has faded

**luwte** *v* ❶ shelter, ⟨plaats met weinig/geen wind⟩ lee ∗ *in de* ~ to leeward/out of the wind; *fig* on the sidelines ∗ *in de* ~ *van de eilanden* in the lee of the

islands ∗ *in de* ~ *van de grote stad* in the shelter of the city ❷ *zoelte* warmth

**luxaflex** ® *m* venetian blind

**luxe** I *m* luxury ∗ *in* ~ *grootgebracht* brought up in the lap of luxury ‖ *bn* luxury, deluxe ∗ *een* ~ *leventje leiden* live a life of luxury

**luxeartikel** *o* [-en] luxury article ∗ ~*en* luxury goods

**luxeauto** *m* ['s] luxury/deluxe car

**luxebrood** *o* [-broden] fancy bread ∗ *een workshop* ~ *bakken* a workshop on baking non-standard types of bread

**luxe-editie** *v* [-s] deluxe edition

**luxehut** *v* [-ten] luxury cabin

**luxeleven** *o* life of luxury

**Luxemburg** *o* Luxembourg

**Luxemburger** *m* [-s] Luxembourger

**Luxemburgs** *bn* Luxembourg

**Luxemburgse** *v* [-n] Luxembourger ∗ *ze is een* ~ she's a Luxembourger, she's from Luxembourg

**luxeprobleem** *o* [-problemen] not a real problem ∗ *het is slechts een* ~ it's not a real problem

**luxueus** I *bn* luxurious, sumptuous, opulent, plush ‖ *bijw* luxuriously & ∗ *een* ~ *ingericht appartement* a luxuriously & furnished apartment

**luzerne** *v* [-n] Lucerne

**L-vormig** *bn* L-shaped

**lyceum** *o* [-cea & -s] Br ± grammar school, Am ± senior high school

**lychee** *m* [-s] lychee, litchi

**lycra** ® I *m & o* Lycra ‖ *bn* lycra

**lymf** *v* → **lymfe**

**lymfatisch** *bn* lymphatic

**lymfe, lymf** *v* lymph

**lymfeklier, lymfklier** *v* [-en] lymph gland

**lymfevat, lymfvat** *o* [-vaten] lymphatic vessel

**lymfocyt** *m* [-cyten] lymphocyte

**lynchen** *overg* [lynchte, h. gelyncht] lynch

**lynchpartij** *v* [-en] lynching

**lynx** *m* [-en] lynx

**Lyon** *o* Lyons

**lyricus** *m* [-ci] lyricist

**lyriek** *v* ❶ *poëzie* lyric poetry ❷ *lyrische aard* lyricism

**lyrisch** I *bn* lyrical ⟨account⟩, lyric ⟨poetry⟩ ∗ ~ *worden* wax lyrical ‖ *bijw* lyrically

**lysol** *o & m* Lysol

# M

**m I** v ['s] m **II** afk (meter) metre, Am meter

**ma** v ['s] mum, Am mom

**maag** v [magen] stomach * een lege ~ an empty stomach * het aan zijn ~ hebben suffer from gastric/stomach trouble * hij zit er mee in zijn ~ it's bothering him; ⟨ertegen opzien⟩ he's dreading having to do it * iem. iets in zijn ~ splitsen fob sth off on sbd; ⟨duur verkopen⟩ make sbd pay through the nose for sth * op de nuchtere ~ on an empty stomach * zwaar op de ~ liggen lie heavy on one's stomach; fig stick in one's throat * van vet eten raakt mijn ~ van streek fatty foods upset my stomach

**maagaandoening** v [-en] stomach complaint

**maagbloeding** v [-en] gastric bleeding

**Maagd** v astron & astrol Virgo

**maagd** v [-en] maagdelijk meisje virgin * de Heilige Maagd the Blessed Virgin * de Maagd van Orléans the Maid of Orleans

**maag-darmkanaal** o gastro-intestinal tract

**maagdelijk** bn ❶ van een maagd virginal * in ~e staat in pristine condition * in het ~ wit in virginal white ❷ ongerept virgin * ~e grond virgin ground

**maagdelijkheid** v virginity

**maagdenvlies** o [-vliezen] hymen

**maagkanker** m stomach cancer

**maagklachten** zn [mv] gastric/stomach complaints

**maagkramp** v [-en] stomach/gastric cramps

**maagkwaal** v [-kwalen] stomach complaint/disorder

**maagpijn** v [-en] stomach ache, inf belly ache, kindertaal tummy ache

**maagsap** o [-pen] gastric juice

**maagslijmvlies** o stomach lining

**maagstreek** v gastric region, inf stomach

**maagwand** m stomach wall

**maagzuur** o substantie gastric juice * last hebben van brandend ~ suffer from heartburn/acid stomach/stomach acidity

**maagzweer** v [-zweren] gastric/stomach ulcer

**maaidorser** m [-s] combine (harvester)

**maaien I** overg [maaide, h. gemaaid] ❶ afsnijden mow, cut * het gras ~ mow/cut the grass * de benen onder iem. vandaan ~ mow/knock sbd down ❷ oogsten reap ❸ een brede (arm)beweging maken sweep * ze maaide alle spullen van het bureau she swept everything off the desk **II** onoverg [maaide, h. gemaaid] met de armen zwaaien wave about, flail * ze maaide wild met haar armen she was waving her arms wildly/furiously

**maaier** m [-s] ❶ persoon mower ❷ machine harvester, mower

**maaimachine** v [-s] ❶ v. gras mowing machine, mower, lawnmower ❷ v. graan harvester

**maaiveld** o ❶ maailand mowing field * fig je mag je hoofd niet boven het ~ uitsteken tall poppies get cut down ❷ bouwk ground/surface level

**maak** m & v * in de ~ zijn ⟨in voorbereiding⟩ be in preparation/inf in the make; ⟨in reparatie⟩ be under repair * ik heb een jas in de ~ I'm having a coat made

**maakbaar** bn mak(e)able, repairable * geluk is ~ happiness is something we make ourselves * sp die bal was ~ that shot should have gone in

**maakloon** o [-lonen] manufacturing cost(s), ⟨door kleine onderneming⟩ cost of making

**maaksel** o [-s] ❶ proces manufacture * eigen ~ of own make, made by oneself, homemade ❷ product product, ⟨schepping⟩ creation, ⟨drank⟩ concoction, ⟨machine⟩ contraption

**maakwerk** o ❶ made to order/custom-made goods ❷ afkeurend run-of-the mill work/inf stuff, hackwork

**maal I** v & o [malen] keer time * een enkele ~ on a rare occasion * voor de laatste ~ for the last time * te enen male simply, absolutely **II** o [malen] maaltijd meal

**maalstroom** m [-stromen] draaikolk whirlpool, fig vortex, maelstrom * in de ~ meegaan go with the flow * de ~ van het leven the merry-go-round of life

**maalteken** o [-s] multiplication sign

**maaltijd** m [-en] meal, dinner * een warme ~ a hot meal * een ~ in elkaar flansen rustle up a meal, throw a meal together

**maan** v [manen] moon * een afnemende/wassende ~ a waning/waxing moon * een nieuwe ~ a new moon * een volle ~ a full moon * ⟨kapot⟩ naar de ~ gaan go to the dogs * inf loop naar de ~ get lost!, go to hell! * alles is naar de ~ it's all gone/lost

**maand** v [-en] month * een dertiende ~ an annual bonus * in geen ~en not for months * over een ~ in one month's time * per ~ a/per month

**maandabonnement** o [-en] ❶ op krant enz. monthly subscription ❷ openbaar vervoer, entree monthly (season) ticket

**maandag** m [-dagen] Monday * een blauwe ~ for a very short period * 's ~s on Mondays

**maandagavond** m [-en] Monday evening

**maandagmiddag** m [-en] Monday afternoon

**maandagmorgen** m [-s] Monday morning

**maandagnacht** m [-en] Monday night

**maandags I** bn Monday **II** bijw (on) Mondays, every Monday

**maandagziek** bn Monday morning blues/feeling

**maandbericht** o [-en] monthly report

**maandblad** o [-bladen] monthly (magazine)

**maandelijks I** bn monthly * de ~e huur the monthly rent **II** bijw monthly, every month, once a month

**maandenlang I** bn months-long * na ~e onderhandelingen after months-long talks, after months of talks **II** bijw for months (on end) * ~ in het ongewisse blijven remain in the dark/uncertain for months on end

ma

**maandgeld** o [-en] monthly pay/wages, ‹toelage› monthly allowance

**maandinkomen** o [-s] monthly income

**maandkaart** v [-en] monthly (season) ticket

**maandloon** o [-lonen] monthly wages/pay

**maandsalaris** o [-sen] monthly salary/wages

**maandverband** o [-en] sanitary pad/towel/napkin

**maandverslag** o [-en] monthly report

**maanlander** m [-s] lunar module

**maanlanding** v [-en] landing on the moon, moon landing

**maanlandschap** o [-pen] moonscape, lunar landscape

**maanlicht** o moonlight ✱ *in het volle* ~ in the light of the moon, in the moonlight ✱ *bij* ~ by moonlight

**maansikkel** v [-s] crescent of the moon

**maanstand** m [-en] position of the moon

**maansverduistering** v [-en] eclipse of the moon, lunar eclipse

**maanvis** m [-sen] angelfish

**maanzaad** o poppy seed

**maanzaadbrood** o [-broden] poppy seed bread

**maanzaadbroodje** o [-s] poppy seed roll

**maar I** *voegw* but ✱ *het is klein* ~ *schoon* it's small but clean ✱ *ik wilde vluchten* ~ *ik wist niet waar naar toe* I wanted to run away only I didn't know where to **II** *bijw* ❶ *niet meer dan* but, only, just ✱ *je bent* ~ *eens jong* you're only young once ✱ *het is* ~ *een hond* it's only a dog ✱ ~ *één boek* just one book ✱ *ik heb er* ~ *drie* I only have three ✱ *zonder ook* ~ *te...* without even... ❷ *niettemin* only, just ✱ *zij ging* ~ *door* she just went on and on ✱ *pas* ~ *op* do be careful ❸ *m.b.t. een wens* (if) only ✱ *was het* ~ *vast zaterdag* if only it were Saturday ✱ *kon ik het* ~! I wish I could ❹ *zolang, alleen* only, as long as ✱ *ik vind alles best als ik* ~ *niet hoef te koken* anything's fine as long as I don't have to cook **III** o [maren] but ✱ *er komt een* ~ *bij* there is a but ✱ *geen maren!* no buts! ✱ *alle mitsen en maren* all ifs and buts **IV** *tsw* ~ *nee* ~! really?

**maarschalk** m [-en] *opperbevelhebber* field marshal

**maart** m March ✱ *in* ~ in March ✱ *op tien* ~ on the tenth of March ✱ *begin/midden/eind* ~ at the beginning of/in the middle of/at the end of March ✱ ~ *roert zijn staart* March brings gales, March has a sting in its tail

**maarts** *bn* (of) March ✱ *e buien* ± April/spring showers

**Maas** v Meuse

**maas** v [mazen] mesh ✱ *door de mazen van het net glippen* slip through the net ✱ *door de mazen van de wet kruipen* find a loophole in the law

**maat I** v [maten] ❶ *afmeting* measure, size, ‹exacte afmeting› measurements ✱ *maten en gewichten* weights and measures ✱ ~ *40 hebben* take size 40 ✱ ‹gematigd zijn› ~ *houden* keep within bounds ✱ ‹niet gematigd zijn› *geen* ~ *houden* go beyond all bounds, overdo it ✱ *geen* ~ *weten te houden* not know when to stop ✱ ‹voor een jas &› *iem. de* ~

*nemen* measure sbd, take sbd's measurements ✱ *bij de* ~ *verkopen* sell by measure ✱ *in belangrijke/niet geringe mate* to a considerable extent/degree, to no mean extent/degree ✱ *in toenemende* ~ to an increasing extent/degree ✱ *onder de* ~ *blijven* ‹niet goed presteren› not come up to expectations/scratch; ‹capaciteiten onvoldoende benutten› underachieve ✱ *op* ~ to size ✱ *een* ~*je te groot zijn voor* be a size too large/big for... ❷ *waarmee men meet* measure ✱ fig *met twee maten meten* apply a double standard ✱ fig *de* ~ *is vol* that's the limit ❸ muz *time*, measure ✱ *de* ~ *houden* keep time ✱ *de* ~ *slaan* beat the time ✱ *in de* ~ in time/step, to the beat ✱ *op de* ~ *van de muziek* in time to the music ✱ *uit de* ~ out of time/step ✱ *enkele maten rust* a few bars rest ❹ *verskunst* metre/Am meter, measure **II** m [maten & -s] ❶ *vriend* mate, comrade, companion ❷ *in 't spel* partner, (team) mate

**maatbeker** m [-s] measuring glass/cup/jug

**maatgevend** *bn* ‹voorbeeld› indicative ‹of›, representative ‹of›, ‹maatstaf› a criterion ‹of› ✱ *niet* ~ *voor de normale gang van zaken* not indicative/representative of the normal state of affairs

**maatgevoel** o sense of rhythm

**maatglas** o [-glazen] measuring glass/cup/jug

**maathouden** *onoverg* keep time

**maatje** o [-s] *vriend* mate, buddy, pal ✱ *zij zijn goede* ~*s* they are the best of friends ✱ *met iedereen goede* ~*s zijn* be friends with everyone

**maatjesharing** m [-en] young herring

**maatkleding** v custom-made/made-to-measure clothes

**maatkostuum** o [-s], **maatpak** [-ken] custom-made/tailor-made suit, made-to-measure suit

**maatregel** m [-en & -s] measure ✱ *een Algemene Maatregel van Bestuur* (AmvB) Br an order in council, Am an executive order ✱ jur *conservatoire* ~*en* protective measures ✱ *preventieve* ~*en* preventive/precautionary measures ✱ *een* ~ *doorvoeren* implement/introduce a measure ✱ *de nodige* ~*en nemen* take any measures necessary ✱ ~*en treffen* take measures/steps ✱ *geen halve* ~*en treffen* take no half measures/steps

**maatschap** v [-pen] partnership

**maatschappelijk I** *bn* social ✱ ~ *kapitaal* nominal/registered capital ✱ *zijn* ~*e positie* one's position in society ✱ ~ *verzet* public resistance ✱ ~ *werk* social/welfare work ✱ *een* ~ *werk(st)er/*Belg *assistent* a social worker ✱ *in het* ~ *belang* in the community's interests **II** *bijw* socially ✱ ~ *betrokken* socially committed

**maatschappij** v [-en] ❶ *samenleving* society ✱ *in de* ~ in society ✱ *het ver schoppen in de* ~ get on in the world ❷ *firma* company ❸ *wetenschappelijke vereniging* society, association

**maatschappijkritiek** *v* social criticism
**maatschappijkritisch** *bn* socially critical
**maatschappijleer** *v* social studies
**maatstaf** *m* [-staven] standard, criterion * *een andere ~ aanleggen* establish a new standard/criterion * *iets naar zijn eigen maatstaven beoordelen* judge sth according to one's own standards * *iets als ~ nemen voor* use sth as a standard/criterion for
**maatstok** *m* [-ken] ❶ *meetlat* rule ❷ *muz* (conductor's) baton
**maatstreep** *v* [-strepen] ❶ *muz* bar ❷ *maatverdelingsstreep* line
**maatwerk** *o* custom-made/customized/made-to-measure ‹goods, clothes›, tailor-made ‹clothes›, purpose-built ‹equipment, buildings›, personalized ‹pension arrangement› * *~ leveren* provide personalized service, tailor to the customer's needs
**macaber** *bn* macabre * *~e humor* black humour
**macadam** *o & m* macadam
**macaroni** *m* macaroni
**Macedonië** *o* Macedonia
**Macedoniër** *m* [-s] Macedonian
**Macedonisch** I *bn* Macedonian II *o taal* Macedonian
**Macedonische** *v* [-n] Macedonian * *ze is een ~* she's a Macedonia, she's from Macedonia
**machiavellisme** *o* Machiavellianism
**machiavellistisch** *bn* Machiavellian
**machinaal** I *bn* mechanical, by machine II *bijw* mechanically, by machine * *~ vervaardigd* machine-made
**machinatie** *v* [-s] machination
**machine** *v* [-s] engine, machine * ‹ *~s machinery* * *~s en installaties* machinery and equipment * *een helse ~* an infernal machine
**machinebankwerker** *m* [-s] lathe/machine operator
**machinebouw** *m* engine/machine building
**machinefabriek** *v* [-en] engineering plant
**machinegeweer** *o* [-weren] machine gun
**machinekamer** *v* [-s] engine room
**machinepark** *o* [-en] machinery, mechanical equipment
**machinepistool** *o* [-tolen] submachine gun
**machinerie** *v* [-rieën] machinery
**machinetaal** *v* comput machine code/language
**machinist** *m* [-en] ❶ *v. trein* engine driver, Am engineer ❷ *v. schip* engineer * *scheepv de eerste ~* the first engineer ❸ *bij toneel* sceneshifter
**macho** I *m* ['s] macho II *bn* macho
**macht** *v* [-en] ❶ *kracht* power, force, strength, might * *de hemelse/helse ~en* the heavenly/Satanic powers * *de ~ der gewoonte* force of habit * *met alle ~* with all his/their & might * *uit alle ~* with all one's strength ❷ *autoriteit* power, authority * *de uitvoerende ~* executive power * *de wetgevende ~* legislative power * *de vaderlijke/ouderlijke ~*

paternal/parental authority * *aan de ~ komen* come into power ❸ *beheersing* power, control * *geen ~ hebben over zichzelf* not be able to control oneself * *hij was de ~ over het stuur kwijtgeraakt* he had lost control of the car * *iem. in zijn ~ hebben* have sbd in one's power, have a hold on sbd ❹ *vermogen* power * *ik ben niet bij ~e dit te doen* it's not within my power to do this * *het gaat boven mijn ~, het staat niet in mijn ~* it's beyond my power/control * *boven zijn ~ werken* work beyond one's capacities/capabilities * *het in zijn ~ hebben om...* have the power to..., have the power of ...ing ❺ *grote hoeveelheid* inf power * *een ~ mensen* a power of people ❻ wisk power * *18 in de 3de ~ verheffen* cube 18 ❼ mil force(s)
**machteloos** *bn* powerless * *machteloze woede* helpless anger * *~ staan tegenover iets* be powerless to do anything about sth
**machteloosheid** *v* powerlessness
**machthebber** *m* [-s] ruler, leader * *de huidiger ~s* the current rulers/leaders, those currently those in power
**machtig** I *bn* ❶ *met macht* powerful, mighty * *een ~ heerser* a strong ruler ❷ *beheersend* competent in * *iets ~ worden* master sth * *een taal ~ zijn* have mastered a language, have a language at one's command ❸ *zwaar te verteren* rich, heavy * *dat is mij te ~* it's too much for me * *het werd haar te ~* she was overcome by her emotions ❹ *fantastisch* tremendous, wonderful II *bijw* ❶ powerfully ❷ versterkend tremendously, enormously
**machtigen** *overg* [machtigde, h. gemachtigd] authorize
**machtiging** *v* [-en] authorization, jur power of attorney * *een rechterlijke ~* a court order * *een ~ intrekken* withdraw an authorization * *een ~ tot voorlopig verblijf, een voorlopige ~* a temporary residence permit
**machtsblok** *o* [-ken] power block * *een ~ vormen tegen iem./iets* form a power block against sbd/sth
**machtsevenwicht** *o* balance of power
**machtsmiddel** *o* [-en] means of (exercising) power, fig weapon
**machtsmisbruik** *o* abuse of power
**machtsovername** *v* [-s] takeover/assumption of power
**machtspositie** *v* [-s] position of power
**machtsstrijd** *m* struggle for power
**machtsverheffen** *o* wisk raise to a higher power
**machtsverheffing** *v* [-en] wisk involution, raising to a higher power
**machtsverhouding** *v* [-en] balance of power
**machtsvertoon** *o* display of power
**machtswellust** *m* tyranny, enjoyment of power
**machtswisseling** *v* [-en] change/takeover of power
**macramé** *o* macramé
**macro** *m* ['s] *macro-instructie, macroprogramma* macro

**ma**

**macrobiotiek** *v* macrobiotics
**macrobiotisch** *bn* macrobiotic
**macro-economie** *v* macroeconomics
**Madagaskar** *o* Madagascar
**madam** *v* [-men, -s] **❶** *v. bordeel* madam **❷** *dame* lady
* *de*~ *uithangen* act the lady
**made** *v* [-n, -s] maggot, grub
**Madeira** *o* Madeira
**madelief** *v* [-lieven], **madeliefje** *o* [-s] daisy
**madera** *m* Madeira
**madonna** *v* ['s] **❶** *Maria* Madonna **❷** *meisje, vrouw*
madonna
**Madrid** *o* Madrid
**madrigaal, madrigal** *o* [-galen] madrigal
**Madrileen** *m* [-lenen] inhabitant of Madrid
**Madrileens** *bn* Madrid
**Madrileense** *v* [-n] Madrilenian * *ze is een*~ she's a
Madrilenian, she's from Madrid
**maf** *bn & bijw* gek nuts, crackers, balmy * *doe niet zo*
~! don't be so silly!
**maffen** *onoverg* [mafte, h. gemaft] have a nap/inf
snooze * *gaan*~ have a bit of shut-eye, have a bit of
a snooze * *hij ligt te*~ he's snoozing
**maffia** *v* Mafia
**maffioso** *m* [-osi] Mafioso
**mafkees** *m* [-kezen], **mafketel** [-s] nut, goofball
**magazijn** *o* [-en] **❶** *pakhuis* warehouse, storehouse
**❷** *winkel* store, shop **❸** *van geweer* magazine
**magazijnbediende** *m-v* [-n & -s] supply clerk, ⟨in
pakhuis⟩ warehouse worker
**magazijnmeester** *m* [-s] warehouse/supply
manager
**magazine** *o* [-s] **❶** magazine **❷** *op tv* current affairs
programme
**magenta** *o* magenta
**mager I** *bn* **❶** *dun* thin, lean ⟨build, face⟩, slim
⟨build⟩, ⟨uitgemergeld⟩ scrawny, skinny ⟨person⟩
**❷** *met weinig vet* lean ⟨meat⟩, low-fat ⟨cheese⟩,
skimmed ⟨milk⟩ **❸** *pover* meagre ⟨result, wages⟩,
poor ⟨reception⟩, narrow ⟨victory⟩, slender ⟨means⟩,
feeble ⟨excuse⟩ **❹** *onvruchtbaar* poor, arid ⟨land⟩ ▼~*e*
*Hein* the Grim Reaper **II** *bijw* poorly * ~ *afsteken bij*
compare poorly to * ~ *betaald* poorly paid * ~
*ontvangen* poorly received, given a poor reception
**magertjes I** *bn* poor, scant, thin **II** *bijw* poorly,
scantily, thinly * *ze hebben het*~ they're having a
thin time of it * *ik vond het maar*~ it was so-so
**maggiblokje** ® *o* [-s] stock/bouillon cube
**magie** *v* magic * *de zwarte*~ black magic
**magiër** *m* [-s] magician
**magisch I** *bn* magic **II** *bijw* magically
**magisch realisme** *o* magic(al) realism
**magistraal** *bn* magisterial, fig ook masterly
**magistraat** *m* [-traten] magistrate
**magistratuur** *v* magistracy, magistrature * *de*
*staande*~ Br the Public Prosecutor, Am the
Prosecuting Attorney * *de zittende*~ the
court/bench

**magma** *o* magma
**magnaat** *m* [-naten] magnate
**magneet** *m* [-neten] magnet
**magneetkaart** *v* [-en] swipe card
**magneetnaald** *v* [-en] magnetic needle
**magneetstrip** *m* [-pen, -s] magnetic strip
**magnesia** *v* magnesia
**magnesium** *o* magnesium
**magnesiumcarbonaat** *o* magnesium carbonate
**magnesiumlicht** *o* magnesium light
**magnesiumsulfaat** *o* magnesium sulphate
**magnetisch I** *bn* magnetic **II** *bijw* magnetically
**magnetiseren** *overg* [magnetiseerde, h.
gemagnetiseerd] magnetize
**magnetiseur** *m* [-s] magnetizer
**magnetisme** *o* magnetism
**magnetron, magnetronoven** *m* [-s] microwave
(oven)

---

**magnetron**
is een microwave (oven). Het woord magnetron
bestaat ook in het Engels, maar daar duidt het de
buis aan waarin de magnetronstraling wordt
opgewekt, dus een veel technischere betekenis dan
in het Nederlands.

---

**magnetronfolie** *v* microwave cling foil/film
**magnifiek** *bn* magnificent, splendid
**magnolia** *v* ['s] magnolia
**mahonie, mahoniehout** *o* mahogany
**mahoniehouten, mahonie** *bn* mahogany
**maidenspeech** *m* [-es, -en] maiden speech
**mailbox** *m* [-en] comput e-mail/email box
**mailen** *overg* [mailde, h. gemaild] e-mail/email
**mailing** *v* [-s] mailing
**maillot** *m & o* [-s] **❶** *v. meisjes & vrouwen* tights
**❷** *v. dansers, acrobaten &* leotard, maillot
**mailtje** *o* [-s] comput e-mail/email * *iem. een*~
*sturen* e-mail/email sbd, send an e-mail/email to sbd
**mainframe** *o* [-s] comput mainframe
**maïs** *m* maize, Am corn * *gepofte*~ popcorn
**maïskolf** *v* [-kolven] corncob, cob of corn
**maïskorrel** *m* [-s] maize/corn kernel
**maisonnette** *v* [-s] Br maisonette, Am duplex
**maïsveld** *o* [-en] maizefield, cornfield
**maïtresse** *v* [-s & -n] mistress
**maïzena** ® *m* Br cornflour, Am cornstarch
**majesteit** *v* [-en] majesty * *Zijne/Hare/Uwe Majesteit*
His/Her/Your Majesty * *vol*~ full of majesty
**majesteitsschennis** *v* lese-majesty
**majestueus I** *bn* majestic * *een majestueuze*
*ontvangst* a royal/regal welcome **II** *bijw* majestically
**majeur** *v* muz major
**majolica** *o & v* majolica
**majoor** *m* [-s] mil major, luchtv squadron leader
**majoraan** *v* keukenkruid marjoram
**majorette** *v* [-s] drum majorette
**mak** *bn* **❶** tame * *zo*~ *als een schaap* as meek as a

lamb ❷*meegaand* meek, gentle, docile
**makaak** *m* [makaken] macaque
**makelaar** *m* [-s, -laren] ❶*tussenhandelaar* broker
✳*een ~in assurantiën* an insurance broker ✳*een ~ in effecten* a stockbroker ✳*een ~in goederen* a commodity broker ❷*tussenpersoon* agent ✳*een ~in onroerende goederen* an estate agent, Am a real estate agent
**makelaardij** *v* ❶*vak* brokerage ❷*kantoor* Br estate agent's office, estate agency, Am real estate agency
**makelaarscourtage, makelaarsprovisie** *v* [-s], **makelaarsloon** *o* [-lonen] brokerage, broker's commission/fee, Br estate agent's commission/fee, Am real estate agent's commission/fee
**makelaarskantoor** *o* [-toren] ❶brokerage house, broker's office ❷*onroerend goed* Br estate agent's office, Am real estate agency
**makelij** *v* make, workmanship ✳*van Britse ~*made in Britain
**maken** *overg* [maakte, h. gemaakt] ❶*fabriceren, vervaardigen* make, manufacture, produce, ⟨v. foto⟩ take, ⟨v. beschuldigingen, tegenwerpingen &⟩ make, raise, ⟨v. schoolwerk⟩ do ✳*ik laat een jas ~*I'm having a coat made ✳fig *wat moet ik daarvan ~?* what am I to make of that? ✳*beschuldigingen ~* make accusations ✳*tegenwerpingen ~*raise objections ✳*maak er wat van!* do the best you can!, go for it! ✳*hij maakt er maar wat van* he's making a pretty poor job of it ✳*wij hebben ervan gemaakt wat ervan te ~was* we did the best we could ✳*veel geld ~* earn a lot of money ✳*veel werk ~van* go through a lot of trouble for ✳*lange dagen ~*work long hours ✳*hij kan je ~en breken* he can make or break you ✳*een vertaling ~*do a translation ❷*scheppen* make, create, form ✳*God maakte de mens naar zijn eigen beeld* God created man in his own image ❸*belopen* make, come/amount to ✳*dat maakt vijftig euro* that comes to/amounts to/makes fifty euros ❹*in een bep. toestand brengen* cause ✳*zij ~ mij het lachen* they make me laugh ✳*hij maakt mij gek* he drives me crazy ✳*zich boos ~*get angry ✳*roken maakt ouder* smoking causes premature ageing ✳*maakt dat enig verschil?* does that make any difference? ✳*niemand kan mij wat ~*no one has anything on me ✳*hij zal het niet lang meer ~*he won't last much longer ✳*zij heeft het er (zelf) naar gemaakt* she has only herself to thank for it, she was asking for it ✳⟨is succesvol⟩ *zij heeft het helemaal gemaakt* she's really got it made ✳*maak dat je wegkomt!* get out of here! ✳*ik weet het goed gemaakt* I'll tell you what ❺*tot stand brengen, van doen hebben* make, do ✳*dat kun je niet ~!* you can't do that! ✳*dat heeft er niets mee te ~*that's got nothing to do with it, that's neither here nor there ✳*je hebt hier niets te ~*you have no business here ✳*ik wil er niets mee te ~hebben* I don't want (to have) anything to do with it ✳*ik wil niets met die vent te ~hebben* I don't want (to have) anything to do with that fellow

✳*ik wil niets meer met haar te ~hebben* I'm through with her ❻*repareren* repair, fix, mend ✳*zijn fiets laten ~*have one's bike fixed/repaired ✳⟨na ruzie⟩ *het (weer) goed ~*make up ▼*hoe maakt u het?* how are you?, how do you do? ▼*hij maakt het goed* he's (doing) well, Am he's doing fine ▼⟨v. boot⟩ *water ~* take on/make water
**maker** *m* [-s] maker, producer, ⟨v. boek⟩ author, ⟨v. kunstwerk⟩ artist
**make-up** *m* make-up
**makkelijk** *bn* → **gemakkelijk**
**makken** *onbep ww* [geen vervoeging] ▼*geen cent te ~ hebben* not have a red cent
**makker** *m* [-s] mate, pal, buddy
**makkie** *o* piece of cake, cinch
**makreel** *m* [-krelen] mackerel
**mal** I *m* [-len] ❶*model* model, mould ❷*ter controle v. afmetingen* gauge, template ❸*lettermal* stencil plate II *bn* ❶*raar* silly ❷*onbezonnen* silly, foolish ✳*ben je ~!* are you kidding?, of course not! ✳*iem. voor de ~houden* make a fool of sbd III *bijw* foolishly ✳*doe niet zo ~*don't be silly/daft
**malafide** *bn* mala fide
**malaise** *v* ❶*stemming* depression, malaise ❷handel depression, slump
**malaria** *v* malaria
**malariamug** *v* [-gen] malaria mosquito
**Malawi** *o* Malawi
**Malediven** *zn* [mv] ✳*de ~*the Maldive Islands, the Maldives
**Maleis** I *bn* Malay, Malayan II *o taal* Malay
**Maleisië** *o* Malaysia
**malen** I *overg* [maalde, h. gemalen] ❶*fijnmaken* grind ⟨corn, coffee⟩, crush ⟨ore⟩, chew ⟨food⟩ ❷*pompen* pump, drain II *onoverg* [maalde, h. gemaald] ❶*draaien* grind, turn ✳⟨gek⟩ *hij is ~de* he's mad/crazy ✳*dat maalt hem steeds door het hoofd* it keeps going/running through his head ❷*tobben* worry ✳*wat maal ik erom?* what do I care?, who cares? ✳*daar maalt hij over* he's worrying about it ❸*zeuren* nag ▼*die het eerst komt, het eerst maalt* first come first served
**malheur** *o* [-en & -s] trouble, misfortune
**Mali** *o* Mali
**mali** *o* ZN handel deficit, shortfall
**maliënkolder** *m* [-s] coat of mail
**maling** *v* grind ✳*fijne/grove ~*finely/coarsely ground ▼*~hebben aan alles en iedereen* not give a damn about anything or anyone ▼*iem. in de ~ nemen* make a fool of sbd
**mallemoer** *v* ✳*dat gaat je geen ~aan* it's none of your business ✳*mijn computer is naar zijn ~*my computer is stuffed
**malloot** *m-v* [-loten] idiot, fool
**Mallorca** *o* Majorca
**Mallorcaans** *bn* Majorcan
**mallotig** *bn* silly, idiotic
**mals** *bn* ❶tender ⟨meat⟩, juicy ⟨steak⟩, gentle ⟨rain⟩,

lush ⟨grass⟩, succulent ⟨fruit⟩ ✲ *zo~ als boter* as soft
as butter ❷ *zachtzinnig* gentle ✲ *hij is lang niet~* he's
rather harsh
**malt** *o* malt
**Malta** *o* Malta
**maltbier** *o* low-alcoholic beer
**Maltees I** *bn* Maltese ✲ valuta *de Maltese lira* the
Maltese lira, the lira **II** *o taal Maltese* **III** *m* [-tezen]
Maltese
**Maltese** *v* [-n] Maltese ✲ *ze is een~* she's a Maltese,
she's from Malta
**Maltezer** *bn* Maltese ✲ *een~ leeuwtje* a Maltese
terrier ✲ *een~ kruis* a Maltese cross
**maltraiteren** *overg* [maltraiteerde, h.
gemaltraiteerd] maltreat
**malversatie** *v* [-s, -tiën] *verduistering* embezzlement,
misappropriation of funds ✲ *~s plegen* embezzle
**mama, mamma, mam** *v* ['s] Br mummy, Am
mommy
**mammoet** *m* [-en & -s] mammoth
**mammoettanker** *m* [-s] super tanker
**mammografie** *v* mammography
**mammon** *m* ✲ *de~ dienen* serve Mammon
**man** *m* [-nen] ❶ *manspersoon* man ✲ *hij is er de~ niet
naar om...* he is not a man to..., it's so unlike him to...
✲ *een~ van de daad* a man of action ✲ *een~ van
zaken* a business man →**mans, mannetje** ❷ *mens*
man, person, human ✲ *hou nou eens op, ~!* stop it!
come off it! ✲ *een euro de~* a euro each ✲ *de kleine~*
the common man, the man in the street ✲ *er zaten
500~ in de zaal* there were 500 people in the hall
✲ *zijn~ vinden* meet/find one's match ✲ *als één~* to
a man, as one man ✲ *~ en paard noemen* give/tell
the whole story ✲ ⟨goederen⟩ *aan de~ brengen* sell
✲ *op de~ af* straightforward ✲ fig *op de~ spelen*
make personal attacks ✲ *per~* a head ✲ *tot op de
laatste~* to the last man ✲ *een gevecht van~ tegen~*
a man-to-man fight ✲ *een~ van zijn woord zijn* be as
good as one's word ❸ *lid v. een groep* man ✲ *met~
en macht aan iets werken* make an all-out effort ✲ mil
*duizend~* a thousand troops ❹ *bemanningslid* man,
hand ✲ *met~ en muis vergaan* go down with all
hands (on board) ❺ *echtgenoot* husband ✲ *~ en
vrouw* husband and wife ✲ *aan de~ brengen* marry
off ✲ *aan de~ komen* find (oneself) a husband ✲ *als
~ en vrouw leven* live as man and wife
**management** *o* management ✲ *dit bedrijf heeft te
lijden gehad onder slecht~* the business has suffered
under bad management ✲ *het~ heeft een loonstop
afgekondigd* management has announced a wage
freeze

---

**management**
kan in het Engels nooit een lidwoord krijgen:
het management heeft een loonsverhoging
aangekondigd – management has announced a
pay rise.

---

**managementconsultant** *m* [-s] management
consultant
**managementteam** *o* [-s] management team
**managen** *overg* [managede, h. gemanaged]
manage
**manager** *m* [-s] manager
**manche** *v* [-s] ❶ *bij wielerwedstrijd &* heat ❷ *bij bridge
&* game
**manchet** *v* [-ten] ❶ *v. mouw* cuff ❷ *afsluitingsring*
seal, ⟨pakking⟩ gasket ❸ *v. bier* head (of froth)
**manchetknoop** *m* [-knopen] cuff link
**manco** *o* ['s] ❶ *tekort* flaw ❷ handel short delivery
**mand** *v* [-en] ❶ basket ✲ *door de~ vallen* be caught
out ✲ *zo lek als een~je* leaking like a sieve ❷ *voor
etenswaren* hamper
**mandaat** *o* [-daten] ❶ *opdracht* mandate ✲ *een blanco
~ krijgen* be given a free hand ❷ *gedelegeerde
bevoegdheid* authority, delegated power ✲ *het~
hebben over een gebied* have authority over a
territory ✲ *zijn~ neerleggen* resign one's office
❸ *volmacht, autorisatie* warrant, authority ✲ ZN *een
~ tot aanhouding* a warrant of arrest ❹ *postwissel* ZN
postal order, money order
**mandarijn** *m* [-en] ❶ *Chinese overheidspersoon*
mandarin ❷ *vrucht* mandarin
**mandataris** *m* [-sen] ❶ *lasthebber* trustee
❷ *afgevaardigde* Belg delegate, representative
**mandekking** *v* sp Br man-to-man marking, Am
man-on-man coverage
**mandfles** *v* [-sen] ❶ *voor wijn &* bottle in a wicker
basket ❷ *voor drinkwater of zuren* carboy ❸ *groot*
demijohn
**mandoline** *v* [-s] mandolin
**mandril** *m* [-s] mandrill
**manege** *v* [-s] manege, riding school
**manen I** *zn* [mv] *v. paard* mane **II** *overg* [maande, h.
gemaand] ❶ remind ⟨sbd of sth⟩, demand
⟨payment⟩ ✲ *iem. om geld~* demand payment
❷ *aansporen* urge
**maneschijn** *m* moonlight
**mangaan** *o* manganese
**mangat** *o* [-gaten] manhole
**mangel** *m* [-s] mangle, wringer ✲ *in de~ nemen* go
through the wringer ✲ fig *door de~ gehaald worden*
be put through the wringer
**mangelen I** *overg* [mangelde, h. gemangeld]
❶ *gladmaken* mangle ❷ fig be put through the
wringer **II** *onoverg* [mangelde, h. gemangeld]
*ontbreken* lack
**mango** *m* ['s] mango
**mangrove** *m* [-n, -s] mangrove
**manhaftig I** *bn* manful, manly, brave **II** *bijw*
manfully
**maniak** *m* [-ken] ❶ *iem. met een manie* maniac ❷ *in
samenstellingen: fanatiek liefhebber* ⟨health⟩ freak,
⟨television⟩ fan, ⟨film⟩ buff, ⟨football⟩ fanatic, ⟨sex⟩
fiend/maniac
**maniakaal** *bn* maniacal, fanatic

**manicure I** *m-v* [-n] *persoon* manicure, manicurist **II** *v* **❶** *de handeling* manicure **❷** *stel werktuigen* manicure set

**manicuren** *overg* [manicuurde, h. gemanicuurd] manicure

**manie** *v* [-s, -nieën] mania ✳ *een~ voor alles wat Frans is* a mania/passion for everything French

**manier** *v* [-en] **❶** *handelswijze* manner, fashion, way ✳ *dat is de~!* that's the way! ✳ *dat is geen~ (van doen)* that's not the way (to do things) ✳ *op deze~* in this manner/way/fashion ✳ *op zijn~* in his own way ✳ *op de een of andere~* one way or another ✳ *op alle (mogelijke)~en* in every (possible) way ✳ *o, op die~!* ah, that's what you mean! **❷** *mv: omgangsvormen* manners ✳ *goede~en* good manners ✳ *wat zijn dat voor~en?* what kind of behaviour is that? ✳ *hij kent geen~en* his manners are bad

**maniërisme** *o* mannerism

**maniertje** *o* [-s] **❶** *handigheidje* trick, knack **❷** *aanstellerij* air ✳ *~s hebben* put on airs

**manifest I** *bn* obvious, palpable ⟨lie⟩ **II** *o* [-en] **❶** *publicatie* manifesto **❷** *scheepv* manifest

**manifestatie** *v* [-s] **❶** *betoging* demonstration **❷** *bijeenkomst* event, happening ✳ *een culturele~* a cultural event **❸** *uitdrukkingsvorm* manifestation ✳ *die daad was een~ van zijn haat* the deed demonstrated his hatred

**manifesteren I** *onoverg* [manifesteerde, h. gemanifesteerd] demonstrate **II** *wederk* [manifesteerde, h. gemanifesteerd] *zich~* ⟨v. personen⟩ manifest oneself; ⟨v. geest, ziekte⟩ manifest itself ✳ *hij manifesteerde zich als een prima voorzitter* he showed himself to be an excellent chairman

**manipulatie** *v* [-s] manipulation ✳ *genetische~* genetic engineering

**manipulator** *m* [-s, -toren] manipulator

**manipuleren** *overg* [manipuleerde, h. gemanipuleerd] manipulate

**manisch** *bn* manic

**manisch-depressief** *bn* manic-depressive

**manjaar** *o* [-jaren] man-year

**mank** *bn* lame, crippled ✳ *~ gaan* limp ✳ *die vergelijking gaat~* the comparison falls short ✳ *aan een euvel~ gaan* suffer from a defect

**mankement** *o* [-en] defect, fault

**manken** *onoverg* [mankte, h. gemankt] ZN limp, hobble

**mankepoot, mankpoot** *m* [-poten] cripple

**mankeren** *onoverg* [mankeerde, h. gemankeerd] **❶** *schelen* be wrong/the matter ✳ *hij mankeert nooit wat* he never has anything the matter with him ✳ *wat mankeert je?* what's the matter with you? **❷** *missen* be missing ✳ *er~ er vijf* ⟨nog nodig⟩ five are still needed; ⟨afwezig⟩ five are missing/absent ✳ *dat mankeert er nog maar aan!* that's all we need!, that's the last straw! ✳ *het mankeert haar aan zelfvertrouwen* she has a lack of self-confidence

**❸** *verkeerd zijn* be wrong ✳ *er mankeert wat aan* there's something wrong **❹** *in gebreke blijven* fail ✳ *ik zal niet~ u bericht te zenden* I won't forget to send you word ✳ *zonder~* without fail

**mankracht** *v* manpower, human resources

**manlief** *m* hubby, one's lord and master

**manmoedig I** *bn* manful, manly, brave **II** *bijw* manfully

**manna** *o* manna

**mannelijk** *bn* **❶** *m.b.t. sekse* male **❷** *typisch voor een man* masculine **❸** *moedig* manly **❹** taalk masculine

**mannelijkheid** *v* **❶** manliness, masculinity **❷** *geslachtsdelen* manhood

**mannengek** *v* [-ken] man-chaser ✳ *zij is een echte~* she's man-crazy

**mannenkoor** *o* [-koren] male voice choir, men's choral society

**mannenstem** *v* [-men] male/man's voice

**mannentaal** *v* manly/strong language

**mannenwereld** *v* man's world

**mannenwerk** *o* man's job

**mannequin** *m* [-s] **❶** *vrouw* (fashion) model **❷** *man* (male) model **❸** *pop* mannequin

**mannetje** *o* [-s] **❶** *persoon* little man/fellow/chap ✳ *~ aan~ staan* stand shoulder to shoulder ✳ *zijn~ staan* stick up for oneself, be able to hold one's own ✳ *het~ zijn* be quite the little man ✳ *daar heb ik mijn ~ voor* I've got a (little) man for that **❷** *gestalte* male figure **❸** *dierk* male ✳ *~ en wijfje* male and female **❹** vogelk cock

**mannetjesputter** *m* [-s] **❶** *man* he-man **❷** *vrouw* strapping woman, scherts she-man

**manoeuvre** *v & o* [-s] manoeuvre, Am maneuver ✳ mil *op~ zijn* be on manoeuvres

**manoeuvreerbaar** *bn* manoeuvrable

**manoeuvreerbaarheid** *v* manoeuvrability

**manoeuvreren** *onoverg* [manoeuvreerde, h. gemanoeuvreerd] manoeuvre, Am maneuver

**manometer** *m* [-s] manometer

**mans** *bn* ✳ *hij is~ genoeg* he's man enough ✳ *hij is heel wat~* he's quite a man

**manschappen** *zn* [mv] *bemanning* scheepv crew, ratings, mil men, personnel

**manshoog** *bn* of a man's height, man-sized

**manspersoon** *m* [-sonen] male, fellow, man

**mantel** *m* [-s] **❶** *jas* coat, ⟨zonder mouwen⟩ cloak ✳ *iets met de~ der liefde bedekken* cover sth with the cloak of charity ✳ *onder de~ van* under the mantle of ... **❷** techn jacket, casing

**mantelorganisatie** *v* [-s] umbrella organization

**mantelpak** *o* [-ken] woman's suit

**mantelzorg** *v* volunteer aid

**mantelzorger** *m* [-s] volunteer helper

**manuaal** *o* [-ualen] **❶** muz manual, keyboard **❷** *gebaar* mannerism, gesture

**manueel** *bn* manual ✳ *manuele therapie* manual therapy

**manufacturen** *zn* [mv] drapery

**manufacturenzaak, manufactuurzaak** v [-zaken] drapery, draper's

**manuscript** o [-en] manuscript * *in* ~in manuscript form

**manusje-van-alles** o [manusjes-] handyman, jack-of-all-trades, inf dogsbody

**manuur** o [-uren] man-hour

**manvolk, mansvolk** o menfolk

**manwijf** o [-wijven] she-man, ‹bazig› battleaxe

**manziek** bn man-crazy, nymphomaniac

**maoïsme** o Maoism

**maoïst** m [-en] Maoist

**map** v [-pen] ❶ *omslag voor papieren* folder ❷ comput file ❸ *tekenportefeuille* portfolio

---

**map**
wordt vertaald als folder, file, portfolio en niet als map. Een map is een kaart, plattegrond.

---

**maquette** v [-s] model

**maraboe** m [-s] *vogel* marabou

**marathon** m [-s], **marathonloop** [-lopen] marathon

**marathonloper** m [-s] marathon runner

**marathonzitting** v [-en] marathon sitting

**marchanderen** onoverg [marchandeerde, h. gemarchandeerd] bargain, haggle

**marcheren** onoverg [marcheerde, h. en is gemarcheerd] march * fig *goed* ~go well

**marconist** m [-en] radio operator

**mare** v [-n] tidings, ‹gerucht› word, rumour * *de* ~ *gaat/loopt dat...* rumour has it that...

**marechaussee** I v ❶ *korps* constabulary ❷ *militaire politiekorps* military police, MP II m [-s] *persoon* military policeman/policewoman

**maretak** m [-ken] mistletoe

**margarine** v margarine, inf marge

**marge** v [-s] margin * *in de* ~in the margin * *leven in de* ~ *van de samenleving* live on the edge of society * *gerommel in de* ~fiddling about

**marginaal** bn marginal * *een* ~ *bestaan* a marginal/fringe existence * *een* ~ *bedrijf* a marginal company

**margriet** v [-en] ox-eye daisy

**Maria** v Mary * ~ *Tudor/de Bloedige* Bloody Mary

**Mariabeeld** o [-en] statue of the Virgin Mary

**Maria-Hemelvaart, Maria-Tenhemelopneming** v Assumption

**Maria-Lichtmis** m Candlemas

**Mariaverering** v veneration of the Virgin Mary

**marihuana** v marijuana, marihuana

**marinade** v [-s] marinade

**marine** v navy * *bij de* ~in the navy

**marinebasis** v [-sen, -bases] naval base

**marineblauw** bn navy blue

**marineren** overg [marineerde, h. gemarineerd] marinate

**marinier** m [-s] marine * *het Korps Mariniers* the Marines

**marionet** v [-ten] puppet, marionette

**marionettenregering** v [-en] puppet government

**marionettenspel** o [-len] puppet show

**maritiem** bn maritime

**marjolein** v marjoram

**mark** I m [-en] *munt* mark * *de Duitse* ~the Deutschmark/Deutsche mark II v [-en] *grensgewest* hist mark

**markant** bn striking * *een* ~*e persoonlijkheid* a striking personality * *een* ~*e plaats* a prominent place * *een* ~ *voorbeeld* an outstanding example

**markeerstift** v [-ten] marker

**markeren** overg [markeerde, h. gemarkeerd] mark * *de pas* ~mark time

**markering** v [-en] marking

**marketing** v marketing

**marketingstrategie** v marketing strategy

**markies** I m [-kiezen] *edelman* marquis, Br marquess II v [-kiezen] *zonnescherm* awning, canopy

**markiezin** v [-nen] marquise, Br marchioness

**markizaat** o [-zaten] marquisate

**markt** v [-en] ❶ *koop en verkoop* market * *een evenwichtige* ~a stable market * *een krappe* ~a tight market * *een levendige* ~an active/lively market * *een vaste* ~a firm/steady/strong market * *de vrije* ~the free market * *de zwarte* ~the black market * *de* ~ *bederven* ruin trade * *de* ~ *veroveren* sweep/corner the market, corner the market * *een gat in de* ~a gap/an opening in the market, a market opportunity * *goed in de* ~ *liggen* be saleable/marketable * *in de* ~ *zijn voor...* be in the market for... * *onder de* ~ *verkopen* sell below market price, undersell * *onder de* ~ *werken* work below market price * *op de* ~ *gooien* dump on the market * *op de* ~ *komen* come onto the market * *op de* ~ *zijn* be on the market * *van de* ~ *verdringen* push out of/off the market * *van alle* ~*en thuis zijn* be a jack-of-all-trades ❷ *plaats* market, marketplace * *naar de* ~ *gaan* go to market * *op de* ~ *in* the market place * *op de* ~ *staan* have a market stand

**marktaandeel** o [-delen] market share

**marktanalyse** v [-s] market analysis/research

**marktbewerking** v marketing (policy/strategy)

**marktconform** bn in line with the market, competitive, market-oriented, ‹v. organisaties› market-driven

**marktdag** m [-dagen] market day

**markteconomie** v *vrije-markteconomie* (free) market economy

**marktgeld** o [-en] market fees

**marktkoopman** m [-lieden & -lui] market vendor

**marktleider** m [-s] market leader

**marktmechanisme** o [-n] market forces/mechanism

**marktonderzoek** o market research

**marktplein** o [-en] market square

**marktprijs** m [-prijzen] market/current price, ‹v. aandelen› market quotation

**marktverkenning** *v* [-en] market research
**marktvraag** *v* market demand
**marktvrouw** *v* [-en] market woman
**marktwaar** *v* market goods
**marktwaarde** *v* market value
**marktwerking** *v* market mechanism/forces, effect of market forces * *perfecte* ~ perfect market efficiency * *aan de* ~ *overlaten* leave to the effects of the market, leave to market forces
**marmelade** *v* [-s & -n] marmalade
**marmer** *o* [-s] marble
**marmeren I** *bn* marble * *een* ~ *beeld* a marble statue * *een* ~ *vloer* a marble-tiled floor * *een* ~ *tafel* a marble-topped table **II** *overg* [marmerde, h. gemarmerd] marble
**marmot** *v* [-ten] ❶ marmot * *slapen als een* ~ sleep like a log ❷ *cavia* inf guinea pig
**Marokkaan** *m* [-kanen] Moroccan
**Marokkaans** *bn* Moroccan * valuta *de* ~*e* dirham the Moroccan dirham, the dirham
**Marokkaanse** *v* [-n] Moroccan * *ze is een* ~ she's a Moroccan, she's from Morocco
**Marokko** *o* Morocco
**Mars** *m* astron & astrol Mars
**mars I** *m & v* [-en] ❶ *voettocht* march * *op* ~ *gaan* march, go on a march * *voorwaarts,* ~*!* forward march! ❷ *muziekstuk* march **II** *v* [-en] ❶ *v. marskramer* (pedlar's) pack * *hij heeft heel wat in zijn* ~ he has a lot to offer; ⟨slim⟩ he has brains * *hij heeft weinig in zijn* ~ he doesn't have much to offer; ⟨niet slim⟩ he's pretty ignorant, ⟨sterker⟩ he doesn't have a lot upstairs ❷ scheepv top * *de grote* ~ the maintop
**marsepein** *m & o* marzipan
**Marshalleilanden** *zn* [mv] Marshall Islands
**marskramer** *m* [-s] pedlar, hawker
**marsmannetje** *o* [-s] Martian
**marsmuziek** *v* marching music
**marsorder** *v & o* [-s] mil marching orders
**marstempo** *o* mil marching pace, muz march time
**martelaar** *m* [-s & -laren] ❶ martyr ❷ *(dieren)beul* torturer ❸ *sukkel* ZN simpleton
**martelaarschap** *o* martyrdom
**martelares** *v* [-sen] martyr
**marteldood** *m & v* martyrdom * *de* ~ *sterven* die a martyr, die a martyr's death
**martelen** *overg* [martelde, h. gemarteld] torture * *iem. dood* ~ torture sbd to death
**martelgang** *m* torture
**marteling** *v* [-en] torture
**martelkamer** *v* [-s] torture chamber
**martelwerktuig, marteltuig** *o* [-en] instrument of torture
**marter I** *m* [-s] marten **II** *o* bont sable
**martiaal** *bn* martial
**marxisme** *o* Marxism
**marxist** *m* [-en] Marxist
**marxistisch** *bn* Marxist

**mascara** *v* mascara
**mascarpone** *m* mascarpone
**mascotte** *v* [-s] mascot
**masculien** *bn* masculine
**masker** *o* [-s] mask * *iem. het* ~ *afrukken* unmask sbd * *het* ~ *afwerpen* remove/drop the mask * *een* ~ *opzetten* put on a mask * *onder het* ~ *van vroomheid* under the mask of piety
**maskerade** *v* [-s & -n] masquerade, ⟨optocht⟩ masked procession
**maskeren I** *overg* [maskeerde, h. gemaskeerd] mask **II** *overg* [maskerde, h. gemaskerd] mask
**masochisme** *o* masochism
**masochist** *m* [-en] masochist
**masochistisch** *bn* masochistic
**massa** *v* ['s] ❶ *menigte* mass, crowd * *de grote* ~ the masses/multitudes * *de grote* ~ *wil dat niet* the bulk of people/most people don't want that * *met de* ~ *meegaan* follow the crowd ❷ *grote hoeveelheid* mass, bulk * *bij* ~*'s* in heaps, like flies * *in* ~ *produceren* mass-produce * *in* ~ *verkopen* sell in bulk ❸ nat mass
**massaal** *bn* ❶ *grootschalig* massive ❷ *v. vernietiging* wholesale ❸ *in grote hoeveelheden* mass, bulk, wholesale
**massabijeenkomst** *v* [-en] mass meeting
**massacommunicatie** *v* mass communication
**massacultuur** *v* popular culture
**massage** *v* [-s] massage * *iem. een* ~ *geven* give sbd a massage
**massageolie** *v* massage oil
**massagraf** *o* [-graven] mass grave
**massahysterie** *v* mass hysteria
**massamedium** *o* [-dia] *ook enkelvoud* mass media * *de invloed van de massamedia* the influence of the mass media
**massamoord** *m & v* [-en] mass murder
**massaontslag** *o* [-slagen] massive redundancies, wholesale dismissals
**massaproduct** *o* [-en] mass-produced article
**massaproductie** *v* mass production
**massatoerisme** *o* mass tourism
**massavernietigingswapens** *zn* [mv] weapons of mass destruction
**masseren** *overg* [masseerde, h. gemasseerd] massage
**masseur** *m* [-s] masseur
**masseuse** *v* [-s] masseuse
**massief I** *bn* solid, massive * ~*goud* solid gold * *een* ~*gebouw* a massive building **II** *o* [-sieven] massif
**mast** *m* [-en] ❶ scheepv & RTV mast * *vóór de* ~ *varen* sail before the mast ❷ elektr pylon ❸ *gymnastiek* pole
**mastiek** *m & o* mastic
**mastodont** *m* [-en] mastodon
**masturbatie** *v* masturbation
**masturberen** *onoverg* [masturbeerde, h. gemasturbeerd] masturbate

**ma**

**mat I** *bn* ❶ *slap, vermoeid* tired, weary, flat ∗ *een ~te blik* a lacklustre look ∗ *ik voel me nogal ~* I feel a bit flat ❷ *niet glimmend* dim ⟨light⟩, dull ⟨sound, colour⟩, mat(t)/matte ⟨gold⟩, frosted ⟨light globe, glass⟩ **II** *bijw* ❶ *slap & tiredly, wearily, in a flat voice, unenthusiastically ❷ *schaakmat* checkmate ∗ *iem. ~ zetten* checkmate sbd **III** *v* [-ten] *mat* ∗ *op het ~je moeten komen* be put on the spot; ⟨berispt⟩ be brought to account ∗ *op het ~je komen* be reprimanded, be called to account ∗ *iem. op het ~je roepen* call sbd to account ∗ *inf zijn ~ten oprollen* pack up and go **IV** *o* checkmate ∗ ~ *in vier zetten* checkmate in four
**matador** *m* [-s] matador
**match** *m & v* [-es, -en] match ∗ ZN ~ *nul spelen* draw
**matchen** *overg en onoverg* [matchte, h. gematcht] match
**matchpoint** *o* [-s] match point
**mate** *v* extent, degree ∗ *in die ~ dat...* to the extent that... ∗ *in gelijke ~* equally, to the same extent/degree ∗ *in hoge ~* to a large extent/degree ∗ *in de hoogste ~* to a very high degree/extent, highly, extremely ∗ *in mindere ~* to a lesser extent/degree ∗ *in meerdere of mindere ~* more or less ∗ *in ruime ~* to a large extent/degree, largely, amply ∗ *in zekere ~* to a certain extent/degree ∗ *een zekere ~ van* a certain degree of... ∗ *met ~* in moderation ∗ *alles met ~* moderation in all things
**mateloos I** *bn* excessive, immense **II** *bijw* immensely ∗ *zich ~ vervelen* be bored stiff
**matennaaier** *m* [-s] somebody who does the dirty on his mates/Am who screws his pals/Aus & NZ who dobs his mates in
**materiaal** *o* [-ialen] ❶ *grondstof* material(s) ❷ *data* material, data ❸ *gereedschap, hulpmiddelen* tools, aids
**materiaalkosten** *zn* [mv] cost of materials
**materialisme** *o* materialism
**materialist** *m* [-en] materialist
**materialistisch** *bn* materialistic
**materie** *v* [-riën & -s] matter
**materieel I** *bn* material ∗ *materiële schade* material damage ∗ *boekh materiële vaste activa* tangible fixed assets **II** *bijw* materially **III** *o* material(s) ∗ *rollend ~* rolling stock
**matglas** *o* frosted glass
**matheid** *v* ❶ lassitude, apathy, lack of enthusiasm ❷ *v. afwerking* (degree of) mattness
**mathematica** *v* mathematics
**mathematicus** *m* [-ci] mathematician
**mathematisch** *bn* mathematical
**matig I** *bn* ❶ *middelmatig* moderate ∗ *een ~ succes* a moderate/modest success ❷ *niet best* mediocre ❸ *sober* moderate, sober, frugal ∗ *een ~ leven leiden* lead a frugal/sober life ❹ *redelijk* reasonable ❺ *laag, voorzichtig* conservative **II** *bijw* moderately & ~ *gebruiken* make moderate use of ∗ *maar ~ tevreden* not overly pleased, not overpleased

**matigen I** *overg* [matigde, h. gematigd] moderate, temper, modify ∗ *matig uw snelheid* reduce (your) speed **II** *wederk* [matigde, h. gematigd] economize ∗ *kun je je niet wat ~?* can't you restrain/control yourself?
**matiging** *v* moderation, restraint
**matinee** *v* [-s] matinee, afternoon performance
**matineus** *bn* ∗ ~ *zijn* be an early riser
**matje** *o* [-s] *kapsel* mullet → **mat**
**matrak** *m-v* [-ken] ZN baton, truncheon
**matras** *v & o* [-sen] mattress
**matriarchaal** *bn* matriarchal
**matriarchaat** *o* matriarchy
**matrijs** *v* [-trijzen] matrix, mould
**matrix** *v* [-trices] matrix

> **matrix**
> is in het Engels ook matrix, maar naast matrices komt vaak het meervoud matrixes voor.

**matrixprinter** *m* [-s] matrix/dot printer
**matrone** *v* [-s, -n] matron
**matroos** *m* [-trozen] sailor
**matrozenpak** *o* [-ken] sailor suit
**matse** *m* [-s] matzo
**matsen** *overg* [matste, h. gematst] ❶ *iem. helpen* lend a helping hand, do a favour ❷ *iets regelen* fix, wangle ∗ *ik zal je wel ~* I'll fix it up/wangle it for you
**matten I** *overg* [matte, h. gemat] ❶ *stoelen* rush, mat ❷ *v. afwerking* make ⟨sth⟩ mat(t)/matte, give ⟨sth⟩ a mat(t)/matte finish **II** *onoverg* [matte, h. gemat] *vechten inf* fight **III** *bn* ∗ *met ~ zitting* rush-bottomed
**mattenklopper** *m* [-s] carpet beater
**matverf** *v* [-verven] mat(t)/matte paint
**Mauretanië** *o* Mauritania
**Mauritius** *o* Mauritius
**mausoleum** *o* [-lea & -s] mausoleum
**mauve** *bn & o* mauve
**mauwen** *onoverg* [mauwde, h. gemauwd] miaow
**mavo** *m* ['s] (middelbaar algemeen voortgezet onderwijs) ± school for lower general secondary education
**m.a.w.** *afk* (met andere woorden) in other words
**maximaal I** *bn* maximum **II** *bijw* at (the) most ∗ ~ *80 km/u rijden* do not exceed the 80 km/hour speed limit ∗ *een boete van ~ 100 euro* a fine not exceeding 100 euros
**maximaliseren** *overg* [maximaliseerde, h. gemaximaliseerd] maximize
**maximeren** *overg* [maximeerde, h. gemaximeerd] maximise
**maximum** *o* [-ma] maximum
**maximumaantal** *o* [-len] maximum (number)
**maximumbedrag** *o* [-en] maximum amount
**maximumgewicht** *o* [-en] maximum weight
**maximumprijs** *m* [-prijzen] maximum price
**maximumsnelheid** *v* [-heden] maximum speed,

⟨v. auto's ook⟩ speed limit
**maximumstraf** v [-fen] maximum sentence
**maximumtemperatuur** v [-turen] maximum temperature
**maximumwaarde** v [-n] maximum price/value
**mayonaise** v mayonnaise
**mazelen** zn [mv] measles
**mazen** overg [maasde, h. gemaasd] darn
**mazout** m ❶ stookolie ZN heating oil ❷ diesel ZN diesel oil
**mazzel** m (good) luck ∗ ~ hebben have luck ∗ de ~! see you!
**mazzelaar** m [-s] lucky dog
**mazzelen** onoverg [mazzelde, h. gemazzeld] have (good) luck
**mbo** o (middelbaar beroepsonderwijs) senior secondary vocational education
**m.b.t.** afk (met betrekking tot) with regard to, in reference to
**m.b.v.** afk (met behulp van) by means of, with the help of
**ME** afk ❶ (middeleeuwen) middle ages ❷ (mobiele eenheid) anti-riot squad ❸ (myalgische encefalomyelitis) med myalgic encephalomyelitis, ME
**me I** pers vnw → **mij II** wederk vnw → **mij**
**meander** m [-s] meander
**meanderen** onoverg [meanderde, h. gemeanderd] meander
**meao** o (middelbaar economisch en administratief onderwijs) upper secondary vocational education in business and administration
**mecanicien** m [-s] mechanic
**mecenaat** o patronage
**mecenas** m [-sen, -naten] patron
**mechanica** v mechanics
**mechaniek** v & o mechanism, ⟨v. geweer⟩ action, ⟨v. horloge⟩ works, fig machinery ∗ een ~je a device/gadget
**mechanisatie** v mechanization
**mechanisch** bn mechanical
**mechaniseren** overg [mechaniseerde, h. gemechaniseerd] mechanize
**mechanisering** v mechanization
**mechanisme** o [-n] mechanism
**medaille** v [-s] medal ∗ een gouden ~ a gold medal ∗ fig één zijde van de ~ one side of the coin/picture
**medaillon** o [-s] ❶ bouwk medallion ❷ halssieraad medallion, locket
**mede** bijw → **mee**
**medeaansprakelijk** bn jointly liable/responsible
**medebeslissingsrecht** o right of consultation
**medebestuurder** m [-s] co-director, co-manager, joint manager, joint managing director
**medebewoner** m [-s] v. huis co-occupant
**medeburger** m [-s] fellow citizen
**mededeelzaam** bn communicative
**mededelen** overg [deelde mede, h. medegedeeld],

**meedelen** [deelde mee, h. meegedeeld] berichten let know, tell, ⟨officieel⟩ announce, notify, inform, ⟨rapporteren⟩ report ∗ iem. iets ~ let sbd know sth, tell sbd sth, inform/notify sbd of sth, announce sth to sbd ∗ tot onze spijt moeten wij u ~ dat... we regret to inform you that... ∗ je moet het haar voorzichtig ~ break it gently to her
**mededeling** v [-en] announcement, statement ∗ een ~ doen make an announcement/statement
**mededelingenblad** o [-en] newsletter, bulletin
**mededelingenbord** o [-en] notice board
**mededinger** m [-s] rival, competitor
**mededinging** v competition ∗ oneerlijke ~ unfair competition ∗ volledige ~ perfect competition ∗ vrije ~ free competition
**mededogen** o compassion
**mede-eigenaar** m [-s & -naren] joint owner/proprietor
**medegevangene** m-v [-n] fellow prisoner
**medeklinker** m [-s] consonant
**medeleerling** m [-en] fellow pupil/student
**medeleven I** onoverg [leefde mede, h. medegeleefd], **meeleven** [leefde mee, h. meegeleefd] feel (for), sympathize (with), ⟨meevoelen⟩ empathize (with) **II** o sympathy
**medelijden, meelij** o compassion, pity ∗ iems. ~ opwekken arouse sbd's pity ∗ ~ hebben met have/take pity on, feel sorry for ∗ uit ~ out of pity ∗ zonder ~ merciless
**medelijdend** bn compassionate
**medemens** m [-en] fellow man
**medemenselijkheid** v humanity, solidarity
**Meden** zn [mv] ∗ fig een wet van ~ en Perzen a hard and vast rule
**medeondertekenen** overg [ondertekende mede, h. medeondertekend] countersign, co-sign
**medeplichtig** bn accessory ∗ ~ aan accessory to ∗ hij is eraan ~ he is an accomplice
**medeplichtige** m-v [-n] accomplice, jur accessory ∗ een ~ aan een misdrijf a partner to a crime, an accomplice in a crime, jur an accessory to a crime
**medeschuldig** bn ∗ ~ aan iets implicated in sth, also guilty of sth
**medespeler** m [-s] fellow player, partner
**medestander** m [-s] supporter, ally
**medeverantwoordelijk** bn jointly responsible, co-responsible
**medewerker** m [-s] ❶ assistent co-worker, ⟨assistent⟩ assistant ❷ staflid employee, staff member ∗ commerciële ~s sales staff ∗ een wetenschappelijk ~ a member of the academic staff ∗ zijn naaste ~ the second in charge ∗ losse ~s temporary staff ∗ ~s in tijdelijke/vaste dienst temporary/permanent staff
**medewerking** v ❶ het meewerken cooperation, collaboration ∗ zijn ~ verlenen assist in, contribute to ∗ met ~ van... with the cooperation/collaboration of..., assisted by... ❷ assistentie assistance
**medeweten** o (prior) knowledge ∗ zonder/buiten zijn

~ without one's (prior) knowledge, unknown to one

**medezeggenschap** *v & o* participation in decision making, right of say, co-determination ∗ ~ *van medewerkers* employee representation in management, co-management

**medezeggenschapsraad** *m* [-raden] employee board/committee, ‹school› parent-teacher association

**media** *zn* [mv] (mass) media

---

**media**
is in het Engels ook media, wat zowel als enkelvoud als als meervoud wordt beschouwd: the media is en the media are zijn allebei correct.

---

**mediabeleid** *o* media policy

**mediatheek** *v* [-theken] multimedia centre/Am center

**medicament** *o* [-en] medicine

**medicatie** *v* [-s] medication

**medicijn** *v* [-en] ❶ medicine, drug ∗ ~*en gebruiken* take medicines/drugs ∗ ~*en voorschrijven* prescribe medicines/drugs ∗ *zonder recept verkrijgbare* ~*en* non-prescription medicines/drugs, over-the-counter medicines/drugs ❷ *mv: geneeskunde* medicine ∗ ~*en studeren* study medicine ∗ *een student in de* ~*en* a medical student

**medicijnflesje** *o* [-s] medicine bottle

**medicijnkastje** *o* [-s] medicine cupboard

**medicijnman** *m* [-nen] medicine man, witch doctor

**medicinaal** *bn* medicinal ∗ *een medicinale werking* a medicinal effect

**medicus** *m* [-ci] ❶ *arts* medical man, physician, doctor ❷ *student* medical student

**mediëvist** *m* [-en] medievalist

**mediëvistiek** *v* mediaeval/Am medieval studies

**medio** *bijw* in the middle of ∗ ~ *mei* (in) mid-May ∗ *tot* ~ *mei* until the middle of May

**medisch** *bn* medical ∗ ~*e benodigdheden* medical supplies ∗ *iem.* ~ *behandelen* give sbd medical treatment ∗ *op* ~ *advies* on one's doctor's advice

**meditatie** *v* [-s, tiën] meditation

**mediteren** *onoverg* [mediteerde, h. gemediteerd] meditate

**mediterraan** *bn* Mediterranean ∗ *de mediterrane keuken* Mediterranean cuisine

**medium** I *o* [-dia & -s] medium II *bn* ❶ *v. maat* medium, medium-sized ❷ *v. sherry* medium (dry)

**mee, mede** I *bijw* with, along ∗ *gaat u* ~? are you coming? ∗ *alles* ~ *hebben* have everything in one's favour, have everything going for one ∗ *hij heeft zijn uiterlijk* ~ he has his looks going for him ∗ *wind* ~ *hebben* have a tail wind ∗ *het zit haar niet* ~ things aren't going her way/going well for her ∗ *met de klok* ~ clockwise ∗ ~ *van de partij zijn* be in on sth II *v* honingdrank mead

**meebrengen** *overg* [bracht mee, h. meegebracht] ❶ bring along (with one), take along (with one)

∗ *wat moet ik* ~ *bij mijn inschrijving?* what do I need to bring/take (along) when I enrol? ❷ *fig* entail, carry, involve ∗ *zijn agressieve rijstijl brengt mee dat...* his aggressive driving style means that...

**meedelen** I *overg* [deelde mee, h. meegedeeld] *berichten* → **mededelen** II *onoverg* [deelde mee, h. meegedeeld] *deel hebben aan* share (in) ∗ *iem. laten* ~ *in iets* let sbd have a share of sth

**meedenken** *onoverg* [dacht mee, h. meegedacht] think along with, help think ‹of a solution›

**meedingen** *onoverg* [dong mee, h. meegedongen] compete ∗ *hij dong mee naar de functie van penningmeester* he competed for the post of treasurer

**meedoen** *onoverg* [deed mee, h. meegedaan] join ‹in the game, in the sport &›, take part (*aan in*) ∗ *doe je mee?* will you join us? ∗ *ik doe (niet) mee* count me in (out) ∗ *niet* ~ not join in ∗ *daar doe ik niet aan mee* I won't be a party to that, *inf* count me out of that one ∗ *met de mode* ~ go with/follow the fashions ∗ ~ *voor vijftig euro* put in fifty euros

**meedogend** *bn* compassionate

**meedogenloos** I *bn* merciless, ruthless, *inf* hard as nails ∗ *het meedogenloze bedrijfsklimaat* the ruthless/*inf* dog-eat-dog business climate II *bijw* mercilessly, ruthlessly ∗ *iem.* ~ *achtervolgen* pursue sbd relentlessly

**meedraaien** *onoverg* [draaide mee, h. meegedraaid] ❶ *in dezelfde richting draaien* turn with ❷ *(samen)werken* work ∗ *ik draai hier al weer heel wat jaartjes mee* I've already worked here for quite some years

**meedragen** *overg* [droeg mee, h. meegedragen] carry

**mee-eter** *m* [-s] blackhead

**meegaan** *onoverg* [ging mee, is meegegaan] go along/with, accompany ∗ *ik ga met u mee* ‹begeleiden› I'll accompany you, I'll go with you; ‹instemmen› I agree with you ∗ *ga je mee?* are you coming? ∗ *een wasmachine gaat gemiddeld 10 jaar mee* a washing machine has an average life of 10 years ∗ *deze schoenen gaan lang mee* these shoes will last long/will wear well ∗ *met zijn tijd* ~ move with the times ∗ *met de mode* ~ keep up with the fashions

**meegaand** *bn* accommodating, pliable, compliant

**meegerekend** *bn* included, including

**meegeven** I *overg* [gaf mee, h. meegegeven] give, provide with ∗ *ik zal je een boek* ~ I'll give you a book to take along II *onoverg* [gaf mee, h. meegegeven] give way

**meehelpen** *onoverg* [hielp mee, h. meegeholpen] assist, give a hand, help in

**meekijken** *onoverg* [keek mee, h. meegekeken] ❶ *toezicht houden op* monitor, keep an eye on ∗ *over iemands schouder* ~ keep an eye on sbd ❷ *eveneens kijken* look too ∗ *het is aan te raden dat ouders* ~ parental guidance is advisable

**meekomen** *onoverg* [kwam mee, is meegekomen]

come (along) ∗ *hij kan niet* ~ ⟨niet meegaan⟩ he can't come along; ⟨niet bijhouden⟩ he can't keep up

**meekrap** *v* madder

**meekrijgen** *overg* [kreeg mee, h. meegekregen] ❶ get, receive ❷ *weten over te halen* win over, get on one's side ∗ *wij konden hem niet* ~ he couldn't be persuaded to join us

**meel** *o* ❶ *v. graan* flour ❷ *poeder* powder

**meeldauw** *m* mildew

**meeldraad** *m* [-draden] stamen

**meeleven** *onoverg* [leefde mee, h. meegeleefd] → **medeleven**

**meelijwekkend** *bn* pitiful, pitiable, pathetic

**meelokken** *overg* [lokte mee, h. meegelokt] entice (away), lure

**meelopen** *onoverg* [liep mee, is en h. meegelopen] ❶ *meegaan* walk/run along with, accompany ∗ *zij loopt al jaren mee in de winkel* she's been in the shop for years ❷ *voordeel hebben* go sbd's way ∗ *het loopt hem altijd mee* everything always goes his way

**meeloper** *m* [-s] *fig* hanger on, follower

**meeluisteren** *onoverg* [luisterde mee, h. meegeluisterd] listen (in), ⟨stiekem⟩ eavesdrop

**meelworm** *m* [-en] mealworm

**meemaken** *overg* [maakte mee, h. meegemaakt] ❶ *ervaren* experience, go through ∗ *veel* ~ go through a great deal ∗ *hij heeft twee oorlogen meegemaakt* he has been through two wars ∗ *dat zal ik niet meer* ~ I won't live to see the day ∗ *heb je ooit zoiets meegemaakt?* have you ever seen/been through anything like it? ❷ *meedoen* take part in

**meenemen** *overg* [nam mee, h. meegenomen] ❶ take away, take along/with ∗ *iets stiekem* ~ make off with sth ❷ *van voordeel zijn* get something out of ∗ *dat is altijd meegenomen* that's a welcome bonus, that always comes in handy ❸ *tegelijkertijd doen* do as well

**meepikken** *overg* [pikte mee, h. meegepikt] ❶ *stelen* swipe ❷ *nog snel even doen, bezoeken* take in, include, *inf* do ∗ *we hebben het Anne Frank Huis nog even meegepikt* we also took in/did Anne Frank's house

**meepraten, meespreken** *onoverg* [praatte mee, h. meegepraat] join in the conversation ∗ *hij wil ook* ~ he wants to put in a word too, *inf* he wants to put in his bit too ∗ *kunnen* ~ *over* know sth about, can talk about ∗ *daar kan ik van* ~ I can tell you a thing or two about that

**meer** I *o* [meren] lake II *onbep telw* more ∗ *iets* ~ something more ∗ *iets* ~ *dan...* a little upward of..., a little over... ∗ *niemand* ~ *dan 1000 euro?* any advance on a thousand euros? ∗ *niet* ~ *dan drie* no more than three ∗ ~ *en* ~, *steeds* ~ more and more, increasingly more ∗ *zonder* ~ ⟨zomaar⟩ just like that; ⟨ontegenzeggelijk⟩ absolutely; ⟨onmiddellijk⟩ right away III *bijw* ❶ *sterker, in grotere mate* more ∗ *het is niet* ~ *dan natuurlijk/billijk* it's only

natural/fair ∗ *niets* ~ *of minder dan* neither more nor less than ∗ *te* ~ *daar...* the more so as/since... ∗ *een reden te* ~ all the more reason, an added/additional reason ❷ *eerder* rather, more ∗ *het is* ~ *iets persoonlijks* it's rather a personal matter ❸ *verder, extra* more ∗ *wie was er nog* ~? who else was there? ∗ *er is niets* ~ there's nothing left ❹ (+ neg): (niet) *langer* more, longer ∗ *niet* ~ no more, no longer ∗ *hij is niet* ~ he is no more ∗ *hij kon niet* ~ *lopen* he couldn't walk anymore ∗ *zij is niet jong* ~ she's no longer young, she's not so young as she was ❺ *vaker* more (often) ∗ *je moet wat* ~ *komen* you should come more often ∗ *ik hoop je* ~ *te zien* I hope to see more of you IV *bn* more ∗ *wat* ~ *is* what's more

**meerdaags** *bn* lasting/for several days, of more than one day ∗ *een* ~*e cursus* a course of several days

**meerdelig** *bn* having several pieces

**meerdere** *m-v* [-n] *superieur* superior, *mil* superior officer ∗ *mijn* ~*n* my betters ∗ *in iem. zijn* ~ *erkennen* acknowledge sbd's superiority

**meerderen** I *overg* [meerderde, h. gemeerderd] increase, add to II *onoverg* [meerderde, is gemeerderd] increase

**meerderheid** *v* [-heden] ❶ *in aantal* majority ∗ *een geringe* ~ a narrow majority ∗ *een kleine* ~ a slim majority ∗ *een volstrekte/absolute* ~ an absolute majority ∗ *een wankele* ~ a feeble majority ∗ *de zwijgende* ~ the silent majority ∗ *in de* ~ *zijn* be in the majority ❷ *geestelijk* superiority

**meerderheidsbelang** *o* [-en] controlling interest

**meerderheidsbesluit** *o* [-en] majority decision

**meerderjarig** *bn* of age ∗ ~ *worden/zijn* come/be of age

**meerderjarige** *m-v* [-n] adult

**meerderjarigheid** *v* (age of) majority, adulthood

**meerekenen** *overg* [rekende mee, h. meegerekend] count (in), include (in) ∗ *...niet meegerekend* exclusive of..., excluding...

**meerijden** *onoverg* [reed mee, is meegereden] come/ride along with ∗ *iem. laten* ~ give sbd a lift

**meerjarenplan** *o* [-nen] long-range plan

**meerjarig** *bn* long-term, ⟨v. planten⟩ perennial

**meerkeuzetoets** *m* [-en] multiple choice test

**meerkeuzevraag** *v* [-vragen] multiple choice question

**meerkleurendruk** *m* multi-colour/Am multi-color printing

**meerkoet** *m* [-en] *vogel* coot

**meerkosten** *zn* [mv] additional costs, excess cost

**meerling** *m* [-en] multiple birth

**meermaals, meermalen** *bijw* more than once, repeatedly

**meeroken** *o* passive smoking

**meeropbrengst** *v* [-en] surplus proceeds, *econ* marginal revenue ∗ *de wet van de afnemende* ~ the law of diminishing returns

**meerpaal** *m* [-palen] mooring post

**me**

**meerpartijensysteem** *o* multi-party system
**meerprijs** *m* additional/extra charge
**meerstemmig** *bn* many-voiced ✳ ~ *gezang* part-singing, part-song ✳ *een* ~ *lied* a part-song
**meertalig** *bn* multilingual
**meerval** *m* [-len] *vis* wels, catfish
**Meer van Genève** *o* Lake Geneva
**meervoud** *o* [-en] plural
**meervoudig I** *bn* plural **II** *bijw* poly-, multi- ✳ ~ *onverzadigde vetzuren* polyunsaturated fatty acids
**meervoudsvorm** *m* [-en] plural form
**meervoudsvorming** *v* formation of the plural
**meerwaarde** *v* surplus value, added value ✳ *steeds meer boeren kiezen voor* ~ *toevoegen als strategie* value-adding is a strategy that farmers are increasingly choosing
**mees** *v* [mezen] *vogel* tit, titmouse
**meeslepen** *overg* [sleepte mee, h. meegesleept] ❶ drag/carry (along/down/behind) ✳ *iem. in zijn val* ~ drag sbd down ❷ *m.b.t. gevoel* carry (with/away) ✳ *zich laten* ~ be/get carried away ✳ *meegesleept door...* carried away by...
**meeslepend** *bn* ❶ moving, compelling ❷ compelling, moving, stirring
**meesmuilen** *onoverg* [meesmuilde, h. gemeesmuild] smile scornfully, smirk, snigger
**meespelen** *onoverg* [speelde mee, h. meegespeeld] ❶ *meedoen* join in, take part ❷ *van belang zijn* play a part ✳ *hij speelt niet mee in de film* he isn't in the film's cast ✳ *in de politiek speelt eigenbelang mee* self-interest plays a part/role in politics
**meespreken** *onoverg* [sprak mee, h. meegesproken] → **meepraten**
**meest I** *bn & onbep telw* most, the majority of ✳ *de* ~ *en* most of them, most people, the majority ✳ *de* ~ *e vergissingen* most mistakes **II** *bijw* ❶ most, best ✳ *hij schrijft het* ~ he writes most frequently ✳ *waarvan hij het* ~ *hield* which he loved most ✳ *hij heeft het* ~ he has (the) most, he has the majority ⟨of⟩ ✳ *op zijn* ~ at (the) most ✳ *de* ~ *gelezen krant* the most widely read paper ❷ *gewoonlijk* mostly, usually ✳ *ze zijn* ~ *klein van omvang* they are usually small in size
**meestal** *bijw* mostly, usually
**meestbegunstigd** *bn* most favoured
**meestbiedende** *m-v* [-n] highest bidder
**meester** *m* [-s] ❶ *volleerd vakman, expert* master ✳ *een* ~ *timmerman* a master carpenter ✳ *de oude* ~ *s* the old masters ✳ ~ *in de rechten* ± Master of Laws, LL.M ✳ *hij is* ~ *in de rechten* he has a law degree ✳ *hij is een* ~ *in zijn vak* he is a master of his craft/trade ✳ *hij is een* ~ *in het verzinnen van uitvluchten* he's an expert at dreaming up excuses ❷ *baas, meerdere* master ✳ *de brand* ~ *worden* get the fire under control ✳ *de toestand* ~ *zijn* have the situation (well) in hand ✳ *de bestuurder was de wagen niet meer* ~ the driver had lost control of the car ✳ *hij is het Engels (volkomen)* ~ he has a thorough command of English ✳ *hij is*

*zichzelf niet* ~ he has no control over himself ✳ *zich van iets* ~ *maken* take possession of a thing ✳ *zijn* ~ *vinden* meet one's master ✳ *men kan geen twee* ~ *s dienen* one cannot serve two masters ✳ *het oog van de* ~ *maakt het paard vet* look after your own affairs and they will look after you ❸ *onderwijzer* teacher, Br *ook* master
**meesterbrein** *o* [-en] mastermind
**meesteres** *v* [-sen] mistress
**meesterhand** *v* hand of the master, the master's touch
**meesterknecht** *m* [-en & -s] foreman
**meesterkok** *m* [-s] (master) chef
**meesterlijk I** *bn* masterly ✳ *een* ~ *e zet* a masterstroke **II** *bijw* masterly, skilfully
**meesterschap** *o* mastery, mastership, craftsmanship
**meesterstuk** *o* [-ken] masterpiece
**meesterwerk** *o* [-en] masterpiece, masterwork
**meet** *v* starting line ✳ fig *van* ~ *af aan* from the beginning
**meetapparaat** *o* [-raten] measuring instrument
**meetapparatuur** *v* measuring equipment
**meetbaar** *bn* measurable
**meetbaarheid** *v* measurability
**meetellen I** *overg* [telde mee, h. meegeteld] count (in), include ✳ *...niet meegeteld* exclusive of...
**II** *onoverg* [telde mee, h. meegeteld] count ✳ *hij telt niet mee* he doesn't count ✳ ~ *voor zijn pensioen* count for one's pension
**meeting** *v* [-s] *vergadering* meeting
**meetkunde** *v* geometry ✳ *analytische/beschrijvende* ~ analytical/descriptive geometry ✳ *vlakke* ~ plane geometry
**meetkundig** *bn* geometrical
**meetlat** *v* [-ten] measuring rod/staff/rule ✳ fig *iem./iets langs de* ~ *leggen* measure sbd/sth up
**meetlint** *o* [-en] tape measure, measuring tape
**meeuw** *v* [-en] (sea)gull
**meevallen** *onoverg* [viel mee, is meegevallen] turn out/prove better than was expected, exceed expectations ✳ *het valt niet mee* it's more difficult than I expected ✳ *de cijfers vielen niet mee* the figures proved to be disappointing ✳ *hij valt erg mee* he exceeds my expectations ✳ *de pijn viel mee* it wasn't as painful as I'd expected
**meevaller** *m* [-s] piece/stroke of good luck, pleasant surprise ✳ *een financiële* ~ a windfall
**meevoelen** *onoverg* [voelde mee, h. meegevoeld] ✳ *met iem.* ~ sympathize with sbd
**meevoeren** *overg* [voerde mee, h. meegevoerd] carry/lead along
**meewarig** *bn* pitying, compassionate
**meewerken** *onoverg* [werkte mee, h. meegewerkt] cooperate, collaborate, work together ✳ *het weer heeft meegewerkt* the weather helped ✳ ~ *aan* contribute to ⟨a magazine⟩, collaborate on, participate in ⟨the research⟩, cooperate with ⟨the

investigation› → **voorwerp**

**meezinger** *m* [-s] popular song/tune, singalong song

**meezitten** *onoverg* [zat mee, h. meegezeten] be favourable/*Am* favorable ∗ *het zat hem niet mee* luck was against him, he was unlucky

**megabioscoop** *v* [-scopen] multiplex (cinema)

**megabyte** *m* [-s] megabyte

**megafoon** *m* [-s & -fonen] megaphone

**megahertz** *m* megahertz

**megalomaan I** *bn* megalomaniac **II** *m* [-manen] megalomaniac

**megalomanie** *v* megalomania

**megaster** *v* [-ren] super star

**mei I** *m* May ∗ *de eerste ~, een* the first of May ∗ *op tien ~* on the tenth of May ∗ *begin/midden/eind ~* at the beginning of/in the middle of/at the end of May ∗ *in ~ leggen alle vogeltjes een ei* birds lay their eggs in May **II** *m* [-en] *meitak* branch of hawthorn

**meid** *v* [-en] ❶ *dienstmeisje* servant girl, maid ❷ *meisje* girl, <u>inf</u> missy, <u>inf afkeurend</u> broad ∗ *...dan ben je een beste ~* there's a good girl ∗ *een lekkere ~ a* gorgeous girl, <u>inf</u> a nice bit of crumpet/nice piece

**meidengek** *m* [-ken] girl-chaser ∗ *hij is een echte ~* he's girl-crazy

**meidengroep** *v* [-en] *popgroep* female group/band

**meidenhuis** *o* [-huizen] women's shelter

**meidoorn, meidoren** *m* [-s] hawthorn

**meikever** *m* [-s] cockchafer, May bug

**meineed** *m* [-eden] perjury ∗ *~ plegen* commit perjury ∗ *iem. tot ~ aanzetten* incite sbd to perjury

**meisje** *o* [-s] ❶ *jonge vrouw* girl ❷ *bediende* servant girl, girl ❸ *vriendin* girlfriend, sweetheart

**meisjesachtig** *bn* girlish, ‹v. jongens, mannen› sissy

**meisjesboek** *o* [-en] girl's book

**meisjesnaam** *m* [-namen] ❶ *voornaam* girl's name ❷ *v. getrouwde vrouw* maiden name

**mejuffrouw** *v* [-en] ‹ongehuwd› Miss, ‹gehuwd of ongehuwd› Ms

**mekaar** *wederk vnw* → **elkaar**

**Mekka** *o* Mecca

**Mekkaganger** *m* [-s] pilgrim to Mecca, hadj(i)

**mekkeren** *onoverg* [mekkerde, h. gemekkerd] ❶ bleat ❷ *v. personen* nag, complain

**melaats** *bn* leprous

**melaatse** *m-v* [-n] leper

**melaatsheid** *v* leprosy

**melancholie** *v* melancholy

**melancholiek, melancholisch** *bn* melancholy ∗ *een ~e stemming* a melancholy mood

**melange** *m & o* [-s] blend, mixture

**melanoom** *o* [-nomen] melanoma

**melasse** *v* molasses

**melden I** *overg* [meldde, h. gemeld] ❶ *berichten* report, announce, inform (of) ∗ *niets te ~ hebben* have nothing to report ❷ *noemen* mention, make mention of **II** *wederk* [meldde, h. gemeld] ∗ *zich ~* report ∗ *zich ziek ~* report oneself sick ∗ *zich ~ bij de politie* report to the police

**melding** *v* [-en] mention ∗ *~ maken van* make mention of/mention/report

**meldingsplicht** *m-v* <u>jur</u> duty/obligation to report

**meldkamer** *v* [-s] ❶ centre, *Am* center ❷ *voor noodgevallen* emergency/incident room

**meldpunt** *o* [-en] check-in point

**mêlee** *v* melee

**melig** *bn* ❶ *v. fruit, groente* floury ‹potatoes›, mealy ‹apples› ❷ *v. humor &* banal, corny ∗ *er heerste een ~e sfeer* everybody was in a silly mood ❸ *lusteloos* tiresome

**meligheid** *v* ❶ *v. aardappels, fruit* flouriness ❷ *v. humor* banality, corniness ❸ *v. sfeer* silly behaviour

**melk** *v* milk ∗ *hij heeft niets in de ~ te brokkelen* he has no influence on things ∗ *heel wat in de ~ te brokkelen hebben* have a great deal of influence on things ∗ *een land van ~ en honing* a land of milk and honey

**melkboer** *m* [-en] milkman

**melkbus** *v* [-sen] milk churn/can

**melkchocola, melkchocolade** *m* milk chocolate

**melken I** *overg* [molk of melkte, h. gemolken] milk ∗ *duiven ~* keep/breed doves ∗ *huisjes ~* Br be a rack-renter, <u>Am</u> be a slumlord **II** *onoverg* [molk of melkte, h. gemolken] *zeuren* complain, whine

**melkfles** *v* [-sen] milk bottle

**melkgebit** *o* [-ten] milk teeth

**melkkies** *v* [-kiezen] milk tooth

**melkklier** *v* [-en] mammary gland

**melkkoe** *v* [-koeien] ❶ dairy cow ❷ <u>fig</u> money spinner

**melkmachine** *v* [-s] milking machine

**melkmuil** *m* [-en] ❶ *onervaren jongeman* rookie, greenhorn, fresher ❷ *lafbek* sissy

**melkpoeder** *o & m* powdered milk, milk powder

**melkproduct** *o* [-en] dairy product

**melksuiker** *m* [-s] lactose

**melktand** *m* [-en] milk tooth

**melkvee** *o* dairy cattle

**melkveehouderij** *v* [-en] dairy farm

**Melkweg** *m* <u>astron</u> Milky Way, Galaxy

**melkwit** *bn* milk/milky white

**melkzuur** *o* lactic acid

**melodie** *v* [-dieën] melody, tune

**melodieus, melodisch** *bn* melodious, tuneful

**melodisch** *bn* melodic

**melodrama** *o* ['s] melodrama

**melodramatisch** *bn* melodramatic

**meloen** *m & v* [-en] melon

**membraan** *o & v* [-branen] membrane, ‹v. microfoon &› diaphragm

**memo** *o & m* ['s] memorandum, <u>inf</u> memo ∗ *iem. een ~ sturen* send sbd a memo

**memoblok** *o* [-ken] note pad

**memoires** *zn* [mv] memoirs

**memorabel** *bn* memorable

**memorandum** o [-da & -s] memorandum
**memoreren** overg [memoreerde, h. gememoreerd] mention, recall to mind, remind
**memorie** v ❶ geheugen memory, ⟨herinnering⟩ recollection * kort van ~ zijn have a short memory * pro ~ just for the record ❷ geschrift [-s] memorial ❸ beschouwing pol memorandum, statement * een ~ van toelichting an explanatory memorandum/statement
**memoriseren** overg [memoriseerde, h. gememoriseerd] memorize, learn by heart
**men** onbep vnw one, people, they, you * ~ hoort one hears * ~ zegt dat hij... people say that he..., it is said that he... * ~ heeft het mij gezegd so I was told, so I've been told, so I am told * wat zal ~ ervan zeggen? what will people say? * wat ~ er ook van zegge in spite of anything people may say * ~ kan dat niet meten that's not measurable * ~ leeft daar zeer goedkoop life is very cheap there
**menage** v [-s] * een ~ à trois a menage a trois
**menagerie** v [-rieën & -s] menagerie
**meneer** m [-neren] ❶ heer gentleman * de mooie ~ uithangen act the fine gentleman ❷ aanspreekvorm zonder naam sir * scherts zo, ~ vond dat hij zomaar weg kon blijven so, his lordship thought that he didn't need to come ❸ met naam Mr * ~ de Vries Mr de Vries * is ~ ... thuis? is Mr... at home?
**menen** overg [meende, h. gemeend] ❶ bedoelen mean * hoe meent u dat?, wat meent u daarmee? what do you mean (by that)? * zo heb ik het niet gemeend no offence (was) meant, I didn't mean it * hij meent het goed he means well * het goed/eerlijk met iem. ~ be well intentioned towards sbd ❷ denken think * hij meende gelijk te hebben he thought he was right * dat zou ik ~! I should think so! * dat meen je toch niet? you're not serious (are you?) * hij meent het he's in earnest, he really means it
**menens** bn * het is ~ it's serious
**mengeling** v [-en] mixture
**mengelmoes** o & v mishmash, hodge-podge, jumble
**mengen** I overg [mengde, h. gemengd] mix, blend, afkeurend drag in II wederk [mengde, h. gemengd] * zich ~ in get involved in, interfere in * meng u er niet in don't interfere * ik wil mij er niet in ~ I don't want to be dragged into it/be involved * zich in het gesprek ~ join in the conversation * zich onder de menigte ~ mingle with the crowd
**mengkleur** v [-en] blended shade, blended colour/Am color
**mengkraan** v [-kranen] mixer tap
**mengpaneel** o [-nelen] mixing console
**mengsel** o [-s] mixture
**mengsmering** v mixed lubrication
**menhir** m [-s] menhir
**menie** v red lead
**menig** onbep telw many (a)
**menigeen** onbep vnw many, many a person/a one

**menigmaal** bijw many a time, many times, often
**menigte** v [-n & -s] crowd * een ~ feiten a great number/host of facts * de grote ~ the masses, the general public, the public at large
**mening** v [-en] opinion * geen ~ hebben have no opinion * geen eigen ~ hebben have no personal opinion * de openbare ~ public opinion * zijn ~ zeggen give one's opinion, speak one's mind * als zijn ~ te kennen geven dat... give his opinion that... * bij zijn ~ blijven stick to one's opinion * in de ~ dat... in the belief that... * in de ~ verkeren dat... be under the impression that... * naar mijn ~ in my opinion, to my mind * naar mijn bescheiden ~ in my humble opinion * van ~ zijn dat... be of the opinion that... * ik ben van ~ dat... it's my opinion that..., I feel/believe that... * van dezelfde ~ zijn be of the same opinion * van ~ verschillen hold different views, differ in opinion * ik ben van een andere ~ I hold a different opinion, I think differently * zijn ~ niet onder stoelen of banken steken make no secret of one's opinion, be quite frank * zijn ~ voor een betere geven be open to correction * voor zijn ~ uitkomen stand up for one's opinion
**meningitis** v meningitis
**meningsuiting** v [-en] expression of opinion(s) * vrijheid van ~ freedom of speech
**meningsverschil** o [-len] difference of opinion
**meningsvorming** v opinion forming
**meniscus** m [-sen] ❶ kneecap, anat meniscus ❷ blessure torn cartilage
**mennen** overg [mende, h. gemend] drive
**menner** m [-s] driver
**menopauze** v menopause, change of life
**mens** I m [-en] ❶ menselijk wezen human being, man * de ~ man, mankind * een ~ a human being * ~ en dier man and beast * half ~, half dier half human, half animal * geen ~ nobody, no one * ik ben geen ~ meer I'm worn out/inf dead beat * bijbel de oude ~ afleggen leave behind one's old ways, become a new man * ik ben ook maar een ~! I'm only human! * wij zijn allemaal ~en we're all human * leraren zijn ook ~en even teachers are human ❷ mv: personen people * de ~en people, mankind * wij ~ all of us * ⟨in brieven⟩ beste mensen dear all, ⟨zakelijk⟩ dear client, dear valued customer * de grote ~en the grown-ups * als de grote ~en spreken, moeten de kinderen zwijgen children should be seen and not heard * de inwendige ~ versterken fortify the inner man * er waren maar weinig ~en there were only a few people * wij krijgen ~en we're having some people around * (niet) onder de ~en komen (not) get out and about ❸ mv: medewerkers people * daar heb ik mijn ~en voor I've got people for that II o ❶ ⟨vrouwelijk⟩ thing, creature, geringsch woman * dat ~! that woman! * het arme ~ the poor soul/creature/thing * zo'n goed ~ such a good soul * het oude ~ the old woman * ~, hou op! will you shut up! ❷ figuur, type person * een onmogelijk ~ an

impossible person/type \*_zij is geen_ ~_om te klagen_ she's not one to complain \*_hij is er een ander_ ~_van geworden_ it made him into a different person
**mensa** _m_ [ 's, -sae ] student cafeteria
**mensaap** _m_ [ -apen ] (anthropoid) ape
**mensbeeld** _o_ [ -en ] image of mankind
**mensdom** _o_ mankind
**menselijk** _bn_ ❶human \*_vergissen is_ ~to err is human \*_niets_ ~_s is hem vreemd_ he's only human \*~_e betrekkingen_ human relations \*~_kapitaal_ human capital/resources ❷_humaan_ humane \*_een_ ~_e behandeling_ humane treatment
**menselijkerwijs, menselijkerwijze** _bijw_ humanly \*_dat is_ ~_gesproken onmogelijk_ it's not humanly possible
**menselijkheid** _v_ humanity \*_misdaden tegen de_ ~ crimes against humanity
**menseneter** _m_ [ -s ] cannibal, ‹roofdier› maneater
**mensengedaante** _v_ [ -n & -s ] human shape/form \*_een duivel in_ ~the devil incarnate
**mensenhaai** _m_ [ -haaien ] great white shark
**mensenhand** _v_ [ -en ] ❶human hand ❷_menselijk vermogen_ human hands, ‹kracht› manpower, scherts muscle power \*_door_ ~_en gemaakt_ made by the hand of man/by human hands
**mensenhater** _m_ [ -s ] misanthrope
**mensenheugenis** _v_ human memory \*_sinds_ ~since time immemorial
**mensenkennis** _v_ knowledge of human nature
**mensenkind** _o_ [ -eren ] human being
**mensenkinderen** _tsw_ \*~_!_ good heavens!
**mensenleven** _o_ [ -s ] human life \*~_s redden_ save human lives \*_er zijn geen_ ~_s te betreuren_ no lives were lost
**mensenmassa** _v_ [ 's ] crowd (of people)
**mensenrechten** _zn_ [ mv ] human rights
**mensenrechtenactivist** _m_ [ -en ] human rights activist
**mensenschuw** _bn_ shy, ‹sterker› afraid of people afkeurend unsociable
**mensensmokkel** _m_ ❶people trafficking, trafficking in people ❷hist slave running ❸_prostitutie_ white slave traffic
**mensenvriend** _m_ [ -en ] philanthropist
**mensenwerk** _o_ human work \*_het blijft_ ~it's all subject to human error, people aren't infallible
**mensheid** _v_ ❶_mensdom_ mankind ❷_mensennatuur_ human nature, humanity
**menskunde** _v_ human biology
**menslievend** _bn_ philanthropic, humane, humanitarian
**mensonterend, mensonwaardig** _bn_ (humanly) degrading, degrading to man
**menstruatie** _v_ [ -s ] menstruation, inf period
**menstruatiepijn** _v_ [ -en ] menstrual pain/cramps
**menstrueren** _onoverg_ [ menstrueerde, h. gemenstrueerd ] menstruate, inf have one's period
**menswaardig** _bn_ decent, dignified \*_een_ ~_e_

_behandeling_ humane treatment \*_een_ ~_bestaan_ a dignified/decent existence \*_een_ ~_loon_ a living wage
**menswetenschappen** _zn_ [ mv ] social/life sciences
**menswording** _v_ incarnation
**mentaal** _bn_ mental
**mentaliteit** _v_ mentality
**mentaliteitsverandering** _v_ change of mentality/attitude
**menthol** _m_ menthol
**mentor** _m_ [ -s, -toren ] mentor
**menu** _o & m_ [ 's ] ❶_spijskaart_ menu, bill of fare ❷comput menu
**menubalk** _m_ [ -en ] comput menu bar
**menuet** _o & m_ [ -ten ] minuet
**menugestuurd** _bn_ comput menu-driven
**menukaart** _v_ [ -en ] menu, bill of fare
**mep** _m & v_ [ -pen ] blow, slap \*_iem. een_ ~ _geven/verkopen_ smack/whack sbd
**meppen** _overg_ [ mepte, h. gemept ] slap, smack
**merchandising** _v_ merchandising
**Mercurius** _m_ astron & astrol Mercury
**merel** _m & v_ [ -s ] vogel blackbird
**meren** _overg_ [ meerde, h. gemeerd ] moor
**merendeel** _o_ \*_het_ ~the greater part, ‹telbaar› the majority \*_voor het_ ~for the most part
**merendeels** _bijw_ for the greater part, mostly
**merg** _o_ ❶_in botten_ marrow \*_dat gaat door_ ~_en been_ it cuts through you like a knife \*_een Engelsman in_ ~ _en been_ English to the core ❷plantk pith
**mergel** _m_ marl
**mergelgroef, mergelgroeve** _v_ [ -groeven ] marlpit
**mergpijp** _v_ [ -en ] marrowbone \* ‹soort gebakje› _een_ ~_je_ a marzipan and chocolate biscuit
**meridiaan** _m_ [ -anen ] meridian
**merk** _o_ [ -en ] ❶_merkteken_ mark, ‹op edelmetaal› hallmark, fig hallmark ❷_merknaam_ brand, ‹v. auto &› make, ‹geregistreerd handelsmerk› trade mark \*_een eigen_ ~own brand \*_een fijn_ ~a choice brand; inf a fine specimen \*_een sterk_ ~a leading brand \*_een wit_ ~a generic brand
**merkartikel** _o_ [ -en, -s ] branded article/product \*~_en_ branded goods
**merkbaar** I _bn_ noticeable, marked II _bijw_ noticeably, markedly \*_goed_ ~clear, evident \*_nauwelijks_ ~hardly noticeable
**merkbeeld** _o_ [ -en ] brand image
**merken** _overg_ [ merkte, h. gemerkt ] ❶_een merkteken geven_ mark, ‹met een brandmerk› brand ❷_bemerken_ perceive, notice \*_je moet niets laten_ ~don't show anything; ‹laten vallen› don't give anything away \*_ze liet_ ~_dat zij boos was_ she made it clear she was angry \*_aan zijn gezicht/kleren &_ ~tell by his face/clothes & \*_zonder iets te_ ~without noticing
**merkenbureau** _o_ [ -s ] trademark/patent office
**merkentrouw** _v_ brand loyalty
**merkkleding** _v_ designer clothing
**merknaam** _m_ [ -namen ] brand name

me

**merkteken** *o* [-s & -en] (identifying) mark/sign
**merkwaardig** *bn & bijw* ❶ *buitengewoon* remarkable, noteworthy ❷ *vreemd* peculiar, curious *∗∼ genoeg* strangely/oddly/curiously enough
**merkwaardigheid** *v* [-heden] ❶ *het merkwaardig zijn* peculiarity ❷ *curiositeit* remarkable fact, curiosity, oddity ∗ *de merkwaardigheden van de stad* the sights of the city
**merrie** *v* [-s] mare
**mes** *o* [-sen] knife ∗ fig *de∼sen slijpen* get ready to fight ∗ *het∼ snijdt aan twee kanten* it works both ways ∗ fig *het∼ erin zetten* get the axe into sth ∗ *het ∼ in de kosten/verliezen zetten* cut costs/losses ∗ ook fig *iem. het∼ op de keel zetten* put a knife to sbd's throat ∗ *onder het∼ gaan* have an operation ∗ *met het∼ op tafel spelen* play for keeps ∗ *onderhandelingen met het∼ op tafel* hostile/hard-fought negotiations
**mesjogge** *bn* inf nuts, daft, crackpot ⟨ideas⟩
**mesozoïcum** *o* Mesozoic
**mespunt** *m* [-en] ❶ tip of a knife ❷ *klein beetje* pinch ⟨of salt &⟩
**mess** *m* [-es] mess (hall)
**messcherp** *bn* razor-sharp ⟨intellect, perception &⟩, biting ⟨comment⟩
**messenlegger** *m* [-s] knife rest
**messenslijper** *m* [-s] knife grinder/sharpener
**messentrekker** *m* [-s] knife fighter
**Messias** *m* Messiah
**messing I** *o* brass **II** *v* [-en] tongue ∗∼ *en groef* tongue and groove
**messteek** *m* [-steken] knife stab
**mest** *m* dung, manure, ⟨voor gebruik op het land⟩ fertilizer, compost
**mesten** *overg* [mestte, h. gemest] ❶ *v. land* fertilize, dress, manure ❷ *v. dieren* fatten (up) ❸ *uitmesten* clean out
**mesthoop** *m* [-hopen] dunghill, manure heap
**mesties** *m-v* [-tiezen] mestizo
**mestkalf** *o* [-kalveren] ⟨nog te mesten⟩ fattening calf, ⟨al gemest⟩ fattened calf
**mestkever** *m* [-s] dung beetle
**mestoverschot** *o* [-ten] manure surplus
**meststof** *v* [-fen] manure, fertilizer
**mestvaalt** *v* [-en] dunghill
**mestvarken** *o* [-s] fattening pig, porker
**mestvee** *o* fattening cattle, beef stock
**mestvork** *v* [-en] dung fork
**MET** *afk* (Midden-Europese tijd) Central European Time
**met** *voorz* ❶ *tot* with, to ∗ *ik heb∼ hem gesproken* I've spoken with/to him ∗ ⟨in telefoongesprek⟩ (*u spreekt*)∼ *Hendricks* Hendricks speaking ∗ ⟨in telefoongesprek⟩ (*spreek ik*)∼ *Sheila?* is that you, Sheila? ❷ *m.b.t. omstandigheden* with ∗ *hoe is het∼ je?* how are you? ∗ *hoe is het∼ je vader?* how's your father? ∗∼ *dat al* yet for all that ∗∼ *bewondering* in admiration ❸ *in het bezit van* with ∗ *de man∼ de*

*hoed* the man with the hat on, the man in the hat ∗∼ *de hoed in de hand* hat in hand ∗ *de vrouw∼ rood hair* the red-haired woman ∗ *een boterham∼ jam* a jam sandwich ∗ *een portemonnee∼ inhoud* a wallet/purse with contents ∗ *een zak∼ geld* a bag of money ∗∼ *kleren en al* clothes and all ❹ *gemengd met* (mixed) with, and ∗ *koffie∼ cognac* a coffee with brandy ∗ *koffie∼ melk* a milk coffee ❺ *over en weer* with, to ∗∼ *de vakbonden overeenkomen* reach agreement with the trade unions ∗∼ *elkaar spreken* speak to each other ❻ *gelijktijdig met* by, with, at, in, on ∗ *wij verwachten∼ 1 januari klaar te zijn* we expect to be finished by the first of January ∗∼ *de dag* every day ∗ *de toestand is∼ de dag zorgelijker* the situation is increasingly giving cause for concern ∗∼ *Pasen* at Easter ❼ *samen met* (along) with, of ∗∼ *hoeveel zijn jullie?* how many of you are there? ∗ *wij waren∼ ons vijven* there were five of us ∗∼ *ons allen hadden we één...* we had one ... between us ∗ *ze kwamen ∼ honderden/duizenden* they came in their hundreds/thousands ❽ *plus* with, and, including, plus ∗∼ *rente* with/including/plus interest ∗ *ontbijt ∼ logies* bed and breakfast ∗ *tot en∼* up to and including ∗∼ *deze erbij zijn het er drie* this one makes three ∗ *is∼ 10% toegenomen* has increased by 10% ❾ *door middel van* with, by, in, through ∗∼ *de boot/de post/het spoor/de auto* by boat/post/rail/car ∗∼ *geweld* by force ∗∼ *een cheque betalen* pay by cheque ∗∼ *inkt/potlood geschreven* written in ink/pencil ∗ *gezien∼ de ogen van een kind* seen through a child's eyes ∗∼ *gepast geld betalen* pay the exact amount
**metaal I** *o* [-talen] metal ∗ *oud∼* scrap metal **II** *v* →**metaalindustrie**
**metaalachtig** *bn* metallic
**metaalbewerker** *m* [-s] metalworker
**metaaldetector** *m* [-s] metal detector
**metaaldraad** *o & m* [-draden] metal wire
**metaalindustrie, metaalnijverheid, metaal** *v* ❶ metal/metallurgical industry ❷ *staalindustrie* steel industry
**metaalmoeheid** *v* metal fatigue
**metaalnijverheid** *v* →**metaalindustrie**
**metaalwaren** *zn* [mv] metalware(s)
**metabolisme** *o* metabolism
**metafoor** *v* [-foren], **metafora** ['s] metaphor, figure of speech
**metaforisch** *bn* metaphorical
**metafysica** *v* metaphysics
**metafysisch** *bn* metaphysical
**metalen** *bn* metal
**metallic** *bn* metallic
**metalliseren** *overg* [metalliseerde, h. gemetalliseerd] metallize
**metallurgie** *v* metallurgy
**metamorfose** *v* [-n & -s] metamorphosis
**metastase** *v* [-n, -s] metastasis
**metataal** *v* metalanguage

me

**meteen** *bijw* ❶ *tegelijkertijd* at the same time ✶ *als we toch langs komen kunnen we ~ even boodschappen doen* if we're going past anyway, we may as well do the shopping ✶ *ik nam er ~ twee* I took two while I was at it ❷ *dadelijk* at once, immediately ✶ *zo ~* in a minute ✶ *hij was ~ dood* he was killed instantly ✶ *je moet ~ komen* you must come at once/straightaway

**meten I** *overg* [mat, h. gemeten] measure, gauge ✶ *hij meet twee meter* he's two metres tall ✶ *het schip meet 5000 ton* the ship carries 5000 tons ✶ *met twee maten ~* apply double standards ✶ *op het gezicht ~* measure by eye **II** *wederk* [mat, h. gemeten] measure (up to), match ✶ *hij kan zich met de besten ~* he matches up to the best of them, he can hold his own with them all ✶ *zich niet kunnen ~ met...* not match up to, be no match for...

**meteoor** *m* [-oren] meteor
**meteoriet** *m* [-en] meteorite
**meteorietinslag** *m* [-slagen] meteorite impact
**meteorologie** *v* meteorology
**meteorologisch** *bn* meteorological ✶ *een ~ instituut/station* a meteorological station
**meteoroloog** *m* [-logen] meteorologist
**meter I** *m* [-s] ❶ *lengtemaat* metre, Am meter ✶ *dat klopt voor geen ~* that doesn't make sense at all ❷ *gas & meter* ❸ *wijzer, naald* indicator, needle ❹ *persoon* measurer **II** *v* [-s] *peettante* godmother
**meterkast** *v* [-en] meter cupboard
**meteropnemer** *m* [-s] meter reader
**meterstand** *m* [-en] meter reading ✶ *de ~ opnemen* read the meter
**metgezel** *m* [-len] companion, mate
**methaan** *o* methane
**methadon** *o* methadone
**methanol** *m & o* methanol
**methode** *v* [-n & -s] ❶ *systeem* method ✶ *een ~ volgen* follow a method/system ❷ *leerplan* method, methodology, system ❸ *boek* manual, primer
**methodiek** *v* methodology
**methodisch** *bn* methodical
**methodist** *m* [-en] Methodist
**methodologie** *v* methodology
**methodologisch** *bn* methodological
**Methusalem** *m* Methuselah ✶ *zo oud als ~* as old as Methuselah
**methyl** *o* methyl
**metier** *o* [-s] métier
**meting** *v* [-en] measuring, measurement
**metonymie, metonymia** *v* metonymy
**metriek I** *bn* metric ✶ *het ~e stelsel* the metric system **II** *v* metrics, prosody
**metrisch** *bn* metrical ✶ *~e meetkunde* metric geometry
**metro** *m* [-'s] metro, Br underground, spreektaal tube, Am subway
**metronoom** *m* [-nomen] metronome
**metropool** *v* [-polen] metropolis
**metrostation** *o* [-s] underground station, Am subway station
**metrum** *o* [-s & -tra] metre, Am meter
**metselaar** *m* [-s] bricklayer
**metselen I** *onoverg* [metselde, h. gemetseld] lay bricks **II** *overg* [metselde, h. gemetseld] build (with bricks) ✶ *een muurtje ~* build a brick wall
**metselspecie** *v* mortar
**metselsteen** *o & m* [-stenen] brick
**metselwerk** *o* brickwork, masonry
**metten** *zn* [mv] matins ✶ RK *de donkere ~* Tenebrae ✶ *korte ~ maken met...* make short work of...
**mettertijd** *bijw* in the course of time, in due course
**metworst** *v* [-en] German sausage
**meubel** *o* [-s & -en] piece/article of furniture ✶ *onze ~en/~s* our furniture
**meubelboulevard** *m* [-s] furniture arcade/mall
**meubelmaker** *m* [-s] cabinet maker, furniture maker
**meubelmakerij** *v* [-en] furniture works/factory
**meubelstof** *v* [-fen] upholstery fabric
**meubelstuk** *o* [-ken] piece of furniture
**meubelzaak** *v* [-zaken] furniture shop/store
**meubilair** *o* furniture
**meubileren** *overg* [meubileerde, h. gemeubileerd] furnish
**meubilering** *v* ❶ *het meubileren* furnishing ❷ *meubels* furniture
**meug** *m* liking, taste ✶ *ieder zijn ~* to each his own ✶ *tegen heug en ~* reluctantly
**meute** *v* [-n & -s] ❶ *honden* pack ❷ *mensen* horde, crowd
**mevrouw** *v* [-en] ❶ *dame* lady, ⟨vrouw des huizes⟩ mistress ❷ *als aanspreekvorm zonder naam* madam, ma'am, ⟨vooral jonge vrouw⟩ miss ✶ *wordt u al geholpen, ~?* are you being served (madam/ma'am/miss)? ❸ *met naam* ⟨getrouwd⟩ Mrs, ⟨getrouwd of ongetrouwd⟩ Ms ✶ *~ Heesen* Mrs/Ms Heesen
**Mexicaan** *m* [-canen] Mexican
**Mexicaans** *bn* Mexican ✶ *valuta de ~e peso* the Mexican peso, the peso
**Mexicaanse** *v* [-n] Mexican ✶ *ze is een ~* she's a Mexican, she's from Mexico
**Mexico** *o* Mexico ✶ *~-Stad* Mexico City
**mezelf** *wederk vnw* myself, inf me
**mezzosopraan** *v* [-pranen] mezzo-soprano
**mi I** *v* ['s] muz **mi II** *m*, **mie** *spijs* Chinese noodles
**m.i.** *afk* ❶ (mijns inziens) in my opinion ❷ (mijnbouwkundig ingenieur) mining engineer
**miauw** *tsw* miaow
**miauwen** *onoverg* [miauwde, h. gemiauwd] miaow
**mica** *o & m* mica
**micro** *m* ['s] ❶ *computer* micro ❷ *microfoon* ZN mike
**microbe** *v* [-n] microbe
**microbiologie** *v* microbiology
**microchip** *m* [-s] microchip
**micro-economie** *v* microeconomics
**micro-elektronica** *v* microelectronics

mi

**microfilm** *m* [-s] microfilm
**microfoon** *m* [-s & -fonen] microphone, <u>inf</u> mike
**microkosmos** *m* microcosm
**micron** *o & m* [-s] micron
**Micronesië** *o* Micronesia
**micro-organisme** *o* [-n] micro-organism
**microprocessor** *m* [-s] microprocessor
**microscoop** *m* [-scopen] microscope
**microscopisch** *bn* microscopic
**middag** *m* [-dagen] ❶ *na 12 uur* afternoon ✴ *na de ~* in the afternoon ✴ *'s ~s* in the afternoon ✴ *om vier uur 's ~s* at 4 p.m., at 4 in the afternoon ❷ *12 uur* noon, midday ✴ *tussen de ~* at lunch time, during the lunch hour ✴ *voor de ~* before noon, in the morning
**middagdutje** *o* [-s] afternoon nap, siesta
**middageten** *o*, **middagmaal** [-malen] midday meal, lunch
**middagpauze** *v* [-n & -s] lunch hour/break, lunch time
**middagslaapje** *o* [-s] afternoon nap, siesta
**middaguur** *o* [-uren] ❶ noon, twelve o'clock ❷ *uur van de namiddag* afternoon hour
**middel** I *o* [-s] *v.h. lichaam* waist ✴ *tot aan je ~* up to your waist/<u>inf</u> middle II *o* [-en] ❶ *voor een doel* means ✴ *wettige ~en* lawful means ✴ *door ~ van* by means of, through ✴ *met alle wettige ~en* by all lawful means ✴ *~en van bestaan* means of existence ❷ *tot genezing* remedy ✴ *verdovende ~en* drugs, narcotics ✴ *het ~ is erger dan de kwaal* the remedy is worse than the disease ❸ *mv: m.b.t. geld* means, resources ✴ ⟨geld⟩ *~en* resources ✴ *algemene ~en* general funds ✴ *eigen ~en* private means/funds ✴ *ruime ~en* ample funds
**middelbaar** *bn* ❶ *niet groot of klein* middle, medium ✴ *middelbare grootte* medium size ✴ *van middelbare grootte* medium-sized, middle-sized ✴ *op middelbare leeftijd* in middle age ✴ *van middelbare leeftijd* middle-aged ❷ *m.b.t. onderwijs* secondary ✴ *~ onderwijs* secondary education ❸ *gemiddeld* average, mean
**middeleeuwen** *zn* [mv] Middle Ages ✴ *de late/vroege ~* the late/early Middle Ages
**middeleeuws** *bn* mediaeval, <u>Am</u> medieval
**middelen** I *onoverg* [middelde, h. gemiddeld] *bemiddelen* mediate II *overg* [middelde, h. gemiddeld] *gemiddelde berekenen* average
**middelgebergte** *o* [-s, -n] low mountain range
**middelgroot** *bn* medium(-sized) ✴ *een ~ bedrijf* a medium-sized business ✴ *een middelgrote stad* a medium-sized town
**Middellandse Zee** *v* Mediterranean Sea
**middellang** *bn* medium ✴ *een ~e termijn* a medium-long period ✴ *een ~ krediet* medium-term credit ✴ *voor de ~e afstand* medium-range
**middellijn** *v* [-en] diameter
**middelloodlijn** *v* [-en] perpendicular bisector
**middelmaat** *v* average, mean ✴ *de gulden ~* the

golden average ✴ *tot de ~ behoren* be (just) average
**middelmatig** *bn* ❶ *gemiddeld* average, medium ❷ *matig, zwak* just average, mediocre, so-so
**middelmatigheid** *v* [-heden] mediocrity
**middelpunt** *o* [-en] centre, <u>Am</u> center ✴ *in het ~ van de belangstelling staan* be the centre of attention/interest
**middelpuntvliedend** *bn* centrifugal ✴ *~e kracht* centrifugal force
**middels** *voorz* by means of
**middelste** *bn* middle, middlemost
**middelvinger** *m* [-s] middle finger ✴ *zijn ~ opsteken* put two fingers up, give sbd the finger
**midden** I *o* [-s] ❶ *centrale plek* middle, centre/<u>Am</u> center ✴ *het ~ houden tussen... en...* be midway between ..., be something between... and... ✴ *iets in het ~ brengen* put forward sth ✴ *iets in het ~ laten* leave it aside, give no opinion on sth, leave sth open ❷ *m.b.t. een groep* midst ✴ *iem. uit ons ~* one of us ✴ *zij kozen iem. uit hun ~* they selected one from among themselves ✴ *hij is niet meer in ons ~* he's no longer in our midst ✴ *te ~ van* in the midst of, among ❸ *v. tijd* middle ✴ *in het ~ van de zomer/week* in the middle of the summer/week II *bijw* ✴ *~ in* in the middle of
**Midden-Amerika** *o* Central America
**middenbaan** *v* [-banen] middle lane, centre/<u>Am</u> center lane
**middenberm** *m* [-en] <u>Br</u> central reservation, <u>Am</u> median strip
**middencirkel** *m* [-s] <u>sp</u> centre/<u>Am</u> center circle
**middendoor** *bijw* in two/half ✴ *een ambulance mag ~ rijden* an ambulance is allowed to drive between the left and the right-hand lanes ✴ *~ scheuren* tear across
**midden- en kleinbedrijf** *o* ❶ small and medium-sized businesses ❷ *sector* small and medium-sized business sector
**Midden-Europa** *o* Central Europe
**middengewicht**, **middelgewicht** *o* [-en] <u>sp</u> middle weight
**middengolf** *v* <u>radio</u> medium wave
**middenhandsbeentje** *o* [-s] metacarpus
**middenin** *bijw* in the middle
**middenkader** *o* [-s] *van een onderneming* middle management
**middenklasse** *v* [-n] ❶ *met middelmatige prijs* middle range ✴ *een auto uit de ~* a medium-priced car ❷ *maatschappelijke klasse* middle class
**middenklasser** *m* [-s] *auto* car in the medium-price range
**middenlijn** *v* [-en] <u>sp</u> centre/<u>Am</u> center line
**middenmoot** *v* [-moten] <u>fig</u> middle bracket, middle group ✴ ⟨v. sportclub⟩ *tot de ~ behoren* be just an average club
**middenoor** *o* [-oren] middle ear
**middenoorontsteking** *v* [-en] middle ear infection
**Midden-Oosten** *o* Middle East

**middenpad** o [-paden] ❶ in bus & gangway ❷ in kerk, vliegtuig & centre/Am center aisle ❸ in tuin & centre/Am center path
**middenrif** o [-fen] midriff, diaphragm
**middenschip** o nave
**middenspel** o schaak & middle game
**middenstand** m ❶ burgerij middle class(es) ❷ groep van kleine zelfstandige ondernemers tradespeople, small business, the self-employed, shopkeepers ❸ centrale positie central/middle position
**middenstander** m [-s] ❶ winkelier shopkeeper, retailer ❷ kleine zelfstandige ondernemer small businessman, owner of a small business
**middenstandsdiploma** o ['s] ± retailer's diploma/certificate
**middenstip** v [-pen] centre spot, Am center spot
**middenstuk** o [-ken] middle piece, central part
**middenterrein** o [-en] centre/Am center field, mid-field
**middenveld** o [-en] ❶ deel v.h. veld midfield ❷ spelers midfielders, midfield players
**middenvelder** m [-s] sp midfielder
**middenvoetsbeentje** o [-s] metatarsal bone
**middenvoor** m [-s] → midvoor
**middenweg** m middle course/way ∗ de gulden ~ the happy medium, the golden mean ∗ de ~ bewandelen steer a middle course
**middernacht** m midnight ∗ om ~ at midnight
**middernachtelijk** bn midnight
**middernachtzon** v midnight sun
**midgetgolf** o miniature/mini golf
**midgetgolfbaan** v [-banen] miniature/mini golf course
**midgetgolfen** o play miniature/mini golf
**midlifecrisis** v midlife crisis
**midscheeps** bn amidships
**midvoor, middenvoor** m [-s] sp centre/Am center forward
**midweek** v middle of the week, midweek
**midwinter** m [-s] midwinter
**midzomer** m [-s] midsummer
**mier** v [-en] ant ∗ gevleugelde ~en flying ants ∗ de witte ~ the termite/white ant
**mieren** onoverg [mierde, h. gemierd] ❶ piekeren worry, puzzle ❷ zeuren nag, harp on (about), keep on (about)
**miereneter** m [-s] anteater
**mierenhoop** m [-hopen] anthill, antheap
**mierenkolonie** v [-niën, -s] colony of ants
**mierennest** o [-en] ants' nest, anthill
**mierenneuker** m [-s] nitpicker, hairsplitter
**mierikwortel, mierikswortel** m [-s] horseradish
**mierzoet** bn ook fig saccharine
**mieter** m [-s] ∗ iem. op z'n ~ geven tell sbd off, give sbd a dressing down ∗ dat gaat je geen ~ aan that's none of your business
**mieteren I** overg [mieterde, h. gemieterd] smijten fling, throw **II** onoverg [mieterde, is gemieterd]

vallen come crashing (down), tumble (down)
**mieters I** bn great, terrific **II** bijw darned
**mietje** o [-s] inf queer, pansy ∗ laten we elkaar geen ~ noemen let's not beat around the bush, let's call a spade a spade
**miezeren** onoverg [miezerde, h. gemiezerd] drizzle
**miezerig** bn ❶ regenachtig drizzly ‹weather› ❷ minnetjes measly, scanty ❸ bedrukt gloomy
**migraine** v migraine
**migrant** m [-en] migrant
**migrantenbeleid** o migrant policy
**migratie** v [-s] migration
**migreren** onoverg [migreerde, is gemigreerd] migrate
**mihoen** m Chinese noodles
**mij, me I** pers vnw (to) me ∗ moet je ~ hebben? is it me you're looking for? ∗ iron dan moet je net ~ hebben well, you know me ∗ ze had ~ gewaarschuwd she had warned me ∗ dat is van ~ it's mine ∗ de prijs is voor ~ te hoog I can't afford that price **II** wederk vnw myself ∗ ik vergis ~ I'm mistaken
**mijden** overg [meed, h. gemeden] avoid, steer clear of
**mijl** v [-en] mile ∗ ~en ver uiteen lopen be miles apart ▼ van ~ op zeven gaan go via a roundabout way
**mijlenver** bn for miles and miles, miles away
**mijlpaal** m [-palen] ❶ milestone ❷ fig landmark, milestone ∗ een ~ zijn in... be a milestone in...
**mijmeren** onoverg [mijmerde, h. gemijmerd] (day)dream (about), muse (about)
**mijmering** v [-en] (pensive) reflection
**mijn I** bez vnw my ∗ de/het ~e mine ∗ ik en de ~en my family and I ∗ ik denk er het ~e van I have my own ideas about it ∗ ik wil er het ~e van weten I want to know what's going on ∗ het ~ en dijn mine and thine **II** v [-en] mine ∗ ~en leggen lay mines ∗ ~en vegen clear mines
**mijnbouw** m mining industry
**mijnbouwkunde** v mining engineering
**mijnbouwkundige** m-v [-n] mining engineer
**mijnenjager** m [-s] minehunter
**mijnenveger** m [-s] minesweeper
**mijnenveld** o [-en] minefield
**mijnerzijds** bijw on/for my part
**mijnheer** m [-heren] sir, mister, Mr
**mijnramp** v [-en] mining disaster
**mijnschacht** v [-en] mine shaft
**mijnstreek** v [-streken] mining area
**mijnwerker** m [-s] miner, mine worker
**mijt** v [-en] ❶ insect mite ❷ stapel stro, koren stack, pile
**mijter** m [-s] mitre
**mijzelf** wederk vnw myself
**mik** v [-ken] brood loaf ∗ het is dikke ~ tussen die twee they're as thick as thieves
**'mikado, mi'kado**[1] m ['s] mikado
**'mikado**[2] o spel Mikado, Jackstraws, pick-up-sticks
**mikken I** onoverg [mikte, h. gemikt] take aim, aim

mi

* *op iem.* ~ aim at sbd * *Ajax mikt op het
kampioenschap* Ajax has set its sights on the
championship **II** *overg* [mikte, h. gemikt] throw, inf
chuck * *iem. eruit* ~ throw/chuck sbd out
**mikmak** *m* * *de hele* ~ the whole caboodle
**mikpunt** *o* [-en] ❶ aim ❷ fig butt, target * *het* ~ *van
hun grappen* the butt of their jokes * *hij was het* ~
*van hun beledigingen* he was the object of their
insults
**Milaan** *o* Milan
**mild I** *bn* ❶ *zacht* mild ‹weather, shampoo›, gentle
‹rain› ❷ *niet streng* mild ‹criticism›, lenient
‹sentence› ❸ *welwillend* mild ‹view›, charitable
‹approach› ❹ *vrijgevig* liberal, generous * *de* ~*e
gever* the generous donor * ~ *met* free of, liberal of
* *met* ~*e hand* lavishly, generously ❺ *overvloedig*
bountiful, plentiful **II** *bijw* liberally, generously * ~
*bestraffen* punish lightly * ~ *oordelen* judge leniently
**mildheid** *v* ❶ *vrijgevigheid* liberality, generosity
❷ *v. straf* leniency ❸ *zachtheid* mildness
**milicien** *m* [-s] ZN conscript
**milieu** *o* [-s] ❶ *sociale omstandigheden* (social)
environment/background/milieu * *uit een
beschermd* ~ *komen* come from a protected
background ❷ *natuurlijke omgeving* environment
❸ *onderwereld* underworld
**milieuactivist** *m* [-en] environmentalist,
conservationist
**milieubeheer** *o* conservation of nature,
environmental protection
**milieubelasting** *v* [-en] anti-pollution tax, eco-tax
**milieubescherming** *v* environmental
protection/conservation
**milieubeweging** *v* environmental movement
**milieubewust** *bn* environmentally
conscious/aware, environment-minded
**milieuheffing** *v* [-en] pollution/environmental tax
**milieuhygiëne** *v* environmental protection,
pollution control
**milieupartij** *v* [-en] green party, ecology party
**milieuramp** *v* [-en] environmental disaster
**milieuverontreiniging, milieuvervuiling** *v*
environmental pollution
**milieuvriendelijk** *bn* ecologically sound,
environmentally friendly
**militair I** *bn* military * ~*e dienst* military/national
service * ~*e luchtvaart* military aviation **II** *m* [-en]
military man/woman, soldier, serviceman * *de* ~*en*
the military, the troops
**militant I** *bn* militant **II** *m* [-en] ❶ *actievoerder* ZN
activist ❷ *knokploeglid* gang member
**militarisme** *o* militarism
**militaristisch** *bn* militarist
**military** *v* paardensport three-day event
**militie** *v* militia
**miljard I** *telw* **II** *o* [-en] ❶ thousand
million ❷ *ontelbaar veel* billion
**miljardair** *m* [-s] multimillionaire, Am billionaire

**miljoen I** *o* [-en] million **II** *telw* million
**miljoenennota** *v* ['s] ± national Budget
**miljoenste I** *rangtelw* millionth **II** *o* [-n] millionth
(part)
**miljonair** *m* [-s] millionaire
**milkshake** *m* [-s] milk shake
**mille I** *telw* thousand **II** *o* thousand
**millennium** *o* [-nia] millennium
**millibar** *m* millibar
**milligram** *o* [-men] milligram(me)
**milliliter** *m* [-s] millilitre
**millimeter** *m* [-s] millimetre
**millimeteren** *overg* [millimeterde, h. gemillimeterd]
*v. haar* crop
**milt** *v* [-en] spleen
**miltvuur** *o* anthrax
**mime** *m* mime
**mimen** *onoverg* [mimede, h. gemimed] mime
**mimespeler** *m* [-s] mime artist
**mimicry** *v* mimicry
**mimiek** *v* ❶ facial expression ❷ *gebarenkunst* mime
**mimosa** *v* ['s] mimosa
**min I** *voorz* minus * *zeven* ~ *vijf* seven minus five
**II** *bn* ❶ *niet van het vereiste niveau* poor * *het
optreden was* ~ it was a poor performance * *dat is
mij te* ~ that's beneath me * *hij is mij te* ~ he's
beneath contempt ❷ *gemeen* mean * *een* ~*ne streek*
a dirty trick * *dat is (erg)* ~ *van hem* that's very mean
of him **III** *bijw* ❶ *negatief* minus * *het is* ~ *vier
graden Celsius* it is minus four degrees Celsius
❷ *weinig* little * *zo* ~ *mogelijk* as little as possible * ~
*of meer* more or less, somewhat * *ik weet het net zo* ~
*als jij* your guess is as good as mine ❸ *slecht* badly,
poorly * *iem.* ~ *behandelen* treat sbd badly/poorly
* *je moet niet zo* ~ *over jezelf denken* don't belittle
yourself, don't put yourself down **IV** *v* [-nen]
❶ *zoogster* (wet) nurse ❷ *minteken* minus (sign)
❸ *negatieve waarde* minus * *de* ~*nen en plussen* the
pros and cons

**min**
De vaste volgorde voor min of meer is in het
Engels more or less.

**minachten** *overg* [minachtte, h. geminacht] hold in
contempt, disdain, look down on
**minachtend** *bn* contemptuous, disdainful
**minachting** *v* contempt, disdain * ~ *voor iets/iem.
hebben* feel contempt/disdain for sth/sbd
**minaret** *v* [-ten] minaret
**minder I** *onbep telw* ❶ *m.b.t. hoeveelheid* less * *ik heb
ze wel voor* ~ *verkocht* I've sold them for less * ~ *dan
een pond* less than/under a pound * ~ *dan een week*
within a week * *in* ~ *dan geen tijd* in less than no
time * *niets* ~ *dan* no less than * *niet* ~ *dan* nothing
less than, nothing short of ❷ *m.b.t. aantal* fewer * ~
*mensen roken* fewer people smoke * *iets* ~ *dan een
miljoen mensen* slightly fewer than/just under a

million people **II** *bn* ❶ *geringer* less ∗ *hij heeft ∼ geld dan ik* he has less money than I have/do ∗ *∼ vraag* less demand ∗ *∼ worden* decrease, fall off, lessen, decline, diminish ❷ *minder belangrijk* lesser, minor, inferior ∗ *de ∼e goden* the lesser gods ∗ *van ∼ belang* of less(er)/minor importance ❸ *slechter* worse ∗ *mijn ogen worden ∼* my (eye)sight is failing ∗ *de zieke wordt ∼* the patient is getting worse ∗ *je bent me er niet ∼ om* it doesn't affect the way I feel about you **III** *bijw* less ∗ *∼ leuk* not quite as funny/nice, not so funny/nice ∗ *∼ roken/drinken/eten &* smoke/drink/eat less ∗ *dat doet er ∼ toe* that's of less importance ∗ *het zal me er niet ∼ om smaken* it will taste just as nice ∗ *hoe ∼ je ervan zegt, hoe beter* the less said about it the better ∗ *kan het niet voor wat ∼?* can't you knock off a bit off the price?

**minderbegaafd** *bn* less intelligent, euf backward

**mindere** *m-v* [-n] inferior ∗ mil *een ∼a* private ∗ mil *de ∼n* the rank and file ∗ *hij is op sportgebied de ∼ van zijn broer* he's inferior to his brother in the sporting area

**minderen I** *overg* [minderde, h. geminderd] ❶ diminish, decrease ∗ *snelheid ∼* slow down, reduce speed ❷ *bij breien* decrease ∗ *8 steken ∼* decrease the number of stitches by 8 **II** *onoverg* [minderde, is geminderd] diminish, lessen ∗ *het geweld mindert* the violence is easing

**minderhedenbeleid** *o* ethnic minorities policy

**minderheid** *v* [-heden] ❶ *in aantal* minority ∗ *een etnische ∼* an ethnic minority ∗ *in de ∼ zijn* be in the minority ❷ *geestelijk* inferiority

**minderheidsbelang** *o* [-en] minority interest

**minderheidsgroep** *v* [-en] minority group

**mindering** *v* [-en] ❶ decrease ∗ *in ∼ te brengen op de hoofdsom* to be deducted from the principal ∗ *in ∼ brengen op* deduct from ❷ *bij breien & haken* decrease

**minderjarig** *bn* underage ∗ *als je ∼ bent* if you are a minor, if you are underage

**minderjarige** *m-v* [-n] minor

**minderjarigheid** *v* minority

**mindervalide I** *bn* disabled **II** *m-v* [-n] disabled person

**minderwaardig** *bn* ❶ *v. geringere waarde* inferior ∗ *geestelijk ∼* intellectually handicapped ∗ *zich ∼ voelen* feel inferior ❷ *verachtelijk* mean, low

**minderwaardigheid** *v* inferiority

**minderwaardigheidscomplex** *o* [-en] inferiority complex

**minderwaardigheidsgevoel** *o* [-ens] sense/feeling of inferiority

**mineraal I** *o* [-ralen] mineral **II** *bn* mineral

**mineraalwater** *o* [-s, -en] mineral water

**mineralogie** *v* mineralogy

**mineur** *o* ❶ muz minor ❷ *stemming* minor key ∗ fig *in ∼ zijn* be depressed

**mini** *o* minimode mini

**miniatuur** *v* [-turen] miniature

**miniatuurformaat** *o* miniature format

**miniatuurtrein** *m* [-en] miniature train

**miniem I** *bn* small, slight, negligible ∗ *een uiterst ∼ effect* an infinitesimal effect **II** *m* [-en] *jeugdlid* ZN & sp junior (member)

**minigolf** *o* miniature/mini golf

**minima** *zn* [mv] minimum wage earners

**minimaal I** *bn* minimum, minimal ∗ *een minimale bezetting* minimum staff **II** *bijw* ❶ minimally ❷ *minstens* at least, a minimum of ∗ *er zijn ∼ drie mensen nodig* at least three people are needed

**minimaliseren** *overg* [minimaliseren, h. geminimaliseerd] minimize

**minimum** *o* [-ma] minimum ∗ *tot een ∼ beperken* reduce to a minimum

**minimumaantal** *o* minimum amount

**minimumbedrag** *o* minimum/lowest price

**minimumeis** *m* [-en] minimum requirement

**minimuminkomen** *o* [-s] minimum income

**minimumjeugdloon** *o* [-lonen] minimum youth wage

**minimumleeftijd** *m* minimum age

**minimumlijder** *m* [-s] ❶ *iem. met minimuminkomen* minimum wage earner ❷ *lijntrekker* minimalist, shirker

**minimumloon** *o* [-lonen] minimum wage ∗ *het wettelijk ∼* the statutory minimum wage

**minirok** *m* [-ken] miniskirt

**minister** *m* [-s] minister, secretary ∗ *de eerste Minister, de Minister van Algemene Zaken* the Prime minister, the Premier ∗ *een ∼ zonder portefeuille* a minister without portfolio ∗ *de toekomstige ∼* the minister-designate ∗ *de Minister van Binnenlandse Zaken* ⟨alg.⟩ the Minister of/for the Interior, ⟨in GB⟩ the Home Secretary, ⟨in de VS⟩ the Secretary for the Interior ∗ *de Minister van Buitenlandse Zaken* ⟨alg.⟩ the Minister of/for Foreign Affairs, the Foreign Minister, ⟨in GB⟩ the Foreign Secretary, ⟨in de VS⟩ the Secretary of State, ⟨in Aus, Can &⟩ Minister for External Affairs ∗ *de Minister van Defensie* ⟨alg.⟩ the Minister of/for Defence, ⟨in GB⟩ the Secretary of State for Defence, ⟨in de VS⟩ the Secretary of Defense ∗ *de Minister van Economische Zaken* ⟨alg.⟩ the Minister of/for Economic Affairs, ⟨in GB⟩ the Secretary of (State for) Trade and Industry, ⟨in de VS⟩ the Secretary of Commerce ∗ *de Minister van Financiën* ⟨alg.⟩ the Minister of/for Finance, ⟨in GB⟩ the Chancellor of the Exchequer, ⟨in de VS⟩ the Treasury Secretary ∗ *de Minister van Justitie* ⟨alg.⟩ the Minister of/for Justice, ⟨in GB⟩ the Lord (High) Chancellor, ⟨in de VS⟩ the Attorney General ∗ *de Minister van Onderwijs en Wetenschappen* the Minister of/for Education and Science ∗ *de Minister voor Ontwikkelingssamenwerking* the Minister of/for Development Cooperation ∗ *een Minister van Staat* a Minister of State ∗ *de Minister van Verkeer en Waterstaat* the Minister of/for Transport and Public Works ∗ *de Minister van Sociale Zaken en*

mi

*Werkgelegenheid* the Minister of/for Social Affairs and Employment * *de Minister van VROM* (*Volkshuisvesting, Ruimtelijke Ordening en Milieubeheer*) the Minister of/for Housing, Spatial Planning and the Environment

**ministerie** *o* [-s] ministry, department, office * 〈alg. & NL〉 *het Ministerie van Algemene Zaken* the Ministry of General Affairs * *het Ministerie van Binnenlandse Zaken* 〈alg.〉 the Ministry/Department of Home Affairs/of the Interior, 〈in GB〉 the Home Office, 〈in de VS〉 the Department of the Interior * 〈in NL〉 *het Ministerie van Binnenlandse Zaken en Koninkrijksrelaties* the Ministry of the Interior and Kingdom Relations * *het Ministerie van Buitenlandse Zaken* 〈alg. & NL〉 the Ministry of Foreign Affairs, 〈in GB〉 the Foreign Office, 〈in de VS〉 the State Department * *het Ministerie van Defensie* 〈alg. & NL〉 the Ministry of Defence, 〈in de VS〉 the Department of Defense, 〈in de VS ook〉 the Pentagon * *het Ministerie van Economische Zaken* 〈alg. & NL〉 the Ministry of Economic Affairs * *het Ministerie van Financiën* 〈alg. & NL〉 the Ministry of Finance, the Finance Department, 〈in GB〉 the Treasury, 〈in de VS〉 the Treasury Department * *het Ministerie van Justitie* 〈alg. & NL〉 the Ministry of Justice, 〈in de VS〉 the Department of Justice * *het Ministerie van Handel* 〈alg.〉 the Ministry of Trade, 〈in de VS〉 the Commerce Department * 〈NL〉 *het Ministerie van Landbouw, Natuurbeheer en Visserij* the Ministry of Agriculture, Nature Management and Fisheries * 〈NL〉 *het Ministerie van Landbouw, Natuur en Voedselkwaliteit* the Ministry of Agriculture, Nature and Food Quality * 〈NL〉 *het Ministerie van Onderwijs, Cultuur en Wetenschappen* the Ministry of Education, Culture and Science * 〈NL〉 *het Ministerie voor Ontwikkelingssamenwerking* the Ministry for Development Cooperation * 〈NL〉 *het Ministerie van Verkeer en Waterstaat* the Ministry of Transport, Public Works and Water Management * 〈NL〉 *het Ministerie van VROM* (*Volkshuisvesting, Ruimtelijke Ordening en Milieubeheer*) the Ministry of Housing, Spatial Planning and the Environment * 〈NL〉 *het Ministerie van Volksgezondheid, Welzijn en Sport* the Ministry of Health, Welfare and Sport * 〈NL〉 *het Openbaar Ministerie* (*OM*) the Public Prosecutor * scherts *het Ministerie van Rare Loopjes* the Ministry of Silly Walks

**ministerieel** *bn* ministerial * *afhankelijk van ministeriële goedkeuring* subject to ministerial approval

**minister-president** *m* [ministers-presidenten] prime minister, premier

**ministerraad** *m* [-raden] council of ministers, the Cabinet

**ministerschap** *o* ministry

**ministerspost** *m* [-en] ministerial post * *een ~ bekleden* have a ministerial post, be a minister

**minkukel** *m* [-s] boob, dummy, twit

**minnaar** *m* [-s & -naren] lover * *een ~ van muziek* a lover of music

**minnares** *v* [-sen] mistress

**minne** *v* * *de zaak in der ~ schikken* settle the matter by mutual agreement

**minnedicht** *o* [-en] love poem

**minnekozen** *onoverg* [minnekoosde, h. geminnekoosd] caress each other, inf bill and coo, kiss and cuddle

**minnelied** *o* [-eren] love song

**minnelijk** *bn* amicable, friendly * *bij ~e schikking regelen* settle amicably

**minnen** *overg* [minde, h. gemind] love

**minnend** *bn* loving * *~e paartjes* courting couples

**minnespel** *o* courting, lovemaking

**minnetjes** *bn* poorly * *hij voelt zich erg ~* he feels poorly

**minpunt** *o* [-en] minus point

**minst** **I** *bn & onbep telw* ❶ *geringst* least, slightest * *niet de ~e moeite* not the slightest trouble * *de ~ gevaarlijke plaats* the least dangerous place * *niet de ~e twijfel* not the slightest doubt, not a shadow of a doubt * *de ~e zijn* give in ❷ *m.b.t. aantallen* fewest * *zij heeft de ~e fouten gemaakt* she made the fewest mistakes **II** *bijw* * *het ~(e)* (the) least * *het ~e dat je kunt verwachten* the least you can expect * *waar men ze het ~ verwacht* where they are least expected * *hij eet het ~* he eats less than anyone * *als u ook maar in het ~ vermoeid bent* if you're at all tired * *niet in het ~* not in the least/slightest, not at all, by no means * *op zijn ~* at the very least * *ten ~e* at least

**minstens** *bijw* at least, at the least * *~ even... als...* at least as... as... * *~ tien* ten at the least, at least ten * *zij is ~ veertig* she's forty if she's a day * (*moet ik er heen?*) *~!* (do I have to go?) it's the least you can do!

**minstreel** *m* [-strelen] minstrel

**mint** *v* mint

**minteken** *o* [-s] minus sign

**mintthee** *m* mint tea

**minus** *bijw & o* minus

**minuscuul** *bn* minuscule, tiny, very small

**minutieus** *bn* meticulous, minute, detailed

**minuut** *v* [-nuten] ❶ minute * *twee minuten stilte in acht nemen* observe two minutes' silence * *met de ~ by the minute* * *op de ~ (af)* to the minute, sharp * *het is drie minuten over half zeven* it's 27 minutes to seven * *het is drie minuten vóór half zeven* it's 27 minutes past six ❷ *eerste versie* draft/original copy

**minuutwijzer** *m* [-s] minute hand

**minvermogend** *bn* poor, needy, form indigent * *de ~en* the poor and needy, those of limited means

**minzaam** **I** *bn* ❶ *vriendelijk* affable ❷ *v. aanzienlijk persoon* gracious, 〈neerbuigend〉 condescending, patronizing **II** *bijw* ❶ *vriendelijk* affably ❷ *hoffelijk* graciously * *~ glimlachen* smile graciously

**minzaamheid** *v* ❶ *vriendelijkheid* affability ❷ *hoffelijkheid* graciousness, 〈neerbuigend〉

**mi**

condescension

**miraculeus** *bn* miraculous ＊*op miraculeuze wijze* in a miraculous way

**mirakel** *o* [-s, -en] *wonder* miracle

**mirre** *v* myrrh

**mis I** *v* [-sen] RK Mass ＊*een stille* ~ Low Mass ＊*een gezongen* ~ a sung Mass ＊*de* ~ *bijwonen* attend Mass ＊*de* ~ *bedienen* serve Mass ＊*de* ~ *doen* say/celebrate Mass ＊*de* ~ *horen* hear Mass ＊*de* ~ *lezen/opdragen* say/celebrate Mass **II** *bn & bijw* wrong ＊*het* ~ *hebben* be wrong/mistaken ＊*als ik het* ~ *heb moet je 't zeggen, maar...* correct me if I'm wrong, but... ＊*je hebt het* ~ *als je denkt dat...* you're mistaken if you think that... ＊*je hebt het niet zo ver* ~ you're not far out ＊*dat heb je* ~*!* you're mistaken! ＊~ *poes!* tough! ＊*het is weer* ~ things have gone wrong again ＊*het schot was* ~ the shot missed/was off target ＊*hij schoot* ~ he missed ＊*dat ging* ~ that went wrong ＊*inf dat was gisteren niet* ~ that was quite something yesterday ＊*inf dat was lang niet* ~ that was not bad at all

**misantroop** *m* [-tropen] misanthropist

**misbaar** *o* uproar, clamour, hubbub ＊*veel* ~ *maken* raise an outcry

**misbaksel** *o* [-s] fig louse, arsehole

**misbruik** *o* [-en] abuse, misuse ＊~ *maken van iem.* take advantage of sbd ＊~ *maken van iems. gastvrijheid* impose on sbd/on sbd's hospitality ＊~ *wordt gestraft* improper use will be punished ＊~ *van macht* abuse/misuse of power ＊~ *van recht* legal abuse ＊~ *van vertrouwen* a breach of trust

**misbruiken** *overg* [misbruikte, h. misbruikt] ❶*verkeerd gebruiken* abuse, misuse ❷*verkrachten* sexually abuse

**miscalculatie** *v* [-s] *rekenfout* miscalculation

**miscommunicatie** *v* lack of communication

**misdaad** *v* [-daden] crime, criminal act, offence

**misdaadbestrijding** *v* crime prevention

**misdaadroman** *m* [-s] detective novel, crime fiction

**misdadig** *bn* criminal

**misdadiger** *m* [-s] criminal

**misdeeld** *bn* deprived, underprivileged ＊*de* ~*en* the underprivileged ＊*niet* ~ *zijn van...* not be wanting in... ＊~*e kinderen* deprived children

**misdienaar** *m* [-s] altar boy

**misdoen** *overg* [misdeed, h. misdaan] do wrong ＊*wat heb ik misdaan?* what have I done wrong?

**misdragen** *wederk* [misdroeg, h. misdragen] ＊*zich* ~ misbehave, behave badly

**misdrijf** *o* [-drijven] crime, criminal offence, jur felony, indictable offence ＊*een* ~ *plegen/begaan* commit a criminal offence ＊*de politie denkt aan een* ~ the police suspect foul play ＊*een* ~ *tegen de openbare orde* a crime against the public order ＊*de plaats van het* ~ the scene of the crime

**misdruk** *m* [-ken] bad copy, ⟨boek⟩ reject, drukw mackle

**mise-en-scène** *v* scenario, ⟨toneelschikking⟩ stage setting

**miserabel I** *bn* ❶*ellendig* miserable, wretched ＊*ze zijn er* ~ *aan toe* they're in a miserable/wretched state ＊*in* ~*e omstandigheden leven* live in wretched circumstances ❷*verachtelijk* despicable, mean, inf miserable **II** *bijw* dreadfully, appallingly ＊*een* ~ *slecht geschreven boek* a dreadfully/an appallingly written book ＊*hij schaakt* ~ he's a dreadful chess player

**misère** *v* [-s] misery

**misgaan** *onoverg* [ging mis, is misgegaan] go wrong ＊*het gaat mis met hem* he's losing his grip on things

**misgewaad** *o* [-waden] vestment

**misgreep** *m* [-grepen] blunder, mistake, error, slip

**misgrijpen** *onoverg* [greep mis, h. misgegrepen] ❶*naast iets grijpen* miss one's hold ❷*zich vergissen* blunder, slip up

**misgunnen** *overg* [misgunde, h. misgund] begrudge, resent ＊*iem. iets* ~ begrudge sbd sth

**mishagen I** *onoverg* [mishaagde, h. mishaagd] displease **II** *o* displeasure

**mishandelen** *overg* [mishandelde, h. mishandeld] ill-treat, maltreat

**mishandeling** *v* [-en] assault, ill-treatment, maltreatment ＊~ *met voorbedachten rade* premeditated assault ＊*zware* ~ grievous bodily harm

**miskennen** *overg* [miskende, h. miskend] *niet waarderen* underestimate, ⟨verkeerd inschatten⟩ misjudge ＊*een miskend genie* a misunderstood genius ＊*een miskende held* an unsung hero

**miskenning** *v* [-en] underestimation, misjudgement

**miskleun** *m* [-en] blunder, faux pas

**miskleunen** *onoverg* [kleunde mis, h. misgekleund] blunder, make a blunder

**miskoop** *m* [-kopen] bad bargain

**miskraam** *v & o* [-kramen] miscarriage ＊*een* ~ *hebben* miscarry, have a miscarriage

**misleiden** *overg* [misleidde, h. misleid] mislead, deceive

**misleiding** *v* [-en] deception, misrepresentation

**mislopen I** *overg* [liep mis, is misgelopen] ❶miss ＊*hij is de boot misgelopen* he missed the boat ❷*niet krijgen* miss (out on) ＊*de opdracht* ~ miss out on being given the job **II** *onoverg* [liep mis, is misgelopen] *mislukken* go wrong, fall through, fail, miscarry, misfire

**mislukkeling** *m* [-en] failure, inf loser

**mislukken** *onoverg* [mislukte, is mislukt] ⟨v. zaak, oogst &⟩ fail, ⟨v. onderhandelingen, huwelijk &⟩ break down ＊*alle plannen kunnen* ~ plans can always go wrong ＊*haar feestjes* ~ *altijd* her parties always flop/are always a flop ＊*al mijn vakantiefoto's zijn mislukt* none of my holiday photos came out/were any good ＊*het integratiebeleid is mislukt* the integration policy hasn't been successful ＊*de plannen zijn totaal mislukt* the plans have fallen through completely/have completely misfired/have

**mi**

come to absolutely nothing * *het mislukte haar nog een keer* she was again unsuccessful * *iets doen~* wreck/torpedo sth

**mislukking** v [-en] failure, breakdown, collapse

**mislukt** bn unsuccessful * *een~ genie* a failed genius * *~e onderhandelingen* unsuccessful talks * *een~e poging* an abortive attempt

**mismaakt** bn misshapen, deformed, disfigured

**mismanagement** o mismanagement

**mismoedig** I bn discouraged, disheartened, dejected, despondent * *het is om~ van te worden* it's enough to make you lose heart II bijw dejectedly, despondently, disconsolately

**mismoedigheid** v discouragement, despondency, dejection

**misnoegd** I bn displeased, discontented, dissatisfied II bijw discontentedly

**misnoegdheid** v discontentedness, dissatisfaction, discontent, displeasure

**misnoegen** o displeasure * *iems. ~ opwekken* incur sbd's displeasure

**misoogst** m [-en] crop failure

**mispel** v [-s, -en] medlar

**misplaatst** bn out of place, misplaced ‹faith, confidence› * *een~e opmerking* an inappropriate comment

**misprijzen** overg [misprees, h. misprezen] ❶ *afkeuren* disapprove (of), condemn ❷ *verachten* ZN have contempt for

**mispunt** o [-en] ❶ *deugniet* good-for-nothing, rotter ❷ *onaangenaam mens* pain in the neck ❸ *bilj* miss

**misrekenen** I onoverg [rekende mis, h. misgerekend] miscalculate II wederk [misrekende, h. misrekend] * *zich~* be out in one's calculations

**misrekening** v [-en] ❶ *foute berekening* miscalculation ❷ *tegenvaller* miscalculation, disappointment

**misschien** bijw perhaps, maybe * *~ wordt het tijd dat...* maybe/perhaps it's time to... * *bent u~ bekend met...?* do you by any chance know...? * *heeft u~ een postzegel voor mij?* could you possibly lend me a stamp? * *heeft zij~ de mazelen?* could she have the measles?

**misschieten** onoverg [schoot mis, h. misgeschoten] miss, miss the mark, miss one's aim, shoot wide

**misselijk** bn ❶ *ziek* sick, queasy * *je wordt er~ van* it makes you sick ❷ *weerzinwekkend* disgusting, sickening * *een~e opmerking* a nasty remark ▼ *duizend mensen ontslaan is niet~* firing one thousand people is no mean thing

**misselijkheid** v [-heden] nausea, sickness, queasiness

**misselijkmakend** bn nauseating, sickening * *het is ~ it* turns the stomach

**missen** I overg [miste, h. gemist] ❶ *niet raken* miss * *de bal miste het doel* the ball missed the goal, the ball went wide * *zijn doel~* miss the mark * *het mist zijn uitwerking* it's ineffective * *het zal zijn*

*uitwerking niet~* it won't fail to have an effect ❷ *tekortkomen, zonder doen* be missing, be lacking, lose * *een arm moeten~* lose an arm * *ik mis mijn boek/tas &* my book/bag & is missing * *wij~ een bedrag van honderd euro* we're missing an amount of a hundred euros * *de moed~* lack the courage * *zij kunnen het best/slecht~* they can well/can't really afford it * *wij kunnen dat niet~* we can't do without it * *zij kunnen hem~ als kiespijn* they need him like they need a hole in the head * *het kan niet gemist worden* it's essential * *kun je het een paar dagen~?* can you spare it for a couple of days? * *ik had dit voor geen goud willen~* I wouldn't have missed it for the world ❸ *heimwee hebben naar* miss * *het jongetje mist zijn moeder* the boy misses his mother ❹ *mislopen* miss * *de trein~* miss the train * *ook fig de boot~* miss the boat II onoverg [miste, h. gemist] ❶ *niet raken* miss * *de spits miste* the forward missed * *dat kan niet~* it's bound to work, it can't go wrong ❷ *ontbreken* be missing * *er~ een paar bladzijden uit dit boek* there are a few pages missing from this book

**misser** m [-s] ❶ *misschot &* miss, bad shot ❷ *fiasco* inf flop ❸ *mislukking* failure, fiasco

**missie** v [-s] mission * *een~ vervullen/volbrengen* accomplish a mission

**missiepost** m [-en] mission, missionary post

**missiewerk** o missionary work

**missionaris** m [-sen] missionary

**misslaan** overg & onoverg [sloeg mis, h. misgeslagen] miss, mishit

**misslag** m [-slagen] ❶ miss, mishit ❷ *fig* error, mistake

**misstaan** onoverg [misstond, h. misstaan] ❶ *niet leuk staan* be unbecoming * *die jurk misstaat je niet* that dress doesn't look bad on you ❷ *misplaatst zijn* be unfitting * *opstaan voor iemand misstaat niemand* please offer your seat to those less able to stand/to those who need it more

**misstand** m [-en] abuse, wrong

**misstap** m [-pen] ❶ wrong/false step ❷ *fig* lapse, slip * *een~ begaan/doen* make a slip, slip up

**misstappen** onoverg [stapte mis, h. en is misgestapt] make a false step, miss one's footing

**missverkiezing** v [-en] beauty contest

**mist** m [-en] ❶ *dik* fog ❷ *nevel* mist * *fig de~ ingaan* come to nothing, fail, go wrong

**mistasten** onoverg [tastte mis, h. misgetast] ❶ *misgrijpen* get the wrong one, not get the right one ❷ *een fout maken* miscalculate, make a mistake

**mistbank** v [-en] fog bank

**misten** onoverg [mistte, h. gemist] be foggy, be misty

**mistflard** v [-en] patch of fog

**misthoorn, misthoren** m [-s] foghorn, siren

**mistig** bn ❶ foggy, misty ❷ *fig* hazy * *een~ betoog* a hazy/nebulous argument

**mistlamp** v [-en] fog lamp

**mistletoe** *m* mistletoe

**mistral** *m* [-s] mistral

**mistroostig** *bn* ❶ dejected, disconsolate ❷ *m.b.t. zaken* gloomy, dismal

**misvatting** *v* [-en] misconception, fallacy

**misverstaan** *overg* [verl. tijd ongebr, h. misverstaan] misunderstand, misapprehend, misconstrue ✳ *in niet mis te verstane bewoordingen* in unmistakable terms, in no uncertain terms

**misverstand** *o* [-en] misunderstanding, misapprehension ✳ *een~ wegnemen* dispel a misunderstanding

**misvormd** *bn* misshapen, deformed, disfigured

**misvormen** *overg* [misvormde, h. misvormd] deform, disfigure

**misvorming** *v* [-en] deformation, disfigurement

**miswijn** *m* sacramental wine

**miszeggen** *overg* [miszegde of miszei, h. miszegd] ✳ *iets~* say sth wrong

**mitella** *v* ['s] sling

**mitrailleur** *m* [-s] machine gun

**mits** *voegw* if, provided (that), on the condition that ✳ *~en en maren* a lot of reservations ✳ *~ goed uitgelegd* if it/as long as it/provided that it is well explained

**m.i.v.** *afk* (met ingang van) from, as from

**mix** *m* mix, mixture

**mixen** *overg* [mixte, h. gemixt] mix

**mixer** *m* [-s] mixer

**mm** *afk* (millimeter) millimetre

**m.n.** *afk* (met name) in other words, in particular

**mobiel I** *bn* mobile ✳ *de~e eenheid* the riot police ✳ *een~e telefoon* a mobile phone, a cellphone, a cellular phone ✳ *~ maken* mobilize **II** *o* [-en] mobile

**mobieltje** *o* [-s] *mobiele telefoon* mobile phone, cellphone, cellular phone

**mobile** *o* [-s] mobile

**mobilisatie** *v* [-s] mobilization

**mobiliseren** *overg* [mobiliseerde, h. gemobiliseerd] mobilize

**mobiliteit** *v* mobility

**mobilofoon** *m* [-s] radio telephone

**modaal** *bn* ❶ *m.b.t. inkomen enz.* average ✳ *viermaal ~* four times the average income ❷ *stat & taalk* modal

**modaliteit** *v* [-en] modality

**modder** *m* mud, mire, sludge ✳ *met~ gooien* throw mud at... ✳ *iem. door de~ sleuren* drag sbd through the mud ✳ *zij zit onder de~* she's covered in mud

**modderbad** *o* [-baden] mud bath

**modderen** *onoverg* [modderde, h. gemodderd] ❶ *knoeien* play with mud ❷ fig muddle (along/through)

**modderfiguur** *v & o* ✳ *een~ slaan* cut a sorry figure

**modderig** *bn* muddy

**modderpoel** *m* [-en] mire, quagmire

**moddervet** *bn* grossly fat

**mode** *v* [-s] fashion ✳ *de~ aangeven* set the fashion

✳ *~ worden* become the fashion ✳ *in de~ komen* come into fashion, be in vogue ✳ *in de~ zijn* be the fashion, be in fashion, be in vogue ✳ *het is erg in de ~* it's all the rage, it's the height of fashion ✳ *naar de laatste~ gekleed* dressed in the latest fashions ✳ *uit de~ raken/zijn* go/be out of fashion

**modeartikel** *o* [-en, -s] fashion item ✳ *de bril is een~ geworden* glasses have become a fashion item

**modebeeld** *o* fashion

**modebewust** *bn* fashion-conscious

**modeblad** *o* [-bladen] fashion magazine

**modegril** *v* [-len] craze, fashion fad, whim of fashion

**modehuis** *o* [-huizen] fashion house

**modekleur** *v* [-en] fashionable colour/Am color

**model I** *o* [-len] ❶ *type* model, design, style ✳ *een klein~ koelkast* a small model refrigerator ✳ *schoenen van Frans~* shoes styled in France/of a French design ❷ *weergave* model ✳ *een~ van het centrale zenuwstelsel* a model of the human nervous system ❸ *vorm* model, style ✳ *goed in~ blijven* stay in shape ✳ *uit~ zijn* be out of shape ❹ *voorbeeld, toonbeeld* model, ‹alleen v. personen› paragon ✳ *~ staan voor* serve as a model for ✳ *mil volgens~* regulation ❺ *persoon* model, sitter ✳ *~ zitten* be a model **II** *bn* ❶ model, correct ❷ *mil* regulation **III** *bijw* ✳ *~ gekleed* dressed in accordance with the regulations

**modelbouw** *m* model making

**modelleren** *overg* [modelleerde, h. gemodelleerd] model

**modeltekenen** *o* draw from a model ✳ *ik zit op~* I'm doing life drawing

**modelvliegtuig** *o* [-en] model aeroplane

**modelwoning** *v* [-en] show house

**modem** *m & o* [-s] modem

**modeontwerper** *m* [-s] fashion designer

**modepop** *v* [-pen] afkeurend fashion plate

**moderator** *m* [-s & -toren] chairman, ‹v. een synode &› moderator

**modern I** *bn* modern ✳ *~e geschiedenis* modern history ✳ *~e ideeën* progressive ideas, afkeurend new-fangled ideas ✳ *de~e talen* the modern languages ✳ *de meest~e technieken* state-of-the-art techniques **II** *bijw* ✳ *~ denken* have progressive ideas ✳ *de keuken is~ ingericht* the kitchen has modern fittings

**moderniseren** *overg* [moderniseerde, h. gemoderniseerd] modernize

**modernisering** *v* [-en] modernization

**modernisme** *o* [-n] modernism

**modernist** *m* [-en] modernist

**modernistisch** *bn* modernistic

**moderniteit** *v* modernity

**modeshow** *m* [-s] fashion parade/show

**modevak** *o* fashion

**modevakschool** *v* [-scholen] school of fashion design

**modeverschijnsel** *o* [-en] craze, fad

**mo**

**modewoord** *o* [-en] buzzword
**modezaak** *v* [-zaken] fashion business/store
**modieus I** *bn* fashionable **II** *bijw* fashionably * ~
*gekleed* fashionably dressed
**modificatie** *v* [-s] modification
**modificeren** *overg* [modificeerde, h. gemodificeerd]
modify
**modulair** *bn* modular
**modulatie** *v* [-s] modulation
**module** *m* [-n, -s] module
**moduleren** *onoverg & overg* [moduleerde, h.
gemoduleerd] modulate
**modus** *m* [modi] ❶ *wijze* mode * *een ~vinden om
beter met elkaar om te gaan* work out a way to deal
with each other better ❷ taalk mood
**moe I** *bn* ❶ *vermoeid* tired * *ik ben ~* I'm tired * ~
*maken* tire, fatigue * *ik ben ~van het werken* I'm
tired after all that work * *zo ~als een hond*
dog-tired, dead tired ❷ *zat* tired (of), weary (of) * *ik
ben het werken ~* I'm sick of working * ~*van het
leven/het leven ~* weary of life, tired of living **II** *v*
*moeder* mummy * *nou ~!* well!
**moed** *m* ❶ *dapperheid* courage, ‹durf› nerve * *de gore
~ hebben om...* have the nerve/audacity to... * ~
*scheppen/vatten* pluck up courage/the nerve * ~*bij
elkaar schrapen* muster/summon up courage/the
nerve * *met de ~der wanhoop* in desperation
❷ *vertrouwen* courage, heart, spirits * *iem. ~geven*
put some heart into sbd * *goede ~hebben* be of good
heart * *dat geeft de burger ~* that is encouraging * ~
*houden* cheer up * *de ~erin houden* keep one's
spirits up * *de ~opgeven/verliezen/laten zinken* lose
courage/heart * *de ~zonk hem in de schoenen* his
heart sunk into his boots * *in arren ~e* out of
desperation * *met frisse ~* with fresh courage/heart,
in fresh spirits * *je kunt begrijpen, hoe het mij te ~e
was* you can understand how I felt * *droef te ~e* sad
at heart * *wel te ~e* cheerful, in good spirits
**moedeloos** *bn* despondent, dejected * *het is om ~
van te worden* it's enough to drive you to despair
**moedeloosheid** *v* despondency, dejection
**moeder** *v* [-s] ❶ mother * *de Moeder Gods* Our Lady
* ~*de vrouw* inf the wife, scherts the missus * ~
*Natuur* Mother Nature * *niet ~s mooiste zijn* not be
the most beautiful * *de ~aller oorlogen* the mother
of all wars ❷ *v. gesticht & matron*
**moederbedrijf** *o* [-drijven] parent company
**Moederdag** *m* Mother's Day
**moederen** *onoverg* [moederde, h. gemoederd] play
mother * *over iem. ~* mother sbd
**moederinstinct** *o* maternal instinct
**moederkerk** *v* [-en] ❶ Mother Church ❷ *hoofdkerk*
mother church
**moederkoek** *m* [-en] placenta
**moederland** *o* [-en] ❶ *koloniaal moederland* mother
country ❷ *land v. herkomst* motherland
**moederlief, moedertjelief** *v* dear mother * *daar
helpt geen moedertjelief aan* there's no escaping it

**moederliefde** *v* maternal/motherly love
**moederlijk I** *bn* ❶ *van moeders kant* maternal * *zijn
~erfdeel krijgen* receive one's maternal inheritance
❷ *als een moeder* motherly **II** *bijw* maternally
**moedermaatschappij** *v* [-en] parent company,
holding company
**moedermavo** *o & m* ± adult secondary education
**moedermelk** *v* breast/mother's milk
**moeder-overste** *v* [-n] Mother Superior
**moederschap** *o* motherhood
**moederschip** *o* [-schepen] mother ship, carrier
**moederschoot** *m* ❶ *schoot v.e. moeder* mother's lap
❷ *baarmoeder* womb
**moederskant, moederszijde** *m* * *van ~* on
the/one's mother's side, on the maternal side
**moederskindje** *o* [-s] mother's child, afkeurend
mummy's boy
**moederszijde** *v* → **moederskant**
**moedertaal** *v* [-talen] mother/native tongue
**moedervlek** *v* [-ken] birthmark, ‹moedervlekje›
mole
**moederziel alleen** *bn* all alone
**moedig** *bn* courageous, brave, plucky
**moedwil** *m* wilfulness, spite * *uit ~* on purpose, out
of malice
**moedwillig** *bn* malicious, wilful, spiteful * *iem. ~
laten struikelen* trip sbd up on purpose
**moeflon** *m* [-s] mouf(f)lon
**moegestreden** *bn* battle-weary
**moeheid** *v* tiredness, weariness, exhaustion, ‹ook
m.b.t. metalen› fatigue
**moeilijk I** *bn* difficult, hard, troublesome * *een ~
karakter* a difficult character * *een ~e taak* a
difficult/arduous task * ~*e tijden*
difficult/hard/trying times * *het ~ste is nu achter de
rug* the worst is behind us **II** *bijw* ❶ with difficulty,
not easily * ~*opvoedbare kinderen* problem children
* *het ~hebben* be having a hard/rough time of it
* *het zal ~gaan om...* it will be difficult to... * *het
zichzelf ~maken* make things hard/difficult for
oneself ❷ *haast niet* hardly * *ik kon ~anders* I could
hardly do anything else
**moeilijkheid** *v* [-heden] difficulty, trouble
* *moeilijkheden ondervinden* run up against
difficulties/run into trouble * *daar zit/ligt de ~* that's
the catch * *in moeilijkheden komen* get into trouble
* *in moeilijkheden verkeren* be in trouble * *om
moeilijkheden vragen* ask for trouble
**moeite** *v* [-n] ❶ *moeilijkheid* trouble, difficulty * *iem.
veel ~bezorgen* cause sbd a great deal of trouble * ~
*hebben met leren* have difficulty learning * *ik heb ~
met zijn geaardheid* I'm finding it difficult coming to
terms with his homosexuality * *hij heeft ~met haar
wispelturigheid* he finds her changeability hard to
take * ~*hebben te* find it difficult to ❷ *inspanning*
trouble, effort * *het is geen ~* it's no trouble at all,
don't mention it! * *met (de grootste) ~* with (the
utmost) difficulty * *ik had de grootste ~om...* it was

**mo**

all I could do to..., I had my work cut out ...ing ∗*het was vergeefse* ∗it was a wasted effort ∗~*doen* take trouble ∗*doet u geen* ~*don't* put yourself out ∗*alle* ~*doen om...* do one's utmost to... ∗*niet eens* ~*doen om...* not even make the effort to... ∗*hij deed het in één* ~*door* he took it in his stride ∗*het gaat in één* ~*door, het is één* ~*it's all in a day's work* ∗*zich (veel)* ~*getroosten om...* go to (all) the trouble of..., take (great) pains to... ∗~*geven/veroorzaken* give trouble ∗*de* ~*nemen om...* take the trouble to.... ∗*het is de* ~*(niet) waard* it's (not) worthwhile, it's (not) worth the trouble ∗*bedankt voor de* ~thanks for the trouble you went to ∗*zonder veel* ~without much effort, quite easily

**moeiteloos I** *bn* effortless **II** *bijw* effortlessly ∗~ *afvallen* lose weight effortlessly/the easy way/without tears

**moeizaam I** *bn* laborious ∗*een* ~*gesprek* a difficult/tough conversation **II** *bijw* laboriously, with difficulty

**moer I** *v* [-en] **❶***techn* nut, female screw **❷***moeder* mother, *dierk* dam ∗*die tv is naar zijn ouwe/malle* ~ the TV has packed it in ∗*niet bang zijn voor de duivel en zijn (ouwe)* ~not be afraid of anything **❸***v. bijen* queen bee **❹***bezinksel* dregs, sediment, lees ▼*geen* ~! not a damn! ▼ *dat gaat je geen* ~*aan!* that's none of your damn business ▼ *daar schiet je geen* ~*mee op* that doesn't help one bit **II** *o* [-en] *drassig land* peat bog

**moeras** *o* [-sen] marsh, swamp, morass, quagmire ∗*fig iem. uit het* ~*trekken* help sbd out of the morass/quagmire

**moerasgebied** *o* [-en] swampland, marshland
**moerassig** *bn* marshy, swampy, boggy
**moerbei** *v* [-en], **moerbes** [-sen] mulberry
**moersleutel** *m* [-s] monkey wrench, nut spanner
**moerstaal** *v* mother tongue ∗*spreek je* ~! talk plain English/Dutch &!

**moes I** *v moeder* kindertaal mummy, *Am* mommy **II** *o* **❶***gerecht* purée **❷***brij, zachte massa* mash, mush, pulp ∗*de appels tot* ~*maken* purée the appels ∗*iem. tot* ~*slaan* beat sbd to a jelly/pulp

**moesson** *m* [-s] monsoon
**moestuin** *m* [-en] kitchen/vegetable garden
**moeten I** *onoverg & hulpww* [moest, h. gemoeten] **❶***gedwongen zijn* must, have to, be obliged to, ‹sterker› be compelled/forced to ∗*ik zal* ~*gaan* I'm obliged to go ∗*hoe* ~*we nu verder?* where do we go from here? **❷***zich verplicht achten* must, have to, should, ought to ∗*moet u nog iets doen?* is there anything you still have to do? ∗*ik moet gaan* I have to go, I must go ∗*je moest nu maar gaan* you'd better go now **❸***behoren* should, ought to ∗*het vliegtuig moet om 6 uur aankomen* the plane should land at 6 o'clock ∗*je moet het helemaal zelf weten* it's entirely up to you ∗*dat moesten we maar vergeten* let's forget it ∗*het moet al heel gek lopen wil ze niet komen* she would be very unlikely not to come ∗*dat*

moet je zo niet doen you shouldn't do it like that ∗*hij moet nodig eens naar de kapper* it's high time he had his hair cut **❹***onvermijdelijk zijn* must, have to ∗*het moet!* there's no other way! ∗*ze* ~*het wel zien* they can't fail to see it ∗*we moesten wel lachen* we couldn't help laughing, we had to laugh ∗*als het moet (dan moet het)* if it can't be helped, if there's no help for it ∗*het moet zo zijn* it has to be like this ∗*daar moet je ... voor zijn* it takes a ... to... **❺***willen, behoefte hebben aan* want, need, like ∗*wat moet je?* what do you want? ∗*moet je niet wat eten?* aren't you hungry? ∗*ik moet naar de wc* I need to go to the toilet/inf loo ∗*daar moet ik niets van hebben* I don't want any part of it **❻***waarschijnlijk zijn* must, be supposed to, be reported to ∗*hij moet wel een goede sportman worden* he's bound to be a good sportsman ∗*hij moet erg rijk zijn* he's said to be very rich ∗*hij moet gezegd hebben, dat...* he's reported to have said that... ∗*Bali moet erg mooi zijn* Bali is supposed to be really beautiful **II** *overg* [moest, h. gemoeten] ∗*wij* ~*hem/het niet* we don't like him/it ∗ZN *hoeveel moet ik u?* how much do I owe you?

**moetje** *o* [-s] **❶***huwelijk* shotgun marriage **❷***kind* shotgun baby

**Moezel** *m* Moselle, Mosel
**moezelwijn** *m* [-en], **moezel** Moselle
**mof I** *v* [-fen] **❶***voor de handen* muff **❷***techn* sleeve, socket **II** *m* [-fen] *scheldnaam* Jerry, Kraut

**moffelen** *overg* [moffelde, h. gemoffeld] **❶***emailleren, lakken* enamel **❷***wegstoppen* hide, stash away

**mogelijk I** *bn* **❶***tot de mogelijkheden behorend* possible, potential ∗*hoe is het* ~*dat je...?* how could you have...? ∗*je houdt het niet voor* ~you just wouldn't believe it! ∗*het is mij niet* ~I can't possibly do it **❷***potentieel* possible, potential ∗~*e kopers* potential buyers ∗~*e vertragingen* possible/potential delays **❸***bestaanbaar* possible, likely ∗*alle* ~*e dingen* all sorts of things ∗*alle* ~*e hulp* all/every possible assistance/help ∗*op alle* ~*e manieren* in every possible way ∗*alle* ~*e middelen* all/every possible means ∗*alle* ~*e moeite* every possible effort ∗*dat is best* ~that's quite possible/likely ∗*met de grootst* ~*e strengheid* with all possible severity ∗*ik heb al het* ~*e gedaan* I've done all that is humanly possible/all I could **II** *bijw* **❶***possibly* ∗*het* ~*maken* make it possible ∗*zo* ~if possible ∗*zo goed* ~as best as you can ∗*zo slecht* ~as bad as can be ∗*zo spoedig* ~as soon as possible, quickly ∗*misschien* possibly, perhaps ∗ ~*weet hij het* perhaps he knows, he may know

**mogelijkerwijs** *bijw* possibly, perhaps
**mogelijkheid** *v* [-heden] **❶***wat mogelijk is* possibility, chance ∗*de* ~*bestaat dat...* there is a possibility/chance that... ∗*met geen* ~*kunnen wij...* we cannot possibly... ∗*dat behoort tot de mogelijkheden* that's one of the possibilities **❷***eventualiteit* eventuality ∗*op alle mogelijkheden*

*voorbereid zijn* be prepared for all eventualities ❸ *mv: kans op succes* possibilities, prospects ✱ *...waardoor nieuwe mogelijkheden ontstaan* ...opening up new possibilities/prospects, creating new openings/opportunities

**mogen I** *onoverg en hulpww* [mocht, h. gemogen] ❶ *toestemming hebben* can, be allowed to, be permitted to✱ *ze zullen niet~ komen* they won't be allowed to come✱ *dat mag niet* that's not allowed ✱ *je mag hier niet roken* you're not allowed to smoke here✱ *ik mag niet van mijn moeder* my mother won't let me✱ *je mag nu gaan* you can/may go now ✱ *mag ik even binnenkomen?* can I come in for a minute?✱ *mag ik uw telefoonnummer even?* could I have your phone number, please?✱ *waar gaat u heen als ik vragen mag?* where are you going if you don't mind my asking?✱ ‹in restaurant› *wat mag het zijn?* what can I get you?✱ *hij mag gezien worden/hij mag er zijn* he's a fine specimen ❷ *wenselijk/nodig zijn* ought to, had better, should ✱ *hij mag wel uitkijken* he'd better watch out✱ *je had je wel eens~ wassen* you might have washed, ‹sterker› you should have washed ❸ *mogelijk gebeuren/het geval zijn* may, should ✱ *als zij mochten komen* should/if they come✱ *wat er ook moge gebeuren* come what may, whatever happens ❹ ‹graag› *willen* like✱ *zo mag ik het graag zien* that's the way I like it, that's the spirit✱ *zo mag ik het graag horen* now you're talking✱ *ik mag graag reizen* I like to travel ❺ *kunnen* can, may✱ *we~ er op rekenen* we can count on it✱ *dit mag als bekend worden verondersteld* presumably this is widely known▼ inf *het mocht wat!* indeed!, so what? **II** *overg* [mocht, h. gemogen] *aardig vinden* like✱ *zij ~ hem niet* they don't like him✱ *ik mag hem wel* I quite/rather like him

**mogendheid** *v* [-heden] power✱ *de grote mogendheden* the superpowers

**mohair** *o* mohair

**mohammedaan** *m* [-danen] Muslim, Moslem

**mohammedaans** *bn* Muslim, Moslem

**Mohikaan** *m* [-kanen] Mohican✱ fig *de laatste der Mohikanen* the last of the Mohicans

**moiré I** *bn textiel* moiré, moire **II** *o* moiré, moire

**mok** *v* [-ken] mug

**moker** *m* [-s] sledgehammer

**mokerslag** *m* [-slagen] sledgehammer blow

**mokka** *m* ❶ *mokkakoffie* mocha (coffee) ❷ *crème* mocha/coffee cream

**mokkel** *v & o* [-s] chick✱ *een lekker~* a nice piece of skirt/crumpet

**mokken** *onoverg* [mokte, h. gemokt] sulk

**mol I** *v* [-len] ❶ muz flat✱ *b~* B minor ❷ chem mole **II** *m* [-len] ❶ *dier* mole ❷ *spion* mole

**Moldavië** *o* Moldavia

**Moldaviër** *m* [-s] Moldavian

**Moldavisch I** *bn* Moldavian✱ ‹valuta› *de~e leu* the Moldovian leu, the leu **II** *o taal* Moldavian

**Moldavische** *v* [-n] Moldavian✱ *ze is een~* she's a Moldavian, she's from Moldavia

**moleculair** *bn* molecular

**molecule, molecuul** *v & o* [-culen] molecule

**molen** *m* [-s] ❶ *wind-, watermolen* mill, windmill✱ *de ambtelijke~s* the wheels of government✱ *Gods~s malen langzaam* God's mills grind slowly✱ fig *het zit in de~* it's in the pipeline✱ *door de~ moeten* go through all the red tape✱ *een klap van de~ (gekregen) hebben, met~tjes lopen* he's crazy, he has bats in the belfry→**koren** ❷ *op hengel* reel ❸ *maalinstrument* mill, grinder

**molenaar** *m* [-s] miller

**molensteen** *m* [-stenen] millstone✱ *als een~ om iems. nek hangen* be a millstone around someone's neck

**molenwiek** *v* [-en] windmill sail✱ *een klap van de~ gekregen hebben* have a screw loose

**molest** *o* war risk✱ *iem. ~ aandoen* molest sbd

**molestatie** *v* [-s] annoyance, nuisance

**molesteren** *overg* [molesteerde, h. gemolesteerd] molest

**mollen** *overg* [molde, h. gemold] ❶ *stukmaken* wreck, destroy, ruin, ‹iem.› beat up ❷ *doden* do ‹sbd› in

**mollig** *bn* plump ‹arms, legs›, chubby ‹cheeks›✱ *een ~e vrouw* a plump/podgy lady

**molm** *m & o* ‹v. hout› rotting wood, ‹v. turf› peat (dust), ‹v. aarde› humus, ‹in graan› mould, mildew

**molotovcocktail** *m* [-s] Molotov cocktail

**molshoop** *m* [-hopen] molehill

**molton I** *o & bn stof* flannel **II** *o & v* [-s] *onderdeken* mattress cover

**Molukken** *zn* [mv]✱ *de~* the Moluccas

**Molukse** *v* Moluccan

**mom** *v & o* [-men] mask✱ *onder het~ van* under the guise/veil of

**mombakkes** *o* [-en] mask

**moment** *o* [-en] ❶ *ogenblik* moment, minute, instant ✱ *~! just a second/minute/moment!✱ *heeft u een ~je?* do you have a second/minute/moment?✱ *een belangrijk~ in zijn leven* an important time/period/moment in his life✱ *het is nu niet het~ om...* It's not the right time to...✱ *op dat~ kwam zij binnen* at that moment she came in✱ *op het juiste~* at the right moment✱ *een ingreep op het juiste~* a timely/well-timed intervention ❷ nat moment

**momenteel I** *bn* current, present **II** *bijw* at the moment, currently

**momentopname** *v* [-n] random impression/picture ✱ *dit is slechts een~ van de situatie* this is only a random indication of the situation

**moment suprême** *o* [moments suprêmes] moment supreme

**mompelen** *onoverg & overg* [mompelde, h. gemompeld] mutter, mumble✱ *iets hebben horen~* have heard sth muttered✱ *voor zich uit~* mutter under one's breath

**Monaco** o Monaco
**monarch** m [-en] monarch
**monarchie** v [-chieën] monarchy
**monarchist** m [-en] monarchist
**mond** m [-en] ❶ v. persoon mouth ∗ ∼je dicht! mum's the word! ∗ niet op zijn ∼je gevallen zijn have a ready tongue ∗ een grote∼ hebben be loud-mouthed, be cheeky ∗ zijn∼ houden hold one's tongue ∗ fig hij kan zijn∼ niet houden he can't keep his mouth shut ∗ hou je∼! shut up! ∗ geen∼ opendoen not open one's mouth ∗ hij durft geen∼ open te doen he doesn't dare to open his mouth ∗ een grote∼ opzetten tegen iem. give sbd lip, talk back to sbd ∗ zijn ∼ roeren wag one's tongue ∗ iem. de∼ snoeren silence sbd, shut sbd up ∗ ga je∼ spoelen! go and wash out your mouth! ∗ een∼je Frans spreken speak a little French ∗ zijn∼ staat nooit stil he never stops talking ∗ zijn∼ voorbijpraten shoot one's mouth off, talk out of turn ∗ bij∼e van through, from ∗ iem. woorden in de∼ leggen put words into sbd's mouth ∗ met open∼ staan kijken stand open-mouthed, stand gaping (naar at) ∗ met de∼ vol tanden staan have nothing to say for oneself; ‹verbaasd› be dumbfounded ∗ dat is een hele∼ vol! that's a mouthful! ∗ met twee∼en spreken say one thing and mean another ∗ iem. naar de∼ praten toady to sbd, suck up to sbd ∗ uit zijn eigen∼ from his own mouth, coming from him ∗ als uit één∼ unanimously ∗ iem. de woorden uit de∼ nemen take the words out of sbd's mouth ∗ iets uit zijn∼ sparen save some of one's food (for sbd) ∗ iem. het eten uit de ∼ kijken watch sbd longingly while they eat ∗ het gerucht ging van∼ tot∼ the rumour went round ∗ iedereen heeft er de∼ vol van it's the talk of the town ∗ hij zegt alles wat hem voor de∼ komt he says whatever comes into his head ❷ v. rivier mouth ❸ v. geweer muzzle ❹ v. trompet & embouchure
**mondain** bn fashionable, sophisticated
**monddood** bn ∗ iem.∼ maken silence sbd
**mondeling** I bn oral, verbal ∗ een∼e afspraak/bericht a verbal agreement/message ∗ een ∼ examen an oral examination ∗ ∼e getuigen oral witnesses II o oral exam III bijw orally, verbally, by word of mouth
**mond-en-klauwzeer** o foot-and-mouth disease
**mondharmonica** v ['s] mouth organ
**mondhoek** m [-en] corner of the mouth
**mondholte** v [-n & -s] oral cavity
**mondhygiëne** v oral hygiene
**mondhygiëniste** v [-s] dental hygienist
**mondiaal** bn global, worldwide ∗ een mondiale crisis a global/worldwide crisis
**mondialisering** v globalization
**mondig** bn ❶ meerderjarig of age ❷ weerbaar outspoken ∗ patiënten worden steeds∼er patients are becoming more outspoken/are standing up for themselves more
**mondigheid** v ❶ meerderjarigheid majority

❷ weerbaarheid outspokenness ∗ politieke∼ political maturity/awareness
**monding** v [-en] mouth
**mondjesmaat** I v [-maten] scanty measure II bijw a little ∗ het is∼ it's few/little and far between ∗ nieuws kwam maar in∼ tot ons news reached us a little at a time, news reached us in dribs and drabs
**mondjevol** o ∗ hij kent een∼ Frans he has a smattering of French, he knows a word or two of French
**mond-op-mondbeademing** v mouth-to-mouth resuscitation ∗ ∼ toepassen apply mouth-to-mouth resuscitation, give (sbd) the kiss of life
**mondstuk** o [-ken] ❶ v. blaasinstrument mouthpiece, embouchure ❷ v. sigaret filter, tip ∗ zonder∼ non-filter ❸ v. kanon muzzle
**mond-tot-mondreclame** v advertisement by word of mouth, word-of-mouth advertising
**mondverzorging** v oral hygiene
**mondvol** m mouthful
**mondvoorraad** m provisions, food supplies
**mondwater** o mouthwash
**Monegask** m [-en] Monégasque
**Monegaskisch** bn Monégasque
**Monegaskische** v [-n] Monégasque ∗ ze is een∼ she's a Monégasque, she's from Monaco
**monetair** bn monetary ∗ ∼ beleid monetary policy ∗ Economische en Monetaire Unie (EMU) Economic and Monetary Union ∗ het Internationaal Monetair Fonds the International Monetary Fund (IMF)
**Mongolië** o Mongolia
**mongolisme** o Down's syndrome
**mongoloïde** I bn met Down Down's Syndrome II m-v lijder aan Down person with Down's Syndrome
**mongool** m [-golen] ❶ lijder aan syndroom van Down person with Down's Syndrome ∗ hij is een∼ he has Down's Syndrome ❷ gek scheldwoord moron
**mongooltje** o [-s] inf mongol
**monitor** m [-s] monitor
**monnik** m [-en] monk, friar ∗ gelijke∼en, gelijke kappen what is sauce for the goose is sauce for the gander
**monnikenwerk** o time-consuming task, sheer drudgery ∗ ik moest het∼ doen I had to do the donkey work
**monnikskap** v [-pen] plant monkshood, aconite
**monnikspij** v [-en] (monk's) habit
**mono** bn mono
**monochroom** bn monochrome
**monocle** m [-s] eyeglass, monocle
**monocultuur** v [-turen] monoculture
**monogaam** bn monogamous
**monogamie** v monogamy
**monografie** v [-fieën] monograph
**monogram** o [-men] monogram
**monokini** m ['s] monokini
**monoliet** m [-en] monolith
**monolithisch** bn monolithic

**monoloog** *m* [-logen] monologue
**monomaan I** *bn* monomaniac **II** *m* [-manen] monomaniac
**monopolie** *o* [-s & -liën] monopoly, exclusive rights * *hij denkt een ~op de waarheid te hebben* he thinks he has/holds a monopoly on the truth/has exclusive rights to the truth
**monopoliepositie** *v* [-s] monopoly position
**monorail** *m* [-s] monorail
**monoski** *m* ['s] monoski
**monotoon** *bn* monotonous * *~spreken* speak in a monotone
**monseigneur** *m* [-s] Monsignor
**monster** *o* [-s] **❶** *handel* sample, specimen * *een ~ nemen* take a sample * *een ~ zonder waarde* a sample of no commercial value * *volgens ~* as per sample **❷** *afzichtelijk wezen* monster * *een ~ van een vrouw* a fright **❸** *enorm groot* mammoth, giant * ⟨omvangrijk⟩ *een ~ van een roman* a mammoth/giant book
**monsterachtig** *bn & bijw* monstrous * *~groot* incredibly large, monstrous
**monsterboek** *o* [-en] *stalenboek* sample book, pattern book
**monsterboekje** *o* [-s] scheepv muster book
**monsteren** *overg* [monsterde, h. gemonsterd] **❶** *inspecteren* inspect, examine, review **❷** scheepv review, muster
**monsterlijk** *bn* monstrous, atrocious, hideous * *een ~e trui* a hideous sweater
**monsterscore** *m* [-s] record score
**monsterverbond** *o* [-en] *tegennatuurlijk verbond* unholy alliance
**monsterzege** *v* [-s] mammoth victory
**monstrans** *m-v* [-en] monstrance
**monstrueus** *bn* monstrous
**montage** *v* [-s] **❶** techn mounting, assembly **❷** *v. auto's* assemblage **❸** *v. film* editing, montage **❹** *v. drukwerk &* mounting **❺** *v. foto's* montage
**montagebouw** *m* prefabricated house construction
**montagefoto** *v* ['s] photo montage
**montagetafel** *v* [-s] cutting/editing table
**montagewagen** *m* [-s] repair van
**monter I** *bn* brisk, lively, cheerful **II** *bijw* briskly, cheerfully
**monteren** *overg* [monteerde, h. gemonteerd] **❶** *in elkaar zetten* assemble, fix, fit up **❷** *v. film* cut, edit **❸** *v. schilderij, sieraden* mount
**montering** *v* [-en] assembling
**montessorischool** *v* [-scholen] Montessori School
**monteur** *m* [-s] **❶** *in fabriek* assembler, fitter **❷** *in garage &* mechanic **❸** *reparateur* serviceman
**montuur** *o & v* [-turen] frame, mount, ⟨v. edelsteen⟩ setting * *een bril met hoornen ~* horn-rimmed glasses
**monument** *o* [-en] monument * *een ~ voor iets/iem. oprichten* erect a monument to sbd/sth
**monumentaal** *bn* **❶** monumental * iron *een*

**monumentale blunder** a monumental blunder, a blunder of gigantic proportions **❷** *v. oude gebouwen* stately, historic, ⟨uitzaai als monument⟩ monumental * *een ~pand aan een gracht* a stately/historic building on a canal
**monumentenlijst** *v* [-en] * *op de ~plaatsen* register as a heritage building * *op de ~staan* be listed as a heritage building
**monumentenzorg** *v* **❶** conservation of historic buildings **❷** *organisatie* ± National Trust, ± Historical Society * *onder ~staan* be heritage-listed
**mooi I** *bn* **❶** *aantrekkelijk* attractive, good-looking, ⟨v. mannen⟩ handsome, ⟨v. vrouwen⟩ pretty, ⟨sterker⟩ beautiful * *wat ben je ~!* you look great! * *wie ~ wil zijn moet pijn lijden* no beauty without suffering **❷** *fraai* lovely, beautiful, ⟨v. kleren⟩ smart, nice * *mijn ~e pak* my Sunday best * *zich ~maken* get all dressed up * *een ~e hand schrijven* have nice handwriting * *dat staat u niet ~* it doesn't suit you **❸** (*heel*) *goed* good, ⟨sterker⟩ excellent * *~e cijfers* good/excellent marks **❹** *prettig* nice, fine * *een ~ bedrag* a nice/handsome amount * *een ~e lentedag* a nice/fine spring day **❺** *leuk* nice, good * *dat is niet ~ van u* it isn't nice of you * *nu is het ~geweest!* that's enough now * *het ~ste van alles is...* the best of it all is that... **❻** *niet leuk* iron pretty, fine * *je bent me ook een ~e* a fine one you are! * *daar ben je ~mee!* ⟨v. gedrag⟩ a fat lot of good that will do you!; ⟨v. situatie⟩ a pretty/right mess that is! * *ik ben er al weken ~mee* I've been pretty bothered about it for weeks * *wel, nu nog ~er!* well, I never! * *~is dat!* that's great! **II** *bijw* **❶** well, nicely * *ze hebben hem niet ~ behandeld* they didn't treat him well * *jij hebt ~praten* it's all very well for you to talk **❷** *versterkend* pretty * *hij heeft u ~beetgehad* he had you there and no mistake * *dat kun je wel ~ vergeten!* you can jolly well forget that! * *~niet!* I don't think so! * *~zo!* good!
**mooipraten** *o* smooth talking
**mooiprater** *m* [-s] **❶** *vleier* flatterer **❷** *iem. die alles zo gunstig voorstelt* smooth talker
**moois** *o* fine thing * *er het ~afkijken* wear something out by looking * *er groeit iets ~tussen hen* there's something nice developing between them * iron *dat is me wat ~!* here's a pretty kettle of fish/a nice state of affairs! * *ze hebben wat ~van je verteld* they've been saying some odd things about you
**moonboots** *zn* [mv] moon boots
**Moor** *m* [Moren] Moor
**moord** *m & v* [-en] murder (*op of*) * *een ~plegen* commit a murder, jur commit homicide * *~en brand schreeuwen* cry blue murder * *het is daar ~en doodslag* they're at each other's throats * *~met voorbedachten rade* premeditated/wilful murder
**moordaanslag** *m* [-slagen] attempted murder
**moordbrigade** *v* [-s, -n] death squad
**moorddadig I** *bn* murderous * *een ~regime* a

murderous regime * *een ~ lawaai* an abominable noise **II** *bijw* murderously

**moorden** *onoverg* [moordde, h. gemoord] kill, murder, commit murder/<u>jur</u> homicide

**moordenaar** *m* [-s] murderer

**moordend** *bn* murderous, deadly * *~e concurrentie* cut-throat competition * *een ~e hitte* scorching heat * *een ~ tempo* a punishing pace

**moordgriet** *v* [-en] great girl/woman/chick, <u>Br</u> super girl

**moordkuil** *m* [-en] * *van zijn hart geen ~ maken* speak freely

**moordpartij** *v* [-en] massacre, slaughter

**moordvent** *m* [-en] great guy, <u>Br</u> super guy

**moordwapen** *o* [-s] murder weapon

**moordzaak** *v* [-zaken] murder case

**moorkop** *m* [-pen] ❶ *gebakje* ± chocolate éclair ❷ *paard* black-headed horse

**Moors** *bn* Moorish

**moot** *v* [moten] piece, ⟨v. vis &⟩ steak, fillet * *in ~jes hakken* chop up, chop into pieces * *iem. in ~jes hakken* make mincemeat of sbd

**mop I** *v* [-pen] ❶ *koekje* ± shortcake ❷ *baksteen* brick ❸ *grap* joke, gag * *een ouwe ~, een ~ met een baard* a stale joke, <u>inf</u> a chestnut * *dat is nu juist de ~* that's the joke, that's the funny part of it * *voor de ~* for fun * *~pen tappen/vertellen* tell jokes ❹ *liedje* tune * *zing nog eens een ~je* sing something else ❺ *meisje* moppet, sweetie, doll **II** *m* [-s] *zwabber* mop **III** *m* [-pen], **mops** [-en] pug (dog)

**moppentapper** *m* [-s] joker

**moppentrommel** *v* [-s] ❶ *in tijdschrift e.d.* joke section ❷ *koektrommel* biscuit tin

**mopperaar** *m* [-s] grumbler

**mopperen** *onoverg* [mopperde, h. gemopperd] grumble, <u>inf</u> grouse * *op iem. ~* grumble at sbd * *over iets ~* grumble about sth * *zonder ~* without grumbling

**mopperkont** *m* [-en] grumbler

**moppie** *o* [-s] ❶ *deuntje* tune ❷ *meisje* sweetheart, honey

**moraal** *v* ❶ *zedenles* moral * *de ~ van het verhaal is...* the moral of the story is... ❷ *zedenleer* morality, ethics ❸ *zedelijke beginselen* morals * *een dubbele ~* double moral standards * *geen ~ hebben* have no morals

**moraalridder** *m* [-s] moral crusader

**moraliseren** *onoverg* [moraliseerde, h. gemoraliseerd] moralize

**moralisme** *o* moralism

**moralist** *m* [-en] moralist

**moralistisch** *bn* moralistic

**moratorium** *o* [-s & -ria] moratorium

**morbide** *bn* morbid * *een ~ grap* a sick joke

**mordicus** *bijw* adamantly * *ergens ~ tegen zijn* be dead against sth

**moreel I** *bn* moral **II** *o* morale

**morel** *v* [-len] morello (cherry)

**mores** *zn* [mv] * *iem. ~ leren* teach sbd a lesson

**morfeem** *o* [-femen] morpheme

**morfine** *v* morphine

**morfologie** *v* morphology

**morgen I** *m* [-s] morning * *in de vroege ~* early in the morning * *op een ~* one morning * *van de ~ tot de avond* from morning till night * *'s ~s* in the morning **II** *bijw* tomorrow * *~ vroeg* tomorrow morning * *~ komt er weer een dag* tomorrow is another day * *inf ja, ~ brengen!* no way!, not likely! * *~ over acht dagen* tomorrow week, a week tomorrow **III** *m & o* [-s] *landmaat* 2.25 acres

**morgenavond** *bijw* tomorrow evening

**Morgenland** *o* Orient

**morgenmiddag** *bijw* tomorrow afternoon

**morgennacht** *bijw* tomorrow night

**morgenochtend** *bijw* tomorrow morning

**morgenrood** *o* dawn

**Morgenster** *v* morning star

**morgenstond** *m* early morning hours * *de ~ heeft goud in de mond* the early bird catches the worm

**morgenvroeg** *bijw* tomorrow morning

**mormel** *o* [-s] monster

**mormoon** *m* [-monen] Mormon

**mormoons** *bn* Mormon

**morning-afterpil** *v* [-len] morning-after pill

**morrelen** *onoverg* [morrelde, h. gemorreld] fiddle, fumble * *~ aan* fiddle around

**morren** *onoverg* [morde, h. gemord] grumble * *zonder ~* without a murmur

**morsdood** *bn* as dead as a doornail

**morse** *o* Morse (code)

**morsen I** *onoverg* [morste, h. gemorst] mess, make a mess **II** *overg* [morste, h. gemorst] spill

**morseteken** *o* [-s] Morse sign/letter

**morsig** *bn* dirty, messy, slovenly

**mortel** *m* mortar

**mortier** *m & o* [-en] mortar

**mortiergranaat** *m* [-naten] mortar shell

**mortuarium** *o* [-s & -ria] mortuary

**mos** *o* [-sen] moss

**mosgroen** *bn* moss green

**moskee** *v* [-keeën] mosque

**Moskou** *o* Moscow

**Moskoviet** *m* [-en] Muscovite

**Moskovisch** *bn* Muscovite * *~ gebak* sponge cake

**moslim** *m* [-s] Muslim, Moslem

**moslimextremisme** *o* Muslim/Moslem extremism

**mossel** *v* [-s & -en] mussel

**mosselbank** *v* [-en] mussel bank/bed

**most** *m* must

**mosterd** *m* mustard * *dat is ~ na de maaltijd* it's too late in the day for that → **Abraham**

**mosterdgas** *o* mustard gas

**mosterdsaus** *v* mustard sauce

**mosterdzaad** *o* mustard seed, <u>bijbel & fig</u> grain of mustard

**mot I** *v* [-ten] *insect* (clothes) moth * *de ~ zit in die*

*jurk* the moths have got into that dress * *door de ~ten aangevreten* moth-eaten **II** *v ruzie* inf tiff, squabble * *~ hebben met iem.* fall out with sbd **III** *o zaagsel* sawdust
**motel** *o* [-s] motel
**motet** *o* [-ten] motet
**motie** *v* [-s] motion * *een ~ indienen* move/propose a motion * *stemmen over een ~* vote on a motion * *een ~ aannemen* carry a motion * *een ~ ondersteunen* support a motion * *een ~ verwerpen* reject a motion * *een ~ van afkeuring* a vote of censure * *een ~ van vertrouwen aannemen* pass a vote of confidence * *een ~ van wantrouwen* a vote of no confidence * *de aangenomen ~* the resolution
**motief** *o* [-tieven] ❶ *reden* motive ❷ *in de kunst* motif, design
**motivatie** *v* [-s] motivation
**motiveren** *overg* [motiveerde, h. gemotiveerd] ❶ *beredeneren* explain, account for, state one's motives for, ⟨rechtvaardigen⟩ justify, ⟨verdedigen⟩ defend * *een dergelijk verzoek moet gemotiveerd worden ingediend* such a request should be accompanied by your reasons for making it ❷ *stimuleren* motivate, stimulate, encourage * *het personeel moet gemotiveerd worden om te stemmen* the personnel should be encouraged to vote
**motivering** *v* [-en] ❶ *het motiveren* motivation ❷ *de motieven* grounds, motives, reasons
**moto** *m* ['s] ZN motorbike
**motor** *m* [-s & -toren] ❶ *aandrijvende machine* motor, engine * fig *de ~ van de vereniging* the driving force of the club ❷ *motorfiets* motorcycle, motorbike
**motoragent** *m* [-en] policeman on motorcycle, police motorcyclist
**motorblok** *o* [-ken] engine block
**motorboot** *m & v* [-boten] motorboat, motor launch
**motorcross** *m* [-en, -es] motocross
**motorfiets** *m & v* [-en] motorcycle, motorbike * *een ~ met zijspan* a sidecar motorbike
**motoriek** *v* ❶ *bewegingssysteem* motor system ❷ *bewegingen* locomotion
**motorisch** *bn* ❶ *m.b.t. de motoriek* motor * *~ gestoord* motor handicapped * *~e zenuwen* motor nerves ❷ ⟨voort⟩*bewegend* locomotive, (loco)motor, motorial * *het ~ vermogen* motor power ❸ *m.b.t. de motor* motor, engine
**motoriseren** *overg* [motoriseerde, h. gemotoriseerd] motorize
**motorjacht** *o* [-en] motor yacht
**motorkap** *v* [-pen] ❶ *v. auto* bonnet, Am hood * *onder de ~ kijken* look under the bonnet ❷ *v. oude typen vliegtuigen* cowling, cowl
**motorolie** *v* engine oil
**motorpech** *m* engine trouble * *~ hebben* have engine trouble
**motorrijder** *m* [-s] motorcyclist
**motorrijtuigenbelasting** *v* road tax
**motorschip** *o* [-schepen] motor vessel

**motorsport** *v* motorcycle racing
**motorstoring** *v* [-en] engine breakdown, engine failure, engine trouble
**motorvoertuig** *o* [-en] motor vehicle
**motregen** *m* [-s] drizzle
**motregenen** *onoverg* [motregende, h. gemotregend] drizzle
**mottenbal** *m* [-len] mothball * *iets uit de ~len halen* take sth out of mothballs
**mottig** *bn* ❶ *pokdalig* pock-marked ❷ *door de mot aangetast* moth-eaten ❸ *van het weer* drizzly, misty ❹ *vuil* Z N dirty, untidy ❺ *lelijk* ZN ugly ❻ *misselijk* ZN sick, queasy
**motto** *o* ['s] motto, slogan
**mountainbike** *m* [-s] mountain bike
**mountainbiken** *onoverg* [mountainbikete, h. en is gemountainbiket] go mountain bike racing/mountain biking
**moussaka** *m* moussaka
**mousse** *v* [-s] mousse
**mousseline** *v & o* muslin
**mousseren** *onoverg* [mousseerde, h. gemousseerd] effervesce, sparkle
**mousserend** *bn* sparkling * *~e wijn* sparkling/bubbly wine
**mout** *o & m* malt
**mouw** *v* [-en] sleeve * *iem. iets op de ~ spelden* tell sbd tales * *iets uit de ~ schudden* toss sth off * *ergens een ~ aan passen* arrange matters, find a way out * *de handen uit de ~en steken* put one's shoulder to the wheel * ZN *iem. de ~ vegen* flatter sbd * ZN *ze achter de ~ hebben* be a slyboots
**mouwloos** *bn* sleeveless
**moven** *o* * *~!* beat it!
**moyenne** *o* [-s] *gemiddelde* average, mean
**mozaïek** *o* [-en] mosaic
**Mozambique** *o* Mozambique
**mp3-speler** *m* [-s] MP3 player
**mts** *v* (middelbare technische school) technical secondary school
**mud** *o & v* [-den] hectolitre
**mudvol, mudjevol** *bn* chock-full, jam-packed inf chocker(s)
**muesli, müsli** *v* muesli
**muf, muffig** *bn* musty, fusty
**mug** *v* [-gen] mosquito, ⟨klein⟩ gnat, midge * *door een ~ gestoken* stung by a mosquito * *van een ~ een olifant maken* make a mountain out of a molehill
**muggenbeet** *m* [-beten] mosquito bite
**muggenbult** *m* [-en] mosquito bite
**muggenolie** *v* insect lotion/repellent, citronella
**muggenziften** *onoverg* [muggenziftte, h. gemuggenzift] split hairs, inf nitpick
**muggenzifter** *m* [-s] hairsplitter, inf nitpicker
**muggenzifterij** *v* hairsplitting, inf nitpicking
**muil I** *m* [-en] ❶ *muilezel, muildier* mule ❷ *bek* ⟨v. mens⟩ inf trap, ⟨v. dier⟩ muzzle, jaws * *hou je ~!* shut up! **II** *v* [-en] *pantoffel* slipper, mule

**muildier** o [-en] mule
**muilezel** m [-s] hinny
**muilkorf** m [-korven] muzzle
**muilkorven** overg [muilkorfde, h. gemuilkorfd]
**❶** muilkorf aandoen muzzle **❷** fig muzzle, gag
**muilpeer** v [-peren] box on the ear, clout, slap in the face
**muiltje** o [-s] slipper
**muis** v [-muizen] **❶** dier & v. computer mouse * dat ~je zal nog een staartje hebben the matter won't end there * zo stil als een ~ as quiet as a mouse **❷** v. hand ball **❸** aardappel kidney
**muisarm** m [-en] RSI, tennis elbow, inf mouse arm
**muisjes** zn [mv] anijskorrels aniseed flavoured sprinkles * een beschuit met ~ a cracker toast with aniseed sprinkles * gestampte ~ aniseed crumble
**muismatje** o [-s] comput mouse mat
**muisstil** bn quiet as a mouse
**muiten** onoverg [muitte, h. gemuit] mutiny, rebel * aan het ~ slaan mutiny * de ~de troepen the mutinous troops
**muiter** m [-s] mutineer, rebel
**muiterij** v [-en] mutiny, rebellion
**muizen** onoverg [muisde, h. gemuisd] **❶** muizen vangen mouse, catch mice * katjes die ~ mauwen niet the stealthy hunter is a successful hunter **❷** eten tuck in
**muizenissen** zn [mv] worries * haal je geen ~ in het hoofd put your worries out of your mind
**muizenval** v [-len] mousetrap
**mul I** bn loose, sandy **II** m [-len] vis red mullet
**mulat** m [-ten] mulatto
**multicultureel** bn multicultural * een multiculturele samenleving a multicultural society
**multidisciplinair** bn multidisciplinary * een ~ onderzoek a multidisciplinary investigation
**multifunctioneel** bn multifunctional
**multi-instrumentalist** m [-en] multi-instrumentalist
**multilateraal** bn multilateral * een ~ verdrag a multilateral agreement
**multimedia** zn [mv] multimedia
**multimediaal** bn multimedia * het multimediale onderwijs multimedia education
**multimiljonair** m [-s] multimillionaire
**multinational** m [-s] multinational
**multiple choice** bn multiple choice
**multiplechoicetest** m [-s] multiple choice test
**multiple sclerose** v multiple sclerosis
**multiplex** o plywood
**multiraciaal** bn multiracial
**multomap** ® v [-pen] ring binder, ring file
**mum** o * in een ~ (van tijd) in no time, in a jiffy
**mummelen** onoverg [mummelde, h. gemummeld] mumble, mutter
**mummie** v [-s, -miën] mummy
**mummificatie** v mummification
**mummificeren** overg & onoverg [mummificeerde, h.

en is gemummificeerd] mummify
**München** o Munich
**municipaal** bn municipal
**munitie** v (am)munition
**munitiedepot** m & o [-s] munition depot, arsenal
**munt** v [-en] **❶** voor automaat token **❷** muntstuk coin * klinkende ~ hard cash * iem. met gelijke ~ betalen pay sbd (back) in his own coin, repay sbd in kind, give sbd tit for tat * hij neemt alles voor goede ~ aan he swallows everything * ~slaan coin/mint money * ~slaan uit make capital out of, cash in on **❸** valuta currency **❹** gebouw mint **❺** plant mint
**muntautomaat** m [-maten] coin-operated (vending) machine
**munteenheid** v [-heden] monetary/currency unit
**muntgeld** o coins
**muntloon** o [-lonen] mintage
**muntmeester** m [-s] mintmaster, Master of the Mint
**muntsoort** v [-en] currency
**muntstelsel** o [-s] monetary system
**muntstuk** o [-ken] coin
**munttelefoon** m [-s] pay phone
**muntthee** m mint tea
**muntwezen** o monetary system, coinage, currency system
**murmelen** onoverg [murmelde, h. gemurmeld] murmur, ‹v. beekje› babble, gurgle
**murw** bn soft, tender, mellow, fig softened up * iem. ~ make break sbd's spirit * iem. ~ beuken beat sbd into a jelly/pulp
**mus** v [-sen] sparrow * iem. blij maken met een dooie ~ fob sbd off
**musculair** bn muscular
**musculatuur** v musculature
**museum** o [-sea & -s] museum

**museum**
is in het Engels ook museum, maar het meervoud is museums.

**museumbezoek** o [-en] visit to a museum
**museumstuk** o [-ken] museum piece
**musical** m [-s] musical
**musiceren** onoverg [musiceerde, h. gemusiceerd] make/play music
**musicologie** v musicology
**musicoloog** m [-logen] musicologist
**musicus** m [-ci] musician
**muskaat I** m wijn muscatel **II** v [-katen] boom nutmeg
**muskaatnoot** v [-noten] nutmeg
**muskadel** v [-len] muscat, muscatel
**musket** o [-ten] musket
**musketier** m [-s] musketeer
**muskiet** m [-en] mosquito
**muskietennet** o [-ten] mosquito net
**muskietenplaag** v [-plagen] plague of mosquitoes
**muskus** m musk

**mu**

**muskusrat** v [-ten] muskrat
**muskusroos** v [-rozen] musk rose
**must** m must * *die film is een absolute~* the film is an absolute must/a must-see
**mutatie** v [-s] ❶ mutation ❷ *in personeelsbestand* turnover, change ❸ boekh transaction, entry
**mutatis mutandis** bijw mutatis mutandis, with respective differences taken into consideration
**muts** v [-en] ❶ cap, beanie, ‹theemuts› tea cosy * *zijn ~ staat verkeerd* he got out of his bed on the wrong side ❷ *vrouw* inf cow
**mutualiteit** v ❶ *wederkerigheid* reciprocity, mutuality ❷ *ziekenfonds* [-en] Belg National Health Service
**muur I** m [muren] wall * *een blinde~* a blank wall * *een dragende~* a supporting wall * *de Berlijnse~* the Berlin Wall * *de muren hebben oren* the walls have ears * *tussen vier muren* behind bars * *uit de~ eten* get some fast food * *geld uit de~ halen* get money from the ATM * *de muren komen op me af* the walls are closing in on me * *met het hoofd tegen een~ lopen* bang one's head against the wall * *met de rug tegen de~* with one's back to the wall * ‹fusilleren› *tegen de~ zetten* put up against the wall * voetbal *een~tje maken* make a wall **II** v *plant* chickweed
**muurbloem** v [-en] *plant* wallflower
**muurbloempje** o [-s] fig wallflower
**muurkast** v [-en] wall cabinet
**muurkrant** v [-en] wall poster
**muurschildering** v [-en] mural, wall painting
**muurvast** bn firm, solid * ‹v. onderhandelingen›*~ zitten* be deadlocked * *die bout zit~* you'll never loosen that bolt
**muurverf** v [-verven] wall paint
**m.u.v.** afk (met uitzondering van) with the exception of, excluding
**muzak** m muzak, wallpaper music
**muze** v [-n] muse * *lichte~* light entertainment
**muziek** v music * *~ maken* make music * *dat klinkt mij als~ in de oren* that's music to my ears * *daar zit ~ in* that sounds promising * *op de~* to the music * *op~ zetten* set to music * *voor de~ uitlopen* be ahead * *hij is met de~ mee* he's gone with the wind
**muziekcassette** v [-s] music cassette
**muziekdoos** v [-dozen] musical/music box
**muziekfestival** o [-s] music festival
**muziekinstrument** o [-en] musical instrument
**muziekkorps** o [-en] band
**muziekles** v [-sen] music lesson
**muziekliefhebber** m [-s] music lover
**muzieknoot** v [-noten] note (of music)
**muziekonderwijs** o music education
**muziekpapier** o music paper
**muziekschool** v [-scholen] school of music
**muziekstandaard** m [-s] music stand
**muziekstuk** o [-ken] piece of music
**muziektent** v [-en] bandstand

**muziekuitvoering** v [-en] musical performance
**muziekwetenschap** v musicology
**muzikaal** bn musical * *hij is zeer~* he's very musical, he has a real ear for music
**muzikant** m [-en] musician, bandsman
**myocarditis** v myocarditis
**myoom** o [myomen] myoma
**myopie** v short-sightedness, myopia
**mysterie** o [-s &-riën] mystery
**mysterieus** bn mysterious * *een~ antwoord* an enigmatic answer
**mysticus** m [-ci] mystic
**mystiek I** v mysticism * *de~en* the mystics **II** bn ❶ mystic ❷ *geheimzinnig* mystical
**mystificatie** v [-s] mystification
**mythe** v [-n, -s] myth
**mythevorming** v mythologization, creation of a legend
**mythisch** bn mythical
**mythologie** v [-gieën] mythology
**mythologisch** bn mythological
**mytylschool** v [-scholen] school for physically handicapped children
**myxomatose** v myxomatosis

# N

**N.** *afk* (noord, noorden) north

**n** *v* ['s] n

**na I** *voorz* after * ~*elkaar* one after the other * *twee keer* ~*elkaar* twice running * ~*u!* after you! * ~ *vijven* after five o'clock **II** *bijw* near, <u>plechtig</u> nigh * *dat lag hem* ~*aan het hart* that was very dear to him * *je moet hem niet te* ~*komen* you mustn't offend him * *dat was/kwam zijn eer te* ~his pride/honour was at stake * *op mijn broer* ~apart from my brother, except my brother, but for my brother * *de laatste op één* ~the last but one * *op één* ~*de grootste ter wereld* the second largest in the world * *neem wat pudding* ~have some pudding for dessert * *de goeden niet te* ~*gesproken* except for the good ones

**naad** *m* [naden] ❶ *in textiel & * seam * *panty's met* ~ seamed nylons/pantyhose * *hij wil graag het* ~*je van de kous weten* he wants to know all the ins and outs of it ❷ *v. wond* suture ❸ *tussen planken* seam, joint ❹ *las* weld ▼ *zich uit de* ~*werken* work oneself to death

**naadloos** *bn* ❶ *m.b.t. kleding* seamless ❷ *m.b.t. hout* jointless

**naaf** *v* [naven] hub

**naaidoos** *v* [-dozen] sewing box

**naaien I** *overg* [naaide, h. genaaid] ❶ *met naald en draad* sew, <u>med</u> suture, ‹met naaimachine ook› stitch * *een knoop* ~*aan* sew a button on ❷ *neuken* fuck, screw ❸ *belazeren* screw **II** *onoverg* [naaide, h. genaaid] ❶ sew ❷ *neuken* fuck, screw

**naaigaren** *o* [-s] sewing thread/cotton

**naaigerei** *o* sewing things

**naaimachine** *v* [-s] sewing machine

**naaister** *v* [-s] dressmaker

**naaiwerk** *o* needlework, sewing

**naakt I** *bn* ❶ *onverhuld* naked, bare * ~*e feiten* bare facts * *de* ~*e waarheid* the naked/plain truth ❷ *bloot* naked, nude, bare * *hij liep* ~*rond* he was walking around naked/in the nude; <u>inf</u> he was walking around in the altogether/in his birthday suit/in the nuddy * *hij werd* ~*uitgeschud* he was stripped to the skin ❸ *zonder bedekking/versiering* bare * ~*e bomen* bare trees **II** *o* [-en] nude

**naaktfoto** *v* ['s] nude photograph

**naaktloper** *m* [-s] nudist

**naaktmodel** *o* [-len] nude model

**naaktstrand** *o* [-en] nudist beach

**naaktstudie** *v* [-s] nude study

**naald** *v* [-en] needle * *heet van de* ~hot off the press * *door het oog van de* ~*kruipen* crawl through the eye of the needle

**naaldboom** *m* [-bomen] conifer (tree)

**naaldbos** *o* [-sen] coniferous/pine forest

**naaldhak** *v* [-ken] stiletto heel * *een schoen met* ~a stiletto, a high-heeled shoe

**naaldhout** *o* softwood, coniferous wood

**naam** *m* [namen] ❶ *eigennaam* name * *hoe is uw* ~? what's your name? * *mijn* ~*is haas* I don't know anything about it * *haar eigen* ~her maiden name * *geen namen noemen* mention no names * *iem. bij zijn* ~*noemen* refer to sbd by name * *noemen met* ~ *en toenaam* mention by name * *onder een aangenomen* ~under an assumed name * *onder een vreemde* ~in another name * *bekend staan onder de* ~*van...* go by the name of... * *op* ~*van* in the name of * *uit* ~*van mijn vader* on behalf of my father * *iem. van* ~*kennen* know sbd by name * *zonder* ~ without a name, nameless * *jur vrij op* ~no legal charges ❷ *reputatie* reputation, repute, standing * *een goede* ~*hebben* enjoy a good reputation * *een slechte* ~*hebben* have a a bad reputation * *hij heeft nu eenmaal de* ~*van...* he has the reputation for being... * ~*maken* make a name for oneself * *hij heeft tien romans op zijn* ~(*staan*) he has ten novels to his name * *te goeder* ~(*en faam*) *bekend staand* of good standing and repute * *een ... van* ~a distinguished... ❸ *aanduiding v. iets/iem.* name, appellation, designation * *het mag geen* ~*hebben* it isn't worth mentioning * *de dingen bij de* ~*noemen* call a spade a spade * *in* ~*is hij...* nominally/in name he is... * *in* ~*der wet* in the name of the law

**naambordje** *o* [-s] nameplate

**naamdag** *m* [-dagen] saint's day, name day

**naamdicht** *o* [-en] acrostic

**naamgenoot** *m* [-noten] namesake

**naamkaartje** *o* [-s] (visiting) card, business card

**naamkunde** *v* study/science of names, onomastics

**naamloos** *bn* nameless, anonymous, unnamed * *een naamloze vennootschap* a limited liability company

**naamsbekendheid** *v* ❶ *van producten* name/brand recognition, brand awareness ❷ *van personen* reputation * *hij geniet een zekere* ~he is quite well known

**naamsverandering** *v* [-en] change of name

**naamsverwarring** *v* confusion of/over names

**naamval** *m* [-len] case * *de eerste/tweede/derde/vierde* ~the nominative/genitive/dative/accusative (case)

**naamwoord** *o* [-en] noun * *het bijvoeglijk* ~the adjective * *het zelfstandig* ~the noun

**naamwoordelijk** *bn* nominal * *het* ~*gezegde* the nominal predicate * *het* ~*deel van het gezegde* the subject complement

**na-apen** *overg* [aapte na, h. nageaapt] imitate, mimic, take off

**na-aper** *m* [-s] mimic, imitator, <u>kindertaal</u> copycat

**na-aperij** *v* imitation

**naar I** *voorz* ❶ *v. richting* to, towards * ~*boven* upstairs * ~*huis gaan* go home * *hij kwam* ~*me toe* he came up to me, he came towards me ❷ *naar het voorbeeld van* after, from * *hij heet* ~*zijn vader* he's called after his father * ~*de natuur schilderen* paint from nature ❸ *volgens, overeenkomstig* according to

* *ja, maar het is er ook* ~ it's no better than it should be * *een mooie auto, maar de prijs is er dan ook* ~ a nice car, but with a price tag to match * *hij is er de man niet* ~ *om...* he is not the sort of man who... * ~ *zijn mening* according to him/his opinion II *voegw* as * ~ *men zegt* it's said (that), word has it (that) III *bn* ❶ *vervelend* nasty, disagreeable, unpleasant * *een nare jongen* a horrible/nasty boy * *een nare smaak* a nasty taste * *een nare vent* an unpleasant fellow * ~ *weer* unpleasant/awful weather ❷ *ziek, misselijk* unwell, sick * *ik voel me zo* ~ I don't feel at all well * *hij is er* ~ *aan toe* he's in a bad way * *ik word er* ~ *van* it makes me sick

**naargeestig** *bn* dismal, gloomy, dreary

**naargelang** I *bijw* in accordance with, depending on * ~ *de omstandigheden* according to/depending on the circumstances II *voegw* as * ~ *hij ouder werd, werd hij...* as he got older he became...

**naarling** *m* [-en] pain in the neck

**naarmate** *voegw* as * ~ *het later werd...* as it grew later...

**naarstig** I *bn* diligent, thorough II *bijw* diligently, thoroughly

**naast** I *bn* nearest, next, closest * *mijn* ~ *e buurman* my next-door neighbour * *mijn* ~ *bloedverwant* my nearest relative, my next of kin * *de* ~ *e toekomst* the near future * *ten* ~ *e bij* approximately, about * *ieder is zichzelf het* ~ charity begins at home II *bijw* ❶ *dichtst bij* nearest, closest ❷ *mis* wide, off target * *de spits schoot net* ~ the forward's shot just missed the goal III *voorz* ❶ *terzijde* next (to), alongside, beside * ~ *elkaar* side by side * *het is niet* ~ *de deur* it's not exactly next door * *hij zat* ~ *haar* he was sitting beside her/by her side/next to her * ~ *ons wonen Fransen* there are French people living next door to us * *je zit er* ~ you're mistaken ❷ *behalve* as well as, besides * ~ *Engels studeert ze ook IJslands* she's studying Icelandic as well as English * ~ *God heb ik hem alles te danken* next to God I owe him everything

**naaste** *m-v* [-n] neighbour, fellow human being

**naasten** *overg* [naastte, h. genaast] ❶ *door staat* nationalize, take over ❷ *verbeurd verklaren* confiscate, seize

**naastenliefde** *v* charity

**naastgelegen** *bn* next door, adjacent

**naatje** *o* * *inf het is* ~ it's a dead loss

**nababbelen** *onoverg* [babbelde na, h. nagebabbeld] have a chat afterwards * *nog wat blijven* ~ stay for a bit of a chat afterwards

**nabehandelen** *overg* [behandelde na, h. nabehandeld] give follow-up treatment/aftercare

**nabehandeling** *v* [-en] aftercare, follow-up treatment

**nabeschouwen** *overg* [beschouwde na, h. nabeschouwd] sum up

**nabeschouwing** *v* [-en] summing-up * *een* ~ *houden* do a summing-up, *inf* hold a post-mortem

**nabespreken** *overg* [besprak na, h. nabesproken] discuss afterwards, *inf* do a post-mortem

**nabespreking** *v* [-en] (subsequent) discussion * *tijdens de* ~ during the discussion afterwards, *inf* during the post-mortem

**nabestaande** *m-v* [-n] (surviving) relative * *de* ~ *n* the surviving relatives, the next of kin

**nabestaandenregeling** *v* surviving relatives act

**nabestellen** I *overg* [bestelde na, h. nabesteld] put in a repeat order for, reorder II *onoverg* [bestelde na, h. nabesteld] repeat an order, reorder

**nabestelling** *v* [-en] repeat order

**nabetalen** *overg* [betaalde na, h. nabetaald] ❶ *later betalen* pay afterwards ❷ *bijbetalen* make an additional payment

**nabetaling** *v* [-en] ❶ *latere betaling* subsequent payment ❷ *bijbetaling* additional payment ❸ *betaling achteraf* retrospective payment

**nabeurs** I *v* after trading hours II *bijw* after the close of trading

**nabezorgen** *overg* [bezorgde na, h. nabezorgd] deliver later

**nabij** I *bijw* near, close * *de dag is* ~ the day is near at hand * *van* ~ at first hand * *van* ~ *bekeken* seen at close quarters * *iem. van* ~ *kennen* know sbd intimately * *het raakt ons van* ~ it concerns us intimately/directly II *voorz* near, close to * *om en* ~ *de tachtig* around eighty III *bn* near * *hij was de dood* ~ he was near to death * *het Nabije Oosten* the Near East * *de* ~ *e toekomst* the near future

**nabijgelegen** *bn* neighbouring, nearby

**nabijheid** *v* neighbourhood, vicinity, proximity * *er was niemand in de* ~ there was nobody near * *in de* ~ *van* in the vicinity of

**nablijven** *onoverg* [bleef na, is nagebleven] ❶ remain, stay behind ❷ *onderw* be kept in, be in detention

**nabloeden** *onoverg* [bloedde na, h. nagebloed] keep bleeding * *de wond bleef* ~ the wound would not stop bleeding

**nablussen** *overg* [bluste na, h. nageblust] put out/extinguish completely * *een uur geleden is men met het* ~ *begonnen* the main fire was brought under control an hour ago

**nabootsen** *overg* [bootste na, h. nagebootst] imitate, mimic, copy

**nabootsing** *v* [-en] imitation

**naburig** *bn* neighbouring, nearby

**nabuur** *m* [-buren] neighbour

**nabuurschap** *v* neighbourliness

**nacho** *bn & m* ['s] nacho (chip)

**nacht** *m* [-en] night * *'s* ~ *s* at night, in the night-time * *'s* ~ *s werken en overdag slapen* work by night and sleep by day * *de* ~ *van maandag op dinsdag* Monday night * *de hele* ~ all night (long), the whole night * *het wordt* ~ night is falling, it's getting dark * *bij* ~ by night, in the night-time * *bij* ~ *en ontij* in the dead of night * *in de* ~ at night, during the night * _van de ~ een dag maken_ turn night into day * _er nog eens een ~je over slapen_ sleep on it

**nachtblind** _bn_ night-blind * _ze is ~_ she suffers from night blindness

**nachtbraken** _onoverg_ [nachtbraakte, h. genachtbraakt] make a night of it, burn the midnight oil

**nachtbraker** _m_ [-s] night reveller, nightclubber

**nachtbus** _v_ [-sen] night bus

**nachtclub** _v_ [-s] nightclub, nightspot

**nachtcrème** _v_ [-s] night cream

**nachtdienst** _m_ **❶** _openbaar vervoer_ night service **❷** _ziekenhuizen &_ night duty * _~ hebben_ be on night duty **❸** _industrie_ night shift

**nachtdier** _o_ [-en] nocturnal animal

**nachtegaal** _m_ [-galen] nightingale

**nachtelijk** _bn_ nocturnal ‹visit›, night ‹sky› * _de ~e stilte_ the silence of the night * _het ~ rumoer_ the night-time noises/disturbances

**nachtfilm** _m_ [-s] late-night film

**nachtgewaad** _o_ [-waden] nightdress, night attire, nightgown

**nachthemd** _o_ [-en] nightshirt

**nachtjapon** _m_ [-nen] nightdress, nightgown, _inf_ nightie

**nachtkaars** _v_ [-en] nightlight * _als een ~ uitgaan_ fizzle out

**nachtkastje** _o_ [-s] bedside table

**nachtkijker** _m_ [-s] night glasses, night vision binoculars

**nachtkleding** _v_ nightwear, nightclothes

**nachtkus** _m_ [-sen] goodnight kiss

**nachtlampje** _o_ [-s] nightlight

**nachtleven** _o_ nightlife

**nachtmens** _o_ [-en] night-time person, _inf_ night owl

**nachtmerrie** _v_ [-s] nightmare

**nachtmis** _v_ [-sen] midnight mass

**nachtploeg** _v_ [-en] night shift

**nachtportier** _m_ [-s] night porter

**nachtrust** _v_ night's rest

**nachtschade** _v_ [-n] nightshade

**nachtslot** _o_ [-sloten] double lock * _op het ~ doen_ double-lock

**nachtstroom** _m_ elektr night-rate electricity

**nachttarief** _o_ night rate

**nachttrein** _m_ [-en] night train

**nachtuil** _m_ [-en] **❶** _vogel_ night owl **❷** _vlinder_ moth **❸** _nachtelijk kroegbezoeker_ ZN pub crawler

**nachtvlinder** _m_ [-s] moth

**nachtvlucht** _v_ [-en] night flight

**nachtvorst** _m_ **❶** night frost **❷** _aan de grond_ groundfrost

**nachtwake** _v_ night watch

**nachtwaker** _m_ [-s] night watchman

**nachtwerk** _o_ nightwork * _er ~ van maken_ ‹het laat maken› make a night of it, burn the midnight oil; ‹werken› work all night through

**nachtzoen** _m_ [-en] goodnight kiss * _iem. een ~ geven_ kiss sbd goodnight

**nachtzuster** _v_ [-s] night nurse

**nachtzwaluw** _v_ [-en] nightjar

**nacompetitie** _v_ [-s] play-offs

**nadagen** _zn_ [mv] **❶** _v. persoon_ latter days/years, declining years * _in zijn ~ zijn_ be past one's prime **❷** fig declining/last stages

**nadat** _voegw_ after

**na dato** _bijw_ after the date mentioned

**nadeel** _o_ [-delen] disadvantage * _het enige ~ ervan is dat..._ the only disadvantage/drawback/snag is that... * _dat is het ~ van zo'n betrekking_ that's the disadvantage/drawback of such a job * _in uw ~ vallen_ go against you * _(enigszins) in het ~ zijn_ be at (a bit of) a disadvantage * _ten nadele van_ at the cost/expense of, to the detriment of * _tot zijn eigen ~_ to his cost

**nadelig I** _bn_ adverse, harmful, detrimental * _~ zijn voor_ be harmful/detrimental to **II** _bijw_ adversely & * _~ uitvallen_ work out badly * _~ werken op_ have an adverse/harmful/detrimental effect on

**nadenken I** _onoverg_ [dacht na, h. nagedacht] think (about), reflect (upon/on) * _ik moet er eens over ~_ I'll have to think about it * _ergens goed over ~_ consider sth carefully, give sth serious consideration * _zonder na te denken_ without thinking, unthinkingly **II** _o_ reflection, thought * _iem. tot ~ aanzetten_ get/set sbd thinking * _tot ~ stemmen_ give food for thought * _zonder ~_ without (even/so much as) thinking

**nadenkend I** _bn_ pensive, meditative, thoughtful **II** _bijw_ pensively &

**nader I** _bn_ verder further, more detailed/specific * _hebt u al iets ~s vernomen?_ have you got any further information/news? **II** _bijw_ nearer * _~ aanduiden_ indicate more precisely * _~ op iets ingaan_ enter into details about sth * _er ~ van horen_ hear more about it * _ik zal u ~ schrijven_ I'll write you in greater detail * _wij spreken elkaar nog ~_ we'll go into this further another time * _het huilen stond hem ~ dan het lachen_ he was close to crying * _~ verwant (aan)_ more closely allied (to)

**naderbij** _bijw_ nearer, closer * _~ komen_ come nearer/closer

**naderen I** _onoverg_ [naderde, is genaderd] approach, draw near **II** _overg_ [naderde, is genaderd] approach * _we ~ het doel_ we are approaching/nearing the goal

**naderhand** _bijw_ afterwards, later on

**nadien** _bijw_ later, after(wards)

**nadoen** _overg_ [deed na, h. nagedaan] imitate, copy, ‹spottend› mimic

**nadorst** _m_ thirst from a hangover

**nadragen** _overg_ [droeg na, h. nagedragen] reproach, blame * _iem. zijn verleden ~_ fling the past at sbd's teeth

**nadruk** _m_ [-ken] **❶** klem emphasis, stress, accent * _de ~ leggen op_ stress, lay stress on, accentuate, emphasize * _met ~_ emphatically **❷** herdruk reprint, ‹zonder vergunning› pirated copy * ~ *verboden* all rights reserved

**nadrukkelijk** I *bn* emphatic, ‹expliciet› express * *tegen zijn* ~ *bevel* against his express command II *bijw* emphatically, expressly * *hij is zeer* ~ *aanwezig* he's making his presence felt * *wij willen u het volgende* ~ *vragen* we would request the following as a matter of urgency * *ze moeten* ~ *vragen om van de lijst te worden verwijderd* they have to insist on being removed from the list * ~ *in beeld* feature prominently

**nafluiten** *overg* [floot na, h. nagefloten] ❶ *fluiten naar aantrekkelijk persoon* give a wolf whistle ❷ *een melodie* whistle

**nafta** *m* naphtha

**nagaan** *overg* [ging na, h. en is nagegaan] ❶ *volgen* follow ❷ *het oog houden op* keep an eye on, check up on * *we worden nagegaan* we're being watched * *iems. gangen* ~ trace sbd's steps/tracks ❸ *onderzoeken* trace, check on * *de mogelijkheid* ~ examine the possibility * *de rekeningen* ~ check the bills * *het verleden* ~ retrace the past * *voor zover we kunnen* ~ as far as we can ascertain ❹ *overdenken* imagine, think * *als je nagaat dat ...* when you think that... * *je kunt* ~ *hoe...* you can easily imagine how... * *kun je* ~! just imagine!

**nagalm** *m* reverberation, echo

**nagalmen** *onoverg* [galmde na, h. nagegalmd] reverberate, echo

**nageboorte** *v* [-n] afterbirth, placenta

**nagedachtenis** *v* memory, remembrance * *gewijd aan de* ~ *van* dedicated to the memory of * *ter* ~ *aan* in memory of

**nagekomen** *bn* * ~ *berichten* stop-press news * ~ *stukken* subsequent correspondence

**nagel** *m* [-s & -en] ❶ *v. hand en voet, spijker* nail * *op zijn* ~*s bijten* bite one's nails * *dat was een* ~ *aan zijn doodkist* it was a nail in his coffin ❷ *kruidnagel* clove

**nagelbed** *o* [-den] nail bed

**nagelbijten** *o* nail-biting

**nagelen** *overg* [nagelde, h. genageld] nail * *aan de grond genageld* rooted to the spot

**nagelgarnituur** *o* [-turen] manicure set

**nagelknipper** *m* [-s] nail clipper(s)

**nagellak** *o & m* nail varnish

**nagelriem** *m* [-en] cuticle

**nagelschaar** *v* [-scharen], **nagelschaartje** *o* [-s] nail scissors

**nagelvijl** *v* [-en], **nagelvijltje** *o* [-s] nail file, emery board

**nagemaakt** *bn* counterfeit, forged, faked

**nagenieten** *onoverg* [genoot na, h. nagenoten] enjoy the memory (of) * *we hebben nog lang van de voorstelling zitten* ~ we enjoyed the performance long after it was over

**nagenoeg** *bijw* almost, nearly, all but

**nagerecht** *o* [-en] dessert

**nageslacht** *o* ❶ *nakomelingen* offspring

❷ *toekomstige generaties* future generations, posterity

**nageven** *overg* [gaf na, h. nagegeven] * *dat moet hem (tot zijn eer) worden nagegeven* that must be said to his credit * *dat moet ik hem* ~ I have to say that much for him, I have to hand it to him

**nagloeien** *onoverg* [gloeide na, h. nagegloeid] glow (after extinction)

**naheffing** *v* [-en] retrospective/additional tax assessment, retrospective collection

**naïef** I *bn* naive, artless, ingenuous II *bijw* naively &

**naïeveling** *m* [-en] innocent

**na-ijver** *m* jalousie envy, jealousy

**na-ijverig** *bn* envious, jealous (*op* of)

**naïviteit** *v* naivety

**najaar** *o* [-jaren] autumn, *Am* fall

**najaarscollectie** *v* autumn collection, *Am* fall collection

**najaarsklassieker** *m* [-s] autumn classic

**najaarsmode** *v* autumn fashions, *Am* fall fashions

**najaarsstorm** *v* [-en] autumn storm, *Am* fall storm

**najaarszon** *v* autumn sunshine, *Am* fall sunshine

**najagen** *overg* [joeg *of* jaagde na, h. nagejaagd] ❶ *achtervolgen* chase, pursue ❷ *streven naar* pursue, go for/after

**nakaarten** *onoverg* [kaartte na, h. nagekaart] ❶ have a chat afterwards ❷ *fig* be wise after the event

**nakie** *o* * *in zijn* ~ in the altogether, in one's birthday suit

**nakijken** *overg* [keek na, h. nagekeken] ❶ *met de ogen volgen* watch, follow ‹with one's eyes› * *iem.* ~ follow sbd with one's eyes * *het* ~ *hebben* come off second-best ❷ *controleren* check, correct * *iem.* ~ examine sbd * *een drukproef* ~ check/correct a printer's proof * *een motor* ~ check a motor * *zijn tanden laten* ~ have one's teeth looked at/checked * *laat je eens* ~! you need your head examined!

**naklinken** *onoverg* [klonk na, h. nageklonken] reverberate, ring in one's ears

**nakomeling** *m* [-en] descendant, child, offspring

**nakomelingschap** *v* offspring, descendants

**nakomen** I *onoverg* [kwam na, is nagekomen] come afterwards, come later (on), arrive later, follow II *overg* [kwam na, is nagekomen] ❶ *volgen* come after, follow ❷ *volbrengen* observe, honour/*Am* honor * *zijn belofte* ~ observe/honour/keep one's promise * *zijn woord niet* ~ not keep/honour one's word/one's promise * *bij het niet* ~ *van de afspraken* by non-compliance with the arrangements

**nakomertje** *o* [-s] *ook kind* afterthought

**nakoming** *v* performance, fulfilment, observance

**nalaten** *overg* [liet na, h. nagelaten] ❶ *achterlaten, bij overlijden* leave (behind) ❷ *niet doen* refrain from * *ik kon niet* ~ *te lachen* I couldn't help laughing * *zij kon het niet* ~ *om een opmerking te maken* she couldn't resist making a comment ❸ *niet meer doen* give up, stop * *het kwaadspreken* ~ stop slandering ❹ *verzuimen* omit, fail, neglect * ~ *iem. te*

*bedanken/helpen* omit/fail/neglect to thank/help sbd
**nalatenschap** v [-pen] ❶ inheritance, fig ook legacy
❷ *boedel* estate
**nalatig** bn careless, negligent, form remiss * *een ~e*
*betaler* a defaulting debtor
**nalatigheid** v ❶ *zorgeloosheid* negligence,
carelessness * jur *grove ~* gross negligence
❷ *verzuim* dereliction of duty
**naleven** overg [leefde na, h. nageleefd] ⟨v. wet⟩
observe, comply with, ⟨v. principe⟩ live up to,
⟨v. verplichtingen⟩ fulfil/Am fulfill, satisfy, ⟨v. gebod⟩
obey
**naleveren** overg [leverde na, h. nageleverd] deliver
subsequently/later/afterwards
**naleving** v observance, compliance, ⟨v. principe⟩
living up to, ⟨v. verplichtingen⟩ fulfilment,
satisfaction
**nalezen** overg [las na, h. nagelezen] *teksten* peruse,
read through
**nalopen** overg [liep na, h. en is nagelopen]
❶ *achterna lopen* run after, follow ❷ *controleren*
check, run through
**namaak** m, **namaaksel** o [-s] ❶ *imitatie* imitation
❷ *vervalsing* counterfeit, forgery
**namaken** overg [maakte na, h. nagemaakt]
❶ *imiteren* copy, imitate ❷ *vervalsen* counterfeit,
forge, fake
**name** m * *met ~* especially, notably, particularly
* *met ~ noemen* mention specifically * *ten ~ van* in
the name of
**namelijk** bijw ❶ *te weten* namely, that is, viz. ❷ *want,*
*immers* for * *ik wist ~ niet...* the fact is, I didn't
know...
**namens** voorz in the part of, on behalf of * *~ de*
*regering* on behalf of the government * *~ mij* for
me, on my behalf
**nameten** overg [mat na, h. nagemeten] measure
again, check
**Namibië** o Namibia
**namiddag** m [-dagen] ❶ *einde v. middag* (late)
afternoon ❷ *middag* ZN afternoon
**nanacht** m [-en] latter part of the night
**nanoseconde** v [-n, -s] nanosecond
**naoorlogs** bn post-war
**NAP** afk (Normaal Amsterdams Peil) Amsterdam
ordnance zero, sea level
**nap** m [-pen] *kommetje* bowl
**napalm** o napalm
**Napels I** o Naples **II** bn Napels
**napluizen** overg [ploos na, h. nageplozen] ferret
out, investigate, examine closely
**Napolitaan** m [-tanen] Neapolitan
**Napolitaans** bn Neapolitan
**Napolitaanse** v [-n] Neapolitan * *ze is een ~* she's a
Neapolitan, she's from Naples
**nappa, nappaleer** o nappa (leather)
**napraten I** overg [praatte na, h. nagepraat] *nazeggen*
echo, repeat, parrot **II** onoverg [praatte na, h.

*nagepraat*] * *nog wat blijven ~* stay and talk, have a
talk after the meeting/session &
**napret** v enjoyment afterwards * *~ van de vakantie*
post-holiday enjoyment
**nar** m [-ren] fool, jester
**narcis** v [-sen] daffodil
**narcisme** o narcissism
**narcist** m [-en] narcissist
**narcistisch** bn narcissistic
**narcolepsie** v narcolepsy
**narcose** v narcosis, anaesthesia/Am anesthesia,
⟨middel⟩ anaesthetic/Am anesthetic * *onder ~*
*brengen* anaesthetize * *onder ~ zijn* be under
anaesthetic
**narcoticabrigade** v [-s, -n] drug squad
**narcoticum** o [-ca] narcotic * *narcotica* narcotics
**narcotiseren** overg [narcotiseerde, h.
genarcotiseerd] anaesthetize, Am anesthetize
**narcotiseur** m [-s] anaesthetist, Am anesthetist
**nareizen** overg [reisde na, is nagereisd] travel after,
follow
**narekenen** overg [rekende na, h. nagerekend]
❶ *controleren* check ❷ *berekenen* calculate
**narigheid** v [-heden] trouble, misery, problems * *in*
*de ~ zitten* be in trouble * *allerlei ~* all sorts of
trouble
**naroepen** overg [riep na, h. nageroepen] ❶ call after
❷ *uitschelden* call names
**narratief** bn narrative
**narrenkap** v [-pen] fool's cap, cap and bells
**narrig** bn peevish, cross * *zij is de hele dag al zo ~*
she's been cross like this all day
**narwal** m [-s & -len] narwhal
**nasaal I** bn nasal **II** bijw nasally **III** v [-salen] taalk
nasal
**nascholing** v ❶ refresher course ❷ *omscholing*
retraining
**nascholingscursus** m [-sen] ❶ refresher course ❷ *na*
*het behalen van een graad* postgraduate course
**naschools** bn after school * *~e activiteiten* after
school activities
**naschrift** o [-en] postscript
**naseizoen** o [-en] end of the season, late season
**nasi** m rice * *~ goreng* fried rice
**naslaan** overg [sloeg na, h. nageslagen] look up ⟨a
word⟩, consult, refer to ⟨a book⟩
**naslagwerk** o [-en] reference book/work
**nasleep** m aftermath, consequences * *de ~ van de*
*oorlog* the aftermath of the war
**nasmaak** m [-smaken] aftertaste * *een bittere ~*
*hebben* leave a bitter taste (in the mouth), have an
unpleasant aftertaste
**naspel** o [-spelen] ❶ *v. toneelstuk* sequel, epilogue
❷ fig sequel, aftermath ❸ *seksueel* afterplay
**naspelen** overg [speelde na, h. nagespeeld] muz
replay, toneel play/act out
**naspeuren** overg [speurde na, h. nagespeurd]
→ **nasporen**

**naspoelen** *overg* [spoelde na, h. nagespoeld] rinse
**nasporen, naspeuren** *overg* [spoorde na, h. nagespoord] investigate, ‹oorzaak› trace
**nastaren** *overg* [staarde na, h. nagestaard] gaze/stare after
**nastreven** *overg* [streefde na, h. nagestreefd] ❶ *iets* strive after, pursue ✻ *iets onbereikbaars* ~ aim for the impossible ❷ *iemand* emulate, try to equal
**nasynchronisatie** *v* [-s] dubbing
**nasynchroniseren** *overg* [synchroniseerde na, h. nagesynchroniseerd] dub

> **nasynchroniseren**
> Een nagesynchroniseerde film is dubbed en niet synchronized.

**nat I** *bn* wet, ‹vochtig› moist, damp ✻ ~*te sneeuw* sleet ✻ ~ *maken* wet ✻ *zo* ~ *als een verzopen kat* as wet as a drowned rat ✻ ~ *van het zweet* wet with perspiration **II** *o* water, liquid ✻ *het is een pot* ~ it's six of one and half a dozen of the other
**natafelen** *onoverg* [tafelde na, h. nagetafeld] linger at table
**natekenen** *overg* [tekende na, h. nagetekend] copy, draw ‹from a model›
**natellen** *overg* [telde na, h. nageteld] ❶ count ❷ *overtellen* count again, check
**natheid** *v* wetness, moistness, dampness
**natie** *v* [-s & natiën] nation ✻ *de Verenigde Naties* the United Nations
**nationaal** *bn* national ✻ *de nationale omroep* the public broadcasting network
**nationaalsocialisme** *o* National Socialism
**nationaalsocialist** *m* [-en] National Socialist, Nazi
**nationaalsocialistisch** *bn* National Socialist, Nazi
**nationalisatie** *v* [-s] nationalization
**nationaliseren** *overg* [nationaliseerde, h. genationaliseerd] nationalize
**nationalisme** *o* nationalism
**nationalist** *m* [-en] nationalist
**nationalistisch** *bn* ❶ nationalist ❷ *chauvinistisch* nationalistic, chauvinistic
**nationaliteit** *v* [-en] nationality ✻ *een dubbele* ~ dual nationality
**nationaliteitsbeginsel, nationaliteitsprincipe** *o* principle of nationality
**natje** *o* ✻ *zijn* ~ *en zijn droogje* his food and drink, his creature comforts
**natmaken** *overg* [maakte nat, h. natgemaakt] wet, moisten ✻ *maak je borst maar nat!* be prepared for the worst! ✻ *zich* ~ get wet
**natrappen** *overg* [trapte na, h. nagetrapt] ❶ sp commit foul play by kicking an opponent ❷ fig kick sbd who is down
**natregenen** *onoverg* [regende nat, is natgeregend] be drenched, be soaked with the rain
**natrekken** *overg* [trok na, h. nagetrokken] ❶ *nareizen* follow ❷ *overtrekken* trace, copy ❸ *verifiëren* verify, check

**natrium** *o* sodium
**nattevingerwerk** *o* ✻ *dat is maar* ~ it's only a guess
**nattig** *bn* wet(tish), damp, moist
**nattigheid** *v* wetness, damp ✻ ~ *voelen* sense that something is up, smell a rat
**natura** *v* ✻ *in* ~ in kind ✻ *een storting in* ~ a non-monetary contribution, a contribution in kind
**naturalisatie** *v* [-s] naturalization
**naturaliseren** *overg* [naturaliseerde, h. genaturaliseerd] naturalize ✻ *zich laten* ~ be naturalized
**naturalisme** *o* naturalism
**naturalist** *m* [-en] naturalist
**naturalistisch** *bn* naturalistic
**naturel** *bn* ❶ natural, plain, pure ❷ *v. acteurs* natural
**naturisme** *o* naturism, nudism
**naturist** *m* [-en] naturist, nudist
**natuur** *v* [-turen] ❶ *natuurlijke omgeving* nature ✻ *in de vrije* ~ in the country(side) ✻ *terug naar de* ~ back to nature ✻ *naar de* ~ *tekenen* draw from nature ✻ *zich één voelen met de* ~ feel in harmony/at one with nature ❷ *natuurschoon* scenic beauty ✻ *de* ~ *is er erg mooi* the scenery is very beautiful there ❸ *aard* nature, character ✻ *dat is bij hem een tweede* ~ *geworden* it has become second nature to him ✻ *de* ~ *is sterker dan de leer* nature passes nurture ✻ *tegen de* ~ against nature ✻ *van nature* by nature, naturally
**natuurbad** *o* [-baden] open-air pool
**natuurbeheer** *o* forestry/environmental maintenance
**natuurbehoud** *o* environmental conservation and protection
**natuurbeschermer** *m* [-s] conservationist
**natuurbescherming** *v* environmental conservation and protection
**natuurfilm** *m* [-s] nature film
**natuurfilosofie** *v* ❶ natural philosophy ❷ *natuurwetenschap* philosophy of science
**natuurgebied** *o* [-en] nature reserve
**natuurgeneeskunde** *v* naturopathy
**natuurgeneeswijze** *v* [-n] natural/alternative approaches to medicine
**natuurgenezer** *m* [-s] naturopath
**natuurgetrouw** *bn* true to nature/life
**natuurhistorisch** *bn* natural history
**natuurkenner** *m* [-s] naturalist, natural philosopher
**natuurkracht** *v* [-en] force of nature
**natuurkunde** *v* physics
**natuurkundig** *bn* physical ✻ *een* ~ *laboratorium* a physics laboratory
**natuurkundige** *m-v* [-n] physicist
**natuurlijk I** *bn* natural ✻ *een* ~*e aanleg* a natural talent ✻ ~*e historie* natural history ✻ *een* ~ *kind* ‹ongekunsteld› an unaffected/unspoilt child; ‹onecht› a natural/an illegitimate child ✻ *op* ~*e grootte* life-size(d) ✻ *via* ~ *verloop* via natural attrition **II** *bijw* naturally ✻ ~*!* of course!

**natuurlijkerwijs, natuurlijkerwijze** *bijw* naturally

**natuurmens** *m* [-en] ❶ *oermens* primitive man ❷ *natuurliefhebber* nature lover

**natuurmonument** *o* [-en] nature reserve

**natuurproduct** *o* [-en] natural product

**natuurramp** *v* [-en] natural calamity/catastrophe/disaster

**natuurreservaat** *o* [-vaten] nature reserve, wildlife sanctuary

**natuurschoon** *o* scenery ∗ *ons* ~ our scenic/natural beauty

**natuursteen** *o & m* natural stone

**natuurtalent** *o* [-en] ❶ *talent* natural talent, gift ❷ *persoon met talent* gifted person, naturally talented person

**natuurverschijnsel** *o* [-en & -s] natural phenomenon

**natuurvriend** *m* [-en] nature lover

**natuurwet** *v* [-ten] law of nature, natural law

**natuurwetenschap** *v* [-pen] (natural) science

**Nauru** *o* Nauru

**nautisch** *bn* nautical

**nauw I** *bn* ❶ *smal* ⟨v. weg &⟩ narrow, ⟨v. jurk &⟩ tight ❷ *hecht, eng* close ❸ *precies* precise, particular **II** *bijw* ❶ *smal* narrowly ❷ *krap* tightly ❸ *precies* closely ∗ *dat luistert* ~ it needs a fine touch; ⟨v. apparaat⟩ it's very finely adjusted ∗ *hij neemt het/kijkt zo* ~ *niet* he isn't very particular ❹ *hecht, eng* closely ∗ ~ *betrokken zijn* be closely involved ∗ ~ *bij elkaar* close together ▾ ~ *merkbaar* scarcely perceptible **III** *o* ❶ *scheepv* strait(s) ❷ *fig* spot ∗ *in het* ~ *zitten* be in a (tight) corner ∗ *iem. in het* ~ *brengen* drive sbd into a corner ∗ *in het* ~ *gedreven* with one's back to the wall, cornered

**nauwelijks** *bijw* scarcely, hardly, barely ∗ ~ *was hij er of...* scarcely/hardly had he arrived when..., no sooner had he arrived than... ∗ *dat kan ik* ~ *geloven* I can hardly believe that

**nauwgezet I** *bn* conscientious, painstaking, ⟨stipt⟩ punctual **II** *bijw* conscientiously &, ⟨stipt⟩ punctually

**nauwkeurig I** *bn* exact, accurate, ⟨oplettend⟩ close, ⟨grondig⟩ thorough, careful **II** *bijw* exactly &

**nauwkeurigheid** *v* precision, accuracy

**nauwlettend I** *bn* close, careful, ⟨plichtsgetrouw⟩ conscientious ∗ ~ *e zorg* careful/close watch **II** *bijw* closely &

**nauwsluitend** *bn* close-fitting, tight

**Nauw van Calais** *o* Straits of Dover

**n.a.v.** *afk* (naar aanleiding van) as a result of, ⟨met betrekking op⟩ with reference to, further to, in response to

**navel** *m* [-s] navel, anat umbilicus

**navelsinaasappel** *m* [-en, -s] navel orange

**navelstaren** *o* navel-gazing

**navelstreng** *v* [-en] umbilical cord

**navenant** *bijw* accordingly, correspondingly ∗ *we moesten vlug werken en de resultaten zijn dan ook* ~ we had to work quickly and it shows in the results

**navertellen** *overg* [vertelde na, h. naverteld] repeat, retell ∗ *zij zouden het niet meer* ~ they wouldn't live to tell the tale

**navigatie** *v* navigation

**navigatiesysteem** *o* [-temen] navigation system

**navigator** *m* [-s] *ook luchtv* navigator

**navigeren** *overg* [navigeerde, h. genavigeerd] navigate

**NAVO** *v* (Noord-Atlantische Verdragsorganisatie) NATO, North Atlantic Treaty Organization

**navolgen** *overg* [volgde na, h. nagevolgd] follow, imitate

**navolgend** *bn* following

**navolger** *m* [-s] follower, imitator

**navolging** *v* [-en] imitation ∗ ~ *verdienen* deserve to be imitated, be worth following ∗ *in* ~ *van* following ∗ *de auteurs stellen in* ~ *van X dat...* just as X had done, the authors maintain that... ∗ *moet in* ~ *van abortus euthanasie ook worden toegestaan?* if abortion is permitted, does that mean that euthanasia is too?

**navordering** *v* [-en] *v. belasting* additional assessment

**navorsen** *overg* [vorste na, h. nagevorst] investigate, dig/go (into)

**navorser** *m* [-s] investigator, researcher

**navorsing** *v* [-en] investigation, research

**navraag** *v* ❶ *inlichtingen* inquiry ∗ ~ *doen naar* inquire about ∗ *bij* ~ *on inquiry* ❷ *handel* demand ∗ *er is veel* ~ *naar* it's in great demand

**navragen** *onoverg* [vroeg na, h. nagevraagd] inquire

**navrant** *bn* distressing, painful

**navullen** *overg* [vulde na, h. nagevuld] refill

**navulling** *v* refill

**navulverpakking** *v* [-en] refillable container, refill

**naweeën** *zn* [mv] ❶ afterpains ❷ *fig* aftereffects, aftermath ∗ *de* ~ *van de oorlog* the aftermath of the war

**nawerken** *onoverg* [werkte na, h. nagewerkt] have an aftereffect/a lasting effect

**nawerking** *v* aftereffect(s)

**nawijzen** *overg* [wees na, h. nagewezen] point after/at

**nawoord** *o* [-en] epilogue

**nazaat** *m* [-zaten] offspring, descendant

**nazeggen** *overg* [zei *of* zegde na, h. nagezegd] repeat

**nazenden** *overg* [zond na, h. nagezonden] send (on) after, forward, redirect

**nazi I** *m* [-'s] Nazi **II** *bn* Nazi

**nazien** *overg* [zag na, h. nagezien] ❶ *naogen* look after, follow with one's eyes ❷ *kritisch nagaan* examine, check ❸ *v. les* go over ∗ *ik zal het eens* ~ *in het woordenboek* I'll look it up in the dictionary ❹ *techn* overhaul ❺ *verbeteren* correct

**nazisme** *o* Nazism, Naziism

**nazistisch** *bn* Nazi

**na**

**nazoeken** *overg* [zocht na, h. nagezocht] *in een boek* look up

**nazomer** *m* [-s] latter part of the summer, late summer * *een mooie~* an Indian summer

**nazorg** *v* aftercare

**n.Chr.** *afk* (na Christus) AD, Anno Domini

---

**n.Chr.**
800 n.Chr. wordt in het Engels geschreven als AD 800 met AD voor het jaartal, in tegenstelling tot BC waar de letters achter het jaartal komen te staan. De 3e eeuw n.Chr. daarentegen wordt geschreven als the 3rd century AD (officieel horen AD en BC in kleinkapitaal te staan).

---

**neanderthaler** *m* [-s] Neanderthal man

**necrofiel I** *bn* necrophilic **II** *m* [-en] necrophile, necrophiliac

**necrofilie** *v* necrophilia

**necrologie** *v* [-gieën] necrology

**necropolis** *m & v* [-sen] necropolis

**nectar** *m* nectar

**nectarine** *v* [-s] nectarine

**nederig I** *bn* humble, modest * *mijn~e woning* my humble dwelling/abode * *van~e afkomst* from a humble background **II** *bijw* humbly * *zich~ opstellen* adopt a humble attitude

**nederigheid** *v* humility, modesty

**nederlaag** *v* [-lagen] defeat, ⟨tegenslag⟩ setback * *een ~ lijden* be defeated * *de vijand een zware~ toebrengen* inflict a heavy defeat on the enemy

**Nederland** *o* [-en] * *de~en,~* the Netherlands

**Nederlander** *m* [-s] Dutchman

**Nederlanderschap** *o* Dutch nationality

**Nederlands I** *bn* Dutch **II** *o taal* Dutch

**Nederlandse** *v* [-n] Dutchwoman * *ze is een~* she's a Dutchwoman, she's from the Netherlands, she's Dutch

**Nederlandse Antillen** *zn* [mv] Netherlands Antilles

**Nederlandstalig** *bn* Dutch speaking

**nederwiet, nederweed** *m cannabis* Dutch marijuana/marihuana, inf Dutch grass/weed

**nederzetting** *v* [-en] settlement

**nee** *bijw* no * *~ maar!* well, I never! * *~ zeggen* say no, refuse * *hij zei van~* he said no * *met~ beantwoorden* answer in the negative * *~ maar!* you don't say/well, I'll be damned/well, I never

**neef** *m* [-s & neven] ❶ *oomzegger* nephew ❷ *neefzegger* cousin * *ze zijn~ en nicht* they are cousins

**neen** *bijw* no

**neer** *bijw* down

**neerbuigend** *bn* condescending, patronizing

**neerdalen** *onoverg* [daalde neer, is neergedaald] come/go down, descend

**neergaan** *onoverg* [ging neer, is neergegaan] ❶ go down ❷ *v. boksers* be knocked out

**neergaand** *bn* downward, declining * *in~e lijn* downward

**neergang** *m* decline

**neergooien** *overg* [gooide neer, h. neergegooid] ❶ *neersmijten* throw/toss down ❷ *v. kaarten* throw down * *de boel/het bijltje er bij~* throw in the towel, inf chuck it in

**neerhalen** *overg* [haalde neer, h. neergehaald] ❶ pull/haul down, lower ❷ *v. vliegtuig* bring down ❸ *bekritiseren* run down, disparage

**neerkijken** *onoverg* [keek neer, h. neergekeken] look down (on) * *~ op* look down one's nose at

**neerknallen** *overg* [knalde neer, h. neergeknald] *neerschieten* plug, shoot (down)

**neerknielen** *onoverg* [knielde neer, h. neergeknield] kneel down

**neerkomen** *onoverg* [kwam neer, is neergekomen] ❶ come down, fall * *~ op een tak* alight on a branch * fig *alles komt op hem neer* it all falls on his shoulders ❷ *betekenen* amount (to), come/boil down (to) * *daar komt het op neer* that's what it amounts to/boils down to * *het komt allemaal op hetzelfde neer* it comes/boils down to the same thing

**neerkwakken** *overg* [kwakte neer, h. neergekwakt] dump/slam down

**neerlandicus** *m* [-ci] Dutch specialist, expert in/authority on Dutch

**neerlandistiek** *v* Dutch language and literature

**neerlaten I** *overg* [liet neer, h. neergelaten] let down, lower, drop **II** *wederk* [liet neer, h. neergelaten] * *zich langs een touw~* lower oneself down

**neerleggen I** *overg* [legde neer, h. neergelegd] ❶ lay/put down * *ik moest 25 euro~* I had to put down 25 euros * *zijn hoofd~* lay down one's head * *de wapens~* lay down one's arms * *het werk~* cease/stop work; ⟨bij staking⟩ strike, down tools * *naast zich~* disregard, ignore, take no notice of ❷ *afstand doen van* resign * *zijn ambt/betrekking~* resign (one's office) * *het commando~* relinquish the command * *de praktijk~* retire from practice ❸ *neerschieten* shoot (down) **II** *wederk* [legde neer, h. neergelegd] * *zich bij iets~* resign oneself to sth * *men moet er zich maar bij~* you just have to accept it * *zich~ bij het vonnis* accept the verdict, form defer to the verdict

**neerploffen I** *overg* [plofte neer, h. neergeploft] flop/plop down **II** *onoverg* [plofte neer, is neergeploft] flop down, fall/come down with a thud

**neersabelen** *overg* [sabelde neer, h. neergesabeld] cut down with a sword

**neerschieten I** *overg* [schoot neer, h. neergeschoten] ❶ *v. man* shoot (down) ❷ *v. vogel, vliegtuig &* shoot/bring down **II** *onoverg* [schoot neer, is neergeschoten] *snel naar beneden komen* dart/dash/dive down * *~ op* pounce on, ⟨v. vogels⟩ swoop down on

**neerslaan I** *overg* [sloeg neer, h. neergeslagen]

na

❶ *door slaan doen vallen* strike/knock down, flatten ❷ *naar beneden slaan/laten* ⟨kraag &⟩ turn down, ⟨ogen, klep⟩ lower ❸ *chem* precipitate ❹ *neerslachtig maken* dishearten ❺ *opstand* crush, suppress, put down **II** *onoverg* [sloeg neer, is neergeslagen] ❶ *vallen* fall down, be struck down ❷ *chem* precipitate

**neerslachtig** *bn* dejected, low(-spirited), depressed, *inf* blue

**neerslag I** *m* ❶ *regen &* precipitation ✶ *radioactieve ~* fallout ❷ *gevolg* results ❸ *techn* downstroke ❹ *muz* downbeat, downstroke **II** *m & o* [-slagen] ❶ *chem* precipitation, precipitate ❷ *bezinksel* deposit, sediment

**neerslaggebied** *o* catchment area/basin

**neerslagmeter** *m* [-s] rain gauge

**neersteken** *overg* [stak neer, h. neergestoken] stab (down)

**neerstorten I** *onoverg* [stortte neer, is neergestort] ❶ fall/crash down ❷ *luchtv* crash **II** *overg* [stortte neer, h. neergestort] hurl/fling down, ⟨puin⟩ dump, tip

**neerstrijken** *onoverg* [streek neer, h. en is neergestreken] *v. vogels* alight, settle on

**neertellen** *overg* [telde neer, h. neergeteld] ❶ *tellend neerleggen* count out ❷ *betalen* put down, pay, *inf* fork out, cough up

**neertrappen** *overg* [trapte neer, h. neergetrapt] trample/stamp down

**neervallen** *onoverg* [viel neer, is neergevallen] ❶ fall/drop down ✶ *dood ~vallen* drop/fall down dead ✶ *hij liet zich in een stoel ~he* flopped/collapsed into a chair ✶ *~voor* go down on one's knees before, prostrate oneself before ❷ *v. gordijnen &* fall, hang

**neervlijen** *overg* [vlijde neer, h. neergevlijd] lay down ✶ *zich ~*lie/settle down, nestle

**neerwaarts I** *bn* downward **II** *bijw* downward(s)

**neerwerpen I** *overg* [wierp neer, h. neergeworpen] ❶ throw down, knock down/over, dump ❷ *luchtv* parachute **II** *wederk* [wierp neer, h. neergeworpen] ✶ *zich ~*throw oneself down

**neerzetten I** *overg* [zette neer, h. neergezet] lay/put down **II** *wederk* [zette neer, h. neergezet] ✶ *zich ~* ⟨gaan zitten⟩ sit down; ⟨zich vestigen⟩ establish

**neerzien** *onoverg* [zag neer, h. neergezien] look down (*op* on)

**neet** *v* [neten] nit

**negatief I** *bn* negative **II** *bijw* negatively **III** *o* [-tieven] negative

**negativisme** *o* negativism, negativity

**negen** *telw* nine ✶ *alle ~gooien* throw all nine ✶ *~ van de tien keer* nine times out of ten

**negende I** *rangtelw* ninth **II** *o* [-n] ninth (part) ✶ *een ~a* ninth (part)

**negentien** *telw* nineteen

**negentiende I** *rangtelw* nineteenth ✶ *de ~juni* the nineteenth of June **II** *o* [-n] nineteenth (part)

**negentig** *telw* ninety

**negentiger** *m* [-s] nonagenarian, person in his/her nineties

**negentigste I** *rangtelw* ninetieth **II** *o* [-n] ninetieth (part)

**neger** *m* [-s] black (person), *geringsch* Negro, *beledigend* Nigger

**'negeren**[1] *overg* [negerde, h. genegerd] bully, hector

**ne'geren**[2] *overg* [negeerde, h. genegeerd] ignore, take no notice of, ⟨v. tegenwerpingen⟩ brush aside ✶ *iem. ~*ignore sbd, give sbd the cold shoulder

**negerin** *v* [-nen] black (woman), *geringsch* Negress, *beledigend* Nigger

**negerzoen** *m* [-en] *lekkernij* ± chocolate éclair

**negligé** *o* [-s] négligée/negligee, dressing gown ✶ *in ~in* one's négligée &, not yet dressed

**negorij** *v* [-en] one-horse town

**negotie** *v* [-s] trade ✶ *zijn ~*one's wares

**negroïde** *bn* Negroid ✶ *het ~ras* the Negroid peoples

**neigen** *I* *onoverg* [neigde, h. geneigd] incline, tend ✶ *veel landen ~naar protectionisme* many countries are inclining/tending towards protectionism ✶ *~ tot...* tend/be inclined to, tend towards, have a tendency to **II** *overg* [neigde, h. geneigd] incline, bend

**neiging** *v* [-en] inclination, tendency, propensity ✶ *ik heb de ~om te veel hooi op mijn vork te nemen* I tend to take on too much ✶ *de ~voelen om...* feel inclined to..., feel like...

**nek** *m* [-ken] *lichaamsdeel* back/nape of the neck, *fig* neck ✶ *iem. de ~breken* break sbd's neck ✶ *dat zal hem de ~breken* that will ruin him ✶ *zij kijken hem met de ~aan* they give him the cold shoulder ✶ *zich iets op de ~halen* let oneself in for sth ✶ *iem. op zijn ~zitten* be on sbd's back ✶ *tot aan zijn ~ergens inzitten* be up to one's neck/ears in sth ✶ *over zijn ~ gaan* ⟨overgeven⟩ puke; *fig* be sick to death (*van* of) ✶ *daar ga ik van over mijn ~*I can't stand the sight of it ✶ *uit zijn ~kletsen* talk out of the back of one's neck/though one's hat

**nek-aan-nekrace** *m* [-s] neck-and-neck race

**nekhaar** *o* [-haren] hair at the nape of the neck

**nekken** *overg* [nekte, h. genekt] kill ✶ *een voorstel ~* torpedo a proposal ✶ *dat heeft hem genekt* that was his undoing, that ruined him

**nekkramp** *v* meningitis

**nekschot** *o* [-schoten] shot in the back of the neck

**nekslag** *m* [-slagen] ❶ blow to the back of the neck, rabbit punch ❷ *fig* death blow, coup de grâce, mortal blow ✶ *iem. de ~geven* give sbd the death blow

**nekvel** *o* scruff of the neck ✶ *een kat bij zijn ~pakken* take a cat by the scruff of the neck ✶ *iem. in zijn ~ grijpen* take sbd by the scruff of the neck

**nekwervel** *m* [-s] vertebra

**nemen** *overg* [nam, h. genomen] ❶ *vastpakken* take

**ne**

✳ *iem. bij de arm* ~ take sbd by the arm ✳ *fig neem mijn vader bijvoorbeeld* take my father, for instance ❷ *in een bep. toestand brengen/laten* take, undertake ✳ *iets op zich* ~ undertake to do sth ✳ *het bevel op zich* ~ take command ✳ *een taak op zich* ~ undertake a job ✳ *een horloge uit elkaar* ~ take a watch to pieces ❸ *doen/maken* take ✳ *maatregelen* ~ take measures ✳ *ontslag* ~ resign ✳ *plaats* ~ take a seat ✳ *een sprong* ~ take a jump ✳ *een strafschop* ~ take a penalty ❹ *consumeren* take, have ✳ *iets tot zich* ~ take/eat sth ✳ *neem nog wat vruchtensap* have some more fruit juice ✳ *ik neem de biefstuk* I'll have/take the steak ❺ *zich verschaffen* take ✳ *we* ~ *geen huisdier* we won't take/have pets ✳ *een dag vrij* ~ take a day off ❻ *accepteren* take ✳ *het* ~ *zoals het valt* take things just as they come ✳ *dat neem ik niet* I'm not having that ✳ *ik zou het niet* ~ I wouldn't stand for it ❼ *gebruik maken van* take, use ✳ *de trein* ~ go by train ✳ *iem. tot voorbeeld* ~ take/use sbd as an example ❽ *opvatten* take ✳ *iem. iets kwalijk* ~ hold sth against sbd ✳ *iem./iets serieus* ~ take sbd/sth seriously ❾ *bij schaken & * take, capture ❿ *innemen* mil take ⓫ *bespreken* take, book ⟨seats⟩, engage ⟨an artist⟩ ⓬ *beetnemen* fool ⟨sbd⟩, pull ⟨sbd's⟩ leg, cheat, inf take ⟨sbd⟩ for a ride ⓭ *gemeenschap hebben met* take, have, vulg screw ✳ *hij nam haar met geweld* he raped her ✳ *ik voel me genomen* I feel I've been taken for a ride/been had ▼ *het er goed van* ~ do oneself well

**neoclassicisme** *o* neoclassicism
**neofascisme** *o* neofascism
**neofascist** *m* [-en] neofascist
**neogotiek** *v* Gothic Revival, Neo-Gothic art
**neoklassiek** *bn* neoclassical
**neologisme** *o* [-n] neologism
**neon** *o* neon
**neonazi** *m* ['s] neo-Nazi
**neonbuis** *v* [-buizen] neon tube, fluorescent light
**neonlicht** *o* neon light
**neonreclame** *v* [-s] neon sign
**neonverlichting** *v* neon lighting
**neopreen** *o* neoprene
**nep** *m* ❶ *bedrog* swindle, sham ❷ *namaak* fake, bogus
**Nepal** *o* Nepal
**nepotisme** *o* nepotism
**neppen** *overg* [nepte, h. genept] cheat, swindle, bamboozle ✳ ⟨bij een aankoop⟩ *genept worden* be ripped off, be swindled
**Neptunus** *m* astron & astrol Neptune
**nerf** *v* [nerven] rib, vein, ⟨v. hout &⟩ grain, texture
**nergens** *bijw* ❶ *v. plaats* nowhere ✳ *ook fig* ~ *zijn* be nowhere ✳ *hij kan* ~ *naar toe* he's got nowhere to go ✳ *zonder mijn vrouw ben ik* ~ I'd be lost without my wife ✳ ~ *aankomen* don't touch anything ❷ *niets* nothing ✳ *dat lijkt* ~ *naar* that's a poor piece of work ✳ ~ *om geven* care for nothing ✳ *dat slaat* ~ *op* that makes no sense at all ✳ ~ *toe dienen* be good for

nothing, not serve any purpose ✳ *ik weet* ~ *van* I know nothing about it ✳ *het is* ~ *goed voor* it doesn't serve any purpose at all ✳ *al die paniek was* ~ *voor nodig* that panic was totally un-called for

**nering** *v* [-en] ❶ *kleinhandelszaak* trade, (small) business, retail trade ✳ ~ *doen* keep a shop ✳ *drukke* ~ *hebben* do a good trade ✳ *de tering naar de* ~ *zetten* cut one's coat according to one's cloth ❷ *klandizie* custom, business
**nerts** I *m* [-en] *dier* mink II *o bont* mink
**nerveus** I *bn* nervous, tense, inf nervy II *bijw* nervously
**nervositeit** *v* nervousness
**nest** *o* [-en] ❶ *v. vogels* nest, ⟨v. roofvogels⟩ eyrie, ⟨v. kuikens⟩ brood ✳ ~ *en uithalen* go nesting ✳ *uit een goed* ~ *komen* come from a good family ❷ *v. honden, katten* litter ❸ *bed* inf bunk ✳ *zijn* ~ *induiken* hit the sack ❹ *wicht* inf minx, chit ▼ *in de* ~ *en zitten* be in a fix/jam ▼ *zich in de* ~ *en werken* get into a fix/jam
**nestelen** I *onoverg* [nestelde, h. genesteld] nest II *wederk* [nestelde, h. genesteld] ✳ *fig zich* ~ *nestle, settle* ✳ *de vijand had zich daar genesteld* the enemy had installed themselves there
**nesthaar** *o* first hair, down
**nestkuiken** *o* [-s] nestling
**nestor** *m* [-s] grand old man, elder statesman
**nestplaats** *v* [-en] nest, nesting place
**net** I *bn* ❶ *geordend* neat ❷ *keurig* smart, trim ✳ *zijn* ~ *te pak* his good suit ❸ *proper* tidy, clean ❹ *fatsoenlijk* decent, nice, respectable ✳ ~ *te mensen* decent people II *bijw* ❶ neatly, decently & ❷ *precies* just, exactly ✳ ~ *genoeg* just enough ✳ ~ *goed!* serves you/him & right! ✳ *hij is* ~ *vertrokken* he left just this minute ✳ *het is* ~ *zes uur* it's exactly six o'clock ✳ *zij is* ~ *een jongen* she is just like a boy ✳ *dat is* ~ *wat/iets voor hem* ⟨geschikt voor hem⟩ that's the very thing for him; ⟨typisch hem⟩ that's just like him ✳ ~ *zo* in exactly the same manner ✳ *hij is* ~ *zo goed als jij* he is just as/every bit as good as you ✳ ~ *zo lang tot...* until (at last) ✳ *ik weet het* ~ *zo min als jij* your guess is as good as mine ✳ *hij is er nog* ~ *door* he just made it, he got through by the skin of his teeth ✳ *het kan er* ~ *in* it just fits ✳ *ik heb hem* ~ *nog gezien* I saw him just now III *o* fair copy ✳ *in het* ~ *schrijven* make a fair copy of IV *o* [-ten] ❶ *visnet* net ✳ *zijn* ~ *ten uitwerpen* cast one's nets ✳ *achter het* ~ *vissen* come a day after the fair, be too late, miss the boat ✳ *zij heeft hem in haar* ~ *ten gelokt* she's netted/trapped him ✳ *fig in het* ~ *vallen* fall into the trap ❷ *sp* net ❸ *v. boodschappen* string bag ❹ *netwerk* network, system ✳ comput *op het* ~ on the net ✳ RTV *op het eerste* ~ *is vanavond een film* there's a film on Channel One tonight
**netel** *v* [-s & -en] nettle
**netelig** *bn* ❶ *v. zaken* thorny, knotty, ticklish ✳ *een* ~ *e positie* a delicate/tricky position ❷ *v. personen* touchy, thin-skinned

**netelroos** v nettle rash, hives, <u>med</u> urticaria
**netheid** v ❶*het ordelijk zijn* neatness, tidiness, cleanliness ❷*fatsoen* respectability, decency
**netjes** I *bn* neat *keurig* ~neat as a pin *dat is/staat niet* ~that's not good manners *dat is niet* ~*van hem* it isn't very nice of him II *bijw* neatly, nicely *~ eten* eat properly *zich* ~*kleden* dress neatly *zeg eens* ~*gedag* say goodbye like a good girl/boy
**netkous** v [-en] fishnet stocking
**netnummer** o [-s] <u>telec</u> dialling code, <u>Am</u> area code
**netspanning** v [-en] mains voltage
**netstroom** [-stromen] mains current
**netto** *bn* ❶*v. gewicht & net*, real ❷*v. loon* after tax, net *zij verdient €2300* ~she makes €2300 net, she nets €2300
**nettobedrag** o [-dragen] net amount
**nettogewicht** o <u>transport</u> net weight
**netto-inkomen** o [-s] real/after tax income
**nettoloon** o [-lonen] net wages
**netto-omzet** m net turnover
**nettoresultaat** o [-taten] net result/returns
**nettowinst** v [-en] net/clear profit
**netvlies** o [-vliezen] retina
**netvliesontsteking** v [-en] retinitis
**netwerk** o [-en] network, web *een* ~*van leugens* a web of lies *<u>comput</u> een neuraal* ~a neural network *een sociaal* ~a social network
**netwerkaansluiting** v [-en] <u>comput</u> net(work) connection
**netwerkconfiguratie** v [-s] <u>comput</u> net(work) configuration
**netwerken** *onoverg* [netwerkte, h. genetwerkt] network
**netwerksysteem** o [-temen] <u>comput</u> network (system), net (system)
**neuken** *onoverg en overg* [neukte, h. geneukt] fuck, screw
**neuriën** *overg en onoverg* [neuriede, h. geneuried] hum
**neurochirurg** m [-en] neurosurgeon
**neurochirurgie** v neurosurgery
**neurologie** v neurology
**neurologisch** *bn* neurological
**neuroloog** m [-logen] neurologist
**neuron** o [-ronen & -s] neuron
**neuroot** m [-roten], **neuroticus** [-ci] neurotic, <u>inf</u> nutcase
**neuropsychologie** v neuropsychology
**neurose** v [-n & -s] neurosis
**neurotisch** *bn* disturbed, neurotic
**neurotransmitter** m [-s] neurotransmitter
**neus** m [neuzen] ❶*lichaamsdeel* nose *een lange* ~ *maken tegen iem.* cock a snook/one's nose at sbd *een frisse* ~*halen* get a breath of fresh air *dat is een wassen* ~it's a mere formality *hij kijkt niet verder dan zijn* ~*lang is* he doesn't see further than his nose *zijn* ~*achternagaan* follow one's nose *doen alsof zijn* ~*bloedt* play the innocent

bystander, act dumb *⟨snuiven⟩ zijn* ~*ophalen* sniff *wie zijn* ~*schendt, schendt zijn aangezicht* don't wash your dirty linen in public *zijn* ~*snuiten* blow one's nose *de* ~*voor iets ophalen/optrekken* turn up one's nose at sth *de neuzen tellen* count noses *dat ga ik jou niet aan je* ~*hangen!* that would be telling! *iem. bij de* ~*nemen* take sbd in, pull sbd's leg *zijn* ~*buiten de deur steken* stick one's nose out of the door *door zijn/de* ~*praten* speak through one's nose *iem. iets door de* ~*boren* cheat sbd of sth, do sbd out of sth *in zijn* ~*peuteren* pick one's nose *zijn* ~*overal in steken* poke/stick one's nose into everything *de* ~*in de wind steken* put on airs *ik zei het zo langs mijn* ~*weg* I said it casually/in passing *hij zit altijd met zijn* ~*in de boeken* he's always got his nose in his books *hij moet overal met zijn* ~*bij zijn* he always wants to be present *iem. iets onder de* ~*wrijven* rub sbd's nose in sth *op zijn* ~*(staan) kijken* look blank/foolish *tussen* ~*en lippen door* casually/in passing *het komt me de* ~*uit* I'm fed up with it *iem. iets voor zijn* ~ *wegnemen* take sth away from under sbd's (very) nose *het ligt voor zijn* ~it's under your (very) nose *de deur voor iems.* ~*dichtslaan* slam/shut the door in sbd's face *dat gaat zijn* ~*voorbij* that's not for him ❷*reukvermogen* nose *een fijne* ~*hebben* have a good/keen nose *een fijne* ~*hebben voor...* have a nose/flair for... ❸*voorste punt van iets* ⟨v. vliegtuig⟩ nose, ⟨v. spuit⟩ nozzle, ⟨v. schoen⟩ (toe)cap, toe ❹*geur v. wijn* nose, bouquet
**neusademhaling** v nose breathing
**neusamandel** v [-en] adenoids
**neusbeen** o [-deren] nasal bone
**neusbloeding** v [-en] blood nose, <u>Am</u> nosebleed
**neusdruppels** zn [mv] nose drops
**neusgat** o [-gaten] nostril
**neusholte** v [-n & -s] nasal cavity
**neushoorn, neushoren** m [-s] rhinoceros
**neusje** o [-s] (little) nose *het* ~*van de zalm* the pick of the bunch, the best there is
**neus-keelholte** v nasal cavity, <u>anat</u> nasopharynx
**neusklank** m [-en] nasal sound
**neuslengte** v [-n, -s] nose length *met een* ~*verschil winnen* win by a nose
**neusring** m [-en] nose ring
**neusspray** m [-s] nasal spray
**neusverkoudheid** v [-heden] head cold, cold in the nose
**neusvleugel** m [-s] nostril
**neut** v [-en], **neutje** o [-s] <u>inf</u> drop, nip
**neutraal** *bn* ❶*onpartijdig* neutral *~blijven* remain neutral, <u>inf</u> sit on the fence ❷*nietszeggend* noncommittal
**neutraliseren** *overg* [neutraliseerde, h. geneutraliseerd] neutralize
**neutraliteit** v neutrality
**neutron** o [-'tronen & -s] neutron
**neutronenbom** v [-men] neutron bomb

**ne**

**neuzelen** *onoverg en overg* [neuzelde, h. geneuzeld]
**❶** *door de neus praten* speak through the nose
**❷** *onzin praten* talk nonsense **❸** *mompelen* mumble
**neuzen** *onoverg* [neusde, h. geneusd] nose around
**nevel** *m* [-s & -en] **❶** *lichte mist* mist, haze,
‹druppeltjes› spray ∗ *fig in ~en gehuld* surrounded
in mystery **❷** *astron* nebula
**nevelig** *bn* misty, hazy
**nevenactiviteit** *v* [-en] sideline
**neveneffect** *o* [-en] side/spin-off effect
**nevenfunctie** *v* [-s] additional function/job
**nevengeschikt** *bn* coordinate
**neveninkomsten** *zn* [mv] additional income
**nevens** *voorz* ZN next to, beside
**nevenschikkend** *bn* coordinate, coordinating
**nevenschikking** *v* [-en] coordination
**nevenwerkzaamheden** *zn* [mv] outside
activities/employment
**new age** *m* new age
**new wave** *m* muz new wave
**New York** *o* New York
**New Yorker** *m* [-s] New Yorker
**New Yorks** *bn* New York
**Nicaragua** *o* Nicaragua
**niche** *m* [-s] niche ∗ *een ~ veroveren/creëren* carve
out a niche
**nichemarkt** *v* [-en] niche market
**nicht** *v* [-en] **❶** *oomzegster* niece **❷** *neefzegster* cousin
**❸** *homoseksueel* fairy, queen, poofter, faggot
**nichterig** *bn & bijw* fairy, queen ∗ *van die ~e types*
these fairies/homos ∗ *~ praten* talk like a
fairy/queen
**nicotine** *v* nicotine
**nicotinevergiftiging** *v* nicotine poisoning
**nicotinevrij** *bn* nicotine-free
**niemand** *onbep vnw* nobody, no one, none ∗ *~
anders/minder dan...* none other than... ∗ *~ niet?* no
one? ∗ *er is ~* there's no one/nobody ∗ *ik wil ~ meer
horen* I don't want to hear a sound out of anybody
**niemandsland** *o* no man's land
**niemendal** *onbep. vnw* nothing at all
**niemendalletje** *o* [-s] nothing, trifle
**nier** *v* [-en] kidney
**nierbekken** *o* [-s] renal pelvis
**nierbekkenontsteking** *v* [-en] inflammation of the
renal pelvis, med pyelitis
**nierdialyse** *v* dialysis, med haemodialysis/Am
hemodialysis
**nierpatiënt** *m* [-en] kidney patient
**niersteen** *m* [-stenen] **❶** kidney stone **❷** *jade* jade
**niersteenvergruizer** *m* [-s] lithotripter
**niertransplantatie** *v* [-s] kidney transplant, kidney
transplantation
**nierziekte** *v* [-n & -s] kidney/renal disease/complaint
**niesbui** *v* [-en] sneezing fit
**niesen** *onoverg* [nieste, h. geniest] → **niezen**
**niespoeder, niespoeier** *o & m* sneezing powder
**niesziekte** *v* cat flu, feline enteritis

**niet I** *bijw* not ∗ *dat is ~ onaardig* that's rather nice
∗ *ik kan ~ anders dan concluderen dat...* I can't avoid
the conclusion that... ∗ *~ eens* not even ∗ *~ langer*
no longer ∗ *bij lange na de slechtste ~* by no means
the worst ∗ *geloof dat maar ~!* don't you believe it!,
don't believe a word of it! ∗ *ik ook ~* nor/neither
do/have/am & I ∗ *heb ik dat ~ gezegd?* didn't I tell
you? ∗ *hoe vaak heb ik je ~ gezegd dat...* how often
have I had to tell you that... ∗ *ik hoop van ~* I hope
not ∗ *een leuk ding, daar ~ van* I won't deny that it's
a nice thing ∗ *ik ben pessimistisch, daar ~ van,
maar...* while I might be pessimistic... ∗ *maar jij blijft
thuis, ~ waar?* but aren't you staying at home? but
you're staying at home, aren't you? **II** *o niets*
nothingness ∗ *in het ~ verdwijnen* vanish into thin
air ∗ *in het ~ verzinken/vallen (bij)* sink into
insignificance (when compared to) ∗ *om ~* for
nothing, free of charge ∗ *om ~ spelen* play for love
∗ *uit het ~ tevoorschijn roepen* call up from
nothingness **III** *m* [-en] *lot* blank ∗ *een ~ trekken*
draw a blank
**niet-aanvalsverdrag** *o* [-dragen] non-aggression
pact
**nieten** *overg* [niette, h. geniet] staple
**nietes** *bijw* inf it isn't, 'tisn't ∗ *~!, welles!* no it isn't!,
yes it is!
**niet-gebonden** *bn* non-aligned ∗ *pol de ~ landen*
the non-aligned countries
**nietig** *bn* **❶** *niets betekenend* insignificant, trivial
**❷** *onbeduidend* miserable, paltry ‹sums› **❸** *ongeldig*
(null and) void ∗ *~ verklaren* declare null and void,
annul, nullify **❹** *klein* puny
**nietigverklaring** *v* [-en] nullification, annulment
∗ *de ~ van een huwelijk* the nullification of a
marriage
**nietje** *o* [-s] staple
**niet-lid** *o* [-leden] non-member
**nietmachine** *v* [-s] **❶** *voor papier* stapler, ‹groter›
stapling machine **❷** *voor klinknagels* riveter, riveting
machine
**niet-ontvankelijk** *bn* inadmissible
**nietpistool** *o* [-tolen] staple gun
**niet-roker** *m* [-s] non-smoker
**niets I** *onbep vnw* nothing ∗ *~ anders dan...* nothing
(else) than/but ∗ *~ beter dan* no better than ∗ *~ dan
lof* nothing but praise ∗ *~ minder dan...* nothing less
than ∗ *~ nieuws* nothing new ∗ *~ te veel* none too
much ∗ *of het ~ is* as if it's nothing ∗ *... is er ~ bij ...* is
nothing to this ∗ *~ daarvan!* nothing of the sort!
∗ *het is ~ gedaan* it's no good ∗ *om/voor ~* for
nothing ∗ *dat is ~ voor jou* that isn't like you ∗ *het is
~ voor jou om...* it's not like you to... ∗ *hij had niet
voor ~* not for nothing had he... ∗ *~ voor ~* nothing
for nothing ∗ *zij moet ~ van hem hebben* she doesn't
want to know him/to have anything to do with him
**II** *bijw* nothing, not at all ∗ *~ bang* afraid of nothing
∗ *het bevalt me ~* I don't like it at all ∗ *ik heb er ~
aan* it's no good/use to me ∗ *ik heb er ~ geen zin in* I

don't feel like it at all ∗ *het lijkt er ~ op* it's nothing like it ∗ *ik vind er ~ aan* I don't like it ∗ *daar voel ik ~ voor* that doesn't appeal to me at all **III** *o* nothingness → **niks**

**nietsbetekenend** *bn* insignificant, meaningless

**nietsdoen** *o* idleness

**nietsnut** *m* [-ten] good-for-nothing

**nietsontziend** *bn* unscrupulous, ruthless ∗ *een ~ offensief* a desperate offensive

**nietsvermoedend I** *bn* unsuspecting **II** *bijw* unsuspectingly

**nietszeggend** *bn* ❶ *betekenisloos* meaningless ❷ *inhoudsloos* empty, idle ❸ *uitdrukkingsloos* expressionless, vacant, blank

**niettegenstaande** *voorz* in spite of, notwithstanding

**niettemin** *bijw* nevertheless, for all that

**nietwaar** *tsw* ∗ *u bent het toch met me eens, ~?* you do agree, don't you? ∗ *(dit is) een prachtig schilderij, ~?* a beautiful painting, don't you think/isn't it? ∗ *we hadden geen keus, ~?* you do agree that there was no other choice, don't you?

**nieuw I** *bn* ❶ *net geproduceerd, recent* new, recent ∗ *~e aardappels* new potatoes ∗ *~e boontjes* new season beans ∗ *een ~ boek* a recent/new book ∗ *de ~e geschiedenis* modern history ∗ *de ~ste mode* the latest fashion ❷ *ander, hernieuwd* new, fresh, renewed ∗ *een ~ idee* a novel/new idea ∗ *met ~e moed aan de slag gaan* to go to work with renewed courage ∗ *~e technieken* new/modern techniques ❸ *ongebruikt, niet versleten* new ∗ *ze zijn zo goed als ~* they've hardly been used **II** *bijw* ∗ *de ~ aangekomene* the newcomer, the new arrival

**nieuwbakken** *bn* ❶ *vers* new ∗ *~ brood* newly baked bread ∗ *het ~ echtpaar* the newly married couple ❷ *nieuwerwets* newfangled ∗ *~ theorieën* newfangled theories

**nieuwbouw** *m* ❶ *het bouwen* construction/building of new houses ❷ *gebouwen* new buildings/housing ❸ *wijk* new housing estate

**nieuwbouwhuis** *o* [huizen] newly built house

**nieuwbouwwijk** *v* [-en] new housing estate

**nieuwbouwwoning** *v* [-en] newly built house

**nieuweling** *m* [-en] ❶ novice, newcomer, beginner ❷ *onderw* new boy/girl, ⟨op universiteit⟩ fresher

**nieuwerwets** *bn* new-fashioned, novel, modernist, geringsch newfangled

**Nieuwgrieks** *o* Modern Greek

**nieuwigheid** *v* [-heden] novelty, innovation

**Nieuwjaar** *o* New Year ∗ *(ik wens u een) gelukkig ~* (I wish you a) happy New Year

**nieuwjaarsdag** *m* [-dagen] New Year's Day

**nieuwjaarskaart** *v* [-en] New Year's card

**nieuwjaarsreceptie** *v* [-s] New Year's reception

**nieuwjaarswens** *m* [-en] New Year's greetings

**nieuwkomer** *m* [-s] ❶ *persoon* newcomer ❷ *ding* novelty, innovation

**nieuwkuis** *m* [-en] ZN dry cleaner's

**nieuwlichter** *m* [-s] modernist, innovator

**nieuwlichterij** *v* [-en] modernism

**nieuwprijs** *m* [-prijzen] original/purchase price

**nieuws** *o* ❶ berichten (piece of) news ∗ *geen ~?* any news? ∗ *geen ~ goed ~* no news is good news ∗ *het laatste ~* the latest news; ⟨in krant⟩ stop-press news ∗ *oud ~* stale news, inf ancient history ∗ *~ verspreidt zich snel* news travels fast ∗ *in het ~ komen* hit/make the headlines ∗ *naar het ~ luisteren* listen to the news ∗ *het ~ van 10 uur* the 10 o'clock news ∗ *wat voor ~?* what's the news? ❷ *iets dat nieuw is* something new ∗ *dat is wat ~!* that's something new! ∗ *iets ~* something new ∗ *niets ~ onder de zon* nothing new under the sun

**nieuwsagentschap** *o* [-pen] news agency

**nieuwsbericht** *o* [-en] news item ∗ radio *de ~en* the news bulletin

**nieuwsblad** *o* [-bladen] newspaper

**nieuwsbrief** *m* [-brieven] newsletter

**nieuwsdienst** *m* [-en] news service

**nieuwsfeit** *o* [-en] news fact, ⟨bericht⟩ news item

**nieuwsgaring** *v* news collection ∗ *het recht op vrije ~* freedom of the media

**nieuwsgierig** *bn* curious (*naar* about), inquisitive ∗ *een ~ aagje* a nos(e)y parker ∗ *ik ben ~ te horen...* I'm curious to know...

**nieuwsgierigheid** *v* inquisitiveness, curiosity (*naar* about)

**nieuwsgroep** *v* [-en] comput newsgroup

**nieuwslezer** *m* [-s] RTV newscaster, newsreader

**nieuwsoverzicht** *o* [-en] news summary

**nieuwsuitzending** *v* [-en] RTV news broadcast

**nieuwtje** *o* [-s] ❶ *nieuwigheid* novelty ∗ *het ~ is eraf* the novelty has gone/has worn off ∗ *als het ~ eraf gaat* when the novelty has worn off ❷ *bericht* piece of news

**nieuwwaarde** *v* ∗ *verzekering tegen ~* replacement value insurance

**Nieuw-Zeeland** *o* New Zealand

**Nieuw-Zeelander** *m* [-s] New Zealander

**Nieuw-Zeelands** *bn* New Zealand

**Nieuw-Zeelandse** *v* [-n] New Zealander ∗ *ze is een ~* she's a New Zealander, she's from New Zealand

**niezen** *onoverg* [niesde, h. geniesd], **niesen** [nieste, h. geniest] ❶ sneeze ❷ *v. motor* backfire

**Niger** *o* Niger

**Nigeria** *o* Nigeria

**Nigeriaan** *m* [-rianen] Nigerian

**Nigeriaans** *bn* Nigerian

**Nigeriaanse** *v* [-n] Nigerian ∗ *ze is een ~* she's a Nigerian, she's from Nigeria

**nihil** *bn* nil, zero ∗ *de winst is ~* there is zero/nil profit

**nihilisme** *o* nihilism

**nihilist** *m* [-en] nihilist

**nihilistisch** *bn* nihilist, nihilistic

**nijd** *m* ❶ *jaloezie* envy, jealousy ∗ *groen en geel van ~* green with envy ❷ *wraakzucht, gemeenheid*

**ni**

animosity, malice, spite

**nijdig** I *bn* ❶*kwaad* angry ✱*een tikje* ~a bit cross/<u>inf</u> pissed off ✱~*worden* get cross/angry ❷*wraakzuchtig, gemeen* mean, spiteful II *bijw* angrily, meanly, spitefully

**nijdigheid** *v* anger

**nijgen** *onoverg* [neeg, h. genegen] ❶(make a) bow ❷*v. zaken* incline, lean (over)

**nijging** *v* [-en] bow

**Nijl** *m* Nile

**Nijldal** *o* Nile Valley

**Nijldelta** *v* Nile Delta

**nijlgans** *v* [-ganzen] Egyptian goose

**nijlpaard** *o* [-en] hippopotamus

**nijpend** *bn* ❶*kou* biting ❷*armoede* dire ❸*tekort, crisis* acute

**nijptang** *v* [-en] (pair of) pincers

**nijver** *bn* hard-working, industrious, diligent

**nijverheid** *v* industry

**nikkel** *o* nickel

**nikker** *m* [-s] <u>beledigend</u> nigger

**niks** *onbep vnw* <u>inf</u> nothing, nil ✱~ *hoor!* nothing doing! ✱*dat is niet* ~that's not to be sneezed at ✱*daar voel ik* ~*voor* that doesn't appeal to me at all → **niets**

**niksen** *onoverg* [nikste, h. genikst] do nothing, take it easy ✱*zitten te* ~sit around doing nothing

**niksnut** *m* [-ten] good-for-nothing, layabout

**nimbus** *m* [-sen] nimbus

**nimf** *v* [-en] nymph

**nimmer** *bijw* never ✱*nooit of te* ~never ever, nevermore

**nippel** *m* [-s] nipple

**nippen** *onoverg* [nipte, h. genipt] sip ✱~*aan een glas champagne* sip a (glass of) champagne

**nippertje** *o* ✱*op het* ~at the very last moment ✱*het was net op het* ~it was a close thing, it was touch and go ✱ ⟨v. examen⟩ *op het* ~*halen* scrape through ✱*op het* ~*komen* come just in time ✱*op het* ~ *ontsnappen* have a narrow escape

**nipt** I *bn* narrow II *bijw* just, barely ✱~*winnen* win narrowly, only just win ✱~*slagen* scrape through an examination

**nirwana** *o* nirvana

**nis** *v* [-sen] niche, ⟨in muur⟩ recess

**nitraat** *o* [-traten] nitrate

**nitriet** *o* [-en] nitrite

**nitroglycerine** *v* nitroglycerine

**nitwit** *m* [-s] nitwit, fool

**niveau** *o* [-s] level ✱*op hetzelfde* ~*als...* on a level with... ✱*op universitair* ~at university level ✱*besprekingen op* ~high-level discussions, ⟨internationaal⟩ summit talks ✱*een gesprek op* ~a high-quality discussion ✱*sport op hoog* ~top-class sport ✱*op het hoogste* ~at the highest level ✱*op internationaal* ~at the international level/on the international plane

**niveauverschil** *o* [-len] difference in level

**nivelleren** *overg* [nivelleerde, h. genivelleerd] level (out/off)

**nivellering** *v* [-en] levelling

**nl.** *afk* → **namelijk**

**nobel** I *bn* noble ✱*een* ~*e daad* a noble/generous deed ✱~*e trekken* aristocratic features II *bijw* nobly

**Nobelprijs** *m* [-prijzen] Nobel prize ✱*de* ~*voor de vrede* the Nobel Peace prize

**noch** *voegw* neither... nor ✱*ze beheerste* ~*het Frans,* ~*het Engels* she could speak neither French nor English

**nochtans** *bijw* nevertheless, nonetheless, however

**no-claimkorting** *v* [-en] no claim bonus

**nocturne** *v* [-s] muz nocturne

**node** *bijw* grudgingly, reluctantly ✱*we zullen haar* ~ *missen* she'll be sorely missed ▼*van* ~*hebben* be in want/need of, want, need

**nodeloos** *bn* needless

**noden** *overg* [noodde, h. genood] invite ✱*dat noodt niet tot verder onderzoek* that's no indication that further research is required

**nodig** I *bn* ❶*noodzakelijk* necessary, requisite ✱*alle* ~*e zorg* all due care ✱*het* ~*e gereedschap* the tools required ✱*het* ~*achten* see fit to, consider it necessary to ✱*iets* ~*hebben* need/require sth ✱*ik heb twee uur* ~*gehad om het te doen* I needed two hours to do it ✱*het* ~*maken* necessitate ✱~*zijn* be necessary, be needed ✱*blijf niet langer dan* ~*is* don't stay any longer than you need to ✱*meer dan* ~*is* more than is necessary ✱*er is kracht voor* ~*om...* it requires strength to... ✱*daar is moed voor* ~*it* takes courage ✱*er is heel wat voor* ~*om...* it takes a good deal to... ✱*was het nu zo* ~*om ...?* did you have to...? ❷*gebruikelijk* usual, customary ✱*de* ~*e toespraken* the usual/customary speeches ❸*vrij veel* inf a lot of ✱*handen schudden met de* ~*e bekenden* shaking hands with a lot of acquaintances II *bijw* necessarily, urgently ✱*vandaag niets* ~not today, thank you ✱*ik moet haar* ~*bellen* I really must ring her ✱*ik moet* ~I have to go (to the toilet) in a hurry, inf I'm busting ✱*zo* ~if needs be, if necessary III *o* ❶✱*het* ~*e* what is necessary, the necessities of life ✱*het* ~*e verrichten* do the necessary ❷*vrij veel* inf a lot ✱*hij heeft het* ~*e op* he's had a drop too much

**nodigen** *overg* [nodigde, h. genodigd] invite

**noedels** *zn* [mv] noodles

**noemen** I *overg* [noemde, h. genoemd] ❶*een naam geven* name, call ✱*zij is naar haar moeder genoemd* she's named after her mother ❷*een woord voor iets gebruiken* call, term, style ✱*hoe noemt u dit?* what do you call this? ❸*vermelden* mention, cite ✱*feiten en cijfers* ~cite facts and figures ✱*vijftig euro, om maar eens iets te* ~say fifty euros ✱*zijn bronnen* ~ divulge/mention/name one's sources II *wederk* [noemde, h. genoemd] ✱*zich* ~call oneself

**noemenswaardig, noemenswaard** *bn* worth mentioning ✱*niets* ~*s* nothing to speak of, nothing important

**noemer**m [-s] wisk denominator *de algemene ~ the common denominator *onder één ~brengen lump/heap together

**noen**m ZN noon

**noenmaal**o [-malen] ZN lunch

**noest** I bn diligent, industrious II m [-en] v. hout knot

**nog**bijw ❶tot nu toe, nog steeds still *is er ~koffie? is there any coffee left? *~(maar) vijf over only five left *~niet not yet *~steeds niet still not (yet) *weet je ~wel? (do you) remember? *dat weet ik ~ zo net niet I'm not sure about that (yet) *ken je me ~? do you (still) remember me? *gisteren/vorige week ~only yesterday/last week *~in de 16de eeuw as far back as the 16th century *tot ~toe up to now, so far, as yet ❷vanaf hier/nu more, much, from now, still *~twee nachtjes slapen two more nights still (to go), two more nights from now *hoeveel ~? how many more? *hoe lang ~how much longer? *hoe ver ~? how much further? *hij zal ~wel komen he's sure to turn up *vandaag ~today, this very day ❸extra, meer more, another *~vijftig arbeiders te werk stellen employ an additional/a further/an extra/another fifty workers *~een appel another apple *wil je ~koffie? would you like some more coffee? *~iemand somebody else *er is ~iets there's something else *~enige a few more *~ erger still/even worse *~iets? anything else? *ik wil ~meer I want more; ⟨tegen serveerster⟩ I'd like some more *wat ~meer? is there anything else? *een ~moeilijker taak an even more difficult task *~wat some more *neem ~wat have some more *en ~wel... and... too *en zijn beste vriend ~wel and his best friend of all people *en dat ~wel op kerstdag and of all days on Christmas day *~één woord...! one more word...! ❹opnieuw again *~ eens once more, (once) again *~eens zoveel as much again *wacht ~wat stay a little longer ❺+ neg: minder less *~geen maand geleden less than a month ago *~geen tien less than ten, under ten ▼dat is ~eens een hoed there's a hat for you, inf some hat!

**noga**m nougat

**nogal**bijw rather, fairly, inf pretty

**nogmaals**bijw once more/again

**no-iron**bn non-iron, drip-dry

**nok**v [-ken] ❶v. huis ridge *tot de ~toe vol full to the rafters ❷scheepv yardarm ❸techn cam

**nokken**onoverg [nokte, h. genokt] stoppen knock off, pack it in *om vijf uur ~met werken knock off work at five

**nokkenas**v [-sen] camshaft

**nomade**m [-n] nomad

**nomenclatuur**v [-turen] nomenclature, terminology

**nominaal**bn nominal *de nominale waarde the nominal/par/face value

**nominatie**v [-s] nomination *nummer één op de ~

**nominatief**m nominative

**nomineren**overg [nomineerde, h. genomineerd] nominate *genomineerd zijn voor een literatuurprijs have been nominated for a literary prize

**non**v [-nen] nun

**non-actief**bn *op ~stellen suspend; ⟨wegens gebrek aan werk⟩ lay off *op ~staan be suspended; ⟨wegens gebrek aan werk⟩ be laid off

**non-agressiepact**o [-en] non-aggression pact

**non-alcoholisch**bn non-alcoholic, soft ⟨drinks⟩

**nonchalance**v nonchalance, ⟨nalatigheid⟩ carelessness

**nonchalant**bn nonchalant, ⟨nalatig⟩ careless, lax

**non-conformisme**o nonconformity

**non-conformist**m [-en] nonconformist

**non-conformistisch**bn nonconformist

**non-fictie**v [-s] non-fiction

**nonkel**m [-s] ZN uncle

**nonnenklooster**o [-s] convent, nunnery

**no-nonsense**voorv & bn no nonsense

**non-profit**voorv & bn non-profit

**non-profitorganisatie**v [-s] organisatie zonder winstoogmerk non-profit organization

**non-proliferatieverdrag**o non-proliferation treaty

**nonsens**m nonsense, rubbish, inf garbage *~! nonsense!, rubbish!, vulg bullshit!

**non-stop**bijw non-stop

**non-stopvlucht**v [-en] non-stop flight

**non-valeur**v [-s] ❶nietswaardig persoon layabout, inf slacker, dud ❷waardeloos effect worthless stock ❸oninbare vordering bad debt

**non-verbaal**bn zonder woorden non-verbal

**nood**m [noden] ❶behoeftigheid need, ⟨armoede⟩ poverty *ZN we hebben ~aan een betere... we are in need of a better... *mensen die in ~verkeren people who are in need/who are living in poverty *in grote financiële ~verkeren be in dire financial straits ❷noodzakelijkheid necessity *door de ~gedwongen out of necessity *uit ~compelled by necessity *iem. uit de ~helpen help sbd out, come to sbd's rescue *van de ~een deugd maken make a virtue of necessity *~breekt wet necessity has/knows no law *hoge ~hebben have to go (to the toilet) badly ❸gevaar distress, fear *geen ~! don't worry! *zijn ~ klagen pour one's troubles out *als de ~aan de man komt if the worst comes to the worst *als de ~het hoogst is, is de redding nabij the darkest hour is before dawn *in geval van ~in (case of) an emergency *in ~zijn/verkeren be in trouble/distress *in ~leert men zijn vrienden kennen a friend in need is a friend indeed *~leert bidden, ~maakt vindingrijk necessity is the mother of invention

**noodaggregaat**o [-gaten] stand-by/emergency power unit

**noodanker**o [-s] sheet anchor

**noodbrug**v [-gen] temporary bridge

**nooddeur**v [-en] emergency door

**noodgang** *m* [-en] ❶ *hulpgang* emergency exit ❷ *grote snelheid* breakneck speed ∗ *met een* ~ like greased lightning, on the double

**noodgebouw** *o* [-en] temporary building, makeshift quarters

**noodgedwongen** *bn* out of necessity ∗ *veel mensen werden* ~ *ontslagen* a lot of employees had to be retrenched

**noodgeval** *o* [-len] (case of) emergency ∗ *in* ~ *bel...* in case of emergency, ring... ∗ *in* ~ *is wasmachinegebruik mogelijk* a washing machine is available should the need arise

**noodgreep** *v* [-grepen] *noodmaatregel* emergency measure

**noodhulp** *v* [-en] ❶ *persoon* temporary help ❷ *zaak* emergency aid

**noodklok** *v* [-ken] alarm bell ∗ *de* ~ *luiden* (*over iets*) sound the alarm (about sth)

**noodkrediet** *o* [-en] extended credit, emergency credit/loan

**noodkreet** *m* [-kreten] cry of distress

**noodlanding** *v* [-en] forced/emergency landing

**noodlijdend** *bn behoeftig* depressed, distressed ⟨regions⟩, needy, poor, destitute ⟨people⟩, ailing ⟨sectors⟩, defaulted ⟨securities⟩

**noodlot** *o* fate, destiny

**noodlottig** *bn* fatal ∗ *een* ~ *ongeluk* a fatal accident ∗ *een* ~*e reis* an ill-fated journey ∗ *dat is hem* ~ *geworden* it proved to be his undoing

**noodmaatregel** *m* [-en & -s] temporary/provisional/stopgap measure

**noodoplossing** *v* [-en] temporary/provisional/stopgap solution

**noodplan** *o* emergency plan

**noodrantsoen** *o* [-en] emergency ration(s)

**noodrem** *v* [-men] ❶ safety brake ❷ *in trein* communication cord ∗ *aan de* ~ *trekken* ⟨in trein⟩ pull the communication cord; fig take emergency measures; sp stop an opponent by means of a foul

**noodsein** *o* [-en], **noodsignaal** [-signalen] distress signal, SOS

**noodsituatie** *v* [-s] emergency

**noodsprong** *m* [-en] desperate move/measure, last resort ∗ *als* ~ as/in the last resort

**noodstop** *m* [-pen] emergency stop

**noodtoestand** *m* [-en] (state of) emergency

**nooduitgang** *m* [-en] emergency exit

**noodvaart** *v* breakneck speed ∗ *met een* ~ at breakneck speed, inf like mad

**noodverband** *o* [-en] first-aid dressing

**noodverlichting** *v* emergency lighting

**noodverordening** *v* [-en] emergency order

**noodvoorraad** *m* [-raden] emergency supply

**noodvoorziening** *v* [-en] temporary/emergency measure, expedient

**noodvulling** *v* [-en] temporary filling

**noodweer I** *o slecht weer* violent storm ∗ *ik ga niet naar buiten in dit* ~ I'm not going out in this terrible

weather **II** *v zelfverdediging* self-defence, Am self-defense ∗ *uit* ~ in self-defence

**noodwet** *v* [-ten] emergency law/act

**noodzaak** *v* necessity ∗ *uit* ~ out of necessity

**noodzakelijk I** *bn* necessary, inevitable ∗ *volstrekt* ~ *zijn* be absolutely necessary **II** *bijw* necessarily, of necessity, inevitably

**noodzakelijkerwijs**, **noodzakelijkerwijze** *bijw* of necessity, necessarily, inevitably ∗ *daaruit volgt* ~ *dat...* it follows as a matter of course that..., this, of course, means that...

**noodzaken** *overg* [noodzaakte, h. genoodzaakt] oblige, compel, force ∗ *zich genoodzaakt zien om...* be/feel obliged & to... ∗ *genoodzaakt zijn om...* be obliged & to...

**nooit** *bijw* never ∗ ~ *of/en te nimmer* never in all my life, never ever ∗ *dat* ~*!* not that!, not on your life! ∗ inf *aan m'n* ~ *niet!* definitely not! inf not on your life!, no way! ∗ *bijna* ~ hardly ever ∗ ~ *meer* never again ∗ *ik geloof* ~ *dat...* I can't believe that...

**Noor** *m* [Noren] Norwegian

**noord I** *bn* north, northern, northerly ∗ *de wind is* ~ there's a north wind **II** *bijw* north, northerly **III** *m* north ∗ *van* ~ *naar zuid* from the north to the south

**Noord-Afrika** *o* North Africa

**Noord-Amerika** *o* North America

**noordelijk I** *bn* northern, northerly ∗ *het* ~ *halfrond* the northern hemisphere ∗ *de Noordelijke IJszee* the Arctic Ocean ∗ *de* ~*en* Northerners **II** *bijw* northerly, north ∗ ~ *van* (to the) north of ∗ ~ *liggen van* be/lie further north than

**noorden** *o* north ∗ *in het* ~ in the north ∗ *naar het* ~ (to the) north, northward(s), ⟨verkeer⟩ northbound ∗ *op het* ~ *gelegen* facing north, with a northerly aspect ∗ *ten* ~ *van...* (to the) north of... ∗ *uit het* ~ from the north, northerly

**noordenwind** *m* [-en] north/northerly wind

**noorderbreedte** *v* north latitude ∗ *50°* ~ 50° north

**noorderbuur** *m* [-buren] northern neighbour, neighbour to the north

**noorderkeerkring** *m* Tropic of Cancer

**noorderlicht** *o* northern lights, aurora borealis

**noorderling** *m* [-en] ❶ *iem. uit het noorden* northerner, somebody from the north ❷ *Scandinaviër* Scandinavian ❸ *VS* Yankee

**noorderzon** *v* ∗ *met de* ~ *vertrekken* do a moonlight flit

**Noord-Holland** *o* North Holland

**Noord-Ierland** *o* Northern Ireland

**noordkant** *m* north/northern side

**Noord-Korea** *o* North Korea

**Noord-Koreaan** *m* [-reanen] North Korean

**Noord-Koreaans** *bn* North Korean

**Noord-Koreaanse** *v* [-n] North Korean ∗ *ze is een* ~ she's a North Korean, she's from North Korea

**noordkust** *v* [-en] north/northern coast

**noordoosten** *o* northeast/north-east

**noordoostenwind** *m* [-en]

northeasterly/north-easterly wind
**noordpool** v North Pole
**noordpoolcirkel** m Arctic Circle
**noordpoolgebied** o [-en] Arctic region
**Noordrijn-Westfalen** o North Rhine-Westphalia
**noords** bn ❶ ⟨m.b.t. het noorden⟩ northern, ⟨komend uit het noorden⟩ northerly ❷ m.b.t. Noord-Europa Nordic ∗ sp de ~e combinatie the Nordic combined
**noordwaarts** I bn northward II bijw northward(s)
**noordwesten** o northwest, north-west
**noordwestenwind** m northwesterly (wind)
**Noordzee** v North Sea
**Noordzeekust** v North Sea coast
**Noorman** m [-nen] Norseman, Viking
**Noors** I bn Norwegian ∗ valuta de ~e kroon the Norwegian crown/krone II o taal Norwegian
**Noorse** v [-n] Norwegian ∗ ze is een ~ she's a Norwegian, she's from Norway
**Noorwegen** o Norway
**noot** v [noten] ❶ vrucht nut, ⟨walnoot⟩ walnut ∗ een harde ~ om te kraken a hard nut to crack ❷ muz note ∗ een achtste ~ a quaver ∗ een halve ~ a minim ∗ een hele ~ a semibreve ∗ een tweeëndertigste ~ a demisemiquaver ∗ een zestiende ~ a semiquaver ∗ hij heeft veel noten op zijn zang he's very pretentious/arrogant ∗ een vrolijke ~ a cheerful note ❸ aantekening note
**nootmuskaat** v nutmeg
**nop** v [-pen] ❶ in textiel burl ❷ onder schoen stud ▾ inf voor ~ for nothing
**nopen** overg [noopte, h. genoopt] induce, oblige, compel, prompt ∗ zich genoopt zien be obliged/compelled to
**nopjes** zn [mv] ∗ in zijn ~ zijn be delighted, be as pleased as Punch
**noppes** onbep vnw inf nothing ∗ voor ~ ⟨gratis⟩ free, for nothing; ⟨tevergeefs⟩ in vain, for nothing
**nor** v [-ren] inf nick, clink ∗ hij zit in de ~ he's behind bars/inside/doing time, he's in the nick/clink
**noren** zn [mv] racing skates
**norm** v [-en] norm, rule, standard
**normaal** I bn normal ∗ hij is niet ~ ⟨niet zoals gewoon⟩ he's not his usual self; ⟨niet bij zijn verstand⟩ he's not right in his head, there's something wrong with him ∗ het is niet ~ it's abnormal ∗ doe een beetje ~ don't make a fool of yourself II bijw normally III m [-malen] wisk normal
**normaalschool** v [-scholen] Belg Teachers Training College
**normaalspoor** o standard gauge
**normalisatie** v standardization, normalization, ⟨v. rivier &⟩ regulation
**normaliseren** overg [normaliseerde, h. genormaliseerd] standardize, normalize, ⟨v. rivier &⟩ regulate
**normaliter** bijw normally, usually, as a rule

**Normandië** o Normandy
**normatief** bn normative, prescriptive ∗ hoe is de Bijbel ~ voor ons? what norms does the Bible set us? ∗ een ~ uurtarief van 60 euro a regulation hourly rate of 60 euros ∗ een ~ budget a target-setting budget
**normbesef** o moral sense, sense of values
**normeren** overg [normeerde, h. genormeerd] ❶ tot norm maken set as the norm ❷ standaardiseren regulate, normalize, standardize
**normering** v ❶ het normeren standardization ❷ standaard standard
**normvervaging** v blurring of moral standards
**nors** I bn gruff, surly II bijw gruffly, surlily
**nostalgie** v nostalgia
**nostalgisch** I bn nostalgic II bijw nostalgically
**nota** v [’s] ❶ handel bill, account ❷ geschrift memo, memorandum, (policy) document ∗ een bestuurs ~ a policy document/paper ∗ een ~ van toelichting an explanatory memorandum ∗ ~ nemen van take (due) note of, note
**notabele** m-v [-n] notable, dignitary ∗ de ~n the dignitaries, inf the worthies
**nota bene** bijw ❶ nota bene ❷ iron if you please
**notariaat** o [-aten] office of notary, notary's/solicitor's practice
**notarieel** bn notarial ∗ een ~ proces-verbaal a notarial report ∗ een notariële akte a notarial act/deed ∗ een notariële volmacht power of attorney
**notaris** m [-sen] notary (public), solicitor
**notariskantoor** o [-toren] notary's/solicitor's office
**notatie** v [-s] notation
**notebook** o [-s] notebook
**noten** bn walnut
**notenbalk** m [-en] staff, stave
**notenbar** v [-s] nut shop, ⟨op markt⟩ nut stall, ⟨deel v.e. winkel⟩ nut section
**notenboom** m [-bomen] walnut tree
**notendop** m [-pen] nutshell ∗ in een ~ in a nutshell
**notenhout** o walnut
**notenhouten** bn walnut
**notenkraker** m [-s] ❶ apparaat (pair of) nutcrackers ❷ vogel nutcracker
**notenschrift** o musical notation
**noteren** overg [noteerde, h. genoteerd] ❶ opschrijven note, write down, jot/note down, make a note of ∗ het nummer ~ note (down) the number ∗ een bestelling ~ note down/record an order ∗ hun namen ~ make a note of their names ∗ op een lijst zetten put sbd down ❸ handel quote, list
**notering** v [-en] ❶ het noteren noting down ❷ handel quotation ❸ v. aandelen listing
**notie** v [-s] notion ∗ hij heeft er geen ~ van he doesn't have the faintest notion ∗ ZN ⟨kennis⟩ ~s knowledge
**notificatie** v [-s] ❶ bekendmaking announcement, notification ❷ registratie registration
**notitie** v [-s] ❶ aantekening note ∗ ~s maken make

**no**

notes ❷ *in dagboek* entry ❸ *aandacht* notice ✶ *geen ~ van iets nemen* take no notice of sth, ignore sth ✶ *~ nemen van* take notice of

**notitieboekje** *o* [-s] notebook

**n.o.t.k.** *afk* (nader overeen te komen) to be agreed upon

**notoir** *bn* notorious

**notulen** *zn* [mv] minutes ✶ *de ~ lezen en goedkeuren* read and approve the minutes ✶ *de ~ bijhouden/maken* take the minutes ✶ *de ~ vaststellen* confirm the minutes ✶ *in de ~ opnemen* enter/include in the minutes

**notuleren** *overg* [notuleerde, h. genotuleerd] take down the minutes

**notulist** *m* [-en] minutes secretary

**nou I** *bijw* inf now **II** *tsw* ✶ *kom ~* come on now ✶ *~ en of!* you bet!, too right! ✶ *~ en!* so what? ✶ *~, ~, rustig aan een beetje!* come on, calm down! ✶ *kom je ~?* well, are you coming? ✶ *meen je dat ~?* do you really mean that?

**nouveau riche** *m* [nouveaux riches] nouveau riche, upstart

**novelle** *v* [-n] ❶ *verhaal* novella, short novel ❷ *wijzigingswet* amending act, bill

**november** *m* November ✶ *de eerste ~, een ~* the first of November ✶ *op tien ~* on November the tenth, on the tenth of November ✶ *begin, midden en eind ~* at the beginning of/in the middle of/at the end of November

**novice** *m-v* [-n & -s] novice

**noviciaat** *o* [-ciaten] novitiate/noviciate

**noviet** *m* [-en] onderw freshman, fresher

**noviteit** *v* [-en] novelty, innovation

**novum** *o* [nova] ❶ novelty ❷ *jur* new fact, new point of law

**nozem** *m* [-s] yobbo

**nu I** *bijw* ❶ *op dit moment* now, at present, at the moment ✶ *tot ~ toe* up to now, so far ✶ *van ~ af* from now on, henceforth ✶ *wat ~?* what next? ✶ *~ niet* not now ✶ *~ nog niet* not yet ✶ *~ of nooit* now or never ❷ *tegenwoordig* now, nowadays, these days ✶ *het wordt ~ niet meer gezien als een misdaad* nowadays, it is is no longer regarded as a criminal offence ❸ *op een bepaald moment* now ✶ *~ eens..., dan weer ...* now..., now... /one time..., another time.../sometimes..., sometimes... ✶ *~ en dan* now and then, occasionally, at times **II** *tsw* ✶ *~, hoe gaat het?* well, how are you? ✶ *~, ja!* well! **III** *voegw* now (that)

**nuance** *v* [-s & -n] nuance, shade ✶ *wij willen daar echter een ~ in aanbrengen* however, we would like to modify slightly

**nuanceren** *overg* [nuanceerde, h. genuanceerd] ❶ *onderscheiden* differentiate, nuance ✶ *het ~ van de informatie kost veel tijd* explaining the fine print is time-consuming ✶ *~ verzekeraars ~het oorlogsrisico* insurers are spelling out in detail what risk of war means ❷ *wijzigen* qualify, modify, refine ✶ *zelfs het*

*~ van dat plan was niet genoeg om...* even modifying/refining that plan was not enough to... ❸ *schakeren* shade, tint

**nuanceverschil** *o* [-len] minor difference, difference in nuance

**nuchter I** *bn* ❶ *niets gegeten hebbend* fasting ✶ *hij is nog ~* he hasn't eaten yet ✶ *op de ~e maag* on an empty stomach ✶ *een ~ kalf* a newly born calf; fig a greenhorn ❷ *niet dronken* sober ❸ *praktisch* fig matter-of-fact, hard-headed, down-to-earth ✶ *hij is mij te ~* he is too matter-of-fact for me **II** *bijw* *praktisch* in a matter-of-fact way

**nucleair** *bn* nuclear

**nucleïnezuur** *o* [-zuren] nucleic acid

**nucleus** *m* [-clei] nucleus

**nudisme** *o* nudism

**nudist** *m* [-en] nudist

**nuf** *v* [-fen] prissy/affected girl, ⟨ingebeeld⟩ conceited girl

**nuffig** *bn* prim, prissy, conceited

**nuk** *v* [-ken] mood, whim, caprice

**nukkig** *bn* moody, quirky, capricious

**nul I** *v* [-len] *cijfer* nought, cipher, zero ✶ *~ op het rekest krijgen* meet with a rebuff ✶ *hij is een ~* he is a nothing/a dead loss **II** *telw* ❶ nil, zero ✶ *zijn invloed is gelijk ~* he has no influence at all ✶ *uit het jaar ~* from the year dot ✶ sp *twee-~* two-nil ✶ *~ komma ~* nil, nothing at all ✶ *~ komma zeven* o/zero/nought point seven ✶ *tien graden boven/onder ~* ten degrees above/below zero ✶ *op ~* at zero ❷ *telec* O **III** *bn* null ✶ *van ~ en generlei waarde* completely worthless

**nulgroei** *m* zero growth

**nulhypothese** *v* stat null hypothesis

**nullijn** *v* [-en] zero line

**nulmeridiaan** *m* [-anen] prime meridian

**nuloptie** *v* zero option

**nulpunt** *o* zero ✶ fig *tot het ~ dalen* drop to rock bottom/to nil

**numeriek I** *bn* numerical **II** *bijw* numerically

**numero** *o* ['s] number ✶ *~ 100* (number) 100

**numeroteur** *m* [-s] numbering machine

**numerus fixus** *m* numerus clausus, quota

**numismatiek** *v* numismatics

**nummer** *o* [-s] ❶ *getal, cijfer* number ✶ scherts *~ honderd* the loo ❷ *plaats in rangorde* number, place ✶ *~ één zijn* onderw be at the top of one's form; sp be first ✶ *hij moet op zijn ~ gezet worden* he needs to be put in his place ❸ *editie* issue, edition, ⟨Christmas⟩ number ❹ *liedje* item, number, ⟨op cd &⟩ track ❺ *act* act, turn ✶ inf *ook een ~!* a fine specimen! ❻ *wedstrijdonderdeel* ⟨sporting⟩ event ❼ *op een veiling* lot

**nummerbord** *o* [-en] number/registration plate, <u>Am</u> license plate

**nummeren** *overg* [nummerde, h. genummerd] number

**nummerherhaling** *v* <u>telec</u> last number redial

**nummering** *v* [-en] numbering

**nummerplaat** *v* [-platen] number/registration plate, <u>Am</u> license plate

**nummertje** *o* [-s] ✳ <u>inf</u> *een ~maken* have a screw/fuck ✳ ⟨in winkel⟩ *een ~trekken* draw a number

**nummerweergave** *v* [-n] <u>telec</u> calling number display

**nuntius** *m* [-tii & -tiussen] nuncio

**nurks I** *bn* gruff, surly **II** *bijw* gruffly, surlily **III** *m* [-en] grumbler, growler

**nut** *o* use, usefulness, value ✳ *het economisch ~*the economic benefit ✳ *het praktisch ~daarvan is beperkt* its usefulness is limited ✳ *zich iets ten ~te maken* put sth to good use ✳ *ten algemenen ~te* for the general good ✳ *tot ~ van het algemeen* for the benefit of the community ✳ *het is tot niets ~*it's good for nothing ✳ *ik zie het ~er niet van in* I don't see the point of it ✳ *het heeft totaal geen ~om...* there's absolutely no point in... ✳ *van ~zijn* be useful, come in handy ✳ *van geen (groot) ~zijn* be of no (great) use

**nutsbedrijf** *o* [-drijven] public utility ✳ *openbare nutsbedrijven* public utilities

**nutsvoorzieningen** *zn* [mv] (public) utilities

**nutteloos I** *bn* ❶ *onbruikbaar* useless, ⟨zinloos⟩ pointless ❷ *vergeefs* futile ✳ *een nutteloze poging om...* a futile attempt to... ✳ *zijn pogingen waren ~* his efforts were in vain **II** *bijw* uselessly, pointlessly, in vain

**nuttig I** *bn* ❶ *bruikbaar* useful ✳ *het ~gebruik van de ruimte* efficient use of space ✳ *het ~e met het aangename verenigen* combine business with pleasure ❷ *voordelig* advantageous **II** *bijw* usefully, profitably ✳ *~besteden* use profitably

**nuttigen** *overg* [nuttigde, h. genuttigd] have, take, partake of, consume

**NV, nv** *afk en* *v* ['s] (Naamloze Vennootschap) public limited company, plc/PLC, <u>Am</u> Inc., <u>Aus & ZA</u> Pty Ltd

**n.v.t.** *afk* (niet van toepassing) not applicable, n/a

**nylon I** *o & m* nylon **II** *v* [-s] *kous* nylon (stocking), nylons **III** *bn* nylon ✳ *een ~overhemd* a nylon shirt ✳ *een ~tent* a nylon tent

**nylonkous** *v* [-en] nylon stocking

**nymfomaan** *bn* nymphomaniac

**nymfomane** *v* [-n & -s] nymphomaniac

**O.** *afk* (oost, oosten) east

**o I** *v* ['s] o **II** *tsw* oh!, ah! ✳ *~God!* oh God! ✳ *~ja!* that's right! ✳ *~jee!* oh gee! good Heavens! ✳ *~zo!* aha! ✳ *~zo mooi* ever so beautiful

**o.a.** *afk* (onder andere(n)) among others, amongst other things, including, for example ✳ *koning van Spanje en de daarbij behorende gebieden (~de Nederlanden)* king of Spain and of its dominions (amongst which/including the Netherlands) ✳ *wij maken uitlaten voor ~de volgende merken...* we make exhaust pipes for brands that include the following... ✳ *het nemen van beslissingen, ~over het benoemen van...* making decisions such as those relating to the appointing of... ✳ *ook reacties van anderen (~van M uit Rotterdam)* including the responses of others (for example, that of M from Rotterdam)

---

**o.a.**
Onder andere(n) wordt vertaald als among others maar de afkorting *a.o. wordt hiervoor niet gebruikt

---

**oase** *v* [-n & -s] oasis

**obductie** *v* [-s] post-mortem (examination), autopsy

**obelisk** *m* [-en] obelisk

**O-benen** *zn* [mv] bandy/bow legs ✳ *met ~* bandy-legged/bow-legged

**ober** *m* [-s] (head)waiter

**obesitas** *v* obesity

**object** *o* [-en] ❶ *voorwerp* object, thing, item ❷ *doel* object, subject, target ✳ *het ~van hun obsessies* the object of their obsessions ✳ *het ~van onderzoek* the subject of investigation ❸ *onroerend goed* property ❹ <u>mil</u> objective ❺ <u>taalk</u> object

**objectief I** *bn* objective, detached **II** *bijw* objectively, in a detached manner **III** *o* [-tieven] *v. verrekijker, camera* objective

**objectiveren** *overg* [objectiveerde, h. geobjectiveerd] rationalize ✳ *verstandelijk ~houdt in dat...* to rationalize something intellectually is to...

**objectiviteit** *v* objectivity

**obligaat I** *bn* ❶ obligatory ✳ *voor wie wat anders wil dan het obligate skiën...* for those who want something other than the same old skiing... ❷ <u>muz</u> obbligato **II** *o* [-gaten] <u>muz</u> obbligato

**obligatie** *v* [-s] ❶ *verplichting* obligation ❷ <u>handel</u> bond, debenture

**obligatiehouder** *m* [-s] bondholder

**obligatielening** *v* [-en] debenture/bond loan

**obligatoir** *bn* obligatory, compulsory ✳ <u>jur</u> *een ~e overeenkomst* an obligatory agreement

**oblong** *bn* oblong ✳ *een ~formaat* an oblong format

**obsceen** *bn* obscene
**obsceniteit** *v* [-en] obscenity ∗ ~*en uitslaan* spout obscenities
**obscurantisme** *o* obscurantism
**obscuur I** *bn* obscure ∗ *een ~ type* a shady character/customer **II** *bijw* obscurely
**obsederen** *overg* [obsedeerde, h. geobsedeerd] obsess ∗ *hij is geobsedeerd door dat idee* he's obsessed with the idea
**observatie** *v* [-s] observation ∗ *in ~* under observation ∗ *ter ~ opgenomen* taken in for observation ∗ *haar fotografische ~s* her photographic observations/impressions ∗ *wetenschappelijke ~s* scientific findings/data
**observatiepost** *m* [-en] observation post
**observator** *m* [-s] observer, watcher
**observatorium** *o* [-ria & -s] observatory
**observeren** *overg* [observeerde, h. geobserveerd] watch, observe
**obsessie** *v* [-s] obsession ∗ *werken is een ~ voor haar* she's obsessed by work, she's a workaholic
**obstakel** *o* [-s] obstacle, ook *fig* obstruction, impediment ∗ ~*s uit de weg ruimen* remove obstacles from one's path
**obstetrie** *v* obstetrics
**obstinaat I** *bn* obstinate, stubborn **II** *bijw* obstinately, stubbornly
**obstipatie** *v* constipation
**obstructie** *v* [-s] obstruction ∗ pol ~ *voeren* stonewall, block
**obus** *m* [-sen] ZN grenade, canon ball
**occasie I** *v* [-s] ❶ *koopje* ZN bargain ❷ *occasion* ZN second-hand article, used car ❸ *gelegenheid* ZN opportunity, occasion **II** *bn tweedehands* ZN second-hand
**occasion** *v* [-s] ❶ *koopje* bargain ❷ *tweedehands auto* second-hand/used car
**occident** *m* Occident
**occidentaal** *bn* Occidental
**occlusie** *v* [-s] occlusion
**occult** *bn* occult, esoteric ∗ *het ~e* the supernatural
**occultisme** *o* occultism
**occupatie** *v* [-s] occupation
**oceaan** *m* [-eanen] ocean, sea ∗ *de Grote/Stille Oceaan* the Pacific (Ocean)
**oceaanfront** *o* [-en] ocean front
**oceanografie** *v* oceanography
**och** *tsw* oh!, ah! ∗ ~ *arme!* poor thing/dear! ∗ ⟨bij verbazing⟩ ~ *kom!* you don't say! go on (with you)! ∗ ~, *waarom niet?* (well,) why not? ∗ ~ *wat!* come on!, nonsense!
**ochtend** *m* [-en] ❶ *voor de middag* morning, fig dawning ∗ *des ~s, 's ~s* in the morning ∗ *om 8 uur 's ~s* at 8 a.m., at 8 in the morning ❷ *zonsopgang* dawn, daybreak
**ochtendeditie** *v* [-s] morning edition
**ochtendgloren** *o* dawn, daybreak, break of day ∗ *bij het eerste ~* at the break of day, at first light

**ochtendgymnastiek** *v* morning exercises
**ochtendhumeur** *o* (early) morning mood ∗ *een ~ hebben* have got up on the wrong side of the bed
**ochtendjas** *m* & *v* [-sen] house coat, dressing gown, Am robe
**ochtendkrant** *v* [-en] morning paper
**ochtendkrieken** *o* morn, break of dawn
**ochtendlicht** *o* morning light
**ochtendmens** *m* [-en] early bird/riser
**ochtendploeg** *v* [-en] morning shift
**ochtendspits** *v* morning rush (hour)
**octaaf** *o* & *v* [-taven] octave
**octaan** *o* octane
**octaangehalte** *o* [-n, -s] octane content
**octaangetal** *o* octane number ∗ *benzine met een hoog ~* high-octane petrol
**octant** *m* [-en] octant
**octavo** *o* & *bn* ['s] octavo
**octet** *o* [-ten] octet
**octopus** *m* [-sen] octopus
**octrooi** *o* [-en] ❶ patent ∗ *een ~ aanvragen* apply for a patent ∗ ~ *verlenen* grant a patent ❷ *volmacht* hist mandate, charter
**octrooiaanvraag** *v* [-vragen] patent application
**octrooieren** *overg* [octrooieerde, h. geoctrooieerd] patent
**octrooigemachtigde** *m-v* [-n] Br patent agent, Am patent attorney
**octrooihouder** *m* [-s] patent holder, patentee
**octrooiraad** *m* Patent Office
**oculair** *o* [-s] ocular
**oculeren** *overg* [oculeerde, h. geoculeerd] bud
**ode** *v* [-n & -s] ode
**odeur** *m* [-s] perfume, scent, fragrance
**Odyssee** *v* ❶ *epos* Odyssey ❷ *moeizame tocht* , **odyssee** [-s & -seeën] odyssey, difficult journey
**oecumene** *v* (o)ecumenical movement, (o)ecumenicalism
**oecumenisch** *bn* (o)ecumenical
**oedeem** *o* [-demen] oedema, Am edema
**oedipuscomplex** *o* Oedipus complex
**oefenen** *overg* [oefende, h. geoefend] ❶ exercise ∗ *invloed ~* have influence over ∗ *geduld ~* exercise patience ∗ *wraak ~* exact revenge ∗ *zich ~* practise, train ∗ *zich ~ in* practise ❷ *trainen* train, coach, ⟨zich bekwamen⟩ practise ⟨one's scales⟩, rehearse ⟨a role⟩, ⟨exerceren⟩ drill
**oefening** *v* [-en] exercise, practice ∗ *een ~* an exercise ∗ *vrije ~en* free exercises ∗ ~ *baart kunst* practice makes perfect
**oefenmateriaal** *o* exercise/practice material, ⟨bij lessen⟩ teaching aids
**oefenmeester** *m* [-s] trainer, coach
**oefenstof** *v* exercise/practice material
**oefenterrein** *o* [-en] ❶ sp training ground ❷ mil drill ground
**oefentherapie** *v* [-pieën] remedial therapy
**oefenwedstrijd** *m* [-en] practice/training match

ob

**Oeganda** o Uganda
**oehoe** m [-s] vogel eagle owl
**oei** tsw ❶ ouch! ❷ verrassing oops!
**oekaze** v [-n & -s] ukase
**Oekraïens I** bn Ukrainian **II** o taal Ukrainian
**Oekraïense** v [-n] Ukrainian ✳ ze is een ~ she is a Ukrainian, she is from the Ukraine
**Oekraïne** v the Ukraine
**Oekraïner** m [-s] Ukrainian
**oelewapper** m [-s] nincompoop, ninny
**oen** m [-en] blockhead, duffer
**oer** o bog ore, limonite
**oerbos** o [-sen] prim(a)eval forest
**oerdrift** v [-en] primitive urge/drive
**oergezellig** bn very pleasant, great fun
**oerknal** m Big Bang
**oermens** m [-en] ❶ primitive/prehistoric man ❷ oorspronkelijke mens protohuman
**oeroud** bn ancient, prehistoric, prim(a)eval ✳ sinds ~e tijden from/since time immemorial
**oersaai** bn as dull as ditchwater, deadly dull
**oersterk** bn strong as a horse/an ox
**oertijd** m [-en] prehistoric times, prim(a)eval period
**oervorm** m [-en] archetype
**oerwoud** o [-en] prim(a)eval forest, virgin forest, ⟨tropisch & fig⟩ jungle
**OESO** v (Organisatie voor Economische Ontwikkeling en Samenwerking) OECD, Organization for Economic Cooperation and Development
**oester** v [-s] oyster
**oesterbank** v [-en] oyster bank
**oesterput** m [-ten] oyster pond
**oestervisserij** v oyster fishery
**oesterzwam** v [-men] oyster mushroom
**oestrogeen I** o [-genen] oestrogen, Am estrogen **II** bn oestrogen
**oeuvre** o [-s] oeuvre, works, body of work
**oever** m [-s] ❶ v. zee/meer shore ✳ aan de ~ van een meer on the shores of a lake ❷ v. rivier bank ✳ de rivier is buiten haar~s getreden the river has overflowed/burst its banks
**oeverloos** bn ❶ shoreless ❷ fig endless, interminable
**oeververbinding** v [-en] cross-river/cross-channel connection
**Oezbekistan** o Uzbekistan
**of** voegw ❶ nevenschikkend (either...) or ✳ wit ~ zwart (either) white or black ✳ ~ hij ~ zijn broer either he or his brother ✳ ja ~ nee (either) yes or no ✳ een dag ~ drie two or three days ✳ een man ~ twee a man or two, a couple of men ✳ een minuut ~ tien ten minutes or so, about ten minutes ✳ een jaar ~ wat a few/couple of years, several years ❷ onderschikkend if, whether, or ✳ het duurde niet lang ~ hij... it didn't take long before he..., it didn't take long for him to... ✳ ik vraag me af ~ hij komt I wonder whether/if he'll come ✳ hij is niet zo gek ~ hij weet wel wat hij

doet he is not such a fool that he doesn't know what he's about ✳ ik kom vanavond ~ ik moet verhinderd zijn I'll come tonight unless something prevents me/something comes up ✳ ik kan hem niet zien ~ ik moet lachen I can't see him without laughing, I have to laugh when I see him ✳ ik zie hem nooit ~ hij heeft een stok in de hand I never see him without a stick ❸ vóór vergelijkingen as if ✳ het is net ~ hij mij voor de gek houdt it's just as if he is making a fool of me ▼ nou en ~! rather!, you bet!, sure! ▼ ~ ze het weten! don't they just know it! ▼ ~ ik het me herinner? do I remember?
**offday** m [-s] off day
**offensief I** bn offensive **II** bijw offensively ✳ ~ optreden act on the offensive **III** o [-sieven] offensive ✳ in het ~ gaan go on the offensive ✳ tot het ~ overgaan take the offensive
**offer** o [-s] ❶ het offeren offering, sacrifice ✳ een ~ brengen make a sacrifice ✳ ten ~ brengen sacrifice ✳ zware ~s eisen take a heavy toll ❷ slachtoffer victim ✳ hij viel als het ~ van/ten ~ aan zijn driften he fell a victim to his passions ✳ zij zijn gevallen als ~ van... they have been the victims of...
**offerande** v [-n & -s] ❶ offering, sacrifice ❷ RK offertory, oblation
**offerblok** o [-ken], **offerbus** v [-sen] alms/poor box
**offerdier** o [-en] sacrificial animal
**offeren** overg [offerde, h. geofferd] offer as a sacrifice, sacrifice, offer up ✳ schaken een paard ~ sacrifice a knight
**offergave** v [-n] offering, sacrifice
**offerlam** o [-meren] sacrificial lamb
**offerte** v [-s & -n] offer, quote, quotation, bid, tender, ⟨aanbod⟩ proposal ✳ een bindende/vaste ~ a firm offer ✳ ⟨bij openbare aanbesteding⟩ een gesloten ~ a sealed bid ✳ een vrijblijvende ~ a non-binding offer/quote/quotation ✳ een ~ doen voor submit a tender/quote/quotation for, put in a bid for, make an offer for
**officemanager** m [-s] office manager
**official** m [-s] sp official
**officie** o [-s] office ✳ het Heilig Officie the Holy Office
**officieel** bn ❶ ambtelijk official ✳ een officiële feestdag a public holiday ✳ officiële gegevens official data/information ✳ Belg ~ onderwijs public education ✳ langs officiële weg through official channels ✳ niet ~ unofficial ❷ formeel formal, ceremonial ✳ een officiële huldiging a formal/ceremonial tribute ✳ een officiële uitnodiging a formal invitation
**officier** m [-en & -s] officer ✳ scheepv de eerste ~ the chief/first officer ✳ de ~ van administratie the paymaster ✳ de ~ van de dag the orderly officer ✳ de ~ van gezondheid the army/military surgeon, the medical officer ✳ de ~ van justitie the Public Prosecutor ✳ de plaatsvervangend ~ van justitie the deputy public prosecutor ✳ scheepv de ~ van de wacht the officer of the watch

**of**

**officiersmess** *m* [-es] ❶officers' mess ❷scheepv wardroom

**officieus I** *bn* unofficial, semi-official ∗*een officieuze mededeling* unofficial information ∗*een officieuze opmerking* an off-the-record remark **II** *bijw* unofficially, off the record

**offline** *bijw* comput off-line

**offreren** *overg* [offreerde, h. geoffreerd] offer ∗*een prijs* ~quote a price

**offset offsetdruk** *m* offset printing

**offsetdrukkerij** *v* [-en] offset printers

**offshore** *bijw* offshore

**ofschoon** *voegw* although, though, even though ∗*een plausibele*, ~*nogal abstracte verklaring* a plausible, albeit somewhat abstract explanation

**oftewel** *voegw* uitleggend or, that is

**ofwel** *voegw* ∗~..., ~either ..., or

**ogen** *onoverg* [oogde, h. geoogd] ❶eruitzien look nice, good ∗*goed* ~look good/nice ∗*het oogt niet* it doesn't look right ❷*lijken* look like, take after ∗*zij oogt naar haar oma* she takes after her grandmother ❸*staren naar* eye, ogle ❹*mikken op, streven naar* aim (at) ∗~*op* strive for

**ogenblik** *o* [-ken] ❶*kort moment* moment, second, minute, inf mo ∗*een* ~*!* just a moment/second &! ∗*heldere* ~*ken* lucid moments ∗*in een* ~in a moment ∗*in een onbewaakt* ~in an unguarded moment ∗*op dit* ~*, op het* ~at the moment, at present, just now ∗*op het juiste* ~at the right moment; ⟨net op tijd⟩ in the very nick of time ∗*op het laatste* ~at the (very) last minute, at the last second/instant ∗*voor een* ~for a moment/second/instant ∗*zonder een* ~*na te denken* without a moment's thought ❷*tijdstip* moment, time, minute ∗*hij kan ieder* ~*komen* he could arrive any time/moment & now ∗*op dit kritieke* ~at this critical time ∗*voor het* ~for the present, for the time being

**ogenblikkelijk I** *bn* immediate, instantaneous ∗*geen* ~*gevaar* no immediate danger **II** *bijw* immediately, directly, instantly, on the spur of the moment

**ogenschijnlijk** *bn* apparent, ostensible, seeming ∗~*was alles normaal* at first sight, everything seemed normal

**ogenschouw** *m* ∗*iets in* ~*nemen* survey sth, ⟨ook v. een situatie⟩ take stock of sth

**ohm** *m & o* [-s] ohm

**o.i.d.** *afk* (of iets dergelijks) or the like

**OK** *afk* (operatiekamer) operating theatre, Am operating room

**oké** *tsw & bn* okay, OK

**oker** *m* [-s] ochre

**okergeel** *bn* yellow ochre

**okkernoot** *v* [-noten] walnut

**oksaal** *o* [-salen] organ loft

**oksel** *m* [-s] armpit

**okselhaar** *o* [-haren] underarm hair

**oktober** *m* October ∗*de eerste* ~ *een* ~the first of October ∗*op tien* ~on the tenth of October ∗*begin/midden/eind* ~at the beginning of/in the middle of/at the end of October

**oldtimer** *m* [-s] *antieke auto* Old Timer, veteran/vintage car

**oleander** *m* [-s] oleander

**olie** *v* [-liën & -s] oil ∗*ruwe* ~crude oil ∗*plantaardige* ~vegetable oil ∗*in de* ~*zijn* be well oiled ∗*dat is* ~ *op het vuur* that's adding fuel to the fire ∗ ~*op de golven gieten* pour oil on troubled waters

**oliebol** *m* [-len] ❶deep-fried dough ball ❷inf nuthead, idiot

**oliebron** *v* [-nen] oil well

**olieconcern** *o* [-s] oil company

**oliecrisis** *v* [-crises, -crisissen] oil crisis

**oliedom** *bn* as dumb as an ox

**oliedruk** *m* ❶oil pressure ❷drukw oil process

**olie-embargo** *o* [-s] oil embargo

**olie-en-azijnstel** *o* [-len] cruet stand

**olie-exporterend** *bn* oil-exporting ∗*de* ~*e landen* the oil-exporting countries, the OPEC countries

**oliefilter** *o* [-s] oil filter

**oliehoudend** *bn* oil-bearing ∗*een* ~*e laag* an oil-bearing layer

**oliejas** *m & v* [-sen] oilskin coat

**oliekachel** *v* [-s] oil stove

**olielamp** *v* [-en] oil lamp

**oliemaatschappij** *v* [-en] oil company

**oliën** *overg* [oliede, h. geolied] oil, lubricate

**olieprijs** *m* [-prijzen] oil price, price of oil

**olieproducerend** *bn* oil-producing ∗*de* ~*e landen* the oil-producing countries, the OPEC countries

**olieraffinaderij** *v* [-en] oil refinery

**olieramp** *v* [-en] oil spill

**oliesel** *o* extreme unction ∗*het laatste* ~*ontvangen* receive extreme unction ∗*het heilig* ~*toedienen* administer the last rites

**olietanker** *m* [-s] oil tanker

**olieveld** *o* [-en] ❶oil field ❷*op water* oil slick

**olieverf** *v* [-verven] oil paint, oil colour/Am color ∗*in* ~in oils ∗*met* ~*schilderen* paint in oils

**olieverfschilderij** *o & v* [-en] oil painting

**olievervuiling** *v* oil slick

**olievlek** *v* [-ken] ⟨vlek⟩ oil stain, ⟨op (zee)water⟩ oil slick ∗fig *zich als een* ~*uitbreiden* spread unchecked

**oliewinning** *v* oil production

**olifant** *m* [-en] elephant

**olifantshuid** *v* [-en] elephant skin ∗*een* ~*hebben* be thick-skinned

**oligarchie** *v* oligarchy

**olijf I** *v* [olijven] *vrucht* olive **II** *m* [olijven] *boom* olive tree

**Olijfberg** *m* Mount of Olives

**olijfboom** *m* [-bomen] olive tree

**olijfgroen** *bn* olive-green

**olijfolie** *v* olive oil

**olijftak** *m* [-ken] olive branch

**olijk** *bn* roguish
**olijkheid** *v* roguishness
**olm** *m* [-en] elm
**olympiade** *v* [-n & -s] ❶*hist* Olympiad ❷*Olympische Spelen* Olympics, Olympic Games
**olympisch** *bn* Olympic ★*Olympisch goud* Olympic gold ★*de Olympische spelen* the Olympic Games ★*een ~e kalmte bewaren* maintain an Olympian/a superhuman calm
**OM** *afk en o* (Openbaar Ministerie) Public Prosecutor
**om** I*voorz* ❶*om ... heen* (a)round ★*ze zaten ~de tafel* they sat (a)round the table ❷*omstreeks* (a)round, about ★*hij is ~en nabij de vijftig* he is (a)round/about fifty ❸*te* at ★*~11 uur* at 11 (o'clock) ❹*periodiek na* every ★*~de andere dag* every other/second day ★*~de andere vrijdag* on alternate Fridays ❺*in ruil voor* for ★*~niet* for nothing, free, gratis ❻*wegens* for, because of, on account of ★*~deze reden* for this reason ❼*wat betreft* for ★*~mij hoeft het niet* you don't have to do it for me, as far as I'm concerned it's not necessary ❽*teneinde* (in order) to, so as to ★*er is een visum nodig ~het land binnen te komen* in order to enter the country you need to get a visa ▾*het was niet ~uit te houden* it was unbearable ▾*zij schreeuwden ~het hardst* they shouted at the top of their voices II*bn* ❶*voorbij* over, up, finished ★*het jaar is ~*the year is over ★*de tijd is ~*time is up ★*mijn tijd is ~*my time has expired ★*mijn verlof is ~*my leave is up ★*eer de week ~is* before the week is out ❷*een omweg* roundabout ★*dat is wel ~*it's a roundabout/circuitous way ❸*omgepraat* come (a)round ★*mijn ouders zijn ~*my parents have agreed, my parents have come (a)round ❹*v. richting veranderd* turned III*bijw* ❶*ergens omheen* (a)round, about, on ★ ⟨v. kledingstuk⟩ *~hebben* have on ★*ze deden het buiten mij ~*they did it without my knowledge ★*een eindje ~gaan* take a stroll ★*de hoek ~*(a)round the corner ★*wij doen dat ~en* we do it alternatively ❷*m.b.t. doel* about ★*waar gaat het ~?* what's it (all) about? ▾*'m ~hebben* be drunk

**oma** *v* ['s] grandmother, *inf* grandma, granny
**Oman** *o* Oman
**omarmen** *overg* [omarmde, h. omarmd] ❶embrace, hug ❷*fig* embrace/greet/accept with open arms

**omarming** *v* [-en] embrace, hug
**ombinden** *overg* [bond om, h. omgebonden] tie on/(a)round ★*een das ~*put on a tie
**omblazen** *overg* [blies om, h. omgeblazen] blow down/over
**ombouw** *m* surround(s), casing, housing
**ombouwen** *overg* [bouwde om, h. omgebouwd] convert, make alterations, alter, ⟨verbouwen⟩ rebuild, ⟨v. een zin⟩ rephrase, recast
**ombrengen** *overg* [bracht om, h. omgebracht] ❶kill, murder ❷*bezorgen* bring (a)round
**ombudsman** *m* [-nen] ombudsman
**ombuigen** I*overg* [boog om, h. omgebogen] ❶*verbuigen* bend ❷*zich buigen* bend over ❸*veranderen fig* alter, change ★*het beleid ~* restructure one's policy, change one's course ❹*bezuinigen fig* cut down on (government) expenditure, rationalize II*onoverg* [boog om, is omgebogen] bend
**ombuiging** *v* [-en] ❶*het ombuigen* bending, alteration, change ❷*bezuiniging* restructuring (in, reorganization, rationalization ❸*v. beleid* change of policy
**omcirkelen** *overg* [omcirkelde, h. omcirkeld] circle, ring, surround ★*het juiste antwoord ~*circle the right answer ★*omcirkeld door zijn bewakers* surrounded/ringed by his guards
**omdat** *voegw* ❶*because*, so ❷*doordat* inf because
**omdoen** *overg* [deed om, h. omgedaan] put on, ⟨v. veiligheidsriem⟩ fasten ★*een sjaal ~*put on a shawl
**omdopen** *overg* [doopte om, h. omgedoopt] rename, rel rebaptize ★*wij hebben onze boot omgedoopt tot Charlotte* we've renamed our boat Charlotte
**omdraaien** I*overg* [draaide om, h. omgedraaid] turn over, turn (around/round) ★*het hoofd ~*turn one's head ★*zijn polsen ~*twist his wrists ★*iem. de nek ~*wring sbd's neck ★*de situatie ~*reverse the situation ★*er zijn hand niet voor ~*think nothing of it II*onoverg* [draaide om, is omgedraaid] ❶turn (around/round) ★*het hart draait mij om in mijn lijf* it turns my stomach ❷*v.d. wind* turn, change, swing (a)round ★*in politiek & *swing/shift/veer (a)round III*wederk* [draaide om, h. omgedraaid] ★*zich ~* ⟨staande⟩ turn round; ⟨liggende⟩ turn over
**omduwen** *overg* [duwde om, h. omgeduwd] knock over, ⟨bewust⟩ push over
**omega** *v* ['s] omega
**omelet** *v* [-ten] omelet(te)
**omen** *o* [omina] omen
**omfloerst** *bn* shrouded, veiled, muffled ★ ⟨door tranen⟩ *met ~e blik* with misty eyes ★*met ~e stem* in a muffled voice
**omgaan** *onoverg* [ging om, is omgegaan] ❶*rondgaan* go about/(a)round ★*een eindje ~*take a walk, go for a stroll ★*een heel eind ~*go a long way around ★*een hoek ~*turn a corner ❷*verkeren met* go about with

om

✱ *met iem.* ~ associate with sbd, mix with sbd, keep company with sbd, *inf* rub elbows with sbd ✱ *ik ga niet veel met hen om* I don't see much of them ✱ *vertrouwelijk met iem.* ~ be on familiar terms with sbd ❸ *omspringen met* handle ✱ *met iets* ~ handle sth ✱ *goed met kinderen* ~ be good with children ✱ *ik weet (niet) met hem om te gaan* I (don't) know how to manage him ❹ *veel verrichten* come out with, deal out ✱ *met leugens* ~ be a liar ❺ *voorbijgaan* pass (by) ✱ *de dag is gauw omgegaan* the day has passed (by) quickly ❻ *gebeuren* happen, go on ✱ *dat gaat buiten mij om* I have nothing to do with it ✱ *er gaat veel om in die zaak* they're doing a roaring business ✱ *er gaat tegenwoordig niet veel om in de handel* there's not much doing (in business) at present ✱ *wat er in hem omging* what his feelings were, what was going on in his mind ❼ *omvallen* fall over, be/get knocked over ✱ *pas op: straks gaat de lamp om* you'll knock the lamp over if you're not careful ❽ *wijken voor iemand inf* go/get out of the way ✱ *hij gaat voor niemand om* he wouldn't go out of the way for anybody ❾ *overstag gaan* change one's mind, swing around

**omgaand, ommegaand** *bn* ✱ *per~e/ommegaande* by return (of post)

**omgang** *m* ❶ *verkeer* contact, (social/sexual) intercourse, association ✱ ~ *hebben met* have social contact with, go about with, be a companion to, associate with ✱ *(geslachtelijke)* ~ *hebben met* have sex with ✱ *aangenaam in de* ~ pleasant company ❷ *optocht* [-en] procession ❸ *v. wiel* [-en] rotation ❹ *v. toren* [-en] gallery

**omgangsregeling** *v* [-en] ± parental access arrangements

**omgangstaal** *v* colloquial language ✱ *in de* ~ in everyday speech, colloquially

**omgangsvorm** *v* [-en] manners, etiquette

**omgekeerd I** *bn* ❶ *omgedraaid* turned (up) ❷ *ondersteboven* turned upside down ✱ *dat is de~e wereld* that's putting things upside down ❸ *omgeslagen* turned over ❹ *binnenstebuiten* inside out ❺ *verwisseld, achterstevoren* back to front, reverse ❻ *v. leestekens* inverted ❼ *tegenovergesteld* opposite to ✱ *precies* ~ the other way (a)round/about, just/quite the reverse/opposite ✱ *in het~e geval* in the reverse/opposite case **II** *bijw* conversely ✱ *zijn trui* ~ *aanhebben* wear one's pullover back to front ✱ *en* ~ and conversely/vice versa ✱ ~ *evenredig (met)* inversely proportional (to) **III** *o* ✱ *het~e* the reverse ✱ *het~e van beleefd* the opposite to/the reverse of polite ✱ *wisk het~e van een stelling* a converse theorem

**omgeven I** *overg* [omgaf, h. omgeven] surround, encircle, encompass ✱ *zich* ~ *met* surround oneself with **II** *bn* ✱ ~ *met* surrounded with

**omgeving** *v* ❶ *omstreken* surroundings, environs, environment ✱ *in de* ~ *van* in the neighbourhood of ✱ *in mijn* ~ among my acquaintances ✱ *een*

*schilderachtige* ~ picturesque surroundings ❷ *nabijheid* neighbourhood, vicinity ✱ *iem. uit zijn (naaste)* ~ sbd from one's immediate vicinity

> **omgeving**
> wordt o.m. vertaald als environment, surroundings of environs. De laatste twee woorden bestaan alleen in het meervoud; a *surrounding of an *environ komen niet voor.

**omgooien** *overg* [gooide om, h. omgegooid] ❶ *omvergooien* knock over, upset, overturn ❷ *andere richting geven* change (around) ✱ *het plan* ~ change/alter the plan ❸ *v. kleding* throw on ❹ *techn* reverse

**om'gorden**[1] *overg* [omgordde, h. omgord] *met een gordel omgeven* fasten

**'omgorden**[2] *overg* [gordde om, h. omgegord] *om heupen vastmaken* fasten on

**omhaal** *m* ❶ *drukte* ceremony, fuss ✱ *met/zonder veel* ~ with/without much ceremony ❷ *omslachtigheid* circumlocution ✱ *met veel* ~ *van woorden* with a lot of beating about the bush ❸ *sp* overhead kick ✱ *een achterwaartse* ~ a bicycle kick ❹ *krul* flourish

**omhakken** *overg* [hakte om, h. omgehakt] cut down, chop down, fell

**omhalen** *overg* [haalde om, h. omgehaald] ❶ *neerhalen* pull/bring down ❷ *wenden v. schip* bring round ❸ *sp* kick overhead

**'omhangen**[1] *overg* [hing om, h. omgehangen] hang over/on/(a)round ✱ *iem. een medaille* ~ hang a medal (a)round sbd's neck ✱ *mil wapens* ~ sling arms

**om'hangen**[2] *overg* [omhing, h. omhangen] hang, cover ✱ ~ *met lof* cover/surround with praise

**omheen** *bijw* about, (a)round about ✱ *er niet* ~ *kunnen* not be able to get around it ✱ *er* ~ *draaien* talk (a)round sth, beat about the bush

**omheinen** *overg* [omheinde, h. omheind] fence in/(a)round/off, enclose

**omheining** *v* [-en] fence, enclosure

**omhelzen** *overg* [omhelsde, h. omhelsd] embrace, hug, *ook fig* espouse, ‹omvatten› clasp ✱ *een godsdienst* ~ espouse a religion

**omhelzing** *v* [-en] embrace, hug, *fig* espousal

**omhoog** *bijw* ❶ (up) in the air ✱ *handen* ~*!* hands up! ✱ *hoofd* ~*!* head up! ✱ *naar* ~ up(wards) ✱ *van* ~ from above ❷ *naar boven* up(wards)

**omhooggaan** *onoverg* [ging omhoog, is omhooggegaan] go up(wards), rise, ascend ✱ *de kosten gaan omhoog* the costs are rising

**omhooghouden** *overg* [hield omhoog, h. omhooggehouden] hold up

**omhoogschieten I** *overg* [schoot omhoog, h. omhooggeschoten] shoot up(wards) **II** *onoverg* [schoot omhoog, is omhooggeschoten] ❶ *snel omhooggaan* shoot up, skyrocket, soar ❷ *snel groeien* shoot up

**omhoogtrekken** *overg* [trok omhoog, h. omhooggetrokken] pull up(wards)

**omhoogvallen** *onoverg* [viel omhoog, is omhooggevallen] <u>iron</u> earn quick but undeserved promotion ∗ *hier werken alleen maar omhooggevallen huisvrouwtjes* the place is solely staffed by glorified housewives

**omhoogwerken** *wederk* [werkte omhoog, h. omhooggewerkt] ∗ <u>fig</u> *zich* ~ work one's way up

**omhoogzitten** *onoverg* [zat omhoog, h. omhooggezeten] ❶ <u>scheepv</u> run aground, be stranded ❷ <u>fig</u> be in trouble, be stuck ∗ *zij zit er lelijk mee omhoog* she's in a right spot of bother with/over it

**omhouden** *overg* [hield om, h. omgehouden] keep on

**omhullen** *overg* [omhulde, h. omhuld] envelop, wrap, <u>fig</u> shroud

**omhulsel** *o* [-s] covering, casing, ⟨v. graan &⟩ hull, ⟨v. zaadje⟩ husk, ⟨v. peulvrucht &⟩ pod ∗ *het stoffelijk* ~ the mortal remains

**omineus** *bn* ominous

**omissie** *v* [-s] omission

**omkappen** *overg* [kapte om, h. omgekapt] cut/chop down, fell

**omkeerbaar** *bn* reversible ∗ *die stelling is niet* ~ the theorem cannot be reversed

**omkeren I** *overg* [keerde om, h. omgekeerd] ❶ *omdraaien* turn ⟨a card, one's coat⟩, turn up ⟨a card⟩ ∗ *zich* ~ turn (a)round ❷ *omslaan* turn over ⟨the hay, a leaf⟩ ❸ *ondersteboven* turn ⟨a box &⟩ upside down ❹ *binnenstebuiten* turn out ⟨one's pockets⟩ ❺ *omzetten* invert ⟨commas &⟩ ❻ *terugdraaien, verwisselen* reverse ⟨a motion, the order⟩ ∗ *de rollen zijn omgekeerd* the roles are reversed ∗ *de zaken zijn omgekeerd* things have become twisted ❼ *veranderen* convert ⟨a proposition⟩ II *onoverg* [keerde om, is omgekeerd] turn back, <u>fig</u> shift/swing (a)round

**omkering** *v* [-en] ❶ *het omkeren* reversal ∗ ~ *van de bewijslast* reversal of the burden of proof ❷ *het veranderen* conversion

**omkiepen I** *overg* [kiepte om, h. omgekiept], **omkieperen** [kieperde om, h. omgekieperd] tip over II *onoverg* [kiepte om, is omgekiept], **omkieperen** [kieperde om, is omgekieperd] topple/tip over

**omkijken** *onoverg* [keek om, h. omgekeken] ❶ look back, look (a)round ❷ *aandacht besteden* worry/bother about ∗ ~ *naar iets* worry/bother about sth ∗ *hij kijkt er niet meer naar om* he doesn't bother about it anymore ∗ *je hebt er geen* ~ *naar* it needs no looking after, it looks after itself

**om'kleden**[1] *overg* [omkleedde, h. omkleed] formuleren couch ∗ *hij wist zijn idee zo te* ~ *dat...* he managed to couch his idea in such a way that... ∗ *het voorstel met redenen* ~ give reasons for/justify the proposal

**'omkleden**[2] *wederk* [kleedde om, h. omgekleed] change ⟨one's clothes⟩

**omklemmen** *overg* [omklemde, h. omklemd] clasp, hug ∗ *iem. met zijn armen* ~ clasp sbd in one's arms ∗ *een tas* ~ clasp a bag tightly

**omkomen** *onoverg* [kwam om, is omgekomen] ❶ *om het leven komen* die, <u>dicht</u> perish ∗ *van honger* ~ starve to death ❷ *voorbijgaan* come to an end ∗ *de dag kwam maar niet om* the day dragged on and on

**omkoopbaar** *bn* bribable, open to bribery

**omkoopschandaal** *o* [-dalen] bribery scandal

**omkopen** *overg* [kocht om, h. omgekocht] bribe, buy off, corrupt ⟨the jury⟩, <u>inf</u> grease/oil sbd's palm ∗ *zich laten* ~ accept a bribe

**omkoperij** *v* bribery, corruption

**omkoping** *v* [-en] bribery, corruption

**omkransen** *overg* [omkranste, h. omkranst] wreathe

**omlaag** *bijw* ❶ below, down ∗ *naar* ~ down ∗ *van* ~ down, from below ❷ *naar beneden* down(wards)

**omlaagduwen** *overg* [duwde omlaag, h. omlaaggeduwd] push/press/force down

**omlaaggaan** *onoverg* [ging omlaag, is omlaaggegaan] go down

**omlaaghalen** *overg* [haalde omlaag, h. omlaaggehaald] ❶ bring down ❷ <u>fig</u> run down, ⟨v. naam⟩ drag down ∗ *zichzelf* ~ run/put oneself down

**omleggen** *overg* [legde om, h. omgelegd] ❶ *omheen leggen* surround with ∗ *een verband* ~ apply a bandage, put a bandage on, bandage ❷ *ondersteboven leggen* turn over ∗ *een schip* ~ overturn a boat ❸ *ander verloop geven* change course ∗ *een weg* ~ re-route/divert a road ∗ *het roer* ~ shift the helm ❹ *doden* kill, murder

**omlegging** *v* [-en] diversion, detour

**omleiden** *overg* [leidde om, h. omgeleid] divert, re-route

**omleiding** *v* [-en] diversion, detour

**omliggend** *bn* surrounding

**omlijnen** *overg* [omlijnde, h. omlijnd] outline ∗ *duidelijk/scherp omlijnd* clear-cut

**omlijsten** *overg* [omlijstte, h. omlijst] frame

**omlijsting** *v* [-en] ❶ *het omlijsten* framing ❷ *lijst* frame, framework ❸ <u>fig</u> setting ∗ *met muzikale* ~ with musical accompaniment

**omloop** *m* [-lopen] ❶ *verspreiding* circulation ∗ *de* ~ *van het bloed* blood circulation ∗ *aan de* ~ *onttrekken* withdraw from circulation ∗ *in* ~ *brengen* ⟨v. geld⟩ circulate, put into circulation; ⟨v. gerucht⟩ spread ∗ *in* ~ *zijn* ⟨v. geld⟩ be in circulation; ⟨v. gerucht⟩ be abroad, be current ❷ *omwenteling* revolution, rotation ∗ *de* ~ *van de aarde rond de zon* the orbit of the earth around the sun ❸ *v. toren* gallery ❹ *parcours* <u>sp</u> track ❺ *wielerronde* <u>ZN</u> cycle race

**omloopsnelheid** *v* [-heden] ❶ *v. geld &* turnover rate/ratio ∗ *de* ~ *van geld* the velocity of money (circulation) ∗ *de* ~ *van voorraden* the velocity of stock turnover ❷ *v. hemellichamen* orbital velocity

**❸** *doorstroomsnelheid* rate of circulation **❹** techn speed

**omlooptijd** *m* [-en] *v. geld & * rotation/turnover time ✶ *de ~van crediteuren* the average term of credit received ✶ *de ~van debiteuren* the average term of credit allowed ✶ *de ~van voorraden* the stock/inventory turnover period

**omlopen** I *onoverg* [liep om, h. en is omgelopen] **❶** *rondlopen* walk (a)round/about, go for a stroll ✶ *een straatje ~go* for a little walk **❷** *een omweg maken* go (a)round, make a detour ✶ *we lopen wel even om* we'll go (a)round the back ▾ *de wind loopt om* the wind is shifting II *overg* [liep om, h. omgelopen] *omverlopen* knock/run down, knock/run over

**ommekeer** *m* turnabout, reversal, revolution, about-face ✶ *een plotselinge ~in zijn gedrag* a sudden behavioural change ✶ *een grote ~teweegbrengen in ons dagelijkse leven* revolutionize our daily life

**ommetje** *o* [-s] turn, stroll ✶ *een ~maken* take a stroll, go for a walk

**ommezien** *o* ✶ *in een ~in* a minute, in no time, inf in a jiffy

**ommezij ommezijde** *v* [-zijden] reverse side, other side, back ✶ *aan ~overleaf*, on the back ✶ *zie ~* please turn over, P.T.O., see overleaf

**ommezwaai** *m* [-en] turn around, revolution, ⟨v. richting⟩ turnabout, U-turn ✶ *een ~in het politiek beleid* a policy reversal

**ommuren** *overg* [ommuurde, h. ommuurd] wall in, surround ✶ *een ommuurde tuin* a walled garden

**omnibus** *m & v* [-sen] *boekwerk* omnibus

**omnium** *o & m* [-s] **❶** *wielerwedstrijd* omnium **❷** *wedren voor paarden* horse race **❸** *allriskverzekering* Belg comprehensive insurance ✶ *~verzekeren* insure oneself comprehensively

**omnivoor** *m* [-voren] omnivore

**omploegen** *overg* [ploegde om, h. omgeploegd] plough/Am plow (up)

**ompraten** *overg* [praatte om, h. omgepraat] talk (a)round/over, persuade ✶ *hij wilde me ~he* wanted to talk me into/out of it ✶ *zich laten ~give* in

**omranden** *overg* [omrandde, h. omrand] rim, edge

**omrekenen** *overg* [rekende om, h. omgerekend] convert (to/into) ✶ *ponden ~in euro's* convert pounds into euros

**omrekening** *v* [-en] conversion

**omrekeningskoers** *m* [-en] eff exchange rate

**omrijden** I *overg* [reed om, h. omgereden] **❶** *rondrijden* ride/drive (a)round **❷** *omverrijden* knock/run down II *onoverg* [reed om, h. en is omgereden] **❶** *rondrijden* ride/drive (a)round **❷** *een omweg nemen* make a detour, take a roundabout route

**omringen** *overg* [omringde, h. omringd] surround, encircle, enclose ✶ *zich ~met* surround oneself with

**omroep** *m* broadcasting corporation/network ✶ *de publieke ~the* national station

**omroepbestel** *o* broadcasting system

**omroepbijdrage** *v* [-n] broadcasting licence/Am license fee

**omroepblad** *o* [-bladen] TV and radio guide

**omroepen** *overg* [riep om, h. omgeroepen] **❶** broadcast, announce **❷** *oproepen* call, page ✶ *iems. naam laten ~page* sbd **❸** *dicht* cry, announce

**omroeper** *m* [-s] **❶** RTV announcer, broadcaster, ⟨vrouw⟩ lady announcer **❷** hist (town) crier

**omroepvereniging** *v* [-en] broadcasting corporation

**omroeren** *overg* [roerde om, h. omgeroerd] stir

**omruilen** *overg* [ruilde om, h. omgeruild] exchange, change, inf swap, ⟨v. een auto &⟩ trade in

**omschakelen** *onoverg en overg* [schakelde om, h. omgeschakeld] **❶** change/switch over ✶ *~naar* switch to **❷** *aanpassen* readjust, convert

**omschakeling** *v* [-en] changeover, switch, shift

**omscholen** *overg* [schoolde om, h. omgeschoold] retrain, re-educate ✶ *zich laten ~be* retrained ✶ *zij liet zich ~tot...* she retrained to be a...

**omscholing** *v* [-en] retraining, re-education

**omscholingscursus** *m* [-sen] retraining course

**omschrijven** *overg* [omschreef, h. omschreven] **❶** *definiëren* define, specify ✶ *de werkprocessen zijn niet duidelijk omschreven* the work processes are not clearly spelt out/specified ✶ *een moeilijk te ~begrip* a concept which is hard to define ✶ *in alle boven omschreven gevallen* in all the above-mentioned cases **❷** *beschrijven* describe, characterize ✶ *critici ~ hem als...* he has been characterized/described by the critics as... **❸** *in meetkunde* circumscribe

**omschrijving** *v* [-en] **❶** *definitie* definition, specification **❷** *beschrijving* description, characterization **❸** *in meetkunde* circumscription

**omsingelen** *overg* [omsingelde, h. omsingeld] **❶** surround ✶ *de school werd omsingeld door ME'ers* the school was surrounded by the riot police ✶ *ze werden omsingeld door de politie en aangehouden* they were rounded up by the police and arrested **❷** *belegeren* besiege ✶ *een stad ~besiege* a city

**omsingeling** *v* [-en] **❶** siege ✶ *de ~doorbreken* raise the siege **❷** *handeling* encircling, surrounding, ⟨v. fort⟩ besiegement, ⟨v. criminelen⟩ rounding up

**omslaan** I *overg* [sloeg om, h. omgeslagen] **❶** *omver* knock over **❷** *naar beneden* turn down ✶ *de kraag ~* turn down the collar **❸** *omhoog* turn up ✶ *de broekspijpen ~turn* up the trousers **❹** *omkeren* turn (over) ✶ *een bladzijde ~turn* a page (over) **❺** *om lichaam* throw on/(a)round **❻** *gelijkelijk verdelen* apportion, divide (*over* among) II *onoverg* [sloeg om, is omgeslagen] **❶** *omgaan* go/turn ✶ *de hoek ~go* (a)round the corner **❷** *omverslaan* overturn, (be)upset, capsize ✶ *het rijtuig sloeg om* the carriage overturned ✶ *de boot sloeg om* the boat capsized **❸** *v. paraplu* be blown inside out **❹** *v. weer* turn, change, break ✶ *het weer is omgeslagen* ⟨naar slecht weer⟩ the weather has taken a turn for the worse;

⟨naar mooi weer⟩ the weather has taken a turn for the better ❻*v. opinie & veer*/swing (a)round

**omslachtig** *bn* laborious, time-consuming ⟨process, procedure⟩, long-winded, wordy ⟨speaker⟩, lengthy ⟨story⟩, roundabout ⟨method⟩

**omslag** I *m & o* [-slagen] ❶*v. boek* cover, wrapper, ⟨stofomslag⟩ jacket ❷*v. brief* envelope ❸*rand v. mouw* cuff ❹*rand v. broek* turn-up ❺*med* compress ❻*techn* brace II *m* ❶*drukte* ceremony, fuss, ado, to-do *zonder veel ~*without much ado ❷*verandering v.h. weer* break (in the weather) ❸*verdeling* apportionment *een hoofdelijke ~*a head tax ❹*v. woorden* long-windedness, wordiness, beating about the bush

**omslagartikel** *o* [-en] cover story

**omslagboor** *v* [-boren] brace and bit

**omslagdoek** *m* [-en] shawl, wrap

**omsluiten** *overg* [omsloot, h. omsloten] enclose, encircle, surround, encompass

**omsmelten** *overg* [smolt om, h. omgesmolten] melt down

**omspannen** *overg* [omspande, h. omspannen] ❶*v. tijd* span ❷*v. kleren & be* wrapped (a)round, be stretched over *het badpak omspande haar lijf* the swimsuit clung to her body

**omspitten** *overg* [spitte om, h. omgespit] turn over, ⟨v. tuin⟩ dig up

**'omspoelen'** *overg* [spoelde om, h. omgespoeld] ❶*rinse* (out), wash out ❷*v. film & rewind*

**om'spoelen²** *overg* [omspoelde h. omspoeld] wash/lap (a)round

**omspringen** *onoverg* [sprong om, h. omgesprongen] deal with, handle *royaal/zuinig met iets ~be* free/sparing with sth *onzorgvuldig met iets ~* handle/deal with/treat sth carelessly

**omstander** *m* [-s] bystander, ⟨toeschouwer⟩ onlooker, spectator

**omstandig** I *bn* detailed, elaborate II *bijw* elaborately, minutely

**omstandigheid** *v* [-heden] ❶circumstance *zijn omstandigheden* his circumstances (in life) *zijn geldelijke omstandigheden* his financial position/situation/circumstances *de maatschappelijke omstandigheden* social conditions *jur verzachtende omstandigheden* extenuating/mitigating circumstances *jur verzwarende omstandigheden* aggravating circumstances *in de gegeven omstandigheden* in/under the (given) circumstances *...naar omstandigheden wel* ...fine, considering the circumstances *onder geen enkele ~*on no account *tegen de omstandigheden opgewassen zijn* be equal to/rise to the occasion *wegens omstandigheden gesloten* closed due to unforeseen circumstances ❷*uitvoerigheid* elaborateness, detail

**omstoten** *overg* [stootte *of* stiet om, h. omgestoten] knock over

**omstreden** *bn* ❶controversial *een ~politicus* a controversial politician *een ~kwestie* a controversial question ❷*v. grondgebied* disputed, contested

**omstreeks** I *bijw ongeveer* about, approximately, roughly *de gemiddelde prijs bedraagt ~duizend euro* the average price is in the vicinity of one thousand euros II *voorz* ❶*ongeveer* (round) about *~de jaarwisseling* (a)round the turn of the year, (round) about the turn of the year ❷*in de buurt van* near, in the vicinity/neighbourhood of *ze zullen nu ~Parijs zijn* they must be close to/near Paris now

**omstreken** *zn* [mv] environs, neighbourhood *Utrecht en ~*Utrecht and environs

**omstrengelen** *overg* [omstrengelde, h. omstrengeld] ❶*twine/wind/twist* (a)round ❷*omhelzen* embrace, hug, entwine *iem. ~* embrace/hug sbd, entwine oneself (a)round sbd

**omstrengeling** *v* [-en] clasp, grasp, embrace

**omtoveren** *overg* [toverde om, h. omgetoverd] transform *de garage was in in een studeerkamer omgetoverd* the garage had been transformed into a study

**omtrappen** *overg* [trapte om, h. omgetrapt] kick over/down

**omtrek** *m* [-ken] ❶*contouren* contour, outline, ⟨tegen de horizon⟩ silhouette, skyline *iets in ~ schetsen* outline sth ❷*omvang ⟨v. lichaam⟩* girth, ⟨v. stuk land⟩ size, extent ❸*omstreken* surroundings, surrounding area, environs, vicinity *in de ~van* in the vicinity of *... mijlen in de ~*for ... miles (a)round, within ... miles *tot 20 kilometer in de ~* within a radius of 20 kilometres ❹*wisk* perimeter, ⟨v. cirkel⟩ circumference *in ~*in circumference

**omtrekken** I *overg* [trok om, h. omgetrokken] ❶*omhalen* pull down ❷*v. figuur* trace, outline, circumscribe II *onoverg* [trok om, is omgetrokken] *rondtrekken* circumscribe, outline

**omtrekkend** *bn* outflanked *een ~e beweging maken* outflank

**omtrent** I *bijw* about, near, approximately, in the vicinity/region of *~100 euro* about 100 euros II *voorz* ❶*nabij* near, in the vicinity of, close to ❷*betreffende* about, concerning, with regard to

**omturnen** *overg* [turnde om, h. omgeturnd] turn/bring (a)round *iem. ~persuade* sbd to change his mind

**omvallen** *onoverg* [viel om, is omgevallen] fall over/down, turn over *de wagen is omgevallen* the car has fallen on its side/has toppled over *zij vielen haast om van het lachen* they fell about laughing *je valt om van de prijzen* the prices are staggering *hij viel bijna om van verbazing* you could have knocked him down with a feather, he was bowled over/thunderstruck *ik val om van de slaap* I'm dead tired

**omvang** *m* ❶*omtrek* girth, circumference ❷*uitgestrektheid* ook fig area, extent, scale, size

**❸** *grootte* dimensions, size, volume, scale, extent ✳ *de ~ van de ramp is nog niet duidelijk* the magnitude of the catastrophe is not yet clear ✳ *van beperkte~* of limited size, limited in size ✳ *de~ van het perceel* the size of the land, the land's dimensions **❹** muz range, register, reach

**omvangrijk** *bn* sizeable, extensive, of large proportions ✳ *een~e kennis van iets hebben* have extensive/wide knowledge of sth ✳ *een~e tuin* a large garden ✳ *een ~ onderzoek* an extensive examination/investigation

**omvatten** *overg* [omvatte, h. omvat] **❶** *omsluiten* enclose, encircle, encompass, embrace **❷** *m.b.t. tijd, ruimte* span **❸** *inhouden* comprise, encompass, include, cover

**omver** *bijw* down, over

**omverblazen** *overg* [blies omver, h. omvergeblazen] blow down

**omverduwen** *overg* [duwde omver, h. omvergeduwd] push over

**omvergooien** *overg* [gooide omver, h. omvergegooid] **❶** knock/bowl over **❷** fig overthrow, upset

**omverlopen** *overg* [liep omver, h. omvergelopen] run/knock over, run/knock down ✳ *hij liep me zo omver* he knocked me off my feet

**omverstoten** *overg* [stootte omver, h. omvergestoten] push over

**omverwerpen** *overg* [wierp omver, heeft omvergeworpen] knock over, upset ‹a glass›, overturn ‹a plan›, fig overthrow, topple, ‹v. e. theorie› refute ✳ *de regering ~* overthrow/topple the government

**omvliegen I** *onoverg* [vloog om, h. omgevlogen] *rondvliegen* fly (a)round **II** *onoverg* [vloog om, is omgevlogen] *v. tijd* fly by/past, pass

**omvormen** *overg* [vormde om, h. omgevormd] transform, remodel, convert

**omvouwen** *overg* [vouwde om, h. omgevouwen] fold down/over, turn down

**omwaaien I** *onoverg* [waaide/woei om, is omgewaaid] be blown over/down **II** *overg* [waaide/woei om, h. omgewaaid] blow down

**omweg** *m* [-wegen] **❶** *roundabout way, detour* ✳ *een hele~* a long way about ✳ *een~ maken* make a detour ✳ *langs een~* by a circuitous route, by a roundabout way ✳ fig *langs~en* indirectly, in a roundabout way **❷** *v. woorden* roundabout/indirect manner ✳ *zonder~en* without beating about the bush

**omwenteling** *v* [-en] **❶** *draaiing* revolution, rotation, gyration, ‹v. satelliet &› orbit **❷** *revolutie* revolution, upheaval ✳ *een ~ teweegbrengen in* revolutionize, bring about a change in **❸** wisk rotation

**omwentelingsas** *v* [-sen] axis of rotation

**omwentelingssnelheid** *v* [-heden] velocity/speed of rotation

**omwentelingstijd** *m* [-en] period/time of rotation/revolution

**omwerken** *overg* [werkte om, h. omgewerkt] **❶** *veranderen* remodel, refashion, recast, redraft, reword, rewrite **❷** *omploegen* plough/Am plow, turn over

**omwerpen** *overg* [wierp om, h. omgeworpen] form knock over, knock down

**'omwikkelen**[1] *overg* [wikkelde om, h. omgewikkeld] wrap

**om'wikkelen**[2] *overg* [omwikkelde, h. omwikkeld] wrap (a)round

**omwille** *bijw* ✳ *~ van* because of, for the sake of ✳ *~ van mijn moeder* for my mother's sake ✳ *~ van mijn rugklachten blijf ik thuis* I have to stay at home because of my back trouble, my back trouble keeps me at home

**omwisselen I** *overg* [wisselde om, h. omgewisseld] change, exchange ✳ *geld~* change money ✳ *iets~ tegen/voor iets anders* exchange sth for sth else **II** *onoverg* [wisselde om, is omgewisseld] *v. plaats* change/inf swap places

**omwonend** *bn* neighbouring, surrounding

**omwonenden** *zn* [mv] neighbours, people living in the neighbourhood

**omzagen** *overg* [zaagde om, h. omgezaagd] saw down

**'omzeilen**[1] **I** *onoverg* [zeilde om, h. omgezeild] **❶** *omweg maken* sail (a)round **❷** *rondzeilen* sail about **II** *overg* [zeilde om, h. omgezeild] *omverzeilen* sail down

**om'zeilen**[2] *overg* [omzeilde, h. omzeild] **❶** *zeilen om* sail (a)round ✳ *een klip~* sail (a)round a rock **❷** fig skirt, bypass ✳ *moeilijkheden~* get round/circumvent/sidestep the difficulties, steer clear of the difficulties

**omzet** *m* [-ten] turnover, sales, revenue ✳ *de wekelijkse~* the weekly turnover ✳ *er is weinig ~* there is little turnover ✳ *kleine winst bij vlugge~* small profits and quick returns

**omzetbelasting** *v* sales/turnover/sales tax

**omzetcijfers** *zn* [mv] sales figures

**omzetdaling** *v* [-en] drop/decline in sales/turnover

**omzetsnelheid** *v* turnover rate

**omzetstijging** *v* [-en] increase in sales/turnover

**omzetten** *overg* [zette om, h. omgezet] **❶** *anders zetten* change position, ‹v. letters & muziek› transpose ✳ *woorden~* change the position of the words, change the sentence order **❷** *veranderen in iets anders* change (into), transform (into), convert (into) ✳ *woorden in daden~* translate words into action ✳ chem *in een andere stof~* convert into another substance ✳ *de zaak in een NV~* turn/convert the business into a public limited company **❸** techn reverse, ‹v. hendel› shift **❹** handel turn over, sell ✳ *hij zet voor 100.000 pond om* his turnover is 100,000 pounds

**omzetting** *v* [-en] **❶** *in iets anders* conversion, transformation, ‹vertaling› translation, ‹v. muziek,

een term/woord› transposition ❷ *v. de volgorde van woorden* inversion ❸ *v. een motor* reversal
**omzichtig** *bn* cautious, circumspect
**omzichtigheid** *v* cautiousness, caution, circumspection
**omzien I** *onoverg* [zag om, h. omgezien] ❶ *v. kijken* look back, ‹rondkijken› look (a)round, ‹uitkijken› look out ∗ ‹zoeken naar› ~ *naar iem/iets* look out for sbd/sth ❷ *zorgen voor* look after ∗ ~ *naar iem.* look after sbd ∗ *niet* ~ *naar de kinderen* neglect the children ∗ *niet* ~ *naar zijn zaken* not attend to/be negligent of one's affairs **II** *o* → **ommezien**
**'omzomen**[1] *overg* [zoomde om, h. omgezoomd] *een zoom maken in* hem
**om'zomen**[2] *overg* [omzoomde, h. omzoomd] *een zoom vormen om* surround, border, fringe
**omzwaaien** *onoverg* [zwaaide om, is omgezwaaid] ❶ *veranderen v. studie &* switch over, change subject ❷ *omslaan naar de andere kant* swing around
**omzwerving** *v* [-en] wandering, roving, rambling
**onaangedaan** *bn* unmoved, untouched
**onaangediend** *bn* unannounced
**onaangekondigd** *bn* unannounced
**onaangenaam I** *bn* disagreeable, offensive, unpleasant ∗ *een* ~ *karakter* an unpleasant character ∗ *iem. het leven* ~ *maken* make life difficult/unpleasant for sbd **II** *bijw* disagreeably & ∗ ~ *verrast* unpleasantly surprised
**onaangepast** *bn* maladjusted
**onaangeroerd** *bn* ❶ untouched, unaffected ∗ *de kas was* ~ the cash box contents were intact ❷ *niet besproken* left unsaid ∗ *wij lieten dat onderwerp* ~ we left that subject untouched, we didn't touch upon that subject
**onaangetast** *bn* untouched, unaffected ∗ *de macht van de kerk was nog* ~ the church's power was still intact ∗ ~ *door de tand des tijds* unaffected/untouched by the ravages of time
**onaantastbaar** *bn* unassailable
**onaantastbaarheid** *v* unassailability ∗ *jur de* ~ *van het menselijk lichaam* the inviolability of the human body
**onaantrekkelijk** *bn* unattractive, unappealing
**onaanvaardbaar** *bn* unacceptable
**onaanzienlijk** *bn* insignificant, modest ∗ *niet* ~ considerable ∗ *voor een niet* ~ *bedrag* for a considerable sum
**onaardig** *bn* unpleasant ∗ *het is* ~ *van je* it's not nice of you, it's nasty of you, it's unkind of you ∗ *dat is niet* ~ that's not bad
**onacceptabel** *bn* unacceptable
**onachtzaam** *bn* inattentive, negligent, careless
**onachtzaamheid** *v* [-heden] inattention, negligence, carelessness
**onaf** *bn* unfinished, incomplete, not ready
**onafgebroken I** *bn* ❶ *ononderbroken* unbroken, uninterrupted ❷ *doorlopend* continuous **II** *bijw* without interruption

**onafhankelijk** *bn* independent ∗ ~ *van leeftijd* irrespective of age
**onafhankelijkheid** *v* independence
**onafhankelijkheidsdag** *m* [-dagen] *in de VS* Independence Day
**onafhankelijkheidsoorlog** *m* [-en] war of independence
**onafhankelijkheidsverklaring** *v* [-en] declaration of independence
**onafscheidelijk I** *bn* inseparable from **II** *bijw* inseparably
**onafwendbaar I** *bn* unavoidable, inescapable **II** *bijw* unavoidably, inescapably
**onafzienbaar** *bn* immense, vast, ‹v. tijd› endless, interminable
**onaneren** *onoverg* [onaneerde, h. geonaneerd] masturbate
**onanie** *v* masturbation
**onappetijtelijk** *bn* unappetizing, unsavoury
**onbaatzuchtig I** *bn* disinterested, unselfish **II** *bijw* unselfishly
**onbaatzuchtigheid** *v* disinterestedness, unselfishness, selflessness
**onbarmhartig I** *bn* merciless, ruthless **II** *bijw* mercilessly, ruthlessly
**onbarmhartigheid** *v* [-heden] mercilessness, ruthlessness
**onbeantwoord** *bn* ❶ *v. brief, vragen &* unanswered ❷ *v. liefde* unrequited
**onbebouwd** *bn* ❶ *v. land* uncultivated, untilled ❷ *v. ruimte* unbuilt on ❸ *v. grond* waste, vacant, undeveloped
**onbedaarlijk I** *bn* uncontrollable, irrepressible ∗ *een* ~ *gelach* uncontrollable laughter **II** *bijw* uncontrollably, irrepressibly
**onbedachtzaam I** *bn* thoughtless, inconsiderate, rash **II** *bijw* thoughtlessly, inconsiderately, rashly
**onbedachtzaamheid** *v* [-heden] thoughtlessness, rashness, lack of consideration
**onbedekt I** *bn* uncovered, exposed, open **II** *bijw* openly
**onbedoeld I** *bn* unintentional **II** *bijw* unintentionally
**onbedorven** *bn* ❶ *puur* unspoilt, sound ❷ *onschuldig* unspoilt, innocent ∗ *zijn* ~ *jeugd* his unspoilt youth
**onbedreigd** *bn* *sp* unchallenged, uncontested ∗ ~ *winnen* win uncontestedly
**onbeduidend I** *bn* ❶ insignificant, trivial, trifling ∗ *niet* ~ considerable ❷ *niet opvallend* nondescript **II** *bijw* insignificantly
**onbedwingbaar I** *bn* uncontrollable, indomitable **II** *bijw* uncontrollably, indomitably
**onbegaanbaar** *bn* impassable
**onbegonnen** *bn* impossible, hopeless ∗ ~ *werk* a hopeless task
**onbegrensd** *bn* unlimited, unbounded ∗ ~ *e mogelijkheden* unlimited possibilities
**onbegrepen** *bn* ❶ not understood ❷ *miskend*

**or**

unappreciated

**onbegrijpelijk** I *bn* ❶*niet te begrijpen* incomprehensible, unintelligible ❷*onvoorstelbaar* inconceivable ❸*onverklaarbaar* inexplicable II *bijw* incomprehensibly, unintelligibly, inconceivably, inexplicably

**onbegrip** *o* incomprehension, lack of understanding ✻ *op ~stuiten* fall on deaf ears

**onbehaaglijk** *bn* ❶unpleasant, disagreeable ❷*ongemakkelijk* uncomfortable, uneasy ✻ *zich ~ voelen* feel ill at ease

**onbehagen** *o* uneasiness

**onbeheerd** *bn* ❶unowned, ownerless ✻ *iets ~ achterlaten* leave sth unattended ❷*jur* unclaimed

**onbeheerst** I *bn* uncontrolled, unrestrained, undisciplined II *bijw* uncontrolledly, unrestrainedly ✻ *zich ~gedragen* behave in an undisciplined manner

**onbeholpen** I *bn* awkward, clumsy, ‹v. zaken› unwieldy II *bijw* awkwardly, clumsily ✻ *zich ~ uitdrukken* express oneself awkwardly/clumsily

**onbeholpenheid** *v* clumsiness, awkwardness, ‹v. zaken› unwieldiness

**onbehoorlijk** I *bn* unseemly, improper, indecent ✻ *een ~e tijd om op te staan* an indecent/ungodly hour to get up II *bijw* improperly, indecently

**onbehouwen** I *bn* coarse, crude, ‹v. vorm› ungainly II *bijw* coarsely, crudely

**onbekend** *bn* ❶*niet bekend* unknown, unfamiliar ✻ *de ~e soldaat* the unknown soldier ✻ *misdaad is hier ~* crime is not known here ✻ *ik ben hier ~* I'm a stranger here ✻ *~maakt onbemind* unknown, unloved ✻ *fig op ~terrein* off one's beat, in unknown/unfamiliar territory ✻ *zijn gezicht komt me niet ~ voor* I seem to know his face ❷*niet beroemd* unknown, obscure, ‹v. plaatsen› out-of-the-way ✻ *hij is nog ~* he is still unknown ❸*niet op de hoogte* unacquainted (with), not aware (of) ✻ *dat was mij ~* I wasn't aware of this ✻ *~met* unacquainted/unfamiliar with, ignorant of

**onbekende** I *m-v* [-n] ❶stranger ✻ *twee ~n* two strangers ✻ *de grote ~* the mysterious stranger ❷*wisk* unknown factor ✻ *twee ~n* two unknowns II *o* *onbekend gebied* unknown ✻ *wij gaan het ~tegemoet* we're going into the unknown

**onbekendheid** *v* ❶unfamiliarity, ignorance ✻ *zijn ~met...* his unfamiliarity with..., his ignorance of... ❷*duisterheid* obscurity

**onbekommerd** I *bn* unconcerned ✻ *een ~leven leiden* lead a carefree life II *bijw* unconcernedly, without concern

**onbekwaam** *bn* ❶*niet capabel* incapable, incompetent ❷*jur* incompetent, ineligible, disqualified ❸*dronken* drunk and incapable, incapacitated ❹*arbeidsongeschikt* ZN disabled

**onbelangrijk** *bn* unimportant, insignificant ✻ *een niet ~bedrag* a considerable amount

**onbelast** *bn* ❶*geen last dragend* unburdened,

unencumbered, techn unloaded ✻ *als de motor ~ draait* when the motor is idling ❷*belastingvrij* untaxed, duty-free, tax-free

**onbeleefd** I *bn* impolite, uncivil, rude II *bijw* impolitely, uncivilly, rudely

**onbeleefdheid** *v* [-heden] ❶impoliteness, incivility, rudeness ❷*belediging* insult

**onbelemmerd** *bn* unobstructed, unimpeded, unhampered

**onbemand** *bn* unmanned

**onbemiddeld** *bn* without means, penniless

**onbemind** *bn* unloved, unpopular

**onbenul** *m-v* [-len] idiot, fool

**onbenullig** I *bn* inane, stupid, silly II *bijw* inanely, stupidly

**onbenulligheid** *v* [-heden] stupidity, inanity, silliness

**onbepaald** *bn* ❶*onbeperkt* unlimited ✻ *een ~ vertrouwen in iem. hebben* have absolute faith in sbd ❷*taalk* indefinite ✻ *een ~voornaamwoord* an indefinite pronoun ✻ *de ~e wijs* the infinitive ❸*vaag* uncertain, vague, indefinable ✻ *niet vastgelegd* indeterminate, indefinite ✻ *voor ~e tijd vertrekken* leave for an indeterminate/indefinite period of time

**onbeperkt** I *bn* unlimited, unrestrained, unbounded ✻ *~e macht* unlimited power ✻ *een ~ uitzicht* an unrestricted view II *bijw* without limit/restraint

**onbeproefd** *bn* untried ✻ *niets ~laten* leave no stone unturned

**onbereden** *bn* ❶*niet bereden* unbroken ❷*niet bedreven in het rijden* inexperienced ❸*geen paard berijdend* unmounted, foot ✻ *de ~troepen* the infantry

**onberedeneerd** I *bn* irrational II *bijw* irrationally, without thinking ✻ *~handelen* act without thinking

**onbereikbaar** *bn* ❶inaccessible ❷*fig* unattainable, unreachable

**onberekenbaar** *bn* ❶incalculable ❷*fig* unpredictable

**onberispelijk** I *bn* irreproachable, ‹keurig› immaculate, impeccable, ‹zonder fouten› faultless, flawless ✻ *~gedrag* irreproachable behaviour II *bijw* irreproachably, impeccably, immaculately & ✻ *~ gekleed* impeccably/immaculately dressed

**onberoerd** *bn* ❶*ongeëmotioneerd* untouched, unmoved ❷*niet beroerd* undisturbed

**onbeschaafd** *bn* ❶*v. volken* uncivilized ❷*v. mensen, manieren* ill bred, uneducated, unrefined, coarse

**onbeschaamd** I *bn* impudent, impertinent ✻ *een ~e kerel* an impudent fellow ✻ *een ~e leugen* a barefaced/brazen lie II *bijw* impudently, impertinently

**onbeschadigd** *bn* undamaged, ‹v. mensen› unharmed, unscathed

**onbescheiden** I *bn* ❶*vrijpostig* forward ❷*ongepast nieuwsgierig* indiscreet, indelicate ❸*brutaal* presumptuous, bold II *bijw* forwardly &

**onbescheidenheid** v [-heden ] ❶*vrijpostigheid* forwardness ❷*ongepastheid* indiscretion, tactlessness

**onbeschermd** *bn* unprotected, unguarded ✴ ﹏*e seks* unprotected sex

**onbeschoft** I *bn* insolent, impudent, rude, ill mannered II *bijw* insolently, impudently, rudely, in an ill-mannered way

**onbeschreven** *bn* ❶blank ✴ *een* ﹏*blad* ‹onervaren› inexperienced; ‹jong› young and innocent ❷*feiten & undescribed*

**onbeschrijfelijk. onbeschrijflijk** I *bn* indescribable, afkeurend unspeakable II *bijw* indescribably, afkeurend unspeakably, versterkend very ✴ ﹏*mooi* indescribably beautiful

**onbeschroomd** I *bn* unabashed, frank, candid II - unabashedly, frankly, candidly

**onbeschut** *bn* unsheltered, unprotected

**onbeslagen** *bn* unshod ✴ fig ﹏*ten ijs komen* be unprepared (for...)

**onbeslist** *bn* undecided ✴ *iets* ﹏*laten* leave sth undecided ✴ *het spel bleef* ﹏the game ended in a draw

**onbespoten** *bn* unsprayed

**onbesproken** *bn* ❶*v. onderwerp* undiscussed ❷*v. plaatsen* unbooked, free ❸*v. gedrag* blameless, irreproachable

**onbestaanbaar** *bn* ❶impossible ✴ *dat is toch* ﹏*!* that can't be so! ❷*strijdig* inconsistent/incompatible (with)

**onbestelbaar** *bn* undeliverable ✴ *een onbestelbare brief* a dead letter

**onbestemd** *bn* indeterminate, vague, indefinable

**onbestendig** *bn* ❶*instabiel* unsettled, unstable ❷*wispelturig* fickle, capricious

**onbestorven** *bn* too fresh ✴ ﹏*vlees* meat that needs to be hung ✴ *een* ﹏*weduwe* a grass widow

**onbestuurbaar** *bn* unmanageable, out of control ✴ *de auto is* ﹏the car is out of control ✴ *een* ﹏*land* an ungovernable country

**onbesuisd** I *bn* rash, impetuous ✴ *een* ﹏*rijder* a hotheaded driver II *bijw* rashly, impetuously, hotheadedly ✴ ﹏*te werk gaan* rush into things

**onbetaalbaar** I *bn* ❶prohibitive, impossibly expensive ❷fig priceless, invaluable ✴ *een* ﹏ *moment* a priceless moment ✴ *een onbetaalbare grap* a hilarious joke II *bijw* prohibitively ✴ ﹏*duur* prohibitively expensive, inf cost the earth

**onbetaald** *bn* unpaid, unsettled ✴ ﹏*e rekeningen* outstanding accounts

**onbetamelijk** I *bn* improper, indecent, unseemly II *bijw* inordinately ✴ *de vrouw hield* ﹏*veel van eten* the woman was inordinately fond of food ✴ ﹏*veel geld* an indecent amount of money

**onbetekenend** *bn* insignificant, unimportant, trifling

**onbetreden** *bn* untrodden

**onbetrouwbaar** *bn* unreliable, ‹ook v. persoon›

untrustworthy

**onbetrouwbaarheid** v unreliability, ‹ook v. persoon› untrustworthiness

**onbetuigd** *bn* ✴ *hij liet zich niet* ﹏he did it justice

**onbetwist** I *bn* undisputed, uncontested, unchallenged II *bijw* ✴ *hij is* ﹏*de beste* he is the unrivalled champion

**onbetwistbaar** I *bn* indisputable, undeniable, irrefutable II *bijw* indisputably &

**onbevaarbaar** *bn* unnavigable

**onbevangen** I *bn* ❶*onbevooroordeeld* open-minded, unprejudiced ❷*niet verlegen* frank, candid, unrestrained, uninhibited II *bijw* ❶with an open mind, without prejudice ❷*niet verlegen* frankly &

**onbevangenheid** v ❶*onbevooroordeeldheid* open-mindedness, lack of prejudice, impartiality ❷*ongedwongenheid* lack of inhibition, frankness, candidness

**onbevlekt** *bn* ❶*zonder vlek* unstained, dicht undefiled ❷rel immaculate ✴ RK *de Onbevlekte Ontvangenis* the Immaculate Conception

**onbevoegd** *bn* ❶*niet gerechtigd* unauthorized, unqualified ✴ ﹏*om* unqualified to ❷*onbekwaam* ook jur incompetent

**onbevoegde** *m-v* [-n] unauthorized person ✴ *geen toegang voor* ﹏*n* no unauthorized entry

**onbevooroordeeld** *bn* unprejudiced, unbias(s)ed, open-minded

**onbevredigd** *bn* unsatisfied

**onbevredigend** *bn* unsatisfactory

**onbevreesd** I *bn* unafraid, fearless II *bijw* fearlessly

**onbewaakt** *bn* unguarded ✴ *in een* ﹏*ogenblik* in an unguarded moment

**onbeweeglijk** *bn* ❶*muurvast* immovable, stuck, immobile ❷*onverbiddelijk* adamant ❸*bewegingloos* motionless

**onbeweeglijkheid** v immobility, immovability

**onbewogen** *bn* ❶*roerloos* immobile, motionless ❷fig unmoved, unaffected

**onbewolkt** *bn* cloudless

**onbewoonbaar** *bn* ❶*v. land* uninhabitable ❷*v. woning* unfit for (human) habitation ✴ ﹏ *verklaren* condemn ✴ *een* ﹏*verklaarde woning* a house unfit for human habitation

**onbewoond** *bn* ❶*uninhabited* ✴ *een* ﹏*eiland* a desert island ❷*v. huis* unoccupied, untenanted

**onbewust** I *bn* ❶*zich niet realiserend* unconscious, unaware ✴ *het* ﹏*e* the unconscious ✴ *mij* ﹏ *hoe/of/waar &* not knowing how/if/where & ✴ ﹏ *van...* unaware of... ❷*onwillekeurig* unintentional ✴ *een* ﹏*e daad* an unintentional act ❸*instinctief* subconscious ✴ ﹏*e hoop* subconscious hope II *bijw* unconsciously, unintentionally, subconsciously

**onbezoedeld** *bn* untarnished, dicht unstained ✴ *een* ﹏*e naam* an untarnished reputation

**onbezoldigd** *bn* unsalaried, unpaid, voluntary ✴ *een* ﹏*baantje* a voluntary job, voluntary work ✴ *een* ﹏ *ambt* an honorary post

on

**onbezonnen I** *bn* thoughtless, unthinking, rash **II** *bijw* thoughtlessly &
**onbe'zorgd**[1] **I** *bn* ❶ *zonder zorgen* free from care, carefree ✳ *een ~ type* a happy-go-lucky sort of person ✳ *een ~e oude dag* a carefree old age ❷ *onbekommerd* unconcerned ✳ *~ zijn over iets* not be concerned/worried about sth **II** *bijw* ❶ *zonder zorgen* without care, without a worry ❷ *onbekommerd* unconcernedly
**'onbezorgd**[2] *bn* ☐ *brieven* undelivered
**onbillijk I** *bn* ❶ unjust, unfair ❷ *ongegrond* unjustified, unfounded **II** *bijw* unjustly, unfairly
**onbrandbaar** *bn* incombustible, non-flammable
**onbreekbaar** *bn* ❶ unbreakable ❷ *v. licht* irrefrangible
**onbruik** *o* ✳ *in ~ raken* fall into disuse, ⟨v. woorden⟩ become obsolete
**onbruikbaar** *bn* unusable, useless, ⟨v. methoden &⟩ ineffective, inefficient, impracticable, ⟨v. kleding, voedsel &⟩ unfit for use, ⟨verouderd⟩ out of date, obsolete ✳ *iets ~ maken* ⟨v. machine⟩ put out of action, ⟨v. cheque⟩ cancel, ⟨v. diensten⟩ cripple ✳ *de wegen zijn ~ geworden* the roads have become impassible
**onbuigzaam** *bn* inflexible, rigid, fig ook adamant, unbending, unyielding
**onbuigzaamheid** *v* ook fig inflexibility, rigidity
**onchristelijk** *bn* unchristian ✳ *een ~ tijdstip* ⟨te vroeg of te laat⟩ an ungodly hour
**oncollegiaal** *bn* uncomradely, unsporting
**oncologie** *v* oncology
**oncontroleerbaar** *bn* unverifiable
**onconventioneel** *bn* unconventional
**ondank** *m* thanklessness, ingratitude, ungratefulness ✳ *zijns ~s* in spite of him ✳ *~ is 's werelds loon* ingratitude is the way of the world
**ondankbaar** *bn* ungrateful, unthankful, thankless ✳ *een ondankbare rol* a thankless role
**ondankbaarheid** *v* [-heden] ingratitude, ungratefulness
**ondanks** *voorz* in spite of, notwithstanding
**ondeelbaar I** *bn* ❶ *niet deelbaar* indivisible ✳ *een ~ getal* a prime number ❷ *zeer klein* infinitesimal ✳ *één ~ ogenblik* one split second **II** *bijw zeer klein* infinitesimally, minutely
**ondefinieerbaar** *bn* indefinable
**ondemocratisch** *bn* undemocratic
**ondenkbaar** *bn* unthinkable, inconceivable
**onder I** *voorz* ❶ *lager dan, beneden* under, underneath, below, vooral fig & dicht beneath ✳ fig *~ haar masker* beneath her mask ✳ *~ de zeespiegel* below sea level ✳ *hij kwam ~ een trein* he was hit by a train ✳ *iets ~ zich hebben* have sth under one's hat ❷ *minder dan* under, below ✳ *kinderen ~ de 12 jaar* children under twelve ❸ *te midden van* among ✳ *~ andere(n)* ⟨v. zaken⟩ among other things; ⟨v. personen⟩ among others ✳ *~ meer* amongst other things ✳ *~ ons* between you and me ✳ *het moet ~ ons*

blijven it mustn't go any further ✳ *~ ons gezegd (en gezwegen)* between you, me and the doorpost ✳ *~ elkaar* among them; ⟨samen⟩ between them ✳ *~ vrienden* among/between friends ✳ *~ vijanden* among/between enemies ✳ *~ de toejuichingen van de menigte* amid/to the cheers of the crowd ❹ *gedurende* during ✳ *~ een glas wijn* over a glass of wine ✳ *~ het eten* ⟨handeling⟩ while eating; ⟨maaltijd⟩ during meals, at dinner/lunch ✳ *~ het lezen* while (I/he & was) reading ✳ *~ het lopen* as (I/he &) walked ✳ *~ de preek* during the sermon ❺ *ten tijde van* under, during the time of ✳ *~ Alexander de Grote* under Alexander the Great ✳ *~ de regering van Koningin Wilhelmina* during/in the reign of Queen Wilhelmina ❻ *m.b.t. omstandigheden* with ✳ *~ begeleiding van een piano* with piano accompaniment, accompanied by piano ✳ *~ de bescherming van...* protected by... ❼ *dicht bij* nearby ✳ *een dorp ~ Rotterdam* a village just outside Rotterdam ✳ *de wereld ligt ~ handbereik dankzij...* the world is nearby/within reach thanks to... ❽ *v. verbintenissen* under ✳ *~ voorwaarde dat...* under the condition that... ▼ *ze zaten ~ de blauwe plekken* they were covered in bruises **II** *bijw* ❶ *aan de onderkant* below ✳ *~ in de fles* at the bottom of the bottle ✳ *van ~ naar boven* from the bottom upward(s) ✳ *van ~ op* from below; fig from the bottom/scratch ✳ *de derde regel van ~* the third line from the bottom ❷ *onder iets anders* underneath, ⟨in huis⟩ downstairs ✳ *er is een kelder ~* underneath/downstairs is a cellar ❸ *naar beneden* under ✳ *naar ~(en)* down(wards), below ▼ *de zon is ~* the sun has set ▼ *hoe is hij er ~?* how is he taking it? ▼ *ten ~ brengen* subjugate, overcome ▼ *ten ~ gaan* be ruined, go to rack and ruin
**onderaan** *bijw* at the bottom/foot ✳ *~ de bladzijde* at the foot/bottom of the page ✳ *~ de trap* at the foot of the stairs
**onderaannemer** *m* [-s] subcontractor
**onderaanzicht** *o* view from below/underneath, bottom view
**onderaards** *bn* subterranean ✳ *~e gangen* subterranean passageways, tunnels ✳ *het ~e rijk* the underworld
**onderaf** *bijw* bottom ✳ *van ~ beginnen* start/begin from the bottom up
**onderafdeling** *v* [-en] subdivision, subsection
**onderarm** *m* [-en] forearm
**onderbeen** *o* [-benen] lower leg, ⟨kuit⟩ calf, ⟨scheen⟩ shin
**onderbelicht** *bn* fotogr underexposed ✳ fig *veel activiteiten zijn ~ gebleven* many activities have not received the attention they deserved
**onderbelichten** *overg* [belichtte onder, h. onderbelicht] ❶ underexpose ❷ fig pay too little attention to
**onderbesteding** *v* [-en] underspending
**onderbetaald** *bn* underpaid

**onderbetalen** *overg* [onderbetaalde, h. onderbetaald] underpay

**onderbewust I** *bn* subconscious **II** *bijw* subconsciously

**onderbewustzijn**, **onderbewuste** *o* subconscious

**onderbezet** *bn* undermanned, understaffed, short-handed * *middelgrote woningen zijn ~* medium-sized dwellings are insufficiently occupied * *veel opleidingen zijn ~* many courses have too few students

**onderbezetting** *v* undermanning, understaffing

**onderbinden** *overg* [bond onder, h. ondergebonden] put/tie on

**onderbouw** *m* ❶ *v. bouwwerk* substructure, understructure ❷ *laagste klassen v. school* lower secondary school, *Am* ± junior high school

**onderbouwen** *overg* [onderbouwde, h. onderbouwd] ground, base, fig substantiate * *het regeringsbeleid goed ~* base government policy on firm/solid ground * *een goed onderbouwde theorie* a well-substantiated theory * *zijn verhaal is slecht onderbouwd* his story lacks a firm basis

**onderbreken** *overg* [onderbrak, h. onderbroken] interrupt, break * *mag ik even ~?* may I interrupt for a moment? * *zijn reis ~* break one's journey, stop off * *ik onderbrak mijn toespraak* I cut my speech short

**onderbreking** *v* [-en] interruption, ⟨pauze⟩ break, pause

**onderbrengen** *overg* [bracht onder, h. ondergebracht] ❶ *huisvesten* shelter, house, accommodate ❷ *indelen* classify (with/under) ❸ *binnenhalen v. oogst &* get/bring in

**onderbroek** *v* [-en] (pair of) underpants, briefs, ⟨voor dames⟩ panties, knickers * *een lange ~* long johns

**onderbroekenlol** *v* ± toilet humour

**onderbuik** *m* [-en] abdomen * *gevoelens in de ~* gut feelings

**onderdaan** *m* [-danen] subject * *onderdanen* ⟨burgers⟩ nationals, subjects; ⟨inf benen⟩ pins

**onderdak** *o* shelter, accommodation, ⟨slaapplaats⟩ lodgings * *~ hebben* have a roof over one's head * *~ verschaffen* accommodate

**onderdanig I** *bn* ❶ subservient * *uw ~e dienaar* your obedient/humble servant ❷ *onderworpen* submissive, obsequious **II** *bijw* humbly, obediently, submissively

**onderdeel** *o* [-delen] ❶ *gedeelte* part * *dat is maar een ~* that's only part/a fraction of it * *in een ~ van een seconde* in a fraction of a second, in one split second * *het laatste ~ van het programma* the last item on the programme * *een ~ vormen/zijn van* form/be a part of ❷ *onderste gedeelte* lower part ❸ techn accessory, part ❹ mil unit

**onderdeur** *v* [-en] lower barn door

**onderdeurtje** *o* inf shorty, half-pint

**onderdirecteur** *m* [-en & -s] ⟨v.e. zaak⟩ assistant manager, onderw vice principal

**onderdoen I** *overg* [deed onder, h. ondergedaan] tie/fasten/put on **II** *onoverg* [deed onder, h. ondergedaan] be inferior to * *niet ~ voor* be a match for, hold one's own against * *voor niemand ~* be second to nobody

**onderdompelen** *overg* [dompelde onder, h. ondergedompeld] submerge, immerse, plunge

**onderdoor** *bijw* under * fig *ergens aan ~ gaan* let sth get the better of one

**onderdruk** *m* [-ken] *bloeddruk* diastolic pressure

**onderdrukken** *overg* [onderdrukte, h. onderdrukt] ❶ *onder dwang doen leven* oppress, suppress * *een volk ~* oppress a nation ❷ *bedwingen* control, suppress * *een opstand ~* suppress/crush/quell a revolt * *hij kon zijn tranen/woede niet ~* he couldn't contain his tears/anger * *een lach/geeuw/zucht ~* stifle/smother/suppress a laugh/yawn/sigh

**onderdrukker** *m* [-s] ❶ *v.e. volk* oppressor ❷ *v.e. opstand* suppressor

**onderdrukking** *v* [-en] ❶ *v.e. volk* oppression ❷ *v.e. opstand* suppression

**onderduiken** *onoverg* [dook onder, is ondergedoken] ❶ *onder water duiken* dive (in), duck (under) ❷ *zich verbergen* go into hiding * *ondergedoken zijn* be in hiding, be underground

**onderduiker** *m* [-s] person in hiding * *wie verraadde de ~s?* who betrayed those in hiding?

**onderduwen** *overg* [duwde onder, h. ondergeduwd] push under

**onderen** *bijw* down(wards) * *naar ~* down below, underneath * *van ~!* below!; ⟨bij omhakken v. boom⟩ timber! * *van ~ af beginnen* start from scratch * *van boven naar ~* from up to down, upstairs to downstairs

**'ondergaan**[1] *onoverg* [ging onder, is ondergegaan] ❶ *v. zon* set, go down * *de ~de zon* the setting sun ❷ *onder water verdwijnen* sink into, be submerged in ❸ *bezwijken* perish

**onder'gaan**[2] *overg* [onderging, h. ondergaan] undergo, go through * *een gevangenisstraf ~* serve a term of imprisonment * *hij onderging zijn lot* he put up with his lot * *hetzelfde lot ~* suffer the same fate * *een operatie ~* undergo an operation * *veel pijn ~* go through/suffer a lot of pain * *een verandering ~* undergo a change * *wat ik ~ heb* what I've been through, what I've had to endure

**ondergang** *m* ❶ *v. zon* setting ❷ *verderf* (down)fall, ruin, destruction, plechtig fate * *dat was zijn ~* that was the ruin of him, that was his downfall/undoing * *zijn ~ tegemoet gaan* meet his fate * *de ~ van het Romeinse Rijk* the fall of the Roman Empire

**ondergelopen** *bn* * *~ land* flooded land

**ondergeschikt** *bn* inferior, subordinate * taalk *een ~e zin* a subordinate clause * *van ~ belang* of minor/secondary importance * *hij speelde een ~e rol* he played a minor part * *~ maken aan* subordinate to

**ondergeschikte** *m-v* [-n] subordinate, afkeurend

inferior *zijn ~n those below him, his subordinates

**ondergeschoven** bn supposititious *het ~kind van...* the supposititious child of... *fig te lang is de framboos een ~vrucht geweest* the raspberry has been disregarded as a fruit for too long

**ondergetekende** m-v [-n] ❶undersigned *ik, ~ verklaar* I, the undersigned, declare *wij, ~n, verklaren* we, the undersigned, declare ❷scherts yours truly

**ondergewaardeerd** bn ❶undervalued, underestimated ❷valuta undervalued

**ondergoed** o underwear, underclothes

**ondergraven** overg [ondergroef, h. ondergraven] undermine *iems. gezag ~undermine someone's authority

**ondergrens** v [-grenzen] lower limit, ⟨laagste waarde⟩ minimum

**ondergrond** m [-en] ❶subsoil ❷grondslag base, foundation, basis ❸achtergrond background *op een zwarte ~on a black background

**ondergronds** I bn underground *een ~e spoorweg an underground railway *het ~verzet the underground resistance II bijw *ook fig ~gaan go underground

**ondergrondse** v [-n] ❶vervoer underground, inf tube, Am subway ❷verzet resistance, underground movement

**onderhand** I bijw meanwhile, in the meantime *dat werd ~wel eens tijd it was about time II v [-en] onderste deel v. hand flat of the hand

**onderhandelaar** m [-s & -laren] negotiator

**onderhandelen** onoverg [onderhandelde, h. onderhandeld] negotiate, bargain *met iem. over iets ~negotiate with sbd about sth *over de vrede ~ negotiate about peace

**onderhandeling** v [-en] negotiation *in ~under negotiation *in ~treden met... enter into negotiations with...

**onderhandelingspositie** v [-s] negotiating position

**onderhandelingstafel** v [-s] negotiating table *aan de ~zitten sit down at the negotiating table

**onderhands** I bn ❶heimelijk underhand(ed) *~e afspraken backstair arrangements ❷handel by private contract, private *voor ~e verkoop for private sale ❸sp underhand *een ~e worp an underhand throw II bijw sp underhand *~serveren serve underhand

**onderhavig** bn present, in question *in het ~e geval in the case in question

**onderhevig** bn *aan verandering ~subject to change *aan fouten ~liable to error *aan twijfel ~ open to question/doubt

**onderhorig** bn dependent, subordinate

**onderhoud** o ❶v. zaken maintenance, upkeep, ⟨v. een auto⟩ servicing *achterstallig ~overdue maintenance ❷levensonderhoud maintenance, support *in zijn (eigen) ~voorzien support oneself, be self-supporting, provide for oneself ❸gesprek

conversation, interview, talk

**onder'houden**[1] I overg [onderhield, h. onderhouden] ❶verzorgen, levensonderhoud geven aan support, provide for *zich ~provide for/support oneself ❷gaande houden keep up, maintain *een correspondentie ~keep up a correspondence ❸in orde houden keep in repair, maintain *het huis is goed/slecht ~the house is in good/bad repair *een goed/slecht ~tuin a well-kept/badly kept garden ❹bezighouden amuse, entertain ❺in acht nemen keep up ❻aanspreken speak to, have a word to *iem. ergens over ~take sbd to task for sth II wederk [onderhield, h. onderhouden] een gesprek voeren *zich ~converse (with), talk (to) *zich ~over... converse/talk about...

**'onderhouden**[2] overg [hield onder, h. ondergehouden] ❶in bedwang houden keep under *de jongens er ~keep the boys under one's thumb ❷onder water & keep under

**onderhoudend** bn entertaining, amusing

**onderhoudsarm** bn low-maintenance

**onderhoudsbeurt** v [-en] overhaul, service

**onderhoudscontract** o [-en] service/maintenance contract

**onderhoudskosten** zn [mv] ❶van zaken cost of upkeep ❷van personen cost of maintenance

**onderhoudsmonteur** m [-s] maintenance/service engineer

**onderhoudsvrij** bn free of maintenance, maintenance-free

**onderhoudswerkzaamheden** zn [mv] maintenance (work)

**onderhuids** I bn ❶subcutaneous, hypodermic *een ~e inspuiting a hypodermic injection ❷fig inarticulate, subdued *~e gevoelens buried feelings II bijw under the skin

**onderhuren** overg [huurde onder, h. ondergehuurd] sublease, underlease

**onderhuur** v subtenancy, sublease

**onderhuurder** m [-s] subtenant

**onderin** bijw at the bottom, below

**onderjurk** v [-en] slip, petticoat

**onderkaak** v [-kaken] lower jaw, anat mandible

**onderkant** m [-en] bottom, underside

**onderkast** v [-en] lower case

**onderkennen** overg [onderkende, h. onderkend] ❶onderscheiden distinguish ❷erkennen recognize, realize *het gevaar ~recognize the danger

**onderkin** v [-nen] double chin

**onderkleding** v underclothing

**onderkoeld** bn ❶nat undercooled, supercooled ❷fig cool, unemotional ❸v. lichaamstemperatuur hypothermic *drenkelingen raken vaak ~drowning people often become hypothermic

**onderkoeling** v ❶hypothermia ❷nat undercooling, supercooling

**onderkomen** o shelter, accommodation *een ~ vinden find somewhere to stay, find a place to stay

**\*geen ~hebben** not have a roof over one's head
**onderkoning** m [-en] viceroy
**onderkruiper** m [-s] ❶ *oneerlijke concurrent* underseller ❷ *bij staking* scab ❸ *iem. die te klein is* squirt, shrimp, weed
**onderkruipsel** o [-s] *scheldwoord* scum of the earth
**onderlaag** v [-lagen] ❶ *onderste laag* lower layer, ‹v. verf› undercoat **\*de onderlagen van de bevolking** the dregs of society ❷ *fig* foundation, basis ❸ *geol* substratum
**onderlaken** o [-s] under/bottom sheet
**onderlangs** bijw along the bottom/foot **\*je moet ~ gaan bij die splitsing** at the crossing, take the lower road/path
**onderlegd** bn **\*goed ~well** grounded, well informed **\*juridisch ~experienced** in law
**onderlegger** m [-s] ❶ *onderligger* mat, tablemat, placemat ❷ *bij schrijven* blotting pad ❸ *balk* girder, crossbeam
**onderliggen** onoverg [lag onder, h. ondergelegen] ❶ lie below/at the bottom **\*de ~de gedachte** the underlying/basic idea ❷ *fig* be the underdog **\*de ~de partij** the underdog
**onderlijf** o [-lijven] ❶ lower part of the body ❷ *onderbuik* lower abdomen
**onderling** I bn mutual **\* ~e afhankelijkheid** interdependency **\*een ~e verzekeringsmaatschappij** a mutual insurance company **\*in ~overleg** in (mutual) consultation II bijw ❶ *wederzijds* mutually **\* ~afhankelijk** interdependent ❷ *samen* together, between them **\* ~verdeeld** divided among themselves **\* ~verbonden** attached to each other, tied together
**onderlip** v [-pen] lower lip
**onderlopen** onoverg [liep onder, is ondergelopen] be flooded, be submerged, be swamped **\*laten ~** inundate, flood
**ondermaans** bn terrestrial **\*het ~e** the terrestrial world **\*in dit ~e** here below
**ondermaats** bn ❶ *te klein* undersized **\* ~e vis** undersized fish ❷ *van slechte kwaliteit* inferior **\*een ~e prestatie** a below par achievement
**ondermijnen** overg [ondermijnde, h. ondermijnd] undermine **\*het gezag ~undermine/subvert** authority
**ondermijning** v undermining, ‹ook v. gezag &› subversion
**ondernemen** overg [ondernam, h. ondernomen] undertake, take upon oneself **\*een poging ~make** an attempt to **\*stappen ~take** steps **\*duurzaam/verantwoord ~engage** in sustainable business
**ondernemend** bn enterprising
**ondernemer** m [-s] ❶ entrepreneur **\*een kleine ~a** small businessman ❷ *eigenaar* owner, proprietor, employer

**ondernemer**
is een **entrepreneur** of **businessman** en geen **undertaker**. Een **undertaker** is een **begrafenisondernemer**.

**ondernemerschap** o entrepreneurship
**onderneming** v [-en] ❶ *project* undertaking, enterprise, project **\*het is een hele ~it** is quite an undertaking ❷ *met risico* venture **\*een gezamenlijke ~a** joint venture ❸ *bedrijf* company, business, enterprise, concern **\*een beursgenoteerde ~a** listed company **\*een gelieerde ~an** affiliated company **\*een industriële ~an** industrial enterprise **\*een kleine ~a** small business **\*een ~zonder winstoogmerk** a non-profit organization
**ondernemingsgeest** m entrepreneurial spirit/initiative, business acumen
**ondernemingsklimaat** o entrepreneurial/investment/business climate
**ondernemingsraad** m [-raden] works/employees' council
**ondernemingsrecht** o ± business/company law
**ondernemingszin** m entrepreneurial spirit/initiative, business acumen
**onderofficier** m [-en & -s] ❶ *mil* non-commissioned officer, NCO ❷ *scheepv* petty officer
**onderonsje** o [-s] ❶ *gesprek* private discussion, ‹stiekem› backstairs discussion **\*een ~met iem.** hebben have a private chat ❷ *bijeenkomst* informal gathering, family affair **\*de finale werd een Nederlands ~de** finals were a Dutch affair
**onderontwikkeld** bn underdeveloped **\*een ~land** an underdeveloped country
**onderop** bijw at the bottom
**onderpand** o [-en] pledge, guarantee, security, collateral **\*op ~on** security, against collateral **\*in ~geven** give as security **\*in ~hebben** hold as security
**onderricht** o instruction, tuition **\*iem. ~geven** give sbd instruction **\* ~in** lessons in
**onderrichten** overg [onderrichtte, h. onderricht] ❶ *onderwijzen* instruct, teach ❷ *informeren* inform (van of)
**onderschatten** overg [onderschatte, h. onderschat] underestimate **\*van niet te ~waarde** not to be underestimated **\*je moet haar niet ~you** shouldn't underestimate her
**onderschatting** v underestimation
**onderscheid** o ❶ *verschil* difference, distinction **\*dat maakt een groot ~that** makes all the difference **\*allen zonder ~all** and sundry **\* ~maken tussen... en...** distinguish between... and... ❷ *inzicht* discernment **\*de jaren des ~s** the age of discretion
**onderscheiden** I overg [onderscheidde, h. onderscheiden] ❶ *onderscheid maken* distinguish **\*de oorzaken kunnen ~worden in...** the causes can be divided into.../can be categorized/identified according to... **\*goed ~van kwaad** distinguish/tell

on

good from bad ✳ *zich* ~ *van* distinguish oneself from ❷ *onderkennen* distinguish, discern ✳ *niet te* ~ *zijn van* be indistinguishable from ❸ *eren* decorate, distinguish ✳ *hij is* ~ *met de Nobelprijs* he has been awarded the Nobel prize **II** *bn* various

**onderscheiding** *v* [-en] ❶ *het maken v. verschil* distinction ✳ *ter* ~ *van* as distinct from ❷ *decoratie* decoration, honour/*Am* honor, distinction ❸ *prijs voor film, muziek* award

**onderscheidingsteken** *o* [-s & -en] ❶ *ter herkenning* distinguishing mark ❷ *decoratie* decoration, medal, badge

**onderscheidingsvermogen** *o* (sense of) discernment

**onderscheppen** *overg* [onderschepte, h. onderschept] intercept

**onderschepping** *v* [-en] interception

**onderschikkend** *bn* taalk subordinate

**onderschikking** *v* taalk subordination

**onderschrift** *o* [-en] ❶ caption ❷ *ondertekening* signature

**onderschrijven** *overg* [onderschreef, h. onderschreven] ❶ *sign* ❷ *fig* subscribe to, endorse ✳ *iets* ~ subscribe to sth, endorse sth

**ondershands** *bijw* privately, under a private agreement, ⟨stiekem⟩ secretly

**ondersneeuwen** *onoverg* [sneeuwde onder, is ondergesneeuwd] *ook fig* be snowed under

**onderspit** *o* ✳ *het* ~ *delven* taste defeat, come off the worst

**onderst** *bn* bottom, lower ✳ *de* ~*e verdieping* the lower/bottom floor

**onderstaand** *bn* (mentioned) below, hereunder

**onderstand** *m* ZN support, aid ✳ ~ *verlenen* give aid/support

**onderste** *o* lowest, lowermost, undermost, bottom ✳ *het* ~ *uit de kan willen hebben* want to have your cake and eat it too

**ondersteboven** *bijw* upside down, wrong side up ✳ *iets* ~ *gooien* knock sth down, overthrow sth, upset sth ✳ *iets* ~ *halen* turn sth upside down ✳ *ik was ervan* ~ I was cut up about it/devastated by it ✳ *ik ben er niet* ~ *van* I'm not particularly impressed

**ondersteek** *m* [-steken] bedpan

**onderstel** *o* [-len] undercarriage, underframe, ⟨v. auto ook⟩ chassis

**onderstellen** *overg* [onderstelde, h. ondersteld] ❶ *veronderstellen* suppose, surmise, assume ❷ *postuleren* presume, presuppose

**onderstelling** *v* [-en] assumption, hypothesis

**ondersteunen** *overg* [ondersteunde, h. ondersteund] support

**ondersteuning** *v* support ✳ comput *tweedelijns* ~ second tier support, tier 2 support, second level support

**onderstoppen** *overg* [stopte onder, h. ondergestopt] tuck in ✳ *iem.* ~ tuck sbd into bed, tuck sbd in

**onderstrepen** *overg* [onderstreepte, h.

onderstreept] ❶ underline ❷ *fig* emphasize, underscore ✳ *we willen echter* ~ *dat...* however, we want to emphasize & that.../want to highlight the fact that...

**onderstroom** *m* [-stromen] ❶ undercurrent, undertow ❷ *fig* undercurrent

**onderstuk** *o* [-ken] lower part, base

**ondertekenaar** *m* [-s & -naren] signer, subscriber ✳ *een* ~ *van een verdrag* a signatory to a treaty

**ondertekenen** *overg* [ondertekende, h. ondertekend] sign, subscribe ✳ *ondertekend door...* signed by...

**ondertekening** *v* [-en] ❶ *de handeling* signing ✳ *ter* ~ for signature ✳ *het ter* ~ *voorleggen* submit for signing ❷ *handtekening* signature

**ondertitel** *m* [-s] ❶ *v. boek* subtitle, subheading ❷ *v. film* subtitle

**ondertitelen** *overg* [ondertitelde, h. ondertiteld] subtitle

**ondertiteling** *v* [-en] *v. film* subtitles

**ondertoezichtstelling** *v* [-en] jur placing under supervision, placing in custody

**ondertoon** *m* [-tonen] overtone, undertone ✳ *met een duidelijke* ~ *van...* with overtones/undertones of..., with a ring of...

**ondertrouw** *m* ✳ *in* ~ *gaan* announce one's forthcoming marriage; ⟨kerkelijk⟩ have the banns read

**ondertussen** *bijw* ❶ *inmiddels* meanwhile, in the meantime ✳ ~ *was zij op zoek gegaan naar...* in the meantime she went looking for... ❷ *toch* yet ✳ *...en* ~ *niet lijkt te beseffen* ...and yet doesn't seem to realize

**onderuit** *bijw* (out) from under ✳ *ergens* ~ *proberen te komen* try to get out of sth ✳ *er niet* ~ *kunnen* not be able to wriggle out of sth ✳ ~ *liggen in een stoel* lie sprawled in an armchair ✳ ~! below!

**onderuitgaan** *onoverg* [ging onderuit, is onderuitgegaan] ❶ *vallen* be knocked off one's feet, ⟨uitglijden⟩ slip, trip ❷ *fig* fall on one's face, come a cropper ✳ *Ajax ging gisteren onderuit tegen Groningen* Ajax came a cropper against Groningen yesterday

**onderuithalen** *overg* [haalde onderuit, h. onderuitgehaald] ❶ *sp* bring/knock down ❷ *fig* trip up

**onderuitzakken** *onoverg* [zakte onderuit, is onderuitgezakt] sprawl, slump

**ondervangen** *overg* [onderving, h. ondervangen] *voorkomen* overcome ✳ *een bezwaar* ~ anticipate an objection ✳ *moeilijkheden* ~ remove difficulties

**onderverdelen** *overg* [verdeelde onder, h. onderverdeeld] subdivide, classify, break down

**onderverdeling** *v* [-en] subdivision, breakdown

**onderverhuren** *overg* [onderverhuurde/ verhuurde onder, h. onderverhuurd] sublet, sublease

**ondervertegenwoordigd** *bn* underrepresented

**onderverzekerd** *bn* underinsured

**ondervinden** *overg* [ondervond, h. ondervonden]

on

experience * *moeilijkheden* ~ meet with difficulties * *de gevolgen* ~ *van* suffer the effects of

**ondervinding** *v* [-en] experience * *bij/door* ~ from experience * ~ *is de beste leermeester* experience is the best teacher * *spreken uit* ~ speak from experience

**ondervloer** *m* [-en] subfloor

**ondervoed** *bn* underfed, undernourished

**ondervoeding** *v* undernourishment, malnutrition

**ondervoorzitter** *m* [-s] vice chairman

**ondervraagde** *m-v* [-n] interviewee, ‹door politie› person questioned, ‹bij examen› examinee

**ondervragen** *overg* [ondervroeg/ondervraagde, h. ondergewaardeerd] ❶ *verhoren* interrogate, question, hear ❷ *inlichtingen vragen* question, interview ❸ *overhoren* ZN test

**ondervraging** *v* [-en] ❶ *verhoor* interrogation, questioning, interview ❷ *overhoring* ZN test, examination

**onderwaarderen** *overg* [onderwaardeerde, h. ondergewaardeerd] underestimate, ‹v. geld› undervalue

**onderwatersport** *v* underwater sports

**onderweg** *bijw* ❶ on/along the way, ‹van goederen› in transit * ~ *beschadigd* damaged in transit * *hij is* ~ *naar huis* he's on his way home * *ze zijn* ~ *naar Frankrijk* they're on their way/en route to France ❷ *fig* in the pipeline

**onderwereld** *v* underworld

**onderwerp** *o* [-en] ❶ *v. boek, lezing &* subject, theme, topic * *tot* ~ *hebben* have as a topic * *het* ~ *van gesprek* the subject under discussion * *hét* ~ *van gesprek zijn* be the talk of the town ❷ *taalk* subject

**onderwerpen** *overg* [onderwierp, h. onderworpen] ❶ *blootstellen aan* subject, put through * *iem. aan een toets* ~ put sbd through a test * *zich aan een examen* ~ go for an examination * *iem. aan een nauwkeurig onderzoek* ~ subject sbd to a close investigation ❷ *onder zijn gezag brengen* subject * *zich aan iem.* ~ submit to sbd * *zich aan zijn lot* ~ resign oneself to one's fate/lot * *zich* ~ *aan Gods wil* submit to God's will * *iets* ~ *aan de goedkeuring van de gemeenteraad* make sth subject to council approval

**onderwerping** *v* subjection, submission

**onderwerpszin** *m* [-nen] subject clause

**onderwijl** *bijw* meanwhile, (in the) meantime

**onderwijs** *o* ❶ *instelling* (the field of) education * *bij het* ~ *zijn* be a teacher ❷ *het les krijgen* education, training, instruction, tuition * *bijzonder* ~, ZN *vrij* ~ private education * *hoger* ~ higher education * *lager* ~ primary/elementary education * *middelbaar* ~ secondary education * *openbaar* ~ public education * *technisch* ~ technical education/training * *tijdens zijn* ~ during his schooling/training ❸ *het les geven* teaching * *hoofdelijk* ~ individual teaching * ~ *geven in Frans* teach French * *het* ~ *in geschiedenis* history teaching, teaching of history

**onderwijsbevoegdheid** *v* [-heden] teaching qualification, Am teacher's certification * *een leraar met* ~ a fully qualified teacher

**onderwijsinspectie** *v* [-s] schools inspectorate

**onderwijsinstelling** *v* [-en] educational institute

**onderwijskracht** *m-v* [-en] teacher, member of the teaching staff

**onderwijskundige** *m-v* [-n] educationalist

**onderwijsvernieuwing** *v* [-en] educational reform

**onderwijzen** *overg* [onderwees, h. onderwezen] instruct, teach * *iem.* ~ teach sbd * *het* ~*d personeel* the teaching staff

**onderwijzer** *m* [-s] teacher

**onderwijzeres** *v* [-sen] (woman) teacher

**onderwijzersakte** *v* [-n & -s] teacher's certificate

**onderworpen** **I** *bn* ❶ *overwonnen* subject ❷ *nederig* submissive ❸ *ondergeschikt* subordinate ❹ *blootgesteld aan* subject (to) **II** *bijw* submissively

**onderzeeboot** *m & v* [-boten] submarine

**onderzeeër** *m* [-s] submarine

**onderzees** *bn* submarine

**onderzettertje** *o* [-s] mat

**onderzoek** *o* [-en & -ingen] ❶ *naspeuring, bestudering* investigation, inquiry, examination * *een gerechtelijk* ~ a judicial inquiry * ~ *doen naar iets* investigate sth * *een* ~ *naar* an investigation into * *een* ~ *instellen* investigate * *bij* ‹nader› ~ on (closer) investigation/inquiry * *de zaak is in* ~ the matter is under investigation/examination * *een* ~ *ter plaatse* an on-site inspection * *jur een* ~ *ter terechtzitting* an examination in court * *een politioneel* ~ a police investigation/inquiry * *een voorbereidend* ~ a preliminary investigation/inquiry * ‹door politie &› *een* ~ *aan den lijve* a bodily search ❷ *toets* test, check ❸ *onderw* research, study * *het wetenschappelijk* ~ scientific research ❹ *med* examination, check-up

**onderzoeken** *overg* [onderzocht, h. onderzocht] ❶ *bestuderen* examine, inquire/look into, investigate * *een* ~*de blik* a searching look * *de mogelijkheden* ~ explore/investigate the possibilities ❷ *testen* test, check (up on), examine * ~ *op* test/check/examine for ❸ *onderw* research, study, examine

**onderzoeker** *m* [-s] ❶ investigator ❷ *wetenschappelijk* researcher, research worker

**onderzoeksbureau** *o* [-s] research bureau

**onderzoeksrechter** *m* [-s] examining/investigating judge

**onderzoeksresultaat** *o* [-taten] test/research results, test/research findings

**ondeugd** **I** *v* [-en] ❶ *tegenover deugd* vice ❷ *ondeugendheid* naughtiness, mischief **II** *m-v* [-en] *persoon* naughty boy/girl, rascal, scamp

**ondeugdelijk** *bn* ❶ unsound, faulty, defective ❷ *m.b.t. kwaliteit* inferior

**ondeugend** **I** *bn* ❶ *stout* naughty, mischievous ❷ *guitig* naughty **II** *bijw* naughtily

**ondiep** *bn* shallow, ‹niet diep(gaand)› superficial * *het* ~*e* the shallow part of the pool

**on**

**ondiepte** v ❶*het ondiep zijn* shallowness ❷*ondiepe plaats* [-n & -s] shallow(s)

**ondier** o [-en] brute, monster

**onding** o [-en] ❶*prul* bit of trash ❷*onzinnigheid* absurdity

**ondoelmatig** bn unsuitable, inefficient

**ondoenlijk** bn unfeasible, impracticable

**ondoordacht** I bn ill considered, thoughtless, rash II *bijw* thoughtlessly, rashly, in an ill-considered way

**ondoordringbaar** bn impenetrable, ⟨voor water⟩ waterproof *∗∼voor...* impervious to... *∗∼maken* make impermeable

**ondoorgrondelijk** bn unfathomable, ⟨v. mensen ook⟩ inscrutable

**ondoorzichtig** bn opaque, *fig* obscure *∗∼e kleding* non-transparent clothing

**ondraaglijk** I bn unbearable II *bijw* unbearably

**ondrinkbaar** bn undrinkable

**ondubbelzinnig** I bn unambiguous, unequivocal II *bijw* unambiguously, unequivocally

**onduidelijk** I bn indistinct, vague, ⟨onverklaard⟩ obscure *∗een ∼e formulering* an ambiguous formulation *∗het is mij ∼* it's not clear to me II *bijw* indistinctly & *∗zich ∼uitdrukken* not express oneself clearly

**onduidelijkheid** v [-heden] indistinctness, vagueness, lack of clarity, ⟨onleesbaarheid⟩ illegibility *∗er bestond enige ∼over zijn plannen* there was some uncertainty about his plans

**onduldbaar** bn intolerable, inadmissible

**on'echt**¹ bn ❶*niet echt* false, not genuine ❷*nagemaakt* forged, unauthentic, spurious *∗∼e sieraden* imitation jewellery *∗een ∼e brief* an unauthentic letter *∗∼e breuken* improper fractions ❸*fig* sham, mock *∗een ∼e glimlach* a forced smile *∗∼e gevoelens* sham feelings

**'onecht**² bn *onwettig* illegitimate *∗een ∼kind* an illegitimate child

**oneens** bn in disagreement, at odds *∗zij zijn het ∼* they're at odds with each other *∗ik ben het met mezelf ∼* I'm in two minds about it

**oneerbaar** bn indecent, immodest

**oneerbiedig** I bn disrespectful II *bijw* disrespectfully

**oneerlijk** I bn unfair, dishonest *∗een ∼e beslissing* an unfair decision *∗∼e concurrentie* unfair competition *∗∼e praktijken* dishonest/sharp practices II *bijw* unfairly, dishonestly

**oneerlijkheid** v [-heden] dishonesty, unfairness

**oneervol** I bn dishonourable *∗een ∼ontslag* a dishonourable discharge II *bijw* dishonourably *∗iem. ∼ontslaan* dismiss dishonourably/in disgrace

**oneetbaar** bn uneatable, inedible

**oneffen** bn uneven, rough, irregular *∗geen ∼woord gebruiken* use no bad language

**oneffenheid** v [-heden] ❶unevenness, roughness ❷*fig* irregularity

**oneigenlijk** bn figurative, metaphorical *∗in ∼e zin* figuratively speaking *∗een ∼e breuk* an improper fraction *∗∼gebruik* improper use

**oneindig** I bn infinite, endless *∗het ∼e* the infinite, infinity *∗tot in het ∼e* indefinitely, endlessly, ad infinitum II *bijw* infinitely *∗∼klein* infinitesimally small

**oneindigheid** v infinity

**onemanshow** m [-s] one-man show

**onenigheid** v [-heden] discord, disagreement, dissension *∗∼krijgen met iem.* fall out/quarrel with sbd

**onervaren** bn inexperienced, lacking experience *∗∼ in/met* inexperienced in

**onervarenheid** v inexperience, lack of experience

**onesthetisch** bn unaesthetic, *Am* unesthetic

**oneven** I bn v. *getal* odd *∗een ∼getal* an odd number II *bijw* unevenly *∗∼genummerd* unevenly numbered

**onevenredig** I bn disproportionate, out of all proportion II *bijw* disproportionately, out of all proportion

**onevenwichtig** bn unbalanced, unstable

**onfatsoenlijk** I bn indecent, improper, ill mannered, ⟨aanstootgevend⟩ offensive *∗∼gedrag* improper behaviour II *bijw* indecently & *∗iem. ∼ behandelen* treat sbd in an ill-mannered way

**onfeilbaar** bn infallible, ⟨v. methode⟩ foolproof, ⟨v. geheugen⟩ unerring

**onfeilbaarheid** v infallibility

**onfortuinlijk** bn unlucky, unfortunate

**onfris** bn ❶*niet vers* not fresh, ⟨v. lucht⟩ stale ❷*bedenkelijk* unsavoury, shady *∗∼se praktijken* unsavoury/shady practices ❸*onwel* out of sorts, unwell

**ongaarne** *bijw* unwillingly, reluctantly, grudgingly

**ongans** bn unwell *∗zich ∼eten* overeat, gorge oneself, stuff oneself silly

**ongastvrij** bn inhospitable

**ongeacht** I bn unesteemed II *voorz* ❶irrespective of ❷*niettegenstaande* notwithstanding, despite

**ongeadresseerd** bn unaddressed

**ongebaand** bn unbeaten, untrodden, unpaved

**ongebonden** bn ❶*v. boeken* unbound ❷*losbandig* dissolute ❸*niet gebonden* unattached *∗de ∼landen* the non-allied countries ❹*v. soep* unthickened ❺*v. schulden &* unconditional

**ongeboren** bn unborn *∗de ∼vrucht* the f(o)etus, the unborn child

**ongebreideld** bn unbridled, unrestrained

**ongebruikelijk** bn ❶*afwijkend* unusual, unconventional *∗∼e methoden* unconventional/unorthodox methods ❷*niet gangbaar* not in use, uncommon

**ongebruikt** bn unused

**ongecompliceerd** bn uncomplicated, simple

**ongecontroleerd** bn *niet onder bedwang* uncontrolled

**ongecoördineerd** *bn* uncoordinated

**ongedaan** *bn* undone ✴ *iets ~maken* rectify sth ✴ *een koop ~maken* cancel a sale ✴ *dat kun je niet meer ~ maken* what's done cannot be undone ✴ *niets ~laten* spare no effort, leave no stone unturned

**ongedateerd** *bn* undated

**ongedeerd** *bn* unhurt, uninjured, unscathed

**ongedekt** *bn* ❶ *v. hoofd* uncovered, hatless ❷ *v. tafel* unlaid ❸ verz uninsured ❹ fin unsecured ✴ *een ~e cheque* an uncovered cheque ❺ sp uncovered ❻ mil unprotected, uncovered

**ongedierte** *o* vermin

**ongedisciplineerd** *bn* undisciplined

**ongeduld** *o* impatience

**ongeduldig** *bn* impatient ✴ *~maken* make impatient ✴ *~worden* become impatient

**ongedurig** I *bn* restless, fidgety II *bijw* restlessly

**ongedwongen** I *bn* ❶ *niet geforceerd* unconstrained, unforced ❷ *natuurlijk* natural, informal ‹chat, attitude›, easy ‹manners› ❸ *vrijwillig* voluntary II *bijw* unconstrainedly &

**ongedwongenheid** *v* informality, ease

**ongeëvenaard** *bn* unequalled, unmatched, unparalleled ✴ *een ~succes* an unparalleled success

**ongefrankeerd** *bn* ❶ post unstamped ❷ handel carriage free

**ongefundeerd** *bn van mening, theorie* unfounded, groundless

**ongegeneerd** *bn* unashamed, unabashed ✴ *hij zat ~ boeren te laten* he sat burping without the slightest embarrassment

**ongegrond** *bn* groundless, unfounded, without foundation, baseless

**ongehavend** *bn* undamaged, ‹v. persoon› unhurt

**ongehinderd** *bn* unhindered, unhampered

**ongehoord** *bn* ❶ unheard (of), unprecedented ✴ *iets ~s* something unheard of ✴ *~e kwaliteit* first-class quality ❷ *vreemd* strange

**ongehoorzaam** I *bn* disobedient II *bijw* disobediently

**ongehoorzaamheid** *v* [-heden] disobedience ✴ *burgerlijke ~* civil disobedience

**ongehuwd** *bn* unmarried, single ✴ *een ~e moeder* an unmarried mother ✴ *de ~e staat* celibacy, the single state

**ongein** *m* flauw, vervelend gedoe unfunny business ✴ *ik heb genoeg van die ~* I've enough of your unfunny jokes ✴ *...en meer van die ~* and more of that nonsense

**ongeïnspireerd** *bn* uninspired

**ongeïnteresseerd** *bn* uninterested

**ongekamd** *bn* uncombed, unkempt

**ongekend** I *bn* ❶ *nog nooit voorgekomen* unprecedented ✴ *~e mogelijkheden* limitless possibilities ❷ *enorm* huge ✴ *~enthousiasme* unbridled enthusiasm II *bijw* enorm ✴ *~groot/sterk* unbelievably large/strong

**ongekleed** *bn* ❶ *zonder kleren* unclothed, undressed

❷ *niet correct gekleed* not properly dressed

**ongekookt** *bn* uncooked, raw, ‹v. water› unboiled

**ongekroond** *bn* uncrowned

**ongekuist** *bn* ❶ *ruw, grof* coarse, crude ✴ *~e taal* coarse language ❷ *niet gecensureerd* unexpurgated, uncensored

**ongekunsteld** I *bn* artless, unaffected, unsophisticated II *bijw* artlessly, unaffectedly

**ongeladen** *bn* ❶ mil unloaded ❷ scheepv unladen ❸ elektr uncharged

**ongeldig** *bn* void, invalid ✴ *~maken* render null and void, invalidate, nullify ✴ *~verklaren* declare to be invalid/null and void

**ongelegen** *bn & bijw* inconvenient, awkward, inopportune ✴ *op een ~uur* at an inconvenient time ✴ *kom ik ~?* am I intruding? is it convenient? ✴ *het bezoek kwam mij ~* the visit came at an awkward moment

**ongeletterd** *bn* illiterate ✴ *een ~e* an illiterate person

**ongelezen** *bn* unread

**onge'lijk**[1] I *bn* ❶ *niet vlak* uneven ✴ *een ~oppervlak* an uneven surface ❷ *niet gelijk* unequal ✴ *een ~e strijd* an uneven fight ✴ *~van lengte* unequal in length ❸ *ongelijksoortig* different (from) II *bijw* unevenly & ✴ *iem. ~behandelen* treat sbd differently

**'ongelijk**[2] *o* wrong ✴ *~bekennen* concede ✴ *iem. ~ geven/in het ~stellen* put sbd in the wrong ✴ *ik kan hem geen ~geven* I can't blame him ✴ *~hebben* be (in the) wrong ✴ *~krijgen* be put in the wrong, be proved wrong

**ongelijkbenig** *bn* wisk scalene ✴ *een ~e driehoek* a scalene triangle

**ongelijkheid** *v* [-heden] ❶ *het niet vlak zijn* unevenness ❷ *ongelijkheid* inequality ❸ *ongelijksoortigheid* dissimilarity, difference

**ongelijkmatig** I *bn* uneven, unequal, irregular II *bijw* unevenly &

**ongelijkvloers** *bn* on different levels ✴ *een ~e kruising* a flyover, an overpass

**ongelijkwaardig** *bn* unequal

**ongelikt** *bn* ✴ *een ~e beer* an uncouth lout

**ongelimiteerd** *bn* unlimited

**ongelofelijk. ongelooflijk** I *bn* unbelievable, incredible II *bijw* unbelievably, incredibly

**ongelogen** *bijw* without any exaggeration, honestly

**ongelood** *bn* unleaded

**ongeloof** *o* disbelief, incredulity ✴ *vol ~keek hij mij aan* he looked at me disbelievingly

**ongelooflijk** *bn* → **ongelofelijk**

**ongeloofwaardig** *bn* incredible, unbelievable, implausible ✴ *~e getuigen* unreliable witnesses ✴ *een ~document* a dubious document

**ongelovig** I *bn* unbelieving, incredulous II *bijw* incredulously

**ongelovige** *m-v* [-n] ❶ *wantrouwige* suspicious person ❷ *niet-gelovige* unbeliever, non-believer

**ongeluk** *o* [-ken] ❶ *tegenspoed* misfortune, ‹pech›

bad luck * *dat was zijn* ~ that was his undoing * *zijn*
~ *tegemoet gaan* court disaster ❷ *ongelukkige*
*gebeurtenis* accident * *een* ~ *begaan aan iem.* do sbd
an injury/scherts a mischief * *een* ~ *krijgen* have an
accident * *een* ~ *komt zelden alleen* it never rains but
it pours * *een* ~ *zit in een klein hoekje* accidents can
happen * *bij/per* ~ by accident, accidentally * *zonder*
~ *ken* without accident ▼ *dat* ~ *van een...* that pain in
the neck of a... ▼ *zich een* ~ *eten* eat till it comes out
of one's ears

**ongelukje** *o* [-s] ❶ mishap, little accident
❷ *ongepland kind* accident, mistake

**ongelukkig** I *bn* ❶ *niet gelukkig zijnd* unhappy * *een*
~ *huwelijk*/~ *e liefde* an unhappy marriage/love
affair * *diep* ~ miserable, wretched, deeply sad
❷ *ongunstig* unfortunate * *een* ~ *toeval* an
unfortunate coincidence ❸ *geen geluk hebbend*
unlucky * *een* ~ *e poging* an unlucky try II *bijw*
unhappily & * *hij is* ~ *aan zijn einde gekomen* he
came to an unfortunate end * *zij kwam* ~ *terecht*
she landed awkwardly * *zij drukte zich* ~ *uit* her
choice of words was not fortunate

**ongelukkige** *m-v* [-n] poor wretch

**ongeluksgetal** *o* [-len] unlucky number

**ongemak** *o* [-ken] ❶ *ongerief* inconvenience,
⟨lichamelijk⟩ discomfort * *iem.* ~ *bezorgen* cause sbd
inconvenience/trouble ❷ *gebrek* ailment

**ongemakkelijk** I *bn* ❶ *niet comfortabel* uneasy,
uncomfortable * *een* ~ *e stoel* an uncomfortable
chair * *zich* ~ *voelen* feel uncomfortable ❷ *moeilijk*
*in de omgang* difficult, tiresome * *een* ~ *heerschap* an
awkward customer II *bijw* uncomfortably &

**ongemanierd** I *bn* unmannerly, ill mannered II *bijw*
in an ill-mannered way

**ongemanierdheid** *v* [-heden] ❶ rudeness,
impoliteness ❷ *gebrek aan manieren* lack of good
manners

**ongemeen** I *bn* uncommon, unusual,
⟨buitengewoon⟩ extraordinary II *bijw* versterkend
exceptionally * ~ *lastig* exceptionally difficult

**ongemerkt** I *bn* ❶ *ongezien* unnoticed ❷ *onopvallend*
imperceptible ❸ *zonder merk* unmarked II *bijw*
without being noticed, unnoticed, imperceptibly

**ongemeubileerd** *bn* unfurnished

**ongemoeid** *bn* undisturbed * *iem.* ~ *laten* leave sbd
alone

**ongemotiveerd** I *bn* ❶ *zonder aanleiding*
unprovoked, uncalled-for ❷ *ongegrond* ungrounded,
unfounded ❸ *zonder drijfveer* unmotivated II *bijw*
without provocation, without foundation/any basis,
without motivation

**ongenaakbaar** *bn* unapproachable, inaccessible

**ongenade** *v* disgrace, disfavour * *in* ~ *vallen bij iem.*
fall into disfavour with sbd * *in* ~ *zijn* be in disgrace
(*bij* with)

**ongenadig** I *bn* merciless II *bijw* ❶ mercilessly * *hij*
*heeft er* ~ *van langs gehad* he got the thrashing of his
life ❷ versterkend dreadfully

**ongeneeslijk, ongeneselijk** I *bn* incurable * *een* ~ *e*
*zieke* an incurably ill person II *bijw* incurably

**ongenegen** *bn* ❶ *niet geneigd* unwilling, disinclined
* *niet* ~ *zijn om...* not be disinclined to... ❷ *geen*
*genegenheid voelend* ill disposed * *ik ben hem niet* ~
I'm not ill disposed towards him

**ongenietbaar** *bn* ❶ *onverteerbaar* unpalatable,
indigestible ❷ *humeurig* disagreeable

**ongenoegen** *o* [-s] ❶ *misnoegen* displeasure * *uit* ~
*over de gang van zaken* out of dissatisfaction with
the course of events ❷ *ruzie* tiff * *zij hebben* ~
they're at loggerheads/on bad terms with each
other * ~ *krijgen* fall out, have a tiff

**ongenoemd** *bn* unnamed, anonymous * *een* ~ *e* an
unnamed/anonymous person

**ongenood** *bn* uninvited

**ongenuanceerd** I *bn* over-simplified II *bijw* * *ze*
*denkt* ~ she thinks in black and white, she
oversimplifies things

**ongenummerd** *bn* unnumbered

**ongeoefend** *bn* untrained, unpractised,
⟨onervaren⟩ inexperienced

**ongeoorloofd** I *bn* illegal, illicit, unlawful * ~ *e*
*afwezigheid* absence without leave * ~ *e praktijken*
illegal practices II *bijw* illegally &

**ongeopend** *bn* unopened

**ongeordend** *bn* ❶ *niet geordend* unordered,
unorganized ❷ *rommelig* disorderly, disorganized
* *een* ~ *e bende* a mess

**ongeorganiseerd** *bn* ❶ *wanordelijk* disorganized
❷ *niet bij organisatie* unorganised

**ongepast** I *bn* ❶ *onbehoorlijk* unseemly, improper,
unbecoming ❷ *misplaatst* inappropriate,
impertinent II *bijw* improperly, inappropriately &

**ongepastheid** *v* [-heden] ❶ inappropriateness
❷ *onbetamelijkheid* impropriety

**ongeplaatst** *bn* ❶ *eff* unissued ❷ *sp* unplaced

**ongepolijst** *bn* unpolished

**ongerechtigheid** *v* [-heden] ❶ *onrechtvaardigheid*
iniquity, injustice ❷ *klein gebrek* flaw
❸ *verontreiniging* something that shouldn't be there

**ongerede** *o* * *in het* ~ *raken* ⟨onbruikbaar⟩ break
down, go wrong, be unusable; ⟨zoek⟩ get
lost/mislaid

**ongeregeld** I *bn* irregular, disorderly, unorganised
* ~ *e goederen* miscellaneous goods * *een zooitje* ~ a
motley bunch, a mixed bag * *een* ~ *leven leiden* lead
a free and easy life II *bijw* irregularly

**ongeregeldheden** *zn* [mv] ❶ irregularities
❷ *geweldpleging* disturbances, riots

**ongeremd** I *bn* unrestrained, uninhibited II *bijw*
unrestrainedly, without restraint, without
inhibition

**ongerept** *bn* ❶ untouched, virgin * ~ *e*
*bossen/sneeuw* virgin forests/snow * *de* ~ *e natuur*
unspoiled nature ❷ *fig* intact, undefiled

**ongerief** *o* inconvenience, trouble * *iem.* ~
*veroorzaken* put sbd to inconvenience

**ongeriefelijk, ongerieflijk** I *bn* inconvenient, ‹v. huis› uncomfortable II *bijw* inconveniently, uncomfortably

**ongerijmd** *bn* absurd, preposterous ∗ *het ~e van...* the absurdity of... ∗ *tot het ~e herleiden* reduce to an absurdity ∗ *een bewijs uit het ~e* a proof by contradiction (of the premise), a reductio ad absurdum proof

**ongerijmdheid** *v* [-heden] absurdity, incongruity

**ongerust** *bn* uneasy, worried ∗ *~over iem.* anxious about sbd ∗ *zich ~maken, ~zijn* be worried, worry (over about) ∗ *zich ~maken over iets* be uneasy/anxious about sth

**ongerustheid** *v* uneasiness, worry ∗ *geen reden tot ~* no cause for concern

**ongeschikt** *bn niet geschikt* unfit, unsuitable ∗ *~voor zo'n baan* unsuitable for a job like that ∗ *~voor de militaire dienst* unfit for military service ▼ *hij is geen ~e kerel* he's not a bad sort

**ongeschiktheid** *v* unfitness, unsuitability, ‹onbekwaamheid› inaptitude

**ongeschonden** *bn* undamaged, intact ∗ *een ~kopie* a perfect copy ∗ *zijn reputatie bleef ~* his reputation remained intact

**ongeschoold** *bn* untrained, unskilled

**ongeschoren** *bn* ❶unshaved, unshaven ❷*v. schaap* unshorn

**ongeschreven** *bn* unwritten ∗ *een ~wet* an unwritten rule ∗ *~recht* common law

**ongeslagen** *bn* sp unbeaten

**ongesorteerd** *bn* ❶unsorted ❷*van diverse soorten* assorted, mixed

**ongestadig** I *bn* ❶unsteady, unsettled ❷*wispelturig* inconstant II *bijw* unsteadily, inconstantly

**ongesteld** *bn ziek* indisposed, unwell ∗ ‹van vrouwen› *~zijn* have one's period

**ongesteldheid** *v* [-heden] ❶*ziekte* indisposition, illness ❷*menstruatie* menstruation

**ongestempeld** *bn* unstamped

**ongestoord** I *bn* ❶undisturbed ❷*zonder storing* clear II *bijw* ∗ *ze kon ~verder gaan* she could continue undisturbed

**ongestraft** I *bn* unpunished ∗ *~blijven* go unpunished II *bijw* with impunity

**ongetekend** *bn* not signed, unsigned

**ongetemd** *bn* untamed ∗ *~e energie* unbridled energy

**ongetrouwd** *bn* unmarried, single

**ongetwijfeld** *bijw* undoubtedly, doubtless, without a doubt, no doubt

**ongevaarlijk** *bn* harmless, safe

**ongeval** *o* [-len] accident, mishap ∗ *door ~by* accident, accidentally

**ongevallenverzekering** *v* [-en] accident insurance

**ongeveer** *bijw* about, approximately, roughly ∗ *zo ~* more or less

**ongeveinsd** *bn* unfeigned, sincere, genuine

**ongevoelig** *bn* unfeeling, insensitive to ∗ *~voor*

impervious/indifferent to

**ongevoeligheid** *v* insensitivity

**ongevraagd** I *bn* ‹v. opmerkingen› uncalled for, ‹v. dingen› unrequested, ‹v. gasten &› uninvited ∗ *~advies* unsolicited advice II *bijw* ∗ *zich ~bemoeien met* interfere in ∗ *iets ~vertellen* volunteer sth

**ongewapend** *bn* unarmed ∗ *~beton* unreinforced concrete

**ongewassen** *bn* unwashed

**ongewenst** *bn* undesirable, unwanted ∗ *~e vreemdelingen* undesirable aliens ∗ *een ~persoon* a persona non grata, an undesirable person ∗ *~e intimiteiten* sexual harassment ∗ *een ~kind* an unwanted child ∗ *een ~e zwangerschap* an unwanted pregnancy

**ongewerveld** *bn* invertebrate ∗ *~e dieren* invertebrates

**ongewijzigd** *bn* unchanged, unaltered

**ongewild** I *bn* ❶*zonder opzet* unintentional ❷*niet in trek* not in demand, unwanted II *bijw* unintentionally

**ongewillig** I *bn* unwilling II *bijw* unwillingly

**ongewis** *bn* ❶*onzeker* uncertain ❷*grillig* unreliable

**ongewisse** *o* ∗ *in het ~* in a state of uncertainty ∗ *in het ~laten* leave in the air ∗ *we tasten in het ~* we're groping in the dark

**ongewoon** *bn* ❶*ongebruikelijk* unusual ∗ *niets ~s* nothing out of the ordinary ❷*niet gewend* unused to, unfamiliar ∗ *we zijn dat ~* we're not used to that

**ongezellig** I *bn* ❶*v. mensen* unsociable, uncompanionable ∗ *wat ben je ~vanavond* you're no fun this evening, you're pretty unsociable this evening ❷*v. een bijeenkomst &* not much fun, unenjoyable ❸*v. een kamer &* cheerless, comfortless II *bijw* unsociably &

**ongezien** *bn* ❶*niet gezien* unseen ∗ *hij tekende het contract ~* he signed the contract sight unseen ❷*onopgemerkt* unobserved, unnoticed ❸*niet gewaardeerd* unesteemed, unrespected

**ongezond** I *bn* ❶*niet gezond* unhealthy, unsound ∗ *~e belangstelling* unhealthy interest ❷*schadelijk* unhealthy ∗ *~voedsel* unhealthy/unwholesome food II *bijw* ∗ *ze eten erg ~* they have a very unhealthy diet

**ongezouten** I *bn* ❶*zonder zout* unsalted ❷*onverbloemd* plain, straight, blunt ∗ *~taal* plain/blunt language II *bijw* ∗ *ik heb hem ~de waarheid gezegd* I gave it to him straight ∗ *hij heeft er ~van langs gehad* he has had a piece of my mind

**ongezuiverd** *bn* unpurified, unrefined

**ongezuurd** *bn* unleavened (bread)

**ongrijpbaar** *bn* elusive

**ongrondwettig** *bn* unconstitutional

**ongunstig** I *bn* unfavourable ∗ *~e kritieken* adverse criticism ∗ *op een ~moment* at a bad/unfavourable moment ∗ *iem. in een ~daglicht stellen* put/show sbd in a bad/unfavourable light II *bijw* unfavourably, adversely ∗ *hij staat ~bekend* he has a

bad reputation✶ *er~ uitzien* not look good✶ *iem.~
gezind zijn* be ill disposed towards sbd
**onguur** *bn* ❶ *afschrikwekkend* sinister ❷ *gemeen*
unsavoury *een~ type* an unsavoury character✶ *~
weer* nasty weather
**onhaalbaar** *bn* unfeasible
**onhandelbaar** *bn* unmanageable, intractable,
unruly
**onhandig I** *bn* ❶ *v. persoon* clumsy, awkward
❷ *v. ding* awkward **II** *bijw* clumsily, awkwardly
**onhebbelijk** *bn* unmannerly, rude
**onhebbelijkheid** *v* [-heden] rudeness
**onheil** *o* [-en] calamity, disaster✶ *~ stichten* cause
mischief
**onheilspellend I** *bn* ominous **II** *bijw* ominously
**onheilsprofeet** *m* [-feten] prophet of doom
**onherbergzaam I** *bn* inhospitable **II** *bijw*
inhospitably
**onherkenbaar I** *bn* unrecognizable✶ *tot~ wordens
toe* ⟨change⟩ out of all recognition/beyond all
recognition **II** *bijw* unrecognizably
**onherroepelijk I** *bn* irrevocable **II** *bijw* irrevocably
**onherstelbaar I** *bn* irreparable✶ *een~ verlies* an
irreparable loss **II** *bijw* ✶ *~ beschadigd* irreparably
damaged, damaged beyond repair
**onheus I** *bn* discourteous, impolite✶ *een~e
bejegening* a rebuff **II** *bijw* discourteously &
**onhoorbaar I** *bn* inaudible **II** *bijw* inaudibly
**onhoudbaar** *bn* ❶ *onverdedigbaar* untenable✶ *een
onhoudbare mening* an indefensible view✶ *die
redeneringen zijn~* those arguments are
untenable/won't hold up ❷ *ondraaglijk* unbearable
❸ *niet te stoppen* unstoppable
**onhygiënisch I** *bn* unhygienic **II** *bijw*
unhygienically
**oninbaar** *bn* irrecoverable, uncollectible, bad
⟨debts⟩
**oningevuld** *bn* not filled in, blank
**oninteressant** *bn* uninteresting
**onjuist** *bn* ❶ *niet waar, fout* inaccurate, incorrect
❷ *ondoelmatig, incorrect* improper
**onjuistheid** *v* [-heden] ❶ *onwaarheid, fout*
inaccuracy, incorrectness ❷ *ondoelmatigheid,
incorrectheid* impropriety
**onkies** *bn niet fijngevoelig* indiscreet, tactless,
indelicate
**onklaar** *bn* ❶ *niet helder* turbid, muddy ❷ *kapot*
defective✶ *iets~ maken* put sth out of action
**onklopbaar** *bn* ZN unbeatable
**onknap** *bn* ✶ *niet~* rather pretty/good-looking
**onkosten** *zn* [mv] expenses, costs✶ *algemene~*
overhead expenses, overheads✶ *~ declareren* submit
an expense claim✶ *~ maken* go to expense (for)
✶ *(met de)~ inbegrepen* charges included✶ *zonder~/
~ niet meegerekend* not counting expenses
**onkostendeclaratie** *v* [-s] expense claim, bill for
expenses *een~ indienen* submit an expense claim
**onkostenvergoeding** *v* [-en] reimbursement of
expenses
**onkreukbaar** *bn* ❶ uncrushable, crease-resistant
❷ fig unimpeachable, honest✶ *de onkreukbare
eerlijkheid* the honest truth✶ *onkreukbare
rechtschapenheid* unimpeachable integrity
**onkreukbaarheid** *v* fig integrity
**onkruid** *o* weeds✶ *~ vergaat niet* only the good die
young
**onkruidverdelger** *m* [-s] weed killer, herbicide
**onkuis** *bn* improper, indecent, lewd
**onkuisheid** *v* [-heden] impropriety, indecency,
lewdness
**onkunde** *v* ignorance✶ *in grove~* in grave
ignorance✶ *uit~* out of ignorance
**onkundig** *bn* ignorant✶ *~ van* ignorant/unaware of
✶ *iem.~ laten van* keep sbd in ignorance of
**onkwetsbaar** *bn* invulnerable
**onlangs** *bijw* lately, recently✶ *~ gebeurd* happened
the other day✶ *~ op een middag* the other afternoon
**onledig** *bn* occupied, engaged✶ *zich~ houden met*
busy/occupy oneself with
**onleefbaar** *bn* ❶ *m.b.t. een situatie* intolerable
❷ *m.b.t. een plaats* uninhabitable
**onleesbaar I** *bn* ❶ *niet te ontcijferen* illegible
❷ *vervelend om te lezen* unreadable **II** *bijw* illegibly
**online** *bijw* comput on-line, online
**onlogisch** *bn* illogical
**onloochenbaar** *bn* undeniable
**onlosmakelijk** *bn & bijw* indissoluble, inseparable
✶ *~ verbonden zijn met* be inextricably bound up
with
**onlust** *m* [-en] unease, discomfort
**onlusten** *zn* [mv] troubles, disturbances, riots
**onmaatschappelijk** *bn* antisocial
**onmacht** *v* ❶ *machteloosheid* impotence,
powerlessness ❷ *flauwte* fainting fit✶ *in~ vallen*
faint
**onmachtig** *bn* ❶ powerless (to) ❷ *machteloos*
impotent
**onmatig** *bn* immoderate✶ *~ alcoholgebruik*
drinking to excess
**onmeetbaar I** *bn* immeasurable✶ *onmeetbare
getallen* irrational numbers, surds **II** *bijw*
immeasurably
**onmens** *m* [-en] brute, monster
**onmenselijk** *bn* inhuman, brutal
**onmetelijk I** *bn* immeasurable, immense, infinite
**II** *bijw* immeasurably, immensely, infinitely
**onmetelijkheid** *v* immeasurability, immensity
**onmiddellijk I** *bn* immediate, instant✶ *een~e
antwoord* a prompt/an immediate/an instant
answer✶ *~ gevaar* immediate danger✶ *in de~e
nabijheid* in the immediate vicinity✶ *met~e ingang*
starting immediately **II** *bijw* directly, immediately,
at once, instantly
**onmin** *v* discord, dissension✶ *in~ geraken* fall out
✶ *in~ leven* be permanently at loggerheads/on bad
terms

**onmisbaar I** bn ❶ essentieel indispensable, essential ❷ onvermijdelijk inevitable **II** bijw indispensably & 
**onmiskenbaar I** bn undeniable, unmistakable **II** bijw undeniably, unmistakably 
**onmogelijk I** bn ❶ niet mogelijk impossible, out of the question, impracticable * het~e the impossible * een~ verhaal an unlikely story * het was mij~ om... I couldn't possibly have... * het~e vergen ask the impossible ❷ heel vervelend impossible, intolerable * een~e vent an impossible fellow * op een~ uur at an ungodly hour ❸ raar, belachelijk impossible, preposterous * een~e jurk/hoed an impossible/a preposterous dress/hat **II** bijw not possibly * die plannen kunnen~ verwezenlijkt worden these plans cannot possibly be realized * een ~ lange naam an impossibly/absurdly long name * ik kon het~ horen I couldn't hear it to save my life * hij gedraagt zich~ he behaves intolerably 
**onmogelijkheid** v [-heden] impossibility 
**onmondig** bn under age * ~ zijn be a minor 
**onnadenkend I** bn thoughtless, inconsiderate, unthinking **II** bijw thoughtlessly &, without thinking 
**onnatuurlijk I** bn unnatural * een~ kind an unnatural child * een~e dood an unnatural/a violent death **II** bijw unnaturally * ~ aan zijn eind komen die an unnatural death 
**onnauwkeurig I** bn inaccurate, inexact * haar vertaling van... is~ her translation of ... is slipshod **II** bijw inaccurately, inexactly 
**onnauwkeurigheid** v [-heden] inaccuracy 
**onnavolgbaar** bn inimitable, unparalleled 
**on-Nederlands** bn un-Dutch

**on-Nederlands** 
Een woord dat verwijst naar een land wordt in het Engels altijd met een hoofdletter geschreven. Het voorvoegsel un- wordt echter gewoonlijk niet gevolgd door een streepje, dus komt naast un-Dutch ook de vorm unDutch voor, met een hoofdletter midden in het woord.

**onneembaar** bn impregnable, unassailable 
**onnodig I** bn needless, unnecessary * ~ gepraat unnecessary talk * ~ te zeggen needless to say **II** bijw needlessly, unnecessarily * ~ tijd verliezen lose time unnecessarily 
**onnoemelijk, onnoemlijk I** bn ❶ talloos innumerable, numberless, countless ❷ heel erg untold, inexpressible * ~ verdriet untold misery **II** bijw * ~ klein infinitesimally small * ~ veel mensen immense numbers of people 
**onnozel I** bn ❶ dom silly, simple, stupid * ~e dingen zeggen say stupid things ❷ argeloos innocent * een ~e hals/jongen a fool ❸ lichtgelovig gullible ❹ onervaren naive ❺ onbeduidend trifling, mere * een ~e tien euro a paltry ten euros * die paar~e centen those few measly pennies **II** bijw ❶ in a silly way,

stupidly ❷ innocently 
**onnozelaar** m [-s] ❶ onschuldige ZN innocent ❷ sufferd ZN stupid, idiot 
**onofficieel** bn off-the-record, unofficial, informal 
**onomatopee** v [-peeën] onomatopoeia 
**onomkeerbaar I** bn irreversible, irrevocable * een onomkeerbare beslissing an irrevocable decision **II** bijw irreversibly, irrevocably 
**onomkoopbaar** bn not to be bribed, incorruptible 
**onomstotelijk** bn irrefutable, indisputable * een~ bewijs an irrefutable proof * ~e waarheden indisputable truths, axioms 
**onomstreden** bn undisputed, unquestioned, unchallenged 
**onomwonden I** bn plain, straight, frank **II** bijw * iem. ~ de waarheid zeggen tell sbd the truth in no uncertain terms 
**ononderbroken I** bn continuous, uninterrupted **II** bijw continuously, uninterruptedly 
**onontbeerlijk** bn indispensable, essential, vital 
**onontgonnen** bn uncultivated, unreclaimed * ~ gebied virgin territory 
**onontkoombaar, onontkomelijk I** bn inescapable, unavoidable **II** bijw inescapably, unavoidably 
**onooglijk I** bn ❶ lelijk unsightly ❷ onopvallend inconspicuous **II** bijw inconspicuously * ~ gekleed gaan dress in appalling taste 
**onoorbaar** bn improper, unbecoming * onoorbare praktijken objectionable practices 
**onoordeelkundig** bn injudicious 
**onopgehelderd** bn unexplained, unsolved * de moord bleef~ the murder was never cleared up 
**onopgelost** bn ❶ in vloeistoffen undissolved ❷ problemen & unsolved 
**onopgemaakt** bn ❶ v. bed unmade ❷ v. gezicht not made up ❸ v. haar uncombed ▼ typ een~e drukproef a galley proof 
**onopgemerkt** bn & bijw unobserved, unnoticed * dat is niet~ gebleven it did not go unnoticed & * ~ weggaan leave unnoticed &, leave without being observed 
**onophoudelijk I** bn incessant, continuous **II** bijw incessantly, continuously * hij plaagt ons~ he's forever teasing us 
**onoplettend I** bn inattentive **II** bijw inattentively 
**onoplettendheid** v [-heden] inattention 
**onoplosbaar** bn ❶ in vloeistoffen insoluble ❷ v. problemen & unsolvable 
**onoprecht I** bn insincere **II** bijw insincerely 
**onopvallend I** bn inconspicuous, unobtrusive **II** bijw inconspicuously, unobtrusively 
**onopzettelijk I** bn unintentional, inadvertent **II** bijw unintentionally, inadvertently 
**onordelijk I** bn disordered * ~ gedrag unruly behaviour **II** bijw in a disorderly way * het gaat daar ~ toe things are disorganized there 
**onorthodox** bn unorthodox 
**onoverbrugbaar** bn irreconcilable, ook fig

**on**

unbridgeable * *onoverbrugbare verschillen* irreconcilable differences

**onoverdekt** *bn* uncovered

**onovergankelijk** *bn* <u>taalk</u> intransitive

**onoverkomelijk** *bn* insurmountable, insuperable, ‹v. rivier &› impassable * *~e bezwaren* insurmountable objections

**onovertroffen** *bn* unsurpassed, unrivalled

**onoverwinnelijk** *bn* invincible, unconquerable * *een ~ team* an invincible team * *~e moeilijkheden* unsurmountable problems

**onoverzichtelijk I** *bn* complicated, complex, obscure * *een ~e bocht* a blind bend * *een volle en ~e bouwplaats* a cluttered and poorly organized construction site **II** *bijw* * *~ georganiseerd* poorly organized * *de beelden vliegen ~ voorbij* the images flash past in no apparent order

**onparlementair** *bn* unparliamentary * *~ taalgebruik* unparliamentary language

**onpartijdig I** *bn* impartial, unbias(s)ed * *een ~ onderzoek* an unbias(s)ed investigation * *een ~ rechter* an impartial judge **II** *bijw* impartially * *~ te werk gaan* approach something impartially/in an impartial/unbias(s)ed way

**onpas** *bijw* * *te ~* ill timed * *te pas en te ~* all the time

**onpasselijk** *bn* nauseous, sick * *~ zijn/worden* ‹misselijk› be/become ill; ‹niet lekker› be/get out of sorts

**onpeilbaar** *bn* unfathomable, ‹v. gezicht &› inscrutable

**onpersoonlijk I** *bn* impersonal * *~e werkwoorden* impersonal verbs **II** *bijw* impersonally

**onplezierig I** *bn* **❶** *onaangenaam* unpleasant, disagreeable **❷** *lusteloos* * *hij voelt zich ~ vandaag* he's feeling a bit out of sorts/a bit under the weather today **II** *bijw* unpleasantly, disagreeably

**onpraktisch I** *bn* impractical **II** *bijw* impractically

**onprettig I** *bn* unpleasant, disagreeable **II** *bijw* unpleasantly, disagreeably

**onraad** *o* trouble, danger * *daar is ~* there's something going on * *ik ruik ~* I smell a rat

**onrealistisch I** *bn* unrealistic, unreal **II** *bijw* unrealistically

**onrecht** *o* injustice, wrong * *iem. ~ aandoen* wrong sbd, do sbd wrong * *ten ~e* mistakenly, wrongly * *zij protesteren ten ~e* their protests are unfounded/mistaken

**onrechtmatig I** *bn* wrongful, unjust, ‹tegen de wet› unlawful, illegal **II** *bijw* wrongfully &

**onrechtmatigheid** *v* [-heden] wrongfulness, unjustness, ‹tegen de wet› unlawfulness, illegality

**onrechtvaardig I** *bn* unjust **II** *bijw* unjustly

**onrechtvaardigheid** *v* [-heden] injustice

**onredelijk I** *bn* **❶** *zonder rede* unreasonable **❷** *onrechtvaardig* unfair * *jur* ‹klacht› *kennelijk ~* manifestly unreasonable **II** *bijw* unreasonably &

**onregeerbaar** *bn* ungovernable

**onregelmatig I** *bn* irregular **II** *bijw* irregularly

**onregelmatigheid** *v* [-heden] irregularity

**onregelmatigheidstoeslag** *m* [-slagen] bonus for unsocial hours, <u>in Australië</u> penalty rate

**onreglementair I** *bn* illegal * *schaken* *die zet was ~* that move was against the rules, that was an illegal move **II** *bijw* illegally, against the rules

**onrein I** *bn* unclean, impure **II** *bijw* uncleanly, impurely

**onrendabel** *bn* uneconomic, unremunerative

**onrijp** *bn* unripe, ‹v. personen› immature

**onroerend** *bn* immovable * *~e goederen* real estate * *een makelaar in ~e goederen* a real estate agent

**onroerendezaakbelasting** *v* [-en] real estate/property tax

**onroerendgoedbelasting** *v* [-en] real estate/property tax

**onroerendgoedmaatschappij** *v* [-en] real estate company

**onroerendgoedmarkt** *v* [-en] real estate/property market

**onrust I** *v* **❶** *drukte, opwinding* unrest, agitation * *stoken stir up trouble/a commotion* **❷** *ongedurigheid* restlessness **❸** *in horloge* [-en] balance wheel **II** *m-v* [-en] *persoon* bundle of nerves

**onrustbarend** *bn* alarming

**onrustig I** *bn* **❶** turbulent, troubled **❷** *v. personen* restless, uneasy, ‹zenuwachtig› agitated * *hij heeft een ~e nacht gehad* he's had a restless night **II** *bijw* restlessly

**onruststoker, onrustzaaier** *m* [-s] troublemaker

**ons I** *o* [-en & onzen] **❶** *100 gram* hectogram(me) **❷** *Engels gewicht* ounce * *wachten tot je een ~ weegt* wait till you're blue in the face/till the cows come home **II** *pers vnw* us * *~ kent ~* we know each other, you've got my number * *een ~kent-~mentaliteit* an all-in-the-family mentality * *bij ~ is het altijd koud* it's always cold where we come from * *bij ~ thuis* at home * *dat moet onder ~ blijven* this must remain between us * *onder ~ gezegd en gezwegen* just between you and me * *wij zijn onder ~* there are just the two of us here * *van ~* ours **III** *bez vnw* our * *~ land* this/our country * *de onze* ours * *we zijn met ~ drieën* there are three of us

**onsamenhangend I** *bn* incoherent, disconnected, disjointed * *een ~ verhaal* a disjointed/rambling story **II** *bijw* incoherently &

**onschadelijk I** *bn* harmless, innocuous, innocent, inoffensive * ‹v. een bom› *~ maken* defuse * *hij werd ~ gemaakt* ‹ontwapend› he was disarmed; ‹gedood› he was eliminated **II** *bijw* harmlessly &

**onschatbaar I** *bn* inestimable, invaluable, priceless * *van onschatbare waarde* invaluable **II** *bijw* * *~ veel* a huge amount

**onscheidbaar I** *bn* inseparable **II** *bijw* inseparably

**onschendbaar** *bn* **❶** *onverbreekbaar* inviolable **❷** *onaantastbaar* immune

**onschendbaarheid** *v* inviolability, ‹v. personen›
immunity ✻ *parlementaire* ~ parliamentary
inviolability

**onscherp** *bn & bijw* blurred, vague ✻~ *ingesteld* not
focus(s)ed properly

**onschuld** *v* innocence ✻ *ik was mijn handen in* ~ my
hands are clean ✻ *de beledigde/vermoorde* ~ *spelen*
act the injured innocent

**onschuldig I** *bn* ❶ *zonder schuld* innocent, guiltless,
not guilty ✻ *ik ben er* ~ *aan* I'm innocent of it ✻ *zo* ~
*als een pasgeboren kind* as innocent as a new-born
baby ❷ *onschadelijk* harmless **II** *bijw* innocently

**onsmakelijk** *bn & bijw* distasteful, unsavoury,
‹v. eten› unpalatable ✻ *een* ~ *verhaal* a
distasteful/unsavoury story ✻~ *verteld/gezegd &*
told/said & in a distasteful way

**onsportief I** *bn* unsporting **II** *bijw* unsportingly

**onstandvastig** *bn* unstable, unsettled ✻~ *weer*
unsettled weather ✻ *hij heeft een* ~ *karakter* he has
an unstable/unsteady nature

**onsterfelijk** *bn & bijw* immortal ✻ *zich* ~ *maken*
make oneself immortal ✻ *zich* ~ *belachelijk maken*
make an absolute fool of oneself

**onsterfelijkheid** *v* immortality

**onstilbaar** *bn* unappeasable, insatiable ✻ *een*
*onstilbare honger naar kennis* an insatiable appetite
for knowledge

**onstoffelijk** *bn* immaterial, intangible, ‹geestelijk›
spiritual

**onstoffelijkheid** *v* immateriality, ‹geestelijkheid›
spirituality

**onstuimig I** *bn* turbulent, boisterous, fig impetuous
✻~*e liefde* turbulent/passionate love **II** *bijw*
turbulently &

**onstuimigheid** *v* [-heden] boisterousness,
turbulence, fig impetuosity

**onstuitbaar** *bn* unstoppable, irrepressible

**onsympathiek** *bn* uncongenial ✻ *ze vinden hem* ~
he's not much liked

**onszelf** *pers vnw* ourselves

**ontaard I** *bn* ❶ *gedegenereerd* degenerate, corrupt
❷ *v. ouders/kind* unnatural **II** *bijw in hoge mate*
wickedly

**ontaarden** *onoverg* [ontaardde, is ontaard]
❶ degenerate (into) ❷ *m.b.t. zaken* degenerate,
deteriorate

**ontaarding** *v* ❶ degeneration, degeneracy ❷ *m.b.t.*
*zaken* degeneration, deterioration

**ontberen** *overg* [ontbeerde, h. ontbeerd] lack, do/go
without ✻ *wij kunnen het niet* ~ we can't do without
it

**ontbering** *v* [-en] hardship, deprivation ✻ *van* ~
*sterven* die of hardship

**ontbieden** *overg* [ontbood, h. ontboden] summon,
send for ✻ *iem. bij zich* ~ send for sbd

**ontbijt** *o* [-en] breakfast

**ontbijtbuffet** *o* breakfast bar

**ontbijten** *onoverg* [ontbeet, h. ontbeten] breakfast

(*met* on), have breakfast ✻ *ik ontbijt altijd met brood* I
always have a sandwich for breakfast

**ontbijtkoek** *m* [-en] ± gingerbread cake

**ontbijtspek** *o* bacon

**ontbinden** *overg* [ontbond, h. ontbonden]
❶ *losmaken* untie, undo ❷ *opheffen* dissolve ‹a
marriage, Parliament›, annul ‹a contract›, rescind ‹a
law›, disband ‹the troops› ❸ *stoffen* decompose,
disintegrate, decay ❹ rekenk separate

**ontbinding** *v* [-en] ❶ *losmaking* untying ❷ *opheffing*
‹v. de Kamer &› dissolution, ‹v. contract›
annulment, rescission, ‹v. troepen &› disbandment
❸ *v. stof* decomposition, disintegration ✻ *in staat van*
~ in a state of decomposition ✻ *tot* ~ *overgaan*
become decomposed, decay ❹ rekenk resolution

**ontbloot** *bn* naked, bare ✻~ *van* destitute/devoid
of, without

**ontbloten** *overg* [ontblootte, h. ontbloot] bare,
uncover ✻ *het zwaard* ~ bare the sword ✻ *het hoofd*
~ bare one's head ✻~ *van* uncover, expose

**ontboezeming** *v* [-en] outpouring, unburdening

**ontbolsteren** *overg* [ontbolsterde, h. ontbolsterd]
❶ shell, husk, hull ❷ fig polish, refine

**ontbossen** *onoverg* [ontboste, h. ontbost] deforest

**ontbossing** *v* deforestation

**ontbranden** *onoverg* [ontbrandde, is ontbrand]
❶ ignite, fig be sparked off ✻ *doen* ~ kindle, ignite
❷ *in drift* fly (into) ✻ *in toorn* ~ fly into a rage

**ontbreken** *onoverg* [ontbrak, h. ontbroken] ❶ *gemist*
*worden* be lacking/missing ✻ *er ontbreekt nog wel iets*
*aan* it's still a bit short of what is required ✻ *dat*
*ontbreekt er nog maar aan* that's all that is needed
✻ *het ontbreekt hem aan geld* he's short of money
✻ *het ontbreekt hem aan moed* he's lacking in
courage ✻ *laat het hem aan niets* ~ let him want for
nothing ✻ *het zou mij daartoe aan tijd* ~ I wouldn't
have the time (to do that) ❷ *afwezig zijn* be absent
✻ *er* ~ *er vijf* five are absent

**ontcijferen** *overg* [ontcijferde, h. ontcijferd]
❶ *handschrift* decipher ❷ *geheimschrift* decode

**ontdaan** *bn* disconcerted, upset ✻ *geheel* ~
completely taken aback ✻~ *van* stripped of

**ontdekken** *overg* [ontdekte, h. ontdekt] discover ‹a
country›, find out ‹the truth›, detect ‹an error›

**ontdekker** *m* [-s] discoverer

**ontdekking** *v* [-en] discovery ✻ *een* ~ *doen* make a
discovery, discover ✻ *tot de* ~ *komen dat...* come to
the conclusion that.. ✻ *op* ~ *uitgaan* go on a voyage
of discovery ✻ jur *een* ~ *op heterdaad* being caught
in the act

**ontdekkingsreis** *v* [-reizen] voyage of discovery

**ontdekkingsreiziger** *m* [-s] explorer

**ontdoen** *overg* [ontdeed, h. ontdaan] dispose of,
discard ✻ *iem. van iets* ~ strip sbd of sth ✻ *zich* ~ *van*
get rid of, dispose of ✻ *zich van zijn jas* ~ take
off/remove one's coat ✻ *zich van zijn huis* ~ sell
one's house

**ontdooien I** *onoverg* [ontdooide, is ontdooid]

on

❶ thaw, defrost ❷ *fig* relax, unbend, unwind, loosen up **II** *overg* [ontdooide, h. ontdooid] thaw * *de waterleiding ~* thaw out the waterpipes * *de koelkast ~* defrost the refrigerator

**ontdooiing** *v* thaw, ⟨v. koelkast⟩ defrosting

**ontduiken** *overg* [ontdook, h. ontdoken] elude, evade, dodge * *de voorschriften ~* get round the regulations * *de belasting ~* evade paying one's taxes * *een wet ~* circumvent/elude the law

**ontegenzeggelijk, ontegenzeglijk I** *bn* undeniable, unarguable, irrefutable **II** *bijw* undeniably &

**onteigenen** *overg* [onteigende, h. onteigend] ❶ expropriate, annex * *land ~* acquire land by force, compulsorily acquire land ❷ *v. personen* dispossess, ⟨v. land, huis⟩ evict

**onteigening** *v* [-en] *zonder schadevergoeding* expropriation, ⟨met schadevergoeding⟩ compulsory purchase * *jur een ~ ten algemenen nutte* expropriation in the public interest

**onteigeningsprocedure** *v* [-s] expropriation proceedings

**ontelbaar I** *bn* countless, innumerable **II** *bijw* innumerably * *~ veel mensen* countless/innumerable people

**ontembaar** *bn* untam(e)able, indomitable, ⟨onstuitbaar⟩ irrepressible

**onterecht I** *bn* unjust, wrongful, undeserved **II** *bijw* unjustly &

**onteren** *overg* [onteerde, h. onteerd] ❶ dishonour, disgrace ❷ *verkrachten* violate

**onterven** *overg* [onterfde, h. onterfd] disinherit

**ontevreden** *bn* discontented, dissatisfied * *de ~en* the malcontents * *~ over* discontented/dissatisfied with

**ontevredenheid** *v* discontent, dissatisfaction (*over* with)

**ontfermen** *wederk* [ontfermde, h. ontfermd] * *zich ~ over* ⟨medelijden hebben⟩ take pity on, have mercy on; ⟨tot zich nemen⟩ take care of

**ontfutselen** *overg* [ontfutselde, h. ontfutseld] diddle, ⟨ontlokken⟩ worm * *iem. iets ~* diddle sth out of sbd

**ontgaan** *onoverg* [ontging, is ontgaan] escape, elude * *het is mij ~* ⟨vergeten⟩ it slipped my memory; ⟨niet opgemerkt⟩ I failed to notice it * *hem ontgaat niets* he doesn't miss a thing * *de humor ontging hem* he failed to appreciate the humour * *het kampioenschap ontging hem* he missed out on taking the championship

**ontgelden** *overg* [ontgold, h. ontgolden] * *het moeten ~* have to pay/suffer for it

**ontginnen** *overg* [ontgon, h. ontgonnen] ❶ *v. land* bring into cultivation, reclaim ⟨land⟩, develop ⟨a region⟩ ❷ *v. mijn* work, exploit ❸ *fig* explore, develop

**ontginning** *v* [-en] ❶ *van de grond* bringing into cultivation, reclamation ❷ *het exploiteren*

exploitation, development

**ontglippen** *onoverg* [ontglipte, is ontglipt] ❶ *glijden* slip * *die fles ontglipte me* the bottle just slipped out of my hands ❷ *ontsnappen* slip, get away * *dat woord ontglipte me* the word just slipped out

**ontgoocheld** *bn* disillusioned

**ontgoochelen** *overg* [ontgoochelde, h. ontgoocheld] disillusion, disenchant

**ontgoocheling** *v* [-en] disillusionment, disenchantment

**ontgrendelen** *overg* [ontgrendelde, h. ontgrendeld] unbolt, unlatch

**ontgroeien** *onoverg* [ontgroeide, is ontgroeid] outgrow * *zij zijn elkaar ontgroeid* they have grown apart

**ontgroenen I** *overg* [ontgroende, h. ontgroend] *v. studenten &* initiate **II** *onoverg* [ontgroende, is ontgroend] * *de bevolking ontgroent* the population is ageing

**ontgroening** *v* [-en] ❶ *v. studenten &* initiation (rites) ❷ *v. e. land* disappearance of green landscape ❸ *v. e. bevolking* drop in the number of young people

**onthaal** *o* ❶ *ontvangst* welcome, reception * *ook fig een goed ~ vinden* receive a good reception ❷ *traktatie* banquet

**onthaasten** *onoverg* [onthaastte, h. onthaast] slow down

**onthalen** *overg* [onthaalde, h. onthaald] entertain * *iem. warm ~* greet/welcome sbd warmly * *iem. ~ op iets* treat sbd to sth

**onthand** *bn* inconvenienced * *erg ~ zijn* be greatly inconvenienced

**ontharder** *m* [-s] softener

**ontharen** *overg* [onthaarde, h. onthaard] depilate

**ontharingscrème** *v* depilatory cream

**ontharingsmiddel** *o* [-en] depilatory

**ontheemd** *bn* ❶ *buiten het vaderland* homeless ❷ *buiten de vertrouwde omgeving* uprooted

**ontheemde** *m* [-n] ❶ *persoon zonder vaderland* displaced person ❷ *fig* drifter

**ontheffen** *overg* [onthief, h. ontheven] ❶ *ontslaan* discharge, dismiss, remove * *iem. ~ van zijn ambt* remove & sbd from office ❷ *ontzetten uit* take away, deprive * *iem. van de ouderlijke macht ~* take away sbd's parental rights ❸ *dispensatie verlenen* release, exempt * *iem. ~ van de belastingplicht* exempt sbd from paying tax

**ontheffing** *v* [-en] ❶ *ontslag* discharge, dismissal ❷ *ontzetting uit* withdrawal ❸ *dispensatie* exemption * *~ van belasting* tax exemption

**ontheiligen** *overg* [ontheiligde, h. ontheiligd] desecrate, violate

**ontheiliging** *v* [-en] desecration, violation

**onthoofden** *overg* [onthoofdde, h. onthoofd] behead, decapitate

**onthoofding** *v* [-en] beheading, decapitation

**onthouden I** *overg* [onthield, h. onthouden] ❶ *niet vergeten* remember, bear in mind * *help het me ~*

remind me of it ∗ *onthoud dat goed/wel!* don't forget it! ∗ *zij kan slecht namen* ∼ she has a bad memory for names ∗ ⟨bij rekenen⟩ *5, 3* ∼ *5* carry 3 ❷ *niet geven* withhold, keep back ∗ *iem. het loon* ∼ withhold someone's salary **II** *wederk* [onthield, h. onthouden] abstain/refrain (from) ∗ *zich van deelneming* ∼ refrain from taking part ∗ *zich van stemmen* ∼ abstain from voting

**onthouding** *v* [-en] ❶ abstinence ∗ *periodieke* ∼ the rhythm method ❷ *bij stemming* & abstention

**onthoudingsverschijnselen** *zn* [mv] withdrawal symptoms

**onthullen** *overg* [onthulde, h. onthuld] ❶ *standbeeld* & unveil ❷ *complot* & reveal, disclose ∗ *een geheim* ∼ disclose/divulge a secret

**onthulling** *v* [-en] ❶ *standbeeld* & unveiling ❷ *complot* & revelation, disclosure

**onthutsend** *bn* disconcerting, bewildering

**onthutst** *bn* disconcerted, bewildered

**ontiegelijk** *bijw* terribly, immensely

**ontij** *m* ∗ *bij nacht en* ∼ at all hours of the night

**ontijdig I** *bn* untimely, premature **II** *bijw* untimely, prematurely

**ontkalken** *onoverg* [ontkalkte, is ontkalkt] decalcify, descale

**ontkennen I** *overg* [ontkende, h. ontkend] deny, refute ∗ *men kan niet* ∼ *dat...* it can't be denied that... ∗ *zij ontkende iets met de zaak te maken te hebben* she denied any involvement in the matter **II** *onoverg* [ontkende, h. ontkend] plead not guilty ∗ *hij ontkende* he denied the charge, he pleaded not guilty

**ontkennend I** *bn* negative ∗ *een* ∼ *e zin* a negative sentence **II** *bijw* negatively, in the negative

**ontkenning** *v* [-en] ❶ denial ❷ *taalk* negation

**ontketenen** *overg* [ontketende, h. ontketend] ❶ let loose, unchain ∗ *de gevangene* ∼ unchain/release the prisoner ❷ *doen los barsten* unleash ∗ *een aanval* ∼ launch an attack ∗ *gevoelens* ∼ release one's feelings ∗ *een oorlog* ∼ start a war

**ontkiemen** *onoverg* [ontkiemde, is ontkiemd] germinate

**ontkleden** *overg* [ontkleedde, h. ontkleed] ❶ undress ∗ *zich* ∼ undress ❷ *wegdoen* divest

**ontknoping** *v* [-en] denouement ∗ ⟨v. conflict &⟩ *zijn* ∼ *naderen* reach a climax

**ontkomen** *onoverg* [ontkwam, is ontkomen] escape, get away ∗ *hij wist te* ∼ he managed to escape ∗ *ik kan niet aan de indruk* ∼ *dat...* I can't avoid the conclusion that... ∗ *er is geen* ∼ *aan* there's no avoiding it

**ontkoppelen I** *overg* [ontkoppelde, h. ontkoppeld] ❶ *dieren* unleash ❷ *auto & techn* put out of gear, disconnect **II** *onoverg* [ontkoppelde, h. ontkoppeld] *auto* put out of gear, declutch

**ontkoppeling** *v* disconnection

**ontkrachten** *overg* [ontkrachtte, h. ontkracht] disprove ∗ *het bewijs* ∼ disprove the evidence ∗ *een*

*mythe* ∼ disprove/dismantle a myth

**ontkroezen** *overg* [ontkroesde, h. ontkroesd] de-frizz

**ontkurken** *overg* [ontkurkte, h. ontkurkt] uncork

**ontladen** *overg* [ontlaadde, h. ontladen] ❶ *v. geweer* unload, ⟨afschieten⟩ discharge ❷ *elektr* discharge

**ontlading** *v* [-en] ❶ *v. gevoelens* release ❷ *scheepv* unloading ❸ *elektr* discharge

**ontlasten I** *overg* [ontlastte, h. ontlast] ❶ *last wegnemen* unburden, relieve ∗ *een paard* ∼ unload a horse ∗ *mag ik u van dat pak* ∼*?* may I relieve you of that parcel? ❷ *fig* relieve (the burden/pressure of), lighten ∗ *de drukke dagen* ∼ take the pressure off/lighten the busy days ❸ *verlichting geven* relieve **II** *wederk* [ontlastte, h. ontlast] ∗ *zich* ∼ ⟨v. taken⟩ relieve; ⟨v. rivier⟩ discharge, empty into; ⟨v. uitwerpselen⟩ relieve oneself

**ontlasting** *v* [-en] ❶ *zijn behoefte doen* defecation ❷ *uitwerpselen* stools, excrement ∗ ∼ *hebben* have a bowel movement ∗ *voor goede* ∼ *zorgen* keep the bowels open ❸ *ontheffing* exemption ❹ *verlichting* relief

**ontleden** *overg* [ontleedde, h. ontleed] ❶ *analyseren* analyse ❷ *anat* dissect ❸ *taalk* parse ∗ *een zin* ∼ parse/analyse a sentence

**ontleding** *v* [-en] ❶ *analyse* analysis ❷ *anat* dissection ❸ *taalk* parsing

**ontleedkunde** *v* anatomy

**ontlenen** *overg* [ontleende, h. ontleend] dissect ∗ ∼ *aan* borrow/adopt/derive from ∗ *zijn naam* ∼ *aan* take one's name from ∗ *hieraan kunnen geen rechten ontleend worden* no rights can be derived from this

**ontlokken** *overg* [ontlokte, h. ontlokt] draw, elicit, coax ∗ *iem. een geheim* ∼ elicit a secret from sbd ∗ *iem. een glimlach* ∼ coax a smile out of sbd ∗ *klanken* ∼ *aan* get a sound out of

**ontlopen** *overg* [ontliep, is ontlopen] ❶ *ontkomen aan* run away from, escape ∗ *het gevaar* ∼ escape the danger ❷ *ontwijken* avoid ∗ *ik tracht hem zoveel mogelijk te* ∼ I always give him a wide berth ❸ *verschillen* differ from ∗ *ze* ∼ *elkaar niet veel* they don't differ much

**ontluchten** *overg* [ontluchtte, h. ontlucht] ventilate, ⟨v. radiatoren⟩ bleed

**ontluchting** *v* ventilation, ⟨m.b.t. radiatoren⟩ bleeding

**ontluiken** *onoverg* [ontlook, is ontloken] ❶ open, expand ∗ *de bloemen* ∼ the flowers are bursting open ❷ *fig* bud ∗ *een* ∼ *de liefde* an awakening love ∗ *een* ∼ *d talent* a budding talent

**ontluisteren** *overg* [ontluisterde, h. ontluisterd] ❶ *de glans wegnemen* tarnish, dim ❷ *van de schijn ontdoen* fig debunk, dispel, take the shine out of ∗ *een mythe* ∼ dispel a myth

**ontluistering** *v* ❶ tarnishing ❷ *fig* disillusionment

**ontmaagden** *overg* [ontmaagdde, h. ontmaagd] deflower

**ontmaagding** *v* defloration, deflowering

on

**ontmantelen** *overg* [ontmantelde, h. ontmanteld] dismantle

**ontmaskeren** *overg* [ontmaskerde, h. ontmaskerd] ❶ unmask ❷ fig show up, expose ∗ *hij werd ontmaskerd als een leugenaar* he was exposed as a liar

**ontmoedigen** *overg* [ontmoedigde, h. ontmoedigd] discourage, put off

**ontmoedigingsbeleid** *o* policy of deterrent

**ontmoeten** *overg* [ontmoette, h. ontmoet] ❶ *toevallig* meet 〈sbd〉, run into 〈sbd〉, chance upon 〈sbd/sth〉 ❷ *niet toevallig* meet, see ∗ *iem. regelmatig~* meet/see sbd regularly ❸ fig encounter, meet with

**ontmoeting** *v* [-en] meeting, encounter ∗ sp *een vriendschappelijke~* a friendly match ∗ *een~ hebben met iem.* meet sbd; 〈toevallig〉 bump/run into sbd

**ontmoetingsplaats** *v* [-en] meeting place

**ontmythologiseren** *overg* [ontmythologiseerde, h. ontmythologiseerd] demythologize

**ontnemen** *overg* [ontnam, h. ontnomen] take away from, deprive of ∗ *iem. het recht~* take away someone's right (to) ∗ *iem. alle moed~* deprive sbd of all courage ∗ *iem. het woord~* butt in on sbd

**ontnuchteren** *overg* [ontnuchterde, h. ontnuchterd] ❶ sober up ∗ *ontnuchterd worden* sober up ❷ fig sober ∗ *flink ontnuchterd worden* be brought down to earth with a bump

**ontnuchtering** *v* [-en] fig disenchantment, disillusionment

**ontoegankelijk** *bn* inaccessible, 〈fig〉 impervious ∗ *~ voor alle verkeer* closed to all traffic

**ontoelaatbaar** *bn* inadmissible

**ontoereikend** *bn* insufficient, inadequate

**ontoerekeningsvatbaar** *bn* not responsible, not accountable, jur non compos mentis ∗ *hij is~* he cannot be held responsible for his actions ∗ *iem. ~ verklaren* declare sbd to be of unsound mind

**ontpitten** *overg* [ontpitte, h. ontpit] stone, pit

**ontplofbaar** *bn* explosive ∗ *ontplofbare stoffen* explosives

**ontploffen** *onoverg* [ontplofte, is ontploft] ❶ explode, detonate ❷ fig explode

**ontploffing** *v* [-en] explosion, detonation ∗ *tot~ brengen* explode sth, blow sth up, set sth off ∗ *tot~ komen* explode

**ontploffingsgevaar** *o* risk/danger of explosion

**ontplooien** *overg* [ontplooide, h. ontplooid] ❶ *ontwikkelen* develop ∗ *activiteiten~* develop/create activities ∗ *zijn talent~* develop one's talent ∗ *zich~* expand oneself ∗ *zich geestelijk ~* broaden one's horizons ❷ *tonen* display, show

**ontplooiing** *v* development

**ontpoppen** *wederk* [ontpopte, h. ontpopt] turn out to be ∗ *zich~ als...* turn out to be..., show/reveal oneself to be a...

**ontraadselen** *overg* [ontraadselde, h. ontraadseld] solve

**ontraden** *overg* [ontried of ontraadde, h. ontraden]

dissuade from, advise against

**ontrafelen** *overg* [ontrafelde, h. ontrafeld] unravel

**ontredderd** *bn* upset, 〈v. situaties〉 desperate

**ontreddering** *v* desperation, 〈v. situaties〉 disorganization, upheaval

**ontregelen** *overg* [ontregelde, h. ontregeld] disorder, disorganize ∗ *een~de werking* a dislocating effect

**ontrieven** *overg* [ontriefde, h. ontriefd] (put to) inconvenience ∗ *als ik u niet ontrief* if it's not inconvenient, if you don't mind

**ontroerd** *bn* moved, touched

**ontroeren** *overg* [ontroerde, h. ontroerd] move, affect

**ontroerend** *bn bijw* touching, moving, emotional, 〈sentimenteel〉 tear-jerking

**ontroering** *v* [-en] emotion

**ontrollen** *overg* [ontrolde, h. ontrold] *uitrollen* unroll, unfurl, unfold ∗ fig *zich~* unfold

**ontroostbaar** *bn* disconsolate, inconsolable

**ontrouw**[1] *bn* ❶ t.o. partner unfaithful ❷ *alg.* disloyal, false

**ontrouw**[2] *v* unfaithfulness, disloyalty, infidelity ∗ *huwelijkse~* marital infidelity/unfaithfulness

**ontruimen** *overg* [ontruimde, h. ontruimd] ❶ *leeghalen* vacate ❷ *de aanwezigen doen vertrekken* clear, evacuate

**ontruiming** *v* ❶ *het dwingen te vertrekken* evacuation ❷ *het leegmaken* clearance ❸ *uithuiszetting* eviction

**ontrukken** *overg* [ontrukte, h. ontrukt] tear/snatch/wrench (away from) ∗ *iem. aan de dood ~* snatch from (the jaws of) death ∗ *iets aan de vergetelheid~* save/rescue sth from oblivion

**ontschepen I** *overg* [ontscheepte, h. ontscheept] *v. lading* unship ∗ *zich~* disembark **II** *onoverg* [ontscheepte, is ontscheept] *v. personen* disembark

**ontschieten** *onoverg* [ontschoot, is ontschoten] slip ∗ *het is mij ontschoten* it slipped my mind ∗ *de naam is me ontschoten* the name eludes me

**ontsieren** *overg* [ontsierde, h. ontsierd] mar, blot ∗ *het fabriek ontsierde het landschap* the factory was a blot on the landscape ∗ *een valpartij ontsierde de laatste kilometer* the final kilometre was marred by a spill

**ontslaan** *overg* [ontsloeg, h. ontslagen] ❶ *ontslag geven* dismiss, lay off, fire, inf sack ∗ *op staande voet ~* fire on the spot ∗ *iem. ~ uit zijn betrekking* dismiss/fire sbd ∗ *iem. ~ uit militaire dienst* discharge sbd from military service, demobilize sbd ❷ *ontheffen van* discharge, 〈v. een verplichting〉 relieve, 〈v. een belofte〉 release ❸ *laten gaan* release ∗ *iem. ~ uit de gevangenis* release sbd from prison ∗ *iem. ~ uit het ziekenhuis* discharge sbd from hospital

**ontslag** *o* [-slagen] ❶ *uit betrekking* dismissal ∗ *~ aanzeggen* give notice ∗ *iem. zijn~ geven* dismiss/fire sbd, inf give sbd the sack, sack sbd ∗ *zijn ~ indienen* hand in one's resignation/notice, resign

✳ *zijn* ~ *krijgen* be dismissed/fired, inf be sacked ✳~ *nemen* resign ✳ *een* ~ *op staande voet* a summary/an on-the-spot dismissal ✳ *een collectief* ~a collective lay-off, a mass dismissal ✳ *een (on)eervol* ~a (dis)honourable discharge ✳ *er zullen gedwongen* ~*en vallen* there will be forced/compulsory redundancies/lay-offs ❷*ontheffing* exemption ✳~ *van rechtsvervolging* exemption from prosecution ❸*vrijlating* release, discharge

**ontslagaanvraag** *v* [-vragen] *van werknemer* letter of resignation ✳ *een* ~*indienen* hand in one's resignation

**ontslagbrief** *m* [-brieven] ❶*v.* werknemer (letter of) resignation ❷*uit ziekenhuis, gevangenis* discharge (certificate)

**ontslagprocedure** *v* [-s] dismissal procedure

**ontslaguitkering** *v* [-en] severance pay

**ontslagvergunning** *v* [-en] dismissal licence/Am license, permit to give notice

**ontslapen** *onoverg* [ontsliep, is ontslapen] plechtig pass away ✳ *in de Heer* ~*zijn* be resting in Christ

**ontsluieren** *overg* [ontsluierde, h. ontsluierd] ❶unveil ❷*fig* unveil, disclose, reveal ✳ *een geheim* ~give away/disclose/reveal a secret

**ontsluiten** *overg* [ontsloot, h. ontsloten] ook fig open up ✳ *een geheim* ~unlock a secret ✳ *een markt* ~open up a market ✳ *oude teksten* ~decipher old texts ✳ ⟨bloem⟩ *zich* ~open (out)

**ontsluiting** *v* [-en] ❶opening up ❷*bij bevalling* dilatation, dilation ✳ *volledige* ~*hebben* be fully dilated

**ontsluitingswee** *v* [-ën] contraction

**ontsmetten** *overg* [ontsmette, h. ontsmet] ❶disinfect, decontaminate ❷*v. radioactiviteit* decontaminate

**ontsmetting** *v* disinfection, decontamination

**ontsmettingsmiddel** *o* [-en] disinfectant

**ontsnappen** *overg* [ontsnapte, is ontsnapt] ❶escape ✳ *de dief is ontsnapt* the thief escaped/got away ✳~ *aan iem.* escape from sbd, give sbd the slip ✳ *het ontsnapte aan mijn aandacht* it escaped my attention/notice ✳ *je kunt er niet aan* ~there's no getting away from it ❷*sp* pull/break away from

**ontsnapping** *v* [-en] escape

**ontsnappingsclausule** *v* [-s] escape clause

**ontsnappingsmogelijkheid** *v* [-heden] opportunity to escape

**ontsnappingspoging** *v* [-en] escape attempt

**ontspannen** *overg* [ontspande, h. ontspannen] ❶*tot rust brengen* relax, ⟨v. situatie⟩ ease ✳ *een* ~*sfeer* a relaxed atmosphere ✳ *zich* ~unbend, relax ❷*verslappen* slacken, ⟨v. veer⟩ release, ⟨v. spieren⟩ relax, ⟨v. boog⟩ unbend

**ontspanner** *m* [-s] fotogr exposure lever

**ontspanning** *v* [-en] ❶*v. spieren, veer & relaxation, release ❷*verminderde spanning* relief ❸*in politiek* détente ❹*vermaak* relaxation, recreation ✳ *hij neemt nooit* ~he never relaxes/unwinds

**ontspanningslectuur** *v* light/easy reading

**ontspanningsoord** *o* [-en] pleasure/holiday resort

**ontspanningspolitiek** *v* policy of détente

**ontspiegeld** *bn* non-reflecting ✳ *een* ~*e voorruit* a non-reflecting windscreen ✳~*e glazen* non-reflecting glasses/lenses

**ontspiegelen** *overg* [ontspiegelde, h. ontspiegeld] eliminate reflection from

**ontspinnen** *wederk* [ontspon, h. ontsponnen] arise ✳ *er ontspon zich een interessante discussie* this gave rise to an interesting discussion

**ontsporen** *onoverg* [ontspoorde, is ontspoord] ook fig go off the rails, be derailed, leave the tracks ✳fig *een ontspoorde jeugd* a misspent youth

**ontsporing** *v* [-en] derailment, fig lapse

**ontspringen** *onoverg* [ontsprong, is ontsprongen] ❶*v. rivier* rise, spring, originate (from) ❷fig spring from ✳~ *aan het brein* emanate from the brain ❸*ontlopen* avoid ✳ *de dans* ~have a lucky escape

**ontspruiten** *onoverg* [ontsproot, is ontsproten] ❶shoot, sprout ❷fig originate (from)

**ontstaan** I *onoverg* [ontstond, is ontstaan] come into existence/into being, originate, start ✳ *de brand is* ~ *in de kamer* the fire started in the room ✳ *er ontstond een stilte* there was a silence ✳ *er ontstond een crisis* a crisis developed ✳ *doen* ~bring about, cause, create, start ✳~ *uit* arise from II *o* origin

**ontstaansgeschiedenis** *v* genesis

**ontsteken** I *overg* [ontstak, h. ontstoken] *aansteken* kindle, light, ignite ✳ *een raket* ~blast off a rocket II *onoverg* [ontstak, is ontstoken] ❶*geïnfecteerd raken* become inflamed ❷*ontbranden* inflame, kindle ✳ *in toorn* ~fly into a rage

**ontsteking** *v* [-en] ❶*v. wonden* inflammation ❷*v. motor* ignition ❸*elektr* ignition

**ontstekingsmechanisme** *o* [-n] ❶*v. motor* ignition mechanism ❷*v. vuurwapen* firing mechanism ❸*v. bom* detonator

**ontsteld** I *bn* confounded, dismayed II *bijw* in dismay

**ontstellend** I *bn* ❶*ontzettend* appalling ❷*zeer verontrustend* disconcerting, startling, alarming II *bijw* ontzettend appallingly, staggeringly

**ontstellenis** *v* consternation, alarm, dismay

**ontstemd** *bn* ❶*muz* out of tune ❷fig put out

**ontstemmen** I *overg* [ontstemde, h. ontstemd] ❶*muz* put out of tune ❷fig put out, upset II *onoverg* [ontstemde, is ontstemd] muz go out of tune

**ontstemming** *v* [-en] bad feeling, dissatisfaction, resentment ✳ *er is enige* ~*ontstaan* a considerable amount of bad feeling has arisen

**ontstentenis** *v* lack, ⟨afwezigheid⟩ absence ✳ *bij* ~ *van* in the absence of

**ontstijgen** *overg* [ontsteeg, is ontstegen] rise up, mount ✳ *een luid boegeroep ontsteeg het publiek* a loud booing arose from the audience

**ontstoken** *bn* med inflamed, infected

**ontstoppen** *overg* [ontstopte, h. ontstopt] ❶unblock,

unclog ❷ *ontkurken* ZN uncork
**ontstopper** *m* [-s] plunger
**onttrekken** I *overg* [onttrok, h. onttrokken]
withdraw, take away ✱ *aan het oog*~ hide (from
view) ✱ *geld*~ *aan* withdraw money from ✱ *warmte*
~ *aan* draw warmth from II *wederk* [onttrok, h.
onttrokken] ✱ *zich*~ *aan* withdraw from ✱ *zich aan
zijn verplichtingen*~ back out of/shirk one's
obligations ✱ *ik kan me niet aan de indruk*~ I can't
avoid the impression ✱ *dat heeft zich aan mijn
waarneming onttrokken* I failed to observe that
**onttronen** *overg* [onttroonde, h. onttroond]
dethrone
**ontucht** *v* sexual abuse, sexual offence ✱ ~ *plegen
met minderjarigen* commit sexual abuse of minors,
commit sexual offences with minors
**ontuchtig** *bn* lewd, lecherous
**ontvallen** *onoverg* [ontviel, is ontvallen] ❶ *ontglippen*
escape, slip ✱ *alle hoop is mij*~ all my hope has gone
✱ *zich geen woord laten*~ not let slip a word ✱ *het is
mij*~ it escaped me ❷ *afvallig worden* fall away
❸ *overlijden* pass away ✱ *haar moeder is haar*~ her
mother has passed away
**ontvangen** *overg* [ontving, h. ontvangen] receive
✱ *handel goederen*~ take delivery of goods
✱ *onderwijs*~ be educated ✱ *een signaal*~ receive a
signal ✱ *in dank*~ received with thanks II *onoverg*
[ontving, h. ontvangen] receive ✱ *wij*~ *vandaag
niet* we're not receiving visitors today
**Ontvangenis** *v* RK *de Onbevlekte*~ the
Immaculate Conception
**ontvanger** *m* [-s] ❶ *iem. die iets krijgt* recipient,
receiver ❷ handel consignee ❸ *v. belasting* collector
❹ RTV receiver
**ontvangkamer** *v* [-s] ❶ reception room ❷ *salon*
salon
**ontvangruimte** *v* [-n & -s] reception room
**ontvangst** *v* [-en] ❶ *het krijgen* receipt ✱ *bij de*~
*van...* on receipt of... ✱ *in*~ *nemen* receive, handel
take delivery of ✱ *na*~ *van...* on receipt of... ✱ *de*~
*berichten/bevestigen/erkennen van...* acknowledge
receipt of... ✱ handel *de*~ *weigeren van...* refuse to
take delivery of... ❷ *onthaal* reception ✱ *een
hartelijke*~ a warm reception ❸ RTV reception ✱ *een
slechte*~ poor reception ❹ *inkomsten* receipt,
takings ✱ handel *de*~*en van de dag* the day's takings
**ontvangstbevestiging** *v* [-en]
acknowledgement/confirmation of receipt ✱ *tegen*
~ against receipt
**ontvangstbewijs** *o* [-wijzen] receipt
**ontvankelijk** *bn* ❶ *vatbaar* susceptible, ‹opnemend›
receptive, ‹beïnvloedbaar› impressionable ✱ *hij is*~
*voor wat zijn ouders zeggen* he is responsive to what
his parents say ✱ *zij is*~ *voor indrukken* she is
impressionable ✱ *ze zijn meer*~ *voor infecties dan
anderen* they are more susceptible to getting
infections than others ❷ jur admissible ✱ *zijn eis
werd*~ *verklaard* his claim was held admissible ✱ *zijn*

*eis werd niet*~ *verklaard* his claim was dismissed
**ontvellen** *overg* [ontvelde, h. ontveld] graze ✱ *een
ontvelde knie* a grazed knee
**ontvetten** *overg* [ontvette, h. ontvet] degrease,
‹v. jus› skim the fat off, ‹v. wol› scour
**ontvlambaar** *bn* ❶ inflammable ✱ *licht*~ highly
inflammable ❷ fig passionate, fiery ✱ *zij is licht*~
she's got a short fuse
**ontvlammen** I *onoverg* [ontvlamde, is ontvlamd]
inflame, ignite, catch fire II *overg* [ontvlamde, h.
ontvlamd] inflame
**ontvlieden** *onoverg* [ontvlood, is ontvloden] dicht
flee
**ontvluchten** *onoverg* [ontvluchtte, is ontvlucht]
escape (from), run away from, ‹wegvluchten› flee
✱ *elkaar*~ escape each other
**ontvoerder** *m* [-s] abductor, kidnapper
**ontvoeren** *overg* [ontvoerde, h. ontvoerd] abduct,
kidnap
**ontvoering** *v* [-en] abduction, kidnapping
**ontvolken** *overg en onoverg* [ontvolkte, h. en is
ontvolkt] depopulate
**ontvolking** *v* depopulation
**ontvoogding** *v* emancipation
**ontvouwen** *overg* [ontvouwde, h. ontvouwd of
ontvouwen] unfold ✱ *het scenario ontvouwde zich*
the scene unfolded/unrolled before us
**ontvreemden** *overg* [ontvreemdde, h. ontvreemd]
steal, inf thieve
**ontwaarding** *v* handel devaluation
**ontwaken** *onoverg* [ontwaakte, is ontwaakt] awake,
wake up ✱ *uit zijn droom*~ awake from a dream
✱ *doen*~ awake, wake up
**ontwapenen** *overg en onoverg* [ontwapende, h.
ontwapend] disarm ✱ *een*~*de glimlach* a disarming
smile
**ontwapening** *v* ❶ *v. persoon* disarming ❷ *afschaffing*
disarmament
**ontwaren** *overg* [ontwaarde, h. ontwaard] descry
**ontwarren** *overg* [ontwarde, h. ontward]
disentangle, unravel
**ontwateren** *overg* [ontwaterde, h. ontwaterd] drain
**ontwennen** *overg en onoverg* [ontwende, h. en is
ontwend] get out of the habit
**ontwenning** *v* rehabilitation
**ontwenningskliniek** *v* [-en] *voor alcohol, drugs*
rehabilitation centre/Am center
**ontwenningskuur** *v* [-kuren] detoxification ✱ *hij
doet een*~ he's detoxifying, inf he's detoxing, he's in
detox, ‹m.b.t.alcohol› he's drying out
**ontwenningsverschijnselen** *zn* [mv] withdrawal
symptoms
**ontwerp** *o* [-en] ❶ plan, draft, design ✱ *een eerste*~
the first draft ❷ *wetsontwerp* bill
**ontwerpakkoord** *o* [-en] draft agreement
**ontwerpen** *overg* [ontwierp, h. ontworpen] draft,
draw up, design, plan, ‹alleen document› formulate
**ontwerper** *m* [-s] designer, ‹v. e. gebouw &›

draftsman, ⟨v. e. wetsontwerp &⟩ framer
**ontwerptekening** v [-en] draft, sketch, design
**ontwijden** overg [ontwijdde, h. ontwijd] profane,
⟨met geweld⟩ desecrate
**ontwijding** v profanity, sacrilege, ⟨met geweld⟩
desecration
**ontwijken** overg [ontweek, h. en is ontweken] avoid,
evade * een klap~ dodge a blow
**ontwijkend** bn evasive
**ontwikkelaar** m [-s] fotogr developer
**ontwikkeld** bn (fully) developed, ⟨geestelijk⟩
educated, informed, cultivated * ⟨volwassen⟩ geheel
~ fully-fledged * weinig~ uncultured; ⟨primitief⟩
crude
**ontwikkelen** overg [ontwikkelde, h. ontwikkeld]
❶ laten volgroeien develop * zich ~ tot develop/grow
into ❷ doen ontstaan develop, generate * grote
energie~ generate a lot of energy ❸ kennis
bijbrengen educate * de geest~, zich verder~
improve one's mind, develop ❹ laten zien display
* moed~ display courage ❺ fotogr develop
**ontwikkeling** v [-en] ❶ groei development, growth
* duurzame~ sustainable development/growth * tot
~ brengen develop ❷ gebeurtenis, proces
development * de scholen volgen de ~en met
argusogen schools are monitoring
developments/events very closely ❸ kennis, vorming
education * algemene~ general
education/knowledge * geestelijke~ mental
development ❹ ontplooiing development,
generation * tot~ komen develop ❺ ontwerp
development * de plannen zijn nog in ~ the plans
are still in the making ❻ fotogr developing
**ontwikkelingsgebied** o [-en] ❶ development area
❷ ontwikkelingsland developing country
**ontwikkelingshulp** v ❶ development aid ❷ aan
ontwikkelingslanden foreign/overseas aid
**ontwikkelingskosten** zn [mv] (foreign/overseas)
aid costs
**ontwikkelingsland** o [-en] developing country
**ontwikkelingspsychologie** v developmental
psychology
**ontwikkelingssamenwerking** v international
development cooperation
**ontwikkelingswerk** o ontwikkelingshulp foreign aid
**ontwikkelingswerker** m [-s] foreign aid worker
**ontworstelen** overg [ontworstelde, h. ontworsteld]
wrest from * zich~ aan break away from, struggle
out of
**ontwortelen I** overg [ontwortelde, h. ontworteld]
uproot **II** onoverg [ontwortelde, is ontworteld] be
uprooted
**ontwrichten** overg [ontwrichtte, h. ontwricht]
❶ dislocate * zij heeft haar enkel ontwricht she's
dislocated her ankle ❷ fig disrupt * het verkeer~
disrupt the traffic
**ontwrichting** v [-en] ❶ dislocation ❷ fig disruption
* duurzame~ van het huwelijk permanent marriage

breakdown
**ontzag** o awe, respect *~ inboezemen (fill with) awe
*~ hebben voor stand in awe of
**ontzaglijk I** bn immense, enormous, ⟨zeer groot⟩
tremendous, vast, huge **II** bijw awfully *~ veel
problemen a huge number of problems
**ontzagwekkend** bn awe-inspiring
**ontzeggen I** overg [ontzegde of ontzei, h. ontzegd]
❶ ontkennen dat iem. iets heeft deny * enig talent kan
hem niet ontzegd worden he's undeniably talented
❷ weigeren deny, refuse * de toegang werd hem
ontzegd he was denied/refused entry * ik ontzeg u
het recht om... I deny you the right to... * hij zag zich
zijn eis ontzegd his claim was dismissed **II** wederk
[ontzegde of ontzei, h. ontzegd] * zich iets~ deny
oneself sth
**ontzegging** v denial, refusal *~ van de
rijbevoegdheid disqualification from driving
**ontzenuwen** overg [ontzenuwde, h. ontzenuwd]
weerleggen debunk, refute, invalidate, disprove
**ontzet I** bn ❶ verschrikt aghast, appalled *~ over
dismayed at/by ❷ v. wiel & out of alignment **II** o
❶ v. stad relief ❷ v. persoon rescue
**ontzetten I** overg [ontzette, h. ontzet] ❶ bevrijden
⟨een stad⟩ relieve, ⟨persoon⟩ rescue * een belegerde
stad ~ relieve a besieged city ❷ ontnemen deprive
(of) * uit de ouderlijke macht~ have one's parental
rights removed * van al zijn bezittingen ontzet
deprived of all his belongings ❸ ontslaan dismiss,
remove * iem. uit zijn ambt ~ dismiss/remove sbd
from office ❹ met ontzetting vervullen appal
**II** onoverg [ontzette, is ontzet] ontwrichten, verbuigen
⟨v. balken, muren &⟩ dislodge, ⟨v. metaal⟩ twist,
buckle, ⟨v. hout⟩ warp
**ontzettend I** bn appalling, dreadful, terrible * (het
is)~! (it's) awful! **II** bijw versterkend awfully,
terribly, dreadfully * zij zong ~ vals her singing was
very out of tune
**ontzetting** v [-en] ❶ bevrijding ⟨v. stad⟩ relief,
⟨v. persoon⟩ rescue ❷ uit ambt dismissal ❸ uit bezit
dispossession ❹ jur ⟨algemeen⟩ divestment,
⟨familierecht⟩ withdrawal, removal *~ uit de
ouderlijke macht withdrawal/removal of parental
rights ❺ schrik dismay, horror * tot mijn ~ to my
dismay/horror
**ontzield** bn inanimate, lifeless
**ontzien** overg [ontzag, h. ontzien] spare, consider
* niets of niemand ~ go to any lengths * hij moet~
worden we have to go easy on him * geen moeite~
om... go to all lengths to..., spare no effort in ...ing
* zich~ go easy on oneself * zich niet~ te niet
hesitate to
**ontzuiling** v lifting of sociopolitical/religious
barriers
**onuitgesproken** bn unspoken
**onuitputtelijk** bn inexhaustible
**onuitroeibaar** bn ineradicable
**onuitspreekbaar** bn unpronounceable, fig

on

unspeakable, inexpressible
**onuitsprekelijk I** *bn* unspeakable, inexpressible, unutterable **II** *bijw* unspeakably ✳~*gelukkig* unspeakably happy
**onuitstaanbaar I** *bn* insufferable, unbearable ✳ *ik vind hem* ~ he's insufferable, inf he's a pain in the neck **II** *bijw* insufferably, unbearably
**onuitvoerbaar** *bn* impracticable, unfeasible ✳ *het klinkt mooi, maar het is* ~ it sounds good but it won't work
**onuitwisbaar I** *bn* indelible **II** *bijw* indelibly
**onvast I** *bn* ❶*onstabiel* unsteady, unstable ❷*onzeker* unsteady ✳ *met* ~*e pas* unsteadily ✳ *met* ~*e stem* in an unsteady voice ❸ *v. slaap* light, fitful **II** *bijw* unsteadily &
**onveilig I** *bn* unsafe, insecure ✳~*! danger!* ✳ *iets* ~ *maken* make sth unsafe ✳ *een* ~ *sein* a danger signal ✳ *het sein staat op* ~ the signal is red **II** *bijw* dangerously ✳~ *vrijen* have unsafe sex
**onveiligheid** *v* ❶*gebrek aan veiligheid* danger ✳ *de* ~ *op de wegen* the danger on the roads, the lack of road safety ✳ *de* ~ *op de werkplek* the lack of safety in the workplace ❷*gebrek aan veiligheidsgevoel* insecurity ✳ *een gevoel van* ~ a sense of insecurity
**onveranderd** *bn* unchanged, unaltered ✳ *iets* ~ *laten* leave sth unchanged, let sth stay/remain as it is
**onveranderlijk I** *bn* unchanging, unvarying, constant ✳ wisk *een* ~*e grootheid* an invariable, a constant ✳ *een* ~*e beslissing* an immutable decision ✳ *een* ~*e feestdag* an unmovable feast ✳ *zijn liefde voor haar bleef* ~ his love for her remained constant/unchanged **II** *bijw* invariably ✳ *het weer bleef* ~ *mooi* the fine weather persisted
**onverantwoord I** *bn* irresponsible, ‹niet te verdedigen› unjustified, unwarranted ✳ *deze inkomsten blijven* ~ these amounts remain unaccounted for **II** *bijw* irresponsibly &
**onverantwoordelijk I** *bn* ❶*niet aansprakelijk* irresponsible ❷*niet te verdedigen* unwarrantable, unjustifiable **II** *bijw* irresponsibly &
**onverbeterlijk I** *bn* ❶*niet te verbeteren* incorrigible ✳ *een* ~*e dronkaard* a confirmed drunkard/an incurable drunk ✳ *een* ~*e optimist* an incorrigible optimist ❷*volmaakt* incomparable **II** *bijw* incorrigibly, incomparably
**onverbiddelijk I** *bn* ❶unrelenting, implacable ❷*onweerspeekbaar* grim ✳ *de* ~*e waarheid* the undeniable truth **II** *bijw* ❶*onvermurwbaar* unrelentingly, implacably ✳ *iem/iets* ~ *afwijzen* reject sbd/sth out of hand ✳~ *doorgaan met iets* press ahead with sth ❷*onvermijdelijk* inevitably
**onverbloemd I** *bn* outspoken, unvarnished, plain, frank **II** *bijw* in plain terms
**onverbrekelijk** *bn* unbreakable
**onverdeeld I** *bn* ❶*niet verdeeld* undivided, whole, entire ✳ *zijn* ~*e aandacht* one's undivided attention ❷*volledig* absolute, unqualified ✳ *een* ~ *succes* an

unqualified success
**onverdiend I** *bn* undeserved, ‹v. geld› unearned **II** *bijw* undeservedly
**onverdienstelijk** *bn* ✳ *niet* ~ not without merit ✳ *hij is geen* ~*e schrijver* he's not a bad writer
**onverdraaglijk I** *bn* unbearable, intolerable, insufferable **II** *bijw* unbearably &
**onverdraagzaam** *bn* intolerant
**onverdraagzaamheid** *v* intolerance
**onverdroten I** *bn* ❶*onvermoeibaar* indefatigable, unwearying, unflagging ✳ *met* ~ *ijver* with unflagging zeal ❷*ijverig* undaunted **II** *bijw* indefatigably &
**onverdund** *bn* undiluted, neat
**onverenigbaar** *bn* incompatible, irreconcilable ✳ *onverenigbare begrippen* irreconcilable ideas ✳~ *met* incompatible/inconsistent with
**onvergankelijk** *bn* everlasting, immortal
**onvergankelijkheid** *v* immortality
**onvergeeflijk, onvergefelijk I** *bn* unpardonable, unforgivable, inexcusable **II** *bijw* unpardonably &
**onvergelijkbaar I** *bn* incomparable ✳ *de tijden zijn* ~ the times cannot be compared **II** *bijw* incomparably
**onvergelijkelijk I** *bn* incomparable **II** *bijw* incomparably
**onvergetelijk I** *bn* unforgettable **II** *bijw* unforgettably
**onverhard** *bn* ✳ *een* ~*e weg* an unmetalled road, a dirt road
**onverhoeds I** *bn* unexpected, sudden ✳ *een* ~*e aanval* a surprise attack **II** *bijw* unexpectedly, suddenly ✳ *ze vielen* ~ *aan* they took them by surprise
**onverholen I** *bn* unconcealed, undisguised ✳ *haar* ~ *minachting* her undisguised contempt **II** *bijw* frankly, openly, straight
**onverhoopt I** *bn* unexpected, unlooked-for, unhoped for **II** *bijw* ✳ *mocht hij* ~ *aftreden* in the unlikely event of his resignation
**onverkiesbaar** *bn* ❶*niet gerechtigd* ineligible for election ❷*kansloos* having no chance of being elected
**onverklaarbaar I** *bn* inexplicable **II** *bijw* inexplicably
**onverkocht** *bn* unsold ✳ handel *mits* ~ if unsold
**onverkoopbaar** *bn* ❶unsal(e)able, unmarketable ✳ *een* ~ *idee* an unmarketable idea ✳ *onverkoopbare voorraad* dead stock ❷fig unacceptable
**onverkort** *bn* ❶*niet verkort* unabridged, ‹v. een film› full-length, uncut ❷*ongeschonden* unimpaired
**onverkrijgbaar** *bn* unavailable, unobtainable
**onverkwikkelijk** *bn* nasty, sordid, unsavoury
**onverlaat** *m* [-laten] rogue, scoundrel
**onverlet** *bn* ❶*onbelemmerd* unhindered, unimpeded ✳ *dat laat* ~ *dat* that doesn't alter the fact that ❷*ongedeerd* unharmed, uninjured
**onverlicht** *bn* unlit

**onvermeld** *bn* unmentioned, unrecorded ∗ ~ *laten* not mention, ignore ∗ *(niet)* ~ *blijven* (not) go unrecorded

**onvermengd** *bn* unmixed, unalloyed, pure

**onvermijdelijk** *bn* inevitable, unavoidable ∗ *het ~e* the inevitable/unavoidable ∗ *zich in het ~e schikken* resign oneself to/bow to the inevitable

**onverminderd** I *bn & bijw* undiminished, unabated ∗ *de voorschriften blijven* ~ *van kracht* the rules will remain in full force ∗ *de bedreigingen gingen* ~ *door* the threats continued without pause/unabated II *voorz* without prejudice to ∗ ~ *het bepaalde in art. 10* without prejudice to the provisions in Section 10

**onvermoed** *bn* unsuspected, unexpected

**onvermoeibaar** I *bn* tireless, indefatigable II *bijw* tirelessly, indefatigably

**onvermoeid** *bn* unwearied, tireless

**onvermogen** *o* ❶ *onmacht* impotence, powerlessness ❷ *geldelijk* insolvency ∗ *haar* ~ *om te betalen* her inability to pay ∗ *in staat van* ~ insolvent

**onvermurwbaar** I *bn* adamant, implacable, unyielding, unrelenting II *bijw* adamantly &

**onverricht** *bn* undone, unperformed ∗ *~er zake* empty-handed ∗ *hij moest ~er zake terugkeren* he had to return empty handed

**onversaagd** I *bn* undaunted, intrepid, unflinching II *bijw* undauntedly &

**onverschillig** I *bn* ❶ *ongeïnteresseerd* indifferent ∗ *een ~e houding/toon* an air/tone of indifference ∗ *~ voor...* indifferent to... ❷ *niets uitmakend* immaterial ∗ *het is mij* ~ I couldn't care less, it's all the same to me II *bijw* ❶ *ongeïnteresseerd* indifferently ❷ *niets uitmakend* no matter ∗ *~ door welk middel* no matter by what means ∗ *~ of we... dan wel... whether... or...* ∗ *~ wat/wie* no matter what/who

**onverschilligheid** *v* indifference, lack of concern

**onverschrokken** I *bn* fearless, undaunted, intrepid II *bijw* fearlessly &

**onverschrokkenheid** *v* fearlessness, undauntedness, intrepidity

**onverslijtbaar** *bn* indestructible, durable

**onversneden** *bn* undiluted, unadulterated

**onverstaanbaar** I *bn* unintelligible II *bijw* unintelligibly

**onverstandig** *bn* unwise, foolish, ill advised ∗ *het zou heel* ~ *zijn om nu te verkopen* it would be unwise to sell now, you would be ill advised to sell now

**onverstoorbaar** I *bn* imperturbable, ⟨ook v. personen⟩ unruffled, _inf_ unflappable II *bijw* imperturbably ∗ *zij ging* ~ *door* she carried on imperturbably/unruffled ∗ *...maar zij gingen* ~ *door met roken* ...but they continued smoking regardless

**onvertaalbaar** *bn* untranslatable

**onverteerbaar** *bn* ❶ indigestible ❷ _fig_ indigestible, unacceptable, hard to take

**onvertogen** *bn* indecent, indelicate, improper

**onvervaard** I *bn* fearless, dauntless II *bijw* fearlessly, dauntlessly

**onvervalst** *bn* unadulterated, genuine ∗ *~e wijn* unadulterated wine ∗ ~ *plezier* genuine/unalloyed pleasure ∗ *een ~e schurk* a genuine/an unmitigated scoundrel ∗ *een* ~ *dialect* a broad dialect

**onvervangbaar** *bn* irreplaceable

**onvervreemdbaar** I *bn* ❶ *v. goederen* inalienable ❷ *v. recht* indefeasible, inalienable II *bijw* inalienably, indefeasibly

**onvervuld** *bn* ❶ *niet bezet* unoccupied, vacant ∗ *een ~e vacature* an unfilled/a vacant position ❷ *niet ingelost* unaccomplished, unperformed, unfulfilled ∗ *~e wensen/beloften* unfulfilled wishes/promises

**onverwacht** I *bn* unexpected, sudden, surprise ∗ *een ~e meevaller* a windfall II *bijw* unexpectedly, suddenly

**onverwachts** *bijw* unexpectedly, suddenly, like a bolt from the blue

**onverwarmd** *bn* unheated, unwarmed

**onverwijld** I *bn* immediate, without delay II *bijw* immediately, without delay

**onverwoestbaar** *bn* indestructible

**onverzadigbaar** *bn* insatiable

**onverzadigd** *bn* ❶ *onvoldoende gegeten hebbend* unsatisfied ∗ *~e liefde* unrequited love ❷ _chem_ unsaturated ∗ *~e vetzuren* unsaturated fatty acids

**onverzekerbaar** *bn* uninsurable

**onverzekerd** *bn* uninsured

**onverzettelijk** I *bn* stubborn, implacable, obstinate II *bijw* stubbornly, implacably, obstinately ∗ *hij blijft* ~ *tegen het voorstel* he remains stubbornly opposed to the proposal

**onverzettelijkheid** *v* stubbornness, implacability, obstinacy

**onverzoenlijk** *bn* irreconcilable, implacable

**onverzorgd** *bn* ❶ *niet gesoigneerd* uncared for, untended ∗ *~e nagels* uncared-for/unmanicured nails ❷ *slordig* untidy, careless ∗ *een ~e stijl* a careless style ❸ *zonder middelen* unprovided for ❹ *zonder verzorger* unattended

**onvindbaar** *bn* not to be found, untraceable ∗ *haar tas bleek* ~ her bag couldn't be found (anywhere)

**onvoldaan** *bn* ❶ *onbevredigd* unsatisfied ❷ *niet tevreden* dissatisfied ❸ *niet betaald* unpaid, outstanding

**onvoldoende** I *bn* insufficient II *v & o* [-s & -n] _onderw_ unsatisfactory (mark), fail ∗ *hij heeft vier ~s* he has four unsatisfactories

**onvoldragen** *bn* ❶ immature, unripe ❷ *te vroeg geboren* not carried to term, premature

**onvolgroeid** *bn* ❶ stunted ❷ *onvolwassen* immature

**onvolkomen** *bn* imperfect, incomplete

**onvolkomenheid** *v* [-heden] imperfection, incompleteness

**onvolledig** I *bn* incomplete ∗ *een ~e baan* a part-time job II *bijw* incompletely

**onvolprezen** *bn* unsurpassed

**onvoltooid** *bn* ❶ unfinished, incomplete ❷ _taalk_ imperfect ∗ *de* ~ *tegenwoordige tijd* the present continuous tense * *de ~ toekomende tijd* the present continuous tense used for the future * *de ~ verleden tijd* the past continuous tense

**onvolwaardig** *bn* ❶ *fysiek* unfit, disabled ❷ *mentaal* intellectually handicapped/disabled ❸ *v. zaken* imperfect

**onvolwassen** *bn* ❶ *geestelijk* immature, jur under age(d) * ~ *gedrag* immature behaviour ❷ *lichamelijk* immature, juvenile, unripe ‹fruit›

**onvoorbereid** *bn & bijw* unprepared, unrehearsed * ~ *spreken* ad lib, speak off the cuff, inf speak off the top of one's head

**onvoordelig** *bn & bijw* unprofitable, uneconomic * ~ *geprijsd* priced steeply/too high

**onvoorspelbaar** I *bn* unpredictable * ~ *gedrag* unpredictable behaviour II *bijw* unpredictably

**onvoorstelbaar** I *bn* inconceivable, incredible, unimaginable II *bijw* inconceivably, incredibly, beyond belief

**onvoorwaardelijk** I *bn* unconditional * *een ~e overgave* an unconditional surrender II *bijw* unconditionally * *zich ~ overgeven* surrender unconditionally

**onvoorzichtig** I *bn* careless, ‹sterker› reckless * *een ~e opmerking* an unguarded remark II *bijw* carelessly, recklessly

**onvoorzichtigheid** *v* [-heden] carelessness, lack of care/caution, ‹sterker› recklessness

**onvoorzien** I *bn* unforeseen, unexpected * ~e *omstandigheden* unforeseen circumstances * ~e *uitgaven* contingencies, incidental expenses II *bijw* unexpectedly, suddenly

**onvoorziens** *bijw* unexpectedly, suddenly

**onvrede** *m & v* ❶ *twist* discord, dissension * *in ~ leven met* be at loggerheads/on bad terms with ❷ *onbehagen* dissatisfaction

**onvriendelijk** *bn & bijw* unfriendly, unkind, hostile * ~ *antwoorden* answer in an unfriendly/a hostile way

**onvriendelijkheid** *v* [-heden] unfriendliness, unkindness, hostility

**onvrij** *bn* unfree, inhibited, constrained * *het is hier erg ~* there's no privacy here

**onvruchtbaar** *bn* ❶ infertile ❷ *weinig opleverend* unfruitful

**onvruchtbaarheid** *v* ❶ *het niet vruchtbaar zijn* infertility ❷ *het niets opleveren* fruitlessness, futility

**onwaar** *bn* untrue, false

**onwaarachtig** *bn* ❶ untruthful ❷ *niet oprecht* insincere

**onwaardig** I *bn* unworthy * *een koning ~* unworthy of a king * *een ~e vertoning* an undignified spectacle II *bijw* unworthily * *zich ~ gedragen* act in an unbefitting manner

**onwaarheid** *v* [-heden] untruth, falsehood, lie

**onwaarschijnlijk** *bn* improbable, unlikely

**onwankelbaar** *bn* unshakeable, unwavering, unswerving

**onweer** *o* [-weren] thunderstorm, storm * *het ~ brak los* the storm broke * *er zit ~ in de lucht* there's a thunderstorm coming; fig there's a storm brewing * *haar gezicht stond op ~* her face spelled trouble

**onweerachtig** *bn* thundery

**onweerlegbaar** I *bn* irrefutable, incontestable, undeniable II *bijw* irrefutably &, beyond doubt

**onweersbui** *v* [-en] thunderstorm

**onweerslucht** *v* [-en] thundery sky

**onweersproken** *bn* uncontradicted, unchallenged, uncontested

**onweerstaanbaar** I *bn* irresistible II *bijw* irresistibly

**onweerswolk** *v* [-en] thundercloud, storm cloud

**onwel** *bn* unwell, off-colour/Am off-color * ~ *worden* become unwell

**onwelluidend** *bn* inharmonious

**onwelriekend** *bn* unpleasant-smelling

**onwelvoeglijk** *bn* indecent, improper

**onwelwillend** *bn* unkind, uncharitable * ~ *staan tegenover* be unsympathetic towards

**onwennig** I *bn* unaccustomed, ill at ease * *zich ~ voelen* feel ill at ease * *wij zijn nog wat ~* we're still settling in II *bijw* uncomfortably, ill at ease

**onwenselijk** *bn* undesirable

**onweren** *onoverg* [onweerde, h. geonweerd] thunder * *'t onweert* there's a thunderstorm * *het zal gaan ~* there's going to be a thunderstorm

**onwerkbaar** *bn* unworkable

**onwerkelijk** *bn* unreal

**onwetend** *bn* ignorant, uninformed * *iem. volkomen ~ laten* keep sbd in the dark

**onwetendheid** *v* ignorance

**onwetenschappelijk** *bn* unscientific, unacademic

**onwettelijk** *bn* illegal

**onwettig** I *bn* ❶ *tegen de wet* unlawful, illegal, illicit ❷ *v. kind* illegitimate II *bijw* unlawfully &

**onwezenlijk** I *bn* onwerkelijk unreal II *bijw* * *zij is ~ mooi* she's unbelievably beautiful

**onwijs** I *bn* silly, foolish II *bijw* awfully, fabulously, terrifically * ~ *gaaf!* fab! * ~ *hard werken* work one's butt off

**onwil** *m* unwillingness

**onwillekeurig** I *bn* involuntary II *bijw* involuntarily * *ik moest ~ lachen* I couldn't help laughing

**onwillig** I *bn* unwilling, reluctant * *jur een ~e getuige* a hostile witness * *met ~e honden is het slecht hazen vangen* you can take a horse to water but you can't make him drink II *bijw* unwillingly, reluctantly, with a bad grace

**onwrikbaar** I *bn* ❶ firm, unshakeable ‹conviction, belief›, unflinching ‹gaze, pursuit of truth›, unswerving ‹loyalty›, uncompromising ‹commitment› ❷ *onomstotelijk* irrefutable II *bijw* irrefutably, beyond doubt

**onyx** *o & m* [-en] *steen* onyx

**onzacht** I *bn* rough, hard, sharp II *bijw* roughly, sharply

**onzalig** *bn* unholy, evil, unlucky ✳ *hij kwam op de ~e gedachte om...* iron he came up with the bright idea of... ✳ *te ~er ure* at an unholy hour

**onzedelijk I** *bn* immoral, indecent, obscene **II** *bijw* immorally & ✳ *iem. ~ betasten* indecently assault sbd

**onzedelijkheid** *v* [-heden] immorality, indecency, ⟨uiting⟩ obscenity

**onzedig I** *bn* free, loose, immoral, ⟨v. kleding⟩ indecent **II** *bijw* freely & ✳ *~ gekleed* dressed indecently

**onzegbaar** *bn* unspeakable, beyond words

**onzeker** *bn* ❶ *niet zelfverzekerd* insecure, unsure ✳ *zij is nog erg ~ op school* she's still very unsure of herself at school ❷ *niet duidelijk* doubtful, uncertain ✳ *iem. in het ~e laten* keep sbd in suspense ✳ *het is nog ~ of hij komt* it's still uncertain whether he will come ❸ *niet zeker van een goede afloop* precarious, uncertain, unsure ✳ *hij verkeert in een ~e situatie* he's in a precarious situation ❹ *wankel* unsteady ✳ *met ~e hand* with a shaky/unsteady hand

**onzekerheid** *v* [-heden] ❶ *gebrek aan zelfvertrouwen* insecurity, unsureness ❷ *twijfel* uncertainty ✳ *in ~ verkeren* be in a state of uncertainty ❸ *onduidelijkheid m.b.t. de afloop* precariousness, uncertainty ✳ *de ~ waarin de asielzoeker verkeerd* the precariousness of the asylum-seeker's situation ❹ *onvastheid* unsteadiness

**onzelfstandig** *bn* dependent on others, lacking in independence

**onzelfzuchtig** *bn* unselfish, altruistic

**Onze-Lieve-Heer** *m* Our Lord, the Lord

**Onze-Lieve-Vrouw** *v* Our Lady

**onzent** *bijw* ✳ *te(n) ~* at our house/place

**onzerzijds** *bijw* on our part

**onzevader** *o* [-s] Lord's Prayer

**onzichtbaar I** *bn* invisible **II** *bijw* invisibly ✳ *~ stoppen* mend invisibly

**onzijdig** *bn* ❶ *geen partij kiezend* neutral ✳ *zich ~ houden* remain neutral ❷ taalk neuter

**onzin** *m* nonsense, rubbish ✳ *wat een grote ~!* what a load of rubbish/hogwash! ✳ *~ uitkramen/verkopen* talk nonsense, talk out of the back of one's neck/vulg arse ✳ *het zou ~ zijn om...* it would be stupid to...

**onzindelijk** *bn* not toilet-trained, ⟨v. huisdier⟩ not house-trained

**onzinnig I** *bn* ❶ *absurd* absurd, ridiculous ❷ *zinloos* senseless **II** *bijw* absurdly &

**onzorgvuldig** *bn* careless, negligent

**onzorgvuldigheid** *v* [-heden] carelessness, negligence

**onzuiver I** *bn* ❶ *niet zuiver* impure ✳ *~e bedoelingen* suspect intentions ✳ *~ water* impure/tainted water ❷ *ongezuiverd* unpurified, crude ❸ *v. weegschaal* out of balance ❹ muz out of tune, false ❺ *bruto* gross ✳ *~ inkomen* gross income ❻ *niet perfect* inaccurate, imperfect, biased ❼ *niet zuiver in de leer* unsound, faulty **II** *bijw* muz out of tune ✳ *~ zingen* sing out of tune

**ooft** *o* fruit

**oog** *o* [ogen] ❶ *lichaamsdeel* eye ✳ *hij kon er zijn ogen niet van afhouden* he couldn't keep his eyes off it ✳ *de hele nacht geen ~ dichtdoen* not sleep a wink all night ✳ *het ~ laten gaan over* run one's eye over ✳ *hij kon zijn ogen niet geloven* he couldn't believe his eyes ✳ *zijn ogen de kost geven* take it all in ✳ *blauwe ogen hebben* be blue-eyed ✳ *goede/slechte ogen hebben* have good/bad eyesight ✳ *geen ~ voor iets hebben* have no eye for sth ✳ *heb je geen ogen in je hoofd?* don't you have any eyes in your head? are you blind? ✳ *ogen hebben van voren en van achteren* have eyes in the back of one's head ✳ *hij heeft zijn ogen niet in zijn zak* he's fully aware of what's going on ✳ *ik kan er geen ~ op houden* I can't keep track of it ✳ *een ~je in het zeil houden* keep an eye on sbd/sth ✳ *iem. de ogen openen* open sbd's eyes, be an eye-opener ✳ *het ~ slaan op...* cast a look/glance at... ✳ *de ogen sluiten voor...* close one's eyes to... ✳ *het ~ treffen* meet the eye ✳ *iem. de ogen uitsteken* make sbd jealous/green with envy ✳ *zich de ogen uitwrijven* rub one's eyes ✳ *zijn ~ laten vallen op iets* cast a glance at sth ✳ *mijn ~ viel erop* it caught my eye ✳ *het ~ wil ook wat* it has to look good too ✳ *door het ~ van de naald kruipen* have a narrow escape ✳ *iets in het ~ houden* eig keep an eye on sth; fig bear sth in mind ✳ *iem. in het ~ houden* keep an eye on sbd's movements ✳ *iets/iem. in het ~ krijgen* catch sight of sth/sbd, spot sth/sbd ✳ *in het ~ lopen/springen/vallen* strike the eye ✳ *in het ~ lopend/vallend* conspicuous, striking, obvious ✳ *in mijn ogen* in my opinion ✳ *in zijn eigen ogen* in his own eyes ✳ *met de ogen volgen* follow with one's eyes ✳ *ik zag het met mijn eigen ogen* I saw it with my very own eyes ✳ *met open ogen* with one's eyes open ✳ *een man met een open ~ voor onze noden* a man (fully) alive to our needs ✳ *iets met lede ogen aanzien* view sth with regret ✳ *met het ~ op...* ⟨iets toekomstigs⟩ with a view to..., with an eye to...; ⟨gelet op⟩ in view of... ✳ *iem. naar de ogen kijken/zien* comply with the wishes of sbd ✳ *~ om ~, tand om tand* an eye for an eye and a tooth for a tooth ✳ *onder vier ogen* in private, privately ✳ *een gesprek onder vier ogen* a private talk ✳ *iem. iets onder het ~ brengen* bring sth to sbd's attention ✳ *ik heb het nooit onder ogen gehad* I've never set eyes on it ✳ *iem. onder ogen komen* face sbd ✳ *kom me niet meer onder ogen* let me never set eyes on you again ✳ *de dood onder ogen zien* look death in the face ✳ *de feiten/het gevaar onder ogen zien* recognize the facts/the danger ✳ *op het ~* on the face of it ✳ *iets op het ~ hebben* have sth in mind ✳ *iem. op het ~ hebben* ⟨overwegen om uit te kiezen⟩ set one's sights on sbd; ⟨denken aan⟩ have sbd in mind ✳ *(ga) uit mijn ogen!* (get) out of my sight! ✳ *kijk uit je ogen!* look where you're going! ✳ *(goed) uit zijn ogen kijken/zien* use one's eyes, have all one's eyes about one ✳ *uit het*

~, *uit het hart* out of sight, out of mind ∗ *iets/iem. uit het* ~ *verliezen* lose sight of sth/sbd ∗ *het is alles voor het* ~ it's all for show ∗ *iets voor ogen houden* bear sth in mind ∗ *met dat doel voor ogen* with that object in view/mind ∗ *met de dood voor ogen* in the face of certain death ∗ *geen hand voor ogen zien* not see one's hand before one's face ∗ *voor het* ~ *van de wereld* for the world ∗ *het staat mij nog voor ogen* I remember it vividly ❷ *op dobbelsteen &* point, spot ∗ *hoge ogen gooien* stand an excellent chance ❸ *sluiting op kleding* eye, eyelet

**oogappel** *m* [-s] apple of one's eye
**oogarts** *m* [-en] ophthalmologist, eye specialist
**oogbad** *o* [-baden] eye bath
**oogbal, oogbol** *m* [-len] eyeball
**oogcontact** *o* eye contact
**oogdruppels** *zn* [mv] eye drops
**ooggetuige** *m-v* [-n] eyewitness
**ooggetuigenverslag** *o* [-slagen] ❶ eyewitness account ❷ *sp* running commentary
**oogheelkunde** *v* ophthalmology
**oogheelkundig I** *bn* ophthalmic **II** *m-v* [-n] ophthalmology ∗ *een* ~*e* an ophthalmologist, an eye specialist
**ooghoek** *m* [-en] corner of the eye
**oogholte** *v* [-n & -s] eye socket
**ooghoogte** *v* ∗ *op* ~ at eye level
**oogje** *o* [-s] (little) eye, ⟨v. kleding⟩ eyelet ∗ ~*s geven* make eyes at ∗ *een* ~ *hebben op* ⟨v. zaken⟩ have an eye on ∗ *een* ~ *houden op* keep an eye on ∗ *een* ~ *dichtdoen/dichtknijpen* close one's eyes (to)
**oogkas** *v* [-sen] eye socket
**oogklep** *v* [-pen] blinker ∗ ~*pen voorhebben* be blinkered
**ooglap** *m* [-pen] eye patch
**ooglid** *o* [-leden] eyelid
**oogluikend** *bijw* ∗ ~ *toelaten* turn a blind eye to
**oogmerk** *o* [-en] object, aim, intention, purpose ∗ *met het* ~ *om...* with a view to ...ing
**oogmeting** *v* [-en] eye test
**oogontsteking** *v* [-en] inflammation of the eye, <u>med</u> ophthalmia
**oogopslag** *m* glance, look ∗ *bij de eerste* ~ at first glance ∗ *met één* ~ at a (single) glance
**oogpotlood** *o* [-loden] eyepencil
**oogpunt** *o* [-en] point of view, viewpoint ∗ *vanuit politiek* ~*...* politically speaking... ∗ *uit een* ~ *van...* from the point of view of... ∗ *uit dat* ~ *beschouwd* viewed from that angle
**oogschaduw** *v* eye shadow
**oogst** *m* [-en] ❶ harvest, crop ∗ *de* ~ *op de halm* standing crop ❷ *v. wijn* vintage
**oogsten** *overg* [oogstte, h. geoogst] harvest ∗ *roem* ~ reap praise ∗ *men oogst wat men gezaaid heeft* as you sow, so shall you reap
**oogstfeest** *o* [-en] harvest festival
**oogstmaand** *v* harvest month

**oogstrelend** *bn* delightful to the eye
**oogsttijd** *m* [-en] harvest time
**oogverblindend I** *bn* dazzling **II** *bijw* dazzlingly
**oogwenk** *m* [-en] wink ∗ *in een* ~ in an instant, in a twinkling of the eye
**oogwit** *o* white of the eye, <u>anat</u> sclera
**oogziekte** *v* [-n & -s] eye disorder
**ooi** *v* [-en] ewe
**ooievaar** *m* [-s & -varen] stork
**ooit** *bijw* ever ∗ *heb je* ~*!* well, I never! ∗ *de beste acteur* ~ the best actor ever ∗ *een man die* ~ *een van hen was* a man who was once one of them ∗ *hij is* ~ *nog mijn trainer geweest* he used to be my trainer ∗ *als je* ~ *in Australië komt* if you should ever happen to come to Australia
**ook** *bijw* ❶ *eveneens* also, too ∗ *ik* ~*!* me too! ∗ *waarom zou ik* ~ *niet eens naar Parijs gaan?* why shouldn't I go to Paris too? ∗ *ik houd veel van roeien en hij* ~ I like boating and he does too ∗ *ik houd niet van roken en hij* ~ *niet* I don't like smoking and nor does he ∗ *zij is* ~ *zo jong niet meer* she isn't very young either ∗ *ik wou dat ik dat* ~ *kon zeggen* I wish I could say that too ❷ *zelfs even* ∗ *al is het* ~ *nog zo lelijk* even if/though it is ugly ❸ *als versterking* anyway ∗ *hoe het* ~ *zij, laten wij...* anyway, lets... ∗ *...of wie (dan)* ~ ...or whoever ∗ *hoezeer hij zich* ~ *probeert aan te passen* however hard he tries to fit in ∗ *wat zei hij* ~ *weer?* what did he say again? ∗ *hoe heet hij* ~ *weer?* what's his name again? ❹ *dus ook, derhalve* therefore ∗ *dat wilden wij zelf graag en het gebeurde (dan)* ~ that's what we wanted, and so it happened ∗ *hij kon het dan* ~ *niet vinden* nor, as you'd expect, could he find it ∗ *maar waarom lees je dan* ~ *geen moderne romans?* but why don't you read modern novels then? ∗ *ik lees dan* ~ *geen moderne romans* that's why I don't read modern novels ∗ *was het dan* ~ *te verwonderen dat...?* was it any wonder that...? ❺ *misschien* maybe, perhaps ∗ *zijn er* ~ *appels?* are there any apples? ∗ *kunt u mij* ~ *zeggen waar...?* can/could you perhaps/by any chance tell me where...? ❻ *in wensen/uitroepen* too ∗ *dat is maar goed* ~*!* and a good thing too! ∗ *je bent me* ~ *een sukkel!* what an idiot you are! ∗ *jij bent* ~ *een leukerd/mooie!* you're a fine one!
**oom** *m* [-s] uncle ∗ *bij ome Jan* at my uncle's ∗ *een hoge ome* a bigwig, a big gun
**oor** *o* [-oren] ❶ *lichaamsdeel* ear ∗ *iem. een* ~ *aannaaien* fool sbd ∗ *iem. de oren van het hoofd eten* eat sbd out of house and home ∗ *het gaat het ene* ~ *in en het andere uit* it goes in one ear and out the other ∗ *wel oren naar iets hebben* lend a willing ear to sth ∗ *ik heb er wel oren naar* I rather like the idea ∗ *hij had er geen oren naar* he wouldn't hear of it ∗ *geen* ~ *hebben voor muziek* have no ear for music ∗ *het in zijn oren knopen* take note of it ∗ *zich achter de oren krabben* scratch one's head ∗ *leen mij het* ~ lend me your ears ∗ *het* ~ *lenen aan* lend an ear to ∗ *zijn* ~ *te luisteren leggen* put one's ear to the

ground ∗ *iem. de oren van het hoofd praten* talk away nineteen to the dozen ∗ *zijn oren sluiten voor* turn a deaf ear to ∗ *de oren spitsen* prick up one's ears, cock one's ears ∗ *een luisterend ~ vinden* find a ready ear ∗ *iem. de oren wassen* tell sbd off ∗ *één en al ~ zijn* be all ears ∗ *nog niet droog achter de oren zijn* be wet behind the ears ∗ *iem. over iets aan de oren zaniken/zeuren* din sth into sbd ∗ *iem. aan zijn oren trekken* pull sbd's ears ∗ *met een half ~ luisteren* listen with half an ear ∗ *iem. om zijn/de oren geven* box sbd's ears ∗ *om zijn oren krijgen* have one's ears boxed ∗ *met de hoed op één ~* his hat cocked over one ear ∗ *hij ligt nog op één ~* he's still in bed ∗ *het is op een ~ na gevild* it's almost finished ∗ *het is mij ter ore gekomen* it has come to my ears ∗ *tot over de oren in de schulden zitten* be up to one's ears in debt ∗ *tot over de oren blozend* blushing to the ears ∗ *tot over de oren verliefd* be head over heels in love ∗ *ik zit tot over de oren in het werk* I'm up to my ears in work ❷ *voorwerp* handle, ear

**oorarts** *m* [-en] otologist, *inf* ear doctor

**oorbaar** *bn* decent, proper ∗ *het ~ achten om...* see/think fit to...

**oorbel** *v* [-len] earring

**oord** *o* [-en] ❶ *verblijfplaats* place ❷ *streek* place, area, region, ⟨holiday⟩ resort

**oordeel** *o* [-delen] ❶ *mening* judgement/Am judgment, opinion ∗ *dat laat ik aan uw ~ over* I leave that to your judgement, I leave that up to you ∗ *naar/volgens mijn ~* in my opinion ∗ *van ~ zijn dat...* be of opinion that... ∗ *volgens het ~ van de kenners* according to those who know/who are in the know ❷ *verstand* opinion ∗ *het ~ des onderscheids* the power of discrimination, the ability to distinguish right from wrong ❸ *vonnis* judgement, sentence, verdict ∗ *het laatste ~, de Dag des Oordeels* the Last Judgement, Judgement Day ∗ *zijn ~ opschorten* reserve/suspend one's judgement ∗ *zijn ~ uitspreken* give one's judgement, pass judgement ∗ *een ~ vellen over* pass judgement on ▼ *een leven als een ~* a pandemonium, all hell breaking loose

**oordeelkundig** *bn* judicious

**oordelen I** *onoverg* [oordeelde, h. geoordeeld] ❶ *een oordeel vellen* judge, pass judgement/Am judgment on ∗ *oordeel zelf maar* judge for yourself ∗ *te ~ naar...* judging from/by... ∗ *oordeel niet naar het uiterlijk* don't judge by appearances ∗ *~ over* judge by, pass judgement on ❷ *rechtspreken* judge **II** *overg* [oordeelde, h. geoordeeld] *achten* judge, deem, think ∗ *ik oordeel het mijn plicht* I deem it my duty

**oordop** *m* [-pen], **oordopje** *o* [-s] earplug

**oorhanger** *m* [-s] earring

**oorheelkunde** *v* otology

**oorijzer** *o* [-s] head brooch

**oorkonde** *v* [-n, -s] charter, deed, document ∗ *volgens ~ was er al een kerk in 900* according to a charter there was already a church here in the year 900 ∗ *de*

winnaar ontving €1000 en een ~ the prizewinner received €1000 and a certificate

**oorkussen** *o* [-s] pillow

**oorlel** *v* [-len] earlobe

**oorlog** *m* [-logen] war, ⟨naval, aerial, gas &⟩ warfare ∗ *de koude ~* the cold war ∗ *er is ~* there is a war on ∗ *de ~ verklaren (aan)* declare war (on) ∗ *~ voeren (tegen)* wage war (against) ∗ *in de ~* during the war ∗ *in ~ zijn met* be at war with ∗ *ten ~ trekken* go to war ∗ *in staat van ~* in a state of war

**oorlogsbodem** *m* [-s] warship, warcraft

**oorlogscorrespondent** *m* [-en] war correspondent

**oorlogsfilm** *m* [-s] war film

**oorlogsheld** *m* [-en] war hero

**oorlogsindustrie** *v* war industry

**oorlogsinvalide** *m-v* [-n] disabled veteran

**oorlogsmisdadiger** *m* [-s] war criminal

**oorlogsmonument** *o* [-en] war memorial

**oorlogspad** *o* warpath ∗ *op ~ gaan* be on the warpath

**oorlogsschip** *o* [-schepen] warship, warcraft, *hist* man-of-war

**oorlogsslachtoffer** *m* [-s] war victim

**oorlogstijd** *m* time of war, wartime ∗ *in ~* in time of war

**oorlogsverklaring** *v* [-en] declaration of war

**oorlogsvloot** *v* [-vloten] navy, (war) fleet

**oorlogszuchtig** *bn* belligerent, warlike ∗ *een ~e geest* a belligerent person

**oorlogvoering** *v* waging of war, ⟨modern, economic, naval &⟩ warfare ∗ *geestelijke ~* mental warfare

**oormerk** *o* [-en] ❶ earmark ❷ *v. koeien* eartag

**oormerken** *overg* [oormerkte, h. geoormerkt] earmark

**oormijt** *v* [-en] earmite

**oorontsteking** *v* [-en] inflammation of the ear, otitis

**oorpijn** *v* [-en] earache

**oorring** *m* [-en] earring

**oorschelp** *v* [-en] outer ear, anat & dierk auricle, pinna

**oorsmeer** *o* ear wax, med cerumen

**oorsprong** *m* [-en] origin, source ∗ *zijn ~ vinden in...* have its origin(s) in..., originate in... ∗ *de ~ van het kwaad* the source of evil ∗ *van Engelse ~* of English origin

**oorspronkelijk I** *bn* ❶ *eerst* original ∗ *de ~e schrijver* the original writer ∗ *Don Quichotte in de ~e taal* Don Quixote in the original ❷ *innoverend* original, innovative ∗ *een heel ~ werk* an innovative work, a work of great originality/innovation ∗ *een ~ schrijver* a writer of some originality **II** *bijw* ❶ *aanvankelijk, in eerste instantie* originally ∗ *~ stond hier een boerderij* there was a farm here originally ∗ *~ heb ik het geschreven voor...* I wrote it in the first place for..., I initially wrote it for... ❷ *innoverend* in an original way/manner ∗ *heel ~ uitgebeeld/gedaan*

**oo**

& shown/done & in a highly original way/manner

**oorsuizing** v [-en] ringing/singing in the ears

**oortje** v [-s] munt <u>hist</u> farthing ✷ hij kijkt of hij zijn laatste ~ versnoept heeft he looks sheepish

**oorverdovend** bn deafening

**oorvijg, oorveeg** v [-en] box/cuff on the ear ✷ iem. een ~ geven box someone's ears, cuff sbd over the ears

**oorwarmer** m [-s] earmuff

**oorworm, oorwurm** m [-en] earwig ✷ een gezicht als een ~ zetten pull a long face

**oorzaak** v [-zaken] cause, origin ✷ het grote aantal slaven vond zijn ~ in het feit dat… the large number of slaves was due to… ✷ dat was de ~ dat het virus kon toeslaan this explains why the virus attacked, this was why the virus attacked ✷ ~ en gevolg cause and effect ✷ de ~ van de brand the cause of the fire ✷ ter oorzake van on account of ✷ kleine oorzaken hebben grote gevolgen from tiny acorns mighty oaks may grow

**oorzakelijk** bn causal ✷ een ~ verband a causal connection

**Oost** v ✷ de ~ the East, <u>hist</u> the Orient ✷ de VOC voer op de ~ the VOC sailed to the Orient

**oost** I bn east, eastern, easterly ✷ de wind is ~ the wind is easterly II bijw east, easterly III v & o east ✷ ~ west, thuis best there's no place like home

**Oostblok** o Eastern bloc

**Oost-Duits** bn East German

**Oost-Duitser** m [-s] East German

**Oost-Duitsland** o East Germany, <u>hist</u> German Democratic Republic

**oostelijk** I bn eastern, easterly II bijw easterly, east ✷ ~ van (to the) east of ✷ ~ liggen van be/lie further east than

**oosten** o east ✷ het Oosten the East, <u>hist</u> the Orient ✷ het Nabije Oosten the Near East ✷ het Verre Oosten the Far East ✷ in het ~ in the east ✷ naar het ~ (to the) east, eastward(s), ⟨verkeer⟩ eastbound ✷ op het ~ gelegen facing east, with an easterly aspect ✷ ten ~ van… (to the) east of… ✷ uit het ~ from the east, easterly

**Oostenrijk** o Austria

**Oostenrijker** m [-s] Austrian

**Oostenrijks** bn Austrian

**Oostenrijkse** v [-n] Austrian ✷ ze is een ~ she is an Austrian, she is from Austria

**oostenwind** m [-en] east/easterly wind

**oosterburen** zn [mv] eastern neighbours, neighbours to the east

**oosterlengte** v eastern longitude ✷ 60° ~ 60° east

**oosterling** m [-en] ❶ easterner, somebody from the east ❷ <u>hist</u> Oriental

**oosters** bn ❶ m.b.t. het oosten eastern ❷ m.b.t. de oosterse beschaving Eastern, <u>hist</u> Oriental ✷ ~e talen Far-Eastern/Asian languages ✷ ~e tapijten Persian/oriental carpets

**Oost-Europa** o Eastern Europe

**oostfront** o east front, eastern front

**Oost-Indisch** bn East Indian ✷ de ~e Compagnie the East India Company ✷ de ~e kers the nasturtium ✷ ~ doof zijn play deaf, pretend not to hear

**oostkant** m east/eastern side

**oostkust** v [-en] east/eastern coast

**oostwaarts** I bn eastward II bijw eastward(s)

**Oostzee** v Baltic Sea

**ootje** o ✷ iem. in het ~ nemen take sbd for a ride, pull sbd's leg

**ootmoed** m meekness, humility

**ootmoedig** I bn meek, humble II bijw meekly, humbly

**op** I voorz ❶ m.b.t. beweging (up)on, onto ✷ ~ het dak klimmen/springen climb/jump onto/on to the roof ❷ m.b.t. plaats on, in, at ✷ ~ het dak/de tafel & on the roof/the table & ✷ ~ een eiland on an island ✷ de bloemen ~ haar hoed the flowers in her hat ✷ ~ mijn horloge is het zes uur it's 6 o'clock by my watch ✷ ~ zijn kamer in his room ✷ ~ Java on Java ✷ ~ school at school, Am in school ✷ ~ straat in the street, Am on the street ✷ ~ de wereld in the world ✷ ~ zee at sea ❸ m.b.t. situatie in, on ✷ ~ de eerste plaats in first place ✷ ~ de fiets on the bike ✷ ~ de fluit spelen play the flute ✷ ~ pantoffels on slippers ✷ ~ vakantie on holiday(s) ❹ m.b.t. manier in ✷ ~ haar manier in her fashion ✷ ~ zijn Engels ⟨manier⟩ in/after the English fashion; ⟨taal⟩ in English ❺ m.b.t. tijd on, at, in ✷ ~ een avond one evening ✷ twee keer ~ één avond twice in one evening ✷ ~ zekere dag one day ✷ later ~ de dag later in the day ✷ ~ donderdag on Thursday ✷ ~ tienjarige leeftijd at ten years of age, when ⟨he/she⟩ was ten ✷ ~ tijd on time ✷ ~ dit uur at this hour ✷ ~ de kop af exactly ❻ m.b.t. verhoudingen in, to ✷ één inwoner ~ de vijf heeft een fiets one inhabitant in every five owns a bicycle ✷ één inwoner ~ de vierkante kilometer one inhabitant to the square kilometre ✷ de auto loopt 1 op 12 the car does 1 to 12 ✷ ~ zijn hoogst at (the) most ❼ m.b.t. doel for ✷ op konijnen jagen hunt for rabbits ✷ op geld uit zijn be out for/after money ❽ naar aanleiding van at ✷ op haar orders at her orders ❾ behalve with the exception of, but ✷ op Pieter na with the exception of Pieter, all but Pieter II bijw ❶ omhoog up ✷ ~! up! ✷ de trap ~ up the stairs ✷ ~ en af, ~ en neer up and down ❷ m.b.t. toestand up ✷ hij heeft twee borrels ~ he's had two drinks ✷ vraag maar ~! ask away! fire! ✷ kom ~! come on! III bn m.b.t. toestand at an end, used up, gone ✷ mijn geduld is ~ my patience has run out ✷ zijn geld is ~ his money has run out ✷ die jas is ~ that coat is worn out ✷ onze suiker is ~ we're out of sugar ✷ de wijn is ~ there's no more wine ✷ ~ is ~! come early or miss out! ✷ de zon was ~ the sun had risen, the sun was up ✷ het is ~ there's nothing left ✷ hij is ~ ⟨opgestaan⟩ he's out of bed, he's up; ⟨uitgeput⟩ he's exhausted, he's worn out ✷ ⟨na ziekte⟩ hij is weer ~ he is up and about again ✷ óp van de zenuwen zijn have the jitters, be terribly nervous

---

**op**
wordt vertaald als on, onto of iets dichterlijker upon, wanneer het een beweging aanduidt. Als het een stabiele toestand aanduidt, gebruiken we on, in, at enz..
In Brits Engels wordt onto vaak als twee woorden geschreven (on to), maar in Amerikaans Engels is onto gebruikelijker.

---

**opa** *m* ['s] grandfather, <u>inf</u> grandad, gramps

**opaal** *o & m* [opalen] opal ∗ *van* ~ opal

**opbakken** *overg* [bakte op, h. opgebakken] bake again, fry up

**opbaren** *overg* [baarde op, h. opgebaard] lay out ∗ *opgebaard liggen* lie in state

**opbellen** *overg* [belde op, h. opgebeld] ring/call (up), phone, give a call/ring

**opbergen** *overg* [borg op, h. opgeborgen] put/stow away, pack up, store, ‹v. documenten› file, <u>handel</u> (ware)house ∗ *een misdadiger* ~ put a criminal away

**opbergmap** *v* [-pen] file, folder

**opbergsysteem** *o* [-systemen] filing system

**opbeuren** *overg* [beurde op, h. opgebeurd] ❶ *optillen* lift up ❷ *fig* cheer (up), encourage

**opbeurend** *bn* cheering, comforting

**opbiechten** *overg* [biechtte op, h. opgebiecht] confess ∗ *biecht maar eens op* confess ∗ *eerlijk* ~ make a clean breast of it

**opbieden** *onoverg* [bood op, h. opgeboden] bid up ∗ *tegen elkaar* ~ ‹op veiling› bid each other up; ‹overtroeven› go one better than the other

**opbinden** *overg* [bond op, h. opgebonden] tie/do up

**opblaasbaar** *bn* inflatable

**opblaasboot** *m & v* [-boten] inflatable boat

**opblaaspop** *v* [-pen] inflatable doll

**opblazen** *overg* [blies op, h. opgeblazen] ❶ *met lucht vullen* blow up, inflate, puff up ❷ *fig* magnify, exaggerate ❸ *doen exploderen* blow up ∗ *zich* ~ blow oneself up

**opblijven** *onoverg* [bleef op, is opgebleven] sit/stay up ∗ *de hele nacht* ~ stay up all night

**opbloei** *m* flourishing, prosperity, revival ∗ *de* ~ *van de schone kunsten* the flourishing of the fine arts ∗ *betekende de* ~ *van de ene stad het verval van de anderen?* did one city's prosperity cause a downturn in others? ∗ *...maar tot een* ~ *van de economie kwam het niet* ...but there was no subsequent economic revival

**opbloeien** *onoverg* [bloeide op, is opgebloeid] ❶ *tot bloei komen* bloom ❷ *fig* revive, flourish

**opbod** *o* raised bid ∗ *bij* ~ *verkopen* sell by auction

**opboksen** *onoverg* [bokste op, h. opgebokst] ∗ ~ *tegen* compete against

**opbollen** I *onoverg* [bolde op, is opgebold] puff up/out, bulge out II *overg* [bolde op, h. opgebold] ❶ puff up ❷ *m.b.t. het pottenbakken* ball up

**opborrelen** *onoverg* [borrelde op, is opgeborreld] bubble/well up

**opbouw** *m* ❶ *totstandkoming* construction ∗ *in de* ~ under construction ❷ *fig* advancement, furthering ❸ <u>scheepv</u> superstructure ❹ *structuur* structure, make up

**opbouwen** *overg* [bouwde op, h. opgebouwd] set/build up ∗ *weer* ~ reconstruct ∗ *een organisatie* ~ set up an organisation ∗ *vermogen* ~ create wealth ∗ *pensioen* ~ build up a pension ∗ *opgebouwd uit* made up of/composed of

**opbouwend** *bn* constructive

**opbouwwerker** *m* [-s] community worker

**opbranden** I *overg* [brandde op, h. opgebrand] burn up II *onoverg* [brandde op, is opgebrand] be burned up/down ∗ *fig ik ben helemaal opgebrand* I'm completely whacked

**opbreken** I *overg* [brak op, h. opgebroken] ❶ *openbreken* break up ∗ *de straat* ~ tear up the pavement ∗ *de straat is opgebroken* the street is under repair ❷ *afbreken* break up ∗ *het kamp/de tenten* ~ break/strike camp ∗ *het beleg* ~ raise the siege II *onoverg* [brak op, is opgebroken] ❶ *vertrekken* break camp ❷ *van een vergadering &* break up ❸ *van een ijsschots* break up ❹ *slecht bekomen* not agree with ∗ *dat zal je* ~*!* you'll regret it

**opbrengen** *overg* [bracht op, h. opgebracht] ❶ *opleveren* bring in, realize, yield ∗ *veel geld* ~, bring in a lot of money ∗ *een hoge prijs* ~ attract a high price ∗ *winst* ~ yield profit, make a profit ❷ *betalen* come up with, raise ∗ *dat kan ik niet* ~ I can't afford/manage it ❸ *zich brengen tot* get/work up ∗ *geduld* ~ have patience ∗ *moed* ~ summon (up) the courage ❹ *opdienen* serve up ❺ *inrekenen* bring/run in ❻ *aanbrengen* apply ∗ *kleur* ~ put some colour on ❼ *grootbrengen* bring up, rear ❽ *scheepv* seize ❾ *sp* grab

**opbrengst** *v* [-en] ❶ yield, proceeds ∗ *de som der* ~*en* the total revenue/profit ∗ *de* ~ *van de verkoop* the sale proceeds ❷ *v. oogst* yield, produce

**opbrengstwaarde** *v* proceeds, profit, net realisable value, sales value ∗ *de directe* ~ the net realisable value

**opcenten** *zn* [mv] additional percentage, surcharge

**opcentiemen** *zn* [mv] <u>ZN</u> percentage

**opdagen** *onoverg* [daagde op, is opgedaagd] turn/show up

**opdat** *voegw* so that, in order that ∗ ~ *niet* lest

**opdelen** *overg* [deelde op, h. opgedeeld] divide/split up

**opdienen** *overg* [diende op, h. opgediend] serve/dish up

**opdiepen** *overg* [diepte op, h. opgediept] ❶ *uitdiepen* dig out ❷ *fig* unearth, fish/ferret out

**opdissen** *overg* [diste op, h. opgedist] serve/dish up ∗ *een verhaal* ~ dish up a story

**opdoeken** I *overg* [doekte op, h. opgedoekt] ❶ furl ❷ *opheffen* shut down II *onoverg* [doekte op, is

**opdoemen** *onoverg* [doemde op, is opgedoemd] loom (up), appear, emerge

**opdoen** *overg* [deed op, h. opgedaan] ❶ *krijgen* get, gain, acquire, obtain ✻ *kennis* ~ gather/acquire knowledge ✻ *een nieuwtje* ~ pick up a piece of news ✻ *een ziekte* ~ catch/get a disease ✻ *waar heb je dat opgedaan?* where did you get that from? ❷ *opzetten* put on

**opdoffen** *wederk* [dofte op, h. opgedoft] ✻ *zich* ~ doll oneself up

**opdoffer** *m* [-s] thump, punch ✻ *iem. een* ~ *verkopen* belt sbd

**opdonder** *m* [-s] sock, clout, blow ✻ *iem. een* ~ *verkopen* belt sbd ✻ *hij heeft een flinke* ~ *gehad van die hartaanval* the heart attack really set him back ✻ *een kleine* ~ ⟨klein brutaal persoon⟩ a cheeky brat; ⟨jongetje⟩ a little squirt

**opdonderen** *onoverg* [donderde op, is opgedonderd] *inf* go to hell, buzz off ✻ *donder op!* get lost!, beat it!, get (the hell) out of here!

**opdondertje** *o* [-s] little squirt

**opdraaien I** *overg* [draaide op, h. opgedraaid] *opwinden* wind up **II** *onoverg* [draaide op, is opgedraaid] ✻ *dan moet ik ervoor* ~ I'm saddled with it ✻ *voor de kosten* ~ foot the bill

**opdracht** *v* [-en] ❶ *taak* assignment, order, ⟨aan kunstenaar/architect⟩ commission ✻ *een* ~ *krijgen* be assigned sth, be asked to do sth, be commissioned to do sth ✻ *de* ~ *uitvoeren* carry out the assignment/order/commission ✻ ~ *hebben om...* be under instructions to... ✻ ~ *geven tot* commission ✻ *in* ~ *van de gemeente* on the council's orders ✻ *in* ~ *handelen* act under orders ✻ *een kunstenaar een* ~ *verstrekken* commission an artist ❷ *toewijding in boek &* dedication

**opdrachtgever** *m* [-s] client, customer, commissioning company/authority, <u>jur & handel</u> principal

**opdragen** *overg* [droeg op, h. opgedragen] ❶ *een opdracht geven* charge, assign, commission ✻ *iem. iets* ~ charge sbd with sth, commission sbd to do sth ❷ *toewijden* dedicate ✻ *een boek* ~ dedicate a book ✻ *een mis* ~ celebrate mass ✻ *ik draag u mijn belangen op* I consign my interests to your care ❸ *kleding* wear out

**opdraven** *onoverg* [draafde op, is opgedraafd] run up ✻ *de trap* ~ run up the stairs ✻ *komen* ~ put in an appearance ✻ *iem. laten* ~ send for sbd, whistle sbd up

**opdreunen** *overg* [dreunde op, h. opgedreund] reel/rattle off

**opdrijven** *overg* [dreef op, h. opgedreven] ❶ *v. vee* round up ❷ *v. bal bij golf* drive ❸ *v. prijzen* force up ✻ *de spanning* ~ crack up the excitement

**opdringen** *overg* [drong op, h. opgedrongen] force ✻ *iem. iets* ~ force ⟨a drink⟩ on sbd, press ⟨some food⟩ on sbd, force/ram ⟨one's views⟩ down sbd's throat, force/thrust/press/impose ⟨one's views⟩ on sbd ✻ *zich* ~ force oneself on ✻ *nieuwe maatregelen dringen zich op* new measures will be required **II** *onoverg* [drong op, is opgedrongen] press on/forward

**opdringerig** *bn* obtrusive, intrusive, ⟨v. persoon⟩ pushy

**opdringerigheid** *v* obtrusiveness, intrusiveness, ⟨v. persoon⟩ pushiness

**opdrinken** *overg* [dronk op, h. opgedronken] drink (up), empty, finish

**opdrogen I** *onoverg* [droogde op, is opgedroogd] *droog worden* <u>ook fig</u> dry (up), run dry **II** *overg* [droogde op, h. opgedroogd] dry

**opdruk** *m* [-ken] (im)print ✻ *een postzegel met* ~ a surcharged stamp ✻ *een T-shirt met* ~ a printed T-shirt

**opdrukken** *overg* [drukte op, h. opgedrukt] ❶ *omhoog drukken* push up ✻ *sp zich* ~ do press-ups/push-ups ❷ *drukwerk* imprint (on), print (on)

**opduikelen** *overg* [duikelde op, h. opgeduikeld] unearth, dig/rake up, ferret out

**opduiken I** *onoverg* [dook op, is opgedoken] ❶ emerge, turn/crop/pop up ✻ ~ *uit* emerge from ❷ *boven water komen* surface, come/rise to the surface **II** *overg* [dook op, h. opgedoken] ❶ *door duik halen* bring to the surface, dive for ❷ *opduikelen* unearth, dig/rake up, ferret out

**opduvel** *m* [-s] wallop

**opduvelen** *onoverg* [duvelde op, is opgeduveld] beat it, get lost

**opdweilen** *overg* [dweilde op, h. opgedweild] mop up

**opeen** *bijw* together, on top of each other

**opeengepakt** *bn* crowded/packed together

**opeenhopen** *overg* [hoopte opeen, h. opeengehoopt] heap/pile up, accumulate ✻ *zich* ~ crowd together

**opeenhoping** *v* [-en] accumulation, build-up, ⟨v. verkeer⟩ congestion

**opeens** *bijw* all at once, suddenly

**opeenstapeling** *v* [-en] accumulation ✻ *een* ~ *van leugens* a pack/stack of lies ✻ *een* ~ *van rampen* one disaster after another

**opeenvolgend** *bn* successive, ⟨onafgebroken⟩ consecutive

**opeenvolging** *v* succession, series ✻ *in snelle* ~ in quick succession

**opeisbaar** *bn* claimable, due (and payable) ✻ ~ *worden* become due (and payable)

**opeisen** *overg* [eiste op, h. opgeëist] claim ✻ *een aanslag* ~ claim responsibility for an attack ✻ *de aandacht* ~ demand attention

**open** *bn* ❶ *niet dicht* open ✻ *een* ~ *been* an ulcerated leg ✻ *een* ~ *brief* an open letter ✻ *een* ~ *dak* a sliding/an open roof ✻ *een* ~ *doekje* an encore ✻ <u>handel</u> ~ *krediet* open credit ✻ ⟨in bos⟩ *een* ~ *plek* a clearing ∗ *een ~regel* a blank line ∗ *een ~vraag* a debatable/an open question ∗ *~en bloot liggen* be open for all (the world) to see ∗ *tot hoe laat zijn ze ~?* when do they close? ∗ *~en dicht gaan* open and shut ∗ *~met iem. zijn* be open with sbd ∗ *met ~ mond luisteren* listen open-mouthed ∗ *~staan voor iets* be open for ❷ *onbezet* vacant ∗ *er is hier nog een plaats ~* there's a vacant place here/this place isn't taken

**op- en aanmerkingen** *zn* [mv] critical remarks and observations

**openbaar I** *bn* ❶ public ∗ *een openbare aanbesteding* a public tender, ‹aankondiging› a public call for tenders ∗ *een ~lichaam* a public corporation ∗ *de openbare mening* public opinion ∗ *een openbare school* a state school ∗ *het ~vervoer* public transport ∗ *de openbare weg* the (King's) highway ∗ *openbare werken* public works ∗ *iets ~maken* make sth public/known, publish/disclose sth ∗ *in het ~* in public, publicly ❷ *algemeen toegankelijk* public, open ∗ *een openbare vergadering* a public/open meeting **II** *bijw* publicly, in public

**openbaarheid** *v* ❶ *bekendheid* publicity ∗ *~aan iets geven* give publicity to sth, make sth public/known ❷ *algemene toegankelijkheid* public nature ∗ *de ~ van besluitvorming* the public nature of decision making ∗ *~van bestuur* open government ∗ *in de ~* in public

**openbaarmaking** *v* publication, disclosure, ‹van vonnis &› promulgation

**openbaren I** *overg* [openbaarde, h. geopenbaard] reveal, disclose, divulge ∗ *geopenbaarde godsdienst* revealed religion **II** *wederk* [openbaarde, h. geopenbaard] ❶ *alg.* declare/manifest oneself ❷ *aan het licht komen* manifest, reveal

**openbaring** *v* [-en] ❶ *wat openbaar gemaakt wordt* revelation, ‹aan de drie koningen› epiphany ∗ *de goddelijke ~* the divine revelation ∗ *de Openbaring van Johannes* Revelations, the Revelation of St John ❷ *bekend maken* disclosure

**openblijven** *onoverg* [bleef open, is opengebleven] stay/remain open

**openbreken** *overg* [brak open, h. opengebroken] break/force open ▼ *het ~van de cao* open up the collective wage agreement to negotiation

**opendoen I** *overg* [deed open, h. opengedaan] open ∗ *doe eens open!* open up! **II** *onoverg* [deed open, h. opengedaan] open the door

**opendraaien** *overg* [draaide open, h. opengedraaid] turn on/open ‹the gas›

**openen I** *overg* [opende, h. geopend] ❶ *openmaken* open, ‹v. dop &› unscrew, ‹v. kraan› turn on ❷ *openstellen* open (up) ∗ *geopend van... tot...* open from... to... ❸ *beginnen* open, start ∗ *een bedrijf ~* open/start a business ∗ *onderhandelingen ~* open/commence negotiations **II** *wederk* [opende, h. geopend] ∗ *zich ~* open up

**opener** *m* [-s] opener

**opengaan** *onoverg* [ging open, is opengegaan] open ∗ *het raam gaat naar binnen open* the window opens inwards

**opengewerkt** *bn* ‹v. tekening› exploded-view/cutaway, ‹v. textiel, sieraden &› filigree, ‹v. voorwerpen v. riet› open wicker

**opengooien** *overg* [gooide open, h. opengegooid] throw/fling open

**openhartig I** *bn* frank, candid, open-hearted ∗ *een ~ gesprek* a frank/heart-to-heart talk **II** *bijw* frankly &

**openhartigheid** *v* frankness, candour, open-heartedness

**openhartoperatie** *v* [-s] open-heart operation

**openheid** *v* openness, frankness, sincerity

**openhouden** *overg* [hield open, h. opengehouden] ❶ *deur &* keep/hold open ❷ *plaats* keep, save ❸ *betrekking* keep open

**opening** *v* [-en] ❶ *het openen ook schaken* opening ∗ *~van zaken geven* disclose the state of ‹one's› affairs ❷ *aanvang* opening, commencement, beginning, ‹op plechtige wijze› inauguration ❸ *gat* gap, hole, aperture

**openingsbod** *o* opening bid

**openingskoers** *m* [-en] opening price

**openingsplechtigheid** *v* [-heden] opening ceremony

**openingszet** *m* [-ten] opening move

**openkrabben** *overg* [krabde open, h. opengekrabd] scratch open

**openkrijgen** *overg* [kreeg open, h. opengekregen] (get) open

**openlaten** *overg* [liet open, h. opengelaten] leave open ∗ *de mogelijkheid ~* leave the possibility open ∗ *een plaats ~* leave a place free ∗ *een ruimte ~* leave a blank/space

**openleggen** *overg* [legde open, h. opengelegd] ❶ *lay open* ∗ *een boek ~* open a book ❷ *openbaren* lay open, disclose, reveal ∗ *de kaarten ~* lay one's cards on the table ∗ *de zaak ~* bring it all out into the open ❸ *toegankelijk maken* open up ∗ *land ~* open up land

**openliggen** *onoverg* [lag open, h. opengelegen] lie open, be exposed

**openlijk I** *bn* ❶ *publiekelijk* open, public ❷ *onverhuld* open, overt **II** *bijw* openly & ∗ *~voor iets uitkomen* be frank/open about sth

**openluchtbad** *o* [-baden] open-air swimming pool

**openluchtconcert** *o* [-en] open-air concert

**openluchtmuseum** *o* [-sea & -s] open-air museum

**openmaken** *overg* [maakte open, h. opengemaakt] open

**openrijten** *overg* [reet open, h. opengereten] rip/tear open

**openscheuren** *overg* [scheurde open, h. opengescheurd] rip/tear open

**openslaan I** *overg* [sloeg open, h. opengeslagen] ❶ *v. boek &* open ❷ *met geweld* knock open **II** *onoverg* [sloeg open, is opengeslagen] fly open

**openslaand** *bn* folding ✻ *~e deuren* folding doors, French windows ✻ *een ~ raam* a casement window

**opensnijden** *overg* [sneed open, h. opengesneden] cut (open)

**opensperren** *overg* [sperde open, h. opengesperd] open wide, distend ✻ *met opengesperde ogen* wide-eyed

**openspringen** *onoverg* [sprong open, is opengesprongen] ❶ burst (open) ❷ *v. huid* chap, crack

**openstaan** *onoverg* [stond open, h. opengestaan] be open/vacant ✻ *er stond mij geen andere weg open* I had no alternative ✻ *voor allen ~* be open to all, be free ✻ *~ voor argumenten* be open/receptive to arguments

**openstaand** *bn* ❶ *nog niet vereffend* outstanding ✻ *~e posten* outstanding bills ✻ *~e zaken* running affairs ❷ *nog niet vervuld* free ✻ *een ~e betrekking* a vacancy, an opening

**openstellen** *overg* [stelde open, h. opengesteld] (throw) open ✻ *voor het verkeer ~* open to traffic ✻ *de inschrijving ~* invite tenders ✻ *de mogelijkheid ~ tot* lay open the possibility of

**op-en-top** *bijw* every inch ✻ *~ veilig* completely/absolutely safe ✻ *~ een gentleman* every inch a gentleman, a thorough gentleman

**openvallen I** *onoverg* [viel open, is opengevallen] ❶ fall/drop open ❷ *v. betrekking* fall/become vacant **II** *overg* [viel open, heeft opengevallen] cut, scrape

**openvouwen** *overg* [vouwde open, h. opengevouwen] unfold, open (out)

**openzetten** *overg* [zette open, h. opengezet] ❶ *v. deur* open ❷ *v. kraan* turn on

**opera** *m* ['s] ❶ *muziekstuk* opera ❷ *gebouw* opera (house) ❸ *operagezelschap* opera company

**operabel** *bn* operable

**operateur** *m* [-s] ❶ *v. computers &* operator ❷ *cameraman* cameraman ❸ *in bioscoop* projectionist

**operatie** *v* [-s] operation

**operatief I** *bn* surgical ✻ *een operatieve ingreep* an operation **II** *bijw* surgically ✻ *slechts ~ ingrijpen kan...* only surgery/an operation can...

**operatiekamer** *v* [-s] operating theatre/room

**operatietafel** *v* [-s] operating table

**operatiezuster** *v* [-s] theatre nurse

**operationeel** *bn* operational ✻ *de plannen zijn ~* the plans are ready to be implemented/are ready for operation

**operazanger** *m* [-s], **operazangeres** *v* [-sen] opera singer

**opereren I** *onoverg* [opereerde, h. geopereerd] ❶ med operate ❷ mil operate ❸ *te werk gaan* work ❹ *werken met* use **II** *overg* [opereerde, is geopereerd] med operate on ✻ *iem. ~ operate on sbd ✻ zich laten ~* have an operation ✻ *hij is geopereerd aan de knie* he has had a knee operation

**operette** *v* [-s] operetta, light opera

**opeten** *overg* [at op, h. opgegeten] eat (up)

**opfleuren I** *overg* [fleurde op, h. opgefleurd] brighten (up), cheer up ✻ *iem. ~* cheer sbd up ✻ *de stemming ~* lighten the atmosphere **II** *onoverg* [fleurde op, is opgefleurd] cheer/brighten up

**opflikkeren** *onoverg* [flikkerde op, is opgeflikkerd] ❶ *v. licht &* flare/blaze up ✻ *de hoop flikkerde weer op* hope flared up again ❷ *weggaan* bugger/piss off

**opfokken** *overg* [fokte op, h. opgefokt] ❶ *fokken* breed, rear ❷ *provoceren* work/stir up ✻ *laat je niet zo ~!* don't get so worked up! ✻ *zich ~* be in a flap

**opfriscursus** *v* [-sen] refresher course

**opfrissen I** *overg* [friste op, h. opgefrist] ❶ refresh, freshen up ✻ fotogr *de kleuren ~* sharpen the colour contrast ✻ *iems. geheugen eens ~* refresh/jog sbd's memory ✻ *zijn kennis wat ~* rub/brush up one's knowledge ✻ *zich ~* freshen up ❷ *verbouwen* ZN renovate, refurbish **II** *onoverg* [friste op, is opgefrist] freshen ✻ *van die rekening zal hij ~* the bill will make him sit up

**opgaaf, opgave** *v* [-gaven] ❶ *verklaring* statement, specification, estimate, ‹belasting› return ✻ *met/onder ~ van redenen* stating/specifying one's reasons ❷ *taak* task, assignment, exercise ✻ onderw *de schriftelijke opgaven* the written assignments

**opgaan** *onoverg* [ging op, is opgegaan] ❶ *de hoogte in* go up ✻ *een berg/de trap ~* go up/climb a mountain/the stairs ✻ *er ging een gelach op in de zaal* laughter arose in the hall/there was laughter in the hall ❷ *in bepaalde richting gaan* go up ✻ *we gaan die kant op* we'll go that way ✻ *de zon gaat later op* the sun rises later ❸ *juist zijn* hold (good), apply ✻ *dat gaat niet op hier* that doesn't hold/apply in this case ✻ *die vergelijking gaat niet op* that's a false analogy ❹ *voor examen* sit for ✻ *hij gaat dit jaar niet op* he's not sitting for the exam this year ❺ *opraken* run/give out ✻ *het eten gaat schoon op* nothing will be left to eat ✻ *de rest van de tijd is opgegaan aan haarkloverij* the rest of the time went into splitting hairs ❻ *in beslag genomen worden* be absorbed (in), be wrapped up (in) ✻ *geheel in zijn vrouw ~* be totally absorbed in/wrapped up in his wife ❼ *overvloeien* merge (into) ✻ *~ in het landschap* be merged into the landscape ✻ *in rook ~* go up in smoke ❽ wisk leave no remainder ✻ *7 gaat niet op 34* 7 doesn't/won't go into 34

**opgaand** *bn* rising, climbing ✻ *de ~e zon* the rising sun ✻ *op- en neergaande* fluctuating

**opgang** *m* [-en] ❶ *v. huis* staircase ❷ *succes* take off ✻ *~ maken* take off, catch on ✻ *het maakte veel ~* it really took off, it was a big hit ✻ *het maakte geen ~* it flopped

**opgave** *v* → **opgaaf**

**opgeblazen** *bn* ❶ puffy, swollen, bloated ❷ *verwaand* conceited ✻ *~ van trots* puffed up with pride

**opgedirkt** *bn* dressed/dolled up

**opgefokt** *bn* worked up, inf hyper ✻ *zo'n ~ type* a

highly strung type

**opgeilen** *overg* [geilde op, h. opgegeild] turn on

**opgeklaard** *bn* cleared up

**opgeklopt** *bn* exaggerated ＊ ~*e verhalen* tall stories

**opgelaten** *bn* embarrassed, awkward

**opgeld** *o* [-en] handel agio, premium ＊ ~ *doen* be in great demand, *inf* be in; ‹v.e. valuta› be at a premium

**opgelegd** *bn* ❶ scheepv laid up ❷ *gefineerd* veneered, overlaid ＊ *een* ~*e vloer* a parquet(ry) floor ▼ *een* ~*e kans* the chance of a lifetime

**opgelucht** *bn & bijw* relieved ＊ ~ *ademhalen* heave a sigh of relief

**opgemaakt** *bn* ❶ *v. gezicht &* made up, ‹v. haar› done up ❷ *gerangschikt* ‹v. gerecht› laid out, ‹v. bed› made, ‹v. bloemen› arranged

**opgepropt** *bn* crammed, packed ＊ ~ *vol* packed to the rafters

**opgeruimd I** *bn* ❶ *net* tidy, neat ＊ ~ *staat netjes* good riddance (to bad rubbish) ❷ *vrolijk* in high spirits, cheerful, bright, good-humoured **II** *bijw* tidily, neatly, cheerfully &

**opgescheept** *bn* ＊ *met iem./iets* ~ *zijn* be saddled with sbd/sth

**opgeschoten** *bn* lanky ＊ *een* ~ *jongen* a lanky youth, a beanpole

**opgeschroefd** *bn* ❶ *v. taal &* inflated, bombastic, pretentious ❷ *v. enthousiasme &* forced, unnatural

**opgesloten** *bn* locked up ＊ *er lag spot in haar woorden* ~ there was a touch of irony to her words

**opgesmukt** *bn* ❶ gaudy, showy, ‹v. woorden› wordy ❷ *geaffecteerd* affected, artificial, phoney

**opgetogen** *bn* delighted, elated, ecstatic, over the moon

**opgeven** *overg* [gaf op, h. opgegeven] ❶ *overhandigen* give (up), hand (over), surrender ‹one's passport› ❷ *laten varen* give up, abandon ‹hope›, renounce/relinquish ‹one's nationality, one's claim to the throne› ＊ *ik geef het op* I give up ＊ *hij geeft het niet op* he won't give up ＊ *mijn benen gaven het op* my legs gave out ❸ *als taak* set ‹an exercise, a sum›, ask ‹riddles›, propound ‹a problem› ❹ *vermelden* give, state ＊ *als reden* ~ state as one's reason ❺ *aanmelden* enter, put down, nominate ＊ *iem. voor iets* ~ ‹nomineren› nominate sbd for sth; ‹op de (wacht)lijst zetten› put sbd down for sth ＊ *zich* ~ *voor een abonnement* apply for a subscription ＊ *zich* ~ *voor een cursus* enrol for/sign up for a course ❻ *braken* vomit, be sick ▼ *hoog* ~ *van iets* speak highly of/make much of sth

**opgewassen** *bn* ＊ ~ *zijn tegen* be a match for ‹sbd›, be up to/able to deal with/equal to ‹the task›, rise to ‹the occasion›

**opgewekt I** *bn* ❶ *v. personen* cheerful, in high spirits ❷ *v. gesprekken &* animated, lively **II** *bijw* cheerfully, animatedly

**opgewonden** *bn* excited, ‹driftig› heated, ‹zenuwachtig› agitated ＊ ~ *raken* get all

worked/steamed up, get into a flap

**opgezet** *bn* ❶ *gezwollen* bloated, swollen ❷ *v. dode dieren* stuffed

**opgezwollen** *bn* swollen, bloated

**opgieten** *overg* [goot op, h. opgegoten] pour on/over

**opgooien** *overg* [gooide op, h. opgegooid] throw up, toss (up) ＊ *zullen wij erom* ~? shall we toss (up) for it?

**opgraven** *overg* [groef op, h. opgegraven] ❶ *zaken* dig up, unearth ❷ *lijken* disinter, exhume

**opgraving** *v* [-en] ❶ dig(ging), excavation ❷ *v. lijken* disinterment, exhumation

**opgroeien** *onoverg* [groeide op, is opgegroeid] grow up ＊ ~*de jeugd* adolescents

**ophaalbrug** *v* [-gen] drawbridge, lift bridge

**ophaaldienst** *m* [-en] collecting/collection service

**ophalen I** *overg* [haalde op, h. opgehaald] ❶ *in de hoogte* draw up ‹the bridge›, pull up ‹the blinds›, raise ‹the curtain, one's eyebrows›, weigh ‹anchor›, shrug ‹one's shoulders›, hitch up ‹one's pants›, hoist ‹the flag, the sails› ＊ *de neus* ~ *voor* turn up one's nose at ❷ *herhalen* bring up/back, recall ＊ *herinneringen* ~ bring back memories ❸ *verdiepen, opfrissen* brush up (on), polish up, freshen up, revive ＊ *zijn Frans* ~ brush up (on) one's French ❹ *inzamelen* collect ＊ *geld* ~ get/collect some cash/money ❺ *afhalen* collect, pick up ＊ *wanneer haal je me op?* when are you going to pick me up? ❻ *openhalen* damage, tear, rip ＊ *zijn kous ergens aan* ~ snag one's stockings on something ❼ *herstellen* repair ＊ *ladders* ~ mend ladders ＊ ‹beter worden v. zieken› *het weer* ~ regain one's health ＊ *kan ik het nog* ~? can I catch up? **II** *onoverg* [haalde op, h. opgehaald] recover, recuperate, improve ＊ *zij heeft aardig opgehaald* she's made a good recovery

**ophanden** *bijw* at hand ＊ *het* ~ *zijnde feest* the approaching/coming party

**ophangen** *overg* [hing op, h. opgehangen] ❶ *hangen* (up), put up ＊ *zijn jas* ~ hang up one's coat ＊ *de telefoon* ~ hang up/replace the receiver ＊ *de was* ~ put out/hang (out) the washing ❷ *aan de galg* hang ＊ *hij werd opgehangen* he was hanged/hung ＊ *zich* ~ hang oneself ❸ *vastpinnen op* fig pin down ▼ *een verhaal van iets* ~ paint a picture of sth

**ophanging** *v* [-en] ❶ *v. mensen* hanging ❷ techn suspension

**ophebben** *overg* [had op, h. opgehad] ❶ *v. kleding &* have on, wear ❷ *v. eten &* have finished ＊ *een slok* ~ have had too much to drink ＊ *onderw* have to do ＊ *veel huiswerk* ~ have to do a lot of homework ▼ *veel* ~ *met iem.* think a lot of sbd ▼ *ik heb niet veel op met...* I can't say I care for....

**ophef** *m* fuss ＊ *veel* ~ *van/over iets maken* make a fuss of/over sth, make a song and dance about sth ＊ *met veel* ~ with a lot of fuss ＊ *zonder veel* ~ without much ado

**opheffen** *overg* [hief op, h. opgeheven] ❶ *in de*

*hoogte* lift (up), raise, elevate ✳ *de armen* ~raise one's arms ❷*zedelijk* raise, elevate ‹the mind› ❸*afschaffen &* abolish ‹a law›, lift ‹an embargo, a ban, sanctions›, do away with ‹abuses›, remove ‹doubts›, close ‹a school, a meeting, a bank account›, adjourn ‹a meeting›, call off ‹a strike›, discontinue ‹a branch office›, raise ‹an embargo, blockade &›, annul ‹the verdict›, undo ‹wrongs›, axe ‹jobs›, disband ‹a club›, eliminate ‹interference› ✳ *het ene heft het andere op* the one cancels the other out

**opheffing** *v* [-en] ❶*'t optillen* elevation, raising ❷*afschaffing* ‹v. een wet› abolition, ‹v. twijfels› removal, ‹v. een vergadering, een rechtzaak &› adjournment, ‹v. een school &› closing (down), ‹v. een filiaal› discontinuance, ‹v. sancties &› raising, ‹v. beslissing› annulment, ‹v. banen› axing, ‹v. staking› calling off, ‹v. club› disbanding, ‹v. schorsing› termination, ‹v. storingen› elimination

**opheffingsuitverkoop** *m* [-kopen] closing-down sale

**ophelderen I** *overg* [helderde op, h. opgehelderd] clear up, explain, clarify **II** *onoverg* [helderde op, is opgehelderd] clear up

**opheldering** *v* [-en] ❶*verduidelijking* clarification ❷*toelichting* explanation ✳ *ter* ~in explanation ✳ *dit kan tot* ~*dienen* this may shed some light on the matter ❸*v. weer* clearing up

**ophemelen** *overg* [hemelde op, h. opgehemeld] extol, praise to the skies ✳ *iem* ~sing sbd's praises

**ophijsen** *overg* [hees op, h. opgehesen] hoist/pull up, raise

**ophitsen** *overg* [hitste op, h. opgehitst] ❶*v. hond* set on ❷*v. mensen* set on, stir up, egg on, incite to ✳ *de mensen tegen elkaar* ~set people at one another's throats

**ophoepelen** *onoverg* [hoepelde op, is opgehoepeld] inf beat it, hop it, get lost ✳ *hoepel op!* go jump in the lake!

**ophoesten** *overg* [hoestte op, h. opgehoest] cough up ✳ *slijm* ~cough up phlegm ✳ *informatie/geld* ~cough up information/ money

**ophogen** *overg* [hoogde op, h. opgehoogd] heighten, raise

**ophoging** *v verhoogde plaats* elevation, bank

**ophopen** *overg* [hoopte op, h. opgehoopt] heap/pile up, accumulate ✳ *zich* ~heap/pile up, accumulate

**ophouden I** *overg* [hield op, h. opgehouden] ❶*in de hoogte* hold up ✳ *de hand* ~hold out one's hand ❷*hooghouden* fig keep up, uphold ✳ *zijn eer* ~uphold one's honour ✳ *de schijn* ~keep up appearances ❸*niet afzetten* keep on ❹*afhouden van bezigheid* detain, keep, hold up ✳ *ik zal u niet langer* ~I won't keep/detain you any longer, I won't hold you up any longer ❺*tegenhouden* hold (up) ❻*niet verkopen* withdraw ❼*openhouden* hold open ▼ *houdt u zich daar niet mee op* have nothing to do with it

▼ *met haar houd ik mij niet op* I don't have anything to do with her **II** *wederk* [hield op, h. opgehouden] ❶*verblijven* stay ✳ *zich ergens* ~stay/live somewhere ✳ *zich onderweg* ~stop on the road ❷*rondhangen* loiter/hang about ❸*zich bezighouden met* be concerned/busy (with) **III** *onoverg* [hield op, is opgehouden] cease, stop, come to a stop ✳ *houd op!* stop it! ✳ ~*met* cease (from) ...ing, stop ...ing ✳ *mil met vuren* cease fire ✳ ~*met werken* stop work ✳ *zijn hart hield een ogenblik op met kloppen* his heart stopped for a moment ✳ ~*te bestaan* cease to exist ✳ ~*lid te zijn* discontinue one's membership ✳ *zonder* ~continuously, incessantly ✳ *ze werken zonder* ~they never stop working ✳ *het heeft drie dagen zonder* ~*geregend* it's been raining for three days in a row

**opiaat** *o* [-aten] opiate

**opinie** *v* [-s] opinion ✳ *de publieke* ~public opinion ✳ *naar mijn* ~in my opinion ✳ *volgens de* ~*van* in the opinion of

**opinieblad** *o* [-bladen] opinion magazine

**opinieonderzoek** *o* [-en], **opiniepeiling** *v* [-en] (public) opinion poll, Am Gallup poll

**opiniëren** *onoverg* [opinieerde, h. geopinieerd] form opinions

**opium** *m & o* opium ✳ ~*schuiven* smoke opium

**opjagen** *overg* [joeg *of* jaagde op, h. opgejaagd] ❶*op de vlucht jagen* rout ‹the enemy›, flush out ‹the game› ❷*doen opwaaien* raise, blow up ✳ *stof* ~raise the dust ❸*naar boven opdrijven* force/send up ✳ *prijzen* ~force up/boost prices ✳ *de snelheid* ~increase the pace ❹*tot spoed aanzetten* hurry, rush ✳ *zich niet laten* ~refuse to be rushed/hounded ❺*v. gewassen* ZN force

**opjutten** *overg* [jutte op, h. opgejut] ❶*haasten* hustle, hurry ❷*opzetten* egg on, incite, urge ✳ ~*tot* goad/provoke into

**opkalefateren I** *overg* [kalefaterde op, h. opgekalefaterd] ❶*v. kleding* patch up, mend ❷*v. een zieke* mend ❸*v. een gewonde* patch up **II** *onoverg* [kalefaterde op, is opgekalefaterd] *v. een zieke* be on the mend

**opkamer** *v* [-s] upstairs room

**opkijken** *onoverg* [keek op, h. opgekeken] look up ✳ *tegen iem.* ~look up to sbd ✳ *hij zal er (vreemd) van* ~he'll be surprised, it'll make him sit up

**opkikkeren I** *overg* [kikkerde op, h. opgekikkerd] perk/pep up, refresh **II** *onoverg* [kikkerde op, is opgekikkerd] perk up

**opkikkertje** *o* [-s] pick-me-up, bracer

**opklapbed** *o* [-den] foldaway bed

**opklappen** *overg* [klapte op, h. opgeklapt] fold up

**opklaren I** *onoverg* [klaarde op, is opgeklaard] ook fig clear/brighten (up) **II** *overg* [klaarde op, h. opgeklaard] ook fig clarify

**opklaring** *v* [-en] clarification ✳ *met tijdelijke* ~*en* ‹cloudy weather› with some sunny/bright spells ✳ *hier en daar een* ~sunny/bright spells in places

**opklimmen** *onoverg* [klom op, is opgeklommen]

❶ *trap, berg* & go/climb (up) ✳ *tegen een muur* ~ scale a wall ❷ <u>fig</u> rise, move up ✳ *tot hogere betrekkingen* ~ move up (in rank)

**opkloppen** *overg* [klopte op, h. opgeklopt] ❶ *doen rijzen* beat up ❷ *overdrijven* exaggerate, blow up ✳ *een opgeklopt verhaal* a tall story

**opknapbeurt** *v* [-en] overhaul, facelift

**opknappen I** *overg* [knapte op, h. opgeknapt] ❶ *netjes maken* tidy up ‹a room› ✳ *zich* ~ freshen oneself up ❷ *beter in orde maken* do up ‹the garden›, restore ‹an old house› ❸ *voor elkaar krijgen* fix up, carry out ✳ *hij zal het alleen wel* ~ he'll manage it quite well by himself ✳ *hij zal het wel voor je* ~ he'll fix it up for you ❹ *opzadelen* shunt/fob off onto ✳ *iem. met iets* ~ saddle sbd with sth **II** *onoverg* [knapte op, is opgeknapt] *v. zieke* pick up ▼ *het weer knapt wat op* the weather is brightening up

**opknopen** *overg* [knoopte op, h. opgeknoopt] tie up ✳ *zich* ~ string oneself up, hang oneself

**opkoken** *overg* [kookte op, h. opgekookt] ❶ *doen koken* boil up, bring to the boil ❷ *opnieuw koken* reboil, reheat

**opkomen** *onoverg* [kwam op, is opgekomen] ❶ *omhoog komen* ‹v. zon, deeg &› rise ✳ *het getij komt op* the tide is rising ❷ *ontkiemen, groeien* come/spring/shoot up ✳ *de rogge is slecht opgekomen* the rye hasn't come up well/hasn't germinated well ✳ ~ *als paddenstoelen uit de grond* spring up like toadstools ✳ *uit het niets* ~ come out of nowhere ❸ *zich voordoen* reoccur, occur, crop up ✳ *die gedachte kwam ook bij mij op* that idea occurred to me too/crossed my mind too ✳ *het komt niet bij mij op* I wouldn't even dream of it ✳ *afhankelijk van het weer* ~ *van de symptomen* depending on whether the symptoms reoccur ❹ *verschijnen* turn up ✳ *de leden zijn goed opgekomen* the members turned up in full force ✳ *in grote getale* ~ turn out in large numbers ❺ *beginnen te ontstaan* come on, rise, arise ✳ *een onweer komt op* there's a storm coming on/we're about to get a storm ✳ *ik voel de koorts* ~ I'm starting to get a fever ❻ *furore maken* spring/come up, come into vogue ✳ *het modernisme is opgekomen in een periode van optimisme* modernism came into vogue during a period of optimism ❼ *opstaan* get up ❽ *zich verzetten* fight (against), stand up (against) ✳ ~ *tegen de globalisering* take a stand against globalization, protest against globalization ❾ *verdedigen* fight (for) ✳ ~ *voor zijn rechten* fight for one's rights ✳ ~ *voor zichzelf/voor zijn vrienden* stand up for oneself/for one's friends ✳ *kom maar op, als je durft* come on if you dare ❿ *op raken* get through ✳ *die soep komt wel op* we'll get through that soup ⓫ *zich kandidaat stellen* <u>ZN</u> run for ⓬ <u>jur</u> appear ⓭ *op 't toneel* enter ✳ *de koning (met zijn gevolg) komt op* enter the king (and attendants) ▼ <u>mil</u> *voor zijn nummer* ~ be called up

**opkomend** *bn* rising ✳ *de* ~*e zon* the rising sun ✳ ~*e*

*markten* newly industrialized/emerging countries ✳ *een* ~ *talent* a rising talent

**opkomst** *v* ❶ *v. zon* & rising ❷ *vooruitgang* blossoming ✳ *in* ~ *zijn* be developing, be on the rise ✳ *de stad is nog pas in* ~ the city is only now starting to blossom ❸ *v. vergadering* & attendance ❹ *bij verkiezingen* turnout

**opkomstplicht** *v* compulsory attendance

**opkopen** *overg* [kocht op, h. opgekocht] buy up

**opkoper** *m* [-s] ❶ *handelaar in tweedehands spullen* second-hand/junk dealer ❷ *grootinkoper* wholesale buyer

**opkrabbelen** *onoverg* [krabbelde op, is opgekrabbeld] ❶ scramble to one's feet ❷ <u>fig</u> pick up, recover ✳ *de aandelenbeurs krabbelt iets op* the stock exchange is starting to pick up

**opkrassen** *onoverg* [kraste op, is opgekrast] ❶ *weggaan* beat it, buzz off, make oneself scarce ❷ *doodgaan* snuff it, kick the bucket

**opkrikken** *overg* [krikte op, h. opgekrikt] ❶ *m.b.t. auto* & jack up ❷ <u>fig</u> jack/pep up ✳ *de cijfers* ~ jack/push up the numbers ✳ *het moreel* ~ boost morale

**opkroppen** *overg* [kropte op, h. opgekropt] bottle up ✳ *opgekropte woede* bottled-up anger

**opkweken** *overg* [kweekte op, h. opgekweekt] breed, bring up, rear, nurse ‹a child›, cultivate ‹plants›

**opkwikken** *overg* [kwikte op, h. opgekwikt] refresh

**oplaadbaar** *bn* rechargeable

**oplaaien** *onoverg* [laaide op, is opgelaaid] blaze up ✳ *hoog* ~ run high ✳ *doen* ~ kindle, spark/set off, inflame ✳ *de passie laaide hoog op* passions inflamed

**opladen** *overg* [laadde op, h. opgeladen] ❶ load (up) ❷ *v. accu* load, charge

**oplader** *m* [-s] charger

**oplage** *v* [-n] ‹v. boek› issue, edition, ‹v. krant› circulation ✳ *de* ~ *is slechts honderd exemplaren* the edition is limited to 100

**oplappen** *overg* [lapte op, h. opgelapt] patch up

**oplaten** *overg* [liet op, h. opgelaten] fly ‹a kite›, launch ‹a balloon›, release ‹a pigeon›

**oplawaai** *m* [-en], **oplazer** [-s] clout, wallop ✳ *iem. een* ~ *geven* clout/wallop sbd

**oplazeren** *onoverg* [lazerde op, is opgelazerd] bugger off, piss off, beat it

**opleggen** *overg* [legde op, h. opgelegd] ❶ *opstapelen* pile/stack up ❷ *opbergen* store, ‹inmaken› preserve ❸ *leggen op* put on, lay on ‹hands› ✳ *er een euro* ~ ‹prijsverhoging› raise the price by one euro; ‹bij veiling› bid another euro ✳ *het er dik* ~ exaggerate ❹ *opdragen* impose, enforce ✳ *iem. geheimhouding* ~ swear sbd to secrecy ✳ *iem. een rijverbod* ~ disqualify sbd from driving ✳ *hem werd een zware straf opgelegd* he had a heavy punishment imposed on him ✳ *zijn wil* ~ impose one's will ❺ *aanbrengen* ‹v. verf› apply, ‹v. hout› veneer ❻ <u>scheepv</u> put out of operation, lay up ❼ <u>kaartsp</u> place face up ❽ <u>drukw</u>

print

**oplegger** *m* [-s] (semi)trailer * *een truck met ~* an articulated truck

**opleiden** *overg* [leidde op, h. opgeleid] ❶ *kennis bijbrengen* train, educate * *iem. voor een examen ~* prepare/train sbd for an examination * *voor geestelijke opgeleid* trained for the Church ❷ *naar omhoog leiden* carry/lead up ❸ *verdachte* ZN arrest, run in, bring up

**opleiding** *v* [-en] ❶ training, education * *een ~ volgen* follow a course, be in training for * *in ~* in training * *een ~ voor zelfstandige* a small business course ❷ *instituut* training college

**opleidingscentrum** *o* [-tra, -s] training centre/Am center

**opleidingsschip** *o* [-schepen] training ship

**oplepelen** *overg* [lepelde op, h. opgelepeld] *ook fig* ladle/dish out

**opletten** *onoverg* [lette op, h. opgelet] pay attention * *let op waar je loopt* watch where you're going * *opgelet* attention please!, take care! * *scherp ~* watch carefully

**oplettend** *bn* ❶ attentive ❷ *opmerkzaam* observant

**oplettendheid** *v* [(-heden)] attention, attentiveness

**opleuken** *overg* [leukte op, h. opgeleukt] brighten up

**opleven** *onoverg* [leefde op, is opgeleefd] revive * *doen ~* revive

**opleveren** *overg* [leverde op, h. opgeleverd] ❶ *opbrengen* produce, yield, bring in * *winst ~* yield a profit * *wat levert het ons op?* what's in it for us? ❷ *voortbrengen* produce * *gevaar ~* cause danger * *vijanden ~* make enemies * *zijn baan levert veel stress op* his job is very stressful ❸ *afleveren* deliver * *tijdig ~* deliver on time

**oplevering** *v* [-en] ⟨van werk⟩ delivery, ⟨van een woning⟩ transfer, ⟨van nieuwbouw⟩ completion * *~ in overleg* transfer by mutual agreement * *~ per direct* available for immediate occupation * *bij de ~* ⟨van bestaand onroerend goed⟩ on delivery; ⟨van nieuwbouw⟩ on completion * *de datum van ~* ⟨van nieuwbouw⟩ the date of completion * *sleutelklare/turnkey ~* turnkey delivery * *te late ~* late completion * *vertraging bij ~* delay in delivery

**opleveringstermijn** *m* [-en] delivery time, ⟨van nieuwbouw⟩ completion date/time

**opleving** *v* ❶ revival * *een ~ van de Amerikaanse Droom* a revival of the American Dream ❷ handel revival, recovery, upturn ❸ eff rally

**oplezen** *overg* [las op, h. opgelezen] read out, ⟨namen⟩ call out

**oplichten I** *overg* [lichtte op, h. opgelicht] ❶ *optillen* lift (up) ❷ *bedriegen* swindle * *iem. ~ voor...* swindle sbd out of... **II** *onoverg* [lichtte op, is opgelicht] *lichter worden* lighten, brighten

**oplichter** *m* [-s] swindler

**oplichterij** *v* swindle, fraud, con trick

**oplichting** *v* ❶ *oplichterij* swindle, fraud ❷ *valse*

*voorwendselen* false pretences

**oploeven** *onoverg* [loefde op, is opgeloefd] luff up, haul to the wind

**oploop** *m* crowd * *een ~ veroorzaken* cause a riot/stir

**oplopen I** *onoverg* [liep op, is opgelopen] ❶ *aanlopen tegen* run/bump into * *tegen iem. ~* run/bump into sbd ❷ *hoger worden* rise, mount/add up, ⟨v. rente⟩ accrue * ⟨v. bedragen⟩ *~ tot* amount to, total * *een rekening laten ~* run up a bill * *haar temperatuur loopt op* her temperature is rising * *de twist liep hoog op* the dispute ran high ❸ *bewegen in een bepaalde richting* go (up/along &) * *de straat ~* walk along the street * *de straat loopt op* the street climbs/rises * *de trap ~* go/walk up the stairs * *samen (een eindje) ~* go part of the way together ❹ *opzwellen* ZN swell (up) **II** *overg* [liep op, h. opgelopen] *krijgen* catch, get * *straf ~* incur punishment * *verwondingen ~* suffer injuries * *een ziekte ~* catch/contract a disease

**oplopend** *bn* rising

**oplosbaar** *bn* ❶ *v. stof* soluble ❷ *v. vraagstuk &* solvable, resolvable

**oploskoffie** *m* instant coffee

**oplosmiddel** *o* [-en] solvent, ⟨voor verf⟩ thinner

**oplossen I** *overg* [loste op, h. opgelost] ❶ *in water &* dissolve * ⟨v. nevel &⟩ *zich ~* disperse, dissolve ❷ *v. vergelijking* solve ❸ *v. raadsel &* solve ⟨a riddle⟩, (re)solve ⟨a problem⟩ * *dat probleem lost zich vanzelf op* that problem will deal with itself/will resolve itself/will solve itself **II** *onoverg* [loste op, is opgelost] *in vloeistof* dissolve

**oplossing** *v* [-en] ❶ *v. raadsel, vraagstuk* solution * *de juiste ~ van het vraagstuk* the right answer/solution to the problem ❷ *v. vergelijking* resolution ❸ scheik & nat solution

**opluchten** *overg* [luchtte op, h. opgelucht] relieve * *het zal u ~ om te horen dat...* you will be relieved to hear that... * *dat lucht op* that's a relief

**opluchting** *v* relief

**opluisteren** *overg* [luisterde op, h. opgeluisterd] add lustre to, grace * *een feest ~* add lustre to a party

**opmaak** *m* ❶ *v. tekst* layout ❷ *v. gezicht* make-up

**opmaat** *v* [-maten] ❶ muz upbeat ❷ fig initial steps * *de ~ tot een nieuwe politiek* the initial steps towards a new policy approach

**opmaken I** *overg* [maakte op, h. opgemaakt] ❶ *verteren* use up, finish (up), spend, ⟨verkwisten⟩ squander ❷ *gereedmaken* do ⟨sbd's hair⟩, make ⟨a bed⟩, make ⟨one's face⟩, arrange ⟨flowers⟩, trim ⟨a hat⟩ * *een saladeschotel ~* arrange a salad on a platter ❸ drukw lay out ❹ *uitrekenen en op papier zetten* make out * *de boeken ~* do/balance the books * *de kas ~* count up/balance the cash * *de rekening ~* make out the bill ❺ *afleiden* gather * *daaruit kunnen wij ~ dat...* from which we gather that... * *waar maak je dat uit op?* how do you reach that conclusion? ❻ *samenstellen* draw up, compile * *de* *balans* ~ draw up the balance sheet * *een inventaris* ~ do an inventory/a stocktake * *een lijst van deelnemers* ~ compile a list of participants * *een notariële akte* ~ draw up a legal document * *een proces-verbaal* ~ take a statement II *wederk* [maakte op, h. opgemaakt] ❶ *zich voorbereiden* get ready, prepare * *zich* ~ *voor de reis* get ready for the trip ❷ *gezicht* make oneself up, put some make-up on

**opmarcheren** *onoverg* [marcheerde op, is opgemarcheerd] march (on) * *inf dan kun je* ~ you can get lost

**opmars** *m & v* [-en] <u>mil</u> advance, march *(naar* on) * *in* ~ *zijn* be on the advance/increase

**opmerkelijk I** *bn* remarkable, striking, notable II *bijw* remarkably &

**opmerken** *overg* [merkte op, h. opgemerkt] ❶ *waarnemen* notice, note, observe * *door niemand opgemerkt* not noticed by anybody ❷ *zeggen* remark, observe * *mag ik hierbij* ~ *dat...?* may I point out that...? * *wat heeft u daarover op te merken?* what do you have to say to that?

**opmerking** *v* [-en] ❶ *uiting v. een gedachte* remark, observation, comment * *een hatelijke* ~ a snide comment/remark ❷ *het gadeslaan* observation

**opmerkingsgave** *v* power of observation

**opmerkzaam** *bn* attentive, observant * *iem.* ~ *maken op* draw someone's attention to

**opmerkzaamheid** *v* attention, attentiveness

**opmeten** *overg* [mat op, h. opgemeten] measure, ‹v. een perceel› survey

**opmeting** *v* [-en] measurement, ‹v. een perceel› survey

**opmonteren** *overg* [monterde op, h. opgemonterd] cheer up

**opnaaien** *overg* [naaide op, h. opgenaaid] sew on * *iem.* ~ get sbd going, needle sbd * *je moet je niet zo laten* ~ don't let it get to you

**opname** *v* [-n & -s] ❶ *het vastleggen v. geluid/beeld* ‹v. film› filming, shooting, ‹v. muziek› recording ❷ *het vastgelegde* ‹v. film, foto› shot, take, view, ‹v. muziek› recording ❸ *registratie* entry, insertion ❹ *in ziekenhuis* admission, hospitalization ❺ *m.b.t. geld* withdrawal

**opnamestudio** *m* ['s] recording studio

**opnemen** *overg* [nam op, h. opgenomen] ❶ *optillen* lift (up) ‹a weight›, pick up ‹a newspaper, the telephone›, tuck/gather up ‹one's skirts› * *de benen* ~ go for a walk * *een gevallen steek* ~ pick up a dropped stitch * *iem. van de straat* ~ pick sbd off the streets * *wapens* ~ take up weapons ❷ *een plaats geven* take in ‹guests, passengers, asylum seekers›, include ‹in a book, in a course, in the government›, insert ‹a clause› * *er zijn veel Duitse woorden in de taal opgenomen* a lot of German words have been introduced into the language * *in een orde worden opgenomen* be received into an order * *iem.* ~ *in een vennootschap* bring sbd into the partnership * *iem.* ~ *in het ziekenhuis* admit sbd to hospital, hospitalize

sbd * *iets in de krant laten* ~ have sth inserted in the paper ❸ *tot zich nemen* absorb ‹heat, a liquid›, consume * *een spin kan veel voedsel* ~ spiders can consume a lot of food ❹ *laten doordringen* take in * *hij heeft mijn woorden goed in zich opgenomen* he took my words in ❺ *geld* withdraw ❻ *op zich nemen* take on * *hij heeft mijn verdediging opgenomen* he took on the task of defending me * *het* ~ *voor iem.* stand up for sbd * *het kunnen* ~ *tegen iem.* be able to hold one's own against sbd, be a match for sbd ❼ *weghalen* take up, lift * *het vloerkleed* ~ take up/lift the carpet ❽ *opdweilen* mop up * *het water met een spons* ~ sponge the water up ❾ *opmeten* measure (up) * *de temperatuur* ~ take somebody's temperature * *de gasmeter* ~ read the gas meter * *iemands tijd* ~ time somebody ❿ *in kaart brengen* survey * *een bos* ~ survey a forest ⓫ *noteren* take down * *kun je de maten ervan* ~? could you take down the measurements? ⓬ *geluid vastleggen* record * *op de band* ~ record, tape ⓭ *v. beeld* shoot ⓮ *bekijken* observe ‹sbd›, take in ‹the details› * *iem. van top tot teen* ~ look sbd up and down ⓯ *beoordelen, opvatten* take * *iets in* ‹*volle*› *ernst* ~ take sth (very) seriously * *het gemakkelijk* ~ be casual about sth * *hoe zullen zij het* ~? how are they going to take/receive it? * *iets goed/slecht* ~ take sth in good/bad part * *iets hoog* ~ not take kindly to sth, object strongly to * *iets verkeerd* ~ take sth the wrong way ⓰ *weer opvatten* resume * *zijn werk weer* ~ resume one's work * *contact met iem.* ~ get in touch with sbd, contact sbd ⓱ *telefoon beantwoorden* answer * *er wordt niet opgenomen* there's nobody answering

**opnieuw** *bijw* ❶ *vanaf het begin* (once) again, anew * *helemaal* ~ *beginnen* start all over again ❷ *nog eens* (once) again, once more * *iets* ~ *doen* repeat sth

**opnoemen** *overg* [noemde op, h. opgenoemd] name, mention, enumerate * *te veel om op te noemen* too many to mention * *en noem maar op* you name it

**opoe** *v* [-s] granny * *maak dat je* ~ *maar wijs!* pull the other leg!

**opofferen** *overg* [offerde op, h. opgeofferd] sacrifice, offer * *zich* ~ sacrifice oneself

**opoffering** *v* [-en] ~ sacrifice * *zich grote* ~*en getroosten* go to great lengths/expense * *met* ~ *van* at the sacrifice of

**opofferingsgezind** *bn* self-sacrificing, self-denying

**oponthoud** *o* ❶ *vertraging* delay, stoppage ❷ *kort verblijf* stay, stopover

**oppakken** *overg* [pakte op, h. opgepakt] ❶ *opnemen* pick/take up * *iets snel* ~ get the hang of sth quickly ❷ *inrekenen* run in, round/pick up

**oppas** *m-v* [-sen] baby-sitter

**oppassen I** *onoverg* [paste op, h. opgepast] ❶ *voorzichtig zijn* take care, be careful, look out * *opgepast!* watch it! * *pas op, dat u niet valt* mind you don't fall * *je moet voor hem* ~ you have to be

**op**

on your guard against him, you have to be careful of him ❷ *opletten* pay attention ❸ *zich netjes gedragen* behave properly **II** *overg* [paste op, h. opgepast] *verzorgen* take care of, look after

**oppasser** *m* [-s] ⟨v. dierentuin⟩ keeper, ⟨v. museum⟩ attendant, ⟨v. zieke⟩ nurse, ⟨toezichthouder⟩ caretaker, ⟨v. generaal &⟩ batman

**oppeppen** *overg* [pepte op, h. opgepept] pep up

**oppepper** *m* [-s] boost

**opper** *m* [-s] *hooistapel* cock ✴ *in* ∼*s zetten* put in cocks

**opperbest** *bn & bijw* excellent, splendid ✴ *je weet* ∼... you know perfectly well...

**opperbevel** *o* supreme/high command

**opperbevelhebber** *m* [-s] commander-in-chief, supreme commander

**opperen** *overg* [opperde, h. geopperd] *aanvoeren* propose, suggest, put forward, volunteer, advance ✴ *bezwaren* ∼ raise objections

**oppergezag** *o* supreme authority

**opperhoofd** *o* [-en] chief, head

**opperhuid** *v* epidermis

**oppermachtig** *bn* supreme ✴ ∼ *heersen/regeren* reign supreme

**opperst** *bn* uppermost, supreme ✴ *in* ∼*e staat van geluk* supremely happy

**oppervlak** *o* [-ken] surface, area

**oppervlakkig I** *bn* ook fig superficial, shallow **II** *bijw* superficially, on the surface

**oppervlakkigheid** *v* [-heden] superficiality, shallowness

**oppervlakte** *v* [-n & -s] ❶ *boven-, buitenzijde* surface ✴ ook fig *aan de* ∼ *brengen* bring to the surface, raise ❷ *grootte* surface area ✴ *de* ∼ *van een cirkel* the circumference of a circle

**oppervlaktemaat** *v* [-maten] square measure

**oppervlaktewater** *o* surface water

**Opperwezen** *o* Supreme Being

**oppeuzelen** *overg* [peuzelde op, h. opgepeuzeld] munch, nibble

**oppiepen** *overg* [piepte op, h. opgepiept] *oproepen* page

**oppikken** *overg* [pikte op, h. opgepikt] pick up ✴ *iets snel* ∼ pick sth up quickly

**opplakken** *overg* [plakte op, h. opgeplakt] ❶ stick/paste/glue (on/in), ⟨foto⟩ mount ❷ fig stick

**oppleuren** *onoverg* [pleurde op, is opgepleurd] ✴ *ach, pleur op jij!* just beat it, will you!

**oppoetsen** *overg* [poetste op, h. opgepoetst] ❶ clean, polish (up) ❷ fig brush up (on), polish up

**oppompen** *overg* [pompte op, h. opgepompt] ❶ *met lucht* pump up, inflate ❷ *druk opvoeren* raise the pressure ❸ *v. water* pump up

**opponent** *m* [-en] opponent, inf opposition

**opponeren I** *overg* [opponeerde, h. geopponeerd] oppose, be in opposition to **II** *onoverg* [opponeerde, h. geopponeerd] oppose, raise objections

**opporren** *overg* [porde op, h. opgepord] ❶ *vuur*

poke/stir up ❷ fig prod, push, goad

**opportunisme** *o* opportunism

**opportunist** *m* [-en] opportunist

**opportunistisch I** *bn* ❶ opportunist, opportunistic ❷ *pragmatisch* expedient, pragmatic **II** *bijw* ❶ in an opportunistic way ❷ *pragmatisch* expediently, pragmatically

**opportuniteit** *v* opportunity ✴ *om redenen van* ∼ for reasons of expediency

**opportuniteitsbeginsel** *o* jur principle of discretionary powers

**opportuun** *bn* opportune, expedient

**opposant** *m* [-en] ❶ opponent ❷ jur appellant

**oppositie** *v* [-s] ❶ opposition ✴ ∼ *voeren* oppose ❷ jur opposition, objection

**oppositieleider** *m* [-s] leader of the opposition

**oppositiepartij** *v* [-en] opposition party

**oppotten** *overg* [potte op, h. opgepot] save, hoard

**opprikken** *overg* [prikte op, h. opgeprikt] pin/hang up

**oprakelen** *overg* [rakelde op, h. opgerakeld] ❶ *v. vuur* poke up ❷ fig rake/drag up ✴ *rakel dat nu niet weer op* don't bring that up again, let bygones be bygones

**opraken** *onoverg* [raakte op, is opgeraakt] run/get low, run out

**oprapen** *overg* [raapte op, h. opgeraapt] pick/take up, fig adopt ✴ *ze liggen voor het* ∼ they grow on trees

**oprecht I** *bn* ❶ *eerlijk* honest, sincere, genuine ❷ *welgemeend* sincere, heartfelt **II** *bijw* sincerely ✴ ∼ *meevoelen* empathize fully

**oprechtheid** *v* sincerity

**oprekken** *overg* [rekte op, h. opgerekt] stretch ✴ *de wet* ∼ stretch the law

**oprichten** *overg* [richtte op, h. opgericht] ❶ *in de hoogte heffen* raise, set up, erect ✴ *een standbeeld voor iem.* ∼ erect a statue to sbd ✴ *zich* ∼ raise oneself up, sit up, straighten up, rise ⟨to one's feet⟩ ❷ *stichten* set up, start/establish ⟨a business⟩, found ⟨a college⟩, form ⟨a company⟩

**oprichter** *m* [-s] founder

**oprichting** *v* [-en] ❶ *het stichten* establishment, foundation, formation ❷ *het bouwen* erection, raising

**oprichtingskosten** *zn* [mv] preliminary expenses

**oprijden** *overg* [reed op, is opgereden] ❶ ⟨opwaarts⟩ ride up, ⟨auto ook⟩ drive up ❷ *in een bep. richting voortrijden* ride, ⟨auto ook⟩ drive along ✴ *het trottoir* ∼ mount the pavement ✴ ∼ *tegen* drive/crash into

**oprijlaan** *v* [-lanen] drive

**oprijzen** *onoverg* [rees op, is opgerezen] ❶ *omhoog rijzen* rise, rise up ✴ *hoog* ∼*d* towering ❷ *opstaan* rise, get up ❸ *opkomen* arise, come up/back

**oprisping** *v* [-en] ❶ belch, burp ❷ *plotseling idee* fig brain wave

**oprit** *m* [-ten] ❶ *naar snelweg* approach road, Br slip road ❷ *inrit naar garage &* drive

**oproeien** *onoverg* [roeide op, h. en is opgeroeid]
row ∗ *tegen de stroom* ∼row against the stream
**oproep** *m* ❶ *verzoek te verschijnen* summons
❷ *opwekking* call ∗ *een* ∼*om hulp* a call for help ∗ *een*
∼*voor militaire dienst* a draft
**oproepbaar** *bn telefonisch* on call
**oproepcontract** *o* [-en] contract of employment on
a standby basis
**oproepen** *overg* [riep op, h. opgeroepen]
❶ *bijeenroepen* summon, call up, ⟨naam laten
oproepen⟩ page ∗ *als getuige* ∼call to witness ❷ *mil*
call up ∗ ∼*tot de strijd* call to fight ❸ *aansporen* call
on, incite, urge ❹ *v. geesten* conjure up, raise
❺ *v. verleden &* call up, evoke ❻ *veroorzaken* cause,
ask for, raise, excite ❼ *wekken* waken, wake up
**oproepkaart** *v* [-en] ❶ *v. verkiezing* polling card
❷ *v. militaire dienst* draft card
**oproepkracht** *v* [-en] standby worker
**oproer** *o* [-en] ❶ *opstand* revolt, rebellion,
insurrection ∗ ∼*kraaien* raise revolt ∗ ∼*verwekken*
stir up a revolt ❷ *ongeregeldheden* riot(s), civil
disturbance
**oproerig** *bn* rebellious, riotous, ⟨v. geschriften⟩
seditious
**oproerkraaier** *m* [-s] rioter, agitator, ⟨aanstoker⟩
ringleader
**oproerpolitie** *v* riot police
**oprollen** *overg* [rolde op, h. opgerold] ❶ *tot een rol*
*maken* roll up ❷ *aanhouden* round up ∗ *een bende* ∼
round up a gang
**oprotpremie** *v* [-s] ❶ *m.b.t. werknemers* scherts
severance pay ❷ *m.b.t. allochtonen* scherts
repatriation bonus
**oprotten** *onoverg* [rotte op, is opgerot] get lost, vulg
fuck off
**opruien** *overg* [ruide op, h. opgeruid] incite,
provoke, agitate ∗ ∼*tot* incite to ∗ ∼*de artikelen*
seditious articles ∗ ∼*de woorden* inflammatory
words
**opruiing** *v* [-en] incitement, instigation, ⟨tegen de
staat⟩ sedition
**opruimen I** *overg* [ruimde op, h. opgeruimd]
❶ *wegruimen* clear (away), remove ❷ *netjes maken*
tidy ∗ *de kamer* ∼tidy up the room ∗ *de tafel* ∼clear
the table ❸ *uitverkopen* clear (old) stock ∗ *wij gaan* ∼
we're holding a clearance sale ∗ ∼*tegen lage prijzen*
sell off at low prices ❹ *laten afmaken* destroy
**II** *onoverg* [ruimde op, h. opgeruimd] put things
straight ∗ *dat ruimt op!* that feels better!
**opruiming** *v* [-en] *uitverkoop* clearance (sale), sale
∗ fig ∼*houden onder* make a clean sweep of
**opruimingsuitverkoop** *m* [-kopen] clearance sale
**oprukken** *onoverg* [rukte op, is opgerukt] advance
∗ ∼*naar* march/advance on ∗ ∼*tegen*
march/advance against ∗ *je kunt* ∼! hop it!
**opscharrelen** *overg* [scharrelde op, h.
opgescharreld] ferret/dig out, rake up
**opschepen** *overg* [scheepte op, h. opgescheept]
saddle with ∗ *iem. met iets* ∼saddle/land sbd with
sth
**opscheplepel** *m* [-s] serving spoon
**opscheppen I** *overg* [schepte op, h. opgeschept]
❶ *met schep* dig up ❷ *voedsel* dish up, serve out
**II** *onoverg* [schepte op, h. opgeschept] *dik doen*
boast, brag, show off
**opschepper** *m* [-s] braggart, show off
**opschepperig** *bn* boastful
**opschepperij** *v* boasting, bragging, showing off
**opschieten** *onoverg* [schoot op, is opgeschoten]
❶ *voortmaken* push on/ahead ∗ *schiet op!* ⟨haast je⟩
hurry up!, get a move on! ⟨ga weg⟩ hop it!
❷ *vorderen* make headway/progress, get on ∗ *schiet*
*het al op?* how is it getting on? ∗ *wat schiet je ermee*
*op?* where does/will it get you? ∗ *je schiet er niets*
*mee op* it doesn't/won't get you anywhere ❸ *overweg*
*kunnen* get on (with), get along (with) ∗ *goed met*
*iem. kunnen* ∼get on/along well with sbd ❹ *snel*
*opgroeien* shoot up
**opschik** *m* finery, trappings, decoration
**opschikken I** *onoverg* [schikte op, h. opgeschikt]
*opzij gaan* move up, shift up ∗ *schik een beetje op*
move up a little **II** *overg* [schikte op, h. opgeschikt]
*versieren* dress up ∗ *zich* ∼deck oneself out
**opschonen** *overg* [schoonde op, h. opgeschoond]
*schoonmaken* clean, clear out
**opschorten** *overg* [schortte op, h. opgeschort]
❶ *korter maken* tuck up ❷ *uitstellen* put off ∗ *zijn*
*oordeel* ∼suspend his judgement ∗ *een besluit* ∼
postpone a decision ∗ *een vergadering* ∼adjourn a
meeting
**opschorting** *v* [-en] suspension, postponement ∗ jur
∼*van bewaring* suspension of remand in custody
∗ jur ∼*van de tenuitvoerlegging* postponement of
the execution of sentence ∗ ∼*van ouderlijk gezag*
suspension of parental authority
**opschrift** *o* [-en] ❶ *titel* heading ⟨of an article &⟩
❷ *inscription* ⟨on a coin⟩ ❸ *adres* direction ⟨on a
letter⟩
**opschrijfboekje** *o* [-s] notebook
**opschrijven** *overg* [schreef op, h. opgeschreven]
write down, take down ∗ *wilt u het voor mij* ∼? will
you write that down for me?
**opschrikken** *onoverg* [schrok op, is opgeschrokken]
start, startle ∗ *hij schrok op* he started/startled ∗ *iem.*
*doen* ∼startle sbd
**opschroeven** *overg* [schroefde op, h. opgeschroefd]
❶ screw up ❷ fig force/drive up ∗ *opgeschroefde taal*
inflated language
**opschudden** *overg* [schudde op, h. opgeschud]
shake (up)
**opschudding** *v* [-en] *herrie*, *tumult* bustle,
commotion, tumult, upheaval, inf to-do ∗ *in* ∼
*brengen* throw into a turmoil ∗ ∼*veroorzaken* create
a sensation, cause/make a stir
**opschuiven I** *overg* [schoof op, h. opgeschoven]
❶ shift, push up ❷ *uitstellen* postpone, put off

op

**II** *onoverg* [schoof op, is opgeschoven] move up/over ★ *in een hogere rang~* move up a rank

**opslaan I** *overg* [sloeg op, h. opgeslagen] **❶** *in de hoogte slaan* hit up, serve ★ *de bal~* hit the ball/⟨serveren⟩ serve the ball **❷** *omhoog doen* lift up, raise ★ *de motorkap~* lift up/raise the hood ★ *de ogen~* raise the eyes **❸** *openslaan* open ⟨a book⟩, turn up/over ⟨a page⟩ **❹** *opzetten* pitch ⟨camp, a tent⟩ **❺** *prijzen* put ⟨a penny⟩ on, raise ⟨the price⟩, mark up **❻** *inslaan* lay in, store **❼** *in entrepot* store, warehouse **❽** comput file **II** *onoverg* [sloeg op, is opgeslagen] **❶** *omhooggaan* go up, increase, rise ★ *de suiker is 10 cent opgeslagen* sugar has gone up 10 cents **❷** *scharnierend omhooggaan* lift/swing up

**opslag** *m* [-slagen] **❶** *het opslaan* storage **❷** *plaats* depot **❸** *prijs-, loonsverhoging* rise, Am raise **❹** *v. kledingstuk* facing, ⟨v. mouw⟩ cuff **❺** sp serve, service **❻** muz upbeat

**opslagcapaciteit** *v* comput storage capacity

**opslagkosten** *zn* [mv] storage/warehouse charges

**opslagplaats** *v* [-en] (storage) depot, storage facility, warehouse, ⟨v. munitie⟩ dump

**opslagruimte** *v* [-n & -s] storage space

**opslagtank** *m* [-s] storage tank

**opslokken** *overg* [slokte op, h. opgeslokt] **❶** eat up, swallow up/down, gobble up/down **❷** fig eat/swallow up, absorb

**opsluiten I** *overg* [sloot op, h. opgesloten] **❶** *achter slot en grendel brengen* lock/shut up, confine ★ *zich~* shut oneself (in one's room); fig withdraw **❷** fig imply ★ *daarin ligt opgesloten dat...* this implies that... **II** *onoverg* [sloot op, is opgesloten] *aansluiten* mil close ⟨the ranks⟩

**opsluiting** *v* confinement, detention, imprisonment ★ *eenzame~* solitary confinement

**opslurpen** *overg* [slurpte op, h. opgeslurpt], **opslorpen** [slorpte op, h. opgeslorpt] **❶** *oplebberen* lap up **❷** *absorberen* absorb, soak up/in **❸** fig take up, absorb

**opsmuk** *m* finery, frill, trappings

**opsnijden I** *onoverg* [sneed op, h. opgesneden] *opscheppen* brag, show off ★ *~ over* show off/brag about **II** *overg* [sneed op, h. opgesneden] ⟨v. brood⟩ cut/slice up, ⟨v. vlees⟩ carve up

**opsnorren** *overg* [snorde op, h. opgesnord] rake/dig up, ferret out, unearth

**opsnuiven** *overg* [snoof op, h. opgesnoven] sniff (up), inhale, ⟨drugs⟩ snort

**opsodemieteren** *onoverg* [sodemieterde op, is opgesodemieterd] inf bugger off

**opsommen** *overg* [somde op, h. opgesomd] enumerate, list

**opsomming** *v* [-en] enumeration

**opsouperen** *overg* [soupeerde op, h. opgesoupeerd] spend, use up

**opsparen** *overg* [spaarde op, h. opgespaard] save up, put by, accumulate ★ *opgespaarde vrije dagen* accumulated days off

**opspatten** *onoverg* [spatte op, is opgespat] splash

**opspelden** *overg* [speldde op, h. opgespeld] pin on

**opspelen I** *onoverg* [speelde op, h. opgespeeld] *razen* kick up a row/fuss, cut up rough ★ *mijn maag speelt op* my stomach is playing up **II** *overg* [speelde op, h. opgespeeld] kaartsp play first, lead

**opsporen** *overg* [spoorde op, h. opgespoord] trace, track (down), detect

**opsporing** *v* [-en] **❶** tracing, location ★ *~ verzocht* wanted by the police ★ jur*~, arrest, terugbrenging* track down, detain and return **❷** *v. goud & prospecting, exploration*

**opsporingsambtenaar** *m* [-naren] criminal investigator

**opsporingsbericht** *o* [-en] **❶** *aanplakbiljet* wanted notice, ⟨v. vermist persoon⟩ missing persons notice **❷** *op radio, tv &* request for information regarding the whereabouts of..., Am all points bulletin, APB

**opsporingsbevoegdheid** *v* powers of (criminal) investigation

**opsporingsdienst** *m* **❶** *v. misdadigers* investigation department ★ *de fiscale~* (FIOD) the Criminal Investigation Department, CID **❷** *v. mijnen* prospecting department

**opspraak** *v* scandal ★ *hij wilde haar niet in~ brengen* he didn't want to bring her into discredit ★ *in~ komen* be talked about, cause tongues to wag

**opspringen** *onoverg* [sprong op, is opgesprongen] **❶** *v. personen* jump/leap/start up, jump/leap to one's feet ★ *tegen iem.~* jump up at sbd ★ *van vreugde~* leap/jump for joy **❷** *v. bal* bounce **❸** *v. water* spout up

**opspuiten I** *onoverg* [spoot op, h. opgespoten] *water* spout/spurt/squirt (up) **II** *overg* [spoot op, h. opgespoten] **❶** *verf* spray on **❷** *terrein* raise **❸** *snel opzeggen* spout, reel off

**opstaan I** *onoverg* [stond op, is opgestaan] **❶** *alg.* get up, rise ★ *voor iem.~* stand up for sbd **❷** *uit bed* get up ★ *als je hem te pakken wilt nemen, moet je vroeg(er)~* you'll have to be up early to catch him **❸** *uit het graf* rise from the dead **❹** *in verzet komen* rise, rebel, revolt (tegen against) **II** *onoverg* [stond op, h. opgestaan] **❶** *op 't vuur staan* be on the gas ★ *het eten staat op* dinner is on/cooking ★ *het water staat op* the kettle is on **❷** *omhoog staan* stand up ★ *een ~de kraag* a turned up collar

**opstal** *m* [-len] buildings, structures, construction ★ *recht van~* right to erect buildings

**opstalverzekering** *v* [-en] building/house insurance

**opstand** *m* [-en] **❶** *verzet* (up)rising, insurrection, rebellion, revolt ★ *in~ komen tegen iets* revolt against/at sth ★ *in~ zijn* be in revolt **❷** bouwk (vertical) elevation **❸** *v. winkel* fittings and fixtures

**opstandeling** *m* [-en] insurgent, rebel

**opstandig** *bn* insurgent, rebellious, mutinous

**opstanding** *v* resurrection

**opstap** *m* [-pen] **❶** step **❷** *begin v. vooruitgang* fig stepping stone * *een~ naar een betere betrekking* a stepping stone/a leg up to a better job

**opstapelen** *overg* [stapelde op, h. opgestapeld] stack (up), heap/pile up, accumulate * *zich~* accumulate, pile/bank up

**opstapje** *o* [-s] step * *denk aan het~* mind the step, Am watch your step

**opstappen** *onoverg* [stapte op, is opgestapt] ❶ *tram & get on*, step aboard ❷ *fiets* get on, mount ❸ *weggaan* go away, leave, move on, ⟨ontslag nemen⟩ resign

**opstapplaats** *v* [-en] place of departure

**opstarten** *overg* [startte op, h. opgestart] start up, comput *ook* boot

**opstartprocedure** *v* [-s] start procedure

**opsteken** I *overg* [stak op, h, opgestoken] ❶ *in de hoogte* hold up, raise, lift, put up * *stemmen met het ~ der handen* vote by show of hands * *de haren~* put/pin up one's hair * *de oren~* prick up one's ears ❷ *aansteken* light (up) ❸ *openmaken* broach ❹ *leren* learn * *hij zal er niet veel van~* he won't take much of it in II *onoverg* [stak op, is opgestoken] *v. wind* rise

**opsteker** *m* [-s] ❶ *hooivork* pitchfork ❷ *bij sportvissen* bite, nibble ❸ *meevaller* windfall

**opstel** *o* [-len] essay, paper, ⟨op school *ook*⟩ composition * *een~ maken over* write/do an essay & on

**opstellen** I *overg* [stelde op, h. opgesteld] ❶ *overeind zetten* set up, erect ❷ *in elkaar zetten* arrange, place, line up, mount ⟨machinery⟩ ❸ *redigeren* draft, draw up, formulate * *een verdrag~* frame a treaty ❹ mil draw/line up, deploy ❺ sp line up II *wederk* [stelde op, h. opgesteld] ❶ mil form/line up, take up one's position ❷ sp line up ❸ *houding aannemen* take up/adopt a position * *zich hard~* take a hard line on * *zich kwetsbaar~* expose one's vulnerable side

**opsteller** *m* [-s] drafter, draughtsman, author, ⟨v. verdrag⟩ framer

**opstelling** *v* [-en] ❶ *plaatsing* arrangement, position ❷ sp formation, line-up ❸ *standpunt* opinion, point of view

**opstijgen** *onoverg* [steeg op, is opgestegen] ❶ go up, rise, ascend, ⟨te paard⟩ mount * *~!* to horse! ❷ luchtv take off, ruimtevaart lift off

**opstijven** I *overg* [steef op, h. opgesteven] *met stijfsel* starch II *onoverg* [stijfde op, is opgestijfd] *v. jam & set*

**opstoken** *overg* [stookte op, h. opgestookt] ❶ *vuur* poke/stir (up) ❷ *ten einde toe stoken* burn up ❸ *ophitsen* set on, incite, instigate * *de werkers werden tegen elkaar opgestookt* the workers were set against each other

**opstomen** *overg* [stoomde op, is opgestoomd] steam up

**opstootje** *o* [-s] disturbance, riot

**opstopping** *v* [-en] stoppage, blockage, ⟨v. verkeer⟩ congestion, jam

**opstrijken** *overg* [streek op, h. opgestreken] ❶ *gladstrijken* iron ❷ *in de hoogte* roll up ❸ *geld in de zak steken* pocket, rake in * *de winst~* reap the profits

**opstropen** *overg* [stroopte op, h. opgestroopt] turn/roll up * *ook fig de mouwen~* roll up one's sleeves

**opsturen** *overg* [stuurde op, h. opgestuurd] forward, send

**opstuwen** *overg* [stuwde op, h. opgestuwd] ❶ *ophoog* duwen drive/push up ❷ *opstoppen* dam up

**optakelen** *overg* [takelde op, h. opgetakeld] ❶ *met takel* hoist up ❷ scheepv rig up ❸ *opsieren* doll up

**optater** *m* [-s] wallop, thump, clout * *iem. een~ verkopen* give sbd a wallop &

**optekenen** *overg* [tekende op, h. opgetekend] note/write/take down, note, record, register

**optellen** *overg* [telde op, h. opgeteld] add/count/tot (up)

**optelling** *v* [-en] ❶ addition ❷ *optelsom* sum

**optelsom** *v* [-men] sum

**'opteren**[1] *overg* [teerde op, h. opgeteerd] *verbruiken* consume, use up, spend

**op'teren**[2] *onoverg* [opteerde, h. geopteerd] opt * *~ voor* opt for, decide in favour of, choose

**opticien** *m* [-s] optician

**optie** *v* [-s] ook handel option * *in~ geven/hebben* give/have a option on * *een~ nemen op een huis* take an option on a house, have right of first refusal

**optiebeurs** *v* [-beurzen] options exchange/market

**optiecontract** *o* [-en] option contract

**optiek** *v* ❶ *gezichtspunt* slant, angle, point of view ❷ *optische instrumenten* optics ❸ *eigenschappen* optical properties

**optieregeling** *v* [-en] share/stock option scheme

**optillen** *overg* [tilde op, h. opgetild] lift up, raise

**optimaal** *bn* optimal * *de situatie is niet~* it's not an optimal/optimum situation, the situation is not optimal

**optimaliseren** *overg* [optimaliseerde, h. geoptimaliseerd] optimize

**optimisme** *o* optimism

**optimist** *m* [-en] optimist

**optimistisch** *bn* optimistic, sanguine

**optioneel** *bn* optional

**optisch** *bn* optical * *~ bedrog* an optical illusion

**optocht** *m* [-en] procession, parade, ⟨historical⟩ pageant * *in~ trokken wij verder* we continued in procession * *een~ met lampions* a Chinese lantern procession

**optometrie** *v* optometry

**optometrist** *m* [-en] optometrist

**optornen** *onoverg* [tornde op, h. & is opgetornd] battle (with) * *~ tegen onzekerheid* struggle/battle against/with * *~ tegen onzekerheid* struggle with insecurity * *tegen de storm~* struggle against the storm * *tegen de publieke opinie~* go against public opinion

**optreden** I *onoverg* [trad op, is opgetreden] ❶ *als*

**op**

*artiest* perform ✳ *in de hoofdrol* ~act the main role, appear in the main role ❷ *handelen* take action, act ✳ *hij durft niet op te treden* he can't assert himself ✳ *strenger* ~take more rigorous action ✳ ~*als bemiddelaar* act as intermediary/mediator ✳ ~*tegen* take action against ✳ *voor iem.* ~act on behalf of sbd ❸ *plaatshebben* occur, appear ✳ *er treedt een verandering op* a change is taking place **II** *o* [-s] ❶ *op toneel &* appearance ✳ *zijn eerste* ~one's first appearance, one's debut ❷ *handelswijze* approach, action ✳ *een gezamenlijk* ~a joint action ✳ *haar* ~*is theatraal* her manner is theatrical ✳ *het* ~*van de politie werd zwaar onder vuur genomen* the way the police acted was sharply criticized

**optrekje** *o* [-s] pied-à-terre, holiday home, cottage

**optrekken I** *overg* [trok op, h. opgetrokken] ❶ *in de hoogte trekken* pull/draw up, raise ‹wages›, turn up ‹one's nose›, shrug one's ‹shoulders›, hitch up ‹one's trousers›, hoist ‹up the flag› ✳ *zich* ~*aan iem.* follow sbd's example ❷ *bouwen* put up, erect ✳ *het huis is opgetrokken uit hout* the house is built of wood **II** *onoverg* [trok op, is opgetrokken] ❶ techn accelerate ✳ *de auto trekt goed op* the car accelerates well ❷ *omgaan met* tag along with, hang around with ✳ *ze trekken veel samen op* they spend a lot of time together ❸ *marcheren* march, advance

**optrommelen** *overg* [trommelde op, h. opgetrommeld] drum up

**optuigen** *overg* [tuigde op, h. opgetuigd] ❶ *schip* rig ❷ *paard* harness ❸ *versieren* decorate ✳ *zich* ~dress up

**optutten** *overg* [tutte op, h. opgetut] doll/tart up ✳ *zich* ~tart/doll oneself up

**opus** *o* [-sen, opera] opus

**opvallen** *onoverg* [viel op, is opgevallen] attract attention ✳ ~*door zijn...* attract attention because of/on account of his... ✳ *het zal u* ~*dat...* it will strike you that... ✳ *het valt niet op* it's hardly noticeable

**opvallend I** *bn* striking, conspicuous, eye-catching **II** *bijw* strikingly &

**opvang** *m* ❶ relief, emergency measures ❷ *voor kinderen* day care

**opvangcentrum** *o* [-tra & -s] reception/relief centre, Am reception/relief center

**opvangen** *overg* [ving op, h. opgevangen] ❶ *pakken* catch ✳ *water* ~collect water ❷ *in zich opnemen* catch ✳ *een klap* ~ward off/intercept a blow ✳ *stemmen* ~catch the sound of voices, overhear voices ✳ *schokken* ~take up/absorb shocks ✳ RTV *een zender* ~pick up/receive a broadcasting station ❸ *aanpakken* deal/cope with ✳ *moeilijkheden* ~meet problems, deal/cope with problems ❹ *zorgen voor* take care of ✳ *gasten* ~receive visitors

**opvarende** *m-v* [-n] person on board, passenger, ‹bemanningslid› crew member ✳ *de* ~*n* those on board

**opvatten** *overg* [vatte op, h. opgevat] ❶ *opnemen* take/pick up ✳ *de draad van het gesprek weer* ~pick

up the conversation where ‹we› left off ❷ *begrijpen* interpret, take ✳ *de dingen licht* ~make light of things ✳ *iets somber* ~take a gloomy view (of things) ✳ *u moet het niet verkeerd* ~ ‹kwalijk nemen› you mustn't take it the wrong way; ‹verkeerd begrijpen› you mustn't misunderstand me ✳ *het als een belediging* ~take it as an insult ❸ *krijgen* conceive ✳ *haat/liefde* ~conceive a hatred/a passion for ✳ *een plan* ~conceive a plan ❹ *beginnen* start to ✳ *zijn taak weer* ~resume one's job

**opvatting** *v* [-en] view, opinion, outlook ✳ *van* ~*zijn dat* be of the view/opinion that

**opvegen** *overg* [veegde op, h. opgeveegd] sweep (up)

**opveren** *onoverg* [veerde op, is opgeveerd] *rechterop gaan zitten* jump/spring up, leap to one's feet

**opvijzelen** *overg* [vijzelde op, h. opgevijzeld] ❶ *verhogen* jack/level/boost up ✳ *zijn imago* ~boost his image ❷ *overdreven prijzen* praise sbd (to the skies)

**opvissen** *overg* [viste op, h. opgevist] fish up ✳ fig *als ik het kan* ~if I can fish it up/out, if I can dig it up ✳ fig *iem.* ~hunt sbd out

**opvlammen** *onoverg* [vlamde op, is opgevlamd] flame/flare up

**opvliegen** *onoverg* [vloog op, is opgevlogen] ❶ fly up ✳ *de trap* ~fly/dash upstairs ✳ *uit zijn stoel* ~jump/spring/leap to one's feet ❷ *boos worden* fly/flare up, explode ▼ *hij kan* ~*!* he can go to blazes!

**opvliegend** *bn* short-tempered, quick-tempered, irascible

**opvlieging** *v* [-en] hot flush

**opvoedbaar** *bn* ✳ *een moeilijk* ~*kind* a problem child

**opvoeden** *overg* [voedde op, h. opgevoed] ❶ *grootbrengen* bring up, raise, rear ❷ *opleiden* educate, train

**opvoeding** *v* ❶ *het grootbrengen* upbringing ❷ *opleiding* education, training ✳ *lichamelijke* ~physical training

**opvoedingsgesticht** *o* [-en] reform school, Am reformatory, Br Borstal institution

**opvoedkunde** *v* education

**opvoedkundig** *bn & bijw* educational ‹books›, educative ‹value› ✳ ~*gezien kan zakgeld geen kwaad* there's no harm in giving a child pocket money ✳ ~*gezien is het goed om een huisdier te hebben* having a pet is a good training for children

**opvoeren** *overg* [voerde op, h. opgevoerd] ❶ *verhogen* raise, increase, accelerate, step up, lift ✳ *de lonen* ~increase/lift wages ✳ *een motor* ~tune up an engine ❷ *vermeerderen* increase, raise ✳ *hun eisen* ~increase their demands ❸ *ten tonele voeren* put on the stage, perform ❹ *m.b.t. belasting* claim ✳ *een aftrekpost* ~claim a deduction ❺ *als eten geven* feed

**opvoering** *v* [-en] ❶ *v. toneelstuk* performance

**❷**verhoging rise, stepping up, acceleration
**❸**vermeerdering increase, rise
**opvolgen I**overg [volgde op, h. en is opgevolgd]
volgen op succeed, follow *emoties kunnen elkaar
snel ~one emotion can be replaced by another very
quickly *sp de trials moeten elkaar snel ~the trials
should follow in quick succession *hij is/heeft zijn
vader opgevolgd he stepped into his father's shoes
**II**overg [volgde op, h. opgevolgd] uitvoeren obey ‹a
command›, act upon, follow ‹advice›, observe,
comply with ‹the rules›
**opvolger**m [-s] successor *benoemd als ~van zijn
vader appointed as his father's successor
**opvolging**v [-en] **❶**succession *een ~van
gebeurtenissen a sequence of events **❷**inachtneming
observation/observance (of), compliance (with)
**opvorderbaar**bn payable *handel direct ~payable
on demand
**opvorderen**overg [vorderde op, h. opgevorderd]
claim, demand
**opvouwbaar**bn fold-up ‹music stand›, collapsible
‹boat›, folding ‹bicycle›
**opvouwen**overg [vouwde op, h. opgevouwen] fold
up
**opvragen**overg [vroeg op, h. opgevraagd]
**❶**opnemen withdraw *geld van een bank ~
withdraw money from a bank **❷**opzoeken retrieve
*gegevens ~uit een computer retrieve data from a
computer **❸**terugvragen claim (back), reclaim, ask
for sth back **❹**overhoren ZN test
**opvreten**overg [vrat op, h. opgevreten] devour, eat
up *dat kind is om op te vreten that child is adorable
*zich ~be consumed with anxiety
**opvriezen**onoverg [vroor op, h. en is opgevroren]
freeze up *een opgevroren wegdek a frozen road
surface
**opvrijen**overg [vrijde of vree op, h. opgevrijd of
opgevreeën] *iem. ~excite/arouse sbd, turn sbd
on
**opvrolijken**overg [vrolijkte op, h. opgevrolijkt]
brighten/cheer (up)
**opvullen**overg [vulde op, h. opgevuld] **❶**fill (up) *de
leemte ~fill the gap **❷**kussen fill, stuff, pad
**opvulling**v [-en] filling, stuffing, padding
**opwaaien I**onoverg [waaide/woei op, is opgewaaid]
be blown up, waft up, ‹v. water› be whipped up
*veel stof doen ~kick up dust, create a lot of dust
**II**overg [waaide/woei op, h. opgewaaid] blow up
**opwaarderen**overg [waardeerde op, h.
opgewaardeerd] revalue, upgrade
**opwaardering**v [-en] revaluation, upgrading
**opwaarts I**bn upward *een ~e beweging an upward
movement *~e druk upward pressure *in ~e lijn in
an upward direction **II**bijw upward(s)
**opwachten**overg [wachtte op, h. opgewacht] wait
for, ‹om te overvallen› waylay, lie in wait for
**opwachting**v *zijn ~maken bij iem. pay one's
respects to sbd, pay a call on sbd

**opwarmen I**overg [warmde op, h. opgewarmd]
**❶**warm/heat up *sp zich ~warm up **❷**opwinden
turn on **❸**inspireren arouse, inspire *iem. voor iets
~arouse sbd's enthusiasm for sth **II**onoverg
[warmde op, is opgewarmd] warm up
**opwarmertje**o [-s] warm-up
**opwegen**onoverg [woog op, h. opgewogen] *~
tegen (counter)balance, offset *de voor- en nadelen
wegen tegen elkaar op the advantages and
disadvantages cancel each other out
**opwekken**overg [wekte op, h. opgewekt] **❶**uit de
slaap wake up **❷**uit de dood resuscitate, revive
**❸**teweegbrengen awake, rouse, stir up **❹**doen
ontstaan generate, create *elektriciteit ~generate
electricity **❺**op gang brengen excite, stimulate,
provoke, spark off *begeerte ~arouse desire
**❻**opvrolijken cheer up **❼**aansporen incite, spur on
*iem. tot iets ~incite sbd to something
**opwekkend**bn **❶**opvrolijkend cheerful, bright,
heartening **❷**prikkelend exciting, stimulating *een
~middel a tonic, a stimulant
**opwekking**v [-en] **❶**uit dood resuscitation, bijbel
resurrection, raising ‹of Lazarus› **❷**het
teweegbrengen stimulation **❸**doen ontstaan
generation ‹of electricity› **❹**bemoediging cheering
up, encouragement **❺**aansporing encouragement,
incitement
**opwellen**onoverg [welde op, is opgeweld]
well/surge up *~de tranen welling tears
**opwelling**v [-en] burst, outburst, impulse *in een ~
on impulse *in de eerste ~on first impulse *in een
~besloot ik me aan te melden I decided to apply on
the spur of the moment *in een ~van nostalgie on a
sentimental impulse *een ~van drift a burst of
anger *een ~van vreugde an outburst of joy
**opwerken I**overg [werkte op, h. opgewerkt] **❶**naar
boven brengen work/lift/bring up **❷**af-, bijwerken
do/touch up, refurbish **❸**v. splijtstof reprocess,
recycle **II**wederk [werkte op, h. opgewerkt] *zich ~
work one's way up, climb the ladder *zich ~tot de
vijfde plaats work one's/its way into fifth place
**opwerkingsfabriek**v [-en] reprocessing/recycling
plant
**opwerpen I**overg [wierp op, h. opgeworpen]
**❶**omhoog throw/toss up **❷**opperen raise *een vraag
~raise a question **❸**aanleggen erect, put up
*barricades ~erect/put up barricades **II**wederk
[wierp op, h. opgeworpen] *zich ~als... put oneself
forward as..
**opwinden**overg [wond op, h. opgewonden] **❶**wind
up **❷**fig wind up, excite, arouse *zich ~get wound
up/excited, get worked up
**opwindend**bn **❶**exciting, thrilling **❷**geil makend
sexy, arousing
**opwinding**v **❶**winding up **❷**fig excitement,
agitation, tension
**opzadelen**overg [zadelde op, h. opgezadeld] saddle
*iem. met een lastig klusje ~saddle sbd (up) with a

**op**

difficult job

**opzeggen** *overg* [zei *of* zegde op, h. opgezegd]
❶ *voordragen* read out, recite ⟨a poem⟩ ＊ *iets uit het hoofd* ~ say sth by heart ❷ *intrekken* cancel ⟨a subscription⟩, discontinue ⟨one's membership⟩, resign ⟨from one's job⟩, terminate ⟨a contract⟩, revoke ⟨a treaty⟩, recall ⟨a loan⟩ ＊ *de huur* ~ ⟨door verhuurder⟩ give notice (to quit); ⟨door huurder⟩ give notice (of leaving) ＊ *iem. de dienst* ~ give sbd notice ＊ *iem. de vriendschap* ~ end the friendship

**opzegging** *v* [-en] ⟨v. contract, abonnement⟩ cancellation, termination, ⟨v. betrekking &⟩ resignation, ⟨v. verdrag⟩ revocation, ⟨v. huur⟩ notice ＊ *met twee maanden* ~ at two months' notice

**opzeggingstermijn, opzegtermijn** *m* [-en] term/period of notice ＊ *een maand* ~ a months' notice ＊ *een redelijke* ~ in acht nemen give due notice

**opzet** I *o plan* design, intention ＊ *met* ~ on purpose, purposely, intentionally, deliberately ＊ *met boze* ~ with malice aforethought ＊ *zonder* ~ unintentionally, accidentally II *m* [-ten] ❶ *ontwerp* design, layout, plan, ⟨plan⟩ idea ＊ *de* ~ *van het boek* the book's structure ＊ *doel* intention, purpose, aim

**opzettelijk** I *bn* intentional, wilful, deliberate ＊ *een* ~*e leugen* a deliberate lie II *bijw* intentionally &

**opzetten** I *overg* [zette op, h. opgezet] ❶ *op iets plaatsen* put on ⟨a hat, a record, one's glasses⟩ ＊ *op het vuur zetten* put on the fire ❷ *overeind* place/put upright, put/set up, ⟨v. tent⟩ erect, put up, pitch, ⟨v. kraag⟩ turn up ❸ *prepareren* stuff ❹ *oprichten* set up, establish, start ＊ ⟨van plan⟩ *breed opgezet* broadly planned ❺ *breiwerk* cast on ❻ *ophitsen* set against ＊ *de mensen tegen elkaar* ~ set/pit people against each other ❼ *op het spel zetten* stake ❽ *spannen* brace ⟨one's muscles⟩ ❾ *openspannen* put up, open ⟨an umbrella⟩ ▼ *mil de bajonet(ten)* ~ fix bayonets ▼ *een snaar* ~ put on a string ▼ *hij zette een keel op* he started yelling ▼ *hij zette grote ogen op* his eyes nearly popped out of his head ▼ *zet 'm op!* good luck! II *onoverg* [zette op, is opgezet] ❶ *zwellen* swell ＊ *een opgezet oog* a swollen eye ❷ *eraan komen* ⟨v. onweer⟩ brew, ⟨v. ziekte⟩ develop, ⟨v. tij, koorts⟩ rise, ⟨v. regen⟩ set in, ⟨v. wolken⟩ gather, ⟨v. personen⟩ show/turn up ＊ *er komt een onweer* ~ there's a storm brewing/blowing up

**opzicht** *o* [-en] ❶ *oogpunt* respect ＊ *in ieder* ~ in every respect ＊ *in alle* ~*en* in every way ＊ *in dit* ~ in this respect ＊ *in financieel* ~ financially ＊ *in zeker* ~ in a way ＊ *ten* ~*e van* with respect/regard to ❷ *toezicht* supervision ＊ *onder het* ~ *van iem. staan* be under sbd's supervision

**opzichter** *m* [-s] overseer, superintendent, ⟨op bouwterrein⟩ supervisor, foreman

**opzichtig** I *bn* ❶ *v. kleding, kleuren* showy, gaudy, garish, flashy, loud ❷ *v. daden* blatant, overt, obtrusive II *bijw* ❶ showily & ＊ ~ *gekleed* showily & dressed ❷ *v. daden* blatantly & ＊ *probeer niet te* ~ *te*

*werken* try not to attract too much attention as you work, try to be unobtrusive as you work

**opzichzelfstaand** *bn* isolated

**opzien** I *onoverg* [zag op, h. opgezien] look up ＊ *tegen iem.* ~ think highly of sbd ＊ *tegen iets* ~ shrink from sth ＊ *ik zie er tegen op* I'm not looking forward to it ＊ *tegen geen moeite* ~ not think anything too much trouble ＊ *daar zal hij vreemd van* ~ that'll make him sit up II *o* surprise ＊ ~ *baren* make/cause/create a sensation/a stir

**opzienbarend** *bn* sensational, spectacular, stunning

**opziener** *m* [-s] supervisor, inspector

**opzij** *bijw* aside ＊ ~ *duwen* push/brush aside ＊ ~ *gaan voor* make way for ＊ *niet voor...* ~ *gaan* not give way to...; *fig* not yield to... ＊ ~ *schuiven* shove to one side, set aside ＊ ~ *zetten* put aside; *fig* brush away ＊ *bezwaren/problemen* ~ *zetten* shelve the objections/problems ＊ ~*!* away! out of my way! ＊ *met een degen* ~ a sword by one's side ＊ ~ *van het huis* at/on one side of the house ＊ *een foto van* ~ *nemen* take a photo side on

**opzijleggen** *overg* [legd opzij, h. opzijgelegd] put aside ＊ *geld* ~ put some money aside

**opzitten** *overg* [zat op, h. opgezeten] ❶ *overeind zitten* sit up(right) ＊ ⟨tegen hond⟩ ~*!* sit! ❷ *te paard* mount ❸ *opblijven* stay/sit up ▼ *het zit erop* that's it ▼ *zijn werk zit erop* his work is finished ▼ *er zit niets anders op dan...* there's no other option than to...

**opzoeken** *overg* [zocht op, h. opgezocht] ❶ *zoeken* look up, find ＊ *een woord* ~ look up a word ❷ *op zoek gaan naar* seek out ＊ *moeilijkheden* ~ go looking for trouble ❸ *zich verplaatsen naar* seek ＊ *zijn kamer (weer)* ~ go (back) to his room ＊ *de schaduw* ~ move into the shadow ❹ *bezoeken* look ⟨sbd⟩ up

**opzouten** *overg* [zoutte op, h. opgezouten] ❶ salt, pickle ❷ *fig* keep in store

**opzuigen** *overg* [zoog op, h. opgezogen] suck (up), absorb, ⟨met stofzuiger⟩ vacuum ＊ *fig alles in zich* ~ take everything in, soak everything up

**opzuipen** *overg* [zoop op, h. opgezopen] *opdrinken* throw away/squander on drink ＊ *hij heeft al ons geld opgezopen* he's spent all our money on grog

**opzwellen** *onoverg* [zwol op, is opgezwollen] ❶ swell, bulge, balloon ＊ *een opgezwollen knie* a swollen/thick knee ＊ ~ *van boosheid* fill with anger ＊ ~ *van trots* swell with pride ❷ *v. rivier &* swell, rise

**opzwepen** *overg* [zweepte op, h. opgezweept] ❶ whip up ❷ *fig* stir up

**oraal** I *bn* oral, verbal II *bijw* orally, verbally ＊ ~ *innemen* to be taken orally

**orakel** *o* [-s & -en] oracle ＊ *het* ~ *van Delphi* the oracle of Delphi, the Delphic oracle ＊ *spreekwoorden als* ~*s* proverbs as gospel (truth)

**orakelen** *onoverg* [orakelde, h. georakeld] prognosticate, prophesy II *overg* [orakelde, h. georakeld] ❶ *voorspellen* prophesy ❷ *scherts* pontificate on

**orangist** *m* [-en] ❶ *Oranjeaanhanger in Nederland* supporter of the House of Orange, Orang(e)ist ❷ *in Noord-Ierland* Orangeman

**orang-oetan, orang-oetang** *m* [-s] orang-utan

**Oranje I** *o* ❶ *vorstenhuis* House of Orange ❷ *sportploeg* the Dutch team **II** *m* [-s] *lid v. vorstenhuis* member of the Royal Family, member of the House of Orange

**oranje** *bn & o* orange, ⟨verkeerslicht⟩ amber

**oranjebloesem** *m* [-s] orange blossom

**Oranjegezind** *bn* supporter of the House of Orange, Orang(e)ist

**Oranjehuis** *o* House of Orange

**Oranjeklant** *m* [-en] Orang(e)ist

**oranjerie** *v* [-rieën & -s] orangery

**oratie** *v* [-s] ✶ *een inaugurele* ∼an inaugural speech/address

**oratorisch** *bn* rhetorical

**oratorium** *o* [-ria & -s] oratorio

**orbitaal** *bn* orbital

**orchidee** *v* [-deeën] orchid

**orde** *v* [-n & -s] ❶ *maatschappelijke orde* order ✶ *de openbare* ∼the public order ✶ *de gevestigde* ∼the establishment ❷ *rustige toestand* order ✶ *hij kan geen* ∼*houden* he can't keep any order/discipline ✶ *als jullie (helemaal) op* ∼*zijn* when you've all settled down ❸ *goede staat* order ✶ *in* ∼*!* all right! okay! ✶ *in* ∼*brengen/maken* put/set right ✶ *het zal wel in* ∼ *komen* it's sure to turn out all right ✶ *het is nu in* ∼ it's all right now ✶ *het is niet in* ∼ it's not all right, it's not as it should be ✶ *ik ben niet goed in* ∼I don't feel very well ✶ *we hebben uw brief in goede* ∼*ontvangen* we acknowledge receipt of your letter ❹ *geordende staat* order ✶ ∼*scheppen in de chaos* create order out of chaos ✶ ∼*op zaken stellen* put one's affairs straight, settle one's affairs, set one's house in order ❺ *volgorde* order ✶ *aan de* ∼*komen* come up for discussion ✶ *aan de* ∼*stellen* put up for discussion ✶ *aan de* ∼*zijn* be under discussion ✶ *aan de* ∼*van de dag zijn* be the order of the day ✶ *tot de* ∼*van de dag overgaan* go on to/pass to the order of the day ✶ *dat onderwerp is niet aan de* ∼that matter is not under discussion ✶ *buiten de* ∼out of order ✶ *iem. tot de* ∼*roepen* call sbd to order, call sbd into line ✶ *voor de goede* ∼for the record ❻ *klasse* order ✶ *in die* ∼*van grootte* in that order of magnitude ❼ *vereniging* order ✶ *de Nederlandse Orde van Advocaten* the Dutch/Netherlands Bar Association ❽ *rel* order ✶ *de* ∼*van Dominicanen* the Dominican Order ❾ *biol* order ✶ *de* ∼*van de roofdieren* the predators ❿ *onderscheiding* order

**ordedienst** *m* [-en] *bij betogingen &* marshals

**ordehandhaving** *v* law enforcement

**ordelijk I** *bn* orderly ✶ *een* ∼*huishouden* an orderly household ✶ *een* ∼*man* a tidy man **II** *bijw* in good order ✶ *alles verliep heel* ∼everything went/ran smoothly

**ordeloos** *bn* disorderly

**ordenen** *overg* [ordende, h. geordend] ❶ *in orde schikken* order, sort out, arrange, organize, collect ⟨one's thoughts⟩, marshal ⟨facts⟩, classify ⟨data⟩ ❷ *regelen* arrange, organize, regulate ⟨industry⟩, plan ⟨economy⟩ ❸ *kerkelijk ambt* ordain

**ordening** *v* [-en] ❶ *rangschikking* arrangement, organization ❷ *regeling* arrangement, regulation, structuring, planning ✶ *ruimtelijke* ∼town and country planning ❸ *kerkelijk ambt* ordination

**ordentelijk** *bn* ❶ *fatsoenlijk* respectable, decent ❷ *redelijk* reasonable, fair

**order** *v & o* [-s] ❶ *bevel* order, command ✶ *op* ∼*van...* by order of... ✶ *tot uw* ∼*s* at your service ✶ *tot nader* ∼until further notice/orders ❷ *handel* order ✶ *een lopende* ∼an unfilled order ✶ ∼*s binnenhalen* win orders ✶ *een* ∼*opgeven/plaatsen bij* place an order with ✶ ∼*s verwerven* secure orders

**orderbevestiging** *v* [-en] order confirmation

**orderbriefje** *o* [-s] promissory note

**orderportefeuille** *m* [-s] order book

**orderverwerking** *v* order processing

**ordeteken** *o* [-s & -en] badge, insignia

**ordeverstoorder** *m* [-s] ❶ *jur* disturber of the peace ❷ *herrieschopper* hooligan

**ordeverstoring** *v* [-en] breach/disturbance of the peace

**ordinair** *bn* ❶ *gewoon* ordinary, normal, average ❷ *vulgair* low, vulgar, common ✶ *een* ∼*e vent* a coarse fellow

**ordinantie** *v* [-s] regulation, ordinance

**ordner** *m* [-s] file, ⟨ringbandmap⟩ ring binder, ⟨2- of 4-ringsband⟩ lever-arch file

**ordonnans** *m* [-en] orderly

**oregano** *m* oregano

**oreren** *onoverg* [oreerde, h. georeerd] ❶ *declaim*, hold forth, *inf* orate ❷ *kletsen* preach

**orgaan** *o* [-ganen] ❶ *in lichaam* organ ❷ *instelling* body ❸ *spreekbuis* representative, spokesman

**orgaandonatie** *v* [-s] organ donation

**organiek** *bn* organic ✶ *in* ∼*verband* organically

**organisatie** *v* [-s] organization ✶ *de rechterlijke* ∼the judicial system

**organisatieadviseur** *m* [-s] management adviser

**organisatiedeskundige** *m-v* [-n] management consultant

**organisatiestructuur** *v* [-turen] organizational structure

**organisator** *m* [-toren & -s] organizer

**organisatorisch** *bn* organizational ✶ *zijn* ∼*e kwaliteiten zijn onder de maat* his powers of organization are poor

**organisch I** *bn* organic **II** *bijw* organically

**organiseren** *overg* [organiseerde, h. georganiseerd] ❶ *organize*, arrange ✶ *zich* ∼get organized ❷ *jatten* nick, pinch

**organisme** *o* [-n & -s] ❶ *organism* ❷ *instelling* ZN institution, organization

or

**organist***m* [-en] organist
**organizer***m* [-s] organizer
**organogram organigram***o* [-men] ❶organization chart ❷biol organography
**orgasme***o* [-n & -s] orgasm, climax
**orgastisch***bn* orgasmic
**orgel***o* [-s] organ ∗*~draaien* grind an organ ∗*een elektronisch ~*an electric/electronic organ
**orgelbouwer***m* [-s] organ builder
**orgelconcert***o* [-en] ❶*uitvoering* organ recital ❷*muziekstuk* organ concerto
**orgelman***m* [-nen] organ grinder
**orgelpijp***v* [-en] organ pipe
**orgie***v* [-gieën] ❶*feest* orgy ❷fig riot ∗*een ~van kleuren* a riot of colours
**Oriënt***m* Orient
**oriëntaals***bn* oriental
**oriëntalist***m* [-en] orientalist
**oriëntatie***v* orientation
**oriënteren***wederk* [oriënteerde, h. georiënteerd] ❶orientate ∗*zich ~*get one's bearings ∗*hij kon zich niet meer ~*he couldn't get his bearings ∗*internationaal/links & georiënteerd* internationally/left- & minded ❷*zich informeren* look around ∗*zich op een studie ~*familiarize oneself with the course requirements
**oriëntering***v* orientation ∗*te uwer ~*for your information
**oriënteringsvermogen***o* sense of direction
**originaliteit***v* originality
**origine***v* origin
**origineel** I*bn* original II*o & m* [-nelen] original
**Orion***m* astron Orion
**orka***m* ['s] orca, killer whale
**orkaan***m* [-kanen] hurricane
**orkaankracht***v* hurricane force
**orkest***o* [-en] orchestra, ⟨klein⟩ band
**orkestbak***m* [-ken] orchestra pit
**orkestleider, orkestmeester***m* [-s] conductor, Am ook concert master
**orkestraal***bn* orchestral
**orkestratie***v* [-s] orchestration
**orkestreren***overg* [orkestreerde, h. georkestreerd] orchestrate
**ornaat***o* robes of office, regalia, ⟨v. geestelijke⟩ vestment(s) ∗*in vol ~*in full regalia; scherts dressed up to the nines
**ornament***o* [-en] ❶ornament ❷muz ornament(s)
**ornithologie***v* ornithology
**ornithologisch***bn* ornithological
**ornitholoog***m* [-logen] ornithologist
**orthodontie***v* orthodontics
**orthodontist***m* [-en] orthodontist
**orthodox***bn* orthodox
**orthopedagogie***v* ± remedial/special education
**orthopedagogiek***v* remedial education
**orthopedie***v* orthop(a)edics
**orthopedisch***bn* orthop(a)edic

**orthopedist***m* [-en] orthop(a)edist
**OS***afk* (Olympische Spelen) Olympic Games, the Olympics
**os***m* [-sen] ox, bullock ∗*slapen als een ~*sleep like a log
**oscillator***m* [-en, -s] oscillator
**oscilloscoop***m* [-scopen] oscilloscope
**osmose***v* osmosis
**ossenhaas***m* [-hazen] fillet of sirloin, tenderloin
**ossenkopstuur***o* [-sturen] triathlon handlebars
**ossenstaartsoep***v* oxtail soup
**ossentong***v* [-en] ook plantk ox tongue
**ostentatief** I*bn* ostentatious II*bijw* ostentatiously
**osteoporose***v* osteoporosis
**otter***m* [-s] otter
**Ottomaans***bn* Ottoman
**oublie***v* [-s &-blieën] rolled wafer
**oubollig***bn* dated, passé
**oud***bn* ❶*in leeftijd* old ∗*hoe ~is hij?* how old is he?; ⟨beleefd⟩ what is his age? ∗*hij is twintig jaar ~*he's twenty (years) old, he's twenty years of age ∗*we zijn net even ~*we're exactly the same age ∗*toen ik zo ~ was als jij* when I was your age ∗*er zo ~uitzien als men is* look one's age ❷*bejaard* old, aged ∗*een ~e zondaar* a hardened sinner ∗*jong en ~*young and old ∗*goud maakt je ~*gold puts years onto you, gold makes you look old ∗*mijn vader wordt ~*my father's getting on in years ∗*hij zal niet ~worden* he won't live to be old ∗*zo ~als de weg naar Rome* as old as Adam/as the hills ❸*niet nieuw* old ∗∗*~brood* stale bread ∗*een ~e firma* an old-established firm ∗∗*~ ijzer* scrap iron ∗*~nieuws* stale/out-of-date/outdated news, inf ancient history ∗*~e kaas* ripe cheese ∗*een ~nummer* a back number ∗*~papier* waste paper ❹*v.d. oude tijd* antique ⟨furniture⟩, ancient ⟨history, Rome⟩, classical ∗*de ~e schrijvers* the writers of the classics ∗*de ~e Grieken* the ancient Greeks ∗*~e tijden* olden times ❺*zoals het vroeger was* old, former ∗*hij is weer helemaal de ~*he's his old self again, he's back to normal ❻*van oudsher* old, of long standing ∗*~e vrienden* old friends, friends of long standing ▾*met Oud en Nieuw* on New Year's Eve

**oud-***voorv* former, late, ex-, retired
**oudbakken***bn* stale ∗*~ideeën* old-fashioned ideas ∗*~kost* old hat
**oude** I*m-v* [-n] old ∗*de Ouden* the Ancients ∗*de ~n van dagen* elderly people ∗*hij is nog altijd de ~*he's still the same as ever ∗*zo de ~n zongen, piepen de jongen* children behave as their parents do II*o* ∗*alles blijft bij het ~*everything remains the same
**oudedagsvoorziening***v* [-en] old-age

**provisions/benefits/pension**

**oudejaar, oudjaar**o New Year's Eve

**oudejaarsavond**m [-en] New Year's Eve

**oudejaarsnacht**m [-en] New Year's Eve

**ouder I**bn elder *hij is twee jaar ~he is my elder by two years, he's older than me by two years *een ~e broer an elder brother *hoe ~hoe gekker there's no fool like an old fool **II**m [-s] parent *~s parents *van ~op kind from generation to generation

**ouderavond**m [-en] parents' evening

**oudercommissie**v [-s] ❶zonder leerkrachten parents' committee ❷met leerkrachten ± PTA, parent-teacher association

**ouderdom**m ❶age, old age *een hoge ~a great age *in de gezegende ~van... at the ripe old age of... *van ~sterven die of old age *de ~komt met gebreken age brings infirmity ❷oude lieden old people/folk

**ouderdomskwaal**v [-kwalen] geriatric complaint

**ouderdomsverschijnsel**o [-en & -s] symptom of old age

**ouderejaars**m-v senior student

**ouderen**zn [mv] elderly people

**ouderenbeleid**o policy in relation to the elderly, old-age policy

**ouderenzorg**m & v care of the elderly

**ouderliefde**v parental love

**ouderlijk**bn parental *het ~huis the parental home

**ouderling**m [-en] ❶v. kerkenraad elder ❷bejaarde ZN senior citizen

**ouderloos**bn parentless

**ouderraad**m [-raden] v. school parents' council

**ouders**zn [mv] parents

**ouderschapsverlof**o parental leave

**ouderwets I**bn old-fashioned, afkeurend outmoded *~vakmanschap (good) old-fashioned craftsmanship **II**bijw in an old-fashioned way

**oudewijvenpraat**m old wives' tale *~jes gossip

**oudgediende**m-v [-n] ❶ex-serviceman, veteran ❷deskundige old hand, veteran

**Oudgrieks**o ancient Greek

**oudheid**v [-heden] antiquity *de Griekse ~ancient Greece *Griekse oudheden Greek antiquities *een koopman in oudheden an antique dealer

**oudheidkamer**v [-s] antiquities room

**oudheidkunde**v archaeology, Am archeology

**oudheidkundig**bn archaeological, Am archeological

**oudheidkundige**m-v [-n] archaeologist, Am archeologist

**oudje**o [-s] ❶old person, ‹man› old man/fellow, ‹vrouw› old woman/girl *de ~s the old folks ❷oud voorwerp antique, museum piece

**oud-leerling**m [-en] ex-pupil, former pupil

**oudoom**m [-s] great-uncle

**oudsher**bijw long ago *van ~of old, from time immemorial

**oudst**bn oldest, eldest *de ~e boeken the oldest books *zijn ~e broer his eldest brother *de ~e vennoot the senior partner

**oudste**m-v [-n] ❶eldest ❷eerstgeborene eldest ❸v. rang most senior, person in charge, person responsible

**oudtante**v [-s] great-aunt

**oudtestamentisch**bn (of the) Old Testament

**outcast**m [-s] outcast

**outfit**m [-s] outfit

**outillage**v equipment, ‹werktuigen› machinery

**outplacement**m outplacement

**output**m comput output

**outsider**m [-s] outsider

**ouverture**v [-s] muz overture

**ouvreuse**v [-s] usherette

**ouwe**m [-n] ❶baas boss ❷vader old man

**ouweheer**m [-heren] inf old man *mijn ~my old man

**ouwehoer**m-v [-en] inf windbag, gasbag, hot air artist, vulg bullshitter

**ouwehoeren**onoverg [ouwehoerde, h. geouwehoerd] blabber/go on, vulg bullshit, crap on

**ouwel**m [-s] ❶cul rice paper ❷RK communion wafer

**ouwelijk**bn & bijw oldish, elderly *soms gebruiken kinderen ~e taal children sometimes use language way beyond their years *dat maakt zo ~that's very ageing *zij ziet er ~uit she looks quite elderly

**ouweluitjes**o [mv] old folks

**ovaal I**bn oval **II**o [ovalen] oval

**ovatie**v [-s] ovation *een ~brengen/krijgen give/get an ovation

**oven**m [-s] oven, ‹voor keramiek, kalk &› kiln *het lijkt hier wel een ~it's like an oven/a furnace in here

**ovenschaal**v [-schalen] baking dish

**ovenschotel**m & v [-s] oven dish

**ovenvast**bn heat-resistant, oven-proof

**ovenwant**v [-en] oven glove

**over I**voorz ❶boven over, above *hij boog zich ~het slachtoffer he leaned over the victim ❷langs along *~de straat lopen walk along/up/down the street *het bloed stroomde ~zijn hemd blood ran down his shirt ❸over...heen over, across *dwars ~de weg right across the road *het water stroomt ~de weg the water is flowing over the road *hij heeft iets ~zich there's something about him *~de hele wereld all over the world *de gemeenteraad bestaat uit 33 mensen verdeeld ~10 partijen the council consists of 33 people divided into 10 parties ❹overheen over *~zijn hemd droeg hij een trui he wore a jumper over his shirt ❺aan de overzijde van across, over, beyond *~de rivier ligt de Betuwe the Betuwe lies beyond the river ❻méér dan above, upwards of, over, past *~de 50 euro more than/upwards of/over 50 euros *~de helft more than half *hij is ~de vijftig he's past/over fifty ❼via by way of, via *wij reizen ~Brussel we're going via Brussels *dergelijke

ov

dingen moet je niet ~*de telefoon bespreken* things like this shouldn't be discussed telephonically/via the telephone ❽*na* after, in ✳~*een dag of acht* in/after a week or so ✳*zondag* ~*acht dagen* Sunday week ✳~ *een maand/een paar jaar* a month/a few years from now ✳*het is al* ~*vieren* it's past four already ❾*aangaande* on, about ✳*een boek* ~*Afrika* a book on/about Africa ✳*spreek er niet* ~don't talk about it ✳*er is onenigheid* ~*de rekening* there's a difference of opinion about the bill ❿*tegenover* ZN opposite **II** *bn voorbij* finished, over ✳*mijn hoofdpijn is* ~my headache's finished/over **III** *bijw* ❶*van de ene plaats naar de andere* across, over ✳<u>onderw</u> *hij is* ~he's moved up ✳*de scheldwoorden vliegen* ~*en weer* there is swearing on both sides ✳*geheimhouding* ~ *en weer* mutual secrecy ✳*bezoeken* ~*en weer* reciprocal visits ❷*resterend* over, left ✳*ik heb er één* ~I've got one left ✳*als er genoeg tijd* ~*is* if there's enough time left ❸*extra* spare ✳*bewijzen te* ~ plenty of evidence, evidence to spare

**overactief** *bn* hyperactive

**overal** *bijw* everywhere ✳~*heen* all over the place ✳~*in de wereld* all over the world, world-wide ✳ *in geïnteresseerd* interested in everything ✳~*waar* wherever ✳*hij weet* ~*van* he knows (about) everything

> **overal**
> wordt vertaald als everywhere, niet als overall.
> Overall betekent totaal, algemeen.

**overall** *m* [-s] overalls, boiler suit

**overbekend** *bn* widely known, notorious ✳*een* ~ *begrip* a household word

**overbelast** *bn* ❶*m.b.t. voertuigen &* overloaded, overburdened ❷*m.b.t. systemen, personen* overburdened, overtaxed, overworked

**overbelasten** *overg* [overbelastte, h. overbelast] ❶*v. personen, systemen &* overload, overburden, overtax, overwork ❷<u>techn</u> overload ❸*belastingen* overtax

**overbelicht** *bn* overexposed

**overbelichten** *overg* [geen V.T., h. overbelicht] overexpose

**overbemesting** *v* overfertilization

**overbesteding** *v* [-en] overspending

**overbevolking** *v* ❶*in de demografie* overpopulation ❷*in een buurt* overcrowding

**overbevolkt** *bn* ❶*land* overpopulated ❷*buurt &* overcrowded

**overbezet** *bn* ❶*bus &* overcrowded ❷*met personeel* overstaffed

**overblijfsel** *o* [-s & -en] ❶*uit een vroeger tijdperk* relic ✳~*en uit de Bronstijd* relics from the Bronze Age ❷*rest* remainder, ⟨restant⟩ remnant, ⟨v. het eten⟩ leftovers, ⟨v. dode dieren, planten⟩ remains ✳*een* ~ *van de Berlijnse Muur* a remnant/remainder of the Berlin Wall ❸*spoor* trace, vestige

**overblijven** *onoverg* [bleef over, is overgebleven] ❶*resteren* be left, remain ✳*er bleef me niets anders over dan...* there was nothing else I could do but... ❷*op school* stay in/behind ❸*overnachten* stay ▼~*de planten* perennials ▼*zij is bang dat ze overblijft* she's afraid of being left on the shelf

**overbloezen** *onoverg* [bloesde over, h. overgebloesd] sag/hang over ✳*het bovenste gedeelte van de jurk bloest over* the top part of the dress overlaps the skirt

**overbluffen** *overg* [overblufte, h. overbluft] ❶*overdonderen* overwhelm ✳*overbluft door* taken aback by, dumbfounded/overwhelmed by ✳*de klant laat zich niet* ~*door...* the customer isn't taken in by... ✳*hij werd overbluft door haar argumenten* her arguments floored him ❷*aftroeven* overtrump, go one better than ⟨sbd⟩

**overbodig** *bn* superfluous

**'overboeken**[1] *overg* [boekte over, h. overgeboekt] <u>handel</u> transfer

**over'boeken**[2] *overg* [overboekte, h. overboekt] overbook

**overboeking** *v* [-en] transfer

**overboord** *bijw* overboard ✳*man* ~! man overboard! ✳~*gooien/werpen* throw overboard, jettison ✳<u>fig</u> *principes* ~*gooien* cast principles to the winds ✳~*slaan* go overboard ✳*er is geen man* ~it's not the end of the world

**overbrengen** *overg* [bracht over, h. overgebracht] ❶*verplaatsen* take, bring, move, transfer ✳*de zetel van de regering* ~*naar* transfer the seat of government to ✳*de man is overgebracht naar het politiebureau* the man has been taken to a police station ❷*doen overgaan* pass on ✳*een ziekte* ~pass on a disease ✳*iets op iem.* ~pass sth on to sbd ❸*bezorgen* convey ✳*de groeten* ~convey one's regards ✳*een bericht* ~convey a message ❹*vertalen* translate, <u>muz & wisk</u> transpose ❺*verklikken* tell, pass on ❻*boekh* carry (over/forward), transfer

**overbrieven** *overg* [briefde over, h. overgebriefd] tell, pass on, report

**overbruggen** *overg* [overbrugde, h. overbrugd] span, bridge

**overbrugging** *v* [-en] bridging ✳*ter* ~to bridge the gap

**overbruggingskrediet** *o* [-en] temporary/bridging loan

**overbruggingsregeling** *v* [-en] temporary/transitional/bridging arrangement

**overbuur** *m* [-buren] neighbour opposite

**overcapaciteit** *v* overcapacity, surplus capacity

**overcompleet** *bn* surplus (to requirements)

**overdaad** *v* excess, profusion, overabundance ✳*in* ~*leven* live in luxury ✳~*schaadt* you can have too much of a good thing

**overdadig I** *bn* overabundant, excessive, profuse, ⟨v. maaltijd⟩ lavish, sumptuous **II** *bijw* overabundantly & ✳~*drinken/eten* drink/eat to excess

**overdag** *bijw* by day, in/during the daytime, during the day

**overdekt** *bn* covered ∗*een* ∼*winkelcentrum* an arcade, a mall ∗*een* ∼*zwembad* an indoor swimming pool

**overdenken** *overg* [overdacht, h. overdacht] consider, think over

**overdenking** *v* [-en] consideration, reflection, thought

**overdoen** *overg* [deed over, h. overgedaan] ❶*nog eens* do again ∗*het dunnetjes* ∼*have* a repeat performance, have another try ❷*afstaan* part with, make over, sell, dispose of, transfer

**overdonderen** *overg* [overdonderde, h. overdonderd] overwhelm, dumbfound

**overdosis** *v* [-doses & -sen] overdose

**overdraagbaar** *bn* ❶transferable ∗*jur niet* ∼ non-transferable ❷*med* contagious, infectious ∗*seksueel overdraagbare aandoeningen* sexually transmitted diseases ❸*m.b.t. schulden, verzekeringen* assignable ❹*vooral m.b.t. wissels en cheques* negotiable ❺*m.b.t. pensioenen* portable

**overdraagbaarheid** *v* ❶*m.b.t. eigendom en bepaalde rechten* transferability ❷*m.b.t. schulden* assignability ❸*vooral m.b.t. wissels en cheques* negotiability

**overdracht** *v* [-en] ❶transfer, conveyance, handing over ❷*boekh* carryover

**overdrachtelijk** *bn* metaphorical, figurative

**overdrachtsbelasting** *v* stamp duty, Am transfer tax

**overdragen** *overg* [droeg over, h. overgedragen] ❶*overbrengen* carry over ❷*doen overgaan* transmit ∗*een virus* ∼transmit a virus ❸*overgeven* convey, make over, hand over, transfer ∗*iem.* ∼*aan de politie* hand sbd over to the police ❹*afstaan* assign ⟨a right⟩, delegate ⟨power⟩, depute ⟨a task⟩ ∗*de rechten kunnen niet overgedragen worden* the rights cannot be assigned

**overdreven** I *bn* ❶*aangedikt* exaggerated ❷*excessief* excessive, exorbitant, out of proportion II *bijw* exaggeratedly, excessively & ∗∼*beleefd* excessively polite ∗*doe niet zo* ∼stop laying it on/exaggerating

**over'drijven**[1] *overg* [overdreef, h. overdreven] ❶*een grens overschrijden* overdo ⟨it/sth⟩, go too far ❷*aandikken* exaggerate ∗*iets sterk* ∼highly exaggerate sth

'**overdrijven**[2] *onoverg* [dreef over, is overgedreven] ❶*voorbij drijven* blow/pass over, ⟨v. rook⟩ drift over ❷*naar de overkant drijven* float/drift across

**overdrijving** *v* [-en] exaggeration, overstatement

**overdrive** *m* overdrive

**overdruk** *m* [-ken] ❶*afdruk* offprint ❷*opdruk over iets anders* overprint ❸*het kopiëren* transfer, copying ❹*techn* overpressure

**overdrukken** *overg* [drukte over, h. overgedrukt] ❶*herdrukken* reprint ❷*meer drukken* overprint ❸*bovenop iets drukken* overprint

**overduidelijk** *bn* patently obvious ∗∼*te kennen geven* make abundantly clear

**overdwars** *bijw* crosswise, across ∗*een* ∼*e doorsnede* a cross section

**overeen** *bijw* crossed ∗*met de armen* ∼with arms crossed ∗*dat komt* ∼*met* it amounts to the same thing as

**overeenkomen** I *onoverg* [kwam overeen, is overeengekomen] ❶*corresponderen* correspond (to), fit, agree ∗*dat komt overeen met de feiten* it is consistent with/in line with the facts, it matches the facts ❷*overeenstemming bereiken* agree (with) ∗*wij zijn met elkaar overeengekomen* we have reached agreement with each other ❸*bij elkaar passen* suit, match ∗*zijn naam komt overeen met zijn karakter* his name is in keeping with/suits/matches his character ❹*ongeveer gelijk zijn* be like, be similar (to) ∗*de geur van deze parfum komt overeen met...* this perfume smells like... II *overg* [kwam overeen, is overeengekomen] *afspreken* agree on ∗*een prijs* ∼ agree on a price ∗*zoals overeengekomen was* as agreed

**overeenkomst** *v* [-en] ❶*gelijkenis* resemblance, similarity ∗∼*vertonen* resemble ❷*overeenstemming* agreement, conformity ∗*de punten van* ∼the points of agreement ∗*...om ze in* ∼*met de wet te brengen* ...to bring them in line with the law ❸*akkoord* agreement ∗*een eenzijdige* ∼a unilateral agreement ∗*een wederkerige* ∼a reciprocal agreement ∗*een* ∼*aangaan* conclude an agreement, enter into a contract ∗*een* ∼*nakomen* comply with an agreement ∗*een* ∼*opzeggen* cancel a contract/an agreement ∗*een* ∼*sluiten* conclude an agreement ∗*een* ∼*uitvoeren* execute an agreement ∗*een* ∼*verlengen* renew a contract/an agreement

**overeenkomstig** I *bn* ❶*gelijkenis vertonend* corresponding, similar ∗∼*e hoeken* corresponding angles ∗*een* ∼*e som* an equivalent sum ❷*consistent* consistent ∗∼*met* consistent with, in harmony with II *voorz & bijw* in accordance with ∗∼*het bepaalde* in accordance with the provisions ∗∼*uw wensen* in accordance/compliance/conformity with your wishes

**overeenstemmen** *onoverg* [stemde overeen, h. overeengestemd] ❶*dezelfde toon/stem hebben* be in tune with ∗*de viool en de piano stemden niet overeen* the violin and the piano were not in tune ❷*corresponderen* correspond to, fit ∗*dat stemt niet overeen met wat hij zei* that doesn't tally with what he said ❸*bij elkaar passen* suit, match ❹*eensgezind zijn* agree (with), be in harmony (with) ❺*taalk* agree

**overeenstemming** *v* ❶*harmonie* harmony ∗*in* ∼ *met de omgeving* in harmony with the surroundings ∗*in* ∼*brengen (met)* bring into line (with) ∗*dat is niet in* ∼*met de feiten* it is not consistent with the facts ❷*eensgezindheid* agreement, concurrence ∗*met iem. tot* ∼*komen* reach agreement with sbd, come to an understanding with sbd ∗*tot ~ geraken/komen (omtrent)* reach agreement (on), come to an agreement (about) ❻*overeenkomst* similarity ∗*er is geen ~tussen de naam en de activiteiten van de stichting* the name of the organization and its activities are incongruous ❼taalk concord, agreement

**overeind** *bijw* ❶*rechtop* upright, on end ∗*~houden* keep the right way up ∗*hij ging ~staan* he stood up ∗*~zetten* set upright ∗*hij ging ~zitten* he sat straight up ∗*hij krabbelde ~* he scrambled to his feet ❷*niet ondersteboven* standing ∗*nog ~staan* still remain standing ∗*het plan is ~gebleven* the plan has stood up to the test

**overerven** I*overg* [erfde over, h. overgeërfd] inherit II*onoverg* [erfde over, is overgeërfd] be passed/handed down

**overerving** *v* ❶heredity ❷jur inheritance

**overgaaf** *v* → **overgave**

**overgaan** *onoverg* [ging over, is overgegaan] ❶*naar de overkant gaan* cross ∗*de weg/brug ~* cross the road/bridge ❷*v. de ene plaats naar de andere gaan* pass, be transferred, move (over) ∗*het woord is overgegaan in het Engels* the word has passed into English ∗*op een ander schip ~* be transferred to a different ship ∗*mensen die op vervoer per trein ~* people who move over to rail transport ∗*van hand tot hand ~* pass from hand to hand ❸*van de ene persoon naar de andere gaan* pass, transfer, be transferred ∗*in andere handen ~* pass into other hands ∗*van vader op zoon ~* be handed down from father to son ∗*de leiding gaat over van... op...* the leadership will pass from/will be transferred from... to... ❹*overlopen* transfer, switch, ⟨naar de vijand⟩ defect, ⟨m.b.t. religie⟩ convert ∗*van katholiek tot protestant ~* convert from Catholicism to Protestantism ❺*bevorderd worden* move up, be promoted ∗*van de eerste naar de tweede klas ~* move up from the first to the second class ❻*veranderen in* change, turn, convert ∗⟨v. kleuren⟩ *in elkaar ~* become merged, merge ∗*in iets anders ~* change/turn/convert into something different ❼*verder gaan met iets* move on to, proceed to ∗*alvorens wij daartoe ~* before moving on to/proceeding to that ∗*tot daden/handelen ~* proceed to action ∗*tot liquidatie ~* go into liquidation ∗*tot stemming ~* proceed to the vote ❽*ophouden* pass/wear off, ⟨v. het weer, een schandaal⟩ blow over ∗*die pijn zal wel ~* the pain will wear off ∗*m.b.t. een grens* cross, fig ⟨sterven⟩ pass away ❾*v. bel &* be activated, go ∗*de telefoon ging over* the telephone rang ❿*v. wissels &* shift, switch (over)

**overgang** *m* [-en] ❶*verandering* transition, change ∗*~van rechten* transfer of rights ❷*wisseling* changeover ∗*wij zitten in een ~van mooi weer naar...* the weather is in a transitional stage from fine to... ❸*bevordering* promotion ∗*in de ~van klas 3 naar klas 4 kunnen er...* as the student moves from class 3 to 4 there may be... ❹*v. geloof* conversion ❺*menopauze* menopause, change of life ❻*v. spoorweg &* crossing ❼*in een toespraak* transition, transitional passage

**overgangsbepaling** *v* [-en] *tijdelijke bepaling* jur temporary/transitional/interim provision

**overgangsfase** *v* [-s, -n] transitional phase/stage

**overgangsjaren** *zn* [mv] change of life, menopause

**overgangsmaatregel** *m* [-en & -s] transitional/interim measure

**overgangsperiode** *v* [-s, -n] transitional period

**overgankelijk** *bn* taalk transitive

**overgave, overgaaf** *v* ❶*capitulatie* surrender, capitulation ❷*onderwerping* surrender, submission ∗*een ~aan het lot* a surrender to fate ❸*overdracht* transfer, handover, surrender ❹*toewijding* devotion, dedication

**overgeven** I*overg* [gaf over, h. overgegeven] ❶*aanreiken* hand (over), pass ❷*afstaan* deliver/give up, surrender ∗*zich ~* surrender ∗*zich ~aan...* abandon oneself to..., indulge in... ∗*zich aan smart/wanhoop ~* surrender (oneself) to grief/despair ∗*zich aan zijn taak ~* devote oneself to one's work ❸*toevertrouwen* leave, entrust ❹*uitbraken* vomit II*onoverg* [gaf over, h. overgegeven] *braken* vomit, be sick ∗*moet je ~?* do you feel like being sick?

**overgevoelig** *bn* ❶*al te gevoelig* oversensitive ❷med allergic ❸*sentimenteel* sentimental, emotional

**overgewaardeerd** *bn* overrated

**overgewicht** *o* ❶excess weight, med obesity ❷*v. bagage* excess weight

**'overgieten**[1] *overg* [goot over, h. overgegoten] pour, decant ∗*~in een whiskyglas* pour into a whiskey glass

**over'gieten**[2] *overg* [overgoot, h. overgoten] pour over ∗*~met* pour over, cover with

**overgooien** *overg* [gooide over, h. overgegooid] ❶*gooien v. bal* throw around, ⟨opnieuw⟩ throw again ∗*de kinderen waren de bal aan het ~* the children were throwing the ball from one to the other ❷*uitspreiden over* throw over ❸*v. wissel, schakelaar &* switch, change

**overgooier** *m* [-s] pinafore

**overgordijn** *o* [-en] curtain, Am drape

**overgrijpen** *onoverg* [greep over, h. overgegrepen] ❶*overslaan (op)* spread to ∗*de ontsteking kan ~op andere weefsels* the infection can spread to other tissues ❷muz stretch

**overgrootmoeder** *v* [-s] great-grandmother

**overgrootouders** *zn* [mv] great-grandparents

**overgrootvader** *m* [-s] great-grandfather

**overhaast** I*bn* hurried, hasty, rash II*bijw* hurriedly & ∗*hij ging ~te werk* he rushed the job

**overhaasten** *overg* [overhaastte, h. overhaast] hurry, rush ∗*zich ~* hurry

**overhaastig** *bn & bijw* in too much of a hurry,

hurriedly

**overhalen** I*overg* [haalde over, h. overgehaald]
**❶**met veerpont ferry across **❷**in andere stand zetten
pull (on) *de trekker ~pull the trigger **❸**spannen
v. vuurwapen cock **❹**distilleren distil **❺**overreden
talk/bring round, persuade, win over *iem. ~tot
iets/om iets te doen talk sbd into doing sth II*onoverg*
[haalde over, is overgehaald] scheepv list

**overhand**v upper hand *de ~krijgen get the upper
hand

**overhandigen**overg [overhandigde, h.
overhandigd] hand (over), present, deliver, give

**overhandiging**v handing over, presentation,
delivery

**overhangen**onoverg [hing over, h. overgehangen]
**❶**hang over, overhang *een ~de rots a beetling cliff
**❷**schuin vooroverhangen lean forward/over

**overheadkosten**zn [mv] overheads

**overheadprojector**m [-s] overhead projector

**overhebben**overg [had over, h. overgehad] **❶**willen
geven be prepared to give *ik heb veel voor haar
over I'd do anything for her *ik heb er een pond voor
over I'd pay a pound for it *daar heeft hij alles voor
over he's prepared to give anything for it
**❷**overhouden have over/left *ik heb geen geld meer
over I've got no more money left ▼wij hebben
iemand over we have somebody staying with us

**overheen**bijw **❶**over over *daar is hij nog niet ~he
hasn't quite got over it yet/got on top of it yet
*ergens ~lezen overlook sth *zich ergens ~zetten
get over something *over zich heen laten lopen
allow oneself to be walked over *over iem. heen
vallen fall over sbd *met een trui er ~with a jumper
on top **❷**voorbij, verder past *er gingen nog jaren ~
years went past/by

**overheerlijk**bn delicious, exquisite

**overheersen** I*overg* [overheerste, h. overheerst]
rule over, dominate II*onoverg* [overheerste, h.
overheerst] dominate, predominate *de opluchting
overheerst it's a great relief

**overheersend**bn (pre)dominant *de ~e opinie the
prevailing opinion *een ~e rol spelen play a
dominating role

**overheersing**v **❶**rule **❷**overvleugeling dominance,
predominance, prevalence

**overheid**v [-heden] authorities, government *de
lagere/plaatselijke/regionale ~the local/regional
authorities

**overheidsapparaat**o machinery of government

**overheidsbemoeiing**v [-en] government
interference/intervention

**overheidsbestedingen**zn [mv] public spending

**overheidsdienst**m [-en] instelling government
service *in ~in the civil/public service

**overheidsgeld**o [-en] government money, public
funds

**overheidsinstantie**v [-s] government
agency/institution, public body

**overheidssteun**m state support/funding

**overheidswege**bijw *van ~bekendmaken
announce officially *van ~opgelegde heffingen
governmental/statutory levies, levies imposed by
the government

**overhellen**onoverg [helde over, h. overgeheld]
**❶**lean (over) *~naar links/rechts lean to/towards
the left/right **❷**fig tend/incline *tot een andere
mening ~incline towards a different opinion
**❸**scheepv list **❹**luchtv bank

**overhemd**o [-en] shirt

**overhevelen**overg [hevelde over, h. overgeheveld]
**❶**v. vloeistof siphon over **❷**fig transfer *geld naar
een andere rekening ~transfer money to another
account *het hoofdkantoor wordt overgeheveld naar
Amsterdam the head office is being relocated to
Amsterdam

**overhevelingstoeslag**m [-slagen] premium
transfer allowance

**overhoop**bijw in a heap, in a mess, topsy-turvy *~
steken stab to death *~werpen turn upside down

**overhoophalen**overg [haalde overhoop, h.
overhoopgehaald] **❶**turn upside down *ik zal mijn
bureau ~I'll rummage through my desk **❷**fig mix
up

**overhoopliggen**onoverg [lag overhoop, h.
overhoopgelegen] be in a mess *~met be at
loggerheads with

**overhoopschieten**overg [schoot overhoop, h.
overhoopgeschoten] shoot (down/up)

**overhoren**overg [overhoorde, h. overhoord] test
*een leerling de woordjes ~test a student's
vocabulary *iets mondeling ~test sth orally *iets
schriftelijk ~give a written test of sth

**overhoring**v [-en] test *een mondelinge ~an oral
test *een schriftelijke ~a written test

**overhouden**overg [hield over, h. overgehouden]
have left *ergens vrienden/herinneringen & aan
overgehouden hebben still have friends/memories
left from sth

**overig** I*bn* remaining, other *het ~e Europa the rest
of Europe II*o* *het ~e the remainder, the rest,
handel the balance *al het ~e everything else *voor
het ~e for the rest III*zn* [mv] *de ~en the others,
the rest

**overigens**bijw **❶**voor de rest apart from that, after
all, for the rest **❷**trouwens anyway, by the way,
incidentally

**overijld**bn & bijw hasty, overhasty, rash, hurried *~
te werk gaan set about things too hastily

**Overijssel**o Overijssel

**overijverig**bn overzealous

**overjarig**bn **❶**meer dan een jaar oud more than one
year old, over one year old **❷**v. planten perennial
**❸**achterstallig in arrears **❹**verouderd ageing/Am
aging *een ~e hippie an ageing hippy/hippie

**overjas**m & v [-sen] overcoat

**overkant**m opposite/other side *aan de ~van on

the other side of, beyond, across ∗ *hij woont aan de* ∼ he lives opposite

**overkappen** *overg* [overkapte, h. overkapt] roof in, cover over

**overkapping** *v* [-en] ❶ roof ❷ *het overkappen* roofing in, covering over

**overklassen** *overg* [overklaste, h. overklast] sp outclass

**overkleed** *o* [-klederen & -kleren] overgarment

**overkoepelen** *overg* [overkoepelde, h. overkoepeld] ❶ *v. organisaties &* coordinate ❷ *v. gebouw* cover over

**overkoepelend** *bn* ❶ *v. organisaties &* coordinating ∗ *een* ∼*e organisatie* an umbrella organisation ❷ *overkappend* covering

**overkoepeling** *v koepelvormige overkapping* dome

**overkoken** *onoverg* [kookte over, is overgekookt] boil over

**overkomelijk** *bn* surmountable

'**overkomen**[1] *onoverg* [kwam over, is overgekomen] ❶ *de andere kant bereiken* come/get over, come/get across ∗ *ik kom die sloot niet over* I won't be able to get across/over that ditch ❷ *fig* come across/over/through ∗ *ze kwam niet over als een aardig meisje* she didn't give the impression of being a nice girl ∗ *duidelijk* ∼ come through/over clearly ∗ *goed* ∼ come across/over well ∗ *op iem.* ∼ *als* come across to sbd as ❸ *van elders komen* come over ∗ *ik kan maar eens in de week* ∼ I can only come over once a week

**over'komen**[2] **I** *onoverg* [overkwam, is overkomen] befall, happen to, get across ∗ *dat is mij nog nooit* ∼ that has never happened to me ∗ *ik wist niet wat me overkwam* I didn't know what was happening to me ∗ *dat moest mij weer* ∼*!* just my luck! **II** *overg* [overkwam, is overkomen] ∗ *dat bezwaar is wel te* ∼ we can get over this problem

**overkomst** *v* stay, visit ∗ ∼ *dringend gewenst* your presence is urgently required

**overlaadstation** *o* [-s] trans-shipment/reloading station

**overlaat** *m* [-laten] overflow

'**overladen**[1] *overg* [laadde over, h. overgeladen] ❶ *op ander voertuig* trans-ship, tranship, transfer ❷ *opnieuw* reload

**over'laden**[2] *overg* [overlaadde, h. overladen] ❶ overload, overburden ∗ *zich* ∼ overload/overburden oneself ❷ *fig* shower, heap ∗ *iem. met geschenken* ∼ shower presents on sbd ∗ *iem. met verwijten* ∼ heap reproaches on sbd ∗ *met roem* ∼ cover with glory

**overlangs I** *bn* lengthwise, longitudinal **II** *bijw* lengthwise, longitudinally

**overlap** *m* [-pen] overlap

**overlappen** *onoverg & overg* [overlapte, h. overlapt] overlap ∗ *de regelingen* ∼ *elkaar gedeeltelijk* the rules overlap to an extent

**overlast** *m* inconvenience, annoyance, nuisance ∗ ∼

*bezorgen/veroorzaken* cause inconvenience/trouble ∗ *tot* ∼ *van* to the inconvenience of

**overlaten** *overg* [liet over, h. overgelaten] ❶ *achterlaten* leave (over) ∗ *geen kruimel* ∼ not leave one crumb over ❷ *toevertrouwen aan* leave ∗ *dat laat ik aan u over* I leave that up to you ∗ *laat dat maar aan hem over* leave that up to him ∗ *aan zichzelf overgelaten* left to himself, left to his own resources ▼ *iets te wensen* ∼ leave much to be desired

**overleden** *bn* deceased, dead

**overledene** *m-v* [-n] dead man/woman ∗ *de* ∼*(n)* the deceased, the departed

**overleg** *o* ❶ *overweging* deliberation, consideration ∗ *na rijp* ∼ after careful consideration ∗ *iets met* ∼ *doen* do sth with deliberation ∗ *zonder* ∼ without thinking ∗ ∼ *is het halve werk* a stitch in time saves nine ❷ *beraadslaging* consultation ∗ ∼ *plegen met iem.* consult sbd ∗ *in* ∼ *met* in consultation with ❸ *inzicht* judgement/Am judgment, discretion

'**overleggen**[1] *overg* [legde over, h. overgelegd] ❶ *aanbieden* produce, submit, ⟨van rechtsuitspraak⟩ lodge ❷ *sparen* lay/put by

**over'leggen**[2] *onoverg* [overlegde, h. overlegd] ❶ *beraadslagen* consult, confer ∗ *je moet daarover maar met hem* ∼ you should talk to him about it ❷ *overwegen* consider, deliberate

**overlegging** *v* ❶ *het aanbieden* production ∗ *na/onder* ∼ *der stukken* on submission of the documents ❷ *beraadslaging* [-en] consideration, deliberation, consultation

**overlegorgaan** *o* [-ganen] consultative body

**overleven** *overg* [overleefde, h. overleefd] ❶ survive, live through ∗ *een ramp* ∼ survive a disaster ❷ *langer leven dan* survive, outlive ∗ *hij zal ons allemaal nog* ∼ he will outlive us all

**overlevende** *m-v* [-n] survivor

**overleveren** *overg* [leverde over, h. overgeleverd] ❶ *overgeven* hand over ∗ *iem. aan de politie* ∼ hand sbd over to the police ∗ *overgeleverd aan de goedheid van hun familie* left to the tender mercies of their family ❷ *van geslacht op geslacht* transmit, hand down

**overlevering** *v* [-en] ❶ *verhaal, traditie* tradition ❷ *van verdachte* handing over a suspect

**overleving** *v* survival

**overlevingskans** *v* [-en] chance of survival

**overlevingstocht** *m* [-en] survival expedition

**overlezen** *overg* [las over, h. overgelezen] ❶ *doorlezen* read through ❷ *herlezen* re-read

**overliggeld** *o* [-en] demurrage

**overlijden I** *onoverg* [overleed, is overleden] die, plechtig pass away, depart this life ∗ *aan de verwondingen* ∼ die of injuries **II** *o* death, plechtig decease, jur demise ∗ *bij* ∼ in the event of death

**overlijdensakte** *v* [-s & -n] death certificate

**overlijdensbericht** *o* [-en] obituary (notice), death announcement ∗ ⟨in krant⟩ *de* ∼*en* the obituaries

**overlijdensdatum** *m* [-ta & -s] date of death
**overlijdensverzekering** *v* [-en] life insurance
**overloop** *m* [-lopen] ❶*bij huis* corridor ❷*van trap* landing ❸*van rivier* overflow ❹*migratie* overflow, overspill
**'overlopen**[1] *onoverg* [liep over, is overgelopen] ❶*over iets heen lopen* walk across/over ❷*overstromen* run over, overflow ∗ *~ van enthousiasme* be brimming with enthusiasm ∗ *hij loopt over van vriendelijkheid* he is kindness itself ❸*naar andere partij* go over, defect ∗ *naar de vijand ~* go over to the enemy, defect ∗ *naar het Westen ~* defect to the West
**over'lopen**[2] *overg* [overliep, h. overlopen] *te veel bezoeken* visit too frequently ∗ *je overloopt ons ook niet* we don't see much of you
**overloper** *m* [-s] ❶defector ❷*op trap* carpet
**overluid** **I** *bn* too loud **II** *bijw* too loudly, deafeningly
**overmaat** *v* ❶over-measure ❷*fig* excess ∗ *een ~aan informatie* an excess/a glut of information ∗ *tot ~ van ramp* to make matters worse, on top of it all
**overmacht** *v* ❶*grotere macht* superior power/forces/strength ∗ *de ~hebben* have supremacy ∗ *voor de ~bezwijken* yield to superior numbers ❷*force majeure* forces beyond one's control, *jur & verz* force majeure, Act of God
**overmaken** *overg* [maakte over, h. overgemaakt] ❶*opnieuw maken* re-do, do again ❷*geld* make over, remit, pay in, transfer ❸*toezenden* ZN send, forward
**overmaking** *v* [-en] remittance, (credit) transfer
**overmannen** *overg* [overmande, h. overmand] overpower, overcome ∗ *overmand door slaap* overcome by sleep
**overmatig** *bn & bijw* excessive ∗ *~drankgebruik* excessive drinking, alcohol abuse ∗ *zich ~inspannen* overexert oneself
**overmeesteren** *overg* [overmeesterde, h. overmeesterd] overpower, overmaster ∗ *overmeesterd door begeerte* carried away by desire
**overmoed** *m* ❶overconfidence ❷*roekeloosheid* rashness, recklessness
**overmoedig** **I** *bn* overconfident, reckless, rash **II** *bijw* overconfidently &
**overmorgen** *bijw* the day after tomorrow
**overnaads** *bn* weatherboard ∗ *scheepv een ~e boot* a clinker-built boat ∗ *~e planken* weatherboards
**overnachten** *onoverg* [overnachtte, h. overnacht] stay/spend the night, stay over
**overnachting** *v* [-en] stay ∗ *wij hebben een ~in Dresden gepland* we plan to stay the night in Dresden
**overname** *v* ❶takeover, purchase ∗ *ter ~ aangeboden* for sale ❷*fin* takeover, acquisition ∗ ⟨door werknemers⟩ *een ~van bedrijf* a buy-out ∗ *een ~gefinancierd met vreemd vermogen* a leveraged buy-out ∗ *een vijandige ~a* hostile/unfriendly takeover ∗ *een vriendelijke ~a*

friendly/agreed/white knight takeover
**overnamebeleid** *o* acquisitions policy
**overnamebod** *o* takeover bid
**overnamegeruchten** *zn* [mv] takeover rumours
**overnamekandidaat** *m* [-daten] takeover candidate/target
**overnamekosten** *zn* [mv] ❶*v. inboedel* reimbursement for fixtures and furnishings ❷*fin* takeover price
**overnemen** *overg* [nam over, h. overgenomen] ❶*aannemen* receive ❷*kopen* take over, buy (out) ❸*op zich nemen* take over ❹*relayeren* relay ❺*ontlenen* borrow ∗ *iets uit een boek ~* copy sth from a book ❻*v. refrein* take up
**overpad** *o* [-paden] footpath ∗ *recht van ~* right of way
**overpakken** *overg* [pakte over, h. overgepakt] repack, pack again
**overpeinzen** *overg* [overpeinsde, h. overpeinsd] ponder (on), reflect on
**overpeinzing** *v* [-en] reflection
**overpennen** *overg* [pende over, h. overgepend] copy, ⟨op school⟩ crib
**overplaatsen** *overg* [plaatste over, h. overgeplaatst] remove, move, transfer, *mil* post ∗ *overgeplaatst worden naar een ander ministerie* be transferred to another ministry
**overplaatsing** *v* [-en] removal, transfer, transfer, ⟨detachering⟩ posting
**overplanten** *overg* [plantte over, h. overgeplant] transplant, *med ook* graft
**overpompen** *overg* [pompte over, h. overgepompt] pump over/across
**overproductie** *v* overproduction
**overreden** *overg* [overreedde, h. overreed] persuade, talk around, talk into ∗ *hij wou mij ~om...* he wanted to persuade me to..., to talk me into ...ing ∗ *hij was niet te ~* he was not to be persuaded
**overredingskracht** *v* persuasiveness, power(s) of persuasion, persuasive powers
**over'rijden**[1] *overg* [overreed, h. overreden] *omverrijden* run over, knock down
**'overrijden**[2] *overg* [reed over, h. overgereden] ❶*nog eens rijden* drive/ride again ❷*naar andere kant* drive/ride across ❸*overheen* drive/ride over ∗ *de brug ~* drive over the bridge
**overrijp** *bn* overripe
**overrompelen** *overg* [overrompelde, h. overrompeld] (take by) surprise, catch off guard
**overrompeling** *v* [-en] surprise (attack)
**overrulen** *overg* [overrulede, h. overruled] ❶*door bevoegdheid* overrule ❷*sp* outplay
**overschaduwen** *overg* [overschaduwde, h. overschaduwd] ❶*eig* shade ❷*fig* overshadow, put in the shade, eclipse
**overschakelen** *onoverg* [schakelde over, h. en is overgeschakeld] ❶*verbinden met een andere locatie* switch over ∗ *we schakelen nu over naar de*

**OV**

*concertzaal* we now go over to the concert hall ❷*overstappen op* ∗*van boekhandel op uitgeverij* ~ switch from selling books to publishing ❸*auto* change gear ∗*naar de tweede versnelling* ~change into second (gear)

**overschatten** I *overg* [overschatte, h. overschat] overrate, overestimate ∗*iem.* ~overestimate sbd ∗*het belang* ~overestimate the importance ∗*zich* ~ overestimate oneself ∗*van niet te* ~*betekenis/belang* of incalculable importance II *overg* [schatte over, h. overgeschat] revalue ∗*het huis moet overgeschat worden* the house has to be revalued

**overschatting** *v* ❶*overwaardering* overestimation, overrating ❷*nieuwe schatting* revaluation

**overschenken** *overg* [schonk over, h. overgeschonken] decant, transfer

**overschieten** *onoverg* [schoot over, is overgeschoten] ❶*overblijven* remain, be left (over) ❷*snel over iets heen gaan* dash over/across

**overschoen** *m* [-en] overshoe, galosh

**overschot** *o* [-ten] ❶*rest* remainder, remains, residue, remnant, ⟨v. geld⟩ balance ∗*het stoffelijk* ~ the body ❷*te veel* surplus, excess ∗*een* ~*aan geld* a monetary surplus ∗*een* ~*op de betalingsbalans* a surplus in the balance of payments ∗*een* ~*op de handelsbalans* a balance of trade surplus ∗*een* ~*van boter* a butter surplus

**overschreeuwen** *overg* [overschreeuwde, h. overschreeuwd] cry/shout down ∗*hij kon ze niet* ~ he couldn't make himself heard ∗*zich* ~strain one's voice

**overschrijden** *overg* [overschreed, h. overschreden] ❶*passeren* step across/over ∗*de grens* ~cross the border ❷*te ver gaan* exceed, overstep ∗*zijn bevoegdheden* ~exceed one's authority ∗*het budget* ~go beyond/exceed the budget ∗*de maximumsnelheid* ~exceed the speed limit ∗*een termijn* ~exceed/pass a time limit

**overschrijding** *v* ❶*stap over iets* crossing ❷*fig* exceeding, overstepping ∗*een* ~*van zijn bevoegdheden* an exceeding of one's authority ❸*bankw* overdraft ∗*een* ~*van de kredietlimiet* an overdraft beyond the agreed credit limit

**'overschrijven**[1] *overg* [schreef over, h. overgeschreven] ❶*kopiëren* copy ∗*hij heeft dat van mij overgeschreven* he copied that from me ∗*iets uit een boek* ~copy sth from a book ❷*nog eens schrijven* copy (out) ❸*een transcriptie maken* transcribe ❹*handel* transfer ∗*geld* ~transfer money ∗*iets op iems. naam laten* ~put sth in sbd's name

**over'schrijven**[2] *overg* [overschreef, h. overschreven] comput overwrite

**overschrijving** *v* [-en] ❶*het kopiëren* transcription ❷*handel* transfer, remittance ∗*bankw een automatische* ~an automatic transfer

**overschrijvingsformulier** *o* [-en] transfer form

**oversekst** *bn* oversexed

**oversized** *bn* oversized

**overslaan** I *overg* [sloeg over, h. overgeslagen] ❶*geen beurt geven* leave out, skip, miss (out) ∗*iem.* ~ leave sbd out, skip sbd's turn ❷*niet lezen/schrijven* leave out, skip, miss, omit ∗*ik heb een paar bladzijden overgeslagen* I've skipped/jumped a few pages ∗*je hebt een woord overgeslagen* you've left a word out ❸*laten voorbijgaan* skip, miss, jump ∗*een beurt* ~miss a turn ∗*een klas* ~skip a class ∗*geen concert* ~never miss a concert ❹*scheepv* transfer, trans-ship, tranship ⟨goods⟩ II *onoverg* [sloeg over, is overgeslagen] ❶*over de kop slaan* turn over ∗*het vaartuig sloeg over* the vessel overturned ❷*snel van het ene op het andere overgaan* jump (over), ⟨v. ziekte⟩ be contagious/catching, ⟨v. stem⟩ break, crack, ⟨v. toestand⟩ swing over/round ∗*... terwijl haar stem oversloeg* ...with a catch in her voice ∗*ze ontmoetten elkaar op een feest en de vonk sloeg over* they met at a party and were attracted to each other ∗*het vuur sloeg over naar een schuur* the fire spread to a shed ∗*zijn enthousiasme sloeg over op de anderen* his enthusiasm had an infectious effect on the others ∗*zij kan van het ene uiterste naar het andere* ~she can swing from one extreme to the other ❸*niet aanslaan v. motor* stall, not start, ⟨slag missen⟩ skip a beat

**overslag** *m* [-slagen] ❶*aan kledingstuk* turnover, flap ❷*v. enveloppe* flap ❸*m.b.t. goederen* trans-shipment, transfer ❹*bridge* overtrick

**overslagbedrijf** *o* [-drijven] trans-shipment company

**overslaghaven** *v* [-s] container port

**overspannen** I *overg* [overspande, h. overspannen] ❶*overheen spannen* span ❷*te sterk spannen* overstrain ∗*zich* ~overstrain/stress oneself II *bn* ❶*overwerkt* stressed, overstrung, overstrained, overwrought ∗*zij is zwaar* ~she's under great strain ❷*overdreven* exaggerated ∗ ~*verwachtingen* unrealistic expectations

**overspannenheid** *v* stress

**overspanning** *v* [-en] ❶*v. brug* span ❷*v. zenuwen & stress*, nervous exhaustion

**overspel** *o* adultery ∗ ~*plegen* commit adultery

**'overspelen**[1] *overg* [speelde over, h. overgespeeld] ❶*opnieuw spelen* replay ∗*een overgespeelde wedstrijd* a replay ❷*bal verplaatsen naar medespeler* pass

**over'spelen**[2] *overg* [overspeelde, h. overspeeld] ❶*overbieden* overplay, overbid ∗*fig zijn hand* ~ overplay one's hand ❷*overtreffen* outplay, outclass

**overspelig** *bn* adulterous

**overspoelen** *overg* [overspoelde, h. overspoeld] overrun, *ook fig* flood ∗*overspoeld worden met informatie* be flooded/deluged with information

**overspringen** I *onoverg* [sprong over, is overgesprongen] ❶*leap/jump* over ∗*op een ander onderwerp* ~change the subject ❷*elektr* jump over ∗*er sprong een vonk over* a spark jumped over II *overg* [sprong over, is overgesprongen] *overslaan, vergeten* skip ∗*hij kan gerust een klas* ~he can easily

**OV**

skip a class

**overspuiten** *overg* [spoot over, h. overgespoten] respray

**overstaan** *o* ∗*ten ~van* in the presence of, before

**overstaand** *bn* opposite ∗<u>wisk</u> ∗*e hoeken* opposite angles

**overstag** *bijw* ∗*~gaan* <u>scheepv</u> tack (about); <u>fig</u> change one's tack

**overstap** *m* [-pen] ❶*bij vervoer* change, transfer ∗<u>transport</u> *met een ~op Schiphol* with a transfer in Schiphol ❷*fig* changeover, switchover ∗*de ~van amateur naar prof* the changeover from amateur to professional

**overstappen** *onoverg* [stapte over, is overgestapt] ❶*over iets heen stappen* cross ❷*m.b.t. vervoer* change, transfer ∗*~op de trein naar Londen* change to the train to London ❸*fig* switch/change, move (on) ∗*~op een andere leverancier* switch/change to a different supplier, switch/change suppliers ∗*~op het volgende onderwerp* move on to the next subject

**overste** *m-v* [-n] ❶<u>mil</u> lieutenant-colonel ❷<u>RK</u> ⟨man⟩ father superior/prior, ⟨vrouw⟩ mother superior/prioress ❸*meerdere* <u>ZN</u> head, manager, superior

**oversteek** *m* [-steken] crossing

**oversteekplaats** *v* [-en] (pedestrian) crossing

**oversteken** **I** *overg* [stak over, h. overgestoken] cross ∗*de weg dwars ~*cross straight over the road, go straight across the road **II** *onoverg* [stak over, is overgestoken] ❶*cross (over)* ❷*overvaren* sail across ∗*hij is naar Engeland overgestoken* he has sailed to England ❸*uitsteken* project ❹*ruilen* exchange ∗*gelijk ~*make an equal exchange

**overstelpen** *overg* [overstelpte, h. overstelpt] overwhelm ∗*overstelpt door verantwoordelijkheid* overwhelmed by responsibility ∗*ik ben overstelpt met werk* I'm snowed under by work ∗*we worden overstelpt met aanvragen* we are swamped/inundated/flooded/overrun with applications

**over'stemmen**[1] *overg* [overstemde, h. overstemd] ❶*in geluid overtreffen* drown (out) ∗*de spreker werd overstemd door de activisten* the speaker was shouted down by the demonstrators ❷*meer stemmen halen* outvote

**'overstemmen**[2] **I** *overg* [stemde over, h. overgestemd] <u>muz</u> tune **II** *onoverg* [stemde over, h. overgestemd] *opnieuw een stemming houden* vote again, hold another vote

**overstijgen** *overg* [oversteeg, h. overstegen] surpass, go beyond, exceed

**over'stromen**[1] *overg* [overstroomde, h. overstroomd] ❶*onder water zetten* inundate, flood ❷<u>fig</u> flood, swamp, shower ∗*de stad werd overstroomd door toeristen* the city was flooded with tourists

**'overstromen**[2] *onoverg* [stroomde over, is overgestroomd] ❶*over de rand/oever stromen* flow

over, overflow ∗*mijn hart stroomt over van geluk* my heart is overflowing/brimming with happiness ❷*naar een andere plaats stromen* flow across

**overstroming** *v* [-en] flood

**'oversturen**[1] *overg* [stuurde over, h. overgestuurd] send, forward, dispatch

**over'sturen**[2] *onoverg* [overstuurde, is overstuurd] *v. auto* oversteer

**overstuur** *bn* upset ∗*zij was helemaal ~*she was quite upset

**overtallig** *bn* supernumerary ∗*wij hebben ~ personeel* we have more staff than needed

**'overtekenen**[1] *overg* [tekende over, h. overgetekend] ❶*opnieuw tekenen* re-draw, draw again ❷*natekenen* copy

**over'tekenen**[2] *overg* [overtekende, h. overtekend] <u>handel</u> oversubscribe

**overtocht** *m* [-en] crossing ∗*de ~naar Engeland/Denemarken &* the crossing to England/Denmark & ∗*de ~naar Australië/Amerika &* the voyage to Australia/America & ∗*hij moest zijn ~verdienen* he had to pay for his passage

**overtollig** *bn* ❶*overbodig* superfluous, redundant ❷*overcompleet* surplus, excess

**overtraind** *bn* <u>sp</u> overtrained

**overtreden** *overg* [overtrad, h. overtreden] break, violate, contravene, infringe

**overtreder** *m* [-s] offender

**overtreding** *v* [-en] ❶*breaking of the rules* ∗*in ~ zijn* commit an offence ∗*bij ~van de wet krijgt de werkgever een boete* if the law is breached the employer will receive a fine ❷*jur* minor criminal offence, Br summary offence, Am misdemeanor ❸*sp* foul, breach of the rules ∗*een ~begaan tegenover de keeper* foul the keeper

**overtreffen** *overg* [overtrof, h. overtroffen] surpass, exceed, excel, outstrip ∗*iem. ~*surpass/outmatch sbd ∗*zichzelf ~*surpass/excel oneself ∗*de vraag overtreft het aanbod* demand exceeds supply ∗*in aantal ~*outnumber

**overtreffend** *bn* ∗*de ~e trap* the superlative

**overtrek** *o & m* [-ken] cover

**'overtrekken**[1] **I** *overg* [trok over, h. overgetrokken] ❶*trekken over* pull across ❷*overhalen* pull ❸*natrekken* trace **II** *onoverg* [trok over, is overgetrokken] ❶*gaan over* go across, cross ❷*voorbijgaan* pass/blow over

**over'trekken**[2] *overg* [overtrok, h. overtrokken] ❶*bekleden* cover, ⟨v. meubels⟩ upholster ❷<u>handel</u> overdraw ❸*v. vliegtuig* stall ❹*overdrijven* exaggerate

**overtrekpapier** *o* tracing paper

**'overtroeven**[1] *overg* [overtroefde, h. overtroefd] <u>kaartsp</u> overtrump

**over'troeven**[2] *overg* [overtroefde, h. overtroefd] <u>fig</u> go one better than sbd, score off sbd

**overtrokken** *bn* exaggerated ∗*behoorlijk ~*highly exaggerated

**OV**

**overtuigd** *bn* ❶*niet twijfelend* confirmed, true, ⟨sterker⟩ fanatic ∗*een* ∼*voorstander van* a confirmed & advocate of ❷*doordrongen* convinced ∗*vast* ∼*zijn van zijn gelijk* be absolutely convinced that one is right

**overtuigen I** *overg* [overtuigde, h. overtuigd] convince ∗*iem. van iets* ∼convince sbd of sth **II** *wederk* [overtuigde, h. overtuigd] ∗*zich* ∼ convince/satisfy oneself ∗*zich ervan* ∼*dat* satisfy oneself that ∗*...kunnen zich er met eigen ogen van* ∼ *dat* ...can see for themselves that ∗*zich laten* ∼*door* let oneself be convinced/persuaded by **III** *o* carry conviction

**overtuigend I** *bn & bijw* convincing, persuasive ∗*een* ∼*bewijs* conclusive evidence **II** *bijw* ∗ ∼*spreken* speak convincingly/persuasively ∗ ∼*bewijzen* prove conclusively

**overtuiging** *v* [-en] conviction, belief ∗*de* ∼*hebben dat...* be convinced that ∗*alle* ∼*missen* lack all conviction ∗*tot de* ∼*komen dat...* come to the/reach the conclusion that... ∗*uit* ∼from conviction ∗*volgens mijn vaste* ∼*is dit de oorzaak dat...* I'm firmly convinced that this is why... ∗*jur stukken van* ∼items of evidence, documentary evidence, exhibits

**overtuigingskracht** *v* persuasiveness ∗*haar argumenten hadden veel* ∼her arguments were very persuasive/cogent

**overtypen** *overg* [typte over, h. overgetypt] type out, retype

**overuur** *o* [-uren] *meestal mv* overtime ∗*overuren maken* work overtime

**overvaart** *v* [-en] passage, crossing

**overval** *m* [-len] raid, hold-up ∗*een vijandelijke* ∼*op* a surprise enemy attack on

**overvallen** *overg* [overviel, h. overvallen] ❶*aanvallen* raid, ⟨v. personen⟩ assault ∗*een winkel* ∼hold up a shop ❷*v. onweer & overtake* ∗*door angst* ∼ overtaken/seized/overwhelmed by fear ∗*door de nacht/vermoeidheid* ∼overtaken by the night/by fatigue ∗*door de regen* ∼caught in the rain ❸*verrassen* take by surprise, surprise ∗*hij overviel me met een voorstel* he sprang a proposition on me ∗*zijn voorstel overviel mij* his proposition took me by surprise

**overvaller** *m* [-s] raider, attacker ∗*haar* ∼her attacker

**overvalwagen** *m* [-s] police van

'**overvaren**[1] **I** *onoverg* [voer over, is overgevaren] cross (over) **II** *overg* [voer over, h. overgevaren] take across

**over'varen**[2] *overg* [overvoer, h. overvaren] run down

**oververhit** *bn* ❶overheated ∗*de gemoederen raakten* ∼feelings ran high ❷*nat* superheated

**oververhitten** *overg* [oververhitte, h. oververhit] ❶overheat ❷*nat* superheat

**oververhitting** *v* ❶overheating ❷*nat* superheating

**oververmoeid** *bn* overtired, exhausted

**oververmoeidheid** *v* overtiredness, exhaustion

**oververtegenwoordigd** *bn* over-represented

**oververzadiging** *v* ❶*nat* supersaturation ❷*fig* surfeit ❸*van de markt* glut, saturation

**oververzekerd** *bn* over-insured

**overvleugelen** *overg* [overvleugelde, h. overvleugeld] ❶*overtreffen* surpass, outstrip ❷*mil* outflank

**overvliegen I** *overg* [vloog over, h. overgevlogen] fly over/across **II** *onoverg* [vloog over, is overgevlogen] fly over/past, *fig ook* dash/race past

**overvloed** *m* abundance, plenty, profusion ∗*in* ∼ *leven* live in abundance ∗*wellicht ten* ∼*e wil ik opmerken dat...* it has probably been said before, but I'd like to comment that... ∗ ∼*hebben van iets* abound in sth, have sth in abundance, have more than plenty of sth

**overvloedig I** *bn* abundant, plentiful, copious, profuse, liberal **II** *bijw* abundantly & ∗*duurzame energie is* ∼*aanwezig* renewable energy is available in abundance ∗*het* ∼*drinken van water leidt tot...* drinking excessive quantities of water leads to...

**overvloeien** *onoverg* [vloeide over, is overgevloeid] ❶overflow, run over ∗ ∼*van* abound in, brim with; ⟨v. tranen⟩ swim with ∗*bijbel* ∼*van melk en honing* flow with milk and honey ❷*harmonisch overgaan in* flow (over), ⟨v. beelden⟩ fade

**overvoeden** *overg* [overvoedde, h. overvoed] overfeed, sate

'**overvoeren**[1] *overg* [voerde over, h. overgevoerd] carry over/across, transport

**over'voeren**[2] *overg* [overvoerde, h. overvoerd] ❶*markt* overstock, glut, oversupply ❷*te veel voer geven* overfeed

**overvol** *bn* overcrowded, packed, *inf* chock-full

**overvragen** *overg* [overvroeg, overvraagde, h. overvraagd] ask too much, overcharge

**overwaaien** *onoverg* [waaide of woei over, is overgewaaid] ❶*door wind* blow over/down ❷*van elders komen* blow over (from) ∗*die mode is uit Amerika overgewaaid* it's a fashion from America ∗*komen* ∼drop/pop in ❸*voorbijgaan* blow over ∗*die hype waait wel over* the hype will blow over

**overwaarde** *v* surplus value

**overwaarderen** *overg* [waardeerde over, h. overgewaardeerd] ❶overvalue, *fig ook* overrate ❷*boekh* write up

**overwaardering** *v* overvaluation, *fig ook* overrating

'**overweg**[1] *m* [-wegen] level crossing ∗*een onbewaakte* ∼an unguarded level crossing

**over'weg**[2] *bijw* ∗*met iets* ∼*kunnen* know how to manage sth ∗*ik kan goed met hem* ∼I get along well with him ∗*zij kunnen niet met elkaar* ∼they don't get on together, *inf* they don't hit it off

**overwegboom** *m* [-bomen] level crossing barrier/gate

**over'wegen**[1] *overg* [overwoog, h. overwogen]
consider, think over, contemplate ∗*de moeilijkheden*
∼*weigh up the problems* ∗jur ∼*de dat...* taking into
consideration that... ∗*alles wel overwogen* after
careful consideration ∗*dat willen ze* ∼they want to
give the matter some thought

**'overwegen**[2] *overg* [woog over, h. overgewogen]
*opnieuw wegen* reweigh, weigh again

**overwegend** I*bn* paramount ∗*het is van* ∼*belang
dat...* it is of paramount importance that..., it is
vitally important that... II*bijw* voornamelijk
predominantly, mainly, principally, in the main ∗∼
*droog weer* dry weather for the most part ∗*de
bevolking is* ∼*Duits* the population is predominantly
German

**overweging***v* [-en] ❶*beraad* consideration ∗*in* ∼
*nemen* take into consideration ∗*iem. iets in* ∼*geven*
suggest sth to sbd, recommend sth to sbd ∗*ter* ∼*for*
consideration ❷*argument* reason, consideration,
ground ∗*uit* ∼*en van veiligheid* for reasons of
security, in the interests of security

**overweldigen** *overg* [overweldigde, h. overweldigd]
❶overpower, ⟨positie &⟩ usurp ❷fig overwhelm,
overmaster ∗*door verdriet overweldigd* heartbroken

**overweldigend** I*bn* overwhelming ∗*een* ∼*'nee'* a
resounding 'no' ∗*een* ∼*e meerderheid halen* win a
landslide victory II*bijw* overwhelmingly,
stunningly ∗*dat is* ∼*mooi* that is
breathtakingly/stunningly beautiful

**overwelven***overg* [overwelfde, h. overwelfd] vault

**overwerk***o* overtime (work)

**'overwerken**[1] *onoverg* [werkte over, h. overgewerkt]
work overtime

**over'werken**[2] *wederk* [overwerkte, h. overwerkt]
∗*zich* ∼overwork oneself, drive oneself too hard

**overwerkt***bn* overworked, overstrained,
⟨gespannen⟩ stressed

**overwerktarief***o* [-rieven] overtime rate

**overwicht***o* ❶surplus weight ❷fig authority
∗*militair/nucleair &* ∼military/nuclear &
superiority ∗*het* ∼*hebben* have authority over ∗∼
*krijgen* gain the upper hand ∗*een groot* ∼*hebben
op/over* have a big influence over

**overwinnaar***m* [-s & -naren] ❶victor, winner ❷*v. een
land* conqueror

**overwinnen** I*overg* [overwon, h. overwonnen]
❶defeat, overcome ∗*de vijand* ∼defeat the enemy
❷fig conquer, overcome, surmount ∗*een
overwonnen standpunt* a discarded/superseded point
of view ∗*moeilijkheden* ∼surmount/overcome
difficulties II*onoverg* [overwon, h. overwonnen]
conquer, overcome, win

**overwinning***v* [-en] victory ∗*de* ∼*behalen op* gain
the victory over ∗*het heeft mij de* ∼*gekost* it cost me
the victory

**overwinningsroes***m* flush of victory

**overwinst***v* [-en] surplus profit

**overwinteren***onoverg* [overwinterde, h.

overwinterd] hibernate, overwinter

**overwintering***v* [-en] hibernation, overwintering

**overwippen** I*onoverg* [wipte over, is overgewipt]
pop over ∗*kom eens* ∼pop over/drop in some time
∗*naar Alkmaar* ∼pop over to Alkmaar II*overg*
[wipte over, is overgewipt] pop across

**overwoekerd***bn* overgrown, overrun ∗∼*door
onkruid* overgrown with weeds

**overwoekeren***overg* [overwoekerde, h.
overwoekerd] overgrow, overrun

**overzees***bn* overseas ∗∼*e gebiedsdelen* overseas
territories ∗∼*e handel* overseas trade

**overzetten***overg* [zette over, h. overgezet]
❶*overvaren* take across/over, ⟨met veer⟩ ferry
over/across ❷*verplaatsen* ook telec transfer
❸*vertalen* translate, ⟨in ander schrift⟩ transcribe

**overzicht***o* [-en] ❶*het overzien* survey, view ∗*een* ∼
*vanuit de lucht* a bird's-eye view ❷*samenvatting*
survey, summery, overview, outline, rundown ∗*een
beknopt* ∼a brief outline ❸*uittreksel* extract, copy

**overzichtelijk** I*bn* uncomplicated, clear, ⟨v. een
ruimte &⟩ neatly arranged II*bijw* clearly

**overzichtstentoonstelling***v* [-en] ❶*v. een
kunstenaar* retrospective exhibition ❷*v. een groep of
stroming* special exhibition

**'overzien**[1] *overg* [zag over, h. overgezien] look over,
go through

**over'zien**[2] *overg* [overzag, h. overzien] overlook,
survey ∗*van die heuvel overziet men de vlakte* the hill
commands a view of the land ∗*alles met één blik* ∼
take in everything at a glance ∗*de gevolgen zijn niet
te* ∼the consequences are unpredictable ∗*het
aantal deelnemers is te groot om te* ∼there are too
many participants to keep track of ∗*hun leed was
niet te* ∼their suffering was immense

**overzij** I*bijw* overhellend sideway(s), to one side II*v,*
**overzijde** opposite side ∗*aan de* ∼*de van de oceaan*
across the ocean, on the other side of the ocean
∗*aan de* ∼on the other side, on the opposite side
∗*aan de* ∼*van de other side, beyond

**overzwemmen***overg* [zwom over, h. en is
overgezwommen] swim (across)

**ov-jaarkaart** ov-kaart*v* [-en] travel card

**ovulatie***v* [-s] ovulation

**ovuleren***onoverg* [ovuleerde, h. geovuleerd] ovulate

**oxidatie***v* [-s] oxidation

**oxide***o* [-n & -s] oxide

**oxideren***overg & onoverg* [oxideerde, h. & is
geoxideerd] oxidize

**ozon***o & m* ozone

**ozonlaag***v* ozone layer

oz

# P

**p** v ['s] p * *ergens de ~in hebben* be annoyed/fed up about sth, inf be pissed off with something
**pa** m ['s] dad(dy)
**paadje** o [-s] path, ‹door gebruik ontstaan› track, trail
**paaien** I overg [paaide, h. gepaaid] *tevredenstellen* appease, soothe, placate * *met mooie beloften ~* fob off with fair promises II onoverg [paaide, h. gepaaid] v. vis spawn
**paaiplaats** v [-en] spawning grounds
**paaitijd** m [-en] spawning season
**paal** m [palen] ❶ *heipaal* pile ❷ *bovengronds* pole, ‹puntig› stake, ‹stevig› post * *dat staat als een ~ boven water* that's as plain as the nose on your face * *voor ~ staan* look a fool ❸ *erectie* vulg hard-on ❹ sp (goal) post ▼ *~en perk stellen aan* check, put a stop to, stop, set bounds on
**paaltje** o picket, peg
**paalwoning** v [-en] ❶ *prehistorisch* pile/lake dwelling ❷ *huis op palen* house on stilts
**paalzitten** o pole squatting
**paap** m [papen] *katholiek* afkeurend papist
**paaps, paapsgezind** bn afkeurend popish
**paar** o [paren] ❶ *koppel* pair, couple, ‹gevogelte› brace * *een gelukkig ~* a happy pair/couple * *verliefde paren* couples in love, loving couples * *zij vormen geen goed ~* they don't match * *~ aan ~* two by two, in twos * *bij paren verkopen, bij het ~ verkopen* sell in pairs ❷ *enkele* couple, few * *een ~ dagen* a day or two, a few days, a couple of days * *een ~ dingen* one or two things, a few things * *een ~ keer* once or twice
**paard** o [-en] ❶ *dier* horse * *~ rijden* ride (on horseback) * *(de) ~en die de haver verdienen krijgen ze niet* those who deserve it most get the least reward * *het beste ~ struikelt wel eens* even the best of us makes mistakes * *het beste ~ van stal* the best one of all * *men moet een gegeven ~ niet in de bek kijken* you shouldn't look a gift horse in the mouth * *het ~ achter de wagen spannen* put the cart before the horse * *ik heb honger als een ~* I'm famished, I'm starving, I could eat a horse * fig *op het ~ helpen* give a leg up * *op twee ~en wedden* hedge, cover one's bets, not put all one's eggs in the one basket * *zij is over het ~ getild* she thinks she is God's gift to mankind * *te ~* on horseback, mounted * *het hinkende ~ komt achteraan* there's no such thing as a free lunch ❷ *schaakspel* knight ❸ *gymnastiek* (vaulting) horse ❹ *v. timmerman, leidekker* trestle
**paardenbloem** v [-en] dandelion
**paardenfokker** m [-s] horse breeder
**paardenhaar** o ❶ *haar v.e. paard* horsehair ❷ *weefsel* haircloth
**paardenkracht** v [-en] horsepower

**paardenleer** o horsehide, horse leather
**paardenmarkt** v [-en] horse fair
**paardenmiddel** o [-en] kill or cure remedy
**paardenrennen** zn [mv] horseraces
**paardenslager** m [-s] horse butcher
**paardensport** v equestrian sports, ‹rijden› horse riding, ‹rennen› horse racing
**paardensprong** m [-en] ❶ *schaak* knight's move ❷ v. paard jump
**paardenstaart** m [-en] ❶ v. paard horse's tail ❷ plantk horsetail, equisetum ❸ *haardracht* ponytail
**paardenstal** m [-len] stable
**paardenvijg** v [-en] horse dung * *~en* horse manure
**paardenvlees** o ❶ *vlees v. paard* horseflesh ❷ *als gerecht* horsemeat
**paardje** o [-s] little horse, kindertaal gee-gee
**paardjerijden** onoverg [reed paardje, h. paardjegereden] ❶ *kind op knie* ride on someone's knee ❷ *paardrijden* ride horseback
**paardrijden** onoverg [reed paard, h. paardgereden] ❶ ride, ride (on) horseback * *zij gingen ~* they went for a ride (on horseback) ❷ *als kunst* horsemanship
**paardrijkunst** v horsemanship
**paarlemoeren** bn → **parelmoeren**
**paars** bn & o ❶ *paarsrood* purple ❷ *paarsblauw* violet * *het ~e kabinet* social democrat and liberal democrat coalition government
**paarsblauw** bn violet
**paarsgewijs, paarsgewijze** bijw in pairs, two by two * *~ indelen* pair off
**paarsrood** bn purple
**paartijd** m mating season
**paartje** o [-s] couple
**paasbest** o Sunday best * *op zijn ~* in one's Sunday best
**paasbloem** v [-en] ZN daffodil
**paasbrood** o [-broden] ❶ *krentenbrood* simnel cake ❷ *van de joden* Passover bread, matzo
**paasdag** m [-dagen] Easter day * *eerste ~* Easter Sunday * *tweede ~* Easter Monday
**paasei** o [-eieren] Easter egg
**paasfeest** o [-en] ❶ v.d. christenen Easter ❷ v. d. joden Passover
**paashaas** m [-hazen] ❶ Easter bunny/rabbit ❷ v. chocola chocolate Easter bunny
**paaslam** o [-meren] paschal lamb
**paasmaandag** m [-dagen] Easter Monday
**paasvakantie** v [-s] Easter holidays
**paaswake** v [-n] Easter vigil
**paasweek** v [-weken] ❶ *week na Pasen* Easter week ❷ *week voor Pasen* Holy week
**paaszaterdag** m [-dagen] Holy/Easter Saturday
**paaszondag** m [-dagen] Easter Sunday
**pabo** v (Pedagogische Academie voor het Basisonderwijs) Teacher Training College for Primary Education
**pacemaker** m [-s] (cardiac) pacemaker
**pacht** v [-en] lease, ‹termijn› tenancy, ‹pachtgeld›

rent * in ~geven let out on lease * in ~hebben hold on lease * in ~nemen take on lease * vrij van ~free of rent * de wijsheid in ~hebben have a monopoly on wisdom, think you know it all

**pachten** overg [pachtte, h. gepacht] rent, lease

**pachter** m [-s] ❶ v. boerderij tenant, tenant farmer ❷ v. theater & lessee, leaseholder

**pachtgeld** o [-en] rental, rent

**pachtovereenkomst** v [-en] lease, tenancy agreement, ⟨landbouw⟩ agricultural/farming lease/agreement

**pachtsom** v [-men] rent

**pacificatie** v [-s & -tiën] pacification

**pacificeren** overg [pacificeerde, h. gepacificeerd] pacify, calm

**pacifisme** o pacifism

**pacifist** m [-en] pacifist

**pacifistisch** bn pacifist

**pact** o [-en] ❶ overeenkomst pact, agreement ❷ tussen landen pact, treaty

**pad** I o [-en] ❶ path, ⟨breed⟩ walkway, ⟨door gebruik ontstaan⟩ track, trail, ⟨gangpad⟩ aisle, gangway * platgetreden ~en trodden down paths, worn-out paths * op ~gaan set out * (laat) op ~zijn be out (late) * altijd op ~zijn be always on the road/on the go ❷ fig path, way * het ~van de deugd the path of virtue * het verkeerde ~opgaan go astray, go to the dogs ❸ comput path **II** v [-den] dier toad

**paddenstoel** m [-en] ❶ toadstool, ⟨eetbaar⟩ mushroom, ⟨zwam⟩ fungus * eetbare ~en mushrooms, edible fungi * als ~en uit de grond rijzen shoot up like mushrooms * ~en zoeken go mushrooming ❷ wegwijzer signpost

**paddo** m ['s] magic mushroom

**padvinder** m [-s] (boy) scout

**padvinderij** v Scout Association, scouting

**paella** m & v ['s] paella

**paf** I bn * hij stond ~he was stunned/staggered/flabbergasted **II** tsw bang! **III** m [-fen] knal bang

**paffen** onoverg [pafte, h. gepaft] ❶ roken puff ❷ schieten pop

**pafferig** bn puffy, bloated, ⟨v. lichaam ook⟩ flabby

**pagadder** m [-s] ❶ kwajongen ZN mischievous/naughty boy, brat ❷ dreumes ZN toddler, mite

**page** m [-s] page

**pagina** v ['s] page

**paginagroot** bn full-page ⟨advertisement⟩

**paginascheiding** v [-en] bij tekstverwerking comput page division

**pagineren** overg [pagineerde, h. gepagineerd] page, number ⟨pages⟩

**paginering** v [-en] pagination, (page) numbering

**pagode** v [-s] pagoda

**paillette** v [-ten] spangle, sequin

**pais** v * in ~en vree amicably, peacefully

**pak** o [-ken] ❶ pakket package, parcel ❷ verpakking

packet, carton * een ~vruchtensap a packet/carton/container of fruit juice * een ~suiker a pack/packet of sugar ❸ bijeengebonden bundle, bale * een ~oud papier a bundle of old newspapers * een ~stro a bale of straw ❹ stapeltje stack, packet * een ~papier a stack of papers; ⟨nieuw⟩ a packet of paper ❺ vracht, laag pack * een dik ~sneeuw a thick layer of snow ❻ fig load * een ~slaag a thrashing, a flogging, inf a hiding * een ~voor de broek a spanking * dat was een ~van mijn hart that was a load off my mind ❼ kleding suit * wij kregen een nat ~we got wet through * ik ben niet bang voor een nat ~I'm not afraid of getting wet * van hetzelfde laken een ~the same ❽ peloton wielersport pack, peloton ❾ zakje ZN bag ▾ bij de ~ken neerzitten throw in the towel

**pakbon** m [-nen] packing note

**pakezel** m [-s] pack mule

**pakhuis** o [-huizen] warehouse, storehouse

**pakijs** o pack ice

**Pakistaans** bn Pakistani * valuta de ~e roepia the Pakistani rupee, the rupee

**Pakistaanse** v [-n] Pakistani * ze is een ~she's a Pakistani, she's from Pakistan

**Pakistan** o Pakistan

**Pakistani** m [idem of 's], **Pakistaan** [-stanen & -stani] Pakistani

**pakje** o [-s] ❶ kleine verpakking packet * een ~ sigaretten a packet of cigarettes ❷ cadeautje parcel, present ❸ postpakket parcel, package ❹ dameskleding ensemble, suit

**pakjesavond** m 5 december St Nicholas' Eve

**pakkans** v chance of being caught, risk of arrest

**pakken** I overg [pakte, h. gepakt] ❶ voor de dag halen get, fetch * mag ik even mijn zakdoek ~? may I get my handkerchief? * inf pak een stoel en ga zitten grab yourself a chair and sit down * kun je even een bord ~? could you fetch a plate? ❷ grijpen catch, seize, grasp, take * ⟨tegen hond⟩ pak ze! attaboy/attagirl!, sick 'em! * iem. bij de arm ~take sbd by the arm, grab sbd's arm * als ik hem te ~krijg ⟨bereiken⟩ if I can get hold of him; ⟨vangen⟩ if I ever get my hands on him * ze kunnen hem niet te ~ krijgen ⟨bereiken⟩ they can't get hold of him; ⟨vangen⟩ they can't catch him * iem. te ~nemen ⟨in de maling nemen⟩ make a fool of sbd, pull sbd's leg; ⟨duperen⟩ take sbd in ❸ benadelen get, have * het zijn altijd de zwaksten die gepakt worden it's the ordinary folk who always cop it ❹ nemen take * we ~de volgende trein we'll take the next train * een borrel ~grab a drink ❺ knuffelen hug, cuddle ⟨a child &⟩ ❻ inpakken pack * hij kan zijn biezen wel ~ he'll be sent packing * ze staan op elkaar gepakt als haringen in een ton they're packed in like sardines ❼ krijgen, bevangen zijn catch, get * een kou te ~ hebben have caught a cold * je hebt een koorts te ~ you've got a fever * hij heeft het erg/zwaar te ~ ⟨tegenslag⟩ it's hit him very hard; ⟨ziekte⟩ he's got it

**pa**

badly; ⟨verliefdheid⟩ he's madly in love ∗*hij zal het gauw te* ~*hebben* he'll soon get the hang of it ❻*boeien* fig fetch ⟨the audience⟩, grip ⟨the reader⟩ ∗*het stuk pakt niet* the play doesn't grab you ❼*seks hebben met* vulg screw ∗*hij heeft zijn buurmeisje gepakt* he had it off with the girl next door ‖*onoverg* [pakte, h. gepakt] ❶*inpakken* pack ∗*ik moet nog* ~I still have to pack ❷*van sneeuw* ball, bind ❸*van verf* take ❹techn bite ∗*de zaag pakt niet* the saw won't bite

**pakkend** *bn* fetching ⟨manner⟩, gripping, fascinating ⟨story⟩, catchy ⟨tune⟩ ∗*een* ~*boek* a gripping book ∗*een* ~*e reclame* an attention-catching advertisement ∗*een* ~*e titel* an arresting title

**pakker** *m* [-s] packer

**pakkerd** *m* [-s] ❶*kus* kiss ❷*omhelzing* hug, squeeze

**pakket** *o* [-ten] ❶*parcel*, packet ❷fig package ∗*een* ~*van maatregelen* a package/set of measures

**pakketpost** *v* parcel post, ⟨afdeling⟩ parcel post department

**pakking** *v* [-en & -s] techn packing, gasket

**pakmateriaal** *o* packing/packaging materials

**pakpapier** *o* packing/wrapping/brown paper

**paksoi** *m & v* pak choi, bok choy

**pakweg** *bijw* about, roughly, some, approximately, say ∗*dat gaat je* ~*200 pond kosten* that will cost roughly 200 pounds, that will cost, say, 200 pounds

**pal** I *m* [-len] ❶*catch* ❷*v. horloge* pawl, pallet ‖*bn* firm ∗~*staan* stand firm ‖‖*bijw* ❶*frontaal*, direct right, directly ∗*hij rende* ~*tegen mij aan* he ran straight into me/he smacked into me ∗~*noord* due north ❷*onbeweeglijk* firmly, immovably, still ∗~ *achter iem. staan* stand firmly/solidly behind sbd

**paladijn** *m* [-en] paladin

**palataal** *bn & v* [-talen] palatal

**Palau** *o* Palau

**palaver** *o* [-s] palaver, tedious discussion/business

**paleis** *o* [-leizen] palace ∗*ten paleize* at the palace, at court ∗*het Paleis van Justitie* the Hall of Justice

**paleisrevolutie** *v* [-s] palace revolution

**paleoceen** *o* Palaeocene, Am Paleocene

**paleografie** *v* palaeography, Am paleography

**paleontologie** *v* palaeontology, Am paleontology

**paleozoïcum** *o* Palaeozoic, Am Paleozoic

**Palestijn** *m* [-en] Palestinian

**Palestijns** *bn* Palestinian

**Palestina** *o* Palestine

**palet** *o* [-ten] palette

**palfrenier** *m* [-s] groom

**palimpsest** *m* [-en] palimpsest

**palindroom** *o* [-dromen] palindrome

**paling** *m* [-en] eel ∗*gerookte* ~*smoked eel*

**palingfuik** *v* [-en] eel net

**palissade** *v* [-n & -s] palisade, stockade

**palissanderhout** *o* rosewood

**paljas** *m* [-sen] *grappenmaker* clown, buffoon

**pallet** *m* [-s] pallet

**palliatief** *o* [-tieven] palliative

**pallieter** *m* [-s] ZN bon vivant, jolly fellow

**palm** *m* [-en] *v. hand*, *boom*, *tak* palm ∗fig *de* ~ *wegdragen* carry off the palm

**palmares** *m* [-sen] ZN list of prize winners, record of achievements

**palmboom** *m* [-bomen] palm (tree)

**palmenstrand** *o* [-en] palm beach

**palmhout** *o* box wood

**palmolie** *v* palm oil

**Palmpasen Palmpaas** *m* ❶Palm Sunday ❷'palmpaas' ⟨decorated stick carried by children on Palm Sunday⟩

**palmtak** *m* [-ken] ❶palm branch ❷*symbolisch* palm

**palmzondag** *m* [-en] Palm Sunday

**pamflet** *o* [-ten] ❶pamphlet, ⟨religieus⟩ tract ❷*brochure* leaflet, brochure, flyer

**pampa** *v* ['s] pampas

**Pampus** *m & o* Pampus ∗*voor* ~*liggen* ⟨vermoeid⟩ be dead tired/dead beat/out for the count; ⟨dronken⟩ be dead drunk, inf be paralytic; ⟨slapend⟩ be dead to the world

**pan** *v* [-nen] ❶*om te koken* pan ∗*in de* ~*hakken* cut up, cut to pieces, wipe out ∗*die muziek swingt de* ~ *uit* this music really swings ∗fig (*het feest &*) *swingt de* ~*uit* (the party &) is going with a swing ❷*van dak* tile ❸*herrie* inf row, racket, ⟨ordeloze boel⟩ shambles, mess ∗*wat een* ~what a racket/shambles!

**panacee** *v* [-ceeën & -s] panacea, cure-all

**Panama** *o* Panama

**panamahoed** *m* [-en] panama (hat)

**pan-Amerikaans** *bn* Pan-American

**pancreas** *m & o* [-sen] pancreas

**pand** I *o* [-en] ❶*onderpand* pledge, security, pawn, sp forfeit ∗*een* ~*verbeuren* a game of forfeits ∗*in* ~ *geven* pledge, pawn ∗*tegen* ~*on security* ❷*huis en erf* premises, property, ⟨gebouw⟩ building, house ‖‖*m & o v. jas* flap, tail, skirt, panel

**panda** *m* ['s] panda

**pandbrief** *m* [-brieven] mortgage bond

**pandemonium** *o verwarring* pandemonium, uproar, chaos

**panden** *overg* [pandde, h. gepand] ❶jur distrain ❷*belenen* pawn, pledge

**pandgoed** *o* pledged/pawned goods

**pandhouder** *m* [-s] ❶pawnee, pledgee ❷jur lienee, pledgee

**pandjesjas** *m & v* [-sen] tailcoat, tails

**pandoer** *o & m* [-en & -s] kaartsp 'pandoer' ∗*opgelegd* ~ ⟨zekerheid⟩ a (dead) cert, a sure thing; ⟨afgesproken werk⟩ a put-up job, a fix

**Pandora** *v* Pandora ∗*de doos van* ~Pandora's box

**pandrecht** *o* right of distrain, lien

**pandverbeuren** *o* (game of) forfeits

**paneel** *o* [-nelen] ❶*aan muur* panel ❷*schakelpaneel* panel

**paneermeel** *o* breadcrumbs

**panel** *o* [-s] panel
**paneldiscussie** *v* [-s] <u>RTV</u> forum, panel discussion
**panellid** *o* [-leden] member of a panel, panel member, <u>RTV</u> panellist
**paneren** *overg* [paneerde, h. gepaneerd] coat with breadcrumbs
**panfluit pansfluit** *v* [-en] panpipes
**paniek** *v* panic, scare ∗*in* ∼*geraakt* terror-stricken, panic-stricken ∗*in* ∼*raken* panic, get into a panic ∗∼*zaaien* cause panic/alarm
**paniekerig I** *bn* panicky, panic-stricken, frantic **II** *bijw* in a panic, frantically
**paniekreactie** *v* [-s] panic reaction
**paniekvoetbal** *o* ❶*m.b.t. voetbal* panicky play ❷*m.b.t. gedrag* panic behaviour ∗<u>fig</u> ∼*spelen* be panicking
**paniekzaaier** *m* [-s] scaremonger, panic-monger, alarmist
**panikeren** *onoverg* [panikeerde, h. gepanikeerd] <u>ZN</u> panic
**panisch I** *bn* panic, frantic ∗∼*e schrik* panic **II** *bijw* in a panic, frantically
**panklaar** *bn* ready to cook ∗*een panklare oplossing* an instant solution, a ready-made solution
**panne** *v* [-s] breakdown ∗*ik heb* ∼I've broken down, I've got engine trouble
**pannendak** *o* [-daken] tiled roof
**pannenkoek** *m* [-en] pancake
**pannenkoekmix pannenkoekenmix** *m* pancake mix
**pannenlap** *m* [-pen] ❶*om te reinigen* (pot) scourer ❷*om aan te vatten* oven glove/mitt, pot holder
**pannenlikker** *m* [-s] pan cleaner, scraper
**pannenset** *m* [-s] set of pans
**pannenspons** *v* [-en & -sponzen] (pot) scourer, scouring pad
**panorama** *o* ['s] panorama, view
**pantalon** *m* [-s] (pair of) trousers/slacks/pants
**panter** *m* [-s] panther
**pantheïsme** *o* pantheism
**pantheïst** *m* [-en] pantheist
**pantheïstisch** *bn* pantheistic
**pantheon** *o* [-s] pantheon
**pantoffel** *v* [-s] slipper ∗*onder de* ∼*zitten* be henpecked (*van* by), be tied to his wife's apron strings
**pantoffelheld** *m* [-en] ❶henpecked husband ❷*bangerik* coward, <u>inf</u> chicken
**pantoffelparade** *v* [-s] promenade
**pantomime** *v* [-s & -n] pantomime
**pantry** *m* ['s] galley
**pantser** *o* [-s] ❶*harnas* cuirass, (suit of) armour ❷*bekleding* armour plating, plate armour
**pantserdivisie** *v* [-s] armoured division, ⟨in Tweede Wereldoorlog⟩ panzer division
**pantseren** *overg* [pantserde, h. gepantserd] ❶armour-plate, armour ❷<u>fig</u> steel/armour (against)

**pantserglas** *o* bullet-proof glass
**pantservoertuig** *o* [-en] armoured vehicle/car
**pantserwagen** *m* [-s] armoured car
**panty** *m* ['s] pantyhose, (pair of) tights

**panty**
is een *pantyhose* of (a pair of) *tights* maar geen *panty*. Het enkelvoud *panty* bestaat niet in het Engels. Het meervoud *panties* wel, het betekent slipje, onderbroek

**pap I** *v* [-pen] ❶*om te eten* porridge ∗*een vinger in de* ∼*hebben* have a finger in the pie, have a say in the matter ∗*geen* ∼*meer kunnen zeggen* be whacked, be dead beat; ⟨veel gegeten hebben⟩ be full up ∗*er wel* ∼*van lusten* can't get enough of it ❷*voor baby's of invaliden* pap, mush ❸<u>med</u> dressing ❹*in de nijverheid* dressing, size ❺*papier* pulp ❻*stijfsel* paste ❼*v. sneeuw, modder* slush **II** *m* papa dad(dy)
**papa** *m* ['s] papa, dad(dy)
**papaja** *m* ['s] pawpaw, papaya
**paparazzo** *m* [-razzi] paparazzo, paparazzi
**papaver** *v* [-s] poppy
**papegaai** *m* [-en] parrot
**papegaaienziekte** *v* parrot disease, <u>med</u> psittacosis
**paper** *m* [-s] paper
**paperassen** *zn* [mv] papers, (useless) paperwork
**paperback** *m* [-s] paperback
**paperclip** *m* [-s] paperclip
**Papiamento** *o* Papiementu/Papiemento
**papier** *o* [-en] paper ∗∼*en* papers ∗*zijn* ∼*en rijzen* his stocks are going up ∗*goede* ∼*en hebben* have good credentials ∗*het* ∼*is geduldig* anything can be put on paper ∗*het zal in de* ∼*en lopen* it will run into a wad of money ∗*op* ∼on paper ∗*op* ∼*brengen/zetten* put on paper, commit to paper
**papieren** *bn* ❶paper ∗∼*geld* paper money/currency ∗*een* ∼*zak(je)* a paper bag ∗∼*verlies* loss on paper, paper loss ∗∼*winst* profit on paper, paper profit ❷*papierachtig* paper-like
**papierfabriek** *v* [-en] paper mill
**papierformaat** *o* [-maten] paper size
**papiergeld** *o* paper money
**papier-maché** *o* papier mâché
**papiermand** *v* [-en] wastepaper basket, wastebasket
**papiermolen** *m* [-s] paper mill
**papierversnipperaar** *m* [-s] shredder
**papierwinkel** *m* [-s] ❶*winkel* stationer's shop ❷*papierwerk* <u>fig</u> mass of paperwork
**papil** *v* [-len] papilla
**papillot** *v* [-ten] curler ∗*met* ∼*ten in het haar* with one's hair in curlers
**papisme** *o* <u>afkeurend</u> papistry
**papist** *m* [-en] <u>afkeurend</u> papist
**papkindje** *o* [-s], **papkind** *o* [-eren] sissy, mummy's boy/girl
**paplepel** *m* [-s] ∗*het is hem met de* ∼*ingegeven* he was brought up on it

**pa**

**Papoea-Nieuw-Guinea** *o* Papua New Guinea
**pappen** *overg* [papte, h. gepapt] *v. wond* dress ∗~*en nathouden* keep at it, never say die
**pappenheimer** *m* [-s] ∗ *hij kent zijn* ~*s* he knows who he's dealing with
**papperig, pappig** *bn* ❶ *week* mushy ❷ *pafferig* flabby, puffy
**pappie** *m* [-s] *kindertaal* daddy, Am pop
**paprika** *v* ['s] ❶ *specerij* paprika ❷ *vrucht* capsicum, paprika, sweet pepper
**paprikapoeder** *m* en *o* paprika
**papyrus** *m* [-sen & -pyri] papyrus
**papzak** *m* [-ken] fatty, fatso
**para** *m* ['s] mil para, paratrooper
**paraaf** *m* [-rafen] initials
**paraat** *bn* ready, prepared ∗ *parate kennis* ready knowledge ∗~*staan* be on standby, be at the ready
**paraatheid** *v* readiness, preparedness
**parabel** *v* [-s & -en] parable
**parabolisch** *bn* parabolic
**parabool** *v* [-bolen] parabola
**paracetamol** *m* [-s] paracetamol
**parachute** *m* [-s] parachute
**parachuteren** *overg* [parachuteerde, h. geparachuteerd] parachute
**parachutespringen** *o* parachuting ∗~*kan gevaarlijk zijn* parachuting can be dangerous
**parachutesprong** *m* [-en] parachute jump
**parachutist** *m* [-en] parachutist, mil paratrooper
**parade** *v* [-s] ❶ mil parade, review ∗ *de* ~*afnemen* take the salute ∗ *een* ~*houden* parade, hold a review/parade ∗~*maken* parade ❷ *schermen* sp parade, parry ❸ fig parade, show
**paradepaard** *o* [-en] ❶ *paard* parade horse ❷ *voorwerp* showpiece
**paraderen** *onoverg* [paradeerde, h. geparadeerd] ❶ mil parade ❷ fig parade, show off, flaunt
**paradigma** *o* [-mata & 's] paradigm
**paradijs** *o* [-dijzen] paradise ∗ *het was een* ~*op aarde* it was paradise on earth
**paradijselijk** I *bn* blissful, heavenly II *bijw* blissfully ∗~*mooi* like heaven on earth
**paradijsvogel** *m* [-s] bird of paradise
**paradox** *m* [-en] paradox
**paradoxaal** *bn* paradoxical
**paraferen** *overg* [parafeerde, h. geparafeerd] initial
**parafernalia** *zn* [mv] ❶ *gedoe* fuss and bother ❷ *attributen* paraphernalia, bits and pieces
**paraffine** *v* ❶ *wasachtige stof* paraffin wax ❷ *bepaalde koolwaterstof* paraffin
**paraffineolie** *v* [oliën, -s] paraffin oil
**parafrase** *v* [-s & -n] paraphrase
**parafraseren** *overg* [parafraseerde, h. geparafraseerd] paraphrase
**paragnost** *m* [-en] psychic, clairvoyant
**paragraaf** *m* [-grafen] ❶ *tekstonderdeel* section ❷ *teken* section/paragraph mark
**Paraguay** *o* Paraguay

**parallel** I *bn & bijw* ❶ *evenwijdig* parallel ∗~*lopen met* be/run parallel with/to ❷ *overeenkomend* parallel, analogous II *v* [-len] parallel ∗ *een* ~ *trekken* draw a parallel
**parallellepipedum** *o* [-da & -s] parallelepiped
**parallellie** *v* [-ën] parallelism
**parallellogram** *o* [-men] parallelogram
**parallelschakeling** *v* [-en] parallel connection, shunt
**parallelweg** *m* [-wegen] parallel/service road
**Paralympics** *zn* [mv] Paralympics
**paramedisch** *bn* paramedical
**parameter** *m* [-s] parameter
**paramilitair** *bn* paramilitary
**paranimf** *m* [-en] 'paranimf', assistant to a doctoral candidate at the conferring ceremony
**paranoia** *v* paranoia
**paranoïde** *bn* paranoid
**paranoot** *v* [-noten] Brazil nut
**paranormaal** *bn* paranormal
**paraplu** *m* ['s] umbrella
**paraplubak** *m* [-ken], **paraplustandaard** [-s] umbrella stand
**parapsychologie** *v* parapsychology, psychic research
**parasiet** *m* [-en] parasite
**parasiteren** *onoverg* [parasiteerde, h. geparasiteerd] ❶ *parasitize* ❷ *klaplopen* sponge (on/off)
**parasol** *m* [-s] sunshade, parasol, sun umbrella
**parastataal** *bn* ZN semi-official, semi-governmental
**parastatale** *v* [-n] ZN semi-official government/authority
**paratroepen** *zn* [mv] paratroops
**paratyfus** *m* paratyphoid
**parcours, parkoers** *o* [-en] circuit, course, track ∗ *een foutloos* ~*a* clear round
**pardoes** *bijw* bang, slap, smack ∗ *iem.* ~*tegen het lijf lopen* bump into sbd
**pardon** *o* pardon ∗~, *meneer!* sorry!, I beg your pardon!; excuse me, sir, ‹could you...› ∗ *zonder* ~ without mercy, form inexorably ∗ *geen* ~*geven* give no quarter ∗ *een rechterlijk* ~*a* judicial pardon
**parel** *v* [-s & -en] pearl ∗ bijbel *~en voor de zwijnen werpen* cast pearls before the swine
**parelduiker** *m* [-s] ❶ *visser* pearl diver ❷ *vogel* black-throated diver
**parelen** *onoverg* [parelde, h. gepareld] pearl, bead ∗ *het zweet parelde hem op het voorhoofd* his forehead was beaded with sweat
**parelhoen** *o* [-ders] *vogel* guinea fowl
**parelmoer, paarlemoer** *o* mother-of-pearl
**parelmoeren, paarlemoeren** *bn* mother-of-pearl ‹buttons &›
**pareloester** *v* [-s] pearl oyster
**parelsnoer** *o* [-en] string of pearls
**parelvisser** *m* [-s] pearl fisher
**parelwit** I *o* pearly white II *bn* pearly white
**paren** I *overg* [paarde, h. gepaard] pair, couple,

**pa**

match, unite *... ~aan combine ... with II onoverg
[paarde, h. gepaard] pair, mate, copulate
**parenthese** v [-n & -s], **parenthesis** [-theses]
parenthesis *in ~in parentheses
**pareren** overg [pareerde, h. gepareerd] afweren
parry, ward off
**parfum** o & m [-s] perfume, scent
**parfumeren** onoverg [parfumeerde, h. geparfumeerd]
perfume, scent
**parfumerie** v [-rieën] perfumery
**pari** bijw & o ['s] handel par *a ~at par *beneden ~
below par, at a discount ~boven ~above par, at a
premium *~staan be at par
**paria** m-v ['s] pariah
**parig** bn in pairs, letterk two-line
**Parijs** I o Paris II bn Parisian, Paris
**Parijzenaar** m [-s] Parisian
**paring** v [-en] ❶copulatie mating, copulation
❷tweetallen maken pairing
**paringsdrift** v mating instinct, sexual drive
**Parisienne** v [-s] Parisian
**paritair** bn on an equal footing, having equal
representation *ZN het ~comité a committee of
equally represented employers and trade unionists
**pariteit** v [-en] parity
**park** o [-en] park, grounds *een nationaal ~a
national park
**parka** m ['s] parka, anorak
**parkeerautomaat** m [-maten] car park ticket
machine
**parkeerbon** m [-s & -nen] parking ticket
**parkeergarage** v [-s] parking garage *een
ondergrondse ~an underground car park
**parkeergeld** o [-en] parking fee
**parkeergelegenheid** v [-heden] parking
facilities/space
**parkeerhaven** v [-s] parking bay, Br lay-by
**parkeerlicht** o [-en] parking light
**parkeermeter** m [-s] parking meter
**parkeerplaats** v [-en] ❶voor een auto parking
place/space ❷parkeerterrein car park, parking lot
**parkeerpolitie** v traffic warden
**parkeerschijf** v [-schijven] parking disc/Am disk
**parkeerstrook** v [-stroken] parking lane
**parkeerterrein** o [-en] car park, parking lot/place
**parkeervak** o [-ken] parking bay/place
**parkeerverbod** o [-boden] ❶parking prohibition
❷op bord No Parking
**parkeervergunning** v [-en] parking licence/Am
license
**parkeerwacht** m [-en], **parkeerwachter** [-s] car
park attendant, traffic warden
**parkeren** overg en onoverg [parkeerde, h.
geparkeerd] park *dubbel ~double-park *niet ~
no parking
**parket** o [-ten] ❶vloerbedekking parquet, ‹decoratief›
parquetry ❷Openbaar Ministerie (office of the)
public prosecutor ❸rang in theater ± stalls ▼iem. in

een lastig ~brengen put/place sbd in an awkward
position, embarrass sbd ▼inf hij zat in een lastig ~
he was in a real fix/a difficult situation
**parketnummer** o [-s] jur case number
**parketpolitie** v court police
**parketvloer** m [-en] parquet floor(ing), parquetry
**parketwacht** v court police
**parketwachter** m [-s] court officer, officer of the
court
**parkiet** m [-en] ❶budgerigar, inf budgie ❷iets
groter parakeet
**parking** m [-s] ZN parking place/lot, car park
**parkinson** m *de ziekte van Parkinson Parkinson's
disease
**parkinsonpatiënt** m [-en] sufferer from Parkinson's
disease
**parkoers** o → **parcours**
**parkwachter** m [-s] park keeper
**parlando** I bn & bijw parlando II o [-s] parlando
passage
**parlement** o [-en] parliament *in het ~in
parliament
**parlementair** I bn ❶parliamentary *de ~e vlag the
flag of truce, the white flag ❷beschaafd
parliamentary, civil II bijw beschaafd in a
parliamentary manner *zich ~uitdrukken use
parliamentary language III m [-s & -en] bearer of a
flag of truce
**parlementariër** m [-s] parliamentarian, member of
parliament, M.P.
**parlementsgebouw** o [-en] parliament building
**parlementslid** o [-leden] member of parliament,
M.P.
**parlevinken** onoverg [parlevinkte, h. geparlevinkt]
❶kletsen chat, ‹onverstaanbaar› talk gibberish
❷handel drijven peddle
**parmant, parmantig** I bn pert, jaunty, cheeky,
dapper II bijw pertly &
**parmezaan** m Parmesan cheese
**Parmezaans** bn *~e kaas Parmesan cheese
**parochiaal** bn parochial
**parochiaan** m [-anen] parishioner
**parochie** v [-s & -chiën] parish
**parochiekerk** v [-en] parish church
**parodie** v [-dieën] parody, ‹act› skit, afkeurend
travesty
**parodiëren** overg [parodieerde, h. geparodieerd]
parody, inf take off, afkeurend travesty
**parodontose** v periodontosis
**parool** o [-rolen] ❶erewoord parole ❷wachtwoord
password, watchword ❸leus slogan, watchword,
motto
**part** I o [-en] part, portion, share *ik had er ~noch
deel aan I had nothing to do with it *voor mijn ~as
for my part, as far as I'm concerned II v [-en] *iem.
~en spelen play a trick on sbd, play sbd false *mijn
geheugen speelt mij ~en my memory is playing tricks
on me

**parterre** *o & m* [-s] ❶ *in theater* pit ❷ *v. huis* ground floor. **Am** first floor
**participant** *m* [-en] ❶ *deelnemer* participant, partner ❷ *aandeelhouder* shareholder
**participatie** *v* [-s] participation, taking part
**participatiemaatschappij** *v* [-en] financial holding company, investment/participation company, **Am** venture capital company
**participeren** *onoverg* [participeerde, h. geparticipeerd] participate, take part
**participium** *o* [-s & -pia] taalk participle
**particulier** **I** *bn* private * *het ~initiatief* private enterprise * *een ~e school* a private school * *een ~e woning* a private house **II** *bijw* privately **III** *m* [-en] private person/individual
**partieel** *bn* partial * *partiële leerplicht* compulsory part-time education
**partij** *v* [-en] ❶ pol (political) party ❷ *kant in een conflict* party * *beide ~en* both sides, both parties * *~ kiezen* take sides; ⟨bij spelletjes⟩ pick sides * *~ kiezen tegen* take sides against * *~ kiezen voor* be pro ⟨sth⟩, be on ⟨sbd's⟩ side * *de wijste ~ kiezen* choose the wisest course * *van ~ veranderen* change sides * *van de ~ zijn* be in on sth, take part * *~ trekken voor* side with, stand up for * *hij is geen ~ in deze zaak* he isn't involved in this matter * *boven de ~en staan* be impartial * jur *de eisende ~* the claimant/plaintiff * jur *de aangeklaagde ~* the defendant ❸ *spel* game * *een ~ biljarten* have a game of billiards * sp *een goede ~* a good match ❹ handel batch, lot * *een ~ goederen* a shipment/consignment of goods * *bij ~en verkopen* sell in lots/batches ❺ muz part
**partijbestuur** *o* [-sturen] party executive (committee), party leadership
**partijbijeenkomst** *v* [-en] party meeting
**partijbons, partijbonze** *m* [-bonzen] party bigwig
**partijdig** **I** *bn* partial, biased **II** *bijw* in a biased way
**partijdigheid** *v* partiality, bias
**partijganger** *m* [-s] party follower/supporter
**partijgenoot** *m* [-noten] fellow party member
**partijkader** *o* [-s] senior party members
**partijkas** *v* [-sen] party funds
**partijleider** *m* [-s] party leader
**partijleiding** *v* party leadership
**partijlid** *o* [-leden] party member
**partijpolitiek** **I** *v* party politics, ⟨the⟩ party line **II** *bn* party political
**partijraad** *m* [-raden] party council
**partijtje** *o* [-s] ❶ *feest* party * *een ~ geven* give a party ❷ *spelletje* game ❸ handel lot
**partijtop** *m* [-pen] party leadership/executive
**partikel** *o* [-s] particle
**partituur** *v* [-turen] score
**partizaan** *m* [-zanen] partisan
**partje** *o* [-s] section, segment
**partner** *m* [-s] partner
**partnerkeuze** *v* choice of partner

**partnerpensioen** *o* [-en] survivor annuity
**partnerruil** *m* partner-swapping, wife-swapping
**partnerschap** *o* * *een geregistreerd ~a* registered partnership
**parttime** *bn & bijw* part-time * *~werken* work on a part-time basis, have a part-time job
**parttimebaan** *v* [-banen] part-time job/work
**parttimer** *m* [-s] part-time worker
**parvenu** *m* ['s] parvenu, upstart
**pas** **I** *m* [-sen] ❶ *stap* pace, step * *de ~ aangeven* set the pace * *iem. de ~ afsnijden* cut sbd off * *daarvoor is mij de ~ afgesneden* I find my way barred * *zijn ~ inhouden* check one's step * *er de ~ in houden* keep up a smart/brisk pace * *er de ~ in zetten* keep (a firm) pace * *in de ~* in step * *in de ~ blijven met* keep pace/in step with * *in de ~ komen/lopen* catch/keep step * *~ op de plaats maken* mark time * *op tien ~ (afstand)* at ten paces * *uit de ~ raken* get/fall out of step ❷ *bergweg* pass, defile ❸ *paspoort* passport ❹ *vrijgeleide* mil pass **II** *o* ❶ * *waar het ~ geeft* where proper, when done * *dat geeft geen ~/komt niet te ~* that's not the done thing, that won't do * *te ~ en te onpas* whether appropriate or not * *het zal u nog van (te) ~ komen* it will come in handy * *er aan te ~ komen* enter into the question/into it * *hij moest er aan te ~ komen* he had to step in/to intervene * *ik kwam er niet eens aan te ~* I didn't even get a chance * *je komt net van ~* you've come as if you'd been called * *dat kwam mij net van ~* that came in very handy ❷ *waterpas* spirit level **III** *bijw* ❶ *net* just, only, recently * *ik heb het ~ gisteren gedaan* I did it only yesterday * *ze kwam er ~ gisteren achter dat hij al een vriendinnetje had* she didn't find out until yesterday that he already had a girlfriend * *~ getrouwd* newly wed, just married * *ik ben ~ ziek geweest* I've been ill of late ❷ *niet voor* only, not until, as late as * *zij is ~ in 2001 overleden* she only died in 2001 ❸ *echt* really * *dat zou ~ mooi zijn!* that would be really nice! * *dat is ~ muziek!* that's what I call music!
**pascontrole** *v* [-s] passport control
**Pasen** *m* ❶ *joods* Passover ❷ *christelijk* Easter * *Beloken ~* Low Sunday * *als ~ en Pinksteren op één dag vallen* never in a month of Sundays
**pasfoto** *v* ['s] passport photo
**pasgeboren** *bn* newborn, newly born * *een ~ kind* a newborn, a newly born (child)
**pasgeld** *o* (small) change
**pasgetrouwd** *bn* newly wed, just married
**pasje** *o* [-s] ❶ *legitimatiebewijs* pass, ID card ❷ *betaalpas & card* ❸ *stapje* step
**pasjessysteem** *o* [-temen] identity card system
**paskamer** *v* [-s] fitting room, trying-on room
**pasklaar** *bn* ❶ ready for trying on, made to measure ❷ fig cut and dried, ready-made * fig *iets ~ maken voor...* tailor/adapt sth for...
**paskwil** *o* [-len] ❶ *schotschrift* libel, lampoon ❷ *bespotting* mockery, farce

**pasmunt** *v* (small) change
**paspoort** *o* [-en] passport
**paspoortcontrole** *v* [-s] passport control
**paspop** *v* [-pen] tailor's dummy
**pass** *m* [-es] sp pass ∗ *een* ∼*geven* pass, make a pass
**passaat** *m* [-saten], **passaatwind** [-en] trade wind
**passage** *v* [-s] ❶ *doorgang* passage ∗ *we hebben hier veel* ∼ we have a lot of passers-by ❷ *winkelgalerij* arcade, mall ❸ *gedeelte v. boek* passage, excerpt ❹ muz passage, excerpt ❺ scheepv passage ∗∼ *bespreken* book (a passage)
**passagier** *m* [-s] passenger ∗ *een blinde* ∼ a stowaway
**passagieren** *onoverg* [passagierde, h. gepassagierd] go on shore leave
**passagierslijst** *v* [-en] list of passengers, passenger list
**passagiersschip** *o* [-schepen] passenger ship, (luxury) liner
**passagiersterminal** *m* [-s] passenger terminal
**passagiersvliegtuig** *o* [-en] airliner, aircraft
**passant** *m* [-en] ❶ *voorbijganger* passer-by ❷ *doorreizende* transient ▼ *en* ∼ by the way, in passing, incidentally
**passé** *bn* passé, out of date, outmoded
**passen I** *onoverg* [paste, h. gepast] ❶ *nauwsluitend zijn* fit ∗ *deze kleren* ∼ *mij precies* these clothes fit me like a glove/fit perfectly ∗∼ *en meten* try to make ⟨sth⟩ fit; fig juggle, try various ways ∗ *de steel past niet in de opening* the handle doesn't fit the opening ∗ *die kurk past op deze fles* that cork/stopper fits this bottle ❷ *horen bij* match, fit, belong ∗ *dat past er niet bij* it doesn't go (well) with it, it doesn't match ∗ *kunt u mij zijde geven die bij deze past?* do you have silk which matches this? ∗ *ze* ∼ *(niet) bij elkaar* they are (not) well matched, (not) right for each other, they (don't) go together ∗ *slecht bij elkaar* ∼ be badly matched ❸ *gepast zijn, goed uitkomen* suit, be fitting, be appropriate ∗ *het past me niet om dat te doen* ⟨schikken⟩ it doesn't suit me/it's not convenient for me to do that; ⟨toepasselijk zijn⟩ it's not (appropriate) for me to do that ❹ (+ *op*) *letten op, zorgen dat* look after, take care ∗∼ *op iets* mind sth, take care of sth ∗ *op de kinderen* ∼ look after the children, take care of the children ∗ *op zijn woorden* ∼ be careful of one's words, watch what one says ❺ kaartsp pass ∗ *(ik) pas* (I) pass ∗ *ik pas er voor* I won't do it **II** *overg* [paste, h. gepast] ❶ fit, try on ∗ *een jurk* ∼ try a dress on ❷ *v. geld* ∗ *kunt u het niet* ∼? haven't you got the exact money? **III** *overg* [passte, h. gepasst] *een pass geven* pass
**passend I** *bn* ❶ *geschikt* suitable, appropriate, ⟨opportuun⟩ expedient ∗∼*e arbeid* suitable work ∗ *ik kan niets* ∼*s vinden* I can't find anything that's suitable ❷ *gepast* proper, appropriate, becoming, fitting ∗ *een* ∼ *gebruik maken van iets* make proper use of sth, use sth properly/appropriately ❸ *in de goede maat* fitting **II** *bijw* suitably &

**passe-partout** *m & o* [-s] ❶ *lijst* passe-partout ❷ *sleutel* master/skeleton key ❸ *toegangsbewijs* pass, go-as-you-please ticket
**passer** *m* [-s] (pair of) compasses, compass ∗ *een kromme* ∼ cal(l)ipers
**passerdoos** *v* [-dozen] compasses case
**passeren I** *overg* [passeerde, h. en is gepasseerd] ❶ *oversteken* pass, cross ∗ *de grens* ∼ cross the border ❷ *inhalen* pass, overtake ∗ *hij is de vijftig gepasseerd* he's turned fifty, he's on the wrong side of fifty ∗ *mag ik even* ∼? could I get past, please? ∗ *ze hebben elkaar gepasseerd* they passed each other ❸ *doorbrengen* pass ❹ *overslaan* pass over ❺ *goedkeuren v. aktes &* execute **II** *onoverg* [passeerde, is gepasseerd] ❶ *voorbijgaan* pass (by) ∗ *u mag dat niet laten* ∼ you shouldn't let that pass ❷ *gebeuren, overkomen* happen, occur
**passie** *v* [-s] ❶ *hartstocht* passion, enthusiasm ❷ *manie* mania, craze ▼ *de Passie* the Passion ⟨of Christ⟩
**passiebloem** *v* [-en] passion flower
**passief I** *bn* passive ∗ *een passieve handelsbalans* a passive/an unfavourable balance of trade **II** *bijw* passively ∗∼ *roken* passive smoking **III** *o* [-siva] ∗ handel *het* ∼ *en actief* assets and liabilities
**passiespel** *o* [-spelen] passion play
**passievrucht** *v* [-en] passion fruit
**passieweek** *v* [-weken] Passion Week, Holy Week
**passiva** *zn* [mv] handel liabilities ∗ boekh *overlopende* ∼ accruals and deferred income
**passiviteit** *v* passivity
**password** *o* [-s] comput password
**pasta** *m & o* ['s] ❶ *smeerbare stof* paste ❷ *deegwaren* pasta
**pastei** *v* [-en] pie, ⟨vooral met groente⟩ pasty, ⟨met eieren⟩ quiche
**pasteitje** *o* [-s] vol-au-vent
**pastel** *o* [-s & -len] *krijt, tekening* pastel
**pasteltint** *v* [-en] pastel shade
**pasteurisatie** *v* pasteurization
**pasteuriseren** *overg* [pasteuriseerde, h. gepasteuriseerd] pasteurize
**pastiche** *m* [-s] pastiche
**pastille** *v* [-s] pastille, troche, lozenge
**pastinaak** *v* [-naken] parsnip
**pastoor** *m* [-s] (parish) priest, ⟨als aanspreekvorm⟩ Father
**pastor** *m* [-s] pastor
**pastoraal I** *bn* pastoral **II** *v* RK pastoral work
**pastoraat** *o* [-raten] ❶ *pastoorschap* priesthood ❷ *uitoefening v.h. ambt* pastoral care
**pastorale** *v* [-s & -n] ❶ *letterkunde* pastoral ❷ muz pastorale
**pastorie** *v* [-rieën] ❶ RK presbytery ❷ *Anglicaans* rectory, vicarage ❸ *Protestants* parsonage, manse
**pasvorm** *m* [-en] fit
**pat I** *o bij schaken* stalemate ∗∼ *zetten* stalemate **II** *v* [-ten] *op kleding* tab, mil patch

**pa**

**patat***m* ❶*patates frites* chips, Am French fries ∗*een portie* ~*a* portion of chips ❷*aardappel* [-ten] ZN potato

**patatje***o* [-s] chips, Am French fries ∗*een* ~*met* chips with mayonnaise

**patatkraam***v & o* [-kramen] chippy, ± fish and chips stand, Am ± hot dog stand

**patch***m* [-es] comput software patch

**patchwork***o* patchwork

**paté***m* [-s] pâté

**patent** I *o* [-en] patent ∗~*nemen op iets* take out a patent on sth ∗~*verlenen* grant a patent II *bn* great, terrific, first-rate ∗*er* ~*uitzien* look great/terrific

**patentaanvraag***v* [-vragen] patent application

**patenteren***overg* [patenteerde, h. gepatenteerd] ❶*octrooi nemen* patent ❷*octrooi verlenen* grant a patent

**pater***m* [-s] father, priest ∗*een Witte Pater* a White Father

**paternalisme***o* paternalism

**paternalistisch***bn* paternalistic

**paternoster** I *o* [-s] *gebed* paternoster II *m* [-s] *rozenkrans* rosary ▾inf ⟨handboeien⟩ ~*s* bracelets, cuffs

**pathetiek***v* pathos

**pathetisch***bn* pathetic

**pathologie***v* pathology

**pathologisch***bn* pathological

**patholoog***m* [-logen] pathologist

**patholoog-anatoom***m* [pathalogen-anatomen] pathologist

**pathos***o* pathos, afkeurend melodrama

**patience***o* patience, solitaire

**patiënt***m* [-en] patient

**patina***o* patina

**patio***m* ['s] patio

**patisserie***v* [-rieën] ❶*banketbakkerij* confectioner, pastry shop ❷*gebak* cakes, pastry

**patjakker***m* [-s] scamp, rogue, scoundrel

**patjepeeër***m* [-s] inf vulgarian, boor

**patriarch***m* [-en] patriarch

**patriarchaat***o* ❶*waardigheid v. patriarch* patriarchate ❷*systeem* patriarchy

**patriciaat***o* patriciate

**patriciër***m* [-s] patrician

**patriciërsgeslacht***o* [-en] aristocratic/noble family

**patriciërshuis***o* [-huizen] mansion

**patrijs***m & v* [-trijzen] partridge

**patrijshond***m* [-en] spaniel

**patrijspoort***v* [-en] porthole

**patriot***m* [-ten] patriot

**patriottisch***bn* patriotic

**patriottisme***o* patriotism

**patronaat***o* [-naten] ❶*bescherming* patronage ❷*jongerenvereniging* Catholic youth group ❸*werkgeversorganisatie* Belg employers

**patrones***v* [-sen] ❶*heilige* patron saint ❷*beschermvrouw* patron(ess)

**patroon** I *m* [-s] ❶*baas* employer, chief, boss ❷*heilige* patron saint ❸*beschermheer* patron II *v* [-tronen] *in vuurwapen & inktpatroon* cartridge ∗*een losse* ~*a* blank cartridge ∗*een scherpe* ~*a* live cartridge III *o* [-tronen] *model* pattern, design

**patroonheilige***m en v* [-n] patron saint

**patroonhuls***v* [-hulzen] cartridge case

**patroontas***v* [-sen] cartridge box

**patrouille***v* [-s] patrol ∗*op* ~*on* patrol

**patrouilleauto***m* ['s] patrol/squad car

**patrouilleren***onoverg* [patrouilleerde, h. gepatrouilleerd] patrol ∗~*door/in de straten* patrol the streets

**patrouillevaartuig***o* [-en] patrol boat

**pats** I *m* [-en] wham, slap, whack II *tsw* wham!, slap!, whack!

**patser***m* [-s] ❶*slechterik* thug ❷*macho* show-off, macho

**patserig***bn* macho, show-off

**patstelling***v* ❶*schaken* stalemate ❷*fig* stalemate, deadlock

**pauk***v* [-en] kettledrum ∗*de* ~*en* the timpani

**paukenist***m* [-en], **paukenslager**[-s] timpanist, kettledrummer

**pauper***m* [-s] pauper

**paus***m* [-en] pope ∗*roomser dan de* ~*zijn* be more Catholic than the Pope

**pausdom***o* papacy

**pauselijk***bn* papal ∗*de* ~*e stoel* the Holy See ∗*de* ~*e waardigheid* the papacy

**pausmobiel***o* [-en] Popemobile

**pausschap***o* papacy

**pauw***m* [-en] peacock

**pauwenoog***o* [-ogen] *vlek op staart* peacock eye

**pauwin***v* [-nen] peahen

**pauwoog***m* [-ogen] *vlinder* peacock butterfly

**pauwstaart***m* [-en] *duif* fantail (pigeon), peacock's tail

**pauze***v* [-s & -n] break, pause, ⟨in toneelvoorstelling &⟩ interval, muz rest

**pauzefilm***m* [-s] lunchtime film

**pauzefilmpje***o* [-s] filler

**pauzeren***onoverg* [pauzeerde, h. gepauzeerd] pause, rest

**paviljoen***o* [-en & -s] pavilion

**pay-tv***v* pay TV, pay television

**pc***afk en m* ['s] (personal computer) PC

**pecannoot***v* [-noten] pecan

**pech***m* ❶*bad luck* ∗*ik heb altijd* ~*just* my luck ∗*wat een* ~*!* what bad luck! ∗~*gehad!* bad/hard luck! ❷*panne* breakdown ∗*wij hadden* ~*met de auto* we had car trouble

**pechlamp***v* [-en] breakdown lamp

**pechvogel***m* [-s] unlucky person ∗*hij is een* ~*bad luck always comes his way

**pedaal***o & m* [-dalen] pedal

**pedaalemmer***m* [-s] pedal bin

**pedagogie, pedagogiek**v (theory/science of) education, pedagogy

**pedagogisch I** bn educational ∗een ∼e academie a teacher training college **II** bijw educationally

**pedagoog**m [-gogen] educationalist, teacher

**pedant I** bn pedantic, ⟨zelfvoldaan⟩ priggish, ⟨eigenwijs⟩ cocky, smart-alec(k)y ∗een ∼e kwast a smart alec(k) **II** bijw pedantically, priggishly, cockily ∗hij keek ∼om zich heen he looked around cockily **III** m [-en] pedant, prig

**pedanterie**v [-rieën] pedantry, priggishness

**peddel**m [-s] paddle

**peddelen**onoverg [peddelde, h. en is gepeddeld] ❶fietsen pedal ❷roeien paddle

**pedel**m [-len & -s] registrar

**pediatrie**v paediatrics, Am pediatrics

**pedicure I** m-v [-n & -s] persoon pedicure, chiropodist **II** v handeling pedicure, chiropody

**pedofiel I** m-v [-en] paedophile, Am pedophile **II** bn paedophile, Am pedophile

**pedofilie**v paedophilia, Am pedophilia

**pedometer**m [-s] pedometer

**pee**v ∗ergens de ∼in hebben be annoyed/fed up about sth, inf be pissed off about sth

**peen**v [penen] carrot ∗een witte ∼a parsnip ∗∼tjes zweten be in a cold sweat, inf be in a blue funk, be sitting on hot coals

**peer I** v [peren] ❶vrucht pear ∗iem. met de gebakken peren laten zitten leave sbd holding the baby ❷gloeilamp bulb **II** m [peren] ❶perenboom pear (tree) ❷kerel chap ∗ik vind hem zo'n peer! I think he's great!

**peervormig**bn pear-shaped

**pees**v [pezen] tendon, sinew, inf string ∗een verrekte ∼a pulled tendon

**peeskamertje**o [-s] room where a prostitute works

**peesontsteking**v [-en] inflammation of the tendon, tendinitis

**peesschede**v [-n] tendon sheath

**peetdochter**v [-s] goddaughter

**peetmoeder**v [-s] godmother

**peetoom**m [-s] godfather

**peetouders**zn [mv] godparents

**peettante**v [-s] godmother

**peetvader**m [-s] godfather

**peetzoon**m [-s & -zonen] godson

**pegel**m [-s] ijspegel icicle ▼inf ⟨geld⟩ ∼s dough, bread, cash

**peignoir**m [-s] dressing gown, Am robe

**peilo** [-en] ❶maat gauge ❷merkteken mark ∗beneden/boven Amsterdams ∼below/above Amsterdam ordnance zero ❸niveau fig standard, level ∗het ∼verhogen raise the standard/level ∗beneden ∼below standard/the mark, not up to standard/the mark ∗op ∼brengen bring up to (the required) standard ∗op hetzelfde ∼brengen put on the same level ∗ ⟨voorraden, export &⟩ op ∼houden keep up (to the level), maintain ∗er is geen ∼op hem

te trekken he's quite unpredictable

**peildatum**m [-data & -s] set day, reference date

**peilen**overg [peilde, h. gepeild] ❶inhoud van vat gauge ❷diepte van water sound, fathom ❸wond probe ❹positie bepalen take bearings, locate the position of ❺fig ⟨hart⟩ search, ⟨ellende &⟩ plumb, ⟨motieven &⟩ probe, sound out

**peilglas**o [-glazen] (water) gauge

**peiling**v [-en] ❶plaatsbepaling bearing ❷scheepv sounding ∗iem./iets in de ∼hebben cotton onto sbd/sth ∗iem. in de ∼nemen have sbd sized up

**peillood**o [-loden] sounding lead, plumb line

**peilloos I** bn unfathomable, fathomless **II** bijw unfathomably, fathomlessly

**peilstok**m [-ken] ❶gauging/sounding rod ❷auto dipstick

**peinzen**onoverg [peinsde, h. gepeinsd] ❶denken (over) consider, think about ∗ik peins er niet over I wouldn't think of it ❷ernstig nadenken ponder, meditate, muse (over on)

**peinzend**bn meditative, pensive

**pejoratief**bn & m [-tieven] pejorative

**pek**o & m pitch ∗wie met ∼omgaat, wordt er mee besmet evil rubs off

**pekel**m ❶zout water brine ❷voor wegen salt, grit

**pekelen**overg [pekelde, h. gepekeld] ❶voedsel pickle, ⟨vlees⟩ salt ❷wegen salt, grit

**pekelharing**m [-en] salt(ed) herring

**pekelvlees**o salted meat

**pekelzonde**v [-n] peccadillo

**pekinees**m [-nezen] hond Pekinese

**Peking**o Beijing, hist Peking

**pekingeend**v [-en] Peking duck

**pelgrim**m [-s] pilgrim

**pelgrimage**v [-s] pilgrimage

**pelgrimsoord**o [-en] place of pilgrimage

**pelgrimstocht**m [-en] pilgrimage

**pelikaan**m [-kanen] pelican

**pellen**overg [pelde, h. gepeld] ❶eieren, garnalen peel ❷noten, erwten shell ❸rijst hull, husk ❹aardappelen ZN peel

**peloton**o [-s] ❶mil platoon ❷sp bunch, pack, ⟨wielrenners⟩ peloton

**pels**m [pelzen] ❶bont fur ❷jas ZN fur (coat)

**pelsdier**o [-en] furred/furbearing animal

**pelsjager**m [-s] trapper

**peluw**v [-s & -en] ⟨langwerpig⟩ bolster, ⟨hoofdkussen⟩ pillow

**pen**v [-nen] ❶schrijfgerei pen ∗de ∼voeren wield the pen ∗het is in de ∼gebleven it stayed at the paper stage ∗in de ∼geven dictate ∗in de ∼klimmen take up one's pen, put pen to paper ∗het is/zit in de ∼it's in preparation ∗het is met geen ∼te beschrijven it defies description ∗het is mij uit de ∼gevloeid it was a slip of the pen ∗van de ∼leven live by one's pen ❷los pennetje nib ❸veren pen feather, quill ❹stift ⟨metaal⟩ pin, ⟨hout⟩ peg, plug ❺naald om te breien & needle

**pe**

**penaal** *bn* penal

**penalty** *m* [-'s] penalty kick, penalty

**penaltystip** *v* [-pen] penalty spot

**penarie** *v* *in de ~zitten* be in a terrible mess, be in deep trouble

**pendant** *o & m* [-en] pendant, companion picture/portrait/piece, counterpart *dit schilderij is de ~van dat* this painting is the companion piece of that one

**pendel** *m* [-s] ❶*slinger* pendulum ❷*wichelroede* ZN divining rod

**pendelaar** *m* [-s] ❶*forens* commuter ❷*wichelroedeloper* ZN diviner

**pendelbus** *m & v* [-sen] shuttle bus

**pendeldienst** *m* [-en] shuttle service

**pendelen** *onoverg* [pendelde, h. gependeld] ❶*heen- en weer reizen* commute, shuttle ❷*m. e. wichelroede* ZN search with a divining rod

**pendule** *v* [-s] mantel clock

**penetrant** *bn* penetrating, piercing, ‹v. geur› pungent

**penetratie** *v* [-s] penetration

**penetreren** *overg & onoverg* [penetreerde, h. en is gepenetreerd] penetrate (*in* into)

**penhouder** *m* [-s] penholder

**penibel** *bn* painful, embarrassing, awkward

**penicilline** *v* penicillin

**penis** *m* [-sen] penis

**peniskoker** *m* [-s] penis gourd

**penisnijd** *m* penis envy

**penitentiair** *bn* penitentiary *een ~e inrichting* a penitentiary

**penitentie** *v* [-s & -tiën] ❶*boete* penance ❷*fig* ordeal, trial

**pennen** *onoverg & overg* [pende, h. gepend] pen, write

**pennenbak** *m* [-ken] pen tray

**pennenlikker** *m* [-s] pen pusher

**pennenmes** *o* [-sen] penknife

**pennenstreek** *v* [-streken] stroke/dash of the pen *met één ~*with one stroke of the pen

**pennenstrijd** *m* controversy, polemic

**pennenvrucht** *v* [-en] fruits/products of one's pen

**pennenzak** *m* [-ken] ZN pencil case

**penning** *m* [-en] ❶*munt* penny, ‹voor automaten› token *op de ~zijn* be very tight with money ❷*ereteken* medal ❸*v. politieagenten* badge

**penningkruid** *o* moneywort

**penningkunde** *v* numismatics

**penningmeester** *m* [-s] treasurer

**penopauze** *v* male menopause

**penoze** *v* underworld, lowlife

**pens** *v* [-en] ❶*buik* paunch, belly, gut ❷*ingewanden* tripe ❸*bloedworst* ZN black pudding ❹*maag van koe & rumen*

**pensee** *l v* [-s] *viooltje* wild pansy, heartsease **ll** *o kleur* violet

**penseel** *o* [-selen] (paint) brush

**penseelstreek** *v* [-streken] stroke of the brush, brushstroke

**pensioen** *o* [-en] retirement pay, pension, superannuation, mil retired pay *~aanvragen* apply for one's pension *~krijgen* be pensioned off; mil be placed on the retired list *~nemen, met ~gaan* retire (on a pension); mil be pensioned off, retire

**pensioenbijdrage** *v* [-n] pension/superannuation contributions

**pensioenbreuk** *v* break in pension/superannuation contributions

**pensioenfonds** *o* [-en] pension/superannuation fund

**pensioengerechtigd** *bn* pensionable *de ~e leeftijd bereiken* reach retiring age, reach the age of retirement

**pensioenopbouw** *m* pension/superannuation build-up

**pensioenpremie** *v* [-s] pension/superannuation contributions

**pension** *o* [-s] boarding/guest house *in ~zijn* live in a boarding house *met vol ~*with full board *met half ~*half board

**pensionaat** *o* [-naten] boarding school

**pensioneren** *overg* [pensioneerde, h. gepensioneerd] ❶pension off ❷mil place on the retired list *een gepensioneerd generaal* a retired general

**pensionering** *v* [-en] pension, retirement, superannuation

**pensionhouder** *m* [-s] landlord

**pentagram** *o* [-men] pentangle, pentagram

**pentatlon** *en o* [-s] pentathlon

**pentekening** *v* [-en] pen drawing

**penthouse** *o* [-s] penthouse

**penvriend** *m* [-en], **penvriendin** *v* [-nen] penfriend, pen pal

**pep** *m* ❶*fut* pep, energy ❷*stimulerend middel* pep pill

**peper** *m* [-s] pepper *een Spaanse ~*a chilli * ‹kleur› *~en zout* pepper and salt

**peperbus** *v* [-sen] pepper pot/shaker

**peperduur** *bn* high-priced, steep ‹prices› *dat is ~* that's extremely expensive

**peperen** *overg* [peperde, h. gepeperd] pepper *een gepeperde rekening* a steep bill

**peper-en-zoutstel** *o* [-len] salt and pepper set/shakers

**peperkoek** *m* [-en] *gekruide koek* gingerbread

**peperkorrel** *m* [-s] peppercorn

**pepermolen** *m* [-s] pepper mill

**pepermunt** *v* [-en] *kruid, snoepje* peppermint

**pepermuntje** *o* [-s] peppermint, mint

**pepernoot** *v* [-noten] gingerbread nut

**pepmiddel** *o* [-en] pep pill, stimulant

**pepperspray** *m* [-s] pepper spray

**peppil** *v* [-len] pep pill, stimulant

pe

**pepsine** v pepsin
**peptalk** m pep talk
**peptide** v & o [-n & -s] peptide
**per** voorz ❶ door middel van by * ~trein by train ❷ voor/bij/in elk(e) per, a, by * ~kilo by the kilo, per kilo * ~dag a day, per day * ~hoofd van de bevolking per capita, per head of population * 135 inwoners ~vierkante kilometer 135 inhabitants per square kilometre * er worden 5000 auto's ~week gemaakt cars are being manufactured at the rate of 5000 a week ❸ met ingang van as of * ~1 maart as of the 1st of March
**perceel** o [-celen] ❶ stuk grond block, lot, parcel ❷ huis + erf premises, property
**percent** o [-en] percent * ~en percentage
**percentage** o [-s] percentage
**percentiel** o [-en] percentile
**percentsgewijs, percentsgewijze, percentueel** bn & bijw → **procentueel**
**perceptie** v [-s] perception
**perceptief** bn perceptive
**perceptievermogen** o perception, perceptiveness
**perceptueel** bn & bijw perceptual * ~leren perceptual learning
**percipiëren** overg [percipieerde, h. gepercipieerd] perceive
**percolator** m [-s] percolator
**percussie** v percussion
**percussionist** m [-en] percussionist
**perenboom** m [-bomen] pear tree
**perensap** o pear juice
**perestrojka** m perestroika
**perfect** bn perfect * in ~e staat in mint condition, in a perfect state
**perfectie** v perfection * in de ~perfectly, to perfection
**perfectioneren** overg [perfectioneerde, h. geperfectioneerd] perfect
**perfectionisme** o perfectionism
**perfectionist** m [-en] perfectionist
**perfectionistisch** bn perfectionist
**perfide** I bn treacherous, deceitful, dicht perfidious II bijw treacherously &
**perforatie** v [-s] perforation
**perforator** m [-s & -toren] perforator, punch
**perforeren** overg [perforeerde, h. geperforeerd] perforate
**performance** m & v [-s] performance
**pergola** m & v ['s] pergola
**perifeer** bn peripheral
**periferie** v ❶ omtrek periphery, perimeter ❷ randgebied fringe(s), edge * de ~van de wereld the edge of the world * de ~van de stad the outskirts of the town ❸ buitenwijken ZN outskirts, suburbs
**perikelen** zn [mv] ❶ gevaren perils ❷ lotgevallen highs and lows, ups and downs, adventures
**periode** v [-s & -n] period, ⟨kort⟩ spell * in deze ~in this period, at this stage * een ~van regenachtig

weer a spell of rainy weather
**periodekampioen** m [-en] playoff qualifier
**periodiek** I bn periodical, intermittent * ~e onthouding the rhythm method ⟨of birth control⟩ ▼ scheik het ~e systeem the periodic table II bijw periodically, intermittently * ~terugkerende ziektes (periodically) recurring illnesses III v & o [-en] ❶ publicatie periodical ❷ salarisverhoging increment
**periscoop** m [-copen] periscope
**peristaltiek** v peristalsis
**peristaltisch** bn peristaltic * ~e bewegingen peristalsis
**perk** o [-en] ❶ bloemperk (flower)bed ❷ grens bound, limit * binnen de ~en van de wet blijven remain within the bounds of the law * binnen de ~en houden limit, contain * alle ~en te buiten gaan go beyond all bounds/limits
**perkament** o [-en] parchment, vellum
**permafrost** m permafrost
**permanent** I bn ❶ aanhoudend permanent, constant * ~gezanik constant nagging/trouble ❷ blijvend enduring ⟨memory⟩, lasting ⟨peace⟩, standing ⟨committee⟩, permanent ⟨exhibition⟩ ❸ onveranderlijk permanent, stable, ⟨kleuren⟩ fast II bijw permanently, constantly III m permanent (wave), perm
**permanenten** overg [permanentte, h. gepermanent] give a permanent wave * zijn haar laten ~have one's hair permed
**permeabel** bn permeable
**permissie** v ❶ permission, leave * met ~with your leave, if you'll permit * ~hebben om... have permission to..., be allowed to.. ❷ mil leave (of absence), furlough

---

**permissie**
Permitteren kan vertaald worden als permit of allow, maar permissie wel als permission maar niet als allowance; allowance betekent toelage, vergoeding.

---

**permissief** bn permissive
**permitteren** I overg [permitteerde, h. gepermitteerd] permit, allow II wederk [permitteerde, h. gepermitteerd] * zich ~ permit/allow oneself * dat kan ik mij niet ~I can't afford it * hij denkt zich alles te kunnen ~he thinks he can get away with murder
**peroxide** o [-n & -s] peroxide
**perpetuum mobile** o perpetual motion machine
**perplex** bn perplexed, taken aback * hij stond ~ ⟨verbaasd⟩ he was flabbergasted; ⟨verward⟩ he was baffled
**perron** o [-s] platform
**Pers** m [Perzen] Persian * de oude Perzen the ancient Persians
**pers** I v [-en] ❶ werktuig press * ter ~e gaan go to press * ter ~e zijn be in the press, be at the printer's

pe

**❷**_gezamenlijke dagbladen &_ press **∗**_hij is bij de_ ~he works for the press **∗**_vertegenwoordigers van de_ ~ newspaper representatives **∗**_een goede_ ~_hebben_ be given a good press **II** _m_ [perzen] _tapijt_ Persian carpet

**persafdeling** _v_ [-en] publicity/press department

**persagentschap** _o_ [-pen] press/news agency

**persbericht** _o_ [-en] **❶**_bericht in de pers_ press/newspaper report **❷**_aan de pers verstrekt bericht_ press release/communiqué

**persbureau** _o_ [-s] press/news agency

**perscentrum** _o_ [-tra, -s] press centre/Am center

**perschef** _m_ [-s] press officer/secretary, public relations officer

**persconferentie** _v_ [-s] press/news conference

**per se** _bijw_ **❶**_met alle macht_ by all means, at all costs **❷**_noodzakelijkerwijs_ necessarily **∗**_een afgestudeerde is nog niet_ ~_een geleerde_ being a graduate doesn't necessarily mean having academic standing

**persen** **I** _overg_ [perste, h. geperst] press, squeeze, compress **∗**_een broek_ ~press a pair of trousers **II** _onoverg_ [perste, h. geperst] **❶**_bij bevalling_ push **❷**_bij stoelgang_ strain

**persfotograaf** _m_ [-grafen] press photographer, cameraman

**persiflage** _v_ [-s] caricature, parody

**persifleren** _overg_ [persifleerde, h. gepersifleerd] caricature, parody

**persing** _v_ [-en] pressing, ⟨druk⟩ pressure, compression

**perskaart** _v_ [-en] press card, (press) pass

**persklaar** _bn_ ready for (the) press

**persleiding** _v_ [-en] high-pressure pipeline

**perslucht** _v_ compressed air

**persmap** _v_ [-pen] press file

**personage** _o & v_ [-s] **❶**_persoon_ figure, person, character **❷**_in toneelstuk &_ character, role

**personal computer** _m_ [-s] personal computer, PC

**personalia** _zn_ [mv] **❶**_persoonlijke gegevens_ personal particulars/details **∗**_zijn_ ~_opgeven_ give one's personal details **❷**_krantenrubriek_ personal column

**personaliseren** _overg_ [personaliseerde, h. gepersonaliseerd] ZN personify

**persona non grata** _v_ [personae non gratae] persona non grata

**personeel** **I** _bn_ personal **∗**_personele belasting_ a capital levy, a wealth tax **II** _o_ personnel, staff, ⟨huishoudelijk⟩ household staff **∗**_het ondersteunend_ ~the support staff **∗**_het onderwijzend_ ~the teaching staff **∗** ~_gevraagd_ situations/positions vacant

**personeelsadvertentie** _v_ [-s] employment ad

**personeelsafdeling** _v_ [-en] personnel (department)

**personeelsbeleid** _o_ personnel/staff management policy

**personeelschef** _m_ [-s] personnel manager

**personeelskosten** _zn_ [mv] personnel/staff expenses

**personeelslid** _o_ [-leden] staff member, member of the staff, employee

**personeelsstop** _m_ freeze on the recruitment of staff

**personeelstekort** _o_ [-en] staff/personnel shortage

**personeelsvereniging** _v_ [-en] staff association

**personeelsvergadering** _v_ [-en] personnel/staff meeting

**personeelszaken** _zn_ [mv] **∗**_de afdeling_ ~the personnel department, the human resources department

**personenauto** _m_ ['s], **personenwagen** [-s] private/passenger car

**personenlift** _m_ [-en] passenger lift

**personentrein** _m_ [-en] passenger train

**personenvervoer** _o_ passenger transport/traffic

**personenwagen** _m_ [-s] → **personenauto**

**personificatie** _v_ [-s] personification

**personifiëren** _overg_ [personifieerde, h. gepersonifieerd] personify

**persoon** _m_ [-sonen] person **∗**_mijn_ ~I, myself **∗**taalk _de derde_ ~_meervoud_ the third person plural **∗**jur _een natuurlijk_ ~a natural person **∗**_publieke personen_ public figures **∗**_in_ (hoogst eigen) ~in person, personally **∗**_de duivel in_ ~the devil incarnate **∗**_hij is de goedheid in_ ~he's kindness itself **∗**_per_ ~_drie euro_ three euros a head, three euros each

**persoonlijk** **I** _bn_ personal **∗**_een_ ~_e ongevallenverzekering_ personal accident insurance **∗**_een_ ~_e pensioenopbouwregeling_ a personal equity/pension plan **∗**_ik wil niet_ ~_worden/zijn_ I don't want to get/be personal **∗**_strikt_ ~strictly personal, private and confidential **II** _bijw_ personally, in person

**persoonlijkheid** _v_ [-heden] personality **∗**_persoonlijkheden_ characters, personalities

**persoonsbewijs** _o_ [-wijzen] identity card, passport

**persoonsgebonden** _bn_ personal **∗**_een_ ~_budget_ a personal/individual budget

**persoonsregister** _o_ burgerlijke stand register of births, deaths and marriages

**persoonsverheerlijking** _v_ personality cult

**persoonsverwisseling** _v_ [-en] (case of) mistaken identity

**persoonsvorm** _m_ [-en] taalk finite form/verb

**perspectief** **I** _o_ [-tieven] **❶**_gezichtspunt_ perspective, viewpoint **∗**_een groepering met een Bijbels_ ~a group that operates under biblical principles **❷**_verwachting_ perspective, prospect **∗**_het economisch_ ~_van de landbouw_ the economic prospects of agriculture **❸**_verband_ perspective, context **∗**_beheerscontrole in een strategisch_ ~ management control within a strategic context/perspective **II** _v_ perspective **∗**_volgens de_ ~ _tekenen_ draw in perspective

**perspectivisch** _bn_ perspective

**perspex** **I** _o_ perspex **II** _bn_ perspex

**perssinaasappel** _m_ [-s & -en] juicing orange

**perstribune**v [-s] reporters/press gallery
**persverklaring**v [-en] press release
**persvoorlichter**m [-s] press officer, public relations officer
**persvrijheid**v freedom of the press
**persweeën**zn [mv] contractions
**pertinent** I bn ❶*absoluut* categorical, definite, absolute ∗*een* ∼*e leugen* a pertinent/categorical lie ∗∼*onzin* absolute/utter nonsense ❷*relevant* jur pertinent, relevant II *bijw* categorically, emphatically, utterly, absolutely ∗∼*volhouden* maintain categorically
**Peru**o Peru
**pervers**bn perverted, degenerate, ‹seksueel afwijkend› inf kinky
**perversie**v [-s] ❶*handeling* perversion ❷*aard* perversity
**perversiteit**v [-en] perversion, degeneration
**Perzië**o Persia
**perzik**v [-en] peach
**perzikboom**m [-bomen] peach tree
**perzikhuid**v soft/peachy skin
**Perzisch** I bn Persian ∗*de* ∼*e Golf* the Persian Gulf ∗*een* ∼*tapijt* a Persian carpet II o *taal* Persian
**pessarium**o [-ria & -s] diaphragm
**pessimisme**o pessimism
**pessimist**m [-en] pessimist
**pessimistisch**bn pessimistic
**pest**v ❶*ziekte* (bubonic) plague, pestilence ∗*hij is zo... als de* ∼he is bloody..., he is (as)... as hell ❷fig pest ∗*de* ∼*aan iets hebben* hate sth like poison ∗*ergens de* ∼*in hebben* be in a foul mood about sth, inf be pissed off about sth ∗*roken is de* ∼*voor je gordijnen* smoking is disastrous for your curtains
**pestbui**v [-en] bad temper, rotten mood ∗*hij heeft een* ∼he's in a rotten mood
**pesten** I onoverg [pestte, h. gepest] ❶*plagen* tease, needle ❷*treiteren* badger, bait, pester ∗*agentje* ∼ bait a policeman II onoverg [pestte, h. gepest] kaartsp play beggar-my-neighbour
**pestepidemie**v [-mieën] plague epidemic
**pesterij**v [-en] pestering, needling, harassment ∗*kleine* ∼*en* petty harassments
**pesthekel**m ∗*een* ∼*hebben aan iets* not be able to stand sth, loathe sth
**pesthumeur**o lousy temper
**pesticide**o [-n] pesticide
**pestilentie**v [-s & -tiën] pestilence, plague
**pestkop**m [-pen] pest, bully
**pesto**m pesto
**pet** I v [-ten] cap, ‹decoratief, stijf› hat ∗*ergens met de* ∼*naar gooien* do sth by halves, do sth in a slipshod fashion ∗*met de* ∼*rondgaan* pass the hat ∗*daar neem ik mijn* ∼*voor af* I take my hat/cap off to that ∗inf *dat gaat boven mijn* ∼that's beyond me, that's over my head ∗*ik kan er met de* ∼*niet bij* it beats me ∗*geen hoge* ∼*ophebben van* not think much of ∗*iets onder de* ∼*houden* keep sth to oneself ∗*Jan met de* ∼

the man in the street ∗*het is huilen met de* ∼*op* ‹slecht gedaan› it's very badly done; ‹slechte afloop› it's a complete disaster II bn lousy, awful ∗inf *dat is* ∼that's rubbish!
**petekind**o [-eren] godchild
**petemoei**v [-en] godmother
**peter**m [-s] *peetoom* godfather
**peterselie**v parsley
**petfles**v [-sen] PET bottle
**petieterig**bn teeny-weeny, tiny
**petitfour**m [-s] petit four
**petitie**v [-s & -tiën] petition ∗*een* ∼*indienen* petition ∗*het recht van* ∼the right to petition
**petoet**m nick, clink, jug ∗*in de* ∼in the nick/clink/jug
**petrochemie**v petrochemistry
**petrochemisch**bn petrochemical
**petroleum**m ❶*aardolie* petroleum, oil ❷*gezuiverd* paraffin, kerosene

> **petroleum**
> is in ruwe staat petroleum of oilen in gezuiverde vorm paraffin of kerosene maar niet petrol Petrol is benzine

**petroleumhoudend**bn petroleum bearing, petroliferous
**petroleumkachel**v [-s] paraffin/kerosine stove, oil heater
**petroleumlamp**v [-en] paraffin/kerosine lamp
**petroleumstel**o [-len] oil stove
**pets**m [-en] smack, bang
**petunia**v [-s] petunia
**peuk**m [-en], **peukje**o [-s] ❶‹cigarette, cigar› end, stub ❷*sigaret* inf fag
**peul**v [-en] *schil v. peulvruchten* pod
**peulenschil**v [-len] fig trifle ∗*dat is een* ∼*etje voor hem* that's peanuts for him
**peultjes**zn [mv] sugar peas/snaps, mangetouts, snow peas ∗*lust je nog* ∼? over to you, anything else?
**peuren** I onoverg [peurde, h. gepeurd], **poeren**op *paling vissen* bob for eels ▾*zit niet in je neus te* ∼ don't pick your nose! II overg [peurde, h. gepeurd] *proberen uit te vinden* inf ferret out
**peut**m ❶*terpentine* turps, thinner ❷*klap* [-en] wallop, whack
**peuter**m [-s] ❶*kind* toddler, pre-schooler ❷*klap* smack, whack
**peuteraar**m [-s] *muggenzifter* nitpicker
**peuteren** I onoverg [peuterde, h. gepeuterd] tinker, fiddle ∗*wie heeft daaraan gepeuterd*? who's been fiddling with this? ∗*in zijn neus* ∼pick one's nose II overg [peuterde, h. gepeuterd] ∗*informatie uit iem.* ∼wrangle/prise information out of sbd
**peuterleidster**v [-s] kindergarten school teacher

pe

**peuterspeelzaal** v [-zalen], ZN **peutertuin** m [-en] playgroup

**peuzelen** onoverg & overg [peuzelde, h. gepeuzeld] munch, nibble

**pezen** onoverg [peesde, h. en is gepeesd] ❶ hard rijden tear along, speed ❷ hard werken toil ❸ zich prostitueren walk the streets

**pezig** bn mager en gespierd sinewy, wiry ∗ ~ vlees stringy meat

**pfeiffer** m glandular fever, inf kissing disease ∗ de ziekte van Pfeiffer glandular fever

**pH-waarde** v pH value

**pianissimo** I bijw zeer zacht muz pianissimo, very softly II o muz pianissimo

**pianist** m [-en] pianist

**piano** I v ['s] piano ∗ ~ spelen play the piano II bijw zacht piano, slowly

**pianobegeleiding** v piano(forte) accompaniment

**pianoconcert** o [-en] ❶ uitvoering piano recital/performance ❷ muziekstuk piano concerto

**pianoforte** v [-s] piano(forte)

**pianokruk** v [-ken] piano stool

**pianola** v ['s] pianola, player piano

**pianoles** v [-sen] piano lesson

**pianospel** o piano playing

**pianostemmer** m [-s] piano tuner

**pias** m [-sen] clown, buffoon

**Picardië** o Picardy

**piccalilly** m piccalilli

**piccolo** I m ['s] bediende bellboy, bellhop II v ['s], **piccolofluit** [-en] piccolo

**picknick** m [-s] picnic

**picknicken** onoverg [picknickte, h. gepicknickt] picnic

**picknickmand** v [-en] picnic basket/hamper

**pick-up** m [-s] record player

**pico bello** bn perfect, first class, splendid ∗ ze ziet er ~ uit she looks very smart

**pictogram** o [-men] pictograph, pictogram

**picture** m ∗ in de ~ zijn be in the limelight/public eye ∗ in de ~ komen come to the fore

**pied-à-terre** o [-s] pied-à-terre, second house, rented accommodation

**piëdestal** o & m [-len & -s] pedestal

**pief** m [-en] inf type, sort ∗ een hoge ~ a bigwig

**piefpafpoef** tsw bang, bang!

**piek** m en v [-en] ❶ lans pike ❷ top peak ∗ een ~ in het vakantieverkeer a holiday traffic peak ▼ een ~ haar a wisp of hair

**pieken** onoverg [piekte, h. gepiekt] ❶ puntig uitsteken stick out/up all over ❷ punk be spiky ❸ de topvorm bereiken sp peak ∗ hij wilde op de Olympische Spelen ~ he wanted to be peaking/to reach his peak by the Olympic Games

**piekeraar** m [-s] tobber worrier

**piekeren** onoverg [piekerde, h. gepiekerd] ❶ zorgen maken worry, brood ∗ hij zat er de hele tijd over te ~ he was worrying/brooding about it all the time

❷ overdenken ponder

**piekfijn** I bn smart, tip-top, A 1, spick-and-span II bijw ∗ ~ gekleed dressed up to the nines, dressed to kill

**piekhaar** o [-haren] spiky hair

**piekuur** o [-uren] peak/rush hour

**pielen** onoverg [pielde, h. gepield] fiddle/mess about

**piemel** m [-s] inf willy, dick, Am pecker

**piemelnaakt** bn inf stark naked, in one's birthday suit

**pienter** I bn clever, smart, bright II bijw cleverly &

**piep** tsw peep, chirp, ⟨muizen⟩ squeak

**piepelen** onoverg [piepelde, h. gepiepeld] cheat, fool

**piepen** onoverg [piepte, h. gepiept] ❶ hoog geluid maken ⟨v. vogels⟩ peep, chirp, ⟨v. muizen⟩ squeak ∗ een ~ de stem a peeping/squeaky voice ❷ v. deur & creak ❸ loeren ZN peep

**pieper** m [-s] ❶ iemand squeaker, squealer, whiner ❷ aardappel inf spud ❸ semafoon bleeper, beeper

**piepjong** bn very young ∗ ik ben niet zo ~ meer I'm no spring chicken

**piepklein** bn tiny, weeny, minute

**piepkuiken** o [-s] spring chicken

**piepschuim** o polystyrene foam

**piepstem** v [-men] squeaky/peeping voice

**pieptoon** m [-tonen] squeaky voice

**piepzak** m ∗ in de ~ zitten be in a blue funk

**pier** m [-en] ❶ dier (earth)worm ∗ voor de ~ en zijn be done for ∗ zo dood als een ~ as dead as a doornail/as a dodo ∗ de kwade ~ zijn be the scapegoat, get the blame ❷ dam pier, jetty

**piercing** m [-s] piercing

**pierement** o [-en] street/barrel organ

**pierenbad** o [-baden] paddling pool

**pierewaaien** onoverg [pierewaaide, h. gepierewaaid] have a fling, go out on the town

**pierewaaier** m [-s] reveller

**pierrot** m [-s] pierrot, clown

**pies** m piss, wee, pee

**piesen** onoverg [pieste, h. gepiest] plassen piss, pee, wee

**piespot** m [-ten] chamber pot, inf piss pot

**Piet** m [-en] ⟨naam⟩ Peter ∗ ⟨tegen kind⟩ je lijkt ~ de Smeerpoets wel! what a little grub/pig! ∗ het is een hele ~ he's really someone ∗ een hoge ~ a bigwig ∗ een saaie ~ a bore ∗ voor ~ Snot staan look like a fool ∗ zwarte ~ kaartsp knave/jack of Spades; ⟨v. Sinterklaas⟩ Black Peter

**piet** m [-en] ❶ vogel canary ∗ ⟨scholekster⟩ de bonte ~ the oystercatcher ❷ hoofdluis inf louse ❸ penis ZN dick

**piëteit** v piety, reverence

**pietepeuterig** bn finicky, minute

**pieterbaas** m Black Peter

**pieterig** bn puny, minute

**pieterman** m [-nen] vis weever

**piëtisme** o pietism

**pietje-precies** o fusspot
**pietlut** m & v [-ten] fusspot
**pietluttig** bn petty, fussy
**pietsje, piezeltje** o [-s] tiny (little) bit, wee (little) bit * *een ~ naar rechts* a fraction to the right
**pigment** o pigment
**pigmentatie** v pigmentation
**pigmentvlek** v [-ken] birthmark, mole
**pij** v [-en] frock, habit * *de ~ aannemen* take the habit
**pijl** m [-en] ❶ *wapen* arrow, bolt * *~ en boog* bow and arrow * <u>fig</u> *hij heeft al zijn ~en verschoten* he's got no more ammunition left * *als een ~ uit de boog* as swift as an arrow, ⟨be off⟩ like a shot * *meer ~en op zijn boog hebben* have more than one string to one's bow ❷ sp dart ❸ *richtingteken* arrow

---

**pijl**
De vaste volgorde voor pijl en boog is in het Engels bow and arrow.

---

**pijler** m [-s] ❶ *pilaar* pillar, column ❷ *v.e. brug* pier
**pijlinktvis** m [-sen] squid
**pijlkoker** m [-s] quiver
**pijlkruid** o arrowhead
**pijlsnel** bn (as) swift as an arrow
**pijlstaart** m [-en] ❶ *achtereind v. pijl* plume ❷ *vogel* pintail ❸ *rog* stingray ❹ *vlinder* hawk moth
**pijltjestoets** m [-en] comput arrow key
**pijlvormig** bn arrow-shaped
**pijn** I v [-en] ❶ pain, ache * *een helse ~* a severe/a terrible/an awful pain * *iem. ~ doen* hurt sbd * *het doet ~* it's painful, it hurts * *~ lijden* suffer pain * *ik heb ~ aan mijn hand* my hand hurts/is very painful * *ik heb ~ in mijn borst* I've got a pain in my chest * *ik heb ~ in mijn keel* I've got a sore throat * *het heeft mij ~ en moeite gekost* it took a great deal of effort ❷ *verdriet* distress II m [-en] *boom* pine, pine tree
**pijnappel** m [-s] pine/fir cone
**pijnappelklier** v [-en] pineal gland
**pijnbank** v [-en] rack * *iem. op de ~ leggen* put sbd on the rack
**pijnbestrijding** v pain control/alleviation
**pijnboom** m [-bomen] pine (tree)
**pijnboompit** v [-ten] pine nut
**pijngrens** v ❶ pain level/threshold ❷ *m.b.t. sportieve activiteit* pain barrier
**pijnigen** overg [pijnigde, h. gepijnigd] torture, rack, torment
**pijniging** v [-en] torture
**pijnlijk** I bn ❶ *zeer doend* painful, sore, aching * *het is ~* it's painful, it hurts * *~e voeten* sore/aching/tender feet ❷ *psychisch ongemak* veroorzakend, netelig painful, awkward, embarrassing, ⟨krenkend⟩ hurtful * *een ~e ontmoeting* a painful meeting ❸ *blijk gevend van pijn* pained * *een ~ gezicht* a pained face

❹ *overnauwkeurig* painstaking * *met ~e nauwkeurigheid* with painful/painstaking accuracy II bijw ❶ painfully ❷ *overnauwkeurig* painstakingly
**pijnloos** I bn painless II bijw painlessly
**pijnprikkel** m [-s] pain stimulus
**pijnpunt** o [-en] painful area
**pijnscheut** m [-en] stab, twinge, shooting (pain)
**pijnstillend** bn soothing, med analgesic * *een ~ middel* a painkiller, med an analgesic
**pijnstiller** m [-s] painkiller, med analgesic
**pijp** v [-en] ❶ *rookgerei* pipe * *een zware ~ roken* come to grief * *de ~ aan Maarten geven* ⟨opgeven⟩ give up, withdraw; ⟨overlijden⟩ die, kick the bucket * *de ~ uitgaan* kick the bucket, snuff it ❷ *buis* pipe, tube ❸ *v. broek* leg ❹ *v. kaneel, lak & stick*
**pijpen** I overg [pijpte, h. gepijpt] *afzuigen* do a blow job * *iem. ~* do a blow job on sbd II onoverg [pijpte, h. gepijpt] *fluiten* whistle * *naar iemands ~ dansen* dance to sbd's tune * *iem. naar zijn ~ laten dansen* have sbd at one's beck and call
**pijpenkrul** v [-len] ringlet, corkscrew curl
**pijpenla, pijpenlade** v [-laden] ❶ *huisje* tiny house ❷ *smal vertrek* long and narrow room/house
**pijpenrager** m [-s] pipe cleaner
**pijpensteel** m [-stelen] stem of a pipe * *het regent pijpenstelen* it's pouring, it's coming down in buckets, it's pelting down, it's raining cats and dogs
**pijpje** o [-s] * *een ~ pils* a small bottle of beer * *een ~ krijt* a piece/stick of chalk
**pijpkaneel** m & o stick cinnamon
**pijpleiding** v [-en] pipeline
**pijpsleutel** m [-s] box/socket spanner
**pijptabak** m pipe tobacco
**pik** I m [-ken] ❶ *prik, steek* sting, stab, peck * *hij heeft de ~ op mij* he has it in for me II v [-ken] ❶ *houweel* pick, pickax(e) ❷ *penis* inf prick, cock * *op zijn ~ getrapt* insulted, huffed III o & m pek pitch
**pikant** bn ❶ *heet* piquant, seasoned, spicy, pungent ❷ *gewaagd* risqué, piquant * *dat gaf het gesprek iets ~s* that added zest/spice to the conversation
**pikdonker, pikkedonker** I bn pitch dark, extremely dark II o pitch darkness * *in het pik(ke)donker* in the dead of night
**pikeren** overg [pikeerde, h. gepikeerd] nettle * *hij was erover gepikeerd* he was nettled/annoyed at it
**piket** I m [-ten] *rondhout* picket II o [-ten] ❶ mil picket ❷ jur duty * *de advocaat van ~* the duty advocate ❸ *kaartspel* piquet
**piketdienst** m jur duty advocates' centre/Am center, mil picket service
**piketpaal** m [-palen] picket
**pikeur** m [-s] ❶ *rijmeester* riding master ❷ *v. circus* ringmaster ❸ *jager* huntsman
**pikhouweel** o [-welen] pickaxe, Am pickax
**pikken** I overg [pikte, h. gepikt] ❶ *besmeren met pek* pitch ❷ *met de snavel* peck ❸ *prikken* prick ❹ *stelen* steal, take, inf nick * *pik in, 't is winter* grab it while the going's good ❺ *nemen* take * *dat pik ik niet* I'm

not putting up with it *een bioscoopje* ~take in a film II*onoverg* [pikte, h. gepikt] **1** *door vogels* pick, peck (*naar* at) **2** *v. verf & be sticky*

**pikorde***v* pecking order

**pikzwart***bn* coal/pitch black

**pil** I*v* [-len] **1** *medicijn* pill *de* ~the pill *een bittere ~slikken* swallow a bitter pill *de ~vergulden* sweeten the pill **2** *dikke boterham* chunk of bread **3** *dik boek* tome II*m* [-len] *v. textiel* pill

**pilaar***m* [-laren] pillar, post

**pilaster***m* [-s] pilaster

**pilav, pilau***m* pilaf

**pilipili***m* ZN mixture of pungent spices

**pillendoos***v* [-dozen] pillbox

**pillendraaier***m* [-s] chemist

**piloot***m* [-loten] pilot *de tweede ~*the co-pilot *de automatische ~*the automatic pilot

**pilotstudie***v* [-s & diën] pilot study

**pils***m & o* Pils(e)ner beer, lager *een ~je* a beer, a pint (of lager) *een kleintje ~*a small beer, a half pint

**piment***o* allspice

**pimpelaar***m* [-s] boozer, tippler

**pimpelen***onoverg* [pimpelde, h. gepimpeld] tipple, booze

**pimpelmees***v* [-mezen] *vogel* blue tit

**pimpelpaars***bn* purple *het is ~met een goud randje* I'm not telling you what colour it is

**pimpernel***v* [-len] *plant* burnet

**pin***v* [-nen] **1** techn peg, pin **2** *knijper* clip *iem. de ~op de neus zetten* put pressure on sbd, put the screws on sbd **3** *gierigaard* ZN miser, niggard

**pinacotheek***v* [-theken] pinacotheca

**pinakel***m* [-s] pinnacle

**pinautomaat***m* [-maten], **pinapparaat***o* [-raten] cash dispenser, ATM machine, automatic teller machine *geld uit de ~halen* get money from the wall/from a cash point

**pincet***o & m* [-ten] (pair of) tweezers

**pincher***m* [-s] pinscher

**pincode***m* [-s] PIN code

**pinda***v* ['s] peanut

**pindakaas***m* peanut butter *helaas, ~!* bad luck!, never mind!

**pindarotsje***o* [-s] peanut brittle

**pindasaus***v* peanut sauce

**pineut***m* *de ~zijn* get the blame, be for it, be the dupe/mug

**pingelaar***m* [-s] **1** haggler **2** *voetbal* player who hangs on to the ball, dribbler

**pingelen***onoverg* [pingelde, h. gepingeld] **1** *afdingen* haggle **2** *met bal* hog the ball, dribble **3** *v. auto* pink, ping **4** *op piano, gitaar* strum

**pingping***m* *geld* lolly, brass

**pingpong***o* ping-pong

**pingpongbal***m* [-len] ping-pong ball

**pingpongen***onoverg* [pingpongde, h. gepingpongd] play ping-pong

**pinguïn***m* [-s] penguin

**pink***m* [-en] **1** *vinger* little finger **2** *scheepv* pink, fishing boat **3** *jong rund* yearling, heifer ▼*hij is behoorlijk bij de ~en* he's all there, he's wide awake

**pinken** I*overg* [pinkte, h. gepinkt] wink, blink *een traan uit de ogen ~*blink a tear away II*onoverg* [pinkte, h. gepinkt] **1** *v. sterren* ZN twinkle **2** *knipogen* ZN wink **3** *richting aangeven* ZN indicate direction

**pinksterbeweging***v* Pentecostal movement

**pinksterbloem***v* [-en] *bloem* cuckoo flower

**pinksterdag***m* [-dagen] Whitsunday *tweede ~* Whitmonday

**Pinksteren***m* Whitsun(tide), Pentecost

**pinksterfeest***o* [-en] Whitsun, Pentecost

**pinkstergemeente***v* [-n, -s] Pentecostal church

**pinkstermaandag***m* Whitmonday

**pinkstervakantie***v* [-s] Whitsun holiday

**pinksterzondag***m* Whitsunday

**pinnen** I*overg* [pinde, h. gepind] *met pinnen bevestigen* pin, peg, fasten with pins II*onoverg* [pinde, h. gepind] **1** *bij geldautomaat* get money from an ATM machine **2** *betalen* pay with a cash card

**pinnig***bn* **1** *onvriendelijk* biting, sharp *een ~e tante* a woman with a biting tongue **2** *gierig* niggardly, tight-fisted, mean, inf stingy

**pinpas***m* [-sen] cash card

**pint***v* [-en] pint *een ~je pakken* have a beer/pint

**pin-upgirl***v* [-s] pin-up girl

**pioen***v* [-en], **pioenroos***v* [-rozen] peony

**pion***m* [-nen] pawn

**pionier***m* [-s] pioneer, trailblazer

**pionieren***onoverg* [pionierde, h. gepionierd] pioneer

**pioniersgeest***m* pioneer spirit

**pionierswerk***o* pioneering work, spadework *~verrichten* break new ground

**piot***m* [-ten] ZN soldier, private

**pipet***v & o* [-ten] pipette

**pips** I*bn* bleek, zwak pale, washed out *er ~uitzien* look pale/washed out/off-colour II*zn* [mv] radio pips

**piqué** I*o* piqué *een ~vest* a piqué waistcoat II*m* [-s] bilj piqué

**piqueren***onoverg* [piqueerde, h. gepiqueerd] bilj make a piqué shot

**piraat***m* [-raten] pirate

**piramide***v* [-s & -n] pyramid

**piramidespel***o*, **piramideverkoop***m* [-kopen] pyramid selling, pyramid investment scheme

**piramidevormig***bn* pyramid-shaped

**piranha***m* ['s] piranha

**piratenschip***o* [-schepen] pirate ship, ⟨piratenzender⟩ pirate radio ship

**piratenzender***m* [-s] pirate (radio station/transmitter)

**piraterij***v* piracy

**pirouette** *v* [-s & -n] pirouette
**pis** *m* piss, pee
**Pisa** *o* Pisa ✳ *de scheve toren van* ~ the leaning tower of Pisa
**pisang** *v* [-s] <u>inf</u> banana ✳ *de* ~ *zijn* be left holding the baby ✳ ~ *goreng* fried banana
**pisbak** *m* [-ken] ❶ *aan de muur* urinal ❷ *openbaar* pissoir, public urinal
**pisbloem** *v* [-en] <u>ZN</u> dandelion
**pisbuis** *v* [-buizen] urethra
**pisnijdig** *bn* furious, in a rage, <u>inf</u> hopping mad
**pispaal** *m* butt, target
**pispot** *m* [-ten] chamber pot, <u>vulg</u> pisspot
**pissebed** *v* [-den] woodlouse, slater
**pissen** *onoverg* [piste, h. gepist] piss ✳ *hij is* ~ he's gone to the loo/gone for a pee ✳ *het is alsof er een engeltje op je tong pist!* it's fit for the gods! ✳ ⟨overspel plegen⟩ *buiten/naast de pot* ~ sleep around
**pissig** *bn* livid, furious, <u>inf</u> pissed off
**pistache** *v* [-s] ❶ *noot* pistachio (nut) ❷ *bonbon* cracker
**pistachenoot** *v* [-noten] pistachio nut
**piste** *v* [-s & -n] ❶ *v. circus* ring ❷ *voor wielrenners* track ❸ *skipiste* piste
**pistolet** *m* [-ten] *broodje* crusty bread roll
**piston** *m* [-s] ❶ *ventiel* <u>muz</u> valve ❷ *blaasinstrument* cornet ❸ *zuiger* <u>techn</u> piston ❹ *kruiwagen bij sollicitaties* <u>ZN</u> connections, pull
**pistool** I *o* [-tolen] *wapen* pistol ✳ *iem. het* ~ *op de borst zetten* bulldoze sbd into doing sth II *m & v munt* pistole
**pistoolschot** *o* [-schoten] pistol shot
**pit** I *o & v* [-ten] ❶ *v. noot* kernel ❷ *v. zonnebloem, katoen, appel, sinaasappel & seed*, pip ✳ *rozijnen zonder* ~ seedless raisins ❸ *v. kersen & stone* ❹ <u>fig</u> spirit ✳ *er zit geen* ~ *in hem* he lacks spark ❺ *v. wijn, boek* body ❻ *v. lamp* wick ❼ *gaspit* burner II *m* [-s] *bij autoraces* pits, pit
**pitabroodje** *o* [-s] pitta/Am pita bread
**pitbull, pitbullterriër** *m* [-s] pitbull (terrier)
**pitcher** *m* [-s] <u>honkbal</u> pitcher
**pitje** *o* [-s] low flame ✳ *op een klein* ~ *koken* cook on a low flame, simmer ✳ *op een laag* ~ *staan* be simmering ✳ <u>fig</u> *iets op een laag* ~ *zetten* put sth on the backburner
**pitloos** *bn* seedless, pipless
**pitriet** *o* rattan
**pits** *m* [-en] ❶ *pietsje* little bit, small piece ❷ <u>autosport</u> pit(s)
**pitsstop** *m* [-s] <u>autosport</u> pit stop
**pitten** I *onoverg* [pitte, h. gepit] *slapen* sleep, <u>inf</u> doss, crash II *overg* [pitte, h. gepit] *van pitten ontdoen* stone
**pittig** I *bn* ❶ *levendig, geestkrachtig* spirited, brisk, lively ⟨discussion⟩, stirring ⟨speech, story⟩, ⟨v. taal⟩ spicy, racy ❷ *v. prijs* steep, stiff ❸ *bier, wijn* full-bodied ❹ *v. eten* hot, spicy, savoury ❺ *moeilijk* tough II *bijw* briskly, stirringly, in a lively/spirited manner

**pittoresk** *bn* picturesque
**pixel** *m* [-s] *beeldpunt* pixel
**pizza** *v* ['s] pizza
**pizzakoerier, pizzabezorger** *m* [-s] pizza deliverer
**pizzeria** *v* ['s] pizzeria, pizza parlour
**pk** *afk* (paardenkracht) hp, horsepower
**plaag** *v* [plagen] ❶ *besmettelijke ziekte* plague ❷ *kwelling* curse, scourge ✳ *een ware* ~ *zijn voor iem.* be a thorn in sbd's flesh ❸ *ramp* disaster ❹ *v. ongedierte* plague, infestation ❺ <u>bijbel</u> plague, pestilence
**plaaggeest** *m* [-en] <u>fig</u> teaser, tease
**plaagstoot** *m* [-stoten] ❶ <u>boksen</u> playful/teasing blow ❷ <u>fig</u> dig ✳ ⟨plagend uitdagen⟩ *iem. een paar plaagstoten uitdelen* make a few digs at sbd
**plaagziek** *bn* fond of bullying/teasing ✳ *een* ~*e bui* a teasing mood
**plaaster** *m* [-s] <u>ZN</u> plaster
**plaasteren** *overg* [plaasterde, h. geplaasterd] <u>ZN</u> plaster
**plaat** *v* [platen] ❶ *ijzer & glas* sheet, plate ✳ *de* ~ *poetsen* clear out, <u>inf</u> beat it ✳ *op de gevoelige* ~ *vastleggen* take a photo ✳ *een druppel op een gloeiende* ~ a drop in the ocean ❷ *marmer* slab ❸ *wijzerplaat* dial ❹ *gravure* picture, engraving, print ✳ *een boek met platen* an illustrated book ❺ *grammofoonplaat* record, disc/Am disk ✳ *een* ~ *draaien* play a record ✳ *een* ~ *maken* make a record(ing) ✳ *een gouden* ~ a gold disc ❻ *ondiepte* shallows
**plaatdruk** *m* [-ken] copperplate printing
**plaatijzer** *o* sheet iron
**plaatje** *o* [-s] ❶ *v. ijzer & plate*, sheet ❷ *afbeelding* picture ✳ ~*s kijken* look at the pictures ⟨in a book⟩ ✳ *dat danseresje zag eruit als een* ~ the dancer looked like a princess ❸ *tandprothese* dental plate
**plaats** *v* [-en] ❶ *locatie, plek* place, point, location ✳ *het is hier niet de* ~ *om...* this is not the place/time for ...ing ✳ *op de* ~ *dood blijven* drop dead on the spot ✳ *op de* ~ *rust!* stand at ease ✳ *op alle* ~*en* everywhere ✳ *ter* ~*e* on the spot ✳ *daar ter* ~*e* there, at that place ✳ *de* ~ *van de misdaad/het ongeluk* the scene of the crime/accident ❷ *positie* place, position, spot ✳ *de* ~ *innemen van...* take the place of... ✳ *neemt uw* ~ *in* take your places ✳ *in de* ~ *treden van iem.* take over from sbd, substitute for sbd ✳ *in uw* ~ ⟨achteraf⟩ if it had been me, if I had been in your position; ⟨vooraf⟩ if I were you ✳ *in* ~ *van* instead of ✳ *in* ~ *daarvan* instead ✳ *in de* ~ *komen van/voor* take the place of ✳ *in de* ~ *stellen van* substitute for, put in the place of ❸ *ruimte* space, room ✳ *het neemt te veel* ~ *in* it takes up too much room ✳ ~ *maken* make room; <u>fig</u> make way ⟨for⟩, give way ⟨to⟩ ❹ *zitplaats, staanplaats & seat*, place ✳ *een* ~ *bespreken* book a seat/ticket ✳ ~ *nemen* sit down, take a seat ✳ ~ *bieden aan* accommodate, seat ⟨200 people⟩ ✳ *van* ~ *ruilen* change places ❺ *plaats in rangorde* place, position ✳ *in/op de allereerste* ~ first

and foremost * *in/op de eerste* ~ ‹volgorde› in the first place, first of all, firstly; ‹belangrijkheid› primarily * *in/op de laatste* ~ last of all, lastly * *een eervolle* ~ *innemen* hold an honoured place ❷ *juiste plek* place, position * *sp op uw* ~ *en!* on your marks! * *daar is hij op zijn* ~ he's in his element there * *dat woord is hier niet op zijn* ~ that word is out of place here * *iem. op zijn* ~ *zetten* put sbd in his (proper) place * *wij zijn ter* ~ *e* we've reached our destination * *niet van zijn* ~ *komen* not move from the spot ❸ *dorp, stad* town, village * *de schoenmaker van de* ~ the local shoemaker * *een leuk* ~ *je* a pretty little town ❹ *binnenplaats* court, yard, courtyard ❺ *boerderij* farm ❻ *betrekking* place, situation, post, office * *de juiste man op de juiste* ~ the right man in the right place ❼ *in boek* place, passage ❽ *dorpsplein* ZN village square, village green ❾ *bergruimte* ZN storage box/room, (bicycle) shelter ❿ *kamer* ZN room ⓫ *meetk* locus

**plaatsbekleder** *m* [-s] deputy, substitute * ‹Paus› *de Plaatsbekleder* the Vicar of Christ
**plaatsbepaling** *v* [-en] location
**plaatsbespreking** *v* (advance) booking, reservation
**plaatsbewijs** *o* [-wijzen] ticket
**plaatschade** *v* bodywork damage
**plaatselijk I** *bn* local * *een* ~ *e verdoving* a local anaesthetic * ~ *e tijd* local time **II** *bijw* locally
**plaatsen** *overg* [plaatste, h. geplaatst] ❶ *een plaats geven* put, place * *een order* ~ place/give an order, order * *geplaatst voor een moeilijkheid/het probleem* faced with a difficulty/the problem * *iem./iets niet goed kunnen* ~ not be able to place sbd/sth * *een machine* ~ put up/place/erect a machine ❷ *een baan geven* place, position, give employment to * *hij heeft zijn zoons goed weten te* ~ he got his sons into good positions * *zich* ~ find a position ❸ *stationeren* station, post ❹ *opnemen in krant & place, insert * *een advertentie* ~ place/insert an advertisement * *een artikel* ~ *in een tijdschrift* publish an article in a journal ❺ *aan de man brengen* dispose of ❻ *sp* place * *het team heeft zich geplaatst voor...* the team has qualified for... * *de bal* ~ place the ball ❼ *geld* invest
**plaatsgebrek** *o* lack of space/room * *wegens* ~ due to lack of space/room
**plaatshebben** *onoverg* [had plaats, h. plaatsgehad] take place
**plaatsing** *v* [-en] ❶ *het plaatsen* placement, placing, positioning * *de* ~ *van troepen* the deployment of troops ❷ *v. advertentie* insertion ❸ *v. kapitaal* investment ❹ *v. personeel* appointment ❺ *klassering* sp ranking, ‹tennis› seeding ❻ *kwalificatie* sp qualification
**plaatsingsmogelijkheid** *v* [-heden] placement opportunity
**plaatskaart** *v* [-en], **plaatskaartje** *o* [-s] ticket
**plaatsnaam** *m* [-namen] place name
**plaatsnemen** *onoverg* [nam plaats, h. plaatsgenomen] have a seat, sit down

**plaatsruimte** *v* space, room * ~ *bieden/hebben voor* provide/have accommodation for
**plaatstaal** *o* sheet steel, steel plate
**plaatsvervangend** *bn* acting ‹manager›, deputy ‹commissioner›, temporary, substitute, replacement * ~ *e schaamte* embarrassment on somebody else's behalf
**plaatsvervanger** *m* [-s] substitute, replacement, ‹met volmacht› deputy, ‹doktor› locum (tenens), ‹acteur› understudy * *als* ~ *optreden voor* deputize/substitute for
**plaatsvinden** *onoverg* [vond plaats, h. plaatsgevonden] take place, happen
**plaatwerk** *o* [-en] ❶ book of plates/illustrations, picture book ❷ techn sheet metal work
**plaatwerker** *m* [-s] sheet metal worker
**placebo** *m* ['s] placebo
**placebo-effect** *o* [-en] placebo effect
**placemat** *m* [-s] place mat
**placenta** *v* ['s] placenta
**pladijs** *m* [-dijzen] vis ZN plaice
**plafond** *o* [-s] ceiling, ‹v. lonen, prijzen & ook› maximum, limit * *aan/tegen zijn* ~ *zitten* have reached one's/its limit
**plafondlamp** *v* [-en] ceiling light, ‹hangend› hanging lamp
**plafonneren** *overg* [plafonneerde, h. geplafonneerd] ❶ *stukadoren* ZN plaster ❷ *een maximum vaststellen* ZN put at a maximum
**plafonnière** *v* [-s] ceiling light
**plag** *v* [-gen] sod * ~ *gen steken* cut sods
**plagen** *overg* [plaagde, h. geplaagd] ❶ *speels* tease * *zij* ~ *hem ermee* they tease him about it ❷ *hinderen* bother, disturb * *mag ik u even* ~? excuse my disturbing you ❸ *uit boosaardigheid* vex, torment ❹ *pesten* bully **II** *onoverg* [plaagde, h. geplaagd] tease, kid * *ik plaag je alleen maar een beetje* I'm just teasing/kidding you
**plagerig** *bn* teasing
**plagerij** *v* [-en] (bit of) teasing, kidding
**plaggenhut** *v* [-ten] sod hut
**plagiaat** *o* [-iaten] plagiarism * ~ *plegen* plagiarize
**plagiaris** *m* [-sen], **plagiator** [-s &-toren] plagiarist
**plagiëren** *overg* [plagieerde, h. geplagieerd] commit plagiarism, plagiarize
**plaid** *m* [-s] ❶ *Schotse mantel* plaid ❷ *reisdeken* (travelling/Am traveling) rug
**plak** *v* [-ken] ❶ *v. ham & slice* ❷ *v. chocola* bar ❸ *medaille* sp medal ❹ *tandplak* (dental) plaque ❺ *strafwerktuig* ferule * *onder de* ~ ‹van zijn vrouw› *zitten* be henpecked * *iem. flink onder de* ~ *houden* keep a tight hold over sbd
**plakband** *o* *doorzichtig* adhesive tape
**plakboek** *o* [-en] scrapbook
**plakkaat** *o* [-katen] ❶ *poster* placard, poster ❷ hist edict
**plakkaatverf** *v* poster paint, poster colour/Am color
**plakken I** *overg* [plakte, h. geplakt] paste, stick, glue

**II** *onoverg* [plakte, h. geplakt] stick, be sticky ✱ <u>fig</u> *hij bleef* ~ he outstayed his welcome; ⟨bumperkleven⟩ he kept on tailgating

**plakker** *m* [-s] ❶ *sticker* sticker ❷ *iem. die (aan)plakt* (bill) sticker ❸ *insect* gypsy moth ❹ *iem. die blijft hangen* somebody who just won't leave

**plakkerig** *bn* ❶ sticky ❷ *v. weer* humid, sticky

**plakletter** *v* [-s] adhesive letter

**plakplaatje** *o* [-s] sticker

**plaksel** *o* [-s] paste, glue

**plakstift** *v* [-en] glue stick

**plakzegel** *m* [-s] receipt/revenue stamp

**plamuren** *overg* [plamuurde, h. geplamuurd] fill

**plamuur** *m & o*, **plamuursel** *o* filler

**plamuurmes** *o* [-sen] filling knife

**plan** *o* [-nen] ❶ *idee, voornemen* plan, intention ✱ *dat is zijn* ~ *niet* that's not his intention ✱ *van* ~ *zijn om...* intend to..., mean to..., be thinking of... ✱ *we zijn niet van* ~ *te werken voor anderen* we are not prepared to/going to work for others ✱ *met het* ~ *om...* with the intention of... ❷ *omlijnd plan, programma* plan, design, scheme, project ✱ *~nen beramen* devise plans ✱ *zijn ~nen blootleggen/ontvouwen* unfold one's plans ✱ *een* ~ *ontwerpen/opmaken* draw up a plan ✱ *een* ~ *vormen* devise a scheme, make a plan, plan ✱ *het* ~ *opvatten om...* plan to... ✱ *~nen smeden tegen* scheme against ✱ *zijn ~nen vaststellen* decide on a course of action ❸ *niveau* plane, level ✱ *op een hoger* ~ on a higher plane, at a higher level

**planbureau** *o* [-s] planning office ✱ *het Centraal Planbureau* the Central Planning Bureau

**planchet** *o* [-ten] narrow shelf

**plan de campagne** *o* plan of action, battle plan

**planeconomie** *v* planned economy

**planeet** *v* [-neten] planet

**planeetbaan** *v* [-banen] orbit of a planet

**planetair** *bn* planetary

**planetarium** *o* [-ria & -s] *gebouw* planetarium

**planetenstelsel** *o* [-s] planetary system

**planimetrie** *v* planimetry

**plank** *v* [-en] ❶ plank, board ❷ *in boekenkast &* shelf ✱ *de* ~ *misslaan* be wide of the mark ✱ *hij komt op de ~en* he's going on stage ✱ *van de bovenste* ~ A 1, topnotch, first rate ✱ *hij is er een van de bovenste* ~ he's a first-rate guy ✱ *zorgen voor brood op de* ~ earn a living, make money

**planken** *bn* made of boards/planks, wooden ✱ *een* ~ *vloer* a wooden floor

**plankenkast** *v* [-en] linen cupboard

**plankenkoorts** *v* stage fright ✱ *~ hebben* have stage fright

**plankenvloer** *m* [-en] wooden floor

**plankgas** *o* full throttle ✱ *~ geven* step on the accelerator, Am step on the gas

**plankier** *o* [-en] ❶ *planken bevloering* planking ❷ *vlonder* floating platform ❸ *aanlegsteiger* landing stage

**plankton** *o* plankton

**plankzeilen** *o* windsurfing, boardsailing

**plankzeiler** *m* [-s] windsurfer, boardsailor

**planmatig** *bn* according to plan, systematic, methodical ✱ *~ onderhoud* systematic maintenance ✱ *alles verloopt ~* things are going according to plan ✱ *hij gaat heel* ~ *te werk* he's very systematic/methodical

**plannen** *overg* [plande, h. gepland] plan

**plannenmaker** *m* [-s] planner

**planning** *v* planning, plan ✱ *dat zit in de* ~ ⟨onderdeel⟩ that's part of the plan; ⟨nog te doen⟩ plans to do that are in the pipeline

**planologie** *v* planning

**planologisch** *bn* planning ✱ *de ~e dienst* the planning authority

**planoloog** *m* [-logen] planner

**plant** *v* [-en] plant ✱ *een geneeskrachtige* ~ a medicinal herb/plant ✱ *de ~en water geven* water the plants

**plantaardig** *bn* vegetable ✱ *~ voedsel* a vegetarian diet, vegetable/vegetarian food ✱ *~e olie* vegetable oil ✱ *~ vet* vegetable fat

**plantage** *v* [-s] plantation, estate

**planten** *overg* [plantte, h. geplant] plant

**plantenbak** *m* [-ken] flower box

**planteneter** *m* [-s] herbivore

**plantenextract** *o* [-en] vegetable extract

**plantengroei** *m* ❶ *het groeien* plant growth ❷ *begroeiing* vegetation, plant growth

**plantenrijk** *o* vegetable kingdom

**plantentuin** *m* [-en] botanical garden

**plantenziekte** *v* [-s & -n] plant disease

**plantenziektekunde** *v* phytopathology

**plantenziektekundig** *bn* phytopathological

**planter** *m* [-s] planter

**plantkunde** *v* botany

**plantkundig** *bn* botanical

**plantkundige** *m-v* [-n] botanist

**plantsoen** *o* [-en] public garden, park

**plantsoenendienst**, **plantsoendienst** *m* Parks and Public Gardens Department

**plaque** *v* [-s] plaque

**plaquette** *v* [-s] plaquette

**plas** *m* [-sen] ❶ *regen &* puddle, pool ❷ *urine* water, <u>inf</u> pee, piddle ✱ *een* ~ *doen* go to the bathroom, <u>inf</u> pee, <u>kindertaal</u> do a wee-wee ❸ *vijver* pond ❹ *meer* lake

**plasma** *o* plasma

**plaspauze** *v* [-s & -n] toilet break

**plaspil** *v* [-len] diuretic

**plasregen** *m* [-s] torrential rain, downpour

**plassen I** *onoverg* [plaste, h. geplast] ❶ *met water spelen, klateren* splash, splatter, splosh ❷ *urineren* go to the bathroom, <u>inf</u> pee, spend a penny **II** *overg* [plaste, h. geplast] *uitplassen* pass ✱ *bloed* ~ pass blood

**plasser** *m* [-s] <u>kindertaal</u> willy, <u>Am</u> peter

**plastic I** *o* [-s] plastic **II** *bn* plastic ∗ *een~ tas* a plastic bag

**plastiek I** *v* [-en] ❶ *kunst* plastic art, sculpture ∗ *een ~* a piece of sculpture ❷ *plastisch effect* plasticity **II** *o kunststof* plastic **III** *bn* ZN plastic

**plastieken** *bn* plastic

**plastificeren** *overg* [plastificeerde, h. geplastificeerd] plasticize

**plastisch I** *bn* ❶ plastic ∗ *de~e chirurgie* plastic surgery ❷ *aanschouwelijk* graphic **II** *bijw* plastically, graphically

**plastron** *o & m* [-s] plastron

**plat I** *bn* ❶ *vlak* flat ∗ *een~te beurs* an empty purse ∗ scheepv *een~te knoop* a reef knot ∗ *~ maken/worden* flatten ❷ *accent* broad ❸ *ordinair* coarse, vulgar, crude ❹ *v. organisaties* flat, non-hierarchical, horizontal ∗ management *een~te organisatie* a non-hierarchical organisation, a flat organization **II** *bijw* ❶ *egaal* flat ❷ *vulgair* vulgarly, coarsely **III** *o* [-ten] ❶ *v. zwaard &* flat ❷ *v. dak* sun/terrace/flat roof ❸ *v. boek* cover ❹ *dialect* dialect ▼ *het continentaal~* the continental shelf

**plataan** *m* [-tanen] plane (tree)

**platboomd, platbodemd** *bn* flat-bottomed

**platbranden** *overg* [brandde plat, h. platgebrand] burn down, burn to the ground

**platdrukken** *overg* [drukte plat, h. platgedrukt] crush, flatten, squash

**plateau** *o* [-s] ❶ *hoogvlakte* plateau ❷ *dienblad* dish, platter, tray

**plateauzool** *v* [-zolen] platform sole ∗ *schoenen met plateauzolen* platform-soled shoes

**plateel** *o* [-telen] delftware, faience

**plateelbakkerij** *v* [-en] delftware factory

**platenboek** *o* [-en] picture book, illustrated book

**platenbon** *m* [-nen & -s] record token/voucher

**platencontract** *o* [-en] recording contract

**platenhoes** *v* [-hoezen] record sleeve

**platenindustrie** *v* [-strieën] record industry

**platenlabel** *o* [-s] record label

**platenmaatschappij** *v* [-en] record company

**platenspeler** *m* [-s] record player

**platenzaak** *v* [-zaken] record shop/store

**plateservice** *m* plate service

**platform** *o* [-s & -en] ❶ platform ❷ luchtv apron, tarmac

**platgaan** *onoverg* [ging plat, is platgegaan] ❶ *naar bed* turn in, hit the sack ❷ *door staking* be strikebound, shut/close down ∗ *morgen gaat het hele openbaar vervoer plat* the entire public transport system will shut down/will be strikebound tomorrow ❸ *enthousiast zijn* fall for ∗ *heel Glasgow ging plat voor Britney Spears* Glasgow was bowled over by Britney Spears

**platgetreden** *bn* well trodden ∗ fig *~ paden* well-trodden paths

**platgooien** *overg* [gooide plat, h. platgegooid] ❶ *door staking stilleggen* shut/close down

❷ *bombarderen* flatten

**platheid** *v* [-heden] ❶ *effenheid* flatness ❷ *vulgariteit* coarseness, vulgarity, crudity ❸ *trivialiteit* commonplace, banality

**platina** *o* platinum ∗ *de~ bruiloft* the 70th wedding anniversary ∗ *een~ plaat* a platinum disc/Am disk

**platitude** *v* [-s] platitude

**platje** *o* [-s] ❶ *plat dakje* flat roof, roof garden ❷ *terrasje* terrace ❸ *platluis* crab louse

**platleggen** *overg* [legde plat, h. platgelegd] ❶ *door een tackle &* knock flat, send sprawling ❷ *door staking* close/shut down, bring to a standstill ∗ *platgelegd* strikebound

**platliggen** *onoverg* [lag plat, h. platgelegen] ❶ *vlak liggen* lie flat ❷ *door staking* be at a standstill ❸ *ziek in bed liggen* be confined to bed

**platlopen** *overg* [liep plat, h. platgelopen] ∗ *de deur bij iem. ~* be always dropping by/around ∗ *we lopen de deur niet plat bij elkaar* we don't see much of each other

**platonisch I** *bn* platonic **II** *bijw* platonically

**platslaan** *overg* [sloeg plat, h. platgeslagen] ❶ *platmaken* beat flat, flatten ❷ *neerslaan* beat down

**platspuiten** *overg* [spoot plat, h. platgespoten] ∗ inf *iem. ~* knock sbd out ‹with sedatives›

**plattegrond** *m* [-en] ❶ *v. gebouw* ground/floor plan ❷ *kaart* plan, map

**plattekaas** *m* ZN cottage cheese, soft cheese

**platteland** *o* country, countryside ∗ *op het~* in the country

**plattelander** *m* [-s] countryman, ‹vrouw› countrywoman

**plattelandsbevolking** *v* rural population

**plattelandsgemeente** *v* [-n & -s] rural community, country town

**plattrappen** *overg* [trapte plat, h. platgetrapt] trample down

**platvis** *m* [-sen] flatfish

**platvloers** *bn* coarse, vulgar, crude

**platvoet** *m* [-en] ❶ *voet* flat foot ❷ *persoon* flat-footed person

**platwalsen** *overg* [walste plat, h. platgewalst] ❶ *bulldoze, flatten* ❷ fig bulldoze, steamroller

**platzak** *bn* ∗ *~ zijn* be stony broke/bust, not have a penny

**plausibel** *bn* plausible

**plaveien** *overg* [plaveide, h. geplaveid] pave

**plaveisel** *o* [-s] pavement

**plavuis** *m* [-vuizen] floor tile, flagstone

**playback I** *o geïmiteerde zang* miming **II** *bijw* ∗ *zij zingt~* she's miming

**playbacken** *overg* [playbackte, h. geplaybackt] mime, lip-sync

**playbackshow** *m* [-s] playback show

**playboy** *m* [-s] playboy

**plebejer** *m* [-s] plebeian, inf pleb

**plebs** *o* rabble, riff-raff, plebs

**plecht** *v* [-en] ❶ *voor* foredeck, forward deck ❷ *achter* afterdeck

**plechtig I** bn solemn, ceremonious, stately ✳ RK~e communie solemn communion **II** bijw solemnly, ceremoniously, in state

**plechtigheid** v [-heden] ❶ ceremonie ceremony ✳ een officiële~ an official ceremony/function ❷ stemmigheid solemnity ❸ kerkelijke ceremonie rite

**plechtstatig I** bn solemn, stately, ceremonious **II** bijw solemnly, in a stately fashion, ceremoniously

**plectrum** o [-tra & -s] plectrum

**plee** m [-s] Am john, can, Br loo, lav

**pleegdochter** v [-s] foster daughter

**pleeggezin** o [-nen] foster family/home

**pleegkind** o [-eren] foster child

**pleegmoeder** v [-s] foster mother

**pleegouders** zn [mv] foster parents

**pleegvader** m [-s] foster father

**pleegzoon** m [-zonen & -s] foster son

**pleet** o plated ware

**plegen I** overg [pleegde, h. gepleegd] ❶ begaan commit ✳ geweld~ commit violence ❷ verrichten do, perform **II** onoverg [placht, geen volt deelw] be in the habit of, tend ✳ men pleegt te vergeten dat... one is apt to forget that... ✳ hij placht te drinken he used to drink ✳ vaak placht hij 's morgens uit te gaan he would often go out in the morning

**pleidooi** o [-en] ❶ v. advocaat counsel's argument/speech, address to the court ✳ de raadsman in zijn~ counsel stating his case ❷ betoog plea, defence/Am defense ✳ een~ houden voor make a plea for

**plein** o [-en] square, ⟨rond⟩ circus

**pleinvrees** v agoraphobia

**pleister I** v [-s] verbandmiddel (sticking) plaster, Band-Aid ✳ fig een~ op de wond leggen soften the blow **II** o specie plaster, stucco

**pleisteren I** overg [pleisterde, h. gepleisterd] met specie plaster, stucco **II** onoverg [pleisterde, h. gepleisterd] rust houden stop for refreshments ✳ de paarden laten~ rest the horses

**pleisterplaats** v [-en] resting/stopping place, port of call

**pleisterwerk** o [-en] plasterwork, stucco

**pleistoceen** o Pleistocene

**pleit** o plea, (law)suit, dispute, argument ✳ het~ beslechten decide the argument ✳ zij hebben het~ gewonnen they've won the day

**pleitbezorger** m [-s] ❶ jur solicitor, counsel, lawyer ❷ voorvechter fig advocate

**pleite I** bn inf gone ✳ mijn fiets is~ my bike is nowhere to be found/has disappeared **II** bijw ✳ ⟨weggaan⟩~ gaan go missing

**pleiten** onoverg [pleitte, h. gepleit] plead ✳ tegen iem. ~ plead against sbd ✳ ~ voor iem. plead in sbd's defence ✳ fig voor iets~ advocate sth ✳ dat pleit voor je that will be to your credit/in your favour

**pleiter** m [-s] defender, advocate, counsel

**pleitrede** v [-s] address to the court, defence/Am

defense

**plek** v [-ken] ❶ plaats spot, place, patch ✳ een blauwe ~ a bruise ✳ een kale~ a threadbare patch ✳ ter~ke on the spot ❷ vlek stain, spot

**plenair** bn plenary, full ✳ een~e vergadering/zitting a plenary session

**plengen** overg [plengde, h. geplengd] ❶ tranen, bloed shed ❷ wijn pour out

**plengoffer** o [-s] libation

**plens** m [plenzen] splash

**plensbui** v [-en] downpour, drencher

**plensregen** m [-s] downpour

**plenzen** onoverg [plensde, h. geplensd] splash, gush ✳ het plenst it's pouring down

**pleonasme** o [-n] pleonasm

**pletten I** overg [plette, h. geplet] crush, flatten, ⟨metaal⟩ roll **II** onoverg [plette, h. geplet] crush

**pletter** m [-s] techn flatter, roller, crusher ✳ te~ slaan smash/be smashed to bits ✳ te~ vallen smash to pieces ✳ zich te~ werken work one's head/butt off

**pletterij** v [-en] rolling mill

**pleuren** overg [pleurde, h. gepleurd] throw, fling, inf chuck ✳ iets op de grond~ chuck sth on to the ground ▾ pleur op! piss off!, bugger off!

**pleuris** v & o, **pleuritis** v pleurisy ✳ krijg de~! go to hell! ✳ ik schrok me de~ I was frightened out of my wits ✳ de~ is uitgebroken the shit has hit the fan

**plevier** m [-s] → **pluvier**

**plexiglas** o plexiglas

**plezant** bn bijw ZN pleasant, nice ✳ een~ boek a pleasant/nice book ✳ dat waren~e uren those were pleasant/nice hours

**plezier** o pleasure, fun, enjoyment ✳ veel~! enjoy yourself!, have a good time! ✳ het zal hem~ doen it will please him, he'll like that ✳ iem. een~ doen do sbd a favour ✳ ~ hebben have a good time, enjoy oneself, have fun ✳ ~ hebben in iets find/take (a) pleasure in sth ✳ ~ hebben van iets derive pleasure from sth, get pleasure out of sth ✳ hij had niet veel~ van zijn zoons his sons gave him little pleasure ✳ ~ maken have fun ✳ ~ vinden in iets find/take (a) pleasure in sth ✳ met~! with pleasure! ✳ voor (zijn) ~ for pleasure/fun

**plezierboot** m & v [-boten] pleasure boat/yacht

**plezieren** overg [plezierde, h. geplezierd] please

**plezierig** bn pleasant

**plezierjacht** o [-en] pleasure yacht

**plezierreis** v [-reizen] pleasure trip/cruise ✳ een~ maken take a pleasure trip/cruise

**pleziervaartuig** o [-en] pleasure craft/boat

**plicht** m & v [-en] duty ✳ zijn~ doen do one's duty/part ✳ zijn~ verzaken neglect one's duty ✳ volgens zijn~ handelen act according to one's duty ✳ het is mijn~ te... I am duty-bound to..., I have an obligation to...

**plichtmatig I** bn plichtshalve dutiful, ⟨zonder interesse⟩ perfunctory **II** bijw dutifully, perfunctorily

**pl**

**plichtpleging** *v* [-en] ceremony * *geen* ~*en without ceremony*, unceremoniously

**plichtsbesef, plichtbesef** *o* sense of duty * *uit ~ handelen* act from a sense of duty

**plichtsbetrachting, plichtbetrachting** *v* [-en] devotion to duty

**plichtsgetrouw, plichtgetrouw I** *bn* conscientious, dutiful **II** *bijw* conscientiously, dutifully

**plichtsgevoel, plichtgevoel** *o* sense of duty

**plichtsverzuim, plichtverzuim** *o* neglect of duty

**plint** *v* [-en] ❶ *langs muur* skirting board ❷ *v. zuil* plinth

**plioceen** *o* Pliocene

**plissé** *o* [-s] plissé

**plisseren** *overg* [plisseerde, h. geplisseerd] pleat * *een geplisseerde rok* a pleated skirt

**ploeg I** *m & v* [-en] *werktuig* plough, Am plow * *de hand aan de ~ slaan* put one's hand to the plough **II** *v* [-en] ❶ *werkploeg* shift, gang * *in ~en* in shifts * *in verschillende ~en werken* work (in) different shifts ❷ *reddingsploeg* party ❸ *sportploeg* team, ⟨v. voetbal ook⟩ side ❹ *roeiers* crew

**ploegbaas** *m* [-bazen] foreman

**ploegen** *overg* [ploegde, h. geploegd] ❶ plough/Am plow * *fig op rotsen ~* labour in vain ❷ *omwoelen* plough/Am plow up

**ploegendienst** *m* [-en] shift work, ⟨enkele⟩ shift * *een roterende ~* rotational shift work; ⟨enkele⟩ a rotating shift

**ploegenklassement** *o* [-en] sp team placings

**ploegenstelsel** *o* shift system

**ploegentijdrit** *m* [-ten] sp team time trial

**ploeggenoot** *m* [-noten] team-mate

**ploegleider** *m* [-s] sp team manager, captain

**ploegmaat** *m* [-s & -maten] team-mate

**ploegverband** *o* * *in ~* as a team

**ploert** *m* [-en] *gemene vent* bastard ▼ *de koperen ~* the burning sun

**ploertendoder** *m* [-s] bludgeon, Br life preserver

**ploertenstreek** *m & v* [-streken] dirty trick

**ploeteraar** *m* [-s] plodder

**ploeteren** *onoverg* [ploeterde, h. geploeterd] ❶ *in water* splash ❷ *werken* slog, drudge, plod * ~ *aan* slog/slave away at

**plof I** *tsw* plop!, flop! **II** *m* [-fen] thud, flop

**ploffen I** *onoverg* [plofte, is geploft] ❶ *geluid maken* flop, thud ❷ *ontploffen* pop, bang ❸ *zich laten vallen* flop **II** *overg* [plofte, h. geploft] dump, inf chuck

**plomp I** *bn* ❶ *v. dingen* unwieldy, cumbersome ❷ *gezet* plump, squat ❸ *grof* rude, coarse, blunt **II** *bijw* rudely, coarsely, bluntly **III** *tsw* plonk!, flop!, splash! **IV** *m* [-en] ❶ *scheut vloeistof* splash, dash ❷ *sloot* ditch * *in de ~ vallen* fall into the ditch **V** *v* [-en] *plant* yellow water lily

**plompverloren** *bijw* bluntly

**plons** *tsw* splash! **II** *m* [-en & plonzen] splash

**plonzen I** *onoverg* [plonsde, is geplonsd] splash **II** *overg* [plonsde, h. geplonsd] splash, plunge

**plooi** *v* [-en] ❶ *vouw* fold, pleat, ⟨in broek⟩ crease * *zijn gezicht in de ~ zetten* put on a straight face * *hij komt nooit uit de ~* he never unbends ❷ *kreukel* crease * *fig de ~en gladstrijken* iron out problems/differences ❸ *in gezicht* wrinkle, line

**plooibaar** *bn* ❶ pliable, flexible ❷ *opvouwbaar* ZN collapsible, foldable

**plooien I** *overg* [plooide, h. geplooid] ❶ *vouwen* fold, crease, pleat ❷ *v. voorhoofd* wrinkle ❸ *fig* arrange, adapt ❹ *buigen* ZN bend **II** *onoverg* [plooide, is geplooid] ❶ *rimpels krijgen* wrinkle, crease ❷ *geplooid hangen* hang in folds

**plooiing** *v* [-en] ❶ pleats ❷ *het plooien* folding

**plooirok** *m* [-ken] pleated skirt

**plopper** *m* [-s] *ontstopper* plunger

**plot** *m* [-s] plot

**plots I** *bijw* *plotseling* suddenly **II** *bn onverwacht* ZN sudden, unexpected

**plotseling I** *bn* sudden, unexpected, abrupt **II** *bijw* suddenly, all of a sudden, abruptly, unexpectedly

**plotsklaps** *bijw* all of a sudden

**plotter** *m* [-s] comput plotter

**pluche** *o & m* plush

**pluchen** *bn* plush

**plug** *v* [-gen] plug

**pluggen** *overg* [plugde, h. geplugd] ❶ *van een plug voorzien* plug ❷ *promoten* plug, promote

**pluim** *v* [-en] ❶ *veer* plume, feather * *een ~ van rook* a plume of smoke ❷ *bloeiwijze* panicle ❸ *woord van lof* praise, pat on the back, compliment

**pluimage** *v* [-s] plumage, feathers * *vogels van diverse ~* birds of different feathers

**pluimen I** *overg* [pluimde, h. gepluimd] ❶ *plukken* ZN pluck, harvest, gather ❷ *beroven* ZN fleece ❸ *bedriegen* ZN deceive, cheat **II** *bn veren* ZN pluck

**pluimgewicht** *o* ZN featherweight

**pluimpje** *o* [-s] ❶ *veer* little feather/little plume ❷ *rook & wisp* ❸ *lof* compliment * *dat is een ~ voor u* that's a feather in your cap

**pluimvee** *o* poultry

**pluimveehouder** *m* [-s] poultry keeper/farmer

**pluimveehouderij** *v* ❶ *bedrijfstak* poultry farming ❷ *bedrijf* [-en] poultry farm

**pluis I** *o* [pluizen] ❶ *geplozen touw* oakum ❷ *vlokje* fluff, fuzz, lint **I** *v* [pluizen] *vezeltje* bit of fluff, ⟨op trui⟩ pill **III** *bn* * *het is er niet ~* there's something fishy there * *dat zaakje is niet ~* it's shady business * *het is met hem niet ~* there's something fishy about him

**pluizen I** *overg* [ploos, h. geplozen] fluff **II** *onoverg* [pluisde, h. gepluisd] give off fluff/fuzz/lint, ⟨v. wol⟩ pill

**pluizig** *bn* fluffy, fuzzy, pilly

**pluk** *m* ❶ *het plukken* gathering, picking ❷ *oogst* crop, harvest ❸ *bosje* [-ken] tuft, wisp * *een ~ haar* tuft/wisp of hair ❹ [-ken] *fig* handful

**plukken I** *overg* [plukte, h. geplukt] ❶ *fruit, bloemen & pick, gather* ❷ *vogels* pluck ❸ *bestelen* fleece

❶*pakken* pluck ∗*de passagiers werden van het schip geplukt* the passengers were plucked from the ship **ll** *onoverg* [plukte, h. geplukt] ∗~*aan* pick/pull/pluck at

**plumeau** *m* [-s] feather duster

**plumpudding** *m* [-en, -s] plum pudding

**plunderaar** *m* [-s] plunderer, pillager, looter

**plunderen** *overg* [plunderde, h. geplunderd] plunder, pillage, raid, loot, (ran)sack ‹a town›, rifle through ‹somebody's pockets›, ∗~*d rondtrekken* go on the rampage ∗*zij heeft de koektrommel geplunderd* she's raided the biscuit tin

**plundering** *v* [-en] plundering, pillaging, looting, (ran)sacking

**plunje** *v* [-s] *inf* togs ∗*in zijn beste* ~*in his Sunday best

**plunjezak** *m* [-ken] kit bag

**pluralis** *m* [-sen & -lia] plural ∗*vorsten gebruiken de* ~ *majestatis* rulers use the royal we

**pluralisme** *o* pluralism

**pluraliteit** *v* plurality, multiplicity, great number

**pluriform** *bn* multiform

**pluriformiteit** *v* multiformity

**plus I** *voorz* plus ∗*twee* ~*drie is vijf* two plus three is/makes five **ll** *bijw positief* plus ∗*het is* ~*vier graden Celsius* it is plus four degrees Celsius ∗*40* ~ *kaas* cheese with a fat content in excess of 40% ∗*€89 plus btw* €89 plus VAT **lll** *o & m* [-sen] ❶*plusteken* plus (sign) ❷*positieve waarde* plus, ‹v. accu &› plus (pole) ❸*pluspunt* plus (point) ❹*overschot* surplus ∗*we hebben een* ~*van €500* we have a surplus of €500

**plusfour** *m* [-s] plus fours

**plusminus** *bijw* approximately, about, ZA plus-minus

---

**plusminus**

Het plusminus teken (±) wordt in het Engels alleen gebruikt om een marge aan te geven: 15 ± 2 d.w.z. 15 met een marge van 2, dus tussen 13 en 17 in. Om de betekenis *ongeveer* aan te geven wordt *approximately* (afgekort tot *approx*) of *circa* (afgekort tot *c.* of *ca.*) gebruikt.

---

**pluspool** *v* [-polen] positive pole

**pluspunt** *o* [-en] advantage, asset, selling/plus point

**plusteken** *o* [-s] plus sign

**Pluto** *m* astron & astrol Pluto

**plutocraat** *m* [-craten] plutocrat

**plutocratie** *v* plutocracy

**plutonium** *o* plutonium

**pluvier, plevier** *m* [-en] *vogel* plover

**pneumatisch** *bn* pneumatic

**po** *m* ['s] chamber pot, *inf* po

**pochen** *onoverg* [pochte, h. gepocht] boast, brag ∗~ *op* boast of, brag about

**pocheren** *overg* [pocheerde, h. gepocheerd] poach

**pochet** *v* [-ten] breast pocket handkerchief

**pocket** *m* [-s], **pocketboek** *o* [-en] paperback

**pocketcamera** *v* ['s] pocket camera

**podium** *o* [-dia & -s] platform, stage, ‹conductor's› rostrum

**podoloog** *m* [-logen] podologist

**poedel** *m* [-s] ❶*hond* poodle ❷*bij kegelen* miss ∗*een* ~*maken* muck/mess sth up

**poedelen** *onoverg* [poedelde, h. gepoedeld] ❶*in water* ‹v. eend› dabble, ‹v. kind› paddle ∗*inf zich* ~ have a wash ❷*bij kegelen* sp miss

**poedelnaakt** *bn* stark naked, in one's birthday suit

**poedelprijs** *m* [-prijzen] booby/consolation prize

**poeder** *m & v & o* [-s] ❶powder ❷*buskruit* ZN gunpowder

**poederdoos** *v* [-dozen] powder compact

**poederen** *overg* [poederde, h. gepoederd] powder ∗*zich* ~powder oneself/one's face

**poederkoffie** *m* instant coffee

**poederkwast** *m* [-en] powder brush

**poedermelk** *v* powdered milk

**poedersneeuw** *v* powder snow

**poedersuiker** *m* icing/powdered sugar

**poedervorm** *m* ∗*in* ~in powdered form

**poëet** *m* [poëten] poet

**poef l** *m* [-s & -en] hassock **ll** *tsw* bang!, paf!

**poeha** *o & m* ❶*drukte* fuss, *inf* hoo-ha ∗~*maken* make a great hoo-ha ❷*opschepperij* showing off

**poeier** *o & m & v* [-s] ❶*poeder* powder ❷*klap, schop* kick, bang, whack

**poel** *m* [-en] puddle, pool ∗*in een* ~*van ellende wegzakken* sink into the depths of misery

**poelet** *o & m* soup/stewing meat

**poelier** *m* [-s] poulterer

**poema** *m* ['s] puma

**poen** *m & o* geld dough, lolly, bread

**poenig, poenerig** *bn* vulgar, flashy

**poep** *m* ❶*ontlasting* shit, crap, ‹v. dieren› droppings ❷*achterwerk* ZN bum, backside

**poepen** *onoverg* [poepte, h. gepoept] *zich ontlasten* shit, (have a) crap

**poeperd** *m* [-s] bottom, *vulg* arse/*Am* ass

**poepje** *o* [-s] fart ∗*een* ~*laten* let out a fart ∗*ik zal ze eens een* ~*laten ruiken* I'll shove it up their noses

**poeren** *onoverg* [poerde, h. gepoerd]→ **peuren**

**Poerim, Purim** *o* Purim

**poes** *v* [-en & poezen] ❶cat, puss(y) ∗*hij is voor de* ~ he's a goner ∗*ze is niet voor de* ~she isn't to be trifled with ∗*dat is niet voor de* ~! that's not kid's stuff! ∗*mis* ~! wrong! ❷*knap meisje* pussycat ❸*kut* pussy

**poeslief** *bn* bland, suave, sugary ∗~*doen* be smooth ∗~*zijn* be all smiles

**poespas** *m* ❶*rommel* hotchpotch, hodgepodge ❷*omhaal* fuss, hoo-ha

**poesta** *v* ['s] *in Hongarije* puszta, steppe

**poet** *v* loot

**poëtisch l** *bn* poetic(al) **ll** *bijw* poetically

**poets** *v* [-en] trick, prank, practical joke ∗*iem. een* ~

*bakken* play a trick on sbd

**poetsdoek** *m* [-en] polishing cloth, cleaning rag

**poetsen** *overg* [poetste, h. gepoetst] polish, clean
∗ *de plaat~* bolt, inf beat it∗ *(zijn) tanden~*
clean/brush one's teeth

**poetskatoen** *o & m* cotton waste

**poetslap** *m* [-pen] polishing cloth, cleaning rag

**poezelig** *bn* plump, chubby

**poezenluik** *o* [-en] cat door

**poëzie** *v* poetry, verse

**poëziealbum** *o* [-s] *van kinderen* album of verses

**poëziebundel** *m* [-s] poetry book

**pof I** *tsw* bang, thud, thump**II** *m bons* thud, thump
▼ *op de~ kopen* buy on tick**III** *v* [-fen] *bolle plooi*
puff sleeves

**pofbroek** *v* [-en] knickerbockers, plus fours

**poffen** *overg* [pofte, h. gepoft]❶ *op krediet kopen* buy
on tick/credit❷ *krediet geven* give credit, sell on tick
❸ *roosteren* pop, roast∗ *gepofte aardappelen* oven
potatoes in their jackets

**poffertje** *o* [-s] pikelet

**poffertjeskraam** *v & o* [-kramen] pikelet stand

**pofmouw** *v* [-en] puff sleeve

**pogen** *overg* [poogde, h. gepoogd] endeavour,
attempt

**poging** *v* [-en] endeavour, attempt, effort∗ *een~
doen om...* make an attempt at ...ing∗ *een~ wagen*
make a try at sth∗ *een~ tot moord/zelfmoord*
attempted murder/suicide

**pogrom** *m* [-s] pogrom

**pointe** *v* [-s] point

**pointillisme** *o* pointillism

**pok** *v* [-ken]❶ *pock*❷ *litteken* pockmark

**pokdalig** *bn* pockmarked

**poken** *onoverg* [pookte, h. gepookt] poke∗ *in het
vuur~* poke the fire

**poker** *o* poker∗ *~ spelen* play poker

**pokeren** *onoverg* [pokerde, h. gepokerd] play poker

**pokerface** *o* [-s] poker face

**pokken** *zn* [mv] smallpox, med variola∗ *de~
krijgen* contract/get smallpox∗ *zich de~ schrikken*
be scared stiff/scared out of one's wits∗ *gepokt en
gemazeld zijn* be tried and tested

**pokkenweer** *o* nasty weather, inf lousy weather

**pol** *m* [-len] clump, tussock

**polair** *bn* polar

**polarisatie** *v* polarization

**polariseren** *overg* [polariseerde, h. gepolariseerd]
polarize

**polariteit** *v* polarity

**polder** *m* [-s] polder, reclaimed land

**polderjongen** *m* [-s]❶ *dijkwerker* polder labourer
❷ *werkman* workhorse, Br navvy

**polderland** *o* polder/reclaimed land

**polderlandschap** *o* [-pen] polder landscape

**poldermodel** *o* (Dutch) consensus policy

**polderwater** *o* polder water

**polemiek** *v* [-en]❶ *pennenstrijd* polemic, controversy

❷ *m.b.t. kerkleer* polemics

**polemisch** *bn* polemic(al), controversial

**polemiseren** *onoverg* [polemiseerde, h.
gepolemiseerd] polemize, carry on a controversy
∗ *ik wil niet met u~* I'm not going to contest the
point with you

**polemist** *m* [-en] polemicist, controversialist

**polemologie** *v* polemology, war studies

**Polen** *o* Poland

**poliep** *v* [-en] *dier & gezwel* polyp

**polijsten** *overg* [polijstte, h. gepolijst] polish,
smooth, sand, ⟨metaal⟩ planish

**polijstwerk** *o* polishing

**polikliniek** *v* [-en] outpatients department,
polyclinic

**poliklinisch I** *bn* ∗ *een~e behandeling* treatment in
an outpatients department/in a polyclinic**II** *bijw*
∗ *ik werd~ behandeld* I was treated as an outpatient

**polio ,poliomyelitis** *v* polio

**poliopatiënt** *m* [-en] polio patient

**poliovaccin** *o* polio vaccine

**polis** *v* [-sen] (insurance) policy∗ *een~ afsluiten* take
out an insurance policy∗ *een doorlopende~* a
continuous policy

**polishouder** *m* [-s] policy holder

**polisvoorwaarden** *zn* [mv] insurance policy
conditions

**politicologie** *v* political science

**politicoloog** *m* [-logen] political scientist

**politicus** *m* [-ci] politician

**politie** *v*❶ *politieapparaat* police (force)∗ *de bereden
~* the mounted police∗ *de militaire~* the military
police∗ *de~ te water* the water police❷ *agent*
policeman

**politieacademie** *v* [-s] police college/academy

**politieagent** *m* [-en] constable, police officer, ⟨man⟩
policeman, ⟨vrouw⟩ policewoman

**politieauto** *m* [-'s] police/patrol car

**politiebericht** *o* [-en] police
announcement/message

**politiebureau** *o* [-s]❶ police station❷ *hoofdbureau*
police headquarters

**politieel** *bn* police ⟨action, operation &⟩

**politiehond** *m* [-en] police dog

**politiek I** *bn*❶ *staatkundig* political∗ *om~e redenen*
for political reasons❷ *diplomatiek* politic∗ *dat is niet
~* it wouldn't be politic**II** *bijw* politically∗ *~ correct*
politically correct**III** *v*❶ *staatkundige beginselen*
politics∗ *in de~* in politics∗ *de binnenlandse~*
national politics∗ *de buitenlandse~* foreign politics
❷ *politici* government, politicians∗ *de~ moet over
deze kwestie een uitspraak doen* the government
must make a statement about this issue❸ *gedragslijn*
(line of) policy

**politieker** *m* [-s] ZN politician

**politiekorps** *o* [-en] police force

**politiemacht** *v*❶ *in getale aanwezig* body of police,
police presence❷ *gezag* police authority❸ *korps*

*politie* police force
**politieman** *m* [-nen] police officer, policeman
**politieoptreden** *o* [-s] police action
**politierechter** *m* [-s] ❶ *rechter* magistrate, Justice of the Peace ❷ *rechtbank* magistrate's court
**politiestaat** *m* [-staten] police state
**politieverordening** *v* [-en] bye-law, bylaw ✶ *een algemene~* a municipal bye-law
**politioneel** *bn* police
**politiseren** *overg* [politiseerde, h. gepolitiseerd] politicize
**politoer** *o & m* (French) polish
**politoeren** *overg* [politoerde, h. gepolitoerd] French-polish
**polka** *m & v* ['s] polka
**pollen** *o* pollen
**pollepel** *m* [-s] wooden spoon, ladle
**pollutie** *v* [-s] *milieuverontreiniging* ZN pollution
**polo** *o* polo
**poloën** *onoverg* [polode, h. gepolood] play polo
**polohemd** *o* [-en] polo shirt
**polonaise** *v* [-s] ❶ *achter elkaar aan* conga ❷ *muziekstuk, dans* polonaise
**poloshirt** *o* [-s] polo shirt
**pols** *m* [-en] ❶ *polsslag* pulse ✶ *een zwakke~* a faint pulse ✶ *iem. de~ voelen* feel sbd's pulse ✶ *de vinger aan de~ houden* keep a close eye on things ❷ *gewricht* wrist ✶ *uit de losse~* casually ✶ *zich de ~en doorsnijden* slash/cut one's wrists ❸ *polsstok* jumping pole
**polsband** *m* [-en] wristband, sweatband
**polsen** *overg* [polste, h. gepolst] ✶ *iem. ~* sound sbd (over on)
**polsgewricht** *o* [-en] wrist (joint)
**polshorloge** *o* [-s] wristwatch
**polsslag** *m* [-slagen] pulse, ⟨snelheid ook⟩ pulse rate
**polsstok** *m* [-ken] jumping pole
**polsstokhoogspringen** *o* pole vaulting
**polsstokhoogspringer** *m* [-s] pole vaulter
**polstasje** *o* [-s] wrist bag
**polyamide** *o* polyamide
**polycratie** *v* polyarchy
**polyester** *o* polyester
**polytheen, polyethyleen** *o* polyethene, polyethylene
**polyether** *m* polyether, foam rubber
**polyfoon** *bn* polyphonic
**polygaam** *bn* polygamous
**polygamie** *v* polygamy
**polyglot** *m* [-ten] polyglot
**polymorf** *bn* polymorphous
**polytheïsme** *o* polytheism
**polytheïst** *m* [-en] polytheist
**polyvalent** *bn* polyvalent
**pomerans** *v* [-en] ❶ *vrucht* bitter/Seville orange ❷ *bitter* orange bitters ❸ *v. biljartkeu* cue tip
**pommade** *v* [-s] pomade
**pomp** *v* [-en] (petrol) pump ✶ *loop naar de~!* go to

hell!
**pompbediende** *m-v* [-s & -n] petrol/filling station attendant
**pompelmoes** *v* [-moezen] ❶ *groot* pomelo, shaddock ❷ *grapefruit* ZN grapefruit
**pompen** *onoverg & overg* [pompte, h. gepompt] pump ✶ *~ of verzuipen* sink or swim ▼ *de examenstof erin~* cram for the exams
**pompeus** **I** *bn* ❶ *hoogdravend* pompous ❷ *met pracht en praal* ceremonious **II** *bijw* pompously, ceremoniously
**pomphouder** *m* [-s] Br petrol station owner, Am gas station owner
**pompier** *m* [-s] ❶ *kleermaker* tailor ❷ *brandweerman* ZN fireman
**pompoen** *m* [-en] pumpkin
**pompon** *m* [-s] pompom, bobble
**pompstation** *o* [-s] ❶ *v. leidingwater* pumping station ❷ *tankstation* petrol/filling/service station
**poncho** *m* ['s] poncho
**pond** *o* [-en] ❶ *niet-metrisch* pound ✶ *het volle~ eisen* exact one's pound of flesh ❷ *munteenheid* pound ✶ *in (Engelse)~en betalen* pay in sterling, pay in (British) pounds ❸ *metrisch* 500 grams, half a kilo
**ponem** *o* [-s] *gezicht* mug, kisser
**poneren** *overg* [poneerde, h. geponeerd] state, postulate, advance ✶ *een stelling~* advance/postulate a theory
**ponjaard** *m* [-s & -en] hist poniard, dagger
**ponsen** *overg* [ponste, h. geponst] punch
**ponskaart** *v* [-en] punched/punch card
**ponsmachine** *v* [-s] punch card reader
**pont** *v* [-en] ferry (boat)
**pontificaal** **I** *bn* pontifical **II** *o* ✶ *in~* in pontificals
**pontificaat** *o* pontificate
**ponton** *m* [-s] pontoon
**pontonbrug** *v* [-gen] pontoon bridge
**pontonnier** *m* [-s] pontonier
**pony** *m* ['s] ❶ *paardje* pony ❷ *v. haar* fringe
**pooier** *m* [-s] ❶ pimp, inf ponce ❷ *gemene vent* bastard
**pook** *m & v* [poken] ❶ poker ❷ auto gear lever/stick, gearshift
**Pool** *m* [Polen] Pole
**pool**[1] *m* [-s] *samenwerking, spel* pool
**pool**[2] *v* [polen] ❶ *v. aarde, magneet &* pole ❷ *v. tapijt & pile
**poolcirkel** *m* [-s] polar circle ✶ *de noordelijke~* the Arctic Circle, the northern polar circle ✶ *de zuidelijke ~* the Antarctic Circle, the southern polar circle
**poolen** **I** *onoverg* [poolde, h. gepoold] *carpoolen* carpool **II** *overg* [poolde, h. gepoold] *in gezamenlijke pot doen* pool
**poolexpeditie** *v* [-s] polar expedition
**poolgebied** *o* [-en] polar region
**poolkap** *v* [-pen] polar cap
**poollicht** *o* polar lights, ⟨noordpool⟩ aurora polaris/borealis, ⟨zuidpool⟩ aurora australis

**poolnacht** *m* [-en] polar night
**Pools I** *bn* Polish **II** *o taal* Polish
**Poolse** *v* [-n] Pole ✳ *ze is een* ~ she's Polish, she's from Poland
**poolshoogte** *v* latitude ✳ fig ~ *nemen* see how the land lies
**poolster** *v* Pole Star
**poolstreken** *zn* [mv] polar regions
**pooltocht** *m* [-en] polar expedition
**poolvos** *m* [-sen] arctic fox
**poolzee** *v* [-zeeën] ❶ *noordelijk* Arctic Ocean ❷ *zuidelijk* Southern Ocean, Antarctic Ocean
**poon** *m* [ponen] *vis* gurnard
**poort** *v* [-en] gate, doorway, gateway ✳ *iets voor de* ~*en van de hel wegslepen* achieve sth with enormous difficulty ✳ comput ⟨insteekbus⟩ *een parallelle* ~ a parallel port ✳ comput *een seriële* ~ a serial port
**poos** *v* [pozen] while, time, interval ✳ *een hele* ~ quite a while
**poosje** *o* [-s] little while ✳ *een* ~ for a little while
**poot** *m* [poten] ❶ paw, foot, ⟨been⟩ leg, inf ⟨v. mens: been, hand⟩ leg ✳ ⟨m.b.t. handschrift⟩ *wat een* ~ *heeft hij!* what a scrawl! ✳ *zijn* ~ *stijf houden* refuse to give in, stand firm/fast, stand one's ground ✳ *zijn poten thuishouden* keep one's paws off ✳ *iem. een* ~ *uitdraaien* fleece/screw sbd ✳ *geen* ~ *uitsteken* not lift a finger ✳ *geen* ~ *meer kunnen verzetten* be exhausted ✳ *geen* ~ *aan de grond krijgen* ⟨v. iets⟩ have no chance of success; ⟨bij iemand⟩ get nowhere (with sbd) ✳ *met hangende* ~*jes* very apologetically ✳ *op hoge poten* highly offended/indignant ✳ *een brief op poten* a sharply/strongly worded letter ✳ *op zijn achterste poten gaan staan* rear up; fig flare up, be furious ✳ *op zijn* ~ *spelen* kick up a fuss ✳ *geen* ~ *om op te staan* not a leg to stand on ✳ *op zijn* ~*jes terechtkomen* ⟨v. iets⟩ turn out for the best; ⟨v. iem.⟩ land on one's feet ✳ *iets op poten zetten* set up/start/launch sth ✳ *iets weer op poten zetten* get sth back on its feet ✳ schaatsen ~*je over rijden* make crossover strides ❷ *v. meubel* leg ❸ *homoseksueel* gay, ⟨beledigend⟩ poofter, faggot ❹ *stekje* shoot
**pootaan** *bijw* ✳ ~ *spelen* work very hard
**pootaardappel** *m* [-s & -en] seed potato
**pootgoed** *o* seeds
**pootjebaden** *o* paddle
**pop I** *v* [-pen] ❶ *speelgoed* doll ✳ *daar heb je de* ~*pen aan het dansen* there'll be the devil to pay now, now we're in for it ❷ *v. poppenspel* puppet, ⟨marionet⟩ marionette ❸ *etalagepop* dummy ❹ kaartsp picture/court card ❺ *v. insect* pupa, chrysalis ❻ *koosnaam* doll **II** *m muziek* pop music
**popartiest** *m* [-en] pop artist
**popconcert** *o* [-en] pop concert
**popcorn** *o* popcorn
**popelen** *onoverg* [popelde, h. gepopeld] quiver, throb ✳ *zijn hart popelde* his heart went pit-a-pat ✳ ~ *om te zien* be bursting to see

**popfestival** *o* [-s] pop festival
**popgroep** *v* [-en] pop group
**popidool** *o* [-idolen] pop idol
**popmuziek** *v* pop music
**poppenhuis** *o* [-huizen] doll's house
**poppenkast** *v* [-en] ❶ Punch-and-Judy show, puppet show ❷ *vertoon, gedoe* pomp and circumstance, inf ballyhoo
**poppenkleren** *zn* [mv] doll's clothes
**poppenspel** *o* [-len] puppet show
**poppenspeler** *m* [-s] puppeteer
**poppentheater** *o* [-s] puppet show/theatre, Am puppet show/theater
**poppenwagen** *m* [-s] doll's pram
**popperig** *bn* doll-like, pretty-pretty
**poppetje** *o* [-s] little doll, dolly, ⟨v. porselein⟩ figurine, ⟨speelgoed ook⟩ china doll ✳ *een teer* ~ a delicate child ✳ ~*s tekenen* draw figures
**popprogramma** *o* [-s] pop music programme/Am program
**popsong** *m* [-s] pop song
**popster** *v* [-ren] pop star
**populair** *bn* ❶ *geliefd, in trek* popular ✳ ~ *bij toeristen* popular with tourists ❷ *toegankelijk* popular, lowbrow ✳ *om het* ~ *te zeggen,* ~ *uitgedrukt* as they say
**populairwetenschappelijk** *bn* popular-science
**populariseren** *overg* [populariseerde, h. gepopulariseerd] popularize
**populariteit** *v* popularity
**populatie** *v* [-s] population
**populier** *m* [-en] *boom* poplar
**populisme** *o* populism
**populist** *m* [-en] populist
**populistisch** *bn* populistic
**popzender** *m* [-s] pop (radio) station
**por** *m* [-ren] dig, poke, jab ✳ *een* ~ *in de ribben* a dig & in the ribs
**porem, porum** *o* [-s] mug, kisser ✳ *dat is geen* ~! that's hideous!
**poreus** *bn* porous
**porfier** *o* porphyry
**porie** *v* [-riën] pore
**porno** *v* porn, porno ✳ *softe* ~ soft porn ✳ *harde* ~ hard porn, hard-core porn
**pornoblad** *o* [-en] porn/sex magazine
**pornofilm** *m* [-s] porn/sex film, blue movie
**pornografie** *v* pornography
**pornografisch** *bn* pornographic
**porren I** *overg* [porde, h. gepord] ❶ *duwen* prod, poke, jab ✳ *iem. wakker* ~ prod sbd awake ❷ *aansporen* push, urge, prod ✳ *daar is hij wel voor te* ~ he won't take much persuading **II** *onoverg* [porde, h. gepord] *in het vuur* poke, stir
**porselein** *o* china, chinaware, porcelain
**porseleinaarde** *v* china clay, kaolin
**porseleinen** *bn* china, porcelain
**porseleinkast** *v* [-en] china cabinet ✳ *voorzichtigheid*

*is de moeder van de* ~ look before you leap * *als een olifant door een* ~ like a bull in a china shop

**port I** *o & m* [-en] postage * ~ *te betalen* postage due **II** *m* [-en] *wijn* port (wine)

**portaal** *o* [-talen] ❶ *trapportaal* landing ❷ *v. kerk &* porch, hall

**portable** *m* [-s] ❶ *computer* laptop ❷ *radio, tv* portable ❸ *schrijfmachine* portable typewriter

**portal** *m* [-s] (web) portal

**portee** *v* meaning, import, drift

**portefeuille** *m* [-s] ❶ *voor geld* wallet, purse * *aandelen in* ~ unissued shares ❷ *v. minister, schilder &* portfolio * *de* ~ *aanvaarden* accept office * *de* ~ *neerleggen/ter beschikking stellen* resign (office), surrender one's portfolio * *een minister zonder* ~ a minister without portfolio

**portemonnee** *m* [-s] purse, wallet

**portfolio** *m & o* ['s] portfolio

**portglas** *o* [-glazen] port glass

**portie** *v* [-s] ❶ *aandeel* portion, share * *jur een legitieme* ~ a legal/legitimate portion * *zijn* ~ *hebben* have one's share * *zijn* ~ *krijgen* get one's share * *fig iem. zijn* ~ *geven* ⟨klappen⟩ give sbd a thick ear/a belt; ⟨berisping⟩ tell sbd off ❷ *bij maaltijd* helping * *een* ~ *ijs* ⟨aan tafel⟩ a serving of ice cream; ⟨gekocht⟩ an ice cream * *een tweede* ~ a second helping * *inf geef mijn* ~ *maar aan Fikkie!* count me out! ❸ *dosis* dose * *een flinke* ~ *geluk* a fair amount of luck

**portiek** *v* [-en] entrance, doorway, porch

**portier I** *m* [-s] *iem. bij de deur* doorman, ⟨v. hotel, bank &⟩ porter **II** *o* [-en] *v. voertuigen* door

**porto I** *o & m* [-ti & 's] postage **II** *m wijn* ZN port (wine)

**portofoon** *m* [-s] walkie-talkie

**portokosten** *zn* [mv] postage, postal charges

**portret** *o* [-ten] portrait, likeness * *zij is me een fraai* ~! she's a tricky customer * *een sprekend* ~ a very good likeness * *een* ~ *schilderen* paint a portrait

**portretfotografie** *v* portrait photography

**portretkunst** *v* portraiture

**portretschilder** *m* [-s] portrait painter, portraitist

**portrettengalerij** *v* [-en] portrait gallery

**portretteren** *overg* [portretteerde, h. geportretteerd] portray * *zich laten* ~ have one's portrait painted

**Portugal** *o* Portugal

**Portugees I** *m* [-gezen] Portuguese **II** *bn* Portuguese **III** *o taal* Portuguese

**Portugese** *v* [-n] Portuguese * *ze is een* ~ she's Portuguese, she's from Portugal

**portvrij** *bn* post-paid, post-free, postage free

**portwijn** *m* [-en] port (wine)

**pos** *m & v* [-sen] *vis* ruff(e), pope

**pose** *v* [-s & -n] posture, attitude, pose

**poseren** *onoverg* [poseerde, h. geposeerd] ❶ *model staan* pose, sit * *voor een schilder* ~ pose for a painter ❷ *zich aanstellen fig* pose, strike an attitude

**positie** *v* [-s] ❶ *houding &* position, ⟨lichaamshouding⟩ posture, ⟨geestelijke houding⟩ attitude * ~ *kiezen* choose sides ❷ *toestand* position, situation * *een netelige* ~ an awkward position/situation * *in* ~ *zijn* be pregnant, *inf* be expecting ❸ *betrekking* position, situation * *een vaste* ~ *bij een orkest* a permanent position with an orchestra ❹ *rang in de maatschappij* position, status * *een maatschappelijke* ~ a position in society ❺ *muz* position

**'positief, posi'tief¹ I** *bn* ❶ *wisk & nat* positive * ~ *geladen deeltjes* positively charged particles ❷ *bevestigend* affirmative ❸ *gunstig* positive, constructive, favourable/*Am* favorable * *positieve discriminatie* positive discrimination, *Am* affirmative action **II** *bijw* positively, affirmatively & * *een vraag* ~ *beantwoorden* answer a question in the affirmative

**'positief²** *m* taalk positive

**posi'tief³** *o* [-tieven] *v. foto* positive

**positiejurk** *v* [-en] maternity dress

**positiekleding** *v* maternity clothes

**positiespel** *o* sp positional play

**positieven** *zn* [mv] * *hij kwam weer bij zijn* ~ ⟨weer bij zijn verstand⟩ he came to his senses; ⟨weer bij bewustzijn⟩ he came round * *bij zijn* ~ *zijn* be all there * *niet bij zijn* ~ not right in his head

**positieverbetering** *v* [-en] social advancement

**positioneren** *overg* [positioneerde, h. gepositioneerd] position

**positionering** *v* positioning

**positivisme** *o* positivism

**positivist** *m* [-en] positivist

**post I** *m* [-en] ❶ *v. deur* post ❷ *standplaats* post, station * *op zijn* ~ *blijven* remain at one's post * *op* ~ *staan* stand sentry * *een* ~ *uitzetten* post a sentry * ~ *vatten* take up one's station * *de mening heeft* ~ *gevat, dat...* it is the prevailing opinion that... * *op* *zijn* ~ *zijn* be at one's post * *ik moet om vier uur op* *mijn* ~ *zijn* I'm on duty at four o'clock ❸ *schildwacht* sentry ❹ *bij staking* picket ❺ *betrekking* post, office * *een* ~ *van vertrouwen* a position of trust ❻ *postbode* postman ❼ *handel* item, entry * *openstaande* ~*en* unsettled/unpaid/outstanding accounts **II** *v* ❶ *postbestelling* post, mail * *met deze/de eerste/laatste* ~ by this mail/by first/last post * *een brief op de* ~ *doen* post a letter, take a letter to the post * *over/met* *de* ~ through the post * *per* ~ by post, through the post * *per kerende* ~ by return post/mail ❷ *kantoor* post office, post * *hij is bij de* ~ he's works for the post office

**postaal** *bn* postal

**postacademisch** *bn* postgraduate

**postadres** *o* [-sen] (postal/mailing) address

**postagentschap** *o* [-pen] sub post office

**Postbank** *v* (Dutch) Post Office Bank, *Br* ± National Girobank

**postbeambte** *m-v* [-n] post office employee, postal

**po**

worker/employee

**postbestelling**, **postbezorging** v [-en] postal
delivery, Am mail delivery

**postbode** m [-n & -s] postman, Am mailman

**postbus** v [-sen] post office box

**postbusfirma** v ['s] postbox company

**postbusnummer** o [-s] PO box number

**postcheque** m [-s] postal order, giro cheque/Am
check * Br de~ - en girodienst the National Girobank

**postcode** m [-s] postal code, Am ZIP code

**postdateren** overg [postdateerde, h. gepostdateerd]
postdate

**postdoctoraal** bn postgraduate

**postduif** v [-duiven] carrier/homing pigeon

**postelein** m plant purslane

**posten I** overg [postte, h. gepost] op de bus doen post,
mail II onoverg [postte, h. gepost] ❶ op wacht staan
stand guard ❷ bij staking picket

**poster** m [-s] ❶ affiche poster ❷ bij staking picketer

**posteren** overg [posteerde, h. geposteerd] post,
station * zich~ take up one's position

**poste restante** bijw poste restante, Am general
delivery

**postkaart** v [-en] ZN postcard

**postkamer** v [-s] post room

**postkantoor** o [-toren] post office

**postkoets** v [-en] hist mail coach, stagecoach

**postkoloniaal** bn post-colonial

**postmerk** o [-en] postmark * datum~ date as
postmark

**postmodern** bn post-modern

**postmodernisme** o post-modernism

**postnataal** bn postnatal * een postnatale depressie a
postnatal depression

**postorderbedrijf** o [-drijven] mail-order company

**postpakket** o [-ten] parcel, parcel-post package * als
~ verzenden send by parcel post

**postpapier** o notepaper, letter/writing paper

**postscriptum** o [-ta & -s] postscript

**poststempel** o & m [-s] ❶ postmark
❷ stempelapparaat date stamp

**poststuk** o [-ken] parcel, postal item

**posttarief** o [-rieven] postal rate(s), postage

**posttrein** m [-en] mail train

**postulaat** o [-laten] postulate

**postuleren** overg [postuleerde, h. gepostuleerd]
postulate

**postuum** bn posthumous * een postume
onderscheiding a posthumous decoration * een~
werk a posthumous work

**postuur** o [-turen] shape, figure, build, stature * een
slank~ a slim build/stature * flink van~ of sturdy
build/stature * zich in~ stellen/zetten get oneself in
position

**postvak** o [-ken] pigeon hole

**postverkeer** o postal traffic

**postwissel** m [-s] postal/money order * een
buitenlandse~ an international money order * per~

by postal order

**postzak** m [-ken] postbag, mailbag

**postzegel** m [-s] (postage) stamp

**postzegelalbum** o [-s] stamp album

**postzegelautomaat** m [-maten] stamp machine

**postzegelverzamelaar** m [-s] stamp collector

**pot I** m [-ten] ❶ om in te bewaren pot, jar ❷ po
chamber pot, po * je kan de~ op! blow you! *
⟨overspel plegen⟩ naast de~ piesen sleep around
* ben je nou helemaal van de~ gerukt? are you
absolutely mad? ❸ inzet stakes, pool, kitty * de~
verteren spend one's winnings * de~ winnen win
the jackpot ❹ kookpan pan, pot *~ten en pannen
pots and pans * een gewone/goede~ plain/good
cooking * we moeten voor lief nemen wat de~ schaft
we'll have to take pot luck * het is één~ nat it's six of
one and half a dozen of the other * de~ verwijt de
ketel dat hij zwart is it's the pot calling the kettle
black ❺ marihuana grass, pot, weed, cannabis II v
[-ten] lesbienne lesbian, inf dyke, dike

**potaarde** v potting compost/soil/earth

**potdicht** bn ❶ v. zaken (tightly) closed, sealed
❷ v. personen closed, silent as the grave

**potdoof** bn stone-deaf

**poten** overg [pootte, h. gepoot] ❶ in de grond steken
plant, sew ❷ neerzetten inf plant, dump

**potenrammen** o queer/gay bashing

**potenrammer** m [-s] queer basher

**potent** bn potent, virile

**potentaat** m [-taten] potentate

**potentiaal** m [-tialen] potential

**potentiaalverschil** o [-len] potential difference

**potentie** v potency

**potentieel I** bn potential, possible, latent II bijw
potentially & III o potential

**poter** m [-s] ❶ persoon planter ❷ aardappel seed
potato

**potgrond** m potting compost/soil/earth

**potje** o [-s] ❶ kleine pot (small) pot, jar * een~ bier a
glass/mug of beer * hij kan een~ breken he can't do
anything wrong * zijn eigen~ koken do one's own
cooking * ⟨geld inzamelen⟩ een~ maken get
everybody to chip in ⟨for sth⟩ * er een~ van maken
mess things up * kleine~s hebben grote oren little
pitchers have big ears ❷ partijtje game * een~
biljarten have a game of billiards ❸ po potty

**potjeslatijn** o gibberish, dog Latin

**potkachel** v [-s] potbellied stove

**potlood** o [-loden] ❶ om te schrijven pencil ❷ om
kachels te poetsen blacklead, graphite ❸ mannelijk lid
dick, prick

**potloodventer** m [-s] flasher

**potplant** v [-en] potted/pot plant

**potpourri** m & o ['s] potpourri, medley (of songs)

**potscherf** v [-scherven] potsherd, crock

**potsierlijk I** bn ludicrous, absurd, grotesque II bijw
ludicrously &

**potsierlijkheid** v absurdity

**potten I** overg [potte, h. gepot]❶ planten pot ❷ geld hoard‖ onoverg [potte, h. gepot] save money

**pottenbakken** o pottery, ceramics

**pottenbakker** m [-s] potter

**pottenbakkerij** v [-en] pottery, potter's workshop

**pottenbakkersschijf** v [-schijven] potter's wheel

**pottenkijker** m [-s] snooper, peeper

**potverdomme** , **potverdorie** tsw darn, damn

**potverteren** onoverg [potverteerde, h. potverteerd] squander

**potvis** m [-sen] sperm whale

**poulain** m [-s] pupil ZN sp apprentice sportsman

**poule** v [-s] groep group, team

**poulet** o & m ❶ vlees soup/stewing meat ❷ kip chicken

**pover** bn poor, shabby, meagre, puny∗ een~ bestaan a miserable existence

**povertjes** bijw poorly, shabbily∗ ~ gekleed shabbily dressed∗ hij deed zijn werk maar~ he did his task indifferently

**p.p.** afk ❶ (per persoon) per person, p.p. ❷ (per procuratie) p.p., pp ❸ (port payé) postage paid

**praal** v pomp, splendour, magnificence∗ pracht en ~ pomp and circumstance

**praalgraf** o [-graven] mausoleum

**praalwagen** m [-s] float

**praam** v [pramen] pram, flat-bottomed boat

**praat** m ❶ het spreken talk∗ veel~s hebben be all talk ∗ iem. aan de~ houden keep sbd talking∗ met iem. aan de~ raken get talking to sbd∗ een motor aan de ~ krijgen get an engine to start ❷ taal talk, speech

**praatgraag** bn talkative, garrulous

**praatgroep** v [-en] ❶ voor bewustzijnsvorming consciousness-raising group ❷ v. patiënten e.d. self-help group

**praatje** o [-s] talk, chat∗ het is maar een~, dat zijn maar~s it's all idle talk/gossip/chitchat/bla bla∗ een ~ maken (met) have a chat (with)∗ och wat,~s! rubbish!∗ het~ gaat dat... rumour has it that... ∗ zoals het~ gaat as they say∗ je moet niet alle~s geloven you shouldn't believe all you hear∗~s krijgen put on airs∗ er gaan~s over haar people have been talking/gossiping about her∗~s rondstrooien spread rumours, gossip∗~s vullen geen gaatjes all talk and no action

**praatjesmaker** m [-s]❶ opschepper braggart, boaster ❷ kletsmajoor chatterbox

**praatlustig** bn talkative, chatty

**praatpaal** m [-palen]❶ emergency telephone ❷ inf confidant(e)

**praatprogramma** o [-'s] talk programme/Am program, talk show

**praatstoel** m ∗ op zijn~ zitten be in a talkative mood, be on one's hobby horse

**praatziek** bn talkative, garrulous

**pracht** v splendour, magnificence∗ ~ en praal pomp and circumstance∗ een~ van een boek a gem

of a book∗ een~ van een meid a beautiful girl

**prachtexemplaar** o [-plaren] fine/beautiful specimen

**prachtig I** bn magnificent, splendid, superb∗ dat zou~ zijn that would be great/splendid∗ ~, hoor! excellent!‖ bijw magnificently &

**prachtkerel** m [-s] great guy

**prachtstuk** o [-ken] beauty, gem

**practicum** o [-ca & -s] practical, lab(oratory)

**practicus** m [-ci] practical person

**pragmaticus** m [-ci] pragmatist

**pragmatiek I** bn pragmatic, practical‖ v pragmatics

**pragmatisch I** bn pragmatic‖ bijw pragmatically

**prairie** v [-s & -riën] prairie

**prairiehond** m [-en] prairie dog

**prairiewolf** m [-wolven] coyote, Am prairie wolf

**prak** m [-ken] v. eten mash, mush∗ een auto in de~ rijden prang a car

**prakje** o [-s] geprakt eten mash, mashed food

**prakken** overg [prakte, h. geprakt] mash

**prakkiseren I** onoverg [prakkiseerde, h. geprakkiseerd], inf**prakkeseren** [prakkeseerde, h. geprakkeseerd]❶ muse, think, reflect ❷ zorgelijk brood, worry‖ overg [prakkiseerde, h. geprakkiseerd], inf**prakkeseren** [prakkeseerde, h. geprakkeseerd] think up, devise, contrive

**praktijk** v [-en]❶ uitoefening, gebruik practice∗ in de ~ in practice, in real terms, in reality∗ in~ brengen put into practice∗ iets in de~ leren learn sth through practice/experience ❷ beroepsuitoefening practice∗ zonder~ non-practising ❸ mv: kwalijke gewoontes practices∗ kwade~en evil practices

**praktijkervaring** v practical experience

**praktijkexamen** o [-s] practical examination

**praktijkgericht** bn practically oriented∗~ management practice-based management

**praktijkkennis** v practical knowledge, know-how, working knowledge

**praktijkvoorbeeld** o [-en] example

**praktisch I** bn practical∗ een~e bekwaamheid a practical skill∗ ~e kennis working knowledge∗ een ~ plan a practical/workable plan‖ bijw practically, for all practical purposes, almost, virtually∗ dat komt~ op hetzelfde neer that's virtually the same thing

**praktiseren** onoverg [praktiseerde, h. gepraktiseerd] practise, be in practice∗ een~d geneesheer a medical/general practitioner∗ een~d katholiek a practising catholic

**pralen** onoverg [praalde, h. gepraald]❶ schitteren twinkle, shimmer ❷ opscheppen boast, flaunt, parade∗ ~ met zijn rijkdom show off one's wealth

**praline** v [-s] chocolate

**pram** m & v [-men] boob, tit

**pramen** overg [praamde, h. gepraamd] ZN prod, edge on, insist (on)

**prangen** overg [prangde, h. geprangd] press,

torment, oppress \* *een ~de vraag* a pressing question

**prat** *bn* \*~ *gaan op* be proud of, pride oneself on

**praten I** *onoverg* [praatte, h. gepraat] talk, speak, *inf* chat \* *iem. aan het ~ zien te krijgen* manage to get sbd talking \* ⟨praatjes rondstrooien⟩ *hij heeft gepraat* he's been telling tales \* *hij kan mooi ~* he has a smooth tongue \* *hij heeft mooi ~* it's all very well for him to say so \* *er valt met hem te ~* he's a reasonable man \* *er valt niet met hem te ~* he won't listen to reason \* *er omheen ~* talk around the point, beat about the bush \* *zij waren over kunst aan het ~* they were talking art \* *ze zitten altijd over hun vak te ~* they're always talking shop \* *praat me daar niet van* let's change the subject \* *u moet hem dat uit het hoofd ~* you must talk him out of it \* *daar weet ik van mee te ~* I know all about it **II** *overg* [praatte, h. gepraat] talk, speak \* *hij praat Frans* he speaks French

**prater** *m* [-s] talker, conversationalist \* *hij is geen grote ~* he's not much of a talker, he doesn't say much

**prauw** *v* [-en] prahu, proa

**pre** *m & o* [-s] preference, priority \* *dat is een ~* that's an advantage

**preadvies** *o* [-viezen] preliminary report

**preambule** *v* [-s] preamble

**prebende** *v* [-n] prebend

**precair** *bn* precarious, delicate, critical \* ⟨v. patiënt⟩ *zijn toestand is ~* his condition is critical

**precario, precariorecht** *o* ❶ *recht/belasting voor zaken op publiek terrein* local tax for installations on/over public ground, frontage tax ❷ *tot wederopzegging* possession at will/on sufferance

**precedent** *o* [-en] precedent \* *een ~ scheppen* set/establish a precedent \* *zonder ~* without precedent, unprecedented

**precies I** *bn* precise, exact \* *hij is erg ~ op zijn spullen* he is very careful with/particular about his things **II** *bijw* precisely, exactly \* *om vijf uur ~* at five exactly/sharp \* *deze kleren passen mij ~* these clothes fit perfectly \* *hij doet zijn werk heel ~* he does his work meticulously \* *ik weet niet ~ waarom* I don't know exactly why \* *ze is ~ de vrouw die ik zoek* she's just the woman I was looking for **III** *tsw* exactly!, precisely!

**precieus** *bn* affected, precious

**preciseren** *overg* [preciseerde, h. gepreciseerd] define, state precisely, specify

**precisie** *v* precision, accuracy

**precisiebom** *v* [-men] precision bomb

**precisiewerk** *o* precision work

**predestinatie** *v* predestination

**predestineren** *overg* [predestineerde, h. gepredestineerd] predestine

**predicaat** *o* [-katen] ❶ *benaming* predicate, designation ❷ *titel* title ❸ *beoordeling* rating, marks

**predicaatszin** *m* [-nen] predicate

**predicatief** *bn* predicative

**predikant** *m* [-en] ❶ *dominee* preacher, pastor, ⟨anglicaans⟩ vicar, parson, ⟨protestant⟩ minister ❷ *v. leger, ziekenhuis, gevangenis &* chaplain

**prediken** *overg & onoverg* [predikte, h. gepredikt] preach

**prediker** *m* [-s] preacher \* bijbel *Prediker* Ecclesiastes

**predisponeren** *overg* [predisponeerde, h. gepredisponeerd] predispose

**predispositie** *v* predisposition

**prednison** *o & m & v* prednisone

**preek** *v* [preken] *ook geringsch* sermon \* *de ~ houden* give/deliver the sermon \* *een lange ~ tegen iem. houden* read the riot act to sbd

**preekbeurt, predikbeurt** *v* [-en] preaching engagement

**preekstoel** *m* [-en] pulpit \* fig *op de ~* on his high horse \* *van de ~* from the pulpit

**preektoon** *m* preachy/pulpit tone

**prefab** *bn* prefab \*~ *huizen* prefab(ricated) houses

**prefect** *m* [-en] ❶ hist prefect ❷ *surveillant* ZN prefect on duty ❸ *schoolhoofd* ZN headmaster, principal

**prefectuur** *v* [-turen] prefecture

**preferent** *bn* preferential, preferred \* *een ~ aandelenkapitaal* preferred stock, preference shares \* *een ~e schuldeiser* a preferential creditor \*~*e schulden* preferred debts

**preferentie** *v* [-s] preference \*~ *hebben boven* be preferred to

**preferentieel** *bn* preferential \* *preferentiële rechten* preferential rights

**prefereren** *overg* [prefereerde, h. geprefereerd] prefer (*boven* to)

**prefiguratie** *v* [-s] prefiguration, foreshadowing

**prefix** *o* [-en] prefix

**pregnant** *bn* pregnant, terse, succinct \* *de uitdrukking krijgt hier een ~e betekenis* here, the expression is pregnant with meaning

**prehistorie** *v* prehistory

**prehistorisch** *bn* prehistoric

**prei** *v* [-en] leek

**preken** *onoverg & overg* [preekte, h. gepreekt] preach \* *voor dove oren ~* preach to deaf ears \* *voor eigen parochie ~* preach to the converted

**prekerig** *bn* preachy, moralizing

**prelaat** *m* [-laten] prelate

**prelude** *v* [-s] prelude

**preluderen** *onoverg* [preludeerde, h. gepreludeerd] prelude \* fig *~ op* serve as a prelude to

**prematuur I** *bn* premature **II** *bijw* prematurely, too early

**premenstrueel** *bn* premenstrual \* *het ~syndroom* the premenstrual syndrome, PMS

**premie** *v* [-s] ❶ *ook eff* premium \* *een ~ ineens* an advance premium ❷ *boven het loon* bonus, gratuity ❸ *door regering* ⟨steun⟩ subsidy, ⟨voor doden

schadelijke dieren &) bounty ❶ *voor verzekeringen* premium, contribution ❷ *bij loterij* bonus prize
**premiegrens** *v* [-grenzen] threshold for social security contributions
**premiejager** *m* [-s] ❶stag, <u>Am</u> premium hunter ❷ *jager op uitgeloofde premies* bounty hunter
**premiekoopwoning** *v* [-en] state-subsidized private dwelling
**premier** *m* [-s] prime minister, premier
**première** *v* [-s] ❶ *v. toneelstuk &* premiere, first night ❷ *v. film* opening night * *in* ~ *gaan* open
**premieregeling** *v* [-en] ❶ *m.b.t. spaarpremies* premium savings scheme ❷ *m.b.t. huizenbouw* house-building subsidy scheme
**premierschap** *o* prime ministership, premiership
**premiestelsel** *o* [-s] premium/bounty system
**premievrij** *bn* free of premium * *een* ~ *pensioen* a non-contributory pension * *een* ~ *e polis* a paid-up policy
**premisse** *v* [-n] premise
**prenataal** *bn* antenatal, prenatal
**prent** *v* [-en] print, engraving, picture, illustration
**prentbriefkaart** *v* [-en] picture postcard
**prenten** *overg* [prentte, h. geprent] imprint, impress * *zich iets in het geheugen* ~ impress sth on one's memory
**prentenboek** *o* [-en] picture book
**prentenkabinet** *o* [-ten] print room
**prentje** *o* [-s] small picture (card)
**prentkunst** *v* printing, engraving
**preoccupatie** *v* [-s] preoccupation
**preoccuperen** *overg* [preoccupeerde, h. gepreoccupeerd] preoccupy
**prepaid** *bn* prepaid, paid in advance
**preparaat** *o* [-raten] preparation * *een anatomisch* ~ a microscopic section/slide
**prepareren** I *overg* [prepareerde, h. geprepareerd] ❶ *klaarmaken* prepare ❷ *opzetten* stuff II *wederk* [prepareerde, h. geprepareerd] * *zich* ~ get ready, prepare
**prepositie** *v* [-s] preposition
**prepress** *bn* pre-press
**prerogatief** *o* [-tieven] prerogative
**presbyteriaan** *m* [-rianen] Presbyterian
**presbyteriaans** *bn* Presbyterian
**prescriptief** *bn* prescriptive
**preselectie** *v* [-s] <u>ZN</u> programming pre-selection
**present** I *o* [-en] present, gift * *iem. iets* ~ *geven* make sbd a present of sth * *iets* ~ *krijgen* get sth as a present II *bn* ❶ *aanwezig* present, in attendance * ~! here! ❷ *geestelijk aanwezig* alert, <u>inf</u> with it
**presentabel** *bn* presentable, respectable, fit to be seen
**presentatie** *v* [-s] presentation * *een visuele* ~ a visual presentation
**presentator** *m* [-s & -toren] ⟨v. actualiteiten⟩ presenter, anchor man, ⟨v. lichte programma's⟩ presenter, compere, host * *de* ~ *van dit programma*

is... this programme is presented by...
**presentatrice** *v* [-s] <u>TV</u> presenter, compere, hostess
**presenteerblad** *o* [-bladen] tray, plate, platter * *iets op een presenteerblaadje aangeboden krijgen* have sth handed to one on a plate
**presenteren** *overg* [presenteerde, h. gepresenteerd] ❶ *aanbieden* offer, present * *een koekje* ~ pass the biscuits around * *het geweer* ~ present arms ❷ *presentator zijn* present, host, compere ❸ *voorstellen (als)* pass off (as) * *iets als eigen werk* ~ pass sth off as one's own work
**presentexemplaar** *o* [-plaren] presentation/complimentary copy
**presentie** *v* presence
**presentiegeld** *o* attendance fee
**presentielijst** *v* [-en] list of members present, attendance register/roll/list
**preses** *m* [-sides & -sen] chairman, president
**president** *m* [-en] ❶ *voorzitter* president, chairman, ⟨vrouw⟩ chairwoman ❷ *jur* ⟨v.e. jury⟩ foreman, ⟨van meervoudige kamer⟩ presiding judge
**president-commissaris** *m* [-sen],
**president-directeur** [-s & -en] chairman of the board
**presidentieel** *bn* presidential
**presidentschap** *o* [-pen] presidency, ⟨voorzitterschap⟩ chairmanship
**presidentsverkiezing** *v* [-en] presidential election
**presideren** I *overg* [presideerde, h. gepresideerd] preside over/at * *een vergadering* ~ chair a meeting II *onoverg* [presideerde, h. gepresideerd] preside, be in the chair
**presidium** *o* [-dia & -s] ❶ presidentship, chairmanship * *onder* ~ *van* under the chairmanship of... ❷ *v.d. Sovjet-Unie &* <u>hist</u> Presidium
**pressen** *overg* [preste, h. geprest] ❶ *dwingen* force, press, put pressure on, urge * *iem.* ~ *tot iets* force sbd to do sth/into doing sth ❷ <u>hist</u> press-gang, forcibly enlist
**presse-papier** *m* [-s] paperweight
**pressie** *v* pressure * ~ *uitoefenen op* exert pressure on
**pressiegroep** *v* [-en] pressure group
**pressiemiddel** *o* [-en] means of exerting pressure, ⟨dwangmaatregel⟩ coercive measure * *een* ~ *toepassen* ⟨druk⟩ apply pressure; ⟨dwangmaatregel⟩ impose a coercive measure
**prestatie** *v* [-s] ❶ *het presteren* ook techn performance ❷ *het gepresteerde* achievement, feat, accomplishment * *de* ~*s van iem. in het verleden* sbd's track record * *als* ~ *voor* in consideration of, in return for
**prestatiebeurs** *v* performance-based grant/bursary/scholarship
**prestatiedwang** *m* pressure to perform/achieve
**prestatiegericht** *bn* achievement-oriented * *een* ~ *persoon* a competitive person

**prestatieloon** o [-lonen]
merit/incentive/performance-related pay
**prestatieloop** m [-lopen] endurance run/race
**presteren** overg [presteerde, h. gepresteerd]
achieve, perform✶ onvoldoende~ underperform
✶ slecht~ perform badly✶ hij presteerde het om weg
te blijven he managed to stay away
**prestige** o prestige✶ zijn~ ophouden uphold one's
prestige✶ zijn~ redden save one's face
**prestigekwestie** v [-s] matter of prestige
**prestigeobject** o [-en] status symbol
**prestigeverlies** o loss of prestige
**prestigieus** bn prestigious
**presumptief** bn presumed, assumed✶ een~
huwelijk an assumed marriage✶ de presumptieve
vader the presumed father
**pret** v pleasure, fun, enjoyment✶ het was dolle~ it
was great fun✶ de~ bederven spoil the fun✶ ~
maken enjoy oneself, have fun✶ het is uit met de~
it's no time for joking, the fun is over✶ ~ hebben
over iets be amused at sth
**pretendent** m [-en] pretender ‹to the throne›
**pretenderen** overg [pretendeerde, h.
gepretendeerd] pretend/profess (to be)
**pretentie** v [-s] pretension✶ vol~s pretentious
✶ zonder~ (s) modest, unassuming, unpretentious
✶ niet de~ hebben alles te weten make no
pretensions to know everything
**pretentieloos** bn modest, unassuming,
unpretentious
**pretentieus** bn pretentious
**pretje** o [-s] bit of fun, frolic, inf lark✶ iron het is me
nogal een~! a nice job, indeed!✶ dat is (me) ook geen
~ that's no picnic
**pretogen** zn [mv] twinkling/sparkling eyes
**pretoriaans** bn hist praetorian/Am pretorian
**pretpakket** o [-ten] onderw easy examination
subjects
**pretpark** o [-en] amusement park, funfair
**prettig** I bn❶ plezierig pleasant, nice✶ ~ e feestdagen
the compliments of the season✶ ~ weekend! have a
nice/great/good weekend!✶ ~ kennis met u te
maken! nice/pleased to meet you!✶ het~ vinden like
it❷ gemakkelijk easy, nice✶ zich niet~ voelen not
feel comfortable/at ease/at home II bijw pleasantly,
nicely
**preuts** I bn prudish, prim✶ een~ meisje a prude
II bijw prudishly, primly✶ ~ doen be a prude, be
prudish
**preutsheid** v prudishness, primness
**prevaleren** onoverg [prevaleerde, h. geprevaleerd]
prevail, predominate
**prevelen** onoverg & overg [prevelde, h. gepreveld]
murmur, mutter, mumble
**preventie** v [-s] prevention
**preventief** bn prevent(at)ive, precautionary✶ een
preventieve aanval a pre-emptive strike✶ preventieve
maatregelen prevent(at)ive/precautionary measures

✶ in preventieve hechtenis houden keep in detention
awaiting trial
**priapisme** o priapism
**prieel** o [priëlen] bower, arbour, ‹groter› summer
house
**priegelen** onoverg [priegelde, h. gepriegeld] do
detailed/delicate/fine work
**priegelig** bn delicate, fine✶ dat is~ werk that's
delicate/detailed/very fine/fiddly work✶ een~
handschrift very small handwriting
**priegelwerk** o fiddly/fine/delicate work
**priem** m [-en] techn awl, piercer
**priemen** overg [priemde, h. gepriemd] prick, pierce,
stab
**priemgetal** o [-len] prime number
**priester** m [-s] priest
**priestergewaad** o [-waden],**priesterkleed** [-kleden,
-klederen] sacramental garments, clerical garb,
vestments
**priesterschap** I o waardigheid priesthood II v [-pen]
verzamelnaam priesthood
**priesterwijding** v [-en] ordination
**prietpraat** m twaddle, table talk
**prijken** onoverg [prijkte, h. geprijkt] adorn✶ boven
het altaar prijkt een houten Madonna the altar is
adorned by a wooden Madonna✶ radio-antennes~
op alle daken aerials adorn every roof✶ zij prijkt in
volle glorie in een mannenblad she's shown in all her
glory in a men's magazine✶ op haar hoofd prijkte
een sombrero on her head she sported a sombrero
**prijs** I m [prijzen]❶ bedrag price, cost✶ de
huidige/gangbare prijzen current prices✶ ‹in hotel
&› speciale prijzen special terms✶ dat is een te lage~
that's too low a price✶ een~ zetten op iemands hoofd
set a price on sbd.'s head✶ beneden/onder de~
verkopen sell below the market price✶ tegen elke~
at any price, at all cost(s)✶ tegen lage~ at a low
price, at low prices✶ tot elke~ at any cost, at all
costs, at any price✶ wat is de~ voor een enkeltje?
how much is a single fare?✶ voor geen~ not at any
price✶ voor die~ at the price✶ voor een zacht~je
cheaply❷ waarde price, value✶ op~ stellen
appreciate, value❸ kaartje met prijsaanduiding price
tag❹ uitgeloofde prijs prize, reward✶ de eerste~
behalen win/gain/carry off the first prize✶ altijd~!
everyone's a winner!, you can't go wrong!✶ in de
prijzen vallen be one of the winners❺ uitverkiezing
award II v [prijzen] buit scheepv prize✶ ~ maken
capture, seize ‹a ship›
**prijsafspraak** v [-spraken] price agreement
**prijsbeheersing** v price control
**prijsbepaling** v [-en] determination of price,
valuation, ‹vaststellen› price fixing
**prijsbewust** bn price-conscious, cost-conscious
**prijscompensatie** v wage indexation,
index-linking
**prijsdaling** v [-en] fall/decline/drop in prices
**prijsgeven** overg [gaf prijs, h. prijsgegeven] give up,

abandon, relinquish* *geheimen~* divulge/betray secrets* *het geloof~* abandon one's faith* *een stad/een vesting~* give up/abandon a city/fortress * *terrein~* yield ground* *iets aan de golven/het vuur ~* abandon/commit sth to the waves/flames* *iets aan de vergetelheid~* commit sth to oblivion

**prijshoudend** *bn* steady, stationary

**prijsindex** *m* [-en & -dices] price index, cost-of-living index

**prijskaartje** *o* [-s] price tag/label/ticket* *goederen van een~ voorzien* put price tags on goods

**prijsklasse** *v* [-n] price range/bracket

**prijslijst** *v* [-en] price list

**prijsmaatregel** *m* [-en & -s] price control measure, pricing measure

**prijsniveau** *o* [-s] price level

**prijsopdrijving** *v* econ forcing/pushing up of prices, price hike

**prijsopgaaf** ,**prijsopgave** *v* [-gaven]❶ *offerte* quotation, tender, offer❷ *begroting* (price/fee) estimate

**prijspeil** *o* price level

**prijspolitiek** *v* price/pricing policy

**prijsschieten** *o* shoot for a prize

**prijsschommeling** *v* [-en] price fluctuation

**prijsstelling** *v* [-en]❶ *vaststelling v.d. prijs* pricing, price setting, price fixing❷ *vastgestelde prijs* fixed price* *de fabrikant heeft gekozen voor een gunstige~* the manufacturer has priced ⟨it/them⟩ sharply

**prijsstijging** *v* [-en] rise/increase in prices

**prijsstop** *m* price stop/freeze* *een~ afkondigen* announce a price freeze/a freeze on prices

**prijsuitreiking** *v* [-en] prize-giving ceremony

**prijsvechter** *m* [-s] prize fighter

**prijsvergelijking** *v* [-en] price comparison

**prijsverhoging** *v* [-en] price increase/rise, markup

**prijsverlaging** *v* [-en] price reduction/cut, markdown* *grote~!* huge reductions!

**prijsverschil** *o* [-len] price difference, difference in price

**prijsvraag** *v* [-vragen] competition, contest* *een~ uitschrijven* hold a competition

**prijswinnaar** *m* [-s] prizewinner

**prijzen I** *overg* [prees, h. geprezen] *loven* praise, commend, extol* *zich gelukkig~* call oneself lucky, thank/bless one's lucky stars* ⟨aan~ restr⟩ zijn waren~ praise one's goods**II** *overg* [prijsde, h. geprijsd] *de prijs bepalen* price* ⟨v.e. prijs voorzien⟩ *zijn waren~* price one's goods* *zich uit de markt~* price oneself out of the market

**prijzengeld** *o* prize money

**prijzenkast** *v* [-en] trophy cabinet

**prijzenoorlog** *m* [-logen] price war

**prijzenslag** *m* price war

**prijzenswaard** ,**prijzenswaardig** *bn* praiseworthy, laudable, commendable

**prijzig** *bn* expensive, high-priced, inf pricey, dear

**prik** *m* [-ken]❶ *met naald &* prick, stab, ⟨v.e. insect⟩

sting❷ *injectie* injection, inf shot* *een~ halen* have/get an injection/a shot❸ *in frisdrank* fizz, pop * *mineraalwater met~* fizzy mineral water* *een glaasje~* glass of fizz❹ *vis* lamprey▼ *dat is vaste~* that happens all the time

**prikactie** *v* [-s] lightning strike

**prikbord** *o* [-en] notice/bulletin board

**prikje** *o*,**prikkie** [-s] * *voor een~* for a song, at a bargain, for next to nothing

**prikkel** *m* [-s]❶ *prikstok* goad❷ *stekel* sting, thorn, prickle❸ *aanmoediging* stimulus, spur, incentive, impetus

**prikkelbaar** *bn* irritable, excitable, touchy

**prikkeldraad** *o & m* barbed wire

**prikkeldraadversperring** *v* [-en] (barbed) wire entanglement/barrier

**prikkelen I** *overg* [prikkelde, h. geprikkeld] ❶ *prikken,* (doen) *tintelen* prickle, sting❷ *opwekken* stimulate, excite, arouse, ⟨aansporen ook⟩ incite* *de nieuwsgierigheid~* arouse sbd's curiosity❸ *irriteren* irritate, ⟨v. personen⟩ provoke* *de zenuwen~* irritate the nerves**II** *onoverg* [prikkelde, h. geprikkeld] prickle, tingle, sting

**prikkelend** *bn*❶ *prikkend* prickling, prickly ❷ *activerend* stimulating❸ *irritant* irritating, provoking❹ *pikant* piquant, racy, juicy, spicy

**prikkelhoest** *m* tickling cough

**prikkeling** *v* [-en]❶ *tinteling* prickle, tickle ❷ *opwekking* stimulation, thrill, ⟨seksueel ook⟩ titillation❸ *irritatie* irritation, tingling

**prikken I** *overg* [prikte, h. geprikt]❶ *steken* prick, ⟨injectie⟩ inject❷ *op de muur* tack, pin, stick❸ *een datum* fix, set**II** *onoverg* [prikte, h. geprikt]❶ *stekend gevoel hebben* sting* *de zweet/rook prikt in mijn ogen* the perspiration/smoke is making my eyes smart/sting❷ *op prikklok* clock in/out

**prikker** *m* [-s] pricker

**prikkertje** *o* [-s] cocktail stick

**prikklok** *v* [-ken] time clock

**priklimonade** *v* [-s] fizzy lemonade, soda pop, inf fizz, pop

**prikpil** *v* [-len] contraceptive injection

**pril** *bn* early, first, young* *~ geluk* budding happiness* *in zijn~/e jeugd* in his early youth* *in de~/le ochtend* in the early morning, at dawn

**prima I** *bn* first-class, first-rate, excellent* *~ kwaliteit* excellent quality* *in een~ humeur* in an excellent mood, in high/prime spirits* *ik vind het~* it's okay/all right by me**II** *bijw* excellently, well, inf great, fine* *de wagen loopt~* the car is going well/great/fine**III** *tsw* great!, fine!

**primaat I** *m* [-maten]❶ *zoogdier* primate❷ *kerkleider* ⟨paus⟩ pontiff, ⟨aartsbisschop⟩ primate**II** *o* *oppergezag* primacy

**prima ballerina** *v* ['s] prima ballerina

**prima donna** *v* ['s] prima donna

**primair I** *bn*❶ *eerst* primary, basic, elementary, fundamental* *de~e behoeften* one's primary needs

**pr**

\* *van ~belang* of primary/paramount importance
\* *een ~e functie* a primary function \* elektr *~e*
*stroom* primary current \* *~dividend* statutory
dividend \* *~e kosten* flat costs \* *het ~*
*telastgelegde/tenlastegelegde* the principal
charge/claim ❷ *basis* prime, basic \* *~e getallen*
prime numbers \* *een ~e kleur* a primary colour
II *m-v* [-en] *onderontwikkeld persoon* ZN
narrow-minded, uneducated person

**primeur** *v* [-s] *v. krant* scoop \* *de ~ van iets hebben* be
the first to use/hear & sth

**primitief** *bn* primitive, crude \* schilderk *de*
*primitieven* the primitive painters \* *primitieve kunst*
primitive art \* *primitieve werktuigen*
makeshift/primitive tools \* *primitieve zitbanken*
makeshift seating

**primula** *v* [-'s] *bloem* primrose

**primus** *m* [-sen] ❶ *eerste* first ❷ *kooktoestel* Primus

**principaal** I *m* [-palen] *superieur* principal II *bn*
principal, main \* jur *ten principale* on the main
issue, on the merits

**principe** *o* [-s] principle \* *in ~ is hij 24 uur per dag*
*beschikbaar* in principle he is available 24 hours per
day \* *in ~ ben ik het met je eens* basically, I agree
with you \* *uit ~* on principle, as a matter of
principle

**principeakkoord** *o* [-en] agreement in principle

**principieel** I *bn* fundamental, essential \* *een ~*
*akkoord* an agreement in principle \* *een principiële*
*kwestie* a fundamental question \* *een ~ tegenstander*
a conscientious objector II *bijw* fundamentally, on
principle \* *ik ben er ~ tegen* I'm against it on
principle

**prins** *m* [-en] prince \* *van de ~ geen kwaad weten* be
as innocent as a new-born babe \* *leven als een ~* live
like a prince \* *~ carnaval* Prince Carnival

**prinsdom** *o* [-men] principality

**prinselijk** I *bn* princely II *bijw* in a princely fashion

**prinses** *v* [-sen] princess

**prinsessenboon** *v* [-bonen] French bean

**prins-gemaal** *m* prince consort

**prinsheerlijk** *bijw* as proud as a lord, in a princely
fashion \* *in de zomer kun je hier ~ buiten zitten* in
the summer you can sit at ease outside

**Prinsjesdag** *m* the opening of Parliament

**print** *m* [-s] ❶ comput print-out ❷ fotogr print

**printen** *overg* [printte, h. geprint] print (out)

**printer** *m* [-s] printer

**prior** *m* [-s] prior

**prioritair** *bn* ZN priority

**prioriteit** *v* priority \* *~ genieten* take priority \* *je*
*moet ~ en stellen* you have to get your priorities right
\* *~ geven aan iets* give priority/preference to sth

**prioriteitsaandeel** *o* [-delen] preference share

**prisma** *o* [-'s & -mata] prism

**prismakijker** *m* [-s] prism binoculars

**privaat** *bn* private, personal \* *een ~ persoon* a
private person \* *het ~ belang* private interest

**privaatdocent** *m* [-en] unsalaried university
lecturer

**privaatrecht** *o* private law \* *het internationaal ~*
private international law

**privaatrechtelijk** *bn* pertaining to private law \* *een*
*~ lichaam* a private corporation \* *~e rechtspersonen*
private persons (according to the law)

**privacy** *v* privacy \* *zij is erg op haar ~ gesteld* she
values her privacy, she's a very private person

**privatiseren** *overg* [privatiseerde, h. geprivatiseerd]
privatize, denationalize

**privatisering** *v* privatization

**privé** *bn* private, personal \* *kan ik u even ~ spreken?*
can I talk to you privately/in private for a minute?
\* *dat is wel erg ~* this is rather confidential

**privéaangelegenheid** *v* [-heden] private occasion

**privéadres** *o* [-sen] private/home address

**privébezit** *o* private property

**privégebruik** *o* personal use

**privéles** *v* [-sen] private instruction/tuition

**privéleven** *o* private life

**privilege** *o* [-s] privilege, jur preferential right,
preference, statutory lien, right of preference

**privilegiëren** *overg* [privilegieerde, h.
geprivilegieerd] privilege

**PR-man** *m* PR man, public relations officer

**pro** *bn & o* [pro] \* *wie is ~?* who is for? \* *het ~ en*
*contra* the pros and cons \* *de ~'s* the pros

**probaat** *bn* effective, approved, form efficacious
\* *een ~ middel tegen hoest* an effective cure for
coughs

**probeersel** *o* [-s] experiment, tryout

**proberen** I *overg* [probeerde, h. geprobeerd] try,
attempt \* *je moet het maar eens ~* just give it a try
\* *dat moet je niet met mij ~* don't you dare try that
on with me \* *we zullen het eens met u ~* we'll give
you a trial/try-out II *onoverg* [probeerde, h.
geprobeerd] try \* *probeer maar!* (just) try!, have a
try!

**probleem** *o* [-blemen] problem, trouble, difficulty
\* *problemen geven* cause problems \* *een ~ oplossen*
resolve/solve a problem \* *problemen oplossen*
troubleshoot \* *in de problemen zitten* be in trouble
\* *met een ~ zitten* have a problem, be having
difficulties

**probleemgeval** *o* [-len] problematic case

**probleemgezin** *o* [-nen] problem family

**probleemkind** *o* [-eren] problem child

**probleemloos** *bn* unproblematic, smooth,
trouble-free

**problematiek** *v* ❶ problematic nature ❷ *kwestie*
issue

**problematisch** *bn* problematic

**procedé** *o* [-s] process, procedure, technique,
treatment

**procederen** *onoverg* [procedeerde, h. geprocedeerd]
take (legal) action, litigate, ⟨strafrechtelijk⟩
prosecute \* *gaan ~ tegen* take legal action against

\* *aan het ~zijn tegen* be involved in a lawsuit against

**procedure** *v* [-s] ❶ *werkwijze* procedure, method ❷ *proces* action, lawsuit, legal proceedings \* *een civiele ~* civil proceedings \* *een ~ tegen iem. aanspannen* commence legal proceedings against sbd

**procedureel** *bn* procedural

**procedurefout** *v* [-en] procedural mistake/error

**procent** *o* [-en] per cent, <u>Am</u> percent \* *vijftig ~ kans* even chances/fifty-fifty \* *in ~en* in percentages \* *tegen vier ~* at four per cent \* *voor de volle honderd ~* one hundred per cent

**procentpunt** *o* [-en] percentage point

**procentueel, percentueel, percentsgewijs, percentsgewijze, procentsgewijs** I *bn* proportional II *bijw* in terms of percentage(s), proportionally

**proces** *o* [-sen] ❶ (law)suit, action, trial, legal proceedings \* *iem. een ~ aandoen* take sbd to court \* *een ~ aanspannen* initiate/take legal proceedings \* *een ~ over de zaak beginnen* take the matter to court \* *in ~ liggen* be engaged/involved in a lawsuit ❷ *bewerking, verloop* process

**procesbewaking** *v* process control

**proceskosten** *zn* [mv] litigation/legal costs

**procesrecht** *o* law of procedure, procedural law \* *het burgerlijk ~* the law of civil procedure

**processie** *v* [-s] procession \* *een ~ houden* hold a procession/parade

**processor** *m* [-s] <u>comput</u> (central) processor

**processtuk** *o* [-ken] case file, document relating to the case

**proces-verbaal** *o* [processen-verbaal], **procesverbaal** [-balen] ❶ *verslag* record, report, minutes ‹of court proceedings› \* *een ~ opmaken van een getuigenverklaring* take down the witness's statement ❷ *bekeuring* charge, summons, booking \* *~ opmaken tegen iem.* book sbd \* *een ~ aan zijn broek krijgen* be booked, get a ticket

**procesvoering** *v* [-en] legal proceedings, litigation

**proclamatie** *v* [-s] proclamation

**proclameren** *overg* [proclameerde, h. geproclameerd] proclaim \* *iem. tot koning ~* proclaim sbd king

**procuratie** *v* [-s] power of attorney

**procuratiehouder** *m* [-s] *gevolmachtigde* authorized signatory/representative

**procurator** *m* [-s &-toren] procurator

**procureur** *m* [-s] solicitor, attorney \* <u>jur</u> *bij ~* via an attorney \* <u>Belg</u> *de ~ des Konings* the public prosecutor

**procureur-generaal** *m* [procureurs-generaal] Procurator-General, Attorney General

**pro Deo** *bijw* free of charge \* *~ werken* work for free

**pro-Deoadvocaat** *m* [-advocaten] legal aid counsel, <u>Am</u> public defender

**pro-Deozaak** *v* [-zaken] case for the legal aid counsel

**producent** *m* [-en] producer, maker

**producentenvertrouwen** *o* producer confidence

**produceren** *overg* [produceerde, h. geproduceerd] produce, turn out, make, manufacture \* *een petroleum ~d land* an oil-producing country

**product** *o* [-en] product \* *agrarische ~en* agricultural produce \* *een merkloos ~* a generic product \* *een ~ op de markt brengen* market sth \* *het belangrijkste ~ van het land is tin* the country's most important commodity is tin \* *het ~ van 4 en 6 is 24* 4 multiplied by 6 is 24

**productaansprakelijkheid** *v* <u>verz</u> product liability

**productgroep** *v* [-en] product group

**productie** *v* [-s] production, output, manufacture \* *de ~ opvoeren* speed up/increase production \* *die film is een Nederlandse ~* the film is a Dutch production

**productieapparaat** *o* production machinery/facilities

**productiebeperking** *v* [-en] restriction of production

**productiecapaciteit** *v* productive/production capacity, output potential

**productief** *bn* productive \* *een ~ schrijver* a prolific writer \* *iets ~ maken* make sth pay \* *~ zijn* be productive

**productiefactor** *m* [-toren] production factor

**productiehuishouding** *v* production economy

**productiekosten** *zn* [mv] cost(s) of production, production/manufacturing costs

**productielijn** *v* [-en] production line

**productiemiddelen** *zn* [mv] means of production, production goods/resources/facilities

**productieproces** *o* [-sen] production/manufacturing process

**productietijd** *m* production time

**productinformatie** *v* product information

**productinnovatie** *v* product innovation

**productiviteit** *v* productivity, productive capacity

**productlijn** *v* [-en] product range, range of products

**productmanager** *m* [-s] product manager

**productschap** *o* [-pen] commodity/product board/marketing board

**proef** *v* [proeven] ❶ *test* trial, test, experiment \* *proeven van bekwaamheid afleggen* give proof of one's ability \* *proeven doen op* conduct experiments/tests on \* *een zware ~ doorstaan* undergo a rigorous test \* *er eens een ~ mee nemen* give it a trial/try \* *proeven nemen (met)* experiment (on) \* *de ~ op de som nemen* put to the test \* <u>jur</u> *koop op ~* purchase/sale upon trial \* *op ~* on probation, for a trial period \* *op de ~ stellen* put to the test, try, tax ‹one's patience› \* *iets een week op ~ hebben* have sth on approval for a week \* *het stelde mijn geduld erg op de ~* my patience was severely taxed ❷ *bewijs* proof \* *dat is de ~ op de som* that

**pr**

settles it ❸ *drukproef* proof ❹ *proefmonster, voorbeeld* specimen, sample

**proefabonnement** *o* [-en] trial subscription

**proefballon** *m* [-s] pilot balloon★ fig *een*~ *oplaten* put out feelers

**proefboerderij** *v* [-en] experimental farm

**proefboring** *v* [-en] exploratory/test drilling

**proefdier** *o* [-en] laboratory/experimental animal

**proefdraaien I** *onoverg* [V.T. ongebruikelijk, h. proefgedraaid] do a test/trial run**II** *o* dummy trial, trial run, ⟨film⟩ test shoot

**proefdruk** *m* [-ken] proof

**proefjaar** *o* [-jaren] probationary year, year on probation/trial

**proefkonijn** *o* [-en] laboratory rabbit★ fig *als*~ *dienen* serve/be used as a guinea pig

**proefles** *v* [-sen] trial/sample lesson

**proeflokaal** *o* [-kalen] public house, bar

**proefneming** *v* [-en] ❶ *handeling* experimentation, testing ❷ *afzonderlijk geval* experiment, test★ ~*en doen* conduct experiments/tests, experiment

**proefnummer** *o* [-s] trial/sample issue, specimen copy

**proefondervindelijk** *bn* experimental, empirical ★ ~*e natuurkunde* experimental physics★ *de*~*e methode* trial-and-error

**proefpakket** *o* [-ten] trial sample

**proefperiode** *v* [-n & -s] probation, probationary/trial period

**proefpersoon** *m* [-sonen] test subject

**proefproces** *o* [-sen] test case

**proefrit** *m* [-ten] trial run, auto ook test drive★ *een* ~ *maken* test drive the car, give the car a trial run

**proefschrift** *o* [-en] (doctoral) dissertation, doctoral/PhD thesis★ *zijn*~ *verdedigen* publicly defend one's doctoral thesis

---

**proefschrift**
In Amerika spreekt men gewoonlijk van dissertation of PhD thesis, in Groot-Brittannië gewoonlijk van doctoral thesis of PhD thesis. Het woord dissertation wordt in Groot-Brittannië ook gebruikt voor de afstudeerscriptie of master's thesis. Om verwarring te voorkomen is het raadzaam om doctoral thesis of PhD thesis te gebruiken.

---

**proeftijd** *m* probation, probationary period, apprenticeship, ⟨in klooster⟩ novitiate/noviciate★ *ik zit nog in mijn*~ I'm still on probation

**proefverlof** *o* [-loven] probationary release★ ~ *krijgen* be released on probation

**proefvertaling** *v* [-en] sample translation, translation test

**proefvlucht** *v* [-en] trial/test flight

**proefwerk** *o* [-en] test paper★ *een*~ *opgeven* set a test

**proefzending** *v* [-en] trial consignment

**proesten** *onoverg* [proestte, h. geproest] sneeze, splutter, ⟨niezen⟩ snort★ ~ *van het lachen* snort with laughter

**proeve** *v* [-n] specimen★ *een*~ *van bekwaamheid* a test of competence, an ability test

**proeven I** *overg* [proefde, h. geproefd] ❶ taste, sample, try★ *je proeft er niets van* you don't taste it ❷ *merken* sense**II** *onoverg* [proefde, h. geproefd] taste★ *proef maar eens* just have a taste★ *hij heeft er nauwelijks iets van geproefd* he scarcely touched it

**proever** *m* [-s] taster

**prof** *m* [-s]❶ *hoogleraar* professor, inf prof ❷ sp pro, professional

**profaan** *bn* ❶ *werelds* profane, secular ❷ *met heiligschennis* profane, sacrilegious

**profclub** *v* [-s] sp professional club

**profeet** *m* [-feten] prophet★ *hij is een*~ *die brood eet* he's a false prophet★ *een*~ *is niet geëerd in eigen land* a prophet has no honour in his own country

**professie** *v* [-s] profession

**professional** *m* [-s] sp professional

**professionaliseren** *overg* [professionaliseerde, h. geprofessionaliseerd] professionalize

**professionalisering** *v* professionalisation

**professioneel** *bn* professional★ *iets*~ *aanpakken* approach sth in a professional way, be professional about sth

**professor** *m* [-s & -soren] professor★ *een*~ *in de sociologie* a professor of sociology

---

**professor**
Gebruik in het Engels Professor (of de afkorting Prof.) of Dr, maar gebruik ze nooit samen zoals in het Nederlands. Prof. Dr. G.G. Kloeke is in het Engels Prof. G.G. Kloeke of Dr G.G. Kloeke.

---

**professoraal** *bn* professorial★ *het*~ *kwartiertje* the academic quarter

**professoraat** *o* [-raten] professorship

**profeteren** *overg* [profeteerde, h. geprofeteerd] prophesy

**profetes** *v* [-sen] prophetess

**profetie** *v* [-tieën] prophecy

**profetisch** *bn* prophetic

**proficiat** *tsw* ★ ~ *met je dochter!* best wishes/congratulations on the birth of your daughter!★ ~ *met je verjaardag!* happy birthday!, many happy returns (of the day)!

**profiel** *o* [-en]❶ *zijaanzicht, doorsnede* profile, side view, ⟨v. gebouw &⟩ section★ *in*~ in profile ❷ *v. band* tread

**profielschets** *v* [-en] profile

**profielzool** *v* [-zolen] grip/profile sole

**profijt** *o* [-en] profit, gain, benefit★ ~ *trekken van* gain by, benefit from, turn ⟨sth⟩ to advantage ★ *ergens zoveel mogelijk*~ *van trekken* make the most of sth

**profijtbeginsel** *o* user pays principle

**profijtelijk** *bn* profitable
**profileren** *overg* [profileerde, h. geprofileerd]
profile, characterize, make known * *zich~* create
one's own profile * *hij wil zich wat meer~* he wants
to be more in the limelight
**profiteren** *onoverg* [profiteerde, h. geprofiteerd]
profit (from), take advantage (of) * *van de
gelegenheid~* take advantage of the opportunity
* *van iets~* ⟨gunstig⟩ profit by sth; ⟨ongunstig⟩
take advantage of sth, exploit sth
**profiteur** *m* [-s] profiteer
**pro forma** *bn* pro forma, for form's sake * *een~
rekening* a pro forma account
**pro-formafactuur** *v* [-turen] pro forma invoice
**profspeler** *m* [-s] professional sportsman, inf pro
**profvoetbal** *o* professional soccer/Br football
**profvoetballer** *m* [-s] professional football/soccer
player
**profylactisch** *bn* prophylactic, preventive
**prognose** *v* [-s] prognosis, forecast * *de~ voor 2006*
the outlook for 2006 * *een~ opstellen* make a
forecast/prognosis
**prognosticeren** *overg* [prognosticeerde, h.
geprognosticeerd] prognosticate, forecast
**program** *o* [-s] programme, Am program * *wat staat
er op het~?* what's on the programme?
**programma** *o* ['s] ❶ programme, Am program * *het
staat op het~* it's on the programme ❷ *v. schouwburg*
programme, Am program ❸ *v. partij*
programme/Am program, platform ❹ onderw
curriculum, syllabus
**programmablad** *o* [-bladen] RTV radio guide, TV
guide
**programmaboekje** *o* [-s] programme, Am program
**programmamaker** *m* [-s] RTV producer
**programmatuur** *v* comput software
**programmeertaal** *v* [-talen] computer language
* *hoge/lage~* high-level/low-level language
**programmeren** *overg* [programmeerde, h.
geprogrammeerd] ❶ programme/Am program,
schedule * *dat onderdeel staat niet geprogrammeerd
voor vandaag* that part hasn't been
scheduled/programmed for today ❷ comput
program
**programmering** *v* programming, Am programing
**programmeur** *m* [-s] programmer, Am programer
**progressie** *v* [-s] ❶ *geleidelijke ontwikkeling*
progression ❷ *vooruitgang* progress, advance
**progressief I** *bn* ❶ *stapsgewijs vermeerderend*
progressive, graduated * *progressieve belasting*
progressive tax rates * *het~ tarief* the advanced rate
❷ *vooruitziend* forward-looking, pol ook progressive,
liberal * *de progressieven* the progressives/liberals
**II** *bijw* progressively
**progressieveling** *m* [-en] liberal, progressive,
⟨sterker⟩ left winger, leftist
**prohibitief I** *bn* prohibitive * *een~ tarief* a
prohibitive tariff **II** *bijw* prohibitively

**project** *o* [-en] project, scheme, plan
**projecteren** *overg* [projecteerde, h. geprojecteerd]
ook psych project
**projectgroep** *v* [-en] project group
**projectie** *v* [-s] projection
**projectiel** *o* [-en] projectile, missile * *een geleid~* a
guided missile
**projectiescherm** *o* [-en] (projection) screen
**projectleider** *m*, **projectmanager** [-s] project
manager
**projectmatig** *bn* project-based
**projectontwikkelaar** *m* [-s] property developer
**projectontwikkeling** *v* ❶ *exploitatie bouwprojecten*
property development ❷ *opzetten nieuwe
ondernemingen* project development
**projector** *m* [-s] ook wisk projector
**proleet** *m* [-leten] plebeian, proletarian
**proletariaat** *o* proletariat, the masses
**proletariër** *m* [-s] proletarian
**proletarisch** *bn* proletarian * *~ winkelen* shoplift
**proliferatie** *v* proliferation
**prolongatie** *v* [-s] ❶ *verlenging van tijdsduur*
prolongation, continuation ❷ *uitstellen v. e. betaling*
carrying over, continuation * *eff in~ nemen* lend
on stock/margin
**prolongeren** *overg* [prolongeerde, h.
geprolongeerd] ❶ *verlengen van tijdsduur* prolong,
continue ❷ *verlengen van vervaldatum* extend,
renew
**proloog** *m* [-logen] prologue
**promenade** *v* [-s] ❶ *wandelpromenade* promenade,
walk ❷ *winkelpromenade* (shopping) mall
**promenadedek** *o* [-ken] promenade deck
**promesse** *v* [-n & -s] promissory note, IOU
**promessedisconto** *o* [-s] discount rate for
promissory notes
**promillage** *o* ❶ permillage ❷ *alcoholpromillage*
blood alcohol content/level
**promille** *o* * *5~ van de kinderen* 5 children out of/in
every thousand
**prominent** *bn* prominent, outstanding,
distinguished * *alle~en waren aanwezig* all the top
people were there
**promiscue** *bn* promiscuous
**promiscuïteit** *v* promiscuity
**promoten** *overg* [promootte, h. gepromoot]
promote * *producten~* promote products
**promotie** *v* [-s] ❶ promotion * *~ maken* get
promotion ❷ onderw taking out of a PhD/a doctoral
degree ❸ handel (sales) promotion * *voor iets~
maken* promote sth ▼ ZN *sociale~* educational leave
**promotiefilm** *m* [-s] promotional film
**promotiekans** *v* [-en] promotional opportunities,
promotion prospect
**promotiewedstrijd** *m* [-en] promotion match
**promotioneel** *bn* promotional
**promotor** *m* [-s & -toren] ❶ handel promotor
❷ *professor* supervisor (of a PhD student)

pr

**promovendus** m [-di] PhD student
**promoveren I** onoverg [promoveerde, is gepromoveerd] ❶ op universiteit take out one's doctoral degree/one's PhD ❷ sp be promoted (naar to) **II** overg [promoveerde, h. gepromoveerd] confer a doctor's degree on
**prompt I** bn prompt, quick, punctual * een ~e bediening quick service * een ~ antwoord a ready answer **II** bijw promptly & **III** m <u>comput</u> prompt
**pronken** onoverg [pronkte, h. gepronkt] strut (about), show off * ~ met flaunt, make a show of, show off, parade * de pauw staat te ~ the peacock is flaunting his tail
**pronkjuweel** o [-welen] jewel, gem
**pronkstuk** o [-ken] showpiece
**pronkzucht** v ostentation
**pront I** bn lively **II** bijw * ~ op tijd right on time
**prooi** v [-en] prey, game,quarry * ten ~ aan a prey to * ten ~ vallen aan fall prey/victim to
**proost I** m [-en] ❶ v.e. kapittel dean ❷ v.e. vereniging ZN clerical adviser, governor **II** tsw cheers!, your health!, here's to you!, inf here's mud in your eye!
**proosten** onoverg [proostte, h. geproost] toast * op iem./iets ~ propose a toast to sbd/sth
**prop** v [-pen] ❶ als afsluiting plug, stopper ❷ v. papier ball, ⟨watten &⟩ wad * een ~ papier a ball of paper * met ~jes gooien throw pellets of paper * een ~ in de keel hebben have a lump in one's throat ❸ persoon dumpy person ▼ op de ~pen komen volunteer, come forward, come up (with a new idea) ▼ hij durft er niet mee op de ~pen komen he doesn't dare come out with it
**propaan, propaangas** o propane (gas)
**propaganda** v propaganda * ~ maken make propaganda, propagandize * ~ maken voor agitate for ⟨change⟩, promote ⟨a different life style⟩, propagate ⟨ideas⟩
**propagandadoeleinden** zn [mv] propaganda purposes
**propagandafilm** m [-s] propaganda film
**propagandamateriaal** o propaganda material
**propagandistisch** bn propagandist
**propageren** overg [propageerde, h. gepropageerd] propagate
**propedeuse** v propaedeutic year, first year of a degree
**propedeutisch** bn propaedeutic * het ~ examen the first year examination
**propeller** m [-s] propeller
**propellervliegtuig** o [-en] propeller aircraft
**proper** bn tidy, clean, neat
**properheid** v tidiness, neatness, cleanliness
**proportie** v [-s] proportion, amount * buiten alle ~s out of all proportion
**proportioneel I** bn proportional **II** bijw proportionally
**propositie** v [-s] proposal, proposition * een ~ doen make a proposal/proposition

**proppen** overg [propte, h. gepropt] cram, stuff, pack, shove * zijn eten naar binnen ~ stuff/cram food into one's mouth
**proppenschieter** m [-s] popgun, peashooter
**propvol** bn volgestopt crammed, chockfull, full to the brim * een ~le kamer/bus an overcrowded room/bus
**proseliet** m [-en] proselyte
**prosodie** v prosody
**prospectus** o & m [-sen] prospectus
**prostaat** m [-taten] prostate (gland)
**prostituee** v [-s] prostitute
**prostitueren I** overg [prostitueerde, h. geprostitueerd] prostitute **II** wederk [prostitueerde, h. geprostitueerd] * zich ~ prostitute oneself
**prostitutie** v prostitution
**protagonist** m [-en] protagonist
**protectie** v ❶ bescherming protection ❷ begunstiging patronage, favour
**protectiegeld** o protection money
**protectionisme** o protectionism
**protectionistisch** bn protectionist
**protectoraat** o [-raten] protectorate
**protegé** m [-s], **protégée** v [-s] protégé
**proteïne** v & m [-n & -s] protein
**protest** o [-en] protest, objection * ~ aantekenen tegen enter a protest against * onder ~ under protest * uit ~ tegen in protest against
**protestactie** v [-s] protest action, demonstration
**protestant** m [-en] Protestant
**protestantisme** o Protestantism
**protestants** bn Protestant
**protestbeweging** v [-en] protest movement
**protesteren I** onoverg [protesteerde, h. geprotesteerd] protest * schriftelijk ~ make a protest in writing * ~ bij protest to, lodge an objection with * ~ tegen protest against **II** overg [protesteerde, h. geprotesteerd] <u>handel</u> refuse payment
**protestmars** v [-en] protest march
**protestsong** m [-s] protest song
**proteststaking** v [-en] protest strike
**protestzanger** m [-s] protest singer
**prothese** v [-n & -s] prosthesis, ⟨gebit⟩ dentures, false teeth, ⟨gedeeltelijk⟩ frame
**protocol** o [-len] protocol * het chef ~ the Master of Ceremonies
**protocollair** bn formal, according to protocol
**proton** o [-tonen] proton
**protoplasma** o protoplasm
**prototype** o [-n & -s] prototype
**protserig** bn gaudy, inf flash, loud
**Provençaal** m [-çalen] Provençal
**Provençaals I** bn Provençal * ~e kruiden mixed herbs **II** o taal Provençal
**Provençaalse** v [-n] Provençal * ze is een ~ she's Provençal, she's from the Provence
**Provence** v Provence
**proviand** m & o provisions, victuals * ~ voor

*onderweg* food for the journey

**provider** *m* [-s] comput (Internet) provider

**provinciaal I** *bn* ❶ *van een provincie* provincial * *een lid van de Provinciale Staten* a member of the Provincial States ❷ *m.b.t. opvattingen* provincial, parochial **II** *m* [-cialen] ❶ *iem. uit de provincie* provincial, country bumpkin ❷ RK provincial

**provinciaaltje** *o* [-s] *naïef meisje* country cousin

**provincialisme** *o* provincialism

**provincie** *v* [-s &-ciën] province, region

**provinciehuis** *o* [-zen] county hall

**provinciestad** *v* [-steden] provincial town

**provisie** *v* [-s] ❶ *voorraad* stock, supply, provisions * ~ *voor de winter* winter stocks/stores * ~ *opdoen* take in stores/stock * *bij* ~ provisional ❷ handel commission, ⟨v. makelaar⟩ brokerage ❸ ZN retaining fee

**provisiebasis** *v* * *op* ~ on commission

**provisiekamer** *v* [-s] pantry, larder

**provisiekast** *v* [-en] pantry, larder

**provisorisch** *bn* provisional, temporary

**provitamine** *v* [-s & -n] provitamin

**provo** *m* ['s] Provo

**provocateur** *m* [-s] agent provocateur

**provocatie** *v* [-s] provocation

**provoceren** *overg* [provoceerde, h. geprovoceerd] provoke

**provocerend** *v* provocative

**provoost I** *m* [-en] hist provost marshal **II** *v* [-en] *strafruimte* cell, detention room

**prowesters** *bn* pro-Western

**proza** *o* prose * *in* ~ in prose

**prozaïsch I** *bn* prosaic **II** *bijw* prosaically

**pruik** *v* [-en] ❶ *vals haar* wig, toupee ❷ *bos haar* shock/mop of hair

**pruikentijd** *m* ± Regency period

**pruilen** *onoverg* [pruilde, h. gepruild] pout, sulk, be sulky, mope

**pruillip** *v* [-pen] pout * *een* ~ *opzetten* pout * *een* ~ *trekken* be in a sulk, be sullen/moody

**pruilmondje** *o* [-s] pout

**pruim** *v* [-en] ❶ *vrucht* plum ❷ *gedroogd* prune ❸ *tabak* wad, plug ❹ *vagina* twat, cunt

**pruimedant** *v* [-en] prune

**pruimen I** *overg* [pruimde, h. gepruimd] ❶ *v. tabak* chew tobacco ❷ *eten* swallow * *dit eten is niet te* ~ this food is disgusting * *ik vond die film niet te* ~ it was a terrible/dreadful film **II** *onoverg* [pruimde, h. gepruimd] ❶ *v. tabak* chew tobacco ❷ *eten* munch

**pruimenboom** *m* [-bomen] plum tree

**pruimtabak** *m* chewing tobacco

**prul** *o* [-len] trash, rubbish * *het is een* ~ it's trash * *allerlei* ~*len* all sorts of trash * *een* ~ *van een vent* a nonentity/nobody

**prullaria** *zn* [mv] trinkets, odds and ends, knick-knacks

**prullenbak** *m* [-ken], **prullenmand** *v* [-en] wastepaper basket, wastebasket * *naar de* ~

*verwijzen* throw into the wastepaper basket, throw away

**prulschrijver** *m* [-s] hack, a writer of trash

**prut** *v* ❶ *koffieprut* grounds ❷ *slijk* ooze, slush, sludge ❸ *hutspot, mengschotel* mash, hash * *de aardappels zijn tot* ~ *geworden* the potatoes have boiled to a mash * *rijst met* ~ rice with hash/stew

**prutsen** *onoverg* [prutste, h. geprutst] mess about /around, potter about, tinker around * *ga nergens aan zitten* ~ don't tamper with/touch anything

**prutser** *m* [-s] ❶ *knutselaar* potterer, tinkerer ❷ *klungel* bungler, botcher

**prutswerk** *o* shoddy work, botched-up job

**pruttelen** *onoverg* [pruttelde, h. geprutteld] ❶ simmer, bubble, ⟨koffie⟩ percolate ❷ *mopperen* grumble

**psalm** *m* [-en] psalm

**psalmboek** *o* [-en] psalm book, psalter

**psalmdichter** *m* [-s] psalmist

**psalter** *o* [-s], **psalterium** [-s &-teria] ❶ *instrument* psaltery ❷ *boek* psalter

**pseudoniem** *o* [-en] pseudonym, pen name

**psoriasis** *v* psoriasis

**pst** *tsw* * ~! psst!

**psyche** *v* psyche

**psychedelisch** *bn* psychedelic

**psychiater** *m* [-s] psychiatrist

**psychiatrie** *v* psychiatry

**psychiatrisch** *bn* psychiatric * *een* ~ *ziekenhuis* a mental/psychiatric hospital

**psychisch** *bn* psychological, mental * *onder veel* ~*e druk staan* be under a lot of emotional pressure * *een* ~*e aandoening* a psychological/mental disorder

**psychoanalyse** *v* [-n & -s] psychoanalysis

**psychoanalytisch** *bn* psychoanalytic

**psychogeen** *bn* psychogenic

**psychologie** *v* psychology

**psychologisch** *bn* psychological

**psycholoog** *m* [-logen] psychologist

**psychoot** *m* [-choten] psychotic

**psychopaat** *m* [-paten] psychopath

**psychose** *v* [-n & -s] psychosis

**psychosociaal** *bn* psychosocial

**psychosomatisch** *bn* psychosomatic

**psychotherapeut** *m* [-en] psychotherapist

**psychotherapeutisch** *bn* psychotherapeutic

**psychotherapie** *v* psychotherapy

**psychotisch** *bn* psychotic

**ptolemeïsch** *bn* Ptolemaic

**puber** *m-v* [-s] adolescent

**puberaal** *bn* adolescent

**puberen** *onoverg* [puberde, h. gepuberd] reach puberty

**puberteit** *v* adolescence, puberty

**publicatie** *v* [-s] publication

**publicatiebord** *o* [-en] notice board, billboard

**publicatieverbod** *o* [-boden] publication ban

**publiceren** *overg* [publiceerde, h. gepubliceerd]

**pu**

publish, make public, issue
**publicist** *m* [-en] publicist
**publicitair** *bn* advertising, publicity
**publiciteit** *v* publicity ∗ *ergens∼ aan geven* make sth public, give sth publicity, publicize/advertise sth ∗ *∼ krijgen* attract attention
**publiciteitscampagne** *v* [-s] publicity campaign
**publiciteitsgeil** *bn* publicity crazy
**publiciteitsstunt** *m* [-s] publicity stunt
**public relations** *zn* [mv] public relations, PR
**publiek I** *bn* ❶ *algemeen* public ∗ *∼ engagement* general commitment ∗ *de∼e opinie* public opinion ❷ *openbaar* public ∗ *een∼ geheim* a generally known fact ∗ *de∼e tribune* the grandstand ∗ *een∼e vrouw* a prostitute ∗ *iets∼ maken* give publicity to sth, make sth public **II** *bijw* publicly, in public **III** *o* public, audience ∗ *het grote∼* the general public, the masses ∗ *het stuk trok veel∼* the play drew a full house/a large audience ∗ *op het∼ spelen* play to the gallery ∗ *toegankelijk voor het∼* open to the public
**publiekelijk** *bijw* publicly, in public
**publiekrechtelijk I** *bn* statutory, public ∗ *een∼ lichaam* a public corporation **II** *bijw* under/in/according to public law
**publieksfilm** *m* [-s] popular film/Am movie
**publieksgericht** *bn* aimed at an audience
**publieksprijs** *m* [-prijzen] popular prize, prize awarded by the public
**publiekstrekker** *m* [-s] crowd puller, public attraction, box office success
**puck** *m* [-s] sp puck
**pudding** *m* [-en & -s] ❶ *warm* pudding ❷ *koud* mousse
**puddingbroodje** *o* [-s] custard bun
**puddingvorm** *m* [-en] pudding mould
**puf** *m* energy ∗ *ik heb er niet veel∼ in* I don't feel much up to it
**puffen** *onoverg* [pufte, h. gepuft] ❶ pant, puff ❷ *tuffen* chug, puff
**pui** *v* [-en] lower front/facade, shopfront
**puik I** *bn* excellent, choice, prime, first-rate ∗ *dat ziet er∼ uit* that looks first-rate/excellent **II** *bijw* beautifully, to perfection **III** *o* best (of), pick (of the bunch), cream (of) ∗ *het∼je van de Nederlandse artiesten* the crème de la crème of Dutch vocal artists
**puilen** *onoverg* [puilde, h. gepuild] bulge ∗ *zijn ogen puilden bijna uit zijn hoofd* his eyes nearly popped out of his head
**puimsteen** *m & o* [-stenen] pumice (stone)
**puin** *o* debris, wreckage, ⟨v. stenen⟩ rubble ∗ *verboden ∼ te storten* no dumping of rubbish ∗ *in∼ gooien/leggen* lay in ruins, reduce to ruins ∗ *in∼ liggen* be/lie in ruins ∗ *in∼ rijden* smash up, wreck ∗ *in∼ vallen* collapse into a heap of rubble, crumble into ruins
**puinhoop** *m* [-hopen] ruins, heap of rubble/rubbish ∗ fig *wat een∼!* what a mess!

**puissant I** *bn* powerful, influential **II** *bijw* ∗ *∼ rijk* very wealthy
**puist** *v* [-en] carbuncle, pustule, swelling
**puistenkop** *m* [-pen] ∗ *hij/zij heeft een∼* he's/she's got a face full of pimples
**puisterig, puistig** *bn* pimply, spotty
**puistje** *o* [-s] pimple, spot ∗ *∼s* acne, spots
**puit** *m* [-en] ZN frog ∗ ZN *een∼ in de keel hebben* have a sore throat
**pukkel** *v* [-s] pimple, spot ▼ *een∼tje* a shoulder bag
**pul** *v* [-len] mug ∗ *een∼ bier* a mug of beer
**pulken** *onoverg* [pulkte, h. gepulkt] pick ∗ *in zijn neus∼* pick one's nose
**pulli** *m* ['s] pullover
**pullover** *m* [-s] pullover, sweater
**pulp** *v* ❶ *brij* pulp ❷ *rotzooi* trash, junk
**puls** *m* [-en] pulse
**pulsatie** *v* [-s] pulsation
**pulseren** *onoverg* [pulseerde, h. gepulseerd] pulsate, pulse, throb
**pulver** *o* ❶ *poeder* powder, dust ❷ *buskruit* gunpowder
**pummel** *m* [-s] boor, lout, clodhopper
**pump** *m* [-s] court shoe, Am pump
**punaise** *v* [-s] drawing pin
**punch** *m* punch
**punctie** *v* [-s] puncture ∗ *een lumbale∼* a lumbar puncture
**punctualiteit** *v* punctuality
**punctueel I** *bn* punctual **II** *bijw* punctually
**punk I** *m* ❶ *muziek* punk (rock) ❷ *levenshouding* punk **II** *m-v* [-s] punk
**punker** *m* [-s] punk (rocker)
**punkhaar, punkkapsel** *o* punk hair style/hairdo
**punniken** *onoverg* [punnikte, h. gepunnikt] fiddle (with)
**punt I** *m* [-en] ❶ *puntig uiteinde* tip, ⟨scherp⟩ point, ⟨v. schort &⟩ corner, ⟨v. schoen⟩ toe, ⟨v. asperge⟩ top, ⟨v. berg⟩ peak ❷ *wigvormig stuk* wedge ∗ *een∼ taart* a wedge of tart **II** *o* [-en] ❶ *plaats* point, place, position ❷ fig point, issue ∗ *dat is geen∼* that's of no consideration ∗ *een teer∼ aanroeren* touch a sore point ∗ *op het∼ van* in the matter of ∗ *op het∼ staan te vertrekken* be on the point of leaving, be about to leave ∗ *op dit∼ geeft hij niet toe* he won't give way on this point ∗ *op het dode∼ komen* reach a deadlock/a stalemate/an impasse ∗ *hen over het dode ∼ heen helpen* break the deadlock ∗ *een∼ van aanklacht* a charge ∗ *∼ voor∼* point by point ❸ *op de agenda* item ❹ *waarderingscijfer* point, mark ∗ *hoeveel∼en heb je?* onderw what marks have you got?; sp what's your score? ∗ *10∼en maken* score ten ∗ sp *verslaan/winnen op∼en* beat/win on points **III** *v & o* [-en] ❶ *leesteken op* dot ❷ *aan eind v. zin* full stop, period ∗ *een dubbele∼* a colon ∗ *een∼ komma* a semicolon ∗ *een∼ zetten achter* call it a day, put a stop to ⟨sth⟩ ∗ *∼ uit!* enough!, that's that! ❸ muz dot

**puntbaard** *m* [-en], **puntbaardje** *o* [-s] pointed beard, Vandyke beard
**puntdak** *o* [-daken] gabled roof
**puntdicht** *o* [-en] epigram
**puntdichter** *m* [-s] epigrammatist
**punten** *overg* [puntte, h. gepunt] ❶ *v. potlood* point, sharpen ❷ *v. haar* trim
**puntendeling** *v* distribution of points, draw
**puntenlijst** *v* [-en] ❶ onderw (end of term) report, list of marks ❷ sp scoresheet, scorecard
**puntenschaal** *v* [-schalen] scale of points
**puntenslijper** *m* [-s] pencil sharpener
**puntentelling** *v* [-en] score* *de*~ bijhouden keep (the) score
**puntentotaal** *o* [-talen] score, total number of points
**punter** *m* [-s] ❶ *boot* punt ❷ voetbal toe shot
**punteren I** *onoverg* [punterde, h. gepunterd] *varen* punt **II** *overg* [punterde, h. gepunterd] ❶ *vervoeren met punter* punt ❷ voetbal toe-kick
**puntgaaf** *bn* perfect, in mint condition
**puntgevel** *m* [-s] gable
**punthoofd** *o* [-en]* inf *ik krijg er een*~ *van* it's driving me up the wall/crazy/mad
**puntig I** *bn* pointed, sharp, ⟨snedig⟩ apt, pertinent * *een*~*e opmerking* an apt/pertinent comment* *kort en*~ short and to-the-point **II** *bijw* sharply &
**puntje** *o* [-s] ❶ *v. potlood & point* *daar kun jij een*~ *aan zuigen* you can take a lesson from that ❷ *v. sigaar, neus, tong* tip ❸ *op i* dot* ~, ~, ~ dot, dot, dot* *de*~*s op de i zetten* dot one's i's and cross one's t's ❹ *broodje* roll▼ *als*~ *bij paaltje komt* when it comes to the crunch/when all's said and done/if push comes to shove▼ *alles was tot in de*~*s verzorgd* everything was spick and span/in perfect order▼ *hij zag er in de*~*s uit* he looked very trim/very spick and span
**puntkomma** *v & o* ['s] semicolon
**puntlassen** *o* spot weld
**puntmuts** *v* [-en] pointed hat/cap
**puntschoen** *m* [-en] pointed shoe
**puntsgewijs** *bn* point by point, step by step
**puntzak** *m* [-ken] (paper) cornet/cone* *een*~ *patat* a cone of chips
**pup** *m* [-s] pup, puppy
**pupil I** *m & v* [-len] ❶ *pleegkind* foster child, ward ❷ *leerling* pupil, student ❸ sp junior team member, apprentice **II** *v* [-len] *v. oog* pupil
**puppy** *m en o* ['s] pup, puppy
**puree** *v* ❶ *v. tomaten & purée* ❷ *v. aardappelen* mashed potatoes* *in de*~ *zitten* be in hot water
**pureren** *overg* [pureerde, h. gepureerd] mash, purée
**purgeermiddel** *o* [-en] laxative
**purgeren** *onoverg* [purgeerde, h. gepurgeerd] take a laxative
**purisme** *o* [-n] purism
**purist** *m* [-en] purist
**puritein** *m* [-en] puritan

**puriteins** *bn* puritanical
**purper** *o* purple
**purperen** *bn* purple
**purperkleurig** *bn* purple
**purperreiger** *m* [-s] *vogel* purple heron
**purperrood** *bn & o* crimson
**pur sang** *bn* utter, complete, dyed in the wool, afkeurend out-and-out* *hij is een liberaal*~ he's a dyed in the wool/out-and-out liberal
**purser** *m* [-s] purser
**pus** *o & m* pus
**pushen** *overg* [pushte, h. gepusht] ❶ *aansporen* push (on), encourage ❷ *promoten* push, back ❸ *drugs verkopen* push, peddle
**push-up** *m* [-s] push-up
**push-up-bh** *m* ['s] push-up bra
**put** *m* [-ten] ❶ ⟨waterput⟩ well, ⟨afvoerput⟩ drain * *een bodemloze*~ a bottomless pit* *in de*~ in low spirits, in the dumps, depressed* *iem. uit de*~ *halen* cheer sbd up ❷ *kuil* pit ❸ *mijn* ZN mine (shaft)
**putdeksel** *o* [-s] well cover, ⟨over riool⟩ manhole cover, ⟨over afvoerputje⟩ drain cover
**putje** *o* [-s] ❶ *in de grond* little hole ❷ *in de kin* dimple
**putjesschepper** *m* [-s] dogsbody
**putoptie** *v* [-s] put option
**puts** *v* [-en] (canvas) bucket
**putsch** *m* [-en] putsch
**putten** *overg* [putte, h. geput] ❶ draw* *moed*~ take courage from* *uit zijn eigen ervaringen*~ draw on one's personal experiences* *waaruit heeft hij dat geput?* where did he get that from? ❷ *golf* putt
**putter** *m* [-s] *vogel* goldfinch
**puur I** *bn* ❶ *zuiver* pure* *pure chocolade* plain/dark chocolate* *het is pure onzin* it is pure/sheer nonsense ❷ *v. sterke drank* neat, raw, short, straight **II** *bijw* purely* ~ *uit baldadigheid* out of pure mischief
**puzzel** *m* [-s] puzzle
**puzzelaar** *m* [-s] puzzler* *hij is een echte*~ he really enjoys doing (crossword) puzzles
**puzzelen** *onoverg* [puzzelde, h. gepuzzeld] do puzzles* ~ *op/over* puzzle over
**puzzelrit** *m* [-ten], **puzzeltocht** [-en] treasure hunt (rally)
**puzzelwoordenboek** *o* [-en] crossword dictionary
**pvc** afk (polyvinylchloride) PVC, polyvinyl chloride
**pvc-buis** *v* [-buizen] PVC pipe
**pygmee** *m-v* [-meeën] pygmy
**pyjama** *m* ['s] pyjamas, Am pajamas* *een*~ a pair of pyjamas
**pyjamabroek** *v* [-en] pyjama/Am pajama trousers
**pyjamajasje** *o* [-s] pyjama/Am pajama jacket
**pylon** *m* [-en] (traffic/road) cone
**Pyreneeën** zn [mv]* *de*~ the Pyrenees
**pyriet** *o* pyrites
**pyromaan** *m* [-manen] inf firebug, arsonist, psych pyromaniac

**py**

**pyromanie** v pyromania
**pyrrusoverwinning** v [-en] Pyrrhic victory
**python** m [-s] python

**q** v ['s] q
**qat** m [-s] khat
**Qatar** o Qatar
**qua** bijw qua, as regards, as for, as to * ~inhoud as
for the contents * ~karakter verschillen ze niet veel
their characters don't differ much * ~resultaat as
far as the result is concerned
**quadrafonie** v quadraphonics
**quadrafonisch** bn quadraphonic
**quadragesima** m Quadragesima
**quadrille** m & v [-s] quadrille
**quadrupel I** bn quadruple **II** m [-s] quadruple
**quaestor** m [-tores, -toren, -s] **❶**penningmeester
treasurer **❷**Romeinse gesch. quaestor
**quarantaine** v [-s] quarantine * in ~gehouden
worden be put in quarantine * in ~plaatsen isolate,
place sbd in quarantine
**quark** m [-s] nat quark
**quartair I** o the Quaternary **II** bn quaternary * de ~e
sector the government sector * het ~e tijdperk the
Quaternary (age)
**quasi** bn **❶**zogenaamd quasi, seeming, pretend
**❷**bijna ZN nearly, almost
**quasiwetenschappelijk** bn pseudo-scientific
**quatre-mains** m duet (for piano) * ~spelen play a
duet
**quatsch** m rubbish, nonsense
**queeste** v [-n] quest
**querulant** m [-en] querulous person, grumbler,
complainer
**questionnaire** v [-s] questionnaire
**quetzal** m [-s] **❶**vogel quetzal **❷**valuta quetzal,
Guatemalan quetzal
**quiche** v [-s] quiche
**quickstep** m [-s] quickstep
**quiëscentie** v quiescence
**quiëtisme** o quietism
**quiëtist** m [-en] quietist
**quitte** bn quits, even * we staan ~we're quits
* handel ~spelen break even
**qui-vive** o * op zijn ~zijn be on the qui vive/alert
**quiz** m [-zen & -zes] quiz
**quizmaster** m [-s] quizmaster
**quorum** o quorum
**quota** v ['s] evenredig aandeel quota, share
**quotatie** v [-s] **❶**citaat quotation **❷**notering ZN
timekeeping
**quote** v **❶**citaat [-s] quotation, quote **❷**evenredig
aandeel [-n] quota, share
**quoteren** overg [quoteerde, h. gequoteerd]
**❶**verdelen assign quotas (to) **❷**waarde ZN mark,
price **❸**een voorstelling ZN judge
**quotering** v [-en] **❶**prijsnotering ZN quotation
**❷**beoordeling ZN valuation, judgement/Am

judgment
**quotiënt** *o* [-en] quotient
**quotum** *o* [-s & -ta] **❶** *evenredig aandeel* quota, share **❷** *m.b.t. belasting* assessment, taxation **❸** *winst, verlies* quota

> **quotum**
> is in het Engels **quota** en het meervoud daarvan is **quotas.**

**qwertytoetsenbord** *o* [-en] *Engels toetsenbord* comput qwerty keyboard

# R

**r** *v* ['s] r
**ra I** *v* ['s & raas] scheepv yard ∗ *de grote* ∼the main yard **II** *tsw* ∗∼, ∼, *wat is dat?* guess what?
**raad** *m* [raadgevingen] **❶** *raadgeving* advice, counsel ∗ *dat is een goede* ∼that is a good piece of advice ∗ *goede* ∼*was duur* we were in a fix ∗ *neem mijn* ∼ *aan* take my advice ∗∼*geven* advise, counsel ∗∼ *inwinnen* ask ‹sbd's› advice ∗ *iems.* ∼*volgen* follow sbd's advice ∗ *op zijn* ∼at/on his advice ∗ *iem. met* ∼*en daad bijstaan* assist sbd in word and deed ∗ *zij moeten* ∼*schaffen* they will have to find ways and means ∗ *hij weet altijd* ∼he's sure to find a way (out) **❷** *redmiddel* remedy, means ∗ *hij wist zich geen* ∼*meer* he was at his wit's/wits' end ∗ *met zijn... geen* ∼*weten* not know what to do with one's... ∗ *met zijn figuur geen* ∼*weten* be embarrassed ∗ *overal* ∼*op weten* be never at a loss for an answer ∗ *daar is wel* ∼*op* I'm sure a way may be found ∗ *ten einde* ∼at a complete loss, at one's wits' end **❸** *raadgevend lichaam* [raden] council, board ∗ *in de* ∼*zitten* be on the (town) council ∗ *de Hoge Raad* the Supreme Court ∗ *de Sociaal Economische Raad (SER)* the Socio-Economic Council ∗ *de* ∼*van afgevaardigden* the delegates' board ∗ ZN ‹v.e. NV› *de* ∼*van beheer* the board of directors ∗ *de* ∼*van beroep* the board of appeal, appeals committee board ∗ *de centrale* ∼*van beroep* the Central Appeals Court for the Public Service and for Social Security Matters ∗ *de* ∼*van bestuur* the board of directors, management board, executive board, board ∗ *de* ∼*van commissarissen* the board of supervisory directors, supervisory board ∗ *de* ∼*van discipline* de disciplinary council ∗ *de Raad van Europa* the Council of Europe ∗ *de Raad voor de Kinderbescherming* the Child Care and Protection Board, Council for Child Protection ∗ *de Raad van State* the Council of State ∗ *een* ∼*van toezicht* een supervisory board
**raadgevend** *bn* advisory, consultative ∗ *een* ∼ *lichaam* a consultative committee ∗ *een* ∼*e stem* an advisory vote
**raadgever** *m* [-s] adviser, counsellor/Am counselor
**raadgeving** *v* [-en] advice, counsel ∗ *een* ∼a piece of advice
**raadhuis** *o* [-huizen] town hall
**raadkamer** *v* [-s] council chamber, judge's chambers ∗ *een behandeling door* ∼a hearing in chambers
**raadplegen** *overg* [raadpleegde, h. geraadpleegd] consult ∗ *iem.* ∼call in sbd ∗ *een dokter* ∼consult a doctor
**raadpleging** *v* [-en] **❶** consultation **❷** ZN consulting hour
**raadsbesluit** *o* [-en] *v. gemeenteraad* decision of the

town council
**raadscommissie** v [-s] council committee
**raadsel** o [-s & -en] riddle, enigma * ...*is mij een~*
...is a mystery to me * *in~en spreken* speak in
riddles * *voor een~ staan* be puzzled
**raadselachtig** bn enigmatic, mysterious
**raadsheer** m [-heren] ❶ *lid v.e. raad* councillor ❷ *jur*
justice ❸ *schaakstuk* bishop
**raadslid** o [-leden] (town) councillor
**raadsman** m [-lieden] ❶ *adviseur* adviser, counsellor
❷ *advocaat* legal counsel/adviser, lawyer * *een*
*toegevoegd~* an assigned counsel
**raadsvergadering** v [-en] council meeting
**raadsvrouw** v [-en] ❶ *adviseuse* adviser/Am advisor,
counsellor/Am counselor ❷ *advocate* legal
counsel/adviser, lawyer
**raadszetel** m [-s] seat on the (town) council
**raadszitting** v [-en] session of the (town) council
**raadzaal** v [-zalen] council chamber
**raadzaam** bn advisable
**raaf** v [raven] raven * *de witte~* the white crow
 * *stelen als de raven* steal like a magpie
**raaigras** o [-sen] darnel * *Engels~* ryegrass * *Frans~*
tall oat grass
**raak** bn *het doel treffend* home, ⟨v. een formulering &⟩
apt, striking * *een~ antwoord* a reply that hit the
mark/that went home * *een rake beschrijving* an apt
description * *een rake keuze* a good/an appropriate
choice * *dat is een rake tekening van haar* that's a
very true-to-life drawing of her * *~ kletsen* talk out
of the back of one's head * *~ slaan* hit home * *wat*
*hij zegt is~* what he says is to the point * *die was~*,
*zeg!* bull's-eye!, that hit home! * *altijd~!* you can't
go wrong!
**raaklijn** v [-en] tangent
**raakpunt** o [-en] point of contact
**raakvlak** o [-ken] tangent plane
**raam** o [ramen] ❶ v. *huis* window * *uit het~ kijken*
look out of the window * *er hangen gordijnen voor*
*het~* there are curtains hanging in front of the
window * *het lag voor het~* it was in the window
❷ *omlijsting* frame ❸ *kader* framework * *binnen/in*
*het~ van* within the framework of
**raamkozijn** o [-en] window frame
**raamprostitutie** v window prostitution
**raamvertelling** v [-en] frame story
**raamwerk** o framework
**raamwet** v [-ten] skeleton/outline law, legislative
framework
**raap** v [rapen] *groente* turnip * *iem. voor zijn~*
*schieten* bump sbd off * *recht voor zijn~* without
mincing words, straight from the shoulder, right to
the point
**raapolie** v rape oil, colza oil
**raapstelen** zn [mv] turnip tops/greens
**raapzaad** o rapeseed
**raar I** bn ❶ *zonderling* strange, queer, odd * *een rare*
(*Chinees/snoeshaan/snuiter*) a

queer/rum/strange/weird customer * *zij is een rare*
*tante* she's a strange/funny lady * *ik voel me zo~* I
feel really funny * *ben je~?* are you mad?
❷ *zeldzaam* ZN rare **II** bijw ❶ *merkwaardig*
strangely, oddly ❷ *zelden* ZN seldom, rarely
**raaskallen** overg [raaskalde, h. geraaskald] rave,
talk gibberish
**raat** v [raten] honeycomb
**rabarber** v rhubarb
**rabat** o [-ten] ❶ *handel* reduction, discount, rebate
❷ *tuinbed, strook* seedbed
**rabatdeel** o [-delen] tongue-and-groove planking
**rabbijn** m [-en] rabbi
**rabbijns** bn rabbinical
**rabbinaal** bn rabbinical
**rabbinaat** o [-naten] rabbinate
**rabiaat** bn rabid
**rabiës** v rabies * *een hond met~* a rabid dog
**race** m [-s] race
**raceauto** m ['s] racing car
**racebaan** v [-banen] racecourse, racetrack
**racefiets** m & v [-en] racing bicycle, racer
**racekak** m * *aan de~ zijn* have the trots
**racen** onoverg [racete, h. en is geracet] ❶ *bij een race*
race, run (a race) ❷ *zeer hard gaan* race, rush, hurry
**racestuur** o [-sturen] racing handlebars
**racewagen** m [-s] racing car
**rachitis** v rachitis, rickets
**raciaal** bn racial
**racisme** o racism
**racist** m [-en] racist
**racistisch** bn racist
**racket** o [-s] racket
**raclette** v *kaas* raclette
**racletten** onoverg [raclette, h. geraclet] have a
raclette party/dinner
**rad I** o [raderen] wheel * *het~ van avontuur/fortuin*
the wheel of fortune * *iem. een~ voor ogen draaien*
throw dust in sbd.'s eyes * *het vijfde~ aan de wagen*
an unwanted/useless person/thing * *~ slaan* turn
cartwheels **II** bn ❶ *snel* quick, nimble ❷ v. *tong* glib,
fluent * *~ van tong zijn* have the gift of the gab
**III** bijw ❶ *snel* quickly, nimbly ❷ v. *tong* glibly,
fluently
**radar** m radar
**radarcontrole** v radar trap
**radarscherm** o [-en] radar screen
**radarsignaal** o [-nalen] radar signal
**radarvliegtuig** o [-en] early-warning aircraft
**radbraken** overg [radbraakte, h. geradbraakt] ❶ *hist*
break on the wheel ❷ *fig* abuse, murder
**raddraaier** m [-s] ringleader
**rade** m * *met voorbedachten~* intentionally,
deliberately * *bij iem. te~ gaan* consult sbd * *bij*
*zichzelf te~ gaan* consult oneself
**radeermesje** o [-s] eraser, erasing knife
**radeloos** bn desperate, at one's wits' end
**radeloosheid** v desperation

**raden I** *overg* [raadde, h. geraden] ❶ *goed gissen* guess * *dat laat zich* ~ that goes without saying ❷ *raad geven* counsel, advise, recommend * *ik zou je* ~ *om...* I'd advise you to... * *dat zou ik je* ~, *het is je ge*~ you'd be well advised to do it, you'd better (do it) **II** *onoverg* [raadde, h. geraden] guess * *nou raad eens!* (just) guess! * *goed ge*~! you've guessed it! * *naar iets* ~ make a guess at sth

**raderboot** *m & o* [-boten] paddle boat/steamer

**raderen** *overg* [radeerde, h. geradeerd] ❶ *met gum* erase, rub out ❷ *met mes* scratch (off)

**radertje** *o* [-s] *klein tandwiel* cogwheel

**raderwerk** *o* [-en] ❶ wheels, gear mechanism, ‹v. uurwerk› cogwheels ❷ *fig* organization, machinery

**radiaal I** *bn* radial **II** *m* [-alen] <u>wisk</u> radian

**radiaalband** *m* [-en] radial (tyre/<u>Am</u> tire)

**radiateur** *m* [-s], **radiator** [-s & -toren] radiator

**radiator** *m* [-s & -toren] radiator

**radicaal I** *bn* radical * *een radicale hervorming* a radical/sweeping reform **II** *bijw* radically **III** *m* [-calen] *politiek* radical **IV** *o* [-calen] <u>chem & wisk</u> radical * *vrije radicalen* free radicals

**radicalisering** *v* radicalization

**radicalisme** *o* radicalism

**radijs** *v* [-dijzen] radish

**radio** *m* ['s] ❶ *toestel* radio * *naar de* ~ *luisteren* listen to the radio * *iets op de* ~ *horen* hear sth on the radio * *over de* ~ over the radio/air * *voor/op de* ~ on the radio/air ❷ *uitzending* broadcast

**radioactief** *bn* radioactive

**radioactiviteit** *v* radioactivity

**radioantenne** *v* [-s] (radio) aerial

**radiobesturing** *v* radio control

**radiocassetterecorder** *m* [-s] radio cassette player

**radiogolf** *v* [-golven] radio wave

**radiografie** *v* radiography

**radiografisch** *bn* radiographic * ~ *bestuurd* radio-controlled

**radiologie** *v* radiology

**radioloog** *m* [-logen] radiologist

**radiomast** *m* [-en] radio mast

**radionieuwsdienst** *m* radio news service

**radioprogramma** *o* ['s] radio programme/<u>Am</u> program, radio broadcast

**radioreportage** *v* [-s] radio report/commentary

**radioscopie** *v* fluoroscopy, radioscopy

**radiostation** *o* [-s] radio station

**radiotherapie** *v* radiotherapy

**radiotoespraak** *v* [-spraken] radio speech

**radiotoestel** *o* [-len] radio

**radio-uitzending** *v* [-en] radio broadcast, radio programme/<u>Am</u> program

**radioverslag** *o* [-en] radio report/commentary

**radiowekker** *m* [-s] radio alarm

**radiozender** *m* [-s] radio transmitter

**radium** *o* radium

**radius** *m* [-sen & -dii] radius

**radja** *m* ['s] raja(h)

**radslag** *m* [-en] cartwheel * ~*en maken* cartwheel, turn cartwheels

**rafel** *v* [-s] frayed/loose end

**rafelen I** *overg* [rafelde, h. gerafeld] unravel, unpick **II** *onoverg* [rafelde, is gerafeld] fray

**rafelig** *bn* frayed

**raffia** *m & o* raffia

**raffinaderij** *v* [-en] refinery

**raffinement** *o* ❶ *verfijndheid* refinement ❷ *geraffineerdheid* subtlety

**raffineren** *overg* [raffineerde, h. geraffineerd] refine

**rag** *o* cobweb

**rage** *v* [-s] rage, craze, mania

**ragebol** *m* [-len] ❶ *borstel* Turk's head, ceiling mop ❷ *kapsel* mop

**ragfijn** *bn* gossamer, filmy, fine-spun

**raggen** *onoverg* [ragde, h. geragd] ❶ *woest rijden* drive like mad, (tear along) ❷ *onrustig bewegen* mess about

**raglan** *m* [-s] raglan

**ragout** *m* [-s] ragout

**rail** *v* [-s] ❶ rail, track * *uit de* ~*s lopen* be derailed, leave the rails/track ❷ *spoorweg* rail(way) * *vervoer per* ~ rail(way) transport

**railvervoer** *o* rail(way) transport

**raison** *v* * *à* ~ *van* for the price of, on payment of * ~ *d'être* raison d'être

**rak** *o* [-ken] *v. rivier* reach

**rakelings** *bijw* closely, narrowly * *de kogel ging mij* ~ *voorbij* the bullet whizzed right past me/grazed my shoulder & * *de auto ging* ~ *langs het hek* the car just cleared the gate

**raken I** *overg* [raakte, h. geraakt] ❶ *treffen* hit * *niet* ~ miss ❷ *aanraken* touch * *hij raakte heel even de linker stoeprand* he grazed the left-hand curb ❸ *aangaan* affect, concern * *dat raakt hem niet* ‹betreffen› that doesn't concern him; ‹bekommeren› he doesn't care; ‹ontroeren› that leaves him cold ▼ *inf 'm flink* ~ ‹drank› knock it back; ‹eten› tuck it away **II** *onoverg* [raakte, is geraakt] *geraken* get, become * *achter* ~ fall behind * *gewond* ~ get wounded * *opgewonden* ~ get all steamed up * *gevangen* ~ become a prisoner * ~ *aan* touch * *aan de drank* ~ take to drink(ing), become addicted to drink * *hoe aan mijn geld te* ~ how to get at my money * *aan de praat* ~ get talking * *in oorlog* ~ *met* become involved in a war with * *uit de mode* ~ go out of fashion

**raket** *v* [-ten] ❶ *ruimtevaart* missile, rocket ❷ *vuurwerk* rocket ❸ *plant* rocket

**raketaanval** *m* [-len] missile attack

**raketbasis** *v* [-sen & -bases] rocket base

**rakker** *m* [-s] rascal, rogue * *een ondeugende* ~ a little rascal

**rally** *m* ['s] rally

**RAM** *afk direct toegankelijk geheugen* (Random Access Memory) Random Access Memory, RAM

ra

**Ram** *m* astron & astrol Aries
**ram** *m* [-men] ❶ *schaap* ram ❷ *konijn* buck
 ❸ *stormram* battering ram
**ramadan** *m* Ramadan
**rambam** *o* * *zich het* ~ *schrikken* be scared to death
 * *krijg het* ~! go to hell!
**ramen** *overg* [raamde, h. geraamd] estimate (*op* at)
**raming** *v* [-en] estimate, assessment
**rammel** *m* [-s] ❶ *beating* * *een pak* ~ a beating
 ❷ *mond* trap
**rammelaar** *m* [-s] ❶ *speelgoed* rattle
 ❷ *mannetjeskonijn/-haas* buck
**rammelen I** *onoverg* [rammelde, h. gerammeld]
 ❶ *lawaai maken* rattle, clatter, clash, clank * ~ *met*
 ... rattle/clatter/clank ... * *ik rammel van de honger*
 I'm starving/ravenous ❷ *ondeugdelijk zijn* be
 ramshackle/unsound * *een* ~ *d verhaal* a shaky story
 **II** *overg* [rammelde, h. gerammeld] shake * *iem.*
 *door elkaar* ~ give sbd a good shaking
**rammelkast** *v* [-en] ❶ *voertuig* rattletrap ❷ *piano*
 ramshackle old piano
**rammen** *overg* [ramde, h. geramd] ❶ *beuken* ram,
 bash in ❷ *aanrijden* ram, bump into
**rammenas** *v* [-sen] winter radish
**ramp** *v* [-en] disaster, calamity, catastrophe
**rampenfonds** *o* (national) disaster fund
**rampenplan** *o* [-nen]
 contingency/emergency/disaster plan
**rampgebied** *o* [-en] disaster area
**rampjaar** *o* [-jaren] disastrous year, year of disaster
**rampspoed** *m* [-en] ❶ *tegenslag* adversity,
 misfortune ❷ *onheil* disaster, calamity
**ramptoerisme** *o* disaster tourism
**ramptoerist** *m* [-ten] disaster tourist, Am
 rubbernecker
**rampzalig** *bn* ❶ *ellendig* miserable, wretched
 ❷ *noodlottig* fatal, disastrous
**ramsj** *m* seconds * *het boek ligt in de* ~ the book has
 been remaindered, the book has ended up in a
 discount shop/surplus book shop
**ramsjpartij** *v* [-en] ❶ batch of seconds ❷ *boeken*
 publisher's surplus
**ranch** *m* [-es] ranch
**rancune** *v* [-s] rancour, hard feelings
**rancuneus I** *bn* vindictive, spiteful **II** *bijw*
 vindictively, spitefully
**rand I** *m* [-en] ❶ *alg.* edge, border, fringe, ⟨hoed⟩
 brim, ⟨schaal⟩ rim, ⟨pagina⟩ margin, fringe * *aan de*
 ~ *van het dorp* on the fringes/outskirts of the village
 ❷ *v. d. afgrond* brink * *fig aan de* ~ *van de afgrond*
 on the verge/brink of disaster **II** *m munteenheid*
 rand, South African rand
**randaarde** *v* earth connection
**randapparatuur** *v* ❶ *computer* peripherals,
 peripheral equipment ❷ *telec* terminal equipment
**randdebiel** *m* [-en] moron
**randfiguur** *v* [-guren] background figure
**randgebeuren** *o* peripheral events

**randgemeente** *v* [-n & -s] adjoining town, suburb
**randgroep** *v* [-en] fringe group
**randgroepjongere** *m-v* [-n] (young) drop-out
**randje** *o* [-s] edge, border * *dat was op het* ~ that was
 close, that was touch and go
**randschrift** *o* [-en] *v. munt* legend
**randstad** *v* * *de* ~ *Holland* the urban agglomeration
 in the western part of the Netherlands
**randverschijnsel** *o* [-en & -s] marginal
 phenomenon
**randvoorwaarde** *v* [-n] precondition
**rang** *m* [-en] ❶ *alg.* rank, position, grade * *wij zaten*
 *op de eerste* ~ we had seats in the first row/in the
 stalls * *van de eerste* ~ first-rate, first-class * ~ *en*
 *stand* rank and class, every station in life ❷ *mil* rank,
 file * *in* ~ *staan boven...* rank above... * *met de* ~ *van*
 *kapitein* holding the rank of a captain ❸ *rij* ZN row
**rangeerder** *m* [-s] shunter, yardman
**rangeerlocomotief** *v* [-tieven] shunting engine,
 shunt
**rangeerterrein** *o* [-en] marshalling/shunting yard
**rangeren** *overg & onoverg* [rangeerde, h.
 gerangeerd] shunt
**ranglijst** *v* [-en] ❶ list ❷ *sp* league table
**rangnummer** *o* [-s] number
**rangorde** *v* order
**rangschikken** *overg* [rangschikte, h. gerangschikt]
 ❶ *classificeren* class, classify * ~ *onder class*
 with/under, classify under ❷ *ordenen* order, arrange
 * *de feiten* ~ order the facts
**rangschikking** *v* [-en] arrangement, classification
**rangtelwoord** *o* [-en] ordinal number
**ranja** *m* orange squash
**rank I** *bn slank* slender, slim **II** *v* [-en] *stengel* tendril,
 shoot
**ranken I** *onoverg* [rankte, h. gerankt] (en)twine,
 shoot tendrils * *zich* ~ *om* twine around **II** *overg*
 [rankte, h. gerankt] remove the
 tendrils/shoots/runners
**ranonkel** *v* [-s] *plant* ranunculus
**ransel** *m* [-s] ❶ *mil* knapsack, pack ❷ *slaag* hiding
 * *een pak* ~ a flogging/hiding
**ranselen** *overg* [ranselde, h. geranseld] flog, thrash,
 inf wallop
**ransuil** *m* [-en] long-eared owl
**rantsoen** *o* [-en] ration, allowance * *op* ~ *stellen* put
 on rations, ration
**rantsoeneren** *overg* [rantsoeneerde, h.
 gerantsoeneerd] ration, put on rations
**ranzig** *bn* rancid
**rap I** *bn* nimble, agile, quick * ~ *van tong zijn* have a
 ready tongue **II** *bijw* nimbly & **III** *m muz* rap
 (music)
**rapaille** *o* rabble, riff-raff
**rapen** *overg* [raapte, h. geraapt] ❶ *alg.* pick up,
 gather ❷ *korenaren* glean
**rappel** *o* reminder
**rappelleren** *overg* [rappelleerde, h. gerappelleerd]

**❶** *terugroepen* recall **❷** *herinneren* remember

**rappen** *onoverg* [rapte, h. gerapt] rap

**rapper** *m* [-s] rapper

**rapport** *o* [-en] **❶** *verslag* report, record, survey ∗ ~ *uitbrengen over…* report on… **❷** *onderwijs* report ∗ *op het* ~ *komen* appear on one's (school) report

**rapportage** *v* report

**rapportcijfer** *o* [-s] report mark, A͟m grade

**rapporteren** *overg & onoverg* [rapporteerde, h. gerapporteerd] **❶** *melden* report (*over* on) ∗ *iem.* ~ *aan* report sbd to **❷** *verslag uitbrengen* report **❸** m͟i͟l put on report

**rapporteur** *m* [-s] reporter

**rapsodie** *v* [-dieën] rhapsody

**rariteit** *v* [-en] curiosity, curio

**rariteitenkabinet** *o* [-ten], **rariteitenkamer** *v* [-s] museum of curiosities

**ras I** *o* [-sen] **❶** *v. mensen* race ∗ *iem. van gemengd* ~ sbd of mixed race **❷** *v. vee* breed ∗ *een paard van edel* ~ a purebred (horse) ∗ *een gekruist* ~ a cross-breed **II** *bn* quick, swift, speedy **III** *bijw* quickly, swiftly, soon

**rasartiest** *m* [-en] a natural (born) artist

**rasecht** *bn* (true-)born, ‹v. dieren› purebred, pedigree ∗ *een* ~*e Australiër* i͟n͟f a fair-dinkum/dinky-di Aussie ∗ *een* ~*e Hollander* a (true-)born Dutchman ∗ *een* ~*e hondenhater* a real/true dog-hater ∗ *een* ~*e Ajax supporter* a dyed-in-the-wool Ajax supporter

**rasegoïst** *m* [-en] arch/complete ego(t)ist

**rashond** *m* [-en] pedigree/purebred dog

**raskenmerk** *o* [-en] racial characteristic

**rasp** *v* [-en] **❶** *vijl* rasp **❷** *in de keuken* grater

**raspaard** *o* [-en] thoroughbred, full-blooded horse

**raspen** *overg* [raspte, h. geraspt] **❶** *v. hout* rasp **❷** *v. kaas* grate ∗ *geraspte kaas* grated cheese

**rassendiscriminatie** *v* racial discrimination

**rassenhaat** *m* racial hatred, racism

**rassenkwestie** *v* [-s] racial problem

**rassenrellen, rassenonlusten** *zn* [mv] race riots

**rassenscheiding** *v* racial segregation

**rassenstrijd** *m* racial conflict

**rassenwet** *v* [-ten] racial law

**rasta, rastafari** *m* ['s] Rasta(farian)

**rastakapsel** *o* Rastafarian hair (style)

**raster I** *m* [-s] *lat* lath **II** *o* [-s] **❶** *hekwerk* fence **❷** *netwerk van lijnen* screen

**rasteren** *onoverg* [rasterde, h. gerasterd] print in halftone

**rasterwerk** *o* [-en] **❶** *omheining* fencing **❷** *rooster* latticework

**raszuiver** *bn* pure-blooded, ‹v. dieren› pure-bred, thoroughbred

**rat** *v* [-ten] rat ∗ *vuile* ~*!* you dirty rat!

**rata** *v* proportion ∗ *naar* ~ *van* in proportion to ∗ *pro* ~ pro rata

**rataplan** *m* ∗ *de hele* ~ the whole caboodle/lot

**ratatouille** *v* ratatouille

**ratel** *m* [-s] **❶** *apparaat, ratelend geluid* rattle **❷** *kletser* rattle **▼** *hou je* ~*!* shut your trap!, shut up!

**ratelaar** *m* [-s] **❶** *persoon* rattler **❷** *plant* (yellow) rattle

**ratelen** *onoverg* [ratelde, h. gerateld] **❶** *v. geluid* rattle ∗ ~*de donderslagen* peals of thunder **❷** *v. motor* knock **❸** *kwebbelen* rattle ∗ *zij ratelt maar door* she keeps rattling on

**ratelslang** *v* [-en] rattlesnake

**ratificatie** *v* [-s] ratification

**ratificeren** *overg* [ratificeerde, h. geratificeerd] ratify

**ratio** *v* **❶** *rede, verstand* reason, intellect **❷** *verhouding* ratio, proportion

**rationaliseren** *overg* [rationaliseerde, h. gerationaliseerd] rationalize

**rationalisme** *o* rationalism

**rationalist** *m* [-en] rationalist

**rationalistisch I** *bn* rationalist(ic) **II** *bijw* rationalistically

**rationeel** *bn* **❶** *verstandelijk* rational **❷** *wisk* rational ∗ ~ *getal* a rational number

**ratjetoe** *m & o* **❶** *stamppot* hash **❷** *allegaartje* hotchpotch, medley, farrago

**rato** *zn* ∗ *naar* ~ in proportion (*van* to), pro rata ∗ *pro* ~ pro rata

**rats** *v* **❶** *stoofpot* stew **❷** *angst* dread ∗ *in de* ~ *zitten* have the jitters, be in a stew

**rattengif, rattenkruit** *o* rat poison, arsenic

**rattenkopje** *o* [-s] *v. haar* short haircut

**rattenplaag** *v* [-plagen] rat problem, plague of rats

**rattenval** *v* [-len] rat trap

**rattenvanger** *m* [-s] **❶** *persoon* ratcatcher ∗ *de* ~ *van Hamelen* the Pied Piper of Hamelin **❷** *hond* ratter

**rauw** *bn* **❶** *niet toebereid* raw, uncooked **❷** *ontveld* raw, sore **❸** *v. geluid* raucous, harsh **❹** *hard, onaangenaam* crude, rough ∗ *dat viel me* ~ *op het dak* that was an unexpected blow

**rauwheid** *v* [-heden] **❶** *het ongekookt zijn* rawness **❷** *onaangenaam* crudity

**rauwkost** *m* raw/uncooked vegetables ∗ *wij eten veel* ~ we eat a lot of vegetable salads

**ravage** *v* [-s] **❶** *verwoesting* ravage, havoc ∗ *een* ~ *aanrichten* cause havoc **❷** *overblijfselen v. auto &* wreckage, debris

**ravenzwart** *bn* raven black ∗ ~*e haren* raven locks

**ravigotesaus** *v* ravigote sauce

**ravijn** *o* [-en] ravine

**ravioli** *m* ravioli

**ravissant I** *bn* ravishing **II** *bijw* ravishingly

**ravitailleren** *overg* [ravitailleerde, h. geravitailleerd] supply, provision

**ravitaillering** *v* supply, provisioning

**ravotten** *onoverg* [ravotte, h. geravot] romp

**rayon I** *o* [-s] **❶** *gebied* area, district, territory **❷** *afdeling* department **❸** *jur* district **II** *o & m* *stofnaam* rayon

**rayonchef** *m* [-s] district manager, area supervisor

ra

**razen** *onoverg* [raasde, h. geraasd] rage, rave * ~ *en tieren* rant and rave, storm and swear * *over de weg* ~ tear along the road * *het water raast in de ketel* the kettle is whistling

**razend I** *bn* ❶ *woedend* furious * *het maakt me* ~ it makes me mad/furious * *je maakt me* ~ *met je...* you drive me mad with your... * *het is om* ~ *van te worden* it's enough to drive you mad * *hij is* ~ *op mij* he's furious with me * *als een* ~*e* like mad ❷ *enorm* terrific * *ik heb een* ~*e honger* I'm ravenous/starving, I'm ravenously/terrifically hungry * *met een* ~*e vaart* at a terrific pace/a breakneck speed **II** *bijw* * *hij heeft* ~ *veel geld* he has a huge amount of money * *wij hebben* ~ *veel plezier gehad* we enjoyed ourselves immensely * *hij is* ~ *verliefd op haar* he's madly in love with her

**razendsnel** *bn* as quick as lightning, super-fast

**razernij** *v* ❶ *woede* rage, frenzy ❷ *gekheid* madness

**razzia** *v* ['s] razzia, raid, round-up * *een* ~ *houden in een café* raid a cafe * *een* ~ *houden op verdachten* round up suspects

**re** *v* ['s] <u>muz</u> re

**reactie** *v* [-s] ❶ reaction * *in* ~ *op* in response to ❷ <u>scheik</u> reaction

**reactiesnelheid** *v* [-heden] ❶ speed of response ❷ <u>chem</u> rate of reaction

**reactievermogen** *o* ability to respond

**reactionair** *bn & m* [-en] reactionary

**reactiveren** *overg* [reactiveerde, h. gereactiveerd] reactivate

**reactor** *m* [-s] reactor

**reactorvat** *o* [-vaten] reactor chamber

**reageerbuis** *v* [-buizen] test tube

**reageerbuisbaby** *m* ['s] test tube baby

**reageerbuisbevruchting** *v* [-en] in vitro fertilization

**reagens** *o* [-gentia] reagent

**reageren** *onoverg* [reageerde, h. gereageerd] ❶ react * *hij reageerde op mijn vraag* he reacted/responded to my question ❷ ‹chem› react

**realisatie** *v* [-s] ❶ realization, actualization ❷ *film* ZN production

**realiseerbaar** *bn* realizable, feasible, practicable

**realiseren I** *overg* [realiseerde, h. gerealiseerd] ❶ *alg.* realize * *dat is niet te* ~ it's impracticable ❷ <u>handel</u> realize, (convert into) cash, sell **II** *wederk* [realiseerde, h. gerealiseerd] * *zich* ~ *dat...* realize that ...

**realisering** *v verwezenlijking* realization, actualization, execution

**realisme** *o* realism

**realist** *m* [-en] realist

**realistisch I** *bn* realistic **II** *bijw* realistically

**realiteit** *v* [-en] reality * *de* ~ *onder ogen zien* face reality

**realiteitszin** *m* sense of reality

**reanimatie** *v* resuscitation

**reanimeren** *overg* [reanimeerde, h. gereanimeerd] resuscitate

**rebel** *m* [-len] rebel, revolutionary

**rebellenleider** *m* [-s] rebel leader

**rebelleren** *onoverg* [rebelleerde, h. gerebelleerd] rebel, revolt

**rebellie** *v* [-lieën] rebellion, uprising, ‹schip, leger› mutiny

**rebels** *bn* rebellious, revolutionary

**rebus** *m* [-sen] rebus, picture puzzle

**recalcitrant** *bn* recalcitrant

**recapitulatie** *v* [-s] recapitulation

**recapituleren** *onoverg & overg* [recapituleerde, h. gerecapituleerd] recapitulate

**recensent** *m* [-en] reviewer, critic

**recenseren I** *overg* [recenseerde, h. gerecenseerd] review **II** *onoverg* [recenseerde, h. gerecenseerd] write a review

**recensie** *v* [-s] review, write-up, ‹kort› notice * *ter* ~ for review * *juichende* ~*s krijgen* receive rave reviews

**recensie-exemplaar** *o* [-plaren] review copy

**recent** *bn* recent

**recentelijk** *bijw* recently, lately

**recept** *o* [-en] ❶ *voor keuken &* recipe ❷ <u>med</u> prescription * *alleen op* ~ only on prescription * *zonder* ~ over the counter

**receptenboek** *o* [-en] ❶ *v. keuken* cookery book ❷ <u>med</u> pharmaceutical codex

**receptie** *v* [-s] reception * *een staande* ~ a stand-up reception * *zich bij de* ~ *melden* report to the reception desk

**receptief** *bn* receptive

**receptionist** *m* [-en], **receptioniste** *v* [-n] receptionist

**receptuur** *v* ❶ *bereiding van medicijnen* dispensing ❷ <u>chem</u> formula ❸ *voor koken* recipe

**reces** *o* [-sen] recess, adjournment * *op* ~ *gaan* rise, adjourn * *op* ~ *zijn* be in recess

**recessie** *v* recession, economic downturn, slump

**recessief** *bn* recessive

**recette** *v* [-s] takings, (box office) receipts

**rechaud** *m & o* [-s] hot plate

**recherche** *v* ❶ *onderzoek* investigation, inquiry ❷ *politie* detective force, criminal investigation department, C.I.D.

**rechercheur** *m* [-s] detective

**recht I** *bn* ❶ *v.e. hoek* right ❷ *zonder bocht* straight * *zo* ~ *als een kaars* as straight as an arrow * *in de* ~*e lijn afstammend* lineal ❸ *goed, juist* right, true * *wat* ~ *en billijk is* what is fair and just * *te* ~*er tijd* at the right time * *ik weet er het* ~*e niet van* I don't know the ins and outs of the matter **II** *bijw* ❶ *alg.* rightly ❷ <u>versterkend</u> right, quite * *hij is niet* ~ *bij zijn verstand* he is not quite right in his head ❸ *niet krom* straight * <u>wisk</u> ~ *evenredig* directly proportional * ~ *op hem af* straight at him * ~ *door zee gaand* straightforward, straight * ~ *op het doel afgaan* go straight for one's goal **III** *o* [-en] ❶ *rechtvaardigheid* justice, right * ~ *doen* administer justice * *er moet* ~ *geschieden* justice must be done * *het* ~ *aan zijn zijde hebben* have justice/right on one's side * *iedereen* ~ *laten wedervaren* do justice to everyone * *iem.* ~ *laten wedervaren* do sbd right, give sbd his due * *tot zijn* ~ *komen* show to full advantage * *beter tot zijn* ~ *komen* show to better advantage ❷ *gezamenlijke rechtsregels* law * *aanvullend* ~ directory/permissive law, non-peremptory law, ius dispositivum * *burgerlijk/civiel* ~ civil law * ~*en studeren* read/study law ❸ *rechtspraak* justice, law * *iem. in* ~*en* aanspreken take legal proceedings against sbd, sue sbd ❹ *bevoegdheid* right, title, claim * *verkregen* ~*en* vested rights * *zakelijk* ~ real/property rights, rights in rem * *een* ~ *van bestaan* a reason for existence * *het* ~ *van eerstgeboorte* (the right of) primogeniture * ~ *van spreken hebben* have a right to speak * *het* ~ *van de sterkste* the right of the strongest * *het* ~ *van vergadering* right of public meeting * ~*en plichten* rights and duties * *onze* ~*en en vrijheden* our rights and liberties * *het* ~ *hebben om...* have a/the right to..., be entitled to... * *het volste* ~ *hebben om...* have a perfect right to... * ~ *hebben op iets* have a right to sth * *op zijn* ~ *staan* assert oneself * *iem. het* ~ *geven om...* entitle sbd to... * *met* ~ rightly, justly * *met welk* ~? by what right? * *zich* ~ *verschaffen* take the law into one's own hands * *in zijn* ~ *zijn* be within one's rights, be in the right ❺ *heffing* poundage ❻ *belasting* duty, custom ❼ *leges* fee

**rechtaan** *bijw* straight on, straightforward
**rechtbank** *v* [-en] ❶ *groep rechters* court of justice, law court, district court ❷ *voor bijzondere zaken* tribunal ❸ *gebouw* court
**rechtdoor** *bijw* straight on
**rechtdoorzee** *bn* frank, candid, honest
**rechtelijk I** *bn* legal **II** *bijw* legally, by law
**rechteloos** *bn* ❶ *alg.* without rights ❷ *vogelvrij* outlawed
**rechten** *overg* [rechtte, h. gerecht] *recht maken* straighten (out) * *hij rechtte zijn rug* he straightened up * *zich* ~ straighten up
**rechtens** *bijw* by right(s), by law
**rechtenstudie** *v* (study of) law
**rechter I** *m* [-s] ❶ *persoon* judge, justice * *iem. voor de* ~ *slepen* take sbd to court * *eigen* ~ *spelen* take the law into one's own hands ❷ *instantie* court(s) * *de administratieve* ~ the administrative court * *de burgerlijke* ~ the civil court(s) * *de militaire* ~ the military court **II** *bn* ❶ *van lichaamsdelen* right ❷ *van zaken* right-hand
**rechterarm** *m* [-en] right arm
**rechterbeen** *o* [-benen] right leg
**rechter-commissaris** *m* [rechters-commissarissen] ❶ *alg.* examining magistrate ❷ *bij faillissement* judge in bankruptcy
**rechterhand** *v* [-en] ❶ right hand ❷ *fig* right-hand man, right hand

**rechterkant** *m* [-en] right(-hand) side * *aan de* ~ *on* the right-hand side * *naar de* ~ to the right
**rechterlijk** *bn* judicial * *een* ~*e dwaling* a miscarriage of justice * *de* ~*e macht* the judiciary * *leden van de* ~*e macht* gentlemen of the robe
**rechterstoel** *m* [-en] seat of the judge, tribunal, judgement/Am judgment seat
**rechtervleugel** *m* [-s] right wing
**rechtervoet** *m* [-en] right foot
**rechterzij, rechterzijde** *v* [-zijden] ❶ right(-hand) side * *aan mijn* ~ on my right-hand side ❷ *pol* right wing * *de* ~ the right * *een vertegenwoordiger van de* ~ a right-wing representative
**rechtgeaard** *bn* right-minded, true, honest
**rechthebbende** *m-v* [-n] rightful claimant, title holder, entitled party
**rechtheid** *v* straightness
**rechthoek** *m* [-en] rectangle
**rechthoekig I** *bn* right-angled, rectangular * *een* ~*e driehoek* a right-angled triangle **II** *bijw* rectangularly * ~*op* at right angles to
**rechtlijnig I** *bn* ❶ *met rechte lijnen* rectilinear, linear * *het* ~ *tekenen* geometrical drawing ❷ *fig* consistent, straightforward * *een* ~*e persoonlijkheid* a consistent personality **II** *bijw* in a straight line
**rechtmaken** *overg* [maakte recht, h. rechtgemaakt] straighten (out), make straight
**rechtmatig** *bn* rightful, lawful, legitimate
**rechtop** *bijw* upright, erect * ~*houden* keep upright * ~*lopen* walk erect
**rechtopstaand** *bn* upright, erect * ~*e haren* hair standing on end
**rechts I** *bn* ❶ *tegenover links* right ❷ *pol* right, right-wing * *een* ~*e regering* a right-wing government ❸ *rechtshandig* right-handed **II** *bijw* ❶ *aan/naar de rechterkant* (to/on/at) the right * ~*en links* left and right * ~*afslaan* turn (to the) right * ~*houden* keep to the right * ~*inhalen* overtake on the right * *naar* ~ to the right ❷ *met de rechter hand* with the right hand * ~*schrijven* write with one's right hand
**rechtsachter, rechtsback** *m* [-s] *sp* right back
**rechtsaf** *bijw* to the right * ~*buigen* veer to the right * ~*slaan* turn right
**rechtsbedeling** *v* administration of justice
**rechtsbeginsel** *o* [-selen, -s] legal principle, principle of justice/of the law
**rechtsbekwaam** *bn* competent/authorized to
**rechtsbenig** *bn* *sp* right-footed
**rechtsbevoegdheid** *v* entitlement to rights
**rechtsbijstand** *m kosteloos* legal assistance/aid * *de raad van* ~ the legal aid board
**rechtsbuiten** *m* [-s] *sp* outside right, right-winger
**rechtschapen** *bn* upright, honest
**rechtschapenheid** *v* honesty, righteousness
**rechtscollege** *o* [-s] court (of justice)
**rechtsdraaiend** *bn* chem dextrorotatory
**rechts-extremist** *m* [-en] right-wing extremist

re

**rechtsgang** *m* court procedure, judicial process
**rechtsgebied** *o* [-en] jurisdiction
**rechtsgeding** *o* [-en] lawsuit
**rechtsgeldig** *bn* valid in law, legal, legally valid, lawful * *niet* ~ not binding in law, void
**rechtsgeldigheid** *v* validity, legality, legal force
**rechtsgeleerd** *bn* juridical, legal
**rechtsgeleerde** *m-v* [-n] jurist, lawyer
**rechtsgeleerdheid** *v* jurisprudence
**rechtsgelijkheid** *v* equality (of rights), equality before the law
**rechtsgevoel** *o* sense of justice
**rechtsgrond** *m* [-en] legal grounds, juridical/legal foundation/cause
**rechtshalf** *m* [-s] sp right half
**rechtshandeling** *v* [-en] legal/juridical act, act of law, legal transaction * ~*en plegen* engage in legal transactions * *een eenzijdige/meerzijdige* ~ a unilateral/multilateral legal act
**rechtshandig** *bn* right-handed
**rechtshulp** *v* legal assistance/aid * *daadwerkelijke* ~ an effective remedy * *gefinancierde* ~ legal aid * *internationale* ~ international legal assistance
**rechtskracht** *v* legal force, force of law
**rechtskundig** *bn* legal, juridical * *een* ~ *adviseur* a legal adviser
**rechtsmacht** *v* jurisdiction, judicial authority
**rechtsmiddel** *o* [-en] legal/statutory remedy, remedy at law
**rechtsom** *bijw* to the right * mil ~*!* right turn! * mil ~*, keert!* about, turn!
**rechtsomkeert** *bijw* * ~ *maken* mil turn about, do an about-turn; fig turn tail
**rechtsongelijkheid** *v* legal inequality, inequality before the law
**rechtsorde** *v* legal order/system
**rechtspersoon** *m* [-sonen] legal body/entity/persona, corporate body, corporation
**rechtspersoonlijkheid** *v* legal/corporate personality * ~ *aanvragen/verkrijgen* apply for/acquire corporate rights/personality
**rechtspleging** *v* [-en] administration of justice, ⟨rechtsgang⟩ judicial procedure * *buitengewone* ~ special criminal procedures
**rechtspositie** *v* legal status
**rechtspraak** *v* ❶ *het spreken v. recht* administration of justice/of the law * ~ *uitoefenen* administer justice ❷ *rechtspleging* jurisdiction * *collegiale* ~ trial by a panel of judges * *oneigenlijke* ~ voluntary jurisdiction * *de* ~ *in strafzaken* criminal jurisdiction ❸ *jurisprudentie* jurisprudence * *administratieve* ~ administrative jurisprudence, administrative case law
**rechtspreken** *onoverg* [sprak recht, h. rechtgesproken] administer justice
**rechts-radicaal I** *bn* extreme right-wing **II** *m* [-calen] right-wing extremist
**rechtsstaat** *m* [-staten] constitutional state, state

under a rule of law
**rechtsstelsel** *o* [-s] legal system
**rechtstaan** *onoverg* [stond recht, is rechtgestaan] ZN stand up, rise
**rechtstandig I** *bn* perpendicular, vertical **II** *bijw* perpendicularly, vertically
**rechtstreeks I** *bn* direct * *een* ~*e verbinding* a direct connection * ~*e verkiezing* direct election **II** *bijw* directly * ~ *onder iem. staan* be directly subordinate to sbd * *hij ging* ~ *naar huis* he went straight home
**rechtsvervolging** *v* [-en] prosecution, criminal proceedings * *van* ~ *ontslaan* discharge
**rechtsvordering** *v* [-en] ❶ *regels* legal procedure ❷ *vordering* legal action/claim
**rechtsvorm** *m* [-en] legal form
**rechtsvraag** *v* [-vragen] legal issue, question of law
**rechtswege** *zn* * *van* ~ in justice, by right, ipso jure, by force of law
**rechtswetenschap** *v* [-pen] legal doctrine, jurisprudence
**rechtswinkel** *m* [-s] citizen's (legal) advice bureau, law clinic/centre/Am center
**rechtszaak** *v* [-zaken] lawsuit, legal case, trial
**rechtszaal** *v* [-zalen] courtroom
**rechtszekerheid** *v* legal protection/security
**rechtszekerheidsbeginsel** *o* general principle of legal certainty
**rechtszitting** *v* [-en] court hearing, session/meeting of the court
**rechttoe** *bijw* straight on * fig ~ *rechtaan* straightforward, outright
**rechttrekken** *overg* [trok recht, h. rechtgetrokken] ❶ straighten ❷ fig put right, correct
**rechtuit** *bijw* ❶ straight on ❷ fig frankly, outright
**rechtvaardig** *bn* righteous, just, fair * *de* ~*en* the just
**rechtvaardigen** *overg* [rechtvaardigde, h. gerechtvaardigd] justify * *zich* ~ justify oneself
**rechtvaardigheid** *v* justice
**rechtvaardigheidsgevoel** *o* sense of justice
**rechtvaardiging** *v* justification * *ter* ~ *van...* in justification of...
**rechtzetten** *overg* [zette recht, h. rechtgezet] ❶ *in de goede stand zetten* straighten, adjust ❷ fig correct, rectify, put right
**rechtzinnig** *bn* orthodox * *de* ~*en* the members of the Reformed Church
**recidive** *v* ❶ jur recidivism ❷ med relapse
**recidiveren** *onoverg* [recidiveerde, h. gerecidiveerd] ❶ jur repeat the offence ❷ med relapse
**recidivisme** *o* recidivism
**recidivist** *m* [-en] recidivist, repeat offender
**recipiënt** *m* [-en] ❶ techn receiver, receptacle ❷ *persoon* sponsor
**recipiëren** *onoverg* [recipieerde, h. gerecipieerd] ❶ give a reception, receive ❷ jur adopt, take on
**recital** *o* [-s] muz recital
**recitatief** *o* [-tieven] recitative

**reciteren** *overg & onoverg* [reciteerde, h. gereciteerd] recite

**reclamant** *m* [-en] ❶ *aanklager* complainant ❷ *eiser* claimant

**reclame** *v* [-s] ❶ *aanprijzing* advertising, publicity ∗ *institutionele* ~ corporate (image) advertising ∗ ~ *maken* advertise ∗ *in de* ~ *zijn* be on special offer ∗ ~ *maken voor* advertise, publicize ❷ *middel* advertisement ❸ *protest* claim, complaint, protest ∗ *een* ~ *indienen* put in/submit a claim

**reclameadviseur** *m* [-s] publicity edvisor

**reclameblok** *o* [-ken] commercial break

**reclameboodschap** *v* [-pen] ❶ advertising message ❷ RTV commercial (advertisement)

**reclamebord** *o* [-en] advertisement board

**reclamebureau** *o* [-s] advertising agency

**reclamecampagne** *v* [-s] advertising/promotion/publicity campaign

**reclamecodecommissie** *v* in Groot-Brittannië Advertising Standards Authority

**reclamefilm** *m* [-s] advertising/promotional film

**reclamefolder** *m* [-s] advertising/publicity brochure

**reclame-inkomsten** *zn* [mv] advertising revenue

**reclameplaat** *v* [-platen] advertising poster

**reclameren** I *onoverg* [reclameerde, h. gereclameerd] ❶ *navraag doen* put in a claim ❷ *klagen* complain (about), object (to) II *overg* [reclameerde, h. gereclameerd] *opvragen* claim back, reclaim

**reclamespot** *m* [-s] RTV commercial, commercial/advertisement spot

**reclamestunt** *m* [-s] publicity/advertising stunt

**reclametekst** *m* [-en] advertising text/copy

**reclamezuil** *v* [-en] advertising pillar

**reclasseren** *overg* [reclasseerde, h. gereclasseerd] rehabilitate, resettle

**reclassering** *v* rehabilitation, ± probation

**reclasseringsambtenaar** *m* [-naren, -s] probation officer

**recommandatie** *v* [-s] recommendation

**recommanderen** *overg* [recommandeerde, h. gerecommandeerd] recommend

**reconstructie** *v* [-s] reconstruction

**reconstrueren** *overg* [reconstrueerde, h. gereconstrueerd] reconstruct

**reconvalescent** *m* [-en] convalescent

**record**[1] *o* [-s] comput record

**record**[2] *o* [-s] record ∗ *het* ~ *breken/verbeteren* beat/better the record ∗ *een* ~ *vestigen* set a record ∗ *een* ~ *op zijn/haar naam hebben staan* hold a record

**recordaantal** *o* [-len] record number

**recordbedrag** *o* [-en] record figure

**recordhouder** *m* [-s] record holder

**recordomzet** *m* [-ten] record turnover

**recordpoging** *v* [-en] attempt on a record

**recordtijd** *m* [-en] record time ∗ *binnen* ~ in record time

**recordvangst** *v* record catch

**recovery** *v* ['s] recovery

**recreant** *m* [-en] ❶ ± holiday-maker, Am vacationer ❷ *dagcreant* day tripper

**recreatie** *v* recreation

**recreatief** *bn* recreational

**recreatiegebied** *o* [-en] recreation area

**recreatieoord** *o* [-en] recreation resort

**recreatiesport** *m* [-en] leisure sport

**recreatiezaal** *v* [-zalen] recreation room

**recreëren** I *overg* [recreëerde, h. gerecreëerd] ❶ *herscheppen* recreate ❷ *ontspannen* relax II *wederk* [recreëerde, h. gerecreëerd] ∗ *zich* ~ relax, enjoy oneself

---

**recreëren**
wordt alleen maar vertaald met recreate wanneer het herscheppen betekent. Wanneer het betekent zich ontspannen moet het worden vertaald met relax, enjoy oneself.

---

**rectaal** I *bn* rectal II *bijw* rectally ∗ *de temperatuur moet* ~ *worden opgenomen* the temperature should be taken rectally

**rectificatie** *v* [-s] *verbetering* rectification, correction, amendment

**rectificeren** *overg* [rectificeerde, h. gerectificeerd] rectify, put right

**rector** *m* [-toren & -s] ❶ *onderw* headmaster, Am principal ∗ *de* ~ *magnificus* the Vice-Chancellor ❷ RK rector

**rectrix** *v* [-trices] headmistress, principal

**rectum** *o* [-ta] rectum

**reçu** I *o* ['s] ❶ *alg.* receipt ❷ *v. bagage* ticket ❸ *post* postal receipt II *bn aanvaard* received, accepted

**recuperatie** *v* ❶ *terugwinning* recycling ❷ *herstel* recuperation

**recupereren** I *overg* [recupereerde, h. gerecupereerd] *terugwinnen* recycle II *onoverg* [recupereerde, h. gerecupereerd *weer op krachten komen* sp recuperate

**recyclage** *v* ❶ *bijscholing* ZN extra schooling ❷ *omscholing* ZN retraining ❸ *v. oud papier &* ZN recycling

**recyclebaar** *bn opnieuw te gebruiken* recyclable

**recyclen** *overg* [recyclede, h. gerecycled] recycle

**recycling** *v* recycling

**redacteur** *m* [-en & -s] editor

**redactie** *v* [-s] ❶ *'t opstellen* editing ❷ *v. krant* editorial staff, editors ∗ *onder* ~ *van* edited by ❸ *v. zin & wording*

**redactiebureau** *o* [-s] editorial office

**redactioneel** *bn* editorial ∗ *een* ~ *artikel* an editorial

**redactrice** *v* [-s] editor

**reddeloos** I *bn* not to be saved, past saving, irrecoverable, irretrievable II *bijw* irrecoverably, irretrievably ∗ ~ *verloren* irretrievably lost

**redden** I *overg* [redde, h. gered] save, rescue,

‹v. dingen› salvage * *we zijn gered!* we're saved! * *de geredde* the rescued person * *de ge~* those saved * *iem. het leven ~* save sbd's life * *zijn prestige ~* save one's face * *er was geen ~ aan* it couldn't possibly be saved/salvaged * *iem. uit de nood ~* help sbd out of distress * *iem. ~ van...* save/rescue sbd from...
**II** *wederk* [redde, h. gered] **1** *zich ~* save oneself, manage * *je moet je zelf maar ~* you'll have to manage for yourself * *met 50 euro kan ik me ~* I can manage with 50 euros, 50 euros will do * *hij weet zich wel te ~* he can manage * *niet weten hoe zich er uit te ~* not know how to get out of this

**redder** *m* [-s] saver, rescuer, rescue-worker * *de Redder* the Saviour

**redderen** *overg* [redderde, h. geredderd] **1** *regelen* put in order, arrange **2** *opruimen* tidy up

**redding** *v* [-en] **1** *heil* salvation **2** *verlossing* rescue, deliverance **3** *v. schipbreuk* rescue **4** *fig* salvaging * *~ van de situatie* salvaging the situation **5** *sp* save * *dankzij een mooie ~ van...* thanks to a nice save by...

**reddingsactie** *v* [-s] rescue operation
**reddingsboei** *v* [-en] life buoy
**reddingsboot** *m & v* [-boten] lifeboat
**reddingsbrigade** *v* [-s & -n] rescue party/team
**reddingsmaatschappij** *v* [-en] rescue company
**reddingsoperatie** *v* [-s] rescue operation
**reddingsploeg** *v* [-en] rescue team
**reddingsvest** *o* [-en] life jacket
**reddingswerk** *o* rescue work
**reddingswerker** *m* [-s] rescue worker

**rede** *v* [-s] **1** *redevoering* speech, address * *een ~ houden* deliver a speech * *in de ~ vallen* interrupt **2** *denkvermogen* reason, sense * *~ verstaan* listen to reason * *het ligt in de ~* it stands to reason * *naar ~ luisteren* listen to reason * *tot ~ brengen* bring to reason * *voor ~ vatbaar zijn* be amenable to reason

**redekundig I** *bn* * *een ~e ontleding* a parsing **II** *bijw* * *~ ontleden* parse

**redelijk I** *bn* **1** *met rede begaafd* rational * *een ~ wezen* a rational being **2** *rechtvaardig* reasonable * *~ zijn* be reasonable **3** *niet overdreven* reasonable, fair * *een ~e prijs* a reasonable/fair price * *een ~ voorstel* a reasonable proposal **4** *tamelijk* passable, *inf* middling **II** *bijw* **1** *als graadaanduiding* moderately * *~ warm* moderately warm **2** *vrij goed* reasonably, fairly * *~ goed* reasonably well

**redelijkerwijs, redelijkerwijze** *bijw* reasonably, in reason

**redelijkheid** *v* reasonableness * *jur ~ en billijkheid* reasonableness and fairness

**redeloos I** *bn* irrational, void of reason * *een ~ dier* a brute beast, a brute * *de redeloze dieren* the brute beasts * *~ geweld* senseless violence * *redeloze woede* blind rage **II** *bij* * *~ verloren* hopelessly lost

**reden** *v* [-en] **1** *oorzaak* reason, cause, motive, grounds * *jur dringende ~* urgent cause * *~ hebben om...* have reason to... * *om ~ dat...* because... * *om die ~*

for that reason * *om de een of andere ~* for one reason or another * *om ~ van* by reason of, on account of * *geen ~ voor ongerustheid* no cause/grounds for concern * *daar had hij ~ voor* he had his reasons/motives * *zonder (enige) ~* without (any) reason/motive * *zijn ~ van bestaan* one's reason for existence

> **reden**
> Een van de vertalingen van reden is grounds. Dat woord wordt altijd in het meervoud gebruikt: een reden om te scheiden – grounds for divorce.

**redenaar** *m* [-s] orator, speaker
**redenatie** *v* [-s] reasoning
**redeneertrant** *m* way of reasoning, style of argumentation
**redeneren** *onoverg* [redeneerde, h. geredeneerd] reason, argue * *logisch ~* reason logically * *met hem valt niet te ~* there's no arguing with him * *~ over* argue about
**redenering** *v* [-en] reasoning
**redengevend** *bn* taalk causal
**reder** *m* [-s] shipowner
**rederij** *v* [-en] shipowners' society, shipping company * *de ~* the shipping trade
**rederijker** *m* [-s] hist rhetorician
**redetwist** *m* [-en] dispute, argument
**redetwisten** *onoverg* [redetwistte, h. geredetwist] dispute, argue
**redevoering** *v* [-en] oration, speech, address * *een ~ houden* make a speech
**redigeren** *overg* [redigeerde, h. geredigeerd] **1** *opstellen* draw up, formulate **2** *redactie voeren* edit
**redmiddel** *o* [-en] remedy, expedient, resource * *als laatste ~* in the last resort, as a last resort
**redres** *o* redress
**redresseren** *overg* [redresseerde, h. geredresseerd] redress, right, rectify
**reduceren** *overg* [reduceerde, h. gereduceerd] **1** *verminderen* reduce, decrease * *~ tot* reduce to **2** chem reduce, deoxidize
**reductie** *v* [-s] reduction, decrease * *~ geven* give a reduction in price, knock something off the price
**reductieprijs** *m* [-prijzen] reduced price
**redundant** *bn* redundant
**reduplicatie** *v* [-s] taalk reduplication
**redupliceren I** *overg* [redupliceerde, h. geredupliceerd] reduplicate, double **II** *onoverg* [redupliceerde, h. geredupliceerd] taalk reduplicate
**redzaam** *bn* handy, efficient
**ree** *v & o* [reeën] *dier* roe (deer), ‹vrouwtje› doe
**reebok** *m* [-ken] roebuck
**reebout** *m* [-en] haunch of venison
**reebruin** *bn* fawn-coloured
**reeds** *bijw* already * *~ in...* as early as... * *~ de gedachte...* the mere idea...

**reëel** *bn* ❶ *werkelijk* real ∗ *een~ getal* a real number ∗~ *inkomen* real income ❷ *op werkelijkheid gegrond* reasonable, realistic ∗ *wees~* be reasonable ∗ *reële politiek* realistic policies ∗ *een reële man* a reasonable man

**reef** *o* [reven] scheepv reef ∗ *een~ inbinden* take in a reef

**reeks** *v* [-en] ❶ *opeenvolging* series, sequence, succession ∗ *een~ ongelukken* a string/chain of accidents ❷ *rij* series, row ∗ *een~ huizen* a row of houses ❸ wisk progression, series ∗ *een afdalende/opklimmende~* a descending/ascending series ∗ *een meetkundige/rekenkundige~* a geometric/arithmetic progression ❹ *tv-serie* ZN television series

**reep** *m* [repen] ❶ *strook* strip ❷ *touw* rope, cable ▼ *een ~ chocolade* a bar of chocolate

**reerug** *m* [-gen] saddle/loin of venison

**reet** *v* [reten] ❶ *kier* cleft, crack, chink, crevice ❷ *achterwerk* vulg arse/Am ass ∗ *het kan me geen~ schelen* I don't give/care a damn ∗ *lik m'n~!* fuck off!

**referaat** *o* [-raten] report

**referendaris** *m* [-sen] senior government official

**referendum** *o* [-s & -da] *stemming* referendum

---

**referendum**
is ook referendum in het Engels en net als in het Nederlands kan het meervoud referendums of referenda zijn.

---

**referent** *m* [-en] ❶ *iem. die een onderwerp inleidt* speaker, lecturer ❷ *deskundige* expert, consultant ❸ *recensent* reviewer, critic ❹ taalk referent

**referentie** *v* [-s & -tiën] ❶ *inlichting* reference ❷ *persoon* referee

**referentiegroep** *v* [-en] reference group

**referentiekader** *o* [-s] frame of reference

**referentiepunt** *o* [-en] ❶ *point of reference* ❷ *vast criterium waartegen zaken gemeten kunnen worden* benchmark

**refereren** *onoverg* [refereerde, h. gerefereerd] refer ∗~ *aan* refer to ∗~*de aan uw schrijven* in reference to your letter

**referte** *v* [-s] reference, referral ∗ *onder~ aan mijn brief* in reference to my letter

**reflectant** *m* [-en] applicant, candidate

**reflecteren I** *overg* [reflecteerde, h. gereflecteerd] *weerkaatsen* reflect **II** *onoverg* [reflecteerde, h. gereflecteerd] ∗~ *op* consider, reflect on ∗~ *op een sollicitatie* consider an application ∗~ *op een voorstel* consider/entertain a proposal ∗ *er zal alleen gereflecteerd worden op ...* only ... will be considered ❷ answer ∗ *op een advertentie~* answer an advertisement

**reflectie** *v* [-s] ook fig reflection

**reflector** *m* [-s & -toren] reflector

**reflex** *m* [-en] ❶ reflex ∗ *een voorwaardelijke~* a conditioned reflex ❷ *weerspiegeling* reflection

**reflexbeweging** *v* [-en] reflexive action, reflex

**reflexcamera** *v* [-'s] reflex camera

**reflexief I** *bn* ❶ reflexive, thoughtful ❷ taalk reflexive **II** *o* taalk reflexive

**reformatie** *v* [-s] reformation ∗ *de Reformatie* the Reformation

**reformatorisch** *bn* reformatory, reformative

**reformhuis** *o* [-huizen] health food shop

**reformvoeding** *v* health food

**reformwinkel** *m* [-s] health food shop

**refrein** *o* [-en] refrain, chorus

**refter** *m* [-s] ❶ *in klooster* refectory ❷ *kantine* ZN canteen

**regatta** *v* [-'s] regatta

**regeerakkoord** *o* [-en] coalition agreement

**regeerperiode** *v* [-s & -n] period of government

**regel** *m* [-s & -en] ❶ *lijn* line ∗ *tussen de~s* between the lines ❷ *geschreven mededeling* line, note ∗ *ik heb haar een paar~tjes geschreven* I dropped her a line ❸ *voorschrift* rule, regulation ∗ *zich aan geen~s storen* ignore the rules ∗ *de~s in acht nemen* observe the rules ∗ *in de~* as a rule ∗ *in strijd met de~s* contrary to all rules ∗ *tegen alle~s in* against the rules ∗ *zich tot~ stellen* make it a rule ∗ rekenk *de~ van drieën* the rule of three ∗ *volgens de~* according to rule ∗ *volgens de~en der kunst* in the approved manner ∗ *geen ~ zonder uitzondering* no rule without an exception ❹ *lat* ZN ruler, measure

**regelaar** *m* [-s] ❶ techn regulator, control ❷ *persoon* regulator, organizer

**regelafstand** *m* [-en] line space, spacing

**regelbaar** *bn* adjustable

**regelen I** *overg* [regelde, h. geregeld] ❶ *in orde brengen* arrange, fix up, settle, organize ❷ *voorschrijven* regulate, control, determine **II** *wederk* [regelde, h. geregeld] ∗ *zich~ naar* be regulated/ruled by, conform to

**regelgeving** *v* ❶ *het stellen van regels* issuing/giving of rules ❷ *de gegeven regels* rules, instructions

**regeling** *v* [-en] ❶ *het in orde brengen* regulation, control ❷ *reglement* regulation ∗ *een ministeriële~* a ministerial regulation ❸ *schikking* arrangement, settlement ∗ *een~ treffen* come to an agreement/arrangement/settlement, settle ❹ *m.b.t. pensioen &* scheme ∗ *een gemeenschappelijke~* a joint scheme

**regelkamer** *v* [-s] control room

**regelmaat** *v* regularity, order

**regelmatig I** *bn* regular **II** *bijw* regularly

**regelmatigheid** *v* regularity

**regelneef** *m* [-neven] busybody

**regelrecht I** *bn* straight, direct **II** *bijw* ❶ right, straight, directly ❷ versterkend utterly, downright

**regen** *m* [-s] rain ∗ *na~ komt zonneschijn* sunshine follows the rain, every cloud has a silver lining ∗ *een ~ van bezwaren* a shower of complaints ∗ *een~ van kogels* a hail of bullets ∗ *van de~ in de drup komen*

re

fall out of the frying pan into the fire

**regenachtig** *bn* rainy, wet

**regenboog** *m* [-bogen] rainbow

**regenboogtrui** *v* [-en] *sp* rainbow jersey

**regenboogvlies** *o* [-vliezen] iris

**regenbroek** *v* [-en] waterproof trousers

**regenbui** *v* [-en] shower of rain

**regendag** *m* [-dagen] rainy day, day of rain

**regendruppel** *m* [-s] raindrop

**regenen** *onoverg* [regende, h. geregend] rain ∗ *het regent dat het giet, het regent bakstenen/pijpenstelen* it's pouring, it's raining cats and dogs ∗ *het regende klappen op zijn hoofd* blows rained on his head

**regeneratie** *v* [-s] ❶ *wedergeboorte* regeneration, rebirth ❷ *opnieuw aangroeien delen v. lichaam* regeneration ❸ *techn* recycling

**regenereren** *overg & onoverg* [regenereerde, h. geregenereerd] regenerate

**regenfront** *o* [-en] rainy front

**regengebied** *o* [-en] rainy area

**regenjas** *m & v* [-sen] raincoat, mackintosh

**regenkleding** *v* rainwear

**regenmeter** *m* [-s] rain gauge

**regenpak** *o* [-ken] waterproof suit, rainwear

**regenpijp** *v* [-en] downpipe, drainpipe

**regenput** *m* [-ten] rainwater/stormwater pit

**regenscherm** *o* [-en] umbrella

**regenseizoen** *o* [-en] rainy season

**regent** *m* [-en] ❶ *staatsbestuurder* regent ❷ *van inrichting* governor ❸ *v. weeshuis &* trustee

**regentaat** *o* [-taten] Belg training college, training school

**regentes** *v* [-sen] ❶ *staatsbestuurder* regent ❷ *v. inrichting* lady governor, trustee

**regentijd** *m* [-en] rainy season

**regenton** *v* [-nen] water butt/barrel

**regentschap** *o* [-pen] regency

**regenval** *m* rainfall, fall of rain ∗ *de gemiddelde ∼* mean rainfall

**regenvlaag** *v* [-vlagen] shower of rain

**regenwater** *o* rainwater

**regenweer** *o* rainy weather

**regenwolk** *v* [-en] rain cloud

**regenworm** *m* [-en] earthworm

**regenwoud** *o* [-en] rainforest

**regeren** *overg en onoverg* [regeerde, h. geregeerd] ❶ *een staat &* reign, rule, govern ∗ *∼ over* rule over, govern ❷ *beheersen* control, manage ❸ *taalk* govern, take

**regering** *v* [-en] ❶ *landsbestuur* government ∗ *een ∼ in ballingschap* a government in exile ❷ *bestuurssysteem* government, administration, ⟨vorst⟩ reign ∗ *aan de ∼ komen* ⟨v. vorsten⟩ come to the throne; ⟨v. partij⟩ come into power ∗ *onder de ∼ van* in/during the reign of ∗ *afstand doen van de ∼* resign from office

**regeringsbeleid** *o* (government) policy

**regeringsbesluit** *o* [-en] government decision

**regeringscoalitie** *v* [-s] government coalition

**regeringscrisis** *v* [-crises & -sen] government crisis

**regeringskringen** *zn* [mv] government circles

**regeringsleider** *m* [-s] head of the government

**regeringspartij** *v* [-en] party in power, government party

**regeringssteun** *m* government assistance

**regeringstafel** *v* cabinet table

**regeringsverklaring** *v* [-en] government policy statement

**regeringsvorm** *m* [-en] form of government

**regeringswege** *zn* ∗ *van ∼* officially

**reggae** *m* reggae

**regie** *v* [-s] ❶ *theater, toneel, film &* direction, production ∗ *hij deed de ∼* he produced/directed it ❷ *uitvoering van bouwwerk* service ∗ *iets in ∼ bouwen* build sth under state control ❸ *staatsbedrijf* ZN public utility ❹ *openbare werken* [-s & -gieën] ZN public works/utilities

**regiekamer** *v* [-s] direction room

**regime** *o* [-s] ❶ *bewind* regime ❷ *dieet* ZN regimen, diet

**regiment** *o* [-en] regiment

**regio** *v* ['s & regionen] region

**regiogebonden** *bn* regional, local

**regionaal** *bn* regional

**regionaliseren** *overg* [regionaliseerde, h. geregionaliseerd] regionalize

**regionen** *zn* [mv] regions ∗ *fig in de hogere ∼* in higher spheres

**regisseren** *overg* [regisseerde, h. geregisseerd] ❶ *v. toneelstuk* stage ❷ *v. film* direct

**regisseur** *m* [-s] ❶ *toneel* stage manager ❷ *film* director, producer

**register** *o* [-s] ❶ *boek* register ∗ *het ∼ van de burgerlijke stand* the register of births, deaths and marriages ∗ *jur het openbaar ∼* the public register ❷ *bereik v. stem &* register ❸ *index* index, table of contents ❹ *v. orgel* stop ∗ *alle ∼s opentrekken* pull out all the stops

**registeraccountant** *m* [-s] ❶ *in Nederland* officially recognized accountant ❷ *in de Verenigde Staten* certified public accountant ❸ *in Groot-Brittannië* certified/chartered accountant

**registerton** *v* [-nen] scheepv register ton

**registratie** *v* registration ∗ *hypothecaire ∼* registration of mortgage deed

**registratiebeleid** *o* registration policy

**registratiekantoor** *o* [-toren] registry office

**registratienummer** *o* [-s] registration number

**registratieplicht** *m & v* duty to register, duty of registration

**registreren** *overg* [registreerde, h. geregistreerd] register, record

**reglement** *o* [-en] regulation(s), rules ∗ *het huishoudelijk ∼* the rules and regulations ∗ *het ∼ van orde* the disciplinary rules

**reglementair** **I** *bn* regulative, prescribed **II** *bijw* according to the regulations

**reglementeren** *overg* [reglementeerde, h. gereglementeerd] regulate

**reglementering** *v* [-en] regulation

**regres** *o* recourse, redress

**regressie** *v* [-s] regression

**regressief** *bn* regressive

**regulariseren** *overg* [regulariseerde, h. geregulariseerd] regularize

**reguleren** *overg* [reguleerde, h. gereguleerd] regulate, adjust

**regulering** *v* [-en] regulation, adjustment

**regulier** I *bn* regular, normal II *m* [-en] RK regular

**rehabilitatie** *v* [-s] ❶ *eerherstel* rehabilitation ❷ handel discharge

**rehabiliteren** I *overg* [rehabiliteerde, h. gerehabiliteerd] ❶ *herstellen v. eer* rehabilitate ❷ handel discharge II *wederk* [rehabiliteerde, h. gerehabiliteerd] *zich ~* rehabilitate oneself

**rei** *m* [-en] ❶ *koor* chorus ❷ *dans* (round) dance

**reiger** *m* [-s] *vogel* heron *de blauwe ~* the grey heron

**reiken** I *onoverg* [reikte, h. gereikt] reach, stretch, extend *zover het oog reikt* as far as the eye can see *zover reikt mijn inkomen niet* I can't afford it *ik kan er niet aan ~* I can't reach it, it's beyond my reach *~ naar* reach (out) for II *overg* [reikte, h. gereikt] reach *de hand ~ aan* extend one's hand to *iem. de (behulpzame) hand ~* lend sbd a helping hand *elkaar de hand ~* join hands

**reikhalzend** I *bn* longing, yearning II *bijw* longingly, yearningly

**reikwijdte** *v* ❶ reach, range ❷ *v.e. radiostation* coverage ❸ fig implication

**reilen** *onoverg* [reilde, h. gereild] *het ~ en zeilen* the ins and outs *zoals het nu reilt en zeilt* as things are at the moment

**rein** I *bn* pure, clean, immaculate *een ~ geweten* a clear conscience *dat is je ~ ste onzin* that's sheer nonsense *~ water* distilled water *in het ~ brengen* set right, straighten out II *bijw* *~ leven* live a pure life

**reïncarnatie** *v* [-s] reincarnation

**reïncarneren** *onoverg* [reïncarneerde, is gereïncarneerd] reincarnate

**reincultuur** *v* [-turen] biol pure culture

**reinheid** *v* purity, cleanness, chastity

**reinigen** *overg* [reinigde, h. gereinigd] clean, cleanse, purify

**reiniging** *v* [-en] cleaning, cleansing, purification

**reinigingsdienst** *m* [-en] sanitary department

**reinigingsmiddel** *o* [-en] cleaning agent, (afwasmiddel) detergent

**reïntegratie** *v* reintegration

**reis** *v* [reizen] trip, (langer, per boot & figuurlijk) journey, (per vliegtuig) flight *Gullivers reizen* Gulliver's travels *een enkele ~* (kaartje) a single, Am a one way; (reis) a one-way trip *goede ~!* have a pleasant trip!; (bij lange reis) au revoir! *een ~ maken* go on a trip *een ~ ondernemen* set out on a trip *de ~ naar Rome* the trip to Rome *op ~ gaan* set out on a trip *op ~ gaan naar* be leaving for *hij is op ~* he's (away) on a trip, he's travelling *als ik op ~ ben* when I'm travelling

**reisagent** *m* [-en] travel agent

**reisapotheek** *v* [-theken] first-aid kit

**reisbenodigdheden** *zn* [mv] travel items

**reisbeschrijving** *v* [-en] travel book/story, (film) travelogue

**reisbeurs** *v* [-beurzen] travel grant

**reisbureau** *o* [-s] travel/tourist agency

**reischeque** *m* [-s] traveller's cheque, Am traveler's check

**reisdocument** *o* [-en] travel document

**reisdoel** *o* [-en] destination, goal

**reis- en kredietbrief** *m* [-brieven] circular letter of credit

**reis- en verblijfkosten** *zn* [mv] travelling/Am traveling expenses and accommodation

**reisgenoot** *m* [-noten] travelling/Am traveling companion

**reisgezelschap** *o* [-pen] party of travellers, touring party *mijn ~* my fellow traveller(s), my travelling companion(s)

**reisgids** *m* [-en] ❶ travel guide, guidebook ❷ *persoon* travel/tour guide

**reiskosten** *zn* [mv] travelling/Am traveling expenses *~ woon- en werkverkeer* commuting costs

**reiskostenvergoeding** *v* [-en] ❶ *de regeling* refund/reimbursement of travel expenses ❷ *het bedrag* travelling/Am traveling allowance

**reiskredietbrief** *m* [-brieven] circular letter of credit

**reislectuur** *v* travel reading

**reisleider** *m* [-s] travel/tour guide

**reislustig** *bn* fond of travelling/Am traveling, keen on travelling/Am traveling

**reisorganisatie** *v* [-s] travel organization/agent/agency

**reisplan** *o* [-nen] itinerary, route

**reistas** *v* [-sen] travelling/Am traveling bag

**reistijd** *m* [-en] travelling/Am traveling time *de zomer is de beste ~* summer is the best time to travel *een vlucht met een ~ van één uur* a one-hour flight *met vermelding van de ~ en* showing the arrival and departure times

**reisvaardig** *bn* ready to set out *zich ~ maken* get ready to leave

**reisverhaal** *o* [-halen] travel story

**reisverslag** *o* [-slagen] travel report

**reisverzekering** *v* [-en] travel insurance

**reiswekker** *m* [-s] travelling/Am traveling alarm (clock)

**reiswieg** *v* [-en] carrycot

**reizen** *onoverg* [reisde, h. en is gereisd] travel, journey *een ~ d circus* a travelling circus *~ en*

**re**

*trekken* travel around* ~ *naar...* travel to...* *met iem. samen~* travel with sbd* *per trein~* travel by train

**reiziger** *m* [-s]❶ *alg.* traveller, *Am* traveler ❷ *inzittende* passenger ❸ <u>handel</u> agent, representative

**reizigersverkeer** *o* passenger traffic

**reizigersvervoer** *o* passenger transport

**rek I** *m in elastiek* elasticity* *fig de~ is eruit* there's little room for manoeuvre**ll** *o* [-ken]❶ *alg.* rack ❷ *v. kleren* clothes horse ❸ *v. handdoek* towel rack ❹ *v. kippen* roost ❺ *gymnastiektoestel* horizontal bar, climbing rack

**rekbaar** *bn* elastic, stretchy

**rekbaarheid** *v* elasticity, flexibility

**rekel** *m* [-s]❶ *mannetjesdier* male ❷ *kwajongen* rascal

**rekenaar** *m* [-s] calculator, arithmetician

**rekencentrum** *o* [-tra & -s] computing centre/<u>Am</u> center

**rekeneenheid** *v* [-heden] monetary unit, unit of account

**rekenen I** *onoverg* [rekende, h. gerekend]❶ *tellen* count, <u>onderw</u> do sums, do arithmetic* *uit het hoofd ~* mental arithmetic* *we~ hier met euro's* our currency is the euro ❷ *rekening houden met* allow for, take into consideration/account* *buiten de waard~* not reckon with* *~ op twee uur vertraging* allow for two hours' delay ❸ *vertrouwen* rely/count/depend on, trust* *kan ik op hem~?* can I rely on/trust him?* *reken maar!* you bet! ❹ (+ *op*) *verwachten* expect* *je kunt er vast op~* you can count on it**ll** *overg* [rekende, h. gerekend]❶ *cijferen* count* *wij~ het aantal op...* we count/calculate the number at...* *alles bij elkaar gerekend* all in all, all things considered* *door elkaar gerekend* on average ❷ *begrijpen onder* count, number* *we~ hen onder onze vrienden* we number them among our friends * *iem.~ tot de grote schrijvers* number/rank sbd among the great writers ❸ *veronderstellen* bear in mind, consider* *als je rekent dat het bruto jaarsalaris...* bearing in mind that the annual salary is... ❹ *in rekening brengen* charge* *wat rekent u hiervoor?* what do you charge for this?

**rekenfout** *v* [-en] mistake/error in (the) calculation, miscalculation

**rekening** *v* [-en]❶ *nota* bill, invoice, account* *in~ brengen* charge* *op~ kopen* buy on credit* *op~ ontvangen* receive on account* *iets op~ stellen van* put sth down to the account of; <u>fig</u> impute/ascribe sth to, put sth down to* *zet het op mijn~* put it down to/charge it to my account* *voor gezamenlijke/halve~* on joint account ❷ *bankrekening, handelsrekening* account* *de~ en verantwoording* the accounts* *~ en verantwoording afleggen/doen* render account* *een~ met hoge omzet* an active account* *op nieuwe~ overbrengen/boeken* carry forward to a new account ❸ *het rekenen* calculation, computation* *~ houden*

*met* take into account, take into consideration* *geen ~ houden met* take no account of ❹ (+ *voor*) *op kosten/ter verantwoording van iem.* expense* *voor eigen~* on one's own account* *dat is voor mijn~* put that down to my account* *wanneer zal hij voor eigen~ beginnen?* when is he going to set up for himself?* *voor~ van...* for account of..., at the expense of..., payable by...* *voor~ van koper/verkoper* on the buyer's/seller's account* *dat laat ik voor~ van de schrijver* the author has his own view on that* *dat neem ik voor mijn~* I'll be responsible for that▼ *per slot van~* after all, all things considered, when all is said and done

**rekeningafschrift** *o* [-en] bank statement, statement of account

**rekening-courant** *v* [rekeningen-courant]❶ current account ❷ *waarop cheques getrokken kunnen worden* <u>Am</u> checking account

**rekeninghouder** *m* [-s] account holder

**rekeningnummer** *o* [-s]❶ <u>bankw</u> account number ❷ *factuurnummer* invoice number

**rekeningrijden** *o* road pricing

**Rekenkamer** *v* [-s]* *de Algemene~* the Chamber of Audit, the National Audit Office

**rekenkunde** *v* arithmetic

**rekenkundig** *bn* arithmetical

**rekenles** *v* [-sen] arithmetic lesson

**rekenliniaal** *v & o* [-ialen] slide rule

**rekenmachine** *v* [-s] calculator, adding machine

**rekenmethode** *v* [-s & -n] arithmetic method

**rekenplichtig** *bn* <u>fin</u> accountable

**rekenschap** *v* account* *~ geven van* render an account of, account for* *zich~ geven van* realize..., render account of...* *iem.~ vragen* demand an explanation

**rekensom** *v* [-men] sum* *een simpel~metje leert ons dat...* it isn't hard to work out that...

**rekenwonder** *o* [-s] mathematical genius

**rekest** *o* [-en] petition* *een~ indienen* file/lodge a petition ‹with sbd› * *nul op het~ krijgen* be turned down

**rekken I** *overg* [rekte, h. gerekt]❶ *v. draad* draw out ❷ *v. goed* stretch* *spieren~* stretch one's muscles * *zich~* stretch oneself ❸ *v. bezoek &* spin out, protract* *een verblijf~* protract a stay* *de avond~* spin out the evening ❹ *langer maken* prolong, draw out* *zijn leven~* prolong one's life**ll** *onoverg* [rekte, is gerekt] stretch

**rekoefening** *v* [-en] stretching exercise

**rekruteren** *overg* [rekruteerde, h. gerekruteerd] recruit* *nieuwe leden~ uit* draw new members from

**rekrutering** *v* recruitment

**rekruut** *m* [-kruten] recruit

**rekstok** *m* [-ken] horizontal bar

**rekverband** *o* [-en] elastic bandage

**rekwest** *o* petition

**rekwireren** *overg* [rekwireerde, h. gerekwireerd]
**❶** *opeisen* requisition, commandeer **❷** *jur* demand
**rekwisiet** *o* [-en] (stage) property, prop
**rekwisiteur** *m* [-s] props/property manager
**rel** *m* [-len] **❶** *klein* row, disturbance **❷** *groot* riot
**relaas** *o* [-lazen] **❶** account, story, tale, narrative
**❷** *jur* statement/account of the offences, report
**relais** *o* [relais] elektr relay
**relateren** *overg* [relateerde, h. gerelateerd]
*vermelden* relate * ~ *aan* relate to, connect with
**relatie** *v* [-s] relation, connection * *goede* ~*s* good
relations * ~*s aanknopen met* enter into relations
with * *in* ~ *brengen met* relate to
**relatief I** *bn* relative, comparative **II** *o* [-tieven] taalk
relative pronoun
**relatiegeschenk** *o* [-en] promotional gift
**relatiemarketing** *v* relationship marketing
**relatietherapie** *v* [-pieën] couples/relational
therapy
**relationeel** *bn* relational
**relativeren** *overg* [relativeerde, h. gerelativeerd]
put into perspective
**relativeringsvermogen** *o* sense of perspective
**relativisme** *o* relativism
**relativiteit** *v* [-en] relativity
**relativiteitstheorie** *v* theory of relativity
**relaxed** *bn* relaxed, easy-going, inf laid back
**relaxen** *onoverg* [relaxte, h. gerelaxt] relax, take it
easy
**release** *m* [-s] release
**relevant** *bn* relevant (to), pertinent (to), bearing (on)
**relevantie** *v* relevance, pertinence
**relict** *o* [-en] relic
**reliëf** *o* [-s] relief * *en* ~ in relief * *voorzien van* ~
emboss * fig ~ *geven aan* throw into relief
**reliëfdruk** *m* [-ken] **❶** *hoogdruk* die-stamp printing
**❷** *brailledruk* Braille
**reliek** *v & o* [-en] relic
**reliekschrijn** *o & m* [-en] reliquary
**religie** *v* [-s & -giën] religion
**religieus I** *bn* religious **II** *m* [-gieuzen] monk
**relikwie** *v* [-kwieën] relic
**reling** *v* [-en & -s] **❶** rail **❷** *hekwerk* railing, rail
**relletje** *o* [-s] **❶** *klein* disturbance, row **❷** *met
gewelddadigheden* riot
**relnicht** *m* [-en] gay activist
**relschopper** *m* [-s] rioter, troublemaker, hooligan
**REM** *afk* (Rapid Eye Movement) REM
**rem** *v* [-men] **❶** brake, drag * *op de* ~ *gaan staan* jam
on the brakes **❷** fig brake, obstacle, restraint,
⟨psychisch⟩ inhibition
**remafstand** *m* [-en] stopping distance
**rembekrachtiging** *v* servo-assistance unit
**remblok** *o* [-ken] brake block/shoe
**rembours** *o* cash on delivery * *onder* ~ cash on
delivery, COD
**remcircuit** *o* [-s] braking system
**remedial teacher** *m* [-s] remedial teacher

**remedie** *v & o* [-s] remedy
**remgeld** *o* Belg patients' contributions towards
medical services
**remigrant** *m* [-en] returning emigrant
**remigratie** *v* remigration
**remigreren** *onoverg* [remigreerde, is geremigreerd]
re-emigrate
**reminiscentie** *v* [-s] reminiscence, memory
**remise** *v* [-s] **❶** *loods voor trams &* depot **❷** sp draw,
drawn game **❸** handel remittance, transfer
**remissie** *v* [-s] **❶** *korting* reduction, discount **❷** jur
remission, pardon **❸** med remission, recovery
**remkabel** *m* [-s] brake cable
**remleiding** *v* [-en] brake line
**remlicht** *o* [-en] brake light
**remmen I** *overg* [remde, h. geremd] **❶** brake, curb,
restrain * *de productie* ~ put a brake on production
* *het remt de productie* it acts as a brake on
production * *iem. wat* ~ slow sbd down * *hij is niet te*
~ there's no holding him **❷** *vooral psychisch* fig
inhibit * *hij is erg geremd* he's very inhibited * *hij
wordt geremd door die gedachte* the thought restrains
him **II** *onoverg* [remde, h. geremd] **❶** brake **❷** fig go
slow
**remming** *v* [-en] psych inhibition
**remolie** *v* brake fluid
**remonstrant** *m* [-en] Remonstrant
**remouladesaus** *v* remoulade
**rempedaal** *o & m* [-dalen] brake (pedal), foot brake
**remproef** *v* [-proeven] brake test
**remschijf** *v* [-schijven] brake disc/Am disk
**remschoen** *m* [-en] brake shoe
**remslaap** *m* REM sleep
**remspoor** *o* [-sporen] skid mark
**remsysteem** *o* [-temen] braking system
**remvloeistof** *v* brake fluid
**remvoering** *v* brake lining
**remweg** *m* [-wegen] brake path, braking distance
**ren I** *m snelle loop* race, run * *in volle* ~ (at) full
gallop, (at) full speed **II** *v* [-nen] *voor kippen*
chicken/fowl run
**renaissance** *v* Renaissance * *de late/vroege* ~ the
late/early Renaissance
**renbaan** *v* [-banen] racecourse, racetrack
**rendabel** *bn* profitable, cost-effective, remunerative
* ~ *zijn* be profitable
**rendement** *o* [-en] **❶** *alg.* yield, output, return
* *effecten met hoog* ~ stocks yielding a high interest
rate **❷** techn efficiency, output
**renderen** *onoverg* [rendeerde, h. gerendeerd]
pay/yield (a profit)
**renderend** *bn* paying, remunerative
**rendez-vous** *o* [mv idem] rendezvous, ⟨in het
geheim⟩ assignation
**rendier** *o* [-en] reindeer
**renegaat** *m* [-gaten] renegade
**renet** *v* [-ten] appel reinette
**rennen** *onoverg* [rende, h. en is gerend] race, run

* *hij rende de deur uit* he ran out of the house
**renner** *m* [-s] ❶ *wielrenner* rider ❷ *coureur* racing driver ❸ *atleet* runner
**rennersveld** *o* field
**renonce** *v* kaartsp void
**renovatie** *v* [-s] renovation
**renoveren** *overg* [renoveerde, h. gerenoveerd] renovate
**renpaard** *o* [-en] racehorse
**rensport** *v* (horse) racing
**renstal** *m* [-len] stable, racing team
**rentabiliteit** *v* profitability, productivity ∗ ∼ *gemiddeld totaal vermogen* return on average total capital
**rente** *v* [-n & -s] ❶ interest, return ∗ *4%* ∼ four per cent interest ∗ ∼ *geven/opbrengen* yield interest ∗ ∼ *op* ∼ compound interest ∗ *op* ∼ *zetten* put out at interest ∗ *van zijn* ∼ *leven* live off one's investments ❷ *renteniveau* interest rate ∗ *de wettelijke* ∼ the statutory/legal interest rate
**rentecap** *m* [-s] interest rate cap
**rentedaling** *v* [-en] fall in interest rates
**rentedragend** *bn* interest-bearing
**rentegevend** *bn* interest-bearing
**rentelasten** *zn* [mv] interest expenses/charges
**renteloos** *bn* ❶ *geen rente gevend* idle, non-interest-bearing ∗ ∼ *geld* idle money ❷ *zonder rente* interest-free ∗ *een* ∼ *voorschot* an interest-free loan
**renten** *overg* [rentte, h. gerent] yield interest ∗ ∼ *de 5%* bearing interest at 5%
**rentenier** *m* [-s] person of independent means, person living off ⟨his/her⟩ interest
**rentenieren** *onoverg* [rentenierde, h. gerentenierd] ❶ live off one's investments, live off one's means ❷ *niets doen* lead a life of leisure
**rentepercentage** *o* [-s] interest rate
**rentestand** *m* [-en] interest rate
**rentetarief** *o* [-rieven] interest rate
**renteverhoging** *v* [-en] increase in interest
**renteverlaging** *v* [-en] lowering of the interest rate
**renteverlies** *o* loss of interest
**rentevoet** *m* rate of interest, interest rate
**rentmeester** *m* [-s] steward, (land) agent, bailiff
**rentree** *v* [-s] comeback ∗ *zijn* ∼ *maken* make one's comeback
**renvooi** *o* [-en] ❶ *jur* referral ❷ *verwijzing* reference ❸ *kanttekening* amendment ❹ *doorzending* delivery
**renvooieren** *overg* [renvooieerde, h. gerenvooieerd] ❶ *verwijzen naar rechter* refer ❷ *doorzenden* deliver ❸ *wijzigen* amend
**reorganisatie** *v* [-s] reorganization ∗ *een financiële* ∼ a rescue operation
**reorganiseren** *overg* [reorganiseerde, h. gereorganiseerd] reorganize
**rep** *m* ∗ *alles was in* ∼ *en roer* everything was in confusion ∗ *in* ∼ *en roer brengen* throw into confusion

**reparateur** *m* [-s] repairer
**reparatie** *v* [-s] repair(s), reparation ∗ *in* ∼ *zijn* be under repair
**reparatiekosten** *zn* [mv] cost of repair
**repareren** *overg* [repareerde, h. gerepareerd] repair, mend
**repatriant** *m* [-en] homecomer, repatriate, ⟨gastarbeider⟩ returnee
**repatriëren I** *onoverg* [repatrieerde, is gerepatrieerd] repatriate, go/return home **II** *overg* [repatrieerde, h. gerepatrieerd] repatriate
**repatriëring** *v* repatriation
**repelen** *overg* [repelde, h. gerepeld] ripple
**repercussie** *v* [-s] ❶ *v. geluid* repercussion ❷ muz repercussion ❸ *tegenmaatregel* retaliation ❹ *reactie, gevolg* reaction
**repertoire** *o* [-s] repertoire, repertory
**repeteergeweer** *o* [-weren] repeating rifle, repeater
**repeteerwekker** *m* [-s] repeat alarm
**repetent** *m* [-en] ❶ wisk period, recurring ❷ *student* student revising for exams
**repeteren** *overg & onoverg* [repeteerde, h. gerepeteerd] ❶ *herhalen* repeat ∗ *een* ∼ *de breuk* a recurring decimal ❷ *studeren* go over, revise ❸ *instuderen* rehearse, practise ❹ *onderwijzen* coach
**repetitie** *v* [-s] ❶ *herhaling* repetition ❷ onderw paper, examination ❸ *van een stuk & rehearsal* ∗ *een algemene* ∼ a full rehearsal ∗ *de generale* ∼ ⟨v. concert⟩ the final rehearsal; ⟨v. toneelstuk⟩ the dress rehearsal
**repetitor** *m* [-s & -toren] ❶ *v. studenten* private tutor, coach ❷ muz répétiteur
**replica** *v* ['s] ❶ replica, reproduction ❷ muz repetition
**repliceren** *overg & onoverg* [repliceerde, h. gerepliceerd] return, reply, retort
**repliek** *v* [-en] retort, response, reply ∗ *van* ∼ *dienen* talk back to sbd ∗ *een conclusie van* ∼ a reply to (the) defence
**reportage** *v* [-s] ❶ *alg.* report, reportage ❷ RTV commentary
**reportagewagen** *m* [-s] mobile broadcast unit
**reporter** *m* [-s] ❶ *alg.* reporter ❷ RTV commentator
**reppen I** *onoverg* [repte, h. gerept] mention, bring up ∗ ∼ *van/over* mention, make mention of ∗ *er niet van* ∼ not say a word about it **II** *wederk* [repte, h. gerept] ∗ *zich* ∼ bustle, hurry
**represaille** *v* [-s] reprisal ∗ ∼ *s nemen tegen* take reprisals against, retaliate against
**represaillemaatregel** *m* [-en] reprisal, retaliatory measure
**representant** *m* [-en] representative
**representatie** *v* [-s] representation
**representatief** *bn* representative (*voor* of) ∗ *representatieve verplichtingen* social duties ∗ *hij heeft een* ∼ *voorkomen* he looks well groomed
**representatiekosten** *zn* [mv]

official/entertainment expenses

**representeren** *overg* [representeerde, h. gerepresenteerd] represent

**repressie** *v* [-s] repression

**repressief I** *bn* repressive **II** *bijw* *∗ ~ optreden* act in a repressive way

**reprimande** *v* [-s] reprimand, rebuke

**reprise** *v* [-s] **❶** *v. toneelstuk* revival **❷** *muz* repeat

**reproduceren** *overg* [reproduceerde, h. gereproduceerd] **❶** *vermenigvuldigen* reproduce, copy *∗ zich ~* reproduce **❷** *uit geheugen* reproduce *∗ kennis ~* reproduce knowledge

**reproductie** *v* [-s] reproduction

**reprografie** *v* duplication, multiplication, reprography

**reprorecht** *o* [-en] copyright law

**reptiel** *o* [-en] reptile

**republiek** *v* [-en] republic

**republikein** *m* [-en] republican

**republikeins** *bn* republican

**reputatie** *v* [-s] reputation, name, standing *∗ zijn financiële ~* one's financial standing *∗ een goede ~ genieten* have a good reputation *∗ hij heeft de ~ van ... te zijn* he has a reputation for ⟨courage⟩, he is reputed to be ⟨courageous⟩

**requiem** *o* [-s] requiem

**requiemmis** *v* [-sen] requiem mass

**requisitoir** *o* [-s & -en] jur prosecutor's closing address/speech

**research** *m* research

**researchwerk** *o* research work

**reseda I** *v* [´s] **❶** *kleur* reseda **❷** *plant* reseda, mignonette **II** *bn* reseda

**reservaat** *o* [-vaten] **❶** *v. bevolkingsgroep* reservation **❷** *v. natuur* reserve **❸** *v.vogels* sanctuary

**reserve** *v* [-s] **❶** *noodvoorraad* reserve(s) *∗ in ~ hebben/houden* hold in reserve, keep in store **❷** handel reserve *∗ een verplichte ~* a statutory/compulsory reserve **❸** *mil* reserve (troops), reserves **❹** *sp* reserve, substitute, sub **❺** *terughoudendheid* reserve, reservation *∗ ~s hebben* have reservations *∗ onder ~ iets aannemen* accept sth with some reservations *∗ zonder enige ~* without (any) reservations

**reserveband** *m* [-en] spare tyre, Am spare tire

**reservebank** *v* [-en] sub/reserve(s') bench *∗ op de ~ zitten* sit on the bench

**reservegetal** *o* [-len] *bij lotto* reserve number

**reservekopie** *v* [-pieën] comput back-up/reserve copy

**reserveonderdeel** *o* [-delen] spare (part)

**reserveren** *overg* [reserveerde, h. gereserveerd] **❶** *in reserve houden* reserve **❷** *bespreken* book *∗ plaatsen ~* reserve/book places

**reservering** *v* [-en] **❶** *kaartjes, tafel, hotel* booking, reservation **❷** geld allocation

**reservespeler** *m* [-s] substitute player, sub

**reservetroepen** *mv* reserve troops, reserves

**reservewiel** *o* [-en] spare wheel

**reservist** *m* [-en] reservist

**reservoir** *o* [-s] **❶** reservoir, tank, container **❷** *verzameling personen & pool

**resident I** *m* [-en] **❶** resident **❷** *gevolmachtigde v. een regering* envoy **II** *bn* **❶** resident **❷** *m.b.t. computergeheugen* resident

**residentie** *v* [-s] **❶** *hofstad* (royal) residence, capital **❷** hist residency **❸** *villa* ZN mansion **❹** *luxe flatgebouw* ZN residential apartment block

**residentieel** *bn* *∗ ZN residentiële buurt* residential area, estate

**resideren** *onoverg* [resideerde, h. geresideerd] reside

**residu** *o* [´s & -en] residue, remainder

**resignatie** *v* [-s] resignation

**resigneren** *onoverg* [resigneerde, h. geresigneerd] resign

**resistent** *bn* resistant *∗ ~ zijn tegen* be resistant to

**resistentie** *v* resistance

**resolutie** *v* [-s] **❶** *besluit vergadering* resolution **❷** *beelddefinitie* comput resolution

**resoluut I** *bn* resolute, determined **II** *bijw* resolutely, with determination

**resonantie** *v* [-s] resonance

**resoneren** *onoverg* [resoneerde, h. geresoneerd] resonate, resound

**resorberen** *overg* [resorbeerde, h. geresorbeerd] reabsorb, resorb

**resorptie** *v* resorption

**respect** *o* respect *∗ met alle ~* with all due respect *∗ uit ~ voor* out of consideration/respect for *∗ ~ voor iem. hebben* have respect for sbd

**respectabel** *bn* **❶** *eerbiedwaardig* respectable **❷** *aanmerkelijk* respectable, considerable *∗ een ~ aantal* a respectable/considerable number

**respecteren** *overg* [respecteerde, h. gerespecteerd] **❶** *achten* respect *∗ zichzelf ~* respect oneself **❷** *naleven* observe *∗ de wet ~* observe the law

**respectievelijk I** *bn* respective **II** *bijw* respectively *∗* ⟨achtereenvolgens⟩ *~ A en B* A and B respectively *∗* ⟨onderscheidenlijk⟩ *A ~ B* A or B

**respectievelijk**

Het woord respectively staat altijd aan het eind van de zin of bijzin.

**respectvol I** *bn* respectful, deferential **II** *bijw* respectfully, deferentially

**respijt** *o* respite, delay

**respiratie** *v* [-s] respiration

**respondent** *m* [-en] respondent

**responderen** *onoverg* [respondeerde, h. gerespondeerd] respond, reply

**respons** *v & o* response

**ressentiment** *o* [-en] resentment

**ressort I** *o* [-en] jurisdiction, province *∗ in het hoogste ~* at the highest level **II** *o* [-s] *springveer* spring,

re

spiral

**ressorteren** *onoverg* [ressorteerde, h. geressorteerd]
∗ ∼ *onder* come/fall under ∗ *de onder hem∼de
ambtenaren* the civil servants within his province

**rest** *v* [-en] remainder, remnant ∗ *de stoffelijke∼en*
the mortal remains ∗ *de∼ van ons* the rest of us
∗ *voor de∼* other than that, apart from that

**restafval** *o* non-recyclable waste/refuse

**restant I** *o* [-en] remainder, remnant **II** *m* [-en]
❶ *schuld* outstanding payment, ⟨obligaties⟩ unpaid
drawn bond ❷ *niet verkochte voorraad* dead stock,
unsaleable goods

**restantorder** *m* [-s] eff non-executed order

**restaurant** *o* [-s] restaurant

**restaurateur** *m* [-s] ❶ *hersteller* restorer
❷ *restauranthouder* restaurant owner, restaurateur

**restauratie** *v* [-s] ❶ *herstel* restoration, renovation
❷ *eethuis* restaurant ❸ *op station* station
refreshment room

**restauratiekosten** *zn* [mv] restoration costs

**restauratiewagen** *m* [-s] restaurant/dining car

**restaureren** *overg* [restaureerde, h. gerestaureerd]
restore, renovate

**resten** *onoverg* [restte, h. gerest] remain, be left ∗ *mij
rest alleen...* it only remains for me to...

**resteren** *onoverg* [resteerde, h. geresteerd] remain,
be left

**resterend** *bn* remaining ∗ *de∼e levensduur* the
remaining life span

**restgroep** *v* [-en] remainder, remaining group

**restitueren** *overg* [restitueerde, h. gerestitueerd]
repay, refund

**restitutie** *v* [-s] refund, restitution, repayment ∗ ∼
*van invoerrechten* customs drawback

**restje** *o* [-s] remains ∗ *het laatste∼* the last (little) bit
∗ ∼*s eten* scraps, leftovers ∗ *een∼ wijn* a drop of
wine

**restproduct** *o* [-en] residual product

**restrictie** *v* [-s] restriction ∗ *zonder∼* without
reservation, unqualified

**restrictief** *bn* ❶ conditional ❷ med restrictive

**restwaarde** *v* residual value

**restylen** *overg* [restylede, h. gerestyled] restyle

**restzetel** *m* [-s] *na zetelverdeling* residual seat

**resultaat** *o* [-taten] ❶ result, outcome, effect
❷ *positief* result, outcome ∗ *geen∼ hebben* fail, have
no effect ∗ *tot een∼ komen* arrive at a result ∗ *zonder
∼* with no result, to no effect

**resultaatvoetbal** *o* kill-the-clock football ∗ ∼ *spelen*
play to win

**resultante** *v* [-n] ❶ wisk result, resultant ❷ nat
resultant

**resulteren** *onoverg* [resulteerde, h. geresulteerd]
result ∗ ∼ *uit* result from

**resumé** *o* [-s] ❶ alg. summary, abstract, precis,
synopsis, Br résumé ❷ jur summing-up, summation

**resumeren** *overg* [resumeerde, h. geresumeerd]
❶ *samenvatten* sum up, summarize ❷ *herhalen*

recapitulate

**resusaap** *m* [-apen] rhesus monkey

**resusfactor** *m* Rhesus factor

**retentie** *v* [-s] jur & med retention ∗ jur *recht van∼*
right of retention

**retentierecht** *o* right of retention, ± possessory lien

**retirade** *v* [-s] ❶ *terugtocht* retreat ❷ *toilet* form
lavatory

**retireren** *onoverg* [retireerde, is geretireerd] retire,
withdraw ∗ *zich∼* retire

**retorica, retoriek** *v* rhetoric

**retoriek** *v* rhetoric

**retorisch I** *bn* rhetorical **II** *bijw* rhetorically

**Reto-Romaans** *o* Rhaeto-Romanic

**retort** *v* [-en] *distilleerkolf* retort

**retoucheren** *overg* [retoucheerde, h. geretoucheerd]
retouch, touch up

**retour I** *bijw* ∗ ∼ *afzender* return to sender ∗ *twee
euro∼* two euros change **II** *m* [-en] *terugkeer* return
∗ *op zijn∼ zijn* be past one's prime, be on the way
down **III** *o* [-s] *kaartje* return ticket

**retourbiljet** *o* [-ten], **retourkaartje** [-s] return ticket

**retourenvelop** *v* [-pen] self-addressed envelope,
⟨met postzegel⟩ stamped addressed envelope (s.a.e.)

**retourlading** *v* [-en] return freight/cargo

**retourneren** *overg* [retourneerde, h. geretourneerd]
return ∗ *hij retourneerde de bal* he returned the ball

**retourtje** *o* [-s] return ∗ *een∼ tweede klas Den Haag* a
second class return ticket to The Hague

**retourvlucht** *v* [-en] return flight

**retourvracht** *v* [-en] return freight/cargo

**retourzending** *v* [-en] ❶ *het terugzenden* return
❷ *v. goederen* goods returned, return shipment

**retraite** *v* [-s] RK retreat ∗ *in∼ zijn* be in retreat

**retributie** *v* [-s] ❶ *betaling* charges, dues, fees
❷ *teruggave* repayment, retribution

**retriever** *m* [-s] retriever

**retrograde** *bn* retrograde, regressive

**retrospectie** *v* retrospective

**retrospectief I** *bn* retrospective **II** *bijw*
retrospectively

**retrostijl** *m* [-en] retro style

**rettich** *m* daikon radish

**return** *m* [-s] ❶ sp ❷ comput return ∗ *de
harde/zachte∼* the hard/soft return

**returntoets** *m* [-en] return key

**returnwedstrijd** *m* [-en] return match

**reu** *m* [-en] ⟨hond⟩ male dog, ⟨vos⟩ male fox

**reuk** *m* ❶ *zintuig* smell, sense of smell ∗ *een fijne∼
hebben* have a good sense of smell ❷ *geur* smell,
odour, scent ∗ *in een goede/slechte∼ staan bij* be
in/out of favour with, be in good/bad odour with
∗ *de∼ van heiligheid* the odour of sanctity ∗ *de∼ van
iets hebben* smell a rat, get wind of sth

**reukloos** *bn* odourless, scentless

**reukorgaan** *o* [-ganen] olfactory/nasal organ

**reukvermogen** *o* sense of smell

**reukwater** *o* perfume, eau de toilette

**reukwerk** *o* [-en] perfumeries
**reukzin** *m* (sense of) smell
**reukzintuig** *o* sense of smell
**reuma** *o*, **reumatiek** *v* rheumatism
**reumapatiënt** *m* [-en] rheumatic
**reumatisch** *bn* rheumatic
**reumatologie** *v* rheumatology
**reumatoloog** *m* [-logen] rheumatologist
**reünie** *v* [-s] reunion
**reünist** *m* [-en] reunionist, reunion participant
**reus** *m* [reuzen] giant
**reusachtig I** *bn* gigantic, huge, colossal ∗ *een~e
honger* a ravenous hunger **II** *bijw* ❶ *alg.* gigantically
❷ versterkend hugely, enormously, awfully
**reut**, **reutemeteut** *m* jumble, mass, bunch ∗ *inf de
hele~*(*emeteut*) the whole kit and caboodle, the
whole lot
**reutelen** *onoverg* [reutelde, h. gereuteld]
❶ *ademhalen* rattle ∗ *hij reutelde* there was a rattle
in his throat ∗ *~de ademhaling* stertorous breathing
∗ *het~ van de dood* the death rattle ❷ *zeuren* drivel,
twaddle
**reutemeteut** *m* → **reut**
**reuze I** *bn* super, great, smashing, terrific ∗ *het was
~!* it was great! **II** *bijw* enormously, immensely,
terrifically ∗ *hij is~ handig* he's terrifically handy
**reuzel** *m* [-s] lard
**reuzen-** *voorv* giant ..., monster ..., mammoth ...
**reuzengrap** *v* [-pen] terrific fun, great joke
**reuzenhonger** *m* raging hunger ∗ *een~ hebben* be
famishing, be starving
**reuzenkracht** *v* gigantic strength
**reuzenpanda** *m* ['s] giant panda
**reuzenrad** *o* [-raden & -raderen] Ferris wheel, giant
wheel
**reuzenschrede** *v* [-n] giant stride ∗ *met~n
vooruitgaan* advance with giant strides
**reuzenslalom** *m* [-s] giant slalom
**reuzin** *v* [-nen] giantess
**revalidatie** *v* convalescence, rehabilitation
**revalidatiecentrum** *o* [-s & -tra] rehabilitation
centre/Am center
**revalideren** *overg* [revalideerde, h. gerevalideerd]
rehabilitate
**revaluatie** *v* [-s] revaluation
**revalueren** *overg* [revalueerde, h. gerevalueerd]
revalue
**revanche** *v* revenge ∗ *~ nemen op* seek/take revenge
on
**revancheren** *wederk* [revancheerde, h.
gerevancheerd] ∗ *zich~* revenge oneself (on sbd)
**revanchewedstrijd** *m* [-en] return match
**reveil** *o* revival
**reveille** *v* reveille ∗ *de~ blazen* sound the reveille
**revelatie** *v* [-s] revelation ∗ *zij was de~ van het
toernooi* she was the discovery of the tournament
**reven** *overg* [reefde, h. gereefd] reef
**revenu** *o* ['s &-en] revenue, income

**reverence** *v* [-s] curtsy
**revers** *m* [revers] revers, facing, lapel
**revindicatie** *v* [-s] jur recovery, revendication
**reviseren** *overg* [reviseerde, h. gereviseerd] techn
overhaul ∗ *een motor~* overhaul/recondition an
engine
**revisie** *v* [-s] ❶ *alg.* revision ❷ jur reconsideration,
review, revision (of a sentence), retrial (on the
grounds of fresh evidence) ❸ *v. drukwerk* revise
❹ techn overhaul
**revisionisme** *o* revisionism
**revisionist** *m* [-en] revisionist
**revisor** *m* [-s &-soren] reviser, proofreader
**revitalisatie** *v* revitalization
**revival** *m* [-s] revival
**revolte** *v* [-s] revolt, insurrection
**revolutie** *v* [-s] revolution
**revolutiebouw** *m* ❶ *'t bouwen* jerry-building ❷ *'t
gebouwde* jerry-built houses
**revolutionair** *m & bn* [-en] revolutionary
**revolver** *m* [-s] revolver
**revolverheld** *m* [-en] gunslinger
**revue** *v* [-s] ❶ mil review ∗ *de~ passeren* pass in
review ∗ *de~ laten passeren* pass in review ❷ *op
toneel* revue ❸ *tijdschrift* review
**Riagg** *o* (Regionaal Instituut voor Ambulante
Geestelijke Gezondheidszorg) ± Regional Mental
Health Institute
**riant I** *bn* ❶ *ruim* ample, spacious ∗ *een~ uitzicht* a
spacious/commanding view ∗ *een~ inkomen* an
ample income ❷ *gunstig* favourable/Am favorable,
delightful ∗ *een~ vooruitzicht* a rosy prospect **II** *bijw*
∗ *~ verdienen* earn a lot of money ∗ *een~ gelegen
huis* a favourably situated house
**rib**, **ribbe** *v* [-ben] ❶ rib ∗ *de valse/ware~ben* the
false/true ribsje kunt zijn~ben tellen; he's a bag of
bones ∗ *dat is een~ uit je lijf* it'll cost an arm and a
leg ❷ *vlees* rib ❸ *dunne balk* joist, rib ❹ wisk edge
**ribbel** *v* [-s] rib, ridge
**ribbenkast** *v* [-en] ribcage ∗ *iem. op zijn~ geven*
give sbd a beating
**ribbroek** *v* [-en] corduroy trousers
**ribes** *m* [-sen] winter currant, red-flowering currant
**ribfluweel** *o* corduroy
**ribkarbonade** *v* [-s, -n] rib chop
**riblap** *m* [-pen] rib
**ribstof** *v* cord, corduroy
**ribstuk** *o* [-ken] piece of rib
**richel** *v* [-s] ❶ *rand* ledge, border, edge ∗ *tuig van de
~* scum of the earth ❷ *lat* lath
**richten I** *overg* [richtte, h. gericht] ❶ *alg.* direct, aim,
point ∗ *zijn aandacht~ op* zero in on something
∗ *zijn schreden~ naar* turn one's steps towards ∗ *zijn
gedachten~ op iets* turn one's thoughts/mind to sth
∗ *zijn oog~ op* focus on ∗ *aller ogen waren gericht op
hem* all eyes were turned towards him/were
focus(s)ed on him ∗ *het kanon~ op* aim/point the
gun at ∗ *de motie was gericht tegen...* the motion was

**ri**

directed against.../aimed at... ＊ *een dankwoord ~ tot iem.* extend a word of thanks to sbd ＊ *het woord tot iem. ~ address sbd* ＊ *een brief ~ tot...* address a letter to... ❷ *op één lijn brengen* align, line up **II** *wederk* [richtte, h. gericht] ＊ *zich ~ naar iem.* take one's cue from sbd ＊ *zich ~ tot iem.* address oneself to sbd ＊ *zich op de toekomst ~* focus on the future

**richtgetal** *o* [-len] guide number

**richting** *v* [-en] ❶ *kant* direction ＊ ZN *enkele ~* one-way traffic ＊ *wij gaan ~ Londen* we're going in the direction of London, we're heading for London ＊ *in de goede ~* in the right direction ＊ *in tegengestelde ~* the opposite way ＊ *in alle ~en* in all directions ＊ *dat komt aardig in de ~* that's pretty close, that's more like it ＊ *in de ~ van* in the direction of ＊ *wind uit zuiderlijke ~en* a southerly wind ❷ *v. kunst, v. gesprek* trend ＊ *de ~ van zijn gedachten* the trend of one's thoughts ❸ *overtuiging* persuasion, school of thought, creed, orientation, views, line ＊ *van onze ~* of our school of thought, of our persuasion ❹ *het richten* aiming

**richtingaanwijzer** *m* [-s] (direction/traffic) indicator

**richtingbord** *o* [-en] ❶ *v. verkeer* signpost ❷ *v. autobus & destination board/sign*, route indicator

**richtinggevoel** *o* sense of direction

**richtlijn** *v* [-en] ❶ *aanwijzing* guideline ❷ *in EU-recht & directive* ❸ wisk directrix

**richtprijs** *m* [-prijzen] recommended price

**richtpunt** *o* [-en] target, aim

**richtsnoer** *o* [-en] ❶ *lijn* (plumb) line ❷ *voorschrift* guideline, directive, line of action

**richttijd** *m* [-en] target (time)

**ricinusolie** *v* castor oil

**ricocheren** *onoverg* [ricocheerde, h. gericocheerd] ricochet

**ricochetschot** *o* [-schoten] ricochet (shot)

**ridder** *m* [-s] knight ＊ *een dolende ~* a knight errant ＊ *de ~ van de Kouseband* the Knight of the Garter ＊ *iem. tot ~ slaan* dub sbd a knight, knight sbd

**ridderen** *overg* [ridderde, h. geridderd] ❶ hist knight ❷ *met onderscheiding* decorate ＊ *geridderd worden* be knighted

**ridderepos** *o* [-epen] chivalric epic

**ridderkruis** *o* [-en] cross

**ridderlijk** **I** *bn* knightly, chivalrous **II** *bijw* chivalrously

**ridderlijkheid** *v* chivalrousness, chivalry

**ridderorde** *v* ❶ *gemeenschap* [-n] order of knights ❷ *onderscheiding* [-s] knighthood, decoration

**ridderroman** *m* [-s] courtly romance

**ridderschap** *v & o* knighthood

**ridderslag** *m* [-slagen] ＊ *de ~ ontvangen* be dubbed a knight

**ridderspoor** *v* [-sporen] ❶ *plant* larkspur ❷ *v. ridder* knight's spur

**ridderstand** *m* knighthood

**riddertijd** *m* age of chivalry

**ridderzaal** *v* [-zalen] hall (of the castle) ＊ *de*

*Ridderzaal* the Knights' Hall

**ridiculiseren** *overg* [ridiculiseerde, h. geridiculiseerd] ridicule

**ridicuul** *bn* ridiculous, absurd

**riedel** *m* [-s] tune, jingle

**riek** *m* [-en] three-/four-pronged fork

**rieken** *onoverg* [rook, h. geroken] ❶ *geur afgeven* smell ❷ ZN smell

**riem** *m* [-en] ❶ *v. leer* strap ❷ *om 't middel* belt, girdle ❸ *v. geweer* sling ❹ *voor hond* leash, lead ❺ *roeiriem* oar ＊ *de ~en binnenhalen* ship the oars ＊ *de ~en strijken* back the oars, back water ＊ *men moet roeien met de ~en die men heeft* you have to cut your coat according to your cloth ❻ *papier* ream

**riempje** *o* [-s] leather thong

**riemschijf** *v* [-schijven] belt pulley

**riet** *o* ❶ *plant* reed ＊ *beven als een ~* shake like a leaf ❷ *bamboe* cane ❸ *bies* rush ❹ *v. daken* thatch ❺ *v. blaasinstrument* reed

**rietdekker** *m* [-s] thatcher

**rieten** *bn* reed ＊ *een ~ dak* a thatched roof ＊ *een ~ mandje* a wicker/cane basket ＊ *een ~ stoel* a wicker/cane chair

**rietgans** *v* [-ganzen] bean goose

**rietgors** **I** *v* [-gorzen] *vogel* reed bunting **II** *v & o* [-gorzen] *land* reed marsh

**rietje** *o* [-s] ❶ *stok* cane ❷ *om te drinken* straw ❸ muz reed

**rietkraag** *m* [-kragen] fringe of reeds

**rietstengel** *m* [-s] reed stem

**rietsuiker** *m* cane sugar

**rietvink** *m & v* [-en] *nachtvlinder* drinker

**rietvoorn, rietvoren** *m* [-s] *vis* rudd

**rietzanger** *m* [-s] *vogel* sedge warbler

**rif** **I** *o* [-fen] *rots* reef, shelf **II** *o* [reven] *v. zeil* reef

**rigide** **I** *bn* ❶ *stijf* rigid, stiff, inflexible ❷ fig rigid, strict, unbending **II** *bijw* rigidly &

**rigoureus** **I** *bn* rigorous, strict **II** *bijw* rigorously, strictly

**rij** *v* [-en] ⟨auto's &⟩ row, ⟨getallen &⟩ series, ⟨mensen⟩ file, ⟨verkeer, mensen⟩ line, ⟨bezoekers &⟩ queue, ⟨cijfers⟩ string ＊ *de ~ langs* in order, in turn ＊ *aan ~en* in rows ＊ *in de ~ lopen* walk in line/procession ＊ *in de ~ staan* queue, be/stand in the queue ＊ *in de ~ gaan staan* queue up ＊ *met één ~/twee ~en knopen* single-/double-breasted ＊ *op een ~* in a row ＊ *drie overwinningen op ~* three victories in a row

**rijbaan** *v* [-banen] ❶ *rijweg* carriageway, roadway ❷ *als strook van de rijbaan* lane ❸ *voor schaatsenrijders* skating rink

**rijbevoegdheid** *v* driving licence/Am license ＊ *ontzegging van de ~* a driving ban, a disqualification from driving

**rijbewijs** *o* [-wijzen] (driving) licence/Am license

**rijbroek** *v* [-en] riding breeches

**rijden** **I** *onoverg* [reed, h. en is gereden] ❶ *op (motor)fiets, paard* ride ＊ *op een paard ~* ride a horse, ride on horseback ❷ *in auto & drive* ＊ *auto ~* drive a car *een ~de auto a moving car *een ~de tentoonstelling a mobile exhibition *de treinen ~ vandaag niet the trains aren't running today *die weg rijdt goed that road is good to drive on *twee uur ~a 2-hour drive *(te) hard ~speed *honderd kilometer per uur ~drive a hundred kilometres an/per hour *ik zal zelf wel ~I'm going to drive myself *door rood (licht) ~; door het stoplicht ~jump the lights *zij zat op haar stoel te ~she sat fidgeting on her chair *hoe lang rijdt de trein er over? how long does it take by train? *uit ~gaan go (out) for a ride/drive ❷op schaatsen skate *schaatsen ~skate II overg [reed, h. gereden] ❶in auto drive *iem. ondersteboven ~knock sbd down *hij reed ons naar het station he drove us to the station ❷op (motor)fiets, paard ride ❸iem. in rolstoel, kind in kinderwagen wheel

## rijden
Als het iets is waar je bovenop zit,zoals een paard, fiets of motorfiets, gebruik je het woord ride, bij iets met een stuurwiel gebruik je voor de handeling van de bestuurder het woord drive.

**rijder** m [-s] ❶v. auto & driver ❷op paarden rider, horseman ❸schaatsen skater
**rijdier** o [-en] riding animal, mount
**rijervaring** v driving experience
**rijexamen** o [-s] driving test *~doen take one's driving test
**rijgdraad** m [-draden] tacking/basting thread
**rijgedrag** o ❶v. bestuurder driving ❷v. auto driving performance, handling of the car
**rijgen** overg [reeg, h. geregen] ❶alg. thread, string *kralen aan een draad ~thread beads *iem. aan de degen ~run sbd through with one's sword ❷vastrijgen lace (up) ❸naaien baste, tack
**rijgnaald** v [-en], **rijgpen** [-nen] bodkin
**rijgsnoer** o [-en] string, ⟨veter⟩ lace
**rijinstructeur** m [-s] driving instructor
**rijk** I bn ❶mensen rich, wealthy, prosperous, well-off, inf loaded, rolling *hij is geen cent ~he's not worth a red cent *stinkend ~zijn be stinking rich, be loaded/rolling *~aan ervaring zijn have a lot of experience ❷land affluent *~aan energy energy-rich *het zijn de mensen die een land ~ maken it is a country's people who enrich it ❸grond & fertile ❹maaltijd copious, lavish ❺kostbaar valuable II bijw richly, abundantly, lavishly, copiously *~trouwen marry money *~voorzien van lavishly provided with III o [-en] empire, kingdom, realm *het Rijk the State *het ~Gods the kingdom of God *het ~der verbeelding the realm of fancy/fantasy *zijn ~is uit his reign is at an end *we hebben nu het ~alleen we have it/the place all to ourselves now
**rijkaard** m [-s] rich person
**rijkdom** m [-men] ❶alg. riches, wealth *natuurlijke

~men natural resources ❷fig abundance, copiousness, richness *een ~aan gegevens an abundance of data
**rijkelijk** I bn ❶overvloedig rich, abundant, ample, copious ❷kwistig lavish, liberal II bijw ❶alg. richly, lavishly & *iem. ~belonen reward sbd liberally/handsomely *~voorzien van... abundantly provided with... ❷versterkend rather *~laat none too early
**rijkelui** zn [mv] rich people/folk
**rijkeluiskind** o [-kinderen] rich man's child, child born with a silver spoon in its mouth
**rijkleding** v riding clothes
**rijksambtenaar** m [-s & -naren] government official, civil servant
**rijksarchief** o [-chieven] Public Record Office, State Archives
**rijksarchivaris** m [-sen] Keeper of the Public Records
**rijksbegroting** v [-en] national budget
**rijksbijdrage** v [-n] government contribution, state aid
**rijksdaalder** m [-s] vero two-and-a-half-guilder coin
**rijksdag** m [-dagen] ❶alg. diet ❷in Duitsland Reichstag
**rijksdeel** o [-delen] overseas territory
**rijksdienst** m [-en] ❶dienstverband civil government service, public service ❷instelling government department, national agency
**rijksgenoot** m [-noten] inhabitant of Dutch overseas territory
**rijksinstelling** v [-en] government institution
**rijksinstituut** o [-tuten] state/national institute
**Rijksluchtvaartdienst** m [-en] Br Civil Aviation Authority, Am Civil Aeronautics Board
**rijksmunt** v [-en] coin of the realm *de Rijksmunt the Mint
**rijksmuseum** o [-s &-sea] national museum
**rijksoverheid** v central/national government
**rijkspolitie** v national police
**rijkssubsidie** v & o [-s] government grant, state aid
**rijksuniversiteit** v [-en] university
**Rijksvoorlichtingsdienst** m ❶Government Information Service ❷in Groot-Brittannië Central Office of Information
**rijkswacht** v ZN state police, gendarmerie
**rijkswachter** m [-s] ZN state policeman, gendarme
**Rijkswaterstaat** m Department of Waterways and Public Works
**rijksweg** m [-wegen] national highway
**rijkswege** zn *van ~by the government, officially
**rijkswet** v [-ten] statute law
**rijkunst** v horsemanship
**rijlaars** v [-laarzen] riding boot
**rijles** v [-sen] ❶in auto driving lesson ❷op paard riding lesson
**rijm** I o [-en] in gedichten rhyme *gekruist ~cross rhyme *gepaard ~rhyming couplets

ri

&#42; *slepend/staand~* feminine/masculine rhyme
&#42; *onzuiver~* slant rhyme&#42; *op~* in rhyme&#42; *op~ zetten* put into rhyme**ll** *m ijzel* rime frost
**rijmelaar** *m* [-s] rhymer, versifier, poetaster
**rijmelarij** *v* [-en] doggerel
**rijmen I** *onoverg* [rijmde, h. gerijmd] ❶ *overeenkomen* be consonant with&#42; *dat rijmt niet met wat u anders altijd zegt* this contradicts what you've said in the past❷ *rijm maken* rhyme&#42; *~ met/op* rhyme with &#42; *deze woorden~ niet met elkaar* these words don't rhyme**ll** *overg* [rijmde, h. gerijmd] reconcile&#42; *hoe is dat te~ met...?* how can you reconcile that with...?
**rijmklank** *m* [-en] rhyme
**rijmloos** *bn* rhymeless&#42; *rijmloze verzen* unrhymed/blank/free verse
**rijmpje** *o* [-s] rhyme, short verse
**rijmschema** *o* ['s] rhyming pattern
**rijmwoord** *o* [-en] rhyme, rhyming word
**rijmwoordenboek** *m* [-en] rhyming dictionary
**Rijn** *m* Rhine
**rijnaak** *m & v* [-aken] Rhine barge
**Rijnvaart** *v* navigation on the Rhine
**rijnwijn** *m* Rhenish wine, Br hock
**rijopleiding** *v* [-en] driving lessons
**rijp I** *bn* ripe, mature&#42; *~ maken* ripen&#42; *~ worden* mature&#42; *vroeg~*, *vroeg rot* soon ripe, soon rotten &#42; *na~ beraad/overleg* after careful deliberation/reflection&#42; *~ voor de sloop* ready for the scrap heap&#42; *de tijd is er nog niet~ voor* the time is not yet ripe for it**ll** *m bevroren dauw* hoar frost, dicht rime
**rijpaard** *o* [-en] riding horse, mount
**rijpen I** *overg en onoverg* [rijpte, h. en is gerijpt] ripen, mature**ll** *onoverg* [rijpte, h. gerijpt] *rijp vormen* be frosty&#42; *het heeft vannacht gerijpt* there was a hoar frost last night
**rijpheid** *v* ripeness, maturity&#42; fig *tot~ brengen* see sth through to maturity
**rijping** *v* ripening
**rijpingsproces** *o* [-sen] maturation, ripening process
**rijproef** *v* [-proeven] driving test
**rijrichting** *v* [-en] direction of the traffic
**rijs** *o* [rijzen] twig, sprig, osier
**rijschool** *v* [-scholen] ❶ *autorijschool* driving school ❷ *met paarden* riding school
**rijschoolhouder** *m* [-s] ❶ *v. autorijschool* driving school owner❷ *v. manege* owner of a riding school
**rijshout** *o* osiers, brushwood
**rijst** *m* rice
**rijstbouw** *m* rice cultivation/growing
**rijstebrij** *m* rice pudding
**rijstepap** *v* rice pudding
**rijstevlaai** *m* [-en] rice tart
**rijstevloei** *o* [-en] rice paper, ⟨voor sigaretten⟩ cigarette paper
**rijstijl** *m m.b.t. autorijden* driving style
**rijstkorrel** *m* [-s] grain of rice

**rijstpapier** *o* rice paper
**rijstrook** *v* [-stroken] (traffic) lane, carriageway&#42; *met twee rijstroken* with two lanes&#42; *een~ in de andere richting* an oncoming lane
**rijsttafel** *v* [-s] (Indonesian) rice table, rijsttafel
**rijstveld** *o* [-en] rice/paddy field
**rijstvogel** *m* [-s] rice bird, Java sparrow
**rijstwater** *o* rice water
**rijten** *overg* [reet, h. gereten] tear, rip
**rijtijd** *m* [-en] ❶ *v. voertuig* driving time, mileage ❷ *v. chauffeur* drivers' hours
**rijtijdenwet** *v* law on driving hours
**rijtje** *o* [-s] little row, line&#42; *op een~ opzeggen* read out one by one&#42; *de dingen op een~ zetten* list all the points
**rijtjeshuis** *o* [-huizen] terrace(d) house
**rijtoer** *m* [-en] drive, ride&#42; *een~ doen* take a drive/ride, go for a drive/ride
**rijtuig** *o* [-en] carriage&#42; *een~ met vier/zes paarden* a coach and four/six&#42; *een~ van een trein* a carriage, a passenger coach
**rijvaardigheid** *v* driving ability
**rijverbod** *o* driving ban, disqualification from driving&#42; *er geldt hier een~* closed to motor vehicles &#42; *er is hem een~ opgelegd* his driver's licence has been taken away; ⟨tijdelijk wegens alcoholgebruik⟩ he was prohibited from driving any further
**rijweg** *m* [-wegen] carriageway, roadway&#42; *een afgesloten~* a closed road
**rijwiel** *o* [-en] bicycle, cycle, bike
**rijwielhandel** *m* [-s] bicycle shop
**rijwielpad** *o* [-paden] cycle track
**rijwielstalling** *v* [-en] bicycle shed/shelter/lock-up
**rijzen** *onoverg* [rees, is gerezen] ❶ *alg.* rise&#42; *~ en dalen* rise and fall&#42; *de~ de zon* the rising sun&#42; *het water rijst* the water is rising❷ *v. prijzen* rise, go up ❸ *ontstaan* arise&#42; *de vraag rijst of...* the question arises as to whether...&#42; *er~ moeilijkheden* some problems are becoming apparent
**rijzig** *bn* tall
**rijzweep** *v* [-zwepen] horsewhip, riding whip
**rikken** *onoverg* [rikte, h. gerikt] kaartsp play 'rikken'
**rikketik** *m hart* ticker&#42; *van~* pit-a-pat&#42; *in zijn~ zitten* have one's heart in one's mouth
**rikketikken** *onoverg* [rikketikte, h. gerikketikt] go pit-a-pat, tick away
**riksja** *m* ['s] rickshaw
**ril I** *v* [-len] *geul, groef* groove, rill**ll** *m rilling* shiver, shudder
**rillen I** *onoverg* [rilde, h. gerild] shiver, shudder&#42; *ik ril ervan, het doet me~* it gives me the shudders/inf creeps&#42; *~ van angst* shudder with fear&#42; *~ van de kou* shiver with cold**ll** *overg* [rilde, h. gerild] *rillen maken* score, crease
**rillerig** *bn* shivery
**rilling** *v* [-en] shiver, shudder&#42; *dat bezorgt mij een~* it makes me shiver&#42; *koude~en hebben* have the shivers&#42; *de~en liepen over mijn rug/lijf* the shivers

ran down my spine

**rimboe** v [-s] jungle, bush* *fig we zitten in de~ hier* we're in the middle of nowhere here

**rimpel** m [-s]❶ *frons* wrinkle, line❷ *diep* furrow ❸ *plooi, kreuk* wrinkle, crinkle❹ v. *water* ruffle, ripple

**rimpelen I** *onoverg* [rimpelde, is gerimpeld]❶ v. *huid* wrinkle❷ v. *water* ripple, ruffle**II** *overg* [rimpelde, h. gerimpeld]❶ *rimpels veroorzaken* wrinkle* *het voorhoofd~* knit one's brow❷ *doen golven* ruffle ❸ *kreukelen* pucker, crumple

**rimpelig** *bn* ❶ wrinkled, wrinkly❷ v. *water* rippled

**rimpeling** v [-en]❶ *het rimpelen* wrinkling, puckering❷ *op water* ripple, rippling, ruffle

**rimpelloos** *bn*❶ *zonder rimpels* smooth, unwrinkled ❷ v. *water* calm, unruffled❸ *fig* smooth, calm* *een ~ bestaan leiden* lead a smooth existence

**rimram** m *inf* rubbish* *de hele~* the whole caboodle

**ring** m [-en]❶ *sieraad* ring, band❷ *cirkelvormig voorwerp* ring, circlet, band, hoop* *sp de~en* the rings❸ *kring* ring, ⟨v. vereniging &⟩ circle, ⟨om de maan⟩ halo* *sp in de~ (treden)* step into the ring/arena* *de~en van Saturnus* the rings of Saturn

**ringbaard** m [-en] fringe beard

**ringband** m [-en] ring binder

**ringdijk** m [-en] ring/encircling dyke

**ringeloren** *overg* [ringeloorde, h. geringeloord] bully, order about

**ringen** *overg* [ringde, h. geringd]❶ *een varken, trekvogels* ring❷ *een boom* girdle

**ringetje** o [-s] little ring* *hij is om door een~ te halen* he looks as neat as a new pin

**ringlijn** v [-en] circular railway (line)

**ringmus** v [-sen] *vogel* tree sparrow

**ringmuur** m [-muren] ring/circular wall

**ringslang** v [-en] grass snake

**ringsleutel** m [-s] ring spanner

**ringsteken** o *volksvermaak* tilt at the ring

**ringvaart** v [-en] ring canal

**ringvinger** m [-s] ring finger

**ringweg** m [-wegen] ring road

**ringwerpen** o play quoits

**ringworm** m [-en]❶ *med* ringworm❷ *worm* annelid

**rinkelen** *onoverg* [rinkelde, h. gerinkeld] jingle, tinkle, chink* *~ met* ⟨geld⟩ jingle; ⟨een sabel⟩ rattle* *de telefoon rinkelt* the telephone's ringing

**rins** *bn* sourish

**riolering** v [-en] sewerage

**rioleringssysteem** o sewer system, sewerage

**riool** o & v [riolen] sewer, drain

**rioolbelasting** v sewerage charges

**rioolbuis** v [-buizen] sewage pipe

**riooljournalistiek** v gutter press/journalism

**rioolrat** v [-ten] sewer rat

**rioolwater** o sewage (water)

**riposteren** *onoverg* [riposteerde, h. geriposteerd] riposte

**ris** v [-sen]→**rist**

**risee** v laughing stock

**risico** o & m ['s] risk* *~ lopen* run risks* *op eigen~ iets ondernemen* undertake sth at one's own risk* *op uw~* at your risk* *op~ van* at the risk of* *de~'s van het vak* the hazards of the trade, the occupational hazards

**risicodragend** *bn* risk-bearing* *~ kapitaal,~ vermogen* risk-bearing capital, risk capital

**risicogroep** v [-en] high-risk group

**risicospreiding** v spreading of risks

**risicowedstrijd** m [-en] high-risk match

**riskant** *bn* risky, hazardous

**riskeren** *overg* [riskeerde, h. geriskeerd] risk, hazard * *zijn leven/bestaan~* risk one's life

**risotto** m risotto

**rissen** *overg* [riste, h. gerist]❶ *uien, knoflook &* string ❷ *bessen* stem

**rist ,ris** v [-en]❶ *van bessen* bunch❷ *van uien* rope, string❸ *reeks* string, series

**ristorno** m ZN refund, return

**rit I** m [-ten] ride, drive, run* *fig de~ uitzitten* ride/see it out* *na een lange~ met de tram/trein &* after a long ride on the tram/train &**II** o v. *kikkers* frogspawn

**rite** v [-s & -n] rite

**ritje** o [-s] ride, drive, run* *een~ maken* take a ride/drive, go for a ride/drive

**ritme** o [-n] rhythm

**ritmebox** m [-en] rhythm box

**ritmeester** m [-s] troop captain, captain of the horse

**ritmiek** v rhythmics

**ritmisch I** *bn* rhythmic* *~e gymnastiek* eurhythmics **II** *bijw* rhythmically

**rits I** v [-en] *sluiting* zipper**II** m & v [-en]❶ *kras, scheur* cut, groove❷ *serie* series, row, bunch* *een hele~ kinderen* a whole flock of children❸ *takje* twig

**ritselaar** m [-s] fixer

**ritselen I** *onoverg* [ritselde, h. geritseld] rustle* *~ de zijde* rustling silk* *~ van de fouten* teem with mistakes**II** *overg* [ritselde, h. geritseld] *voor elkaar krijgen* inf fix

**ritsen I** *onoverg* [ritste, h. geritst] v. *verkeer* weave **II** *overg* [ritste, h. geritst]❶ *inkerven* incise, groove ❷ *afrissen* pull/strip off

**ritssluiting** v [-en] zip (fastening/fastener), zipper

**ritueel I** *bn* ritual**II** *bijw* ritually* *het~ slachten* ritual killing**III** o [-tuelen] ritual

**ritus** m [-sen & riten] rite

**ritzege** v [-s] stage victory

**rivaal** m [-valen] rival

**rivaliseren** *onoverg* [rivaliseerde, h. gerivaliseerd] rival* *~ de machten* competing powers

**rivaliteit** v rivalry

**rivier** v [-en] river* *aan de~* on the river* *de~ op/af varen* go up/down the river

**Rivièra** m Riviera

ri

**rivierarm** m [-en] arm of a river
**rivierbed** o [-den], **rivierbedding** v [-en] river bed
**rivierklei** v river clay
**rivierkreeft** m & v [-en] (freshwater) crayfish
**rivierlandschap** o [-pen] riverine landscape
**riviermond** m [-en] mouth of a river \*een grote ~ an estuary
**rivierpolitie** v river police
**rivierslib** o river silt
**riviervis** m [-sen] freshwater fish
**rivierwater** o river water
**roadie** m [-s] roadie
**rob** m [-ben] seal
**robbedoes** m-v [-doezen] wild boy, ⟨meisje⟩ wild girl, tomboy
**robbenjacht** v seal hunting, sealing
**robbenkolonie** v [-s & -niën] seal rookery
**robber** m [-s] kaartsp rubber
**robbertje** o round, game \*een ~ vechten have a tussle, fight a bout
**robe** v [-s] robe, gown
**robijn** m & o [-en] ruby \*van ~ ruby
**robot** m [-s] robot
**robuust** bn robust
**rochel** m [-s] spit, phlegm
**rochelen** onoverg [rochelde, h. gerocheld] ❶spuwen spit ❷keelgeluiden maken hawk ❸v. stervende rattle
**rock** m muz rock
**rockband** v [-s] rock band
**rockmuziek** v rock music
**rockopera** m ['s] rock opera
**rococo** o rococo
**rococostijl** m rococo style
**roddel** m [-s] gossip
**roddelaar** m [-s] telltale, gossip
**roddelblad** o [-bladen] gossip magazine
**roddelcircuit** o [-s] grapevine
**roddelen** onoverg [roddelde, h. geroddeld] talk, gossip \*~ over gossip about
**roddelpers** v gossip papers
**roddelpraat** m gossip, rumour
**roddelrubriek** v [-en] gossip column
**rodehond** m ❶infectieziekte German measles, rubella ❷huidaandoening, in de tropen prickly heat, miliaria
**Rode Kruis** o Red Cross
**rodelbaan** v [-banen] toboggan run
**rodelen** onoverg [rodelde, h. gerodeld] toboggan, luge \*van een helling ~luge/toboggan off a slope
**rodeo** m ['s] rodeo
**Rode Plein** o Red Square
**rododendron** m [-s] rhododendron
**roebel** m [-s] valuta rouble
**roede** v [-n], **roe** [-s] ❶strafwerktuig rod \*met de ~ krijgen be birched ❷takkenbos birch, birchrod ❸staf verge ❹staaf voor gordijn, traploper & rod ❺penis penis ❻maat rod, pole
**roedel** o [-s] ⟨v. herten⟩ herd, ⟨v. honden, wolven⟩ pack
**roedeloper** m [-s] dowser, water diviner
**roeibank** v [-en] thwart, rowing bench
**roeiboot** m & v [-boten] rowing boat, rowboat
**roeien** onoverg & overg [roeide, h. en is geroeid] ❶in roeiboot row, scull ❷peilen gauge
**roeier** m [-s] ❶in roeiboot oarsman, rower ❷peiler gauger
**roeiriem** m [-en], **roeispaan** v [-spanen] oar, scull
**roeivereniging** v [-en] rowing club
**roeiwedstrijd** m [-en] rowing race
**roek** m [-en] rook
**roekeloos I** bn rash, reckless **II** bijw rashly, recklessly
**roekeloosheid** v [-heden] rashness, recklessness
**roekoeën** onoverg [roekoede, h. geroekoed] coo
**roem** m ❶glory, renown, fame \*~ behalen reap glory \*eigen ~ stinkt self-praise is no recommendation ❷kaartsp meld
**Roemeen** m [-menen] Romanian
**Roemeens** bn & o Romanian
**roemen I** overg [roemde, h. geroemd] ❶praise ❷kaartsp meld **II** onoverg [roemde, h. geroemd] boast \*~ op iets boast of sth \*onze stad kan ~ op... our town can boast...
**Roemenië** o Romania
**roemer** m [-s] glas rummer
**roemloos** bn inglorious
**roemrijk** bn illustrious, famous, famed, glorious, renowned \*een ~e daad an achievement
**roemrucht** bn illustrious, renowned
**roep** m [-en] ❶kreet call, cry ❷verlangen demand \*de ~ om democratie the call for democracy ❸naam repute, reputation \*in een goede ~ staan enjoy a good reputation
**roepen I** onoverg [riep, h. geroepen] call, cry, shout \*wakker ~ wake up, awaken \*~ om iets/iem. cry/call for sth/sbd \*om hulp/zijn moeder ~ call for help/his mother \*iedereen roept er over everybody is praising it \*het is nu niet om er (zo) over te ~ it's no better than it should be \*~ tot call to **II** overg [riep, h. geroepen] call \*een dokter ~ call in/send for a doctor \*wie heeft mij laten ~? who's sent for me? \*u komt als ge~ you're exactly the person we need \*ik voel me niet ge~ om... I don't feel it's up to me to... \*bijbel velen zijn ge~, maar weinigen uitverkoren many are called, but few are chosen
**roepende** m [-n] \*een ~ in de woestijn a voice crying in the wilderness
**roepia** m ['s] rupiah
**roeping** v [-en] call, calling, vocation \*hij heeft zijn ~ gemist he has missed his vocation \*ik voel er geen ~ toe om... I don't feel called upon to... \*~ voelen voor feel a vocation for \*zijn ~ volgen follow one's vocation \*een toneelspeler uit ~ an actor by vocation
**roepnaam** m [-namen] Christian/first name \*zijn ~ is Jack they call him Jack
**roepstem** v [-men] call of duty/conscience

**roer** *o* [-en & -s] ⟨blad⟩ rudder, ⟨stok⟩ helm, ⟨rad⟩ wheel ✳ fig *het* ~ *in handen hebben* have things under control ✳ *het* ~*omgooien* shift the helm; fig change course ✳ fig *het* ~ *recht houden* manage things well ✳ fig *aan het* ~*komen* take the reins (of government) ✳ fig *aan het* ~*staan* be at the helm

**roerbakken** *overg* [roerbakte, h. geroerbakt] stir-fry

**roerdomp** *m* [-en] *vogel* bittern

**roerei** *o* [-eren] scrambled eggs

**roeren I** *overg* [roerde, h. geroerd] ❶*met lepel &* stir ❷*raken aan* stir, touch ❸*ontroeren* move ✳ *tot tranen toe geroerd* moved to tears ▼ *zijn mondje* ~*be* talking away ▼ *de trom* ~*beat the drum* **II** *onoverg* [roerde, h. geroerd] ❶*met lepel &* stir ❷*raken aan* touch **III** *wederk* [roerde, h. geroerd] ✳ *zich* ~ ⟨zich bewegen⟩ stir, move; ⟨zich verzetten⟩ rise, rebel ✳ *hij kan zich goed* ~*he* is well off

**roerend** *bn* ❶*aandoenlijk* moving, touching ✳ *het* ~ *met elkaar eens zijn* be of the same mind ❷*verplaatsbaar* movable ✳ ~*e goederen/zaken* fixtures and fittings, mov(e)able/personal property

**roerganger** *m* [-s] helmsman, wheelsman

**Roergebied** *o* Ruhr

**roerig** *bn* ❶*levendig* active, restless, lively ❷*wanordelijk* turbulent, chaotic ❸*oproerig* troublesome

**roerloos** *bn* ❶*bewegingloos* motionless ❷fig impassive ❸scheepv rudderless

**roerpen** *v* [-nen] tiller, helm

**roersel** *o* [-en & -s] motive ✳ dicht *de* ~*en des harten* the stirrings of the heart

**roerstaafje** *o* [-s] coffee stirrer

**roes** *m* [roezen] ❶*v. dronkaard* intoxication ✳ *hij is in een* ~*he's* intoxicated ✳ *zijn* ~*uitslapen* sleep it off ❷*v. drugsverslaafde* high ❸*opgewondenheid* ecstasy ✳ *de* ~ *der vrijheid* the intoxication of freedom ✳ *in de* ~ *van de overwinning* in the flush of victory ✳ *zij leefde in een* ~*she* was living in a whirl of excitement ▼ *de hond in een lichte* ~*brengen* give the dog a light anaesthetic

**roest I** *m & o* ❶*op metaal &* rust ❷*in koren* rust **II** *m & o* [-en] *v. kippen* perch, roost

**roestbak** *m* [-ken] heap of rust

**roestbestendig** *bn* rustproof

**roestbruin** *bn* rust-coloured, rust

**roesten I** *onoverg* [roestte, h. en is geroest] *v. metaal & rust* ✳ *gaan* ~*go* rusty ✳ *oude liefde roest niet* old love never dies **II** *onoverg* [roestte, h. geroest] *v. vogels* perch, roost

**roestig** *bn* rusty

**roestkleurig** *bn* rust-coloured

**roestplek** *v* [-ken] rust spot

**roestvlek** *v* [-ken] rust spot/stain

**roestvorming** *v* [-en] corrosion, rust formation, rusting

**roestvrij** *bn* rustproof ✳ ~*staal* stainless steel

**roestwerend** *bn* anti-rust, anti-corrosive

**roet** *o* soot ✳ *zo zwart als* ~as black as soot ✳ ~*in het*

**roetdeeltje** *o* [-s] soot particle, smut

**roetfilter** *m & o* [-s] soot filter

**roetmop** *m* [-pen] beledigend coon, nigger

**roetsjbaan** *v* [-banen] slide

**roetsjen** *onoverg* [roetsjte, is geroetsjt] slide

**roetzwart** *bn* sooty/carbon black

**roffel** *m* [-s] ❶*v. trommel* roll, ruffle ❷*schaaf* jack plane

**roffelen I** *onoverg* [roffelde, h. geroffeld] *op de trommel* roll, ruffle **II** *overg* [roffelde, h. geroffeld] ❶*schaven* rough-plane ❷*snel afmaken* bungle, botch

**rog** *m* [-gen] *vis* ray, thornback

**rogge** *v* rye

**roggebrood** *o* [-broden] rye/black bread

**roggeveld** *o* [-en] rye field

**rok** *m* [-ken] ❶*v. vrouwen* skirt ❷*v. mannen* tailcoat, morning coat ✳ *in* ~in evening dress, in tails ❸*v. bol* tunic

**rokade** *v* [-s] schaken castling

**roken I** *onoverg* [rookte, h. gerookt] smoke ✳ *een niet-*~ *coupé* a non-smoking compartment ✳ ~*is ongezond* smoking is bad for your health **II** *overg* [rookte, h. gerookt] smoke

**roker** *m* [-s] smoker

**rokeren** *onoverg* [rokeerde, h. gerokeerd] schaken castle

**rokerig** *bn* smoky

**rokerij** *v* [-en] smokehouse

**rokershoest** *m* smoker's cough

**rokertje** *o* [-s] inf smoke

**rokkenjager** *m* [-s] womanizer

**rokkostuum** *o* [-s] dress suit, white tie and tails

**rokpand** *o* [-en] ❶*v. rokkostuum* coat-tails ❷*v. rok v. vrouw* width

**rol I** *v* [-len] ❶*in het alg.* roll ✳ *een* ~*papier/perkament* a scroll ✳ *de* ~*len van de Dode Zee* the Dead Sea Scrolls ❷techn roller, cylinder ❸*v. deeg* rolling pin ❹*van toneelspeler* part, role, character ✳ *de* ~*len zijn omgekeerd* the tables are turned ✳ *een* ~*spelen* act/play a part ✳ *een voorname/grote* ~*spelen* play an important part ✳ *de* ~*len verdelen* assign the parts ✳ *in zijn* ~*blijven* be in character ✳ *uit zijn* ~*vallen* act out of character ❺*lijst* roll, list, calendar ✳ jur *op de* ~*staan* be scheduled for trial ✳ *ter* ~*le opgenomen* entered/registered on the roll ✳ *in de* ~*staan* have signed up ❻bouwk upright course of bricks **II** *m* ✳ *aan de* ~*gaan/zijn* be on the spree, be on the loose, go on a pub crawl

**rolberoerte** *v* [-n, -s] inf fit ✳ *een* ~*krijgen* have a fit

**rolbevestigend** *bn* role-reinforcing

**rolbezetting** *v* cast

**roldak** *o* [-daken] sliding roof

**roldoorbrekend** *bn* unconventional, breaking through set patterns

**rolgordijn** *o* [-en] roller blind

**rolhanddoek** *m* [-en] roller towel

ro

**rolhockey** *o* roller hockey
**rolklaver** *v plant* birdsfoot trefoil
**rolkraag** *m* [-kragen] polo neck, turtleneck
**rollade** *v* [-s & -n] rolled meat
**rollager** *o* [-s] roller bearing
**rollator** *m* [-s] rollator
**rollebollen** *onoverg* [rollebolde, h. gerollebold]
**❶** *buitelen* turn head over heels, turn somersaults
**❷** *stoeiend vrijen* tumble
**rollen I** *onoverg* [rolde, h. en is gerold]**❶** roll✳~*d*
*materieel* rolling stock✳ *de donder rolde* there was a
roll of thunder✳ ~ *met de ogen* roll one's eyes✳ *het*
*vliegtuig rolde en schudde* the plane rolled and shook
✳ *het vliegtuig rolde de hangar uit* the plane taxied
out of the hangar **❷** *vallen* tumble✳ *van de trap*~
tumble down the stairs **II** *overg* [rolde, h. gerold]
**❶** roll✳ *een sigaret*~ roll a cigarette✳ *deeg*~ roll out
pastry **❷** *stelen* pick, lift✳ *ik ben gerold* my pockets
have been picked
**rollenspel** *o* [-spelen] role play
**rollerskate** *m* [-s] roller skate
**rollerskaten** *onoverg* [rollerskatete, h.
gerollerskatet] roller skate
**rolletje** *o* [-s]**❶** *los* (small) roll✳ *een*~ *drop* a roll of
liquorice **❷** *onder meubels* roller, castor, caster✳ *het*
*liep op*~*s* everything went smoothly
**rolluik** *o* [-en] roll-down shutter
**rolmops** *m* [-en] rollmop
**rolpatroon** *o* [-tronen] role pattern
**rolprent** *v* [-en] film
**rolroer** *o* [-en] aileron
**rolschaats** *v* [-en] roller skate
**rolschaatsen** *onoverg* [rolschaatste, h. gerolschaatst]
roller-skate
**rolstoel** *m* [-en] wheelchair
**rolstoelsport** *v* [-en] wheelchair sports
**roltrap** *m* [-pen] escalator
**rolveger** *m* [-s] carpet sweeper
**rolverdeling** *v* [-en] cast, casting, fig division of
roles
**rolwisseling** *v* [-en] exchange of roles
**ROM** *afk* (read-only memory) ROM, Read-Only
Memory
**Romaans I** *bn* **❶** *talen* Romance, Romanic
**❷** *architectuur, beeldhouwkunst* Romanesque **II** *o taal*
Romance
**roman** *m* [-s]**❶** novel✳ geringsch *een*~*netje* a
novelette✳ ⟨fictie⟩~*s* fiction **❷** fig & hist romance
**romance** *v* [-s & -n] romance
**romancier** *m* [-s] novelist
**romancyclus** *m* [-cli & -sen] cycle of novels, saga
**romanesk I** *bn* romantic **II** *bijw* romantically
**romanheld** *m* [-en] hero of a novel
**romanist** *m* [-en] Romanist
**romanistiek** *v* study of Romance languages
**romankunst** *v* art of novel writing
**romanschrijver** *m* [-s] novelist, fiction writer
**romanticus** *m* [-ci] romanticist

**romantiek** *v* **❶** *kunstrichting* romanticism **❷** *'t*
*romantische* romance
**romantisch** *bn* **❶** *m.b.t. de romantiek* romantic
**❷** *dromerig* romantic
**romantiseren** *overg* [romantiseerde, h.
geromantiseerd] romanticize
**Rome** *o* Rome
**Romein** *m* [-en] Roman
**romein** *v lettertype* roman type
**Romeins** *bn* Roman
**Romeinse** *v* [-n] Roman✳ *ze is een*~ she's a Roman,
she's from Rome
**romen I** *overg* [roomde, h. geroomd] *room afnemen*
cream, skim **II** *onoverg* [roomde, is geroomd] *room*
*afzetten* cream
**romer** *m* [-s] ZN skimmer
**römertopf** *m* römertopf
**romig** *bn* creamy
**rommel** *m* **❶** *waardeloos spul* rubbish, trash, junk✳ *de*
*hele*~ the whole lot✳ *ouwe*~ (old) junk✳ *koop geen*
~ don't buy trash **❷** *rotzooi* mess, jumble, shambles
✳ *maak niet zo'n*~ don't make such a mess **❸** *geluid*
rumble
**rommelaar** *m* odd-jobber, junk dealer
**rommelen** *onoverg* [rommelde, h. gerommeld]
**❶** *v. dof geluid* rumble, roll **❷** *in de maag* rumble
**❸** *snuffelen* rummage✳ ~ *in* shuffle/rummage
through
**rommelhok** *o* [-ken] junk shed, Br lumber shed, inf
glory hole
**rommelig** *bn* untidy, disorderly, messy
**rommelkamer** *v* [-s] junk room, Br lumber room
**rommelmarkt** *v* [-en] jumble sale, junk market
**rommelzolder** *m* [-s] attic used as a junk room
**rommelzooi** *v* [-en] junk, Br lumber✳ *wat een*~*!*
what a mess!
**romp** *m* [-en]**❶** *v. lichaam* trunk, torso **❷** bouwk shell
**❸** scheepv hull **❹** luchtv fuselage
**rompertje** *o* [-s] rompers
**rompslomp** *m* bother, fuss✳ *administratieve*~
bureaucratic fuss and bother
**rond I** *bn* round, ⟨cilindrisch ook⟩ cylindrical,
⟨cirkelvormig ook⟩ circular, scherts rotund✳ *een*~
*jaar* a full year✳ *een*~*e som* a round sum✳ ~*e taal*
plain language✳ *een*~*e vent* a
straightforward/decent fellow✳ *de*~*e waarheid* the
plain truth✳ *een*~*e wijn* a full-bodied wine✳ *de*
*zaak is*~ the case is completed, the matter is settled
✳ *iets*~ *krijgen* arrange sth✳ *iets*~ *maken* finish sth
off✳~ *worden* become round **II** *bijw* **❶** *rondom*
(a)round, surrounding **❷** *om iets heen* (a)round✳ *hij*
*keek de kamer*~ he looked (a)round the room **▼** ~
*voor zijn gevoelens/mening & uitkomen* make one's
feelings/opinion & clear **III** *voorz* **❶** (a)round✳ ~ *de*
*tafel zitten* sit (a)round the table✳ *de wegen*~
*London* the roads (a)round London **❷** *ongeveer*
(a)round, about✳ ~ *negen uur* roundabout/(a)round
nine o'clock✳ ~ *vijftig* about fifty **❸** *omtrent* about,

concerning * *de moeilijkheden* ~ *zijn benoeming* the problems surrounding his appointment **IV** *o* round * *in het* ~ in a circle * *hij keek nieuwsgierig in het* ~ he looked (a)round curiously

**rondbanjeren** *onoverg* [banjerde rond, h. rondgebanjerd] drift/wander about

**rondbazuinen** *overg* [bazuinde rond, h. rondgebazuind] trumpet about, blaze abroad

**rondboog** *m* [-bogen] round arch

**rondborstig I** *bn* candid, frank, open **II** *bijw* candidly &

**rondborstigheid** *v* candour, frankness, openness

**rondbrengen** *overg* [bracht rond, h. rondgebracht] bring/take round * *de kranten* ~ deliver the papers

**rondcirkelen** *onoverg* [cirkelde rond, h. rondgecirkeld] circle (a)round

**ronddansen** *onoverg* [danste rond, h. rondgedanst] dance about

**ronddartelen** *onoverg* [dartelde rond, h. rondgedarteld] frisk about/(a)round

**ronddelen** *overg* [deelde rond, h. rondgedeeld] distribute, hand (a)round

**ronddobberen** *onoverg* [dobberde rond, h. rondgedobberd] drift about

**ronddolen** *onoverg* [doolde rond, h. rondgedoold] wander/roam about

**ronddraaien I** *onoverg* [draaide rond, is rondgedraaid] turn, turn (a)round, rotate, ‹snel› spin * *in een cirkel/kring* ~ go (a)round in circles **II** *overg* [draaide rond, h. rondgedraaid] turn (round/around)

**ronddrentelen** *onoverg* [drentelde rond, h. rondgedrenteld] stroll around/about

**ronddrijven** *onoverg* [dreef rond, h. rondgedreven] float/drift around/about

**ronddwalen** *onoverg* [dwaalde rond, h. rondgedwaald] wander/roam (around/about)

**ronde** *v* [-n & -s] **❶** *rondgang* round(s) * *het verhaal doet de* ~ the story is going (a)round/is doing the round(s) * *het verhaal deed de* ~ *door het dorp* the story went around the village **❷** *rondgang v. een patrouille* rounds * *de* ~ *doen* ‹voor inspectie &› make/go/do one's rounds; fig go around * *de postbode doet zijn* ~ the postman is doing his rounds * *de politie doet de* ~ the police are walking the beat **❸** *baan* circuit **❹** *mil* round **❺** *boksen* & round **❻** *wielrennen* lap, ‹langer› tour * *de* ~ *van Frankrijk* the Tour de France **❼** *rondje* round, Aus inf shout

**rondedans** *m* [-en] round dance

**rondeel** *o* [-delen] **❶** *toren* roundel **❷** *vers* rondeau, rondel

**ronden I** *overg* [rondde, h. gerond] **❶** *rond maken* make round, round off **❷** *omheen varen* round **II** *onoverg* [rondde, is gerond] *rond worden* round

**rondetafelconferentie** *v* [-s] round-table conference

**rondgaan** *onoverg* [ging rond, is rondgegaan] go about/(a)round * *laten* ~ hand about, send/pass

around, circulate * *de beker ging rond* the cup went (a)round * *het praatje gaat rond* the rumour is going (a)round * *de kamer* ~ go (a)round the room * *een* ~*de brief* a circular letter

**rondgang** *m* [-en] circuit, tour * *een* ~ *maken door de fabriek* make a tour of the factory

**rondhangen** *onoverg* [hing rond, h. rondgehangen] hang/stand/lounge about/(a)round

**rondhout** *o* [-en] **❶** *alg.* round timber, logs **❷** *scheepv* spar

**ronding** *v* [-en] **❶** *alg.* rounding, curve **❷** *scheepv* camber

**rondje** *o* [-s] **❶** *drankje voor iedereen* round, Aus inf shout * *hij gaf een* ~ he stood drinks (all round/around) **❷** *sp* lap, circuit * *een* ~ *lopen* run a lap * *een* ~ *om de kerk* a stroll (a)round the church

**rondkijken** *onoverg* [keek rond, h. rondgekeken] look (a)round

**rondkomen** *onoverg* [kwam rond, is rondgekomen] **❶** *komen aanbieden* come (a)round **❷** *genoeg hebben* make do, manage, get along, make (both) ends meet * *met 1000 euro per maand* ~ live on 1000 euros a month * *hij kan nauwelijks* ~ he can hardly manage

**rondleiden** *overg* [leidde rond, h. rondgeleid] lead around * *iem.* ~ show sbd (a)round the place, take sbd (a)round

**rondleiding** *v* [-en] guided tour

**rondlopen** *onoverg* [liep rond, h. en is rondgelopen] **❶** *in een kring* go/walk (a)round * *het pad loopt rond* the path goes (a)round **❷** *naar alle kanten* walk about, walk (a)round, inf knock/gad about * *de dief loopt nog vrij rond* the thief is still on the loose/is still at large * *hij loopt weer rond* he's about again * *inf loop rond!* get along with you! * ~ *met plannen* have plans

**rondneuzen** *onoverg* [neusde rond, h. rondgeneusd] nose/poke about

**rondo** *o* [-'s] rondo

**rondom I** *bijw* all (a)round * ~ *behangen met...* hung all around with... **II** *voorz* about, (a)round * ~ *het vuur* around the fire

**rondpunt** *o* [-en] ZN roundabout, traffic circle

**rondreis** *v* [-reizen] **❶** (circular) tour, round trip **❷** *v. artiesten* tour

**rondreizen** *onoverg* [reisde rond, h. rondgereisd] **❶** travel (a)round/about **❷** *v. artiesten* (make a) tour

**rondrijden I** *onoverg* [reed rond, h. en is rondgereden] ride/drive (a)round, tour **II** *overg* [reed rond, h. rondgereden] drive about/(a)round, take ‹sbd› for a run

**rondrit** *m* [-ten] tour

**rondscharrelen** *onoverg* [scharrelde rond, h. rondgescharreld] potter/poke about/(a)round * ~ *in...* poke about in..., rummage in...

**rondschrijven** *o* circular (letter)

**rondsel** *o* [-s] techn pinion

**rondslenteren** *onoverg* [slenterde rond, h.

**ro**

rondgeslenterd] stroll (a)round/about, knock (a)round/about

**rondslingeren I** *overg* [slingerde rond, h. rondgeslingerd] swing (a)round **II** *onoverg* [slingerde rond, h. rondgeslingerd] lie about/(a)round * *zijn potloden laten* ~ leave his pencils lying around

**rondsluipen** *onoverg* [sloop rond, h. rondgeslopen] steal (a)round, prowl about

**rondsnuffelen** *onoverg* [snuffelde rond, h. rondgesnuffeld] nose (a)round/about, snoop (a)round/about

**rondspelen** *overg* [speelde rond, h. rondgespeeld] sp pass back and forth * *de bal* ~ pass the ball back and forth

**rondspoken** *onoverg* [spookte rond, h. rondgespookt] wander (a)round/about * *allerlei gedachten spookten rond in mijn hoofd* I was haunted by all kinds of thoughts

**rondstrooien** *overg* [strooide rond, h. rondgestrooid] **❶** scatter (a)round/about **❷** fig spread * *praatjes* ~ spread gossip

**rondsturen** *overg* [stuurde rond, h. rondgestuurd] send out/(a)round

**rondtasten** *onoverg* [tastte rond, h. rondgetast] grope about, grope one's way * *in het duister* ~ grope one's way in the dark; fig be in the dark (*omtrent* about) * *in onzekerheid* ~ grope blindly

**rondte** *v* [-n & -s] circle, circumference * *vele meters in de* ~ many metres in circumference * *in de* ~ *draaien* turn (a)round

**rondtollen** *onoverg* [tolde rond, h. rondgetold] spin (a)round

**rondtrekken** *onoverg* [trok rond, h. en is rondgetrokken] travel (a)round/about, wander (a)round/about * ~*de kooplieden* travelling merchants

**ronduit** *bijw* **❶** *eerlijk* frankly, plainly, straight, bluntly * *spreek* ~ speak your mind * *iem.* ~ *de waarheid zeggen* tell sbd the plain truth, tell sbd some home truths * ~ *gezegd...* frankly..., to put it bluntly... **❷** versterk absolutely, simply * *dat is* ~ *belachelijk* that's absolutely ridiculous

**rondvaart** *v* [-en] **❶** *kort* round trip, (circular) tour **❷** *lang* (circular) cruise

**rondvaartboot** *m & v* [-boten] canal tour boat

**rondventen** *overg* [ventte rond, h. rondgevent] hawk (about)

**rondvertellen** *overg* [vertelde rond, h. rondverteld] spread (a)round/about * *dat wordt rondverteld* it's being spread about * *je moet het niet* ~ you mustn't tell

**rondvliegen** *onoverg* [vloog rond, h. en is rondgevlogen] fly about/(a)round * ~ *boven* circle over * ~*de dakpannen* flying tiles

**rondvlucht** *v* [-en] round trip by plane, circuit

**rondvraag** *v* [-vragen] any other business * *bij de* ~ *kan iedereen nog een vraag stellen* you'll all get an

opportunity to ask questions when we get to 'any other business'

**rondwandelen** *onoverg* [wandelde rond, h. rondgewandeld] walk (a)round

**rondwaren** *onoverg* [waarde rond, h. rondgewaard] flit about/(a)round * *er waren hier spoken rond* the place is haunted * ~ *in* flit through/(a)round

**rondweg I** *m* [-wegen] by-pass (road), ring road **II** *bijw* frankly, bluntly

**rondzenden** *overg* [zond rond, h. rondgezonden] send (a)round, send out

**rondzwalken** *onoverg* [zwalkte rond, h. rondgezwalkt] drift about, knock (a)round

**rondzwerven** *onoverg* [zwierf rond, h. rondgezworven] wander/roam/knock about * ~*de papieren* papers lying all over the place

**ronken** *onoverg* [ronkte, h. geronkt] **❶** *snurken* snore **❷** *van machine* throb, thrum, chug, drone

**ronselaar** *m* [-s] recruiter

**ronselen** *onoverg & overg* [ronselde, h. geronseld] recruit

**röntgenapparaat** *o* [-raten] X-ray machine

**röntgenfoto** *v* ['s] X-ray

**röntgenologie** *v* roentgenology, radiology

**röntgenoloog** *m* [-logen] radiologist

**röntgenonderzoek** *o* X-ray examination

**röntgenscherm** *o* [-en] X-ray screen

**röntgenstralen** *zn* [mv], **röntgenstraling** *v* X-rays

**rood I** *bn* red * *de Rode Zee* the Red Sea * sp *een rode kaart* a red card * *iets* ~ *maken* make sth red, redden sth * ~ *staan* be in the red * ~ *worden* grow red, redden, blush * *zo* ~ *als een kreeft* as red as a lobster/as a beetroot **II** *o* red * sp ~ *krijgen* get a red card

**roodaarde** *v* reddle, ruddle

**roodachtig** *bn* reddish, ruddy

**roodbaars** *m vis* Norway haddock, rosefish

**roodbont** *bn* red and white

**roodborstje** *o* [-s] *vogel* (robin) redbreast, robin

**roodbruin** *bn* **❶** *alg.* reddish brown, russet **❷** *v. paard* sorrel

**roodgloeiend** *bn* red-hot

**roodharig** *bn* red-haired

**roodheid** *v* redness

**roodhuid** *m* [-en] redskin, red Indian

**Roodkapje** *o* Little Red Riding Hood

**roodkleurig** *bn* red, red-coloured

**roodkoper** *o* copper

**roodkoperen** *bn* copper

**roodstaart** *m* [-en] *vogel* redstart * *de gekraagde* ~ the redstart * *de zwarte* ~ the black redstart

**roodvonk** *v & o* scarlet fever, scarlatina

**roof I** *m* *diefstal* robbery, plundering * *op* ~ *uitgaan* ⟨door mensen⟩ go plundering; ⟨door dieren⟩ go in search of prey **II** *v* [roven] *op wond* scab

**roofachtig** *bn* rapacious, predatory

**roofbouw** *m* over-exploitation of the soil, soil exhaustion * ~ *plegen op iem.'s gezondheid/lichaam*

ruin one's health, wear oneself out
**roofdier** *o* [-en] beast of prey, predator
**roofdruk** *m* [-ken] pirate edition
**roofmoord** *m & v* [-en] robbery with murder
**roofoverval** *m* [-len] robbery, hold-up
**roofridder** *m* [-s] robber baron/knight
**rooftocht** *m* [-en] raid, foray, ‹v. dieren› prowl
**roofvis** *m* [-sen] predatory fish, fish of prey
**roofvogel** *m* [-s] predatory bird, bird of prey
**roofzucht** *v* rapacity
**roofzuchtig** *bn* predatory, rapacious
**rooibosthee** *m* rooibos tea
**rooie** *m-v* [-n] ❶ *roodharige* redhead, scherts Aus & NZ blue ❷ *socialist* red
**rooien** *overg* [rooide, h. gerooid] ❶ *aardappels* lift, dig (up) ❷ *bomen* grub up ❸ *klaarspelen* manage ✴ *dat kan ik wel* ~ I can manage that ✴ *het goed met iem. kunnen* ~ get along well with sbd
**rooilijn** *v* [-en] alignment of houses along the street ✴ *op de* ~ *staan* be aligned with the street
**rook I** *m damp* smoke ✴ *in* ~ *opgaan* send up in smoke ✴ *onder de* ~ *van...* in the immediate neighbourhood of... ✴ *geen* ~ *zonder vuur* no smoke without a fire **II** *v* [roken] *hooistapel* rick
**rookartikelen** *zn* [mv] tobacco products, smokers' requisites
**rookbom** *v* [-men] smoke bomb
**rookcoupé** *m* [-s] smoking compartment, inf smoker
**rookdetector** *m* [-s] smoke detector
**rookgerei** *o* smokers' requisites
**rookglas** *o* smoked glass
**rookgordijn** *o* [-en] smokescreen
**rookhok** *o* [-ken] ❶ *v. vlees &* smoking shed ❷ *v. rokers* smoking area, smokers' area
**rookhol** *o* [-holen] smoky room, smokehouse
**rookkamer** *v* [-s] smoking room, smokers' room
**rookkanaal** *o* [-nalen] flue
**rooklucht** *v* smoky smell, smell of smoke
**rookmelder** *m* [-s] smoke detector
**rookontwikkeling** *v* smoke production
**rookpauze** *v* [-s] cigarette break
**rookpluim** *v* [-en] plume of smoke
**rookschade** *v* smoke damage
**rooksignaal** *o* [-nalen] smoke signal
**rookspek** *o* smoked bacon
**rooktabak** *m* cigarette/pipe tobacco
**rooktafeltje** *o* [-s] smokers' table
**rookverbod** *o* [-boden] smoking ban
**rookverslaving** *v* addiction to smoking
**rookvlees** *o* smoked meat/beef
**rookvorming** *v* smoke formation
**rookvrij** *bn* non-smoking
**rookwaren** *zn* [mv] tobacco products, smokers' requisites
**rookwolk** *v* [-en] cloud of smoke, smoke cloud
**rookworst** *v* [-en] smoked sausage
**rookzolder** *m* [-s] smokehouse

**room** *m* cream
**roomachtig** *bn* creamy
**roomboter** *v* (full cream) butter
**roomijs** *o* ice cream
**roomkaas** *m* [-kazen] cream cheese
**roomkleurig** *bn* cream-coloured, creamy
**roomklopper** *m* [-s] *garde* whisk
**roomkwark** *m* quark, creamy curd cheese
**rooms** *bn* Roman Catholic ✴ *de* ~ *en* Roman Catholics
**roomsaus** *v* [-en & -sauzen] cream sauce
**roomservice** *m* room service
**roomsgezind** *bn* afkeurend Romish, Romanist
**rooms-katholiek** *bn* Roman Catholic ✴ *de* ~ *en* Roman Catholics
**roomsoes** *v* [-soezen] cream puff
**roomwit** *bn* cream, off-white
**roos** *v* [rozen] ❶ *bloem* rose ✴ *een wilde* ~ a wild rose ✴ *slapen als een* ~ sleep like a baby ✴ *geen rozen zonder doornen* no rose without a thorn ✴ *onder de* ~ in secret, under the rose ✴ *op rozen zitten* be on a bed of roses ✴ *zijn pad gaat niet over rozen* his path is not strewn with roses ❷ *in schietschijf* bull's-eye ✴ *in de* ~ *treffen* score a bull's-eye ❸ *scheepv* (compass) card ❹ *op hoofd* dandruff ❺ *huidziekte* med erysipelas
**rooskleurig** *bn* rose-coloured, rosy ✴ *hij ziet alles* ~ *in* he takes a rosy view of everything ✴ *iets* ~ *voorstellen* give a rosy picture of sth
**rooster** *m & o* [-s] ❶ *om te braden* grill ❷ *in de kachel* grate ❸ *afsluiting* grating ❹ *dienstrooster* timetable ✴ *het* ~ *van de lessen* the school timetable ✴ *het* ~ *van werkzaamheden* the timetable ✴ *volgens* ~ *aftreden* go out by rotation
**roosteren** *overg* [roosterde, h. geroosterd] ❶ *vlees* roast, grill, Am broil ❷ *brood* toast ✴ *geroosterd brood* toast
**roosterwerk** *o* grating, lattice
**roosvenster** *o* [-s] rose window
**roots** *zn* [mv] roots
**ros I** *o* [-sen] *paard* steed ✴ *een stalen* ~ a bicycle **II** *bn* reddish, ruddy ✴ *de* ~ *se buurt* the red-light district
**rosarium** *o* [-s] ❶ *tuin* rose garden, rosarium ❷ RK rosary
**rosbief** *m & o* roast beef
**rosé** *m* rosé
**roskam** *m* [-men] currycomb
**roskammen** *overg* [roskamde, h. geroskamd] ❶ *v. paard* curry ❷ *hekelen* criticize severely
**rossen** *overg* [roste, h. gerost] ❶ *hardhandig reinigen* groom, curry ❷ *wild rijden* tear along
**rossig** *bn* reddish, sandy, ruddy
**rösti** *m* rösti
**rot I** *bn* ❶ *ellendig* rotten ✴ *wat* ~! how rotten/annoying! ❷ *slecht* rotten, corrupt ❸ *verrot* rotten, bad, ‹kies› decayed, ‹lucht, ei› putrid **II** *bijw* ✴ *zich* ~ *lachen* split one's sides, laugh one's head off ✴ *zich* ~ *vervelen* be bored to death ✴ ~ *doen* be a

nuisance **~** *tegen iem. doen* be nasty to sbd **III** *o*
[-ten] ❶ *bederf* rot, decay ❷ *mil* file, squad **∗** *een ~
geweren* a stack of arms **∗** *de geweren werden aan
~ten gezet* the arms were stacked **∗** *met ~ten
rechts/links* right/left file **IV** *v* [-ten] **∗** *een oude ~* an
old hand/stager

**rotan** *o & m* cane, rattan

**rotatie** *v* [-s] rotation

**rotatiemotor** *m* [-s & -toren] rotary motor

**rotatiepers** *v* [-en] rotary press

**rotding** *o* [-en] damn thing, nuisance

**roteren** *onoverg* [roteerde, h. geroteerd] rotate

**rotgang** *m* breakneck speed **∗** *met een ~* at a
breakneck speed

**rotgans** *v* [-ganzen] brent goose

**rothumeur** *o* lousy mood

**roti** *m* ['s] *Surinaams gerecht* roti

**rotisserie** *v* [-rieën] rotisserie

**rotje** *o* [-s] *vuurwerk* squib, (fire)cracker **∗** *zich een ~
lachen* laugh one's head off

**rotjongen** *m* [-s], **rotjoch** [-en] brat, little pest

**rotmeid** *v* [-en] brat, little pest

**rotonde** *v* [-n & -s] ❶ *verkeersplein* roundabout
❷ *bouwk* rotunda

**rotor** *m* [-s & -toren] rotor

**rots** *v* [-en] ❶ *grote steen* rock ❷ *steile rots* cliff **∗** *een ~
in de branding* a tower of strength

**rotsachtig** *bn* rocky

**rotsbeen** *o* [-deren] *anat* petrosal (bone)

**rotsblok** *o* [-ken] boulder

**rotsduif** *v* [-duiven] rock pigeon

**rotseiland** *o* [-en] rocky island

**rotskloof** *v* [-kloven] chasm

**rotspartij** *v* [-en] ❶ *rotsachtig geheel* rock mass ❷ *in
tuin* rockery

**rotspunt** *m* [-en] aiguille, rocky peak

**rotsschildering** *v* [-en] rock painting, cave wall
painting

**rotstreek** *v* [-streken] mean trick, *inf* dirty trick

**rotstuin** *m* [-en] rock garden, rockery

**rotsvast** *bn* solid as a rock, rock-solid **∗** *een ~ geloof* a
deep-rooted conviction

**rotswand** *m* [-en] rock face, precipice, bluff

**rotten** *onoverg* [rotte, h. en is gerot] rot, putrefy,
decay

**Rotterdam** *o* Rotterdam

**Rotterdammer** *m* [-s] citizen of Rotterdam

**Rotterdams** *bn* Rotterdam

**rottig I** *bn* ❶ *vervelend* rotten, nasty ❷ *smerig* rotten,
lousy **II** *bijw* **∗** *~ tegen iem. doen* behave
rottenly/nastily towards sbd

**rottigheid** *v* [-heden] misery

**rotting I** *v ontbinding* decay, putrefaction **II** *m* [-en]
❶ *rotan* rattan ❷ *wandelstok* cane

**rottweiler** *m* [-s] Rottweiler

**rotvent** *m scheldwoord* rotter, bastard, son-of-a-bitch,
stinker

**rotweer** *o* awful weather

**rotzak** *m* [-ken] bastard, son-of-a-bitch

**rotzooi** *v* mess

**rotzooien** *onoverg* [rotzooide, h. gerotzooid]
❶ *rommelig spelen, werken* mess about/around,
muck about/around, play about/around **∗** *de
kinderen zijn met oude kleren aan het ~* the children
are playing around with old clothes ❷ *seksuele
spelletjes spelen* fool around **∗** *ze zaten met elkaar te ~
in de auto* they were petting in the car

**rouge** *m & o* rouge

**roulatie** *v* circulation **∗** ‹v. film› *in ~ brengen* put
into circulation **∗** *uit de ~ zijn* be out of circulation

**rouleren** *onoverg* [rouleerde, h. gerouleerd] ❶ *in
omloop zijn* circulate, be in circulation ❷ *om beurten
worden waargenomen* rotate, take turns

**roulette** *v* [-s] roulette **∗** *Russisch ~* Russian roulette

**roulettetafel** *v* [-s] roulette table

**route** *v* [-s & -n] route, way

**routebeschrijving** *v* [-en] itinerary

**routekaart** *v* [-en] itinerary/key map

**routeplanner** *m* route planner

**routine** *v* ❶ *gewone gang* routine ❷ *bedrevenheid*
experience, skill

**routinehandeling** *v* [-en] ❶ routine action
❷ *automatisme* *psych* automatism

**routineklus** *m* [-sen] routine job

**routineonderzoek** *v* [-en] routine check-up

**routing** *m* routing

**routinier** *m* [-s] old hand, expert

**rouw** *m* mourning **∗** *lichte/zware ~* half/deep
mourning **∗** *de ~ aannemen* go into mourning **∗** *~
dragen* (*over*) mourn (for) **∗** *in de ~ gaan* go into
mourning **∗** *in de ~ zijn* be in mourning **∗** *uit de ~
gaan* go out of mourning

**rouwadvertentie** *v* [-s] obituary/funeral notice

**rouwauto** *m* ['s] ❶ *lijkauto* hearse ❷ *volgauto* car in a
funeral procession

**rouwband** *m* [-en] mourning band

**rouwbeklag** *o* condolence

**rouwbrief** *m* [-brieven] notification of death,
mourning card

**rouwcentrum** *o* [-tra, -s] funeral parlour

**rouwdienst** *m* [-en] memorial service

**rouwen** *onoverg* [rouwde, h. gerouwd] ❶ *in de rouw
zijn* go into/be in mourning, mourn (*over* for)
❷ *berouwen* regret, repent **∗** *het zal hem ~* he'll be
sorry

**rouwig** *bn* sorry, regretful **∗** *ik ben er helemaal niet ~
om* I'm not at all sorry about it

**rouwjaar** *o* [-jaren] year of mourning

**rouwkaart** *v* [-en] mourning card

**rouwkamer** *v* [-s] funeral parlour

**rouwkapel** *v* [-len] funeral chapel

**rouwklacht** *v* [-en] lamentation

**rouwkleding** *v* mourning clothes

**rouwmis** *v* [-sen] requiem mass

**rouwplechtigheid** *v* [-heden] funeral service

**rouwproces** *o* [-sen] mourning process

**rouwrand** *m* [-en] mourning border, black edge✶ *je hebt∼en om je nagels* your fingernails are black
**rouwsluier** *m* [-s] widow's veil, weeper
**rouwstoet** *m* [-en] funeral procession
**rouwtijd** *m* period of mourning
**roven I** *overg* [roofde, h. geroofd] steal **II** *onoverg* [roofde, h. geroofd] rob, plunder
**rover** *m* [-s] robber, raider
**roverhoofdman** *m* [-nen] robber chief
**roversbende** *v* [-n & -s] gang of robbers
**rovershol** *o* [-holen] den of robbers, robbers' den
**royaal I** *bn* **❶** *persoon* generous, free-handed, open-handed, ⟨m.b.t. opvattingen⟩ liberal, broad-minded✶ *hij is erg∼ met zijn geld* he is very generous with his money✶ *met een∼ gebaar* generously **❷** *beloning, gift &* handsome, generous **❸** *flink* spacious, ample✶ *een royale kamer* a spacious room✶ ⟨papierformaat⟩∼ *papier* royal **II** *bijw* liberally✶∼ *leven* live liberally
**royalisme** *o* royalism
**royalist** *m* [-en] royalist
**royalistisch** *bn* royalist
**royalty** *m* ['s] **❶** *aandeel in de opbrengst* royalty/royalties **❷** *verzamelnaam voor leden van koningshuizen* royalty
**royement** *o* [-en] **❶** *v. leden* expulsion **❷** *v. order* cancellation, annulment
**royeren** *overg* [royeerde, h. geroyeerd] *schrappen* remove from/strike off the list, ⟨v. contract⟩ cancel ⟨als lid⟩ expel (from)
**roze** *bn & o* pink
**rozemarijn** *m* rosemary
**rozenbed** *o* [-den] bed of roses
**rozenblad** *o* [-bladen, -bladeren & -blaren] **❶** *van de struik* rose leaf **❷** *bloemblad* rose petal
**rozenbottel** *v* [-s] rose hip
**rozengeur** *m* scent of roses✶ *het was niet alles∼ en maneschijn* it was not all roses
**rozenhoedje** *o* [-s] RK chaplet
**rozenkrans** *m* [-en] **❶** garland of roses **❷** RK rosary ✶ *zijn∼ bidden* say the rosary
**rozenkruiser** *m* [-s] Rosicrucian
**rozenkweker** *m* [-s] rose grower
**rozenolie** *v* oil/attar of roses
**rozenstruik** *m* [-en] rose bush
**rozentuin** *m* [-en] rose garden, rosary
**rozenwater** *o* rose water
**rozet** *v* [-ten] rosette
**rozig** *bn* **❶** *loom* languid **❷** *rooskleurig* rosy, roseate
**rozijn** *v* [-en] raisin
**RSI** *afk* (repetitive strain injury) RSI, repetitive strain injury
**rubber** *m & o* rubber
**rubberboom** *m* [-bomen] rubber tree
**rubberboot** *m & v* [-boten] rubber dinghy
**rubberkogel** *m* [-s] rubber bullet
**rubberlaars** *v* [-laarzen] rubber boot
**rubberplantage** *v* [-s] rubber plantation

**rubberzool** *v* [-zolen] rubber sole
**rubriceren** *overg* [rubriceerde, h. gerubriceerd] classify
**rubriek** *v* [-en] **❶** *in krant &* column, feature, section **❷** *opschrift* heading, rubric **❸** *categorie* section, group **❹** RK section
**ruche** *v* [-s] ruche, frill, furbelow
**ruchtbaar** *bn* known, public✶ *iets∼ maken* make sth public, make sth known, spread sth abroad✶∼ *worden* become known, get abroad, be noised abroad
**ruchtbaarheid** *v* publicity✶∼ *geven aan* make public, give publicity to
**rücksichtslos** *bn* unscrupulous
**rudiment** *o* [-en] *ook biol* rudiment
**rudimentair** *bn* rudimentary
**ruften** *onoverg* [ruftte, h. geruft] *inf* fart, let off
**rug** *m* [-gen] **❶** *v. lichaam* back✶ *ik heb een brede∼* I have broad shoulders✶ *iem. de∼ toekeren* turn one's back on sbd✶∼ *aan∼* back to back✶ *hij deed het achter mijn∼* he did it behind my back✶ *de veertig achter de∼ hebben* be over forty✶ *dat hebben wij goddank achter de∼* thank God it's finished/it's over now✶ *de vijand in de∼ (aan)vallen* attack the enemy in the rear/from behind✶ *hij stond met de∼ naar ons toe* he stood with his back to us✶ *met de∼ tegen de muur staan* have one's back to the wall✶ *met de handen op de∼* with one's hands behind one's back ✶ *het geld groeit me niet op de∼* I'm not made of money **❷** *achterzijde* back **❸** *v. berg* ridge **❹** *v. boek* back **❺** *v. neus* bridge
**rugby** *o* rugby (football), Br inf rugger
**rugbyen** *onoverg* [rugbyde, h. gerugbyd] play rugby
**rugcrawl** *m* back crawl
**rugdekking** *v* backing✶ *iem.∼ geven* mil cover for sbd, back sbd; sp cover a teammate
**ruggelings** *bijw* **❶** *naar achteren* backward(s) **❷** *rug aan rug* back to back
**ruggengraat** *v* [-graten] vertebral column, backbone, spine✶∼ *tonen* show stamina✶ *de∼ van een organisatie* the backbone of an organization
**ruggengraatsverkromming** *v* [-en] curvature of the spine
**ruggenmerg** *o* spinal marrow
**ruggenmergpunctie** *v* [-s] lumbar puncture
**ruggenprik** *m* [-ken] spinal puncture
**ruggensteun , rugsteun** *m* backing, support✶ *voor iem. een∼ zijn* give sbd backing, be a support for sbd
**ruggenwervel** *m* [-s] → **rugwervel**
**ruggespraak** *v* consultation✶∼ *houden met iem.* consult sbd
**rugklachten** *zn* [mv] back troubles, backaches
**rugletsel** *o* [-s] back injury
**rugleuning** *v* [-en] back
**rugnummer** *o* [-s] sp (player's) number
**rugpijn** *v* [-en] backache, pain in the back
**rugslag** *m* backstroke

**ru**

**rugsluiting** v [-en] back fastening *met ~fastened at the back
**rugsteun** m → **ruggensteun**
**rugtitel** m [-s] spine title
**rugvin** v [-nen] dorsal fin
**rugwaarts** I bn backward II bijw backward(s)
**rugwervel, ruggenwervel** m [-s] dorsal vertebra
**rugzak** m [-ken] rucksack, Am backpack
**rugzwemmen** o (swimming) backstroke
**rui** m ❶v. dieren moulting (time) ❷stadsgracht ZN canal
**ruien** onoverg [ruide, h. en is geruid] moult
**ruif** v [ruiven] rack
**ruig** I bn ❶harig hairy, shaggy *een ~e baard a shaggy beard *~e wenkbrauwen bushy eyebrows ❷stug aanvoelend rough ❸woest, onherbergzaam wild, rugged *een ~klimaat a harsh climate *een ~ land a rugged country ❹ruw, wild rough, rowdy *~e taal coarse language II bijw roughly *iem. ~ behandelen treat sbd roughly
**ruigharig** bn ❶onverzorgd shaggy ❷v. hond wire-haired
**ruigheid** v ❶harigheid hairiness, shagginess ❷woestheid roughness, coarseness ❸stugheid roughness
**ruigte** v [-n & -s] ❶woestheid roughness, ruggedness ❷struikgewas brush(wood)
**ruiken** I overg [rook, h. geroken] smell, scent *hij ruikt wat/lont he smells a rat *dat kon ik toch niet ~? how could I know? II onoverg [rook, h. geroken] smell *het ruikt goed it smells good *ze ~lekker they smell nice *ruik er eens aan smell it *hij zal er niet aan ~he won't even get a smell of it *aan iets ~ smell sth *het/hij ruikt naar cognac it/he smells of brandy *dat ruikt naar ketterij that smacks of heresy
**ruiker** m [-s] bouquet, posy/bunch of flowers
**ruil** m [-en] exchange, swap *een goede ~doen make a good exchange *in ~voor in exchange for
**ruilbeurs** v [-beurzen] exchange mart, Am swap-meet
**ruilen** I overg [ruilde, h. geruild] exchange, barter, trade, inf swap, swop *~tegen exchange for *~ voor exchange for, barter for, inf swop for II onoverg [ruilde, h. geruild] change *ik zou niet met hem willen ~I wouldn't change places with him, I wouldn't be in his shoes *zullen we van plaats ~? shall we (ex)change places? *twee ~één huilen somebody always loses out in any exchange
**ruilhandel** m barter (trade) *~drijven barter, trade by barter
**ruiling** v [-en] exchange
**ruilmiddel** o [-en] medium of exchange
**ruilobject** o [-en] object of exchange, swap
**ruilverkaveling** v [-en] re-allotment of land, land consolidation
**ruilverkeer** o exchange
**ruilvoet** m exchange rate, terms of exchange
**ruilwaarde** v exchange value

**ruim** I bn large, wide, broad, spacious, roomy, ample *zijn ~e blik his broad outlook *een ~gebruik van iets maken use sth freely *een ~geweten an easy/a lax conscience *een ~inkomen a comfortable income *een ~e kamer a spacious room *in ~e kring in wide circles *een ~e meerderheid a big/comfortable majority *het ~e sop the open sea *~e voorraad ample stores *~baan maken clear the way II bijw largely, amply, plentifully *~30 jaar geleden a good thirty years ago *hij is ~30 jaar he is past thirty *~30 pagina's well over thirty pages *~30 pond upwards of 30 pounds *hij sprak ~een uur he spoke for more than an hour *~ voldoende amply sufficient *~ademhalen breathe freely *~denken take a broad view, be broad-minded *het niet ~hebben be in straitened circumstances, not be well off *~meten measure with room to spare, measure liberally *~voorzien van... amply provided with... *~wonen live spaciously *je moet die dingen ~zien you have to see things in a broad perspective *~zitten fit loosely *~in de tijd zitten have plenty of time *~ uit elkaar well apart III o [-en] scheepv hold
**ruimdenkend** bn broad-minded, tolerant
**ruimen** I overg [ruimde, h. geruimd] ❶leegmaken empty, evacuate ❷verwijderen clear (away) *vee ~ destroy cattle II onoverg [ruimde, is geruimd] v. wind veer
**ruimhartig** bn big-hearted, warm-hearted, generous
**ruimschoots** bijw amply, largely, plentifully *~de tijd hebben have plenty of/ample time
**ruimte** v [-n & -s] ❶vertrek room *het aantal mensen in één ~the number of people in one room ❷begrensde ruimte room, space *scheepv de ~the offing *iem. de ~geven give sbd elbow room; ‹speelruimte ook› give sbd leeway *~maken make room *een ~openlaten leave a space/a blank *wegens gebrek aan ~for lack of space *dat neemt te veel ~in it takes up too much room *in de ~ kletsen talk into space *dit laat geen ~voor twijfel this leaves no room for doubt ❸heelal space *de oneindige ~(infinite) space
**ruimtebesparend** bn space-saving
**ruimtebesparing** v saving of space, space saving
**ruimtecapsule** v [-s] space capsule
**ruimtedekking** v [-en] sp zonal defence/Am defense
**ruimtegebrek** o lack of room/space
**ruimtelaboratorium** o [-s &-toria] space lab(oratory)
**ruimtelijk** bn spatial *~e ordening environmental planning
**ruimteonderzoek** o [-en] exploration of space, space research
**ruimtepak** o [-ken] space suit
**ruimtereis** v [-reizen] space flight/travel
**ruimteschip** o [-schepen] spaceship
**ruimtesonde** v [-s] space probe

**ruimtestation** *o* [-s] space station
**ruimtevaarder** *m* [-s] astronaut, cosmonaut
**ruimtevaart** *v* space travel
**ruimtevaartuig** *o* [-en] ❶spacecraft ❷*met bemanning* spaceship
**ruimteveer** *o* [-veren] space shuttle
**ruimtevlucht** *v* [-en] space flight
**ruimtevrees** *v* agoraphobia
**ruimtewandeling** *v* [-en] space walk
**ruin** *m* [-en] gelding
**ruïne** *v* [-s & -n] ruins *het gebouw is een* ~the building is in ruins *hij is een* ~he's a complete wreck
**ruïneren I** *overg* [ruïneerde, h. geruïneerd] ruin, devastate *hij is geruïneerd* he's a ruined man **II** *wederk* [ruïneerde, h. geruïneerd] *zich* ~ ⟨financieel⟩ ruin oneself, bring ruin on oneself; ⟨fysiek⟩ make a wreck of oneself
**ruis** *m* bijgeluid noise
**ruisen** *onoverg* [ruiste, h. geruist] rustle, ⟨v. beek⟩ gurgle, ⟨v. zachte muziek⟩ murmur
**ruisonderdrukking** *v* noise suppression
**ruisvoorn, ruisvoren** *m* [-s] *vis* rudd
**ruit** *v* [-en] ❶*in raam* (window)pane ❷*vierhoekig figuur* diamond, lozenge, meetk rhombus, rhomb ❸*op dam-, schaakbord* square ❹*aan edelstenen* diamond ❺*textiel* check *Schotse* ~*en* (Scottish) tartan
**ruiten I** *overg* [ruitte, h. geruit] check, square **II** *v* [-s] kaartsp diamonds *~zes* six of diamonds
**ruitenaas** *m & o* [-azen] ace of diamonds
**ruitenboer** *m* [-en] jack of diamonds
**ruitenheer** *m* [-heren] king of diamonds
**ruitensproeier** *m* [-s] windscreen washer
**ruitenvrouw** *v* [-en] queen of diamonds
**ruitenwisser** *m* [-s] (wind)screen wiper
**ruiter** *m* [-s] ❶*paardrijder* rider, horseman ❷bouwk rack ❸landb hay prop ▼ ⟨vogel⟩ *de zwarte* ~the spotted redshank ▼ ⟨vogel⟩ *de groenpoot*~the greenshank
**ruiterij** *v* cavalry, horse
**ruiterlijk I** *bn* frank **II** *bijw* frankly *iets* ~*toegeven* admit sth frankly
**ruiterpad** *o* [-paden] bridle path, riding track
**ruitersport** *v* horse riding, equestrian sport
**ruiterstandbeeld** *o* [-en] equestrian statue
**ruitertje** *o* [-s] ❶*gewicht* rider ❷*v. kaart* tag, tab
**ruitijd** *m* [-en] moulting period/season
**ruitjespapier** *o* squared paper
**ruitjespatroon** *o* [-patronen] check, check pattern
**ruitvormig** *bn* lozenge-shaped, diamond-shaped
**ruk** *m* [-ken] pull, tug, jerk, wrench *in één* ~at one stretch *met* ~*ken* jerkily
**rukken I** *overg* [rukte, h. gerukt] pull, tug, tear, snatch *iem. iets uit de handen* ~snatch sth out of sbd.'s hands *zich de haren uit het hoofd* ~tear one's hair (out) *zich de kleren van het lijf* ~tear the clothes from one's body *een gezegde uit het verband*

~take a phrase out of its context **II** *onoverg* [rukte, h. gerukt] ❶*hard trekken* pull, tug, jerk *aan iets* ~ pull/tug at sth, give sth a tug/jerk ❷*masturberen* vulg jerk off, wank **III** *onoverg* [rukte, is gerukt] marcheren advance, move up
**rukker** *m* [-s] wanker, jerk *hé, ouwe* ~! hey, old buddy!
**rukwind** *m* [-en] gust of wind, squall
**rul** *bn* loose, sandy *een* ~*e weg* a sandy road *het* ~*e zand* the loose sand
**rum** *m* rum
**rumba** *m* ['s] rumba
**rumboon** *v* [-bonen] rum bonbon
**rum-cola** *m* rum and coke
**rummikuppen** *onoverg* [rummikupte, h. gerummikupt] play Rummikub ®
**rumoer** *o* [-en] noise, row, uproar *~maken* make a noise
**rumoerig** *bn* noisy, tumultuous, turbulent
**run I** *m* [-s] ❶*grote toeloop* run ❷sp run ❸comput run **II** *v* gemalen schors tan, tanbark
**rund** *o* [-eren] ❶*dier* cow, ox *bloeden als een* ~ bleed like a pig ❷*stommeling* idiot, fool, moron
**rundergehakt** *o* minced beef, Am ground beef
**runderlapje** *o* [-s] braising steak
**runderpest** *v* rinderpest
**rundleer** *o* cowhide *van* ~cowhide
**rundvee** *o* cattle
**rundveestapel** *m* [-s] cattle stock
**rundvet** *o* beef fat, ⟨gesmolten⟩ beef dripping
**rundvlees** *o* beef
**rune** *v* [-n] rune
**runenschrift** *o* runic writing
**runenteken** *o* [-s] runic character
**runnen** *overg* [runde, h. gerund] run *een zaak* ~ run a business
**runner-up** *m* [runners-up] runner-up
**running** *v* *niet meer in de* ~*zijn* be out of the running
**rups** *v* [-en] caterpillar
**rupsband** *m* [-en] caterpillar *een kraan met* ~*en* a caterpillar crane
**rupsvoertuig** *o* [-en] caterpillar-tracked vehicle
**ruptuur** *v* [-turen] ❶med rupture ❷*v. betrekkingen* rupture, breach
**Rus** *m* [-sen] Russian
**rus** *m* [-sen] ❶*plant* rush ❷*rechercheur* dick
**rush** *m* [-es] ❶*grote toeloop* rush, run ❷paardensport spurt
**Rusland** *o* Russia
**russificeren** *overg* [russificeerde, h. gerussificeerd] Russify, Russianize
**Russin** *v* [-nen] Russian lady/woman
**Russisch I** *bn* Russian *~leer* Russia leather **II** *o* Russian
**rust** *v* ❶*alg.* rest, repose, quiet, tranquillity, calm *~ en vrede* peace and quiet mil *(op de plaats)* ~! stand at ease!, ⟨bij tweede rust⟩ stand easy! *~geven* ⟨een

ru

paard &) give a rest, rest; ‹rustgevend zijn› be comforting/soothing * *zich geen ogenblik~ gunnen* not give oneself a moment's rest * *geen~ hebben vóórdat...* not be easy till... * *hij is een van die mensen die~ noch duur hebben* he is one of those people who can't rest for a moment/who just can't stop * *hij moet~ houden* he must take a rest * *hij is de eeuwige ~ ingegaan* he's gone to his eternal rest * *wat~ nemen* take a rest * *de~ is teruggekeerd* peace has been restored * *in alle~* at one's leisure * *een predikant in~e* a retired clergyman * *al in diepe~ zijn* be fast asleep * *iem. met~ laten* leave sbd in peace, leave sbd alone, inf get off sbd's back * *zich ter~e begeven* retire for the night * *tot~ brengen* quiet(en) * *tot~ komen* quiet(en)/settle down; ‹v. zaken› subside ❷ muz rest ❸ sp half-time, interval ❹ *v. geweer, hefboom* fulcrum
**rustbank** *v* [-en], **rustbed** *o* [-den] couch
**rustdag** *m* [-dagen] day of rest, holiday
**rusteloos I** *bn* restless * *een~ kind* a restless child * *een~ leven* an unsettled life **II** *bijw* restlessly * *~ naar iets zoeken* search restlessly for sth
**rusteloosheid** *v* restlessness
**rusten** *onoverg* [rustte, h. gerust] rest, relax * *hier rust...* here lies... * *hij ruste in vrede* may he rest in peace * *zijn as ruste in vrede* peace (be) to his ashes * *wel te~!* good night! * *ik moet wat~* I must take a rest * *laten~* let rest * *de paarden laten~* rest one's horses * *we zullen dat punt/die zaak maar laten~* we'll drop the point/let the matter rest * *zijn blik rustte op...* his gaze rested on... * *er rust geen blaam op hem* no blame attaches to him * *op u rust de plicht om...* on you lies/rests the duty to... * *de verdenking rust op hem* suspicion points to him
**rustgevend** *bn* restful, comforting * *een~e gedachte* a comforting/consoling thought
**rusthuis** *o* [-huizen] rest home, old people's home
**rustiek** *bn* ❶ *in natuurtoestand* rustic ❷ *landelijk* rural
**rustig I** *bn* ❶ *v. zaken* quiet, still, tranquil, restful, ‹zonder voorvallen› uneventful * *een~ dorp* a quiet village * *een~ plek* a peaceful/tranquil/quiet spot ❷ *v. personen* quiet, placid, calm, ‹niet haastig› steady * *zich~ houden* keep quiet **II** *bijw* quietly, calmly & * *het~ aan doen* take it easy * *~ antwoorden* answer calmly * *ga maar~ door* feel free to continue * *zaterdag en zondag gingen~ voorbij* Saturday and Sunday passed uneventfully * *blijft u~ zitten* please don't get up * *ze zat~ televisie te kijken* she was quietly watching television
**rustigjes** *bijw* quietly
**rustoord** *o* [-en] retreat, health resort
**rustpauze** *v* [-n & -s] rest, break
**rustplaats** *v* [-en] resting place * *iem. naar zijn laatste~ brengen* lay sbd to rest
**rustpunt** *o* [-en] ❶ *pauze* rest, period ❷ *steunpunt* support, refuge, haven
**rustsignaal** *o* rest signal
**ruststand** *m* ❶ *v. lichaam* rest ❷ sp half-time score

**rustteken** *o* [-s] muz rest
**rusttijd** *m* [-en] (time of) rest, break
**rustverstoorder** *m* [-s] disturber of the peace, rioter
**rustverstoring** *v* [-en] disturbance
**ruw I** *bn* ❶ *oneffen* rugged, coarse ❷ *onbewerkt* raw, rough, crude * *een~e diamant* a rough diamond * *~ ijzer* pig iron * *~e olie* crude oil ❸ *grof* rough, coarse, crude, rude * *een~e kerel* a rough fellow ❹ *woest* rough * *~ weer* rough weather ❺ *in grove trekken* rough * *een~e schatting* a rough estimate **II** *bijw* roughly, coarsely, crudely * *~ gewekt worden door lawaai op straat* be harshly awakened by noise in the street
**ruwharig** *bn* shaggy, wire-haired * *een~e hond* a wire-haired dog
**ruwheid** *v* [-heden] ❶ *oneffenheid* roughness ❷ *v. personen* coarseness, rudeness, crudity, ‹ongevoeligheid› harshness, ‹hardhandigheid› roughness
**ruwweg** *bijw* ❶ *ongeveer* roughly, generally ❷ *onbeschaamd* crudely, rudely
**ruzie** *v* [-s] quarrel, fight, ‹minder ernstig› squabble * *~ hebben* be quarrelling, be at odds * *~ hebben over...* quarrel about... * *~ krijgen over* quarrel about, fall out over * *~ maken* quarrel * *~ stoken* make mischief/trouble * *~ zoeken* pick a quarrel, look for trouble
**ruzieachtig** *bn* argumentative, quarrelsome * *op~e toon* in an argumentative tone (of voice)
**ruziemaker** *m* [-s] wrangler, quarrelsome person
**ruziën** *onoverg* [ruziede, h. geruzied] quarrel
**RVD** *afk* (Rijksvoorlichtingsdienst) Government Information Service, in Groot-Brittannië Central Office of Information
**Rwanda** *o* Rwanda
**Rwandees I** *bn & o* Rwandan **II** *m* [-dezen] Rwandan

# S

**s** v [s'en] s

**saai I** bn dull, boring * een ~e piet a boring fellow **II** bijw boringly **III** o & m stof serge

**saaiheid** v dullness, tedium

**saamhorigheid** v solidarity, unity

**saamhorigheidsgevoel** o solidarity, togetherness

**saampjes** bijw together

**Saarland** o Saarland

**sabbat** m [-ten] sabbath, Sabbath

**sabbatsjaar, sabbatjaar** o [-jaren] sabbatical year

**sabbatsrust, sabbatrust** v sabbath rest

**sabbatviering** v observance of the Sabbath

**sabbelen** onoverg [sabbelde, h. gesabbeld] suck * ~ op suck * ~ aan suck, lick

**sabel I** m [-s] **❶** wapen sabre, sword * de ~ trekken draw one's sabre **❷** dier sable **II** o **❶** bont sable **❷** herald sable

**Sabijns** bn Sabine * de ~e maagdenroof the rape of the Sabine women

**sabotage** v sabotage

**saboteren** overg [saboteerde, h. gesaboteerd] sabotage

**saboteur** m [-s] saboteur

**sacharine** v saccharin

**sacharose** v (m) [-n] saccharose

**sachertaart** v [-en] Sachertorte

**sachet** o [-s] sachet

**sacraal** bn sacral, sacred

**sacrament** o [-en] sacrament * de laatste ~en toedienen administer the last sacraments * het ~ der zieken extreme unction, the sacrament of the (anointing of the) sick

**sacramenteel** bn sacramental

**Sacramentsdag** m Corpus Christi

**sacristie** v [-tieën] sacristy, vestry

**sadisme** o sadism

**sadist** m [-en] sadist

**sadistisch I** bn sadistic **II** bijw sadistically

**sadomasochisme** o sadomasochism

**sadomasochist** m [-en] sadomasochist

**sadomasochistisch** bn sadomasochistic

**safari** m ['s] safari

**safaripark** o [-en] safari park

**safe I** bn safe, secure * ~ sex safe sex * op ~ spelen play it safe **II** m [-s] **❶** brandkast safe **❷** safe-deposit safe deposit box

**saffie** o [-s] fag

**saffier** m & o [-en] **❶** edelsteen sapphire **❷** kleur sapphire

**saffierblauw I** bn sapphire blue **II** o sapphire blue

**saffieren** bn sapphire * de ~ bruiloft the sapphire wedding anniversary

**saffloer** m en o [-s] safflower

**saffraan** m saffron

**saga** v ['s] saga

**sage** v [-n] legend, folk story

**sago** m sago

**saillant I** bn salient, prominent * een ~ detail a striking detail **II** m & o [-en] mil salient

**Saint-Kitts en Nevis** o Saint Kitts-Nevis

**Saint-Lucia** o Saint Lucia

**Saint-Vincent en de Grenadinen** o Saint Vincent and the Grenadines

**sajet** m worsted

**sakkeren** onoverg [sakkerde, h. gesakkerd] ZN swear, curse, grumble

**salade** v [-s] salad

**salamander** m [-s] dier salamander ▼ ZN een ~ doen propose a toast and drink together

**salami** m salami

**salamitactiek** v salami tactics

**salarieel** bn salary

**salariëren** overg [salarieerde, h. gesalarieerd] salary, pay

**salariëring** v payment

**salaris** o [-sen] salary, pay * een vast ~ a fixed salary * met opgave van verlangd ~ stating the salary desired

**salarisadministratie** v [-s] salary/pay/wage records

**salariseis** m [-en] salary/pay/wage claim

**salarisgroep** v [-en] salary group

**salarisschaal** v salary/pay/wage scale

**salarisstrookje** o [-s] pay slip

**salarisverhoging** v [-en] (pay) rise, salary/pay/wage increase, Am raise

**salarisverlaging** v [-en] pay/wage/salary cut, reduction in salary, salary reduction

**salderen** overg [saldeerde, h. gesaldeerd] balance

**saldibalans** v [-en] trial balance

**saldo** o ['s & -di] balance * een batig ~ a credit balance, a balance in one's favour * een nadelig ~ a deficit * het ~ in kas the balance in hand, the cash balance * ~ mutaties changes in the balance * per ~ on balance; fig in the end, after all

**saldotekort** o [-en] deficit

**salesmanager** m [-s] sales manager

**salicylzuur** o salicylic acid

**salie** v sage

**salmiak** m salmiac

**salmonella** v ['s] salmonella

**Salomonseilanden** zn [mv] Solomon Islands

**salomonsoordeel** o [-delen] judgement/Am judgment of Solomon

**salomonszegel** m [-s] plant Solomon's seal

**salon** m & o [-s] **❶** ontvangkamer drawing room **❷** kapsalon salon **❸** meubels ZN drawing room furniture **❹** beurs ZN fair

**salonboot** m & v [-boten] saloon boat/steamer

**salonfähig** bn **❶** socially acceptable **❷** v. persoon, optreden presentable

**salonheld** m [-en] socialite

**salonmuziek** v drawing room/salon music

**sa**

**salonsocialist** *m* [-en] armchair socialist
**salontafel** *v* [-s] coffee table
**saloondeuren** *zn* [mv] saloon doors
**salopette** *v* [-s] dungarees
**salpeter** *m & o* saltpetre, nitre/<u>Am</u> niter
**salpeterzuur** *o* nitric acid
**salto** I *m* ['s] somersault * *een ~ mortale* a
death-defying leap
**salueren** *onoverg & overg* [salueerde, h. gesalueerd]
salute
**saluut** I *o* [-luten] salute, greeting * *het ~ geven* <u>mil</u>
give the salute, salute; <u>scheepv</u> fire a salute II *tsw*
* *~!* goodbye!
**saluutschot** *o* [-schoten] salute * *er werden 21 ~en
gelost* a 21-gun salute was fired
**Salvadoriaan** *m* [-rianen] Salvadorean
**Salvadoriaans** *bn* Salvadorean
**Salvadoriaanse** *v* [-n] Salvadorean * *ze is een ~*
she's a Salvadorean, she's from El Salvador
**salvo** *o* ['s] volley, salvo
**Samaritaan** *m* [-tanen] Samaritan * *de barmhartige
~* the good Samaritan
**samba** *m* ['s] samba
**sambal** *m* [-s] sambal
**samen** *bijw* together * *zij ~* the two of them * *zij zijn
het ~ eens* they agree with each other/with one
another * *~ uit ~ thuis* out together, home together;
<u>fig</u> we're in this together * *~ wordt dat 10 euro* that
makes 10 euros altogether/in all
**samenballen** I *overg* [balde samen, h. samengebald]
bunch/bring together, ‹v. vuisten› clench,
‹v. wolken› gather * *zich ~* gather * *de krachten ~*
combine forces II *onoverg* [balde samen, is
samengebald] gather
**samenbinden** *overg* [bond samen, h.
samengebonden] bind/tie together
**samenbrengen** *overg* [bracht samen, h.
samengebracht] bring together, unite
**samendoen** I *overg* [deed samen, h. samengedaan]
put together, combine II *onoverg* [deed samen, h.
samengedaan] be partners, act in common, ‹samen
delen› go shares
**samendrommen** *onoverg* [dromde samen, is
samengedromd] crowd together
**samendrukken** *overg* [drukte samen, h.
samengedrukt] press together, compress
**samengaan** *onoverg* [ging samen, is samengegaan]
go together * *vanaf 1 januari gaan deze banken
samen* as from January 1st these banks will merge
* *~ met* go with * *deze ziekte gaat vaak samen met
koorts* this illness often goes hand in hand with
fever/is often accompanied by fever * *niet ~ met* not
go together with; <u>fig</u> be incompatible with
**samengesteld** *bn* compound, composite, complex
* *een ~e zin* a compound/complex sentence * *een ~
woord* a compound (noun) * *een ~e boog* a
composite bow * *~e interest* compound interest * *een
~ blad* a compound leaf * *een ~ oog* a

compound/multifaceted eye
**samengesteldbloemigen** *zn* [mv] <u>plantk</u>
composites
**samenhang** *m* ❶ *onderling verband* connection * *in
~ met* in connection with ❷ *v. zin &* coherence
* *gebrek aan ~* incoherence * *de betekenis van een
woord uit de ~ opmaken* deduce the meaning of a
word from the context * *zonder ~* disconnected,
incoherent
**samenhangen** *onoverg* [hing samen, h.
samengehangen] be connected/linked * *dat hangt
samen met* that is connected with * *alles hangt
samen* everything is (inter)connected * *die dingen
hangen nauw samen* these things are closely
connected
**samenhangend** *bn* ❶ *coherent* coherent, connected,
consistent ❷ *verbonden* connected, related * *en de
daarmee ~e kwesties* and the related/allied matters
**samenklank** *m* harmony, concord, consonance
**samenklonteren** *onoverg* [klonterde samen, is
samengeklonterd] coagulate
**samenknijpen** *overg* [kneep samen, h.
samengeknepen] press/squeeze together, ‹v. oog›
squint * *samengeknepen lippen* compressed lips
**samenkomen** *onoverg* [kwam samen, is
samengekomen] ❶ meet, assemble, get together,
gather ❷ *v. lijnen* converge, meet
**samenkomst** *v* [-en] meeting
**samenleven** *onoverg* [leefde samen, h.
samengeleefd] live together, ‹vreedzaam› coexist
* *met elkaar ~* live together
**samenleving** *v* [-en] society * *de westerse ~* Western
society
**samenlevingscontract** *o* [-en] ±
partnership/cohabitation contract
**samenloop** *m* concourse, concurrence,
convergence * *door een ~ van omstandigheden* by
coincidence/chance * *de ~ van twee rivieren* the
confluence of two rivers
**samenpakken** I *overg* [pakte samen, h.
samengepakt] pack (together) II *wederk* [pakte
samen, h. samengepakt] * ‹v. wolken› *zich ~*
gather
**samenpersen** *overg* [perste samen, h.
samengeperst] press together, compress
* *samengeperste lucht* compressed air
**samenraapsel** *o* [-s] hotchpotch, pack * *een ~ van
leugens* a complete fabrication, a pack of lies
**samenroepen** *overg* [riep samen, h.
samengeroepen] call together, summon * *een
vergadering ~* convene a meeting
**samenscholen** *onoverg* [schoolde samen, h. en is
samengeschoold] assemble, gather
**samenscholing** *v* [-en] assembly, gathering
**samensmelten** I *overg* [smolt samen, h.
samengesmolten] fuse/melt together II *onoverg*
[smolt samen, is samengesmolten] ❶ fuse together
❷ <u>fig</u> amalgamate, merge

**samensmelting** v [-en] ❶ melting together ❷ fig amalgamation

**samenspannen** onoverg [spande samen, h. en is samengespannen] conspire, plot

**samenspanning** v [-en] conspiracy, plot

**samenspel** o ❶ ❷ combined play, action ❸ muz ensemble ❹ sp teamwork

**samenspraak** v [-spraken] conversation, dialogue/Am dialog ✳ in ~ in consultation

**samenstel** o ❶ combinatie combination ✳ kentekens bestaan uit een ~ van cijfers registration numbers consist of a combination of numbers ❷ inrichting, bouw structure, system, framework, body, fig fabric ✳ het ~ van het menselijk lichaam the structure of the human body ✳ een wereldwijd ~ van computers en computernetwerken a world-wide system of computers and computer networks

**samenstellen** overg [stelde samen, h. samengesteld] ❶ put together, compose, make up ✳ de ~de delen the component parts ✳ samengesteld uit composed of, made up of, put together from ❷ opstellen draw up, compile

**samensteller** m [-s] compiler, composer

**samenstelling** v [-en] ❶ composition, make-up, ⟨bouw⟩ assembly, construction, ⟨v. woorden &⟩ compilation ✳ de ~ van moedermelk/leidingwater & the composition of mother's milk/tap water & ✳ een ~ van verschillende gerechten an arrangement/a combination of various dishes ❷ taalk compound word, compound

**samenstromen** onoverg [stroomde samen, is samengestroomd] ❶ rivieren & flow together ❷ v. mensen flock together

**samentrekken I** overg [trok samen, h. samengetrokken] ❶ contract, draw/pull together, ⟨v. wolken⟩ gather, ⟨v. lippen⟩ purse, ⟨v. wenkbrauwen⟩ knit, ⟨v. knoop &⟩ tighten ✳ de baarmoeder trekt zich samen the uterus contracts ❷ mil concentrate ✳ zich ~ concentrate ❸ taalk contract **II** onoverg [trok samen, is samengetrokken] contract

**samentrekking** v [-en] ❶ contraction ❷ v. troepen & mil concentration

**samenvallen I** onoverg [viel samen, is samengevallen] coincide **II** o coincidence

**samenvatten** overg [vatte samen, h. samengevat] summarize, sum up ✳ verhalen in een bundel samengevat stories published in one volume

**samenvatting** v [-en] summary, abstract, summing-up

**samenvloeien** onoverg [vloeide samen, is samengevloeid] flow together, meet

**samenvloeiing** v [-en] confluence, merging

**samenvoegen** overg [voegde samen, h. samengevoegd] join, unite ✳ zich ~ join together

**samenvoeging** v [-en] junction

**samenvouwen** overg [vouwde samen, h. samengevouwen] ❶ fold up ❷ de handen fold

**samenwerken** onoverg [werkte samen, h. samengewerkt] cooperate, collaborate, work/act together ✳ met iem. ~ work with sbd ✳ dit alles werkte samen om... everything combined to...

**samenwerking** v cooperation, collaboration ✳ in ~ met in cooperation/collaboration/association with ✳ waarom Europese ~ op het gebied van terrorismebestrijding? why should the European Union take concerted action to combat terrorism?

**samenwerkingsorgaan** o [-ganen] cooperative body

**samenwerkingsverband** o [-en] cooperation, collaboration, joint venture, working relationship ✳ een ~ van een aantal organisaties a cooperative/collaborative/joint effort by several organizations

**samenwerkingsverdrag** o [-dragen] treaty of cooperation

**samenwonen I** onoverg [woonde samen, h. samengewoond] ❶ alg. live together ❷ ongehuwd cohabit, live together, inf shack up (with) ❸ wegens woningschaarste share a house **II** o ✳ het ~ cohabitation

**samenzang** m community singing

**samenzijn** o meeting, gathering ✳ een gezellig ~ a social gathering

**samenzweerder** m [-s] conspirator, plotter

**samenzweerderig** bn conspiratorial

**samenzweren** onoverg [zwoer samen, h. samengezworen] conspire, plot

**samenzwering** v [-en] conspiracy ✳ een ~ smeden lay a plot

**Samoa** o Samoa

**samoerai** m [mv idem] samurai

**samplen** overg [samplede, h. gesampled] geluidstechniek sample

**sampler** m [-s] geluidstechniek sampler

**samsam** bijw fifty-fifty ✳ ~ doen go fifty-fifty, go Dutch

**sanatorium** o [-s & -ria] sanatorium, health resort

**sanctie** v [-s] sanction, authorization ✳ ~ verlenen aan een ingeroest gebruik sanction an ingrained custom

**sanctioneren** overg [sanctioneerde, h. gesanctioneerd] sanction

**sandaal** v [-dalen] sandal

**sandelhout** o sandalwood

**sandwich** m [-es] sandwich

**saneren** overg [saneerde, h. gesaneerd] ❶ reorganiseren restructure, reorganize, restructure ❷ bezuinigen, inkrimpen downsize, slim down, trim ❸ verbeteren redevelop, clean up ✳ een stadswijk ~ redevelop a district ❹ v. gebit put in order

**sanering** v reorganization, redevelopment, rationalization, streamlining, ⟨inkrimping⟩ downsizing ✳ de ~ van het gebit having one's teeth put in order

**saneringskosten** zn [mv] sanitation costs ✳ de ~

*van het gebit* the costs associated with having one's teeth put in order

**saneringsplan** *o* [-nen]
❶ redevelopment/reconstruction plan, clean-up scheme ❷ *woningen* housing improvement scheme

**sanguinisch** *bn* sanguine, optimistic

**sanitair I** *bn* sanitary ✳ ~*e artikelen* sanitary articles ✳ *een* ~*e stop maken* go to the bathroom/toilet **II** *o* sanitary fittings, sanitation, plumbing

**San Marinees I** *m* [-nezen] San Marinese, Sanmarinese **II** *bn* San Marinese, Sanmarinese

**San Marino** *o* San Marino

**sanseveria, sansevieria** *v* ['s] *kamerplant* sansevieria, sansevieria

**Sanskriet** *o* Sanskrit

**santé, santjes!** *tsw* your health!

**santenkraam** *v & o* ✳ *de hele* ~ the whole lot/caboodle

**Saoedi-Arabië** *o* Saudi Arabia

**Sao Tomé en Príncipe** *o* São Tomé and Príncipe

**sap** *o* [-pen] ❶ *v. plant* sap ❷ *v. fruit* juice

**sapcentrifuge** *v* [-s] juicer

**sapje** *o* [-s] (fruit) juice

**sappel** *m* ✳ ⟨zich druk maken⟩ *zich* (*te*) ~ *maken over iets* get wound up/*inf* het up about sth

**sappelen** *onoverg* [sappelde, h. gesappeld] *hard werken* drudge, toil, slave

**sappig** *bn* ❶ *fruit & vlees* juicy ❷ *plant* sappy, succulent ❸ *fig* juicy, racy ✳ *een* ~ *verhaal* a juicy/racy story ✳ ~*e teksten* racy texts/lyrics

**sappigheid** *v* ❶ *fruit & vlees* juiciness, succulence ❷ *plant* sappiness

**Saraceen** *m* [-cenen] Saracen

**Saraceens** *bn* Saracen

**sarcasme** *o* [-n] sarcasm

**sarcast** *m* [-en] sarcastic person

**sarcastisch I** *bn* sarcastic, pointed, ironic **II** *bijw* sarcastically &

**sarcofaag** *m* [-fagen] sarcophagus

**sarcoom** *o* [-comen] sarcoma

**sardine** *v* [-s], **sardien** [-en] sardine

**sardineblikje, sardienenblikje** *o* [-s] sardine tin

**Sardinië** *o* Sardinia

**sardonisch I** *bn* sardonic **II** *bijw* sardonically ✳ ~ *lachen* laugh sardonically

**sarong** *m* [-s] sarong

**sarren** *overg* [sarde, h. gesard] tease, bait

**sas I** *o* [-sen] *sluis* lock **II** *m* [-sen] *v. vuurwerk* powder ▼ *in zijn* ~ *zijn* be in a good humour, be pleased

**sassen** *onoverg* [saste, h. gesast] piss

**satan** *m* [-s] Satan, devil ✳ *een* ~ *van een man* a devil of a man

**satanisch I** *bn* satanic, devilish, diabolical **II** *bijw* satanically & ✳ ~ *lachen* laugh diabolically

**satanisme** *o* Satanism

**satanskind** *o* [-eren] child of Satan

**saté** *v* satay, saté, satai ✳ *een sateetje eten/halen* eat/get a (take-away) satay

**satelliet** *m* [-en] satellite

**satellietfoto** *v* ['s] satellite photo

**satellietnavigatiesysteem** *o* [-temen] satellite navigation system

**satellietschotel** *m & v* [-s] satellite dish

**satellietstaat** *m* [-staten] satellite state

**satellietverbinding** *v* [-en] satellite link(-up)

**satellietzender** *m* [-s] satellite transmitter

**sater** *m* [-s] satyr

**satijn** *o* satin

**satijnen** *bn* satin

**satineren** *overg* [satineerde, h. gesatineerd] satin, glaze ✳ *gesatineerd papier* shiny paper

**satinet** *o & m* satinet(te), sateen

**satire** *v* [-s & -n] satire ✳ *een* ~ *maken op* satirize

**satiricus** *m* [-ci] satirist

**satirisch** *bn* satirical

**satraap** *m* [-trapen] *hist* satrap, *fig* despot

**saturatie** *v* saturation

**Saturnus** *m* *astron & astron* Saturn

**satyr** *m* [-s] satyr

**saucijs** *v* [-cijzen] sausage

**saucijzenbroodje** *o* [-s] sausage roll

**sauna** *m* ['s] sauna

**saus** *v* [-en & sauzen] ❶ *alg.* sauce, ⟨op sla⟩ dressing ✳ *fig iets met een romantisch* ~*je overgieten* give sth a romantic flavour/tinge ❷ *voor muren &* whitewash, distemper

**sausen I** *overg* [sauste, h. gesaust], **sauzen** [sausde, h. gesausd] ❶ *muur* whitewash, distemper ❷ *v. eten* sauce **II** *onoverg* [sauste, h. gesaust], **sauzen** [sausde, h. gesausd] *regenen* pour down

**sauskom** *v* [-men] sauce boat

**sauteren** *overg* [sauteerde, h. gesauteerd] sauté

**savanne** *v* [-n & -s] savanna(h)

**saven** *overg* [savede, h. gesaved] *comput* save

**savooiekool** *v* [-kolen] savoy (cabbage)

**savoureren** *overg* [savoureerde, h. gesavoureerd] savour, relish

**Savoye** *o* Savoy

**sawa** *m* ['s] paddy/rice field

**saxofonist** *m* [-en] saxophonist

**saxofoon** *v* [-s & -fonen] saxophone

**scabreus** *bn* salacious, obscene, smutty, risqué

**scala** *v & o* ['s] *ook muz* scale, range ✳ *een* ~ *van producten/diensten &* a range of products/services & ✳ *het hele* ~ *van gevoelens* the whole gamut of feelings

**scalp** *m* [-en] scalp

**scalpeermes** *o* [-sen] scalping knife

**scalpel** *o* [-s] scalpel

**scalperen** *overg* [scalpeerde, h. gescalpeerd] scalp

**scampi** *zn* [mv] scampi

**scan** *m* [-s] scan

**scandaleus** *bn* scandalous, outrageous

**scanderen** *overg* [scandeerde, h. gescandeerd] chant, ⟨v. verzen⟩ scan ✳ *leuzen* ~ chant slogans

**Scandinavië** *o* Scandinavia

**Scandinaviër** m [-s] Scandinavian
**Scandinavisch** bn Scandinavian
**Scandinavische** v [-n] Scandinavian * ze is een ~ she's a Scandinavian, she's from Scandinavia
**scannen** overg [scande, h. gescand] scan
**scanner** m [-s] scanner * een optische ~ an optical scanner
**scapulier** o & m [-s & -en] RK scapulary, scapular
**scarabee** m & v [-beeën] ❶ mestkever scarab beetle ❷ voorstelling daarvan scarab
**scenario** o ['s] ook fig scenario
**scenarioschrijver** m [-s] scenario writer, ⟨v. film ook⟩ screenwriter
**scene** v scene, set, circle
**scène** v [-s] ❶ toneel scene ❷ misbaar scene * een ~ maken make a scene * in ~ zetten mount, stage ⟨a play⟩; ⟨simuleren⟩ fake * het was allemaal in ~ gezet the whole thing was fixed beforehand/was prearranged, inf it was all a put-up job
**scepsis** v scepticism
**scepter** m [-s] sceptre * de ~ zwaaien wield the sceptre, hold sway; inf rule the roost * de ~ zwaaien over iets sway over sth
**scepticisme** o scepticism
**scepticus** m [-ci] sceptic
**sceptisch** I bn sceptical * een ~ gezicht zetten pull a sceptical face II bijw sceptically * ~ tegenover iets staan be sceptical about sth
**schaaf** v [schaven] ❶ voor hout plane ❷ voor kaas & slicer, grater
**schaafbank** v [-en] joiner's/carpenter's bench
**schaafsel** o shavings
**schaafwond** v [-en] graze, scrape, abrasion
**schaak** I o chess * een partij ~ a game of chess II bijw * ~ spelen play chess * ~ geven check * ~ staan be in check * iem. ~ zetten put sbd in check III tsw in 't schaakspel check!
**schaakbord** o [-en] chessboard
**schaakclub** v [-s] chess club
**schaakcomputer** m [-s] chess computer
**schaakklok** v [-ken] chess clock
**schaakmat** o checkmate * hij werd ~ gezet sp he was mated; fig he was checkmated
**schaakmeester** m [-s] chess master
**schaakpartij** v [-en] game of chess
**schaakspel** o [-en & -len] ❶ (game of) chess ❷ schaakbord en stukken chess set
**schaakspeler** m [-s] chess player
**schaakstuk** o [-ken] chessman, chess piece
**schaakzet** m [-ten] chess move
**schaal** v [schalen] ❶ v. schaaldier, ei shell ❷ schotel dish, bowl, plate * ⟨in kerk⟩ met de ~ rondgaan take the collection, take the plate around ❸ weegschaal (pair of) scales * dat legt gewicht in de ~ that carries weight ❹ verhouding scale * op ~ tekenen draw to scale * ~ 1: 2 scale 1: 2 * op grote/kleine ~ on a large/small scale * op grote ~ large-scale ⟨map, campaign &⟩, wholesale ⟨arrests, slaughter &⟩ * op

grote ~ gebruikt used extensively
**schaaldier** o [-en] crustacean
**schaalmodel** o [-len] scale model
**schaalverdeling** v [-en] graduation, scale division
**schaalvergroting** v [-en] scaling-up
**schaalverkleining** v scaling-down
**schaambeen** o [-deren] pubis
**schaamdelen** zn [mv] genitals, privy/private parts
**schaamhaar** o pubic hair
**schaamlippen** zn [mv] labia
**schaamluis** v [-luizen] crab louse
**schaamrood** o ashamed blush * het ~ steeg haar naar de kaken she blushed with shame * iem. het ~ op de kaken jagen make sbd blush
**schaamspleet** v [-spleten] vulva
**schaamstreek** v pubic/genital region/area
**schaamte** v shame * alle ~ afgelegd hebben have lost all sense of shame * valse ~ false shame * zonder ~ shameless
**schaamtegevoel** o sense of shame, feeling of shame * geen enkel ~ meer hebben have lost all sense of shame
**schaamteloos** I bn shameless, impudent, brazen * een schaamteloze leugen a barefaced lie II bijw shamelessly & * ~ liegen tell barefaced lies, inf lie in the back of one's teeth
**schaamteloosheid** v shamelessness, impudence, brazenness
**schaap** o [schapen] sheep * het arme ~ the poor thing * een verdoold ~ a stray/lost sheep * het verloren ~ the lost sheep * het zwarte ~ the black sheep * de schapen van de bokken scheiden separate the sheep from the goats * als er één ~ over de dam is volgen er meer one sheep follows another * een ~ met vijf poten willen be looking for the impossible
**schaapachtig** I bn sheepish, silly II bijw sheepishly
**schaapherder** m [-s] shepherd
**schaapje** o [-s] (little) sheep * zijn ~s op het droge hebben have made good, have had all one's ships come in * ~s tellen count sheep
**schaapskleren** zn [mv] * een wolf in ~ a wolf in sheep's clothing
**schaapskooi** v [-en] sheepfold, sheep pen
**schaar** v [scharen] ❶ om te knippen (pair of) scissors ❷ om te snoeien (pair of) shears ❸ van ploeg share ❹ v. kreeft pincer, nipper, claw ❺ menigte crowd, flock ❻ kerf score
**schaarbeweging** v [-en] ❶ scissor movement ❷ voetbal feint
**schaars** I bn ❶ niet veel voorkomend scarce * water: een ~ goed water: a commodity in short supply/a scarce commodity * geld blijft ~ money remains in short supply * voedsel werd ~ food became scarce ❷ niet vaak voorkomend rare, infrequent * tijdens zijn ~e bezoeken during his infrequent visits * zijn ~e vrije ogenblikken the rare moments he had to himself ❸ karig scanty, meagre * een ~ loon a meagre wage II bijw ❶ niet vaak seldom,

infrequently * *ik zag hem* ~ I rarely/seldom saw him, I saw him seldom/rarely/infrequently ❷ *karig* scantily, sparsely *~ belicht* dimly lit *~ gekleed zijn* be scantily dressed

**schaarste** *v* ❶ *v. leraren &* scarcity ❷ *v. geld &* dearth, shortage ❸ *v. voedsel* famine

**schaats** *v* [-en] skate * *een scheve ~ rijden* overstep the mark * *kunstrijden op de* ~ figure skating * *hardrijden op de* ~ speed skating * *de ~en onderbinden* put on one's skates

**schaatsbaan** *v* [-banen] skating rink

**schaatsen I** *onoverg* [schaatste, h. geschaatst], **schaatsenrijden** [reed schaatsen, h. schaatsengereden] skate **II** *o* skating

**schaatser, schaatsenrijder** *m* [-s] skater

**schaatswedstrijd** *m* [-en] skating match

**schacht I** *v* [-en] ❶ *v. anker, sleutel* shank ❷ *v. laars* leg ❸ *v. plant* stem ❹ *v. veer* quill, shaft ❺ *v. mijn, pijl* shaft **II** *m* [-en] *rekruut, groen* ZN recruit, freshman

**schade** *v* damage, ‹persoon ook› harm * *materiële ~* material damage, jur pecuniary damage * *immateriële ~* emotional damage/distress *~ aan derden* third-party damage *~ bij vervoer* damage incurred in transit *~ aanrichten/doen* cause/do damage, do harm *~ zijn ~ inhalen* make up for/compensate for sth *~ lijden* sustain damage, be damaged, suffer a loss, lose *~ toebrengen* do damage to, inflict damage on *~ de ~ vergoeden* pay for the damage * *hoeveel is de ~?* what's the damage? * *door ~ en schande wordt men wijs* you live and learn * *tot ~ van zijn gezondheid* to the detriment of his health

**schadeafwikkeling** *v* claim settlement

**schadebedrag** *o* [-dragen] amount of the loss/damage

**schadeclaim** *m* [-s] claim for damages, insurance claim

**schade-expert** *m* [-s] verz claims assessor, loss adjuster

**schadeformulier** *o* [-en] ❶ *alg.* claim form ❷ *bij een ongeluk* accident report

**schadelijk** *bn* harmful, injurious, damaging *~e dampen* noxious fumes *~e dieren* pests, ‹ongedierte› vermin * *een ~ insect* a destructive insect *~ voor de gezondheid* harmful/detrimental to one's health

**schadelijkheid** *v* harmfulness

**schadeloos** *bn* ❶ *zonder schade* unharmed, undamaged ❷ *onschadelijk* harmless

**schadeloosstellen** *overg* [stelde schadeloos, h. schadeloosgesteld] compensate, indemnify * *iem. ~ voor iets* compensate/indemnify sbd for sth

**schadeloosstelling** *v* compensation, indemnity, damages

**schaden** *overg* [schaadde, h. geschaad] damage, hurt, harm * *iem. ~* harm sbd * *roken schaadt de gezondheid* smoking is harmful to/damages/is detrimental to your health

**schadeplichtig** *bn* liable (for damages)

**schadepost** *m* [-en] unexpected loss, item of loss, loss item

**schaderapport** *o* [-en] ❶ damage report ❷ *na een ongeluk* accident report

**schadevergoeding** *v* [-en] compensation, indemnification, indemnity, damages *~ eisen (van iem.)* claim damages (from sbd), jur sue (sbd) for damages *~ geven* pay damages

**schadeverzekering** *v* [-en] indemnity/general insurance, property and casualty insurance

**schadevordering** *v* [-en] claim (for damages/compensation)

**schadevrij** *bn bijw* accident-free, without an accident * *ik rij al 20 jaar* ~ I haven't had an accident in 20 years

**schaduw** *v* [-en] ❶ *zonder bepaalde omtrek* shade * *in de ~ lopen* walk in the shade * *in de ~ stellen* put in/throw into the shade, eclipse ❷ *met bepaalde omtrek* shadow * *een ~ van wat hij geweest was* the shadow of his former self * *de ~ des doods* the shadow of death * *iem. als zijn ~ volgen* follow sbd like a shadow * *zijn ~ vooruitwerpen* announce itself * *een ~ werpen op* cast/throw a shadow on, fig cast a shadow/gloom over * *je kunt niet in zijn ~ staan* he's more than your equal, you're no match for him

**schaduwbeeld** *o* [-en] shadow, silhouette

**schaduwboekhouding** *v* [-en] duplicate bookkeeping * *nagenoeg alle bouwbedrijven houden een ~ bij* virtually all construction firms keep a second lot of books

**schaduwen** *overg* [schaduwde, h. geschaduwd] ❶ *schaduw aanbrengen* shade ❷ *verdachten &* shadow, follow ❸ sp mark

**schaduwkabinet** *o* [-ten] shadow cabinet

**schaduwrijk** *bn* shady, shadowy

**schaduwspits** *m* [-en] voetballer split striker, hole player

**schaduwzijde** *v* [-n] ❶ shady side ❷ fig drawback

**schaffen** *overg* [schafte, h. geschaft] give, procure * *zij geeft haar moeder heel wat te ~* she gives her mother a lot of trouble * *eten wat de pot schaft* eat what's going * *raad ~* find ways and means

**schaft** *v* [-en] ❶ *v. zuil* shaft ❷ *schafttijd* break ❸ *in fabriek* work period

**schaften** *onoverg* [schaftte, h. geschaft] eat * *de werklui zijn gaan ~* the workers have gone off for their meal * *ik wil niets met hem te ~ hebben* I'll have nothing to do with him * *jullie hebben hier niets te ~* you have no business here

**schaftlokaal** *o* [-kalen] canteen

**schafttijd** *m* [-en], **schaftuur** *o* [-uren] lunch hour, lunch(time)

**schakel** *m & v* [-s] link * *de ontbrekende ~* the missing link * *een ketting is zo sterk als zijn zwakste ~* a chain is no stronger than its weakest link * *een zwakke ~* a weak link

**schakelaar** m [-s] switch * *een dubbele* ~a double switch * *een ingebouwde* ~a built-in switch
**schakelarmband** m [-en] chain bracelet
**schakelbord** o [-en] switchboard
**schakelen** overg [schakelde, h. geschakeld] ❶ *alg.* link ❷elektr connect, switch ❸ *v.* versnelling shift gear * *naar de derde versnelling* ~shift into third gear
**schakeling** v [-en] ❶ *alg.* linking ❷elektr connection * elektr & comput *een geïntegreerde* ~an integrated circuit
**schakelkast** v [-en] switch box
**schakelklas** v [-sen] intermediate class, Br ± upper third, Am ± 9th grade
**schakelklok** v [-ken] time switch
**schakelprogramma** o ['s] radio/TV linkup
**schakelwoning** v [-en] semi-detached house
**schaken** I overg [schaakte, h. geschaakt] ontvoeren abduct II onoverg [schaakte, h. geschaakt] sp play chess
**schaker** m [-s] ❶ *ontvoerder* abductor ❷ *schaakspeler* chess player
**schakeren** overg [schakeerde, h. geschakeerd] grade, variegate, chequer
**schakering** v [-en] grade, variegation, nuance, shade
**schaking** v [-en] elopement, abduction
**schalie** v [-s & -liën] ZN shale
**schalks** I bn roguish, mischievous, cheeky II bijw roguishly &
**schallen** onoverg [schalde, h. geschald] sound, resound * *laten* ~sound ‹the horn›
**schalm** m [-en] link
**schalmei** v [-en] oud muziekinstrument shawm
**schamel** I bn poor, shabby, humble, miserable * *een* ~e *woning* a humble dwelling II bijw poorly, shabbily & * ~*-gekleed* poorly/shabbily dressed
**schamen** wederk [schaamde, h. geschaamd] * zich ~ be/feel ashamed, feel shame * *zich dood* ~, *zich de ogen uit het hoofd* ~not know where to hide for shame * *je moest je* ~you ought to be ashamed of yourself * *ik behoef mij daarover niet te* ~I don't need to be ashamed of that * *schaamt u zich niet?* don't you feel ashamed? * *zich* ~*over* be ashamed of * *zich* ~*voor* be ashamed for
**schampen** overg [schampte, h. en is geschampt] graze
**schamper** I bn scornful, sarcastic, contemptuous * *een* ~e *opmerking* a sneer, a sneering/sarcastic remark II bijw scornfully &
**schamperen** onoverg [schamperde, h. geschamperd] sneer, say scornfully
**schampschot** o [-schoten] grazing shot, graze
**schandaal** o [-dalen] ❶ *schande* scandal, shame, disgrace * *het is een* ~*dat...* it's a disgrace that... * ~*maken/verwekken* create/cause a scandal * *hij is het* ~*van de familie* he's the disgrace of the family ❷ *opschudding* outrage, scandal

**schandaalblad** o [-bladen] scandal sheet, tabloid
**schandaalpers** v scandal/gutter press
**schandalig** I bn disgraceful, scandalous, shameful * ~, *zeg!* for shame!, shame! II bijw ❶disgracefully & * *zich* ~*gedragen* behave disgracefully ❷versterkend shockingly, outrageously * ~*duur* outrageously expensive * *een kind* ~*verwennen* spoil a child completely
**schandaliseren** overg [schandaliseerde, h. geschandaliseerd] disgrace
**schanddaad** v [-daden] shameful act, infamy, outrage, atrocity
**schande** v ❶ *alg.* shame, disgrace * *iem.* ~*aandoen* bring shame upon sbd, disgrace sbd * *met* ~ *overladen* utterly disgraced * *iem. te* ~*maken* disgrace sbd * *het zal u tot* ~*strekken* it will be to your disgrace * *tot mijn* ~... to my shame ❷ *schandaal* scandal, disgrace * *het is (bepaald)* ~! it's a (downright) shame!
**schandelijk** I bn shameful, disgraceful, scandalous II bijw ❶shamefully & ❷versterkend outrageously
**schandknaap** m [-knapen] male prostitute
**schandpaal** m [-palen] pillory * *iem. aan de* ~ *nagelen* pillory sbd
**schandvlek** v [-ken] stain, blot, stigma * *de* ~*van de familie* the disgrace of the family
**schandvlekken** overg [schandvlekte, h. geschandvlekt] disgrace, dishonour
**schans** v [-en] ❶mil entrenchment, redoubt ❷skischans (ski) jump
**schansspringen** o ski jump
**schap** o & v [-pen] ❶plank plank ❷vensterbank ZN window sill ❸kast ZN shelf
**schapenbout** m [-en] leg of mutton
**schapenfokker** m [-s] sheep farmer
**schapenfokkerij** v ❶het fokken [-en] sheep breeding ❷bep. bedrijf sheep farm
**schapenhok** o [-ken] sheep shed, (sheep) pen, Br (sheep) cote
**schapenkaas** m [-kazen] sheep's cheese
**schapenkop** m [-pen] ❶sheep's head ❷stommeling blockhead, muttonhead, mutt
**schapenscheerder** m [-s] (sheep)shearer, clipper
**schapenvacht** v [-en] ❶vel sheepskin ❷wol fleece
**schapenvlees** o mutton * *gebraden* ~roast mutton
**schapenwol** v sheep's wool
**schappelijk** I bn fair, reasonable * *een* ~ *uur tarief* a fair/reasonable hourly rate II bijw fairly, reasonably * *er* ~*afkomen* come off reasonably * *iem.* ~ *behandelen* give sbd fair treatment
**schapruimte** v [-s] shelf space
**schar** v [-ren] vis dab, flounder
**schare** v [-n] host, multitude
**scharen** I overg [schaarde, h. geschaard] range, rally, gather II wederk [schaarde, h. geschaard] * zich ~align oneself * zich ~*aan de zijde van...* align oneself on the side of..., side with..., throw in one's lot with... * *zich om de tafel* ~draw round the

**sc**

table * *zich om de leider~* rally round the chief * *zich onder de banieren~ van...* gather under the banners of... **III** *onoverg* [schaarde, h. geschaard] ❶ *v. aanhangwagen* jackknife ❷ *turnen* perform scissors

**scharensliep** *m* [-en], **scharenslijper** [-s] knife grinder

**scharlaken I** *bn* scarlet **II** *o* scarlet

**scharlakenrood** *bn* scarlet

**scharminkel** *o & m* [-s] scrag, skeleton, bag of bones

**scharnier** *o* [-en] hinge

**scharnieren** *onoverg* [scharnierde, h. gescharnierd] hinge (*om* on)

**scharniergewricht** *o* [-en] hinge joint

**scharrel I** *m korte verhouding* flirtation * *aan de~ zijn* fool around **II** *m-v* [-s] *los vriend(innet)je* ± sweetheart, flirt

**scharrelaar** *m* [-s] ❶ *manusje-van-alles* jack-of-all-trades ❷ *handelaar* petty dealer ❸ *iem. die uit is op liefdesavontuurtjes* ⟨man⟩ womanizer, ⟨vrouw⟩ flirt

**scharrelei** *o* [-eren] free-range egg

**scharrelen I** *onoverg* [scharrelde, h. gescharreld] ❶ *v. kippen* scratch, scrape ❷ *rommelen* rummage (about) * *hij scharrelt een beetje rond in de tuin* he potters about in the garden ❸ *losse karweitjes verrichten* do odd jobs, potter about ❹ *ongeregelde handel drijven* ± deal (in) ❺ *losse verkering hebben* flirt **II** *overg* [scharrelde, h. gescharreld] * *iets bij elkaar ~* scrape sth together

**scharrelkip** *v* [-pen] free-range chicken

**scharreltje** *o* [-s] flirt

**scharrelvlees** *o* organic/free-range meat

**schat** *m* [-ten] ❶ *kostbaarheden* treasure * *een~ aan informatie* a wealth of information ❷ *lieveling* sweetheart, sugar, honey, darling, dear * *mijn~!* my darling!

**schatbewaarder** *m* [-s] treasurer, bursar

**schateren** *onoverg* [schaterde, h. geschaterd] * *~ van het lachen* roar with laughter

**schaterlach** *m* loud laugh, burst of laughter, peals of laughter

**schaterlachen** *onoverg* [schaterlachte, h. geschaterlacht] roar with laughter

**schatgraver** *m* [-s] treasure digger/hunter

**schatje** *o* [-s] sweetheart, darling * *het kind is een~* the child is sweet

**schatkamer** *v* [-s] ❶ treasury ❷ fig treasure house, treasury

**schatkist** *v* [-en] ❶ *staatskas* (public) treasury, exchequer ❷ *geldkist* coffer, treasure chest

**schatkistbiljet** *o* [-ten] exchequer/treasury bill, treasury note

**schatkistpromesse** *v* [-n & -s] treasury bill/bond

**schatplichtig** *bn* taxable * *zijn filosofie is~ aan het rationalisme* his philosophy owes much to rationalism

**schatrijk** *bn* fabulously rich/wealthy

**schattebout** *m* [-en] sweetheart, honey, darling, dear

**schatten** *overg* [schatte, h. geschat] ❶ *taxeren* estimate, value, assess * *op hoeveel schat u het?* what's your estimate? * *ik schat het geheel op een miljoen* I estimate it at a million in total * *naar waarde~* appreciate * *hij schat het niet naar waarde* he doesn't appreciate its true value * *te hoog~* overestimate, overvalue * *te laag~* underestimate, undervalue ❷ *houden voor* estimate, consider * *hoe oud schat je hem?* how old do you think he is?

**schattig** *bn* sweet, lovely * *wat~!* how lovely!

**schatting** *v* [-en] ❶ *het schatten* valuation, estimate, estimation * *een ruwe~* a rough estimate; <u>Am</u> a ballpark figure * *naar~* at a rough estimate * *naar ~ drie miljoen vogels trekken...* an estimated three million birds migrate... ❷ *belasting* <u>hist</u> tribute, contribution

**schaven** *overg* [schaafde, h. geschaafd] plane * *zijn knie~* graze/scrape one's knee * *de kaas~* slice the cheese thinly, shave the cheese

**schavot** *o* [-ten] scaffold

**schavuit** *m* [-en] rascal, rogue

**schede** *v* [-n] ❶ *v. zwaard* sheath, scabbard * *in de~ steken* sheathe * *uit de~ trekken* unsheathe ❷ <u>plantk</u> sheath ❸ *vagina* vagina

**schedel** *m* [-s] skull, <u>anat</u> cranium * *hij heeft een harde~* he's thick-skulled

**schedelbasisfractuur** *v* [-turen] fracture of the skull base

**schedelbeen** *o* [-deren, -benen] cranial bone

**schedelbreuk** *v* [-en] fractured skull, fracture of the skull

**schedelholte** *v* [-n & -s] cranial cavity

**schedelnaad** *m* [-naden] cranial suture

**scheef I** *bn* ❶ *alg.* crooked, slanting, sloping * *de scheve toren van Pisa* the leaning tower of Pisa ❷ fig false, distorted * *een scheve positie/verhouding* a false/distorted position * *een scheve voorstelling* a misrepresentation ❸ *hoek* oblique ❹ *v. bijv. wiel* out of alignment **II** *bijw* ❶ *schuin* obliquely ❷ *niet recht, verkeerd* awry, askew * *iets~ houden* hold sth crookedly * *zijn hoofd~ houden* hold one's head sidewise * *zijn schoenen~ lopen* wear out/down one's shoes on one side * *een~ gezicht trekken* pull a wry face * *de zaken~ voorstellen* misrepresent things

**scheefgroei** *m* crooked growth

**scheel I** *bn* squinting, squint-eyed, cross-eyed * *een schele hoofdpijn* a migraine, a bilious headache * *een ~ oog* a squint * *iets met schele ogen aanzien* look enviously at sth * *schele ogen maken* excite/arouse envy * *~ van de honger* ravenous **II** *bijw* * *zich~ ergeren* be beside oneself with annoyance * *hij kijkt erg~* he has a terrible squint * *~ zien* squint * *~ zien naar* squint at

**scheelheid** *v* squint

**scheelzien I** *onoverg* [zag scheel, h. scheelgezien]

squint **ll** *o* squint(ing)
**scheen** *v* [schenen] shin * *iem. tegen de schenen schoppen* step on sbd's toes
**scheenbeen** *o* [-deren] shinbone, anat tibia
**scheenbeschermer** *m* [-s] shinguard, shinpad
**scheep** *bijw* *~ gaan* go on board, embark
**scheepsagent** *m* [-en] shipping agent
**scheepsagentuur** *v* [-turen] shipping agency
**scheepsarts** *m* [-en] ship's doctor/surgeon
**scheepsberichten** *zn* [mv] shipping reports/news
**scheepsbeschuit** *v* [-en] ship's biscuit, hardtack
**scheepsbevrachter** *m* [-s] charterer, freighter, ship broker
**scheepsbouw** *m* shipbuilding
**scheepsbouwkunde** *v* naval architecture, marine engineering
**scheepsbouwkundig** *bn* marine, navel * *een~ ingenieur* a marine engineer
**scheepsgelegenheid** *v* [-heden] shipping opportunity * *per eerste~* at the first shipping opportunity
**scheepshelling** *v* [-en] slip(s), slipway, shipway
**scheepshuid** *v* [-en] ship's skin
**scheepsjongen** *m* [-s] cabin boy
**scheepsjournaal** *o* [-nalen] log(book), ship's journal
**scheepskapitein** *m* [-s] ship's captain
**scheepskok** *m* [-s] ship's cook
**scheepslading** *v* [-en] cargo
**scheepsmaat** *m* [-s] shipmate
**scheepsmakelaar** *m* [-s & -laren] shipbroker, shipping agent
**scheepspapieren** *zn* [mv] ship's papers
**scheepsramp** *v* [-en] shipping disaster
**scheepsrecht** *o* maritime law * *driemaal is~* third time lucky!
**scheepsruim** *o* [-en] ship's/cargo hold
**scheepstimmerwerf** *v* [-werven] ❶ shipbuilding yard, shipyard ❷ *v.d. marine* dockyard, Am navy yard
**scheepsvolk** *o* ❶ *bemanning* ship's crew ❷ *zeelui* sailors
**scheepswerf** *v* [-werven] shipyard
**scheepvaart** *v* navigation, shipping * *Raad voor de Scheepvaart* Shipping Council
**scheepvaartbedrijf** *o* [-drijven] ❶ *bedrijfstak* shipping industry ❷ *rederij* shipping company
**scheepvaartbericht** *o* [-en] shipping report
**scheepvaartmaatschappij** *v* [-en] shipping company
**scheepvaartrechten** *zn* [mv] navigation dues, shipping dues
**scheepvaartroute** *v* [-s & -n] shipping route
**scheepvaartverkeer** *o* shipping traffic
**scheerapparaat** *o* [-raten] * *een elektrisch~* an electric shaver, electric razor
**scheerbekken** *o* [-s] shaving basin
**scheercrème** *v* shaving cream
**scheerder** *m* [-s] ❶ *v. mannen* barber ❷ *v. schapen*

shearer
**scheerkop** *m* [-pen] shaving head
**scheerkwast** *m* [-en] shaving brush
**scheerlijn** *v* [-en] guy rope
**scheerling** *v* [-en] *plant* hemlock
**scheermes** *o* [-sen] razor * *een tong als een~ hebben* have a razor-sharp tongue * *filos het~ van Ockham* Ockham's razor
**scheermesje** *o* [-s] razor blade
**scheerriem** *m* [-en] (razor) strop
**scheerschuim** *o* shaving foam
**scheerspiegel** *m* [-s] shaving mirror
**scheervlucht** *v* [-en] * luchtv inf *een~ maken* hedgehop * mil *een aanval in~* a low pass attack
**scheerwol** *v* shorn wool * *zuiver~* pure wool
**scheerzeep** *v* shaving soap
**scheet** *m* [scheten] fart, wind * *een~ laten* fart * *wat een~je hè!* what a little darling!
**scheg** *v* [-gen] scheepv cutwater
**schegbeeld** *o* [-en] figurehead
**scheidbaar** *bn* divisible, separable, ‹v. werkwoorden› separable
**scheiden I** *overg* [scheidde, h. gescheiden] ❶ *een scheiding maken tussen* separate * *het hoofd van de romp~* sever the head from the body * *hoge bergen ~ de kust van het binnenland* high mountains separate the coast from the interior * *door schotten in tweeën ge~* divided into two by partitions * *zeven punten~ Nederland van de tweede positie* Holland only has to get seven points to reach second position * *tot de dood ons scheidt* till death us do part ❷ *v. echtscheiding* divorce ❸ *een onderscheid maken* separate, distinguish ❹ *afzonderen* separate ❺ *v. het haar* part **ll** *onoverg* [scheidde, is gescheiden] ❶ part * *als vrienden~* part friends * *uit het leven~* depart this life * *zij konden niet (van elkaar)~* they couldn't part (from each other) * *zij konden niet van het huis ~* they couldn't part with the house * *hier~ (zich) onze wegen* here our ways part * fig *bij het~ van de markt* towards the end * *~ doet lijden* parting is painful ❷ *v. echtgenoten* divorce * *zij liet zich van hem~* she divorced him
**scheiding** *v* [-en] ❶ *alg.* separation, division * *~ van Kerk en Staat* separation of Church and State, disestablishment * *~ der machten* separation of powers ❷ *jur ~ en deling* partition/division of ownership ❷ *tussen kamers* partition ❸ *v. haar* parting ❹ *echtscheiding* divorce * *een ~ van tafel en bed* a judicial separation, Am a legal separation, vero a separation from board and bed * *in ~ liggen* be getting a divorce
**scheidingslijn** *v* [-en] dividing/boundary/demarcation line, line of demarcation, fig borderline
**scheidsgerecht** *o* [-en] court of arbitration, arbitration tribunal * *aan een~ onderwerpen* refer to arbitration
**scheidslijn** *v* [-en] dividing line, fig borderline

**sc**

**scheidsmuur** _m_ [-muren] ❶partition (wall), dividing wall ❷<u>fig</u> barrier

**scheidsrechter** _m_ [-s] ❶<u>sp</u> ⟨tennis, honkbal &⟩ umpire, ⟨voetbal & ook⟩ referee ❷<u>jur</u> arbiter, arbitrator

**scheidsrechterlijk** I _bn_ ❶arbitral * _een ~e uitspraak_ an arbitral award ❷<u>sp</u> referee's, umpire's * _een ~e beslissing_ a referee's/an umpire's decision II _bijw_ ❶by arbitration ❷<u>sp</u> by the referee/umpire

**scheikunde** _v_ chemistry

**scheikundig** _bn_ chemical * _een ~ ingenieur/laboratorium_ a chemical engineer/laboratory

**scheikundige** _m-v_ [-n] chemist

**schel** I _bn_ ❶_v. geluid_ shrill, strident ❷_v. licht_ glaring II _bijw_ shrilly, glaringly & III _v_ [-len] bell * _de ~len vielen hem van de ogen_ the scales fell from his eyes

**Schelde** _v_ Scheldt

**schelden** _onoverg_ [schold, h. gescholden] call names, use abusive language * _~ als een viswijf_ scold like a fishwife * _~ op_ abuse, revile * _~ doet geen zeer_ (_maar slaan veel meer_) sticks and stones break my bones but words can never hurt me

**scheldkanonnade** _v_ [-s] tirade, torrent of abuse

**scheldnaam** _m_ [-namen] nickname, term of abuse

**scheldpartij** _v_ [-en] exchange of abuse

**scheldwoord** _o_ [-en] term of abuse * _~en_ abusive language, invective

**schele** _m-v_ [-n] squinter

**schelen** _onoverg_ [scheelde, h. gescheeld] ❶_verschillend zijn_ differ * _zij ~ niets_ they don't differ * _zij scheelden veel in leeftijd_ there was a great age difference between them ❷_afwijken_ want * _het scheelde maar een haartje_ it was a near thing * _het scheelde niet veel of hij was verongelukt_ he nearly/almost had a fatal accident ❸_mankeren_ be the matter * _wat scheelt eraan?_ what's the matter (with you)?, what's wrong? * _hij scheelt wat aan zijn voet_ there's something the matter with his foot ❹_verschil uitmaken_ make a difference * _dat scheelt veel_ that makes a great difference * _wat kan dat ~?_ what difference does it make? * _wat kan hun dat ~?_ what do they care? * _wat kan u dat ~?_ what's that to you?, what concern is that of yours? * _wat kan het je ~?_ who cares? * _het kan me niet ~_ I don't mind/care * _het kan me niets/geen snars ~_ I don't care/give a damn

**schelf** _v_ [schelven] stack, rick

**schelkoord** _o & v_ [-en] bell rope/pull

**schellak** _o & m_ shellac

**schellen** _onoverg_ [schelde, h. gescheld] ring (the bell) * _er wordt gescheld_ there's somebody at the door

**schellinkje** _o_ [-s] * _het ~_ the gallery/gods * _op het ~ zitten_ have a seat in the gods

**schelm** _m_ [-en] rogue, scoundrel, rascal

**schelmenroman** _m_ [-s] picaresque novel

**schelmenstreek** _m & v_ [-streken] prank, trick

**schelms** _bn_ roguish, rascally

**schelp** _v_ [-en] ❶_schaal_ shell ❷_gerecht_ scallop

**schelpdier** _o_ [-en] shellfish

**schelpenvisser** _m_ [-s] shell fisher

**schelpkalk** _m_ shell lime

**scheluw** _bn v. hout_ warped * _de deur is ~_ the door is warped

**schelvis** _m_ [-sen] haddock

**schema** _o_ ['s & -mata] diagram, plan, outline(s), blueprint * _wij lopen op ~_ we're on schedule

**schematisch** I _bn_ schematic, in diagram, in outline * _een ~e voorstelling_ a diagram II _bijw_ systematically

**schematiseren** _overg_ [schematiseerde, h. geschematiseerd] (give an) outline, represent diagrammatically/schematically

**schemer** _m_ ❶_avond_ twilight, dusk ❷_ochtend_ dawn

**schemerachtig** _bn_ dusky, dim

**schemeravond** _m_ [-en] twilight, dusk

**schemerdonker, schemerduister** _o_ twilight, dusk

**schemeren** _onoverg_ [schemerde, h. geschemerd] ❶_in de morgen_ dawn ❷_in de avond_ grow dusky ❸_vaag te zien zijn_ glisten, gleam * _er schemert mij zo iets voor de geest_ I have a dim recollection of it * _het schemerde mij voor de ogen_ my eyes grew dim, my head was swimming * _zitten ~_ sit without a light

**schemerig** _bn_ dim, dusky

**schemering** _v_ [-en] ❶ ⟨'s avonds⟩ twilight, dusk, ⟨'s ochtends⟩ dawn * _in de ~_ ⟨'s avonds⟩ at twilight/dusk ⟨'s ochtends⟩ at dawn ❷_niet heldere voorstelling_ dim recollection

**schemerlamp** _v_ [-en] ❶_kleine, op tafel_ table lamp ❷_grote, staande_ standard/floor lamp

**schemerlicht** _o_ ❶twilight, ⟨ochtend⟩ dawn ❷_schaars licht_ dim light

**schemertijd** _m_ twilight hour

**schemertoestand** _m_ <u>psych</u> twilight state

**schenden** _overg_ [schond, h. geschonden] ❶_gezicht &_ disfigure, mutilate ❷_beschadigen_ damage, deface ❸_regels, voorschriften &_ violate, breach, infringe * _de mensenrechten ~_ violate human rights ❹_afspraak, belofte_ break

**schender** _m_ [-s] violator, transgressor

**schending** _v_ [-en] ❶_concreet_ disfigurement, defacement, mutilation, ⟨v. kerk &⟩ desecration ❷_abstract_ violation, infringement, breach * _~ van geheim_ betrayal of a secret * _~ van de grondwet_ infringement/breach of the constitution * _~ van het luchtruim_ violation of the airspace * _~ van vertrouwen_ breach of confidence

**schenkel** _m_ [-s] shank, <u>anat</u> femur

**schenken** _overg_ [schonk, h. geschonken] ❶_gieten_ pour * _wijn ~_ ⟨serveren⟩ serve wine; ⟨slijten⟩ retail wine ❷_geven_ give, grant, endow, present with, donate * _ik schenk u het lesgeld_ I'll exempt you from paying the school fees * _iem. het leven ~_ grant sbd his life * _een kind het leven ~_ give birth to a child * _ze schonk hem twee zonen_ she bore him two sons *ik schenk u de rest I'll spare you the rest *aandacht ~aan pay attention to *geloof ~aan believe sth *vergiffenis ~grant pardon *geld aan een goed doel ~donate money for/to a good cause

**schenker** m [-s] ❶die inschenkt cupbearer ❷die geeft donor, giver, benefactor

**schenking** v [-en] donation, gift, benefaction

**schenkingsakte** v [-n &-s] instrument/deed of gift/donation

**schenkingsrecht** o [-en] gift tax

**schenkkan** v [-nen] flagon, tankard

**schenkkurk** v [-en] pourer

**schennis** v violation, ⟨v. graf &⟩ desecration *jur ~ der eerbaarheid violation of public decency, indecent exposure

**schep I** v [-pen] werktuig scoop, shovel **II** m hoeveelheid spoonful, ⟨heel veel⟩ shovelful *een ~ geld heaps of money

**schepeling** m [-en] ❶bemanningslid member of the crew *de ~en the crew ❷zeeman sailor

**schepen** m [-en] ❶hist sheriff ❷wethouder Belg alderman

**schepencollege** o [-s] Belg city/town council

**schepijs** o ice cream *Italiaans ~Italian ice cream

**schepje** o [-s] spoon, spoonful *een ~suiker a spoonful of sugar *fig er een ~bovenop doen/leggen add a little something, heighten

**schepnet** o [-ten] landing net

**scheppen I** overg [schepte, h. geschept] ❶putten scoop, ladle, ⟨v. kolen, sneeuw &⟩ shovel *iets vol ~ fill sth *iets leeg ~empty sth (out), ladle sth out ❷tot zich nemen take, draw *adem ~take a breath *een luchtje ~take a breath of fresh air *moed ~pluck up courage *genoegen ~in draw/derive pleasure from ❸inf hit, knock down *de auto schepte het kind the car hit the child **II** overg [schiep, h. geschapen] creëren create, make *een ~d kunstenaar a creative artist *een precedent ~create a precedent

**schepper** m [-s] ❶voortbrenger creator, maker ❷werktuig scoop

**schepping** v [-en] creation

**scheppingsdrang** m creative urge

**scheppingskracht** v creative power

**scheppingsverhaal** o [-halen] ❶alg. history of creation ❷Bijbels Genesis

**scheppingswerk** o (work of) creation

**scheprad** o [-raderen] paddle wheel

**schepsel** o [-s & -en] creature *dat arme ~that poor creature

**scheren I** overg [schoor, h. geschoren] ❶v. man shave ❷v. schaap en laken shear ❸v. heg clip ❹steentjes over water skim ❺v. klanten fleece ❻scheepv reeve ❼techn warp **II** wederk [schoor, h. geschoren] *zich ~shave *zich laten ~get shaved, have a shave **III** onoverg [scheerde, h. gescheerd] *~langs graze/shoot past *de zwaluwen ~over het water the swallows are skimming over the water

*scheer je weg! buzz off!, get away!

**scherf** v [scherven] ⟨v. aardewerk⟩ sherd, ⟨v. glas, granaat &⟩ fragment, splinter *in scherven vallen drop and smash *scherven brengen geluk no good/use crying over spilt milk

**schering** v [-en] ❶v. schaap shearing ❷v. weefsel warp *~en inslag warp and woof *dat is hier ~en inslag this is normal practice here

**scherm** o [-en] ❶bescherming screen ❷toneeldoek curtain *achter de ~en behind the scenes *achter de ~en opereren pull the strings ❸luifel awning ❹beeldscherm screen ❺v. bloem umbel

**schermbeveiliging** v comput screen saver

**schermbloemigen** zn [mv] plantk umbellate/umbelliferous plants

**schermen** onoverg [schermde, h. geschermd] fence *met de armen in de lucht ~flourish one's arms *met woorden ~fence with words

**schermenbeurs** v electronic stock exchange

**schermer** m [-s] fencer

**schermkunst** v art of fencing, swordsmanship

**schermles** v [-sen] fencing instruction

**schermmasker** o [-s] fencing mask

**schermmeester** m [-s] fencing master

**schermschool** v [-scholen] fencing school

**schermutseling** v [-en] skirmish

**scherp I** bn ❶niet bot sharp *iets ~maken sharpen sth ❷v. ogen, reuk, verstand, concurrentie & keen ❸v. kritiek trenchant, pungent ❹v. hoek, oordeel acute ❺gevoel van verlies poignant ❻medeklinker taalk hard ❼v. kruiden hot ❽v. geur, smaak pungent ❾v. gelaatstrekken chiselled ❿v. rook acrid ⓫v. tong caustic ⓬v. antwoord tart ⓭draf brisk ⓮v. patroon live ⓯v. onderzoek strict, close, searching **II** bijw sharply, keenly, closely & *~er kijken look closer **III** o ❶van een mes edge ❷kogels live *mil met ~schieten use live ammunition *op ~ staan ⟨geconcentreerd afwachten⟩ be alert; ⟨zeer nerveus zijn⟩ be on edge

**scherpen** overg [scherpte, h. gescherpt] sharpen *een potlood ~sharpen a pencil *het oordeel ~ become more critical *het gehoor ~sharpen one's ear

**scherping** v sharpening

**scherpomlijnd** bn clear-cut, sharp-edged

**scherprechter** m [-s] executioner

**scherpschutter** m [-s] sharpshooter, marksman, ⟨verdekt opgesteld⟩ sniper

**scherpslijper** m [-s] literalist, bigot, fundamentalist

**scherpte** v [-s & -n] ❶alg. sharpness ❷v. verstand & keenness ❸v. inzicht, gedachte & precision, acuteness, depth

**scherptediepte** v depth of field

**scherpzinnig I** bn acute, sharp(-witted) **II** bijw acutely, sharply

**scherpzinnigheid** v [-heden] perception, discernment, acumen

**scherts** v banter, jest, joke *in ~in jest, jokingly

sc

**\*** *het is maar*~ he/she & is only joking**\*** ~ *terzijde* joking apart**\*** *hij kan geen*~ *verstaan* he can't take a joke

**schertsen** *onoverg* [schertste, h. geschertst] jest, joke **\*** *met hem valt niet te*~ he isn't to be trifled with

**schertsend I** *bn* joking, jesting, playful **II** *bijw* in jest, jokingly, playfully

**schertsfiguur** *v* [-guren] nonentity, joke

**schertsvertoning** *v* [-en] joke

**schervengericht** *o* ostracism

**schets** *v* [-en] sketch, (sketchy) outline **\*** *een ruwe*~ *geven van* draw/sketch in outline **\*** *een*~ *van de vaderlandse geschiedenis* an outline of national history

**schetsboek** *o* [-en] sketchbook

**schetsen** *overg* [schetste, h. geschetst] sketch, outline **\*** *wie schetst mijn verbazing* imagine my amazement/astonishment **\*** *iets in grote lijnen*~ give a rough sketch/outline of sth

**schetsmatig I** *bn* sketchy, rough, outline **II** *bijw* sketchily, roughly, in outline

**schetteren** *onoverg* [schetterde, h. geschetterd] ❶ *v. trompet &* blare ❷ *grote mond opzetten* brag, swagger

**scheur** *v* [-en] ❶ *in weefsel, papier* tear, split ❷ *barst* crack, (spleet) split, (tussen rotsen) crevice ❸ *mond* trap **\*** *hou je*~! shut your trap!

**scheurbuik** *m & o* scurvy

**scheuren I** *overg* [scheurde, h. gescheurd] ❶ *aan stukken* tear up **\*** *in stukken*~ tear to pieces ❷ *v. kleren* rip ❸ *een scheur maken in* tear ❹ *grasland* plough up, *Am* plow up **II** *onoverg* [scheurde, is gescheurd] ❶ *alg.* tear, rip, (iets hards) crack **\*** *het papier scheurt snel* the paper tears easily ❷ *hard rijden* tear **\*** *door de stad*~ tear through the town ❸ *v. ijs* crack

**scheuring** *v* [-en] ❶ tearing, (v. grond &) cracking ❷ fig rupture, split, disruption, schism **\*** *een*~ *in de kerk* a church schism **\*** *een*~ *in een partij* a party division

**scheurkalender** *m* [-s] tear-off calendar

**scheurmaker** *m* [-s] schismatic

**scheurmand** *v* [-en] ZN wastepaper basket

**scheurpapier** *o* wastepaper

**scheut** *m* [-en] ❶ plantk shoot, sprig ❷ *kleine hoeveelheid* dash ❸ *van pijn* twinge, shooting pain

**scheutig I** *bn* open-handed, liberal, generous **\*** *(niet)* ~ *met...* (not) lavish with... **II** *bijw* liberally

**schicht** *m* [-en] dart, bolt, flash

**schichtig I** *bn* shy, skittish, nervous **\*** ~ *worden van* shy at **II** *bijw* shyly &

**schielijk I** *bn* quick, rapid, swift, (plotseling) sudden **II** *bijw* quickly, rapidly, swiftly, (onmiddellijk) promptly, immediately

**schier** *bijw* almost, nearly, virtually **\*** *dat is*~ *onmogelijk* it's well-nigh impossible

**schiereiland** *o* [-en] peninsula

**schietbaan** *v* [-banen] rifle/shooting range

**schieten I** *overg* [schoot, h. geschoten] shoot **\*** *netten* ~ shoot nets **\*** *een plaatje*~ take a snapshot **\*** *een schip in de grond*~ send a ship to the bottom **\*** *vuur* ~ shoot/flash fire **\*** *de zon*~ take the sun's altitude **\*** *zich voor de kop*~ blow out one's brains **II** *onoverg* [schoot, h. geschoten] shoot, (met vuurwapen ook) fire **\*** *er naast*~ miss the mark **\*** *tekort*~ fail **\*** ~ *op* fire at **\*** *een kerel om op te*~ a fellow you could willingly murder **\*** *het is om op te*~ it's hideous/frightful, it's not fit to be seen **\*** *onder iems. duiven*~ poach on sbd's preserves **\*** *niet geschoten, altijd mis* nothing ventured, nothing gained **III** *onoverg* [schoot, is geschoten] dash, rush **\*** inf *iem. laten*~ drop sbd **\*** *iets laten*~ let sth go/slip **\*** *een touw laten*~ let go/slip a rope, pay out a rope **\*** *wortel*~ take root **\*** *kuit*~ spawn **\*** *dat schoot mij door het hoofd/te binnen* it flashed across my mind **\*** *hij schoot in de kleren* he slipped on his clothes, he dressed quickly **\*** *in de aren*~ come into ear, ear **\*** *de bomen*~ *in de hoogte* the trees are shooting up **\*** *de tranen schoten hem in de ogen* his eyes filled with tears **\*** *uit de grond*~ spring up

**schietgat** *o* [-gaten] loophole

**schietgebed** *o* [-beden] little prayer **\*** *een*~*je doen* say a quick prayer

**schietgraag** *bn* trigger-happy, quick on the draw

**schietlood** *o* [-loden] plummet, plumb

**schietoefening** *v* [-en] target practice

**schietpartij** *v* [-en] shooting

**schietschijf** *v* [-schijven] target, mark

**schietschool** *v* [-scholen] artillery school

**schietspoel** *v* [-en] shuttle

**schietstoel** *m* [-en] ejector seat

**schiettent** *v* [-en] shooting gallery

**schietterrein** *o* [-en] shooting range

**schietvaardigheid** *v* shooting skills

**schietvereniging** *v* [-en] shooting club

**schietwapen** *o* [-s] firearm

**schietwedstrijd** *m* [-en] shooting match/competition

**schiften I** *overg* [schiftte, h. geschift] sort, separate, sift, (verwijderen) weed/sift out **II** *onoverg* [schiftte, is geschift] ❶ *v. melk* curdle ❷ ZN sp take part in qualification matches/series

**schifting** *v* ❶ *selectie* sorting, sifting **\*** *hij sneuvelde al bij de eerste*~ he didn't even get through the first round ❷ *van melk* curdling

**schijf** *v* [schijven] ❶ *v. ham &* slice ❷ *van damspel* man ❸ *schietschijf* target ❹ techn disc/*Am* disk, (v. keramist) (potter's) wheel **\*** *dat loopt over veel schijven* there are wheels within wheels, it has to go through many channels ❺ comput disc, *Am* disk **\*** *een optische*~ an optical disk/disc **\*** *een harde*~ a hard disk/disc ❻ *v. telefoon &* dial ❼ *belastingen* bracket ❽ *loterijtrekking* ZN drawing, draw

**schijfrem** *v* [-men] disc brake, *Am* disk brake

**schijfschieten I** *o* target practice **II** *onoverg* fire at a target

**schijn** m ❶ *glans* shine, glimmer, gleam ❷ *voorkomen* appearance, semblance, pretence \* *het was alles maar ~* it was all show/sham \* *schone ~* glamour, gloss \* *~ en wezen* the shadow and the substance \* *de ~ aannemen* pretend, affect \* *~ bedriegt* appearances are deceptive \* *het heeft de ~ alsof...* it looks as if... \* *de ~ redden* save appearances \* *de ~ wekken* create the appearance \* *in ~* in appearance, seemingly \* *naar alle ~* to all appearance \* *onder de ~ van* under the pretence/pretext of \* *de ~ is tegen hem* appearances are against him \* *voor de ~* for the sake of appearances ❸ *klein hoeveelheid* shred \* *geen ~ van kans* not the ghost of a chance \* *zonder ~ of schaduw van bewijs* without a shred of evidence

**schijnaanval** m [-len] feigned attack, feint

**schijnbaar** bn seeming, apparent

**schijnbeeld** o [-en] phantom, illusion

**schijnbeweging** v [-en] feint

**schijndemocratie** v pseudo-democracy

**schijndood I** bn apparently dead, in a state of suspended animation **II** m apparent death, suspended animation

**schijnen** onoverg [scheen, h. geschenen] ❶ *licht geven* shine, glimmer \* *de maan schijnt door de bomen* the moon is shining through the trees \* *de zon schijnt in mijn kamer* the sun is shining into my room ❷ *lijken* seem, look \* *naar het schijnt* it would seem, it appears, to all appearances \* *hij schijnt zo bescheiden* he seems so modest

**schijngestalte** v [-n] phase \* *de ~ van de maan* the phase of the moon

**schijngevecht** o [-en] mock/sham fight, mock/sham battle

**schijnheilig** bn hypocritical

**schijnheilige** m-v [-n] hypocrite

**schijnheiligheid** v hypocrisy

**schijnhuwelijk** o [-en] marriage of convenience

**schijnproces** o [-sen] show trial

**schijnsel** o [-s] shine, light \* *het ~ van de maan* moonshine

**schijntje** o [-s] \* *een ~* very little, a trifle

**schijnvertoning** v [-en] sham, hoax, farce, mockery

**schijnwerper** m [-s] searchlight, spotlight, floodlight

**schijnzwangerschap** v [-pen] phantom pregnancy

**schijt** m & o shit \* *ik heb ~ aan hem* he can go to hell/blazes/the devil \* *daar heb ik ~ aan* I couldn't give a damn

**schijten** onoverg [scheet, h. gescheten] shit, crap \* *in zijn broek ~ (van angst)* shit oneself (with fear)

**schijterd** m [-s] coward, inf chicken

**schijterig** bn cowardly, inf chicken-hearted

**schijterij** v trots, shits \* *aan de ~ zijn* have the trots

**schijthuis** o [-huizen] ❶ *toilet* bog, shithouse ❷ *lafaard* , **schijtluis** chicken

**schijtlaars** m [-laarzen], **schijtlijster** [-s], **schijtluis** [-luizen] chicken, scaredy-cat

**schijventarief** o progressive rate tax

**schik** m fun, pleasure, contentment \* *veel ~ hebben* enjoy oneself immensely \* *~ hebben in iets* enjoy sth, get a lot of pleasure out of sth \* *in zijn ~ zijn met iets* be pleased/delighted with sth

**schikgodinnen** zn [mv] \* *de ~* the Fates, the fatal Sisters

**schikkelijk** bn accommodating

**schikken I** overg [schikte, h. geschikt] ❶ *regelmaat aanbrengen* arrange, order \* *bloemen ~* arrange flowers ❷ *maatregelen treffen* arrange \* *we zullen het wel zien te ~* we'll try and arrange matters ❸ *tot oplossing brengen* settle \* *de zaak ~* settle the matter **II** onoverg [schikte, is geschikt] \* *als het u schikt* when it is convenient to you \* *het schikt me niet* it isn't convenient \* *zodra het u schikt* at your earliest convenience \* *wil je wat deze kant uit ~?* would you move up a little? **III** wederk [schikte, h. geschikt] \* *zich ~* come right \* *het zal zich wel ~* it's sure to come right \* *zich in alles ~* resign oneself to everything \* *hoe schikt hij zich in zijn nieuwe betrekking?* how is he settling in to his new job? \* *zich in het onvermijdelijke ~* resign oneself to the inevitable \* *zich naar iem. ~* conform to sbd.'s wishes \* *zich om de tafel ~* draw up round the table

**schikking** v [-en] arrangement, settlement, inf deal \* *een ~ treffen met* come to an arrangement with \* *~en treffen* make arrangements

**schil** v [-len] ❶ *sinaasappel* peel ❷ *banaan, aardappel* skin ❸ *meloen* rind ❹ *v.e. tak* bark ❺ *als afval* ⟨v. appels⟩ parings, ⟨v. aardappels⟩ peelings ▼ *aardappelen in de ~* potatoes in their jackets

**schild** o [-en] ❶ *wapen* shield \* *een menselijk ~* a human shield ❷ herald coat of arms, shield ❸ *v. schildpad* shell ❹ *v. insect* wing case ❺ *als afval* ⟨v. appels⟩ ▼ *iets in zijn ~ voeren* aim/drive at sth ▼ *ik weet niet wat hij in zijn ~ voert* I don't know what he's up to

**schilder** m [-s] ❶ *kunstenaar* painter, artist ❷ *ambachtsman* (house) painter

**schilderachtig** bn picturesque \* *een ~e figuur, een ~ type* a colourful character

**schilderen** overg [schilderde, h. geschilderd] ❶ paint \* *naar het leven ~* paint from life ❷ fig paint, picture, portray, delineate, depict

**schilderes** v [-sen] woman painter

**schilderij** o & v [-en] painting, picture

**schilderijententoonstelling** v [-en] art exhibition

**schildering** v [-en] painting, depiction, picture, portrayal

**schilderkunst** v (art of) painting

**schilderles** v [-sen] art lesson \* *~ krijgen* attend art classes

**schildersbedrijf** o [-ven] painting (and decorating) business

**schilderschool** v [-scholen] school of painting

**schildersezel** m [-s] (painter's) easel

**schilderstuk** o [-ken] painting, picture

**schilderwerk** o painting

**schildje** o [-s] *anticonceptie* intra-uterine device

sc

**schildklier** v [-en] thyroid gland
**schildknaap** m [-knapen] ❶ hist squire ❷ fig henchman
**schildluis** v [-luizen] scale insect
**schildpad** I v [-den] ❶ landdier tortoise ❷ zeedier turtle II o stofnaam tortoiseshell
**schildpadsoep** v turtle soup
**schildwacht** m [-en & -s] sentinel, sentry ∗ op ∼ staan stand sentry
**schilfer** m [-s] scale, flake ∗ ∼s op het hoofd dandruff
**schilferachtig** bn scaly
**schilferen** onoverg [schilferde, h. en is geschilferd] scale/peel/flake (off)
**schilferig** bn scaly, scurfy
**schillen** I overg [schilde, h. geschild] peel, ⟨appels & ook⟩ pare II onoverg [schilde, h. geschild] peel
**schilmesje** o [-s] paring/peeling knife
**schim** v [-men] ❶ vage gedaante shadow ∗ Chinese ∼men Chinese silhouettes ❷ geest ghost, shade
**schimmel** m [-s] ❶ paard grey (horse) ❷ uitslag mould, mildew
**schimmelen** onoverg [schimmelde, is geschimmeld] mould ∗ gaan ∼ grow mouldy
**schimmelig** bn mouldy
**schimmelinfectie** v [-s] fungal infection
**schimmelkaas** m [-kazen] ❶ met laagje schimmel mouldy cheese ❷ dooraderd blue cheese
**schimmelvorming** v fungoid growth, fungus
**schimmenrijk** o realm of spirits, underworld ∗ het ∼ the underworld
**schimmenspel** o [-spelen] shadow play
**schimmig** bn shadowy
**schimpdicht** o [-en] satire
**schimpen** onoverg [schimpte, h. geschimpt] scoff ∗ ∼ op scoff/sneer at
**schimpscheut** m [-en] gibe, taunt, jeer
**schip** o [schepen] ❶ boot ship, vessel, ⟨binnenvaart⟩ barge, boat ∗ schoon ∼ maken make a clean sweep of things, settle accounts ∗ zijn schepen achter zich verbranden burn one's boats ∗ fig het zinkende ∼ verlaten cut one's losses ∗ als het ∼ met geld komt when my ship comes home ∗ een ∼ met zure appelen ⟨zware regenbui⟩ an impending shower (of rain); ⟨huilbui⟩ a fit of weeping; ⟨slecht bericht⟩ an unwelcome message ∗ het ∼ der woestijn the ship of the desert ∗ het ∼ van staat the ship of state ❷ v. kerk nave
**schipbreuk** v [-en] shipwreck ∗ ∼ lijden be shipwrecked; fig fail ∗ zijn plannen hebben ∼ geleden his plans came to nothing/misfired, his plans were torpedoed
**schipbreukeling** m [-en] shipwrecked person, castaway
**schipbrug** v [-gen] bridge of boats, floating bridge
**schipper** m [-s] ❶ op binnenvaartuig bargeman, boatman ❷ gezagvoerder captain, master
**schipperen** onoverg [schipperde, h. geschipperd] compromise, give and take ∗ we moeten wat ∼ we

have to give and take a bit
**schippersbeurs** v shipping exchange
**schipperskind** o [-eren] bargeman's child
**schipperstrui** v [-en] seaman's pullover/jersey
**schisma** o ['s & -mata] schism
**schitteren** onoverg [schitterde, h. geschitterd] ❶ licht shine ❷ ogen glitter ❸ edelstenen sparkle ∗ ∼ door afwezigheid be conspicuous by one's absence
**schitterend** I bn brilliant, glorious, splendid, magnificent II bijw brilliantly &
**schittering** v [-en] glittering, sparkling, radiance, splendour
**schitterlicht** o [-en] ❶ stralend licht brilliant light ❷ van vuurtoren flashing light
**schizofreen** bn & m-v [-frenen] schizophrenic
**schizofrenie** v schizophrenia
**schlager** m [-s] hit, pop song
**schlemiel** m [-en] unlucky devil, Br inf wally, Am inf schlemiel
**schlemielig** bn schlemiel
**schmink** m grease paint, make-up
**schminken** overg [schminkte, h. geschminkt] make up, put make-up on
**schnabbel** m [-s] odd/casual job, ⟨v. musici⟩ gig
**schnabbelaar** m [-s] ± moonlighter
**schnabbelen** onoverg [schnabbelde, h. geschnabbeld] earn on the side, ⟨'s avonds⟩ moonlight, ⟨v. musici⟩ gig
**schnitzel** m [-s] schnitzel, veal cutlet
**schobbejak** m [-ken] scamp, rogue, villain
**schoeien** overg [schoeide, h. geschoeid] shoe ∗ iets op een andere leest ∼ revamp sth
**schoeiing** v [-en] timbering, cladding
**schoeisel** o [-s] ❶ shoes ❷ handel footwear
**schoelje** m [-s] rascal, scamp
**schoen** m [-en] ⟨laag⟩ shoe, ⟨hoog⟩ boot ∗ zijn ∼en aantrekken put one's shoes on ∗ de stoute ∼en aantrekken pluck up courage ∗ naast de ∼en gaan lopen (van verwaandheid) get/grow too big for one's boots ∗ iem. iets in de ∼en schuiven lay sth at sbd's door, pin sth on sbd ∗ ik zou niet graag in zijn ∼en staan I wouldn't like to be in his shoes ∗ vast in zijn ∼en staan stand firm in one's shoes ∗ het hart zonk hem in de ∼en his spirits sank, his courage failed him ∗ met loden ∼en reluctantly ∗ op z'n laatste ∼en lopen be on one's last legs ∗ op een ∼ en een slof on a shoestring ∗ wie de ∼ past, trekke hem aan if the cap fits, wear it ∗ men moet geen oude ∼en weggooien vóór men nieuwe heeft make do with the old until you can afford the new ∗ weten waar de ∼ wringt know where the shoe pinches ∗ daar wringt 'm de ∼! that's the rub! ∗ de ∼ zetten put your shoe next to the chimney, ± hang up your stocking ⟨at Christmas⟩
**schoenborstel** m [-s] shoe brush
**schoenendoos** v [-dozen] shoe box
**schoenenwinkel** m [-s] shoe shop
**schoener** m [-s] schooner
**schoenlapper** m [-s] shoemaker, vroeger cobbler

**schoenlepel** *m* [-s] shoehorn
**schoenmaat** *v* [-maten] shoe size
**schoenmaker** *m* [-s] shoemaker * ~ *blijf bij je leest* don't talk about matters you know nothing about
**schoenpoets** *m* shoe polish
**schoenpoetser** *m* [-s] shoeshine boy, shoeshiner
**schoensmeer** *o & m* shoe polish/cream, blacking
**schoenveter** *m* [-s] shoelace
**schoenzool** *v* [-zolen] sole
**schoep** *v* [-en] paddleboard, paddle, blade
**schoffel** *v* [-s] (Dutch) hoe
**schoffelen** *overg* [schoffelde, h. geschoffeld] hoe
**schofferen** *overg* [schoffeerde, h. geschoffeerd]
**❶** *beledigen* insult **❷** *verkrachten* violate, rape
**schoffie** *o* [-s] ruffian
**schoft** I *m* [-en] scoundrel, inf bastard, son of a bitch
II *v* [-en] **❶** *schouder v. een dier* shoulder, ⟨v. paard⟩ withers **❷** *pauze* break
**schoftenstreek** *m & v* [-streken] nasty trick
**schofterig** *bn* mean, rotten, nasty
**schofthoogte** *v* shoulder height
**schok** *m* [-ken] **❶** *elektrisch* shock * *een elektrische ~* an electric shock **❷** *hevige klap* shock * *de film bracht een ~ teweeg in de VS* the movie caused a great upheaval in the US * *hij is de ~ nooit te boven gekomen* he never got over/recovered from the shock **❸** *plotselinge beweging* bump, jolt, jerk * *met een ~ wakker schrikken* awake with a start/jolt
**schokabsorberend** *bn* shock-absorbing
**schokbestendig** *bn* shockproof
**schokbeton** *o* vibrated concrete
**schokbreker, schokdemper** *m* [-s] shock absorber
**schokeffect** *o* [-en] shock effect, impact
**schokken** I *overg* [schokte, h. geschokt] **❶** *schudden* shake **❷** *aangrijpen* shock * *een ~de gebeurtenis* a startling event **❸** *betalen* fork out, shell out II *onoverg* [schokte, h. geschokt] **❶** *schokken veroorzaken* shake, jolt * *zijn vertrouwen is geschokt* his faith has been shaken * *van het lachen* shake with laughter **❷** *betalen* fork out, cough up
**schokschouderen** *onoverg* [schokschouderde, h. geschokschouderd] shrug one's shoulders
**schoksgewijs** *bijw* jerkily, by fits and starts, intermittently
**schoktherapie** *v* shock therapy
**schokvast** *bn* shockproof
**schokvrij** *bn* shockproof
**schol** I *m* [-len] *vis* plaice II *v* [-len] **❶** *ijsschol* floe **❷** *aardkluit* sod, turf
**scholastiek** I *bn* scholastic II *v wetenschap* scholasticism III *m* [-en] *persoon* RK scholastic
**scholekster** *v* [-s] *vogel* oystercatcher
**scholen** I *onoverg* [schoolde, h. geschoold] *samenkomen* flock together, ⟨v. vis⟩ school II *overg* [schoolde, h. geschoold] *onderrichten* train, teach, instruct * *een geschoold persoon* a skilled person
**scholencomplex** *o* [-en] school complex
**scholengemeenschap** *v* [-pen] comprehensive school

**scholier** *m* [-en] pupil, student
**scholing** *v* training, education
**schollevaar, scholver(d)** *m* [-s] *vogel* cormorant
**schommel** *m & v* [-s] **❶** swing **❷** *dikke vrouw* fatso, fat cow
**schommelen** I *onoverg* [schommelde, h. geschommeld] **❶** *op schommel* swing **❷** *v. slinger* swing, oscillate **❸** *op schommelstoel* rock **❹** *v. schip* roll **❺** *met het lichaam* wobble, waddle * *met de benen ~* swing one's legs **❻** *v. prijzen* fluctuate II *overg* [schommelde, h. geschommeld] swing, rock
**schommeling** *v* [-en] swinging, oscillation, fluctuation * *~ in de temperatuur* fluctuation in temperature
**schommelstoel** *m* [-en] rocking chair
**schompes** *o* * *zich het ~ werken* work one's guts out
**schone** *v* [-n] beauty * *de ~n van het dorp* the village beauties
**schonk** *v* [-en] **❶** (coarse) bone **❷** *lichaamsdeel* hip, shoulder
**schoof** *v* [schoven] sheaf * *aan schoven zetten*, *in schoven binden* sheave
**schooien** *onoverg* [schooide, h. geschooid] beg
**schooier** *m* [-s] **❶** *armoedzaaier* bum, tramp **❷** *als scheldwoord* bastard, scoundrel * *vuile ~!* you rat!
**schooieren** *overg en onoverg* [schooierde, h. geschooierd] cadge * *een maaltijd ~* cadge a meal
**school** *v* [scholen] **❶** *onderwijsinstelling* school, college * *een bijzondere ~* a private school; a denominational school * *een lagere ~* a primary school * *een middelbare ~* a secondary school * *een militaire ~* a military academy/college * *een neutrale ~* a secular school * *een openbare ~* a state school * *de Parijse* (*schilder*)*~* the school of Paris * *de vrije ~* a Steiner school * *de ~ met de Bijbel* a conservative Protestant school * *~ gaan* go to school * *toen ik nog ~ ging* when I was at school * *we hebben geen ~ vandaag!* no school today! * *een ~ houden* run a school * *~ maken* find a following, gain followers * *naar ~ gaan* go to school * *op ~* at school * *waar ben je op ~?* where are you going to school? * *iem. op ~ doen* put sbd into school * *daarvoor moet je bij hem ter ~ gaan* you'll have to ask him about that * *uit de ~ klappen* let out a secret, blab * *van ~ gaan* leave school **❷** *gebouw* schoolhouse **❸** *v. vissen* school
**schoolagenda** *v* ['s] school diary
**schoolarts** *m* [-en] school doctor, school medical officer
**schoolbank** *v* [-en] school desk * *we hebben samen in de ~en gezeten* we were at school together
**schoolbestuur** *o* [-sturen] school board
**schoolbezoek** *o* **❶** *v.d. leerlingen* school attendance **❷** *v.d. overheid* school inspection
**schoolblijven** *onoverg* [bleef school, is schoolgebleven] stay in (after hours), be kept in * *het*

~ detention * *twee uur*~ two hours' detention

**schoolboek** *o* [-en] school book, textbook

**schoolbord** *o* [-en] blackboard

**schoolbus** *m & v* [-sen] school bus

**schooldag** *m* [-dagen] school day

**schooldecaan** *m* [-canen] career adviser, student counsellor/Am counselor

**schoolengels** *o* school(book) English, schoolboy/schoolgirl English

**schoolfeest** *o* [-en] school party

**schoolfrans** *o* school(book) French

**schoolgaan** *onoverg* [ging school, h. schoolgegaan] go to school, be at school

**schoolgaand** *bn* schoolgoing * ~*e kinderen* children of school age

**schoolgebouw** *o* [-en] school building

**schoolgeld** *o* [-en] school/tuition fees

**schoolgerei, schoolgerief** *o* ZN school gear, books and stationery

**schoolhoofd** *o* [-en] head of a school, headmaster, (school) principal

**schooljaar** *o* [-jaren] school year * *in mijn schooljaren* in my school days/time

**schooljeugd** *v* school-age children

**schooljongen** *m* [-s] schoolboy

**schooljuffrouw** *v* [-en] schoolmistress, teacher

**schoolkameraad** *m* [-raden] school friend

**schoolkeuze** *v* choice of school (system)

**schoolkind** *o* [-eren] schoolchild

**schoolklas** *v* [-sen] class, form, level

**schoolkrant** *v* [-en] school paper

**schoolkrijt** *o* (piece of) chalk

**schoollokaal** *o* [-kalen] classroom

**schoolmeester** *m* [-s] ❶ *onderwijzer* schoolmaster ❷ *fig* pedant, pedagogue

**schoolmeesterachtig** *bn* pedantic, schoolish

**schoolmeisje** *o* [-s] schoolgirl

**schoolonderzoek** *o* [-en] preliminary test/examination

**schoolopleiding** *v* education, schooling

**schoolpact** *o* [-en] Belg agreement recognizing state and denominational education

**schoolplein** *o* [-en] schoolyard, playground

**schoolreisje** *o* [-s] school outing

**schools** I *bn* scholastic, bookish * ~*e geleerdheid* book learning II *bijw* rigidly

**schoolschip** *o* [-schepen] training ship

**schoolschrift** *o* [-en] exercise book, notebook

**schoolslag** *m* zwemmen breast stroke

**schooltandarts** *m* [-en] school dentist

**schooltas** *v* [-sen] schoolbag

**schooltelevisie** *v* school/educational television

**schooltijd** *m* school time * *buiten*~ out of school * *na*~ when school is over * *onder*~ during lessons * *sinds mijn*~ since my school days

**schoolvakantie** *v* [-s] school holidays

**schoolverlater** *m* [-s] school leaver

**schoolverzuim** *o* non-attendance, school absenteeism

**schoolvoorbeeld** *o* [-en] classic/typical example, textbook case

**schoolvriend** *m* [-en] school friend

**schoolwerk** *o* homework

**schoolziek** *bn* * ~ *zijn* sham illness

**schoolzwemmen** *o* swimming (in school)

**schoon** I *bn* ❶ *zindelijk* clean, ⟨opgeruimd⟩ neat * *zich*~ *praten* talk one's way out of sth ❷ *mooi* beautiful, handsome, attractive II *bijw* ❶ *geheel en al* absolutely * *je hebt*~ *gelijk* you're absolutely right * *het is*~ *op* everything is gone * *de kans*~ *zien* see one's way clear (to) ❷ *mooi* beautifully III *m-v* * *een schone* a beauty, an attractive woman IV *o* * *het schone* the beautiful * *het landelijk*~ rural beauty

**schoonbroer, schoonbroeder** *m* [-s] brother-in-law

**schoondochter** *v* [-s] daughter-in-law

**schoonfamilie** *v* [-s] in-laws

**schoonheid** *v* [-heden] ❶ *het mooi zijn* beauty ❷ *mooie vrouw* beauty

**schoonheidscommissie** *v* [-s] *gemeentelijke commissie die bouwplannen beoordeelt* planning authority

**schoonheidsfout** *v* [-en], **schoonheidsfoutje** *o* [-s] fig minor flaw, slight imperfection

**schoonheidsideaal** *o* aesthetic/Am esthetic ideal

**schoonheidsinstituut** *o* [-tuten] beauty parlour

**schoonheidskoningin** *v* [-nen] beauty queen

**schoonheidssalon** *m & o* [-s] beauty parlour

**schoonheidsslaapje** *o* [-s] beauty sleep

**schoonheidsspecialiste** *v* [-s] beautician, cosmetician

**schoonheidsvlekje** *o* [-s] beauty spot

**schoonheidswedstrijd** *m* [-en] beauty competition/contest

**schoonhouden** *overg* [hield schoon, h. schoongehouden] keep clean

**schoonmaak** *m* cleanup, (house) cleaning * ⟨in het voorjaar⟩ *de grote*~ the spring clean * *grote*~ *houden* spring clean; fig make a clean sweep

**schoonmaakbedrijf** *o* [-drijven] cleaners

**schoonmaakbeurt** *v* [-en] cleanup, cleaning

**schoonmaakmiddel** *o* [-en] cleaning product

**schoonmaakster** *v* [-s] cleaning woman

**schoonmaakwoede** *v* ❶ *gewoonte* obsession with cleaning ❷ *aanval* fit of cleaning * *last hebben van*~ have the cleaning bug

**schoonmaken** *overg* [maakte schoon, h. schoongemaakt] clean * *groenten*~ clean vegetables * *zijn nagels*~ clean one's nails

**schoonmaker** *m* [-s] cleaner

**schoonmoeder** *v* [-s] mother-in-law

**schoonouders** *zn* [mv] in-laws

**schoonrijden** *o* op schaatsen figure skating

**schoonschrift** *o* [-en] ❶ *handschrift* calligraphy ❷ *cahier* copybook

**schoonschrijven** *o* calligraphy

**schoonspringen** *o* v. zwemmers (platform) diving

**schoonspuiten** *overg* [spoot schoon, heeft schoongespoten] hose down
**schoonvader** *m* [-s] father-in-law
**schoonvegen** *overg* [veegde schoon, h. schoongeveegd] sweep clean * ⟨door politie⟩ *de straat~* clear the streets
**schoonzoon** *m* [-s & -zonen] son-in-law
**schoonzus** *v* [-sen], **schoonzuster** [-s] sister-in-law
**schoonzwemmen** *o* synchronized swimming
**schoor** *m* [schoren] buttress, stay, strut, prop, support
**schoorsteen** *m* [-stenen] chimney, (chimney) stack, ⟨v.e. stoomboot⟩ funnel * *daar kan de~ niet van roken* that won't keep the pot boiling
**schoorsteenbrand** *m* [-en] chimney fire
**schoorsteenkap** *v* [-pen] chimney hood
**schoorsteenmantel** *m* [-s] mantelpiece
**schoorsteenpijp** *v* [-en] chimney shaft
**schoorsteenvegen** *o* chimney sweeping
**schoorsteenveger** *m* [-s] chimney sweep
**schoorvoetend** *bijw* reluctantly, hesitatingly * *~ iets doen* do sth reluctantly
**schoot** *m* [schoten] ❶ *bovenbenen* lap * *de handen in de~ leggen* give up * *het hoofd in de~ leggen* give in, submit * *niet met de handen in de~ zitten* not be idle * *hij kreeg een groot probleem in de~ geworpen* he was saddled with a big problem * *bij elkaar op~ zitten* sit/live on top of each other * *zij had een boek op haar~* she sat with a book in her lap * *het kind op moeders~* the child in its mother's lap ❷ *moederbuik* womb * *de~ der Kerk* the bosom of the Church * *in de~ der aarde* in the bowels of the earth ❸ *v. zeil* sheet * *de~ vieren* ease the sail ❹ *v. slot* bolt ❺ *plantk* shoot, sprig
**schootcomputer** *m* [-s] laptop
**schoothondje** *o* [-s] lap/toy dog
**schootkind** *o* [-eren] ❶ *klein kind* baby ❷ *troetelkind* favourite/Am favorite child, pet
**schootsafstand** *m* [-en] range, shooting distance
**schootsvel** *o* [-len] leather apron
**schootsveld** *o* [-en] field of fire
**schop I** *v* [-pen] *spade* shovel, spade **II** *m* [-pen] *trap* kick * sp *een vrije~* a free kick
**schoppen I** *v* [schoppen & -s] *kaartsp* spades **II** *onoverg* [schopte, h. geschopt] kick * *het ver~* go far in the world * *~ naar* kick at **III** *overg* [schopte, h. geschopt] kick * *herrie/lawaai~* kick up a row * *een kind de wereld in~* produce an offspring * *op de wereld~* spawn
**schoppenaas** *m & o* [-azen] ace of spades
**schoppenboer** *m* [-en] jack of spades
**schoppenheer** *m* [-heren] king of spades
**schoppenvrouw** *v* [-en] queen of spades
**schopstoel** *m* * *op de~ zitten* be on tenterhooks about sth
**schor I** *bn* hoarse, husky **II** *v* [-ren] *buitendijks land* salt marsh
**schorem I** *o* riff-raff, rubble, low life **II** *bn* shabby

**schoren** *overg* [schoorde, h. geschoord] shore/prop (up), buttress, support
**Schorpioen** *m* astron & astrol Scorpio
**schorpioen** *m* [-en] *dier* scorpion
**schorriemorrie, schorremorrie** *o* rabble, riff-raff, lowlife
**schors** *v* [-en] bark
**schorsen** *overg* [schorste, h. geschorst] ❶ *(tijdelijk) buiten werking stellen* suspend * *de leerling was een week geschorst* the student was suspended for one week ❷ *zitting* adjourn * *een onderzoek~* adjourn an investigation
**schorseneer** *v* [-neren] black salsify, scorzonera
**schorsing** *v* [-en] ⟨v. personen⟩ suspension, ⟨v. vergadering &⟩ adjournment * jur *van executie* stay of execution * jur *van voorlopige hechtenis* suspension of remand in custody
**schort** *v & o* [-en] apron, ⟨v. kinderen⟩ pinafore, ⟨voor het schilderen⟩ smock
**schorten** *onoverg* [schortte, h. geschort] lack, be lacking * *wat schort eraan?* what's the matter? * *het schort hem in zijn hoofd/bol* he's a bit soft in the head
**Schot** *m* [-ten] Scot, Scotsman
**schot I** *o* [schoten] shot, gunshot, ⟨geluid als v. een schot⟩ report * *een~ lossen* fire a shot * *binnen~* within range * *buiten~* out of range * *trachten buiten~ te blijven* try to keep out of harm's way * *een ~ in de roos* a bull's-eye * *onder~ krijgen* get within range * *ze zijn onder~* they are within range * iem. *onder~ houden* hold sbd within range * *een~ voor de boeg* a shot across the bows; fig a serious warning ▼ *er komt~ in* we're making headway **II** *o* [-ten] ❶ *losse wand* partition ❷ *scheepv* bulkhead
**schotel** *m & v* [-s] ❶ *voor kopje* saucer ❷ *gerecht* dish ▼ *een vliegende~* a flying saucer
**schotelantenne** *v* [-s, -n] satellite dish
**schoteltje** *o* [-s] *v. kopje* saucer * *een~ melk* a saucer of milk * *ogen als~s* eyes like saucers
**schotenwisseling** *v* [-en] exchange of fire
**Schotland** *o* Scotland
**Schots I** *bn* Scottish, Scotch, Scots * *een~e rok* a kilt * *de~e Hooglanden* the Scottish Highlands **II** *o taal* Scots, Scottish
**schots I** *v* [-en] *ijs* floe **II** *bn* * *~ en scheef* higgledy-piggledy, topsy-turvy
**Schotse** *v* [-n] Scot, Scotswoman * *ze is een~* she's a Scot, she's from Scotland
**schotwond** *v* [-en] shot/bullet wound
**schouder** *m* [-s] shoulder * *de~s ophalen* shrug one's shoulders, give a shrug * *een~ om op te huilen* a shoulder to cry on * *~ aan~ staan* stand shoulder to shoulder * *ergens de~s onder zetten* put one's back into sth * iem. *op de~ kloppen* pat sbd on the back * *op iems.~s slaan* slap sbd on the shoulders * *breed van~s* broad-shouldered
**schouderband** *m* [-en] ❶ anat shoulder ❷ *v. tas* strap ❸ *v. kledingstuk*, **schouderbandje** *o* [-s]

shoulder strap
**schouderblad** o [-bladen] shoulder blade, scapula
**schouderbreedte** v [-n & -s] shoulder width
**schouderduw** m [-en] sp shoulder charge
**schouderen** overg [schouderde, h. geschouderd]
shoulder * *het geweer* ~shoulder the gun, shoulder
arms
**schoudergewricht** o [-en] shoulder joint
**schouderham** v [-men] shoulder of ham
**schouderhoogte** v shoulder height * *op* ~at
shoulder height
**schouderkarbonade** v [-s] pork chop
**schouderklopje** o [-s] pat on the back
**schouderophalen** o shrug (of the shoulders)
**schouderriem** m [-en] shoulder strap
**schouderstuk** o [-ken] ❶mil shoulder strap ❷*van
hemd &* yoke ❸*v. vlees* shoulder
**schoudertas** v [-sen] shoulder bag
**schoudervulling** v [-en] shoulder pad
**schout** m [-en] hist bailiff, sheriff
**schout-bij-nacht** m [-s & schouten-bij-nacht] rear
admiral
**schouw** I v [-en] ❶*stookplaats* fireplace
❷*schoorsteenmantel* mantelpiece ❸*schoorsteen* ZN
chimney II m [-en] *inspectie* inspection, survey
**schouwburg** m [-en] theatre/Am theater, playhouse
* *een volle* ~a full house * *naar de* ~*gaan* go to the
theatre
**schouwburgpubliek** o theatre-going public, Am
theater-going public
**schouwen** overg [schouwde, h. geschouwd]
❶*inspecteren* inspect, survey * *een lijk* ~hold a
post-mortem on a body ❷*waarnemen* witness, view,
dicht behold
**schouwspel** o [-spelen] spectacle, scene, sight, view
**schouwtoneel** o [-nelen] stage, scene, theatre/Am
theater
**schoven** overg [schoofde, h. geschoofd] sheave
**schraag** v [schragen] trestle, support
**schraal** I bn ❶*personen* thin, lean, gaunt, ⟨huid⟩ dry
❷*abstracte zaken* scant * *schrale lof* scant praise
* *een schrale troost* cold comfort ❸*salaris* slender
❹*spijs &* meagre ❺*grond* poor, infertile, arid ❻*weer*
bleak, ⟨wind⟩ cutting II bijw poorly, scantily & * *hij
wordt* ~*beloond* he's poorly paid
**schraalheid** v ❶*v. personen* leanness, gauntness,
⟨v. huid⟩ dryness ❷*v. abstracte zaken* scantness,
⟨geestelijke armoede⟩ aridity ❸*v. hoeveelheid*
sparsity, scarcity ❹*v. spijs &* meagreness ❺*v. grond*
infertility, aridity ❻*v. weer* bleakness
**schraapijzer** o [-s], **schraapmes** [-sen] scraper
**schraapsel** o [-s] scrapings
**schraapzucht** v stinginess, greed
**schragen** overg [schraagde, h. geschraagd] support,
prop (up), stay
**schram** v [-men] scratch, graze * *vol* ~*men* all
scratched up * *er zonder ook maar een* ~*metje
afkomen* come off without a scratch

**schrammen** I overg [schramde, h. geschramd]
scratch, graze II wederk [schramde, h. geschramd]
* *zich* ~scratch oneself, graze one's skin
**schrander** I bn clever, intelligent, smart, bright,
astute II bijw cleverly & * *dat is* ~*opgemerkt* that's
an astute comment
**schranderheid** v cleverness, intelligence,
astuteness
**schransen** onoverg [schranste, h. geschranst],
**schranzen** [schransde, h. geschransd] gorge * *zij
waren aan het* ~they were putting it away/were
stuffing it in
**schranspartij** v [-en] eating binge
**schrap** I v [-pen] scratch * *er een* ~*door halen* strike
it out, cross it off II bijw * *zich* ~*zetten* take a firm
stand, brace oneself
**schrapen** I overg [schraapte, h. geschraapt] scrape
* (zich) de keel ~clear one's throat II onoverg
[schraapte, h. geschraapt] rasp
**schraper** m [-s] scraper
**schrappen** overg [schrapte, h. geschrapt] ❶*wortels &*
scrape ❷*vis* scale ❸*doorhalen* strike out/off,
⟨v. alternatieven⟩ eliminate, ⟨naam, passage &⟩
delete * *iem. van de lijst* ~cross/strike sbd off the list
❹*schuld* cancel
**schrapping** v [-en] ❶*naam* crossing/striking out
❷*woord, passage* deletion ❸*schuld* cancellation
**schrede** v [-n] pace, step, stride * *de eerste* ~*doen*
take the first step * *zijn* ~*n wenden naar...* turn/bend
one's steps to... * *met rasse* ~*n* with rapid strides, fast
* *op zijn* ~*n terugkeren/terugkomen* go back
on/retrace one's steps
**schreef** v [schreven] line, scratch * *over de* ~*gaan*
go over the line, exceed the limit
**schreeuw** m [-en] cry, shout, screech * *een* ~*geven*
give a cry
**schreeuwen** I onoverg [schreeuwde, h.
geschreeuwd] cry, shout, yell * ~*als een mager
varken* squeal like a (stuck) pig * *om brood* ~cry out for bread
* *om hulp* ~yell/cry for help * *om wraak* ~call for
revenge * *zich hees* ~cry oneself hoarse II overg
[schreeuwde, h. geschreeuwd] shout, yell * *iem.
doof* ~deafen sbd with one's shouting * *iem. wakker*
~shout sbd awake
**schreeuwend** I bn crying * ~*e kleuren* loud/glaring
colours * *een* ~*onrecht* a rank injustice II bijw * ~
duur terribly expensive
**schreeuwer** m [-s] loudmouth, ⟨snoever⟩ braggart
**schreeuwerig** bn ❶*v. stem* shrieking, blaring * *een*
~*mens* a loud person, a bigmouth ❷*v. kleuren* loud
❸*v. toespraken &* heated * ~*e reclame*
in-your-face/loud/glaring advertisements
**schreeuwlelijk** m [-en] ❶bigmouth ❷*huilebalk*
crybaby
**schreien** onoverg [schreide, h. geschreid] weep, cry
* ~*om...* weep for... * *ten hemel* ~cry (aloud) to
heaven * *tot* ~*s toe bewogen* moved to tears * ~*van

*vreugde* weep for joy

**schriel** I *bn* gierig stingy, mean, niggardly II *bijw* stingily &

**Schrift** *v* *de* (Heilige) ~Holy Writ, (Holy) Scripture, the Scriptures

**schrift** *o* [-en] ❶*handschrift* handwriting ❷*geschrift* writing *op ~zetten* put in writing ❸*schrijfboek* exercise book, notebook

**schriftelijk** I *bn* written, in writing *een ~e cursus* a correspondence course *een ~e vraag* a written question *~werk* written work II *bijw* in writing III *o* *het ~*the written work

**Schriftgeleerde** *m* [-n] scribe

**Schriftlezing** *v* Bible reading

**Schriftuur** *v* [-turen] writing, document *de ~* Scripture (lesson)

**Schriftuurlijk** *bn* scriptural, biblical

**schrijden** *onoverg* [schreed, h. en is geschreden] stride

**schrijfblok** *o* [-ken] writing block/pad

**schrijffout** *v* [-en] ❶slip of the pen ❷*v. ambtenaar & clerical error

**schrijfgerei** *o* writing materials

**schrijfhouding** *v* writing position

**schrijfkramp** *v* writer's cramp

**schrijfmachine** *v* [-s] typewriter

**schrijfmap** *v* [-pen] writing case

**schrijfopdracht** *v* [-en] written assignment

**schrijfpapier** *o* writing paper

**schrijfster** *v* [-s] (woman) writer, authoress

**schrijfstijl** *m* style of writing

**schrijftaal** *v* written language

**schrijftafel** *v* [-s] desk

**schrijftrant** *m* manner/style of writing

**schrijfvaardigheid** *v* writing skills

**schrijfwerk** *o* clerical work, writing

**schrijfwijze** *v* [-n] spelling

**schrijlings** *bn en bijw* astride, astraddle *een ~e houding* (with) legs astride

**schrijn** *o & m* [-en] ❶*alg.* chest, cabinet ❷*van relikwieën* shrine

**schrijnen** *overg* [schrijnde, h. geschrijnd] graze

**schrijnend** *bn* harrowing, distressing *~leed* bitter grief *~e pijn* harrowing pain *een ~e tegenstelling* a poignant contrast *een ~tekort* a serious shortage *een ~verhaal* a distressing story

**schrijnwerk** *o* [-en] cabinetwork

**schrijnwerker** *m* [-s] ❶*meubelmaker* joiner ❷*timmerman* ZN carpenter

**schrijnwerkerij** I *v* ❶*houtwerk* ZN woodwork ❷*meubelmakers-, timmerwerk* ZN carpentry, cabinet maker's work II *v* [-en] ❶*meubelmakerij* ZN cabinetmaking, furnituremaking ❷*werkplaats v.e. timmerman* ZN carpenter's workshop

**schrijven** I *overg* [schreef, h. geschreven] write *dat kan je op je buik* ~you've got a fat chance of getting it *hoe schrijf je dat?* how do you write/spell it? *niets om over naar huis te* ~nothing to write home

about *er staat geschreven* it says here; bijbel it is written II *onoverg* [schreef, h. geschreven] write *deze pen schrijft niet* this pen doesn't write *~aan* write to *hij schrijft in de krant* he writes for the papers *~op een advertentie* answer an advertisement *hij schrijft over de oorlog* he writes about the war *hij heeft over Byron geschreven* he has written on Byron III *wederk* [schreef, h. geschreven] *zich* ~sign oneself IV *o* *ons laatste* ~our last letter *uw ~van de 20e* your letter of the 20th

**schrijver** *m* [-s] ❶*auteur* writer, author ❷*op kantoor* clerk

**schrijverschap** *o* authorship

**schrijverskwaliteiten** *zn* [mv] literary qualities

**schrik** *m* fright, terror *met ~en beven* with fear and terror *de ~van het dorp* the terror of the village *iem. ~aanjagen, iem. de ~op het lijf jagen* give sbd a fright, terrify sbd *er met de ~afkomen* get off with a fright *er de ~inbrengen* put the fear of God into them *een ~krijgen* get a fright *de ~ sloeg mij om het hart* I was terror-stricken *met ~ vervullen* fill with fright, scare, strike terror into *met ~wakker worden* wake up with a start/jolt *met ~tegemoet zien* dread *tot mijn* ~to my dismay/horror *het van ~besterven* be frightened to death

**schrikaanjagend** *bn* terrifying

**schrikachtig** *bn* easily frightened, inf jumpy

**schrikbarend** I *bn* ❶*bedenkelijk* alarming, shocking ❷*verschrikkelijk* terrifying, frightful, awful II *bijw* alarmingly & *~hoog* alarmingly high *zich* ~ *vervelen* be bored out of one's mind

**schrikbeeld** *o* [-en] ❶spectre, phantom, bogey/bogy *het ~van de oorlog* the spectre of war *het oude ~ van communistische infiltratie* the old bogey of communist infiltration ❷*gedrocht* incubus

**schrikbewind** *o* (reign of) terror

**schrikdraad** *m & o* [-draden] electric fence

**schrikkeldag** *m* [-dagen] leap day

**schrikkeljaar** *o* [-jaren] leap year

**schrikkelmaand** *v* [-en] February, leap month

**schrikken** I *onoverg* [schrok, is geschrokken] be scared/frightened, ‹opschrikken› (give a) start *wakker* ~wake up with a start/jolt *iem. doen* ~ give sbd a fright, frighten/startle sbd *~van* be startled by *hij ziet eruit om van te* ~his looks are enough to frighten you *~voor...* take fright at II *wederk* [schrok, is geschrokken] *zich dood/een aap &* ~get a big fright III *overg* [schrok, h. geschrokken] *eieren* ~plunge eggs into cold water

**schrikreactie** *v* shock reaction

**schrikwekkend** *bn* terrifying, terrific, appalling

**schril** I *bn* ❶*geluiden* shrill, strident ❷*licht, kleuren, contrast* glaring II *bijw* shrilly, stridently, glaringly

**schrobben** *overg* [schrobde, h. geschrobd] scrub, scour

**sc**

**schrobber** *m* [-s] scrubbing brush, scrubber
**schrobbering** *v* [-en] dressing down, telling off
 * *iem. een~ geven* give sbd a dressing down/a telling off, tell sbd off
**schroef** *v* [schroeven] ❶ *alg.* screw, bolt * *een~ van Archimedes* an Archimedean screw * *een~ zonder eind* an endless screw * *een~ en moer* a nut and bolt, a male and female screw * *de~ wat aandraaien* tighten the screw a bit * *alles staat op losse schroeven* everything is unsettled * *er is bij haar een~ je los* she has a screw loose ❷ *bankschroef* vice ❸ scheepv screw, (screw) propeller ❹ luchtv airscrew, propeller ❺ *v. viool* peg ❻ *bij turnen, schoonspringen* twist
**schroefas** *v* [-sen] scheepv propeller shaft
**schroefblad** *o* [-bladen] propeller blade
**schroefbout** *m* [-en] screw bolt
**schroefdeksel** *o* [-s] screw cap
**schroefdop** *m* [-pen] screw top
**schroefdraad** *m* [-draden] screw thread * *een linkse/rechtse~* a left-handed/right-handed screw thread
**schroefsleutel** *m* [-s] monkey wrench, spanner
**schroefvormig** *bn* screw-shaped, spiral
**schroeien** I *overg* [schroeide, h. geschroeid] ❶ *v. haar, kleding &* singe ❷ *v. ⟨vlees⟩* sear ❸ *v. gras &* scorch ❹ *een wond* cauterize II *onoverg* [schroeide, is geschroeid] singe, burn
**schroeiplek** *v* [-ken] scorch mark
**schroeven** *overg* [schroefde, h. geschroefd] screw * *uit elkaar~* unscrew * *vaster~* screw together more firmly
**schroevendraaier** *m* [-s] screwdriver
**schrok** *m* [-ken] glutton
**schrokken** I *onoverg* [schrokte, h. geschrokt] eat gluttonously, bolt/wolf (down) one's food, guzzle one's food II *overg* [schrokte, h. geschrokt] * *het naar binnen~* bolt it down
**schrokop** *m* [-pen] glutton
**schromelijk** I *bn* gross * *een~e overdrijving* a gross exaggeration II *bijw* grossly * *~ te laat komen* come horribly late * *~ overdrijven* grossly exaggerated * *~ verliefd* head-over-heels in love
**schromen** *overg* [schroomde, h. geschroomd] ❶ vrezen fear, dread * *hij schroomt het gevaar niet* he's not afraid of danger ❷ *aarzelen* hesitate * *schroom niet om te bellen* don't hesitate to ring
**schrompelen** *onoverg* [schrompelde, is geschrompeld] shrivel (up)
**schroom** *m* diffidence, hesitation, shyness * *zonder ~* without fear
**schroomvallig** *bn* shy, diffident, hesitating, timorous
**schroot** I *o* ❶ *oud ijzer* scrap (iron) ❷ *munitie* shot, grapeshot II *m* [schroten] *reep hout* lath
**schroothandel** *m* scrap metal business
**schroothoop** *m* [-hopen] scrapheap * *op de~ gooien* throw sth on the scrapheap

**schrootjeswand** *m* [-en] timber-lined wall
**schrootwaarde** *v* scrap value
**schub** *v* [-ben] scale
**schubben** *overg* [schubde, h. geschubd] scale
**schubbig** *bn* scaly
**schubdier** *o* [-en] pangolin
**schuchter** I *bn* timid, tentative, shy, bashful II *bijw* timidly
**schuchterheid** *v* timidity, tentativity, shyness, bashfulness
**schuddebuiken** *onoverg* [schuddebuikte, h. geschuddebuikt] rock, shake * *~ van het lachen* rock/shake with laughter
**schudden** I *overg* [schudde, h. geschud] shake, ⟨v. kaarten⟩ shuffle * *iem. door elkaar~* shake sbd up, give sbd a good shaking * *iem. de hand~* shake hands * ⟨je kansen zijn verkeken⟩ *je kunt het wel~* you can forget it II *onoverg* [schudde, h. geschud] ❶ *alg.* shake * *dat deed het hele huis~* it shook the house * *hij schudde met het hoofd (van nee)* he shook his head * *het gebouw schudde op zijn grondvesten* the building shook to its foundations * *hij schudde van het lachen* he shook with laughter * *~ vóór gebruik* shake before use ❷ *v. rijtuig* bump, jolt
**schuif** *v* [schuiven] ❶ *alg.* slide ❷ *v. doos* sliding lid ❸ *grendel* bolt ❹ *v. oven &* damper ❺ *lade* ZN drawer
**schuifblad** *o* [-bladen] leaf
**schuifdak** *o* [-daken] sliding roof
**schuifdeur** *v* [-en] sliding door
**schuifelen** *onoverg* [schuifelde, h. en is geschuifeld] ❶ *alg.* shuffle, shamble ❷ *dansen* smooch ❸ *sissen v. slang* hiss
**schuifla ,schuiflade** *v* [-laden] drawer
**schuifladder** *v* [-s] extending/extension ladder
**schuifmaat** *v* [-maten] sliding rule, vernier cal(l)ipers
**schuifpaneel** *o* [-nelen] sliding panel
**schuifpui** *v* [-en] sliding door
**schuifraam** *o* [-ramen] sash window
**schuiftrombone** *v* [-s] slide trombone
**schuiftrompet** *v* [-ten] trombone
**schuifwand** *m* [-en] sliding wall
**schuiladres** *o* [-sen] cover/secret address
**schuilen** *onoverg* [school of schuilde, h. gescholen of geschuild] ❶ *beschutting zoeken* take shelter, shelter (voor from) ❷ *zich verbergen* hide * *daar schuilt wat achter* there's something behind it * *de moeilijkheid schuilt in...* the difficulty lies in...
**schuilgaan** *onoverg* [ging schuil, is schuilgegaan] hide
**schuilhoek** *m* [-en] hiding place
**schuilhouden** *wederk* [hield schuil, h. schuilgehouden] * *zich~* hide, be in hiding, keep in the shade, lie low
**schuilhut** *v* [-ten] hide
**schuilkelder** *m* [-s] air raid shelter
**schuilkerk** *v* [-en] clandestine church, conventicle
**schuilnaam** *m* [-namen] ❶ *van schrijver* pen name,

pseudonym❷ *van spion &* assumed name

**schuilplaats** *v* [-en]❶ *om zich te verbergen* hiding place, hideout, shelter✳ *een bomvrije~* a dugout, a bombproof shelter❷ *veilige plaats* refuge, asylum ✳ *een~ zoeken bij...* take shelter/refuge with..., flee for shelter to...

**schuim** *o*❶ *v. vloeistof* foam, ⟨v. bier &⟩ froth, ⟨v. zeep⟩ lather✳ *het~ staat hem op de mond* he's foaming/frothing at the mouth❷ *naar boven komende onzuiverheden* scum, ⟨v. metalen⟩ dross ❸ fig offscourings, scum, dregs✳ *het~ der aarde* the scum of the earth

**schuimbad** *o* [-baden] bubble bath

**schuimbekken** *onoverg* [schuimbekte, h. geschuimbekt] foam at the mouth✳*~d van woede* foaming with rage

**schuimbeton** *o* foamed concrete

**schuimblusser** *m* [-s] foam extinguisher

**schuimen I** *onoverg* [schuimde, h. geschuimd] ❶ *v. water, mond &* foam❷ *v. bier* froth❸ *v. zeep* lather**II** *overg* [schuimde, h. geschuimd] *klaplopen* sponge✳ *op zee~* scour the seas

**schuimgebakje** *o* [-s] meringue

**schuimig** *bn* foamy, frothy

**schuimkop** *m* [-pen] *v. golf* crest

**schuimkraag** *m* [-kragen] head

**schuimlaag** *v* [-lagen] layer of foam

**schuimpje** *o* [-s] meringue

**schuimplastic** *o* foam plastic

**schuimrubber** *m & o* foam rubber

**schuimspaan** *v* [-spanen] skimmer, skimming spoon

**schuimvlok** *v* [-ken] (foam) flake

**schuimwijn** *m* [-en] ZN sparkling wine

**schuin I** *bn* ❶ *muur &* slanting, sloping❷ *verband, lijn, koers* oblique✳ *de~ e zijde (van een driehoek)* the hypotenuse✳*~ geknipt* cut on the bias❸ *vlak* inclined❹ *kant* bevel(led)❺ *verhalen, moppen &* broad, ribald, blue, ⟨onfatsoenlijk⟩ obscene, dirty **II** *bijw* aslant, slantingly, awry, askew, on the bias ✳*~ aanzien* look askance at✳ *iets~ houden* tilt/slant sth✳ *de straat~ oversteken* cross the street diagonally✳*~ toelopen* taper off✳*~ tegenover* diagonally opposite

**schuingedrukt** *bn* italic, in italics

**schuins** *bn* oblique, askew

**schuinschrift** *o* sloping/slanting writing

**schuinsmarcheerder** *m* [-s] debauchee, rake

**schuinte** *v* [-n] obliquity, slope, bias✳ *in de~* aslant

**schuit** *v* [-en] boat, barge

**schuitje** *o* [-s]❶ *boot* (little) boat, <u>afkeurend</u> tub✳ *we zitten in het~ en moeten meevaren* in for a penny, in for a pound✳ *we zitten allemaal in hetzelfde~* we're all in the same boat❷ *v. ballon* car, basket❸ techn shuttle

**schuiven I** *overg* [schoof, h. geschoven] shove, push ✳ *de grendel op de deur~* shoot the bolt✳ *de schuld op een ander~* lay the guilt at another man's door,

lay the blame on someone else✳ *iets van zijn hals~* shift sth onto somebody else's shoulders, rid oneself of sth✳ *zij schoof de ring van haar vinger* she slipped the ring from her finger✳ *bezwaren terzijde~* overrule objections▼ *opium~* smoke opium **II** *onoverg* [schoof, is geschoven] slide, slip✳ *laat hem maar~!* he knows what's what!, he knows his stuff!✳ *gaan~* met shift

**schuiver** *m* [-s]❶ *beweging* lurch✳ *een~ maken* give a lurch, skid❷ *v. opium* opium smoker

**schuld** *v* [-en]❶ *in geld* debt✳ *kortlopende~* current liabilities✳ *kwade~ en* bad debts✳ *een lopende~* an outstanding/a running/current debt✳ *een uitstaande ~* an outstanding debt✳ *een~ aflossen* settle a debt, pay off a debt✳ *een achterstallige~ hebben* be in arrears✳ *veel~ hebben* be saddled with debts✳ *een ~ kwijtschelden* cancel a debt✳*~ en maken* run into debt, incur debt✳ *een~ overnemen* take over a debt ✳*~ en aan leveranciers* amounts owed to suppliers ✳ *overladen met~ en* debt-ridden, burdened with debts✳ *een~ vereffenen* pay off a debt✳ *zich in de ~ en steken* get into debt✳ *belofte maakt~* a promise is a promise❷ *fout* fault, guilt✳ *eigen~, dikke bult!* it's your own fault✳ *jur eigen~* contributory negligence✳ *het is mijn~ (niet)* it's (not) my fault, the fault is (not) mine✳ *wiens~ is het?* whose fault is it?, who's to blame?✳ *het weer was er~ van dat...* it was owing/due to the weather that...✳*~ bekennen* confess, own up✳*~ belijden* confess one's guilt ✳ *iem. de~ van iets geven* lay/throw the blame on sbd, blame sbd for sth✳ *⟨~ hebben* be guilty✳ *wie heeft~?* who is to blame?✳*~ hebben aan iets* be a party to sth✳ *gewoonlijk krijg ik de~* I usually get the blame✳ *de~ op zich nemen* take the blame upon oneself✳ *bijbel vergeef ons onze~ en* forgive us our trespasses✳ *buiten mijn~* through no fault of mine✳ *door uw~* through your fault

**schuldbekentenis** *v* [-sen]❶ confession/admission of guilt❷ *promesse* IOU (I owe you), bond, note, promissory note, memorandum of debt, acknowledgement of a debt

**schuldbelijdenis** *v* [-sen] confession of guilt

**schuldbesef** *o* sense of guilt, consciousness of ⟨his/her⟩ guilt

**schuldbewust** *bn* guilty✳*~ kijken* look contrite

**schuldbrief** *m* [-brieven] debenture, bond✳ *een~ aan toonder* a bearer bond/debenture

**schuldcomplex** *o* [-en] guilt complex

**schulddelging** *v* [-en] debt redemption

**schuldeiser** *m* [-s] creditor✳ *een bevoorrechte/preferente~* a preferred creditor

**schuldeloos** *bn* guiltless, innocent

**schuldenaar** *m* [-s & -naren] debtor

**schuldenlast** *m* (burden of) debt

**schuldenvrij** *bn* debt-free

**schulderkenning** *v* admission of guilt

**schuldgevoel** *o* [-ens] guilt feeling, feeling/sense of guilt

**schuldig** bn ❶ ⟨schuld hebben⟩ d guilty *~zijn* be guilty *zich ~maken aan iets* commit sth *hij is des doods* ~he deserves to die *het ~uitspreken over iem.* condemn sbd, find sbd guilty *men heeft hem ~bevonden* he has been found guilty *zich aan een nalatigheid ~maken* be guilty of negligence ❷*te betalen* hebbend owing *~zijn* owe *ik ben u nog wat ~*I owe you something *ik ben niemand iets ~*I owe no one anything *ik ben u nog enige lessen ~*I still owe you for a few lessons *het antwoord ~ blijven* not give an answer *het antwoord niet ~ blijven* be ready with an answer *het bewijs ~blijven* fail to prove that...

**schuldige** m-v [-n] culprit, guilty party/person, wrongdoer

**schuldigverklaring** v [-en] jur guilty verdict, conviction

**schuldsanering** v debt restructuring

**schuldvereffening** v [-en] debt settlement

**schuldvergelijking** v [-en] compensation, set off

**schuldvordering** v [-en] (debt) claim

**schuldvraag** v question of guilt *de ~opwerpen* raise the question of guilt

**schulp** v [-en] shell *in zijn ~kruipen* draw in one's horns

**schunnig** bn ❶*armzalig* mean, shabby ❷*minderwaardig* shady ❸*obsceen* ribald

**schunnigheid** v [-heden] ❶shabbiness ❷ ⟨obsceniteit⟩ filth, dirt

**schuren** I overg [schuurde, h. geschuurd] ❶*pan, ketel & scour *zand schuurt de maag* eating a bit of sand never hurt anybody ❷*met schuurpapier* sand, sandpaper ❸*de huid* chafe II onoverg [schuurde, h. geschuurd] *~langs* graze *iets over het zand ~* drag sth along the sand

**schurft** v & o ⟨v. mensen⟩ scabies, itch, ⟨v. schapen⟩ scab, ⟨v. katten, honden, paarden⟩ mange *de ~ aan iem./iets hebben* hate sbd/sth like poison *ergens de ~over in hebben* be peeved at sth

**schurftig** bn scabby, mangy, scabious

**schuring** v friction

**schurk** m [-en] rogue, scoundrel

**schurkachtig** bn roguish, rotten, wicked

**schurken** onoverg [schurkte, h. geschurkt] rub, scratch *zich ~have a scratch, rub oneself

**schurkenstreek** m & v [-streken], **schurkerij** v [-en] nasty trick

**schut** o [-ten] ❶*scherm* screen ❷*schutting* fence ❸*schot* partition ▼*voor ~lopen* look a sight ▼*voor ~ staan/zitten* look a fool ▼*iem. voor ~zetten* make a fool of sbd

**schutblad** o [-bladen] ❶*v. boek* flyleaf, endpaper ❷plantk bract

**schutkleur** v [-en] protective coloration/colouring, camouflage

**schutkolk** m & v [-en] lock chamber

**schutsluis** v [-sluizen] lock

**schutspatroon** m [-tronen], **schutspatrones** v [-sen] patron saint

**schutten** overg [schutte, h. geschut] v. schepen lock (through)

**schutter** m [-s] ❶*die schiet* marksman, rifleman ❷mil gunner ❸hist soldier of the civic guard

**schutteren** onoverg [schutterde, h. geschutterd] fumble, act awkwardly/clumsily

**schutterig** I bn awkward, clumsy II bijw awkwardly, clumsily *~buigen* bow awkwardly *~spreken* stumble over one's words

**schutterij** v [-en] ❶*schietvereniging* shooting club ❷hist national guard, civic guard

**schuttersfeest** o [-en] festivities of the shooting club

**schuttersput** m [-ten] foxhole

**schuttersstuk** o [-ken] schilderij group portrait of the civil guards

**schutting** v [-en] ❶alg. fence ❷*voor advertenties* hoarding

**schuttingtaal** v obscene language

**schuttingwoord** o [-en] four-letter word, dirty word

**schuur** v [schuren] ❶alg. shed ❷*van boerderij* barn

**schuurdeur** v [-en] shed door, ⟨v. boerderij⟩ barn door

**schuurlinnen** o emery cloth

**schuurmachine** v [-s] sanding machine, sander

**schuurmiddel** o [-en] abrasive, scourer

**schuurpapier** o emery paper, sandpaper

**schuurpoeder** o & m scouring powder

**schuurspons** v [-en & -sponzen] scourer

**schuw** bn shy, timid, bashful *iem. ~maken* frighten sbd off *~worden* become shy

**schuwen** overg [schuwde, h. geschuwd] ❶*personen* shun ❷*handelingen, zaken* avoid, shrink from *iets ~als de pest* shun/avoid sth like the plague *geen geweld ~*not shrink from violence

**schuwheid** v shyness, timidity, bashfulness

**schwung** m verve, drive, vigour, spirit, elan, panache

**sciencefiction** v science fiction

**sclerose** v sclerosis *multiple ~*multiple sclerosis

**scoliose** v scoliosis

**scooter** m [-s] (motor) scooter *op de ~*on the scooter

**score** m [-s] score

**scorebord** o [-en] scoreboard

**scoren** overg [scoorde, h. gescoord] ⟨ook v. junk⟩ score *de gelijkmaker ~*equalize

**scoreverloop** o scoring progress

**scout** m [-s] ❶*lid v. jeugdorganisatie* (boy/girl) scout ❷*talentenjager* (talent) scout

**scouting** m Scouting

**scoutisme** o ZN Scouting

**scrabbelen** onoverg [scrabbelde, h. gescrabbeld] play scrabble ®

**scratchen** onoverg [scratchte, h. gescratcht] scratch

**screenen** overg en onoverg [screende, h. en is gescreend] screen *iem. ~screen sbd

**screensaver** m [-s] screensaver
**screentest** m [-s] screen test
**scribent** m [-en] scribbler
**scrimmage** v [-s] sp scrimmage
**script** o [-s] script
**scriptgirl** v [-s] script/continuity girl
**scriptie** v [-s] final paper/project, thesis, essay

---

**scriptie**
Een **hbo-scriptie** kan het best worden vertaald met **bachelor's thesis.**
Een **universitaire scriptie** kan het best worden vertaald met **thesis** of **master's thesis.**

---

**scriptiebegeleider** m [-s] thesis/project supervisor
**scrollbar** m [-s] comput scroll bar
**scrollen** overg [scrollde, h. gescrolld] comput scroll
**scrotum** o [-s] scrotum
**scrupule** v [-s] scruple *geen ~s kennen over* have no scruples about
**scrupuleus** I bn scrupulous, conscientious II bijw scrupulously, conscientiously
**scudraket** v [-ten] Scud missile
**sculptuur** v [-turen] sculpture
**seance** v [-s] seance
**sec** I bn dry II bijw dryly *iets ~vertellen* tell sth dryly *iets ~drinken* drink sth straight/neat
**secans** v [-en & -canten] secant
**secondair** bn secondary
**secondant** m [-en] ❶*op een kostschool* assistant master ❷*bij wedstrijden* second ❸*bij een bokswedstrijd* bottle holder
**seconde** v [-n] second
**secondelijm** m five-second glue
**seconderen** overg [secondeerde, h. gesecondeerd] second
**secondewijzer** m [-s] second hand
**secreet** I o [-kreten] ❶*scheldwoord* ⟨man⟩ bastard, son of a bitch, swine, ⟨vrouw⟩ bitch, cow ❷*wc* privy II bn geheim secret III bijw *jur & ZN op ~stellen* put in confinement
**secretaire** m [-s] writing desk, secretary
**secretaresse** v [-n] (female) secretary *een medisch ~* a medical secretary/receptionist
**secretariaat** o [-aten] ❶*ambt* secretaryship ❷*kantoor* (secretary's) office ❸*hoofdkwartier* secretarial building
**secretarie** v [-rieën] town clerk's office
**secretaris** m [-sen] ❶*alg.* secretary ❷*v.d. gemeente* town clerk
**secretaris-generaal** m [-sen-generaal] ❶*v.e. ministerie* permanent secretary ❷*v.d. VN &* secretary-general
**secretie** v [-s] secretion
**sectie** v [-s] ❶*onderdeel* section ❷*mil* platoon ❸*afdeling v.e. organisatie* department ❹*v. lijk* dissection, post-mortem (examination) *~ verrichten* conduct a post-mortem

**sector** m [-s & -toren] sector *de vrije ~* the free sector
**seculair** bn secular
**secularisatie** v [-s] secularization
**seculariseren** overg en onoverg [seculariseerde, h. en is geseculariseerd] secularize
**seculier** I bn secular II m [-en] secular
**secundair** bn secondary *~e arbeidsvoorwaarden* fringe benefits, inf perks *Belg ~onderwijs* secondary education *Belg Vernieuwd Secundair Onderwijs* modern secondary education
**securiteit** v security *voor alle ~* to be on the safe side, for safety's sake
**secuur** I bn accurate, precise II bijw accurately, precisely *het ~weten* know it for a fact
**sedan** m [-s] sedan
**sedatief** I bn sedative, tranquillizing, calmative II o [-tieven] sedative, tranquillizer
**sederen** overg [sedeerde, h. gesedeerd] sedate, calm by means of sedatives, administer a sedative
**sedert** voegw & voorz since, for *~kort* recently *~ lang* for a long time now *~wanneer?* since when?
**sedertdien** bijw since then, ever since
**sediment** o [-en] sediment
**sedimentair** bn sedimentary
**sedimentatie** v sedimentation
**sedum** o plant sedum
**segment** o [-en] segment
**segmentatie** v segmentation
**segregatie** v segregation
**segregeren** overg [segregeerde, h. gesegregeerd] segregate
**sein** o [-en] ❶signal, sign *~en geven* make signals *het ~geven voor de aanval* give the signal/sign to attack *iem. het ~geven om stil te houden* signal to sbd to stop *dat was het ~tot...* that was the signal for... ❷*waarschuwing* tip, hint *als je er niet uitkomt moet je maar even een ~tje geven* if it doesn't work just let me know
**seinen** overg en onoverg [seinde, h. geseind] ❶*seinen geven* signal *in het morse ~* signal in Morse code ❷*telegraferen* telegraph, wire
**seinhuis** o [-huizen] signal box
**seinpaal** m [-palen] signal post, semaphore
**seinpost** m [-en] signal box
**seismisch** bn seismic
**seismograaf** m [-grafen] seismograph
**seismografisch** bn seismographic
**seismologie** v seismology
**seismologisch** bn seismological *een ~station* a seismological station
**seismoloog** m [-logen] seismologist
**seizoen** o [-en] season *buiten het ~is het rustig* it's quiet in the off-season *buiten het ~huren kan ook* off-season rental is also possible *fruit buiten het ~ is duur* out-of-season fruit is expensive
**seizoenarbeid, seizoensarbeid** m seasonal work
**seizoenarbeider** m [-s] seasonal worker

**se**

**seizoendrukte** *v* seasonal activity
**seizoengebonden**, **seizoensgebonden** *bn* seasonal
**seizoeninvloed**, **seizoensinvloed** *m* [-en] seasonal influence
**seizoenkaart** *v* [-en] season ticket
**seizoenopruiming** *v* [-en] end of season sales
**seizoenscorrectie** *v* seasonal correction
**seizoenstart** *m* start of the season
**seizoenwerkloosheid** *v* seasonal unemployment
**seks** *m* sex * ~ *hebben met iem.* have sex with sbd
**seksblad** *o* [-bladen] sex magazine
**seksbom** *v* [-men] sex bomb, sexpot
**sekse** *v* [-n] sex * *de schone* ~ the fair sex
**seksen** *overg* [sekste, h. gesekst] ❶ *v. kuikens &* sex ❷ *seks hebben* have sex
**seksfilm** *m* [-s] sex film
**seksisme** *o* sexism
**seksist** *m* [-en] sexist
**seksistisch** *bn* sexist
**seksleven** *o* sex life
**sekslijn** *v* [-en] sex line
**seksmaniak** *m* [-ken] sex fiend/maniac
**seksshop** *m* [-s] sex shop
**seksualiteit** *v* sexuality
**seksueel I** *bn* sexual * *seksuele voorlichting* sex education **II** *bijw* sexually * *een* ~ *overdraagbare ziekte* a sexually transmitted disease
**seksuologie** *v* sexology
**seksuoloog** *m* [-logen] sexologist
**sektariër** *m* [-s] sectarian
**sektarisch** *bn* sectarian
**sektarisme** *o* sectarianism
**sekte** *v* [-n] sect
**sekteleider** *m* [-s] sect leader
**sektelid** *o* [-leden] sect member
**sekwester I** *m* [-s] sequestrator **II** *o* [-s] sequestrum
**selderie**, **selderij**, ZN **selder** *m* celery
**selderiesalade** *v* celery salad
**select** *bn* select, choice * *een* ~ *gezelschap* a select company
**selecteren** *overg* [selecteerde, h. geselecteerd] ❶ *uitzoeken* select, pick (out) ❷ *scheiden* select, sort (out)
**selectie** *v* [-s] selection
**selectiecriterium** *o* [-teria] selection criterion
**selectief** *bn* selective
**selectiemethode** *v* [-s] selection method
**selectieprocedure** *v* [-s] selection procedure
**selectiewedstrijd** *m* [-en] selection match, ⟨voorronde⟩ preliminary
**semafoon** *m* [-s] beeper
**semantiek** *v* semantics
**semantisch** *bn* semantic
**semester** *o* [-s] semester
**semiautomatisch** *bn* semi-automatic
**Semiet** *m* [-en] Semite
**seminarie** *o* [-s], **seminarium** [-ria, -s] ❶ RK seminary

* *een groot/klein* ~ a major/minor seminary ❷ onderw seminar
**seminarist** *m* [-en] seminarian, seminarist
**semioverheidsinstelling** *v* [-en] Br quango, quasi-autonomous non-governmental organisation, semi state-controlled company
**semiprof** *m* [-s] semi-pro
**Semitisch** *bn* Semitic
**semtex** ® *o* Semtex
**senaat** *m* [-naten] ❶ senate ❷ onderw committee of senior students
**senator** *m* [-s & -toren] senator
**Senegal** *o* Senegal
**seniel** *bn* senile * ~*e aftakeling* senile decay
**seniliteit** *v* senility
**senior I** *bn* senior * *Mulder* ~ Mulder senior **II** *m* [-oren, -ores] senior
**seniorenconvent** *o* group of the leaders of all the political parties represented in parliament
**seniorenpas** *m* [-sen] senior citizen's pass
**seniorenwoning** *v* [-en] senior citizen's residence
**sensatie** *v* [-s] ❶ *onder het publiek* sensation, stir * ~ *maken/veroorzaken* create a sensation, cause a stir * *op* ~ *belust* sensation-hungry ❷ *persoonlijk* thrill, excitement
**sensatieblad** *o* [-bladen] tabloid
**sensatiepers** *v* tabloid/scandal press/yellow press
**sensatiezucht** *v* thirst for sensation * *hij doet het uit* ~ he does it for kicks
**sensationeel I** *bn* sensational, spectacular * *sensationele berichten* front-page news **II** *bijw* sensationally, spectacularly
**sensibel** *bn* ❶ *gevoelig* sensitive ❷ *waarneembaar* perceptible

---

**sensibel**
is sensitive of perceptible en niet sensible ; sensible betekent verstandig.

---

**sensibiliseren** *overg* [sensibiliseerde, h. gesensibiliseerd] sensitize
**sensibiliteit** *v* ❶ *gevoeligheid* sensitivity ❷ *waarneming* perception
**sensitief I** *bn* sensitive **II** *bijw* sensitively
**sensitiviteit** *v* sensitivity
**sensor** *m* [-s & -soren] sensor
**sensorisch** *bn* sensory
**sensualiteit** *v* sensuality
**sensueel I** *bn* sensual **II** *bijw* sensually
**sentiment** *o* [-en] sentiment * *vals* ~ cheap sentiment
**sentimentaliteit** *v* [-en] sentimentality
**sentimenteel** *bn* sentimental * ~ *doen over* sentimentalize over * *een* ~ *toneelstuk* a sentimental play, inf a tear-jerker
**separaat I** *bn* separate **II** *bijw* separately **III** *o* [-raten] separate
**separatie** *v* [-s] separation

**separatisme** *o* separatism
**separatist** *m* [-en] ❶ *voorstander v.e.*
*afscheidingsbeweging* separatist ❷ <u>jur</u>
preferential/secured creditor
**separatistisch** *bn* separatist
**sepia** *v dier & kleur* sepia
**seponeren** *overg* [seponeerde, h. geseponeerd] <u>jur</u>
dismiss, drop ✽ *de zaak* ~ dismiss/drop a case
**sepot** *o* dismissal, decision not to prosecute,
decision to drop charges ✽ *een voorwaardelijk* ~ a
conditional decision not to prosecute
**september** *m* September ✽ *de eerste* ~, *een* ~ the
first of September ✽ *op tien* ~ on the tenth of
September ✽ *begin/midden/eind* ~ at the beginning
of/in the middle of/at the end of September
**septet** *o* [-ten] septet
**septiem** *v* [-en], **septime** [-s] <u>muz</u> seventh
**septisch** *bn* septic ✽ *een* ~*e put* a septic tank
**sequentie** *v* sequence
**SER** *afk* (Sociaal-Economische Raad) National
Economic Development Office
**seraf** *m* [-s], **serafijn** [-en] seraph
**sereen** *bn* serene
**serenade** *v* [-s] serenade ✽ *iem. een* ~ *brengen*
serenade sbd
**sereniteit** *v* serenity
**sergeant** *m* [-en & -s] sergeant
**sergeant-majoor** *m* [-s] sergeant-major
**serie** *v* [-s & -riën] ❶ *alg.* series ✽ *een* ~ *noten* a series
of notes ❷ <u>bilj</u> break ❸ <u>RTV</u> serial
**seriebouw** *m* series/mass production
**serieel** *bn* serial
**seriemoordenaar** *m* [-s] serial killer
**serienummer** *o* [-s] serial number
**serieproductie** *v* serial production
**serieschakeling** *v* [-en] series connection, sequence
circuit
**serieus I** *bn* serious ✽ *serieuze aanvragen* genuine
inquiries **II** *bijw* seriously ✽ *iem.* ~ *nemen* take sbd
seriously
**sérieux** *bijw* ✽ *au* ~ *nemen* take seriously
**serieverkrachter** *m* [-s] serial rapist
**sering** *v* [-en] *plant* lilac
**sermoen** *o* [-en] sermon, <u>fig</u> lecture
**seropositief I** *bn* HIV-positive **II** *m-v* [-tieven]
person who is HIV-positive
**serpent** *o* [-en] ❶ serpent ❷ <u>fig</u> shrew
**serpentine** *v* [-s] (paper) streamer
**serre** *v* [-s] ❶ *uitgebouwd voor planten* conservatory
❷ *losstaand* hothouse, greenhouse ❸ *als achterkamer*
closed veranda(h), sun room
**serum** *o* [-s & -ra] serum
**serveerboy** *m* [-s] serving trolley, dinner wagon
**serveerder** *m* [-s] <u>sp</u> server
**serveerster** *v* [-s] waitress
**server** *m* [-s] <u>comput</u> server
**serveren** *overg* [serveerde, h. geserveerd] ❶ *opdienen*
serve ❷ <u>sp</u> serve

**servet** *o* [-ten] (table) napkin/serviette, ‹papier›
serviette ✽ *te groot voor* ~, *te klein voor tafellaken* at
the awkward age
**servetring** *m* [-en] napkin/serviette ring
**service** *m* [-s] ❶ service ✽ *een restaurant met een goede*
~ a restaurant which provides good service ✽ ~ *na*
*aankoop* after-sales service ❷ *bedieningsgeld* service
charge ❸ <u>sp</u> service
**servicebeurt** *v* [-en] service ✽ *een* ~ *laten geven* have
‹one's car› serviced
**servicecontract** *o* [-en] <u>marketing</u> service contract
**servicedienst** *m* [-en] service department
**serviceflat** *m* [-s] service flat
**servicegame** *m* [-s] *tennis* service game
**servicekanon** *o* [-nen] serve shot
**servicekosten** *zn* [mv] service charge(s)
**servicestation** *o* [-s] service station
**serviceverlening** *v* services
**Servië** *o* Serbia
**serviel I** *bn* servile **II** *bijw* servilely ✽ *zich* ~ *opstellen*
take a servile approach
**Serviër** *m* [-s] Serbian
**servies** *o* [-viezen] ❶ dinner service ❷ *theeservies* tea
set
**serviesgoed** *o* crockery
**servieskast** *v* [-en] cupboard
**Servisch I** *bn* Serbian **II** *o taal* Serbian
**Servische** *v* [-n] Serb, Serbian ✽ *ze is een* ~ she's a
Serb, she's from Serbia
**Servo-Kroatisch** *o* Serbo-Croat(ian)
**servomotor** *m* [-toren] servomotor
**Sesam** *zn* ✽ ~, *open u!* open Sesame!
**sesam** *m* sesame
**sesamzaad** *o* sesame seed
**sessie** *v* [-s] session
**set** *m* [-s] set ✽ *een* ~ *pennen* a set of pens
**setpoint** *o* [-s] set point
**settelen** *overg* [settelde, h. gesetteld] settle ✽ *zich* ~
settle
**setter** *m* [-s] setter
**sext** *v* [-en] sixth ✽ *een kleine* ~ a minor sixth
**sextant** *m* [-en] sextant
**sextet** *o* [-ten] <u>muz</u> sextet(te)
**sexy** *bn* sexy
**Seychellen** *zn* [mv] ✽ *de* ~ the Seychelles
**SF** *afk* (sciencefiction) science fiction
**sfeer** *v* [sferen] ❶ *rond de aarde, sociaal* sphere ✽ *dat*
*ligt buiten mijn* ~ that's out of my domain/province
✽ *iets in die* ~ something like that ✽ *hij was in hoger*
*sferen* he was in the clouds ❷ *stemming* atmosphere
✽ *er heerste een gezellige* ~ there was a pleasant
atmosphere
**sfeerloos** *bn* cheerless, bleak, without any
atmosphere
**sfeertekening** *v* [-en] atmospheric description
**sfeerverlichting** *v* atmospheric lighting
**sfeervol** *bn* ❶ pleasing, full of atmosphere
❷ *smaakvol* in good taste, attractive

**sf**

**sferisch** *bn* spherical
**sfinx** *m* [-en] sphinx
**sfinxachtig** *bn* sphinxlike
**shag** *m* cigarette tobacco
**shaker** *m* [-s] shaker
**shamponeren** *overg* [shamponeerde, h. geshamponeerd] shampoo
**shampoo** *m* [-s] shampoo
**shantoeng** *o & m* shantung
**sheet** *m* [-s] transparency, acetate

---

**sheet**
Een doorzichtig velletje voor een projector heet in het Engels een transparency of acetate en geen sheet. Een sheet is een vel papier of een laken.

---

**sherpa** *m en v* ['s] Sherpa
**sherry** *m* sherry
**Shetlandeilanden** *zn* [mv] Shetland Islands
**shift** *m* [-en] ❶ *op toetsenbord* shift key ❷ *ploegendienst* ZN shift
**shifttoets** *m* [-en] comput shift key
**shirt** *o* [-s] shirt
**shirtreclame** *v* [-s] shirt advertising
**shit** *tsw* shit!
**shoarma** *m* kebab
**shock** *m* [-s] shock
**shockbehandeling** *v* [-en] shock treatment
**shockproof** *bn* shockproof
**shocktherapie** *v* [-pieën] shock therapy
**shocktoestand** *m* state of shock
**shoppen** *onoverg* [shopte, h. geshopt] shop
**short** *bn* ∗ *een ~ drink* a short drink ∗ *een ~ story* a short story ∗ *eff ~ gaan* short sell
**shorts** *zn* [mv] shorts
**shorttrack** *m* short-track speed skating
**shot** *m* [-s] ❶ *foto* shot ❷ *met verdovend middel* shot, inf fix ∗ *een ~ nemen* take a shot ❸ *sp* shot
**shovel** *m* [-s] shovel
**show** *m* [-s] show ∗ *voor de ~* for show ∗ *de ~ stelen* steal the show
**showbink** *m* [-en] show-off, boaster
**showbusiness** *m* show business
**showen** *overg* [showde, h. geshowd] show
**showroom** *m* [-s] showroom
**shuttle** *m* [-s] ❶ badminton shuttle ❷ ruimtevaart shuttle
**shuttlebus** *v* [-sen] shuttle bus
**si** *v* ['s] muz si
**Siam** *o* Siam
**Siamees** *bn & o & m* [-mezen] Siamese ∗ *een Siamese tweeling* Siamese twins
**siamees** *m* [-mezen] *kattenras* Siamese
**sibille** *v* [-n] sibyl
**sic** *bijw* sic
**siccatief** *o* [-tieven] siccative
**Sicilië** *o* Sicily
**sickbuildingsyndroom** *m* sick building syndrome

**sidderaal** *m* [-alen] electric eel
**sidderen** *onoverg* [sidderde, h. gesidderd] quake, shake, tremble, shudder ∗ *~ van...* quake/shake (&) with...
**siddering** *v* [-en] shudder, shiver ∗ *er ging een ~ door hem heen* he shuddered/shivered
**sier** *v* show ∗ *goede ~ maken* make good cheer ∗ *dat gordijn hangt er alleen maar voor de ~* the curtain is only for show
**sieraad** *o* [-raden] ornament ∗ *sieraden* Br jewellery, Am jewelry ∗ *het park is een ~ van de stad* the park is the town's pride and joy
**sierbestrating** *v* ornamental paving/pavement
**sieren** I *overg* [sierde, h. gesierd] adorn, ornament, decorate ∗ *dat siert je* it does you honour II *wederk* [sierde, h. gesierd] ∗ *zich ~* adorn oneself
**siergewas** *o* [-sen] ornamental plant
**sierheester** *m* [-s] ornamental shrub
**sierkunst** *v* [-en] decorative/ornamental art
**sierletter** *v* [-s] ornamental letter
**sierlijk** I *bn* graceful, elegant, ⟨v. woorden: overdreven⟩ florid II *bijw* gracefully &
**sierlijkheid** *v* gracefulness, elegance
**sierlijst** *v* [-en] ❶ decorative frame ❷ *v. auto* styling strip, trim
**sierplant** *v* [-en] ornamental plant
**Sierra Leone** *o* Sierra Leone
**siersteen** *m* [-stenen] *halfedelsteen* semi-precious stone
**sierstrip** *m* [-s & -pen] trim
**siervis** *m* [-sen] tropical fish
**siervuurwerk** *o* display fireworks
**siësta** *v* ['s] siesta, nap ∗ *zijn ~ houden* have a siesta
**sifon** *m* [-s] siphon
**sigaar** *v* [-garen] cigar ∗ *hij is de ~* he'll cop it
**sigarenbandje** *o* [-s] cigar band
**sigarenboer** *m* [-en] tobacconist
**sigarendoos** *v* [-dozen] cigar box
**sigarenkistje** *o* [-s] ❶ cigar box ❷ *schoen* chisel toe
**sigarenknipper** *m* [-s] cigar cutter
**sigarenkoker** *m* [-s] cigar case
**sigarenroker** *m* [-s] cigar smoker
**sigarenwinkel** *m* [-s] tobacconist's/cigar shop
**sigaret** *v* [-ten] cigarette
**sigarettenautomaat** *m* [-maten] cigarette vending machine
**sigarettenpeukje** *o* [-s] cigarette end, inf fag end
**sigarettenvloei** *o* cigarette paper
**sightseeing** *o* sightseeing
**signaal** *o* [-nalen] ❶ signal ∗ *het ~ staat op rood* the signal is red ❷ *mil* bugle call, call
**signaalfunctie** *v* warning function ∗ *een ~ hebben (voor)* act as a warning (of)
**signaalversterker** *m* [-s] signal amplifier
**signalement** *o* [-en] description ∗ *een man aan die aan het ~ voldeed* a man fitting that description
**signaleren** *overg* [signaleerde, h. gesignaleerd] ❶ *de aandacht vestigen op* point out ❷ *zien* see, spot,

detect * *hoe eerder wij problemen ~, hoe beter* the earlier we detect problems the better

**signalisatie** *v* [-s] ZN road marking, traffic signs

**signatuur** *v* [-turen] signature * *van communistische* ~ of communist persuasion

**signeren** *overg* [signeerde, h. gesigneerd] sign, ‹v. beroemdheden ook› autograph

**signet** *o* [-ten] signet, seal

**significant** *bn* significant

**significantie** *v* significance

**significatie** *v* signification

**sijpelen** *onoverg* [sijpelde, h. en is gesijpeld] ooze, trickle, seep

**sijs** I *m* [sijzen] *raar mens* dick, duck * *een rare* ~ an odd fish II *v* [sijzen], **sijsje** *o* [-s] *vogel* siskin

**sik** *v* [-ken] ❶ *dier* goat ❷ *baard v.e. geit* goat's beard ❸ *baard v.e. man* goatee, chin tuft

**sikkel** I *v* [-s] *gereedschap* sickle II *m* [-s & -en] *gewicht, munt* shekel

**sikkelvormig** *bn* sickle-shaped

**sikkeneurig** *bn* peevish, grumpy

**sikkepit** *v*, **sikkepitje** *o* inf bit * *het maakt geen* ~ *uit* it doesn't make a bit of difference * *ik snap er geen* ~ *van* I don't understand a single thing

**silene** *v* [-n & -s] *plant* campion

**silhouet** *v & o* [-ten] silhouette

**silicaat** *o* [-caten] silicate

**silicium** *o* silicon

**silicone**, **silicon** *o* silicone

**siliconenkit** *v & o* silicone kit

**silicose** *v* silicosis

**silo** *m* ['s] silo

**siluur** *v* Silurian

**simili**, **simileer** *o* ZN artificial leather

**simonie** *v* simony

**simpel** *bn* ❶ *eenvoudig* simple, mere ❷ *onnozel* simple(-minded) * *ik word er* ~ *van* it drives me out of my mind

**simpelweg** *bijw* simply, just

**simpliciteit** *v* simplicity

**simplificatie** *v* [-s] ❶ *vereenvoudiging* simplification ❷ *al te eenvoudige voorstelling van zaken* oversimplification

**simplificeren** *overg* [simplificeerde, h. gesimplificeerd] simplify

**simplisme** *o* oversimplification

**simplistisch** *bn* simplistic, oversimplified

**simsalabim** I *m* *tovenarij* abracadabra II *tsw* abracadabra!

**simulant** *m* [-en] ❶ *alg.* simulator ❷ *m.b.t. ziekte* malingerer

**simulatie** *v* [-s] ❶ *alg.* simulation ❷ *m.b.t. ziekte* malingering

**simulator** *m* [-s & -toren] simulator

**simuleren** I *overg* [simuleerde, h. gesimuleerd] simulate II *onoverg* [simuleerde, h. gesimuleerd] ❶ *alg.* simulate ❷ *m.b.t. ziekte* malinger

**simultaan** *bn* simultaneous * *schaken & dammen* ~

*spelen* play a simultaneous game, play a simul * ~ *vertalen* interpret simultaneously

**simultaanpartij** *v* [-en] simultaneous game, simul

**simultaanvertaling** *v* [-en] simultaneous translation

**sinaasappel** *m* [-s & -en] orange

**sinaasappelboom** *m* [-bomen] orange tree

**sinaasappelhuid** *v* cellulite

**sinaasappelkist** *v* [-en] orange box

**sinaasappelsap** *o* orange juice

**sinaasappelschil** *v* [-len] orange peel

**sinas** *m* orangeade

**sinds** I *voorz* since, for * ~ *enige dagen* for some days (past) * ~ *mijn komst* since my arrival II *voegw* since

**sindsdien** *bijw* since

**sinecure** *v* [-s & -n] sinecure * *het is geen* ~ it's no sinecure/picnic

**Singapore** *o* Singapore

**singel** I *m* [-s] ❶ *voor paard* girth ❷ RK girdle ❸ *gracht om stad* moat ❹ *gedempt* ± boulevard II *o* *weefsel* webbing

**singelen** I *overg* [singelde, h. gesingeld] *een paard* girth II *onoverg* [singelde, h. gesingeld] *tennis* play a singles match

**single** *m* [-s] ❶ *grammofoonplaat* single ❷ sp single(s) ❸ *alleenstaande* single

**singlet** *m* [-s] ❶ *mouwloze bovenkleding* vest ❷ *onderkleding* singlet

**sinister** I *bn* sinister, ominous II *bijw* sinisterly, ominously

**sinjeur** *m* [-s] fellow, type * *een rare* ~ a weird character

**Sinksen** *o* ZN Whitsun(tide), Pentecost

**sinologie** *v* Sinology

**sinoloog** *m* [-logen] Sinologist

**sinopel** *o* herald vert

**sint** I *m* [-en] saint * *de goede* ~ St Nicholas, ± Father Christmas, Santa (Claus) II *bn* saint

**sint-bernard** *m* [-s], **sint-bernardshond** [-en] St Bernard (dog)

**sintel** *m* [-s] cinder

**sintelbaan** *v* [-banen] sp cinder track/path, ‹voor motorfietsen› dirt track

**sint-elmsvuur** *o* St Elmo's fire

**sinterklaas** *m* [-klazen] (feast of) St Nicholas * *voor* ~ *spelen* play Santa Claus

**sinterklaasavond** *m* [-en] *5 december* St Nicholas' Eve

**sint-janskruid** *o* *plant* St John's wort

**sint-juttemis** * *met* ~ never in a month of Sundays, when pigs fly

**Sint-Maarten** *m* ❶ St Martin ❷ *feestdag* Martinmas

**Sint-Nicolaas** *m* (feast of) St Nicholas

**Sint-Petersburg** *o* St Petersburg

**Sint-Pieter** *m* [-s] St Peter * ~*skerk*, ~*sbasiliek* St Peter's Basilica * ~*splein* St Peter' square

**sint-veitsdans**, **sint-vitusdans** *m* St Vitus's dance

**sinus** *m* [-sen] sine

**sinusitis** *v* sinusitis
**sip I** *bn* glum, sour **II** *bijw* \*~ *kijken* look glum
**SIRE** *afk* (Stichting ideële reclame) Institute for Non-Commercial Advertising
**Sire** *zn aanspreektitel vorst* your Majesty
**sirene** *v* [-s & -n] ❶ *signaal* siren, ‹fabriek› hooter ❷ *mythologie* siren
**sirocco** *m* ['s] sirocco
**siroop** *v* [-ropen] ❶ (*hoest*)*drank* (cough) syrup ❷ *stroop* ZN treacle
**sisal** *m* sisal
**sisklank** *m* [-en] ❶ hissing sound, hiss ❷ taalk sibilant
**sissen** *onoverg* [siste, h. gesist] ❶ *v. persoon, dier* hiss ❷ *v. vet & sizzle*
**sisser** *m* [-s] *vuurwerk* squib \* *met een~ aflopen* blow over
**sisyfusarbeid** *m* never-ending task
**site** *m* [-s] ❶ comput website, site ❷ archeol site
**sit-in** *m* [-s] sit-in
**sits** *o* [-en] chintz
**situatie** *v* [-s] situation, position \* *de financiële~* the financial state of affairs
**situatieschets**, **situatietekening** *v* [-en] layout, plan
**situeren** *overg* [situeerde, h. gesitueerd] situate, locate, place \* *goed gesitueerd* well situated, well off
**situering** *v* location, situation
**sixtijns** *bn* Sistine \* *de~e kapel* the Sistine chapel
**sjaal** *m* [-s] shawl, scarf
**sjabloon**, **sjablone** *v* [-blonen] ❶ stencil, template \* fig *volgens~* stereotype, conventional ❷ comput template
**sjabrak** *v & o* [-ken] saddlecloth
**sjacheraar** *m* [-s] haggler, huckster
**sjacheren** *onoverg* [sjacherde, h. gesjacherd] haggle, barter
**sjah** *m* [-s] shah
**sjako** *m* ['s] shako
**sjalot** *v* [-ten] shallot
**sjanker** *m* [-s] chancre
**sjans** *v* \*~ *hebben met iem.* make a hit with sbd, be given the come-on
**sjansen** *onoverg* [sjanste, h. gesjanst] flirt
**sjasliek** *m* shashlik
**sjees** *v* [sjezen] ❶ *rijtuig* gig ❷ *hoeveelheid* pack, bunch
**sjeik** *m* [-s] sheik(h)
**sjekkie** *o* [-s] fag \* *een~ draaien* roll a fag
**sjerp** *m* [-en] ❶ *sierband* sash ❷ *das* ZN scarf, shawl
**sjezen** *onoverg* ❶ *hard lopen, rijden* tear (off), race, speed ❷ *zakken* flunk, be flunked \* *hij is een gesjeesd student* he failed at university
**sjiiet** *m* [-en] Shiite
**sjiitisch** *bn* Shiite
**sjilpen** *onoverg* [sjilpte, h. gesjilpt] chirp, cheep
**sjirpen** *onoverg* [sjirpte, h. gesjirpt] chirr
**sjoege** *m* ❶ *begrip* notion, idea \* *geen~ van iets*

*hebben* not have the vaguest idea about sth ❷ *antwoord* answer \* *geen~ geven* ‹geen antwoord› not answer/react; ‹geen krimp› not bat an eyelid
**sjoelbak I** *m* [-ken] *bord* ± shovelboard **II** *o spel* ± shuffleboard
**sjoelbakken** *onoverg* [sjoelbakte, h. gesjoelbakt], **sjoelen** [sjoelde, h. gesjoeld] ± play shove halfpenny, play shovelboard
**sjoemelaar** *m* [-s] cheat
**sjoemelen** *onoverg* [sjoemelde, h. gesjoemeld] cheat \*~ *met de boeken* cook the books \*~ *met de uitslagen* rig the results
**sjofel** *bn* shabby, inf seedy
**sjokken** *onoverg* [sjokte, h. en is gesjokt] trudge, slog
**sjorren** *overg* [sjorde, h. gesjord] *binden* lash, seize
**sjouw** *m* [-en] job, inf grind ▼ ‹pierewaaien› *aan de ~ zijn* be on the loose
**sjouwen I** *overg* [sjouwde, h. gesjouwd] drag **II** *onoverg* [sjouwde, h. gesjouwd] *zwaar werken* slave away
**sjouwer** *m* [-s] porter, docker
**sjwa** *m* ['s] taalk schwa, shwa
**skai** *o* imitation leather
**skateboard** *o* [-s] skateboard
**skateboarden** *onoverg* [skateboardde, h. geskateboard] skateboard
**skeeler** *m* [-s] rollerblade, in-line (speed) skate
**skeeleren** *onoverg* [skeelerde, h. en is geskeelerd] roller blade
**skelet** *o* [-ten] skeleton
**skeletbouw** *m* bouwk structural steelwork, skeleton framework
**skelter** *m* [-s] (go-)kart
**skelteren** *onoverg* [skelterde, h. geskelterd] (go-)kart
**sketch** *v* [-es] sketch
**ski** *m* ['s] ski \* *op~'s* on skis
**skibinding** *v* [-en] ski binding
**skibox** *m* [-en] ski box
**skibril** *m* [-len] ski glasses/goggles
**skiën** *onoverg* [skiede, h. en is geskied] ski
**skiër** *m* [-s] skier
**skiester** *v* [-s] skier
**skiff** *m* [-s] single scull, skiff
**skiffeur** *m* [-s] sculler, skiff oarsman
**skihut** *v* [-ten] skiing hut
**ski-jack** *o* [-s] ski jacket
**skileraar** *m* [-s & -raren] ski instructor
**skiles** *v* [-sen] skiing lesson
**skilift** *m* [-en] ski lift
**skinhead** *m* [-s] skinhead
**skipak** *o* [-ken] ski suit
**skipas** *m* [-sen] lift pass
**skipiste** *v* [-s, -n] ski run
**skippybal** *m* [-len] skippy/kangaroo ball
**skischans** *v* [-en] ski jump
**skischoen** *m* [-en] ski boot
**skispringen** *o* ski jumping
**skistok** *m* [-ken] ski stick

**skivakantie** v [-s] skiing holiday

**skûtsjesilen** o race in distinctively Frisian boats

**skybox** m [-en] corporate box, Am skybox

**skyline** m [-s] skyline

**sla** v ❶ gerecht salad ❷ plantensoort lettuce * een krop ~ a head of lettuce

**Slaaf** m [Slaven] Slav

**slaaf** m [slaven] slave

**slaafs I** bn ❶ serviel slavish, servile, obsequious * een ~e volgeling van de president one of the president's yes-men ❷ v. arbeid drudging * ~e arbeid drudgery, slave labour ❸ met weinig originaliteit slavish * een ~e vertaling a slavish copy **II** bjw slavishly & * iem. ~ navolgen copy sbd slavishly

**slaafsheid** v slavishness, servility, obsequiousness

**slaag** m * een pak~ a thrashing * ~ krijgen get a thrashing * iem. ~ geven beat sbd up

**slaags** bijw * ~ raken come to blows; mil join battle * ~ zijn met elkaar be fighting with each other

**slaan I** overg [sloeg, h. geslagen] ❶ met kracht treffen beat, strike, hit * de trom~ beat the drum * iets in elkaar~ smash/knock sth to pieces * hij sloeg de spijker in de muur he drove the nail into the wall * hem aan het kruis~ nail him to the cross * hij sloeg zich op de borst he beat his breast * hij sloeg zich op de dijen he slapped his thighs ❷ slagen toebrengen om pijn te doen strike, hit, ‹met vlakke hand› slap * hij heeft mij geslagen he's hit me * iem. in elkaar~ beat sbd up ❸ leggen put * hij sloeg zijn arm om me heen he put his arm around me * hij sloeg de armen/benen over elkaar he crossed his arms/legs ❹ bij schaken & dammen take, capture * u moet mij/die pion~ you should take me/take that pawn ❺ v. klok strike * daar slaat het tien uur! it's just striking ten (o'clock) now! ❻ maken throw, build * touw~ make ropes * een brug~ build a bridge * een gedenkpenning~ strike a medal * olie~ make oil * vuur~ strike fire/a light ▼ ‹v. borrel› iets achterover~ knock sth off ▼ zich erdoorheen~ fight one's way through; fig carry it off ▼ de hand aan zichzelf~ take one's own life **II** onoverg [sloeg, h. geslagen] ❶ v. klok strike ❷ v. hart beat ❸ v. vogel warble, sing ❹ v. paard kick ❺ v. zeil flap ▼ met de deuren~ slam the doors ▼ hij sloeg met de vuist op tafel he struck the table with his fist ▼ hij sloeg naar mij he hit out/struck at me ▼ dat slaat op u that refers to you, that's meant for you ▼ dat slaat nergens op that's neither here nor there ▼ erop~ hit out, lay into ‹them› **III** onoverg [sloeg, is geslagen] * aan het muiten~ rise in mutiny * de bliksem sloeg in de toren the steeple was struck by lightning * de golven sloegen over de zeewering the waves broke over the sea wall * het water sloeg tegen de dijk the water beat against the embankment * hij sloeg tegen de grond he fell down with a thud * de vlammen sloegen uit het dak the flames burst from the roof

**slaand** bn * ~e ruzie hebben have a blazing row * een ~e klok a striking clock * met~e trom with drums beating

**slaap** m ❶ het slapen sleep * ~ hebben be/feel sleepy * ~ krijgen become sleepy * ik heb de~ niet kunnen vatten I couldn't get to sleep * in~ vallen fall asleep, drop off * in~ wiegen rock asleep; fig put aside * zich in~ wiegen lull oneself to sleep * uit de~ houden keep awake ❷ korstjes in ooghoeken sleep, sand ❸ van het hoofd [slapen] temple

**slaapbank** v [-en] sofa bed

**slaapbol** m [-len] opium poppy

**slaapcoupé** m [-s] sleeping compartment

**slaapdronken** bn half asleep, drowsy

**slaapgebrek** o lack of sleep

**slaapgelegenheid** v [-heden] sleeping accommodation

**slaapje** o [-s] ❶ nap * een~ doen have a nap ❷ slaapgenoot roommate

**slaapkamer** v [-s] bedroom

**slaapkamergeheimen** zn [mv] bedroom secrets

**slaapkop** m [-pen] sleepyhead

**slaapliedje** o [-s] lullaby

**slaapmiddel** o [-en] sleeping pill

**slaapmuts** v [-en] nightcap

**slaapmutsje** o [-s] ❶ borrel nightcap ❷ plant California poppy

**slaappil** v [-len] sleeping pill

**slaapplaats** v [-en] sleeping place/accommodation

**slaapstad** v [-steden] dormitory suburb, Am bedroom town

**slaapster** v [-s] sleeper * de schone~ Sleeping Beauty

**slaapstoornis** v [-sen] sleep disorder

**slaapvertrek** o [-ken] bedroom, sleeping quarters

**slaapverwekkend** bn sleep-inducing, soporific

**slaapwandelaar** m [-s] sleepwalker, somnambulist

**slaapwandelen I** onoverg [slaapwandelde, h. geslaapwandeld] sleepwalk, walk in one's sleep **II** o sleepwalking, somnambulism

**slaapzaal** v [-zalen] dormitory

**slaapzak** m [-ken] sleeping bag

**slaapziekte** v [-s & -n] ❶ Afrikaanse sleeping sickness ❷ Europese sleepy sickness

**slaatje** o [-s] salad * ergens een~ uit slaan get something out of it

**slabak** m [-ken] salad bowl

**slabakken** onoverg [slabakte, h. geslabakt] slack, idle, dawdle

**slabbetje** o [-s] bib

**slaboon** v [-bonen] French bean

**slacht** v ❶ het slachten slaughter(ing) ❷ het geslachte slaughtered animal(s)

**slachtafval** o offal

**slachtbank** v [-en] chopping block * naar de~ leiden lead to the slaughter

**slachten** overg [slachtte, h. geslacht] kill, slaughter, butcher * ritueel~ slaughter ritually

**slachter** m [-s] butcher

**slachterij** v [-en] butcher's shop, slaughterhouse

**sl**

**slachthuis** _o_ [-huizen] abattoir, slaughterhouse
**slachting** _v_ [-en] ❶_v. dieren_ slaughter(ing)
❷_massamoord_ slaughter, butchery, massacre ∗_een_
~_aanrichten/houden onder_ slaughter, massacre
**slachtmaand** _v_ November
**slachtoffer** _o_ [-s] victim ∗_het_ ~_worden van_ fall (a)
victim to
**slachtofferhulp** _v_ help to victims
**slachtpartij** _v_ [-en] slaughter, massacre
**slachtvee** _o_ cattle for slaughtering
**slag I** _m_ [slagen] ❶_klap_ blow, stroke, hit, ⟨licht⟩ cuff,
⟨met vlakke hand⟩ slap, ⟨om de oren⟩ box, ⟨met
zweep⟩ lash ∗_ook fig een zware_ ~a heavy blow
∗_ook fig iem. een_ ~_toebrengen/geven_ deal sbd a
blow ∗_zijn_ ~_slaan_ seize the opportunity ∗_een goede_
~_slaan_ do a good bit of business ∗_bij de eerste_ ~at
the first blow/stroke ∗_een_ ~_in het gezicht_ a slap in
the face ∗_met één_ ~with one stroke/blow ∗_hij sloeg
er maar een_ ~_naar_ he had a shot/whack at it ∗_op_ ~
_gedood_ killed outright/on the spot/instantly ∗_zonder_
~_of stoot_ without (striking) a blow ❷_het ritmisch
slaan_ stroke, ⟨v. hart⟩ beat(ing) ∗_de vrije_ ~free style
∗ ⟨bij het roeien⟩ _de_ ~_aangeven_ set the stroke ∗_hij
heeft geen_ ~_gedaan_ he hasn't done a stroke of work
∗~_houden_ keep in time ∗_aan de_ ~_gaan_ get
going/busy, set/get to work, _inf_ get to it ∗_met de
Franse_ ~_iets doen_ do sth perfunctorily, do sth with a
lick and a promise, do sth in a slapdash manner ∗_ik
kon niet op_ ~_komen_ I couldn't get into the swing of
things ∗_op_ ~_van drieën_ on the stroke of three ∗_van_
~_zijn_ be upset ∗_de roeiers waren van_ ~the
oarsmen were off their stroke ∗_de klok is van_ ~the
clock is out of time ∗_inf iem. een_ ~_vóór zijn_ be one
up on sbd ❸_in haar_ wave ❹_geluid_ bang, thump,
⟨doffe slag⟩ thud, ⟨v. donder⟩ clap, ⟨v. vogels⟩ warble
❺techn stroke, ⟨v. wiel⟩ turn ❻_in een touw_ twist
❼scheepv ⟨bij laveren⟩ tack ❽kaartsp trick ∗_alle_
~_en halen_ get all the tricks ∗_de_ ~_winnen_ get the
trick ∗_ik kon niet meer aan_ ~_komen_ I couldn't
regain the lead ❾_veldslag_ battle ∗~_leveren_ give
battle ∗_de_ ~_winnen_ win the battle ❿_handigheid_
knack ∗_het is een_ ~there's a knack to it ∗_de_ ~_van
iets te pakken hebben_ have got the hang/knack of it
∗_de_ ~(_van iets_) _kwijt zijn_ have lost the knack of it
▼_een_ ~_om de arm houden_ not commit oneself,
make reservations **II** _o_ kind, sort, class, description
∗_het gewone_ ~_mensen_ the ordinary run of people
∗_iem. van dat_ ~sbd of that sort ∗_mensen van allerlei_
~people of all types
**slagader** _v_ [-s & -en] artery ∗_een grote_ ~an aorta
∗_export is de_ ~_van onze economie_ exporting is what
drives our economy
**slagaderlijk** _bn_ arterial ∗_een_ ~_e bloeding_ arterial
bleeding
**slagbal** _o_ rounders
**slagbeurt** _v_ [-en] ❶_cricket_ innings ❷_honkbal_ inning
**slagboom** _m_ [-bomen] barrier
**slagen** _onoverg_ [slaagde, is geslaagd] succeed,

achieve ∗_ben je goed geslaagd?_ did you get what you
wanted? ∗_hij slaagde er in om..._ he succeeded in
...ing, he managed to... ∗_hij slaagde er niet in..._ he
didn't succeed in..., he failed to... ∗_hij is voor_ (_zijn_)
_Frans geslaagd_ he's passed his French examination
∗_de expeditie is geslaagd_ the expedition was
successful
**slagenwisseling, slagwisseling** _v_ [-en] sp rally
**slager** _m_ [-s] butcher
**slagerij** _v_ ❶_winkel_ [-en] butcher's shop ❷_bedrijf_
butcher's trade
**slagersknecht** _m_ [-s & -en] butcher's assistant
**slagersmes** _o_ [-sen] butcher's knife
**slaggitaar** _v_ [-taren] rhythm guitar
**slaghoedje** _o_ [-s] percussion cap
**slaghout** _o_ [-en] sp bat
**slaginstrument** _o_ [-en] percussion instrument
**slagkracht** _v_ power, strength
**slaglinie** _v_ [-s] battle line
**slagman** _m_ [-nen] sp batsman, batter
**slagorde** _v_ [-n] order of battle, battle array ∗_in_ ~
_geschaard_ drawn up in battle array
**slagpartij** _v_ sp batting side
**slagpen** _v_ [-nen] flight/quill feather
**slagpin** _v_ [-nen] mil firing pin
**slagregen** _m_ [-s] downpour, heavy shower, driving
rain
**slagroom** _m_ ❶_niet stijfgeklopt_ whipping cream
❷_stijfgeklopt_ whipped cream ∗_appeltaart met_ ~
apple pie and whipped cream
**slagroomtaart** _v_ [-en] cream cake
**slagschaduw** _v_ [-en] cast shadow
**slagschip** _o_ [-schepen] battleship
**slagtand** _m_ [-en] ❶_v. olifant, walrus, wild zwijn_ tusk
❷_scheurkies_ fang
**slagvaardig** _bn_ ❶_strijdvaardig_ ready for battle
❷_gevat_ quick at repartee, sharp-witted ❸_doortastend_
resolute, decisive ∗_een_ ~_optreden_ prompt action
**slagvaardigheid** _v_ ❶_strijdvaardigheid_ readiness for
battle ❷_gevatheid_ quick-wittedness
❸_doortastendheid_ resoluteness, decisiveness,
promptness
**slagveld** _o_ [-en] battlefield, field of battle
**slagwerk** _o_ [-en] ❶_v. uurwerk_ striking
parts/mechanism ❷muz percussion (instruments)
**slagwerker** _m_ [-s] percussionist, percussion player,
drummer
**slagzij** _v_ scheepv list, luchtv bank ∗~_maken_ scheepv
list; luchtv bank
**slagzin** _m_ [-nen] slogan, catchphrase
**slagzwaard** _o_ [-en] broadsword
**slak** _v_ [-ken] ❶_weekdier_ ⟨met huisje⟩ snail, ⟨naakt⟩
slug ∗_op alle_ ~_ken zout leggen_ find fault with
everything ❷_v. metaal_ slag ❸_v. vulkaan_ scoria
**slaken** _overg_ [slaakte, h. geslaakt] give, let out, utter
∗_een kreet_ ~utter a cry ∗_een zucht_ ~heave a sigh
▼_ook fig iems. boeien_ ~loosen sbd.'s fetters
**slakkengang** _m_ snail's pace ∗_met een_ ~_gaan_ go at a

snail's pace

**slakkenhuis** *o* [-huizen] ❶ *v. slak* snail's shell ❷<u>anat</u> cochlea

**slakom** *v* [-men] salad bowl

**slalom** *m* [-s] slalom

**slalommen** *onoverg* [slalomde, h. geslalomd] slalom

**slampamper** *m* [-s] good-for-nothing

**slang**[1] *o jargon* slang

**slang**[2] *v* [-en] ❶ *dier* snake ❷ *v. brandspuit* hose, tube ❸ *v. distilleerkolf* worm ❹ *boosaardig mens* serpent, bitch

**slangenbeet** *m* [-beten] snakebite

**slangenbezweerder** *m* [-s] snake charmer

**slangengif** *o* snake poison

**slangenkruid** *o* viper's bugloss

**slangenleer** *o* snakeskin

**slangenmens** *m* [-en] ‹artiest› contortionist

**slangentong** *v* [-en] ❶ *v. slang* snake's tongue ❷ *plant* arrowhead ❸ *lasteraar* viper's tongue, slanderer

**slangetje** *o* [-s] ❶ *kleine slang* little snake ❷ *buisje* tube

**slank** *bn* slender, slim * *~blijven* keep slim * *aan de ~e lijn doen* watch one's figure, slim * *~als een den* as slim as a reed/willow

**slankheid** *v* slenderness, slimness

**slankmakend** *bn* slimming

**slaolie** *v* salad oil

**slap** I *bn* ❶ *v. band, boord* soft ❷ *v. ledematen, spieren* flaccid ❸ *v. touw, band, seizoen, handel* slack ❹ *v. boekband, lichaam, handje* limp ❺ *v. buik &* flabby, ‹v. borsten› floppy ❻ *v. vloeistoffen* thin, weak, watery ❼ *v. voedsel* unsubstantial ❽ *v. discipline* lax ❾ *v. persoon* weak-kneed, spineless ❿ *v. markt* dull, weak, unresponsive II *bijw* * *~neerhangen* droop

**slapeloos** *bn* sleepless * *een slapeloze nacht* a sleepless night

**slapeloosheid** *v* sleeplessness, insomnia * *aan ~ lijden* suffer from insomnia

**slapen** I *onoverg* [sliep, h. geslapen] sleep, be asleep * *mijn been slaapt* I've got pins and needles in my leg * *gaan ~* go to bed/sleep * *~als een os* sleep like a log * *~als een roos* sleep like a top * *met iem. ~* go to bed with sbd * *zit je weer te ~?* are you dozing again? * *ik zal er nog eens over ~* I'll sleep on it II *overg* [sliep, h. geslapen] sleep * *de slaap der rechtvaardigen ~* sleep the sleep of the just

**slapend** *bn* ❶ sleeping * *~rijk worden* make money without any effort * *geen ~e honden wakker maken* let sleeping dogs lie ❷ *fig* dormant

**slaper** *m* [-s] ❶ *slapend persoon* sleeper ❷ *logé* guest (for the night)

**slaperig** I *bn* sleepy, drowsy * *ik ben ~* I'm sleepy II *bijw* sleepily, drowsily * *~kijken* look sleepily/drowsily

**slaperigheid** *v* sleepiness, drowsiness

**slapie** *m* [-s] roommate, <u>inf</u> roomie

**slapjanus** *m* [-sen] wimp, sissy, jellyfish

**slapjes** I *bn* weak, feeble, slack * *de verdiensten zijn ~* the earnings are below par II *bijw* weakly & * *hij trad nogal ~op* he didn't act very decisively

**slappeling** *m* [-en] weakling, spineless fellow, <u>inf</u> jellyfish

**slapstick** *m* [-s] slapstick

**slapte** *v* ❶ *krachteloosheid* weakness, feebleness ❷<u>handel</u> slackness

**slasaus** *v* [-en & -sauzen] salad dressing

**slash** *m* [-es] *schuine streep naar voren:* | (forward) slash

**slaven** *onoverg* [slaafde, h. geslaafd] drudge, slave, toil * *~en zwoegen* work one's fingers to the bone

**slavenarbeid** *m* ❶ slavery, slave labour ❷<u>fig</u> drudgery

**slavenarmband** *m* [-en] slave bangle/bracelet

**slavendrijver** *m* [-s] slave driver

**slavenhandel** *m* slave trade

**slavenhandelaar** *m* [-s & -laren] slave trader

**slavenmarkt** *v* [-en] slave market

**slavernij** *v* slavery, bondage, servitude * *een leven in ~* a life in slavery

**slavin** *v* [-nen] (female) slave * *de handel in blanke ~nen* the white slave trade

**slavink** *m & v* [-en] kromesky

**Slavisch** I *bn* Slav, Slavic, Slavonic II *o taal* Slavonic, Slavic

**slavist** *m* [-en] Slavicist, Slavist

**slecht** I *bn* ❶ *niet goed* bad, ‹inferieur› poor * *hij is ~ van gezicht* his eyesight is bad ❷ *ziekelijk* ill * *er ~ uitzien* look ill, not look well ❸ *verdorven* bad, wicked ❹ *verkeerd* bad, wrong II *bijw* ill, badly & * *~ gehumeurd* ill tempered, bad-tempered * *ik kon haar ~de waarheid vertellen* I had difficulty telling her the truth

<u>**slecht**</u>

Wanneer het Engelse **ill** wordt verbonden met een voltooid deelwoord (om op die manier een bijv. naamwoord te vormen) staat er een streepje tussen als het voor het zelfst. naamwoord staat. Maar als het op een vorm van het koppelwerkw. zijn/worden enz. volgt, niet.

Een slechtgemanierde persoon wordt an **ill-mannered person** maar die jongen is slechtgemanierd wordt that boy is **ill mannered**. In het Nederlands is er in dit laatste geval ook de neiging **slecht** en het volt. deelwoord los te schrijven.

**slechten** *overg* [slechtte, h. geslecht] level (with/to the ground), raze (to the ground), ‹slopen› demolish

**slechterik** *m* [-en] bad guy

**slechtgemanierd** *bn* ill mannered

**slechtheid** *v* ❶ *alg.* badness, ‹v. karakter› wickedness ❷ *v. kwaliteit* poor quality

**slechthorend** *bn* hard of hearing

**slechthorende** *m-v* [-n] hearing-impaired person

**sl**

**slechting** v [-en] levelling, demolition

**slechtnieuwsgesprek** o [-ken] bad news conversation, talk/conversation in which bad news must be told (to sbd)

**slechts** bijw only, merely, just * hij lacht er~ om he just laughs about it

**slechtvalk** m [-en] vogel peregrine falcon

**slechtziend** bn visually impaired

**slede** v [-n], **slee** [sleeën] voertuig sledge, sleigh, Am sled * sleetje rijden sledge

**sledehond** m [-en] sledge dog

**sledetocht** m [-en] sleigh ride

**slee** v [sleeën] auto limousine * 'n~ (van een auto) a big car, inf a whopper of a car →**slede**

**sleedoorn**, **sleedoren** m [-s] blackthorn, sloe

**sleeën** overg & onoverg [sleede, h. en is gesleed] sledge, sleigh

**sleep** m [slepen] ook fig train * een~ kinderen a string/army of children

**sleepbeweging** v towing movement

**sleepboot** m & v [-boten] tug(boat)

**sleepdienst** m [-en] towing service

**sleep-in** m [-s] cheap hostel

**sleepkabel** m [-s] ❶ alg. towing cable ❷ v. ballon drag rope

**sleeplift** m [-en] ski lift

**sleepnet** o [-ten] dragnet, trail net

**sleeptouw** o [-en] ❶ tow(ing) rope ❷ v. luchtballon guide rope * iets op~ hebben have sth in tow * fig iets op~ houden keep sbd on a string * op~ nemen take in tow

**sleeptros** m [-sen] tow(ing) rope, hawser

**sleepvaart** v towing service

**sleepwagen** m [-s] tow truck

**sleet** v slijtplek wear and tear

**sleetje** o [-s] versleten plek worn patch

**sleets** bn kleren & worn * die kinderen zijn erg~ these children are hard on their clothes

**slem** o & m kaartsp slam * groot/klein~ maken make a grand/little slam

**slempen** onoverg [slempte, h. geslempt] live it up, carouse, revel

**slemppartij** v [-en] blow-out, ‹drank› booze-up, ‹eten› nosh-up

**slenk** v [-en] ❶ geul channel ❷ geol rift valley

**slenteraar** m [-s] stroller, afkeurend loiterer

**slenteren** onoverg [slenterde, h. en is geslenterd] saunter, stroll * langs de straat~ knock about the streets

**slentergang** m stroll, saunter

**slepen I** overg [sleepte, h. gesleept] drag, haul, ‹auto, schip› tow * iem. voor de rechter~ haul sbd up before the court * dat is met de haren erbij gesleept that's completely irrelevant * iem. er doorheen~ pull sbd through sth **II** onoverg [sleepte, h. gesleept] drag, trail * hij sleept met zijn voeten he drags his feet * haar ceintuur sleepte achter haar aan her belt was dragging along behind her * die zaak sleept te lang this matter has been dragging on for too long **III** wederk [sleepte, h. gesleept] * zij moesten zich naar de hut~ they had to drag themselves along to the hut

**slepend** bn dragging, lingering * zijn~e gang his shuffling gait * ~ rijm feminine rhyme, double rhyme * een~e ziekte a lingering disease * iets~e houden keep sth dragging on

**sleper** m [-s] ❶ persoon dragger ❷ scheepv tug(boat)

**slet** v [-ten] slut

**sleuf** v [sleuven] groove, slot, slit

**sleur** m routine, rut, grind * de dagelijkse~ the everyday grind/routine * met de~ breken get out of the rut/groove

**sleuren I** overg [sleurde, h. gesleurd] trail, drag * iets langs de grond~ drag sth along the ground * iems. naam door het slijk~ drag sbd's name through the mire/mud **II** onoverg [sleurde, h. gesleurd] * die zaak blijft maar~ the matter just keeps on dragging on

**sleurwerk** o routine work

**sleutel** m [-s] ❶ voor een slot key ❷ muz clef ❸ gereedschap spanner, wrench * een Engelse~ a monkey wrench ❹ ter oplossing v.e. toets key (to the test)

**sleutelaar** m [-s] amateur mechanic

**sleutelbeen** o [-deren] collarbone, anat clavicle

**sleutelbloem** v [-en] primula, cowslip, primrose

**sleutelbos** m [-sen] bunch of keys

**sleutelen** onoverg [sleutelde, h. gesleuteld] tinker (aan with)

**sleutelfiguur** v [-guren] key figure

**sleutelfunctie** v [-s] key position

**sleutelgat** o [-gaten] keyhole

**sleutelgeld** o key money

**sleutelhanger** m [-s] key ring

**sleutelkind** o [-eren] latchkey child

**sleutelpositie** v [-s] key position

**sleutelrek** o [-ken] key rack

**sleutelring** m [-en] key ring

**sleutelrol** v key/central role

**sleutelroman** m [-s] roman à clef

**sleutelwoord** o [-en] key (word)

**slib** o ooze, slime, mud, silt

**slibberig** bn slippery

**sliding** m [-s] sp slide-tackle, sliding tackle

**sliert** m [-en] v. woorden, kinderen & string

**slijk** o mud, mire, dirt, ooze * het~ der aarde filthy lucre * iem. door het~ sleuren drag sbd('s name) through the mud/mire * zich in het~ wentelen wallow in the mud

**slijkerig** bn muddy, miry

**slijkgrond** m mud flat

**slijm** o & m [-en] ❶ v. mens mucus, phlegm ❷ v. slak & slime ❸ plantaardig mucilage, slime

**slijmafscheiding** v mucous secretion

**slijmbal** m [-len] creep, bootlicker, toady

**slijmbeurs** v [-beurzen] med bursa

**slijmen** onoverg [slijmde, h. geslijmd] ❶ slijmerig doen lay it on thick ❷ slijm opgeven hawk

**slijmerd** m [-s] toady, bootlicker

**slijmerig I** bn ❶ met slijm slimy ❷ overdreven vriendelijk slimy, ingratiating, obsequious **II** bijw slimily &

**slijmhoest** m catarrhal cough

**slijmjurk** v [-en] toady, bootlicker

**slijmklier** v [-en] mucous gland

**slijmvlies** o [-vliezen] mucous membrane

**slijmvliesontsteking** v [-en] infection of the mucous membrane

**slijpen I** overg [sleep, h. geslepen] ❶ scherp maken grind, whet, sharpen ✳ een potlood ~ sharpen a pencil ❷ glas cut ❸ diamant polish **II** onoverg [sleep, h. geslepen] dansen dance cheek-to-cheek

**slijper** m [-s] ❶ messen & grinder ❷ v. glas cutter ❸ v. diamant polisher

**slijperij** v [-en] knife sharpening shop

**slijpmiddel** o [-en] abrasive

**slijpsel** o ❶ slijpmiddel abrasive ❷ afval grindings, grinding dust

**slijpsteen** m [-stenen] grindstone, whetstone

**slijtage** v wear (and tear), wastage, wasting

**slijtageslag** m [-slagen] war of attrition

**slijten I** onoverg [sleet, is gesleten] wear out, wear away ✳ dat goed slijt niet gauw the material wears well ✳ dat leed zal wel ~ it will wear off in time **II** overg [sleet, h. gesleten] ❶ kleren wear out ❷ drank & sell, retail ❸ dagen, tijd spend, pass ✳ zijn dagen ~ pass one's days

**slijter** m [-s] v. dranken licensed victualler

**slijterij** v [-en] Br wine shop, Am liquor store

**slijtplek** v [-ken] worn patch

**slijtvast** bn wear-resistant, durable

**slik** m & o [-ken] ❶ modder mud, sludge ❷ slikgrond mud flat

**slikken** overg [-slikte, h. geslikt] ❶ voedsel, beledigingen, verhalen & swallow ✳ dat is een harde/bittere pil om te ~ it's a bitter pill to swallow ❷ inf lump ✳ dat wens ik niet te ~ I'm not going to lump this ✳ heel wat moeten ~ have to lump a lot

**slim** bn ❶ pienter clever, bright, smart ✳ de ~ste jongen van de klas a smart alec(k), a know-all ✳ hij was mij te ~ af he was too clever for me ✳ wie niet sterk is, moet ~ zijn wisdom is better than strength ❷ sluw sly

**slimheid** v [-heden] ❶ eigenschap cleverness, wit ❷ truc dodge

**slimmerd** m [-s] slyboots, sly dog, smart cookie

**slimmerik** m [-riken] ❶ uitgekookt iem. sly one ❷ verstandig iem. ZN sensible, wise person

**slimmigheid** v [-heden] piece of cunning, dodge, trick

**slinger** m [-s] ❶ v. uurwerk pendulum ❷ zwengel handle ❸ draagband sling ❹ werptuig sling ❺ guirlande festoon

**slingeraap** m [-apen] spider monkey

**slingerbeweging** v [-en] ❶ alg. swing, oscillation, oscillatory motion ❷ v. schip roll

**slingeren I** onoverg [slingerde, h. en is geslingerd] ❶ v. slinger swing, oscillate ❷ als een slinger swing, sway, lurch, roll ❸ v. dronkaard reel ❹ v. pad wind, zig-zag ❺ ordeloos liggen lie about ✳ laten ~ leave (lying) about **II** overg [slingerde, h. geslingerd] fling, hurl ✳ iets heen en weer ~ toss sth to and fro ✳ het slachtoffer is uit de auto geslingerd the victim was flung out of the car **III** wederk [slingerde, h. geslingerd] ✳ ‹v. een rivier &› zich ~ wind, meander

**slingering** v [-en] swing, oscillation

**slingerplant** v [-en] climber, creeper

**slingeruurwerk** o [-en] pendulum clock

**slingerweg** m [-en] windy road

**slinken** onoverg [slonk, is geslonken] shrink ✳ tijdens het koken ~ boil down ✳ tot op... ~ dwindle down to...

**slinks I** bn crooked, devious, cunning ✳ door ~e middelen by devious means ✳ op ~e wijze by tricks and devices **II** bijw crookedly &

**slip I** v [-pen] v. jas tail, flap **II** m [-s] ❶ onderbroek briefs, (pair of) underpants ❷ het slippen v. auto & skid

**slipcursus** m [-sen] anti-skid course, course in skid driving

**slipgevaar** o danger of skidding ✳ een weg met ~ a slippery road

**slipjacht** v [-en] draghunt, drag

**slipje** o [-s] panties, knickers

**slipje**
kan worden vertaald als **briefs, panties** of **knickers** maar niet als **slip**. Het kledingstuk **slip** is een onderjurk.

**slip-over** m [-s] slipover, pullover

**slippen** onoverg [slipte, h. en is geslipt] ❶ van personen slip ❷ v. auto skid, sideslip ▼ iets laten ~ let sth slip

**slipper** m [-s] ❶ schoeisel slipper ❷ teenslipper flip-flop

**slippertje** o [-s] echtbreuk fling ✳ een ~ maken have a fling, have a bit on the side

**slipschool** v [-scholen] skid school

**slipstream** m [-s] slipstream

**sliptong** v [-en] vis small sole

**slissen** onoverg [sliste, h. geslist] lisp

**slobberen I** overg [slobberde, h. geslobberd] slurpen slurp, slobber **II** onoverg [slobberde, h. geslobberd] v. kleren bag, hang loosely

**slobbertrui** v [-en] baggy/sloppy sweater

**slobeend** v [-en] shoveler

**sloddervos** m [-sen] slob, grub

**sloeber** m [-s] ✳ arme ~ poor beggar

**sloep** v [-en] (ship's) boat, sloop ✳ ~en strijken! lower the boats!

**sloependek** o [-ken] boat deck

**sl**

**sloerie** v [-s] slut

**slof** I m [-fen] ❶ *pantoffel* slipper ✳ *ik kan het op mijn ~fen/~jes af* I've got plenty of time for it ✳ *zich het vuur uit de ~fen lopen* run one's legs off ‹for sth› ❷ v. *een strijkstok* nut ❸ *sigaretten* carton ❹ *aardbeien* basket ▼ *uit zijn ~ schieten* bestir oneself, make a sudden display of energy II bn negligent

**sloffen** onoverg [slofte, h. en is gesloft] shuffle, shamble ✳ *iets laten ~* neglect sth

**slogan** m [-s] slogan

**slok** m [-ken] sip, mouthful, drop ✳ *in één ~* in one gulp ✳ *het scheelt een ~ op een borrel* it makes a world of difference ✳ *een ~je op hebben* have had a drop (too many)

**slokdarm** m [-en] gullet, <u>anat</u> oesophagus

**slokken** onoverg [slokte, h. geslokt] guzzle, swallow

**slokop** m [-pen] gobbler, glutton

**slome** m-v [-n] wimp, drip, Am nerd

**slons** v [slonzen] slob, ‹vrouw› slut, slattern

**slonzig** bn & bijw slovenly

**sloof** v [sloven] ❶ *voorschoot* apron ❷ *persoon* drudge

**sloom** bn slow, dull, inf dim

**sloop** I v & o [slopen] v. *kussen* pillow slip, pillowcase II m ❶ v. *huis* demolition, pulling down ❷ v. *machine, schip* scrapping ✳ *een schip voor de ~ verkopen* sell a ship for scrap

**sloopbedrijf** o [-drijven] demolition firm

**sloopkogel** m [-s] demolition ball

**slooponderdelen** zn [mv] scrap parts

**slooppand** o [-en] building due for demolition

**sloopwerk** o [-en] demolition (work)

**sloot** v [sloten] ditch ✳ *een ~ water* a bucketful of water ✳ *hij loopt in geen zeven sloten tegelijk* he can look after himself

**slootjespringen** o leap over ditches

**slootkant** m [-en] side of a ditch, ditch side

**slootwater** o ❶ ditchwater ❷ *slappe koffie &* <u>fig</u> dishwater

**slop** o [-pen] ❶ *straatje* alley way ✳ *in het ~ raken* come to a dead end ❷ *armenwijk* slum

**slopen** overg [sloopte, h. gesloopt] ❶ demolish, pull down, break up ❷ *gezondheid &* <u>fig</u> sap, undermine ✳ ~d *werk* exhausting work

**sloper** m [-s] ❶ v. *schepen* ship breaker ❷ v. *gebouwen* wrecker, demolisher

**sloperij** v ❶ v. *gebouwen* demolition ❷ v. *schepen* [-en] breaker's yard

**sloppenwijk** v [-en] slums

**slordig** I bn ❶ *onnauwkeurig* careless, sloppy ❷ *flink* cool, tidy ✳ *een ~e duizend pond* a cool thousand pounds ❸ *onverzorgd* untidy II bijw carelessly, sloppily, untidily

**slordigheid** v [-heden] ❶ *het slordig zijn* carelessness, sloppiness ❷ *iets slordigs* inaccuracy, slip

**slot** o [sloten] ❶ *aan deur &* lock ✳ *achter ~ en grendel* under lock and key; ‹gevangenis› behind bars ✳ *achter ~ en grendel houden* keep under lock and key ✳ *de deur op ~ doen* lock the door ✳ *iem. een ~ op*

*de mond doen* stop sbd talking, silence sbd ❷ *aan boek &* clasp ❸ *aan armband &* snap ❹ *kasteel* castle ❺ *besluit, eind* conclusion, end ✳ ~ *volgt* to be concluded ✳ *per ~ van rekening* after all, in the end, ultimately, after all is said and done ✳ *ten ~te* finally, ultimately, eventually; ‹tot besluit› to conclude, in conclusion ✳ *het batig ~* the credit balance

**slotakkoord** o [-en] ❶ <u>muz</u> final chord ❷ *overeenkomst* final agreement

**slotakte** v [-s] ❶ <u>theat</u> final act ❷ *van een internationale conferentie* concluding document/act

**slotbewaarder** m [-s] keeper/governor (of a castle)

**slotbijeenkomst** v final meeting

**slotenmaker** m [-s] locksmith

**slotfase** v [-n & -s] final stage

**slotgracht** v [-en] moat

**slotkoers** m [-en] closing price/rate

**slotopmerking** v [-en] final remark/observation

**slotrede** v [-s] concluding speech/words

**slotregel** m [-s] final line

**slotsom** v conclusion, result ✳ *tot de ~ komen dat...* come to the conclusion that...

**slotverklaring** v [-en] final statement

**slotvoogd** m [-en] keeper/governor (of a castle)

**slotwoord** o [-en] ❶ last/concluding word(s) ❷ *epiloog* epilogue, afterword, postscript

**slotzin** m [-nen] closing sentence

**slotzitting** v [-en] final meeting/session

**Sloveen** m [-venen] Slovene, Slovenian

**Sloveens** I bn Slovenian II o Slovene

**Sloveense** v [-n] Slovene, Slovenian ✳ *ze is een ~* she's a Slovene/Slovenian, she's from Slovenia

**sloven** onoverg [sloofde, h. gesloofd] drudge, toil, slave

**Slovenië** o Slovenia

**Slowaak** m [-waken] Slovak

**Slowaaks** I bn Slovak II o Slovak

**Slowaakse** v [-n] Slovak ✳ *ze is een ~* she's a Slovak, she's from Slovakia

**Slowakije** o Slovakia

**slow motion** m slow motion

**sluier** m [-s] ❶ *doek* veil ✳ *de ~ aannemen* take the veil ✳ *een tipje van de ~ oplichten* lift a corner of the veil, give a sneak preview ❷ *op foto* fog

**sluierbewolking** v cirrus clouds

**sluieren** overg [sluierde, h. gesluierd] veil ✳ *gesluierde foto's* foggy photographs

**sluik** I bn lank, straight II bijw lankly, straight

**sluikhandel** m ❶ *smokkel* smuggling ❷ *illegaal* illicit trade ✳ ~ *drijven* smuggle, traffic (in)

**sluikreclame** v [-s] clandestine advertising, <u>inf</u> free plug

**sluikstorten** o ZN illegal dumping

**sluimeren** onoverg [sluimerde, h. gesluimerd] ❶ slumber, doze ❷ <u>fig</u> lie dormant

**sluimerend** bn ❶ slumbering ❷ <u>fig</u> dormant

**sluimering** v slumber, doze

**sluipen** *onoverg* [sloop, h. en is geslopen] steal, slink, sneak, slip
**sluipmoord** *m & v* [-en] assassination
**sluipmoordenaar** *m* [-s] assassin
**sluiproute** *v* [-s] alternate route, short cut
**sluipschutter** *m* [-s] sniper
**sluipverkeer** *o* cut-through traffic
**sluipweg** *m* [-wegen] ❶secret path/route ❷fig secret means, inf dodge
**sluipwesp** *v* [-en] ichneumon (fly/wasp)
**sluis** *v* [sluizen] sluice, lock * *de sluizen des hemels* the floodgates of heaven * *de sluizen der welsprekendheid* torrents of eloquence
**sluisdeur** *v* [-en] lock gate
**sluisgeld** *o* [-en] lock dues, lockage
**sluiskolk** *v* [-en] lock chamber
**sluiswachter** *m* [-s] lock keeper
**sluitboom** *m* [-bomen] ❶*v. deur & bar* ❷*v. spoorweg* gate
**sluiten** I *overg* [sloot, h. gesloten] ❶*dichtdoen* shut * *de ogen voor iets* ~ close one's eyes to sth ❷*op slot doen* lock ❸*tijdelijk gesloten verklaren* close ❹*voorgoed gesloten verklaren* ⟨v. winkel⟩ shut up, ⟨v. fabriek, school⟩ close down ❺*beëindigen* conclude, close ❻*tot stand brengen* close, strike * *een deal* ~ close/conclude a deal ❼*contract & afsluiten* conclude, contract * *een huwelijk* ~ marry * *vrede* ~ make peace * *een verzekering af*~ take out insurance * *jur gesloten te ...* done at ... ❽*vasthouden* clasp * *hij sloot het kind in zijn armen* ~ he clasped the child in his arms * *elkaar in de armen* ~ embrace (each other) ❾*aaneensluiten* close * *mil de gelederen* ~ close the ranks II *onoverg* [sloot, h. en is gesloten] ❶*dichtgaan* shut * *wij moeten (tijdelijk/voorgoed)* ~ we are forced to close down (temporally/permanently) * *de deur sluit niet* the door won't shut ❷*op slot doen* lock up (for the night) ❸*aansluiten* fit * *de jas sluit goed* the coat fits perfectly ❹*sluitend zijn* follow logically * *de redenering sluit niet* the argument isn't sound/logical ❺boekh balance * *de begroting sluit niet* the budget doesn't balance ❻handel & eff close * *de beurs sloot met een verlies van...* the stock exchange closed with a loss of... III *wederk* [sloot, h. gesloten] * *zich* ~ ⟨v. wond⟩ close; ⟨v. bloemen⟩ shut
**sluitend** *bn* ❶*v. kleren* close-fitting ❷*v. begroting &* balanced * *een niet* ~*e begroting* an unbalanced budget * *de begroting* ~ *maken* balance the budget ❸*v. bewijs &* conclusive * *een* ~ *bewijs* solid evidence
**sluiter** *m* [-s] fotogr shutter
**sluitertijd** *m* shutter speed
**sluithaak** *m* [-haken] fastener, end hook
**sluiting** *v* [-en] ❶*het sluiten* shutting, closing, closure, close-down ❷*wat dient om te sluiten* lock, fastener, fastening
**sluitingsdatum** *m* [-s &-data] closing date, deadline

**sluitingstijd** *m* [-en] closing time * *na* ~ after hours
**sluitpost** *m* [-en] boekh closing entry
**sluitring** *m* [-en] techn washer
**sluitspier** *v* [-en] anat sphincter
**sluitsteen** *m* [-stenen] coping stone, copestone, ⟨middelste steen⟩ keystone
**sluitstuk** *o* [-ken] ❶*afsluiting* final piece ❷mil breechblock
**sluitzegel** *m* [-s] poster stamp
**sluizen** *overg* [sluisde, h. gesluisd] channel, divert * *een wetsvoorstel door de Tweede Kamer* ~ channel a bill through the Lower House * *er zijn miljoenen naar zijn bankrekening in Liechtenstein gesluisd* millions have been diverted to his bank account in Liechtenstein
**slungel** *m* [-s] lout, beanpole * *een lange* ~ a big lout
**slungelachtig** *bn* loutish, gawky
**slungelig** *bn* lanky
**slurf** *v* [slurven] ❶*v. olifant* trunk ❷*v. insecten* proboscis ❸*op vliegvelden* (aircraft loading) aviobridge
**slurpen** *overg* [slurpte, h. geslurpt], **slorpen** [slorpte, h. geslorpt] slurp
**sluw** I *bn* sly, cunning, crafty II *bijw* slyly &
**sluwheid** *v* [-heden] slyness, cunning, craftiness
**SM** *afk* (sadomasochisme) SM, S and M
**smaad** *m* slander, libel, criminal defamation
**smaadschrift** *o* [-en] lampoon, libel
**smaak** *m* [smaken] ❶*v. voedsel &* taste, savour, flavour * *ijs in zes smaken* six flavours of ice cream * *naar* ~ *zout toevoegen* season to taste * *er is geen* ~ *aan* it's tasteless * *een fijne* ~ *hebben* ⟨v. spijzen &⟩ taste delicious; ⟨v. personen⟩ have a good palate, fig have good taste * *met* ~ ⟨met plezier⟩ with gusto; ⟨met schoonheidszin⟩ tastefully * *met* ~ *eten* eat with great relish ❷*zintuig* taste ❸*voorkeur* taste, liking * *ieder zijn* ~ everyone to his taste * *dat viel niet in zijn* ~ it wasn't to his taste/liking * *algemeen in de* ~ *vallen* be popular * *erg in de* ~ *vallen bij* be much liked by, appeal strongly to, make a strong appeal to * *een man met* ~ a man of taste * *met* ~ *uitgevoerd* done in good taste, tastefully executed * *dit is niet naar mijn* ~ this isn't to my liking * *naar de laatste* ~ after the latest fashion * *over* ~ *valt niet te twisten* there's no accounting for tastes * *de* ~ *van iets beethebben* have a liking for sth * *zonder* ~ tasteless
**smaakje** *o* [-s] taste, smack * *er zit een* ~ *aan* it tastes funny
**smaakmaker** *m* [-s] ❶*toevoegsel* seasoning, flavouring ❷*persoon* arbiter of taste, trendsetter
**smaakpapil** *v* [-len] taste bud
**smaakstof** *v* [-fen] flavouring
**smaakvol** I *bn* tasteful, in good taste II *bijw* tastefully, in good taste
**smaakzin** *m* sense of taste
**smachten** *onoverg* [smachtte, h. gesmacht] languish * ~ *naar* pine after/for, yearn for

**smachtend I** *bn* yearning, longing, languishing
**II** *bijw* yearningly & *∗~ kijken* look longingly (at)
**smadelijk I** *bn* ❶ *vernederend* humiliating,
⟨verachtelijk⟩ ignominious ❷ ⟨beledigend⟩
insulting ❸ ⟨honend⟩ scornful **II** *bijw* humiliatingly
& *∗~ lachen om* sneer at
**smaden** *overg* [smaadde, h. gesmaad] revile, abuse,
insult
**smak** *m* [-ken] ❶ *v. lippen* smack ❷ *val* fall ❸ *klap*
thud, thump ❹ *hoeveelheid* heap, pile *∗ een ~ geld* a
heap of/piles of money
**smakelijk I** *bn* ❶ *lekker* tasty, appetizing ❷ *vrolijk*
merry, cheerful, hearty **II** *bijw ∗~ eten* eat with
relish *∗~ eten!* have a nice meal!, enjoy your meal!
*∗~ lachen* laugh heartily
**smakeloos** *bn* tasteless, lacking in taste, in bad taste
**smakeloosheid** *v* ❶ *v. eten* tastelessness, lack of
taste ❷ *v. gedrag* tasteless exhibition
**smaken I** *onoverg* [smaakte, h. gesmaakt] taste *∗ hoe
smaakt het?* how does it taste?, what's it like? *∗ dat
smaakt goed* it tastes good, it's delicious *∗ smaakt het
(u)?* do you like it?, is it to your taste? *∗ het eten
smaakt mij niet* I'm not enjoying my food *∗ die
erwtjes ~ lekker* these peas taste nice *∗ het ontbijt zal
mij ~* I'll enjoy my breakfast *∗ zich de maaltijd laten
~* enjoy one's meal *∗ het smaakt als...* it tastes like...
*∗~ naar* taste/smack of *∗ naar de kurk ~* taste corky
*∗ dat smaakt naar meer* ⟨v. eten⟩ that's quite
moreish; fig it's addictive **II** *overg* [smaakte, h.
gesmaakt] taste, enjoy *∗ genoegens ~* enjoy
pleasures
**smakken I** *onoverg* [smakte, h. gesmakt] *met mond*
smack *∗ met de lippen ~* smack one's lips **II** *onoverg*
[smakte, is gesmakt] *vallen* fall with a thud **III** *overg*
[smakte, h. gesmakt] *gooien* fling, hurl
**smakkerd** *m* [-s] ❶ *zoen* smack(er) ❷ *harde val*
cropper *∗ hij maakte een ~* he came a cropper ❸ *eter*
noisy eater
**smal** *bn* ❶ *nauw* narrow *∗ Holland op zijn ~st* Holland
at its narrowest ❷ *mager* thin *∗ een ~le beurs hebben*
be badly off
**smaldeel** *o* [-delen] <u>scheepv</u> squadron
**smalen** *onoverg* [smaalde, h. gesmaald] scorn,
abuse, revile *∗~ op* scoff at
**smalend I** *bn* scornful, mocking **II** *bijw* scornfully,
mockingly
**smalfilm** *m* [-s] cine film, (double-)8 film
**smalltalk** *m* small talk
**smalspoor** *o* [-sporen] narrow-gauge railway
**smaragd** *o & m* [-en] emerald
**smaragdgroen** *bn* emerald green
**smart** *v* [-en] ❶ *pain, grief, sorrow ∗ hevige ~*
anguish *∗ gedeelde ~ is halve ~* a sorrow shared is a
sorrow halved ❷ *verlangen* yearning, longing *∗ wij
verwachten u met ~* we are waiting anxiously for
you
**smartcard** *m* [-s] smart card
**smartelijk I** *bn* ❶ *painful, grievous ∗ een ~e ervaring*

a painful experience ❷ *sterk* anxious **II** *bijw*
painfully & *∗~ huilen* cry heartrendingly *∗ hij
verlangde ~ naar haar* he yearned for her
**smartengeld** *o* [-en] financial compensation,
damages
**smartlap** *m* [-pen] sentimental ballad/song, <u>inf</u>
tear-jerker
**smash** *m* [-es] smash
**smashen** *overg* [smashte, h. gesmasht] smash
**smeden** *overg* [smeedde, h. gesmeed] ❶ *metaal*
forge, weld *∗ men moet het ijzer ~ als het heet is*
strike while the iron is hot ❷ *fig* forge, ⟨nieuwe
woorden⟩ coin ❸ *een plan* devise, contrive ❹ *een
samenzwering* lay
**smederij** *v* [-en] smithy, forge
**smeedbaar** *bn* malleable
**smeedijzer** *o* wrought iron
**smeedijzeren** *bn* wrought-iron
**smeedkunst** *v* ornamental ironwork
**smeedwerk** *o* wrought iron
**smeekbede** *v* [-n] entreaty/plea (for)
**smeekbrief** *m* [-brieven] begging letter
**smeekschrift** *o* [-en] petition
**smeer** *o & m* grease, ⟨dierlijk vet⟩ fat, tallow
*∗ omwille van de ~ likt de kat de kandeleer* many kiss
the hand they wish to cut off
**smeerbaar** *bn* spreadable
**smeerboel** *m* mess, muck
**smeergeld** *o* [-en] bribe, slush money, <u>Am</u> payola
**smeergeldaffaire** *v* [-s] bribery affair
**smeerkaas** *m* cheese spread
**smeerkees** *m* [-kezen] slob
**smeerlap** *m* [-pen] ❶ *viezerik* slob ❷ *gemenerik*
skunk, basterd, son-of-a-bitch
**smeerlapperij** *v* ❶ *dirt, filth* ❷ *vuile streken* dirty
tricks
**smeermiddel** *o* [-en] lubricant
**smeerolie** *v* [-liën] lubricating oil, lubricant
**smeerpijp** *v* [-en] ❶ *viezerik* dirty fellow ❷ *leiding*
sewage pipe, sewer, drain
**smeerpoes, smeerpoets** *v* [-en] slob, ⟨kind⟩ little
grub, dirty pig
**smeersel** *o* [-s] ❶ *zalf* ointment, liniment
❷ *v. boterham* paste, spread
**smeerworst** *v* [-en] meat paste
**smegma** *o* <u>med</u> smegma
**smekeling** *m* [-en] suppliant
**smeken** *overg* [smeekte, h. gesmeekt] entreat,
beseech, beg, implore *∗ ik smeek u erom* I beseech
you *∗~ en bidden* beg and pray *∗ om hulp ~d*
begging for help
**smelten I** *overg* [smolt, h.gesmolten] melt, ⟨bij
hoger temperaturen⟩ fuse, ⟨erts⟩ smelt *∗ gesmolten
boter* melted butter *∗ gesmolten lood* molten lead
**II** *onoverg* [smolt, is gesmolten] ❶ melt, ⟨in water⟩
dissolve *∗ ze ~ in je mond* they melt in your mouth
*∗ suiker smelt vrij gauw* sugar dissolves fairly easily
❷ *fig* melt (into tears) *∗~ de muziek* mellow music

**\*** *het hart smelt* the heart melts **\*** *zijn vermogen is aardig gesmolten* his fortune has melted/disappeared into thin air
**smelterij** *v* [-en] smelting works
**smeltkroes** *m* [-kroezen] crucible, fig ook melting pot
**smeltoven** *m* [-s] smelting furnace
**smeltpunt** *o* [-en] melting point
**smeltsneeuw** *v* melting snow
**smeltwater** *o* meltwater
**smeren I** *overg* [smeerde, h. gesmeerd] ❶ grease, oil, lubricate **\*** *iem. de handen ~* grease sbd.'s palm **\*** *de keel ~* wet one's whistle **\*** *de ribben ~* thrash **\*** *het gaat als gesmeerd* it's running smoothly **\*** *als de gesmeerde bliksem* like greased lightning ❷ *met verf & smear*, spread ❸ *met boter* butter **\*** *(zich) een boterham ~* ⟨alleen boter⟩ butter one's bread; ⟨met beleg⟩ make a sandwich ▼ *'m ~* bolt, clear out, shoot through ▼ *smeer 'm!* scram!, beat it!, go away! **II** *onoverg* [smeerde, h. gesmeerd] spread **\*** *die boter smeert goed* this butter spreads well
**smerig I** *bn* ❶ *vies* dirty, grubby, filthy **\*** *een ~e jongen* a dirty/grubby boy **\*** *~ weer* filthy/foul weather **\*** *een ~ zaakje* a sordid/dirty business ❷ *gemeen* dirty, nasty **II** *bijw* **\*** *zij werd ~ behandeld* she was treated shabbily **\*** *hij werd ~ onderuit gehaald* he was brought down by a foul tackle
**smerigheid** *v* [-heden] ❶ dirtiness, dirt, filth ❷ *gemene truc* foul/dirty trick
**smering** *v* [-en] greasing, oiling, lubrication
**smeris** *m* [-sen] cop
**smet** *v* [-ten] ❶ spot, stain, blot ❷ fig blemish, taint **\*** *iem. een ~ aanwrijven* cast a slur on sbd **\*** *een ~ op iems. naam werpen* cast a slur on sbd's reputation **\*** *iem. van alle ~ten zuiveren* exonerate sbd
**smetstof** *v* [-fen] infective agent, infectant
**smetteloos I** *bn* pristine, spotless, immaculate, fig blameless **\*** *een ~ verleden* a blameless/an impeccable past **II** *bijw* **\*** *~ blank papier* pristine white paper
**smetten I** *overg* [smette, h. gesmet] stain, soil **II** *onoverg* [smette, h. gesmet] soil **\*** *deze stof smet gauw* this fabric soils easily **III** *onoverg* [smette, is gesmet] *v. huid* chaff
**smetvrees** *v* fear of dirt, med misophobia, mysophobia
**smeuïg I** *bn* ❶ *m.b.t. pindakaas & smooth* ❷ *smakelijk, van verhaal enz.* colourful, juicy, appetizing **II** *bijw* smoothly & **\*** *iets ~ vertellen* recount sth vividly
**smeulen** *onoverg* [smeulde, h. gesmeuld] smoulder **\*** *er smeult iets* there's some mischief brewing
**smid** *m* [smeden] blacksmith, smith
**smidse** *v* [-n] forge, smithy
**smiecht** *m* [-en] skunk, bastard
**smient** *v* [-en] *vogel* wigeon, widgeon
**smiezen** *zn* **\*** *iem. in de ~ hebben* have sbd taped **\*** *dat loopt in de ~* it'll attract attention, it'll be obvious

**smijten I** *overg* [smeet, h. gesmeten] fling, hurl, slam **II** *onoverg* [smeet, h. gesmeten] **\*** *met (zijn) geld ~* throw (one's) money about **\*** *met de deur ~* slam the door
**smikkelen** *onoverg* [smikkelde, h. gesmikkeld] eat heartily, tuck in
**smoel** *m* [-en] mug, trap **\*** *iem. op zijn ~ slaan* conk sbd **\*** *hou je ~* shut your face
**smoelwerk** *o* [-en] mug, trap
**smoes** *v* [smoezen], **smoesje** *o* [-s] (poor) excuse, story, pretext, inf dodge **\*** *~jes, zeg!* rubbish!, stuff and nonsense! **\*** *een ~je bedenken* think up an excuse **\*** *dat ~je kennen we!* we know that stunt!, that's an old excuse! **\*** *nooit om een ~je verlegen zijn* be never at a loss for an excuse **\*** *~jes verkopen* make it all up
**smoezelig** *bn* grubby, grimy
**smoezen** *onoverg* [smoesde, h. gesmoesd] ❶ *zacht praten* whisper, mutter ❷ *smoesjes verkopen* invent excuses
**smog** *m* smog
**smogalarm** *o* smog alert
**smoking** *m* [-s] dinner jacket, Am tuxedo

---

**smoking**

wordt vertaald als **dinner jacket** of **tuxedo**. Het Engelse woord **smoking** heeft alleen iets te maken met roken; **no smoking** betekent niet **geen smoking** maar **niet roken**.

---

**smokinghemd** *o* [-en] dress shirt
**smokkel** *m* smuggling
**smokkelaar** *m* [-s] smuggler
**smokkelarij** *v* [-en] smuggling
**smokkelen I** *overg* [smokkelde, h. gesmokkeld] smuggle **II** *onoverg* [smokkelde, h. gesmokkeld] ❶ smuggle ❷ *vals spelen* cheat
**smokkelhandel** *m* smuggling, contraband trade
**smokkelroute** *v* [-s & -n] smuggling route
**smokkelwaar** *v* [-waren] contraband, smuggled goods
**smoor** *m* **\*** *de ~ in hebben* be peeved/pissed-off **\*** *de ~ hebben aan* detest sth
**smoorheet** *bn* sweltering, boiling hot
**smoorverliefd** *bn* head over heels/madly in love **\*** *~ op iem. zijn* be madly in love with sbd; ⟨eenzijdig⟩ have a crush on sbd **\*** *~ op iem. worden* fall head over heels in love with sbd
**smoren I** *overg* [smoorde, h. gesmoord] ❶ *verstikken* suffocate, smother **\*** *iets in de kiem ~* nip sth in the bud ❷ *techn* throttle (down) ❸ *vlees* stew ❹ *onderdrukken* smother, stifle ❺ *geluid, geweten* muffle, deaden ❻ *opstand* put down, suppress, quell ❼ *roken* ZN smoke **II** *onoverg* [smoorde, is gesmoord] stifle **\*** *om te ~* stifling hot **\*** *met gesmoorde stem* in a strangled voice
**smous** *m* [-en & smouzen] ❶ *hond* griffon ❷ *scheldnaam* Yid

**smoushond** *m* [-en] griffon
**smout** *o* dripping, lard
**smoutbol, smoutebol** *m* [-len] ZN oil dumpling, doughnut ball
**sms** *afk* (Short Message Service) SMS, text message
**smukken** *overg* [smukte, h. gesmukt] trim, adorn, deck out
**smullen** *onoverg* [smulde, h. gesmuld] feast (on) ∗ *het is om van te* ∼ it's finger-licking good ∗ *zij smulden van het verhaal* they lapped up the story
**smulpaap** *m* [-papen] gourmet
**smulpartij** *v* [-en] banquet
**smurf** *m* [-en] smurf
**smurrie** *v modder* sludge, *inf* gunge
**snaaien** *overg* [snaaide, h. gesnaaid] ❶ snatch, pilfer, snitch ❷ *betrappen* nab
**snaak** *m* [snaken] wag, joker ∗ *een rare* ∼ a queer fellow/fish
**snaaks I** *bn* droll, waggish, funny **II** *bijw* drolly, waggishly
**snaar** *v* [snaren] string, chord ∗ *een gevoelige* ∼ *aanroeren* touch a tender string ∗ *je hebt de verkeerde* ∼ *aangeroerd* you didn't sound the right chord
**snaarinstrument** *o* [-en] stringed instrument
**snack** *m* [-s] snack
**snackbar** *m & v* [-s] snack bar
**snacken** *onoverg* [snackte, h. gesnackt] snack
**snakken** *onoverg* [snakte, h. gesnakt] ❶ *verlangen naar* long, yearn, crave ∗ ∼ *naar een kop thee* be dying for a cup of tea ∗ ∼ *naar het uur van de... long for the hour of... ❷ *naar iets happen* gasp ∗ ∼ *naar adem/lucht* gasp for breath/air
**snappen** *overg* [snapte, h. gesnapt] ❶ *betrappen* nab, catch ∗ *men heeft hem gesnapt* he has been caught ❷ *begrijpen* get, see ∗ *snap je het?* do you get me?, do you follow me?, see? ∗ *hij snapte er niets van* he was baffled ∗ *hij zal er toch niets van* ∼ he'll never understand it ∗ *hij snapte het meteen* he grasped it at once ∗ *ik snapte dadelijk dat hij geen Hollander was* I spotted instantly that he wasn't a Dutchman
**snapshot** *o & m* [-s] snapshot
**snarenspel** *o* string music
**snars** *m* ∗ *geen* ∼ not a bit ∗ *daar begrijp ik geen* ∼ *van* I haven't the foggiest notion what it's about
**snater** *m* [-s] gob, trap ∗ *hou je* ∼*!* shut your face!, belt up!
**snateren** *onoverg* [snaterde, h. gesnaterd] ❶ *kletsen* chatter ❷ *kwaken* cackle, gaggle
**snauw** *m* [-en] snarl, growl ∗ *iem. een* ∼ *geven* snarl at sbd ∗ ∼*en en grauwen* snarl
**snauwen** *onoverg* [snauwde, h. gesnauwd] snarl, growl ∗ ∼ *tegen* snarl/snap at
**snauwerig** *bn* snarly, snappy
**snavel** *m* [-s] bill, ⟨krom⟩ beak
**snede** *v* [-n], **snee** [sneeën] ❶ *snijwond* cut ❷ *insnijding* incision ❸ *schijf* slice ∗ *een* ∼ *spek* a rasher of bacon ❹ *snijvlak* edge ❺ *in de prosodie* section ▾ *de gulden* ∼ the golden section ▾ *ter* ∼ to the point

**snedig I** *bn* witty, incisive, smart ∗ *een* ∼ *antwoord* a smart reply ∗ *een* ∼*e opmerking* a wisecrack **II** *bijw* wittily & ∗ ∼ *antwoorden* answer wittily
**snedigheid** *v* [-heden] *gevatheid* smartness
**snee** *v* [sneeën] → **snede**
**sneer** *m* [sneren & -s] sneer, taunt
**sneetje** *o* [-s] ❶ *kleine insnijding* snip, small incision ❷ *brood* slice
**sneeuw** *v* ook op tv snow ∗ *eeuwige* ∼ perennial snow ∗ *natte* ∼ sleet ∗ *als* ∼ *voor de zon verdwijnen* disappear like snow before the sun
**sneeuwbal** *m* [-len] ❶ *v. sneeuw* snowball ∗ *met* ∼*len gooien* throw snowballs ∗ ∼*len naar iem. gooien* pelt snowballs at sbd ❷ *plant* snowball, guelder rose
**sneeuwbaleffect** *o* snowball effect
**sneeuwballengevecht** *o* [-en] snowball fight
**sneeuwband** *m* [-en] snow tyre, Am snow tire
**sneeuwblind** *bn* snow blind
**sneeuwblindheid** *v* snow blindness
**sneeuwbril** *m* [-len] snow goggles
**sneeuwbui** *v* [-en] snow shower
**sneeuwen** *onoverg* [sneeuwde, h. gesneeuwd] snow ∗ *het sneeuwde bloempjes* blossoms rained down ∗ *het sneeuwde briefkaarten* there was a shower/flood of postcards
**sneeuwgrens** *v* snow line
**sneeuwhoen** *o* [-ders] *vogel* red grouse, ptarmigan
**sneeuwjacht** *v* snowstorm, blizzard
**sneeuwkanon** *o* [-nen] snow canon
**sneeuwketting** *m & v* [-en] snow/skid chain
**sneeuwklas** *v* [-sen], **sneeuwschool** [-scholen] ZN ski school
**sneeuwklokje** *o* [-s] *plant* snowdrop
**sneeuwlandschap** *o* [-pen] snowy landscape
**sneeuwman** *m* [-nen] snowman ∗ *de verschrikkelijke* ∼ the Abominable Snowman, the yeti
**sneeuwploeg** *m & v* [-en] snowplough
**sneeuwpop** *v* [-pen] snowman
**sneeuwruimen** *o* clearing of snow
**sneeuwruimer** *m* [-s] snowplough
**sneeuwschoen** *m* [-en] snowshoe
**sneeuwschuiver** *m* [-s] snowplough, Am snowplow
**sneeuwstorm** *m* [-en] snowstorm, ⟨hevige sneeuwstorm⟩ blizzard
**sneeuwuil** *m* [-en] snowy owl
**sneeuwval** *m* ❶ snowfall, fall(s) of snow ❷ *lawine* avalanche, snowslide
**sneeuwvlok** *v* [-ken] snowflake
**sneeuwwit** *bn* snow(y) white
**Sneeuwwitje** *o* Snowwhite ∗ ⟨drank⟩ *sneeuwwitje* shandy
**sneeuwzeker** *bn* assured of snow
**snel I** *bn* fast, swift, quick, rapid, speedy **II** *bijw* fast, swiftly &
**snelbinder** *m* [-s] carrier straps
**snelblusser** *m* [-s] fire extinguisher
**snelbuffet** *o* [-ten] snack bar

**snelbus** *m en v* [-sen] transport express bus
**sneldicht** *o* [-en] epigram
**sneldrogend** *bn* quick-drying
**snelfilter** *m & o* [-s] (coffee) filter
**snelfiltermaling** *v* extra-fine grind
**snelheid** *v* [-heden] swiftness, rapidity, speed, velocity ∗ *met een* ~ *van* at the rate of ∗ *de maximum* ~ ‹op de weg› the speed limit; ‹v. voertuig› the maximum speed
**snelheidsbegrenzer** *m* [-s] speed-limiting device, speed limiter
**snelheidsbeperking** *v* [-en] speed limit ∗ *een zone met* ~ a speed-restricted area
**snelheidscontrole** *v* [-s] speed check
**snelheidsduivel** *m* [-s], **snelheidsmaniak** [-ken] speed merchant
**snelheidslimiet** *v* speed limit
**snelheidsmeter** *m* [-s] tachometer, speedometer
**snelheidsovertreding** *v* [-en] speeding, exceeding the speed limit
**snelkoker** *m* [-s] pressure cooker
**snelkookpan** *v* [-nen] pressure cooker
**snelkookrijst** *m* minute rice
**snelkoppeling** *v* [-en] comput shortcut, link
**snellen I** *onoverg* [snelde, is gesneld] hasten, rush, hurry ∗ *iem. te hulp* ~ run to sbd's help **II** *overg* [snelde, h. gesneld] ∗ *koppen* ~ headhunt
**snelrecht** *o* summary justice
**snelschaken** *o* play lightning chess
**sneltram** *m* [-s] express tram
**sneltrein** *m* [-en] fast train, express (train)
**sneltreinvaart** *v* tearing rush/hurry ∗ *in* ~ hurry-scurry ∗ *iets er in* ~ *doorjagen* rush sth through
**snelverband** *o* first (aid) dressing, emergency bandage
**snelverkeer** *o* fast traffic
**snelvuur** *o* rapid fire
**snelvuurwapen** *o* [-s] rapid-fire weapon
**snelwandelaar** *m* [-s] race walker
**snelwandelen** *o* race walking
**snelweg** *m* [-wegen] highway, motorway, Am freeway ∗ comput *de digitale* ~ the information superhighway
**snelwerkend** *bn* fast-working ∗ *een* ~ *gif* a fast-acting poison
**sneren** *onoverg* [sneerde, h. gesneerd] sneer (at)
**snerpen** *onoverg* [snerpte, h. gesnerpt] bite, cut
**snerpend** *bn* biting, cutting ∗ *een* ~*e koude* a biting cold ∗ *een* ~*e wind* a cutting wind ∗ *een* ~ *geluid* a shrill noise
**snert** *v* ❶ *erwtensoep* pea soup ❷ *rotzooi* trash, nonsense ∗ *dat lijkt wel* ~ it looks like trash ∗ *het is* ~ it's nonsense
**snertweer** *o* beastly weather
**sneu I** *bn* disappointing, sad ∗ *wat* ~*!* how sad! **II** *bijw* ∗ ~ *kijken* look disappointed/glum
**sneuvelen** *onoverg* [sneuvelde, is gesneuveld] ❶ *om het leven komen* be killed (in action/battle), be slain,

perish, fall ❷ *v. borden &* break
**snibbig I** *bn* snappish, snappy, tart ∗ *ik kreeg een* ~ *e-mailtje terug* I got a sourly worded e-mail in return **II** *bijw* ∗ ~ *kijken* look sourly
**sniffen** *onoverg* [snifte, h. gesnift] sniffle
**snijbiet** *v* [-en] leaf beet
**snijbloem** *v* [-en] cut flower
**snijboon** *v* [-bonen] French/haricot bean ∗ *een rare* ~ a queer fish
**snijbrander** *m* [-s] cutting/oxyacetylene torch
**snijdbaar** *bn* ❶ *in plakken* sliceable ❷ *deelbaar* sectile
**snijden I** *overg* [sneed, h. gesneden] ❶ *met een mes* cut, ‹vlees, snijwerk› carve ∗ *die lijnen* ~ *elkaar* the lines intersect ∗ *de spanning was te* ~ the tension was palpable ∗ *aan/in stukken* ~, *stuk* ~ cut into pieces, cut up ∗ *het snijdt je door de ziel* it cuts you to the heart/quick ❷ *auto* cut in ❸ *kaartsp* finesse ❹ *afzetten* fleece ∗ *ze* ~ *je daar lelijk* they fleece you there, they make you pay through the nose there **II** *wederk* [sneed, h. gesneden] ∗ *zich* ~ cut oneself ∗ *ik heb mij in mijn vinger gesneden* I've cut my finger (with a knife) ∗ *je zult je (lelijk) in de vingers* ~ you'll burn your fingers
**snijdend** *bn* ❶ cutting, sharp, biting, piercing ∗ *een* ~*e wind* a sharp/biting wind ❷ *in de meetkunde* secant
**snijding** *v* [-en] ❶ *alg.* cutting, section ❷ *in prosodie* caesura ❸ *in de meetkunde* intersection
**snijkamer** *v* [-s] dissecting room
**snijlijn** *v* [-en] secant, intersecting line
**snijmachine** *v* [-s] ❶ cutting machine, cutter, ‹voor brood, vlees› & slicer ❷ *v. boekbinder* guillotine
**snijplank** *v* [-en] ❶ *vleesplank* chopping board ❷ *broodplank* breadboard
**snijpunt** *o* [-en] (point of) intersection
**snijtafel** *v* [-s] ❶ med dissecting table ❷ *voor stoffen* cutting table
**snijtand** *m* [-en] incisor, incisive tooth
**snijvlak** *o* [-ken] cutting surface/face
**snijwerk** *o* carved work, carving
**snijwond** *v* [-en] cut, incised wound
**snijzaal** *v* [-zalen] dissecting room
**snik I** *m* [-ken] gasp, sob ∗ *zijn laatste* ~ his last gasp ∗ *de laatste* ~ *geven* breathe one's last ∗ *tot de laatste* ~ to one's dying day **II** *bn* ∗ *hij is niet goed* ~ he's not quite right in the head
**snikheet** *bn* stifling hot, sweltering
**snikken** *onoverg* [snikte, h. gesnikt] sob, gasp
**snip** *v* [-pen] vogel snipe
**snipper** *m* [-s] ❶ *klein beetje* snip, shred, scrap ❷ *het afgeknipte* snipping, cutting
**snipperdag** *m* [-dagen] day off
**snipperen** *overg* [snipperde, h. gesnipperd] snip, cut up, slice
**snipverkouden** *bn* ∗ *hij is* ~ he's all stuffed up, he's got a bad cold
**snit** *m & v* cut, make ∗ *het is naar de laatste* ~ it's the latest fashion ∗ ZN ~ *en naad* needlework

**snob** *m* [-s] snob, highbrow
**snobisme** *o* snobbishness, snobbery
**snobistisch I** *bn* snobbish, snobby **II** *bijw*
snobbishly, snobbily
**snoeien** *overg* [snoeide, h. gesnoeid] ❶ ⟨bomen⟩ lop,
⟨fruitbomen⟩ prune, ⟨heg⟩ clip ❷ fig cut back, prune
∗∼ *in het budget* prune the budget
**snoeihard** *bn* ❶ *v. snelheid* fast as hell ❷ *v. geluid*
blaring, booming
**snoeimes** *o* [-sen] pruning knife
**snoeischaar** *v* [-scharen] pruning shears, secateurs
**snoek** *m* [-en] pike ∗ ⟨in het water vallen⟩ *een∼*
*vangen* fall into the water ∗ ⟨bij roeien⟩ *een∼*
*maken* catch a crab
**snoekbaars** *m* [-baarzen] *vis* pikeperch
**snoekduik**, **snoeksprong** *m* [-en] headlong dive
**snoep** *m* sweets, Am candy
**snoepautomaat** *m* [-maten] sweet machine, Am
vending machine
**snoepen** *onoverg* [snoepte, h. gesnoept] eat sweets
∗ *wie heeft van de slagroom gesnoept?* who's been at
the cream?
**snoeper** *m* [-s] glutton, sbd with a sweet tooth ∗ *een*
*∼ zijn* have a sweet tooth ∗ *ouwe∼* old lecher, dirty
old man
**snoeperig I** *bn* cute, pretty, sweet, yummy **II** *bijw*
∗ *een∼ zoete traktatie* an absolutely yummy treat
**snoepgoed** *o* sweets, Am candy
**snoepje** *o* [-s] ❶ *zoetigheid* sweet, lolly, Am candy
∗ *wil je een∼?* would you like a lolly/Am candy?
❷ *lief meisje* sweetie
**snoepreisje** *o* [-s] pleasure trip, outing, Am junket
**snoepwinkel** *m* [-s] sweetshop, tuck shop, Am
candy store
**snoer** *o* [-en] ❶ *koord* string, rope, line, cord ❷ *hengel*
line ❸ *elektrisch* flex, cord
**snoeren** *overg* [snoerde, h gesnoerd] string, lace
∗ *iem. de mond∼* silence sbd
**snoerloos** *bn* cordless
**snoes** *m-v* [snoezen] darling, pet, sweetie
**snoeshaan** *m* [-hanen] weirdo, odd fish ∗ *een*
*vreemde∼* a queer customer/fish
**snoet** *m* [-en] ❶ *v. dier* snout, muzzle ❷ *gezicht* face,
inf mug, kisser
**snoetje** *o* [-s] ∗ *een aardig∼* a pretty face
**snoeven** *onoverg* [snoefde, h. gesnoefd] brag, boast,
swagger ∗ *∼ op...* brag/boast about...
**snoever** *m* [-s] boaster, braggart, show-off
**snoezig I** *bn* sweet, cute, adorable **II** *bijw* ∗ *een∼*
*klein winkeltje* a sweet little shop
**snok** *m* [-ken] ZN jolt
**snokken** *onoverg* [snokte, h. gesnokt] ❶ *rukken* ZN
pull, tug ❷ *schokken* ZN convulse, jerk ❸ *krachtig*
*stoten* ZN thrust
**snol** *v* [-len] tart, whore, hooker
**snood I** *bn* base, wicked ∗ *een∼ plan ontstaat in zijn*
*hoofd* he conceives a wicked plan **II** *bijw*
treacherously

**snoodaard** *m* [-s] villain, rogue
**snooker** *o* snooker
**snookeren I** *onoverg* [snookerde, h. gesnookerd]
play snooker **II** *overg* [snookerde, h. gesnookerd]
snooker
**snor I** *v* [-ren] ❶ *van mens* moustache ❷ *van kat*
whiskers **II** *bijw* ∗ *dat zit wel∼* that's fine
**snorbaard** *m* [-en] moustache ∗ *een oude∼* an old
soldier
**snorder** *m* [-s] crawling taxi
**snorfiets** *m* [-en] moped
**snorhaar** *v* [-haren] *v. kat &* whisker
**snorkel** *m* [-s] snorkel
**snorkelen** *onoverg* [snorkelde, h. gesnorkeld]
snorkel
**snorren** *onoverg* [snorde, h. gesnord] ❶ *v. motor*
drone, whirr ∗ *het∼ van de motor* the whirr of the
motor ❷ *v. kat* purr ❸ *v. kachel* roar ❹ *om een*
*vrachtje* crawl, ply for hire
**snot** *o & m* mucus, vulg snot
**snotaap** *m* [-apen] inf whippersnapper, brat
∗ *vervelende∼!* snotty-nosed little brat!
**snotjongen** *m* [-s] ❶ whippersnapper, scamp
❷ *kwajongen* brat
**snotneus** *m* [-neuzen] ❶ *neus* runny nose
❷ *kwajongen* brat ❸ *klein kind* toddler, tot
**snottebel** *v* [-len] hanging mucus, vulg snot
**snotteren** *onoverg* [snotterde, h. gesnotterd] snivel,
blubber
**snotterig** *bn* snivelling
**snotverkouden** *bn* all stuffed up with a bad cold
**snowboard** *o* [-s] snowboard
**snowboarden** *onoverg* [snowboardde, h.
gesnowboard] go snowboarding
**snuffelaar** *m* [-s] ferreter, snooper, pryer
**snuffelen** *onoverg* [snuffelde, h. gesnuffeld]
❶ *v. dieren* nose, sniff ∗ *aan alles∼* nose/sniff at
everything ❷ *v. personen* nose about, rummage
∗ *overal in∼* rummage through everything ∗ *altijd*
*in de boeken∼* always have ⟨his/her⟩ nose in a book
**snuffelpaal** *m* [-palen] air pollution detector
**snufferd** *m* [-s] ❶ *neus* snout, snitch ∗ *zijn∼ ergens in*
*steken* stick one's nose into sth ❷ *gezicht* kisser, mug
∗ *op zijn∼ vallen* fall flat on one's kisser
**snufje** *o* [-s] ❶ *nieuwigheid* novelty ∗ *het nieuwste∼*
the latest thing ∗ *een nieuw technisch∼* a new
gadget ❷ *klein beetje* dash ∗ *een∼ zout* a pinch of
salt
**snugger** *bn* bright, clever, sharp, smart ∗ *dat was*
*niet erg∼* that was not very clever
**snuif** *m* snuff
**snuifdoos** *v* [-dozen] snuffbox
**snuifje** *o* [-s] ❶ *snuiftabak* pinch of snuff ❷ *cocaïne*
sniff, snort ❸ *v. zout* pinch
**snuiftabak** *m* snuff
**snuisterij** *v* [-en] knick-knack, trinket ∗ *∼en*
bric-a-brac, knick-knacks
**snuit** *m* [-en] ❶ *v. dier* snout, muzzle ❷ *v. olifant*

**sn**

trunk ❸ *v. insect* proboscis ❹ *gezicht* mug, kisser
**snuiten** *overg* [snoot, h. gesnoten] *v. kaars* snuff▼ *zijn neus~* blow one's nose
**snuiter** *m* [-s] *voor kaarsen* pair of snuffers▼ inf *een rare~* a queer customer
**snuiven I** *onoverg* [snoof, h. gesnoven] sniff, snuffle, snort∗*~ van woede* snort with rage**II** *overg* [snuifde of snoof, h. gesnuifd] ∗ *cocaïne~* sniff/snort cocaine ∗ *tabak~* take snuff
**snurken** *onoverg* [snurkte, h. gesnurkt] snore
**snurker** *m* [-s] ❶ *iem. die snurkt* snorer ❷ inf *fellow*
**soa** *afk* (seksueel overdraagbare aandoening) STD, sexually transmitted disease
**soap** *m* [-s] soap
**sober I** *bn* ❶ *niet overvloedig* sober, frugal, plain∗ *een ~e maaltijd* a simple/frugal meal∗ *hij kan~ zijn met woorden* he can be sparing with his words ❷ *ascetisch* austere∗ *een~ leven* an austere life **II** *bijw* soberly &∗ *de boeken zijn~ uitgevoerd* the books have been austerely produced/have been produced without many frills
**soberheid** *v* ❶ soberness, plainness, frugality ❷ *ascetisch* austerity
**sobertjes** *bijw* austerely, frugally
**sociaal I** *bn* social∗ *het~ bewustzijn* a social conscience∗ *de sociale dienst* social security services ∗ *de sociale lasten* social security contributions∗ *de sociale partners* management and trade unions∗ *een ~ plan* a social plan/scheme∗ *de sociale verzekering* social insurance, Am social security∗ *sociale voorzieningen* social welfare∗*~ werk* social work ∗ *een sociale werkplaats* a sheltered workshop∗ *een ~ werkster* a social worker∗ *sociale wetenschappen* social sciences∗ ZN *een~ assistent* a social worker ∗ ZN *een sociale school* een social academy**II** *bijw* socially∗*~ denkend* socially aware
**sociaalcultureel** *bn* socio-cultural
**sociaaldemocraat** *m* [-craten] social democrat
**sociaaldemocratie** *v* social democracy
**sociaaldemocratisch** *bn* social democratic
**sociaaleconomisch** *bn* socio-economic∗ *de Sociaal-Economische Raad* the National Economic Development Council
**sociaal geneeskundige** *m-v* [-n] medical officer
**sociaal geograaf** *m* [-grafen] human geographer
**sociaal psycholoog** *m* [-logen] social psychologist
**socialezekerheidsstelsel** *o* [-s] social security system
**socialisatie** *v* socialization
**socialiseren** *overg* [socialiseerde, h. gesocialiseerd] socialize
**socialisme** *o* socialism
**socialist** *m* [-en] socialist
**socialistisch** *bn* socialist
**sociëteit** *v* [-en] ❶ *vereniging* club, association∗ *de Sociëteit van Jezus* the Society of Jesus ❷ *verenigingsgebouw* clubhouse
**society** *v* society

**sociolinguïstiek** *v* sociolinguistics
**sociologie** *v* sociology
**sociologisch** *bn* sociological
**socioloog** *m* [-logen] sociologist
**soda** *m & v* soda∗ *dubbelkoolzure~* sodium bicarbonate, bicarbonate of soda
**sodawater** *o* soda water
**sodemieter** *m* [-s]∗ *iem. op z'n~ geven* bawl sbd out, vulg beat the shit out of sbd∗ *als de~* like hell ∗ *geen~* not a bloody thing
**sodemieteren I** *overg* [sodemieterde, h. gesodemieterd] chuck**II** *onoverg* [sodemieterde, is gesodemieterd] ❶ *vallen* fall, tumble ❷ *zeuren* nag, whine, whinge▼ *sodemieter op!* bugger off!
**sodomie** *v* sodomy
**sodomiet** *m* [-en] sodomite
**soebatten** *onoverg* [soebatte, h. gesoebat] implore, plead
**Soedan** *o* Sudan
**soefi** *m* ['s] Sufi
**soelaas** *o* solace, comfort, relief, alleviation∗*~ bieden* offer comfort
**soenna** *m* Sunna
**soenniet** *m* [-en] Sunnite
**soennitisch** *bn* Sunnite
**soep** *v* [-en] soup, ‹dun› broth∗ *het is niet veel~s* it's not up to much∗ *iets in de~ laten lopen* make a mess of sth∗ *iets in de~ rijden* smash sth up∗ *in de ~ zitten* be in the soup∗ *de~ wordt niet zo heet gegeten als ze wordt opgediend* things are never as bad as they seem
**soepballetje** *o* [-s] forcemeat ball
**soepbord** *o* [-en] soup plate
**soepel I** *bn* ❶ *buigzaam* supple, flexible, elastic ❷ *meegaand* compliant, adaptable∗ *een~e interpretatie* a loose interpretation ❸ *liberaal* lenient, easy ❹ *moeiteloos* smooth, easy**II** *bijw* suppl(el)y &∗*~ schakelen* change gears smoothly
**soepelheid** *v* suppleness, flexibility
**soepgroente** *v* [-n & -s] soup vegetables
**soepjurk** *v* [-en] loose hanging dress, tent dress, baggy dress
**soepkip** *v* [-pen] boiler (chicken), boiling hen
**soepkom** *v* [-men] soup bowl
**soeplepel** *m* [-s] ❶ *opscheplepel* soup ladle ❷ *om soep te eten* soup spoon
**soepstengel** *m* [-s] breadstick
**soepterrine** *v* [-s] soup tureen
**soepvlees** *o* soup meat
**soera** *v* ['s] sura
**soes** *v* [soezen] *gebak* (cream) puff
**soesa** *m* bother, trouble(s), worries
**soeverein I** *bn* sovereign∗ *een~e staat* a sovereign state∗*~e minachting* supreme contempt**II** *m* [-en] ❶ *heerser* sovereign ❷ *munt* sovereign
**soevereiniteit** *v* sovereignty
**soevereiniteitsoverdracht** *v* transfer of sovereignty

**SO**

**soezen** *onoverg* [soesde, h. gesoesd] doze
**sof** *m* wash-out, flop
**sofa** *m* ['s] sofa, couch, Am davenport
**sofinummer** *o* [-s] socio-fiscal number, Br ± national insurance number, Am ± social security number
**sofisme** *o* [-n] sophism
**sofist** *m* [-en] sophist
**sofistisch** I *bn* sophistic II *bijw* sophistically
**soft** *bn* soft
**softbal** *o* softball
**softballen** *onoverg* [softbalde, h. gesoftbald] play softball
**softdrug** *m* [-s] soft drug
**softijs** *o* soft ice cream
**softporno** *v* soft porn
**software** *m* software
**softwarepakket** *o* [-ten] software package
**soigneren** *overg* [soigneerde, h. gesoigneerd] ❶look after ✳*gesoigneerd* well dressed ❷*lichamelijke conditie verzorgen* tone up, massage
**soigneur** *m* [-s] ❶*alg.* helper ❷*wielrennen* ± masseur, physiotherapist ❸*boksen* ± second
**soiree** *v* [-s] evening party, soirée
**soja** *m* soy, soya
**sojaboon** *v* [-bonen] soybean, soya bean
**sojamelk** *v* soya milk, soybean milk
**sojaolie** *v* soybean oil
**sojasaus** *v* soy sauce
**sok** *v* [-ken] ❶*kledingstuk* sock ✳*er de ~ken in zetten* spurt ✳*een held op ~ken* a chicken ✳*iem. van de ~ken rijden* knock sbd down ✳*van de ~ken gaan* keel over, pass out ✳*een poes met witte ~ken* a white-socked cat ❷techn socket ❸fig (old) fogey/fogy
**sokkel** *m* [-s] socle, pedestal
**sokophouder** *m* [-s] sock suspender
**sol** I *v* [-len] muz sol II *m* [-s] *munteenheid* sol, Peruvian sol
**solair** *bn* solar
**solarium** *o* [-s & -ria] solarium
**soldaat** *m* [-daten] soldier ✳*een gewoon* ~a private (soldier) ✳*een ~eerste klasse* a lance-corporal ✳*~ worden* become a soldier, enlist ✳*de Onbekende Soldaat* the Unknown Soldier/Warrior ✳*een fles ~ maken* empty/crack a bottle
**soldatenleven** *o* military life
**solde** *v* [-n & -s] *restant* ZN remnant ✳ ⟨uitverkoop⟩ *de ~s* the sales
**soldeer** *o & m* solder
**soldeerbout** *m* [-en] soldering iron
**soldeerdraad** *o & m* soldering wire
**soldeersel** *o* [-s] solder
**solderen** *overg* [soldeerde, h. gesoldeerd] ❶solder ❷*uitverkopen* ZN clear, sell off
**soldij** *v* [-en] pay
**soleren** *onoverg* [soleerde, h. gesoleerd] perform a solo
**solfège** *m* solfège, solfeggio

**solidair** *bn* solidary ✳*~aansprakelijk* jointly and severally liable ✳*zich ~verklaren met* express one's solidarity with
**solidariteit** *v* ❶*alg.* solidarity ✳*uit ~in* sympathy ❷handel joint liability
**solidariteitsbeginsel** *o* solidarity principle
**solidariteitsgevoel** *o* feeling of solidarity
**solide** I *bn* ❶*v. ding* solid, firm, strong, substantial ❷*v. persoon* solid, steady, reliable ❸*firma's* solid, respectable ❹*investeringen* solid, sound, safe, gilt-edged II *bijw* solidly &
**soliditeit** *v* ❶*v. ding* solidity ❷*v. persoon* steadiness, respectability ❸handel solvability, solvency, stability ❹*betrouwbaarheid* soundness, reliability
**solist** *m* [-en] soloist
**solitair** I *bn* solitary II *m* [-en] ❶*v. dier* rogue ❷*alleenstaande* solitary ❸*spel & steen* solitaire
**sollen** I *overg* [solde, h. gesold] toss II *onoverg* [solde, h. gesold] mess about, trifle with ✳*hij laat niet met zich ~* he won't be trifled with
**sollicitant** *m* [-en] candidate, applicant
**sollicitatie** *v* [-s] application
**sollicitatiebrief** *m* [-brieven] (letter of) application
**sollicitatiecommissie** *v* [-s] selection committee
**sollicitatiegesprek** *o* [-ken] job interview
**sollicitatieplicht** *m & v* obligation to look for work
**sollicitatieprocedure** *v* [-s] selection procedure
**solliciteren** *onoverg* [solliciteerde, h. gesolliciteerd] apply (for)

---

**solliciteren**
is apply (for) en niet solicit; solicit betekent tippelen, mannen aanspreken.

---

**solo** I *bijw* ❶solo ❷kaartsp solo II *m & o* ['s & soli] solo
**solocarrière** *v* [-s] solo career
**Solomoneilanden** *zn* [mv] Solomon Islands
**solo-optreden** *o* [-s] solo performance
**solopartij** *v* [-en] solo part
**soloplaat** *v* [-platen] solo album
**solovlucht** *v* [-en] solo flight
**solozanger** *m* [-s] solo singer/vocalist
**solsleutel** *m* [-s] G clef, treble clef
**solstitium** *o* [-tia] solstice
**solutie** *v* [-s] solution
**solvabel** *bn* solvent
**solvabiliteit** *v* ability to pay, solvency
**solvent** *bn* solvent
**solventie** *v* solvency
**som** *v* [-men] ❶*totaalbedrag* sum, amount ✳*een ~ geld(s)* a sum of money ✳*een ~ineens* a lump sum ❷*vraagstuk* sum ✳*~men maken* do sums
**Somalië** *o* Somalia
**somatisch** *bn* somatic ✳*~e ziekten* somatic diseases
**somber** I *bn* gloomy, sombre, dismal, dark, black ✳*een ~verhaal* a sad story ✳*een ~e toekomst* a gloomy/dark/dismal future ✳*~e gedachten*

sombre/gloomy thoughts \*~*weer* gloomy weather **II** *bijw* gloomily & \**iets* ~*inzien* be pessimistic, take a gloomy view of things

**somberheid** *v* gloom, sombreness, bleakness

**somma** *v* sum, total amount

**sommatie** *v* [-s] summons, order, notice, (final) demand

**sommelier** *m* [-s] wine waiter

**sommeren** *overg* [sommeerde, h. gesommeerd] **❶***alg.* summon \*~*tot betaling* demand payment **❷***optellen* find the sum of

**sommige** *onbep vnw* some \*~*lieden* some people \*~*n* some

**soms** *bijw* **❶**sometimes \*~*goed &*, ~*slecht &* sometimes good &, sometimes bad &, at times good &, at other times bad & **❷***misschien* perhaps \**kijk eens of hij daar* ~*is* go and see whether/if he is there \**als je hem* ~*ziet* if you should happen to see him \**paardrijden is toch een echte sport, of niet soms?* if I'm not mistaken, horse riding is a genuine sport

**sonar** *m* sonar

**sonarapparatuur** *v* sonar equipment

**sonate** *v* [-s & -n] sonata

**sonatine** *v* [-s] sonatina

**sonde** *v* [-s] probe

**sonderen** *overg* [sondeerde, h. gesondeerd] sound, probe

**sondevoeding** *v* drip feed

**songfestival** *o* [-s] song contest

**songtekst** *m* [-en] lyrics

**sonisch** *bn* sonic

**sonnet** *o* [-ten] sonnet

**sonoor I** *bn* sonorous, rich, resonant **II** *bijw* sonorously &

**sonoriteit** *v* sonority

**soort** *v & o* [-en] **❶***alg.* sort, kind \**zo'n* ~*ding* something like that \**we logeerden in een* ~*hotel* we stayed in a hotel of sorts \**hij is een goed* ~he's a good type \*~*zoekt* ~birds of a feather flock together \**enig in zijn* ~unique, one of a kind \**mensen van allerlei* ~people of all kinds \**van dezelfde* ~of the same kind, of a kind **❷***biologie* species

**soortelijk** *bn* specific \*~*gewicht* specific gravity

**soortement** *o* \**een* ~*(van)* a sort/kind of

**soortgelijk** *bn* similar \**iets* ~s something similar \**een* ~*boek* a similar book, a book of the same kind

**soortgenoot** *m* [-noten] one of the same kind/sort \**zijn soortgenoten* his own sort

**soortnaam** *m* [-namen] **❶**taalk common noun **❷**biol generic name

**soos** *v* club

**sop** *o* [-pen] *v. zeep* suds \**het ruime* ~the open sea \**het ruime* ~*kiezen* go/set out to sea \**laat hem in zijn eigen* ~*gaar koken* let him stew in his own juice \**met hetzelfde* ~*overgoten* tarred with the same brush \**het* ~*is de kool niet waard* it's not worth the trouble, the gains aren't worth the risk

**soppen** *overg* [sopte, h. gesopt] wash \**de keukenkastjes* ~wipe down the kitchen cabinets \**koekjes in de thee* ~dunk biscuits in the tea

**sopraan** *v* [-pranen] soprano

**sopraanstem** *v* [-men] soprano voice

**sorbet** *m* [-s] sorbet

**sorbitol** *o* sorbitol

**sordino** *m* ['s], **sourdine** *v* [-s] sordino

**sores** *zn* [mv] troubles, worries

**sorry** *tsw* sorry!

**sorteerder** *m* [-s] sorter

**sorteermachine** *v* [-s] sorting machine

**sorteren** *overg* [sorteerde, h. gesorteerd] (as)sort \**onze winkel is goed gesorteerd* our shop carries a wide range \**effect* ~produce an effect

**sortering** *v* [-en] **❶**sorting **❷***verzameling goederen* \**een ruime* ~*stoffen* a wide range/selection/assortment of fabrics \**een* ~*naar groepen* arranged according to group

**sortie** *v* [-s] **❶***mantel* opera cloak **❷***controlebiljet* pass-out check **❸***uitval* sortie, sally

**SOS** *o* SOS

**souche** *v* [-s] counterfoil

**soufflé** *m* [-s] soufflé

**souffleren** *overg* [souffleerde, h. gesouffleerd] prompt

**souffleur** *m* [-s] prompter

**soul** *m* soul

**souper** *o* [-s] supper

**souperen** *onoverg* [soupeerde, h. gesoupeerd] have supper

**souplesse** *v* flexibility

**sousafoon** *m* [-s & -fonen] sousaphone

**souschef** *m* [-s] deputy manager

**soutane** *v* [-s] RK soutane

**souteneur** *m* [-s] procurer, pimp

**souterrain** *o* [-s] basement

**souvenir** *o* [-s] souvenir, keepsake

**souvenirjager** *m* [-s] souvenir hunter

**souvenirwinkel** *m* [-s] souvenir/gift shop

**sovjet** *m* [-s] hist Soviet

**sovjetrepubliek** *v* [-en] hist Soviet Republic

**Sovjet-Unie** *v* hist (the) Soviet Union

**sowieso** *bijw* in any case, anyhow

**spa I** *v* ['s] spade, shovel **II** *m spawater* mineral water

**spaak** *v* [spaken] spoke \**een* ~*in het wiel steken* put a spoke in sbd's wheel \*~*lopen* go wrong

**spaakbeen** *o* [-deren] radius

**spaan** *v* [spanen] **❶***van hout* chip \**fig geen* ~not a bit \**geen* ~*van iets heel laten* pull something to pieces **❷***keukengereedschap* skimmer

**spaander** *m* [-s] chip, splinter \**waar gehakt wordt, vallen* ~s ± you can't make an omelette without breaking eggs

**spaanplaat** *v* [-platen] chipboard

**Spaans I** *bn* Spanish \*~*riet* rattan \*~*e vlieg* cantharides, Spanish fly \**een* ~*e peper* a hot/chilli pepper **▼***het gaat er* ~*aan toe* there are wild goings-on there▼ *hij heeft het~ benauwd* he's scared out of his wits‖ *o taal* Spanish

**Spaanse** *v* [-n] Spaniard✶ *ze is een~* she's a Spaniard, she's from Spain

**Spaanstalig** *bn* Spanish-speaking

**spaaractie** *v* [-s] savings campaign

**spaarbank** *v* [-en] savings bank

**spaarbankboekje** *o* [-s] savings account/deposit book

**spaarbekken** *o* [-s] reservoir

**spaarbrief** *m* [-brieven] savings certificate

**spaarcenten ,spaarcentjes** *zn* [mv] savings✶ *mijn ~* my savings

**spaardeposito** *o* ['s] savings

**spaarder** *m* [-s]❶ *alg.* saver❷ *inlegger* depositor

**spaargeld** *o*❶ savings❷ *voor de oude dag* nest egg

**spaarhypotheek** *v* [-theken] endowment mortgage

**spaarkas** *v* [-sen] *spaarbank* ZN savings bank

**spaarlamp** *v* [-en] low-energy lightbulb

**spaarloonregeling** *v* [-en] salary savings scheme

**spaarplan** *o* [-nen] savings plan

**spaarpot** *m* [-ten] money box✶ *een~ je maken* lay by a little money

**spaarregeling** *v* [-en] salary savings scheme

**spaarrekening** *v* [-en] savings account

**spaarvarken** *o* [-s] piggy bank

**spaarzaam I** *bn* economical, thrifty, frugal✶*~ zijn met iets* use sth sparingly✶*~ zijn met lof* be sparing with praise✶*~ zijn met woorden* not waste words, be a person of few words‖ *bijw* economically

**spaarzaamheid** *v* economy, thrift

**spaarzegel** *m* [-s] trading stamp

**spaarzin** *m* thrift, frugality

**spaat** *o* spar

**spacecake** *m* [-s] space cake

**spaceshuttle** *m* [-s] space shuttle

**spade** *v* [-n] spade, shovel✶ *de eerste~ in de grond steken* cut the first sod

**spagaat** *m* splits

**spaghetti** *m* spaghetti

**spaghettiwestern** *m* [-s] spaghetti western

**spalk** *v* [-en] splint

**spalken** *overg* [spalkte, h. gespalkt] splint, put in splints

**spam** *m ongewenste mail* spam, junk mail

**span I** *o* [-nen]❶ *v. trekdieren* team❷ *v. personen* pair, couple✶ *een aardig~* a nice couple‖ *v* [-nen] *afstand* span✶ *een korte~ ne* a short span

**spanband** *m* [-en] fastening belt, security strap

**spanbeton** *o* prestressed concrete

**spandoek** *o & m* [-en] banner

**spanen** *bn* made of split-wood✶ *een~ doos* a chipboard box

**spaniël** *m* [-s] spaniel

**Spanjaard** *m* [-en] Spaniard

**Spanje** *o* Spain

**spanjolet** *v* [-ten] cremone bolt

**spankracht** *v*❶ *alg.* tensile force, tension❷ *v. gassen*

expansive force❸ *fig* elasticity, resilience

**spannen I** *overg* [spande, h. gespannen]❶ *touw* stretch, tighten❷ *boog, trom* brace❸ *spieren* flex, brace❹ *net* spread❺ *snaren* lay❻ *fig* strain▼ *een paard voor een wagen~* harness/hitch a horse to a carriage▼ *de haan~* cock a gun▼ *de kroon~* beat the lot‖ *onoverg* [spande, h. gespannen] *v. kleren* be (too) tight✶ *als het erom spant* when it comes to the pinch✶ *het zal erom~* it will be close/tight✶ *het heeft erom ge~* it was a near thing/a close shave✶ *op ge~ voet leven* be on bad terms with sbd

**spannend** *bn*❶ *boeiend* exciting ‹scene›, thrilling ‹story›, fast-moving ‹play›, tense ‹moment›❷ *nauw* tight

**spanning** *v* [-en]❶ *alg.* stretching, tension, strain ✶ *een band op~ brengen* put a tyre under pressure ❷ *v. brug* span❸ *techn* stress❹ *elektr* tension, voltage❺ *v. stoom* pressure❻ *fig* tension, strain, suspense✶ *in angstige~* in anxious suspense✶ *iem. in~ houden* keep sbd in suspense✶ *de~ op de arbeidsmarkt* the strain on the labour market

**spanningsboog** *m* [-bogen] *techn* voltage/current curve

**spanningscoëfficiënt** *m* [-en] coefficient of pressure

**spanningshaard** *m* [-en] trouble spot

**spanningsveld** *o fig* scene of tension

**spanningzoeker** *m* [-s] electricians' screwdriver

**spanraam** *o* [-ramen] stretcher, tenter

**spanrups** *v* [-en] looper, geometrid

**spant** *o* [-en]❶ *bouwk* rafter❷ *scheepv* frame, timber

**spanwijdte** *v* [-n] span

**spanzaag** *v* [-zagen] frame saw

**spar** *m* [-ren]❶ *boom* spruce❷ *v. dak* rafter

**sparen I** *overg* [spaarde, h. gespaard]❶ *zuinig zijn met* save, spare✶ *u kunt u die moeite~* you could save/spare yourself the trouble✶ *kosten noch moeite ~* spare neither pain nor expense❷ *ontzien* spare ✶ *zij zijn gespaard gebleven voor de vernietiging* they have been spared from destruction❸ *verzamelen* collect‖ *wederk* [spaarde, h. gespaard] ✶ *zich~* save one's strength‖‖ *onoverg* [spaarde, h. gespaard] save, economize, put by

**sparren** *onoverg* [sparde, h. gespard] work out, ‹boksen› spar

**sparrenbos** *o* [-sen] fir wood

**sparringpartner** *m* [-s] sparring partner

**Spartaans** *bn* Spartan✶ *een~ e opvoeding* a Spartan upbringing

**spartelen** *onoverg* [spartelde, h. gesparteld] thrash, flounder

**sparteling** *v* [-en] thrashing, floundering

**spasme** *o* [-n] spasm

**spasmisch ,spasmodisch I** *bn* spasmodic‖ *bijw* spasmodically

**spastisch** *bn* spastic✶ *een~ kind* a child with cerebral palsy✶ *inf niet zo~ doen!* stop acting like a spastic!

**spat** v [-ten] ❶ *vlek* spot, speck, stain ❷ *spetter* splash ▼ *er geen~ van weten* not know anything about it

**spatader** v [-s & -en] varicose vein

**spatbord** o [-en] mudguard

**spatel** v [-s] spatula

**spatie** v [-s] space

**spatiebalk** m [-en] space bar

**spatiëren** overg [spatieerde, h. gespatieerd] space

**spatiëring** v [-en] spacing

**spatietoets** m [-en] space bar

**spatje** o [-s] *druppeltje* drop* *er vallen wat~s there are a few drops of rain* *geen~ medeleven* without an ounce of sympathy* *~s hebben* be full of oneself

**spatlap** m [-pen] mud flap

**spatten I** overg [spatte, h. gespat] splutter, splatter, splash* *vonken~* emit sparks, spark* *ze spatte water in mijn gezicht* she splashed water in my face **II** onoverg [spatte, is gespat], **spetten** v. vloeistof splash, spatter▼ *uit elkaar~* burst

**spawater** ® o mineral water

**speaker** m [-s] ❶ *voorzitter Eng. Lagerhuis* Speaker ❷ *speakerbox* speaker

**specerij** v [-en] spice

**specerijenhandel** m spice trade

**specht** m [-en] *vogel* woodpecker* *de bonte~* the spotted woodpecker* *de groene~* the green woodpecker

**speciaal I** bn special, particular **II** bijw (e)specially, particularly* *~ voor hem bedoeld* meant for him in particular

**speciaalzaak** v [-zaken] specialist shop

**special** m [-s] RTV special

**specialisatie** v [-s] ❶ *het specialiseren* specialization ❷ *op een vakgebied* specialism, speciality

**specialiseren I** overg [specialiseerde, h. gespecialiseerd] specialize **II** wederk [specialiseerde, h. gespecialiseerd] * *zich~* specialize

**specialisme** o [-n] specialism, speciality

**specialist** m [-en] specialist

**specialistisch** bn specialist

**specialiteit** v [-en] speciality* *direct mail is onze~* we specialize in direct mail* *vis is onze~* fish is our speciality

**specialiteitenrestaurant** o [-s] ± high-class restaurant

**specie** v [-s & -ciën] ❶ bouwk mortar, cement ❷ *geld* cash, coin

**specificatie** v [-s] specification* *overeenkomstig onderstaande~* as stipulated below, according to the specification(s) below* *~ van kosten* specification of the costs

**specificeren** overg [specificeerde, h. gespecificeerd] specify* *een gespecificeerde rekening* an itemized bill

**specifiek I** bn specific* *~ gewicht* specific gravity **II** bijw specifically

**specimen** o [-s & -mina] specimen

**spectaculair I** bn spectacular **II** bijw spectacularly

**spectraal** bn spectral

**spectraalanalyse** v spectrum analysis

**spectroscoop** m [-scopen] spectroscope

**spectrum** o [-s & -tra] spectrum

**speculaas** m & o ± gingerbread biscuit

**speculaasje** o [-s] ± gingerbread biscuit

**speculaaspop** v [-pen] gingerbread man

**speculant** m [-en] speculator

**speculatie** v [-s] speculation* *~ à la baisse* bear speculation* *~ à la hausse* bull speculation

**speculatief I** bn speculative **II** bijw speculatively

**speculeren** onoverg [speculeerde, h. gespeculeerd] speculate, play the market* *~ à la baisse* bear, sell short* *~ in* speculate in* eff *~ op* speculate on* *~ over* speculate on

**speech** m [-es & -en] speech

**speechen** onoverg [speechte, h. gespeecht] give/deliver a speech

**speed** m ❶ *snelheid* speed ❷ *drug* speed

**speedboot** m & v [-boten] speedboat

**speeksel** o spittle, saliva, <u>med</u> sputum

**speekselklier** v [-en] salivary gland

**speelautomaat** m [-maten] one-armed bandit, slot/fruit machine

**speelbal** m [-len] ❶ eig playing ball ❷ fig plaything, toy, sport* *een~ van de golven zijn* be at the mercy of the waves* *iem. als~ gebruiken* trifle with sbd

**speeldoos** v [-dozen] musical box

**speelduur** m ❶ v. sportwedstrijd, film & length/duration of the play ❷ v. cd & playing time

**speelfilm** m [-s] motion picture, (feature) film, movie

**speelgerechtigd** bn sp entitled to play

**speelgoed** o toys, playthings

**speelgoedafdeling** v [-en] toy department

**speelgoedauto** m ['s] toy car

**speelgoedbeest** o [-en] toy animal

**speelgoedwinkel** m [-s] toy shop

**speelhal** v [-len] amusement arcade

**speelhelft** v [-en] half

**speelhol** o [-holen] gambling den

**speelkaart** v [-en] playing card

**speelkameraad** m [-raden & -s] playmate

**speelkwartier** o [-en] playtime, break

**speelman** m [-lui & -lieden] musician, troubadour

**speelplaats** v [-en] playground

**speelruimte** v ❶ *plaats om te spelen* playroom ❷ fig scope, latitude, margin, leeway* *niet veel~ voor fouten* little margin for error ❸ techn play

**speels I** bn ❶ playful ❷ *grillig* fanciful, whimsical **II** bijw playfully &* *~ gebouwd* built whimsically, built in a whimsical fashion

**speelschema** o ['s] playing schedule

**speelschuld** v [-en] gambling debt

**speelseizoen** o [-en] season

**speelsheid** v playfulness, sportiveness

**speelster** v [-s] player
**speeltafel** v [-s] ❶ *in huis* card table ❷ *in speelhol* gaming table ❸ *v. orgel* console
**speelterrein** o [-en] playground, recreation area, playing field
**speeltijd** m [-en] playtime
**speeltje** o [-s] toy
**speeltuin** m [-en] recreation area, playground
**speelveld** o [-en] playing field
**speelverbod** o [-en] ban
**speelweide** v [-n] playing field
**speelwijze** v play, way of playing
**speelzaal** v [-zalen] ❶ *voor kansspel* gaming/gambling room ❷ *voor kinderen* playroom
**speen** I v [spenen] ❶ *tepel* teat, nipple ❷ *fopspeen* comforter ❸ *v. zuigfles* rubber teat, nipple II o *aambeien* ZN h(a)emorroids, piles
**speenkruid** o lesser celandine, pilewort
**speenvarken** o [-s] suckling pig ∗ *gillen als een ~* squeal like a stuck pig
**speer** v [speren] ❶ *alg.* spear ❷ *sp* javelin
**speerpunt** v [-en] *ook fig* spearhead
**speerwerpen** o *sp* throw the javelin
**speerwerper** m [-s] *sp* javelin thrower
**spek** o *(gezouten of gerookt)* bacon, *(vers)* pork, *(v. walvis)* blubber ∗ *eieren met ~* bacon and eggs ∗ *dat is geen ~ voor jouw bek* that's not for you ∗ *met ~ schieten* draw the long bow ∗ *er voor ~ en bonen bij zitten* sit there for the show

> **spek**
> De vaste volgorde voor **eieren met spek** is in het Engels **bacon and eggs**.

**spekbokking** m [-en] fat bloater
**spekglad** bn slippery
**spekken** overg [spekte, h. gespekt] lard ∗ *een welgespekte beurs* a well-lined purse ∗ *zijn zak ~* line one's pocket
**spekkie** o [-s] marshmallow
**spekkoek** m [-en] ∗ *Indische ~* fried meat patties
**spekkoper** m [-s] ∗ *een hele ~ zijn* strike it rich
**speklap** m [-pen] slice of bacon
**speknek** m [-ken] fat neck
**spekpannenkoek** m [-en] bacon pancake
**speksteen** o & m soapstone, steatite
**spektakel** o [-s] uproar, racket, hubbub ∗ *~ maken* make a noise, kick up a row ∗ *die show was een fantastisch ~* the show was spectacular
**spektakelstuk** o [-ken] showpiece
**spekvet** o bacon fat
**spekzool** v [-zolen] (thick) crepe sole
**spel** o [-len & spelen] ❶ *tegenover werk* play, *(volgens regels)* game ∗ *gewonnen ~ hebben* have the game in one's own hands ∗ *dubbel ~ spelen* play a double game ∗ *eerlijk ~ spelen* play the game ∗ *een gewaagd ~ spelen* play a risky game ∗ *vrij ~ hebben* enjoy free play, have free scope ∗ *iem. vrij ~ laten* allow sbd a

free hand ∗ *buiten ~ blijven* remain out of it ∗ *u moet mij buiten ~ laten* leave me out of it ∗ *er is een dame in het ~* there is a lady involved ∗ *als ... in het ~ komt* when it comes to... ∗ *op het ~ staan* be at stake ∗ *op het ~ zetten* stake, risk ∗ *alles op het ~ zetten* stake one's all, risk/stake everything ❷ *opvoering* performance ∗ *het ~ van deze actrice* the performance of this actress ∗ *zijn (piano)~ is volmaakt* his playing is perfection itself ❸ *om geld* gaming, gambling ❹ *v. kaarten* pack, *(v. domino &)* set
**spelbederf** o unsporting/unsportsmanlike conduct
**spelbepalend** bn key ∗ *een ~e speler* a key player
**spelbepaler** m [-s] key player
**spelbreker** m [-s] spoilsport
**spelcomputer** m [-s] games computer
**speld** v [-en] pin ∗ *er was geen ~ tussen te krijgen* there wasn't a weak spot in his reasoning ∗ *men had een ~ kunnen horen vallen* you could have heard a pin drop
**spelden** overg [speldde, h. gespeld] pin ∗ *iem. iets op de mouw ~* tell sbd tales
**speldenknop, speldenkop** m [-pen] pinhead
**speldenkussen** o [-s] pincushion
**speldenprik** m [-ken] pinprick
**speldje** o [-s] ❶ *kleine speld* pin ❷ *button* badge, button
**spelelement** o [-en] creative element
**spelen** I onoverg [speelde, h. gespeeld] ❶ *zich met een spel vermaken* play ∗ *~ tegen een team* play a team ❷ *plaatsvinden* be set (in), take place (in) ∗ *het stuk speelt in Parijs* the scene of the play is Paris ∗ *de roman/het verhaal speelt in...* the novel/story is set in... ❸ *uitvoeren* play, perform ∗ *uit het hoofd ~* play by heart ❹ *toneelspelen* act, play ∗ *voor bediende ~* act the servant ❺ *gokken* gamble ∗ *in de loterij ~* take part in/play in the lottery ∗ *om geld ~* play for money ❻ *doelloos bezig zijn* play, toy ∗ *zij speelde met haar waaier* she was playing/toying with her fan ❼ *omgaan met* play/toy (with) ∗ *met de gedachte ~* play with the idea ∗ *met zijn gezondheid ~* put one's health at risk, play with/risk one's health ∗ *met vuur ~* play with fire ❽ *sollen* play/trifle (with) ∗ *met iem. ~* play with sbd ∗ *hij laat niet met zich ~* he's not to be trifled with, he won't stand any nonsense ▼ *een glimlach speelde om haar lippen* a smile was playing about her lips II overg [speelde, h. gespeeld] ❶ *zich vermaken met iets* play ∗ *biljart ~* play billiards ∗ *krijgertje ~* play tag ∗ *open kaart ~* be frank ❷ *toneelspelen* act, play ∗ *hij speelt meestal Hamlet* he usually plays the part of Hamlet ∗ *de beledigde ~* play the injured one ∗ *de baas ~ over iem.* lord it over sbd, dominate sbd ❸ *bespelen* play ∗ *viool ~* play the violin ▼ *mooi weer ~* act as if nothing has happened ▼ *een vraag speelt hem door het hoofd* there was a question playing/running through his mind ▼ *iem. iets in handen ~* play sth into sbd's hands ▼ *inf kun je dat allemaal naar binnen ~?* can

**sp**

you put all that away?, can you polish that all off?

**spelenderwijs, spelenderwijze** *bijw* without effort

**speleologie** *v* speleology, potholing

**speleologisch** *bn* speleological

**speleoloog** *m* [-logen] speleologist, potholer

**speler** *m* [-s] **❶** *alg.* player **❷** *iem. die toneel speelt* performer, actor **❸** *iem. die muziek maakt* player, musician **❹** *gokker* gambler

**spelersbank** *v* players' bench

**spelersgroep** *v* [-en] group of players, selection

**spelevaren** *onoverg* [spelevaarde, h. gespelevaard] go boating

**spelfout** *v* [-en] spelling mistake

**speling** *v* [-en] **❶** *techn* play ∗ *de cilinder heeft wat* ~ there is a bit of play in the cylinder **❷** *marge* margin, leeway ∗ *we hebben een week* ~ we have a one-week leeway, we have one week's leeway **❸** *uiting* play, freak ∗ *een* ~ *der natuur* a freak (of nature) ∗ *een* ~ *van het lot* a whim of fate

**spelleider** *m* [-s] **❶** *sp* games master, instructor **❷** *v. quiz* quizmaster **❸** *van hoorspel* drama producer

**spellen** *overg* [spelde, h. gespeld] spell ∗ *de krant* ~ read the newspaper word by word

**spelletje** *o* [-s] game ∗ *het is het oude* ~ it's the same old game ∗ *een* ~ *doen* play/have a game ∗ *hetzelfde* ~ *proberen (uit te halen)* try the same game ∗ *een* ~ *met iem. spelen* play games with sbd ∗ *ergens een* ~ *van maken* treat sth lightly

**spelling** *v* [-en] spelling, orthography

**spellingchecker** *m* [-s] spelling checker

**spellingcontrole** *v* comput spellcheck

**spellinggids** *m* [-en] spelling guide

**spellingkwestie** *v* [-s] spelling question/matter/problem

**spelmaker** *m* [-s] playmaker

**spelonderbreking** *v* [-en] interruption of play

**spelonk** *v* [-en] cave, cavern, grotto

**spelotheek** *v* [-theken] toy library

**spelpeil** *o* standard of play

**spelprogramma** *o* ['s] game show

**spelregel** *m* [-s] **❶** *sp* rule of the game ∗ *zich aan de* ~*s houden* comply with the rules **❷** *spelling* spelling rule

**spelverdeler** *m* [-s] playmaker, key player

**spencer** *m* [-s] spencer

**spenderen** *overg* [spendeerde, h. gespendeerd] spend (on), *inf* blow (on)

**spenen** *overg* [speende, h. gespeend] wean ∗ *gespeend zijn van iets* have to do without sth, not possess sth

**sperma** *o* sperm

**spermabank** *v* [-en] sperm bank

**spermadonor** *m* [-s] sperm donor

**spermatozoïde** *v* [-n] spermatozoid

**sperren** *overg* [sperde, h. gesperd] bar, block

**spertijd** *m* [-en] curfew, closing time

**spervuur** *o* barrage

**sperwer** *m* [-s] *vogel* sparrowhawk

**sperzieboon** *v* [-bonen] French bean

**spetten** *onoverg* [spette, h. gespet] → **spatten**

**spetter** *m* [-s] **❶** *spat* spatter, speck, splash **❷** *knappe man/vrouw* stunner

**spetteren** *onoverg* [spetterde, h. gespetterd] spatter, splash

**speurder** *m* [-s] detective, sleuth, slang dick

**speuren I** *overg* [speurde, h. gespeurd] *bespeuren* notice **II** *onoverg* [speurde, h. gespeurd] investigate, track ∗ ~ *naar de oorzaak* hunt for the cause

**speurhond** *m* [-en] **❶** tracker dog **❷** ⟨detective⟩ *inf* sleuth

**speurneus** *m* [-neuzen] *detective* sleuth

**speurtocht** *m* [-en] search

**speurwerk** *o* **❶** *van rechercheur* detective work **❷** *op wetenschappelijk gebied* research (work)

**speurzin** *m* detective's nose, sixth sense

**spichtig** *bn* lanky, spindly ∗ *een* ~ *meisje* a skinny girl

**spie** *v* [spieën] techn pin, peg, cotter

**spieden** *onoverg* [spiedde, h. gespied] spy

**spiegel** *m* [-s] **❶** *alg.* mirror ∗ *in de* ~ *kijken* look (at oneself) in the mirror ∗ *iem. een* ~ *voorhouden* hold a mirror up to sbd **❷** *med* speculum **❸** *scheepv* stern, ⟨met naamplaat⟩ escutcheon **❹** *oppervlakte* mirror, surface ∗ *boven de* ~ *van de zee* above the level of the sea, above sea level **❺** *gehalte* level

**spiegelbeeld** *o* [-en] mirror image, reflection

**spiegelei** *o* [-eren] *gerecht* fried egg, Am egg sunnyside-up

**spiegelen I** *onoverg* [spiegelde, h. gespiegeld] reflect, mirror **II** *wederk* [spiegelde, h. gespiegeld] *als voorbeeld nemen* ∗ *zich* ~ take example from ∗ *zich* ~ *aan iem.* follow sbd's example ∗ *die zich aan een ander spiegelt, spiegelt zich zacht* one man's fault is another man's lesson

**spiegelglad** *bn* **❶** *zonder oneffenheid* as smooth as glass **❷** *gemakkelijk op uit te glijden* very slippery, slippery as ice

**spiegelglas** *o* [-glazen] plate glass, ⟨v. een spiegel⟩ mirror glass

**spiegeling** *v* [-en] reflection

**spiegelkast** *v* [-en] mirror-faced wardrobe

**spiegelreflexcamera** *v* ['s] single lens reflex camera, SLR

**spiegelruit** *v* [-en] plate glass window

**spiegelschrift** *o* mirror writing

**spiekbriefje** *o* [-s] **❶** *op school* copy/crib notes, Am *inf* cheat sheet **❷** *bij toespraken* notes

**spieken** *onoverg* [spiekte, h. gespiekt] **❶** *op school* copy **❷** *bij toespraken* use notes

**spier** *v* [-en] **❶** *anatomie* muscle ∗ *geen* ~ not a thing/muscle ∗ *zonder een* ~ *te vertrekken* without moving a muscle, without batting an eyelid **❷** *gr020spriet* shoot, blade **❸** *scheepv* boom, spar

**spieratrofie** *v* muscular atrophy

**spierbal** *m* [-len] **❶** *anat* muscle ∗ *hij liet zijn* ~*en zien* he showed his muscles ∗ *hij liet zijn* ~*en rollen*

he flexed his muscles❷ *kracht* beef
**spierbundel** *m* [-s] bundle of muscles
**spiercontractie** *v* [-s] muscular contraction
**spierdystrofie** *v* muscular dystrophy
**spiering** *m* [-en] smelt✳ *een~ uitwerpen om een kabeljauw te vangen* set a sprat to catch a whale
**spierkracht** *v* muscular strength, muscle, <u>inf</u> beef
**spiernaakt** *bn* stark naked
**spierpijn** *v* [-en] muscular pain(s), aching muscles
**spierstelsel** *o* [-s] muscular system, <u>anat</u> musculature
**spierverrekking** *v* [-en] sprain, strained muscle
**spierverslappend** *bn* muscle relaxing✳ *een~ middel* a muscle-relaxing drug
**spierweefsel** *o* [-s] muscular tissue
**spierwit** *bn* as white as a sheet, snow white
**spies** ,**spiets** *v* [-en] spear, lance
**spietsen** *overg* [spietste, h. gespietst] impale, spear, ⟨vlees⟩ skewer
**spijbelaar** *m* [-s] truant
**spijbelen** *onoverg* [spijbelde, h. gespijbeld] play truant/hooky, skip school
**spijker** *m* [-s] nail✳ *zo hard als een~* hard as nails ✳ *de~ op de kop slaan* hit the nail on the head✳ *~s met koppen slaan* get down to brass tacks✳ *~s op laag water zoeken* split hairs✳ *een~ in zijn kop hebben* have a splitting headache
**spijkerbroek** *v* [-en] (a pair of) (blue) jeans
**spijkeren** *overg* [spijkerde, h. gespijkerd] nail✳ *een gespijkerde schoen* a hobnailed boot
**spijkerhard** *bn* hard as nails
**spijkerjasje** *o* [-s] denim jacket
**spijkerschrift** *o* cuneiform script/writing
**spijkerstof** *v* denim
**spijl** *v* [-en]❶ *van hek* railing❷ *v. traliewerk* bar ❸ *v. trap* banister, baluster
**spijs** *v* [spijzen]❶ *voedsel* food✳ *~ en drank* meat and drink✳ *de spijzen* the dishes, the food❷ *geperste amandelen* almond paste
**spijskaart** ,**spijslijst** *v* [-en] menu, bill of fare
**spijsolie** *v* cooking/edible oil
**spijsvertering** *v* digestion✳ *slechte~* poor digestion, dyspepsia, indigestion
**spijsverteringskanaal** *o* [-nalen] alimentary canal, digestive tract
**spijsverteringsorganen** *zn* [mv] digestive organs
**spijsverteringssysteem** *o* digestive system
**spijt I** *v* regret✳ *~ betuigen* show regret✳ *~ hebben van iets* be sorry for sth, regret sth✳ *~ hebben als haren op zijn hoofd* regret sth from the bottom of one's heart✳ *tot mijn (grote)~* (much) to my regret **II** *voorz ondanks* <u>ZN</u> in spite of, notwithstanding
**spijtbetuiging** *v* [-en] expression of regret
**spijten** *onoverg* [speet, h. gespeten] regret, be sorry ✳ *het spijt me (erg)* I am (so) sorry✳ *het spijt mij, dat...* I am sorry..., I regret...✳ *het speet me voor de vent* I felt sorry for the fellow✳ *het zal hem~* he'll be sorry for it, he'll regret it

**spijtig I** *bn*❶ *triest* sad, regrettable✳ *het is~ dat...* it is a pity that...❷ *wrokkig* spiteful**II** *bijw* sadly &
**spijtoptant** *m* [-en] person who bitterly regrets a decision
**spikes** *zn* [mv] spikes
**spikkel** *m* [-s] speck, fleck, spot
**spiksplinternieuw** *bn* brand new
**spil I** *v* [-len]❶ *as* pivot, ⟨fig sleutelfiguur⟩ key figure ✳ ook fig *de~ waarom alles draait* the pivot on which everything hinges/turns❷ *bij voetbal* centre/Am center half, playmaker**II** *o* [-len] <u>scheepv</u> capstan, windlass
**spilkoers** *m* [-en] central rate
**spillebeen I** *o* [-benen] spindle leg**II** *m & v* [-benen] *persoon* spindlelegs
**spillen** *overg* [spilde, h. gespild] spill, waste
**spiltrap** *m* [-pen] spiral staircase
**spilziek** *bn* wasteful, extravagant
**spilzucht** *v* extravagance
**spin I** *v* [-nen]❶ *dier* spider✳ *zo nijdig als een~* as cross as two sticks❷ *snelbinder* octopus, spider**II** *m* [-s]❶ *draaiing* spin❷ <u>sp</u> spin, whirl
**spinaal** *bn* spinal
**spinazie** *v* spinach
**spinet** *o* [-ten] spinet
**spinnaker** *m* [-s] spinnaker
**spinnen I** *overg* [spon, h. gesponnen]❶ *op de spinmachine* spin✳ *zijde bij iets~* (gain a) profit from sth❷ *v. spin* spin, weave**II** *onoverg* [spon of spinde, h. gesponnen of gespind] *v. kat* purr
**spinnenweb** *o* [-ben] cobweb, spiderweb
**spinnerij** *v* [-en] spinning mill
**spinnewiel** *o* [-en] spinning wheel
**spinnijdig** *bn* irate, furious, (as) cross as two sticks
**spin-off** *m* [-s] spin-off
**spinrag** *o* cobweb, spiderweb
**spinrokken** *o* [-s] distaff
**spint** *o*❶ *houtlaag* sapwood, alburnum ❷ *plantenziekte* red spider mite
**spion** *m* [-nen]❶ *persoon* spy, secret agent, ⟨politiespion⟩ informer❷ *spiegeltje* spy/window mirror
**spionage** *v* spying, espionage
**spionagesatelliet** *m* [-en] spy satellite
**spioneren** *onoverg* [spioneerde, h. gespioneerd] spy
**spionnetje** *o* [-s] *spiegeltje* spy/window mirror
**spiraal** *v* [-ralen] spiral
**spiraalmatras** *v & o* [-sen] spring mattress
**spiraaltje** *o* [-s] coil, IUD, intra-uterine device
**spiraalvormig** *bn* spiral
**spirea** *m* ['s] *plant* spiraea, meadowsweet
**spirit** *m* spirit, <u>inf</u> guts
**spiritisme** *o* spiritualism
**spiritist** *m* [-en] spiritualist
**spiritistisch** *bn* spiritualist
**spiritualiën** *zn* [mv] spirits
**spiritualiteit** *v* spirituality
**spiritueel I** *bn*❶ *geestelijk* spiritual❷ *scherpzinnig*

witty**ll** *bijw* spiritually &

**spiritus** *m* methylated spirit/spirits

**spiritusbrander** *m* [-s] meths burner

**spiritusstel** *o* [-len] spirit stove

**spit I** *o* [-ten & speten] *stang* spit**⋆** *aan het~ steken* spit**ll** *o* med lumbago

**spitant** *bn* ZN vivacious, cheerful

**spits I** *bn***❶** *puntig* pointed, sharp**⋆** *een~ e baard* a pointed beard**⋆** *een~ gezicht* a face with sharp features**⋆** *een~ e toren* a steeple**⋆** *~ maken* point, sharpen**❷** *scherpzinnig, pienter* sharp, clever, acute **ll** *bijw* sharply &**⋆** *iem.~ antwoorden* answer sbd sharply**⋆** *hij merkte~ op dat...* he commented pointedly that...**⋆** *~ toelopen* taper off**lll** *v* [-en] **❶** *v. zwaard* point**❷** *v. toren* spire**❸** mil vanguard, advance guard**❹** *v. berg* peak, top, summit**❺** *voorste linie* forward line**⋆** fig *aan de~ staan* be in the forefront**❻** *in verkeer* rush/peak hour**▾** *iets op de~ drijven* bring sth to a head**lV** *m* [-en]**❶** sp forward, striker**❷** *hond* spitz**V** *v* (*& m*) **⋆** *het/de~ afbijten* go first**⋆** *de vijanden het/de~ bieden* offer firm resistance to the enemy

**spitsbaard** *m* [-en] pointed beard

**spitsboog** *m* [-bogen] pointed arch

**spitsen** *overg* [spitste, h. gespitst] *een potlood &* point, sharpen**⋆** *de oren~* prick (up)/cock one's ears **▾** *gespitst zijn op* ⟨uitzien naar⟩ look forward to; ⟨graag willen⟩ be keen on

**spitsheffing** *v* [-en] congestion charge, tax on car use during the rush hour

**spitsheid** *v***❶** sharpness, pointedness**❷** *pienterheid* sharpness, cleverness

**spitskool** *v* [-kolen] pointed/sugarloaf/oxheart cabbage

**spitsmuis** *v* [-muizen] shrew (mouse)

**spitsroede** *v* [-n] switch, cane**⋆** *~ n lopen* run the gauntlet

**spitsspeler** *m* [-s] sp forward

**spitsstrook** *v* [-stroken] rush-hour/peak-hour lane

**spitsuur** *o* [-uren] rush hour, peak hour

**spitsverkeer** *o* rush-hour/peak-hour traffic

**spitsvignet** *o* [-ten] rush-hour/peak-hour sticker

**spitsvondig** *bn* clever, smart, subtle

**spitsvondigheid** *v* [-heden] subtleness, subtlety, cleverness**⋆** *spitsvondigheden* subtleties

**spitten** *overg* [spitte, h. gespit] dig, delve**⋆** *~ in iems. verleden* delve into sbd's past

**spitzen** *zn* [mv] ballet/point shoes, points

**spleen** *o* gloominess

**spleet** *v* [spleten] **❶** *alg.* split, chink, crack**❷** ⟨geol⟩ cleft, fissure, crevice**❸** *vagina* slit

**spleetoog I** *o* [-ogen] slit-eye, slant-eye**ll** *m-v* [-ogen] scheldwoord gook

**splijtbaar** *bn***❶** able to be split**❷** *in de kernfysica* fissionable, fissile

**splijten I** *onoverg* [spleet, is gespleten] split**ll** *overg* [spleet, h. gespleten] split, cleave**⋆** sp *een~ de pass* a penetration pass

**splijting** *v* [-en] **❶** *alg.* cleavage, splitting**❷** *in de kernfysica* fission**❸** fig scission

**splijtingsproduct ,splijtproduct** *o* [-en] fission product

**splijtstof** *v* [-fen] nuclear fuel, fissionable material

**splijtzwam** *v* [-men] disintegrating force, divisive element

**splinter** *m* [-s] splinter, fragment**⋆** *~ s* flinders **⋆** bijbel *de~ zien in het oog van een ander, maar niet de balk in zijn eigen oog* see the mote in another's eye and not the beam in one's own

**splintergroepering** *v* [-en] splinter group

**splinternieuw** *bn* brand new

**splinterpartij** *v* [-en] splinter party

**split I** *o* [-ten] **❶** *opening* slit, ⟨v. jas⟩ vent, ⟨v. vrouwenrok⟩ placket**❷** *fijn steenslag* gravel, grit **ll** *m* [-ten] sp splits

**spliterwt** *v* [-en] split pea

**splitpen** *v* [-nen] split/cotter pin

**splitrok** *m* [-ken] spit skirt

**splitsen I** *overg* [splitste, h. gesplitst] **❶** *verdelen* split (up), divide**❷** *v. touw* splice**▾** *iem. iets in de maag~* fob sth off on to sbd**ll** *wederk* [splitste, h. gesplitst] **⋆** *zich~* split (up), divide

**splitsing** *v* [-en] **❶** *alg.* splitting (up), division**⋆** *een~ in appartementsrechten* a subdivision into a condominium/an apartment title**❷** *v. atomen* fission**❸** *v. een weg* fork, junction**❹** *v. touw* splicing**❺** fig split, disintegration

**spoed** *m***❶** *haast* speed, haste**⋆** ⟨op brief⟩ *!* priority **⋆** *~ bijzetten* hurry up**⋆** *~ maken* make haste**⋆** *~ vereisen* be urgent**⋆** *met* (*bekwame*)*~* with all (due) speed**⋆** *met de meeste~* with the utmost/with full speed**⋆** *haastige~ is zelden goed* the more haste, the less speed**❷** *v. een schroef* pitch

**spoedbehandeling** *v* [-en] **❶** *alg.* priority treatment **❷** med emergency treatment

**spoedberaad** *o* emergency consultations

**spoedbestelling** *v* [-en] **❶** post express delivery **❷** handel rush order

**spoedcursus** *m* [-sen] intensive/crash course

**spoedeisend** *bn* urgent**⋆** *~ e gevallen* emergency cases

**spoeden I** *onoverg* [spoedde, is gespoed] speed, hasten**ll** *wederk* [spoedde, h. gespoed] **⋆** *zich~* hurry, speed, hasten**⋆** *zich naar het station~* hurry to the station

**spoedgeval** *o* [-len]**❶** *alg.* emergency**❷** med emergency case

**spoedig I** *bn* speedy, quick, fast**ll** *bijw* speedily, quickly, soon, before long**⋆** *zo~ mogelijk* as soon as possible

**spoedklus** *m* [-sen] urgent task, inf rush job

**spoedopdracht** *v* [-en] urgent/rush order

**spoedoperatie** *v* [-s] emergency operation

**spoedopname** *v* [-n] emergency admission

**spoedoverleg** *o* emergency/urgent talks

**spoedzending** *v* [-en] express parcel

**sp**

**spoel** v [-en] ❶ techn spool, bobbin, shuttle ❷ elektr coil ❸ v. film, geluidsbanden reel

**spoelbak** m [-ken] washbasin, sink

**spoelen I** overg [spoelde, h. gespoeld] ❶ garen spool ❷ reinigen wash, rinse * scheepv iem. de voeten ~ make sbd walk the plank * de keel ~ put back a couple * ga je mond ~! rinse your mouth out! **II** onoverg [spoelde, is gespoeld] wash, sluice * het zand spoelde de afvoer in the sand washed into the drain * het water spoelde over de kade the water swept over the quay

**spoeling** v [-en] ❶ voor het haar rinse ❷ van wc flush ❸ voor varkens slops, swill

**spoelkeuken** v [-s] dishwashing kitchen

**spoelwater** o rinse water

**spoelworm** m [-en] roundworm

**spoiler** m [-s] spoiler

**spoken** onoverg [spookte, h. gespookt] v. spoken haunt * het spookt in het huis the house is haunted * je bent al vroeg aan het ~ you're up and about at an early hour * het kan geducht ~ in de Golf van Biskaje the Bay of Biscay is apt to be rough at times * het heeft vannacht weer erg gespookt it's been a rough night * die herinnering bleef in mijn hoofd ~ I was haunted by that memory

**spon** v [-nen] bung, tap

**sponde** v [-n] dicht couch, bed, bedside

**spondee, spondeus** m [-deeën] spondee

**sponning** v [-en] ❶ rebate, groove, slot ❷ van schuifraam track

**spons** v [-en & sponzen] sponge * fig de ~ erover halen declare a subject closed

**sponsachtig** bn spongy

**sponsen** overg [sponste, h. gesponst] (clean with a) sponge

**sponsor** m [-s] sponsor

**sponsorcontract** o [-en] sponsor contract

**sponsoren** overg [sponsorde, h. gesponsord] sponsor

**sponsoring** m sponsoring

**sponsorloop** m [-lopen] charity walk

**spontaan I** bn spontaneous, spur-of-the-moment **II** bijw spontaneously, on the spur of the moment

**spontaniteit** v spontaneity

**sponzig** bn spongy

**spook** o [spoken] ghost, phantom, spectre, inf spook * zo'n ~! the little devil!

**spookachtig I** bn spooky, ghostly **II** bijw spookily * ~ verlicht mysteriously illuminated

**spookbeeld** o [-en] schrikbeeld spectre, bogey/bogy

**spookhuis** o [-huizen] haunted house

**spookrijden** o driving against the direction of the traffic

**spookrijder** m [-s] motorist who drives against the direction of the traffic

**spookschip** o [-schepen] phantom ship

**spookstad** v [-steden] ghost town

**spookverhaal** o [-halen] ghost story

**spookverschijning** v [-en] apparition, phantom, ghost, spectre

**spookwoord** o [-en] ghost word

**spoor I** o [sporen] ❶ afdruk in de grond trace, track, trail, ⟨voetafdruk⟩ footmark * niet het minste ~ van... not the least trace of... * het ~ bijster zijn be off the track * het ~ kwijtraken get off the track * sporen nalaten leave traces * het ~ volgen follow the track/trail * op het ~ brengen put onto the scent * de dief op het ~ zijn be on the track of the thief * het toeval bracht ons op het rechte ~ by accident we got on to the right track * op het verkeerde ~ zijn be on the wrong track; fig bark up the wrong tree * iem. van het ~ brengen put sbd off the track, throw sbd off the scent ❷ overblijfsel trace, vestige, mark ❸ trein track, rails, railway * een dubbel ~ double tracks * een enkel ~ a single track * bij het ~ zijn be a railway employee * per ~ by rail(way) * uit het ~ raken run/get off the rails/metals * de trein naar Sheffield vertrekt van ~ 3 the train to Sheffield departs from platform (number) three ❹ spoorwijdte gauge ❺ v. geluidsband, diskette track **II** v [sporen] spur * de sporen geven spur, clap/put/set spurs to * hij heeft zijn sporen verdiend he has won his spurs **III** v, spore [sporen] plantk spur

**spoorbaan** v [-banen] railway, Am railroad

**spoorbiels** m [-bielzen] Br sleeper, Am cross tie

**spoorboekje** o [-s] (railway) timetable

**spoorboom** m [-bomen] boom gate

**spoorbrug** v [-gen] railway bridge

**spoordijk** m [-en] railway embankment

**spoorlijn** v [-en] railway (line)

**spoorloos I** bn * hij is ~ he's nowhere to be found **II** bijw without leaving a trace, without (a) trace * ~ verdwijnen vanish into thin air

**spoorslags** bijw straight away, immediately, at full speed

**spoorstaaf** v [-staven] rail

**spoorstudent** m [-en] commuting student

**spoorweg** m [-wegen] Br railway, Am railroad

**spoorwegbeambte** m-v [-n] railway employee

**spoorwegmaatschappij** v [-en] railway company

**spoorwegnet** o [-ten] railway system, railroad network

**spoorwegovergang** m [-en] level crossing * een bewaakte ~ a protected level crossing

**spoorwegpersoneel** o railway personnel

**spoorwegpolitie** v railway police

**spoorzoeken** o ❶ tracking, tracing ❷ als spel tracking

**spoorzoeker** m [-s] forensic detective, ⟨padvinder⟩ scout

**sporadisch I** bn sporadic **II** bijw sporadically, seldom

**spore** v [-n] → spoor

**sporen I** onoverg [spoorde, h. en is gespoord] go/travel by rail **II** onoverg [spoorde, h. gespoord] ❶ van wielen run in alignment * de auto spoort niet

the car isn't properly aligned ❷fig mesh (with)
**sporenelement** o [-en] trace element
**sporenplant** v [-en] cryptogam
**sport** v [-en] ❶v. *stoel, ladder & rung* ✳ *tot de hoogste*
~*in de maatschappij opklimmen* climb up to/go to
the top of the social ladder ❷*bezigheid* sport ✳ *aan*
~*doen* go in for sports ✳ *zij is goed in* ~she is good
at sports ✳ *iets voor de* ~*doen* make a game out of
sth
**sportacademie** v [-s, -miën] sports academy
**sportaccommodatie** v [-s] sports facilities
**sportarts** m [-en] sports doctor/physician
**sportauto** m ['s] sports car
**sportbeoefenaar** m [-s] sportsman, sporting man
**sportbeoefening** v sports
**sportblad** o [-bladen] sporting magazine
**sportblessure** v [-s] sports injury
**sportbond** m [-en] sports association
**sportbril** m [-len] sports glasses
**sportclub** v [-s] sports club
**sportcomplex** o [-en] sports complex, sports
centre/Am center
**sportdag** m [-en] sports day
**sportduiken** o scuba diving
**sportduiker** m [-s] scuba diver
**sporten** onoverg [sportte, h. gesport] ❶exercise
❷*een sport hebben* do a sport
**sporter** m [-s] ⟨man⟩ sportsman, ⟨vrouw⟩
sportswoman
**sportevenement** o [-en] sports event
**sportfanaat** m [-naten] sports fanatic
**sportfiets** v [-en] sports bicycle/bike
**sporthal** v [-len] sports hall/centre, Am sports
hall/center
**sporthart** o [-en] athlete's heart
**sportief** I bn sporting, sportsmanlike ✳ *zijn sportieve*
*plicht doen* do one's sporting duty ✳ *sportieve kleding*
casual clothes II bijw sportingly, in a sportsmanlike
way
**sportieveling** m [-en] sports freak
**sportiviteit** v sportsmanship
**sportjournalist** m [-en] sports reporter/writer
**sportjournalistiek** v sport journalism
**sportkeuring** v [-en] sports physical
**sportkleding** v sportswear
**sportleven** o sporting life
**sportliefhebber** m [-s] sports enthusiast
**sportman** m [-nen, -lieden & -lui] sporting man,
sportsman
**sportnieuws** o sporting news
**sportpagina** v [-s] sports page
**sportpark** o [-en] sports park
**sportredacteur** m [-s & -en] sports editor
**sportrubriek** v [-en] sports column
**sportschoen** m [-en] sports shoe
**sportschool** v [-scholen] v. *vecht- en krachtsport*
martial arts academy
**sporttas** v [-sen] sports bag

**sportuitslagen** zn [mv] sporting results
**sportveld** o [-en] (sports) field
**sportvereniging** v [-en] sports club
**sportvissen** o angling
**sportvisser** m [-s] angler
**sportvisserij** v angling
**sportvliegtuig** o [-en] private plane
**sportvrouw** v [-en] sportswoman, sporting woman
**sportwagen** m [-s] sports car
**sportwedstrijd** m [-en] sports competition
**sportwereld** v sports world
**sportzaak** v [-zaken] sports shop
**sportzaal** v [-zalen] sports centre/Am center
**spot** I m *belachelijkmaking* mockery, derision,
ridicule ✳ *de* ~*drijven met* mock/scoff at, poke fun at
II m [-s] ❶*reclame* (advertising) spot ❷*lampje*
spot(light)
**spotdicht** o [-en] satirical poem, satire
**spotgoedkoop** bn dirt cheap ✳ *dat is* ~that's
peanuts
**spotlight** o [-s] spotlight
**spotnaam** m [-namen] nickname, sobriquet
**spotprent** v [-en] (political) cartoon
**spotprijs** m [-prijzen] giveaway price ✳ *voor een* ~at
a giveaway price/a ridiculously low price, dirt cheap
**spotschrift** o [-en] lampoon, satire
**spotten** I onoverg [spotte, h. gespot] mock, scoff ✳ ~
*met* mock/scoff at, ridicule, deride, make fun of ✳ *dat*
*spot met alle beschrijving* it beggars/defies
description ✳ ~*met het heiligste* trifle with what is
most sacred ✳ *hij laat niet met zich* ~he's not to be
trifled with II overg [spotte, h. gespot] observeren
spot, observe ✳ *vliegtuigen* ~spot planes
**spottend** I bn mocking II bijw mockingly
**spotter** m [-s] mocker, scoffer
**spotternij** v [-en] mockery, derision, taunt(ing),
jeer(ing)
**spotvogel** m [-s] ❶*vogel* mockingbird ❷fig mocker,
scoffer
**spouw** v [-en] cavity, space/hollow between two
walls
**spouwmuur** m [-muren] cavity wall
**spraak** v ❶*vermogen om te spreken* speech ❷*wijze*
v. *spreken* language
**spraakcentrum** o *in de hersenen* speech centre/Am
center, speech area
**spraakgebrek** o [-breken] speech defect
**spraakgebruik** o usage ✳ *in het gewone* ~in
ordinary language
**spraakherkenning** v comput speech recognition
**spraakkunst** v grammar
**spraakleer** v grammar
**spraakleraar** m [-s & -raren] speech therapist
**spraakles** v [-sen] bij logopedist speech therapy
**spraakmakend** bn much discussed, much
talked-about ✳ *de* ~*e gemeente* the high profile
community
**spraakorgaan** o [-ganen] speech organ

**sp**

**spraakstoornis** v [-sen] speech defect/impediment
**spraakvermogen** o power of speech
**spraakverwarring** v [-en] linguistic confusion★ *het was een Babylonische~* it was a (veritable) tower of Babel
**spraakwater** o firewater, booze★ inf *veel~ hebben* have an oiled tongue, be garrulous
**spraakwaterval** m [-len] torrent/flood of words
**spraakzaam** bn garrulous, talkative
**sprake** v ★ *er was~ van* there was some talk of it ★ *als er~ is van betalen, dan...* when it comes to paying...★ *...waarvan in het citaat~ is* ...referred to in the quotation★ *geen~ van!* not a bit of it!, that's out of the question!★ *iets ter~ brengen* bring sth up, raise sth★ *ter~ komen* come up for discussion, be mentioned/raised
**sprakeloos** bn speechless, dumb★ *daar ben ik~ van* it leaves me speechless, I'm speechless/dumbfounded
**sprankelen** overg [sprankelde, h. gesprankeld] sparkle
**sprankelend** bn sparkling
**sprankje** o [-s] spark★ *een~ hoop* a gleam of hope
**spray** m [-s] spray
**spreadsheet** m [-s] comput spreadsheet
**spreekbeurt** v [-en] speaking/lecturing engagement★ *een~ vervullen* deliver a lecture★ (op school) *een~ over paarden houden* give a talk about horses
**spreekbuis** v [-buizen] persoon, krant & mouthpiece
**spreekgestoelte** o [-s & -n] (speaker's) platform, tribune, rostrum, (in kerk) pulpit
**spreekkamer** v [-s ❶ *in een woning* parlour❷ v. een arts consulting room, surgery
**spreekkoor** o [-koren] chorus, chant★ *spreekkoren vormen* shout slogans
**spreekstalmeester** m [-s] ringmaster
**spreektaal** v spoken language
**spreektijd** m [-en] speaking time
**spreektrant** m manner of speaking
**spreekuur** o [-uren] ❶ v. dokter consulting hour, surgery hours★ med *houden* hold surgery★ med *op het~ komen* come to surgery❷ v. directeur & office hour
**spreekvaardigheid** v speaking skills, fluency
**spreekverbod** o [-boden] ban on public speaking, writ against public utterance, gagging order★ iem. *een~ opleggen* ban sbd from speaking in public
**spreekwoord** o [-en] proverb, adage, saying
**spreekwoordelijk** bn proverbial★ *zijn onwetendheid is~* he is proverbially ignorant
**spreeuw** m & v [-en] starling
**sprei** v [-en] bedspread, coverlet
**spreiden** overg [spreidde, h. gespreid ❶ alg. spread (out)★ *de benen~* spread one's legs❷ v. vakanties stagger▾ *een bed~* make a bed
**spreiding** v ❶ verdeling distribution★ *gegeven de~ van olie...* in view of the distribution of oil...

❷ uitbreiding spread(ing)★ *de~ van industrie en handel* the spread of industry and trade❸ v. vakanties & staggering, spacing★ *~ van de verkeersdrukte* staggering the volume of traffic❹ *naar een nieuwe plaats* (v. personeel) relocation, (v. industrie &) decentralization❺ *uit elkaar doen* spreading★ *~ van de armen/benen* spreading the arms/legs
**spreidsprong** m [-en] leg spread
**spreidstand** m [-en] straddle★ *in~ staan* stand with one's legs wide apart
**spreidzit** m splits
**spreken I** onoverg [sprak, h. gesproken] speak, talk ★ *dat spreekt vanzelf* it goes without saying, of course★ *in het algemeen gesproken* generally speaking★ *... niet te na gesproken* with all due deference to ...★ *met iem.~* speak to/with sbd, talk to/with sbd★ *wij~ niet meer met elkaar* we're no longer on speaking terms★ *met wie spreek ik?* (tegen onbekende) who am I speaking to/with?; telec is that (you) (Mick) ?★ telec *spreekt u mee* speaking★ *onder het~* while talking★ *spreek op!* out with it!, say away!★ *wij~ over u* we're talking about you★ *daar wordt niet meer over gesproken* there's been no more talk about it★ *zij spraken over kunst* they were talking (about) art★ *hij is slecht over u te~* he's not pleased with you★ *is mijnheer X te~ ?* can I see Mr X?★ *~ tot iem.* speak to sbd★ *tot het hart~* appeal to the heart★ *van ... gesproken* talking of/about..., what about...?★ *om nog maar niet te~ van...* to say nothing of..., not to speak of..., not to mention...★ *hij heeft van zich doen~* he has made a noise in the world★ *~ voor...* speak for...★ *goed voor iem.~* go bail for sbd★ *voor zichzelf~* speak for oneself/themselves★ *~ is zilver, zwijgen is goud* silence is golden**II** overg [sprak, h. gesproken] speak, say★ *wij~ elkaar iedere dag* we see each other every day★ *wij~ elkaar nog wel, ik zal je nog wel~ !* this won't be the last you'll hear from me! ★ *Frans~* speak French★ *ik moet meneer X~ , kan ik meneer X~ ?* I'd like to see Mr X, can I see Mr X?; telec can I speak to Mr X?★ *kan ik u even~ ?* could I have a word with you?★ *als je nog een woord spreekt...* if you say another word...★ *een woordje~* say something, make a short speech
**sprekend** bn speaking★ *een~ bewijs* clear proof ★ *een~ e film* a talking film★ *e gelijkenis* a striking/strong resemblance★ *~ e ogen* expressive eyes★ *~ e kleuren* striking colours★ *sterk~ e trekken* (strongly) pronounced features★ *een~ voorbeeld* a striking example★ *het lijkt~* it's a striking likeness ★ *hij lijkt~ op zijn vader* he's the spitting image of his father, he looks exactly/just like his father
**spreker** m [-s] speaker★ *hij is een goed~* he's a good speaker★ *ik sluit me bij de vorige~ aan* I agree with the previous speaker
**sprenkelen** overg [sprenkelde, h. gesprenkeld] sprinkle
**spreuk** v [-en] saying, aphorism, maxim,

⟨zinsspreuk⟩ motto✱ bijbel *Spreuken* Proverbs

**spriet** *m* [-en]❶ scheepv spriet❷ *grasspriet* blade ❸ *v. insecten* feeler❹ *dun persoon* beanpole

**springader** *v* [-s]❶ spring❷ fig fountainhead

**springbak** *m* [-ken]❶ sp (jumping) pit❷ *v. bed* spring box

**springbok** *m* [-ken]❶ ZA springbok❷ *gymnastiek* vaulting horse, buck

**springbox** *m* [-en] box mattress

**springconcours** *o & m* [-en] jumping competition

**springen** *onoverg* [sprong, h. en is gesprongen] ❶ *v. bewegingen* ⟨in de lucht⟩ spring, jump, leap, ⟨huppelen⟩ skip, hop, ⟨met steun⟩ vault✱ *of je hoog springt of laag* whether you like it or not✱ *hij sprong in het water* he jumped into the water✱ *ergens op in* ~ react to sth✱ *op zijn paard*~ jump/vault onto one's horse, jump/vault into the saddle✱ *over een heg*~ leap over a hedge✱ *over een hek*~ jump a fence✱ *over een sloot*~ leap over a ditch✱ ⟨met stok⟩ vault a ditch✱ *zitten te*~ *om iets* be dying for sth ✱ *staan te*~ *om* be dying to✱~ *van vreugde* jump/leap for joy❷ *uitsteken* stick/jut out✱ *het springt in het oog* it's immediately obvious, it stands out✱ *eruit*~ stand out❸ *v. bal* bounce❹ *barsten* explode, burst, ⟨snaren⟩ snap, ⟨ballon⟩ pop✱ *de bruggen laten*~ blow up the bridges✱ *een mijn laten* ~ explode a mine✱ *de ramen sprongen* the windows burst✱ *een rots laten*~ blast a rock❺ *scheuren vertonen* crack, chap✱ *zijn handen zijn gesprongen* his hands are chapped❻ *v. vloeistoffen* spring, gush, spout✱ *de tranen sprongen hem in de ogen* his eyes filled with tears❼ *bankroet gaan* break, go bust✱ *de bank laten*~ break the bank✱ *het huis/hij staat op*~ the firm/he is on the verge of bankruptcy/is about to go bust

**springerig** *bn*❶ jumpy❷ *v. haar* wiry

**springlading** *v* [-en] explosive charge

**springlevend** *bn* fully alive, alive and kicking

**springmatras** *v & o* [-sen]❶ *v. bed* spring mattress ❷ sp safety mattress

**springnet** *o* [-ten] jumping net

**springpaard** *o* [-en]❶ sp jumper, fencer ❷ *gymnastiek* vaulting horse

**springplank** *v* [-en]❶ springboard❷ fig stepping stone

**springschans** *v* [-en] ski jump

**springstof** *v* [-fen] explosive

**springtij** *o* [-en] spring tide

**springtouw** *o* [-en] skipping rope

**springtuig** *o* [-en] ZN explosive

**springveer** *v* [-veren] spring, ⟨v. matras⟩ box spring

**springvloed** *m* [-en] spring tide

**springvorm** *m* [-en] *bakvorm* springform

**sprinkhaan** *m* [-hanen] grasshopper, locust

**sprinkhanenplaag** *v* [-plagen] plague of locusts, locust plague

**sprinkler** *m* [-s],**sprinklerinstallatie** *v* [-s] sprinkler

**sprint** *m* [-en & -s] sprint✱ *een*~ *je trekken* put on a sprint

**sprinten** *onoverg* [sprintte, h. en is gesprint] sprint, spurt

**sprinter** *m* [-s] sprinter

**sprintwedstrijd** *m* [-en] sprint race

**sprits** *v* [-en] shortbread biscuit

**sproeien** *overg* [sproeide, h. gesproeid]❶ *alg.* sprinkle, water❷ *in land- en tuinbouw* spray, irrigate

**sproeier** *m* [-s]❶ *op gazon* sprinkler, sprayer ❷ *v. gieter* rose❸ techn jet, spray nozzle

**sproei-installatie** *v* [-s] sprinkler unit/installation

**sproeikop** *m* [-pen] spray nozzle/head

**sproeimiddel** *o* [-en] spray

**sproeivliegtuig** *o* [-en] spray(ing) plane

**sproeiwagen** *m* [-s] water(ing) cart

**sproet** *v* [-en] freckle

**sproetig** *bn* freckled, freckly

**sprokkelaar** *m* [-s] gatherer of wood/dry sticks

**sprokkelen** *onoverg en overg* [sprokkelde, h. gesprokkeld] gather sticks/kindling✱ *punten bijeen* ~ collect points

**sprokkelhout** *o* dry sticks

**sprokkelmaand** *v* February

**sprong** *m* [-en]❶ *alg.* spring, leap, jump, bounce ✱ *een*~ *doen* take a leap/jump✱ *een*~ *in het duister doen* take a leap in the dark✱ fig *de*~ *wagen* take the plunge✱ *in/met een*~ at a leap✱ *met een*~ with a bound✱ *met*~ *en* by leaps and bounds✱ *op stel en* ~ right away, immediately✱~ *en maken* pull off sth crooked❷ muz skip

**sprongsgewijs I** *bn* abrupt, jerky**II** *bijw* by leaps

**sprookje** *o* [-s] fairy tale/story

**sprookjesachtig** *bn* fairylike

**sprookjesboek** *o* [-en] book of fairy tales

**sprookjesfiguur** *o* [-guren] fairy tale character

**sprookjesprins** *m* [-en] fairy tale prince

**sprookjesprinses** *v* [-sen] fairy tale princess

**sprookjeswereld** *v* [-en] fairyland, dreamworld, wonderland

**sprot** *m* [-en] *vis* sprat

**spruit I** *v* [-en] *takje* sprout, sprig, (off)shoot**II** *m-v* [-en] *afstamming(e)* offspring✱ *een adellijke*~ offshoot/scion of the nobility✱ *mijn*~ *en* my offspring

**spruiten** *onoverg* [sproot, is gesproten] sprout, spring from✱ *uit een oud geslacht gesproten* sprung from an ancient race

**spruitjes** *zn* [mv],**spruitkool** *v* (Brussels) sprouts

**spruitstuk** *o* [-ken] auto & manifold

**spruw** *v* mond- en keelontsteking thrush, med candidiasis✱ ⟨darmaandoening⟩ *Indische*~ (tropical) sprue

**spugen** *onoverg* [spuugde, h. gespuugd]❶ *speeksel uitspuwen* spit❷ *braken* vomit, throw up, spew✱ *zijn gal*~ vent one's gall

**spuien I** *overg* [spuide, h. gespuid]❶ *lozen* drain (off) ❷ fig unload, spout✱ *kennis*~ spout one's knowledge**II** *onoverg* [spuide, h. gespuid]❶ *luchten*

sp

ventilate ❷*lozen* drain ✳~*op* drain into

**spuigat** *o* [-gaten] <u>scheepv</u> scupper, scupperhole
✳*dat loopt de* ~*en uit* that's going too far

**spuit** *v* [-en] ❶*injectienaald* syringe, needle
❷*brandspuit* fire engine ❸*voor lak, verf &* spray gun
▼~*elf geeft weer modder* listen to who's talking

**spuitbeton** *o* pouring concrete

**spuitbus** *v* [-sen] aerosol/spray (can) ✳*slagroom in een* ~ whipped cream in an aerosol can

**spuiten I** *overg* [spoot, h. gespoten] ❶*v. verf* spray paint ❷*vloeistof naar buiten persen* spurt, spout, squirt **II** *onoverg* [spoot, h. gespoten] ❶*naar buiten geperst worden* spurt, gush ✳*de fontein spuit niet meer* the fountain isn't working anymore ❷*zich inspuiten met drugs* shoot up ✳*hij spuit* he's a junkie ❸*v. walvis* blow, spout

**spuiter** *m* [-s] ❶*drugsgebruiker* junkie ❷*oliebron* gusher

**spuitfles** *v* [-sen] siphon

**spuitgast** *m* [-en] hoseman

**spuitje** *o* [-s] syringe, needle ✳*iem. een* ~*geven* give sbd an injection; ⟨euthanasie⟩ administer a lethal dosis; ⟨m.b.t. dieren⟩ put to sleep, put down

**spuitwater** *o* aerated/soda water

**spuitwerk** *o* spray work

**spul** *o* [-len] *goedje* stuff ✳*zijn* ~*en* one's gear/things/personal belongings ✳*dat is goed* ~ good stuff that! ✳ ⟨kleding⟩ *zijn zondagse* ~*en* one's Sunday togs/clothes ✳*iem. in de* ~*letjes zetten* get sbd set up ▼*het hele* ~*ging naar de speeltuin* the whole mob went to the playground

**spurrie** *v plant* spurry, spurrey

**spurt** *m* [-en & -s] spurt

**spurten** *onoverg* [spurtte, h. gespurt] spurt, sprint

**sputteren** *onoverg* [sputterde, h. gesputterd] sputter, splutter

**sputum** *o* sputum

**spuug** *o* spittle, saliva

**spuugbakje** *o* [-s] spittoon

**spuuglelijk** *bn* ghastly, ugly as sin

**spuugzat** *bn* ✳*iets* ~*zijn* be fed up with sth, be sick and tired of sth

**spuwen** *overg* [spuwde, h. gespuwd] ❶*uitspuwen* spit ✳*zijn gal* ~*vent* one's gall ❷*braken* vomit

**squadron** *o* [-s] squadron

**squash** *o* squash

**squashbaan** *v* [-banen] squash court

**squashen** *onoverg* [squashte, h. gesquasht] play squash

**squasher** *m* [-s] squash player

**Sri Lanka** *o* Sri Lanka

**st, sst** *tsw* ✳~*!* hush!, sh!

**staaf** *v* [staven] ❶*van ijzer* bar, rod ❷*van goud* bar, ingot ❸*niet van metaal* stick, rod

**staafdiagram** *o* [-men] histogram, bar chart/graph

**staafgoud** *o* gold in bars/ingots, gold bullion

**staafijzer** *o* bar iron, iron in bars

**staaflantaarn, staaflantaren** *v* [-s] (electric) torch

**staafmixer** *m* [-s] hand-held electric blender

**staak** *m* [staken] stake, pole, stick

**staakt-het-vuren** *o* ceasefire

**staal I** *o* [stalen] *monster* sample, pattern, specimen **II** *o metaal* steel ✳*het moordend* ~lethal steel

**staalarbeider** *m* [-s] steelworker

**staalblauw** *bn* steely blue

**staalboek** *o* [-en] pattern book, book of samples

**staalborstel** *m* [-s] wire brush

**staalconstructie** *v* steel construction

**staaldraad** *o & m* [-draden] steel wire

**staalfabriek** *v* [-en] steelworks

**staalgravure** *v* [-s & -n] steel engraving

**staalgrijs** *bn* steel grey

**staalhard** *bn* (as) hard as steel

**staalindustrie** *v* steel industry/trade

**staalkaart** *v* [-en] sample/pattern card, sample sheet

**staalkabel** *m* [-s] steel cable

**staalpil** *v* [-len] iron pill

**staalplaat** *v* [-platen] steel plate

**staaltje** *o* [-s] ❶*monster* sample ❷*proeve* specimen, sample ✳*sterke* ~*s* cock-and-bull stories ✳*een* ~*van zijn kunnen* proof of his ability ✳*dat is niet meer dan een* ~*van uw plicht* it's your duty ❸*voorbeeld* piece, example, instance

**staalwol** *v* steel wool

**staan** *onoverg* [stond, h. gestaan] ❶*in een staande toestand zijn* stand ✳*de hond staat* the dog is pointing ✳*weten waar men* ~*moet* know one's place ✳*hiermee staat of valt de zaak* this will make or break the matter ❷*eisen* insist (on) ✳*hij stond erop om voor het eten te betalen* he insisted on paying for the meal ❸*passen* become ✳*het staat goed* it's very becoming, it looks good (on you/her &) ✳*zwart staat haar zo goed* black suits her so well ✳*dat staat niet* it doesn't look good/nice ❹*zijn* be ✳*wat staat daar (te lezen)?* what does it say? ✳*er stond een zware zee* there was a heavy sea ✳*de zon staat hoog aan de hemel* the sun is high in the sky ✳*het gewas staat dun* the crop is thin ✳*dat staat te bewijzen/bezien* it remains to be proved/seen ✳*wat mij te doen staat* what I have to do ❺*(staande) iets doen* be ...ing ✳*zij* ~*daar te praten* they're talking over there ✳*sta daar nu niet te redeneren* don't stand arguing there ❻*als onpers ww* be ✳*hoe staat het ermee?* how are things? ✳*hoe staat het met je geld?* how are you off for money? ✳*hoe staat het met ons eigen land?* what about our own country? ✳*als het er zo mee staat* if the matter stands/is like that ❼*na infinitieven* stand ✳*blijven* ~ ⟨niet zitten⟩ remain standing; ⟨stilstaan⟩ stop ✳*de stoel blijft zo niet* ~the chair won't stand like that ✳*dat moet zo blijven* ~it has to remain/stay as it is ✳*zeg hem dat hij moet gaan* ~tell him to get/stand up ✳*ergens gaan* ~(go and) stand somewhere ✳*hier komen* ~(come and) stand here ❽*na: laten* ✳*alles laten* ~leave everything ✳*zijn baard laten* ~grow a beard ✳*zijn eten laten* ~not touch one's food ✳*hij kan niet eens..., laat* ~... he

can't even..., let alone... \* *laat (dat)* ~leave it alone!
**staand I** *bn* ❶*standing* \* *een* ~*e klok* a (pendulum) clock; ‹*groot›* a
pointer \* *een* ~*e klok* a (pendulum) clock; ‹*groot›* a
grandfather clock \* *een* ~*e lamp* a standard lamp
\* *een* ~*e ovatie* a standing ovation \* *een* ~*e*
*uitdrukking* a set phrase \* *iem.* ~*e houden* stop sbd;
‹politie› detain sbd \* *iets* ~*e houden* maintain/assert
sth \* *zich* ~*e houden* keep/stay on one's feet; fig
hold one's own \* *zich* ~*e houden tegen* bear up
against \* *op* ~*e voet* on the spot, then and there
❷*v.* kraag & stand-up \* *een* ~*e boord* a stand-up
collar ❸*handschrift* upright **II** *voorz* \* ~*e de*
*vergadering* during the meeting/session
**staander** *m* [-s] ❶*standaard* stand, upright ❷*stut*
standard, support ❸*doelpaal* post ▼ *een Duitse* ~a
German pointer
**staangeld** *o* [-en] ❶*op markt* stallage ❷*op camping*
site fee/charge ❸*waarborg* deposit
**staanplaats** *v* [-en] stand \* ~*(en)* standing room
\* *een kaartje voor een* ~a standing ticket
**staantribune** *v* [-s] terrace
**staar** *v* cataract \* *grauwe* ~a cataract/cataracts
**staart** *m* [-en] ❶*v. dier, vlieger, komeet* tail \* *met de* ~
*tussen de benen weglopen* slink off with one's tail
between one's legs \* *'m op zijn* ~*trappen* step on
the gas \* *zij draagt het haar in een* ~she wears her
hair in a ponytail ❷*achterstuk* tail end ❸*restje* rest,
leftover ❹*eind* end ▼ *dat zaakje zal wel een* ~*je*
*hebben* we haven't heard the last of it
**staartbeen** *o* [-deren] tail bone, anat coccyx
**staartdeling** *v* [-en] long division
**staartklok** *v* [-ken] grandfather clock
**staartmees** *v* [-mezen] *vogel* long-tailed tit
**staartster** *v* [-ren] comet
**staartstuk** *o* [-ken] ❶*v. rund* rump ❷*v. vliegtuig &*
tail ❸*v. strijkinstrument* tailpiece
**staartvin** *v* [-nen] tail fin
**staartvlak** *o* [-ken] luchtv tailplane
**staartwervel** *m* [-s] ❶*v. dier* tail bone ❷*v. mens*
coccygeal vertebra
**staartwiel** *o* [-en] luchtv tail wheel
**staat** *m* [staten] ❶*toestand* state, condition \* *de* ~
*van beleg afkondigen, in* ~*van beleg verklaren*
proclaim martial law, proclaim a state of siege
\* *iem. tot iets in* ~*achten* think sbd capable of sth
\* *iem. in* ~*stellen om...* enable sbd to... \* *iem. in* ~
*van beschuldiging stellen* indict sbd \* *in* ~*zijn om...*
be able to..., be capable of ...ing, be in a position
to... \* *niet in* ~*om...* not able to..., not capable of
...ing, not in a position to... \* *hij is tot alles in* ~he is
capable of anything, he will stop at nothing \* *ik was*
*er niet toe in* ~I wasn't able to do it \* *in goede* ~in
(a) good condition \* *in treurige* ~in a sad condition
\* *in* ~*van oorlog* in a state of war \* *een stad in* ~*van*
*verdediging brengen* put a town into a state of
defence \* *in alle staten zijn* be in a great state \* *in*
*kennelijk* ~*van dronkenschap* under the obvious
influence of alcohol ❷*rang* rank, status \* *zijn*

*burgerlijke* ~one's marital status \* *de gehuwde* ~, *de*
*huwelijkse* ~matrimony, the married state, wedlock
\* *een grote* ~*voeren* live in state ❸*geordende*
*gemeenschap* state \* *Gedeputeerde Staten* the
Provincial Executive ❹*lijst* statement, list \* *een* ~
*van dienst* a record (of service), a service record
❺*overzicht van baten en lasten* statement of revenue
and expenditure ▼ ~*maken op...* rely on..., depend
upon...
**staathuishoudkunde** *v* political economy
**staatkunde** *v* ❶*politieke leer* politics \* *in de* ~in
politics ❷*bepaald politiek beleid* policy
**staatkundig I** *bn* political \* *het* ~*evenwicht* the
balance of power **II** *bijw* politically \* *Mexico is* ~
*verdeeld in vijf regio's* Mexico is divided politically
into five regions
**staatkundige** *m-v* [-n] politician
**staatloos** *bn* stateless, displaced \* *staatlozen*
displaced persons
**staatsambtenaar** *m* [-s & -naren] public officer
**staatsarchief** *o* [-chieven] national archives
**staatsbankroet** *o* [-en] state/national bankruptcy
**staatsbedrijf** *o* [-drijven] government enterprise,
state-owned company
**staatsbegrafenis** *v* [-sen] state funeral
**staatsbegroting** *v* [-en] (national) budget
**staatsbelang** *o* [-en] state/national interest
**staatsbeleid** *o* policy
**staatsbemoeienis** *v* state intervention
**staatsbestel** *o* policy, form of government
**staatsbestuur** *o* [-sturen], **staatsbewind** state
government/administration
**staatsbezit** *o* state-owned property
**staatsbezoek** *o* [-en] state visit
**Staatsbosbeheer** *o* Forestry Commission
**staatsburger** *m* [-s] ❶*alg.* subject, citizen ❷*van een*
*bepaald land als je in het buitenland bent* national
**staatsburgerschap** *o* citizenship
**Staatscourant** *v* \* *de Nederlandse* ~the Netherlands
Government Gazette
**staatsdienst** *m* public/civil service
**staatsdomein** *o* [-en] national/public domain
**staatsdrukkerij** *v* [-en] government printing office,
Br Her Majesty's Stationary Office
**staatseigendom I** *o* [-men] state/public property
**II** *m* state ownership
**staatsexamen** *o* [-s] state examination
**staatsgeheim** *o* [-en] state secret
**staatsgelden** *zn* [mv] public funds
**staatsgevaarlijk** *bn* dangerous to the state,
subversive \* ~*e activiteiten* subversive activities,
activities dangerous to the state
**staatsgodsdienst** *m* [-en] state religion
**staatsgreep** *m* [-grepen] coup (d'état), revolt
**staatshoofd** *o* [-en] head of state
**staatshuishouding** *v* national economy
**staatsie** *v* state, pomp, ceremony \* *met* ~with
ceremony/with pomp and circumstance

**staatsiefoto** v ['s] official photograph
**staatsieportret** o [-ten] official portrait
**staatsinkomsten** zn [mv] public/national revenue
**staatsinmenging** v government interference
**staatsinrichting** v [-en]❶ *inrichting v.d. staat* political system, form of government❷ *schoolvak* ± political science, Am civics
**staatsinstelling** v [-en] government institution
**staatskas** v public treasury, exchequer
**staatskerk** v established/state church
**staatslening** v [-en] government/state/public loan
**staatsloterij** v [-en] state/national lottery
**staatsman** m [-nen & -lieden] statesman
**staatsmanschap** o statesmanship
**staatsmonopolie** o [-s & -liën] state/government monopoly
**staatsomroep** m state-owned broadcasting company
**staatsorgaan** o [-ganen] public body, state agency
**staatspapier** o [-en] government stock
**staatspensioen** o [-en] state pension
**staatsprijs** m [-prijzen] official prize
**staatsraad** m [-raden]❶ *instelling* Council of State, State Council❷ *persoon* Councillor of State, State Councillor
**staatsrecht** o constitutional law
**staatsrechtelijk I** bn constitutional**II** bijw constitutionally, in constitutional terms
**staatsruif** v scherts public purse* *uit de~ eten* draw money from the public purse
**staatsschuld** v [-en] national/public debt
**staatssecretaris** m [-sen] state secretary, Br minister of state, Am assistant secretary of state
**staatstoezicht** o government supervision/control
**staatsuitgaven** zn [mv] government/state/public expenditure, government spending
**staatsvijand** m [-en] public enemy, enemy of the state
**staatsvorm** m [-en] form of government
**staatswaarborg** m Belg state guarantee, guarantee by the state
**staatswege** * *van~* on the part of the state, by authority, by the State
**staatswetenschappen** zn [mv] political science
**staatszaak** v [-zaken] affair of state, state affair
**stabiel** bn stable
**stabilisatie** v [-s] stabilization
**stabilisator** m [-s & -toren] stabilizer
**stabiliseren** overg [stabiliseerde, h. gestabiliseerd] stabilize
**stabiliteit** v stability, steadiness, firmness
**stacaravan** m [-s] caravan, Am trailer/mobile home
**staccato I** bn & bijw staccato**II** o staccato
**stad** v [steden] ‹grote stad› city, ‹kleine stad› town * *een dode~* a dead city* *de eeuwige~* the Eternal City* *de heilige~* the Holy City* *de~ Londen* the city of London, London town* *de~ door* through the town* *de hele~ door* all over the town* *in de~*

‹door of tot bewoner gezegd› in town; ‹door vreemdeling› in the town* *de~ in gaan* go into (the) town* *dat heb ik in de~ gekocht* I bought this in town* *naar de~* to (the) town* *hij is de~ uit* he's out of town* *~ en land aflopen* search high and low, look everywhere
**stade** *sta* v* *te~ komen* be serviceable, be useful, come in handy, stand sbd in good stead
**stadgenoot ,stadsgenoot** m [-noten] fellow townsman* *is hij een~ van je?* is he a fellow townsman of yours?
**stadhouder** m [-s] stadtholder
**stadhuis** o [-huizen] town/city hall
**stadhuistaal** v official language
**stadion** o [-s] stadium
**stadium** o [-s & -dia] stage, phase* *in dit~* at this stage* *in een later~* at a later stage* *in het eerste~* in the first stage* *in een beslissend~ komen* reach a crucial stage
**stads** bn town, city
**stadsbeeld** o townscape
**stadsbestuur** o [-sturen] town/city council* *het~* the municipality
**stadsbestuurder** m [-s] town councillor
**stadsbewoner** m [-s] city dweller
**stadsbus** v [-sen] local bus
**stadscentrum** o [-s & -tra] town centre/Am center
**stadsdeel** o [-delen] district, quarter
**stadsdeelraad** m [-raden] district council
**stadsgezicht** o [-en] cityscape
**stadsguerrilla** m [-s] urban guerrilla
**stadskern** v [-en] town/city centre, Am town/city center
**stadskind** o [-eren] city/urban child
**stadskledij ,stadskleding** v ZN city dress
**stadsleven** o town/city life* *het~ verkiezen boven het landleven* prefer town life to country life
**stadslicht** o [-en] auto sidelight, parking light * *alleen met~ rijden* drive with parking lights only
**stadsmens** m [-en] city person
**stadsmuur** m [-muren] town/city wall
**stadsnieuws** o town/city news
**stadsrecht** o [-en] hist municipal law* *~ geven* grant a charter to a city/town
**stadsreiniging** v❶ *het reinigen* city cleaning ❷ *organisatie* cleaning/sanitation department
**stadsschouwburg** m [-en] municipal/city theatre, Am municipal/city theater
**stadstaat** m [-staten] city state
**stadsvernieuwing** v urban renewal
**stadsverwarming** v district heating
**stadswacht I** v *organisatie* town guard**II** m [-en] *lid v. organisatie* Am ± Guardian Angel
**stadswal** m [-len] town/city ramparts
**stadswapen** o [-s] city/town arms
**stadswijk** v [-en] quarter, district, area
**staf** m [staven]❶ *alg.* staff* *mil de generale~* the general staff* *mil bij de~* on the staff❷ *groep*

*wetenschappers* faculty❸ *als teken v. waardigheid* rod, sceptre, mace∗ *de~ zwaaien* wield the sceptre ∗ *de~ breken over* condemn

**stafbespreking** *v* [-en] staff meeting

**stafchef** *m* [-s] chief of staff

**staffel** *m* [-s]❶ *lijst* ladder❷ *prijsstaffel, tariefstaffel* graduated scale

**staffunctie** *v* [-s] staff position

**stafhouder** *m* [-s] ZN Solicitor General

**stafkaart** *v* [-en] ordnance (survey) map

**staflid** *o* [-leden],**stafmedewerker** *m* [-s] staff member, employee

**stafofficier** *m* [-en] staff officer

**stafvergadering** *v* [-en] staff meeting

**stafylokok** *m* [-ken] staphylococcus

**stag** *o* [stagen] scheepv stay

**stage** *v* [-s] training period, Br work placement, Am (student) internship∗ *~ lopen* do work experience, Br do a work placement, Am intern

**stagebegeleider** *m* [-s] Br work placement supervisor

**stagediven** *onoverg* stage-dive

**stageld** *o*❶ *op markt* stallage❷ *op camping* site fee/charge

**stageplaats** *v* [-en] trainee post

**stagiair** *m* [-s],**stagiaire** *v* [-s] trainee, work experience student, Br student on a work placement, Am student intern

**stagnatie** *v* [-s] stagnation, congestion∗ *~ van het verkeer* traffic congestion

**stagneren** *onoverg* [stagneerde, h. gestagneerd] stagnate

**sta-in-de-weg** *m* [-s] obstacle, impediment

**staken I** *overg* [staakte, h. gestaakt]❶ *beëindigen* cease, stop, ⟨tijdelijk⟩ suspend∗ *de bezorging~* stop the delivery❷ *v. studie &* discontinue❸ *v. werk* strike, down tools∗ *wij zullen het werk~* ⟨om te rusten⟩ we're knocking off; ⟨in sociaaleconomische strijd⟩ we're going to strike❹ *het vuren* cease∗ mil *het vuren~* cease fire/firing**II** *onoverg* [staakte, h. gestaakt] go on strike, strike, be out (on strike)▼ *~ met een onderneming* cease trading▼ *de stemmen~* the votes are equally divided, there's a deadlock, the votes are tied

**staker** *m* [-s]❶ striker❷ *die werkwilligen belemmert* picket

**staket** *o* [-ten],**staketsel** [-s] picket fence, paling

**staking** *v* [-en]❶ *v. werk* stoppage, cessation, ⟨in sociaaleconomische strijd⟩ strike, industrial action ∗ *een georganiseerde~* an organized strike∗ *een wilde~* a wildcat/an unofficial strike∗ *de~ afgelasten* call off a strike∗ *de~ afkondigen* call a strike∗ *in~ gaan/zijn* go/be out on strike❷ *van een onderneming* voluntary liquidation❸ *v. betaling, vijandigheden* suspension❹ *met iets ophouden* discontinuance▼ *~ van stemmen* tie▼ *bij~ van stemmen* in the event of a deadlock (of votes)

**stakingbreker**,**stakingsbreker** *m* [-s] strikebreaker,

*inf* blackleg, scab

**stakingsactie** *v* [-s] strike action

**stakingscomité** *o* [-s] strike committee

**stakingsgolf** *v* [-golven] wave of strikes/of industrial action

**stakingskas** *v* [-sen] strike fund

**stakingsleider** *m* [-s] strike leader

**stakingsrecht** *o* right to strike

**stakingsverbod** *o* strike ban, prohibition/ban on strikes

**stakker**,**stakkerd** *m* [-s] poor wretch/thing/soul

**stal** *m* [-len]❶ ⟨v. paarden⟩ stable, ⟨v. vee⟩ cowshed, cowhouse, ⟨v. varkens⟩ sty∗ *de~ ruiken* smell home ∗ *op~ zetten* ⟨v. paard⟩ stable; ⟨v. vee⟩ house∗ fig *op~ zetten* shelve∗ *van~ halen* ⟨argumenten⟩ trot out again; ⟨gepensioneerde generaals &⟩ dig out ❷ *rond een binnenplaats* mews∗ *de koninklijke~ len* the royal mews❸ *renstal* racing stable∗ *uit de~ van Joop v.d. Ende* from the Joop v.d. Ende stable ❹ *kraampje* stall, stand

**stalactiet** *m* [-en] stalactite

**stalagmiet** *m* [-en] stalagmite

**stalen I** *bn*❶ *v. staal gemaakt* steel∗ *~ gebouwen* steel-framed buildings∗ *het~ ros* the metal horse ❷ fig iron∗ *een~ geheugen* an iron memory∗ *met een~ gezicht* dead pan, with a pokerface∗ *een~ voorhoofd* a brazen face∗ *~ zenuwen* iron nerves ❸ *staalachtig* steely**II** *overg* [staalde, h. gestaald] steel

**stalenboek** *o* [-en] book of samples, pattern book

**stalenkoffer** *m* [-s] sample case

**stalhouder** *m* [-s] liveryman

**stalinisme** *o* Stalinism

**stalinist** *m* [-en] Stalinist

**stalinistisch** *bn* Stalinist

**staljongen** *m* [-s] stable boy

**stalken** *overg* [stalkte, h. gestalkt] stalk

**stalker** *m* [-s] stalker

**stalknecht** *m* [-s & -en] stableman, groom

**stallen** *overg* [stalde, h. gestald]❶ *paarden &* stable ❷ *vee* house❸ *voertuig* put up, garage

**stalles** *zn* [mv] stalls

**stalletje** *o* [-s]❶ *markt* stall, stand❷ *v. boeken* bookstall

**stalling** *v* [-en]❶ *het stallen* stabling❷ *de plaats* stable, stabling❸ *v. voertuig* garage, ⟨fiets⟩ shelter, bike rack(s)

**stalmeester** *m* [-s] head groom, ⟨van de koningin⟩ equerry, master of the horse

**stalmest** *m* stable dung/manure

**stam** *m* [-men]❶ *v. boom* stem, trunk❷ *v. woord* stem❸ *volk* tribe❹ *afstamming* stock, race❺ Schots clan

**stamboek** *o* [-en]❶ *van personen* book of genealogy, genealogical register❷ *v. rasdieren* pedigree, ⟨v. paarden, honden &⟩ studbook, ⟨v. vee⟩ herdbook

**stamboekvee** *o* pedigree cattle

**stamboom** *m* [-bomen] family tree, pedigree,

**st**

genealogy

**stamboomonderzoek** *o* [-en] genealogical research

**stamcafé** *o* [-s], **stamkroeg** *v* [-en] favourite pub, Am favorite bar, Br inf local, Am inf hangout

**stamelen I** *onoverg* [stamelde, h. gestameld] stammer **II** *overg* [stamelde, h. gestameld] stammer (out)

**stamgast** *m* [-en] regular (customer)

**stamgenoot** *m* [-noten] kinsman, tribesman, clansman

**stamhoofd** *o* [-en] tribal chief, chieftain

**stamhouder** *m* [-s] son and heir

**stamkaart** *v* [-en] identification card, ID

**stamkroeg** *v* [-en] → **stamcafé**

**stammen** *onoverg* [stamde, is gestamd] ∗ ~ *van* descend/stem/spring from ∗ *dit stamt nog uit de tijd toen...* it dates from the time when...

**stammenoorlog** *m* [-logen] tribal war

**stammoeder** *v* [-s] progenitrix, ancestress

**stamouders** *zn* [mv] ancestors, first parents

**stampei** *v* ∗ ~ *maken* kick up a row, kick up dust

**stampen I** *onoverg* [stampte, h. gestampt] ❶ *met voeten* stamp (one's feet) ❷ *van schip* pitch, heave ❸ *v. machine* thud, thump **II** *overg* [stampte, h. gestampt] pound, ‹erts› crush ∗ *gestampte aardappelen* mashed potatoes ∗ *gestampte muisjes* aniseed sprinkle ∗ *gestampte pot* hash ∗ *zich iets in het hoofd ~* drum sth into one's brains ∗ *een zaak uit de grond ~* set up a business

**stamper** *m* [-s] ❶ techn stamper ❷ *v. vijzel* pounder, pestle ❸ *aardappel* masher ❹ *straatstamper* catchy song ❺ plantk pistil

**stampij** *v* ∗ ~ *maken* raise hell, kick up a row

**stamppot** *m* vegetable mash

**stampvoeten** *onoverg* [stampvoette, h. gestampvoet] stamp one's foot/feet

**stampvol** *bn* crowded, packed, chock-full, inf chock-a-block

**stampwerk** *o* ❶ *het in elkaar stampen van beton &* tamping ❷ onderw cramming

**stamroos** *v* [-rozen] standard rose

**stamtafel** *v* [-s] regulars' table

**stamvader** *m* [-s] ancestor, progenitor

**stamverwant I** *bn* ❶ *v. personen* akin, cognate ❷ taalk cognate **II** *m* [-en] kinsman

**stamverwantschap** *v* ❶ kinship ❷ taalk cognateness

**stamwoord** *o* [-en] taalk stem, cognate

**stand¹** *m* [-s] *op tentoonstelling* booth, stand

**stand²** *m* [-en] ❶ *houding* attitude, posture ❷ *voor een beeldhouwer &* pose ❸ *bij golf, biljart* stance ❹ *barometer* height ❺ *munteenheid* rate ❻ *maatschappelijk* (social) status, rank, standing, position ∗ *de betere ~* the elite ∗ *de burgerlijke ~* the registry office ∗ *de gegoede ~* the well-off, the well-to-do ∗ *de hogere/lagere ~en* the higher/lower classes ∗ *de drie ~en* the (three) estates ∗ *zijn ~*

*ophouden* keep up one's status/rank, live up to one's status ∗ *een meisje beneden zijn ~* a girl below his social standing ∗ *beneden zijn ~ trouwen* marry beneath one ∗ *boven zijn ~ leven* live beyond one's means ∗ *mensen van ~* people of a high social position, people of high rank ∗ *van lage ~* of humble birth ∗ *iem. van zijn ~* a man of his social position ∗ *iets aan zijn ~ verplicht zijn* owe sth to one's position ❼ *toestand* situation, position, condition, state ∗ *de ~ van zaken* the state of affairs ∗ *in ~ blijven* last ∗ *iets in ~ houden* keep up/maintain sth, keep sth going ∗ *iets tot ~ brengen* bring about, accomplish, achieve; effect ‹a sale›; negotiate ‹a treaty› ∗ *tot ~ komen* be brought about ❽ sp score ∗ *de ~ is 2-0* the score is 2-0

**standaard** *m* [-s & -en] standard ∗ *de gouden ~* the gold standard

**standaardafwijking** *v* [-en] standard deviation

**standaardbrief** *m* [-brieven] form letter

**standaardcontract** *o* [-en] standard contract

**standaardformaat** *o* [-maten] standard size

**standaardfout** *v* [-en] standard error

**standaardisatie** *v* standardization

**standaardiseren** *overg* [standaardiseerde, h. gestandaardiseerd] standardize

**standaardmaat** *v* [-maten] standard size

**standaardprijs** *m* [-prijzen] standard price

**standaardsituatie** *v* [-s] standard situation

**standaardtaal** *v* [-talen] standard language

**standaarduitrusting** *v* [-en] standard equipment

**standaarduitvoering** *v* [-en] standard type/model/design

**standaardwerk** *o* [-en] standard work

**standbeeld** *o* [-en] statue ∗ *een levend ~* a living statue

**standbeen** *o* [-benen] leg one stands on

**stand-by** *bn* standby ∗ *het bestuur is ~ om direct maatregelen te nemen* management is on standby to act

**standenmaatschappij** *v* class-based society

**standhouden** *onoverg* [hield stand, h. standgehouden] make a stand, stand firm, hold one's own, hold out ∗ *zij hielden dapper stand* they made a valiant stand ∗ *het hield geen stand* it did not last

**standhouder** *m* [-s] *op tentoonstellingen &* exhibitor

**stand-in** *m* [-s] stand-in

**standing** *m* standing ∗ *een zaak van ~* a respectable firm ∗ *een man van ~* a man of standing

**standje** *o* [-s] ❶ *berisping* scolding, inf wigging ∗ *een ~ krijgen* be told off ∗ *iem. een ~ geven* tell sbd off ❷ *houding* posture, position ❸ *v. seks* sexual position ▼ *het is een opgewonden ~* he/she is quick-tempered

**standplaats** *v* [-en] ❶ *alg.* stand ❷ *v. ambtenaar* station, post, jur district ∗ *zij keerden naar hun ~ terug* they returned to their stations

**standpunt** *o* [-en] standpoint, point of view, attitude ∗ *een duidelijk ~ innemen* take a clear stand ∗ *een* *nieuw* ~ *innemen ten opzichte van...* take a new attitude towards... * *zij stellen zich op het* ~, *dat...* they take the view that... * *zijn* ~ *tegenover terrorisme* his attitude in relation to/to(wards) terrorism * *van zijn* ~ from his point of view * *zijn* ~ *bepalen* determine one's position

**standrecht** *o* summary justice

**standrechtelijk** *bijw* summarily * *iem.* ~ *executeren* summarily execute sbd

**standsverschil** *o* [-len] class distinction

**standvastig I** *bn* persistent, firm, persevering * *een* ~ *evenwicht* a stable balance * ~ *blijven* remain firm **II** *bijw* persistently & * *hij bleef* ~ *weigeren* he persistently refused

**standvastigheid** *v* resolve, firmness

**standvogel** *m* [-s] resident/sedentary bird

**standwerker** *m* [-s] hawker, vendor

**stang** *v* [-en] ❶ *techn* bar, rod ❷ *v. paarden* bit * *iem. op* ~ *jagen* rattle/needle sbd

**stangen** *overg* [stangde, h. gestangd] rile, needle

**staniol, stanniool** *o* tinfoil

**stank** *m* [-en] bad smell, stench, stink * *hij kreeg* ~ *voor dank* he got small thanks for his pains

**stankafsluiter** *m* [-s] air trap

**stankoverlast** *m* odour nuisance

**stanleymes** ® *o* [-sen] Stanley knife

**stansen** *overg* [stanste, h. gestanst] punch, blank

**stante pede** *bijw* right away, at once, on the spot

**stanza** *v* [s] stanza

**stap** *m* [-pen] *ook fig* step, move, stride * *dat is een* ~ *achteruit/vooruit* it's a step backward/forward * *de eerste* ~ *doen tot* take the first step towards * *dat is een gewaagde* ~ it's a risky/rash step (to take) * *dat is een hele* ~ *tot...* it's a big step towards... * *het is maar een paar* ~*pen* it's not far away * *een stoute* ~ a bold step * *dat brengt ons geen* ~ *verder* that won't bring us any further * *een* ~ *verder gaan* go a step further * *geen verdere* ~*pen ondernemen* take no further action * *grote* ~*pen nemen* take big steps * *grote* ~*pen maken* make great strides * *bij de eerste* ~ at the first step * *bij elke* ~ at every step * *je* ~*pen ondernemen bij de regering* approach the Government * *met één* ~ in a single stride, in one step * *met afgemeten* ~*pen* with measured steps * ~*pen doen om...* take steps to... * *op* ~ *gaan* set out * ~ *voor* ~ step by step * *ergens geen* ~ *voor verzetten* not lift a hand to..., not stir a finger to... * *zich hoeden voor de eerste* ~ look before you leap

**stapel I** *m* [-s] ❶ *hoop* pile, stack, heap * *aan* ~*s zetten* pile ❷ *stapelplaats* staple ❸ *scheepv* stocks * *fig op* ~ *staan* be about to be launched, be in the pipeline * *van* ~ *lopen* launch * *fig goed van* ~ *lopen* go off well * *fig te hard van* ~ *lopen* rush matters, overdo it ❹ *muz* sound post ‹of a violin› **II** *bn* ~ *ben je* ~? are you crazy?, are you off your head?, have you gone mad? * *ik ben* ~ *op aardbeien* I'm crazy about strawberries * *hij is* ~ *op haar* he's crazy about her

**stapelbak** *m* [-ken] stackable container

**stapelbed** *o* [-den] bunkbeds

**stapelen** *overg* [stapelde, h. gestapeld] pile, heap, stack * *de ene fout op de andere* ~ pile one mistake on another * *zich* ~ accumulate

---

**stapelen**
is pile, heap, stack en niet staple; staple betekent nieten.

---

**stapelgek** *bn* crazy, (stark) raving mad, crackers, nuts, loony, bonkers * *hij is* ~ *op zijn kinderen* he's crazy about his children

**stapelmarkt** *v* [-en] principal/staple market

**stapelplaats** *v* [-en] ❶ *hist* staple town, emporium ❷ *opslagplaats* ZN storage, depot

**stapelrecht** *o* ❶ staple right ❷ *belasting op stapelgoederen* staple/bulk duty

**stapelstoel** *m* [-en] stackable chair

**stapelwolk** *v* [-en] cumulus

**stappen** *onoverg* [stapte, h. en is gestapt] ❶ *stevig lopen* step, walk * *deftig/trots* ~ strut * *in het vliegtuig* ~ board the plane * *op zijn fiets* ~ get on to/mount one's bike * *over iets heen* ~ let sth pass * *uit bed* ~ get out of bed * *eruit* ~ ‹uit organisatie &› step out; ‹zelfmoord plegen› do oneself in ❷ *uitgaan* go out (for a drink) * *zullen we vanavond gaan* ~? shall we go out for drink tonight? ❸ *marcheren* ZN march

**stapper** *m* [-s] ❶ *persoon* walker, pedestrian, ‹cafébezoeker› pub-crawler ❷ *inf* clodhopper

**stapsgewijs, stapsgewijze** *bijw* gradually, step by step

**stapvoets** *bijw* at a footpace/walking pace, ‹zeer langzaam› step by step * ~ *rijden!* drive slowly

**star I** *bn* ❶ *alg.* stiff, frozen, ‹blik› fixed, glassy * *een* ~*re lichaamshouding* a stiff/rigid posture ❷ *vooroordelen, systeem* rigid **II** *bijw* stiffly & * *iem.* ~ *aankijken* stare fixedly at sbd * ~ *aan zijn principes vasthouden* stick rigidly to one's principles **III** *m* [-s] *film & toneel* star

**staren** *onoverg* [staarde, h. gestaard] stare, gaze * ~*d staring* * *een* ~*de blik* a far-away look * ~ *naar* stare at * *zich blind* ~ *op* be obsessed by sth

**starheid** *v* ❶ *alg.* stiffness ❷ *v. blik* fixedness ❸ *v. systeem* rigidity

**start** *m* [-s] start, *luchtv* take-off * *sp een staande/valse/vliegende* ~ a standing/false/flying start * *de renovatie kan van* ~ *gaan* the renovations can start/can get underway/can proceed * *goed van* ~ *gaan* make a good start

**startbaan** *v* [-banen] runway

**startbewijs** *o* [-wijzen] starting permit

**startblok** *o* [-ken] *sp* starting block * *fig in de* ~*ken* ready (to go)

**starten I** *onoverg* [startte, is gestart] start, *luchtv* take off * *goed* ~ get away/off to a good start **II** *overg* [startte, h. gestart] ❶ *auto &* start (up) ❷ *wedstrijd &* start

**starter** *m* [-s] starter

st

**startgeld** o [-en] entry fee
**startkabel** m [-s] jump lead
**startkapitaal** o [-talen] starting/venture capital
**startklaar** bn ready to start
**startknop** m [-pen] starter/start button
**startlijn** v [-en] sp starting line
**startmotor** m [-toren & -s] starter, starting motor
**startnummer** o [-s] number
**startonderbreker** m [-s] immobilizer
**startpagina** v ['s] comput start page
**startpistool** o [-tolen] starting gun/pistol
**startschot** o [-schoten] starting shot* het~ lossen
fire the starting gun
**startsein** o [-en] ❶ starting signal ❷ fig go-ahead,
green light
**startsignaal** o [-nalen] starting signal
**startverbod** o [-boden] ban (from the race)
**stateloos** bn stateless
**Statenbijbel** m [-s] ± Authorized Version
**statenbond** m [-en] confederation (of states)
**Staten-Generaal** zn [mv] States General
**statica** v statics
**statie** v [-s & -tiën] ❶ RK Station of the Cross ❷ station
ZN station
**statief** o [-tieven] stand, support, tripod
**statiegeld** o deposit
**statig I** bn stately, grand, noble **II** bijw in a stately
manner
**statigheid** v stateliness, dignity
**station** o [-s] station* dat is een gepasseerd~ that
stage has been passed, it's too late for that* het
meteorologisch~ the meteorological station* het~
van afzending the forwarding depot
**stationair I** bn stationary **II** bijw * de motor~ laten
lopen let the engine idle/tick over
**stationcar** m [-s] Br estate car, Am station wagon
**stationeren** overg [stationeerde, h. gestationeerd]
❶ plaatsen station, post, locate ❷ parkeren ZN park
**stationschef** m [-s] stationmaster
**stationsgebouw** o [-en] station (building)
**stationshal** v [-len] station hall
**stationsplein** o [-en] station square
**stationsrestauratie** v [-s] station buffet
**statisch I** bn static **II** bijw statically
**statisticus** m [-ci] statistician
**statistiek** v [-en] statistics * de~ opmaken compile
the statistics* het Centraal Bureau voor de Statistiek
the Central Statistical Office
**statistisch I** bn statistical* een~e kaart a statistical
map **II** bijw statistically* ~ gezien heeft iedereen...
statistically/in statistic terms, everybody has...
**statten** onoverg [statte, h. gestat] Br pop into town
for some shopping, Am go shopping downtown
**status** m ❶ staat, toestand status ❷ standing status,
standing ❸ med case history
**status aparte** m pol status aparte
**status-quo** m & o status quo
**statussymbool** o [-bolen] status symbol

**statutair I** bn statutory **II** bijw ~ gezien; in statutory
terms
**statutenwijziging** v [-en] amendment to the
statutes
**statuur** v stature, size* van hoge~ of tall
stature/build
**statuut** o [-tuten] ❶ statute* de statuten van een
maatschappij the articles of association of a
company* de statuten van een vereniging the
regulations/the constitution of a society
* overeenkomstig de statuten in accordance with the
articles of association ❷ mv: grondregels bylaws,
bye-laws
**stavast** bijw * een man van~ a resolute man
**staven** overg [staafde, h. gestaafd] ❶ bewijzen
substantiate, prove ❷ bekrachtigen support, confirm
* iets met bewijzen~ document sth
**staving** v substantiation, proof* tot~ van in
support of
**stayer** m [-s] ❶ wielrennen stayer ❷ langeafstandsloper
long-distance runner
**steak** m [-s] steak
**stearine** v stearin
**stedelijk** bn municipal, of the town, town...
**stedeling** m [-en] townsman, town-dweller* een~e
a townswoman* ~en townspeople, townsfolk
**stedenbouw** m town (and country) planning, urban
development
**stedenbouwkunde** v urban development
**stedenbouwkundig** bn urban development
**stedenmaagd** v [-en] patroness of a town
**steeds I** bijw ❶ altijd always, forever, continually,
constantly* nog~ still ❷ bij voortduring
increasingly* ~ meer mensen kiezen voor... more
and more people/an increasing number of people
are choosing... **II** bn stads townish
**steeg** v [stegen] lane, alley, alleyway* een
doodlopende~ a dead alley
**steek** m [steken] ❶ v. handwerk stitch* een~ laten
vallen drop a stitch* een~ opnemen pick up a stitch
❷ met iets scherps ⟨v. dolk⟩ stab, ⟨v. zwaard⟩ thrust,
⟨v. naald⟩ prick ❸ v. een insect ⟨v. wesp &⟩ sting,
⟨v. mug⟩ bite ❹ v. pijn stitch, twinge* een~ in de zij
a stitch in the side ❺ hoofddeksel three-cornered hat,
cocked hat ❻ ondersteek bedpan ❼ bij spitten spit
❽ hatelijkheid (sly) dig* dat was een~ (onder water)
naar mij toe that was a dig at me▼ hij heeft er geen~
van begrepen he hasn't understood one iota of it
▼ het kan me geen~ schelen I don't care a fig/hoot
▼ ze hebben geen~ uitgevoerd they haven't done a
scrap of work▼ je kunt hier geen~ zien you can't see
a thing here▼ hij kan geen~ meer zien he is
completely blind▼ ~ houden hold water▼ die regel
houdt geen~ the rule does not hold▼ hij heeft ons in
de~ gelaten he's left us in the lurch, he's deserted us
▼ zijn geheugen & liet hem in de~ his memory &
failed him▼ zij hebben het werk in de~ gelaten they
have abandoned work

**steekbeitel** *m* [-s] paring chisel
**steekhoudend** *bn* valid, sound, convincing✶~ *zijn* hold water
**steekkar** *v* [-ren] trolley
**steekpartij** *v* [-en] knifing, stabbing
**steekpenningen** *zn* [mv] bribe(s), backhander(s), *inf* kickback, Am *inf* payola
**steekproef** *v* [-proeven] (random) sample, random/spot check✶ *steekproeven nemen* test at random
**steekproefsgewijs** ,**steekproefsgewijze** *bijw* randomly
**steeksleutel** *m* [-s] (open-end) spanner/wrench
**steekspel** *o* [-spelen] *hist* tournament, tilt, joust
**steekvlam** *v* [-men]❶ *techn* blowpipe flame❷ *bij ontploffing* flash
**steekvlieg** *v* [-en] gadfly
**steekwagen** *m* [-s] handtruck
**steekwapen** *o* [-s] stabbing weapon
**steekwond** *v* [-en] stab wound
**steekwoord** *o* [-en] catchword
**steekzak** *m* [-ken] slit pocket
**steel** *m* [stelen]❶ *v. bloem, plant* stalk❷ *v. wijnglas & pijp* stem❸ *v. hamer &* handle▼ *oogjes op~ tjes hebben* be stunned/stupefied, *inf* be gobsmacked
**steelband** *m* [-s] steel band
**steelpan** *v* [-nen] saucepan
**steels I** *bn* furtive, stealthy**II** *bijw* furtively, stealthily
**steen** *m* [stenen] stone, ⟨baksteen⟩ brick✶ *fig een~ des aanstoots* a stumbling block✶ *de~ der wijzen* the philosopher's stone✶ *er bleef geen~ op de andere* not a stone remained in place✶ ~ *en been klagen* complain bitterly✶ *de eerste~ leggen* lay the foundation stone✶ *de eerste~ naar iem. werpen* cast the first stone at sbd✶ *al moet de onderste~ boven* come hell or high water✶ *de onderste~ boven keren* leave no stone unturned, go to all lengths✶ *met stenen gooien (naar)* throw stones (at)✶ *als een~ op de maag liggen* be indigestible✶ *een hart van~* a heart of stone
**steenaarde** *v* brick clay
**steenachtig** *bn* stony, rocky
**steenarend** *m* [-en] *vogel* golden eagle
**steenbakkerij** *v* [-en] brickworks, brickyard
**Steenbok** *m* *astron & astrol* Capricorn
**steenbok** *m* [-ken] *dier* ibex
**Steenbokskeerkring** *m* tropic of Capricorn
**steenboor** *v* [-boren] rock drill, stone bit
**steenbreek** *v plant* saxifrage
**steendruk** *m* [-ken] lithography
**steendrukker** *m* [-s] lithographer
**steendrukkerij** *v* [-en] lithographic printing office
**steeneik** *m* [-en] holm oak
**steengoed I** *o* stoneware**II** *bn* cool, fantastic
**steengrillen** *o* stone grilling
**steengroef** ,**steengroeve** *v* [-groeven] quarry, stone pit

**steenhard** *bn* rock hard, as hard as (a) stone/as rock
**steenhouwer** *m* [-s] stonecutter, stonemason
**steenhouwerij** *v* [-en] stonecutter's yard
**steenkolenmijn** *v* [-en] coal mine, colliery
**steenkool** *v* [-kolen] (pit) coal
**steenkoud** *bn*❶ stone/freezing cold❷ *ongevoelig* stony, ice cold
**steenlegging** *v* stone laying
**steenmarter** *m* [-s] *dier* stone marten
**steenoven** *m* [-s] brick kiln
**steenpuist** *v* [-en] boil, carbuncle
**steenrijk** *bn* immensely rich, rolling in money
**steenrood** *bn* brick red
**steenslag** *o*❶ *kleine* (opspattende) *stenen* broken stones, rubble, ⟨fijn⟩ (stone) chippings, road metal❷ *vallende stenen* ZN falling rocks
**steensoort** *v* [-en] type of stone/rock
**steentijd** *m*,**steentijdperk** *o* Stone Age
**steentje** *o* [-s]❶ *alg.* (small) stone, pebble✶ *ook een~ bijdragen* contribute one's bit❷ *vuursteentje* flint
**steenuil** *m* [-en] *vogel* little owl
**steenvalk** *m & v* [-en] *vogel* stone falcon, merlin
**steenvrucht** *v* [-en] stone fruit, drupe
**steenweg** *m* [-wegen] paved road
**steenworp** *m* [-en] stone's throw✶ *op een~ afstand* within a stone's throw
**steeplechase** *m* [-s] steeplechase
**steevast I** *bn* regular, invariable**II** *bijw* regularly, invariably
**steggelen** *onoverg* [steggelde, h. gesteggeld] bicker, squabble
**steiger** *m* [-s]❶ *aan gebouw* scaffolding, scaffold✶ *in de~s* in scaffolding❷ *scheepv* jetty, landing stage
**steigeren** *onoverg* [steigerde, h. gesteigerd]❶ *v. paard* rear, prance❷ *fig* get up on one's hind legs
**steigerwerk** *o* scaffolding
**steil I** *bn*❶ *naar boven* steep❷ *loodrecht naar beneden* sheer, precipitous✶ *het vliegtuig dook in~ e val naar beneden* the plane dived abruptly❸ *fig* rigid, uncompromising▼ ~ *haar* straight hair**II** *bijw* steeply &✶ *het pad liep~ naar beneden* the pad dropped down steeply/abruptly✶ *haar haar hing~ naar beneden* her hair was straight as a die
**steilheid** *v*❶ *steil zijn* steepness❷ *starheid* rigidity, inflexibility
**steilte** *v* [-n]❶ *steilheid* steepness❷ *steile kant* precipice
**stek** *m* [-ken]❶ *plantk* slip, cutting❷ *plek* niche, den❸ *aangestoken fruit* bruised fruit
**stekeblind** *bn* as blind as a bat
**stekel** *m* [-s]❶ *v. distel* prickle, thorn, sting❷ *v. egel* spine, prickle✶ *zijn~s opzetten* bristle (at sth)
**stekelbaars** *m* [-baarzen] *vis* stickleback, minnow
**stekelbrem** *m plant* petty whin, needle furze
**stekelhaar** *o* [-haren] crew cut
**stekelhuidigen** *zn* [mv] echinoderms
**stekelig** *bn*❶ prickly, spiny, thorny❷ *fig* stinging,

sarcastic, barbed *een ~e opmerking a cutting remark

**stekelrog** m [-gen] vis thornback

**stekelvarken** o [-s] porcupine

**steken I** onoverg [stak, h. gestoken] **❶** v. insect, plant sting, prick **❷** v. wond, woorden & sting **❸** v. zon burn **❹** vastzitten stick *blijven ~get stuck *in zijn rede blijven ~get bogged down in one's speech *in iets zijn, ergens zijn be *daar steekt iets/wat achter there's something behind it/at the back of it/at the bottom of it *daar steekt meer achter there's more to it than meets the eye *in de schuld ~be in debt *de sleutel steekt in het slot the key is in the lock *daar steekt geen kwaad in there's no harm in it ▼hij stak naar mij he stabbed at me **II** overg [stak, h. gestoken] **❶** met iets scherps prick, ‹zwaard› thrust, ‹dolk› stab *gaten ~prick holes *de bij stak mij the bee stung me *dat steekt hem it's sticking in his throat, he's nettled by it **❷** iets ergens indoen put, place *steek die brief bij je put that letter in your pocket *steek je arm door de mijne slip/put your arm through mine *geld in een onderneming ~ put/invest/sink money in an undertaking *iem. in de kleren ~put new clothes on sbd, clothe sbd *iets niet onder stoelen of banken ~make no secret of sth *hij wilde de ring aan haar vinger ~he was going to put the ring on her finger **❸** met vinger, neus & stick, poke **❹** uitspitten dig, cut *asperges ~cut asparagus *monsters ~uit sample *plaggen/zoden ~cut sods **III** wederk [stak, h. gestoken] *zich in gala ~put on full dress *zich in de schulden ~run into debt

**stekken** overg [stekte, h. gestekt] plantk slip, strike

**stekker** m [-s] plug

**stekkerdoos** v [-dozen] multiple socket

**stekkie** o [-s] hideaway

**stel** o [-len] **❶** set set *een ~pannen a set of (pots and) pans **❷** paar pair, couple *een verliefd ~a loving couple *het is me een ~! a nice lot they are! *jullie zijn me een ~you're a nice pair *een ~letje boeken a couple of/a few books ▼op ~en sprong immediately, rightaway

**stelen** overg [stal, h. gestolen] **❶** tersluiks wegnemen steal *iems. hart ~steal sbd's heart *hij kan me gestolen worden! he can go to blazes! *zij ~alles wat los en vast zit they steal whatever they can lay their hands on *~als de raven steal like magpies *een kind om te ~a child you could just steal **❷** plagiaat plegen plagiarize *hij steelt bijna alles he plagiarizes virtually everything

**stelkunde** v algebra

**stellage** v [-s] scaffolding, stage, stand

**stellair** bn stellar

**stellen I** overg [stelde, h. gesteld] **❶** plaatsen place, put *iets ~boven rijkdom place/put sth above riches *iem. voor een voldongen feit ~present sbd with an accomplished fact *iem. voor de keus ~put sbd to the choice *voor de keus gesteld... faced with the choice of... **❷** regelen techn adjust, regulate

**❸** veronderstellen suppose *stel eens dat... suppose that... **❹** vaststellen fix *de prijs ~op... fix the price at... **❺** beweren, verklaren state, claim *hij stelde dat dit belangrijk is he stated/claimed that this was important *iets strafbaar/verplichtend ~make sth punishable/obligatory **❻** in een toestand verkeren be (doing) *het goed kunnen ~be in easy circumstances/in a good way *het goed kunnen ~ met get on with *het is niet goed gesteld met haar she's not (doing) well **❼** klaarspelen, redden do *ik kan het zonder u ~I can do without you *ik heb heel wat te ~met die jongen he's rather a handful ▼een rustig gesteld pleidooi a calmly worded plea **II** wederk [stelde, h. gesteld] *zich ~put oneself *stel u in mijn plaats put yourself in my place *zich iets tot plicht ~make it one's duty to... *zich iets tot taak ~ make it one's task to..., set oneself the task of... *zich kandidaat ~put oneself up (for), stand (for) *zich borg ~voor iem. stand bail/guarantee for sbd

**stellig I** bn **❶** werkelijk positive, distinct, explicit *een ~e verbetering a distinct/decided improvement **❷** zeker definite, certain, firm *een ~'nee' a flat 'no' **II** bijw positively & *hij zal ~ook komen he's sure to come too *(kom je?) ~! of course! *je moet ~komen come by all means *dat weet ik ~I'm positive about it *iets ten ~ste ontkennen deny sth categorically/flatly

**stelligheid** v [-heden] positiveness, decisiveness

**stelling** v [-en] **❶** stellage scaffolding **❷** opstelling position *een sterke ~innemen adopt a firm position *~nemen adopt a position *~nemen tegen make a stand against *iets in ~brengen place sth in position *in ~liggen lie in position **❸** bewering contention, proposition *een ~poneren put forward/advance a proposition, make a contention

**stellingname** v [-s] position, attitude, view, stand

**stellingoorlog** m [-logen] war of positions

**stelpen** overg [stelpte, h. gestelpt] staunch, stop *bloed ~staunch blood

**stelplaats** v [-en] ZN depot

**stelplicht** m & v jur obligation to produce prima facie evidence

**stelpost** m [-en] in een begroting approximate estimate

**stelregel** m [-s] maxim, principle

**stelschroef** v [-schroeven] set/adjusting screw

**stelsel** o [-s] system *het tientallig ~the decimal system *het metriek ~the metric system

**stelselmatig I** bn systematic, consistent **II** bijw systematically, consistently

**stelt** v [-en] stilt *op ~en lopen go/walk on stilts *alles op ~en zetten throw everything into (a state of) confusion, throw everything upside down

**steltlopen** o walking on stilts

**steltloper** m [-s] **❶** vogel wading bird, wader **❷** iem. die op stelten loopt stilt walker

**stem** v [-men] **❶** menselijk geluid voice *zij is haar ~

*kwijt* she's lost her voice \**zijn ~verheffen tegen*
raise one's voice against \**muz bij ~zijn* be in
(good) voice \**met luider ~*in a loud voice ❷*bij
stemming* vote \**een blanco ~*a blank vote, an
abstention \**de doorslaggevende ~*the
casting/decisive vote \**er waren 30 ~men vóór* there
were 30 votes in favour \**de meeste ~men gelden* the
majority has it \**iem. zijn ~geven* vote for sbd \**~in
het kapittel hebben* have a voice in the matter \**hij
had de meeste ~men* he polled most votes \**de ~men
opnemen* collect the votes \**zijn ~uitbrengen* cast
one's vote \**zijn ~uitbrengen op...* vote for... \**bijna
alle ~men op zich verenigen* receive nearly all the
votes \**met algemene ~men* unanimously \**met één
~tegen* with one 'no' vote \**met tien ~men voor en
vier tegen* by ten votes to four ❸*muz* part \**de
eerste/tweede ~*the first/second part \**voor drie
~men* in three parts
**stemadvies** *o* 'how to vote' recommendation
**stemband** *m* [-en] vocal cord
**stembereik** *o* voice range
**stembiljet** *o* [-ten], **stembriefje** [-s] voting/ballot
paper \**een blanco ~*a blank ballot paper
**stembuiging** *v* [-en] modulation, intonation
**stembureau** *o* [-s] ❶*lokaal* polling booth/station
❷*personen* polling/electoral committee
**stembus** *v* [-sen] ballot box \**ter ~gaan* go to the
polls
**stembusstrijd** *m* election campaign
**stemdistrict** *o* [-en] electoral ward, constituency
**stemgebruik** *o* use of one's voice
**stemgedrag** *o* voting behaviour
**stemgeluid** *o* [-en] sound of one's voice, voice
**stemgerechtigd** *bn* entitled to vote, enfranchised
**stemgerechtigde** *m-v* [-n] voter
**stemhebbend** *bn* taalk voiced
**stemhokje** *o* [-s] cubicle, voting booth
**stemkaart** *v* [-s] poll/voting card
**stemlokaal** *o* [-kalen] polling booth/station
**stemloos** *bn* dumb, mute, voiceless \**taalk een
stemloze medeklinker* an unvoiced consonant
**stemmachine** *v* [-s] voting machine
**stemmen I** *overg* [stemde, h. gestemd] ❶*kiezen* vote
\**(op) links ~*vote left ❷*muz* ⟨een viool &⟩ tune, ⟨de
snaren⟩ tune, key, ⟨orgel⟩ voice \**de violen zijn
gestemd* the violins are in tune/are tuned up \**ze
zijn aan het ~*they're tuning up ❸*aannemen* ZN
pass **II** *onoverg* [stemde, h. gestemd] vote, poll \**er
is druk gestemd* voting/polling was heavy \**~op iem.
vote for sbd \**~over* vote on \**we zullen er over ~
we'll put it to the vote \**~tegen* vote against \**~tot
dankbaarheid &* inspire one to gratitude & \**~tot
vrolijkheid* please, make happy \**~vóór iets* vote in
favour of/for sth \**ik stem vóór* I'm for it
**stemmentrekker** *m* [-s] election drawcard
**stemmenwinst** *v* [-en] increase in votes
**stemmer** *m* [-s] ❶*bij verkiezingen* voter ❷*muz* tuner
**stemmig I** *bn* ❶*persoon, manieren* demure, sedate,

grave ❷*kleuren, kleding* sober, quiet \**~e muziek
solemn music **II** *bijw* demurely & \**~gekleed
soberly dressed
**stemming** *v* [-en] ❶*keuze door stemmen* voting, vote
\**iets aan ~onderwerpen* put sth to the vote \**~bij
acclamatie* a unanimous vote \**iets in ~brengen* put
sth to the vote \**in ~komen* be put to the vote
❷*stemronde* ballot \**bij de eerste ~*at the first ballot
❸*in het parlement* division \**bij ~*on a division \**~
verlangen* challenge a division \**zonder ~*without a
division ❹*muz* tuning \**~houden* keep in tune
❺*humeur* v. één persoon frame of mind, mood \**in
een beste ~zijn* be in the best of spirits \**ik ben niet
in een ~om...* I'm in no mood for ...ing, I'm not
disposed to... ❻*v. publiek* feeling \**~maken tegen
rouse popular feeling against ❼*v. omgeving*
atmosphere ❽*v. beurs &* tone
**stemmingmakerij** *v* attempt to manipulate public
opinion, rousing of public sentiment
**stemoefening** *v* [-en] voice training
**stemonthouding** *v* [-en] abstention
**stempel I** *m & o* [-s] ❶*werktuig* stamp, ⟨voor
munten⟩ die \**~zijn ~drukken op* put one's stamp on
❷*afdruk* stamp, seal \**van de oude ~*old-fashioned
❸*van goud en zilver* hallmark \**het ~dragen van...*
bear the stamp/hallmark of... ❹*post* postmark **II** *m*
plantk stigma
**stempelaar** *m* [-s] ❶*alg.* stamper ❷*werkloze* hist
person on the dole
**stempelautomaat** *m* [-maten] *frankeermachine*
stamping machine, ⟨in tram &⟩ validation machine
**stempelen I** *overg* [stempelde, h. gestempeld] ❶*alg.*
stamp, mark \**~tot* stamp as ❷*goud en zilver*
hallmark ❸*post* postmark ❹*in tram &* stamp,
validate **II** *onoverg* [stempelde, h. gestempeld] *van
werklozen* ZN sign on (for the dole), be/go on the
dole
**stempeling** *v* [-en] stamping, ⟨op postzegel⟩
postmarking, ⟨goud, silver⟩ hallmarking, ⟨in tram &⟩
validation, ⟨decoratief⟩ embossing
**stempelinkt** *m* stamping ink
**stempelkussen** *o* [-s] stamp pad, ink-pad
**stemplicht** *m & v* compulsory voting
**stemrecht** *o* ❶*staatkundig* (right to) vote, suffrage,
franchise \**algemeen ~*universal suffrage \**ze eisten
algemeen ~*they demanded one man one vote
❷*v. aandeelhouders* voting rights \**aandelen zonder
~*non-voting shares
**stemronde** *v* [-s] ballot
**stemsleutel** *m* [-s] tuning key
**stemspleet** *v* [-spleten] glottis \**taalk (van de) ~
glottal
**stemvee** *o* voting fodder
**stemverheffing** *v* raising of the voice \**met ~raise
one's voice
**stemverhouding** *v* ratio of votes
**stemvolume** *o* voice volume
**stemvork** *v* [-en] tuning fork

**st**

**stemwisseling** v [-en] breaking of the voice
**stencil** o & m [-s] stencil
**stencilen** overg [stencilde, h. gestencild] stencil, mimeograph, duplicate
**stencilmachine** v [-s] stencil machine, mimeograph, duplicator
**stenen** bn ❶ alg. of stone, stone* een~ hart a heart of stone* het~ tijdperk the Stone Age ❷ bakstenen brick
**steng** v [-en] topmast
**stengel** m [-s] v. plant stalk, stem* een zoute~ a pretzel stick
**stengun** m [-s] sten gun
**stenig** bn stony
**stenigen** overg [stenigde, h. gestenigd] stone (to death)
**steniging** v [-en] stoning
**stennis** m noise, fuss, commotion* ~ maken kick up a row/fuss, make a scene
**steno** v stenography, shorthand* iets in~ opnemen write sth down in shorthand
**stenograaf** m [-grafen] stenographer, shorthand writer
**stenografie** v stenography, shorthand
**stenografisch** bn stenographic, in shorthand
**stenogram** o [-men] shorthand writer's notes, shorthand report
**stenotypist** m [-en] Br shorthand typist, Am stenographer
**stentorstem** v stentorian voice
**step** m [-pen & -s] ❶ voetsteun step, footrest ❷ autoped scooter ❸ dans step dance
**steppe** v [-n] steppe
**steppehond** m [-en] hyena/prairie dog
**steppeklimaat** o steppe climate
**steppen** onoverg [stepte, h. gestept] ❶ dans step ❷ met autoped ride a scooter
**steppewolf** m [-wolven] coyote
**STER** afk (Stichting Ether Reclame) (Dutch) radio and television advertising authority
**ster** v [-ren] star* met~ren bezaaid starry, star-spangled* zijn~ rijst his star is in the ascendant* een vallende~ a falling star* een restaurant met drie~ren a three-star restaurant
**sterallures** zn [mv] (star) pretensions* niemand kan zich~ veroorloven nobody can afford to act like a prima donna/inf to hang out the prima donna
**stère** v [-s & -n] stere, cubic metre/Am meter
**stereo I** m ❶ stereofonie stereo(phony) ❷ stereometrie stereometry ❸ geluidsinstallatie stereo II bn stereo * deze opname is~ the recording is in stereo
**stereofonie** v stereophony
**stereofonisch** bn stereophonic
**stereo-installatie** v [-s] stereo (set)
**stereometrie** v stereometry
**stereoscoop** m [-scopen] stereoscope
**stereoscopisch** bn stereoscopic
**stereotiep I** bn stereotypic(al), stock, standard II bijw

stereotypically* een~ passioneel misdrijf a stereotype of a crime of passion
**stereotoren** m [-s] music centre/Am center
**stereotype** v [-n, -s] stereotype
**sterfbed** o [-den] deathbed
**sterfdag** m [-dagen] day of sbd.'s death, dying day
**sterfdatum** m [-s & -data] date of death
**sterfelijk** bn mortal
**sterfelijkheid** v mortality
**sterfgeval** o [-len] death* wegens~ owing to a death/bereavement
**sterfhuis** o [-huizen] house of the deceased
**sterfhuisconstructie** v [-s] reorganisatie ± asset stripping, leveraged buy-out
**sterfjaar** o [-jaren] year of sbd's death
**sterfput** m [-ten] ZN cesspool
**sterfte** v mortality* de~ onder het vee livestock mortality
**sterftecijfer** o [-s] (rate of) mortality, death rate
**sterftekans** v expected mortality
**sterfuur** o [-uren] dying hour, hour of death
**steriel** bn ❶ zonder besmettingsgevaar sterile ❷ onvruchtbaar sterile, barren ❸ saai sterile, unimaginative
**sterilisatie** v [-s] sterilization
**sterilisator** m [-s & -toren] sterilizer
**steriliseren** overg [steriliseerde, h. gesteriliseerd] sterilize
**steriliteit** v ❶ vrijheid van besmettingsgevaar sterility ❷ onvruchtbaarheid sterility, infertility ❸ saaiheid sterility, barrenness, lack of imagination
**sterk I** bn ❶ krachtig strong, powerful* een~ geheugen a retentive/good memory* een~e microscoop a powerful microscope* zo~ als een beer as strong as a horse ❷ overdreven strong* een~ verhaal a tall story* dat is~, zeg! that's what I call strong/steep! ❸ omvangrijk strong* een leger 100.000 man~ an army 100,000 strong ❹ bekwaam strong* hij is~ in het Frans he's strong in/good at French* daarin is hij~ that's his strong point* daar ben ik niet~ in that's not my strength, I'm not good at that ❺ ranzig rancid ❻ econ sharp ❼ taalk strong *~e werkwoorden strong/irregular verbs ▼ zich~ maken voor iets make out a case for sth ▼ ik maak me ~ dat... I'm sure that... II bijw strongly* dat is~ gezegd that's strongly put* ~ overdreven wildly exaggerated* hij/zijn zaak staat~ he has a strong case* ~ vergroot much enlarged
**sterkedrank** m strong drink, liquor, spirits
**sterken** overg [sterkte, h. gesterkt] strengthen, fortify, invigorate
**sterkers, sterrenkers** v garden cress
**sterkte** v [-n & -s] ❶ kracht strength, power* ~! good luck! all the best!* ~ geven give strength* iem.~ wensen wish sbd good luck/all the best ❷ fort fortress
**sterkwater** o nitric acid, aquafortis* op~ zetten preserve sth in alcohol

**stermotor** m [-s & -en] radial engine
**stern** v [-s] vogel (common) tern
**sternum** o sternum, breastbone
**steroïden** zn [mv] steroids
**sterrenbeeld** o [-en] sign of the zodiac * wat is jou
~? what's your astrological sign?
**sterrendom** o stardom
**sterrenhemel** m starry sky
**sterrenkaart** v [-en] map of the stars, celestial chart
**sterrenkijker** m [-s] ❶ astroloog astrologer, scherts
stargazer ❷ instrument telescope
**sterrenkunde** v astronomy
**sterrenkundige** m-v [-n] astronomer
**sterrenregen** m [-s] meteoric shower
**sterrenstelsel** o star system
**sterrenwacht** v [-en] (astronomical) observatory
**sterrenwichelaar** m [-s] astrologer
**sterrenwichelarij** v astrology
**sterretje** o [-s] ❶ kleine ster little star * ~s dansen voor
mijn ogen I see stars ❷ vuurwerk sparkler
❸ verwijzingsteken star, asterisk ❹ film starlet
**sterspeler** m [-s] star player
**sterveling** m [-en] mortal * geen~ not a (living) soul
**sterven** onoverg [stierf, is gestorven] die * ik mag~
als... I'll eat my hat if... * ~ aan een ziekte die of a
disease * van honger~ die of hunger/starvation * ~
van ouderdom die of old age * ~ van verdriet die of a
broken heart * op~ na dood all but dead * op~
liggen be dying, be at the point of death * duizend
doden~ taste death a thousand times * een
natuurlijke dood~ die a natural death
**stervensbegeleiding** v terminal care
**stervenskoud** bn freezing cold
**stervensnood** m agony
**stervensproces** o process of dying
**stervensuur** o [-uren] dying hour
**stervormig** bn star-shaped
**stethoscoop** m [-scopen] stethoscope
**steun** m [-en] ❶ stut support, prop, stay ❷ houvast
support, assistance * de~ van zijn oude dag his
support in his old age * hij was ons een grote~ he
was a great help to us * zij is mijn~ en toeverlaat she
is my help and stay/my anchor in the storm ❸ hulp
support, aid, assistance * ~ verlenen aan support
* met~ van... aided by... * tot~ van... in support of...
❹ bijstand welfare, dole * ~ trekken live on social
security/on welfare benefits, be on the dole
**steunaankoop** m [-kopen] eff support purchase,
purchase to support ⟨the dollar⟩
**steunbalk** m [-en] supporter, girder
**steunbeer** m [-beren] buttress
**steunbetuiging** v [-en] expression of support
**steuncomité** o [-s] relief committee
**steunen** I overg [steunde, h. gesteund] ❶ stutten
support, prop (up) ❷ ondersteunen support, back
(up), uphold * een motie~ carry/second a motion
* een zaak~ support a cause ❸ kreunen groan
II onoverg [steunde, h. gesteund] ❶ leunen lean * ~

op lean on; fig rely/depend on * waarop steunt dat?
what is that founded on? * ~ tegen lean against
❷ kreunen moan, groan
**steunfonds** o [-en] relief fund
**steunfraude** v social security fraud
**steunkleur** v [-en] grafische sector supporting
colour/Am color
**steunkous** v [-en] support stocking
**steunmuur** m [-muren] supporting/retaining wall
**steunpilaar** m [-laren] pillar, mainstay * de
steunpilaren van de maatschappij the pillars of
society
**steunpunt** o [-en] ❶ alg. point of support ❷ fig
(main) point ❸ v. een hefboom fulcrum ❹ mil base
**steuntje** o [-s] support, help * iem. een~ in de rug
geven ⟨handje helpen⟩ lend sbd a helping hand;
⟨morele steun⟩ give sbd a bit of encouragement
**steuntrekker** m [-s] recipient of (unemployment)
relief, person on the dole
**steunzender** m [-s] relay transmitter/station
**steunzool** v [-zolen] arch support
**steur** m [-en] vis sturgeon
**steven** m [-s] prow, stem * de~ wenden go about * de
~ wenden naar head for..., make for...
**stevenen** onoverg [stevende, is gestevend] steer, sail
* ~ naar steer for, make one's way to * recht op zijn
doel af~ head straight/directly for one's aim/target
**stevig** I bn ❶ v. zaken solid, strong ❷ maaltijd &
substantial, heavy * ~ kost substantial food ❸ solide
firm, robust * een~e bries a stiff breeze * een~
glaasje a stiff glass * een~e handdruk a firm
handshake * een~ uur one hour solid ❹ v. persoon
strong, sturdy * een~e eter a hearty eater * een~e
meid a strapping lass II bijw solidly & * ~
doorstappen walk at a stiff pace * ~ geboeid firmly
fettered/bound * ~ gebouwd ⟨v. huizen &⟩ firmly
built; ⟨v. mannen⟩ well built * iem. ~ vasthouden
hold sbd tight
**stevigheid** v solidity, strength, firmness, sturdiness
**steward** m [-s] steward
**stewardess** v [-en] air hostess, stewardess
**stichtelijk** I bn ❶ verheffend edifying, elevating
❷ vroom devotional, pious II bijw edifyingly &
* dank je~! thanks for nothing!
**stichten** overg [stichtte, h. gesticht] ❶ oprichten
found, establish, start * een school~ found a school
* een gezin~ start a family ❷ veroorzaken bring
about, cause * vrede~ make peace * brand~ start a
fire * onheil~ stir up mischief ❸ geestelijk verheffen
edify * hij is er niet over gesticht he's annoyed about
it
**stichter** m [-s] founder
**stichting** v [-en] ❶ oprichting foundation
❷ organisatie institution, foundation, organization
❸ zedelijke verheffing edification
**stichtingsakte** v [-s] charter of foundation
**stichtingsbestuur** o [-sturen] executive committee
**stick** m [-s] ❶ stuurknuppel stick ❷ sp stick

**st**

**sticker** *m* [-s] sticker

**stickie** *o* [-s] joint

**stief** *bn* ✱ *het is nog een ~ endje lopen* there's still a long way to go ✱ *een ~ kwartiertje* a good quarter of an hour

**stiefbroer, stiefbroeder** *m* [-s] stepbrother

**stiefdochter** *v* [-s] stepdaughter

**stiefelen** *onoverg* [stiefelde, h. en is gestiefeld] hoof it

**stiefkind** *o* [-eren] stepchild

**stiefmoeder** *v* [-s] stepmother

**stiefmoederlijk** *bn* stepmotherly ✱ *~ behandeld worden* be treated harshly ✱ *wij zijn altijd ~ bedeeld geweest* we've always been the poor cousins ✱ *de natuur heeft hem ~ bedeeld* nature has not lavished her gifts upon him

**stiefouders** *zn* [mv] stepparents

**stiefvader** *m* [-s] stepfather

**stiefzoon** *m* [-s & -zonen] stepson

**stiefzuster** *v* [-s] stepsister

**stiekem** I *bn* underhand, sneaky ✱ *een ~ karakter* a sneaky character II *bijw* on the sly/quiet, secretly ✱ *~ weglopen* sneak/steal away ✱ *zich ~ houden* lie low ✱ *~ genieten* enjoy sth in secret/on the sly

**stiekemerd** *m* [-s] sneak

**stiel** *m* [-en] *beroep* ZN profession, trade

**stielkennis** *v* ZN professional/expert knowledge

**stielman** *m* [-nen] ZN professional, craftsman, skilled worker

**Stier** *m* *astron & astrol* Taurus

**stier** *m* [-en] bull ✱ *ik baal als een ~ dat...* I'm sick and tired of... ✱ *de ~ bij de horens vatten* take the bull by the horns

**stierengevecht** *o* [-en] bullfight

**stierennek** *m* [-ken] bull's neck

**stierenvechter** *m* [-s] bullfighter

**stierlijk** *bijw* ✱ *~ het land hebben* be terribly annoyed ✱ *~ vervelend* frightfully boring ✱ *zich ~ vervelen* be bored to death

**stift** I *v* [-en] ❶ *puntig voorwerp* pin ❷ *graveerstift* stylus ❸ *v. vulpotlood* cartridge ❹ *viltstift* felt-tip pen II *o* [-en] *sticht* convent

**stiftbal** *m* [-len] *sp* chip

**stiften** *overg* [stiftte, h. gestift] *sp* chip

**stifttand** *m* [-en] false tooth

**stigma** *o* ['s & -ta] stigma

**stigmatisatie** *v* [-s] stigmatization

**stigmatiseren** *overg* [stigmatiseerde, h. gestigmatiseerd] stigmatize

**stijf** I *bn* ❶ *moeilijk buigbaar* stiff, rigid ✱ *een stijve nek* a stiff neck ✱ ‹erectie› *een stijve krijgen* get a hard-on ✱ *zo ~ als een plank* as stiff as a board ✱ *~ van de kou* stiff/numb with cold ❷ *goed samenhangend* stiff, firm ✱ *de pudding ~ laten worden* leave the mousse to stiffen/to set ❸ *houterig* stiff, awkward ❹ *formeel* stiff, constrained, formal, starchy ✱ *stijve manieren* stiff/constrained manners II *bijw* stiffly & ✱ *~ dicht* firmly/tightly closed ✱ *het*

*werkstuk stond ~ van de fouten* the paper was loaded with mistakes ✱ *iem. ~ vloeken* swear sbd's ears off ✱ *iets ~ en strak volhouden* not budge an inch

**stijfheid** *v* stiffness, rigidity

**stijfjes** *bijw* stiffly, formally ✱ *er ~ bij staan* act stiffly ✱ *zich ~ gedragen* behave formally

**stijfkop** *m* [-pen] stubborn/obstinate person, Am inf bullethead

**stijfkoppig** I *bn* stubborn, obstinate, stiff-necked II *bijw* stubbornly, obstinately

**stijfsel** *m & o* ❶ *voor kleding* starch ❷ *aangemaakt* paste

**stijgbeugel** *m* [-s] stirrup ✱ *fig de/een voet in de ~ hebben* have a foot in the door

**stijgen** *onoverg* [steeg, is gestegen] ❶ *in de hoogte* rise, mount, *luchtv* climb ✱ *naar het hoofd ~* go to one's head ✱ *te paard ~* mount one's horse ❷ *hoger worden* rise, go up, climb ✱ *eff een ~de markt* a bull market ✱ *de prijzen laten een ~de lijn zien* prices are on the rise/are climbing ✱ *in achting ~* rise in esteem

**stijgijzer** *o* [-s] crampon, climbing iron

**stijging** *v* [-en] rise, increase, climb

**stijgkracht** *v* *luchtv* lifting power

**stijgsnelheid** *v* *luchtv* climbing speed

**stijgvermogen** *o* lifting power, lift

**stijl** *m* [-en] ❶ *taalgebruik* style, ‹taalregister› register ❷ *handelwijze* style ✱ *dat is geen ~* that's no way to behave ❸ *v. kunstwerken* style, tradition ✱ *in de ~ van de Delftse School* in/after the tradition/style of the Delft School ❹ *deurpost* post

**stijlbloempje** *o* [-s] mixed metaphor

**stijlbreuk** *v* change of style

**stijldansen** *o* ballroom dancing

**stijlfiguur** *v* [-guren] figure of speech

**stijlfout** *v* [-en] stylistic error

**stijlgevoel** *o* sense of style, feeling for style

**stijlkamer** *v* [-s] period room

**stijlleer** *v* stylistics

**stijlloos** I *bn* ❶ *zonder stijl* tasteless, styleless, lacking in taste ✱ *zijn optreden was ~* his behaviour was shameful ❷ *laag bij de gronds* ill mannered II *bijw* tastelessly & ✱ *iem. ~ behandelen* treat sbd in an ill-mannered way

**stijlmiddel** *o* [-en] stylistic device

**stijloefening** *v* [-en] style exercise

**stijlperiode** *v* [-s, -n] style period

**stijlvol** I *bn* stylish, fashionable II *bijw* stylishly, fashionably ✱ *een huis ~ inrichten* decorate a house fashionably/stylishly/in style

**stijven** I *overg* [steef, h. gesteven] *kleding* starch ✱ *een gesteven overhemd* a starched shirt II *overg* [stijfde, h. gestijfd] *verstevigen* stiffen, strengthen ✱ *iem. in het kwaad ~* egg sbd on ✱ *dat stijft mij in de overtuiging dat...* that strengthens my conviction that... III *onoverg* [stijfde, h. gestijfd] *v. wind* stiffen

**stikdonker** I *bn* pitch dark ✱ *~e nacht* a pitch-dark night II *o* pitch darkness

**stikheet** *bn* stifling hot

**stikken I** *onoverg* [stikte, is gestikt] stifle, be stifled, choke, be suffocated, suffocate * *ik stik!* I'm choking! * *ze mogen voor mijn part* ~ they can go to hell * *als ik jou was liet ik de hele boel* ~ if I were you I'd leave them to their own devices * ~ *in het geld* be up to one's ears in money * *het was om te* ~ ⟨v. hitte⟩ it was suffocatingly hot; ⟨grappig⟩ it was screamingly funny * ~ *van het lachen* split one's sides with laughter * ~ *van het werk* be up to one's ears in work * ~ *van woede* choke with rage **II** *overg* [stikte, h. gestikt] *naaien* stitch * *een gestikte deken* a quilt

**stiksel** *o* [-s] stitching

**stikstof** *v* nitrogen

**stikstofdioxide** *o* nitrogen dioxide

**stikstofhoudend** *bn* nitrogenous

**stikwerk** *o* stitching

**stil I** *bn* ❶ *zonder geluid* quiet, silent * ~*!* hush! * ~ *daar!* silence! * *zo* ~ *als een muis(je)* as quiet as a mouse * *ergens* ~ *van zijn* fall silent about sth ❷ *niet bewegend* still, motionless ❸ *rustig* quiet, calm * *de Stille Oceaan, de Stille Zuidzee* the Pacific (Ocean) * ⟨op de beurs⟩ ~*le handel* quiet trading * ⟨in een bedrijf⟩ *de* ~*le uren* the quiet/slack hours ❹ *verborgen* secret * *een* ~*le aanbidder* a secret admirer * *een* ~*le drinker* a secret/closet drinker * ~*le hoop koesteren* cherish a secret hope * *boekh een* ~*le reserve* a hidden reserve * *een* ~*le vennoot* a sleeping partner ▼ ~ *spel* stage business ▼ *de Stille Week* Holy Week **II** *bijw* quietly & * ~ *leven* lead a quiet life; ⟨met pensioen zijn⟩ have retired from business * ~ *toeluisteren* listen in silence

**stilaan** *bijw* gradually

**stileren** *overg* [stileerde, h. gestileerd] ❶ *stellen* compose ❷ *motieven &* stylize

**stiletto** *m* ['s] flick knife

**stilhouden I** *onoverg* [hield stil, h. stilgehouden] stop, pull/draw up * *de wagen hield stil voor de deur* the car pulled up/drew up/stopped at the door **II** *overg* [hield stil, h. stilgehouden] * *iets* ~ keep sth quiet, hush sth up **III** *wederk* [hield stil, h. stilgehouden] * *zich* ~ keep quiet/still/silent

**stilist** *m* [-en] stylist

**stilistiek** *v* stylistics

**stilistisch I** *bn* stylistic **II** *bijw* stylistically

**stille** *m* [-n] plain-clothes man

**stilleggen** *overg* [legde stil, h. stilgelegd] ❶ *werk* stop ❷ *fabriek &* close/shut down

**stillegging** *v* closure, shutdown

**stillen** *overg* [stilde, h. gestild] ❶ *kind* quiet, hush ❷ *angsten &* still ❸ *pijn* relieve, alleviate ❹ *honger &* appease, satisfy

**Stille Oceaan, Grote Oceaan** *m* Pacific Ocean

**stilletjes** *bijw* ❶ *stil* silently, noiselessly ❷ *stiekem* secretly * *er* ~ *vandoor gaan* run off on the quiet

**stilleven** *o* [-s] still life

**stilliggen** *onoverg* [lag stil, h. stilgelegen] ❶ *in bed &*

lie still ❷ *fabriek &* lie/be idle * *de handel ligt stil* trade is at a standstill ❸ *v. schip* ⟨aangemeerd⟩ be at anchor/in harbour, ⟨uit de vaart⟩ lie to

**stilstaan** *onoverg* [stond stil, h. stilgestaan] ❶ *niet bewegen* stand still * *hij bleef* ~ he stopped * *fig de handel staat stil* trade is at a standstill * *hollen of* ~ running to extremes, all or nothing ❷ *niet functioneren* stop, be at a standstill * *de klok staat stil* the clock has stopped * *de klok laten* ~ stop the clock * *daar staat mijn verstand bij stil* it's beyond my comprehension ❸ *stilhouden* pause * *de telefoon staat niet stil* the telephone never stops ringing * *daar heb ik niet bij stilgestaan* I didn't give it a thought * *ergens wat langer bij* ~ dwell on sth a little longer ❹ *stagneren* stagnate

**stilstaand** *bn* ❶ *v. water* standing, stagnant ❷ *v. trein &* standing, stationary

**stilstand** *m* ❶ *alg.* standstill * *tot* ~ *komen* come to a standstill * *het ophouden* cessation ❷ *stagnatie* stagnation ❸ *in fabriek, van werk* stoppage

**stilte** *v* [-n & -s] stillness, quiet, silence * ~*!* silence! * (*er viel een*) *doodse* ~ (there was a) sudden hush * *de* ~ *voor de storm* the lull/calm before the storm * *in* ~ silently; ⟨getrouwd⟩ secretly, privately * *in* ~ *lijden* suffer in silence * *de menigte nam twee minuten* ~ *in acht* the crowd stood in silence for two minutes/observed a two-minute silence * *van de* ~ *in het bos genieten* enjoy the silence in the woods

**stilton** *m* Stilton

**stilvallen** *onoverg* [viel stil, is stilgevallen] ❶ *ophouden met spreken* fall silent ❷ *ophouden te bewegen* halt, come to a standstill

**stilzetten** *overg* [zette stil, h. stilgezet] bring to a stop * *de klok* ~ stop the clock

**stilzitten** *overg* [zat stil, h. stilgezeten] ❶ sit still ❷ *fig* do nothing * *we hebben niet stilgezeten* we haven't been idle

**stilzwijgen I** *onoverg* [zweeg stil, h. stilgezwegen] keep silent **II** *o* silence * *het* ~ *bewaren* keep/preserve/observe/maintain silence, be/keep silent * *zich in* ~ *hullen* cloak oneself in silence * *iem. het* ~ *opleggen* silence sbd * *het* ~ *verbreken* break the silence

**stilzwijgend I** *bn* ❶ *v. personen* silent, taciturn ❷ *v. zaken* implicit, tacit, implied * *een* ~ *e afspraak* a tacit agreement **II** *bijw* silently & * ~ *voorbijgaan* pass over in silence * ~ *in iets toestemmen* consent tacitly

**stimulans** *m* [-en & -lantia] ❶ *opwekkend middel* stimulant ❷ *aansporing* incentive, stimulus, boost

**stimulatie** *v* [-s] stimulation

**stimulator** *m* [-s &-toren] stimulator

**stimuleren** *overg* [stimuleerde, h. gestimuleerd] stimulate, boost, encourage * *een* ~*d middel* a stimulant * *iem.* ~ encourage sbd

**stimulering** *v* [-s] stimulation

**stimuleringsmaatregel** *m* [-s & -en] incentive (measure)

**st**

**stimulus** *m* [-li] stimulus, incentive

**stinkbom** *v* [-men] stink bomb

**stinkdier** *o* [-en] skunk

**stinken** *onoverg* [stonk, h. gestonken] stink, smell, reek ∗ ~ *naar* reek/stink of ▼ *inf erin* ~ walk right into the trap

**stinkend I** *bn* stinking, reeking, fetid ∗ ⟨plant⟩ *de* ~ *e gouwe* the greater celandine ▼ *zijn* ~ *e best doen* do one's utmost **II** *bijw* versterkend horribly ∗ ~ *jaloers* insanely jealous ∗ ~ *rijk* stinking rich

**stinker, stinkerd** *m* [-s] stinker ∗ *een rijke* ~ a moneybags ∗ *in zijn* ~ *zitten* have the wind up

**stinkvoeten** *zn* [mv] smelly feet

**stinkzwam** *v* [-men] stinkhorn

**stip** *v* [-pen] ❶ point, dot ∗ *een jurk met* ~ *pen* a dotted/spotted dress ∗ *stijgen met* ~ climb the charts ∗ *hij is met* ~ *de beste* he is by far the best ❷ sp (penalty) spot

**stipendium** *o* [-s & -dia] scholarship

**stippelen** *overg* [stippelde, h. gestippeld] dot, speckle, stipple

**stippellijn** *v* [-en] dotted line

**stipt I** *bn* punctual, precise, accurate **II** *bijw* punctually & ∗ ~ *eerlijk* strictly honest ∗ ~ *op tijd* right on time, punctually

**stiptheid** *v* punctuality, accuracy

**stiptheidsactie** *v* [-s], ZN **stiptheidsstaking** [-en] work-to-rule ∗ *een* ~ *voeren* work to rule

**stipuleren** *overg* [stipuleerde, h. gestipuleerd] stipulate

**stock** *m* [-s] ❶ *kapitaal* capital, fund, stock ❷ *goederenvoorraad* ZN stock

**stockdividend** *o* [-en] stock dividend, dividend in shares, scrip

**stoefen** *onoverg* [stoefte, h. gestoeft] ZN brag, boast

**stoefer** *m* [-s] ZN braggart, boaster

**stoeien** *onoverg* [stoeide, h. gestoeid] play around ∗ *wat met ideeën* ~ toy with some ideas

**stoeipartij** *v* [-en] romp, frolic

**stoeipoes** *v* [-poezen] sex kitten, playgirl

**stoel** *m* [-en] *meubel* chair ∗ *de Heilige Stoel* the Holy See ∗ *de elektrische* ~ the electric chair ∗ *een luie* ~ an easy chair ∗ *neem een* ~ take a seat ∗ *een* ~ *in de hemel verdienen* deserve a place in heaven ∗ *de poten onder iems.* ~ *wegzagen* take away the ground from under sbd's feet ∗ *iets niet onder* ~ *en of banken steken* make no secret of sth ∗ *op de* ~ *van iem. anders gaan zitten* take sbd else's place, make a decision to which you are not entitled ∗ *van zijn* ~ *vallen* fall off one's chair ∗ *voor* ~ *en en banken spelen/spreken* play/lecture to empty seats

**stoelen** *onoverg* [stoelde, h. gestoeld] be based (on), rest (on) ∗ ~ *op* be founded on, be rooted in

**stoelendans** *m* [-en] musical chairs

**stoelenmatter** *m* [-s] chair mender

**stoelgang** *m* bowel movement, stool(s) ∗ *een goede* ~ *hebben* have good bowels

**stoelleuning** *v* [-en] chair arm, arm of a chair

**stoelpoot** *m* [-poten] chair leg

**stoeltjeslift** *m* [-en] chair lift

**stoep** *m & v* [-en] ❶ *opstap* (flight of) steps ❷ *trottoir* pavement, footpath, Am sidewalk

**stoepa** *m* ['s] stupa

**stoeprand** *m* [-en] kerbstone, Am curbstone

**stoepranden** *o* *kinderspel* ± stoop ball

**stoeptegel** *m* [-s] paving stone

**stoer I** *bn* sturdy ∗ *een* ~ *e bink* a he-man, a macho man **II** *bijw* sturdily ∗ ~ *doen* act tough

**stoerheid** *v* sturdiness

**stoet** *m* [-en] ❶ parade, procession, train, retinue ❷ *brood* white bread

**stoeterij** *v* [-en] horse breeding, stud (farm)

**stoethaspel** *m* [-s] clumsy fellow ∗ *een rare* ~ a queer fish, a weirdo

**stof I** *v* [-fen] ❶ *textiel* material, stuff, fabric ❷ *materie* matter, substance ∗ ~ *en geest* mind and matter ❸ *onderwerp(en)* subject matter, theme ∗ *dat geeft* ~ *tot nadenken* that will give food for reflection/thought ∗ *kort van* ~ *zijn* be brief ∗ *lang van* ~ *zijn* be long-winded **II** *o* dust ∗ ~ *afnemen* dust ∗ ~ *opjagen* make a dust ∗ *onder het* ~ dusty ∗ *dat heeft heel wat* ~ *doen opwaaien* it has raised a lot of dust ∗ *het* ~ *van zijn voeten schudden* shake the dust off one's feet ∗ *zich in het* ~ *vernederen* debase oneself, eat humble pie ∗ *door het* ~ *kruipen voor iem.* cringe/crawl before sbd ∗ *in het* ~ *bijten* bite the dust ∗ *tot* ~ *vergaan* crumble into dust ∗ *iem. uit het* ~ *verheffen* raise sbd from the gutter ∗ bijbel ~ *zijt gij en tot* ~ *zult gij wederkeren* dust thou art, and unto dust shalt thou return

**stofblik** *o* [-ken] dustpan

**stofbril** *m* [-len] goggles

**stofdeeltje** *o* [-s] (dust) particle

**stofdoek** *m* [-en] duster

**stoffeerder** *m* [-s] upholsterer

**stoffeerderij** *v* [-en] upholstery (business)

**stoffelijk** *bn* material, physical ∗ ~ *e belangen* material interests ∗ ~ *e bijvoeglijke naamwoorden* names of materials used as adjectives ∗ *zijn* ~ *overschot* his mortal remains

**stoffen I** *overg* [stofte, h. gestoft] *stof afnemen* dust **II** *onoverg* [stofte, h. gestoft] *bluffen* boast (op of) **III** *bn* cloth, fabric

**stoffer** *m* [-s] brush ∗ ~ *en blik* (dust)pan and brush

**stofferen** *overg* [stoffeerde, h. gestoffeerd] upholster, furnish

**stoffering** *v* [-en] upholstery, furnishings ∗ *inclusief* ~ with curtains and drapes

**stoffig** *bn* dusty ∗ ~ *worden* gather dust

**stofgoud** *o* gold dust

**stofjas** *m & v* [-sen] dustcoat, overall

**stofje** *o* [-s] speck of dust ∗ *een aardig* ~ a nice bit of fabric

**stofkam** *m* [-men] fine-tooth(ed) comb

**stofkap** *v* [-pen] dust cap

**stoflong** *v* black lung, med silicosis,

pneumoconiosis
**stofmasker** o [-s] dust mask
**stofnaam** m [-namen] <u>taalk</u> name of a material/substance
**stofnest** o [-en] dust trap
**stofomslag** m & o [-slagen] dust jacket
**stofregen** m [-s] drizzle
**stofvrij** bn free from dust, dust-free * *iets ~maken* dust sth
**stofwisseling** v metabolism
**stofwisselingsziekte** v [-n &-s] metabolic disease
**stofwolk** v [-en] dust cloud, cloud of dust
**stofzuigen** onoverg & overg [stofzuigde, h. gestofzuigd] vacuum
**stofzuiger** m [-s] vacuum cleaner
**stoïcijn** m [-en] stoic
**stoïcijns, stoïsch** I bn stoical, stoic II bijw stoically * *~reageren* react stoically
**stoïcisme** o stoicism
**stok** m [-ken] ❶ stick, ⟨wandelstok⟩ walking stick, cane * *de ~ achter de deur* the big stick * *het met iem. aan de ~ hebben* be at loggerheads with sbd * *het met iem. aan de ~ krijgen* get into trouble with sbd * *hij is met geen ~ hierheen te krijgen* wild horses won't drag him here ❷ *zitstok voor vogels* perch, roost * *op ~ gaan* go to roost, go to bed * *op ~ zijn* be at roost ❸ v. *politieagent* truncheon, baton ❹ v. *dirigent, bij estafette* baton ❺ v. *vlag* pole
**stokbrood** o [-broden] French bread, baguette
**stokdoof** bn stone deaf, deaf as a doornail
**stoken** I overg [stookte, h. gestookt] ❶ *als brandstof gebruiken* burn ❷ *kachel &* stoke * *het vuur ~ stoke* up the fire * *een vuurtje ~* light a fire ❸ *ketel, motor & fire* ❹ *likeur* distil * *jenever ~* distil gin ❺ *aanwakkeren* stir up II onoverg [stookte, h. gestookt] ❶ heat, stoke ❷ *fig* stir up trouble
**stoker** m [-s] ❶ v. *locomotief* stoker, fireman ❷ *jenever* distiller ❸ *opruier* firebrand
**stokerij** v [-en] distillery
**stokje** o [-s] (little) stick * *met ~s eten* eat with chopsticks * *daar zullen wij een ~ voor steken* we'll put a stop to it * *inf van zijn ~ gaan* pass out, keel over * *alle gekheid op een ~* all joking apart
**stokken** I onoverg [stokte, is gestokt] ❶ v. *bloed* cease to circulate ❷ v. *stem* break down * *zijn stem stokte* there was a catch in his voice ❸ v. *conversatie* flag ▼ *haar adem stokte* she caught her breath II onoverg [stokte, h. gestokt] * *~op* stake/tie up
**stokoud** bn old as the hills, ancient
**stokpaardje** o [-s] hobbyhorse * *op zijn ~ zitten/zijn* be on one's hobbyhorse/on one's pet subject
**stokroos** v [-rozen] hollyhock
**stokslag** m [-slagen] stroke with a stick/cane * *voor straf kreeg hij 10 ~en* for punishment he was given 10 strokes of the cane
**stokstijf** I bn ❶ *erg stijfjes* as stiff as a poker ❷ *onbeweeglijk* stock still ❸ *onverzettelijk* stubborn, obstinate II bijw stubbornly, obstinately * *~*

*volhouden* maintain obstinately
**stokvis** m *gedroogde vis* stockfish, dried cod, bacalao
**stol** m [-len] stollen
**stola** v ['s] stole
**stollen** onoverg [stolde, is gestold] congeal, coagulate, solidify, clot, ⟨ei⟩ set * *het bloed stolde in mijn aderen* my blood ran cold * *het doet het bloed ~* it makes one's blood run cold
**stolling** v congelation, coagulation
**stollingsgesteente** o [-n &-s] igneous rock
**stollingspunt** o solidification/solidifying point
**stollingstijd** m [-en] solidification/coagulation time
**stolp** v [-en] ❶ cover, glass bell, bell glass ❷ *boerderij* farmhouse
**stolpboerderij** v [-en] stolp, traditional Dutch farmhouse
**stolsel** o [-s] clot, congelation
**stom** I bn ❶ *niets zeggend* mute, dumb, speechless * *een ~me rol/film* a silent part/film * *ze was doof en ~* she was profoundly deaf, *vero* she was a deaf mute * *dat ~me dier!* that poor brute! * *een ~me h* a silent h * *hij sprak/zei geen ~woord* he never said a word * *~van verbazing* speechless with amazement ❷ *dom* stupid, dull * *~geluk* the devil's luck * *~me idioot!* bloody fool/idiot! * *hij is te ~om voor de duivel te dansen* he's too stupid for words * *zo ~als het achterend van een varken* as thick as two planks ❸ *niet verstandig* foolish II bijw mutely &
**stoma** m ['s, -mata] med fistula, colostomy
**stomdronken** bn dead drunk
**stomen** I onoverg [stoomde, h. gestoomd] ❶ *damp afgeven* steam * *het water staat te ~* the water's boiling ❷ *blootstellen aan stoom* steam * *laat de aardappels gaar ~* let the potatoes finish cooking in their steam * *~boven een kom heet water* inhale over a bowl of hot water ❸ *walmen* smoke II onoverg [stoomde, h. en is gestoomd] *boot en trein* steam * *de trein stoomde weg* the train steamed away * *met volle kracht ~* steam at full power III overg [stoomde, h. gestoomd] ❶ *rijst &* steam ❷ *chemisch reinigen* dry-clean
**stomerij** v [-en] dry cleaner's * *mijn pak is bij de ~* my suit is at the (dry-)cleaner's
**stomheid** v ❶ *het niet kunnen spreken* dumbness * *met ~geslagen* be struck dumb ❷ *domheid* [-heden] stupidity
**stomkop** m [-pen] blockhead, meathead
**stommelen** onoverg [stommelde, h. gestommeld] clatter, bang * *naar boven ~* stumble up the stairs
**stommeling** m [-en], **stommerik** [-riken] blockhead, idiot, duffer * *(jij) ~!* you stupid idiot!
**stommetje** o * *wij moesten ~ spelen* we had to play dumb
**stommiteit** v [-en] stupidity, blunder * *een ~begaan* make a stupid mistake
**stomp** I m [-en] ❶ *met vuist &* thump, punch, push * *een ~in de zij* a dig in the side ❷ *overblijfsel* stump II bn ❶ *potlood, mes* blunt * *een ~e neus* a flat nose

**st**

❷ <u>fig</u> obtuse ✶ *een~e hoek* an obtuse angle
**stompen** *overg* [stompte, h. gestompt] thump, punch, push
**stomphoekig** *bn* obtuse-angled
**stompje** *o* [-s] ❶ *van een boom, ledematen* stump ❷ *v. een sigaret, een potlood* stub
**stompzinnig I** *bn* obtuse, stupid, <u>inf</u> dense **II** *bijw* obtusely &
**stompzinnigheid** *v* [-heden] obtuseness, stupidity
**stomtoevallig I** *bn* accidental, chance **II** *bijw* by (the merest) coincidence, by sheer chance
**stomverbaasd** *bn* astonished, amazed, flabbergasted
**stomvervelend** *bn* deadly dull, boring
**stomweg** *bijw* simply, without thinking
**stond** *m* [-en] *plechtig* time, hour, moment ✶ *te dezer ~* at this moment/hour ✶ *terzelfder~* at the same moment ✶ *van~en aan* henceforward, from this very moment
**stoned** *bn* stoned, high
**stoof** *v* [stoven] ❶ *voetwarmer* footwarmer, footstove ❷ *kachel* <u>ZN</u> stove
**stoofappel** *m* [-en & -s] cooking apple
**stoofpeer** *v* [-peren] cooking/stewing pear
**stoofpot** *m* [-ten] stew, casserole
**stoofschotel** *m & v* [-s] stew
**stoofvlees** *o* <u>ZN</u> stewing steak
**stookgat** *o* [-gaten] stokehole
**stookgelegenheid** *v* [-heden] fireplace
**stookkosten** *zn* [mv] heating costs
**stookolie** *v* [-liën] oil fuel
**stookplaats** *v* [-en] ❶ *haard* fireplace, hearth ❷ *techn* stokehold, stokehole
**stoom** *m* steam ✶ *~ afblazen* let off steam ✶ *scheepv onder~* under steam
**stoombad** *o* [-baden] steam bath
**stoomboot** *m & v* [-boten] steamboat, steamer, steamship
**stoomcursus** *m* [-sen] intensive/short/crash course
**stoomfluit** *v* [-en] steam whistle
**stoomgemaal** *o* [-malen] steam pumping station
**stoomketel** *m* [-s] steam boiler, steamer
**stoomlocomotief** *v* [-tieven] steam locomotive
**stoommachine** *v* [-s] steam engine
**stoompan** *v* [-nen] steamer
**stoomschip** *o* [-schepen] steamship, steamer
**stoomstrijkijzer** *o* [-s] steam iron
**stoomwals** *v* [-en] steamroller
**stoop** *v* [stopen] ❶ *vochtmaat 2 1/2 l* <u>arch</u> stoup, stoop ❷ *kan* <u>ZN</u> jug, jar, pitcher
**stoornis** *v* [-sen] ❶ *verstoring* disturbance ❷ *gebrek* disorder
**stoorzender** *m* [-s] jammer, jamming station
**stoot** *m* [stoten] ❶ *duw* push, thrust, ⟨bij boksen⟩ punch, ⟨v. zwaard⟩ thrust, ⟨bij schermen⟩ lunge, ⟨v. dolk⟩ stab ✶ *de (eerste)~ tot iets geven* set the ball rolling ✶ *zonder slag of~* without striking a blow ✶ *de eerste~ opvangen* intercept the first blow ❷ *bij*

*biljard* shot, stroke ❸ *botsing* impact ❹ *v. geweer* kick ❺ *v. wind* gust ❻ *op blaasinstrument* blast ❼ *mooie meid* nice bit of stuff, <u>Am</u> nice chick ▼ *op~ zijn* be in top form
**stootband** *m* [-en] bumper, fender
**stootblok** *o* [-ken] buffer
**stootje** *o* [-s] push ✶ *hij kan wel tegen een ~* he can take it
**stootkracht** *v* impact
**stootkussen** *o* [-s] buffer, fender
**stoottroepen** *zn* [mv] shock/storm troops
**stootvast** *bn* chip proof
**stop I** *m* ❶ *voor fles &* [-pen] stopper ❷ *in sokken &* [-pen] darn ❸ *smeltstop* [-pen] fuse ❹ *v. badkuip &* [-pen] plug ❺ *van huur, loon, prijzen* [-s] freeze ❻ *onderbreking* [-s] break ✶ *een korte/kleine ~ maken* have a short break **II** *tsw* ✶ *~! stop!, halt!*
**stopbord** *o* [-en] stop sign
**stopcontact** *o* [-en] (power) point, socket ✶ *in het~ steken* put into the socket
**stopfles** *v* [-sen] stoppered bottle, (glass) jar
**stopgaren** *o* darning/mending cotton
**stopkogel** *m* [-s] disabling bullet
**stoplap** *m* [-pen] ❶ sampler ❷ <u>fig</u> stopgap
**stoplicht** *o* [-en] traffic light ✶ *door een ~ rijden* drive/go through red
**stopmiddel** *o* [-en] <u>med</u> astringent
**stopnaald** *v* [-en] darning needle
**stoppel** *m* [-s] ❶ *v. maaiveld* stubble ❷ *v. baard* stubble, bristle ✶ *~s* stubble
**stoppelbaard** *m* [-en] stubbly beard
**stoppelig** *bn* stubbly
**stoppelveld** *o* [-en] field of stubble
**stoppen I** *overg* [stopte, h. gestopt] ❶ *dichtmaken v. lek, gat & stop* ❷ *v. sokken* darn ❸ *dichthouden v. oren & stop* ❹ *volstoppen v. pijp & fill* ❺ *inbrengen, wegbergen* put ✶ *de kinderen in bed ~* put the children to bed ✶ *iem. iets in de handen~* foist sth off upon sbd ✶ *hij laat zich alles in de hand(en)~* you can palm off anything on him ✶ *iets in zijn mond/zak ~* put sth in one's mouth/pocket ✶ *de kleine er lekker onder~* tuck the baby up in bed ✶ ⟨begraven⟩ *iem. onder de grond ~* shove sbd in the ground **II** *onoverg* [stopte, is gestopt] ❶ stop, come to a stop, halt ✶ *~ met roken* stop smoking ✶ *~ met zijn studie* stop studying, drop out ❷ *met werk* quit, stop ✶ *ik stop hiermee* I'm quitting/stopping **III** *onoverg* [stopte, h. en is gestopt] ✶ *de trein stopt hier niet* the train doesn't stop here **IV** *onoverg* [stopte, h. gestopt] *v. voedsel* cause constipation
**stoppenkast** *v* [-en] fuse box
**stopplaats** *v* [-en] stopping place, stop
**stopsein** *o* [-en] stop signal
**stopstreep** *v* [-strepen] halt line
**stopteken** *o* [-s] stop signal
**stoptrein** *v* [-en] slow train
**stopverbod** *o* [-boden] stopping prohibition ✶ *(hier geldt een)~* no stopping/standing

**stopverf** *v* putty
**stopwatch** *m* [-es] stopwatch
**stopwol** *v* darning wool
**stopwoord** *o* [-en] stopgap, filler
**stopzetten** *overg* [zette stop, h. stopgezet] ❶ *alg.* stop, discontinue ❷ *fabriek* close down, shut down ❸ *motor* switch/turn off ❹ *besprekingen* break off ❺ *gang v. zaken, verkeer* hold up, bring to a standstill
**stopzetting** *v* stopping, discontinuation, ⟨v. fabriek &⟩ closing down
**store** *v* [-s] ZN Venetian blind
**storen I** *overg* [stoorde, h. gestoord] ❶ disturb, interrupt, interfere with * *stoor ik (u)* am I intruding?, am I in the way? * *mag ik u even ~?* may I interrupt you for a moment? ❷ RTV jam **II** *wederk* [stoorde, h. gestoord] * *hij stoort zich aan alles* he minds everything * *waarom zou ik mij daaraan ~?* why should I mind? * *zonder zich te ~ aan wat zij zeiden* regardless of what they said
**storend** *bn* interfering, annoying, irritating * *~ taalgebruik* offensive language * *~ zijn* be a nuisance
**storing** *v* [-en] ❶ *onderbreking* disturbance, interruption ❷ *techn* trouble, failure, breakdown, malfunction * *een ~ verhelpen* troubleshoot ❸ RTV interference ❹ *med* disorder ❺ *v. weer* disturbance, ⟨lage drukgebied⟩ depression
**storingsdienst** *m* [-en] emergency services
**storingsgevoelig** *bn* sensitive to interference
**storingsvrij, storingvrij** *bn* free of interference, smooth, trouble-free * *een ~e werking* smooth/trouble-free operation
**storm** *m* [-en] ❶ *hevige wind* storm, gale * *een ~ in een glas water* a storm in a teacup * *de ~ bezweren* calm the storm ❷ *heftige emotie* storm * *een ~ van verontwaardiging* a storm of indignation
**stormaanval** *m* [-len] assault
**stormachtig I** *bn* ❶ stormy, boisterous, blustery * *~ weer* stormy weather ❷ *fig* stormy, tumultuous, tempestuous * *een ~ verhouding* a tempestuous/stormy relationship **II** *bijw* * *iem. ~ begroeten* give a tumultuous welcome to sbd
**stormbaan** *v* [-banen] mil assault course
**stormbal** *m* [-len] storm ball/cone
**stormband** *m* [-en] chin strap
**stormen I** *onoverg* [stormde, h. gestormd] storm * *het stormt* it's blowing a gale * *fig het zal er ~* there'll be ructions **II** *onoverg* [stormde, is gestormd] * *hij kwam uit het huis ~* he came tearing/dashing/rushing out of the house
**stormenderhand** *bijw* mil by storm * *~ innemen* take by storm
**stormklok** *v* [-ken] alarm bell
**stormladder** *v* [-s] mil scaling ladder
**stormlamp** *v* [-en] hurricane lamp
**stormloop** *m* [-lopen] ❶ *alg.* rush * *een ~ op pas uitgebrachte aandelen* a run on issued shares ❷ *mil* assault

**stormlopen** *onoverg* [liep storm, h. stormgelopen] storm, attack * *fig het loopt storm bij de aanmelding* there's a rush/run on enrolments * *~ tegen* storm, rush, assault
**stormmeeuw** *v* [-en] *vogel* common gull
**stormram** *m* [-men] battering ram
**stormschade** *v* storm damage
**stormtroepen** *zn* [mv] storm troops
**stormvloed** *m* [-en] storm tide/surge
**stormvloedkering** *v* [-en] storm surge barrier, flood barrier
**stormvogel** *m* [-s] *vogel* storm petrel * *de Noorse ~* the fulmar
**stormvogeltje** *o* [-s] *vogel* storm petrel
**stormweer** *o* stormy/tempestuous weather
**storneren** *overg* [storneerde, h. gestorneerd] boekh cancel/reverse an entry, counter-enter, write back
**storno** *m* ['s] boekh counter-entry * *recht van ~* right of reversal
**stort** *o & m* [-en] *stortplaats* ZN (rubbish) tip/dump
**stortbad** *o* [-baden] shower
**stortbak** *m* [-ken] ❶ techn shoot ❷ *van wc* cistern
**stortbeton** *o* poured concrete
**stortbui** *v* [-en] heavy shower, downpour
**storten I** *overg* [stortte, h. gestort] ❶ *zand* throw, dump ❷ *tranen, bloed* shed ❸ *afval* dump ❹ *beton* pour ❺ *geld* pay in * *elk 10 euro ~* deposit 10 euros each * *bij een bank ~* pay into a bank account * *op een rekening ~* pay into an account ❻ *v. pensioen* contribute **II** *wederk* [stortte, h. gestort] * *zich ~ in de armen van...* throw oneself into the arms of... * *de rivier stort zich in zee bij...* the river runs into/discharges into the sea near... * *zich in een oorlog ~* plunge into a war * *zich ~ op* fall upon, throw oneself upon, swoop down on ⟨the enemy⟩ **III** *onoverg* [stortte, is gestort] fall, crash * *hij is in een ravijn gestort* he fell into a ravine **IV** *onoverg* [stortte, h. gestort] * *het stort* it's pouring
**storting** *v* [-en] ❶ *vloeistof* spilling, ⟨⟩ shedding ❷ *beton &* pouring ❸ *afval &* dumping ❹ *van geld* payment, deposit, ⟨in kas⟩ cash deposit, ⟨bijdrage⟩ contribution, ⟨op aandelen⟩ payment (on shares), contribution to shares
**stortingsbewijs** *o* [-wijzen] paying-in/deposit slip, deposit receipt
**stortingsformulier** *o* [-en] paying-in slip
**stortkar** *v* [-ren] tipcart, dumping cart
**stortkoker** *m* [-s] chute, shoot
**stortplaats** *v* [-en] dump, (rubbish) tip
**stortregen** *m* [-s] heavy shower (of rain), downpour
**stortregenen** *onoverg* [stortregende, h. gestortregend] pour (with rain) * *het stortregent* it's pouring
**stortvloed** *m* [-en] ook fig flood, torrent, deluge * *een ~ van woorden* a flood of words
**stoten I** *overg* [stootte, stiet, h. gestoten] ❶ *duwen* push, thrust, ⟨met iets puntigs⟩ poke ⟨met de elleboog⟩ nudge, ⟨met horens⟩ butt * *iets ~* push sth,

st

give sth a push * *iem. van zich ~* repudiate sbd * *iem. voor het hoofd ~* offend sbd ❷ *bezeren* ‹hoofd &› bump, hit, ‹tenen› stub ❸ *fijnstampen* pound ❹ *choqueren* affront, shock ❺ bilj play, shoot **II** *wederk* [stootte, stiet, h. gestoten] * *zich ~* bump against sth * *zich aan iems. gedrag ~* take offence at sbd's conduct **III** *onoverg* [stootte, stiet, h. gestoten] ❶ *v. geweer* recoil, kick ❷ *v. auto, trein* jolt, jerk **IV** *onoverg* [stootte, stiet, is gestoten] *botsen* bump, knock, strike * *het schip stootte op een ijsberg* the ship struck an iceberg * *op moeilijkheden ~* run into difficulties * *op elkaar ~* collide (with each other), run into each other * *tegen iets ~* bump against sth * *tegen elkaar ~* bump/knock against each other **V** o *bij gewichtheffen* sp press

**stotend** *bn* ❶ *haperend* jerky, halting * *hortend en ~ reden we voort* we jerked along * *hortend en ~ kwam het verhaal eruit* the story came out bit by bit ❷ *choquerend* shocking, offensive

**stotteraar** *m* [-s] stammerer, stutterer

**stotteren** *overg en onoverg* [stotterde, h. gestotterd] stammer, stutter

**stottertherapie** *v* [-pieën] anti-stuttering therapy

**stout I** *bn* ❶ *ondeugend* naughty ❷ *moedig* bold, daring, audacious * *een ~ staaltje* a bold enterprise * *de~ste verwachtingen overtreffen* be beyond one's wildest expectations **II** *bijw* naughtily, boldly & **III** *m & o bier* stout

---

**stout**
Het bijvoeglijk naamwoord stout is in het Engels naughty, bold &, maar nooit stout; het Engelse stout betekent dik, gezet.

---

**stouterd** *m* [-s] naughty child/boy/girl * *~!* you naughty child!

**stoutmoedig I** *bn* bold, daring, audacious **II** *bijw* boldly &

**stoutmoedigheid** *v* boldness, daring, audacity

**stouwen** *overg* [stouwde, h. gestouwd] stow * *heel wat kunnen ~* cram down a thing or two

**stoven I** *overg* [stoofde, h. gestoofd] stew, simmer * *iem. een kool ~* play a trick on sbd **II** *onoverg* [stoofde, is gestoofd] * *het vlees stooft* the meat is stewing * *iets laten ~* stew/simmer sth **III** *wederk* [stoofde, h. gestoofd] * *zich ~* bask

**stoverij** *v* ZN stew

**straal I** *m & v* [stralen] ❶ *v. licht* ray, beam, gleam * *een ~ van hoop* a glimmer of hope * *een ~ van vreugde* a beam of joy ❷ *v. bliksem* flash ❸ *v. water* spout, jet ❹ *v. cirkel* radius **II** *bijw volkomen* completely, straight * *iem. ~ voorbijlopen* walk right/straight past sbd

**straalaandrijving** *v* jet propulsion * *met~* jet-propelled

**straalbezopen** *bn* blind/dead drunk, vulg pissed to the eyeballs

**straalbreking** *v* [-en] refraction

**straaljager** *m* [-s] fighter jet

**straalkachel** *v* [-s] electric heater, radiator

**straalmotor** *m* [-s & -toren] jet engine

**straalstroom** *m* jet stream

**straalverbinding** *v* [-en] radio link

**straalvliegtuig** *o* [-en] jet(-propelled) plane, jet airplane/aircraft

**straalzender** *m* [-s] beam transmitter

**straat** *v* [straten] ❶ *v. stad* street * *langs de~ slingeren* loiter/knock about the streets * *op ~* in the street(s) * *op ~ lopen* walk the streets * *op ~ staan* be on the streets * *iem. op ~ zetten* ‹uit woning zetten› turn/throw sbd out onto the streets; ‹ontslaan› give sbd the sack, throw sbd out * *op ~ staan* ‹zonder huis› be on the streets, be homeless; ‹zonder werk› be out of a job * *hij is niet van de ~* he wasn't picked out of the gutter ❷ *zeestraat* straits ❸ kaartsp straight * *een grote ~* a straight flush

**straatarm** *bn* penniless, as poor as a churchmouse

**straatartiest** *m* [-en] street artist

**straatbeeld** *o* [-en] street scene

**straatbende** *v* [-s] street gang

**straatgevecht** *o* [-en] street fight * *~-en* street fighting

**straatgeweld** *o* street violence

**straathandel** *m* street trading

**straathoek** *m* [-en] street corner

**straathond** *m* [-en] mongrel, cur

**straatinterview** *o* [-s] street interview

**straatje** *o* [-s] alley, lane * *een ~ om gaan* go around the block * *dat komt in zijn ~ te pas, dat past in zijn ~* that's right up his alley

**straatjongen** *m* [-s] street urchin

**straatkant** *m* street side * *aan de ~* on the street side

**straatlantaarn, straatlantaren** *v* [-s] street lamp/light

**straatlied** *o* [-eren] street song, popular ballad

**straatmadelief** *v* [-lieven], **straatmeid** [-en] street girl

**straatmuzikant** *m* [-en] street musician, busker

**straatnaam** *m* [-namen] street name

**straatorgel** *o* [-s] street/barrel organ

**straatprostitutie** *v* streetwalking

**straatroof** *m* robbery

**straatrover** *m* [-s] mugger

**Straatsburg** *o* Strasbourg

**straatschender** *m* [-s] street hooligan

**straatsteen** *m* [-stenen] paving stone * *iets aan de straatstenen niet kwijt kunnen* be stuck with sth

**straattaal** *v* street/bad language

**straattoneel** *o* ❶ *wat op straat te zien is* street sights ❷ *toneel op straat* street show

**Straat van Gibraltar** *v* Strait of Gibraltar

**straatveger** *m* [-s] *man, machine* road/street sweeper

**straatventer** *m* [-s] street vendor, hawker

**straatverbod** *o* [-boden] restraining order, court injunction

**straatverkoop** *m* street trading/vending
**straatverlichting** *v* street lighting
**straatvoetbal** *o* street soccer/football
**straatvrees** *v* agoraphobia
**straatvuil** *o* street refuse
**straatwaarde** *v* street value
**straatweg** *m* [-wegen] highroad, main road
**straatzanger** *m* [-s] street singer, busker
**Stradivarius** *m* [-sen] Stradivarius
**straf I** *v* [-fen] punishment, ⟨boete⟩ penalty * *een
alternatieve~* an alternative punishment * *een
bijkomende~* an additional punishment/sentence
* *~ krijgen* be/get punished * *zijn~ uitzitten* serve
his sentence * *de~ volgt op de zonde* no crime
without punishment * *op~ des doods* on pain of
death * *op~ van* on penalty of * *voor~* as a
punishment, for punishment, by way of punishment
**II** *bn* **❶** *blik* severe, stern **❷** *drank* stiff **❸** *thee* strong
▼ *een~fe roker/drinker* a heavy smoker/drinker ▼ *een
~fe wind* a stiff wind **III** *bijw* severely, sternly
**strafbaar** *bn* punishable * *een~ feit* a (punishable)
offence * *als~ beschouwen* regard as an offence * *iets
~ stellen* make sth punishable
**strafbaarstelling** *v* penalization
**strafbal** *m* [-len] sp penalty stroke
**strafbankje** *o* [-s] **❶** jur dock * *op het~ zitten* be in
the dock **❷** sp penalty box/bench
**strafbepaling** *v* [-en] **❶** alg. penal provision/sanction
**❷** *in contract* penalty clause
**strafblad** *o* [-bladen] police/criminal record * *een
schoon~ hebben, geen ~ hebben* have a clean record
* *hij heeft een~* he has a criminal record, Br inf he's
got form
**strafcorner** *m* [-s] sp penalty corner
**strafexpeditie** *v* [-s] punitive expedition
**straffeloos** *bijw* unpunished, with impunity
**straffen** *overg* [strafte, h. gestraft] punish * *met boete
~* punish with/by a fine * *met de dood~* punish
with/by death
**strafgevangenis** *v* [-sen] prison, penitentiary
**strafhof** *o* [-hoven] criminal court * *het
Internationaal Strafhof* the International Court of
Justice
**strafinrichting** *v* [-en] penitentiary, prison
**strafkamer** *v* [-s] jur criminal division
**strafkamp** *o* [-en] prison camp
**strafkolonie** *v* [-s & -niën] penal/convict settlement,
penal/convict colony
**strafmaat** *v* sentence, penalty, punishment
**strafmaatregel** *m* [-s & -en] punitive measure
**strafoplegging** *v* [-en] imposition of penalty * *een
schuldigverklaring zonder~* a guilty verdict without
the imposition of a penalty
**strafpleiter** *m* [-s] criminal lawyer
**strafport** *o & m* additional/extra postage, surcharge
**strafproces** *o* [-sen] criminal
procedure/proceedings
**strafpunt** *o* [-en] penalty point * *iem. 10~en geven*

award sbd 10 penalty points
**strafpuntensysteem** *o* jur points/demerit system
**strafrecht** *o* criminal law * *militair~* military
criminal law
**strafrechtelijk I** *bn* criminal **II** *bijw* * *hij wordt~
gevolgd* he will be prosecuted
**strafrechter** *m* [-s] **❶** *persoon* criminal judge
**❷** *instantie* criminal court
**strafregel** *m* [-s] line * *~s schrijven* do/write lines
**strafregister** *o* [-s] police/criminal record, list of
convictions
**strafschop** *m* [-pen] penalty kick * *een ~ benutten*
score from a penalty
**strafschopgebied** *o* [-en] penalty area
**straftijd** *m* term of imprisonment
**strafvermindering** *v* reduction of sentence
**strafvervolging** *v* prosecution, criminal
proceedings
**strafvoltrekking** *v* execution of a sentence
**strafvordering** *v* [-en] criminal
procedure/proceedings
**strafwerk** *o* punishment, onderw lines
**strafwet** *v* [-ten] penal/criminal statute
**strafwetgeving** *v* penal legislation
**strafworp** *m* [-en] **❶** *basketbal* foul shot **❷** *handbal*
penalty throw **❸** *korfbal* penalty
**strafzaak** *v* [-zaken] criminal case/trial
**strafzitting** *v* [-en] criminal session
**strak I** *bn* **❶** *gespannen* tight, taut, stiff, rigid * *een~
touw* a taut rope * *een ~ke rok* a tight skirt **❷** *star*
fixed, set, stern * *een ~ gezicht zetten* pull a stony
face **❸** *rechtlijnig* taut * *een ~ design* a taut design
**II** *bijw* * *iets~ aanhalen* tighten/tauten sth * *iem. ~
aankijken* look fixedly at sbd * *iem. ~ houden* keep a
tight hand on sbd * *~ in het pak* dressed smartly * *~
voor zich uitkijken* sit staring fixedly
**strakblauw I** *o* clear blue **II** *bn* * *een ~e lucht* a
sheer blue sky
**straks** *bijw* later, soon * *tot~!* see you later! * *dit
had ik je~ nog gezegd* I told you just now/just a
while ago
**stralen I** *onoverg* [straalde, h. gestraald] beam,
shine, radiate **II** *onoverg* [straalde, is gestraald]
* *voor een examen~* fail an examination
**stralenbundel** *m* [-s] pencil/beam of rays
**stralend I** *bn* radiant, ⟨verblindend⟩ dazzling * *de
~e hitte* the blazing heat * *haar~e verschijning* her
dazzling appearance * *~ weer* glorious weather * *de
~e zon* the bright/dazzling sun * *~ van geluk*
beaming with happiness **II** *bijw* radiantly & * *iem. ~
aanzien* beam at sbd
**stralenkrans** *m* [-en] aureole, nimbus, halo
**straling** *v* [-en] radiation
**stralingsdosis** *v* [-sen & -doses] dose of radiation
**stralingsgevaar** *o* radiation danger
**stralingswarmte** *v* radiant heat
**stralingsziekte** *v* radiation illness
**stram I** *bn* stiff, rigid, ⟨persoon⟩ starchy * *oud en ~*

**st**

old and stiff **✳** ~*me ledematen* stiff limbs **II** *bijw*
stiffly &
**stramheid** *v* stiffness, rigidity
**stramien** *o* ❶ canvas ❷ *patroon* pattern
**strand** *o* [-en] ❶ *kuststrook* beach **✳** *spelende kinderen*
*op het* ~ children playing on the beach **✳** scheepv *op*
*het* ~ *lopen* run aground **✳** *over het* ~ *wandelen* walk
along the beach ❷ *kustgebied* seaside
**strandbal** *m* [-len] beach ball
**stranden** *onoverg* [strandde, is gestrand] ❶ scheepv
strand, run aground ❷ *fig* founder (*op* on), fail **✳** *een*
*gestrand huwelijk* a broken marriage
**strandhuisje** *o* [-s] beach cabin
**stranding** *v* [-en] scheepv stranding, running
aground
**strandjutten** *o* beachcombing
**strandjutter** *m* [-s] beachcomber
**strandkleding** *v* beach wear
**strandloper** *m* [-s] *vogel* sandpiper
**strandpaal** *m* [-palen] beach pole
**strandpaviljoen** *o* [-en] beach pavilion
**strandstoel** *m* [-en] beach chair, ⟨opvouwbaar⟩ deck
chair
**strandtent** *v* [-en] beach kiosk
**strandvakantie** *v* [-s] seaside holiday(s)
**strandvonder** *m* [-s] receiver of wrecks, wreck
master
**strandwandeling** *v* [-en] walk along the beach
**strandweer** *o* nice weather for the beach
**strapatsen** *zn* [mv] antics, extravagances **✳** ~ *maken*
be extravagant
**strapless** *bn* strapless **✳** *een* ~ a strapless dress
**strateeg** *m* [-tegen] strategist
**strategie** *v* [-gieën] strategy
**strategisch I** *bn* strategic **✳** *een* ~ *punt* a strategic
point **II** *bijw* strategically
**stratengids** *m* [-en] town plan/map
**stratenmaker, straatmaker** *m* [-s] roadworker
**stratenplan** *o* [-nen & -s] *kaart* street plan/map
**stratosfeer** *v* stratosphere
**streber** *m* [-s] careerist, go-getter, afkeurend
over-achiever
**streberig I** *bn* ambitious, ⟨drammerig⟩ pushy **II** *bijw*
ambitiously **✳** *zij is nogal* ~ *ingesteld* she's ambitious
by nature
**streefcijfer** *o* [-s] target (figure)
**streefdatum** *m* [-s & -data] target date
**streefgetal** *o* [-len] target figure
**streefgewicht** *o* [-en] target weight
**streek I** *v* [streken] ❶ *beweging* stroke **✳** ⟨bij het
schaatsen⟩ *lange streken maken* skate with long
strokes ❷ *gebied* tract, district, region, part of the
country **✳** *in deze* ~ in this region, in these parts **✳** *in*
*de* ~ *van de lever* in the liver area, in the region of
the liver ❸ *van een kompas* point **✳** *weer op* ~ *komen*
get into one's stride again **✳** *goed op* ~ *zijn* be in
splendid form **✳** *morgen zijn we weer op* ~ tomorrow
it's back to the old grind again **✳** *hij was helemaal*

*van* ~ he was quite upset **✳** *mijn maag is van* ~ my
stomach is out of order **✳** *dat heeft hem van* ~
*gebracht* that's what has upset him **II** *m & v* [streken]
*list, poets* trick **✳** *een* ~ *uithalen* play a trick **✳** *dat is*
*net een* ~ *voor hem* it is just like him **✳** *gekke streken*
foolish pranks, tomfoolery **✳** *een gemene/smerige* ~ a
dirty trick **✳** *een stomme* ~ a stupid move **✳** *we zullen*
*hem die streken wel afleren* we'll teach him
**streekbus** *v* [-sen] regional/county bus
**streekgebonden** *bn* local, regional
**streekgenoot** *m* [-noten] fellow countryman, local
**streekplan** *o* [-nen] regional plan
**streekroman** *m* [-s] regional novel
**streekschool** *v* [-scholen] regional/district school
**streektaal** *v* [-talen] dialect
**streekvervoer** *o* regional transport
**streekziekenhuis** *o* [-huizen] district hospital
**streep** *v* [strepen] stripe, streak, stroke, dash, line
**✳** *dat was voor hem een* ~ *door de rekening* that
wasn't what he had counted on **✳** *er loopt bij hem een*
~ *door* he has a tile loose **✳** *er maar een* ~ *door halen*
strike it out, cancel it **✳** *ergens een* ~ *onder zetten* let
bygones be bygones, have done with sth **✳** *iem. over*
*de* ~ *trekken* win sbd over **✳** *op zijn strepen staan*
stand on one's authority, inf get on one's high horse
**streepje** *o* [-s] dash **✳** *een* ~ *voor hebben* be the
favourite, be one up **✳** *met een grijs* ~ grey-striped
**streepjescode** *m* [-s] bar code
**streepjespak** *o* [-ken] pin-stripe suit
**strekdam** *m* [-men] longitudinal embankment
**strekken I** *onoverg* [strekte, h. gestrekt] stretch,
reach, extend **✳** *zover strekt mijn kennis niet* my
knowledge doesn't go that far **✳** *zolang de voorraad*
*strekt* while stocks last **✳** *dat strekt tot aanbeveling*
that is to be recommended **II** *overg* [strekte, h.
gestrekt] stretch, extend **✳** *de benen* ~ stretch one's
legs **III** *wederk* [strekte, h. gestrekt] **✳** *zich* ~ stretch
**strekkend** *bn* **✳** *per* ~ *e meter* per running meter **✳** ~ *e*
*tot het welslagen van de onderneming* conducive to
the success of the enterprise
**strekking** *v* ❶ *houding* posture, bearing ❷ *kennelijke*
*bedoeling* purport, tenor, intent **✳** *antwoorden*
*moeten de volgende* ~ *hebben* the answers should
correspond to the following **✳** *van dezelfde* ~ of the
same tenor, in the same vein **✳** *de* ~ *van het*
*onderzoek* the aim of the investigation
**strelen** *overg* [streelde, h. gestreeld] ❶ *aaien* stroke,
caress ❷ *fig* flatter, gratify **✳** *dat streelt zijn ijdelheid*
it tickles his vanity **✳** *de zinnen* ~ gratify the senses
**streling** *v* [-en] caress **✳** *een* ~ *voor de zinnen* a
gratification of the senses
**stremmen I** *onoverg* [stremde, is gestremd] ❶ *v. bloed*
congeal, coagulate ❷ *v. melk* curdle **II** *overg*
[stremde, h. gestremd] ❶ *v. bloed* congeal,
coagulate ❷ *v. melk* curdle ❸ *het verkeer* jam,
obstruct, block
**stremming** *v* [-en] ❶ *het stremmen* curdling,
coagulation, congealing ❷ *opstopping* obstruction,

blocking

**stremsel** *o* coagulant, ⟨v. kaas⟩ rennet

**streng** I *v* [-en] ❶ *v. touw* strand, hank ❷ *v. draad* skein ❸ *v. paard* tress ‖ *bn* ❶ *alg.* severe ❷ *v. uiterlijk* severe, stern, austere ❸ *opvatting* stern ❹ *weinig vrijheid latend* strict ❺ *v. regels* stringent, ⟨niet afwijkend van regels⟩ rigid ❻ *v. zeden* austere ❼ *nauwgezet* strict, rigorous, close ‖ *bijw* severely &

**strengelen** *overg & wederk* [strengelde, h. gestrengeld] twine, twist

**strengheid** *v* ❶ *v. het weer* severity, harshness ❷ *striktheid* harshness, severity, strictness ❸ *soberheid* austerity ❹ *nauwgezetheid* strictness, rigour

**strepen** *overg* [streepte, h. gestreept] stripe, streak, line * ⟨van stoffen⟩ *gestreept* striped

**streptokok** *m* [-ken] streptococcus

**stress** *m* stress

**stressbestendig** *bn* immune to stress * *zij is* ~she is immune to stress

**stressen** *onoverg* [stresste, h. gestrest] work under pressure/stress

**stresssituatie** *v* [-s] stress situation

**stretch** *bn* stretch, elastic

**stretchen** *onoverg* [stretchte, h. gestretcht] *sp* do stretching exercises

**stretcher** *m* [-s] stretcher

**streven** I *onoverg* [streefde, h. gestreefd] strive * ~ *naar* strive after/for, aim at, aspire after/to * *er naar* ~*om...* aspire/seek to... ‖ *o* goal, aim, aspiration * *het zal mijn* ~*zijn om...* it will be my aim/goal to..., I will aim/aspire to...

**striae** *zn* [mv] stretch marks, med striae

**striem** *v* [-en] stripe, streak, weal

**striemen** *overg* [striemde, h. gestriemd] lash * ~*de woorden* cutting words * *de wind striemde ons in het gezicht* the wind lashed our faces

**strijd** *m* [-en] ❶ *gevecht* fight, conflict, struggle, strife * *een inwendige* ~an inward struggle * *dat heeft een zware* ~*gekost* it has been a hard battle/fight * *de* ~ *opgeven* abandon the fight * *de* ~*aanvaarden met* engage in battle/combat with * *de* ~*om het bestaan* the struggle for life * *om* ~*boden zij hun diensten aan* they vied with each other as to who should be the first to... * ~*voeren tegen* wage war against * *ten* ~*e trekken* go to war * *op/ten* ~*e!* onwards! * *zonder* ~without a fight/struggle ❷ *wedstrijd* match, contest, competition ❸ *tegenspraak* conflict, controversy * *in* ~*met de afspraak/regels* contrary to the agreement/rules * *in* ~*met de waarheid* at variance with the truth * *die verklaringen zijn met elkaar in* ~the statements clash with each other/contradict each other

**strijdbaar** *bn* ❶ *bereid om te vechten* militant, warlike ❷ *in staat om te vechten* able-bodied

**strijdbijl** *v* [-en] battleaxe, hatchet * *de* ~*begraven* bury the hatchet * *de* ~*weer opgraven* dig up the hatchet

**strijden** *onoverg* [streed, h. gestreden] ❶ *vechten* fight, wage war * ~*met* fight against/with; fig clash with, be contrary to... * *de goede strijd* ~fight the good fight ❷ *twisten* dispute ❸ *v. wedstrijd* contend, compete

**strijdend** I *bn* militant * RK *de* ~*e kerk* the Church Militant * *de stem van* ~*Nederland* the voice of militant Holland/of Holland at war ‖ *bijw* militantly * ~*ten onder gaan* go down fighting

**strijder** *m* [-s] fighter, combatant, warrior

**strijdgewoel** *o* turmoil of battle, battle strife

**strijdig** *bn* tegenstrijdig conflicting, incompatible * ~*e regels* conflicting rules

**strijdkrachten** *zn* [mv] armed forces

**strijdkreet** *m* [-kreten] war/battle cry, fig slogan

**strijdleus, strijdleuze** *v* [-leuzen] battle/war cry

**strijdlied** *o* [-eren] battle song

**strijdlust** *m* fighting spirit, belligerence, pugnacity

**strijdlustig** I *bn* combative, belligerent, pugnacious ‖ *bijw* combatively & * *hij reageerde* ~he reacted belligerently * *Oranje gaat* ~*naar de finale* the Dutch team is going into the final match determined to win

**strijdmacht** *v* [-en] force

**strijdmakker** *m* [-s] comrade-in-arms, fellow fighter

**strijdperk** *o* [-en] battleground, arena of war * *met iem. in het* ~*treden* take sbd on

**strijdschrift** *o* [-en] controversial/polemic pamphlet

**strijdvaardig** I *bn* belligerent, combative, pugnacious ‖ *bijw* belligerently &

**strijdvaardigheid** *v* belligerence, readiness to fight, combativeness

**strijdvraag** *v* [-vragen] (question at) issue

**strijdwagen** *m* [-s] chariot

**strijk** *m* ❶ *het strijken* ironing ❷ *strijkgoed* clothes for ironing ▾ ~*en zet* again and again, invariably

**strijkage** *v* [-s] * ~*s maken* bow and scrape (*voor* to)

**strijkbout** *m* [-en] iron

**strijken** I *overg* [streek, h. gestreken] ❶ *met strijkijzer* iron ❷ *gladstrijken met hand* smooth (out), brush * *het haar naar achteren* ~smooth back one's hair * *de kreukels uit het papier* ~smooth out the creases in the paper ❸ *met hand gaan over* brush, stroke * *hij streek haar onder de kin* he chucked her under the chin * *de hand over het hart* ~be soft-hearted ❹ *smeren* spread * *kalk op een muur* ~spread plaster on a wall ❺ *laten zakken* lower, strike * *een boot* ~ get out/lower a boat * *de vlag* ~strike/lower the flag/one's colours * *een zeil* ~lower a sail * *de zeilen* ~strike sail ‖ *onoverg* [streek, h. gestreken] brush, sweep * ~*langs* brush/skim past * *hij is met alle koopjes gaan* ~he's snapped up all the bargains * *hij is met de winst gaan* ~he's scooped the profits * *de wind streek over de velden* the wind swept the fields * *hij streek met de hand over het voorhoofd* he passed his hand across his brow

**strijker** *m* [-s] ❶ *muz* string player * *de* ~*s* the strings ❷ *vuurwerk* striker

st

**strijkgoed** o ironing

**strijkijzer** o [-s] iron* *een elektrisch~* an electric iron

**strijkinstrument** o [-en] stringed instrument* *een stuk voor~en* a piece for strings

**strijkje** o [-s] string band

**strijkkwartet** o [-ten] string quartet

**strijklicht** o floodlight

**strijkorkest** o [-en] string orchestra

**strijkplank** v [-en] ironing board

**strijkstok** m [-ken] muz bow▼ *er blijft heel wat aan de~ hangen* a lot goes into the bureaucratic purse ▼ *er blijft altijd wat aan de~ hangen* the rake-off is considerable

**strijkvlak** o [-ken] ironing surface

**strik** m [-ken] ❶ *op japon & van lint* knot, bow* *een~ maken* make a knot ❷ *strop* noose ❸ *dasje* bow (tie) ❹ *om te vangen* snare, wire, ⟨om vogels te vangen⟩ gin* ~ken spannen lay snares* *iem. een~ spannen* lay a snare for sbd* *in zijn eigen~ gevangen raken* be caught in one's own trap

**strikje** o [-s] *dasje* bow tie▼ ~*s en kwikjes* decorations

**strikken** overg [strikte, h. gestrikt] ❶ *knopen* tie* *de das~* knot the tie ❷ *vangen* snare* *iem. voor iets~* rope sbd into doing sth

**strikt I** bn strict, precise, stringent, rigorous**II** bijw strictly &*~ *genomen* strictly speaking* *iets~ opvolgen* follow/observe sth strictly/to the letter

**strikvraag** v [-vragen] tricky/loaded question

**string** m [-s] *onderbroek* G-string

**stringent** bn stringent, tight*~*e bepalingen* stringent regulations

**strip** m [-pen & -s] ❶ *strook* strip ❷ [-s] luchtv strip, airstrip ❸ *beeldverhaal* [-s] comic (strip)

**stripboek** o [-en] comic (book)

**stripfiguur** v [-guren] comic character

**stripheld** m [-en] comic hero

**strippen** overg [stripte, h. gestript] ❶ *v. tabak* strip, stem ❷ *v. vis* skin ❸ *striptease* strip, do a striptease act ❹ *strippenkaart (af)stempelen* stamp

**strippenkaart** v [-en] multi-ride ticket strip

**stripper** m [-s] stripper, stripteaser

**striptang** v [-en] wire stripper, stripping pliers

**striptease** m striptease

**stripteasedanseres** v [-sen], **stripteaseuse** [-s] striptease dancer, stripper

**striptekenaar** m [-s] strip cartoonist

**stripverhaal** o [-halen] comic (strip)

**stro** o straw

**strobloem** v [-en] strawflower, immortelle

**strobos** m [-sen] bundle of straw

**stroboscoop** m [-scopen] stroboscope

**stroboscopisch** bn stroboscopic

**strobreed** o * *iem. geen~ in de weg leggen* not put the slightest obstacle in sbd.'s way

**strodak** o [-daken] thatched roof

**strodekker** m [-s] thatcher

**stroef I** bn ❶ *ruw* rough, uneven ❷ *niet soepel*

*bewegend* stiff, awkward, jerky ❸ v. *gelaatstrekken* harsh, stern ❹ v. *karaktertrekken* stiff, stern, brusque, difficult (to get on with), stand-offish**II** bijw stiffly & * *hij antwoordde nogal~* he answered rather brusquely

**stroefheid** v ❶ v. *oppervlakte* roughness, unevenness ❷ v. *bewegingen* awkwardness, stiffness ❸ v. *omgang* stiffness, reserve, stand-offishness

**strofe** v [-n] strophe

**strofisch** bn strophic

**strogeel** bn straw yellow, straw-coloured

**strohalm** m [-en] straw* *zich aan een~ vasthouden* clutch at straws

**strohoed** m [-en] straw hat

**strokarton** o strawboard

**stroken** onoverg [strookte, h. gestrookt] agree, tally * ~ *met* be in keeping with

**stroman** m [-nen] fig straw man, puppet, dummy, figurehead

**stromen** onoverg [stroomde, h. en is gestroomd] ❶ *vloeien* stream, pour, flow* *met~d water* with running water* *de tranen stroomden haar over de wangen* the tears streamed down her cheeks* ~ *van de regen* pour with rain ❷ *zich verplaatsen als een stroom* pour, flock* fig~ *naar* flock to* *het stroomt er naar toe* they are flocking to the place

**stroming** v [-en] ❶ *stroom* current, flow ❷ fig trend, movement, tendency* *een politieke~* a political movement

**strompelen** onoverg [strompelde, h. en is gestrompeld] stumble, hobble, totter

**stronk** m [-en] ❶ v. *boom* stump, stub ❷ v. *koolplant* stalk, head

**stront** m ❶ *poep* dung, muck, shit* *in de~ zitten* be in the shit* *er is~ aan de knikker* we're in the shit ❷ *ruzie* row, squabble

**stronteigenwijs** bn pig-headed, bloody-minded, obstinate

**strontium** o strontium

**strontje** o [-s] sty(e)

**strontvervelend** bn bloody boring

**strontvlieg** v [-en] dung fly

**strooibiljet** o [-ten] pamphlet, handbill, leaflet

**strooibus** v [-sen] dredger, sprinkler, ⟨v. zout⟩ castor

**strooien I** overg [strooide, h. gestrooid] ❶ *dingen* strew, scatter* *pepernoten~* strew gingerbread nuts ❷ *zout & sprinkle***II** bn straw* *een~ hoed* a straw hat

**strooigoed** o sweets, Am candy

**strooisel** o litter

**strooiwagen** m [-s] sand/salt spreader

**strooizout** o salt for icy roads

**strook** v [stroken] ❶ v. *stof, gebied* strip ❷ v. *papier* slip ❸ v. *een jurk* band, flounce ❹ v. *kwitantie & stub ❺ *adresetiket* label

**stroom** m [stromen] ❶ *bewegende massa* stream, flow, flood, ⟨stroming⟩ current * *bij stromen* in streams/torrents * *een~ van mensen* a stream of people * *een ~ van tranen* a flood of tears * *de ~ van zijn welsprekendheid* his eloquence ❷ *elektr* current * *onder ~* live, charged * *vele gezinnen zaten zonder ~* many homes were without power ❸ *rivier* stream, river * <u>ook fig</u> *met de ~ meegaan* go with the stream/tide * <u>scheepv</u> *op ~ liggen* be in midstream * <u>ook fig</u> *tegen de ~ op roeien* go against the stream/current

**stroomafwaarts** *bn* downstream, downriver
**stroombedding** *v* [-en] channel, tideway
**stroombesparing** *v* electricity saving
**stroomdiagram** *o* [-men] flow diagram/chart
**stroomdraad** *m* [-draden] ❶ *elektr* electric wire ❷ *m.b.t. een rivier* main current
**stroomgebied** *o* [-en] (river) basin, water shed
**stroomgeleider** *m* [-s] *elektr* conductor
**stroomlijn** *v* streamline
**stroomlijnen** *overg* [stroomlijnde, h. gestroomlijnd] streamline
**stroomnet** *o* [-ten] electricity network
**stroomopwaarts** *bn bijw* upstream * *~ varen* sail up the river
**stroomopwekking** *v* generation of electricity
**stroompje** *o* [-s] *beekje* brook, stream
**stroomsterkte** *v* [-n & -s] *elektr* current intensity
**stroomstoot** *m* [-stoten] current surge
**stroomstoring** *v* [-en] power failure
**stroomverbruik** *o* electricity/power consumption
**stroomversnelling** *v* [-en] rapid
**stroomvoorziening** *v* *elektr* power supply
**stroop** *v* [stropen] syrup, ⟨donker⟩ molasses, ⟨licht⟩ treacle * *iem. ~ om de mond smeren* butter sbd up
**strooplikken** *o* toadying, buttering up
**strooplikker** *m* [-s] bootlicker, toady
**strooptocht** *m* [-en] predatory incursion, raid
**stroopwafel** *v* [-s] treacle waffle
**strootje** *o* [-s] ❶ *stukje riet* straw * *~ trekken* draw straws ❷ *sigaret* roll-your-own
**strop** *m & v* [-pen] ❶ *om iem. op te hangen* halter, rope * *hij werd veroordeeld tot de ~* he was condemned to be hanged, he was sentenced to death by hanging * *iem. de ~ om de hals doen* put the halter round sbd.'s neck ❷ *voor wild* snare ❸ *aan laars* strap ❹ *geldelijk* financial setback ❺ *stropdas* tie
**stropapier** *o* straw paper
**stropdas** *v* [-sen] tie, <u>Am</u> necktie
**stropen I** *onoverg* [stroopte, h. gestroopt] poach **II** *overg* [stroopte, h. gestroopt] ❶ *bladeren, bast & afstropen* strip ❷ *omhoog doen* roll/tuck up * *de mouwen omhoog ~* roll up one's sleeves ❸ *villen* skin
**stroper** *m* [-s] ❶ *v. wild* poacher ❷ *rover* marauder
**stroperig** *bn* ❶ treacly, syrupy ❷ *fig* smooth-talking
**stroperij** *v* [-en] ❶ *v. wild* poaching ❷ *roof* marauding
**stropop** *v* [-pen] straw doll
**stroppenpot** *m* [-ten] ❶ nest egg ❷ <u>handel</u> loan-loss reserve/provisions
**strot** *m & v* [-ten] throat * *hij heeft zich de ~*

*afgesneden* he has cut his throat * *iem. bij de ~ grijpen* take sbd by the throat * *het hangt me de ~ uit* I'm sick of it * *ik kan het niet uit mijn ~ krijgen* the words are sticking in my throat * *ik kan het niet door de ~ krijgen* I couldn't eat it to save my life

**strotklep** *v* [-pen], **strotklepje** *o* [-s] epiglottis
**strottenhoofd** *o* [-en] larynx
**strovuur** *o* ❶ straw fire ❷ *fig* flash in the pan
**strubbelen** *onoverg* [strubbelde, h. gestrubbeld] bicker, squabble
**strubbeling** *v* [-en] difficulty, trouble * *dat zal ~en geven* there'll be trouble
**structuralisme** *o* structuralism
**structuralist** *m* [-en] structuralist
**structuralistisch** *bn* structuralist
**structureel I** *bn* structural * *structurele werkloosheid* structural unemployment **II** *bijw* structurally
**structureren** *overg* [structureerde, h. gestructureerd] structure
**structurering** *v* [-en] structuring, structure
**structuur** *v* [-turen] ❶ *inwendige bouw* structure ❷ *samenstelling* texture
**structuuranalyse** *v* [-s] structural analysis
**structuurformule** *v* [-s] *chem* structural formula
**structuurnota** *v* ['s] regional economic plan
**structuurverandering** *v* [-en] structural change
**structuurverf** *v* plaster-effect paint
**struif** *v* [struiven] ❶ (contents of an) egg ❷ *als gerecht* omelet(te)
**struik** *m* [-en] bush, shrub * *een ~ andijvie* a head of endive
**struikelblok** *o* [-ken] stumbling block, obstacle
**struikelen** *onoverg* [struikelde, h. en is gestruikeld] stumble, trip * *wij ~ allemaal wel eens* we all make the occasional mistake, nobody's perfect * *iem. doen ~ trip* sbd up * *~ over een steen* be tripped up by a stone * *~ over zijn eigen woorden* stumble over one's own words * *in Australië struikel je over de kangoeroes* in Australia you just about fall over the kangaroos * *de regering is over die kwestie gestruikeld* the government foundered on this issue
**struikgewas** *o* [-sen] ❶ *bosjes* shrubs, bushes, shrubbery ❷ *kreupelhout* brushwood, scrub
**struikrover** *m* [-s] highwayman, <u>Aus hist</u> bushranger
**struinen** *onoverg* [struinde, h. en is gestruind] * *door iets heen ~* rummage/browse through sth
**struis I** *m* [-en] *vogel* ostrich **II** *bn* robust, sturdy
**struisvogel** *m* [-s] ostrich
**struisvogelpolitiek** *v* * *aan ~ doen* bury one's head in the sand
**struma** *o & m* struma, goitre
**struweel** *o* [-welen] <u>dicht</u> shrub
**strychnine** *v & o* strychnine
**stuc** *o* stucco
**stucwerk** *o* stucco
**studeerkamer** *v* [-s] study
**student** *m* [-en] student, ⟨nog niet afgestudeerd⟩

**st**

undergraduate ∗ *de eeuwige~* the eternal student ∗ *een~ in de letteren* an arts student ∗ *een~ in de rechten* a law student ∗ *een~ in de theologie* a theology student, student of divinity/theology

**studentencorps** o [-corpora] ± students' union, fraternity

**studentendecaan** m [-canen] student adviser

**studentenflat** m [-s] student flat

**studentengrap** v [-pen] student prank

**studentenhaver** v nut and raisin mix, Aust/NZ scroggin

**studentenhuis** o [-huizen] student housing, Br hall, college, Am dormitory

**studentenkaart** v [-en] student card

**studentenleven** o college life

**studentensociëteit** v [-en] student club

**studentenstad** v [-steden] university town

**studentenstop** m [-s] quota

**studententijd** m student/college days

**studentenvereniging** v [-en] student union

**studentikoos** bn like a student ∗ *hij blijft een~ uiterlijk houden* he still looks like a typical student

**studeren** overg en onoverg [studeerde, h. gestudeerd] ❶ *leren* study, ‹aan de universiteit› study, read ∗ *talen~* study languages ∗ *erop~ om...* study to... ∗ *hij heeft in Oxford gestudeerd* he was educated at Oxford ∗ *wij kunnen hem niet laten~* we can't send him to college ❷ muz practise ∗ *op de piano~* practise the piano

**studie** v [-s & -diën] ❶ *alg.* study ∗ *een~ maken van sth* make a study of sth ∗ *in~ nemen* ‹v. voorstel› study; ‹v. toneelstuk› put into rehearsal ∗ *een man van~* a man of studious habits ❷ *geschrift* study (over of), essay (over on) ❸ *studeerkamer* ZN study ❹ *studiezaal* ZN study hall ❺ *notariskantoor* ZN notary's office, solicitor's office

**studieachterstand** m study backlog

**studieadviseur** m [-s] Br supervisor, Am adviser

**studiebegeleiding** v tutoring

**studiebeurs** v [-beurzen] scholarship, bursary, grant

**studiebijeenkomst** v [-en] study meeting

**studieboek** o [-en] textbook

**studiefinanciering** v student grant(s)

**studiegenoot** m [-noten] fellow student

**studiegids** m [-en] university handbook

**studiejaar** o [-jaren] year of study, school year ∗ *ik zit in het eerste~* I'm in first form/year

**studiekosten** zn [mv] college expenses

**studielening** v [-en] student loan

**studiemeester** m [-s] ZN supervisor

**studieprefect** m [-en] ZN principal

**studiepunt** o [-en] credit point

**studiereis** v [-reizen] study tour

**studierichting** v [-en] subject, branch of studies, discipline

**studieschuld** v student loan

**studietijd** m years of study, college days

**studietoelage** v [-n] scholarship, study grant

**studieverlof** o study leave, ‹een dag per week› study day release

**studievriend** m [-en] college friend

**studiezaal** v [-zalen] reading room, Am study hall

**studio** m [ʼs] ❶ *atelier, werkruimte* studio ❷ *opnameruimte* studio ❸ *eenkamerflat* ZN apartment ❹ *studeerkamer* ZN study

**studs** zn [mv] ZN studs

**stuff** m dope

**stug I** bn ❶ *onbuigzaam* stiff, tough ❷ *onvriendelijk* surly, dour **II** bijw stiffly & ∗ *~ doorwerken* work briskly away ∗ *hij bleef~ zwijgen* he remained firmly silent ∗ *dat lijkt me~!* that seems pretty stiff to me!

**stugheid** v ❶ *onbuigzaamheid* stiffness ❷ *onvriendelijkheid* surliness, dourness

**stuifmeel** o pollen

**stuifmeelkorrel** m [-s] grain of pollen

**stuifsneeuw** v drift snow

**stuifzand** o drifting sand

**stuifzwam** v [-men] puffball

**stuiken** onoverg en overg [stuikte, h. en is gestuikt] *vallen* ZN fall down, drop

**stuip** v [-en] convulsion, fit ∗ *zich een~ lachen* be convulsed with laughter ∗ *iem. de~en op het lijf jagen* give sbd the fright of his/her life

**stuiptrekken** onoverg [stuiptrekte, h. gestuiptrekt] be in convulsions, have convulsions, convulse

**stuiptrekkend** bn convulsive

**stuiptrekking** v [-en] convulsion, twitch

**stuit** v [-en] v. mens tailbone, anat coccyx

**stuitbeen** o [-deren] tail bone, anat coccyx

**stuiten I** overg [stuitte, h. gestuit] ❶ *tegenhouden* stop, check, arrest, stem ∗ *hij is niet te~* there's no stopping him ❷ fig shock, offend ∗ *het stuit me tegen de borst* it goes against the grain with me **II** onoverg [stuitte, is gestuit] ❶ v. bal & bounce ❷ fig meet with, encounter, run up against ∗ *op moeilijkheden ~* meet with/encounter difficulties ∗ *op een muur van onbegrip~* run up against a wall of incomprehension

**stuitend** bn revolting, shocking, disgusting

**stuiter** m [-s] big marble, taw

**stuiteren** onoverg [stuiterde, h. gestuiterd] ❶ *knikkeren* play marbles ❷ v. bal bounce

**stuiting** v onderbreking verjaringstermijn jur interruption of the period of limitation

**stuitligging** v breech presentation

**stuiven** onoverg [stoof, h. en is gestoven] ❶ blow, fly about/up ∗ *het stuift* there's a dust blowing ❷ *snel bewegen* dash, whizz, rush ∗ *hij stoof de kamer in* he dashed into the room

**stuiver** m [-s] five cent piece ∗ *ik heb geen~* I haven't got a cent ∗ *hij heeft een aardige/mooie~ verdiend* he has earned a pretty penny

**stuivertje-wisselen** o kinderspel ± musical chairs ∗ *het was steeds~ tussen de top drie* it was a constant musical chairs with the leading three

**stuk I** *o* [-ken & -s] ❶ *deel* piece, part, fragment ✶ *een mooi* ∼ *werk* a fine piece of work ✶ *een* ∼ *zeep* a piece/cake of soap ✶ ∼*ken en brokken* odds and ends ✶ *bij* ∼*ken en brokken* piecemeal, bit by bit, piece by piece ✶ *vechten/slaan dat de* ∼*ken er(van) afvliegen* put up a good fight ✶ *aan één* ∼ *of/in one piece* ✶ *uren aan één* ∼ *(door)* for hours at a stretch/on end ✶ *aan* ∼*ken breken/scheuren &* break/tear & to pieces ✶ *in één* ∼ *(dóór)* at a stretch, on end ✶ *het schip sloeg in* ∼*ken* the ship was dashed to pieces ✶ *uit één* ∼ of one piece ✶ *hij is een man uit één* ∼ he's a good fellow, he's the salt of the earth ❷ *hoeveelheid* lot ✶ *een* ∼ *beter* a lot better ✶ *een (heel)* ∼ *ouder,* ∼*ken ouder* a lot older ✶ *een* ∼ *verder* much further ahead ✶ *een* ∼ *in zijn kraag hebben* be under the weather, be plastered ✶ *het is op geen* ∼*ken na genoeg om te...* it is nothing like enough to... ❸ *gestalte* stature, build ✶ *hij is klein van* ∼ he is short of stature, he has a short build ❹ *één uit een groep* piece, item ✶ *vijftig* ∼*s* fifty items ✶ *op* ∼ *werken* work by the piece ✶ *een* ∼ *of vijf/tien* four or five/nine or ten ✶ *vijf euro per* ∼ five euros apiece, five euros each ✶ *per* ∼ *verkopen* sell by the piece/in ones/singly ✶ ∼ *voor* ∼ one by one ✶ *ze zijn* ∼ *voor* ∼ *uniek* each and every one of them is unique ❺ *aantal v. vee* head ✶ *vijftig* ∼*s vee* fifty head of cattle ❻ *daad* feat ✶ *een stout* ∼ a bold feat ❼ *vuurmond* gun ❽ *schaakstuk* piece, (chess)man ❾ *damschijf* (draughts)man ❿ *schriftstuk* paper, document ⓫ *in een tijdschrift* article ✶ *een ingezonden* ∼ a letter to the editor ⓬ *toneelstuk* play, piece ⓭ *schilderstuk* piece, picture ⓮ *knappe man of vrouw* piece ✶ *een lekker* ∼ a nice (piece of) skirt ⓯ *mv: onderdelen* ZN parts ⓰ *eff* security ▼ *op het* ∼ *van politiek* where politics are concerned ▼ *op* ∼ *van zaken* after all, when it came to the point ▼ *op zijn* ∼ *blijven staan* keep/stick to one's guns/opinions ▼ *iem. van zijn* ∼ *brengen* upset sbd ▼ *van zijn* ∼ *raken* be upset ▼ *een* ∼ *neef van me* a sort of cousin of mine **II** *bn defect* broken down, out of order ✶ *iets* ∼ *maken* break/ruin sth **III** *bijw* in pieces, apart ✶ *mijn glas viel* ∼ my glass fell and broke ✶ *mijn zieltje viel* ∼ my soul fell apart

**stukadoor** *m* [-s] plasterer

**stukadoorswerk** *o* plastering, plaster(work)

**stukadoren I** *overg* [stukadoorde, h. gestukadoord] plaster **II** *o* work in plaster

**stukbijten** *overg* [beet stuk, h. stukgebeten] bite to pieces ✶ *zijn tanden ergens op* ∼ bite off more than one can chew

**stukbreken** *overg en onoverg* [brak stuk, h. en is stukgebroken] break to pieces

**stuken** *overg* [stuukte, h.gestuukt] plaster

**stukgaan** *onoverg* [ging stuk, is stukgegaan] break down, go to pieces

**stukgoed** *o* [-goederen] ❶ *textiel* piece goods ❷ *lading* general cargo

**stukgooien** *overg* [gooide stuk, h. stukgegooid]

smash

**stukje** *o* [-s] bit, small piece ✶ *een kranig* ∼ a fine feat ✶ *bij* ∼*s en beetjes* bit by bit, piece by piece ✶ *een* ∼ *in de krant* a piece in the paper

**stukjesschrijver** *m* [-s] columnist

**stuklezen** *overg* [las stuk, h. stukgelezen] read to pieces/shreds

**stukloon** *o* [-lonen] piece wages ✶ ∼ *krijgen* be on piecework rates

**stuklopen I** *overg* [liep stuk, h. stukgelopen] *door lopen stukmaken* wear out **II** *onoverg* [liep stuk, is stukgelopen] *mislukken, slecht aflopen* go wrong, fail, break down ✶ *de onderhandelingen zijn stukgelopen* the negotiations have failed

**stukmaken** *overg* [maakte stuk, h. stukgemaakt] break, smash

**stukscheuren** *overg* [scheurde stuk, h. stukgescheurd] tear to pieces, tear up

**stuksgewijs, stuksgewijze** *bijw* one by one, by the piece

**stukslaan** *overg* [sloeg stuk, h. stukgeslagen] smash, knock to pieces ✶ *veel geld* ∼ make the money fly, spend money lavishly, go on a spending spree

**stukwerk** *o* piecework

**stukwerker** *m* [-s] pieceworker

**stulp** *v* [-en] hut, hovel

**stumper, stumperd** *m* [-s] wretch ✶ *arme* ∼ poor thing

**stumperig** *bn* ❶ *onhandig* bungling ❷ *zielig* wretched, poor

**stunt** *m* [-s] stunt

**stuntel** *m* [-s] *onhandige persoon* bungler, fumbler, <u>inf</u> butterfingers

**stuntelen** *onoverg* [stuntelde, h. gestunteld] fumble, bungle

**stuntelig I** *bn* clumsy, fumbling, bungling **II** *bijw* clumsily &

**stunten** *onoverg* [stuntte, h. gestunt] stunt ✶ ∼ *met de prijzen* sell for ridiculously low prices

**stuntman** *m* [-nen] stunt man

**stuntprijs** *m* [-prijzen] record low price, price breaker

**stuntteam** *o* [-s] stunt team

**stuntvliegen** *o* stunt flying, aerobatics

**stuntvlieger** *m* [-s] stunt flyer

**stuntvrouw** *v* [-en] stunt woman

**stuntwerk** *o* stuntwork

**stupide** *bn* stupid

**stupiditeit** *v* [-en] stupidity

**sturen I** *overg* [stuurde, h. gestuurd] ❶ *zenden* send ✶ *iem. om iets* ∼ send sbd for sth ✶ *iem. om de dokter* ∼ send sbd for the doctor ✶ *een kind de kamer uit* ∼ order a child out of the room ✶ *een speler uit het veld* ∼ send/order a player off the field ❷ *doen toekomen* send ✶ *iem. een pakje* ∼ send sbd a package ❸ *een richting laten volgen* guide, <fiets, vaartuig> steer, <auto> drive ✶ *de boel in de war* ∼ throw things out of gear ❹ *bedienen* operate, actuate **II** *onoverg* [stuurde, h. gestuurd] ❶ *een bep. richting doen volgen* ⟨v. vaartuig, fiets⟩ steer, ⟨auto⟩ drive ✳ *wij stuurden naar Engeland* we steered for England ❷ *zenden* send ✳ *ik zal er om* ∼ I'll send for it

**sturing** v [-en] ❶ *het sturen* steering ❷ *besturing* control

**stut** m [-ten] prop, support, stay

**stutten** *overg* [stutte, h. gestut] prop (up), shore (up), support, buttress (up), underpin

**stuur** o [sturen] ⟨v. schip⟩ helm, rudder, ⟨v. fiets⟩ handlebars, ⟨v. auto⟩ (steering) wheel ✳ *een links/rechts* ∼ a left-hand/right-hand drive ✳ *het* ∼ *kwijt zijn* lose control ✳ *aan het* ∼ *staan/zitten* be at the wheel

**stuuras** v [-sen] steering shaft/axle

**stuurbekrachtiging** v power steering

**stuurboord** o starboard

**stuurgroep** v [-en] steering committee

**stuurhuis** o [-huizen] scheepv wheelhouse

**stuurhut** v [-ten] ❶ luchtv cockpit ❷ scheepv pilot house, wheelhouse ❸ *v. vrachtwagen* ZN (lorry driver's) cab(in)

**stuurinrichting** v [-en] steering gear

**stuurknuppel** m [-s] control stick

**stuurkolom** v [-men] steering column

**stuurloos** bn out of control

**stuurman** m [-lui & -lieden] ❶ *iem. die een vaartuig bestuurt* helmsman, ⟨van reddingsboot⟩ coxswain, ⟨van roeiboot⟩ cox ✳ *de beste stuurlui staan aan wal* advice comes cheaply, it's easy to be a back-seat driver ❷ *scheepsofficier* navigating officer

**stuurmanskunst** v (art of) navigation

**stuurpen** v [-nen] tail/flight feather

**stuurs** I bn surly, morose, grumpy, sullen II *bijw* surlily &

**stuurslot** o [-sloten] steering wheel lock

**stuurstang** v [-en] ❶ *v. fiets* handle bar ❷ *v. auto* drag link ❸ *v. vliegtuig* joy stick

**stuurwiel** o [-en] steering wheel

**stuw** m [-en] weir, dam, barrage

**stuwadoor** m [-s] stevedore

**stuwdam** m [-men] dam, barrage

**stuwen** *overg* [stuwde, h. gestuwd] ❶ scheepv stow ❷ *voortbewegen* propel, drive ✳ *de* ∼*de kracht* the driving force ❸ *tegenhouden* dam up

**stuwer** m [-s] scheepv stevedore

**stuwing** v [-en] congestion, damming up

**stuwkracht** v [-en] ❶ propulsive/impulsive force ❷ fig driving power

**stuwmeer** o [-meren] reservoir

**stuwraket** v [-ten] booster rocket

**styling** m & v styling

**subaltern** bn subaltern ✳ *een* ∼ *officier* a subaltern, a company officer

**subatomair** bn subatomic

**subcategorie** v [-rieën] subcategory

**subcommissie** v [-s] subcommittee

**subcontinent** o [-en] subcontinent

**subcultuur** v [-turen] subculture

**subcutaan** bn subcutaneous

**subdirectory** m ['s] comput subdirectory

**subgroep** v [-en] subgroup

**subiet** I bn sudden II *bijw* ❶ *plotseling* suddenly ❷ *onmiddellijk* at once, right/straight away

**subject** o [-en] subject

**subjectief** I bn subjective II *bijw* subjectively

**subjectiviteit** v subjectivity

**sub judice** bn jur sub judice, still before a judge

**subliem** I bn sublime II *bijw* sublimely

**sublimaat** o [-maten] ❶ *alg.* sublimate ❷ kwikchloride mercury chloride

**sublimeren** I *overg* [sublimeerde, h. gesublimeerd] sublimate II *onoverg* [sublimeerde, is gesublimeerd] *vaste toestand naar damptoestand of omgekeerd* sublime, sublimate

**sub rosa** *bijw* sub rosa, confidentially, in secret

**subscript** o [-s] typ subscript

**subsidiair** bn alternative, alternate, subsidiary

**subsidie** v & o [-s] subsidy, grant ✳ ∼ *verlenen aan* subsidize

**subsidieaanvraag** v [-vragen] application for subsidy

**subsidieregeling** v [-en] subsidy/grant scheme

**subsidiëren** *overg* [subsidieerde, h. gesubsidieerd] subsidize

**subsidiëring** v subsidization

**substantie** v [-s] substance

**substantieel** I bn substantial II *bijw* substantially

**substantief** o [-tieven] noun

**substantiëren** *overg* [substantieerde, h. gesubstantieerd] substantiate

**substantiveren** *overg* [substantiveerde, h. gesubstantiveerd] taalk nominalize

**substitueren** *overg* [substitueerde, h. gesubstitueerd] substitute

**substitutie** v [-s] substitution

**substituut** I m [-tuten] Deputy Prosecutor ✳ *de* ∼*griffier* the Deputy Clerk II o substitute

**substituut-officier** m [-en] ✳ *een* ∼ *van justitie* a junior deputy prosecutor, a junior public prosecutor

**substituut-procureur** m [-s] Belg Deputy Prosecutor

**substraat** o [-straten] substrate, substratum

**subtiel** I bn subtle II *bijw* subtly

**subtiliteit** v [-en] subtlety

**subtop** m ✳ *tot de* ∼ *behoren* be second rank

**subtotaal** o [-talen] subtotal

**subtropisch** bn subtropical

**subversief** bn subversive ✳ *subversieve activiteiten plegen* take subversive action

**succes** o [-sen] success ✳ *veel* ∼! good luck! ✳ *het was een enorm* ∼ it was an overwhelming success ✳ ∼ *hebben* score a success, be successful ✳ *geen* ∼ *hebben* meet with no success, be unsuccessful, fail, fall flat ✳ *veel* ∼ *hebben* score/be a great success ✳ *met* ∼ with success, successfully ✳ *zonder* ∼ without

success, to no avail
**succesartikel** *o* [-en] successful item
**succesnummer** *o* [-s] hit
**successie** *v* [-s] succession ✳ *in~* in succession
**successiebelasting** *v* [-en] inheritance tax
**successief I** *bn* successive **II** *bijw* successively
**successieoorlog** *m* [-logen] war of succession
**successierechten** *zn* [mv] death duties, <u>Am</u>
  inheritance tax
**successievelijk** *bijw* successively
**succesverhaal** *o* [-halen] success story
**succesvol** *bn* successful
**succulent** *m* [-en] succulent
**sudden death** *m* [-s] <u>sp</u> sudden death
**sudderen** *onoverg* [sudderde, h. gesudderd] simmer
  ✳ *laten~* simmer
**sudderlap** *m* [-pen] braising steak
**suède** *o & v* suede
**suf I** *bn* ❶ *slaperig* dozy, drowsy, groggy ❷ *stoned*
  dopey ❸ *dom* thick, thick-witted **II** *bijw* dozily &
  ✳ *zich~ prakkiseren* puzzle one's head about sth
**suffen** *overg* [sufte, h. gesuft] doze, drowse ✳ *zit je*
  *daar te~?* are you daydreaming?
**sufferd, suffer** *m* [-s] dope, fathead, mug
**suffig, sufferig** *bn* sleepy, dull
**suffix** *o* [-en] *achtervoegsel* <u>taalk</u> suffix
**sufheid** *v* dullness, drowsiness
**sufkop** *m* [-pen] fathead, muddlehead
**suggereren** *overg* [suggereerde, h. gesuggereerd]
  ❶ *aanpraten* suggest ❷ *voorstellen* suggest, put
  forward
**suggestie** *v* [-s] suggestion
**suggestief I** *bn* suggestive ✳ *een suggestieve vraag* a
  leading question **II** *bijw* suggestively
**suïcidaal I** *bn* suicidal **II** *bijw* suicidally ✳ *~*
  *aangelegd zijn* have suicidal tendencies
**suïcide** *m* suicide
**suiker** *m* sugar ✳ *gesponnen~* candy floss, spun
  sugar ✳ *witte/bruine~* white/brown sugar ✳ *~ doen*
  *in* sugar, sweeten ✳ *je bent toch niet van~* a little bit
  of rain won't hurt you ✳ *~ hebben* have diabetes
**suikerbiet** *v* [-en] sugar beet
**suikerboon** *v* [-bonen] ❶ *boon* French bean ❷ *snoep*
  sugared almond
**suikerbrood** *o* [-broden] cinnamon bread
**suikerbus** *v* [-sen] sugar pot
**suikeren I** *overg* [suikerde, h. gesuikerd] sugar,
  sweeten **II** *bn* sugary, sweet
**suikergoed** *o* confectionery, sweets
**suikerhoudend** *bn* sugary
**suikerklontje** *o* [-s] sugar cube, lump of sugar
**suikeroom** *m* [-s] rich uncle, sugar daddy
**suikerpatiënt** *m* [-en] diabetic
**suikerplantage** *v* [-s] sugar plantation
**suikerpot** *m* [-ten] sugar pot/bowl
**suikerraffinaderij** *v* [-en] sugar refinery
**suikerriet** *o* sugar cane
**suikerschepje** *o* [-s] sugar spoon

**suikerspiegel** *m* <u>med</u> (blood) sugar level
**suikerspin** *v* [-nen] candy floss, spun sugar
**suikertante** *v* [-s] rich aunt
**suikervrij** *bn* sugarless, sugar-free
**suikerwater** *o* sugared water, light syrup
**suikerwerk** *o* [-en] sweets, confectionery
**suikerzakje** *o* [-s] sugar bag
**suikerziek** *bn* diabetic
**suikerziekte** *v* diabetes ✳ *een lijder aan~* a diabetic
**suikerzoet** *bn* ❶ sugary, as sweet as sugar ❷ <u>fig</u>
  lovey-dovey ✳ *~e woorden* sugared words
**suite** *v* [-s] ❶ suite (of rooms) ❷ *kaartsp* sequence
  ❸ <u>muz</u> suite ❹ *stoet* <u>ZN</u> (wedding) procession
**suizebollen** *onoverg* [suizebolde, h. gesuizebold]
  reel, stagger ✳ *de klap deed hem~* the blow made his
  head reel
**suizen** *onoverg* [suisde, h. gesuisd] ❶ *ruisen* rustle,
  whisper, ‹v. oren› ring, whistle ❷ *zoeven* whizz,
  hurtle, whoosh ✳ *de bal suisde voorbij* the ball
  whizzed past
**suizing** *v* [-en] buzzing, rustling, whispering,
  swishing ✳ *een~ in de oren* a ringing in the ears
**sujet** *o* [-ten] character, customer, fellow ✳ *een*
  *gemeen~* a shady customer
**sukade** *v* candied peel
**sukkel** *m-v* [-s] ❶ *onhandig mens* mug, dope,
  simpleton ❷ *zielig mens* poor soul ✳ *arme~!* poor
  soul/wretch! ▼ *aan de~ zijn* be ailing, be in ill
  health
**sukkelaar** *m* [-s] ❶ *iem. met slechte gezondheid*
  valetudinarian ❷ *stakker* <u>ZN</u> poor wretch
**sukkeldraf** *m*, **sukkeldrafje** *o* [-s] jogtrot, dogtrot
  ✳ *op een~je* at a jogtrot
**sukkelen** *onoverg* [sukkelde, h. en is gesukkeld]
  ❶ *ziekelijk zijn* be ailing/sickly, suffer (from sth) ✳ *hij*
  *was al lang aan het~* he had been in indifferent
  health for a long time ✳ *~ met zijn been* have trouble
  with his leg ❷ *worstelen met* struggle/wrestle with
  ✳ *die jongen sukkelt met rekenen* the boy is struggling
  with arithmetic ❸ *lopen* shamble (along), trudge
  ✳ *wij sukkelden doodmoe naar huis* we trudged home
  in utmost exhaustion ▼ *in slaap~* doze off
**sukkelgangetje** *o* jogtrot ✳ *het gaat op een~* we're
  just crawling along
**sul** *m* [-len] ❶ *goeierd* softy ✳ *een goeie~* a bit of a
  softy ❷ *afkeurend* dope, dolt, dill, sucker
**sulfaat** *o* [-faten] sulphate
**sulfer** *o & m* sulphur, brimstone
**sulfide** *o* [-n] sulphide
**sulfiet** *o* [-en] sulphite
**sullig** *bn* ❶ soft, goody-goody ❷ *dom* dopey, silly,
  dumb
**sulligheid** *v* ❶ *goeiigheid* softness ❷ *domheid*
  dopeyness, doltishness
**sultan** *m* [-s] sultan
**sultanaat** *o* [-naten] sultanate
**sultane** *v* [-s] sultana
**summa cum laude** *bijw* with high distinction,

vooral Am summa cum laude ✶ *waar hij ~ afstudeerde* from which he graduated with high distinction

**summier** I *bn* ❶ *kort* summary, brief, concise ❷ *gering* summary, scanty ✶ *een ~ bedrag* a summary amount II *bijw* summarily &

**summum** *o* height, peak, summit, ultimate ✶ *het ~ van gemak* the ultimate in convenience ✶ *dat is het ~!* that beats it all!

**sumoworstelaar** *m* [-s] sumo wrestler

**sumoworstelen** *o* sumo wrestle

**super** I *m* benzine super II *bn uitstekend* super, great, excellent

**superbe** *bn* superb

**superbenzine** *v* Br four star petrol, Am high octane gasoline

**superego** *o* psych superego

**supergeleider** *m* [-s] superconductor

**supergeleiding** *v* superconductivity

**superheffing** *v* superlevy

**superieur** I *bn* superior ✶ *met een ~e glimlach* with a superior smile II *bijw* ✶ *hij lachte ~* he gave a superior laugh III *m* [-en] superior ✶ *zijn ~en* his superiors, those above him

**superioriteit** *v* superiority

**superlatief** *m* [-tieven] superlative

**supermacht** *v* [-en] superpower

**supermarkt** *v* [-en] supermarket

**supermens** *m* [-en] superman, ‹vrouw› superwoman

**supernova** *v* [-vae, 's] supernova

**superplie** *o* [-s] surplice

**superscript** *m* [-s] typ superscript

**supersonisch** *bn* supersonic

**supertanker** *m* [-s] supertanker

**supervisie** *v* supervision, superintendence

**supervisor** *m* [-s] supervisor, superintendent

**supplement** *o* [-en] supplement

**supplementair** *bn* supplementary

**suppleren** *overg* [suppleerde, h. gesuppleerd] supplement, make an additional payment

**suppletie** *v* [-s] ❶ *v. geld* supplement ❷ taalk suppletion

**suppletoir, suppletoor** *bn* supplemental, supplementary ✶ *een ~e begroting* a supplementary budget

**suppoost** *m* [-en] attendant

**supporter** *m* [-s] sp supporter

**supporterstrein** *m* [-en] special supporters' train

**supranationaal** *bn* supranational

**suprematie** *v* supremacy

**surfen** I *onoverg* [surfte, h. gesurft] ❶ *zonder zeil* surf, be/go surfing ❷ *met zeil* windsurf, be/go windsurfing ❸ *internet* surf, browse II *overg* [surfte, h. gesurft] surf, browse ‹the Internet›

**surfer** *m* [-s] ❶ *zonder zeil* surfer ❷ *met zeil* windsurfer, sailboarder ❸ *internet* surfer, browser

**surfpak** *o* [-ken] wetsuit

**surfplank** *v* [-en] ❶ *zonder zeil* surfboard ❷ *met zeil* sailboard

**Surinaams** I *bn* Surinamese II *o taal* Surinamese, Sranan

**Surinaamse** *v* [-n] Surinamese ✶ *ze is een ~* she's a Surinamese, she's from Surinam

**Suriname** *o* Surinam

**Surinamer** *m* [-s] Surinamese (person)

**surnumerair** *m* [-s] supernumerary

**surplus** *o* ❶ *alg.* surplus, excess ❷ handel margin, surplus

**surprise** *v* [-s] ❶ *verrassing* surprise ❷ *geschenk* surprise gift/packet

**surpriseparty** *v* ['s] surprise party

**surrealisme** *o* surrealism

**surrealist** *m* [-en] surrealist

**surrealistisch** *bn* surrealist

**surrogaat** *o* [-gaten] surrogate, substitute

**surrogaatkoffie** *m* coffee substitute

**surseance** *v* [-s] moratorium, postponement ✶ *~ van betaling* suspension of payments, moratorium on the payment of debts

**surveillance** *v* ❶ *alg.* surveillance, supervision ❷ *bij examen* invigilation, supervision

**surveillancewagen** *m* [-s] patrol car, Am prowl/squad car

**surveillant** *m* [-en] ❶ *alg.* supervisor ❷ onderw master on duty, ‹bij examen› invigilator, supervisor

**surveilleren** I *overg* [surveilleerde, h. gesurveilleerd] keep an eye on, watch (over) II *onoverg* [surveilleerde, h. gesurveilleerd] ❶ *v. leraar* be on duty ❷ *bij examen* invigilate, supervise ❸ *door politie* patrol (the roads)

**survival** *m* [-s] survival

**sushi** *m* ['s] sushi

**suspect** *bn* suspect, suspicious

**suspenderen** *overg* [suspendeerde, h. gesuspendeerd] suspend

**suspensie** *v* [-s] suspension

**suspensoir** *o* [-s] support/suspensory bandage

**sussen** *overg* [suste, h. gesust] ❶ hush, soothe, calm ✶ *in slaap ~* lull to sleep ❷ fig hush up, pacify ✶ *een zaak ~* hush up an affair ✶ *het geweten in slaap ~* appease one's conscience

**s.v.p.** *afk* (s'il vous plaît) s.v.p., please

**Swahili** *o* Swahili

**swastika** *v* ['s] swastika

**Swaziland** *o* Swaziland

**sweater** *m* [-s] sweater, jersey

**swing** *m* swing

**swingen** *onoverg* [swingde, h. geswingd] swing

**syfilis** *v* syphilis

**syllabe** *v* [-n] syllable ✶ *er is geen ~ van waar* not a word of it is true

**syllabus** *m* [-sen & -bi] syllabus

**symbiose** *v* symbiosis

**symboliek** *v* [-en] symbolism

**symbolisch** I *bn* symbolic, figurative ✶ *een ~e*

*betaling* a symbolic/token/nominal payment **II** *bijw*
symbolically, figuratively **∗** ∼*gezegd* figuratively
speaking
**symboliseren** *overg* [symboliseerde, h.
gesymboliseerd] symbolize
**symbolisme** *o* symbolism
**symbool** *o* [-bolen] symbol, emblem
**symfonie** *v* [-nieën] symphony
**symfonieorkest** *o* [-en] symphony orchestra
**symfonisch** *bn* symphonic
**symmetrie** *v* symmetry
**symmetrisch** *bn* symmetric(al)
**sympathie** *v* [-thieën] sympathy, feeling, ⟨voor
ideeën ook⟩ leaning **∗** ∼*ën en antipathieën* likes and
dislikes **∗** *Washington voelt* ∼ *voor de kwestie*
Washington is sympathetic towards the matter **∗** *hij
heeft socialistische* ∼*ën* he has socialist
leanings/sympathies
**sympathiek I** *bn* ❶*omgeving* congenial ❷*persoon*
lik(e)able, nice, congenial **∗** *hij was mij meteen* ∼ I
took to him at once **∗** *ik ben hem* ∼*gaan vinden* I
came to like him ❸*eigenschap* engaging,
sympathetic **II** *bijw* congenially & **∗** ∼*staan
tegenover iem./iets* be sympathetic towards sbd/sth
**sympathisant** *m* [-en] sympathizer
**sympathiseren** *onoverg* [sympathiseerde, h.
gesympathiseerd] sympathize **∗** ∼*met* sympathize
with, be in sympathy with
**symposium** *o* [-s &-sia] symposium
**symptomatisch** *bn* symptomatic (*voor* of)
**symptoom** *o* [-tomen] symptom
**symptoombestrijding** *v* treatment of the
symptoms
**synagoge, synagoog** *v* [-gogen] synagogue
**synaps** *m* [-en] synapse
**synchronisatie** *v* [-s] synchronization
**synchroniseren** *overg* [synchroniseerde, h.
gesynchroniseerd] synchronize
**synchroon** *bn* synchronous **II** *bijw* synchronously
**synchroonzwemmen** *o* synchronized swimming
**syn'cope**¹ *v* [-n & -s] ❶muz syncopation ❷med
syncope
**'syncope**² *v* ['s] taalk syncope, syncopation
**syncopisch** *bn* syncopated
**syndicaal** *bn* (trade) union
**syndicaat** *o* [-caten] syndicate, consortium
**syndroom** *o* [-dromen] syndrome
**synergetisch** *bn* synergistic, synergetic
**synergie** *v* synergy
**synode** *v* [-n & -s] synod
**synoniem I** *bn* synonymous **∗** ∼*zijn met* be
synonymous with **II** *o* [-en] synonym
**synonymie** *v* synonymy
**synopsis** *v* [-sen] synopsis
**syntactisch** *bn* syntactic
**syntaxis** *v* syntax
**synthese** *v* [-n & -s] synthesis
**synthesizer** *m* [-s] synthesizer

**synthetisch I** *bn* synthetic **II** *bijw* synthetically
**Syrië** *o* Syria
**systeem** *o* [-temen] system, method
**systeemanalist** *m* [-en] systems analyst
**systeembeheerder** *m* [-s] comput system
manager/administrator, systems operator
**systeembouw** *m* system building
**systeemfout** *v* [-en] comput system error
**systeemkaart** *v* [-en] index/filing card
**systeemklok** *v* [-ken] comput system clock
**systeemontwerp** *o* [-en] comput system design
**systeemontwerper** *m* [-s] comput system designer
**systeemontwikkeling** *v* comput system
development
**systematicus** *m* [-ci] systematist
**systematiek** *v* systematics
**systematisch I** *bn* systematic **II** *bijw* systematically
**systematiseren** *overg* [systematiseerde, h.
gesystematiseerd] systematize, classify
**systole** *m* & *v* [-n] systole

# T

**t** v ['s] t✶ 't ⟨lidw⟩ the; ⟨pers vnw⟩ it

**taai** bn ➊ v. vlees & tough ➋ van vloeistoffen viscous, sticky, gluey ➌ sterk tough, tenacious, dogged✶ zo ~ als leer as tough as leather✶ hij is~ ⟨sterk⟩ he's a wiry fellow; ⟨volhardend⟩ he's a tough customer ✶ hou je~! chin up!, never say die!, take care!✶ een ~ gestel a tough constitution✶ een~ leven a tough life✶~e volharding dogged persistence ➍ saai dull ✶ het is een~ boek it's dull reading✶ het is een~ werkje it's a dull job

**taaie** m [-n] tough customer

**taaiheid** v ➊ stevigheid toughness ➋ volharding stubbornness ➌ fig tediousness, dullness

**taaislijmziekte** v cystic fibrosis

**taaitaai** m & o ± gingerbread

**taak** v [taken]➊ alg. task✶ iem. een~ opleggen/opgeven set sbd a task; onderw set sbd an assignment✶ zich iets tot~ stellen set oneself the task of doing sth ➋ huiswerk ZN homework

**taakbalk** m [-en] comput task bar

**taakleraar** m [-raren & -s] ZN teacher in charge of extra tutorial lessons, remedial teacher

**taakomschrijving** v [-en] job description, ⟨commissie⟩ terms of reference

**taakopvatting** v [-en] understanding of one's job ✶ wat is uw~? how do you see your job?

**taakstelling** v [-en] definition/setting of targets

**taakstraf** v [-fen] community service

**taakverdeling** v [-en] assignment/allotment of duties, division of tasks

**taal** v [talen] language, speech, tongue✶ een dode/levende~ a dead/living language✶ de oude talen the ancient languages✶ verheven~ lofty language✶ de~ der dieren animal language, the language of the animals✶~ noch teken neither word nor sign✶~ noch teken geven show no signs of life✶ zonder~ of teken te geven without a word or sign✶ wel ter tale zijn be a fluent speaker✶ een duidelijke~ spreken speak plainly✶ de cijfers spreken duidelijke~ the figures speak for themselves✶ hij zweeg in alle talen he was utterly silent, he was as silent as the grave

**taalachterstand** m [-en] language deficiency

**taalarmoede** v language deprivation, poor command of the language

**taalbarrière** v [-s] language barrier

**taalbeheersing** v command/mastery of a language

**taalboek** o [-en] language book, grammar (book)

**taaleigen** o idiom

**taalfamilie** v [-s] language family, family of languages

**taalfout** v [-en] grammatical error

**taalgebied** o [-en]➊ field of language✶ op~ in the field of language ➋ streek speech/linguistic area/region

**taalgebruik** o usage

**taalgevoel** o feeling/flair for language, linguistic instinct

**taalgrens** v [-grenzen] language boundary

**taalkunde** v philology, linguistics

**taalkundig I** bn grammatical, philological✶~e ontleding parsing‖ bijw ✶~ juist grammatically correct✶~ ontleden parse

**taalkundige** m-v [-n] linguist, philologist

**taalles** v [-sen] grammar/language lesson

**taaloefening** v [-en] grammatical/language exercise

**taalonderwijs** o language teaching

**taalpolitiek** v language policy

**taalregel** m [-s] grammatical rule

**taalrol** v [-len]➊ linguistic register ➋ ZN list of native speakers of the various languages

**taalstrijd** m language conflict

**taaltuin** m [-en] ZN language column

**taaluiting** v [-en] linguistic utterance, speech act

**taalvaardigheid** v command of the language, language skills✶ bij dit onderwijs gaat het vooral om het vergroten van de~ this training is mainly geared towards increasing fluency/towards improving one's language skills

**taalwet** v [-ten] linguistic law

**taalwetenschap** v science of language, linguistics, philology✶ algemene~ general linguistics

**taalzuivering** v linguistic purism

**taan** v verfstof uit eikenschors tan

**taart** v [-en]➊ cake, ⟨met (vruchten)vulling⟩ tart, pie ➋ scheldnaam bag, hag, frump

**taartbodem** m [-s] pie shell

**taartdiagram** o [-men] pie chart

**taartje** o [-s] pastry, tartlet

**taartpunt** m [-en] wedge of cake, ⟨met (vruchten)vulling⟩ wedge of tart/pie

**taartschep** v [-pen] cake server

**taartvorkje** o [-s] cake fork

**taartvorm** m [-en] cake mould

**tab** m [-s]➊ uitsteeksel tab ➋ comput tab

**tabak** m [-ken] tobacco✶ ergens~ van hebben be fed up with sth

**tabaksaccijns** m [-cijnzen] tobacco duty/tax

**tabaksdoos** v [-dozen] tobacco box

**tabaksindustrie** v tobacco industry

**tabaksplant** v [-en] tobacco plant

**tabaksplantage** v [-s] tobacco plantation

**tabaksplanter** m [-s] tobacco planter

**tabakspot** m [-ten] tobacco jar

**tabaksteelt** v tobacco growing

**tabakswaren** zn [mv] tobacco products

**tabasco** ® m Tabasco

**tabbaard ,tabberd** m [-en & -s] gown, robe

**tabblad** o [-bladen]➊ blad dat een ordner onderverdeelt divider sheet ➋ comput tab

**tabee** tsw so long!, see you!

**tabel** v [-len] table, schedule, index, list
**tabernakel** o & m [-s & -en] tabernacle✶ *ik zal je op je ~ komen, je krijgt op je~* I'll give you what's what, I'll give you something you won't forget
**tableau** I o [-s] ❶ *tafereel* scene, tableau, tray✶ *een~ vivant* a living picture ❷ *plaat* tray ❸ *geschoten wild* bag ❹ *advocatengroep* jur list of members of the Bar II *tsw* ✶*~!* curtain!
**tablet** v & o [-ten] ❶ *plak* tablet, ‹chocolade› bar ❷ *blokje* tablet ❸ med tablet
**tabletvorm** m tablet form✶ *in~* in tablet form
**taboe** I o & m [-s] taboo II *bn* taboo, forbidden✶ *iets ~ verklaren* make sth taboo
**taboeret** m [-ten] *stoeltje* tabo(u)ret, stool, ‹voor de voeten› footstool
**taboesfeer** v taboo✶ *iets uit de~ halen* take away the taboo on sth
**tabulator** m [-s] tabulator, tab
**tachograaf** m [-grafen] tachograph
**tachometer** m [-s] tachometer
**tachtig** telw eighty✶ *~ jaar* eighty years (old)✶ *hij is (diep) in de~* he's (well) into his eighties✶ *in de jaren ~* in the eighties
**tachtiger** m [-s] octogenarian, person in his/her eighties✶ *de Tachtigers* the writers of the eighties during the 19th century
**tachtigjarig** bn ❶ *tachtig jaar oud* of eighty years, eighty-year-old ❷ *tachtig jaar durend* eighty-year✶ *de Tachtigjarige Oorlog* the Eighty Years' War
**tachtigste** I telw eightieth II o ✶*een~* one eightieth (part)
**tachymeter** m [-s] tachymeter
**tachyon** o [-en] tachyon
**tackelen** overg [tackelde, h. getackeld] tackle✶ *een probleem~* tackle a problem
**tackle** m [-s] sp tackle
**taco** m ['s] taco
**tact** m tact
**tacticus** m [-ci] tactician
**tactiek** v tactics
**tactisch** I bn tactical✶ *mil~e wapens* tactical weapons II *bijw* tactically
**tactloos** I bn tactless, thoughtless II *bijw* tactlessly, thoughtlessly
**tactvol** I bn tactful II *bijw* tactfully
**Tadzjikistan** o Tajikistan, Tadjikistan, Tadzhikistan
**taekwondo** o taekwondo
**taf** m & o [-fen] taffeta✶ *van~* taffeta
**tafel** v [-s & -en] table✶ *de groene~* sp the green table, the gaming table; ‹bestuurstafel› the board/committee table✶ *de Ronde Tafel* the Round Table✶ *de Tafel des Heren* the Lord's Table✶ *de~s (van vermenigvuldiging)* the multiplication tables✶ *de ~en der wet* the tables of the law✶ *de~ afnemen/afruimen* clear the table✶ *de~ dekken* lay/set the table✶ *van een goede~ houden* like a good dinner✶ *open~ houden* keep open table✶ *hij deed de hele~ lachen* he had the table roaring✶ *aan*

*~ gaan* sit down for dinner, have dinner✶ *aan~ zijn/zitten* be at table✶ *aan de~ gaan zitten* sit down at the table✶ *na~* after dinner✶ *onder~* during dinner✶ *iem. onder de~ drinken* drink sbd under the table✶ *iets ter~ brengen* bring sth up for discussion✶ *ter~ liggen* lie on the table, be tabled ✶ *iets van/onder de~ vegen* brush/wave sth aside ✶ RK *tot de~ des Heren naderen* go to Communion ✶ *van~ opstaan* rise from table✶ *een scheiding van~ en bed* a legal separation✶ *vóór~* before dinner
**tafelbiljart** o [-s & -en] billiard table
**tafelblad** o [-bladen] ❶ *oppervlak* tabletop ❷ *inlegstuk* table leaf
**tafeldame** v [-s] dinner partner
**tafelen** onoverg [tafelde, h. getafeld] sit/be at table, dine✶ *zwaar~* dine heavily
**tafelgenoot** m [-noten] table companion
**tafelgerei** o tableware, table things
**tafelgesprek** o [-ken] table conversation, table talk
**tafelheer** m [-heren] partner (at dinner/at the dinner table)
**tafelkleed** o [-kleden] tablecloth
**tafelklem** v [-men] tablecloth clip
**tafellaken** o [-s] tablecloth
**tafellinnen** o (table) linen
**tafelloper** m [-s] (table) runner
**tafelmanieren** zn [mv] table manners
**tafelpoot** m [-poten] table leg
**tafelrede** v [-s] after-dinner speech, speech at dinner
**Tafelronde** v the Round Table
**tafelschikking** v [-en] table (seating) plan/arrangement
**tafelservies** o [-viezen] dinner set/service, dinnerware
**tafeltennis** o table tennis
**tafeltennissen** onoverg [tafeltenniste, h. getafeltennist] play table tennis
**tafeltje-dek-je** o ❶ *sprookjestafel* land of milk and honey✶ *het is daar een~* it's the land of milk and honey ❷ *organisatie die maaltijden aan huis brengt* meals on wheels
**tafelvoetbal** o table football
**tafelwater** o table water
**tafelwijn** m [-en] table wine
**tafelzilver** o silverware
**tafereel** o [-relen] picture, scene✶ *er speelden zich hartverscheurende taferelen af* heartbreaking scenes took place
**tagliatelle** m tagliatelle
**Tahiti** o Tahiti
**Tahitiaan** m [-tianen] Tahitian
**Tahitiaans** bn Tahitian
**Tahitiaanse** v [-n] Tahitian✶ *ze is een~* she's a Tahitian, she's from Tahiti
**tahoe** m tofu, bean curd
**taille** v [-s] waist
**tailleren** overg [tailleerde, h. getailleerd] adjust the

**ta**

measurements of * *een getailleerde jas* a tailored coat

**Taiwan** *o* Taiwan

**tak** *m* [-ken] ❶ *v. boom* bough, branch ❷ fig branch * *een ~ van een rivier* a branch of a river * *een ~ van dienst* a branch of (the) service * *een ~ van sport* a branch/area of sport * *een ~ van een wetenschap* a scientific discipline ❸ *v. gewei* tine

**takel** *m & o* [-s] hoist, tackle

**takelage** *v* tackle, rigging

**takelen** *overg* [takelde, h. getakeld] ❶ scheepv rig ❷ *ophijsen* hoist (up)

**takelwagen** *m* [-s] tow truck, breakdown lorry

**takelwerk** *o* tackling, rigging

**takenpakket** *o* [-ten] job responsibilities, range of duties

**takkenbos** *m* [-sen] bunch of sticks/faggots

**takkeweer** *o* awful weather

**takkewijf** *o* bitch

**taks** I *m & v* [-en] ❶ *portie* share, portion * *hij is aan zijn ~* he's had enough ❷ *belasting* ZN tax ❸ *strafport* ZN additional postage, surcharge ❹ *kijk- en luistergeld* ZN television licence/Am license fee ❺ *tel. gesprekskosten* ZN telephone bill ❻ *tol* ZN toll II *m* [-en] *hond* dachshund

**tal** *o* number * *~ van* a great number of, numerous * *zonder ~* numberless, countless, without number

**talen** *onoverg* [taalde, h. getaald] care about, be interested * *hij taalt er niet naar* he doesn't show the slightest interest in it

**talenkennis** *v* knowledge of languages

**talenknobbel** *m* [-s] talent for languages * *een ~ hebben* be a natural linguist, have a feel/flair/gift for languages

**talenpracticum** *o* [-s & -ca] language laboratory

**talenstudie** *v* [-s] language studies

**talent** *o* [-en] ❶ talent, gift, ability * *~ hebben voor* have a talent/gift for ❷ *persoon* talent * *een aanstormend ~* a promising talent

**talentenjacht** *v* [-en] ❶ *opsporing* talent scouting ❷ *bijeenkomst* talent contest/quest

**talentvol** *bn* talented, gifted

**talenwonder** *o* [-s] linguistic genius

**talg** *m* sebum

**talgklier** *v* [-en] sebaceous gland

**taliban** *zn* [mv] Taliban

**taling** *m* [-en] *vogel* teal * *de zomer~* the garganey * *de winter~* the teal

**talisman** *m* [-s] talisman

**talk** *m* ❶ *smeer* tallow ❷ *delfstof* talc ❸ *talkpoeder* talcum powder

**talkpoeder, talkpoeier** *o & m* talcum powder

**talkshow** *m* [-s] chat/talk show

**talloos** *bn* numberless, countless, without number

**talmen** *onoverg* [talmde, h. getalmd] tarry, linger, dawdle, delay * *met iets ~* delay over sth

**Talmoed, talmud** *m* Talmud

**talon** *m* [-s] ❶ eff talon, voucher ❷ kaartsp talon

❸ muz stock ❹ bouwk ogee

**talrijk** *bn* numerous

**talstelsel** *o* [-s] notation, numerical system

**talud, taluud** *o* [-s] slope

**tam** I *bn* ❶ *v. dier* tamed, domesticated * *~ maken* domesticate, ‹wilde dieren› tame ❷ *v. persoon* tame, gentle ❸ *gekweekt* cultivated * *~ me rozen* cultivated roses ❹ *niet enerverend* tame, dull * *een ~ protest* a weak protest * *een ~ feest* a dull party II *bijw* tamely

**tamarinde** *v* [-n & -s] tamarind

**tamarisk** *m* [-en] tamarisk

**tamboer** *m* [-s] drummer

**tamboerijn** *m* [-en] ❶ tambourine, timbrel ❷ *borduurraam* tambour frame

**tambour-maître** *m* [-s] drum major

**tamelijk** I *bn redelijk goed* fair-sized, reasonable II *bijw nogal* fairly, rather, pretty * *het is ~ koud* it's pretty/rather cold * *mijn grootvader is nog ~ gezond* my grandfather's still in reasonable health

**tamheid** *v* tameness

**Tamil** *m* [-s & -len] Tamil

**tampon** *m* [-s] tampon

**tamtam** *m* [-s] ❶ tom-tom ❷ fig fuss * *met veel ~* with a great fuss, with a lot of noise

**tand** *m* [-en] ❶ *v. gebit* tooth * *~ en krijgen* be cutting (his/her) teeth, be teething * *de ~ en laten zien* show one's teeth * *iem. aan de ~ voelen* put sbd through the mill, interrogate sbd * *de ~ des tijds* the ravages of time * *met lange ~ en eten* dawdle over one's food * *tot de ~ en gewapend zijn* be armed to the teeth ❷ *v. kam* tooth ❸ *v. wiel* cog ❹ *v. vork* prong

**tandarts** *m* [-en] dentist, dental surgeon

**tandartsassistente** *v* [-n] dental (surgery) assistant, dentist's assistant

**tandbederf** *o* dental decay, caries

**tandbeen** *o* dentine

**tandeloos** *bn* toothless

**tandem** *m* [-s] tandem

**tandenborstel** *m* [-s] toothbrush

**tandengeknars** *o* gnashing of teeth

**tandenknarsen** *onoverg* [tandenknarste, h. getandenknarst] gnash one's teeth

**tandenstoker** *m* [-s] toothpick

**tandglazuur** *o* dental enamel

**tandheelkunde** *v* dental surgery, dentistry

**tandheelkundig** *bn* dental

**tandheelkundige** *m-v* [-n] dentist, dental surgeon

**tanding** *v* perforation

**tandpasta** *m & o* [’s] toothpaste

**tandpijn** *v* [-en] toothache

**tandplaque** *m* dental plaque

**tandrad** *o* [-raderen] cogwheel, gear wheel

**tandsteen** *o & m* tartar

**tandtechnicus** *m* [-ci] dental technician

**tandvlees** *o* gum

**tandvleesontsteking** *v* [-en] gingivitis

**tandwiel** *o* [-en] cogwheel, gear wheel

**tanen** I *onoverg* [taande, is getaand] ❶ *verzwakken*

fade, wane * *aan het ~ zijn* be fading/waning, be on the wane ❷ *fig* fade, pale, tarnish, wane * *~de populariteit* waning popularity * *~de roem* fading glory * *doen ~* tarnish **II** *overg* [taande, h. getaand] *verven* tan

**tang** *v* [-en] ❶ *gereedschap* (pair of) tongs, (pair of) pliers, ⟨kniptang⟩ nippers, cutter, ⟨nijptang⟩ pincers, nippers * *in de ~ zitten* be cornered * *dat slaat als een ~ op een varken* there's neither rhyme nor reason in it, that's neither here nor there * *ze ziet eruit om met geen ~ aan te pakken* you wouldn't touch her with a bargepole/with a ten-foot pole ❷ *med* forceps ❸ *vrouw* shrew, bitch
**tangaslipje** *o* [-s] tanga, g-string, gee-string
**tangbeweging** *v* [-en] *mil* pincer movement
**tangens** *v* [-en & -genten] tangent
**tango** *m* ['s] tango
**tangverlossing** *v* [-en] forceps delivery
**tanig** *bn* tawny
**tank** *m* [-s] ❶ *reservoir* tank ❷ *mil* tank
**tankauto** *m* ['s] tank truck, tanker
**tankbataljon** *o* [-s] tank battalion
**tankdivisie** *v* [-s] tank division
**tanken** *onoverg* [tankte, h. getankt] fill up
**tanker** *m* [-s] tanker
**tankgracht** *v* [-en] antitank ditch
**tankschip** *o* [-schepen] tankship, oil tanker
**tankstation** *o* [-s] filling/petrol station
**tankvliegtuig** *o* [-en] tanker (aircraft)
**tankwagen** *m* [-s] tanker, tank lorry
**tannine** *v & o* tannin
**tantaluskwelling** *v* [-en] torment * *de tuin is een moderne ~, binnen handbereik maar onbereikbaar* the garden is close by yet tormentingly out of reach
**tante** *v* [-s] aunt * *een stevige ~* a sturdy woman * *een lastige ~* a fussy lady, a fusspot * *och wat, je ~!* rubbish!, my eye!
**tantième** *o* [-s] bonus, royalty, percentage, profit share
**Tanzania** *o* Tanzania
**taoïsme** *o* Taoism
**tap** *m* [-pen] ❶ *kraan* tap, ⟨in vat⟩ spigot ❷ *spon* bung ❸ *techn* tenon ❹ *v. as* pivot ❺ *tapkast* bar * *bij de ~ iets bestellen* order something at the bar
**tapbier** *o* [-en] draught beer, Am draft beer
**tapdans** *m* [-en] tap dance
**tapdansen** *onoverg* [tapdanste, h. getapdanst] tap-dance
**tapdanser** *m* [-s] tap dancer
**tape** *m* [-s] *alg.* tape
**tapen** *overg* [tapete, h. getapet] tape
**tapijt** *o* [-en] ⟨vloertapijt⟩ carpet, ⟨klein⟩ rug, ⟨wandtapijt⟩ tapestry * *iets op het ~ brengen* introduce sth into the discussion
**tapijtreiniger** *m* [-s] carpet cleaner
**tapioca** *m* tapioca
**tapir** *m* [-s] tapir
**tapisserie** *v* [-rieën] tapestry

**tapkast** *v* [-en] buffet, bar
**tapkraan** *v* [-kranen] tap
**tappelings** *bijw* in a steady flow * *~ lopen langs* trickle down
**tappen**[1] *onoverg* [tapte, getapt] *tapdansen* tap-dance
**tappen**[2] **I** *overg* [tapte, h. getapt] tap, draw * *bier ~* draw/pull beer * *rubber ~* tap rubber * *moppen ~* crack jokes **II** *onoverg* [tapte, h. getapt] serve at the bar
**tapperij** *v* [-en] public house, bar
**tappunt** *o* [-en] draw-off point
**taps** [-] tapering, conical **II** *bijw* * *~ toelopen* taper
**taptemelk** *v* skim/skimmed milk
**taptoe** *m* [-s] tattoo * *de ~ slaan* beat the tattoo
**tapuit** *m* [-en] *vogel* wheatear, chat
**tapverbod** *o* [-boden] ban on alcohol
**tapvergunning** *v* [-en] Br licence to sell spirits, Am liquor license
**tarantella** *v* ['s] tarantella
**tarantula** *v* ['s] tarantula
**tarbot** *m* [-ten] *vis* turbot
**target** *o* [-s] target
**tarief** *o* [-rieven] ❶ *prijs* tariff, rate, fee, ⟨v. openbaar vervoer⟩ fare ❷ *lijst* list of charges/rates
**tariefgroep** *v* [-en] tax code/class/bracket
**tariefwerk** *o* piecework
**tarot** *o* tarot
**tarotkaart** *v* [-en] tarot (card)
**tarra** *v* tare
**Tartaar** *m* [-taren] Tartar
**tartaar** *m* [-taren] *gemalen biefstuk* raw minced beef
**Tartaars** *bn* Tartar
**tartaartje** *o* [-s] minced beef patty
**tartan** **I** *o* *stof* tartan **II** *m* [-s] *mantel, kleed* tartan
**tartanbaan** *v* [-banen] tartan track
**tarten** *overg* [tartte, h. getart] ❶ *uitdagen* challenge, defy * *iem. ~ te bewijzen dat...* challenge sbd to prove that... ❷ *trotseren* defy * *het noodlot ~* tempt fate * *het tart alle beschrijving* it beggars/defies description
**tarwe** *v* wheat
**tarwebloem** *v* wheat flour
**tarwebrood** *o* [-broden] wheat bread * *een ~* a loaf of wheat bread
**tarwekorrel** *m* [-s] grain of wheat
**tarwemeel** *o* wheat flour, wheatmeal
**tarwevlokken** *zn* [mv] wheat flakes
**tas** **I** *v* [-sen] ❶ *v. boodschappen & bag, purse, satchel ❷ *kopje* ZN cup **II** *m* [-sen] *stapel* heap, pile
**tasjesdief** *m* [-dieven] bag/purse snatcher
**tast** *m* feeling * *op de ~* at random, blindly * *op de ~ zijn weg zoeken* grope one's way
**tastbaar** **I** *bn* ❶ *voelbaar* tangible, palpable ❷ *duidelijk* blatant, palpable, manifest * *tastbare resultaten* concrete results * *een tastbare leugen* a blatant/manifest lie **II** *bijw* tangibly, blatantly &
**tasten** **I** *onoverg* [tastte, h. getast] feel, grope, fumble (*naar* for) * *in het duister ~* be in the dark

ta

＊ *in de zak*~ grope around in one's pocket; ‹om te betalen› dip into one's purse/pocket‖ *overg* ⌈tastte, h. getast⌉ touch＊ *iem. in zijn eer*~ hurt sbd's pride, cast aspersions on sbd＊ *iem. in zijn gemoed*~ work on sbd's feelings＊ *iem. in zijn zwak*~ find sbd's weak spot

**tastzin** *m* (sense of) touch

**tateren** *onoverg* ⌈taterde, h. getaterd⌉ chatter, babble

**tatoeage** *v* ⌊-s⌋ tattoo

**tatoeëerder** *m* ⌊-s⌋ tattoo artist, tattooist

**tatoeëren** *overg* ⌈tatoeëerde, h. getatoeëerd⌉ tattoo

**taugé** *m* bean sprouts/shoots

**taupe** *bn* taupe

**tautologie** *v* ⌊-gieën⌋ tautology

**t.a.v.** *afk* ❶ (ter attentie van) attn., for the attention of ❷ (ten aanzien van) with respect to

**taveerne, taverne** *v* ⌊-n⌋ inn, pub

**taxateur** *m* ⌊-s⌋ (official) appraiser, valuer, assessor, surveyor

**taxatie** *v* ⌊-s & -tiën⌋ appraisement, appraisal, valuation, value assessment, estimate of value

**taxatiekosten** *zn* ⌊mv⌋ appraisal costs, costs of assessment

**taxatierapport** *o* ⌊-en⌋ valuation report

**taxatiewaarde** *v* appraised/assessed value

**taxeren** *overg* ⌈taxeerde, h. getaxeerd⌉ appraise, assess, estimate, value＊ *de schade is getaxeerd op...* the damage is assessed at...

**taxfree** *bn* duty-free＊ ~ *winkelen* shop duty-free

**taxfreeshop** *m* duty-free shop

**taxi** *m* ⌊'s⌋ cab, taxi

**taxicentrale** *v* ⌊-s⌋ taxi base, <u>Am</u> central dispatchers

**taxichauffeur** *m* ⌊-s⌋ taxi driver

**taxidermie** *v* taxidermy

**taxiën** *onoverg* ⌈taxiede, h. en is getaxied⌉ taxi

**taximeter** *m* ⌊-s⌋ taximeter

**taxionderneming** *v* ⌊-en⌋ taxi company/firm

**taxistandplaats** *v* ⌊-en⌋ cab stand/rank, taxi stand/rank

**taxistop** *m* ZN system of public transport using private cars

**taxivervoer** *o* taxi transport

**taxonomie** *v* taxonomy

**taxus** *m* ⌊-sen⌋, **taxusboom** ⌊-bomen⌋ yew tree

**tbc** *v* TB

**T-biljet** *o* ⌊-ten⌋ tax refund form

**T-bonesteak** *m* ⌊-s⌋ T-bone steak

**tbs** *v* (terbeschikkingstelling) <u>Br</u> ± preventive detention

**tbs-kliniek** *v* ⌊-en⌋ detention hospital

**t.b.v.** *afk* ❶ (ten behoeve van) on behalf of, for ❷ (ten bate van) for the benefit of ❸ (ter bevordering van) for the promotion of ❹ (ten bedrage van) to the amount of

**te I** *voorz* ❶ *vóór plaatsnaam* at, in＊ ~ *Antwerpen* at, in Antwerp＊ ~ *Londen* in London＊ ~ *middernacht* at midnight ❷ *vóór infinitief* to＊ *hij kwam langs om*

*me*~ *feliciteren* he came round to congratulate me ＊ ~ *weten* namely ❸ *m.b.t. doel* to, for＊ ~ *koop*,~ *huur* for sale, for hire/to let‖ *bijw vóór bn* too＊ *dat gat is*~ *groot* that hole's too big＊ *dat is toch een beetje al*~ that's a bit much＊ *des*~ *beter* so much the better ＊ *des*~ *minder* all the less＊ *zoveel*~ *meer* even more so

**teak, teakhout** *o* teak

**teakhout** *o* teak

**te allen tijde** *bijw* at all times

**team** *o* ⌊-s⌋ team

**teambuilding** *v* teambuilding

**teamgeest** *m* team spirit

**teamgenoot** *m* ⌊-noten⌋ teammate

**teamspeler** *m* ⌊-s⌋ team player

**teamsport** *v* ⌊-en⌋ team sport

**teamverband** *o* ＊ *in*~ as a team

**teamwerk, teamwork** *o* teamwork

**tearoom** *m* ⌊-s⌋ tea room

**techneut** *m* ⌊-en⌋ <u>scherts</u> boffin

**technicolor** *o & m* technicolor

**technicus** *m* ⌊-ci⌋ ❶ *alg.* technician ❷ *voor bepaald vak* engineer

**techniek** *v* ⌊-en⌋ ❶ *wetenschap* technology, technics ❷ *als tak van nijverheid* engineering ❸ *bedrevenheid* technique＊ *een voetballer met veel*~ a football player with a lot of technique ❹ *manier, werkwijze* technique, method, skill＊ *de*~ *van het schilderen* the technique of painting

**technisch I** *bn alg.* technical, technological＊ ~*e termen* technical terms＊ *een*~*e afschrijving* physical depreciation＊ <u>eff</u> *een*~*e analyse* a technical analysis＊ <u>econ</u> *de*~*e levensduur* the technical/physical life (span), the technical working life＊ *de*~*e voorraad* the physical stock/inventory ＊ *een prachtige*~*e prestatie* a magnificent engineering achievement＊ *een*~*e hogeschool* a college/institute of technology＊ *een hogere*~*e school* a technical college＊ *een lagere*~*e school* a technical school＊ *een middelbaar*~*e school* a senior technical school, a polytechnic‖ *bijw* technically, technologically

**techno** *m* <u>muz</u> techno

**technocraat** *m* ⌊-craten⌋ technocrat

**technocratie** *v* technocracy

**technolease** *m* technolease

**technologie** *v* technology

**technologisch I** *bn* technological‖ *bijw* technologically

**technoloog** *m* ⌊-logen⌋ technologist

**teckel** *m* ⌊-s⌋ dachshund

**tectyleren** *overg* ⌈tectyleerde, h. getectyleerd⌉ apply an underseal, rustproof

**tectyl** ® *o* underseal, undercoat

**teddybeer** *m* ⌊-beren⌋ teddy bear

**teder I** *bn* ❶ *kwetsbaar* delicate ❷ *gevoelig* tender ❸ *zacht en lief* gentle, loving‖ *bijw* tenderly, gently, lovingly＊ *elkaar*~ *aankijken* look at each other lovingly

**tederheid** v tenderness, gentleness

**teef** v [teven] ❶ *vrouwtjeshond* bitch ❷ *scheldwoord voor vrouw* bitch

**teek** v [teken] tick

**teelaarde** v (leaf) mould

**teelbal** m [-len] testis, testicle

**teelt** v ❶ v. *gewassen* cultivation, culture ✳ *eigen* ~ home grown ❷ v. *dieren* breeding

**teen I** m [tenen] *aan voet* toe ✳ *de grote/kleine* ~ the big/little toe ✳ *op zijn tenen lopen* walk on tiptoe, tiptoe, fig push oneself to the limit ✳ ook fig *iem. op de tenen trappen* tread on sbd's toes ✳ *hij is gauw op zijn tenen getrapt* he's quick to take offence, he's touchy ✳ *hij was erg op zijn tenen getrapt* he was very insulted ✳ *met kromgetrokken tenen* highly embarrassed ✳ *de* ~ *van een kous* the toe of a sock/stocking ✳ *van top tot* ~ from head to foot, all over **II** v [tenen] *tak* osier, twig, wicker

**teenager** m-v [-s] teenager

**teennagel** m [-s] toenail

**teenslippers** zn [mv] flip-flops

**teentje** o [-s] clove ✳ *een* ~ *knoflook* a clove of garlic

**teer I** bn delicate ✳ ~ *geluk* fragile happiness ✳ *een* ~ *hart* a tender heart ✳ *een tere huid* delicate skin ✳ *een* ~ *punt* a sore point **II** bijw delicately, tenderly **III** m & o tar

**teerachtig** bn tarry

**teerbemind** bn dearly beloved

**teergevoelig** bn tender, delicate, sensitive

**teerhartig** bn tenderhearted

**teerheid** v tenderness, delicacy

**teerling** m [-en] vooral ZN die ✳ *de* ~ *is geworpen* the die is cast

**teerzeep** v tar soap

**tegel** m [-s] tile

**tegelijk, tegelijkertijd** bijw ❶ *op hetzelfde ogenblik* at the same time, at a time, at once ✳ *niet allemaal* ~ not all together/at the same time ❷ *in dezelfde periode* together ❸ *samen met iets/iem. anders* also, as well, at the same time ❹ *tevens* also, as well as

**tegelvloer** m [-en] tiled pavement, tiled floor

**tegelwand** m [-en] tiled wall

**tegelwerk** o tiles, tilework

**tegelzetter** m [-s] tiler

**tegemoet** bijw towards, to meet ✳ *hij kwam ons* ~ he came to meet us, he came towards us, he came in our direction; fig he met us halfway

**tegemoetkomen** overg [kwam tegemoet, is tegemoetgekomen] ❶ *come to meet* ❷ fig meet (half-way) ✳ ~ *aan bezwaren* meet objections ✳ ~ *aan iems. wensen* meet sbd.'s wishes ✳ ~ *in de kosten* contribute towards the costs

**tegemoetkomend** bn ❶ oncoming, approaching ✳ ~ *verkeer* oncoming traffic ❷ *inschikkelijk* obliging, accommodating

**tegemoetkoming** v [-en] ❶ *concessie* concession ❷ *vergoeding* subsidy, grant, ⟨voor schade⟩ compensation ✳ *een* ~ *in de kosten* a contribution towards the costs

**tegemoetlopen** overg [liep tegemoet, is tegemoetgelopen] go to meet

**tegemoettreden** overg [trad tegemoet, is tegemoetgetreden] ❶ go to meet ❷ fig meet

**tegemoetzien** overg [zag tegemoet, h. tegemoetgezien] look forward to, await ✳ *de toekomst met vertrouwen* ~ face the future with confidence ✳ *uw antwoord* ~ awaiting your reply

**tegen I** voorz ❶ *in omgekeerde richting* ook fig against ✳ fig ~ *de muur lopen* run up against a brick wall ✳ *wie is er* ~? who is against it? ✳ *zijn ouders waren er* ~ his parents were against it/were opposed to it ✳ ~ *de voorschriften* contrary to/against regulations ✳ *er is* ~ *dat...* one argument against it is... ✳ ~ *zijn gewoonte in* contrary to his usual practice ✳ ~ *het verkeer in* against the traffic ❷ *omstreeks* towards, by ✳ ~ *negen uur* towards/by nine o'clock ❸ *voor at* ✳ ~ *een schappelijke prijs* at a reasonable price ❹ *in ruil voor* for ✳ ~ *een kleine vergoeding* for a small remuneration ❺ *tegenover, tot* to, against ✳ *hij spreekt niet* ~ *mij* he doesn't speak to me ✳ *hij deed/was aardig* ~ *mij* he was friendly with/to me ✳ *tien* ~ *één* ten to one ✳ *75.000 bezoekers* ~ *verleden jaar 50.000* 75,000 visitors as against 50,000 last year ❻ *contra* jur, sp versus ❼ *ter bestrijding van* for ✳ *het is goed* ~ *brandwonden* it is good for burns ▼ ~ *iets kunnen* be able to take sth ▼ *deze plant kan niet* ~ *vorst* this plant is not (frost-)hardy, this plant cannot stand the frost ▼ *die stof kan niet* ~ *wassen* do not wash this fabric **II** bijw against, anti ✳ *ik ben* ~ I'm against it ✳ *de wind is* ~ the wind's against us ✳ *de wind* ~ *hebben* have the wind against one, have a headwind **III** o con, disadvantage ✳ *de voors en* ~*s* the pros and cons

**tegenaan** bijw against ✳ (*toevallig*) *ergens* ~ *lopen* hit on sth, run into sth ✳ fig *hij is er lelijk* ~ *gelopen* he got into an awkward position

**tegenaanval** m [-len] counterattack ✳ *een* ~ *doen* counterattack

**tegenactie** v [-s] countermove

**tegenargument** o [-en] counter-argument

**tegenbeeld** o [-en] ❶ *tegenhanger* counterpart, pendant ❷ *tegengestelde* contrary, antitype

**tegenbericht** o [-en] message to the contrary ✳ *als wij geen* ~ *krijgen, zonder* ~ unless you tell us otherwise; handel unless you advise us to the contrary

**tegenbewijs** o [-wijzen] counterproof, counterevidence, evidence to the contrary

**tegenbezoek** o [-en] return visit/call ✳ *een* ~ *brengen* return a visit/call

**tegenbod** o counterbid, counteroffer ✳ *een* ~ *doen* make a counteroffer

**tegendeel** o contrary, opposite ✳ *in* ~ on the contrary ✳ *het* ~ *is waar* the opposite is true ✳ *hij is het* ~ *van zijn broer* he's his brother's complete

te

opposite, he's the complete opposite to his brother
**tegendoelpunt** o [-en] goal against
**tegendraads** bn contrary, recalcitrant * ~e opinies opposite views
**tegendruk** m [-ken] counterpressure, reaction
**tegeneis** m [-en] counterclaim
**tegengaan** overg [ging tegen, h. en is tegengegaan] bestrijden oppose, combat, counteract * een misbruik ~ prevent abuse
**tegengas** o * ~ geven resist, dig in one's heels
**tegengesteld** bn opposite, contrary * in ~e richting in the opposite direction * het ~e the opposite/contrary/reverse
**tegengif** o [-fen] antidote
**tegenhanger** m [-s] counterpart
**tegenhouden** overg [hield tegen, h. tegengehouden] ❶ tot staan brengen stop, arrest ❷ beletten prevent, stop, block
**tegenin** bijw opposed to * ergens ~ gaan oppose sth
**tegenkandidaat** m [-daten] rival candidate * zonder ~ unopposed
**tegenkanting** v [-en] opposition * ~ vinden meet with opposition
**tegenkomen** overg [kwam tegen, is tegengekomen] ❶ persoon meet, encounter * iem. ~ run into sbd * zichzelf ~ discover oneself ❷ woord & come across, encounter ❸ probleem & encounter
**tegenkracht** v [-en] counterforce
**tegenlicht** o backlight(ing)
**tegenligger** m [-s] auto oncoming car, approaching vehicle, ⟨fiets⟩ approaching cyclist, scheepv meeting ship
**tegenmaatregel** m [-en & -s] countermeasure
**tegenmaken** overg [maakte tegen, h. tegengemaakt] * iem. iets ~ put sbd off sth
**tegennatuurlijk** bn against nature, contrary to nature, unnatural
**tegenoffensief** o [-sieven] counteroffensive
**tegenop** bijw up * ergens ~ rijden collide with sth * er niet ~ kunnen not be able to cope * daar kan niemand ~ nobody can match that * ergens ~ zien dread/shrink from/fear sth
**tegenover** voorz ❶ aan de overzijde opposite (to), over against, facing * hier ~ opposite, over the way * schuin ~ diagonally across/opposite * vlak/recht/dwars ~... right opposite... * daar staat ~ dat... on the other hand... * ~ elkaar staan be opposed to each other; ⟨strijdklaar⟩ face each other ❷ ten opzichte van against, as opposed to, vis-à-vis * onze plichten ~ elkander our duties towards each other * ~ mij gedraagt hij zich fatsoenlijk he behaves himself with me
**tegenovergelegen** bn opposite, across * het ~ huis the house opposite
**tegenovergesteld** bn ❶ tegenover iets opposite ❷ fig opposite * zij is het ~e she's the exact opposite * precies het ~e exactly the opposite, quite the reverse

**tegenoverliggend** bn opposite, across
**tegenoverstaan** onoverg [stond tegenover, h. tegenovergestaan] * daar staat tegenover, dat... on the other hand..., but then...
**tegenoverstaand** bn opposite, across
**tegenoverstellen** overg [stelde tegenover, h. tegenovergesteld] offer in exchange, set against * wij kunnen daar niets ~ we've got nothing to offer in exchange
**tegenpartij** v [-en] opposition, adversary, opponent, rival party, other side * de ~ maakte een doelpunt the opposing team made a goal * de advocaat van de ~ the counsel for the opposite party
**tegenpaus** m [-en] antipope
**tegenpool** v [-polen] antipole, ⟨fig⟩ opposite * zij zijn elkaars tegenpolen they are each other's opposites
**tegenprestatie** v [-s] (service in) return, consideration * als ~ voor in return for
**tegenpruttelen** onoverg [pruttelde tegen, h. tegengeprutteld] grumble, mutter
**tegenregering** v countergovernment
**tegenrekening** v [-en] contra account, Am offset account
**tegenslag** m [-slagen] reverse, setback * veel ~ ondervinden suffer a lot of setbacks
**tegenspartelen** onoverg [spartelde tegen, h. tegengesparteld] ❶ struggle, kick ❷ tegensputteren grumble, protest
**tegenspel** o ❶ defence, Am defense ❷ als reactie response * ~ bieden offer resistance, put up a fight
**tegenspeler** m [-s] ❶ sp opponent ❷ fig adversary * zijn ~ in de film the person who played opposite him in the film
**tegenspoed** m adversity, bad luck
**tegenspraak** v ❶ contradiction * geen ~ dulden not take no for an answer * bij de minste ~ at the slightest contradiction * in ~ met... in contradiction with... * in ~ komen met zichzelf contradict oneself * in ~ zijn met collide with, be contradictory to * zonder ~ ⟨zonder protest⟩ without (any) objection; ⟨ontkenning⟩ incontestably, indisputably ❷ v. bericht denial
**tegenspreken** overg [sprak tegen, h. tegengesproken] ❶ beweringen bestrijden contradict * het bericht wordt tegengesproken the report has been denied/contradicted * elkaar ~ contradict each other, be contradictory * zichzelf ~ contradict oneself ❷ brutaal zijn answer back
**tegensputteren** onoverg [sputterde tegen, h. tegengesputterd] grumble, protest
**tegenstaan** onoverg [stond tegen, h. tegengestaan] * het staat mij tegen I can't stand it, I dislike it, I can't stomach it
**tegenstand** m ❶ resistance, opposition * ~ bieden offer resistance, resist * geen ~ bieden make/offer no resistance * ~ ondervinden meet with opposition ❷ kracht techn resistance

**tegenstander** *m* [-s] opponent, antagonist, adversary * *een erkend/verklaard* ~ an acknowledged/a declared adversary

**tegenstelling** *v* [-en] contrast, antithesis * *in* ~ *met/tot* as opposed to, as distinct from, in contrast with, contrary to

**tegenstem** *v* [-men] ❶ *bij stemming* dissentient vote, adverse vote ❷ *muz* second part/voice

**tegenstemmen** *onoverg* [stemde tegen, h. tegengestemd] vote against

**tegenstemmer** *m* [-s] voter against, opponent * *20* ~*s* 20 opponents, 20 'no' voters

**tegenstoot** *m* [-stoten] ❶ *sp* countermove ❷ *mil* countermanoeuvre ❸ *fig* reaction

**tegenstrever** *m* [-s] *ZN* opponent, adversary

**tegenstribbelen** *onoverg* [stribbelde tegen, h. tegengestribbeld] struggle, resist

**tegenstrijdig** *bn* contradictory, conflicting * ~*e begrippen* contradictory notions * ~*e berichten* contradictory/conflicting messages * ~*e emoties* conflicting emotions * ~*e meningen* contrary views * ~*e belangen* conflicts of interest

**tegenstrijdigheid** *v* [-heden] contradiction, discrepancy, inconsistency, ⟨schijnbaar⟩ paradox

**tegensturen** *onoverg* [stuurde tegen, h. tegengestuurd] steer into the skid

**tegenvallen** *onoverg* [viel tegen, is tegengevallen] not come up to expectations, disappoint * *het zal u* ~ you'll be disappointed, you may find yourself mistaken * *je valt me lelijk tegen* I'm very disappointed in you

**tegenvaller** *m* [-s] disappointment, comedown, setback

**tegenvergif** *o* [-fen] antidote, antitoxin

**tegenvoeter** *m* [-s] opposite

**tegenvoorbeeld** *o* [-en] counterexample

**tegenvoorstel** *o* [-len] counterproposal

**tegenvraag** *v* [-vragen] counterquestion

**tegenwaarde** *v* equivalent, countervalue

**tegenweer** *v* defence/*Am* defense, resistance

**tegenwerken** *overg* [werkte tegen, h. tegengewerkt] work against, sabotage, thwart * *iems. plannen* ~ frustrate sbd's plans

**tegenwerking** *v* [-en] opposition * *geen* ~ *dulden* brook no opposition

**tegenwerpen** *overg* [wierp tegen, h. tegengeworpen] object, argue

**tegenwerping** *v* [-en] objection * ~*en maken* raise objections

**tegenwicht** *o* [-en] ❶ counterpoise, counterweight, counterbalance ❷ *fig* setoff, compensation * *een* ~ *vormen tegen...* compensate for...

**tegenwind** *m* ❶ head wind ❷ *fig* opposition

**tegenwoordig I** *bn* ❶ *aanwezig* present * ~ *zijn bij...* be present at... ❷ *huidig* current, present-day, of today * *onder de* ~*e omstandigheden* under the existing/current circumstances * *de jeugd van* ~ today's youth **II** *bijw* at present, nowadays, these days

**tegenwoordigheid** *v* presence * ~ *van geest* presence of mind * *in* ~ *van...* in the presence of...

**tegenzang** *m* [-en] antiphon

**tegenzet** *m* [-ten] countermove

**tegenzin** *m* antipathy, aversion, dislike * *een* ~ *hebben in...* dislike..., have a dislike for... * *een* ~ *krijgen in...* take a dislike to... * *met* ~ with bad grace, reluctantly

**tegenzitten** *onoverg* [zat tegen, h. tegengezeten] be/go against * *het zat me tegen* luck was against me, I was unlucky

**tegoed I** *o* [-en] *handel* balance, credit **II** *bijw* * ~ *hebben* be owed * *ik heb nog geld* ~ I'm owed money, there's money owing to me * *ik heb nog geld van hem* ~ he owes me money → **goed**

**tegoedbon** *m* [-nen, -s] credit note

**tehuis** *o* [-huizen] ❶ *inrichting* home * *een* ~ *voor daklozen* a refuge/shelter (for the homeless) * *een* ~ *voor ouden van dagen* an old people's home * *een* ~ *voor moeilijk opvoedbare kinderen* a home for problem children ❷ *thuis* home

**teil** *v* [-en] basin, tub

**teint** *v & o* complexion

**teisteren** *overg* [teisterde, h. geteisterd] scourge, ravage * *het land werd geteisterd door een orkaan* the country was badly affected/hit by a cyclone

**tekeergaan** *onoverg* [ging tekeer, is tekeergegaan] go on (at/about), rant and rave (about) * *als een bezetene* carry on like a madman * ~ *tegen iem.* go on at sbd * ~ *tegen iets* carry/go on about sth

**teken** *o* [-s & -en] ❶ *symbool* sign, mark * *het* ~ *des kruises* the sign of the cross * *een* ~ *des tijds* a sign of the times * *een* ~ *aan de wand* the writing on the wall ❷ *sterrenbeeld* sign * *astron in het* ~ *van...* in the sign of... * *alles komt in het* ~ *van de bezuiniging te staan* expenditure cuts are the order of the day * *de organisatie staat in het* ~ *van de vrede* the keynote of the organization is peace ❸ *voorteken* omen * *een slecht* ~ a bad omen ❹ *symptoom* sign, indication, ⟨v.e. ziekte⟩ symptom * *een* ~ *van leven geven* give a sign of life ❺ *blijk* token * *ten* ~ *van...* in token of..., as a token of ❻ *aanduiding* signal, sign, symbol * *het* ~ *tot vertrek geven* give the sign/signal to leave * *op een* ~ *van...* at/on a sign/signal from... * *iem. een teken geven om...* make sbd a sign to..., signal/motion sbd to...

**tekenaar** *m* [-s] drawer, designer, ⟨technisch⟩ draughtsman, ⟨van spotprenten⟩ cartoonist

**tekenboek** *o* [-en] drawing book, sketchbook

**tekendoos** *v* [-dozen] box of drawing materials

**tekenen** *overg & onoverg* [tekende, h. getekend] ❶ *een tekening maken* draw, *fig* characterize * *naar het leven* ~ draw from life * *de schrijver tekent hem als een man van de tijd* the writer characterizes him as a man of his time ❷ *ondertekenen* sign * *voor gezien* ~ endorse * *voor zes jaar* ~ sign up for six years * *voor de ontvangst* ~ sign for receipt

**te**

**❸** *intekenen* subscribe ✶ *voor hoeveel heb je getekend?* how much have you subscribed? **❹** *merken* mark **❺** *kenmerken* stamp, characterize ✶ *dat tekent hem* that's characteristic/typical of him, that's just like him ✶ *eig & fig voor het leven getekend zijn* be marked for life

**tekenend** *bn* characteristic, typical ✶ ~ *voor zijn manier van redeneren* characteristic/typical of his way of arguing

**tekenfilm** *m* [-s] cartoon (picture/film)

**tekenhaak** *m* [-haken] set square, T-square

~**tekening** *v* [-en] **❶** *getekend beeld, landschap & drawing* ✶ *er begint* ~ *in te komen* things are taking shape ✶ ~*en en modellen* designs and models **❷** *voorlopige schets* design **❸** *eigenaardige streping & marking(s)*, pattern ✶ *deze huid heeft een prachtige* ~ the skin is attractively patterned/has attractive markings **❹** *het ondertekenen* signing, signature ✶ *iem. iets ter* ~ *voorleggen* submit sth to sbd for signature

**tekenkunst** *v* art of drawing

**tekenles** *v* [-sen] drawing lesson

**tekenpapier** *o* drawing paper

**tekenpen** *v* [-nen] **❶** *pen* drawing pen **❷** *houder* pencil holder

**tekentafel** *v* [-s] drawing table

**tekort** *o* [-en] **❶** *financieel* shortfall, deficit ✶ *een* ~ *op de betalingsbalans* a balance of payments deficit ✶ *een* ~ *op de handelsbalans* a trade gap, a balance of trade deficit, a trade balance deficit **❷** *gebrek aan iets* lack, shortage ✶ *een* ~ *aan eiwit* a protein deficiency ✶ *een* ~ *hebben aan* have a shortage of, be short of **❸** *tekortkoming* shortcoming, defect

**tekortdoen** *overg* [deed tekort, h. tekortgedaan] ✶ *iem.* ~ wrong sbd ✶ *ik heb hem nooit een stuiver tekortgedaan* I've never done him out of a cent ✶ ~ *aan iems. verdiensten* denigrate sbd's services

**tekortkomen** *onoverg* [kwam tekort, is tekortgekomen] run short of ✶ *ernstig* ~ *aan iets* run seriously short of sth ✶ *de overheid komt een miljoen tekort* the government is one million short ✶ *niets* ~ lack/want for nothing

**tekortkoming** *v* [-en] shortcoming, failing, defect

**tekortschieten** *onoverg* [schoot tekort, is tekortgeschoten] fall short of the mark ✶ ~ *in* be lacking in, fail in, not measure up to

**tekst** *m* [-en] **❶** *in z'n geheel* text, words, ⟨v. een lied⟩ lyrics, RTV script, ⟨v. reclame⟩ copy ✶ *zijn* ~ *kwijt zijn* forget one's lines/words ✶ *bij zijn* ~ *blijven* stick to one's text ✶ *van de* ~ *raken* lose the thread of sth **❷** *korte passage uit de Bijbel/Koran* passage, text ✶ ~ *en uitleg geven* give chapter and verse **❸** *formulering* wording **❹** *onderschrift, bijschrift* caption

**tekstanalyse** *v* [-n & -s] textual analysis

**tekstballon** *m* [-s & -nen] balloon

**tekstbericht** *o* [-en] text message

**tekstboekje** *o* [-s] **❶** *alg.* book (of words) **❷** *v. opera & libretto*

**tekstdichter** *m* [-s] lyricist

**tekstschrijver** *m* [-s] **❶** *bij muziek* songwriter **❷** *van reclame* copywriter **❸** RTV scriptwriter

**tekstueel** *bn* textual, literal

**tekstuitgave** *v* [-n] text edition

**tekstverklaring** *v* [-en] **❶** textual explanation, close reading **❷** *bijbel* exegesis

**tekstverwerker** *m* [-s] word processor

**tekstverwerking** *v* word processing

**tekstverwerkingsprogramma** *o* ['s] word processing program

**tel** *m* [-len] **❶** *het tellen* count ✶ *de* ~ *kwijt zijn* have lost count ✶ *op zijn* ~*len passen* mind one's p's and q's ✶ *als hij niet op zijn* ~*len past* if he's not careful **❷** *ogenblik* moment, second ✶ *in twee* ~*len* in two ticks, *inf* in a jiffy ▼ *zeer in* ~ *zijn* count for much, be very popular ▼ *niet in* ~ *zijn* be of no account ▼ *hij is niet meer in* ~ he's out of the running now

**telbaar** *bn* numerable, countable

**telebankieren** *onoverg* [telebankierde, h. getelebankierd] telebanking, computerized banking

**telecamera** *v* ['s] telecamera

**telecard** *m* [-s] ZN telecard

**telecommunicatie** *v* telecommunication(s)

**telecommunicatieapparatuur** *v* telecommunications equipment

**telecommunicatiesatelliet** *m* [-en] telecommunications satellite

**teleconferentie** *v* [-s] teleconference

**telefax** *m* [-en] telefax

**telefoneren** **I** *overg & onoverg* [telefoneerde, h. getelefoneerd] telephone, phone, call ✶ *iem.* ~ telephone sbd, give sbd a (phone) call **II** *onoverg* [telefoneerde, h. getelefoneerd] make a call

**telefonie** *v* telephony

**telefonisch** **I** *bn* telephonic ✶ ~*e verkoop* telephone selling ✶ *de* ~*e hulpdienst* the helpline, the helpdesk **II** *bijw* telephonically, over the/by telephone

**telefonist** *m* [-en] telephonist, (telephone) operator, switchboard operator

**telefoon** *m* [-s & -fonen] telephone, *inf* phone ✶ *een mobiele* ~ a mobile (phone) ✶ *er is* ~ *voor u* there's a call for you ✶ *wij hebben* ~ we're on the telephone ✶ *de* ~ *aannemen* answer the telephone ✶ *de* ~ *neerleggen* lay down the receiver, put down the phone ✶ *de* ~ *van de haak nemen, de* ~ *opnemen* pick up the phone ✶ *zij is aan de* ~ she's on the telephone ✶ *aan de* ~ *blijven* hold the line, hold on ✶ *per* ~ by telephone, over the telephone

**telefoonaansluiting** *v* [-en] telephone connection

**telefoonbeantwoorder** *m* [-s] answering machine

**telefoonboek** *o* [-en] telephone directory/book

**telefoonbotje** *o* [-s] funny bone, Am crazy bone

**telefooncel** *v* [-len] (tele)phone booth, call box, telephone kiosk

**telefooncentrale** *v* [-s] (telephone) exchange

**telefoondienst** *m* telephone service

**telefoongesprek** o [-ken] ❶ verbinding (telephone) call ∗ een buitenlands~ an international call ∗ een interlokaal~ a long-distance call ❷ gesprek conversation over the telephone, telephone conversation

**telefoonkaart** v [-en] phonecard

**telefoonklapper** m [-s] phone index

**telefoonlijn** v [-en] telephone line

**telefoonnet** o [-ten] telephone system/network

**telefoonnummer** o [-s] telephone number

**telefoonrekening** v [-en] telephone bill

**telefoontje** o [-s] (telephone) call

**telefoontoestel** o [-len] telephone (appliance)

**telefoonverbinding** v [-en] ❶ verbinding telephone connection ❷ verkeer tussen landen & telephonic communication

**telefoonverkeer** o telephone communications

**telefoto** v ['s] telephoto

**telegraaf** m [-grafen] telegraph ∗ per~ by wire

**telegraferen** overg & onoverg [telegrafeerde, h. getelegrafeerd] telegraph, wire, cable

**telegrafie** v telegraphy

**telegrafisch I** bn telegraphic **II** bijw telegraphically, by wire

**telegrafist** m [-en] telegraphist, (telegraph) operator

**telegram** o [-men] telegram, wire, cablegram

**telegramstijl** m telegram style, telegraphese ∗ in~ in telegram style

**telekinese** v telekinesis

**telelens** v [-lenzen] telephoto lens

**telemarketing** v telemarketing

**telematica** v telematics

**telen** overg [teelde, h. geteeld] ❶ vruchten & grow, cultivate ❷ dieren breed, rear, raise

**telepathie** v telepathy

**telepathisch I** bn telepathic **II** bijw telepathetically

**teler** m [-s] ❶ v. planten grower ❷ v. vee breeder

**telescoop** m [-scopen] telescope

**telescoophengel** m [-s] telescopic fishing rod

**telescopisch** bn telescopic

**teleshoppen** o, **teleshopping** v teleshopping

**teletekst** m teletext, ⟨v.d. BBC⟩ Ceefax

**teletekstpagina** v ['s] teletext page

**teleurstellen** overg [stelde teleur, h. teleurgesteld] disappoint ∗ teleurgesteld over disappointed at/with ∗ teleurgesteld in disappointed in

**teleurstellend I** bn disappointing **II** bijw disappointingly

**teleurstelling** v [-en] disappointment ∗ haar~ over... her disappointment at/with...

**televisie** v [-s] ❶ beeldoverbrenging television ∗ (naar de)~ kijken watch television ∗ op/voor de~ on television ∗ op de~ uitzenden televise ∗ bij de~ werken work for television ❷ toestel television (set), TV, inf Br telly, inf Am tube

**televisiebewerking** v [-en] television adaptation

**televisiecamera** v ['s] television camera

**televisiedominee** m [-s] TV evangelist

**televisiefilm** m [-s] television/TV film, Am television/TV movie

**televisiejournaal** o [-s] television news

**televisiekijker** m [-s] television viewer, televiewer

**televisienet** o [-ten] television network ∗ op het eerste~ on Channel one

**televisieomroep** m [-en] television company

**televisieomroepster** v [-s] hostess

**televisieopname** v [-n & -s] television recording

**televisieprogramma** o ['s] television programme, Am telecast

**televisierechten** zn [mv] television/TV rights

**televisiereclame** v [-s] television/TV commercial

**televisiereportage** v [-s] television report

**televisiescherm** o [-en] television screen

**televisieserie** v [-s] television series/serial

**televisiestation** o [-s] television channel, Am television station

**televisietoestel** o [-len] television set

**televisie-uitzending** v [-en] television broadcast, telecast

**televisiezender** m [-s] ❶ station television channel, television broadcasting station ❷ zendmast television transmitter

**telewerken** o comput teleworking, home working, telecommuting

**telewerker** m [-s] comput teleworker, telecommuter

**telewinkelen** o teleshopping

**telex** m [-en] ❶ toestel teleprinter ❷ dienst, net telex

**telexbericht** o [-en] telex message

**telexen** overg [telexte, h. getelext] telex

**telfout** v [-en] miscalculation

**telg** m-v [-en] ❶ descendant, scion ∗ zijn~en his offspring/descendants ❷ v. boom shoot, sprout

**telgang** m ambling gait, amble

**telganger** m [-s] ambler

**telkenmale** bijw repeatedly, over and over again

**telkens** bijw ❶ voortdurend again and again, at every turn ∗ ~ weer over and over again ❷ iedere keer each/every time ∗ ~ als, ~ wanneer whenever, every time

**tellen I** overg [telde, h. geteld] ❶ het aantal bepalen count ∗ zijn dagen zijn geteld his days are numbered ∗ ze zijn niet meer te~ there are too many to count ∗ hij kijkt of hij niet tot tien kan~ he looks as if he couldn't say boo to a goose ❷ meetellen number, count, include ∗ wij~ hem onder onze vrienden we number/count/include him among our friends ∗ hij wordt niet geteld he doesn't count ❸ geven om attach importance to ∗ dat telt hij niet he won't attach any importance to that ∗ iets licht~ make light of sth ❹ bestaan uit consist of, have ∗ het boek telt meer dan 300 bladzijden the book has more than/consists of 300 pages **II** onoverg [telde, h. geteld] ❶ count ∗ tot 100~ count (up) to a hundred ∗ voor twee~ count as two ❷ van belang zijn count, matter ∗ dat telt niet that doesn't count ∗ dat telt bij mij niet that doesn't

**te**

count with me

**teller** m [-s] ❶ persoon counter, teller ❷ toestel
counter, meter ✱ de ~ stond op... the meter was on...
❸ v. breuk numerator

**telling** v [-en] count(ing) ✱ de ~ van de stemmen
counting of the votes

**teloorgaan** onoverg [ging teloor, is teloorgegaan]
be/become lost

**teloorgang** m loss

**telraam** o [-ramen] counting frame, abacus

**telwoord** o [-en] numeral

**temeer** bijw all the more

**temeier** v [-s] whore, hooker, hustler

**temen** onoverg [teemde, h. geteemd] whine

**te midden** bijw amidst, in the midst (of)

**temmen** overg [temde, h. getemd] ❶ tam maken
tame, domesticate ❷ v. paarden break

**tempel** m [-s] temple

**tempelier** m [-s & -en] (Knight) Templar ✱ hij drinkt
als een ~ he drinks like a fish

**tempen** overg [tempte, h. getempt] inf take
someone's temperature

**tempera** v tempera

**temperament** o [-en] temperament, temper
✱ met/zonder ~ high-/low-spirited

**temperamentvol** bn high-spirited

**temperaturen** overg [temperatuurde, h.
getemperatuurd] take someone's temperature

**temperatuur** v [-turen] temperature ✱ iems. ~
opnemen take sbd's temperature

**temperatuurdaling** v [-en] fall/drop in
temperature

**temperatuurschommeling** v [-en] fluctuation in
temperature

**temperatuurstijging** v [-en] rise/increase in
temperature

**temperatuurverschil** o [-len] difference in
temperature

**temperen** overg [temperde, h. getemperd] ❶ matigen
temper, ⟨v. geestdrift⟩ damp, ⟨v. pijn⟩ ease,
⟨v. geluid, kleur⟩ soften ✱ het enthousiasme ~
dampen the enthusiasm ✱ het licht ~ dim the light
❷ mengen blend, ⟨v. staal⟩ temper

**tempo** o ['s, muz ook: tempi] ❶ snelheid pace, tempo
✱ het ~ aangeven set the pace ✱ ~ maken hurry,
speed up ✱ het ~ verhogen speed up the tempo/pace
✱ in een snel ~ at a quick rate ❷ muz tempo, time
✱ het ~ moet traag worden genomen it should be
played fairly slowly

**tempobeurs** v [-beurzen] achievement-based
scholarship

**temporeel** bn ❶ door tijd bepaald temporal ❷ tijdelijk
temporary

**temporiseren** overg [temporiseerde, h.
getemporiseerd] ❶ uitstellen delay, put off ❷ sport
stall, play for time

**tempowisseling** v [-en] change of pace

**ten** voorz at, to & ✱ ~ eerste firstly; ⟨aan de ene kant⟩

on the one hand ✱ ~ tweede secondly; ⟨aan de
andere kant⟩ on the other hand ✱ ~
derde/vierde/vijfde thirdly/fourthly/fifthly ✱ ~
zesde/zevende & in the sixth/seventh & place ✱ ~
stelligste strongly, firmly

**tenaamstellen** overg [stelde tenaam, h.
tenaamgesteld] ascribe

**tenaamstelling** v [-en] ascription

**ten dele** bijw partly, in part

**tendens** v [-en] tendency, trend ✱ er heerst een ~ om
there is a tendency to ✱ handel een ~ van de beurs a
stock market trend

**tendentieus** I bn tendentious, biased, coloured
II bijw tendentiously, in a biased way

**tender** m [-s] ❶ achter locomotief tender
❷ tenderuitgifte tender issue

**tenderen** onoverg [tendeerde, h. getendeerd]
tend/incline/show a tendency (to/toward)

**teneinde** voegw in order to

**tenen** bn osier, wicker

**tenenkaas** m toe jam

**teneur** m drift, tenor

**tengel** m [-s] ❶ lat lath ❷ hand paw

**tenger** I bn slight, slender II bijw slightly, slenderly
✱ ~ gebouwd slightly built

**tenietdoen** overg [deed teniet, h. tenietgedaan]
nullify, cancel, undo ✱ ...al onze hoop ~...dash all
our hopes

**tenietgaan** onoverg [ging teniet, is tenietgegaan]
come to nothing, perish

**tenlastelegging, telastlegging** v [-en] charge,
indictment, accusation

**tenminste** bijw at least ✱ als hij ~ iets gezegd heeft at
least if he has said something

**tennis** o tennis ✱ een partijtje ~ a game of tennis ✱ ~
spelen play tennis

**tennisarm** m [-en] tennis elbow/arm

**tennisbaan** v [-banen] tennis court

**tennisbal** m [-len] tennis ball

**tennisclub** v [-s] tennis club

**tennisracket** o & v [-s] tennis racket

**tennisschoen** m [-en] tennis shoe

**tennissen** onoverg [tenniste, h. getennist] play
tennis

**tennisser** m [-s] tennis player

**tennisspeler** m [-s] tennis player

**tenor** m [-s & -noren] tenor

**tenorsaxofoon** m [-s & -fonen] tenor saxophone

**tenslotte** bijw ❶ immers after all ✱ het is ~ maar voor
een paar dagen after all, it's only for a few days
❷ uiteindelijk finally, eventually ✱ ~ kwam hij he
finally/eventually arrived

**tent** v [-en] ❶ tijdelijk verblijf tent ✱ de ~ en opslaan
pitch tents ✱ ergens zijn ~ en opslaan pitch one's tent
somewhere ✱ de ~ afbreken tear the place apart
✱ iem uit zijn ~ lokken draw sbd out ❷ stoffen
overkapping tegen zon, regen awning ❸ kraam booth,
stand ❹ café, dancing & place, inf joint

**tentakel** m [-s] tentacle
**tentamen** o [-s & -mina] preliminary examination, <u>inf</u> prelim
**tentamenperiode** v [-s & -n] examination period/time
**tentamineren** overg [tentamineerde, h. getentamineerd] examine
**tentdak** o [-daken] pavilion roof
**tentdoek** o & m [-en] canvas, tent cloth
**tentenkamp** o [-en] tent camp, campsite
**tentharing** m [-en] tent peg
**tentoonspreiden** overg [spreidde tentoon, h. tentoongespreid] display
**tentoonstellen** overg [stelde tentoon, h. tentoongesteld] exhibit, show
**tentoonstelling** v [-en] exhibition, show
**tentoonstellingsterrein** o [-en] exhibition ground(s)/area
**tentstok** m [-ken] tent pole
**tentzeil** o canvas
**tenue** o & v [-s & -n] <u>mil</u> dress, uniform ∗ *in groot* ~ in full dress/uniform ∗ *in klein* ~ in undress, in ordinary uniform
**tenuitvoerbrenging, tenuitvoerlegging** v [-en] execution, enforcement, implementation
**ten zeerste** bijw extremely, highly
**tenzij** voegw unless ∗ *ik kom,* ~ *ik ziek word* I'll come if I'm not ill
**tepel** m [-s] ❶ v. mens nipple ❷ v. dier dug ❸ v. uier teat
**tepelhof** m [-hoven] areola
**tepelkloof** v [-kloven] cracked nipple
**tequila** m tequila
**ter** voorz at/in/to the
**teraardebestelling** v [-en] burial, funeral
**terbeschikkingstelling** v [-en] ❶ v. volwassenen preventive detention, <u>Br</u> entrustment order ❷ v. minderjarigen placement in a state educational home, child care order
**terdege** bijw properly, thoroughly, well ∗ *we kregen er* ~ *van langs* we were soundly beaten/thrashed ∗ *ik ben me er* ~ *van bewust* I'm very conscious of it
**terecht** I bijw ❶ juist rightly, justly ∗ *zij protesteren* ~ they are right to protest/in protesting, their protests are justified ∗ ~ *of ten onrechte* rightly or wrongly ∗ *ze hebben hem weggestuurd, en* ~ they sent him away, and rightly so ❷ op de goede plaats in the right place ∗ *ben ik hier* ~ *bij de burgemeester?* is this the mayor's house? ❸ gevonden found ∗ *het is weer* ~ it's been found II bn appropriate, correct, justified ∗ ~ *e kritiek* justified/appropriate criticism
**terechtbrengen** overg [bracht terecht, h. terechtgebracht] in orde brengen arrange, put/set to rights ∗ *het* ~ arrange matters ∗ *er niets van* ~ make a mess of it ∗ *er (heel) wat van* ~ make a success of it
**terechtkomen** onoverg [kwam terecht, is terechtgekomen] ❶ aankomen arrive at, land ∗ *in een moeras* ~ land in a bog ∗ ~ *in de zakken van...* go

into the pockets of... ❷ in orde komen turn out all right ∗ *het zal wel* ~ it's sure to turn out all right ∗ *het zal van zelf wel* ~ it's bound to right itself/to fix itself up/to sort itself out ∗ *wat de betaling betreft, dat zal wel* ~ we'll sort the payment out later ∗ *hij zal wel* ~ he'll find his feet, he'll manage ∗ *er komt niets van hem terecht* he'll come to no good ∗ *wat is er van haar terechtgekomen?* what's happened to her? ∗ *daar komt niets van terecht* it'll come to nothing ∗ fig *op zijn pootjes* ~ turn out all right ❸ teruggevonden worden turn up, show up ∗ *het boek zal wel weer* ~ the book is sure to turn up some day ∗ *de brief is niet terechtgekomen* the letter hasn't turned up
**terechtkunnen** onoverg [kon terecht, h. terechtgekund] ∗ *ergens* ~ *(voor iets)* have a place to go to (for sth) ∗ *je kunt altijd bij hem terecht* you can call on him any time ∗ *daar kun je overal mee terecht* that will do anywhere
**terechtstaan** onoverg [stond terecht, h. terechtgestaan] be committed for trial, stand trial, be on trial
**terechtstellen** overg [stelde terecht, h. terechtgesteld] execute
**terechtstelling** v [-en] execution
**terechtwijzen** overg [wees terecht, h. terechtgewezen] reprimand, reprove
**terechtwijzing** v [-en] reprimand, reproof
**teren** I overg [teerde, h. geteerd] met teer besmeren tar II onoverg [teerde, h. geteerd] leven van live (on/off) ∗ *achteruit* ~ be eating into one's capital ∗ ~ *op* live on ∗ *op eigen kosten* ~ pay one's way
**tergen** overg [tergde, h. getergd] provoke, irritate, tease, torment
**tergend** I bn uitdagend provocative, exasperating, infuriating II bijw provocatively & ∗ ~ *langzaam* exasperatingly slow
**tering** v ❶ ziekte <u>vero</u> (pulmonary) consumption, phthisis ∗ *de vliegende* ~ galloping consumption ∗ *de* ~ *hebben* be consumptive ∗ *je kunt de* ~ *krijgen* you can get stuffed/fucked ∗ *de* ~ *in hebben* be pissed off ❷ uitgaven expense ∗ *de* ~ *naar de nering zetten* cut one's coat according to one's cloth
**teringlijder** m [-s] ❶ tbc-patiënt <u>vero</u> consumptive ❷ scheldwoord bastard
**terloops** I bn casual, passing ∗ *een* ~ *e blik* a cursory look ∗ *een* ~ *e ontmoeting* a chance encounter II bijw casually, in passing ∗ ~ *gemaakte opmerkingen* incidental/off-hand remarks
**term** m [-en] ❶ benaming term ∗ *in bedekte* ~ en in veiled terms ∗ *in de* ~ en *vallen om...* be liable to... ∗ *volgens de* ~ en *van de wet* within the meaning of the law ❷ wisk term ❸ beweegreden grounds, reasons ∗ *er zijn geen* ~ en *voor* there are no grounds for it
**termiet** m & v [-en] termite, white ant
**termietenheuvel** m [-s] termite hill
**termijn** m [-en] ❶ tijdruimte term ∗ *de uiterste* ~ the

**te**

final deadline, the latest date ✱ *een~ vaststellen* fix a time ✱ *binnen de vastgestelde~* within the set time ✱ *op~* ⟨fondsen⟩ for the account; ⟨goederen⟩ for future delivery ✱ *op korte~* at short notice ✱ *krediet op korte/lange~* short-/long-term credit ✱ *de wettelijke~* the statutory period, the period allowed/required by law ❷ *afbetalingssom* instalment ✱ *in~en betalen* pay by/in instalments

**termijnbetaling** *v* [-en] instalment

**termijncontract** *o* [-en] eff forward contract, futures contract

**termijnhandel** *m* eff futures (trading), business/dealing in futures ✱ *financiële~* financial futures trading ✱ *~ in olie* oil futures

**termijnmarkt** *v* [-en] eff futures/forward market ✱ *de financiële~* the financial futures market ✱ *de~ voor goud* gold futures

**terminaal I** *bn* terminal ✱ *een terminale patiënt* a terminal patient **II** *bijw* terminally

**terminal** *m* [-s] ❶ *luchthaven &* terminal ❷ comput terminal

**terminologie** *v* [-gieën] terminology

**terminologisch** *bn* terminological

**terminus** *m* [-ne & -sen] ZN terminus

**ternauwernood** *bijw* scarcely, barely, hardly, narrowly ✱ *~ ontsnappen* have a narrow escape

**terneer** *bijw* down, under

**terneerdrukken** *overg* [drukte terneer, h. terneergedrukt] depress

**terneergeslagen** *bn* depressed, downcast, dejected, dispirited

**terp** *m* [-en] mound

**terpentijn** *m* ❶ *hars* turpentine ❷ *olie* (oil of) turpentine, inf turps

**terpentine** *v* white spirit

**ter plekke** *bijw* on site

**terracotta I** *v & o* terra cotta **II** *bn* terracotta

**terrarium** *o* [-s & -ria] terrarium

**terras** *o* [-sen] ❶ *v. café* outdoor cafe ✱ *op een~je zitten* sit in an outdoor cafe ❷ *op het dak* terrace ❸ *wandel-, zitplaats* terrace

**terrasbouw** *m* terrace cultivation

**terrasvormig** *bn* terraced

**terrein** *o* [-en] ❶ *stuk grond* ground(s), land, territory, terrein ✱ *een open~* a open terrein ✱ *het~ kennen* be sure of one's ground ✱ *het~ verkennen* mil reconnoitre; fig see how the land lies ✱ *~ verliezen* lose ground ✱ *~ winnen* gain ground ✱ *op bekend~ zijn* be on familiar ground ✱ fig *daar was je op gevaarlijk~* you were on dangerous ground there ❷ *bouwterrein* (building) site ❸ mil terrain ❹ fig domain, province, field ✱ *op internationaal~* in the international field ✱ *het~ van de wiskunde* the field of mathematics

**terreingesteldheid** *v* state/condition of the ground

**terreinknecht** *m* [-s & -en] groundsman

**terreinrit** *m* [-ten] cross-country ride

**terreinverlies** *o* loss of ground

**terreinwagen** *m* [-s] four-wheel drive

**terreinwinst** *v* gain of ground ✱ *~ boeken* gain ground

**terreur** *v* terror ✱ *de Terreur* the (Reign of) Terror

**terreuraanslag** *m* [-slagen] terrorist attack

**terreurdaad** *v* [-daden] terrorist act/attack ✱ *daden van terreur* acts of terrorism, terrorist acts

**terreurorganisatie** *v* [-s] terrorist organization

**terriër** *m* [-s] terrier

**terrine** *v* [-s] tureen

**territoriaal** *bn* territorial ✱ *territoriale wateren* territorial waters

**territorium** *o* [-s & -ia] territory

**territoriumdrift** *v* territorial attitude, territorialism

**terroriseren** *overg* [terroriseerde, h. geterroriseerd] terrorize

**terrorisme** *o* terrorism

**terrorist** *m* [-en] terrorist

**terroristisch** *bn* terrorist

**tersluiks** *bijw* stealthily, covertly, on the sly

**terstond** *bijw* directly, immediately, at once, forthwith

**tertiair I** *bn* tertiary ✱ *de~e sector* the service sector **II** *o* Tertiary

**terts** *v* [-en] muz third ✱ *een grote/kleine~* a major/minor third ✱ *in C grote/kleine~* in C major/minor

**terug** *bijw* back ✱ *~!* stand back!, back there! ✱ *30 jaar~* thirty years back/ago ✱ *ik heb het boek~* I've got the book back ✱ *ik moet het~* I want it back ✱ fig *hij kan niet meer~* he can't go back on it ✱ *ik ben om acht uur weer~* I'll be back at eight o'clock ✱ *~ naar af* back to square one ✱ *ze zijn~ uit Frankrijk* they're back from France ✱ *~ van weg geweest* back again ✱ *Liverpool is~ van weg geweest* Liverpool has made a comeback ✱ *heb je van een euro~?* can you change a euro? ✱ fig *hebje ervan~* ✱ fig *heb je daarvan~?* have you ever seen anything like it? ✱ fig *daar had hij niet van~* he didn't know what to say to that

**terugbellen** *overg* [belde terug, h. teruggebeld] call/ring back

**terugbetalen** *overg* [betaalde terug, h. terugbetaald] pay back, repay, refund, reimburse

**terugbetaling** *v* [-en] repayment, reimbursement, refunding

**terugbezorgen** *overg* [bezorgde terug, h. terugbezorgd] return

**terugblik** *m* review, retrospective view ✱ *een~ werpen op* look back on

**terugblikken** *onoverg* [blikte terug, h. teruggeblikt] look back (on/to)

**terugboeken** *overg* [boekte terug, h. teruggeboekt] boekh reverse, write back

**terugboeking** *v* [-en] boekh reverse entry, write-back

**terugbrengen** *overg* [bracht terug, h. teruggebracht] bring/take back ✱ *~ naar de oorspronkelijke staat* restore to its original state ✱ *~*

*tot de essentie* reduce to its essence ✻ *tot op...* ~ reduce to...

**terugdeinzen** *onoverg* [deinsde terug, is teruggedeinsd] shrink back, recoil ✻ *(niet)* ~ *voor...* (not) shrink/flinch from... ✻ *voor niets* ~ stick/stop at nothing

**terugdenken** *onoverg* [dacht terug, h. teruggedacht] ✻ ~ *aan* recall (to mind) ✻ *dat doet ons* ~ *aan...* that reminds us of... ✻ *zich* ~ *in die toestand* remember what it was like in the same situation

**terugdoen** *overg* [deed terug, h. teruggedaan] ❶ *terugplaatsen* put back ✻ *de brief in de envelop* ~ put the letter back in the envelope ❷ *in ruil doen* do in return ✻ *doe ze de groeten terug* return their greetings ✻ *kunnen wij iets* ~*?* can we do sth in return? ✻ *zij plagen hem vaak maar hij doet niets terug* they tease him a lot but he doesn't react ✻ *zij wil iets* ~ *voor haar geboorteland* she wants to repay her debt to the country of her birth

**terugdraaien** *overg* [draaide terug, h. teruggedraaid] turn/take back, reverse ✻ *de maatregelen* ~ reverse the measures

**terugdrijven I** *overg* [dreef terug, h. teruggedreven] drive back, repulse, repel **II** *onoverg* [dreef terug, is teruggedreven] float/drift back

**terugdringen** *overg* [drong terug, h. teruggedrongen] drive/push back ✻ *tranen* ~ force back tears

**terugeisen** *overg* [eiste terug, h. teruggeëist] reclaim, claim back

**terugfluiten** *overg* [floot terug, h. teruggefloten] whistle back ✻ *de staatssecretaris werd door de minister-president teruggefloten* the Prime Minister blew the whistle on the Minister of State

**teruggaan** *onoverg* [ging terug, is teruggegaan] ❶ *terugkeren* go back, return ✻ ~ *naar het begin van deze pagina* return to the start of this page ❷ *achteruitgaan* go back ✻ *de trein ging een eindje terug* the train went back a little way ❸ *minder worden* drop (back), decline ✻ *de prijzen gaan terug* prices are dropping (back) ✻ *de kwaliteit is erg teruggegaan* the quality has declined greatly ❹ *zijn oorsprong vinden in date/go back to* ✻ *woorden die* ~ *op plaatsnamen* words that can be traced back to place names ✻ ~ *tot het jaar...* date back to the year...

**teruggang** *m* ❶ *terugkeer* going back, return ❷ *achteruitgang* decay, decline, ⟨van de economie⟩ recession ❸ *v. prijzen* fall, drop, decrease

**teruggave, teruggaaf** *v* return, restitution

**teruggetrokken I** *bn* retiring, withdrawn, retired **II** *bijw* ✻ *ze leven erg* ~ they lead a very quiet life

**teruggeven I** *overg* [gaf terug, h. teruggegeven] give back, return, restore **II** *onoverg* [gaf terug, h. teruggegeven] *bij 't betalen* give back ✻ *kunt u van een euro* ~*?* can you change a euro?

**teruggooien** *overg* [gooide terug, h. teruggegooid] throw/toss back

**teruggrijpen** *onoverg* [greep terug, h.

teruggegrepen] go back (to) ✻ ~ *op* revert to, hark back to

**teruggroeten** *overg & onoverg* [groette terug, h. teruggegroet] ❶ return the greeting, acknowledge sbd's greeting ❷ *mil* acknowledge/return a salute

**terughalen** *overg* [haalde terug, h. teruggehaald] ❶ fetch back ❷ *terugtrekken* withdraw, pull back

**terughoudend I** *bn* reserved, distant, aloof **II** *bijw* *hij reageerde nogal* ~ *op het voorstel*; his reaction to the proposal was somewhat reserved

**terugkaatsen** *overg & onoverg* [kaatste terug, h. en is teruggekaatst] *v. richting veranderen* be reflected, ⟨bal &⟩ rebound, ⟨licht, warmte⟩ reflect, ⟨geluid⟩ reverberate, (re-)echo

**terugkaatsing** *v* [-en] reflection, ⟨v. geluid⟩ reverberation

**terugkeer** *m* comeback, return

**terugkennen** *overg* [kende terug, h. teruggekend] recognize, know ✻ *ze zullen hun wijk niet meer* ~ they won't be able to recognize their suburb, they won't know their suburb any longer

**terugkeren** *onoverg* [keerde terug, is teruggekeerd] return, turn back ✻ *naar huis* ~ return home ✻ *om weer tot ons onderwerp terug te keren* to get back to our subject ✻ *op zijn schreden* ~ retrace one's steps ✻ *de rust keerde terug* peace returned

**terugkijken** *onoverg* [keek terug, h. teruggekeken] ❶ *een blik beantwoorden* look back ❷ *terugblikken* look back on ✻ ~ *op het verleden* look back at the past

**terugkomen** *onoverg* [kwam terug, is teruggekomen] ❶ return, come back ✻ *hij kan elk moment* ~ he could be back at any moment ✻ *weer* ~ *bij de dokter* go back to the doctor ✻ ~ *op/van een besluit/zijn belofte* go back on a decision/one's promise ✻ ~ *op zijn woorden* reconsider one's words ✻ *om terug te komen op wat ik daarnet zei* just going back to what I said a moment ago ✻ *ik ben ervan teruggekomen* I've changed my mind ❷ *sp* come back, make a comeback ✻ *Agassi kwam terug en won 4-2* Agassi made a comeback to win 4-2

**terugkomst** *v* return

**terugkopen** *overg* [kocht terug, h. teruggekocht] ❶ buy back, repurchase ❷ *inlossen* redeem

**terugkoppelen** *overg* [koppelde terug, h. teruggekoppeld] *voorleggen* give feedback, submit ✻ *de resultaten* ~ *naar de praktijk* apply the results to practice

**terugkoppeling** *v* ❶ *auto* gear change ❷ *feedback* feedback

**terugkrabbelen** *onoverg* [krabbelde terug, is teruggekrabbeld] go back on, back out, cry off, opt out

**terugkrijgen** *overg* [kreeg terug, h. teruggekregen] get back ✻ *geld* ~ *bij het wisselen* receive change

**terugleggen** *overg* [legde terug, h. teruggelegd] ❶ *weer op zijn plaats leggen* put back ❷ *sp* pass back (op to)

**te**

**teruglezen** *overg* [las terug, h. teruggelezen] read back

**terugloop** *m* fall, decrease

**teruglopen** *onoverg* [liep terug, is teruggelopen] ❶ *achteruitlopen* walk back ❷ *v. water* run/flow back ❸ *v. prijzen &* recede, fall, drop

**terugluisteren** *overg* [luisterde terug, h. teruggeluisterd] play back

**terugnemen** *overg* [nam terug, h. teruggenomen] ❶ take back ∗ *gas* ~ throttle back, reduce speed; *fig* take things easy ❷ *intrekken* withdraw, retract ∗ *zijn woorden* ~ take back one's words, eat one's words

**terugreis** *v* [-reizen] return trip/journey, trip/journey back, ⟨per boot⟩ return voyage, voyage back ∗ *op de* ~ on one's journey home

**terugreizen** *onoverg* [reisde terug, is teruggereisd] travel back, return

**terugrijden** *onoverg* [reed terug, is teruggereden] drive back, ⟨fiets, paard⟩ ride back

**terugroepen** *overg* [riep terug, h. teruggeroepen] call back, recall ∗ *teruggeroepen worden* be called back; ⟨van acteur⟩ get another curtain call ∗ *iets in het geheugen* ~ recall sth (to mind)

**terugschakelen** *onoverg* [schakelde terug, h. teruggeschakeld] ❶ *auto* change down ❷ RTV switch back to

**terugschieten I** *overg* [schoot terug, h. teruggeschoten] ❶ *met (vuur)wapens* shoot back ❷ *sp* kick back **II** *onoverg* [schoot terug, is teruggeschoten] *snel terugbewegen* shoot back ∗ *de versnellingspook schiet steeds terug* the gear keeps popping back

**terugschoppen** *overg* [schopte terug, h. teruggeschopt] kick back

**terugschrijven** *overg* [schreef terug, h. teruggeschreven] write in reply, write back

**terugschrikken** *onoverg* [schrikte terug, is teruggeschrikt *of* schrok terug, is teruggeschrokken] flinch, recoil ∗ *(niet)* ~ *voor/van iets* (not) be afraid of sth

**terugschroeven** *overg* [schroefde terug, h. teruggeschroefd] ❶ *op een lager niveau brengen* scale down, reduce ∗ *de productie* ~ reduce production ❷ *ongedaan maken* reverse, change ∗ *de beslissing is teruggeschroefd* the decision has been reversed

**terugslaan I** *overg* [sloeg terug, h. teruggeslagen] ❶ *bal* strike back, return ❷ *vijand* beat back, repulse **II** *onoverg* [sloeg terug, is teruggeslagen] ❶ strike/hit back ❷ *techn* backfire ▼ ~ *op* refer to

**terugslag** *m* ❶ ⟨v. moto⟩ r backfire, ⟨v. zuiger⟩ backstroke, ⟨v. geweer⟩ kickback, recoil ❷ *fig* reaction, repercussion, setback, ⟨recessie⟩ recession ∗ *dit is een* ~ *voor het land* this is a blow for the country ❸ *biol* throwback

**terugsnellen** *onoverg* [snelde terug, is teruggesneld] hasten/hurry back

**terugspeelbal** *m* [-len] *sp* backward pass

**terugspelen** *overg* [speelde terug, h. teruggespeeld]

❶ *sp* play (the ball) back ∗ ~ *op de keeper* pass/kick the ball back to the goalkeeper ❷ *v. band* replay

**terugspoelen** *overg* [spoelde terug, h. teruggespoeld] rewind

**terugspringen** *onoverg* [sprong terug, is teruggesprongen] ❶ *achteruitspringen* spring/leap back ❷ *terugveren* recoil, rebound ❸ *achter een lijn liggen* recede

**terugstorten** *overg* [stortte terug, h. teruggestort] *geld* refund

**terugstromen** *onoverg* [stroomde terug, is teruggestroomd] flow back

**terugsturen** *overg* [stuurde terug, h. teruggestuurd] send back

**terugtellen** *onoverg* [telde terug, h. teruggeteld] count backwards

**terugtocht** *m* ❶ *gedwongen* retreat ❷ *terugreis* journey home, trip back

**terugtrappen I** *onoverg* [trapte terug, h. teruggetrapt] *op fiets* back-pedal **II** *overg* [trapte terug, h. teruggetrapt] kick back

**terugtraprem** *v* [-men] back-pedal brake

**terugtreden** *onoverg* [trad terug, is teruggetreden] ❶ *achterwaarts stappen* step back ❷ *aftreden* withdraw (from)

**terugtrekken I** *overg* [trok terug, h. teruggetrokken] ❶ *achteruit doen gaan* pull/draw back, withdraw ❷ *intrekken* recall, withdraw ∗ *een toezegging* ~ go back on/revoke a promise **II** *wederk* [trok terug, h. teruggetrokken] ∗ *zich* ~ ⟨op achtergrond gaan⟩ retire; ⟨verbinding & verbreken⟩ withdraw from **III** *onoverg* [trok terug, is teruggetrokken] *mil* retire, retreat, withdraw ∗ ~ *op* fall back on

**terugtrekking** *v* ❶ *uit zaken* retirement ❷ *mil* withdrawal, disengagement ❸ *intrekken* retraction

**terugval** *m* relapse, reversion

**terugvallen** *onoverg* [viel terug, is teruggevallen] fall back ∗ ~ *tot* revert to ∗ ~ *op* fall back on ∗ *kunnen* ~ *op* be able to fall back on

**terugvaren** *onoverg* [voer terug, is teruggevaren] sail back, return

**terugverdienen** *overg* [verdiende terug, h. terugverdiend] earn enough to repay ∗ *de investeringen moeten in een jaar zijn terugverdiend* the costs of the investment have to be recovered within a year

**terugverlangen I** *onoverg* [verlangde terug, h. terugverlangd] think back longingly ∗ ~ *naar de tijd...* think back longingly to the time... **II** *overg* [verlangde terug, h. terugverlangd] ask back

**terugvinden** *overg* [vond terug, h. teruggevonden] ❶ *weer vinden* find again, recover ❷ *opnieuw aantreffen* encounter again ∗ *deze uitdrukking vindt men telkens terug* this expression can be found time and again

**terugvliegen** *onoverg* [vloog terug, is teruggevlogen] fly back

**terugvloeien** *onoverg* [vloeide terug, is

teruggevloeid] flow back

**terugvoeren** *overg* [voerde terug, h. teruggevoerd] carry/take back ∗ ~ *op* carry back to ∗ ~ *tot* trace back to

**terugvorderen** *overg* [vorderde terug, h. teruggevorderd] claim back, recover

**terugvordering** *v* [-en] reclamation

**terugvragen** *overg* [vroeg terug, h. teruggevraagd] ask back, ask for the return of

**terugwedstrijd** *m* [-en] ❶ *thuiswedstrijd* ZN home match ❷ *returnwedstrijd* ZN return match

**terugweg** *m* [-wegen] way back, return ∗ *op de* ~ on our way back

**terugwerkend** *bn* retroactive ∗ *een bepaling* ~e *kracht verlenen* make a provision retroactive ∗ *salarisverhogingen* ~e *kracht verlenen* back-date salary increases

**terugwerpen** *overg* [wierp terug, h. teruggeworpen] ❶ *teruggooien* throw back ∗ *een blik* ~ cast a look back ∗ *op zichzelf teruggeworpen worden* be thrown on one's own resources ❷ *mil* throw back ❸ *sp* return

**terugwijzen** *overg* [wees terug, h. teruggewezen] ❶ *verwijzen* refer back ❷ *weigeren* reject, refuse

**terugwinnen** *overg* [won terug, h. teruggewonnen] win back, regain

**terugzakken** *onoverg* [zakte terug, is teruggezakt] fall back, ‹in een stoel› sink back

**terugzeggen** *overg* [zei terug, h. teruggezegd] answer back

**terugzetten** *overg* [zette terug, h. teruggezet] ❶ *achteruit zetten* put back ∗ *een klok 10 minuten* ~ put the clock back 10 minutes ∗ *fig de klok* ~ set the clock back ❷ *degraderen* move down ∗ *een leerling een klas* ~ move a pupil back to a lower class

**terugzien I** *onoverg* [zag terug, h. teruggezien] *terugblikken* look back ∗ ~ *op zijn jeugd* look back on one's youth **II** *overg* [zag terug, h. teruggezien] *weerzien* see again

**terwijl** *voegw* ❶ *gedurende de tijd dat* while, whilst ❷ *hoewel* whereas, while

**ter zake** *bijw* to the point

**terzet** *o* [-ten] muz terzetto

**terzijde I** *bijw* aside, at the side ∗ ~ *gezegd* in an aside ∗ ~ *laten* leave to one side ∗ ~ *leggen* lay to one side ∗ *iem.* ~ *nemen* draw sbd aside ∗ *iem.* ~ *staan* stand by sbd ∗ ~ *stellen* put aside, waive ∗ *van* ~ *vernemen wij dat* it has been brought to our notice that ∗ *dit* ~ by the way **II** *o* [-s] aside

**test I** *m* [-s] *proef* test ∗ *iem. een* ~ *afnemen* test sbd **II** *v* [-en] ❶ *komfoor* firepan ❷ *hoofd* nob, nut, noddle

**testament** *o* [-en] ❶ *wilsbeschikking* will, last will (and testament) ∗ *zijn* ~ *maken* make one's will ∗ *bij* ~ *vermaken aan* bequeath to, will away to ∗ *iem. in zijn* ~ *zetten* remember sbd in one's will ∗ *overlijden zonder* ~ *na te laten* die intestate ∗ *een* ~ *op de langstlevende* a will in favour of the surviving spouse

❷ bijbel Testament ∗ *het Oude en Nieuwe Testament* the Old and the New Testament

**testamentair** *bn* testamentary ∗ *een* ~e *beschikking* a testamentary disposition

**testateur** *m* [-s] testator

**testatrice** *v* [-s] testatrix

**testauto** *m* ['s] test car

**testbeeld** *o* [-en] *televisie* test card

**testcase** *v & o* [-s] test case

**testen** *overg* [testte, h. getest] test ∗ ~ *op hiv* test for HIV/aids

**testeren** *overg* [testeerde, h. getesteerd] ❶ *vermaken* bequeath, dispose of by will ❷ *getuigen* attest

**testikel** *m* [-s] testicle

**testimonium** *o* [-s & -ia] testimonial ∗ jur *een* ~ *paupertatis* proof of insufficient means

**testmarkt** *v* [-en] test market

**testosteron** *o* testosterone

**testpiloot** *m* [-loten] test pilot

**testresultaat** *o* [-taten] test result

**testrijder** *m* [-s] test driver

**testvlucht** *v* [-en] test flight

**tetanus** *m* tetanus

**tetanusprik** *m* tetanus injection

**tête-à-tête** *o* [-s] tête-à-tête

**tetteren** *onoverg* [tetterde, h. getetterd] ❶ *schetterend geluid maken* trumpet, blare ❷ *luid spreken* yap ❸ *veel drinken* booze

**teug** *m & v* [-en] draught/Am draft, pull ∗ *in één* ~ in one gulp ∗ *met volle* ~en *inademen* breath in deeply ∗ *met volle* ~en *van iets genieten* enjoy sth to the full

**teugel** *m* [-s] rein, bridle ∗ *de* ~ *strak houden* hold the reins tight, keep a tight rein on sbd ∗ *fig iets de vrije* ~ *geven/laten* give free rein to sth ∗ fig *de* ~s *aanhalen* tighten the reins ∗ fig *de* ~ *vieren* give full rein to ∗ *de* ~s *van het bewind in handen hebben* hold the reins of government

**teunisbloem** *v* [-en] *plant* evening primrose

**teut I** *m-v* [-en] slowcoach, dawdler **II** *bn dronken* tight

**teuten** *onoverg* [teutte, h. geteut] dawdle

**Teutonen** *zn* [mv] Teutons

**Teutoons** *bn* Teutonic

**teveel** *o* surplus, overabundance ∗ *een* ~ *aan* a surplus of

**tevens** *bijw* at the same time ∗ *de beste en* ~ *de slechtste* both the best and the worst

**tevergeefs** *bijw* in vain, vainly, to no effect

**tevoorschijn** *bijw* ∗ *iets* ~ *brengen* produce sth, fig ook bring sth to light ∗ *iets* ~ *halen* produce sth, take sth out ∗ ~ *komen* appear, make one's appearance, come out ∗ *iets/iem.* ~ *roepen* call sth/sbd up

**tevoren** *bijw* before, previously ∗ *de dag* ~ the day before ∗ *van* ~ beforehand, in advance

**tevreden I** *bn* ❶ *predicatief* content ∗ ~ *met* content with ∗ ~ *zijn over* be satisfied with ❷ *attributief* contented **II** *bijw* contentedly ∗ *hij knikte* ~ he

te

nodded contentedly

**tevredenheid** *v* contentment, content, satisfaction
✳ *tot zijn (volle)* ~ to his (complete) satisfaction ✳ *een boterham met* ~ bread without anything on it

**tevredenheidsgarantie** *v* satisfaction guarantee

**tevredenstellen** *overg* [stelde tevreden, h. tevredengesteld] content, satisfy ✳ *zich* ~ *met* content oneself with

**tewaterlating** *v* [-en] launch, launching

**teweegbrengen** *overg* [bracht teweeg, h. teweeggebracht] bring about, cause

**tewerkstellen** *overg* [stelde tewerk, h. tewerkgesteld] engage, employ

**tewerkstelling** *v* [-en] employment

**textiel** *m & o* textile

**textielindustrie** *v* [-trieën] textile industry

**textielnijverheid** *v* textile industry

**textuur** *v* [-turen] texture

**tezamen** *bijw* together

**tezelfdertijd** *bijw* at the same time

**TGV** *m* (train à grande vitesse) TGV, high-speed train

**t.g.v.** *afk* ❶ (ten gevolge van) as a result of ❷ (ter gelegenheid van) on the occasion of ❸ (ten gunste van) in favour of

**Thai** *m* [-s] Thai

**Thailand** *o* Thailand

**Thais** *bn & o* Thai

**Thaise** *v* [-n] Thai ✳ *ze is een* ~ she's a Thai, she's from Thailand

**thans** *bijw* at present, now, nowadays, at the current time

**theater** *o* [-s] theatre, Am theater

**theaterbezoek** *o* [-en] visit to the theatre/Am theater, night at the theatre/Am theater

**theatervoorstelling** *v* [-en] theatre/Am theater performance

**theatraal** ❙ *bn* theatrical, showy, stagey, histrionic ✳ *een* ~ *gebaar* a theatrical gesture ❙❙ *bijw* theatrically &

**thee** *m* tea ✳ ~ *drinken* have morning/afternoon tea ✳ *ze zijn aan het* ~ *drinken* they're having morning/afternoon tea ✳ *komt u op de* ~? would you come and have morning/afternoon tea with us?

**theeblad** ❙ *o* [-bladen] *dienblad* tea tray ❙❙ *o* [-bladen & -bla(de)ren] *blad v. theestruik* tea leaf

**theebus** *v* [-sen] tea caddy/canister

**theedoek** *m* [-en] tea towel/cloth

**thee-ei** *o* [-eieren] tea infuser/ball

**theeglas** *o* [-glazen] tea glass

**theehuis** *o* [-huizen] tea house/room

**theekopje** *o* [-s] teacup

**theekransje** *o* [-s] *groepje* tea party

**theelepel** *m* [-s] ❶ *hoeveelheid* teaspoonful ✳ *een* ~*(tje) (vol)* a teaspoonful (of) ❷ *lepeltje* teaspoon

**theeleut** *m* [-en] tea drinker

**theelichtje** *o* [-s] tea warmer

**Theems** *v* Thames

**theemuts** *v* [-en] tea cosy

**theepauze** *v* [-s & -n] tea break

**theeplantage** *v* [-s] tea plantation

**theepot** *m* [-ten] teapot

**theeservies** *o* [-viezen] tea service/set

**theetante** *v* [-s] gossip

**theetijd** *m* teatime

**theevisite** *v* [-s] tea party, tea ✳ *op* ~ *komen* come to morning/afternoon tea

**theewater** *o* tea water ✳ *hij is boven zijn* ~ he's had a drop too much

**theezakje** *o* [-s] tea bag

**theezeefje** *o* [-s] tea strainer

**theïne** *v* theine, caffeine

**theïsme** *o* theism

**theïst** *m* [-en] theist

**theïstisch** *bn* theistic

**thema** ❙ *o* ['s & -mata] theme ❙❙ *v & o* ['s] onderw exercise

**themanummer** *o* [-s] special issue

**themapark** *o* [-en] theme park

**thematiek** *v* [-en] theme(s)

**thematisch** ❙ *bn* thematic ❙❙ *bijw* thematically ✳ ~ *geordend* arranged by subject

**theocraat** *m* [-craten] theocrat

**theocratie** *v* [-tieën] theocracy

**theocratisch** *bn* theocratic

**theologie** *v* theology

**theologisch** *bn* theological ✳ *de* ~*e faculteit* the Faculty of Theology

**theoloog** *m* [-logen] ❶ *geleerde* theologian ❷ *student* student of theology, divinity student

**theorema** *o* ['s] theorem

**theoreticus** *m* [-ci] theorist, theoretician

**theoretisch** ❙ *bn* theoretical ❙❙ *bijw* theoretically, in theory

**theoretiseren** *onoverg* [theoretiseerde, h. getheoretiseerd] theorize

**theorie** *v* [-rieën] ❶ *beginselen* theory ❷ *tegenover praktijk* theory ✳ *in* ~ theoretically speaking ❸ *stelling* theory, hypothesis

**theorie-examen** *o* theory examination

**theorieles** *v* [-sen] theory lesson

**theosofie** *v* theosophy

**theosofisch** *bn* theosophical

**theosoof** *m* [-sofen] theosophist

**therapeut** *m* [-en] therapist

**therapeutisch** ❙ *bn* therapeutic ❙❙ *bijw* therapeutically

**therapie** *v* [-pieën] ❶ *behandeling* therapy ❷ *onderdeel der geneeskunde* therapeutics

**thermaal** *bn* thermal

**thermen** *zn* [mv] thermal baths, thermae

**thermiek** *v* thermal, up-current, updraught of warm air

**thermisch** *bn* thermal

**thermodynamica** *v* thermodynamics

**thermogeen** *bn* thermogenic

**thermometer** *m* [-s] thermometer

**thermosfles** v [-sen] Thermos/vacuum flask, <u>Am</u> Thermos bottle

**thermoskan** v [-nen] vacuum/Thermos flask

**thermostaat** m [-staten] thermostat

**thesaurie** v [-rieën] treasury

**thesaurier** m [-s] ❶schatmeester treasurer ❷penningmeester controller

**thesaurus** m [-ri] ❶schatkamer treasury ❷woordenboek thesaurus, terminology, dictionary of synonyms

**these** v [-n & -s] thesis

**thesis** v [-sissen & -ses] ❶alg. thesis ❷doctoraalscriptie <u>ZN</u> dissertation, Master's thesis ❸proefschrift <u>ZN</u> PhD thesis

**Thomas** m Thomas * een ongelovige ~ a doubting Thomas

**Thora** v torah

**thorax** m thorax

**thorium** o thorium

**thriller** m [-s] thriller

**thuis I** bijw ❶naar huis home ❷in huis at home * ~ zijn be at home, be in * is Charley ~? is Charley at home?, is Charley in? * ergens goed ~ in zijn be at home with/in a subject * doe of je ~ bent make yourself at home * hij voelt zich overal ~ he feels at home everywhere * zich niet ~ voelen not feel at home * handen ~! hands off! * wel ~! safe journey! get home safely! * niemand ~ nobody at home, nobody in * fig niet ~ geven give no reaction; ‹niet meewerken› not play ball **II** o home * een ~ hebben have a home

**thuisadres** o [-sen] home address, private address

**thuisbankieren** o home banking

**thuisbasis** v [-bases] home base

**thuisbevalling** v [-en] home birth/delivery

**thuisbezorgen** overg [bezorgde thuis, h. thuisbezorgd] deliver to the house * laten ~ have delivered

**thuisblijven** onoverg [bleef thuis, is thuisgebleven] stay at home, stay in * we kunnen wel ~ there's no point in going

**thuisblijver** m [-s] person who stays at home * de ~s hadden gelijk those who stayed at home were right

**thuisbrengen** overg [bracht thuis, h. thuisgebracht] ❶naar huis brengen see home ❷fig place * ik kan zijn naam niet ~ I can't place his name

**thuisclub** v [-s] home team/side

**thuisfluiter** m [-s] home referee

**thuisfront** o home front

**thuishaven** v [-s] home port

**thuishonk** o home

**thuishoren** onoverg [hoorde thuis, h. thuisgehoord] belong * daar ~ belong there * die opmerkingen horen hier niet thuis those remarks are out of place * ik geloof dat ze in Haarlem ~ I think they're from Haarlem

**thuishouden** overg [hield thuis, h. thuisgehouden] keep sbd at home, keep sbd in(doors) * zijn

handen/vingers niet kunnen ~ not be able to keep one's hands off sbd/sth

**thuiskomen** onoverg [kwam thuis, is thuisgekomen] come home, get back

**thuiskomst** v homecoming, return (home)

**thuiskrijgen** overg [kreeg thuis, h. thuisgekregen] have delivered (at home)

**thuisland** o [-en] vaderland homeland, ‹in Zuid-Afrika› hist homeland

**thuislaten** overg [liet thuis, h. thuisgelaten] leave at home

**thuisloos** bn homeless

**thuismarkt** v [-en] domestic market

**thuisreis** v [-reizen] homeward journey, journey home * op de ~ on the way home

**thuisstudie** v [-s] home study

**thuisvoordeel** o advantage of a home match

**thuiswedstrijd** m [-en] home game/match

**thuiswerk** o ❶(stuk)werk dat thuis wordt gedaan homework, outwork ❷huisnijverheid cottage industry

**thuiswerker** m [-s] homeworker, outworker

**thuiswonend** bn living at home

**thuiszorg** v home care

**tiara** v ['s] tiara

**Tiber** m Tiber

**tic** m [-s] ❶zenuwtrek tic ❷scheutje alcohol ± shot, dash * een cola ~ cola/coke with a dash of rum, brandy &

**tichel** m [-s] flagstone, tile

**ticket** o [-s] ticket

**tiebreak** m [-s] tennis tiebreak, tiebreaker

**tien I** hoofdtelw ten * bij ~en by ten (o'clock) * ~ tegen één ten to one **II** v [-en] ❶ten ❷op rapport ten, ‹Br› a first, ‹Am› an A+

**tiend** m & o [-en] tithe * de ~en heffen levy tithes

**tiendaags** bn of ten days, ten days'

**tiende I** rangtelw tenth * op de ~ mei on the tenth of May **II** o [-n] tenth part, tenth

**tiendelig** bn ❶consisting of ten parts ❷decimaal decimal * een ~e breuk a decimal fraction

**tienduizend** telw ten thousand * ~en tens of thousands

**tienduizendste I** bn ten thousandth **II** o [-n] ten thousandth

**tiener** m-v [-s] teenager

**tieneridool** o [-idolen] teenage star

**tienermeisje** o [-s] teenage girl

**tienertoer** m, **tienertoerkaart** v [-en] teenage rover ticket * op ~ gaan go on a teenage (rover) tour

**tienjarig** bn ❶tien jaar durend decennial ❷tien jaar oud of ten years, ten-year-old * op ~e leeftijd at the age of ten

**tienkamp** m [-en] decathlon

**tienkamper** m [-s] decathlete

**tienrittenkaart** v [-en] ten-ride ticket

**tiental** o [-len] ten * het ~ the ten (of them) * twee ~len two tens * enige ~len klanten a few dozen customers✶ *na een~ jaren* a decade later, after a decade

**tientje** *o* [-s] ❶ *bedrag* tenner ❷ *papieren* ten euro note ❸ RK decade (of the rosary)

**tienvoud** *o* [-en] tenfold

**tienvoudig I** *bn* tenfold **II** *bijw* ten times✶ *je krijgt het~ terug* you'll get back ten times more than you put in, you'll get it back multiplied by ten

**tiërceren** *overg* [tiërceerde, h. getiërceerd] reduce to one-third

**tierelantijn** *m* [-en], **tierelantijntje** *o* [-s] frill✶ *~tjes* all sorts of frills

**tieren** *onoverg* [tierde, h. getierd] ❶ *welig groeien* thrive ❷ fig flourish✶ *de ondeugd tiert daar welig* vice is rampant/rife there ❸ *razen* rage, rave, ⟨storm⟩ bluster

**tierig** *bn* ❶ *welig groeiend* thriving ❷ *levendig* lively

**tiet** *v* [-en] tit

**tig** *telw* scherts umpteen

**tij** *o* [-en] tide✶ *dood~* slack water✶ *hoog/laag~* high/low tide✶ *het is afgaand/opkomend~* the tide is going out/coming in

**tijd** *m* [-en] ❶ ⟨tijdsduur⟩ time, ⟨periode⟩ period, ⟨seizoen⟩ season✶ *de goede oude~* the good old times, the good old days✶ *de hele~* all the time ✶ *een hele (lange)~* for a long time, for ages✶ *dat is een hele~* that's quite a long time✶ *wel, lieve~!* dear me!✶ *middelbare~* mean time✶ *onbepaalde~* an indefinite period✶ *plaatselijke~* local time✶ *vrije ~* leisure (time), spare time✶ *het zal mijn~ wel duren* it'll last my time, it'll see me out✶ *het is~* time's up✶ *het is hoog~* it's high time✶ *er was een~ dat...* there was a time when...✶ *het wordt~ om...* it's getting time to...✶ *(geen) hebben* have (no) time ✶ *alles heeft zijn~* there is a time for everything✶ *het heeft de~* there's no hurry✶ *ik heb de~ aan mijzelf* my time is my own✶ *hij heeft zijn~ gehad* he's had his day✶ *als men maar~ van leven heeft* if only you live long enough✶ *de~ niet klein weten te krijgen* have time on one's hands✶ *~ maken* make time ✶ *ergens de~ voor nemen* take one's time over sth✶ *~ winnen* gain time✶ *~ trachten te winnen* play for time✶ *wij zijn aan geen~ gebonden* we're not tied down to time✶ *bij~ en wijle* now and then✶ *bij~en* at times, sometimes, occasionally✶ *bij de~ brengen* update✶ *gedurende de~ dat...* during the time that..., while, whilst✶ *in~ van nood* in time of need ✶ *in~ van oorlog* in times of war✶ *in de~ van een maand* in a month's time, within a month✶ *in de~ dat...* at the time when...✶ *in een~ dat...* at a time when...✶ *in mijn~* in my time/day✶ *in mijn jonge~* in my young days, when I was young✶ *in geen~ heb ik...* I haven't... for a long time✶ *in de laatste~* of late✶ *in lange~* for a long time past✶ *in minder dan geen~* in (less than) no time✶ *in onze~* in our days ✶ *in vroeger~* in former times✶ *met de~* the time goes/went on, with time✶ *met zijn~ meegaan* keep up with the times✶ *na die~* after that time✶ *na*

*korte of langere~* sooner or later✶ *morgen om deze~* this time tomorrow✶ *omtrent deze~* about this time ✶ *op~* in time✶ *de trein is op~* the train is on time ✶ *hij kwam net op~* he came just in time✶ *de trein kwam precies op~* the train arrived exactly on time ✶ handel *op~ kopen* buy for forward delivery✶ *op de afgesproken~* at the appointed time, at the time fixed✶ *op gezette~en* at set times✶ *alles op zijn~* all in good time✶ *op welke~ ook* (at) any time✶ *zij is over~* her period is overdue/late✶ *het schip/de trein/de baby is over~* the ship/train/baby is overdue ✶ *sinds die~* from that time, ever since✶ *te allen~* at all times✶ *te dien~e* at the time✶ *te eniger~* at some time (or other)✶ *zo hij te eniger~...* if at any time he...✶ *te gelegener/rechter~* in due time✶ *te zijner~* in due time✶ *ten~e dat...* at the time when...✶ *ten~e van* at/in the time of...✶ *terzelfder~* at the same time✶ *tegen die~* by that time✶ *dat is uit de~* it is out of date, it has had its day✶ *hij is uit de~* he's had his day✶ *dichters van deze/onze~* contemporary poets✶ *van de laatste/nieuwere~* recent✶ *van die~ af* from that time forward✶ *van~ tot~* from time to time✶ *voor de~ van het jaar* for the time of year✶ *voor enige~* for some time, for a time; some time ago✶ *voor korte/lange~* for a short/long time✶ *vóór de~* ahead of time✶ *vóór zijn ~ werd hij oud* he grew old prematurely/before his time✶ *voor de~ van zes maanden* for a period of six months✶ *~ is geld* time is money✶ *de~ zal het leren* time will show/tell✶ *de~ is de beste heelmeester* time heals all✶ *andere~en, andere zeden* other times, other manners; other days, other ways✶ *komt~, komt raad* we'll cross that bridge when we come to it✶ *er is een~ van komen en een~ van gaan* to everything there is a season and a time to every purpose ❷ taalk tense

**tijdbesparing** *v* [-en] time saving✶ *dat geeft een~* that'll save time

**tijdbom** *v* [-men] time bomb

**tijdcontrole** *v* timekeeping

**tijdelijk I** *bn* ❶ *van korte duur* temporary✶ *~ werk* a temporary job ❷ *wereldlijk* temporal✶ *het~e met het eeuwige verwisselen* depart this life **II** *bijw* temporarily✶ *~ aangesteld* temporarily appointed/employed

**tijdens** *voorz* during✶ *~ het Schrikbewind* during the reign of terror

**tijdgebonden** *bn* dated✶ *een~ uitdrukking* a dated expression

**tijdgebrek** *o* lack of time✶ *wegens~* due to/because of lack of time

**tijdgeest** *m* spirit of the age/times

**tijdgenoot** *m* [-noten] contemporary

**tijdig I** *bn* timely, early, seasonable✶ *~e betaling* payment on time✶ *~e hulp* timely help **II** *bijw* in good time✶ *~ ingrijpen* take timely action

**tijding** *v* [-en] news, tidings

**tijdje** *o* [-s] (little) while

**tijdklok** v [-ken] *voor in- en uitschakelen v. apparaten* time switch
**tijdlang** m *een ~* for some time, for a while
**tijdloos** bn timeless
**tijdmechanisme** o *als onderdeel van apparaat* timer
**tijdmelding** v [-en] ❶ telec speaking clock ❷ *via de radio* time check
**tijdnood** m lack/shortage of time, ‹schaakspel› time trouble *in ~ verkeren* be short of time, be rushed for time, be hard-pressed, be under time constraints
**tijdopname** v [-n] ❶ sp timing ❷ fotogr time exposure
**tijdperk** o [-en] ❶ *alg.* period, era *een nieuw ~* a new era ❷ *historische periode* age *het bronzen ~* the Bronze Age *het stenen ~* the Stone Age
**tijdrekening** v [-en] ❶ *alg.* chronology ❷ *christelijk &* calendar
**tijdrekken** o playing for time, ‹sterker› time wasting
**tijdrijden** o time trialling
**tijdrit** m [-ten] race against time, ‹sp› time trial
**tijdrovend** bn time-consuming
**tijdruimte, tijdsruimte** v [-n] space of time, period *binnen een ~ van...* within a period of...
**tijdsbeeld** o [-en] ❶ *aard* character of the age ❷ *beeld* portrait of an era
**tijdsbepaling, tijdbepaling** v [-en] ❶ *bepaling van juiste tijd* determination ❷ taalk temporal clause, adjunct of time
**tijdsbesef** o sense of time
**tijdsbestek** o space of time, period
**tijdschakelaar** m [-s] time switch
**tijdschema** o ['s] timetable
**tijdschrift** o [-en] periodical, magazine, journal
**tijdsdruk** m pressure of time, time pressure *werken onder (hoge) ~* work under (high) time pressure, work to tight deadlines
**tijdsduur** m length of time, period, duration, term
**tijdsein** o [-en] time signal
**tijdsgewricht** o time, juncture
**tijdslimiet** v [-en] time limit, deadline
**tijdspanne** v [-n] time span
**tijdstip** o [-pen] (point in) time, moment *op het huidige ~* at the current point in time
**tijdsverloop** o period/interval of time *na een ~ van...* after a lapse of... *binnen een niet al te groot ~* within a relatively short period of time
**tijdsverschil** o [-len] time difference, difference in time
**tijdvak** o [-ken] period
**tijdverdrijf** o pastime *tot/uit ~* to pass the time
**tijdverlies** o loss of time
**tijdverslindend** bn extremely time-consuming
**tijdverspilling** v waste of time
**tijdwaarnemer** m [-s] timekeeper
**tijdwaarneming** v timekeeping
**tijdwinst** v gain of/in time *dat is een ~ van twee uur* that will save two hours
**tijdzone** v [-s] time zone

**tijgen** onoverg [toog, is getogen] go, plechtig set forth *zij togen naar Egypte* they set forth to Egypt *aan het werk ~* set to work *ten oorlog ~* set out to war
**tijger** m [-s] tiger
**tijgerbrood** o [-broden] tiger/vienna loaf
**tijgeren** onoverg [tijgerde, h. getijgerd] mil stalk
**tijgerhaai** m [-en] tiger shark
**tijgerin** v [-nen] tigress
**tijgervel** o [-len] tiger skin
**tijk** I o *de stof* ticking II m [-en] *overtrek* ‹v. matras› mattress cover, ‹v. kussen› pillowslip
**tijm** m thyme *wilde ~* wild thyme
**tik** m [-ken] ❶ *klap* flick, slap *een ~ om de oren* a clip over the ears ❷ *geluid* tap, ‹v. klok› tick ❸ *gewoonte, trekking* tic
**tikfout** v [-en] typing error
**tikje** o [-s] ❶ *klapje* pat, tap ❷ *beetje* bit, touch, shade *een ~ arrogantie* a touch of arrogance *een ~ beter* a shade better *een ~ korter* a fraction/tad shorter *een ~ hatelijk* a bit on the nasty side
**tikkeltje** o [-s] touch, shade, bit *een ~ melk* a dash of milk *een ~ ordinair zijn* be a bit crude
**tikken** I onoverg [tikte, h. getikt] ❶ *alg.* tap, tick, click *ik hoorde de klok ~* I heard the clock ticking *aan de deur ~* tap at the door *aan zijn pet ~* touch one's cap *iem. op de schouder ~* tap sbd on the shoulder *iem. op de vingers ~* rap sbd over the knuckles ❷ *typen* type(write) II overg [tikte, h. getikt] ❶ *persoon* touch, tap ❷ *typen* type *een brief ~* type a letter
**tikker** m [-s] *op de beurs, horloge* ticker
**tikkertje** o [-s] ❶ *hart* ticker ❷ *spel* tag *~ spelen* play tag
**tiktak** m tick-tock
**til** I m *het tillen* lifting *op ~ zijn* be drawing near, be at hand *er is iets op ~* there's something in the air II v [-len] *voor duiven* dovecot(e)
**tilde** v [-s] tilde, swung dash
**tillen** overg [tilde, h. getild] ❶ lift, heave, raise *fig zwaar ~ aan* feel strongly about ❷ *bedrieglijk benadelen* cheat, swindle
**tilt** bijw *op ~ staan/slaan* tilt; fig reach boiling point, blow a fuse, hit the roof
**timbre** o [-s] timbre
**timemanagement** o time management
**timen** overg [timede, h. getimed] time *de operatie was goed getimed* the operation was well timed
**time-out** m [-s] sp timeout
**timer** m [-s] timer
**timesharing** m ook comput time-sharing
**timide** I bn timid, shy, bashful II bijw timidly &
**timing** v timing
**timmeren** I onoverg [timmerde, h. getimmerd] hammer, knock *er op ~* pitch into sbd *hij timmert niet hoog* he doesn't aim high II overg [timmerde, h. getimmerd] construct, build, carpenter *iets in elkaar ~* ‹stukslaan› smash sth,

knock sth to pieces; ‹maken› knock sth together
**timmergereedschap** o [-pen] carpenter's tools
**timmerhout** o timber ✳ *alle hout is geen* ~ not everybody is suitable for the job
**timmerman** m [-lieden & -lui] carpenter
**timmermansoog** o ✳ *een* ~ *hebben* have a good eye for proportions
**timmerwerf** v [-werven] (carpenter's) yard
**timmerwerk** o carpentry, carpenter's work
**timpaan** o [-panen] tympanum
**tin** o ❶ *metaal* tin ❷ *legering van tin en lood* pewter ❸ *tinnen artikelen* tinware
**tinctuur** v [-turen] tincture
**tinerts** o tin ore
**tingelen** onoverg [tingelde, h. getingeld] tinkle, jingle
**tingeling, tingelingeling** tsw ting-a-ling(-a-ling)
**tinkelen** onoverg [tinkelde, h. getinkeld] tinkle, jingle
**tinmijn** v [-en] tin mine
**tinne** v [-n] merlon ✳~n battlements
**tinnef** o & m trash, rubbish
**tinnen** bn pewter
**tint** v [-en] ❶ *alg.* tint, tinge, hue, shade, tone ✳ *een feestelijk ~je* a festive touch ✳ *met een communistisch ~je* with a communist tint, with a tinge of communism ❷ *v. gelaat* complexion
**tintelen** onoverg [tintelde, h. getinteld] ❶ *glinsteren* twinkle, sparkle ✳~ *van humor* sparkle with humour ✳ ~ *van levenslust* sparkle with zest for life ❷ *v. kou* tingle ✳~ *van de kou* tingle with the cold
**tinteling** v [-en] ❶ *fonkeling* twinkling, sparkling ❷ *prikkeling* tingling
**tinten** overg [tintte, h. getint] tinge, tint
**tip I** m [-pen] ❶ *uiterste punt* tip ❷ *v. doek* corner **II** m [-s] ❶ *informatie* tip, hint ❷ *fooi* tip
**tipgeld** o [-en] tip-off money
**tipgever** m [-s] *van politie* informer
**tippel** m walk ✳ *een hele* ~ quite a walk
**tippelaarster** v [-s] street girl, prostitute
**tippelen** onoverg [tippelde, h. getippeld] ❶ *wandelen* walk, inf toddle ✳ *ergens in* ~ take the bait, walk into the trap ❷ *v. prostituees* walk the streets, solicit
**tippelverbod** o ban on streetwalking
**tippelzone** v [-s] streetwalkers' district
**tippen I** overg [tipte, h. getipt] ❶ *informatie geven* tip off, Am inf finger ❷ *als vermoedelijke winnaar aanwijzen* tip (as) ❸ *fooi geven* tip ❹ *de punten verwijderen* trim, chip **II** onoverg [tipte, h. getipt] tip, touch ✳ *hij kan er niet aan* ~ he doesn't come anywhere near it
**tipsy** bn tipsy
**tiptoets** m [-en] touch control
**tiptop** bn first-rate, A1, inf tip-top
**tirade** v [-s] tirade
**tirailleren** onoverg [tirailleerde, h. getirailleerd] mil skirmish
**tirailleur** m [-s] mil skirmisher

**tiramisu** o tiramisu
**tiran** m [-nen] ❶ *dictator* tyrant ❷ *kwelgeest* bully
**tirannie** v [-nieën] tyranny
**tiranniek I** bn tyrannical, despotic, oppressive **II** bijw tyrannically &
**tiranniseren** overg [tiranniseerde, h. getiranniseerd] ❶ *als tiran heersen over* tyrannize over ❷ *kwellen* bully
**Tirol** o Tyrol
**Tiroler I** m [-s] a Tyrolean man **II** bn Tyrolean
**Tirools** bn Tyrolean
**Tiroolse** v [-n] Tyrolean ✳ *ze is een* ~ she's a Tyrolean, she's from Tyrol
**tissue** m [-s] tissue
**titaan, titanium** o titanium
**titanenstrijd** m battle of epic proportions, titanic struggle
**titel** m [-s] ❶ *v. geschriften* ‹v. boek› title, ‹v. hoofdstuk &› heading, ‹opschrift› caption ❷ *kampioenschap* title ✳ *de* ~ *veroveren* win the title ❸ *kwalificatie* title ✳ *op persoonlijke* ~, ZN *ten persoonlijke* ~ personally, off the record, in a private capacity ✳ *hij schrijft dit artikel op persoonlijke* ~ the views he expresses in this article are his own ❹ *universitaire graad* degree ❺ *rechtsgrond* jur title ▼ ZN *ten kosteloze* ~ free (of charge) ▼ ZN *ten voorlopige* ~ temporary
**titelblad** o [-bladen] title page
**titelgevecht** o [-en] title fight
**titelhouder** m [-s] sp titleholder
**titelkandidaat** m [-daten] competitor for the title
**titelnummer** o [-s] title track/song
**titelpagina** v ['s] title page
**titelrol** v [-len] title role/part
**titelsong** m [-s] title song
**titelstrijd** m [-en] title match
**titelverdediger** m [-s] titleholder
**tittel** m [-s] tittle, dot ✳ *geen* ~ *of jota* not one jot or tittle, not a thing
**titulair** bn titular ✳ *een majoor* ~ a brevet major
**titularis** m [-sen] ❶ holder (of an office, of a title), office-bearer, ‹v. parochie› incumbent ❷ *leraar* ZN teacher (of science, language &)
**titulatuur** v [-turen] ❶ *titel* style, title, form of address ❷ *betiteling* entitling
**tja** tsw ✳~! well!
**tjalk** m & v [-en] Frisian tjalk, (sailing) barge
**tjaptjoi** m chop suey
**tjiftjaf** m [-fen & -s] *vogel* chiffchaff
**tjilpen** onoverg [tjilpte, h. getjilpt] chirp, cheep, twitter
**tjokvol** bn crammed, chock-full, inf chock-a-block
**T-kruising** v [-en] T-junction
**tl-buis** v [-buizen] fluorescent lamp, striplight
**t/m** afk (tot en met) until, up to and including
**t.n.v.** afk (ten name van) in the name of
**toast, toost** m [-en] ❶ *heildronk* toast ✳ *een* ~ *uitbrengen op* give/propose a toast to ❷ *geroosterd brood* (slice of) toast

**toasten** *onoverg* [toastte, h. getoast], **toosten** [toostte, h. getoost] toast, give/propose a toast

**toastje, toostje** *o* [-s] piece of toast, cracker

**tobbe** *v* [-s & -n] tub

**tobben** *onoverg* [tobde, h. getobd] ❶ *zich zorgen maken* worry, brood * *over iets* ~ worry about sth, brood over sth * *met iem.* ~ have a lot of trouble with sbd * *met zijn gezondheid* ~ struggle with one's health ❷ *zwoegen* toil, drudge

**tobber** *m* [-s] ❶ *die zich zorgen maakt* worrier ❷ *zwoeger* toiler, drudge ❸ *sukkel* wretch

**toccata** *v* ['s] muz toccata

**toch** *bijw* ❶ *niettegenstaande dat* yet, still, in spite of (all) that, nevertheless * *ofschoon rijk, is hij* ~ *ongelukkig* despite being rich, he's not happy * *ik doe het lekker* ~! I'll do it anyway! ❷ *inderdaad* indeed * *ja* ~, *nu herinner ik het me* yes, indeed, now I do remember ❸ *ongeduld uitdrukkend* ever, on earth * *wat wil hij* ~? what on earth/whatever does he want? * *waar zou hij* ~ *zijn?* where on earth/wherever is he? ⟨sterker⟩ where the hell is he? ❹ *verbazing uitdrukkend* really * *het is* ~ *te erg* it really is too bad * *maar Sandra* ~! really, Sandra! ❺ *verzoekend* do * *ga* ~ *zitten* do sit down * *neem* ~ *nog een kop koffie* do have another cup of coffee ❻ *gebiedend* do * *wees* ~ *stil!* do be quiet, please!, ⟨sterker⟩ be quiet, will you! ❼ *eigenlijk* actually * *welke Jan bedoel je* ~? which Jan do you mean, actually? * *wat mankeert hem* ~? what's the matter with him, actually? * *hij is* ~ *wel knap* he's a clever fellow, actually * *wat is het* ~ *jammer!* what a pity it is! ❽ *nu eenmaal* anyway, anyhow * *hij komt* ~ *niet* he won't come anyway/anyhow ❾ *immers* after all * *je bent* ~ *ziek?* after all, you are ill * *hij doet* ~ *zijn best* after all, he's doing what he can * *het is* ~ *al moeilijk genoeg* it's difficult enough as it is * *je moest nu* ~ *klaar zijn* you were going to be ready by now ❿ *ter versterking* aren't/don't/haven't you/we/they &, weren't/didn't/hadn't you &* *je hebt er* ~ *nog één?* you've got another one, haven't you? * *je komt* ~? you are coming, aren't you? * *hij heeft de deur* ~ *op slot gedaan?* he did lock the door, didn't he? * *hij was* ~ *in het leger?* he was in the army, wasn't he? * iron (*wij gaan morgen*) *nee* ~? (we're going tomorrow) you don't say!, you, don't you? ▾ *antwoord* ~ *niet* don't bother answering

**tocht** *m* [-en] ❶ *reis* trip, ⟨langer⟩ journey, expedition, ⟨op zee⟩ voyage * ~*en maken* make trips ❷ *trekwind* draught, Am draft * *op de* ~ *zitten* sit in a draught * fig *op de* ~ (*komen te*) *staan* hang in the balance ❸ *sloot* race

**tochtdeur** *v* [-en] swing door

**tochten** *onoverg* [tochtte, h. getocht] be draughty * *het tocht hier* there's a draught here * *het raam tocht* there's a draught from the window

**tochtgat** *o* [-gaten] ❶ *luchtgat* blowhole, vent ❷ *plaats waar het tocht* draughty place

**tochtig** *bn* ❶ *waar het tocht* draughty * *het is hier* ~

there's a draught here ❷ *v. dier* ⟨mannetje⟩ rutting, ⟨vrouwtje⟩ in heat

**tochtje** *o* [-s] tour, trip

**tochtstrip** *m* [-s & -pen] weather strip

**toe** I *bijw* ❶ *in de richting van* to, towards * *naar huis* ~ home * *naar de stad* ~ ⟨richting⟩ in the direction of the town; ⟨heengaan⟩ to (the) town * *waar wil je naar* ~? what are you getting at? ❷ *ook nog* too, as well * *wat hebben we* ~? what's for sweets/afters? * *op de koop* ~ into the bargain ❸ *gesloten* closed, shut * *de deur is* ~ the door is shut ❹ *tot (aan/op)* to * *tot de laatste cent* ~ *verspeeld* gambled his/her last cents away * *ik ben er nog niet aan* ~ I'm not ready for it yet * *hij is aan vakantie* ~ he (badly) needs a holiday * *nu weet ik waar ik aan* ~ *ben* now I know where I am/stand * *hij is er slecht aan* ~ ⟨financieel⟩ he is badly off; ⟨gezondheid⟩ he is in a bad way/condition * *dat is tot daar aan* ~ there's not much harm in that * *tot nu* ~ until now II *tsw* * ~, *jongens, nu stil!* come on boys, be quiet! * ~ *dan!* come on! * ~ *dan maar* well, all right * ~, *kom nou toch!* oh, do come! * ~ *maar!* ⟨aanmoedigend tot daad⟩ come on!, go ahead!; ⟨aanmoediging tot spreken⟩ fire away!; ⟨uiting v. verwondering⟩ no!, good gracious! * ~ *nou!* come on!, hurry up!

**toebedelen** *overg* [bedeelde toe, h. toebedeeld] ❶ *verdelen* allot, assign, apportion ❷ *geven* deal/dole/parcel out, ⟨straf⟩ mete out

**toebehoren** I *onoverg* [behoorde toe, h. toebehoord] belong to II *o* accessories, fittings * *met alle* ~ with all fixtures and fittings

**toebereiden** *overg* [bereidde toe, h. toebereid] prepare

**toebereiding** *v* [-en] *ook v. voedsel* preparation

**toebereidselen** *zn* [mv] preparations * ~ *maken voor...* make preparations for..., get ready for...

**toebinden** *overg* [bond toe, h. toegebonden] bind/tie up

**toebrengen** *overg* [bracht toe, h. toegebracht] deal, inflict * *iem. schade* ~ do damage to sbd * *iem. een slag* ~ give/deal sbd a blow * *iem. een wond* ~ inflict injury on sbd

**toeclip** *m* [-s] toe clip

**toedekken** *overg* [dekte toe, h. toegedekt] cover (up), ⟨in bed⟩ tuck in

**toedeloe** *tsw* toodle-oo

**toedichten** *overg* [dichtte toe, h. toegedicht] ascribe, impute * *iem. iets* ~ attribute/impute sth to sbd

**toedienen** *overg* [diende toe, h. toegediend] ❶ *bezorgen* administer * *iem. de laatste sacramenten* ~ administer the last sacraments to sbd ❷ *een dreun geven, deal* * *iem. een pak slaag* ~ give sbd a beating/thrashing

**toediening** *v* administration

**toedoen** I *overg* [deed toe, h. toegedaan] *dichtdoen* shut, close ▾ *dat doet er niet toe* that has nothing to do with it II *o* * *het gebeurde buiten mijn* ~ I had no

**to**

part it * *het is allemaal door zijn ~ dat...* it's all his doing that... * *zonder uw ~* if it hadn't been for you

**toedracht** v facts, circumstances * *de politie onderzoekt de ~ van het ongeval* the police are investigating how the accident happened * *de (ware) ~ van de zaak* the facts of/the ins and outs of the matter

**toedragen I** overg [droeg toe, h. toegedragen] bear * *iem. haat ~* bear hatred against sbd * *iem. een goed hart ~* be kindly disposed towards sbd, wish sbd well * *ze dragen elkaar geen goed hart toe* there's no love lost between them **II** wederk [droeg toe, h. toegedragen] * *zich ~* happen * *hoe heeft het zich toegedragen?* how did it (come to) happen?

**toedrinken** overg [dronk toe, h. toegedronken] drink to * *iem. ~* drink sbd.'s health

**toe-eigenen** overg [eigende toe, h. toegeëigend] * *zich iets ~* appropriate sth * *zich iets wederrechtelijk ~* misappropriate sth

**toe-eigening** v [-en] appropriation * *wederrechtelijke ~* misappropriation

**toefje** o [-s] ❶ bosje tuft, sprig, ⟨klein bosje bloemen⟩ posy, nosegay ❷ dotje blob, dollop, gollop * *een ~ slagroom* a dollop of cream

**toefluisteren** overg [fluisterde toe, h. toegefluisterd] whisper to * *iem. iets ~* whisper sth in sbd's ear/to sbd

**toegaan** onoverg [ging toe, is toegegaan] ❶ dichtgaan vooral ZN close, shut ❷ zich voordoen happen, come to pass * *het gaat er raar (aan) toe* there are strange goings-on there * *zo is het toegegaan* this is how it went

**toegang** m [-en] ❶ ingang entrance, entry ❷ recht/mogelijkheid binnen te gaan admission, admittance * *verboden ~* private, no admittance, trespassers (will be) prosecuted * *vrije ~ hebben tot iets* have the run of sth, have free admission to sth * *iem. ~ verlenen* admit sbd * *zich ~ verschaffen tot* get into, force an entrance into * *iem. de ~ weigeren* deny sbd entry * *~ voor alle leeftijden* open to all, admission for all ages ❸ toegangsweg approach, access (road), entrance * *~ geven tot* give access to * *alle ~en waren afgezet* all approaches/entrances were blocked ❹ entreegeld admission, entrance (fee) * *vrije ~* admission free

**toegangsbewijs** o [-wijzen], **toegangsbiljet** [-ten], **toegangskaart** v [-en] admission ticket

**toegangscode** v [-s] access code

**toegangskaart** v [-en] → **toegangsbewijs**

**toegangspoort** v [-en] entrance gate

**toegangsprijs** m [-prijzen] (charge for) admission, entrance (fee)

**toegangsweg** m [-wegen] approach, access road/route

**toegankelijk** bn accessible, approachable, get-at-able * *een ~ boek* an accessible/readable book * ⟨moeilijk bereikbaar⟩ *moeilijk ~* hard to access * *niet ~ voor het publiek* not open to the public *

⟨film⟩ *~ voor alle leeftijden* admission for all ages, unrestricted entry * *hij is voor iedereen ~* he's a very approachable man

**toegedaan** bn dedicated, devoted * *ik ben hem zeer ~* I'm very attached to him * *een partij ~ zijn* be a party follower * *ik ben die mening ~* I hold that opinion * *de vrede oprecht ~ zijn* be wholeheartedly committed to peace

**toegeeflijk, toegefelijk I** bn indulgent **II** bijw indulgently

**toegenegen** bn affectionate, devoted to * *Uw ~ George* Yours affectionately, George

**toegepast** bn applied * *~e wetenschappen* applied sciences

**toegeven I** overg [gaf toe, h. toegegeven] ❶ extra geven give into the bargain, add * *de zangeres gaf nog wat toe* the singer gave an extra * *ze geven elkaar niets toe* they're well matched * *men moet kinderen wat ~* children should be humoured/indulged a little * *zij geeft hem te veel toe* she overindulges him ❷ erkennen concede, admit, grant * *dat geef ik toe* I admit * *dat geef ik u toe* I grant you that * *toegegeven dat u gelijk hebt* you're right of course * *zoals iedereen zal ~* as everybody will readily admit **II** onoverg [gaf toe, h. toegegeven] ❶ give in * *je moet maar niet in alles ~* you shouldn't give way in everything * *van geen ~ willen weten* not be willing to own up ❷ geen weerstand bieden give way, yield * *hij wou maar niet ~* he couldn't be budged * *~ aan zijn hartstochten* give in to one's passions * *aan eisen ~* give in to demands

**toegevend** bn ❶ indulgent ❷ taalk concessive

**toegevendheid** v indulgence

**toegevoegd** bn aanvullend supplementary, added * ⟨btw⟩ *belasting ~e waarde* value added tax

**toegewijd** bn devoted, dedicated * *een ~e vader/vriend* a dedicated father/friend

**toegift** v [-en] ❶ extraatje bonus, giveaway * *als ~* into the bargain ❷ extra nummer na een concert encore * *een ~ geven* do/give an encore

**toegooien** overg [gooide toe, h. toegegooid] ❶ werpen naar throw at ❷ dichtgooien throw shut, slam ❸ opvullen fill up

**toehappen** onoverg [hapte toe, h. toegehapt] ❶ toebijten bite/snap at ❷ fig snap/jump at * *gretig ~ op iets* jump at sth

**toehoorder** m [-s] ❶ luisteraar listener * *de ~s* the audience/listeners ❷ op college auditor

**toehoren** onoverg [hoorde toe, h. toegehoord] ❶ luisteren listen to ❷ toebehoren belong to

**toejuichen** overg [juichte toe, h. toegejuicht] ❶ applaud, cheer, clap ❷ instemmen met fig (greet with) acclaim, applaud * *het besluit werd toegejuicht* the decision was applauded/was greeted with acclaim

**toejuiching** v [-en] applause, cheers

**toekan** m [-s] vogel toucan

**toekennen** overg [kende toe, h. toegekend]

**❶** *toewijzen* allocate ∗*een prijs* ~*award* a prize ∗*het*
~*van verantwoordelijkheden* the allocation of
responsibilities ∗*een voorrecht* ~*grant* a privilege
**❷** *toeschrijven* attribute to ∗*een grote waarde* ~*aan...*
attach great value to... ∗*aan iets betekenis* ~*attach*
meaning to sth

**toekenning** *v* [-en] grant, award

**toekeren** *overg* [keerde toe, h. toegekeerd] turn to

**toekijken** *onoverg* [keek toe, h. toegekeken] look on
∗*wij mochten* ~*we* were left out in the cold ∗~
*zonder een hand uit te steken* stand around watching

**toeknijpen** *overg* [kneep toe, h. toegeknepen]
wring

**toeknikken** *overg* [knikte toe, h. toegeknikt] nod
∗*iem.* ~*give* sbd a nod

**toeknopen** *overg* [knoopte toe, h. toegeknoopt]
button up

**toekomen** *onoverg* [kwam toe, is toegekomen]
**❶** *toebehoren* belong to, come to ∗*dat komt ons toe*
that's only our due, we have a right to it ∗*het hem*
~*e* his due ∗*iem. iets doen* ~*send* sbd sth
**❷** *rondkomen* get by, manage ∗*zij kunnen niet* ~
they can't make ends meet ∗*zult u er mee* ~*? will*
that be sufficient? ∗*ik kan er lang mee* ~*I'll* be able
to manage with that for quite a while ▼*aan iets* ~
get around to sth ▼~*op* walk up to

**toekomend** *bn* future, next ∗<u>taalk</u> *de* ~*e* *tijd* the
future

**toekomst** *v* future ∗*een schitterende* ~*tegemoet*
*gaan* be on the threshold of a brilliant future ∗*in de*
~*in* (the) future ∗*in de* ~*lezen* look into the future
∗*wie de jeugd heeft, heeft de* ~*the* hand that rocks
the cradle rules the world

**toekomstbeeld** *o* [-en] picture of the future

**toekomstgericht** *bn* future-orientated,
forward-looking

**toekomstig** *bn* future ∗*zijn* ~*e* his bride-to-be

**toekomstmogelijkheden** *zn* [mv] (future)
prospects, perspectives ∗*een land met* ~*voor de*
*komende generaties* a land that offers the coming
generations perspectives

**toekomstmuziek** *v* future dreams

**toekomstperspectief** *o* [-tieven] perspective

**toekomstplan** *o* [-nen] plan for the future

**toekomstvisie** *v* [-s] vision of the future

**toekunnen** *overg* [kon toe, h. toegekund] manage,
make do ∗*zult u er mee* ~*? will* that be sufficient?
∗*ik kan er lang mee toe* I'll be able to manage with
that for quite a while ∗*met* €*25* ~*get* by on €25

**toelaatbaar** *bn* permissible, admissible, acceptable

**toelachen** *overg* [lachte toe, h. toegelachen] **❶** smile
at **❷** *gunstig gezind zijn* <u>fig</u> smile (up)on ∗*het geluk*
*lachte hem toe* fortune smiled upon him ∗*die*
*nieuwe baan lacht me niet toe* that new job doesn't
appeal to me

**toelage** *v* [-n] **❶** *gift* allowance, gratification
**❷** *studiebeurs* grant **❸** *v. salaris* bonus, extra pay

**toelaten** *overg* [liet toe, h. toegelaten] **❶** *dulden*

permit, allow, suffer, tolerate ∗*iets oogluikend* ~
turn a blind eye to sth ∗*zo de omstandigheden het* ~
if conditions permit ∗*de toegelaten*
*maximumsnelheid* the maximum speed limit ∗*het*
*laat geen twijfel/geen andere verklaring toe* there can
be no doubt about it/no other explanation
**❷** *toegang verlenen* admit ∗*honden kunnen niet*
*toegelaten worden* no dogs admitted/allowed
**❸** *dóórlaten* pass ∗*de kandidaat is toegelaten* the
candidate has passed **❹** *mogelijk maken* <u>ZN</u> make
possible

**toelating** *v* **❶** *toestemming* permission, leave **❷** *het*
*binnenlaten* admission, admittance

**toelatingsbeleid** *o* admittance policy,
⟨v. buitenlanders⟩ immigration policy

**toelatingseis** *m* [-en] admission requirement

**toelatingsexamen** *o* [-s] entrance exam(ination)

**toeleg** *m* scheme, design, game ∗*de* ~*verijdelen*
thwart/foil the scheme

**toeleggen** **I** *overg* [legde toe, h. toegelegd]
**❶** *bijleggen* add to ∗*er geld op* ~*be* out of pocket
because of it ∗*er 10 euro op* ~*have* to fork out
another ten euros, be ten euros out of pocket
**❷** *aansturen op* be bent (on) ∗*het erop* ~*om...* be
bent on ...ing ∗*het op iems. ondergang* ~*be* bent on
ruining sbd, be out to ruin sbd **II** *wederk* [legde toe,
h. toegelegd] ∗*zich* ~*op iets* apply oneself to sth
∗*zich speciaal* ~*op* specialize in

**toeleverancier** *m* [-s] supplier

**toeleveren** *overg* [leverde toe, h. toegeleverd]
supply, deliver

**toelevering** *v* [-en] delivery

**toeleveringsbedrijf** *o* [-drijven] supply company

**toelichten** *overg* [lichtte toe, h. toegelicht] explain,
clarify, throw light on ∗*iets met voorbeelden* ~
illustrate sth with examples

**toelichting** *v* [-en] explanation, clarification,
illustration, explanatory note

**toeloop** *m* concourse, rush, run ∗*veel* ~*hebben*
draw large crowds

**toelopen** *onoverg* [liep toe, is toegelopen] **❶** *lopen*
*naar* walk/come up to ∗*op iem.* ~*walk* up to sbd
**❷** *naar één punt lopen* gather **❸** *uitlopen* taper ∗*spits*
~*taper*, end in a point

**toen** **I** *bijw* **❶** *destijds* then, at that time, in those
times **❷** *daarop* then, next ∗*van* ~*af* from that time,
from then **II** *voegw* when, as ∗*juist* ~*ik*
*binnenkwam* just as I came in

**toenaam** *m* [-namen] **❶** *bijnaam* nickname ∗*met*
*naam en* ~*by* name **❷** *achternaam* family name,
surname

**toenadering** *v* advance, ⟨v. landen⟩ rapprochement
∗~*zoeken tot* try to approach sbd; ⟨romantisch⟩
make advances to

**toenaderingspoging** *v* [-en] approach, advance
∗~*en doen* ⟨om te verleiden⟩ make advances (to);
⟨in de politiek &⟩ make overtures (to)

**toename** *v* increase, rise

**to**

**toendra** *v* ['s] tundra
**toenemen** *onoverg* [nam toe, is *en* h. toegenomen]
increase, grow∗ *een toegenomen verbruik* increased
consumption∗ *de onrust en het wantrouwen doen~*
increase the trouble and distrust∗ *...is toegenomen
in kracht* ...has increased in strength∗ *...is met 10%
toegenomen* ...has increased by 10%
**toenemend** *bn* increasing∗ *in~e mate* to an
increasing extent
**toenmalig** *bn* then, of the/that time∗ *de~e
voorzitter* the then president
**toentertijd** *bijw* in those days, at the time, then
**toepasbaar** *bn* applicable
**toepasselijk** *bn* ❶ *passend* appropriate∗ *een~ lied* a
suitable song ❷ *geldend* applicable∗ *...is niet~*
...does not apply, ...is not applicable∗ *~ op*
applicable/relevant to
**toepassen** *overg* [paste toe, h. toegepast] ❶ *gebruiken*
use, employ∗ *een uitvinding~ om...*
use/employ/utilize an invention to... ❷ *in praktijk
brengen* apply∗ *een nieuwe wet~* implement a new
law∗ *de wet~* enforce the law∗ *iets in de praktijk~*
put sth into practice
**toepassing** *v* [-en] application∗ *in~ brengen* put
into practice∗ *dat is ook van~ op...* it is also
applicable to..., it also applies to...
**toepassingsprogramma** *o* ['s] comput application
(program)
**toepen** *onoverg* [toepte, h. getoept] kaartsp play
'toepen'
**toer** *m* [-en] ❶ *omdraaiing* turn, revolution∗ techn
*op (volle)~en (laten) komen* rev up∗ *de fabriek draait
op volle~en* the factory is going at full speed
∗ *helemaal over zijn~en zijn* be completely
overwrought/overstrung ❷ *tocht* tour, trip,
⟨wandeling⟩ stroll, ⟨ritje⟩ ride, drive ❸ *kunststuk*
feat, trick∗ *het is een hele~* it's quite a job∗ *~en
doen* perform tricks, do stunts∗ *het is zo'n~ niet*
there's nothing very difficult about it ❹ *bij het breien*
round, row▼ *op de Russische~* on the Russian tack
**toerbeurt** *v* [-en] turn∗ *bij~* by/in rotation, by
turns
**toereikend** *bn* sufficient, adequate, enough
**toerekenbaar** *bn* ❶ jur attributable, imputable
❷ *v. persoon* ⟨aansprakelijk⟩ liable, accountable,
responsible, ⟨schuldig⟩ culpable∗ *zij is niet~* she
cannot be held (legally) liable∗ *verminderd~*
having diminished (legal) liability
**toerekeningsvatbaar** *bn* responsible, accountable,
compos mentis∗ *iem. niet~ verklaren* declare sbd
non compos mentis∗ *verminderd~* having
diminished responsibility
**toeren** *onoverg* [toerde, h. getoerd] go for a
drive/ride
**toerental** *o* revolutions per minute∗ *een motor met
een hoog~* a high-speed engine
**toerenteller** *m* [-s] revolution/inf rev counter
**toerfiets** *m & v* [-en] tourer

**toerisme** *o* tourism
**toerist** *m* [-en] tourist
**toeristenbelasting** *v* tourist tax
**toeristenindustrie** *v* tourist industry
**toeristenkaart** *v* [-en] ❶ *reisdocument* tourist
card/passport ❷ *topografische kaart* touring map
**toeristenklasse** *v* tourist class
**toeristensector** *m* tourist sector/industry
**toeristenseizoen** *o* tourist season
**toeristisch** *bn* tourist∗ *een~e trekpleister* a tourist
attraction
**toermalijn** *o & m* [-en] tourmaline
**toernooi** *o* [-en] ❶ tournament ❷ *v. ridders* tourney,
joust
**toeroepen** *overg* [riep toe, h. toegeroepen] call/cry
(out) to
**toertocht** *m* [-en] pleasure ride/drive
**toerusten** *overg* [rustte toe, h. toegerust] equip, fit
out∗ *een leger~ voor de strijd* equip an army for
battle∗ *zich~ voor* equip oneself for, prepare for
**toerusting** *v* [-en] equipment, gear
**toeschietelijk** *bn* ❶ *vriendelijk* friendly
❷ *inschikkelijk* obliging, accommodating
**toeschieten** *onoverg* [schoot toe, is toegeschoten]
❶ *toesnellen* dash forward∗ *~ op iets* pounce on sth
❷ sp shoot/kick to
**toeschijnen** *onoverg* [scheen toe, h. toegeschenen]
seem/appear to
**toeschouwer** *m* [-s] spectator, looker-on, onlooker,
observer
**toeschreeuwen** *overg* [schreeuwde toe, h.
toegeschreeuwd] cry/shout to
**toeschrijven** *overg* [schreef toe, h. toegeschreven]
ascribe/attribute/impute to, put down to∗ *het
ongeluk~ aan* blame the accident on∗ *een werk aan
een kunstenaar~* attribute a work to an artist
**toeschuiven** *overg* [schoof toe, h. toegeschoven]
❶ *dichtschuiven* push closed ❷ *schuivend bewegen*
push/slide over, push/slide across∗ *iem. stiekem iets
~* push sth over to sbd on the quiet
**toeslaan I** *onoverg* [sloeg toe, h. toegeslagen] ❶ *er op
slaan* hit home, ⟨hard⟩ pound ❷ *een kans benutten*
strike∗ *sla toe!* ⟨bij een kans⟩ act/move fast!; ⟨bij
koop⟩ shake (hands on it)! **II** *onoverg* [sloeg toe, is
toegeslagen] *dichtslaan* slam (to) **III** *overg* [sloeg toe,
h. toegeslagen] ❶ *dichtslaan* slam, bang, ⟨v. boek⟩
shut ❷ *bal* hit to
**toeslag** *m* [-slagen] ❶ *prijsvermeerdering* surcharge,
supplement ❷ *extra inkomen* extra allowance/pay,
bonus, premium ❸ *bij veiling* sale
**toesnauwen** *overg* [snauwde toe, h. toegesnauwd]
snarl at
**toesnellen** *onoverg* [snelde toe, is toegesneld] rush
forward/towards∗ *op iem.~* rush up to sbd
**toesnijden** *onoverg* [sneed toe, h. toegesneden] cut
to size, trim∗ *~ op* gear/tailor to
**toespelen** *overg* [speelde toe, h. toegespeeld] pass
to∗ *elkaar de bal~* play into each other's hands

✳ *iem. geheime berichten* ~ pass secret messages on to sbd ✳ *iem. de zwarte piet* ~ pass the buck on to sbd

**toespeling** v [-en] allusion, hint, ‹insinuatie› insinuation ✳ *een* ~ *maken op* allude to, hint at

**toespijs** v [-spijzen] ❶ *nagerecht* dessert ❷ *bijgerecht* side dish

**toespitsen I** overg [spitste toe, h. toegespitst] *verhevigen* aggravate, intensify **II** wederk [spitste toe, h. toegespitst] ✳ ‹erger worden› *zich* ~ grow worse, become acute ✳ ‹zich vooral richten op› *zich* ~ *op* concentrate/focus on ✳ *deze verhandeling spitst zich toe op de economische situatie in Polen* this work focuses on the economic situation in Poland

**toespraak** v [-spraken] speech, talk, address ✳ *een* ~ *houden* deliver an address, make a speech

**toespreken** overg [sprak toe, h. toegesproken] speak to, address ✳ *een menigte* ~ address a crowd

**toestaan** overg [stond toe, h. toegestaan] ❶ *veroorloven* permit, allow ✳ *uitstel* ~ allow a respite ✳ *iets oogluikend* ~ turn a blind eye to sth ❷ *inwilligen* grant, concede ✳ *een verzoek* ~ grant a request ❸ *verschaffen* provide, grant ✳ *faciliteiten* ~ provide facilities ✳ *iem. een gunst* ~ grant sbd a favour

**toestand** m [-en] ❶ *situatie* state of affairs, position, situation, condition, state ✳ *de economische* ~ the economic situation ✳ *maatschappelijke* ~*en* social conditions ✳ *in hachelijke* ~ in a precarious situation ❷ *opschudding* commotion ✳ *wat een* ~*!* what a situation! ✳ ~*en maken over* make a great commotion about ❸ *zaak, geval* affair

**toesteken I** overg [stak toe, h. toegestoken] *uitsteken* extend, put out ✳ *iem. de hand* ~ put/hold out one's hand to sbd ✳ *de toegestoken hand* the proffered hand **II** onoverg [stak toe, h. toegestoken] *met wapen* stab, thrust

**toestel** o [-len] ❶ *apparaat* appliance, apparatus, ‹radio, tv› set, ‹fototoestel &› camera ✳ telec ~ *13* extension 13 ❷ *vliegtuig* machine ❸ *voor turnen* apparatus

**toestemmen** onoverg [stemde toe, h. toegestemd] consent ✳ ~ *in* consent/agree to

**toestemming** v [-en] consent, approval, assent ✳ *met/zonder* ~ *van* with/without the permission of

**toestoppen** overg [stopte toe, h. toegestopt] ❶ *een buis* stop up ❷ *de oren* stop ❸ *in bed* tuck in ▼ *iem. iets* ~ slip sth into sbd.'s hand

**toestromen** onoverg [stroomde toe, is toegestroomd] flow/stream/rush towards, flock in, come flocking to ✳ *er bleven maar mensen* ~ people kept flocking in

**toesturen** overg [stuurde toe, h. toegestuurd] send, forward, ‹geld› remit

**toet I** m [-en] *gezicht* (cute) face **II** tsw toot

**toetakelen** overg [takelde toe, h. toegetakeld] ❶ *mishandelen* knock about, beat up ✳ *hij was lelijk toegetakeld* he was badly knocked about ❷ *beschadigen* damage ❸ *uitdossen* dress up, rig out

✳ *zich (gek)* ~ dress up, rig oneself out ✳ *wat heb jij je toegetakeld!* what a sight you look!

**toetasten** onoverg [tastte toe, h. toegetast] ❶ *aan het eten gaan* help oneself ❷ *een zaak aanpakken* take, seize

**toeten** onoverg [toette, h. getoet] toot(le), hoot ✳ *hij weet van* ~ *noch blazen* he doesn't know the first thing about it

**toeter** m [-s] ❶ *blaasinstrument* tooter ❷ auto horn, hooter

**toeteren** onoverg [toeterde, h. getoeterd] ❶ *op toeter blazen* toot, hoot ❷ *v. auto* sound the/one's horn, hoot, honk

**toetje** o [-s] ❶ *nagerecht* dessert, sweet, inf afters ❷ *gezichtje* (cute little) face

**toetreden** onoverg [trad toe, is toegetreden] ❶ *begeven naar* walk/step up to ✳ *op iem.* ~ walk up to sbd ❷ *deelnemer worden* join ✳ ~ *tot een vereniging* join a club ✳ ~ *tot een verdrag* become a party to a treaty

**toetreding** v [-en] accession, joining ✳ ~ *tot de EU* entry into the EU

**toets** m [-en] ❶ *test, examen* test ✳ *de* ~ ‹der kritiek› *kunnen doorstaan* stand the test, pass muster ❷ *v. metaal* assay ❸ *v. instrumenten* ‹v. piano› note, key, ‹v. snaarinstrument› fingerboard ❹ *penseelstreek* touch

**toetsaanslag** m [-slagen] touch

**toetsen** overg [toetste, h. getoetst] ❶ *onderzoeken* alg. check, test ✳ ~ *aan de wet* put to the test of the law ✳ *iem. op zijn betrouwbaarheid* ~ put sbd's reliability to the test ❷ *v. edelmetalen* assay

**toetsenbord** o [-en] keyboard

**toetsenist** m [-en] keyboard player

**toetsing** v [-en] ❶ *onderzoek* testing ❷ jur judicial review/examination ❸ *v. edelmetalen* assay

**toetsingsrecht** o right of judicial review

**toetsinstrument** o [-en] keyboard instrument

**toetsnaald** v [-en] touch needle

**toetssteen** m [-stenen] touchstone

**toeval I** o accident, chance ✳ *het* ~ *wilde dat...* it so happened that..., it chanced to... ✳ *bij* ~ by chance/accident, accidentally ✳ *bij louter* ~ by sheer chance ✳ *bij* ~ *ontmoette ik hem* I happened to meet him, I ran into him ✳ *door een gelukkig* ~ by some lucky chance **II** m & o [-len] med fit of epilepsy ✳ *aan* ~*len lijden* be epileptic

**toevallen** onoverg [viel toe, is toegevallen] ❶ *dichtvallen* fall shut ❷ *ten deel vallen* fall/go to ✳ *de erfenis valt hem toe* the inheritance will go to him ❸ *v. rente* accrue

**toevallig I** bn accidental, casual, fortuitous ✳ *een* ~*e ontmoeting* a chance meeting ✳ *wat* ~*!* what a coincidence! **II** bijw by chance, by accident, accidentally ✳ ~ *zag ik het* I happened to see it

**toevalligerwijs, toevalligerwijze** bijw coincidentally, by chance, by accident, accidentally

**toevalligheid** v [-heden] ❶ *abstract* serendipity,

to

fortuity ❷ *concreet* coincidence, accident

**toevalstreffer** *m* [-s] ❶ chance hit, fluke ❷ *sp* lucky shot, fluke

**toeven** *onoverg* [toefde, h. getoefd] stay, <u>plechtig</u> abide

**toeverlaat** *m* refuge, support

**toevertrouwen** *overg* [vertrouwde toe, h. toevertrouwd] entrust, commit ∗ *iem. iets~* ⟨geven⟩ entrust sbd with sth, entrust sth to sbd; ⟨meedelen⟩ confide sth to sbd; ⟨een taak⟩ commit/consign sth to sbd's charge ∗ *dat is hun wel toevertrouwd* you can rely on them for that

**toevliegen** *onoverg* [vloog toe, is toegevlogen] ∗ *~ op* fly at

**toevloed** *m* influx, flow

**toevloeien** *onoverg* [vloeide toe, is toegevloeid] flow/pour in ∗ ⟨baten⟩*~ aan* accrue to

**toevlucht** *v* refuge, recourse ∗ *zijn~ nemen tot* have recourse to, resort to

**toevluchtsoord** *o* [-en] (haven of) refuge

**toevoegen** *overg* [voegde toe, h. toegevoegd] ❶ *bijvoegen* add, append ∗ *wat heeft u daaraan toe te voegen?* what do you have to add to that? ❷ *als helper* appoint, assign ∗ *iem. een verdediger~* assign a defence lawyer to sbd ❸ *zeggen* snap (at) ∗ *'zwijg!', voegde hij mij toe* 'silence!', he snapped

**toevoeging** *v* [-en] ❶ *bijvoeging* addition, rider, extension ❷ *v. woorden* comment, remark

**toevoer** *m* supply

**toevoeren** *overg* [voerde toe, h. toegevoerd] supply

**toevoerkanaal** *o* [-kanalen] supply channel, ⟨techn⟩ feeder pipe, pipeline

**toewensen** *overg* [wenste toe, h. toegewenst] wish

**toewerpen** *overg* [wierp toe, h. toegeworpen] ❶ *werpen naar* cast (at), throw/fling (to) ❷ *dicht* slam, throw shut ∗ *de deur~* slam the door

**toewijding** *v* devotion

**toewijzen** *overg* [wees toe, h. toegewezen] ❶ *toekennen* assign, allocate, ⟨prijs⟩ award ∗ *een subsidie~* allocate a subsidy ❷ *toebedelen* allot ∗ *iem. een taak~* allot a task to sbd ❸ *jur* allow ∗ *een eis~* sustain a claim ∗ *het kind werd toegewezen aan de moeder* the mother was granted legal custody of the child

**toewijzing** *v* [-en] ❶ *het toewijzen* allotment, assignment, award, allocation ∗ *~ van middelen* allocation of resources ❷ *v. aandelen* (stock) allotment, allocation (of shares)

**toewuiven** *overg* [wuifde toe, h. toegewuifd] wave to ∗ *zich koelte~ met zijn strooien hoed* fan oneself with one's straw hat

**toezeggen** *overg* [zei *of* zegde toe, h. toegezegd] promise

**toezegging** *v* [-en] promise

**toezenden** *overg* [zond toe, h. toegezonden] send, forward, ⟨v. geld⟩ remit

**toezicht** *o* supervision ∗ *wie moet~ houden op de jongens?* whose job is it to look after/to keep an eye

on the boys? ∗ *het~ uitoefenen over...* supervise/monitor/look after... ∗ *onder~ van...* under the supervision of... ∗ *onder~ staan van* be under the supervision of

**toezichthouder** *m* [-s] supervisor

**toezien** *onoverg* [zag toe, h. toegezien] ❶ *toekijken* look on ∗ *een~d voogd* a co-guardian ❷ *oppassen* take care, be careful ∗ *de politie moest erop~ dat het verbod nageleefd werd* the police had to see to it that the prohibition was kept

**toezingen** *overg* [zong toe, h. toegezongen] sing to ∗ *iem. een welkom~* welcome sbd with a song

**toezwaaien** *overg* [zwaaide toe, h. toegezwaaid] wave to ∗ *lof~* praise

**tof** *bn* great, cool, <u>Am</u> swell

**toffee** *m* [-s] toffee

**tofoe** *m* tofu

**toga** *v* ['s] ❶ *Romeins* toga ❷ *ambtsgewaad* gown, robe(s), ⟨voor priesters⟩ soutane ∗ *~ en bef* bands and gown

**Togo** *o* Togo

**toilet** *o* [-ten] ❶ *kleding* dress, outfit ∗ *~ maken* dress ∗ *een beetje~ maken* smarten up a bit ∗ *in groot~* in full dress ❷ *wc* toilet, lavatory, <u>Br</u> *inf* loo

**toiletartikelen** *zn* [mv] toilet articles, toiletries

**toiletborstel** *m* [-s] toilet brush

**toiletjuffrouw** *v* [-en] lavatory/cloakroom attendant

**toiletpapier** *o* toilet paper

**toiletpot** *m* [-ten] lavatory pan, toilet bowl

**toiletreiniger** *m* [-s] toilet cleaner

**toiletrol** *v* [-len] lavatory/toilet paper

**toilettafel** *v* [-s] dressing table

**toilettas** *v* [-sen] toilet/sponge bag

**toiletteren** *onoverg* [toiletteerde, h. getoiletteerd] wash one's hands ∗ *zich~* dress

**toiletverfrisser** *m* [-s] toilet freshener

**toiletzeep** *v* [-zepen] toilet soap

**toitoitoi** *tsw* ∗ *~!* all the best!, good luck!

**Tokio** *o* Tokyo

**tokkelen** *I overg* [tokkelde, h. getokkeld] *bespelen* pluck, strum, thrum ∗ *een melodie~* strum a tune *II onoverg* [tokkelde, h. getokkeld] strum ∗ *~ op een gitaar* strum a guitar

**tokkelinstrument** *o* [-en] plucked/string instrument

**toko** *m* ['s] ❶ *met oosterse artikelen* Indonesian shop ❷ <u>scherts</u> shop, business

**tol** *m* [-len] ❶ *belasting* ⟨bij doortocht⟩ toll, ⟨bij in- en uitvoer⟩ customs, duties ∗ *~ heffen van...* levy a toll on... ∗ *~ betalen* pay a toll ∗ *zijn~ eisen* take its toll ❷ *tolhuis* toll house ❸ *speelgoed* top

**tolbrug** *v* [-gen] toll bridge

**tolerant** *I bn* tolerant, forbearing, broad-minded ∗ *~ voor/tegenover* tolerant of *II bijw* tolerantly &

**tolerantie** *v* tolerance

**tolereren** *overg* [tolereerde, h. getolereerd] tolerate

**tolgeld** *o* [-en] toll

**tolheffing** *v* toll collection
**tolhek** *o* [-ken] toll gate
**tolhuis** *o* [-huizen] toll house
**tolk** *m* [-en] ❶ *vertaler* interpreter ❷ *woordvoerder* fig mouthpiece, spokesperson
**tolken** *onoverg* [tolkte, h. getolkt] interpret
**tolk-vertaler** *m* [-s & tolken-vertalers] interpreter and translator
**tollen** *onoverg* [tolde, h. getold] ❶ *met tol* spin a top ❷ *ronddraaien* whirl, spin, go round and round ✷ *in het rond* ~ tumble about ✷ *iem. in het rond doen* ~ send sbd spinning ✷ ~ *van vermoeidheid* reel/stagger with tiredness
**tollenaar** *m* [-s & -naren] bijbel publican
**toltunnel** *m* [-s] toll tunnel
**tolueen** *o* chem toluene, toluol
**tolvrij** *bn* toll-free, duty-free, free of duty
**tolweg** *m* [-wegen] toll road, Am turnpike (road)
**tomaat** *v* [-maten] tomato
**tomahawk** *m* [-s] tomahawk
**tomatenketchup** *m* tomato ketchup
**tomatenpuree** *v* tomato purée/pulp, passata
**tomatensap** *o* tomato juice
**tomatensoep** *v* tomato soup
**tombe** *v* [-s & -n] tomb
**tombola** *m* ['s] tombola
**tomeloos** **I** *bn* ❶ *niet te stuiten* boundless, unflagging, unremitting ✷ *zijn tomeloze eerzucht* his boundless/afkeurend overweening ambition ✷ *zijn tomeloze energie* his boundless/unbridled energy ✷ *zijn tomeloze inzet* his unremitting/unflagging efforts ❷ *niet onder bedwang te krijgen* uncontrolled, ungovernable **II** *bijw* boundlessly & ✷ ~ *eerzuchtig* overweeningly ambitious
**tomen** *overg* [toomde, h. getoomd] ❶ bridle ❷ fig curb, check
**tompoes** *m* [-poezen] *gebakje* Br millefeuille, Am napoleon
**ton** *v* [-nen] ❶ *vat* cask, barrel ❷ *maat* ton ❸ *boei* buoy ❹ *bedrag* a hundred thousand
**tonaal** *bn* tonal
**tonaliteit** *v* tonality
**tondel** *o* [-s] tinder
**tondeldoos** *v* [-dozen] tinderbox
**tondeuse** *v* [-s] (pair of) clippers
**toneel** *o* [-nelen] ❶ *podium* stage ✷ ~ *spelen* act ✷ *bij het* ~ *gaan* go on the stage ✷ *op het* ~ *verschijnen* appear on the stage, come on; fig appear on the scene ✷ *ten tonele voeren* put on stage ✷ *van het* ~ *verdwijnen* make one's exit, disappear from the stage, make one's bow ❷ *deel v. bedrijf* scene ✷ *tweede bedrijf, derde* ~ second act, third scene ❸ *literair genre* drama ❹ *schouwspel* theatre/Am theater, scene ✷ *het* ~ *van de oorlog* the theatre/seat of war
**toneelaanwijzing** *v* [-en] stage direction
**toneelbewerking** *v* [-en] stage version/adaptation
**toneelcriticus** *m* [-ci] drama critic

**toneelgezelschap** *o* [-pen] theatrical company
**toneelgroep** *v* [-en] theatre group, Am theater group
**toneelkijker** *m* [-s] opera glasses
**toneelknecht** *m* [-s] stagehand, propman
**toneellaars** *v* [-laarzen] buskin
**toneelmeester** *m* [-s] property/stage manager
**toneelopvoering** *v* [-en] (theatrical) performance
**toneelschool** *v* [-scholen] school of acting, academy of dramatic art, theatre school
**toneelschrijver** *m* [-s] playwright, dramatist
**toneelspeelster** *v* [-s] (stage) actress
**toneelspel** *o* ❶ *het spelen* acting ❷ *aanstellerij* play-acting, pose ❸ *toneelstuk* [-spelen] play
**toneelspelen** *onoverg* [speelde toneel, h. toneelgespeeld] ❶ *acteren* act, play ❷ fig play-act, pose
**toneelspeler** *m* [-s] (stage) actor, player
**toneelstuk** *o* [-ken] (stage) play ✷ *een* ~ *in één bedrijf* a one-act play
**toneelvereniging** *v* [-en] drama club
**toneelvoorstelling** *v* [-en] theatrical performance
**tonen I** *overg* [toonde, h. getoond] show, display ✷ *belangstelling* ~ show/display interest ✷ *ruggengraat* ~ display/demonstrate stamina **II** *wederk* [toonde, h. getoond] ✷ *zich* ~ show oneself ✷ *zich dankbaar* ~ show one's gratitude **III** *onoverg* [toonde, h. getoond] look, make a show ✷ *zó* ~ *ze meer* they look better like that
**toner** *m* comput toner
**tong** *v* [-en] ❶ *lichaamsdeel* tongue ✷ *met een dikke* ~ *praten* speak thickly ✷ *hij heeft een gladde/kwade/scherpe* ~ he has a glib/evil/sharp tongue ✷ *boze* ~ *en beweren dat...* it is rumoured that..., malicious tongues are going round that... ✷ *de* ~ *en komen los* tongues are loosened ✷ *zijn* ~ *laten gaan, zijn* ~ *roeren* wag one's tongue ✷ *het ligt op het puntje van mijn* ~ it's on the tip of my tongue ✷ *zijn* ~ *uitsteken (naar)* put/stick out one's tongue (at) ✷ *steek uw* ~ *uit* show me your tongue ✷ *over de* ~ *gaan* be the talk of the town ✷ *(niet) het achterste van zijn* ~ *laten zien* (not) speak one's mind ❷ *vis* sole ❸ *v. slot* bolt ❹ *v. gesp* tongue ❺ *v. blaasinstrument* reed
**Tonga** *o* Tonga
**tongen** *onoverg* [tongde, h. getongd] *tongzoenen* French kiss
**tongewelf** *o* [-welven] barrel vault
**tongfilet** *m & o* [-s] fillet of sole
**tongklank** *m* [-en] lingual
**tongriem** *m* frenulum ✷ *goed van de* ~ *gesneden zijn* have a ready tongue
**tongstrelend** *bn* pleasing to the palate
**tongval** *m* [-len] ❶ *accent* accent ❷ *dialect* dialect
**tongzoen** *m* [-en] French kiss
**tongzoenen** *onoverg* [tongzoende, h. getongzoend] French kiss
**tonic** *m* tonic (water)

**to**

**tonica** v muz tonic
**tonicum** o [-s & -ca] tonic
**tonijn** m [-en] tuna
**tonisch** bn tonic
**tonnage** v tonnage
**tonnetje** o [-s] small barrel
**tonnetjerond** bn fat as a barrel
**tonsil** v [-len] tonsil
**tonsuur** v [-suren] tonsure
**tonus** m ❶ med tone, tonus ❷ muz tone
**toog** m [togen] ❶ toga cassock ❷ gewelfboog arch ❸ toonbank counter ❹ in cafés bar
**toogdag** m [-dagen] rally, open day
**tooi** m decoration, ornament
**tooien** overg [tooide, h. getooid] adorn, decorate, (be)deck * zich ~ (met) adorn oneself (with), get all dressed up (in)
**tooisel** o [-s] finery, ornament
**toom** m [tomen] ❶ bridle, reins * iets in ~ houden keep sth in check, check/curb sth ❷ broedsel brood * een ~ kippen a brood of hens
**toon** m [tonen] ❶ muz & fig tone, note, ‹toonhoogte› pitch * de ~ aangeven give the pitch; fig set the tone/fashion * een ~ aanslaan strike a note; fig take a high tone * u hoeft tegen mij niet zo'n ~ aan te slaan you needn't take such a tone/take that tone with me * een andere ~ aanslaan change one's tune * in zijn brieven slaat hij een andere ~ aan his letters have a different tone * een hoge ~ aanslaan adopt a high tone * (goed) ~ houden ‹zanger› keep tune; ‹instrument› keep in tune * de juiste ~ treffen strike the right note * iem. een ~tje lager laten zingen take sbd down a peg or two * op bevelende/gebiedende ~ in a tone of command * op hoge/zachte ~ in a high/low tone * op de tonen van de muziek to the strains of the music * uit de ~ vallen be the odd man out ❷ klemtoon accent, stress ❸ wijze van omgang tone * de goede ~ good breeding * het is tegen de goede ~ it's not the done thing ❹ vertoon display, show * iets ten ~ spreiden display sth, show sth off
**toonaangevend** bn leading
**toonaard** m [-en] muz key * in alle ~en ontkennen deny most emphatically
**toonafstand** m [-en] interval
**toonbaar** bn presentable, fit to be shown/seen
**toonbank** v [-en] counter * over de ~ vliegen sell like hot cakes * onder de ~ verkopen sell under the counter
**toonbeeld** o [-en] model, pattern, paragon * een ~ van gehoorzaamheid a model of obedience * een ~ van ellende a picture of misery
**toondemper** m [-s] mute
**toonder** m [-s] handel bearer * een aandeel aan ~ a bearer share * betaalbaar aan ~ payable to bearer * een obligatie aan ~ a bearer bond, bearer debenture
**toondichter** m [-s] (musical) composer
**toonhoogte** v [-n & -s] pitch

**toonkunst** v music
**toonkunstenaar** m [-s] musician
**toonladder** v [-s] scale * ~s spelen practise scales
**toonloos** bn ❶ zonder veel klank toneless, flat, monotonous ❷ taalk unaccented, unstressed
**toonschaal** v [-schalen] scale
**toonsoort** v [-en] muziek key, ‹modus› mode
**toonvast** bn in tune
**toonzaal** v [-zalen] showroom
**toonzetten** overg [toonzette, h. getoonzet] compose, set to music
**toonzetter** m [-s] (musical) composer
**toonzetting** v [-en] (musical) composition
**toorn** m anger, rage, wrath * in ~ ontsteken fly into a rage
**toornig** I bn angry, wrathful, irate II bijw angrily &
**toorts** v [-en] ❶ fakkel torch, link ❷ plant mullein, verbascum
**top** I m [-pen] ❶ bovenste gedeelte top, ‹v. berg ook› peak, summit, ‹v. vinger› tip * de ~ van de mast the masthead * met de vlag in ~ the flag flying at the masthead * van ~ tot teen from top to toe, from head to foot ❷ hoogtepunt peak, height * ten ~ stijgen rise to an extreme ❸ wisk apex, vertex ❹ topconferentie summit (meeting) II tsw ❶ alg. done!, it's a go!, I'm on! ❷ bij weddenschap taken!, you're on!
**topaas** m & o [-pazen] topaz
**topambtenaar** m [-s] senior official
**topberaad** o summit talks
**topclub** v [-s] top-class club
**topconditie** v top condition * hij was in ~ he was in tip-top condition
**topconferentie** v [-s] summit meeting/conference
**topdag** m [-dagen] big/successful day
**top-down** I bn top-down II bijw * iets ~ aanpakken take a top-down approach to sth
**top-downbenadering** v [-en] top-down approach
**topdrukte** v rush hour, peak period
**topfunctie** v [-s] leading/top function
**topfunctionaris** m [-sen] leading/senior executive
**tophit** m [-s] big hit
**tophypotheek** v [-theken] peak mortgage
**topinamboer** m [-s] Jerusalem artichoke
**topinkomen** o [-s] top income
**topjaar** o [-jaren] peak year
**topje** o [-s] ❶ kledingstuk top ❷ kleine top tip * het ~ van de ijsberg the tip of the iceberg
**topklasse** v [-n] top class
**topkwaliteit** v top quality
**topless** bn topless
**toplicht** o [-en] mast light
**topman** m [-nen of -lieden] senior executive
**topniveau** o top level * op ~ at top level
**topografie** v [-fieën] topography
**topografisch** bn topographic(al)
**topontmoeting** v [-en] summit meeting
**topoverleg** o top-level/summit talks

**toppen** *overg* [topte, h. getopt] top
**topper** *m* [-s] ❶ *lied &* (smash) hit ❷ *hoogtepunt* top
❸ sp top match ❹ *topman* top/leading figure
**toppositie** *v* top/leading position
**topprestatie** *v* [-s] top performance, record, techn
maximum/peak performance
**toppunt** *o* [-en] ❶ *alg.* top, height, pinnacle, ‹v. berg
ook› summit, peak, highest point ∗ *dat is het∼!* that
beats all! ∗ *het∼ van onbeschaamdheid* the height of
insolence ∗ *het∼ van volmaaktheid* the height of
perfection, perfection itself ∗ *het∼ bereiken* reach a
climax ∗ *op het∼ van zijn roem* at the height of his
fame ∗ *op het∼ van zijn carrière* at the
height/peak/pinnacle of his career ∗ *zijn carrière
bereikte het∼ in 1980* his career reached its zenith in
1980 ❷ *in meetkunde* vertex, apex ❸ *in sterrenkunde*
zenith, culminating point
**topscore** *m* [-s] top score
**topscorer** *m-v* [-s] sp top scorer
**topsnelheid** *v* [-heden] top speed
**topspeler** *m* [-s] top player, first-rate player
**topspin** *m* [-s] tennis topspin
**topsport** *v* top-class sport ∗ *∼ bedrijven* practise
top-class sport
**topsporter** *m* [-s] top-class sportsman
**top tien** *v* top ten
**toptijd** *m* [-en] record time
**topvorm** *m* top-class form ∗ *in ∼ zijn* be in top form
**topzwaar** *bn* top-heavy ∗ fig *hij is∼* he's had a drop
too many
**toque** *v* [-s] ❶ *hoedje* toque ❷ *genitaal beschermstuk*
protective cup, jockstrap, box
**tor** *v* [-ren] beetle
**toreador** *m* [-s] toreador
**toren** *m* [-s] ❶ *bouwwerk* tower, ‹met spits› steeple,
‹v. geschut› turret ∗ *een ivoren ∼* an ivory tower
∗ *hoog van de∼ blazen* beat the drum ❷ *schaakstuk*
rook
**torenen** *onoverg* [torende, h. getorend] tower
(above)
**torenflat** *m* [-s] tower block (of flats), multi-storey
flat
**torenhaan** *m* [-hanen] weathercock
**torenhoog** *bn* sky-high, towering
**torenkamer** *v* [-s] turret room
**torenklok** *v* [-ken] ❶ *uurwerk* tower/church clock
❷ *luiklok* church bell
**torenspits** *v* [-en] spire
**torenspringen** *o* sp platform diving
**torenvalk** *m & v* [-en] *vogel* kestrel
**torenwachter** *m* [-s] watchman on a tower
**tormenteren** *overg* [tormenteerde, h.
getormenteerd] torment, torture
**torn** *v* [-en] split, rip, tear
**tornado** *v* ['s] tornado
**tornen I** *overg* [tornde, h. getornd] rip (up) ∗ *daar
valt niet aan te∼* there is no refuting this ∗ *niet∼
aan* not meddle/tamper with **II** *onoverg* [tornde, is

getornd] come unstitched
**tornmesje** *o* [-s] unpicker
**torpederen** *overg* [torpedeerde, h. getorpedeerd]
torpedo ∗ *een plan∼* torpedo a plan
**torpedo I** *v* ['s] *projectiel* torpedo **II** *m* ['s] *sportauto*
torpedo
**torpedoboot** *m & v* [-boten] torpedo boat
**torpedojager** *m* [-s] (torpedo boat) destroyer
**tors, torso** *m* [-en] torso
**torsen** *overg* [torste, h. getorst] ❶ *dragen* haul, carry
❷ fig bear, suffer ❸ *ineendraaien* twist
**torsie** *v* torsion
**tortel** *m & v* [-s], **tortelduif** *v* [-duiven] turtledove
∗ fig *de∼duifjes* the lovebirds
**tortelen** *onoverg* [tortelde, h. getorteld] bill and coo
**tortilla** *v* ['s] tortilla
**toss** *m* [-es] toss ∗ *de∼ winnen/verliezen* win/lose the
toss
**tossen** *onoverg* [toste, h. getost] toss (up) for
**tosti** *m* ['s] toasted ham and cheese sandwich
**tosti-ijzer** *o* [-s] toasted sandwich maker
**tot I** *voorz* ❶ *v. afstand* to, as far as ∗ *∼ hier (toe)* thus
far ∗ *∼ aan de top* as high as the top, up to the top
∗ *∼ aan de armen* up to their arms ∗ *∼ aan de
borst/knieën* chest-high/knee-deep ∗ *∼ op de bodem*
down to the bottom, as far as the bottom ∗ *∼ boven
32°* to above 32° ❷ *van tijd* till, until, to ∗ *∼ 1848*
till/up to 1848 ∗ *dat gaat terug∼ 1848* that goes
back as far as 1848 ∗ *van 8∼ 12* from 8 to/till 12
(o'clock) ∗ *van week∼ week* from week to week ∗ *∼
morgen* see you tomorrow ∗ *∼ dan toe* until then, up
to then ∗ *∼ en met maart* up to and including March
∗ *∼ nu/nog toe* till now, up to now, so far ∗ *∼ voor
enkele jaren* until a few years ago ∗ *∼ in zijn laatste
regeringsjaar* down to the last year of his reign ❸ *bij
bepaling van gesteldheid* as, for ∗ *benoemd∼
gouverneur* appointed governor ∗ *iem. ∼ vriend
kiezen* choose sbd for/as a friend ∗ *die woorden ∼ de
zijne maken* make those words one's own
❹ *v. hoeveelheid/graad &* to ∗ *∼ de laatste cent* to the
last penny ∗ *∼ tweemaal toe* up to two times ∗ *∼ op
de cent* to the penny ∗ *a ∼ de n-de (macht)* a to the
nth power ▾ *∼ in de dood (getrouw)* (faithful) (un)to
death ▾ *zich ∼ iem. richten* address oneself to sbd
▾ *het teken ∼ de aanval* the signal for attack **II** *voegw*
till, until
**totaal I** *bn* total, complete, entire ∗ *de totale
opbrengst* the entire proceeds **II** *bijw* totally & ∗ *∼
anders/gek* completely different/mad ∗ *iets∼
vergeten* forget sth entirely/completely **III** *o* [-talen]
total (amount), sum total ∗ *in∼* in all, altogether, in
total
**totaalbedrag** *o* [-dragen] sum total, total amount
**totaalbeeld** *o* [-en] overall picture
**totaalvoetbal** *o* total soccer
**totaalweigeraar** *m* [-s] total/hard-line conscientious
objector
**totalisator** *m* [-s] *telmachine, systeem v. wedden*

**to**

totalizator, tote

**totaliseren** *onoverg* [totaliseerde, h. getotaliseerd] totalize

**totalitair** *bn* totalitarian

**totaliteit** *v* entirety, totality

**total loss I** *bn* total loss * *de auto was ~* the car was a complete write-off * *hij is helemaal ~* he's a write-off, he's had it **II** *m* ❶ *verzekering* total loss ❷ *auto &* write-off

**totdat** *voegw* till, until

**totem** *m* [-s] totem

**totempaal** *m* [-palen] totem pole

**totnogtoe** *bijw* so far, up to now

**toto** *m* ❶ *sporttoto, voetbaltoto* pool ❷ *bij wedren* totalizator

**totstandkoming** *v* establishment, development, coming about (of)

**toucheren** *overg* [toucheerde, h. getoucheerd] ❶ *med* examine, touch ❷ *aanraken* touch, insult ❸ *geld* receive, draw

**touperen** *overg* [toupeerde, h. getoupeerd] tease, backcomb

**toupet** *m* [-s & -ten] toupee, toupet

**touringcar** *m & v* [-s] (motor) coach

**tournedos** *m* tournedos

**tournee** *v* [-s] tour (of inspection) * *een ~ maken (in)* tour * *op ~ gaan* go on tour

**tourniquet** *o & m* [-s] turnstile

**touroperator** *m* [-s] tour operator

**touw** *o* [-en] ❶ *koord* ‹dik› rope, ‹dun› cord, ‹zeer dun› string * *er is geen ~ aan vast te knopen* you can make neither head nor tail of it * *ik ben de hele dag in ~ geweest* I've been busy all day, I haven't had a moment's rest all day * *iets op ~ zetten* launch/engineer/mount sth ❷ *getouw* loom

**touwklimmen** *o* rope-climbing

**touwladder** *v* [-s] rope ladder

**touwslager** *m* [-s] rope maker

**touwslagerij** *v* ❶ *activiteit* rope-making ❷ *bedrijf* [-en] rope-walk

**touwtje** *o* [-s] (bit of) string * *de ~s in handen hebben*, *aan de ~s trekken* pull the strings

**touwtjespringen** *o* skipping

**touwtrekken** *o* <u>ook fig</u> tug-of-war

**touwtrekkerij** *v* [-en] <u>fig</u> struggle

**touwwerk** *o* ❶ *alg.* ropes ❷ *scheepv* rigging

**t.o.v.** *afk* ❶ (ten opzichte van) with respect to ❷ (ten overstaan van) in the presence of

**tovenaar** *m* [-s & -naren] <u>ook fig</u> magician, wizard

**tovenares** *v* [-sen] sorceress, witch

**tovenarij** *v* [-en] magic, sorcery

**toverachtig I** *bn* magic(al), charming, enchanting **II** *bijw* magically &

**toverbal** *m* [-en] <u>Br</u> gobstopper, <u>Am</u> jawbreaker

**toverdrank** *m* [-en] magic potion

**toveren** *I onoverg* [toverde, h. getoverd] *goochelen* work magic * *ik kan niet ~* I can't work magic, I'm no magician **II** *overg* [toverde, h. getoverd] conjure (up) * *een ei uit een hoed ~* conjure an egg out of a hat * *iem. iets voor ogen ~* conjure up a picture of sth

**toverfee** *v* [-feeën] fairy

**toverfluit** *v* [-en] magic flute

**toverformule** *v* [-s] magic formula, spell, charm

**toverheks** *v* [-en] witch, sorceress

**toverij** *v* [-en] sorcery, witchcraft, magic

**toverkol** *v* [-len] witch, hag

**toverkracht** *v* magic power

**toverkunst** *v* [-en] sorcery, magic (art) * *~en* magic tricks, witchcraft

**toverlantaarn**, **toverlantaren** *v* [-s] magic lantern

**tovermiddel** *o* [-en] charm, spell, magic means

**toverslag** *m* * *als bij ~* as if (as) by magic, like magic

**toverspreuk** *v* [-en] incantation, spell, charm

**toverstaf** *m* [-staven], **toverstokje** *o* [-s] magic wand

**toverwoord** *o* [-en] magic word, spell, charm

**toxicologie** *v* toxicology

**toxicoloog** *m* [-logen] toxicologist

**toxine** *o & v* [-n & -s] toxin

**toxisch** *bn* toxic

**traag I** *bn* ❶ *v. beweging, begrip* slow * *hij is nogal ~ van begrip* he's a bit slow-witted ❷ *te laat* tardy * *een ~ betaler* a tardy payer ❸ <u>nat</u> inert **II** *bijw* slowly &

**traagheid** *v* ❶ *v. begrip, handelingen* slowness, sluggishness ❷ *sloomheid* indolence ❸ *het lang uitblijven* delay, lateness, tardiness ❹ <u>nat</u> inertia

**traan I** *m & v* [tranen] *oogvocht* tear, teardrop * *in tranen* in tears * *de tranen stonden hem in de ogen* his eyes brimmed with tears * *zij zal er geen ~ om laten* she won't shed a tear over it * *tranen met tuiten huilen, hete tranen huilen* cry one's heart out, cry bitterly, shed hot tears * *tot tranen geroerd zijn* be moved to tears **II** *m olie* whale oil, cod liver oil

**traanbuis** *v* [-buizen] tear duct

**traangas** *o* tear gas

**traangasgranaat** *v* [-naten] tear gas shell

**traanklier** *v* [-en] lachrymal gland

**traanvocht** *o* tears, <u>med</u> lachrymal fluid

**traanzak** *m* [-ken] lachrymal sac

**tracé** *o* [-s] (ground) plan, traced road

**traceren** *overg* [traceerde, h. getraceerd] trace, trace out

**trachten** *overg* [trachtte, h. getracht] try, attempt, endeavour

**tractie** *v* traction, haulage

**tractor** *m* [-s & -toren] tractor

**trading-down** *m* <u>marketing</u> trading down, downward stretch

**trading-up** *m* <u>marketing</u> trading up, upward stretch

**traditie** *v* [-s] tradition * *zoals ~ is* by tradition

**traditiegetrouw I** *bn* traditional * *de inwoners van Staphorst zijn zeer* ~ people in Staphorst are very traditional **II** *bijw* traditionally, by tradition * *het theaterseizoen gaat ~ van start met...* traditionally, the theatre season starts with...

**traditionalisme** *o* traditionalism
**traditionalistisch** *bn* traditionalist
**traditioneel** *bn* traditional, time-honoured, customary
**tragedie** *v* [-s & -diën] tragedy
**tragiek** *v* tragedy
**tragikomedie** *v* [-s] tragicomedy
**tragikomisch** *bn* tragicomic
**tragisch I** *bn* tragic **II** *bijw* tragically ∗ *het* ~ *opnemen* cry over sth
**trailer** *m* [-s] ❶ *oplegger* trailer ❷ *kampeerwagen* caravan, Am trailer ❸ *gedeelte v. film* trailer
**trainee** *m* [-s] trainee
**trainen** *onoverg* [trainde, h. getraind] train, coach ∗ *zich* ~ *train*, exercise
**trainer** *m* [-s] trainer, coach
**traineren I** *onoverg* [traineerde, h. getraineerd] stall, play for time ∗ *hij probeert de zaak te* ~ he's playing for time/stalling/dragging his feet ∗ ~ *met* delay **II** *overg* [traineerde, h. getraineerd] delay, stall
**training** *v* training ∗ *in* ~ *zijn* be in training
**trainingsbroek** *v* [-en] tracksuit trousers
**trainingskamp** *o* [-en] training camp
**trainingspak** *o* [-ken] tracksuit
**trait-d'union** *o & m* [-s] ❶ *leesteken* hyphen ❷ *fig* link
**traiteur** *m* [-s] domestic caterer
**traject** *o* [-en] ❶ *af te leggen afstand* distance ❷ *wegverbinding* route, ‹v. spoorlijn› section ❸ *fig* series of planned activities ❹ *sp* course, route
**traktaat** *o* [-taten] treaty
**traktatie** *v* [-s] treat
**traktement** *o* [-en] salary, pay
**trakteren I** *overg* [trakteerde, h. getrakteerd] *onthalen* treat, inf shout ∗ ~ *op* treat to/shout ∗ *iem. op een glas wijn* ~ shout sbd a glass of wine **II** *onoverg* [trakteerde, h. getrakteerd] ∗ *ik trakteer!* my shout!, this one's on me!
**tralie** *v* [-s & -liën] bar ∗ ~*s* lattice, trellis, grille ∗ *achter de* ~*s* behind (prison) bars, inf inside
**traliehek** *o* [-ken] railings
**traliën** *overg* [traliede, h. getralied] grate, lattice, trellis
**tralievenster** *o* [-s] ❶ *met tralies, v. gevangenis &* barred window ❷ *van latwerk* lattice window
**traliewerk** *o* latticework, trelliswork
**tram** *m* [-s & -men] Br tram, Am streetcar, tramcar
**trambaan** *v* [-banen] Br tram track, Am streetcar track ∗ *een vrije* ~*a* tramway
**trambestuurder** *m* [-s] Br tramdriver, Am streetcar driver
**tramconducteur** *m* [-s] Br tram conductor, Am streetcar conductor
**tramhalte** *v* [-s] Br tramstop, Am carstop
**tramhuisje** *o* [-s] Br tram shelter, Am streetcar shelter
**tramkaartje** *o* [-s] Br tramway ticket, Am streetcar ticket

**tramlijn** *v* [-en] Br tram line, Am streetcar line
**trammelant** *o & m* trouble, rumpus
**trammen** *onoverg* [tramde, h. en is getramd] Br take a tram, Am take a streetcar
**trampoline** *v* [-s] trampoline
**trampolinespringen** *o* trampolining
**tramrail** *v* [-s] Br tram rail, Am streetcar rail
**trance** *v* [-s] trance ∗ *in* ~ *raken* go/fall into a trance
**tranche** *v* [-s] ❶ *snee* portion ❷ *fin* parcel
**trancheren** *overg* [trancheerde, h. getrancheerd] carve
**tranen** *onoverg* [traande, h. getraand] water, run ∗ ~*de ogen* watering eyes
**tranendal** *o* vale of tears
**tranquillizer** *m* [-s] tranquilizer, sedative, inf downer
**trans** *m* [-en] ❶ *omgang v. toren* gallery ❷ *rand* battlements
**transactie** *v* [-s] ❶ transaction, deal ❷ *jur* out-of-court settlement
**transactiekosten** *zn* [mv] transaction charges
**trans-Atlantisch** *bn* transatlantic
**transcendent** *bn* transcendent ∗ ~*e meditatie* transcendental meditation
**transcendentaal** *bn* transcendental
**transcontinentaal** *bn* transcontinental
**transcriberen** *overg* [transcribeerde, h. getranscribeerd] transcribe (into)
**transcriptie** *v* [-s] ❶ *muziek* transcription ❷ *letters, tekens* transliteration
**transept** *o* [-en] transept
**transfer** *m & o* [-s] transfer
**transferbedrag** *o* [-en] sp transfer money
**transfereren** *overg* [tranfereerde, h. getransfereerd] transfer
**transferium** *o* [-s & -ria] park-and-ride
**transferlijst** *v* [-en] transfer list
**transfermarkt** *v* transfer market
**transfersom** *v* [-men] transfer fee
**transfervrij** *bn* on free transfer
**transformatie** *v* [-s] transformation
**transformator** *m* [-s & -toren] transformer
**transformatorhuisje** *o* [-s] transformer building/kiosk
**transformeren** *overg* [transformeerde, h. getransformeerd] transform
**transfusie** *v* [-s] transfusion
**transgeen** *bn* transgene
**transistor** *m* [-s] transistor
**transistorradio** *m* ['s] transistor radio
**transit** *m*, **transito** *m & o* transit
**transitief** *bn & o* taalk transitive
**transito** *m & o* transit
**transitohandel** *m* transit trade
**transitohaven** *v* [-s] transit port
**transitoir** *bn* transitory
**transitorecht** *o* [-en] handel transit duty

*tr*

**transitorium** *o* [-s & -ria] temporary accommodation

**transitvisum** *o* [-visa & -s] transit visa

**transmissie** *v* [-s] transmission

**transmitter** *m* [-s] transmitter

**transparant I** *bn* transparent **II** *o* [-en] **❶** *scherm* transparency, transparent screen **❷** *gelinieerd blad* black lines, ruled sheet

**transparantie** *v* transparency

**transpiratie** *v* **❶** *het zweten* perspiration **❷** *zweet* perspiration, sweat

**transpireren** *onoverg* [transpireerde, h. getranspireerd] perspire, sweat

---

**transpireren**
wordt vertaald met perspire of sweat, nooit met transpire ; transpire betekent gebeuren.

---

**transplantaat** *o* [-taten] transplant, graft

**transplantatie** *v* [-s] **❶** *het transplanteren* transplantation, grafting **❷** *het getransplanteerde* transplant, graft

**transplanteren** *overg* [transplanteerde, h. getransplanteerd] transplant, graft

**transponder** *m* [-s] transponder

**transponeren** *overg* [transponeerde, h. getransponeerd] transpose

**transport** *o* [-en] **❶** *vervoer* transport, conveyance, carriage ∗ *op~ stellen* dispatch ∗ *op~ zetten naar...* be transported to... **❷** *in rekeningen* balance carried forward, carry-over ∗ *per~* carried forward/over

**transportband** *m* [-en] conveyor belt

**transportbedrijf** *o* [-drijven] transport/freight company, ⟨wegvervoer ook⟩ haulage business

**transporteren** *overg* [transporteerde, h. getransporteerd] **❶** *vervoeren* transport, convey **❷** *handel* carry forward

**transporteur** *m* [-s] **❶** *bedrijf* transporter, conveyer, conveyor **❷** *instrument* protractor

**transportkosten** *zn* [mv] cost(s) of transport/carriage

**transportmiddel** *o* [-en] mode/means of transport

**transportonderneming** *v* [-en] transport/freight company, carrier, ⟨wegvervoer ook⟩ haulage business

**transportschip** *o* [-schepen] **❶** *alg.* transport (ship) **❷** *mil* troopship

**transportvliegtuig** *o* [-en] transport/cargo plane, transport/cargo aircraft

**transportvoorwaarden** *zn* [mv] conditions of carriage

**transseksualiteit** *v* transsexualism

**transseksueel** *bn & m-v* [-suelen] transsexual

**transversaal I** *bn* transverse **II** *v* [-nalen] collateral, transversal

**trant** *m* manner, way, fashion, style ∗ *in de~ van* after the manner of ∗ *naar de oude~* in the old style

**trap** *m* [-pen] **❶** *schop* kick ∗ *iem. een~ geven* give sbd

a kick ∗ *een~ na geven* give a parting shot **❷** *gezamenlijke traptreden* stairs, staircase, stairway, flight of stairs ∗ *de~ af* down the stairs, downstairs ∗ *de~ op* up the stairs, upstairs ∗ *~ op,~ af* up and down the stairs, upstairs and downstairs ∗ *iem. van de~ gooien* kick sbd downstairs ∗ *hij is van de~ gevallen* he's fallen down the stairs; fig ⟨haar kort hebben laten knippen⟩ he's just been cropped **❸** *trede* step **❹** *graad* degree, step ∗ *de~pen van vergelijking* degrees of comparison ∗ *stellende/vergrotende/overtreffende~* positive/comparative/superlative (degree) ∗ *op een hoge~ van beschaving* at a high degree of civilization ∗ *op de laagste~ van beschaving* on the lowest plane of civilization **❺** *v. raket* stage **❻** *muz* tone **❼** *vogel* bustard

**trapas** *v* [-sen] crank axle, crankshaft

**trapauto** *m* ['s] pedal car

**trapeze** *v* [-s] trapeze

**trapezewerker** *m* [-s] trapeze artist

**trapezium** *o* [-s & -zia] **❶** *meetkunde* trapezium **❷** *gymnastiek* trapeze

**trapezoïde** *v* [-n] trapezoid

**trapgans** *v* [-ganzen] *vogel* bustard

**trapgat** *o* [-gaten] (stair)well

**trapgevel** *m* [-s] stepped gable

**trapkast** *v* [-en] stair cupboard

**trapladder** *v* [-s], **trapleer** [-leren] stepladder, (pair of) steps

**trapleuning** *v* [-en] banister, handrail

**traploper** *m* [-s] stair runner

**trappelen** *onoverg* [trappelde, h. getrappeld] stamp ∗ *~ van ongeduld* strain at the leash, be dying to do sth

**trappelzak** *m* [-ken] baby's sleeping bag

**trappen I** *overg* [trapte, h. getrapt] *schoppen* kick ∗ *herrie~* kick up a racket ∗ *het orgel~* pump the organ ∗ *ik laat me niet~* I won't let myself be kicked around ∗ *hij werd eruit getrapt* he was fired, inf he got the boot **II** *onoverg* [trapte, h. getrapt] **❶** *schoppen* kick ∗ *~ tegen* kick against; fig hit out at **❷** *voet neerzetten* step, stamp ∗ *~ op* step (tread) on ∗ fig *erin~* fall for it **❸** *op de fiets* pedal

**trappenhuis** *o* [-huizen] staircase, stairwell

**trapper** *m* [-s] **❶** *pedaal* pedal, treadle **❷** *schoen* shoe **❸** *jager* trapper

**trappist** *m* [-en] Trappist

**trappistenbier** *o* Trappist beer

**trappistenklooster** *o* [-s] Trappist monastery

**trapportaal** *o* [-talen] landing

**traproe** *v* [-s], **traproede** [-n] stair rod

**trapsgewijs**, **trapsgewijze I** *bn* gradual **II** *bijw* gradually, step-by-step ∗ *zich~ ontwikkelen* develop gradually

**traptrede** *v* [-n], **traptree** [-treeën] stairstep

**trauma** *v & o* ['s & -ta] trauma

**traumahelikopter** *m* [-s] emergency helicopter

**traumateam** *o* [-s] emergency unit, trauma team

**traumatisch** *bn* traumatic
**traumatiseren** *overg* [traumatiseerde, h. getraumatiseerd] traumatize, shock
**traumatologie** *v* traumatology
**traumatoloog** *m* [-logen] traumatologist
**travellercheque** *m* [-s] Br traveller's cheque, Am traveler's check
**traverse** *v* [-n] ❶ *dwarsbalk* crossbeam ❷ *dwarsverbinding* traverse
**traverseren** *onoverg* [traverseerde, h. getraverseerd] traverse
**travestie** *v* [-tieën] ❶ *lachwekkende voorstelling* travesty ❷ *verkleding als het andere geslacht* transvestism
**travestiet** *m & v* [-en] transvestite
**trawant** *m* [-en] ❶ *handlanger* henchman ❷ *bijplaneet* satellite
**trawler** *m* [-s] trawler
**tray** *m* [-s] tray
**trechter** *m* [-s] ❶ *om te gieten* funnel ❷ *v. molen* hopper ❸ *door explosie veroorzaakt* crater
**trechtervormig** *bn* funnel-shaped
**tred** *m* [treden] tread, step, pace ∗ *gelijke~ houden met* keep step/pace with ∗ *met vaste~* with a firm step
**trede** *v* [-n], **tree** [-treeën] ❶ *bij 't lopen* step, pace ❷ *v. trap, rijtuig* step ❸ *van ladder* rung ❹ *trapper* treadle
**treden** I *onoverg* [trad, h. en is getreden] step ∗ *in bijzonderheden~* enter into detail(s) ∗ *in dienst~* take up one's duties ∗ *nader~* approach ∗ *naar voren~* come to the front ∗ ∗ *~ uit* withdraw from, leave II *overg* [trad, h. getreden] ❶ *stappen* tread ❷ *v. vogels* tread, mate with
**tredmolen** *m* [-s] treadmill ∗ fig *in de~ lopen* be caught in the daily grind
**treeft** *v* [-en] trivet, tripod
**treeplank** *v* [-en] footboard
**trefbal** *o* dodge ball
**trefcentrum** *o* [-s & -tra] meeting place
**treffen** I *overg* [trof, h. getroffen] ❶ *raken* hit, strike ∗ *het doel~* hit the mark ∗ *u heeft de gelijkenis goed getroffen* you've really got a good likeness ∗ *hij is door een ongeluk getroffen* he met with an accident ❷ fig *touch, move, ‹sterker› shock* ∗ *diep/onaangenaam getroffen* deeply moved/touched ❸ *betreffen* concern, affect ∗ *hem treft geen schuld* he's not to blame ∗ *personen die door dit verbod getroffen worden* persons affected by this prohibition ❹ *aantreffen, vinden* meet (with) ∗ *iem. thuis~* meet sbd at home ∗ *waar kan ik je~?* where can I find you? ∗ *we troffen hem toevallig te Hastings* we came across him/chanced upon him at Hastings ❺ *opvallen* catch, strike ∗ *het trof mij dat …* it caught/struck me that… ❻ *maken* make, take ∗ *regelingen~* make arrangements ∗ *voorzorgsmaatregelen~* take precautions ▼ *je treft het, dat…* lucky for you that… ▼ *je treft het niet* bad

luck for you ▼ *we hebben het goed getroffen* we've been lucky ▼ *dat treft u ongelukkig* bad luck for you ▼ *ik heb het die dag slecht getroffen* I was very unlucky that day II *onoverg* [trof, h. getroffen] ∗ *dat treft goed* nothing could have been better, that's lucky III *o* encounter, engagement, meeting
**treffend** I *bn* ❶ *raak* striking, apt, telling ∗ *een~ voorbeeld/typering* a striking example/characterization ∗ *een~e opmerking* an apt comment ❷ *ontroerend* touching, moving II *bijw* strikingly, touchingly &
**treffer** *m* [-s] ❶ *raak schot* hit ❷ *bij balsporten* score, goal ❸ *gelukkig toeval* stroke of (good) luck, lucky hit
**trefpunt** *o* [-en] ❶ *ontmoetingsplaats* meeting place/point, fig crossroads ❷ mil point of impact
**trefwoord** *o* [-en] entry, headword
**trefzeker** *bn* ❶ *v. speler* accurate, precise ❷ *v. schot* accurate, well aimed, sure ∗ *een~ schot* a well-aimed shot ❸ *v. spreek-, schrijfstijl* well chosen ∗ *~e woorden* well-chosen words
**trein** *m* [-en] ❶ *spoortrein* (railway) train ∗ *de~ van negen uur* the nine o'clock train ∗ *dat loopt als een~* it's going like a bomb/like a house on fire ❷ *gevolg* retinue, following
**treinconducteur** *m* [-s] Br (railway) guard, Am conductor
**treincoupé** *m* [-s] compartment
**treinenloop** *m* train service
**treinkaartje** *o* [-s] train/railway ticket
**treinongeluk** *o* [-ken] railway accident
**treinreis** *v* [-reizen] train journey
**treinreiziger** *m* [-s] train passenger
**treinstaking** *v* [-en] rail strike
**treinstation** *o* [-s] railway station
**treinstel** *o* [-len] train
**treintaxi** *m* ['s] train taxi
**treinverbinding** *v* [-en] train connection
**treinverkeer** *o* railway traffic
**treiteraar** *m* [-s] tease, teaser, tormentor
**treiteren** *overg* [treiterde, h. getreiterd] nag, tease, torment
**treiterig** *bn* teasing, nagging, tormenting
**trek** *m* [-ken] ❶ *ruk* pull, tug ❷ *aan sigaret* pull, puff ∗ *een paar~ken/~jes aan een sigaret doen* have a few pulls/puffs/whiffs on a cigarette ❸ *luchtstroom* draught, Am draft ∗ *er is geen~ in de kachel* the stove isn't drawing ∗ *op de~ zitten* sit in a draught ❹ *vogeltrek* migration ❺ *met ossenkar* ZA trek ❻ *haal met pen* stroke, dash ∗ *met één~ van de pen* with one stroke of the pen ❼ *in geweerloop* groove ❽ *lijn* line ∗ *in brede~ken* in broad outline ∗ *in korte~ken* in brief outline, briefly ∗ *in vluchtige~ken* in broad outline ∗ *iets in grote~ken aangeven* outline sth ❾ *gelaatstrek* feature, lineament ❿ *karaktertrek* trait ∗ *dat is een eigenaardig(e)~(je) van hem* that's a trait peculiar to him ⓫ *lust* mind, inclination ∗ *~ hebben in iets* have a mind for something ∗ *ik zou wel~ hebben in een kop thee* I wouldn't mind a cup of tea

tr

✶ *(geen)* ~*hebben om te...* have a (no) mind to..., not feel like ...ing ❷*eetlust* appetite ✶ *(geen)* ~*hebben* have an (no) appetite ❸*kaartsp* trick ▼ *zijn ~ken thuis krijgen* have the tables turned on one, have one's chickens come home to roost ▼ *aan zijn ~ken komen* come into one's own ▼ *in* ~*zijn* be in great demand, be popular

**trekautomaat** *m* [-maten] slot/vending machine

**trekbal** *m* [-len] bilj back spinner ✶ *een* ~*spelen* put a backspin on a ball

**trekdier** *o* [-en] draught animal, Am draft animal

**trekhaak** *m* [-haken] tow bar

**trekharmonica** *v* ['s] accordion ✶ *een kleine* ~a concertina

**trekhond** *m* [-en] draught dog, Am draft dog

**trekkebenen** *onoverg* [trekkebeende, h. getrekkebeend] limp

**trekken I** *onoverg* [trok, h. getrokken] ❶*naar zich toe halen* pull, draw, tug ✶ ~*aan* pull/tug/tear at, pull, tug ✶ *aan de bel* ~pull the bell ✶ *aan iems. haar* ~ pull sbd's hair ✶ *hij trekt met zijn linkerbeen* he has a limp in his left leg ✶ *hij trekt met zijn mond* his mouth twitches ✶ *het trekt hier* there's a draught here ❷*aan sigaret & draw, pull (at), puff (at)* ✶ *hij trok aan zijn pijp, maar zijn pijp trok niet* he pulled at his pipe, but it wouldn't draw ✶ *aan zijn sigaret* ~ draw on one's cigarette, pull/puff at one's cigarette ❸*van schoorsteen & draw ❹van thee & draw* ✶ *de thee laten* ~let the tea draw ✶ *de thee staat te* ~the tea's drawing ❺*masturberen* Br inf wank off, Am inf jerk off **II** *onoverg* [trok, is getrokken] ❶*kromtrekken* warp, become warped ❷*gaan, reizen* go, move, travel, ⟨v. vogels, stammen⟩ migrate ✶ *er op uit* ~set out ✶ *zij trokken naar het westen* they moved/marched west ❸sp hike **III** *overg* [trok, h. getrokken] ❶*op de plaats brengen* draw ✶ *draad* ~ draw wire ✶ *een prijs* ~draw a prize ✶ *een goed salaris &* ~draw a handsome salary & ✶ *een tand* ~ draw/extract a tooth ✶ *een tand laten* ~have a tooth drawn/extracted ✶ *een wissel* ~(op) draw a bill (on) ✶ *iem. opzij* ~draw/take sbd aside ✶ *iem. uit het water* ~draw/pull/haul sbd out of the water ✶ *een les/conclusie* ~*uit* draw a lesson/conclusion from ✶ *bijstand* ~live on social security ✶ *de wortel* ~ extract the root ✶ bilj *een bal* ~play a backspin on a ball ❷*tekenen* rule ❸*een pistool* pull (out), take out ❹*aan iets* pull ✶ ~*gezichten* ~pull faces ✶ *hij trok mij aan mijn haar* he pulled my hair ✶ *hij trok mij aan mijn mouw* he pulled (at) my sleeve ✶ *iem. aan de/zijn oren* ~pull sbd's ears ✶ *zij trokken hem de kleren van het lijf* they tore the clothes from his back ✶ *zich de haren uit het hoofd* ~tear one's hair ❺*schip, auto* tow ❻*lokken* draw, appeal to

**trekker** *m* [-s] ❶*v. vuurwapen* trigger ❷*tractor* tractor ❸*die een tocht maakt* hiker ❹*vogel* migratory bird ❺*v.e. wissel* drawer ❻*aan laars* tab, tag ❼*v. wc* (pull) chain ❽*schoonmaakwerktuig* wiper

**trekking** *v* [-en] ❶*het trekken* drawing, pulling, ⟨tand ook⟩ extraction ❷*v. loterij* drawing, draw ❸*in schoorsteen* draught, Am draft ❹*v. zenuwen* twitch, convulsion

**trekkingsdatum** *m* [-s & -data] date of the draw

**trekkingslijst** *v* [-en] list of prizes

**trekkracht** *v* [-en] tractive power

**trekpaard** *o* [-en] draught horse, Am draft horse

**trekpen** *v* [-nen] drawing pen

**trekpleister** *v* [-s] ❶*attractie* attraction, drawcard ❷*pleister* hist blister, blistering plaster

**trekpop** *v* [-pen] jumping jack

**trekschuit** *v* [-en] hist towed boat

**trekstang** *v* [-en] tie rod

**trektocht** *m* [-en] hike ✶ *een* ~*maken* hike

**trekvaart** *v* [-en] (shipping) canal

**trekvast** *bn* non-flexible

**trekvastheid** *v* tensile strength

**trekvogel** *m* [-s] ❶*migratory bird*, migrant, bird of passage ❷fig bird of passage, wanderer

**trekzaag** *v* [-zagen] crosscut saw, whipsaw

**trekzalf** *v* salve

**trema** *o* ['s] diaeresis

**tremel** *m* [-s] hopper

**trend** *m* [-s] trend

**trendbreuk** *v* deviation from the trend

**trendgevoelig** *bn* subject to trends/to changing fashions

**trendsetter** *m* [-s] trendsetter

**trendvolger** *m* [-s] ❶*m.b.t. lonen* person whose salary is linked to civil service scales ❷*m.b.t. mode* follower of fashion

**trendwatcher** *m* [-s] trendwatcher

**trendy** *bn* trendy, fashionable

**trens** *v* [-trenzen] ❶*aan bit* snaffle ❷*lus* loop

**trepaneren** *overg* [trepaneerde, h. getrepaneerd] trepan

**tres** *v* [-sen] ❶*bandje* braid, lace ❷*vlecht* braid

**treurboom** *m* [-bomen] weeping tree

**treurdicht** *o* [-en] elegy

**treuren** *onoverg* [treurde, h. getreurd] ❶*bedroefd zijn* be sad, grieve ✶ ~*om/over* grieve for, mourn/grief over ❷fig languish

**treurig I** *bn* sad, sorrowful, mournful **II** *bijw* sadly &

**treurigheid** *v* [-heden] sadness, sorrow

**treurmars** *m & v* [-en] funeral/dead march

**treurmuziek** *v* funeral music

**treurnis** *v* sorrow, sadness

**treurspel** *o* [-spelen] tragedy

**treurspeldichter** *m* [-s] tragic poet

**treurwilg** *m* [-en] weeping willow

**treurzang** *m* [-en] elegy, dirge

**treuzelaar** *m* [-s] dawdler

**treuzelen** *onoverg* [treuzelde, h. getreuzeld] dawdle, loiter, linger

**triade** *v* [-s & -n] triad

**triangel** *m* [-s] triangle

**triangulatie** *v* [-s] triangulation

**triatleet** m [-leten] triathlete
**triatlon** m [-s] triathlon
**tribunaal** o [-nalen] tribunal, court of justice
**tribune** v [-s] ❶ in sportstadion stand ❷ overdekt grandstand ❸ in rechtszaal, parlement & gallery ∗ de publieke~ the public gallery, ‹in het Britse Lagerhuis› the strangers' gallery, ‹in het Amerikaanse Congres› the visitors' gallery, ‹voor sprekers› platform, tribune, rostrum
**tribuun** m [-bunen] tribune
**tribuut** o & m [-buten] tribute
**triceps** m [-en] triceps
**trichine** v [-n] trichina
**tricot I** o stof tricot, knit **II** m & o [-s] ❶ v. acrobaten, dansers leotard ❷ maillot tights
**tricotage** v [-s] knitwear
**tricotsteek** m stocking stitch
**trien** v [-en] boerse meid country bumpkin
**triest, triestig I** bn sad, dreary, dismal ∗ een ~ gezicht a sad face ∗ ~ weer dismal/dreary weather **II** bijw sadly &
**triestheid** v sadness, melancholy, gloominess
**trigonometrie** v trigonometry
**trijp** o mock velvet
**trijpen** bn mock-velvet
**triktrak** o backgammon
**trilgras** o quaking grass
**trilhaar** o [-haren] cilium
**triljard** telw 1 met 21 nullen erachter thousand trillions, Am sextillion
**triljoen** o [-en] 1 met 18 nullen erachter trillion, Am quintillion
**trillen** onoverg [trilde, h. getrild] ❶ v. personen, stem & tremble ∗ ~ van tremble with ❷ v. snaren vibrate, trill ❸ v. gras quake ❹ in de natuurkunde vibrate
**triller** m [-s] muz trill
**trilling** v [-en] ❶ het trillen, een enkele trilling vibration ❷ siddering trembling, shaking ∗ een ~ ging door mij heen a tremor went through me, I trembled ❸ aardbeving tremor
**trilogie** v [-gieën] trilogy
**trilplaat** v [-platen] ❶ in een microfoon & vibrating plate ❷ fitnessapparaat power plate
**trimaran** m [-s] trimaran
**trimbaan** v [-banen] training circuit
**trimester** o [-s] term, three months
**trimloop** m [-lopen] fitness run
**trimmen I** overg [trimde, h. getrimd] v. hond trim **II** onoverg [trimde, h. getrimd] aan conditietraining doen jog, work out (at the gym)
**trimmer** m [-s] sporter jogger
**trimsalon** m & o [-s] trimming salon
**trimschoen** m [-en] training shoe
**Trinidad en Tobago** o Trinidad and Tobago
**trio** o ['s] trio
**triomf** m [-en] triumph ∗ ~en vieren achieve great triumphs ∗ in ~ in triumph
**triomfantelijk I** bn triumphant, triumphal ∗ een ~e

intocht a triumphal entry ∗ een ~e blik a triumphant look ∗ een ~ succes a resounding success **II** bijw triumphantly ∗ ~ kijken look about triumphantly
**triomfator** m [-s & -toren] victor
**triomfboog** m [-bogen] triumphal arch
**triomferen** onoverg [triomfeerde, h. getriomfeerd] triumph (over over)
**triomfkreet** m [-kreten] cry of triumph
**triomfpoort** v [-en] triumphal arch
**triomftocht** m [-en] triumphal procession
**triool** v [triolen] muz triplet
**trioseks** m trio sex
**trip** m [-s] uitstapje trip ∗ een ~ maken go on a trip/tour; ‹door drugsgebruiker› trip
**tripartiet** bn tripartite
**triple-sec** m triple sec
**triplex** m & o, **triplexhout** o plywood, three-ply
**triplo** zn ∗ in ~ in triplicate
**trippelen** onoverg [trippelde, h. en is getrippeld] trip (along)
**trippen** onoverg [tripte, h. en is getript] trip
**triptiek** v [-en] ❶ schilderij triptych ❷ internationaal paspoort triptyque
**trits** v [-en] ❶ drietal set of three, triad, trio, triplet ❷ groot aantal number
**triumviraat** o [-raten] triumvirate
**triviaal I** bn trivial, trite, banal **II** bijw trivially & ∗ om het ~ te zeggen... to put it tritely...
**trivialiteit** v [-en] triviality, triteness, banality
**trochee, trocheus** m [trocheeën] trochee
**troebel I** bn turbid, cloudy, murky ∗ ~ water muddy water; fig troubled waters ∗ ~ worden become muddy/murky **II** bijw ∗ ~ kijken look glum
**troef** v [troeven] trump(s) ∗ ~ harten is hearts are trumps ∗ ~ bekennen follow suit ∗ ~ maken declare trumps ∗ ~ uitspelen play a trump, play trumps ∗ zijn ~ uitspelen play one's trump card ∗ zijn laatste ~ uitspelen play one's last trump ∗ ~ verzaken fail to follow suit ∗ alle troeven in handen hebben hold all the trumps
**troefkaart** v [-en] trump card
**troefkleur** v [-en] trumps
**troel** v [-en] ❶ scheldwoord bitch ❷ liefkozend sweetie (pie)
**troep** m [-en] ❶ groep troop, band ∗ een ~ dieven a gang of robbers/thieves ∗ een ~ kinderen a pack of kids ∗ een ~ mensen a hoard of people ∗ een ~ vee a herd of cattle ∗ een ~ schapen a flock of sheep ∗ een ~ wolven a pack of wolves ∗ de hele ~ the whole lot/caboodle ❷ mil troop, body ∗ mil ~en troops, forces ∗ bij ~en in troops ❸ rommel mess ∗ een ~ maken make a mess
**troepenconcentratie** v [-s] concentration of troops, troop concentration
**troepenmacht** v [-en] force
**troepenverplaatsing** v [-en] troop displacement
**troeteldier** o [-en] ❶ verwend huisdier pet ❷ speelgoedbeest cuddly toy

**tr**

**troetelkind** *o* [-eren] darling, pet

**troetelnaam** *m* [-namen] pet name

**troeven I** *overg* [troefde, h. getroefd] trump, overtrump **II** *onoverg* [troefde, h. getroefd] play trumps

**trofee** *v* [-feeën] trophy

**troffel** *m* [-s] trowel

**trog** *m* [-gen] trough

**Trojaan** *m* [-janen] Trojan

**Trojaans** *bn* Trojan ∗ *het∼e paard binnenhalen* fig bring in a Trojan horse, open the way for undermining activities; comput infect the computer with a Trojan horse virus

**Trojaanse** *v* [-n] Trojan

**Troje** *o* Troy

**trojka** *v* ['s] troika

**trol** *m* [-len] troll

**trolley** *m* [-s] trolley

**trolleybus** *m & v* [-sen] trolley bus

**trom** *v* [-men] drum ∗ *ook* fig *de grote∼ roeren* beat the big drum ∗ *met stille∼ vertrekken* slip/steal away

**trombocyt** *m* [-en] thrombocyte

**trombone** *v* [-s] trombone

**trombonist** *m* [-en] trombonist

**trombose** *v* thrombosis

**trombosedienst** *m* intensive care for thrombotic disease patients

**tromgeroffel** *o* roll of drums

**trommel** *v* [-s] ❶ muz drum ❷ *metalen doos* box, case, tin ❸ techn drum, barrel

**trommelaar** *m* [-s] drummer

**trommelen I** *onoverg* [trommelde, h. getrommeld] ❶ *op trom* drum, beat, play ❷ *tikken* drum **II** *overg* [trommelde, h. getrommeld] *oproepen* drum (up/together)

**trommelrem** *v* [-men] drum brake

**trommelslager** *m* [-s] drummer

**trommelvel** *o* [-len] drumhead

**trommelvlies** *o* [-vliezen] eardrum, anat tympanic membrane, tympanum

**trompet** *v* [-ten] trumpet ∗ *(op) de∼ blazen* blow/sound the trumpet

**trompetgeschal** *o* sound/flourish/blare of trumpets

**trompetten** *overg & onoverg* [trompette, h. getrompet] trumpet

**trompetter** *m* [-s] trumpeter

**trompetteren** *onoverg* [trompetterde, h. getrompetterd] *geluid van olifant maken* trumpet

**trompettist** *m* [-en] trumpet player

**tronen I** *onoverg* [troonde, h. getroond] *op een troon zitten* sit enthroned **II** *overg* [troonde, h. getroond] *lokken* allure, entice

**tronie** *v* [-s] face, inf mug

**tronk** *m* [-en] trunk

**troon** *m* [tronen] throne ∗ *de∼ beklimmen* mount/ascend the throne ∗ *op de∼ plaatsen* enthrone, place on the throne ∗ *van de∼ stoten* dethrone

**troonopvolger** *m* [-s] heir to the throne

**troonopvolging** *v* succession to the throne

**troonpretendent** *m* [-en] pretender to the throne

**troonrede** *v* [-s] speech from the throne, King's/Queen's speech, royal speech

**troonsafstand** *m* abdication

**troonsbestijging** *v* [-en] accession to the throne

**troonzaal** *v* [-zalen] throne room

**troop** *m* [tropen] trope

**troost** *m* comfort, consolation, solace ∗ *dat is tenminste één∼* that's a/some comfort ∗ *een schrale ∼* cold comfort ∗ *dat zal een∼ voor u zijn* it'll give you some consolation ∗ *∼ vinden in...* find comfort in... ∗ *zijn∼ zoeken bij...* seek comfort with... ▼ scherts *een bakje∼* a cup of coffee

**troosteloos I** *bn* disconsolate, cheerless, desolate **II** *bijw* disconsolately &

**troosteloosheid** *v* disconsolateness, desolation

**troosten** *overg* [troostte, h. getroost] comfort, console ∗ *zich∼* console oneself ∗ *zich∼ met de gedachte dat...* take comfort in the thought that...

**troostprijs** *m* [-prijzen] consolation prize

**troostrijk, troostvol** *bn* comforting, consoling, consolatory

**troostwoord** *o* [-en] word of comfort

**tropen** *zn* [mv] tropics

**tropenhelm** *m* [-en] sun helmet, topi/topee

**tropenjaren** *zn* [mv] years spent in the tropics

**tropenkleding** *v* tropical clothes/wear

**tropenkolder** *m* tropical frenzy/madness ∗ *er kan altijd een hevige∼ toeslaan* Aus/NZ inf there's always the risk of going troppo

**tropenrooster** *o* [-s] (work) schedule adjusted to a tropical climate

**tropenuitrusting** *v* [-en] tropical outfit

**tropisch I** *bn* tropical **II** *bijw* tropically

**tros** *m* [-sen] ❶ *vruchten* cluster ∗ *een∼ bessen* a string of currants ∗ *een∼ druiven* a bunch of grapes ∗ *aan∼sen* in bunches, in clusters ❷ *bloeiwijze* raceme ❸ scheepv hawser ∗ *de∼sen losgooien* cast off ❹ mil train

**trosvormig** *bn* clustered, racemose

**trots I** *m* ❶ *fierheid* pride ∗ *de∼ van de familie* the pride of the family ❷ *hoogmoed* pride, haughtiness **II** *bn* ❶ *fier* proud ∗ *∼ zijn op* be proud of ∗ *zo∼ als een pauw* as proud as a peacock/as Lucifer ❷ *hoogmoedig* proud, haughty **III** *bijw* proudly, haughtily **IV** *voorz* in spite/defiance of, despite

**trotseren** *overg* [trotseerde, h. getrotseerd] defy, dare, face, brave ∗ *de dood∼* defy death ∗ *de gevaren ∼* defy the dangers

**trotsheid** *v* pride, haughtiness

**trotskisme** *o* Trotskyism

**trotskist** *m* [-en] Trotskyist, geringsch Trotskyite

**trotskistisch** *bn* Trotskyist

**trottoir** *o* [-s] pavement, footpath, Am sidewalk

**trottoirband** *m* [-en] kerb(stone), Am curb(stone)

**trottoirtegel** *m* [-s] paving stone

**troubadour** *m* [-s] troubadour
**troubleshooter** *m* [-s] troubleshooter
**trouw I** *bn* ❶ *getrouw* faithful, ‹v. onderdanen› loyal, ‹v. vrienden› true, trusty ∗ ~ *aan* loyal/true to ❷ *standvastig* dedicated ∗ *een* ~ *bezoeker* a regular attendant ❸ *overeenkomstig de werkelijkheid* conscientious, precise ∗ *een* ~ *afschrift* a true copy **II** *bijw* faithfully, loyally, conscientiously, precisely **III** *v getrouwheid* loyalty, fidelity, faithfulness, faith ∗ *beproefde* ~ staunch loyalty ∗ *goede/kwade* ~ good/bad faith, bona/mala fides ∗ *te goeder* ~ bona fide, in good faith ∗ ~ *zweren aan* swear allegiance to ∗ *te goeder/kwader* ~ in good/bad faith ∗ *te goeder/kwader* ~ *zijn* be sincere/insincere **IV** *m huwelijk* marriage
**trouwakte** *v* [-n & -s] marriage certificate
**trouwbelofte** *v* [-n] promise of marriage
**trouwboeket** *o & m* [-ten] bride's bouquet
**trouwboekje** *o* [-s] ± marriage certificate
**trouwdag** *m* [-dagen] ❶ *dag v. huwelijk* wedding day ❷ *huwelijksjubileum* wedding anniversary

**trouweloos** *bn* ❶ *ontrouw* faithless, disloyal ❷ *vals* treacherous
**trouweloosheid** *v* [-heden] faithlessness, disloyalty
**trouwen I** *onoverg* [trouwde, is getrouwd] marry, wed ∗ ~ *met* marry ∗ *zij is getrouwd met een Duitser* she's married to a German ∗ *wanneer zijn ze getrouwd?* when did they get married? ∗ *op het stadhuis* ~ get married in the town hall ∗ *voor de wet* ~ marry in a registry office ∗ *je bent er niet mee getrouwd* you're not wedded to it ∗ *scherts zo zijn we niet getrouwd* that wasn't in the bargain **II** *overg* [trouwde, h. getrouwd] marry ∗ *welke dominee trouwt het paar?* which minister is going to marry the couple? ∗ *hij heeft veel geld getrouwd* he's married a fortune **III** *o* marriage
**trouwens** *bijw* for that matter, apart from that, by the way
**trouwerij** *v* [-en] wedding

**trouwfeest** *o* [-en] wedding (party)
**trouwfoto** *v* [-'s] wedding photo/picture
**trouwhartig I** *bn* faithful, candid, frank **II** *bijw* faithfully &
**trouwjurk** *v* [-en] wedding dress
**trouwkaart** *v* [-en] wedding card
**trouwpak** *o* [-ken] wedding suit

**trouwpartij** *v* [-en] wedding party
**trouwplannen** *zn* [mv] marriage plans
**trouwplechtigheid** *v* [-heden] wedding ceremony
**trouwring** *m* [-en] wedding ring
**trouwzaal** *v* [-zalen] wedding room
**truc** *m* [-s] trick, stunt, *inf* dodge ∗ *de* ~ *doorhebben* see the trick
**trucage** *v* [-s] ❶ *truc(s) in film &* special effect(s) ❷ *het gebruik maken van trucs* trickery, stunts
**truck** *m* [-s] truck
**trucker** *m* [-s] *Br* lorry driver, *Am* trucker
**truffel** *v* [-s] *paddenstoel, chocoladetruffel* truffle
**trui** *v* [-en] jersey, sweater ∗ *sp de gele* ~ the yellow jersey
**trukendoos** *v* [-dozen] box of tricks ∗ *de* ~ *opentrekken* open up one's box of tricks
**trust** *m* [-s] trust
**trustee** *m* [-s] trustee
**trustfonds** *o* [-en] *fin* trust fund
**trustgebied** *o* [-en] trust territory
**trustmaatschappij** *v* [-en] trust company
**trut** *v* [-ten] ❶ *stijve vrouw* frump ❷ *als scheldwoord* cow ∗ *stomme* ~! silly cow/vulg bitch, *Am inf* dumb broad ❸ *vagina* cunt
**truttig** *bn* frumpy
**try-out** *m* [-s] *v. toneelvoorstelling* try-out
**tsaar** *m* [tsaren] czar, tsar
**tsarina** *v* [-'s] czarina, tsarina
**tsarisme** *o* czarism, tsarism
**tseetseevlieg** *v* [-en] tsetse fly
**T-shirt** *o* [-s] T-shirt, tee shirt
**Tsjaad** *o* Chad
**Tsjech** *m* [-en] Czech
**Tsjechië** *o* Czech Republic
**Tsjechisch I** *bn* Czech **II** *o taal* Czech
**Tsjechische** *v* [-n] Czech ∗ *ze is een* ~ she's a Czech, she's from the Czech Republic
**Tsjechoslowakije** *o* Czechoslovakia
**Tsjetsjeen** *m* [-tsjenen] Chechen
**Tsjetsjeens** *bn & o* Chechen
**Tsjetsjeense** *v* [-n] Chechen ∗ *ze is een* ~ she's a Chechen, she's from Chechnya
**Tsjetsjenië** *o* Chechnya, Chechenia
**tsjilpen** *onoverg* [tsjilpte, h. getsjilpt], **tsjirpen** [tsjirpte, h. getsjirpt] cheep, twitter, chirp, chirrup
**tuba** *m* [-'s] tuba
**tube** *v* [-n & -s] tube
**tuberculose** *v* tuberculosis, TB
**tuberkel** *m* [-s] tubercle
**tuberkelbacil** *m* [-len] tubercle bacillus
**tucht** *v* discipline ∗ *onder* ~ *brengen* bring to discipline
**tuchtcollege** *o* [-s] disciplinary tribunal
**tuchtcommissie** *v* [-s] disciplinary committee/council
**tuchteloos** *bn* ❶ *zonder tucht* undisciplined, insubordinate ❷ *zedeloos* dissolute
**tuchthuis** *o* [-huizen] *hist* house of correction

**tuchtigen** *overg* [tuchtigde, h. getuchtigd] discipline, punish

**tuchtiging** *v* [-en] chastisement, punishment, discipline

**tuchtmaatregel** *m* [-en] disciplinary measure

**tuchtraad** *m* [-raden] disciplinary committee

**tuchtrecht** *o*, **tuchtrechtspraak** *v* jurisdiction over professional misconduct, disciplinary law/rules

**tuchtrechtelijk I** *bn* disciplinary, corrective * ~*e straf* disciplinary punishment **II** *bijw* * ~ *strafbaar zijn* be liable to disciplinary punishment

**tuchtschool** *v* [-scholen] Br community home, Br hist Borstal, Am reform school, reformatory, state reformatory school

**tuffen** *onoverg* [tufte, h. en is getuft] motor, chug

**tufsteen** *o & m* tuff

**tui** *v* [-en] *touw, kabel ter verankering* guy

**tuig** *o* [-en] ❶ *gereedschap* tools ❷ *vistuig* fishing tackle ❸ scheepv rigging ❹ *v. paard* harness ❺ *onguur volk* riff-raff, rabble, Br inf lowlife ❻ *slecht spul* trash, rubbish

**tuigage** *v* scheepv rigging

**tuigje** *o* [-s] safety harness

**tuil** *m* [-en] ❶ *ruiker* bouquet, bunch, ‹klein› nosegay ❷ *bundel v. gedichten* anthology

**tuimelaar** *m* [-s] ❶ *dolfijn* bottlenose dolphin ❷ *duif* tumbler ❸ *v.e. slot* tumbler ❹ *glas* tumbler

**tuimelen** *onoverg* [tuimelde, is getuimeld] tumble, topple

**tuimeling** *v* [-en] tumble * *een ~ maken* have a spill

**tuimelraam** *o* [-ramen] tilting window, balance window

**tuin** *m* [-en] garden * *hangende ~en* hanging gardens * *iem. om de ~ leiden* lead sbd up the garden path

**tuinaarde** *v* garden earth/soil

**tuinafval** *o* garden waste

**tuinameubiement** *o* [-en] set of garden furniture

**tuinarchitect** *m* [-en] landscape architect/gardener

**tuinarchitectuur** *v* landscape architecture/gardening

**tuinbank** *v* [-en] garden seat/bench

**tuinbed** *o* [-den] flower bed

**tuinboon** *v* [-bonen] broad bean

**tuinbouw** *m* horticulture

**tuinbouwbedrijf** *o* [-drijven] market gardening

**tuinbouwgebied** *o* [-en] market-gardening district

**tuinbouwkundige** *m-v* [-n] horticulturalist

**tuinbouwproduct** *o* [-en] horticultural product

**tuinbouwschool** *v* [-scholen] horticultural school

**tuinbroek** *v* [-en] dungarees, overalls

**tuincentrum** *o* [-tra & -s] garden centre/Am center

**tuinder** *m* [-s] market gardener

**tuinderij** *v* [-en] market garden

**tuindeur** *v* [-en] ❶ *alg.* garden door ❷ *dubbele tuindeuren* French windows

**tuindorp** *o* [-en] garden suburb/village

**tuinen** *onoverg* [tuinde, is getuind] * *erin ~* be hoaxed

**tuinfeest** *o* [-en] garden party

**tuinfluiter** *m* [-s] *vogel* garden warbler

**tuingereedschap** *o* [-pen] garden(ing) tools

**tuinhek** *o* [-ken] ❶ *omheining* garden fence ❷ *toegang* garden gate

**tuinhuis** *o* [-huizen] garden house

**tuinhuisje** *o* [-s] *prieel* summer house

**tuinier** *m* [-s] gardener

**tuinieren** *onoverg* [tuinierde, h. getuinierd] ❶ *uit liefhebberij* garden ❷ *als beroep* be a gardener

**tuinkabouter** *m* [-s] garden gnome

**tuinkamer** *v* [-s] room that looks onto a garden

**tuinkers** *v* garden cress

**tuinkruiden** *zn* [mv] garden herbs

**tuinman** *m* [-lieden, -lui] gardener

**tuinmeubelen** *zn* [mv] garden furniture

**tuinpad** *o* [-paden] garden path

**tuinslang** *v* [-en] garden hose

**tuinsproeier** *m* [-s] garden sprinkler

**tuinstad** *v* [-steden] garden city

**tuinstoel** *m* [-en] garden chair

**tuintafel** *v* [-s] garden table

**tuit** *v* [-en] ❶ spout, ‹spits toelopend› nozzle ❷ *puntzak* cornet

**tuiten I** *overg* [tuitte, h. getuit] *v. lippen* purse **II** *onoverg* [tuitte, h. getuit] tingle, ring, burn * *mijn oren ~* my ears are burning

**tuk I** *bn* * ~ *op* keen on, eager for **II** *m* [-ken] * *iem. ~ hebben* make a fool of sbd

**tukje** *o* [-s] nap * *een ~ doen* take a nap

**tulband** *m* [-en] ❶ *hoofddeksel* turban ❷ *gebak* gugelhupf cake

**tule** *v* tulle

**tulen** *bn* tulle

**tulp** *v* [-en] tulip

**tulpenbed** *o* [-den] bed of tulips

**tulpenbol** *m* [-len] tulip bulb

**tumbler** *m* [-s] tumbler

**tumor** *m* [-s & -moren] tumour

**tumult** *o* [-en] tumult

**tumultueus I** *bn* tumultuous, uproarious, unruly **II** *bijw* **III** - tumultuously & * *het ging er ~ aan toe* things were in an uproar

**tune** *m* [-s] *herkenningsmelodie* signature tune

**tuner** *m* [-s] *m.b.t. een radio* tuner

**tuner-versterker** *m* [-s] tuner-amplifier

**Tunesië** *o* Tunisia

**tuniek** *v* [-en] ❶ mil tunic ❷ *v. dames* tunic

**Tunis** *o* Tunis

**tunnel** *m* [-s] tunnel, ‹van station, onder straat› subway

**turbine** *v* [-s] turbine

**turbo** *m* ['s] ❶ *krachtversterker* turbo, turbocharger ❷ *auto* turbocar, turbocharged car

**turbocompressor** *m* [-s, -soren] turbocharger, turbosupercharger

**turbogenerator** *m* [-s, -toren] turbogenerator

tu

**turbomotor** *m* [-s & -toren] turbo engine
**turbulent I** *bn* turbulent * *een*~ *leven* a tempestuous life **II** *bijw* turbulently * *de dag verliep* ~ *it was a turbulent day*
**turbulentie** *v* turbulence
**tureluur** *m* [-s -luren] *vogel* redshank
**tureluurs** *bn* wild, mad * *het is om*~ *van te worden* it's enough to drive you mad
**turen** *onoverg* [tuurde, h. getuurd] peer, gaze, stare * ~ *naar* peer at * *in de verte*~ stare into the distance
**turf** *m* [turven] ❶ peat, turf * *een*~ a block/square/lump of peat; ‹dik boek› a tome * *drie turven hoog* knee-high ❷ *vijftal* tally
**turfmolm** *m & o* peat dust
**turfsteken** *o* cut peat
**turfsteker** *m* [-s] peat-cutter
**Turk** *m* [-en] Turk
**Turkije** *o* Turkey
**Turkmenistan** *o* Turkmenistan
**turkoois** *m & o* [-kooizen] turquoise
**turkooizen** *bn* ❶ *kleur* turquoise ❷ *van turkoois* turquoise
**Turks I** *bn* Turkish * *een*~ *bad* a Turkish bath **II** *o* Turkish
**Turkse** *v* [-n] Turk * *ze is een*~ she's a Turk, she's from Turkey
**turnen** *onoverg* [turnde, h. geturnd] do/practise gymnastics
**turner** *m* [-s] gymnast
**turnpak** *o* [-ken] leotard
**turntoestel** *o* [-len] gymnastic apparatus
**turnvereniging** *v* [-en] gym(nastic) club
**turnzaal** *v* [-zalen] ZN gymnasium
**turquoise** *bn kleur van turkoois* turquoise
**turven** *onoverg* [turfde, h. geturfd] ❶ *tellen* score, mark in fives ❷ *turf maken* stack/make peat
**tussen I** *voorz* ❶ *tussen twee mensen, zaken, plaatsen, tijdstippen* between * *dat blijft*~ *tussen jou en mij* between you and me/between ourselves ❷ *te midden van* among, amongst * *er zaten veel kinderen* ~ *het publiek* there were a lot of children among the audience **II** *bijw* * *er van*~ *gaan* clear out * *iem. er* ~ *nemen* pull sbd.'s leg * *ze hebben je er*~ *genomen* you've been had * *er geen woord*~ *kunnen krijgen* not be able to get a word in edgeways/edgewise
**tussenbalans** *v* [-en] mid-term review
**tussenbeide** *bijw* ❶ between, in * ~ *komen* intervene, interpose, step in, inf put one's oar in ❷ *tamelijk* so-so
**tussendek** *o* [-ken] between decks, ‹voor passagiers› steerage
**tussendeks** *bijw* between-decks, 'tween-decks * *de reis*~ *maken* go/travel steerage
**tussendeur** *v* [-en] communicating door
**tussendoor** *bijw* in between * *deze opening is te smal, daar kan ik niet*~ this opening is too narrow; I can't get through it * *er waren verschillende wedstrijden en*~ *traden er artiesten op* entertainers performed in between the various games * *dat klusje doe ik er wel even*~ I'll do that job in between other things, I'll squeeze that job in
**tussendoortje** *o* [-s] *hapje tussendoor* (in-between-meals) snack
**tussenfase** *v* [-n] intermediate phase
**tussengelegen** *bn* intermediate
**tussengerecht** *o* [-en] intermediate course, side dish, entremets
**tussenhandel** *m* distributive trade
**tussenhandelaar** *m* [-s] distributor, intermediary, middleman
**tussenin** *bijw* in between * *man, vrouw, of iets er*~ man, woman, or something in between
**tussenkomen** *onoverg* [kwam tussen, is tussengekomen] ❶ intervene * *er is iets tussengekomen* something has come up in the meantime * ~*de moeilijkheden/omstandigheden* intervening problems/circumstances ❷ *tussenbeide komen* ZN step in, intervene ❸ *bijdragen in kosten* ZN contribute
**tussenkomst** *v* intervention, interposition, intercession * *door*~ *van* through * *rechterlijke*~ recourse to the court
**tussenlaag** *v* [-lagen] intermediate layer, interlayer
**tussenlanding** *v* [-en] stop(over) * *een* ~ *maken* make a stopover * *een vlucht zonder*~ a non-stop flight
**tussenliggend** *bn* intermediate, in-between
**tussenmaat** *v* [-maten] in-between size, intermediate size
**tussenmuur** *m* [-muren] ❶ *tussen kamers* partition ❷ *tussen huizen* dividing wall
**tussenoplossing** *v* [-en] compromise
**tussenpaus** *m* [-en] ❶ *paus* interim pope ❷ *leider tijdens een overgangsperiode* fig interim leader/figure
**tussenpersoon** *m* [-sonen] agent, intermediary, middleman, go-between * handel *tussenpersonen komen niet in aanmerking* only principals will be dealt with
**tussenpoos** *v* [-pozen] interval, intermission * *bij/met tussenpozen* at intervals, now and then * *met vaste tussenpozen* at regular intervals * *zonder* ~ at once
**tussenruimte** *v* [-n & -s] interspace, spacing, interval, intervening space * *met een*~ *van twee of drie dagen* at an interval of two to three days
**tussenschot** *o* [-ten] ❶ *losse wand* partition ❷ biol & anat septum
**tussensprint** *m* [-s] dash, burst, ‹lange afstand› surge
**tussenstand** *m* [-en] sp intermediate score
**tussenstation** *o* [-s] intermediate station
**tussenstop** *m* [-s] stopover
**tussenstuk** *o* [-ken] techn adapter, connector
**tussentijd** *m* [-en] interim, interval * *in die*~ in the meantime, meanwhile

**tu**

**tussentijds I** *bn* interim ✳ *een ~e verkiezing* a by-election ✳ *een ~e balans* a midterm review **II** *bijw* between times

**tussenuit** *bijw* ✳ *de man die voor ons liep werd er ~ genomen* the man in front of us was picked out ✳ *er ~ knijpen* cut and run

**tussenuur** *o* [-uren] intermediate hour, free/odd hour

**tussenverdieping** *v* [-en] intermediate floor, mezzanine

**tussenvoegen** *overg* [voegde tussen, h. tussengevoegd] insert, interpolate

**tussenvoegsel** *o* [-s] insertion, interpolation

**tussenvonnis** *o* [-sen] interlocutory decree, interim judgement/Am judgment, provisional judgement/Am judgment

**tussenvorm** *m* [-en] intermediate form

**tussenwand** *m* [-en] partition

**tussenweg** *m* [-wegen] fig middle course

**tussenwerpsel** *o* [-s] interjection

**tussenwervelschijf** *v* [-schijven] intervertebral disc/Am disk

**tussenwoning** *v* [-en] terrace(d) house, town house

**tussenzin** *m* [-nen] parenthetic clause, parenthesis

**tut I** *v* [-ten], **tuthola** ['s] twit, nitwit, drip **II** *tsw* ✳ *~!, ~!* tut!, tut!

**tutoyeren** *overg* [tutoyeerde, h. getutoyeerd] be on familiar terms/on first-name terms with

**tuttebel** *v* [-len] ditherer, fusspot

**tutten** *onoverg* [tutte, h. getut] *treuzelen* fiddle around, Am diddle around

**tuttifrutti** *m* tutti-frutti

**tuttig** *bn* finicky, fussy

**Tuvalu** *o* Tuvalu

**tv** *v* ['s] TV, television, Br inf telly, Am inf tube

**tv-programma** *o* ['s] TV programme/Am program

**twaalf** *hoofdtelw & v* twelve ✳ *met zijn twaalven* twelve of them ✳ *het staat/is ~ uur* it's twelve o'clock ✳ *fig het is vijf/twee voor ~* we're on the verge of disaster

**twaalfde I** *rangtelw* twelfth ✳ *de ~ januari* the twelfth of January ✳ sp *de ~ man* the twelfth man **II** *o* [-n] twelfth (part)

**twaalfjarig** *bn* ❶ *twaalf jaar oud* twelve-year-old ❷ *twaalf jaar durend* twelve-year ✳ *het Twaalfjarig Bestand* the Twelve-Year Truce

**twaalfmijlszone** *v* twelve-mile zone

**twaalftal** *o* [-len] twelve, dozen

**twaalftoonmuziek** *v* twelve-note/twelve-tone/dodecaphonic music

**twaalfuurtje** *o* [-s] lunch

**twaalfvingerig** *bn* ✳ *de ~e darm* the duodenum ✳ *een ontsteking van de ~e darm* a duodenal inflammation

**twee** *hoofdtelw & v* [tweeën] ❶ two ✳ *~ a's* two a's ✳ *met ~ a's* with double a ✳ *~ aan ~* two and/by two, by/in twos ✳ *met z'n ~ën* the two of us ✳ *~ naast elkaar* two abreast ✳ *bij ~ën* by two o'clock ✳ *in ~ën*

snijden cut into halves/half/two ✳ *~ weten meer dan één* two heads are better than one ❷ sp deuce

**tweebaansweg** *m* [-wegen] two-lane road

**tweebenig** *bn* two-legged

**tweecomponentenlijm** *m* epoxy

**tweed** *o & bn* tweed

**tweedaags** *bn* of two days, two-day

**tweede** *rangtelw* second ✳ *de ~ januari* the second of January, January the second ✳ *een ~ hypotheek* a second mortgage ✳ *een ~ taal* a second language ✳ *een ~ woning* a second house ✳ *een ~ Rimbaud* another Rimbaud ✳ *ten ~* secondly ✳ *(maar) dat is een ~* that's another matter (altogether)

**tweedegraads** *bn* second-degree ✳ *een ~ brandwond* a second-degree burn ✳ *een ~ lesbevoegdheid* a teaching qualification for lower secondary school levels

**tweedehands I** *bn* second-hand, used **II** *bijw* second-hand ✳ *iets ~ kopen* buy sth second-hand

**tweedejaars** *m* second-year student, Am sophomore

**Tweede Kamerlid** *o* [-leden] member of the Lower House

**Tweede Kamerverkiezingen** *v* [-en] elections for the Lower House

**tweedekansonderwijs** *o* adult education

**tweedekker** *m* [-s] luchtv biplane

**tweedelig** *bn* ❶ double ✳ *een ~ pak* a two-piece suit ✳ *een ~ woordenboek* a two-volume dictionary ❷ biol bipartite

**tweedelijns** *bn* second-line

**tweedeling** *v* [-en] split, dichotomy

**tweederangs** *bn* second-rate ✳ *een ~ burger* a second-class citizen ✳ *~ krachten* second-rate workers

**tweedeurs** *bn* two-doored ✳ *een ~ auto* a two-door car

**tweedracht** *v* discord, dissension ✳ *~ zaaien* sow dissension

**tweedrank** *m* [-en] mixed fruit juice drink

**tweeduizend** *telw* two thousand

**twee-eiig** *bn* binovular, dizygotic ✳ *een ~e tweeling* fraternal twins

**tweeërlei** *bn* dual, double

**tweegesprek** *o* [-ken] dialogue, Am dialog

**tweegevecht** *o* [-en] duel, single combat

**tweehonderd** *telw* two hundred

**tweehoofdig** *bn* two-headed

**tweehoog** *bijw* two flights up, on the second floor

**tweejaarlijks I** *bn* biennial **II** *bijw* biennially

**tweejarig** *bn* ❶ *twee jaar durend* two-year, ⟨v. planten⟩ biennial ❷ *twee jaar oud* two-year-old

**tweekamerflat** *m* [-s] two-room flat

**tweekamp** *m* [-en] duel

**tweeklank** *m* [-en] diphthong

**tweekwartsmaat** *v* [-maten] two-four time

**tweeledig** *bn* ❶ alg. double, binary, binomial ✳ *een ~e term/grootheid* a twofold term/variable ❷ *in twee*

*betekenissen* ambiguous, equivocal ∗ *een~e
opvatting* a contrary opinion ∗ *een~ doel* an
ambiguous purpose

**tweeling** *m* [-en] twin, pair of twins ∗ *een van een~*
a twin ∗ *Siamese~en* Siamese twins

**tweelingbroer** *m* [-s] twin brother

**Tweelingen** *zn* [mv] astron & astrol Gemini

**tweelingzus** *v* [-sen] twin sister

**tweeluik** *o* [-en] diptych

**tweemaal** *bijw* twice

**tweemaandelijks** *bn* bimonthly ∗ *een~ tijdschrift* a
bimonthly

**tweemaster** *m* [-s] two-master

**tweemotorig** *bn* twin-engined ∗ *een~ toestel* a
twin-engined machine ∗ *een~ straalvliegtuig* a
twinjet

**twee-onder-een-kapwoning** *v* [-en]
semi-detached house/duplex

**tweepartijenstelsel** *o* two-party system

**tweepersoonsbed** *o* [-den] double bed

**tweepersoonskamer** *v* [-s] double room,
twin-bedded room

**tweepitsstel** *o* [-len] two-burner stove

**tweeregelig** *bn* of two lines, two-line ∗ *een~ vers* a
distich/couplet

**tweeslachtig** *bn* ❶ *mannelijk en vrouwelijk* bisexual,
hermaphrodite ❷ *dieren* amphibious ❸ *m.b.t.
gevoelens* ambivalent, ambiguous ∗ *een~e houding*
an ambivalent attitude

**tweeslachtigheid** *v* fig equivocacy, ambiguity

**tweesnijdend** *bn* two-edged, double-edged ∗ fig *een
~ zwaard* a double-edged sword

**tweespalt** *v* discord, dissension, split

**tweespan** *o* [-nen] ❶ *twee paarden* two-horse team,
pair of horses ❷ *twee mensen* pair, couple

**tweesporenbeleid** *o* two-track policy

**tweespraak** *v* [-spraken] dialogue, Am dialog

**tweesprong** *m* [-en] *splitsing* crossroad(s) ∗ ook fig
*op de~* at the crossroads

**tweestemmig** *bn* for two voices

**tweestrijd** *m* ❶ *tweegevecht* duel ❷ *innerlijk* inward
conflict ∗ *in~ staan* be in two minds

**tweetaktmotor** *m* [-s & -toren] two-stroke engine

**tweetal** *o* [-len] ❶ *bij elkaar horende dingen* pair
❷ *twee dingen* couple ∗ *na een~ weken* after a
couple of weeks

**tweetalig** *bn* bilingual

**tweetallig** *bn* binary ∗ *een~ cijfer* a binary
digit/character

**tweeverdieners** *zn* [mv] double-income family,
household with two wage earners

**tweevleugelig** *bn* ❶ *alg.* two-winged ❷ *v. insecten*
dipterous

**tweevoud** *o* [-en] ❶ *tweeledig* double, binary
❷ *dubbel* double, twofold ∗ *in~* in
duplicate/twofold

**tweevoudig** **I** *bn* twofold, double, dual **II** *bijw* twice
∗ *je krijgt het~ terug* you'll get it back multiplied by

two, you'll get back twice as much as you put in

**tweewekelijks** *bn* biweekly

**tweewieler** *m* [-s] two-wheeler

**tweewoonst** *v* [-en] ZN semi-detached house

**tweezijdig** *bn* two-sided, bilateral

**tweezitsbank** *v* [-en] two-person sofa

**twijfel** *m* [-s] doubt ∗ *zijn bange~* his misgivings ∗ *~
koesteren over iets* have one's doubts about sth,
entertain doubts about sth ∗ *het lijdt geen~ of...*
there is no doubt that... ∗ *iems. ~ wegnemen* remove
sbd.'s doubts ∗ *~ wekken* create doubts/a doubt
∗ *daar is geen~ aan* there is no doubt about it ∗ *er is
geen~ aan of hij...* there's no doubt that he... ∗ *het is
aan geen~ onderhevig* it's beyond doubt ∗ *het is
boven alle~ verheven* it's beyond all doubt ∗ *hij is
buiten/zonder~ de...* he's without
doubt/doubtless/undoubtedly the... ∗ *in~ staan/zijn
over...* be in two minds about... ∗ *iets in~ trekken* call
sth in/into question, question sth ∗ *zonder~* without
(any) doubt

**twijfelaar** *m* [-s] ❶ *persoon* doubter, sceptic ❷ *type
bed* three-quarter bed

**twijfelachtig** **I** *bn* doubtful, dubious, questionable
∗ *de uitkomsten zijn nog~* the results are still
doubtful ∗ *een~ verleden* a dubious past **II** *bijw*
doubtfully &

**twijfelen** *onoverg* [twijfelde, h. getwijfeld] doubt ∗ *~
aan* doubt about ∗ *ik twijfel er niet aan* I have no
doubt about it ∗ *wij~ of...* we doubt whether/if...
∗ *wij~ niet of...* we don't doubt that...

**twijfelgeval** *o* [-len] dubious case, moot question

**twijg** *v* [-en] twig

**twinkelen** *onoverg* [twinkelde, h. getwinkeld]
twinkle, sparkle

**twinkeling** *v* [-en] twinkling, sparkling

**twintig** *hoofdtelw* twenty ∗ *met zijn~en* twenty of us
∗ *de jaren~* the Twenties

**twintiger** *m* [-s] person in his/her twenties

**twintigste** **I** *rangtelw* twentieth **II** *o* [-n] twentieth
(part)

**twintigtal** *o* [-len] twenty, score

**twist** *m* [-en] ❶ *onenigheid* quarrel, dispute
∗ *binnenlandse~en* internal strife ∗ *een~
beslechten/bijleggen* settle a dispute ∗ *~ krijgen* fall
out ∗ *~ zaaien* sow discord, stir up dissension ∗ *~
zoeken* pick a quarrel ❷ *dans* twist

**twistappel** *m* [-s] apple of discord, bone of
contention

**twisten** *onoverg* [twistte, h. getwist] ❶ *ruziën* quarrel,
dispute ∗ *met iem.~* quarrel/wrangle with sbd ∗ *~
om iets* quarrel about sth ∗ *daar kunnen we nog lang
over~* that's a debatable point ∗ *ik wil niet met jou
daarover~* I'm not going to contest the point with
you ❷ *dansen* twist

**twistgesprek** *o* [-ken] dispute, argument

**twistpunt** *o* [-en] (point at) issue, moot/disputed
point, controversial question

**twistziek** *bn* quarrelsome, cantankerous,

**tw**

contentious

**t.w.v.** *afk* (ter waarde van) worth/to the value of

**tyfoon** *m* [-s] typhoon

**tyfus** *m* ❶ *buik* typhoid (fever), enteric fever ❷ *vlek* typhus, spotted fever

**tyfuslijder** *m* [-s] typhoid patient

**type** *o* [-n & -s] ❶ *model* type, figure ∗ *zij is 'n* ~she's quite a character ∗ *wat een* ~*!* what a specimen! ∗ *een ander* ~*computer* another type of computer ∗ *een donker* ~*a* dark-skinned/dark-haired person ∗ *hij is mijn* ~*niet* he's not my type ∗ *het* ~*van een Hollander* a typical Dutchman ❷ *personage* character

**typediploma** *o* ['s] typing diploma

**typefout** *v* [-en] typing error

**typemachine** *v* [-s] typewriter

**typen** *overg* [typte, h. getypt] type(write) ∗ *het document beslaat wel 300 getypte pagina's* the document runs to 300 pages of typescript

**typeren** *overg* [typeerde, h. getypeerd] characterize, typify ∗ *dat typeert dit bedrijf* that's typical of this company

**typerend** *bn* typical/characteristic (of)

**typering** *v* [-en] characterization, typification

**typesnelheid** *v* typing speed

**typevaardigheid** *v* typing skill, proficiency at typing

**typewerk** *o* typing

**typisch** **I** *bn* ❶ *kenmerkend* typical, characteristic ∗ *een* ~*Nederlands stadje* a typical Dutch town ❷ *eigenaardig* peculiar, curious **II** *bijw* typically &

**typist** *m* [-en] typist

**typograaf** *m* [-grafen] typographer

**typografie** *v* typography

**typografisch** *bn* typographical

**typologie** *v* typology

**typoscript** *o* [-en] typescript

**tyrannosaurus** *m* [-sen] tyrannosaur, tyrannosaurus

**t.z.t.** *afk* (te zijner tijd) in due time (course)

# U

**u I** *v* ['s] *letter* u **II** *pers vnw*, **U** you ∗ *een prestatie om* ~ *tegen te zeggen* an outstanding achievement

**U-bocht** *v* [-en] U-bend

**ufo** *m* ['s] (unidentified flying object) UFO, ufo

**ufologie** *v* ufology

**ui** *m* [-en] ❶ *knol* onion ❷ *grap* joke ∗ *een Kamper* ~ tall tales (of stupidity) from Kampen

**uienbrood** *o* [-broden] onion bread

**uienring** *m* [-en] onion ring

**uienschil** *v* [-len] onion skin

**uiensoep** *v* [-en] onion soup

**uier** *m* [-s] udder

**uierzalf** *v* udder ointment

**uil** *m* [-en] ❶ *vogel* owl ∗ ~*en naar Athene dragen* carry coals to Newcastle ∗ *elk meent zijn* ~*een valk te zijn* every child is beautiful in its mother's eyes ❷ *vlinder* moth ❸ *domoor* fool, blockhead

**uilenbal** *m* [-len] owl pellet

**uilenbril** *m* [-len] horn-rimmed glasses

**uilskuiken** *o* [-s] goose, dolt, ninny

**uiltje** *o* [-s] ❶ *vogel* owlet ∗ *een* ~*knappen* take forty winks ❷ *vlinder* moth

**uit I** *bijw* out ∗ *het is* ~*met zijn vriendin/haar vriend* his/her engagement is off, they've broken up ∗ *het boek is* ~ ‹verschenen› the book is out; ‹uitgelezen› I've finished the book ∗ *als de kerk* ~*is* when church is over ∗ *meneer Brown is* ~*Mr* Brown is out, has gone out ∗ *hier is het verhaal* ~*here* the story ends ∗ *het vuur is* ~*the* fire is out ∗ *daarmee is het* ~*that's* the end of it ∗ *en daar was het mee* ~*!* and that was all ∗ *en daarmee* ~*!* so there! ∗ *het moet nu* ~*zijn met die ruzies* these quarrels must stop ∗ *er* ~*!* out with him/you!, get out! ∗ *ik ben er een beetje* ~*I'm* a bit out of it, I've forgotten how to ∗ *er eens helemaal* ~ *willen zijn* want to get away from it all ∗ *hij is er op* ~*om...* he is bent/intent on ...ing ∗ *zij is op mijn geld* ~*she's* after my money ∗ ~*en thuis* home and abroad ∗ ~*en-te-na* endlessly, repeatedly **II** *voorz* ❶ *plaatselijk* out of, from ∗ *mensen* ~*Amsterdam* people from Amsterdam ❷ *vanwege* from, out of, for ∗ ~*achteloosheid* through carelessness ∗ ~ *armoede* because of poverty ∗ ~*ervaring* by/from experience

**uitademen I** *overg* [ademde uit, h. uitgeademd] expire, breathe out, exhale ∗ *hij blies zijn laatste adem uit* he breathed his last ∗ *rook* ~*exhale* smoke **II** *onoverg* [ademde uit, h. uitgeademd] expire, breath out ∗ *stevig* ~*breathe* out vigorously

**uitbaggeren** *overg* [baggerde uit, h. uitgebaggerd] dredge

**uitbakken** *overg* [bakte uit, h. uitgebakken] fry up, fry the fat out of

**uitbal** *m* [-len] *sp* ball out of play

**uitbalanceren** *overg* [balanceerde uit, h.

uitgebalanceerd ] balance
**uitbannen** *overg* [bande uit, h. uitgebannen] ❶*angst & banish* ✶ *alle verzet ~*drive away all the resistance ❷*v. mensen* expel, exile ❸*v. geesten* expel, exorcise ✶ *een duivel ~*exorcise a devil
**uitbarsten** *onoverg* [barstte uit, is uitgebarsten] ❶*alg.* burst out, break out, explode ✶ *in lachen ~* burst out laughing ✶ *in tranen ~*burst into tears ❷*v. vulkaan* erupt
**uitbarsting** *v* [-en] ❶*v. gassen & explosion,* ⟨v. vulkaan &⟩ eruption ❷*v. gevoelens* outburst, explosion ✶ *het zal wel tot een ~komen* there'll be an outburst
**uitbaten** *overg* [baatte uit, h. uitgebaat] ZN conduct, run
**uitbater** *m* [-s] ❶*eigenaar* owner ❷ZN manager, director
**uitbeelden** *overg* [beeldde uit, h. uitgebeeld] portray, represent
**uitbeelding** *v* [-en] portrayal, representation
**uitbenen** *overg* [beende uit, h. uitgebeend] ❶bone ❷*uitbuiten* exploit
**uitbesteden** I *o* outsourcing II *overg* [besteedde uit, h. uitbesteed] ❶*v. werk* outsource, farm out, put out to contract, contract out (to) ❷*in de kost doen* board out, put out to board
**uitbesteding** *v* [-en] ❶*v. werk* outsourcing ❷*v. kind* boarding out
**uitbetalen** *overg* [betaalde uit, h. uitbetaald] pay over, pay out
**uitbetaling** *v* [-en] payment
**uitbijten** I *overg* [beet uit, h. uitgebeten] bite out, corrode II *overg* [beet uit, is uitgebeten] corrode
**uitblazen** I *overg* [blies uit, h. uitgeblazen] ❶*een kaars* blow out ❷*uitademen, rook uitblazen* puff out ✶ *de laatste adem ~*breathe one's last, expire II *onoverg* [blies uit, h. uitgeblazen] ✶ *even ~*take a breather, have a breathing spell
**uitblijven** *onoverg* [bleef uit, is uitgebleven] ❶*wegblijven* stay away ✶ *een verklaring bleef uit* a statement was not forthcoming ✶ *het kan niet ~*it is bound to come/happen/occur & ❷*van huis* stay out, stop out ❸*v. regen &* hold off
**uitblinken** *onoverg* [blonk uit, h. uitgeblonken] shine, excel ✶ *~ boven zijn mededingers* outshine/eclipse one's rivals
**uitblinker** *m* [-s] one who excels, brilliant person
**uitbloeien** *onoverg* [bloeide uit, is uitgebloeid] cease blossoming, finish flowering ✶ *plantk uitgebloeid zijn* be out of flower
**uitboren** *overg* [boorde uit, h. uitgeboord] bore out, drill
**uitbotten** *onoverg* [botte uit, is uitgebot] bud, sprout leaves, shoot
**uitbouw** *m* [-en] annex(e), addition, extension
**uitbouwen** *overg* [bouwde uit, h. uitgebouwd] enlarge, extend
**uitbraak** *v* escape, breakout

**uitbraakpoging** *v* [-en] attempted escape
**uitbraken** *overg* [braakte uit, h. uitgebraakt] ❶*overgeven* vomit, disgorge ❷*fig* belch out ✶ *verwensingen ~*pour out a stream of abuse
**uitbranden** I *overg* [brandde uit, h. uitgebrand] ❶*alg.* burn out ❷*een wond* cauterize II *onoverg* [brandde uit, is uitgebrand] be burnt out ✶ *het huis was geheel uitgebrand* the house was completely gutted
**uitbrander** *m* [-s] scolding, inf telling off ✶ *iem. een ~geven* give sbd a good dressing-down
**uitbreiden** *overg en onoverg* [breidde uit, h. uitgebreid] ❶*in de breedte uitstrekken* spread ❷*groter maken* ⟨aantallen⟩ increase, ⟨oppervlakte⟩ extend, ⟨activiteiten⟩ expand ✶ *zich ~* ⟨v. oppervlakte⟩ extend, expand; ⟨v. ziekten of brand⟩ spread ✶ *uitgebreide informatie* extensive information
**uitbreiding** *v* [-en] enlargement, extension, expansion, growth
**uitbreidingsplan** *o* [-nen] development plan
**uitbreken** I *o* ✶ *het ~*the outbreak II *overg* [brak uit, h. uitgebroken] *een tand &* break out III *onoverg* [brak uit, is uitgebroken] ❶*v. ziekte, vuur, oorlog &* break out ✶ *het koude zweet brak hem uit* he broke out in a cold sweat ❷*ontsnappen* break out ✶ *er een dagje tussen ~*manage to have a day off
**uitbrengen** *overg* [bracht uit, h. uitgebracht] ❶*woorden* utter ✶ *hij kon geen woord ~*he couldn't utter a word ✶ *advies ~over...* report on... ✶ *een toast op iem. ~*propose a toast to sbd ❷*geluid* emit ❸*op de markt* bring out, release, ⟨v. boek⟩ publish ❹*v. stem* record
**uitbroeden** *overg* [broedde uit, h. uitgebroed] ook fig hatch
**uitbrullen** *overg* [brulde uit, h. uitgebruld] roar (out) ✶ *het ~(van het lachen/de pijn)* roar (with laughter/with pain)
**uitbuiken** *overg* [buikte uit, h. uitgebuikt] digest
**uitbuiten** *overg* [buitte uit, h. uitgebuit] exploit, take advantage of ✶ *een gelegenheid ~*make the most of an opportunity
**uitbuiter** *m* [-s] exploiter
**uitbuiting** *v* [-en] exploitation
**uitbundig** I *bn* exuberant II *bijw* exuberantly
**uitchecken** *onoverg* [checkte uit, h. uitgecheckt] check out
**uitclub** *v* [-s] sp visiting team
**uitdagen** *overg* [daagde uit, h. uitgedaagd] challenge, dare, defy ✶ *~ tot een duel* challenge to a duel
**uitdagend** I *bn* defiant II *bijw* defiantly
**uitdager** *m* [-s] challenger
**uitdaging** *v* [-en] challenge ✶ *de ~aannemen* accept the challenge
**uitdelen** *overg* [deelde uit, h. uitgedeeld] ❶*geld &* distribute, dispense, dole/deal out ❷*straf* measure out, mete out ❸*klappen* deal ❹*verdelen* give out,

ui

hand out, share out

**uitdenken** *overg* [dacht uit, h. uitgedacht] devise, contrive, invent

**uitdeuken** *overg* [deukte uit, h. uitgedeukt] flatten, bump out, beat out

**uitdeuker** *m* [-s] panel beater

**uitdienen** *onoverg* [diende uit, h. uitgediend] serve out ✱ *zijn tijd~* serve out one's time ✱ *dat heeft uitgediend* it's had its day

**uitdiensttreding** *v* ❶ *ontslagneming* resignation ❷ *pensioen* retirement

**uitdiepen** *overg* [diepte uit, h. uitgediept] deepen

**uitdijen** *onoverg* [dijde uit, is uitgedijd] expand, swell (*tot* to)

**uitdoen** *overg* [deed uit, h. uitgedaan] ❶ *uitdoven* put out, extinguish ❷ *kleding* take off ❸ *afzetten* turn off, switch off

**uitdokteren** *overg* [dokterde uit, h. uitgedokterd] ❶ *uitvinden* devise, invent ❷ *uitzoeken* work out, figure out

**uitdossen I** *overg* [doste uit, h. uitgedost] dress up, rig out, <u>inf</u> doll up **II** *wederk* [doste uit, h. uitgedost] ✱ *zich~ in* dress up in, rig out in, put on

**uitdossing** *v* [-en] dress, get-up

**uitdraai** *m* [-en] <u>comput</u> printout

**uitdraaien I** *overg* [draaide uit, h. uitgedraaid] ❶ turn out, switch off ✱ *zich ergens netjes~* wriggle out of sth nicely ✱ *iem. een poot~* fleece sbd ❷ <u>comput</u> print out **II** *onoverg* [draaide uit, is uitgedraaid] ✱ *op niets~* come to nothing ✱ *waar zal dat op~?* how will that end?

**uitdragen** *overg* [droeg uit, h. uitgedragen] ❶ *naar buiten dragen* carry out ❷ *verkondigen* propagate

**uitdrager** *m* [-s] secondhand dealer, old clothes man

**uitdragerij** *v* [-en], **uitdragerswinkel** *m* [-s] secondhand shop, junk shop ✱ *het lijkt hier wel een~* it's like a junk shop in here

**uitdrijven** *overg* [dreef uit, h. uitgedreven] ❶ *personen* drive out, expel ❷ *demonen* exorcize, drive/cast out

**uitdrogen I** *overg* [droogde uit, h. uitgedroogd] dry up, desiccate **II** *onoverg* [droogde uit, is uitgedroogd] ❶ dry up/out, become dry ✱ *een uitgedroogd stuk worst* a dried-out sausage ❷ <u>med</u> dehydrate

**uitdroging** *v* dehydration

**uitdruipen** *onoverg* [droop uit, is uitgedropen] drain, drip (dry)

**uitdrukkelijk I** *bn* express, explicit, formal **II** *bijw* expressly, explicitly

**uitdrukken I** *overg* [drukte uit, h. uitgedrukt] ❶ *door drukken uitdoven* stub out, extinguish ✱ *een sigaret~* stub out a cigarette ❷ *onder woorden brengen* express ✱ *dat is zacht uitgedrukt* that's putting it mildly **II** *wederk* [drukte uit, h. uitgedrukt] ✱ *zich~* express oneself

**uitdrukking** *v* [-en] ❶ *zegswijze* expression, term, phrase ✱ *tot~ komen* find expression ❷ *v. gemoed*

expression, feeling ✱ *vol~* expressive ✱ *zonder~* expressionless

**uitdrukkingsloos** *bn* expressionless ✱ *urenlang zat zij~ voor zich uit te staren* she sat staring vacantly for hours

**uitduiden** *overg* [duidde uit, h. uitgeduid] point out, show, indicate

**uitdunnen** *overg* [dunde uit, h. uitgedund] thin (out)

**uiteen** *bijw* apart

**uiteenbarsten** *onoverg* [barstte uiteen, is uiteengebarsten] burst, split

**uiteendrijven** *overg* [dreef uiteen, h. uiteengedreven] disperse, scatter

**uiteengaan** *onoverg* [ging uiteen, is uiteengegaan] part, separate, disperse ✱ *de vergadering ging om vijf uur uiteen* the meeting rose at five, broke up at five

**uiteenhouden** *overg* [hield uiteen, h. uiteengehouden] ❶ *onderscheiden* tell apart, distinguish ‹between› ❷ *gescheiden houden* keep apart/separate

**uiteenjagen** *overg* [joeg *of* jaagde uiteen, h. uiteengejaagd] disperse ✱ *de menigte~* disperse the crowd

**uiteenlopen** *onoverg* [liep uiteen, h. uiteengelopen] diverge, <u>fig</u> differ

**uiteenlopend** *bn* divergent ✱ *de meningen zijn sterk~* opinions differ greatly ✱ *~e belangen* a diversity of interests

**uiteenslaan** *overg* [sloeg uiteen, h. uiteengeslagen] scatter, disperse

**uiteenspatten** *onoverg* [spatte uiteen, is uiteengespat] ❶ shatter, burst ❷ <u>fig</u> break up

**uiteenstuiven** *onoverg* [stoof uiteen, is uiteengestoven] scatter, fly apart

**uiteenvallen I** *o* break-up **II** *onoverg* [viel uiteen, is uiteengevallen] ❶ fall apart, fall to pieces ❷ <u>fig</u> break up

**uiteenzetten** *overg* [zette uiteen, h. uiteengezet] explain, expound, set out ✱ *zijn standpunt~* state one's point of view

**uiteenzetting** *v* [-en] explanation, statement, account

**uiteinde** *o* [-n] end, extremity ✱ *een gelukkig~!* a happy New Year!

**uiteindelijk I** *bn* ❶ *doel &* ultimate, final ❷ *resultaat* eventual, definitive **II** *bijw* ultimately, in the end, finally, eventually ✱ *~ is het zijn schuld* ultimately, it is his fault

**uiten I** *overg* [uitte, h. geuit] utter, give utterance to, express **II** *wederk* [uitte, h. geuit] ✱ *zich~* express oneself

**uit-en-te-na**, **uit-en-ter-na** *bijw* ❶ *grondig* thoroughly ❷ *dikwijls* over and over again, endlessly

**uitentreuren** *bijw* continually, for ever, endlessly

**uiteraard** *bijw* naturally, of course

**uiterlijk I** *bn* outward, external ✱ *de~e schijn* appearances **II** *bijw* ❶ *van buiten* outwardly,

**ui**

externally, from the outside ❷ *op zijn laatst* at the utmost, at the latest **III** *o* (outward) appearance, aspect, exterior, looks ✳ *(hij doet alles) voor het ~* (he does everything) for the sake of appearance ✳ *een onverzorgd ~* an uncared-for look

**uitermate** *bijw* extremely, excessively

**uiterst I** *bn* utmost, utter, extreme ✳ *uw ~e prijzen* your lowest prices, your outside prices ✳ *de ~e wil* the last will **II** *bijw* in the extreme, extremely, highly ✳ *een ~ rechtse partij* an extreme right-wing party ✳ *~ nauwkeurig* highly accurate

**uiterste** *o* [-n] extremity, extreme ✳ *de vier ~n* the four last things ✳ *de ~n raken elkaar* extremes meet ✳ *in ~n vervallen* rush to extremes ✳ *op het ~ liggen* be in the last extremity ✳ *tot het ~ te* to the utmost/limit ✳ *tot het ~ brengen* drive to distraction ✳ *tot het ~ gaan* go to the limit, carry matters to an extreme, go (to) all lengths ✳ *zich tot het ~ verdedigen* defend oneself to the last ✳ *van het ene ~ in het andere vervallen* rush from one extreme to the other, rush (in)to extremes ✳ *iem. tot het ~ drijven* drive sbd to extremes

**uiterwaard** *v* [-en] riparian land, river wetlands

**uiteten I** *overg* [at uit, h. uitgegeten] ❶ *leegeten* finish, eat up ❷ *uitvreten* eat away, corrode **II** *onoverg* [at uit, is uitgegeten] finish eating **III** *onoverg* [at uit, h. uitgegeten] *buitenshuis eten* dine out

**uitflappen** *overg* [flapte uit, h. uitgeflapt] ✳ *er ~* blurt out, slip out; *(een geheim)* inf blab

**uitfluiten** *overg* [floot uit, h. uitgefloten] *toneelspeler & hiss, catcall

**uitfoeteren** *overg* [foeterde uit, h. uitgefoeterd] ✳ *iem. ~* scold sbd, fly out at sbd, storm at sbd

**uitgaaf** *v* [-gaven] ❶ *geld* expense, cost ❷ *publicatie* edition, publication

**uitgaan** *onoverg* [ging uit, is uitgegaan] go out ✳ *het gebouw ~* go out of the building, leave the building ✳ *de kerk gaat uit* church is over ✳ *die schoenen gaan makkelijk uit* the shoes come off easily ✳ *de vlekken gaan er niet uit* the spots won't come out ✳ *wij gaan niet veel uit* we don't go out much ✳ *er op ~ om* set out to... ✳ *~ op een klinker* end in a vowel ✳ *het gaat uit van...* it originates with..., it emanates from... ✳ *hij gaat uit van het idee dat...* his starting point is that... ✳ *~de van...* starting from...

**uitgaansavond** *m* [-en] night out

**uitgaanscentrum** *o* [-tra, -s] entertainment centre/Am center, entertainment district

**uitgaansgelegenheid** *v* [-heden] place of entertainment

**uitgaansleven** *o* nightlife

**uitgaansverbod** *o* [-boden] curfew

**uitgang** *m* [-en] ❶ *v. gebouw &* exit, way out ❷ *v. woord* ending, termination

**uitgangspositie** *v* [-s] point of departure

**uitgangspunt** *o* [-en] starting point, basis, point of departure

**uitgave** *v* [-n] ❶ *geld* expenditure, expense, cost, outlay ❷ *v. boek &* publication ❸ *druk &* edition, issue

**uitgavenpatroon** *o* [-tronen] pattern of spending

**uitgebalanceerd** *bn* balanced

**uitgeblust** *bn afgemat* washed out

**uitgebreid I** *bn* extensive, comprehensive, wide ✳ *~e voorzorgsmaatregelen* elaborate precautions **II** *bijw* extensively, comprehensively

**uitgebreidheid** *v* [-heden] extensiveness, extent

**uitgehongerd** *bn* famished, starving, ravenous

**uitgekiend** *bn* cunning, clever

**uitgekookt** *bn* fig shrewd, crafty

**uitgelaten** *bn* elated, exuberant ✳ *~ van vreugde* elated with joy

**uitgeleefd** *bn* decrepit, worn out

**uitgeleide** *o* send-off, escort ✳ *iem. ~ doen* see/show sbd out ✳ *toen hij naar Amerika vertrok, deden al zijn vrienden hem ~* when he departed for the States, his friends gave him a big send-off

**uitgelezen** *bn* ❶ *gezelschap* select ❷ *wijn, sigaren &* choice, exquisite ❸ *troepen* elite ▼ *een ~ kans* a superior chance

**uitgemaakt** *bn* established, settled ✳ *dat is een ~e zaak* that's a foregone conclusion

**uitgemergeld** *bn* emaciated

**uitgeput** *bn* ❶ *erg moe* exhausted, worn out ❷ *v. voorraden &* gone, finished

**uitgerangeerd** *bn* sidetracked, shunted out

**uitgerekend I** *bn uitgekookt* calculating, shrewd **II** *bijw* precisely ✳ *~ vandaag* today of all days ✳ *~ jij* you of all people

**uitgeslapen** *bn* ❶ *klaar wakker* wide awake ✳ *ik voel me heerlijk ~* I feel superbly rested ❷ *slim* smart, clever

**uitgesloten** *bn* ✳ *dat is ~* that's out of the question, that's quite impossible ✳ *~ van ...* expelled from..., barred from

**uitgesproken I** *bn* marked, clear, obvious **II** *bijw* markedly & ✳ *hij is ~ onbeschoft* he's downright rude

**uitgestorven** *bn* ❶ *v. dier* extinct ❷ *v. dorp &* deserted

**uitgestreken** *bn* straight, smug, demure ✳ *met een ~ gezicht* straightfaced

**uitgestrekt** *bn* ❶ *groot* extensive, vast ✳ *een ~ gebied* a vast area ❷ *languit* stretched out ✳ *op de grond ~ liggen* be stretched out on the ground

**uitgestrektheid** *v* [-heden] ❶ *uitgebreidheid* extensiveness, vastness ❷ *oppervlak* expanse, stretch, extent

**uitgeteerd** *bn* emaciated, wasted

**uitgeteld** *bn uitgeput* wiped out, done in, exhausted

**uitgeven I** *overg* [gaf uit, h. uitgegeven] ❶ *verstrekken* give out, distribute ❷ *verteren* spend ❸ *uitvaardigen* issue ❹ *publiceren* publish ✳ *een boek ~ bij Harpers* publish a book with Harpers ❺ *voor de druk bezorgen* edit **II** *wederk* [gaf uit, h. uitgegeven] ✳ *zich ~ voor ...* pass oneself off as a ..., set oneself up as a ...

**ui**

**uitgever** *m* [-s] publisher
**uitgeverij** *v* [-en] publishing house
**uitgewekene** *m-v* [-n] refugee
**uitgewerkt** *bn* ❶ *uitvoerig en nauwkeurig* elaborate, ‹v. plan› detailed, ‹v. voorbeeld› worked out ◊ ❷ *v. vulkaan* extinct
**uitgewoond** *bn* ❶ *v. huis* dilapidated, run-down, in need of repair ❷ *v. mensen* pooped-out, fagged out
**uitgezocht** *bn* excellent, select
**uitgezonderd** *voorz, voegw* except for, excepted, barring, save \* *dat* ~ barring this \* *niemand* ~ not excepting anybody, nobody excepted
**uitgifte** *v* [-n] ❶ *aandelen* issue, issuance, placement \* ~ *van bonusaandelen* bonus issue, scrip issue, capitalization issue, free issue ❷ *goederen* distribution ❸ *grond* allocation ❹ *publicatie* publication
**uitgiftekoers** *m* [-en] eff issue price
**uitgillen** *overg* [gilde uit, h. uitgegild] scream out \* *het* ~ *van pijn* scream with pain
**uitglijden** *onoverg* [gleed uit, is uitgegleden] ❶ slip, lose one's footing \* ~ *over* slip on ❷ fig blunder, slip up
**uitglijder, uitglijer** *m* [-s] blunder
**uitgooien** *overg* [gooide uit, h. uitgegooid] ❶ *buitengooien* throw out ❷ *uitdoen* throw off \* *zijn kleren* ~ throw off one's clothes
**uitgraven** *overg* [groef uit, h. uitgegraven] ❶ *alg.* dig out, dig up, disinter ❷ *v. lijk* exhume ❸ *opgraven* excavate ❹ *v. sloot &* deepen
**uitgroeien** *onoverg* [groeide uit, is uitgegroeid] grow, develop (*tot* into) \* ~ *tot* expand to
**uitgummen** *overg* [gumde uit, h. uitgegumd] erase, rub out
**uithaal** *m* [-halen] ❶ *hard schot* sp hard shot, inf sizzler ❷ *lange toon* sustained note ❸ *felle opmerking* swipe, stab
**uithakken** *overg* [hakte uit, h. uitgehakt] cut out, chop out
**uithalen** I *overg* [haalde uit, h. uitgehaald] ❶ *uitnemen* pull out, draw out \* *een breiwerk* ~ pull out the stitches \* *nestjes* ~ go bird('s)-nesting ❷ *galmen* draw out ❸ *uitvoeren* do, play ‹a trick›, be up to ‹sth› \* *kattenkwaad* ~ get into mischief \* *het zal niet veel* ~ it won't be of much use \* *dat haalt niets uit* that will be no use/no good \* *er* ~ *zoveel als men kan* use it for all it's worth, get as much as possible out of it, make the most of it II *onoverg* [haalde uit, h. uitgehaald] ❶ *royaal feestvieren* put on lavish entertainment ❷ *slaan* lash out (*naar* at) ❸ *galmen* sing at the top of one's voice
**uitham** *m* [-men] point of land, head land
**uithangbord** *o* [-en] signboard, (shop) sign
**uithangen** I *overg* [hing uit, h. uitgehangen] *de was, vlag &* hang out \* *de grote heer* ~ show off \* *de brave Hendrik* ~, *de vrome* ~ play/act the saint \* *de beest* ~ behave like an animal II *onoverg* [hing uit, h. uitgehangen] \* *waar zou hij* ~? where could he be

hanging out? \* *het hangt me de keel uit* I'm fed up with it
**uitheems** *bn* foreign, exotic
**uithoek** *m* [-en] remote corner, far-off corner
**uithollen** *overg* [holde uit, h. uitgehold] ❶ *een holte maken* hollow (out), scoop out, excavate, erode ❷ *ondermijnen* erode, undermine
**uitholling** *v* [-en] ❶ *het uithollen* hollowing (out), excavation, erosion ❷ *holte* hollow, excavation \* ~ *overdwars* ramp ahead ❸ fig erosion, undermining
**uithongeren** *overg* [hongerde uit, h. uitgehongerd] famish, starve
**uithoren** *overg* [hoorde uit, h. uitgehoord] draw, pump, interrogate \* *iem.* ~ question sbd
**uithouden** *overg* [hield uit, h. uitgehouden] ❶ *uitgespreid houden* hold out ❷ *verduren* bear, suffer, stand \* *het* ~ hold out, stand it, stick it (out) \* *je hebt het uitgehouden!* you've taken a long time about it!
**uithoudingsvermogen** *o* staying power(s), (power of) endurance, stamina
**uithouwen** *overg* [hieuw uit, h. uitgehouwen] carve, hew
**uithuilen** *overg en onoverg* [huilde uit, h. uitgehuild] \* *eens* ~ have a good cry
**uithuisplaatsing** *v* [-en] *van minderjarige* care order, placing in care
**uithuizig** *bn* \* *hij is erg* ~ he is always on the move
**uithuwelijken** *overg* [huwelijkte uit, h. uitgehuwelijkt], **uithuwen** [huwde uit, h. uitgehuwd] give in marriage, marry off
**uiting** *v* [-en] utterance, expression \* ~ *geven aan* give expression to, give utterance to, give voice to \* *tot* ~ *komen* find expression
**uitje** *o* [-s] ❶ *kleine ui* (small) onion ❷ *uitstapje* outing
**uitjouwen** *overg* [jouwde uit, h. uitgejouwd] hoot (at), boo
**uitkafferen** *overg* [kafferde uit, h. uitgekafferd] fly out at, rage at
**uitkammen** *overg* [kamde uit, h. uitgekamd] ❶ *haar* comb out ❷ *doorzoeken* search
**uitkeren** *overg* [keerde uit, h. uitgekeerd] pay, remit, distribute
**uitkering** *v* [-en] ❶ *alg.* payment \* ~ *bij ontslag* severance pay, redundancy money ❷ *v. faillissement* dividend ❸ *door instantie* social security, benefit, ‹bij staking› strike pay, ‹WW› unemployment benefit(s), Br dole \* *van een* ~ *leven* live on social security
**uitkeringsgerechtigd** *bn* entitled to benefits
**uitkeringsgerechtigde** *m-v* [-n] ❶ *alg.* person entitled to benefits ❷ *v. bijstand* welfare recipient
**uitkeringtrekker** *m* [-s] person drawing benefits, inf person on the dole
**uitkienen** *overg* [kiende uit, h. uitgekiend] devise, work out, figure out, invent
**uitkiezen** *overg* [koos uit, h. uitgekozen] choose, select, single out, pick out
**uitkijk** *m* [-en] ❶ *uitkijkpunt* lookout ❷ *persoon*

lookout (man) * *op de~* on the lookout

**uitkijken I** *onoverg* [keek uit, h. uitgekeken] look out, be on the lookout * *goed~* keep a good lookout * *~ naar* look out for * *ik kijk wel uit!* I know better (than that) * *~ bij het oversteken* take care crossing the street * *wij waren snel uitgekeken* we were quickly tired of it **II** *overg* [keek uit, h. uitgekeken] * *zich de ogen~* stare one's eyes out

**uitkijkpost** *m* [-en] observation post

**uitkijktoren** *m* [-s] watchtower

**uitklappen** *overg* [klapte uit, h. uitgeklapt] fold out

**uitklaren** *overg* [klaarde uit, h. uitgeklaard] handel clear

**uitkleden I** *overg* [kleedde uit, h. uitgekleed] ❶ *kleren uitdoen* undress, strip * *naakt~* strip to the skin ❷ *beroven* plunder, strip sbd of his possessions **II** *wederk* [kleedde uit, h. uitgekleed] * *zich~* undress, strip

**uitklokken** *onoverg* [klokte uit, h. uitgeklokt] clock out/off

**uitkloppen** *overg* [klopte uit, h. uitgeklopt] ❶ *pijp* knock out ❷ *tapijt* beat

**uitknijpen** *overg* [kneep uit, h. uitgeknepen] press (squeeze) out, squeeze

**uitknippen** *overg* [knipte uit, h. uitgeknipt] ❶ *met schaar* cut out ❷ *uitzetten* switch off

**uitkomen** *onoverg* [kwam uit, is uitgekomen] ❶ *naar buiten komen* come out * *ik kom er wel uit* I can find my way out * *je komt er niet uit* you're not allowed to leave the house ❷ *uit de knop komen* come out, bud ❸ *uit het ei komen* hatch ❹ *eerst uitspelen* kaartsp lead * *wie moet~?* whose turn is it to play? * *u moet~* your lead! ❺ *opkomen* sp turn out * *~ met goede spelers* turn out good players * *~ tegen* play (against) ❻ *in toernooi &* compete ❼ *gelegen komen* suit * *zo komt het beter uit* that's a better arrangement * *dat komt goed uit* this is very opportune, how lucky! * *het komt mij niet goed uit* it doesn't suit me ❽ *afsteken* stand out, show * *die kleur laat je teint mooi~* that colour really sets off your complexion * *dat kwam duidelijk uit* that was very evident * *dat beeldje komt goed uit tegen die achtergrond* the statuette stands out well against that background * *~ tegen* stand out against ‹the sky› * *zo komt het beter uit* this shows it to advantage ❾ *aan het licht komen* come out, be brought to light, become known ❿ *uitvallen* turn out * *het kwam anders uit* things turned out differently * *het kwam net zo uit* things turned out exactly that way ⓫ *bewaarheid worden* come true ⓬ *verschijnen* come out, appear, ‹v. boeken &› be published * *de krant komt niet meer uit* the paper has stopped appearing ⓭ *goed komen v. sommen* work out * *dat komt uit* that's correct * *wat komt er uit (die som)?* what is the result? ⓮ *toekomen, rondkomen* make (both) ends meet * *ik kan met die (geld)som niet~* this sum is not enough for me * *dat komt goedkoper uit* it is cheaper in the end * *dat zal wel~* that goes without saying

* *~ op* open on/onto/into ‹a garden &› * *ik kwam op de weg uit* I finished up on the road * *hij kwam er voor uit* ‹gaf toe› he admitted it; ‹bekende schuld› he owned up * *hij kwam er rond voor uit* he made no secret of it * *~ voor zijn homoseksualiteit* come out of the closet * *(rond)~ voor zijn mening* speak one's mind

**uitkomst** *v* [-en] ❶ *uitslag* result, issue ❷ *redding* relief, deliverance, help * *een~ voor iedere kampeerder* a boon and a blessing to every camper, just what every camper has been looking for

**uitkopen** *overg* [kocht uit, h. uitgekocht] buy out, buy off

**uitkotsen** *overg* [kotste uit, h. uitgekotst] inf throw up * *iem. ~* loath sbd

**uitkramen** *overg* [kraamde uit, h. uitgekraamd] * *zijn geleerdheid~* show off one's learning * *onzin ~* talk nonsense, say silly things

**uitkristalliseren** *onoverg* [kristalliseerde uit, is uitgekristalliseerd] crystallize (out)

**uitlaat** *m* [-laten] ❶ exhaust ❷ fig outlet

**uitlaatgas** *o* [-sen] exhaust gas/fumes

**uitlaatklep** *v* [-pen] exhaust valve * *zij is mijn~* I can let off steam with her

**uitlachen I** *overg* [lachte uit, h. uitgelachen] laugh at * *iem. in zijn gezicht~* laugh at sbd, laugh in sbd's face * *uitgelachen worden* be laughed at **II** *onoverg* [lachte uit, is uitgelachen] laugh one's fill

**uitladen** *overg* [laadde uit, h. uitgeladen] unload, discharge

**uitlaten I** *overg* [liet uit, h. uitgelaten] ❶ *naar buiten laten* let out ❷ *v. visite* see out, see to the door ❸ *de hond* walk ❹ *v. rook* let off ❺ *weglaten* leave out, omit ❻ *wijder maken* let out ❼ *niet meer dragen* leave off **II** *wederk* [liet uit, h. uitgelaten] * *zich~ over iets* speak about sth, comment on sth

**uitlating** *v* [-en] ❶ *uiting* remark, utterance, statement ❷ *weglating* deletion

**uitleenbalie** *v* [-s] lending counter

**uitleentermijn** *m* [-en] lending period

**uitleg** *m* ❶ *aanbouw* extension ❷ *verklaring* explanation, interpretation, ‹v. gedrag› account

**uitleggen** *overg* [legde uit, h. uitgelegd] ❶ *verklaren* explain, interpret, account ❷ *gereedleggen v. kleding, boeken &* lay out ❸ *groter maken v. kledingstuk* let out ❹ *vergroten v. stad &* extend

**uitlekken** *onoverg* [lekte uit, is uitgelekt] ❶ *druipen* leak out, strain ❷ *wegsijpelen* trickle out, filter through, ooze out, transpire ❸ *v. nieuws* get out, leak out

**uitlenen** *overg* [leende uit, h. uitgeleend] lend (out)

**uitleven** *wederk* [leefde uit, h. uitgeleefd] * *zich~* live it up, enjoy oneself

**uitleveren** *overg* [leverde uit, h. uitgeleverd] extradite, hand over

**uitlevering** *v* [-en] *v. persoon* extradition

**uitleveringsverdrag** *o* [-dragen] extradition treaty

**uitleveringsverzoek** *o* [-en] request for extradition

**ui**

**uitlezen** *overg* [las uit, h. uitgelezen] ❶ *ten einde lezen* read through (to the end), finish, finish reading ❷ *uitkiezen* pick out, select ❸ comput read out

**uitlichten** *overg* [lichtte uit, h. uitgelicht] lift out (from)

**uitlijnen** *overg* [lijnde uit, h. uitgelijnd] *bijv. van tekst, van autowiel* align ∗ *links/rechts* ~ align left/right

**uitloggen** *onoverg* [logde uit, h. uitgelogd] comput log off

**uitlokken** *overg* [lokte uit, h. uitgelokt] provoke, ⟨misdaad⟩ incite, ⟨antwoord⟩ elicit, ⟨kritiek⟩ invite, ⟨glimlach⟩ evoke, ⟨problemen⟩ ask for, ⟨ramp⟩ court

**uitlokking** *v* ❶ provocation, incitement, elicitation ❷ jur entrapment ∗ ~ *tot meineed* subornation ∗ ~ *tot overtreding* procuring the commission of an offence

**uitloop** *m* [-lopen] ❶ *mogelijkheid tot verder gaan* extension ❷ *v. water* outlet

**uitlopen** *onoverg* [liep uit, is uitgelopen] ❶ *eindigen* run out ∗ ~ *in een baai* run into a bay ∗ *het is op niets uitgelopen* it's come to nothing ∗ *waar moet dat op* ~? how is this going to end? ❷ *naar buiten lopen* go out ❸ *v. bevolking* turn out ∗ *heel Parijs liep uit om haar toe te juichen* the whole of Paris turned out to cheer her ❹ *van schepen* put out to sea, sail ❺ *uitbotten v. bomen* bud, shoot, sprout leaves ❻ *v. aardappels* sprout ❼ *v. kleuren* run, bleed ❽ *voorsprong krijgen* sp take the lead, get ahead, gain ❾ *na een race* run easy ❿ *uit het doel komen* sp leave one's goal ⓫ *lang duren* be drawn out ∗ *de vergadering is uitgelopen* the meeting was drawn out

**uitloper** *m* [-s] ❶ *v. planten* runner, offshoot, sucker ❷ *v. berg* spur, foothill

**uitloten** *overg* [lootte uit, h. uitgeloot] draw out, draw, ballot out ∗ *zij is uitgeloot voor de studie medicijnen* she failed to get into medical school (because of the quota)

**uitloting** *v* [-en] ❶ *v. prijzen & drawing ❷ obligaties* drawing for redemption, drawing by lot

**uitloven** *overg* [loofde uit, h. uitgeloofd] offer, promise

**uitluiden** *overg* [luidde uit, h. uitgeluid] ring out

**uitmaken** *overg* [maakte uit, h. uitgemaakt] ❶ *beëindigen* finish, ⟨v. relatie⟩ break off ❷ *uitdoven* put out ❸ *beslissen* decide, settle ∗ *dat moeten zij samen maar* ~ they should settle that between themselves ∗ *dat is een uitgemaakte zaak* that's a foregone conclusion ∗ *dat is nu uitgemaakt* that's settled now ❹ *de dienst* ~ be in charge ❺ *vormen* form, constitute, make up ❻ *uitschelden* call names ∗ *iem. voor leugenaar* ~ call sbd a liar ∗ *iem.* ~ *voor alles wat lelijk is* call sbd all sorts of names ▼ *dat maakt niet(s) uit* it doesn't matter, form it is immaterial ▼ *wat maakt dat uit?* what does it matter?

**uitmelken** *overg* [molk of melkte uit, h. uitgemolken] ❶ *een koe* strip ❷ *thema, onderwerp* fig

exhaust ❸ *arm maken* milk, bleed

**uitmesten** *overg* [mestte uit, h. uitgemest] clean out, tidy up

**uitmeten** *overg* [mat uit, h. uitgemeten] measure (out) ∗ *breed* ~ dwell at length on, exaggerate

**uitmikken** *overg* [mikte uit, h. uitgemikt] ❶ *m.b.t. tijd* time ❷ *precies goed maken* hit (upon), get right

**uitmonden** *onoverg* [mondde uit, is uitgemond] ❶ *v. rivier* flow/empty into ❷ *v. straat* lead/open into ❸ fig end in, result in

**uitmonsteren** *overg* [monsterde uit, h. uitgemonsterd] ❶ *uitrusten* fit out, rig out ❷ *uitdossen* dress up ∗ *zij verscheen raar uitgemonsterd op het feest* she turned up at the party in a weird dress ❸ *paarden & fit up

**uitmoorden** *overg* [moordde uit, h. uitgemoord] massacre

**uitmunten** *onoverg* [muntte uit, h. uitgemunt] ∗ ~ *in excel in/at* ∗ ~ *boven allen* be superior to all others

**uitmuntend I** *bn* excellent **II** *bijw* excellently

**uitneembaar** *bn* removable, detachable

**uitnemen** *overg* [nam uit, h. uitgenomen] take out, remove

**uitnemend** *bn bijw* excellent

**uitnodigen** *overg* [nodigde uit. h. uitgenodigd] ❶ *voor bezoek e.d.* invite ❷ *tot doen* ask, request ∗ *het weer nodigt niet uit naar het strand te gaan* the weather doesn't tempt one to go to the beach

**uitnodiging** *v* [-en] ❶ *het uitnodigen* invitation ∗ *op* ~ *van* at/on the invitation of ❷ *kaart* invitation card

**uitoefenen** *overg* [oefende uit, h. uitgeoefend] ❶ *laten gelden* exercise, bring to bear, exert ∗ *dwang* ~ *op* bring pressure to bear on ❷ *bedrijven* practise, carry on ∗ *een ambacht* ~ follow a trade ∗ *de geneeskunde* ~ practise medicine

**uitoefening** *v* exercise, ⟨plicht⟩ discharge, ⟨kunst⟩ practice ∗ *in de* ~ *van zijn beroep* during the exercise of his profession

**uitoefenprijs** *m* eff exercise price, striking price, strike price

**uitpakken I** *overg* [pakte uit, h. uitgepakt] ❶ *koffers & unpack ❷ pakjes &* unwrap, undo **II** *onoverg* [pakte uit, h. en is uitgepakt] *aflopen, uitkomen* work out ∗ *flink* ~ entertain lavishly ∗ *het pakte anders uit* it turned out differently

**uitpersen** *overg* [perste uit, h. uitgeperst] express, press out, squeeze

**uitpikken** *overg* [pikte uit, h. uitgepikt] ❶ *met snavel* peck out ❷ *uitkiezen* pick out, select, single out ∗ *er iem.* ~ choose sbd at random

**uitpluizen** *overg* [ploos uit, h. uitgeplozen] *onderzoeken* sift through, unravel

**uitpraten I** *overg* [praatte uit, h. uitgepraat] ∗ *een ruzie* ~ settle an argument **II** *onoverg* [praatte uit, is uitgepraat] finish talking ∗ *laat mij* ~ let me have my say ∗ *daarover raakt hij nooit uitgepraat* he never tires of that theme ∗ *dan zijn we uitgepraat* then

ui

there is nothing more to say

**uitproberen** *overg* [probeerde uit, h. uitgeprobeerd] try, try out, test

**uitpuffen** *onoverg* [pufte uit, h. uitgepuft] catch one's breath

**uitpuilen** *onoverg* [puilde uit, h. en is uitgepuild] protrude, bulge *~de ogen* protruding/bulging eyes *~de zakken* bulging pockets

**uitputten I** *overg* [putte uit, h. uitgeput] exhaust **II** *wederk* [putte uit, h. uitgeput] *zich ~* exhaust oneself

**uitputting** *v* exhaustion *ZN tot ~van (de) voorraad* while supplies last

**uitputtingsslag** *m* [-slagen] ❶ fight to the finish/to death ❷ fig marathon session

**uitrangeren** *overg* [rangeerde uit, h. uitgerangeerd] fig shunt, sidetrack, shelve ‹sbd›

**uitrazen** *onoverg* [raasde uit, h. en is uitgeraasd] ❶ *v. storm* blow out, spend itself ❷ *v. personen* vent one's fury, rage out *de jeugd moet ~* youth will have its fling *hij is nu uitgeraasd* he's sown his wild oats

**uitreiken** *overg* [reikte uit, h. uitgereikt] ❶ *uitgeven* distribute, give out, ‹kaarten› issue ❷ *v. prijzen* present

**uitreiking** *v* [-en] ❶ distribution, delivery, issue ❷ *v. prijs* presentation *de ~van een diploma* the presentation of a diploma

**uitreisvisum** *o* [-s & -visa] exit visa

**uitrekenen** *overg* [rekende uit, h. uitgerekend] calculate, compute, figure out *een som ~* work out a sum *zij is begin september uitgerekend* the baby is due at the beginning of September

**uitrekken I** *overg* [rekte uit, h. uitgerekt] stretch (out) **II** *wederk* [rekte uit, h. uitgerekt] *zich ~* stretch oneself

**uitrichten** *overg* [richtte uit, h. uitgericht] do *wat heb jij uitgericht?* what have you done?, what have you been at? *er is niet veel mee uit te richten* it isn't much good

**uitrijden** *onoverg* [reed uit, is uitgereden] ride out, drive out *de stad ~* ride/drive out of the town *de trein reed het station uit* the train was moving/pulling out of the station

**uitrijstrook** *v* [-stroken] exit lane, deceleration lane

**uitrit** *m* [-ten] way out, exit

**uitroeien** *overg* [roeide uit, h. uitgeroeid] ❶ *bomen* root out ❷ *onkruid, fout* weed out, eradicate *met wortel en tak ~* eradicate (sth) root and branch ❸ *volk & exterminate, wipe out

**uitroeiing** *v* extermination, eradication

**uitroep** *m* [-en] exclamation, shout, cry

**uitroepen** *overg* [riep uit, h. uitgeroepen] ❶ *alg.* cry (out), exclaim *iem. ~tot koning &* proclaim sbd king & *order geven tot, aankondigen v. staking &* declare a strike &

**uitroepteken** *o* [-s] exclamation mark

**uitroken** *overg* [rookte uit, h. uitgerookt] ❶ *ten einde roken* smoke out, finish ❷ *om te ontsmetten &* smoke, fumigate ❸ *door rook verdrijven* smoke out

**uitrollen** *overg* [rolde uit, h. uitgerold] ❶ *v. tapijt &* unroll ❷ *v. deeg* roll out

**uitruimen** *overg* [ruimde uit, h. uitgeruimd] clear out

**uitrukken I** *overg* [rukte uit, h. uitgerukt] ❶ *uittrekken* pull out, pluck out ❷ *uitscheuren* tear, tear out **II** *onoverg* [rukte uit, is uitgerukt] ❶ mil march (out) *mil de stad ~* march out of the town ❷ *v. brandweer* turn out *de politie moest ~* the police were called out

**uitrusten I** *overg* [rustte uit, h. uitgerust] *leger, schip, persoon* equip, fit out, rig out **II** *onoverg* [rustte uit, h. en is uitgerust] rest, take rest *bent u nu helemaal uitgerust?* are you quite rested? *ik heb de mannen laten ~* I've given the men a rest *~van* rest from **III** *wederk* [rustte uit, h. uitgerust] *zich ~* equip/outfit oneself

**uitrusting** *v* [-en] equipment, outfit

**uitschakelen** *overg* [schakelde uit, h. uitgeschakeld] ❶ elektr cut out, switch off, disconnect ❷ *een tegenstander* eliminate, cut out, rule out

**uitschakeling** *v* ❶ elektr switching off, disconnecting ❷ *een tegenstander* elimination

**uitscheiden I** *overg* [scheidde uit, h. uitgescheiden] *naar buiten afscheiden* excrete **II** *onoverg* [scheidde/scheed uit, is uitgescheiden/uitgescheden] *stoppen* stop, leave off *ik schei ermee uit* I've had enough *schei uit!* stop (it)! *schei uit met dat geklets!* stop that talking!

**uitscheiding** *v* [-en] ❶ *afscheiding* excretion ❷ *opheffing* ZN close down, discontinue

**uitschelden** *overg* [schold uit, h. uitgescholden] abuse, call names *~voor* call

**uitscheuren I** *overg* [scheurde uit, h. uitgescheurd] tear out **II** *onoverg* [scheurde uit, is uitgescheurd] tear

**uitschieten I** *overg* [schoot uit, h. uitgeschoten] ❶ *door een schot verwijderen* shoot out, throw out *er werd hem een oog uitgeschoten* he had one of his eyes shot out ❷ *snel bewegen* shoot out ❸ *jv. kleren* whip off **II** *onoverg* [schoot uit, is uitgeschoten] slip, shoot out *de boot kwam de kreek ~* the boat shot out from the creek

**uitschieter** *m* [-s] ❶ *toppunt* peak, highlight ❷ *uitzondering* exception

**uitschoppen** *overg* [schopte uit, h. uitgeschopt] ❶ *alg.* kick out ❷ *schoenen* kick off

**uitschot** *o* [-ten] ❶ *goederen* refuse, offal, trash ❷ *volk* offscourings, riff-raff, dregs

**uitschreeuwen I** *overg* [schreeuwde uit, h. uitgeschreeuwd] cry out *het ~* cry out **II** *onoverg* [schreeuwde uit, h. uitgeschreeuwd] cry, shout

**uitschrijven** *overg* [schreef uit, h. uitgeschreven] ❶ *alg.* write out, make out ❷ *vergadering* call ❸ *prijsvraag* organize ❹ *lening* issue

**uitschudden** *overg* [schudde uit, h. uitgeschud]

**ui**

**❶** *leegschudden* shake (out) **❷** *beroven* strip to the skin

**uitschuifbaar** *bn* **❶** *alg.* sliding, extensible **❷** *v. antenne &* telescopic

**uitschuifladder** *v* [-s] extension ladder

**uitschuiven** *overg* [schoof uit, h. uitgeschoven] **❶** *alg.* pull out **❷** *een tafel* draw out

**uitserveren** *overg* [serveerde uit, h. uitgeserveerd] serve up, dish out

**uitslaan I** *overg* [sloeg uit, h. uitgeslagen] **❶** *slaand verwijderen* beat out, strike out, ‹v. spijker› drive out, ‹v. tand &› knock out, ‹v. tapijt &› shake out **❷** *met hamer bewerken* hammer, beat (out) **❸** *uitspreiden* ‹v. kaart› unfold, ‹v. benen› throw out, ‹v. klauwen› put out, ‹v. vleugels› stretch, spread ▼ *onzin~* talk nonsense ▼ *de taal die zij~!* the language they use! **II** *onoverg* [sloeg uit, is uitgeslagen] **❶** *vlammen, mazelen &* break out **❷** *uitslag krijgen* ‹v. muur› sweat, ‹v. brood &› grow mouldy **❸** *v. wijzer* deflect

**uitslag** *m* **❶** *schimmel* mouldiness **❷** *puistjes* eruption, rash **❸** *v. wijzer* deflection **❹** *resultaat* [-slagen] outcome, result, issue, event, success ∗ *de~ van de verkiezing* the poll/election result(s) ∗ *de bekendmaking van de~ van de verkiezing* the declaration of the poll ∗ *wat is de~ van uw examen?* what are your examination results? ∗ *met goede~* successfully

**uitslapen I** *onoverg* [sliep uit, h. en is uitgeslapen] lie in, sleep late **II** *overg* [sliep uit, h. en is uitgeslapen] ∗ *zijn roes~* sleep it off

**uitslepen** *overg* [sleepte uit, h. uitgesleept] get out ∗ *ergens iets~* get sth out of it

**uitsloven** *wederk* [sloofde uit, h. uitgesloofd] ∗ *zich ~* ‹moeite doen› put oneself out; ‹sloven› slave away, work one's fingers to the bone; ‹proberen in de smaak te vallen› show off

**uitslover** *m* [-s] **❶** *vleier* boot-licker **❷** *aandachttrekker* eager beaver, show-off

**uitsluiten** *overg* [sloot uit, h. uitgesloten] **❶** *niet toelaten* shut (lock) out ∗ *sp~ van deelname* disqualify ∗ *uitgesloten!* out of the question **❷** *uitzonderen* exclude ∗ *die mogelijkheid kan worden uitgesloten* the possibility can be dismissed/ruled out/excluded ∗ *het een sluit het ander niet uit* the one doesn't exclude the other

**uitsluitend** *bn* exclusive ∗ *~ voor leden* members only

**uitsluiting** *v* [-en] exclusion ∗ *met~ van* exclusive of, to the exclusion of ∗ *~ van het kiesrecht* disenfranchisement

**uitsluitsel** *o* decisive answer ∗ *~ geven* give a decisive answer

**uitsmeren** *overg* [smeerde uit, h. uitgesmeerd] spread (out)

**uitsmijter** *m* [-s] **❶** *portier* bouncer **❷** *gerecht* open ham and egg sandwich **❸** *laatste onderdeel v. programma* final number, finale

**uitsnijden** *overg* [sneed uit, h. uitgesneden] cut out,

carve out, excise

**uitspannen** *overg* [spande uit, h. uitgespannen] **❶** *uitstrekken* stretch out, extend **❷** *uitspreiden* spread **❸** *uit het tuig halen* take out, unharness, unyoke

**uitspanning** *v* [-en] cafe, pub, bar

**uitspansel** *o* firmament, heavens

**uitsparen** *overg* [spaarde uit, h. uitgespaard] **❶** *sparen* save, economize **❷** *openlaten* leave blank, leave free

**uitsparing** *v* [-en] **❶** *besparing* saving, economy **❷** *ruimte* blank space, free space

**uitspatting** *v* [-en] dissipation, debauchery, excess ∗ *zich aan~en overgeven* indulge in excesses ∗ *een~ van creativiteit* an excess of creativity

**uitspelen** *overg* [speelde uit, h. uitgespeeld] play ∗ *ze tegen elkaar~* play them off against each other ∗ *zijn laatste troef~* play one's last trump

**uitspinnen** *overg* [spon uit, h. uitgesponnen] spin out

**uitsplitsen** *overg* [splitste uit, h. uitgesplitst] split up, break down

**uitspoelen** *overg* [spoelde uit, h. uitgespoeld] rinse (out), wash away

**uitspoken** *overg* [spookte uit, h. uitgespookt] be up to ∗ *wat spookt hij daar uit?* what is he up to?, what is he doing there?

**uitspraak** *v* [-spraken] **❶** *v.e. woord* pronunciation ∗ *een goede~ hebben* have a good pronunciation **❷** *oordeel* pronouncement, utterance, statement ∗ *over deze kwestie durf ik geen~ te doen* I wouldn't venture an opinion on this **❸** *jur* finding, verdict, decision ∗ *~ doen* pass judgement, pass/pronounce sentence ∗ *een rechterlijke~* a judicial decision ∗ *een scheidsrechterlijke~* an arbitral award

**uitspreiden** *overg* [spreidde uit, h. uitgespreid] spread (out) ∗ *zich~* spread (out)

**uitspreken I** *overg* [sprak uit, h. uitgesproken] **❶** *woord, vonnis* pronounce **❷** *bekend maken v.boodschap* deliver **❸** *uiten* express ∗ *zich~ over* make a pronouncement on, give one's opinion on **II** *onoverg* [sprak uit, is uitgesproken] *ten einde spreken* finish ∗ *iem. laten~* hear sbd out, let sbd finish ∗ *laat mij~* let me finish

**uitspringen** *onoverg* [sprong uit, is uitgesprongen] project, jut out ∗ *ergens~* jump out, leap out ∗ *wisk een~de hoek* a salient angle ∗ *fig dat springt eruit* it stands out

**uitspruiten** *onoverg* [sproot uit, is uitgesproten] sprout, shoot

**uitspruitsel** *o* [-s] sprout, shoot

**uitspugen** *overg* [spuugde uit, h. uitgespuugd], **uitspuwen** [spuwde uit, h. uitgespuwd] spit out

**uitstaan I** *overg* [stond uit, h. uitgestaan] *verdragen* endure, suffer, bear ∗ *ik kan hem niet~* I can't stand him ∗ *wat ik allemaal heb moeten~* what I had to suffer/bear/endure **II** *onoverg* [stond uit, h. uitgestaan] **❶** *uitsteken* stand out

❷ *uitgeleend/uitgegeven zijn* be put out ∗ *mijn geld staat uit tegen 7%* my money is put out at 7% ∗ ∼*de schulden* outstanding debts ❸ *van doen hebben* have to do ∗ *ik heb niets met hen uit te staan* I have nothing to do with them ∗ *dat heeft er niets mee uit te staan* that has nothing to do with it

**uitstalkast** *v* [-en] showcase

**uitstallen** *overg* [stalde uit, h. uitgestald] expose for sale, display

**uitstalling** *v* [-en] display, window display

**uitstalraam** *o* [-ramen] ❶ *etalage* ZN shop window ❷ *vitrine* showcase

**uitstapje** *o* [-s] excursion, tour, trip, outing, jaunt ∗ *een* ∼ *maken* make an excursion, make/take a trip

**uitstappen** *onoverg* [stapte uit, is uitgestapt] ⟨auto &⟩ get/step out, ⟨vliegtuig, boot⟩ disembark, ⟨bus, trein⟩ alight ∗ *bij het* ∼ at alighting/disembarkation ∗ *iedereen* ∼*!* all change here

**uitstedigheid** *v* absence from town

**uitsteeksel** *o* [-s] projection, protuberance

**uitstek** *o* ∗ *bij* ∼ pre-eminent(ly)

**uitsteken I** *overg* [stak uit, h. uitgestoken] *naar buiten steken* stretch out, hold out, put out ∗ *geen vinger* ∼ not lift a finger ∗ *iem. de ogen* ∼ put out sbd's eyes; fig make sbd jealous **II** *onoverg* [stak uit, h. uitgestoken] ❶ *in elke richting* stick out ∗ *hoog* ∼ *boven...* rise far above..., tower above... ∗ *hoog boven de anderen* ∼ rise (head and shoulders) above the others, tower above one's contemporaries ❷ *naar voren steken* jut out, project, protrude

**'uitstekend**[1] *bn er bovenuit komend* protruding, prominent

**uit'stekend**[2] **I** *bn zeer goed* excellent, first-rate, eminent, outstanding, admirable **II** *bijw* excellently, extremely well, splendidly, admirably **III** *tsw* ∗ ∼*!* excellent! inf fantastic!

**uitstel** *o* postponement, delay, respite ∗ ∼ *van betaling* extension of time for payment ∗ *het kan geen* ∼ *lijden* it must not be delayed ∗ ∼ *van executie* stay of execution ∗ ∼ *geven/verlenen* grant a delay ∗ ∼ *vragen* ask for a delay ∗ *van* ∼ *komt dikwijls afstel* delays are often dangerous, ± procrastination is the thief of time ∗ ∼ *is geen afstel* all is not lost that is delayed ∗ *zonder* ∼ without delay

**uitstellen** *overg* [stelde uit, h. uitgesteld] delay, defer, postpone, put off ∗ *stel niet uit tot morgen, wat je vandaag doen kunt* don't put off till tomorrow what you can do today

**uitsterven** *onoverg* [stierf uit, is uitgestorven] die out, become extinct ∗ *aan het* ∼ becoming extinct

**uitstijgen** *onoverg* [steeg uit, is uitgestegen] *uitstappen* get out, alight ▼ ∼ *boven* rise above

**uitstippelen** *overg* [stippelde uit, h. uitgestippeld] ❶ *beleid* outline, map out ❷ *programma* lay down

**uitstoot** *m* discharge, emission ∗ *de* ∼ *van giftige gassen* the emission of poisonous gases

**uitstorten I** *overg* [stortte uit, h. uitgestort] pour out, pour forth ∗ *zijn gemoed/zijn hart* ∼ pour out

one's heart, unbosom oneself **II** *wederk* [stortte uit, h. uitgestort] ∗ *zich* ∼ discharge ∗ *de rivier stort zich uit in de zee* the river discharges into the sea

**uitstorting** *v* [-en] effusion, emission ∗ *de* ∼ *van de Heilige Geest* the outpouring of the Holy Ghost

**uitstoten** *overg* [stootte *of* stiet uit, h. uitgestoten] ❶ thrust out ❷ fig expel ⟨sbd⟩ ▼ *kreten* ∼ utter cries

**uitstoting** *v* [-en] expulsion

**uitstralen** *overg en onoverg* [straalde uit, h. uitgestraald] radiate, beam forth

**uitstraling** *v* [-en] radiation, emanation ∗ *hij heeft een leuke* ∼ he comes over as pleasant

**uitstrekken I** *overg* [strekte uit, h. uitgestrekt] stretch, stretch forth, extend, stretch out, reach out **II** *wederk* [strekte uit, h. uitgestrekt] ∗ *zich* ∼ ⟨v. levende wezens⟩ stretch oneself; ⟨v. dingen⟩ stretch, extend, reach; ⟨v. tijd⟩ cover ∗ *zich* ∼ *naar het oosten* stretch out toward the east

**uitstrijken** *overg* [streek uit, h. uitgestreken] ❶ spread, smooth, cross out ❷ med take a swab

**uitstrijkje** *o* [-s] med smear, swab

**uitstromen** *onoverg* [stroomde uit, is uitgestroomd] ❶ *v. vloeistoffen* flow out, stream forth, gush out ∗ ∼ *in* flow into ❷ *v. gas* escape, pass out

**uitstrooien** *overg* [strooide uit, h. uitgestrooid] ❶ strew, spread, disseminate ❷ fig spread, put about

**uitstrooisel** *o* [-s] rumour, false report

**uitstroom** *m* arbeid outflow

**uitstulping** *v* [-en] bulge, protrusion

**uitsturen** *overg* [stuurde uit, h. uitgestuurd] send out ∗ *iem.* ∼ *op* send sbd (out) for

**uittekenen** *overg* [tekende uit, h. uitgetekend] draw, delineate, portray, picture ∗ *ik kan hem wel* ∼ I know every detail of him

**uittellen** *overg* [telde uit, h. uitgeteld] count out ∗ *tel uit je winst!* it's easy money!

**uitteren** *onoverg* [teerde uit, is uitgeteerd] pine/waste away, waste

**uittikken** *overg* [tikte uit, h. uitgetikt] type out

**uittocht** *m* [-en] exodus

**uittrap** *m* [-pen] *doelschop* sp goal kick

**uittrappen I** *overg* [trapte uit, h. uitgetrapt] ❶ *vuur* stamp out ❷ *schoen* kick off ❸ *ontslaan* kick ⟨sbd⟩ out ❹ *het veld uit* sp put out of play **II** *onoverg* [trapte uit, h. uitgetrapt] *door doelman* sp kick (the ball) out, take a goal kick

**uittreden** *onoverg* [trad uit, is uitgetreden] ❶ *v. priesters, monniken &* leave, give up ❷ *dienstbetrekking verlaten* retire, resign ∗ *vervroegd* ∼ retire early ▼ ⟨parapsychologisch⟩ *hij is uitgetreden* he had an out-of-body experience

**uittreding** *v* [-en] ❶ *v. priesters, monniken &* leaving, giving up ❷ *uit dienstbetrekking* retirement, withdrawal, resignation ∗ *vervroegde* ∼ early retirement ∗ *vrijwillige vervroegde* ∼ voluntary early retirement ❸ *parapsychologisch* out-of-body experience

**ui**

**uittrekblad** *o* [-bladen] pull-out leaf, extension
**uittrekken I** *overg* [trok uit, h. uitgetrokken]
**❶** *trekkend verwijderen* draw/pull out/up, ‹tand› pull
out **❷** *uitdoen* ‹kleding› take off, ‹laarzen› pull off
**❸** *thee maken v. kruiden &* extract ▼ (*geld*) *~ voor*
earmark/set aside... for..., commit money to...
**II** *onoverg* [trok uit, is uitgetrokken] **❶** mil march
out **❷** *weggaan* set out, set forth, move out
**uittreksel** *o* [-s] **❶** *korte inhoud* abstract, summary
**❷** *v.d. burgerlijke stand* certificate, extract, copy
**❸** *van rekening* handel statement **❹** *afkooksel*
extract, decoction
**uittypen** *overg* [typte uit, h. uitgetypt] type out
**uitvaagsel** *o* scum, dregs, offscourings
**uitvaardigen** *overg* [vaardigde uit, h. uitgevaardigd]
**❶** *wet* promulgate, enact **❷** *bevel* issue **✱** *een
beschikking, een bevel* ~ issue/promulgate an order
**✱** *de politie heeft een arrestatiebevel tegen hem
uitgevaardigd* the police have issued an order for his
arrest
**uitvaart** *v* [-en] funeral
**uitvaartcentrum** *o* [-tra & -s] funeral parlour
**uitvaartdienst** *m* [-en] funeral ceremonies
**uitvaartstoet** *m* [-en] funeral procession
**uitval** *m* [-len] **❶** mil sally, sortie **✱** *een ~ doen* make a
sally/sortie **❷** *bij het schermen* thrust, lunge, pass
**✱** *een ~ doen* make a pass, lunge, lash out **❸** *v. woede
&* outburst, sudden fit of **❹** *bij studie* dropout
**uitvallen** *onoverg* [viel uit, is uitgevallen] **❶** *haar* fall
out **❷** *resultaat hebben* come off, turn out
**✱** *goed/slecht* ~ turn out well/badly **✱** *lui uitgevallen*
turn out lazy **✱** *die trein is uitgevallen* the train has
been cancelled **❸** mil make a sally/sortie **❹** *bij
schermen* make a pass, lunge, lash out **❺** *bij spel* drop
out **✱** *heel wat deelnemers vielen uit* a lot of
competitors dropped out **❻** *v. elektriciteit* fail **✱** *het ~
van de stroom/een transformator* a
power/transformer failure **❼** *v. woede* fly out **✱** *tegen
iem.* ~ fly out at sbd
**uitvaller** *m* [-s] mil straggler **✱** sp *er waren twee ~s*
two competitors dropped out
**uitvalsbasis** *v* [-sen, bases] operational base
**uitvalsweg** *m* [-wegen] arterial road, main traffic
artery
**uitvaren** *onoverg* [voer uit, h. en is uitgevaren]
**❶** *wegvaren* sail (out), put (out) to sea **❷** *tekeergaan*
storm, fly out **✱** *~ tegen* fly out at, blow up at, have a
go at
**uitvechten** *overg* [vocht uit, h. uitgevochten]
fight/battle out **✱** *het onder elkaar maar* ~ fight/have
it out among themselves
**uitvegen** *overg* [veegde uit, h. uitgeveegd] **❶** *alg.*
sweep out **✱** fig *iem. de mantel* ~ haul sbd over the
coals, give sbd a bit of one's mind, scold sbd **❷** *met
gum &* wipe out, rub out, efface
**uitverdedigen** *onoverg* [verdedigde uit, h.
uitverdedigd] voetbal play out
**uitvergroten** *overg* [vergrootte uit, h. uitvergroot]

enlarge, inf blow up
**uitverkiezing** *v* choice, selection
**uitverkocht** *bn* sold out, out of stock, ‹v. boeken
ook› out of print **✱** *de druk was gauw* ~ the edition
was sold out in a very short time **✱** *een ~e zaal* a full
house
**uitverkoop** *m* [-kopen] clearance sale, sale(s) **✱** *een
~ wegens opheffing* a closing-down sale **✱** *in de* ~ in
the sales
**uitverkoren** *bn* chosen, elect **✱** *het ~ volk* the
Chosen People/Race **✱** *de ~e* the favourite **✱** *zijn ~e*
his sweetheart **✱** *de ~en* the chosen (ones)
**uitveteren** *overg* [veterde uit, h. uitgeveterd] fly out
at, blow up at, tell off, scold
**uitvinden** *overg* [vond uit, h. uitgevonden] **❶** *nieuw
bedenken* invent **❷** *ontdekken* find out
**uitvinder** *m* [-s] inventor
**uitvinding** *v* [-en] invention **✱** *een ~ doen* invent sth
**uitvissen** *overg* [viste uit, h. uitgevist] fish out, fig
ferret out
**uitvlakken** *overg* [vlakte uit, h. uitgevlakt] **❶** *alg.* blot
out, wipe out **❷** *met gum* rub out **✱** *dat moet je niet
~!* just bear that in mind!, it's not to be sneezed at!
**uitvliegen** *onoverg* [vloog uit, is uitgevlogen] fly out
**uitvloeisel** *o* [-s & -en] consequence, outcome, result
**uitvloeken** *overg* [vloekte uit, h. uitgevloekt] swear
at, curse
**uitvlucht** *v* [-en] evasion, pretext, subterfuge,
excuse, shift **✱** *~en zoeken* try to find excuses
**uitvoegen** *onoverg* [voegde uit, h. uitgevoegd]
change lanes, exit
**uitvoegstrook** *v* [-stroken] slow lane
**uitvoer** *m* **❶** *het exporteren* export, exportation **❷** *de
goederen* exports **✱** *de ~ verhogen en de invoer
verlagen* increase exports and reduce imports
**❸** *uitvoering* execution **✱** *ten ~ brengen/leggen* put
into effect, execute, carry out ‹a threat› **❹** comput
output
**uitvoerbaar** *bn* workable, practicable, feasible,
‹v. vonnis› enforceable
**uitvoerbelasting** *v* export tax/duty
**uitvoerder** *m* [-s] **❶** *v. concert* performer **❷** *v. plan*
executor **❸** *v. bouwwerk* building supervisor
**uitvoeren** *overg* [voerde uit, h. uitgevoerd] **❶** *werk &*
carry out **❷** *bevel, plan &* execute **✱** *de ~de macht* the
Executive **✱** *de ~de Raad* the Executive Council
**❸** *operatie, taak, muziek &* perform **❹** *besluit* put into
effect, carry out **❺** handel fill ‹an order›, export
‹goods› **❻** *doen* do **✱** *hij heeft weer niets uitgevoerd* he
hasn't done a stroke of work again **✱** *wat voer jij
daar uit?* what are you doing?, what are you up to?,
what are you at? **✱** *wat heb jij toch uitgevoerd
vandaag?* what on earth have you been doing
today? **✱** *wat moet ik daarmee ~?* what am I to do
with it?
**uitvoerhaven** *v* [-s] shipping port, port of export
**uitvoerig I** *bn* **❶** *langdurig* ample, lengthy
**❷** *gedetailleerd* copious, full, detailed,

circumstantial, minute **II** *bijw* amply &, in detail
* *enigszins* ~ *citeren* quote at some length * *ik zal*
~*er schrijven* I'll write more fully/in more detail
**uitvoering** *v* [-en] **❶** *het uitvoeren* execution,
realization * ~ *geven aan* put into effect, carry out
* *werk in* ~ road works ahead **❷** *afwerking, versie*
design, finish, version **❸** *voorstelling* performance
**uitvoeroverschot** *o* [-ten] export surplus
**uitvoerrechten** *zn* [mv] export duties
**uitvoervergunning** *v* [-en] export licence/Am
license
**uitvogelen** *overg* [vogelde uit, h. uitgevogeld]
dig/ferret out
**uitvorsen** *overg* [vorste uit, h. uitgevorst] find out,
ferret out
**uitvouwen** *overg* [vouwde uit, h. uitgevouwen]
unfold
**uitvragen I** *overg* [vroeg/vraagde uit, h. uitgevraagd]
question, catechize, *inf* pump * *ik ben uitgevraagd*
I've been asked out **II** *onoverg* [vroeg/vraagde uit, h.
en is uitgevraagd] * ⟨klaar met vragen⟩ *ik ben*
*uitgevraagd* I have no more questions to ask
**uitvreten** *overg* [vrat uit, h. uitgevreten] **❶** *uitbijten*
eat out, corrode **❷** *parasiteren op* sponge on ⟨sbd⟩
**❸** *uitspoken* be up to * *wat vreet hij uit?* what the
heck is he doing, what on earth is he up to? * *wat*
*heeft die knul nou weer uitgevreten?* what has that
boy been up to this time? * *hij heeft niets uitgevreten*
*vandaag* he hasn't done a darned/bloody thing
today, he hasn't lifted a finger today
**uitvreter** *m* [-s] sponger, parasite
**uitvullen** *overg* [vulde uit, h. uitgevuld] space
evenly, ⟨v. tekst⟩ justify
**uitwaaien I** *onoverg* [woei/waaide uit, is uitgewaaid]
**❶** *v. kaars* be blown out **❷** *op strand &* get a good
breath of fresh air * *het is nu uitgewaaid* the
wind/gale has spent itself **II** *overg* [woei/waaide uit,
h. uitgewaaid] blow out
**uitwaaieren** *onoverg* [waaierde uit, h. en is
uitgewaaierd] fan (out), spread, unfold
**uitwas** *m & o* [-sen] outgrowth, protuberance,
morbid growth
**uitwasemen I** *onoverg* [wasemde uit, h.
uitgewasemd] evaporate, emanate **II** *overg*
[wasemde uit, h. uitgewasemd] exhale
**uitwassen** *overg* [waste uit, h. uitgewassen] wash
(out)
**uitwateren** *onoverg* [waterde uit, h. uitgewaterd]
drain, discharge * ~ *in* discharge into..., flow into...
**uitwatering** *v* [-en] discharge, drainage
**uitwedstrijd** *m* [-en] away game/match
**uitweg** *m* [-wegen] **❶** way out, outlet **❷** *fig* escape,
way out, answer, solution, loophole * *een* ~ *voor zijn*
*emoties* an outlet for his emotions * *er is geen* ~
there is no choice/no way out
**uitweiden** *onoverg* [weidde uit, h. uitgeweid] * ~
*over* enlarge on, dwell at length on, <u>form</u> expatiate
on

**uitweiding** *v* [-en] digression, elaboration, <u>form</u>
expatiation
**uitwendig I** *bn* external, exterior * *voor* ~ *gebruik*
for external use * *zijn* ~ *voorkomen* his outward
appearance **II** *bijw* externally, outwardly
**uitwerken I** *overg* [werkte uit, h. uitgewerkt] **❶** *plan,*
*idee &* work out, develop, elaborate **❷** *tot stand*
*brengen* effect, bring about * *niets* ~ be ineffective
* *zich er* ~ get oneself out of **II** *onoverg* [werkte uit,
is uitgewerkt] wear off * *het geneesmiddel is*
*uitgewerkt* the medicine has worn off
**uitwerking** *v* [-en] **❶** *bewerking* working out **❷** *gevolg*
effect * ~ *hebben* be effective, work * *geen* ~ *hebben*
produce no effect, be ineffective * *die maatregel*
*heeft zijn* ~ *niet gemist* the measure has not been
ineffective
**uitwerpen** *overg* [wierp uit, h. uitgeworpen] **❶** *alg.*
throw out, cast (out), eject **❷** *verstoten, verbannen*
throw out, cast out **❸** *luchtv* drop, parachute
**❹** *v. vulkaan* eject, erupt
**uitwerpsel** *o* [-en & -s] excrement
**uitwijken** *onoverg* [week uit, is uitgeweken]
**❶** *opzijgaan* turn aside, step aside, make way, make
room * ~ *voor* make way for, get out of the way of,
avoid ⟨sth⟩ **❷** *vluchten* go into exile, leave one's
country * ~ *naar* emigrate to, take refuge in
**uitwijking** *v* [-en] **❶** *opzij* turning aside **❷** *vlucht*
emigration
**uitwijkmanoeuvre** *v & o* [-s] evasive
manoeuvre/Am maneuver
**uitwijkmogelijkheid** *v* [-heden] **❶** opportunity to
escape **❷** *fig* alternative
**uitwijzen** *overg* [wees uit, h. uitgewezen] **❶** *tonen*
show, reveal * *de tijd zal het* ~ time will tell
**❷** *beslissen* decide **❸** *deporteren* expel, deport
**uitwisselen** *overg* [wisselde uit, h. uitgewisseld]
exchange
**uitwisseling** *v* [-en] exchange * *jur* ~ *van akten*
exchange of instruments
**uitwisselingsprogramma** *o* ['s] exchange
programme/Am program
**uitwisselingsverdrag** *o* [-dragen] exchange treaty
**uitwissen** *overg* [wiste uit, h. uitgewist] **❶** wipe out,
blot out, efface, erase **❷** *fig* erase, cover up * *hij*
*probeerde zijn sporen uit te wissen* he tried to cover
up/to erase his tracks
**uitwonen** *overg* [woonde uit, h. uitgewoond] * *een*
*huis* ~ let a house get rundown
**uitwonend** *bn* non-resident, ⟨studenten⟩
non-collegiate
**uitworp** *m* [-en] **❶** *alg.* emission, release **❷** *sp*
throw-out
**uitwrijven** *overg* [wreef uit, h. uitgewreven] rub out
* *zich de ogen* ~ rub one's eyes
**uitwringen** *overg* [wrong uit, h. uitgewrongen]
wring out
**uitwuiven** *overg* [wuifde uit, h. uitgewuifd] wave
goodbye, see off * *iem.* ~ wave sbd goodbye

**ui**

**uitzaaien** *overg* [zaaide uit, h. uitgezaaid] **❶** sow, disseminate **❷** med metastasize, spread
**uitzaaiing** *v* [-en] med metastasis
**uitzakken** *onoverg* [zakte uit, is uitgezakt] sag * *uitgezakt in een luie stoel* slumped in an armchair
**uitzeilen** *onoverg* [zeilde uit, is uitgezeild] sail out, sail
**uitzendbureau** *o* [-s] temporary employment agency
**uitzenden** *overg* [zond uit, h. uitgezonden] **❶** *wegzenden* send out **❷** RTV broadcast, transmit, ⟨televisie ook⟩ televise
**uitzending** *v* [-en] **❶** *alg.* sending out **❷** RTV broadcast, broadcasting, transmission * *rechtstreekse* ~ live broadcast
**uitzendkracht** *v* [-en] temporary employee, inf temp
**uitzendwerk** *o* temporary work
**uitzet** *m & o* [-ten] *v. bruid* trousseau
**uitzetten** I *overg* [zette uit, h. uitgezet] **❶** *buiten iets zetten* put/throw out **❷** *op rente zetten* invest, put out **❸** *verspreid zetten* set/spread out * *vissen* ~ *in een vijver* stock a pond with fish * *een wacht* ~ post a guard **❹** *uitmeten* mark/measure out **❺** *uitspreiden* spread (out) **❻** *afzetten* switch off **❼** *vergroten* expand, extend **❽** jur evict, deport, ⟨huurder⟩ eject * *ongewenste vreemdelingen (het land)* ~ expel/deport undesirable aliens II *onoverg* [zette uit, is uitgezet] *groter worden* expand, swell III *wederk* [zette uit, h. uitgezet] expand, extend
**uitzetting** *v* [-en] **❶** *vergroting* expansion, dilat(at)ion, inflation **❷** *uit het land* expulsion, deportation **❸** *uit een huis* eviction, ejection
**uitzicht** *o* [-en] view, prospect, outlook * *iems.* ~ *belemmeren* obstruct sbd's view * ~ *hebben op...* command a (fine) view of..., overlook ⟨the Thames⟩, give on to... * ~ *bieden op succes* hold out a prospect/prospects of success
**uitzichtloos** *bn* fig hopeless
**uitzieken** I *overg* [ziekte uit, h. uitgeziekt] * *een griepje* ~ let the flu run its course II *onoverg* [ziekte uit, is uitgeziekt] nurse one's illness
**uitzien** I *overg* [zag uit, h. uitgezien] * *zijn ogen* ~ stare one's eyes out II *onoverg* [zag uit, h. uitgezien] look out * *er* ~ look * *je ziet er goed uit* you look well * *zij ziet er goed/knap uit* she's good-looking * *zij ziet er niet goed uit* she doesn't look well * *dat ziet er mooi uit!* a fine state of affairs! * *dat ziet er slecht uit* things look black * *hoe ziet hij/het eruit?* what does he/it look like?, what is he/it like? * *wat zie jij eruit!* what a state you're in!, you look a sight! * *ziet het er zó uit?* does it look like this?; is that the situation? * *het ziet eruit alsof het gaat regenen* it looks like rain * *naar een betrekking* ~ look out for a situation/job * *naar iem.* ~ look out for sbd * ~ *naar zijn komst* look forward to his coming * ~ *op een plein* look out on a square * ~ *op de Theems* overlook the Thames * ~ *op het zuiden* look/face south

**uitzingen** *overg* [zong uit, h. uitgezongen] **❶** *volhouden* manage, hold out * *met dit bedrag zul je het een maand moeten* ~ this sum will have to last you a month * *hoe lang zullen wij het* ~ *met die voedselvoorraad?* how long will the food supplies hold out? * *met deze jas kun je het deze winter nog wel* ~ this coat will see the winter out **❷** *ten einde zingen* sing out, sing to the end
**uitzinnig** *bn* beside oneself, distracted, demented, mad, frantic
**uitzitten** *overg* [zat uit, h. uitgezeten] sit out * ⟨in gevangenis⟩ *zijn tijd* ~ serve one's time, do time
**uitzoeken** *overg* [zocht uit, h. uitgezocht] **❶** *kiezen* select, choose **❷** *sorteren* sort out **❸** *antwoord vinden* figure out, work out
**uitzonderen** *overg* [zonderde uit, h. uitgezonderd] except * *enkelen uitgezonderd* barring a few people
**uitzondering** *v* [-en] exception * *een* ~ *op de regel* an exception to the rule * ~ *en bevestigen de regel* the exception proves the rule * *bij* ~ by way of exception * *bij hoge* ~ very rarely * *bij* ~ *voorkomend* exceptional * *met* ~ *van...* with the exception of... * *zonder* ~ without exception * *allen zonder* ~ *hadden handschoenen aan* all of them wore gloves
**uitzonderingspositie** *v* [-s] special position, exceptional position, privileged position
**uitzonderlijk** I *bn* exceptional, outstanding II *bijw* exceptionally, outstandingly
**uitzoomen** *onoverg* [zoomde uit, h. uitgezoomd] fotogr zoom out
**uitzuigen** *overg* [zoog uit, h. uitgezogen] **❶** *leegzuigen* suck (out) **❷** *uitbuiten* extort money from, sweat, exploit
**uitzuiger** *m* [-s] extortioner, bloodsucker
**uitzwaaien** *overg* [zwaaide uit, h. uitgezwaaid] wave goodbye, see off
**uitzwermen** *onoverg* [zwermde uit, is uitgezwermd] **❶** *v. bijen* swarm off **❷** mil disperse
**uitzweten** *overg* [zweette uit, h. uitgezweet] exude, ooze out, sweat out
**uk, ukkepuk** *m* [-ken], **ukkie** *o* [-s] toddler, tiny tot
**ukelele** *m* [-s] ukulele
**ulevel** *v* [-len] caramel in a paper wrapper
**ultiem** *bn* ultimate * ~ *e pogingen* last-ditch/all-out efforts
**ultimatum** *o* [-s] ultimatum * *een* ~ *stellen* deliver/issue an ultimatum (*aan* to)
**ultracentrifuge** *v* [-s] ultracentrifuge
**ultrageluid** *o* [-en] ultrasound, ultrasonic waves, ultrasonics
**ultramodern** *bn* ultramodern
**ultrarechts** *bn* ultraright, extreme right
**ultraviolet** *bn* ultraviolet * ~ *te straling* ultraviolet radiation
**umlaut** *m* [-en] **❶** *teken* umlaut, diaeresis * *a* ~ a with an umlaut **❷** *klankverandering* vowel mutation
**umpire** *m* [-s] umpire

ui

**UMTS**<sub>afk</sub> (Universal Mobile Telecommunications System) Universal Mobile Telecommunications System

**unaniem** I<sub>bn</sub> unanimous II<sub>bijw</sub> unanimously, with one assent/accord

**underdog**<sub>m</sub> [-s] underdog

**understatement**<sub>o</sub> [-s] understatement *dat is het ~van het jaar!* that is an all-time understatement!

**unicum**<sub>o</sub> [-s & -ca] ❶*enig exemplaar* single copy ❷*uniek ding* unique phenomenon/thing

**unie**<sub>v</sub> [-s] union *jur een personele ~* a common director, an interlinking director *de Europese Unie* the European Union

**uniek**<sub>bn</sub> unique

**unificatie**<sub>v</sub> [-s] unification

**uni'form** <sub>bn</sub> uniform *een ~tarief* a flat rate

**'uniform, uni'form** <sub>o & v</sub> [-en] ❶*alg.* uniform ❷*mil* regimentals

**uniformeren**<sub>overg</sub> [uniformeerde, h. geüniformeerd] ❶*uniform maken* make uniform, standardize ❷*in uniform kleden* uniformize

**uniformiteit**<sub>v</sub> uniformity

**unilateraal**<sub>bn</sub> unilateral

**uniseks**<sub>bn</sub> unisex

**unisono**<sub>bijw & o</sub> muz in unison

**unit**<sub>m</sub> [-s] unit

**universeel**<sub>bn</sub> universal, sole *~erfgenaam* the sole heir, the residuary legatee

**universitair** I<sub>bn</sub> university II<sub>bijw</sub> *~opgeleid* university/college educated/graduate III<sub>m-v</sub> [-en] ZN university graduate, academic

**universiteit**<sub>v</sub> [-en] university *de open ~* the Open University

**universiteitsbibliotheek**<sub>v</sub> [-theken] university library

**universiteitsgebouw**<sub>o</sub> [-en] university building

**universiteitsraad**<sub>m</sub> [-raden] university council

**universum**<sub>o</sub> universe

**unster**<sub>v</sub> [-s] steelyard, weighbeam

**update**<sub>m</sub> [-s] update

**updaten**<sub>overg</sub> [updatete, h. geüpdatet] update

**upgrade**<sub>m</sub> [-s] upgrade

**upgraden**<sub>overg</sub> [upgradede, h. geüpgraded] upgrade

**uppercut**<sub>m</sub> [-s] uppercut

**uppie**<sub>o</sub> *in zijn ~* all by oneself

**ups en downs**<sub>zn</sub> [mv] ups and downs

**up-to-date**<sub>bn</sub> up-to-date *ik zal je telefonisch ~ houden* I'll keep you up-to-date by telephone

**uranium**<sub>o</sub> uranium

**Uranus**<sub>m</sub> astron & astrol Uranus

**urbaan**<sub>bn</sub> urbane

**urbanisatie**<sub>v</sub> urbanization

**urbaniseren**<sub>overg en onoverg</sub> [urbaniseerde, h. en is geürbaniseerd] urbanize

**ure**<sub>v</sub> [-n] hour *in de ~des gevaars* in the hour of danger *te(r) elfder ~* at the eleventh hour

**urenlang**<sub>bn</sub> for hours, for hours on end, endless

**ureum**<sub>o</sub> urea

**urgent**<sub>bn</sub> urgent

**urgentie**<sub>v</sub> urgency

**urgentieverklaring**<sub>v</sub> [-en] declaration of urgency

**urinaal**<sub>o</sub> [-nalen] urinal

**urine**<sub>v</sub> urine

**urinebuis**<sub>v</sub> [-buizen] urethra

**urineleider**<sub>m</sub> [-s] ureter, urinary duct

**urineren**<sub>onoverg</sub> [urineerde, h. geürineerd] urinate, make/pass water

**urinewegen**<sub>zn</sub> [mv] urinary passages

**urinoir**<sub>o</sub> [-s] public lavatory, public convenience, public urinal

**URL**<sub>afk</sub> adresnaam op internet (Uniform/Universal Resource Locator) URL, Uniform/Universal Resource Locator

**urn, urne**<sub>v</sub> [urnen] urn

**urnenveld**<sub>o</sub> [-en] urnfield

**urologie**<sub>v</sub> urology

**uroloog**<sub>m</sub> [-logen] urologist

**uroscopie**<sub>v</sub> uroscopy

**Uruguay**<sub>o</sub> Uruguay

**usance, usantie**<sub>v</sub> [-s] custom, usage

**user**<sub>m</sub> [-s] comput user

**uterus**<sub>m</sub> [-ri, -sen] uterus

**utiliteitsbouw**<sub>m</sub> commercial and industrial building

**utopie**<sub>v</sub> [-pieën] utopian scheme, Utopia

**utopisch**<sub>bn</sub> utopian

**Utrecht**<sub>o</sub> stad en provincie Utrecht

**uur**<sub>o</sub> [uren] hour *een half ~* half an hour *driekwart ~* three quarters of an hour *een/twee ~ gaans* an hour's/two hours' walk *alle uren* every hour *aan geen ~gebonden* not tied down to time *binnen het ~* within an/the hour *zijn laatste ~ had geslagen* his last hour had come *het ~van de waarheid* the hour of truth *in het ~van het gevaar* in the hour of danger *in een verloren ~* in a spare hour *om drie ~* at three (o'clock) *om het ~* every hour *om de twee ~* every two hours *op elk ~* every hour, at any hour *op elk ~van de dag* at all hours of the day, at any hour *op een vast ~* at a fixed hour *over een ~* in an hour('s time) *zoveel per ~* so much per/an hour *iem. per ~betalen* pay sbd by the hour *te goeder/kwader ure* in a happy/an evil hour *ter elfder ure* at the eleventh hour *tegen drie ~* by three o'clock *van ~tot ~* from hour to hour, hourly

**uurloon**<sub>o</sub> hourly wage

**uurtarief**<sub>o</sub> [-rieven] hourly rate

**uurtje**<sub>o</sub> [-s] hour *in een verloren ~* in a spare hour *de kleine ~s* the small/early hours

**uurwerk**<sub>o</sub> [-en] ❶*klok* clock, timepiece ❷*raderwerk* works, clockwork

**uurwijzer**<sub>m</sub> [-s] hour hand, short hand

**uv**<sub>afk</sub> (ultraviolet) ultraviolet

**uv-licht**<sub>o</sub> ultraviolet light

**U-vormig**<sub>bn</sub> U-shaped

uv

**uw** *bez vnw* your, *plechtig* thy∗ *de, het~ e* yours, *plechtig* thine∗ *geheel de~ e...* yours truly...
**uwentwil ,uwentwille** *zn* ∗ *om~* for your sake
**uwerzijds** *bijw* on your part, on your behalf
**uzelf** *wederk vnw*❶ *enkelvoud* yourself❷ *meervoud* yourselves
**uzi** *m* [ˈs] uzi

# V

**v** *v* [ˈs] v
**vaag I** *bn* vague, hazy, indefinite∗ *een vage herinnering* a vague memory**II** *bijw* vaguely &
**vaagheid** *v* [-heden] vagueness
**vaak I** *bijw* often, frequently**II** *m slaperigheid* sleep, sleepiness∗ *~ hebben* be sleepy▼ *praatjes voor de~* idle talk
**vaal** *bn* ❶ *v. kleur alg.* faded❷ *v. gelaatskleur* sallow ❸ *v. licht* pale
**vaalbleek** *bn* sallow
**vaalheid** *v* sallowness, fadedness
**vaalt** *v* [-en] dunghill, dungheap
**vaandel** *o* [-s] flag, standard, ensign, colours∗ *met vliegende~ s* with colours flying∗ *onder het~ van...* under the banner of...∗ *iets hoog in het~ voeren* feel very strongly about sth
**vaandeldrager** *m* [-s] standard-bearer
**vaandrig** *m* [-s]❶ hist standard-bearer❷ mil reserve officer cadet
**vaantje** *o* [-s]❶ *vlaggetje* pennant❷ *windwijzer* weather vane
**vaarbewijs** *o* [-wijzen] navigation licence/Am license
**vaarboom** *m* [-bomen] punting pole
**vaardiepte** *v* [-n] navigable depth
**vaardig I** *bn* ❶ *handig* skilled, skilful/Am skillful, adroit, clever, proficient∗ *~ in... zijn* be clever at... ∗ *~ in het Engels* fluent/proficient in English∗ *hij is ~ met de pen* he has a ready pen❷ *gereed* ready **II** *bijw* skil(l)fully &
**vaardigheid** *v* [-heden]❶ *handigheid* skill, cleverness, proficiency∗ *een~ in vreemde talen* a proficiency in foreign languages, language skills ❷ *gereedheid* readiness
**vaardigheidstest** *m* [-s] proficiency/achievement test
**vaargeul** *v* [-en] channel, fairway, lane
**vaarroute** *v* [-s & -n] navigation course
**vaars** *v* [vaarzen] heifer
**vaart** *v*❶ *snelheid* speed∗ *gelukkig had de auto niet veel~* fortunately, the car wasn't travelling fast∗ *~ krijgen* gain speed/headway∗ *het zal zo'n~ niet lopen* things won't take that turn, it won't come to that∗ *~ (ver)minderen* slow down∗ *~ achter iets zetten* speed up∗ *in volle~* (at) full speed∗ *in dolle~* at breakneck speed, in mad career∗ *met een~ van...* at the rate of...∗ *een~ hebben van ... knopen* run at ... knots❷ *voortgang* career, tempo, momentum ∗ *het boek heeft~* the book is briskly written❸ *de scheepvaart* navigation∗ *de grote~* ocean-going trade∗ *de kleine~* home trade∗ *wilde~* tramp shipping∗ ‹schepen› *in de~ brengen* put into service∗ *uit de~ nemen* withdraw from service ❹ *kanaal* [-en] canal❺ *reis te water* [-en] voyage

**∗***iem. een behouden* ∼*wensen* wish sbd a safe journey
**vaartijd** *m* [-en] sailing time
**vaartje** *o* [-s] **∗***een aardje naar zijn* ∼a chip off the old block
**vaartuig** *o* [-en] vessel, craft
**vaarverbod** *o* ban on navigation **∗***er geldt een* ∼ *gedurende...* navigation is prohibited during...
**vaarwater** *o* [-s & -en] fairway, channel, waters **∗***iem. in het* ∼*zitten* thwart sbd **∗***ze zitten elkaar altijd in het* ∼they're always at cross-purposes **∗***je moet maar uit zijn* ∼*blijven* you'd better give him a wide berth
**vaarwel I** *tsw* farewell!, adieu!, goodbye! **II** *o* farewell **∗***hun een laatst* ∼*toewuiven* wave them a last farewell/goodbye
**vaarwelzeggen** *overg* [zegde, zei vaarwel, h. vaarwelgezegd] say goodbye, bid farewell (to), take leave (of), leave **∗***de studie* ∼*zeggen* give up studying **∗***de wereld* ∼*zeggen* retire from the world
**vaas** *v* [vazen] vase
**vaat** *v* washing-up, dishes **∗***de* ∼*wassen* wash up, do the dishes
**vaatbundel** *m* [-s] vascular bundle
**vaatdoek** *m* [-en] dishcloth
**vaatje** *o* [-s] small barrel, cask, keg **∗***uit een ander* ∼ *tappen* change one's tune
**vaatkramp** *v* [-en] angiospasm, vasospasm
**vaatkwast** *m* [-en] washing-up brush
**vaatstelsel** *o* [-s] vascular system
**vaatvernauwing** *v* narrowing of the arteries, *med* vasoconstriction
**vaatverwijdend** *bn* vasodilating
**vaatwasmachine** *v* [-s], **vaatwasser** *m* [-s] (automatic) dishwasher
**vaatwerk** *o* **❶***serviesgoed* crockery, kitchenware **❷***tonnen* casks
**vaatziekte** *v* [-n & -s] vascular disease
**va-banque** *o* **∗**∼*spelen* go for broke, play all or nothing
**vacant** *bn* vacant
**vacatiegeld** *o* [-en] fee, attendance money
**vacature** *v* [-s] vacancy
**vacaturebank** *v* [-en] job vacancy department, employment agency
**vacaturestop** *m* [-s] halt on vacancies
**vaccin** *o* [-s] vaccine
**vaccinatie** *v* [-s] vaccination
**vaccinatiebewijs** *o* [-wijzen] vaccination certificate
**vaccineren** *overg* [vaccineerde, h. gevaccineerd] vaccinate
**vacht** *v* [-en] fleece, pelt, fur
**vacuüm** *o* [-cua] vacuum
**vacuümbuis** *v* [-buizen] vacuum tube
**vacuümpomp** *v* [-en] vacuum pump
**vacuümverpakking** *v* [-en] vacuum packaging
**vacuümverpakt** *bn* vacuum-packed
**vadem** *m* [-en & -s], **vaam** [vamen] fathom **∗***10* ∼

*diep* 10 fathoms deep **∗***een* ∼*hout* a cord of wood
**vademecum** *o* [-s] handbook, manual
**vader** *m* [-s & -en] father **∗***de Heilige Vader* the Holy Father **∗***Onze Hemelse Vader* Our Heavenly Father **∗***onze* ∼*en* our fathers **∗***de* ∼*van het communisme* the father of communism **∗***van* ∼*op zoon* from father to son **∗***zo* ∼*, zo zoon* like father like so
**Vaderdag** *m* Father's Day
**vaderfiguur** *v & o* [-guren] father figure
**vaderhart** *o* father's heart
**vaderhuis** *o* paternal home
**vaderland** *o* [-en] (native) country, home country, plechtig fatherland, home(land) **∗***het* ∼*verlaten* leave one's native country **∗***naar het* ∼*terugkeren* return to one's native country **∗***voor het* ∼*weg* randomly
**vaderlander** *m* [-s] patriot
**vaderlands** *bn* **❶***het land eigen* national, native ⟨soil⟩ **∗**Belg *het* ∼*lied* the national anthem **❷***vaderlandslievend* patriotic **∗***een* ∼*e daad* an act of patriotism
**vaderlandsliefde** *v* love of (one's) country, patriotism
**vaderlandslievend** *bn* patriotic
**vaderliefde** *v* fatherly/paternal love
**vaderlijk I** *bn* fatherly, paternal **II** *bijw* in a fatherly way, paternally
**vaderloos** *bn* fatherless
**vadermoord** *m & v* [-en] patricide
**vadermoordenaar** *m* [-s] patricide
**vaderschap** *o* paternity, fatherhood
**vaderschapstest** *m* [-s] paternity test
**vaderschapsverlof** *o* paternity leave
**vaderskant** *m*, **vaderszijde** *v* paternal/father's side **∗***van* ∼*on* one's father's side **∗***zijn grootmoeder van* ∼one's paternal grandmother
**vadsig I** *bn* lazy, indolent, slothful **II** *bijw* lazily &
**VAE** *zn* [mv] (Verenigde Arabische Emiraten) UAE, United Arab Emirates
**vagant** *m* [-en] *hist* wandering scholar
**vagebond** *m* [-en] vagabond, tramp
**vagelijk** *bijw* vaguely
**vagevuur** *o* purgatory **∗***in het* ∼in purgatory
**vagina** *v* ['s] vagina
**vaginaal** *bn* vaginal
**vak** *o* [-ken] **❶***v. kast &* compartment, partition, pigeonhole **❷***begrensd vlak* section, square, space, ⟨glas⟩ pane, ⟨parkeervak⟩ bay, ⟨formulier⟩ box, ⟨v. deur⟩ panel **❸***v. spoorweg &* section, stretch **❹***beroep* trade, profession **∗***zijn* ∼*verstaan* understand/know one's job **∗***dat is mijn* ∼*niet* that's not my line of business/not in my line **∗***ik ben in een ander* ∼I'm in another line of business **∗***een man van het* ∼a professional **∗***hij praat altijd over zijn* ∼ he's always talking shop **❺***v. wetenschap* subject, field **❻***v. studie* subject, course
**vakantie** *v* [-s] holiday(s), vacation **∗***de grote* ∼the summer holidays/vacation **∗***een dag* ∼a day off

* *een maand~* a month's holiday✳ *~ nemen* take a holiday✳ *in de~* during the holidays✳ *met/op~ gaan* go (away) on holiday(s)✳ *met/op~ zijn* be (away) on holiday✳ *met~ naar huis gaan* go home for the holidays✳ *waar ga je met de~ naar toe?* where are you going for your holiday(s)?✳ *ik ga op ~ naar Frankrijk* I'm going to France for my holiday(s)

**vakantieadres** *o* [-sen] holiday address

**vakantiebestemming** *v* [-en] holiday destination

**vakantieboerderij** *v* [-en] holiday farm

**vakantiecursus** *m* [-sen] holiday course, summer school

**vakantiedag** *m* [-dagen] day off

**vakantiedrukte** *v* holiday rush

**vakantieganger** *m* [-s] holidaymaker

**vakantiegeld** *o* [-en] holiday pay

**vakantiehuisje** *o* [-s] holiday cottage

**vakantieland** *o* [-en] holiday spot

**vakantieoord** *o* [-en] holiday resort

**vakantieperiode** *v* [-s & -n] holiday period

**vakantieplan** *o* [-nen] holiday plan

**vakantiespreiding** *v* staggering of holidays, staggered holidays

**vakantietijd** *m* holidays, holiday season

**vakantietoeslag** *m* [-slagen] holiday bonus

**vakantiewerk** *o* holiday job

**vakbekwaam** *bn* skilled

**vakbekwaamheid** *v* professional skills

**vakbeurs** *v* [-beurzen] trade fair

**vakbeweging** *v* [-en] ❶ Br trade unionism, trade union movement, Am labor union movement ❷ *vakorganisaties* trade/labor unions

**vakblad** *o* [-bladen], **vaktijdschrift** [-en] ‹wetenschappelijk› professional journal, ‹beroeps› trade journal, ‹technisch› technical journal

**vakbond** *m* [-en] Br trade union, Am (labor) union

**vakbondsleider** *m* [-s] Br (trade) union leader, Am labor (union) leader/union leader

**vakbondslid** *o* [-leden] (trade) union member

**vakbroeder** *m* [-s] colleague

**vakcentrale** *v* [-s] Br federation of trade unions, trade union federation, Am labor union federation

**vakdiploma** *o* ['s] professional diploma

**vakdocent** *m* [-en] specialist teacher

**vakgebied** *o* [-bieden] field (of study)

**vakgenoot** *m* [-noten] colleague

**vakgroep** *v* [-en] ❶ *v. faculteit* department, section ❷ *v. vakvereniging* union branch

**vakidioot** *m* [-idioten] narrow-minded specialist, ‹history, mathematics &› freak

**vakjargon** *o* lingo, technical jargon

**vakjury** *v* ['s] specialist jury

**vakkennis** *v* professional/specialized/expert knowledge

**vakkenpakket** *o* [-ten] examination/chosen subjects

**vakkenvullen** *o* stocking supermarket shelves

**vakkenvuller** *m* [-s] supermarket shelf filler, supermarket stockboy/stockgirl

**vakkring** *m* [-en] professional/expert circle✳ *in~ en* among experts

**vakkundig I** *bn* expert, skilled, competent **II** *bijw* expertly, skillfully, competently

**vakkundigheid** *v* (professional) skill

**vakliteratuur** *v* specialist/professional literature, ‹v. beroep› trade literature

**vakman** *m* [-nen, -lui, -lieden] ❶ professional, expert, specialist ❷ *handarbeider* craftsman

**vakmanschap** *o* craftsmanship, skill✳ *deze stoel is gemaakt met~* this chair was made with real craftsmanship

**vakminister** *m* [-s] Project Secretary

**vakonderwijs** *o* vocational education

**vakopleiding** *v* [-en] professional training

**vakorganisatie** *v* [-s] trade union, professional organization

**vakpers** *v* ❶ *journalisten* trade press ❷ *publicaties* specialist publications

**vakschool** *v* [-scholen] technical/vocational school

**vaktaal** *v* technical/professional language, afkeurend jargon✳ *in~* in technical terms

**vakterm** *m* [-en] technical term

**vaktijdschrift** *o* [-en]→**vakblad**

**vakverbond** *o* [-en] federation of trade unions/Am labor unions

**vakvereniging** *v* [-en] trade union, Am labor union

**vakvrouw** *v* [-en] ❶ professional, expert, specialist ❷ *handarbeider* craftswoman

**vakwerk** *o* ❶ *werk v. vakman* expert/skilled work, professional job ❷ *bouwwijze* half-timber ❸ *bij skeletbouw* skeleton structure

**val I** *m* ❶ fall✳ *een vrije~* a free fall✳ *een~ maken* have a fall ❷ *fig* downfall, overthrow✳ *de regering ten~ brengen* bring down/overthrow the government✳ *iem. ten~ brengen* bring sbd down, ruin sbd **II** *v* [-len] ❶ *om te vangen* trap✳ *een~ zetten* set a trap✳ *in de~ lopen* walk/fall into the trap ❷ *strook* valance **III** *o* [-len] scheepv halyard

**valabel** *bn* ❶ valid ❷ *verdienstelijk* ZN skilled, experienced, useful

**valbijl** *v* [-en] guillotine

**valdeur** *v* [-en] ❶ trapdoor, trap ❷ *v. sluis* lock gate

**valentie** *v* [-s] valence

**Valentijnsdag** *m* Valentine's Day

**valentijnskaart** *v* [-en] valentine card

**valeriaan I** *v plant* valerian **II** *v & o stof* valerian

**valhek** *o* [-ken] portcullis

**valhelm** *m* [-en] crash helmet

**valide** *bn* ❶ *gezond* able-bodied ❷ *geldig* valid

**valideren** *overg* [valideerde, h. gevalideerd] validate, make valid

**validiteit** *v* validity

**valies** *o* [-liezen] suitcase✳ ZN *zijn~ pakken* pack one's cases, make/run off✳ ZN *iem. in de~ zetten/doen* deceive a person

**valium** *o* valium

**valk** *m & v* [-en] *vogel* falcon

**valkenier** *m* [-s] falconer

**valkenjacht** *v* [-en] falconry

**valkruid** *o* arnica montana

**valkuil** *m* [-en] ❶ trap ❷ fig pitfall

**vallei** *v* [-en] valley, <u>dicht</u> vale, ⟨kleiner⟩ dale, ⟨klein, met bomen begroeid⟩ dell

**vallen I** *o* ❋ *bij het~ van de avond* at nightfall

**II** *onoverg* [viel, is gevallen] ❶ *naar beneden vallen* fall, drop, go down ❋ *het gordijn valt* the curtain drops ❋ *er valt regen* it's raining ❋ *iets laten~* drop sth ❋ *aan stukken~* fall to pieces ❋ *zich in een stoel laten~* drop into a chair ❋ *van zijn paard~* fall from one's horse ❷ *omvallen, struikelen* fall over ❋ *iem. doen~* trip up sbd; fig bring about sbd's fall ❋ *hij valt over elke kleinigheid* he makes a fuss about every trifle ❋ *ik ken hem niet, al viel ik over hem* I don't know him from Adam ❸ *te liggen komen op/bij* fall ❋ *de klemtoon valt op de eerste lettergreep* the stress falls on the first syllable ❋ *de keuze is op u ge~* the choice has fallen on you ❋ *het huis viel aan mijn broer* the house fell to my brother ❹ *plaatsvinden op* fall ❋ *het valt op een maandag* it falls on a Monday ❺ *neerhangen* fall, hang ❋ *de jurk valt goed* the dress sits/hangs well ❻ *zijn, komen* fall, be ❋ *de avond valt* night is falling ❋ *het valt zoals het valt* come what may ❋ *er zullen klappen/slagen~* there'll be blows ❋ *er vielen woorden* there were words ❋ *daar valt niet mee te spotten* it isn't to be trifled with ❋ *wat valt daarvan te zeggen?* what can be said about it? ❋ *al naar het valt* as the case may be, depending on what happens ❼ *ressorteren* fall, come ❋ *dat valt hier niet onder* it doesn't fall/come under this heading ❽ *sneuvelen* fall in battle ❋ *velen zijn in die slag ge~* many fell in this battle ❾ *invloed/macht verliezen* fall, fail ❋ *de minister is ge~* the minister has been brought down ❿ *ervaren worden als* fall, seem ❋ *het zal hem hard~* he'll find it hard ❋ *de tijd valt mij lang* time hangs heav(il)y on my hands ❋ *dat valt me moeilijk/zwaar* it's difficult for me, I find it difficult ⓫ *laten varen, afdoen* drop ❋ *wij kunnen niets van onze eisen laten~* we can't drop any of our claims ❋ *wij kunnen niets van de prijs laten ~* we can't knock anything off the price ⓬ *zich aangetrokken voelen tot* fall for, fancy ❋ *hij valt op brunettes* he goes/falls for brunettes, he fancies brunettes

**vallend** *bn* ❋ *een~e ster* a falling star ❋ *de~e ziekte* epilepsy ❋ *een lijder aan~e ziekte* an epileptic

**valling** *v* [-en] ❶ *helling* slope ❷ *verkoudheid* ZN cold

**valluik** *o* [-en] trapdoor

**valorisatie** *v* [-s] valorization

**valoriseren** *overg* [valoriseerde, h. gevaloriseerd] valorize

**valpartij** *v* [-en] spill

**valreep** *m* [-repen] <u>scheepv</u> gangway ❋ *op de~* at the last moment ❋ *een glaasje op de~* one for the road

**vals I** *bn* ❶ *niet echt* false, forged, fake, inf dud ❋ *~ geld* counterfeit money ❋ *een~e handtekening* a forged signature ❋ *een~e Rembrandt* a forged/fake Rembrandt ❋ *~e juwelen* imitation jewels ❋ fig *een~ spoor* a red herring ❋ fig *een~e start* a breakaway ❷ *niet oprecht* false, treacherous ❋ *~ spel* foul play ❸ *boosaardig* vicious ❋ *~ een hond* a vicious dog **II** *bijw* falsely & ❋ *iem.~ beschuldigen* accuse sbd unjustly/falsely ❋ *iem.~ aankijken* look meanly at sbd ❋ *~ klinken* have a false ring ❋ *~ spelen* muz play out of tune; <u>kaartsp</u> cheat ❋ *~ zingen* sing out of tune ❋ *~ zweren* perjure oneself

**valscherm** *o* [-en] parachute

**valselijk** *bijw* falsely, wrongly

**valsemunter** *m* [-s] coiner, counterfeiter

**valsemunterij** *v* counterfeiting, forgery

**valsheid** *v* [-heden] ❶ *oneerlijkheid* falseness, falsity, treachery ❋ *~ in geschrifte* forgery, falsification ❷ *gemeenheid* meanness, maliciousness

**valsspeler** *m* [-s] cardsharp

**valstrik** *m* [-ken] ❶ snare, trap ❷ fig trick, trap

**valuta** *v* ['s] ❶ *koers* rate of exchange ❷ *munt* currency ❋ *buitenlandse~* foreign currency ❋ *harde ~* hard currency ❸ *waarde* value

**valutahandel** *m* foreign exchange dealings/trading, currency trading

**valutakoers** *m* [-en] exchange rate

**valutamarkt** *v* [-en] foreign exchange market

**valutarisico** *o* ['s] foreign exchange risk, currency exposure

**valwind** *m* [-en] fall/down wind, föhn

**vamp** *v* [-en] femme fatale

**vampier** *m* [-s] ❶ vampire ❷ *vleermuis* vampire bat

**van** *voorz & bijw* ❶ *bezit aanduidend* of, ⟨als suffix⟩ 's ❋ *het boek ~ mijn vader* my father's book ❋ *dat boek is ~ mij* that book is mine, that's my book ❷ *relatie aanduidend* of ❋ *een vriend ~ mij* a friend of mine ❋ *zij was een nicht~ de koningin* she was a cousin to the queen ❸ *dat heeft hij niet~ mij* he didn't get it from me ❸ *gemaakt door* by ❋ *een schilderij~ Rembrandt* a painting by Rembrandt ❹ *gedaan door* of ❋ *het was dom ~ hem* it was stupid of him ❺ *wat betreft* of, in ❋ *een geval ~ fraude* a case of fraud ❋ *de stijging ~ prijzen en lonen* the rise in prices and wages ❻ *oorzakelijk* from, with, for ❋ *~ kou omkomen* perish with cold ❋ *tranen ~ vreugde* tears of joy ❋ *~ vreugde schreien* weep with/for joy ❼ *aanduidend* of ❋ *die schurk ~ een kruidenier* that scoundrel of a grocer ❋ telec *de E ~ Eduard* E for Edward, E as in Edward ❋ *de sneltrein ~ 3 uur 16* the 3.16 express ❽ *scheiding aanduidend* from ❋ *~ A tot B* from A to B. ❋ *~ de morgen tot de avond* from morning till night ❋ *het is een uur lopen ~ Schoonoord* it is an hour's walk from Schoonoord ❾ *afkomst* of ❋ *~ adel* of noble birth, from the nobility ❋ *voor stofnamen* ❋ *een kam ~ zilver* a comb of silver, a silver comb ❿ *van ... af* off, from ❋ *eten ~ een bord* eat off a plate ❋ *hij viel ~ de*

**va**

*ladder/trap* he fell off the ladder/down the stairs
✳ *negen ~ de tien* nine out of (every) ten; rekenk
nine from ten ‹leaves one› ▼ *~ de week* this week
▼ *hij zegt ~ ja* he says yes ▼ *ik vind ~ wel* I think so
**vanaf** *voorz* from ✳ *~ heden* as from today ✳ *~ 10
euro* from 10 euros ✳ *~ Amsterdam* from Amsterdam
**vanavond** *bijw* this evening, tonight
**vanbinnen** *bijw* ❶ *aan de binnenkant* inside, on the
inside ❷ *vanuit de binnenkant* from the inside
**vanbuiten** *bijw* on/from the outside
**vandaag** *bijw* today ✳ ‹tegenwoordig› *~ de dag*
these days ✳ fig *~ of morgen* sooner or later ✳ *liever
~ dan morgen* as soon as possible
**vandaal** *m* [-dalen] vandal, ‹voetbal› hooligan
**vandaan** *bijw* ✳ *ergens ~ gaan* go away, leave ✳ *ik
kom daar ~* I'm from that place ✳ *waar kom jij ~?*
where do you come from? ✳ fig *waar haal je het ~?*
where on earth do you get that idea from?
**vandaar** *bijw* ❶ *daarvandaan* from there ❷ *daarom*
therefore, that's why
**vandalisme** *o* vandalism, ‹bij voetbal› hooliganism
**vandoen** *bijw* ✳ *ergens mee ~ hebben* have to do with
sth
**vaneen** *bijw* apart, separated, plechtig asunder
**vang** *v* [-en] flank
**vangarm** *m* [-en] tentacle
**vangbal** *m* [-len] sp catch
**vangen** *overg* [ving, h. gevangen] ❶ *te pakken krijgen*
catch, capture, trap ✳ *zich niet laten ~* not walk into
the trap ✳ inf *hoeveel heb je ervoor ge~?* how much
did you get for it? ❷ *opvangen* catch
**vanghek** *o* [-ken] crush barrier
**vanglijn** *v* [-en] ❶ scheepv mooring line ❷ *aan een
persoon* lifeline
**vangnet** *o* [-ten] safety net
**vangrail** *v* [-s] guard rail, crash barrier
**vangst** *v* [-en] ❶ *opbrengst* catch, haul, takings ✳ *een
goede ~* a good haul/catch, good takings ❷ *het
vangen* capture
**vangstbeperking** *v* [-en] quota
**vangstverbod** *o* [-boden] ban on fishing
**vangverbod** *o* [-boden] hunting/fishing ban
**vangzeil** *o* [-en] jumping sheet
**vanhier** *bijw* from here
**vanille** *v* vanilla
**vanille-extract** *o*, **vanille-essence** *v* vanilla
extract/essence
**vanille-ijs** *o* vanilla ice cream
**vanillestokje** *o* [-s] stick of vanilla
**vanillesuiker** *m* vanilla sugar
**vanillevla** *v* ± vanilla custard
**vanmiddag** *bijw* this afternoon
**vanmorgen** *bijw* this morning
**vannacht** *bijw* ❶ *komende* tonight ❷ *afgelopen* last
night
**vanochtend** *bijw* this morning
**vanouds** *bijw* of old ✳ *als ~* as of old
**Vanuatu** *o* Vanuatu

**vanuit** *bijw* from
**vanwaar** *bijw* ❶ *plaats* from what place, from where,
plechtig whence ❷ *om welke reden* why
**vanwege** *voorz* ❶ *reden* on account of, because of,
due to ❷ *namens* on behalf of, in the name of
**vanzelf** *bijw* by/of itself, of its own accord ✳ *~!*
naturally!, of course! ✳ *dat doe ik ~* I'll do that as a
matter of course ✳ *het gebeurde ~* it just happened
✳ *alles loopt als ~* everything's going smoothly ✳ *dat
spreekt ~* that goes without saying
**vanzelfsprekend I** *bn* self-evident ✳ *het is ~* it goes
without saying ✳ *als ~ aannemen* take it for granted
**II** *bijw* naturally, as a matter of course
**vanzelfsprekendheid** *v* [-heden] ✳ *dat is een ~* that
goes without saying
**varaan** *m* [-ranen] monitor lizard
**varen I** *v* [-s] *plant* fern, bracken **II** *overg* [voer, h.
gevaren] carry/transport by ship/boat **III** *onoverg*
[voer, h. en is gevaren] ❶ *met boot* sail, navigate
✳ *om hoe laat vaart de boot?* what time does the boat
leave/sail? ✳ *gaan ~* go to sea ✳ *zullen we wat gaan
~?* shall we go for a sail? ✳ *wij voeren om de Kaap*
we went via the Cape, we sailed round the Cape ✳ *zij
~ op New York* they trade to New York ❷ *gaan* be
✳ *hoe vaart u?* how are you?, how do you do? ✳ *wel
bij iets ~* do well by sth ✳ *u zult er niet slecht bij ~*
you'll be none the worse for it ▼ *zij hebben dat plan
laten ~* they've abandoned/given up/dropped the
plan ▼ *de duivel is in hem gevaren* the devil has taken
possession of him ▼ *ten hemel ~* ascend to Heaven
▼ *ter helle ~* go to hell
**varensgezel** *m* [-len] sailor, seaman
**varia** *zn* [mv] miscellanea
**variabel I** *bn* variable ✳ *~e werktijden* flexible hours,
flexitime **II** *bijw* variably ✳ *~ werken* work flexible
hours
**variabele** *v* [-n] variable
**variant** *v* [-en] variant
**variatie** *v* [-s] variation ✳ *~s op* variations on ✳ *voor
de ~* for a change
**variëren** *overg & onoverg* [varieerde, h. gevarieerd]
vary ✳ *~d tussen de 10 en 20 euro* ranging from 10 to
20 euros, between 10 and 20 euros ✳ *~d van ... tot...*
varying/ranging from ... to...
**variété** *v* [-s] variety theatre/Am theater, music hall
**variëteit** *v* [-en] variety
**varken** *o* [-s] *ook scheldwoord* pig, hog, swine ✳ *lui ~!*
lazy pig! ✳ *een wild ~* a wild boar ✳ *vele ~s maken de
spoeling dun* ± the more to share the less there is, the
fewer the better ✳ *het ~ is op één oor na gevild*
everything is almost done
**varkensblaas** *v* [-blazen] hog's bladder
**varkensfokker** *m* [-s] pig breeder/farmer
**varkensfokkerij** *v* ❶ *bedrijfstak* pig breeding ❷ *bep.
bedrijf* [-en] pig farm
**varkenshaas** *m* [-hazen] pork tenderloin
**varkenshok** *o* [-ken] pigsty, piggery
**varkenskarbonade** *v* [-s & -n] pork chop

va

**varkenskop** *m* [-pen] pig's head
**varkenskot** *o* [-ten] pigsty, piggery
**varkensleer** *o* pigskin
**varkensmesterij** *v* ❶ *bedrijfstak* pig raising ❷ *bep. bedrijf* [-en] pig farm
**varkenspest** *v* swine fever
**varkensslager** *m* [-s] pork butcher
**varkenssnuit** *m* [-en] pig's snout
**varkensstal** *m* [-len] pigsty, piggery
**varkensvet** *o* pork lard
**varkensvlees** *o* pork
**varkensvoer** *o* ❶ pig feed, pigswill ❷ fig slops
**varkentje** *o* [-s] piglet, pigling, inf piggy * *we zullen dat~ wel wassen!* we'll deal with it!
**vasectomie** *v* vasectomy
**vaseline** ® *v* vaseline
**vasomotorisch** *bn* vasomotor
**vast I** *bn* ❶ *niet verplaatsbaar* fast, firm, fixed * *~e activa* fixed assets * *een~e brug* a fixed bridge * *~e goederen* fixed property, immovables * *~ kapitaal* fixed capital * *een~e ster* a fixed star * *~e vloerbedekking* a fitted floor covering/carpet * *de~e wal* the shore * *een~e wastafel* a fixed washbasin ❷ *standvastig* firm, steady * *een~e hand* a firm/steady hand * *een~e overtuiging* a firm conviction * *een~e slaap* a sound sleep * *een~ voornemen* a firm/fixed/set intention ❸ *duurzaam, permanent* permanent, standing, fast * *een~e aanbieding* a standing offer * *een~e aanstelling* a permanent appointment * *een~e arbeider* a permanent employee * *zijn~e benoeming* his permanent appointment * *een~e betrekking* a permanent situation/job * *een~e commissie* a standing (parliamentary) committee * *~e kleuren* fast colours * *~e lasten* ⟨v. bedrijf⟩ overhead expenses, overheads; ⟨v. huishouden⟩ fixed charges, recurring expenses * *~e planten* perennials * *een~e positie* a stable position * *een~e uitdrukking* a stock phrase * *~ weer* settled weather * *~ werk* regular work/employment * *zonder~e woon- of verblijfplaats* (of) no fixed abode ❹ *vastgelegd, geregeld* fixed, regular, certain, definite * handel *oliewaarden~* oil shares were firm * *~e aardigheden* stock jokes * *~e avondjes* set evenings * *een~e bezoeker* a regular visitor, patron * *een~e halte* a compulsory stop * *een~e hypotheek* a fixed-interest mortgage * *een~ inkomen* a fixed income * *~e inwoners* resident inhabitants * *~e klanten* regular customers * *een~ nummer* a fixture * *een~e offerte* a firm offer * *~e prijzen* fixed prices; no discount given! * *~e rente* a flat-rate interest * *een ~ salaris* a fixed salary * *onze~e schotel op zondag* our regular Sunday dish * *een~e som die vooruitbetaald wordt voor te verwachten diensten* a retainer, a retaining fee * *met~e tussenpozen* at regular intervals * *een~e wisselkoers* a fixed exchange rate ❺ *stevig, massief, solide* solid * *~e brandstoffen* solid fuel * *~e kost* solid food * *~e*

*lichamen* solid bodies, solids * *een~e massa* a solid mass * *~e spijzen* solid food * *~ worden* ⟨v. vloeistoffen⟩ congeal, ⟨v. kaas &⟩ solidify, ⟨v. pudding &⟩ set * handel *~er worden* firm up, ⟨v. prijzen⟩ stiffen **II** *bijw* ❶ *ferm* fast, firmly * *~ slapen* be sound asleep, sleep soundly * *~ geloven* believe firmly ❷ *alvast* as well, in the meantime * *wij zullen maar ~ beginnen* we'll begin meanwhile * *ga maar~* you go ahead ❸ *zeker* certainly, surely, for certain * *~ en zeker* quite certain * *~ niet* ⟨zeker niet⟩ certainly not; ⟨waarschijnlijk niet⟩ probably not, I don't think so
**vastberaden I** *bn* resolute, firm, determined **II** *bijw* resolutely, firmly, with determination
**vastberadenheid** *v* resoluteness, firmness, determination
**vastbesloten I** *bn* determined, resolute, firm **II** *bijw* with determination, resolutely, firmly
**vastbeslotenheid** *v* determination, resolution
**vastbijten** *wederk* [beet vast, h. vastgebeten] * *zich ~ in iets* sink one's teeth into sth
**vastbinden** *overg* [bond vast, h. vastgebonden] bind/tie up, fasten, ⟨v. dieren⟩ tether
**vastdraaien** *overg* [draaide vast, h. vastgedraaid] tighten, screw down
**vasteland** *o* [-en] continent, mainland
**vasten I** *m* fast * ⟨christelijk⟩ *in de~* in Lent * *de~ breken* break the fast **II** *o* fasting, fast **III** *onoverg* [vastte, h. gevast] fast
**Vastenavond** *m* [-en] Shrove Tuesday, Pancake Day
**vastendag** *m* [-dagen] fasting day
**vastenmaand** *v* [-en] month of fasting, ⟨in de islam⟩ Ramadan, ⟨christelijk⟩ Lent
**vastentijd** *m* ❶ time of fasting ❷ rel Lent
**vastgeroest** *bn* ❶ stuck tight ❷ fig stuck in a groove * *~ in zijn ideeën* set in his ideas
**vastgoed** *o* real estate, jur immovables
**vastgrijpen** *overg* [greep vast, h. vastgegrepen] seize, catch hold of, grip
**vastgroeien** *onoverg* [groeide vast, is vastgegroeid] grow together
**vasthaken** *overg* [haakte vast, h. vastgehaakt] hitch/hook (together)
**vasthechten** *overg* [hechtte vast, h. vastgehecht] attach, fasten, fix, affix * *zich~ aan iets* attach itself/themselves to sth; fig become/get attached to sth
**vastheid** *v* ❶ firmness, solidity ❷ *onveranderlijkheid* permanence
**vasthouden** *overg* [hield vast, h. vastgehouden] ❶ *beethouden* hold fast, hold * *zich~* hold fast, hold on * *~ aan een besluit* stick to a decision * *zich~ aan de leuning* hold on to the banisters * *houd je vast voor een snel ritje!* brace (yourself) for a fast ride! ❷ *in bewaring houden* detain ❸ *achterhouden* retain, hold on to
**vasthoudend I** *bn* volhardend tenacious, persevering, persistent **II** *bijw* tenaciously &

**vasthoudendheid** *v volhardendheid* tenacity, perseverance, persistence

**vastigheid** *v zekerheid* certainty, security

**vastketenen** *overg* [ketende vast, h. vastgeketend] chain up

**vastklampen** *wederk* [klampte vast, h. vastgeklampt] * *zich ~ aan* cling to * *zich ~ aan een strohalm* clutch at straws

**vastklemmen** **I** *overg* [klemde vast, h. vastgeklemd] clench, lock **II** *wederk* [klemde vast, h. vastgeklemd] * *zich ~ aan* hang on to, cling to

**vastkleven** *overg* [kleefde vast, h. vastgekleefd] stick, glue **II** *onoverg* [kleefde vast, is vastgekleefd] * *~ aan* stick to

**vastklinken** *overg* [klonk vast, h. vastgeklonken] rivet

**vastknopen** *overg* [knoopte vast, h. vastgeknoopt] ❶ *met knopen* button (up) ❷ *met touw* tie (up), fasten

**vastleggen** *overg* [legde vast, h. vastgelegd] ❶ *vastmaken* fasten, tie/chain up ❷ *scheepv* moor ❸ *fig* tie/lock up * *kapitaal ~* tie/lock up capital ❹ *registreren* record, set down * *het geleerde ~* memorize what one has learned * *het resultaat van het onderzoek ~ in...* record the results of the investigation in... ❺ *bepalen* lay down * *in de wet ~* lay down by law

**vastliggen** *onoverg* [lag vast, h. vastgelegen] ❶ *v. hond* be chained up ❷ *gemeerd* be moored ❸ *van kapitaal* be tied/locked up ❹ *niet veranderbaar zijn* be laid down

**vastlijmen** *overg* [lijmde vast, h. vastgelijmd] glue

**vastlopen** *onoverg* [liep vast, is vastgelopen] ❶ *techn* jam, lock * *de computer liep vast* the computer jammed ❷ *scheepv* run aground ❸ *fig* come to a deadlock, get stuck * *de onderhandelingen zijn vastgelopen* negotiations have broken down

**vastmaken** *overg* [maakte vast, h. vastgemaakt] ❶ fasten, make fast, tie, bind, secure * *die blouse kun je van achteren ~* the blouse fastens at the back ❷ *scheepv* furl

**vastnagelen** *overg* [nagelde vast, h. vastgenageld] nail/pin down * *als vastgenageld blijven staan* stand riveted

**vastomlijnd** *bn* clearly defined * *een ~ idee* a concrete idea

**vastpakken** *overg* [pakte vast, h. vastgepakt] seize, take/grab hold of, grip * *iets goed ~* take a firm grip on sth, get a good hold of sth

**vastpinnen** *overg* [pinde vast, h. vastgepind] pin down, fasten with pins * *iem. op iets ~* pin sbd down to sth

**vastplakken** **I** *overg* [plakte vast, h. vastgeplakt] *kleven* stick, paste together * *iets ~ aan...* paste/glue/stick sth on to... * *vastgeplakt zitten op iets* be stuck to sth **II** *onoverg* [plakte vast, is vastgeplakt] stick

**vastpraten** **I** *overg* [praatte vast, h. vastgepraat] corner **II** *wederk* [praatte vast, h. vastgepraat] * *zich*

*~* be caught in one's own words, talk oneself into a corner

**vastprikken** *overg* [prikte vast, h. vastgeprikt] pin (up)

**vastraken** *onoverg* [raakte vast, is vastgeraakt] ❶ get stuck * *scheepv* run aground

**vastrecht** *o* fixed charge, flat rate

**vastrentend** *bn met een vaste rente* fixed-interest * *~e waardepapieren* fixed-interest/fixed-income securities

**vastroesten** *onoverg* [roestte vast, is vastgeroest] rust * *vastgeroest in hun eigen gewoontes* set in their habits

**vastschroeven** *overg* [schroefde vast, h. vastgeschroefd] screw tight/on/down, tighten, ‹twee voorwerpen› screw together

**vastsjorren** *overg* [sjorde vast, h. vastgesjord] ❶ secure, lash down ❷ *v. touwen* lash (up)

**vastspelden** *overg* [speldde vast, h. vastgespeld] pin

**vastspijkeren** *overg* [spijkerde vast, h. vastgespijkerd] nail (down)

**vaststaan** *onoverg* [stond vast, h. vastgestaan] *zeker, stellig zijn* be certain/fixed * *het staat vast dat...* it is certain that..., there is no doubt that... * *zijn besluit stond vast* his mind was made up

**vaststaand** *bn v. feiten &* indisputable, certain

**vaststellen** *overg* [stelde vast, h. vastgesteld] ❶ *verordenen* lay down, enact * *een wet ~* enact a law ❷ *opstellen* draw up * *de agenda ~* draw up the agenda ❸ *bij besluit vastleggen* confirm, adopt * *de notulen ~* confirm the minutes * *de jaarrekening ~* adopt the annual accounts ❹ *taxeren* assess * *de schade ~* assess the damage ❺ *afspreken* arrange, settle, fix * *de vergadering is vastgesteld op 1 mei* the meeting is set for May 1st * *een vastgestelde datum voor een wedstrijd* a match fixture ❻ *bepalen* determine, calculate, fix * *een prijs ~* determine/calculate/fix a price * *te weten komen* establish, ascertain, find * *de identiteit ~ van* establish the identity of ❼ *med* diagnose

**vaststelling** *v* [-en] ❶ *verordening* enactment ❷ *opstelling* drawing up ❸ *besluit* confirmation, adaptation ❹ *taxatie* assessment ❺ *afspraak* appointment, arrangement, settlement, fixing ❻ *bepaling* determination, fixing, calculation ❼ *beoordeling* establishment, ascertainment ❽ *med* diagnosis

**vasttapijt** *o* ZN fitted carpet

**vastvriezen** *onoverg* [vroor vast, is vastgevroren] be frozen (in/fast) * *~ aan* freeze on to

**vastzetten** **I** *overg* [zette vast, h. vastgezet] ❶ *vastmaken* fasten, fix, secure ❷ *geld* tie up ❸ *schaken, dammen* block, pin ❹ *gevangenzetten* put sbd in prison ❺ *fig* fix **II** *wederk* [zette vast, h. vastgezet] * *zich ~* become fixed/attached * *zich ~ in het geheugen* become fixed in one's memory

**vastzitten** *onoverg* [zat vast, h. vastgezeten] ❶ *v. dingen* stick, be stuck * *daar zit meer aan vast* there's more to it than that ❷*v. personen* be stuck in, be tied down **✳** *wij zitten hier vast* we're stuck/marooned here **✳** *nu zit hij eraan vast* he can't back out of it now ❸scheepv be aground **✳** *~in het ijs* be ice-bound ❹*in de gevangenis* be in prison

**vat** I *o* [vaten] ❶*ton* cask, barrel, tun, butt, vat **✳** *bier van het ~* beer on draught, draught ale **✳** *wijn van het ~* wine from the cask **✳** *wat in het ~ zit verzuurt niet* it will keep **✳** *holle ~en klinken het hardst* an empty vessel makes the loudest noise ❷*inhoudsmaat* barrel ❸biol vessel ▼ nat *communicerende ~en* communicating vessels II *m greep* hold, grip **✳** *ik heb geen ~ op hem* I have no hold on/over him **✳** *... heeft geen ~ op hem* he is proof against ... **✳** *niets had ~op hem* it was all lost on him **✳** *~op iem./iets krijgen* get a hold over sbd/sth

**vatbaar** *bn* **✳** *~voor* ⟨geschikt⟩ capable of; ⟨ontvankelijk⟩ open to, accessible to, amenable to; ⟨ziekte⟩ susceptible/prone to **✳** *~voor ongelukken* accident-prone **✳** *~voor indrukken* impressionable **✳** *voor geen rede ~* not listen to reason **✳** *voor verbetering ~* there is room for improvement

**Vaticaan** *o* Vatican

**Vaticaans** *bn* Vatican

**Vaticaanstad** *v* Vatican City

**vatten** *overg* [vatte, h. gevat] ❶*beetpakken* catch, seize, grasp **✳** *kou ~* catch a cold ❷*inzetten in* set, mount **✳** *in goud ~* mount in gold **✳** *in lood ~* set in lead, frame with lead, lead ❸*begrijpen* understand, get, see **✳** *vat je 'm?* (you) see?, get it?

**vazal** *m* [-len] vassal

**vazalstaat** *m* [-staten] vassal state

**vbo** *o* (voorbereidend beroepsonderwijs) preparatory vocational education

**v.Chr.** *afk* (voor Christus) BC, before Christ

<br>

**v.Chr.**
500 v.Chr.wordt in het Engels geschreven als 500 BCmet BCachter het jaartal, in tegenstelling tot ADwaar de letters voor het jaartal komen te staan (officieel horen ADen BCin kleinkapitaal te staan).

<br>

**vechten** *onoverg* [vocht, h. gevochten] fight, inf have a scrap **✳** *~met de stadsjongens* get into a fight with the local lads **✳** *~om iets* fight for sth **✳** *~tegen* fight (against) **✳** *ik heb er altijd voor gevochten* I've always fought for it

**vechter** *m* [-s] fighter, combatant

**vechtersbaas** *m* [-bazen] fighter

**vechtersmentaliteit** *v* fighter mentality

**vechtfilm** *m* [-s] action film

**vechthaan** *m* [-hanen] game cock

**vechtjas** *m* [-sen] fighter

**vechtlust** *m* fighting spirit, pugnacity, combativeness

**vechtlustig** *bn* combative, truculent, pugnacious

**vechtmachine** *v* [-s] fighting machine

**vechtpartij** *v* [-en] fight, scuffle, inf scrap

**vechtsport** *v* [-en] combat sport

**vector** *m* [-toren] wisk & med vector

**veder** *v* [-s & -en] → **veer**

**vederbos** *m* [-sen] tuft, crest, plume

**vedergewicht** *o* sp featherweight

**vederlicht** *bn* light as a feather, feathery

**vedette** *v* [-s & -n] star, vedette

**vee** *o* ❶*alleen rundvee* cattle ❷*alle levende have* livestock

**veearts** *m* [-en] veterinary surgeon, vet

**veeartsenijkunde** *v* veterinary science/medicine

**veeartsenijschool** *v* [-scholen] veterinary college

**veeboer** *m* [-en] cattle breeder, stockfarmer

**veedief** *m* [-dieven] cattle thief

**veedrijver** *m* [-s] (cattle) drover

**veefokker** *m* [-s] cattle/stock breeder

**veefokkerij** *v* ❶*bedrijfstak* cattle breeding/raising ❷*bep. bedrijf* [-en] stock/cattle farm

**veeg** I *bn* **✳** *een ~teken* an ominous sign **✳** *het vege lijf redden* get off with one's life II *m & v* [vegen] ❶*het vegen* wipe, lick ❷*klap* swipe, ⟨oorvijg⟩ box, cuff **✳** *iem. een ~uit de pan geven* have a swipe at sbd ❸*vlek* streak, smudge, smear **✳** *een vette ~* a greasy smear

**veegwagen** *m* [-s] road sweeper

**veehandel** *m* cattle trade

**veehandelaar** *m* [-s] cattle dealer

**veehouder** *m* [-s] stock farmer

**veehouderij** *v* ❶*bedrijfstak* cattle farming ❷*het bedrijf zelf* [-en] cattle farm

**veejay** *m* [-s] veejay

**veekoek** *m* [-en] oil cake

**veel** I *telw* ⟨voor ev.⟩ much, a great deal of, ⟨voor mv.⟩ many, a lot of **✳** *heel ~geld* lots of money **✳** *~mensen* many/a lot of people **✳** *te ~* too much/many **✳** *ben ik hier te ~?* am I not wanted here? **✳** *niets is hem te ~* nothing is too much trouble for him **✳** *te ~ om op te noemen* too numerous to mention **✳** *~te ~* far too much/many **✳** *zo ~je wilt* as much/many as you like **✳** *~hebben van...* be a lot like... II *bijw* ❶*in grote mate* much **✳** *~te mooi* much too fine **✳** *hij heeft ~in Europa en Afrika gereisd* he has travelled widely in Europe and Africa **✳** *een ~gelezen roman* a widely read novel ❷*vaak* often **✳** *hij komt er ~* he often goes there

**veelal** *bijw* often, mostly

**veelbelovend** *bn* promising

**veelbesproken** *bn* much discussed

**veelbetekenend** I *bn* significant, meaning(ful) II *bijw* significantly, meaningly **✳** *iem. ~aankijken* give sbd a meaning(ful) look

**veelbewogen** *bn* turbulent, eventful, chequered **✳** *een ~leven* a chequered/eventful life

**veeleer** *bijw* rather, sooner

**veeleisend** *bn* exacting, demanding, particular

**veelgelezen** *bn* widely read

**veelgeprezen** *bn* much praised

**veelgevraagd** *bn* (much) sought after

**ve**

**veelgodendom** *o* polytheism

**veelheid** *v* multiplicity, multitude

**veelhoek** *m* [-en] polygon

**veelhoekig** *bn* polygonal

**veelkleurig** *bn* multicoloured, variegated, varicoloured

**veelkoppig** *bn* many-headed* *een~ monster* a many-headed monster* *een~e bemanning* a crew of many, a large crew

**veelomvattend** *bn* comprehensive, wide ranging

**veelschrijver** *m* [-s] voluminous/prolific writer, *geringsch* hack writer

**veelsoortig** *bn* manifold, multifarious

**veelstemmig** *bn* muz polyphonic

**veeltalig** *bn* multilingual

**veelterm** *m* [-en] polynomial, multinomial

**veelvermogend** *bn* powerful, influential

**veelvlak** *o* [-ken] polyhedron

**veelvormig** *bn* multiform

**veelvoud** *o* [-en] multiple* *het kleinste gemene~* the lowest common multiple

**veelvoudig I** *bn* ❶ *meervoudig* multiple ❷ *veelvuldig* multiple, repeated ❸ *gevarieerd* varied II *bijw* in abundance

**veelvraat** *m* [-vraten] ❶ *dier* wolverine ❷ *persoon* glutton, inf greedy-guts

**veelvuldig I** *bn* ❶ *talrijk* frequent ❷ *veelvoudig* multiple ❸ *gevarieerd* varied II *bijw* frequently, often

**veelvuldigheid** *v* frequency

**veelwijverij** *v* polygamy

**veelzeggend** *bn* significant

**veelzijdig** *bn* ❶ multilateral ❷ fig many-sided, versatile, all-round, wide* *een~e geest* a versatile mind* *~e kennis* all-round/wide knowledge

**veelzijdigheid** *v* many-sidedness, versatility

**veem** *o* [vemen] ❶ *bedrijf* dock/warehouse company ❷ *gebouw* warehouse

**veemarkt** *v* [-en] cattle market

**veen** *o* [venen] ❶ *land* peat moor, peat bog ❷ *grondsoort* peat

**veenbes** *v* [-sen] cranberry

**veenbrand** *m* [-en] (peat) bog fire

**veendorp** *o* [-en] fenland village

**veengrond** *m* [-en] peat (moor)

**veenkolonie** *v* [-niën & -s] fen community, peat district

**veenlaag** *v* [-lagen] layer of peat

**veenland** *o* [-en] peat moor/bog

**veenmol** *m* [-len] mole cricket

**veenmos** *o* [-sen] peat moss

**veepest** *v* cattle plague, rinderpest

**veer I** *v* [veren], **veder** [-s & -en] ❶ *v. vogel* feather
* *hij is nog niet uit de veren* he's still under the blankets* *elkaar in de veren zitten* be at loggerheads with each other* *met andermans veren pronken* strut in borrowed feathers* *iem. een~ op de hoed zetten* put a feather in sbd.'s cap* *een~ laten* have

to settle for less than bargained for ❷ *spiraal* spring ❸ *aan plank* tongue* *een~ en groef verbinding* a tongue and groove joint II *o* [veren] ❶ *overzetplaats* ferry ❷ *boot* ferry (boat)

**veerboot** *m & v* [-boten] ferry (boat)

**veerdienst** *m* [-en] ferry service

**veerhuis** *o* [-huizen] ferryman's house, ferry station

**veerkracht** *v* ❶ nat elasticity, spring ❷ fig resilience

**veerkrachtig** *bn* ❶ *met veerkracht* elastic, springy ❷ fig resilient

**veerman** *m* [-lieden & -lui] ferryman

**veerpont** *v* [-en] ferry boat

**veertien** *hoofdtelw* fourteen* *~ dagen* a fortnight

**veertiende I** *rangtelw* fourteenth II *o* [-n] fourteenth (part)* *een~* one-fourteenth

**veertig** *hoofdtelw* forty* *de jaren~* the forties* *hij is (ver) in de~* he is (well) into his forties

**veertiger** *m* [-s] person in his/her forties* *hij is een goede~* he's somewhere in the forties

**veertigjarig** *bn* ❶ *veertig jaar oud* of forty years, forty-year-old ❷ *veertig jaar durend* forty-year

**veertigste I** *rangtelw* fortieth II *o* [-n] fortieth (part)

**veertigurig** *bn* forty-hour* *een~e werkweek* a forty-hour working week

**veestal** *m* [-len] cowshed

**veestapel** *m* [-s] livestock, stock

**veeteelt** *v* cattle/stock breeding

**veevervoer** *o* cattle/livestock transport

**veevoeder, veevoer** *o* cattle fodder, forage

**veewagen** *m* [-s] cattle truck

**veeziekte** *v* [-n & -s] cattle plague

**veganisme** *o* veganism

**veganist** *m* [-en] vegan

**vegen I** *overg* [veegde, h. geveegd] ❶ *met een bezem* sweep* *de stoep/schoorsteen~* sweep the pavement/chimney ❷ *afvegen* wipe* *de voeten~* wipe one's feet* ⟨schaken &⟩ *iem. van het bord~* wipe sbd off the board ❸ *mijnen* sweep II *onoverg* strijken, brush, sweep* *hij veegde met zijn mouw zijn ogen droog* he wiped his eyes with his sleeve

**veger** *m* [-s] ❶ *persoon* sweeper ❷ *borstel* brush

**vegetariër** *m* [-s] vegetarian

**vegetarisch** *bn* vegetarian

**vegetarisme** *o* vegetarianism

**vegetatie** *v* [-s] vegetation

**vegetatief** *bn* vegetative

**vegeteren** *onoverg* [vegeteerde, h. gevegeteerd] vegetate

**vehikel** *o* [-s] vehicle

**veil** *bn* venal, corruptible* *een~e vrouw* a prostitute
* *zijn leven~ hebben* be ready to sacrifice one's life

**veilen** *overg* [veilde, h. geveild] (sell by) auction

**veiler** *m* [-s] auctioneer

**veilig I** *bn* safe, secure* *~!* all clear!* *een~e plaats* a place of safety, a safe place* *de (spoor)lijn is~* the line is clear* *iets~ stellen* secure/safeguard sth* *~ voor* safe/secure from II *bijw* safely, securely

**veiligheid** *v* [-heden] safety, security* *de collectieve*

ve

~ collective security★ *de openbare*~ public security/safety★ *iets/iem. in*~ *brengen* bring sth/sbd to a place of safety★ *voor de*~ for safety('s sake)

**veiligheidsbril** *m* [-len] safety goggles

**veiligheidsdienst** *m* [-en] security service★ *de binnenlandse*~ the (counter)intelligence service

**veiligheidseis** *m* [-en] security requirement/demand

**veiligheidsglas** *o* safety glass

**veiligheidsgordel** *m* [-s] seat/safety belt

**veiligheidshalve** *bijw* for safety's sake, for reasons of safety

**veiligheidshelm** *m* [-en] safety helmet

**veiligheidsklep** *v* [-pen] safety valve

**veiligheidsmaatregel** *m* [-en & -s] precautionary/safety measure

**veiligheidsmarge** *v* [-s] margin of safety, safety margin

**veiligheidsoverwegingen** *zn* [mv] ★ *uit*~ for safety/security reasons

**veiligheidspal** *m* [-len] safety catch

**Veiligheidsraad** *m* Security Council

**veiligheidsslot** *o* [-sloten] safety lock

**veiligheidsspeld** *v* [-en] safety pin

**veiligheidsvoorschriften** *zn* [mv] safety regulations

**veiligheidszone** *v* [-s] security zone

**veiligstellen** *overg* [stelde veilig, h. veiliggesteld] secure, safeguard

**veiling** *v* [-en] public sale, auction★ *een openbare*~ a public auction★ *iets in*~ *brengen* put sth up for auction/sale, sell sth by auction

**veilingcondities** *zn* [mv] conditions of sale

**veilinggebouw** *o* [-en] auction rooms

**veilinghal** *v* [-len] auction hall

**veilinghuis** *o* [-huizen] auctioneering firm

**veilingklok** *v* [-ken] auction clock

**veilingmeester** *m* [-s] auctioneer

**veinzen I** *overg* [veinsde, h. geveinsd] feign, simulate★ *belangstelling*~ feign interest★ ~ *doof te zijn* feign/fake deafness **II** *onoverg* [veinsde, h. geveinsd] feign, pretend

**veinzerij** *v* [-en] pretence, hypocrisy, sham

**vel** *o* [-len] **❶** *huid* skin, ⟨v. dier ook⟩ hide★ *niet meer dan*~ *over been zijn* be only skin and bone★ *iem. het* ~ *over de oren halen* fleece sbd★ *hij steekt in een slecht*~ he's delicate★ *ik zou niet graag in zijn*~ *steken* I wouldn't like to be in his shoes★ *uit zijn*~ *springen* be beside oneself★ *het is om uit je*~ *te springen* it's enough to drive you wild **❷** *in melk* skin **❸** *omhulsel, vlies* skin, membrane, film **❹** *papier* sheet

**veld** *o* [-en] field★ *het*~ *van eer* the field of honour ★ *een ruim*~ *van werkzaamheid* a wide field/sphere of activity★ *het*~ *behouden* hold the field★ *het*~ *ruimen* retire from the field, abandon/leave the field★ ~ *winnen* gain ground/territory★ *in het open/vrije*~ in the open field★ *in geen*~*en of wegen*

nowhere at all★ *op het*~ *werken* work in the fields ★ *de te*~*e staande gewassen* the standing crops★ *de te* ~*e staande legers* the armies in the field★ *te*~*e trekken* take the field★ *fig te*~*e trekken tegen* fight (against)★ *uit het*~ *geslagen zijn* be put out★ *een*~ *van studie* a field of study

**veldartillerie** *v* field artillery

**veldbed** *o* [-den] field/camp bed

**veldbloem** *v* [-en] field/wild flower

**veldboeket** *o & m* [-ten] bunch/bouquet of wild flowers

**veldfles** *v* [-sen] water bottle, canteen, flask

**veldgewas** *o* [-sen] field crop

**veldheer** *m* [-heren] general

**veldhospitaal** *o* [-talen] field hospital, ambulance

**veldkeuken** *v* [-s] field kitchen

**veldkijker** *m* [-s] field glasses, binoculars

**veldloop** *m* cross-country

**veldmaarschalk** *m* [-en] field marshal

**veldmuis** *v* [-muizen] field mouse, vole

**veldnaam** *m* [-namen] field name

**veldonderzoek** *o* field research

**veldoverwicht** *o* territorial advantage

**veldpartij** *v* [-en] fielding side

**veldpost** *v* army postal/mail service

**veldrijden** *o* sp cyclo-cross

**veldrijder** *m* [-s] sp cyclo-cross rider

**veldrit** *m* [-ten] sp cyclo-cross race

**veldsla** *v* lamb's lettuce, corn salad

**veldslag** *m* [-slagen] battle

**veldspaat** *o* feldspar, felspar

**veldspel** *o* [-spelen] outdoor game

**veldspeler** *m* [-s] fielder

**veldsport** *o* [-en] outdoor sports

**veldtocht** *m* [-en] campaign

**veldvruchten** *zn* [mv] produce of the fields

**veldwachter** *m* [-s] (rural) policeman/constable

**veldwerk** *o* **❶** *v. boer* farmwork **❷** *praktijkwerk* fieldwork

**veldwerker** *m* [-s] field worker

**velen** *overg* [veelde, h. geveeld] stand, bear★ *hij kan het niet*~ he can't stand it★ *ik kan hem niet*~ I can't stand him/can't bear the sight of him★ *hij kan niets* ~ he's very touchy

**velerhande, velerlei** *bn* all sorts of, a variety of, all kinds of

**velg** *v* [-en] rim

**velgrem** *v* [-men] rim brake

**vellen** *overg* [velde, h. geveld] **❶** *omhakken* fell, cut down **❷** *uitschakelen* slay, strike down★ *zij is door een griepje geveld* she's been knocked down/put out of action/laid low by the flu **❸** *uitspreken* pass

**velletje** *o* [-s] **❶** *huid* skin **❷** *in melk* skin **❸** *omhulsel, vliesje* skin, membrane, film **❹** *papier* sheet★ *een*~ *postpapier* a sheet of airmail paper

**velodroom** *o & m* [-dromen] ZN cycle race track, velodrome

**velours I** *o & m* velours **II** *bn* velours

**ve**

**ven** *o* [-nen] pool, pond
**vendel** *o* [-s] ❶ hist company ❷ *vaandel* flag, banner
**vendetta** *v* vendetta
**vendu** *m & o* [-'s] auction
**venduhouder** *m* [-s] auctioneer
**venduhuis** *o* [-huizen] auction/sale room
**vendumeester** *m* [-s] auctioneer
**venerisch** *bn* venereal * ~*e ziekten* venereal disease
**Venetië** *o* Venice
**Venezuela** *o* Venezuela
**venijn** *o* venom, poison * *het ~ zit in de staart* the sting is in the tail
**venijnig I** *bn* vicious, venomous, spiteful * *een ~e blik* a vicious look * *een ~e opmerking* a stinging remark * ~*e kritiek* venomous criticism **II** *bijw* viciously & * ~ *koud* viciously/bitterly cold
**venkel** *v* fennel
**vennoot** *m* [-noten] partner * *een beherend/werkend ~* an active/acting partner, a managing partner * *een stille/commanditaire ~* a limited/sleeping/dormant/silent partner * *de jongste ~* the junior partner * *de oudste ~* the senior partner * *een uitgetreden ~* a retired partner * *een ~ in naam* a nominal partner
**vennootschap** *v* [-pen] partnership, company, Am corporation * *een besloten ~* a private company with limited liability, Am a privately held corporation, a close corporation * *een middelgrote ~* a medium-sized company/corporation * *een naamloze ~* Br a public company, Am a publicly held corporation * *een open ~* an open company * *een ~ aangaan* enter into partnership * *een ~ onder firma* a general/commercial/trading partnership * *een ~ op aandelen* a joint stock company
**vennootschapsakte** *v* [-n & -s] deed of partnership/association
**vennootschapsbelasting** *v* company tax, Am corporate/corporation tax
**vennootschapsrecht** *o* company/corporate law
**venster** *o* [-s] ook comput window
**vensterbank** *v* [-en] window sill/ledge
**vensterblind** *o* [-en] shutter
**vensterenvelop**, **vensterenveloppe** *v* [-loppen] window envelope
**vensterglas** *o* [-glazen] ❶ *ruit* windowpane ❷ *glas voor vensters* window glass
**vensterluik** *o* [-en] shutter
**vent** *m* [-en] fellow, inf chap, guy, bloke * *een beste ~* a good fellow * *een echte ~* a real guy/bloke * *een goeie ~* a good sort * *geen kwaaie ~* not a bad sort * *een rare ~* a queer customer
**venten** *overg* [ventte, h. gevent] hawk, peddle * *met waren ~* hawk goods around
**venter** *m* [-s] hawker, pedlar, Am peddler
**ventiel** *o* [-en] ❶ *luchtklep* valve ❷ *v. blaasinstrument* valve, ventil
**ventieldop** *m* [-pen] valve cap
**ventielklep** *v* [-pen] valve

**ventielslang** *v* [-en] valve rubber
**ventilatie** *v* ventilation
**ventilator** *m* [-s & -toren] ventilator, fan
**ventileren** *overg* [ventileerde, h. geventileerd] ventilate, air * *zijn mening ~* air one's opinion
**ventje** *o* [-s] little fellow/chap * *en jij, ~?* and you, little chap? * *het arme ~* the poor little fellow
**ventweg** *m* [-wegen] service road
**Venus** *v* astron & astrol Venus
**venushaar** *o* plant maidenhair
**venusheuvel** *m* [-s] mount of Venus
**ver I** *bn* ❶ *ver weg in de tijd* distant, remote * *een ~ verleden* a remote past ❷ *op grote afstand* distant, far * ~*re landen* faraway countries * *een ~re reis* a long journey ❸ *verwantschap* distant * *een ~re voorvader* a distant ancestor **II** *bijw* far * *het is ~* it's far, it's a long way (off) * *het is mijlen ~* it's miles and miles away/off * *nu ben ik nog even ~* I'm no further than I was before * *dat is nog heel ~* it's still a long way off * ~ *gaan* go far * *te ~ gaan* go too far * *zo ~ gaan wij niet* we won't go so/that far * *het te ~ laten komen* let things go too far * ~ *beneden mij* far beneath me * ~ *van hier* far away (from here)
**veraangenamen** *overg* [veraangenaamde, h. veraangenaamd] make agreeable/pleasant, sweeten
**verabsoluteren** *overg* [verabsoluteerde, h. verabsoluteerd] make absolute
**veracht** *bn* despised
**verachtelijk I** *bn* ❶ *gemeen* despicable * *een ~e kerel* a despicable fellow ❷ *minachtend* contemptuous, scornful, disdainful * *een ~e blik* a contemptuous look **II** *bijw* despicably, contemptuously &
**verachten** *overg* [verachtte, h. veracht] despise, hold in contempt, scorn * *de dood ~* scorn death
**verachting** *v* contempt, scorn * *iem. aan de ~ prijsgeven* hold sbd up to scorn/ridicule
**verademing** *v* opluchting relief
**veraf** *bijw* distant, far away
**verafgelegen** *bn* remote, distant
**verafgoden** *overg* [verafgoodde, h. verafgood] idolize
**verafgoding** *v* idolization
**verafschuwen** *overg* [verafschuwde, h. verafschuwd] abhor, loathe
**veralgemenen** *overg* [veralgemeende, h. veralgemeend], **veralgemeniseren** [veralgemeniseerde, h. veralgemeniseerd] generalize
**veramerikaansen** *overg & onoverg* [veramerikaanste, h. en is veramerikaanst], **veramerikaniseren** [veramerikaniseerde, h. en is veramerikaniseerd] Americanize
**veramerikanisering** *v* Americanization
**veranda** *v* ['s] veranda(h)
**veranderen I** *overg* [veranderde, h. veranderd] ❶ *wijzigen* change, alter * *dat verandert de zaak* that alters things * *dat verandert niets aan de waarheid* it

doesn't alter the truth * *de doodstraf ~ in levenslang commute* a death sentence to life imprisonment ❷ *tot iets geheel anders maken* convert, transform **II** *onoverg* [veranderde, is veranderd] change, alter * *het weer verandert* the weather is changing * *hij is erg veranderd* he has altered a good deal, he's very different now * *~ in* change into * *in zijn voordeel ~* change for the better * *van godsdienst/mening/toon ~* change one's religion/opinion/tone * *ik kon haar niet van mening doen ~* I couldn't get her to change her mind

**verandering** *v* [-en] ❶ *het veranderen* change * *alle ~ is geen verbetering* some things are better left alone ❷ *afwisseling* change, variation * *een ~ ten goede/ten kwade* a change for the better/for the worse * *een ~ van weer* a change in the weather/of weather * *een ~ van woonplaats* a change of residence * *~ van spijs doet eten* a change is as good as a holiday * *voor de ~* for a change ❸ *wijziging* alteration * *~en aanbrengen* make alterations * *een ~ ondergaan* undergo a change * *~ in iets brengen* alter/change sth

**veranderlijk** *bn* changeable, variable, ‹wispelturig ook› unreliable, fickle * *~ weer* variable/unsettled weather

**veranderlijkheid** *v* changeability, variability, ‹wispelturigheid ook› fickleness

**verankeren** *overg* [verankerde, h. verankerd] ❶ scheepv anchor, moor ❷ bouwk brace, tie, stay ❸ fig root, embed

**verantwoord** *bn* sound, safe, reliable * *een ~e beslissing* a sound decision * *~e voeding* a well-balanced diet * *iets ~ vinden* consider sth sensible * *niet ~* unwise, irresponsible

**verantwoordelijk** *bn* responsible, answerable, accountable * *een ~e positie* a responsible job * *iem./iets ~ stellen voor* hold sbd/sth responsible for * *zich ~ stellen voor* accept responsibility for * *zij kan niet ~ worden geacht* she can't be held accountable/responsible * *~ zijn voor...* be (held) responsible for..., have to answer for...

**verantwoordelijkheid** *v* responsibility * *de ~ van zich afschuiven* shift the responsibility onto another * *de ~ op zich nemen voor...* take the responsibility of..., accept responsibility for... * *buiten ~ van de redactie* we assume no editorial responsibility * *op eigen ~* on his/her own responsibility

**verantwoordelijkheidsgevoel** *o* sense of responsibility

**verantwoorden I** *overg* [verantwoordde, h. verantwoord] answer/account for, justify * *hij zegt niet meer dan hij ~ kan* he doesn't like to say more than he can vouch for * *heel wat te ~ hebben* have a lot to answer for * *hij kon het niet tegenover zichzelf ~* he couldn't square it with his own conscience **II** *wederk* [verantwoordde, h. verantwoord] * *zich (over iets) ~* answer to oneself (for sth) * *zich tegenover iem. ~* answer to sbd

**verantwoording** *v* [-en] ❶ *rekenschap* justification * *hij moet ~ afleggen* he has to explain/justify himself * *bij wie moet ik financiële ~ afleggen?* who am I financially accountable to? * *iem. ter ~ roepen* call sbd to account ❷ *verantwoordelijkheid* responsibility * *op eigen ~* on one's own responsibility * *~ afleggen voor je daden is net zo belangrijk* bearing the responsibility for what you have done is just as important

**verantwoordingsplicht** *m & v* accountability

**verarmen I** *overg* [verarmde, h. verarmd] impoverish, reduce to poverty, pauperize **II** *onoverg* [verarmde, is verarmd] become impoverished * *verarmd* in reduced circumstances

**verarming** *v* ❶ impoverishment ❷ *achteruitgang* deterioration

**verassen** *overg* [veraste, h. verast] ❶ *cremeren* cremate ❷ *verbranden* incinerate

**verassing** *v* [-en] ❶ *crematie* cremation ❷ *verbranding* incineration

**verbaal I** *bn* verbal **II** *o* [-balen] ticket, record, minutes, (official) report

**verbaasd I** *bn* surprised, astonished, amazed * *~ staan (over)* be surprised/astonished/amazed (at) * *~e ogen* a look of amazement **II** *bijw* wonderingly, in wonder, in surprise * *~ kijken* look puzzled

**verbalisant** *m* [-en] reporting officer

**verbaliseren** *overg* [verbaliseerde, h. geverbaliseerd] draw up an official report * *iem. ~* take sbd's name, summons sbd

**verband** *o* [-en] ❶ *samenhang* connection, relation * *~ hebben met* pertain to * *~ houden met...* be connected with... * *in ~ brengen met* connect with * *iets met iets anders in ~ brengen* put two and two together * *dat staat in ~ met...* it is connected with... * *dat staat in geen ~ met...* it is in no way connected with... * *in ~ hiermee...* in this connection... * *in ~ met uw vraag* in connection with your question ❷ *zinsverband* context * *woorden uit hun ~ rukken* take words from their context ❸ *verplichting* charge, obligation * *onder hypothecair ~* on the security of a mortgage ❹ med bandage, dressing * *een ~ leggen* apply a dressing * *een ~ leggen op een wond* dress a wound * *zijn arm in een ~ dragen* carry one's arm in a sling ❺ *v. metselwerk, houtwerk* bond

**verbanddoos** *v* [-dozen] first-aid box/kit

**verbandgaas** *o* sterile gauze

**verbandkamer** *v* [-s] first-aid room

**verbandtrommel** *m* [-s] first-aid kit

**verbandwatten** *zn* [mv] surgical cottonwool

**verbannen** *overg* [verbande, h. verbannen] ❶ exile, banish, expel * *iem. ~ uit het land* banish sbd from the country ❷ fig relegate * *hij werd ~ naar een stoffig kantoortje* he was relegated to a small and dusty office

**verbanning** *v* [-en] ❶ exile, banishment, expulsion ❷ fig relegation

**verbanningsoord** *o* [-en] place of exile

ve

**verbasteren I** *overg* [verbasterde, h. verbasterd]
*vervormen* corrupt, adulterate **II** *onoverg*
[verbasterde, is verbasterd] ❶ *ontaarden* degenerate
❷ *vervormd worden* be corrupted/adulterated
**verbastering** *v* [-en] ❶ *ontaarding* degeneration
❷ *vervorming* corruption ❸ *onzuiverheid*
adulteration
**verbazen I** *overg* [verbaasde, h. verbaasd] surprise,
astonish, amaze * *dat verbaast mij van je* I'm
surprised at you, you surprise me **II** *wederk*
[verbaasde, h. verbaasd] * *zich~ over* be
surprised/astonished/amazed at
**verbazend I** *bn* surprising, astonishing, amazing
* *wel~!* by Jove!, good gracious! **II** *bijw* *~ veel...* a
surprising number/amount of..., no end of... * *~
weinig* surprisingly little/few
**verbazing** *v* surprise, astonishment, amazement
* *één en al~ zijn* be totally amazed/astonished * *vol
~* amazed, astonished, baffled * *in~ brengen*
astonish, amaze * *tot mijn~* to my astonishment * *~
wekken* come as a surprise
**verbazingwekkend I** *bn* astounding, amazing,
astonishing **II** *bijw* astoundingly &
**verbeelden I** *overg* [verbeeldde, h. verbeeld]
*uitbeelden* represent * *dat moet ... ~* that's meant to
represent... **II** *wederk* [verbeeldde, h. verbeeld] * *zich
~* imagine, fancy * *verbeeld je!* fancy! * *wat verbeeld
je je wel?* who do you think you are? * *je verbeeldt
het je maar* you are just imagining it * *verbeeld je
maar niet dat...* don't fancy that... * *verbeeld je maar
niets!* don't you presume! * *hij verbeeldt zich heel
wat* he fancies himself * *hij verbeeldt zich een dichter
te zijn* he fancies himself to be a poet
**verbeelding** *v* [-en] ❶ *fantasie* imagination, fancy
* *dat is maar~ van je* that's purely your imagination
* *tot de~ spreken* appeal to one's imagination
❷ *eigenwaan* conceit, conceitedness * *hij heeft veel~
van zichzelf* he's very conceited
**verbeeldingskracht** *v* imagination
**verbena** *v plant* vervain, verbena
**verbergen I** *overg* [verborg, h. verborgen] hide,
conceal * *iets~ voor* hide/conceal sth from * *je
verbergt toch niets voor mij?* you're not keeping
anything from me, are you? * *gevoelens~* hide one's
feelings **II** *wederk* [verborg, h. verborgen] * *zich~*
hide, conceal oneself * *ook fig zich~ achter...* hide
behind...
**verbeten I** *bn* grim, dogged, determined * *een~
strijd* a grim struggle * *~ woede* pent-up/bottled-up
rage **II** *bijw* grimly &
**verbetenheid** *v* ❶ grimness, doggedness,
determination ❷ *ingehouden woede*
pent-up/bottled-up anger
**verbeteren I** *overg* [verbeterde, h. verbeterd] ❶ *beter
maken* improve * *dat kunt u niet~* you can't
improve on that ❷ *corrigeren* correct, rectify
❸ *zedelijk beter maken* reform **II** *wederk* [verbeterde,
h. verbeterd] * *zich~* ⟨van gedrag⟩ reform, mend

one's ways; ⟨van conditie⟩ improve one's condition
**III** *onoverg* [verbeterde, is verbeterd] *beter worden*
improve, get better
**verbetering** *v* [-en] ❶ *v. kwaliteit* improvement
❷ *correctie* correction, rectification * *~en
aanbrengen* make corrections, carry out
improvements * *voor~ vatbaar zijn* ⟨mensen⟩ be
open to correction; leave room for improvement
**verbeteringsgesticht** *o* [-en] approved school,
reformatory, reform school
**verbetermanagement** *o* improvement
management
**verbeurdverklaren** *overg* [verklaarde verbeurd, h.
verbeurdverklaard] confiscate, seize, impound
**verbeurdverklaring** *v* [-en] confiscation, seizure,
impoundment
**verbeuren** *overg* [verbeurde, h. verbeurd] ❶ *verliezen*
forfeit * *het vertrouwen~* lose/forfeit confidence * *er
is niets aan verbeurd* it's no great loss
❷ *verbeurdverklaren* confiscate
**verbeurte** *v* * *onder/op~ van...* under penalty of...
**verbieden** *overg* [verbood, h. verboden] forbid,
prohibit, veto, ⟨boek, film⟩ ban
**verbijsterd** *bn* bewildered, dazed, perplexed
**verbijsteren** *overg* [verbijsterde, h. verbijsterd]
bewilder, perplex, daze
**verbijsterend I** *bn* bewildering, perplexing * *een~
schouwspel* a dazzling display **II** *bijw* incredibly * *~
veel mensen* an incredible number of people * *~
weinig mensen* incredibly few people
**verbijstering** *v* bewilderment, perplexity,
amazement
**verbijten I** *overg* [verbeet, h. verbeten] suppress,
hold back * *de pijn~* fight off the pain **II** *wederk*
[verbeet, h. verbeten] * *zich~* bite one's lip(s),
clench one's teeth * *zich~ van woede* be fuming
with anger
**verbijzonderen** *overg* [verbijzonderde, h.
verbijzonderd] differentiate, particularize * *het~
van kosten* cost allocation
**verbinden I** *overg* [verbond, h. verbonden]
❶ *verenigen, samenvoegen* join, connect, combine
* *aan de universiteit verbonden* attached to the
university * *er is wel enig gevaar aan verbonden* it
involves some danger * *de moeilijkheden verbonden
aan...* the difficulties associated with... * *er is een
salaris van € 5000 aan verbonden* it carries a salary of
€ 5000 * *het daaraan verbonden salaris* the salary
that goes with it * *welke voordelen zijn daaraan
verbonden?* what advantages does it offer? * *er is een
voorwaarde aan verbonden* there is a condition
attached to it * *hen in de echt~* join/unite them in
marriage ❷ *med* bind up, bandage, tie up, dress
❸ *telec* connect, put through * *wilt u mij~ met
nummer...?* put me through to number...
❹ *verplichten* commit * *iem. tot iets~* commit sbd to
sth **II** *wederk* [verbond, h. verbonden] * *zich~*
⟨v. personen⟩ enter into an alliance; ⟨v. stoffen,

elementen› combine * *zich ~ om...* pledge oneself to... * *hij had zich verbonden om...* he was under an engagement to... * *zich ~ tot iets* bind/commit oneself to do sth, undertake to do sth * *zich tot niets* ~ not commit oneself to anything

**verbinden** *bn* ❶ *verband leggend* connecting ❷ *m.b.t. een overeenkomst* binding * jur *algemeen ~ verklaren* declare compulsorily applicable

**verbindendverklaring** *v* [-en] jur order declaring an agreement to be binding

**verbinding** *v* [-en] ❶ *contact* communication * telec *de ~ tot stand brengen/verbreken* make/break the connection * *in ~ staan met...* ‹communicatie› be in communication with...; ‹samenhang› have a connection with... * *zich in ~ stellen met..., in ~ treden met...* contact..., get in touch with... * *kunt u mij in ~ stellen met...?* can you put me on to/through to...? ❷ *samenvoeging* connection, link ❸ *v. hout &* join, joint ❹ *v. mensen* union ❺ *aansluiting in vervoer* connection * *een rechtstreekse ~* a direct connection, a through connection ❻ med dressing, bandaging ❼ taalk collocation ❽ chem compound * *een scheikundige ~* a chemical compound ❾ *verplichting* obligation

**verbindingsdienst** *m* [-en] mil signals unit

**verbindingslijn** *v* [-en] line of communication

**verbindingsofficier** *m* [-en] ❶ liaison officer ❷ *technisch* signals officer

**verbindingsstreepje** *o* [-s] hyphen

**verbindingsstuk** *o* [-ken] connecting piece, joint, adapter, adaptor

**verbindingsteken** *o* [-s] hyphen

**verbindingstroepen** *zn* [mv] mil signals corps/unit

**verbindingsweg** *m* [-wegen] connecting road

**verbintenis** *v* [-sen] ❶ *verplichting* obligation, commitment * *bestaande ~sen* existing commitments ❷ *verhouding* association, alliance, bond, union ❸ *dienstcontract* contract, agreement * *een ~ aangaan* enter into a contract, make an agreement

**verbitterd** I *bn* ❶ *vol wrok* bitter, sour, acrimonious * *een ~ mens* an embittered person ❷ *verbeten* fierce, furious * *een ~e strijd* a fierce struggle II *bijw* bitterly & * *hij reageerde ~ op het vonnis* he reacted sourly/acrimoniously to the verdict

**verbitteren** I *overg* [verbitterde, h. verbitterd] embitter II *onoverg* [verbitterde, is verbitterd] become embittered

**verbittering** *v* embitterment, bitterness, acrimony

**verbleken** *onoverg* [verbleekte, is verbleekt] ❶ *van personen* grow/turn pale ❷ *van kleuren* fade ❸ fig fade, pale * *al het andere verbleekt in vergelijking* everything else pales by comparison

**verblijden** I *overg* [verblijdde, h. verblijd] make happy, gladden, gratify II *wederk* [verblijdde, h. verblijd] * *zich ~ over* rejoice at

**verblijdend** *bn* gratifying, pleasing, gladdening * *een ~ resultaat* a gratifying result

**verblijf** *o* [-blijven] ❶ *het verblijven* stay, sojourn * *~ houden* reside ❷ *plaats* abode, residence, current address ❸ *ruimte om in te verblijven* quarters

**verblijfkosten** *zn* [mv] accommodation expenses

**verblijfplaats** *v* [-en] current address, form (place of) abode * *zijn tegenwoordige ~ is onbekend* his present whereabouts are unknown * jur *zijn geregistreerde ~* his registered current address * *zonder vaste woon- of ~* without a permanent address

**verblijfsduur** *m* period of the stay

**verblijfsvergunning** *v* [-en] residence permit

**verblijven** *onoverg* [verbleef, h. en is verbleven] ❶ *vertoeven* stay ❷ *in brieven &* remain * *inmiddels verblijf ik, hoogachtend* I remain yours faithfully ❸ *wonen* live

**verblikken** *onoverg* [verblikte, h. verblikt] * *zonder te ~* without batting an eyelid

**verblind** *bn* ook fig blinded, dazzled, stunned

**verblinden** *overg* [verblindde, h. verblind] ook fig blind, dazzle, stun

**verblinding** *v* ❶ *het verblinden* blinding, dazzle ❷ fig infatuation

**verbloemen** *overg* [verbloemde, h. verbloemd] ❶ *verhullen* disguise, camouflage, cover up ❷ *vergoelijken* gloss over

**verbluffen** *overg* [verblufte, h. verbluft] stagger, dumbfound, bewilder

**verbluffend** I *bn* staggering, astounding, bewildering II *bijw* staggeringly &

**verbluft** I *bn* dumbfounded, staggered, flabbergasted II *bijw* * *hij stond ~ te kijken* he was dumbfounded &

**verbod** *o* [-boden] ❶ ban, prohibition * *een ~ uitvaardigen* impose a ban * *een ~ op a* ban/prohibition on ❷ jur injunction, restraining order * *een gerechtelijk ~* a judicial injunction/restraining order

**verboden** *bn* banned, forbidden, prohibited * *ten strengste ~* strictly forbidden/prohibited * *~ in te rijden* no thoroughfare/entry * *~ te roken* no smoking (allowed) * *~ toegang* no entry/admittance * *~ vuilnis te storten* no rubbish to be dumped here * mil *~ (toegang)* out of bounds, Am off limits

**verbodsbepaling** *v* [-en] prohibition

**verbodsbord** *o* [-en] prohibition sign

**verbolgen** I *bn* enraged (at/by), incensed (at/by), furious (at/about) II *bijw* * *hij reageerde ~* he reacted furiously

**verbolgenheid** *v* anger, rage, fury

**verbond** *o* [-en] ❶ *unie* alliance, league, union * *een drievoudig ~* a triple alliance ❷ *verdrag* pact, covenant * *een ~ sluiten* enter into a pact ▼ *het Nieuwe/Oude Verbond* the New/Old Testament

**verbonden** *bn* allied, joined * *de ~ mogendheden* the allied powers * *zich ~ voelen met* feel a bond with * *~ tot iets zijn* be joined to sth

**verbondenheid** *v* solidarity

**verbondsark** *v* Ark of the Covenant
**verborgen** *bn* ❶ *verscholen* concealed, hidden, secret
✳~ *werkloosheid* hidden unemployment, disguised
unemployment✳ *in het~(e)* in secret, secretly
❷ *onbekend* hidden, obscure ❸ *v. talenten* dormant,
latent
**verbouw** *m* ❶ *teelt* cultivation, growth ❷ *v.e.*
*bouwwerk* renovation, rebuilding
**verbouwen** *overg* [verbouwde, h. verbouwd] ❶ *telen*
cultivate, raise, grow ❷ <u>bouwk</u> rebuild ‹a house›,
convert ‹a building into...›✳ ‹door vandalen›
<u>scherts</u> *het stadion~* wreck the stadium✳ *zal ik je*
*gezicht eens~?* want me to smash your face in? like
me to rearrange your face?
**verbouwereerd** *bn* perplexed, dumbfounded,
bewildered
**verbouwing** *v* [-en] <u>bouwk</u> rebuilding, alteration,
structural alterations✳ *wegens~ gesloten* closed for
alterations
**verbranden I** *overg* [verbrandde, h. verbrand] ❶ *met*
*vuur vernietigen* burn (down), ‹v. martelaar› burn to
death, ‹v. lijk› cremate, ‹v. afval› incinerate
❷ *verwonden* burn, ‹door hete vloeistof› scald
**II** *onoverg* [verbrandde, is verbrand] ❶ *totaal* burn
down/up, be burnt (to death) ❷ *oppervlakkig* scorch
❸ *door de zon* get sunburnt, tan✳ *zijn door de zon*
*verbrand gezicht* his sunburnt/tanned face
**verbranding** *v* ❶ burning, combustion ❷ *van lijken*
cremation
**verbrandingsmotor** *m* [-s & -toren] internal
combustion engine
**verbrandingsoven** *m* [-s] incinerator
**verbrandingsproces** *o* [-sen] process of combustion
**verbrandingswaarde** *v* calorific value
**verbrassen** *overg* [verbraste, h. verbrast] squander
**verbreden I** *overg* [verbreedde, h. verbreed] widen,
broaden **II** *wederk* [verbreedde, h. verbreed] ✳ *zich*
~ widen, broaden (out)
**verbreding** *v* [-en] widening, broadening
**verbreid** *bn* widespread✳ *een algemeen~e mening* a
popular view/idea, a general opinion
**verbreiden I** *overg* [verbreidde, h. verbreid]
❶ *bekendmaken* spread, circulate ❷ *v. een leer*
propagate **II** *wederk* [verbreidde, h. verbreid] *bekend*
*worden*✳ *zich~* spread
**verbreiding** *v* spread(ing), propagation
**verbreken** *overg* [verbrak, h. verbroken] ❶ *afbreken*
break off, sever ❷ *v. telefoon* cut off✳ <u>telec</u> *de*
*verbinding is verbroken* the connection has been
broken, I've been cut off ❸ *stukbreken* break up
❹ *schenden* break, violate✳ *een overeenkomst~*
break a contract✳ *de stilte~* break the silence
**verbreking** *v* ❶ *het verbreken* breaking ❷ <u>fig</u>
severance, interruption, rupture, ‹schending›
violation ❸ *cassatie* <u>ZN</u> cassation, appeal
**Verbrekingshof** *o* <u>Belg</u> Court of Appeal
**verbrijzelen** *overg* [verbrijzelde, h. verbrijzeld]
break/smash (to pieces), shatter, crush✳ *zijn been is*

*verbrijzeld* his leg has been crushed
**verbrijzeling** *v* smashing, shattering
**verbroederen I** *overg* [verbroederde, h.
verbroederd] fraternize, reconcile✳ *sport*
*verbroedert* sports bring people together **II** *wederk*
[verbroederde, h. verbroederd] ✳ *zich~* fraternize
**verbroedering** *v* fraternization
**verbrokkelen I** *overg* [verbrokkelde, h. verbrokkeld]
crumble **II** *onoverg* [verbrokkelde, is verbrokkeld]
crumble
**verbrokkeling** *v* crumbling
**verbruien** *overg* [verbruide, h. verbruid] spoil,
waste, bungle✳ *zij hebben het verbruid* they have
spoilt it for themselves✳ *het bij iem.~* lose sbd.'s
confidence
**verbruik** *o* ❶ *het verbruiken* consumption✳ ~ *per*
*persoon* consumption per head/per capita
consumption ❷ *v. hoeveelheid* expenditure
❸ *verspilling* wastage, waste
**verbruiken** *overg* [verbruikte, h. verbruikt] ❶ *door*
*gebruik opmaken* consume, use up ❷ *verspillen* waste
✳ *zijn geld/tijd~* waste one's money/time
**verbruiker** *m* [-s] consumer
**verbruiksartikel** *o* [-en & -s] consumer item✳ ~*en*
consumables, non-durables
**verbruiksbelasting** *v* [-en] consumer/consumption
tax
**verbruiksgoederen** *zn* [mv]
consumer/consumption/non-durable goods,
consumables
**verbruikszaal** *v* [-zalen] <u>ZN</u> tea/refreshment room
**verbuigbaar** *bn* ❶ *om te buigen* flexional ❷ <u>taalk</u>
declinable
**verbuigen I** *overg* [verboog, h. verbogen]
❶ *ombuigen* bend, ‹vervormen› twist ❷ <u>techn</u> buckle
❸ <u>taalk</u> decline **II** *onoverg* [verboog, is verbogen]
buckle, twist
**verbuiging** *v* [-en] ❶ *ombuiging* bending, twist
❷ <u>taalk</u> declension
**verbum** *o* [-verba] ❶ *woord* word ❷ *werkwoord* verb
**verburgerlijken I** *overg* [verburgerlijkte, h.
verburgerlijkt] make bourgeois/middle-class
**II** *onoverg* [verburgerlijkte, is verburgerlijkt]
become/turn bourgeois, become/turn middle-class
**verchromen** *overg* [verchroomde, h. verchroomd]
chrome
**verchroomd** *bn* chromium-plated, chrome-plated
**vercommercialiseren I** *overg*
[vercommercialiseerde, h. vercommercialiseerd]
commercialize **II** *onoverg* [vercommercialiseerde, is
vercommercialiseerd] become commercialized
**verdacht I** *bn* ❶ *onder verdenking* suspected✳ *iem. ~*
*maken* discredit sbd, cast a slur on sbd✳ *hij wordt~*
*van...* he is suspected of... ❷ *verdenking wekkend*
suspicious, ‹alléén predicatief› suspect✳ ~*e personen*
suspicious characters, suspects✳ *er~ uitzien* look
suspicious✳ *dat komt me~ voor* it looks suspicious
to me ❸ *voorbereid* prepared for✳ *op iets~ zijn* be

**ve**

prepared for sth\* *eer ik erop*~ was before I was prepared for it, before I knew where I was**II** *bijw* suspiciously

**verdachte** *m-v* [-n] suspect, suspected person, jur accused, defendant\* *de*~ the suspected party, the person suspected; jur the accused/defendant\* *de* ~*n* the suspects

**verdachtenbankje** *o* [-s] dock

**verdachtmaking** *v* [-en] insinuation, imputation, slur

**verdagen** *overg* [verdaagde, h. verdaagd] adjourn

**verdaging** *v* [-en] adjournment

**verdampen** *overg & onoverg* [verdampte, h. en is verdampt] evaporate, vaporize

**verdamping** *v* evaporation, vaporization

**verdedigbaar** *bn* ❶ *te verdedigen* defensible, tenable ❷ *te rechtvaardigen* defensible, justifiable, valid

**verdedigen I** *overg* [verdedigde, h. verdedigd] ❶ *beschermen* defend\* *een*~*de houding aannemen* take a defensive stand\* *een*~*d verbond* a defensive alliance ❷ *pleiten voor* stand up for, defend\* *iems. belangen*~ look after sbd's interests ❸ *een standpunt* justify\* *een mening*~ uphold an opinion**II** *wederk* [verdedigde, h. verdedigd] \* *zich*~ defend oneself **III** *onoverg* [verdedigde, h. verdedigd] sp keep, defend

**verdediger** *m* [-s] ❶ *beschermer* defender ❷ jur defending counsel, counsel for the defendant, counsel for the defence/Am defense ❸ sp defender, back\* *een vrije*~ a libero/sweeper ❹ *v. opvatting & advocate*

**verdediging** *v* [-en] ❶ *defence*/Am defense\* *ter*~ *van* in defence of, Am in defense of ❷ *advocaat* jur defence/Am defense

**verdedigingslinie** *v* [-s] mil line of defence/Am defense, defence/Am defense line

**verdedigingsoorlog** *m* [-logen] war of defence/Am defense

**verdedigingswapen** *o* [-s] defensive weapon

**verdedigingswerken** *zn* [mv] mil defences/Am defenses, defensive works

**verdeelcentrum** *o* [-s & -tra] distribution centre/Am center

**verdeeld** *bn* ❶ divided\* *de meningen zijn*~ opinions are divided ❷ eff mixed

**verdeeldheid** *v* dissension, discord, division, disunity\* ~ *zaaien* spread discord

**verdeel-en-heerspolitiek** *v* policy of divide and rule

**verdeelsleutel** *m* [-s] distribution/distributive code

**verdeelstekker** *m* [-s] elektr adaptor

**verdekt I** *bn* concealed**II** *bijw* under cover\* mil~ *opgesteld zijn* be under cover\* *zich*~ *opstellen* take up a concealed position

**verdelen I** *overg* [verdeelde, h. verdeeld] divide, share out, distribute, allocate\* *verdeel en heers* divide and rule\* ~ *in* divide into\* ~ *onder* divide/distribute among\* *onderling*~ divide

among themselves\* ~ *over* spread over ‹..›**II** *wederk* [verdeelde, h. verdeeld] \* *zich*~ divide

**verdeler** *m* [-s] distributor

**verdelgen** *overg* [verdelgde, h. verdelgd] destroy, exterminate

**verdelging** *v* [-en] destruction, extermination

**verdelgingsmiddel** *o* [-en] pesticide

**verdeling** *v* [-en] ❶ *uitdeling* distribution\* ~ *toegevoegde waarde* break down of added value ❷ *indeling* division ❸ *splitsing* partition, segmentation

**verdenken** *overg* [verdacht, h. verdacht] suspect \* *iem. van iets*~ suspect sbd of sth

**verdenking** *v* [-en] suspicion\* *een aantal personen op wie de*~ *rustte* a number of people who were under suspicion\* *in*~ *brengen* cast suspicion on\* *in* ~ *komen* incur suspicion\* *onder*~ *staan* be under suspicion, be suspected\* *onder*~ *van...* on suspicion of...

**verder I** *bn* ❶ *meer verwijderd* farther, further ❷ *bijkomend, later* further\* ~*e bijzonderheden* further details**II** *bijw* ❶ farther, further\* ~ *op* further on\* ~ *gaan* go further; ‹doorgaan› proceed, go on\* *we zouden al veel*~ *zijn als...* we'd be much further if...\* *daar kom ik niet*~ *mee* that doesn't help me any ❷ *overigens* apart from that, otherwise\* ~ *geen nieuws* no news otherwise\* ~ *niets* nothing else\* ~ *hebben we er nog een concert bezocht* we went to a concert there as well ❸ *voorts* further, furthermore\* *hij schrijft*~... he goes on to write...**III** *o* \* *het*~*e* the rest

**verderf** *o* ruin, destruction\* *in het*~ *storten* bring ruin (up)on

**verderfelijk** *bn* depraved, unwholesome, pernicious

**verderop** *bijw* further on

**verdichten** *overg* [verdichtte, h. verdicht] ❶ *v. gassen & condense*\* *zich*~ condense ❷ *verzinnen* invent

**verdichting** *v* [-en] ❶ *van gassen & condensation* ❷ *verzinsel* invention, fiction

**verdichtsel** *o* [-s & -en] fabrication, invention, figment (of the imagination)\* *een samenweefsel van* ~*s* a tissue of lies

**verdienen I** *overg* [verdiende, h. verdiend] ❶ *als loon* earn\* *een vermogen*~ make a fortune\* *er wat bij*~ make some money on the side\* *er is niets aan/mee te* ~ there's no money in it\* *daar zul je niet veel aan/op* ~ you won't make much out of it\* *daar verdient hij goed aan* he makes a good profit on that ❷ *waard zijn* deserve, merit\* *zij*~ *niet beter* they don't deserve any better\* *het verdient de voorkeur* it's preferable\* *dat heb ik niet aan u verdiend* I don't deserve to be treated by you in this way\* *dat is zijn verdiende loon* that serves him right, he deserves that\* *een verdiende overwinning* a deserved/well-earned victory**II** *onoverg* [verdiende, h. verdiend] earn, make money

**verdienste** *v* [-n] ❶ *loon* earnings, wages ❷ *winst* profit, gain ❸ *verdienstelijkheid* merit\* *naar*~

**ve**

according to merit ✳ *zich iets tot een* ~ *(aan)rekenen*
take the credit for sth ✳ *een man van* ~a man of
great merit

**verdienstelijk** *bn* ❶*eer verdienend* deserving,
creditable ✳ *hij heeft zich jegens zijn land* ~*gemaakt*
he has served his country well ✳ *een* ~*ontwerper* a
fair designer ❷*nuttig* useful ✳ *zich* ~*maken* make
oneself useful

**verdiepen I** *overg* [verdiepte, h. verdiept] ❶*dieper
maken* deepen ❷*fig* deepen, broaden **II** *wederk*
[verdiepte, h. verdiept] ✳ *zich* ~*in* lose oneself in,
go deeply into ✳ *verdiept in gedachten*
deep/absorbed in thought ✳ *zich in allerlei gissingen*
~lose oneself in conjecture ‹as to...› ✳ *in zijn krant
verdiept* engrossed in his newspaper

**verdieping** *v* [-en] ❶*het verdiepen* deepening ❷*etage*
storey, story, floor ✳ *de eerste* ~the first floor, Am
the second floor ✳ *op de tweede* ~on the second
floor, Am on the third floor ✳ *de benedenste* ~the
ground floor, Am the first floor ✳ *op de bovenste* ~
on the top floor

> **verdieping**
> Er is verschil in het benoemen van de verdiepingen
> tussen Brits en Amerikaans Engels.
> De benedenverdieping is the ground floor (Brits) of
> the first floor (Amerikaans.)
> De eerste verdieping is the first floor (Brits.) of the
> second floor (Amerikaans.)
> Australisch Engels volgt het Britse gebruik.

**verdierlijken I** *overg* [verdierlijkte, h. verdierlijkt]
brutalize **II** *onoverg* [verdierlijkte, is verdierlijkt]
become brutalized/a brute

**verdikkeme** *tsw* *inf* darn, blast, drat

**verdikken** *overg & onoverg* [verdikte, h. en is verdikt]
thicken ✳ *zich* ~thicken, become thicker

**verdikking** *v* [-en] thickening

**verdikkingsmiddel** *o* [-en] thickener

**verdisconteren** *overg* [verdisconteerde, h.
verdisconteerd] ❶handel discount, negotiate ❷fig
discount, allow for

**verdiscontering** *v* ❶negotiation ❷fig allowance

**verdobbelen** *overg* [verdobbelde, h. verdobbeld]
❶*verliezen met dobbelen* dice/gamble away
❷*dobbelen om* dice for

**verdoeken** *overg* [verdoekte, h. verdoekt] remount

**verdoemen** *overg* [verdoemde, h. verdoemd] damn

**verdoemenis, verdommenis** *v* damnation ✳inf
*naar de* ~*gaan* go to the dogs

**verdoen I** *overg* [verdeed, h. verdaan] dissipate,
squander, waste ✳ *zijn tijd* ~waste time **II** *wederk*
[verdeed, h. verdaan] ✳ *zich* ~commit suicide

**verdoezelen** *overg* [verdoezelde, h. verdoezeld]
❶*feiten* blur, obscure ❷*waarheid* disguise ❸*fouten*
gloss over

**verdomd I** *bn* damned, inf damn, bloody ✳ *die* ~*e...!*
that cursed/damn/bloody...! **II** *bijw* versterkend

damn(ed), bloody ✳ ~*vervelend* damn(ed)/bloody
annoying

**verdomhoekje** *o* ✳ *hij zit in het* ~he can't do
anything right

**verdomme** *tsw* goddamn!, goddamned!, vulg shit!
fuck!

**verdommen** *overg* [verdomde, h. verdomd]
❶vertikken *inf* flatly refuse ✳ *ik verdom het* I simply
won't do it ✳ *het kan me niets* ~I don't give a damn
❷*dom maken* dull the mind(s) of, render stupid

**verdommenis** *v* → verdoemenis

**verdonkeremanen** *overg* [verdonkeremaande, h.
verdonkeremaand] ❶*geld* embezzle ❷*bewijs*
suppress

**verdoofd** *bn* stunned, stupefied, numb

**verdord** *bn* ❶*planten &* withered, shrivelled ❷*gebied*
scorched, parched

**verdorie** *tsw* drat!, damn!

**verdorren** *onoverg* [verdorde, is verdord] wither,
shrivel up

**verdorven** *bn* depraved, perverted

**verdorvenheid** *v* [-heden] depravity, depravation,
perversity

**verdoven** *overg* [verdoofde, h. verdoofd] ❶*gevoelloos
maken* benumb, numb ❷*bedwelmen* stupefy, stun
❸med anaesthetize/Am anesthetize ✳ *plaatselijk
verdoofd worden* receive a local anaesthetic

**verdovend** *bn* ❶stupefying ❷med anaesthetic/Am
anaesthetic ✳ *een* ~*middel* med an anaesthetic, a
narcotic; ‹vooral als genotmiddel› drug

**verdoving** *v* [-en] ❶stupor, numbness ❷med
anaesthesia/Am anesthesia, anaesthetic/Am
anaesthetic ✳ *plaatselijke* ~local anaesthesia ✳ *een
plaatselijke* ~a local anaesthetic

**verdovingsmiddel** *o* [-en] ❶med anaesthetic/Am
anaesthetic ❷*genotmiddel* narcotic drug

**verdraagzaam** *bn* tolerant

**verdraagzaamheid** *v* tolerance

**verdraaid I** *bn* ❶verkeerd distorted, disfigured,
deformed ✳ *een* ~*handschrift* a disguised
handwriting ✳ *met een* ~*e stem* in a disguised voice
❷vervloekt damned ✳ *die* ~*e ...* this blasted ... **II** *bijw*
❶vervloekt damned ✳ *wel* ~*!* dash it!, damn!
❷versterkend damn, darn ✳ ~*knap* damn clever

**verdraaien** *overg* [verdraaide, h. verdraaid] ❶turn,
wrench, twist ✳ *de ogen* ~roll one's eyes ❷fig
distort, twist ✳ *zijn stem* ~disguise/mask one's voice
✳ *de waarheid/feiten* ~distort the truth/facts ✳ *iems.
woorden* ~distort sbd.'s words ▼ *ik verdraai het om...* I
refuse to..., I just won't...

**verdraaiing** *v* [-en] ❶*het verdraaien* turn, rotation
❷fig distortion, twisting, perversion

**verdrag** *o* [-dragen] treaty, pact ✳ *een* ~*sluiten* sign a
treaty

**verdragen I** *overg* [verdroeg, h. verdragen] ❶dulden
bear, endure, stand ✳ *men moet elkaar leren* ~
people should be more tolerant of each other
✳ *zoiets kan ik niet* ~I can't stand that sort of thing

* *ik heb heel wat van hem te~* I have to put up with/suffer a good deal from him ➋ *v.d. maag* agree, tolerate* *ik kan geen bier~* beer doesn't agree with me‖ *wederk* [verdroeg, h. verdragen] * *zich~ met* be compatible with

**verdragend** *bn* ➊ mil long-range ➋ *ver hoorbaar* carrying, penetrating

**verdragsbepaling** *v* [-en] treaty provision

**verdriedubbelen** *overg & onoverg* [verdriedubbelde, h. en is verdriedubbeld] treble, triple

**verdriet** *o* grief, sorrow, distress* *iem.~ aandoen* cause sbd distress* *~ hebben* be sad/distressed

**verdrieten** *overg* [verdroot, h. verdroten] distress, grieve, sadden* *het verdriet mij dat te horen* I'm sorry to hear that

**verdrietig** *bn* sad, sorrowful, distressed* *~e omstandigheden* distressing/distressful/saddening circumstances

**verdrievoudigen** *overg & onoverg* [verdrievoudigde, h. en is verdrievoudigd] triple, treble

**verdrievoudiging** *v* tripling, trebling

**verdrijven** *overg* [verdreef, h. verdreven]➊ *verjagen* drive away/out, chase away* *de vijand~* oust/expel the enemy➋ *doorbrengen* pass/while away* *de tijd ~ while* away the time➌ *doen verdwijnen* dispel * *twijfels~* dispel doubt

**verdrijving** *v* expulsion, ousting

**verdringen I** *overg* [verdrong, h. verdrongen] ➊ *wegdringen* push away/aside* *elkaar~* jostle (each other)➋ *de plaats innemen van* oust, supersede * *websites~ boeken* books are being superseded by websites➌ psych shut out, repress, suppress* *zijn gevoelens~* repress one's feelings‖ *wederk* [verdrong, h. verdrongen] * *zich~* crowd (around/round)

**verdringing** *v*➊ *wegduwen* displacement, ousting, supplanting➋ *onderdrukking v. gevoelens &* repression, suppression

**verdrinken I** *overg* [verdronk, h. verdronken] ➊ *levende wezens* drown* *zich~* drown oneself ➋ *land* inundate➌ *geld* drink away➍ *verdriet* drown ‖ *onoverg* [verdronk, is verdronken] be drowned, drown

**verdrinking** *v* [-en] drowning* *dood door~* death by drowning

**verdrinkingsdood** *m* death by drowning

**verdrogen** *onoverg* [verdroogde, is verdroogd] ➊ *uitdrogen* dry up➋ *v. planten &* wither

**verdroging** *v* drying up, dehydration

**verdronken** *bn*➊ *levende wezens* drowned➋ *land* submerged, inundated, flooded➌ *geld aan drank* drowned

**verdrukken** *overg* [verdrukte, h. verdrukt] oppress

**verdrukking** *v* [-en] oppression* *in de~ komen* get into a tight corner* *tegen de~ in groeien* prosper in spite of opposition

**verdubbelen I** *overg* [verdubbelde, h. verdubbeld] ➊ *dubbel maken* double* *zich~* double➋ fig

redouble* *zijn inspanningen~* redouble one's efforts* *zijn schreden~* quicken one's pace ‖ *onoverg* [verdubbelde, is verdubbeld] double, redouble

**verdubbeling** *v* [-en]➊ doubling, duplication➋ fig redoubling➌ taalk reduplication

**verduidelijken** *overg* [verduidelijkte, h. verduidelijkt] elucidate, explain

**verduidelijking** *v* [-en] elucidation, explanation

**verduisteren I** *overg* [verduisterde, h. verduisterd] ➊ *donker maken* darken, obscure➋ astron eclipse ➌ *tegen luchtaanval* black out➍ *ontvreemden* embezzle, misappropriate‖ *onoverg* [verduisterde, is verduisterd] darken, grow/get dark

**verduistering** *v* [-en]➊ *het verduisteren* darkening ➋ astron eclipse➌ *tegen luchtaanval* blackout ➍ *achterhouding* embezzlement, misappropriation of funds

**verduitsen I** *overg* [verduitste, h. verduitst] Germanize‖ *onoverg* [verduitste, is verduitst] Germanize

**verduiveld I** *bn* damned, devilish‖ *bijw* versterkend devilishly, damn(ed), awfully* *~ veel* a hell of a lot of

**verduizendvoudigen I** *overg* [verduizendvoudigde, h. verduizendvoudigd] multiply by a thousand ‖ *onoverg* [verduizendvoudigde, is verduizendvoudigd] increase a thousandfold

**verdunnen** *overg* [verdunde, h. verdund] thin, ‹vloeistof› dilute, ‹lucht› rarefy

**verdunner** *m* [-s] thinner, diluent

**verdunning** *v* [-en]➊ *het verdunnen* thinning, ‹v. vloeistof› dilution, ‹v. lucht› rarefaction ➋ *verdunde vloeistof* dilution, solution

**verduren** *overg* [verduurde, h. verduurd] bear, endure* *het hard te~ hebben* be taking some hard knocks, be having a hard time of it* *heel wat te~ hebben* have to put up with a lot

**verduurzamen** *overg* [verduurzaamde, h. verduurzaamd] preserve* *verduurzaamde levensmiddelen* preserved food; ‹in blik› tinned/canned food

**verdwaald** *bn* lost, ‹v. dieren ook› stray* *~ raken* lose one's way* *~ zijn* have lost one's way* *een~e kogel* a stray bullet

**verdwaasd** *bn*➊ *uitzinnig* foolish➋ *verdoofd* dazed, groggy

**verdwaasde** *m-v* [-n] fool

**verdwalen** *onoverg* [verdwaalde, is verdwaald] lose one's way, fig ook go astray

**verdwazing** *v* stupidity, foolishness

**verdwijnen** *onoverg* [verdween, is verdwenen] disappear, vanish, fade away* *verdwijn (uit mijn ogen)!* get out of my sight!* *deze regering/minister moet~* this government/minister must go* *dat verdwijnt daarbij in het niet* it pales into nothingness compared to this

**verdwijning** *v* disappearance, vanishing

ve

**verdwijnpunt**_o_ [-en] vanishing point
**veredelen**_overg_ [veredelde, h. veredeld]
 ❶*v. gewassen* improve ❷*v. vee* grade (up)
 ❸*v. gevoelens* ennoble, elevate ❹*v. manieren, smaak* refine
**vereelt**_bn_ callous
**vereend**_bn_ *met ~e krachten* with combined efforts
**vereenvoudigen**_overg_ [vereenvoudigde, h. vereenvoudigd] ❶simplify ❷rekenk reduce *een breuk ~*reduce a fraction
**vereenvoudiging**_v_ [-en] simplification, rekenk reduction
**vereenzaamd**_bn_ lonely, isolated
**vereenzamen**_onoverg_ [vereenzaamde, is vereenzaamd] grow lonely
**vereenzaming**_v_ isolation, loneliness
**vereenzelvigen** I_overg_ [vereenzelvigde, h. vereenzelvigd] identify II_wederk_ [vereenzelvigde, h. vereenzelvigd] *zich ~met* identify oneself with
**vereenzelviging**_v_ identification
**vereerder**_m_ [-s] worshipper, admirer
**vereeuwigen**_overg_ [vereeuwigde, h. vereeuwigd] ❶*eeuwig laten duren* perpetuate ❷*v. persoon* immortalize *iem. met het penseel ~*immortalize sbd in oils
**vereffenen**_overg_ [vereffende, h. vereffend] ❶*rekening* balance, settle ❷*schuld* square ❸*geschil* adjust, settle
**vereffening**_v_ [-en] ❶*jur* winding up, liquidation ❷*rekening* settlement, payment *ter ~van mijn rekening* in settlement of my account
**vereisen**_overg_ [vereiste, h. vereist] require, demand *veel zorg ~*require a lot of care *de vereiste kundigheden* the required skills
**vereiste**_o_ & _v_ [-n] requirement, requisite *... is een eerste ~...* is a prerequisite
**veren** I_bn_ feather *een ~bed* a feather bed II_onoverg_ [veerde, h. geveerd] be elastic, be springy, spring (back) *ze ~niet* they don't bounce, they've lost their spring/bounce
**verend**_bn_ elastic, springy, resilient *een ~zadel* a spring-mounted saddle *met ~e tred* with a springy step
**verengelsen** I_overg_ [verengelste, h. verengelst] Anglicize II_onoverg_ [verengelste, is verengelst] become Anglicized
**verengen**_overg_ [verengde, h. verengd] narrow
**verenigbaar**_bn_ compatible *niet ~met* not compatible/consistent/consonant with *die twee zaken zijn niet ~* ‹niet combineerbaar› those two things are irreconcilable; ‹sluiten elkaar uit› those two things rule each other out
**verenigd**_bn_ united *een ~optreden* united action *een ~e vergadering* a joint meeting
**Verenigde Arabische Emiraten**_zn_ [mv] the United Arab Emirates
**Verenigde Naties**_zn_ [mv] the United Nations
**Verenigde Staten**_zn_ [mv] the United States

**Verenigd Koninkrijk**_o_ United Kingdom
**verenigen** I_overg_ [verenigde, h. verenigd] ❶*samenvoegen* unite, join, combine *Jan en Anna in de echt ~*join/unite Jan en Anna in marriage *die belangen zijn niet met elkaar te ~*these interests are not consistent with each other *voor zover het te ~ is met...* to the extent that it is consistent/compatible/reconcilable with... *in zich ~*combine in oneself ❷*gegevens* combine ❸*verzamelen* collect II_wederk_ [verenigde, h. verenigd] *zich ~* unite; ‹zich verzamelen› assemble *zich ~met* join hands/forces with ‹sbd in doing sth› *ik kan mij met die mening niet ~*I cannot agree with/concur in that opinion *ik kan mij met het voorstel niet ~*I cannot agree to the proposal
**vereniging**_v_ [-en] ❶*handeling of resultaat* joining, combination, union ❷*club* union, society, association, club *recht van ~en vergadering* right of association and of assembly
**verenigingsleven**_o_ club/social life
**verenigingswerk**_o_ club activities
**verenkleed**_o_ plumage
**vereren**_overg_ [vereerde, h. vereerd] honour/Am honor, revere, worship, adore *iem. met een bezoek ~*do sbd the honour of visiting him/her *iem. ~ met zijn tegenwoordigheid* honour/grace sbd with one's presence *vereerd zijn met* be honoured by
**verergeren** I_overg_ [verergerde, h. verergerd] make worse, worsen, aggravate II_onoverg_ [verergerde, is verergerd] grow worse, change for the worse, worsen, deteriorate
**verergering**_v_ worsening, aggravation, deterioration
**verering**_v_ [-en] veneration, worship, reverence
**vererven** I_overg_ [vererfde, h. vererfd] descend, pass (to) II_onoverg_ [vererfde, is vererfd] be transmitted to
**vererving**_v_ inheritance
**verf**_v_ [verven] paint, ‹voor stoffen, haar› & dye *niet goed uit de ~komen* ‹niet duidelijk› not come into its own; ‹v. personen› not live up to his/her & promise
**verfbad**_o_ [-baden] dye bath
**verfblik**_o_ [-ken] paint tin
**verfbom**_v_ [-men] paint bomb
**verfdoos**_v_ [-dozen] box of colours, paintbox
**verfijnd**_bn_ refined, sophisticated
**verfijnen**_overg_ [verfijnde, h. verfijnd] refine
**verfijning**_v_ [-en] refinement
**verfilmen**_overg_ [verfilmde, h. verfilmd] film
**verfilming**_v_ [-en] ❶*handeling* filming ❷*resultaat* film/screen version
**verfje**_o_ [-s] a lick of paint *een ~geven* give a lick of paint *dat kan wel een ~gebruiken* it could do with a lick of paint
**verfkwast**_m_ [-en] paintbrush
**verflaag**_v_ [-lagen] coat of paint

**verflauwen** *onoverg* [verflauwde, is verflauwd]
❶ *v. kleuren &* fade, dim ❷ *v. wind* abate ❸ *v. ijver &*
flag, slacken ❹<u>handel</u> flag
**verflensen** *onoverg* [verflenste, is verflenst] fade,
wither
**verflucht** *v* smell of paint, painty smell
**verfoeien** *overg* [verfoeide, h. verfoeid] detest,
loathe, abhor
**verfoeilijk** *bn* ❶*afkeurenswaardig* detestable,
abominable, abhorrent ❷*lelijk* ugly
**verfomfaaien** *overg* [verfomfaaide, h. verfomfaaid]
crumple, rumple
**verfpot** *m* [-ten] paint pot, pot/tin of paint
**verfraaien** *overg* [verfraaide, h. verfraaid]
embellish, make more attractive, enhance
**verfraaiing** *v* [-en] embellishment
**verfransen** I *overg* [verfranste, h. verfranst]
Frenchify, Gallicize II *onoverg* [verfranste, is
verfranst] become Frenchified/Gallicized
**verfransing** *v* becoming Frenchified/Gallicized
**verfrissen** I *overg* [verfriste, h. verfrist] refresh
II *wederk* [verfriste, h. verfrist] *zich ~* ‹zich
wassen› refresh oneself; ‹iets gebruiken› have a bite
to eat, take some refreshment
**verfrissend** I *bn* refreshing *een ~bad* a refreshing
bath II *bijw* refreshingly
**verfrissing** *v* [-en] refreshment
**verfroller** *m* [-s] paint roller
**verfrommelen** *overg* [verfrommelde, h.
verfrommeld] crumple/rumple (up), crush
**verfspuit** *v* [-en] spray gun
**verfstof** *v* [-fen] paint, dye, pigment
**verfwinkel** *m* [-s] paint shop
**vergaan** I *o* loss, <u>scheepv</u> ook foundering *het ~van
de wereld* the end of the world II *onoverg* [verging, is
vergaan] ❶*ophouden te bestaan* perish, pass away
*vergane glorie* departed glory *de lust vergaat hem*
he's lost all inclination *horen en zien vergaat je* it's
an infernal noise *~van afgunst* be eaten
up/consumed with envy *~van de kou* be perishing
with cold ❷*scheepv* founder, be wrecked, be lost
❸*verrotten* decay, rot ❹*voorbijgaan* pass *er
vergaat geen dag of...* not a day goes by that...
❺*aflopen met* fare *het verging hun slecht* they fared
badly *het zal je er naar ~* you'll get your just
deserts
**vergaand, verregaand** I *bn* extreme, far-reaching,
drastic II *bijw* <u>versterkend</u> extremely
**vergaarbak** *m* [-ken] ❶*receptacle*, repository ❷<u>fig</u>
dumping place
**vergaderen** *onoverg* [vergaderde, h. vergaderd]
meet, hold a meeting, assemble *telefonisch ~*
teleconference
**vergadering** *v* [-en] assembly, meeting, conference
*een telefonische ~* a conference call, a
teleconference *een verenigde ~* a joint sitting *een
wetgevende ~* een legislative assembly *geachte ~!*
ladies and gentlemen! *een ~bijeenroepen/houden*

call/hold a meeting *de ~leiden* chair/conduct the
meeting *de ~openen* open the meeting *de ~
opheffen/sluiten* close the meeting *een ~
uitschrijven* convene a meeting *een ~met debat* a
discussion meeting *een ~van aandeelhouders* a
shareholders' meeting
**vergaderplaats** *v* [-en] meeting place, place of
meeting
**vergaderruimte** *v* [-s] meeting room/hall,
conference hall
**vergadertafel** *v* [-s] conference table
**vergaderzaal** *v* [-zalen] meeting room/hall,
conference hall
**vergallen** *overg* [vergalde, h. vergald] spoil, mar
*iem. het leven ~* embitter sbd.'s life *iems. vreugde
~* spoil/mar sbd.'s pleasure
**vergaloppperen** *wederk* [vergaloppeerde, h.
vergaloppeerd] *zich ~* act too hastily; ‹blunder
begaan› put one's foot in it
**vergankelijk** *bn* transitory, transient, fleeting
**vergankelijkheid** *v* transitoriness, ‹sterfelijkheid›
mortality
**vergapen** *wederk* [vergaapte, h. vergaapt] *zich ~
aan* gape/gaze at *zich aan de schijn ~* be taken in
by appearances
**vergaren** *overg* [vergaarde, h. vergaard] gather,
collect, hoard
**vergassen** *overg* [vergaste, h. vergast] ❶*tot gas
maken* gasify ❷*met gas doden* gas
**vergasser** *m* [-s] paraffin stove, primus
**vergassing** *v* [-en] ❶*tot gas* gasification ❷*doden*
gassing
**vergasten** I *overg* [vergastte, h. vergast] treat, regale
*iem. op iets ~* regale sbd with sth, treat sbd to sth
II *wederk* [vergastte, h. vergast] *zich ~aan* feast
on, take delight in
**vergeefs** I *bn* vain, useless, fruitless *~e moeite*
wasted effort II *bijw* in vain, vainly, to no purpose,
fruitlessly
**vergeeld** *bn* yellowed
**vergeetachtig** *bn* forgetful
**vergeetachtigheid** *v* forgetfulness
**vergeetal** *m* [-len] forgetful person
**vergeetboek** *o* *het raakte in het ~* it was forgotten,
it fell into oblivion
**vergeet-mij-niet** *v* [-en], **vergeet-mij-nietje** *o* [-s]
*plant* forget-me-not
**vergelden** *overg* [vergold, h. vergolden] repay,
reward, ‹wraak nemen› take revenge on *goed met
kwaad ~* return evil for good *God vergelde het u!*
may God reward you for it!
**vergelding** *v* [-en] repayment, reward, ‹uit wraak›
retaliation, revenge, retribution *de dag der ~* the
day of reckoning *ter ~van...* in return for...
**vergeldingsactie** *v* [-s] retaliatory action, reprisal
**vergeldingsmaatregel** *m* [-en & -s] retaliatory
measure, reprisal
**vergelen** *onoverg* [vergeelde, is vergeeld] yellow

**ve**

**vergelijk** o [-en] agreement, settlement, accommodation, compromise * een~ treffen, tot een ~ komen come to/reach an agreement

**vergelijkbaar** bn comparable

**vergelijken** overg [vergeleek, h. vergeleken] compare * ~ met compare with * u kunt u niet met hem~ you can't compare yourself with him * vergeleken met... in comparison with..., as compared with...

**vergelijkend** bn comparative * een~e taalstudie a comparative study of languages * een~ examen a competitive examination

**vergelijkenderwijs**, **vergelijkenderwijze** bijw by comparison

**vergelijking** v [-en] **❶** alg. comparison * de~ kunnen doorstaan met... bear/stand comparison with * een~ maken/trekken make a comparison, draw a parallel/an analogy * in~ met... in comparison with..., as compared with... * dat is niets in~ met wat ik heb gezien it's nothing to what I've seen * ter ~ for (purposes of) comparison **❷** wisk equation * een~ van de eerste graad met één onbekende a simple equation with one unknown quantity * een ~ van de tweede/derde graad a quadratic/cubic equation **❸** in stijlleer simile

**vergelijkingsmateriaal** o comparative/reference material

**vergemakkelijken** overg [vergemakkelijkte, h. vergemakkelijkt] make easy/easier, facilitate

**vergen** overg [vergde, h. gevergd] require, demand, ask * te veel van zijn krachten~ overtax oneself

**vergenoegd** bn contented, satisfied

**vergenoegen** I overg [vergenoegde, h. vergenoegd] content, satisfy II wederk [vergenoegde, h. vergenoegd] * zich~ met content oneself with

**vergetelheid** v oblivion * aan de~ ontrukken save/rescue from oblivion * aan de~ prijsgeven consign/relegate to oblivion * in~ raken fall/sink into oblivion

**vergeten** I bn forgotten II overg [vergat, h. en is vergeten] forget * ik ben~ hoe het moet I've forgotten how to do it * ... niet te~ not forgetting ... * ik ben zijn adres~ I've forgotten his address * ik heb de krant~ I've forgotten the newspaper * hebt u niets~? haven't you forgotten something? * vergeet het maar! forget it! * (het)~ en vergeven forget and forgive III wederk [vergat, h. vergeten] * zich~ forget oneself

**vergeven** I bn infested, crawling with * het is er~ van de muizen the place is infested with mice II overg [vergaf, h. vergeven] **❶** vergiffenis geven forgive, pardon * vergeef (het) mij! forgive me! * vergeef me dat ik u niet gezien heb forgive me for not having seen you * dat zal ik u nooit~ I'll never forgive you for it **❷** weggeven give away * er zijn vier banen te~ there are four jobs going **❸** vergiftigen poison **❹** verkeerd geven kaartsp misdeal

**vergevensgezind** bn forgiving

**vergeving** v pardon, forgiveness, ‹v. zonde› remission, absolution

**vergevorderd** bn (far) advanced

**vergewissen** wederk [vergewiste, h. vergewist] * zich ~ ascertain, make sure * zich~ van iets make sure of sth, ascertain sth

**vergezellen** overg [vergezelde, h. vergezeld] accompany * vergezeld gaan van be accompanied/attended by * vergezeld doen gaan van accompany with

**vergezicht** o [-en] view, vista, panorama

**vergezocht** bn far-fetched

**vergiet** o & v [-en] strainer, colander

**vergieten** overg [vergoot, h. vergoten] shed, spill * bloed~ shed blood

**vergif** o poison, ‹v. dieren› venom * daar kun je~ op innemen you can bet your life on that

**vergiffenis** v pardon, forgiveness, rel remission, absolution * iem. ~ schenken forgive sbd * ~ vragen beg sbd's pardon/forgiveness * ~ van de zonden remission of sins

**vergiftig** bn poisonous, ‹v. dieren› venomous * niet ~ non-poisonous

**vergiftigen** overg [vergiftigde, h. vergiftigd] poison * ze wilden hem~ they wanted to poison him * de sfeer~ poison the atmosphere

**vergiftiging** v [-en] poisoning

**vergiftigingsverschijnsel** o [-en] symptom of poisoning

**vergissen** wederk [vergiste, h. vergist] * zich~ be mistaken/wrong, make a mistake * vergis u niet! make no mistake * als ik me niet vergis if I'm not mistaken * of ik zou me zeer moeten~ unless I'm greatly mistaken * u vergist u als u denkt... you're mistaken/you're under a delusion if you think... * zich in iem. ~ be mistaken/wrong about sbd * ik had mij in het huis vergist I'd mistaken the house * ~ is menselijk we all make mistakes, to err is human

**vergissing** v [-en] mistake, error * bij~ by/in mistake, unintentionally

**verglazen** overg [verglaasde, h. verglaasd] **❶** met glazuur glaze, enamel **❷** in glas veranderen vitrify

**vergoddelijken** overg [vergoddelijkte, h. vergoddelijkt] deify

**vergoddelijking** v **❶** deification **❷** als god vereren apotheosis

**vergoeden** overg [vergoedde, h. vergoed] **❶** terugbetalen make good, compensate, reimburse * de onkosten~ pay expenses **❷** compenseren compensate, make up for * iem. iets~ compensate sbd for sth, refund sbd sth * dat vergoedt veel that makes up for a lot

**vergoeding** v [-en] **❶** schadeloosstelling compensation, reimbursement **❷** tegemoetkoming allowance * ~ van gevolgschade indirect damages * tegen een (kleine)~ for a (small) consideration **❸** loon remuneration **❹** beloning recompense, reward

**vergoelijken** *overg* [vergoelijkte, h. vergoelijkt] gloss/smooth over, explain away * ~*d* trying to make things seem better

**vergokken** *overg* [vergokte, h. vergokt] gamble away

**vergooien I** *overg* [vergooide, h. vergooid] throw away * *een kans* ~ throw away a chance * *zijn geluk* ~ throw away one's happiness/good fortune **II** *wederk* [vergooide, h. vergooid] * *zich* ~ ⟨verkeerd gooien⟩ throw a bad ball; ⟨zich verlagen⟩ throw oneself away

**vergrendelen** *overg* [vergrendelde, h. vergrendeld] bolt

**vergrijp** *o* [-en] offence, ⟨niet ernstig⟩ misdemeanour * *een zwaar* ~ a major offence * *een* ~ *tegen de zeden* a breach of manners

**vergrijpen** *wederk* [vergreep, h. vergrepen] * *zich* ~ *aan* ⟨verkeerd grijpen⟩ miss out on; ⟨misdoen⟩ assault * *zich* ~ *aan een kind* interfere with a child

**vergrijzen** *onoverg* [vergrijsde, is vergrijsd] ❶ *v. personen* grow/go/turn grey ❷ *v. bevolking* age

**vergrijzing** *v* ag(e)ing of the population

**vergroeien** *onoverg* [vergroeide, is vergroeid] ❶ *samengroeien* grow together * *hij is met zijn werk vergroeid* he and his work have become one ❷ *misvormd raken* grow out of shape, ⟨v. persoon⟩ become/grow deformed ❸ *v. littekens* fade

**vergroeiing** *v* ❶ *samengroeiing* growing together ❷ *vervorming* crooked growth, deformity ❸ *v. littekens* fading

**vergrootglas** *o* [-glazen] magnifying glass

**vergroten** *overg* [vergrootte, h. vergroot] ❶ *groter maken* enlarge, extend ❷ *vermeerderen* increase, add to ❸ *groter weergeven* magnify, enlarge

**vergroting** *v* [-en] ❶ *het groter worden* enlargement ❷ *toename* increase ❸ *door een lens* magnification, ⟨v. foto⟩ enlargement, blow-up

**vergruizen I** *overg* [vergruisde, h. vergruisd] pulverize, pound, crush **II** *onoverg* [vergruisde, is vergruisd] crumble

**vergruizer** *m* [-s] pulverizer

**vergruizing** *v* [-en] pulverization, crushing

**verguizen** *overg* [verguisde, h. verguisd] revile, abuse, malign

**verguld** *bn* ❶ *met goud bekleed* gilt * ~ *op snee* gilt-edged * ~*e armoede* glorified poverty ❷ *blij* pleased, flattered * *ergens* ~ *mee zijn* be delighted with sth

**vergulden** *overg* [verguldde, h. verguld] gild

**verguldsel** *o* [-s] gilding, gilt

**vergunnen** *overg* [vergunde, h. vergund] ❶ *toestaan* permit, allow ❷ *toekennen* grant

**vergunning** *v* [-en] ❶ *toestemming* permission, allowance, leave * *met* ~ *van...* by permission of... * *zonder* ~ ⟨toestemming⟩ without permission; ⟨machtiging⟩ without a licence, unlicensed ❷ *machtiging* permit, licence/Am license * *een* ~ *tot verblijf* a residence permit * *een* ~ *tot vestiging* a permanent residence permit * *een café met* ~ a licensed pub(lic house)

**vergunninghouder** *m* [-s] licensee, permit holder, ⟨v. café⟩ licensed victualler

**verhaal** *o* [-halen] ❶ *vertelling* story * *het korte* ~ the short story * *een* ~ *vertellen* tell a story/tale * *een ongelofelijk/sterk* ~ a tall story * *allerlei verhalen vertellen/opdissen over...* spin yarns about * *zijn* ~ *doen* tell one's story ❷ *schadeloosstelling* (legal) remedy, redress, recovery * *er is geen* ~ *op* there is no redress * *hij kwam weer op zijn* ~ he collected himself ❸ *ZN, jur* appeal

**verhaalbaar** *bn* recoverable * *de schade is op hem* ~ the loss can be recovered from him

**verhaallijn** *v* [-en] story line, narrative

**verhaaltje** *o* [-s] story, tale

**verhaaltrant** *m* narrative style

**verhaasten** *overg* [verhaastte, h. verhaast] hasten, accelerate, speed up

**verhakkeld** *bn* ❶ *gescheurd ZN* torn to pieces ❷ *gewond ZN* wounded, hurt ❸ *verkreukeld ZN* crumpled ❹ *verzwakt ZN sp* weakened

**verhalen** *overg* [verhaalde, h. verhaald] ❶ *vertellen* tell, relate, narrate ❷ *vergoeding verkrijgen* recover, recoup * *inf hij wil het op mij* ~ he wants to take it out on me ❸ *wegtrekken* shift

**verhalenbundel** *m* [-s] collection/anthology of stories

**verhalend** *bn* narrative

**verhalenderwijs** *bijw* as a narrative

**verhandelbaar** *bn* negotiable, marketable, sal(e)able

**verhandelen** *overg* [verhandelde, h. verhandeld] ❶ *verkopen* trade/deal in, sell ❷ *bespreken* discuss

**verhandeling** *v* [-en] ❶ *koop en verkoop* trading in, sale of ❷ *voordracht* lecture, ⟨schriftelijk⟩ essay, dissertation, paper ❸ *scriptie ZN* thesis

**verhangen I** *overg* [verhing, h. verhangen] rehang, hang otherwise **II** *wederk* [verhing, h. verhangen] * *zich* ~ hang oneself

**verhapstukken** *overg* [verhapstukte, h. verhapstukt] settle, do * *iets te* ~ *hebben met iem.* have a bone to pick with sbd

**verhard** *bn* ❶ *hard gemaakt* hardened * *een* ~*e weg* a paved/metalled road ❷ *fig* hardened, hard-hearted, callous

**verharden I** *overg* [verhardde, h. verhard] *hard maken* harden * *een weg* ~ metal/asphalt/pave a road **II** *onoverg* [verhardde, is verhard] ❶ *hard worden* become hard, harden ❷ *fig* harden

**verharding** *v* [-en] ❶ *het hard maken* hardening ❷ *v. weg* metalling, asphalting, paving ❸ *vereelting* callus, callosity

**verharen** *onoverg* [verhaarde, is verhaard] lose/shed one's hair, ⟨v. dieren⟩ moult

**verhaspelen** *overg* [verhaspelde, h. verhaspeld] mangle, garble, fluff * *uitdrukkingen* ~ garbled expressions

ve

**verheerlijken** *overg* [verheerlijkte, h. verheerlijkt]
glorify

**verheerlijking** *v* glorification

**verheffen I** *overg* [verhief, h. verheven] ❶ *opheffen*
raise, lift, elevate * *zijn hoofd* ~ lift one's head ❷ *fig*
raise, elevate, uplift * *de geest* ~ uplift one's mind
* *iem. tot graaf* ~ make sbd a count ❸ *wisk* raise
* *een getal tot de tweede macht (in het kwadraat)* ~
raise a number to the second power, square a
number **II** *wederk* [verhief, h. verheven] * *zich* ~
rise * *fig zich* ~ *op iets* pride oneself on sth

**verheffend** *bn* elevating, uplifting * *een weinig* ~
*schouwspel* an unedifying spectacle

**verheffing** *v* [-en] ❶ raising, elevation * *met* ~ *van
stem* raising his voice ❷ *fig* elevation * ~ *in/tot de
adelstand* elevation to the nobility/ ⟨in Groot
Brittannië⟩ to the peerage

**verheimelijken** *overg* [verheimelijkte, h.
verheimelijkt] conceal, hide, disguise * *zijn
gevoelens* ~ hide/disguise one's feelings

**verhelderen I** *overg* [verhelderde, h. verhelderd]
*verduidelijken* clarify, elucidate * *een kop koffie zal je
geest* ~ a cup of coffee will clear your head **II** *onoverg*
[verhelderde, is verhelderd] *opklaren* brighten, clear
up * *zijn gezicht verhelderde* his face cleared up

**verhelen** *overg* [verheelde, h. verheeld] conceal,
hide, keep secret * *iets voor iem.* ~
conceal/hide/keep back sth from sbd * *hij verheelt
het niet* he makes no secret of it

**verhelpen** *overg* [verhielp, h. verholpen] remedy,
redress, correct * *een euvel* ~ remedy a defect

**verhemelte** *o* [-n & -s] ❶ *v. mond* palate, roof (of the
mouth) * *het zacht* ~ the soft palate, the velum
❷ *baldakijn* canopy

**verheugd I** *bn* glad, pleased * ~ *over* glad of,
pleased at **II** *bijw* gladly

**verheugen I** *overg* [verheugde, h. verheugd]
gladden, rejoice, delight * *dat verheugt mij* I'm glad
of that * *het verheugt ons te horen, dat...* we're glad
to hear that... **II** *wederk* [verheugde, h. verheugd]
* *zich* ~ be glad/delighted * *zich* ~ *in* be
happy/delighted about * *zich in een goede
gezondheid (mogen)* ~ enjoy good health * *daar
verheug ik mij nu reeds op* I'm already looking
forward to it * *zich* ~ *over iets* be delighted about sth

**verheugend I** *bn* welcome, joyful, gratifying * ~
*nieuws* joyful news * *het is* ~ *te weten, dat...* it is
gratifying to know that... **II** *bijw* gratifyingly

**verheven I** *bn* ❶ *hoog* above, superior * ~ *zijn boven*
be above ❷ *hoogstaand, niet alledaags* elevated, lofty,
sublime * *een* ~ *stijl* an elevated style ❸ *v. beeldwerk*
raised, embossed, in relief **II** *bijw* loftily

**verhevenheid** *v* [-heden] ❶ elevation * *een kleine* ~
a slight elevation ❷ *fig* loftiness

**verhevigen** *overg* [verhevigde, h. verhevigd]
intensify

**verheviging** *v* intensification

**verhinderen** *overg* [verhinderde, h. verhinderd]

prevent * *dat zal mij niet* ~ *om te...* that will not
prevent me from ...ing * *hij zal verhinderd zijn* he
probably couldn't make it * *iem.* ~ *in de uitoefening
van zijn beroep* obstruct/impede/hinder sbd in the
execution of his duties

**verhindering** *v* [-en] ❶ *'t verhinderen* prevention * *bij*
~ *gaarne bericht* please let us know if you cannot
come ❷ *beletsel* hindrance, obstacle, impediment

**verhip** *tsw* * ~! drat (it)!, darn (it)!

**verhit** *bn* ❶ *heet* hot, flushed ❷ *fig* (over)heated * *een*
~*te sfeer* a heated atmosphere

**verhitten I** *overg* [verhitte, h. verhit] ❶ heat ❷ *fig*
inflame, fire **II** *wederk* [verhitte, h. verhit] * *zich* ~
get worked up

**verhitting** *v* heating (up)

**verhoeden** *overg* [verhoedde, h. verhoed] prevent,
avert * *dat verhoede God!* God forbid!

**verhogen** *overg* [verhoogde, h. verhoogd] ❶ *hoger
maken* raise * *een halve toon* ~ sharpen a note
❷ *vermeerderen* increase * *de belastingen* ~
increase/raise taxes * ~ *met* raise/increase by
❸ *sterker doen uitkomen* heighten, enhance * *dat
verhoogt de schoonheid* that will enhance it

**verhoging** *v* [-en] ❶ *het hoger maken* raising
❷ *vermeerdering* increase, rise * *een jaarlijkse* ~ an
annual increase/increment ❸ *bevordering*
promotion ❹ *verhoogde plaats* elevation, ⟨podium⟩
dais, (raised) platform ❺ *koorts* temperature, fever
* *hij heeft wat* ~ he has a slight temperature/fever

**verholen** *bn* concealed, hidden, secret

**verhonderdvoudigen I** *overg*
[verhonderdvoudigde, h. verhonderdvoudigd]
multiply by a hundred **II** *onoverg*
[verhonderdvoudigde, is verhonderdvoudigd]
increase a hundredfold

**verhongeren** *onoverg* [verhongerde, is verhongerd]
be starving to death, starve (to death), die of hunger
* *doen/laten* ~ starve (to death)

**verhongering** *v* starvation

**verhoog** *o* [-hogen] ❶ *podium* ZN speakers' platform
❷ *tribune* ZN (public) gallery

**verhoogd** *bn* raised, increased * *een* ~*e
belangstelling voor milieuvraagstukken* an increased
interest in environmental issues * *een* ~*e kans op
besmetting* a greater/higher risk of infection * *in* ~*e
mate* to a larger/greater extent

**verhoor** *o* [-horen] ❶ *v. verdachte* interrogation,
questioning * *in* ~ *nemen* hear, interrogate
❷ *v. getuige* examination, ⟨door tegenpartij⟩
cross-examination * *wie zal het* ~ *afnemen?* who is
going to examine? * *een* ~ *ondergaan* be under
examination * *in* ~ *zijn* be under examination

**verhoren** *overg* [verhoorde, h. verhoord]
❶ *ondervragen* hear, interrogate, examine ❷ *gehoor
geven aan* hear, answer

**verhouden** *wederk* [verhield, h. verhouden] * *zich* ~
be as, be in the proportion of * *2 verhoudt zich tot 4
als 3 tot 6* 2 is to 4 as 3 is to 6

**verhouding** v [-en] ❶ *tussen getallen* proportion, ratio * *buiten*~ *tot...* out of proportion to... * *in*~ *tot* in proportion to * *in de juiste*~ in (the right) proportion * *in geen*~ *staan tot...* be out of (all) proportion to..., be totally disproportionate to... * *naar*~ ⟨naar evenredigheid⟩ proportionally, proportionately; ⟨in vergelijking⟩ comparatively, relatively * *naar*~ *van hun...* in proportion to their ❷ *tussen personen* relation(s), relationship * *een gespannen*~ strained relations * *een verstoorde*~ a disrupted relationship ❸ *liefdesbetrekking* (love) affair * *hij heeft een*~ *met zijn lerares* he's having an affair with his teacher

**verhoudingsgewijs** bijw comparatively, relatively * ~ *toenemen* increase proportionally

**verhuis** m [-huizen] ZN removal

**verhuisdag** m [-en] moving day

**verhuiskaart** v [-en] change of address card

**verhuiskosten** zn [mv] moving expenses, removal costs

**verhuisonderneming** v [-en] removal firm

**verhuiswagen** m [-s] furniture/removal van

**verhuizen** I overg [verhuisde, h. verhuisd] move II onoverg [verhuisde, is verhuisd] ❶ move (house) * *wij zijn verhuisd* we've moved (house) * *wij*~ *naar Nijmegen* we're moving to Nijmegen ❷ *naar ander land* emigrate, migrate

**verhuizer** m [-s] (furniture) remover, removal contractor

**verhuizing** v [-en] move, moving, ⟨naar ander land⟩ emigration

**verhullen** overg [verhulde, h. verhuld] conceal, veil * ~*de sluiers* concealing veils * *niets*~*d* revealing

**verhuren** I overg [verhuurde, h. verhuurd] ❶ *huis* Br let, Am rent ❷ *voorwerpen* let out (on hire), hire (out) II wederk [verhuurde, h. verhuurd] * *zich* ~ (*als*) hire oneself out (as)

**verhuur** m letting/hiring (out), hire, Am rental, renting * ~ *van fietsen* Br bicycles for hire, Am bicycles for rent

**verhuurbedrijf** o [-drijven] leasing company

**verhuurder** m [-s] ❶ *huizen, erfpacht* letter, renter, landlord/landlady, lessor ❷ *voorwerpen* hirer out

**verhypothekeren** overg [verhypothekeerde, h. verhypothekeerd] mortgage

**verificateur** m [-s] verifier

**verificatie** v [-s] verification

**verifieerbaar** bn verifiable

**verifiëren** overg [verifieerde, h. geverifieerd] ❶ *juistheid vaststellen* verify, check ❷ *boekh* audit, examine

**verijdelen** overg [verijdelde, h. verijdeld] ❶ *tenietdoen* frustrate, disappoint, shatter * *verijdelde hoop* shattered/dashed hope ❷ *tegenhouden* thwart, frustrate, defeat * *dat verijdelde hun plannen* that foiled their plans

**vering** v [-en] ❶ *het veren* spring action ❷ *de veren* springs

**verinnerlijken** I overg [verinnerlijkte, h. verinnerlijkt] interiorize, internalize II onoverg [verinnerlijkte, is verinnerlijkt] become internalized

**verinteresten** I overg [verinterestte, h. verinterest], **verintresten** [verintrestte, h. verintrest] put out at interest II onoverg [verinterestte, h. verinterest], **verintresten** [verintrestte, h. verintrest] bear no interest

**verjaard** bn ❶ *vordering/schuld* lapsed, statute-barred, time-barred ❷ *rechten* prescriptive

**verjaardag** m [-dagen] ❶ *v. personen* birthday ❷ *v. gebeurtenissen* anniversary

**verjaardagsfeest** o [-en] birthday party

**verjaardagskalender** m [-s] birthday calender

**verjaardagspartij** v [-en] birthday party

**verjaarscadeau** o [-s], **verjaarsgeschenk** [-en] birthday present

**verjagen** overg [verjaagde of verjoeg, h. verjaagd] ❶ drive/chase away * *vliegen*~ shoo away flies * *de vijand*~ drive out/expel the enemy ❷ *fig* dispel * *angst*~ dispel anxiety

**verjaren** onoverg [verjaarde, h. en is verjaard] ❶ *jarig zijn* celebrate one's birthday * *ik verjaar vandaag* it's my birthday today ❷ *jur* become prescribed/statute-barred/time-barred * *dat misdrijf is verjaard* the crime is no longer prosecutable, the crime falls outside the statute of limitations

**verjaring** v [-en] ❶ *jur* prescription, limitation ❷ *verjaardag* birthday

**verjaringstermijn** m [-en] term of limitation

**verjongen** I overg [verjongde, h. verjongd] make young again, rejuvenate II onoverg [verjongde, is verjongd] grow young again, rejuvenate

**verjonging** v [-en] rejuvenation, regeneration

**verjongingskuur** v [-kuren] rejuvenation cure

**verkalken** onoverg [verkalkte, h. en is verkalkt] ❶ *kalk worden* calcine, calcify ❷ *fig* ossify * *verkalkte ideeën* ossified opinions

**verkalking** v calcination, calcification * ~ *van de bloedvaten* arteriosclerosis

**verkankeren** I overg [verkankerde, h. verkankerd] fig mess up II onoverg [verkankerde, is verkankerd] ❶ be riddled with/eaten away with cancer ❷ *fig* go to the dogs

**verkapt** bn disguised, veiled, masked * *een* ~ *dreigement* a veiled threat

**verkassen** onoverg [verkaste, is verkast] relocate, move (house)

**verkavelen** overg [verkavelde, h. verkaveld] ❶ *grond* parcel/lot out, (sub)divide ❷ *partij tabak &* divide into lots, allocate

**verkaveling** v [-en] lotting/parcelling out, allotment, (sub)division

**verkeer** o ❶ *te land, te water en in de lucht* traffic * *veilig* ~ road safety * *vrij*~ free movement * *het* ~ *regelen* regulate the traffic * *de minister van* ~ the minister of transport ❷ *omgang* intercourse

**ve**

＊ *geslachts*~ sexual intercourse
＊ *maatschappelijk/huiselijk* ~ social/family intercourse

**verkeerd I** *bn* wrong, bad ＊ *de* ~*e kant* the wrong side ＊ *koffie* ~ coffee with hot milk, (caffè) latte **II** *m* ＊ *de* ~*e voorhebben* mistake one's man ＊ *dan heb je de* ~*e voor, mannetje!* then you've come to the wrong shop! **III** *bijw* wrongly, wrong ＊ ~*bezig zijn* be on the wrong track ＊ *zijn overhemd* ~*aantrekken* put one's shirt on the wrong way ＊ ~*aflopen* come to a bad end ＊ (*iets*) ~*doen* do (sth) wrong ＊ *iets* ~ *opnemen* take sth amiss ＊ *iets* ~*uitleggen* misinterpret sth ＊ *iets* ~*verstaan* misunderstand sth ＊ ~*verbonden zijn* have dialled a wrong number ＊ *ergens* ~*aan doen* do wrong in sth

**verkeersaanbod** *o* amount of traffic
**verkeersader** *v* [-s] (traffic) artery, arterial road, thoroughfare
**verkeersagent** *m* [-en] policeman on point duty, traffic policeman, <u>inf</u> traffic cop
**verkeersbord** *o* [-en] road/traffic sign
**verkeersbrigadier** *m & v* [-s] lollipop lady/man
**verkeerscentrale** *v* [-s] traffic control centre/Am center
**verkeerschaos** *m* traffic chaos
**verkeersdichtheid** *v* traffic density
**verkeersdrempel** *m* [-s] Br speed hump, <u>inf</u> sleeping policeman, Am speed bump
**verkeersdrukte** *v* (heavy) traffic
**verkeersinformatie** *v* traffic information
**verkeersknooppunt** *o* [-en] junction, intersection, ‹v. snelwegen› interchange
**verkeersleider** *m* [-s] <u>luchtv</u> air-traffic controller
**verkeersleiding** *v* <u>luchtv</u> air-traffic control
**verkeerslicht** *o* [-en] traffic light
**verkeersongeval** *o* [-len] road accident
**verkeersopstopping** *v* [-en] traffic jam, Am (traffic) tie-up
**verkeersovertreding** *v* [-en] road/traffic offence
**verkeersplein** *o* [-en] roundabout, Am traffic circle
**verkeerspolitie** *v* traffic police
**verkeersregel** *m* [-s] traffic rule
**verkeersslachtoffer** *o* [-s] road casualty
**verkeersstroom** *m* [-stromen] traffic flow
**verkeersteken** *o* [-s] traffic sign
**verkeerstoren** *m* [-s] <u>luchtv</u> control tower
**verkeersveiligheid** *v* road safety
**verkeersvlieger** *m* [-s] commercial pilot
**verkeersvliegtuig** *o* [-en] airliner, passenger aircraft
**verkeersweg** *m* [-wegen] thoroughfare, traffic route
**verkeerswisselaar** *m* [-s] ZN roundabout, Am traffic circle
**verkeerszuil** *v* [-en] bollard
**verkennen** *overg* [verkende, h. verkend] explore, investigate, <u>mil</u> reconnoitre ＊ *het terrein* ~*explore* the place; <u>fig</u> spy out the land

**verkenner** *m* [-s] ❶*alg.* scout ❷*bij scouting* Boy/Girl Scout ❸<u>comput</u> explorer
**verkenning** *v* [-en] reconnoitring, scouting, exploration ＊ *een* ~ a reconnaissance ＊ *op* ~*uitgaan* go out exploring, make a reconnaissance
**verkenningspatrouille** *v* [-s] reconnaissance patrol
**verkenningstocht** *m* [-en] reconnoitring/scouting expedition, exploration
**verkenningsvliegtuig** *o* [-en] reconnaissance plane
**verkenningsvlucht** *v* [-en] reconnaissance flight
**verkeren I** *overg* [verkeerde, h. verkeerd] ❶*zich bevinden* be, find oneself ＊ *in twijfel* ~be in doubt ❷*omgang hebben* associate ＊ *aan het hof* ~move in court circles ＊ ~*met iem.* associate with sbd **II** *onoverg* [verkeerde, is verkeerd] *veranderen* change ＊ *het kan* ~things may change ＊ *vreugde kan in droefheid* ~joy may turn to sadness
**verkering** *v* courtship ＊ *hij heeft* ~*met ons buurmeisje* he's going steady with the girl next door ＊ *zij heeft* ~she's going out with a fellow ＊ *zij hebben* ~they're going out together ＊ *vaste* ~*hebben* be going steady
**verketteren** *overg* [verketterde, h. verketterd] ❶*v. ketterij beschuldigen* charge with heresy ❷*veroordelen* decry, denounce ＊ *ideeën* ~reject ideas
**verkiesbaar** *bn* eligible ＊ *zich* ~*stellen* stand for office, stand as a candidate
**verkieselijk, verkieslijk** *bn* preferable (*boven* to)
**verkiezen** *overg* [verkoos, h. verkozen] ❶*kiezen* elect, choose ＊ *iem.* ~*tot president* choose sbd for president, elect sbd president ❷*de voorkeur geven* prefer ＊ *wij* ~*naar de schouwburg te gaan* we prefer to go to the theatre ＊ *A* ~*boven B* prefer A to B ❸*willen* like, choose ＊ *hij verkoos niet te spreken* he chose not to speak ＊ *zoals u verkiest* just as you like, please yourself
**verkiezing** *v* [-en] ❶*politiek* election ＊ *een* ~ *uitschrijven* call an election, go/appeal to the country ❷*keus* choice, selection, preference ＊ *bij* ~ for choice, for/by/in preference ＊ *naar* ~at will ＊ *u kunt naar* ~*of..., of...* the choice lies with you whether... or... ＊ *meen je dat naar eigen* ~*te kunnen doen?* do you think you can do that at your own sweet will? ＊ *handel naar eigen* ~use your own discretion, please yourself ＊ *uit eigen* ~of one's own free will
**verkiezingsbelofte** *v* [-n] election promise
**verkiezingsbijeenkomst** *v* [-en] election meeting
**verkiezingscampagne** *v* [-s] election campaign
**verkiezingskoorts** *v* electoral fever
**verkiezingsleus** *v* [-leuzen] electoral cry, slogan
**verkiezingsnederlaag** *v* [-lagen] electoral defeat
**verkiezingsoverwinning** *v* [-en] electoral victory
**verkiezingsprogram** *o* [-s] election programme/Am program
**verkiezingsstrijd** *m* (election) contest
**verkiezingstijd** *m* [-en] election time

**ve**

**verkiezingstournee** *v* [-s] election tour, vote-getting tour

**verkiezingsuitslag** *m* [-slagen] election result/returns

**verkijken I** *overg* [verkeek, h. verkeken] give away, lose ∗ *hij heeft zijn kans verkeken* he's lost his chance, inf he's missed the bus ∗ *zijn tijd* ~ waste one's time **II** *wederk* [verkeek, h. verkeken] ∗ *zich* ~ be mistaken, misjudge ∗ *zich* ~ *op de tijd die nodig was om...* misjudge/underestimate the time needed to...

**verkikkerd** *bn* ∗ ~ *op iets* keen on sth, nuts about sth ∗ ~ *op een meisje* keen/gone on a girl

**verkillen I** *overg* [verkilde, h. verkild] chill **II** *onoverg* [verkilde, is verkild] cool off, become chilly

**verklaarbaar** *bn* explicable, explainable, understandable ∗ *om verklaarbare redenen* for obvious reasons

**verklappen** *overg* [verklapte, h. verklapt] blab, give away ∗ *de boel* ~ give the game/show away ∗ *iem.* ~ peach/squeal on sbd ∗ *zich* ~ let one's tongue run away with one, give oneself away

**verklaren I** *overg* [verklaarde, h. verklaard] ❶ *verduidelijken, uitleggen* explain, account for, elucidate ∗ *kunt u het gebruik van dit woord hier* ~? can you explain why you used this word? ∗ *te* ~ *zijn* be understandable ❷ *(aan)zeggen* declare, certify ∗ *iem. gek* ~ certify sbd insane ∗ *iem. schuldig* ~ pronounce sbd guilty ∗ *de oorlog* ~ *aan* declare war on ∗ *iets onder ede* ~ declare sth on/under oath **II** *wederk* [verklaarde, h. verklaard] ∗ *zich* ~ declare oneself ∗ *verklaar je nader* explain yourself ∗ *zich* ~ *tegen/vóór...* declare against/in favour of... ∗ *zich solidair* ~ *met* declare one's solidarity with

**verklarend** *bn* explanatory ∗ *een* ~ *woordenboek* an explanatory dictionary

**verklaring** *v* [-en] ❶ *verduidelijking* explanation, account ❷ *mededeling* declaration, statement, ‹onder ede› testimony ∗ *een beëdigde* ~ a sworn statement; ‹schriftelijk› an affidavit ∗ *een* ~ *van overlijden* a judicial declaration of death ❸ *manifest* certificate ∗ *een geneeskundige* ~ a doctor's certificate ∗ *een* ~ *omtrent het gedrag* a certificate of good behaviour

**verkleden I** *overg* [verkleedde, h. verkleed] ❶ *omkleden* change ∗ *een kind* ~ change a child's clothes ❷ *vermommen* disguise **II** *wederk* [verkleedde, h. verkleed] ∗ *zich* ~ change (one's clothes); ‹zich vermommen› dress up, disguise oneself

**verkleefd** *bn* stuck ∗ *aan iem.* ~ *zijn* be stuck to sbd ∗ *de foto's waren allemaal* ~ *aan elkaar* the photos were all stuck together

**verkleinen** *overg* [verkleinde, h. verkleind] ❶ *kleiner maken* reduce, make smaller, minimize ∗ *een breuk* ~ reduce a fraction ❷ *verminderen* reduce, diminish, lessen, minimize ∗ *risico's* ~ reduce the risks

**verkleining** *v* [-en] ❶ *het verkleinen* reduction, diminution ❷ *kleinering* disparagement, belittlement ❸ *verkleiningsfactor* reduction factor

**verkleiningsuitgang** *m* [-en] taalk diminutive suffix

**verkleinvorm** *m* [-en] diminutive form

**verkleinwoord** *o* [-en] diminutive

**verkleumd** *bn* benumbed, numb (with cold)

**verkleumen** *onoverg* [verkleumde, is verkleumd] grow numb (with cold)

**verkleuren I** *onoverg* [verkleurde, is verkleurd] ❶ *kleur verliezen* lose colour/Am color, discolour/Am discolor, fade ❷ *v. kleur veranderen* turn/change colour/Am color **II** *overg* [verkleurde, h. verkleurd] discolour, Am discolor

**verkleuring** *v* [-en] discoloration, fading

**verklikken** *overg* [verklikte, h. verklikt] ❶ *iets* tell, disclose ❷ *iemand* tell/peach on, give away, squeal on

**verklikker** *m* [-s] ❶ *persoon* telltale ∗ *een stille* ~ a police spy ❷ *instrument* techn indicator

**verkloten** *overg* [verklootte, h. verkloot] fuck up

**verknallen** *overg* [verknalde, h. verknald] ❶ blow, bungle, botch, muck up ❷ *v. vuurwerk* let off

**verkneukelen** *wederk* [verkneukelde, h. verkneukeld], **verkneuteren** [verkneuterde, h. verkneuterd] ∗ *zich* ~ chuckle, rub one's hands with pleasure ∗ *zich* ~ *in* revel in

**verknipt** *bn* mad, loony, nuts

**verknocht** *bn* ❶ attached, devoted, taken, inf sold ∗ ~ *aan iets* attached/devoted to sth, taken by sth, sold on sth ❷ *v. rechtszaken* connected

**verknochtheid** *v* ❶ attachment, devotion ❷ *v. rechtszaken* connection

**verknoeien** *overg* [verknoeide, h. verknoeid] ❶ *bederven* spoil, bungle, mess up ∗ *de boel* ~ make a mess of it ❷ *slecht besteden* waste ∗ *zijn tijd* ~ waste one's time

**verkoelen I** *overg* [verkoelde, h. verkoeld] cool, refrigerate, chill **II** *onoverg* [verkoelde, is verkoeld] ❶ cool (down/off) ❷ fig cool, chill

**verkoeling** *v* [-en] ❶ *het verkoelen* cooling ❷ *m.b.t. relatie* cooling, coolness, chill ∗ *er is een* ~ *tussen hen (ontstaan)* their relationship has cooled

**verkoeverkamer** *v* [-s] recovery room

**verkommeren** *onoverg* [verkommerde, is verkommerd] ❶ pine away, languish ❷ *van planten* wither

**verkondigen** *overg* [verkondigde, h. verkondigd] proclaim, put forward, ‹theorie› propound

**verkondiger** *m* [-s] ❶ proclaimer ❷ *prediker* preacher

**verkondiging** *v* [-en] ❶ proclamation ❷ *prediking* preaching

**verkoold** *bn* ❶ *koolstof geworden* carbonized ❷ *verbrand* charred

**verkoop** *m* ❶ *het verkopen* sale(s) ∗ ~ *bij opbod* sale by auction ∗ *ten* ~ *aanbieden* offer for sale ∗ *in de* ~ *doen* put sth up for sale ❷ *veiling* [-kopen] auction

* *een* ~ *bij afslag* a Dutch auction * *een openbare* ~ a sale by public auction
**verkoopafdeling** *v* [-en] sales department
**verkoopapparaat** *o* [-raten] sales organization
**verkoopbaar** *bn* ❶ sal(e)able, marketable ❷ *aanvaardbaar* acceptable
**verkoopcampagne** *v* [-s] sales campaign/drive
**verkoopcijfers** *zn* [mv] sales figures
**verkoopdatum** *m* [-s & -data] date of sale * *de uiterste* ~ the sell-by date
**verkoopdirecteur** *m* [-en & -s] sales director
**verkoopleider** *m* [-s] sales manager/executive/director
**verkooporder** *v* [-s] sales order
**verkooporganisatie** *v* [-s] sales organization
**verkooppraatje** *o* [-s] sales talk/pitch
**verkoopprijs, verkoopsprijs** *m* [-prijzen] selling price
**verkooppunt** *o* [-en] (sales) outlet
**verkoopster** *v* [-s] saleswoman, salesgirl, shop assistant
**verkooptruc** *m* [-s] sales trick
**verkopen** [verkocht, h. verkocht] *overg* ❶ sell * *zich* ~ sell oneself * *nee moeten* ~ have to give no for an answer * *grappen* ~ crack jokes * *leugens* ~ tell lies * *iem. een oplawaai* ~ bash sbd * *in het groot/klein* ~ sell wholesale/retail * *in het openbaar of ondershands* ~ sell by public auction or by private contract ❷ *van de hand doen* dispose of
**verkoper** *m* [-s] ❶ salesman/saleswoman, ‹in winkel› (shop) assistant * *de eerste/tweede* ~ the senior/junior salesman ❷ *jur* vendor
**verkoping** *v* [-en] sale, auction, public sale * *in de* ~ *doen* put up for auction * *bij openbare* ~ by (public) auction
**verkort** *bn* ❶ *eenvoudiger* abbreviated, abridged, contracted ❷ *ingekort* shortened
**verkorten** *overg* [verkortte, h. verkort] *korter maken* shorten, reduce, ‹boek› abridge
**verkorting** *v* [-en] shortening, reduction
**verkouden** *bn* * ~ *zijn* have a cold * ~ *worden* catch (a) cold
**verkoudheid** *v* [-heden] cold * *een* ~ *opdoen/oplopen* catch a cold * *ik kan niet van mijn* ~ *afkomen* I can't get rid of my cold
**verkrachten** *overg* [verkrachtte, h. verkracht] ❶ *v. personen* rape ❷ *v. wet* violate
**verkrachter** *m* [-s] rapist
**verkrachting** *v* [-en] ❶ *personen* rape ❷ *wet* violation
**verkrampen** *onoverg* [verkrampte, is verkrampt] tense up
**verkrampt I** *bn* ❶ *v. houding, gezicht* contorted ❷ *v. schrijfstijl* cramped ❸ *fig* constrained **II** *bijw* * ~ *vasthouden aan traditie* cling to tradition
**verkreukelen I** *overg* [verkreukelde, h. verkreukeld], **verkreuken** [verkreukte, h. verkreukt] rumple/crumple (up), wrinkle **II** *onoverg* [verkreukelde, is verkreukeld] crease, wrinkle, crush

**verkrijgbaar** *bn* obtainable, available, to be had * *niet meer* ~ sold out, out of stock, no longer to be had * *alleen op recept* ~ only to be had on prescription, only available on prescription
**verkrijgen** *overg* [verkreeg, h. verkregen] ❶ *ontvangen* receive, get ❷ *bemachtigen* gain, come by * *verkregen rechten* vested rights ❸ *kopen* obtain, acquire ▼ *hij kon het niet over zijn hart* ~ he could not bring himself to
**verkrijging** *v* acquisition * *ter* ~ *van* to acquire/obtain
**verkromming** *v* [-en] med curvature
**verkroppen** *overg* [verkropte, h. verkropt] swallow * *hij kan het niet* ~ he can't take/stomach it * *verkropte gramschap* pent-up anger
**verkruimelen** *overg & onoverg* [verkruimelde, h. en is verkruimeld] crumble
**verkwanselen** *overg* [verkwanselde, h. verkwanseld] *verkwisten* barter/bargain/fritter away * *zijn goede naam* ~ ruin one's reputation
**verkwikken** *overg* [verkwikte, h. verkwikt] ❶ *verfrissen* refresh ❷ *bemoedigen* comfort
**verkwikkend I** *bn* refreshing **II** *bijw* refreshingly
**verkwikking** *v* [-en] ❶ *verfrissing* refreshment ❷ *bemoediging* comfort
**verkwisten** *overg* [verkwistte, h. verkwist] waste, squander, throw/fritter away * *iets* ~ *aan* waste & sth on
**verkwistend** *bn* ❶ *verspillend* wasteful, uneconomical ❷ *te veel uitgevend* extravagant
**verkwister** *m* [-s] spendthrift, waster, squanderer
**verkwisting** *v* [-en] waste, wastefulness, squandering
**verlaat I** *bn* belated **II** *o* [-laten] *sluis* lock, weir
**verladen** *overg* [verlaadde, h. verladen] scheepv ship
**verlader** *m* [-s] shipper
**verlagen I** *overg* [verlaagde, h. verlaagd] ❶ *lager maken* lower, ‹v. prijzen &› reduce, mark down * ~ *met* reduce/cut/lower by * *in prijs verlaagd* reduced (in price) * *een halve toon* ~ reduce by a semitone ❷ *onteren* lower, cheapen, degrade **II** *wederk* [verlaagde, h. verlaagd] * *zich* ~ lower/degrade/debase oneself * *ik wil me tot zo iets niet* ~ I refuse to stoop to such a thing
**verlaging** *v* [-en] ❶ *alg.* lowering, ‹v. prijzen &› reduction, cutback ❷ *waardevermindering* depreciation ❸ *ontering* debasement, degradation
**verlakken** *overg* [verlakte, h. verlakt] ❶ *lakken* lacquer, varnish ❷ *bedriegen* hoodwink, bamboozle * *iem.* ~ bamboozle sbd
**verlakkerij** *v* [-en] *bedrog* con, swindle * *inf het was maar* ~ it was all a con
**verlamd** *bn* paralysed * *een* ~ *e* a paralytic
**verlammen I** *overg* [verlamde, h. verlamd] ❶ paralyse ❷ *fig* cripple **II** *onoverg* [verlamde, is verlamd] become paralysed

**ve**

**verlamming** v [-en] paralysis
**verlangen I** o [-s] desire, longing, ‹sterker› craving ✱ zijn ~ naar his longing for ✱ op ~ on demand ✱ op ~ van... as requested by... ✱ op speciaal ~ van... at the special request of... ✱ branden van ~ burn with desire **II** overg [verlangde, h. verlangd] desire, want, ‹eisen› demand ✱ het verlangd salaris the salary required ✱ ik verlang dat niet te horen I don't want to hear it ✱ ik verlang niets liever I'd ask nothing better, I'd be delighted ✱ dat is alles wat men ~ kan it's all that can be desired ✱ wat zou men meer kunnen ~? what more could one ask for? ✱ ik verlang (niet), dat je... I (don't) want you to... ✱ verlangt u, dat ik...? do you want/wish me to...? ✱ de directie verlangt van ons dat... the management expects us... **III** onoverg [verlangde, h. verlangd] long, be longing ✱ ~ naar long for, crave ✱ er naar ~ om long to..., be anxious to... ✱ wij ~ er niet naar om... we have no desire to...
**verlangend** bn longing ✱ ~ naar longing/eager for, form desirous of ✱ ~ om... eager/anxious to..., form desirous of ...ing
**verlanglijst** v [-en] gift list ✱ je moet maar eens een ~ opmaken you should draw up a list of the things you'd like to have
**verlaten I** bn ❶ in de steek gelaten abandoned ❷ niet bewoond abandoned, deserted ❸ afgelegen lonely, desolate **II** overg [verliet, h. verlaten] ❶ weggaan van leave ✱ de dienst ~ quit the service ✱ zijn post ~ desert one's post ✱ de stad ~ leave the town ✱ de wereld ~ ‹naar het klooster gaan› give up the world; ‹sterven› depart this life ❷ in de steek laten abandon/desert **III** wederk [verliet, h. verlaten] ✱ zich ~ op de voorzienigheid trust to Providence ✱ daar kunt u zich op ~ you can rely/depend on it **IV** wederk [verlaatte, h. verlaat] ✱ zich ~ be late/overdue ✱ ik heb mij verlaat I'm late
**verlatenheid** v abandonment, desolation, loneliness
**verlating** v ❶ achterlating abandonment, desertion ❷ het laat worden retardation, delay
**verlatingsangst** m separation anxiety
**verleden I** bn past, last ✱ ~ vrijdag last Friday ✱ taalk de ~ tijd the simple past (tense) ✱ fig dat is ~ tijd that's a thing of the past **II** o past ✱ dat behoort tot het ~ that's a thing of the past
**verlegen I** bn ❶ beschroomd shy, timid, bashful ✱ u maakt me ~ you make me blush ❷ beschaamd confused, embarrassed ✱ zij was met haar figuur ~ she was self-conscious about her figure ❸ ~ + om zijn in need of, at a loss for ✱ om een antwoord ~ zijn be at a loss for a reply ✱ om geld ~ zijn be in need of money, be hard up ✱ om tijd ~ zijn be short of time **II** bijw shyly &
**verlegenheid** v ❶ beschroomdheid shyness, timidity, bashfulness ❷ beschaamdheid embarrassment ✱ iem. in ~ brengen embarrass sbd ✱ in ~ raken get into trouble/difficulties ✱ iem. uit de ~ redden help sbd

out of a difficulty
**verleggen** overg [verlegde, h. verlegd] ❶ anders leggen move, divert, reposition ✱ een weg ~ divert a road ❷ op een andere plek leggen remove, shift, displace
**verlegging** v [-en] ❶ anders leggen moving, diversion ❷ op een andere plek leggen shifting, transfer
**verleidelijk I** bn alluring, tempting, seductive **II** bijw alluringly &
**verleiden** overg [verleidde, h. verleid] ❶ tot iets lokken tempt, entice, invite ✱ iem. ertoe ~ om iets te doen tempt/entice sbd into doing sth ✱ iem. tot zonde ~ lead into astray ❷ tot het slechte seduce ✱ een meisje ~ seduce a girl
**verleider** m [-s] seducer/ ‹vrouw› seductress, tempter/ ‹vrouw› temptress
**verleiding** v [-en] ❶ het verleiden seduction ❷ verlokking temptation ✱ de ~ weerstaan om... resist the temptation to... ✱ in de ~ komen om... be tempted to...
**verleidster** v [-s] temptress, seductress
**verlekkerd I** bn keen (on) ✱ ~ op keen on **II** bijw ✱ ~ kijken naar leer at
**verlekkeren** wederk [verlekkerde, h. verlekkerd] ✱ zich ~ aan lick one's lips over
**verlenen** overg [verleende, h. verleend] ❶ toestaan grant ✱ uitstel/gratie ~ grant respite/a pardon ✱ toegang ~ permit access to ❷ geven give ✱ hulp ~ render/lend/give assistance ✱ voorrang ~ give way ❸ een titel/orde confer upon ✱ iem. de doctorstitel ~ confer a doctorate on sbd
**verlengde** o extension ✱ in het ~ liggen van be a continuation of, be in line with; fig follow naturally from
**verlengen** overg [verlengde, h. verlengd] ❶ langer maken lengthen ✱ sp een pass ~ pass the ball on ❷ paspoort & renew ❸ langer laten duren extend, prolong ✱ sp de wedstrijd wordt verlengd the match is going into extra time/Am into overtime ❹ wisk produce
**verlenging** v [-en] ❶ het verlengen lengthening, prolongation, extension ❷ paspoort & renewal ❸ sp extra time, Am overtime
**verlengsnoer** o [-en] extension cord
**verlengstuk** o [-ken] extension piece
**verlening** v ❶ v. krediet & grant ❷ v. volmacht & conferment
**verlept** bn withered, faded, wilted
**verleren** overg [verleerde, h. en is verleerd] forget how to, ‹met opzet› unlearn ✱ hij is zijn eigen taal verleerd he's forgotten (how to speak) his own language
**verlet** o ❶ uitstel delay ✱ zonder ~ without delay ❷ tijdverlies loss of time
**verlevendigen I** overg [verlevendigde, h. verlevendigde] enliven, revive **II** onoverg [verlevendigde, is verlevendigd] revive, liven up
**verlicht** bn ❶ niet donker illuminated ❷ fig

enlightened **\*** *onze ~e eeuw* our enlightened age **\*** *een ~e geest* an enlightened spirit ❸ *minder zwaar lightened* ❹ *opgelucht* relieved **\*** *zich ~ voelen* feel relieved

**verlichten** *overg* [verlichtte, h. verlicht] ❶ *minder donker maken* illuminate ❷ *v.d. geest* enlighten ❸ *minder zwaar maken* lighten **\*** *een last ~* lighten a burden ❹ *verzachten* relieve, ease, alleviate

**verlichting** *v* ❶ *v. lampen &* lighting, illumination ❷ *van de geest* enlightenment **\*** *hist de Verlichting* the (Age of) Enlightenment/Reason ❸ *het minder zwaar worden* lightening ❹ *v. pijn &* alleviation, relief **\*** *dat geeft ~* it's bringing some relief **\*** *een zucht van ~* a sigh of relief

**verliefd I** *bn* ❶ in love, enamoured **\*** *een ~ paar* a couple/pair of lovers **\*** *~ op* in love with, sweet on **\*** *tot over de oren ~* madly in love **\*** *~ worden op* fall in love with ❷ *liefde voelend* amorous **\*** *een ~e blik* an amorous look **II** *bijw* lovingly, amorously, fondly

**verliefdheid** *v* [-heden] (state of being in) love **\*** *een dwaze ~* an infatuation

**verlies** *o* [-liezen] ❶ *het verliezen* loss, ⟨v.e. dierbare⟩ bereavement **\*** *hun groot ~ door zijn dood* the great bereavement occasioned by his death ❷ *nadeel* loss **\*** *iem. een ~ berokkenen* inflict a loss upon sbd **\*** *een ~ goedmaken* make good/make up for/recoup a loss **\*** *~ lijden* suffer a loss **\*** *met ~ verkopen/werken* sell/work at a loss **\*** *niet tegen zijn ~ kunnen* be a bad loser ❸ *het verlorene* loss, casualty

**verliescijfer** *o* [-s] ❶ losses ❷ *slachtoffers* number of casualties

**verlies-en-winstrekening** *v* profit and loss account

**verliesgevend, verlieslijdend** *bn* loss-making **\*** *een ~e handel* a business that operates at a loss

**verlieslatend** *bn* ZN operating at a loss, loss-making

**verliespost** *m* [-en] loss, write-off, loss-making activity

**verliezen I** *overg* [verloor, h. en is verloren] lose **\*** *zijn kalmte ~* lose one's head/self-control **\*** *niets te ~ hebben* have nothing to lose **\*** *u zult er niet bij ~* you won't lose out on it **\*** *~ op iets* lose on sth **\*** *~ van/tegen* lose to **II** *wederk* [verloor, h. verloren] **\*** *zich ~ (in)* lose oneself/itself (in)

**verliezer** *m* [-s] loser

**verliggen** *onoverg* [verlag, is verlegen] ❶ *bederven* spoil, get spoiled ❷ *anders liggen* shift, move **\*** *gaan ~* move over, change/shift position

**verlijden** *overg* [verleed, h. verleden] draw up, execute

**verlinken** *overg* [verlinkte, h. verlinkt] give away, betray, inf squeal on

**verloederen** *onoverg* [verloederde, is verloederd] degenerate, run to seed, inf go to the dogs/to pot

**verloedering** *v* degeneration, corruption **\*** *de ~ van de binnenstad* the slumming of the inner city **\*** *de ~ van de taal* bastardization/corruption of the language

**verlof** *o* [-loven] ❶ *vergunning* leave, permission **\*** *~ geven om...* give/grant permission to... ❷ *verloftijd* leave (of absence), mil leave, furlough, ⟨v. docent⟩ sabbatical **\*** *~ aanvragen* apply for leave **\*** *~ geven* grant leave **\*** *~ nemen, met ~ gaan* go on leave **\*** *met ~* on leave ❸ *tapvergunning* alcohol licence/Am license ❹ *vakantie* ZN holiday(s)

**verlofdag** *m* [-dagen] day off **\*** *~en* leave (of absence)

**verlofganger** *m* [-s] mil soldier on leave

**verlofpas** *m* [-sen] ❶ *bij voorwaardelijke invrijheidstelling* leave pass ❷ *mil* furlough pass

**verloftijd** *m* [-en] (time of) leave

**verlokkelijk I** *bn* tempting, seductive, alluring **II** *bijw* temptingly &

**verlokken** *overg* [verlokte, h. verlokt] tempt, entice, allure, seduce

**verlokking** *v* [-en] temptation, enticement, allurement

**verloochenen I** *overg* [verloochende, h. verloochend] renounce **II** *wederk* [verloochende, h. verloochend] **\*** *zich ~* ⟨zijn eigen aard⟩ belie one's nature; ⟨onzelfzuchtig⟩ deny oneself, practise self-denial **\*** *zijn afkomst verloochende zich niet* his background couldn't be denied **\*** *de natuur verloochent zich niet* nature never lies, blood will out

**verloochening** *v* denial, repudiation, renunciation

**verloofd** *bn* engaged **\*** *met elkaar ~* engaged to each other

**verloofde** *m-v* [-n] fiancé(e) **\*** *de ~n* the engaged couple

**verloop** *o* ❶ *verstrijken* course, passage **\*** *na ~ van drie dagen* after three days **\*** *na ~ van tijd* in time, as time goes on ❷ *ontwikkeling* course, progress, development **\*** *de ziekte moet zijn ~ hebben* the disease has to take/run its course **\*** *het gewone ~ hebben* proceed normally **\*** *een noodlottig ~ hebben* end fatally **\*** *de vergadering had een rustig ~* the meeting proceeded quietly ❸ *achteruitgang* decline, decay ❹ *wisseling van personen* turnover ❺ *versmalling* tapering, reduction

**verloopstekker** *m* [-s] adapter (plug)

**verloopstuk** *o* [-len] techn reducer

**verlopen I** *bn* ❶ *verstreken* expired **\*** *~ rente* expired interest ❷ *zedelijk achteruitgegaan* run down, shabby, seedy **\*** *een ~ kerel/student* a seedy fellow/student **II** *onoverg* [verliep, is verlopen] ❶ *van tijd* pass (away), elapse, go by **\*** *enige jaren zijn ~a* couple of years have gone by ❷ *v. handeling* go/pass off **\*** *vlot/goed ~* go off smoothly/well **\*** *de demonstratie verliep zonder incidenten* the demonstration passed without an incident/a hitch ❸ *van paspoort, abonnement &* expire ❹ *achteruitgaan, minder worden* go down, run to seed **\*** *zijn zaak is geheel ~* his shop has gone downhill **\*** *het getij verliep* the tide was ebbing ❺ *de staking verliep* the strike collapsed ❻ *nauwer, smaller worden* techn taper, reduce, narrow ❼ *bilj* run into

**ve**

the pocket ❷ <u>druktechn</u> be overrun

**verloren** I *bn* lost ✷ *een* ~ *man* a lost/dead man ✷ ~ *moeite* wasted effort ✷ ~ *ogenblikken* spare moments ✷ *de* ~ *zoon* the prodigal son ✷ ~ *gaan/raken* be/get lost ✷ *er zal niet veel aan* ~ *zijn* it won't be much (of a) loss II *bijw* ✷ *zij dwaalt* ~ *rond* she wanders around like a lost soul

**verloskamer** *v* [-s] <u>med</u> delivery room

**verloskunde** *v* obstetrics, midwifery

**verloskundig** *bn* obstetric(al)

**verloskundige** *m-v* [-n] obstetrician

**verlossen** *overg* [verloste, h. verlost] ❶ deliver, rescue, release, free, ⟨godsdienstig⟩ redeem ❷ *bij bevalling* deliver

**verlosser** *m* [-s] liberator, deliverer ✷ *de Verlosser* the Redeemer/Saviour

**verlossing** *v* [-en] ❶ *bevrijding* deliverance, rescue, ⟨godsdienstig⟩ redemption ❷ *bevalling* delivery

**verlostang** *v* [-en] forceps

**verloten** *overg* [verlootte, h. verloot] raffle ✷ *iets* ~ raffle sth off

**verloting** *v* [-en] raffle, lottery

**verloven** *wederk* [verloofde, h. verloofd] ✷ *zich* ~ become engaged ✷ *ze zijn verloofd* they're engaged

**verloving** *v* [-en] engagement (*met* to)

**verlovingsfeest** *o* [-en] engagement party

**verlovingsring** *m* [-en] engagement ring

**verlovingstijd** *m* [-en] engagement (period)

**verluchten** *overg* [verluchtte, h. verlucht] ❶ *een boek* illuminate ❷ *ventileren* <u>ZN</u> air, ventilate

**verluchter** *m* [-s] illuminator

**verluchting** *v* ❶ *van boek* illumination ❷ *ventilatie* <u>ZN</u> ventilation

**verluiden** *onoverg* [verluidde, is verluid] be reported ✷ *niets laten* ~ don't breathe a word about it ✷ *naar verluidt* it is rumoured that, rumour has it that

**verlullen** I *overg* [verlulde, h. verluld] *de tijd pratend verdoen* jaw on/away, <u>inf</u> crap on II *wederk* [verlulde, h. verluld] ✷ *zich* ~ spill the beans, give the game away

**verlustigen** I *overg* [verlustigde, h. verlustigd] amuse. entertain, divert II *wederk* [verlustigde, h. verlustigd] ✷ *zich* ~ *in* (take a) delight in, take (a) pleasure in

**verlustiging** *v* [-en] amusement, diversion

**vermaak** *o* [-maken] entertainment, pleasure, diversion, amusement ✷ ~ *scheppen in* take (a) pleasure in, find pleasure in, take delight in ✷ *tot* ~ *van...* to the amusement of...

**vermaaksindustrie** *v* entertainment industry

**vermaard** *bn* famous, renowned, celebrated

**vermaardheid** *v* ❶ fame, renown ❷ *persoon* [-heden] celebrity

**vermaatschappelijking** *v* *het opgaan in de maatschappij* socialization

**vermageren** I *overg* [vermagerde, h. vermagerd] make lean/thin, emaciate II *onoverg* [vermagerde, is vermagerd] ❶ *door ziekte &* lose weight ❷ *door dieet*

diet, slim

**vermageringskuur** *v* [-kuren] slimming diet

**vermakelijk** I *bn* amusing, entertaining II *bijw* amusingly &

**vermaken** I *overg* [vermaakte, h. vermaakt] ❶ *veranderen* alter ✷ *een jurk laten* ~ have a dress altered ❷ *nalaten* bequeath, will ✷ *zijn huis* ~ *aan* bequeath/will one's house to ❸ *amuseren* amuse, divert II *wederk* [vermaakte, h. vermaakt] ✷ *zich* ~ enjoy/amuse oneself ✷ *zich* ~ *met...* amuse oneself with ⟨sth⟩, amuse oneself (by) ⟨doing sth⟩

**vermaledijd** *bn* damned, accused ✷ *die* ~*e...* that damned...

**vermalen** *overg* [vermaalde, h. vermalen] grind

**vermanen** *overg* [vermaande, h. vermaand] admonish, exhort, warn ✷ *hij sprak haar* ~*d toe* he spoke severely to her

**vermaning** *v* [-en] admonition, exhortation, warning, <u>inf</u> talking-to

**vermannen** *wederk* [vermande, h. vermand] ✷ *zich* ~ pull oneself together

**vermeend** *bn* supposed, alleged, reputed

**vermeerderen** I *overg* [vermeerderde, h. vermeerderde] increase, augment, enlarge ✷ *een vermeerderde uitgave* an enlarged edition ✷ *zich* ~ ⟨v. dingen, getallen &⟩ increase; ⟨v. mens & dier⟩ multiply ✷ *het getal* ~ *met 10* add 10 to the number II *onoverg* [vermeerderde, is vermeerderd] grow, increase ✷ *het aantal inwoners is vermeerderd met...* the population has increased/grown by...

**vermeerdering** *v* [-en] increase, augmentation

**vermeien** *wederk* [vermeide, h. vermeid] ✷ *zich* ~ amuse/enjoy oneself ✷ *zich* ~ *in...* revel in...

**vermelden** *overg* [vermeldde, h. vermeld] ❶ *melding maken van* mention, state ❷ *boekstaven* record

**vermeldenswaard**, **vermeldenswaardig** *bn* worth mentioning, worthy of mention ✷ *niets* ~*igs* nothing worth mentioning

**vermelding** *v* [-en] mention ✷ *een eervolle* ~ ⟨op tentoonstelling⟩ an honourable mention; <u>mil</u> mentioned in dispatches ✷ *met* ~ *van...* mentioning..., stating...

**vermengen** I *overg* [vermengde, h. vermengd] ❶ *samenmengen* mix, mingle, blend ✷ *met water* ~ mix with water ❷ *v. metalen* alloy II *wederk* [vermengde, h. vermengd] ✷ *zich* ~ mix, mingle, blend

**vermenging** *v* [-en] mixing, mixture, blending, amalgamation

**vermenigvuldigen** I *overg* [vermenigvuldigde, h. vermenigvuldigd] multiply ✷ ~ *met...* multiply by... II *wederk* [vermenigvuldigde, h. vermenigvuldigd] ✷ *zich* ~ multiply ✷ *ga heen en vermenigvuldigt u* go forth and multiply

**vermenigvuldiger** *m* [-s] multiplier

**vermenigvuldiging** *v* [-en] multiplication ✷ ~*en maken* do multiplications ✷ *de tafels van* ~ the multiplication tables

**ve**

**vermetel I** *bn* audacious, bold, daring **II** *bijw*
audaciously, boldly, daringly
**vermetelheid** *v* audacity, boldness, daring
**vermicelli** *m* vermicelli
**vermicellisoep** *v* vermicelli soup
**vermijdbaar** *bn* avoidable
**vermijden** *overg* [vermeed, h. vermeden]
❶ *ontwijken* avoid ❷ *schuwen* shun
**vermijding** *v* avoidance, avoiding * *ter ~van... in*
order to avoid...
**vermiljoen** *o* vermilion, cinnabar
**verminderen I** *overg* [verminderde, h. verminderd]
❶ *lessen*, diminish, decrease, reduce * *verminder a*
*met b* from a take b * *de kosten* ~cut the costs
* *snelheid* ~reduce speed * *ik zal zijn verdienste niet*
~I'm not going to detract from his merits
❷ *verkorten* ZN reduce **II** *onoverg* [verminderde, is
verminderd] ❶ *alg.* lessen, diminish, decrease
❷ *v. pijn &* abate, ease ❸ *v. aantallen* drop
**vermindering** *v* [-en] ❶ *alg.* diminution, decrease,
falling-off, fall-off * *~ van straftijd* reduction of
sentence ❷ *v. pijn &* abatement, regression
❸ *v. prijzen* reduction * *~van boete* reduction in
fines ❹ *v. lonen* cut ❺ *korting* ZN reduction, discount
**verminken** *overg* [verminkte, h. verminkt] maim,
mutilate, disfeature * *hij is verminkt* he is mutilated
**verminking** *v* [-en] mutilation
**vermissen** *overg* [vermiste, h. vermist] miss * *wij ~*
*onze poes* out cat is missing
**vermissing** *v* [-en] loss, absence, state of being
missed
**vermist** *bn* missing * *hij wordt ~* he is missing
**vermiste** *m-v* [-n] missing person * *de ~n* the
(number of people) missing
**vermits** *voegw* ZN since, as, because
**vermoedelijk I** *bn* supposed, presumed * *de ~e*
*erfgenaam* the heir presumptive * *de ~e moordenaar*
the suspected killer **II** *bijw* supposedly, presumedly
**vermoeden I** *o* [-s] ❶ *gedachte* suspicion * *~s hebben*
have one's suspicions * *een ~ hebben tegen iem.*
suspect sbd * *het ~ wekken dat...* suggest that...
* *kwade ~s wekken* arouse suspicion * *geen flauw ~*
*van iets hebben* not have the slightest suspicion
❷ *gissing* conjecture, surmise ❸ *jur* presumption
* *een redelijk ~ van schuld* a reasonable
presumption of guilt * *~ van bewijs* prima facie
evidence **II** *overg* [vermoedde, h. vermoed] suspect
* *geen kwaad ~d* unsuspectingly * *zijn vrouw*
*vermoedt niets* his wife has no idea * *ik vermoed*
*tenminste dat je dat bedoelt* at least I suppose that's
what you mean
**vermoeid** *bn* tired, weary
**vermoeidheid** *v* tiredness, weariness, fatigue
**vermoeidheidsverschijnsel** *o* [-en] symptom of
fatigue
**vermoeien I** *overg* [vermoeide, h. vermoeid] tire,
weary **II** *wederk* [vermoeide, h. vermoeid] * *zich ~*
tire oneself (out), get tired

**vermoeiend** *bn* ❶ *tiring* ❷ *vervelend* tiresome
**vermoeienis** *v* [-sen] weariness, fatigue * *de ~sen*
*van een reis* travel fatigue
**vermogen I** *o* [-s] ❶ *macht* power * *ik zal alles doen*
*wat in mijn ~ is* I'll do everything in my power
❷ *geschiktheid* ability, capacity * *zijn verstandelijke*
*~s* one's intellectual faculties * *naar mijn beste ~* to
the best of my ability * *goede ~s hebben* be naturally
gifted ❸ *werkvermogen* ook elektr capacity, power
* *geleidend ~* conductivity ❹ *v. motor* performance
❺ *fortuin* fortune, means, capital * *dat kost een ~* it
costs a fortune ❻ *bezit* property * *het nationale ~* the
national wealth * *geen ~ hebben* have no means *
‹v. ondernemer› *vreemd ~* loan capital **II** *overg*
[vermocht, h. vermocht] be capable of, have power
to * *dat zal niets ~* it will be to no purpose * *veel bij*
*iem. ~ have a lot of influence with sbd * *niets ~*
*tegen* be of no avail against
**vermogend** *bn* ❶ *machtig* influential ❷ *rijk* wealthy,
rich, well-to-do, well-off
**vermogensaanwas** *m* capital
gain/growth/accretion
**vermogensaanwasdeling** *v* capital growth
sharing
**vermogensbeheer** *o* asset/capital management
**vermogensbelasting** *v* [-en] capital/wealth tax, ‹op
onroerend goed› property tax
**vermogensdelict** *o* [-en] crime against property
**vermogensgroei** *m* capital growth
**vermogensheffing** *v* [-en] capital levy, levy on
property
**vermogensmarkt** *v* capital market
**vermogensopbouw** *m* capital accumulation
**vermogenswinst** *v* [-en] capital gain/profit
**vermolmd** *bn* decayed, rotten
**vermommen I** *overg* [vermomde, h. vermomd]
disguise **II** *wederk* [vermomde, h. vermomd] * *zich*
*~disguise* oneself
**vermomming** *v* [-en] disguise
**vermoorden** *overg* [vermoordde, h. vermoord]
murder, kill, inf do in
**vermorzelen** *overg* [vermorzelde, h. vermorzeld]
crush, pulverize * *zijn tegenstander ~wipe* the floor
with one's opponent
**vermorzeling** *v* crushing, pulverization
**vermout** *m* vermouth
**vermurwen** *overg* [vermurwde, h. vermurwd]
soften, mollify * *hij was niet te ~* he couldn't be
mollified
**vernachelen** *overg* [vernachelde, h. vernacheld]
❶ *voor de gek houden* take for a ride ❷ *bedriegen*
swindle
**vernauwen I** *overg* [vernauwde, h. vernauwd]
narrow (down) **II** *wederk* [vernauwde, h. vernauwd]
* *zich ~narrow* **III** *onoverg* [vernauwde, is
vernauwd] narrow
**vernauwing** *v* [-en] ❶ narrowing ❷ med stricture
**vernederen I** *overg* [vernederde, h. vernederd]

humble, humiliate, take down *vernederd worden* be humbled **II** *wederk* [vernederde, h. vernederd] *zich ~*humble oneself, *inf* eat humble pie

**vernederend** *bn* humiliating, degrading

**vernedering** *v* [-en] humiliation *een ~ondergaan* be humiliated

**vernederlandsen I** *overg* [vernederlandste, h. vernederlandst] make Dutch **II** *onoverg* [vernederlandste, is vernederlandst] become Dutch

**vernemen** *overg* [vernam, h. vernomen] hear, understand, learn *naar wij ~*according to reports

**verneuken** *overg* [verneukte, h. verneukt] screw, con

**verneukeratief** *bn* dirty, rotten

**vernielal** *m* [-len] destroyer, smasher

**vernielen** *overg* [vernielde, h. vernield] destroy, wreck

**vernieler** *m* [-s] destroyer, smasher

**vernieling** *v* [-en] destruction *in de ~raken* become a wreck

**vernielzucht** *v* destructiveness

**vernielzuchtig** *bn* destructive

**vernietigen** *overg* [vernietigde, h. vernietigd] ❶*stuk maken* destroy, annihilate, wreck ❷*nietig verklaren* nullify, annul, quash

**vernietigend** *bn* destructive, devastating, <u>fig</u> crushing, withering *een ~vuur* a devastating fire *een ~e blik* a withering look *een ~oordeel* a scathing judgement *een ~antwoord* a crushing reply *een ~e overwinning* a smashing victory

**vernietiging** *v* ❶destruction, annihilation, devastation ❷<u>jur</u> annulment, nullification, quashing

**vernietigingskamp** *o* [-en] extermination camp

**vernietigingswapen** *o* [-s] weapon of destruction

**vernieuwen** *overg* [vernieuwde, h. vernieuwd] ❶*moderniseren* renovate ❷*vervangen* renew *met vernieuwde krachten* with renewed vigour

**vernieuwend** *bn* innovative

**vernieuwer** *m* [-s] ❶*iem. die moderniseert* renovator ❷*iem. met nieuwe ideeën* innovator

**vernieuwing** *v* [-en] ❶*innovatie* innovation ❷*modernisering* renewal, modernization *~van het onderwijs* educational reform ❸*verbouwing* renovation

**vernikkelen I** *overg* [vernikkelde, h. vernikkeld] (plate with) nickel, nickel-plate **II** *onoverg* [vernikkelde, is vernikkeld] *v.d. kou* freeze

**vernis** *o & m* [-sen] ❶varnish ❷<u>fig</u> veneer

**vernissage** *v* preview

**vernissen** *overg* [verniste, h. gevernist] ❶*met vernis bedekken* varnish ❷*schone schijn geven* veneer

**vernoemen** *overg* [vernoemde, h. vernoemd] name after *naar iem. vernoemd zijn* be called after sbd

**vernuft** *o* [-en] *scherpzinnigheid* ingenuity

**vernuftig I** *bn* ingenious **II** *bijw* ingeniously

**veronachtzamen** *overg* [veronachtzaamde, h. veronachtzaamd] disregard, neglect, slight *zijn

*gezondheid ~*neglect one's health *iem. ~*slight sbd

**veronachtzaming** *v* neglect, disregard *met ~van* in neglect/disregard of

**veronderstellen** *overg* [veronderstelde, h. verondersteld] suppose, assume *veronderstel dat...* suppose/supposing (that)... *iets als bekend ~*take sth as read/understood

**veronderstelling** *v* [-en] assumption, supposition *in de ~dat...* in/on the assumption that...

**verongelijkt I** *bn* wronged, aggrieved *met een ~ gezicht* with an aggrieved expression **II** *bijw* *~ kijken* look aggrieved/discontented

**verongelukken** *onoverg* [verongelukte, is verongelukt] ❶*v. personen* have an accident, be killed ❷*v. schepen &* be wrecked, be lost

**verontreinigen** *overg* [verontreinigde, h. verontreinigd] pollute, contaminate, foul

**verontreiniging** *v* [-en] pollution, contamination

**verontreinigingsheffing** *v* [-en] anti-pollution tax/levy

**verontrusten I** *overg* [verontrustte, h. verontrust] alarm, disturb, perturb **II** *wederk* [verontrustte, h. verontrust] *zich ~over* be alarmed at, be agitated/disturbed about

**verontrustend** *bn* alarming, perturbing, disturbing

**verontrusting** *v* alarm, anxiety

**verontschuldigen I** *overg* [verontschuldigde, h. verontschuldigd] excuse *dat is niet te ~*it is inexcusable **II** *wederk* [verontschuldigde, h. verontschuldigd] *zich ~*apologize (*bij* to, *wegens* for), excuse oneself *zich laten ~*ask to be excused

**verontschuldiging** *v* [-en] excuse, apology *zijn *~en aanbieden* apologize *vermoeidheid als ~ aanvoeren* plead fatigue *ter ~*by way of excuse

**verontwaardigd I** *bn* indignant *~over* indignant about/over **II** *bijw* indignantly

**verontwaardiging** *v* indignation

**veroordeelde** *m-v* [-n] convicted person *de ter dood ~n* those under sentence of death

**veroordelen** *overg* [veroordeelde, h. veroordeeld] ❶*afkeuren* condemn, denounce *iems. houding ~* condemn sbd's attitude ❷*oordeel uitspreken over* condemn, sentence *iem. ter dood ~* condemn/sentence sbd to death *tot drie maanden gevangenisstraf ~*sentence to three months (imprisonment) *iem. ~wegens* convict sbd of *iem. in de kosten ~*order sbd to pay costs

**veroordeling** *v* [-en] ❶*afkeuring* condemnation ❷<u>jur</u> conviction, ‹vonnis› sentence *een ~wegens diefstal* a conviction for theft

**veroorloven I** *overg* [veroorloofde, h. veroorloofd] permit, allow, grant leave **II** *wederk* [veroorloofde, h. veroorloofd] *zich ~om...* take the liberty of... *zij ~zich zelfs geen auto* they don't even permit themselves the luxury of a car *zij kunnen zich dat ~*they can afford it

**veroorzaken** *overg* [veroorzaakte, h. veroorzaakt] cause, bring about, occasion *een ongeval ~*cause

**ve**

an accident \* *moeilijkheden* ~ create/provoke problems
**veroorzaker** *m* [-s] cause, author
**verootmoedigen I** *overg* [verootmoedigde, h. verootmoedigd] <u>form</u> humble, humiliate **II** *wederk* [verootmoedigde, h. verootmoedigd] \* <u>form</u> *zich* ~ humble oneself
**verorberen** *overg* [verorberde, h. verorberd] consume, dispose of, polish off \* *hij verorberde een hele kip* he put away a whole chicken
**verordenen** *overg* [verordende, h. verordend] order, ordain, decree
**verordening** *v* [-en] regulation, <u>Am</u> ordinance, <in EU> regulation, <gemeentelijk> bylaw, bye-law \* *volgens* ~ by order
**verordonneren** *overg* [verordonneerde, h. verordonneerd] order
**verouderd** *bn* obsolete, out of date, antiquated, archaic \* *een* ~ *idee* an antiquated idea \* *het boek is* ~ the book is outdated \* ~*e voorraad* dead stock
**verouderen I** *overg* [verouderde, h. verouderd] make older, age **II** *onoverg* [verouderde, is verouderd] ❶ *van personen* grow old, age \* *hij is erg verouderd* he has aged a lot ❷ *v. woorden &* become obsolete
**veroudering** *v* ❶ *ouder worden* growing old, ageing/<u>Am</u> aging ❷ *in onbruik raken* obsolescence
**verouderingsproces** *o* [-sen] ageing/<u>Am</u> aging process
**veroveraar** *m* [-s] ❶ *conqueror* ❷ *rokkenjager* Don Juan
**veroveren** *overg* [veroverde, h. veroverd] conquer, capture, take (*op* from) \* *een zetel* ~ win a seat \* *de harten* ~ win the hearts and minds
**verovering** *v* [-en] conquest, capture
**veroveringsoorlog** *m* [-logen] war of conquest
**verpachten** *overg* [verpachtte, h. verpacht] ❶ *grond* lease ❷ *rechten* farm out
**verpakken** *overg* [verpakte, h. verpakt] ❶ pack, do up, <in papier> wrap up, package ❷ *fig* cloak \* *kritiek* ~ *in* cloak one's criticism in
**verpakking** *v* [-en] packing, packaging \* *op de* ~ *staat...* it says on the package that...
**verpakkingsmateriaal** *o* packing/packaging material
**verpanden** *overg* [verpandde, h. verpand] ❶ *belenen* pawn ❷ *v. onroerend goed* mortgage ❸ *fig* pledge, give \* *zijn hart aan iem.* ~ give one's heart to sbd
**verpanding** *v* [-en] ❶ *belening* pawning ❷ *v. onroerend goed* mortgaging ❸ *fig* pledging
**verpatsen** *overg* [verpatste, h. verpatst] sell, *inf* flog
**verpauperen** *onoverg* [verpauperde, is verpauperd] become impoverished \* *de buurt is aan het* ~ the neighbourhood is getting run down
**verpaupering** *v* decline, deterioration
**verpersoonlijken** *overg* [verpersoonlijkte, h. verpersoonlijkt] personify, embody
**verpersoonlijking** *v* personification, embodiment

**verpesten** *overg* [verpestte, h. verpest] poison, contaminate, spoil \* *de lucht is verpest* the air is polluted \* *de sfeer* ~ spoil/ruin the atmosphere \* *iems. leven* ~ louse up sbd.'s life \* <door verwennen> *een kind* ~ spoil a child
**verpieteren** *onoverg* [verpieterde, is verpieterd] wither, dwindle, <v. planten> wilt
**verpinken** *onoverg* [verpinkte, h. verpinkt] *knipperen* <u>ZN</u> blink \* *zonder* ~ without turning a hair, with a straight face
**verplaatsbaar** *bn* portable, movable, removable
**verplaatsen I** *overg* [verplaatste, h. verplaatst] ❶ *elders plaatsen* move, shift ❷ *v. letters & cijfers* transpose ❸ *v. water, lucht &* displace ❹ *overplaatsen* transfer, shift, move ❺ *verwijderen* remove **II** *wederk* [verplaatste, h. verplaatst] \* *zich* ~ <voortbewegen> move; <reizen> travel \* *zich per auto* ~ travel by car \* *zich in iems. toestand* ~ put oneself in sbd's place/position
**verplaatsing** *v* [-en] ❶ *het verplaatsen* movement \* <u>ZN & sp</u> *op* ~ *spelen* play an away game ❷ *plaatsverandering* removal ❸ *v. water* displacement ❹ *v. woorden &* transposition ❺ *overplaatsing* transfer
**verplanten** *overg* [verplantte, h. verplant] transplant, plant out
**verpleegdag** *m* [-dagen] day of hospitalization
**verpleeghuis** *o* [-huizen] nursing home
**verpleeghulp** *v* [-en] ❶ *hulp* nursing care ❷ *persoon* nurse's aid
**verpleeginrichting** *v* [-en] nursing home
**verpleegkundige** *m-v* [-n] nurse
**verpleegster** *v* [-s] nurse
**verpleegtehuis** *o* [-huizen] nursing home
**verplegen** *overg* [verpleegde, h. verpleegd] nurse, tend \* ~*d personeel* nursing staff
**verpleger** *m* [-s] male nurse, (hospital) attendant
**verpleging** *v* *v. zieken, gewonden* nursing
**verpletteren** *overg* [verpletterde, h. verpletterd] crush, smash, shatter \* *een* ~*de nederlaag* a crushing defeat \* *een* ~*de meerderheid* an overwhelming majority \* *een* ~*d bericht* shattering news
**verplettering** *v* crushing, smashing, shattering
**verplicht** *bn* ❶ due (*aan* to) ❷ *genoodzaakt* compulsory, obliged \* ~ *zijn om...* be obliged to..., have to... ❸ *voorgeschreven* obligatory, required \* *wettelijk* ~ *tot* legally obliged to ❹ *erkentelijk* obliged \* *ik ben u zeer* ~ I'm much obliged to you \* *iets* ~ *zijn aan iem.* be indebted to sbd for sth
**verplichten** *overg* [verplichtte, h. verplichtte] oblige, compel, force \* *iem.* ~ *te/tot* force sbd to \* *daardoor hebt u mij* (*aan u*) *verplicht* I'm very obliged to you **II** *wederk* [verplichtte, h. verplicht] \* *zich* ~ *tot* commit oneself to
**verplichting** *v* [-en] obligation, commitment \* ~*en aangaan* enter into obligations \* *grote* ~*en aan iem. hebben* be under great obligation to sbd \* *zijn* ~*en nakomen* <alg.> meet one's obligations, meet one's

engagements; ‹geldelijk› meet one's liabilities ∗ *de ~ op zich nemen om...* undertake to...

**verpoppen** *wederk* [verpopte, h. verpopt] ∗ *zich ~* pupate

**verpotten** *overg* [verpotte, h. verpot] repot

**verpozen** *wederk* [verpoosde, h. verpoosd] ∗ *zich ~* ‹uitrusten› rest; ‹zich ontspannen› relax

**verpozing** *v* [-en] ❶ *rust* rest ❷ *ontspanning* relaxation

**verpraten** I *overg* [verpraatte, h. verpraat] ∗ *de tijd ~* waste one's time talking II *wederk* [verpraatte, h. verpraat] ∗ *zich ~* let one's tongue run away with one

**verprutsen** *overg* [verprutste, h. verprutst] bungle, spoil

**verpulveren** *overg & onoverg* [verpulverde, h. en is verpulverd] pulverize

**verraad** *o* treason, treachery, betrayal ∗ *~ plegen* commit treason, turn traitor ∗ *~ plegen jegens iem.* betray sbd

**verraden** I *overg* [verried of verraadde, h. verraden] ❶ *verraad plegen* betray, commit treason ❷ *verklappen* betray, give away ❸ *laten blijken* show ∗ *dat verraadt zijn gebrek aan manieren* it shows up/betrays his lack of good manners II *wederk* [verried of verraadde, h. verraden] ∗ *zich ~* betray oneself, give oneself away

**verrader** *m* [-s] betrayer, traitor, inf squealer

**verraderlijk** I *bn* treacherous ∗ *een ~ blosje* a telltale blush ∗ *een ~e bocht* a treacherous bend ∗ *een ~e ziekte* an insidious disease II *bijw* treacherously

**verraderlijkheid** *v* treacherousness

**verrassen** *overg* [verraste, h. verrast] (take by) surprise ∗ *uw bezoek verraste ons* your visit took us by surprise/caught us unawares ∗ *hij werd onaangenaam verrast door...* he was taken aback by... ∗ *door de regen verrast worden* be caught in the rain ∗ *iem. ~ met* surprise sbd with

**verrassend** *bn* surprising, startling

**verrassing** *v* [-en] surprise ∗ *iem. een ~ bereiden* have a surprise in store for sbd ∗ *mil bij ~* by surprise ∗ *tot mijn grote ~* to my amazement

**verrassingsaanval** *m* [-len] mil surprise attack

**verrassingsovername** *v* [-s] surprise takeover

**verrassingspakket** *o* surprise package

**verre** *bijw* far, distant, remote ∗ *van ~* from afar ∗ *het zij ~ van mij dat...* far be it from me to... ∗ *~ van...* (so) far from..., nowhere near... ∗ *~ van gemakkelijk* far from easy ∗ *~ van rijk* far from being rich

**verrechtsen** *onoverg* [verrechtste, is verrechtst] shift to the right

**verregaand** *bn* → **vergaand**

**verregenen** *onoverg* [verregende, is verregend] be spoiled by the rain, be washed out

**verreikend** *bn* far-reaching, sweeping ∗ *~e gevolgen* far-reaching consequences ∗ *~e veranderingen* sweeping changes

**verrek** *tsw* heck!, good heavens!, inf hell!, damn (it)!

**verrekenen** I *overg* [verrekende, h. verrekend] *vereffenen* settle, clear, ‹debiteren› debit, ‹aftrekken› deduct, ‹crediteren› credit ∗ *een cheque ~* clear a cheque II *wederk* [verrekende, h. verrekend] ∗ *zich ~* ‹verkeerd rekenen› miscalculate,; ‹zich in de afloop vergissen› be mistaken

**verrekening** *v* [-en] ❶ *het verrekenen* settlement, ‹cheques› clearance, ‹wanneer te veel is betaald› deduction, ‹debitering› debiting, ‹creditering› crediting ❷ fig take into account, allow for ❸ *rekenfout* miscalculation, misjudgement

**verrekijker** *m* [-s] ❶ *met één lens* telescope ❷ *met twee lenzen* binoculars, field glasses

**verrekken** I *overg* [verrekte, h. verrekt] ❶ *v. spier* pull, strain ❷ *v. enkel, pols* twist, sprain ❸ *v. nek* crick II *wederk* [verrekte, h. verrekt] ∗ *zich ~* strain oneself III *onoverg* [verrekte, is verrekt] *doodgaan* die ∗ *hij kan ~* he can go hang himself

**verrekking** *v* [-en] ❶ *v. spier* pull, strain ❷ *v. enkel, pols* twist, sprain ❸ *v. nek* crick

**verrekt** *bijw* damned, bloody ∗ *het is ~ koud* it's damned/bloody cold

**verreweg** *bijw* by far ∗ *~ de grootste* the biggest by far ∗ *~ te verkiezen boven* infinitely preferable to

**verrichten** *overg* [verrichtte, h. verricht] do, perform, carry out ∗ *een onderzoek ~* conduct an investigation ∗ *wonderen ~* perform miracles

**verrichting** *v* [-en] action, performance, transaction

**verrijden** *overg* [verreed, h. verreden] ❶ *rijdend verplaatsen* drive, ride, move ❷ sp run off ∗ *morgen wordt de grand prix verreden* the Grand Prix will get underway tomorrow

**verrijken** I *overg* [verrijkte, h. verrijkt] enrich, increase, improve, enlarge II *wederk* [verrijkte, h. verrijkt] ∗ *zich ~* line one's own pockets

**verrijking** *v* enrichment, increase, enlargement

**verrijzen** *onoverg* [verrees, is verrezen] ❶ *oprijzen* arise ∗ *iets doen ~* raise/resurrect sth ❷ *uit de dood* rise, arise, be resurrected ∗ *Jezus is uit de dood verrezen* Jesus has (a)risen from the dead

**verrijzenis** *v* resurrection

**verroeren** *overg & wederk* [verroerde, h. verroerd] stir, move, budge ∗ *zich niet ~* stay put

**verroest** I *bn* roestig rusty II *tsw* inf what the hell/devil!

**verroesten** *onoverg* [verroestte, is verroest] rust

**verrot** *bn* rotten, putrid, putrefied ∗ *iem. ~ slaan* beat the hell out of sbd

**verrotheid** *v* rottenness

**verrotten** *onoverg* [verrotte, is verrot] rot, putrefy, decompose

**verrotting** *v* rotting, putrefaction ∗ *tot ~ overgaan* rot, putrefy, decompose

**verruilen** *overg* [verruilde, h. verruild] exchange, swap

**verruimen** *overg* [verruimde, h. verruimd] enlarge, widen, broaden ∗ *het aanbod ~* extend the offer

* *zijn blik* ~ broaden/widen one's outlook
**verruiming** *v* expansion, enlargement, widening, broadening
**verrukkelijk I** *bn* delightful, enchanting, charming **II** *bijw* ❶ delightfully & ❷ *versterkend* wonderfully
**verrukking** *v* [-en] delight, rapture, ecstasy * *in* ~ *raken/zijn over* become/be elated about * *in* ~ *brengen* delight, enchant
**verrukt I** *bn* delighted, thrilled * *zij waren er* ~ *over* they were thrilled with it * *zij zullen er* ~ *over zijn* they will be delighted with it **II** *bijw* rapturously, in raptures
**verruwen** *overg & onoverg* [verruwde, h. en is verruwd] coarsen
**verruwing** *v* coarsening, vulgarization, brutalization
**vers I** *bn* fresh, new * ~ *brood* fresh bread * ~*e eieren* fresh/new-laid eggs * ~*e koffie* new/fresh coffee * ~ *van de pers* hot from the press **II** *bijw* fresh(ly) * *het ligt nog* ~ *in het geheugen* it's fresh in people's minds **III** *o* [verzen] ❶ *regel* verse ❷ *couplet* stanza ❸ *tweeregelig* couplet ❹ *gedicht* poem ❺ *v. Bijbel, Koran* verse
**versagen** *onoverg* [versaagde, h. en is versaagd] grow faint-hearted, despair
**versbouw** *m* metrical construction
**verschaffen I** *overg* [verschafte, h. verschaft] provide, furnish, supply * *werk* ~ provide work **II** *wederk* [verschafte, h. verschaft] * *zich* ~ procure
**verschaffing** *v* furnishing, supply, provision
**verschalen** *onoverg* [verschaalde, is verschaald] *v. bier, wijn* go flat/stale
**verschalken** *overg* [verschalkte, h. verschalkt] ❶ *bedotten* outwit ❷ *vangen* catch ❸ *nuttigen* polish off, put away * *een glaasje* ~ have one, put away a drink
**verschansen I** *overg* [verschanste, h. verschanst] entrench **II** *wederk* [verschanste, h. verschanst] * *mil zich* ~ entrench oneself * *fig zich* ~ *achter* take cover behind
**verschansing** *v* [-en] ❶ *mil* entrenchment ❷ *scheepv* bulwarks, ⟨reling⟩ rails
**verscheiden I** *bn* ❶ *verschillend* diverse, varied * *hun achtergrond is* ~ their backgrounds are diverse/varied ❷ *meerdere* several, various * ~*e malen* several times **II** *o* passing (away), death, decease **III** *onoverg* [verscheidde, is verscheiden] depart this life, pass away
**verscheidenheid** *v* [-heden] diversity, variety, range
**verschepen** *overg* [verscheepte, h. verscheept] ❶ *verzenden* ship, transport ❷ *overladen* reship
**verscheping** *v* [-en] ❶ *verzending* shipping, transportation ❷ *overlading* reshipment
**verschepingskosten** *zn* [mv] shipping charges
**verscherpen** *overg* [verscherpte, h. verscherpt] sharpen/tighten (up) * *de wet* ~ tighten up the law * *het conflict verscherpte (zich)* the conflict

intensified/escalated
**verscherping** *v* [-en] ❶ *alg.* sharpening ❷ *ernstiger worden* escalation, tightening up, intensification
**verscheurdheid** *v* ❶ *verdeeldheid* disunity, division ❷ *innerlijk* conflict
**verscheuren** *overg* [verscheurde, h. verscheurd] ❶ *in/aan stukken* tear (up), tear to pieces, *dicht* rend * *verscheurd door verdriet* torn by grief ❷ *in verdeeldheid brengen* divide, tear apart * *politieke twisten* ~ *het land* political disputes divide the country ❸ *met de tanden* maul * ~*de dieren* ferocious animals
**verschiet** *o* [-en] ❶ *toekomst* prospect, future * *in het* ~ ahead ❷ *verte* distance, horizon
**verschieten I** *overg* [verschoot, h. verschoten] ❶ *munitie* use up ❷ *voorschieten* advance ❸ *met een schop omzetten* stir **II** *onoverg* [verschoot, is verschoten] ❶ *v. sterren* shoot * *een* ~*de ster* a shooting star ❷ *v. kleuren, stoffen* fade, lose colour/*Am* color * *niet* ~*d* colour-fast ❸ *v. personen* turn pale ❹ *schrikken* ZN be frightened, startle ❺ *zich verbazen* ZN be surprised
**verschijnen** *onoverg* [verscheen, is verschenen] ❶ *te voorschijn komen* appear, emerge, turn up, ⟨v. personen ook⟩ put in an appearance * ~ *in rechte* appear in court * *op een afspraak* ~ turn up for an appointment * *voor de commissie* ~ appear before the Board ❷ *uitkomen* appear, come out, be published * *het boek zal morgen* ~ the book is due to come out tomorrow ❸ *vervallen van termijn* fall/become due
**verschijning** *v* [-en] ❶ *het verschijnen* appearance ❷ *v. boek* publication ❸ *persoon* figure ❹ *geest* apparition, phantom, ghost ❺ *'t vervallen* expiration
**verschijningsdatum** *m* [-s &-data] date of issue/publication
**verschijnsel** *o* [-s & -en] phenomenon, ⟨v. ziekte &⟩ symptom, sign * *het* ~ *doet zich vaak voor tijdens zware buien* this sometimes happens during heavy downpours
**verschikken I** *overg* [verschikte, h. verschikt] rearrange, shift **II** *onoverg* [verschikte, is verschikt] move (higher) up
**verschil** *o* [-len] ❶ *onderscheid* difference, distinction, ⟨groot⟩ disparity, ⟨discrepantie⟩ discrepancy * *het* ~ *delen* split the difference * *een* ~ *in leeftijd* an age difference; ⟨groot⟩ a disparity in ages * *een* ~ *maken tussen...* draw a distinction between... * *een* ~ *van mening* a difference of opinion * *het is een* ~ *van dag en nacht* they are as different as night and day ❷ *uitkomst v. som* difference, remainder
**verschillen** *onoverg* [verschilde, h. verschild] differ, be different, vary * ~ *van* differ from * ~ *van mening* differ (in opinion), disagree * *in leeftijd* ~ differ in age
**verschillend I** *bn* ❶ *afwijkend* different, distinct, various * ~ *van...* different/distinct from... * *van* ~*e lengte* of various lengths ❷ *menige* several, various

∗ *~e personen* ⟨allerlei⟩ various people; ⟨meerdere⟩ several people ∗ *ik heb het van ~e personen gehoord* I've heard the story from several different people **II** *bijw* differently

**verschilpunt** *o* [-en] point of difference/controversy

**verschimmelen** *onoverg* [verschimmelde, is verschimmeld] grow mouldy

**verscholen** *bn* hidden

**verschonen I** *overg* [verschoonde, h. verschoond] ❶ *schoon goed geven* change ∗ *de baby ~* change the baby's nappy ∗ *het bed ~* change the bed ❷ *sparen* spare, save ∗ *van iets verschoond blijven* be spared sth ∗ *ik wens van uw bezoeken verschoond te blijven* spare me your visits ❸ *verontschuldigen* excuse **II** *wederk* [verschoonde, h. verschoond] ∗ *zich ~* ⟨schone kleding aantrekken⟩ change one's clothes/underwear; ⟨zich verontschuldigen⟩ excuse oneself

**verschoning** *v* [-en] ❶ *het verschonen* change ❷ *schoon goed* change of underclothes/linen ❸ *verontschuldiging* excuse ∗ *~ vragen* apologize ❹ *jur* ⟨v. getuige⟩ immunity, ⟨v. rechter⟩ excusal

**verschoningsrecht** *o* v. getuigen right of refusal to testify, right to remain silent

**verschoppeling** *m* [-en] outcast, pariah

**verschoten** *bn* faded

**verschralen** *onoverg* [verschraalde, is verschraald] ❶ *v. kwaliteit* become scanty/meagre/poor ❷ *v. weer* become bleak/cold ❸ *v. huid* become dry/chapped

**verschrijving** *v* [-en] slip of the pen

**verschrikkelijk I** *bn* frightful, dreadful, terrible, devastating ∗ *~e pijn lijden* suffer excruciating pain **II** *bijw* ook versterkend frightfully & ∗ *~ ingewikkeld* terribly complicated

**verschrikking** *v* [-en] ❶ *het verschrikkende* horror, terror ❷ *het schrikken* fright, terror

**verschroeien I** *overg* [verschroeide, h. verschroeid] scorch, singe ∗ *de tactiek der verschroeide aarde* scorched earth tactics **II** *onoverg* [verschroeide, is verschroeid] be scorched/singed

**verschrompelen** *onoverg* [verschrompelde, is verschrompeld] shrivel (up), shrink, wither

**verschuifbaar** *bn* slidable, movable

**verschuilen** *wederk* [verschool, h. verscholen of verschuilde, h. verschuild] ∗ *zich ~ achter* hide behind ∗ *zich ~ voor* hide from, conceal oneself from

**verschuiven I** *overg* [verschoof, h. verschoven] ❶ move, shift ❷ *uitstellen* put off, postpone **II** *onoverg* [verschoof, is verschoven] shift

**verschuiving** *v* [-en] ❶ shifting, move ❷ *uitstel* putting off, postponement

**verschuldigd** *bn* indebted, due ∗ *het ~e* the money due/owing ∗ *iem. geld ~ zijn* owe sbd money ∗ *wij zijn hem alles ~* we owe everything to him ∗ *met ~e eerbied* with due respect

**versgebakken** *bn* freshly baked

**versheid** *v* freshness

**versie** *v* [-s] version

**versierder** *m* [-s] ❶ *verleider* seducer, Don Juan ❷ *mooimaker* decorator

**versieren** *overg* [versierde, h. versierd] ❶ *voorzien v. versieringen* adorn, decorate, ornament ∗ *de kerstboom ~* decorate the Christmas tree ❷ *voor elkaar krijgen* fix, manage ∗ *dat versier ik wel voor je* I'll fix that for you ❸ *verleiden* chat/pick up

**versiering** *v* [-en] adornment, decoration, ornament ∗ muz *~en* embellishments, grace notes

**versiersel** *o* [-s & -en] ornament, decoration, embellishment

**versiertoer** *m* ∗ *op de ~ zijn* try to pick sbd up

**versimpelen I** *overg* [versimpelde, h. versimpeld] (te) *simpel maken* simplify **II** *onoverg* [versimpelde, is versimpeld] *simpel, onnozel worden* go simple, become simple-minded

**versjouwen** *overg* [versjouwde, h. versjouwd] lug/drag away

**versjteren** *overg* [versjteerde, h. versjteerd] spoil, mess up

**verslaafd** *bn* addicted to, dependent on ∗ *~ aan* addicted to, hooked on ∗ *hij is ~ aan verdovende middelen* he's a drug addict

**verslaafde** *m-v* [-n] ❶ *drugs &* addict ❷ *drank* alcoholic

**verslaafdheid** *v* addiction

**verslaan** *overg* [versloeg, h. verslagen] ❶ *overwinnen* beat, defeat ❷ *verslag uitbrengen over* report, cover, review

**verslag** *o* [-slagen] account, report ∗ *een financieel ~* a financial report ∗ *een schriftelijk ~* a written account ∗ *een woordelijk ~* a verbatim report ∗ *~ doen van...* give an account of... ∗ *een ~ opmaken van* draw up a report on ∗ *~ uitbrengen over* (deliver a) report on

**verslagen** *bn* ❶ *overwonnen* beaten, defeated ❷ *terneergeslagen* dejected, dismayed

**verslagenheid** *v* consternation, dismay, dejection

**verslaggever** *m* [-s] reporter

**verslaggeving** *v* [-en] reporting, press coverage

**verslagjaar** *o* [-jaren] year under review

**verslapen I** *overg* [versliep, h. verslapen] sleep away ∗ *hij heeft de hele dag ~* he slept through the whole day **II** *wederk* [versliep, h. verslapen] ∗ *zich ~* sleep in, oversleep

**verslappen I** *overg* [verslapte, h. verslapt] slacken, relax **II** *onoverg* [verslapte, is verslapt] slacken, relax, wane ∗ *de aandacht verslapt* the attention is waning/flagging

**verslapping** *v* [-en] ❶ *slap worden* slackening, relaxation ❷ *v. aandacht* waning, flagging

**verslavend** *bn* addictive, habit-forming ∗ *deze geneesmiddelen werken ~* these drugs are addictive

**verslaving** *v* addiction

**verslavingsverschijnsel** *o* [-en] symptom of addiction

**verslechteren I** *overg* [verslechterde, h.

verslechterd] make worse, worsen **II** *onoverg*
[verslechterde, is verslechterd] grow worse, worsen,
deteriorate
**verslechtering** *v* [-en] worsening, deterioration
**versleer** *v* metrics, prosody
**verslepen** *overg* [versleepte, h. versleept]
drag/tow/haul away
**versleten** *bn* ❶ worn (out), the worse for wear * *een*
*~ term* a cliché ❷ *v. kleding &* threadbare
**versleutelen** *overg* [versleutelde, h. versleuteld]
*coderen* encrypt
**verslijten I** *overg* [versleet, h. versleten] wear out,
waste * *zijn dagen ~* spend one's days * *zijn kleren ~*
wear out one's clothes ▼ *iem. ~ voor...* take sbd for...
**II** *onoverg* [versleet, is versleten] wear out/off/away
**verslikken** *wederk* [verslikte, h. verslikt] * *zich in iets*
*~* choke on sth, swallow sth the wrong way * *fig*
*zich ~ in* underestimate/underestimate
**verslinden** *overg* [verslond, h. verslonden] ook *fig*
devour, swallow up * *een boek ~* devour a book
* *geld ~* eat/swallow up money * *zijn eten ~* wolf
down/bolt one's food * *iets met de ogen ~* devour sth
with one's eyes
**verslingerd** *bn* * *~ aan* mad/crazy about
**versloffen** *overg* [verslofte, h. versloft] neglect
**verslonzen** *overg* [verslonsde, h. verslonsd] spoil,
neglect * *er verslonsd uitzien* look slovenly
**versluieren** *overg* [versluierde, h. versluierd] veil,
blur, fog
**versmaat** *v* [-maten] metre, *Am* meter
**versmachten I** *overg* [versmachtte, h. versmacht]
*verstikken* ZN suffocate, choke **II** *onoverg*
[versmachtte, is versmacht] ❶ *wegkwijnen* languish,
pine away * *~ van dorst* be parched with thirst, die
of thirst ❷ *stikken* ZN suffocate, choke, be suffocated
**versmaden** *overg* [versmaadde, h. versmaad]
disdain, despise, scorn * *dat is niet te ~* that's not to
be sneezed at
**versmallen** *overg & onoverg* [versmalde, h. en is
versmald] narrow
**versmalling** *v* [-en] narrowing
**versmelten I** *overg* [versmolt, h. versmolten]
❶ *samensmelten* melt (together/down), ⟨v. erts⟩
smelt, ⟨v. metalen⟩ fuse, ⟨v. kleuren⟩ blend,
amalgamate ❷ *in elkaar doen overgaan* blend,
⟨v. kleuren⟩ fade into **II** *onoverg* [versmolt, is
versmolten] melt (away) * *~de kleuren* colours that
blend into each other
**versmelting** *v* [-en] ❶ *samensmelten* melting,
smelting, fusion ❷ *omsmelten* melting down
**versnapering** *v* [-en] snack * *kan ik u een ~*
*aanbieden?* can I offer you a snack/a bite to
eat/some refreshments?
**versneld** *bn* ❶ faster, quicker * *eenparig ~* uniformly
accelerated * *mil met ~e pas* on the double * *de*
*wijzigingen worden ~ ingevoerd* the changes are
being introduced faster/more quickly than planned
❷ *productie* stepped up

**versnellen** *overg & onoverg* [versnelde, h. en is
versneld] accelerate, quicken * *de pas ~* quicken
one's pace
**versneller** *m* [-s] accelerator
**versnelling** *v* [-en] ❶ acceleration, speeding up
❷ techn gear, speed * *de eerste ~* first/bottom gear
* *de hoogste ~* top gear
**versnellingsbak** *m* [-ken] gearbox, gear housing
**versnellingsnaaf** *v* [-naven] gear hub
**versnijden** *overg* [versneed, h. versneden] ❶ *aan*
*stukken* cut up, cut to pieces ❷ *door snijden bederven*
spoil (in cutting) ❸ *mengen* dilute
**versnipperen** *overg* [versnipperde, h. versnipperd]
❶ cut into bits, cut up ❷ *fig* fritter away, squander
* *zijn tijd ~* spread oneself too thinly * *zijn krachten*
*~* waste one's energy
**versnippering** *v* [-en] ❶ cutting up, shredding ❷ fig
fragmentation
**versnoepen** *overg* [versnoepte, h. versnoept] spend
on sweets
**versoberen I** *overg* [versoberde, h. versoberd]
economize, cut down expenses, tighten one's belt
**II** *onoverg* [versoberde, is versoberd] sober down
**versobering** *v* [-en] economization, austerity
**versoepelen** *overg en onoverg* [versoepelde, h. en is
versoepeld] relax * *de regelingen worden versoepeld*
the regulations are being eased
**versoepeling** *v* [-en] relaxation
**versomberen I** *overg* [versomberde, h. versomberd]
darken, make gloomy **II** *onoverg* [versomberde, is
versomberd] grow gloomy/dismal
**verspelen** *overg* [verspeelde, h. verspeeld] ❶ *met*
*spelen verliezen* play/gamble away, inf blow ❷ *door*
*eigen schuld kwijtraken* lose, forfeit * *zijn reputatie ~*
lose one's reputation
**verspenen** *overg* [verspeende, h. verspeend]
plant/prick out
**versperren** *overg* [versperde, h. versperd] obstruct,
barricade, block (up), bar * *iem. de weg ~* bar sbd's
way * *de uitgang ~* block/obstruct the exit
**versperring** *v* [-en] ❶ *toestand* blocking up,
obstruction ❷ mil barricade, ⟨v. prikkeldraad⟩
entanglement ❸ scheepv barrage
**verspieder** *m* [-s] spy, scout
**verspillen** *overg* [verspilde, h. verspild] waste, ⟨geld⟩
dissipate, squander, ⟨tijd⟩ fritter away * *er geen*
*woord meer aan ~* not waste another word on it
**verspilling** *v* [-en] waste, wastage, dissipation
**versplinteren I** *overg* [versplinterde, h. versplinterd]
splinter, shatter, fig fragment **II** *onoverg*
[versplinterde, is versplinterd] splinter, break up
into splinters
**versplintering** *v* [-en] ❶ *het versplinteren* smashing,
shattering ❷ fig fragmentation
**verspreid** *bn* ❶ *v. opvattingen* widespread, common
❷ *hier en daar voorkomend* scattered, sporadic,
sparse * *hier en daar ~* scattered * *een ~e bevolking* a
sparse population ❸ mil extended

**ve**

**verspreiden I** *overg* [verspreidde, h. verspreid]
**❶** *verdelen* disperse **❷** *uitdelen* spread **❸** *verbreiden* disperse, distribute, circulate **❹** *ruchtbaar maken* circulate, put about **❺** *uiteenjagen* disperse, scatter
**II** *wederk* [verspreidde, h. verspreid] * *zich ~* disperse, spread out
**verspreider** *m* [-s] distributor
**verspreiding** *v* spreading, circulation, distribution, ⟨v. kennis, informatie⟩ dissemination, ⟨v. een menigte &⟩ dispersion * *geografische~* geographical distribution
**verspreken** *wederk* [versprak, h. versproken] * *zich ~* ⟨iets verkeerd uitspreken⟩ make a slip of the tongue; ⟨iets verkeerds zeggen⟩ put one's foot in it
**verspreking** *v* [-en] **❶** *verhaspeling* slip of the tongue **❷** *verkeerde opmerking* slip, mistake
**ver'springen**[1] *onoverg* [versprong, is versprongen] shift * *een dag~* move up one day * *een regel~* skip a line
**'verspringen**[2] *o* *sp* long jump, Am broad jump
**verspringer** *m* [-s] long jumper, Am broad jumper
**versregel** *m* [-s] verse, line of poetry
**verstaan I** *overg* [verstond, h. verstaan] **❶** *begrijpen* understand, know * *de kunst~* know how to * *zijn vak~* know one's job * *versta je?* understand? * *wel te~* that is to say * *iem. te~ geven dat...* give sbd to understand that... * *iem. verkeerd~* misunderstand sbd * *onder pasteurisatie~ wij...* by pasteurization is meant..., pasteurization can be described as... * *wat verstaat u daaronder?* what do you mean by that? **❷** *horen* understand, hear * *ik heb het niet~* I didn't understand, I didn't catch what was said **II** *wederk* [verstond, h. verstaan] * *zich met elkaar~* ⟨overeenstemming bereiken⟩ come to an understanding; ⟨overleg plegen⟩ consult
**verstaanbaar I** *bn* **❶** *begrijpelijk* intelligible, understandable * *zich~ maken* make oneself understood/intelligible **❷** *duidelijk* audible **II** *bijw* intelligibly &
**verstaanbaarheid** *v* **❶** *begrijpelijkheid* intelligibility, clarity **❷** *duidelijkheid* audibility
**verstaander** *m* [-s] listener * *een goed~ heeft maar een half woord nodig* a word to the wise is enough, a nod is as good as a wink
**verstand** *o* understanding, mind, intellect, reason * *zijn gezond~* one's common sense * *zijn~ gebruiken* use one's brains/head * *~ genoeg hebben om...* have sense enough to..., have the wits to... * *hij spreekt naar hij~ heeft* he doesn't know any better * *~ van iets hebben* be good at sth, be at home in sth, be a good judge of sth * *daar heb ik geen~ van* I don't know the first thing about it, I'm no judge of that * *heeft u~ van schilderijen?* do you know anything about pictures? * *het/zijn~ verliezen* lose one's reason/wits/inf marbles * *heb je je~ verloren?* have you taken leave of your senses?, inf have you gone out of your mind? * *daar staat mijn~ bij stil* that's beyond my comprehension * *dat zal ik hem

wel aan zijn~ brengen* I'll bring it home to him, I'll make him understand it * *je kunt hun dat maar niet aan het~ brengen* you just can't make them understand * *hij is niet bij zijn~* he's not in his right mind * *hij is nog altijd bij zijn volle~* he is still in full possession of his faculties, he is still quite sane * *dat gaat mijn~ te boven* it's beyond me/beyond my comprehension * *met~ lezen* read intelligently/with understanding * *met dien~e dat* on the understanding that, provided that, with the proviso that
**verstandelijk** *bn* intellectual * *een~e leeftijd van tien jaar* a mental age of ten
**verstandhouding** *v* [-en] understanding * *een geheime~* a secret understanding, jur collusion * *in ~ staan met* have an understanding with, have dealings with, afkeurend be in league with, jur be in collusion with * *een goede~ hebben met, in goede ~ staan met* be on good terms with * *een blik van~* a knowing look
**verstandig I** *bn* intelligent, sensible, wise * *wees nu ~!* (do) be sensible/reasonable! * *hij was zo~ om...* he had the good sense to... * *het~ste zal zijn, dat je...* the wisest thing you could do would be to... * *het~ vinden om...* judge it wise to... **II** *bijw* sensibly, wisely * *hij zou er~ aan doen om...* he would be well advised to... * *~ praten* talk reason, make sense
**verstandshuwelijk** *o* [-en] marriage of convenience
**verstandskies** *v* [-kiezen] wisdom tooth
**verstandsmens** *m* [-en] rational person
**verstandsverbijstering** *v* madness, mental derangement, insanity
**verstappen** *wederk* [verstapte, h. verstapt] * *zich~* stumble
**verstard** *bn* rigid, stiffened, paralysed
**verstarren I** *overg* [verstarde, h. verstard] **❶** *stijf maken* stiffen **❷** fig paralyse **II** *onoverg* [verstarde, is verstard] **❶** become rigid **❷** fig become fossilized/ossified
**verstarring** *v* **❶** *stijf worden* rigidity, stiffening **❷** fig fossilization, ossification
**verstedelijken** *onoverg* [verstedelijkte, is verstedelijkt] urbanize
**verstedelijking** *v* urbanization
**verstedelijkt** *bn* urbanized
**versteend** *bn* **❶** *tot steen geworden* petrified, fossilized * *een~ hart* a heart of stone **❷** *v. angst* petrified * *als~* petrified **❸** *v. begrippen &* fossilized **❹** *v. kou* stiff, numb
**verstek I** *o* jur default * *~ laten gaan* fail to turn up, be absent * *hij werd bij~ veroordeeld* he was sentenced by default/in his absence/in absentia * *een bij~ behandelde zaak* an undefended action **II** *o* [-ken] *schuine naad van planken* mitre (joint) * *hout onder~ zagen* mitre wood
**verstekeling** *m* [-en] stowaway
**verstelbaar** *bn* adjustable

**ve**

**versteld** *bn* stunned, staggered *∗∼staan* be taken aback, be dumbfounded *∗ik stond er ∼van* I was completely taken aback, it staggered me *∗de wereld ∼doen staan* stagger/astonish the world

**verstelgoed** *o* mending

**verstellen** *overg* [verstelde, h. versteld] ❶*kleding herstellen* mend, repair, patch ❷*anders afstellen* adjust

**verstelwerk** *o* mending

**verstenen** *overg & onoverg* [versteende, h. en is versteend] petrify, fossilize

**versterf** *o* ❶*gangreen* gangrene ❷*erven door overlijden* intestacy, ⟨erfdeel⟩ inheritance *∗de erfgenaam bij ∼* the legal heir, the heir apparent

**versterken I** *overg* [versterkte, h. versterkt] ❶*krachtiger maken* strengthen, intensify, ⟨v. geluid⟩ amplify, ⟨v. macht⟩ consolidate *∗dat versterkt mij in mijn overtuiging* that strengthens/reinforces my belief ❷*talrijker maken* reinforce, increase, bulk out *∗zijn team ∼* reinforce one's team ❸*m.b.t een stad, een legerplaats* fortify ❹*verkwikken* fortify *∗de inwendige mens ∼* have something to eat **II** *wederk* [versterkte, h. versterkt] *∗zich ∼* strengthen oneself

**versterkend** *bn* strengthening, sustaining, nourishing *∗∼voedsel* nourishing food *∗∼e middelen* restoratives

**versterker** *m* [-s] ❶*elektr* amplifier ❷*fotogr* intensifier

**versterking** *v* [-en] ❶*het versterken* strengthening, reinforcement, consolidation, intensification, ⟨v. geluid⟩ amplification ❷*v. troepen* mil reinforcement(s) ❸*fortificatie* fortification

**versterven** *onoverg* [verstierf, is verstorven] ❶*sterven* die ❷*bij erfenis overgaan* devolve upon

**versterving** *v* [-en] ❶*dood* death ❷*erfenis* succession

**verstevigen** *overg* [verstevigde, h. verstevigd] strengthen, consolidate

**versteviging** *v* [-en] consolidation, strengthening

**verstijfd** *bn* stiff, frozen, rigid *∗∼van de kou* numb with cold

**verstijven I** *overg* [verstijfde, h. verstijfd] *stijf maken* stiffen **II** *onoverg* [verstijfde, is verstijfd] ❶*stijf worden* stiffen ❷*gevoelloos worden* grow numb *∗∼ van schrik* grow rigid with fear

**verstijving** *v* [-en] ❶*stijf worden* stiffening ❷*v. kou* numbness

**verstikken I** *overg* [verstikte, h. verstikt] suffocate, choke, med asphyxiate **II** *onoverg* [verstikte, is verstikt] choke, suffocate, med asphyxiate

**verstikkend** *bn* suffocating, choking, med asphyxiating

**verstikking** *v* [-en] suffocation, med asphyxiation

**verstikkingsdood** *m* death by suffocation/asphyxiation

**verstikt** *bn* suffocated *∗met ∼e stem* in a strangled voice

**verstild** *bn* tranquil, quiet, still

**verstillen** *onoverg* [verstilde, is verstild] still, hush

**verstoken I** *bn* *∗∼van* deprived/devoid of **II** *overg* [verstookte, h. verstookt] ❶*opbranden* burn, consume ❷*aan brandstof betalen* spend on heating

**verstokt** *bn* hardened *∗een ∼hart* a hardened heart *∗een ∼e vrijgezel* a confirmed bachelor *∗een ∼roker* an inveterate smoker

**verstolen I** *bn* stealthy, furtive **II** *bijw* stealthily, furtively

**verstommen I** *overg* [verstomde, h. verstomd] silence **II** *onoverg* [verstomde, is verstomd] become silent *∗alle geluid verstomde* everything fell silent *∗hij stond verstomd* he stood speechless

**verstoord** *bn* boos annoyed, cross, angry

**verstoorder** *m* [-s] disturber

**verstoppen I** *overg* [verstopte, h. verstopt] ❶*dichtstoppen* clog, choke, block up ❷*verbergen* hide **II** *wederk* [verstopte, h. verstopt] *∗zich ∼* hide

**verstoppertje** *o* hide-and-seek *∗∼spelen* play hide-and-seek

**verstopping** *v* [-en] ❶*alg.* stoppage, blockage ❷med constipation

**verstopt** *bn* ❶*dicht zittend* blocked/clogged up *∗zijn neus is ∼* he has the snuffles/a blocked-up nose ❷*geconstipeerd* constipated ❸*verborgen* hidden

**verstoren** *overg* [verstoorde, h. verstoord] ❶*storen* disturb, disrupt *∗de rust ∼* disturb the peace *∗de stilte ∼* break the silence ❷*boos maken* annoy, make angry

**verstoring** *v* [-en] disturbance, interference *∗de ∼ van een illusie* the shattering of an illusion *∗∼van de openbare orde* breach of the peace, disorderly conduct

**verstoten** *overg* [verstootte of verstiet, h. verstoten] cast off/away *∗een kind ∼* disown a child *∗* ⟨in niet-Westerse culturen⟩ *zijn vrouw ∼* repudiate one's wife

**verstoting** *v* repudiation

**verstouten** *wederk* [verstoutte, h. verstout] *∗zich ∼* pluck up courage *∗zij zullen zich niet ∼om...* they wouldn't dare to...

**verstouwen** *overg* [verstouwde, h. verstouwd] ❶*scheepv* stow away ❷*verdragen* digest, stomach

**verstrakken** *onoverg* [verstrakte, is verstrakt] set, tighten

**verstrekken** *overg* [verstrekte, h. verstrekt] furnish, provide/supply with, hand out *∗iem. al het nodige ∼* furnish/provide sbd with all the necessaries of life *∗inlichtingen ∼* supply information *∗levensmiddelen ∼* hand out/distribute provisions

**verstrekkend** *bn* far-reaching

**verstrekker** *m* [-s] supplier *∗een ∼van risicokapitaal* a venture capitalist

**verstrekking** *v* supply, distribution *∗vrije ∼van heroïne* free supply of heroine

**verstrengelen** *overg* [verstrengelde, h. verstrengeld] intertwine, entangle

**verstrengeling** *v* intertwining, entanglement *∗een ∼van belangen* a conflict of interest(s)

**ve**

**verstrijken** *onoverg* [verstreek, is verstreken] **❶** *aflopen* expire, elapse, ⟨v. garantie⟩ lapse ✱ *de termijn is verstreken* the term has expired **❷** *voorbij gaan* go by

**verstrikken I** *overg* [verstrikte, h. verstrikt] (en)snare, trap, entangle ✱ *iem. in zijn eigen woorden ~trap* sbd in his own words **II** *wederk* [verstrikte, h. verstrikt] ✱ *zich ~* become entangled/caught ✱ *zich in iets ~* get caught up in sth

**verstrooid** *bn* **❶** *verspreid* scattered, dispersed **❷** *v. geest* absent-minded

**verstrooidheid** *v* [-heden] absent-mindedness

**verstrooien I** *overg* [verstrooide, h. verstrooid] **❶** *verspreiden* scatter, disperse **❷** *ontspannen* entertain, amuse **II** *wederk* [verstrooide, h. verstrooid] ✱ *zich ~* ⟨zich verspreiden⟩ disperse, scatter; ⟨zich ontspannen⟩ amuse/entertain oneself

**verstrooiing** *v* [-en] **❶** *verspreiding* dispersion, scattering **❷** *ontspanning* amusement, entertainment

**verstuiken** *overg* [verstuikte, h. verstuikt] sprain, twist ✱ *zijn enkel ~* sprain one's ankle

**verstuiking** *v* [-en] sprain(ing)

**verstuiven I** *onoverg* [verstoof, is verstoven] *uiteengaan* be blown away/off ✱ *iets doen ~* scatter sth **II** *overg* [verstoof, h. verstoven] **❶** *v. poeder* pulverize **❷** *v. vloeistof* spray

**verstuiver** *m* [-s] **❶** *v. vloeistof* atomizer, spray, vaporizer **❷** *v. poeder* pulverizer

**verstuiving** *v* [-en] **❶** *het verstuiven* dispersion, atomization, vaporization, ⟨v. poeder⟩ pulverization **❷** *zandverstuiving* sand drift

**versturen** *overg* [verstuurde, h. verstuurd] send (off), dispatch, forward

**versuffen I** *overg* [versufte, h. versuft] *suf maken* have a dulling effect on ✱ *zijn tijd ~* dream away the time **II** *onoverg* [versufte, is versuft] **❶** *duf worden* grow dull/stupid, ⟨v. ouderdom⟩ be in one's dotage **❷** *verdwaasd worden* become dazed

**versuft** *bn* stunned, dazed, dull ✱ *~van schrik* dazed with fright

**versukkeling** *v* decline ✱ *in de ~raken* run to seed, fall into decline

**versus** *voorz* versus

**versvoet** *m* [-en] (metrical) foot

**versvorm** *m* [-en] verse form

**vertaalbaar** *bn* translatable

**vertaalbureau** *o* [-s] translation bureau

**vertaalcomputer** *m* [-s] translation computer

**vertaalfout** *v* [-en] mistranslation

**vertaaloefening** *v* [-en] translation exercise

**vertaalwerk** *o* translations, translation work

**vertaalwoordenboek** *o* [-en] *tweetalig* bilingual/translation dictionary

**vertakken** *wederk* [vertakte, h. vertakt] ✱ *zich ~* branch (off)

**vertakking** *v* [-en] **❶** *afdeling* branch **❷** *aftakking* branching

**vertalen** *overg* [vertaalde, h. vertaald] translate ✱ *iets ~in* translate sth into ✱ *iets ~uit het Frans in het Engels* translate sth from French into English

**vertaler** *m* [-s] translator ✱ *een beëdigd ~* a sworn translator

**vertaling** *v* [-en] translation ✱ *een ~uit/in het Duits* a translation from/into German

**verte** *v* [-n & -s] distance ✱ *in de ~* in the distance ✱ *heel in de ~* far away (in the distance) ✱ *het leek er in de ~op* it remotely resembled it ✱ *nog in de ~ familie van...* a distant relation of..., distantly related to... ✱ *in de verste ~niet* not in the least, not by a long shot ✱ *ik heb er in de verste ~niet aan gedacht om...* it didn't even cross my mind to... ✱ *uit de ~* from afar, from a distance

**vertederen** *overg* [vertederde, h. vertederd] soften, move

**vertedering** *v* [-en] endearment, tenderness

**verteerbaar** *bn* digestible ✱ *licht ~* easily digested, easy to digest

**vertegenwoordigen** *overg* [vertegenwoordigde, h. vertegenwoordigd] represent ✱ *goed vertegenwoordigd zijn* be well represented

**vertegenwoordiger** *m* [-s] **❶** *afgevaardigde* representative **❷** *handel* (sales) agent

**vertegenwoordiging** *v* **❶** *het vertegenwoordigen* representation ✱ *een stelsel van evenredige ~* a system of proportional representation **❷** *handel* agency **❸** *delegatie* delegation

**vertekend** *bn* **❶** *verkeerd getekend* out of proportion **❷** *vervormd* distorted

**vertekenen** *overg* [vertekende, h. vertekend] **❶** *verkeerd tekenen* draw out of proportion **❷** *een verkeerd beeld geven* distort

**vertekening** *v* *verkeerd beeld* distortion

**vertelkunst** *v* narrative art

**vertellen I** *overg* [vertelde, h. verteld] tell ✱ *men vertelt van hem dat...* he is said to..., it is said that he... ✱ *vertel me (er) eens...* just tell me... ✱ *ik heb horen ~dat...* I was told that... ✱ *vertel het niet verder* don't tell anyone about it ✱ *je hebt hier niets te ~* you have no authority here **II** *onoverg* [vertelde, h. verteld] tell a story ✱ *hij kan aardig ~* he can tell a story well ✱ *vertel op!* let's have it! *inf* spit it out! **III** *wederk* [vertelde, h. verteld] ✱ *zich ~* miscount, make a mistake in adding up

**verteller** *m* [-s] narrator, storyteller

**vertelling** *v* [-en], **vertelsel** *o* [-s] tale, story, narrative

**verteltrant** *m* narrative style

**verteren I** *overg* [verteerde, h. verteerd] **❶** *v. voedsel* digest **❷** *geld* spend **❸** *v. vuur & ~* consume, eat up, devour ✱ *de afgunst verteert hem* he's eaten up with/consumed with envy **❹** *doen vergaan* eat away, consume ✱ *de roest verteert het ijzer* rust corrodes iron **II** *onoverg* [verteerde, is verteerd] **❶** *v. voedsel* digest ✱ *het verteert gemakkelijk* it is easy to digest ✱ *dat verteert niet goed* it's hard to digest **❷** *vergaan* decay, decompose∗ *het hout verteert* the wood is rotting away

**vertering** *v* [-en] ❶ *v. voedsel* digestion ❷ *verbruik* consumption ❸ *gelag* expenses

**verticaal I** *bn* ❶ vertical∗ *een verticale bedrijfsorganisatie* a vertical (company) structure ∗ *een verticale organisatie* a hierarchical organisation ❷ *bij kruiswoordraadsel* down **II** *bijw* vertically

**vertienvoudigen** *overg & onoverg* [vertienvoudigde, h. en is vertienvoudigd] multiply by ten

**vertier** *o* amusement, entertainment, ⟨afleiding⟩ diversion

**vertikken** *overg* [vertikte, h. vertikt] refuse∗ *hij vertikte het* he just wouldn't do it∗ *die tv vertikt het* the TV is on the blink

**vertillen I** *overg* [vertilde, h. vertild] lift, move **II** *wederk* [vertilde, h. vertild] ∗ *zich~* strain oneself in lifting

**vertimmeren** *overg* [vertimmerde, h. vertimmerd] ❶ *huis* make alterations to, renovate ❷ *geld* spend on renovations

**vertoeven** *onoverg* [vertoefde, h. vertoefd] stay, be

**vertolken** *overg* [vertolkte, h. vertolkt] ❶ *tot uitdrukking brengen* voice, express∗ *de gevoelens~ van* voice the feelings of ❷ *muz* interpret

**vertolker** *m* [-s] interpreter, performer

**vertolking** *v* [-en] interpretation, performance

**vertonen I** *overg* [vertoonde, h. vertoond] ❶ *te zien geven* exhibit, show, display∗ *gebreken~* show/display defects∗ *agressief gedrag~* exhibit aggressive behaviour∗ *dat is nog nooit vertoond* there has never been anything like it before ❷ *opvoeren* perform, show, present∗ *een toneelstuk ~* perform a play∗ *een film~* screen a film ❸ *uitbrengen* produce, present **II** *wederk* [vertoonde, h. vertoond] ∗ *zich~* ⟨in het openbaar⟩ show oneself; ⟨v. bloemen, knoppen &⟩ show, appear∗ *hij vertoonde zich niet* he didn't put in an appearance, he didn't show/turn up

**vertoning** *v* [-en] ❶ *het vertonen* showing, presentation, ⟨kunstwerken⟩ exhibition, ⟨film⟩ screening ❷ *opvoering* show, production

**vertoog** *o* [-togen] exposition∗ *vertogen richten tot* make representations to

**vertoon** *o* ❶ *het vertonen* showing, producing∗ *op~ van* on presentation of ❷ *praal* show∗ *~ maken met* show off, parade∗ *een~ van geleerdheid* a show of/afkeurend a parade of learning

**vertoornd** *bn* irate, angry∗ *~ op* angry with

**vertoornen I** *overg* [vertoornde, h. vertoornd] anger, incense **II** *wederk* [vertoornde, h. vertoornd] ∗ *zich~* become angry

**vertraagd** *bn* delayed∗ *een~e brief* a delayed/belated letter∗ *een~ effect* a delayed/retarded effect∗ *een~e film* a slow-motion picture/film∗ *een~e trein* a delayed/held-up train

**vertragen I** *overg* [vertraagde, h. vertraagd]

❶ *uitstellen* delay, put off ❷ *trager maken* slow down, slacken ❸ sp use delaying tactics **II** *onoverg* [vertraagde, is vertraagd] slow/gear down, slacken (off)

**vertraging** *v* [-en] ❶ *het vertragen* slackening, slowing down ❷ *oponthoud* delay∗ *de trein heeft 20 minuten~* the train is 20 minutes late

**vertragingstechniek** *v* delaying tactics

**vertrappen** *overg* [vertrapte, h. vertrapt] trample, tread on∗ *het recht~* tread on rights

**vertrek** *o* ❶ *het weggaan* departure, scheepv sailing ∗ *bij zijn~* on his departure, when he left ❷ *kamer* [-ken] room, apartment

**vertrekhal** *v* [-len] departure hall

**vertrekken I** *overg* [vertrok, h. vertrokken] distort ∗ *zijn gezicht~* contort one's face∗ *hij vertrok geen spier* he didn't move a muscle/turn a hair **II** *onoverg* [vertrok, is vertrokken] ❶ leave∗ *je kunt~!* you can go now!∗ *ze~ vandaag naar Londen* they're off to London today ❷ scheepv sail

**vertrekpunt** *o* [-en] ❶ *plaats v. vertrek* starting point, point of departure ❷ *uitgangspunt* starting point, point of departure, basis

**vertreksein** *o* [-en] starting signal

**vertrektijd** *m* [-en] departure time

**vertroebelen** *overg* [vertroebelde, h. vertroebeld] ❶ *onduidelijk maken* cloud, obscure ❷ *verstoren* trouble

**vertroetelen** *overg* [vertroetelde, h. vertroeteld] coddle, pamper, pet

**vertroosting** *v* [-en] consolation, comfort, solace

**vertrouwd** *bn* ❶ *v. persoon* reliable, trustworthy ❷ *op de hoogte van* familiar (with)∗ *~ met* conversant/familiar with∗ *zich~ maken met* make oneself familiar/conversant with∗ *~ raken met* become conversant/familiar with ❸ *veilig* safe∗ *in ~e handen* in safe hands ❹ *bekend* familiar∗ *~e beelden* familiar images

**vertrouwdheid** *v* familiarity

**vertrouwelijk I** *bn* ❶ *intiem* intimate, familiar∗ *een ~e vriend* an intimate friend ❷ *geheim* confidential ∗ *streng~!* strictly private/confidential! **II** *bijw* ❶ *intiem* intimately∗ *~ omgaan met* be intimate with ❷ *geheim* confidentially, in confidence

**vertrouwelijkheid** *v* [-heden] confidentiality, familiarity

**vertrouweling** *m* [-en] confidant

**vertrouwen I** *o* confidence, trust, faith∗ *het~ beschamen* betray sbd's confidence∗ *het volste~ genieten* enjoy sbd's complete confidence∗ *geen~ meer hebben in...* have lost confidence in...∗ *iem. zijn ~ schenken* take sbd into one's confidence∗ *~ stellen/hebben in* have confidence in, put one's faith in∗ *zijn~ is geschokt* his confidence has been shaken∗ *zijn~ verliezen in* lose faith in∗ *~ wekken* inspire confidence∗ *in~* in (strict) confidence∗ *iem. in~ nemen* take sbd into one's confidence∗ *in~ op* in the expectation of∗ *met~* with confidence,

**ve**

confidently∗ *met het volste∼* with the utmost confidence, with every confidence∗ *zijn∼ op...* his confidence/trust/faith in...∗ *op goed∼* on trust ∗ *goed van∼ zijn* be trusting, have a trusting nature **II** *overg* [vertrouwde, h. vertrouwd] trust∗ *hij is niet te∼* he isn't to be trusted **III** *onoverg* [vertrouwde, h. vertrouwd] trust (in), rely (on), bank (on)∗ *∼ op God* trust in God∗ *ik vertrouw erop* I'm banking/relying on it∗ *op de toekomst/het toeval∼* trust in the future/to luck

**vertrouwensarts** *m* [-en] confidential medical counsellor/Am counselor

**vertrouwenscrisis** *v* [-sen & -crises] crisis of confidence

**vertrouwenskwestie** *v* [-s] matter of confidence

**vertrouwensman** *m* [-nen & -lieden] confidant, confidential agent, trusted representative

**vertrouwenspersoon** *m* [-sonen] trustee

**vertrouwenspositie** *v* [-s] position of trust/confidence

**vertrouwensrelatie** *v* [-s] relationship based on trust

**vertrouwenwekkend** *bn* inspiring confidence/trust

**vertwijfeld I** *bn* desperate **II** *bijw* desperately

**vertwijfeling** *v* despair, desperation

**veruit** *bijw* by far

**vervaard** *bn* alarmed, frightened∗ *voor geen kleintje ∼* not easily frightened/daunted

**vervaardigen** *overg* [vervaardigde, h. vervaardigd] make, manufacture

**vervaardiging** *v* manufacture, fabrication

**vervaarlijk I** *bn* frightful, awful, huge, tremendous ∗ *er∼ uitzien* look huge/enormous **II** *bijw* frightfully &

**vervagen** *onoverg* [vervaagde, is vervaagd] fade, blur, grow blurred, become indistinct

**verval** *o* **❶** *achteruitgang* decay, decline, deterioration∗ *∼ van krachten* senile decay∗ *in∼ geraken* fall into decay **❷** *hoogteverschil* fall

**vervaldag** *m* [-dagen] time of payment, day of maturity, due/expiry date∗ *op de∼* at maturity, when due

**vervallen I** *bn* **❶** *v. gebouwen &* dilapidated, ramshackle, out of repair **❷** *v. persoon* worn (out), ravaged **❸** *v. wissels* due **❹** *v. recht* lapsed **❺** *van termijn, polis* expired▾ *van de troon∼ verklaard* deposed **II** *onoverg* [verviel, is vervallen] **❶** *achteruitgang* decline **❷** *bouwvallig worden* fall into disrepair **❸** *niet langer lopen* expire **❹** *v. rekeningen* fall/become due, mature **❺** *niet langer gelden* lapse **❻** *wegvallen* be taken off, be cancelled **❼** *komen tot* fall (in)to∗ *∼ aan de Kroon* fall to the Crown∗ *in zijn oude fout∼* fall into one's old mistakes∗ *in herhalingen∼* repeat oneself∗ *in onkosten∼* incur expenses∗ *tot zonde∼* lapse into sin

**vervalsen** *overg* [vervalste, h. vervalst] **❶** *falsificeren*

falsify, fake∗ *een handtekening∼* falsify a signature ∗ *de boeken∼* fiddle the books **❷** *namaken* forge, counterfeit∗ *een cheque∼* forge a cheque **❸** *versnijden* adulterate, tamper with

**vervalser** *m* [-s] forger, faker, counterfeiter

**vervalsing** *v* [-en] **❶** *het vervalsen* forgery, falsification **❷** *wijn/voedsel* adulteration **❸** *kunst* fake **❹** *geld* counterfeiting

**vervangbaar** *bn* replaceable

**vervangen** *overg* [verving, h. vervangen] **❶** *de plaats innemen van* take/fill the place of, replace, stand in for **❷** *aflossen* relieve **❸** *de plaats laten innemen van* replace,substitute∗ *het∼ door iets anders* replace it by something else, substitute something else for it

**vervanger** *m* [-s] replacement, substitute, stand-in

**vervanging** *v* replacement, substitution∗ *ter∼ van* in place of, as a substitute for

**vervangingswaarde** *v* replacement value/cost

**vervatten** *onoverg* [vervatte, h. vervat] contain, embody∗ *vervat in* ⟨geïmpliceerd⟩ implied in; ⟨verwoord⟩ couched in

**verve** *v* verve, enthusiasm, vigour

**verveeld** *bn* bored, weary▾ ZN∼ *zitten/zijn met...* not know what to do with...

**vervelen I** *overg* [verveelde, h. verveeld] **❶** bore, tire, weary∗ *hij zal je dood∼* he'll bore you stiff∗ *het zal je dood∼* you'll be bored stiff by it∗ *het begint me te∼* I'm beginning to get tired of it/bored with it∗ *tot∼s toe* over and over again, ad nauseam **❷** *ergeren* annoy **II** *wederk* [verveelde, h. verveeld] ∗ *zich∼* be/feel bored

**vervelend I** *bn* **❶** *saai* tiresome, boring, dull, tedious ∗ *wat is die vent∼!* what a bore that fellow is! **❷** *onaangenaam* annoying, unpleasant∗ *hè, wat∼ is dat nou!* how annoying!∗ *een∼ bericht* bad news **II** *bijw* boringly &

**verveling** *v* boredom, weariness, tedium

**vervellen** *onoverg* [vervelde, is verveld] **❶** peel∗ *mijn neus begint te∼* my nose is starting to peel **❷** *v. slangen* shed (its skin)

**vervelling** *v* [-en] peeling, ⟨v. dier⟩ sloughing, shedding

**verveloos** *bn* colourless

**verven** *overg* [verfde, h. geverfd] **❶** *schilderen* paint **❷** *met kleurstof* dye, colour/Am color

**ververij** *v* [-en] dyeworks

**verversen** *overg* [ververste, h. ververst] refresh, freshen∗ *de olie∼* change the oil

**verversing** *v* [-en] refreshment

**verviervoudigen** *overg & onoverg* [verviervoudigde, h. en is verviervoudigd] quadruple, multiply by four

**vervijfvoudigen** *overg & onoverg* [vervijfvoudigde, h. en is vervijfvoudigd] multiply by five

**vervilten I** *overg* [verviltte, h. vervilt] felt **II** *onoverg* [verviltte, is vervilt] felt, become matted

**vervlaamsen I** *overg* [vervlaamste, h. vervlaamst] make Flemish **II** *onoverg* [vervlaamste, is

**ve**

vervlaamst] become Flemish

**vervlakken** I overg [vervlakte, h. vervlakt] vlak maken make smooth, smooth out II onoverg [vervlakte, is vervlakt] ❶van kleuren fade ❷fig become trivial/shallow, wane

**vervlakking** v [-en] fading, decay

**vervliegen** onoverg [vervloog, is vervlogen] ❶vervluchtigen evaporate, volatilize ❷fig evaporate ❸v. tijd fly

**vervloeien** onoverg [vervloeide, is vervloeid] ❶wegvloeien run ❷vloeibaar worden melt

**vervloeken** overg [vervloekte, h. vervloekt] curse, damn

**vervloeking** v [-en] ❶het vervloeken cursing ❷vloek curse ❸kerkelijk anathema

**vervlogen** bn bygone, departed ✳in ~dagen in days gone by/long past ✳~hoop lost hope ✳~roem departed glory

**vervluchtigen** onoverg [vervluchtigde, is vervluchtigd] volatilize, evaporate

**vervoegen** I overg [vervoegde, h. vervoegd] taalk conjugate II wederk [vervoegde, h. vervoegd] ✳zich ~bij apply at, report to

**vervoeging** v [-en] taalk conjugation

**vervoer** o transport ✳openbaar ~public transport ✳~te water sea transport ✳tijdens het ~in transit

**vervoerbewijs** o [-wijzen] ticket

**vervoerder** m [-s] transporter, conveyer/conveyor, carrier

**vervoeren** overg [vervoerde, h. vervoerd] transport, convey, carry

**vervoering** v [-en] transport, rapture, ecstasy ✳in ~ raken go into raptures, be carried away

**vervoermiddel** o [-en] (means of) transport

**vervoersbedrijf** o [-drijven] transport company

**vervoerskosten** zn [mv] transport costs

**vervoersverbod** o ban on transport

**vervolg** o [-en] ❶voortzetting continuation, sequel ✳~op blz. 12 continued on page 12 ✳ten ~e van... in continuation of... ✳ten ~e op/van mijn brief van... in reference to/further to my letter of... ❷toekomst future ✳in het ~in future, henceforth

**vervolgbundel** m [-s], **vervolgdeel** o [-delen] sequel, continuation, second part

**vervolgcursus** m [-sen] follow-up course

**vervolgen** overg [vervolgde, h. vervolgd] ❶voortgaan met continue, proceed on ✳...vervolgde hij ...he went on, ...he continued, ...he went on to say ✳wordt vervolgd to be continued ✳zijn weg ~continue on one's way ❷achtervolgen pursue ❸wegens geloof/politiek persecute ❹aanklagen proceed against, ⟨strafrechtelijk⟩ prosecute, ⟨civielrechtelijk⟩ sue ✳iem. wegens diefstal ~charge sbd with theft

**vervolgens** bijw then, further, next, afterwards, thereupon, subsequently ✳hij vroeg ~he went on to ask, he proceeded to ask

**vervolging** v [-en] ❶achtervolgen pursuit, chase ❷vervolgd worden persecution ❸jur prosecution ✳strafrechtelijke ~criminal prosecution/proceedings ✳een ~instellen tegen iem. bring an action against sbd ✳van ~afzien drop charges ✳het afzien van ~decide not to prosecute

**vervolgingswaanzin** m persecution mania, paranoia

**vervolgonderwijs** o secondary education

**vervolgopleiding** v [-en] Br continuation course, Am continuing education, refresher course

**vervolgverhaal** o [-halen] serial (story)

**vervolmaken** overg [vervolmaakte, h. vervolmaakt] perfect, complete

**vervolmaking** v perfection, completion

**vervormd** bn ❶misvormd distorted ✳een ~e kijk op de wereld a distorted view of the world ✳ZN een ~e weg a bad road (surface) ❷anders gevormd transformed

**vervormen** I overg [vervormde, h. vervormd] ❶anders vormen transform, refashion ❷misvormen deform, disfigure II onoverg [vervormde, is vervormd] transform, change

**vervorming** v [-en] ❶het anders vormen transformation, refashioning ❷misvorming deformation

**vervreemden** I overg [vervreemdde, h. vervreemd] alienate ✳zich ~van alienate oneself from II onoverg [vervreemdde, is vervreemd] become estranged/alienated ✳~van iets become estranged from, lose touch with

**vervreemding** v [-en] alienation, estrangement

**vervroegen** overg [vervroegde, h. vervroegd] ❶vroeger doen plaatshebben advance, bring forward ✳een vervroegde betaling accelerated payment ❷vroeger stellen move/put forward ✳de dagtekening ~antedate

**vervroeging** v [-en] bringing forward, advancing ✳jur bij ~brought forward

**vervrouwelijken** overg & onoverg [vervrouwelijkte, h. en is vervrouwelijkt] feminize

**vervuilen** I overg [vervuilde, h. vervuild] vuil maken pollute, contaminate II onoverg [vervuilde, is vervuild] ❶vuil worden grow/become polluted/contaminated ❷v. wond become infected

**vervuiler** m [-s] polluter

**vervuiling** v ❶vuilheid filthiness ❷v. milieu pollution

**vervullen** overg [vervulde, h. vervuld] ❶vol maken fill ✳~met fill with ✳van angst vervuld full of anxiety ❷voldoen aan fulfil/Am fulfill, ⟨taak⟩ perform, carry out, ⟨wens⟩ comply with ❸bezetten occupy, fill ✳iems. plaats ~take sbd.'s place ❹verwezenlijken accomplish, realize ✳hij zag zijn hoop/wensen vervuld his hopes/wishes were realized

**vervulling** v ❶volbrenging discharge, performance ❷verwerkelijking realization ✳in ~gaan be realized/fulfilled; ⟨v. droom⟩ come true

**verwaand** bn arrogant, conceited, full of oneself

**verwaandheid** v arrogance, conceitedness, conceit

**verwaardigen I** *overg* [verwaardigde, h. verwaardigd] condescend, deign ∗*iem. met geen blik* ∼not deign to look at sbd **II** *wederk* [verwaardigde, h. verwaardigd] ∗*zich* ∼*om...* condescend/deign to...

**verwaarlozen** *overg* [verwaarloosde, h. verwaarloosd] ❶*niet verzorgen* neglect, take no care of ∗*zijn plichten* ∼neglect one's duties ❷*buiten beschouwing laten* disregard, ignore ∗*te* ∼ negligible

**verwaarlozing** *v* neglect ∗*met* ∼*van* to the neglect of

**verwachten** *overg* [verwachtte, h. verwacht] ❶*rekenen op* expect ∗*de verwachte levensduur* life expectancy ∗*het verwachte resultaat/succes* the expected result/success ∗*wij* ∼*dat ze zullen komen* we expect them to come ∗*dat had ik niet van hem verwacht* I hadn't expected it of him ∗*zoals te* ∼*was* as was to be expected ∗*u wordt in het hotel verwacht* you are expected at the hotel ❷*zwanger zijn* be expecting

**verwachting** *v* [-en] expectation ∗*de* ∼*koesteren dat...* cherish the hope/expectation that... ∗*zonder de minste* ∼*en te koesteren* without entertaining any hope/expectation ∗*zijn* ∼*hoog spannen* pitch one's expectations high ∗*de* ∼*en waren hoog gespannen* expectations ran high ∗*het beantwoordde niet aan de* ∼*en* it did not come up to my/their & expectations, it fell short of my/their & expectations ∗*boven* ∼ beyond expectation ∗*buiten* ∼contrary to expectation ∗*in blijde* ∼in joyful anticipation ∗*zij is in (blijde)* ∼she's pregnant, she's expecting (a baby), inf she's in the family way ∗*tegen alle* ∼against all expectations, contrary to expectation ∗*vol* ∼in expectation, expectantly

**verwachtingspatroon** *o* [-tronen] expectations

**verwant I** *bn* ❶allied, related ∗∼*e geesten* kindred spirits ∗∼*e diensten* allied/related services ∗∼*aan* allied/related/akin to ∗*het naast* ∼*aan* most closely allied/related/akin to ∗*die hem het naast* ∼*zijn* his next of kin ❷*taalk* cognate **II** *m* [-en] relative, relation ∗*zijn* ∼*en* his relations, his relatives

**verwantschap** *v* ❶*het verwant zijn* relationship, kinship, affinity ❷*overeenkomst* relation, relationship

**verward I** *bn* ❶*onordelijk* confused, entangled ∗∼ *raken in* get entangled in ∗∼*e haren* tangled hair ∗∼*e toestanden* confused situations ❷*onsamenhangend* confused, disordered ∗*een* ∼ *verhaal* a confused/fuzzy story ❸*geestelijk* disturbed, deranged ∗*een* ∼*e geest* a disturbed mind **II** *bijw* confusedly

**verwardheid** *v* confusion

**verwarmen** *overg* [verwarmde, h. verwarmd] warm, heat ∗*de kamer is niet verwarmd* the room is unheated

**verwarming** *v* warming, heating ∗*centrale* ∼ central heating

**verwarmingsbuis** *v* [-buizen] (central) heating pipe

**verwarmingselement** *o* [-en] heating element

**verwarmingsketel** *m* [-s] heater, boiler

**verwarmingsmonteur** *m* [-s] heating engineer

**verwarmingstoestel** *o* [-len] heater, heating apparatus

**verwarren** *overg* [verwarde, h. verward] ❶*in de war brengen* tangle up, confuse ∗*iem.* ∼confuse/fluster sbd ❷*verwisselen* confuse, mistake, mix up ∗*feiten* ∼confuse facts ∗*de dingen met elkaar* ∼mix up things

**verwarring** *v* [-en] ❶entanglement ❷*fig* confusion, muddle ∗∼*stichten* create confusion ∗*iem. in* ∼ *brengen* confuse sbd ∗*in* ∼*raken* become confused/flustered

**verwateren** *onoverg* [verwaterde, is verwaterd] ❶*waterig worden* become diluted ❷*v. politieke bewegingen & lose vigour* ❸*v. vriendschap* disintegrate

**verwedden** *overg* [verwedde, h. verwed] ❶*inzetten bij weddenschap* bet, wager ∗*ik verwed er 10 euro onder* I bet you ten euros ∗*ik verwed er mijn hoofd onder* I'd stake my life on it ❷*door wedden verliezen* lose in betting

**verweer** *o* [-weren] ❶*verdediging* defence, Am defense ∗*iets als* ∼*aanvoeren* put forward sth as a defence, plead sth ❷*weerstand* resistance

**verweerd** *bn* weathered, weather-beaten

**verweerder** *m* [-s] jur respondent, ‹administratieve zaken› defendant

**verweerschrift** *o* [-en] (written) defence/Am defense, apology, respondent's notice

**verweesd** *bn* orphan(ed)

**verweken** *overg* [verweekte, is verweekt] soften

**verweking** *v* softening

**verwekken** *overg* [verwekte, h. verwekt] ❶*v. kinderen* father ∗*een kind* ∼*bij iem.* father a child with sbd ❷*fig* create, cause, provoke, inspire ∗*opschudding* ∼create a sensation ∗*een ziekte* ∼cause a sickness ∗*angst* ∼inspire fear

**verwekker** *m* [-s] ❶*voortplanting* biological father ❷*veroorzaker* author, cause ❸*v. ziekte* pathogen

**verwekking** *v* procreation, generation

**verwelken** *onoverg* [verwelkte, is verwelkt] wither, wilt, fig fade

**verwelkomen** *overg* [verwelkomde, h. verwelkomd] (bid sbd) welcome ∗*iem. hartelijk* ∼extend a hearty welcome to sbd

**verwelkoming** *v* [-en] welcome

**verwend** *bn* spoilt ∗*op het punt van ... zijn wij niet* ∼ they don't spoil us with...

**verwennen I** *overg* [verwende, h. verwend] ❶*te toegeeflijk zijn* spoil, overindulge ❷*vertroetelen* indulge, pamper **II** *wederk* [verwende, h. verwend] ∗*zich* ∼spoil oneself

**verwennerij** *v* [-en] spoiling, pampering, overindulgence ∗*een culinaire* ∼a culinary delight

**verwensen** *overg* [verwenste, h. verwenst] curse

**ve**

**\*** *die verwenste kerel!* that cursed/damned fellow!
**verwensing** *v* [-en] curse
**verwereldlijken I** *overg* [verwereldlijkte, h.
verwereldlijkt] secularize **II** *onoverg*
[verwereldlijkte, is verwereldlijkt] grow (more)
worldly
**verwereldlijking** *v* secularization
**verweren I** *onoverg* [verweerde, is verweerd]
weather, become weather-beaten **II** *wederk*
[verweerde, h. verweerd] defend, respond **\*** *zich~*
defend oneself
**verwering** *v* ❶ *verdediging* defence, <u>Am</u> defense
❷ *aantasting* weathering, geol erosion
**verwerkelijken** *overg* [verwerkelijkte, h.
verwerkelijkt] realize
**verwerken** *overg* [verwerkte, h. verwerkt]
❶ *gebruiken* process, handle ❷ *omwerken* process,
convert **\*** ~ *tot* convert into ❸ *opnemen* incorporate
**\*** *gegevens/informatie~* incorporate
data/information **\*** *de stroom van bezoekers niet
kunnen~* not be able to deal with the stream of
visitors ❹ *te boven komen* deal/cope with **\*** *een verlies
~* cope/deal with a loss
**verwerking** *v* ❶ *het verbruiken* processing,
incorporation, assimilation **\*** <u>comput</u> *directe~* real
time processing ❷ *het behandelen* handling ❸ *het
opnemen* assimilation, digestion ❹ <u>psych</u>
assimilation
**verwerpelijk** *bn* reprehensible, distasteful,
objectionable
**verwerpen** *overg* [verwierp, h. verworpen]
❶ *afwijzen* reject, repudiate **\*** *het beroep werd
verworpen* the appeal was dismissed/rejected
❷ *afkeuren* reject, turn down, defeat **\*** *het
amendement werd verworpen* the amendment was
rejected/defeated **\*** *een opvatting~* dismiss an
opinion
**verwerping** *v* ❶ rejection ❷ <u>jur</u> dismissal, defeat
**verwerven** *overg* [verwierf, h. verworven] obtain,
acquire, win, gain
**verwerving** *v* acquisition
**verwesteren** *overg & onoverg* [verwesterde, h. en is
verwesterd] Westernize
**verweven** *overg* [verweefde, h. verweven]
interweave **\*** *nauw~ met* closely interwoven with
**verwezenlijken** *overg* [verwezenlijkte, h.
verwezenlijkt] realize
**verwezenlijking** *v* [-en] realization

**verwijden I** *overg* [verwijdde, h. verwijd] widen
**II** *wederk* [verwijdde, h. verwijd] **\*** *zich~* widen;
<v. ogen> dilate
**verwijderd** *bn* remote, distant **\*** *van elkaar~ raken*
drift apart
**verwijderen I** *overg* [verwijderde, h. verwijderd]
❶ *verder plaatsen* remove, move/take away **\*** *de
mensen van elkaar~* alienate/estrange people
❷ *wegnemen* remove, take away, <oorzaak>
eliminate **\*** *iem. met geweld~* forcibly remove/expel

sbd **II** *wederk* [verwijderde, h. verwijderd] **\*** *zich~*
<v. persoon> go away, withdraw, retire; <v. schip &>
move away/off; <v. geluid> grow fainter
**verwijdering** *v* [-en] ❶ *handeling* removal,
<v. leerling ook> expulsion ❷ *tussen personen*
estrangement
**verwijding** *v* [-en] widening, <u>med</u> dilation
**verwijfd** *bn* effeminate
**verwijl** *o* delay **\*** *zonder~* without delay
**verwijlen** *onoverg* [verwijlde, h. verwijld] stay,
linger, tarry **\*** *lang~ bij iets* dwell on sth at length
**verwijsbriefje** *o* [-s], **verwijskaart** *v* [-en] ❶ *voor een
specialist* (doctor's) referral ❷ *in een kaartsysteem*
cross-reference card
**verwijt** *o* [-en] reproach, blame, reproof **\*** *iem. een~
van iets maken* reproach sbd with sth **\*** *ons treft geen
~* we are not to blame **\*** *vol~* full of reproach
**verwijtbaar** *bn* <u>jur</u> blameworthy, culpable
**\*** *verwijtbare schuld* culpable negligence
**verwijten** *overg* [verweet, h. verweten] reproach,
upbraid **\*** *iem. iets~* reproach sbd with sth **\*** *ik heb
mij niets te~* I have nothing to reproach myself with
**\*** *zij hebben elkaar niets te~* they're tarred with the
same brush **\*** *de pot verwijt de ketel, dat hij zwart is*
it's the pot calling the kettle black
**verwijtend I** *bn* reproachful **II** *bijw* reproachfully
**verwijzen** *overg* [verwees, h. verwezen] refer **\*** *iem.
naar een specialist verwezen* refer sbd to a specialist
**\*** *hij verwees naar recente publicaties* he referred to
recent publications
**verwijzing** *v* [-en] ❶ *het verwijzen* reference, referral
**\*** *een~ naar een specialist* a referral to a specialist
**\*** *onder~ naar...* with reference to... ❷ *in boek*
(cross-)reference ❸ *naar terechtzitting* <u>jur</u> committal
for trial
**verwikkeling** *v* [-en] ❶ *het verwikkelen* involvement
❷ *moeilijkheid* complication, entanglement
❸ *v. roman, toneelstuk* plot ❹ *bij een ziekte* <u>ZN</u>
complication
**verwilderd I** *bn* ❶ *wild geworden* <dieren> (gone)
wild, <tuin ook> overgrown, neglected ❷ *niet
verzorgd* neglected, unkempt, dishevelled **\*** *wat zien
die kinderen er~ uit!* how unkempt these children
look! ❸ *tuchteloos* wild, mad **II** *bijw* **\*** *hij keek~* he
looked bewildered/perplexed
**verwilderen** *onoverg* [verwilderde, is verwilderd]
❶ *wild worden* run/go wild, <tuin> become
overgrown, <plant> escape ❷ <u>fig</u> sink back into
savagery, become depraved
**verwisselbaar** *bn* exchangeable **\*** *onderling~*
interchangeable
**verwisselen I** *overg* [verwisselde, h. verwisseld]
*verruilen* (inter)change, exchange **\*** *een band~*
change a tyre **\*** *u moet ze niet met elkaar~* don't
mistake the one for the other **\*** *iets~ voor* exchange
sth for **II** *onoverg* [verwisselde, is verwisseld] change
**\*** *van kleren~* change clothes **\*** ~ *van kleur* change
colour **\*** *van plaats~* change places

**verwisseling** *v* [-en] (inter)change, exchange ∗ *~ van plaats* change of place

**verwittigen** *overg* [verwittigde, h. verwittigd] **❶** *berichten* inform, tell, notify ∗ *iem. van iets ~* inform sbd of sth **❷** *waarschuwen* ZN warn, caution

**verwittiging** *v* [-en] **❶** *mededeling* notice, information **❷** *waarschuwing* ZN warning, caution

**verwoed** I *bn* furious, fierce, grim ∗ *een ~ sportman* a keen sportsman II *bijw* furiously &

**verwoesten** *overg* [verwoestte, h. verwoest] destroy, lay waste, devastate, ruin

**verwoestend** *bn* destructive, devastating

**verwoesting** *v* [-en] destruction, devastation, ravage, havoc ∗ *de ~en van de tijd* the ravages of time ∗ *~en aanrichten onder* wreak havoc among, make havoc of

**verwonden** *overg* [verwondde, h. verwond] wound, injure, hurt

**verwonderd** I *bn* surprised, amazed, astonished II *bijw* in wonder/surprise/astonishment

**verwonderen** I *overg* [verwonderde, h. verwonderd] surprise, astonish ∗ *het zou me niets ~ als...* I wouldn't be at all surprised if... ∗ *het is niet te ~ dat...* it's no wonder that... II *wederk* [verwonderde, h. verwonderd] ∗ *zich ~ over* be surprised/astonished at, marvel/wonder at

**verwondering** *v* astonishment, wonder, surprise ∗ *~ baren* cause a surprise ∗ *tot mijn grote ~* to my great surprise

**verwonderlijk** *bn* astonishing, surprising ∗ *het ~ste is dat...* the most amazing thing about it is that...

**verwonding** *v* [-en] wound, injury

**verwonen** *overg* [verwoonde, h. verwoond] pay for rent

**verwoorden** *overg* [verwoordde, h. verwoord] put into words, express, verbalize

**verwoording** *v* [-en] putting into words

**verworden** *onoverg* [verwerd, is verworden] degenerate/deteriorate (into)

**verwording** *v* degeneration, deterioration

**verworvenheid** *v* [-heden] achievement

**verwrongen** *bn* twisted, distorted

**verwurging** *v* [-en] **❶** strangling, throttling, strangulation **❷** sp stranglehold

**verzachten** I *overg* [verzachtte, h. verzacht] **❶** *minder moeilijk te verdragen maken* soften, sooth, ease, ⟨pijn⟩ alleviate, relieve **❷** *minder krachtig maken* tone down **❸** *matigen* moderate, mitigate, extenuate II *onoverg* [verzachtte, is verzacht] ∗ *het weer is verzacht* the weather has cleared up

**verzachtend** *bn* softening, soothing, alleviating ∗ *een ~ middel* a palliative ∗ *jur ~e omstandigheden* mitigating/extenuating circumstances

**verzachting** *v* **❶** *het verzachten* softening, soothing, alleviating **❷** jur mitigation, extenuation, moderation

**verzadigd** *bn* **❶** *vol met eten* satisfied, replete, inf full up **❷** *alles opgenomen hebbend* saturated ∗ *een ~e*

*markt* a saturated market

**verzadigen** I *overg* [verzadigde, h. verzadigd] **❶** *met eten* satisfy, satiate ∗ *niet te ~* insatiable **❷** chem saturate II *wederk* [verzadigde, h. verzadigd] ∗ *zich ~* eat one's fill, satisfy oneself

**verzadiging** *v* **❶** *met eten* satiation **❷** chem saturation

**verzadigingspunt** *o* chem saturation point

**verzaken** I *overg* [verzaakte, h. verzaakt] **❶** *afzweren* renounce, forsake, go back on ∗ *zijn geloof ~* renounce one's faith **❷** *niet nakomen* neglect ∗ *zijn plicht ~* neglect one's duty ∗ kaartsp *kleur ~* revoke, renege II *onoverg* [verzaakte, is verzaakt] ∗ ZN *~ aan* neglect

**verzaking** *v* **❶** *v. geloof* renunciation **❷** *v. plicht* neglect, dereliction **❸** kaartsp revoking, reneging

**verzakken** *onoverg* [verzakte, is verzakt] subside, sag, sink, settle

**verzakking** *v* [-en] **❶** subsidence **❷** med prolapse

**verzamelaar** *m* [-s] collector

**verzamelband** *m* [-en] **❶** *voor tijdschriften &* binder **❷** *verzameld werk* omnibus book/volume

**verzamelbundel** *m* [-s] collection

**verzamel-cd** *m* ['s] compilation CD

**verzamelen** I *overg* [verzamelde, h. verzameld] **❶** *bijeengaren* collect, gather, accumulate ∗ *zijn gedachten ~* collect one's thoughts ∗ *zijn krachten ~* gather one's strength ∗ *zijn moed ~* muster one's courage **❷** *een verzameling aanleggen* collect, compile II *onoverg* [verzamelde, h. verzameld] assemble, meet ∗ *we ~ om 10 uur* we assemble at 10 o'clock ∗ *ook fig ~ blazen* sound the rally III *wederk* [verzamelde, h. verzameld] ∗ *zich ~* ⟨v. personen, dieren⟩ come together, gather, meet, assemble, rally, congregate; ⟨v. stof &⟩ collect ∗ *zich ~ om...* gather/rally round...

**verzameling** *v* [-en] **❶** *v. postzegels &* collection **❷** *v. personen* gathering **❸** *v. verhalen &* collection, compilation **❹** wisk set

**verzamelnaam** *m* [-namen] collective noun

**verzamelobject** *o* [-en] collector's item

**verzamelplaats** *v* [-en] **❶** meeting place/point **❷** mil rallying place

**verzamelpunt** *o* [-en] assembly/meeting point

**verzamelstaat** *m* [-staten] summary list

**verzamelwoede** *v* collector's mania, craze for collecting

**verzanden** *onoverg* [verzandde, is verzand] **❶** choke up with sand, silt up **❷** fig come to a dead end

**verzegelen** *overg* [verzegelde, h. verzegeld] **❶** seal (up) **❷** jur put under seal

**verzegeling** *v* [-en] **❶** sealing (up) **❷** jur putting under seal

**verzeilen** *onoverg* [verzeilde, is verzeild] end up ∗ *hoe kom jij hier verzeild?* what brings you here? ∗ *ik weet niet waar dat boek verzeild is geraakt* I don't know what has become of the book

**verzekeraar** *m* [-s] *assuradeur* assurer, insurer,

**ve**

scheepv underwriter

**verzekerd** *bn* ❶ *zeker* assured, sure ✳ *u kunt ~ zijn van...* you may rest assured that... ❷ *geassureerd* insured ✳ *verplicht ~* compulsory/obligatorily insured ✳ *de ~e som* the sum insured ✳ *de ~e waarde* the insured value

**verzekerde** *m-v* [-n] insured person, policy holder

**verzekeren I** *overg* [verzekerde, h. verzekerd] ❶ *zekerheid geven* assure ✳ *dat ~ wij u* we assure you ❷ *garanderen* guarantee ❸ *waarborgen* assure, ensure ✳ *succes ~* ensure success ❹ *assureren* insure ✳ *niets was verzekerd* there was no insurance ✳ *iets voor* € *100.000 ~* insure sth for € 100,000 ❺ *vastmaken* secure **II** *wederk* [verzekerde, h. verzekerd] ✳ *zich tegen iets ~* insure against sth, take out (an) insurance against sth ✳ *zich van iems. hulp ~* secure sbd.'s help ✳ *ik zal mij ervan ~* I'm going to make sure of it

**verzekering** *v* [-en] ❶ *garantie* assurance ✳ *ik geef je de ~ dat...* I assure you that... ❷ *assurantie* assurance, insurance ✳ ⟨ ~en insurance ✳ *een dubbele ~* double insurance, reinsurance ✳ *een ~ afsluiten* take out an insurance policy ✳ *een ~ tegen inbraak* burglary insurance ✳ *een ~ tegen ongelukken* accident insurance ✳ *een ~ tegen ziekte en invaliditeit* health insurance ❸ *bewaring* jur police custody, detention ✳ *iem. in ~ nemen/stellen* take sbd into custody

**verzekeringsadviseur** *m* [-s] insurance adviser/consultant

**verzekeringsagent** *m* [-en] insurance agent/broker ✳ *een gevolmachtigd ~* an underwriting agent

**verzekeringsarts** *m* [-en] medical examiner

**verzekeringsbranche** *v* insurance business/sector/industry

**verzekeringsfraude** *v* insurance fraud ✳ *sociale ~* social security fraud

**verzekeringsgeld** *o* [-en] insurance money

**verzekeringsgeneeskundige** *m-v* [-n] medical adviser of an insurance company

**verzekeringsinspecteur** *m* [-s] insurance inspector

**verzekeringskosten** *zn* [mv] insurance costs

**verzekeringsmaatschappij** *v* [-en] insurance company, insurer

**verzekeringsplichtig** *bn* obliged to take out insurance, liable to insure

**verzekeringspolis** *v* [-sen] insurance policy

**verzekeringspremie** *v* [-s] insurance premium

**verzelfstandiging** *v* ❶ *v. groepen* liberation, emancipation, ⟨het zelfstandig worden⟩ gaining independence/self-sufficiency ❷ *v. bedrijven* privatization

**verzenbundel** *m* [-s] anthology/volume of verse

**verzendadres** *o* [-sen] dispatch address

**verzenden** *overg* [verzond, h. verzonden] send (off), dispatch, forward, ship

**verzender** *m* [-s] ❶ *iem. die iets verzendt* sender ❷ *expediteur* shipper

**verzendhuis** *o* [-huizen] mail order house/business

**verzending** *v* [-en] ❶ *het verzenden* sending, dispatch, forwarding ❷ *wat verzonden wordt* shipment, consignment, ⟨geld⟩ remittance

**verzendklaar** *bn* ready for dispatch/shipping/consignment

**verzendkosten** *zn* [mv] mailing/postage/shipping costs

**verzengen** *overg* [verzengde, h. verzengd] singe, scorch, parch

**verzet** *o* ❶ *tegenstand* opposition, resistance ✳ *gewapend/lijdelijk ~* armed/passive resistance ✳ *~ aantekenen tegen* (lodge a) protest against ✳ *in ~ komen tegen* offer resistance to, resist, oppose ✳ *in ~ komen tegen een vonnis* appeal against a sentence ❷ *ontspanning* diversion, recreation ❸ wielrennen gear ratio

**verzetje** *o* [-s] diversion, recreation

**verzetsbeweging** *v* [-en] resistance movement

**verzetsgroep** *v* [-en] resistance group

**verzetshaard** *m* [-en] hotbed of resistance, centre/Am center of resistance

**verzetsheld** *m* [-en], **verzetsman** [-nen & -lieden], **verzetsstrijder** [-s] resistance hero

**verzetten I** *overg* [verzette, h. verzet] ❶ *verplaatsen* move, shift ✳ *bergen ~* move mountains ❷ *op ander tijdstip* postpone, put off ✳ *de klok ~* put the clock forward/back ❸ *afleiding geven* divert ❹ *verdrijven* remove ✳ *zij kan het niet ~* it sticks in her throat ▼ *heel wat werk ~* get through a mountain of work **II** *wederk* [verzette, h. verzet] ✳ *zich ~* ⟨zich schrap zetten⟩ kick, be stubborn/recalcitrant; ⟨weerstand bieden⟩ resist, offer resistance; ⟨zich ontspannen⟩ unwind, unbend ✳ *zich krachtig ~* offer vigorous resistance ✳ *zich niet ~* make/offer no resistance ✳ *zich ~ tegen iets* resist/oppose sth; ⟨weerstand bieden⟩ stand up against sth

**verzieken I** *overg* [verziekte, h. verziekt] *bederven* spoil, frustrate ✳ *de sfeer ~* ruin the atmosphere **II** *onoverg* [verziekte, is verziekt] *ontaarden* degenerate, waste (away)

**verziend** *bn* long-sighted, Am far-sighted

**verziendheid** *v* long-sightedness, Am far-sightedness

**verzilten** *overg & onoverg* [verziltte, h. en is verzilt] salt up, make/become saline

**verzilveren** *overg* [verzilverde, h. verzilverd] ❶ *met zilver bedekken* silver ✳ *verzilverd* silver-plated ❷ *voor geld wisselen* (convert into) cash ✳ *zijn vermogen ~* realize one's assets

**verzinken I** *overg & onoverg* [verzonk, h. en is verzonken] ❶ sink (down/away) ✳ *verzonken land* sunken land ✳ *in gedachten verzonken* absorbed/lost in thought ✳ *in dromen verzonken* lost in dreams ✳ *in slaap verzonken* deep in sleep ❷ *v. schroeven* countersink **II** *overg* [verzinkte, h. verzinkt] *galvaniseren* galvanize

**verzinnen** *overg* [verzon, h. verzonnen] make up, invent, devise, contrive ✳ *dat verzin je maar* you're making it up ∗ *ik wist niemand te ~ die...* I couldn't think of anybody who...

**verzinsel** o [-s & -en] story, invention, fabrication

**verzitten** *onoverg* [verzat, h. verzeten] ∗ *gaan ~* ⟨ergens anders gaan zitten⟩ move to another seat, change seats; ⟨in stoel⟩ shift one's position, change position

**verzoek** o [-en] request, petition ∗ *een ~ doen* make a request ∗ *op ~ versturen wij een BTW factuur* an invoice for VAT will be sent on request ∗ *op dringend ~ van...* at the urgent request of... ∗ *op speciaal ~* by special request

**verzoeken** *overg* [verzocht, h. verzocht] ❶ *vragen* beg, request ∗ *verzoeke antwoord, antwoord verzocht* please reply ∗ *verzoeke niet te roken* please refrain from smoking ∗ *mag ik u ~ de deur te sluiten?* would you kindly close the door? ∗ *iem. ~ om* ask sbd for ❷ *uitnodigen* ask, invite ∗ *iem. op de bruiloft ~* invite sbd to the wedding ❸ *in verzoeking brengen* tempt

**verzoeking** v [-en] temptation ∗ *iem. in ~ brengen* tempt sbd, lead sbd into temptation ∗ *in de ~ komen om...* be tempted to...

**verzoeknummer** o [-s], **verzoekplaat** v [-platen] request

**verzoekprogramma** o ['s] (musical) request programme/<u>Am</u> program

**verzoekschrift** o [-en] petition ∗ *een ~ indienen bij* file a petition with

**verzoendag** m [-dagen] day of reconciliation ∗ *de Grote Verzoendag* the Day of Atonement, Yom Kippur

**verzoenen I** *overg* [verzoende, h. verzoend] reconcile, conciliate, placate, propitiate ∗ *ik kan daar niet mee verzoend raken* I can't reconcile myself to it ∗ *twee stijlen met elkaar ~* reconcile two styles **II** *wederk* [verzoende, h. verzoend] ∗ *zich ~* become reconciled ∗ *ik kan me daar niet mee ~* I can't reconcile myself to it ∗ *zich met zijn lot ~* resign oneself to one's fate

**verzoenend** *bn* conciliatory, propitiatory

**verzoener** m [-s] conciliator

**verzoening** v [-en] ❶ *het weer tot elkaar komen* reconciliation, rapprochement ❷ *het goedmaken* reconciliation, atonement

**verzoeningspoging** v [-en] attempt at reconciliation

**verzoeten** *overg* [verzoette, h. verzoet] sweeten

**verzolen** *overg* [verzoolde, h. verzoold] resole

**verzorgd** *bn* well cared for, well kept ∗ *een geheel ~e reis* a package tour, an all-in tour ∗ *er ~ uitzien* be well dressed/groomed ∗ *~ taalgebruik* polished speech, careful use of language ∗ *een ~e uitgave* a carefully prepared edition

**verzorgen I** *overg* [verzorgde, h. verzorgd] take care of, look after ∗ *het huishouden ~* look after the house, run the house ∗ *zijn lichaam ~* take care of one's body ∗ *een zieke ~* look after a sick person **II** *wederk* [verzorgde, h. verzorgd] ∗ *zich ~* take care

of oneself

**verzorger** m [-s] attendant, caretaker, ⟨v. hulpbehoevende⟩ (attendant) carer, ⟨voogd⟩ guardian, ⟨in dierentuin⟩ (zoo) keeper

**verzorging** v care

**verzorgingsflat** m [-s] service flat

**verzorgingshuis**, **verzorgingstehuis** o [-huizen] home for the aged, old people's home

**verzorgingsstaat** m [-staten] welfare state

**verzot** *bn* ∗ *~ op* very fond of, infatuated with, mad/crazy about

**verzuchten** *overg* [verzuchtte, h. verzucht] sigh

**verzuchting** v [-en] ❶ *zucht* sigh ∗ *een ~ slaken* heave a sigh ❷ *klacht* lamentation

**verzuild I** *bn* socially narrowly based ∗ *de publieke omroepen in Nederland zijn nog steeds ~* the Dutch public broadcasting organizations are still divided along narrow socio-religious lines **II** *bijw* ∗ *de overheid ging vaak hevig ~ te werk* the public authorities often took a very narrow socio-religious approach

**verzuiling** v socio-religious compartmentalization ∗ *de ~ in de publieke omroepen blijft nog bestaan* the public broadcasting organizations are still divided along narrow socio-religious lines

**verzuim** o [-en] ❶ *nalatigheid* neglect, oversight, omission ∗ *door een ~* through an oversight ∗ *een ernstig ~* a serious oversight ❷ *jur* default ∗ *in ~ zijn* be in default ∗ ⟨als cassatiegrond⟩ *~ van vormen* non-compliance with procedural requirements ❸ *van school* non-attendance ❹ *van het werk* absenteeism

**verzuimen** *overg* [verzuimde, h. verzuimd] ❶ *nalaten* neglect ∗ *zijn plicht ~* neglect one's duty ❷ *niet doen* omit/fail (to) ∗ *niet ~ er heen te gaan* not omit to go ❸ *niet waarnemen* lose, miss ∗ *een gelegenheid ~* miss an opportunity ∗ *de school ~* fail to attend school

**verzuipen I** *overg* [verzoop, h. verzopen] drown ∗ *zich ~* drown oneself ∗ *zijn geld ~* spend one's money on drink ∗ *de motor ~* flood the motor **II** *onoverg* [verzoop, is verzopen] be drowned, drown ∗ <u>fig</u> *~ in* be up to one's ears in

**verzuren I** *overg* [verzuurde, h. verzuurd] make sour, sour **II** *onoverg* [verzuurde, is verzuurd] (grow) sour, ⟨v. melk⟩ turn, go off ∗ *een verzuurde oude vrijgezel* a bitter old bachelor

**verzuring** v acidification

**verzwakken I** *overg* [verzwakte, h. verzwakt] weaken, ⟨aantasten⟩ impair ∗ *de economie ~* weaken the economy **II** *onoverg* [verzwakte, is verzwakt] weaken, grow weak ∗ *verzwakt door koorts* weakened by fever

**verzwakking** v [-en] weakening, debilitation

**verzwaren** *overg* [verzwaarde, h. verzwaard] ❶ *zwaarder maken* make heavier ∗ *dat verzwaart het werk* that will make the task more arduous ❷ *sterker maken* strengthen, reinforce, increase ∗ *eisen/de aanklacht ~* augment the demands/the charge

❸ *verergeren* aggravate
**verzwarend** *bn* jur aggravating ∗ ~*e*
*omstandigheden* aggravating circumstances
**verzwaring** *v* ❶ *sterker maken* strengthening,
reinforcement ❷ *moeilijker maken* complication
❸ *erger maken* aggravation
**verzwelgen** *overg* [verzwolg, h. verzwolgen]
❶ *opslokken* swallow (up), engulf ❷ *gulzig tot zich*
*nemen* ⟨eten⟩ gobble/wolf down, ⟨drank⟩
guzzle/swill down
**verzwijgen** *overg* [verzweeg, h. verzwegen] keep
silent about ∗ *iets* ~ keep sth a secret,
conceal/suppress sth ∗ *je moet het voor hem* ~ you
must keep it from him
**verzwijging** *v* suppression, concealment
**verzwikken** I *overg* [verzwikte, h. verzwikt] sprain,
wrench ∗ *zijn voet* ~ twist one's foot II *wederk*
[verzwikte, h. verzwikt] ∗ *zich* ~ sprain one's ankle
**verzwinden** *onoverg* [verzwond, is verzwonden] ZN
disappear
**vesper** *v* [-s] vespers, evensong
**vest** *o* [-en] ❶ *jasje zonder mouwen* vest, waistcoat
❷ *jasje met mouwen* cardigan ❸ *colbert &*
*v. mantelpak* ZN jacket ❹ *overjas* ZN overcoat, top
coat
**veste** *v* [-n] ❶ *vesting* fortress, stronghold
❷ *vestingmuur* rampart, wall ❸ *vestinggracht* moat
**vestiaire** *m* [-s] cloakroom
**vestibule** *m* [-s] hall, vestibule
**vestigen** I *overg* [vestigde, h. gevestigd] ❶ *oprichten*
establish, set up ∗ *een record* ~ set a record ❷ *richten*
direct, focus ∗ *de blik/ogen* ~ *op* fix one's eyes on
∗ *zijn geloof* ~ *op* place one's faith in ∗ *zijn hoop* ~
*op* set one's hopes on ▼ *waar is die maatschappij*
*gevestigd?* where is the company's base? II *wederk*
[vestigde, h. gevestigd] ∗ *zich* ~ settle (down),
establish oneself, form take up one's residence ∗ *zich*
~ *als dokter* set up as a doctor ∗ *waar is hij*
*gevestigd?* where is he based?
**vestiging** *v* [-en] ❶ *het zich vestigen* establishment
❷ *nederzetting* settlement ❸ *filiaal* branch, office
**vestigingseis** *m* [-en] business licensing condition
**vestigingsmanager** *m* [-s] branch manager
**vestigingsplaats** *v* [-en] ❶ *v. persoon* place of
residence, domicile ❷ *v. bedrijf* base of operations,
permanent establishment, place of business
**vestigingsvergunning** *v* [-en] ❶ *v. bedrijf* permit to
establish a business ❷ *woonvergunning* permanent
residence permit
**vesting** *v* [-en] fortress
**vestinggracht** *v* [-en] moat
**vestingstad** *v* [-steden] fortified city
**vestingwerken** *zn* [mv] fortifications
**vestzak** *m* [-ken] waistcoat pocket
**vet** I *bn* ❶ *niet mager* fat ∗ *een* ~*te winst* a fat profit
∗ *daar ben je* ~ *mee* a lot of good that will do you
❷ *vettig* greasy ∗ ~*te vingers* greasy fingers II *bijw*
∗ ~ *gedrukt* printed in heavy/bold type III *o* [-ten]

fat, ⟨om mee te smeren⟩ grease ∗ *dierlijke en*
*plantaardige* ~*ten* animal and vegetable fats ∗ inf
*iem. zijn* ~ *geven* give sbd a piece of one's mind ∗ *zijn*
~ *krijgen* get a beating, get what for ∗ *we hebben*
*nog wat in het* ~ there's something in store for us
∗ *laat hem in zijn eigen* ~ *gaar koken* let him stew in
his own juice ∗ *op zijn* ~ *teren/leven* live on one's
own fat ∗ *iets in het* ~ *zetten* grease sth
**vetachtig** *bn* fatty, greasy
**vetarm** *bn* low-fat
**vetbol** *m* [-len] fat ball
**vetbult** *m* [-en] hump
**vete** *v* [-n & -s] feud, vendetta
**veter** *m* [-s] bootlace, shoelace
**veteraan** *m* [-ranen] ❶ *oud-soldaat* veteran ❷ *iem.*
*met lange ervaring* warhorse, old hand
**veteranenziekte** *v* legionnaire's disease, legionella
**veterinair** I *bn* veterinary II *m* [-s] veterinary
surgeon, vet
**veterschoen** *m* [-en] lace-up shoe
**vetgedrukt** *bn* bold, in bold type
**vetgehalte** *o* fat content, percentage of fat
**vetkaars** *v* [-en] tallow candle, dip
**vetklier** *v* [-en] sebaceous gland, ⟨v. vogels⟩ oil gland
**vetkrijt** *o* oil/wax crayon
**vetkuif** *m* [-kuiven] ❶ *kapsel* greased quiff ❷ *persoon*
± greaser, ± rocker
**vetlaag** *v* [-lagen] layer of fat
**vetmesten** *overg* [mestte vet, h. vetgemest] fatten
∗ *zich* ~ *ten koste van de arbeidersklasse* exploit the
working class
**veto** *o* ['s] veto ∗ *zijn* ~ *uitspreken over...* put one's/a
veto on..., veto...
**vetorecht** *o* right/power of veto
**vetplant** *v* [-en] succulent
**vetpot** *m* [-ten] ▼ *het is er geen* ~ they're not well off
**vetpuistje** *o* [-s] pimple, blackhead ∗ ~*s* acne
**vetrand** *m* [-en] ⟨aan vlees⟩ fat, ⟨in pan⟩ line of
grease
**vetrol** *v* [-len] roll of fat
**ve-tsin** *o* monosodium glutamate, MSG
**vettig** *bn* fatty, greasy
**vettigheid** *v* [-heden] fattiness, greasiness
**vetvlek** *v* [-en] grease/greasy spot
**vetvorming** *v* formation of fat
**vetvrij** *bn* ❶ fat-free, non-fat ❷ *papier* greaseproof
**vetweefsel** *o* [-s] fatty tissue, med adipose tissue
**vetzak** *m* [-ken] fatso
**vetzucht** *v* obesity
**vetzuur** *o* [-zuren] fatty acid
**veulen** *o* [-s] foal, ⟨hengstveulen⟩ colt,
⟨merrieveulen⟩ filly
**vezel** *v* [-s] fibre, filament, thread
**vezelachtig**, **vezelig** *bn* fibrous, fibriform
**vezelplaat** *v* [-platen] fibreboard
**vezelrijk** *bn* high-fibre
**V-hals** *m* [-halzen] V-neck
**via** *voorz* ❶ *langs* via, by way of ❷ *door middel van*

through, by way of \* ~~ indirectly
**viaduct** m & o [-en] ❶ *spoorwegviaduct* viaduct
❷ *v. snelwegen* flyover, overpass
**viagra** ® o Viagra
**vibrafoon** m [-s & -fonen] vibraphone
**vibratie** v [-s] vibration
**vibrator** m [-s] vibrator
**vibreren** onoverg [vibreerde, h. gevibreerd] vibrate
**vicaris** m [-sen] vicar
**vicepremier** m [-s] vice-premier
**vicepresident** m [-en] vice-president
**vice versa** bijw vice versa
**vicevoorzitter** m [-s] vice-president, deputy
chairman
**vicieus** bn vicious \* *een vicieuze cirkel* a vicious circle
**victoriaans** bn Victorian
**victorie** v [-s] victory \* ~ *kraaien* triumph, shout
victory
**victualiën** zn [mv] provisions, supplies, victuals
**video** m [’s] video
**videoband** m [-en] videotape
**videocamera** v [’s] video camera
**videocassette** v [-s] video cassette
**videoclip** m [-s] music video
**videoconferentie** v [-s] videoconference
**videofoon** m [-s] videophone
**videografie** v videography, videographics
**videografisch** bn videographic
**videokaart** v [-en] comput video card/board
**video-opname** v [-s] video recording
**videorecorder** m [-s] video recorder
**videospel** o [-spelen] video game
**videotheek** v [-theken] *voor verhuur* video shop
**vief I** bn lively, smart, energetic, spry **II** bijw in a
lively way, smartly &
**vier I** hoofdtelw four \* *bij~en* close on four, close to
four o’clock \* *wij zijn met ons~en* there are four of
us **II** v [-en] ❶ *cijfer* four ❷ *roeiploeg* four
**vierbaansweg** m [-wegen] dual carriageway, Am
divided highway
**vierdaags** bn of four days, four days’ \* *de~e* annual
four-day walking event
**vierde I** rangtelw fourth \* *de~ juni* the fourth of
June \* pol *de~ macht* the fourth estate \* sp *~ man
zijn* make a fourth \* *ten~* fourthly, in the fourth
place **II** o [-n] fourth (part) \* *voor één~...* a
quarter... \* *voor drie~...* three quarters...
**vierdelig** bn ❶ four-part, divided into/consisting of
four parts, quadripartite ❷ *beeldscherm* four-section
**vierdeurs** bn auto sedan
**vieren I** overg [vierde, h. gevierd] ❶ *feestelijk
gedenken* celebrate, keep \* *een verjaardag~*
celebrate a birthday \* *de sabbat~* observe/celebrate
the sabbath ❷ *laten schieten* veer out, pay out,
⟨v. touw⟩ ease off ❸ *huldigen* ZN pay homage to
❹ *herdenken* ZN commemorate ▼ *hij wordt daar erg
gevierd* he is made much of there ▼ *een gevierd
dichter* a celebrated poet **II** onoverg [vierde, h.

gevierd] *feestvieren* ZN celebrate, feast
**vierendelen** overg [vierendeelde, h. gevierendeeld]
quarter
**vierhandig** bn four-handed
**vierhoek** m [-en] quadrangle
**vierhoekig** bn quadrangular
**viering** v [-en] ❶ *het vieren* celebration ❷ *zon- en
feestdagen* observance
**vierjarig** bn ❶ *vier jaar oud* of four years,
four-year-old ❷ *vier jaar durend* four-year
**vierkant I** bn square \* fig *een~e kerel* a blunt fellow
\* *drie~e meter* three square metres \* *iets~ maken*
square sth **II** bijw squarely \* *iets. ~ de deur uitgooien*
bundle sbd out without ceremony \* *iets~
tegenspreken* contradict sth flatly \* *het~ weigeren*
refuse flatly \* *~ tegen iets zijn* be dead (set) against
sth **III** o [-en] square \* *drie meter in het~* three
metres square
**vierkantsvergelijking** v [-en] quadratic equation
**vierkantswortel** m [-s] square root
**vierklauwens** bijw ❶ *van dieren* ZN at a gallop
❷ *haastig* ZN hurried, hasty
**vierkleurendruk** m [-ken] four-colour/Am
four-color printing
**vierkwartsmaat** v quadruple time
**vierledig** bn consisting of four parts, quadripartite,
four-part
**vierling** m [-en] quadruplets
**viermotorig** bn four-engined
**vierpersoonsauto** m [’s] four-seater (car)
**vierregelig** bn of four lines, four-line \* *een ~ gedicht*
a quatrain
**vierspan** o [-nen] four-in-hand
**viersprong** m [-en] crossroad(s) \* fig *op de~* at the
crossroads, at the parting of the ways
**vierstemmig** bn for four voices, four-part
**viertaktmotor** m [-s & -toren] four-stroke engine
**viertal** o [-len] (number of) four \* *het ~* the four (of
them) \* *ons~* the four of us
**viervlak** o [-ken] tetrahedron
**viervoeter** m [-s] quadruped \* *de trouwe~* man’s
best friend
**viervoetig** bn four-footed, quadruped
**viervoud** o [-en] quadruple \* *in ~* in quadruplicate
**viervoudig I** bn fourfold, quadruple **II** bijw four
times \* *je krijgt het~ terug* you’ll get it back
multiplied by four, you’ll get back four times more
than you put in
**vierwekelijks** bn four-weekly, monthly
**vierwielaandrijving** v four-wheel drive
**vies I** bn ❶ *smerig* dirty, grubby ❷ *niet lekker* nasty,
foul \* *een vieze lucht* a nasty smell ❸ *obsceen* dirty,
nasty, filthy \* *een vieze mop* a dirty joke ❹ *kieskeurig*
particular, fastidious \* *ik ben er ~ van* it disgusts me
\* *hij is er niet~ van* he isn’t averse to it **II** bijw ❶ \* ~
*kijken* make a wry face \* *~ ruiken* have a nasty smell
❷ *in hoge mate* very, really \* *dat valt~ tegen* that’s a
real letdown \* *hij is ~ bij* he’s a smarty pants \* *je*

*bent er ~bij* you've had it

**viespeuk** *m* [-en] dirty pig, dirty old man

**Vietnam** *o* Vietnam

**Vietnamees I** *m* [-mezen] Vietnamese ∗ *de Vietnamezen* the Vietnamese **II** *bn* Vietnamese **III** *o taal* Vietnamese

**Vietnamese** *v* [-n] Vietnamese ∗ *ze is een* ~she's a Vietnamese, she's from Vietnam

**vieux** *m* brandy

**viezerd** *m* [-s], **viezerik** [-riken] inf dirty old man, pervert

**viezerik** *m* [-ken] → viezerd

**viezig** *bn* grimy

**viezigheid** *v* [-heden] ❶*abstract* dirtiness, nastiness, smut ❷*concreet* dirt, filth

**vigerend** *bn* current, prevailing

**vigilant I** *bn* vigilant, watchful, alert **II** *bijw* vigilantly &

**vigilante** *v* [-s] *koets* cab

**vignet** *o* [-ten] vignette

**vijand** *m* [-en] enemy, dicht foe

**vijandelijk** *bn* enemy, hostile ∗fin *een ~e overname* a hostile takeover

**vijandelijkheden** *zn* [mv] hostilities

**vijandig I** *bn* hostile ∗fin *een ~e overname* a hostile takeover **II** *bijw* ∗ *iem. ~gezind zijn* be hostile towards sbd

**vijandigheid** *v* [-heden] enmity, hostility

**vijandschap** *v* [-pen] enmity, hostility

**vijf** *hoofdtelw & v* five ∗ *het is bij vijven* it's close on five, it's close to five o'clock ∗ *geef mij de ~*give me five ∗ *hij heeft ze niet alle ~op een rijtje* he has a screw loose ∗ *na veel vijven en zessen* after a lot of humming and hawing

**vijfdaags** *bn* of five days, five days' ∗ *een ~e werkweek* a five-day working week

**vijfdagenweek** *v* [-weken] ZN five-day working week

**vijfde I** *rangtelw* fifth ∗ *de ~mei* the fifth of May ∗ *ten ~*fifthly, in the fifth place **II** *o* [-n] fifth (part)

**vijfenzestigpluskaart** *v* over-65 ticket, senior citizen's ticket

**vijfenzestigplusser** *m* [-s] senior citizen

**vijfhoek** *m* [-en] pentagon

**vijfhoekig** *bn* pentagonal

**vijfjaarlijks** *bn* five-yearly, quinquennial

**vijfjarenplan** *o* [-nen] five-year plan

**vijfjarig** *bn* ❶*vijf jaar oud* of five years, five-year-old ❷*vijf jaar durend* quinquennial, five-year ∗ *een ~ tijdvak* a five-year period

**vijfje** *o* [-s] *bankbiljet* five(r), five pound note, five dollar bill

**vijfkamp** *m* pentathlon

**vijfling** *m* [-en] quintuplets

**vijftal** *o* [-len] ❶*aantal* (number of) five ∗ *het ~*the five (of them) ∗ *een ~jaren* about five years, some five years ❷*groep* quintet

**vijftien** *hoofdtelw* fifteen

**vijftiende I** *rangtelw* fifteenth **II** *o* [-n] fifteenth (part)

**vijftig** *hoofdtelw* fifty ∗ *de jaren ~*the fifties ∗ *hij is achter/voor in de ~*he is in his late/early fifties

**vijftiger** *m* [-s] person in his/her fifties

**vijftigjarig** *bn* ❶*vijftig jaar oud* of fifty years, fifty-year-old ∗ *ons ~huwelijksfeest* our fiftieth wedding anniversary ❷*vijftig jaar durend* fifty-year

**vijftigste I** *rangtelw* fiftieth **II** *o* [-n] fiftieth (part)

**vijftigtal** *o* [-len] (set of) fifty

**vijfvlak** *o* [-ken] pentahedron

**vijfvoud** *o* [-en] quintuple

**vijfvoudig I** *bn* fivefold, quintuple **II** *bijw* five times ∗ *je krijgt het ~terug* you'll get it back multiplied by five, you'll get back five times more than you put in

**vijg** *v* [-en] fig ∗ZN *~en na Pasen* too late to be of any use

**vijgenblad** *o* [-bladeren, -bladen & -blaren] fig leaf

**vijgenboom** *m* [-bomen] fig tree

**vijl** *v* [-en] file ∗ fig *er de ~over laten gaan* polish it

**vijlen** *overg* [vijlde, h. gevijld] ❶file ❷*verbeteren* fig polish

**vijlsel** *o* [-s] filings

**vijs** *v* [vijzen] ZN screw

**vijver** *m* [-s] pond, ⟨groot⟩ (ornamental) lake

**vijzel I** *m* [-s] *stampvat* mortar **II** *v* [-s] *hefschroef* jack

**vijzelen** *overg* [vijzelde, h. gevijzeld] screw up, jack (up)

**Viking** *m* [-s & -en] Viking

**vilein** *bn* villainous, bad

**villa** *v* ['s] large house

**villapark** *o* [-en], **villawijk** *v* [-en] exclusive residential area

**villen** *overg* [vilde, h. gevild] flay, strip, skin ∗ *ik laat me ~als...* I'll be hanged if... ∗ ⟨afpersen⟩ *klanten ~* fleece/skin customers

**vilt** *o* felt

**vilten I** *bn* felt **II** *overg* [viltte, h. gevilt] felt

**vilthoed** *m* [-en] felt hat

**viltje** *o* [-s] beer mat

**viltstift** *v* [-en] felt-tip pen, felt tip

**vin** *v* [-nen] *v. vis* fin ∗ *hij verroerde geen ~*he didn't stir, he didn't move a muscle

**vinaigrette** *v* vinaigrette

**vindbaar** *bn* ❶*wat gevonden kan worden* findable ❷*wat terug te vinden is* retraceable

**vinden** *overg* [vond, h. gevonden] ❶*aantreffen, tegenkomen* find, meet with, come across ∗ *ik zal hem wel ~*I'll pay for this! ∗ *hij vond zich door iedereen verlaten* he found himself alone ∗ *dat zal zich wel ~*it's sure to turn out all right ∗ *er iets op ~ om...* find (a) means to ❷*menen* think, find ∗ *hoe ~ ze het?* how do they like it? ∗ *hoe vind je onze stad?* what do you think of our town? ∗ *ik vind het niet erg* I don't mind ∗ *ik vind dat het niet zo koud is als gisteren* I don't find it as cold as yesterday ∗ *vind je het goed?* do you approve? ∗ *vind je het goed als...* do you mind if... ∗ *ik vind het niet goed* I don't approve of that *het niets ~om...* think nothing of ...ing *wat ~ze daar nu aan?* what can they see in it/him? ❸ *ondervinden* find, think ▼ *wij kunnen het goed met elkaar ~* we get on very well together ▼ *zij kunnen het niet goed met elkaar ~* they just don't hit it off ▼ *daar is hij altijd voor te ~* he'll always be in on that ▼ *daar is hij niet voor te ~* that's not something he goes in for

**vinder** *m* [-s] finder * *een beloning voor de eerlijke ~* a reward if returned intact

**vindersloon** *o* finder's reward

**vinding** *v* [-en] invention, discovery

**vindingrijk** *bn* ingenious, inventive

**vindingrijkheid** *v* ingeniousness, ingenuity, inventiveness, resourcefulness

**vindplaats** *v* [-en] site, location, ⟨v. delfstoffen⟩ deposit, ⟨v. planten, dieren⟩ habitat

**Vinexlocatie** *v* [-s] urban development site, housing estate

**vinger** *m* [-s] *lichaamsdeel* finger * *de middelste ~* the middle finger * ⟨ *vieze ~s* fingermarks * *de ~Gods* the finger of God * *als men hem een ~ geeft, neemt hij de hele hand* give him an inch, and he'll take a mile/yard * *het in de ~s hebben* have a talent for sth * *een ~ in de pap hebben* have a finger in the pie * *fig lange ~s hebben* be light-fingered * *de ~aan de pols houden* keep a finger on the pulse * *mijn ~s jeuken om...* my fingers are itching to... * *iem. in de ~s krijgen* get hold of sbd, lay one's hands on sbd * *de ~op de wond leggen* put one's finger on the spot * *zijn ~opsteken* show/put up one's finger * *hij zal geen ~uitsteken om...* he wouldn't lift/raise/stir a finger to... * *als je een ~naar hem uitsteekt* if you make a move in his direction * *iets door de ~s zien* shut one's eyes to sth, turn a blind eye to sth, overlook sth * *met zijn ~s ergens aan komen/zitten* meddle with sth * *als je hem maar met een ~ aanraakt* if you lay a finger on him * *iem. met de ~ nawijzen* point (one's finger) at sbd * *iem. om de ~ winden* twist/turn sbd round one's (little) finger * *iem. op de ~s kijken* keep a close eye on sbd * *dat kun je op je ~s natellen/narekenen/uitrekenen* that's as clear as daylight

**vingerafdruk** *m* [-ken] fingerprint

**vingeralfabet** *o* finger alphabet

**vingerdoekje** *o* [-s] small napkin

**vingeren** *overg* [vingerde, h. gevingerd] *inf* finger * *zich ~* finger oneself

**vingerhoed** *m* [-en] ❶ *vingerdopje* thimble ❷ *hoeveelheid* thimble(ful)

**vingerhoedskruid** *o* foxglove

**vingerkootje** *o* [-s] finger bone, *anat* phalanx

**vingeroefening** *v* [-en] *muz* (five-)finger exercise

**vingerplant** *v* [-en] Japanese aralia, fatsia japonica

**vingertop** *m* [-pen] fingertip * *fig ...tot in de ~pen* to one's fingertips

**vingerverf** *v* finger paint

**vingervlug** *bn* light-fingered, dext(e)rous

**vingervlugheid** *v* dexterity, deftness

**vingerwijzing** *v* [-en] hint, indication

**vingerzetting** *v* [-en] *muz* fingering * *met ~van...* with fingering by...

**vink** *m & v* [-en] ❶ *vogel* finch ❷ *markeerteken* check (mark) ▼ *blinde ~en* (meat) olives

**vinkenslag** I *m* *gezang* warbling, singing II *o* [-slagen] * *ZN op ~zitten* be on the lookout

**vinkentouw** *o* * *op het ~zitten* wait impatiently

**vinnig** I *bn* sharp, fierce, biting * *een ~debat* a heated debate * *een ~antwoord* a sharp answer II *bijw* sharply & * *~koud* bitterly cold * *~kijken* look angry

**vinvis** *m* [-sen] rorqual, fin whale * *de blauwe ~* the blue whale

**vinyl** *o* vinyl

**violet** *bn & o* violet

**violier** *v* [-en] *plant* stock

**violist** *m* [-en] violinist, violin player * *de eerste ~* the first violin

**viool** *v* [violen] ❶ *muziekinstrument* violin, *inf* fiddle * *fig hij speelt de eerste ~* he plays first fiddle * *op de ~spelen* play the violin ❷ *plant* violet, pansy

**vioolbouwer** *m* [-s] violin maker

**vioolconcert** *o* [-en] ❶ *uitvoering* violin recital ❷ *muziekstuk* violin concerto

**vioolkist** *v* [-en] violin case

**vioolles** *v* [-sen] violin lesson

**vioolsleutel** *m* [-s] violin clef

**vioolsnaar** *v* [-snaren] violin string

**vioolspel** *o* violin playing

**vioolspeler** *m* [-s] violinist, violin player

**viooltje** *o* [-s] *plant* violet * *het driekleurig ~* the pansy * *het Kaaps ~* the African violet

**vip** *m* [-s] VIP

**viriel** *bn* virile

**viriliteit** *v* virility

**virologie** *v* virology

**viroloog** *m* [-logen] virologist

**virtueel** *bn* virtual * *comput een ~geheugen* a virtual memory, virtual storage * *comput virtuele werkelijkheid* virtual reality

**virtuoos** I *bn* masterly II *bijw* in a masterly way III *m* [-tuozen] virtuoso * *een ~op de piano, een piano~* a virtuoso pianist

**virtuositeit** *v* virtuosity

**virulent** *bn* virulent

**virulentie** *v* virulence

**virus** *o* [-sen] virus

**virusdrager** *m* [-s] virus carrier

**virusinfectie** *v* [-s] virus infection

**virusziekte** *v* [-n & -s] viral disease

**vis** *m* [-sen] fish * *als een ~op het droge* like a fish out of water

**visaas** *o* fish bait

**visafslag** *m* [-slagen] fish auction

**visagie** *v* cosmetology

**visagist** *m* [-en] cosmetician, beautician

**vi**

**visakte** *v* [-n & -s] fishing licence/<u>Am</u> license
**visarend** *m* [-en] *vogel* osprey
**vis-à-vis** *bijw & v & m* vis-a-vis
**visboer** *m* [-en] fishmonger
**visburger** *m* [-s] fishburger
**viscose** *v* viscose
**viscositeit** *v* viscosity
**viscouvert** *o* [-s] fish cutlery, fish knife and fork
**visfilet** *m & o* [-s] fillet of fish, fish fillet
**visgerecht** *o* [-en] fish dish
**visgraat** *v* [-graten] fish bone
**visgraatdessin** *o* [-s] herringbone pattern
**visgronden** *zn* [mv] fishing grounds, fisheries
**vishaak** *m* [-haken] fish hook
**vishandelaar** *m* [-s] fishmonger
**vishengel** *m* [-s] fishing rod
**visie** *v* [-s] ❶ *kijk* outlook, view ✳ *mijn* ~ *op de dingen* my view on things ❷ *zienswijze* vision ❸ *inzage* inspection ✳ *ter* ~ *liggen* available for inspection
**visioen** *o* [-en] vision
**visionair** *bn & m* [-s & -en] visionary
**visitatie** *v* [-s] ❶ *onderzoek* visit, search ❷ *inspectie* customs examination, inspection ✳ *Maria Visitatie* the Visitation
**visite** *v* [-s] ❶ *bezoek* visit, call ✳ *een* ~ *maken/afleggen bij* pay a visit to, call on, visit ✳ *op* ~ *komen* (come to) visit ❷ *bezoekende persoon of personen* visitor(s) ✳ *er is* ~, *wij hebben* ~ we have visitors
**visitekaartje** *o* [-s] (visiting) card, business card
**visiteren** *overg* [visiteerde, h. gevisiteerd] ❶ *onderzoek doen* examine, inspect ❷ *aan den lijve* search
**visiteur** *m* [-s], **visiteuse** *v* [-s] search officer
**viskaar** *v* [-karen] fishbasket, creel
**viskeus** *bn* viscous
**viskom** *v* [-men] fishbowl
**viskwekerij** *v* ❶ *bedrijf* [-en] fish farm ❷ *het kweken* fish farming, pisciculture
**vislucht** *v* fishy smell
**vismarkt** *v* [-en] fish market
**vismeel** *o* fishmeal
**visnet** *o* [-ten] fishing net
**visotter** *m* [-s] common otter
**visrestaurant** *o* [-s] fish/seafood restaurant
**visrijk** *bn* abounding/rich in fish
**visschotel** *m & v* [-s] ❶ *schotel voor vis* fish platter ❷ *gerecht* fish dish
**visseizoen** *o* [-en] fishing season
**Vissen** *zn* [mv] astron & astrol Pisces
**vissen** *onoverg* [viste, h. gevist] fish ✳ *de keeper moest driemaal* ~ the goalkeeper had to fish the ball out of the net three times ✳ *gaan* ~, *uit* ~ *gaan* go out fishing ✳ *naar een complimentje* ~ fish/angle for a compliment ✳ *fig naar iets* ~ angle/fish for sth
**visser** *m* [-s] ❶ *hengelaar* angler ❷ *van beroep* fisherman
**visserij** *v* fishery, fishing industry
**vissersboot** *m & v* [-boten] fishing boat/vessel

**vissersdorp** *o* [-en] fishing village
**vissershaven** *v* [-s] fishing port
**visserslatijn** *o* fisherman's yarn, fishing stories
**vissersring** *m* [-en] <u>RK</u> Fisherman's ring
**vissersvloot** *v* [-vloten] fishing fleet
**vissersvrouw** *v* [-en] fisherman's wife
**vissmaak** *m* fishy taste
**vissoep** *v* fish soup
**visstand** *m* fish stock numbers
**visstick** *m* [-s] fish finger
**visstoeltje** *o* [-s] fisherman's/angler's chair
**vistuig** *o* [-en] fishing tackle
**visualiseren** *overg* [visualiseerde, h. gevisualiseerd] visualize
**visueel** *bn* visual
**visum** *o* [visa & -s] visa, endorsement

---

> **visum**
> is in het Engels visa en het meervoud is visas.

---

**visumplicht** *m & v* visa requirement
**visvangst** *v* fishing ✳ <u>bijbel</u> *de wonderbare* ~ the miraculous draught of fishes
**visvijver** *m* [-s] fish pond
**viswater** *o* [-s & -en] fishing water/grounds ✳ *goed* ~ good fishing
**viswijf** *o* [-wijven] *ordinaire vrouw* fishwife ✳ *schelden als een* ~ swear like a fishwife
**viswinkel** *m* [-s] fish shop
**vitaal** *bn* vital ✳ *van* ~ *belang* of vital importance ✳ *een vitale grijsaard* a vital old man
**vitaliteit** *v* vitality
**vitamine** *v* [-n & -s] vitamin ✳ ~ *C* ascorbic acid, vitamin C
**vitaminegebrek** *o* vitamin deficiency
**vitaminepil** *v* [-len] vitamin pill
**vitaminepreparaat** *o* [-raten] vitamin preparation
**vitaminerijk** *bn* rich in vitamins
**vitrage** *v & o* [-s] ❶ *gordijn* lace/net curtain ❷ *stof* lace, net
**vitrine** *v* [-s] (glass) showcase, show window
**vitriool** *o & m* vitriol
**vitten** *onoverg* [vitte, h. gevit] find fault, carp, nag ✳ ~ *op* find fault with, carp at, nag
**vitter** *m* [-s] faultfinder, nag
**vitzucht** *v* faultfinding
**vivisectie** *v* vivisection ✳ ~ *toepassen op* vivisect
**vizier I** *o* [-en] ❶ *v. helm* visor ✳ *met open* ~ with visor raised; <u>fig</u> openly ❷ <u>mil</u> (back-)sight ✳ *in het* ~ *krijgen* catch sight of **II** *m* [-s & -en] *oosters staatsman* <u>hist</u> vizier
**vizierkorrel** *m* [-s] <u>mil</u> bead, foresight
**vizierlijn** *v* [-en] <u>mil</u> line of sight
**vla** *v* ['s & vlaas] ❶ *crème* custard ❷ *vlaai* flan, tart
**vlaag** *v* [vlagen] ❶ *windstoot* gust, ⟨regen⟩ shower ❷ <u>fig</u> fit, burst, flurry ✳ *een* ~ *van woede* a burst of anger ✳ *een* ~ *van wanhoop* a frenzy of despair ✳ *bij vlagen* in fits and starts

**vlaai** v [-en] flan, tart
**Vlaams I** bn Flemish * de ~e gaai the jay **II** o taal Flemish
**Vlaamse** v [-en] Fleming * ze is een ~ she's a Fleming, she's Flemish, she's from Flanders
**Vlaanderen** o Flanders
**vlaflip** m [-s] ± custard delight
**vlag** v [-gen] flag, ⟨v. regiment⟩ colours, standard * de witte ~ the white flag, the flag of truce * de ~ hijsen hoist the flag * de ~ neerhalen lower the flag * fig de ~ strijken voor… lower one's flag for… * de ~ uitsteken put out the flag * de Engelse ~ voeren fly the English flag * met ~ en wimpel with flying colours * onder Franse ~ varen fly the French flag * onder valse ~ varen sail under false colours; fig wear false colours * de ~ dekt de lading niet the label/term/word is inappropriate * dat staat als een ~ op een modderschuit that looks really inappropriate
**vlaggen** onoverg [vlagde, h. gevlagd] ❶ put out/fly/hoist/display the flag * de stad vlagde the town was decked out with flags ❷ v. grensrechters flag
**vlaggendoek** o & m bunting
**vlaggenlijn** v [-en] halyard
**vlaggenmast** m [-en] flagpole
**vlaggenparade** v [-s] flag parade
**vlaggenschip** o [-schepen] flagship
**vlaggenstok** m [-ken] flagstaff, flagpole
**vlaggetjesdag** m day to celebrate the herring fleet going out to sea
**vlagofficier** m [-en] flag officer
**vlagsignaal** o [-nalen] ❶ flag signal ❷ mil semaphore signal
**vlagvertoon** o showing the flag
**vlak I** bn ❶ platte zijde flat, level * ~ land flat/level country * een ~ke tint a flat tint * een ~ke zee a smooth sea ❷ wisk plane * ~ke meetkunde plane geometry **II** bijw ❶ plat flatly ❷ recht right, straight * ~ oost due east * ~ voor de wind zeilen sail dead before the wind * ~ achter elkaar close after one another, in close succession * ~ achter hem close behind him, close on his heels * het huis is ~ bij de kerk the house is close to the church * ik sloeg hem ~ in zijn gezicht I hit him full in the face * ik zei het hem ~ in zijn gezicht I told him so to his face * ~ vóór je right in front of you * ~ voor de start just before the start **III** o [-ken] ❶ vlakte plane, level * een hellend ~ an inclined plane * fig wij begeven ons op een hellend ~ we are on slippery ground ❷ v. kubus face ❸ oppervlak surface ❹ v. hand, zwaard & flat ❺ gebied area, space * op (het) menselijk ~ in the human sphere
**vlakbij** bijw nearby, close by, right by
**vlakdruk** m planographic printing, planography
**vlakgom** m & o rubber, eraser
**vlakheid** v flatness
**vlakschuurmachine** v [-s] (electric) sander

**vlakte** v [-n & -s] plain, level * zich op de ~ houden not commit oneself, give a noncommittal answer * iem. tegen de ~ slaan knock sbd down * tegen de ~ gaan be knocked down
**vlaktemaat** v [-maten] surface/square measure
**vlam** v [-men] flame, blaze * ~men schieten flash fire * ~ vatten catch fire; fig fire up * fig de ~ sloeg in de pan the fat was in the fire * in ~men opgaan go up in flames * in (volle) ~ staan be ablaze/in a blaze * een oude ~ van hem an old flame of his
**Vlaming** m [-en] Fleming
**vlammen** onoverg [vlamde, h. gevlamd] flame, blaze, be ablaze
**vlammenwerper** m [-s] flame-thrower
**vlammenzee** v [-zeeën] sea of flames
**vlammetje** o [-s] ❶ kleine vlam little flame ❷ voor sigaret & light ❸ loempia spring roll
**vlamverdeler** m [-s] heat diffuser
**vlas** o flax
**vlasbaard** m [-en] ❶ scherts peach fuzz, vulg bum fluff ❷ jongen (beardless) youth
**vlasblond** bn ❶ haar flaxen ❷ persoon flaxen-haired
**vlashaar** o [-haren] flaxen hair * met ~ flaxen-haired
**vlassen** I bn flaxen **II** onoverg [vlaste, h. gevlast] * ~ op look forward to, be keen on
**vlassig** bn flaxen, flaxy
**vlecht** v [-en] braid, plait, tress * een valse ~ a switch * in een neerhangende ~ in a pigtail
**vlechten** overg [vlocht, h. gevlochten] ❶ twist, braid, plait, twine * ~ manden ~ weave baskets * de haren ~ braid/plait hair ❷ fig interweave, weave * een compliment in zijn rede ~ weave a compliment into one's speech
**vlechtwerk** o wickerwork, basketwork
**vleermuis** v [-muizen] bat
**vlees** o [vlezen] ❶ spiermassa flesh * ~ noch vis neither fish nor flesh * het levende ~ the quick * wild ~ proud flesh * zijn eigen ~ en bloed his own flesh and blood * ik weet wat voor ~ ik in de kuip heb I know who I'm dealing with * in het ~ snijden cut to the quick * goed in zijn ~ zitten be in flesh * het gaat hem naar den vleze he's doing well * hij bijt zijn nagels af tot op het ~ he bites his nails to the quick ❷ als gerecht meat * ~ in blik tinned beef ❸ v. vruchten pulp, flesh
**vleesboom** m [-bomen] fibroid(s), med uterine myoma
**vleesconserven** zn [mv] canned meat
**vleesetend** bn carnivorous * ~e dieren carnivores * ~e planten carnivorous/insectivorous plants
**vleeseter** m [-s] ❶ m.b.t. dieren carnivore ❷ iem. die graag vlees eet meat-eater
**vleesfondue** v meat fondue
**vleesgerecht** o [-en] meat course
**vleeshaak** m [-haken] meat hook
**vleeshal** v [-len] meat market
**vleeshouwerij** v [-en] butcher's shop
**vleeskeuring** v [-en] meat inspection

vl

**vleeskleurig** *bn* flesh-coloured

**vleesmes** *o* [-sen] carving knife, butcher's knife

**vleesmolen** *m* [-s] mincing machine, meat mincer

**vleesnat** *o* broth

**vleespastei** *v* [-en] meat pie

**vleespot** *m* [-ten] fleshpot * bijbel *verlangen naar de ~ten van Egypte* be sick for the fleshpots of Egypt

**vleesschotel** *m & v* [-s] ❶ *schotel* meat dish ❷ *gerecht* meat course

**vleestomaat** *v* [-maten] beef(steak) tomato

**vleesvlieg** *v* [-en] ❶ *op vlees* blowfly ❷ *op wonden & flesh* fly * *de blauwe ~* the bluebottle

**vleesvork** *v* [-en] carving fork

**vleeswaren** *zn* [mv] meats and sausages

**vleeswond** *v* [-en] flesh wound

**vleeswording** *v* incarnation

**vleet** *v* [vleten] herring net * *boeken bij de ~* lots/plenty of books, books galore

**vlegel** *m* [-s] ❶ *dorsvlegel* flail ❷ *kwajongen* brat ❸ *v. oudere leeftijd* lout, boor

**vleien** I *overg* [vleide, h. gevleid] flatter, coax, cajole, wheedle * *zich gevleid voelen door...* feel flattered by... II *wederk* [vleide, h. gevleid] * *zich ~ met de hoop dat...* indulge in the belief that... * *zich ~ met ijdele hoop* delude oneself with vain hopes

**vleiend** *bn* flattering

**vleier** *m* [-s] flatterer

**vleierij** *v* [-en] flattery, blandishments, inf soft-soaping

**vlek** I *v* [-ken] *alg.* spot, stain, blot, blemish, ‹v.e. koe› patches, ‹op fruit› speck * *een ~ op zijn naam* a blot on his reputation II *o* [-ken] *gehucht* hamlet

**vlekkeloos** I *bn* spotless, unstained * *in ~ Engels* in perfect English II *bijw* perfectly, smoothly * *de operatie is ~ verlopen* the operation went off smoothly/without a hitch

**vlekken** *overg en onoverg* [vlekte, h. en is gevlekt] soil, spot, stain * *het vlekt gemakkelijk* it soils easily

**vlekkenmiddel** *o* [-en], **vlekkenwater** stain/spot remover

**vlekkerig, vlekkig** *bn* spotty, full of spots, stained

**vlektyfus** *m* typhus, spotted fever

**vlekvrij** *bn* ❶ *zonder vlekken* spotless, unstained ❷ *niet vlekkend* stain resistant

**vlerk** I *v* [-ken] ❶ *vleugel* wing ❷ *hand* paw II *m* [-en] *lomperd* lout, boor

**vleselijk** *bn* carnal * *~e gemeenschap* sexual intercourse, jur carnal knowledge * *~e lusten* carnal desires * *mijn ~e broer* my own brother

**vlet** *v* [-ten], **vletschuit** [-en] flatboat, flat-bottomed boat

**vleug** *v* [-en] *v. vilt & nap,* hair, grain * *tegen de ~* against the grain; fig unruly

**vleugel** *m* [-s] ❶ *alg.* wing * *de ~s laten hangen* droop one's wings * *de ~s uitslaan* spread one's wings * *met de ~s slaan* beat its wings * *iem. onder zijn ~s nemen* take sbd under one's wing * sp *over de ~s spelen* play up and down the wings * pol *de*

*behoudende ~* the conservative/right-wing section ❷ *v.e. gebouw* wing ❸ *v. deur* leaf ❹ *v. molen* wing, vane ❺ muz grand piano * *een kleine ~* a baby grand

**vleugelboot** *m & v* [-boten] hydrofoil

**vleugellam** *bn* broken-winged * *iem. ~ maken* clip sbd.'s wings

**vleugelmoer** *v* [-en] butterfly/wing nut

**vleugelslag** *m* [-slagen] wingbeat

**vleugelspeler** *m* [-s] winger

**vleugelverdediger** *m* [-s] wing defender

**vleugje** *o* [-s] ❶ *lichte vlaag* breath * *een ~ parfum* a waft/whiff of perfume ❷ *klein beetje* flicker, spark * *een ~ hoop* a spark of hope

**vlezig** *bn* ❶ *v. vlees* fleshy ❷ *met veel vlees* meaty, fleshy, pulpy

**vlieden** I *overg* [vlood, is gevloden] flee, avoid II *onoverg* [vlood, is gevloden] flee/fly (from)

**vlieg** *v* [-en] fly * inf *iem. een ~ afvangen* score off sbd * *geen ~ kwaad doen* not hurt a fly * *twee ~en in één klap slaan* kill two birds with one stone * *je bent niet hier gekomen om ~en te vangen* you're not here to twiddle your thumbs

**vliegangst** *m* fear of flying

**vliegas** *v* fly ash

**vliegbasis** *v* [-sen & -bases] air base

**vliegbereik** *o* range, action radius (of an aircraft)

**vliegbrevet** *o* [-ten] pilot's licence/Am license

**vliegdekschip** *o* [-schepen] (aircraft) carrier

**vliegen** I *overg* [vloog, h. gevlogen] luchtv fly II *onoverg* [vloog, h. en is gevlogen] fly * *de tijd vliegt* time flies * *erin ~* be taken in, fall into a trap * inf *hij ziet ze ~* he's cracked/off his head * *in brand ~* catch fire * *zij vloog naar de deur* she flew to the door * *iem. naar de keel ~* fly at/go for sbd.'s throat * *de kogels vlogen ons om de oren* the bullets were flying about our ears * *wij vlogen over het ijs* we just flew over the ice * *hij vloog de kamer uit* he tore out of the room * *hij vliegt voor haar* he's at her beck and call

**vliegend** *bn* flying * *een ~e vis* a flying fish * *in ~e haast* in a great hurry * *een ~e schotel* a flying saucer * *een ~e start* a running start * *de ~e tering* galloping consumption * *in ~e vaart* at a breathtaking speed

**vliegengaas** *o* fly screen

**vliegenier** *m* [-s] flyer, flier, airman

**vliegenmepper** *m* [-s] fly swatter

**vliegenraam** *o* [-ramen] ZN mosquito blind, insect screen

**vliegensvlug** *bn & bijw* as quick as lightning

**vliegenvanger** *m* [-s] ❶ *kleefpapier* flycatcher, flypaper ❷ *vogel* flycatcher

**vliegenzwam** *v* [-men] fly agaric

**vlieger** *m* [-s] ❶ *speelgoed* kite * *een ~ oplaten* fly a kite * *die ~ gaat niet op* that's not on ❷ *piloot* airman, flyer, flier, aviator

**vliegeren** *onoverg* [vliegerde, h. gevliegerd] fly kites

**vliegertouw** o [-en] kite line
**vlieggat** o [-gaten] v. *bijenkorf* entrance
**vlieggewicht** o ❶ v. *boksers* flyweight ❷ v. *vliegtuig* all-up (weight)
**vlieginstructeur** m [-s] flying instructor
**vliegmachine** v [-s] aeroplane, aircraft
**vliegramp** v [-en] aircrash, aircraft disaster
**vliegreis** v [-reizen] air journey, flight
**vliegterrein** o [-en] aerodrome, airfield
**vliegticket** o [-s] plane ticket
**vliegtuig** o [-en] (aero)plane, aircraft, <u>Am</u> airplane ✳ *per* ~ by air/plane
**vliegtuigbouw** m aircraft construction
**vliegtuigkaper** m [-s] hijacker
**vliegtuigkaping** v [-en] hijacking
**vliegtuigloods** v [-en] hangar
**vliegtuigmoederschip** o [-schepen] aircraft carrier
**vliegtuigongeluk** o [-ken] aircrash, plane crash
**vlieguur** o [-uren] flying hour
**vliegvakantie** v [-s] holiday by air
**vliegveld** o [-en] airport, <u>mil</u> airfield
**vliegverbinding** v [-en] air connection
**vliegverbod** o [-boden] ❶ v. *piloten, vliegtuigen* grounding ❷ *bep. gebieden* flight restriction ✳ *een* ~ *instellen boven Bosnië* create a no-fly zone in Bosnia
**vliegverkeer** o air traffic
**vliegwiel** o [-en] <u>techn</u> fly wheel
**vlier** m [-en] *plant* elder
**vlierbes** v [-sen] elderberry
**vliering** v [-en] attic, loft, garret
**vlies** o [vliezen] ❶ *op vloeistof* film ❷ *op melk* skin ❸ <u>biol</u> membrane ✳ ⟨voor bevalling⟩ *als de vliezen breken* when the waters break ❹ *vacht* fleece ✳ *het Gulden Vlies* the Golden Fleece
**vliesdun** bn paper-thin
**vliesvleugeligen** zn [mv] hymenoptera
**vliet** m [-en] brook, stream, creek
**vlieten** onoverg [vloot, is gevloten] flow, run
**vliezig** bn membranous, filmy
**vlijen** I overg [vlijde, h. gevlijd] lay down II wederk [vlijde, h. gevlijd] ✳ *zich* ~ *in het gras* nestle down in the grass ✳ *zich tegen iem. aan* ~ nestle up to sbd
**vlijmend** I bn sharp, biting, piercing II bijw sharply &
**vlijmscherp** bn (as) sharp as a razor, razor-sharp
**vlijt** v industry, application, diligence
**vlijtig** bn industrious, diligent, assiduous
**vlijtig liesje** o [vlijtige liesjes] *plant* impatiens, busy Lizzie, <u>Am</u> patient Lucy
**vlinder** m [-s] butterfly
**vlinderachtig** bn ❶ like a butterfly, butterfly-like ❷ *luchthartig* frivolous, flighty ❸ *lichtzinnig* fickle
**vlinderbloemigen** zn [mv] papilionaceous plants
**vlinderdas** v [-sen] bow (tie)
**vlindernet** o [-ten] butterfly net
**vlinderslag** m butterfly stroke ✳ *met de* ~ *zwemmen* swim the butterfly stroke
**vlizotrap** m [-pen] loft ladder

**vlo** v [vlooien] flea
**vloed** m [-en] ❶ *getij* high tide, flood, tide ✳ *het is* ~ the tide is in ❷ *rivier* stream, river ❸ *overstroming* flood ❹ *grote hoeveelheid* flood, flow ✳ *een* ~ *van scheldwoorden* a torrent of abuse ✳ *een* ~ *van tranen* a flood of tears ✳ *een* ~ *van woorden* a flood of words ▼ <u>med</u> *witte* ~ white discharge
**vloedgolf** v [-golven] tidal wave ✳ *een* ~ *van protesten* a tide of protests
**vloedlijn** v high-water mark/line
**vloei** o ❶ *vloeipapier* blotting paper ❷ *vloeitje* cigarette paper
**vloeibaar** bn liquid, fluid ✳ ~ *maken/worden* liquefy
**vloeiblad** o [-bladen] blotter
**vloeien** onoverg [vloeide, h. en is gevloeid] ❶ *stromen* flow ✳ *die verzen* ~ ⟨goed⟩ those lines flow well ✳ *er vloeide bloed* there was bloodshed; ⟨bij duel⟩ blood was drawn ❷ *in 't papier trekken* run ❸ <u>met</u> *vloeipapier* blot ❹ <u>med</u> bleed
**vloeiend** I bn flowing, fluent ✳ *een* ~*e stijl* a flowing/smooth style ✳ *een* ~ *spreker* a fluent speaker II bijw fluently, smoothly ✳ ~ *Frans spreken* speak French fluently ✳ ~ *lopen* run smoothly
**vloeipapier** o [-en] ❶ *voor inkt* blotting paper ❷ *zijdepapier* tissue paper
**vloeistof** v [-fen] liquid
**vloeitje** o [-s] cigarette paper
**vloek** m [-en] ❶ *vervloeking* curse ✳ *er rust een* ~ *op* there is a curse on it ❷ *godslastering* oath, curse, swearword ✳ *in een* ~ *en een zucht* in two shakes, in the twinkling of an eye ❸ *oorzaak v. ellende* curse, plague
**vloeken** I overg [vloekte, h. gevloekt] *vervloeken* curse II onoverg [vloekte, h. gevloekt] swear, curse (and swear) ✳ ~ *als een ketter* swear like a trooper ✳ ~ *op* swear at ▼ *die kleuren* ~ ⟨met elkaar⟩ these colours clash (with each other)
**vloekwoord** o [-en] oath, swearword
**vloer** m [-en] floor ✳ *een houten* ~ a wooden floor ✳ *een stenen* ~ a tile floor ✳ *altijd over de* ~ *zijn* be a regular visitor
**vloerbedekking** v [-en] floor covering, fitted carpet
**vloeren** overg [vloerde, h. gevloerd] *doen vallen* floor, knock down
**vloerkleed** o [-kleden] carpet
**vloermat** v [-ten] floor mat
**vloeroefening** v [-en] <u>turnen</u> floor exercise
**vloeroppervlak** o [-ken] *ruimte* floor space
**vloertegel** m [-s] floor/paving tile
**vloerverwarming** v floor heating
**vlok** v [-ken] ❶ *pluisje* flock ❷ *sneeuwvlok* flake ❸ *plukje haar* tuft
**vlokkentest** m [-s] <u>med</u> chorionic villus sampling
**vlokkig** bn flocky, flaky
**vlonder** m [-s] ❶ *plank* plank bridge ❷ *losse vloer* duckboards
**vlooien** overg [vlooide, h. gevlooid] de-flea, clean of fleas

**vl**

**vlooienband** m [-en] flea collar

**vlooienmarkt** v [-en] flea market

**vlooienspel** o [-len] tiddlywinks

**vlooientheater** o [-s] flea circus, performing fleas

**vloot** v [vloten] ❶ *schepen* fleet, navy ❷ *vliegtuigen v. bep. maatschappij* fleet

**vlootbasis** v [-sen & -bases] naval base

**vlootschouw** m naval review

**vlootvoogd** m [-en] commander of the fleet, admiral

**vlos** o floss

**vlot I** bn ❶ *vlug, gemakkelijk* fluent, prompt, ready, smooth * ~te betaling prompt payment * een ~ antwoord a ready answer * een ~te prater a fluent speaker * een ~te landing a smooth landing * een ~ verloop a smooth course ❷ *handig, niet pietluttig* easy, flowing * een ~te kerel a sociable man * een ~ hoedje a smart little hat * zijn ~te pen his ready/facile pen ❸ *drijvend* afloat * een schip ~ krijgen/trekken get a ship afloat, float a ship * ~ worden get afloat **II** bijw fluently * het gaat ~ it's going smoothly * een taal ~ spreken speak a language fluently * handel de ... gaan ~ weg there is a brisk sale of ..., inf ... are selling like hot cakes * iets ~ opzeggen say sth off pat **III** o [-ten] raft

**vlotbrug** v [-gen] floating bridge

**vlotheid** v smoothness, fluency

**vlotjes** bijw smoothly, easily

**vlotten** onoverg [vlotte, h. en is gevlot] *goed verlopen* go smoothly * het gesprek vlotte niet the conversation dragged * het werk wil maar niet ~ I can't make any headway, I'm not getting anywhere

**vlottend** bn floating * een ~e bevolking a floating population * ~ kapitaal circulating/Br current/Am floating capital * ~e schuld floating debt

**vlotter** m [-s] ❶ *persoon* raftsman, rafter ❷ techn float

**vlotweg** bijw smoothly

**vlucht** v [-en] ❶ *het vluchten* flight, escape * de ~ nemen, op de ~ gaan/slaan flee, escape, take to one's heels, run for it * op de ~ drijven/jagen put to flight * op de ~ zijn be on the run ❷ *het vliegen/wijze van vliegen* flight * ⟨v. vogels⟩ zijn ~ nemen take wing * een hoge ~ nemen fly high, soar; fig soar high, inf go through the roof * een vogel in de ~ schieten shoot a bird on the wing ❸ *troep vogels* flight, flock ❹ *afstand van vleugeluiteinden* wingspan, wingspread

**vluchtauto** m ['s] getaway car

**vluchteling** m [-en] ❶ *iem. die vlucht* fugitive ❷ *politieke vluchteling* refugee

**vluchtelingenkamp** o [-en] refugee camp

**vluchtelingenstatus** m refugee status

**vluchtelingenstroom** m [-stromen] stream of refugees

**vluchten** onoverg [vluchtte, is gevlucht] flee, escape, run away * ~ in het verleden take refuge in the past * ~ naar flee to * uit het land ~ flee the country * ~

voor flee/escape from

**vluchtgevaarlijk** bn v. gevangenen requiring maximum security * een ~e gevangene a maximum security prisoner

**vluchtheuvel** m [-s] traffic island, refuge

**vluchtig I** bn ❶ *oppervlakkig* superficial, casual, cursory * een ~e kennismaking a casual acquaintance ❷ *van zouten &* volatile ❸ *niet blijvend* fleeting, passing * een ~ bestaan a fleeting existence **II** bijw superficially &

**vluchtleider** m [-s] flight controller

**vluchtleiding** v flight control

**vluchtleidingscentrum** o [-s & -tra] flight control centre/Am center

**vluchtnummer** o [-s] flight number

**vluchtrecorder** m [-s] flight recorder

**vluchtschema** o ['s] transport flight schedule

**vluchtstrook** v [-stroken] hard shoulder

**vluchtweg** m [-wegen] escape route

**vlug I** bn ❶ *snel* quick, fast ❷ *bijdehand* quick, smart * ~ in het rekenen quick at figures * ~ met de pen zijn have a ready pen * ~ van begrip quick(-witted) * hij behoort niet tot de ~gen he's not the quickest ❸ *kunnende vliegen* fledged **II** bijw quickly, inf quick * ~ (wat)! (be) quick!, make it snappy!, look sharp! * hij kan ~ leren he's a quick learner

**vluggertje** o [-s] ❶ *snelle schaak-, dampartij* quick game ❷ *haastige vrijpartij* quickie

**vlugheid** v quickness, nimbleness, rapidity, promptness

**vlugschrift** o [-en] pamphlet

**vlugzout** o sal volatile, smelling salts

**vmbo** o (voorbereidend middelbaar beroepsonderwijs) preparatory secondary vocational education

**VN** afk (Verenigde Naties) UN, United Nations

**vnl.** afk (voornamelijk) mainly, chiefly

**vocaal I** bn vocal **II** bijw vocally **III** v [-calen] klinker vowel

**vocabulaire** o [-s] vocabulary

**vocalist** m [-en] vocalist, singer

**vocatief** m [-tieven] vocative

**vocht I** o [-en] *vloeistof* fluid, liquid **II** o & v *condensatie* moisture, damp, condensation

**vochten** overg [vochtte, h. gevocht] moisten, wet, dampen

**vochtgehalte** o moisture content

**vochtig** bn moist, damp, dank, humid * iets ~ maken moisten/dampen sth * ~ worden become moist &, moisten

**vochtigheid** v ❶ *het vochtig zijn* moistness, dampness, humidity ❷ *het vocht* moisture, damp

**vochtigheidsgraad** m humidity

**vochtigheidsmeter** m [-s] hygrometer

**vochtvlek** v [-ken] moisture/damp stain

**vochtvrij** bn moisture-free, ⟨vochtwerend⟩ moisture-proof

**vod** o & v [-den] ❶ *lor* rag, tatter * iem. achter de ~den zitten keep sbd hard at it * *iem. bij de ~den krijgen* catch hold of sbd ❷ *prul* trash, rubbish * *een ~ van een boek* a trashy book/novel * *een ~je papier* a scrap of paper ❸ *doek* ZN duster, (floor)cloth * ZN fig ~*den* rags

**voddenbaal** v [-balen] ❶ *zak met vodden* ragbag ❷ *haveloos persoon* scruffy looking person

**voddenboer** m [-en], **voddenkoopman** [-lui & -lieden], **voddenkoper** [-s], **voddenman** [-nen] rag-and-bone man

**voeden I** overg [voedde, h. gevoed] ❶ *voedsel geven aan* feed, ❷ *(zogen)* nurse ❸ techn fuel ❹ fig nourish, foster, nurture * *de hoop ~* cherish the hope **II** onoverg [voedde, h. gevoed] *voedzaam zijn* be nourishing/nutritious **III** wederk [voedde, h. gevoed] * *zich ~* feed * *zich ~ met...* feed on...

**voeder** o fodder, feed

**voederbak** m [-ken] feed bin/trough

**voederbiet** v [-en] fodder beet

**voederen** overg [voederde, h. gevoederd] feed

**voedergewas** o [-sen] fodder plants/crop

**voedertijd** m [-en] feeding time

**voeding** v ❶ *handeling* feeding ❷ *voedsel* food, nourishment, nutrition ❸ techn feeding, input ❹ elektr power supply ❺ *voedingswijze* diet * *een gebalanceerde ~* a balanced diet

**voedingsbodem** m [-s] ❶ (culture) medium ❷ fig breeding ground

**voedingsdeskundige** m-v [-n] dietitian/dietician, nutritionist

**voedingsgewas** o [-sen] food crop

**voedingskabel** m [-s] supply cable

**voedingsleer** v dietetics, science of nutrition

**voedingsmiddel** o [-en] food * ~*en* foodstuffs

**voedingsmiddelenindustrie** v food industry

**voedingspatroon** o [-tronen] eating pattern

**voedingsstof** v [-fen] nutrient, nutritious substance

**voedingswaarde** v food/nutritional value

**voedsel** o food, nourishment * fig ~ *geven aan* encourage

**voedselgebrek** o food shortage

**voedselhulp** v food aid

**voedselketen** v [-s] food chain

**voedselpakket** o [-ten] food parcel

**voedselschaarste** v food shortage

**voedselvergiftiging** v food poisoning

**voedselvoorraad** m [-raden] food supply/stock

**voedselvoorziening** v food supply

**voedster** v [-s] ❶ *min* wet nurse ❷ fig foster mother ❸ *konijn, haas* doe

**voedzaam** bn nourishing, nutritious, nutritive

**voeg** v [-en] joint, seam, (tussen stenen, tegels &) grout, grouting * *uit zijn ~en rukken* put out of joint, disrupt * *in zijn ~en kraken* creak everywhere

**voege** v * *in dier ~* in this manner * *in dier ~dat...* so as to..., so that... * ZN *in ~* in force

**voegen I** overg [voegde, h. gevoegd] ❶ *toevoegen* add * ~ *bij* add to ❷ *bouwk* point, joint, flush, grout

❸ v. *rechtszaken* consolidate causes of action **II** wederk [voegde, h. gevoegd] * *zich ~ bij iem.* join sbd; (instemmen) comply, conform * *zich ~ naar...* conform to..., comply with... **III** onoverg [voegde, h. gevoegd] ❶ *betamen* become ❷ *gelegen komen* suit

**voegijzer** o [-s] jointer

**voegwoord** o [-en] conjunction

**voelbaar I** bn ❶ *tastbaar* tangible, perceptible ❷ *merkbaar* noticeable, perceptible **II** bijw tangibly &

**voelen I** overg [voelde, h. gevoeld] ❶ *zintuiglijk* feel * *ik voel mijn benen* my legs are aching ❷ *ervaren* feel, experience * *zijn macht doen ~* make one's power felt ❸ *tasten naar* feel (for/after) ❹ *innerlijk gewaarworden* sense, feel * *ik voel daar niet veel voor* it doesn't appeal to me * *ik voel de plicht om...* I feel obliged to... **II** onoverg [voelde, h. gevoeld] feel * *het voelt zacht* it's soft to the touch * *in zijn zak ~* feel in one's pocket * *naar zijn portemonnee ~* feel for one's purse * *iets/veel voor iem. ~* be fond of sbd **III** wederk [voelde, h. gevoeld] * *zich ~* feel, feel oneself * *zich goed ~* feel well/good/fine * *zich thuis ~* feel at home * *zich ziek ~* feel ill * *hij voelt zich heel wat* he rather fancies himself

**voelhoorn, voelhoren** m [-s] feeler, antenna * fig *zijn ~s uitsteken* put out feelers

**voeling** v feeling, touch * ~ *hebben/krijgen met* be/come in touch with * ~ *houden met* keep (in) touch with

**voelspriet** m [-en] antenna, palp, feeler

**voer** o ❶ *voedsel* feed, fodder, forage * ~ *voor psychologen* food for psychologists ❷ *vis* bait

**voeren** overg [voerde, h. gevoerd] ❶ *leiden, brengen* carry, convey, take, bring, lead * *dat zou ons te ver ~* that would take us too far * *wat voert u hierheen?* what brings you here? ❷ *hanteren* wield * *de pen ~* wield one's pen ❸ *dragen* bear * *een titel ~* hold a title * *een adelaar in zijn wapen ~* have an eagle in one's coat of arms ❹ *houden* conduct, carry on * *het bevel ~(over)* be in command (of) * *oorlog ~* wage war * *propaganda ~* carry on propaganda ❺ *met voering* line ❻ *eten geven* feed

**voering** v [-en] lining

**voerman** m [-lieden & -lui] ❶ *koetsier* driver, coachman ❷ *vrachtrijder* wag(g)oner, carrier * astron *de Voerman* the Wag(g)oner

**voertaal** v language of communication, (op congres &) official language

**voertuig** o [-en] carriage, vehicle

**voet** m [-en] ❶ *lichaamsdeel* foot * *zes ~ lang* six feet long * fig *de ~ in de stijgbeugel hebben* be in the saddle * *het heeft heel wat ~en in de aarde* it's taking some doing * ~ *bij stuk houden* stick to one's guns, stand one's ground * *vaste ~ krijgen* obtain a foothold, obtain a firm footing * *geen ~ verzetten* not move hand or foot * *geen ~ kunnen verzetten* not be able to stir * *ik zet daar geen ~ meer* I'll never set foot there again * *iem. de ~ dwars zetten* thwart sbd.'s plans **✳** *~ aan wal zetten* set foot on shore **✳** *geen ~ buiten de deur zetten* not go out of the house **✳** *aan de~ van de bladzijde/brief* at the foot of the page/letter **✳** mil *met het geweer aan de~* with arms at the order **✳** *met de~en bij elkaar* with feet together **✳** *met~en treden* trample/tread under foot; fig go against, override ⟨laws⟩ **✳** *onder de~ gelopen worden* be trampled on **✳** *een land onder de~ lopen* overrun a country **✳** *onder de~ vertrappen* tread/trample under foot **✳** *iem. op de~ volgen* follow in s.o.'s footsteps **✳** *iets op de~ volgen* closely follow sth **✳** *op blote~en* barefoot(ed) **✳** *op vrije~en* at liberty/large **✳** *op staande~* at once, on the spot, then and there **✳** *te~* on foot **✳** *te~ bereikbaar* within walking distance **✳** *te~ gaan* go on foot, walk **✳** *iem. te~ vallen* throw oneself at sbd.'s feet **✳** *...ten ~en uit...* all over **✳** *ten~en uit geschilderd* full-length (portrait) **✳** *uit de~en kunnen* get on, get by **✳** *zich uit de~en maken* take to one's heels, make off **✳** *iem. iets voor de~en gooien* cast/fling/throw sth in sbd.'s teeth **✳** *iem. voor de~en lopen* be in sbd.'s way **❷** *wijze* footing **✳** *op de~ van 5%* at the rate of five per cent. **✳** *op die~* at that rate **✳** *op bescheiden~* on a modest footing **✳** *op dezelfde~* on the old footing, in the old way, along the same lines **✳** *op grote~ leven* live in (grand) style **✳** *op de oude~* on the old footing **✳** *op gelijke~* on an equal footing, on a footing of equality, on equal terms **✳** *op~ van oorlog* at war **❸** *verhouding* relations, terms **✳** *zij staan op gespannen~* relations are strained between them **✳** *op goede~ staan met* be on good terms with **✳** *op vertrouwelijke~* on familiar terms

**voetafdruk** *m* [-ken] footprint

**voetangel** *m* [-s] mantrap **✳** fig *hier liggen~s en klemmen* it's full of pitfalls

**voetbad** *o* [-baden] footbath

**voetbal I** *m* [-len] *bal* football **II** *o spel* (Association) football, soccer, inf footy **✳** *Amerikaans~* American football **✳** *~ spelen* play football/soccer **✳** *betaald~* paid/professional football

**voetbalbond** *m* [-en] football association/league

**voetbalclub** *v* [-s] football club

**voetbalelftal** *o* [-len] football team

**voetbalknie** *v* [-knieën] football knee

**voetballen** *onoverg* [voetbalde, h. gevoetbald] play football/soccer

**voetballer, voetbalspeler** *m* [-s] football/soccer player

**voetballerij** *v* soccer, football

**voetbalpool** *m* [-s] football pools

**voetbalschoen** *m* [-en] football boot

**voetbalvandaal** *m* [-dalen] hooligan

**voetbalveld** *o* [-en] football ground/field

**voetbalwedstrijd** *m* [-en] soccer/football match **✳** *een internationale~* an international football match

**voetboog** *m* [-bogen] crossbow

**voetbreed** *o* **✳** *geen~ wijken* not budge an inch

**voetbrug** *v* [-gen] foot bridge

**voetenbank** *v* [-en] footstool

**voeteneind, voeteneinde** *o* [-einden] foot end, foot (of the bed)

**voetenschrapper** *m* [-s] scraper

**voetenwerk** *o* sp footwork

**voetfout** *v* [-en] sp foot fault

**voetganger** *m* [-s] pedestrian

**voetgangersbrug** *v* [-en] footbridge

**voetgangersgebied** *o* [-en] pedestrian area/precinct

**voetgangerslicht** *o* [-en] pedestrian crossing lights

**voetgangersoversteekplaats** *v* [-en] pedestrian crossing, zebra (crossing)

**voetgangerstunnel** *m* [-s] pedestrian subway/tunnel

**voetje** *o* [-s] small foot **✳** *een wit~ bij iem. hebben* be in sbd.'s good graces/books **✳** *een wit~ bij iem. zien te krijgen* insinuate oneself into sbd.'s good graces **✳** *~ voor~* step by step

**voetjevrijen** *onoverg & o* play footsie

**voetkussen** *o* [-s] hassock

**voetlicht** *o* footlights **✳** fig *iets voor het~ brengen* bring sth out into the open **✳** *voor het~ komen* appear before the footlights; fig make a public appearance

**voetmat** *v* [-ten] doormat

**voetnoot** *v* [-noten] footnote

**voetpad** *o* [-paden] footpath

**voetpomp** *v* [-en] foot pump, inflater/inflator

**voetreis** *v* [-reizen] journey/excursion on foot, walking tour, hike

**voetrem** *v* [-men] foot brake

**voetschakelaar** *m* [-s] foot switch

**voetspoor** *o* [-sporen] footmark, footprint, track **✳** fig *iems. ~ volgen, in iems. voetsporen treden* follow in sbd's footsteps

**voetstap** *m* [-pen] (foot)step, ⟨spoor⟩ footprint, track, trail **✳** *iems. ~pen drukken, in iems. ~pen treden* follow/tread/walk in sbd.'s (foot)steps

**voetsteun** *m* [-en] footrest

**voetstoots** *bijw* **❶** *zomaar ineens* out of hand, without further ado **❷** handel outright, as it is/as they are **✳** *iets~ verkopen* sell sth at the buyer's risk

**voetstuk** *o* [-ken] pedestal **✳** *iem. op een~ plaatsen* put sbd on a pedestal

**voettocht** *m* [-en] walking tour, hike

**voetveeg** *m & v* [-vegen] doormat **✳** *iems. ~ zijn* be sbd's doormat

**voetverzorging** *v* foot care

**voetvolk** *o* mil foot soldiers **✳** *het~* the infantry

**voetwassing** *v* [-en] washing of the feet

**voetzoeker** *m* [-s] squib, firecracker

**voetzool** *m* [-zolen] sole of the foot

**vogel** *m* **❶** bird, dicht fowl **✳** *de~en des hemels* the fowl of the air **✳** *beter één~ in de hand dan tien in de lucht* a bird in the hand is worth two in the bush **✳** *men kent de~ aan zijn veren* fine feathers make

fine birds ✳ *de* ~ *is gevlogen* the bird has flown
❷ *raar figuur* character, type ✳ *een slimme* ~ a sly
dog, a wily old bird ✳ *een vreemde* ~ an odd
character

**vogelaar** *m* [-s] ❶ *vogelvanger* bird catcher
❷ *vogelwaarnemer* birdwatcher, <u>Am</u> birder
**vogelbekdier** *o* [-en] platypus, duckbill
**vogelbescherming** *v* bird protection
**vogelhuisje** *o* [-s] nest(ing) box
**vogelkers** *v boom* bird cherry
**vogelkooi** *v* [-en] birdcage
**vogelkunde** *v* ornithology
**vogelliefhebber** *m* [-s] bird lover
**vogellijm** *m plant* mistletoe
**vogelnest** *o* [-en] bird's nest ✳ *turnen* ~ *je* nest hang
**vogelperspectief** *o* ✳ *in* ~ a bird's-eye view
**vogelpest** *v* fowl plague
**vogelpik** *m* ❶ *spel* <u>ZN</u> darts ❷ *schijf* dartboard
**vogelsoort** *v* [-en] species of bird
**vogelspin** *v* [-nen] bird spider, tarantula
**vogeltje** *o* [-s] little bird, <u>inf kindertaal</u> dicky bird
✳ ~ *s die zo vroeg zingen zijn voor de poes* sing before
breakfast (and you'll) cry before night ✳ *ieder* ~ *zingt
zoals het gebekt is* everyone talks after his own
fashion
**vogeltrek** *m* bird migration
**vogelvanger** *m* [-s] bird catcher
**vogelverschrikker** *m* [-s] scarecrow ✳ *er uitzien als
een* ~ look a perfect fright
**vogelvlucht** *v* bird's-eye view ✳ *...in* ~ a bird's-eye
view of...
**vogelvrij** *bn* outlawed ✳ ~ *verklaren* outlaw
**vogelvrijverklaarde** *m-v* [-n] outlaw
**vogelzaad** *o* birdseed
**vogelzang** *m* singing/warbling of bird, birds' song,
birdsong
**Vogezen** *zn* [mv] the Vosges
**voice-over** *m* voice-over
**voile** I *m* [-s] *voorwerpsnaam* veil II *o & m stofnaam*
voile
**vol** I *bn* full ✳ *een* ~ *le broer* a full brother ✳ *een* ~ *le
dag* a full day ✳ *een* ~ *gezicht* a full face ✳ *een* ~ *le
neef/nicht* a first cousin ✳ ~ *le melk* full-cream milk,
whole milk ✳ *een* ~ *le stem* a rich/full voice ✳ *een* ~
*uur* a full hour, a solid hour ✳ *de* ~ *le waarheid* the
whole truth ✳ ⟨met mensen⟩ *een* ~ *le winkel* a
crowded shop ✳ *de bus/tram & is* ~ the bus/tram & is
full up ✳ *het was er (zeer)* ~ it was (very) crowded
there ✳ *hij was* ~ *verontwaardiging* he was filled
with indignation ✳ *een boek* ~ *wetenswaardigheden* a
book packed with interesting facts ✳ *iets* ~ *doen* fill
sth (up) ✳ *ik zit* ~ I'm stuffed/full ✳ *in* ~ *le ernst* in all
seriousness, in dead earnest ✳ *in de* ~ *le grond* in the
outside soil ✳ *in* ~ *le zee* on the open seas ✳ *met het*
~ *ste recht*, vertrouwen quite rightly/in complete
confidence ✳ *met iets de handen* ~ *hebben* have one's
hands full with sth ✳ *hij was er* ~ *van* he was full of it
✳ ~ *(van) tranen* full of tears ✳ *zij willen hem niet voor*

~ *aanzien* they don't take him seriously II *bijw*
fully, completely ✳ *iem* ~ *aankijken* look sbd in the
face ✳ *de tafel lag* ~ *papieren* the table was
completely covered with papers ✳ *ten* ~ *le* entirely,
fully, wholly, completely
**volant** *m* [-s] *strook* flounce
**volatiliteit** *v* <u>eff</u> volatility
**volautomatisch** *bn & bijw* fully automatic
**volbloed** I *bn* thoroughbred, full-blood(ed), <u>fig</u>
out-and-out ✳ *een* ~ *socialist* an out-and-out/a
dyed-in-the-wool socialist II *m* [-s & -en]
thoroughbred
**volboeken** *overg* [boekte vol, h. volgeboekt] book
(up)
**volbouwen** *overg* [bouwde vol, h. volgebouwd]
cover over with buildings ✳ *volgebouwd zijn* be
completely built up
**volbrengen** *overg* [volbracht, h. volbracht]
complete, fulfil/<u>Am</u> fulfill, execute, accomplish,
perform, achieve ✳ *zijn taak* ~ complete one's task
✳ <u>bijbel</u> *het is volbracht* it is finished
**volbrenging** *v* fulfilment, performance,
accomplishment
**voldaan** *bn* ❶ *tevreden* satisfied, content ❷ *betaald*
paid, received ✳ *voor* ~ *tekenen* sign for receipt
**voldoen** I *overg* [voldeed, h. voldaan]
❶ *tevredenstellen* satisfy, give satisfaction to, please
❷ *betalen* pay, settle II *onoverg* [voldeed, h. voldaan]
❶ *voldoening geven* satisfy, give satisfaction ✳ *wij
kunnen niet aan de vraag* ~ we cannot cope with the
demand ✳ *aan een belofte* ~ fulfil a promise ✳ *aan
een bevel* ~ obey a command ✳ *aan het examen* ~
satisfy the examiners ✳ *aan zijn verplichtingen* ~
meet one's obligations/<u>handel</u> one's liabilities
✳ *(niet) aan de verwachtingen* ~ (not) answer
expectations ✳ *aan een verzoek* ~ comply with a
request ✳ *aan een voorwaarde* ~ satisfy/fulfil a
condition ✳ *aan iems. wens* ~ satisfy sbd.'s wish
✳ *uitstekend* ~ be highly satisfactory ❷ *voldoende zijn*
suffice
**voldoende** I *bn* sufficient, enough ✳ ~ *zijn* suffice
II *v & o* [-s & -n] <u>onderw</u> pass, satisfactory ✳ *ik heb
een* ~ I've got a pass
**voldoening** *v* ❶ *tevredenheid* satisfaction ✳ *zijn* ~
*over...* his satisfaction at/with... ✳ ~ *geven/schenken*
give satisfaction ✳ *ter* ~ *aan...* in compliance with...
❷ *betaling* settlement, payment ✳ *ter* ~ *van...* in
settlement of ▼ *de* ~ *door Christus* the Atonement
**voldongen** *bn* accomplished, decided ✳ *het is een* ~
*feit* it's a fait accompli/an accomplished fact
**voldragen** *bn* ❶ *v. plan* well considered ❷ *v. kind*
full-term
**voleinden** *overg* [voleindde, h. voleind],
**voleindigen** [voleindigde, h. voleindigd] finish,
complete, accomplish
**voleindiging, voleinding** *v* completion
**volgaarne** *bijw* most willingly
**volgauto** *m* ['s] car in funeral/marriage procession

**VO**

**volgboot** *m & v* [-boten] dinghy
**volgeboekt** *bn* booked up (to capacity), fully booked
**volgeling** *m* [-en] follower, adherent
**volgen I** *overg* [volgde, h. en is gevolgd] ❶ *achterna lopen* follow ∗ *een verdachte* ∼ shadow a suspect ∗ jur *iem. hinderlijk* ∼ dog sbd ∗ *iem. hinderlijk op de voet* ∼ dog sbd ∗ *hij is niet te* ∼ I can't follow him ∗ *ik heb het verhaal niet gevolgd* I haven't paid attention to the story, I haven't been listening ❷ *(geregeld) bijwonen* follow, attend ∗ *een cursus* ∼ follow a course ∗ *colleges* ∼ attend lectures ❸ *handelen naar* follow, pursue ∗ *een politiek* ∼ pursue a policy ∗ *zijn eigen hoofd* ∼ go one's own way **II** *onoverg* [volgde, h. en is gevolgd] follow, ensue ∗ *hij kan niet* ∼ *(in de klas)* he can't keep up with his class ∗ *ik volg* I'm next ∗ *Nederland en België* ∼ *met 11%* the Netherlands and Belgium come next with 11 per cent ∗ *slot volgt* to be concluded ∗ *wie volgt?* next, please ∗ *hij schrijft als volgt* he writes as follows ∗ *op de p volgt de q* p is followed by q ∗ *de ene ramp volgde op de andere* disaster followed disaster, it was disaster upon disaster ∗ *hij liet er op* ∼ he added ∗ *hieruit volgt dat...* it follows that... ∗ *wat volgt daaruit?* what follows?
**volgend** *bn* following, ensuing, next ∗ *het* ∼*e* the following ∗ *de* ∼*e week* next week ∗ *de op haar* ∼*e zuster* the sister who came after her
**volgens** *voorz* according to ∗ ∼ *paragraaf 3.2* under paragraph 3.2 ∗ ∼ *de directe methode* by the direct method ∗ ∼ *factuur* as per invoice ∗ ∼ *hemzelf* by his own account ∗ ∼ *afspraak* by appointment

---

**volgens**
is according to en niet *following*; *following* als voorzetsel betekent *na*, *volgend op*.

---

**volgieten** *overg* [goot vol, h. volgegoten] fill (up)
**volgnummer** *o* [-s] serial number ∗ *van* ∼*s voorzien* provide with serial numbers
**volgooien** *overg* [gooide vol, h. volgegooid] fill (up) ∗ *de benzinetank* ∼ fill up the tank
**volgorde** *v* [-n & -s] order (of succession), sequence ∗ *in* ∼ in order
**volgroeid** *bn* full-grown, fully grown
**volgwagen** *m* [-s] ❶ *bijwagen* trailer ❷ *volgauto* car in funeral/marriage procession
**volgzaam I** *bn* docile, obedient, ‹onderdanig› submissive **II** *bijw* docilely &
**volharden** *onoverg* [volhardde, h. volhard] persevere, persist ∗ ∼ *bij zijn weigering* persist in one's refusal ∗ ∼ *in/bij zijn besluit* stick to one's decision/resolution ∗ ∼ *in de boosheid* persevere in one's evil ways
**volhardend I** *bn* persevering, persistent, dogged, tenacious **II** *bijw* perseveringly &
**volharding** *v* perseverance, persistency, doggedness, tenacity (of purpose)

**volheid** *v* fullness ∗ *uit de* ∼ *van zijn gemoed* out of the fullness of his heart
**volhouden I** *overg* [hield vol, h. volgehouden] ❶ *v. poging* maintain, sustain ∗ *een gevecht* ∼ keep up a fight ∗ *het* ∼ hold on/out, stick it (out) ∗ *zelfs een ... kan dat niet lang* ∼ even a ... couldn't keep that up ∗ *iets tot het eind toe* ∼ see sth through to the end ❷ *v. bewering* maintain, insist ∗ *hij bleef maar* ∼ *dat...* he maintained/insisted that... ❸ *doorgaan met* sustain **II** *onoverg* [hield vol, h. volgehouden] persevere, persist, hold on/out, stick it out (to the end) ∗ ∼ *maar!* never say die!
**volhouder** *m* [-s] stayer
**volière** *v* [-s] aviary
**volk** *o* [-en & -eren] people, nation ∗ *(er is)* ∼*!* shop!, anyone here? ∗ *het gemene* ∼ the common people, the hoi polloi ∗ *ons* ∼ our/this nation, the people of this country ∗ *er was veel* ∼ there were a lot of people ∗ *wij krijgen* ∼ we are expecting visitors ∗ *een volk op zich* a race apart ∗ *een man uit het* ∼ a man of the people ∗ *de* ∼*eren van Europa* the nations/peoples of Europe
**Volkenbond, Volkerenbond** *m* League of Nations
**volkenkunde** *v* ethnology
**volkenkundig** *bn* ethnological
**volkenkundige** *m-v* [-n] ethnologist
**volkenmoord, volkerenmoord** *m & v* genocide
**volkenrecht** *o* international law
**volkenrechtelijk** *bn* according to/under international law
**volkomen I** *bn* ❶ *volmaakt* perfect ❷ *volledig* complete **II** *bijw* ❶ *volmaakt* perfectly ∗ ∼ *tevreden* perfectly/completely satisfied ❷ *volledig* completely ∗ ∼ *gek* completely mad
**volkorenbrood** *o* [-broden] wholemeal bread
**volks** *bn* ❶ *eigen aan het volk* popular ❷ *van het gewone volk* common ❸ *nationaal* national
**volksaard** *m* national character
**volksbeweging** *v* [-en] popular movement
**volksboek** *o* [-en] popular book
**volksbuurt** *v* [-en] working-class district
**volksdans** *m* [-en] folk dance
**volksdansen** *o* folk dancing
**volksdeel** *o* [-delen] part of the nation
**volksdichter** *m* [-s] popular poet ∗ *onze* ∼ our national poet; ‹in GB› our poet laureate
**volkseigen** *o* national character
**volksetymologie** *v* [-gieën] folk/popular etymology
**volksfeest** *o* [-en] national/popular celebration, popular festival
**volksfront** *o* popular front
**volksgebruik** *o* [-en] popular/national custom, popular/national tradition
**volksgeloof** *o* popular belief
**volksgemeenschap** *v* [-pen] national community, nation
**volksgericht** *o* [-en] ❶ *wettig* people's tribunal/court ❷ *onwettig* kangaroo court

**volksgezondheid** v public health
**volksgunst** v public favour, popularity * de~ trachten te winnen make a bid for popularity
**volkshuisvesting** v (public) housing
**volksjongen** m [-s] working-class boy/lad
**volkskarakter** o [-s] national character
**volkskunst** v folk/popular art
**volksleven** o tradition, folklore
**volkslied** o [-eren] ❶ v.e. land national song/anthem ❷ overgeleverd lied popular/folk song
**volksmenner** m [-s] demagogue
**volksmond** m * in de~ in popular speech, commonly called * zoals het in de~ heet as it is popularly called/known
**volksmuziek** v folk music
**volksoploop** m [-lopen] commotion, tumult
**volksoproer** o [-en] popular uprising/rebellion/revolt
**volksopstand** m [-en] uprising, rebellion, revolt, insurrection
**volkspartij** v [-en] people's party
**volksraadpleging** v [-en] referendum, plebiscite
**volksrepubliek** v [-en] people's republic * de Volksrepubliek China the People's Republic of China
**volkssport** v [-en] national sport
**volksstam** m [-men] tribe, race * hele~men whole hordes of people
**volksstemming** v [-en] referendum, plebiscite
**volkstaal** v ❶ nationale taal national idiom ❷ tegenover hoftaal & vernacular, everyday language
**volkstelling** v [-en] census (of population) * een~ houden take a census
**volkstoneel** o popular theatre/Am theater
**volkstuintje** o [-s] allotment (garden)
**volksuniversiteit** v [-en] ± adult education centre/Am center
**volksvergadering** v [-en] national assembly
**volksverhaal** o [-halen] folk tale
**volksverhuizing** v [-en] mass migration
**volksverlakkerij** v public deception
**volksvermaak** o [-maken] public/popular amusement
**volksvertegenwoordiger** m [-s] representative of the people, member of Parliament
**volksvertegenwoordiging** v [-en] representation of the people * de~ Parliament
**volksverzekering** v [-en] national insurance * premies~ national insurance contributions
**volksvijand** m [-en] enemy of the people, public enemy *~ nummer één public enemy number one
**volksvrouw** v [-en] working-class woman
**volkswijk** v [-en] working-class district
**volkswijsheid** v [-heden] popular saying, piece of folk wisdom
**volkswil** m will of the people/of the nation, popular will
**volkswoede** v popular anger/fury

**volkszanger** m [-s] popular singer
**volksziekte** v [-n & -s] common/epidemic disease
**volledig I** bn ❶ compleet complete, full, entire * een ~e uitgave a complete edition * een ~e betrekking a full-time job ❷ volkomen full, perfect *~e mededinging perfect competition **II** bijw completely, fully, entirely * iets~ behandelen deal with sth fully *~ bij zijn verstand in full possession of one's faculties
**volledigheid** v completeness, ful(l)ness, entirety, perfection
**volledigheidshalve** bijw for the sake of completeness
**volleerd** bn finished, proficient, full-fledged, fully fledged *~ zijn have left school, be fully qualified * een ~e schurk an out-and-out scoundrel
**vollemaan** v full moon
**vollemaansgezicht** o [-en] moonface
**volley** m [-s] bij tennis & volley
**volleybal I** m [-len] bal volleyball **II** o spel volleyball
**volleyballen** onoverg [volleybalde, h. gevolleybald] play volleyball
**vollopen** onoverg [liep vol, is volgelopen] fill up * een bad laten~ fill up a bath
**volmaakt I** bn perfect **II** bijw perfectly, to perfection
**volmaaktheid** v [-heden] perfection
**volmacht** v [-en] ❶ machtiging power of attorney, authority, mandate * iem.~ verlenen confer full powers on sbd * iem.~ verlenen om... authorize/empower sbd to... * bij~ by proxy ❷ schriftelijk bewijs authorization, warrant
**vol'maken**[1] overg [volmaakte, h. volmaakt] perfect
**'volmaken**[2] overg [maakte vol, h. volgemaakt] fill
**volmondig I** bn frank, unqualified, wholehearted **II** bijw frankly, without qualification, wholeheartedly
**volontair** m [-s], **volontaire** v [-s] volunteer
**volop** bijw plenty of..., ...in plenty * we hebben~ genoten van ons uitstapje we thoroughly enjoyed our trip
**volpension** o full board
**volpompen** overg [pompte vol, h. volgepompt] ❶ fill, pump up ❷ fig stuff with
**volproppen I** overg [propte vol, h. volgepropt] stuff, cram * volgepropt overcrowded, inf chock-a-block **II** wederk [propte vol, h. volgepropt] * zich~ stuff oneself
**volschenken** overg [schonk vol, h. volgeschonken] fill (to the brim)
**volschieten** onoverg [schoot vol, is volgeschoten] fill up * zijn gemoed schoot vol his heart was fit to burst
**volslagen I** bn complete, total, utter * een~ gek a complete/downright fool *~ onzin utter nonsense **II** bijw completely, totally, utterly
**volslank** bn full-figured
**volstaan** onoverg [volstond, h. volstaan] suffice * daar kunt u mee~ that will do * daar kan ik niet

**vo**

*mee* ~ it's not enough for me ★ *wij kunnen* ~ *met te zeggen dat...* suffice it to say that...

**volstoppen** *overg* [stopte vol, h. volgestopt] stuff full

**volstorten** *overg* [stortte vol, h. volgestort]
❶ *dichtgooien* fill up ❷ *handel* pay up (in full)

**volstrekt I** *bn* absolute ★ ~ *e macht* absolute power **II** *bijw* absolutely, wholly ★ ~ *niet* not at all, by no means

**volstromen** *onoverg* [stroomde vol, is volgestroomd] fill up

**volt** *m* [-s] volt

**voltage** *v & o* voltage

**voltallig** *bn* complete, full, entire ★ *een* ~ *e vergadering* a plenary assembly ★ *zijn we* ~? all present? ★ ~ *maken* make up the number, complete

**voltampère** *m* [-s] volt-ampere

**voltapijt** *o* ZN fitted carpet

**volte I** *v* ❶ *volheid* ful(l)ness ❷ *gedrang* crowd **II** *v* [-s] *zwenking* volt

**voltigeren** *onoverg* [voltigeerde, h. gevoltigeerd] vault, do acrobatics

**voltijdbaan** *v* [-banen] full-time job

**voltijds** *bn & bijw* full-time

**voltmeter** *m* [-s] voltmeter

**voltooid** *bn* ❶ complete, finished ❷ *taalk* perfect ★ *de* ~ *tegenwoordige tijd* the present perfect ★ *de* ~ *toekomende tijd* the future perfect ★ *de* ~ *verleden tijd* the past perfect

**voltooien** *overg* [voltooide, h. voltooid] complete, finish

**voltooiing** *v* [-en] completion ★ *zijn* ~ *naderen* be nearing completion

**voltreffer** *m* [-s] direct hit

**voltrekken I** *overg* [voltrok, h. voltrokken] ❶ *v. vonnis* execute ❷ *v. huwelijk* perform, celebrate ★ *de ambtenaar kan weigeren om een huwelijk te* ~ the civil celebrant can refuse to perform the marriage ceremony ★ *hun huwelijk zal worden voltrokken op...* they will marry/will celebrate their marriage on... ❸ *v. overeenkomst* complete **II** *wederk* [voltrok, h. voltrokken] ~ *zich* ~ take place, occur ★ *er voltrok zich een ramp* a disaster occurred

**voltrekking** *v* [-en] ❶ *v. vonnis* execution ❷ *v. huwelijk* celebration ★ *enkele dagen voor de* ~ *van hun huwelijk* a few days before the marriage ceremony took place ❸ *v. overeenkomst* completion

**voluit** *bijw* in full ★ ~ *geschreven* written in full ★ ~ *sprinten* sprint at full speed

**volume** *o* [-n & -s] volume, size, bulk

**volumeknop** *m* [-pen] volume control

**volumineus** *bn* voluminous, bulky

**voluptueus I** *bn* voluptuous **II** *bijw* voluptuously

**volvet** *bn* ★ ~ *te kaas* full-cream cheese

**volvoeren** *overg* [volvoerde, h. volvoerd] perform, fulfil/Am fulfill, accomplish

**volvreten** *wederk* [vrat vol, h. volgevreten] ★ *zich* ~ stuff oneself

**volwaardig** *bn* full, valuable ★ *een* ~ *bestaan* a fulfilling life ★ *een* ~ *e arbeider* a skilled worker ★ *een* ~ *lid* a full member

**volwassen** *bn* full-grown, grown-up, adult ★ *half* ~ half-grown ★ *luister, ik ben een* ~ *man!* look, I'm a grown man!

**volwassene** *m-v* [-n] adult ★ ~ *n* adults, grown people, *inf* grown-ups ★ *een school voor* ~ *n* an institute of adult learning/education

**volwasseneneducatie** *v* adult education

**volzet** *bn* ZN no vacancy

**volzin** *m* [-nen] sentence, period

**vomeren** *onoverg* [vomeerde, h. gevomeerd] vomit

**vondeling** *m* [-en] abandoned child ★ *een kind te* ~ *leggen* abandon a child

**vondst** *v* [-en] ❶ *voorwerp* find, treasure, catch ❷ *ontdekking* discovery, invention ★ *een* ~ *doen* make a (real) find

**vonk** *v* [-en] spark ★ ~ *en schieten* sparkle, ‹v. ogen› flash

**vonken** *onoverg* [vonkte, h. gevonkt] spark, sparkle

**vonnis** *o* [-sen] sentence, judgement/Am judgment ★ *een* ~ *uitspreken* pronounce/give a verdict ★ *een* ~ *vellen* pass/pronounce sentence ★ *toen was zijn* ~ *geveld* then his doom was sealed ★ ~ *aanhouden* defer a judgement ★ *bij rechterlijke* ~ by a judge/an order of the court ★ *een* ~ *in kort geding* a temporary injunction ★ *een* ~ *ten uitvoer leggen* enforce/execute a judgement ★ *een* ~ *van faillietverklaring* an adjudication order ★ *een* ~ *van nietigverklaring* a decree of nullity

**vonnissen** *overg* [vonniste, h. gevonnist] sentence, condemn

**voodoo** *v* voodoo

**voogd** *m* [-en] guardian ★ *een toeziend* ~ a co-guardian

**voogdij** *v* [-en] *over persoon* guardianship, *fig* custody ★ *onder* ~ under guardianship

**voogdijkind** *o* [-eren] ward of court

**voogdijraad** *m* [-raden] ❶ ± Guardians' Supervisory Board ❷ *van de Verenigde Naties* Trusteeship Council

**voogdijschap** *o* [-pen] guardianship

**voor I** *voorz* ❶ *ten behoeve van* for, to ★ *hij is een goede vader* ~ *hem geweest* he has been a good father to him ★ *ik zal* ~ *je zorgen* I'll care for you ★ *hij werkte* ~ *de vooruitgang* he worked in the cause of progress ★ *hij had een kamer* ~ *zich alleen* he had a room all to himself ★ ~ *zaken* on business ❷ *in plaats van* for ★ ~ *hoeveel?* for how much? ★ *het doet mij genoegen* ~ *hem* I'm glad for him ❸ *voor de duur van* for ★ *om er* ~ *eens en altijd af te komen* to get rid of it once and for all ★ ~ *eeuwig* forever ❹ *niet achter* before, in front of ★ ~ *en achter mij* in front of and behind me ★ *hand* ~ *de mond!* put your hand in front of your mouth! ★ ~ *het hek* at the gate ★ ~ *de kust* off the coast ❺ *tegenover* na before, prior to ★ ~ *haar vertrek* prior to her departure ❻ *gedurende* for, during ★ *hij heeft* ~ *weken werk* he has work for weeks to come ❼ *eerder dan* before ★ *vijf minuten* ~

*vijf* five minutes to five ∗*kom* ~*vijven* come before five o'clock ❽*geleden* ago ∗*gisteren* ~*een week* yesterday week ❾*ter ontkoming, onthouding* from ∗*zich verstoppen &* ~hide from ❿*wat betreft* for ∗*ik* ~*mij* I for one, I for my part ∗*dat is niets* ~*hem* it's not like him to... ∗~*de eerste keer* for the first time ∗~*de rest* as far as the rest is concerned ⓫*voorstander van* for, in favour of ∗*ik ben* ~ *aannemen* I'm in favour of acceptance ∗*argumenten* ~.. arguments for... ▼*mijn cijfers* ~*algebra* my marks in algebra ▼*wat* ~*boeken?* what kind of books? ▼*bladzij* ~*bladzij* page after page ▼~ *gastheer spelen* play host ‖ *bijw* ❶*aan de voorzijde* in front ∗~*in de tuin* in the front of the garden ∗*de auto staat* ~the car is at the door, is waiting ∗*wij wonen* ~we live in the front of the house ∗~*en achter* in front and at the back ∗*van* ~*tot achter* from front to rear, scheepv from stern to stern ❷*met voorsprong* in front of, ahead of ∗*uw horloge loopt* ~ your watch is fast ∗*wij waren hun* ~we were ahead of them ∗*vijf punten* ~*staan* be five points in the lead ❸*voorstander* in favour of ∗*er is veel* ~there is much to be said in favour of it ∗*ik ben er* ~I'm for it, I'm in favour of it ▼*de een* ~*de ander na* one after another ▼~*en na* again and again ▼*het was 'beste vriend'* ~*en na* it was 'dear friend' here, there, and everywhere ‖‖ *voegw* before, plechtig ere ∗~*ik het wist* before I knew it ‖V *o* ∗*het* ~*en tegen* the pros and cons V v [voren] ❶*ploegsnede* furrow ❷*rimpel* furrow, wrinkle

**vooraan** *bijw* in front ∗~*zitten* sit in front ∗~ *gaan/lopen* walk up front ∗~*in het boek* at the beginning of the book ∗~*in de strijd* in the forefront of the battle ∗*hij is* ~*in de dertig* he's in his early thirties ∗~*onder de ... stond Harold* pre-eminent among the ... was Harold

**vooraanstaand** *bn belangrijk* prominent, leading

**vooraanzicht** *o* front(al) view

**vooraf** *bijw* beforehand, previously ∗~*betalen* pay in advance ∗*een waarschuwing* ~an advance warning ∗~*een glaasje drinken* have a before-dinner drink

**voorafgaan** *overg & onoverg* [ging vooraf, is voorafgegaan] go before, precede ∗...*laten* ~*door...* precede... by... ∗~*aan* precede, come prior to

**voorafgaand** *bn* preceding, foregoing ∗*het* ~*e* the preceding/foregoing ∗~*e opmerkingen* preceding/foregoing remarks ∗~*e kennis* prior knowledge ∗*in de* ~*e maand* in the previous/last month

**voorafje** *o* [-s] hors d'oeuvre, appetizer

**voorafschaduwing** *v* [-en] foreshadowing, prefiguration

**vooral** *bijw* especially, particularly ∗*ga er* ~*heen* go by all means

**vooraleer** *voegw* before

**vooralsnog** *bijw* for the present, for the time being, as yet

**voorarrest** *o* remand in custody ∗*in* ~under remand

**vooras** *v* [-sen] front axle

**vooravond** *m* [-en] ❶first part of the evening ❷*tijd kort voor gebeurtenis* eve ∗*aan de* ~*van de slag* on the eve of the battle ∗*wij staan aan de* ~*van grote gebeurtenissen* we are on the eve/threshold of important events

**voorbaat** *v* ∗*bij* ~in advance/anticipation ∗*bij* ~ *dank* thanking you in anticipation/in advance

**voorband** *m* [-en] front tyre, Am front tire

**voorbarig** I *bn* premature, rash, (over-)hasty ∗*je moet niet zo* ~*zijn* don't rush to conclusions ∗*dat is nog wel wat* ~it's early days yet ‖ *bijw* prematurely &

**voorbedacht** *bn* premeditated ∗*met* ~*en rade* with malice aforethought

**voorbede** *v* [-n] intercession

**voorbeding** *o* [-en] condition, stipulation, proviso ∗*onder* ~*dat...* on condition that...

**voorbeeld** *o* [-en] ❶model example, model ∗*mijn grote* ~my role model, my hero ∗*een lichtend* ~a shining example ∗*een* ~*geven* give/set an example ∗*een goed* ~*geven* set a good example ∗*een* ~ *nemen aan...* follow the example of... ∗*iem. ten* ~ *stellen* make an example of sbd ∗*iems.* ~*volgen* follow sbd's example, take a leaf out of sbd's book, follow suit ∗*tot* ~*dienen* serve as a model ∗*zonder* ~without example, unexampled ❷*geval* example, instance ∗~*en aanhalen van...* cite instances of... ∗*kunt u een* ~*geven?* can you give an example? ∗*bij* ~for instance, for example, e.g. ❸*in schrijfboek* copybook heading

**voorbeeldig** I *bn* exemplary ∗~*gedrag* exemplary conduct ‖ *bijw* exemplarily ∗*zich* ~*gedragen* behave exemplarily

**voorbehoedmiddel** *o* [-en] contraceptive

**voorbehoud** *o* restriction, reservation, proviso ∗*geestelijk* ~mental reservation ∗*onder* ~*dat...* with the proviso that... ∗*iets onder* ~*aannemen* accept sth with reservations ∗*onder het nodige* ~ with due reserve ∗*onder zeker* ~with reservations, with some reserve ∗*zonder* ~without reservations

**voorbehouden** I *overg* [behield voor, h. voorbehouden] reserve ∗*abuis/overmacht/rechten* ~ mistakes/force majeure/rights reserved ‖ *wederk* [behield voor, h. voorbehouden] ∗*zich het recht tot iets* ~reserve oneself the right of sth

**voorbereiden** I *overg* [bereidde voor, h. voorbereid] prepare, get ready ∗~*de werkzaamheden* preliminary work ∗*iem.* ~*op* prepare sbd for ∗*op alles voorbereid zijn* be prepared for anything ‖ *wederk* [bereidde voor, h. voorbereid] ∗*zich* ~ prepare (oneself) ∗*zich* ~*voor een examen* prepare/study for an examination

**voorbereiding** *v* [-en] preparation ∗*in* ~in preparation

**voorbereidingstijd** *m* [-en] preparation time,

**VO**

preparatory phase

**voorbericht** o [-en] preface, foreword

**voorbeschikken** overg [beschikte voor, h. voorbeschikt] alg. predestine, preordain, predetermine * voorbeschikt tot... predestined & to...

**voorbeschikking** v [-en] predestination

**voorbeschouwen** overg [beschouwde voor, h. voorbeschouwd] give a preview of, preview

**voorbeschouwing** v [-en] preview

**voorbespreken** overg [besprak voor, h. voorbesproken] ❶ spreken have a preliminary discussion ❷ reserveren book in advance

**voorbespreking** v [-en] ❶ voorbereidende bespreking preliminary talk ❷ v. plaatsen advance booking

**voorbestemmen** overg [bestemde voor, h. voorbestemd] predestine, predetermine, preordain

**voorbeurs** v stock exchange dealings before official hours

**voorbewerking** v [-en] pretreatment

**voorbidden** onoverg [bad voor, h. voorgebeden] ❶ voorgaan in gebed lead in prayer ❷ een voorbede doen pray for sbd

**voorbij** I voorz beyond, past * ~ iets gaan go past something * hij woont ~ het stadhuis he lives past the town hall II bn past * ~e tijden bygone times III bijw past * het huis ~ past the house * het is ~ it's over now, it's at an end

**voorbijdrijven** I overg [dreef voorbij, h. voorbijgedreven] drive past II onoverg [dreef voorbij, is voorbijgedreven] float past/by

**voorbijgaan** I o * in het ~ incidentally, by the way, in passing II overg [ging voorbij, is voorbijgegaan] ❶ passeren pass/go by ❷ overslaan pass over * iem. ~ pass sbd by; ⟨overslaan⟩ pass sbd over * stilzwijgend aan iets ~ pass over sth in silence III onoverg [ging voorbij, is voorbijgegaan] go/pass by, pass * er gaat geen dag voorbij of wij... hardly a day goes by that we don't... * het zal wel ~ it is sure to pass off * hemel en aarde zullen ~ heaven and earth shall pass away * geen gelegenheid laten ~ om... not miss an opportunity to... * een kans laten ~ miss a chance, inf miss the bus

**voorbijgaand** bn passing, transitory, transient * ...is slechts van ~e aard ...is but temporary

**voorbijganger** m [-s] passer-by

**voorbijkomen** overg & onoverg [kwam voorbij, is voorbijgekomen] pass (by)

**voorbijlaten** overg [liet voorbij, h. voorbijgelaten] let pass * iem. ~ let sbd pass

**voorbijlopen** overg & onoverg [liep voorbij, is voorbijgelopen] pass by, walk past

**voorbijpraten** overg [praatte voorbij, h. voorbijgepraat] * zijn mond ~ spill the beans, shoot one's mouth off

**voorbijrijden** overg & onoverg [reed voorbij, is voorbijgereden] ride/drive past, pass

**voorbijsnellen** overg & onoverg [snelde voorbij, is voorbijgesneld] pass by in a hurry, rush by

**voorbijstreven** overg [streefde voorbij, is voorbijgestreefd] outstrip

**voorbijvliegen** I overg [vloog voorbij, is voorbijgevlogen] fly/rush past II onoverg [vloog voorbij, is voorbijgevlogen] fly (past) * de tijd vliegt voorbij time flies

**voorbijzien** overg [zag voorbij, h. voorbijgezien] overlook

**voorbinden** overg [bond voor, h. voorgebonden] tie/put on

**voorblijven** onoverg [bleef voor, is voorgebleven] keep ahead of, lead, remain in front

**voorbode** m [-n & -s] foretoken, forerunner, precursor, dicht harbinger

**voorchristelijk** bn pre-Christian

**voordat** voegw before, plechtig ere

**voordeel** o [-delen] advantage, benefit, profit, gain * zijn ~ doen met take advantage of, profit by, turn to (good) account * dat heeft zijn ~ there's an advantage in that * ~ bij iets hebben derive advantage from sth, profit by/from sth * ~ opleveren yield profit * ~ trekken van turn to (good) account, profit by, take advantage of * zijn ~ zoeken seek one's own advantage * in het ~ zijn van be an advantage to * in zijn ~ veranderd changed for the better * met ~ with advantage, handel at a profit * ten/tot ~ strekken be to advantage, benefit, be beneficial to, be all to the good * ten voordele van for the benefit of * zonder ~ without profit

**voordeelregel** m sp advantage rule

**voordeeltje** o [-s] windfall

**voordeelverpakking** v [-en] economy/family size, economy pack

**voordek** o [-ken] foredeck

**voordelig** I bn ❶ winst opleverend profitable, lucrative ❷ goedkoop inexpensive, low-budget, cheap * ~e prijzen low(-budget) prices ❸ zuinig economical, cheap * dat is ~er in het gebruik ⟨gaat langer mee⟩ it goes farther; ⟨is goedkoper in gebruik⟩ it's cheaper to run II bijw profitably & * zij kwamen niet op hun ~st uit they didn't show to their advantage, they weren't showing at their best

**voordeur** v [-en] front door

**voordeurdelers** zn [mv] people living under one roof, housemates

**voordien** bijw before this, previously, before

**voordoen** I overg [deed voor, h. voorgedaan] ❶ laten zien show (how to), demonstrate * een som ~ demonstrate how to do a sum ❷ voorbinden put on II wederk [deed voor, h. voorgedaan] * zich ~ ⟨gelegenheid⟩ offer/present itself; ⟨probleem⟩ arise, crop up, occur * zich ~ als... pass oneself off as a... * hij weet zich goed voor te doen he presents himself well * ik wil me niet beter ~ dan ik ben I don't want to make myself out to be better than I am

**voordracht** v [-en] ❶ wijze van voordragen delivery, muz playing ❷ het voorgedragene recitation, muz recital ❸ lezing lecture, address, discourse * een ~

*houden* give a lecture, read a paper ❹ *kandidatenlijst* short list, nomination ✳ *een bindende* ~a binding nomination/recommendation ✳ *een* ~ *indienen* submit/present a list of names ✳ *een* ~ *opmaken* make out a short list ✳ *nummer één op de* ~ first on the short list ✳ *op* ~ *van* on the recommendation of

**voordrachtskunstenaar** *m* [-s] reciter

**voordragen** *overg* [droeg voor, h. voorgedragen] ❶ *een gedicht &* recite ❷ muz render ❸ *voor benoeming* propose, nominate ✳ *ik zal voor die betrekking voorgedragen worden* I'll be recommended for that post

**voordrager** *m* [-s] reciter

**voordringen** *onoverg* [drong voor, is voorgedrongen] push ahead/forward, Br jump the queue

**vooreerst** *bijw* ❶ *voorlopig* for the present, for the time being ✳ ~ *niet* not just yet ❷ *eerst* ZN at first, in the first instance

**voor- en nadelen** *zn* [mv] advantages and disadvantages

**voorfilm** *m* [-s] short

**voorfinancieren** *overg* [financierde voor, h. voorgefinancierd] prefinance

**voorgaan** *onoverg* [ging voor, is voorgegaan] ❶ *als eerste gaan* go before, precede ✳ *gaat u voor!* after you! ✳ *dames gaan voor!* ladies first! ✳ *iem. laten* ~ let sbd go first ✳ *zal ik maar* ~? shall I lead the way? ❷ *voorbeeld geven* set an example ✳ *in het goede* ~ set a good example ❸ *de voorrang hebben* take precedence ✳ *dat gaat voor* that comes first, that takes precedence ✳ *de generaal gaat voor* the general takes precedence ❹ *voorbidden* lead in prayer ✳ ~ *in een kerkdienst* lead/conduct a church service

**voorgaand** *bn* preceding, previous ✳ *het* ~*e* the foregoing ✳ *in het* ~*e* in the preceding pages

**voorganger** *m* [-s] ❶ *in ambt* predecessor ❷ *predikant* pastor, minister, vicar

**voorgebergte** *o* [-n & -s] promontory, headland

**voorgeborchte** *o* limbo ✳ *in het* ~ *der hel* in limbo

**voorgedrukt** *bn* pre-printed

**voorgeleiden** *overg* [geleidde voor, h. voorgeleid] *v. verdachte* bring before the public prosecutor, arraign

**voorgeleiding** *v* appearance in court, committal hearing, arraignment

**voorgenomen** *bn* intended, proposed, contemplated

**voorgerecht** *o* [-en] entrée, first course

**voorgeschiedenis** *v* ❶ *v. zaak, ziekte &* (previous) history, case history ❷ *van persoon* antecedents ❸ *prehistorie* prehistory

**voorgeschreven** *bn* prescribed, obligatory, required

**voorgeslacht** *o* [-en] ancestry ✳ *ons* ~ our ancestors

**voorgespannen** *bn* prestressed ✳ ~ *beton* prestressed concrete

**voorgevallene** *o* what has happened

**voorgevel** *m* [-s] front, forefront, façade

**voorgeven** I *o* ❶ *volgens zijn* ~ according to what he says II *overg* [gaf voor, h. voorgegeven] ❶ *voorwenden* pretend ✳ *hij geeft voor ziek te zijn* he claims to be ill ❷ sp give odds ✳ *iem. tien punten* ~ give sbd a ten-point handicap

**voorgevoel** *o* [-ens] presentiment ✳ *mijn angstig* ~ my misgiving(s) ✳ *een* ~ *hebben van* have forebodings about

**voorgewend** *bn* affected, sham, bogus

**voorgoed** *bijw* for good (and all), forever, permanently

**voorgrond** *m* [-en] ❶ foreground ✳ *op de* ~ *staan van* be in the foreground of; fig be to the fore of, be the main theme of ✳ *dat staat op de* ~ it's prominent ✳ *dat moeten wij op de* ~ *stellen* that's what we should emphasize ✳ *zich op de* ~ *plaatsen* put oneself forward ✳ *op de* ~ *treden* come to the front/fore ❷ *v. toneel* downstage

**voorhamer** *m* [-s] sledgehammer

**voorhand** *v* [-en] ❶ *v. paard* forehand ❷ kaartsp lead ✳ *aan de* ~ *zitten* have the lead, play first ▼ *op* ~ beforehand

**voorhanden** *bn* on hand, in stock/store, to be had, available ✳ *de* ~ *zijnde gegevens* the data at hand/at our disposal ✳ *niet* ~ sold out, exhausted

**voorhebben** *overg* [had voor, h. voorgehad] ❶ *tegenover zich hebben* have in front of/before one ✳ *de verkeerde* ~ have got the wrong one in mind ✳ *weet je wie je voorhebt?* do you know who you're talking to? ❷ *dragen* wear, have on ✳ *een schort* ~ wear an apron ❸ *van plan zijn* intend, mean ✳ *wat zouden ze met hem* ~? what do they intend to do with him? ✳ *het goed met iem.* ~ mean well by sbd ▼ *wat* ~ *op iem.* have an/the advantage over sbd

**voorhechtenis** *v* ZN detention under remand

**voorheen** *bijw* formerly, before, in the past, previously ✳ ~ *en thans* past and present ✳ handel *Smith & Co.* ~ *Jones* Smith & Co., formerly Jones

**voorheffing** *v* [-en] advance levy, withholding tax

**voorhistorisch** *bn* prehistoric

**voorhoede** *v* [-n & -s] ❶ mil advance(d) guard, van, vanguard ❷ fig forefront ▼ sp *de* ~ the forwards

**voorhoedespeler** *m* [-s] forward

**voorhof** *o & m* [-hoven] forecourt

**voorhoofd** *o* [-en] forehead, brow

**voorhoofdsbeen** *o* [-deren] frontal bone

**voorhoofdsholte** *v* [-n & -s] sinus

**voorhoofdsholteontsteking** *v* [-en] sinusitis

**voorhouden** *overg* [hield voor, h. voorgehouden] ❶ *iets* keep on ✳ *zijn schort* ~ keep one's apron on ❷ *iem. iets* hold before/up, fig ook point out, confront ✳ *iem. een spiegel* ~ hold a mirror up to sbd ✳ *iem. zijn slecht gedrag* ~ confront sbd with his bad behaviour

**voorhuid** *v* [-en] foreskin, anat prepuce

**voorhuis** *o* [-huizen] front part of the house

vo

**voorin** *bijw* ❶ in (the) front ∗ ~ *zitten bij de bestuurder* sit in the front with the driver ❷ *v. boek &* at the beginning

**vooringenomen** *bn* prejudiced, biased ∗ ~ *zijn tegen* be prejudiced against

**voorintekening** *v* [-en] subscription

**voorjaar** *o* [-jaren] spring

**voorjaarsbeurs** *v* [-beurzen] spring fair

**voorjaarsbloem** *v* [-en] spring flower

**voorjaarsmoeheid** *v* spring fatigue

**voorjaarsschoonmaak** *m* spring cleaning

**voorkamer** *v* [-s] front room

**voorkant** *m* [-en] front ∗ *aan de* ~ in the front ∗ *op de* ~ *van het boek* on the front/cover of the book

**voorkauwen** *overg* [kauwde voor, h. voorgekauwd] spoon-feed, fig ook repeat over and over ∗ *40 jaar heb ik het hun voorgekauwd* I've been repeating it over and over again to them for 40 years now

**voorkennis** *v* ❶ *medeweten* foreknowledge ∗ *met* ~ *van...* with prior knowledge of... ∗ *zonder* ~ *van* without prior knowledge of, unknown to ∗ *misbruik van* ~ insider trading/dealing ❷ *v.d. toekomst* prescience

**voorkeur** *v* preference ∗ *de* ~ *genieten* be preferred, have the preference ∗ *de* ~ *geven aan* give preference to, prefer ∗ *de* ~ *geven aan ... boven...* prefer ... to... ∗ *de* ~ *hebben* enjoy/have the preference, be preferred; handel have the (first) refusal ∗ *het verdient de* ~... it is preferable... ∗ *bij* ~ for preference, preferably

**voorkeursbehandeling** *v* [-en] preferential treatment

**voorkeurspelling** *v* [-en] preferred spelling

**voorkeursrecht** *o* ❶ eff, fin preferential right, right of first refusal ❷ jur priority rights

**voorkeurstem** *v* [-men] preferential/preference vote

**voorkeuzetoets** *m* [-en] automatic tuning control

**voorkoken** *overg* [kookte voor, h. voorgekookt] pre-cook

**'voorkomen**[1] *o* ❶ *uiterlijk* appearance, looks ❷ *verschijning* occurrence ∗ *het* ~ *van dit dier* the occurrence of this animal ❸ *schijn* appearances ∗ *het heeft het* ~ *alsof...* it looks as if... **II** *onoverg* [kwam voor, is voorgekomen] ❶ *voor het huis komen* come round ∗ *laat de auto* ~ order the car around ❷ *bij hardlopen &* get ahead ❸ jur ‹v. zaak› come on trial, come up for trial, ‹v. persoon› appear in court ❹ *gevonden worden, bestaan* occur, be found ∗ *reptielen komen hier niet voor* reptiles are not found here ❺ *staan op* appear, figure ∗ *dat komt voor op blz. 20* it appears on page 20 ❻ *gebeuren* happen, occur ∗ *het komt vaak voor* it often happens, it occurs frequently ❼ *lijken* appear, seem ∗ *het komt mij voor dat...* it appears/seems to me that... ∗ *het laten* ~ *alsof...* make it appear as if...

**voor'komen**[2] *overg* [voorkwam, h. voorkomen] *verhinderen* prevent, preclude ∗ ~ *is beter dan genezen* prevention is better than cure

**voor'komend**[1] *bn* beleefd considerate, obliging, polite, courteous

**'voorkomend**[2] *bn* zich voordoend occurring ∗ *een veel* ~ *probleem* a frequent problem

**voorkoming** *v* verhindering prevention ∗ *ter* ~ *van...* in order to prevent..., for the prevention of...

**voorkrijgen** *overg* [kreeg voor, h. voorgekregen] ❶ put on ∗ *het kind krijgt altijd een slabbetje voor* the child always wears a bib ❷ sp receive ∗ *hij krijgt 50 punten voor* he has a 50-point start

**voorlaatst** *bn* last but one ∗ *de* ~*e week* the last week but one ∗ *de* ~*e lettergreep* the penultimate syllable

**voorlader** *m* [-s] ❶ *apparatuur* front loader ❷ *vuurwapen* hist muzzleloader

**voorland** *o* [-en] ❶ *landtong* foreland ❷ fig future ∗ *dat is jouw* ~ that's what's awaiting you, that's what's in store for you

**voorlangs** *bijw* across/along the front ∗ *hij schoot de bal* ~ he shot across the goal

**voorlaten** *overg* [liet voor, h. voorgelaten] allow to go first ∗ *iem.* ~ let sbd go first

**voorleggen** *overg* [legde voor, h. voorgelegd] ❶ *voor iem. neerleggen* put/place/lay before ❷ *uiteenzetten* present ∗ *iem. de feiten* ~ lay the facts before sbd ∗ *iem. een vraag* ~ put a question to sbd

**voorleiden** *overg* [leidde voor, h. voorgeleid] jur bring up (before the court)

**voorletter** *m* [-s] initial

**voorlezen** *overg* [las voor, h. voorgelezen] read (out aloud) ∗ *iem. een brief/verhaal* ~ read a letter/story to sbd

**voorlezing** *v* [-en] reading, lecture

**voorlichten** *overg* [lichtte voor, h. voorgelicht] *informeren* inform, advise, enlighten ∗ *iem. seksueel* ~ explain the facts of life to sbd

**voorlichter** *m* [-s] ❶ *die voorlichting geeft* information officer, public relations officer ❷ *woordvoerder* spokesman, spokeswoman, spokesperson

**voorlichting** *v* information, advice ∗ *seksuele* ~ sex education ∗ *goede* ~ *geven* give good advice

**voorlichtingsbrochure** *v* [-s] information brochure/leaflet

**voorlichtingscampagne** *v* [-s] information campaign

**voorlichtingsdienst** *m* [-en] (public) information service

**voorliefde** *v* liking, predilection, partiality ∗ *(een zekere)* ~ *hebben voor* be partial to...

**voorliegen** *overg* [loog voor, h. voorgelogen] lie to ∗ *iem. (wat)* ~ lie to sbd

**voorliggen** *onoverg* [lag voor, h. voorgelegen] sp be ahead of, have a lead over

**voorligger** *m* [-s] in verkeer car in front

**voorlijk** *bn* advanced, precocious, forward

**voorlopen** *onoverg* [liep voor, h. voorgelopen]

❶ *v. persoon* lead the way ❷ *v. uurwerk* be fast, gain ✳ *die klok loopt een kwartier voor* that clock is a quarter of an hour fast

**voorloper** *m* [-s] forerunner, precursor, <u>dichter</u> harbinger ✳ <u>marketing</u> ~*s* early adopters

**voorlopig I** *bn* provisional ✳ *een ~e aanslag* a provisional tax assessment ✳ *de ~e cijfers* the provisional figures ✳ *een ~e conclusie* a tentative conclusion ✳ *een ~ dividend* an interim dividend ✳ *~e hechtenis* detention on remand **II** *bijw* ❶ *vooralsnog* provisionally ❷ *voorshands* for the present, for the time being ✳ *~ blijven we hier* we'll stay here for the time being

**voormalig** *bn* former, late, sometime, one-time, ex- ✳ *de ~e vijand* the ex-enemy

**voorman** *m* [-nen] ❶ *onderbaas* foreman ❷ *leider* leader ✳ *de ~nen der beweging* the leaders/the leading men of the movement

**voormeld** *bn* above-mentioned, aforesaid

**voormiddag** *m* [-dagen] ❶ *morgen* morning ✳ *om 10 uur des ~s* at 10 o'clock in the morning, at 10 a.m ❷ *eerste deel v.d. middag* early afternoon

**voorn, voren** *m* [-s] *vis* roach, rudd

**'voornaam**[1] *m* [-namen] first/Christian name

**voor'naam**[2] *bn* ❶ *belangrijk* important, principal, main ✳ *een voorname plaats innemen* occupy a prominent place ✳ *het ~ste is dat we op tijd komen* the most important/main thing is to get there on time ❷ *aanzienlijk* distinguished, prominent ✳ *een ~ voorkomen* a distinguished appearance

**voornaamwoord** *o* [-en] pronoun

**voornaamwoordelijk** *bn* pronominal

**voornacht** *m* [-en] first part of the night

**voornamelijk** *bijw* mainly, primarily, chiefly, principally

**voornemen I** *o* [-s] ❶ *bedoeling* intention ✳ *het ~ hebben om* intend to ✳ *het ligt in het ~ van de directie om...* it is management's intention to... ❷ *besluit* resolution, intention ✳ *het ~ opvatten om...* make up one's mind to..., resolve to... ✳ *goede ~s voor het nieuwe jaar* New Year's resolutions **II** *wederk* [nam voor, h. voorgenomen] ✳ *zich ~* resolve, make up one's mind ✳ *zich heilig ~ om...* firmly resolve to...

**voornemens** *bijw* ✳ *~ zijn om* intend/propose to

**voornoemd** *bn* above-mentioned

**vooronder** *o* [-s] <u>scheepv</u> forecastle

**vooronderstellen** *overg* [vooronderstelde, h. voorondersteld] presume, presuppose

**vooronderstelling** *v* [-en] assumption, presumption, hypothesis, presupposition

**vooronderzoek** *o* preliminary examination ✳ *een gerechtelijk ~* a preliminary judicial investigation/inquiry, committal proceedings

**voorontsteking** *v* <u>techn</u> pre-ignition

**voorontwerp** *o* [-en] preliminary draft

**vooroordeel** *o* [-delen] prejudice, bias ✳ *een ~ hebben tegen* be prejudiced against

**vooroorlogs** *bn* pre-war

**voorop** *bijw* ❶ *aan de voorzijde* in front ❷ *als voorste* in front, in the lead ❸ <u>fig</u> first

**vooropgezet** *bn* preconceived

**vooropleiding** *v* [-en] ❶ *algemeen* preliminary training ❷ *speciaal* preparatory training

**vooroplopen** *onoverg* [liep voorop, h. vooropgelopen] ❶ go first, walk in front, lead the way ❷ *voorbeeld geven* lead ✳ *hij loopt voorop in zijn vakgebied* he leads the way in his field

**vooropstellen** *overg* [stelde voorop, h. vooropgesteld] ❶ *als belangrijkste beschouwen* put first ✳ *het eigenbelang ~* make self-interest the first priority ❷ *veronderstellen* assume ✳ *vooropgesteld dat het verhaal waar is* assuming the truth of the story ▼ *ik stel voorop dat..., het zij vooropgesteld dat...* firstly, I wish to point out that...

**vooropzeg** *m* <u>ZN</u> term of notice

**voorouders** *zn* [mv] ancestors, forefathers

**voorover** *bijw* headfirst, face down, forward ✳ *zij liet zich ~ vallen in het zand* she dropped face down/headfirst in the sand

**vooroverbuigen** *onoverg* [boog voorover, h. voorovergebogen] bend/lean forward, stoop

**vooroverhangen** *onoverg* [hing voorover, h. voorovergehangen] hang forward

**vooroverleg** *o* preliminary consultation

**vooroverleunen** *onoverg* [leunde voorover, h. voorovergeleund] lean forward

**vooroverliggen** *onoverg* [lag voorover, h. voorovergelegen] lie prostrate

**vooroververvallen** *onoverg* [viel voorover, is voorovergevallen] fall forward/face down/headlong/headfirst

**voorpagina** *v* ['s] front page

**voorpaginanieuws** *o* front page news

**voorpand** *o* [-en] front

**voorplecht** *v* [-en] forecastle

**voorplein** *o* [-en] forecourt, castle yard

**voorpoot** *m* [-poten] foreleg, forepaw

**voorportaal** *o* [-talen] porch, hall

**voorpost** *m* [-en] <u>mil</u> outpost

**voorpremière** *v* [-s] preview

**voorpret** *v* anticipation

**voorproefje** *o* [-s] foretaste, taste ✳ *een ~ van wat hun te wachten staat* a taste of what's in store for them

**voorproeven** *overg* [proefde voor, h. voorgeproefd] sample (beforehand)

**voorprogramma** *o* ['s] supporting programme/Am program

**voorprogrammeren** *overg* [programmeerde voor, h. voorgeprogrammeerd] preprogram

**voorpublicatie** *v* [-s] prepublication

**voorraad** *m* [-raden] store, stock, supply, <u>Am</u> inventory ✳ *zolang de ~ strekt* subject to stock being available ✳ *nieuwe ~ opdoen, in ~ opslaan* lay in a fresh supply ✳ *in ~* on hand, in stock/store ✳ *uit ~ leveren* supply from stock

**voorraadbeheer** *o* stock control/management
**voorraadkamer** *v* [-s] storeroom, stockroom
**voorraadkast** *v* [-en] store cupboard
**voorraadschuur** *v* [-schuren] storehouse, shed
**voorraadvorming** *v* stocking of supplies
  &#42; *strategische* ~ stockpiling
**voorradig** *bn* in stock, on hand, available &#42; *niet meer*
  ~ out of stock, sold out
**voorrang** *m* ❶ *prioriteit* precedence, priority &#42; ~
  *hebben boven* take precedence over, have priority
  over &#42; *iem. met* ~ *behandelen* give sbd preferential
  treatment &#42; *iem. met* ~ *huisvesten* give sbd
  preferential treatment in rental housing &#42; *om de* ~
  *strijden* contend for first place ❷ *in het verkeer* right
  of way &#42; ~ *verlenen aan* give (right of) way to
**voorrangsbord** *o* [-en] right-of-way sign
**voorrangskruising** *v* [-en] priority crossroad
**voorrangsweg** *m* [-wegen] major road
**voorrecht** *o* [-en] privilege, prerogative &#42; *het* ~
  *genieten/hebben om...* be privileged to... &#42; *het is mijn*
  ~ *als schrijver om...* as a writer, it's my prerogative
  to...
**voorrede** *v* [-s] preface, foreword, introduction
**voorrekenen** *overg* [rekende voor, h. voorgerekend]
  figure/work out &#42; *iem. iets* ~ show sbd how sth
  works out
**voorrijden I** *onoverg* [reed voor, h. voorgereden]
  *voorop rijden* drive in the front **II** *onoverg* [reed voor,
  is voorgereden] ❶ *voor de deur stoppen* drive up to
  the door ❷ *aan huis komen voor reparatie &* make a
  house call
**voorrijkosten** *zn* [mv] call-out charge, call fee
**voorronde** *v* [-n & -s] qualifying round
**voorruit** *v* [-en] windscreen, <u>Am</u> windshield
**voorschieten** *overg* [schoot voor, h. voorgeschoten]
  advance
**voorschip** *o* fore part of the ship
**voorschoot** *m & o* [-schoten] apron
**voorschot** *o* [-ten] advanced money, advance, loan
  &#42; *een contant* ~ a cash advance &#42; ~ *geven op...*
  advance money on... &#42; ~ *nemen* obtain an advance
**voorschotelen** *overg* [schotelde voor, h.
  voorgeschoteld] dish/serve up
**voorschrift** *o* [-en] ❶ *het voorschrijven* prescription,
  instruction, direction ❷ *v. dokter* prescription &#42; *op* ~
  *van de dokter* on medical orders ❸ *regel* regulation,
  rule, order, ⟨voor gedrag⟩ precept &#42; ~*en en*
  *bepalingen* rules and regulations &#42; *een wettelijk* ~ a
  statutory regulation, a statute &#42; ~*en opvolgen*
  comply with regulations
**voorschrijven** *overg* [schreef voor, h.
  voorgeschreven] ❶ *het voorbeeld schrijven* show how
  to write ❷ *v. dokter* prescribe &#42; *de dokter zal het u* ~
  the doctor will prescribe it for you &#42; *hij zal u*
  *wat/een recept* ~ he'll write you out a prescription
  &#42; *de dokter schreef me volkomen rust voor* the doctor
  ordered a complete rest ❸ *opdragen* dictate, require
  &#42; *iem. de wet* ~ lay down the law to sbd

**voorseizoen** *o* [-en] preseason
**voorselectie** *v* [-s] preselection
**voorshands** *bijw* for the time being, for the present
**voorslag** *m* [-slagen] ❶ <u>muz</u> appoggiatura, grace
  note ❷ *sp* first hit/strike ❸ *v. klok* warning
**voorsorteren** *onoverg* [sorteerde voor, h.
  voorgesorteerd] *in het verkeer* move into the correct
  (traffic) lane &#42; ~! get in lane
**voorspannen** *overg* [spande voor, h.
  voorgespannen] hang in front of, hitch up,
  prestress
**voorspel** *o* [-spelen] ❶ <u>muz</u> prelude, overture,
  ⟨v. toneelstuk⟩ prologue, introductory part &#42; <u>fig</u> *dat*
  *was het* ~ *van...* it was the prelude to... ❷ *seksueel*
  foreplay
**voorspelbaar I** *bn* predictable **II** *bijw* predictably
**voorspelbaarheid** *v* predictability
**voorspelen** *overg* [speelde voor, h. voorgespeeld]
  ❶ *tot voorbeeld* (show how to) play ❷ *het eerst spelen*
  play first, have the lead ❸ *auditie doen* audition
**'voorspellen**[1] *overg* [spelde voor, h. voorgespeld]
  spell to
**voor'spellen**[2] *overg* [voorspelde, h. voorspeld]
  predict, forecast, prophesy &#42; *dat heb ik je wel*
  *voorspeld* I told you so! &#42; *het voorspelt niet veel goeds*
  it bodes ill &#42; *slecht weer* ~ predict/forecast bad
  weather
**voorspeller** *m* [-s] predictor, prophet
**voorspelling** *v* [-en] ❶ prediction, prophecy &#42; *zijn* ~
  *is uitgekomen* his prediction has come true ❷ *v. weer*
  *&* forecast
**voorspiegelen I** *overg* [spiegelde voor, h.
  voorgespiegeld] delude &#42; *iem. iets* ~ give sbd false
  hopes/promises &#42; *iem. een gouden toekomst* ~
  conjure up a golden future for sbd **II** *wederk*
  [spiegelde voor, h. voorgespiegeld] &#42; *zich iets* ~
  delude oneself with the belief that... &#42; *hij had zich*
  *van alles daarvan voorgespiegeld* he had completely
  deluded himself about it
**voorspoed** *m* prosperity &#42; ~ *hebben* prosper, be
  prosperous &#42; *voor- en tegenspoed* ups and downs &#42; *in*
  *voor- en tegenspoed* in storm or shine, for better for
  worse
**voorspoedig I** *bn* prosperous, successful &#42; *een* ~*e*
  *reis* een successful trip **II** *bijw* prosperously,
  successfully
**voorspraak** *v* ❶ *hulp, bemiddeling* intercession,
  mediation ❷ *persoon* [-spraken] intercessor,
  advocate
**voorsprong** *m* [-en] start, lead &#42; *iem. een* ~ *geven*
  give sbd a head start &#42; *een* ~ *hebben van 5 km* have a
  lead of 5 km &#42; *een* ~ *hebben op* have a lead over &#42; *een*
  ~ *krijgen op* gain a lead over &#42; *met een 2-0* ~ leading
  2-0
**voorstaan I** *overg* [stond voor, h. voorgestaan]
  *verdedigen* support, advocate ▼ *hij laat zich daarop* ~
  he prides himself on it **II** *onoverg* [stond voor, h.
  voorgestaan] ❶ *staan voor* stand in front &#42; *de auto*

staat voor the car is out at the front ❷ *voor de geest*
be present to one's mind ∗ *het staat mij voor* I think I
remember ∗ *het staat mij nog duidelijk voor* I can still
see it clearly ∗ *er staat mij nog zo iets van voor* I have
a hazy recollection of it ❸ sp lead with ∗ *met 2-0~*
lead with 2-0 ▼ *er financieel goed~* be in good shape
financially

**voorstad** *v* [-steden] suburb

**voorstadium** *o* [-dia] preliminary stage

**voorstander** *m* [-s] advocate, champion, supporter

**voorste** *bn* foremost, first ∗ *de~ rij* the front row

**voorstel** *o* [-len] proposal, suggestion, ‹motie›
motion, ‹wetsvoorstel› bill ∗ *een~ aannemen* agree
to/accept a proposal ∗ *iem. een ~ doen* make a
proposal to sbd ∗ *een ~ indienen* move/put a motion
∗ *op~ van...* on the proposal/motion of..., at the
suggestion of...

**voorstellen I** *overg* [stelde voor, h. voorgesteld]
❶ *een voorstel doen* propose, move, suggest ∗ *een
amendement~* move an amendment ∗ *ik stel voor
dat wij heengaan* I move/vote we go ❷ *ter
kennismaking* present, introduce ∗ *mag ik u meneer
Richard~?* allow me to introduce you to Mr Richard
∗ *ik heb ze aan elkaar voorgesteld* I introduced them
∗ *hij werd aan de koning voorgesteld* he was
presented to the King ❸ *uitbeelden* represent, depict
∗ *de feiten verkeerd~* misrepresent the facts ∗ *dat
stelt niet veel voor* it doesn't amount to much ∗ *wat
stelt dit schilderij voor?* what's this painting all
about? ❹ *op toneel* represent, ‹een persoon›
impersonate **II** *wederk* [stelde voor, h. voorgesteld]
∗ *zich~* introduce oneself ∗ *zich iets~* ‹zich
verbeelden› picture, imagine, fancy; ‹zich
voornemen› intend, propose ∗ *stel je voor!* (just)
imagine!

**voorstelling** *v* [-en] ❶ *in de geest* idea, notion, image,
impression ∗ *zich een verkeerde~ maken van...* form
the mistaken notion of... ∗ *u kunt u er geen~ van
maken hoe...* you can't imagine how... ❷ *afbeelding*
representation ∗ *een verkeerde~ van de feiten* a
misrepresentation of the facts ❸ *vertoning*
performance ❹ *bij kennismaking* introduction,
presentation

**voorstellingsvermogen** *o* imaginative powers,
imagination

**voorstemmen** *onoverg* [stemde voor, h.
voorgestemd] vote for, vote in favour

**voorsteven** *m* [-s] scheepv stem

**voorstopper** *m* [-s] voetbal centre/Am center half

**voorstudie** *v* [-s & -diën] preliminary study,
‹schetstekening› preliminary sketch

**voorstuk** *o* [-ken] ❶ *voorste deel* front, front part
❷ *toneel* curtain raiser

**voort** *bijw* ❶ *verder* forward, onwards, on, along
∗ *hiermee kunnen we een paar dagen ~* this will keep
us going for a couple of days ❷ *weg* away

**voortaan** *bijw* henceforward, henceforth, in future,
from this time on

**voortand** *m* [-en] front tooth, incisor

**voortbestaan I** *o* survival, continued existence
**II** *onoverg* [bestond voort, h. voortbestaan] continue
to exist, survive

**voortbewegen I** *overg* [bewoog voort, h.
voortbewogen] move (forward), propel **II** *wederk*
[bewoog voort, h. voortbewogen] ∗ *zich~* move
(on)

**voortborduren** *onoverg* [borduurde voort, h.
voortgeborduurd] elaborate ∗ *~ op* ‹een plan›
elaborate on, develop; ‹een opmerking› return to,
inf harp on

**voortbouwen** *onoverg* [bouwde voort, h.
voortgebouwd] go on building ∗ *~ op* build on

**voortbrengen** *overg* [bracht voort, h. voortgebracht]
produce, generate, bring about, create

**voortbrenging** *v* production, generation, creation

**voortbrengsel** *o* [-s & -en] product, production ∗
‹v.d. natuur›~(en) produce

**voortdrijven I** *overg* [dreef voort, h. voortgedreven]
drive on/forward, spur/urge on **II** *onoverg* [dreef
voort, is voortgedreven] float along

**voortduren** *onoverg* [duurde voort, h.
voortgeduurd] continue, last, go on ∗ *eindeloos~*
drag on interminably

**voortdurend I** *bn* ❶ *aanhoudend* continual,
constant, unremitting ∗ *een ~e dreiging* a constant
threat ❷ *onafgebroken* continuous, permanent,
constant ∗ *een ~e trend* a constant/ongoing trend
**II** *bijw* ❶ *aanhoudend* continually & ∗ *hij moest~
overgeven* he had to vomit all the time/to constantly
vomit ❷ *onafgebroken* continuously & ∗ *hun schuld
neemt~ toe* their debt is increasing all the time

**voortduring** *v* continuation ∗ *bij~* continuously,
persistently, uninterruptedly

**voortduwen** *overg* [duwde voort, h. voortgeduwd]
push on/along

**voorteken** *o* [-s & -en] sign, indication, omen,
portent ∗ *de~en van een ziekte* the early
signs/symptoms of an illness ∗ *als de~en mij niet
bedriegen* if all the indications are correct

**voortent** *v* [-en] awning

**voortgaan** *onoverg* [ging voort, is voortgegaan]
❶ *verder gaan* continue, go on ∗ *~ op de ingeslagen
weg* continue along the same lines ❷ *vervolgen*
continue, proceed

**voortgang** *m* [-en] progress ∗ *~ hebben* proceed, go
on/forward ∗ *~ maken* make headway

**voortgezet** *bn* continued, further ∗ *een ~te studie* an
advanced study ∗ *het~ onderwijs* secondary
education

**voorthelpen** *overg* [hielp voort, h. voortgeholpen]
help along, give a hand

**voortijd** *m* [-en] prehistoric times

**voortijdig I** *bn* premature **II** *bijw* prematurely

**voortjagen** *overg & onoverg* [jaagde of joeg voort, h.
voortgejaagd] hurry/drive along

**voortkomen** *onoverg* [kwam voort, is

voortgekomen] stem/arise/emanate from * *hij komt voort uit een adellijke familie* he comes from a noble family * *uit dit huwelijk zijn vier kinderen voortgekomen* this marriage produced four children * *dit gedrag komt voort uit onbegrip* it's ignorance that causes this behaviour

**voortkruipen** *onoverg* [kroop voort, is voortgekropen] creep on/along

**voortleven** *onoverg* [leefde voort, h. voortgeleefd] live on

**voortmaken** *onoverg* [maakte voort, h. voortgemaakt] hurry up, make haste * *maak wat voort!* hurry up!, get a move on! get on with it! * ~ *met het werk* get on with the work, speed up the work

**voortouw** *o* [-en] * *het* ~ *nemen* take the lead

**voortoveren** *overg* [toverde voor, h. voorgetoverd] call/conjure up

**voortplanten** *wederk* [plantte voort, h. voortgeplant] * *zich* ~ <u>biol</u> reproduce, propagate itself, breed; ⟨v. geluid, licht &⟩ travel * *het geluid plant zich voort in golven* sound is transmitted in waves

**voortplanting** *v* ❶ *verbreiding* propagation ❷ *vermenigvuldiging* reproduction, procreation ❸ *v. geluid* transmission

**voortplantingsorganen** *zn* [mv] reproductive organs

**voortraject** *o* [-en] initial phase

**voortreffelijk** I *bn* excellent, admirable II *bijw* excellently, admirably

**voortrekken** *overg* [trok voor, h. voorgetrokken] favour * *iem.* ~ *favour* sbd, give sbd preferential treatment, treat sbd with marked preference

**voortrekker** *m* [-s] ❶ *pionier* pioneer * *de rol van* ~ *vervullen* act as a pioneer ❷ *bij scouting* Venture Scout

**voorts** *bijw* further, moreover, besides, then * *en zo* ~ and so on, et cetera

**voortschrijden** *onoverg* [schreed voort, is voortgeschreden] ❶ *verder lopen* stride along ❷ <u>fig</u> proceed, progress * *een gestadig* ~ *de techniek* a technology constantly on the move * *een* ~ *de vermindering* a progressive diminution ❸ *v. tijd* move on, pass

**voortslepen** I *overg* [sleepte voort, h. voortgesleept] drag along II *wederk* [sleepte voort, h. voortgesleept] * *zich* ~ drag on

**voortsnellen** *onoverg* [snelde voort, is voortgesneld] hurry on/along

**voortspruiten** *onoverg* [sproot voort, is voortgesproten] * ~ *uit* proceed/spring/arise/result from

**voortstrompelen** *onoverg* [strompelde voort, is voortgestrompeld] hobble/stumble along

**voortstuwen** *overg* [stuwde voort, h. voortgestuwd] propel, drive

**voortstuwing** *v* propulsion

**voorttrekken** I *overg* [trok voort, h.voortgetrokken] pull/drag/draw (along) II *onoverg* [trok voort, is voortgetrokken] march on

**voortuin** *m* [-en] front garden

**voortvarend** I *bn* energetic, dynamic, go-ahead II *bijw* energetically, dynamically

**voortvloeien** *onoverg* [vloeide voort, is voortgevloeid] flow on * ~ *uit* result/follow from

**voortvluchtig** *bn* fugitive

**voortvluchtige** *m-v* [-n] * *de* ~ the fugitive

**voortwoekeren** *onoverg* [woekerde voort, h. en is voortgewoekerd] spread

**voortzeggen** *overg* [zegde *of* zei voort, h. voortgezegd] make known * *zegt het voort!* tell your friends!, pass it on!

**voortzetten** *overg* [zette voort, h. voortgezet] continue, carry on, pursue * *de reis* ~ continue the trip * *een traditie/het werk* ~ carry on a tradition/one's work

**voortzetting** *v* [-en] continuation

**vooruit** *bijw* ❶ *v. plaats* forward * *borst* ~ chest out! * ~ *!* come on/along! * ~ *maar,* ~ *met de geit!* fire away! * ~ *dan maar* well, all right ❷ *v. tijd* before, beforehand, in advance * *zijn tijd* ~ *zijn* be ahead of his time(s)

**vooruitbetalen** *overg* [betaalde vooruit, h. vooruitbetaald] prepay, pay in advance

**vooruitbetaling** *v* [-en] prepayment, payment in advance, advance payment * *bij* ~ *te voldoen* payable in advance

**vooruitblik** *m* preview

**vooruitblikken** *onoverg* [blikte vooruit, h. vooruitgeblikt] preview * *we blikken vooruit op morgen* we're looking ahead to tomorrow

**vooruitdenken** *onoverg* [dacht vooruit, h. vooruitgedacht] think ahead

**vooruitgaan** *onoverg* [ging vooruit, is vooruitgegaan] ❶ *vooroplopen* go first, walk on before ❷ *naar voren gaan* progress, go forward ❸ *beter worden* make progress, improve * *de zieke gaat goed vooruit* the patient is getting on/progressing well * *erop* ~ improve ❹ *v. barometer* rise

**voor'uitgang**[1] *m* *het beter worden* progress, improvement

**'vooruitgang**[2] *m* [-en] *uitgang aan voorkant* front exit

**vooruithelpen** *overg* [hielp vooruit, h. vooruitgeholpen] help on

**vooruitkijken** *onoverg* [keek vooruit, h. vooruitgekeken] look ahead

**vooruitkomen** *onoverg* [kwam vooruit, is vooruitgekomen] get on, go ahead, make headway * ~ *in de wereld* get on in the world

**vooruitlopen** *onoverg* [liep vooruit, is vooruitgelopen] go first, walk on ahead * ~ *op de gebeurtenissen* anticipate events

**vooruitrijden** I *onoverg* [reed vooruit, is

**vooruitgereden** ❶ *naar voren* drive forward ❷ *voor anderen* ride/drive on before **‖** *onoverg* [reed vooruit, h. vooruitgereden] *in trein &* sit facing forward

**vooruitschuiven I** *overg* [schoof vooruit, h. vooruitgeschoven] bring/push forward **‖** *onoverg* [schoof vooruit, is vooruitgeschoven] shove along

**vooruitspringend** *bn* jutting out, projecting

**vooruitstekend** *bn* projecting, jutting out

**vooruitstrevend** *bn* progressive, go-ahead

**vooruitstrevendheid** *v* progressiveness

**vooruitwerpen** *overg* [wierp vooruit, h. vooruitgeworpen] cast ahead ∗ *zijn schaduw ∼* foreshadow

**vooruitzenden** *overg* [zond vooruit, h. vooruitgezonden] send in advance, send ahead

**vooruitzetten** *overg* [zette vooruit, h. vooruitgezet] advance, ⟨klok⟩ put forward

**vooruitzicht** *o* [-en] prospect, outlook ∗ *de ∼en van de oogst* crop prospects ∗ *geen prettig ∼* not a happy prospect ∗ *geen ∼en hebben* have no prospects in life ∗ *goede ∼en hebben* have good prospects ∗ *iets in het ∼ hebben* have something in the wings ∗ *iem. iets in het ∼ stellen* promise sbd sth ∗ *met dit ∼* with this prospect in view

**vooruitzien I** *overg* [zag vooruit, h. vooruitgezien] foresee **‖** *onoverg* [zag vooruit, h. vooruitgezien] look ahead

**vooruitziend** *bn* far-sighted, visionary ∗ *zijn ∼e blik* his foresight ∗ *mensen met ∼e blik* far-sighted people, visionaries ∗ *hij had een ∼e blik* he was far-sighted

**voorvader** *m* [-s & -en] forefather, ancestor ∗ *onze ∼en* our ancestors/forbears

**voorval** *o* [-len] incident, event, occurrence

**voorvallen** *onoverg* [viel voor, is voorgevallen] occur, happen, pass ∗ *het voorgevallene* the incident

**voorvechter** *m* [-s] champion, advocate

**voorverkiezing** *v* [-en] *in de VS* primary

**voorverkoop** *m* ❶ *in theater &* advance booking ❷ *in winkel* advance sale

**voorverpakt** *bn* pre-packed, pre-packaged

**voorvertoning** *v* [-en] preview

**voorverwarmen** *overg* [verwarmde voor, h. voorverwarmd] preheat

**voorvoegsel** *o* [-s] taalk prefix

**voorvoelen** *overg* [voorvoelde, h. voorvoeld] sense, anticipate ∗ *iets ∼* have a presentiment of sth

**voorvork** *v* [-en] fork

**voorwaar** *bijw* indeed, truly, in truth

**voorwaarde** *v* [-n] condition, stipulation ∗ *∼n* terms, terms and conditions ∗ *∼n stellen* apply/impose conditions ∗ *op ∼ dat...* on (the) condition that... ∗ *onder de bestaande ∼n* under the existing conditions ∗ *onder geen enkele ∼* on no account, under no circumstances

**voorwaardelijk I** *bn* conditional, provisional ∗ *een ∼e veroordeling* a suspended sentence ∗ *een ∼e*

*invrijheidstelling* a release on parole ∗ *taalk de ∼e wijs* the conditional mood **‖** *bijw* conditionally, provisionally ∗ *iem. ∼ in vrijheid stellen* conditionally release sbd, release sbd on parole

**voorwaarts I** *bn* forward ∗ *een ∼e beweging* a forward movement **‖** *bijw* forward(s), onward(s) ∗ *∼ mars!* quick march!

**voorwas** *m* prewash

**voorwedstrijd** *m* [-en] *ronde* preliminary, preliminary round/heat &

**voorwenden** *overg* [wendde voor, h. voorgewend] pretend, feign, affect, simulate ∗ *een ziekte ∼* play sick ∗ *soms wendt ze hoofdpijn voor* her headaches are sometimes put on

**voorwendsel** *o* [-s & -en] pretext, pretence ∗ *onder ∼ van...* on/under the pretext of..., on/under pretence of...

**voorwereldlijk** *bn* ❶ *prehistorisch* prehistoric ❷ *ouderwets* ancient

**voorwerk** *o* [-en] ❶ *voorbereidend werk* preliminary work ❷ *v. boek* preliminary pages, front matter, *inf* prelims ❸ *v. vesting* outwork

**voorwerp** *o* [-en] ❶ *ding* object, thing, article ∗ *gevonden ∼* lost property ∗ *een ∼ van spot* an object of ridicule, a laughing stock ❷ taalk object ∗ *het lijdend ∼* the direct object ∗ *het meewerkend ∼* the indirect object

**voorwerpszin** *m* [-nen] taalk object clause

**voorwetenschap** *v* foreknowledge, prescience, *eff* ⟨m.b.t. misbruik⟩ inside knowledge

**voorwiel** *o* [-en] front wheel

**voorwielaandrijving** *v* front-wheel drive ∗ *met ∼* front-wheel drive

**voorwoord** *o* [-en] ❶ *door schrijver* preface ❷ *door iem. anders* foreword

**voorzaat** *m* [-zaten] ZN ancestor, forefather ∗ *onze voorzaten* our ancestors/forbears

**voorzanger** *m* [-s] precentor, ⟨joods⟩ cantor

**'voorzeggen**[1] *overg* [zei of zegde voor, h. voorgezegd] *op school &* prompt

**voor'zeggen**[2] *overg* [voorzei of voorzegde, h. voorgezegd] *voorspellen* predict, prophesy

**voorzet** *m* [-ten] ❶ sp centre/*Am* center (pass) ❷ *schaken, dammen* first move ▼ *fig iem. een ∼(je) geven* help sbd on the way with a suggestion

**voorzetlens** *v* [-lenzen] close-up lens

**voorzetsel** *o* [-s] preposition

**voorzetten** *overg* [zette voor, h. voorgezet] ❶ *voor iem/iets zetten* put/place in front (of) ❷ *de klok* put forward/ahead ❸ *een bal* sp cross

**voorzichtig I** *bn* prudent, careful, cautious ∗ *∼ be careful!, look out!, mind the paint/steps &!*; ⟨op kist &⟩ handle with care! ∗ *naar ∼e schatting* at a conservative estimate **‖** *bijw* ❶ *behoedzaam* prudently & ❷ *m.b.t. schatten &* conservatively

**voorzichtigheid** *v* care, caution, prudence ∗ *∼ is de moeder van de porseleinkast* look before you leap

**voorzichtigheidshalve** *bijw* by way of precaution

**VO**

**voorzien I** *overg* [voorzag, h. voorzien] *verwachten* foresee ∗ *het was te*~ it was to be expected ▼ *wij zijn al*~ we have been taken care of, we already have all we need ▼ ~ *van/met* provide/supply/furnish with ▼ *van alle gemakken*~ fitted with all modern conveniences ▼ *van etiketten*~ labelled **II** *onoverg* [voorzag, h. voorzien] ∗ ~ *in* supply, meet, fill ∗ *in een (lang gevoelde) behoefte*~ supply a (long-felt) want ∗ ~ *in de behoeften van iem.* provide for sbd's wants ∗ *in zijn eigen (levens)onderhoud*~ provide for oneself ∗ *de wet heeft daarin niet*~ the law makes no provision for a case of the kind ∗ *daarin moet worden* ~ *that should be seen to* ∗ *in de vacature is* ~ the vacancy has been filled ▼ *het niet op iem.* ~ *hebben* 〈niet vertrouwen〉 not trust sbd; 〈niet mogen〉 not feel kindly toward sbd **III** *wederk* [voorzag, h. voorzien] ∗ *zich* ~ *van* provide oneself with

**voorzienigheid** *v* providence ∗ *de Voorzienigheid* Providence

**voorziening** *v* [-en] ❶ *verschaffing* provision, supply ∗ *wettelijke*~*en* statutory provisions ❷ *zorg, regeling* supply, facility, service, provision ∗ ~*en* 〈gemakken, faciliteiten〉 conveniences, amenities; jur arrangements, provisions ∗ jur~*en treffen* make arrangements ∗ *culturele*~*en* cultural facilities ∗ *sociale*~*en* social services ∗ *ter*~ *in de behoefte* to meet the need ❸ *boekhouden* provision, allowance, reserve ∗ *een* ~ *voor dubieuze debiteuren* a bad debt provision ∗ jur *een voorlopige*~ preliminary/provisional relief, a provisional ruling/decision

**voorzij, voorzijde** *v* [-zijden] front, face

**voorzingen I** *overg* [zong voor, h. voorgezongen] sing to **II** *onoverg* [zong voor, h. voorgezongen] lead the singing

**voorzitten** *overg* [zat voor, h. voorgezeten] chair, preside ∗ *een vergadering*~ chair a meeting

**voorzitter** *m* [-s] ❶ *hoofd v. bestuur &* chairman, president ∗ *de*~ *van de raad van bestuur* the chairman (of the board), the president ∗ *de*~ *van de rechtbank* the presiding judge ❷ *v. vergadering* chairman, chairwoman, chair ∗ *Meneer de*~ Mr Chairman ∗ *Mevrouw de*~ Madam Chairman, Madam Chairwoman ❸ *v. Lagerhuis* Speaker

**voorzitterschap** *o* chairmanship, presidency ∗ *onder* ~ *van...* presided over by..., under the chairmanship of...

**voorzittershamer** *m* [-s] chairman's hammer, gavel

**voorzomer** *m* [-s] beginning of the summer, early summer

**voorzorg** *v* [-en] precaution, provision ∗ *uit*~ by way of precaution, to be on the safe side

**voorzorgsmaatregel** *m* [-s & -en] precautionary measure, precaution ∗ ~*en nemen* take precautions

**voor zover** *voegw* insofar ∗ ~ *men weet* as far as is known ∗ ~ *het mogelijk is* to the extent that it is possible

**voos** *bn* ❶ *niet levenskrachtig* hollow, unsound

❷ *flauw, vunzig* dried-out

**vorderen I** *overg* [vorderde, h. gevorderd] *opeisen* demand, claim, 〈van overheidswege〉 requisition, commandeer **II** *onoverg* [vorderde, is gevorderd] advance, make headway/progress, progress ∗ *het werk vordert niet vlug* the work isn't coming along quickly

**vordering** *v* [-en] ❶ *eis, wat opgeëist wordt* claim ∗ *een achtergestelde*~ a subordinated claim ∗ *een* ~ *hebben op iem.* have a claim against sbd ∗ *een* ~ *aan toonder/op naam* a claim to bearer/name, a bearer/nominative claim ∗ *een* ~ *op de fiscus* an amount recoverable from the tax authorities ∗ *een* ~ *tot gevangenneming* an application for a warrant of arrest ∗ *een* ~ *tot schadevergoeding* a damages claim ❷ *opeisen* requisitioning ❸ *boekhouden* receivable ∗ *te innen*~*en* receivables, amounts receivable ❹ *voortgang* advance, progress, improvement ∗ ~*en maken* make progress

**vore** *v* [-n] furrow

**voren I** *bijw* forward ∗ *naar*~ to the front ∗ 〈v. claim &〉 *naar*~ *brengen* put forward, advance ∗ *naar*~ *komen* 〈plannen &〉 be put forward, be advanced; 〈uit discussie〉 emerge ∗ *te*~ 〈eerder〉 before, previously; 〈vooraf〉 beforehand, in advance ∗ *nooit te*~ never before ∗ *drie dagen te*~ three days earlier/previously ∗ *van*~ in front ∗ *van*~ *af (aan)* from the beginning **II** *m* [-s] → **voorn**

**vorig** *bn* former, previous ∗ *in*~*e dagen* in former days ∗ *de*~*e maand* last month ∗ *de*~*e regering* the previous government ∗ *zijn*~*e leven* his past life

**vork** *v* [-en] ❶ *bestek* fork ∗ *hij weet hoe de*~ *in de steel zit* he knows the ins and outs of it ❷ *hooivork* pitchfork ❸ *v. fiets* bicycle fork ❹ *v. weg* fork ❺ *bij schaak* fork

**vorkheftruck** *m* [-s] forklift (truck)

**vorm** *m* [-en] ❶ *gestalte* form, shape, outline ∗ *vaste*~ *aannemen* take definite form, take shape ∗ *in de*~ *van* in the shape/form of ∗ *in welke*~ *ook* in any shape or form ∗ *sp in/uit*~ *zijn* be in/out of shape ∗ *zonder*~ *van proces* without trial ❷ *gietmal* mould, matrix ❸ *taalk* 〈sterk, zwak〉 form, 〈voice〉 actief, passief ❹ *plichtpleging* form, formality, ceremony ∗ *de*~*en in acht nemen* observe the forms ∗ *hij heeft/kent geen*~*en* he has no manners ∗ *naar de*~ in form ∗ *voor de*~ for form's sake, as a matter of form

**vormbehoud** *o* sp keeping in shape

**vormelijk I** *bn* formal, ceremonious ∗ *ze is nogal*~ she's quite a proper person **II** *bijw* formally, ceremoniously

**vormeloos, vormloos** *bn* formless, shapeless

**vormen I** *overg* [vormde, h. gevormd] ❶ *een vorm geven* form, shape, mould ∗ *academisch gevormd* university educated/trained ∗ *zijn mening* ~ *vormen* form one's opinion ❷ *uitmaken* form, constitute, make up ∗ *zij*~ *het bestuur* they constitute the board ∗ *dit vormt de grens tussen...* this is the border between...

❸ *doen ontstaan* form, build up, make up ❹ RK confirm **II** *wederk* [vormde, h. gevormd] ✴ *zich~* form

**vormend** *bn opvoedend* educative, formative

**vormfout** *v* [-en] technicality, procedural error/defect

**vormgever** *m* [-s] designer

**vormgeving** *v* design

**vorming** *v* [-en] ❶ *het ontstaan* formation, forming, shaping, moulding ❷ *opvoeding* education, training ✴ *academische~* academic training

**vormingscentrum** *o* [-s & -tra] training centre, day release centre/Am center, Am ± Jobs Corps Center

**vormingswerk** *o* work in socio-cultural education/training, ‹m.b.t. partiële leerplicht› work in a day release course/Am in a Job Corps program

**vormingswerker** *m* [-s] worker in a training centre/Am center

**vormleer** *v taal., plantk., dierk* morphology

**vormpje** *o* [-s] *kinderspeelgoed* mould

**vormsel** *o* RK confirmation ✴ *het~ toedienen* confirm

**vormvast** *bn* inflexible ✴ *nylon is~* nylon retains its shape

**vormverlies** *o* loss of shape

**vorsen** *onoverg* [vorste, h. gevorst] investigate, research ✴ *~ naar* inquire into ✴ *met~de blik* with a searching look

**vorst I** *m* [-en] sovereign, monarch, king, emperor, prince ✴ *de~ der duisternis* the prince of darkness **II** *m het vriezen* frost ✴ *bij~* in case of frost **III** *v* [-en] *nok* bouw ridge

**vorstelijk I** *bn* princely, royal, lordly ✴ *een ~e beloning* a generous reward **II** *bijw* in a princely way, royally

**vorstendom** *o* [-men] principality

**vorstenhuis** *o* [-huizen] dynasty

**vorstgrens** *v* [-grenzen] frost limit/range

**vorstin** *v* [-nen] sovereign, monarch, queen, empress, princess

**vorstperiode** *v* [-s & -n] spell/period of frost, freeze

**vorstschade** *v* frost damage

**vorstverlet** *o* loss of working hours due to frost

**vorstvrij** *bn* ❶ *bestand tegen vorst* frostproof ❷ *zonder vorst* frost-free

**vort** *tsw* off with you!, *inf* hop it!

**vos** *m* [-sen] ❶ *dier* fox ✴ *zo'n slimme~!* the crafty old fox! ✴ *een ~ verliest wel zijn haren maar niet zijn streken* a leopard doesn't change its spots ✴ *als de~ de passie preekt, boer pas op je kippen* a hypocrite is not to be trusted ❷ *halsbont* fox fur ❸ *paard* sorrel (horse) ❹ *vlinder* tortoiseshell

**vossenbont** *o* fox (fur)

**vossenhol** *o* [-holen] foxhole

**vossenjacht** *v* [-en] foxhunt(ing)

**vossenstaart** *m* [-en] ❶ *staart v. vos* foxtail ❷ *plant* foxtail grass

**voteren** *overg* [voteerde, h. gevoteerd] vote

**votief** *bn* votive

**votum** *o* [vota & -s] vote ✴ *een~ van wantrouwen* a vote of no-confidence

**voucher** *m* [-s] voucher

**vouw** *v* [-en] ❶ *in papier* fold ❷ *in broek* crease, pleat

**vouwbeen** *o* [-benen] paper knife

**vouwblad** *o* [-bladen] folder

**vouwdeur** *v* [-en] folding door(s)

**vouwen** *overg* [vouwde, h. gevouwen] fold ✴ *de handen~* fold one's hands ✴ *in vieren~* fold in four

**vouwfiets** *m & v* [-en] folding bicycle

**vouwmeter** *m* [-s] ZN (folding) rule

**vouwwagen** *m* [-s] Br folding/collapsible caravan, Am tent trailer, trailer tent

**vouwwand** *m* [-en] folding partition

**voyeur** *m* [-s] voyeur, peeping Tom

**voyeurisme** *o* voyeurism

**vozen** *onoverg* [voosde, h. gevoosd] *vrijen* inf make out, vulg frig

**vraag** *v* [vragen] ❶ *alg.* question, query ✴ *~ en antwoord* question and answer ✴ *(iem.) een~ stellen* ask (sbd) a question, put a question (to sbd) ✴ *vragen stellen* ask questions ✴ *de~ stellen is haar beantwoorden* to be able to put the question is to be able to find an answer ✴ *een~ uitlokken* invite a question ✴ *het is de~ of...* the question is whether... ✴ *de~ doet zich voor of...* the question arises as to whether... ✴ *voor jou een~, voor mij een weet* for me to know and for you to find out ❷ *handel* demand ✴ *~ en aanbod* supply and demand ✴ *er is veel~ naar...* ... is much in demand, there is a great demand for... ✴ *de totale~* the aggregate/total demand

**vraagbaak** *v* [-baken] ❶ *persoon* oracle ❷ *boek* vade mecum

**vraagcurve** *v* [-s] marketing demand curve

**vraaggesprek** *o* [-ken] interview

**vraagprijs** *m* [-prijzen] asking price

**vraagsteller** *m* [-s] questioner

**vraagstelling** *v* phrasing/presentation of a question

**vraagstuk** *o* [-ken] problem, issue, question ✴ *sociale ~ken* social issues ✴ *een wiskundig~* a mathematical problem

**vraagteken** *o* [-s] ❶ *leesteken* question mark ❷ *fig* question mark, query, mystery ✴ *daar zullen we een ~ achter moeten zetten* that will have to be queried

**vraagwoord** *o* [-en] interrogative word

**vraatzucht** *v* gluttony, greed

**vraatzuchtig I** *bn* gluttonous, greedy, voracious ✴ *deze haai is een ~e roofdier* this shark is a voracious predator **II** *bijw* gluttonously &

**vracht** *v* [-en] ❶ *lading* load ❷ *scheepv* cargo ❸ *last* load, burden ❹ *vervoerloon* carriage, freight ❺ *hoop* load, tons ✴ *een~ mensen* a load of people

**vrachtauto** *m* ['s] Br lorry, van, Am truck

**vrachtboot** *m & v* [-boten] cargo boat, freighter

**vrachtbrief** *m* [-brieven] ❶ *handel* delivery note ❷ *auto* waybill ❸ *schip, trein, vliegtuig* consignment

note ❶scheepv bill of lading
**vrachtgoed** o [-eren] freight, goods, cargo ✴ als ∼ zenden send as freight
**vrachtje** o [-s] ❶kleine lading (small) load, burden ❷v. taxi fare
**vrachtlijst** v [-en] handel manifest, freight list
**vrachtprijs** m [-prijzen] freightage
**vrachtrijder** m [-s] carrier
**vrachtruim** o [-en] hold
**vrachtschip** o [-schepen] cargo boat, freighter
**vrachtvaarder** m [-s] ❶schip freighter, cargo ship ❷schipper carrier
**vrachtvaart** v cargo trade
**vrachtverkeer** o goods traffic/transport, Am freight transport
**vrachtvervoer** o cargo transport, Am freighting trade
**vrachtvliegtuig** o [-en] cargo plane/aircraft, freighter
**vrachtwagen** m [-s] lorry, truck
**vrachtwagenchauffeur** m [-s] Br lorry driver, Am truck driver
**vrachtwagencombinatie** v [-s] Br articulated lorry, Am trailer truck, semi-trailer
**vragen** I overg [vroeg, h. gevraagd] ask ✴ medewerkers gevraagd staff wanted ✴ wij ∼een tekenaar we require a draughtsman ✴ mij werd gevraagd of... I was asked if... ✴ gaat u haar ∼? ⟨ten huwelijk⟩ are you going to propose to her?; ⟨uitnodigen⟩ are you going to invite her?; ⟨overhoren⟩ are you going to question her? ✴ zij is al tweemaal gevraagd she has had two proposals ✴ iem. iets ∼ask sth of sbd ✴ je moet het hem maar ∼(you had better) ask him ✴ vraag het maar aan hem ⟨naar iets⟩ ask him (about it); ⟨om iets⟩ ask him for it ✴ dat moet je mij niet ∼! don't ask me! ✴ hoeveel vraagt hij ervoor? how much is he asking for it? ✴ waarom vraagt u dat? what makes you ask that? ✴ hoe kunt u dat ∼? how can you ask (that)? ✴ iem. op een feestje ∼ invite sbd to a party ✴ iem. ten eten ∼ask sbd to dinner ✴ dat vraagt veel geduld it takes a lot of patience II onoverg [vroeg, h. gevraagd] ask ✴ nu vraag ik je! I ask you! ✴ als ik ∼mag if I may ask (that question) ✴ ∼naar iem. ask after/inquire for sbd ✴ ∼ naar iets inquire after sth ✴ vraag er uw broer eens naar ask your brother (about it) ✴ ∼naar die goederen inquire after those goods ✴ er wordt veel naar gevraagd there is a great demand for it/them ✴ naar jouw mening wordt niet gevraagd your opinion is not required, inf you keep out of it ✴ (iem.) naar de weg ∼ask (sbd) the way ✴ daar wordt niet naar gevraagd that's beside the point/matter ✴ ∼om iets ask for sth ✴ je hoeft er alleen maar om te ∼they may be had for the asking ✴ ∼kost niets there's no harm in asking
**vragend** I bn ❶verwonderend enquiring/inquiring, questioning ❷toon interrogatory ❸taalk interrogative II bijw ❶enquiringly/inquiringly,

questioningly ❷taalk interrogatively
**vragenderwijs, vragenderwijze** bijw interrogatively
**vragenlijst** v [-en] questionnaire
**vragenuurtje** o [-s] question time
**vrager** m [-s] questioner, inquirer, interrogator
**vrede** m & v peace ✴ de Vrede van Munster the Peace of Westphalia ✴ de Vrede van Utrecht the Treaty of Utrecht, the Utrecht Treaty ✴ ∼sluiten ⟨tussen landen⟩ sign a peace agreement, conclude a peace process; ⟨tussen mensen⟩ make (it) up, set aside (one's) differences ✴ ik heb er ∼mee I've got no objections to it ✴ wij kunnen daar geen ∼mee hebben we can't accept/agree with/put up with that ✴ ga in ∼go in peace ✴ in ∼leven met iedereen live at peace with everybody ✴ om de lieve ∼for the sake of peace
**vredebreuk** v [-en] breach of the peace
**vredegerecht** o [-en] ZN magistrate's court
**vredelievend** I bn peace-loving, peaceable, peaceful II bijw peaceably, peacefully
**vrederechter** m [-s] Belg justice of the peace
**vredesaanbod** o peace offer
**vredesakkoord** o [-en] peace agreement
**vredesbesprekingen** zn [mv] (preliminary) peace talks
**vredesbeweging** v peace movement
**vredesconferentie** v [-s] peace conference
**vredesduif** v [-duiven] dove of peace, peace dove
**vredeskus** m [-sen] kiss of peace
**vredesmacht** v peacekeeping force
**vredesnaam** zn ✴ in ∼for goodness' sake
**vredesonderhandelingen** zn [mv] peace negotiations
**Vredespaleis** o Palace of Peace, Peace Palace
**vredespijp** v [-en] pipe of peace
**vredesprijs** m [-prijzen] (Nobel) peace prize
**vredestichter** m [-s] peacemaker, pacifier
**vredestijd** m time of peace, peacetime
**vredesverdrag** o [-dragen] peace treaty
**vredesvoorstel** o [-len] peace proposal
**Vredevorst** m bijbel Prince of Peace
**vredig** I bn peaceful, quiet II bijw peacefully, quietly
**vreedzaam** I bn ❶vredelievend peaceful, peaceable, peace-loving ❷geweldloos peaceful, non-violent II bijw ❶vredelievend peacefully, peaceably ❷geweldloos peacefully
**vreemd** I bn ❶niet bekend strange, unfamiliar ✴ ∼e goden strange gods ✴ ∼e hulp hired assistance ✴ ∼ kapitaal, ∼vermogen debt/outside/borrowed/loan capital ✴ med een ∼lichaam a foreign body ✴ ik ben hier ∼I'm a stranger here, I don't know these parts ✴ ik voel me hier zo ∼I feel so out of place here ✴ het is/valt mij ∼it's unfamiliar to me ✴ hij is me ∼he is a stranger to me, I don't know him ✴ afgunst is mij ∼ envy is foreign to my nature ✴ niets menselijks is mij ∼after all, I'm only human ✴ alle vrees is hem ∼he is an utter stranger to fear, he knows no fear ✴ het werk is mij ∼I'm not familiar with the work ✴ ∼zijn

aan iets have nothing to do with it ❷*buitenlands* foreign **✱**~*geld*/*valuta* foreign money/currency **✱***een* ~*e taal* a foreign language **✱***een* ~*woord* a foreign word **✱**~*e planten* exotic plants ❸*raar* strange, queer, odd **✱***het* ~*e van de zaak is...* the strange thing about the matter is... **✱**~*uitziend* strange looking **✱***dat is toch* ~that's strange, it's a strange thing **✱***hoe* ~*l* how strange! **✱***die ideeën vinden wij* ~those ideas are alien to us **II** *bijw* strangely

**vreemde** I *m*, *v* [-n] *onbekende* stranger, foreigner **✱***dat heeft hij van geen* ~it runs in the family **II** *o* abroad **✱***in den* ~in foreign parts, abroad

**vreemdeling** *m* [-en] ❶*onbekende* stranger **✱***een* ~ *in Jeruzalem* a stranger to Jerusalem ❷*buitenlander* foreigner ❸*niet genaturaliseerde* alien **✱***een ongewenste* ~an undesirable alien **✱***een uitgezette* ~ a deported alien

**vreemdelingendienst** *m* Aliens Branch (of the Home Office)

**vreemdelingenhaat** *m* xenophobia

**vreemdelingenlegioen** *o* foreign legion

**vreemdelingenpolitie** *v* aliens police

**vreemdelingenverkeer** *o* tourist traffic, tourism **✱***de Vereniging voor* ~the Tourist Information Office

**vreemdgaan** *onoverg* [ging vreemd, is vreemdgegaan] have an affair, be unfaithful, commit adultery

**vreemdsoortig** *bn* strange, odd, exotic

**vrees** *v* [vrezen] ❶fear, fears, dread, apprehension **✱**~*voor de dood* fear of death **✱***zijn* ~*voor...* his fear of... **✱***iem.* ~*aanjagen* intimidate sbd **✱**~*koesteren voor* be afraid of, stand in fear of, fear **✱***uit* ~*dat...* for fear (that)... **✱***uit* ~*voor...* for fear of... ❷psych phobia

**vreesachtig** I *bn* timid, fearful, afkeurend cowardly **II** *bijw* timidly, fearfully, in a cowardly manner

**vreetzak** *m* [-ken] glutton, inf pig, hog, greedy-guts

**vrek** *m* [-ken] miser, skinflint, Scrooge

**vrekkig** I *bn* stingy, miserly, tight-fisted **II** *bijw* stingily &

**vrekkigheid** *v* stinginess, miserliness, tight-fistedness

**vreselijk** I *bn* ❶awful, terrible, dreadful, frightful ❷*afschrikwekkend* terrifying, horrible **II** *bijw* ook versterkend awfully & **✱**~*gezellig*/*druk* awfully nice/busy

**vreten** I *overg* [vrat, h. gevreten] ❶*v. dier* eat, feed on ❷fig eat up, swallow, devour **✱***die wasdroger vreet stroom* that tumble dryer eats up power **▼***zich vol* ~gorge/stuff/cram oneself **II** *onoverg* [vrat, h. gevreten] ❶*eten* feed, gorge, stuff ❷*knagen* gnaw at, eat **✱**fig *het vreet aan hem* it's gnawing at him

**vreugde** *v* [-n] joy, gladness **✱**joods *Vreugde der Wet* Rejoicing of the Law **✱**~*scheppen in het leven* enjoy life

**vreugdekreet** *m* [-kreten] shout/cry of/for joy

**✱***vreugdekreten* cheers, cheerings

**vreugdeloos** I *bn* joyless, cheerless **✱***een vreugdeloze lach* a mirthless laugh **II** *bijw* joylessly &

**vreugdetraan** *m & v* [-tranen] tear of joy

**vreugdevol** I *bn* joyful, merry, gleeful **II** *bijw* joyfully &

**vreugdevuur** *o* [-vuren] bonfire

**vrezen** I *overg* [vreesde, h. gevreesd] fear, dread, be afraid **✱***God* ~fear God **✱***iem.* ~be afraid of/fear sbd **✱***iets* ~dread sth **✱***ik vrees, dat ik vergeten zal...* I'm afraid I'll forget... **✱***niets te* ~*hebben* have nothing to fear **✱***het is te* ~it is to be feared **II** *onoverg* [vreesde, h. gevreesd] be afraid **✱**~*voor zijn leven* fear for one's life

**vriend** *m* [-en] ❶*makker* friend, inf pal, mate, Am buddy **✱***een ware* ~a true friend **✱***even goede* ~*en, hoor!* no hard feelings! **✱***iem. te* ~*hebben* be friends with sbd **✱***iem. te* ~*houden* keep on good terms with sbd **✱***kwade* ~*en worden* fall out **✱***kwade* ~*en zijn* be on bad terms **✱**~*en en verwanten* friends and relations, kith and kin **✱**~*en vijand* friend and foe **✱**~*en in de nood, honderd in een lood* a friend in need is a friend indeed **✱***goede* ~*en zijn met* be friends with **✱***een* ~*zijn van...* be a friend of..., be fond of... **✱***een* ~*van de armen* a friend of the poor ❷*bondgenoot* friend, ally **✱***een trouwe* ~a loyal/staunch ally ❸*liefhebber* lover **✱***een* ~*van de natuur* a lover of nature, a nature lover ❹*geliefde* boyfriend

**vriendelijk** I *bn* ❶*hartelijk* kind, friendly, affable **✱***wees zo* ~*te...* would you be so kind as to... ❷*aangenaam* pleasant **II** *bijw* kindly, affably, in a friendly way **✱**~*bedankt!* thank you very much

**vriendelijkheid** *v* [-heden] kindness, friendliness, affability **✱***vriendelijkheden* kindnesses

**vriendendienst** *m* [-en] good/kind turn

**vriendenkring** *m* [-en] circle of friends

**vriendenprijsje** *o* give-away price, next-to-nothing price

**vriendin** *v* [-nen] (lady/woman) friend, ⟨geliefde⟩ (lady)friend, girlfriend

**vriendinnetje** *o* [-s] ❶*makker* friend, girlfriend ❷*geliefde* girlfriend

**vriendje** *o* [-s] ❶*makker* (little) friend, Am buddy ❷*geliefde* boyfriend

**vriendjespolitiek** *v* favouritism, nepotism

**vriendschap** *v* [-pen] friendship **✱**~*sluiten met* strike up a friendship with, make friends with, befriend **✱***uit* ~out of friendship, for the sake of friendship

**vriendschappelijk** I *bn* friendly, amicable **✱***een* ~*e wedstrijd* a friendly match **II** *bijw* in a friendly way, amicably

**vriendschapsband** *m* [-en] tie/bond of friendship **✱***de* ~*(en) nauwer aanhalen* tighten the bonds of friendship

**vriendschapsbetuiging** *v* [-en] profession of friendship

vr

**vriescel** *v* [-len] cold-storage room
**vriesdrogen** *overg* [vriesdroogde, h. gevriesdroogd] freeze-dry
**vrieskamer** *v* [-s] cold store, cold storage room
**vrieskist** *v* [-en] freezer, deep freeze
**vrieskou** *v* frost, nip
**vriespunt** *o* freezing point * *boven/onder/op het~* above/below/at freezing point
**vriesvak** *o* [-ken] freezing/ice compartment
**vriesweer** *o* frosty weather
**vriezen** *onoverg* [vroor, h. en is gevroren] freeze
* *het vriest hard/dat het kraakt* there's a heavy frost
* *het kan ~ of dooien* it could go either way
**vriezer** *m* [-s] freezer
**vrij I** *bn* ❶ *onbelemmerd* free, unrestricted * *~e arbeid* free labour * *een ~e economie* a free market economy * *~e geneesmiddelen* over-the-counter medicines, non-prescription drugs * *~e handel* free trade * *een ~ uitzicht* a free view * *het ~e woord* free speech * handel~ *aan boord* free on board * *~ van accijns* free/exempt from excise * *~ van dienst* off duty, free, exempt from duty * post~ *van port* post-free * *zo ~ als een vogeltje in de lucht* as free as a bird ❷ *gratis* free, complementary * *400 euro per maand en alles~* 400 euros a month all-inclusive ❸ *zonder verplichting of werk* free * *een ~e avond* an evening/a night out, a night off * *een ~e dag* a free day, a day off * onderw *een ~ kwartier* a break * *een ~e middag* a free afternoon, a half-holiday * *~e ogenblikken* leisure/spare moments * *~e tijd* spare time * *een ~ uur* a spare/leisure hour * *mijn ~e zondag* my Sunday out/off * *goed loon en veel~* a good wage and a lot of free time * *~ hebben* be off duty, have a holiday * *~ krijgen* get a holiday, be free * *~ vragen* ask for a (half-)holiday ❹ *niet bezet of besproken* not engaged, vacant * *de lijn is~* the line is clear * *deze taxi is~* this taxi is for hire ▼ *het staat u volkomen~ om...* you are complete free to/at liberty to... ▼ *mag ik zo ~ zijn om...?* may I take the liberty of...?, may I be so bold as to...? **II** *bijw* ❶ *vrijelijk* freely ❷ *tamelijk* rather, fairly, pretty * *~ goed* pretty good * *~ veel* quite/rather a lot * *~ wat...* a good deal of... * *~ wat meer* quite a lot more
**vrijaf** *bn* a holiday, a day/evening off * *~ geven* give some time off * *~ hebben* have a holiday * *~ nemen* take a holiday
**vrijage** *v* [-s] ❶ courtship ❷ fig flirtation
**vrijblijvend I** *bn* non-binding * *een ~ antwoord* a noncommittal answer * *een ~ gesprek* an informal talk * *een ~e offerte* a non-binding offer * *een ~e relatie bestaat niet* there's no such thing as a relationship without any strings attached **II** *bijw* without obligation, not bindingly * *u kunt~ rondkijken* feel free to look around
**vrijbrief** *m* [-brieven] charter, licence/Am license, permit * fig *iets beschouwen als een ~ om...* consider sth as a licence to...
**vrijbuiter** *m* [-s] freebooter

**vrijdag** *m* [-dagen] Friday * *Goede Vrijdag* Good Friday
**vrijdags I** *bn* Friday **II** *bijw* on Fridays
**vrijdenker** *m* [-s] freethinker
**vrijdom** *m* [-men] freedom, exemption
**vrijelijk** *bijw* freely
**vrijen I** *overg* [vrijde of vree, h. gevrijd of gevreeën] *het hof maken* court, woo **II** *onoverg* [vrijde of vree, h. gevrijd of gevreeën] ❶ *verkering hebben* go steady with sbd * *zij vrijt met de buurjongen* she's going out with the boy next door * *zij~ al jaren met elkaar* they've been going steady for years ❷ *kussen & pet*, neck * *een ~d paartje* a kissing/cuddling couple ❸ *neuken* make love, sleep * *~ met een meisje* make love to a girl, sleep with a girl * *veilig~* practice safe sex
**vrijer** *m* [-s] ❶ *geliefde* lover, boyfriend ❷ *kerel* man * *een oude~* a bachelor
**vrijerij** *v* [-en] love-making, courtship
**vrijersvoeten** *zn* [mv] *op~ gaan* go (out) courting
**vrijetijdsbesteding** *v* [-en] leisure activity
**vrijetijdskleding** *v* leisure/casual wear
**vrijgeleide** *o* [-n & -s] safe conduct * *onder~* under safe conduct
**vrijgemaakt** *bn* orthodox Reformed * *de ~e(n)* the orthodox Reformed
**vrijgesteld** *bn* exempt * *een ~e* a (paid) trade union official * scherts *de nieuwe ~en* yuppies, young urban professionals
**vrijgeven** *overg* [gaf vrij, h. vrijgegeven] ❶ *vrijlaten* release, free ❷ *beperkingen opheffen* decontrol * *~ voor publicatie* release for publication ❸ *vrijaf geven* give a holiday
**vrijgevig I** *bn* generous, liberal, open-handed **II** *bijw* generously &
**vrijgevigheid** *v* generosity, open-handedness, liberality
**vrijgevochten** *bn* easy-going, unconventional, afkeurend lawless, undisciplined
**vrijgezel** *m* [-len] bachelor
**vrijgezellenavond** *m* [-en] ❶ *voorafgaande aan huwelijksdag, voor mannen* stag party ❷ *voor vrouwen* hen party ❸ *avond voor alleenstaanden* singles night
**vrijgezellenbestaan**, **vrijgezellenleven** *o* bachelorhood
**vrijhandel** *m* free trade
**vrijhandelsassociatie** *v* * *Europese Vrijhandelsassociatie* European Free Trade Association, EFTA
**vrijhandelszone** *v* [-s] free-trade area, free zone
**vrijhaven** *v* [-s] free port
**vrijheid** *v* [-heden] liberty, freedom * *dichterlijke~* poetic licence * *~, gelijkheid en broederschap* liberty, equality and fraternity * *persoonlijke~* personal freedom * *~ van drukpers/van gedachte/van geweten* freedom of the press/of thought/of conscience * *~ van vergadering* freedom of association * *~ van het*

*woord* freedom of speech ∗ *geen* ~ *hebben om...* not be at liberty to... ∗ *de* ~ *nemen om...* take the liberty of/to..., make free to... ∗ *zich vrijheden veroorloven* take liberties ∗ *in* ~ *stellen* release, set free

**Vrijheidsbeeld** *o* Statue of Liberty

**vrijheidsbeperking** *v* [-en] restraint, restriction of freedom

**vrijheidsberoving** *v* deprivation of liberty, false imprisonment ∗ *wederrechtelijke* ~ unlawful detention, false imprisonment

**vrijheidsbeweging** *v* [-en] liberation movement

**vrijheidsboom** *m* [-bomen] tree of liberty

**vrijheidsoorlog** *m* [-logen] war of independence

**vrijheidsstraf** *v* [-fen] imprisonment

**vrijheidsstrijder** *m* [-s] freedom fighter

**vrijheidszin** *m* spirit of liberty

**vrijhouden** *overg* [hield vrij, h. vrijgehouden] ❶ reserveren keep free, reserve ∗ ‹in trein &› *een plaats voor iem.* ~ keep a place/seat for sbd ∗ *wat geld* ~ *voor...* set aside some money for... ❷ *schoonhouden* keep free of ∗ ~ *van ongedierte* keep vermin-free ❸ *betalen voor iem.anders* defray sbd's expenses, pay for ∗ *ik zal je* ~ I'll stand treat, I'll shout you

**vrijkaart** *v* [-en], **vrijkaartje** *o* [-s] free ticket, *inf* freebie

**vrijkomen** *onoverg* [kwam vrij, is vrijgekomen] ❶ *van iets afkomen* get off ∗ ~ *met de schrik* have a lucky escape ❷ *ontslagen worden* come out, be released ❸ *beschikbaar komen* become free/available ❹ *loskomen* be released

**vrijkopen** *overg* [kocht vrij, h. vrijgekocht] buy off, ransom, redeem

**vrijlaten** *overg* [liet vrij, h. vrijgelaten] ❶ *uit gevangenis &* release let out, liberate, set free ∗ *op borgtocht* ~ release on bail ❷ *niet verplichten* leave free, put no pressure on ∗ *iem. de handen* ~ leave/allow sbd a free hand ❸ *onbezet laten* leave free/vacant

**vrijlating** *v* [-en] ❶ release ∗ *jur voorwaardelijke* ~ parole ❷ *v. slaaf* emancipation

**vrijloop** *m* neutral ∗ *in de* ~ in neutral ∗ *de motor loskoppelen en in de* ~ *laten draaien* get into neutral and leave the motor idling

**vrijlopen** *onoverg* [liep vrij, is vrijgelopen] ❶ *sp* run clear ❷ *v. motor* idle

**vrijloten** *onoverg* [lootte vrij, is vrijgeloot] *hist mil* be balloted out

**vrijmaken I** *overg* [maakte vrij, h. vrijgemaakt] ❶ *free, liberate* ∗ *tijd* ~ make time for ∗ *de weg* ~ *voor* clear the way for ❷ *chem* release, set free **II** *wederk* [maakte vrij, h. vrijgemaakt] ∗ *zich* ~ disengage, extricate/free oneself

**vrijmarkt** *v* [-en] unregulated street market

**vrijmetselaar** *m* [-s & -laren] Freemason

**vrijmetselaarsloge** *v* [-s] ❶ Masonic lodge ❷ *gebouw* Masonic hall

**vrijmetselarij** *v* freemasonry

**vrijmoedig I** *bn* outspoken, frank, free, bold **II** *bijw* outspokenly &

**vrijmoedigheid** *v* frankness, outspokenness, boldness

**vrijpartij** *v* [-en] ❶ *inf* petting, necking ❷ *neuken vulg* screw, fuck

**vrijpion** *m* [-nen] passed pawn

**vrijplaats** *v* [-en] sanctuary, refuge, asylum

**vrijpleiten I** *overg* [pleitte vrij, h. vrijgepleit] clear, exonerate **II** *wederk* [pleitte vrij, h. vrijgepleit] ∗ *zich* ~ clear oneself

**vrijpostig I** *bn* bold, free, forward, pert **II** *bijw* boldly &

**vrijspraak** *v* acquittal ∗ ~ *wegens gebrek aan bewijs* acquittal on the grounds of lack of evidence

**vrijspreken** *overg* [sprak vrij, h. vrijgesproken] acquit, clear

**vrijstaan** *onoverg* [stond vrij, h. vrijgestaan] ❶ *toegestaan zijn* be permitted ∗ *het staat u vrij om...* you are free to... ❷ *alleen staan* stand apart from ∗ *sp de spits stond vrij* the striker was not covered

**vrijstaand** *bn* apart, free, detached ∗ *een* ~ *huis* a detached house ∗ *een* ~ *beeld* a free-standing statue ∗ *een* ~*e muur* a self-supporting wall ∗ *sp een* ~*e speler* an unguarded player

**vrijstaat** *m* [-staten] free state

**vrijstellen** *overg* [stelde vrij, h. vrijgesteld] exempt ∗ *van de betaling vrijgesteld worden* be exempted from payment

**vrijstelling** *v* [-en] exemption, freedom ∗ ~ *van belasting* exemption from taxation

**vrijster** *v* [-s] ❶ *geliefde* sweetheart ❷ *meisje* spinster ∗ *een oude* ~ an old maid, a spinster

**vrijuit** *bijw* freely, frankly ∗ *hij spreekt altijd* ~ he's very outspoken ∗ ~ *gaan* ‹geen schuld hebben› be free from blame; ‹ongestraft blijven› go (scot-)free

**vrijwaren** *overg* [vrijwaarde, h. gevrijwaard] ∗ ~ *voor/tegen* guarantee/protect/secure from, safeguard against, indemnify (against), guard from/against

**vrijwaring** *v* [-en] ❶ *bescherming* safeguarding, protection ❷ *m.b.t schadevergoeding* indemnification, indemnity ❸ *procedure* third-party proceedings/action

**vrijwaringsbewijs** *o* [-wijzen] letter of indemnity

**vrijwel** *bijw* nearly, almost ∗ *hij is* ~ *genezen* he's nearly better/cured ∗ ~ *alles wat men kan wensen* pretty well everything that one could wish for ∗ ~ *hetzelfde* much the same (thing) ∗ ~ *iedereen* almost everybody ∗ ~ *niets* next to nothing ∗ ~ *nooit* hardly ever ∗ ~ *onmogelijk* well-nigh impossible ∗ *ik ben er* ~ *zeker van* I'm all but certain of it

**vrijwillig I** *bn* voluntary, free ∗ *de* ~*e brandweer* a volunteer fire brigade **II** *bijw* voluntarily, freely, of one's own free will

**vrijwilliger** *m* [-s] volunteer

**vrijwilligersleger** *o* [-s] volunteer army

**vrijwilligerswerk** *o* voluntary/volunteer work

**vr**

**vrijwilligheid** v voluntariness
**vrijzinnig** I bn liberal ∗ een ∼e a liberal II bijw liberally
**vrille** v [-s] luchtv spin
**vrind** m [-en] mate, old chap, buddy, friend
**vroedvrouw** v [-en] midwife
**vroeg** I bn ❶ early ∗ de ∼e middeleeuwen the early Middle Ages ∗ neem de ∼e trein take the early train ❷ te vroeg untimely, premature ∗ zijn ∼e dood his untimely/premature death II bijw early, at an early hour, ‹eerder dan verwacht ook› ahead of time ∗ het is nog ∼ it's still early ∗ niets te ∼ none too soon ∗ 's morgens ∼ early in the morning ∗ te ∼ komen be early/ahead of time ∗ hij kwam ∼ he was/came ahead of time ∗ ∼ opstaan rise early ∗ ∼ of laat sooner or later ∗ van ∼ tot laat from early in the morning till late at night
**vroeger** I bn former, past, previous ∗ zijn ∼e vrienden his former friends ∗ de ∼e uitgaven the earlier editions ∗ in ∼e jaren in former years ∗ de ∼e president the ex-president II bijw ❶ eerder before, earlier ❷ eertijds formerly ∗ daar stond ∼ een molen there used to be a mill there ∗ van ∼ of old ∗ over ∼ vertellen talk about the old days
**vroegertje** o [-s] early start/finish ∗ het was een ∼ we had an early start
**vroegmis** v [-sen] RK early mass
**vroegrijp** bn precocious ∗ een ∼ kind a precocious child
**vroegst** I bn earliest ∗ de ∼e tijden the earliest times II bijw earliest ∗ op zijn ∼ at the earliest
**vroegte** v ∗ in de ∼ early in the morning, at an early hour
**vroegtijdig** I bn early, premature, untimely ∗ zijn ∼ dood his untimely death II bijw ❶ vroeg early, at an early hour ❷ te vroeg prematurely, before one's time
**vroegwijs** bn precocious
**vrolijk** I bn merry, cheerful ∗ een ∼e Frans a cheerful chap, a jolly fellow ∗ zich ∼ maken over make merry over II bijw merrily, cheerfully
**vrolijkheid** v mirth, merriment, cheerfulness ∗ grote ∼ onder het publiek great hilarity in the audience
**vroom** I bn devout, pious ∗ een vrome wens a pious wish II bijw devoutly, piously
**vroomheid** v devoutness, devotion, piety
**vrouw** v [-en] ❶ vrouwelijk persoon woman ∗ de ∼ des huizes the lady/mistress of the house ∗ een ∼ van de wereld a woman of the world ❷ echtgenote wife, plechtig spouse ∗ hoe is het met je ∼? how's your wife? ∗ tot ∼ nemen take as one's wife ❸ kaartsp queen
**vrouwelijk** I bn ❶ m.b.t. sekse female ∗ ∼e bloemen female flowers ∗ een ∼e kandidaat a woman candidate ❷ typisch voor een vrouw feminine ∗ ∼ gedrag feminine behaviour ❸ taalk feminine II o ∗ het ∼e in haar the woman in her
**vrouwelijkheid** v womanliness, feminity
**vrouwenarts** m [-en] gynaecologist, Am

gynecologist
**vrouwenbesnijdenis** v female circumcision
**vrouwenbeweging** v [-en] women's rights movement
**vrouwenblad** o [-bladen] women's magazine
**vrouwenemancipatie** v emancipation of women, women's liberation, inf women's lib
**vrouwengek** m [-ken] ladies' man, philanderer
**vrouwenhandel** m traffic in women, white slave trade
**vrouwenhater** m [-s] woman hater, misogynist
**vrouwenhuis** o [-huizen] women's centre/Am center
**vrouwenkiesrecht** o women's suffrage, votes for women
**vrouwenkleding** v woman's/women's dress
**vrouwenkwaal** v [-kwalen] female/women's complaint
**vrouwenoverschot** o surplus of women
**vrouwenstem** v [-men] woman's voice
**vrouwenwerk** o women's work
**vrouwenziekte** v [-n & -s] women's disease
**vrouwlief** v my dear, my dear wife
**vrouwmens** o [-en & -lui], **vrouwspersoon** [-sonen] woman, female
**vrouwonvriendelijk** bn anti-female, anti-women ∗ ∼e motorkleding motorbike clothing unsuitable for women ∗ deze afbeelding wordt zeer ∼ geacht the picture is viewed as being highly hostile towards women/as being highly anti-female ∗ hij is zeer ∼ he's a real male chauvinist
**vrouwspersoon** o [-personen] female
**vrouwtje** o [-s] ❶ kleine vrouw little woman ❷ echtgenote wif(e)y ❸ vrouwelijk dier female
**vrouwvolk** o women, womenfolk
**vrouwvriendelijk** bn pro-women, non-sexist
**vrucht** v [-en] fruit ∗ deze ∼en this fruit ∗ de ∼en der aarde/van zijn vlijt the fruits of the earth/of his industry ∗ ∼en op sap/in blik tinned fruit ∗ verboden ∼ is zoet forbidden fruit is sweet ∗ ∼en afwerpen, ∼ dragen/opleveren bear fruit ∗ de ∼(en) plukken van... reap the fruits of... ∗ aan de ∼en kent men de boom a tree is known by its fruit ∗ met ∼ with success, successfully ∗ zonder ∼ without avail
**vruchtafdrijving** v [-en] abortion
**vruchtbaar** bn ❶ veel vruchten gevend fruitful ❷ veel opleverend fertile, productive ∗ een ∼ schrijver a productive/prolific writer ❸ kinderen kunnen krijgen fertile
**vruchtbaarheid** v fruitfulness, fertility
**vruchtbeginsel** o [-s] plantk ovary
**vruchtboom** m [-bomen] fruit tree
**vruchtdragend** bn ❶ bomen & fruit-bearing ❷ fig fruitful
**vruchteloos** I bn fruitless, vain, futile, unavailing II bijw fruitlessly, vainly, in vain, without avail
**vruchtenbowl** m [-s] punch
**vruchtenijs** o fruit ice, sorbet

**vruchtensap** o [-pen] fruit juice
**vruchtenslaatje** o [-s] fruit salad
**vruchtensmaak** m fruit taste
**vruchtensuiker** m fruit sugar, fructose
**vruchtentaart** v [-en] fruit tart/pie
**vruchtenwijn** m fruit wine
**vruchtgebruik** o usufruct * *vermogen in* ~ property in usufruct
**vruchtgebruiker** m [-s] *ongeveer* beneficiary
**vruchtvlees** o plantk pulp
**vruchtwater** o amniotic fluid, inf the waters
**vruchtwaterpunctie** v [-s] amniocentesis
**vruchtzetting** v plantk setting
**VS** *afk* (Verenigde Staten) US, United States
**V-snaar** v [-snaren] V-belt
**V-teken** o [-s] V-sign
**vuig I** *bn* vile, sordid, base * ~*e laster* foul slander **II** *bijw* vilely &
**vuil I** *bn* **❶** *smerig* dirty, filthy, grimy, grubby * *er* ~ *uitziend* dingy * ~*e borden* used plates * *het* ~*e wasgoed* the soiled linen * ~ *weer* foul weather **❷** *gemeen* mean, low * *een* ~*e streek* a nasty trick **❸** *obsceen* dirty, obscene * ~*e taal* obscene language **II** *bijw* **❶** *kwaad* * *iem.* ~ *aankijken* give sbd a dirty look **❷** *obsceen* obscenely **❸** *gemeen* meanly, inf mean * ~ *spelen* play meanly/mean **III** o **❶** *viezigheid* dirt **❷** *vuilnis* refuse, rubbish, waste
**vuilafvoer** m waste removal
**vuilak** m [-ken] **❶** *vies mens* dirty fellow **❷** *onbehoorlijk mens* pig, skunk, slob
**vuilbek** m [-ken] foul-mouthed fellow
**vuilbekken** *onoverg* [vuilbekte, h. gevuilbekt] talk dirty, use dirty/filthy language
**vuilheid** v **❶** dirtiness, filthiness **❷** *obsceniteit* obscenity
**vuiligheid** v [-heden] **❶** filth, filthiness, dirt, dirtiness **❷** *obsceniteit* obscenity
**vuilmaken I** *overg* [maakte vuil, h. vuilgemaakt] (make) dirty, soil * *ik zal mijn handen niet* ~ *aan die vent* I'm not going to dirty my hands on somebody like that * *ik wil er geen woorden over* ~ I don't want to waste any words over it **II** *wederk* [maakte vuil, h. vuilgemaakt] * *zich* ~ dirty oneself
**vuilnis** v & o refuse, rubbish, Am garbage, trash * *het* ~ *buiten zetten* put out the refuse/garbage
**vuilnisauto** m ['s] Br dustcart, Am garbage/trash truck
**vuilnisbak** m [-ken] Br dustbin, Am garbage/trash can
**vuilnisbakkenras** o [-sen] *hond* mongrel
**vuilnisbelt** m & v [-en] Br refuse/rubbish dump, Am garbage dump/heap
**vuilnisemmer** m [-s] Br dustbin/rubbish bin, Am garbage/trash can
**vuilniskar** v [-ren] dustcart, refuse/rubbish cart
**vuilnisman** m [-sen] Br dustman, Am garbage man/collector
**vuilnisvat** o [-vaten] Br dustbin, Am garbage/trash can

**vuilniswagen** m [-s] Br dustcart, rubbish truck, Am garbage truck
**vuilniszak** m [-ken] Br rubbish bag, Am garbage/trash bag
**vuilspuiterij** v muckraking
**vuilstort** m & o, **vuilstortplaats** v [-en] rubbish/garbage dump
**vuiltje** o [-s] speck of dirt * fig *er is geen* ~ *aan de lucht* everything is going well
**vuilverbranding** v refuse incineration
**vuilverbrandingsoven** m [-s] refuse/rubbish/garbage incinerator
**vuilverwerking** v refuse processing, waste treatment
**vuist** v [-en] **❶** fist * *met de* ~ *op tafel slaan* bang one's fist on the table * *op de* ~ *gaan* take off the gloves, resort to fisticuffs * *voor de* ~ *weg* offhand, extempore, without notes; RTV unscripted * *een* ~ *maken* make a fist; fig get tough * *met ijzeren* ~ *regeren* rule with an iron hand **❷** *hamer* two-handed hammer
**vuistgevecht** o [-en] fist fight, fisticuffs
**vuistje** o [-s] (little) fist * *in zijn* ~ *lachen* laugh up one's sleeve * *uit het* ~ *eten* have a quick snack * *kaas uit het* ~ cheese cubes
**vuistregel** m [-s] rule of thumb
**vuistslag** m [-slagen] blow with the fist, punch, hit
**vuistvechter** m [-s] boxer, prize fighter
**vulgair I** *bn* vulgar **II** *bijw* vulgarly
**vulgarisatie** v [-s] vulgarization, popularization
**vulgariseren** *overg* [vulgariseerde, h. gevulgariseerd] vulgarize, popularize
**vulgariteit** v [-en] vulgarity
**vulgus** o the hoi-polloi, the rabble
**vulkaan** m [-kanen] volcano
**vulkanisch** *bn* **❶** volcanic **❷** *gesteente* igneous
**vulkaniseren** *overg* [vulkaniseerde, h. gevulkaniseerd] vulcanize
**vulkanisme** o volcanism
**vullen I** *overg* [vulde, h. gevuld] **❶** *vol maken* fill (up) * *de zakken* ~ fill one's pockets **❷** *opvullen* fill (up), stuff * *gevulde chocolade* chocolates with soft centres * *gevulde olijven* stuffed olives **❸** v. kies fill **❹** *doen opzwellen* inflate **❺** techn charge **II** *wederk* [vulde, h. gevuld] * *zich* ~ fill (up)
**vulling** v [-en] **❶** *vulsel* filling, ⟨v. kussen &⟩ padding, stuffing, ⟨in de keuken⟩ stuffing, ⟨v. bonbon⟩ centre/Am center **❷** v. kies filling **❸** *patroon* refill, cartridge
**vulmiddel** o [-len] filler, filling material
**vulpen** v [-sen] fountain pen
**vulpotlood** o [-loden] propelling pencil
**vulsel** o [-s] filling
**vulva** v vulva
**vuns** *bn* → **vunzig**
**vunzig** *bn* dirty, smutty
**vuren I** *bn* pine, deal **II** o firing * *het* ~ *staken* cease

**vu**

fire **III** *onoverg* [vuurde, h. gevuurd] <u>mil</u> fire ∗ ~ *op* fire at/on

**vurenhout** *o* pinewood, deal

**vurenhouten** *bn* pine, deal

**vurig** **I** *bn* **❶** *gloeiend* fiery, burning **❷** *hartstochtelijk* fiery, ardent ∗ *een* ~ *paard* a fiery horse ∗ *een ~e wens* an ardent wish **❸** *ontstoken* red, inflamed **II** *bijw* fierily, ardently, fervidly

**vurigheid** *v* **❶** *hartstocht* fieriness, ardour, temperament **❷** *ontsteking* redness, inflammation

**VUT** *v* (vervroegde uittreding) early retirement ∗ *met/in de* ~ *gaan* take early retirement

**vutter** *m* [-s] person on early retirement, *Am* young retiree

**vuur** *o* [vuren] **❶** *verschijnsel* fire ∗ *koud* ~ gangrene ∗ *heb je een ~tje?* got a light? ∗ *iem. het* ~ *na aan de schenen leggen* make it hot for sbd, put pressure on sbd ∗ ~ *maken* light a fire ∗ ~ *spuwen* spit fire ∗ ~ *en vlam spuwen* boil over with rage ∗ *ik heb wel voor hetere vuren gestaan* I've been up against worse things before ∗ ~ *vatten* catch fire; *fig* flare up ∗ *te* ~ *en te zwaard verwoesten* destroy by fire and sword ∗ *bij het* ~ *zitten* sit close to/near the fire ∗ *voor iem. door het* ~ *gaan* go through fire (and water) for sbd ∗ *in* ~ *en vlam zetten* set ablaze ∗ *met* ~ *spelen* play with fire ∗ *op het* ~ *zetten* put on the fire ∗ *iets uit het* ~ *weten te slepen* pull sth out of the fire **❷** *enthousiasme* ardour, fervour ∗ *in* ~ *(ge)raken over iets* warm (up) to sth ∗ *in het* ~ *van het gesprek* in the heat of the conversation ∗ *iem. met* ~ *verdedigen* defend sbd with fire/passion **❸** <u>mil</u> fire ∗ *onder* ~ under fire ∗ *tussen twee vuren* <u>mil</u> between two fires; *fig* between the devil and the deep sea **❹** *in hout* dry rot **❺** *in koren* blight

**vuurbaak** *v* [-baken], **vuurbaken** *o* [-s] beacon fire

**vuurbestendig** *bn* **❶** *bestand tegen vuur* fireproof, flameproof **❷** *hitte-afstotend* heat-resistant

**vuurbol** *m* [-len] fireball

**vuurdood** *m & v* death by fire

**vuurdoop** *m* baptism of fire

**vuurdoorn** *m* [-s] firethorn, pyracantha

**vuurgevaarlijk** *bn* armed and dangerous

**vuurgevecht** *o* [-en] gunfight, exchange of shots/fire

**vuurgloed** *m* glare, blaze, glow of fire

**vuurhaard** *m* [-en] hearth, fireplace

**vuurlijn** *v* [-en], **vuurlinie** [-s] <u>mil</u> firing line, line of fire

**vuurmond** *m* [-en] (muzzle of a) gun ∗ *tien ~en* ten guns

**vuurpeloton** *o* [-s] firing party/squad

**vuurpijl** *m* [-en] rocket

**vuurproef** *v* [-proeven] **❶** ordeal by fire **❷** <u>fig</u> crucial/acid test ∗ *het heeft de* ~ *doorstaan* it has stood the test

**vuurrood** *bn* **❶** *alg.* as red as fire, fiery red **❷** *blos* scarlet

**vuurspuwend** *bn* fire-spitting, spitting fire ∗ *een ~e*

*berg* a volcano

**vuursteen** **I** *o & m stofnaam* flint **II** *m* [-stenen] *voorwerpsnaam* flint

**vuurtje** *o* [-s] **❶** *alg.* small fire ∗ *een* ~ *stoken* make a fire ∗ *als een lopend* ~ like wildfire **❷** *voor sigaret & light*

**vuurtoren** *m* [-s] lighthouse

**vuurtorenwachter** *m* [-s] lighthouse keeper

**vuurvast** *bn* fireproof, flame-/heat-resistant ∗ *~e klei* fire clay ∗ *~e steen* fire stone, refractory brick ∗ *een ~e schaal* a fireproof/ovenproof dish

**vuurvlieg** *v* [-en] firefly

**vuurvreter** *m* [-s] **❶** *artiest* fire-eater **❷** *gehard soldaat* warhorse

**vuurwapen** *o* [-s & -en] firearm

**vuurwapenwet** *v* firearms act

**vuurwater** *o* firewater

**vuurwerk** *o* fireworks, pyrotechnic display, display of fireworks ∗ ~ *afsteken* let off fireworks

**vuurzee** *v* [-zeeën] sea of fire ∗ *het was één* ~ it was one sea of fire

**v.v.** *afk* (vice versa) vice versa

**VVV** *v* (Vereniging voor Vreemdelingenverkeer) ± Tourist Information Office

**vwo** *o* (voorbereidend wetenschappelijk onderwijs) pre-university education, <u>Br</u> ± grammar school, <u>Am</u> ± senior high school

# W

**W.** *afk* (west, westen) west

**w** *v* ['s] w

**WA** *v* (wettelijke aansprakelijkheid) third-party liability

**waadvogel** *m* [-s] wading bird, wader, shorebird

**waag I** *v* [wagen] ❶ *weegschaal* balance, scales ❷ *huis waar gewogen wordt* weighhouse, weighing house **II** *m waagstuk* gamble ★ *dat is een hele~* that's a risky business/a big gamble

**waaghals** *m* [-halzen] reckless person, daredevil

**waaghalzerij** *v* [-en] recklessness

**waagschaal** *v* [-schalen] balance ★ *zijn leven in de~ stellen* risk one's life, put one's life in the balance

**waagstuk** *o* [-ken] risky undertaking/venture

**waaien I** *onoverg* [waaide/woei, h. en is gewaaid] ❶ *v.* wind blow ★ *de appels~ van de bomen* the apples are being blown from the trees ★ *het waait* it's windy, there's a wind blowing ★ *het waait hard* it's very windy, there's a high wind, it's blowing a gale ★ *de wind waait uit het oosten* the wind is blowing from the east, the wind is coming from the east ★ *hij laat de boel maar~* he's letting things slide ★ *laat hem maar~!* just ignore him! ★ *laat maar~!* don't bother about it! ★ *met alle winden (mee)~* trim one's sails to the wind ❷ *v.* vlag & flutter in the wind ★ *een vlag laten~* hang out a flag **II** *overg* [waaide/woei, h. gewaaid] ★ *iem. met een waaier~* fan sbd ★ *zich~* fan oneself

**waaier** *m* [-s] ❶ *voor koelte* fan ❷ *uiteenlopende reeks* range, spectrum ★ *een~ van mogelijkheden* a whole range of possibilities

**waaierpalm** *m* [-en] fan palm, *Aus* cabbage palm

**waaiervormig I** *bn* fan-shaped **II** *bijw* in a fan-like manner, fan-wise

**waakhond** *m* [-en] watchdog, guard dog ★ *als een~* like a watchdog

**waaks** *bn* watchful, alert

**waakvlam** *v* [-men] pilot light/flame

**waakzaam** *bn* watchful, vigilant

**waakzaamheid** *v* vigilance, watchfulness

**Waal I** *m* [Walen] *Franstalige Belg* Walloon **II** *v rivier* Waal

**Waals I** *bn* Walloon ★ *de~e Kerk* the French Reformed Church **II** *o taal* Walloon

**Waalse** *v* [-n] Walloon

**waan** *m* erroneous idea, delusion ★ *iem. in de~ brengen* lead sbd to believe ★ *iem. in de~ laten dat...* leave sbd under the impression that... ★ *in de~ verkeren dat...* be under the misapprehension that... ★ *iem. uit de~ helpen* open sbd's eyes

**waandenkbeeld** *o* [-en], **waanidee** [-ideeën] delusion, fallacy, illusion

**waanvoorstelling** *v* [-en] delusion, hallucination

**waanwereld** *v* fantasy world ★ *in een~ leven* live in a fantasy world

**waanwijs** *bn* opinionated, conceited

**waanzin** *m* ❶ *krankzinnigheid* madness, insanity ❷ *onzin* nonsense

**waanzinnig I** *bn* ❶ *krankzinnig* mad, insane, deranged ★ *als~* like mad ❷ *onzinnig* stupid, crazy, mad ★ *een~ plan/idee* a crazy plan/idea **II** *bijw* very, extremely ★ *~ mooi* very beautiful ★ *~ verliefd* madly in love ★ *~ moeilijk* fiendishly difficult

**waanzinnige** *m-v* [-n] madman, madwoman, maniac, lunatic

**waar I** *v* [waren] ware(s), goods, commodity, inf stuff ★ *verboden~* banned articles, contraband ★ *alle~ is naar zijn geld* you only get what you pay for ★ *~ voor zijn geld krijgen* get (good) value for one's money, get one's money's worth **II** *bn* ❶ *waarheidsgetrouw* true ★ *dat is niet~, wat je nu zegt* what you're saying isn't true ★ *~ maken* prove, make good, live up to ★ *dat zal je mij~ maken* you'll have to prove that to me ★ *het is~, het zou meer kosten* (it's) true, it would cost more ★ *dat is~ ook, heb je...?* that reminds me, do you have ...?, well, now I come to think of it, do you have ...? ★ *daar is niets van~* there's not a word of truth in it ★ *zo~ als ik leef/ik hier voor je sta!* swear to God! so strike me dead!, as sure as I'm standing here! ❷ *echt* real, actual, true ★ *de ware reden* the real/actual reason ★ *haar ware liefde* her true love ★ *het ware geloof* the true religion ★ *een~ genoegen* a real/true pleasure ★ *daar is iets~s in* there is some truth in that ★ *hij is daarvoor de ware niet* he is not the right man for it ★ *dat is je ware* it's the real thing/the real McCoy, this is it! ❸ *vraagconstructie aan het eind van de zin* isn't it?/he &?, doesn't it/he &?, hasn't it/he &? ★ *(het is koud,) niet~?* (it's cold,) isn't it? ★ *(je houdt van vis) niet~?* (you like fish,) don't you? ★ *(jij hebt het gezegd,) niet~?* (that's what you said,) didn't you? ★ *(jij hebt het) niet~?* (you've got it,) haven't you? ★ *(wij zijn er) niet~?* (we're there,) aren't we? ★ ⟨uitdrukking v. verbazing⟩ *het is toch niet waar?* you don't say! really? **III** *bijw* ❶ *vragend* where, ⟨met voorzetsel⟩ what ★ *~ ga je naar toe?* where are you going? ★ *~ gaat het om?* what is it about? ❷ *betrekkelijk* where, ⟨met voorzetsel⟩ that, which ★ *de stad~ hij geboren is* the town where/in which he was born, the town he was born in ★ *dit is het boek~ ik het over had* this is the book that I talked about ★ *~ het ook zij* wherever it may be ★ *~ ook maar* wherever **IV** *voegw aangezien* plechtig since, as

**waaraan** *bijw* of/to/on/about what, of & which, of & whom ★ *de persoon~ ik gedacht heb* the person I've been thinking of, the person of whom I've been thinking ★ *~ denk je?* what are you thinking of/about? ★ *~ heeft hij dat te danken?* to what does he owe that?

**waarachter** *bijw* ❶ *v. zaken* behind which ❷ *v. personen* behind whom

**waarachtig I** *bn* true, veritable **II** *bijw* truly, really

wa

**⁕**√ surely!, certainly! **⁕**~? is it true? **⁕**~niet! certainly not!, not on your life! **⁕**ik weet het ~niet! I just I don't know! **⁕**en daar ging hij me ~weg! and he actually went away **⁕**daar is hij √ sure enough, there he is!

**waarbij** bijw at/by/in & which, on which occasion **⁕**een besluit, ~de rechten van de leden zijn beperkt decision which limits the members' rights **⁕**een ongeluk ~twee mensen zijn omgekomen an accident in which two people were killed

**waarbinnen** bijw within/in which

**waarborg** m [-en] **❶**zaak guarantee, security **❷**goud/zilver assay **❸**tegen ziekte & safeguard **❹**persoon guarantor

**waarborgen** overg [waarborgde, h. gewaarborgd] guarantee, warrant **⁕**~tegen safeguard/secure against

**waarborgfonds** o [-en] guarantee fund

**waarborgsom** v [-men] **❶**security, deposit **❷**borgtocht bail

**waarboven** bijw above/over which, above/over what, above/over whom

**waard** I m [-en] **❶**herbergier innkeeper, landlord, host **⁕**zoals de ~is, vertrouwt hij zijn gasten judge other people by your own standards **⁕**buiten de ~ rekenen overlook sth, not take everything into account **❷**mannelijke eend drake II v [-en] tussen rivieren river floodplains III bn **❶**zekere waarde hebbend worth **⁕**het is geen antwoord ~it isn't worth a reply **⁕**het aanzien niet ~not worth looking at **⁕**het is de moeite niet ~it isn't worth the trouble **⁕**(dank u!) het is de moeite niet √ no trouble (at all)!, don't mention it! **⁕**het is niet veel ~it isn't worth much **⁕**het is niets ~it's worth nothing **⁕**dat is al heel wat ~that's worth a good deal **⁕**het zou hem heel wat ~geweest zijn it would have meant a lot to him **⁕**(ik geef die verklaring) voor wat ze ~is for what it may be worth **⁕**hij was haar niet ~he wasn't worthy of her **⁕**je bent het niet ~dat... you don't deserve that... **❷**dierbaar plechtig dear **⁕**~e vriend dear friend **⁕**Waarde heer Dear Sir **⁕**mijn ~e! (my) dear friend

**waarde** v [-n] **❶**alg. value **⁕**handel ~n stocks and shares, securities, assets **⁕**de aangegeven ~the declared value **⁕**de belastbare ~the taxable value, the rateable value **⁕**de toegevoegde ~the added value, the value added **⁕**~hebben be of value **⁕**veel/weinig ~hebben have a lot of/little value **⁕**~hechten aan set value on, attach (great) value to **⁕**zijn ~ontlenen aan... owe its value to... **⁕**zijn ~behouden keep its value **⁕**in ~stijgen increase in value, go up **⁕**in ~verminderen fall in value, drop in value **❷**v. geld depreciate **⁕**iets naar ~schatten judge sth by its true merits **⁕**onder de ~verkopen sell for less than its value **⁕**ter ~van, tot een ~van to the value of **⁕**van ~of value, valuable **⁕**dingen van ~things of value, valuables **⁕**van geen ~of no value, valueless, worthless **⁕**van gelijke ~of the

same value **⁕**van grote ~of great value, valuable **⁕**van nul en gener ~null and void **⁕**van weinig ~of little value **⁕**normen en ~n norms and values **❸**getal op een meter reading **⁕**welke ~geeft de meter aan? what's the reading on the meter? what's on the meter? **❹**munten, postzegels denomination

**waardebepaling** v [-en] valuation, assessment

**waardebon** m [-nen & -s] **❶**als geschenk gift voucher **❷**voor gratis monster voucher, coupon

**waardedaling** v [-en] depreciation, decrease in value

**waardeloos** bn worthless **⁕**een ~idee a useless idea **⁕**een ~boek a rubbishy/trashy book

**waardeoordeel** o [-delen] value judgement/Am judgment

**waardepapieren** zn [mv] securities, stocks, negotiable paper **⁕**verhandelbare ~marketable securities

**waardepunt** m [-en] bij een spaaractie coupon

**waarderen** overg [waardeerde, h. gewaardeerd] **❶**op prijs stellen value, appreciate, esteem **⁕**ik heb zijn hulp zeer gewaardeerd I appreciated his help greatly **❷**schatten value, estimate, appraise **⁕**iets te hoog ~ overvalue something

**waardering** v [-en] **❶**tevredenheid appreciation **❷**het gewaardeerd worden appreciation, esteem **⁕**(geen/weinig) ~vinden meet with (no/little) appreciation **⁕**met ~spreken van speak with appreciation of **⁕**met alle ~voor while fully appreciating **❸**waardebepaling valuation, estimation, appraisal, assessment

**waarderingscijfer** o [-s] rating

**waardestijging** v [-en] increase in value, appreciation, increment

**waardevast** bn **❶**geld stable **⁕**een ~e munt stable currency **❷**rente index-linked, inflation-proof

**waardeverlies** o reduction in value

**waardevermeerdering** v [-en] rise/increase in value, appreciation

**waardevermindering** v [-en] depreciation, reduction in value

**waardeverschil** o [-len] difference in value

**waardevol** bn valuable, of (great) value **⁕**~e inlichting valuable information

**waardevrij** bn value-free, non-normative

**waardig** I bn worthy, dignified **⁕**een ~zwijgen a dignified silence **⁕**~zijn be worthy of **⁕**zich iets ~ tonen show o.s. to be worthy of something II bijw with dignity

**waardigheid** v [-heden] **❶**van houding & dignity **⁕**de menselijke ~human dignity **⁕**het is beneden zijn ~ it's beneath his dignity, it is beneath him **⁕**in al zijn ~in all his dignity **⁕**met ~with dignity **❷**ambt dignity, quality **⁕**in zijn ~van voorzitter in his capacity as chairman

**waardin** v [-nen] landlady, hostess

**waardoor** bijw **❶**waardoorheen through which **❷**waarom, hoe by which, by which means, whereby,

**wa**

how ∗ ∼*is hij gevallen?* what caused him to fall?, why did he fall?

**waarheen** *bijw* where, where... to, to what place ∗ ∼ *u ook gaat* wherever you may go

**waarheid** *v* [-heden] truth ∗ *de zuivere* ∼the truth and nothing but the truth ∗ *dat is een* ∼*als een koe* that's a truism, *inf* that's bleeding obvious ∗ *de* ∼ *spreken* speak the truth ∗ *de* ∼*zeggen* tell the truth, be truthful ∗ *iem. (ongezouten/vierkant) de* ∼*zeggen* tell sbd some home truths, give sbd a piece of one's mind ∗ *om de* ∼*te zeggen* to be quite honest ∗ *dat is dichter bij de* ∼that is nearer the truth ∗ *naar* ∼ truthfully, truly ∗ *de* ∼*geweld aandoen* do violence to the truth ∗ *de* ∼*ligt in het midden* the truth is somewhere in between

**waarheidlievend** *bn* truth-loving, truthful
**waarheidsgehalte** *o* degree of truth
**waarheidsgetrouw** *bn* truthful, faithful, true
**waarheidszin** *m* truthfulness, love of truth
**waarin** *bijw* where, in what/which
**waarlangs** *bijw* past which, along which
**waarlijk** *bijw* truly, indeed, sure enough ∗ *zo* ∼*helpe mij God Almachtig* so help me God

**waarmaken** *overg* [maakte waar, h. waargemaakt] prove, fulfil/Am fulfill ∗ *een belofte* ∼fulfil a promise ∗ *plannen* ∼put plans into effect ∗ *zich* ∼prove oneself, live up to expectations

**waarmee, waarmede** *bijw* ❶*betrekkelijk* with which ❷*vragend* what...with

**waarmerk** *o* [-en] ❶*alg.* stamp, authentication ❷*v. edele metalen* hallmark

**waarmerken** *overg* [waarmerkte, h. gewaarmerkt] ❶*een waarmerk aanbrengen* stamp ❷*v. edele metalen* hallmark ❸*echtheid verklaren* authenticate, attest, certify, validate

**waarna** *bijw* after which, whereupon
**waarnaar** *bijw* at what, to which ∗ ∼*kijkt hij?* what is he looking at? ∗ ∼*smaakt dat?* what does it taste like? ∗ *het doel* ∼*ik streef* the goal I'm aiming at
**waarnaast** *bijw* beside which, by the side of which, next to which
**waarneembaar** *bn* perceptible

**waarnemen** I *overg* [nam waar, h. waargenomen] ❶*met het oog &* observe, perceive, notice ❷*in acht nemen* observe, fulfil/Am fulfill ∗ *zijn plichten* ∼ perform/fulfil his duties ❸*uitvoeren* perform, look after ∗ *zijn zaken* ∼look after one's affairs ∗ *iems. belangen* ∼look after sbd's interests ❹*gebruik maken van* take, make the most of ∗ *de gelegenheid/kans* ∼take the opportunity/chance ❺*tijdelijk vervullen* take over temporarily ∗ *hij neemt de betrekking waar* he's taken over the position temporarily II *onoverg* [nam waar, h. waargenomen] fill in, stand in ∗ *tijdelijk* ∼*voor iem.* stand in for sbd, fill in for sbd

**waarnemend** *bn* acting, deputy, temporary
**waarnemer** *m* [-s] ❶*die opmerkt* observer ❷*plaatsvervanger* deputy, substitute, ⟨arts,

predikant⟩ locum

**waarneming** *v* [-en] ❶*met het oog &* observation, perception ∗ *uit eigen* ∼from one's own observations ❷*v. betrekking voor een ander* substitution, deputizing ∗ *een tijdelijke* ∼a temporary substitution; ⟨v. arts⟩ locum tenency ∗ *met de* ∼*belast* entrusted with deputizing

**waarnemingsfout** *v* [-en] observational error
**waarnemingspost** *m* [-en] observation post
**waarnemingsvermogen** *o* power(s) of observation, perceptive faculty

**waarom** I *bijw* ❶*reden* why ❷*om...* heen around what/which II *o* the why (and wherefore)
**waaromheen** *bijw* around which
**waaromtrent** *bijw* about which

**waaronder** *bijw* ❶*gelegen onder* under which ❷*waartussen* among whom ❸*inbegrepen* including... ∗ *sommige landen,* ∼*Denemarken* some countries, including Denmark

**waarop** *bijw* ❶*bovenop* on which ❷*waarna* upon which, after which, whereupon ∗ ∼*ik antwoordde...* to which I replied...

**waarover** *bijw* ❶*boven over wat* across which ❷*betreffende wat* about which

**waarschijnlijk** I *bn* probable, likely II *bijw* probably ∗ *hij zal* ∼*niet komen* he probably won't come/he isn't likely to come

**waarschijnlijkheid** *v* [-heden] probability, likelihood ∗ *naar alle* ∼*zal hij...* in all probability/likelihood he will...

**waarschuwen** I *overg* [waarschuwde, h. gewaarschuwd] ❶*voor gevaar &* warn, caution ∗ ∼ *voor/tegen* warn of/about, caution against, warn against ∗ *wees gewaarschuwd!* I'm warning you!, be warned! ∗ *ik waarschuw je niet meer* this is my final warning ❷*een sein geven* let know, tell ∗ *waarschuw me als het vijf uur is* let me know when it's 5 o'clock ❸*roepen* send for, alert, call ∗ *een dokter* ∼send for a doctor, call a doctor ∗ *de brandweer* ∼alert the fire brigade II *onoverg* [waarschuwde, h. gewaarschuwd] warn

**waarschuwing** *v* [-en] ❶*alg.* warning, admonition, caution ❷*politiedwang* warning notice
**waarschuwingsbord** *o* [-en] warning sign, danger sign
**waarschuwingsschot** *o* [-schoten] warning shot
**waarschuwingsteken** *o* [-s] warning sign
**waartegen** *bijw* against which
**waartegenover** *bijw* opposite which ∗ ∼*staat dat...* but on the other hand
**waartoe** *vnw* for which, what for ∗ ∼*dient dat?* what's the good?
**waartussen** *bijw* between which, what ... between
**waaruit** *bijw* from which, from what
**waarvan** *bijw* of which ∗ ∼*leeft hij?* what does he live on?
**waarvandaan** *bijw* from where/which
**waarvoor** *bijw* for what ∗ ∼*?* what for?, for what

**wa**

purpose?

**waarzeggen** *onoverg* [waarzegde, h. gewaarzegd, waargezegd] tell fortunes, predict the future \* *iem.* ~ tell sbd.'s fortune \* *zich laten* ~ have one's fortune told

**waarzegger** *m* [-s] fortune teller

**waarzeggerij** *v* fortune telling

**waas** *o damp* haze, mist, fig aura, air \* *in een* ~ *van geheimzinnigheid gehuld* shrouded in mystery \* *een* ~ *voor de ogen krijgen* get a haze/mist before one's eyes

**wacht** *m & v* [-en & -s] ❶ *het wacht houden* watch, guard \* *de* ~ *betrekken* mil mount guard; scheepv go on watch \* *de* ~ *hebben* mil be on guard; scheepv be on watch \* *de* ~ *houden* keep watch \* *de* ~ *overnemen* mil take over guard; scheepv take over the watch \* mil *op* ~ *staan* be on duty, stand guard \* fig *iem. de* ~ *aanzeggen* give sbd a warning ❷ *personen* guard, watchman, scheepv, mil watch \* *de* ~ *aflossen* mil relieve the guard; scheepv relieve the watch \* mil *de* ~ *in het geweer roepen* turn out the guard ❸ *nachtdienst* night duty \* *in de* ~ *zijn* be on night duty, be on call ❹ theat cue ❺ *wachten* waiting \* *ik zet u in de* ~ I'll put you on hold ▼ *in de* ~ *slepen* walk away with, spirit away

**wachtcommandant** *m* [-en] duty officer

**wachtdag** *m* [-dagen] *bij verzekering* qualifying day for sickness benefits

**wachtdienst** *m* mil guard duty, scheepv watch

**wachten I** *onoverg* [wachtte, h. gewacht] wait \* *wacht even!* just a moment! wait a minute! \* *wacht (even) je vergeet dat...* hang on/wait on! you forget that... \* *wacht (jij) maar!* just wait!, you wait! \* *dat kan* ~ it can wait \* *iem. laten* ~ keep sbd waiting \* ~ *met iets tot het laatste moment* leave sth till the last moment \* ~ *met schieten!* hold your fire! \* ~ *op* wait for \* *hij laat altijd op zich* ~ you always have to wait for him \* *u hebt lang op u laten* ~ you've kept us waiting for a long time \* *staan* ~ be waiting \* *wat u wacht/wat u te* ~ *staat* what awaits you/what is in store for you \* *ons wacht nog een zware strijd* difficult times lie ahead of us **II** *wederk* [wachtte, h. gewacht] \* *zich* ~ be on one's guard \* *zich wel om...* know better than to... \* *zich* ~ *voor iets* be on one's guard against sth \* *wacht u voor de hond!* beware of the dog! \* *wacht u voor zakkenrollers!* beware of pickpockets! watch out for pickpockets!

**wachter** *m* [-s] ❶ *bewaker* watchman, keeper ❷ astron satellite

**wachtgeld** *o* [-en] reduced pay, redundancy pay, unemployment pay \* *op* ~ *stellen* put on reduced pay

**wachtgelder** *m* [-s] sbd on reduced/redundancy pay

**wachthokje** *o* [-s] (bus) shelter

**wachthuisje** *o* [-s] ❶ mil sentry box ❷ *v. tram &* shelter

**wachtkamer** *v* [-s] ❶ *alg.* waiting room ❷ *in paleis &* anteroom ❸ mil guardroom

**wachtlijst** *v* [-en] waiting list

**wachtmeester** *m* [-s] sergeant

**wachtpost** *m* [-en] guard post

**wachtstand** *m* ❶ *v. tv-toestel &* standby, sleep ❷ *v. telefoon* hold \* *in de* ~ *zetten* put on hold

**wachttijd** *m* ❶ *alg.* waiting time/period ❷ *verzekering* qualifying period

**wachttoren** *m* [-s] watchtower

**wachtwoord** *o* [-en] ❶ password \* mil *het* ~ *uitgeven* give the word ❷ comput password ❸ *devies* watchword ❹ theat cue

**wad** *o* [-den] shoal, mudflat, shallows \* *de Wadden* the Dutch Wadden

**Waddeneilanden** *zn* [mv] Frisian Islands

**Waddenzee** *v* Wadden Sea

**waden** *onoverg* [waadde, h. en is gewaad] wade \* *ergens doorheen* ~ wade through something

**wadjan, wadjang** *m* [-s] wok

**wadlopen** *o* walking the mud flats

**wadloper** *m* [-s] sbd who walks the mud flats

**waf** *tsw hond* woof \* ~ (~)! woof-woof!, bow-wow!

**wafel** *v* [-s & -en] ❶ *koek* waffle, ‹dun› wafer ❷ *mond* inf trap

**wafelbakker** *m* [-s] waffle baker

**wafelijzer** *o* [-s] waffle iron

**waffel** *m* [-s] *mond* inf trap \* *hou je* ~! inf keep quiet!, vulg shut your trap!, shut up!

**wagen I** *m* [-s] ❶ *voertuig* vehicle, ‹auto› car, ‹rijtuig› carriage, coach, ‹kar› waggon, wagon, cart \* *krakende* ~*s duren/lopen het langst* cranky people live longer ❷ *v. schrijfmachine* carriage ▼ astron *de Wagen* Charles's Wain **II** *overg* [waagde, h. gewaagd] dare, risk, venture, hazard \* *het* ~ risk it \* *er alles aan* ~ risk one's all \* *er een euro aan* ~ put a euro on it \* *een kans(je)* ~ give it a try \* *hij waagt alles* he'll take anything on \* *daar waag ik het op* I'll risk it, I'll take the gamble, I'll take my chance on it \* *waag het niet!* don't you dare! \* *hij zal het niet* ~ he wouldn't dare, he wouldn't be game \* *hoe durft u het te* ~? how dare you (do it)? \* *wie niet waagt, die niet wint* nothing ventured, nothing gained \* *zijn leven* ~ risk one's life **III** *wederk* [waagde, h. gewaagd] \* *zich* ~ *aan iets* take the risk on sth \* *zich aan een voorspelling* ~ hazard a prophecy \* *zich op het ijs* ~ venture onto the ice

**wagenmenner** *m* [-s] ❶ *alg.* driver ❷ hist charioteer

**wagenpark** *o* [-en] ❶ fleet of cars ❷ *rollend materiaal* rolling stock, ‹plaats daarvoor› rolling stock depot ❸ mil artillery park, wagon park

**wagentje** *o* [-s] ❶ *winkel &* trolley ❷ *golf* caddy

**wagenwijd** *bijw* (very) wide \* ~ *open* wide open

**wagenziek** *bn* carsick, travel sick

**waggelen** *onoverg* [waggelde, h. en is gewaggeld] ❶ *alg.* stagger, totter, reel ❷ *v. eend* waddle

**wagon** *m* [-s] ‹voor reizigers› carriage, ‹voor vracht, gesloten› van, ‹voor vracht, open› wagon, truck

**wagonlading** *v* [-en] wagonload, truckload

**wajangpop** *v* [-pen] shadow puppet, wayang

puppet

**wak** o [-ken] hole in the ice, patch of thin ice

**wake** v [-n] watch, vigil

**waken** onoverg [waakte, h. gewaakt] ❶ *toezicht houden* watch ∗ ~ *bij* watch over, sit up with ∗ ~ *over* watch over, look after ∗ ~ *tegen/voor* (be on one's) guard against ∗ *ervoor* ~ *dat...* take care that..., make sure that... ∗ *een* ~*d oog hebben/houden op iem.* keep a watchful eye on sbd ❷ *wakker blijven* stay awake ∗ *in* ~*de toestand* awake ❸ *bij dode* hold a wake

**waker** m [-s] watchman, watcher

**wakker I** bn ❶ *wakend* awake, waking ∗ ~ *liggen* lie awake ∗ ~ *maken* wake, awake, waken, wake up ∗ ~ *roepen* wake (up), call up ‹›; fig evoke ∗ ~ *schrikken* start from one's sleep, wake up with a start ∗ ~ *schudden* shake up, rouse ∗ ~ *schudden uit zijn droom* rouse sbd from his dreams ∗ ~ *worden* wake up, awake ∗ *ik lig er niet van* ~ I'm not going to lose any sleep over it ❷ *waakzaam* awake, vigilant ❸ *flink* smart, spry, brisk ∗ *een* ~*e jongen* a smart boy **II** bijw smartly, briskly

**wal** m [-len] ❶ *langs water* bank, coast, shore, ‹kade› quay, embankment ∗ *aan (de)* ~ ashore, on shore ∗ *aan* ~ *brengen* land ∗ *aan* ~ *gaan* go ashore ∗ fig *aan lager* ~ *geraken* go downhill, come down in the world, go to the dogs ∗ fig *aan lager* ~ *zijn* be down and out ∗ *handel van de* ~ *ex* quay ∗ *van de* ~ *in de sloot* out of the frying pan into the fire ∗ *van* ~ *steken* scheepv push off, shove off; fig start, go ahead ∗ *steek maar eens van* ~*!* fire away! ∗ *van twee* ~*letjes eten* play a double game, have your cake and eat it too ❷ *verdedigingswal* mil rampart, city wall ▼ *de* ~*len, de* ~*letjes* the red light district ▼ ~*len onder de ogen* bags under the eyes

**waldhoorn, waldhoren** m [-s] muz French horn

**walgelijk I** bn disgusting, revolting, nauseating **II** bijw disgustingly, revoltingly, nauseatingly ∗ ~ *braaf* disgustingly/nauseatingly good ∗ ~ *zoet* revoltingly/nauseatingly sweet

**walgen** onoverg [walgde, h. gewalgd] be nauseated, be disgusted ∗ *ik walg ervan* It turns my stomach ∗ *tot je ervan walgt* until you become disgusted with it ∗ *ik walg van mezelf* I loathe myself ∗ *iem. doen* ~ fill sbd with disgust, turn sbd's stomach ∗ *tot* ~*s toe* to the point of vomiting

**walging** v loathing, disgust, nausea

**walhalla** o Valhalla

**Walin** v [-nen] Walloon

**walkietalkie** m [-s] walkie-talkie

**walkman** ® m [-s] Walkman

**wallingant** m [-en] ZN Walloon nationalist

**Wallonië** o the Walloon provinces

**walm** m [-en] smoke

**walmen** onoverg [walmde, h. gewalmd] smoke

**walnoot** v [-noten] walnut

**walrus** m [-sen] walrus

**wals I** m & v [-en] *dans* waltz **II** v [-en] *pletrol* roller, cylinder, ‹wegwals› steamroller

**walsen I** onoverg [walste, h. gewalst] *dansen* waltz **II** overg [walste, h. gewalst] *pletten* roll, ‹een wegdek› steamroll

**walserij** v [-en] techn rolling mill

**walstro** o bedstraw

**walvis** m [-sen] whale

**walvisachtig** bn whale-like, cetacean

**walvisachtigen** zn [mv] whales, cetaceans

**walvisjager** m [-s] whaler

**walvistraan** m whale oil

**walvisvaarder** m [-s] whaler

**walvisvaart** v whaling, whale fishing

**walvisvangst** v whale fishery, whaling

**wan I** v [-nen] *werktuig* winnow **II** afk, **WAN** (wide-area network) comput WAN

**wanbegrip** o [-pen] false notion, misconception, fallacy

**wanbeheer, wanbeleid** o mismanagement

**wanbetaler** m [-s] defaulter

**wand** m [-en] ❶ *muur* wall, ‹tussenwand› partition ❷ *v. berg, schip* side ❸ *v. rots, steil* face ❹ *v. buis, ader* & wall

**wandaad** v [-daden] crime, outrage, misdeed

**wandbekleding** v [-en] wallcovering

**wandel** m ❶ *wandeling* walk, stroll ∗ *aan de* ~ *zijn* be out for a walk ∗ *het is een hele* ~ *van Eindhoven naar Helmond* it's quite a walk from Eindhoven to Helmond ❷ *gedrag* conduct, behaviour

**wandelaar** m [-s] walker, ‹lange afstanden› hiker

**wandelen** onoverg [wandelde, h. en is gewandeld] walk, take a walk, ‹lange afstanden› hike ∗ *gaan* ~ go for a walk ∗ *met de hond gaan* ~ take the dog for a walk ∗ ~ *naar (over)* walk to (over/on)

**wandelend** bn walking ∗ *een* ~ *blad* a leaf insect ∗ *de Wandelende Jood* the Wandering Jew ∗ *een* ~*e nier* a floating kidney ∗ *een* ~*e tak* a stick insect ∗ *een* ~ *geraamte* a walking skeleton ∗ *hij is een* ~ *woordenboek* he is a walking dictionary/a dictionary on legs

**wandeletappe** v [-s] ❶ *bij wielrennen* slow stage ❷ *wandelen* stretch (of a long-distance walking trail)

**wandelgang** m [-en] lobby ∗ *dat wordt in de* ~*en gezegd* (parliamentary) rumour has it that, unofficially it's been said that

**wandeling** v [-en] walk, stroll ∗ *een* ~ *maken* go for/take a walk ∗ *in de* ~ *... genoemd* popularly called .../popularly known as ...

**wandelkaart** v [-en] ❶ *landkaart* hiking/walking map ❷ *toegangskaart* walking permit

**wandelpad** o [-paden] footpath

**wandelpas** m [-sen] walking pace

**wandelschoen** m [-en] walking shoe, ‹stevig› walking/hiking boot

**wandelsport** v hiking

**wandelstok** m [-ken] walking stick

**wandeltempo** o walking pace

**wandeltocht** m [-en] walking tour, hike

**wa**

**wandelwagen** *m* [-s] pushchair, buggy, stroller
**wandelweg** *m* [-wegen] walk(way), footpath
**wandkaart** *v* [-en] wall map
**wandkast** *v* [-en] wall cabinet
**wandkleed** *o* [-kleden] (wall) tapestry
**wandluis** *v* [-luizen] (bed)bug
**wandmeubel** *o* [-s] wall unit
**wandrek** *o* [-ken] wall bars
**wandschildering** *v* [-en] mural painting, mural, wall painting
**wandtapijt** *o* [-en] tapestry, wall hangings
**wandversiering** *v* [-en] mural/wall decoration
**wanen** *overg* [waande, h. gewaand] imagine, think * *iem. verloren/dood* ~ presume sbd (is) lost/dead * *zich gelukkig* ~ imagine oneself happy
**wang** *v* [-en] cheek
**wangedrag** *o* bad conduct, misconduct, misbehaviour
**wangedrocht** *o* [-en] monster, monstrosity
**wangzak** *m* [-ken] cheek pouch
**wanhoop** *v* despair * *uit* ~ in despair * *de* ~ *nabij zijn* be on the verge of despair
**wanhoopsdaad** *v* [-daden] act of despair, desperate act
**wanhoopskreet** *m* [-kreten] cry of despair
**wanhopen** *onoverg* [wanhoopte, h. gewanhoopt] despair (*aan* of)
**wanhopig** *bn* desperate, despairing * *een* ~*e blik/poging* a desperate look/effort * *iem.* ~ *maken* drive sbd to despair, drive sbd mad * * ~ *worden* give way to despair * *het is om* ~ *te worden* it drives you to despair * * ~ *zijn* be in despair
**wankel** *bn* ❶ *alg.* unstable, unsteady, shaky * *een* ~ *evenwicht* a shaky balance * *een* ~*e stoel* a rickety chair ❷ *fig* rickety, delicate * *een* ~*e gezondheid* delicate health
**wankelen** *onoverg* [wankelde, h. en is gewankeld] ❶ *alg.* totter, stagger, reel * *een slag die hem deed* ~ a staggering blow, a blow that sent him reeling ❷ *fig* waver * *fig aan het* ~ *brengen* undermine, shake, put to the test * *fig aan het* ~ *raken* begin to waver
**wankelmoedig** *bn* wavering, vacillating, irresolute
**wankelmotor** *m* [-s & -toren] Wankel engine
**wanklank** *m* [-en] ❶ *geluid* discordant sound, dissonance ❷ *fig* jarring/false note
**wanneer I** *bijw* when **II** *voegw* ❶ *v. tijd* when * * ~ ... *ook* whenever ❷ *indien* if
**wannen** *overg* [wande, h. gewand] winnow, fan
**wanorde** *v* disorder, confusion * *in* ~ *brengen* throw into disorder, confuse, disarrange
**wanordelijk** *bn* disorderly, in disorder
**wanordelijkheid** *v* [-heden] disorderliness * *wanordelijkheden* disturbances, disorders
**wanprestatie** *v* [-s] ❶ hopeless showing/performance, complete failure ❷ *jur* default
**wansmaak** *m* [-smaken] bad taste
**wanstaltig** *bn* misshapen, deformed

**want I** *v* [-en] *vuisthandschoen* mitten **II** *o* ❶ *scheepv* rigging * *lopend* ~ running rigging * *staand* ~ standing rigging ❷ *visnetten* nets **III** *voegw* for, as, because
**wanten** *onoverg* [wantte, h. gewant] * *hij weet van* ~ he knows the ropes
**wantoestand** *m* [-en] abuse, wrong
**wantrouwen I** *overg* [wantrouwde, h. gewantrouwd] distrust, suspect **II** *o* distrust (*in* of), suspicion
**wantrouwend, wantrouwig I** *bn* distrustful, suspicious **II** *bijw* distrustfully, suspiciously
**wanverhouding** *v* [-en] disproportion, imbalance
**WAO** *v* (Wet op de Arbeidsongeschiktheidsverzekering) Dutch disability scheme, Disability Insurance Act
**WAO'er** *m* [-s] ❶ recipient of disability benefits ❷ inf person on disability benefits
**WAO-gat** *o* [-gaten] drop in disability payments
**wapen** *o* [-s &-en] ❶ *strijdmiddel* weapon, ‹alleen mv› arms * *de* ~*s dragen* bear arms * *de* ~*s/*~*en opnemen/opvatten* take up arms * *de* ~*s neerleggen* lay down arms * *onder de* ~*en komen* join the army * *onder de* ~*en roepen* call up, conscript * *chemische* ~*s* chemical weapons * *iem. met zijn eigen* ~*en bestrijden* beat sbd at their own game * *te* ~! to arms! ❷ *legerafdeling* [-s] arm of service, arm * *het* ~ *der infanterie/artillerie* the infantry/artillery arm, the infantry/artillery * *bij welk* ~ *dient hij?* which of the services is he in? ❸ [-s] herald arms, coat of arms
**wapenarsenaal** *v* [-nalen] arsenal, arms depot
**wapenbeheersing** *v* arms control
**wapenbezit** *o* possession of (fire)arms * *iem. arresteren wegens verboden* ~ arrest sbd for illegal possession of firearms
**wapenbroeder** *m* [-s] comrade in arms, brother in arms, companion in arms
**wapendepot** *o & m* [-s] arms depot
**wapendracht** *v* ZN possession of weapons
**wapenembargo** *o* ['s] arms embargo
**wapenen I** *overg* [wapende, h. gewapend] arm **II** *wederk* [wapende, h. gewapend] * *zich* ~ arm oneself, arm * *ook fig zich* ~ *tegen* arm oneself against
**wapenfabriek** *v* [-en] arms factory
**wapenfeit** *o* [-en] ❶ feat of arms, heroic deed ❷ *fig* achievement
**wapengekletter** *o* clash/clang/din of arms
**wapengeweld** *o* force of arms
**wapenhandel** *m* ❶ *koop & verkoop* trade in arms, geringsch arms traffic ❷ *gebruik* mil use of arms
**wapenindustrie** *v* arms/armaments industry
**wapening** *v* ❶ mil arming, armament, equipment ❷ *v. beton &* reinforcement, armature
**wapenkunde** *v* herald heraldry
**wapenleverantie** *v* [-s] arms supply
**wapenrusting** *v* [-en] hist (suit of) armour
**wapenschild** *o* [-en] coat of arms

**wapensmid** *m* [-smeden] armourer

**wapensmokkel** *m* gunrunning, arms smuggling

**wapenspreuk** *v* [-en] motto

**wapenstilstand** *m* [-en] armistice

**wapenstok** *m* [-ken] truncheon, baton

**wapentuig** *o* weapons, arms

**wapenvergunning** *v* [-en] gun licence/Am license

**wapenwedloop** *m* arms race

**wappen** *onoverg* [wapte, h. gewapt] comput wap

**wapperen** *onoverg* [wapperde, h. gewapperd] ❶ *vlag* fly, blow, flutter, flap ❷ *haar* wave, stream ❸ *handen* use ✻ *laat je handjes eens ~!* get to work! do something! ✻ *met iets ~* wave sth about

**war** *v* ✻ *in de ~* tangled, in a tangle, in confusion, confused ✻ *iem. in de ~ brengen* put sbd out, confuse sbd ✻ *in de ~ maken* ⟨personen⟩ confuse, disconcert; ⟨dingen⟩ disarrange, muddle up, ⟨v. garen, haar &⟩ tangle, tumble, ⟨v. kleren⟩ rumple ✻ *in de ~ raken* ⟨v. personen⟩ be put out; ⟨v. dingen⟩ get entangled, get mixed up, be thrown into confusion ✻ *in de ~ gooien/sturen* make a mess of ✻ *een openbare bijeenkomst in de ~ sturen* break up a public meeting ✻ *in de ~ zijn* ⟨v. persoon⟩ be confused, be at sea, ⟨niet goed bij verstand⟩ be (mentally) disturbed; ⟨v. dingen⟩ be in confusion, be in a tangle, be at sixes and sevens ✻ *mijn maag is in de ~* my stomach is out of order, is upset ✻ *het weer is in de ~* the weather is unsettled ✻ *uit de ~ halen* disentangle

**warande** *v* [-n & -s] park, pleasure ground

**warboel** *m* [-en] confusion, muddle, mess, tangle, mix-up

**ware** *ww* ✻ *als het ~* so to speak, as it were ✻ *~ het niet dat...* were it not for...

**warempel** *tsw* really, truly

**waren I** *onoverg* [waarde, h. gewaard] ❶ *alg.* wander, roam ❷ *v. spoken* haunt **II** *zn* [mv] wares, goods, commodities

**warenhuis** *o* [-huizen] *winkelbedrijf* department store(s), stores

**warenwet** *v* Food and Drugs Act

**warhoofd** *o & m-v* [-en] scatterbrain

**warkruid** *o* dodder

**warm I** *bn* warm, ⟨heet⟩ hot ✻ *een ~e ontvangst* a warm/warm-hearted welcome ✻ *de ~e maaltijd* dinner ✻ *~e kleuren/licht* warm colours/light ✻ *een ~ voorstander van* a fervent supporter of ✻ ⟨bij spelletjes⟩ *je bent ~!* you're getting ~er! ✻ *het wordt ~* ⟨v. weer⟩ it's getting warm, the weather's getting warm; ⟨binnenskamers⟩ the room is warming up ✻ *het ~ hebben* be warm ✻ *het eten ~ houden* keep the dinner warm ✻ *hij wordt er niet ~ of koud van* it doesn't affect him one way or the other ✻ *iem. ~*

*maken voor iets* rouse sbd's interest in sth, make sbd enthusiastic for sth ✻ *~e baden* hot baths, thermal baths ✻ *~e bronnen* thermal springs ✻ *als ~e broodjes verkocht worden/over de toonbank gaan* sell like hot cakes **II** *bijw* warmly, hotly ✻ *~ aanbevelen* recommend warmly ✻ *het zal er ~ toegaan* there'll be quite a fight

**warmbloedig** *bn* ❶ *dieren* warm-blooded ❷ *vurig* hot-blooded, passionate

**warmdraaien** *onoverg* [draaide warm, h. warmgedraaid] ❶ warm up ❷ *fig* warm up, tune up

**warmen** *overg* [warmde, h. gewarmd] warm (up), heat ✻ *zich ~ (aan)* warm oneself (on) ✻ *warm je eerst eens* warm (yourself) up first

**warming-up** *m* sp warm-up

**warmlopen** *onoverg* [liep warm, h. warmgelopen] ❶ *techn* get hot ❷ *sp* warm up, limber up ✻ *zich ~ warm up* ❸ *fig* warm to, kindle to ✻ *hij liep niet echt warm voor ons plan* he hadn't really warmed to our plan

**warmpjes** *bijw* ✻ *er ~ bij zitten* be well off

**warmte** *v* ❶ warmth, heat ✻ *bij zo'n ~* in such hot weather, in such a heat ✻ *met ~ verdedigen* defend warmly ❷ *enthousiasme* ardour, fervour, passion

**warmtebron** *v* [-nen] source of heat

**warmtegeleider** *m* [-s] conductor of heat, heat conductor

**warmte-isolatie** *v* heat insulation

**warmteleer** *v* theory of heat, thermodynamics

**warmteverlies** *o* [-liezen] loss of heat

**warmwaterkraan** *v* [-kranen] hot-water tap/Am faucet

**warmwaterkruik** *v* [-en] hot-water bottle

**warrant** *m* [-s] *aandelenwarrant, aandelenkooprecht* warrant, share purchase warrant, stock purchase warrant

**warrig** *bn* ❶ tangled, knotted ❷ *fig* confused, muddled

**wars** *bn* ✻ *~ van* averse to

**Warschau** *o* Warsaw

**wartaal** *v* nonsense, gibberish ✻ *allerlei ~ uitslaan* talk gibberish, talk double Dutch ✻ *~ spreken* ramble, rave on, ⟨bij koorts⟩ be delirious

**wartel** *m* [-s] swivel

**warwinkel** *m* [-s] mess, muddle, tangle, mix-up

**was I** *m wasgoed, wasbeurt, het wassen* wash, laundry ✻ *de bonte/witte ~* the coloured/white wash ✻ *de fijne ~* the delicate fabrics ✻ *de schone ~* the clean linen ✻ *de vuile ~* the dirty washing, the soiled linen ✻ fig *de vuile ~ niet buiten hangen* not air one's dirty linen in public ✻ *zij doet zelf de ~* she does the washing herself ✻ *een ~je draaien* do the laundry ✻ *in de ~ doen* put in the wash ✻ *het blijft goed in de ~* it will wash well, it won't shrink in the wash ✻ *in de ~ doen* put in the wash ✻ *de ~ uit huis doen* send the washing out (to the laundry) **II** *m & o vettige substantie* wax ✻ *slappe ~* dubbin ✻ *goed in de slappe ~ zitten* be well off ✻ *als ~ in iems. handen* be like

wa

putty in someone's hands **III** *m stijging* rise
**wasautomaat** *m* [-maten] (automatic) washing machine
**wasbaar** *bn* washable
**wasbak** *m* [-ken] basin, washbasin
**wasbeer** *m* [-beren] raccoon
**wasbenzine** *v* benzine
**wasbeurt** *v* [-en] wash, washing
**wasbord** *o* [-en] washboard, scrubbing board
**wasdag** *m* [-dagen] washing day
**wasdom** *m* growth
**wasdroger** *m* [-s] dryer/drier, tumble dryer/drier
**wasem** *m* [-s] vapour, steam
**wasemen** *onoverg* [wasemde, h. gewasemd] steam
**wasemkap** *v* [-pen] range hood, cooker hood
**wasgelegenheid** *v* [-heden] washing facilities ∗ *een ~ kamer met ~* a room with bathroom facilities
**wasgoed** *o* washing, laundry
**washandje** *o* [-s] facecloth, Aus face washer, Am washcloth, Br flannel
**washok** *o* [-ken] wash house
**wasknijper** *m* [-s] clothes peg
**waskom** *v* [-men] basin, washbasin
**waslijn** *v* [-en] clothes line
**waslijst** *v* [-en] ❶ laundry list ❷ fig shopping list ∗ *een ~ van klachten* a long list of complaints, a shopping list of complaints
**wasmachine** *v* [-s] washing machine
**wasmand** *v* [-en] laundry basket
**wasmiddel** *o* [-en] detergent, washing powder
**waspoeder, waspoeier** *o & m* [-s] washing powder, soap powder
**wasprogramma** *o* ['s] washing programme/Am program
**wasrek** *o* [-ken] clothes horse
**wassen I** *overg* [waste, h. gewassen] ❶ *schoonmaken* wash ∗ *zich ~* wash oneself, wash ∗ *zich schoon ~* wash oneself completely ∗ *een tekening ~* put a wash over a drawing ❷ *reinigen* wash up **II** *onoverg* [waste, h. gewassen] ❶ wash, do the washing ❷ *voor anderen* take in washing ∗ *voor iem. ~* do the wash/laundry for sbd **III** *onoverg* [wies, is gewassen] ❶ *groeien* grow ∗ *de maan is aan het ~* the moon is on the increase/is waxing ❷ *v. water* rise ∗ *~d water* rising water **IV** *overg* [waste, h. gewast] *met was bestrijken* wax **V** *bn* wax(en)
**wassenbeeld** *o* [-en] wax figure, wax dummy
**wassenbeeldenmuseum** *o* [-seums, -sea] waxwork show, waxworks museum
**wasserette** *v* [-s] launderette/laundrette, laundromat
**wasserij** *v* [-en] laundry
**wasstraat** *v* [-straten] carwash
**wastafel** *v* [-s] washbasin, washstand ∗ *een vaste ~* a fitted washbasin
**wastobbe** *v* [-n & -s] washtub
**wasverzachter** *m* [-s] fabric softener
**wasvoorschrift** *o* [-en] washing instructions

**wasvrouw** *v* [-en] washerwoman, laundress
**waswater** *o* ❶ *water om mee te wassen* water for washing ❷ *vuil water* dirty water, techn washings
**waszak** *m* [-ken] laundry bag
**wat I** *vragend vnw* what ∗ *~ is er?* what is the matter? ∗ *~ zegt hij?* ‹wat vindt hij ervan› what does he say?; ‹ik hoor niet› what is he saying? ∗ *mooi, ~?* beautiful, isn't it? ∗ *~ nieuws?* what news? ∗ *~ voor een man is hij?* what kind of a man is he? ∗ *ik weet ~ voor moeilijkheden er zijn* I know what difficulties there are ∗ *~, meent u het?* do you really mean that? ∗ *wel, ~ zou dat?* well, what of it? ∗ *en al zijn we arm, ~ zou dat?* even though we're poor, what does it matter? ∗ *en ~ al niet* and what not **II** *uitroepend vnw* what, how ∗ *~ een mooie bomen!* what lovely trees! ∗ *~ een idee!* what an idea! ∗ *~ was ik blij!* how glad I was! ∗ *~ liepen ze!* how they ran! ∗ *~ mooi!* how lovely! ∗ *~ dan nog!* so what! ∗ *weet je ~?, we gaan...* you know what/I'll tell you what, let's... **III** *onbep vnw* something ∗ *het is me ~!* it's something awful! ∗ *ja, jij weet ~!* fat lot you know! ∗ *~ je zegt!* as you say!, indeed! ∗ *hij zei ~* he said something ∗ *~ hij ook zei, ik...* whatever he said I... ∗ *voor ~ hoort ~* nothing for nothing ∗ *heel ~ last* a good deal/a lot of trouble ∗ *heel ~ mensen* a good many/quite a few people ∗ *dat is heel ~* that's saying a good deal ∗ *het scheelt heel ~* it makes quite a difference ∗ *hij kent vrij ~* he knows quite a lot of things ∗ *~ nieuws* something new ∗ *~ papier* some paper **IV** *betr vnw* ❶ *zonder antecedent* what ❷ *met antecedent* which, that ❸ *met ook* whatever ∗ *alles ~ ik heb* all (that) I have ∗ *doe ~ ik zeg* do as I say ∗ *~ je ook doet, doe het goed* whatever you do, do it right ∗ *hij zei dat hij het gezien had, ~ een leugen was* he said he had seen it, which was a lie **V** *bijw* ❶ *een beetje* a little, somewhat, slightly, rather ∗ *hij was ~ beter* a little better ∗ *wel ~ laat* rather late ❷ *heel erg* very, quite ∗ *hij was ~ blij* he was very glad, inf that pleased ∗ *(het is) ~ vervelend* awfully funny
**water** *o* [-s & -en] *vloeistof* water ∗ *hard/zacht ~* hard/soft water ∗ *hoog/laag ~* high/low water, high/low tide ∗ *op sterk ~ zetten* preserve something in alcohol ∗ *vlug als ~* as fast as lightning ∗ *de ~ en van Nederland* the waters of Holland ∗ *stille ~ s hebben diepe gronden* still waters run deep ∗ *het ~ loopt je ervan in je mond* it makes your mouth water ∗ *Gods ~ over Gods akker laten lopen* let things drift, let things take their course ∗ *er zal nog heel wat ~ door de Rijn lopen (eer het zover is)* much water will have to flow under the bridge ∗ *er valt ~* it's raining ∗ *ze zijn als ~ en vuur* they're like cats and dogs, they can't stand each other ∗ *~ in de wijn doen* eig put water in one's wine; fig be willing to compromise ∗ *~ naar de zee dragen* carry coals to Newcastle ∗ *het ~ hebben* suffer from dropsy ∗ *het ~ in de knieën hebben* have water on the knees ∗ *~ binnen krijgen* ‹drenkeling› swallow water; ‹schip› make water ∗ scheepv *~ maken* make water ∗ *bij laag ~* at low

water, at low tide * *(zich) het hoofd boven ~ houden*
keep one's head above water * *weer boven ~ komen*
turn up again, reappear * *in het ~ vallen* eig fall
into the water; ⟨mislukken⟩ fall through * *het ~
stijgt hem tot de lippen* he's up to his neck (in
problems) * *in troebel ~ vissen* fish in troubled
waters * *onder ~ lopen* flood * *onder ~ staan* be
under water, be flooded * *onder ~ zetten* inundate,
flood * *op ~ en brood zetten/zitten* put (be) on bread
and water * *te ~ gaan, zich te ~ begeven* take to the
water * *een schip te ~ laten* launch a vessel *
⟨verkeer⟩ *te ~ ship* by ship * *te ~ en te land* by sea and
land * *een diamant/schurk van het zuiverste ~ a*
first-class diamond/scoundrel

**waterachtig** *bn* watery
**waterafstotend** *bn* water-repellent
**waterafvoer** *m* [-en] drainage
**waterbak** *m* [-ken] ❶ *reservoir* cistern, tank
❷ *v. paarden* water trough ❸ *urinoir* urinal
**waterballet** *o* water ballet, fig inundation, flood
**waterbassin** *o* [-s] water basin
**waterbed** *o* [-den] waterbed
**waterbestendig** *bn* water-resistant
**waterbloem** *v* [-en] aquatic flower, water plant
**waterbouwkunde** *v* hydraulics, hydraulic
engineering
**waterbouwkundig** *bn* hydraulic
**waterbron** *v* [-nen] spring
**waterbuffel** *m* [-s] water buffalo
**watercloset** *o* [-s] water closet
**waterdamp** *m* [-en] (water) vapour
**waterdicht** *bn* ❶ *v. kleren* waterproof ❷ *van
beschotten &* watertight * *een ~ (be)schot* a
watertight bulkhead ❸ fig watertight * *een ~ bewijs*
solid evidence
**waterdier** *o* [-en] aquatic animal
**waterdoorlatend** *bn* porous
**waterdrager** *m* [-s] water carrier
**waterdruk** *m* water pressure
**waterdruppel** *m* [-s] drop of water, waterdrop
**wateren I** *overg* [waterde, h. gewaterd] *besproeien*
water **II** *onoverg* [waterde, h. gewaterd] *urineren*
make water, urinate
**waterfiets** *m & v* [-en] pedal boat
**waterfietsen** *onoverg* [waterfietste, h. gewaterfietst]
cycle a pedal boat
**watergebrek** *o* shortage of water, water shortage
**watergeest** *m* [-en] water sprite/spirit
**watergekoeld** *bn* water-cooled
**watergeus** *m* [-geuzen] hist Sea Beggar
**waterglas** *o* [-glazen] ❶ *om uit te drinken* drinking
glass, tumbler ❷ *voor urine* urinal
❸ *kalium/natriumsilicaat* water glass, soluble glass
**watergolven** *overg* [watergolfde, h. gewatergolfd]
set * *wassen en ~* shampoo/wash and set
**waterhoen** *o* [-ders] moorhen
**waterhoofd** *o* [-en] water on the brain, med
hydrocephalus * *hij heeft een ~* he has water on the

brain * inf ⟨iets dat uit verhouding is⟩ *het is een kind
met een ~* it's top-heavy
**waterhoos** *v* [-hozen] waterspout
**waterhuishouding** *v* water balance
**waterig** *bn* ❶ *als water* watery, ⟨sneeuw⟩ slushy * *~e
ogen* watery eyes * *~e soep* thin soup ❷ *slap* watery,
wishy-washy * *een ~ betoog* a weak argument
**waterijsje** *o* [-s] ice lolly, Aus icy pole
**waterjuffer** *v* [-s] dragonfly
**waterkaart** *v* [-en] map of waterways
**waterkan** *v* [-nen] carafe, jug
**waterkanon** *o* [-nen] water cannon
**waterkans** *v* [-en] ZN very little chance
**waterkant** *m* [-en] water's edge, waterside
**waterkering** *v* [-en] weir, dam
**waterkers** *v* watercress
**waterkoeling** *v* water cooling * *een motor met ~* a
water-cooled engine
**waterkoud** *bn* clammy
**waterkraan** *v* [-kranen] tap, Am faucet
**waterkracht** *v* waterpower, hydropower
**waterkrachtcentrale** *v* [-s] hydro-electric power
station
**waterlanders** *zn* [mv] tears * *de ~ kwamen voor de
dag* he/she turned on the waterworks
**waterleiding** *v* [-en] ❶ *waterbuis* water pipe
❷ *buizenstelsel* waterworks ❸ *bedrijf* water company
* *er is geen ~ (in huis)* there is no running water/no
water supply
**waterleidingbedrijf** *o* [-drijven] waterworks
**waterlelie** *v* [-s & -liën] water lily
**waterlijn** *v* [-en] waterline
**waterlinie** *v* [-s] hist mil flooded strip of land
**waterloop** *m* [-lopen] watercourse
**waterlozing** *v* ❶ *alg.* drain(age) ❷ *v. urine* urination
**Waterman** *m* astron & astrol Aquarius
**watermassa** *v* ['s] mass of water
**watermeloen** *m & v* [-en] watermelon
**watermerk** *o* [-en] watermark
**watermeter** *m* [-s] water meter
**watermolen** *m* [-s] ❶ *door water aangedreven* water
mill ❷ *voor afvoeren van water* drainage mill
**waternimf** *v* [-en] water nymph, naiad
**wateroppervlak** *o* [-ken] water surface
**wateroverlast** *m* flooding
**waterpartij** *v* [-en] *fontein, vijver &* pond, water
gardens
**waterpas I** *bn* level * *~ maken* level **II** *o & m* [-sen]
spirit level
**waterpeil** *o* [-en] ❶ *waterniveau* water level,
watermark ❷ *meet instrument* water gauge/glass
**waterpest** *v* waterweed
**waterpijp** *v* [-en] ❶ *buis* water pipe ❷ *Turkse pijp*
water pipe, hookah
**waterpistool** *o* [-tolen] water pistol, squirt gun
**waterplaats** *v* [-en] ❶ *urinoir* urinal ❷ *v. paarden*
horse pond ❸ scheepv watering place
**waterplant** *v* [-en] aquatic plant, water plant

**wa**

**waterplas** m [-sen] lake, pond
**waterpokken** zn [mv] chicken pox
**waterpolitie** v river police, ⟨in haven⟩ harbour police
**waterpolo** o water polo
**waterpomptang** v [-en] pipe wrench
**waterproof** bn waterproof
**waterput** m [-ten] well
**waterrad** o [-raderen] water wheel
**waterrat** v [-ten] ❶ dier water vole, water rat ❷ zwemliefhebber water rat
**waterrijk** bn watery, abounding in water
**waterschade** v water damage * met ~ with water damage
**waterschap** o [-pen] ❶ gebied ± water board district ❷ bestuur ± district water board, Br conservancy, Am Board of Public Works
**waterscheiding** v [-en] watershed
**waterschildpad** v [-den] turtle
**waterscooter** m [-s] water scooter
**waterski** m ['s] waterski
**waterskiën** onoverg [waterskiede, h. gewaterskied] waterski
**waterskiër** m [-s] waterskier
**waterslang** v [-en] ❶ tuinslang hose ❷ reptiel water snake
**watersnip** v [-pen] vogel snipe
**watersnood** m inundation, flood(s)
**waterspiegel** m ❶ waterhoogte water level ❷ wateroppervlak water surface
**watersport** v ❶ op het water water sports ❷ in en op het water aquatics, aquatic sports
**watersporter** m [-s] water sports enthusiast
**waterspuwer** m [-s] gargoyle
**waterstaat** m ❶ toestand water situation ❷ dienst Water Authority
**waterstaatkundig** bn hydraulic
**waterstand** m [-en] height of the water, water level * bij hoge/lage ~ at high/low water
**waterstof** v hydrogen
**waterstofbom** v [-men] hydrogen bomb
**waterstofperoxide** o hydrogen peroxide
**waterstraal** m & v [-stralen] jet of water
**watertanden** onoverg [watertandde, h. gewatertand] * het doet mij ~, ik watertand ervan it makes my mouth water * dat is om te ~ it brings water to your mouth
**watertank** m [-s] water tank, cistern
**watertje** o [-s] ❶ beekje streamlet ❷ lotion lotion
**watertoren** m [-s] water tower
**watertrappen, watertrappelen** o tread water
**waterval** m [-len] ❶ groot (water)fall, cataract * de Niagara ~len the Niagara Falls ❷ klein cascade
**watervast** bn indelible
**waterverbruik** o water consumption
**waterverf** v [-verven] watercolour(s) * met ~ tekenen paint in watercolours
**waterverontreiniging** v water pollution

**waterverplaatsing** v [-en] displacement
**watervlak** o ❶ oppervlak water surface ❷ plas stretch of water
**watervliegtuig** o [-en] seaplane, hydroplane
**watervlo** v [-vlooien] water flea
**watervloed** m [-en] great flood, inundation
**watervlug** bn darting
**watervogel** m [-s] water bird, aquatic bird
**watervoorziening** v water supply
**watervrees** v hydrophobia * aan ~ lijdend be hydrophobic
**waterweg** m [-wegen] waterway, water route
**waterwerk** o [-en] ❶ bouwwerk construction in the water ❷ fonteinen & fountain, cascade
**waterwingebied** o [-en] water collection area
**waterwinning** v water collection
**waterzak** m [-ken] water bag
**waterzooi** v [-en] ZN chicken/fish stew
**waterzucht** v dropsy
**waterzuivering** v water purification/treatment
**watje** o [-s] ❶ propje watten wad of cotton wool ❷ slap persoon softie, wally
**watt** m [-s] watt
**watten I** zn [mv] ❶ als vulling wadding * met ~ voeren wad, quilt ❷ voor medische doeleinden cotton wool * fig in de ~ leggen feather-bed, coddle **II** bn cotton wool
**wattenstaafje** o [-s] cotton bud
**wauwelen** onoverg [wauwelde, h. gewauweld] chatter, jabber, drone on
**wave** m [-s] in sportstadions Mexican wave
**WA-verzekering** v third-party (liability) insurance
**waxinelichtje** o [-s] tea light
**wazig I** bn ❶ niet scherp hazy * een ~e foto a blurred/blurry photograph ❷ suf drowsy **II** bijw in a blur, through a haze * ~ kijken look dazed/dopey
**wc** v ['s] toilet, lavatory, w.c., inf loo * naar de ~ gaan go to the toilet * ik moet naar de ~ euf I need to go to the bathroom
**wc-bril** m [-len] toilet seat
**wc-papier** o toilet paper
**wc-pot** m [-ten] toilet bowl, lavatory bowl
**wc-rol** v [-len] toilet roll
**we** pers vnw we
**web** o [-ben] ❶ web ❷ comput web, WWW, World Wide Web
**webcam** v [-s] webcam
**webmaster** m [-s] comput webmaster
**website** m [-s] comput website, Internet site
**wecken** overg [weckte, h. geweckt] preserve
**weckfles** v [-sen] preserving jar
**wedde** v [-n] ❶ v. ambtenaren salary, pay ❷ loon ZN wage, salary
**wedden** overg & onoverg [wedde, h. gewed] bet, make a bet, wager, lay a wager * durf je met me te ~? (do you) want to bet? * ik wed met je om tien tegen één I'll bet you ten to one * ik wed met je om 100 euro I bet/go you a hundred euros * ik wed om

*wat je wil, dat...* I'll bet you anything that... ✳ ~ *op* bet on ✳ *ik zou er niet op durven* ~ I wouldn't like to bet on it ✳ *op het verkeerde paard* ~ put your money on the wrong horse, back the wrong horse ✳ *op paarden* ~ back horses, bet on horses, gamble on horses ✳ *ik wed van ja* I bet you it is ✳ *ik wed dat de hele straat het weet* I bet the whole street knows it
**weddenschap** *v* [-pen] bet, wager ✳ *een* ~ *aangaan* make a bet, lay a wager ✳ *de* ~ *aannemen* take the bet, take the odds
**weder** *o & bijw* → **weer**
**wederdienst** *m* [-en] service in return ✳ *iem. een* ~ *bewijzen* do sbd a service in return ✳ *tot* ~ *bereid* ready to return a favour
**wederdoper** *m* [-s] Anabaptist
**wedergeboorte** *v* [-n] rebirth, regeneration
**wedergeboren** *bn* born-again, reborn
**wederhelft** *v* [-en] *levensgezel* better half
**wederhoor** *m* ✳ *het hoor en* ~ *toepassen* hear both sides; *jur* the principle of hearing both sides of the argument, the right to hear and be heard
**wederik** *m* [-riken] *plant* loosestrife
**wederkerend** *bn* *taalk* reflexive
**wederkerig** I *bn* mutual, reciprocal ✳ ~*e sympathie* reciprocal/mutual sympathy ✳ *een* ~ *voornaamwoord* a reciprocal pronoun II *bijw* mutually, reciprocally
**wederkomst** *v* *alg.* return ✳ *de* ~ *des Heren* the Second Coming of Christ
**wederliefde** *v* love in return ✳ ~ *vinden* be loved in return
**wederom** *bijw* again, once again, anew, once more, a second time
**wederopbouw** *m* rebuilding, reconstruction
**wederopstanding** *v* resurrection
**wederpartij** *v* [-en] opponent
**wederrechtelijk** I *bn* illegal, unlawful II *bijw* illegally, wrongfully
**wedersamenstelling** *v* [-en] ZN reconstruction
**wedervaren** I *onoverg* [wedervoer, h. en is wedervaren] befall ✳ *iem. recht laten* ~ do justice to sbd II *o* adventure(s), experience(s) ✳ *zijn* ~ his experiences, what has/had happened to him
**wederverkoper** *m* [-s] retailer, retail dealer
**wedervraag** *v* [-vragen] question in return, counter-question
**wederwaardigheden** *zn* [mv] adventures, experiences, *form* vicissitudes
**wederzijds** *bn* mutual ✳ ~*e verplichting/belang* mutual obligation/interest
**wedijver** *m* competition, rivalry
**wedijveren** *onoverg* [wedijverde, h. gewedijverd] vie, compete ✳ ~ *met* vie with, compete with, emulate, rival ✳ ~ *om* vie for, compete for
**wedje** *o* [-s] *weddenschap* bet
**wedkamp** *m* [-en] *vero* match, contest
**wedloop** *m* [-lopen] race
**wedren** *m* [-nen] race ✳ *een* ~ *met hindernissen* a

steeple chase, a hurdle race
**wedstrijd** *m* [-en] ❶ *alg.* match, contest, competition ✳ *een* ~ *houden* hold a match ✳ *een goede* ~ *spelen* play a good game ❷ *zeilen, skiën &* race
**wedstrijdbal** *m* [-len] matchball
**wedstrijdleiding** *v* referee, umpire
**wedstrijdsport** *v* [-en] competitive sport(s)
**weduwe** *v* [-n] widow ✳ *een onbestorven* ~ a grass widow
**weduwepensioen** *o* widows' pension
**weduwnaar** *m* [-s] widower ✳ *een onbestorven* ~ a grass widower
**weduwnaarschap** *o* widowerhood
**weduwnaarspensioen** *o* widower's pension
**weduwschap** *o* widowhood
**wee** I *o & v* [weeën] ❶ *smart* woe ❷ *bij bevalling* labour pain, contraction II *bn* ❶ *v. geur* sickly ❷ *v. personen* sick, faint, upset ✳ ~ *zijn* ⟨*alg.*⟩ feel bad, feel sick; ⟨*van de honger*⟩ faint III *tsw* ✳ ~ *mij!* woe is me! ✳ ~ *u!* woe betide you! ✳ ~ *je gebeente als...!* woe betide you if...! ✳ *o* ~! o dear!
**weed** *m* marihuana *inf* weed, grass
**weeffout** *v* [-en] flaw
**weefgetouw** *o* [-en] weaving loom, loom
**weefkunst** *v* art of weaving, textile art
**weefsel** *o* [-s] ❶ *v. dieren, planten &* tissue ❷ *textiel* fabric, weave ✳ *een* ~ *van leugen en bedrog* a web of lies and deceit
**weefselleer** *v* histology
**weefspoel** *v* [-en] shuttle
**weegbree** *v* plantain
**weegbrug** *v* [-gen] weighbridge
**weeghaak** *m* [-haken] weighbeam, steelyard
**weegs** *zn* ✳ *hij ging zijns* ~ he went his way ✳ *elk ging zijns* ~ they went their separate ways ✳ *iem. een eind* ~ *vergezellen* accompany sbd part of the way
**Weegschaal** *v* *astron & astrol* Libra
**weegschaal** *v* [-schalen] (pair/set of) scales, ⟨*balans*⟩ balance
**weeïg** *bn* sickly
**week** I *v* [weken] *zeven dagen* week ✳ *goede/stille* ~ Holy Week ✳ (*de*) *volgende* ~ next week ✳ *volgende* ~ *vrijdag* next Friday ✳ (*de*) *vorige* ~ last week ✳ *de* ~ *hebben* be on duty for the week ✳ *door de* ~, *in de* ~ during the week, on week-days ✳ *om de* ~, *om de andere* ~ every second week, every other week ✳ *over een* ~ in a week's time ✳ *vandaag/vrijdag & over een* ~ today/Friday & week ✳ ⟨*gedurende een week*⟩ *voor een* ~ for a week ✳ *van de* ~ this week II *v* ✳ *in de* ~ *staan* be soaking ✳ *in de* ~ *zetten* soak III *bn* ❶ *gevoelig* *fig* soft, tender ✳ *een* ~ *ventje* a soft guy ❷ *zacht* soft ✳ ~ *ijzer* soft iron ✳ ~ *maken/worden* soften ✳ ~ *van binnen worden* soften inside
**weekblad** *o* [-bladen] weekly (magazine)
**weekdag** *m* [-dagen] weekday
**weekdier** *o* [-en] mollusc
**weekeinde** *o* → **weekend**
**weekend** *o* [-s & -en], **weekeind(e)** [-einden]

**we**

weekend
**weekenddienst** *m* [-en] weekend duty
**weekendretour** *o* [-s] weekend return
**weekendtas** *v* [-sen] overnight bag
**weekgeld** *o* [-en] ❶ *weekloon* weekly pay, weekly wages ❷ *te besteden* weekly allowance
**weekkaart** *v* [-en] weekly ticket
**weeklacht** *v* [-en] lamentation, lament, wailing
**weeklagen** *onoverg* [weeklaagde, h. geweeklaagd] lament, wail ∗ ~ *over* lament, bewail
**weekloon** *o* [-lonen] weekly wage
**weekoverzicht** *o* [-en] weekly review
**weekstaat** *m* [-staten] weekly report, weekly return
**weelde** *v* ❶ *luxe* luxury ∗ *ik kan mij die* ~ *niet veroorloven* I can't afford it ∗ *zich in* ~ *baden* be rolling in wealth ❷ *overvloed* abundance, opulence, wealth ❸ *v. plantengroei* wealth, luxuriance ∗ *een* ~ *van bloemen* a wealth of flowers
**weelderig** *bn* ❶ *luxueus* luxurious ❷ *welig tierend* luxuriant ❸ *vegetatie* lush ❹ *vol van vorm* opulent ∗ *een* ~*e boezem* an ample bosom
**weelderigheid** *v* ❶ *overvloedigheid* luxuriousness, luxury ❷ *v. plantengroei* luxuriance, lushness ❸ *maaltijd* lavishness
**weemoed** *m* sadness, melancholy
**weemoedig I** *bn* sad, melancholy **II** *bijw* sadly
**Weens** *bn* Viennese, of Vienna
**Weense** *v* [-n] Viennese ∗ *ze is een* ~ she's a Viennese, she's from Vienna
**weer I** *o*, **weder** *luchtgesteldheid* weather ∗ *mooi* ~ fine weather ∗ *mooi* ~ *spelen van iems. geld* live in style at sbd.'s expense ∗ *aan* ~ *en wind blootgesteld* exposed to wind and weather ∗ *bij gunstig* ~ weather permitting ∗ *in* ~ *en wind,* ~ *of geen* ~ in all weather, rain or shine ∗ *ijs en weder dienende* wind and weather permitting **II** *v verdediging* defence/Am defense, resistance ∗ *in de* ~ *zijn* be busy, be on the go ∗ *vroeg in de* ~ *zijn* be up and about early ∗ *zich te* ~ *stellen* defend oneself **III** *bijw,* **weder** *v* terug back ∗ *heen en* ~ there and back, to and fro ∗ *over en* ~ mutually ❷ *opnieuw* again ∗ *niet* ~ not again ∗ *telkens* ~ again and again
**weerbaar** *bn* ❶ *vesting* defensible ❷ *man, soldaat* able-bodied, capable of bearing arms
**weerballon** *m* [-s & -nen] weather balloon
**weerbarstig** *bn* unmanageable, unruly, <u>form</u> refractory ∗ *de praktijk is* ~ the practice is wilful ∗ *een* ~ *deksel* a stubborn lid
**weerbericht** *o* [-en] weather report
**weerbestendig** *bn* weatherproof
**weerborstel** *m* [-s] cow's lick, mop
**weerbots** *m* [-en] ❶ *klap* <u>ZN</u> blow, stroke ❷ *weerslag* <u>ZN</u> repercussion, reaction, revulsion
**weerga** *v* equal, match, peer ∗ *zonder* ~ unequalled, unrivalled, unparalleled, matchless ∗ *hun* ~ *is niet te vinden* they are unrivalled ▾ *als de* ~! like blazes!, (as) quick as lightning! ▾ *om de* ~ *niet!* not on your life! hell, no! ▾ *loop naar de* ~! go to hell!

**weergalmen** *onoverg* [weergalmde, h. weergalmd] resound, echo, reverberate ∗ ~ *van* resound/ring/echo with
**weergaloos** *bn* unequalled, unrivalled, unparalleled, matchless, peerless ∗ *een* ~ *schouwspel* a spectacular sight
**weergave** *v* [-n] ❶ *het weergeven* reproduction ❷ *van muziek/taal* performance, rendering, rendition
**weergeven** *overg* [gaf weer, h. weergegeven] ❶ *weerspiegelen* reflect ❷ *gestalte geven* reproduce ❸ *gevoel* voice, convey ❹ *reproduceren* reproduce, repeat ∗ *een discussie letterlijk* ~ repeat the discussion verbatim ❺ *uitdrukking geven aan* describe, reflect ∗ *dat geeft de stemming goed weer* this gives a good impression of the mood
**weergoden** *zn* [mv] weather gods ∗ *de* ~ *zijn ons gunstig gezind* the weather gods are with us, are smiling on us
**weerhaak** *m* [-haken] barb, barbed hook
**weerhaan** *m* [-hanen] ❶ *op kerk & weather* vane, weathercock ❷ *opportunist* fig chameleon, timeserver
**weerhouden** *overg* [weerhield, h. weerhouden] hold back, restrain, check, stop ∗ *dat zal mij niet* ~ *om* that won't keep me from ...ing ∗ *zich* ~ restrain oneself ∗ *ik kon mij niet* ~ *het te zeggen* I couldn't resist saying it
**weerhuisje** *o* [-s] weather house
**weerkaart** *v* [-en] weather chart, weather map
**weerkaatsen I** *overg* [weerkaatste, h. weerkaatst] ❶ *licht, beeld* reflect, mirror ❷ *geluid* reverberate, (re-)echo **II** *onoverg* [weerkaatste, is weerkaatst] ❶ *licht, beeld* reflect ❷ *geluid* reverberate, (re-)echo
**weerkaatsing** *v* [-en] reflection, ⟨geluid⟩ reverberation
**weerkeren** *onoverg* [keerde weer, is weergekeerd] return, come back
**weerklank** *m* echo, response ∗ ~ *vinden* meet with a wide response
**weerklinken** *onoverg* [weerklonk, h. weerklonken] resound, (re-)echo, reverberate ∗ *schoten weerklonken* shots rang out
**weerkomen** *onoverg* [kwam weer, is weergekomen] come back, return
**weerkunde** *v* meteorology
**weerkundig** *bn* meteorological
**weerkundige** *m-v* [-n] weather expert, meteorologist
**weerlegbaar** *bn* refutable
**weerleggen** *overg* [weerlegde, h. weerlegd] refute, disprove
**weerlegging** *v* [-en] refutation
**weerlicht** *o & m* ❶ *bliksem* lightning ❷ *oplichten v.d. hemel* sheet lightning ∗ *als de* ~ like greased lightning
**weerlichten** *onoverg* [weerlichtte, h. geweerlicht] flash with lightning
**weerloos** *bn* defenceless

**weerman** *m* [-nen] weatherman
**weerom** *bijw* ❶ *terug* back ❷ *opnieuw* again
**weeromstuit** *m* ✱ *van de~ gaf hij haar een klap* his instinctive reaction was to hit her ✱ *van de~ moest ik lachen* I couldn't help laughing in return
**weeroverzicht** *o* [-en] weather survey
**weerpraatje** *o* [-s] weather report, look at the weather
**weerprofeet** *m* [-feten] weather prophet
**weersatelliet** *m* [-en] weather satellite
**weerschijn** *m* reflection, lustre, ‹v. stoffen› sheen
**weerschijnen** *onoverg* [weerscheen, h. weerschenen] reflect
**weersgesteldheid** *v* [-heden] state of the weather, weather situation ✱ *de~* the weather conditions ✱ *bij elke~* in all weathers
**weerskanten** *zn* [mv] ✱ *aan~* on both sides, on either side ✱ *aan~ van* on either side of... ✱ *van~* from both sides, on both sides
**weerslag** *m* [-slagen] reaction, reverberation, repercussion
**weersomstandigheden** *zn* [mv] weather conditions
**weerspannig** *bn* recalcitrant, rebellious
**weerspannigheid** *v* recalcitrance, rebelliousness
**weerspiegelen** *overg* [weerspiegelde, h. weerspiegeld] reflect, mirror ✱ *zich~* be reflected, be mirrored
**weerspiegeling** *v* [-en] reflection
**weerspreken** *overg* [weersprak, h. weersproken] contradict
**weerspreuk** *v* [-en] weather proverb
**weerstaan** *overg* [weerstond, h. weerstaan] resist, withstand
**weerstand** *m* [-en] resistance ✱ *~ bieden* offer resistance, put up resistance ✱ *~ bieden aan* resist ✱ *krachtig~ bieden* mount stiff resistance ✱ *elektrische ~* ‹eigenschap› electrical resistance ✱ *een elektrische ~* ‹schakelelement› a resistor ✱ med *weinig~ hebben* have little resistance
**weerstander** *m* [-s] ZN member of the resistance movement (during the second World War)
**weerstandsvermogen** *o* (power of) resistance, endurance, stamina
**weerstation** *o* [-s] weather station
**weersverandering** *v* [-en] change in the weather, weather change
**weersverbetering** *v* [-en] improvement in the weather
**weersverschijnsel** *o* [-en] weather phenomenon
**weersverwachting** *v* [-en] weather forecast
**weersvoorspeller**, **weervoorspeller** *m* [-s] weather forecaster
**weersvoorspelling**, **weervoorspelling** *v* [-en] weather forecast
**weerszijden** *zn* [mv] ✱ *aan~* on both sides, on either side ✱ *aan~ van* on either side of ✱ *van~* from both sides, on both sides

**weertype** *o* [-n & -s] type of weather, weather conditions
**weerwil** *m* ✱ *in~ van* in spite of, notwithstanding, despite
**weerwolf** *m* [-wolven] werewolf
**weerwoord** *o* [-en] answer, reply ✱ *recht van~* right to reply
**weerwraak** *v* retaliation, revenge
**weerzien** I *overg* [zag weer, h. weergezien] see again, meet again II *o* meeting again ✱ *tot~s* goodbye, till we meet again
**weerzin** *m* aversion, reluctance, dislike ✱ *~ tegen* an aversion to
**weerzinwekkend** *bn* revolting, repulsive, repugnant
**wees** *m-v* [wezen] orphan ✱ *een halve~* a child who has lost one parent ✱ *een hele/volle~* a complete orphan
**weesgegroetje** *o* [-s] RK Hail Mary
**weeshuis** *o* [-huizen] orphanage
**weesjongen** *m* [-s] orphan boy
**weeskind** *o* [-eren] orphan (child)
**weesmeisje** *o* [-s] orphan girl
**weet** *v* ✱ *~ van iets hebben* be in the know ✱ *geen~ van iets hebben* ‹niet bewust van› not be aware of sth; ‹geen verstand van› have no knowledge of ✱ *het aan de~ komen* find out ✱ *het is maar een~* it's easy once you get the knack
**weetal** *m* [-len] know-all, wiseacre
**weetgierig** *bn* eager to learn, inquisitive
**weetje** *o feit* fact, detail ✱ *zijn ~ weten* know what's what, know one's stuff
**weg** I *m* [wegen] ❶ *straat* road, path ✱ *de slechte~ opgaan* go (morally) wrong ✱ *zijn~ gaat niet over rozen* his path isn't strewn with roses ✱ *de~ naar de hel is geplaveid met goede voornemens* the road to hell is paved with good intentions ✱ *zo oud als de~ naar Rome* inf as old as the hills ✱ *er zijn vele~en die naar Rome leiden* all roads lead to Rome ✱ *aan de~ gelegen* on the road, by the roadside ✱ *aan de~ timmeren* draw attention to oneself, do a bit of self-advertising ✱ *altijd op de~ zijn* be always gadding about; ‹v. handelsreizigers› be always on the road ✱ *langs de~* along the road, by the roadside ✱ *de juiste ~ bewandelen* take the right course ✱ *van de goede ~ afgaan/afdwalen* stray from the right path ❷ *richting* way, direction, route ✱ *een andere~ inslaan* eig take another road; fig take another course, move in a different direction ✱ *dezelfde~ opgaan* eig go the same way; fig follow the rest ✱ *hij zal zijn ~ wel vinden* he is sure to make his way (in the world) ✱ *u kunt de~ wel vinden, niet?* you know your way about/around, don't you?; ‹naar buiten› you know your way out, don't you? ✱ *de~ wijzen* eig show the way; fig point the way ✱ *naar de bekende ~ vragen* ask what one knows already ✱ *op~* on his/her way ✱ *op~ naar* on the way to, destined for ✱ *zich op~ begeven, op~ gaan*

**we**

(*naar*) set out (for) ✳ *iem. op ~ helpen* give sbd a start, help sbd on/along ✳ *het ligt niet op mijn ~ eig* it's out of my way; fig it's not my business ✳ *het ligt niet op mijn ~ om...* it's not for me to... ✳ *op de goede/verkeerde ~ zijn* be on the right/wrong road ✳ *mooi op ~ zijn om...* be well on the road to... ❸ *traject* distance ✳ *de ~ afleggen* cover the distance ✳ *een kortere ~ nemen* take a short cut ✳ *nog een lange ~ te gaan hebben* still have a long way to go ❹ *manier* way, road, course ✳ *zijn eigen ~ gaan* go one's own way ✳ *inf hij weet ~ met zijn eten hoor!* he can sure shift his food! ✳ *geen ~ weten met zijn geld* not know what to do with one's money ✳ *de ~ van de geringste weerstand* the line/path of least resistance ✳ fig *langs deze ~ wil ik/willen wij & I/we* & would like to take this opportunity to... ✳ *langs diplomatieke ~* through/via diplomatic channels ✳ *langs gerechtelijke ~* legally, by means of/via legal steps; form by recourse to litigation ❺ *doorgangsmogelijkheid* way, path ✳ *zich een ~ banen* fight one's way through ✳ *iem. in de ~ leggen* thwart sbd ✳ *ik heb hem niets/geen strobreed in de ~ gelegd* I've never given him cause for resentment/antagonism ✳ *moeilijkheden in de ~ leggen* put obstacles in the way ✳ *in de ~ lopen* be in the way ✳ *in de ~ staan* eig be in sbd's way; fig stand in sbd's light, stand in the way of a scheme & ✳ *in de ~ zitten* eig be in the way; fig bother ✳ *uit de ~!* out of the way there! ✳ *je moet hem uit de ~ blijven* keep out of his way, avoid him, give him a wide berth ✳ *uit de ~ gaan* ⟨ruimte maken⟩ make way; ⟨vermijden⟩ sidestep ✳ *voor iem. uit de ~ gaan* ⟨opzij gaan⟩ get out of sbd's way, make way for sbd; ⟨ontlopen⟩ avoid sbd ✳ *iem. uit de ~ ruimen* get rid of sbd, put sbd out of the way, eliminate sbd ✳ *moeilijkheden uit de ~ ruimen* remove obstacles, smooth over/away difficulties **II** *bijw* ❶ *vertrokken, niet meer aanwezig* away, gone ✳ *even ~ zijn* eig be away for a while; ⟨wegdromen⟩ not be with it, doze off for a moment ✳ *hij was helemaal ~* ⟨verward⟩ he was all at sea; ⟨bewusteloos⟩ he was unconscious ✳ inf *~ wezen!* beat it! scram! ✳ *~ jullie!* inf off with you!, get out! ✳ *~ daar!* make way!, get out of the way! ✳ *~ ermee!* away with it! ✳ *~ met de multinationals!* down with the multinationals! ✳ *~ van hier!* get away! get out! ✳ *ik ben ~* I'm off ❷ *verloren* gone, lost ✳ *mijn horloge is ~* my watch is gone ✳ *~ van iets zijn* be crazy about sth ✳ *hij was ~ van haar* he was crazy about her ✳ *dan ben je ~* then you're done for ▼ *veel van iem. ~ hebben* look much like sbd ▼ *het heeft er veel van ~, alsof...* it looks like...

**wegaanduiding** *v* [-en] roadsign
**wegbenen** *onoverg* [beende weg, is weggebeend] stalk off
**wegbereider** *m* [-s] pioneer
**wegbergen** *overg* [borg weg, h. weggeborgen] put away, lock up
**wegblazen** *overg* [blies weg, h. weggeblazen] blow

away
**wegblijven** *onoverg* [bleef weg, is weggebleven] stay away
**wegbonjouren** *overg* [bonjourde weg, h. weggebonjourd] send sbd packing, send sbd away/off
**wegbranden** *overg* [brandde weg, h. weggebrand] ❶ *alg.* burn away ✳ fig *hij is er niet weg te branden* there's no getting rid of him ❷ med cauterize
**wegbreken** *overg* [brak weg, h. weggebroken] pull down
**wegbrengen** *overg* [bracht weg, h. weggebracht] ❶ *alg.* take/carry (away) ✳ *huishoudelijk afval ophalen en ~* pick up and dispose of domestic rubbish ❷ *vergezellen* see off ❸ *gevangene* remove, march off
**wegcijferen** *overg* [cijferde weg, h. weggecijferd] eliminate, set aside, leave out of account ✳ *zich(zelf) ~* put oneself aside, efface oneself
**wegdek** *o* [-ken] road surface
**wegdenken** *overg* [dacht weg, h. weggedacht] mentally eliminate, imagine without ✳ *de auto is niet meer uit ons leven weg te denken* life without the car is unimaginable
**wegdoen** *overg* [deed weg, h. weggedaan] ❶ *wegleggen* put away ❷ *van de hand doen* dispose of, part with
**wegdoezelen** *onoverg* [doezelde weg, is weggedoezeld] doze off
**wegdraaien I** *overg* [draaide weg, h. weggedraaid] ❶ *draaiend ergens vandaan bewegen* turn away ❷ *langzaam laten verdwijnen* fade out ✳ *het geluid ~* turn off the sound **II** *onoverg* [draaide weg, is weggedraaid] *draaiend ergens vandaan bewegen* turn away ✳ *de bal draaide weg van het doel* the ball spun away from the goal ✳ *een ~ de bal* an outswinger
**wegdragen** *overg* [droeg weg, h. weggedragen] carry away/off ▼ *de goedkeuring ~ van...* meet with the approval of..., be approved by...
**wegdrijven I** *overg* [dreef weg, h. weggedreven] drive away **II** *onoverg* [dreef weg, is weggedreven] float/drift away
**wegdrukken** *overg* [drukte weg, h. weggedrukt] push aside/away
**wegduiken** *onoverg* [dook weg, is weggedoken] ❶ *zich klein maken* duck (away) ❷ *onder water* dive away ❸ *verstoppen* hide away ✳ *weggedoken in zijn fauteuil* ensconced in his armchair
**wegduwen** *overg* [duwde weg, h. weggeduwd] push aside, push away
**wegebben** *onoverg* [ebde weg, is weggeëbd] ebb away, fade away
**wegen I** *overg* [woog, h. gewogen] *gewicht bepalen* weigh ✳ *gewogen en te licht bevonden* weighed and found wanting **II** *onoverg* [woog, h. gewogen] weigh ✳ *hij weegt niet zwaar* eig he doesn't weigh much; ⟨is onbelangrijk⟩ he is a lightweight ✳ *dat punt weegt niet zwaar bij hem* he doesn't consider

that point of much importance * *wat het zwaarst is moet het zwaarst* ~first things first

**wegenaanleg** *m* road construction

**wegenatlas** *m* [-sen] road atlas

**wegenbelasting** *v* road tax

**wegenbouw** *m* road making, road building, road construction

**wegenhulp** *v* ZN road patrol

**wegenkaart** *v* [-en] road map

**wegennet** *o* [-ten] road system, network of roads

**wegenplan** *o* road construction plan, road scheme

**wegens** *voorz* on account of, because of, due to * *ontslagen* ~*diefstal* dismissed for theft * ~*gebrek aan bewijs vrijgelaten* released because of insufficient evidence * *aangeklaagd* ~*moord* charged with murder

**wegenwacht I** *v* Automobile Association, Br AA, RAC patrol (Royal Automobile Club), Am AAA road service (American Automobile Association) **II** *m* [-en] *persoon* (Automobile Association) scout

**weg- en waterbouw** *m* civil engineering

**wegfladderen** *onoverg* [fladderde weg, is weggefladderd] flutter away, flit away

**wegflikkeren** *overg* [flikkerde weg, h. weggeflikkerd] throw away, inf chuck away

**weggaan** *onoverg* [ging weg, is weggegaan] go away, leave * ~*bij leave* * *ga weg!*, inf buzz off! * inf ‹ik geloof het niet› *ach, ga weg!* you're kidding! pull my other leg!

**weggebruiker** *m* [-s] road user

**weggedeelte** *o* [-n &-s] section of the road

**weggedrag** *o* ❶*v. chauffeur* driving manners, behaviour in traffic ❷*v. auto* performance

**weggeefprijs** *m* [-prijzen] giveaway price

**weggeven** *overg* [gaf weg, h. weggegeven] ❶*schenken* give away ❷*opvoeren* perform, play, sing

**weggevertje** *o* [-s] giveaway, freebie

**wegglippen** *onoverg* [glipte weg, is weggeglipt] slip away, slip out

**weggooien I** *overg* [gooide weg, h. weggegooid] ❶*wegwerpen* throw away/out, discard, inf chuck away ❷*afwijzen* discard, dismiss ❸kaartsp discard **II** *wederk* [gooide weg, h. weggegooid] * *zich* ~ throw oneself away

**weggooiverpakking** *v* [-en] disposable packaging

**weggraaien** *overg* [graaide weg, h. weggegraaid], **weggrissen** [griste weg, h. weggegrist] snatch, grab (away)

**weghakken** *overg* [hakte weg, h. weggehakt] cut away, chop away

**weghalen** *overg* [haalde weg, h. weggehaald] take away, remove

**weghebben** *overg* [had weg, h. weggehad] * *veel van iem.* ~look a lot like sbd * *het heeft er veel van weg, alsof...* it looks like/as though...

**weghelft** *v* [-en] side of the road

**weghollen** *onoverg* [holde weg, is weggehold] run

away, scamper away

**weghonen** *overg* [hoonde weg, h. weggehoond] laugh/jeer off the stage

**weging** *v* ❶*v. factoren &* weighing, assessment, appraisal ❷sp weigh-in

**wegjagen** *overg* [joeg *of* jaagde weg, h. weggejaagd] ❶*verdrijven* drive away, chase off ❷*ontslaan* sack, give ‹sbd› the sack ❸*vogels &* shoo away

**wegkampioen** *m* [-en] road champion

**wegkapen** *overg* [kaapte weg, h. weggekaapt] pinch, pilfer, filch

**wegkappen** *overg* [kapte weg, h. weggekapt] chop away, cut off

**wegkijken I** *overg* [keek weg, h. weggekeken] frown away * *iem.* ~freeze sbd out **II** *onoverg* [keek weg, h. weggekeken] look the other way, look away

**wegknippen** *overg* [knipte weg, h. weggeknipt] ❶*met schaar* cut off ❷*door vingerbeweging* flick away

**wegkomen** *onoverg* [kwam weg, is weggekomen] get away * *ik maak dat ik wegkom* I'm off * *ik maakte dat ik wegkwam* I made myself scarce * *maak dat je wegkomt!* clear out!, get out of here!, inf beat it!, vulg piss off! * *hij is goed weggekomen* he came off well * *slecht* ~come off badly

**wegkopen** *overg* [kocht weg, h. weggekocht] buy, buy up, hire away

**wegkrijgen** *overg* [kreeg weg, h. weggekregen] get away * *ik kon hem niet* ~I couldn't get him away * *de vlekken* ~get out the spots/stains * ‹v. voedsel› *ik kon het niet* ~I couldn't swallow it

**wegkruipen** *onoverg* [kroop weg, is weggekropen] ❶*kruipend weggaan* crawl/creep away ❷*zich verbergen* hide, creep away

**wegkwijnen** *onoverg* [kwijnde weg, is weggekwijnd] languish, pine away * *van verdriet* ~pine away with grief

**weglaten** *overg* [liet weg, h. weggelaten] leave out, omit * *een woord* ~leave out a word

**weglating** *v* [-en] omission, deletion * *met* ~*van...* leaving out..., omitting...

**weglatingsteken** *o* [-s] apostrophe

**wegleggen** *overg* [legde weg, h. weggelegd] ❶*terzijde leggen* put aside ❷*als spaargeld* lay aside ▼ *succes was niet voor hem weggelegd* success was not to be his lot

**wegleiden** *overg* [leidde weg, h. weggeleid] lead away, march off

**wegligging** *v* roadholding, road-holding qualities/ability

**weglokken** *overg* [lokte weg, h. weggelokt] entice away, decoy

**weglopen** *onoverg* [liep weg, is weggelopen] ❶*naar elders* walk away/off ❷*niet terugkomen* run away * *niet* ~*voor zijn verantwoordelijkheid* not shirk his responsibility * *zij is met een boekhouder weggelopen* she walked off/ran away with a bookkeeper * *het loopt niet weg, hoor!* there's no hurry!, it can wait!

* *het werk loopt niet weg* the work can wait ∗ *hij loopt niet weg met dat idee* he is not in favour of the idea ∗ *ze lopen erg met die man weg* they are greatly taken with him, he is a great favourite ∗ *met iem.* ~ make much of sbd, think much of sbd ❸ mil desert ❹ *v. water &* drain away ❺ sp break away

**wegmaaien** *overg* [maaide weg, h. weggemaaid] mow ∗ *weggemaaid door de pest* mowed down by the plague

**wegmaken** *overg* [maakte weg, h. weggemaakt] ❶ *kwijtmaken* lose, mislay ∗ *zich* ~ make off ❷ *onder narcose* anaesthetize/Am anesthetize, inf put to sleep

**wegmarkering** *v* [-en] road markings

**wegmoffelen** *overg* [moffelde weg, h. weggemoffeld] quickly hide, whisk away

**wegnemen** *overg* [nam weg, h. weggenomen] ❶ *doen verdwijnen* take away, remove ∗ *alle twijfel is nu weggenomen* all doubt has been taken away ∗ *hindernissen* ~ remove obstacles ∗ *dat neemt niet weg, dat...* that does not alter the fact that... ❷ *stelen* steal, pilfer

**wegomlegging** *v* [-en] diversion, detour

**wegpakken I** *overg* [pakte weg, h. weggepakt] snatch (away) **II** *wederk* [pakte weg, h. weggepakt] ∗ *zich* ~ take oneself off ∗ *pak je weg!* off with you!

**wegpesten** *overg* [pestte weg, h. weggepest] harass/pester sbd till he/she leaves

**wegpinken** *overg* [pinkte weg, h. weggepinkt] brush away ∗ *een traan* ~ brush away a tear

**wegpiraat** *m* [-raten] road hog

**wegpraten** *overg* [praatte weg, h. weggepraat] *v. bezwaren, fouten &* argue/reason away

**wegpromoveren** *overg* [promoveerde weg, h. weggepromoveerd] ∗ *iem.* ~ kick sbd upstairs

**wegraken** *onoverg* [raakte weg, is weggeraakt] be/get lost

**wegrennen** *onoverg* [rende weg, is weggerend] run off, run away

**wegrenner** *m* [-s] sp road racer

**wegrestaurant** *o* [-s] road house

**wegrijden** *onoverg* [reed weg, is weggereden] ride away, drive away, drive off

**wegroepen** *overg* [riep weg, h. weggeroepen] call away

**wegroesten** *onoverg* [roestte weg, is weggeroest] rust away

**wegrollen I** *overg* [rolde weg, h. weggerold] roll away **II** *onoverg* [rolde weg, is weggerold] roll away

**wegrotten** *onoverg* [rotte weg, is weggerot] rot (off/away)

**wegrukken** *overg* [rukte weg, h. weggerukt] snatch away ∗ *de dood heeft hem weggerukt* death snatched him away

**wegschenken** *overg* [schonk weg, h. weggeschonken] give away ∗ *iets* ~ *aan iem.* make sbd a present of sth

**wegscheren I** *overg* [schoor weg, h. weggeschoren] shave/shear off **II** *wederk* [scheerde weg, h. weggescheerd] ∗ *zich* ~ make oneself scarce ∗ *scheer je weg!* clear out!

**wegscheuren I** *overg* [scheurde weg, h. weggescheurd] tear off **II** *onoverg* [scheurde weg, is weggescheurd] *snel wegrijden* tear away

**wegschieten I** *overg* [schoot weg, h. weggeschoten] shoot away **II** *onoverg* [schoot weg, is weggeschoten] dart off

**wegschoppen** *overg* [schopte weg, h. weggeschopt] kick away

**wegschrijven** *overg* [schreef weg, h. weggeschreven] ❶ *opslaan* comput write (naar to) ❷ *slecht schrijven over* give ⟨sbd⟩ a bad press

**wegschuiven** *overg* [schoof weg, h. weggeschoven] push away/aside, shove away

**wegslaan I** *overg* [sloeg weg, h. weggeslagen] knock off/away ∗ *hij is daar niet weg te slaan* he can't be dragged away from it **II** *onoverg* [sloeg weg, is weggeslagen] be swept away ∗ *de brug werd weggeslagen* the bridge was swept away

**wegslepen** *overg* [sleepte weg, h. weggesleept] ❶ *alg.* drag away ∗ *ergens de overwinning* ~ pull off the victory ❷ scheepv tow away

**wegsleuren** *overg* [sleurde weg, h. weggesleurd] drag away

**wegslikken** *overg* [slikte weg, h. weggeslikt] swallow (down) ∗ *een emotie* ~ swallow an emotion

**wegsluipen** *onoverg* [sloop weg, is weggeslopen] steal/sneak away

**wegsmelten** *onoverg* [smolt weg, is weggesmolten] melt away, melt ∗ *in tranen* ~ melt into tears

**wegsmijten** *overg* [smeet weg, h. weggesmeten] fling/throw away, inf chuck away

**wegsnijden** *overg* [sneed weg, h. weggesneden] cut away/off/out, excise

**wegsnoeien** *overg* [snoeide weg, h. weggesnoeid] prune away, lop off

**wegspoelen I** *overg* [spoelde weg, h. weggespoeld] wash away ∗ *zijn zorgen* ~ drown one's sorrows **II** *onoverg* [spoelde weg, is weggespoeld] be washed away

**wegspringen** *onoverg* [sprong weg, is weggesprongen] jump away, bolt away

**wegsteken** *overg* [stak weg, h. weggestoken] ❶ *met mes enz.* cut away ❷ *opbergen* put away

**wegstemmen** *overg* [stemde weg, h. weggestemd] vote down/out ∗ *een motie* ~ vote a motion down/out ∗ *een politicus* ~ vote a politician out of office

**wegsterven** *onoverg* [stierf weg, is weggestorven] *v. geluid* die away, die down, fade away

**wegstoppen** *overg* [stopte weg, h. weggestopt] ❶ *verstoppen* hide away, tuck away ❷ *verdringen* suppress

**wegstoten** *overg* [stootte weg, h. weggestoten] push away

**wegstrepen** *overg* [streepte weg, h. weggestreept]

cross off, delete ✱ *(de voor- en nadelen) tegen elkaar* ~ cancel (the pros and cons) out

**wegsturen** *overg* [stuurde weg, h. weggestuurd] ❶ *wegzenden* send away, turn away ❷ *ontslaan* send away, dismiss ❸ *verzenden* dispatch, mail ❹ *van school sturen* <u>onderw</u> expel

**wegteren** *onoverg* [teerde weg, is weggeteerd] waste away

**wegtoveren** *overg* [toverde weg, h. weggetoverd] spirit away, magic away

**wegtransport** *o* road transport

**wegtrappen** *overg* [trapte weg, h. weggetrapt] kick away

**wegtrekken I** *overg* [trok weg, h. weggetrokken] pull/draw away **II** *onoverg* [trok weg, is weggetrokken] ❶ *weggaan* move away, march off, pull out ❷ *wegvloeien* drain away/off ❸ *van wolken* blow over ❹ *van mist* lift ❺ *van hoofdpijn* fade, disappear ❻ *bleek worden* grow pale, lose colour/<u>Am</u> color ✱ *met een wit weggetrokken gezicht* white-faced

**wegvagen** *overg* [vaagde weg, h. weggevaagd] ❶ *alg.* sweep away ❷ *uitwissen* wipe out, erase

**wegvallen** *onoverg* [viel weg, is weggevallen] ❶ *weggelaten zijn* be left out, be omitted/dropped ✱ *tegen elkaar* ~ cancel one another ❷ *verdwijnen* be lost, cease ✱ *de nierfunctie is weggevallen* the kidneys have stopped functioning

**wegvaren** *onoverg* [voer weg, is weggevaren] sail away

**wegverkeer** *o* road traffic

**wegversmalling** *v* [-en] ❶ narrowing of the road ❷ *als opschrift* road narrows

**wegversperring** *v* [-en] roadblock

**wegvervoer** *o* (road) transport

**wegvliegen** *onoverg* [vloog weg, is weggevlogen] ❶ *vliegend vertrekken* fly away ❷ *snel weggaan* rush off, <u>inf</u> tear off ❸ <u>handel</u> sell like hot cakes ✱ *deze schoenen vliegen weg* these shoes are selling like hot cakes

**wegvloeien I** *onoverg* [vloeide weg, is weggevloeid] flow away ✱ *er vloeit goud naar het buitenland weg* gold is pouring out to foreign countries **II** *o* ✱ *het* ~ the outflow

**wegvoeren** *overg* [voerde weg, h. weggevoerd] carry away/off, lead away

**wegvreten** *overg* [vrat weg, h. weggevreten] eat away, corrode

**wegwaaien** *onoverg* [waaide weg *of* woei weg, is weggewaaid] be blown away, blow away

**wegwedstrijd** *m* [-en] road race

**wegwerken** *overg* [werkte weg, h. weggewerkt] ❶ *in de algebra* eliminate ✱ *een breuk* ~ eliminate a fraction ❷ *doen verdwijnen* get rid of, eliminate ✱ *een tekort* ~ eliminate a deficit ✱ *eten* ~ polish off food ❸ *v. personen* dispose of, get rid of, send packing ❹ *v. werk* clear off ✱ *een achterstand* ~ catch up

**wegwerker** *m* [-s] ❶ *alg.* road worker ❷ *bij het spoor* lineman

**wegwerpaansteker** *m* [-s] throwaway/disposable lighter

**wegwerpcamera** *v* ['s] throwaway/disposable camera

**wegwerpcultuur** *v* consumptiemaatschappij consumer society

**wegwerpen** *overg* [wierp weg, h. weggeworpen] throw away/out

**wegwerpverpakking** *v* [-en] disposable packaging

**wegwezen** *onoverg* [was weg, is weggeweest] clear off, buzz off ✱ <u>inf</u> ~! beat it!, scram!

**wegwijs** *bn* familiar, informed ✱ *iem.* ~ *maken* show sbd the ropes ✱ ~ *zijn* <u>eig</u> know one's way around; ‹op de hoogte zijn› know the ropes

**wegwijzer** *m* [-s] ❶ *richtingbord* signpost ❷ *boek* handbook, guide ❸ *persoon* guide

**wegwuiven** *overg* [wuifde weg, h. weggewuifd] <u>fig</u> wave aside

**wegzakken** *onoverg* [zakte weg, is weggezakt] ❶ *verdwijnen* sink, go down, disappear ✱ *mijn schoolkennis is weggezakt* I've forgotten all I learned at school ❷ *v. geluiden* fade (away) ❸ *indutten* nod off ✱ *ik zakte steeds weg bij dat saaie betoog* I kept on nodding off during that boring speech

**wegzenden** *overg* [zond weg, h. weggezonden] send off/away

**wegzetten** *overg* [zette weg, h. weggezet] ❶ *opbergen* put away ❷ *terzijde zetten* set/put aside ✱ *we konden 1000 exemplaren* ~ we could set aside 1,000 copies ✱ *iem./iets* ~ *als ...* put sbd/sth away as...

**wegzuigen** *overg* [zoog weg, h. weggezogen] ❶ *opzuigen* suck up/away ❷ *weglokken* drain

**wei I** *v* [-den], **weide** [-n] meadow ✱ *de koeien in de* ~ *doen* put the cows out to grass ✱ *in de* ~ *lopen* be at grass **II** *v* ❶ *v. melk* whey ❷ *v. bloed* serum

**weidegrond** *m* [-en] grassland, grazing land, pasture

**weiden I** *overg* [weidde, h. geweid] graze, put out to pasture ✱ *koeien* ~ put the cows out to pasture ✱ *zijn ogen* ~ *aan* feast one's eyes on **II** *onoverg* [weidde, h. geweid] graze, feed ✱ *zijn ogen/de blik laten* ~ *over* pass one's eyes over

**weiderecht** *o* grazing rights

**weidevogel** *m* [-s] wader

**weids** *bn* stately, grandiose, magnificent ✱ *een* ~ *uitzicht* a magnificent view ✱ *een* ~ *gebaar* a broad gesture ✱ *een* ~*e titel* a sonorous title

**weidsheid** *v* stateliness, grandeur

**weifelaar** *m* [-s] waverer

**weifelachtig** *bn* hesitant, wavering

**weifelen** *onoverg* [weifelde, h. geweifeld] ❶ *aarzelen* hesitate, waver ❷ *tussen twee dingen* vacillate ‹between›

**weifeling** *v* [-en] hesitation, wavering, vacillation

**weigeraar** *m* [-s] refuser

**weigerachtig** *bn* unwilling (to grant a request), recalcitrant ✱ *een* ~ *antwoord ontvangen* meet with a refusal ✱ ~ *blijven* persist in one's refusal ✱ ~ *zijn*

te... refuse to...
**weigeren I** *overg* [weigerde, h. geweigerd] **❶** *niet willen* refuse **❷** *niet aannemen* refuse, reject, decline ∗ ~ *te getuigen* refuse to give evidence ∗ *een verzoek* ~ refuse/reject a request ∗ *een cheque*~ refuse to accept a cheque; ⟨door bank⟩ refuse to honour a cheque **❸** *niet toestaan* refuse, turn down **II** *onoverg* [weigerde, h. geweigerd] **❶** *v. rem* fail **❷** *v. wapens* misfire
**weigering** *v* [-en] **❶** *het weigeren* refusal **❷** *niet toekennen* denial ∗ *ik wil van geen*~ *horen* I won't take no for an answer **❸** *v. remmen* failure **❹** *v. wapens* misfire
**weiland** *o* [-en] pasture, meadow
**weinig I** *telw* ⟨ev.⟩ little, ⟨mv.⟩ few, not many ∗ ~ *goeds* little good, little that is good ∗ ~ *of niets* little or nothing ∗ *een*~ a little ∗ *het*~*e dat ik heb* what little (money) I have ∗ *hoe*~ ⟨ook⟩ little as it is ∗ *maar* ~ but little ∗ *niet*~ not a little ∗ *zes dollar te*~ six dollars short ∗ *al te*~ too little ∗ *veel te*~ ⟨ev.⟩ much too little; ⟨mv.⟩ far too few ∗ ~*en* few ∗ *maar*~*en* only a few **II** *bijw* **❶** *niet veel* little ∗ *het betekent zo*~ it means so little ∗ *het doet me*~ I don't care much **❷** *niet dikwijls* rarely, hardly ever ∗ *ik zie haar*~ I hardly ever see her
**weit** *v* wheat
**weitas** *v* [-sen] game bag
**wekamine** *v* amphetamine
**wekdienst** *m* [-en] wake-up call service
**wekelijks I** *bn* weekly **II** *bijw* **❶** *eens per week* weekly, every week **❷** *per week* a/per week
**weken I** *overg* [weekte, h. geweekt] soak, steep **II** *onoverg* [weekte, is geweekt] soak, leave to soak, steep
**wekenlang I** *bn* lasting for weeks **II** *bijw* for weeks (on end), week after week
**wekken** *overg* [wekte, h. gewekt] **❶** *alg.* (a)wake, awaken, (a)rouse ∗ *wek me om zeven uur* call me at seven o'clock **❷** *fig ook* evoke, call up, create ∗ *verbazing*~ come as a surprise ∗ *de indruk*~ create the impression ∗ *verwachtingen*~ raise expectations ∗ *verontwaardiging*~ provoke indignation
**wekker** *m* [-s] **❶** *wekkerklok* alarm (clock) **❷** *wekdienst* wake-up service
**wekkerradio** *m* ['s] clock radio
**wel I** *bn* well ∗ *alles*~ *aan boord* all's well on board ∗ *hij is niet*~ he doesn't feel well, he's unwell ∗ *laten we*~ *wezen* to be quite honest ∗ *als ik het*~ *heb* if I'm not mistaken **II** *bijw* **❶** *goed* well, rightly ∗ *zij danst (heel)*~ she dances (very) well ∗ *als ik het mij*~ *herinner* if I remember rightly **❷** *zeer* very (much) ∗ *dank u*~ thank you very much ∗ *u bent*~ *vriendelijk* that's very kind of you **❸** *versterkend* indeed, truly ∗ ~ *een bewijs dat...* a proof, indeed, that... ∗ *ik heb mijn les*~ *geleerd* I certainly did learn my lesson ∗ *hij moet*~ *rijk zijn om...* he must certainly be rich to... ∗ *hij zal*~ *moeten* he will jolly

well have to **❹** *niet minder dan* no less than, no fewer than, as many as ∗ *er zijn er*~ *50* there are as many as 50 **❺** *vermoeden uitdrukkend of geruststellend* surely ∗ *hij zal*~ *komen* he's sure to come, I daresay he'll come ∗ *ik behoef*~ *niet te zeggen...* I need hardly say... **❻** *toegevend* (indeed) ∗ *zij is*~ *mooi, maar niet...* she may be pretty, but she isn't... **❼** *tegenover ontkenning* ...is, ...has, & ∗ ⟨*Jan kan het niet*⟩ *Piet*~ (John can't do it) but Peter can ∗ *vandaag niet, morgen*~ not today but tomorrow **❽** *als beleefdheidswoord* kindly ∗ *zoudt u me dat boek* ~ *willen aangeven?* would you mind handing me that book? **❾** *vragend* are you, have you? & ∗ *je gaat niet uit,*~*?* you aren't going out, are you? **❿** *uitroepend* why, well ∗ ~, *heb ik je dat niet gezegd?* why, didn't I tell you? ∗ ~ *nu nog mooier!* well, I never! ∗ ~, *wat is er?* why, what's the matter? ∗ *waarom niet?* well, why not? ∗ ~*!*~*!* well, well!, well, to be sure! ∗ *zijn beste vriend nog*~ his best friend of all people ∗ *wat denk je*~*!* what do you take me for!, certainly not! ∗ *ik heb het*~ *gedacht!* I thought so/as much ∗ *ik moest*~ I had to, I couldn't do anything else, it couldn't be helped ∗ *je moet... of*~... you must either... or... ∗ ~ *eens* now and again, on occasion ∗ *hebt u*~ *eens...?* have you ever...? ∗ *de film was*~ *aardig* the film was quite nice **III** *o welzijn* well-being ∗ *het*~ *en wee* the fortunes and misfortunes **IV** *v* [-len] *bron* spring, well

---

### wel

Wanneer het Engelse well wordt verbonden met een voltooid deelwoord (om op die manier een bijv. naamwoord te vormen) staat er een streepje tussen als het hen voor het zelfst. naamwoord staat. Maar als het op een vorm van het koppelwerkw. zijn/worden enz. volgt, niet.
Onze welbeminde vader wordt our well-loved father maar onze vader is welbemind wordt our father is well loved.

---

**welaan** *tsw* well then
**welbegrepen** *bn* well understood
**welbehagen** *o* pleasure, well-being
**welbekend** *bn* well known
**welbemind** *bn* well beloved, dearly beloved
**welbeschouwd** *bijw* all in all, all things considered
**welbespraakt** *bn* fluent, well spoken
**welbespraaktheid** *v* eloquence, fluency
**welbesteed** *bn* well used, well spent
**welbevinden** *o* well-being
**welbewust** *bn* deliberate
**weldaad** *v* [-daden] **❶** *zegen* boon, benefit ∗ *een*~ *voor iedereen* a good thing for everybody **❷** *menslievende daad* charity ∗ *iem. een*~ *bewijzen* do a service to sbd, confer a benefit on sbd **❸** *iets aangenaams* pleasure ∗ *de*~ *van chocolade* the pleasure of chocolate
**weldadig** *bn* **❶** *liefdadig* beneficent, benevolent,

charitable ❷ *heilzaam* beneficial, delightful ✳ *een ~ gevoel* a feeling of well-being ✳ *een ~e regenbui* a refreshing shower

**weldenkend** *bn* right-thinking, right-minded ✳ *elk ~ mens* everybody in their right mind

**weldoen** *onoverg* [deed wel, h. welgedaan] ❶ *goed doen* do good ✳ *in stilte ~* do good in silence ✳ *doe wel en zie niet om* do well and fear not ❷ *liefdadig zijn* give alms, be charitable

**weldoener** *m* [-s] benefactor, benefactress

**weldoordacht** *bn* well thought-out, well considered

**weldoorvoed** *bn* well fed

**weldra** *bijw* presently, before long, shortly

**weledel** *bn* ✳ *Weledele Heer* ⟨aanhef⟩ Dear Sir ✳ *de Weledele heer T. Thijssen* Mr. T. Thijssen

**weledelgeboren** *bn* ✳ ⟨aanhef⟩ ~ *heer* Dear Sir

**weledelgeleerd** *bn* ✳ ⟨aanhef⟩ ~ *heer* Dear Sir

**weledelzeergeleerd** *bn* ✳ ⟨op envelop⟩ *de Weledelzeergeleerde heer Dr. P. Mulder* Dr P. Mulder ✳ ⟨als briefbegin⟩ *Weledelzeergeleerde heer* Dear Sir, Dear Dr Mulder

**weleens** *bijw* sometimes

**weleer** *bijw* olden times/days ✳ *een vriend van ~* a friend from the past

**weleerwaard** *bn* reverend ✳ *zeker, ~e!* certainly, your reverence ✳ *de Weleerwaarde heer A.B.* (the) Reverend A.B., the Rev. A.B.

**welgedaan** *bn* well fed, portly

**welgelegen** *bn* well situated

**welgeliefd** *bn* well beloved

**welgemanierd** *bn* well bred, well mannered

**welgemeend** *bn* heartfelt, ⟨goedbedoeld⟩ well meant ✳ ~ *advies* well-meaning advice ✳ ~*e dank* heartfelt thanks

**welgemoed** *bn* cheerful

**welgeschapen** *bn* well formed, shapely

**welgesteld** *bn* well off, well-to-do, rich

**welgeteld** *bijw* all-in-all, all told ✳ *er waren ~ vijf mensen* all-in-all there were five people

**welgevallen I** *o* pleasure ✳ *met ~* with pleasure, with satisfaction ✳ *naar ~* at will, at (your) pleasure **II** *onoverg* ✳ *zich iets laten ~* put up with sth

**welgevallig** *bn* agreeable

**welgevormd** *bn* well formed, shapely

**welgezind** *bn* well disposed

**welhaast** *bijw* ❶ *weldra* soon, shortly ❷ *bijna* almost, nearly ✳ ~ *niets/niemand* hardly anything/anybody

**welig I** *bn rijkelijk* luxuriant ✳ ~*e grond* fertile land **II** *bijw* abundantly ✳ ~ *groeien* thrive ✳ ~ *tieren* grow abundantly

**welingelicht** *bn* well informed

**weliswaar** *bijw* it's true, indeed ✳ *de zon schijnt ~, maar het is toch koud* although the sun is shining it is still cold ✳ *ik heb het ~ niet gezien, maar...* I must admit that I didn't actually see it, but...

**welk I** *vragend vnw* which, what ✳ ~*e jongen van de zes?* which of the six boys? ✳ ~*e jongen zou zoiets doen?* what boy would do a thing like that?

**II** *uitroepend vnw* what ✳ ~ *een schande!* what a shame! **III** *betr vnw* ❶ *v. personen* who, that ❷ *niet van personen* which, that **IV** *onbep vnw* whatever, any ✳ ~(*e*) *ook* which(so)ever, what(so)ever, any ✳ *onverschillig ~...* any ... whatsoever

**welkom I** *bn* welcome ✳ *wees ~!* welcome! ✳ ~ *in Amsterdam* welcome to Amsterdam! ✳ ~ *thuis* welcome home ✳ *iem. ~ heten* bid sbd welcome, welcome sbd ✳ *iem. hartelijk ~ heten* extend a hearty welcome to sbd, give sbd a hearty welcome ✳ *iets ~ heten* welcome sth ✳ *een ~e afwisseling* a welcome change **II** *o* welcome

**welkomstgroet** *m* [-en] words of welcome

**welkomstwoord** *o* [-en] welcoming speech, opening speech

**wellen I** *overg* [welde, h. geweld] ❶ *vruchten* steep ❷ *ijzer* weld ❸ *boter* draw **II** *onoverg* [welde, is geweld] *opborrelen* well (up/out of)

**welles** *tsw* yes, it is/does &

**welletjes** *bijw* quite enough ✳ *het is zo ~* that will do ✳ *het ~ vinden* ⟨het genoeg vinden⟩ call it a day; ⟨het zat zijn⟩ have had enough

**wellevend** *bn* polite, well bred

**wellevendheid** *v* politeness, good breeding

**wellicht** *bijw* perhaps

**welluidend** *bn* melodious, harmonious

**welluidendheid** *v* melodiousness, harmony

**wellust** *m* [-en] voluptuousness, sensuality, *afkeurend* lust, lechery

**wellusteling** *m* [-en] lecher

**wellustig I** *bn* sensual, voluptuous, *afkeurend* lecherous, lustful, lascivious **II** *bijw* sensually &

**welnee** *tsw* no, of course not

**welnemen** *o* ✳ *met uw ~* by your leave

**welnu** *tsw* well then

**welopgevoed** *bn* well bred

**weloverwogen** *bn* well considered, deliberate

**welp I** *m & o* [-en] cub **II** *m* [-en] *bij de padvinderij* Cub Scout

**welriekend** *bn* sweet-smelling, sweet-scented, fragrant

**Welsh** *bn & o* Welsh

**Welshman** *m* [-men] Welshman

**welslagen** *o* success

**welsprekend** *bn* eloquent

**welsprekendheid** *v* eloquence

**welstand** *m* ❶ *welgesteldheid* prosperity, well-being ✳ *in ~ leven* be well off, live in easy circumstances ❷ *gezondheid* good health ✳ *naar iems. ~ informeren* inquire after sbd.'s health ✳ *in blakende ~* in the best of health

**welste** *bn* ✳ *van je ~* whacking, howling ✳ *een kou van je ~* a bitter cold ✳ *een kabaal van je ~* an appalling racket/inf a hell of a racket

**weltergewicht** *o* welterweight

**welterusten** *tsw* good night, sleep well

**welteverstaan** *bijw* that is

**weltevreden** *bn* pleased, contented

**we**

**welvaart** *v* prosperity
**welvaartsgroei** *m* increase in prosperity
**welvaartsmaatschappij** *v* [-en], **welvaartsstaat** *m* [-staten] affluent society
**welvaartspeil** *o* level of prosperity
**welvaartsverschijnsel** *o* [-en] sign of affluence
**welvaren I** *o* ❶ *voorspoed* prosperity ❷ *gezondheid* health ✱ *er uitzien als Hollands* ~ be the picture of health, glow with health **II** *onoverg* [voer wel, h. en is welgevaren] ❶ *voorspoedig zijn* prosper, thrive, be prosperous ✱ *daar zijn we wel bij gevaren* we've done well out of that ❷ *gezond zijn* be in good health
**welvarend** *bn* ❶ *voorspoedig* prosperous, thriving ❷ *gezond* healthy
**welven I** *overg* [welfde, h. gewelfd] vault, arch **II** *wederk* [welfde, h. gewelfd] ✱ *zich* ~ vault, arch
**welverdiend** *bn* well deserved
**welving** *v* [-en] vaulting, vault
**welvoeglijk** *bn* becoming, seemly, decent, proper
**welvoeglijkheid** *v* decency, propriety
**welvoorzien** *bn* ❶ *tafel* well provided, well loaded ❷ *winkel* well stocked ❸ *maaltijd* copious
**welwillend** *bn* kind, sympathetic ✱ *met* ~*e medewerking van* with the kind cooperation of ✱ ~ *jegens iem. zijn* be sympathetic towards sbd
**welzijn** *o* welfare, well-being ✱ *het algemeen* ~ the common good ✱ *naar iems.* ~ *informeren* inquire after sbd.'s health ✱ *op iems.* ~ *drinken* drink sbd.'s health ✱ *voor uw* ~ for your good
**welzijnssector** *m* welfare services
**welzijnsvoorziening** *v* [-en] welfare provision
**welzijnswerk** *o*, **welzijnszorg** *v* welfare work
**welzijnswerker** *m* [-s] welfare worker
**wemelen** *onoverg* [wemelde, h. gewemeld] teem, swarm ✱ ~ *van* ⟨vliegen, mensen &⟩ swarm/teem with; ⟨ongedierte⟩ crawl with, be infested with; ⟨fouten⟩ be full of
**wendbaar** *bn* manoeuvrable, ⟨dier⟩ nimble ✱ *een wendbare organisatie* a flexible organisation
**wendbaarheid** *v* manoeuvrability
**wenden I** *overg* [wendde, h. gewend] ❶ *alg.* turn ❷ *scheepv* put about **II** *onoverg* [wendde, h. gewend] ❶ *alg.* turn ❷ *scheepv* go/put about **III** *wederk* [wendde, h. gewend] ✱ *zich* ~ turn ✱ *je kunt je daar niet* ~ *of keren* there's hardly enough room to swing a cat ✱ fig *(ik weet niet) hoe ik mij* ~ *of keren moet* (I don't know) which way to turn ✱ *zich* ~ *tot* apply to, turn to, approach
**wending** *v* [-en] turn ✱ *het gesprek een andere* ~ *geven* give another turn to the conversation, turn the conversation ✱ *een gunstige* ~ *nemen* take a favourable turn ✱ *een zins* ~ a turn of phrase
**Wenen** *o* Vienna
**wenen** *onoverg* [weende, h. geweend] weep, cry
**Wener I** *m* [-s] Viennese **II** *bn* Viennese, of Vienna ✱ ~ *meubelen* Austrian bentwood furniture
**wenk** *m* [-en] ❶ *teken* sign, wink, nod ❷ *aanwijzing* hint, tip ✱ *de* ~ *begrijpen/opvolgen* take the hint

✱ *iem. een* ~ *geven* beckon to sbd; fig give sbd a hint ✱ *iem. op zijn* ~*en bedienen* be at sbd's beck and call ✱ *een stille* ~ a quiet hint
**wenkbrauw** *v* [-en] eyebrow ✱ *op zijn* ~*en lopen* be dead on one's feet
**wenkbrauwpotlood** *o* [-loden], **wenkbrauwstift** *v* [-en] eyebrow pencil
**wenken** *overg* [wenkte, h. gewenkt] beckon, call
**wennen I** *overg* [wende, h. gewend] accustom, habituate **II** *onoverg* [wende, is gewend] ✱ ~ *aan iets* accustom oneself to sth, get used to sth ✱ *men went aan alles* you get used to everything ✱ *het zal wel* ~, *u zult er wel aan* ~ you'll get used to it ✱ *hij begint al goed te* ~ *bij hen* he is starting to feel quite at home with them **III** *wederk* [wende, h. gewend] ✱ *zich* ~ *(aan)* get used to
**wens** *m* [-en] wish, desire ✱ *mijn beste* ~*en* best wishes ✱ *mijn* ~ *is vervuld* I have my wish ✱ *een* ~ *doen* make a wish ✱ *naar* ~ to my/your/our & satisfaction ✱ *tegen de* ~ *van zijn vader* against his father's wishes ✱ *heb je nog* ~*en voor kerst?* is there anything you'd like for Christmas? ✱ *de* ~ *is de vader van de gedachte* the wish is father to the thought
**wensdroom** *m* [-dromen] fantasy, ideal
**wenselijk** *bn* desirable ✱ *al wat* ~ *is!* all the best! ✱ *het* ~ *achten* think it desirable
**wenselijkheid** *v* desirability, advisability
**wensen** *overg* [wenste, h. gewenst] ❶ *verlangen* wish, desire ✱ *wij* ~ *te gaan* we wish to go ✱ *ik wenste u te spreken* I should like to have a word with you ❷ *willen hebben* desire, want ✱ *ik wens dat hij dadelijk komt* I want him to come at once ❸ *toewensen* wish ✱ *ik wens u alle geluk* I wish you every happiness; I wish you all the luck in the world ✱ *wat wenst u?* ⟨alg.⟩ what do you wish?; ⟨in winkel⟩ what can I do for you? ✱ *het is te* ~ *dat...* it is to be desired that... ✱ *niets/veel te* ~ *overlaten* leave nothing/much to be desired ✱ *iem. naar de maan* ~ say that sbd can go to hell ✱ *ja, als men het maar voor het* ~ *had* if wishes were horses, beggars might ride
**wenskaart** *v* [-en] greeting(s) card
**wentelen I** *overg* [wentelde, h. gewenteld] turn over, roll **II** *onoverg* [wentelde, is gewenteld] revolve **III** *wederk* [wentelde, h. gewenteld] ✱ *zich* ~ roll, revolve, wallow ✱ *de planeten* ~ *zich om de zon* the planets revolve round the sun
**wentelteefje** *o* [-s] French toast
**wenteltrap** *m* [-pen] winding/spiral staircase
**wereld** *v* [-en] world, earth, universe ✱ *de* ~ *is een schouwtoneel* all the world is a stage ✱ *wat zal de* ~ *ervan zeggen?* what will the world/inf what will Mrs. Grundy say? ✱ *de andere* ~ the other world, the next world ✱ *de boze* ~ the wicked world ✱ *de Derde Wereld* the Third World ✱ *de geleerde* ~ the scientific world, the academic world, the world of learning ✱ *de grote* ~ society, the upper ten ✱ *de hele* ~ the whole world, all the world ✱ *de Nieuwe/Oude Wereld*

the New/Old World ✱ *de vrije~* the free world ✱ *de wijde~* the wide world ✱ *iets de~ in sturen* launch/give sth to the world ✱ *zijn~ kennen/verstaan* have good manners ✱ *weten wat er in de~ te koop is* know what's what, know the ways of the world ✱ *niet van deze~* zijn not of this world ✱ *de~ verzaken* renounce the world ✱ *zich door de~ slaan* fight one's way through the world ✱ *in de~* in the world ✱ *zo gaat het in de~* such is the way of the world ✱ *iem. naar de andere~ helpen* send sth to kingdom come ✱ *naar de andere~ verhuizen* go to kingdom come ✱ *een reis om de~* a voyage round the world ✱ *op de~, ter~* in the world ✱ *de~ op zijn kop* a topsy-turvy world ✱ *ter~ brengen* bring into the world, give birth to ✱ *ter~ komen* come into the world, see the light of day, be born ✱ *voor alles ter~* for the world ✱ *hij zou alles ter~ willen geven om...* he would give the world to... ✱ *niets ter~* nothing on earth, no earthly thing ✱ *voor niets ter~* not for the world ✱ *wat ter~ moest hij...* what on earth should he... ✱ *hoe is het Gods ter~ mogelijk!* how in the world is it possible ✱ *de zaak uit de~ helpen* settle a matter/business ✱ *dat probleem is uit de~* that problem is done with ✱ *een man van de~* a man of the world ✱ *wat van de~ zien* see the world ✱ *er gaat een~ voor je open* a new world opens for you ✱ *alleen voor de~ leven* live for the world only, be worldly minded

**wereldatlas** *m* [-sen] world atlas
**Wereldbank** *v* World Bank, International Bank for Reconstruction and Development (IBRD)
**wereldbeeld** *o* world view, philosophy of life
**wereldbeker** *m* [-s] World Cup
**wereldberoemd** *bn* world-famous, world-renowned
**wereldbeschouwing** *v* [-en] view/conception of the world, philosophy, Weltanschauung
**wereldbevolking** *v* world population
**wereldbol** *m* [-len] globe
**wereldburger** *m* [-s] citizen of the world, cosmopolitan ✱ scherts *de nieuwe~* the new arrival
**wereldcup** *m* [-s] World Cup
**werelddeel** *o* [-delen] continent
**werelddekking** *v* verz worldwide cover
**wereldeconomie** *v* world economy
**wereldgeschiedenis** *v* world history
**Wereldgezondheidsorganisatie** *v* World Health Organization
**wereldgodsdienst** *m* [-en] world religion
**wereldhandel** *m* world/international trade
**Wereldhandelscentrum** *o* [-s & -tra] World Trade Centre/Am Center
**Wereldhandelsorganisatie** *v* World Trade Organisation, WTO
**wereldhaven** *v* [-s] international port
**wereldje** *o* [-s] world ✱ *tot het~ van tv-sterren behoren* be part of the TV scene/of the world of TV/of the TV incrowd

**wereldkaart** *v* [-en] map of the world, world map
**wereldkampioen** *m* [-en] world champion
**wereldkampioenschap** *o* [-pen] world championship, voetbal World Cup
**wereldklasse** *v* world class ✱ *een auto van~* a world-class car
**wereldklok** *v* world clock
**wereldkundig** *bn* universally known ✱ *iets~ maken* spread sth abroad, make sth public
**wereldleider** *m* [-s] world leader
**wereldlijk** *bn* ❶ *niet geestelijk* worldly, secular, profane ✱ *~ maken* secularize ❷ *niet kerkelijk* temporal ✱ *het~ gezag* the secular authorities
**wereldliteratuur** *v* world literature
**wereldmacht** *v* [-en] world power
**wereldmarkt** *v* world market
**Wereldnatuurfonds** *o* World Wildlife Fund
**wereldnieuws** *o* world news
**wereldomroep** *m* BBC world service
**wereldontvanger** *m* [-s] short wave receiver
**wereldoorlog** *m* [-logen] world war ✱ *de Eerste Wereldoorlog* the Great War, the first World War ✱ *de Tweede Wereldoorlog* the Second World War, World War II ✱ *de jaren tussen de twee~en* the interwar years, the interbellum
**wereldopinie** *v* world opinion
**wereldorde** *v* world order
**wereldoriëntatie** *v* schoolvak knowledge of the world, world studies
**wereldpremière** *v* [-s] world premiere
**Wereldraad van Kerken** *m* World Council of Churches
**wereldranglijst** *v* [-en] world league table, world rankings
**wereldrecord** *o* [-s] world record
**wereldrecordhouder** *m* [-s] world record holder
**wereldreis** *v* [-reizen] world tour
**wereldreiziger** *m* [-s] world traveller/Am traveler, globetrotter
**werelds** *bn* ❶ *aards* secular, temporal ✱ *~e goederen* worldly goods/possessions ❷ *mondain* worldly, worldly-minded ✱ *een~e vrouw* a fashionable woman ✱ *~e genoegens* worldly pleasures
**wereldschokkend** *bn* earth-shattering, world-shattering
**wereldstad** *v* [-steden] metropolis
**wereldtaal** *v* [-talen] world language
**wereldtentoonstelling** *v* [-en] world fair, international exhibition
**wereldtitel** *m* [-s] sp world title
**wereldduurrecord** *o* [-s] world hour record
**wereldverbeteraar** *m* [-s] do-gooder
**wereldvermaard** *bn* world-famous
**Wereldvoedselorganisatie** *v* World Food Organization
**wereldvrede** *m & v* world peace
**wereldvreemd** *bn* unworldly ✱ *hij is volstrekt~* he is totally unworldly

**wereldwijd** *bn* world-wide

**wereldwijs** *bn* worldly-wise, sophisticated

**wereldwinkel** *m* [-s] Third World shop

**wereldwonder** *o* [-en] one of the wonders of the world

**wereldzee** *v* [-zeeën] ocean

**weren I** *overg* [weerde, h. geweerd] ❶ *tegenhouden* keep out, bar ❷ *niet toelaten* exclude, keep out ✱ *we kunnen hem niet ~* we can't keep him out ❸ *onderdrukken* suppress **II** *wederk* [weerde, h. geweerd] ✱ *zich ~* ⟨zich verdedigen⟩ defend oneself; ⟨zijn best doen⟩ exert oneself

**werf** *v* [werven] ❶ *scheepswerf* shipyard, ship-building yard ❷ *marinewerf* dockyard ❸ *houtwerf* timber yard ❹ *bouwterrein* ZN building site

**wering** *v* prevention ✱ *tot ~ van* for the prevention of

**werk** *o* [-en] ❶ *het werken* work ✱ *lang ~ hebben om* be long about ...ing ✱ *er dadelijk ~ van maken* see to it at once ✱ *er veel ~ van maken* take great pains over it ✱ *hij maakt* ⟨*veel*⟩ *~ van haar* he's making up to her ✱ *ik maak er geen ~ van* I won't take the matter up ✱ *hoe gaat dat in zijn ~?* how is it done? ✱ *hoe is dat in zijn ~ gegaan?* how did it come about? ✱ *alles in het ~ stellen om...* leave no stone unturned/do one's utmost in order to... ✱ *pogingen in het ~ stellen* make efforts/attempts ✱ *goed/verkeerd te ~ gaan* set about it the right/wrong way ✱ *voorzichtig te ~ gaan* proceed cautiously ❷ *taak* work, job, task ✱ *openbare ~en* public works ✱ *het ~ van een ogenblik* work that only takes a minute ✱ *er is ~ aan de winkel* there's a lot of work to be done, he/you will find his/your work cut out for him/you ✱ *geen half ~ doen* not do things by halves ✱ *zijn ~ maken* do one's work ✱ *aan het ~!* let's get going! ✱ *aan het ~ gaan, zich aan het ~ begeven* get to work ✱ *weer aan het ~ gaan* resume work ✱ *iem. aan het ~ zetten* set sbd to work ✱ *aan het ~ zijn* be at work, be working, be engaged ✱ *aan het ~ zijn aan iets* be engaged/at work on sth ✱ *onder het ~* while at work, while working ❸ *arbeid, beroep* work, employment, job ✱ *honderd mensen ~ geven* employ a hundred people ✱ *dat geeft veel ~* it takes a lot of work ✱ *~ hebben* have a job, be in work ✱ *geen ~ hebben* be out of work/employment; ⟨onderw⟩ have no work ✱ *~ verschaffen* give employment ✱ *~ vinden* find work/employment ✱ *~ zoeken* be looking for work ✱ *te ~ stellen* employ, set to work ✱ *zonder ~* out of work ❹ *plaats v/h werk* work ✱ *naar zijn ~ gaan* go off to work ❺ *product, werkstuk* piece of work ✱ *een ~ van Gods handen* God's workmanship ✱ *dat is uw ~* this is your work/doing ✱ *het is mooi ~* it's a fine piece of work/a fine achievement ❻ *schepping v. auteur/kunstenaar* work, muz piece ✱ *de ~en van Vondel* the works of Vondel, Vondel's works ✱ *muz et ~ heeft drie delen* the piece is in three parts ❼ *goede daad* work ✱ *een goed ~ doen* do a work of mercy

❽ *mechanisme* works ✱ *het ~ van een horloge* the works of a watch ❾ *bouwterrein* ZN site ✱ ZN ⟨waarschuwing op weg⟩ *~!* road works ahead ❿ *gepluisd touwwerk* scheepv oakum

**werkafspraak** *v* [-spraken] work engagement

**werkbank** *v* [-en] (work)bench

**werkbespreking** *v* [-en] work assessment

**werkbezoek** *o* [-en] working visit

**werkbij** *v* [-en] worker (bee)

**werkblad** *o* [-bladen] ❶ *tafelblad* worktop ❷ *aanrecht* benchtop ❸ comput spreadsheet, worksheet ❹ *vel papier* techn sketch

**werkboek** *o* [-en] ❶ *oefenboek* workbook, exercise book ❷ comput workbook

**werkbriefje** *o* [-s] work sheet

**werkbroek** *v* [-en] work trousers

**werkcollege** *o* [-s] tutorial seminar

**werkdag** *m* [-dagen] ❶ *tegenover zon- en feestdag* workday, weekday ❷ *een dag werk* working day

**werkdruk** *m* pressure of work

**werkelijk I** *bn* real, actual ✱ *in ~e dienst* on active service ✱ *de ~e kosten* the actual cost(s) **II** *bijw* really ✱ *(ik heb het niet gedaan) ~!* (I didn't do it!) really!, fact!

**werkelijkheid** *v* reality ✱ *in ~* in reality, in point of fact, in fact, really ✱ *in strijd met de ~* in conflict with the facts

**werkelijkheidszin** *m* realism

**werkeloos** *bn* → **werkloos**

**werkeloosheid** *v* → **werkloosheid**

**werkeloze** *m-v* [-n] → **werkloze**

**werken I** *onoverg* [werkte, h. gewerkt] ❶ *werk doen* work ✱ *hij heeft nooit van ~ gehouden* he's never liked work ✱ *hij laat hen te hard ~* he works them too hard, he overworks them ✱ *hij moet hard ~* he has to work hard ✱ *~ als een paard* work like a horse ✱ *aan een boek & ~* be working on a book & ✱ *er wordt aan gewerkt* they're/we're working on it ❷ techn work, function ✱ *de rem werkt niet* the brake isn't functioning, the brake doesn't work ❸ *uitwerking hebben* work, act, operate, take effect, be effective ✱ *die bepalingen & ~ goed* these regulations & are effective ✱ *de natuur laten ~* let nature do the job ✱ *nadelig ~ op* have a bad effect upon ✱ *op iems. gemoed ~* work on sbd.'s feelings ✱ *het werkt op de zenuwen* it's getting on my/your & nerves ❹ *verschuiven* work, shift, settle ✱ *de muur werkt* the wall is settling ❺ *gisten* ferment ❻ *krom trekken* work, become warped **II** *overg* [werkte, h. gewerkt] ✱ *iets naar binnen ~* ⟨voedsel⟩ get sth down ✱ *hij kan heel wat naar binnen ~* he can manage a lot of food ✱ *ze ~ elkaar eronder* they're cutting each other's throats

**werkend** *bn* working, active ✱ *de ~e stand* the working classes ✱ *~e vrouwen* working women ✱ *een ~ lid* an active member ✱ *een ~e vulkaan* an active volcano

**werker** *m* [-s] worker

**werkervaring** *v* work experience

**werkgeheugen** *o* [-s] comput main storage/memory, internal storage/memory, RAM *Random Access Memory*

**werkgelegenheid** *v* employment ∗ *volledige* ~ full employment ∗ *onvolledige* ~ underemployment

**werkgelegenheidsgroei** *m* employment growth, growth of employment opportunities, increase in the number of jobs

**werkgemeenschap** *v* [-pen] cooperative

**werkgemeente** *v* [-n & -s] ZN working community

**werkgever** *m* [-s] employer ∗ ~*s en werknemers* employers and employees

**werkgeversaandeel** *o* [-delen],
**werkgeversbijdrage** *v* [-n] employer's contribution

**werkgeversorganisatie** *v* [-s] employers' organization

**werkgeversverklaring** *v* [-en] employer's certificate

**werkgroep** *v* [-en] study group, working party

**werkhanden** *zn* [mv] calloused hands

**werkhandschoen** *m* [-en] work(ing) glove

**werkhouding** *v* ❶ *stand v. lichaam* posture during work ❷ *motivatie* attitude towards work

**werkhuis** *o* [-huizen] *v. werkster* place

**werkhypothese** *v* [-n & -s] working hypothesis

**werking** *v* [-en] ❶ *het functioneren* working, action, operation ∗ *die bepaling is buiten* ~ that regulation is no longer operative ∗ *buiten* ~ *stellen* suspend ∗ *in* ~ in action ∗ *in* ~ *stellen* put into operation, set going ∗ *in* ~ *treden* come into operation/into force ∗ *in* ~ *zijn* be working, be in operation ∗ *in volle* ~ in full operation, in full swing ❷ *uitwerking* effect

**werkje** *o* [-s] ❶ *klein werk* piece of work, job ❷ *figuurtje* pattern

**werkkamer** *v* [-s] study

**werkkamp** *o* [-en] ❶ *v. vrijwilligers* work camp ❷ *strafkamp* labour camp

**werkkapitaal** *o* [-talen] working capital

**werkkleding** *v* work(ing) clothes

**werkklimaat** *o* work climate, work atmosphere

**werkkracht** *v* ❶ *energie* energy ❷ *werknemer* worker, employee ∗ *de* ~*en* the employees

**werkkring** *m* [-en] ❶ *baan* post, position, job ❷ *omgeving* sphere of activity/action, working environment

**werklieden, werklui** *zn* [mv] working people, workers, labourers

**werkloos, werkeloos** *bn* ❶ *niets uitvoerend* inactive, idle ∗ ~ *toekijken* stand around watching ❷ *zonder baan* out of work, out of employment, unemployed, jobless ∗ ~ *maken* throw out of work

**werkloosheid, werkeloosheid** *v* ❶ *nietsdoend* inactivity, idleness, inaction ❷ *zonder werk zijn* unemployment ∗ *verborgen* ~ hidden unemployment

**werkloosheidscijfer** *o* [-s] *veelal mv* unemployment figures

**werkloosheidsuitkering** *v* [-en] unemployment benefits, dole

**werkloosheidsverzekering** *v* unemployment insurance

**werkloosheidswet** *v* [-ten] unemployment act

**werkloze, werkeloze** *m-v* [-n] unemployed person ∗ *de* ~*n* the unemployed

**werklunch** *m* [-en & -es] working lunch

**werklust** *m* zest for work

**werkmaatschappij** *v* [-en] subsidiary company, operating company, contractor

**werkman** *m* [-lieden & -lui] workman, labourer ∗ *een los* ~ a casual labourer

**werkmier** *v* [-en] worker (ant)

**werknemer** *m* [-s] employee, employed man ∗ *de totale aantal* ~*s* the payroll ∗ *een modale* ~ an average worker, an employee earning a standard income

**werknemersaandeel** *o* [-delen],
**werknemersbijdrage** *v* [-n] employee's contribution

**werknemersorganisatie** *v* [-s] *vakbond* union, Br trade union, Am labor union

**werkomgeving** *v* [-en] ❶ working environment ❷ comput environment

**werkomstandigheden** *zn* [mv] working conditions

**werkonbekwaam** *bn* ZN unfit for work, disabled

**werkonderbreking** *v* [-en] work stoppage

**werkoverleg** *o* (on-the-)job consultation, consultation between management and staff

**werkpaard** *o* [-en] *persoon en paard* workhorse

**werkplaats** *v* [-en] workshop, shop, workplace

**werkplan** *o* [-nen] working plan, plan of work

**werkplek** *v* [-ken] workplace ∗ *op de* ~ in the workplace

**werkrooster** *m & o* [-s] timetable

**werkschuw** *bn* workshy ∗ ~ *tuig* workshy layabouts

**werksfeer** *v* work climate/atmosphere

**werkstaking** *v* [-en] strike

**werkster** *v* [-s] ❶ *arbeidster* (female) worker ❷ *in huishouden* cleaning woman/lady

**werkstudent** *m* [-en] working student

**werkstuk** *o* [-ken] ❶ *alg.* (piece of) work, workpiece ❷ *in de meetkunde* proposition, problem

**werktafel** *v* [-s] ❶ desk ❷ techn workbench

**werktekening** *v* [-en] working drawing, plan

**werktempo** *o* working speed, speed of work

**werkterrein** *o* [-en] area/sphere/field of work

**werktijd** *m* [-en] ❶ *alg.* working hours ∗ *lange* ~*en hebben* work long hours ∗ *variabele* ~*en* flexible hours, inf flexitime ❷ *v.e. ploeg* shift

**werktijdverkorting** *v* [-en] short-time working, reduction in working hours

**werktuig** *o* [-en] *alg.* tool, instrument, implement ∗ ⟨voor gymnastiek⟩ ~*en* apparatus

**werktuigbouwkunde** *v* mechanical engineering

**werktuigbouwkundig** *bn* mechanical

**werktuigbouwkundige** *m-v* [-n] mechanical

we

engineer
**werktuigkunde** *v* mechanics
**werktuigkundige** *m-v* [-n] mechanic, mechanical engineer
**werktuiglijk I** *bn* mechanical, automatic**II** *bijw* mechanically, automatically
**werkuur** *o* [-uren] working hour
**werkverdeling** *v* division of labour
**werkvergunning** *v* [-en] work permit
**werkverschaffing** *v* (unemployment) relief work(s)
**werkvloer** *m* [-en] shop floor★ *de directeur zie je zelden op de~* the managing director is rarely seen on the shop floor
**werkvolk** *o* working people, workmen, labourers
**werkvrouw** *v* [-en] *schoonmaakster* ZN cleaning woman/lady
**werkweek** *v* [-weken] ❶ *v. werk* working week ❷ *v. leerlingen* project week★ *op~ gaan* go on a project/study week
**werkweigeraar** *m* [-s] person who refuses to work
**werkweigering** *v* refusal to work
**werkwijze** *v* [-n] (working) method
**werkwillige** *m* [-n] willing worker, non-striker
**werkwoord** *o* [-en] verb
**werkwoordelijk** *bn* verbal
**werkwoordsvorm** *m* [-en] verbal form
**werkzaam I** *bn* active, industrious★ *een~ man* a hard-working man★ *een~ aandeel hebben in* have an active part in★ *hij is~ op een fabriek* he is employed at a factory, he works in a factory★ *het werkzame bestanddeel* the active ingredient**II** *bijw* actively, laboriously, industriously
**werkzaamheden** *zn* [mv] activities, duties★ *mijn talrijke~* my numerous activities/duties★ *de verschillende~ van een commissie* the various tasks performed by a committee
**werkzaamheid** *v* activity, industry
**werkzoekende** *m-v* [-n] job/employment seeker
**werpanker** *o* [-s] ❶ *soort anker* kedge anchor ❷ *enterhaak* grappling iron/hook
**werpen I** *overg* [wierp, h. geworpen] ❶ *gooien* throw, fling, hurl, toss, *inf* chuck, ⟨honkbal⟩ pitch, ⟨cricket⟩ bowl★ ⟨met dobbelsteen⟩ *vijf~* throw five★ *een blaam/smet~ op iem.* cast a slur on sbd★ *in de strijd ~* throw into the fray ❷ *v. dieren* have puppies, kittens &★ *onze zeug heeft tien biggen geworpen* our sow has had a litter of ten piglets**II** *wederk* [wierp, h. geworpen] ★ *zich~* throw oneself★ *zich in de armen~ van...* fling oneself into the arms of...★ *zich op iem.~* fall on sbd★ *zich op de knieën~ voor iem.* go down on one's knees/prostrate oneself before sbd★ *zich op iets~* throw oneself on sth; *fig* throw oneself into sth★ *zich te paard~* fling oneself into the saddle
**werper** *m* [-s] ❶ *alg.* thrower ❷ honkbal pitcher
**werphengel** *m* [-s] casting rod
**werpheuvel** *m* [-s] honkbal mound
**werpnet** *o* [-ten] casting net

**wervel** *m* [-s] vertebra
**wervelen** *onoverg* [wervelde, h. gewerveld] whirl, swirl
**wervelkolom** *v* [-men] spinal column, spine
**wervelstorm** *m* [-en] tornado
**wervelwind** *m* [-en] whirlwind
**werven** *overg* [wierf, h. geworven] ❶ *soldaten, werkvolk &* recruit, enlist, enrol ❷ *klanten* canvass
**werving** *v* [-en] ❶ *soldaten, werkvolk &* recruitment, enlistment, enrolment/Am enrollment ❷ *klanten* canvassing
**wervingsactie** *v* [-s] recruitment campaign
**wervingsreserve** *v* [-s] *v. kandidaten voor een baan* ZN shortlist
**wesp** *v* [-en] wasp
**wespendief** *m* [-dieven] honey buzzard
**wespennest** *o* [-en] ❶ eig wasps' nest ❷ fig hornets' nest★ *zich in een~ steken* stir up a hornet's nest
**wespensteek** *m* [-steken] wasp sting
**wespentaille** *v* [-s] wasp waist
**west I** *bn* west, western, westerly**II** *bijw* west, westerly**III** *v & o* west★ *de West* the west
**West-Afrika** *o* West Africa
**West-Duits** *bn* West German
**West-Duitser** *m* [-s] West German
**West-Duitsland** *o* ❶ West Germany ❷ hist Federal Republic of Germany
**westelijk I** *bn* western, westerly★ *het~ front* the western front★ *de Westelijke Sahara* Western Sahara **II** *bijw* westerly, west★ *~ van* (to the) west of★ *~ liggen van* be/lie further west than
**westen** *o* west★ *het Westen* the West★ *buiten~* unconscious★ *in het~* in the west★ *naar het~* (in the) west, westward(s), ⟨verkeer⟩ westbound★ *op het ~ gelegen* facing west, with a western aspect★ *ten~ van...* (to the) west of...★ *uit het~* from the west, westerly
**westenwind** *m* [-en] west/westerly wind
**westerbuur** *m* [-buren] western neighbour, neighbour to the west
**westerlengte** *v* western longitude★ *60˚~* 60˚ west
**westerling** *m* [-en] ❶ *iem. uit het westen van het land* westerner, somebody from the west ❷ *iem. uit de westerse cultuurkring* Westerner
**western** *m* [-s] western
**westers** *bn* ❶ *m.b.t. het westen* western ❷ *m.b.t. de westerse beschaving* Western★ *de~e beschaving* Western civilization★ *het~e feminisme* Western feminism★ *~e kleding* Western clothes
**Westerschelde** *v* the West Scheldt
**westerstorm** *m* [-en] westerly gale
**West-Europa** *o* Western Europe
**westkant** *m* west/western side
**westkust** *v* [-en] west/western coast
**West-Romeins** *bn* Western Roman★ *het~e Rijk* the Western Roman Empire
**westwaarts I** *bn* westward**II** *bijw* westward(s)
**wet** *v* [-ten] ❶ *alg.* law★ *de Mozaïsche~* the Mosaic

Law★ *de~ van Archimedes* Archimedes' principle, the Archimedean principle★ *de~ van Boyle/Grimm/Parkinson/Pareto &* Boyle's/Grimm's/Parkinson's/Pareto's & law★ *de~ van vraag en aanbod/van de zwaartekracht &* the law of supply and demand/of gravitation &★ *de~ van de afnemende meeropbrengsten* the law of diminishing returns★ *een~ aannemen* enact a law ★ *iem. de~ stellen/voorschrijven* lay down the law for sbd★ *~ worden* become law★ *een formele~* procedural law★ *bij (de)~ bepaald* regulated by law ★ *boven de~ staan* be above the law★ *buiten de~ stellen* outlaw★ *door de~ bepaald* fixed by law, statutory★ *tegen de~* against the law★ *tot~ verheffen* put a bill on the Statute Book★ *volgens de ~* by law★ *volgens de Franse~* according to French law, under/by French law★ *voor de~* in the eyes of the law, before the law★ *voor de~ niet bestaan* not exist in law★ *voor de~ getrouwd* married at the registrar's/registry office ❷ *in 't bijzonder* act★ *de Wet op het Basisonderwijs* the Primary Education Act

**wetboek** *o* [-en] code★ *het Burgerlijk Wetboek* the civil code★ *het Wetboek Burgerlijke Rechtsvordering* the Code of Civil Procedure★ *het Wetboek van Koophandel* the Commercial Code★ *het Wetboek van Strafrecht* the penal code, the criminal code★ *het Wetboek van Strafvordering* the code of criminal procedure

**weten** I *o* knowledge★ *niet bij mijn~* not to my knowledge★ *buiten mijn~* without my knowledge, unknown to me★ *met mijn~* with my knowledge ★ *naar mijn beste~* to the best of my knowledge ★ *tegen beter~* in against one's better judgement ★ *zonder mijn~* without my knowledge II *overg* [wist, h. geweten] ❶ *alg.* know, ‹erin slagen› manage★ *iem. doen/laten~* let sbd know, send sbd word, inform sbd of★ *wie weet of hij niet zal...* who knows whether he'll...★ *God weet het!* God knows! ★ *dat weet ik niet* I don't know★ *hij is mijn vriend moet je~/weet je* he's my friend, you know★ *het te~ komen* get to know, find out, learn★ *hij wist te ontkomen* he managed to escape★ *hij weet zich te verdedigen* he knows how to defend himself★ *er iets op~* know a way out★ *het uit de krant~* know it from the paper(s)★ *van wie weet je het?* who did you hear it from?, who told you?★ *eer je het weet* before you know where you are★ *zij~ het samen* they're as thick as thieves, they're hand and glove★ *hij weet er alles van* he knows all about it★ *hij weet er niets van* he doesn't know anything about it★ *dat moeten zij zelf maar~* that's their lookout★ *zij willen er niet(s) van~* they'll have none of it★ *zij wil niets van hem~* she doesn't want anything to do with him★ *dat moet je zelf~* that's your lookout★ *wat niet weet, wat niet deert* what you don't know won't hurt you ★ *weet je wat?, we gaan naar...* I'll tell you what, let's go to...★ *zij weet wat zij wil* she knows what she wants, she knows her own mind★ *hij weet zelf niet*

*wat hij wil* he doesn't know his own mind★ *daar weet jij wat van!* fat lot you know about it!★ *ik weet wat van je* I know something about you★ *dat weet wat!* what a nuisance!★ *hij wil het wel~ dat hij knap is &* he doesn't need to be told that he's handsome & ★ *hij wil het niet~* he never lets it appear★ *zonder het zelf te~* unwittingly★ *~ waar Abraham de mosterd haalt* know what's what★ *fig~ hoe laat het is* know how things stand★ *te~* viz., that is to say, namely, to wit... ❷ *beseffen* be aware of★ *ik weet wat hij voor haar voelt* I'm aware of how he feels about her III *onoverg* [wist, h. geweten] know★ *wie weet?* who knows?★ *men kan nooit~* you never can tell ★ *hij weet niet beter* he doesn't know any better★ *hij weet wel beter* he knows better (than that)★ *niet dat ik weet* not that I know of

**wetens** *bijw* ★ *willens en~* (willingly and) knowingly

**wetenschap** *v* [-pen] ❶ *studieveld* science, learning ❷ *kennis* knowledge★ *er geen~ van hebben* know nothing about it, not be aware of it★ *in de~ dat...* in the knowledge that...

**wetenschappelijk** I *bn* ❶ *alg* academic ❷ *vnl. m.b.t. exacte wetenschappen* scientific ❸ *vnl. m.b.t. alfawetenschappen* scholarly II *bijw* academically &

**wetenschapper** *m* [-s], **wetenschapsman** [-nen, -mensen] ❶ *alg* academic ❷ *exact* scientist ❸ *niet exact* scholar

**wetenschapsfilosofie** *v* philosophy of science

**wetenswaardig** *bn* worth knowing, interesting, informative★ *daarin stond veel~s over...* in it was a wealth of information about...

**wetenswaardigheid** *v* [-heden] thing worth knowing, piece of information

**wetering** *v* [-en] watercourse

**wetgeleerde** *m* [-n] legal expert, jurist

**wetgevend** *bn* law-making, legislative★ *een~ lichaam* a legislative body★ *de~e macht* the legislature★ ZN *~e verkiezingen* parliamentary elections

**wetgever** *m* [-s] lawgiver, legislator

**wetgeving** *v* [-en] legislation

**wethouder** *m* [-s] town/city councillor★ *de~ van kunst en cultuur* the arts councillor

**wetlook** *m kapsel* wet-look

**wetmatig** *bn* systematic, regular, in accordance with the laws

**wetmatigheid** *v* [-heden] ❶ *het wetmatig zijn* order, regularity ❷ *steeds terugkerend verschijnsel* pattern

**wetsartikel** *o* [-en & -s] article/section of a/the law

**wetsbepaling** *v* [-en] legal/statutory provision

**wetsdokter** *m* [-s] Belg police doctor

**wetsherziening** *v* [-en] revision of the/a law

**wetskennis** *v* legal knowledge

**wetsontwerp** *o* [-en] bill★ *een~ aannemen* pass a bill★ *een~ goedkeuren* pass a bill, put a bill through Parliament★ *een~ indienen* introduce, put forward, bring a bill in Parliament★ *een~ intrekken* withdraw a bill★ *een~ opstellen* draft a bill★ *een~*

**we**

*verwerpen* reject/throw out a bill

**wetsovertreder** *m* [-s] lawbreaker, offender

**wetsovertreding** *v* [-en] breach of the law * *een ~ begaan* commit an offence, break the law

**wetsrol** *v* [-len] Torah scroll, scroll of the (Mosaic) law

**wetstaal** I *o* [-stalen] *aanzetstaal* (sharpening) steel II *v juridische taal* legal language

**wetsteen** *m* [-stenen] whetstone, hone

**wetsuit** *m* [-s] wet suit

**wetsvoorstel** *o* [-len] bill

**wetswijziging** *v* [-en] amendment/modification/alteration of the law, statutory amendment * *een ~ invoeren* amend the law * *een voorstel tot ~* a proposed amendment

**wetswinkel** *m* [-s] legal advice centre/Am center

**wettelijk** I *bn* legal, statutory * ~e *aansprakelijkheid* liability * *een ~e aansprakelijkheidsverzekering* third party liability insurance * *een ~ erfdeel* a legitimate inheritance * *een ~e maatregel* legal proceedings * *een ~ monopolie* a legal monopoly * *de ~e termijn* the statutory period II *bijw* legally * ~ *bevoegd* legally entitled (to) * ~ *handelen* act within the law * ~ *voorgeschreven* laid down by law

**wetteloos** *bn* lawless

**wetten** *overg* [wette, h. gewet] whet, sharpen, hone

**wettig** I *bn* legitimate, legal, lawful * *een ~ kind* a legitimate child * *een ~ huwelijk* a legal/lawful marriage * ~ *maken/verklaren* legalize II *bijw* legitimately, legally, lawfully * ~ *afwezig* legitimately absent * ~ *gedeponeerd* registered * ~ *getrouwd* legally married

**wettigen** *overg* [wettigde, h. gewettigd] ❶ *wettig maken* legitimate, legalize * *een kind ~* legitimate a child ❷ *rechtvaardigen* fig justify * *dat wettigt de hoop...* it justifies the hope... ❸ *bekrachtigen* sanction * *door het gebruik gewettigd* sanctioned by usage

**wettigheid** *v* legitimacy

**wettiging** *v* [-en] legitimation, legalization

**wettisch** *bn* legalistic, strictly law-abiding

**WEU** *v* (West-Europese Unie) WEU, Western European Union

**weven** *overg & onoverg* [weefde, h. geweven] weave

**wever** *m* [-s] ❶ *iem. die weeft* weaver ❷ *vogel* weaver bird

**weverij** *v* ❶ *het weven* weaving ❷ *bep. bedrijf* [-en] weaving mill

**wezel** *v* [-s] weasel

**wezen** I *o* [-s] ❶ *persoon* being, creature * *geen levend ~* not a living being/soul ❷ *bestaan* being, existence ❸ *wezenlijkheid* essence, substance * *het ~ van de zaak* the substance of the matter ❹ *aard* nature, essence * *in ~ is hij een lafaard* essentially/basically he's a coward II *onoverg* [was/waren, is geweest] be * *ik ben hem ~ opzoeken* I've been to see him * *daar moet je ~!* there's the place to be! * *hij mag er ~* 〈bewonderend〉 there's nothing wrong with him; 〈groot v. postuur〉 he's a large chap * *dat mag er ~* that's not half bad, that's pretty good

**wezenlijk** I *bn* real, essential, substantial * *het ~e* the essence * *een ~e verschil/waarde/betekenis* a substantial difference/value/meaning * *van ~ belang* of vital importance II *bijw* ❶ essentially, substantially ❷ *versterkend* really

**wezenloos** *bn* vacant, vacuous, blank * *een wezenloze blik* a blank stare * *zich ~ schrikken* be scared out of one's wits

**wezenpensioen** *o* orphans' pension

**wezensvreemd** *bn* foreign to one's nature, alien

**whiplash** *m* [-es] whiplash injury

**whirlpool** *m* [-s] whirlpool, jacuzzi

**whisky** *m* whisky, Am & Iers whiskey

**whisky-soda** *v* whisk(e)y and soda

**whist** *o* whist

**whisten** *onoverg* [whistte, h. gewhist] play whist

**wichelaar** *m* [-s] diviner, augur

**wichelroede** *v* [-n] divining rod

**wichelroedeloper** *m* [-s] diviner

**wicht** *o* [-en] ❶ *klein kind* baby, child, toddler, mite * *arm ~!* poor thing! ❷ *meisje* girl * *een of ander mal ~* some silly thing * *mal ~!* silly thing!

**wicket** *o* [-s] wicket

**wie** I *vragend vnw* who?, 〈wiens〉 whose?, 〈bij keuze〉 which? * ~ *heeft het gedaan?* who did it? * *van ~ is dit jasje?* whose jacket is this? * ~ *van de twee?* which of the two? * mil ~ *daar?* who goes there? II *betr vnw* who, whose * *de vrouw van ~ de man in een bank werkt* the woman whose husband works in a bank III *onbep vnw* * ~ *ook* whoever

**wiebelen** *onoverg* [wiebelde, h. gewiebeld] wobble, wiggle, 〈schommelen, wippen〉 rock

**wieden** *overg & onoverg* [wiedde, h. gewied] weed

**wiedes** *bn* * inf *dat is nogal ~* that's pretty obvious, that goes without saying

**wiedeweerga** *m-v* * inf *als de ~* in a flash, like greased lightning

**wieg** *v* [-en] cradle * *voor dichter in de ~ gelegd* a born poet * *hij was voor soldaat in de ~ gelegd* he was cut out to be a soldier * *hij is niet voor soldaat in de ~ gelegd* he'll never make a soldier * *voor dat werk was hij niet in de ~ gelegd* he wasn't suited by nature for that type of work * *van de ~ tot het graf* from the cradle to the grave * *aan de ~ gestaan hebben van iets* be one of the founders of sth, been in on sth from the start

**wiegelied** *o* [-eren] cradle song, lullaby

**wiegen** *overg* [wiegde, h. gewiegd] rock

**wiegendood** *m* cot death, Am crib death, med SIDS (sudden infant death syndrome)

**wiegendruk** *m* [-ken] incunabulum, incunable

**wiek** *v* [-en] ❶ *v. molen* sail, wing, vane ❷ *vleugel* wing * *hij was in zijn ~ geschoten* he was affronted/offended, he was stung to the quick * *op eigen ~en drijven* stand on one's own legs/feet, shift for oneself

**wiel** *o* [-en] ❶ *rad* wheel * *iem. in de ~en rijden* put a

spoke in sbd.'s wheel * *het* ~ *nogmaals willen uitvinden* try to reinvent the wheel ❷ *plas* pool
**wielas** *v* [-sen] axle, wheel axle
**wielbasis** *v* wheelbase
**wieldop** *m* [-pen] hubcap
**wieldruk** *m* wheel load
**wielerbaan** *v* [-banen] cycling track
**wielerbroek, wielrennersbroek** *v* [-en] cycling shorts
**wielerclub** *v* [-s] cycling club
**wielerklassieker** *m* [-s] cycling classic
**wielerkoers** *m* bicycle race
**wielerploeg** *m & v* [-en] cycling team
**wielerronde** *v* [-n & -s] cycle race
**wielersport** *v* cycling
**wielewaal** *m* [-walen] *vogel* golden oriole
**wielklem** *v* [-men] wheel clamp
**wiellager** *m* [-s] bearing
**wielophanging** *v* [-en] suspension
**wielrennen** *o* cycle racing
**wielrenner** *m* [-s] racing cyclist
**wielrijder** *m* [-s] cyclist
**wielrijdersbond** *m* [-en] cyclists' union
**wiens** **I** *vragend vnw* whose **II** *betr vnw* whose
**wier** **I** *o* [-en] seaweed, alga **II** *vragend vnw* whose **III** *betr vnw* whose
**wierook** *m* incense, frankincense, ‹wierookstokje› joss stick
**wierookgeur** *m* [-en] smell of incense
**wierookvat** *o* [-vaten] censer, thurible, incensory
**wiet** *m* *cannabis* marijuana/marihuana, *inf* weed, grass
**wig, wigge** *v* [wiggen] wedge * *een* ~ *drijven tussen* drive a wedge between
**wigwam** *m* [-s] wigwam
**wij** *pers vnw* we * ~ *Engelsen* we Englishmen
**wijd** **I** *bn* ❶ *breed* wide, large, broad * *de* ~ *e wereld* the (whole) wide world ❷ *ruim* wide, loose, roomy, ample, spacious * *een* ~ *e jurk* a loose-fitting dress **II** *bijw* wide(ly) * *de ramen* ~ *openzetten* open the windows wide * *de ogen* ~ *opendoen* open one's eyes wide * ~ *uit elkaar schrijven* write far apart * ~ *en zijd* far and wide * ~ *en zijd bekend, vermaard* widely known, famous **III** *m* *honkbal* wide ball * *2* ~*, 1 slag* 2 wides, 1 strike
**wijdbeens** *bijw* with (one's) legs wide apart * ~ *liggen* lie spread-eagled
**wijden** **I** *overg* [wijdde, h. gewijd] ❶ *priester* ordain * *iem. tot priester* ~ ordain sbd a priest ❷ *kerk & consecrate* * ~ *aan* ‹aan God, een persoon› dedicate to; ‹aan een zaak› devote, consecrate to * *zijn tijd & ~ aan…* devote one's time & to… * *een leven gewijd aan poëzie* a life dedicated to poetry **II** *wederk* [wijdde, h. gewijd] * *zich* ~ *aan iets* devote oneself to sth
**wijding** *v* [-en] ❶ *godsdienstig* consecration ❷ *v. priesters* ordination ❸ *geestelijke graad* orders * *RK hogere/lagere* ~*en* major/minor orders

**wijdlopig** *bn* verbose, long-winded
**wijdte** *v* [-n & -s] ❶ *hoedanigheid* width ❷ *diameter* width, breadth, span
**wijdverbreid** *bn* widespread, extensive * *een* ~*e vergissing/misvatting* a popular misconception
**wijdverspreid** *bn* widespread, afkeurend rife
**wijdvertakt** *bn* *biol* ramified, *fig* many-branched
**wijf** *o* [wijven] ❶ *vrouw* woman, female ❷ *kenau* bitch, virago, vixen, shrew * *een oud* ~ an old hag
**wijfje** *o* [-s] ❶ *v. dieren* female ❷ *als aanspreekvorm* wifey, little woman
**wijfjesdier** *o* [-en] female
**wij-gevoel** *o* feeling of solidarity, team spirit
**wijk** *v* [-en] ❶ *woonwijk* quarter, district, ward ❷ *politie* beat, ‹melkronde, krantenwijk› round, ‹postbode› walk * *de* ~ *nemen naar Amerika* flee to America, take refuge in America
**wijkagent** *m* [-en] local policeman, policeman on the beat
**wijkcentrum** *o* [-s, -tra] community centre/*Am* center
**wijkcomité** *o* [-s] local committee
**wijken** *onoverg* [week, is geweken] give way, give ground, yield * *de muren* ~ the walls are out of true * *een* ~*d voorhoofd* a receding forehead * *geen voet* ~ not budge an inch, *mil* not yield an inch of ground * *voor iem.* ~ not budge from sbd.'s side * ~ *voor niemand* not yield to anybody * *moet ik voor hem* ~? should I make way for him? * ~ *voor de overmacht* yield to superior numbers * *het gevaar is geweken* the danger is over * *de pijn is geweken* the pain has gone
**wijkgebouw** *o* [-en] community centre/*Am* center
**wijkorgaan** *o* [-ganen] neighbourhood paper
**wijkplaats** *v* [-en] asylum, refuge
**wijkverpleegster, wijkzuster** *v* [-s] district nurse
**wijkverpleging** *v* district nursing
**wijlen** *bn* late, deceased * ~ *Willem I* the late William I * ~ *mijn vader* my late father
**wijn** *m* [-en] wine * *rode/witte* ~ red/white wine * *klare* ~ *schenken* speak frankly, be frank * *goede* ~ *behoeft geen krans* good wine needs no bush * *oude* ~ *in nieuwe zakken* old wine in new bottles * *een lekker* ~*tje* a nice wine * *van* ~*tje en trijntje houden* love wine, women and song
**wijnazijn** *m* wine vinegar
**wijnboer** *m* [-en] winegrower
**wijnbouw** *m* viniculture, winegrowing
**wijnbouwer** *m* [-s] winegrower
**wijndruif** *v* [-druiven] grape
**wijnfeest** *o* [-en] wine festival
**wijnfles** *v* [-sen] wine bottle
**wijngaard** *m* [-en] vineyard
**wijngaardslak** *v* [-ken] edible snail, escargot
**wijngebied** *o* [-en] wine (growing) area/region
**wijnglas** *o* [-glazen] wine glass
**wijnhandel** *m* [-s] ❶ *koop en verkoop* wine trade, wine business ❷ *winkel* wine shop

**wi**

**wijnhuis** o [-huizen] wine house
**wijnjaar** o [-jaren] wine year★ *2001 was een goed~* 2001 was a good year for wine
**wijnkaart** v [-en] wine list
**wijnkelder** m [-s] wine cellar, wine vault
**wijnkenner** m [-s] judge of wine, wine connoisseur
**wijnkleurig** bn wine-coloured
**wijnkoeler** m [-s] wine cooler
**wijnmaand** v October
**wijnoogst** m [-en] vintage
**wijnpers** v [-en] wine press
**wijnpluk** m grape harvest, vintage
**wijnpokken** zn [mv] ZN chickenpox
**wijnproeverij** v [-en] wine tasting
**wijnrank** v [-en] branch of the vine
**wijnrek** o [-ken] wine rack
**wijnrood** bn wine-red, burgundy
**wijnsaus** v [-en & -sauzen] wine sauce
**wijnsteen** m tartar
**wijnsteenzuur** o tartaric acid
**wijnstok** m [-ken] vine
**wijnstreek** v [-streken] wine region
**wijnvat** o [-vaten] wine cask/barrel
**wijnvlek** v [-ken] ❶ *op kleding e.d.* wine stain ❷ med birthmark
**wijs I** bn wise★ *ben je niet (goed)~?* are you out of your senses?, are you in your right senses?, where are you senses?★ *hij is niet goed~* he isn't in his right mind★ *ze zijn niet wijzer* they don't know any better★ *hij zal wel wijzer wezen dan dat* he'll know better (than to do that)★ *dat heeft mij niet veel wijzer gemaakt* I came away none the wiser★ *de~te zijn* give in, make concessions★*~ worden* learn wisdom ★ *ik kan er niet~ uit worden* I can't make head or tail of it, I can't make it out★ *door de ervaring wijzer worden* learn from experience‖ bijw wisely‖‖ v [wijzen] ❶ *manier* ,**wijze** manner, way★ *op die~* in this manner, in this way★ *'s lands~, 's lands eer* when in Rome, do as the Romans do★ *bij~ van proef* by way of trial★ *bij~ van geschenk/grap* by way of a present/joke★ *bij~ van protest* in protest ★ *bij~ van spreken* in a manner of speaking, so to speak, so to say★ *op de een of andere~* somehow or other★ *op generlei~* in no way★ *op onrustbarende~* in an alarming way ❷ *melodie* muz tune, melody ★ *geen~ kunnen houden* not be able to keep tune ★ *op de~ van...* to the tune of...★ fig *iem. van de~ brengen* put sbd out★ *zich niet van de~ laten brengen* not lose one's head★ *van de~ raken* muz get out of tune; fig get flurried★ fig *ik ben helemaal van de~* I'm completely lost/at sea ❸ taalk mood ★ *de aanvoegende wijs* the subjunctive mood
**wijsbegeerte** v philosophy
**wijselijk** bijw wisely★ *hij hield~ zijn mond* wisely, he kept silent★ *hij is~ niet gekomen* he had the sense not to come
**wijsgeer** m [-geren] philosopher
**wijsgerig** bn philosophical

**wijsheid** v [-heden] wisdom★ *alsof zij de~ in pacht hebben* as if they had a monopoly on wisdom★ *waar haal je die~ vandaan?* aren't you clever?
**wijsheidstand** m [-en] ZN wisdom tooth
**wijsmaken** overg [maakte wijs, h. wijsgemaakt] ★ *iem. iets~* make sbd believe sth, kid sbd★ *zich(zelf) ~ dat...* delude oneself into the belief that...★ *maak dat anderen wijs* tell that story somewhere else★ *dat maak je mij niet wijs* I know better, tell me another ★ *maak dat de kat wijs* tell that to the marines★ *hij laat zich alles~* he'll swallow anything
**wijsneus** m [-neuzen] know-all, smart alec(k)
**wijsvinger** m [-s] forefinger, index finger
**wijten** overg [weet, h. geweten] blame★ *iets~ aan* blame sth on, attribute sth to★ *het was te~ aan...* it was owing to...★ *dat heeft hij aan zichzelf te~* he has only himself to blame for it, he brought it on himself
**wijting** m [-en] whiting
**wijwater** o holy water
**wijze I** v [-n→**wijs** II** m [-n] *persoon* sage, wise man/woman★ *de Wijzen uit het Oosten* the Wise Men from the East, the Magi
**wijzen I** overg [wees, h. gewezen] ❶ *tonen* show, point out★ *dat zal ik u eens~* I'll show you★ *dat wijst ons op...* this points to... ❷ jur pronounce (judgement)★ *aldus gewezen* judgement given ‖ onoverg [wees, h. gewezen] point★ *je moet niet~* you shouldn't point/pointing is rude★ *de magneetnaald wijst naar het noorden* the magnetic needle points to the North★ *alles wijst erop dat...* everything points to the fact that...★ *iem. op zijn ongelijk~* point out to sbd where he is wrong
**wijzer** m [-s] ❶ techn indicator ❷ *v. klok &* hand★ *de grote~* the minute hand★ *de kleine~* the hour hand ★ *met de~s van de klok mee* clockwise★ *tegen de~s van de klok in* anticlockwise ❸ *wegwijzer* signpost
**wijzerplaat** v [-platen] dial, clock face
**wijzigen** overg [wijzigde, h. gewijzigd] modify, alter, change★ *geheel~* alter completely
**wijziging** v [-en] modification, alteration, change, amendment★ *een~ aanbrengen (in)* make a change (in)★ *een~ ondergaan* undergo a change, be altered ★ *een~ van statuten* an amendment to the articles of association
**wijzigingsvoorstel** o [-len] proposed change/alteration/amendment
**wikke** v [-n] plant vetch
**wikkel** m & o [-s] wrapper
**wikkelen** overg [wikkelde, h. gewikkeld] ❶ *inpakken* wrap (up)★ *zich~ in...* wrap oneself up ❷ *v. spoel &* wind, coil ❸ fig involve in★ *gewikkeld in een strijd op leven en dood* engaged in a life and-death struggle★ *in een gesprek gewikkeld* wrapped up in a conversation★ *zich in een moeilijke zaak~* involve oneself in a difficult matter
**wikkelrok** m [-ken] wrapover skirt
**wikken** overg [wikte, h. gewikt] weigh, weigh up★ *~*

*en wegen* weigh up the pros and cons, weigh one's words ✳ *de mens wikt, (maar) God beschikt* man proposes, (but) God disposes

**wil** *m* will, desire, wish, intention ✳ *zijn uiterste*~ his last will (and testament) ✳ *de vrije*~ free will ✳ *kwade* ~ ill will ✳ *goede*~ goodwill, willingness ✳ *een eigen* ~*(letje) hebben* be strong-willed, have a will of one's own ✳ *een sterke*~ *hebben* have a strong will ✳ *het is zijn eigen*~ it's his own wish ✳ *voor elk wat*~*s* something for everyone, all tastes are catered for ✳ *zijn goede*~ *tonen* show one's willingness ✳ *waar een*~ *is, is een weg* where there's a will there's a way ✳ *buiten mijn*~ without my will and consent ✳ *met een beetje goede*~ with a little good will ✳ *met de beste*~ *van de wereld* with the best will/intention in the world ✳ *met mijn*~ *gebeurt het niet* not with my consent, not if I can help it ✳ *om 's hemels*~ for Heaven's sake!; goodness gracious! ✳ *tegen mijn*~ against my will ✳ *tegen*~ *en dank* against his will, in spite of himself ✳ *iem. ter*~*le zijn* oblige sbd ✳ *ter*~*le van mijn gezin* for the sake of my family ✳ *ter*~*le van de vrede* for peace's sake ✳ *(niet) uit vrije*~ (not) of my own free will

**wild I** *bn* ❶ *in 't wild groeiend* wild ✳ *in het*~ *groeien* grow wild ❷ *in 't wild levend* wild, savage ✳ *de in het* ~ *levende dieren* wildlife ✳ *in het*~ *opgroeien* run wild ❸ *niet kalm* wild, unruly ✳ *een*~*e staking* a wildcat strike ✳ *in het*~*(e weg)* at random, wildly ✳ *in het*~*(e weg) redeneren* talk through one's hat ✳ *in het* ~*(e weg) schieten* shoot at random, fire random shots ❹ *enthousiast* crazy, wild ✳ ~ *op/van iets zijn* be wild/mad/crazy about sth ❺ *woest kijkend* wild, fierce, ferocious ✳ *een*~*e blik* a ferocious look ▼ *een* ~*e boot* a tramp (steamer) **II** *bijw* wildly ✳ *zich*~ *schrikken* have the fright of one's life ✳ *het ging er*~ *aan toe* there were wild goings-on there **III** *o* ❶ *levend* game, quarry ✳ *grof/klein*~ big/small game ✳ *rood*~ red deer ✳ *zwart*~ wild boars ❷ *gebraden* game

**wildbaan** *v* [-banen] hunting ground/preserve, game reserve

**wildbraad** *o* game

**wildcard** *m* [-s] comput & sp wild card

**wilde** *m-v* [-n] ❶ *v. volk met lage beschaving* savage, primitive ✳ *de*~*n* the savages ✳ *als een*~ *tekeergaan* carry on like a madman ❷ *wildebras* wild lad, ⟨meisje⟩ tomboy

**wildebras** *m-v* [-sen] ❶ *jongen* wild lad ❷ *meisje* tomboy

**wildeman** *m* [-nen] wild man

**wildernis** *v* [-sen] wilderness, wilds

**wildgroei** *m* ❶ *onbelemmerde groei* unchecked growth ❷ *overmatige, onwenselijke toenemming* fig proliferation ✳ *de*~ *van regels en voorschriften* the proliferation of rules and regulations

**wildkamperen** *o* camp wild

**wildpark** *o* [-en], **wildreservaat** [-vaten] wildlife game preserve/park

**wildplassen** *o* urinate in public

**wildplasser** *m* [-s] sbd who urinates in public

**wildrooster** *o* [-s] cattle grid

**wildsmaak** *m* gamey taste

**wildstand** *m* game population, stock of game

**wildviaduct** *m & o* [-en] wildlife viaduct

**wildvreemd** *bn* utterly strange ✳ *ik ben hier*~ I'm a complete stranger here ✳ *een*~*e* a complete stranger

**wildwaterbaan** *v* [-banen] rapids

**wildwatervaren** *o* white-water rafting

**wildwestfilm** *m* [-s] western

**wildwesttafereel** *o* [-relen] fig bedlam

**wildwestverhaal** *o* [-halen] western

**wildzang** *m* [-en] *v. vogels* wild birds

**wilg** *m* [-en] willow

**wilgenhout** *o* willow wood

**wilgenkatje** *o* [-s] (willow) catkin

**wilgenroosje** *o* [-s] willowherb

**wilgentak** *m* [-ken] ❶ *tak van een wilg* willow twig, switch ❷ *voor vlechtwerk* wicker, osier

**willekeur** *v* ❶ *onrechtvaardig* arbitrariness, unfairness ✳ *daden van*~ arbitrary acts ❷ *vrije wil* will, discretion ✳ *naar*~ at will, at one's own discretion

**willekeurig I** *bn* ❶ *eigenmachtig* arbitrary, voluntary ✳ ~*e handelingen* arbitrary acts ❷ *onverschillig welk* random ✳ *een*~ *getal* a random number ✳ ~*e steekproef* random test **II** *bijw* arbitrarily ✳ ~ *handelen* act at random/act arbitrarily

**Willem** *m* William, inf Bill ✳ ~ *van Oranje* ⟨1533-1584⟩ William the Silent ✳ ~ *III* ⟨1650-1702⟩ William of Orange ✳ ~ *de Veroveraar* William the Conqueror

**willen I** *overg* [wou *of* wilde, h. gewild] ❶ *bereid zijn* be willing, be prepared ✳ *hij was zieker dan hij wilde bekennen* he was sicker than he was prepared to admit ✳ *wilt u het zout aangeven?* would you mind passing the salt? ✳ *ik wil je wel vertellen...* I don't mind telling you.. ❷ *wensen* wish, want, ⟨nadrukkelijk⟩ insist ✳ *zij*~ *hebben dat wij...* they want us to... ✳ *als ik iets wilde* if I wanted anything ✳ *zij*~ *dat u...* they want you to... ✳ *ik wou dat ik het kon* I wish I could ✳ *hij kan niet*~ *dat wij...* he can't want us to... ✳ *als God wil dat ik...* if God wants me to... ✳ *wat wil je?* what do you want? ✳ *wat ze maar* ~ anything they like ✳ *wat wil hij ervoor?* how much does he want? ✳ *men kan niet alles doen wat men maar wil* you can't always do what you want/whatever pleases you ✳ *zij*~ *het zo* that's how they want it ✳ *dat zou je wel*~*, hè?* you'd like that, wouldn't you? ✳ *ik zou wel een glaasje bier*~ I wouldn't mind having a glass of beer ✳ *ik zou hem wel om de oren*~ *slaan* I'd like to box his ears ✳ *ik wilde liever sterven dan...* I'd rather die than... ✳ *zij*~ *het niet (hebben)* they don't want it, they'll have none of it ❸ *beweren* say, claim ✳ *het gerucht wil dat...* rumour has it that... ▼ *dat wil wat zeggen* that

**wi**

says something ▼ *hij moge zijn wie hij wil* whoever he may be ▼ *hij mag (ervan) zeggen wat hij wil, maar...* he can say what he wants, but... **II** *onoverg* [wou *of* wilde, h. gewild] will ∗ *hij kan wel maar hij wil niet* he can but he won't ∗ *het slot wil niet* the lock doesn't work ∗ *hij wil wel* he's willing ∗ *of hij wil of niet* whether he wants to or not ∗ *zij ~ er niet aan* they won't hear of it ∗ *dat wil er bij mij niet in* that won't go down with me **III** *hulpww* [wou *of* wilde, h. gewild] ❶ *zullen* will, shall, would, should ∗ *hij zal hard moeten werken wil hij slagen* he'll have to work hard to succeed ∗ *wil ik de deur opendoen?* shall I open the door? ❷ *v. gebod* will, would ∗ *wil je wel eens zwijgen!* keep quiet, would/will you? ∗ *wil je gauw maken dat je wegkomt?* would/will you get out of here at once! **IV** *o* volition ∗ *~ is kunnen* where there's a will there's a way ∗ *het is maar een kwestie van ~* it's only a matter of wanting to

**willens** *bijw* on purpose ∗ *~ of on~* like it or not, willingly or unwillingly ∗ *~ en wetens* (willingly and) knowingly ∗ *~ zijn* intend (to)

**willig** *bn* ❶ alg. willing ∗ *een ~ kind* a willing/an obedient child ❷ handel firm ∗ beurs *een ~e markt* a bull market

**willoos** *bn* weak-willed, spineless, irresolute ∗ *zich ~ laten meeslepen* go along unquestioningly/for the sake of it

**wilsbeschikking** *v* [-en] last will (and testament), will ∗ *zijn uiterste ~* his last will and testament

**wilskracht** *v* will power, energy

**wilskrachtig** *bn* strong-willed, energetic

**wilsonbekwaam** *bn* legally incapable

**wilsovereenstemming** *v* jur mutual consent, consensus (ad idem)

**wilsuiting** *v* [-en] expression of will

**wimpel** *m* [-s] pennant, streamer

**wimper** *v* [-s] (eye)lash

**wind** *m* [-en] ❶ *bewegende lucht* wind ∗ *de ~ van voren* a head wind ∗ *dat is maar ~* it's a lot of hot air ∗ *zien uit welke hoek de ~ waait* see how the wind lies/blows ∗ *waait de ~ uit die hoek?* is that the way the wind is blowing? ∗ *de ~ waait uit een andere hoek* the wind is blowing from another direction ∗ *iem. de ~ van voren geven* tell sbd off ∗ *de ~ van achteren hebben* have a tail wind ∗ *toen wij de ~ mee hadden* when the wind was with us ∗ *er de ~ onder hebben* have them well in hand ∗ *de ~ tegen hebben* go against/into the wind ∗ *de ~ van voren krijgen* catch some flack ∗ *~ maken* cut a dash ∗ *aan de ~ zeilen, bij de ~ zeilen* sail close to/near the wind ∗ *de Eilanden boven de ~* the Windward Islands ∗ scheepv *door de ~ gaan* change tack ∗ *het stinkt een uur in de ~* it stinks to high heaven ∗ *in de ~ praten* be talking to the wind ∗ *zijn raad in de ~ slaan* fling caution to the winds ∗ *een waarschuwing in de ~ slaan* disregard a warning ∗ *met alle ~en meedraaien/meewaaien* swim with the tide ∗ *met de ~ mee* down wind ∗ *de ~ mee hebben* have the wind

behind one; fig have everything going for one ∗ *de Eilanden onder de ~* the Leeward Islands ∗ *tegen de ~ in* against the wind ∗ *de ~ tegen hebben* have a head wind; fig sail against the wind/current ∗ *iem. de ~ uit de zeilen nemen* take the wind out of sbd's sails ∗ *van de ~ kan men niet leven* you can't live on air alone ∗ *voor de ~* downwind ∗ *het gaat hem voor de ~* he's doing well ∗ *vóór de ~ zeilen* sail before the wind ∗ *wie ~ zaait, zal storm oogsten* sow the wind and reap the whirlwind ∗ *zoals de ~ waait, waait zijn jasje* he'll go along with anything ❷ *scheet* wind, inf fart ∗ *een ~je laten* break wind, inf fart

**windas** *o* [-sen] windlass, winch

**windbuks** *v* [-en] air gun, air rifle

**winddicht** *bn* windproof

**windei** *o* [-eren] egg without a shell ∗ *het zal hem geen ~eren leggen* he'll do well out of it

**winden** *overg* [wond, h. gewonden] ❶ *garen & wind*, twist ∗ *iets op een klos ~* wind sth onto a reel, reel it ∗ *zich ~* wind, wind itself ❷ *ophijsen* hoist (up) ❸ scheepv heave

**windenergie** *v* wind energy

**winderig** *bn* windy

**winderigheid** *v* ❶ *m.b.t. weer* windiness ❷ *flatulentie* flatulence

**windgevoelig** *bn* sensitive to wind

**windhandel** *m* speculation

**windhond** *m* [-en] greyhound

**windhondenrennen** *zn* [mv] greyhound races

**windhoos** *v* [-hozen] whirlwind, hurricane

**windjack** *o* [-s] windcheater

**windjammer** *m* [-s] windjammer

**windje** *o* [-s] ❶ *zuchtje wind* breeze, gentle wind ❷ *scheet* wind, inf fart ∗ *een ~ laten* let wind, inf fart

**windkracht** *v* ❶ *sterkte* wind force ∗ *een storm met ~ 10* a force 10 gale ❷ *energie* wind power

**windmolen** *m* [-s] windmill ∗ *tegen ~s vechten* tilt at/fight windmills

**windorgel** *o* [-s] wind harp

**windrichting** *v* [-en] direction of the wind, wind direction

**windroos** *v* [-rozen] op kompas compass card

**windscherm** *o* [-en] ❶ *alg* windbreak ❷ *op een voertuig* windscreen, windshield

**windsel** *o* [-s & -en] bandage, swathe ∗ *~s* swaddling clothes

**windsnelheid** *v* [-heden] wind speed, wind velocity

**windstil** *bn* calm, windless

**windstilte** *v* [-s & -n] calm, ⟨tijdelijk⟩ lull

**windstoot** *m* [-stoten] gust of wind

**windstreek** *v* [-streken] ❶ *op kompas* point of the compass ❷ *luchtstreek* quarter ∗ *uit alle windstreken* from all corners/quarters of the world

**windsurfen I** *onoverg* [windsurfte, h. gewindsurft] windsurf, be/go windsurfing/sailboarding **II** *o* windsurfing, sailboarding

**windsurfer** *m* [-s] windsurfer, sailboarder

**windtunnel** *m* [-s] wind tunnel

**windvaan** *v* [-vanen] wind vane
**windvang** *m* [-en] windsail
**windvlaag** *v* [-vlagen] gust of wind, ‹met regen› squall
**windwijzer** *m* [-s] weathercock, weather vane
**windzak** *m* [-ken] luchtv windsock, windsleeve
**wingebied** *o* [-en] mining area
**wingerd** *m* [-s & -en] wijnstok vine ∗ *een wilde*∼ a Virginia(n) creeper
**wingewest** *o* [-en] conquered country/province
**winkel** *m* [-s] ❶ *alg.* shop ❷ *v. ambachtsman ook:* workshop ∗ *een* ∼ *houden* have a shop ∗ *de* ∼ *sluiten* ‹aan eind v. dag› close the shop; ‹voorgoed› shut up shop ∗ *een rijdende* ∼ a mobile shop ∗ *op de* ∼ *passen* mind the shop
**winkelbediende** *m-v* [-n & -s] shop assistant
**winkelcentrum** *o* [-s & -tra] shopping centre/Am center
**winkeldief** *m* [-dieven] shoplifter
**winkeldiefstal** *m* [-len] shoplifting
**winkeldochter** *v* [-s] *onverkoopbaar artikel* scherts slow-mover, shelf-warmer, shelfware
**winkelen** *onoverg* [winkelde, h. gewinkeld] go/be shopping, shop ∗ *gaan* ∼ do one's shopping
**winkelgalerij** *v* [-en] arcade
**winkelhaak** *m* [-haken] ❶ *v. timmerman* square ❷ *scheur* corner tear
**winkelier** *m* [-s] shopkeeper, retailer
**winkeljuffrouw** *v* [-en], **winkelmeisje** *o* [-s] salesgirl, saleswoman
**winkelketen** *v* [-s] retail chain, store chain, chain (of shops/stores)
**winkelpersoneel** *o* shop employees
**winkelprijs** *m* [-prijzen] retail price
**winkelpui** *v* [-en] shop front
**winkelruit** *v* [-en] shop window
**winkelsluiting** *v* shop closing time, closing hours
**winkelsluitingswet** *v* Shop Trading Hours Act
**winkelstraat** *v* [-straten] shopping street
**winkelwaarde** *v* selling/retail price
**winkelwagentje** *o* [-s] Br shopping trolley, Am pushcart
**winnaar, winner** *m* [-s] ❶ *alg.* winner ❷ *overwinnaar* winning team
**winnen I** *onoverg* [won, h. gewonnen] ❶ *de overwinning behalen* win ∗ *gemakkelijk* ∼ win easily/with ease ∗ *op het nippertje* ∼ win narrowly ∗ *Oxford wint van Cambridge* O. wins from C., O. beats C. ❷ *vorderingen maken* gain, win ∗ *aan/in duidelijkheid* ∼ gain in clarity ∗ *op iem.* ∼ gain on sbd **II** *overg* [won, h. gewonnen] ❶ *verkrijgen uit natuurlijke bronnen* harvest, extract, mine ∗ *erts* ∼ extract metal from ore ∗ *kolen* ∼ mine/extract coal ∗ *hooi* ∼ harvest/make hay ❷ *door inspanning verkrijgen* win ‹a fight, a court case &›, gain ‹money, time &›, find ‹favour›, obtain ‹an advantage›, secure ‹sbd's cooperation›, enlist ‹sbd's assistance› ∗ *nieuwe klanten* ∼ find/obtain new customers ∗ *steun* ∼

find/enlist/gain support ∗ *u hebt 10 pond van me gewonnen* you've won 10 pounds from me ∗ *iem. voor de goede zaak* ∼ win sbd over to the (good) cause ∗ *iem. voor zich* ∼ win sbd over (to one's side) ❸ *de overwinning halen* win, be victorious ∗ *het* ∼ win, be victorious, carry the day ∗ *het van iem.* ∼ get the better of sbd ∗ *het in zeker opzicht* ∼ *van...* have the advantage over... ∗ *het glansrijk van iem.* ∼ beat sbd hands down ❹ *winst maken* make a profit
**winning** *v* ❶ *het winnen* ‹v. gas &› extraction, ‹v. zand &› quarrying ❷ *plaats waar gewonnen wordt* pit, mine, quarry

**winning**
is quarry(ing), mine enz. en niet winning.
Winning wordt alleen gebruikt voor het winnen van een spel of een geldbedrag.

**winningmood** *m* ∗ *in de* ∼ *zijn* be on a winning streak
**winst** *v* [-en] *opbrengst* gain, profit, winnings, return(s) ∗ *op* ∼ *staan* be winning ∗ *met de* ∼ *gaan strijken* carry off the profit ∗ ∼ *behalen/maken op* make a profit on ∗ *grote* ∼*en behalen* make big profits ∗ boekhouden *de ingehouden* ∼ the retained earnings ∗ ∼ *geven/opleveren* yield a profit ∗ *met* ∼ *verkopen* sell at a profit, sell at a premium ∗ ∼ *en verlies* profit and loss ∗ ∼ *per aandeel* earnings per share, profit per share ∗ *gederfde* ∼ loss of profit ∗ *onverdeelde* ∼ Br inappropriated profits, Am retained earnings ∗ ∼ *uit aanmerkelijk belang* profits from a substantial interest/holding ∗ ∼ *uit onderneming* business profits
**winstaandeel** *o* [-delen] share in the profit(s), bonus
**winstbejag** *o* profit seeking, profiteering ∗ *uit* ∼ for money/profit
**winstbelasting** *v* tax on profits, Br business tax, corporation tax
**winstberekening** *v* handel profit calculation
**winstcijfer** *o* [-s] handel profit figure, profit
**winstdaling** *v* [-en] decrease in profits, fall in profits
**winstdeling** *v* [-en] profit sharing
**winstderving** *v* [-en] handel loss of profit(s)/earnings
**winst-en-verliesrekening** *v* [-en] handel profit and loss statement/account, Am income statement, statement of earnings ∗ *de geconsolideerde* ∼ the consolidated profit and loss account ∗ *de tussentijdse* ∼ the interim accounts
**winstgevend** *bn* profitable, lucrative ∗ *een* ∼ *bedrijf* a profitable business, a paying concern ∗ *een* ∼ *bijproduct* a profitable sideline ∗ ZN *zonder* ∼ *doel* without pursuit of gain
**winstgevendheid** *v* profitability
**winstkans** *v* [-en] profit potential
**winstmarge** *v* [-s] profit margin, margin of profit
**winstneming** *v* [-en] handel profit taking, realization of profit

**wi**

**winstoogmerk** o [-en] private advantage, profit seeking * *een organisatie zonder~* a non-profit organisation, Am a nonprofit, a not-for-profit organization

**winstpercentage** o [-s] handel percentage of the profit

**winstpunt** o [-en] plus, advantage, point scored

**winstsaldo** o ['s & -saldi] handel balance of profit(s), surplus

**winststijging** v [-en] handel increase in profits, profit increase

**winstuitkering, winstverdeling** v [-en] ❶ *het uitkeren* distribution of profits, profit distribution ❷ *dividendbetaling* dividend payment, payment of (a) dividend

**winstwaarschuwing** v [-en] fin profit warning

**winter** m [-s] ❶ *seizoen* winter * *'s~s, in de~* in winter * *van de~* ‹deze› this winter; ‹volgende› next winter; ‹vorige› last winter ❷ *zwelling* chilblain(s)

**winterachtig** bn wintery/wintry

**winteravond** m [-en] winter evening

**wintercollectie** v [-s] winter collection

**winterdag** m [-dagen] winter's day, wintery day

**winterdijk** m [-en] winter dyke

**winteren** onoverg [winterde, h. gewinterd] * *het wintert al* winter is already on the way

**wintergast** m [-en] vogelk winter visitor

**wintergezicht** o [-en] wintery scene

**wintergroente** v [-n & -s] winter vegetable(s)

**winterhanden** zn [mv] chilblained hands

**winterhard** bn v. plant hardy

**winterjas** m & v [-sen] winter coat

**winterkleren** zn [mv] winter clothes

**winterkoninkje** o [-s] vogel wren

**winterkost** m winter fare

**winterkwartier** o [-en] winter quarters

**winterlandschap** o [-pen] winter landscape

**wintermaand** v [-en] December * *de~en* the winter months

**winternacht** m [-en] winter's night

**winterpeen** v [-penen] carrot

**winterpret** v wintery fun

**winters** bn wintery/wintry

**winterslaap** m winter sleep, hibernation, fig dormancy * *een ~ houden* hibernate

**Winterspelen** zn [mv] * *de Olympische ~* the Winter Olympics/Games

**wintersport** v [-en] winter sports * *op/met/naar de ~ gaan* go on winter sports

**wintersporter** m [-s] winter sport enthusiast, skier

**wintersportplaats** v [-sen] winter sports resort, winter sports centre/Am center

**wintersportvakantie** v [-s] winter sports holiday

**winterstop** v [-s] sp winter break

**wintertenen** zn [mv] chilblained toes

**wintertijd** m wintertime

**wintertuin** m [-en] winter garden

**wintervoeten** zn [mv] chilblained feet

**wintervoorraad** m [-raden] winter stocks/stores

**winterweer** o wintery weather

**winterwortel** m [-s] carrot

**winzucht** v love of gain, covetousness

**wip** I v [-pen] ❶ *in speeltuin* seesaw * pol *op de ~ zitten* hold the balance (of power) * fig *hij zit op de ~* his position is shaky ❷ *v. brug* bascule ▼ ‹seksueel› *een ~ maken* vulg screw II m *sprongetje* skip * *in een ~* in no time, inf in a jiffy

**wipkip** v [-pen] playground spring animal

**wipneus** m [-neuzen] turned-up nose, retroussé nose

**wippen** I overg [wipte, h. gewipt] ❶ *doen wippen* overthrow ❷ *zetten uit* turn out * *de regering is gewipt* the government has been overthrown II onoverg [wipte, h. en is gewipt] ❶ *in speeltuin* seesaw ❷ *op en neer gaan* hop, bounce * *zit niet zo te ~!* stop fidgeting about! ❸ *springen* skip, whip, nip * *even binnen ~* pop in * *naar binnen ~* pop inside * *de hoek om ~* whip/nick round the corner * *de straat over ~* nip across the street ❹ *neuken* vulg screw

**wippertje** o [-s] ❶ *borreltje* nip, dram ❷ voetbal little chip ▼ *een ~ maken* vulg screw

**wipwap** m seesaw

**wirwar** m ‹v. kleren &› jumble, ‹v. mensen &› conglomeration, ‹v. touw &› tangle, snarl, ‹v. steegjes &› maze

**wis** bn & bijw certain, sure * *van een ~se dood redden* save from certain death * *~ en zeker* absolutely, for sure

**wisent** m [-en] wisent, European bison

**wishful thinking** o wishful thinking

**wiskunde** v mathematics, inf maths, Am math

**wiskundeknobbel** m [-s] gift for mathematics

**wiskundeleraar** m [-s & -raren] mathematics teacher

**wiskundig** I bn mathematical II bijw mathematically

**wiskundige** m-v [-n] mathematician

**wispelturig** bn inconstant, fickle, flighty, changeable

**wispelturigheid** v [-heden] inconstancy, fickleness, flightiness, changeability

**wissel** I m & o [-s] v. spoor switch, points * *de ~ omzetten* shift the points II m [-s] ❶ fin bill (of exchange), draft * *een getrokken ~* a draft * *een ~ trekken op iem./de toekomst* bank on sbd/the future ❷ *speler* sp substitute ❸ *aflossing* sp changeover ❹ *wildpaadje* animal crossing

**wisselaar** m [-s & -laren] money changer

**wisselautomaat** m [-maten] change machine

**wisselbad** o [-baden] alternating hot and cold baths

**wisselbeker** m [-s] challenge cup

**wisselbouw** m rotation of crops, crop rotation

**wisselen** I overg [wisselde, h. gewisseld] ❶ *uitwisselen* exchange, bandy * *zij hebben een paar schoten gewisseld* they exchanged a few shots * *woorden ~*

bandy words ∗ *complimenten* ∼ exchange
compliments ❷ *omruilen* change, exchange ❸ *v. geld*
change, give change for ∗ *een briefje van honderd
euro* ∼ change a hundred euro note ❹ *tanden* get
one's second teeth **II** *onoverg* [wisselde, h.
gewisseld] change, give change ∗ *ik kan niet* ∼ I
don't have any change ∗ *de menukaart wisselt met de
seizoenen* there's a seasonal menu ∗ *van gedachten* ∼
*over...* exchange views about... ∗ *van paarden* ∼
change horses ∗ *ons dochtertje is aan het* ∼ our
daughter is getting her second teeth ∗ *zijn stem is
aan het* ∼ his voice is breaking ∗ *die trein moet nog* ∼
the train still has to shunt ▼ *met* ∼*d succes* with
varying success ▼ ∼*d bewolkt* cloudy with bright
intervals
**wisselgeld** *o* (small) change
**wisselgesprek** *o* [-ken] <u>telec</u> call waiting
**wisselhandel** *m* <u>fin</u> exchange business
**wisseling** *v* [-en] ❶ *ruil* exchange ❷ *verandering,
afwisseling* change
**wisselkantoor** *o* [-toren] <u>fin</u> exchange office,
bureau de change
**wisselkoers** *m* [-en] <u>fin</u> rate of exchange, exchange
rate
**wissellijst** *v* [-en] interchangeable picture frame
**wisselmarkt** *v* <u>fin</u> exchange market
**wisselslag** *m* <u>sp</u> medley
**wisselspeler** *m* [-s] <u>sp</u> reserve, substitute
**wisselspoor** *o* [-sporen] siding
**wisselstroom** *m* [-stromen] alternating current
**wisselstuk** *o* [-ken] <u>ZN</u> spare part
**wisseltand** *m* [-en] permanent tooth
**wisseltrofee** *v* [-feeën] challenge trophy
**wisseltruc** *m* [-s] fast-change trick ∗ *een* ∼ *uithalen
met iem.* pull a fast-change trick on sbd
**wisselvallig** *bn* changeable, unstable ∗ ∼ *weer*
unstable weather
**wisselvalligheid** *v* [-heden] precariousness,
uncertainty ∗ *de wisselvalligheden van het lot/leven*
the vicissitudes of fortune/life
**wisselwachter** *m* [-s] pointsman
**wisselwerking** *v* [-en] interaction
**wisselwoning** *v* [-en] temporary housing
**wissen** *overg* [wiste, h. gewist] ❶ *reinigen* wipe
❷ *v. geluidsopname, computerbestand & erase ∗ iets
uit zijn geheugen* ∼ erase sth from one's memory
**wisser** *m* [-s] wiper, mop
**wissewasje** *o* [-s] trifle ∗ ∼*s* fiddle-faddle
**wit I** *bn* white ∗ *Witte Donderdag* Maundy Thursday
∗ *het Witte Huis* the White House ∗ *de Witte Zee* the
White Sea ∗ ∼ *werk* legal work ∗ ∼ *maken* whiten,
blanch ∗ ∼ *worden* ⟨v. dingen⟩ whiten, go/turn
white; ⟨v. personen⟩ turn pale ∗ *zo* ∼ *als een doek* as
white as a sheet **II** *o* ❶ *de kleur* white ∗ *in het* ∼
(*gekleed*) in white ∗ *het* ∼ *van een ei* the white of an
egg ∗ *het* ∼ *van de ogen* the white(s) of the eye(s)
❷ *brood* white (bread)
**witachtig** *bn* whitish

**witbier** *o* [-en] white beer
**witboek** *o* [-en] white paper
**witbont** *bn* white with black spots
**witbrood, wittebrood** *o* [-broden] white bread ∗ *een*
∼ a white loaf
**witgepleisterd** *bn* plastered with white
**witgoed** *o* ❶ *weefsel* white fabrics ❷ *huishoudelijke
apparaten* household appliances ❸ *vakterm* white
goods
**witgoud** *o* white gold
**witharig** *bn* white-haired
**witheet** *bn* ❶ *zeer heet* white-hot ❷ *zeer kwaad*
boiling, livid
**witheid** *v* whiteness
**witje** *o* [-s] *vlinder* white
**witjes** *bijw* ❶ *bleekjes* palely ∗ *er* ∼ *uitzien* look pale
❷ *flauwtjes* wanly, faintly ∗ ∼ *lachen* smile wanly
**witkalk** *m* whitewash
**witkwast** *m* [-en] whitewash brush
**witlof** *o* chicory
**witregel** *m* [-s] line of white, blank line
**Wit-Rus** *m* [-sen] Belarusian, <u>hist</u> White Russian
**Wit-Rusland** *o* Belarus, <u>hist</u> White Russia
**Wit-Russin** *v* [-nen] Belarusian ∗ *ze is een* ∼ she's a
Belarussian, she's from Belarus
**Wit-Russisch I** *bn* Belarusian, <u>hist</u> White Russian
**II** *o* <u>taal</u> Belarusian
**Wit-Russische** *v* [-n] Belarusian ∗ *ze is een* ∼ she's
a Belarusian, she's from Belarus
**witsel** *o* whitewash
**witteboordencriminaliteit** *v* white-collar crime
**wittebrood** *o* [-broden]→**witbrood**
**wittebroodsweken** *zn* [mv] honeymoon
**witten** *overg* [witte, h. gewit] ❶ *v. muren* whitewash
❷ *v. zwart geld* launder
**witvis** *m* [-sen] *platvis & white fish
**witwassen I** *overg* [waste wit, h. witgewassen]
*v. zwart geld* launder **II** *o* ∗ *het* ∼ (*van geld*)
money-laundering
**WK** *afk* (Wereldkampioenschap(pen)) World
Championship
**wodka** *m* vodka
**woede** *v* *razernij* rage, fury, anger ∗ *machteloze* ∼
impotent rage ∗ *zijn* ∼ *koelen op* wreak one's fury
on, vent one's rage on ∗ *buiten zichzelf van* ∼ *zijn* be
beside oneself with rage/anger
**woedeaanval** *m* [-len] fit of rage, tantrum, temper
∗ *een* ∼ *krijgen* fly off the handle, fly into a tantrum
**woeden** *onoverg* [woedde, h. gewoed] rage ∗ *het* ∼
*der elementen* the fury/raging of the elements
**woedend I** *bn* furious ∗ *iem.* ∼ *maken* infuriate sbd
∗ *zich* ∼ *maken* fly into a rage ∗ ∼ *zijn* be in a rage,
be furious ∗ ∼ *zijn op* be furious with ∗ ∼ *zijn over* be
furious at/about, be in a rage at/about **II** *bijw*
furiously
**woede-uitbarsting** *v* [-en] outburst of fury/anger
**woef** *tsw* ∗ ∼! woof!, bow wow!
**woeker** *m* usury ∗ ∼ *drijven* practise usury

**wo**

**woekeraar** *m* [-s] profiteer, loan shark, usurer

**woekeren** *onoverg* [woekerde, h. gewoekerd] ❶ *met geld* profiteer, take advantage * *met zijn tijd/talenten* ~ make the most of one's time/talents * ~ *op* be parasitic on ❷ *illegale handel drijven* profiteer ❸ *v. onkruid &* be rampant

**woekerhandel** *m* profiteering

**woekering** *v* [-en] ❶ *v. planten* rampant growth, rankness ❷ *gezwel* uncontrolled growth, tumour

**woekerplant** *v* [-en] parasitic plant, parasite

**woekerprijs** *m* [-prijzen] exorbitant price

**woekerrente** *v* [-n, -s] exorbitant interest

**woekerwinst** *v* [-en] exorbitant profit * ~ *maken* make an exorbitant profit

**woelen** **I** *overg* [woelde, h. gewoeld] * *gaten in de grond* ~ burrow holes in the ground * *iets uit de grond* ~ grub sth up * *zich bloot* ~ kick the bedclothes/covers off **II** *onoverg* [woelde, h. gewoeld] ❶ *in de slaap* toss (about), toss and turn ❷ *wroeten* burrow, grub * *zit niet in mijn papieren te* ~ stop rummaging in my papers

**woelig** *bn* turbulent, restless * *de kleine is erg* ~ *geweest* the baby has been very restless * *in* ~ *tijden* in turbulent times

**woelmuis** *v* [-muizen] vole

**woelrat** *v* [-ten] water vole

**woelwater** *m-v* [-s] fidget

**woensdag** *m* [-dagen] Wednesday

**woensdags** **I** *bn* Wednesday **II** *bijw* on Wednesdays

**woerd** *m* [-en] *mannetjeseend* drake

**woest** **I** *bn* ❶ *wild* savage, wild, fierce, reckless * *een* ~ *voorkomen* a fierce appearance * ~ *e golven* wild waves * *een* ~ *e chauffeur* a reckless driver ❷ *onbebouwd* waste * ~ *e gronden* wastelands ❸ *onbewoond* desolate ❹ *kwaad* savage, wild, mad * *hij werd* ~ he became wild/mad * *hij was* ~ *op ons* he was mad at us **II** *bijw* wildly &

**woesteling** *m* [-en] brute

**woestenij** *v* [-en] waste(land), wilderness

**woestijn** *v* [-en] desert

**woestijnachtig** *bn* desertlike

**woestijnklimaat** *o* desert climate

**woestijnrat** *v* [-ten] gerbil, gerbille, jerbil

**woestijnvorming** *v* desertification

**woestijnwind** *m* [-en] desert wind

**woestijnzand** *o* desert sands

**wok** *m* [-ken, -s] wok

**wol** *v* wool * *door de* ~ *geverfd* shrewd, experienced * *ik ging vroeg onder de* ~ I turned in early * *onder de* ~ *zijn* be in bed

**wolachtig** *bn* woolly

**wolbaal** *v* [-balen] bale of wool, woolsack

**wolf** *m* [wolven] ❶ *dier* wolf * *een* ~ *in schaapskleren* a wolf in sheep's clothing * *wee de* ~ *die in een kwaad gerucht staat* give a dog a bad name and hang him * *eten als een* ~ eat ravenously * *een honger hebben als een* ~ be as hungry as a wolf * *met de wolven in het bos huilen* run with the pack ❷ *in*

*tand* caries

**wolfijzer** *o* [-s] ZN wolf trap

**wolfraam, wolfram** *o* tungsten

**wolfsangel** *m* [-s] trap (for wolves)

**wolfshond** *m* [-en] wolf dog, wolfhound

**wolfskers** *v* [-en] deadly nightshade, belladonna

**wolfsklauw** *m & v* [-en] plantk club moss

**Wolga** *v* Volga

**wolk** *v* [-en] cloud * *een* ~ *van insecten* a cloud of insects * *een* ~ *van een jongen/meid* a bouncing boy/girl * *hij is in de* ~ *en* he's walking on air, he's on cloud seven * *iem. tot in de* ~ *en verheffen* extol sbd to the skies

**wolkbreuk** *v* [-en] cloudburst, torrential rain

**wolkeloos** *bn* cloudless, clear

**wolkendek** *o* cloud cover, blanket of clouds

**wolkenhemel** *m* cloudy sky

**wolkenkrabber** *m* [-s] skyscraper

**wolkenlucht** *v* [-en] cloudy sky

**wolkenveld** *o* [-en] cloud cover, mass of clouds

**wolkje** *o* [-s] little cloud * *een* ~ *melk* a drop of milk * ook fig *er is geen* ~ *aan de lucht* there's not a cloud in the sky

**wollen** *bn* woollen * ~ *goederen* woollens

**wollig** *bn* woolly * ~ *taalgebruik* woolly language

**wolmerk** *o* [-en] wool mark

**wolspinnerij** *v* [-en] wool mill

**wolvenjacht** *v* wolf hunting

**wolvet** *o* lanolin

**wolvin** *v* [-nen] she-wolf

**wond** **I** *v,* **wonde** [-en] wound * *oude* ~ *en openrijten* reopen old sores * *diepe* ~ *en slaan* inflict deep wounds * *zijn* ~ *en likken* lick one's wounds **II** *bn* sore * *de* ~ *e plek* the sore spot

**wonden** *overg* [wondde, h. gewond] wound, injure, hurt

**wonder** **I** *bn* wondrous, marvellous * *de* ~ *e wereld (van ...)* the wondrous world (of ...) **II** *o* [-en] wonder, miracle, marvel, prodigy * ~ *en van dapperheid* marvels of bravery * *een* ~ *van geleerdheid* a prodigy of learning * *de zeven* ~ *en van de wereld* the seven wonders of the world * *de* ~ *en zijn de wereld nog niet uit* wonders will never cease * *(het is) geen* ~ *dat...* (it is) no wonder that..., small wonder that... * ~ *en doen* work wonders, perform miracles * *zijn naam doet* ~ *en* his name opens doors * *tenzij er een* ~ *gebeurt* failing a miracle * *en* ~ *boven* ~*, hij...* miracle of miracles, he...

**wonderbaarlijk** **I** *bn* miraculous, marvellous **II** *bijw* miraculously, marvellously

**wonderdoener** *m* [-s] wonderworker, miracle worker

**wonderdokter** *m* [-s] quack (doctor)

**wonderkind** *o* [-eren] child/infant prodigy

**wonderlamp** *v* [-en] Aladdin's lamp

**wonderland** *o* wonderland

**wonderlijk** *bn* ❶ *zonderling* strange, peculiar ❷ *wonderbaar* miraculous, marvellous

**wondermiddel** *o* [-en] wonder drug, universal remedy

**wonderolie** *v* castor oil

**wonderschoon** *bn* most beautiful, absolutely beautiful, wonderful

**wonderwel** *bijw* wonderfully well

**wonderwerk** *o* [-en] miracle

**wondkoorts** *v* [-en] wound fever, traumatic fever

**wondroos** *v* med erysipelas, vero St Anthony's Fire

**wonen** *onoverg* [woonde, h. gewoond] live, reside, dwell * *hij woont bij ons* he lives in our house/with us * *in de stad* ~live in town * *op het land* ~live in the country * *op zichzelf gaan* ~set up a house of one's own, go and live on one's own * *vrij* ~*hebben* live rent-free, have free housing * *hij is in mijn buurt komen* ~he has come to live nearby/in my neighbourhood

**woning** *v* [-en] house, dwelling, form residence * *een eigen* ~an owner-occupied dwelling * *een sociale* ~ public housing

**woningaanbod** *o* housing market

**woningbouw** *m* house construction

**woningbouwvereniging** *v* [-en] housing association

**woningcorporatie** *v* [-s] housing corporation

**woninginrichting** *v* home furnishings

**woninginspectie** *v* housing inspection

**woningnood** *m* housing shortage

**woningruil** *m* house exchange, ⟨tijdelijk⟩ house swap

**woningtoezicht** *o* housing inspection

**woningwet** *v* housing act

**woningwetwoning** *v* [-en] ± council house

**woningzoekende** *m-v* [-n] house hunter, home seeker

**woonachtig** *bn* resident, living * *ze is* ~ *in Meppel* she lives in Meppel, she is a resident of Meppel

**woonblok** *o* [-ken] block, housing block, apartment block

**woonboot** *m & v* [-boten] houseboat

**woonerf** *o* [-erven] ± residential area/neighbourhood

**woongemeenschap** *v* [-pen] commune

**woongemeente** *v* [-n & -s] official place of residence

**woonhuis** *o* [-huizen] home, house, private house

**woonkamer** *v* [-s] living room, sitting room

**woonkazerne** *v* [-s] barracks

**woonkeuken** *v* [-s] kitchen-diner

**woonlaag** *v* [-lagen] storey * *een flatgebouw met tien woonlagen* a ten-storey block of flats

**woonlasten** *zn* [mv] living expenses

**woonoppervlak** *o* living area/surface

**woonplaats** *v* [-en] ❶ *v. personen* place of residence, hometown, domicile * *zonder vaste woon- of verblijfplaats* without a permanent address, Am without fixed domicile or residence, of no fixed abode ❷ *formeel* jur Br (legal) residence, jur Am city

or town of domicile, (legal) abode ❸ *feitelijk* jur Br current address, jur Am residence ❹ biol habitat

**woonruimte** *v* [-n, -s] housing accommodation, living accommodation, living space

**woonvergunning** *v* [-en] residence permit

**woonvertrek** *o* [-ken] living room

**woonvorm** *m* [-en] type of dwelling

**woonwagen** *m* [-s] caravan

**woonwagenbewoner** *m* [-s] caravan dweller

**woonwagenkamp** *o* [-en] ❶ *alg.* caravan camp, caravan site ❷ *van zigeuners* gypsy camp

**woon-werkverkeer** *o* commuter traffic

**woonwijk** *v* [-en] ❶ *alg.* residential area ❷ *gepland* housing estate ❸ *wijk van stad* suburb, quarter, district

**woord** *o* [-en] word, term * *grote* ~en big words * *het hoge* ~*is er uit* at last the truth is out * *het hoge* ~ *kwam er uit* he owned up * *een vies* ~a dirty word, a four-letter word * *het Woord (Gods)* God's Word, the Word (of God) * bijbel *het Woord is vlees geworden* the Word was made flesh * *hier past een* ~*van dank aan...* thanks are due to... * ~*en en daden* words and deeds * *geen* ~*meer!* not another word! * *er is geen* ~*van waar* there isn't a word of truth in it * *zijn* ~ *breken* break one's word * *een* ~*van lof brengen aan...* pay a tribute to... * *het* ~*doen* act as spokesman * *hij kan heel goed zijn* ~*(je) doen* he's never at a loss for what to say, he has the gift of the gab * *een goed* ~*voor iem. doen bij...* put in a good word for sbd with... * *iem. het* ~*geven* call (up)on sbd to speak/to say a few words * *(iem.) zijn* ~*geven* give (sbd) one's word * *het ene* ~*haalt het andere uit/van het ene* ~*komt het andere* one word leads to another * *het* ~*hebben* be speaking, be on one's feet, have the floor * *het* ~*alléén hebben* have all the talk to oneself * *iem. de* ~*en uit de mond nemen* take the words out of sbd's mouth * *ik zou graag het* ~ *hebben* I'd like to say a few words * ~*en met iem. hebben* have words with sbd * *het hoogste* ~*hebben* do most of the talking * *hij wil altijd het laatste* ~ *hebben* he always wants to have the last word * *(zijn)* ~*houden* keep one's word, be as good as one's word * *het* ~*vrees & kent hij niet* fear & is not part of his vocabulary * *men kon er geen* ~*tussen krijgen* you couldn't get a word in (edgeways) * *ik kan geen* ~*uit hem krijgen* I can't get a word out of him * ~*en krijgen met iem.* get into an argument with sbd * *het* ~*nemen* begin to speak, rise, take the floor * *de spreker het* ~*ontnemen* ask the speaker to sit down * *het* ~*richten tot iem.* address sbd * *hij kon geen* ~ *uitbrengen* he couldn't utter a single word * *men kon zijn eigen* ~*en niet verstaan* you couldn't hear yourself speak * *ik kan geen* ~*en vinden om...* I have no words to..., words fail me when I... * *de daad bij het* ~*voegen* suit the action to the word, inf put your money where your mouth is * *het* ~*voeren* act as spokesman * *de heer Arnesen zal het* ~*voeren* Mr Arnesen will speak * *een hoog* ~*voeren* talk big * *het*

~ *vragen* ask permission to speak; ‹in parlement›
try to catch the Speaker's eye ✳ *wenst iem. het~?*
does anyone wish to address the meeting? ✳ *geen ~*
*zeggen* not say a word ✳ *ik heb er geen~ in te zeggen* I
have no say in the matter ✳ *het~ is nu aan onze*
*tegenstander* it's up to our opponent to speak now
✳ *wie is aan het~?* who's speaking? who'll be doing
the speaking? ✳ *iem. aan zijn~ houden* take sbd at
his word ✳ *ik kon niet aan het~ komen* I couldn't get
a word in (edgeways); ‹in parlement› I could not
get the Speaker's eye ✳ *in één~* in a word, in one
word ✳ *de oorlog in~ en beeld* the war in words and
pictures ✳ *met andere~en* in other words ✳ *hetzelfde*
*met andere~en* the same thing though differently
worded ✳ *met deze~en* with these words ✳ *met een*
*paar~en* in a few words ✳ *met zoveel~en* in as many
words ✳ *iets onder~en brengen* put sth into words,
verbalise sth ✳ *iem. op zijn~ geloven* take sbd's word
for it ✳ *op mijn~ (van eer)* (up)on my word (of
honour) ✳ *iem. te~ staan* give sbd a hearing, listen
to sbd ✳ *~ voor~* word by/for word, verbatim ✳ *~en*
*wekken, voorbeelden trekken* example is better than
precept ✳ *zijn~en intrekken* take back one's words

**woordaccent** *o* [-en] word stress, word accent,
emphasis
**woordafleiding** *v* [-en] etymology
**woordbeeld** *o* [-en] word picture
**woordblind** *bn* word-blind, dyslexic, dyslectic
**woordbreuk** *v* ❶ *m.b.t. belofte* breach of
promise/faith ❷ *m.b.t. eed* perjury
**woordelijk I** *bn* verbal, literal, ‹woord voor woord›
verbatim **II** *bijw* verbally, literally, ‹woord voor
woord› word for word, verbatim
**woordenboek** *o* [-en] dictionary, lexicon
**woordenlijst** *v* [-en] wordlist, vocabulary
**woordenschat** *m* stock of words, vocabulary
**woordenspel** *o* play upon words, pun
**woordenstrijd, woordentwist** *m* ❶ *discussie* verbal
dispute, debate ❷ *over woorden* war of words
**woordenstroom** *m* [-stromen], **woordenvloed**
[-en] stream/torrent/avalanche of words
**woordenwisseling** *v* [-en] altercation, dispute,
argument
**woordgebruik** *o* use of words
**woordje** *o* [-s] (little) word ✳ *een~, alstublieft!* could
I just have a word? ✳ *doe een goed~ voor me* put in a
good word for me ✳ *een ~ meespreken* put in a word
✳ *~s leren* learn words/vocabulary
**woordkeus, woordkeuze** *v* choice of words
**woordkunstenaar** *m* [-s] artist with words
**woordsoort** *v* [-en] part of speech
**woordspeling** *v* [-en] play on words, pun ✳ *~en*
*maken* play on words, pun
**woordvoerder** *m* [-s] spokesman, spokeswoman,
spokesperson
**woordvolgorde** *v* [-n & -s] word order
**woordvorming** *v* formation of words, word
formation

**worcestershiresaus** *v* Worcester sauce
**worden** *onoverg* [werd, is geworden] ❶ *in een bep.*
*toestand geraken* become, get, go, grow, turn, fall
✳ *arm~* become poor ✳ *bleek~* turn pale ✳ *blind~*
go blind ✳ *dronken~* get drunk ✳ *gek~* go mad ✳ *hij*
*is gisteren/vandaag 80 ge~* he turned eighty
yesterday/is eighty today ✳ *hij is bijna honderd jaar*
*ge~* he lived to be nearly a hundred ✳ *nijdig~* get
angry ✳ *oud~* grow old ✳ *soldaat~* become a
soldier ✳ *hij zal een goed soldaat~* he'll make a good
soldier ✳ *wat wil je later~?* what do you want to be
when you grow up? ✳ *ijs wordt water* ice turns into
water ✳ *ziek~* become ill, be taken ill, fall ill
✳ *wanneer het lente wordt* when spring comes ✳ *het*
*wordt morgen een week* tomorrow it will be a week
✳ *wat is er van hem ge~?* what has become of him?
✳ *het wordt laat/koud* it's getting late/cold ✳ *wat niet*
*is, kan~* Rome was not built in a day ❷ *als hulpww*
*v. lijdende vorm* be ✳ *er zal gedanst~* there'll be
dancing ✳ *er wordt gebeld* that's the bell ✳ *dat wordt*
*niet vermeld* that isn't stated
**wording** *v* origin, genesis ✳ *in~ zijn* be in process of
formation ✳ *een nog in~ zijnd economisch stelsel* an
economic system in the process of formation
**wordingsgeschiedenis** *v* genesis, development
**workaholic** *m-v* [-s] workaholic
**workmate** ® *v* Workmate
**workshop** *m* [-s] workshop
**worm** *m* [-en] ❶ *pier & worm* ❷ *made* grub, maggot
❸ *schroef* worm
**wormenkuur** *v* [-kuren] de-worming treatment
**wormmiddel** *o* [-en] ❶ *alg.* vermicide ❷ <u>med</u>
vermifuge, de-worming agent
**wormstekig** *bn* worm-eaten, wormy
**wormvormig** *bn* vermiform, worm-like
**worp** *m* [-en] ❶ *het werpen* throw(ing) ❷ *nest v. dier*
litter
**worst** *v* [-en] sausage ✳ *het zal mij~ wezen!* I
couldn't care less
**worstelaar** *m* [-s] wrestler
**worstelen I** *onoverg* [worstelde, h. geworsteld]
wrestle ✳ *~ met* wrestle with; <u>fig</u> struggle with,
grapple with ✳ *tegen de wind~* struggle with the
wind **II** *o* ✳ *vrij~* all-in wrestling
**worsteling** *v* [-en] ❶ wrestling, wrestle ❷ <u>fig</u>
struggle
**worstenbroodje** *o* [-s] sausage roll
**wortel** *m* [-s & -en] ❶ *deel v. plant* root ✳ *~ schieten*
take/strike root ✳ <u>fig</u> *met~ en tak uitroeien* utterly
eradicate ❷ *v. haar, tand &* root ❸ *peen* carrot ❹ *wisk*
(square) root ✳ *~ trekken* extract the square root of a
number ❺ <u>taalk</u> root ❻ *oorsprong* root
**wortelen** *onoverg* [wortelde, h. en is geworteld] take
root ✳ <u>fig</u> *~ in* be rooted in
**wortelhout** *o* root wood
**wortelkanaal** *o* root canal ✳ *een~behandeling* root
canal therapy/treatment
**wortelknol** *m* [-len] tuber

**wortelnoten** *bn* walnut
**wortelnotenhout** *o* figured walnut
**wortelstok** *m* [-ken] rootstock, rhizome
**wortelteken** *o* [-s] radical sign
**worteltrekken** *o* root extraction
**woud** *o* [-en] forest
**woudloper** *m* [-s] trapper, woodsman
**woudreus** *m* [-reuzen] forest giant
**wouw I** *m* [-en] *vogel* kite **II** *v* [-en] *plant* weld
**wow I** *tsw* wow *∗ ∼, wat een meid!* wow, that's some girl! **II** *m v. geluidsapparatuur* wow
**wraak** *v* revenge, vengeance *∗ de ∼ is zoet* revenge is sweet *∗ zijn ∼ koelen* wreak one's vengeance *∗ ∼ nemen op* take revenge on, revenge oneself on, be revenged on *∗ ∼ nemen op iem. over iets* take revenge on sbd for sth *∗ ∼ oefenen* take revenge *∗ ∼ zweren* swear vengeance *∗ om ∼ roepen* cry for vengeance *∗ uit ∼* in revenge
**wraakactie** *v* [-s] act of revenge, retaliation
**wraakgevoelens** *zn* [mv] vindictive feelings, feelings of revenge
**wraakgierig** *bn* vindictive, revengeful
**wraakgodin** *v* [-nen] goddess of vengeance *∗ de ∼nen* the Furies
**wraaklust** *m* lust for revenge
**wraakneming, wraakoefening** *v* [-en] retaliation, (act of) revenge
**wraakzucht** *v* vindictiveness, revengefulness
**wraakzuchtig** *bn* vindictive, revengeful
**wrak I** *o* [-ken] wreck **II** *bn beschadigd* ramshackle, unsound, rickety *∗ een ∼ke auto* a ramshackle car *∗ een ∼ke gezondheid* fragile health
**wraken** *overg* [wraakte, h. gewraakt] **❶** *afkeuren* object to, take exception to **❷** *niet toelaten* challenge
**wrakhout** *o* wreckage, driftwood
**wraking** *v* [-en] *jur* challenge
**wrakkig** *bn* broken-down, rickety
**wrakstuk** *o* [-ken] (piece of) wreckage
**wrang** *bn* **❶** *zuur* sour, acid, tart **❷** *onaangenaam* unpleasant, nasty, harsh *∗ ∼e vruchten* bitter fruit *∗ fig het is ∼ om te zien dat...* there is a bitter irony to the fact that...
**wrat** *v* [-ten] wart
**wrattenzwijn** *o* [-en] wart hog
**weed I** *bn* cruel, brutal, grim *∗ een wrede tiran* a cruel tyrant *∗ een wrede dood* a grim/cruel death **II** *bijw* cruelly
**wreedaard** *m* [-s] cruel person
**wreedaardig I** *bn* cruel **II** *bijw* cruelly
**wreedheid** *v* [-heden] cruelty, brutality
**wreef** *v* [wreven] instep
**wreken I** *overg* [wreekte, h. gewroken] revenge, avenge *∗ iets/iem. ∼* avenge sth/sbd **II** *wederk* [wreekte, h. gewroken] *∗ zich ∼* revenge oneself, avenge oneself, be avenged *∗ het zal zich wel ∼* it is sure to avenge itself *∗ zich ∼ op* revenge oneself on *∗ zich ∼ over... op...* revenge oneself for... on...
**wreker** *m* [-s] avenger, revenger

**wrevel** *m* **❶** *ontstemdheid* resentment, spite, rancour **❷** *knorrigheid* peevishness
**wrevelig I** *bn* **❶** *ontstemd* resentful, spiteful, rancorous **❷** *knorrig* peevish, crusty, testy **II** *bijw* **❶** *ontstemd* resentfully, spitefully **❷** *knorrig* peevishly, crustily, testily
**wriemelen** *onoverg* [wriemelde, h. gewriemeld] **❶** *kronkelen* wriggle **❷** *peuteren* fiddle
**wrijfdoek** *m* [-en] polishing cloth, floorcloth
**wrijfhout** *o* [-en] *scheepv* fender
**wrijfpaal** *m* [-palen] **❶** rubbing post **❷** *fig* butt
**wrijven** *overg* [wreef, h. gewreven] *alg.* rub *∗ meubels ∼* polish the furniture *∗ ook fig zich in zijn handen ∼* rub one's hands *∗ neuzen tegen elkaar ∼* rub noses *∗ iets tot poeder ∼* rub sth to a powder *∗ zich de handen/de ogen ∼* rub one's hands/eyes *∗ ∼ tegen iets* rub (up) against something
**wrijving** *v* [-en] rubbing, friction *∗ de ∼ tussen hen* the friction between them
**wrijvingshoek** *m* [-en] angle of friction
**wrikken I** *overg* [wrikte, h. gewrikt] **❶** *bewegen* lever, wrench, prize **❷** *roeien* scull **II** *onoverg* [wrikte, h. gewrikt] jerk
**wringen I** *overg* [wrong, h. gewrongen] wring, wring out *∗ de handen ∼* wring one's hands *∗ de was ∼* wring the laundry (out) *∗ iem. iets uit de handen ∼* wrest sth from sbd **II** *onoverg* [wrong, h. gewrongen] *knellen* pinch *∗ daar wringt de schoen* that's where the shoe pinches, that's the real problem **III** *wederk* [wrong, h. gewrongen] *∗ zich ∼* twist oneself *∗ zich ∼ als een worm* writhe like a worm *∗ zich door een opening ∼* worm oneself through a gap *∗ zich in allerlei bochten ∼* turn oneself inside out *∗ zich in allerlei bochten ∼ van pijn* writhe with pain
**wringer** *m* [-s] wringer
**wroeging** *v* [-en] remorse, compunction, contrition
**wroeten** *onoverg* [wroette, h. gewroet] **❶** *graven* root, rout *∗ in de grond ∼* root up the earth **❷** *zoeken* delve, root for *∗ in iems. verleden ∼* delve into sbd's past **❸** *zwoegen* ZN toil, drudge
**wroeter** *m* [-s] *zwoeger* ZN toiler, drudger
**wrok** *m* grudge, rancour, resentment *∗ een ∼ tegen iem. hebben/jegens iem. koesteren* hold a grudge against sbd, bear sbd a grudge, bear sbd ill will *∗ geen ∼ koesteren* bear no malice
**wrokkig** *bn* rancorous, resentful
**wrong** *m* [-en] *v. haar* coil, knot
**wrongel** *v* curdled milk, curds
**wuft I** *bn* frivolous, flighty **II** *bijw* frivolously
**wuiven** *onoverg* [wuifde of woof, h. gewuifd of gewoven] wave *∗ ∼ met de hand* wave one's hand *∗ naar iem. ∼* wave to sbd *∗ ∼d riet* waving reeds
**wulp** *m* [-en] *vogel* curlew
**wulps** *bn* voluptuous, *afkeurend* lewd
**wurgcontract** *o* [-en] killer contract
**wurgen** *overg* [wurgde, h. gewurgd] strangle, throttle

**wu**

**wurger** *m* [-s] strangler
**wurggreep** *m* [-grepen] stranglehold ∗ *iem. in de* ∼ *houden* have sbd in a stranglehold
**wurging** *v* strangulation
**wurgseks** *m* killer sex, strangulation sex
**wurgslang** *v* [-en] constrictor
**wurgstokje** *o* [-s] nunchaku
**wurm I** *m* [-en] *pier* worm **II** *o kind* mite ∗ *het* ∼ the poor mite
**wurmen I** *overg* [wurmde, h. gewurmd] squeeze, wriggle ∗ *een draad door de naald* ∼ poke a thread into the needle ∗ *zich er uit* ∼ wriggle out of it **II** *onoverg* [wurmde, h. gewurmd] worm, wriggle
**WW** *v* ❶ (Werkloosheidswet) Unemployment Insurance Act ∗ *in de* ∼ *lopen* be on unemployment benefits; inf be on the dole ❷ (Wegenwacht) Br AA (Automobile Association), Am AAA (American Automobile Association)
**WW-uitkering** *v* [-en] unemployment benefits, dole

# X

**x** *v* [-'en] x
**xanthoom** *o* [-thomen] xanthoma
**xantippe** *v* [-s] Xanthippe
**x-as** *v* [-sen] X-axis
**X-benen** *zn* [mv] knock-knees ∗ *iem. met* ∼ a knock-kneed person
**X-chromosoom** *o* [-somen] X chromosome
**xenofobie** *v* xenophobia
**xenofoob I** *m* [-foben] xenophobe, xenophobic person **II** *bn* xenophobic
**xenotransplantatie** *v* [-s] ❶ *het transplanteren* xenotransplantation ❷ *organen* animal organ transplant, xenotransplant ❸ *weefsel* xenograft
**xtc** *afk* (ecstasy) XTC
**xtc-pil** *v* [-len] XTC pill
**xyleen** *o* xylene
**xylitol** *o* xylitol
**xylo-** *voorv* xylo-
**xylofoon** *m* [-s & -fonen] xylophone

# Y

**y** *v* ['s] y
**yahtzee**  *o* Yahtzee
**yam** *m* [-men], **yamswortel** [-s] yam
**yankee, yank** *m* [-s] vaak geringsch Yankee
**y-as** *v* [-sen] Y-axis
**Y-chromosoom** *o* [-somen] Y chromosome
**yell** *m* [-s] yell
**yen** *m* [-s] yen
**yoga** *v* yoga
**yoghurt** *m* yogurt, yoghurt
**yogi** *m* ['s] yogi
**ypsilon** *v* [-s] upsilon
**yucca** *m* ['s] yucca
**yup** *m* [-pen], **yuppie** [-s] (young urban professional)
   yuppie

# Z

**Z.** *afk* (zuid, zuiden) south
**z** *v* ['s] z
**zaad** *o* [zaden] ❶ *v.* plant seed * *in het ~ schieten*
   run/go to seed * fig *op zwart ~ zitten* be hard up
   ❷ *v. zoogdieren* sperm * fig bijbel *het ~ van Abraham*
   the seed of Abraham ❸ fig seed * *het ~ der*
   *tweedracht* the seed(s) of dissension/discord
**zaadbakje** *o* [-s] seed box
**zaadbal** *m* [-len] testicle
**zaadbank** *v* [-en] ❶ *donorzaad* sperm bank
   ❷ *plantenzaad* seed bank
**zaadcel** *v* [-len] ❶ *v. mens, dier* sperm cell ❷ *v. plant*
   germ cell
**zaaddodend** *bn* spermicidal * *een ~e pasta* a
   spermicidal jelly
**zaaddonor** *m* [-s] sperm donor
**zaadhandel** *m* trading in seeds, seed trade
**zaadje** *o* [-s] seed
**zaadkorrel** *m* [-s] grain of seed
**zaadleider** *m* [-s] spermaduct, seminal tube
**zaadlob** *v* [-ben] seed lobe, cotyledon
**zaadlozing** *v* [-en] ejaculation (of semen)
**zaag** *v* [zagen] ❶ *gereedschap* saw ❷ *mens* bore
**zaagbank** *v* [-en] sawbench
**zaagbek** *m* [-ken] *vogel* merganser * *de grote ~* the
   goosander
**zaagblad** *o* [-bladen] saw blade
**zaagbok** *m* [-ken] trestle, sawhorse
**zaagmachine** *v* [-s] ❶ *industrieel* sawing machine,
   sawmill ❷ *huishoudelijk* power saw, electric saw
**zaagmolen** *m* [-s] sawmill
**zaagsel** *o* sawdust * *~ in zijn kop hebben* have a head
   full of sawdust
**zaagsnede** *v* [-n] saw cut, kerf * *een mes met ~* a
   serrated knife
**zaagtand** *m* [-en] saw tooth
**zaagvis** *m* [-sen] sawfish
**zaaibed** *o* [-den] seedbed
**zaaien** *overg* [zaaide, h. gezaaid] sow * bijbel *wat*
   *men zaait zal men ook oogsten* you will reap what
   you have sown * *het geld is dun gezaaid* money is
   scarce/in short supply
**zaaier** *m* [-s] sower
**zaaigoed** *o* seeds for sowing, sowing seed
**zaailand** *o* [-en] sowing land
**zaailing** *m* [-en] seedling
**zaaimachine** *v* [-s] sowing machine
**zaaitijd** *m* [-en] sowing time, sowing season
**zaaizaad** *o* [-zaden] seed for sowing
**zaak** *v* [zaken] ❶ *ding* thing * *niet veel ~s* not much
   of a thing, not up to much, not worth much * *eens*
   *zien hoe de zaken ervoor staan* see how things stand
   * *zoals de ~ nu staat* as matters/things stand at
   present * *hoe staat het met de zaken?* how's things?

**za**

❷ *aangelegenheid* business, affair, matter, concern, cause ✳ *voor een goede* ∼ in a good cause ✳ *dat is de hele* ∼ that's the whole matter ✳ *dat is uw* ∼ that's your lookout, that's your affair ✳ *het is mijn* ∼ *niet* it's not my business, it's no concern of mine ✳ *gemene* ∼ *maken met...* make common cause with ✳ *gedane zaken nemen geen keer* what is done can't be undone, it's no use crying over spilt milk ✳ *de* ∼ *is dat ik de* ∼ *niet vertrouw* the fact is that I don't trust the matter/thing ✳ *het is* ∼ *dat te bedenken* it is essential for us to consider that ✳ *ter zake!* to the point! ✳ *dat doet niet(s) ter zake* that's irrelevant/beside the point, that's neither here nor there ✳ *laat ons ter zake komen* let's get down to business, let's come to the point ✳ *ter zake van...* on account of... ❸ *jur* case, (law)suit ✳ *zijn advocaat de* ∼ *in handen geven* place the matter in the hands of one's solicitor ✳ *er een* ∼ *van maken* take proceedings ✳ *een* ∼ *aanhouden* stay the proceedings ❹ *bedrijf* business, concern, trade, 〈winkel〉 shop ✳ *zijn twee zaken te Joplin* his two businesses in Joplin ✳ *een* ∼ *beginnen* start a business, set up in business, open a shop ✳ *hij is uit de* ∼ he has retired from business ❺ *transactie* deal ▼ *Binnenlandse Zaken* Domestic/Internal Affairs ▼ *het ministerie/de minister van Binnenlandse Zaken* the Department/Minister of the Interior/of Internal Affairs ▼ *Buitenlandse Zaken* External/Foreign Affairs

**zaakgelastigde** *m-v* [-n] ❶ *vertegenwoordiger* agent, delegate, proxy ❷ *diplomatiek* chargé d'affaires

**zaakje** *o* [-s] little business/thing, small deal ✳ *dat is een goed* ∼ that's a smart deal/smart bit of business ✳ *het hele* ∼ inf the whole lot

**zaakregister** *o* [-s] subject index

**zaakvoerder** *m* [-s] ❶ *vertegenwoordiger* business manager, agent ❷ *bedrijfsleider* ZN (branch) manager

**zaakwaarnemer** *m* [-s] acting manager

**zaal** *v* [zalen] ❶ *groot vertrek* room, 〈groter〉 hall ❷ *in ziekenhuis* ward ❸ *v. theater* auditorium ✳ *een volle* ∼ a full house

**zaalhuur** *v* hire of the hall

**zaalsport** *v* [-en] indoor sport, indoor game

**zaalvoetbal** *o* indoor football

**zaalwachter** *m* [-s] attendant, custodian

**zacht I** *bn* ❶ *niet hard* soft ❷ *niet ruw* smooth ❸ *niet luid* soft 〈whispers, music〉, low 〈voice〉, gentle 〈knock〉, mellow 〈tones〉 ❹ *niet hevig* soft 〈rain〉, gentle 〈breeze〉, slow 〈fire〉 ❺ *niet streng* soft 〈approach〉, mild 〈winter〉, temperate 〈climate〉, gentle 〈reproach, medicinal effect〉 ❻ *niet schel* soft 〈hues〉 ❼ *met laag kalkgehalte* soft 〈water〉 ❽ *niet geprononceerd* gentle 〈slope〉 ❾ *niet snel* gentle 〈halt〉, smooth 〈landing〉 ❿ *niet pijnlijk* easy 〈death〉 ⓫ *v. prijzen* low, bargain ✳ *een* ∼ *prijsje* a bargain price ⓬ *zachtaardig* gentle, kind ✳ ∼ *van aard* of a gentle disposition, gentle ✳ *zo* ∼ *als een lammetje* as

gentle/meek as a lamb **II** *bijw* softly & ✳ ∼ *wat!* gently! ✳ ∼ *spreken* speak below/under one's breath, whisper ✳ ∼ *er spreken* lower/drop one's voice ✳ *ze hadden de radio* ∼ *aanstaan* they had the radio turned on low ✳ *de radio* ∼ *er zetten* turn down the radio ✳ *op zijn* ∼ *st gezegd* to put it mildly, to say the least ✳ 〈op grafsteen〉 *rust* ∼ rest in peace ✳ 〈bij naar bed gaan〉 *slaap* ∼ sleep well, sweet dreams

**zachtaardig** *bn* gentle, mild, kind

**zachtboard** *o* softboard

**zachtgekookt** *bn* soft-boiled

**zachtgroen I** *bn* soft green **II** *o* soft green

**zachtheid** *v* softness, smoothness, gentleness

**zachtjes** *bijw* ❶ *teder* softly, gently ❷ *stilletjes* in a low voice ✳ ∼*!* quiet! hush!

**zachtjesaan** *bijw* slowly, gradually ✳ *ik moet zo* ∼ *vertrekken* I'd better be going shortly

**zachtmoedig I** *bn* gentle, kind, mild, mild-mannered **II** *bijw* gently, kindly, mildly

**zachtmoedigheid** *v* gentleness, kindness

**zachtzinnig I** *bn* good-natured, gentle, mild, kind **II** *bijw* gently, kindly

**zadel** *o & m* [-s] saddle ✳ *iem. in het* ∼ *helpen* help sbd into the saddle, give sbd a leg up ✳ *in het* ∼ *springen* vault into the saddle ✳ *in het* ∼ *zitten* be in the saddle ✳ *vast in het* ∼ *zitten* have a firm seat ✳ *uit het* ∼ *lichten/werpen* eig unseat, unhorse; fig oust, dislodge

**zadelboog** *m* [-bogen] ❶ *voorkant* pommel ❷ *achterkant* cantle

**zadeldak** *o* [-daken] saddle(back) roof

**zadeldek** *o* [-ken] ❶ *paardenzadel* saddlecloth ❷ *fietszadel* saddle cover

**zadelen** *overg* [zadelde, h. gezadeld] saddle

**zadelknop** *m* [-pen] pommel

**zadelmaker** *m* [-s] saddler

**zadelpijn** *v* saddle-soreness ✳ ∼ *hebben* be saddle-sore

**zadelriem** *m* [-en] (saddle) girth

**zadeltas** *v* [-sen] saddle bag

**zagen I** *overg* [zaagde, h. gezaagd] saw **II** *onoverg* [zaagde, h. gezaagd] ❶ *op viool* scrape, saw ❷ *zeuren* harp on, nag

**zager** *m* [-s] ❶ *die hout zaagt* sawyer ❷ *op viool* scraper ❸ *vervelend mens* bore

**zagerij** *v* ❶ *het zagen* sawing ❷ *bep. bedrijf* [-en] sawmill

**Zaïre** *o* Zaire, Zaïre

**Zaïrees** *bn & m* [-rezen] Zairean

**zak** *m* [-ken] ❶ *baal* bag, sack ✳ *in* ∼*ken doen* bag, sack ✳ *in* ∼ *en as zitten* be in sackcloth and ashes ✳ inf *de* ∼ *geven/krijgen* give/get the sack ❷ *aan kledingstuk* pocket ✳ *de winst in eigen* ∼ *steken* pocket the profit ✳ *steek het in je* ∼ put it in your pocket ✳ *die kun je in je* ∼ *steken* put that in your pipe and smoke it ✳ *iem. in zijn* ∼ *kunnen steken* be more than a match for sbd, run rings around sbd ✳ *ik heb niets op* ∼ I don't have any money with me

**∗** *met geen/zonder een cent op* ~penniless **∗** *uit eigen* ~*betalen* pay out of one's own pocket ❸*buidel* pouch ❹*v. papier* bag ❺*bilj* pocket ❻*scheldwoord* asshole ❼*balzak* med scrotum **∗** inf *geen* ~nothing **∗** inf *hij weet er geen* ~*van* he knows nothing about it, he hasn't a clue **∗** inf *het kan hem geen* ~*schelen* he doesn't care a fig

**zakagenda** v [-'s] pocket diary
**zakbijbeltje** o [-s] pocket Bible
**zakboekje** o [-s] ❶*opschrijfboekje* notebook ❷mil paybook
**zakcentje** o [-s] pocket money **∗** *hij heeft een aardig* ~*verdiend* he earned quite a bit of pocket money
**zakdoek** m [-en] (pocket) handkerchief, inf hanky **∗** ~*je leggen* drop the handkerchief/hanky
**zake** v **∗** *in* ~with regard to, in respect of **∗** *ter* ~to the point
**zakeditie** v [-s] pocket edition
**zakelijk** I bn ❶*nuchter, praktisch* essential, matter-of-fact, objective **∗** ~*e inhoud* sum and substance, gist **∗** ~*blijven/zijn* keep to the point, not indulge in personalities ❷*commercieel* business-like **∗** *een* ~*e aangelegenheid* a matter of business **∗** *de* ~*e barometer* the business barometer **∗** ~*e belangen* business interests **∗** *een* ~*onderpand* collateral security II bijw ❶*nuchter* in a matter-of-fact way, without indulging in personalities, objectively ❷*commercieel* in a business-like way
**zakelijkheid** v ❶*commercialiteit* business-like character, professionalism ❷*nuchterheid* objectivity ▼ *de nieuwe* ~the New Objectivity
**zaken** zn [mv] business **∗** ~*zijn* ~business is business **∗** ~*doen* carry on/do business **∗** ~*doen met iem.* do business/have dealings with sbd **∗** *goede* ~*doen* do good business, do a good trade **∗** *voor* ~*op reis* away on business
**zakenbrief** m [-brieven] business letter
**zakenkabinet** o [-ten] caretaker/minority government
**zakenleven** o business, business life **∗** *het* ~*ingaan* go into business, become a businessman
**zakenlunch** m [-en & -es] business lunch
**zakenman** m [-lieden & -lui] businessman **∗** *zakenmensen* business people
**zakenreis** v [-reizen] business tour, business trip
**zakenrelatie** v [-s] business relation, business contact
**zakenvriend** m [-en] business friend, business associate
**zakenvrouw** v [-en] businesswoman
**zakenwereld** v business world
**zakformaat** o pocket size **∗** *een... in* ~a pocket...
**zakgeld** o pocket money
**zakhorloge** o [-s] pocket watch
**zakjapanner** m [-s] *zakrekenmachine* scherts pocket calculator
**zakje** o [-s] small pocket/bag & **∗** *met het* ~*rondgaan* take up the collection **∗** *een* ~*patat* a bag of chips

**∗** *een duit in het* ~*doen* put in one's pennyworth
**zakkam** m [-men] pocket comb
**zakken** onoverg [zakte, is gezakt] ❶*naar beneden gaan* fall, drop **∗** *door het ijs* ~go/fall through the ice **∗** *in de modder* ~sink into the mud **∗** *het gordijn laten* ~let down the curtain **∗** *het hoofd laten* ~ hang one's head **∗** *in elkaar* ~collapse **∗** *de moed laten* ~lose courage, lose heart **∗** *zich laten* ~let oneself down ❷*v. barometer* fall ❸*v. muur & sag* ❹*v. water* fall ❺*v. aandelen* fall ❻*v. woede* subside ❼*bij examens* fail **∗** ~*voor het rijbewijs &* fail one's driving test & **∗** *een leerling laten* ~fail a pupil ❽*bij zingen* go flat **∗** *de stem laten* ~lower one's voice
**zakkenrollen** o pick pockets
**zakkenroller** m [-s] pickpocket **∗** *pas op voor* ~s beware of pickpockets
**zakkenvuller** m [-s] profiteer
**zaklamp** v [-en], **zaklantaarn**, **zaklantaren** [-s] pocket torch
**zaklopen** o sack race
**zakmes** o [-sen] pocketknife, penknife
**zakwoordenboek** o [-en] pocket dictionary
**zalf** v [zalven] ointment
**zalfolie** v [-liën] anointing oil
**zalfpot** m [-ten] ointment jar
**zalig** bn ❶*in de hemel* blessed, blissful **∗** RK *iem.* ~ *verklaren* beatify sbd, declare sbd blessed **∗** bijbel *het is* ~*er te geven dan te ontvangen* it is more blessed to give than to receive **∗** bijbel ~*zijn de eenvoudigen van geest* blessed are the poor in spirit **∗** *een zondaar* ~*maken* save a sinner ❷*heerlijk* lovely, heavenly, divine, delicious **∗** ~*e koekjes* delicious biscuits, inf scrummy/yummy biscuits **∗** ~*e onwetendheid* blissful ignorance
**zaliger** bn late, deceased **∗** ~*gedachtenis* of blessed memory **∗** *mijn vader* ~my late father, inf my poor old dad
**zaligheid** v [-heden] ❶*iets overheerlijks* delight **∗** *wat een* ~! how delightful/blissful! **∗** *allerlei zaligheden zijn er te vinden* there are all sorts of goodies/delectable things here ❷*staat van geluk* happiness, contentment, bliss **∗** *met zijn hele ziel en* ~with one's soul **∗** *de eeuwige* ~eternal salvation **∗** RK *de acht zaligheden* the eight beatitudes
**zaligmakend** bn beatific, (soul-)saving
**Zaligmaker** m Saviour
**zaligspreking** v [-en] bijbel beatitude
**zaligverklaring** v [-en] RK beatification
**zalm** m [-en] salmon **∗** *gerookte* ~smoked salmon **∗** *het neusje van de* ~the best of the best
**zalmforel** v [-len] salmon trout
**zalmkleurig** bn salmon(-coloured), salmon-pink
**zalmkwekerij** v [-en] salmon farm
**zalmsalade** v [-s] salmon salad
**zalmvisserij** v salmon fishing/fishery
**zalven** overg [zalfde, h. gezalfd] ❶med rub with ointment **∗** fig *iem. de handen* ~oil sbd's palm ❷*ceremonieel* anoint **∗** *iem. tot koning* ~anoint sbd

king

**zalvend I** *bn* fig unctuous, oily, soapy * ~*e woorden* soapy words **II** *bijw* unctuously * *hij praat zo* ~ he speaks in such an unctuous tone

**zalving** *v* [-en] ❶ *ceremonieel* anointing ❷ *geteem* unction, unctuousness

**Zambia** *o* Zambia

**zand** *o* sand * *iem.* ~ *in de ogen strooien* throw dust in sbd.'s eyes * *op* ~ *bouwen* build on sand * ~ *erover!* let's forget it!, let bygones be bygones! * *de kop in het* ~ *steken* stick one's head in the sand * ~ *schuurt de maag* eating a bit of sand never hurt anybody * *in het* ~ *bijten* ⟨sneuvelen⟩ kiss the dust; ⟨v. ruiter⟩ bite the dust

**zandachtig** *bn* sandy

**zandafgraving** *v* [-en] ❶ *het afgraven* sand excavation ❷ *plaats* sand quarry, sandpit

**zandbak** *m* [-ken] sandpit, <u>Am</u> sandbox

**zandbank** *v* [-en] ❶ *zandplaat* sandbank ❷ *droogvallend bij eb* shallow, shoal

**zandblauwtje** *o* [-s] *plant* sheepsbit scabious

**zanddeeg** *o* shortcrust pastry

**zander** *m* [-s] *vis* pikeperch

**zanderig** *bn* sandy, gritty

**zandgebak** *o* shortbread, shortcake

**zandgrond** *m* [-en] sandy soil, sandy ground

**zandhaas** *m* [-hazen] <u>inf</u> infantryman

**zandheuvel** *m* [-s] sand hill

**zandig** *bn* sandy, gritty

**zandkasteel** *o* [-stelen] sandcastle

**zandkleurig** *bn* sandy-coloured

**zandkorrel** *m* [-s] grain of sand

**zandlaag** *v* [-lagen] layer of sand

**zandloper** *m* [-s] hourglass, sandglass

**zandman** *m* [-nen] * *het* ~*netje* the sandman

**zandpad** *o* [-en] sandy path

**zandplaat** *v* [-platen] sandbar, flat(s), shoal

**zandsteen** *o & m* sandstone

**zandstorm** *m* [-en] sandstorm

**zandstralen** *overg* [zandstraalde, h. gezandstraald] sandblast

**zandstrand** *o* [-en] sandy beach

**zandverstuiving** *v* [-en] sand drift, drifting sand

**zandvlakte** *v* [-n & -s] sandy plain

**zandweg** *m* [-wegen] sandy road

**zandwoestijn** *v* [-en] sandy desert

**zandzak** *m* [-ken] sandbag

**zandzuiger** *m* [-s] suction dredger

**zang** *m* [-en] ❶ *het zingen* singing, song ❷ *gezang, lied* song ❸ *deel van een gedicht* canto

**zangboek** *o* [-en] book of songs, songbook, ⟨in kerk⟩ hymnal

**zangbundel** *m* [-s] songbook, collection of songs, ⟨in kerk⟩ hymnal

**zanger** *m* [-s] ❶ *die zingt* singer, vocalist ❷ *dichter* singer, songster, bard, poet

**zangeres** *v* [-sen] (female) singer, vocalist

**zangerig** *bn* melodious

**zangkoor** *o* [-koren] choir

**zangkunst** *v* art of singing

**zangleraar** *m* [-s & -raren] singing teacher

**zangles** *v* [-sen] singing lesson

**zanglijster** *v* [-s] song thrush

**zangpedagoog** *m* [-gogen] singing teacher

**zangsolo** *m & o* ['s] vocal solo (piece)

**zangstem** *v* [-men] ❶ *stem* singing voice ❷ *zangpartij* voice part, vocal part

**zangstuk** *o* [-ken] song, vocal piece

**zangtechniek** *v* [-en] singing technique

**zangvereniging** *v* [-en] choral society

**zangvogel** *m* [-s] singing bird, songbird

**zangzaad** *o* mixed birdseed

**zaniken** *onoverg* [zanikte, h. gezanikt] nag, whinge ⟨klagen⟩ moan, ⟨dreinen⟩ whine * *lig toch niet te* ~*!* for heaven's sake stop nagging/whingeing!

**zappen** *onoverg* [zapte, h. gezapt] zap

**zat** *bn* ❶ *verzadigd* satisfied, <u>form</u> satiated, replete <u>inf</u> full * <u>inf</u> *ik ben het* ~ I'm fed up with it, I'm sick of it, I've had enough * *zich* ~ *eten* eat one's fill ❷ *voldoende* plenty, enough * *hij heeft geld* ~ he has plenty of money * <u>bijbel</u> (oud en) *der dagen* ~ old and full of days ❸ *dronken* drunk, <u>vulg</u> pissed

**zaterdag** *m* [-dagen] Saturday

**zaterdags I** *bn* Saturday **II** *bijw* on Saturdays

**zatlap** *m* [-pen] <u>inf</u> boozer, booze artist, <u>vulg</u> piss artist

**ze** *pers vnw* ❶ *vrouwelijk* she, her ❷ *meervoud* they, them * ~ *zeggen, dat hij...* they say he..., he is said to..., people say he...

**zeboe** *m* [-s] zebu

**zebra** *m* ['s] ❶ *dier* zebra ❷ *oversteekplaats* zebra crossing

**zebrapad** *o* [-paden] zebra/pedestrian crossing

**zede** *v* [-n] custom, tradition, usage * *de (goede)* ~*n* good manners * *de* ~*n en gewoonten* customs and traditions * *van lichte* ~*n* of easy virtue

**zedelijk I** *bn* moral **II** *bijw* morally

**zedelijkheid** *v* morality

**zedeloos I** *bn* immoral, corrupt, (morally) degenerate **II** *bijw* immorally, in a corrupt/degenerate way

**zedeloosheid** *v* immorality

**zedenbederf** *o* moral corruption

**zedendelict** *o* [-en] indecency, sexual offence, offence against public decency

**zedendelinquent** *m* [-en] sex offender

**zedenleer** *v* morality, ethics

**zedenmeester** *m* [-s] moralist, moralizer

**zedenmisdrijf** *o* [-drijven] sexual offence

**zedenpolitie** *v* ± vice squad

**zedenprediker, zedenpreker** *m* [-s] moralizer, moralist, moral censor, <u>Aus & NZ afkeurend</u> wowser

**zedenpreek** *v* [-preken] moralizing sermon * *een* ~ *tegen iem. houden* preach at sbd

**zedenschandaal** *o* [-dalen] sex scandal

**zedenspreuk** *v* [-en] maxim, motto

**zedenwet** *v* [-ten] moral law

**zedig I** *bn* modest, demure **II** *bijw* modestly, demurely

**zee** *v* [zeeën] sea, ocean, <u>plechtig</u> main * *een ~ van bloed/licht* a sea of blood/light * *een ~ van tijd* plenty of time * *~ kiezen* put to sea * *aan ~* at the seaside * *aan ~ gelegen* on the sea, situated by the sea * *recht door ~ gaan* be straightforward * *in ~ steken* <u>scheepv</u> put to sea; <u>fig</u> launch forth, go ahead * *in open ~, in volle ~* on the high seas, in the open sea * *naar ~ gaan* go to the seaside; <als matroos> go to sea * *op ~* at sea * *hij is/vaart op ~* he is a seafaring man/a sailor * *over ~ gaan* go by sea * *in de landen van over ~* in overseas countries * *het komt van over ~* it comes from overseas * *de oorlog ter ~* the war at sea * *met iem. in ~ gaan* take one's chance with sbd * *geen ~ gaat hem te hoog* he's game for anything

**zeeaal** *m* [-alen] conger (eel)

**zeeanemoon** *v* [-monen] sea anemone

**zeeaquarium** *o* [-ria, -s] sea aquarium

**zeearend** *m* [-en] white-tailed sea eagle

**zeearm** *m* [-en] arm of the sea, estuary, <u>Schotland</u> firth

**zeebaars** *m* [-baarzen] *vis* sea perch, bass

**zeebad** *o* [-baden] sea bath, swim

**zeebanket** *o* fruit of the sea, seafood

**zeebenen** *zn* [mv] sea legs * *~ hebben* have got one's sea legs

**zeebodem** *m* [-s] bottom of the sea, seabed

**zeebonk** *m* [-en] (Jack-)tar * *een oude ~* an old salt

**zeebrasem** *m* [-s] *vis* sparid, sea bream

**zeedier** *o* [-en] marine animal

**zeeduivel** *m* [-s] *vis* monkfish

**zee-egel** *m* [-s] sea urchin

**zee-engte** *v* [-n & -s] strait, narrow(s)

**zeef** *v* [zeven] **❶** *alg.* sieve, strainer * *een geheugen als een ~* a memory like a sieve **❷** *voor huishoudelijk gebruik* colander, strainer **❸** *grove zeef* riddle, screen

**zeefdruk** *m* [-ken] silk screen (printing)

**zeefje** *o* [-s] sieve, strainer

**zeeg** *v* [zegen] <u>scheepv</u> sheer

**zeegang** *m* swell, sea(s)

**zeegat** *o* [-gaten] mouth of a harbour or river, outlet to the sea * *het ~ uitgaan* put out/go to sea

**zeegevecht** *o* [-en] sea fight, naval combat

**zeegezicht** *o* [-en] **❶** *schilderij* seascape, seapiece **❷** *uitzicht* sea view

**zeegod** *m* [-goden] sea god, god of the sea

**zeegodin** *v* [-nen] sea goddess. goddess of the sea

**zeegras** *o* sea grass

**zeegroen** *bn* sea green

**zeehaven** *v* [-s] seaport

**zeeheld** *m* [-en] naval/sea hero

**zeehond** *m* [-en] seal

**zeehondencrèche** *v* [-s] seal sanctuary

**zeekaart** *v* [-en] sea chart

**zeeklimaat** *o* marine/maritime climate

**zeekoe** *v* [-koeien] sea cow, <lamantijn> manatee, <doejong> dugong

**zeekoet** *m* [-en] *vogel* guillemot

**zeekomkommer** *m* [-s] sea cucumber

**zeekreeft** *m & v* [-en] lobster

**Zeeland** *o* Zeeland

**zeeleeuw** *m* [-en] sea lion

**zeelieden, zeelui** *zn* [mv] seamen, sailors, mariners

**zeelt** *v* [-en] *vis* tench

**zeelucht** *v* sea air

**zeem I** *o* zeemleer chamois leather, shammy **II** *m & o* [zemen] zeemlap shammy

**zeemacht** *v* [-en] **❶** *marine* naval forces, navy **❷** *mogendheid* maritime/naval power

**zeeman** *m* [-lieden & -lui] seaman, sailor, mariner * *Sinbad de Zeeman* Sinbad the Sailor

**zeemanschap** *o* seamanship * *~ gebruiken* steer cautiously, give and take

**zeemansgraf** *o* * *een ~ krijgen* be buried at sea, <u>inf</u> go to Davy Jones's locker * *een eerlijk ~* drowning at sea

**zeemanshuis** *o* [-huizen] sailors' home

**zeemansleven** *o* seafaring life, sailor's life

**zeemeermin** *v* [-nen] mermaid

**zeemeeuw** *v* [-en] gull, seagull * *de drietenige ~* the kittiwake * *de kleine ~* the common gull

**zeemijl** *v* [-en] sea mile, nautical mile

**zeemijn** *v* [-en] sea mine

**zeemlap** *m* [-pen] shammy leather

**zeemleer** *o* chamois leather, shammy

**zeemleren** *bn* shammy * *een ~ lap* a shammy

**zeemogendheid** *v* [-heden] maritime/naval/sea power

**zeemonster** *o* [-s] *afschrikwekkend zeedier* sea monster

**zeen** *v* [zenen] tendon, sinew

**zeenatie** *v* [-s] seafaring nation

**zeeniveau** *o* [-s] sea level

**zeeolifant** *m* [-en] elephant seal

**zeeoorlog** *m* [-logen] naval war

**zeep** *v* [zepen] soap * *groene ~* green/soft soap * *iem. om ~ brengen* kill sbd * *hij ging om ~* he went west

**zeepaardje** *o* [-s] sea horse

**zeepaling** *m* [-en] sea eel, conger (eel)

**zeepbakje** *o* [-s] soap dish

**zeepbel** *v* [-len] soap bubble, bubble

**zeepkist** *v* [-en] soapbox

**zeepok** *v* [-ken] barnacle, acorn barnacle

**zeepost** *v* oversea(s) mail

**zeeppoeder, zeeppoeier** *o & m* [-s] soap/washing powder

**zeepsop** *o* soap suds

**zeer I** *o* sore, ache * *het doet ~* it aches/hurts * *iem. ~ doen* hurt sbd * *heb je je erg ~ gedaan?* did you hurt yourself badly? * *het doet geen ~* it doesn't hurt * *zich ~ doen* hurt oneself **II** *bn* sore * *ik heb een zere voet* my foot is sore * *tegen het zere been schoppen* touch a sore spot **III** *bijw* ❶ *erg* very ❷ *vóór deelwoord* much, greatly ✶ *al te ~* overmuch ✶ *ten ~ste* very much, highly, greatly

**zeerecht** *o* maritime law

**zeereis** *v* [-reizen] (sea) voyage, sea journey

**zeergeleerd** *bn* very learned ✶ *een ~e* a doctor

**zeerob** *m* [-ben] ❶ *dier* seal ❷ *zeeman* sea dog ✶ *een oude ~* an old salt

**zeerover** *m* [-s] pirate

**zeerst** *bijw* very, extremely ✶ *om het ~* as much as possible ✶ *ten ~e* very much, highly, greatly ✶ *ik dank u ten ~e* thank you very much ✶ *ik vrees ten ~e...* I'm very much afraid...

**zeeschilder** *m* [-s] marine painter

**zeeschildpad** *v* [-den] turtle

**zeeschip** *o* [-schepen] sea-going vessel

**zeeschuim** *o* ❶ *op golven* foam, white crests ❷ *skelet van pijlinktvis* cuttlebone

**zeeschuimer** *m* [-s] pirate

**zeeslag** *m* [-slagen] sea battle, naval battle

**zeeslang** *v* [-en] sea snake

**zeesleper** *m* [-s] seagoing tug(boat)

**zeespiegel** *m* sea level, level of the sea ✶ *beneden/boven de ~* below/above sea level

**zeester** *v* [-ren] starfish

**zeestorm** *m* [-en] storm at sea

**zeestraat** *v* [-straten] strait

**zeestrand** *o* [-en] beach

**zeestroming** *v* [-en] ocean current

**zeetong** *v* [-en] *vis* sole

**Zeeuw** *m* [-en] inhabitant of Zeeland

**Zeeuws I** *bn* Zeeland **II** *o* Zeeland dialect

**Zeeuws-Vlaanderen** *o* Dutch/Zeeland Flanders

**zeevaarder** *m* [-s] seaman, sailor

**zeevaart** *v* shipping, navigation

**zeevaartkunde** *v* art of navigation

**zeevaartschool** *v* [-scholen] school of navigation, nautical college

**zeevarend** *bn* seagoing

**zeeverkenner** *m* [-s] sea scout

**zeeverzekering** *v* [-en] marine insurance

**zeevis** *m* [-sen] sea fish

**zeevisserij** *v* offshore fishing

**zeevogel** *m* [-s] sea bird

**zeewaardig** *bn* seaworthy

**zeewaarts** *bijw* seaward(s)

**zeewater** *o* seawater, salt water

**zeeweg** *m* [-wegen] sea route, seaway

**zeewering** *v* [-en] sea wall

**zeewezen** *o* maritime/nautical affairs

**zeewier** *o* [-en] seaweed

**zeewind** *m* [-en] sea wind, sea breeze

**zeewolf** *m* [-wolven] *vis* sea wolf, wolf fish

**zeezeilen** *o* ocean sailing

**zeeziek** *bn* seasick ✶ *gauw ~ zijn* be a bad sailor

**zeeziekte** *v* seasickness

**zeezout** *o* sea salt

**zefier I** *m* [-en & -s] *wind* zephyr **II** *o & m* *stof* zephyr

**zeg I** *tsw* ✶ *~ luister eens* hey, listen ✶ *~ Sandra* hey, Sandra ✶ *leuk, ~!* very funny! **II** *m* ZN say ✶ *weinig van ~ zijn* be not very talkative

**zege** *v* victory, triumph ✶ *de ~ behalen (op)* win a victory over, achieve a triumph over

**zegekar** *v* [-ren] *iem. aan zijn ~ binden* gain a victory over sbd

**zegel I** *m* [-s] ❶ *postzegel & stamp* ❷ *waardezegel* trading stamp ✶ *spaart u ~s?* do you collect stamps? **II** *o* [-s] ❶ *v. document* seal ✶ *zijn ~ drukken op een document* affix one's seal to a document ✶ *zijn ~ aan iets hechten* set one's seal to sth ✶ *onder het ~ van geheimhouding* under the seal of secrecy ✶ *het ~ verbreken* break the seal ✶ ZN *de ~s leggen* seal, put under seal ✶ ZN *de ~s lichten* unseal ❷ *papier* stamped paper ✶ *alle stukken moeten op ~* all documents must be written on stamped paper ✶ *vrij van ~* exempt from stamp-duty ✶ *aan ~ onderhevig* liable to stamp-duty ❸ *instrument* seal, stamp

**zegelen** *overg* [zegelde, h. gezegeld] ❶ *v. postzegel voorzien* stamp ❷ *verzegelen* seal ✶ *gezegelde stukken* sealed documents

**zegellak** *o & m* sealing wax

**zegelring** *m* [-en] seal ring, signet ring

**zegen I** *m* blessing, ⟨zegenbede⟩ benediction ✶ *welk een ~!* what a mercy!, what a blessing!, what a godsend! ✶ *iem. zijn ~ geven* give sbd one's blessing ✶ *mijn ~ heb je* good luck to you ✶ *op dat werk rust geen ~* this work has nothing in its favour ✶ *een ~ voor de mensheid* a blessing for humanity ✶ *op hoop van ~* in good hope ✶ *veel heil en ~* much happiness and prosperity **II** *v* [-s] net seine, dragnet

**zegenen** *overg* [zegende, h. gezegend] bless ✶ *God zegene u* God bless you ✶ *gezegend zijn met* be blessed with ✶ ⟨zwanger⟩ *in gezegende omstandigheden* in the family way

**zegening** *v* [-en] blessing, ⟨zegenbede⟩ benediction ✶ *je ~en tellen* count your blessings

**zegenrijk** *bn* ❶ *voorspoed veroorzakend* salutary, beneficial ❷ *gelukkig* most blessed

**zegepalm** *m* [-en] palm (of victory)

**zegepraal** *v* [-pralen] triumph

**zegepralen** *onoverg* [zegepraalde, h. gezegepraald] triumph (*over* over) ✶ *~d* triumphal, triumphant

**zegerijk** *bn* victorious, triumphant

**zegeteken** *o* [-en & -s] trophy

**zegetocht** *m* [-en] triumphal march

**zegevieren** *onoverg* [zegevierde, h. gezegevierd] triumph (*over* over) ✶ *de waarheid doen ~* let the truth prevail

**zegevierend** *bn* victorious, triumphant

**zegge** *v* [-n] *plant* sedge ▼ *~ vijftig euro* to the sum of fifty euros ▼ *~ en schrijve* no more than

**zeggen I** *overg* [zei *of* zegde, h. gezegd] ❶ *vertellen, spreken, uiten* say ✶ *u zei...?* you were saying...? ✶ *al zeg ik het zelf* though I do say so myself ✶ *goede nacht ~* say good night ✶ *hij zegt maar wat* he's just talking; ⟨sterker⟩ he's talking through his hat ✶ *ik* heb gezegd! this concludes my address ✳ *hij zegt niets maar denkt des te meer* still waters run deep ✳ *ik heb het wel gezegd* I told you so ✳ *heb ik het niet gezegd?* didn't I tell you? ✳ *dat is niet gezegd* that wasn't what was said ✳ *dat is gauw/gemakkelijk gezegd* it is easy (for you) to say so ✳ *dat is gauwer gezegd dan gedaan* sooner said than done ✳ *dat hoef je hem geen tweemaal te ~* you only need to tell him once ✳ *wat heeft u te ~?* what do you have to say? ✳ *laten we ~ tien* let's say ten ✳ *wat zegt u?* ⟨vraag⟩ what did you say?; ⟨bij verbazing⟩ you don't say so! ✳ *zonder iets te ~* without a word ✳ *geen pap meer kunnen ~* be full up ✳ *daar kun je donder op ~* you can bet your life on that ✳ *wie A zegt moet ook B ~* in for a penny, in for a pound ❷ *uitdrukken* (*ook schriftelijk*) call ✳ *anders gezegd* to put it differently, in other words ✳ *ze hebben het laten ~* they've sent word ✳ *mag ik ook eens iets ~?* may I say something? ✳ *niets ~, hoor!* keep quiet/inf mum about it! ✳ *hij zegt niet veel* he's a man of few words ✳ *wat ik ~ wil/wou...* à propos, by the way, that reminds me... ✳ *wat wou ik ook weer ~?* what was I going to say? ✳ *om ook iets te ~* by way of saying something ✳ *om zo te ~* so to say, so to speak ❸ *betogen, beweren* say, prove ✳ *de mensen ~ zoveel* people will say anything ✳ *ik zeg maar zo, ik zeg maar niks* I'd better not say anything at all ✳ *hij zegt het* he says so, so he says ✳ *wat u zegt!* you don't say so! ✳ *hij weet niet wat hij zegt* he doesn't know what he's talking about ✳ *daar zeg je zo iets* that's not a bad idea ✳ *daar is alles/veel voor te ~* there is everything/much to be said for it ❹ *verklaren, opmerken* say, tell, remark ✳ *nu u het zegt* now you mention it ✳ *zegt u dat wel!* you can say that again! ✳ *daarmee is alles gezegd* that's all you can say of him/them &; ⟨basta!⟩ I don't want to hear anything more about it ✳ *wie zal het ~?* who can tell? ✳ *dat behoef ik u niet te ~* I don't need to tell you ✳ *dat kan ik u niet ~* I can't tell you, form I'm not at liberty to tell you ✳ *dat zou ik u niet kunnen ~* I couldn't say ✳ *dat mag ik niet ~* I can't tell (you), that would be telling ✳ *wat ik je zeg* I'm telling you ✳ *wat heb je daarop te ~?* what have you got to say to that? ❺ *bevelen* tell ✳ *doe dat zeg ik je* I'm telling you to do that ✳ *doe wat ik je zeg* do as I tell you ✳ *alle leden hebben evenveel te ~* all the members have an equal say ✳ *ik heb er ook iets in te ~* I have some say in the matter ✳ *als ik wat te ~ had* if I had a say in it ✳ *je hebt niets over mij te ~* you can't tell me what to do ✳ *het voor het ~ hebben* be in charge ❻ *oordeel geven, vinden* say ✳ *wat zou je ervan ~ als...* what about..., suppose... ✳ *wat zeg je van...?* how about...? ✳ *zeg nou zelf* admit it ✳ *ik moet ~ dat...* I can't help but say that... ✳ *wij hadden het eerder moeten ~* we should have spoken up sooner ✳ *het is wat te ~* it's awful ✳ *zonder er iets van te ~* without saying anything about it ❼ *kritiek/verwijt & uiten* tell, talk to ✳ *ga het hem ~* go and tell him ✳ *dat laat ik mij niet ~!* I don't have to take that! ✳ *iem. ~ waar het op staat* give sbd

a piece of one's mind ❽ *betekenen, beduiden* say, mean ✳ *en dat zegt wat!, dat wil wat ~!* which is saying a good deal, and that is saying a lot ✳ *dat wil ~* that is (to say) ✳ *rechts..., ik wil ~,* links right, I mean, left ✳ *dat wil nog niet ~ dat...* that isn't to say that..., that doesn't mean/imply that... ✳ *wat zegt dat dan nog?* well, what of it? ✳ *deze titel zegt al genoeg* this title speaks for itself ✳ *dat zegt niet veel* that doesn't mean much ✳ *die naam zegt mij niets* that name means nothing to me ❾ *beloven* say, promise ✳ *zo gezegd, zo gedaan* no sooner said than done ✳ *eens gezegd, blijft gezegd* what is said is said ❿ *als aanspreekvorm gebruiken* call ✳ *hij zegt oom tegen mij* he's my nephew ▾ *wat een prachtstuk, zeg!* hey, what a beauty! ▾ *zeg eens!* hey! ‖ **o** saying ✳ *~ en doen zijn twee* to promise is one thing, carrying it out is another ✳ *naar zijn ~, volgens zijn ~* according to him ✳ *als ik het voor het ~ had* if I had my say in the matter ✳ *je hebt het maar voor het ~* you only need say the word

**zeggenschap** *v & o* right of say, participation say/voice, ⟨beslissend⟩ control ✳ *een beslissende ~* a controlling interest ✳ *~ hebben* have a say (in the matter)

**zeggingskracht** *v* expressiveness, eloquence

**zegje** *o* ⟨ *zijn ~ doen/zeggen* say one's piece

**zegsman** *m* ⟨-lieden &-lui⟩ informant, authority ✳ *wie is uw ~?* on what authority?, who told you?

**zegswijze, zegswijs** *v* ⟨-wijzen⟩ saying, expression, phrase

**zeik** *m* vulg piss ✳ *iem. in de ~ nemen* put sbd on, vulg take the piss out of sbd

**zeiken** *onoverg* ⟨zeek, h. gezeken, ook zeikte, h. gezeikt⟩ ❶ *urineren* vulg piss, take a leak ❷ *zeuren* carry on, whinge ✳ *lig niet zo te ~!* stop carrying on!

**zeikerd** *m* ⟨-s⟩ bore, pain in the neck

**zeikerig** *bn bijw* whiny, nagging(ly)

**zeiknat** *bn* sopping wet, soaked, inf bloody wet

**zeikstraal** *m* ⟨-stralen⟩ bugger

**zeil** *o* ⟨-en⟩ ❶ scheepv sail ✳ *~ bijzetten* set more sail ✳ fig *alle ~en bijzetten* leave no stone unturned, do one's utmost ✳ *~(en) minderen* take in sail, shorten sail ✳ *de ~en hijsen* raise the sails ✳ *de ~en strijken* hoist the sails ✳ *met een opgestreken/opgestoken ~* angry, aggressively ✳ *met volle ~en* (in) full sail, all sails set ✳ *onder ~ gaan* scheepv get under sail, set sail; ⟨inslapen⟩ drop off (to sleep), doze off ✳ *onder ~ zijn* scheepv be under sail; ⟨slapend⟩ be sound asleep ✳ *een vloot van 20 ~en* a 20-sail fleet ✳ *een oogje in het ~ houden* keep an eye on things ❷ *zeildoek* canvas, sailcloth, ⟨dekzeil⟩ tarpaulin ❸ *v. vloer* linoleum

**zeilboot** *v & m* ⟨-boten⟩ sailing boat

**zeildoek** *o & m* ⟨ *doek v. zeilen* sailcloth, canvas ❷ *wasdoek* oilcloth

**zeilen** *onoverg* ⟨zeilde, h. en is gezeild⟩ sail ✳ *gaan ~* go for a sail, go sailing ✳ *ze zeilde van links naar rechts over het trottoir* she lurched from one side of the footpath to the other

**zeiler** m [-s] ❶*persoon* yachtsman ❷*schip* sailing ship
**zeiljacht** o [-en] sailing yacht
**zeilkamp** o [-en] sailing camp
**zeilmaker** m [-s] sailmaker
**zeilschip** o [-schepen] sailing vessel, sailing ship
**zeilschool** v [-scholen] sailing school
**zeilsport** v yachting, sailing
**zeiltocht** m [-en] sailing trip
**zeilwagen** m [-s] land yacht
**zeilwedstrijd** m [-en] sailing match, sailing race, regatta
**zeis** v [-en] scythe ∗*de man met de* ~the Grim Reaper
**zeker I** bn ❶*attributief: vaststaand* certain ❷*betrouwbaar* sure ❸*niet nader aan te duiden* certain ∗*een vrouw van een* ~*e leeftijd* a lady of a certain age, a mature lady ∗inf *(een)* ~*e Dinges* a Mr Thingummy ❹*enige* a certain, some ∗*een* ~*e wrijving tussen hen* a certain (amount of) friction between them ❺*predicatief: met persoonsonderwerp* certain, sure, assured, positive, confident ∗*ik ben* ~ *van hen* I can depend on them ❻*met ding als onderwerp* sure, certain ∗~ *van zijn zaak zijn* be sure of one's ground ∗*ben je er* ~ *van?* are you (quite) sure?, are you quite positive? ∗*ik ben er* ~ *van dat...* I'm sure (that)..., I'm sure of (his/her/their &)... ∗*je kunt er* ~ *van zijn dat...* rest assured that... ∗*men is daar niet* ~ *van zijn leven* your life is at risk there ∗*iets* ~*s* something positive ∗*niets* ~*s* nothing certain ∗*zo* ~*als twee keer twee vier is* as sure as two and two make four, as sure as eggs is eggs **II** o ∗*het* ~*e* what is certain ∗*het* ~*e voor het on*~*e nemen* err on the side of caution ∗*op* ~*spelen* play safe **III** bijw ❶*woordbepaling* for certain, for a certainty, positively ∗*ik weet het* ~*I* know it for certain/for a certainty/for a fact) ❷*zinsbepaling* certainly, surely & ∗*(wel)* ~*I* certainly! ∗*vast en* ~*I* definitely! ∗*kunnen wij op hem rekenen?* ~*I* can we count on him? Certainly/No doubt about it! ∗*hij wou je* ~ *verrassen* I suppose/expect he wanted to surprise you ∗~ *weet jij dat ook wel?* surely you know that? ∗*jij weet dat* ~*ook wel, he?* I daresay/I suppose you know too? ∗*ik weet het* ~*I* know it for sure/for a fact ∗*hij komt* ~*als hij het weet* if knows about it he'll come for sure ∗*we kunnen* ~*op hem rekenen* we can safely count on him
**zekeren** overg [zekerde, h. gezekerd] ❶*vastmaken* secure, fasten ❷*bergsport* belay ❸elektr fuse
**zekerheid** v [-heden] ❶*stelligheid* certainty ∗~ *bieden dat...* hold out every certainty that... ∗*voldoende* ~*geven dat...* guarantee that... ∗~ *hebben* be certain ∗*niet met* ~*bekend* not known for certain ∗*we kunnen niet met* ~*zeggen of...* we can't say with certainty/for certain that... ❷*veiligheid* safety ∗*voor de* ~, *voor alle* ~*to* be on the safe side, to make sure ∗*iets in* ~*brengen* put sth into safekeeping ❸*borg* security ∗*sociale* ~social

security ∗~*stellen* give security ∗jur ~*vorderen* require collateral/security
**zekerheidshalve** bijw for safety('s sake)
**zekerheidsrecht** o security right(s), security interest(s)
**zekerheidstelling** v [-en] security
**zekering** v [-en] elektr fuse
**zekeringskast** v [-en] fuse box
**zelden** bijw seldom, rarely ∗*niet* ~not infrequently ∗~*of nooit* rarely if ever
**zeldzaam I** bn ❶*schaars* rare ❷*vreemd* strange ❸*uitzonderlijk* exceptional **II** bijw versterkend uncommonly, exceptionally
**zeldzaamheid** v [-heden] rarity ∗*zeldzaamheden* rarities, curiosities ∗*een van de grootste zeldzaamheden* one of the rarest things ∗*het is een grote* ~*als...* it is a rare thing for him to... ∗*het is geen* ~*dat...* it is no rare thing to...
**zelf I** aanw vnw self ∗*ik* ~myself ∗*u/jij* ~you yourself ∗*de man* ~the man himself ∗*de vrouw* ~ the woman herself ∗*het kind* ~the child itself ∗*zij hebben* ~... they have... themselves ∗*ik heb* ~*geen auto* I don't have a car of my own ∗*zij kunnen niet* ~ *denken* they can't think for themselves ∗*wees u* ~be yourself ∗*hij is de beleefdheid* ~he's politeness itself, he's the very model of politeness ∗*hij is de duivel* ~ he's the devil incarnate **II** o self
**zelfanalyse** v self-analysis
**zelfbediening** v self-service
**zelfbedieningsrestaurant** o [-s] self-service restaurant
**zelfbedieningswinkel** m [-s], **zelfbedieningszaak** v [-zaken] self-service shop, self-service store
**zelfbedrog** o self-deceit, self-deception
**zelfbeeld** o [-en] self-image ∗*een negatief* ~a negative self-image
**zelfbehagen** o complacency, self-satisfaction
**zelfbeheersing** v self-control, self-command, self-possession, restraint ∗*zijn* ~*herkrijgen* regain one's self-control, collect oneself ∗*zijn* ~*verliezen* lose one's self-control
**zelfbehoud** o self-preservation ∗*de zucht/drang tot* ~the survival instinct
**zelfbeklag** o self-pity
**zelfbescherming** v self-protection
**zelfbeschikking** v self-determination
**zelfbeschikkingsrecht** o right of self-determination
**zelfbeschuldiging** v [-en] self-accusation
**zelfbestuiving** v plantk self-pollination
**zelfbestuur** o self-government
**zelfbevrediging** v seksueel masturbation
**zelfbewust** bn self-assured, self-confident
**zelfbewustzijn** o self-awareness
**zelfbinder** m [-s] ❶*landbouwmachine* self-binder ❷*das* knotted tie ❸*snelbinder* luggage strap
**zelfde** bn ❶*identiek* same ❷*vergelijkbaar* similar
**zelfdiscipline** v self-discipline

ze

**zelfdoding** v [-en] suicide
**zelffinanciering** v self-financing
**zelfgekozen** bn self-selected
**zelfgemaakt** bn home-made
**zelfgenoegzaam** bn complacent, smug, self-satisfied
**zelfgevoel** o self-esteem
**zelfhulp** v self-help
**zelfhulpgroep** v [-en] self-help group
**zelfingenomen** bn self-important, self-satisfied
**zelfingenomenheid** v self-importance
**zelfkant** m [-en] v. weefsel selvage, selvedge ▼ aan de ~der maatschappij on the fringe of society
**zelfkastijding** v [-en] self-chastisement, self-punishment
**zelfkennis** v self-knowledge
**zelfklevend** bn self-adhesive
**zelfkritiek** v self-criticism
**zelfmedelijden** o self-pity
**zelfmedicatie** v self-medication
**zelfmoord** m & v [-en] suicide ✳ ~plegen commit suicide
**zelfmoordactie** v [-s] suicide mission
**zelfmoordcommando** o ['s] suicide squad
**zelfmoordenaar** m [-s] suicide
**zelfmoordneiging** v [-en] suicidal tendency ✳ ~en hebben have suicidal tendencies
**zelfmoordpoging** v [-en] suicide attempt
**zelfonderzoek** o self-examination, heart-searching
**zelfontbranding** v spontaneous combustion
**zelfontplooiing** v self-realization, self-development
**zelfontspanner** m [-s] automatic release, self-timer
**zelfontsteking** v elektr self-ignition
**zelfopoffering** v [-en] self-sacrifice
**zelfoverschatting** v overestimation of oneself ✳ hij lijdt aan ~he overestimates himself
**zelfoverwinning** v [-en] self-conquest
**zelfportret** o [-ten] self-portrait
**zelfredzaamheid** v ability to manage on one's own
**zelfregelend, zelfregulerend** bn self-regulating
**zelfreinigend** bn self-cleaning ✳ een ~vermogen a self-cleaning capacity
**zelfrespect** o self-respect
**zelfrijzend** bn self-raising ✳ ~bakmeel self-raising flour
**zelfs** bijw even ✳ ~zijn kinderen gaf hij niets he didn't even give his children anything
**zelfspot** m self-derision, self-mockery
**zelfstandig** I bn ❶ alg. independent ❷ taalk nominal ✳ een ~naamwoord a noun II bijw ❶ alg. independently ✳ ~denken/handelen think/act for oneself ❷ taalk nominally ✳ taalk ~gebruikt nominally used
**zelfstandige** m-v [-n] a self-employed person ✳ de kleine ~n the self-employed
**zelfstandigheid** v [-heden] ❶ onafhankelijkheid independence ❷ stof substance
**zelfstudie** v self-tuition, self-teaching

**zelfverbranding** v ❶ v. mens burning oneself to death, self-immolation ❷ het verteren spontaneous combustion
**zelfverdediging** v self-defence, Am self-defense ✳ uit/ter ~in self-defence ✳ een cursus ~a course in self-defence
**zelfverheerlijking** v self-glorification
**zelfverheffing** v self-exaltation
**zelfverloochening** v self-denial
**zelfvernietiging** v self-destruction
**zelfvertrouwen** o self-confidence, self-reliance
**zelfverwijt** o self-reproach
**zelfverzekerd** bn self-assured, self-confident
**zelfverzekerdheid** v self-assurance, self-confidence
**zelfvoldaan** bn self-satisfied
**zelfwerkend** bn self-acting, automatic
**zelfwerkzaam** bn self-active
**zelfwerkzaamheid** v self-motivation, self-activation
**zelfzucht** v egotism, egoism, selfishness
**zelfzuchtig** I bn selfish, egoistic, egotistic, self-seeking ✳ een ~e an egoist/egotist II bijw selfishly, egoistically, egotistically
**zeloot** m [-loten] zealot, fanatic
**zelve** aanw vnw itself ✳ hij is de eerlijkheid ~he is as honest as they come/as the day is long
**zemelaar** m [-s] twaddler
**zemelen** I zn [mv] bran II onoverg [zemelde, h. gezemeld] zeuren twaddle, drivel
**zemen** I bn shammy ✳ een ~lap a shammy II overg [zeemde, h. gezeemd] clean with a shammy ✳ de ruiten ~clean the windows
**zenboeddhisme** o Zen Buddhism
**zendamateur** m [-s] amateur radio operator, inf (radio) ham
**zendapparatuur** v transmitting equipment, transmitting set, transmitter
**zendbereik** o RTV service area, transmission range
**zendeling** m [-en] missionary
**zenden** I overg [zond, h. gezonden] send, forward, dispatch, ship, consign ✳ ~om send for II overg [zond, h. gezonden] RTV broadcast, transmit
**zender** m [-s] ❶ zendstation transmitting station, broadcasting station, channel ✳ op alle ~s on all (radio) stations ✳ een geheime ~a pirate station ❷ persoon sender ❸ toestel transmitter
**zendgemachtigde** m-v [-n] broadcasting licence/Am license holder, broadcasting licensee
**zending** v [-en] ❶ het zenden sending, forwarding, dispatch ✳ gratis ~free shipment ❷ aangetekende ~registered shipment ❸ het gezondene shipment, consignment, ⟨pakket⟩ parcel ✳ een ~tijdschriften a batch of magazines ❹ roeping, opdracht mission ❺ zendingswerk mission ✳ de inwendige/uitwendige ~the home/outward mission
**zendingsgenootschap** o [-pen] missionary society
**zendingswerk** o missionary work
**zendinstallatie** v [-s] RTV transmitting equipment,

ze

transmitting station, radio transmitter

**zendmast** *m* [-en] RTV (transmitter) mast

**zendstation** *o* [-s] RTV transmitting station, broadcasting station

**zendtijd** *m* [-en] RTV air time, transmission time, broadcast(ing) time

**zendtoestel** *o* [-len] RTV transmitting set, transmitter

**zendvergunning** *v* [-en] RTV broadcasting licence/Am license

**zengen I** *overg* [zengde, h. gezengd] singe, scorch ✱ *een ~de hitte* a scorching heat **II** *onoverg* burn, scorch

**zenit** *o* zenith

**zenuw** *v* [-en] nerve ✱ *stalen ~en* nerves of steel ✱ *hij was één en al ~en* he was a bundle of nerves ✱ *hij was op van de ~en* he was a nervous wreck ✱ *het op de ~en hebben* be nervous; *inf* have the jitters ✱ *(het op) de ~en krijgen* go into hysterics, have a nervous fit; *inf* get the jitters ✱ *dat werkt op mijn ~en* it's getting/grating on my nerves ✱ *in de ~en zitten* be very nervous, be highly tensed up; *inf* be very nervy ✱ *inf krijg de ~en!* drop dead!, *vulg* get stuffed!

**zenuwaandoening** *v* [-en] nervous disease, nervous disorder

**zenuwachtig I** *bn* nervous, agitated, nervy, jumpy ✱ *iem. ~ maken* get on sbd's nerves, make sbd nervous & **II** *bijw* nervously

**zenuwarts** *m* [-en] neurologist

**zenuwbehandeling** *v* [-en] root canal treatment

**zenuwbundel** *m* [-s] bundle of nerve fibres

**zenuwcel** *v* [-len] nerve cell, neuron

**zenuwcentrum** *o* [-tra, -s] nerve centre/Am center

**zenuwenoorlog, zenuwoorlog** *m* [-logen] war of nerves

**zenuwgas** *o* [-sen] nerve gas

**zenuwgestel** *o* nervous system

**zenuwinzinking** *v* [-en] nervous breakdown

**zenuwknoop** *m* [-knopen] ganglion

**zenuwlijder** *m* [-s] neurotic, mental patient ✱ *wat een ~!* what a neurotic!

**zenuwontsteking** *v* [-en] neuritis

**zenuwpees** *v* [-pezen] *inf* fusspot

**zenuwpijn** *v* [-en] neuralgia, nerve pains

**zenuwslopend** *bn* nerve-racking

**zenuwstelsel** *o* nervous system ✱ *het centrale ~* the central nervous system

**zenuwtoeval** *m* [-len] nervous attack, state of hysteria

**zenuwtrekje** *o* [-s] nervous tic

**zenuwziek** *bn* neurotic

**zenuwziekte** *v* [-n & -s] nervous disease

**zeoliet** *o* zeolite

**zepen** *overg* [zeepte, h. gezeept] ❶ *alg.* soap ❷ *voor het scheren* lather

**zeper, zeperd** *m* [-s] *inf* flop ✱ *een ~ halen* flop, fall flat on one's face

**zeppelin** *m* [-s] Zeppelin

**zerk** *v* [-en] slab, tombstone

**zes** *hoofdtelw* six ✱ *dubbele ~* double six ✱ *met ons ~sen* the six of us ✱ *tegen ~sen* by six o'clock ✱ *hij is van ~sen klaar* he's an all-round man ✱ *ze hadden pret voor ~* they were having no end of fun

**zesdaagse** *v* [-n] *sp* six-day bicycle race

**zesde I** *rangtelw* sixth ✱ *Karel de Zesde* Charles the Sixth ✱ *de ~ juni* the sixth of July ✱ *ten ~* sixthly **II** *o* [-n] sixth (part) ✱ *een ~* one-sixth

**zeshoek** *m* [-en] hexagon

**zeshoekig** *bn* hexagonal

**zesjarig** *bn* ❶ *zes jaar oud* of six years, six-year-old ❷ *om de zes jaar, zes jaar durend* sexennial, six-year

**zesling** *m* [-en] sextuplet

**zestal** *o* [-len] six, half a dozen ✱ *het ~* the six of them

**zestien** *hoofdtelw* sixteen

**zestiende I** *rangtelw* sixteenth ✱ *Lodewijk de Zestiende* Louis XVI ✱ *de ~ juni* the sixteenth of July **II** *o* [-n] sixteenth (part)

**zestig** *hoofdtelw* sixty ✱ *de jaren ~* the sixties ✱ *hij is in de ~* he's in his sixties

**zestiger** *m* [-s] person in his/her sixties

**zestigjarig** *bn* ❶ *zestig jaar oud* of sixty years, sixty-year-old ❷ *zestig jaar durend* sixty-year

**zestigste I** *rangtelw* sixtieth **II** *o* [-n] sixtieth (part)

**zesvoud** *o* [-en] multiple of six, sextuple

**zesvoudig I** *bn* sixfold, sextuple **II** *bijw* six times ✱ *je krijgt het ~ terug* you'll get it back multiplied by six, you'll get back six times more than you put in

**zet** *m* [-ten] ❶ *duw* push, shove ✱ *iem. een ~ geven* give sbd a shove ❷ *sprong* leap, bound ❸ *dammen, schaken & sp* move ✱ *een domme ~* a stupid move ✱ *een geestige ~* a witty remark/comment ✱ *een gelukkige ~* a happy move ✱ *een handige ~* a clever move/stroke ✱ *een verkeerde ~* a wrong move ✱ *sp een ~ doen* make a move ✱ *sp aan ~ zijn* be playing, be at play ✱ *sp wit is aan ~* it's white's move ✱ *strijk en ~* again and again

**zetbaas** *m* [-bazen] ❶ *beheerder* manager ❷ *stroman* agent, hired man

**zetel** *m* [-s] ❶ *stoel* seat, chair ❷ *verblijf v. bisschop* see ❸ *in parlement* seat ✱ *een statutaire ~* a corporate seat, an official seat ✱ *jur zijn feitelijke ~* one's principal place of business

**zetelen** *onoverg* [zetelde, h. gezeteld] ❶ *resideren* sit, reside ✱ *~ te Amsterdam* have its seat in Amsterdam ❷ *v. e. commissie* ZN seat, have its seat

**zetelverdeling** *v in parlement* distribution of seats

**zetelwinst** *v in parlement* ✱ *~ behalen* gain seats

**zetfout** *v* [-en] typographical error, misprint

**zetmachine** *v* [-s] typesetting machine

**zetmeel** *o* starch

**zetpil** *v* [-len] suppository

**zetsel** *o* [-s] ❶ *van warme drank* drawing ❷ *bij drukkers* type ✱ *staand ~* roman type ✱ *het ~ opmaken* set up type

**zetspiegel** *m* [-s] type area

**zetten I** *overg* [zette, h. gezet] ❶*plaatsen* set, put ⁕*zijn handtekening/naam* ~(*onder*) sign (one's name), put one's name to ⁕*het glas aan de mond* ~ put the glass to one's mouth ⁕*de auto aan de kant* ~ put the car on the side ⁕*iem. achter de tralies* ~put sbd behind bars ⁕*iets in elkaar* ~put sth together ⁕*een diamant in goud* ~set a diamond in gold ⁕*een stukje in de krant* ~put a notice/a paragraph in the paper ⁕*de wekker op vijf uur* ~set the alarm for five o'clock ⁕*het eten op tafel* ~serve dinner ⁕*een schip op het land* ~run a ship ashore ⁕*een ladder tegen de muur* ~put a ladder against the wall ⁕*iem. uit het land* ~expel sbd from the country ⁕*een ambtenaar eruit* ~dismiss/inf fire an official ⁕*zet u dat maar uit het hoofd* put/get it out of your head ⁕*ik kan de gedachte niet van mij af* ~I can't put/get the idea out of my head ❷*gebroken botten* set ⁕*een arm &* ~set an arm & ❸*beginnen te* start, set to ⁕*het op een lopen* ~make a run/dash for it ⁕*het op een zuipen* ~ booze on, hit the bottle ⁕*iem. aan het denken* ~ make sbd think ❹*aannemen* put on ⁕*een ernstig gezicht* ~put on a serious face ❺*typ* set up, compose ❻*muz* set, arrange ⁕*op muziek* ~set to music ⁕*gezet voor piano en viool* arranged for piano and violin ❼*laten trekken* make ⟨tea, coffee⟩ ❽*schaken, dammen* move ▼ *hij schijnt het erop gezet te hebben om mij te plagen* he seems bent upon teasing me ▼ *zet 'm op!* go at it! **II** *wederk* [zette, h. gezet] ❶*ZN zich* ~ ⟨van personen⟩ sit down, take a seat; ⟨v. vruchten⟩ set ⁕*zich iets in het hoofd* ~ take/get sth into one's head ⁕*zich over iets heen* ~ get over sth ⁕*als hij er zich toe zet* when he sets himself to do it

**zetter** *m* [-s] ❶*typ* compositor, type setter ❷*juwelenzetter* setter

**zetterij** *v* [-en] composing room

**zetting** *v* [-en] ❶*alg.* setting ❷*van juweel* setting ❸*muz* arrangement

**zetwerk** *o* typesetting

**zeug** *v* [-en] sow

**zeulen** *overg* [zeulde, h. gezeuld] drag

**zeur** *m-v* [-en] bore

**zeurderig** *bn* ❶*v. persoon* whiny, nagging, whingeing ⁕*op een* ~*e toon spreken* talk in a whiny voice ❷*v. pijn* nagging ⁕*een* ~*e pijn* a nagging pain

**zeuren** *onoverg* [zeurde, h. gezeurd] ❶*dreinend vragen* whine ⁕*zij bleef maar* ~*om een ijsje* she kept on whining for an icecream ⁕*hij zeurde om het boek* he was pestering me for the book/to get the book ❷*zaniken* nag ⁕*hij zit daar altijd over te* ~he goes on and on about it, he's always harping on the subject ⁕*een* ~*de pijn* a nagging pain

**zeurkous** *v* [-en], **zeurpiet** *m* [-en] bore

**zeven I** *hoofdtelw* seven ⁕*het is bij* ~*en* it is almost 7 o'clock ⁕*wij zijn met ons* ~*en* there are seven of us ⁕*zijn gezicht staat op half* ~he has a long face **II** *overg* [zeefde, h. gezeefd] ⟨door een zeef ⟨v. meel &⟩⟩ sieve, sift, ⟨v. kool, grind &⟩ screen, riddle

**zevenarmig** *bn* seven-branched ⁕*de* ~*e kandelaar* the menorah

**zevende I** *rangtelw* seventh ⁕*in de* ~*hemel zijn* be in (the) seventh heaven ⁕*Lodewijk de Zevende* Louis VII **II** *o* [-n] seventh (part) ⁕*een* ~one-seventh

**zevenjarig** *bn* ❶*7 jaar oud* of seven years, seven-year-old ❷*om de 7 jaar* septennial ❸*7 jaar durend* seven-year ⁕*de Zevenjarige Oorlog* the seven-year war

**zevenkamp** *m* [-en] heptathlon

**zevenklapper** *m* [-s] firecracker

**zevenmaandskind** *o* [-eren] seven-month baby/f(o)etus

**zevenmijlslaarzen** *zn* [mv] seven-league boots

**zevenslaper** *m* [-s] *dier* dormouse ⁕*de Zevenslapers* the Seven Sleepers (of Ephesus)

**zevental** *o* [-len] seven

**zeventien** *hoofdtelw* seventeen

**zeventiende I** *rangtelw* seventeenth ⁕*Lodewijk de Zeventiende* Louis XVII **II** *o* [-n] seventeenth (part) ⁕*een* ~one-seventeenth

**zeventig** *hoofdtelw* seventy ⁕*in de jaren* ~in the seventies ⁕*hij is in de* ~he's in his seventies

**zeventiger** *m* [-s] septuagenarian, person in his/her seventies

**zeventigjarig** *bn* ❶*zeventig jaar oud* of seventy years, seventy-year-old ⁕*een* ~*e* a seventy-year-old ❷*zeventig jaar durend* seventy-year ❸*om de zeventig jaar* every seventy years

**zeventigste I** *rangtelw* seventieth **II** *o* [-n] seventieth (part) ⁕*een* ~one-seventieth

**zevenvoud** *o* [-en] multiple of seven, septuple

**zever** *m* ❶*kletspraat* twaddle, humbug ❷*kwijl* ZN slaver, slobber, drivel

**zeveraar** *m* [-s] driveller, Am driveler

**zeveren** *onoverg* [zeverde, h. gezeverd] ❶*kwijlen* drivel, slaver ❷*onzin uitkramen* drivel

**zich** *wederk vnw* oneself, himself, herself, itself, themselves ⁕*hij/zij heeft het niet bij* ~he/she doesn't have it with him/her ⁕*op* ~in itself, in theory

**zicht I** *o* ❶*het zien* sight ⁕*in* ~in sight, within sight ⁕*land in* ~! land in sight! ⁕*fig in het* ~*van de haven stranden* be pipped at the post ⁕*betaalbaar op* ~ payable at sight ⁕*boeken op* ~*zenden* send books on approval/for inspection ❷*zichtafstand* visibility ⁕*goed/slecht* ~good/poor visibility ⁕*bij* ~*van minder dan 50 meter mogen auto's mistlampen voeren* at less than 50 metres' visibility cars may use fog lamps **II** *v* [-en] *sikkel* sickle

**zichtbaar I** *bn* visible, perceptible ⁕ ⟨boekhouden⟩ *zichtbare intrinsieke waarde* visible net asset value ⁕*ZN wanneer is de flat* ~? ⟨te bezichtigen⟩ when is the apartment on view? **II** *bijw* visibly ⁕*hij is* ~ *aangeslagen* he is visibly shaken/affected

**zichtzending** *v* [-en] consignment on approval, goods on approval

**zichzelf** *wederk vnw* oneself, himself ⁕*hij was* ~*niet* he wasn't himself ⁕*bij* ~to himself ⁕*buiten* ~

zi

beside himself * *in ~ praten* talk to oneself * *op ~ is dit niet vreemd* in itself this is not unusual * *op ~ gaan wonen* go and live on one's own * *op ~ beschouwd* viewed on its own merits * *op ~ staand* ⟨afgezonderd⟩ isolated; ⟨van het nodige voorzien⟩ self-contained * *uit ~* of his own accord * *van ~ Jansen* her maiden name is Jansen * *zij is van ~ chic* she is smart in her own right * *voor ~* for himself/herself/themselves

**ziedaar** *tsw* there, form behold * *~ wat ik u te zeggen had* that's what I had to tell you

**zieden I** *overg* [ziedde, h. gezoden] boil * *zeep ~* boil soap **II** *onoverg* [ziedde, h. gezoden] seethe, boil * *~ van toorn* seethe with rage

**ziedend** *bn woedend* boiling, seething * *hij was ~* he was seething * *~ heet* boiling hot * *~ van toorn* boiling with rage

**ziehier** *tsw* ❶ *kijk hier* look here, here is... * *~ wat hij schrijft* this is what he writes ❷ *alstublieft* here you are!

**ziek** *bn* ❶ *predicatief* ill, diseased * *~ worden* fall ill, be taken ill * *zich ~ melden* report sick ❷ *attributief* sick, diseased * *hij is zo ~ als een hond* he's as sick as a dog * *ik ben er ~ van* I'm sick of it/fed up with it

**ziekbed** *o* [-den] sickbed * *na een lang ~ overleden* passed away after a long illness * *na een ~ van een halfjaar* after a six-month sickbed * *aan het ~ gekluisterd* confined to one's sickbed

**zieke** *m-v* [-n] sick person, patient, invalid * *~n* sick people * *de ~n* the sick

**ziekelijk** *bn* ❶ *sukkelend* sickly, ailing ❷ *pathologisch* morbid * *een ~e neiging tot stelen* a morbid inclination for stealing, a morbid inclination to steal

**zieken** *onoverg* [ziekte, h. geziekt] * ⟨vervelend doen⟩ *zitten ~* be a nuisance, be a pain in the neck, Br mess about

**ziekenauto** *m* ['s] ambulance

**ziekenbezoek** *o* [-en] pay a sick call, visit a sick person

**ziekenboeg** *m* [-en] scheepv sickbay

**ziekenboekje** *o* [-s] ZN National Insurance membership card

**ziekenbroeder** *m* [-s] male nurse

**ziekenfonds** *o* [-en] health insurance fund, Br National Health Service

**ziekenfondsbril** *m* [-len] Br National Health glasses

**ziekenfondskaart** *v* [-en] medical insurance card

**ziekenfondspakket** *o* comprehensive health care services

**ziekenfondspatiënt** *m* [-en] ± National Health patient, Am ± Medicaid patient, ⟨bejaarde⟩ Medicare patient

**ziekenfondspremie** *v* [-s] National Health contribution

**ziekengeld** *o* sick pay, sickness benefits

**ziekenhuis** *o* [-huizen] hospital * *een particulier ~* a private hospital * *in het ~ opnemen* admit to hospital

**ziekenhuisbacterie** *v* [-riën] hospital bacterium ⟨mv bacteria⟩

**ziekenhuisopname** *v* [-n, -s] hospitalization, admission to hospital

**ziekenkas** *v* [-sen] ZN National Insurance

**ziekenomroep** *m* patients' radio

**ziekenverpleger** *m* [-s] nurse

**ziekenverpleging** *v* nursing

**ziekenvervoer** *o* ambulance transport, transport of the sick

**ziekenverzorger** *m* [-s] orderly

**ziekenverzorging** *v* care of the sick, care of the ill

**ziekenverzorgster** *v* [-s] nurse's aide, nursing aide

**ziekenwagen** *m* [-s] ambulance

**ziekenzaal** *v* [-zalen] (hospital) ward, infirmary

**ziekenzorg** *v* care/nursing of the sick

**ziekmakend** *bn* ❶ *ziekteverwekkend* unhealthy ❷ *walgelijk* sickening

**ziekmelding** *v* [-en] reporting sick, reporting ill * *er zijn drie ~en* three have reported ill

**ziekte** *v* [-n & -s] ❶ *het ziek zijn* illness, sickness * *wegens ~* on account of ill health ❷ *manier van ziek zijn* disease, illness * *een besmettelijke/tropische ~* contagious/tropical disease * *een lichte ~* an indisposition * *krijg de ~!* drop dead! ❸ *v. ingewanden &* complaint, ailment, disorder * *een ~ van de maag/lever/nieren &* a disorder of the stomach/liver/kidneys & ▼ *als de ~* like hell

**ziektebeeld** *o* clinical picture

**ziektegeld** *o* sickpay

**ziektekiem** *v* [-en] disease-causing germ

**ziektekosten** *zn* [mv] medical expenses

**ziektekostenverzekering** *v* [-en] health insurance, medical insurance

**ziekteleer** *v* pathology

**ziekteverlof** *o* [-loven] sick leave, inf sickie * *met ~* absent on sick leave; inf having a sickie

**ziekteverloop** *o* course of the disease

**ziekteverschijnsel** *o* [-en & -s] symptom

**ziekteverwekker** *m* [-s] pathogen, agent

**ziekteverzekeraar** *m* [-s] health insurer

**ziekteverzuim** *o* absence through illness, absenteeism

**ziektewet** *v* health insurance act * *in de ~ lopen* be on sickness benefits

**ziel** *v* [-en] ❶ *v. mens* soul, spirit * *arme ~!* poor soul! * *die eenvoudige ~en* these simple souls * *een goeie ~* a good sort * *geen levende ~* not a (living) soul * *de ouwe ~!* poor old soul! * *hij is de ~ van de onderneming* he is the soul of the enterprise * *een stad van 300 000 ~en* a town of 300 000 inhabitants * *God hebbe zijn ~!* God rest his soul! * *hoe meer ~en hoe meer vreugd* the more the merrier * *het ging/sneed me door de ~* it cut me to the quick * *in het binnenste van zijn ~* in his heart of hearts * *met zijn ~ onder zijn arm lopen* be at a loose end * inf *iem. op zijn ~ geven* sock sbd, sock it to sbd * inf *iem. op* *zijn* ∼ *trappen* stab sbd to the heart * *op zijn* ∼ *krijgen* get a sound thrashing * *ter* ∼*e zijn* be dead and gone * *tot in de* ∼*geroerd* moved to the heart * *met zijn hele* ∼*en zaligheid* with one's soul * *met hart en* ∼ with all one's heart * *twee* ∼*en, één gedachte* two minds with a single thought ❷ *v. fles* kick ❸ *v. kanon* bore

**zielenheil** *o* salvation

**zielenleed** *o* mental suffering, agony of the soul

**zielenleven** *o* inner/spiritual life

**zielenpijn** *v* mental anguish

**zielenpoot** *m* [-poten], **zielenpiet** [-en] poor thing, wretch

**zielenroerselen** *zn* [mv] inner/spiritual life, deepest thoughts, innermost feelings

**zielenrust, zielsrust** *v* peace of mind, inner peace

**zielenstrijd** *m* inward struggle

**zielig** *bn* pitiful, pitiable, piteous, pathetic * *wat* ∼*!* how sad!, what a pity! * *een* ∼ *geval* a sad case * *een* ∼*e kerel* a poor guy, a wretched fellow

**zielknijper, zielenknijper** *m* [-s] scherts shrink, Br trick cyclist

**zielkunde** *v* psychology

**zielloos** *bn* ❶ *zonder ziel* soulless ❷ *dood* inanimate, lifeless

**zielmis** *v* [-sen] RK mass for the dead, office for the dead

**zielsbedroefd** *bn* deeply afflicted

**zielsgelukkig** *bn* radiant, blissful, perfectly happy

**zielskracht** *v* strength of mind, fortitude

**zielsveel** *bijw* * ∼ *houden van* be very fond of, love dearly

**zielsverlangen** *o* heartfelt longing

**zielsverwant** I *bn* congenial II *m* [-en] kindred spirit * *zij zijn* ∼*en* they are soulmates

**zieltogend** *bn* dying, moribund

**zielzorg, zielszorg** *v* pastoral care * *met de* ∼ *belast zijn* be responsible for spiritual care

**zien** I *overg* [zag, h. gezien] ❶ *waarnemen, opmerken* see, perceive * *ik heb het* ∼*doen* I've seen it done * *ik heb het* ∼ *doen* I've seen him do(ing) it * *ik zie hem komen* I see him come/coming * *men zag hem vallen* he was seen falling/seen to fall * *het voor gezien houden* be through with it * *iem. niet kunnen* ∼ not be able to bear the sight of sbd * *ik zie het aan je dat...* I can see it by/on your looks that... * *(geen) mensen* ∼ have (no) visitors, (not) entertain * *geen... te* ∼ not a... to be seen * *het is goed te* ∼ ⟨makkelijk⟩ it can easily be seen, it shows; ⟨duidelijk⟩ it's distinctly visible * *er is niets te* ∼ there's nothing to be seen * *er is niets van te* ∼ it can't be seen, there's nothing showing * *iedere dag te* ∼ on view every day * *dat wil ik nog wel eens* ∼ I'd like to see that happening * *voor gezien tekenen* endorse * *waar zie je dat aan?* how can you tell? ❷ *bekijken* see, look * *ze mag gezien worden* she looks great * *laten* ∼ show * *laat eens* ∼... let me see... * *laat me ook eens* ∼ let me have a look too * *hij*

*heeft het mij laten* ∼ he's shown it to me * *zich laten zien* show oneself * *laat je hier niet weer* ∼ let me never set eyes on you again * *dat zou ik wel eens willen* ∼ I'll see if... * *wat ze hier te* ∼ *geven* what they let you see ❸ *vinden, aantreffen* see * *de directie ziet dat niet graag* management does not like it/want it * *inf mij niet gezien!* nothing doing! ❹ *proberen* try * *zie maar* I'll leave it to you * *ik zal het* ∼ *te krijgen* I'll try to get it for you * *je moet hem* ∼ *over te halen* you must try to persuade him ❺ *als mogelijkheid/uitkomst verwachten* see * *iem.* ∼ *zitten* be attracted to sbd * *het niet meer* ∼ *zitten* have had enough of it ❻ *begrijpen, inzien* see, understand * *iem. doen* ∼ make sbd see/understand * *uit uw brief zie ik dat...* your letter suggests that... ❼ *met de geest waarnemen* see * *ik zie hem nog voor mij* I can see him now II *onoverg* [zag, h. gezien] ❶ *gezichtsvermogen hebben* see * *dubbel* ∼ see double * *ik zie niet goed* my eyesight is poor * *hij ziet bijna niet meer* his sight is almost gone * *hij ziet slecht* his eyesight is bad * ∼*de blind zijn* see and not perceive ❷ *kijken* see, look * *donker* ∼ look black * *zie beneden* see below * *zie boven* see above * *zie eens hier!* now look here! * *en zie, daar kwam...* and behold! * *naar iets* ∼ look at sth, have a look at sth * *naar het spel* ∼ be a spectator * *zie eens op je horloge* look at your watch * *de kamer ziet op de tuin* the room looks out onto the garden/overlooks the garden * *op eigen voordeel* ∼ seek one's own advantage * *uit eigen ogen* ∼ look through one's own eyes * *hij kon van de slaap niet uit zijn ogen* ∼ he was half-blind for lack of sleep ❸ *er uitzien* look * *bleek* ∼ look pale * *het ziet zwart van de mensen* the place is teeming with people * *we zullen* ∼ well, we'll see ❹ *begrijpen* ∼ *zie je?* (you) see? * *zie je wel?* I told you so! III *m* ❷ seeing, sight, vision * *bij (op) het* ∼ *van* on seeing * *tot* ∼*s!* see you again!, see you soon!, be seeing you!, so long!, see you (later)! * *het horen en* ∼ *vergaat je bij zoveel herrie* you can't hear yourself think with so much noise

**zienderogen** *bijw* visibly * *de zieke knapt* ∼ *op* the patient is recovering noticeably

**ziener** *m* [-s] seer, prophet

**zienersblik** *m* [-ken] prophetic eye

**zienswijze** *v* [-n] opinion, view * *iems.* ∼ *delen* share sbd.'s views * *van* ∼ *veranderen* change one's view

**zier** *v* whit, atom * *het is geen* ∼ *waard* it isn't worth a pin/straw/bit * *het kan me geen* ∼ *schelen* I couldn't give a damn/care less

**ziezo** *tsw* well, so * ∼*!* that's it!, there we are!

**ziften** *overg* [ziftte, h. gezift] ❶ *zeven* sift, sieve ❷ *haarkloven* split hairs

**zigeuner** *m* [-s] Gypsy, Gipsy

**zigeunerbestaan** *o* gypsy/gipsy life, life of the Gypsies/Gipsies

**zigeunerin** *v* [-nen] Gypsy/Gipsy (woman)

**zigeunerkamp** *o* [-en] Gypsy/Gipsy camp

**zigeunerkoning** *m* [-en] Gypsy/Gipsy king/chief

**zigeunermuziek** *v* Gypsy/Gipsy music
**zigzag** I *m* [-s] zigzag II *bijw* zigzag * ~ *lopen* zigzag
**zigzagbeweging** *v* [-en] zigzag
**zigzaggen** *onoverg* [zigzagde, h. gezigzagd] zigzag
**zigzagsteek** *m* [-steken] zigzag stitch
**zij** I *pers vnw* ❶ *vrouwelijk* she * *is het een hij of een* ~?
is it a he or a she? ❷ *meervoud* they II *v* [-den] side
* ~ *aan* ~ side by side III *v stofnaam* silk
**zijaanzicht** *o* [-en] side view
**zijbeuk** *v & m* [-en] (side) aisle
**zijd** *bijw* * *wijd en* ~ far and wide

---

**zijd**

De vaste volgorde voor wijd en zijd is in het Engels
far and wide.

---

**zijde** I *v* [-n] ❶ *v. kubus, huis, tafel, het lichaam &* side
* *wiskunde is niet zijn sterkste* ~ mathematics is his
weak point * *zijn goede* ~ *hebben* have its good side
* *iems.* ~ *kiezen* take sbd's side, side with sbd * *aan
beide* ~*n* on both sides, on either side * *aan deze* ~
on this side of, (on) this side * *aan gene* ~ in the
beyond * *aan de ene* ~ *heeft u gelijk* on one hand
you're right * *aan zijn* ~ at his side * *hij staat aan
onze* ~ he's on our side * *de handen in de* ~ *zetten*
put one's hands on one's hips * *iem. in zijn zwakke* ~
*aantasten* attack sbd where he is weakest * *naar alle*
~*n* in every direction * *van alle* ~*n binnenstromen*
come in from all quarters * *iets van alle* ~*n bekijken*
look at sth from all sides * *van bevriende* ~ from a
friendly quarter * *van de* ~ *van de regering* on the
part of the Government * *van die* ~ *geen hulp te
verwachten* no help to be looked for in that quarter
* *van mijn* ~ on my part * *van verschillende* ~*n* from
various quarters * *een* ~ *spek* a side of bacon
❷ *v. leger* flank II *v stof* silk * *ruwe* ~ unbleached silk
* *daar spint hij geen* ~ *bij* he doesn't profit by it
**zijdeachtig** *bn* silky
**zijdeglans** *m* ❶ *v. haar &* silky gloss ❷ *verf* matt
**zijde-industrie** *v* silk industry
**zijdelings** I *bn* * *een* ~*e blik* a sidelong look * *een* ~
*verwijt* an indirect reproach II *bijw* sideways,
sidelong, indirectly * *iem.* ~ *aanzien* look sideways
at sbd
**zijden** *bn* ❶ *van zijde* silk * ~ *stoffen* silk fabrics * *een*
~ *(hoofd)doek* a silk headscarf/shawl * *zijn leven
hangt aan een* ~ *draadje* his life hangs in balance *
⟨hoge hoed⟩ *de hoge* ~ a top hat ❷ *fig* silken
**zijdepapier** *o* tissue paper
**zijderups** *v* [-en] silkworm
**zijdeur** *v* [-en] side door * *een* ~*(tje) openhouden*
leave a side door open * ⟨beschaamd weggaan⟩
*door de* ~ *afgaan* leave/slip out by the back door
**zijdevlinder** *m* [-s] silk moth
**zijgang** *m* [-en] ❶ *in huis* side passage ❷ *in mijn*
lateral gallery ❸ *in trein* corridor
**zijgebouw** *o* [-en] annexe
**zijgen** I *overg* [zeeg, h. gezegen] *filteren* strain

II *onoverg* [zeeg, is gezegen] sink (down) * *zij zeeg
neer* she sank down
**zijgevel** *m* [-s] side wall
**zijingang** *m* [-en] side entrance
**zijkamer** *v* [-s] side room
**zijkant** *m* [-en] side
**zijkapel** *v* [-len] side chapel
**zijleuning** *v* [-en] ❶ *v. trap &* handrail, railing
❷ *v. stoel* armrest
**zijlicht** *o* [-en] sidelight
**zijligging** *v* [-en] lying on one's side * *de stabiele* ~
the recovery position
**zijlijn** *v* [-en] ❶ *v. spoorweg* side line, branch line,
loop line ❷ *sp* touchline, sideline * *aan de* ~
*staan/blijven* be on the sidelines ❸ *zijlinie* collateral
line
**zijmuur** *m* [-muren] side wall
**zijn** I *bez vnw* his, ⟨v. dieren en dingen⟩ its, ⟨onpers.
onderwerp⟩ one's/inf your * *de hond tilde* ~ *poot op*
the dog lifted its leg * *men moet* ~ *oren en ogen open
houden* one's/your ears and eyes should be kept
open * *elk het* ~*e* every one his due * *Hitler en de*
~*en* Hitler and company * *die theorieën tot de* ~*e
maken* embrace/become familiar with these
theories II *o* [het bestaan] being, existence ❷ *de
persoonlijkheid* being, soul III *onoverg* [ik ben, jij
bent, hij is, was, waren, is geweest] ❶ *zelfstandig* be
* *hij is er* ⟨aanwezig⟩ he's there; ⟨geslaagd⟩ he's a
made man, he's got it made * *daarvoor is de politie
er* that's what the police are there for * *hij mag er* ~
⟨bewonderend⟩ there's nothing wrong with him;
⟨groot v. postuur⟩ he's a large chap * *wij* ~ *er nog
niet* we haven't got there yet * *hoe is het?* how are
you?, how do you do? inf how are things? * *hoe is
het met de zieke?* how's the patient? * *wat is er?*
what's the matter? * *van wanneer is die krant?*
what's the date on that newspaper?
❷ *koppelwerkwoord* be * *God is goed* God is good * *de
pastoor is beter* our pastor has recovered * *dat ben ik!*
that's me! * *hij is soldaat* he is a soldier * *ze* ~ *officier*
they are officers * *jongens* ~ ⟨nu eenmaal⟩ *jongens*
boys will be boys * *het is te hopen, dat...* it is to be
hoped that... * *het is makkelijk te doen* it's easy to do
* *twee keer twee is vier* twice two is four, twice two
makes four ❸ *hulpwerkwoord* have, ⟨passief⟩ be * *hij
is erin geslaagd de partij te verenigen* he has
succeeded in uniting the party * *hij is gisteren
ontslagen* he was fired yesterday * *ik ben naar
Albany geweest* ⟨ooit⟩ I've been to Albany; ⟨met
tijdsbepaling⟩ I went to Albany ⟨yesterday⟩
**zijnerzijds** *bijw* for/on his part
**zijnet** *o* [-ten] sp side of the net
**zijpad** *o* [-paden] side path, side road
**zijraam** *o* [-ramen] side window
**zijrivier** *v* [-en] tributary (river), affluent, confluent
**zijspan** *o & m* [-nen], **zijspanwagen** *m* [-s] sidecar
**zijspiegel** *m* [-s] Br wing mirror, Am outside mirror
**zijspoor** *o* [-sporen] sidetrack, siding, shunt * *de*

*trein werd op een ~ gebracht* the train was shunted on to a siding ✳ *iem. op een ~ zetten* put sbd on the sidelines/on non-active

**zijsprong** *m* [-en] leap to the side

**zijstraat** *v* [-straten] side street ✳ *ik noem maar een ~* just to give an example

**zijstuk** *o* [-ken] sidepiece

**zijtak** *m* [-ken] ❶ *v. boom* side branch ❷ *v. rivier* branch ❸ *v. een familie* collateral branch

**zijvleugel** *m* [-s] wing

**zijwaarts I** *bn* sideward, lateral **II** *bijw* sideways, sideward(s)

**zijwand** *m* [-en] side wall

**zijweg** *m* [-wegen] side road, byway

**zijwieltjes** *zn* [mv] training wheels

**zijwind** *m* [-en] side wind

**zilt, ziltig** *bn* saltish, briny ✳ *het ~e nat* the salty sea, the briny waves, the brine

**zilver** *o* ❶ *het metaal* silver ✳ *~ in staven* bar-silver, bullion ✳ *hij heeft ~ gewonnen op de Olympische Spelen* he won silver at the Olympic Games ❷ *zilverwerk, tafelzilver* plate, silver, silverware ✳ *het ~ poetsen* clean the silver

**zilverachtig** *bn* silvery

**zilverberk** *m* [-en] silver birch

**zilverblank** *bn* as bright as silver

**zilverdraad** *o & m* [-draden] ❶ *met zilver omwonden* silver thread ❷ *van zilver* silver wire

**zilveren** *bn* silver ✳ *de ~ bruiloft* the silver wedding anniversary ✳ *een ~ lepel* a silver spoon

**zilvergeld** *o* silver money, silver

**zilverglans I** *m* silvery lustre **II** *o zilvererts* argentine

**zilvergrijs** *bn* silver grey, silvery grey

**zilverhoudend** *bn* containing silver

**zilverkleurig** *bn* silver-coloured

**zilverling** *m* [-en] piece of silver ✳ *dertig ~en* thirty pieces of silver

**zilvermeeuw** *v* [-en] herring gull

**zilvermijn** *v* [-en] silver mine

**zilverpapier** *o* silver paper, tinfoil

**zilverpopulier** *m* [-en] white poplar, abele

**zilverreiger** *m* [-s] ✳ *de grote ~* the great white heron ✳ *de kleine ~* the little egret

**zilverschoon** *v plant* silverweed

**zilversmid** *m* [-smeden] silversmith

**zilverspar** *m* [-ren] silver fir

**zilverstuk** *o* [-ken] silver coin

**zilverui** *m* [-en] ❶ *inmaakuitje* pearl/cocktail onion ❷ *sjalot* shallot

**zilveruitje** *o* [-s] pearl/cocktail onion

**zilvervliesrijst** *m* unpolished rice

**zilvervloot** *v* [-vloten] hist Silver Fleet

**zilvervos** *m* [-sen] silver fox

**zilverwerk** *o* [-en] silverware, plate

**zilverwit** *bn* silvery white

**Zimbabwe** *o* Zimbabwe

**zin** *m* [-nen] ❶ *betekenis* sense, meaning ✳ *in eigenlijke ~* in its literal sense, in the proper sense ✳ *in engere*

~ in the strict/limited sense of the word ✳ *in figuurlijke ~* in a figurative sense, figuratively ✳ *in ruimere ~* in a wider sense ✳ *opvoeding in de ruimste ~* education in its widest sense ✳ *in de ruimste/volste ~ des woords* in the full sense of the world ✳ *in zekere ~* in a certain sense, in a sense, in a way ❷ *nut* sense, point ✳ *wat voor ~ heeft het om...?* what's the sense/point of ...ing? ✳ *dat heeft geen ~* it makes no sense; it's pointless ✳ *het heeft geen ~ om te ...* there is no sense/point in ...ing ❸ *gevoel, zintuig* sense ✳ *~ voor humor* a sense of humour ✳ *geen ~ voor het schone* no sense of beauty ✳ *waar zijn uw ~nen?* have you taken leave of your senses? ✳ *zijn ~nen bij elkaar houden* keep one's head ✳ *zijn ~nen op iets gezet hebben* have set one's heart upon sth ✳ *niet goed bij zijn ~nen zijn* not be in one's right senses, be out of one's senses ✳ *iets in de ~ hebben* be up to sth ✳ *hij heeft niets goeds in de ~* he's up to no good ✳ *dat zou mij nooit in de ~ komen* I wouldn't even dream of it, it would never occur to me ✳ *tegen mijn ~* against my will ✳ *van zijn ~nen beroofd zijn* be out of one's senses ✳ *wat is hij van ~s?* what are his intentions? ✳ *hij is niets goeds van ~s* he's up to no good ✳ *ik ben niet van ~s om* I have no intention of ...ing ✳ *één van ~ zijn* be of one mind ❹ *lust* mind, inclination, desire ✳ *zij heeft ~ in hem* she fancies him ✳ *ik heb ~ om...* I feel like... ✳ *als je ~ hebt om...* if you feel like ...ing, if you care to... ✳ *ik heb er geen ~ in* I don't feel like it ✳ *ik heb er wel ~ in om* I have half a mind to ✳ *zijn eigen ~ doen* do as one pleases ✳ *iems. ~ doen* do what sbd likes ✳ *hij wil altijd zijn eigen ~ doen* he always wants to have his own way ✳ *als ik mijn ~ kon doen* if I had my way ✳ *iem. zijn ~ geven* let sbd have his way, indulge sbd ✳ *nu heb je je ~* now you've got what you wanted ✳ *zijn ~ krijgen* get/have one's own way ✳ *zijn ~ niet krijgen* not get one's way ✳ *is het naar uw ~?* is it to your liking? ✳ *men kan het niet iedereen naar de ~ maken* it is impossible to please everybody ❺ *volzin* sentence

**zindelijk** *bn* ❶ *schoon* clean, cleanly, tidy ❷ *v.e. kind* potty-trained ❸ *v.e. hond* house-trained

**zindelijkheid** *v* ❶ *reinheid* cleanness, cleanliness, tidiness ❷ *v. dier, kind* cleanness

**zinderend** *bn* ✳ *een ~e hitte* a sweltering heat ✳ *een ~e spanning* a palpable tension

**zingen I** *overg* [zong, h. gezongen] sing ✳ *iem. in slaap ~* sing sbd to sleep ✳ *kom, zing eens wat* give us a song **II** *onoverg* [zong, h. gezongen] ❶ *v. mensen, vogels, wind, ketel* sing ✳ *dat lied zingt gemakkelijk* that song is easy to sing ✳ *zuiver ~* sing true, sing in tune ✳ *vals ~* sing out of tune ✳ *er naast ~* sing off-key ❷ *plechtig* chant ❸ *v. vogels* sing, carol, warble

**zingenot** *o* sensual pleasure(s)

**zingeving** *v* [-en] giving meaning to

**zink** *o* zinc

**zinken I** *bn* zinc ✳ *een ~ badkuip* a zinc bath **II** *onoverg* [zonk, is gezonken] sink ✳ *tot ~ brengen*

⟨alg.⟩ sink; ⟨zelf opzettelijk⟩ scuttle *diep gezonken zijn* have sunk low

**zinker** m [-s] ❶ *buisleiding* underwater pipe/main ❷ *dobber* sliding float

**zinklood** o [-loden] ❶ *aan hengel &* sinker ❷ *dieplood* sounding lead

**zinkplaat** v [-platen] zinc plate

**zinkput** m [-ten] cesspool, sink

**zinkstuk** o [-ken] *bij waterwerken* mattress

**zinkwit** o zinc white

**zinkzalf** v zinc ointment

**zinledig** bn meaningless, nonsensical *een ~betoog* a pointless/meaningless argument

**zinloos** bn senseless, meaningless, inane, pointless *~geweld* senseless violence

**zinloosheid** v [-heden] senselessness, meaninglessness, pointlessness

**zinnebeeld** o [-en] emblem, symbol

**zinnebeeldig** I bn emblematic(al), symbolic(al) II bijw emblematically, symbolically

**zinnelijk** I bn ❶ *van de, door middel van de zintuigen* of the senses *~waarneembaar* sensorially perceptible ❷ *v. het zingenot* sensual *zij heeft een ~e natuur* she has a sensual nature II bijw by the senses, sensually

**zinnelijkheid** v sensuality, sensualism

**zinnen** I onoverg [zon, h. gezonnen] *peinzen* meditate, ponder, muse, reflect *~op* meditate on *op wraak ~brood* on revenge II onoverg [zinde, h. gezind] *het zint mij niet* I don't like that, it isn't to my liking *dat zint me wel* I like that

**zinnenprikkelend** bn sensually stimulating

**zinnia** v ['s] zinnia

**zinnig** bn sensible *geen ~mens zal...* no one in his right mind/senses would...

**zinrijk** bn full of sense, significant, meaningful

**zins** m [genitief] *van ~zijn* intend/plan to

**zinsbegoocheling** v [-en] illusion

**zinsbouw** m, **zinsconstructie** v [-s] construction (of a sentence), sentence structure

**zinsdeel** o [-delen] part of a sentence

**zinsnede** v [-n] phrase, clause

**zinsontleding** v [-en] analysis, parsing

**zinspelen** onoverg [zinspeelde, h. gezinspeeld] *~op* allude to, hint at

**zinspeling** v [-en] allusion (*op* to), hint (*op* at) *een ~maken op* allude to, hint at

**zinspreuk** v [-en] motto, device

**zinsverband** o context

**zinswending** v [-en] turn (of phrase)

**zintuig** o [-en] sense, sense organ *een zesde ~a* sixth sense *geen ~voor iets hebben* have no sense of something

**zintuiglijk** bn sensory, sensual *~waarneembaar* sensory perceptible

**zinvol** bn meaningful

**zionisme** o Zionism

**zionist** m [-en] Zionist

**zionistisch** bn Zionist

**zipbestand** o [-en] comput zip file

**zippen** overg [zipte, h. gezipt] *comprimeren* comput zip

**zipschijf** v [-schijven] comput zip disc/disk

**zirkonium** o zirconium

**zirkoon** I o zircon II m [-konen] zircon

**zit** m *het is een hele ~* ⟨v. reis⟩ it's quite a long journey; ⟨v. tijd⟩ it's quite a long sit *inf hij heeft geen ~in het lijf* he's fidgety

**zitbad** o [-baden] hip bath

**zitbank** v [-en] ❶ *in huis* couch, settee, lounge ❷ *in park* bench ❸ *in kerk* pew

**zitcomfort** o sitting comfort

**zitdag** m [-dagen] jur court day

**zithoek** m [-en] sitting area

**zitje** o [-s] ❶ *tafeltje en stoelen* table and chairs ❷ *achterop een fiets* child's seat

**zitkamer** v [-s] sitting room, parlour

**zitkuil** m [-en] sunken sitting area

**zitplaats** v [-en] seat *er zijn ~en voor 5000 mensen* there is enough seating for 5,000 *een auto met vier ~en* a car with four seats

**zit-slaapkamer** v [-s] bed-sitting room, inf bedsitter, bedsit

**zitstaking** v sit-down strike

**zitten** onoverg [zat, h. gezeten] ❶ *op het zitvlak rusten* sit *⟨tegen hond⟩ zit! sit! *ze ~al* they're seated *die stoelen ~gemakkelijk* these chairs are very comfortable *zit je daar goed?* are you comfortable there? *stemmen bij ~en opstaan* vote by rising or remaining seated *blijven ~remain* seated *blijft u ~keep* your seat, don't get up *u ~blijven! keep your seats! *gaan ~ ⟨v. mensen⟩ sit down; ⟨v. vogels⟩ perch *gaat u ~sit down, be seated, take a seat *kom bij mij ~come and sit by/next to me *iem. laten ~make sbd sit down *hij zit achter mij ⟨gewoonlijk⟩ he sits behind me; ⟨op het ogenblik⟩ he's sitting behind me *ze ~altijd bij elkaar they're always (sitting) together *om het vuur ~sit round the fire *dicht op het vuur ~sit close to the fire; fig be close to the source ❷ (*zittend*) *iets doen* be ...ing, sit ...ing *het zit er aan te komen* it's in the pipeline *de kip zit te broeden* the hen is sitting on her eggs *ze zaten te eten they were eating; ⟨maaltijd⟩ they were having dinner *hij zit weer te liegen* he's telling lies again *hij zit de hele dag te spelen* he does nothing but (sit and) play all day long ❸ *met een bep. doel ergens zijn* be, sit *aan tafel ~be at table *aan de koffie ~be having coffee *op voetbal/judo ~do football/judo *op muziekles ~follow music lessons *hij zit nu al een uur over die taak* he's been working on that task for an hour *zij zit voor een schilder* she's modelling for a painter *voor hoer ~be a prostitute ❹ *een positie bekleden* be, sit *aan het roer ~be the leader, be in charge *hij zit in de commissie* he is on the committee *op school ~be a student *hij zit voor het kiesdistrict A.*

he represents the constituency of A., he sits for A. ⑤*in de gevangenis* do time ∗*hij heeft gezeten* he's done time, he's been in prison ∗*achter de tralies* ∼ be behind bars ⑥*verblijven, vertoeven* be ∗*daar zit je nou!* there you are! ∗*waar* ∼*ze toch?* where could they be? ∗*zit daar geld?* are they well off? ⑦*in een bep. toestand verkeren* (v. *personen*) be ∗*aan de grond* ∼be down and out ∗*ze* ∼*er goed bij* they're well off ∗*er zit niet veel bij die man* he isn't a very capable man ∗*in angst* ∼be in fear ∗*in de kleine kinderen* ∼ have small children on one's hands ∗*hij zit in onroerend goed* he's in real estate ∗*wij* ∼*er mee* we don't know what to do (with it)/what to make of it ∗*daar zit ik niet mee* that doesn't worry me ∗*op een droogje* ∼have nothing to drink ∗*zonder benzine komen te* ∼run out of petrol ∗*zonder werk* ∼be out of work, be unemployed ⑧*in een bep. toestand blijven/laten* remain, be left ∗ ‹school› *het kind is blijven* ∼the child has stayed down a year/has repeated a year/is repeating this year ∗*hij is met die goederen blijven* ∼he was left with his wares (on his hands) ∗*ze is met vier kinderen blijven* ∼she was left with four children ∗*je hoed blijft zo niet* ∼your hat won't stay on like that ∗*hij heeft haar laten* ∼he's deserted/left her, he's run out on her ∗*er veel geld bij laten* ∼lose a lot of money over it ∗*dat kan ik niet op mij laten* ∼I won't take it lying down ∗*laat maar* ∼ ‹geen dank› don't mention it; ‹tegen kelner &› keep the change ∗*zich niet op zijn kop laten* ∼not let oneself be bullied ⑨*zich bevinden, zijn* (v. *zaken*) be ∗*dat zit wel goed* it's/it'll be all right ∗*hoe zit dat toch?* how is that? ∗*daar zit het hem* there's the rub ∗*dat zit zo* it's like this ∗*het zit er niet aan* I can't afford it ∗*er zit iets achter* there is something behind this, there's more to this than meets the eye ∗*hoe zit dat in elkaar?* how is that? ∗*het zit in de familie* it runs in the family ∗*dat zit er wel in* that's quite on the cards ∗*het zit niet in hem* he hasn't got it in him ∗*in wijn zit meer alcohol dan in bier* there's more alcohol in wine than in beer ∗*er zit sneeuw in de lucht* there's snow in the air, it's going to snow ∗*daar zit een jaar op, als je...* it will be a year (in prison) if you... ∗*er zit een vlek in je broek* you've got a/there's a stain on your trousers/*Am* pants ∗*dat zit er weer op* the job's done ∗*inf het zit me tot hier* I'm fed up (to the back teeth) with it ∗*de motor zit voorin* the engine is in the front ⑩*passen, staan* (v. *kleding*) ∗*de jas zit goed/slecht* the coat is a good/bad fit ∗*het zit hem als aangegoten/als* (aan het lijf) *gegoten* it fits him like a glove ∗*dat zit me niet lekker* I don't feel happy about it ⑪*vol zijn met* be ∗*de boom zit vol vruchten* the tree is full of fruit ∗*het paard zit onder de vliegen* the horse is covered in flies ⑫*treffen* ∗*die zit!* that's one in the eye for you; sp goal! ∗*het kind zit overal aan* the child can't keep away from anything ▼*hij zit altijd aan de meisjes* he's always pawing the girls ▼*hij zit er achter* he's at the bottom of it ▼*achter iem. aan* ∼ ‹achtervolgen›

pursue/chase sbd; ‹een relatie willen› try to get sbd, be after sbd ▼*iets wel zien* ∼see one's way clear to do sth ▼*het niet zo zien* ∼think sth unworkable/unrealizable ▼*het niet meer zien* ∼be despondent, see no way out

**zittenblijver** m [-s] *school* child who has stayed down a year

**zittend** bn ①*gezeten* seated, sitting ②*waarbij men zit* sedentary ∗∼*werk* a sedentary job ∗*een* ∼*leven* a sedentary life ③*in functie zijnde* incumbent ∗*het* ∼ *bestuur* the sitting committee

**zitting** v [-en] ①v. *stoel* seat, bottom ∗*een stoel met een rieten* ∼a cane-bottomed chair ②v. *commissie & session*, hearing, sitting ∗*een geheime* ∼a secret session ∗ ‹v. hof› ∼*hebben* sit, be in session ∗∼ *hebben in* ‹v. commissie› sit on; ‹v. bestuur› be on; ‹v. jury› serve on ∗∼*hebben voor...* sit (in Parliament) for... ∗∼*houden* sit ∗∼*nemen in een commissie* serve on a committee ∗∼*nemen in het ministerie* accept office

**zittingsdag** m [-dagen] ①*alg.* day of session, meeting day ②v. *rechtbank* court day

**zitvlak** o [-ken] seat, bottom

**zitvlees** o ∗*inf hij heeft geen* ∼he is fidgety

**zitzak** m [-ken] beanbag

**Z.K.H.** afk ①*koning* (Zijne Koninklijke Hoogheid) HM (His Majesty) ②*prins* (Zijne Koninklijke Hoogheid) HRH (His Royal Highness)

**zo** I bijw ①*op deze wijze* so, like this/that ∗*gaat dat* ∼? is this the way it goes? ∗*goed* ∼? is this OK? ∗*het zij* ∼so be it ∗*hoe* ∼? how's that?, why? ∗*het zit* ∼ it's like this ②*in die mate* so ∗*hij is* ∼*rijk* he's so rich ③*in hoge mate* so ∗*ik ben er* ∼*mee in mijn schik* I'm so delighted with it ④*dadelijk* right away, in a minute/moment ∗*hij komt* ∼he'll be there in a minute ∗∼*maar* just like that ⑤*even geleden* a minute ago ∗*ik heb haar* ∼*nog gezien* I saw her just a minute ago ⑥*ongeveer* about, around ∗∼*rond de kerst* around Christmas II tsw well ∗∼, *dat is klaar* well then, that's done ∗∼, *ben je daar eindelijk?* well, so you're finally here? III voegw indien, als if, like ∗∼ *mogelijk zal deze regeling voor 1 januari al ingaan* this regulation should come into effect before the 1st of January ∗∼*niet* if not ∗∼*vader,* ∼*zoon* like father like son ∗∼*goed als ze is in wiskunde,* ∼*slecht is ze in talen* she is as good in mathematics as she is bad in languages

**zoab** o porous asphalt

**zoal** bijw kind/sort of things ∗*wat heb je* ∼? what kind of things do you have?

**zoals** voegw as, like ∗*ik zoek iemand* ∼*jij* I'm looking for someone like you ∗*zij stemmen* ∼*men hun zegt* they vote the way they're told ∗*in landen* ∼*België, Frankrijk...* in countries such as Belgium, France... ∗∼*daar zijn* as there are

**zodanig** I vnw such (as this/these) ∗∼*e mensen* such people, people such as these ∗*op* ∼*e wijze* in such a manner ∗*als* ∼as such II bijw so (much), in such a

**zo**

manner/way * *de vragenlijst is ~ aangepast dat...* the questionnaire has been adapted in such a way as to.../so as to...

**zodat** *voegw* so that

**zode** *v* [-n] turf, sod * *~n steken* cut turf * *inf onder de groene ~n liggen* push up the daisies * *dat zet geen ~n aan de dijk* that'll get us nowhere, that cuts no ice

**zodiak** *m* zodiac

**zodoende** *bijw* ❶ *daardoor* thus, consequently, so * *...en ~ kwam ik te laat* ...and consequently I arrived too late ❷ *op deze wijze* in this manner, thereby * *het is essentieel om...en ~ tot...* it is essential to...and in this manner/thereby...

**zodra** *voegw* as soon as * *ik kom ~ ik mijn eten op heb* I'll come as soon as I've finished eating

**zoek** *bijw* * *het is ~* it's been mislaid, it's not to be found * *iets ~ maken* mislay sth * *~ raken* be/get lost * *op ~ naar...* in search of...

**zoekactie** *v* [-s] search operation

**zoekbrengen** *overg* [bracht zoek, h. zoekgebracht] *v. tijd* kill

**zoeken I** *overg* [zocht, h. gezocht] ❶ *proberen te vinden* look for * *zoek je iets?* have you lost something? * *hij zocht zijn weg in het donker* he felt his way around in the dark * *zoek eens een krant voor me* go and find a newspaper for me * *hij wordt gezocht* ⟨alg.⟩ they're looking for him; ⟨door politie⟩ he is wanted * *dat had ik niet achter hem gezocht* ⟨ongunstig⟩ I'd never thought him capable of such a thing; ⟨gunstig⟩ I never thought he had it in him * *er wat achter ~* be suspicious * *hij zoekt overal wat achter* he always tries to find hidden meanings * *vrede is nog ver te ~* peace is still a long way off ❷ *proberen te krijgen* search for, seek * *wij ~ het in kwaliteit* we go in for quality * *de waarheid ~* seek truth, search after truth * *arbeiders die werk ~* labourers in search of work * *hij wist niet waar hij het ~ moest* he didn't know where to turn * *hij heeft hier niets te ~* he has no business here * *ik heb daar niets (meer) te ~* there's no point going there ❸ *uitlokken* look for * *ja, maar hij zoekt het ook altijd* he's always asking for trouble * *hij zoekt mij ook altijd* he's always down on me * *ruzie ~* be looking for trouble ❹ *proberen (te) try* * *hij zocht mij te overreden* he sought/tried to persuade me **II** *onoverg* [zocht, h. gezocht] seek, search, make a search * *zoek, Castor!* seek, Castor! * *ik zal wel eens ~* I'll have a look * *bijbel zoekt en gij zult vinden* seek, and ye shall find * *naar iets ~* look for/search for/seek something * *naar zijn woorden ~* grope for words **III** *o* search, quest * *aan het ~ zijn* be looking for ⟨for sth⟩

**zoeker** *m* [-s] ❶ *iem. die zoekt* searcher, seeker ❷ *fotogr* viewfinder

**zoeklicht** *o* [-en] searchlight

**zoekmachine** *v* [-s] comput search engine

**zoekmaken** *overg* [maakte zoek, h. zoekgemaakt]

mislay, lose

**zoekopdracht** *v* [-en] comput search command, search instruction, query

**zoekplaatje** *o* [-s] puzzle picture

**zoekraken** *onoverg* [raakte zoek, is zoekgeraakt] be mislaid/lost

**zoel** *bn v. weer* mild, balmy

**Zoeloe I** *zn* [mv] *het volk* Zulu **II** *m* [-s] *lid v. volk* Zulu **III** *o taal* Zulu

**zoemen** *onoverg* [zoemde, h. gezoemd] buzz, hum

**zoemer** *m* [-s] buzzer

**zoemtoon** *m* [-tonen] buzzing tone/sound, telec dialling tone

**zoen** *m* [-en] *kus* kiss * *iem. een ~ geven* give sbd a kiss, kiss sbd

**zoenen** *overg & onoverg* [zoende, h. gezoend] kiss * *om te ~* absolutely delightful

**zoenlippen** *zn* [mv] sensual lips

**zoenoffer** *o* [-s] peace offering, expiatory sacrifice, atonement

**zoet I** *bn* ❶ *alg.* sweet * *~ water* fresh water, sweet water * *~ maken* sweeten * *~e broodjes bakken* ⟨inbinden⟩ eat humble pie; ⟨vleien⟩ butter sbd up ❷ *gehoorzaam* good * *een ~ kind* a good child * *het kind ~ houden* keep the baby quiet **II** *o* ❶ *zoetigheid* sweet ❷ *genot* sweetness * *fig het ~ en het zuur* the bitter and the sweet, the ups and downs

**zoetekauw** *m-v* [-en] * *een ~ zijn* have a sweet tooth

**zoetekoek** *m* sweet cake

**zoetelijk** *bn* sugary

**zoeten** *overg* [zoette, h. gezoet] sweeten

**zoetgevooisd** *bn* mellifluous, melodious, sweet-voiced

**zoetheid** *v* [-heden] sweetness

**zoethoudertje** *o* [-s] sop

**zoethout** *o* liquorice

**zoetig** *bn* sweetish

**zoetigheid** *v* [-heden] sweetness * *(allerlei) ~* sweet stuff, sweets

**zoetje** *o* [-s] *v. zoetstof* sweetener, saccharin

**zoetjes** *bijw* ❶ *zachtjes* softly, gently * *~ aan!* easy does it! ❷ *lief* sweetly

**zoetjesaan** *bijw langzamerhand* gradually * *het wordt ~ tijd om...* it's just about time to...

**zoetmiddel** *o* [-en] sweetening

**zoetsappig** *bn* sugary * *een ~ verhaal* a sugary story * *een ~ mens* a goody-goody (person)

**zoetstof** *v* [-fen] sweetening

**zoetwaren** *zn* [mv] sweets

**zoetwateraquarium** *o* [-s, -ria] freshwater aquarium

**zoetwaterfauna** *v* freshwater fauna

**zoetwaterflora** *v* freshwater flora

**zoetwatervis** *m* [-sen] freshwater fish

**zoetzuur I** *bn* ❶ *ingemaakt* sweet-and-sour ❷ *v. smaak* sourish **II** *o* sweet pickles

**zoeven** *onoverg* [zoefde, h. gezoefd] zoom, whizz, Am whiz * *voorbij ~* zoom by

**zo-even** *bijw* just now, a minute ago

**zog** *o* ❶ *moedermelk* (mother's) milk ❷ scheepv wake ∗ *in iems. ~ varen* follow in sbd.'s wake

**zogeheten** *bn* so-called, alleged

**zogen** *overg* [zoogde, h. gezoogd] breastfeed, nurse

**zogenaamd I** *bn* ❶ *zo genoemd* so-called ∗ *haar ~e vriend* her so-called friend ❷ *in schijn* alleged, supposed ∗ *de ~e dief* the alleged thief **II** *bijw* ∗ *~ om te* ostensibly to

**zogenoemd** *bn* so-called

**zogezegd** *bijw* so to say/speak

**zogoed** *bijw* ∗ *~ als* as good as, almost

**zoiets** *onbep vnw* such a thing, such things, something ∗ *~ moois* such a beautiful thing ∗ *~ heb ik nog nooit meegemaakt* I've never seen anything like it before ∗ *... of ~ ...* or something like that, or some such thing, or something to that effect ∗ ⟨er schiet me iets te binnen⟩ *daar zeg je ~* that reminds me ∗ *~ als £5000* about £5000

**zojuist** *bijw* just ∗ *we hebben uw fax ~ ontvangen* we have just received your fax, we received your fax a minute ago

**zolang I** *voegw* so (as) long as ∗ *~ jij weg was kon ik niets beginnen* while/because you were gone, I couldn't do anything **II** *bijw* meanwhile ∗ *ga jij ~ maar weg* in the meanwhile, why don't you go away/leave?

**zolder** *m* [-s] ❶ *ruimte onder dak* attic, loft ∗ *op ~* in the attic ❷ *zoldering* ceiling

**zolderetage** *v* [-s] attic

**zoldering** *v* [-en] ceiling

**zolderkamer** *v* [-s] attic room

**zolderkamertje** *o* [-s] attic, attic room

**zolderluik** *o* [-en] trapdoor

**zolderraam** *o* [-ramen] dormer/attic window

**zoldertrap** *m* [-pen] attic stairs

**zolderverdieping** *v* [-en] attic floor

**zomaar** *bijw* just (like that) ∗ *'waarom doe je dat?' 'och, ~!'* 'why are you doing that?' 'I just feel like it' ∗ *ga je ~ weg?* are you leaving us just like that? ∗ ⟨retorisch⟩ *kan dat ~?!* you can't just do that! ∗ *hij begon me ~ ineens te slaan* he started hitting me without a reason

**zombie** *m* [-s] zombie

**zomen** *overg* [zoomde, h. gezoomd] hem

**zomer** *m* [-s] summer ∗ *'s ~s, in de ~* in summer ∗ *van de ~* ⟨deze⟩ this summer; ⟨volgende⟩ next summer; ⟨vorige⟩ last summer

**zomerachtig** *bn* summery

**zomeravond** *m* [-en] summer evening

**zomerbedding** *v* [-en] *rivier* summer bed

**zomerdag** *m* [-dagen] summer's day, summer day

**zomerdienst** *m* [-en] *v. openbaar vervoer* summer timetable/service

**zomerdijk** *m* [-en] summer dyke

**zomeren** *onoverg* [zomerde, h. gezomerd] ∗ *het wil maar niet ~* we just haven't had any summer yet

**zomerfeest** *o* [-en] summer party

**zomergast** *m* [-en] ❶ *toerist* summer visitor/guest ❷ vogelk summer visitor

**zomergoed** *o* summer clothes

**zomerhuis** *o* [-huizen] summer cottage

**zomerjas** *m* en *v* [-sen] summer coat

**zomerjurk** *v* [-en] summer dress

**zomerkleren** *zn* [mv] summer clothes

**zomermaand** *v* [-en] June ∗ *de ~en* the summer months

**zomernacht** *m* [-en] summer night

**zomerreces** *o* summer recess

**zomers** *bn* summery ∗ *een ~e dag* a summery day

**zomerseizoen** *o* [-en] summer season

**Zomerspelen** *zn* [mv] ∗ *de Olympische ~* the Summer Olympics

**zomersproeten** *zn* [mv] freckles

**zomertijd** *m* ❶ *seizoen* summertime ❷ *uur tijdverschil* daylight saving time, summer time

**zomervakantie** *v* [-s] summer holidays

**zomerverblijf** *o* [-blijven] summer residence

**zomerweer** *o* summer(y) weather

**zomerzon** *v* summer sun

**zomin** *bijw* ∗ *~ als* no more than

**zompig, sompig** *bn* squelchy, squishy

**zon** *v* [-nen] sun, fig sunshine ∗ *de ~ schieten* measure the position of the sun ∗ *in de ~ staan* stand in the sun ∗ *zich in de ~ koesteren* bask in the sun ∗ *tegen de ~ in fietsen* cycle into the sun ∗ *hij kan de ~ niet in het water zien schijnen* he's a dog in the manger, he's a wet blanket ∗ *de opgaande ~ aanbidden* curry favour with the high and mighty ∗ *voor niets gaat de ~ op* you don't get something for nothing ∗ *het land van de rijzende ~* the land of the rising sun

**zo'n I** *aanw vnw* such a ∗ *~ leugenaar!* the liar! **II** *bijw* about, around ∗ *~ twintig* about twenty

**zonaanbidder** *m* [-s] sun worshipper

**zondaar** *m* [-s & -daren] sinner

**zondag** *m* [-dagen] Sunday ∗ *des ~s* on Sunday ∗ *op zon- en feestdagen* on Sundays and holidays

**zondags I** *bn* Sunday ∗ *mijn ~e pak* my Sunday suit, my Sunday best **II** *bijw* on Sundays

**zondagsdienst** *m* [-en] ❶ *v. kerk* Sunday service ❷ *v. trein &* Sunday timetable/service ❸ *v. werknemers* Sunday duty

**zondagskind** *o* [-eren] ❶ *op zondag geboren* Sunday child ∗ *een ~ zijn* be a Sunday's child ❷ *gelukskind* one born with a silver spoon in his mouth

**zondagsrijder** *m* [-s] Sunday driver

**zondagsrust** *v* Sunday rest

**zondagsschool** *v* [-scholen] Sunday school

**zonde** *v* [-n] ❶ *overtreding* sin ∗ RK *een dagelijkse ~* a venial sin ∗ RK *een ~ tegen de H. Geest* a sin against the Holy Ghost ∗ *een kleine ~* a peccadillo ∗ *een ~ begaan* commit a sin, sin ∗ *iem. zijn ~n vergeven* forgive sbd for his sins ❷ *jammer* shame, pity ∗ *het is ~ (en jammer)* it's a pity/shame ∗ *het is eeuwig ~* it's a crying shame ∗ *het is ~ en schande* it's a sin and a shame *het is ~van het meisje it's a shame/pity about the girl *het is ~van het geld you'd be throwing your money away

**zondebelijdenis** v confession of one's sins

**zondebesef** o sense of sin

**zondebok** m [-ken] scapegoat *hij is altijd de ~he is always the scapegoat

**zondeloos** bn sinless

**zonder** voorz without *~zijn hulp kun je het niet doen without his help you won't be able to do it *~ hem zou ik verdronken zijn but for him I would have drowned *~het te weten without knowing it *~ meer ‹gewoonweg› just, simply, frankly; ‹vanzelfsprekend› naturally, of course; ‹onmiddellijk› immediately

**zonderling** I bn singular, peculiar, odd, eccentric II bijw singularly & III m [-en] eccentric (person)

**zondeval** m *de ~(van Adam) the Fall (of man)

**zondig** bn sinful

**zondigen** onoverg [zondigde, h. gezondigd] sin *~ tegen sin against/violate

**zondvloed** m deluge, flood *van vóór de ~ antediluvian *na ons de ~after us the deluge

**zone** v [-s & -n] zone *de blauwe ~the parking disc zone *de tippel~the streetwalkers' district

**zoneclips** v [-en] solar eclipse

**zonegrens** v [-grenzen] zone limit

**zonet** bijw just (now) *ik heb hem ~gezien I've just seen him, I saw him just now

**zonkant** m [-en] sunny side

**zonlicht** o sunlight

**zonnebad** o [-baden] sunbath

**zonnebaden** onoverg [zonnebaadde, h. gezonnebaad] sunbathe

**zonnebank** v [-en] ❶bank sunbed ❷instelling solarium

**zonnebloem** v [-en] sunflower

**zonnebloemolie** v sunflower oil

**zonnebloempit, zonnepit** v [-ten] sunflower seed

**zonnebrand** m ❶verbranding sunburn ❷beschermend middel sun lotion/oil/screen

**zonnebrandcrème** v sun lotion/oil/screen

**zonnebrandolie** v sun oil

**zonnebril** m [-len] sunglasses, pair of sunglasses

**zonnecel** v [-len] solar cell

**zonnecollector** m [-s] solar collector

**zonne-energie** v solar energy

**zonnefilter** m en o [-s] sun filter

**zonnegloed** m heat/glow of the sun

**zonnehoed** m [-en] sun hat

**zonnejaar** o [-jaren] solar year

**zonneklaar** bn as clear as daylight, obvious *het ~ bewijzen prove beyond a shadow of a doubt *~ blijken uit be evident from

**zonneklep** v [-pen] ❶auto (sun) visor ❷aan pet (sun) shade

**Zonnekoning** m hist Sun King

**zonnen** I overg [zonde, h. gezond] sun *zich ~sun oneself II onoverg [zonde, h. gezond] sunbathe *zij heeft lekker zitten ~in de tuin she's been sunning herself/sunbathing in the garden

**zonnepaneel** o [-nelen] solar panel

**zonnescherm** o [-en] ❶voor personen sunshade, parasol ❷aan huis sunblind, awning

**zonneschijn** m sunshine *na regen komt ~there's always sunshine after a storm

**zonnestand** m sun's altitude

**zonnesteek** m [-steken] sunstroke *een ~krijgen have a bout of sunstroke

**zonnestelsel** o [-s] solar system

**zonnestraal** m & v [-stralen] sunbeam, ray of the sun

**zonneterras** o [-sen] sun terrace

**zonnetje** o [-s] ❶zon sun *zij is ons ~in huis she's the sunshine of our lives, she's our little sunshine *iem. in het ~zetten focus all attention on sbd, make sbd the centre of attention ❷vuurwerk sunburst

**zonnevlek** v [-ken] sunspot, solar spot

**zonnewende** v solstice

**zonnewijzer** m [-s] sundial

**zonnig** bn sunny *~weer sunny weather *een ~ humeur a good humour

**zonovergoten** bn sun-drenched

**zonshoogte** v sun's altitude

**zonsondergang** m [-en] sunset, sundown *voor ~ before sunset

**zonsopgang** m [-en] sunrise *voor ~before dawn

**zonsverduistering** v [-en] eclipse of the sun, solar eclipse

**zonvakantie** v [-s] holiday in the sun

**zonwering** v [-en] sunblind

**zonzijde** v sun(ny) side, fig bright side

**zoo** m ['s] zoo, zoological garden

**zoöfobie** v zoophobia

**zoogdier** o [-en] mammal

**zooi** v [-en] inf lot, heap, mess *het is (me) een ~ what a mess! *de hele ~the whole lot, the whole caboodle

**zool** v [zolen] sole, ‹inleg› insole *inf een halve ~an idiot, a nitwit *de zolen van zijn schoenen lopen eig walk one's feet/legs off; fig do one's utmost

**zoolganger** m [-s] dier plantigrade

**zoollikker** m [-s] ZN bootlicker, toady

**zoölogie** v zoology

**zoölogisch** bn zoological

**zoöloog** m [-logen] zoologist

**zoom** m [zomen] ❶v. stof, kledingstuk & hem, edge, border ❷v. bos, stad fringe ❸v. rivier bank

**zoomlens** v [-lenzen] zoom lens

**zoomnaad** m [-naden] hem

**zoon** m [zonen & -s] son *de verloren ~the prodigal son *de Zoon Gods the Son of God *de Zoon des Mensen the Son of Man *hij is de ~van zijn vader he's his father's son, he's a chip off the old block

**zoonlief** m sonny, dear son

**zootje** *o* [-s] lot, mess ∗*het hele* ∼the whole lot, the whole caboodle ∗*het is er een* ∼it's a real mess

**zopas** *bijw* just (now)

**zopie** *o* [-s] ∗*koek en* ∼refreshment stall/stand (on the ice)

**zorg** *v* [-en] ❶*zorgzaamheid* care ∗∼*dragen voor* take care of, see to ∗*ik neem de* ∼*daarvoor op mij* I'll take over the care/responsibility for that ∗*met* ∼*gedaan* carefully done ∗*zonder* ∼*gedaan* carelessly done ❷*bezorgdheid* anxiety, concern, solicitude ∗*het zal mij een* ∼*zijn* that's the last thing I'm concerned about; *inf* I couldn't care less, fat lot I care! ∗*in de* ∼*en zitten* have a lot of worries ∗*heb daar geen* ∼ *over* don't worry about that ∗*in* ∼*zijn over...* be anxious about... ∗*dat is van later* ∼we'll worry about that when we get to it ∗*ik ben nog niet uit de* ∼*en* my worries aren't over yet ∗*zij heeft de* ∼*voor twee kinderen* she has two children to look after ∗*zich* ∼*en maken* worry ∗*geen* ∼*en voor morgen* care killed the cat ❸*moeilijkheid, last* care, trouble, worry ∗*geen* ∼*vóór de tijd* tomorrow will look after itself

**zorgbarend** *bn* alarming, critical

**zorgelijk, zorglijk** *bn* worrisome, worried ∗*ze keek zo* ∼she looked so worried ∗*in* ∼*e toestand* in a critical condition

**zorgeloos** I *bn* ❶*achteloos* careless ❷*zonder zorgen* carefree, unconcerned ∗*door het leven gaan* live in a carefree manner II *bijw* carelessly

**zorgeloosheid** *v* ❶*geen zorgen hebbend* freedom from care/worry ❷*onbekommerdheid* carefreeness ❸*onoplettendheid* carelessness, negligence

**zorgen** *onoverg* [zorgde, h. gezorgd] care ∗∼*voor...* ⟨passen op⟩ take care of...; ⟨verschaffen⟩ provide ∗*voor de oude dag* ∼make provision for one's old age, lay by something for the future ∗*er was voor eten gezorgd* food had been provided ∗*voor de keuken/de kinderen* ∼look after the kitchen/the children ∗*u moet zelf voor uw kleren* ∼ ⟨zorgen voor⟩ you have to take care of your clothes yourself; ⟨pakken, verschaffen⟩ you have to find your own clothing ∗*voor de lunch* ∼see to lunch ∗*hij kan wel voor zich zelf* ∼ ⟨financieel⟩ he can support himself, he can fend/shift for himself; ⟨oppassen⟩ he is able to look after himself ∗*zorg er voor dat het gedaan wordt* make sure it's done ∗*daar zal ik wel voor* ∼I'll see to that, I'll take care of that ∗*zorg (er voor) dat je om negen uur thuis bent* mind (that) you're home at nine

**zorgenkind** *o* [-eren] problem child, <u>fig</u> source of concern

**zorgplicht** *v & m* general duty of care

**zorgsector** *m* social service sector

**zorgverlof** *o* care leave

**zorgverzekeraar** *m* [-s] health insurance company

**zorgvuldig** *bn* careful

**zorgvuldigheid** *v* carefulness, due care, due diligence

**zorgvuldigheidsbeginsel** *o* <u>jur</u> duty of (administrative) care

**zorgwekkend** *bn* alarming, critical

**zorgzaam** *bn* careful, considerate, thoughtful

**zorgzaamheid** *v* carefulness, considerateness

**zot** I *bn* ❶*dwaas* foolish, crazy ❷*krankzinnig* <u>ZN</u> insane, lunatic ❸*bespottelijk* <u>ZN</u> ridiculous, ludicrous II *m* [-ten] ❶*nar* fool, jester ❷*krankzinnige* <u>ZN</u> lunatic, madman ❸*gek* <u>ZN</u> *inf* nutcase ❹<u>ZN</u> & *kaartsp* knave, jack

**zotheid** *v* [-heden] madness, foolishness

**zothuis** *o* [-huizen] <u>ZN</u> psychiatric hospital

**zotskap** *v* [-pen] ❶*narrenkap* fool's cap ❷*persoon* fool

**zotteklap** *m* foolish talk, stuff and nonsense

**zotternij** *v* [-en] folly, craziness

**zout** I *o* [-en] salt ∗*bijbel het* ∼*der aarde* the salt of the earth ∗*hij verdient het* ∼*in de pap niet* he earns a mere pittance ∗∼*in de wond strooien* pour salt on/in a wound ∗*iets met een korreltje* ∼*nemen* take something with a grain of salt II *bn* ❶*met zoute smaak* salt, salty, saltish, briny ∗∼*water* salt water ∗*ik heb het nog nooit zo* ∼*gegeten* I've never seen anything quite like that ❷*gezouten* salted

**zoutachtig** *bn* saltish, salty

**zoutarm** *bn* low-salt, with little salt

**zouteloos** *bn* <u>fig</u> insipid, dull

**zouten** *overg* [zoutte, h. gezouten] ❶*met zout bestrooien* salt down, salt ❷*pekelen v. vlees* corn

**zoutgehalte** *o* salt content, percentage of salt, salinity

**zouthoudend** *bn* saline, salty

**zoutig** *bn* saltish, salty

**zoutje** *o* [-s] salted biscuit, savoury snack

**zoutkorrel** *m* [-s] grain of salt

**zoutlaag** *v* [-lagen] salt deposit/layer

**zoutloos** *bn* salt-free

**zoutmeer** *o* [-meren] salt lake

**zoutmijn** *v* [-en] salt mine

**zoutoplossing** *v* salt/saline solution

**zoutpilaar** *m* [-laren] pillar of salt

**zoutstrooier** *m* [-s] ❶*op tafel* saltcellar ❷*strooiwagen* grit spreader

**zoutvaatje** *o* [-s] salt cellar

**zoutvlakte** *v* [-s, -n] salt plain

**zoutwateraquarium** *o* [-s, -ria] saltwater aquarium

**zoutwatervis** *m* [-sen] saltwater fish

**zoutwinning** *v* salt production, salt extraction

**zoutzak** *m* [-ken] ❶*zak met zout* bag of salt ❷*slap figuur* lump (of a fellow)

**zoutziederij** *v* [-en] saltworks

**zoutzuur** *o* hydrochloric acid

**zoveel** I *onbep telw* so much, this/that much ∗∼*is zeker* that much is certain ∗*in 1800* ∼in 1800 odd, in 1800 and something ∗*in het jaar* ∼in such and such a year ∗*om drie uur* ∼at three something ∗*de trein van vijf uur* ∼the five something train ∗*om de* ∼*dagen* every so many days ∗*ik geef er niet* ∼*om* I don't care much about it * *voor nog* ~ *niet* not for anything, not for the world **II** *bijw* so much *~ als* as much as * *hij is daar* ~ *als opziener* he is the equivalent of an overseer there *~ *mogelijk* as much as possible

**zoveelste** *bn* n'th, inf umpteenth * (*dat is*) *de~ keer* the n'th time, the umpteenth time * *een nieuwe fout, de~!* the umpteenth mistake!

**zover I** *voegw* so far *~ ik weet* as far as I know * *in ~re, dat...* to the extent that..., to such an extent that... **II** *bijw* so far, thus far * *ga je~?* will you go that far? *~ *zal hij niet gaan* he'll never go as far as that, he'll never go to such lengths * *hij heeft het~ gebracht dat...* he has succeeded so well that... * *hij zal het~ niet laten komen* he won't let things go so far * *het is~ gekomen dat...* it has got to a stage that ... * *tot~* as far as this, so far, thus far

**zowaar** *bijw* actually * *ik heb ~ nog gelijk ook* to my surprise I'm right

**zowat** *bijw* about * *dat is ~ alles* that's (just) about all *~ *hetzelfde* pretty much the same (thing) *~ *even groot* about the same size, much the same size *~ *niets* next to nothing

**zowel** *voegw* *~ als* as well as * *hij is ~... als...* he is both... and..., as well as being...he is... * *hij ~ als zijn broer* both he and his brother

**z.o.z.** *afk* (zie ommezijde) P.T.O., please turn over

**zozeer** *bijw* so much, to such an extent *~ *dat...* so much so that... * *niet ~...., als wel...* not so much... as...

**zozo** *bn, bijw* so so, so-so

**z.s.m.** *afk* (zo spoedig mogelijk) asap, as soon as possible

**zucht I** *m* [-en] *verzuchting* sigh * *een ~ slaken* heave a sigh * *een ~ van verlichting* a sigh of relief * *een diepe ~* a deep sigh **II** *v begeerte* desire, ⟨verlangen⟩ longing, ⟨hunkering⟩ craving * *de ~ naar* the desire for, the love of * *de ~ om te zien en te weten* the desire to see and know * *de ~ tot navolging/tot tegenspraak* the spirit of imitation/contradiction

**zuchten** *onoverg* [zuchtte, h. gezucht] sigh *~ *naar/om iets* yearn for sth *~ *onder het juk* groan under the yoke *~ *over zijn werk* sigh over one's task/work * *het ~ van de wind* the sighing of the wind

**zuchtje** *o* [-s] ❶ *verzuchting* sigh ❷ *briesje* sigh, breath * *geen ~* not a breath of wind

**zuid I** *bn* south, southern, southerly **II** *bijw* south, southerly **III** *v & o* south

**Zuid-Afrika** *o* South Africa

**Zuid-Afrikaan** *m* [-kanen] South African

**Zuid-Afrikaans** *bn* South African

**Zuid-Afrikaanse** *v* [-n] South African * *ze is een ~* she's a South African, she's from South Africa

**Zuid-Amerika** *o* South America

**Zuid-Duits** *bn* South German

**Zuid-Duitsland** *o* Southern Germany

**zuidelijk I** *bn* southern, southerly * *het ~e halfrond*

the southern hemisphere * *de Zuidelijke IJszee* the Antarctic/Southern Ocean * *de ~en* southerners **II** *bijw* southerly, south *~ *van* (to the) south of *~ *liggen van* be/lie further south than

**zuiden** *o* south * *in het ~* in the south * *naar het ~* (to the) south, southward(s), ⟨verkeer⟩ southbound * *op het ~ gelegen* facing south, with a southern aspect * *ten ~ van...* (to the) south of... * *uit het ~* from the south, southerly

**zuidenwind** *m* south/southerly wind

**zuiderbreedte** *v* southern latitude * *50° ~ 50°* south

**zuiderbuur** *m* [-buren] southern neighbour, neighbour to the south

**zuiderkeerkring** *m* Tropic of Capricorn

**zuiderlicht** *o* southern lights, aurora australis

**zuiderling** *m* [-en] southerner, somebody from the south

**Zuiderzee** *v* Zuider Zee

**Zuid-Holland** *o* South Holland

**zuidkant** *m* south/southern side

**Zuid-Korea** *o* South Korea

**Zuid-Koreaan** *m* [-reanen] South Korean

**Zuid-Koreaans** *bn* South Korean

**Zuid-Koreaanse** *v* [-n] South Korean * *ze is een ~* she's a South Korean, she's from South Korea

**zuidkust** *v* [-en] south/southern coast

**Zuid-Molukken** *zn* [mv] South Moluccas

**Zuid-Molukker** *m* [-s] South Moluccan

**Zuid-Moluks** *bn* South Moluccan

**Zuid-Molukse** *v* [-n] South Moluccan

**Zuid-Nederlands I** *bn* ❶ *m.b.t. het zuiden v. Nederland* southern Dutch ❷ *m.b.t. België* Flemish **II** *o taal* southern Dutch

**Zuidoost-Azië** *o* Southeast Asia

**zuidoostelijk** *bn* southeasterly, southeastern

**zuidoosten** *o* southeast/south-east

**zuidoostenwind** *m* southeasterly/south-easterly wind

**zuidpool** *v* South Pole, Antarctic

**zuidpoolcirkel** *m* Antarctic Circle

**zuidpoolexpeditie** *v* [-s] Antarctic expedition

**zuidpoolgebied** *o* * *het ~* the Antarctic

**zuidpunt I** *m* [-en] south point **II** *o* southern point

**Zuid-Tirol** *o* South Tyrol

**zuidvruchten** *zn* [mv] subtropical fruit

**zuidwaarts I** *bn* southward **II** *bijw* southward(s)

**zuidwestelijk** *bn* southwesterly, southwestern

**zuidwesten** *o* southwest, south-west

**zuidwestenwind** *m* southwesterly (wind)

**zuidwester** *m* [-s] southwester

**zuidzijde** *v* south side

**zuigbuis** *v* [-buizen] suction pipe

**zuigeling** *m* [-en] baby, infant, babe-in-arms

**zuigelingensterfte** *v* infant mortality

**zuigelingenzorg** *v* infant care/welfare * *het bureau voor ~* the infant welfare office

**zuigen I** *overg* [zoog, h. gezogen] ❶ *met de mond*

*opnemen* suck ✳ *iets uit zijn duim* ~ invent sth, make sth up ❷ *in zich opnemen* absorb ‖ *onoverg* [zoog, h. gezogen] ❶ *met de mond opnemen* suck ✳ *aan zijn pijp/sigaret* ~ puff away on one's pipe/cigarette ✳ *ergens even aan* ~ take/have a suck at it ✳ *op zijn duim* ~ suck one's thumb ❷ *treiteren* nag ❸ *stofzuigen* vacuum, hoover

**zuiger** *m* [-s] ❶ *techn* piston, plunger ❷ *persoon* nag
**zuigerklep** *v* [-pen] piston valve
**zuigerstang** *v* [-en] piston rod
**zuigerveer** *v* [-veren] piston ring
**zuigfles** *v* [-sen] feeding bottle, baby's bottle
**zuiging** *v* sucking, suction
**zuigkracht** *v* ❶ *zuigingskracht* suction ❷ *aantrekkingskracht* attraction
**zuignap** *m* [-pen] sucker, suction pad
**zuigtablet** *v & o* [-ten] lozenge
**zuigzoen** *m* [-en] love bite, *inf* hickey
**zuil** *v* [-en] ❶ *pilaar* pillar, column ✳ *een Dorische/Corinthische/Ionische* ~ a Doric/Corinthian/Ionic column ✳ *de* ~*en van Hercules* the Pillars of Hercules ✳ *de* ~ *van Volta* the Voltaic pile ❷ *groepering* sociopolitical/ideological block ✳ *de Nederlandse maatschappij kende verschillende* ~*en* various religious and political groups had become entrenched in Dutch society ❸ *persoon of zaak* pillar, rock ✳ *vasten is een van de* ~*en van de Islam* fasting is one of the pillars of Islam
**zuilengalerij** *v* [-en] colonnade, arcade, portico
**zuilengang** *m* [-en] arcade, gallery
**zuinig** I *bn* ❶ *spaarzaam* economical, thrifty, frugal, sparing ✳ ~ *zijn* be economical & ✳ ~ *zijn met...* use... sparingly, economize on, husband ✳ *een* ~*e auto* an economical car ❷ *niet erg voldaan* glum ‖ *bijw* economically & ✳ ~ *kijken* look glum, put out ✳ *inf en niet* ~ *ook!* not half!, and how!
**zuinigheid** *v* economy, thrift, thriftiness ✳ *verkeerde* ~ *betrachten* be penny-wise and pound-foolish ✳ *voor de/uit* ~ for reasons of economy, for economy's sake ✳ ~ *met vlijt bouwt huizen als kastelen* take care of the pennies, and the pounds will take care of themselves
**zuinigheidsmaatregel** *m* [-en & -s] economy measure, expenditure cut
**zuinigheidsredenen** *zn* [mv] ✳ *om* ~ for reasons of economy, for economy's sake
**zuipen** I *overg* [zoop, h. gezopen] swig, drink ‖ *onoverg* [zoop, h. gezopen] *inf* booze (on) ✳ *het op een* ~ *zetten* hit the bottle
**zuiperij** *v* drinking binge/bout, *inf* booze-up
**zuiplap** *m* [-pen] boozer, drunk *vulg* piss artist
**zuippartij** *v* [-en] drinking binge/bout, *inf* booze-up
**zuipschuit** *m* [-en] boozer, drunk, *inf* booze artist, *vulg* piss artist
**zuivel** *m & o* dairy produce, dairy products
**zuivelbedrijf** *o* [-drijven] ❶ *bedrijf* dairy farm ❷ *bedrijfstak* dairy industry
**zuivelfabriek** *v* [-en] dairy factory

**zuivelindustrie** *v* dairy industry
**zuivelproduct** *o* [-en] dairy product
**zuiver** I *bn* ❶ *schoon, zindelijk* clean ❷ *zonder onreinheden* pure ❸ *onvermengd* pure, unadulterated ❹ *echt* genuine ❺ *zonder schuld* pure, clear ✳ *een* ~ *geweten* a clear conscience ❻ *kuis, rein* pure, chaste ❼ *louter* pure, sheer, mere ❽ handel clear, net ❾ *muz* pure ▾ *inf die zaak is niet* ~ there's something fishy about that business ▾ *dat is* ~*e taal* that's plain speaking ▾ *het is daar niet* ~ things are not as they ought to be there ▾ *hij is niet* ~ *in de leer* he is doctrinally unsound ▾ *dat is geen* ~*e koffie* there's something fishy about it ‖ *bijw* purely ✳ ~ *Engels/Nederlands & schrijven* write good English/Dutch &, write grammatically correct English/Dutch & ✳ ~ *zingen* sing in tune ✳ *niet* ~ *zingen* sing out of tune ✳ *het is* ~ *(en alléén) daarom* simply and solely/purely and simply for that reason
**zuiveraar** *m* [-s] ❶ *alg.* purifier ❷ *op taalgebied* purist
**zuiveren** I *overg* [zuiverde, h. gezuiverd] ❶ *schoonmaken* clean, wash, purify ❷ *fig* cleanse, purge, clear ✳ *zijn naam* ~ *van blaam* redeem one's good name ❸ *onzuivere elementen verwijderen* purify, refine ✳ *ook fig de lucht* ~ clear the air ‖ *wederk* [zuiverde, h. gezuiverd] ✳ *fig zich* ~ clear oneself ✳ *zich* ~ *van het ten laste gelegde* clear oneself of the charge
**zuiverend** *bn* ❶ *alg.* purifying ❷ med purgative
**zuiverheid** *v* cleanness, purity
**zuivering** *v* [-en] ❶ *het zuiveren* purification, purging, cleansing ❷ *verwijdering van ongewenste elementen* purge ✳ *een politieke* ~ a political purge ✳ *etnische* ~*en* ethnic cleansings ❸ *raffinage* refining
**zuiveringsactie** *v* [-s] ❶ mil mopping-up operation ❷ *politiek* purge
**zuiveringsheffing** *v* pollution tax
**zuiveringsinstallatie** *v* [-s] *ter zuivering v. afvalwater* sewage treatment plant
**zuiveringszout** *o* bicarbonate of soda
**zulk** *aanw vnw* ✳ ~*e mensen* such people
**zulks** *aanw vnw* such a thing, such, this, it, the same
**zullen** *hulpww* [ik zal, jij zult, hij zal, zou, zouden] ❶ *van plan zijn* ⟨I, we⟩ shall/will, ⟨you, he, they⟩ will ✳ *we* ~ *gaan* we'll go, we're going ✳ *ze* ~ *morgen gaan* they'll go tomorrow, they're going tomorrow ✳ *ik hoop dat hij komen zal* I hope he'll come, I hope he's going to come ❷ *afspraak* going to ✳ *hij zal om vijf uur komen* he's going to call here at five o'clock ❸ *vermoedelijk of waarschijnlijk* will (probably) ✳ *dat zal Jan zijn* that'll be John ✳ *dat zal Waterloo zijn* this must be Waterloo ✳ *ze* ~ *ziek zijn* they're probably ill ❹ *wil v. spreker tegenover een ander* shall ✳ ⟨*hij wil niet?*⟩ *hij zal!* (doesn't he want to?) he shall! *inf* too right he will! ✳ *gehoorzamen* ~ *ze!* they shall obey! *inf* you bet they'll obey! ❺ *belofte* shall ✳ *u zult ze morgen krijgen* you'll have them tomorrow ❻ *voorspelling* shall/will ✳ *de aarde zal vergaan* the earth shall/will pass away ❼ *bedreiging* shall ✳ *dat*

**zu**

zal je berouwen you'll regret this ❽ *gebod* shall
✴ *bijbel gij zult niet stelen* thou shalt not steal ❾ *na
'te' ✴ hij beloofde te ~ komen* he promised to come
✴ *hij zei te ~ komen* he said he would come ❿ *andere
gevallen* ✴ ⟨van voorwaarde⟩ *zou/zouden* ⟨I, we⟩
would/will, ⟨he, they, you⟩ would/will ✴ *wij ~ gaan
zodra het geld er is* we'll go as soon as the money
arrives ✴ *wij zouden gaan, als we genoeg geld hadden*
we would go if we had enough money ✴ *wij zouden
zijn gegaan als moeder niet was overleden* we would
have gone if Mother hadn't died ✴ ⟨van afspraak⟩
*zou/zouden* was to..., were to... ✴ *wij zouden er
allemaal heengaan* we were all going to go ▼ *ja, dat
zal wel* I daresay you have (he is &) ▼ *(voetbal?) ik zal
je voetballen!* (football?) I'll give you football! ▼ *ik
zou je danken!* thank you very much! ▼ *wat zou dat?*
so what?

**zult** *m* pork pickled in vinegar ✴ *zure ~* brawn, Am
headcheese
**zuren** I *overg* [zuurde, h. gezuurd] sour, make sour
II *onoverg* [zuurde, is gezuurd] sour, turn sour
**zurig** *bn* sourish
**zurigheid** *v* sourness
**zuring** *v plant* dock, sorrel ✴ *eetbare ~* sorrel
**zus** I *bijw* so, thus ✴ *~ of zo handelen* act one way or
the other ✴ *juffrouw ~ en juffrouw zo* Miss Blank and
Miss Dash II *v* [-sen] ❶ *zusje* (little/baby) sister
❷ *aanspreekvorm* inf sis, sister ❸ *meisje* girl
**zuster** *v* [-s] ❶ *familielid* sister ✴ inf *ja, je ~!* not a
chance! ❷ *verpleegster* nurse, sister
**zustercongregatie** *v* [-s] sister congregation
**zusterhuis** *o* [-huizen] ❶ *klooster* nunnery
❷ *v. geestelijke orde* affiliated house ❸ *v. verpleegsters*
nurses' home
**zusterliefde** *v* sisterly love
**zusterlijk** *bn* sisterly
**zustermaatschappij** *v* [-en] affiliated/associated
firm, sister company
**zusterorganisatie** *v* [-s] sister organization
**zusterschip** *o* [-schepen] sister ship
**zustervereniging** *v* [-en] sister association
**zuur** I *bn* ❶ *v. smaak* sour, tart ✴ ook fig *~ worden*
turn sour, sour ❷ *niet vriendelijk* sour, cranky,
crabbed ❸ *niet prettig* hard, disagreeable ✴ *~ werk*
disagreeable work ✴ *iem. het leven ~ maken* make
life a burden to sbd ❹ chem acid ✴ *zure regen* acid
rain ❺ *azijnachtig* acetous ▼ *nu ben je ~!* your
number is up! ▼ *dan zijn we allemaal ~* we're all in
for it now II *bijw* sourly & ✴ *~ kijken* look sour ✴ *~
verdiend* hard-earned III *o* [zuren] ❶ *ingemaakt*
pickles ✴ *gemengd ~* mixed pickles ✴ *uitjes in het ~*
pickled onions ❷ chem acid ▼ *het ~ in de maag*
heartburn
**zuurbranden** *o* heartburn
**zuurdeeg** *o*, **zuurdesem** *m* sourdough
**zuurgraad**, **zuurheidsgraad** *m* (degree of) acidity
**zuurheid** *v* sourness, acidity, tartness
**zuurkool** *v* sauerkraut

**zuurpruim** *v* [-en] sourpuss, crab apple
**zuurstof** *v* oxygen
**zuurstofapparaat** *o* [-raten] resuscitator
**zuurstofcilinder** *m* [-s] ❶ *v. lasser &* oxygen cylinder
❷ *v. duiker* aqualung
**zuurstoffles** *v* [-sen] oxygen cylinder
**zuurstofgebrek** *o* lack of oxygen
**zuurstofmasker** *o* [-s] oxygen mask
**zuurstofopname** *v* oxygen intake
**zuurstoftekort** *o* deficiency of oxygen
**zuurstoftent** *v* [-en] oxygen tent
**zuurstok** *m* [-ken] Br stick of rock, Am candy cane
**zuurtje** *o* [-s] acid drop
**zuurverdiend** *bn* hard-earned
**zuurzoet** *bn* sour-sweet, sweet-and-sour ✴ *een ~
gezicht zetten* make a wry face
**zwaai** *m* [-en] swing, sweep, flourish ✴ *met een ~ van
haar arm* with a sweep of her arm
**zwaaideur** *v* [-en] ZN swing door, revolving door
**zwaaien** I *overg* [zwaaide, h. gezwaaid] ❶ *vlag*
flourish ✴ *met de hoed/een vlag & ~* wave one's hat/a
flag & ❷ *hamer &* swing, wield ❸ *zwaard &* brandish
II *onoverg* [h. en is gezwaaid] ❶ *v. takken &* sway,
swing ❷ *v. dronkeman* reel ❸ *v. schip* swing ▼ *er zal
wat ~!* there'll be the devil to pay!
**zwaailicht** *o* [-en] flashing light ✴ *een blauw ~* a
flashing blue light
**zwaan** *m & v* [zwanen] swan ✴ *een jonge ~* a cygnet
**zwaantje** *o* [-s] ❶ *jonge zwaan* cygnet ❷ turnen swan
❸ *motoragent* ZN motorcycle policeman
**zwaar** I *bn* ❶ *v. personen en dingen &* heavy,
ponderous, weighty ✴ *dat is 5 kg ~* it weighs 5 kg
✴ *het is tweemaal zo ~ als ...* it's twice as heavy as ... /
it's twice the weight of ... ✴ *ik ben ~ in mijn hoofd*
my head feels heavy ✴ *hij is ~ op de hand* he's a
pessimist ❷ *zwaargebouwd* heavily built, stout, hefty
❸ *dik* heavy ❹ *grof* mil heavy ❺ *sterk* strong ❻ *groot*
fig heavy ❼ *ernstig* severe, ⟨v. misdaad⟩ grievous
❽ *moeilijk* heavy, hard, difficult, stiff ❾ *hard, streng*
severe ✴ *een zware slag* ⟨v. geweer &⟩ a heavy
report; ⟨v. vallend voorwerp⟩ a heavy thud; ⟨met
hand⟩ a heavy blow; fig a heavy blow ◇ II *bijw*
heavily & ✴ *~ getroffen* hard hit, badly hit (door by)
✴ *~ gewond* badly wounded ✴ *~ verkouden* having a
bad cold ✴ *~ ziek* seriously ill
**zwaarbeladen** *bn* heavily laden
**zwaarbevochten** *bn* hard-won
**zwaarbewapend** *bn* heavily armed
**zwaarbewolkt** *bn* overcast
**zwaard** *o* [-en] ❶ *wapen* sword ✴ *met het ~ in de vuist*
sword in hand ✴ bijbel *het ~ aangorden* gird on
one's sword ✴ *het ~ van Damocles* the sword of
Damocles ✴ *het ~ der gerechtigheid* the sword of
justice ✴ *in het eigen ~ vallen* fall onto one's own
sword ❷ scheepv leeboard, ⟨middenzwaard⟩
centre/Am center board
**zwaardvechter** *m* [-s] gladiator
**zwaardvis** *m* [-sen] swordfish

**zwaargebouwd** *bn* heavy, massive, big-boned
**zwaargeschapen** *bn* well endowed, ‹v. man› inf well hung
**zwaargewicht I** *o* heavyweight **II** *m* **❶** *bokser* heavyweight **❷** fig heavyweight
**zwaargewond** *bn* critically wounded
**zwaargewonde** *m en v* [-n] serious casualty
**zwaarlijvig** *bn* corpulent, stout, obese
**zwaarlijvigheid** *v* corpulence, stoutness, obesity
**zwaarmoedig** *bn* melancholy, melancholic
**zwaarmoedigheid** *v* melancholy
**zwaarte** *v* weight, heaviness
**zwaartekracht** *v* gravitation, gravity * *het middelpunt van* ~ the centre of gravity * *de wet van de* ~ the law of gravitation
**zwaartepunt** *o* **❶** *middelpunt* centre/Am center of gravity **❷** *hoofdzaak* main point, emphasis
**zwaarwegend** *bn* fig weighty, important * *een* ~ *argument* a weighty argument, an argument that carries some weight
**zwaarwichtig** *bn* weighty, ponderous
**zwabber** *m* [-s] **❶** *borstel* swab, mop **❷** *boemelaar* rake * *aan de* ~ *zijn* be on the loose/spree
**zwabberen I** *overg* [zwabberde, h. gezwabberd] *schoonmaken* mop **II** *onoverg* [zwabberde, h. gezwabberd] inf stagger * *de fietser zwabberde van links naar rechts* the cyclist staggered from left to right
**Zwaben** *o* Swabia
**zwachtel** *m* [-s] bandage
**zwachtelen** *overg* [zwachtelde, h. gezwachteld] bandage, swathe
**zwager** *m* [-s] brother-in-law
**zwak I** *bn* **❶** *niet krachtig* weak, feeble * *het* ~*ke geslacht* the weaker sex * *een* ~ *excuus* a feeble/poor excuse **❷** *m.b.t. gezondheid* frail, delicate, weak, low * *een* ~*ke gezondheid hebben* be in poor health **❸** *m.b.t. geestelijke prestaties* poor * *een* ~*ke concentratie* poor ability to concentrate, poor concentration * ~ *in Frans* weak/shaky in French **❹** *m.b.t. zeden* weak, frail * ~ *van karakter* of a weak character * *in een* ~ *ogenblik* in a moment of weakness **❺** *met weinig weerstand* vulnerable * *zij staat erg* ~ she's quite vulnerable **❻** *niet geconcentreerd* weak, diluted, watered-down * *een* ~*ke concentratie van koemest* diluted cow manure **❼** *gering* slight, slender **❽** *niet hard of helder* faint * *een* ~*ke stem* a faint/weak voice **❾** *taalk* weak * *een* ~ *werkwoord* a weak/regular verb **❿** econ weak * *een* ~*ke munt* a weak currency **II** *bijw* weakly & **III** *o* [-ken] weakness * *de Engelsen hebben een* ~ *voor traditie* the British have a weakness for tradition * *een* ~ *hebben voor iem.* have a weak spot for sbd * *iem. in zijn* ~ *tasten* touch sbd's weakest/most vulnerable spot
**zwakbegaafd** *bn* (mentally) retarded
**zwakheid** *v* [-heden] **❶** *v. lichaamskracht* weakness, feebleness **❷** *moreel gebrek* weakness, failing, foible

**❸** *m.b.t. argument* tenuousness
**zwakjes** *bijw* * *hij is nog* ~ *feeling* he's still feeling weak/weakish
**zwakkeling** *m* [-en] weakling
**zwakstroom** *m* low-voltage current, low-tension current
**zwakte** *v* weakness, feebleness
**zwaktebod** *o* fig admission of weakness
**zwakzinnig** *bn* mentally/intellectually handicapped
**zwakzinnigenzorg** *v* care of the mentally/intellectually handicapped
**zwakzinnigheid** *v* mental/intellectual deficiency
**zwalken** *onoverg* [zwalkte, h. gezwalkt] drift about, wander about * *op zee* ~ rove the seas
**zwaluw** *v* [-en] swallow * *één* ~ *maakt nog geen zomer* one swallow does not make a summer
**zwaluwstaart** *m* [-en] **❶** *staart van een zwaluw* swallow's tail **❷** *houtverbinding* dovetail **❸** *vlinder* swallowtail **❹** *jas* swallow-tail(ed coat) **❺** *pleister* swallow-tailed plaster
**zwam** *v* [-men] fungus
**zwammen** *onoverg* [zwamde, h. gezwamd] inf talk nonsense, vulg bullshit, crap on * *gezwam in de ruimte* loose talk
**zwamneus** *m* [-neuzen] gasbag
**zwanenhals** *m* [-halzen] **❶** *hals v.e. zwaan* swan's neck **❷** *v. wasbak &* gooseneck
**zwanenzang** *m* swan song
**zwang** *m* * *in* ~ *brengen* bring into vogue * *in* ~ *komen* become the fashion, come into vogue * *in* ~ *zijn* be fashionable, be the vogue
**zwanger** *bn* pregnant, with child * *van iets* ~ *gaan* conceive something
**zwangerschap** *v* [-pen] pregnancy
**zwangerschapsgymnastiek** *v* antenatal exercises
**zwangerschapsonderbreking** *v* [-en] termination of pregnancy, (induced) abortion
**zwangerschapstest** *m* [-s] pregnancy test
**zwangerschapsverlof** *o* maternity leave
**zwart I** *bn* black * *een* ~*e bladzijde in de geschiedenis* a black page in history * *een* ~*e dag voor...* a black day for... * luchtv *de* ~*e doos* the black box * astron *een* ~ *gat* a black hole * ~ *geld* undeclared income, black money * ~*e goederen* black market goods * ~*e handel* black market, black-market traffic/dealings/transactions * ~*e humor* black humour * ~*e kunst* black magic * ~*e lijst* blacklist * *iem. op de* ~*e lijst plaatsen* blacklist sbd * fig *een* ~ *schaap* a black sheep * ‹spin› *de* ~*e weduwe* the black widow * *de* ~*e dood* the black death * ~ *werk* work for which no income is declared * ~*e winst &* black-market profit & * *iets in de* ~*ste kleuren afschilderen* paint sth in the darkest colours * ~ *kopen* buy on the black market * ~ *maken* blacken * *het zag er* ~ *van de mensen* there were masses of people **II** *bijw* * *alles* ~ *inzien* look at the gloomy (black) side of things * ‹somber, ontstemd› ~ *kijken* look gloomy * ~ *werken* work without declaring the

income **III** o black * *het* ~*op wit hebben* have it in black and white * *in het* ~*gekleed* dressed in black

**zwartboek** o [-en] black book

**zwartbont** bn mottled, piebald

**zwarte** m-v [-n] black * beledigend *de* ~n the blacks

**zwartekousenkerk** v [-en] rigidly orthodox Protestants

**zwartepiet** m [-en] kaartsp knave of spades * *iem. de* ~*toespelen* pass the buck to sbd

**zwartepieten** onoverg [zwartepiette, h. gezwartepiet] kaartsp play Old Maid

**Zwarte Woud** o Black Forest

**Zwarte Zee** v Black Sea

**zwartgallig** bn melancholy, pessimistic

**zwartgalligheid** v melancholy

**zwartgeldcircuit** o [-s] the black market

**zwartgestreept** bn ❶ *aan de oppervlakte* black-striped ❷ *dooraderd* black-streaked

**zwarthandelaar** m [-s & -laren] ❶ *alg.* black marketeer ❷ *in toegangskaarten* Am ticket scalper

**zwartharig** bn black-haired

**zwarthemd** m [-en] blackshirt, fascist

**zwartje** o [-s] beledigend darky

**zwartkijken** o *geen kijkgeld betalen* dodge/evade payment of one's TV licence

**zwartkijker** m [-s] ❶ *pessimist* pessimist, melancholic ❷ RTV TV licence dodger

**zwartkopmees** v [-mezen] *vogel* marsh/willow tit

**zwartmaken** overg [maakte zwart, h. zwartgemaakt] blacken * fig *iem.* ~*blacken* sbd.'s character/reputation

**zwartrijden** onoverg [reed zwart, h. zwartgereden] ❶ *m.b.t. openbaar vervoer* dodge fare ❷ *m.b.t. wegenbelasting* evade paying road tax

**zwartrijder** m [-s] ❶ *m.b.t. openbaar vervoer* fare dodger ❷ *m.b.t. wegenbelasting* road tax dodger

**zwartwerken** onoverg [werkte zwart, h. zwartgewerkt] work on the side

**zwartwerker** m [-s] moonlighter

**zwart-wit I** bn & *bijw* black and white **II** o liquorice sorbet

**zwart-witfilm** m [-s] black-and-white film

**zwart-witfoto** v ['s] black-and-white photo

**zwavel** m sulphur

**zwavelbron** v [-nen] sulphur spring

**zwaveldamp** m [-en] sulphur fumes, sulphurous vapour

**zwaveldioxide** o sulphur dioxide

**zwavelen** overg [zwavelde, h. gezwaveld] treat with sulphur, sulphurize, sulphurate

**zwavelhoudend** bn sulphurous

**zwavellucht** v sulphurous smell

**zwavelstokje** o [-s] matchstick

**zwavelwaterstof** v sulphuretted hydrogen

**zwavelzuur I** o sulphuric acid **II** bn sulphuric

**Zweden** o Sweden

**Zweed** m [Zweden] Swede

**Zweeds I** bn Swedish **II** o *taal* Swedish

**Zweedse** v [-n] Swede * *ze is een* ~she's a Swede, she's from Sweden

**zweefbrug** v [-gen] suspension bridge

**zweefduik** m [-en] ❶ *in zwembad &* Br swallow dive, Am span dive ❷ *v. keeper* diving save

**zweefmolen** m [-s] whirligig, roundabout

**zweeftrein** m [-en] hovertrain

**zweefvliegen** o gliding

**zweefvlieger** m [-s] glider pilot

**zweefvliegtuig** o [-en] glider

**zweefvlucht** v [-en] ❶ *v. vliegtuig* volplane, glide ❷ *v. zweefvlieger* glide

**zweem** m semblance, trace, touch, shade, tinge * *geen* ~*van hoop* not the least flicker of hope

**zweep** v [zwepen] whip * *er de* ~*over leggen* eig whip up the horses; fig lay one's whip across sbd's shoulders * *het klappen van de* ~*kennen* know the tricks of the trade

**zweepslag** m [-slagen] ❶ *klap met de zweep* lash ❷ *blessure* whiplash

**zweer** v [zweren] ulcer, sore, boil

**zweet** o perspiration, sweat * *klamme* ~cold perspiration * *het koude* ~*brak hem uit* he broke out in a cold sweat * bijbel *in het* ~*uws aanschijns* in the sweat of thy brow * *zich in het* ~*werken* work oneself into a sweat

**zweetbad** o [-baden] hot air bath, sudatorium

**zweetband** m [-en] sweatband

**zweetdruppel** m [-s] drop of perspiration, drop of sweat

**zweethanden** zn [mv] perspiring/sweaty hands

**zweetkaas** m [-kazen] sweating cheese

**zweetkakkies** zn [mv] inf smelly feet

**zweetkamertje** o [-s] sweatbox

**zweetklier** v [-en] sweat gland

**zweetlucht** v sweaty smell, body odour

**zweetplek** v [-ken] sweat rash

**zweetvoeten** zn [mv] perspiring feet

**zwelgen I** overg [zwelgde *of* zwolg, h. gezwolgen] guzzle, gobble **II** onoverg [zwelgde *of* zwolg, h. gezwolgen] wallow, revel, luxuriate * ~*in zelfmedelijden* wallow in self-pity

**zwelgpartij** v [-en] binge

**zwellen** onoverg [zwol, is gezwollen] swell * *de* ~*de zeilen* the swelling/bellying sails * *doen* ~swell * *zijn borst zwol van trots* his breast was swollen with pride

**zwellichaam** o [-lichamen] corpus cavernosum

**zwelling** v [-en] swelling

**zwembad** o [-baden] swimming pool/bath * *een overdekt* ~an indoor swimming pool

**zwemband** m [-en] swimming ring

**zwembassin** o [-s] swimming pool

**zwemblaas** v [-blazen] swim bladder

**zwembroek** v [-en] swimming trunks, bathing trunks, swimmers

**zwemdiploma** o ['s] swimming certificate/diploma

**zwemen** onoverg [zweemde, h. gezweemd] incline/tend (towards), border (on) * ~*naar (het)* *blauw* have a hint of blue

**zwemles** *v* [-sen] swimming lesson

**zwemmen** *onoverg* [zwom, h. en is gezwommen] swim * *op de buik/rug* ~ swim on one's chest/back * *onder water* ~ swim under water * *zullen we gaan* ~? shall we have/go for/take a swim? * *de aardappels* ~ *in de boter* the potatoes are swimming in butter * *in het geld* ~ roll in money * *haar ogen zwommen in tranen* her eyes were brimming with tears

**zwemmer** *m* [-s] swimmer

**zwemmerseczeem** *o* athlete's foot

**zwempak** *o* [-ken] swimsuit, bathing suit, bathers, Aus swimming togs

**zwemsport** *v* swimming

**zwemvest** *o* [-en] life jacket, air jacket

**zwemvlies** *o* [-vliezen] **❶** *v. dieren* web * *met zwemvliezen* web-footed, webbed **❷** sp flipper

**zwemvogel** *m* [-s] web-footed bird, swimming bird

**zwemwedstrijd** *m* [-en] swimming match

**zwendel** *m* swindle, fraud

**zwendelaar** *m* [-s] swindler, inf sharper

**zwengel** *m* [-s] **❶** *v. pomp* pumphandle **❷** *v. motor* crank

**zwengelen** *onoverg* [zwengelde, h. gezwengeld] swing, turn, pump

**zwenken** *onoverg* [zwenkte, h. en is gezwenkt] veer to the right/left, swerve, swing, fig change front/sides

**zwenkgras** *o* swivel grass

**zwenking** *v* [-en] turn, swerve, veer * fig *de politieke* ~ *naar rechts* the political veer to the right

**zwenkwiel** *o* [-en] swivelling wheel

**zweren** **I** *overg* [zwoer, h. gezworen] een eed swear * *dat zweer ik (u)!* I swear it! * *iem. geheimhouding laten* ~ swear sbd to secrecy **II** *onoverg* [zwoer, h. gezworen] een eed doen swear * *bij hoog en laag/bij alles wat heilig is* ~ swear by all that is holy * *ze* ~ *bij die pillen* they swear by these pills * *op de Bijbel* ~ swear upon the bible * *men zou erop* ~ you could take an oath on it **III** *onoverg* [zweerde *of* zwoor, h. gezworen] etteren ulcerate, fester

**zwerfafval** *o* street litter

**zwerfhond** *m* [-en] stray dog

**zwerfkat** *v* [-ten] stray cat

**zwerfkei** *m* [-en] erratic boulder

**zwerfkind** *o* [-eren] street child, homeless child

**zwerfsteen** *m* [-stenen] erratic boulder

**zwerftocht** *m* [-en] wander, ramble, hike

**zwerfvuil** *o* street litter

**zwerk** *o* **❶** *hemel* firmament, sky **❷** *wolken* drifting clouds

**zwerm** *m* [-en] *bijen, vogels, ruiters &* swarm * *bij* ~ *en* in swarms

**zwermen** *onoverg* [zwermde, h. gezwermd] swarm, flock

**zwerven** *onoverg* [zwierf, h. gezworven] wander, roam, ramble, rove * *overal* ~ *tijdschriften*

magazines lie about everywhere * *een* ~ *de kat* a stray cat * ~ *de stammen* wandering tribes, nomadic tribes

**zwerver** *m* [-s] **❶** *iem. die ronddoolt* wanderer, rambler, drifter **❷** *landloper* vagabond, tramp **❸** *huisdier* stray

**zweten** **I** *overg* [zweette, h. gezweet] sweat * *bloed* ~ sweat blood * *peentjes* ~ be in a cold sweat **II** *onoverg* [zweette, h. gezweet] perspire, ‹ook van hooi, bakstenen› sweat * *op iets zitten* ~ sweat over something

**zweterig** *bn* sweaty

**zwetsen** *onoverg* [zwetste, h. gezwetst] boast, brag, inf talk big

**zweven** *onoverg* [zweefde, h. en is gezweefd] **❶** *in evenwicht zijn* be in suspension, be suspended **❷** *zich drijvend voortbewegen* float, luchtv glide * ~ *tussen leven en dood* be hovering between life and death * *het zweeft mij op de tong* it's on the tip of my tongue * *voor de geest* ~ ‹beeld› see in one's mind's eye; ‹gedachte› have in mind **❸** *m.b.t. koersen* float

**zwevend** *bn* floating * ~ *e valuta* floating currency * *een* ~ *e kiezer* a floating voter * ~ *e koopkracht* floating spending power * ~ *e wisselkoers* floating exchange rates, free exchange rate

**zweverig** *bn* **❶** *vaag* dreamy, vague, in the clouds * *een* ~ *betoog* a vague argument **❷** *duizelig* dizzy * *zich* ~ *voelen* feel dizzy

**zwezerik** *m* [-riken] **❶** anat thymus **❷** *voedsel* sweetbread

**zwichten** *onoverg* [zwichtte, is gezwicht] yield, give way * ~ *voor* ‹argumenten› yield to; ‹overmacht› yield/succumb to; ‹bedreigingen› give in to

**zwiepen** *onoverg* [zwiepte, h. gezwiept] swish, switch

**zwieper** *m* [-s] **❶** *uithaal* wallop **❷** sport swerve

**zwier** *m* **❶** *draai* flourish **❷** *pompeuze gratie* dash, jauntiness, smartness * *aan de* ~ *zijn* be on a spree * *met edele* ~ with a noble grace

**zwieren** *onoverg* [zwierde, h. gezwierd] **❶** *dronken* reel **❷** *over het ijs &* glide **❸** *op de dansvloer* whirl **❹** *pret maken* go the pace

**zwierig** **I** *bn* dashing, jaunty, stylish, smart **II** *bijw* smartly

**zwijgen** **I** *onoverg* [zweeg, h. gezwegen] **❶** *niet spreken* be silent **❷** *geen geluid meer geven* fall silent * *zwijg!, zwijg stil!* hold your tongue!, silence!, be silent! * *hij kan niet* ~ he cannot keep a secret * ~ *als het graf* be as silent as the grave * *iem. doen* ~ put sbd to silence, silence sbd * *wie zwijgt stemt toe* silence gives consent * *daarop moest ik* ~ to this I could make no reply * *maar je moet erover* ~ hold your tongue about it * *de geschiedenis zwijgt daarover* history is silent about this * *iem. tot* ~ *brengen* reduce sbd to silence, silence sbd * *daarover zullen wij maar* ~ let it pass * *om nog maar te* ~ *van...* to say nothing of..., not to mention..., let alone... * *onder ons gezegd en gezwegen* between you, me and the doorpost/lamppost **II** *o* silence ✱*het ~ bewaren* keep silence ✱*hij moest er het ~toe doen* he could make no reply ✱*iem. het ~opleggen* silence sbd ✱*het ~verbreken* break one's silence

**zwijgend I** *bn* silent ✱*de ~e meerderheid* the silent majority ✱*een ~e rol* a silent role **II** *bijw* silently, in silence

**zwijger** *m* [-s] silent person ✱*Willem de Zwijger* William the Silent

**zwijggeld** *o* [-en] hush money ✱*iem. ~betalen* buy sbd off

**zwijgplicht** *m & v* oath of secrecy

**zwijgzaam** *bn* silent, taciturn

**zwijgzaamheid** *v* silence, taciturnity

**zwijm** *m* ✱*in ~liggen* lie in a swoon ✱*in ~vallen* faint, swoon

**zwijmelen** *onoverg* [zwijmelde, h. gezwijmeld] ❶*in een roes verkeren* swoon ❷*een flauwte krijgen* faint ❸*wankelen* ZN stagger, totter

**zwijn** *o* [-en] ❶*dier & scheldwoord* pig, hog, swine ✱*een wild ~* a wild boar ✱*parels voor de ~en gooien* cast pearls before swine ❷*geluk* fluke

**zwijnen** *onoverg* [zwijnde, h. gezwijnd] *boffen* be lucky, be in luck

**zwijnenjacht** *v* [-en] boar hunt

**zwijnenstal** *m* [-len] ❶*varkensstal* piggery, pigsty ❷*smeerboel* pigsty

**zwijnerij** *v* [-en] filth, dirt, muck

**zwijntje** *o* [-s] ❶*klein zwijn* piggy ❷*bof* fluke, bit of luck

**zwik** *m* [-ken] *v. vat* vent plug ▼*de hele ~* the whole lot, the whole caboodle

**zwikken** *onoverg* [zwikte, h. en is gezwikt] ❶*v. enkel* sprain ❷*kaartspel* snap

**zwin** *o* [-nen] *geul* tideway

**Zwitser** *m* [-s] Swiss ✱*de ~s* the Swiss

**Zwitserland** *o* Switzerland

**Zwitsers** *bn* Swiss ✱*~e kaas* Swiss cheese

**Zwitserse** *v* [-n] Swiss ✱*ze is een ~* she's a Swiss, she's from Switzerland

**zwoegen** *onoverg* [zwoegde, h. gezwoegd] *zwaar werk verrichten* slave (away), toil (away) ✱*~op een openingszin* wrack one's brains over an opening line

**zwoeger** *m* [-s] plodder, drudge

**zwoel** *bn* sultry

**zwoerd** *o* [-en] (pork) rind

## Onregelmatige werkwoorden Engels

| hele ww. | verl. tijd | volt. deelw. | Nederlands |
|---|---|---|---|
| arise | arose | arisen | ontstaan, opstaan |
| awake | awoke | awoke | wakker worden |
| be | was/were | been | zijn |
| bear | bore | borne | (ver)dragen |
| beat | beat | beaten | (ver)slaan |
| become | became | become | worden |
| begin | began | begun | beginnen |
| bend | bent | bent | buigen |
| bet | bet | bet | wedden |
| | betted | betted | |
| bid | bid | bid | bieden |
| bind | bound | bound | binden |
| bite | bit | bitten | bijten |
| bleed | bled | bled | bloeden |
| blow | blew | blown | blazen, waaien |
| break | broke | broken | breken |
| breed | bred | bred | fokken, kweken |
| bring | brought | brought | brengen |
| broadcast | broadcast | broadcast | uitzenden (radio, tv) |
| burn | burnt | burnt | branden |
| | burned | burned | |
| burst | burst | burst | barsten |
| buy | bought | bought | kopen |
| cast | cast | cast | werpen |
| catch | caught | caught | vangen |
| choose | chose | chosen | kiezen |
| cling | clung | clung | zich vastgrijpen |
| come | came | come | komen |
| cost | cost | cost | kosten |
| creep | crept | crept | kruipen |
| cut | cut | cut | snijden |
| deal | dealt | dealt | (be)handelen |
| dig | dug | dug | graven |
| do | did | done | doen |
| draw | drew | drawn | tekenen, trekken |
| dream | dreamt | dreamt | dromen |
| | dreamed | dreamed | |
| drink | drank | drunk | drinken |
| drive | drove | driven | drijven, rijden, besturen |
| dwell | dwelt | dwelt | wonen |
| eat | ate | eaten | eten |
| fall | fell | fallen | vallen |
| feed | fed | fed | (zich) voeden |
| feel | felt | felt | (zich) voelen |
| fight | fought | fought | vechten |
| find | found | found | vinden |
| flee | fled | fled | vluchten |
| fling | flung | flung | smijten |
| fly | flew | flown | vliegen |
| forbid | forbade | forbidden | verbieden |
| forget | forgot | forgotten | vergeten |
| forgive | forgave | forgiven | vergeven |

| hele ww. | verl. tijd | volt. deelw. | Nederlands |
|---|---|---|---|
| forsake | forsook | forsaken | in de steek laten |
| freeze | froze | frozen | (be)vriezen |
| get | got | got | krijgen, worden |
| | | Am gotten | |
| give | gave | given | geven |
| go | went | gone | gaan |
| grind | ground | ground | malen, slijpen |
| grow | grew | grown | groeien, kweken, worden |
| hang | hung | hung | hangen |
| have | had | had | hebben |
| hear | heard | heard | horen |
| hide | hid | hidden | (zich) verbergen |
| hit | hit | hit | slaan, raken, treffen |
| hold | held | held | (vast)houden |
| hurt | hurt | hurt | pijn doen, bezeren |
| keep | kept | kept | houden |
| kneel | knelt | knelt | knielen |
| knit | knit | knit | breien |
| | knitted | knitted | |
| know | knew | known | weten, kennen |
| lay | laid | laid | leggen |
| lead | led | led | leiden |
| lean | leant | leant | leunen |
| | leaned | leaned | |
| leap | leapt | leapt | springen |
| | leaped | leaped | |
| learn | learnt | learnt | leren, studeren |
| | learned | learned | |
| leave | left | left | (ver)laten |
| lend | lent | lent | uitlenen |
| let | let | let | laten, verhuren |
| lie | lay | lain | liggen |
| light | lit | lit | aansteken, verlichten |
| | lighted | lighted | |
| lose | lost | lost | verliezen |
| make | made | made | maken |
| mean | meant | meant | bedoelen, betekenen |
| meet | met | met | ontmoeten |
| mow | mowed | mown | maaien |
| | | mowed | |
| pay | paid | paid | betalen |
| put | put | put | leggen, plaatsen, zetten |
| quit | quit | quit | ophouden, verlaten |
| | quitted | quitted | |
| read | read | read | lezen |
| ride | rode | ridden | rijden (openbaar vervoer, fiets, rijdier) |
| ring | rang | rung | bellen, klinken |
| rise | rose | risen | opstaan, stijgen, rijzen |
| run | ran | run | rennen |
| saw | sawed | sawn | zagen |
| | | sawed | |
| say | said | said | zeggen |
| see | saw | seen | zien |
| seek | sought | sought | zoeken |
| sell | sold | sold | verkopen |

| hele ww. | verl. tijd | volt. deelw. | Nederlands |
|---|---|---|---|
| send | sent | sent | sturen, zenden |
| set | set | set | zetten, ondergaan (zon e.d.) |
| sew | sewed | sewn sewed | naaien |
| shake | shook | shaken | schudden, beven |
| shave | shaved | shaven shaved | scheren (van mensen) |
| shed | shed | shed | vergieten (bloed), storten (tranen) |
| shine | shone | shone | schijnen, glanzen |
| shoot | shot | shot | schieten |
| show | showed | shown showed | tonen |
| shrink | shrank | shrunk | krimpen |
| shut | shut | shut | sluiten |
| sing | sang | sung | zingen |
| sink | sank | sunk | zinken, tot zinken brengen |
| sit | sat | sat | zitten |
| sleep | slept | slept | slapen |
| slide | slid | slid | glijden |
| smell | smelt smelled | smelt smelled | ruiken |
| sow | sowed | sown | zaaien |
| speak | spoke | spoken | spreken |
| spell | spelt spelled | spelt spelled | spellen |
| spend | spent | spent | uitgeven (geld), doorbrengen (tijd) |
| spill | spilt spilled | spilt spilled | morsen |
| spin | spun | spun | ronddraaien, spinnen |
| spit | spat | spat | spuwen |
| split | split | split | splijten |
| spoil | spoilt spoiled | spoilt spoiled | bederven |
| spread | spread | spread | (zich ver)spreiden |
| stand | stood | stood | staan |
| steal | stole | stolen | stelen |
| stick | stuck | stuck | steken, kleven |
| sting | stung | stung | steken, prikken |
| stink | stank | stunk | stinken |
| strike | struck | struck | slaan, treffen, staken |
| strive | strove | striven | streven |
| swear | swore | sworn | zweren, vloeken |
| sweat | Am sweat sweated | Am sweat sweated | zweten |
| sweep | swept | swept | vegen |
| swim | swam | swum | zwemmen |
| swing | swung | swung | zwaaien, slingeren |
| take | took | taken | nemen, brengen |
| teach | taught | taught | onderwijzen, leren |
| tear | tore | torn | scheuren, rukken |
| tell | told | told | vertellen, zeggen |
| think | thought | thought | denken |
| throw | threw | thrown | gooien |

| hele ww. | verl. tijd | volt. deelw. | Nederlands |
| --- | --- | --- | --- |
| understand | understood | understood | begrijpen, verstaan |
| wake | woke | woken | wekken, wakker worden |
| wear | wore | worn | dragen (kleding) |
| weave | wove | woven | weven |
| weep | wept | wept | huilen |
| wet | wet | wet | natmaken |
| | wetted | wetted | |
| win | won | won | winnen |
| wind | wound | wound | winden, draaien |
| wring | wrung | wrung | wringen |
| write | wrote | written | schrijven |

# Maten, gewichten en temperatuur

In veel Engelstalige landen gebruiken ze andere maten en gewichten dan bij ons. Ook de temperatuur wordt anders berekend dan bij ons. Hieronder kun je zien hoe je dit allemaal kunt omrekenen.

LENGTEMATEN

1 **inch (in)** = 2,54 cm
1 **foot (ft)** = 12 inches = 30,48 cm
1 **yard (yd)** = 3 feet = 91,44 cm

OPPERVLAKTEMATEN

1 **square inch (sq in)** = 6,45 cm$^2$
1 **square foot (sq ft)** = 144 square inches = 929,03 cm$^2$
1 **square yard (sq yd)** = 9 square feet = 0,836 m$^2$
1 **square rod ( sq rd)** = 30.25 square yards = 25,29 m$^2$
1 **rood (ro)** = 40 square rods = 10,12 are
1 **acre (a)** = 4 roods = 40,47 are
1 **square mile (Brits sq ml, Amerikaans sq mi)** = 640 acres = 2,59 km$^2$

INHOUDSMATEN

1 **cubic inch (cu in)** = 16,387 cm$^3$
1 **cubic foot (cu ft)** = 1728 cubic inches = 0,028 cm$^3$
1 **cubic yard (cu yd)** = 27 cubic feet = 0,765 m$^3$
1 **register ton (reg tn)** = 100 cubic feet = 2,832 m$^3$
1 **pint (pt)**= 0,568 l (Brits) of 0,473 l (Amerikaans)
1 **quart (qt)**= 2 pints = 1,136 l (Brits) of 0,946 l (Amerikaans)
1 **gallon (gal)**= 4 quarts = 4,546 l (Brits) of 3,785 l (Amerikaans)
1 **barrel** = 31,5 gallons = 119,2 l (Amerikaans)
1 **barrel petroleum** = 42 gallons = 158,97 l (Amerikaans - standaardmaat voor aardolie)

GEWICHTEN

1 **ounce** = 28,35 g
1 **pound** = 16 ounces = 0,453 kg
1 **stone (st)** = 14 pounds = 6,35 kg
1 **quarter (qr)** =
        (Brits) 28 pounds = 12,7 kg
        (Amerikaans) 25 pounds = 11,34 kg
1 **hundredweight (cwt)** =
        (Brits) 112 pounds = 50,8 kg
        (Amerikaans) 100 pounds = 45,36 kg (**short hundredweight, cwt sh**)
1 **ton (t, tn)** =
        (Brits) 2240 pounds = 1016 kg
        (Amerikaans) 2000 pounds = 907,18 kg (**short ton, tn sh**)

TEMPERATUUR

Het omrekenen van graden Celsius naar Fahrenheit en omgekeerd gaat als volgt:
Van Celsius naar Fahrenheit: (9/5 ... °Celsius) + 32 = ... Fahrenheit
Bijvoorbeeld (9/5 × 25 °Celsius) + 32 = 45 + 32 = 77 Fahrenheit
Van Fahrenheit naar Celsius: (... Fahrenheit − 32) × 5/9 = ... °Celsius
Bijvoorbeeld: (90 Fahrenheit − 32) × 5/9 = 58 × 5/9 = 32,2 °Celsius